中华名老中医学验传承宝库(二)

李振华　主编

中医古籍出版社

图书在版编目（CIP）数据

中华名老中医学验传承宝库.2/李振华主编.—北京：中医古籍出版社，2013.6
ISBN978－7－5152－0248－8

Ⅰ.①中… Ⅱ.①李… Ⅲ.①中医师—生平事迹—中国—现代②中医学—临床医学—经验—中国—现代 Ⅳ.①K826.2 ②R249.7

中国版本图书馆CIP数据核字（2012）第166721号

中华名老中医学验传承宝库（二）
李振华　主编

责任编辑　刘从明
特邀编辑　刘世菊　郝桂香
装帧设计　陈　娟
出版发行　中医古籍出版社
社　　址　北京东直门内南小街16号（100700）
经　　销　全国各地新华书店
印　　刷　廊坊市恒泰印务有限公司
开　　本　889mm×1194mm　1/16
印　　张　83.5
字　　数　2560千字
版　　次　2013年6月第1版　2013年6月第1次印刷
书　　号　ISBN978－7－5152－0248－8
定　　价　300.00元

前　言

中医药是中华民族的瑰宝，在我国各族人民长期的生产生活实践和与疾病作斗争中逐步形成并不断丰富发展，为中华民族的繁衍昌盛做出了重要贡献。作为中国特色医药卫生体系的重要组成部分，至今仍在维护人民健康中发挥着独特作用。尤其在当今世界回归大自然的浪潮下，其优势越来越突出，地位也越来越重要。中医药学的发展过程，始终是中医药学术不断积累、整理、总结、提炼和升华的过程，其中重要的一个环节就是历代著名医家的学术经验传承。

当代"名老中医"是将中国传统医学基础理论、前人经验与当今自身实践相结合，解决临床疑难问题的典范，是中医药发展里程碑中非常重要的承启者。他们学验宏富，代表着当前中医学术和临床发展的最高水平，是当代中医学术发展的杰出代表。他们的学术思想及临证经验是中医药学术特色、理论特质的集中体现，与浩如烟海的中医古籍文献相比，更加鲜活，更具直观性，也极具实用性。如果能将每个名老中医的学术经验都准确、系统地总结出来，中医学的传承工作就会更加鲜活，中医药学的宝库会更加丰富。

《中华名老中医学验传承宝库》收集了近千名全国各地德高望重的老中医一生的心血结晶，旨在集中展示我国当代名老中医的临证特色、学术经验、技术专长和诊治水平，是对当代中医学术的整理与发掘。《宝库》中选取的名医包括国医大师，卫生部、国家中医药管理局公布的千余位第一、二、三批全国名老中医及部分省级名老中医，其绝大多数是各专业学科的学术带头人，而且遍及全国各地。《宝库》入选的文章大多由名老中医的学术继承人或得意门人所撰写，内容涵盖临床各科疾病的诊治思路、辨证施治经验，以及方药配伍的独特运用。其编写过程也可视为全国名老中医学术经验继承工作的延续,对继承和弘扬中医药事业具有推动效应。

《中华名老中医学验传承宝库》(一)于2008年出版后,受到中医学界的广泛好评,因具有很强的临床指导性,深得临床医师们的喜爱。为进一步挖掘当代名老中医学术经验,为广大的临床工作者提供更多集中学习名老中医独特经验的机会,《宝库》编委会积极组织编撰了《中华名老中医学验传承宝库》(二)。该辑与第一辑相比,内容更系统、精练。名医有可能重复,但其学术经验的侧重点不同。同时增加了第四批全国名老中医和第一辑中没有收集到地方名老中医,他们的学术经验具有地域性,值得借鉴。《宝库》可谓鸿篇巨制,洋洋数百万言,但也不能反映每一位名老中医的全部学术经验。所以,书中多是突出介绍了名老中医学术经验中的某一部分,但该部分却往往最能反映其学术特色和临床成就。

《中华名老中医学验传承宝库》的编辑得到了中医泰斗、国医大师、全国各地名老中医的重视,同时得到他们弟子的大力支持,在此向他们表示最衷心的感谢。中医古籍出版社对《宝库》(二)的出版给予了热情的帮助。本书的编辑工作人员从策划到组稿、统稿,精心设计,周密安排,不辞辛劳,做了大量细致的工作,历经数年使该书终于得以出版。由于编撰时间较长,部分名老中医的基本情况已经有所变化,但编辑人员可能未及时获得相关信息,未能做出相应的更改,特此说明,请予谅解。

由于水平有限,书中难免有不足和遗漏之处,敬请学界前辈和同仁提出宝贵意见。

编者

2012年8月

目 录

白兆芝临床经验

【名老中医简介】白兆芝(1945～)主任医师，教授，硕士生导师。山西中医学院副院长。1969年毕业于北京中医药大学。现任中华中医药学会内科专业委员会常务委员，中华中医药学会内科脾胃病专业委员会委员，山西中医药学会副理事长，山西中医药学会脾胃病专业委员会主任委员。从事临床工作36年，主持完成省部级科研项目3项。擅长治疗消化系统疾病和内科疑难病。发表学术论文30余篇，出版论著12部。

临床经验

慢性萎缩性胃炎

1 重视基本病机，把握病机转化规律

白兆芝认为慢性萎缩性胃炎(CAG)病程较长，致病因素较多，常可出现虚实夹杂的证候，而且在病机上常可出现转化。但CAG总属本虚标实的证候，本虚主要是指脾胃气虚、脾胃阴虚；标实主要是指气滞、痰湿、食积、寒、热、瘀血等；基本病机为：脾虚气滞，胃络瘀阻。

1.1 脾胃虚弱是CAG发病的基础

CAG属于中医痞满、胃痛、嘈杂等范畴。常因饮食不节，情志失调，劳倦过度等因素导致脾胃受戕，运化无力，生化无权，气血俱虚，胃体失养，使局部防御因子减弱，黏膜屏障功能低下，易感染幽门螺杆菌而发为此病。在临床上本病常有上腹部痞满或疼痛，消瘦乏力，面色少华，纳差，便溏，舌边齿痕及舌体胖大，脉细弱等脾胃虚弱的症状和体征，故脾胃虚弱是本病发生的基础。

1.2 胃气阻滞是CAG的关键

胃以通降为顺，在脾胃虚弱的基础上复加饮食、情志、劳倦等病理因素均可导致痰、湿、寒、热、瘀等病理产物形成，使胃气失于通降，胃气阻滞，而出现上腹部痞满，嗳气，纳呆，食后症状加重等症。

1.3 胃络瘀阻贯穿CAG始终

由于本病反复迁延不愈，故常波及血分，导致胃络瘀阻。正如《临证指南医案》谓："初病在经，久痛入络"。瘀血的形成实则由气及血，气滞则血瘀；或胃热灼津，血受熏灼而瘀结；或感受寒邪，使血行涩滞而成瘀。虚则阴虚胃膜失去濡养，胃壁脂膜干槁不荣，犹如旱田龟裂而血行瘀滞；或中气虚损，运血无力，则胃络血行不畅；或气虚及阳，阳虚寒凝而胃络瘀阻。临床上多数CAG的患者都有舌质紫黯，或黯红，或淡暗或有瘀斑。故胃络瘀阻证候在CAG中是非常常见的，贯穿在病变的全过程中，只不过在不同阶段轻重有所不同。

1.4 CAG的病机转化规律

CAG在病变过程中，其病机在不断发生着变化。其病机转化有以下规律：①虚实转化：本病病久可导致脾胃运化失常，气血生化无源，日久而脾胃气虚。或湿郁日久化热或气郁日久化火伤阴，形成胃阴亏虚。脾胃气虚或胃阴亏虚又易遭受外邪而形成虚实夹杂的证候。②由气及血：《脾胃论》谓："脾胃不足，皆为血病"。除上述各种虚实原因可致血络瘀阻外，CAG由气及血常表现为一个慢性过程。有时表现为气血同病，有时表现为单纯血瘀。但CAG更多的是表现为在脾胃气虚或胃阴亏虚的基础上兼见胃络瘀阻。③寒热转化：本病在病变过程中常见胃气阻滞，气郁日久而化热；同时，脾胃虚弱又极易化生湿、痰、瘀等病理产物而化热。然而胃气虚衰或胃阴不足，又易感受寒邪而使病情缠绵。故本病在临床上常表现为寒热虚实夹杂的复合病机。

2 滋养胃阴，不忘顾护脾胃阳气

李东垣指出："善治者调其脾胃"。胃阴亏虚是CAG临床较为常见的证候，常用养阴益胃之法。临床上常见许多患者，上腹部痞满或疼痛。伴脘中灼热，口干，纳呆，舌红苔少或无苔，舌面或有裂纹，为典型的胃阴亏虚证。但患者又常表现为上腹部明显畏冷，此时如纯用养阴生津，滋补胃阴之品，患者服后常感脘中满痛更甚。所以白教授在养阴益胃的同时常加用顾护脾胃阳气的药物，临床上常选用黄芪、太子参、百合、麦冬、玉竹、黄精、石斛、生地等药物配伍砂仁、乌药、桂枝等。

如治张某某，女，60岁。主因上腹部痞满不适就诊。自诉经服兰索拉唑、吗叮啉后症减。目前证见：纳可，脘中隐痛痞满，且畏冷喜暖，大便尚调。舌黯、苔白薄少舌面裂纹，脉沉弱。胃镜诊断：慢性萎缩性胃炎，十二指肠球炎。辨证为气阴不足兼血分瘀阻，治以益气养阴，佐以活血消痞，兼护胃阳。药用：百合、蒲公英各30 g，太子参、丹参、枳实、五灵脂、浙贝母、鸡内金、瓜蒌各15 g，白芍12 g，乌药、陈皮、莪术各10 g，砂仁、黄连、甘草各6 g，生姜3片。每日1

剂,水煎服。服用4剂后症明显好转。继用前法,以前方去陈皮加吴茱萸3 g,乌贼骨30 g,服6剂。后又在此方基础上随症加减,服药40余剂而无明显不适症状。复查胃镜示:慢性浅表性胃炎。

3 清化湿热,注意脾胃气化功能的恢复

白兆芝认为,现代之人偏嗜辛辣醇浆厚味,容易出现湿热中阻证候,诚如朱丹溪所云:“湿热为病,十常八九”。同时湿热之邪黏滞,反复缠绵,又可影响脾胃气机功能恢复。在临床上出现脘腹胀满,肢体困倦,尿少色黄,大便溏泄不爽,纳少厌食,恶心呕吐,舌红、苔黄腻,脉濡数等症状。治疗时多选用陈皮、半夏、茯苓、枳实、竹茹、黄连、浙贝、瓜蒌、薏苡仁、栀子等清化湿热,用杏仁、白蔻仁、石菖蒲、郁金等利气芳香化浊,促进脾胃气化功能的恢复。

如治米某某,男,70岁,主因反复胃脘胀满1~2年,加重半年就诊。伴有泛酸、嘈杂、嗳气、脘中灼热,纳可,餐后脘中有发堵感,反胃,口苦,口干,大便调,乏力,小便有尿不尽感,舌黯、苔黄厚腻,脉沉弦。胃镜诊断:慢性萎缩性胃炎。辨证为湿热蕴结,血分瘀阻,予清化湿热,化瘀解毒法。药用:茯苓、枳实、竹茹、浙贝母、郁金、丹参各15 g,陈皮、生栀子、杏仁、石菖蒲、莪术各10 g,半夏9 g,黄连、甘草各6 g,生姜3片。每日1剂,水煎服。服药4剂后症好转,仍觉嘈杂但较前轻,脘中有灼热感,舌黯、苔黄白厚,脉弦。继用前法,加薏苡仁30 g,白蔻仁6 g,以加强清热利湿的作用,又服10余剂,诸症明显好转。前后服药3月余已无明显不适,随访病情稳定。

4 疏肝理气,常佐以降逆消痞

CAG病位在胃,与肝脾关系密切,脾胃居于中焦为气机升降枢纽,饮食、情志、劳倦等因素常可导致胃失通降,气机阻滞,而出现脘腹痞满,胸胁胀满,心烦易怒,善太息,呕恶嗳气,或吐苦水,大便不爽等症;治疗上在采用疏肝和胃的同时,还应加用降逆消痞药以提高临床疗效。白兆芝临床喜用四逆散合二陈汤加减治疗此病,常获良效。

如治刘某某,女,51岁,主因脘中胀满不适3年。加重4天就诊。4天前因生气后出现脘痞,餐后更著,伴有脘中隐痛不适,嘈杂,嗳气,纳食尚可,大便调,舌黯、苔白,脉沉弦。经某医院胃镜检查示:慢性萎缩性胃炎,胃息肉,胃黏膜脱垂。辨证为肝胃不和,兼有瘀血阻滞,予疏肝和胃,降逆消痞佐以化瘀。药用:蒲公英30 g,枳实、茯苓、浙贝母、瓜蒌、五灵脂、丹参各15 g,白芍12 g,柴胡、陈皮、莪术各10 g,半夏9 g,黄连、甘草各6 g,吴茱萸3 g,生姜3片。每日1剂,水煎服。服药4剂后脘中痞满消失,仍有时脘中隐痛,偶有烧心,纳可,口干,大便调,舌黯、苔白,脉沉弦。继用前法,以前方加用太子参、元胡各15 g,川楝子10 g,服用6剂后诸症明显好转。继用前方进退又调治2月余诸症消失。

5 活血化瘀,宜在辨证的基础上配合运用

胃络瘀阻贯穿于本病的全过程,故活血化瘀法为CAG的常用治法。由于本病的病机特点是虚实夹杂,因此必须针对病人体质情况、病情轻重、虚实证候的具体情况,并根据标本缓急,灵活配合运用活血化瘀之品。CAG特别是胃癌前病变者,常用的活血化瘀药有丹参、莪术、五灵脂、九香虫、红花、白屈菜等,尽量不用破血之品,但如伴见息肉者,亦可加三棱、炮山甲、煅瓦楞子、刺猬皮、山慈菇等化瘀消癥之品。现代药理研究也表明:活血化瘀药能改善微循环、改善组织营养、促进病变恢复与炎症吸收,这些作用都可能促进慢性萎缩性胃炎病理改变的逆转。

如治张某某,男,56岁,反复脘中疼痛1年,加重半月就诊。现症:脘中疼痛,痛如针刺,痛处固定,食后加重,入夜尤甚,伴有脘痞,纳差,大便稍稀,舌质紫黯、苔薄白边有瘀点,脉涩细。胃镜诊断:慢性中度CAG,局灶性增生性肠上皮化生。辨证为瘀停胃络,脉络壅滞,予化瘀通络,理气和胃。药用:白花蛇舌草、蒲公英各30 g,丹参、五灵脂、浙贝母、太子参、元胡、鸡内金各15 g,白芍12 g,莪术、白屈菜、川楝子、陈皮各10 g,砂仁、甘草各6 g,生姜3片。每日1剂,水煎服。服药4剂后,疼痛明显减轻,仍有隐痛,脘中作胀,纳可,大便调,舌质黯、苔薄白,脉沉细。继用前法:以前方去砂仁、鸡内金,加枳实15 g,服10剂后无明显不适,为巩固疗效,在前方基础上加减后又服药40余剂。胃镜复查诊断:慢性浅表性胃炎。随访未再复发。(王洪艳 赵 瑞)

医案验案

1 自 汗

张某某,女,59岁,2004年2月24日初诊。自诉:自汗10余年,平素易感冒,经中、西医多方治疗无效。刻下证见:自汗,稍动汗出,汗量较多,以头部、上半身为主,伴恶风,畏寒,背冷,全身疲乏无力,寐差,二便调。舌暗红,舌两侧苔黄、舌中少苔,脉沉细数。本病属中医自汗范畴,证属气阴两虚。治则:益气固表,敛阴止汗。拟方:玉竹18 g,桔梗10 g,生地15 g,麦冬12 g,白芍12 g,桂枝8 g,太子参15g,黄芪15 g,知母10 g,甘草6 g,生姜3片。3剂,每日

1剂,水煎服。二诊:服用3剂后,出汗减轻,恶风畏寒减轻,仍感乏力,寐差,大便稀,舌暗红苔黄,脉沉数。继用上法,用黄芪建中汤合生脉饮加减治疗。药用如下:黄芪15 g,太子参15 g,麦冬12 g,五味子10 g,生山药10 g,乌梅10 g,白芍12 g,桂枝6 g,生地6 g,茯苓15 g,浮小麦30 g,炒枣仁10 g,甘草6 g。随症加减调理半月后,诸恙悉除,随访至今未见复发。

按 一般来说,自汗属阳虚,盗汗属阴虚,如果片面地从临床表现看,此乃肺卫不同之自汗。《景岳全书·汗证》云:"自汗盗汗,亦各有阴阳之证,不得谓自汗必属阳虚,盗汗必属阴虚也。"但本例患者系老年女性,平素体弱,病程较长,长期自汗,不仅气虚,卫外不固,腠理不密,而且津液外泄日久,进而伤及阴液。结合脉证,当属气阴两虚之候,治当益气固表,养阴生津止汗。方用黄芪建中汤甘温益气,生脉饮益气生津,玉竹、生地、麦冬、知母滋阴润燥,乌梅生津敛汗,茯苓、山药健脾益气,诸药合用,使气阴两复,诸症皆除!

2 痹证

孔某,女,52岁,2004年12月10日初诊。主诉:平素易感冒,左侧身体畏风恶寒2年,双下肢发麻,关节肿胀,如浴水中,心悸,失眠,纳少,大便不成形,1日2~3次,小便正常,舌暗红苔薄白,脉沉细。10年前因胆结石行胆囊切除术。本病属痹证范畴,证属阳气虚衰,风邪入络。治宜温补阳气,祛风通络。方用小续命汤加减治疗。药用:黄芪15 g,桂枝6 g,炒白芍12 g,熟附片10 g(先煎),炒白术12 g,防风10 g,川芎6 g,炙麻黄5 g,党参12 g,杏仁10 g,茯苓15 g,炙甘草6 g。4剂,每日1剂,水煎服。二诊:服用4剂后,左侧身体恶寒畏风消失,双下肢发麻亦消失,仍大便不成形。舌暗红,苔薄略黄,脉沉,继用上法。药用:黄芪15 g,桂枝6 g,炒白芍12 g,炒白术10 g,陈皮10 g,防风10 g,熟附片10 g先煎,炙麻黄6 g,知母10 g,茯苓15 g,广木香10 g,炙甘草6 g。治疗1个月后痊愈,至今未复发。

按 小续命汤出自《备急千金要方》,有扶正祛风、温阳通络之效。原治中风,口眼歪斜,半身不遂,筋急拘挛,语言蹇涩,风湿腰痛,痰火并多,六经中风及刚柔二痉。药用:麻黄、防己、人参、黄芩、桂心、甘草、芍药、川芎、杏仁各1两,附子1枚,防风1两半,生姜5两。《卫生宝鉴》指出本方"通治八风五痹、痿、厥等疾"。吴鹤皋曰:"麻黄、杏仁,麻黄汤也,治太阳伤寒;桂枝、芍药,桂枝汤也,治太阳中风;此中风寒,有表证者所必用也。人参、甘草补气;川芎、芍药补血;此中风寒,气血虚者所必用也。风淫故主以防风,湿淫佐以防己,寒淫佐以附子,热淫佐以黄芩。病来杂扰,故药亦兼该也。"本例患者平素体弱,阳气不足,腠理空虚,风寒之邪滞留于关节筋骨,经络不通,故而发生关节肿胀、麻木,用防风、麻黄、桂枝祛风散寒;党参、白术、茯苓益气固表、健脾利湿;熟附片温经散寒、通络止痛;川芎活血化瘀,诸药合用,共奏温补阳气、祛风通络之功。

3 噎膈

牛某,男,45岁,2004年8月20日就诊。主诉:胸骨后隐痛,灼热,吞咽梗噎不顺3年,纳可,伴有脘中不适,胀满,嗳气,烧心泛酸,大小便正常。舌边齿痕,苔白微黄,脉沉弦。电子胃镜检查诊断为:①慢性萎缩性胃炎。②糜烂性食管炎。病检示:胃窦腺体肠上皮化生。中医诊断:噎膈。治则:益气健脾、活血化瘀、理气止痛。药用:沙参15 g,丹参15 g,郁金15 g,浙贝母15 g,乌贼骨30 g,蒲公英30 g,黄连6 g,吴茱萸3 g,枳实15 g,五灵脂15 g,苏梗10 g,姜半夏10 g,旋覆花10 g,陈皮10 g,茯苓15 g,瓜蒌30 g,甘草6 g。8月27日二诊,主诉:胸骨后灼热减轻,疼痛缓解,泛酸烧心不明显,仍嗳气,舌边齿痕,苔白微黄,脉沉。用六君子汤合四逆散加减。药用:太子参15 g,白术10 g,茯苓15 g,陈皮10 g,姜半夏9 g,枳实15 g,丹参15 g,莪术10 g,广木香10 g,五灵脂15 g,白芍12 g,浙贝母15 g,白屈菜10 g,白花蛇舌草30 g,甘草6 g。此后随症加减治疗近5个月,诸症明显好转。2005年1月8日电子胃镜示:慢性中度浅表性胃炎;病检示:胃窦部腺体分泌旺盛,黏膜可见红白相间,未见肠上皮化生。

按 慢性萎缩性胃炎是由于长期饮食不节,情志失调,脾胃虚弱等导致脾胃升降功能失常,气机失调。病机特点乃本虚标实,本虚为脾胃气虚或脾胃阴虚,标实乃气滞、湿阻、火郁、血瘀、食滞为患。其在病机上又可出现转化而形成多种复合病机,治疗上宜通补兼施。此患者脾虚气滞,胃络瘀阻,故以益气健脾、理气化瘀、行气止痛为主要治则。用六君子汤合四逆散益气健脾,和中理气;久病入络,加丹参、莪术、五灵脂活血化瘀、行气止痛,诸药合用,患者诸症皆除,疗效明显。(王 健)

班秀文学术经验

【名老中医简介】班秀文(1920～)壮族。教授,硕士生导师。国医大师。曾任中华中医药学会理事、妇科委员会委员,中华医史学会理事,广西科协常委,广西中医药学会副会长、妇科委员会主任委员,广西民族医药学会副会长,南宁市中医药学会理事长,《广西中医药》主编。首批全国老中医药专家学术经验继承工作指导老师。从医60余年,擅长内、妇、儿科。发表论文50余篇,出版专著《班秀文妇科医论医案选》《妇科奇难病论治》《班秀文临床经验辑要》等。

学术经验

1 种子之要,调经为先

《女科要旨》云:"妇人无子,皆由经水不调,经水所以不调者,皆由内有七情之伤,外有六淫之感,或气血偏盛,阴阳相乘所致。种子之法,即在调经之中"。月经,是女性特有的生理特征,早在《内经》就阐明了月经与肾气的关系。《素问·上古天真论》"女子七岁,肾气盛……二七而天癸至,任脉通,太冲脉盛,月事以时下,故有子"。肾在月经产生过程中占有主导地位。肾又主生殖,故月经不调者,鲜有受孕的。月经不调在临床表现有月经先期、后期、先后不定期、量或多或少、闭经、痛经等。班秀文在临证中根据患者的不同情况采取相应的治法。他认为,经为血化,妇人以血为本,以血为用,而经、产、孕、乳数伤于血,故常出现"有余于气,不足于血"的生理偏盛状况,故调经治血之法,除根据血分的寒、热、虚、实而采取温、清、补、攻等法外,还需注意月经与脏腑的关系,重视肝脾肾之脏在月经和孕育方面的联系。他常用左归饮、右归饮、五子衍宗丸等方药以补益肾气以固气血之根茎;又因血为气之母,气为血之帅,气行则血行,气滞则血滞,喜用柴胡、郁金、香附、合欢花、素馨花等舒肝顺气之品疏理气血;用补中益气汤、归脾汤、人参养荣汤等健脾和胃,益气养血以助气血之化生,使血足精生,从后天补先天,精血充盛,则能育麟生。经病和带下病都是妇科常见病,南方气候温暖多湿,酷暑下迫,地湿上蒸,人在气交之中,易感暑湿之邪,湿性重着粘腻,若与胞宫胞脉瘀血相合,则易形成湿瘀为患。湿瘀阻滞下焦胞宫胞脉,既能使脏腑气机升降失常,气血失调,又能造成胞宫胞脉阻滞,使冲任不能相资成孕。故在治疗不孕之时,班秀文均要注重月经病与带下病的关系和它们之间的相互影响,经病为主者,以治经病为主,兼治带下病;带下病为主者,则经带并治,若经带均正常者,则根据身体寒热虚实加以调治。

2 温补肝肾

班秀文在治不孕病时,注重调补肝肾。他认为,妇科疾病多属气血亏损,脏腑功能失调所致,属于内伤病范畴,不孕病尤为如此。不孕不育患者病程较长,精神负担较重,更易造成肝肾精血亏损、气滞血瘀的局面,病情虚实夹杂,经云:"肾者主蛰,封藏之本,精之出也""肾者,作强之官,使巧出焉","肝者,罢极之本……以生气血",肾藏精而主生殖,为阴阳气血之根源,肾气的强弱,直接与月经的通行藏泻、孕育有着密切的关系;肝藏血而主疏泄,体阴而用阳,肝气疏泄有度,则精血藏泻有期,经调而子嗣。肝郁气滞,则血行不畅,可致月经不调或经闭不行,为孕育造成障碍,况且由于肝肾同源,阴阳互根,肝肾与脏腑之间有着密切的关系,它们在生殖上相互依赖,病理上相互影响,治疗上也相互促进,五行之相互生克制约,形成不可分割的整体。班秀文还强调在补肝肾时要注意其特征。正如《素问·五运行大论》所说:"木曰敷和……水曰静顺"。《尚书·洪范》亦有"水曰润下,火曰炎上,木曰曲直"之说。在治疗上,《内经》提出:"肝若急,急食甘以缓之……肝欲散,急食辛以散之,用辛补之,酸泻之";"肝恶风";"肾若燥,急食辛以润之,开腠理,致津液,通气也";"肾欲坚,急食苦以坚之,用苦补之,咸泻之";"肾恶燥"。在临床运用中,班秀文疏肝的同时,注意养肝,由于肝阴易亏,肝阳易亢,用疏肝之法,常用辛平芳香之品,如素馨花、合欢花、玫瑰花等,做到"疏中有养","养中有疏",即不但要疏肝、调肝、还要补肝,如柴胡疏肝散以疏为主,要酌加当归、黄精以助肝木之敷和;一贯煎为养中有疏之方,也要酌加香附、合欢花、田七花之类辛散之。从而达"疏其气血,令其条达,而致和平"的目的,肾虚则一"培其不足,不可伐其有余"的原则。即所谓"壮水之主,以制阳光,益火之源,以消阴翳"。阴虚者用甘润壮水之剂,如左归丸、六味地黄汤等,忌用辛燥或苦寒之品。阳虚者则用甘温益气之品,如右归丸、毓麟珠丸等,忌用凉润或辛散,由于肾为水火之脏,阴阳相生相济,故不论是滋补或温补，均要注意补阴配阳，补阳配阴，如果阴阳俱虚，则精气两亏，就宜阴阳并补。

班秀文在临证治病时，除正确的辨证外，还强调要注意脏腑的特征。肝与肾同居下焦，除了精血同源的关系外，由于肝主疏泄，肾主封藏，这里存在着开与合的关系，脾以升为健，胃以降为和，脾之升要赖肝的升发，胃之降从乎胆的下泄，但反之，脾胃虚弱，中焦湿盛，也可导致肝木不升，胆气不降的局面，临床上要根据脏腑的特征，全面分析，有的放矢，才能收到较好的疗效。

3 辨病辨证，衷中参西

辨证论治是中医的精华所在，由于不孕症发病原因多种多样，虚实挟杂，且病程较长，仅仅依靠四诊搜集资料，运用八纲、六经、脏腑等辨证方法，有时对不孕的认识还不够全面，甚至无法认识疾病。大多不孕症的患者，多六脉平和，神色形态一如常人，纵然四诊用心良苦，仍不能查出其病变所在。同时，班秀文提倡治不孕症应在辨证的基础上，辨证与辨病相结合。

如输卵管阻塞而引起的不孕症，西医用通液或造影的方法能证实其病位之所在，阻塞的部位、程度能清楚判断，但对疾病的性质及邪正消长盛衰的认识是无法用现代医学的检测方法所检测到的。而中医则通过四诊搜集，着眼于整体观，审证求因，对引起输卵管阻塞的致病因素如瘀血、或痰湿或气滞；其病性的寒、热、虚、实均能判断和认识，既能定出病名，也能判断病性，针对不同的病因病机，采取个性化的辨证施治。班秀文治疗中既辨证，又辨病，辨证与辨病相结合。病同证异之时，能把握病机，灵活化裁。在治疗输卵管堵塞引起的不孕中，在活血化瘀通络，软坚散结的基本原则上运用温阳通行之品，桂枝、路路通、威灵仙、王不留行、急性子、穿破石、透骨草。临床还根据不同的证型，灵活加减处方。如气血虚弱者，以十全大补汤加路路通、小茴香、田七花治之；湿热下注者，以四妙散加土茯苓、马鞭草、丹参、皂角刺、穿破石、炮山甲治之；肝郁气滞者，以柴胡疏肝散加刘寄奴、郁金、当归、丹参、急性子、地龙、土鳖虫治之。

对排卵障碍性不孕，班秀文认为，多与肝不生发，肾不作强有关，常从调补肝肾着眼，根据患者的具体情况而辨证施治，针对不同的证情，或温肝肾之阳，或滋肝肾之阴，使肝肾阴平阳秘，精血充足，其卵自排。根据患者阴阳消长情况而制定相应的治法，不固于月经不同的阶段及固定于某法。班老常言：有是证用是药，不可胶柱鼓瑟。如西医检查不孕并子宫肌瘤或卵巢囊肿者，班秀文常在辨证的基础上加入活血化瘀之品，或莪术、苏木、泽兰、刘寄奴或软坚散结之药，如生牡蛎、浙贝、海藻、昆布、鳖甲等。

在长期的临床实践中，班秀文治疗不孕症积累了丰富的经验。借助西医的检查方法，对诊断不孕的病势及预后有较大的帮助，弥补了中医望诊和触诊的不足。如原发性不孕，他认为其属肝肾亏虚，冲任损伤之变，凡原发性不孕或西医检查因器质性病变引起的不孕，多较难治；而继发性不孕或功能性病变引起的不孕，治疗较易。

4 药食结合，事半功倍

班秀文善于从整体观念出发，运用多种治法来治疗不孕症，如内服、外敷、或针灸等，内外结合，针药兼绝。用药简、便、廉、效。同时还守《内经》“谷肉果菜，食养尽之”之旨，主张治养结合，寓药疗于食疗之中，相辅相成，事半功倍。他认为药食同源，合理适当的膳食对不同人体的素质及不同原因的不孕有一定的帮助。动物类药为血肉有情之品，在不孕症的应用中占有很重要的地位。他对于脾气虚弱、气血生化之源不足而导致不孕者，除崇归脾汤以养心健脾、益气补血，补中益气汤以调养脾胃、升阳益气，人参养荣汤以五脏互养、益气和血之类出入之外，常配适量的山羊肉与黑大豆作饮食疗法。山羊肉性味甘温，能暖脾温中，益气生血；黑大豆性味温涩，能生精化血，有补肾壮腰之功。对于肾气不足，冲任亏损，精血衰少的不孕者，首先辨别其是阴虚或阳虚而采取滋补或温补之法。若偏于阴虚的不孕患者，以左归丸（饮）之类滋养的同时，常配多年的老母鸭或海参炖服，以加强其滋养生血之功；若偏于阳虚的不孕患者，以右归丸（饮）温养为主，配用雄鸡卵子或麻雀卵适量，用水酒同煮温服，则温肾暖宫，助阳生精之效尤捷。对肝气郁结的不孕患者，在用疏肝解郁的逍遥散、越鞠丸之类药物治疗的同时，再投以诸肝（如鸡肝、鸭肝、猪肝、牛肝等）作为饮食疗法，则生血养肝，可收事半功倍之效。对于痰湿为患引起的不孕，除本着“病痰饮者，当以温药和之”，以苓桂术甘汤或肾气丸出入治疗的同时，再以乌贼鱼或蛤蚧作饮食疗法，则既能温肾健脾、祛湿化痰，又能益气生血，温养子宫，促进排卵摄精。对于痰积引起的不孕，常用桂枝茯苓丸、桃红四物汤、下瘀血汤之类，同时配用黄鳝、穿山甲作饮食治疗，既能补又能通，则疗效尤捷。对阳虚寒凝体质的不孕患者，嘱其在辨证施治的基础上，常食用狗肉、羊肉等，或用熟附子、杜仲炖狗肉、红糖水煲生姜、黑豆等，以温经散寒，化瘀通络。对输卵管堵塞的患者，嘱其常用猪蹄甲煲黄豆、赤小豆、黑豆、花生等，既能取代价格昂贵的炮山甲疏通胞脉，又能增加营养，增强体质。阴虚便秘者，嘱其用甘薯煮水服或薯叶炒猪油可收甘润散结通便之功。交和撞红者，用鲜嫩益母草、黑豆、公猪尾巴1条加适量油、盐煮食，既能补肾壮腰，又能化瘀止血，以防胞宫留瘀为患。脾胃虚弱，气血不足之体质者，除用健脾益气养血之剂如十全大补汤、育麟珠汤加减治疗外，嘱患者常用红枣、桂元、淮山、黄豆、黑豆等煲食，以补益气血。如此药物调理与食物调补相辅相成，则能相得益彰，既缩短了疗程，又提高了疗效。

5 肾虚不孕

肾主生殖，班秀文认为，凡不孕病变属虚证者，多与肾有直接或间接的联系。《素问·上古天真论》云："女子七岁，肾气盛，……二七而天癸至任脉通，太冲脉盛，月事以时下，故有子。"宋·《圣济总录》有："女子所以无子者，冲任不足，肾气虚寒也。"《妇科玉尺·求嗣》引万全曰："男子以精为主，女子以血为主，阳精溢泻而不竭，阴血时下而不，阴阳支畅，精血合凝，胚胎结而生育滋矣"。因此可见，生殖的根本是从肾气、天癸、男精女血为物质基础。"胞络系于肾，""肾者，主蛰，封藏之本，精之处也"，"肾主冲任，冲为血海，任主胞胎"故肾虚是不孕的主要原因。由于肾藏真阴而寓元阳，为水火之脏，一般而言，肾无表证，无实证，其病变多属阳虚或阴虚之证。根据"虚则补之"的原则，阴虚宜甘润壮水以滋养，阳虚宜甘温益气以温养，通过洽调阴阳的偏颇，才能达到培源固本的目的。由于脏腑之间的生克制化，脏腑之间相互联系，相互影响，寒、湿、痰、热、瘀之间相互影响及转化，多种因素导致肾与冲任的病变，使其不能摄精成孕。临证班秀文根据其阳虚或阴虚的不同表现，常用五子衍宗丸、归芍地黄汤、左归丸、右归丸加减出入治之。根据其兼证不同酌加调理气血、化痰祛瘀通络之品。

案 李某，32岁，医务人员，1983年11月3日诊。结婚两年余，双方共同生活，迄今未孕。月经周期一向规则，色量一般，经中无任何不适，曾在本院行妇科及B超检查，未发现异常。本月行经2次，第1次为83年10月5日，量中等，第2次为83年11月18，现经净。舌质淡，苔薄白，脉虚细。诊断：不孕症。辨证：阳虚宫寒。处方：菟丝子30g、归身12g、白芍10g、熟地15g、香附10g、艾叶6g、肉桂1.5g(后下)、川芎6g、川椒3g，3剂，每日1剂，水煎两次，温服。二诊(1983年12月28日)：连服上5剂后，自测尿HCG阳性。

按 本案为肾阳虚弱，命门火衰，冲任不足，胞宫失于温煦，宫寒不能摄精成孕。班老用四物汤补血益冲任，菟丝子温肾补肾，补而不燥，合熟地以益肾精，艾叶、川椒、肉桂温肾暖宫，共奏助阳之功。药证相合，故服之即能收取种子之功。（李 莉）

鲍严钟临床经验

【名老中医简介】鲍严钟(1936～)浙江天台人。主任医师。毕业于浙江中医学院。历任浙江省中医药学会理事，省性病艾滋病学会理事，省中西医结合学会生殖专业委员会副主委，省中医男性专业委员会主委，中华中医药学会男性学专业委员会副主席，中国性学会理事，中国性学会中医性学专业委员会副理事长。杭州市名中医，浙江省名中医。享受国务院政府特殊津贴。从事临床工作40多年，擅长中医治疗男性不育症、慢性前列腺炎、性功能障碍、阳痿、尿路结石、尿路感染、肿瘤、皮肤病等。

临证思路

慢性前列腺炎

1 病机三论

1.1 热毒蕴结论

根据慢性前列腺炎(Chronic Prostatitis，CP)易出现尿频、尿急、尿痛、尿混浊、尿道灼热感及排尿困难等尿路症状，既往中医认为其病因特点是湿热为病，乃膀胱湿热下注所致，属中医"淋证"范畴，治以清热利尿通淋，但疗效并不满意。鲍严钟认为CP病因并非湿热下注膀胱，清热利尿通淋之品并不能使前列腺湿去热除；其病机应为热毒之邪蕴结于前列腺，治疗应选用清热解毒之品，如黄柏、虎杖、蒲公英、败酱草、红藤、苦参之类。

1.2 瘀血论

大量临床实践表明，CP患者多有血液流变学异常，前列腺亦常变硬或有结节，会阴部常出现刺痛等瘀血证候。结合西医学关于慢性炎症刺激，CP易出现纤维化病变的认识，应用活血化瘀中药确能提高疗效，从而认为"瘀血郁阻"是CP的主要病机之一。

1.3 痰湿瘀浊阻滞论

为深入探讨CP的病因病机，我们对CP患者310例从宏观症状、体征和前列腺液（EPS）微观角度进行调研，认为"痰湿—瘀浊阻滞"为其主要病机之一。痰湿易导致"浊"的病理反应，出现各种秽浊症状，如尿道滴白占19.36%。痰湿为病，湿性缠绵，故病程较长，缠绵难愈，易反复发作，病程2年以上者占60.32%。病程日久，气血脉运行不畅而变生瘀血表现，出现疼痛或不适症状和前列腺压痛、变硬、结节等异常体征，疼痛不适发生率为62.26%，前列腺指诊异常率60.65%，说明CP易出现瘀的病理改变。CP的EPS镜检调研表明，白细胞易出现成堆现象（包括大量成堆、成堆、小堆），构成比为54.20%，说明前列腺导管因炎症刺激、纤维变性而狭窄，排泄不畅，秽浊之物难以排出。此外痰湿易蒙蔽神明出现精神神经症状。

据上所述，结合西医学关于"成人的前列腺呈持续活动状态，每日分泌0.5～2mL液体，这些液体由导管输送，经精阜两侧的开口进入尿道"的认识，CP的治疗应在清热解毒杀灭病原微生物及活血化瘀改善前列腺供血环境的基础上，依据中医"腑以通为用"的治疗思路，选用化痰排浊之品，如浙贝母、天花粉、石菖蒲、薏苡仁、冬瓜仁等，促使秽浊的炎性分泌物排出，保证前列腺导管引流通畅而加速CP炎性病灶的愈合。

2 分期论治

在临床实践中发现，CP症状的出现已不是发病初期，而多为初中期。大部分患者初中期既出现热证，如尿道口滴白、小便灼热、口干口苦、阴部潮湿、烦热汗出、便秘等，又出现湿遏阳气之寒证，如睾丸怕冷、小腹怕冷、足心发凉等，呈寒热夹杂证。部分患者病情发展到后期，则以疼痛不适、精神抑郁为主要表现，呈瘀浊互结证，小便滴白现象偶见或消失，血运不畅，血瘀气滞，故见疼痛或不适、精神抑郁表现，湿浊内阻，则滴白现象偶见或消失。西医学从病理学角度解释了CP尿道口"滴白"现象。炎症细胞浸润期（相当于初中期）炎性分泌物较多，故出现"滴白"现象；纤维增生、变性期（相当于后期）前列腺导管狭窄，炎性分泌物淤积难出，故尿道口偶见滴白，严重者前列腺按摩EPS亦难出。

基于上述认识，鲍严钟提出CP的分期论治治疗思路。初、中期以清热解毒为主，辅以通瘀排浊，佐以温肾健脾之品，防湿遏伤阳；后期治以通瘀排浊为主，辅以清热解毒，佐以温通之品，以助血行；初、中期以当归贝母苦参丸、薏苡附子败酱散加减，去附子加少量补益药可振奋阳气；后期以桂枝茯苓丸加减，桂枝为湿通之圣品。当归贝母苦参丸源于《金匮要略·妇人妊娠病脉证并治第二十》"妊娠，小便难，饮食如故，当归贝母苦参丸主之"。方后注曰"男子加滑石半两"，说明该方男子小便病变亦可用之。薏苡附子败酱散源于《金匮要略·疮疡肠痈浸淫病脉证并治第十八》，是治疗寒热夹杂证之经典方。桂枝茯苓丸源于《金匮要略·妇人妊娠病脉证并治第二十》，用于妇人宿症病，后期前列腺纤维增生变性而成症结，用之可谓切中病机。当归贝母苦参丸、薏苡附子败酱散、桂枝茯苓丸治疗CP，是鲍严钟多年来研究、灵活运用经验方的实践总结，经临床验证疗效确切。（孙中明）

医案验案

1 男性不育症

吴某，男，30岁。2003年3月15日初诊。因"婚后3年不育"就诊。患者平时性生活正常，未避孕，以往无慢性、重大疾病史。其妻经检生育力正常。查体：左侧睾丸18，坚度中等，无压痛，未及结节，附睾头部较硬；右侧阴囊内未及睾丸，同侧腹股沟环处可及25mm×10mm×10mm大小椭圆形肿物，型似睾丸，阴茎发育良，前列腺4cm×3cm，质地中等，可扪及一粟米大小结节，中央沟存在，按摩欠通畅，化验：前列腺液常规：pH值6.5，WBC 2～3/Hp，卵磷脂小体（++），血抗精子抗体（－），尿支原体（uu、mh）（－），衣原体（－），精浆抗精子抗体（－）。精液量：1.0mL，60分钟不液化，精子密度：152.98×10^9/mL，活率：3.22，活动力：a级0，b级1.34，畸形率18.2；B超于右侧腹股沟外环处可见一26mm×10mm×11mm的似睾丸样回声团块，提示：右侧隐睾，舌黯边有齿痕、苔白，脉弦细。辨为肾亏挟瘀，治拟补肾活血化瘀，处方：仙茅、仙灵脾、黄柏、萸肉、牡丹皮、丹参各10g，炒当归、制首乌、黄芪各15g，甘草5g。共15剂。二诊：药后，胃纳更佳，性生活时间延长。脉较前有力，舌如前、苔薄白。复查精液，量：1.8mL，60分钟不完全液化；精子密度：86.54×10^9/mL；活率：24.17；活动力：a级6.16，b级9.0。治法如前，方以炙甘草10g替代甘草，以增强补气之功。续15剂。续进60剂后，复查精液，量：1.7mL，20分钟液化；精子密度：129.81×10^9/mL；活率：54.98；活动力：a级2.13，b级35.31。次月其妻停经，经检为"早孕"，次年生育一健康男婴。

按 本案因患者先天禀赋不足,精气衰弱,肾气不足以致睾丸下降不全,出现一侧隐睾;气化无力而痰浊内生,气血凝滞,而致前列腺结节,精液量少、不液化,精子活力差,导致不育。方中仙茅、仙灵脾益肾填精,黄芪、萸肉、制首乌补益气血,炒当归、丹参养血、活血祛瘀,黄柏、牡丹皮清热滋阴,甘草益气,并有调和诸药之功。全方诸药合用,共奏补肾益气、活血化瘀、清热滋阴之功,药后精液逐渐液化,量增加,性生活时间延长,精子活力明显提高,择时行房而育。

2 精索囊肿

徐某某,男,49 岁。2005 年 6 月 27 日初诊。主诉:左侧阴囊肿大 7 天。患者 1 周前不明原因出现左侧阴囊肿大,局部无明显疼痛、皮肤无红肿。患者平素喜饮啤酒。查体:左侧阴囊内,睾丸上方,精索上可及大小约 40mm×30mm×30mm 的椭圆形肿物,质韧,无压痛,透光试验(+),周围淋巴结无肿大,血、尿常规(-),血沉 85mm/h,B 超示:阴囊炎性囊肿,胃纳欠馨,二便、夜寐尚可,舌淡、苔白厚,脉濡细。处方:橘核 15g,小茴香 6g,制延胡索、炒当归、瓦楞子、茯苓、莱菔子各 12g,荔枝核、牡丹皮、厚朴、五倍子、甘草各 9g。共 15 剂。二诊:自诉肿块缩小,服药后胃纳渐馨,另无不适症状,舌淡、苔白,脉濡。查体:左侧精索处可及直径约 8mm 大小肿块,质韧,无压痛。续以前方 15 剂。复查:阴囊内未及肿块。后每 3 个月随访 1 次,直至 2006 年 12 月,患者肿块一直未复发。

按 本病起于患者久居冷湿之地,加上平素嗜饮,并正值杭州梅雨季节,寒湿凝滞,聚湿成痰,发为水疝,舌淡、苔白厚,脉濡细均为寒湿内盛之像。方中橘核行气散结,小茴香、荔枝核祛寒理气,制延胡索、炒当归、牡丹皮活血行瘀以通经散癥,瓦楞子消痰化瘀、软坚散结,茯苓利水渗湿健脾,厚朴行气燥湿,莱菔子行气化痰,五倍子消肿收湿,甘草调和诸药。全方诸药合用,祛寒行气,活血化瘀,消痰散结,疝气得消。故云:此乃久居湿地得奇症,中医辨证获奇效之又一例证。(黄向阳)

贲子明验案

【名老中医简介】贲子明(1913~)主任医师。原大连市友谊医院中医科主任。辽宁省中医学会理事,大连市中医学会副会长。大连市名中医,辽宁省名中医。首批全国老中医药专家学术经验继承工作指导老师。从事中医临床工作 60 余年,精于内科、妇科及小儿诸病。

小儿急重症验案

1 粒细胞减少症,反应性悉罔

丛某,女,9 岁。1991 年 3 月 26 日初诊。患儿粒细胞减少,反应性悉网,曾住某医院,经二次骨穿确诊。予抗感染、输液、成份输血及对症治疗一月余,病情日渐加重,故请贲老诊治。患儿面色萎黄,形瘦神疲,微发热恶寒,腹痛足凉,食少便溏,溲黄。舌质红俭赤,布满白腻微黄厚浊苔,脉沉滑小数。白细胞计数 $1.4\times10^9/L$。证属湿热之邪蕴结募原、耗气伤阴,治宜清化湿热,益气养阴。药用:藿香 10g,半夏 5g,陈皮 10g,砂仁 7.5g,滑石 7.5g,茯苓 15g,焦术 15g,党参 15g,黄芪 15g,鸡内金 10g。水煎,早晚 2 次口服。服药 6 剂,精神稍振,腹痛大减,诸证均有缓解,但仍时有低热,便溏。舌质缸、苔白腻,脉沉稍数。原方去滑石,继服 6 剂。服药后,热退神清,诸证基本缓解,但每日仍便溏 1~2 次。舌质淡红,粘腻浊苔已退,脉沉而缓。白细胞 $4.6\times10^9/L$。为巩固疗效,守方继服 6 剂。三个月后随访,患儿已上学,未见复发,白细胞 $5.8\times10^9/L$。

按贲子明诊疗小儿病患注重辨证,体察入微。小儿体质嫩弱,病情易变,须细审体质、面色、舌象及脉象,方为万全。本患儿初因湿热之邪蕴结气分,留恋募原,日久熏灼上下,重伤气阴,正气日衰,邪气日甚,已涉险境。初诊虽无寒战高热,但微发热悉恶寒,白腻微黄厚浊之苔布满红赤舌上,显系湿热之邪蕴结膜厚之甚;面黄形瘦,神疲乏力,则为气阴亏损之征。贲老首先采用苦辛理气清湿热之品,方用藿香、砂仁、滑石、陈皮,以透达郁遏已久之湿浊;邪恋日久,气阴两伤,故以党参、黄芪补气养阴、扶正祛邪;鸡内金、焦术、半夏,健脾祛湿,化浊之品。诸药相和,攻中有补,补中有消,脾湿浊得化,正气得复,故症除病愈。药已中病,故继予益气养阴、佐清化湿热之品善后。

2 病毒性肺炎

詹某某,女,4 岁。1991 年 3 月 12 日初诊。患儿高热一周,发热恶寒,咳逆气急。曾住某医院,诊为病毒性肺炎,经抗病毒、抗感染,输液治疗,发热恶寒稍轻,但咳喘有增无减,体温 37.9℃,微恶寒,咳呛频作，痰鸣气急，鼻翼煽动，口唇干燥，呼吸困难，烦躁不安，面色晦黯。舌质红苔黄腻，指纹红紫在气关，两肺可闻及细小湿罗音。证属痰热壅肺，肺失肃降，治以清热宣肺，祛痰平喘为主。药用：金银花、连翘、黄芩、杏仁各5g，葛根、桔梗、川贝各7.5g，桑叶、竹叶、甘草各3g。水煎，时时频饮。服药3剂，热势稍有减，体温37.2℃，气促趋缓，口唇转红润，但口干，两肺啰音减少。前方加芦根15g，金银花、连翘增至7.5g，继服药3剂，发热已退，体温36.8℃，呼吸均匀，肺啰音消失，舌红黄苔退，呈薄白苔，继服前方3剂，告愈。

按 病毒性肺炎因感受风热之邪而作。风热袭表，营卫失和，邪热相争，壅于肺，肺有郁热，故见发热恶寒，鼻翼煽动，热邪炽盛，炼液为痰，痰热互结，则见咳呛气急。方中，金银花、连翘、黄芩、杏仁，清肺消痰止咳；竹叶清心除烦；葛根、桔梗，解肌；川贝润肺化痰；芦根既清肺生津，又引热从小便排出。故连服9剂而愈。

3 急性肾炎

李某，男，12岁。1991年2月5日初诊。患儿首发眼睑浮肿，渐至全身，持续半月之久。经某医院诊为急性肾炎，用西药数日未见好转，请赍老诊治。证见全身尽肿，四肢、腹部尤甚，脐凹，阴囊肿大光亮，小便涩少，日排尿约500mL，精神萎靡，面色萎黄，食少。舌苔白腻，脉沉细。尿常规：蛋白（++++），白细胞10～20，红细胞20～30，颗粒管型（+）/高倍视野。证属阳气不化、水湿内停化热，治宜疏表通里，通阳利水。方用白茅根汤加减。药用：白茅根30g，猪苓15g，赤小豆20g，茯苓20g，桂枝7.5g，女贞子15g，公英15g，甘草7.5g，水煎，每日早、中、晚服之。服药6剂，全身略有汗出，身肿略减。阴囊肿大亦减，尿量稍增，小便仍短赤。尿常规：蛋白（++），白细胞10～20，红细胞20～30/高倍视野。水热互结，内热伤阴之象仍在。治宜养阴清热、化瘀利尿。上方加滑石10g，沙参15g，公英加至20g，去桂枝。继进6剂，肿势明显消退，排尿基本正常。尿常规：蛋白（+），白细胞0～3，红细胞0～2/高倍视野。上方去滑石、公英，继服6剂，肿消神清，饮食如常，尿检正常。再加健脾利湿之焦术30g，茯苓25g，继服12剂，以巩固疗效。半年后随访，未见复发。

按 赍子明认为，小儿急性肾炎多属风水范畴，其发病与肺、脾、肾三脏有关。肺气不宣，通调失职，脾虚不运，肾气不化，水湿潴留，形成水肿。但小儿娇脏，病情易变，治疗上不但开鬼门、洁净府、去菀陈莝兼施，更要辨证施治准确。本例首用白茅根、泽泻、猪苓、赤小豆、茯苓，以利水除湿；桂枝疏表通阳，使水湿从表里分消；茅根、女贞子清热；甘草调和诸药。服6剂后，虽身肿略消，阴囊肿大减，但水热尚互结，仍有内热伤阴之象。治宜养阴清热、化淤利水而止血，去疏表通里之桂枝，加滑石、沙参以清余热。服药二周，诸症基本消失，随访调整，予健脾利湿，而收全功。

4 肾病综合征

张某，男，5岁，1991年4月13日初诊。患儿高度浮肿30天，开始发热恶寒，继而出现颜面浮肿，渐至下肢及全身，腹部尤甚。曾住某医院治疗一月未见好转。经理化检查、尿液分析，诊为肾病综合征，病情重危，请赍子明医治。患儿精神萎靡，面色㿠白无华，全身高度浮肿，腹水明显，阴囊肿大光亮，头痛、恶心、呕吐。尿少，日排量400mL。舌质红，薄白苔，脉细数。尿检，蛋白（+），血检、尿素氮38mg/oll，肌酐3.2mg/oll；血沉68mm/h。证属水湿困脾，肾阳亏损。治宜健脾温肾、通阳利水。药用：茯苓皮、猪苓、泽泻、桑皮、陈皮、大腹皮各10g，姜皮、附子各3g，白术15g，桂枝5g，益母草40g，甘草5g。水煎，每日早、中、晚服之。服药6剂。身肿减退，阴囊亦消，恶心呕吐大减，小便次数增加，日排尿约1000mL。舌质淡红，脉弦小细。尿蛋白（+++）。原方焦术增至20g，茯苓皮、桑皮各增至15g，益母草增至50g。又服药6剂，精神有振，阴囊水肿已消，身肿及腹水均消退，但由于饮食不当略有腹泻便溏，每日1～2次。尿检，蛋白（+）。随访调整，重于健脾利湿，白术增至35g，茯苓皮、桂枝、泽泻、防己各10g，猪苓、桑皮、陈皮、大腹皮各15g，益母草50g，姜皮3g，甘草10g。服药12剂，诸证悉除，精神体力恢复，饮食、二便如常。复查尿素氮、肾功能、血沉、尿常规，均在正常范围，予温补肾阳之剂，服金匮肾气丸，每日1次，每次半丸，以巩固疗效。三个月后随访，病情稳定。

按 赍子明治疗水肿，重视气化，以肾为本，以肺为标，脾为之制。认为治水者先治疗气，气化则水自行。方中，茯苓皮、猪苓、泽泻、益母革，渗湿利水；附子温阳固肾；姜皮、桑皮、陈皮去腹中停水，陈皮理气，桑皮能泻肺；加焦术健脾燥湿，桂枝通阳气，配合大腹皮气行水散，使水肿消退。此方药味平和，消肿明显，疗效显著。

风湿热痹验案

案1 张某，女，31岁。1991年9月10日初诊。

因不慎感受风寒，一周后出现肘、膝，踝关节呈游走性热痛，夜甚于昼，痛甚难眠，发热口干，不能坚持工作，最近又见关节周围起疙瘩。曾在某医院查血沉60毫米/小时，抗链“O”1250单位，确诊为风湿性关节炎。用抗风湿药及青霉素、链霉素治疗一月余疼痛稍有减轻，但常伴有心悸，纳差，便溏，来此求治。查患者面色萎黄，踝关节附近有皮下结节数个，大小似黄豆，皮色不变，按之疼痛，有活动性。舌质淡，苔薄黄，脉细数无力。证属风湿热邪由表入里，热为寒遏，耗伤气阴，邪气阻滞经脉，气血运行失畅，心失所养。治宜清热祛风胜湿，养血通络。药用：黄柏10g，苍术15g，独活10g，双花15g，寄生15g，秦艽15g，防风10g，细辛3g，当归26g，白芍20g，川芎15g，桂枝7.5g，茯苓25g，党参35g，杜仲15g，甘草10g。每日水煎1剂，早晚2次口服。9月17日二诊：服药6剂疼痛减轻，夜能安眠，心悸减轻，纳差稍增，但脉仍细数，舌淡苔薄黄。药虽中病，但余热未尽。守方继服6剂。9月24日三诊：疼痛基本消失，皮下小结见消，饮食增加，心悸消失，舌质淡红，薄黄苔已退，脉沉而有力。继用上方去黄柏、苍术、双花。连续服用12剂，巩固疗效。服法同前。10月8日四诊：患者面色红润，周身关节疼痛消失，皮下小结消散，饮食增加，大便正常，复查血沉8毫米/小时，抗链“O”500单位以下，一年后随访，患者上班工作，未复发。

案2 马某，女，26岁，1992年11月11日初诊。患者自诉两踝关节肿胀酸痛约一月之久。膝关节周围有时起环形红圈，活动后痛甚，得凉则痛减，常用强地松、消炎痛、炎痛息康等药治疗得缓解。但近一周来时有发冷、发热，口干，目眩，膝痛明显加重，两踝关节肿胀，左裸明显，局部触之灼热，舌质红，苔黄腻，脉滑数。证属湿痹日久，积湿化热，邪热交争，淤阻经脉。治宜宣风清热，除湿通络。药用黄柏10g，苍术15g，黄芩15g，柴胡10g，独活10g，寄生15g，秦艽15g，防风10g，细辛3g，当归15g，白芍15g，川芎10g，桂枝7.5g，茯苓15g，甘草10g。每日水煎1剂，早晚2次口服。二诊：服药6剂，热已退，疼痛有减轻，但左踝关节肿胀同前，舌质红，苔少黄腻，脉滑小数，药已中病，守前方去柴胡、黄芩加薏米25g，牛膝15g，服法同前。三诊：二周来热退神爽，关节疼痛大减，两踝关节肿胀逐渐消退，触之不热，未见出现环形红斑，舌质红，苔稍黄腻，脉滑。湿热已清，活动自由。上方去苍术、黄柏、细辛、桂枝，加党参25g，焦术25g，防已15g，炒杜仲10g，健脾祛湿，扶正祛邪，巩固治之。五诊：患者共服药30剂，同时停用激素药物3周。周身关节疼痛未见再发，病情已愈。5个月后随访，患者上班工作，未再发。

案3 李某，女，48岁，1993年1月6日初诊。患者关节游走性窜痛已一年余，阴雨天疼痛加重，经常自服止痛片、消炎痛缓解疼痛，在一月前由于天气突变，自觉周身发热恶寒，随之出现左臀部至左踝部关节疼痛尤甚，肢体活动受限，下肢小腿出现散在少许红斑，当时去某医院确诊为坐骨神经痛。给予青霉素、链霉素、维生素、激素等药物对症治疗一个月，病情时轻时重，左下肢疼痛明显，夜不能入睡，不能走路，故来此求治。查病人表情忧伤，面赤唇干，家属扶入诊室，行走困难，左下肢小腿内侧可见多个小拇指大红斑，按之痛重，屈伸不利，触之微热，舌质暗，舌边有散在瘀斑，苔白腻，脉弦数。查血沉40毫米/小时，抗链“O”833单位。证属风寒湿痹日久，郁而化热，湿热内蕴，壅于络脉，气滞血瘀，经脉失养。治宜清热祛风除湿，佐以活血化瘀通络。药用：苍术15g，独活15g，寄生15g，秦艽15g，防风10g，细辛3g，当归15g，熟地25g，白芍15g，川芎10g，桂枝7.5g，茯苓15g，桃仁10g，红花7.5g，甘草10g。6剂，每日水煎1剂，早晚2次口服。二诊：左下肢疼痛减轻，夜能入睡4小时，左小腿内侧红斑颜色略有变淡，身不发热，舌质同前，脉弦稍数。药已中病，湿热见清，血脉通畅。激素逐渐减量。原方加减继进，服法同前。三诊：二周来热退神好，左下肢关节疼痛明显减轻，患者可在室内轻度活动，夜能入睡，面色红润，左小腿内侧红斑颜色明显变淡，舌质稍暗，舌边散在淤斑变淡，舌苔少白腻，脉弦。激素停用。守原方加党参25g，焦术25g，健脾祛湿巩固治疗。四诊：服用上方12剂，左下肢关节疼痛基本消失，活动自如，饮食增加，起居如常，舌质稍淡，舌边散在瘀斑明显变淡减少，舌苔转白而不腻，脉弦。上方去苍术、桃仁、红花，继进12剂。以补肾散寒，祛风利湿，通经活络，强筋壮骨巩固治疗。五诊：神态正常，自步入诊室，诸证悉除，饮食睡眠正常，可持家务，舌质淡红，苔薄白，舌边有少许瘀痕，脉和缓。复查血沉4毫米/小时，抗链“O”500单位，病情基本治愈。半年后随访，病未再发。

案4 谭某，男，50岁，1991年2月26日初诊。患者两年前由于感受风寒后，出现双踝关节稍肿胀，逐渐又出现双手腕关节肿痛，当时去某医院经X光摄片及验血沉68毫米/小时，确诊为类风湿性关节炎。一直在家里用大活络丸、去痛片治疗缓解，但病情时作时休。近半年来由于发热，两足踝关节肿痛加重，双手腕，双膝关节肿硬疼痛，时有发热，行走困难。住某医院用青霉素、链霉素、消炎痛、雷公藤治疗5个月，病情未见好转，故来此诊治。查患者痛苦病容，身微发热，两手腕、双膝、双踝关节稍肿大，皮色不变，不能行走，舌体胖大苔白腻，脉弦滑。证属湿热蓄积，阻塞经络，久痹不愈，夹有瘀血，遂成顽痹。治宜补肾健脾，祛风除湿，佐以活血化瘀清热。药用：黄柏15g，苍术15g，公英15g，坤草35g，防己15g，苡米50g，沙参15g，泽兰叶15g，川牛膝15g，生地15g，茯苓15g，独活15g，炒杜仲10g，寄生15g，桂枝7.5g，白芍15g，川芎10g，当归15g，秦艽15g，甘草10g。每日水煎1剂，早晚2次口服。二诊：服药6剂汗出热退神爽，双膝、双踝关节疼痛明显减轻，双踝关节肿胀见消，舌体胖大苔少白腻，脉弦小滑，西药逐减，而至停用。药已中病，湿热已清，原方去黄柏，苍术，加桃仁10g，红花7.5g。三诊：诸证又有所减轻，可在室内走动，双踝关节肿胀已消，饮食增加，二便正常，舌体稍胖大，苔白而不腻，脉弦。继守原方巩固治疗。四诊：服用18剂后，关节疼痛明显减轻。查血沉8毫米/小时。四肢活动自如，双腕、双踝关节肿胀明显消退。守原方服12剂巩固之。前后连续服中药30剂，病情好转出院。二年后随访，病情基本缓解。

按 痹证经久不愈，逐渐形成气血俱伤，肝肾不足，脾胃虚弱，气滞、血瘀、痰浊，邪气留连不去，形成本虚标实之证。因此治疗风湿热痹，不仅要清热祛邪治其标，还必须扶正固其本，多年来临床上获得显效。活血化瘀是夹瘀时常用的辅助治法。清热药当根据热在表、在气、在血的不同，选用黄柏、苍术、双花、连翘。散风多选用独活、防风。同时在散风祛邪时，辅以活血通络，以利疏散外风，此即治风先治血，血行风自灭之意。祛寒多选用桂枝、细辛，除湿多选用薏米、防己、苍术、秦艽。寒湿宜温化，湿热宜清化。因湿邪困脾伤及中土，故除湿常配伍健脾药，旨在“脾运湿邪自去”。健脾多选用党参、茯苓、白术，补肾多选用杜仲、生地、寄生；养肝血多选用熟地、当归、白芍，活血化瘀以桃仁、红花、坤草、泽兰叶等。

遣方用药，因人、因时、因地制宜，辨证灵活。案1风湿热痹正气不足要重用党参、当归、川芎、白芍，不用滋腻滞之品，以补益气血而止痹痛，与祛风之品配伍增其扶正祛邪之效。案2热痹证见寒热往来，口苦、咽干，治疗时不能单用清热泻火，而寒热并用，补通兼施，取其少量柴胡配黄芩来和解宣风祛邪。案3和案4痹证延久不愈，湿热阻络，久痛不已，气滞血瘀，以清热除湿通络，佐以活血化瘀，消补兼施，邪去正复，获得显效。（马玉清）

卞国本儿科学术经验

【名老中医简介】卞国本 主任医师，教授。现任中华中医药学会儿科专业委员会委员，江苏省中医药学会儿科专业委员会副主任委员，江苏省中西医结合委员会儿科专业委员会副主任委员，常州市中医药学会儿科专业委员会主任委员，江苏省及常州市医学会医疗事故技术鉴定专家库成员。江苏省名中医。从医近40年，擅长中医治疗小儿哮喘、慢性咳嗽、迁慢性腹泻、厌食、病毒性心肌炎、紫癜、遗尿、抽动－秽语综合征等疑难杂症。负责主持2项省级科研课题，发表论文42篇。

1 辨证与辨病相结合

辨证论治是中医学的特点和精华，中医的辨证方法有八纲辨证、脏腑辨证、气血津液辨证、卫气营血辨证等，根据外感病和内伤病的不同及疾病的不同阶段，分别采取不同的辨证方法来确定病人的证（病因、病机、病位），然后再确定治法和方药。卞国本认为，作为新时代的中医工作者，不能仅仅懂得中医的辨证论治方法，还必须懂得现代医学的辨病论治方法，才能适应临床工作之需要。例如在诊治小儿咳嗽、哮喘时，不能仅仅用我们中医的望问闻切四诊方法看病，还应该利用现代医学的理化检测手段如听诊器听诊心肺、x光摄胸片、实验室血常规检查等手段，拓宽延长中医诊断视野，对小儿咳嗽、哮喘的病情变化了解得更清楚，病情诊断更正确，治疗用药就更有效。

辨证与辨病相结合，不但在诊断与检查方法上相结合，在疾病诊断与治疗上也应结合，如小儿慢性咳嗽若仅用中医的辨证方法如寒痰、热痰、湿痰等法论治，则收效尚慢，若结合现代医学知识将它进一步鉴别诊断为咳嗽变异性哮喘，或上气道咳嗽综合征，或食道返流性咳嗽等，则可相应地采用针对性更强的用药，疗效就可迅速提高，病程也将会大大缩短。

2 衷中参西，疗效为先

卞国本临床既注重传统的中医药理论，又不墨守成规，既参合现代医学的研究成果，又不生搬硬套，中医西化。随着现代医学的发展，疾病的分类越来越细，病种也越来越多，因此，新时代中医必须衷中参西，将现代医学知识融入中医学。不但要熟练地将现代医学微观的理化检查结果为我们中医的辨证论治服务，而且在我们常用的中药性味归经、功用主治等方面，结合现代药理研究，把生化、免疫、微生物、分子生物学、遗传学等现代科技知识引进中医药范围，更好地为我们中医的辨证论治服务。如儿童哮喘是气道的慢性炎症性疾病，其气道呈高反应性而出现痉挛、收缩，其发病常与病毒或细菌感染、尘螨或花粉类异常物质的吸入等环境因素有关，而且也与过敏体质的遗传有关。中医也必须了解这些现代医学的最新研究成果，在治疗儿童哮喘时就应在传统的中医辨证基础上，加用更有针对性的现代药理研究支持的药物，如僵蚕、蝉衣、全蝎等虫类药，这些药物有解痉、抗过敏作用，相当于中医的祛风、平喘作用，则可使哮喘的中药治疗更有效。此外，如哮喘的西医治疗，目前全世界都是按照联合国卫生组织制定的GINA方案执行，提倡使用激素吸入剂。具体的细则内容每1～2年都有新的版本公布，卞国本每年都参加这些新进展、新知识的学习，并及时应用于临床。他在儿童哮喘专病门诊治疗时不单用中医中药辨证论治，而且衷中参西，适当加用一些西药，其疗效比单用西药的效果更好，儿童哮喘的控制，治愈率更高。

3 审证求因，注重望诊

卞国本在临床工作中强调，审证求因是中医诊断疾病的基本原则，而诊察疾病的基本方法是望问闻切，四诊合参，但儿科自古就称为“哑科”，因此，卞主任临床诊疗时对望诊尤为注重。如对患儿的精神面色、形体动态、山根、目眶下眼圈、巩膜结膜、口腔咽喉、舌质舌苔等部位的观察格外仔细。山根是指两目内眦间位置，它常与鼻梁、眉心及两目眶下眼圈相连，这部位形色的变化能反映气血的盛衰和邪之所在，对患儿病情有重要的诊断意义。《幼幼集成》云：“山根，足阳明脉所起。”可见该部位的筋脉形色与脾胃病变是有内在联系的，如山根、目眶下青筋显露，肤色紫暗则常见于脾胃虚弱或脾虚湿困或夹有气滞血瘀引起的消化不良，厌食，腹泻，贫血等患儿。因脾肺为母子关系，相互影响，肺系病变也常见上述部位筋脉肤色变化，如反复呼吸道感染、支气管哮喘患儿的肺脾气虚证或夹血瘀气滞证也可见山根及目眶下眼圈淡青色或紫褐色。另据报道，小儿山根及目眶下眼圈淡青色从免疫学方面的研究发现：这些患儿的T细胞亚群检测，CD3，CD4，CD5均明显低于正常儿童，提示这些患儿细胞免疫功能低下，因此易于反复呼吸道感染及哮喘反复发作。这些现代病理学，免疫学的研究结果也支持中医通过望诊得出的证候病机分析，丰富了中医审证求因的内涵。

对巩膜的望诊除黄染为小儿黄疸的典型表现外，还有如外感引起的咽结膜综合征和外感高热时的眼结膜红肿，小儿麻疹时的结膜红肿，目眵较多，及眼泪汪汪等也都是既常见，又具明确的诊断意义，卞国本强调对这些也不能疏忽。对口腔，咽喉的望诊是他看病时对每个患儿都必不可少的一个检查项目，如口腔粘膜、咽峡有无疱疹，溃疡，有无白屑白垢（霉菌感染所致的鹅口疮），咽喉部有无充血或滤泡增生，扁桃体有无红肿或化脓，腮腺炎时口腔颊粘膜有无腮腺管口红肿或挤压溢脓等。

卞国本非常重视小儿舌诊，因小儿舌诊确有客观的、特异的诊断意义，对判断疾病性质，病情轻重及部位，病变转归及预后都极为重要，是审证求因的重要方面。卞主任说：舌质表现的是身体的本质和五脏虚实之反映，如常见的地图舌患儿大多有反复呼吸道感染、厌食偏食、过敏、代谢障碍、微量元素缺乏等症，临床多属脾胃气阴两虚。舌苔表现的是邪气的盛衰，常表明机体同邪气斗争的情况，它随着治疗而发生改变，因此，舌苔的变化能指导临床判断病变部位，病邪深浅，病情轻重与转归，如黄苔和白苔，腻苔和腐苔，厚苔与薄苔等区别及其临床意义都不同，对审证求因和立法处方都有不同的指导意义。

4 临床经验

4.1 固本防哮治疗哮喘缓解期

支气管哮喘是儿童时期最常见的呼吸道慢性疾病之一，因其病程较长，易于反复发作而成为国内外中西医儿科界都感棘手的难题。卞国本认为，对儿童哮喘治喘治标不难，但除哮除根不易，要想使哮喘得到长期控制或治愈，关键是要抓住缓解期的治疗。哮喘缓解期的病机是本虚，即肺脾肾三脏虚亏，同时内有宿痰或气滞血瘀兼夹，每因外邪触发而致病情反复发作。因此，治疗应以固本防哮为大法，提出四季治疗法，并连续坚持2～3年或更长时间，方能全功。如他主持完成的省级课题“扶正固本法配合系统管理对儿童哮喘缓解期的防治研究”，自主开发研制的固本防哮丸（白参、黄芪、蛤蚧、紫河车、山萸肉、茯苓、半夏、陈皮、贝母、桃仁、当归等组成），疗效显著，且无性早熟等副作用，春秋季或一年四季都可服用。夏季采用冬病夏治贴敷疗法，即在每年夏天小暑、大暑节气时用白芥子、细辛、肉桂、延胡索、甘遂研粉末，加鲜姜汁调成面团状，做成药饼用胶布固定贴敷在背部的肺俞（双），膈俞（双），肾俞（双）等穴位，有温肺散寒，活血通络作用，可起到预防秋冬季哮喘发作之功效。冬季给哮喘患儿熬制中药膏方调理，用人参、黄芪、白术、熟地、阿胶、僵蚕、蝉衣、贝母、紫苑、款冬花、当归、陈皮等中药，调补阴阳，健脾化痰，补肺益肾，活血祛风，提高患儿抵抗力，增強其免疫功能。一年四季坚持缓解期治疗，绝大多数哮喘患儿都能得到长期控制，甚至痊愈。

4.2 养阴熄风治疗多发性抽动症

多发性抽动症又称抽动－秽语综合征，是一种以运动和语言抽动为特点的儿童行为障碍综合征，临床表现为频繁眨眼，摇头晃脑，点头耸肩，手足抖动，呲牙裂嘴，喉部发出“吭吭”“嘿嘿”声，或说脏话等。祖国医学中虽无该病名记载，但根据其临床表现，卞国本认为该病属慢惊风范畴，如《幼科证治准绳》云：“水生肝木，木为风水，木克脾土，胃为脾之腑，故胃中有风，瘈疭渐生。其瘈疭症状，两肩微垂，两手下垂，时复动不已，名曰慢惊。”其病机多与肝肾阴虚，肝风夹痰有关，其肝肾阴虚是本，风动痰阻为标，治疗大法为滋肾养肝，熄风化痰，方选六味地黄湯合天麻钩藤饮加减，常用药为：生熟地黄、山萸肉、淮山药、丹皮、天麻、钩芼、石决明、白芍、蜈蚣、全蝎、僵蚕、菖蒲、菊花等，连续服用1～2个月都能症状减轻，甚至消失。由于小儿为稚阴稚阳之体及“三岁以下小儿为纯阳之体”的生理特点，故儿童体质大多为阴虚阳盛，因此，该病临床以阴虚风动之证为多见，而脾虚痰湿，痰火上扰，心肝血虚，瘀血内阻等证少见。

4.3 凉血化瘀治疗过敏性紫癜

过敏性紫癜是儿童常见的毛细血管变态反应性疾病，以广泛的小血管炎症、出血为基础，好发于学龄期儿童，以两下肢皮疹、紫癜和（或）伴腹痛、关节痛、肾炎症状为主要临床表现，属中医的斑疹、葡萄疫、血症范畴。卞国本认为，小儿肺腑娇嫩，形气未充，经脉未盛，因外感风热邪毒、内入营血、与气血相搏，络脉被血热损伤，血不循经，外溢脉道而致该病，故治法宜清热凉血。同时，凡离经之血即为淤血，它不仅阻碍新血化生，还会加重经络淤滞而使出血不易停止，因此仅用清热凉血还不够，还必须加用活血化瘀方为周全。自拟凉血化瘀汤为基本方进行治疗，常用药是：水牛角、生地、丹皮、赤芍、紫草、碧玉散、丹参、侧柏叶、茜草根、大蓟、小蓟等。若有腹痛、关节炎或血尿、蛋白尿则随证加减。

4.4 慢性咳嗽重在鉴别诊断

小儿慢性咳嗽是指超过4～8周的咳嗽，是儿科临床常见症状之一。有文献报道其主要病因为咳嗽变异性哮喘、上气道咳嗽综合征（也称鼻后滴漏综合征）、呼吸道感染后咳嗽、胃食道返流性咳嗽等。由于经常被误诊为呼吸道感染性咳嗽而长期、大量使用抗生素，但收效甚微而成为儿科临床一大难症。卞国本认为，对儿童慢性咳嗽关键是不要只考虑呼吸道感染咳嗽这一种可能，而应考虑的病种原因多一些，要详细询问病史，认真的体格检查和作必要的实验室理化检查，以期做出明确的鉴别诊断，然后才能辨证与辨病相结合，衷中参西，有的放矢，用中西医结合治疗取效。如他提出从哮论治小儿咳嗽变异性哮喘（过敏性咳嗽），以自拟的祛风治哮汤加减治疗，全部有效。常用中药有：炙麻黄、杏仁、僵蚕、蝉衣、射干、葶苈子、干地龙、威灵仙、浙贝母、鱼腥草等。又如对鼻后滴流综合征（上气道咳嗽综合征），卞主任用经验方苍夷射干汤加减治疗全部有效，且治愈率达70%，其基本方为：苍耳子、辛夷花、射干、僵蚕、蝉衣、全蝎、白芷、黄芩、马勃、鱼腥草、生甘草等。

薄智云临床经验

【名老中医简介】薄智云（1950～）主任医师，教授。现任北京中医药进修学院教授、腹针培训中心主任，北京腹针研究院院长，意大利腹针医学会名誉会长。全国老中医药专家学术经验继承工作指导老师。腹针疗法创始人。

临床经验

腹针治疗腰腿痛

1 腹针的基本理论

腹针是薄智云根据大量的临床积累和多年的临床实践，结合传统的中医理论发明的一种新的针灸方法。薄教授根据中医理论，认为腹部以脐为中心存在着先天经络系统，这个系统在胚胎时就已存在，而在出生后仍然存在，经多年的研究发现了腹部的关键穴位和神龟图，用针刺穴位，可以调节体内的脏腑经络和四肢百骸的功能。薄智云教授由此提出了“神阙布气假说”，认为以神阙为轴心的腹部不仅有一个已知的与全身气血运行相关的循环系统，而且还有一个被人们所忽视的全身高级调控系统，这个系统就是腹针疗法的物质基础。薄智云根据临床经验,结合全息理论,认为腹部存在着与人体各部位相关的信息,由此提出先天经络和神龟图学说。

2“肾主骨 脾主肌肉”为腹针治疗腰腿痛的基本理论

腰腿痛是骨伤科多种腰椎疾病的主症,常见于腰椎间盘突出症、腰椎管狭窄症等疾病,中医属痹证范畴。薄智云在中医理论的基础上,融会西医理论,认为“腰为肾之府,肾藏精,主骨生髓”,肾虚,肾气不足,则骨不坚,加之风寒湿邪侵袭,故见腰椎骨质改变,发为腰椎间盘突出症、腰椎管狭窄症等。“脾主肌肉,主四肢”,“脾主运化水谷之精以濡养肌肉”,“脾虚,则肌肉削”,“筋骨肌肉无气以生,故不用焉”,故见下肢运动无力,甚至肌肉萎缩,其中以腰腿痛疾病日久多见。

综上所述,脾肾亏虚,气血生化无源,髓不化血,精血亏虚,筋骨四肢无以濡养,故而发病,故腹针治疗腰腿痛以“补肾”为大法,佐以“健脾”,有“以后天补先天”意。

腹针治疗腰腿痛的处方中,中脘为胃之募穴,胃与脾相表里,有“水谷之海”之称;下脘位于中焦,两穴合用,有调理中焦,健脾和胃,补后天而化生精微之效;水分促进局部水肿吸收,减轻炎性渗出;肾主先天之气,气海、关元两穴合用,共奏培肾固本之功;以及肾经的四满、气穴来培补元气,通调督脉气血;取足阳明胃经腑穴外陵以通调气血,引脏腑之气向下散布,使经气到达下肢末端,外陵在腹部全息图中位于髋关节位置,同时可治疗髋关节附近的症状;下风湿点、下风湿下点为腹针发明人薄氏经验用穴,在腹部全息图中分别为膝关节及踝关节,有消肿止痛,滑利关节作用。诸穴合用,标本兼顾,起效快速,且疗效稳定。

3 先辨病后辨证治疗腰腿痛

薄智云主张:腹针疗法“先从诊断入手,再看辨证妥否,尔后操术勿躁,依情再作加减”。对每个疾病都有一个相应的处方,这是腹针疗法有别于传统针灸疗法的一个特点,只要能够对疾病进行准确的诊断,进一步的治疗处方便会相对容易地筛选。在手法上,薄老总结得出:不要求有酸麻胀痛感,但指下有如鱼吞饵之沉紧,这也是腹针疗法有别于传统针灸的地方之一。施术后留针 20 ~ 30min,针后 10min 左右调针 1 次。如天气较冷,则同时以神灯照射腹部。

3.1 腰椎间盘突出症

基本处方:水分、气海、关元。加减:以腰肌疼痛为主酌加外陵(患)、天枢(患)、大横(患)。如腰痛较重,范围较广可于天枢至大横附近行散刺手法,至皮肤微红有少许瘀血即可。下腰椎及骶椎疼痛加气穴(患),根据部位高低加关元上或关元下。合并坐骨神经痛:气旁(对侧)、气穴(对侧)、外陵(患)、下风湿点(患)、下风湿下点(患)。麻痹感重可加滑肉门(患)、天枢(患)、水道(患)。必要时并配合局部定位取穴。

3.2 腰椎管狭窄症

基本处方:引气归元(中脘、下脘、气海、关元)、双气旁、双气穴。加减:合并坐骨神经痛:外陵(患)、下风湿点(患)、下风湿下点(患);症状重可加滑肉门(患)、天枢(患)、水道(患)。必要时并配合局部定位取穴。

3.3 腹针治疗腰腿痛精髓在于辨证施治

薄智云认为:在定位准确的情况下,根据患者的病情变化、病程长短、病位深浅等进行加减、调针,是取得疗效的保证。对于急性发作的腰椎间盘突出症,他总结为:急症刺之深,以疾调气血;缓症刺之浅,以和内而安外。其中气海、关元应深刺以急调脏腑气血。经过治疗后,患者症状较前减轻,再行腹针治疗时,深度应较前变浅,他认为:此为患者症状减轻,病位变浅,针刺要“刺至病所”,所以深度要变浅,否则可能会引起气血紊乱,使症状加重。对于腰椎间盘突出症后期,疼痛不明显,主要以肌肉萎缩、下肢麻木为主的患者,可不取水分,取引气归元(中脘、下脘、气海、关元)为基本处方,以健脾补肾为法,再根据具体症状行穴位加减。对于久病,体质较弱的患者,薄智云认为:可加患侧水道,为足阳明胃经上的穴位,其意为足阳明胃经多气多血,可加强通调气血之作用,同时引胃经之气血到达下肢,达到治疗目的。

在定位方面,在治疗前应对患者病变的部位(神经根定位)有明确的认识,患者病变部位的对应穴位,应较其它穴位深刺。气海在腹部全息定位相当于 L2/3 水平,关元在腹部全息定位相当于 L4/5 水平,关元下腹部全息定位相当于 L5/S1 水平,在患者症状和影像学不相符时,应根据患者的症状进行神经根定位,再进行腹针治疗。在这方面,就需要有扎实的西医基本功,更加体现“辨证论治”的精髓所在。

在治疗患者下肢麻木或皮肤感觉过敏等症状时,以浅刺为主,以其病位变浅,针刺则浅,其深度薄智云谓之“浅中之浅”。若范围广泛,他主张配合散刺手法。腹针治疗腰椎管狭窄症的局部辨证加减与治疗腰腿痛有很多相同之处,但术者必须了解腰椎管狭窄症患者一般年龄在中年以上,病情较长,为慢性发病多,症状逐渐加重,中医辨证多为虚证,其腹针基本处方“引气归元”以健脾补肾为法，但补肾与健脾之间的平衡调整非常关键。

对于年龄较轻，发病时间不长，病变尚未累及肌肉的患者，应以补肾为主，补脾为辅，“引气归元”的穴位虽同为深刺，但气海、关元深度较中脘、下脘深，薄智云谓之“深中之深”。对于年龄较大，发病时间较长，肌肉出现萎缩等症状的患者，由于年龄增大导致肝肾亏虚，“先天之精”不足为不争的事实，唯有补“后天以养先天”，以补脾为主，补肾为辅，中脘、下脘取之“深中之深”以调理脾胃。腰椎管狭窄症患者间歇性跛行为典型症状，多数患者在平卧或休息时症状轻或完全无症状，给腹针治疗过程中调针带来极大的不便。在定位时，需要术者在患者症状明显时进行检查，以达到准确的定位，同时要求术者对于患者疼痛的部位、轻重、深浅、性质非常了解，因为患者平卧后可能所有症状都消失了；另外要求术者对于腹针的深浅掌握的非常好，否则不但达不到治病的效果，甚至可能加重患者的症状。总之，腹针治疗腰椎管狭窄症对术者的技术要求比治疗腰椎间盘突出症要高。（李永津 林定坤 陈博来）

曹克光临床经验

【名老中医简介】曹克光（1945～）主任医师，教授，博士生导师。1970年毕业于天津医科大学医疗系。现任职于天津中医药大学第一附属医院内科。天津市名中医，第三批全国老中医药专家学术经验继承工作指导老师。擅长治疗肾脏病、血液病、老年病、痛风及高尿酸血症等。

急性痛风性关节炎

1 对病因病机的认识

曹克光认为，急性痛风性关节炎是痛风的主要症状，其属于中医学“痹证”范畴。早在《内经》就有病因、病机、证候分类及预后的详细论述。朱丹溪在《格致余论》中认为，本病乃“瘀浊凝涩”所致，其症状特点是“定则痛甚”。其临床症状与“热痹”极为相似，不同点是痛风患者平素过食肥甘厚味以致湿热内蕴，日久湿毒瘀滞愈甚，兼感外邪入里，闭阻经络而致关节突发剧痛。现代医学认为，尽管体内尿酸主要来源于内源合成过多，但高蛋白、高脂、高嘌呤食物是痛风及高尿酸血症发病率升高的主要原因。尤其患者在受寒时，因单晶尿酸钠溶解度下降，在关节腔及其周围析出，而发作急性痛风性关节炎。可见在这一点上，中、西医的观点是一致的。

2. 治疗方法

2.1 控制饮食

要求每位前来就诊的患者低嘌呤饮食，按照医院统一印发痛风患者配膳标准进食。

2.2 碱化尿液

使用碳酸氢钠碱化尿液，保持尿 pH 在6.5。增加饮水量，使每昼夜尿量在2000mL以上。

2.3 分期治疗

①急性期 曹克光根据痛风发病的病因、病机、辨证与辨病相结合，分别拟定清热利湿解毒、活血散瘀止痛及清热、消肿、止痛治法，设痛风合剂方（百合、土茯苓、萆薢等）与痛风止痛方（大黄、山慈姑等），由医院药厂制成痛风合剂[执行标准：TJZB－42（Z－30）－2005，批准文号：津药制字（2003）Z第0814号]和痛风止痛涂膜剂[执行标准：TJZB－44（Z－30）－2005，批准文号：津药制字（2003）Z第0816号]治疗本病，以求达到增加尿酸排泄、消肿、镇痛之功。现代科学实验证明，痛风合剂具有增加尿酸排泄、镇痛、明显地促进炎性细胞的吞噬作用，阻止中性粒细胞趋化产生的药理作用；痛风止痛涂膜剂药物透皮吸收过程，包括释放、穿透及吸收透入，在组织内通过血管或淋巴管进入体循环而产生全身作用。

②缓解期 继续服用痛风合剂3～6个月，每周复查尿 pH，每月复查血尿酸各1次。

2.4 保护肾脏

曹克光认为，痛风患者平素饮食不节，损伤脾胃，湿浊内滞，聚于肾络，日久化热，耗伤气血，内及肝肾，导致肝肾不足，虚实夹杂，证见关节疼痛、肿胀、重着，或关节僵直变形，或皮下结节，活动不利，神疲肢肿，夜尿增多，尿频，腰痛，舌质淡，或暗有瘀斑，苔白，脉细或细弱等。故治疗本病以清热利湿泄浊、活血化瘀止痛治其实，益肾养肝健脾治其虚，在采用痛风合剂的同时配合院内制剂益肾养肝口服液[由黄芪、山茱萸等组成，许可证号：津ZX20010010，批准文号：津药制字（2001）Z第0251号]，不但能降低血尿酸，解除骨关节肿痛，还能明显减少尿蛋白排出，从而起到保护肾脏，改善肾功能的作用。

2.5 合并症的治疗

痛风及高尿酸血症者多合并高脂血症，尤以甘油三酯升高者居多，曹克光选用力平脂治疗，既能降低血脂，又有降低血尿酸的作用；对合并原发性高血压者，选用科素亚治疗，在降压的同时，也能降低血尿酸，还能保护肾脏；合并高黏血症，具有高血栓形成倾向者，重用活血化瘀通络之品，如鸡血藤、丹参、牛膝、灯盏花等，多能奏效。

3 典型病案

某男，42岁，某公司经理，2002年7月到曹克光门诊求治。初诊时患者诉2年前因喜食海鲜、动物内脏，过量饮酒，出现右足踝关节红肿热痛、行走困难。查血尿酸548μmol/L，诊为急性痛风性关节炎，经治疗症状消失。此后上述症状发作2次，左足第一跖趾关节发作1次，左右足合发2次，曾服用秋水仙碱、别嘌呤醇、中药汤剂等治疗。此次因长途行走诱发双足关节红肿热痛、行走困难，发热，腰痛乏力，大便干燥，舌暗红、苔黄腻，脉滑数、尺脉沉。为进一步治疗收住院。入院后查体，患者体胖，面色萎黄，痛苦面容，双足红肿，左足以第一跖趾关节为中心，右足以踝关节为中心足背红肿更明显，触之局部皮温升高，有压痛，拒按，局部关节活动受限，体温38.7℃，血压正常。化验检查：尿常规pH 5，蛋白（±），白细胞（+），血尿酸523μmol/L，甘油三酯3.16 mmol/L，血肌酐123μmol/L，血黏度增高，血小板聚集率76.6，24h尿量2.1L，尿酸2.69mmol/24h，肌酐19.6 mmol/24h，蛋白0.87g/24h，血β2－MG 2.82mg/L，尿β2－MG 0.25 mg/L，血纤维蛋白原4.52g/L，其他化验未见异常。因此诊断为急性痛风性关节炎，高甘油三酯血症，高血栓形成倾向，早期肾损害。中医辨证属肝肾不足、湿毒内蕴、瘀血阻络证。急性期治以急则治其标为原则，选用痛风合剂口服、痛风止痛涂膜剂外涂，灯盏花注射液（云南生物谷灯盏花药业有限公司生产，批准文号：国药准字Z53021569）静滴。同时予碳酸氢钠1g，3次/d，碱化尿液保持尿pH在6.5；低嘌呤饮食，增加饮水量，使每昼夜尿量在2000 mL以上。治疗1周，双足关节红肿热痛、行走困难消失，体温正常，但长时间行走仍感双足关节重着不适，腰酸乏力。缓解期标本兼治，在继续服用痛风合剂的基础上加用益肾养肝口服液，力平脂0.2g，1次/d。1个月后复查入院时各项异常指标，尿常规pH 6.5，血尿酸降至418μmol/L，血β2－MG降为2.03mg/L，其余各项均已正常。连续服用痛风合剂与益肾养肝口服液至3个月，临床症状完全消失，各项化验指标未见异常。随访至今，未有关节红肿热痛，血尿酸检查正常。（宋 平）

曹利平临床经验

【名老中医简介】曹利平 女。主任医师，硕士生导师。毕业于陕西中医学院。陕西省中医院呼吸科主任，中国中西医结合学会呼吸病专业委员会委员。陕西省名中医。擅长诊治呼吸系统疾病、内科疑难杂病及肿瘤。主持国家级科研课题1项，省级科研课题2项。出版专著3部，发表论文20余篇。

肺癌术后放化疗后

1 肺脾气虚型

证见：短气自汗，周身疲倦，咳嗽痰多，咯痰稀薄，纳呆腹胀，便溏或大便不利，舌质淡红、苔白腻，脉沉细。此型多为肺癌术后患者，因其发现时已不是早期，由于肿瘤经常侵及肺动、静脉，心包，有些仅做姑息性切除，有部分做一侧肺叶全切术，创伤面积大。临床表现以肺脾气虚为主，本方根据“衰者补之，损者益之”，“形不足者，温之以气”的治疗原则，治宜健脾益气以枳朴六君子汤加减。

2 阴虚内热兼热毒型

证见：干咳无痰，或痰少，痰黏不易咯出，或痰中带血，或咯血，声音嘶哑，胸闷气短，口干少津，或胸痛，咽痛舌烂，少气懒言。舌质红而干、苔薄或光剥，脉细数无力。此型多见于术前放疗或未行手术接受放疗或术后放疗患者。因放疗在杀伤肿瘤细胞的同时也对人体产生了不同程度的毒副作用，最易伤阴耗气，损阴伤津，所以将其归属于“热邪”，“热毒”或“火邪”之类。治宜滋阴润燥，清热解毒以一贯煎加味。此方采取滋水涵木、清金治木、培土抑木3方并用的原则。

3 气血两虚型

证见：少气懒言，面色苍白无华，神疲乏力，纳差，易感冒，咳嗽，吐痰，重者低热，牙龈出血，口腔粘膜反复出现溃疡，舌质淡或淡白，脉沉细或细数。此型多见于化疗后白细胞减少或全血细胞减少。治宜健脾益气，补肾养血以参芪地黄汤加味。

4 气阴双虚，痰瘀互结型

证见：咳嗽，咯痰，咯血或痰中带血，胸闷气憋，精神疲惫，形体消瘦，或发热，纳呆，舌质暗红或紫暗，苔白或无苔，脉沉或沉细。此型多见于老年肺癌晚期或放化疗后体弱者，因失去手术根治或全程化疗机会，部分患者连姑息性放疗或全身性化疗也难以耐受。老年人的特点是五脏皆虚，临床上老年肺癌患者很少出现单一证候，多伴有其他证候。气阴双虚，痰瘀互结，虚实交错，故而具有老年人和肺癌患者的双重特殊性。所以治疗上应以益气润肺，祛瘀化痰，软坚散结为原则。自拟方：黄芪、党参、女贞子、沙参、麦冬、生地、枸杞、白术、冬虫夏草、蛤蚧、浙贝母、白僵蚕、蜈蚣、土鳖虫等。

5 医案举隅

肖某，男，76岁。2006年3月17在唐都医院行"右肺下叶全切术"，术后病理诊断：右肺下叶周围型低分化鳞状细胞癌3级，未侵及胸膜。术后行化疗2次。2006年6月求诊于曹利平。证见：咳嗽，咯少许白痰，痰中未见血丝，活动后胸闷、气短，乏力，精神差，纳食可，夜休差，二便正常。舌质淡红、苔薄白，脉沉细。曹利平诊察后认为，此病应属中医"肺积"范畴，由于其年老体弱，加之又行手术及化疗，更耗正气，所以将其归属于肺脾气虚兼阴虚内热型，治疗当以健脾益气之枳朴六君子汤为主，佐以解毒散结，润肺养阴之品。具体方药如下：夏枯草、党参、龙葵各30g，沙参、麦冬、茯苓、枸杞、浙贝母各15g，枳壳、厚朴、白术、陈皮、乌蛇、土鳖虫、生地、白僵蚕各10g，当归6g，法半夏9g，蜈蚣2条。每日1剂，水煎服，早晚分服。二诊：服药12剂后精神明显好转，但仍活动后气短，咳嗽，咳声低怯，痰少咯之易出，伴咽干，大便溏薄，每日1～2次，纳眠可，小便正常。舌质淡红、苔薄白，脉沉细。本着效不更方的原则，在原方基础上加入益气扶正之品。处方：继用上方加黄芪、女贞子各30g，每日1剂，水煎服。服药12剂后精神好转，活动后气短明显减轻，偶尔咳嗽，咯少量白痰，纳可，二便调。随后仍以扶正培本为原则巩固治疗至今，病情稳定，生活质量得到明显提高。2007年4月18日及2007年12月4日复查胸部CT均显示：右肺下叶切除，未见转移性病灶。（张军城）

曹余德临床特色

【名老中医简介】曹余德（1921～）江苏省扬州人。主任医师，教授。1943年毕业于上海中医学院。原任上海华东医院中医科主任。上海市中医药学会老年医药专业委员会委员，上海市药学会老年药学会委员。享受国务院政府特殊津贴。上海市继承名老中医药专家学术经验指导老师。从事中医临床工作50余年，擅长治疗癌症、老年性慢性支气管炎、哮喘、冠心病等疑难杂症。

咳 嗽

1 宣通肺气，首举麻黄

曹余德认为外感咳嗽或慢性咳嗽加剧，均乃感受外邪所致。外邪客于肺中，肺气失宣，故而咳嗽。每见鼻塞流涕，咽痒欲咳，咳而不畅，咳甚胸痛，痰稠粘附，咳咯不爽，此外邪郁结肺中，阻塞肺气宣通。治疗当先宣肺，肺气宣通，方可驱邪外达。宣肺首推麻黄，曹老主张用宣散力强之生麻黄，麻黄虽性温，但无论寒邪、热邪均可使用，不必顾忌，关键在于配伍。他常常风寒以三拗汤，风热以麻杏石甘汤为基本方，酌加桔梗、枳壳，一升一开，通达气机；前胡、桑白皮辛散苦降，宣通肺气，瓜蒌皮、枇杷、芦根止咳化痰，清热生津。对于要求服成药者，也在用罗汉果糖浆的同时，主张加用单味麻黄煎水冲服，以增强宣散之力，简便有效，可谓创新之举。

在外邪未清之前，曹余德不主张用敛镇之剂，强止其咳。他认为，临床上常碰到一些数月咳嗽不愈之患者，此多为过早服用了配药镇咳剂与抗生素之故。抗生素可能属寒凉性质，寒凉药与敛镇之剂可阻遏肺气的宣通，不能使邪外达，纵然暂时见轻，也常反复，终不能治彻。主要原因是闭门过早，贼未驱走。更不能认为久咳属虚，而妄投补益之剂，那样错上加错。理应先开门而后驱邪，必须用麻黄宣通肺气，才能因势利导，则咳嗽可除矣。

2 疏理气机，小柴胡辈

小柴胡汤出源于《伤寒论》，虽为少阳证之剂，但临床应用范围甚广。曹余德认为小柴胡汤能和解少阳，可治疗太、少两经之病，解半表半里之邪。咳嗽一症，若经宣散，表邪未解，续用麻黄之剂宣散外，可配小柴胡汤疏理气机，以解胸中痰气郁结。方中柴胡，黄芩一疏一清，既可疏通气机，又能清透解表；人参可用太子参代，扶正攘外；半夏、生姜与黄芩同用苦辛通降，可宣通气机，消痞除满。通常经过宣通、疏理后，则肺气得以宣畅。

案1 毛某，女，36岁。患者素有慢性咳嗽，每年好发于三、四月份。今年发作已有四月余，屡服中西药无效。X线摄片诊断：慢性支气管炎、肺气肿。刻下咳嗽较甚，胸痛气急，痰多不畅，舌质红，尖有红点，舌苔根腻，脉细数。此属风热犯肺，肺气上逆，肺失宣通。宜小柴胡合麻杏石甘汤治之，以宣通肺气，疏散风热。药用：柴胡、桔梗、麻黄、甘草各6g，黄芩、竹沥、半夏、杏仁各9g，太子参、冬瓜子各12g，桑白皮15g，生苡仁20g。7剂后症情大减，患者高兴地说：服药三帖后即见效，胸口觉舒，咳痰畅快，咳嗽也轻快。再拟原方去麻黄、杏仁、石膏，加瓜蒌皮15g，百部、紫苑各9g，续进7剂病瘥。

3 清气肃肺，止嗽加味

曹余德善用止嗽散加味以清气化痰，肃肺止咳。程钟龄的止嗽散中，既有桔梗之升；又有白前之降；既有荆芥之辛散，又有紫菀、百部之润收。临证若见喉燥咽痛，咳吐黄痰，舌质偏红，尖有红点，此乃风邪化热，热伤肺津。在止嗽散基础上加石膏、知母、黄芩清肺泄热；桑白皮，瓜蒌皮、冬瓜子清化痰热；加沙参、花粉、芦根清热生津。

曹余德在舌诊方面有其独特的经验。他常说："中医舌诊最客观、最直接、最可靠"。他在临床上除观察舌质舌苔的变化外，且十分注意有否红点、瘀斑及其分布位置；舌下静脉充盈曲张的情况等。对于咳嗽一症，他认为舌尖见有红点，这是蕈状乳头充血的表现，在辨证时可作为外邪化热的标志，表示肺经有热。又认为舌质暗兼有瘀斑，舌下静脉粗张，属血瘀现象，为气机不畅，痰气郁结所致，在临床治疗上除用活血药外可酌加疏通气机之品，方能收效。

曹余德认为，一般咳嗽多半经此治疗而可告愈，少数肺阴亏耗严重或久病体虚者，尚需进一步润养。

4 润肺养阴，善用生脉

临床经常可见一些咳嗽延绵不休，又易感受外邪，病根较深，难取速效。其咳嗽特征为干咳无痰或少痰，咳声短促，此乃肺阴耗伤，肺气虚弱所致。曹余德认为此时不宜再用宣散之品，防其更伤其正，治当滋润肺阴，敛养肺气，甚则补肾纳气。他十分赞赏生脉散，认为生脉散虽仅三味，气阴两面均能顾及。人参大补元气，若无可以太子参代，如需偏重补阴，可与南北沙参同用；麦冬养肺阴，润肺止咳；五味子能敛肺气，又能纳肾气，可谓少而精。若痰少不畅可加杏仁、川贝；肺热加黄芩、知母；阴虚加玉竹、花粉；肾气虚弱可合七味都气丸同用。

案2 翁某，男，81岁。患者年迈体弱，素有冠心病、慢支等疾，经常干咳无痰，近来喉中作痒，喘而气促，胸闷汗出，口干舌燥，小便淋漓不畅，夜尿频多，舌苔光剥，质红中裂，脉细数。证属肺肾两虚，治宜润养肺阴，补益肾气。方以生脉散加味。药用：五味子6g，百部、紫菀各9g，太子参、南沙参、麦冬、玉竹、生地各12g，黄芪、芦根、桑白皮、天花粉各15g。连进7剂，呼吸平稳，咳嗽减少，汗出亦轻，唯晨起尚有咳嗽，痰吐觉畅。再拟原方续进10余剂，口干好转，舌苔转薄，咳嗽痊愈。（龚锡曾）

柴浩然临床经验

【名老中医简介】柴浩然（1923～1993）　主任医师。首批全国老中医药专家学术经验继承工作指导老师。从医50余年，学验俱丰，擅长诊治内、妇诸科。

临床经验

慢性肾炎蛋白尿辨治

1 清利湿热，祛邪务尽

慢性肾炎蛋白尿久不消退，或反复出现，伴有轻度浮肿，纳呆口苦，脘腹胀满，腰部酸困，尿少而黄，大便粘滞不畅，身困倦怠，舌质淡红或暗红，苔薄白微腻，上罩浮黄苔，或薄黄微腻，脉沉细滑，或弦滑略数等症。柴浩然认为，此多由湿热内蕴，流连下焦，困遏脾气，清浊相干，漏泄尿中所致。其中湿热流连为因，脾虚清浊相干为果，故治疗应审证求因，根据湿热流连，如油入面，难解难分的病因特点，以清利湿热为主，祛邪务尽，使邪去而正自安，达到消除蛋白尿的目的。在选药组方上，既考虑到清利湿热而不损伤脾气，又要着眼于本病疗程较长，常用甘淡性平的清利湿热之品，组成基本经验方：白茅根30g，丝瓜络15g，茯苓15g，通草9 g，路路通9 g，益母草15g（此为成人常用剂量，小儿酌减）。若伴颜面或四肢浮肿，小便不利者，加茯苓皮24g，桑白皮15g，大腹皮15g，陈皮9 g，生姜皮6 g；若挟外感，恶寒发热，周身不适者，加香薷9 g，生白术15g；若伴头晕头痛，血压偏高者，加珍珠母30g，钩藤15g，菊花9 g，夏枯草15g；若有心烦不寐者，加竹茹15g，建莲子15g；若病久不愈，湿阻络瘀，舌质暗红或有瘀点、瘀斑者，加泽兰9g，丹参15g，赤芍9 g，丹皮9 g。

案1 王某,女,40岁。1991年12月17日初诊。患者14年前患急性肾炎,经住院治疗3月好转,后因调养失慎,病情反复,1980年急性发作,用中药治疗好转,但蛋白尿反复出现。1月前又见眼睑轻度浮肿,头晕头昏,干呕或呕吐,胸闷气憋,饮食减少,食后顶胀,心悸寐浅,面色萎黄,舌淡苔薄白,微罩黄苔,脉弦细滑。血压24.0/16.0kPa;心电图示:心率48次/分,心肌缺血;尿常规:蛋白(+++),红细胞(+++)。西医诊为慢性肾炎,肾型高血压。辨证为湿热内蕴,脾虚不运,清浊相干,升降失常。疏方:白茅根30g,丝瓜络15g,茯苓15g,通草9g,路路通6g,益母草9g,桑白皮12g,大腹皮12g,陈皮9g,竹茹15g,甘草6g。6剂,水煎服。12月24日二诊。服上方后即停服降压、利尿药,浮肿头晕均减轻,小便畅利,饮食增加,精神转佳,血压21.3/14.7kPa。上方加泽兰9g,钩藤15g,菊花12g,夏枯草15g,益母草加至15g。1992年1月18日三诊。上方共服8剂,症状繁有好转,血压20.0/12.0kPa,尿蛋白无变化。守方续用10剂。1月27日四诊:自觉症状消失,血压16.0/10.7kPa,尿蛋白(++)~(+++),前后治疗8月,共诊26次,服药150余剂,均以基本方加减化裁,尿蛋白(±)~(+),血压正常,症状消失。停药1年后随访,未见反复。

2 培补脾肾,益阴扶阳

慢性肾炎蛋白尿久不消退,或反复出现,伴有轻度浮肿,倦怠无力,精神萎靡,腰膝酸软,饮食减少,小便不利,面色无华,舌淡苔白,脉沉细弱等症。柴浩然认为,此为久病正伤,脾肾亏损,累及阴阳俱虚,使精气失于摄藏,若脾肾受损,精微外泄,久而久之,精亏不能化气,累及脾肾阳虚;阴精外泄耗散,不能补充阴血,累及脾肾阴虚,最终导致脾肾不足,阴阳两虚。此时除急性发作,或感受外邪,饮食失调,兼挟湿热之邪,治疗暂用清利湿热之剂外,一般则以培补脾肾,益阴扶阳治疗为本,使正气渐充,固藏复常,达到控制或消除蛋白尿的作用。针对这一病机特点,柴浩然总结出基础经验方,名"五子黑豆汤",由女贞子12g,沙苑子12g,枸杞子12g,菟丝子12g,车前子9g,童便制黑豆30g组成。此方为培补脾肾,平调阴阳之剂,可长期服用,而不失偏颇。由于蛋白尿久不消退,使人体精微物质大量漏泄,故在阴阳俱虚的前提下,因人而异,有的偏于气虚,有的偏于阴虚,有的偏于阳虚,有的偏于阴虚阳亢,故柴浩然根据临床常见的不同证型,又在"五子黑豆汤"基础上,加减衍化为四首经验方。一般在上症基础上,若偏于气虚,证见面色萎黄,大便溏薄者,上方加炒山药30g,党参15g,炒内金6g,荷叶9g,名"五子培化汤";若偏于阴虚,证见口咽干燥,舌红少苔,脉细数者,上方加熟地24g,知母9g,生龟版18g,怀牛膝12g,名"五子益阴汤";若偏于阳虚,证见四肢不温,畏寒喜暖,脉沉细迟者,上方加仙灵脾15g,桑螵蛸12g,金樱子9g,名"五子扶阳汤";若偏于阴虚阳亢,证见头晕目眩,视物不清,脉弦细者,上方加菊花9g,钩藤15g,珍珠母30g,夏枯草15g,名"五子清降汤"。

案2 尹某,男,46岁。1973年5月7日初诊。患者5月前出现颜面浮肿,渐及下肢,伴头晕眼黑,口咽干燥,视力昏糊,腰膝酸软无力,大便先干后易,尿色淡黄,纳少乏力,舌质红,苔黄滑微腻,脉弦细数。曾在省某医院诊为慢性肾小球肾炎,经治疗时轻时重,反复发作。诊时除上症外,尿常规:蛋白(++),红细胞(++)。辨证为肝肾阴虚,脾虚气弱。治宜补阴益肾,补气健脾。方用五子培化汤合五子益阴汤:熟地24g,明知母9g,生龟版18g,女贞子12g,沙苑子12g,枸杞子12g,车前子12g(纱布包煎),菟丝子12g,怀牛膝12g,炒山药30g,炒内金4.5g,荷叶9g,童便制黑豆30g。5剂,水煎服。5月14日二诊。服上方后,食欲略增,口干咽燥减轻,舌苔渐退。此虚热已清,改拟五子培化汤加味:炒山药30g,党参15g,炒内金4.5g,荷叶9g,女贞子12g,沙苑子12g,枸杞子12g,菟丝子12g,车前子9g,仙灵脾9g,怀牛膝9g,甘草6g,童便制黑豆30g。5剂,水煎服。5月23日三诊。浮肿显著减退,食欲大增,舌苔退净,大便滑润,小便渐转色白,仍时有头晕,视物不清,脉细缓。上方去仙灵脾,20剂,水煎服。6月23日四诊。浮肿消退,未再反复,精神转佳,饮食,二便正常,头晕眼黑轻而未已,舌质微红,脉细微数。尿常规:蛋白(-),红细胞(+)。仍用上方化裁:熟地15g,女贞子9g,山药12g,枸杞子9g,麦冬9g,沙苑子9g,玉竹12g,辽沙参12g,菊花9g,怀牛膝9g,车前子9g,制黑豆30g。5剂,水煎服。6月29日五诊。头晕眼黑大减,尿常规正常,改用杞菊地黄丸10盒,以资巩固。

上述经验各有侧重,亦有联系。若湿热之邪清利后,虚象渐露端倪,或脾肾亏虚又复感外邪,湿热兼夹未解,可根据具体病情变化,灵活权变运用,关键在于权衡虚实之间的主次轻重,在突出重点的同时,将二者兼顾起来。此外,慢性肾炎若以水肿为甚,可在利水消肿之后,再按上法辨治。(柴瑞霁)

遣方用药

下 利

1 附子粳米汤治肠鸣泄泻

杨某某,男,49岁,教师。1988年12月10日住院,住院号828。患者脾胃素虚,4月前情志不遂诱发肠鸣泄泻,伴胃脘胀满、纳差食减、神疲乏力等症。曾住某院治疗月余,疗效不显。以"慢性胃肠炎"与"营养不良性贫血"收住院,经用生姜泻心汤数剂及西药抗生素、抗贫血剂等,病情无明显改善。12月20日请柴浩然会诊,证见肠鸣如雷,每与腹痛相伴,夜间为重。大便稀溏,日行8~4次。面色萎黄,神情倦怠,头重不爽,形体消瘦,食后胸胁及脘腹胀满,恶心欲呕。舌淡红、苔白腻,脉沉细。病属肠鸣泄泻,辨证为脾胃阳虚,寒凝气滞,升降失常。治当温中散寒,降逆和胃,理气除满。方用附子粳米汤加味:熟附子4.5g,半夏9g,甘草6g,大枣8枚,粳米、川厚朴各15g。2剂,水煎空腹服。12月22日复诊:上药服后,肠鸣腹胀明显减轻,食欲转佳,余症如故。仍处上方加荷叶、肉豆蔻、白术各9g,炒山药30g,煨诃子6g。连服6剂,痊愈出院。

按 本案以肠鸣泄泻为主症,极易与生姜泻心汤证相混淆。柴浩然认为,生姜泻心汤证病机为中虚寒热互结,兼夹水气内停,除见"腹中雷鸣下利"外,并有"心下痞硬,干噫食臭"等主症,方义重在寒热并用、辛开苦降以调和胃肠。本方证病机纯属脾胃虚寒,因寒凝气滞而致升降失常,除泄泻下利外,并有腹中"雷鸣切痛,胸胁逆满,呕吐"等主症,方义旨在温阳散寒,降逆和胃以调和胃肠,临床使用时应严加区别。前医用生姜泻心汤罔效,即因辨证不确而致药病凿枘不合,故改弦易辙,用附子粳米汤加川厚朴行气除满,后增荷叶、山药、白术、肉蔻、诃子健脾升阳,涩肠止泻而获效。尤其粳米一药,既益气和胃,又助运止泻,还能制附子、半夏辛热燥烈之性,而有独特妙用。他凡用治虚寒性腹泻,常在辨证用药的同时,加粳米一味,每获佳效。

2 桂枝人参汤合厚朴生姜半夏甘草人参汤治太阴胀泻

杨某某,男,47岁,干部。1975年11月15日初诊。患者素有窦性心律不齐。2月前因饮食不节,寒凉失慎,遂病赤白下痢,腹痛,里急后重,经服抗菌药物,由赤白痢转为大便溏泻,日行7~8次,继服抗菌药无效。诊时证见:大便溏泻,上腹部胀满,隐痛时作,肠鸣漉漉,下午及夜晚加重。舌质淡、苔薄白滑,脉弦迟而细,时有歇止。病属太阴胀泻,辨证为心脾阳虚,寒湿内侵。治宜温运中阳,消胀止泻。方用桂枝人参汤合厚朴生姜半夏甘草人参汤:桂枝、干姜各9g,东参6g(另煎兑服),白术30g,厚朴15g,鲜生姜、半夏各9g,炙甘草6g,粳米15g。5剂,每日1剂,水煎分早晚空腹服。11月24日二诊:腹痛腹胀、肠鸣溏泻均减,大便日行2~8次,若食油腻则胀泻加重。病见好转,仍处上方加广木香9g,砂仁6g。5剂,服法同前。12月5日三诊:腹痛腹胀及肠鸣溏泻基本痊愈,唯食欲欠佳,神疲乏力,嘱服香砂六君子汤善后,并处枣桃食疗方:煨大枣5个,烧核桃8个,作1次嚼服,每日早晚各1次,长期服用。2月后病人相告,胀泻已愈,饮食复常,窦性心律不齐明显改善,嘱其停药,饮食调养。

按 本案初起赤白下痢,证属湿热为患,但素体心脾阳虚,又经抗菌药治疗,湿热从阴化寒,故虽赤白痢止,遂成太阴胀泻,日久不愈。柴浩然既注重病史,洞察体质与寒热从化的关系,又审证求因,把握寒湿内侵的病机与病证特点。所以方用《伤寒论》桂枝人参汤温运中阳,以治寒湿之本;复用厚朴生姜半夏甘草人参汤健脾理气,以疗胀泻之标。如此标本兼顾,药证相符,太阴胀泻渐复。柴老自制枣桃食疗方,具有健脾止泻之功,长期服用,以善其后。由于上药均能温补脾阳并间接温助心阳,故窦性心律不齐宿疾亦得到明显改善。

3 大承气汤治积食暴泻

张某某,男,45岁,牙医。1979年1月10日初诊。患者身体丰盛,胃健纳旺,喜食肥甘。2日前突然腹痛难忍,伴呕逆恶心,次日大便泄泻,频频登厕。经某卫生所诊为脾虚泄泻,内服参苓白术散,肌注庆大霉素。讵料服药后,当晚痛泻增剧,稀水样粪便不时排出,因无法登厕,在土坑垫以旧布,任其排泻,约5~10分钟作泻一次,日夜无度。诊见患者卧炕不起,两手护腹,自谓满腹胀痛,泻下黄色水样便,气味臭秽,泻量不多,泻次频作。腹诊见全腹胀满坚实,按之痛甚。舌苔黄厚而腻,脉滑实而数。病属积食暴泻,辨证为饮食积滞,热结旁流。治宜通因通用,荡涤积滞。方用大承气汤加甘草:大黄、芒硝各9g,厚朴、枳实各12g,甘草6g。1剂,水煎分2次空腹服。次日二诊,患者当晚服头煎药约4小时后开始畅泻,排泄量较多,夹杂块状样臭秽便,泻后腹部轻松舒适。又约1小时再畅泻一次,排泄量较前为少。此后胀消痛止,泻未再作。本祛邪务尽之旨,令将2煎药服下,但再未作泻。中午患者知饥思食,嘱其饮食调养而愈。

按 本案暴泻无度，且系黄色稀水便，气味臭秽，腹诊胀满坚实拒按，苔黄厚腻，脉滑实数。证由饮食积滞，热结旁流所致。暴泻无度属其标，肠中积滞热结为其本。治当泻下积滞，其泻乃止。前医被泻下稀水罩住眼耳，误诊为脾虚泄泻，服用健脾止泻之剂，而犯实实之戒，致有闭户养奸之嫌。柴浩然诊察此病，十分注重腹诊以别虚实，果敢采用通因通用之法，方用大承气汤荡涤积滞，加甘草和中缓调（又名三一承气汤），药仅一剂，下后泻止，收效频殊。说明泄泻一证，有虚实寒热之别，临证当须细辨。

4 黄芩加半夏生姜汤治胆热泄泻

王某某，男，33岁，农民。1965年8月24日初诊。患者身体素健，肝气偏激，3日前因家事不遂，加之饮食失节，当晚即觉上腹疼痛，恶心欲呕，并伴寒热时作，泻下黄黏沫状便2次，经服热酸汤寒热减轻。次日起脐周疼痛，泻下次数增多，日行10余次，便呈黄粘稀水，兼夹泡沫，肛门有热灼感。曾口服西药（不详）治疗，疗效欠佳。初诊除上述见症外，尚有口苦、咽干、渴欲饮水，时时作呕等症，腹诊上腹剑突下及脐周压痛明显，腹肌紧张，按之有抵抗。舌质红、苔薄黄，脉弦滑略数。病属胆热泄泻，辨证为胆热迫肠，胃气上逆，气血失调。治宜清胆和胃，缓急止痛，降逆止利。方用黄芩加半夏生姜汤：黄芩15g，杭芍30g，甘草15g，大枣6枚，半夏、生姜各9g。2剂，水煎分2次空腹服。8月27日二诊。服药后寒热、恶心消除，腹痛、泄泻减轻，大便日行2次。乃以黄芩汤加味：黄芩12g，杭白芍24g，甘草12g，大枣6枚，木香9g。2剂，服法同前，药后病愈。

按 本案肝气偏激，胆郁生热，加之情志不遂，饮食失节，胆热内迫胃肠以致作泻。口苦咽干，时时作呕，为胆热炽盛，肛门灼热，乃胃肠邪热壅滞。此属少阳与阳明合病。法宗《伤寒论》“伤寒呕多，虽有阳明证，不可攻之”之旨，故清胆和胃，降逆止利，方用黄芩加半夏生姜汤清胆泻热，和胃降逆以治其本。二诊又去半夏、生姜，改黄芩汤清胆泻热，意收全功。由此可见，热利病位偏于少阳者宜清，偏于阳明者宜下，少阳与阳明并重者宜清下并举，临证不可不察。

5 小陷胸汤治痰热痢疾

李某某，男，50岁，农民。1985年11月25日初诊。患者近2年来，心下痞满，纳差食减，神疲乏力，形体日渐消瘦，经某医院诊为“萎缩性胃炎”，选用中西药效果不佳。2日前腹痛且胀满不适，里急后重，下痢赤白脓血，日行10余次。大便常规检查示：红细胞（++），白细胞（+++）。舌质红、苔黄厚腻，脉滑细数。腹诊时腹肌菲薄，上腹部压痛明显。病属痰热痢疾，辨证为痰热中阻，塞滞大肠，气血失调。治宜清热化痰，行气调血。方用小陷胸汤加味：全瓜蒌60g，炒黄连9g，半夏9g，炒枳实18g，赤、白芍各12g。1剂，水煎分2次空腹服。11月26日二诊：药后里急后重见轻，下痢脓血减少，腹满腹痛渐减。上方全瓜蒌减至30g，加焦三仙各10g，续服3剂。11月29日三诊：大便正常，腹痛消失，但心下痞满，纳差乏力，舌淡红、苔薄白腻，脉细而滑。此乃痢疾虽愈，旧疾未除。病属胃痞，为脾虚气滞，升降失司之证，治当健脾助运，理气消痞。方拟加味枳术丸易汤：枳实9g，白术12g，木香9g，砂仁4.5g，荷叶9g，焦三仙各9g，甘草6g。后以此方加减化裁，共服10余剂，胃脘痞满诸症渐平，嘱其饮食调养以善其后。

按 痢疾多由湿热壅滞大肠，气血失调所致。除里急后重，大便脓血外，腹痛多以下腹部为主。本案素有心下痞满，复患痢疾后，腹痛以上、中脘部为重，病位偏于中焦，辨证系痰热中阻，壅滞大肠，气血失调，故与一般治痢有上下之别。方用小陷胸汤清热化痰为主，其中瓜蒌重用，一则宣开肺气，宽胸利膈，既除脘腹痞满之苦，又促使大肠腑气通降，清热化痰，利肠通便，以使痰热之邪外达而解。黄连清热燥湿，与半夏燥湿化痰并用，以治痰热壅滞之本。酌加枳实行气导滞以除后重，赤、白芍调血止痛以愈脓血，药味虽简，但配伍严谨，故收效甚佳。后以健脾消痞方药善后，使胃脘痞满痼疾渐至平复。（柴瑞霁 南晋生 柴瑞蔼）

风水案

1 表虚阳弱，桂枝汤加苓术附解肌和卫，温阳利水得瘥

王某某，男，24岁，1969年7月25日初诊。素体较差，复因盛夏炎热，贪凉露宿，夜寒外袭，次晨即感恶风畏寒，渐至全身浮肿，肚腹胀大，小便不畅。当地某医投用甘遂、二丑、槟榔、茯苓、泽泻、车前等攻逐利水之品6剂。药后呕吐不止，肿势益增，旋即住某医院。尿检：蛋白（+++）、颗粒管型（++）、脓细胞（+++）、红细胞（++）诊为急性肾小球肾炎，而邀会诊。证见面目、四肢浮肿，两足尤甚，扪之不温，肚腹胀大，唇淡口和，食欲较差，小便不畅。虽值盛夏，非但不发热，且恶寒较甚。舌质淡，苔薄白，脉沉滑，右寸浮弱，两尺细迟。此属风水虚证，乃风寒束表，肾阳不振，脾失健运，水气泛滥。治宜解肌和卫，温肾健脾，以化水气。方用桂枝汤加苓、术、附：桂枝10g，炒白芍10g，炙甘草6g，茯苓

30g，白术30g，熟附子15g，鲜生姜10g，大枣8枚(去核)。3剂，每日1剂，水煎服。二诊：药后小便通畅，肿胀见消，食欲增加，而微恶寒，继服原方3剂。三诊：头面上肢浮肿尽退，仅两足轻度浮肿，恶寒尽除，纳食知馨，二便正常，原方去熟附子3剂。四诊：浮肿尽退，四肢转温，余症皆平，尿检正常，告愈。

按 患者素体较差，卫阳不固；复因贪凉露宿，感受风寒，肺气被束，不能通调水道，以致阳虚水搏。加之病初误投逐水之品，脾肾阳气受戕，水气再度泛滥，形成风水重症。故方用桂枝汤发汗解肌，调和营卫，再加熟附子温肾化气；白术、茯苓健脾利水，使营卫调和，风寒外解，脾肾阳气复振，水气得化，则其病渐愈。

2 表实阳郁，越婢加术汤化裁发越阳气，清热散水而愈。

王某某，女，24岁，1969年7月25日初诊。平素月经不调，半年来又兼脾虚带下。患者4天前因气候炎热，贪凉露宿，次日晨起即恶寒发热，头痛，目窠微肿，身体困重，至23日又增咳嗽微喘，小便不畅，面目浮肿，24日浮肿渐及全身，即住院治疗。尿检：蛋白(+++)，红细胞(+++)，颗粒管型(++)。查T36.6℃，血压18/12kPa。诊为急性肾小球肾炎，特邀中医诊治。证见全身浮肿，以面目及上肢浮肿较甚，按之凹陷不起，下肢浮肿较微，脘腹胀闷，身热不甚，恶寒较重，头痛身重，微汗不透，口渴，小便短黄，舌红苔白，脉浮紧，两寸兼滑数。此为风水实证，乃风邪束表，肺气不宣，风水相搏，泛滥横溢。治宜发越阳气，解表清热，宣肺散水。方用越脾加术汤加味：麻黄10g，生石膏30g，甘草6g，鲜生姜10g，大枣6枚(去核)，生白术30g，炒杏仁10g，冬瓜仁30g，鲜白茅根60g。2剂，每日1剂，水煎服。二诊：药后溱溱汗出，寒热皆除，头痛身重均减，咳喘渐平，肿势消退大半，脘腹渐畅，小便增多，舌如故，脉渐和，继以原方3剂。三诊：浮肿尽退，小便清利，诸症悉除。因尚有白带，续以《金遣》当归芍药散改汤，以养血调肝，健脾除湿。

按 本案乃盛夏露宿，感受风邪。肺合皮毛，为水之上源，故风邪犯表，肺气不宣，肃降失司，不能通调水道，下输膀胱，以致风水相搏，形成水肿。本病虽有微汗，但恶寒不罢，表邪不解，虽身热不甚，但发热不除，郁热仍在。故方用越婢加术汤，发越阳气，解表清热，宣肺散水，加杏仁合麻、膏，寓麻杏石甘汤之意，清宣肺热，止咳平喘；加冬瓜皮、鲜白茅根，意在加强清热利水消肿之功。此表邪得除，郁热得散，肺气宣降，水道通调，则水肿自愈。

3 表闭阳虚，麻黄附子扬温经助阳，发汗解表获瘳。

薛某某，女，56岁，1967年7月6日会诊。1年前患急性肾炎，因治疗不当，迁延为慢性肾炎，经常下肢浮肿，时轻时重。近因感冒加重，面目、下肢浮肿并渐及全身，诊为慢性肾炎急性发作，住某医院治疗半月余，未见好转，而邀会诊。证见全身高度浮肿，皮色光亮，按之没指，肚腹膨胀，兼见恶寒无汗，食少神疲，大便溏薄，小便不利。舌质淡，体胖，苔白，脉沉弱。尿检：蛋白(++++)，上皮细胞(++)，红细胞(+)，白细胞0~3，颗粒管型2~4。辨证为脾肾阳虚，水气不化，复感风寒，表气闭塞，发为风水重症。治当温经助阳，发汗解表。方用《金匮》麻黄附子汤：麻黄15g(先煎去上沫)，熟附子12g，炙甘草10g。2剂，每日1剂，水煎服。治以取汗为度，并配合葱浴疗法：用红皮葱根茎(带须)500g，水煎两次置浴盆中，令患者坐其上，用被单固至齐颈，借热气蒸浴以助药力。二诊：服药及浴后，身汗徐徐透出，恶寒尽除，水肿明显消退，小便渐畅，皮肤已现皱纹，脉转沉弦有力。改用麻桂五皮饮加白术，通阳宣肺，健脾利水。方用：麻黄10g，桂枝10g，茯苓皮30g，大腹皮30g，桑白皮15g，陈皮10g，生姜皮10g，炒白术30g。5剂。服药期间，因增咳嗽微喘，于第4剂中加入厚朴10g，炒杏仁12g，咳喘即平。三诊：肚腹膨胀已除，唯面、足轻度浮肿，再拟五苓五皮饮加味。方用：炒白术30g，桂枝10g，猪、茯苓各12g，茯苓皮18g，泽泻10g，大腹皮15g，桑白皮12g，陈皮10g，生姜皮10g，鸡内金10g。5剂，水煎服。四诊：面、身、肚腹肿胀俱退，食欲增多，精神转佳，大便成形，小便清长，改用金匮肾气丸为汤，并重加白术30g，善后治疗月余而愈。追访1年，尿检正常，未复发。

按 本案病程较长，迁延不愈，肾阳渐衰，又因复感风邪，表闭肺郁，急性发作，遂成表闭阳虚之风水重症。由于表闭阳虚同出一体，单用越婢汤宣肺发汗，则困阳气不足而无力鼓汗外出，或强发其汗，则阳气更伤，而有祛邪伤正之弊，若纯用真武汤温阳利水，则风水无由宣泄外达，反致壅滞留邪之虞。故方用仲景麻黄附子汤以标本兼顾。方中麻黄开表发汗，宣肺利水，俾风水从表而解，附子温经助阳，化气行水，使肾阳得以恢复，甘草调和其中，兼制麻、附辛散宣泄太过，全方助阳以祛水邪，发汗不伤正气。再借葱浴以助药力，俾表闭得开。继用化气利水除

湿之法，肺气宣降正常，脾肾阳气得复，水肿则愈。（柴瑞霭 柴瑞霁）

肾盂积水

1 寒凝积聚，大黄附子汤温阳散寒，通便利水而愈

蒲某某，女，24岁，医生，1990年6月2日初诊。患者平素恣食生冷，4天前出现右下腹阵发性疼痛，伴排尿困难，痛甚时四肢发凉，身出冷汗，小腹拘急难忍，服氟哌酸等未能缓解。5月31日B超双肾俯卧位探查示：右肾9.6cm×5.0cm，肾盂内有2个直径1.8cm左右液暗区，未见明显光团反射；左肾9.7cm×4.8cm，肾盂内亦有直径1.5cm左右液暗区。右输尿管扩张，内径1.2cm，全长均可探及，但未觅明显光团反射。膀胱壁光，内呈无回声反射。诊断：右输尿管扩张，肾盂积液（结石可能，建议肾盂造影确诊）。X线检查摄腹部平片未见异常。曾服中药（金钱草、海金沙等）2剂排石，症状未缓解，反见增重。就诊证见右下腹阵发性疼痛，时轻时重，甚时小腹拘急，四肢发凉，身出冷汗，小便较频，但排尿不畅，或点滴即无，时感抽掣涩痛，2日未大便。面色青晦，舌淡红、苔白润，脉沉弦微紧。辨证为寒凝积聚，膀胱气化失司。治宜温阳祛寒，行滞化水，先拟大黄附子汤：熟附子12g（先煎煮20分钟），细辛6g，川大黄6g。2剂，每日1剂，水煎空腹服。6月4日二诊：服1剂后，大便畅利，腹痛消失，每日2次软便；服2剂后，四肢转温，冷汗亦止。仍觉小腹轻微拘急，小便虽畅而尿量不多。此寒散积消，改法通阳化水，方用五苓散：茯苓24g，猪苓9g，泽泻9g，桂枝9g，白术15g。2剂，水煎服。6月7日三诊：小便畅利，小腹拘急消失。自觉四肢欠温，身微畏寒，似感冒之状。此乃阳气未复，兼挟表寒。拟用麻黄附子细辛汤：麻黄6g，熟附子9g，细辛4.5g。2剂，水煎服。6月9日B超复查：两肾、膀胱、输尿管均未见异常，痊愈停药。

按 本案因平素恣食生冷，脾肾阳气渐虚，以致脏腑积冷，寒凝积聚，阻滞气机，使大肠腑气不通，膀胱气化失司，而暴发本病。柴浩然从整体辨证着眼，治病求本，首用大黄附子汤温阳散寒，通便止痛，不仅寒散积消，阳复痛止，且大、小便亦得通利，使本病出现转机。二诊时侧重于通阳化水，恢复膀胱气化功能，方用五苓散，促使本病痊愈，三诊所用麻黄附子细辛汤，既可温阳散寒，改善阳虚之体，又能发汗解表，宣肺利水，兼祛表寒之邪，巩固已获之效。

2 阳虚水停，真武汤温阳利水收功

胡某某，女，36岁，干部，1992年9月18日初诊。患者素体较虚，1月前出现周身疼痛，疲惫乏力，恶寒微热，尿急尿痛，某医诊为急性肾盂肾炎，经注射西药丁胺卡那霉素，并服中药后好转。近1周来腰困特甚，伴头昏时晕，乏力食少，精神萎靡，时觉畏寒，舌质暗淡微紫、苔薄白，脉沉迟而弱。9月17日B超双肾俯卧位检查示：右肾9.3cm×5.0cm，左肾9.5cm×5.4cm，形态饱满，外缘光滑，皮质反射均匀，双侧肾盂内均有2.5cm×1.8cm液性无回声区，右侧有两个分隔暗区。诊断：双侧肾盂轻度积水。辨证为脾肾阳虚，水气内停。治宜温阳化水，方用真武汤：炒白术30g，茯苓30g，干姜9g，熟附子4.5g，炙甘草6g。4剂，水煎服。9月22日二诊：服药后精神明显好转，饮食亦佳，仍有轻度腰困、头晕、乏力，上方加炒白芍9g。4剂，水煎服。9月26日三诊：除轻度头晕外，余症悉除，效不更方，以资巩固，仍用上方5剂。10月9日四诊：上方服完后诸症悉除，停药1周，昨日又觉轻度腰困、头晕，全身畏寒，上方熟附子加至9g。4剂，水煎服。1993年2月23日，患者因感冒就诊时告曰，去秋服完药后，B超复查肾积水消失，痊愈停药。

按 本案以腰困甚，伴头昏时晕，乏力食少，精神萎靡，时觉畏寒，舌淡紫、苔薄白，脉沉迟而弱为主要表现，皆一派脾肾阳虚之候。虽未见小便不利，肢体浮肿等症，但肾盂积水，亦属水气内停之范畴。所以，本案始终以真武汤温阳利水为治，效不更方，直至病愈，体现了宏观与微观相结合的辨证治疗特点。

3 寒湿肾着，甘姜苓术汤温中祛湿，燠土胜水病除

李某某，男，30岁，工人，1992年9月25日初诊。患者20天前左侧腰部酸困沉重较甚，伴左下腹隐痛，大便溏薄，每日2～3次，且有下坠感，某医诊为慢性肠炎，服西药吡哌酸等，大便正常，余症未减。腹部B超检查示：左侧肾盂积水。诊时证见：左侧腰部困重疼痛，左下腹隐痛有下坠感，下肢不温，疲惫乏力，饥食不馨，舌质淡青、体胖、苔白滑，脉弦沉而滑。辨证为寒湿内侵，着于肾府。治宜温中祛湿，燠土胜水，方用甘姜苓术汤加味：炒白术30g，干姜9g，茯苓24g，路路通9g，丝瓜络24g，炙甘草6g。5剂，水煎空腹服。10月6日二诊：上方服完，除轻度腰困外，余症皆消，自行再用3剂腰困续减。效不更方，仍用上方加杜仲12g，川断12g，狗脊15g，怀牛膝15g。4剂，水煎服。药后，诸证皆失，B超复查左侧肾盂呈正常声象，嘱服金匮肾气丸以资巩固。

按 本案以左腰酸困沉重疼痛为主症，证属寒湿内侵，着于肾府。柴浩然方用甘姜苓术汤温中祛湿，燠土胜水，一诊酌加丝瓜络、路路通祛湿通络，以加强温中祛湿之力；复诊再添杜仲、川断、狗脊、怀牛膝壮腰健肾以培其本。先治其标，后培其本，标本兼治，两诊竟获全功。

4 膀胱蓄水，五苓散通阳化气、利水渗湿取效

阎某某，女，30岁，干部，1992年5月28日初诊。患者右侧腰部持续性坠胀疼痛1月，渐次加重，伴小腹拘急不适，白带量多，质地稠厚，始以慢性盆腔炎服用抗生素，白带减少，余症未除。1周前腹部B超检查示：右侧肾盂积水。刻诊：右侧腰部坠胀疼痛，小腹拘急，右侧卧位减轻，伴神疲乏力，小便不畅，余沥不尽，口渴但不欲饮，舌质淡红、苔薄白，脉沉细滑。辨证为下焦蓄水，膀胱气化不利，治宜通阳利水，方用五苓散加味：茯苓24g，猪苓9g，泽泻9g，白术18g，桂枝9g，丝瓜络15g，路路通9g。3剂，水煎空腹服。6月1日二诊：服药后小便渐畅，右侧腰部坠胀疼痛减轻，余证亦有好转。仍用上方3剂。6月5日三诊：症状基本消退，上方桂枝减为4.5g，3剂。药尽，B超复查右侧肾盂积水消失。

按 本例属下焦蓄水，膀胱气化失常，致肾盂积水。柴浩然治疗本病，若无其它兼证，最多使用五苓散通阳化气，利水渗湿。本案即以五苓散善始善终，而获佳效。其中桂枝的用量，则根据膀胱气化失常的程度加以权衡。此外，路路通、丝瓜络为祛风通络、利水除湿之佳品，临证酌情加入，有相得益彰之功。

5 太阳经府同病，桂枝加茯苓白术汤发汗解肌，健脾利水获瘳

马某某，女，34岁，工人，1991年5月15日初诊。患者素体虚弱，经常感冒，缠绵难愈。半月前受凉感冒后头痛，颈背拘急困重，恶风自汗，疲惫乏力，近1周来又增腰部酸困疼痛，小腹拘急，小便不利，舌质淡红、苔薄白，脉浮细弱。腹部B超检查示：双侧肾盂轻度积水。辨证为太阳经府同病（太阳中风，膀胱蓄水）。治宜解肌发汗，通阳利水。方用桂枝加茯苓白术汤：桂枝9g，炒白芍9g，炙甘草6g，白茯苓24g，白术18g，鲜生姜9g，大枣8枚。3剂，水煎服。5月18日二诊：上方服后头痛、颈背拘急困重、恶风自汗均减轻，小便渐畅，腰困疼痛，少腹拘急亦轻，仍觉乏力。上方加党参15g。3剂，水煎服。5月22日三诊：外感基本痊愈，仅有轻微腰困，小腹拘急，小便畅利，但尿不甚多。此太阳经证已解，膀胱气化尚未完全通利，改用五苓散通阳化水：茯苓24 g，猪苓9 g，泽泻9 g，白术18 g，桂枝6 g。3剂，水煎服。上方服完，余证皆失，B超复查：双侧肾盂积水消失。

按 患者素体虚弱，卫阳不固，复因外感风寒，肺气被束，不能通调水道，以致太阳中风未解，膀胱蓄水已成，出现太阳经府同病。柴浩然方用桂枝汤发汗解肌，调和营卫，再加茯苓、白术健脾利水，使营卫调和，风寒外解，膀胱气化复常，水道通调，病情迅即好转。继以五苓散通阳化气，巩固疗效而收功。（柴瑞霁）

医案验案

吐血验案

1 胃中积热，泻心直折立愈

李某某，女，50岁，农民。1951年4月15日初诊。患者平素肝气偏激，不善言辞，常觉胸胁不畅，胃脘痞塞，每于疏肝理气后减轻。近因家事不遂，忽盈口吐血不止，呕声连连，他医拟平肝疏气剂加棕皮炭、焦侧柏等二剂未效。观其证脉：面赤气粗，逆气频作，时作太息，胃脘刺疼，心烦灼热，意欲凉饮。吐血呈黑红色；大便干燥，已有两日未解；舌质红绛，苔黄腻，脉弦数，尤以两寸洪盛。此乃心肝火盛，阳明积热，损伤胃络，迫血妄行所致。治宜清胃泻火，降逆止血。方拟金匮泻心汤加味：大黄12g，黄连6g，黄芩9g，竹茹30g，1剂，分两次水煎顿服。4月16日二诊：药后逆气不作，血未再吐，脉转平和，神情安定，以原方减量：大黄9g，黄连4.5g，黄芩6g，竹茹15g。2剂。4月19日三诊；诸证皆平，脉象缓和，食、眠、便俱佳。嘱其停药，畅怀惩怒，以饮食调养善后。

按 本案肝气偏激，易生嗔动火，而致吐血。《素问·举痛论》曰："怒烈气逆，甚则呕血。"张景岳亦强调："血动之由，惟火惟气耳。"故以金匮泻心汤加味清胃泻火，直折冲逆，伴热清逆辟，血不致奔迫而已。其中大黄乃治胃中实热吐血之要药，如唐容川指出："大黄一味，能推陈致新……既速下降之势，又无遗留之邪。伍以芩、连清泻心肝之热，助大黄以收其功。尤其竹茹一药，既善清胃络，复有和胃降逆之效，重用而无凉遏留瘀之嫌，对此柴浩然体验颇深，可资临证借鉴。

2 脾胃虚寒，理中温运收功

寻某某，男，40岁，农民。1956年10月3日初诊。患者脾胃素虚，宿有胃脘痛（胃溃疡）病史，每遇饮食不节，恣食生冷或过度劳累，即脘痛便溏。近因过度劳累，饮冷啖凉不填，昨日突然吐血不止，其家

属急来促诊。证见:面色惨淡无色,精神萎靡,气短息微,语言无力,欲言又止,四肢稍冷,不思饮食,脘腹缠绵疼痛不休,大便溏薄,小便清白,舌质淡,苔薄白,脉象沉迟细弱。此属脾虚阳弱,血失统摄。治宜温运脾阳,益气摄血。方用理中汤加味:土炒白术30g,红人参9g,黑姜6g,炙甘草6g,当归18g。3剂,浓煎取汁,另煎人参兑入,频频服之,每日1剂。10月6日二诊:服药后,再未见吐血,体渐复,精神转佳,知思饮食,腹痛止,大便基本成形,舌淡红,苔薄白,脉象沉弱较前有力。继以归脾汤加减,益气补血,引血归脾,以资巩固疗效。10月21日三诊:服归脾汤调理,十余剂后,纳谷增多,精神好转,诸症皆平,脉象缓和有力。嘱其停药,忌食生冷,以饮食调养善后。

按 吐血一症,属实热者固多,而虚寒者较少。本案患者脾胃素虚,加之不忌生冷,劳作不节,以致脾虚气馁,中阳不振,失其统摄血行之权而吐血。诚如孙恩邈指出:"亦有气虚夹寒,阴阳不相为守,营血虚散,血亦错行,所谓阳虚阴必走耳。"柴浩然对阳虚出血的辨识,一是注重病史,洞察体质的虚实寒热;二是审证求因,把握病机的标本缓急;三是药病相当,免致杂投再伤脾胃。所以方用理中汤温运脾阳,益气摄血,配入当归,既补血以促使离经之血归复其经,且和血又具止血防瘀之功,尤以阳虚出血之证为宜。因药证相符,标本兼顾,故三剂后出血即止,诸症渐平,继用归脾汤调理而痊。

3 气阴两伤,三才清补获瘳

卫某某,男,21岁,学生。1969年12月9日住院。患者两年前曾由脾脏肿大,在某市医院行脾切除术。三天前因大口吐血数次,大便色黑,住院治疗,诊断为"门脉性肝硬变合并食道静脉曲张破裂出血"(病历摘要略)。经用保肝疗法,维生素K、凝血质等止血剂,并配给输液、输血(1500mL),病情仍未稳定,吐血未止,血色素由入院时60%降至20%。于12月12日请中医会诊。会诊时:患者大口呕血不止,大便呈黑泥状,面色苍白,头晕眼花,四肢无力,精神不支,舌质正红而干,脉象虚大芤数,呈危重病容。证属气不统血,营阴大亏,虚热充斥,络脉损伤所致。治宜益气清热,养液固络,消瘀止血为法。方处三才汤加味:天冬15g,细生地30g,北沙参60g,竹茹30g,三七粉9g(研末分冲),鲜藕240g。二剂。以鲜藕煮水煎药,1剂两煎,每日1剂。12月15日复诊:服药后,再未呕血,精神稍有好转,且能安睡并有食欲(住院医嘱给流食),大便呈轻度黑泥状。宗原方意,减三七粉,加冰糖60g(煎好药后化入)。12月18日三诊:呕血、便血未见出现,饮食增进,精神转佳,舌红偏淡,舌面津回转润,脉象平和。仍以上方去竹茹,减沙参为30g,鲜藕为120g。3剂。12月21日四诊:诸症悉除,食、眠、便均正常,体力恢复,能下床活动,大便潜血检查呈阴性。嘱其停服中药,除用保肝药外,以清淡饮食调养。观察数日因疗效巩固而出院。

按 本案患者曾行脾切除术,加之调养不慎,正气渐虚,以致成"门脉性肝硬变合并食道静脉曲张破裂出血"。住院后,虽经保肝、止血、输液、输血等治疗,病情未见控制。据其病史与脉证,乃正气虚弱,不能统血,营阴大伤,虚热内生,虚热充斥,阳络损伤。此等危急病证,用药颇为棘手,遂处清补之三才汤加减。方中人参甘温,于阴血虚甚兼热者不宜,易为沙参甘寒益气生津。加竹茹清络中虚热,鲜藕清热止血,三七消瘀止血。使清补中无凉遏之嫌,止血中无留瘀之弊,澄本清源,标本兼顾,故两剂呕血见止,病情转安;续为调理,气阴渐复,虚热得清,血行归经而痊愈出院。

4 热入营血,犀地凉血而痊

柴某,男,26岁,农民。1975年12月19日入院(住院病例号:外科576)。患者高烧、腹痛20天,右上腹剑突下有鸡蛋大肿物,以急性胆囊炎,高烧待查入院。入院后经用抗菌素,激素等治疗,体温曾一度降至正常。11月21日加服中药(细辛3g,桂枝9g,附子6g,川椒6g,黄柏9g,黄连9g,银花15g,连翘9g,干姜6g)一剂,次日体温上升40℃,呕吐物呈咖啡色,大便色黑。西医会诊:消化道出血,给止血剂并输血300mL。11月23日又因吐血一次,大便呈黑色血块,体温41℃,血色素60%,因病情加重,邀中医会诊。会诊时:患者高烧不退,口苦咽干,躁扰不宁,脘腹不适,大便漆黑,舌质红绛,边有黄苔,脉疾数有力。此为邪热内炽,燔灼营血所致,急宜清营凉血,固护阴液为法,方疏犀角地黄汤加味:犀角9g,细生地120g,丹皮15g,生白芍15g,银花30g,连翘15g,焦栀子9g,竹茹24g,茜草炭9g,丝瓜络炭15g。2剂。水煎2次,4小时服一次。11月28日二诊:上药服尽,体温下降38.6℃,烦躁顿减,黄苔渐退,脉数亦减,吐血未发,大便仍黑,继以清营凉血,更增益气滋脾为法。方疏:鲜白茅根120g,细生地30g,丹皮9g,生白芍15g,生山药15g,北沙参18g,竹茹18g,银花炭15g,丝瓜络炭15g。3剂。11月30日三诊:药后体温降至37.4℃,大便呈黑黄色,舌红润,脉细数。

至此邪热渐清，营血转安，故以原方减其量，稍事加减，继服3剂。12月3日四诊：服药期间大便一次，呈黄色粪便，大便潜血检查阴性。恐其死灰复燃，再以三才汤加味3剂。调理善后，于12月8日痊愈出院。

按 本案患者初见高热，脘胁疼痛等少阳证，本当疏解少阳，清通胆络，入院前未能及时清解，住院后又误投辛热之品，俾里热炽盛，燔灼营血，同时胃阴受损，耗血动血。治疗首以犀角地黄汤加味，清营凉血，护阴救焚，病情得以控制；继以清营滋阴，益气养胃，内热清尽，阴津得复，而病入坦途。（柴瑞霭）

眼科验案

1 右眼提上睑肌麻痹

樊某，男，25岁，农民。1978年12月25日就诊。患者6岁时，因夜卧当风，始觉头痛沉重不适，旋即右眼球外斜，复视，右眼上睑皮肉松驰，下垂不能上提，他医治疗半月无效。当时诊视，面色晄白，气短神疲，纳差食少，舌淡苔白，脉沉微弱，即以“气虚脾弱，风袭眼络”论治，处以加味异功汤3剂告愈。至13岁时，发病同上，翻阅旧时诊籍，仍处原方3剂后，亦迅速告愈。此次发病3天，病仍同上，经某院五官科检查：右眼提上睑肌麻痹，眼球向内转不能。因患者童时发病两次，均经中药迅速治愈，故又前来诊治。就诊所见悉如前状，仍处原方，但因患者年龄增长，故加大其量。疏方：党参15g，白术15 g，茯苓12 g，炙草9 g，生黄芪30 g，陈皮6 g，川芎9 g，蔓荆子9 g，钩藤15 g，僵蚕9 g，全蝎3g，蝉衣4.5 g，荆芥穗9g，鲜生姜9g，大枣5枚（去核）。4剂，每日1剂，水煎分早晚空心服。药尽而愈，10年后随访，未再复发。

按 右眼提上睑肌麻痹，病属鲜见。中医认为，眼胞属脾，脾主肌肉，故眼提上睑肌亦为脾胃所主。本案患者脾胃素虚，体质羸瘦，复因风邪外袭而致此病。柴浩然据此健脾助运以实肌肉，补气固表以实皮毛，并佐以疏风祛邪之品，标本兼顾。故该病患者虽历时20年，反复发作3次，均以此方速告痊愈，说明“脾主肌肉”的理论对眼科临床亦有重要的指导意义。

2 暴 盲

李某，女，79岁。农民。1978年3月13日初诊。患者秉性刚烈，素有咳喘宿疾，每至冬季加重，其子侍母笃孝，去冬以来常购中药人参精供其补养。患者每服此药，即感口干咽燥，大便干结，遂改为间断服用。今年春回之际，又新购人参精1瓶。服用过半，即感心胸灼热，口舌咽鼻干燥特甚，大便秘结，每5～7日一行。此次大便已8日未行，突于昨天高热（T 39.5℃），心灼如焚，头晕脑胀，肢体酸楚，辗转难忍，不可名状，随之双目突然失明，遂经某医静注30 74 葡萄糖，肌注解热之剂，复请某医院五官科检查：两目瞳孔缩小，等大等圆，无对光反应，眼底无变化，血压12/6kPa，无视力。眼底直接镜检：视乳头色稍红，边界清楚，生理凹陷无扩大，黄斑部反光存在，周围静脉血管出现纡曲，无交叉压迫。转请中医诊治，证见：双目失明，不能视物，肌热神烦，不能入睡，喉舌干燥，心灼如火，大腹胀满硬痛拒按，8日未大便，舌尖及前半部绛红而干，根及两侧有黄厚腻苔，脉弦细数，指下紧束有底力。辨证为热结津亏，腑实不通，阴精不能上承于目所致。病虽属阳明急下存阴之证，但虚其高年残老之体，故治以滋阴增液，泻热通腑为法，方用《温病条辨》增液承气汤加甘草，疏方：细生地30g，元参24g，麦冬24g，川大黄12g，芒硝12g，甘草6g。1剂，水煎分2次服。3月14日二诊：昨日中午服头煎药后，约2小时即欲便，初干结难下，继之排出大量稀溏粪便，令人惊异的是患者便完起身，双目视力迅速复常。随即服用二煎药，至傍晚畅泻2次后未作泻，通宵熟寐。晨起自觉双目朗朗，头脑慧爽，精神转佳，肛腹安适，燥热之象悉平。改处《温病条辨》增液汤合荷谷汤（自拟方）以善其后，疏方：细生地24g，元参15g，麦冬15g，炒谷芽30g，荷叶9g。1剂，水煎分2次服。药后饮食如常，病告痊愈。

按《灵枢·大惑论》指出：“五脏六腑之精皆上注于目。”又曰暴盲，虽属眼科疾患，但又与脏腑病变密切相关。本案患者即属热盛阴亏之体，复因长期服用人参精甘温助热以致腑实热结，更加灼熬阴精，终使阴精不能上承于目所致。其双目暴盲为标，热结津亏为本。对此，张仲景《伤寒论》早有明训：“伤寒六七日，目中不了了，睛不和，无表里证，大便难，身微热者，此为实也。急下之，宜大承气汤”。柴浩然法宗仲景，意欲急下阳明以存阴，但虑其年高体弱，遂改《温病条辨》增液承气汤加甘草治疗。其中甘草可缓硝、黄峻下之性，又寓调胃承气汤甘缓微和之意，使泻下而不伤正，故使暴盲之疾，霍然冰释。二诊时法宗鞠通增水行舟之法，处以增液汤，又合自拟荷谷汤开胃醒脾，而成清补之剂，使余热尽清，胃气得复，以善后竟功。（柴瑞霁）

柴乐易临床经验

【名老中医简介】柴乐易(1941～)河北磁县人。主任医师。1966年毕业于北京中医学院医疗系。成都中医药大学兼职教授。四川省首届名中医。擅长四时杂感、脾胃病、老年病的诊治。发表论文多篇。

1 莫忘生死第一关

清代名医喻嘉言尝称:“胸中为生死第一关。”盖胸中为宗气抟聚之所,与脾胃之气、肺气、心气、营卫之气及其他与人体生命攸关的生理功能都有密切关系。且宗气所在部位为人体气机活动的通衢和要冲,一有病变就会影响到全身的气机活动及血脉运行,甚至危及生命。故临证不论诊治何病,都应首先了解胸中宗气的盛衰及其流布有无滞碍,若有病变,即当视其所致之由先予调治或同时顾及。俟总气充盈流畅再治它病,可起事半功倍之效。

2 怪病不经责之痰

古人尝谓:“痰之为病,有如无端弄鬼”、“病似邪鬼,道去滞痰,病乃可安。”所以临证见有病症离奇,难以用一般病理和辨治方法解释时,以痰论治,每获奇效。

温热病因火势鸱张,必灼津耗液。但同时也易“炼液成痰”。故治疗热性病应注意在清热养阴的同时加入祛痰之品,如天竺黄、胆星、鲜竹沥、浙贝等,常收良效。中医用于急救的“三宝”中皆有祛痰之品,其理昭然。

昔贤尝谓:“木热则流脂,断无肝热盛而无痰者”(王孟英辑《柳州医话良方》)。所以对肝热(火)盛极、肝风内动、惊搐躁狂等症,于清肝、平肝的同时,常须加入祛痰之品,在小儿尤然。

痰瘀同源,常常互为因果,相兼而见。故祛痰、祛瘀虽各自为法,但很多病证如胸痹、中风、痹证、顽麻重痛、流注等,若两法并用,其效益彰。

3 欲求证结视前后

二便为人体气化和新陈代谢的产物,二便反应疾病的性质较真实,少有假象。故二便的变化多为疾病的证结所在。

《素问·玉机真脏论》“五实死……五虚死”中即包括“前后不通”和“泄利前后”等二便病变。故见有是证,即当急于调治,使“浆粥入胃泄利止……身汗得后利”,则虚、实皆可救治。

调理二便可通调全身气机,调节人体水液代谢,祛除体内邪实,运用得法,厥功至伟.

4 邪气挟杂使之单

病邪痼结不解,往往是因与体内有害物质如痰、水湿、瘀血、积食等相互扭结,互为依仗所致。治疗应使相结之邪彼此分解,孤立其势,使彼此无所依附,其邪自易清除。

在诸邪中,湿邪为害最烈。因其本自粘着不易清解,再与它邪相合,遂致“如油入面”,更难清理。故对一些疑难病症的诊治,要当心湿邪为患,要除湿为先,除湿务尽。

因湿邪重浊,使患者身重疲困,故当与气虚相鉴别;湿为阴邪,其性粘着,易滞碍阳气流行而使患者面白肢冷恶寒,故当与阳虚相鉴别;湿热不扬,可使患者手足心发热,午后低热,故当与阴虚相鉴别。

5 疑难重笃调其中

脾胃为后天之本,气血生化之源。脾胃健运则正胜邪却;脾胃虚弱则正衰邪盛。所以脾胃功能盛衰是疾病顺逆转归的重要因素。同时,药物的作用也有赖于脾胃的吸收传输,脾胃不健,则药物难以为力。

脾胃为全身气机升降出入之轴,中枢转运正常,则全身气机升降出入合度有序;反之则全身气机紊乱,难以平顺。故在病情危笃,头绪纷繁,错杂难辨,无从下手的情况下,先予调中,燮理脾胃升降,往往可使病情转危为安,使主证突出而易于辨治。

6 久治不愈思其反

某些疾病,其外在表现往往与其内在本质相悖。如病本阴盛而外露热象;病本热极而反见肢厥。大实有羸状,至虚有盛侯。病虽标本皆实,久攻即刻致虚;标本皆虚,过补即刻致实。且正邪盛衰不断消长变化,病情也在不断变化,故诊治思路亦当随之变化,不能一成不变。对某些疾病,久治不愈即当考虑其反面,如寒之不寒,是否假热?热之不热,是否假寒?泻实不愈,是否当补?补之不收,是否应该疏利?等等。诚如先贤所言:“治寒病须察其有无热邪,治热病须察其有无寒邪,治虚病须察其有无实邪,治实病须察其有无虚邪,留心久久,自能识病于病外,而不为病邪所欺弄矣!”(《重订通俗伤寒论·何秀山按》)

临证所见,于诸多同类症状中隐伏之一二相反的征候,往往即为疾病的本质所在,所谓“独处藏奸”。医者于此最当细心体察,从其隐匿之微末,洞见疾病之大源。每览先贤医论,诊断疑难危笃大病,多能独具慧眼,于众说纷纭,莫衷一是中认定一二相反的征候为本质,施以常人咋舌之法而收奇效,令人折服钦羡。

组方用药亦当如此。在大队寒凉中稍佐温化,大队温热中稍纳寒凉,补中兼以疏利,泻中顾及正虚,此皆合造物生化之道,用之得法,常较纯用一派药物者其效为优。这对病情复杂之久病患者尤其如此。

7 虫类搜剔治顽疾

络乃经脉之余,如网络一样广布于机体经脉未达之处,为经脉气血渗灌于肌体之终端。若其中瘀滞伏邪,即非一般祛瘀活血药物所能及,必欲如叶天士所谓“籍虫蚁血中投逐,以攻遂邪结”方能奏效。

气滞、血瘀和入络是三个有着密切内在联系的浅深不同的病例层次,而入络正是血脉瘀滞支延散漫和深入的结果。所以应用虫类药治疗“久病入络”,正是祛瘀活血疗法的进一步发展,且临证两法互相并用,其效相得益彰。

应用虫类药治病,仲景早开其端。其所制之抵当汤(丸),大黄蛰虫丸等,因其治疗顽疾效著,至今沿用不衰。清代叶天士为善用虫药大家,倡“久病入络”、“久痛必入络”之说,尝谓:邪气“散之不解,邪非在表,攻之不驱,邪非在里,补正却邪,正邪并树无益,故圣人另辟手眼,以搜剔络中混处之邪,经治千百,历有明验。”所以应用虫类搜剔治疗瘀邪入络之久病顽疾,如顽麻痹痛、痞积癥瘕及臌胀等,疗效卓著,已为历代医家所证实。

8 通补奇经久病痊

奇经病变在诸多急重疑难病症中,占有相当大的比例,如虚劳、久泻、久痢、痿疝、淋浊、遗精、带下、崩漏、月经不调及产后诸病等,多与奇经病变有关。叶天士谓:“夫奇经,肝肾主司为多,而冲脉隶属阳明,”故“肝肾必自内伤为病,久则奇经诸脉交伤。”所以,临证见以上诸病,在应用常法调补脏腑无效时,即当考虑到奇经病变。“须固摄奇经之药,乃能按经循络耳。”

奇经病变在治法上虽以调补肝肾为总治法,但在选药上另具特点。一般粘着涩滞酸柔之品,如熟地、五味、山萸等俱不能入通奇经,刚如桂附,亦非奇经治法。当以柔济阳药(既温阳通脉,又滋润补精之品)以通补奇经,并用血肉充养,以栽培身内精血,充养奇经,药如肉苁蓉、杭巴戟、菟丝子、沙苑蒺藜及鹿茸、鹿角胶、龟版胶、鳖甲、羊肉片等,方为药证合拍。

奇经既有入脉之异,病变又有寒热虚实之分,故用药各有不同,临证当细审之。

诊治疑难病证是一项复杂的“系统工程”,除以上所举诊治思路和具体措施外,医者还需检查仔细认真,思考缜密周详。要善于见微知著,不为假象所迷。同时还要注意患者饮食起居及情绪等诸项事宜。遇有隐曲不伸者,又当霭切劝慰,循循善诱,使病无循情。凡此诸端,皆利于疑难病之诊治,而绝非纯以药石可以全其功毕其事者也。

柴有华医案

【名老中医简介】柴有华 主任医师。1964 年毕业于陕西中医学院。陕西省榆林市第二人民医院中医内科专家。第二批全国老中医药专家学术经验继承工作指导老师,陕西省名中医。擅长治疗肝胆、胃肠及内科疑难杂症。发表论文10余篇。

肝病

1 热毒瘀结、肝脾不调

此型慢性乙肝病人多见,中医认为本病多因热毒瘀结,肝胆疏泄失职,脾胃运化失司所致。临床可见胁腹胀痛,疲乏无力,纳呆等症。舌质红苔黄,脉弦滑。肝功异常。乙肝三对半显示病毒复制。治则:清热解毒,疏肝健脾。自拟乙肝解毒汤,组成:板兰根、丹参、白花蛇舌草各 30 g,大青叶 15 g,杭芍、柴胡、当归、白术、茯苓、鸡内金、香附、郁金各 10 g,龙胆草、青皮各 6 g,甘草 3 g,水煎服。加减法:胁痛明显加川楝子、元胡;胁刺痛加乳香、没药、三七;黄疸加木贼草、茵陈、山栀;大便干结加生大黄。

案 1 刘某,男,39 岁。以“胸腹闷胀,胁痛纳呆 6 月”为主诉收住院。患者院前 6 月因劳累受凉后引起胸闷,胁腹胀痛,恶心纳呆。伴头昏乏力,烦闷不安,夜间为重。小便色黄,大便不实。舌质红,苔黄腻,脉濡滑。肝功检查:谷丙转氨酶:97 卡氏单位,乙肝表面抗原:1:256,乙肝三对半:HBsAg(+)、HBeAg(+),余(-)。证属热毒瘀结,肝脾不调,以乙肝解毒汤加减,共服 2 月后,复查肝功:谷丙转氨酶:27 卡氏单位,乙肝表面抗原阴性。乙肝三对半:HBsAg(+)、余(-),

自觉症状消失，临床痊愈。随访3年，未复发。

2 湿热塞阻、肝胆不利

此型多见于甲型病毒性肝炎，柴有华认为本病因肝胆气机不畅，湿热蕴结于里所致。临床常见皮肤、目睛黄染，胁腹胀满或疼痛，纳呆，口苦，恶心，呕吐，大便溏，小便深黄色如酱汁。舌质红，苔薄黄腻，脉细弦滑。治则：清热利湿，疏肝利胆。方选茵陈四苓汤加味：茵陈60～90g，山栀10g，大黄6～10g，茯苓、木贼草、益母草各30g，青皮、甘草各3g，水煎服。加减法：大便溏，去大黄或用熟大黄；小便色黄量少加白茅根、车前子；腹胀、纳呆合平胃散；胁痛明显加川楝子、元胡；发热神昏者加羚角粉冲服。

案2 杜某，男，34岁，以皮肤黄染伴腹胀、纳差、乏力3天收住传染科。患者全身皮肤中度黄染，巩膜轻度黄染，肝区叩击痛（+），肝功：总胆红素：228umol/L，结合胆红素：98umol/L，谷丙转氨酶：94卡氏单位。经西医保肝、对症治疗1周后，全身皮肤、巩膜黄染减轻，肝功检查：总胆红素：65umol/L，结合胆红素：24umol/L，谷丙转氨酶>200卡氏单位。证见患者皮肤巩膜轻度黄染，腹胀纳差，小便量少色黄，肝区叩触疼痛。舌淡红，苔薄黄腻，脉细弦滑。证属湿热内蕴，肝胆气机不畅，方选茵陈四苓汤加味。服药1周后患者精神好转，食欲增加，皮肤、巩膜黄染减轻。胁腹胀痛明显好转，便量增加，颜色变淡。舌质淡红，苔薄白，脉细弦。肝功复查：总胆红素：48umol/L，结合胆红素：35umol/L，谷丙转氨酶：129卡氏单位。继服上方减猪苓、泽泻。1周后，患者皮肤、巩膜黄染消退，胁腹疼痛消失。肝功检查：总胆红素：10umol/L，结合胆红素：3umol/L，谷丙转氨酶：8卡氏单位。随访2年，无复发。

3 肝肾阴亏、脾虚肝郁

此型见于慢性迁延性乙肝，原发性肝硬化。属中医“鼓胀”、“癥瘕”等范畴。病因为肝、脾、肾三脏功能失调，气滞血瘀、水饮停聚腹中。柴有华辨治本病从肝肾阴亏，脾胃虚弱入手，展获佳效。临床可见胁腹胀满，面色晦滞或不华，或见腹大如鼓，甚者青筋暴露，小便短少，舌质淡红，苔薄白，脉沉细无力。治则：滋养肝肾，健脾疏肝。方选一贯煎合逍遥汤化裁。组成：板兰根、沙参、炙鳖甲各15g，当归、杭芍、白术、柴胡、云苓、麦冬、生地、枸杞、川楝子、郁金、鸡内金、香附、大青叶各10g，青皮、龙胆草各6g，薄荷、甘草各3g。加减法：口干加玄参、石斛；腹胀加沉香、大腹皮；小便少加猪苓、滑石、白茅根。

案3 马某，女，48岁，以腹胀、纳呆，全身乏力3年，加重4月为主诉入院。3年前受凉后出现全身皮肤、巩膜黄，便黄，肝功检查诊断为“急性黄疸性肝炎”，住院治疗1月后黄疸消退，纳食二便正常。4月前出现腹胀、纳差、全身乏力，口干不欲饮，小便量少。肝功检查，总胆红素：86umol/L，结合胆红素：17umol/L，谷丙转氨酶：128卡氏单位。乙肝表面抗原：1.64，总蛋白：67g，白蛋白：34g。腹部B超示：肝硬化（弥漫型），舌淡红苔薄白，脉沉细无力，证属肝肾阴亏，脾虚肝郁。方选一贯煎合逍遥汤化裁，并西药静滴能量合剂、肌苷、维生素C。治疗10天后，腹胀乏力减轻，纳食增加，舌质淡红，舌苔薄白，脉细弦。效不更方，原方再服10剂后，复查肝功：总胆红素：8umol/L，结合胆红素：4umol/L，谷丙转氨酶：56卡氏单位，总蛋白：69g，白蛋白：41g。舌脉同前，拟健脾疏肝，养阴补血法，方选逍遥丸、杞菊地黄丸各2丸，每日3次，40天后复查肝功完全恢复正常，自觉症状消失，临床痊愈出院。随访6年，未复发。

4 肝部气滞，水湿内停

肝硬化在中后期可出现腹水，证见腹大如鼓，腹部胀痛难忍，腹皮见青筋暴露；或见下肢浮肿，面色苍白，小便短少，舌质淡红，舌苔白滑，脉弦滑或弦紧。柴有华认为此症缘于肝郁气滞，肝木克脾土，致脾虚湿阻，水蓄不行而成。治则：先理气除湿消胀治标，后宜疏肝健脾顾本。治标方选加味苓皮汤，治本选逍遥丸。加味苓皮汤组成：茯苓、白茅根、益母草各30g，车前子、生桑皮各15g，猪苓、泽泻、陈皮、蒿本各8g，水煎服。加减法：泛吐清水者加半夏、干姜；口干口苦加栀子、丹皮；气虚水不消者加生黄芪。

案4 何某，男，39岁，以全腹胀痛、纳呆6月，加重1月为主诉入院。患者6月前因劳累致上腹部胀痛，纳呆，外院B超示：肝硬化并腹水，经间断中、西药治疗效果不佳。1月前上症加重来我院就诊。肝功检查：总胆红素：82umol/L，结合胆红素：35umol/L，谷丙转氨酶：14.5卡氏单位，总蛋白：62g，白蛋白：35g。乙肝三对半：HBsAg（+）、HBeAs（+）、HBcAs（+），腹部B超示：肝硬化并腹水形成，腹水2～6cm，舌淡苔白滑，脉弦细。证属肝郁气滞，水湿内停，方选加味苓皮汤，西医静滴能量合剂，维生素C、肌苷。治疗2周后，患者腹部胀痛消失，食欲恢复正常，小便量正常。肝功复查：总胆红素：11umol/L，结合胆红素：5umol/L，谷丙转氧酶：68卡氏单位，乙肝三对半同前。病情好转出院，继续服上方中药4周，复查腹部B超：肝硬化腹水消失。随访半年无复发。（马志杰）

常振湘临床经验

【名老中医简介】常振湘 主任医师。曾任职于成都市中医院。四川省名中医，第二批全国老中医药专家学术经验继承工作指导老师。擅长以纯手法治疗骨关节疾病，特别是颈椎病，腰椎间盘突出症。

整体按摩治疗颈椎病

1 整体按摩手法

治疗前准备：首先向患者说明治疗的目的，治疗过程中如有头昏、心慌及时告知术者，并提出对患者的要求，使之有充分的思想准备，并主动配合治疗。患者取坐位，术者站于其后。

1.1 表面按摩

术者以双手或单手小鱼际沿颈部两侧至肩胛骨内侧缘从上至下作轻柔较快速的揉摩，同时配合揉摩肩背部，使患者颈肩部肌肉放松，解除患者的紧张情绪，并为下一步手法作好心理准备。

1.2 中度按摩

术者用大鱼际或小鱼际或掌根沿颈部两侧至肩胛骨内侧缘从上至下揉按，力度逐渐增加，两手交替应用，同时配合揉按肩背部，使颈肩部肌肉的气血流通，解除肌肉痉挛。

1.3 深度按摩

术者以一手掌托扶患者下颌部固定头部，另一手拇指在颈椎脊突两旁及脊突上自上而下垂直肌纤维方向进行弹拨、按揉。特别在颈项部压痛点（即肌肉痉挛处，此处常可摸到条索状硬结物）进行弹拨，用力要均匀，由轻而重，双手反复进行，同时提拿肩井，以松解颈背部肌肉粘连。

1.4 经穴按摩

术者以拇指和食指及中指指腹，按顺序分别揉按风池、风府、大椎、天宗、肩井、肩髃、曲池、少海、内关、外关、合谷、后溪。使各穴有酸、麻、胀感，患者有微汗出为度。

1.5 拔伸整骨

患者正坐，颈肩部放松，以向右侧整骨为例，医者立于患者右后方。以左手虎口托于患者枕下，以右肘部以及前臂托住患者下颌部，右手掌托扶患者左侧颞颌部。术者以右肘及前臂合左手用力向上拔伸患者颈椎，同时向右旋转患者头颈部。在牵引下持续片刻，待其适应而能放松时，右肘臂顺势用力，增大头颈的旋转角度，此时常听到一声清晰的摩擦声响，这说明整复成功。可同法行另一边的拔伸整骨。

1.6 恢复按摩

术者以大鱼际或小鱼际或掌根沿颈部两侧至肩胛骨内侧缘从上至下揉按，力度逐渐减轻。同时揉按双侧肩部，使患者感觉舒适，促进颈肩背部肌肉血液循环，以使机体恢复正常。结束治疗。整个手法过程约25分钟。

2 典型病案

案1 陈某，男，43岁。2003年2月16日初诊。左侧颈部肌肉僵硬，活动受限1年，2月前上述症状加重，并伴左胸部、左肩及左肩胛骨内侧缘隐痛不适，心电图检查正常。曾行针灸、按摩治疗效果不显。经人介绍来诊。检查颈部右旋转受限，左侧肌肉明显僵硬。左颈4、5、6椎旁压痛明显，并触及条索状硬结。X线检查见颈椎生理弧度变直，颈4、5、6椎体前后缘骨质增生，左侧颈4、5椎间孔变小。临床诊断颈椎病（混合型）。以整体按摩手法治疗6次后症状消失，后巩固治疗2次，随访3月无复发。

案2 李某，女，46岁。2003年2月21日初诊，患者半年来常有颈部僵硬不适，1周前突发头昏、眩晕、恶心呕吐，经休息后症状减轻。2天前晨起转头时又发作头昏、眩晕，恶心呕吐，头部稍有转动则感眩晕加重。经人介绍来诊。检查颈部双侧肌肉稍显僵硬，颈部活动无受限，颈3、4、5椎旁两侧有压痛。X线检查见颈椎生理弧度变直，颈3、4，颈4、5钩椎关节骨质增生。临床诊断颈椎病（椎动脉型）。以整体按摩手法治疗1次即感症状明显减轻，后持续治疗6次，症状完全消失。随访3月无复发。（支新明）

陈宝义儿科临床经验

【名老中医简介】陈宝义（1940～）天津市人。主任医师，教授。1962年毕业于天津中医学院。天津市中医药学会常务理事、儿科分会主任委员。第二批全国老中医药专家学术经验继承工作指导老师。享受国务院政府特殊津贴。主持部级重点课题《益气养阴、活血化瘀法治疗小儿病毒性心肌炎的临床与实验研究》,获得国家中医管理局1992年度科技进步三等奖。发表论文20余篇,参编《病因病机学说》《中医纲目·儿科分卷》。

小儿缓慢型心律失常

1 湿遏心阳,治主化湿解毒通阳

心肌炎急性期伴发的缓慢型心律失常,多属湿遏心阳证,系因感受阴湿毒邪,损伤心体,阻遏阳气所致。湿毒之邪袭人,首犯肺胃,进而蕴于脾胃,先损伤脾胃之阳气,继而累及于心。心主血脉,湿毒侵心,阻遏心阳,则宗气无力鼓动血脉,致使经脉不畅而发病。其主要临床表现为恶寒发热,呕吐腹泻,头重肢困,食欲不振,或发热起伏,缠绵不愈,脘腹胀满,继之出现胸闷,气短,乏力,心悸,脉濡或迟或缓或结代,舌淡,苔白腻。治疗上宜以化湿解毒、益气通阳为法,方用藿连汤加味(藿香、川连、厚朴、苍术、茵陈、桂枝、黄芪、川芎、甘草)。方中藿香、厚朴、苍术行气化湿、健脾通阳,茵陈、川连解毒祛湿,桂枝、黄芪、川芎益气化瘀通阳,甘草调和诸药,共奏化湿解毒、通阳复脉之功。若素体阳盛,湿邪从阳化热,或湿毒久郁而化热,证见心烦、发热,可加栀子豉汤以清热除烦。

案1 吴某,男,8岁。1991年7月24日入院。病前有上呼吸道感染史。乏力倦怠、面色苍白、时憋气1个月,现时发低热,纳呆,大便稀,每日2~3次。查体:体温36.9℃,精神略差,咽部充血,双肺(-),心律不齐,心率54次/分,腹稍胀,四肢发凉,舌质淡红,苔白腻,脉濡缓结。心电图示窦性心动过缓,Ⅱ度Ⅰ型窦房传导阻滞。心肌酶GOT35u/L,HBDH325u/L。X线胸片示心胸比例56%。心功能示左室收缩功能下降。诊断:急性心肌炎。辨证:湿毒留恋,心阳被遏。治以化湿解毒,益气通阳法。药用:藿香10g、川连5g、厚朴10g、苍术15g、茯苓10g、桂枝10g、郁金10g、黄芪15g、炙甘草5g,水煎服,日1剂。治疗1周,患者大便恢复正常,低热消退。宗前法继续调治6周,乏力、憋气、苍白均明显减轻。心电图明显好转,仍有窦性心律不齐,心率67次/分,心肌酶恢复正常。门诊继续调治6个月,复查胸片心胸比例缩小至52%,心功能恢复正常,诸症消失。

2 心肾阳虚,治倡温阳益气复脉

心肌炎病情迁延时表现的缓慢型心律失常,主要以Ⅱ、Ⅲ度房室(或窦房)传导阻滞和病窦综合征等多见。其基本病机为心肾阳虚、脉运涩滞。不论是湿毒伤阳,抑或是阴损及阳,均能导致心阳虚损,日久下累及肾,心肾阳虚,使心脉失于温煦鼓动,气血运行不利,血脉涩滞不通,遂发本证。主要症状为心悸怔忡,胸闷心痛,形寒肢冷,面色苍白,自汗乏力,脉沉迟无力或沉细、沉涩、结代。治疗上宜以益气温阳、活血复脉为法,应用自拟温阳复脉饮加减(桂枝、淫羊藿、制附子、炙麻黄、细辛、生熟地、山萸肉、党参、黄芪、丹参、炙甘草)。方中,桂枝、附子、麻黄、细辛、淫羊藿补心肾而助阳气、散寒结而通经脉,生熟地滋补肾阴,意在阴中求阳,党参、黄芪、炙甘草、丹参益气活血复脉,诸药相配,共奏温阳益气、活血复脉之功。

案2 李某,男,10岁,1993年8月30日就诊。患心肌炎2年余,经常出现乏力,心悸,胸闷、头晕,多汗等症状。体检:面色苍白,精神倦怠,咽稍红,双肺(-),心音稍低,心律不齐,心率52次/分,腹软,舌质淡胖,苔白腻,脉濡缓无力。ECG示窦性心动过缓,Ⅱ度Ⅰ型房室传导阻滞。超声心动图示左心室扩大,室间隔运动幅度减低。心肌酶正常。诊断:迁延性心肌炎。辨证:心肾阳虚,痰瘀留滞。治以温阳益气、化痰逐瘀为法。药用黄芪、制附子、炙麻黄、桂枝、淫羊藿各10g,熟地15g,山萸肉10g,丹参15g,半夏、陈皮、郁金各10g,炙甘草6g。水煎服,每日1次。治疗1月患儿症状消失,四肢温,心率升至64次/分,Ⅱ度房室传导阻滞转为Ⅰ度,继予原方化裁调治2年6个月,心率始终维持在60~76次/分,心电图与超声心动图恢复正常。

3 瘀阻心阳,治重活血通脉振阳

心肌炎后遗症出现的缓慢型心律失常,多因瘀阻心络、心阳不振所致。瘀血内阻的成因,既可因湿热毒邪壅滞于心,致使血运涩滞,阳气亏虚,无力鼓动血脉而致,又可因阴血亏虚,血液运行涩滞而发,若失治误治,则瘀血久羁不去。该型患儿往往伴见心脏扩大或心肌肥厚,临床症状视心动过缓的轻重而不同,轻者可无自觉症状,也可见有面色黯滞,口唇不荣,心胸刺痛,胸中窒闷,心悸怔忡,倦怠乏力等表现,重者甚至可反复出现昏厥。舌质或隐青或有瘀斑,苔薄,脉涩或弦细涩或结代。治疗上应长期坚持活血化瘀、养血通脉之主法,同时不忘振奋心阳,基本方应用通脉口服液(当归、三七、降香、赤芍、山楂、姜黄)。方中当归、三七活血、补血、和血,降香、姜黄化瘀兼行气,气行则血行,山楂散瘀兼以悦脾,赤芍凉血散瘀并佐诸药之偏温,共奏活血化瘀、养血通脉之功。阳虚甚,脉迟者,加用麻黄附子细辛汤;气虚重,乏力者,加黄芪、党参;兼阴虚者,加生熟地、麦冬、玉竹;复感邪毒者,加用野菊花、虎仗、丹皮等。

案3 王某某,男,14岁。1995年7月11日初诊。患病毒性心肌炎3年余,平时偶有胸闷乏力,心前区刺痛,无其他不适。饮食、二便正常,曾多次查心电图均示窦性心动过缓、Ⅱ度Ⅰ型窦房传导阻滞、心率40~56次/分,查体:精神好,咽稍充血,双肺(-),心音有力,心律不齐,心率52次/分,腹软。舌质隐青,苔薄,脉细涩。查超声心动图示左心室稍扩大,心肌酶正常。诊断:心肌炎后遗心律失常。辨证:瘀阻心络,心阳不振,脉行不畅。治以活血化瘀,养血通脉为主,予通脉口服液(0.3g/mL),每次25mL,每日2次。用药3个月,临床症状消失,心率增至56~60次/分。继续巩固治疗1年,心率增至62~70次/分,复查超声心动图左心室回缩至正常。随访3年,患者心电图一直正常。

陈宝义治疗小儿缓慢型心律失常的思维方法与临床经验,可以概括为几方面:一是重视审因论治。将造成缓慢型心律失常的"湿毒"、"阳虚"、"痰瘀"等原发或继发病因,作为在不同病程阶段的辨证治疗重点。二是善用温热类药物。针对缓慢型心律失常不论何种病因、病期均属"心阳受累"的基本病机认识,主张"只要无明显热证表现者,即可大胆使用温热药物,不必脉证悉具"。三是强调遣方用药的合理配伍。比如,在重点应用温阳药的同时,根据阴阳互根理论,常配以生熟地、山萸肉、玉竹等滋阴之品,既能于阴中求阳,使阴阳互生,又可兼制诸药温热之性,避免长期服用温热药之弊端。(刘 虹 胡思源)

陈大舜学术经验

【名老中医简介】陈大舜(1941~)江苏南京人。教授,博士生导师。1965年毕业于南京中医学院。原湖南中医学院院长。全国高等医学教育学会理事,湖南省中医药学会副会长,香港大学中医药学术顾问委员会委员,《湖南中医药大学学报》主编,《美国中华临床医学杂志》常务编委,《中华药学》《中国中医药科技》等杂志编委等。湖南省名中医。享受国务院政府特殊津贴。擅长诊治内科杂病、内分泌疾病等。获省部级成果奖二等2项,三等3项。编写著作13部,发表论文80余篇。

学术思想

1 另辟蹊径,倡导中医"辨病论治"诊疗模式

中医传统的辨证论治诊疗模式是中医的一大特色与优势,但亦确有一定的局限性。一是临床上单凭四诊来辨证可能出现"无证可辨"或辨证依据不足的情况;二是即使辨证准确,而治疗无效或收效甚微;三是不同病种出现相同证型的情况太多,所用处方大同小异,针对病的特异性不强,因而有时疗效不佳。故陈大舜认为,中医学术要有突破性进展及创新,必须加强自身辨病论治理论体系的建立与完善;同时,中医要走向世界,要走国际化、现代化、产业化的道路,这些形势的发展,也需要我们另辟蹊径,创立新的辨病论治诊疗模式,与传统的辨证论治诊疗模式并行不悖。互为补充,长期共存。

1.1 正本清源,还辨病论治在中医学中的地位

中医学自古以来就很重视辨病论治。如《黄帝内经》就有《疟论》、《痹论》、《痿论》等对疟、痹、痿诸疾病的专篇辨病论述,不但有详细的辨病内容,也多有论治的原则。张仲景《伤寒杂病论》,绝大多数篇名都是《辨某某病脉证并治》,首重辨病,再行辨证论治。这是中医学重视辨病论治的最好明证。以后历代医家在这方面各有所建树,促进了辨病论治的发展。正如清代大医家徐灵胎在《兰台轨范·序》中说:"欲治病者,必先训病之名,能识病之名而后求其病之所由生,知其所由生,又当辨其所生之因各不同,而病状所由异,然后考虑其治之法,一病必有主方,一病必有主药。"说明历代前贤均很重视辨病论治,因此,陈大舜认为恢复和创建中西医结合、病证结合的现代中医辨病论治诊疗新模式具有重要的意义。

1.2 建立辨病论治诊疗模式的思路与方法

1.2.1 确定主要证型 按照中医辨证论治的诊疗模式,任何一种疾病都会有几个证型,少则2~4个,多则7~8个。但在这些证型中,一定可以找到1~2个主要证型。陈大舜认为对主要证型的确定,则需要作3种调查:一是文献报道回顾性调查,就是选择一定时期(如近10年)期刊发表的某一病种辨证治疗的临床报道论文。统计出各证型所占比例,最后得出主要证型1~2个;二是病案检索回顾性调查。就是选择2~3家条件较好的省级以上中医院,查找检索某一病种的所有病案,分析统计其辨证论治的各证型所占的比例,找出主要证型;三是临床实践前瞻性调查,研究者有意识设计一套比较规范的观察表格,对某一病种进行临床观察,辨证分型,最后进

行分析统计，找出主要证型。这样3种调查综合分析，哪种证型最多，即客观地确定1～2个有内在联系的证型为主要证型。

1.2.2 找准基本病理 中医的“证”，往往是病因病理、病性病位、临床表现的高度概括。一旦主要证型确定了，该病的主要病理或基本病理也就找到了。如高血压病的主要证型确定为阴虚阳亢证，那么其主要病理即基本病理则是肝肾阴虚、肝阳上亢，同时，内在的有机联系与肝火亢盛、肝风上扰密切相关，而与气虚证高血压、痰湿证高血压相关性较少。

1.2.3 选择有效方药 一旦主要证型确定，基本病理找准，即可立法处方。立法是针对主要证型、基本病理而定的，在同一治疗大法的前提下，选择方药各不相同，那么，就必须选择现阶段公认的最有疗效的中药。选择有效药物的顺序，应首选经国家药品监督管理局批准上市的中成药；其次可选择已正式通过省级以上鉴定并获得省级以上成果奖的有效方药；再次选择公开刊物发表的治疗该病的有效方药；如找不到适合的，也可选研究者自拟的经验方或古方加减后符合主证及相应理、法的方药。但不管选用何方药，都必须在临床实践中进行疗效观察，一定要以临床疗效为基准。在肯定疗效的基础上，还可开展动物实验，以研究和阐明其疗效机理。辨病论治诊疗模式的形成是以辨证论治为基础的，确定主要证型，找准基本病理，选择有效方药，必须具备辨证论治的基本功。此外，辨病论治选择的有效方药，不可能适合该病的所有患者，而只是对该病的多数患者有效，因此当患者出现不符合主证型与基本病理时，或出现与主证无关或相反的证型时，就应当考虑另立新方，或以主方辨证加减。

2 融古汇今，将中医各家学说和内科临床有机结合

陈大舜曾长期执教《伤寒论》、《中医各家学说》，深谙历代医家的学术渊源、学术思想、临床诊疗特点。积沙可以聚塔，这些扎实的理论基础为他的中医临床诊疗工作及研究如虎添翼。而如何将历代名医家的思想精髓与临床更好地结合，这也是陈大舜所长期关注和不懈探索的课题。

2.1 运用张景岳阴阳互济理论，探讨糖尿病的诊治规律

陈大舜从1995年起即带领课题组和7名博士生开展2型糖尿病及其血管并发症的中医药防治研究。根据2型糖尿病的主要证型及基本病理为气阴两虚，他以明代著名医家张景岳阴阳互济理论为基础，将阴阳互济法代表方左归丸、左归饮加减化裁，组成左归降糖灵用于该病的治疗，取得了较好的临床疗效，并结合实验研究阐明了该方的主要作用机制。同时，根据2型糖尿病血管并发症的基本病理为气阴两虚兼血瘀，指导博士生在左归降糖灵这一主方基础上化裁组方，分别用于2型糖尿病主要并发症的治疗。如左归双降方防治2型糖尿病合并高血压，降糖舒心颗粒防治2型糖尿病合并冠心病，降糖益肾方防治2型糖尿病合并肾病，降糖通脉方防治2型糖尿病合并脑缺血性损伤等。上述研究先后获湖南省科委、教委、卫生厅重点项目科技基金资助，目前，已获较好的临床疗效，并已经实验研究深入阐明了这些系列方作用的机制，从而为继续研究开发奠定了坚实的基础。

2.2 运用叶天士治疗血证经验，治疗免疫性血小板减少性紫癜

陈大舜以清代名医叶天士运用凉血散血法治疗内伤杂病之血证的临床经验为基础，研制成牛角地黄冲剂。其融清热解毒、凉血止血、活血化瘀、健脾养血为一体，不仅用于热迫血行、阴虚火旺灼络引起的各种不同部位的出血证，而且对血证发病的不同阶段起到未病先防、动血可止、巩固治疗的功效。临床研究并通过建立大鼠免疫性血小板减少症的动物模型，开展该方的药效及作用机制的研究，证实牛角地黄冲剂具有抗免疫性血小板减少性紫癜（ITP）的作用，是临床治疗ITP的基础效方。从而为ITP的治疗提供了一条行之有效的途径，并开拓了治疗思路。

2.3 整理王清任的活血化瘀治则，剖析分部治瘀理论的实用价值

陈大舜指导研究生系统整理和探讨了王清任的分部位治疗瘀血病证的理论，并从实验的角度对王氏3个逐瘀汤（通窍活血汤、血府逐瘀汤、膈下逐瘀汤）进行了比较研究。研究表明，王氏分部治瘀理论是以气血理论和长期的临床、解剖实践为基础，并从各部位瘀血病证的临床证候特征、治疗原则、制方遣药特点等方面，论述了分部治瘀的理、法、方、药，对后世产生了深远的影响。在此基础上，该研究从实验研究角度，从头部血瘀证（大鼠脑缺血再灌注损伤）、血府血瘀证（家兔急性心肌缺血）及膈下血瘀证（大鼠肝纤维化）3个侧面系统研究了3个逐瘀汤（通窍活血汤、血府逐瘀汤、膈下逐瘀汤）的作用效果和作用机制，从而证明了王氏创立分部治瘀理论是科学的，3个逐瘀汤的组方是合理而有效的。此外，陈大舜对明末清初医家吴又可的学术思想及诊疗特

点亦颇有心得，善用其创制的达原饮、三消饮、三甲散解决诸多内科疑难杂证。

3 探求病机，认为虚痰瘀是中老年慢性病的共同病理基础

陈大舜以其深厚的学识，结合多年对各种中老年慢性疾病的诊治体会，参合现代医学的研究成果，认为"虚"、"痰"、"瘀"乃是各种中老年慢性疾病的共同病理基础。早在《内经》中，中医学就对人体各个年龄阶段的特点作了阐述。如《灵枢·天年篇》即以十岁为期，精辟地概述了人体生长发育的壮盛时期，以及开始衰老与疾病丛生的年龄阶段特点，与现今人体由生至终的自然发展过程是基本相符的。

3.1 五脏虚损是各种中老年慢性疾病发生的本质因素

对于各种中老年慢性疾病的病因病机，中医学认为五脏虚损是本质因素。如《金匮要略·脏腑经络先后病篇》云："若五脏元真通畅，人即安和"，而《素问·评热病论》又云："正气存内，邪不可干"，"邪之所凑，其气必虚"，指出"虚"乃是人体各种疾病发生的内在因素。中医学认为，随着年龄的增长，人体五脏的脏气（肝气、心气、脾气、肺气、肾气）亦逐渐亏虚，疾病随之而生。现代医学研究证实，随着年龄的增长，人体各个脏器的机能即发生退行性变化、免疫功能紊乱、自由基损伤等，其根本原因即与人体生理性五脏虚损的关系密切。

3.2 痰浊、瘀血是中老年慢性疾病的重要病理因素

脏腑功能失调是各种疾病的内在因素，而脏腑虚损的病理性产物—痰浊、瘀血同样是致病的重要因素。在中老年慢性疾病的病理状态下，脏腑失去正常输布气化功能，则聚津为痰；或气虚失运，血停为瘀；或阴虚内热，灼津耗血为瘀；或阳虚血寒，凝滞而瘀。瘀血既成，百病即生。而痰浊是津液的病变，其致病复杂且广泛，痰之为物，随气升降，无处不到。痰浊可阻碍经脉气血的运行，阻碍气机升降出入，影响水液代谢，易于蒙蔽神明，其最大特点是痰浊、瘀血常常互结致病。陈大舜在临床诊治中发现，多种中老年慢性疾病如高血压、脑血管疾病、冠心病、糖尿病及其并发症、高脂蛋白血症等，多数患者具有痰、瘀的病理特征，因而他多从痰、瘀论治。而大量的临床应用和实验研究数据表明，活血化瘀、化痰祛湿在中老年慢性疾病的防治中具有相当重要的作用。

"虚"乃是各种中老年慢性疾病发生的本质性因素，"痰"、"瘀"则是在五脏虚损的基础上产生的病理性因素。中老年虚衰是产生痰浊、瘀血的基础，而"虚"、"痰"、"瘀"之形成又成为各种中老年慢性疾病产生的内在根据，形成了虚实夹杂，本虚标实的病证，三者构成了各种中老年慢性疾病的共同病理基础。（喻 嵘）

医方验方

1 牛角地黄汤

方药：水牛角、生地、茯苓、丹皮、赤芍、阿胶、麦冬、黄芪、仙鹤草等。

功效：清热解毒，凉血散瘀，益气养阴。

主治：血热妄行、阴虚火热、气阴两虚之特发性血小板减少性紫癜。

用法：每天1剂，煎服2次，30天为一疗程。

2 左归降糖汤

方药：黄芪、参须、熟地、枸杞、怀牛膝、丹参、赤芍、山茱萸、菟丝子、生蒲黄、黄连等。

功效：滋阴益气，活血降糖。

主治：气阴两虚夹瘀证及气阴两虚之2型糖尿病。

用法：每天1剂，煎服2次，30天为一疗程。

3 二梗二仁汤

方药：藿梗、苏梗、枳壳、法夏、杏仁、桃仁、红花、丹参、赤芍、丹皮等。

功效：舒畅气机，活血化瘀，调神解郁。

主治：妇女月经不调，抑郁症，黄褐斑，更年期综合征。

用法：每天1剂，煎服2次，10天为一疗程。

医案验案

李某某，女，17岁，浏阳人。因四肢散在性瘀点、瘀斑并经常鼻衄1个月来医院门诊。1月前曾在某医院检查血小板为$46 \times 10^9/L$，凝血时间4.5分钟，出血时间4分钟，骨髓检查示：特发性血小板性紫癜。给予强的松、达哪唑、氨肽素治疗2周，血小板转至正常，鼻衄止，皮肤瘀斑消失。但伴随激素撤减至停药15天后，上症复发，转中医院治疗。刻诊：皮肤紫斑部位仍在四肢，颜色鲜红与紫暗并见，晨起鼻衄，每次约5mL，伴面红，口干，口苦，尿黄，便结，二、三日一行，月经提前，量多色鲜红，舌苔黄少津，脉弦细数。查血小板$40 \times 10^9/L$。此属血热妄行，瘀血内阻证。治宜清热凉血解毒，活血散瘀止血。牛角地黄汤加味：水牛角30g（先煎1小时），生地15g，赤芍15g，丹皮10g，茯苓10g，阿胶10g，麦冬15g，仙鹤草15g，旱莲草15g，熟大黄8g。先服7剂，每天1剂，煎服两次。鼻衄止，大便畅通，未增新瘀斑、瘀点，查血

小板 $78\times10^9/L$。熟大黄改用6g，再服14剂。查血小板升至 $102\times10^9/L$，病情向愈。原方减去熟大黄，改用藿梗10g，麻仁15g，调治1月。再次复查血小板升至 $116\times10^9/L$。后嘱其长期服用知柏地黄丸善后。1年后随访，未再复发，并且考上大学。

陈光伟学术经验

【名老中医简介】陈光伟（1950～）主任医师，硕士生导师。陕西中医学院附属医院中西医结合肿瘤专业学术带头人，中华中医药学会肿瘤分会常委，陕西省中西医结合学会理事，陕西中医学会肿瘤分会副主任委员，陕西省药学会理事。陕西省名中医。擅治各种肿瘤。研制"结肠炎丸""乳增宁片""三佛参口服片"多次获奖。出版专著1部，发表论文6篇。

学术思想

1 补脾益肾治癌新理念

肾为先天之本，生命之根；脾为后天之本，生化之源，相互滋养，相互为用。脾之健运，有赖于肾阳之温煦，而肾气之充沛，又需脾胃之补养。脾虚化源衰少，则五脏之精少而肾失所藏；肾虚阳气衰弱，则脾失温煦而运化失职。

恶性肿瘤是渐进性消耗性疾病，尤其是中、晚期癌症患者或术后放、化疗之患者，多为脾胃虚弱，运化失司，而至气血不足，脏腑失养。表现为食少、腹胀、神疲、乏力、自汗等。肿瘤生长日久必伤肾，肾气不足，阴阳失衡，表现为腰膝酸软，头目眩晕，耳聋，夜尿频多，浮肿，便溏，五心烦热，盗汗等。因此，补脾益肾，扶正抗癌法，是治疗中、晚期癌症患者及术后放、化疗后患者的理想方法，具有减毒增效，提高生存质量，预防复发与转移等作用。

2 扶正抗癌治癌之要法

《内经》曰："正气存内，邪不可干"，"邪之所凑，其气必虚"，"正胜则邪退，邪盛则正衰"。扶正抗癌法即扶正培本法，总的就是以扶助脾、肾为重点。金·张元素指出："壮人无积，虚人则有之。脾胃怯弱，气血两衰，四时有感，皆能成积"。脾为后天之本，气血生化之源，脾虚则运化乏权，生化无源；肾为先天之本，内藏元阴元阳，为其他脏腑阴阳之根本，脾气的健运有赖肾阳的不断温煦，在病理上，脾气虚弱，脾阳不足，日久必伤及肾阳，所谓"五脏之伤，穷必及肾"。在益气健脾时，证见肾气虚衰时，勿忘温肾阳而助脾阳，以助运化；若脾气虚弱，胃阴不足，治当滋阴生津润燥，勿忘滋补肾阴，以助化生之源。肾阴虚，则宜益肾精滋肾阴。因此，在扶正抗癌法中，特别重视调理脾肾，以保生命之根，以彰生化之源。

2.1 扶正抗癌基本方

陈光伟扶正抗癌基本方：黄芪15g，西洋参15g，灵芝15g，龙葵15g，莪术12g，半夏12g，陈皮12g，白术12g，云苓12g，甘草3g。黄芪补气升阳，益卫固表；西洋参补气养阴，两者共为君药；灵芝补精益髓，龙葵清热解毒，莪术活血化瘀，软坚散结，共为臣药；半夏、陈皮、白术、云苓健脾理气，燥湿化痰共为佐药；甘草调和药性为使药。如肺癌常用露蜂房、鱼腥草、半枝莲、白花蛇舌草清热解毒。咳嗽加贝母、杏仁、款冬花等化痰止咳；咳血加白芨、仙鹤草、侧柏炭收敛止血；阴虚者，加生地、知母滋阴生津；气虚者，加党参补中益气。又如食管癌常用藤梨根、山豆根、黄药子清热利湿解毒；地龙、三七粉、行气活血通络。恶心、呕吐加竹茹、丁香、穿山甲、柿蒂降气止呕；纳差加山楂、麦芽、神曲消食化积开胃；反酸加乌贼骨、煅瓦楞子制酸止痛；疼痛加元胡、川楝子、白芍、当归行气止痛；腹胀加莱菔子、大腹皮、泽泻除胀行气。

2.2 扶正抗癌法减毒增效作用

陈光伟认为，中、晚期癌症患者，由于体质虚弱，病情较重，对放、化疗的耐受性较差，易出现明显的毒副反应，扶正抗癌药能有效减轻其毒副反应，并增强疗效。现代药理证明，健脾补肾药，除具有提高机体免疫力外，还有抗肿瘤及抗放、化疗毒反应作用。放、化疗对造血系统的影响，即骨髓抑制表现为白细胞下降、血小板减少、贫血等，属气血两虚，故用益气养血之药黄芪、党参、白术、当归、鸡血藤、阿胶、女贞子等；消化道反应主表现为食欲不振，腹胀腹泻，为脾气虚弱、胃气上逆所致。治以健脾益气，和胃降逆，药用白术、云苓、半夏、竹茹、砂仁、旋复花、代赭石等；体力下降，表现为乏力、困倦、腰膝酸软、心慌气短、失眠、多为肝脾两虚，心肾不交，治以柔肝健脾，交通心肾，药用西洋参、党参、山药、白术、熟地、五味子、酸枣仁、夜交藤等；炎症反应如发热、放射性肺炎，为放疗造成体内热毒壅盛，化火灼津，伤阴耗气，治以清热解毒，生津润燥，药用半枝莲、白花蛇舌草、石斛、沙参、麦冬、天花粉、芦根、食豆兰、知母等。

2.3 扶正抗癌法抗肿瘤复发与转移作用

中、晚期癌症及术后，放、化疗后癌症患者，常有机体免疫功能的下降。健脾益肾，扶正抗癌的治法，能提高机体免疫功能，从而抑制肿瘤转移。其机理可能是扶正抗癌药有助于机体内生理功能的平衡，从而抵御、消除有害物质的侵袭，进而起到防癌的作用。扶正类中药具有类似生物反应调节剂的作用，可诱导诸多细胞因子的释放，促进淋巴细胞转化，提高细胞免疫活性，使发生转移的癌细胞在运动中被杀灭。经研究有黄芪、女贞子水提剂在体外具有明显促进正常人和癌症患者淋巴细胞的增殖作用，对局部移植抗宿主反应(GVH)有明显的增强作用，可使患者低下的T细胞功能恢复到正常水平。(附 舰 王小龙)

临床经验

中晚期肺癌

1 病机认识

陈光伟认为肺癌主要是由于正气虚损，阴阳失调，六淫之邪乘虚而入，导致肺脏功能失调，宣降失司，气机不利，血行受阻，津液失于输布，津聚为痰，痰凝气滞，瘀阻脉络，于是痰气瘀毒胶结，日久形成肺部积块。因此，肺癌是因虚而得病，因虚而致实，是一种全身属虚、局部属实的疾病。中晚期肺癌患者多是在经过各种治疗仍难控制的情况下来就诊，此时患者积块已成，进而加重气虚，如此恶性循环，致使气虚更甚，实邪难去。

2 辨证论治

陈光伟谨守肺癌的病因病机，以正气虚损为辨证之本、分型之要，将中晚期肺癌分为四型，分别是气虚血瘀、脾虚痰凝、阴虚毒热、气阴两虚，认为补益正气、消积散结是治疗中晚期肺癌的关键，提出了扶正消积、解毒散结的大法，并自拟扶正抗癌汤(黄芪、白术、灵芝、鱼腥草、白花蛇舌草、半枝莲、露蜂房等)为基础辨证加减治疗各型中晚期肺癌，取得了较好的效果。他以黄芪为君大补肺气，《药性赋》谓其补气利水，《珍珠囊》曰："黄芪甘温纯阳，启用有补诸虚不足，一也，益元气，二也，壮脾胃，三也……"现代药理学表明黄芪具有调节机体免疫的能力。脾为气血生化之源，脾虚则气血生化无源，精微无以出，则肺气自虚。《内经》云："虚则补其母"，脾为土脏，肺为金脏，土旺则金生，故中医有培土生金之说。陈光伟认为补肺气当以健脾为先，肺癌以肺气虚为本，加以健脾补气之白术、灵芝为臣，增加黄芪之效。他认为正气久虚则邪毒壅阻，使气机不畅，痰瘀毒热互结，日久形成积块，故用白花蛇舌草、露蜂房、鱼腥草、半枝莲等清热解毒、消积散结之品为佐使。现代药理研究表明鱼腥草具有抗炎、提高免疫力作用，白花蛇舌草、露蜂房等有抗肿瘤作用，共奏抗癌之效。

陈光伟认为临床应用时应以辨证论治为本，故本方在治疗中应灵活运用。若属阴虚毒热，在本方基础上加北沙参、麦冬、玄参、百合等养阴之品；若属脾虚痰凝，在本方基础上加陈皮、半夏、瓜蒌等健脾化痰之品与补气药相伍，共奏祛痰止咳之功；若属气虚血瘀，在本方基础上加元胡、川楝子、川芎、赤芍等行气活血药；若属气阴两虚，在本方基础加太子参、西洋参等益气养阴之品。对于中晚期肺癌的治疗，他从紧守病机出发，以正气虚损为分型之要，充分体现了他治疗肺癌以正虚为本、以扶正为先的学术思想。正虚不仅是肺癌发生的内因，也贯穿肺癌之疾病的始终。肺气虚则邪不胜正，外邪趁虚而入，导致气滞、血瘀、毒蕴、痰凝等标实之证，陈光伟根据数十年经验，自拟扶正抗癌汤，已在临床中取得了很好的疗效。

3 病案举隅

马智礼，男，80岁，患者于2005年11月无明显原因出现咳嗽，痰少，时咳出鲜红色血液，行胸部CT检查示：左肺上叶阻塞性肺炎。建议作支气管镜检查，12月作镜检示：左肺上叶支气管癌，病理诊断：左肺上叶支气管鳞状细胞癌Ⅱ级。考虑到患者年龄大，不能耐受化疗，遂只进行支持对症治疗，未有明显好转。于2006年4月前来陈光伟门诊治疗，证见：咳嗽，咯血，咯痰，查体神清，精神差，神疲，乏力，食纳差，双肺呼吸音稍粗，上胸部可闻及少许湿罗音，其余情况未见明显异常，舌红苔滑腻，脉弱。陈光伟根据病情，辨证认为患者肺气虚致津液失布，停聚于肺，聚津成痰，致肺失宣降，肺气上逆，出现咳嗽，故在本方基础上加止咳化痰的杏仁，健脾化痰的陈皮、半夏，并针对患者的咳血症状，加白及、仙鹤草、枇杷叶等既能收敛止血又能清肺化痰止咳之药。全方有补有攻，以攻为主。5月再来就诊，患者诉仍咳嗽，但已无咯血，纳差，咽干，舌红苔少，脉细数。陈光伟分析患者经服上药，蕴肺痰浊之邪已去，但由于年老体弱，脾气不足，脾为生痰之源，故痰源未断，同时，由于痰蕴日久后化热，灼伤肺阴，从而出现气阴两伤，于是在本方基础上加重养阴之品，加用玄参、太子参、麦冬，继续用化痰止咳之款冬花、杏仁及健脾化痰的陈皮、半夏。6月患者复诊诉仍有咳嗽、口渴、咽干等症状，但较前明显减轻，食纳已明显改善，舌红苔少，脉数。陈光伟认为患者此种表现为肺气稍复，此时应巩固战果，乘胜追击，故在本方基础加重攻毒散结之品，7月患者来诊时诉已无咳嗽、咯痰、咯血，精神明显好转，临床各项指标也恢复正常。

4 体 会

肺癌是一种全身属虚、局部属实的疾病，中医认为肺为娇脏，喜润恶燥，当肺气耗伤，邪毒入肺，久蕴化热，造成肺阴不足、阴虚内热的病理变化。中晚期肺癌患者此种表现更甚，随着病情发展，实邪久居于肺，进一步影响全身脏腑功能，导致正气更虚，患者无法承受祛邪的治疗，如此恶性循环，导致病情恶化，因此，对肺癌尤其是中晚期肺癌，应当在补益基础上祛邪，即扶正祛邪。陈光伟对中药的运用，不仅深析中药的药性，而且对中药的现代研究也了如指掌，方中黄芪、灵芝中药谓其补气，现代证明其有调节免疫作用。再如对咳血的治疗中，用的仙鹤草、白茅根、白及等，现代药理研究证明其有抑癌作用。在对咳嗽的治疗中，用的枇杷叶、鱼腥草等也已被证明有抗炎作用，尤其是肺癌引起的阻塞性肺炎有明显作用。由此可见，陈光伟对中晚期肺癌的治疗从谨守病机出发，补正祛邪，灵活运用中药，既符合中医的辨证用药，又融入了现代药理研究。（单宇鹏 李鹏 齐海燕）

陈鉴清验方

【名老中医简介】陈鉴清（1943～）广东兴宁市人。副主任医师。1968年毕业于广州中医学院医疗系。现任广西北海市中医院门诊部主任，广西中医学院兼职副教授；兼任中华中医药学会广西北海市分会理事，香港国际传统医学研究会理事。广西自治区名中医。一直从事中医临床教研工作，对仲景学说及其《伤寒杂病论》研究颇深。

柴胃汤

组方：柴胡12g，川黄连6g，黄芩9g，法半夏12g，党参10g，生姜3片（10g），大枣9枚（破），炙甘草6g。

功效：调和肝胃，清热消痞。

主治：肝胃不和之各种胃病。

用法：每日1剂，以清水2000mL，先煮取1000mL，分两次温服；或先服500mL，过4～5h，煮沸，再服500mL。药渣加清水1500mL，煮取500mL，温服，1日服3次，每隔4～5h服500mL。服药期间及日常饮食，宜自行留心调制，不管辛甘酸苦咸五味，皆以吃入胃中自觉舒服为宜。但凡五味太过均不相宜，尤以生冷饮食最宜注意。

加减：嗳气泛酸加吴茱萸6g，瓦楞子30g；兼有胁痛者，更加佛手9g，制香附12g，青皮6g。但痞胀者加枳壳6g，川厚朴9g。若心烦易怒、烧心、泛酸嘈杂者加栀子、竹茹各12g，白芍15g，瓦楞子30g。脘腹恶寒痞痛者加桂枝、檀香、高良姜各12g（或干姜9g），瓦楞子30g。口苦者加栀子、石莲子各12g，龙胆草9g。善饥烦躁不得寐者去生姜加栀子、白薇各12g，竹茹15g，桂枝9g，石膏30g。正在心下，按之则痛，脉弦滑者加全瓜蒌12g，枳实9g。舌苔白腻者加神曲、藿香（或佩兰）、石菖蒲各12g，蔻仁6g。苔黄燥而厚者加生大黄9～12g，枳壳6g。病久体虚、手足凉、恶寒者加鹿角胶（烊）、桂枝各12g，黄芪15g，饴糖一匙（冲）。心下或连两胁下痞痛如刺者加制香附12g，三七末（冲）、青皮各6g，延胡索9～12g。大便黑如沥青者加酒大黄、地榆炭（或棕榈炭）各12g，侧柏炭9g，三七末6g（冲）；另取生藕汁300mL顿服；此乃上消化道出血，宜即劝之住院治疗，以保安全，不可延误。

方解：胃脘痛，在《伤寒论》中辨为痞证及结胸。其人但觉心下胀闷不舒为痞；若正在心下，按之则痛为小结胸；杂病则多以肝脾不和、肝胃不调之证辨治。经曰："少阳为枢"。司气机出入之门户，出则太阳，入则阳明，故此方以小柴胡汤为体加入黄连一味成之。以黄连为君，黄芩、柴胡为臣，清热通痞；以人参、甘草、半夏为佐，姜枣为使，共奏清热降浊、益气安中、理气通痞之效。

病案　患者，女，38岁，2004年9月27日初诊。胃脘痞痛反复发作十余年。二年前电子胃镜示：浅表性胃炎，胆汁反流。大便如丸，不得寐，脉细缓，舌淡红，苔白，是胆胃不和中虚热郁也。从调和土木、清热除痞着手，拟柴胃汤加竹茹15g，栀子12g，佛手、五味子各9g，夜交藤30g。2剂。9月29日二诊：上症稍好转，寐安，大便软，但后重，气顶咽喉，纳呆，舌淡红苔白。效不更方，守上方去夜交藤、五味子，加木香9g（后下），神曲10g。2剂。2005年3月1日三诊：近二日复发心下痞，压之痛，大便日一行，后重，脉弦滑，舌淡红净，寒湿内蕴，饮食积滞也，予柴胃汤加高良姜9g,砂仁6g,栀子12g,竹茹15g。2剂。3月18日四诊:复发中脘痞痛,嗳气,无泛酸,大腹胀滞,大便烂,左髀髂痛,脉弦缓,湿滞也。柴胃汤加桂枝12g,高良姜、佛手各9g,神曲10g,砂仁6g。2剂。6月24日五诊:左季胁腹痛,牵连心下,压痛,嗳气,无泛酸,大便硬,不得寐,脉弦细缓,舌淡红苔白,客热也。予柴胃汤合竹皮大丸加砂仁6g。2剂。至今时过三个多月未见复诊。

平咳汤

组方:甘草8g,五味子9g,桔梗4g,白前9g,射干12g,荆芥穗9g,紫菀9g,生姜10g,大枣9枚(破)。

功效:利肺宣痰,平咳止嗽。

主治:咳嗽。

服法:每日1剂,以清水2000mL,煮取1000mL,取汁留渣,分2次温服;或先服500mL,过四五小时,煮沸,再服500mL。药渣加清水1500mL,煎取500mL,温服。即每日服3次,每隔四五小时服1次。服药期间,宜保暖,避风寒,忌食生冷饮食及鸡肉与一切发物;属热咳者,更忌煎炸烧烤之品。

加减:外感风寒无汗加麻黄6g,细辛6g,苏叶9g;有汗则不用麻黄,改用桂枝9~12g,鼻塞者加葱白4茎。外感风热加黄芩6~9g,薄荷9g,或加鱼腥草15~30g,或芦根15~30g;喉痛者加山豆根或金果榄10g;声音嘶哑者则加蝉蜕6~9g,千层纸6g,或诃子12g,金果榄10g。心咳加川黄连3g。肝咳加柴胡9g,葶苈子9g,青皮6g。脾咳加桂枝12g,瓜蒌皮10g,薤白10g。肺咳加北杏仁9g;其属于寒者,无汗加麻黄6g,细辛6g,有汗则以桂枝9~12g易麻黄;其属于热者加黄芩6g,喘者加桑白皮12g,痰多黄稠者再加南沙参15g,或浙贝母6g;久咳阴虚者以川贝母易浙贝母;便秘则加瓜蒌仁15g,或鸡蛋花10~15g,唾血者其荆芥用炭,再加侧柏炭6~9g,藕节15~30g,并生吃鲜莲藕或冷饮莲藕汁;喘息如水鸡声音加麻黄12g,细辛6g,虚者更加鹿角胶12g(烊化);咳唾涎沫者加天门冬15g。胃咳者加法半夏9~12g,陈皮6g,苏叶9g,其属于热者则用竹茹12~15g,枇杷叶9g;舌苔白厚者加神曲10g,砂仁6g;其苔浊腻便溏者加藿香9~12g,蔻仁6g。膀胱咳加桂枝9~12g,益智仁9g,鹿角胶12g(烊化)。三焦咳则加桂枝12g,茯苓12g(其有饮者增量至15~30g,更加白术12~15g,鹿角胶12~18g(烊化),或加熟附子9g(先煎),细辛6g;舌边如锯或淡嫩胖大者加黄芪15~30g,随证选饵。

方解:咳嗽之为病,虽不止于肺,亦不离乎肺。缘吴鞠通曰:“治上焦如羽”,故平咳汤选药皆取轻清之品。观乎咳嗽者,其逆气均从喉咙而出,是咽喉为其要冲也,故此方即以甘草、桔梗作为君臣,其用量亦以2:1为准。因甘草炙用则可以杜生痰之源,生用可辅苦寒之桔梗、射干利其咽喉,以辛苦之白前宣降肺气,故其可以为君也。又李东垣治咳嗽尝以五味子为君,仲景治伤寒每见咳嗽者亦往往加之,是则此味亦可为君矣,故重用之;再佐以荆芥发表散风,紫菀宣肺行痰,姜枣为使,共奏宣肺降逆、疏风平咳、化痰止嗽之效,是为基本方。

病案　患者,男,38岁,2003年1月10日初诊。咳嗽四五个月,咽中如梗,痰粘不爽,日甚夜安,二便自调。舌淡红胀有齿痕,苔白厚,咽喉充血(+++),脉细缓。谓近期摄过X线胸片:心肺膈未见异常(未见报告)。是肺咳也,乃“秋伤于湿,上逆而咳者。”拟平咳汤加麻黄6g,细辛6g,百部9g,金果榄15g。予2剂,日1剂,服法如上。1月14日二诊:上症好转,舌淡红而有齿痕,苔白厚,脉濡缓。湿气尚重,守上方去金果榄,加紫河车10g,薏苡仁15g。又予2剂,服法如前,未再复诊。

按　《内经·素问》“阴阳应象大论”云:“秋伤于湿,冬生咳嗽”。湿乃长夏之气,秋湿既胜,乃非时之气太过也,母病及子,是以咳逆焉。《内经·素问》“至真要大论”曰:“湿淫于内,治以苦热,佐以酸淡,以苦燥之,以淡泄之”。故加麻黄、细辛之温热合百部之苦温,五味子之酸,金果榄之苦以奏燥湿温肺降逆止咳之效。但金果榄性大寒,二诊去之,加薏苡仁甘淡渗湿,更加紫河车味甘而不厚、微咸而淡以补其久咳之虚,乃奏捷效。

陈景河验案

【名老中医简介】陈景河(1917～)主任医师。原齐齐哈尔市中医院院长、名誉院长,黑龙江中医药大学客座教授,齐齐哈尔市中医学会理事长。黑龙江省名中医,首批全国老中医药专家学术经验继承工作指导老师。从医70年，擅长治疗内科疑难杂病，如脱髓鞘病、发作性睡眠病、头痛及老年病等。2006年获国家中医药管理局“国医楷模”荣誉称号。先后获省、市科技成果二、三等奖5项，发表论文30余篇。

1 脱髓鞘病

该病含义颇广，视神经脊髓炎、多发性硬化、弥漫性硬化和预防接种或感染后急性脑脊髓炎皆为脱髓鞘疾病。属急性发病进展迅速的多发性脑、脊周围神经病，具有周围神经广泛炎性脱髓鞘病理特点，属迟发性过敏反应性自身免疫疾病。临床多久治不愈，属中医的疑难杂病，陈景河从临床中摸索出了满意的治疗经验，给同类患者带来了治愈的福音。

王某某，男，14岁，学生。1997年1月27日初诊。主诉：头项腰背疼痛伴复视、四肢无力半年。病史：1996年6月份不慎感冒发烧（体温不详），伴头痛、头晕、乏力，到某医院就诊，查CT正常，EEG（脑电图）正常，按脑炎治疗，经用皮质激素类、青霉素等药物，发热、咽痛症状消失，但头痛不减，以两颞侧痛甚。10余天后，出现复视，视力下降到0.25（双眼），四肢乏力明显，行走困难，夜晚睡眠手足不自主抖动，在当地医院治疗无效，于1996年8月到北京某医院进一步诊治。眼科门诊检查左右眼视力分别为0.1与0.25双眼底乳头边缘清楚。血液科检查血象正常，排除血液疾病。神经内科多次门诊，根据其复视3个月，视力下降，结合MRI（核磁共振）报告提示额部白质内略长T2信号，四肢肌力V级，感冒后起病，诊断为感染后脱髓鞘病变？收入神经内科治疗，住院号为140546。住院后经神经生理室检查诱发电位，报告：VEP全视野+半视野；双侧波形分化尚好，P100潜伏期延长，双侧异常；BAEP：双侧波形分化尚好，左Ⅲ波比Ⅰ波低50%，双侧各波潜伏期大致正常，左侧轻度异常；SEP：左顶N60分化差，其余各波分化好，PC正常。右顶N60分化差，P15－P20波幅低平，各波PC大致正常，右顶轻度异常。肌电图检查报告：提示为神经源性损害（周围性）；脑生物电地形图报告：广泛异常，Q波功率增高；脑电图报告为广泛轻度异常。9月20日再次到神经内科门诊，依其病情，结合MRI：右额叶皮层下白质多片状长T2及VEP双P100延长，即往健康，感冒后发病，双眼底乳头边缘清楚，双上肢肌力Ⅳ级，双下肢肌力Ⅰ级。经会诊中心由4位专家会诊，临床诊断为脱髓鞘病，住院35天因病情未愈出院。于1997年1月27日到陈景河处求治。

刻诊：患者两颞侧头痛甚剧，诉如针锥样痛，伴有颈项连及脊柱骨疼痛，腰痛，腰脊不可以俯仰屈伸，四肢无力，两腿走路困难，需家人背扶，时有复视，视力极差，头晕，性情烦躁。因服用激素而呈满月脸，水牛背及虚胖（身高158cm，体重70kg）。即往健康无病，但自得病后易感冒，病情反复不愈至今，舌苔薄白、舌质偏红，脉沉缓无力。

中医理论认为，肾藏精，主骨、生髓、通于脑，脑为髓之海；邪在肾，则病骨痛；髓海不足则脑转耳鸣，胫酸眩冒，目无所见，懈怠安卧。依其病情，陈景河认为，该患者属肾虚髓海不足之证。患者发病半年以来服用大量激素，已出现明显肾精亏虚，髓海不足之征象。骨为髓之府，骨失精髓濡养，则颈项、脊柱、腰腿疼痛乏力；甚则转摇不能、行则振掉；精不能生髓，髓海不足，脑失所养则头晕、头痛、精不足，不能上注于目，目失精所养，则目无所见，故视力下降或复视等；肾精亏虚，正气不足，腠理不固，故易感冒，致使病情反复发作，不易痊愈；舌质偏红，与服用激素所致阴虚内热有关，脉沉缓，乃为里虚精血不足之象。据此拟定补肾生髓之治疗大法，以益阴潜阳、涩精固气为主要治疗原则，选用桑螵蛸散为基本方。当时患者仍服用大量地塞米松，嘱其激素逐渐减量直至完全停掉，故依据临床症状的变化，辨证加减滋阴、补气、活血、镇痛及虫类药物等。

处方：桑螵蛸30g，太子参20g，生龙骨20g，龟甲10g，石菖蒲10g，远志10g，益智仁10g，当归15g，金樱子10g，楮实子10g，玉竹20g，葛根20g，6剂，水煎服。方中以太子参、桑螵蛸补气固精，龙骨潜阳，龟甲滋阴，当时养血活血兼以滋润，石菖蒲、远志清心热而通心肾，益智仁、金樱子、楮实子以补肾精生髓，玉竹养胃阴，葛根解肌治疗项背强痛。服上方6剂后，症状有所减轻，但仍有疼痛，宗原方加没药10g，狗脊10g，山茱萸15g，再服6剂。

其后，随着激素减量，又因患者感冒头颈项背腰骶骨及至脚掌疼痛加重，甚则不能平卧，行动困难，舌苔薄白，脉弦缓。期间在原方基础上辨证加减土鳖虫5～10g，佩兰10g，菟丝子15g，延胡索10g，黄芪20～40g，巴戟天10g，珍珠母30g等药，连续服药3个月。至4月28日，症状明显好转，仅有阵发头晕头痛；激素基本减完，但患者出现后背发凉，脉沉缓，故又加用鹿角霜20g，穿山甲珠10g，钩藤20g，天麻10g等药，再治疗2个月，症状继续好转，但仍有阵发头痛。7月7日,因感冒发热,症状复发,出现复视,颈项强痛,胸闷烦躁,乏力,苔白浊,脉弦缓。调整处方以滋阴潜阳、清肝明目、活血通络为主要治疗原则,以羚羊角汤化裁。处方:羚羊角5g,水牛角20g,珍珠母20g,草决明15g,川芎35g,穿山甲珠10g,全蝎10g,蜈蚣2条,僵蚕10g,山茱萸20g,生地黄30g,女贞子20g,旱莲草20g,钩藤20g,谷精草20g。经治疗后感冒愈,复视消失,诸症减轻,坚持服药近2个月,已无明显不适,体力恢复,可提5 kg左右重物走上7楼。

9月22日,患者又感冒,发热,仅有头晕、头痛、乏力,未再出现复视,苔薄白,脉弦缓,拟犀角地黄汤加减,羚羊角10g,生地黄30g,水牛角20g,白芍40g,知母30g,龟甲20g,桑叶20g。感冒愈后,在此基础上随症加减半夏、白术、天麻、益智仁、黑芝麻、焦栀子、威灵仙、龙胆草、防风、萆薢、黄精、桃仁等药。服至11月,基本无不适,精神体力均明显好转。于11月12日再次到北京某医院复查,脑MRI检查未见异常,其它各项复查均正常。视力:左眼1.5,右眼0.9。返回后继续服药月余,以善其后。至12月底停药,随访半年有余,未再复发。双眼视力为1.5。

按 本案虽症状诸多,病情复杂,但陈景河认为均可用"髓海不足则脑转耳鸣,胫酸眩冒,目无所见,懈怠安卧"所概括。他紧紧抓住髓海空虚病机,溯本求源,审证求因,确定补肾生髓治疗法则,并贯穿治疗的全过程。患者治疗1年,大致可分为2个阶段。初始阶段,因患者仍在服用激素,且激素的副作用表现尚较明显,所以在补肾生精时偏重养阴,如用沙参、生地黄、龟甲、女贞子、旱莲草、天麦冬、山药等。在激素减完以后,患者出现怕冷,易感冒,头项腰背及至脚板各处疼痛加重,此时肾阳虚表现较突出,故在补肾生髓方中加大补气壮阳药物用量,加用黄芪、益智仁、巴戟天、黄精、胡芦巴、鹿角胶、骨碎补等。在7月份感冒发热之后,病情出现反复,诸症加重,此时在补肾生髓基础上加用清肝明目、滋阴潜阳、活血通络之品,如羚羊角、水牛角、珍珠母、草决明、何首乌、谷精草、川芎、丹参、没药、延胡索、黑芝麻等。疗程虽长,但用药思路清晰,一步一步逐层抽丝,使病向愈。患者在感冒发热病情反复之后的半年时间里,陈景河在补肾生髓的基础上,依病情变化,针对久病多瘀、病久入络所致顽固性及反复发作性头项及脊柱骨的疼痛,加用了大量的虫类及活血化瘀药物,如羚羊角、水牛角、蜂房、全蝎、蜈蚣、穿山甲珠、土鳖虫、地龙、僵蚕、龟甲、鹿角胶等,以及川芎、没药、桃仁、当归、泽兰、丹参、三七、赤芍、茜草、牡丹皮等。主药在方中量大力专,如川芎用至35g,这些药物对于祛除体内深处病邪、消除瘀滞、增强机体的自我康复能力,起着重要的作用。

2 少女抑郁症

吴某,女,16岁,黑龙江省泰来人,2000年5月15日初诊。父母代诉患病已2个多月,因生气而发病。主要症状为不讲话,终日郁闷不乐,对什么事情都不感兴趣,索然乏味,对父母及亲人均无热情,进食减少,学习受影响。其父带领到多家医院诊治,均诊为抑郁证,服用西药治疗2个多月不效,前来求中医诊治。证见:面色青黄,体瘦弱,表情淡漠,郁闷而坐,问话不答,舌淡苔白浊厚腻,脉象弦滑。因发病有明显的生气诱因,肝郁无疑,病久郁而生痰,故见苔白浊厚腻,脉象弦滑,证属痰气搏结,治以逐痰开郁、理气通窍,方用开郁青州饮,处方:制南星10g,生半夏10g,白附子10g,枳实10g,橘红30g,云苓20g,全蝎10g,石菖蒲20g,先服7剂,试看疗效。7剂后,疗效甚好,能说话,再服7剂,症状明显改善,可与父母交流情况,进食增加,对人对事均有反应,有笑容,面色转红润。因医院开生半夏、生白附子均须另开处方,故将生半夏、生白附子去掉,改用胆南星,加柴胡、郁金、白芍、白术、党参等健脾舒肝药,再服7剂,共服20余剂,病告治愈。

按 抑郁证一般由于情志不舒、气郁不伸引起的性情抑郁,情绪低落或不宁、悲伤善哭、胸胁胀痛、如有物或痰堵咽中、睡眠异常等多种复杂的症状。属中医的郁证,有虚实之分,初得者或年轻人多实证,而且属气郁痰郁者居多。本方正是为治疗气郁痰结所致的抑郁证而设。方中生南星、生半夏、生白附子为青州白丸子的主要组成药物,其性均辛燥有毒,功能均可驱逐风痰。在青州白丸子中,生用各药,取其力猛,但用井水浸晒,制其毒性;而本方南星是用炮制过的,已去其毒性,仅半夏和白附子生用,同样取其力猛之功效。方中枳实、橘红行气消痞,燥湿化痰;石菖蒲祛痰开窍,醒脾安神,与南星、全蝎同用,可豁痰开窍,搜风通络,治疗痰迷心窍之癫证或痰气搏结之抑郁证,云苓健脾除湿,为治痰之主药,与半夏同用,增强其祛痰之功效。诸药合用,共奏逐痰开郁、理气通窍、健脾醒神的作用,因在青州白丸子的基础上加减而成方,故名为开郁青州饮。(陈素云)

陈美华学术经验

【名老中医简介】陈美华 女。主任医师，教授，硕士生导师。1969年毕业于福建中医学院。福建省第二人民医院学科带头人。中华中医药学会内科心病专业委员会委员，福建省中西医结合学会心血管分会主任委员。第四批全国老中医专家学术经验继承工作指导老师。享受国务院政府特殊津贴。擅长对高血压、冠心病、高脂血症、心律失常、心脑血管硬化、心衰、中风、老年痴呆症的诊治。

冠心病

1 临证思路

1.1 辨证与辨病相结合

陈美华认为他山之石，可以攻玉，积极主张中西医结合治疗冠心病。从现代医学角度来看，本病患者早期常无明显症状，仅凭中医直观感觉难以确切辨出疾病的性质和病位。因此应参照西医常规检查进行辨证论治，为判定中医疗效增加一些客观指标，治病不仅着眼于消除患者的自觉症状，还要力求各项客观检查指标恢复正常，从根本上把病治好。当然辨证与辨病相结合，绝不是抛弃中医理论应用中药，而是立足于中医整体观念和辨证论治的特点，借助于西医现代仪器的诊断手段，对某些仅凭中医直观感觉难以确切辨证的疾病，可以明确疾病的性质和病位，加强立方用药的针对性，扩大中医的辨证依据和丰富辨证的内容，才能更好地发挥中医治疗之优势。如隐匿性冠心病患者往往没有明显的自觉症状，仅在心电图检查时发现心肌缺血，这时如果单纯进行辨证治疗，就有一定的困难，必须与辨病结合起来，才能给以正确的治疗。

1.2 对症治疗，顾护整体

冠心病患者的全身证候，一方面是机体阴阳气血失调的表现，一方面又是局部病变在整体的反映。辨析全身证候，对正确的辨证论治具有重要的指导意义。冠心病除着眼于整体辨证外，其局部症状有时会上升为主要矛盾，成为影响整体的重要因素。在这种情况下，对局部的辨析也是非常重要的。如心绞痛的发作往往由体力劳动、情绪激动、受寒或饱餐等因素诱发，所以避免以上整体因素，就可以防止或减少心绞痛的发作；冠心病患者除表现为心绞痛的局部症状外，还常出现一些机体阴阳气血和脏腑功能失调的现象，这时的治疗应从整体出发，调整机体的阴阳气血使之达到平衡，其局部症状也就随之而解。

1.3 紧扣肾虚痰瘀病机，标本同治

《景岳全书·卷三十一》云：“五脏之病，虽俱能生痰，然无不由乎脾肾。盖脾主湿，湿动则为痰；肾主水，水泛则为痰。故痰之化无不在脾，而痰之本无不在肾”。此外，中老年人随着年龄增大，肾精亏虚不能化生气血，气血不足，运行失常，不能滋养五脏之阴，可引起心阴亏虚心失所养，从而发生“心痛”；肾阳虚衰不能鼓舞五脏之阳，可致心阳不振，脾阳不运，则气血运行滞缓、瘀血内阻、脾运无力、痰浊内生、痰瘀互结，以致胸阳不展，故出现胸中闷痛不适等症状。可见肾虚痰瘀是冠心病、心绞痛发病过程中的关键因素。陈美华据该病的病因病机，在临证选方用药多以补肾益气、化瘀祛痰之剂为主，治心不忘肾，重视心肾相交、心肾同源、水火相济的生理特性；同时又分清虚实，辨证准确，补泻同用，加减灵活，效如桴鼓。

1.4 强调因人治宜，同中求异，灵活施治

《医宗金鉴》曰：“人感受邪气虽一，虽其形脏不同，或从寒化，或从热化，或从虚化，或从实化，故多端不齐也”。陈美华认为人过半百，肾水自衰，然男性多偏肾阳虚损、心气不足，女性则以肝肾阴虚、心阴不足为要，故男女虽同患冠心病，用药每有差异。对男性应注重温补肾阳、益气强心，常选用桂枝、杜仲、仙鹤草、生晒参、黄芪、党参以顾护其本，降香、瓜蒌、薤白、桃仁、三七以治其痰瘀之标；对女性则应滋补肝肾、养心安神，常选女贞子、旱莲草、当归、白芍、黄精以滋本源，制半夏、降香、川芎、桃仁、三七以祛痰降浊、理气化瘀。现代医学研究也证实，雄激素对男性冠心病心绞痛有预防及治疗作用，雌激素对女性冠心病心绞痛有预防及治疗作用，可控制粥样斑块形成，调节脂质代谢效应及抗氧化、抗血栓形成效应，从而降低冠心病发生率及病死率。这亦佐证了陈美华在冠心病的治疗中根据男女生理病理特点而用药各异的科学性。

2 常用方药

2.1 气虚痰壅血瘀证

胸部隐痛，胸闷，遇劳则作，心悸怔忡，气短乏力，神疲肢倦，纳呆，舌质胖紫，苔白腻，脉细涩。治

法:益气祛痰,活血化瘀。方药:自拟化瘀通脉汤加减,党参18 g,法半夏9 g,云茯苓15 g,陈皮6 g,竹茹15 g,枳实6 g,郁金9 g,藿香9 g,薤白9 g,甘草3 g。气虚甚者,易党参为生晒参;心悸怔忡甚者,加生龙骨、生牡蛎、远志;若兼腰膝酸软、肾精不足者,加黄精、山茱萸、生地黄。

2.2 气滞痰阻血瘀证

心前区闷痛,胸闷如窒,常喜叹息,舌质紫暗或瘀点,舌苔厚腻,脉弦滑有力。治法:宽胸化痰,活血通络。方药:二陈汤合血府逐瘀汤加减,法半夏12 g,厚朴12 g,石菖蒲15 g,陈皮8 g,红花10 g,赤芍10 g,降香6 g,川芎6 g,桃仁8 g,郁金9 g。血瘀征象重者,加三七粉冲服;胸痛剧烈伴畏寒肢冷者,加桂枝、细辛、薤白等

2.3 阴虚血瘀痰阻证

胸闷隐痛间作,心悸怔忡,头晕,耳鸣,心烦少寐,口干舌燥,舌红或紫暗有瘀斑,苔少或稍腻,脉细滑。治法:滋阴通脉,活血化痰。方药:天王补心丹加减,太子参20g,丹参15 g,生地黄15 g,麦冬15 g,玉竹10 g,五味子6 g,红花10 g,远志10 g,蜜酸枣仁15 g,石菖蒲10 g。头晕、耳鸣、血压偏高者合天麻钩藤饮加减;胸闷心痛、痰瘀明显者加瓜蒌、薤白、郁金、川芎。

2.4 阳虚血瘀痰阻证

胸部闷痛,或心痛如绞,甚者痛引肩背,疼痛时缓时急,遇寒加剧,伴有咳唾痰涎,心悸,气短,舌质胖嫩,苔白腻,脉弦迟。治法:温阳宣痹,活血化痰。方药:枳实薤白桂枝汤加减,枳实10 g,薤白12 g,桂枝8 g,法半夏12 g,细辛3 g,川芎10 g,陈皮12 g,茯苓10 g,丹参15 g。若猝然而痛,疼痛如绞,伴有形寒肢冷者加制附子、肉桂;心前区刺痛者加失笑散。

2.5 寒凝血瘀痰阻证

卒然心痛如割如绞,或心痛彻背,背痛彻心,伴有形寒,心悸,气短,手足不温,常因气候变冷或感寒而诱发,苔薄白,脉沉紧。治法:辛温散寒,活血止痛。方药:瓜蒌薤白半夏汤加减,桂枝12 g,瓜蒌20 g,当归12 g,郁金9 g,制半夏9 g,陈皮6 g,茯苓12 g,炙甘草3 g,川芎6 g,薤白12 g,枳实8 g,丹参15 g。若心痛彻背,背痛彻心,痛无休止者,加用冠心苏合丸。

2.6 痰热血瘀证

心前区疼痛,胸闷脘痛,烦躁,呕恶口苦,尿黄便结,舌质暗红,苔黄腻,脉滑数。治法:清热化痰,祛瘀通络。方药:黄连温胆汤加味,黄连10 g,竹茹10 g,枳实10 g,陈皮12g,茯苓12 g,法半夏10 g,甘草6 g,丹参15 g,川芎6 g。痰热甚兼大便不通者加瓜蒌;口苦心烦明显者加炒栀子、莲子心;痰多胸闷者加郁金、降香。

3 结 语

痰瘀为病具有黏滞、凝涩、脉道不利的特点,"痰瘀同源"既是疾病过程中的病理产物,又同属致病因素,二者关系密切,有着共同的来源,互为因果关系,在临床辨证论治基础上区别轻重,或祛瘀为主,辅以化痰;或化痰为主,佐以祛瘀;或在痰瘀同治原则下配合化痰清热、温化痰饮或泻火散瘀,或益气养阴,温阳固脱,芳香宣痹。急则治标,缓则治本。这才不失"痰瘀相关、痰瘀同治"之意,以取得较好的临床疗效。(谢胜伟 陈美华)

心 悸

1 病证结合论治心悸

陈美华倡导"他山之石,可以琢本山之玉",认为心悸只是一个临床症状,很多疾病,如西医的冠心病、高血压性心脏病、心力衰竭、病毒性心肌炎、甲亢、贫血、植物神经功能紊乱等都可以出现心悸。故在辨证论治的基础上应注重辨病,辨证与辨病相结合,方能执其机要,有的放矢,才能取得较好的临床效果。

1.1 冠状动脉粥样硬化性心脏病之心悸

多因嗜食肥甘膏粱之品,好逸恶劳,以致痰浊、瘀血阻滞心脉,心络失养。临床上常伴有胸闷、胸痛、头晕、头痛等症,陈师常以邓氏温胆汤(丹参12 g,党参15 g,制半夏10 g,茯苓12 g,竹茹10 g,枳壳6 g,陈皮6 g,炙甘草6 g)加减治之。

1.2 病毒性心肌炎之心悸

多由邪毒外侵,内舍于心,常呈气阴两虚、瘀阻络脉证。常伴有发热、咽痛、鼻塞、肌肉酸痛、神疲乏力等症,治疗不可忽视病毒这一"疠气"。陈师治疗该病常分期论治,即急性期、恢复期、慢性期、后遗症期4期,常在辨证论治的基础上,佐加板蓝根、大青叶、金银花、苦参、连翘等清热解毒之品。

1.3 高血压性心脏病之心悸

多因长期劳累、精神因素以及过嗜膏粱厚味,引起肝阳上亢,阳亢化火或肝气郁结,络脉痹阻或肝肾阴虚,水不涵木,阴虚阳亢,常因肝病及心,伴有眩晕、耳鸣、肢颤等症。陈师以天麻钩藤饮加生龙骨、生牡蛎等平肝潜阳之品为基本方治疗此证,常获佳效。

1.4 风湿性心脏病之心悸

多因外感病邪，侵入人体，留而不去，或反复侵袭，损伤心脏，痹阻心脉所致。即《素问》所谓："脉痹不已，复感于邪，内舍于心"。本病常伴有发热、胸闷、气促、关节酸痛等症。陈师治疗该病，常在治疗上佐加祛风通络、蠲痹通阳之品，如防己、桂枝、制川乌、桑枝、威灵仙等。

1.5 肺源性心脏病之心悸

多由肺病及心，肺系疾患长期未得到根治，反复发作，以致运化失司，脾肾阳虚，水饮内停，上逆凌心射肺，病机为痰浊、水饮、瘀血为标。心、肺、脾、肾亏损为本，常伴有咳嗽、咳痰、气喘、紫绀、水肿等症。陈师常用自拟方"健心颗粒"治之，主要药物组成：黄芪、红参、生蒲黄、丹参、桂枝、白术、葶苈子等，功能益气活血，温阳利水，主治气（阳）虚血瘀、水湿内停的肺心病、慢性充血性心力衰竭等。

1.6 甲状腺功能亢进性心脏病之心悸

多因七情内伤，肝气郁结，气滞痰凝，血脉瘀阻，痰瘀搏结，郁久化火，灼伤心阴所致，常伴有急躁易怒、心烦手抖、消谷善饥、便溏等症。陈师常从痰瘀论治，则瘿瘤渐消，心动自止，效如桴鼓。

2 治心悸，不离于心，不止于心

陈美华认为心悸的病机虽变化多端，然总不离其余四脏，特别是脾、肝、肾。因此临床上论治心悸时，倡导"不离于心，不止于心"，此法亦与《景岳全书》所述："'此心肝脾肾之气，名虽有异，而治有不可离者'，'凡治怔忡惊恐者，虽有心、脾、肝、肾之分，然阳通乎阴，心本于肾，所以上不宁者，未有不由乎下，心气虚者，未有不由乎精'"有异曲同工之妙。

2.1 重视调肝

心主行血，为一身血液运行的枢纽；肝主藏血，是贮藏血液、调节血量的重要脏器。两者相互配合，共同维持血液的正常运行。心藏神，主宰精神、意识、思维及情志活动；肝主疏泄，调畅气机，维护精神情志的舒畅。心肝两脏，相互为刚，共同维持正常的精神情志活动。如《素问·灵兰秘典论》谓："肝者，将军之官，谋略出焉。"《血证论》曰："肝属木，木气冲和调达，不致遏郁，则血脉得畅。"心、肝两脏在生理功能上相互联系，病理上必相互影响。故若情志不遂，肝失调达，气机阻滞，易致气郁、气滞。"气为血之帅"，心血的运行赖气的推动、气的温煦。气行不利，血行不畅，则出现心悸。因此，鉴于心、肝两脏的这一特殊关系，陈美华在辨证论治心悸的基础上，每每注重"调肝"这一环节，通过养肝、柔肝、疏肝、和肝诸法，使肝气条达，气血和畅，则心脉畅通，心悸自除。

2.2 兼顾先、后天之本

脾为后天之本，气血生化之源，津液输布之枢纽，脾胃与心有密切的联系。心在五行属火，脾属土，心与脾胃是母子相生关系。脾胃的运化，有赖于心阳的温运；而心主血脉，则赖于脾胃的滋生。如《素问·经脉别论》就有"食气入胃，浊气归心，淫精于脉"的记载。脾胃升降如常，则水谷之精微上可奉养心气，下可滋补真阴。充肾阳，上下交通，协调既济。脾胃失调，一则使心之气血失和，宗气匮乏，运血无力和心血亏虚，血不养心，心脉不利；二则使水液代谢失调，痰浊内生，痹阻心脉，或遏制胸阳，痰浊犯心，扰乱心神，而致心悸。故陈师在临床治疗心悸中重视兼顾脾胃之本，在诊病时，重视舌诊，问其饮食以察脾胃之强弱，用药时佐以理气健脾化湿之品以顾护脾胃之气。肾为先天之本、水火之宅、阴阳之根、元阴元阳所寄之处。五脏六腑之阴阳均有赖肾阴、肾阳的资助和生发。心为火脏，居于上而属阳，以降为顺；肾为水脏，居于下而属阴，以升为和。若心肾不交，可造成心悸。肾精亏虚，则心血不充，心脉失养；肾阳不足，心阳亦弱，鼓动无力，均可发心悸。基于此，陈美华常以炙甘草汤为基本方治疗肾虚型心悸，取得了非常显著的临床疗效，常用药物：肉桂 8 g，附子 6 g，熟地黄 15 g，阿胶 9 g，麦冬 15 g，菟丝子 12 g，仙鹤草 15 g，火麻仁 9 g，黄精 15 g，山茱萸 12 g，薤白 9 g，郁金 12 g。

3 治老年人心悸，益气、活血、祛痰贯彻始终

陈美华认为，现代人嗜食膏粱肥甘厚腻，这些食物往往不易消化，多食碍胃；亦有嗜酒者，酒醴伤胃，极易造成水湿痰饮停聚；亦或暴饮暴食，损伤脾胃，滋生痰浊，蕴热化火，痰火扰心而致心悸；此外，现代人生活节奏快，常劳倦太过，忧思过虑，故易伤脾生痰。生化之源不足，则致心气、心血亏虚，不能行心血，瘀血阻滞经脉，心失所养，神不潜藏，引起心悸。特别是老年人随着年龄增大，肾精亏虚不能化生气血，气血不足，运行失常，不能滋养五脏之阴。可引起心阴亏虚，心失所养，从而发生心悸；肾阳虚衰不能鼓舞五脏之阳，可致心阳不振，脾阳不运，则气血运行滞缓，瘀血内阻，脾运无力。痰浊内生，痰瘀互结，以致胸阳不展，故出现心中悸动不适等症状。可见，肾虚、痰瘀互结是老年人心悸发病过程中的关键因素。据此陈美华在临证选方用药多以补肾益气、化瘀祛痰之法贯彻始终。但虽强调益气活血祛痰的重要性，并非摈弃其他治疗方法，尚应标本兼顾，权衡利弊，做到衷中融西，师古求新，加减灵活，方能在

临床实践中取得良好的疗效。

4 经验方

整律汤组成：黄芪 25 g，丹参 20 g，苦参片 15 g，生晒参 10 g，葛根 15 g，防己 15 g，甘草 3 g。

用法：水煎服，每日 1 剂。

功效：益气活血，宁心整律。

主治：气虚血瘀型怔忡（快速型心律失常）。

方解：方中黄芪、人参补心肺之气，丹参活血养血，三者共奏益气活血，补心整脉，治本之功。配合苦参有较好的抗心律失常作用，葛根、防己可以增加冠状动脉血流量。本方适用于气虚血瘀型快速心律失常，心悸气促，动则加重，少气懒言，疲乏无力或兼胸闷胸痛等症状，本方具有较好的抗心律失常功效。该方对气虚血瘀型的快速心律失常疗效显著，而非气虚血瘀型的疗效稍减，尤其对室上性心律失常尤佳。（谢胜伟）

陈寿春儿科临床经验

【名老中医简介】陈寿春（1912～1998）　江苏省南京市人。主任医师，教授，博士生导师。曾任职于南京市中医院。中华中医药学会南京分会第五届理事，江苏省中医学会儿科分会副会长。江苏省名中医。享受国务院政府特殊津贴。从医 60 余年，擅长诊治小儿呼吸系统、消化系统疾病。发表论文 20 余篇。

小儿泄泻

1 通利固涩法

“无湿不成泄”，“湿多成五泄”，“湿”既是脾失健运的病理产物，又是困脾碍运的致病因素。《平治会粹》云：“治湿不利小便，非其治也。故凡泄泻之药，多用淡渗之剂利之。”采用淡渗分利之法，导其下流，引水下行，利小便以实大便，使邪有出路，是中医治疗泄泻独特和行之有效的方法。方选四苓散、分水丹（白术、车前子）、六一散等。陈寿春认为，小儿“稚阴稚阳”、“易虚易实”，若泻下频繁，量多势迫，易伤津液，必损稚阴；淡渗四苓之类，用之不慎，分利过度，益损阴液；泄泻禁食，生化乏源，阴液不接，阴津更亏。故临证不论泄泻新久与否，若无明显热象、积滞不多、便无腥臭、腹软不胀、苔薄不厚者，可在通利法基础上，佐以固涩药如诃子、芡实、肉豆蔻、粟壳、乌梅等，立方应以通利为主，导湿下行，解其脾困；以固涩为辅，通中寓敛，缓其揭势，且通涩并用，相反相成，相得益彰，即缓泄泻急迫，又制通利太过，于体实者，以杜其转虚，于体虚者，可防其益虚。

2 运脾化湿法

“泄泻之本无不在于脾胃。”脾为湿土之脏，喜燥恶湿，得阳始运，遇湿则困。致泻因子虽多，无不兼杂湿邪。且小儿体质柔弱，“其肉脆、血少、气弱”，以脾气未健，其运不全为基本内容的“脾常不足”即为上述特点在小儿脾胃系统的集中反映，并在脾泻发病中始终发挥主导作用。陈寿春认为小儿腹泻发病率显著高于成人是以脾常不足特点为前提的，脾常不足则使湿邪在本病中的致病作用更为突出，并使本病中的其他邪气也易转化为湿邪，如乳食停滞，聚而成湿等。因脾弱运艰，湿溃大肠是本病共同的主要病理。故运脾化湿法为本病的基本治则，运脾化湿药首推苍术，该药性味微苦，芳香悦胃，开郁宽中，醒脾助运，疏化水湿，旨在运脾以升清，祛湿以通阳，集运脾与化湿之功于一身，正合脾之习性，尤中本病之肯綮。陈寿春每据证选用理气运脾化湿之陈皮、砂仁；芳香运脾化湿之藿香、佩兰；温中运脾化湿之白豆蔻、干姜等。

3 清利护中法

夏秋之季，气候炎热，湿土司令。若外感暑邪，内蕴湿热，伤及脾胃，脾失升清，胃失和降，湿浊不分，下注大肠，引发泄泻，暴注下迫，色黄臭秽，烦渴溲赤。治宜清热利湿。若热重于湿者，方用葛根芩连汤；若湿重于热者，方选藿朴夏苓汤。然陈寿春认为，小儿五脏六腑未全未壮，既经不起邪气摧残，更不堪药物孟浪，临证用药贵在于权衡轻重，不得有分毫之差，因湿喜伤阳，热则伤阴，若苦寒重剂，服用长久，则欲速不达，反伤阳败胃，伐儿生气，需中病即止。为顾护中州，长养脾胃，陈老每能间用白扁豆、生山药，不湿不燥，补益脾胃，庶能减缓病症，苦不伤胃，寒不伤阳，益收止泻之功。

4 温脾升阳法

小儿脾常不足，稚阴稚阳，既不任久泻不已，亦不堪渗利太过。李东垣说：“若以淡渗之剂利之，病虽即已，则降之又降，复益其阴而重竭其阳。”“损其胃气，则上升清华之气，反下降而为飧为泄矣。”小儿迁延性慢性腹泻无不与脾阳受损有关。故有“脾阳不伤不泻之谓。”脾阳受损除表现在运化水湿功能减退外，升降失调是其主要的病理机转。所谓："清气在下，则生飧泄"。因此，陈寿春认为，若小儿腹泻迁延久羁，或阳虚端倪已露，或证见面㿠神疲，四肢欠温，气短懒言，肛门不收，脉沉迟缓，指纹淡隐者，治疗时应注意温脾升阳，以恢复紊乱了的脾胃升降之机。但湿不能纯温，补不可过甘，否则温补太过，气机壅滞，脾实中满。"气增日久，气胜化火"，酿变它证。若中焦虚寒者，用理中汤加葛根、升麻；若脾胃湿存者，用参苓白术散加减；若中气下陷，清阳不举，久泻不愈者，用补中益气汤进取。

5 补养脾阴法

万密斋云："胃气上升，津液自升，泄泻止矣。"即津液不足，而久泻不止，用钱乙白术散滋养脾阴。陈寿春认为，脾土以湿气化气，是故由脾阴亏虚而致泄泻，若专事温燥渗利频投，岂不愤事！治拟敛养脾阴以止泻，夫善补养脾阴，宜甘宜淡宜平，药如太子参、淮山药、扁豆、莲子、谷芽、茯苓、甘草、白术、白芍、乌梅、芡实、梗米等。这些药物其性平和，甘以补脾，淡以渗湿，润而养阴，凉而不寒，补而不温，益而不滞，既无育阴助湿碍脾之虞，又无温补助火劫津之弊。

6 平肝镇惊法

小儿稚阴稚阳，肝常有余，脾常不足，体内阴阳之动态平稳及肝脾两脏之相互制约的生理关系处于相对不稳定状态，稍有偏颇则易脾虚肝旺，且小儿神气怯弱，见闻易动，若卒受惊恐，伤及心神，惹动肝木，肝木亢旺，乘侮脾土，贼脾而致惊泻。临床以大便色青、稠粘不化、胆怯易惊、寐时多汗为特征。正如万全"泄泻色青，发热有时，睡不安为惊泻"之谓。陈寿春常宗《医宗金鉴·幼科心法要诀》中"惊泻因惊成泄泻，夜卧不安昼惕惊，粪稠若胶带青色，镇惊益脾服通灵"三旨。治宜平肝补脾，镇惊安神。先用益脾镇惊散（人参、白术、茯苓、朱砂、钩藤、甘草）定惊，嗣子养脾丸（人参、白术、当归、川芎、青皮、木香、黄连、陈皮、神曲、山楂、砂仁、麦芽）理脾调中。（胡义保）

小儿支气管哮喘

1 哮喘气虚，泻肺慎宣

陈寿春治哮喘，远宗《内经》"肺苦气上进，急食苦以泄之"之论，师承《小儿药证直诀》"肺主喘，实则闷乱……盛则泻之"之法，推崇钱乙创立泻白散、葶苈丸等以治疗肺实症候，并从《证治汇补·哮病》"哮即痰喘之久而常发者，因内有壅塞之气，外有非时之感，膈有胶固之痰，三者相合，闭拒气道，搏击有声，发为哮喘"中悟出：哮喘是内伏痰浊遇诱因而触发。邪乘于肺致肺胀，肺管狭窄，升降不利，痰阻气道，壅塞不通，而喘逆鸣息，搏击有声。于哮喘发作期，不论何种症型，均立泻肺降气为其主要治则，拟麻杏射苏桑葶汤为基本方。方中麻黄松弛支气管平滑肌，平喘辍哮；杏仁镇静呼吸中枢，止喘化痰；射干消除呼吸道炎性渗出物，解热降逆，祛痰定喘；苏子减少支气管分泌物，缓解痉挛，下气利痰；桑白皮泻肺行水，下气平喘；葶苈子强心利尿，泻肺定喘，引水涤痰。陈寿春尝谓："切不可凡哮喘均以麻黄宣肺，以致哮喘难以平复。"若确需用之极为审慎，即用量宜轻，麻不过五（钱），使用短暂，中病即止，蜜炙水炙，缓其宣散，必伍葶苈，协同拮抗。

案1 王某，男，6岁，1983年9月23日诊。素有哮喘4年，冬春好发，而近日感寒诱发，西药治疗未控，气息急迫，喉间痰声，舌苔薄粘，三凹征重，满肺哮鸣。证属外感风邪，引动宿痰，阻于气道，肺失宣降，治拟泻肺降逆，疏风宣肺，药用炙麻黄3g，杏仁、射干、防风、葶苈子各6g，桑白皮、苏子、半夏、陈皮各9g，服2剂后，哮喘几无，继服2剂，诸症悉平。

2 哮因痰成，辨苔达痰

李中梓谓："哮即痰喘"。朱震亨曰："哮喘专主于痰"。陈寿春认为，宿痰内伏为哮喘反复发作主要成因，哮因痰成，发必达痰。然辨析痰征，贵在审苔，苔白浮滑薄，用苏叶、荆芥、防风、前胡以疏风宣肺化痰；苔白稍厚，用厚朴、枳壳、半夏、陈皮、苏子以温肺化痰；苔白厚腻，用莱服子、六曲消食化痰；苔白干厚，用黄芩、石膏、大贝、白毛夏枯草、蛤黛散以清肺化痰；苔黄，用鱼腥草、金荞麦清热解毒排痰；苔黄厚，用枳实、蒌仁、大黄以通腑导痰。

案2 张某，男，10岁。1983年9月23诊，自5岁患哮喘，四季皆发，夏秋更频。此发2周，中西药罔效，喉中哮鸣，痰稠难咯，大便干结，二日一行，舌红苔厚中黄，两肺满布哮鸣音。证系痰热塞阻，肺失清肃，治宜清金导痰。药用黄芩、杏仁、炙桑白皮、蒌仁泥、蛤黛散（包）各9g，葶苈子、炒枳实各6g，服药2剂，哮喘锐减，咯痰亦爽，苔薄黄粘，原方去枳实，续进5剂，诸症咸安。

3 哮有夙根，治本培元

《景岳全书》曰："喘有夙根，遇寒即发，或遇劳即发者，亦名哮喘。"陈寿春解"夙根"一说，与现代医学的过敏体质学说有关，认为本病内因肺、脾、肾三脏不足，藩篱不固，痰湿内盛，尤以小儿脾常不足，易生痰湿为首要。哮之夙根，乃机体之素质内虚，治当培元固本，以复健康之体质，使哮喘不发或少发。陈寿春根据肺脾肾虚之不同，而治法、用法有异，肺虚患儿，常在气温倏变之时，或感受风寒饮冷之后，咳嗽感冒而诱发哮喘，即《内经》“形寒饮冷则伤肺”之谓，平素怯寒自汗，发前鼻痒呛咳，或鼻塞打嚏，治用补肺固卫法，药用党参、黄芪、茯苓等或玉屏风散，有颧红盗汗、舌红苔干津少等阴虚者，可用北沙参、紫苑、款冬花以滋阴润肺平喘；脾虚患儿则常见食欲不佳、脘腹胀满、形体消瘦、腹泻或痰涎偏多诸症，治以健脾化痰，药用六君子丸为主；肾虚患儿常是自幼发病，素体虚弱或先天不足之表现，治用益肾培元固本，药选紫河车、或金匮肾气丸为宜。陈寿春考虑到肺脾肾三脏并非割裂，常同时并见肺脾两虚、脾肾两虚、或三脏俱虚，而研制了小儿培元片，药用紫河车、龟版胶、熟地大补元阴、元阳，配党参、黄芪、茯苓补益肺脾之气，天冬、麦冬润肺止咳，佐以法夏化痰降逆。本方以补肾培元为主，兼顾肺脾气虚及肺肾阴虚，用于哮喘缓解期，即张景岳“未发时以扶正气为主”的原则，经二十余年，近500例的临床实践证明，半数以上患儿服3至6个月，明显强壮了体质，消除了夙根，捍御了外邪，控制或明显减少了哮喘的复发。（胡义保）

小儿外感发热

1 邪犯肺卫，辛散宣肺

小儿肺常不足，脏腑娇嫩，藩篱不密，卫外不周，且寒暖不能自调，一旦将养失度，调护不宜，六淫之邪，首犯肺卫，风邪贼表，肺卫郁闭，开阖失司，宣通无能，正邪相搏，遂罹发热。外感发热，有感于风寒、风热、暑湿者，更有风寒风热相兼之寒热杂感者。虽其发病原因各异，然其病位在表则一。陈寿春每投辛散达汗透表的药物因势利导，疏散外邪，宣通肺卫。因为无论寒热，肺卫不通，发热不辍，一得汗出，皮毛通而肺气亦通。邪在肺卫，表之乃散，宣之则祛，夫善用辛宣，当以辛散轻宣灵动见长，少涉寒凉遏伏之品，更忌麻桂温燥峻汗之剂，以杜伤阴耗气之虞。陈寿春认为，外感风寒易夹痰夹滞，用香苏散加减（苏子、苏叶、荆芥、防风、杏仁、前胡、陈皮、半夏、枳壳、六曲、甘草、生姜）。外感风热易夹痰夹惊。用桑菊饮变化（桑叶、桔梗、连翘、杏仁、薄荷、牛蒡子、蝉衣、前胡）。外感暑邪易夹滞夹湿，用二香散化裁（香薷、藿香、厚朴、扁豆、银花、连翘、枳壳、六曲、莱菔子）。风寒风热相兼者，单用辛温汗多而热不退，独投辛凉汗少而热不解，故需辛温辛凉并进，风寒风热两解，用银翘散和荆防败毒散增损（银花、连翘、荆芥、羌活、防风、薄荷、豆豉、杏仁、桔梗）。

案1 张某，男，4岁，1983年9月1日诊。发热一夜，体温38.7℃，恶寒头痛，肌肤无汗，清涕鼻塞，轻咳声浅，痰清不多，食纳不思，苔白厚腻，证属风寒外束，卫阳郁闭，肺气不宣，夹有痰滞。治以辛温解表，宣肺化痰，消滞和中。药用：荆芥、防风、苏子、苏叶、陈皮、枳壳、杏仁、前胡、半夏、六曲各6g，桔梗、甘草各2g，生姜一片，服药2剂，微微汗出。诸症悉平。

案2 李某，男3岁。1983年8月1日诊，发热2天，服西药不退，体温39.3℃，抽风1次，咳嗽流涕，咽腔潮红，乳蛾红肿，舌红苔薄黄。证系风热外袭，卫阳受遏，肺失宣达，引动肝风，治拟辛凉轻散，宣开肺气，佐以镇惊。药用：桑叶、连翘各9g，牛蒡子、杏仁、赤芍、蝉衣、钩藤各6g，薄荷、桔梗、甘草各3g。服药2剂，热退身凉，诸恙若失。

2 表里同病，解表清里

由于小儿有发病容易，传变迅速的病理特点，往往表邪未尽，多起病2~3天后，邪已传里，以致表里同病。陈寿春认为，表里同病，若单用辛散，犹如扬汤止沸，只能汗出热退于一时，故在解表的同时，权衡表里之轻重，而配伍清里药之多寡，冀在解热时刻刻不忘邪热内传，清里时时时不忘促邪外达，俾表里双解，热邪得清。陈寿春常以豆豉、薄荷、竹叶、连翘等解散表邪，选柴胡、黄芩、栀子、石膏等清退里热。若夹痰盛、肺炎喘嗽者，合用麻杏石甘汤与葶苈大枣泻肺汤。若夹里滞、食积内蕴者，轻则合用保和丸，重则加用枳实导滞丸。若夹便秘、腑实已成者，合用承气汤。

案3 王某，女，8岁。1983年8月18日诊。发热3日，体温39.6℃，西医拟为病毒感冒，经用西药罔效，身热无汗，干咳无痰，咽部疼痛，心中懊憹，口渴引饮，便干溲赤，舌红苔黄。证乃表邪未解，热郁膈中，心肺受扰。治拟透郁泄热，宣肺开表。药用：淡豆豉、杏仁、竹叶、鸡苏散（包）各9g，黄芩、山栀、枳实、薄荷各6g。服药1剂，热降咳减，继进2剂，诸症咸安。

3 少阳郁热，和清透

小儿经脉未充，腠理空疏，时邪外客则易乘虚内舍，伏于表里之间，证见寒热交作，发热起伏，时高时低，舌苔白黄相兼。陈寿春认为，此等寒热有一日二、三度发，或五、六度发者，乃自为一症，非若症之休止有时矣，似属“类疟”范畴。此时治疗，表之不解，清之不退，截疟不应，而贵在和解清透，少阳之邪出入表里，刚阴阳相胜，寒热更作，表里得和，热退病除。陈寿春善用蒿芩清胆汤加减。其中柴胡疏达腠理，黄芩清泻解热，青蒿清透络，从少阳领邪外出，若在半表半里证的同时，兼有正虚邪恋者，证见发热日久，时高时低，晨起肢冷，寐则汗多，口粘不渴，小便尚多，精神尚可，面色萎黄，舌苔中剥，质红而润，脉数无力。治拟和解清透，调和营卫。药用柴胡、青蒿、黄芩、桂枝、白芍、甘草、生姜、大枣等，使邪去不伤正，正胜邪则却。

案4 赵某，男，4岁。1983年9月13日诊。发热4天，寒热更作，少则一日2~3次，多则一日5~6次，热时体温达39℃，头痛肢楚，纳呆泛恶，查疟原虫（-），舌红苔薄白，证由秋令时邪，伏藏少阳，枢机不利，阴阳违和。治则和解少阳，利达枢机，清热透邪。药用：柴胡、黄芩、法夏各6g，青蒿、豆卷、茯苓各9g，甘草2g，生姜二片，大枣三枚。服药3剂，寒热休止。（胡义保 张骠）

小儿紫癜

1 病案

案1 肖某，男，8岁，学生。因全身皮肤反复出现紫斑2年5个月，伴鼻衄，于1979年10月13日初诊。患儿全身皮肤经常出现瘀斑，且伴有鼻衄，面容日渐黄瘦，精神萎靡不振，以致不能上学。曾先后多次经西医治疗，一段时间用过肾上腺皮质激素，症状未见明显改观。实验室检查：血小板计数在20×10^9/L，血色素35g/L，出血时间6min，血块收缩不佳，毛细血管脆性试验阳性。骨髓检查结果：巨核细胞增生过多，达570个/片，增生的巨核细胞以成熟巨核为主，无血小板形成，分类原始巨核+幼稚巨核细胞>9，符合原发性血小板减少性紫癜。西医诊断为原发性血小板减少性紫癜。辨证：久病不愈，全身皮肤瘀斑显露，新陈夹杂，斑色淡紫，大小不等，融合成片，面色萎黄，形体削瘦，常作鼻衄，量多色淡，头昏乏力，午后低热，手足心热，夜寐欠宁，盗汗频频，纳谷不馨，舌红少津，脉见细数。此为紫癜，乃由脾气虚弱，统摄无权，血失依附，溢于脉外，久则酿为阴血内亏，虚火由生所致；治拟益气摄血，滋阴降火，佐以凉血止血。处方：党参12g、炙黄芪12g、白术9g、炙甘草3g、知母6g、龟版12g、地黄12g、炒胶珠9g、丹皮6g、侧柏叶9g。5剂。10月18日二诊：紫癜未见新现，唯鼻衄1次，量多不止，经西医五官科处理后方安。拟上方加白茅根12g、藕节12g。7剂，后又连服7剂。11月3日三诊：紫癍渐消，鼻衄已止，低热亦退，寐安汗止，精神好转，舌红苔薄，见有润象。药已中病，改拟益气养血巩固之。处方：炙黄芪12g、党参9g、白术9g、炙甘草3g、当归9g、熟地9g、阿胶6g（炖服）、鸡血藤12g、陈皮6g。7剂。以后均照此方增损，连续服用3个月。至1980年3月7日来院复查：血小板已升到80×10^9/L，血色素100g/L，出血时间1.5min，血块收缩时间、毛细血管脆性试验均见正常，全身紫癜消退，鼻衄未再出现，已能上学读书。多次随访，病已痊愈，发育亦佳。

按 本案为紫癜重症，病延日久，症情复杂，临床有脾不统血、气不摄血的出血证候，亦有失血过多，阴液亏耗的阴虚表现，故立益气摄血、滋阴降火、凉血止血之法，方中重用黄芪、党参、白术、炙甘草补脾益气，以达气补则血补，益气则摄血的目的；用地黄、知母、龟版、阿胶滋阴降火，且阿胶尚有养血止血之功；侧柏叶、白茅根，藕节凉血止血，诸药配伍，共奏良效。

案2 徐某，男，11岁，学生。1979年11月8日初诊。患儿因双下肢紫癜伴腹痛20天，慕名而求诊于陈寿春。20天前曾有感冒史，近20天来两腿下端不断出现丘疹样出血点，伴腹痛，曾在某医院诊治，实验室检查：白细胞12×10^9/L，中性分叶粒细胞0.81，淋巴细胞0.13，嗜酸性分叶粒细胞0.06，血色素120g/L，血小板计数120×10^9/L，出凝血时间正常，24小时血块收缩良好，血沉22mm/h。诊断为过敏性紫癜（腹型）”。经口服强的松、苯海拉明治疗无效。辨证：两侧下肢紫癜密布，踝处尤多，紫红互见，压之不褪色，触之碍手，皮肤搔痒，腹痛阵阵，舌质红，苔薄黄，脉浮效。此系风邪流窜，内搏血分，络脉受损，血液溢于肌肤，治拟祛风清热，凉血止血。处方：荆芥炭6g、浮萍9g、连翘9g、生地9g、丹皮9g、首乌12g、紫草9g、白芍9g、甘草3g、川芎6g。4剂。11月12日二诊：症减，腹痛已止，尚有少量紫癜续出，苔脉未变，拟原方去白芍，加当归9g，5剂。2周后患儿因咳嗽而就诊，追问病史，家长诉9剂药服后紫癜消退，诸症均见消失。

按 患儿因感冒而诱发，风邪入血，迫血妄行是本案主要病理机制，陈寿春运用荆芥炭、浮萍、连翘为主药，祛血中之风；用生地、丹皮、紫草清热解毒，凉血止血；川芎、首乌均能祛风入血，首乌还有抗过敏作用；再配白芍、甘草安肠止痛。仅服9剂而获痊愈。

2 体会

2.1 同属紫癜，实则各异

原发性血小板减少性紫癜与过敏性紫癜虽同属于紫癜，而且均以皮肤出现瘀点瘀斑，压之不褪色为共同特征，但实质是两种截然不同病证，临床必须区分清楚，不可混为一谈。陈寿春认为：原发性血小板减少性紫癜，病程往往较长，其病理特点是虚多实少，病变脏腑主要在脾，盖脾主运化、脾统血，为后天之本，脾失健运，则血液生化来源不足；脾不统血，则血不循常道，渗于脉外，留于肌肤，积于皮下，而成紫癜。陈寿春在治疗这类患者时多从“虚”字入手，以补益为大法，尤其注重补益脾气，用归脾汤为主方，兼阴虚加用大补阴丸、阳虚加用金匮肾气丸，血虚明显的重用当归补血汤。过敏性紫癜则属中医“发斑”、“血证”范畴，紫癜特点是四肢多见，对称分布，摸之碍手，压不褪色，有搔痒感。形成原因主要为风邪入血，脉络受损，血溢肌肤所致。陈寿春抓住一个“实”字，以祛邪为主，常用荆芥炭、防风、浮萍、地肤子、连翘等药祛血中之风；用生地、丹皮、赤芍、紫草清血中之热，临床如见腹型的，多加用白芍、乌梅；关节型加桑寄生、秦艽；伴尿血加大小蓟、白茅根等。

2.2 选择用药，有的放矢

紫癜的主证是出血，治疗离不开止血；在止血药的运用上，陈寿春十分讲究。他认为：止血药的种类繁多，根据药物性味，分凉血止血，收敛止血，化瘀止血，温经止血等。而据其药物归经，又见善于治鼻衄的，长于止尿血的，偏于治便血、咯血的……，因此，临床必须要有选择的运用；他反对一见出血，就将止血药依次用上，甚至七八种、数十种的现象。陈寿春常说：“处方用药，必须切合病证，有的放矢，药不在多，而贵在精，处方精要，则药力专一；若药无选择，面面俱到，反而相互牵制，影响药效。”（蒋雅萍）

陈之才用药特色

【名老中医简介】陈之才（1922～）女，上海市嘉定人。主任医师。原上海市长宁区天山中医院顾问。全国中医、中西医结合风湿病委员会委员、顾问，上海市中医学会理事、痹病学组组长，上海市高级科学技术干部职称评定委员会委员。上海市名中医。享受国务院政府特殊津贴。上海市继承老中医药专家学术经验研究班导师。

蒲栀煎

蒲栀煎为陈之才自拟方，由蒲公英10～15g，焦山栀5～9g，茵陈15g，制香附12g，广郁金12g，枳壳6g，青陈皮各4.5g，忍冬藤10g，鸡内金10g等组成。随证加减：痛甚加玄胡索9g、川楝子6g；腹胀加大腹皮10g、藿苏梗各9g；舌苔腻加厚朴6～9g，焦薏仁30g；便秘加玄明粉9～12g冲服、全瓜蒌12g。有烧灼感加海螵蛸15g、煅瓦楞子15g；发热加银花9g；纳差加焦谷麦芽各9g、山楂炭12g；有泛恶感或呕吐加姜半夏9g、姜竹茹6g；有阴虚之象加玄参9g、麦冬9g、天花粉9g。

皮硝外敷。取250g皮硝捣细末装入缝制的小布袋，睡前敷于右上腹胆囊区，次晨起取下，以皮硝烊化为有效，每晚一次，连续使用至不烊化则停用。此外，患者需忌食酸、辣、甜味油腻之食品。

陈之才认为，胆囊炎胆石症是一种常见病、多发病。其临床症状可归中医“胁痛”“黄疸”等范畴。发病原因多由饮食不节，恣食膏粱厚味，湿热内蕴、肝胆疏泄失常，或情志失调，恼怒或抑郁，导致肝气部结，久而化热，湿热郁结，与胆汁相搏，日积月累，煎熬成石。胆汁的分泌与排泄是肝脏疏泄功能的重要方面，胆为六腑之一，以通为用，不通则痛。以降为顺，不降则滞，滞则郁热夹湿，故治疗不离清利、疏泄、通降。

方中蒲公英是清热解毒的传统药物，现代药理已证实了它有良好的抗感染作用，对胆囊的炎症及胆结石有效；山栀有清热利湿、泻火凉血之功，唯性味苦寒，多服碍胃，依陈之才经验，炒焦后，可缓和其寒之性，故临床喜用焦山栀而少用生山栀；茵陈退黄，凡人皆知，但它还有利胆之功，能增加胆汁分泌，故陈之才对胆石症有无黄疸均用之。此三药与忍冬藤同用，加强了清热除湿、消肿利胆之力，再配伍香附、郁金、枳壳、青陈皮以疏肝理气、消积化滞，合鸡内金消食化石。临证时尚可根据不同兼证而加减。

皮硝功能泻热、润燥、软坚。《本经》谓其“除寒热邪气，逐六腑积聚、结固留癖。”《补肘后方》又有“治暴瘕腹中有物如石，痛如刺，昼夜啼呼”的描述。民间常用于消食积、回乳汁。根据近年报导，皮硝还可消肿治伤。沈六吉老中医认为：“用皮硝外敷一般皆知为消食，其实是消胃之水肿。陈之才记于心中，又翻阅《中药大辞典》上述：“皮硝是天然产的硫酸钠的粗制品。”其精制品为玄明粉。现代医药分析，认为内服后在肠内形成高渗而阻碍肠内水份的吸收，使肠内保持大量水份，肠内容物变稀薄，容积增大，刺激肠粘膜感受器，反射性引起肠蠕动亢进而致泻。

受此启发,陈之才以皮硝外敷治疗胆囊炎胆石症,意即使患者局部形成高渗,促使局部内在之水肿通过渗透压而吸收于外,达到消肿的目的,有利于结石的排出或炎症逐步消散。

诸药合用,内服外治并举,而达清热利胆、疏肝理气、化湿消滞、溶石排石之目的。此外,应注意饮食调理,陈之才认为,甘甜食品助湿困脾,辛辣之味助长肝胆之火,酸性收敛,有碍结石运动排出,油腻助湿。应避免此类食品,以免诱发或加重病情。

案1 童某某,女,62岁,1990年2月27日就诊。患者持续夜间发热达10个月之久,体温波动在38℃左右,伴两目皮肤黄染。自1月初以来,体温常达39℃。外院检查,B超诊断为胆管炎,瞩手术治疗。患者有顾虑,来陈之才处门诊,要求中药治疗。陈之才处方以蒲栀煎加银花等内服,皮硝外敷,一周后热退,两周黄疸尽退。患者认为已愈,停药一周,发热又起,再用上法,持续三月,症状全部消失。停药后,随访半年,无复发。

案2 张某某,女,50岁,1991年3月5日就诊。患者1989年、1990年先后因胆囊结石、胆总管结石,在上海某医院二次手术治疗,在第二次手术时发现肝硬化。1991年2月,又感右上腹疼痛,伴发热,黄疸,又赴某医院,B超检查,提示肝管结石,嘱再度手术。患者惧怕,故来陈之才处治疗,经用蒲栀煎内服,皮硝外敷,一周后热退,黄疸逐步见减,持续服药二个月,症状全部消失,饮食恢复正常。B超复查肝管结石粉碎。回安徽合肥仍间断服药。11月回上海,再往某医院,B超提示肝管结石消失。(孙思瑛)

行军散

行军散方剂出于《随息居重订霍乱论》,又名武候行军散,诸葛行军散,顾名思义,是行军中的必备药物。以目前情况也可当作一种出差旅游等外出的备用药品,只是目前较少使用。行军散原方由牛黄、麝香、珍珠、冰片、硼砂、雄黄、硝石、金箔组成(上海中药制药一厂出品,已由姜粉替代金箔),其主要功用是辟秽解毒、开窍。常用于治疗夏伤暑热,头目眩晕,腹痛吐泻,烦躁不安,风热障翳,山岚瘴气等。

陈之才每用此药治疗急性胃肠炎患者,屡用屡效,而且她本人也用过此药。上世纪70年代初,一日中午,她在医院食堂吃了绿豆芽,下班回家后腹痛蛔绞,吐泻交作,痛苦万分,陈之才即取出家中备有的行军散1支,以0.3g用温开水调匀服下,药后腹痛渐减,吐泻亦止。次日来院上班,得悉昨日傍晚,医院中有数10人腹痛吐泻,诊断急性胃肠炎,点滴补液加用抗菌素。急诊室床位已不够使用,即在大礼堂开设临时病房,后来经调查是食生拌绿豆芽后的食物中毒,陈之才则1支行军散而愈。

以后凡遇急性胃肠炎患者,陈之才辄投行军散,重则1支顿服,轻则分2次服用,均有疗效。

1994年底,陈之才次女,在外应酬,宴毕归家,即感上腹部绞痛,呕吐频频,面色苍白,冷汗淋漓,家人急欲急诊,陈之才取行军散1支,嘱其温开水调服,不久,痛减吐止,安然入睡,次日工作如常。

次年春节,陈之才长媳,进速冻食品,不久胃脘绞痛难忍,呕吐不解,其子来电求救,陈之才又嘱口服行军散半支,药到病除。故凡遇亲朋好友旅游出差,陈之才必嘱携带行军散,以备急用。

急性胃肠炎属中医"胃脘痛"、"腹痛"、"呕吐"、"泄泻"范畴。本病多因饮食不当或不洁,致使邪毒秽浊壅滞胃肠,升降失司,浊邪上逆而致呕吐,秽毒下移而致泄泻,气机逆乱,不通则痛。陈之才认为治疗首当辟秽解毒,浊邪得以祛除,气机升降自然调和,通则不痛。行军散正是以辟秽解毒之功而见长。陈之才分析:行军散中,雄黄辟秽解毒;牛黄、硼砂解毒泄热;麝香、冰片开窍辟秽,且芳香走窜,引导药性,迅速取效;珍珠安神镇静,配以少量硝石苦寒以泄热散结,疏导壅滞;姜粉辛散,防止药性过凉,诸药配伍,势奏解毒辟秽、镇静开窍之功。且药物研究已证实了雄黄、麝香、冰片等的抗菌消炎作用,因此行军散适用于急性胃肠炎,但孕妇忌用。(孙思瑛)

陈作霖针灸临床经验

【名老中医简介】陈作霖(1925~)江苏武进人。主任医师,教授。毕业于上海中医学院。曾任职于同济大学医学院附属铁路医院针灸科。中国针灸学会理事,上海市针灸学会副理事。上海市名中医。擅长针灸治疗疑难病。

1 脏腑辨证与经络辨证同参

辨证论治是认识疾病和解除疾病的过程,是中医治疗的根本。陈作霖认为:在针灸临床中,脏腑辨证和经络辨证，当相互为用，不可有所偏废。

案 1 患者邱某某，女，51 岁。经断半年，烦躁，胁胀，半年来每晚睡后两足背第 1 ~ 2 趾间抽痛，并沿肝经上行至乳下（相当于期门穴处）而止，每晚痛作 3 ~ 4 次，影响睡眠。检之舌苔薄黄，舌边有紫瘀点，脉弦细。其症为更年期之反应。据其烦躁胁胀，经水适断及痛作在晚，辨证当为肝气失于调畅，肝血瘀阻。"痛循肝经而作"，既为体征，又为辨经依据。脏腑辨证与经络辨证同参，病在于肝而从肝治。针太冲、期门、阳陵泉。2 次后抽痛减轻，每晚仅作 1 次。针 4 次后，诸症皆愈。

案 2 患者，两胁胀痛，脘腹不适，口苦纳少，神疲乏力。苔黄腻，脉弦滑。病属肝胆湿热。前医因经有"诸湿肿满，皆属于脾"之说，故先予清化脾胃湿热之法治之，取中脘、足三里、阴陵泉、丰隆、内关。针 3 次后，症状丝毫未减。陈作霖据患者两胁胀痛，口苦纳少，辨为胆失中清后影响及脾所致，乃从利胆入手，去足三里，加阳陵泉，针 1 次，疼痛已去其半，续针 2 次，痛止，苔腻亦化，胃纳已增，神疲亦健。

经络循行于周身，无处不到，但各有脏腑络属与分布循行，故在运动系统病则以辨经脉为主，古有"经脉所过，主治所及"之说，根据经脉理论，阳明行于身之前，少阳行于身之侧，太阳行于身之后。因此，在临床中，对于经络病变，陈作霖主张辨其经络而以远道穴位治之。远道取穴，关键在于辨经正确。针在远道，一则以疏通经气，行气活血，二来又便于患者活动局部。他曾作急性腰扭伤 300 例疗效分析（《中医杂志》1983，9），总结出 3 个有效远道穴位，病在足太阳经者取后溪穴；病在督脉者取人中穴；病在足太阳涉及足少阳者（痛在脊柱外侧，连及臀部和大腿）取腰痛穴。对于一些局部疼痛在四肢的症候，陈作霖还擅用对应点针疗。如足跟痛影响行走者，不论病在滑囊或脂肪垫等，只要疼痛发作，便在同侧掌根相应点针刺，留针时嘱患者行走，至痛止起针。这种治疗方法虽难解释，但常能出奇制胜，立竿见影，所以在临床上，陈老也多用之。痛在上肢者，取同侧下肢对应点；痛在下肢者，取同侧上肢对应点。屡见收效。

2 情志病以厥阴为主

《素问·阴阳应象大论》："人有五脏化五气，以生喜怒悲忧恐"也。情志不和，虽可影响到五脏六腑，但主要与心、肝有关。在日常生活中，喜怒是最易出现的情志病变。"喜伤心"，"怒伤肝"，心肝多为情志所伤。心肝两脏，归经皆为厥阴，经气相通，故凡临床症起情志不和或症在心肝，见有情志异常者，陈作霖必取厥阴治。其中疏肝必取太冲，内关多与之相配伍为用。太冲为足厥阴肝经原穴，脏病取原。肝气郁积，太冲取之调肝经之气；肝血瘀滞，则以太冲化瘀停滞。内关为手厥阴心包经络穴，气通三焦，三焦主气，厥阴主血，内关可兼施。内关又通阴维，能宽胸理气。两穴同在厥阴，同气相求，配伍应用以增强疏肝解郁之功。太冲相配内关，他用于许多疾病。如厥阴头痛，乳痈，肝郁犯脾之泄泻，呕吐，肝胆湿热之胁痛等等，病多与情志有关。主治病在厥阴，据病情轻重、病位、症状之不同而配用其他不同之穴。

案 3 刘某某，男，60 岁。大腹胀满已半年余，烦躁，多恶梦，夜卧不安，不欲纳食，甚至厌恶，大便秘结，体重剧降。脉弦细，苔薄黄。证由心情抑郁，情志不畅，肝失疏泄，横逆犯脾。治予疏肝健脾，取足三里、三阴交、太冲。针后腹胀较舒，睡眠欠佳，仍有恶梦。二诊加内关、阴陵泉。针后腹胀减轻，饮食有增。三诊仍予上穴治疗，腹胀基本消除，睡眠安宁，恶梦未作，胃纳已好。四诊去内关、太冲。续针 10 次，余症大为好转，乃嘱早晚用艾条自灸双隐白穴各 5min。14d 后食欲正常，腹胀已除。

3 重后天以脾胃为本

"夫精者，身之本也"，"肾主藏精"，为人先天之本，脾胃为"水谷之海"，"气血生化之源"，为后天之本。精者，乃构成人体的基本物质，又为人体各种生理机能的物质基础。先天之精，与生俱来，藏于肾中；后天之精，源于饮食水谷，由脾胃生化而得。先天之精有赖于后天之精以充养；后天之精，全仗于先天之精以蒸煦。在临床上，陈作霖多注重补益人体之后天。他认为：人之生，先天之精已成，而后天之本当善调之。饮食入胃，若脾胃健运，则水谷得化，精微得输，五脏得养，人体得充。即所谓"胃气壮，五脏六腑皆壮也"，故此，陈作霖对一些体虚、消瘦、失眠等属气血生化无源，精微不足充养者，多从脾胃入手。尤其当患者年逾不惑之时，他认为，人随时日而年长，体力则随之而耗，便当充其后天，生其气血，调其阴阳。

案 4 姚某某，女，48 岁。失眠已有 7 ~ 8a 之久，每晚仅能入睡 2 ~ 3h。平素心悸，纳食无味，四肢乏力。舌质淡，苔薄，脉细软无力。诊为心脾血虚。脾气虚弱，不能运化水谷，则气血化源不足。心主血而藏神，心血不足，无以养心，神不安则不思睡。治重健脾胃，生气血，兼以安心神。针足三里、三阴交、神门,针3次后,可睡5h左右 ,针5次后已能睡6~7h,余症均除,计针10次而愈。

在临床上,不仅消化系统疾患可从脾胃两经论治,凡属脾胃运化失司,气血生化障碍的体虚之人,陈作霖都以脾胃治之。脾胃健运,生化有源,气血旺盛,则诸疾痊愈有望。在取穴上,足三里为常用穴,如遇虚寒之象,更加温针疗之。但足三里并不当补气血之专穴。他认为,穴位之于病证,关键在于接受适当刺激来调整经络之气。脾阳多损,元气常耗,虚证为多,故为补虚多用。"实则泻之,虚则补之",故同为足三里,虚证可用,实证亦可取之。

案5 劳某某,男,61岁,右足背痛,肿胀强直,不能步行,检之痛在阳明之分,局部红肿热感。诊为右足背滑膜炎。症属风热流注于足阳明之络,气血运行阻滞不通,穴取足三里、内庭以泄阳明过盛之经气,气行则血行。留针20min,疼痛减轻,能缓步行走。(陆 菁)

脏腑疾病

1 哮喘

总属邪实正虚。邪实当分寒痰、热痰的不同。发时攻邪治标,去痰利气,寒痰宜温化宣肺,热痰当清热肃肺,可取风门、尺泽、台谷、列缺、大椎等穴。寒痰加灸,热痰则泻,病久则虚实夹杂,如脾肾阳虚则温灸脾俞、肾俞以温阳,肺肾阴虚则取太渊、太溪以补其阴。

案1 杨某某,男,64岁。患者有哮喘病史,每逢气候变化即易发作。来诊时喘息抬肩,气急不平,喉间痰声漉漉,咳吐白色粘痰,舌质淡苔反腻,脉细。查体:神清,口唇紫绀。两肺满布湿性啰音及哮鸣音,乃先针听会穴以平喘(陈作霖临床发现此穴为平喘有效穴位),不一分钟,患者喘平,口唇紫绀渐转红润,听诊哮鸣音明显减少,再取膻中、太渊、太溪、足三里、丰隆等穴。气会膻中,用平补平泻手法以降上逆之肺气,太渊为手太阴肺经之原穴,属土,土能生金,取以培土生金,用补法以益肺气。太溪为足少阴之原穴,补太溪以益肾而收纳气之功。足三里属足阳明,亦属土,阳明为多气多血之经,补之以固本,为虚则补其母之意。丰隆加强脾胃运化,堵其生痰之源,化其已有之痰湿,针后气急渐平。

2 胃脘痛

中医学认为本病的发生主要与饮食不节、情志失调、素体虚弱和感受外邪有关,胃为水谷之海,主受纳腐熟,宜通而不宜滞,气郁结滞横逆犯胃,或脾不健运,胃失和降,均可以导致胃痛。陈作霖针灸治疗胃痛以理气和胃为主。一般主穴取中脘、梁门、足三里。中脘为胃之募穴,梁门为胃经之穴,足三里为足阳明之合穴,取以疏通胃气,升清降浊;如为肝气犯胃,上方加阳陵泉以平肝胆之冲逆,使肝气平而胃气和降。如返酸较甚,则去足三里加上巨虚,如果疼痛剧烈,则上方加头针胃区以解除胃部痉挛。如饮食不节,消化不良,则上方加建里以消食导滞。

案2 张某,男,39岁。患者有胃痛病史多年,曾胃出血三次。平素胃病反复发作,纳差嗳气,饮食生冷油腻胃痛即作。发作时烦躁不安,不欲纳食,形体消瘦,舌淡苔薄,脉细。钡餐X线片示:胃小弯溃疡。治拟健脾和胃止痛。取穴:中脘、梁门、建里、足三里、中脘、梁门温针灸二壮,局部拔罐。针二次后,患者自觉胃痛较从前减轻。上方续进,不更。针10次后,胃脘疼痛已除。患者又作钡餐检查,X线片前后对比,胃小弯处溃疡已趋愈合。

案3 患者,女,31岁,胃脘部不适多年。平索胃脘嘈杂,食后脘胀,经各种检查无器质性病变,多处就医均治无效,慕名而来就诊。现面色萎黄,形体消瘦,口苦欲饮,舌淡苔薄腻,脉细。初诊取中脘、梁门、建里、足三里;中脘、梁门温针灸一壮。二诊胃脘部仍不适,情绪紧张,上方加阳陵泉(提插泻法),四诊胃脘部不适减轻。上方续进,针8次后,胃脘部已无不适。

3 痛经、月经过多及经期延长

案4 患者,女,36岁。患者有痛经史,每逢月经来潮,下腹部疼痛,甚则屈膝抱腹,影响工作。经量多,夹有血块,经期可达七天余;舌淡苔薄,脉细。曾作B超示:子宫腔内有多个肌瘤,最大者为37×32mm。取穴:子宫穴、关元、三阴交、足三里、血海,子宫穴、关元温针灸1~2壮。关元属任脉经穴,灸之可暖下焦而温养冲任,足三里补脾胃而益气血,气血充则胞脉得养,三阴交为足三阴经之交会穴,有补脾络血作用。血海活血调经。针5次后,患者月经来潮时,腹部疼痛明显减轻,血块较以前增多,5天后月经即止。又针10次,第三次月经来潮,腹部自觉胀满时无疼痛感,血块减少,5天后经净。患者高兴之极,在针治三月后,又复查B超,B超示:子宫腔内原来大的肌瘤缩小为18×16mm。(陈佳红)

谌宁生肝病临床经验

【名老中医简介】谌宁生(1933～)湖南临湘人。教授,主任医师,硕士生导师。1962年毕业于广州中医学院。湖南中医学院第一附属医院内二科、传染科兼肝病研究室及温病教研室主任,温病及肝病重点学科带头人。湖南省中医内科学会及省传染病学会委员,全国中医内科肝病专业委员会委员,全国中医药防治传染病筹备组成员及首届顾问委员会委员。湖南省名中医,第二批全国老中医药专家学术经验继承工作指导老师。从事医疗临床、教学、科研40余年,擅长治疗各种肝病。曾承担国家"八五"攻关、湖南省科委、教委及省卫生厅局等肝病科研重点课题项目多项,其中有3项曾获奖。发表论文140余篇,参编《肝炎学大典》《肝炎论治学》《肝病防治药物大全》等10余部。

重度黄疸型肝炎

1 关键在毒、瘀

重度黄疸型肝炎是指病毒性肝炎伴高胆红素血症(血清总胆红素 >171μmol/L),包括急性黄疸型肝炎、慢性肝炎伴重度黄疸、重症肝炎以及淤胆型肝炎和肝炎后肝硬化伴高胆红素血症。属中医"黄疸(阳黄)、急黄、瘟黄、疫黄"范畴。"黄家所得,从湿得之",湿邪入侵,郁而化热,湿热内蕴中焦脾胃肝胆,枢机失利,疏泄失常;胆汁不循常道,出现身、目、尿黄。谌宁生认为此指一般湿热黄疸而言,其症轻浅,其治易得。但临床所见身、目、尿骤然发黄,或原有黄疸骤然加深,或伴有臌胀、昏谵、出血等,多因湿热夹毒,热毒炽盛,迫使胆汁外溢而迅速发黄;加之肝胆疏泄功能失常,气血瘀滞,热毒之邪愈加炽盛,则可形成临床上常见之高度黄疸型肝炎。与一般湿热黄疸不同,其症身目黄赤如金,神倦乏力、腹胀、恶心明显,为黄疸之重症,舌质绛红、紫黯或有瘀点,舌下络脉增粗、紫黯.甚则鼻衄血、肌肤瘀斑瘀点。病因不单是湿热内蕴,更因热毒与血瘀交结所致。因热毒炽盛和气血瘀滞均可使病情加重,黄疸加深,是导致本病的病机关键。

2 解毒化瘀法

湿热为患是黄疸的基本病因,古人有"治黄不利小便,非其治也"之说,因而历代医家均把清热解毒、利湿退黄作为治疗黄疸的基本治法。常用方剂如茵陈蒿汤、甘露消毒丹、栀子柏皮汤等,治疗一般湿热黄疸确有较好疗效,但部分病例热毒炽盛、湿热瘀毒交结于里,黄疸加深,病情加重,继续用清热解毒、利湿退黄之法治疗,病情得不到控制反而加重。《金匮要略》言"黄疸之病,当以十八日为期,治之十日以上瘥,反剧为难治"。故重度黄疸型肝炎,可谓黄疸中难治之症,非一般清热利湿之法所能奏效,因其病机关键在于热毒与血瘀。古人已认识到"瘀血发黄,亦湿热所致。瘀血与积热熏蒸故见黄色也"(《医学心悟·伤寒兼证》),认为"心脾二脏有瘀热所为"(《诸病源候论·黄疸诸候》)。关幼波曾提出"治黄必活血,血行黄易却",汪承柏创"凉血活血"法治疗重度黄疸型肝炎有较好疗效,被许多临床医师所采用。谌宁生总结古今医家治疗重度黄疸的理论及自己的临床经验,提出重度黄疸型肝炎病变虽主要在中焦脾胃肝胆,但因邪毒炽盛,弥漫三焦,上可逆传心包犯肺,下侵肾脏、小肠和膀胱,故病变实则累及五脏六腑或"变证"丛生。虽然证候上变化多端,病机上错综复杂,其病因病机不外毒、瘀二字:毒为致病之因,瘀为病变之本;其治疗原则:重在解毒,贵在化瘀,毒邪已解则热无所附,瘀滞已化则气血通畅,正气易复,为治疗本病证之关键。

3 解毒化瘀汤

谌宁生提出治疗重度黄疸型肝炎的关键是重在解毒,贵在化瘀,然而解毒不仅是清热解毒,利湿,凉血化瘀,通腑均可解毒;化瘀不单是活血化瘀,益气、温阳、通络、攻下通腑均可化瘀。并综合历代医家治黄经验和中医理论,总结30余年临床经验,结合现代医学理论和中药药理,拟定解毒化瘀汤治疗本病。基本方:茵陈、白花蛇舌草、赤芍、丹参各30 g,田基黄15 g,栀子、郁金、石菖蒲、木通各10 g,枳壳6 g,生甘草5 g,生大黄(后下)10～15 g。方中茵陈、栀子、白花蛇舌草、田基黄等清热解毒为君,重在解毒祛邪;赤芍、丹参、郁金、大黄等活血化瘀为臣,贵在化瘀退黄;木通、石菖蒲、枳壳行气利湿为佐,加重利湿退黄作用;甘草调和诸药为使,增强解毒化瘀功效。各药协同,共奏解毒化瘀退黄之功。其中大黄味苦性大寒,入肝、脾、胃、大肠诸经,不仅有荡涤肠胃积热、泻血分实热、除下焦实热、下有形积滞之功,而且有利肝胆湿热、清热退黄、止血热之吐衄、化无形痞满之效。现代药理证实,大黄具有改善微循环、导泻、抗菌、抗病毒和调节人体免疫功能作用，可使肝脏供血改善，便于肝细胞再生和清除有毒之物，同时能降低血液的浓、粘、聚，有防治 DIC 之作用，为常用之要药。临证时若血热明显者应重用凉血活血之品；热毒亢盛突出者加重清热解毒之品；黄疸严重者可重用茵陈、赤芍至 60 g；舌苔白腻偏于湿重者加白豆蔻、藿香等芳香化湿中药；舌苔黄、脉数、发热偏于热盛者加板蓝根、半枝莲等以清热解毒；齿衄、鼻衄、皮下瘀斑、出血倾向明显者加生地黄、牡丹皮、犀角或水牛角以凉血止血；心烦、神志异常、有肝昏迷先兆者加服安宫牛黄丸以醒脑开窍。病程后期，已久用寒凉之品，恐脾胃受损，宜加茯苓、白术、党参等以益气健脾；脾胃已损，湿从寒化，病变转向阴黄，应按阴黄论治。（李晓良）

病毒性肝炎

1 急性肝炎

急性病毒性肝炎的中医病因应从外因立论，主因是湿热入侵。病机为外感湿热，内蕴中焦，侵犯脾胃，熏蒸肝胆。由于急性肝炎病程短，患者正气未损，一般预后好，所以对急性肝炎的辨治宜简不宜繁，不必辨证分型。在以上理论指导下，自拟急肝方：茵陈、田基黄、土茯苓各 15g，山栀、黄柏、木通、夏枯草各 10g，甘草 5g。临床应用后，在缩短病程、节省费用等方面可收到良效。

急性肝炎病因虽均由湿热所致，但因湿热有轻重程度之分，故临床辨证有热重于湿、湿重于热之分，但临床总有效率无明显差异。治疗急性肝炎虽不必分型，但不可一法一方，始终不变，应根据病变的不同时期分阶段治之。因为病初属邪盛阶段，虽有脾失健运之候，但因湿阻中焦，损伤脾胃，故治肝时不宜补脾，更不能滋阴，因补脾和滋阴均可留邪，使湿热之邪难祛，而致病证缠绵难愈。故急性期务必以清热利湿为主，以求邪祛正复。经过治疗，主要症状基本消失，肝功能接近正常，往往为邪祛而正未复，则可改用调理肝脾之法。

2 慢性肝炎

2.1 从病因病机病理及防治肝硬化和癌变方面整体施治

从中西医结合的角度分析慢性乙型肝炎的病因、病理及病机，肝炎病毒（湿热夹毒）是致病的主要病因；免疫功能紊乱低下（正气虚弱，脾肾功能受损）是发病的重要病机；肝组织损伤，微循环障碍（肝郁气滞血瘀）是基本病理变化。故治疗上：①解毒以祛邪：目的是祛除病因。不彻底清除肝炎病毒，则慢性肝炎难求痊愈。清热解毒可作为施治本病的基本大法，常用药物有白花蛇舌草、虎杖、鸡骨草、猫爪草、垂盆草、夏枯草、半枝莲、半边莲、田基黄、板蓝根、山豆根等。②补虚以扶正：目的是针对病机，增强正气，提高免疫功能。当代许多专家认为，机体免疫功能紊乱低下，是导致慢性肝炎发病的重要因素。中医学的脾、肾与人体免疫功能有着非常密切的关系，盖因脾统血，司运化，为后天之本，生化之源；而肾主骨生髓藏精，为先天之本。故补益脾肾，不仅可以增强正气，提高免疫功能，而且能促进肝炎病毒的清除，补益脾肾实为本病补虚扶正的根本大法。常用药物：生黄芪、西党参、白术、淮山药、茯苓、桑椹子、菟丝子、枸杞子、仙灵脾、女贞、旱莲草、巴戟、鹿角霜等。③化瘀以固本：目的是针对病理，因肝组织损伤、微循环障碍是慢性肝炎的基本病理改变。活血化瘀可以改善肝脏微循环，促进病变恢复，达到巩固疗效的目的。实验研究证明：在慢性肝炎特别是活动性肝炎时，由于肝细胞炎症，肝细胞肿胀及纤维组织增生等原因，造成微循环紊乱、障碍而影响肝脏有效血流量。活血化瘀方药的应用，可以改善肝脏微循环障碍，减少病变部位的缺血，增加肝脏营养及氧的供应，促进肝细胞的修复，并且有防治肝硬化和癌变的作用。常用药物有：赤芍、丹参、川芎、当归、桃仁、红花、泽兰、莪术、荆三棱、田三七、鳖甲、龟甲、穿山甲等。

以上三法虽各有区别，但可互为因果，不可孤立而视之。必须解毒、补虚、化瘀三法并用，方可取到祛邪、扶正、固本的多重疗效。据此自拟治疗慢性乙型肝炎的基本方药为：生黄芪 30g，西党参、淮山药、紫丹参、赤芍药、桑椹子、虎杖、白花蛇舌草各 15g，云茯苓、女贞子、枸杞子、仙灵脾各 10g，生甘草 5g，对改善症状、恢复肝功能和清除乙肝病毒，均有较好疗效。

2.2 从脏腑辨证分型论治

目前，有关慢性肝炎的中医治疗多按辨证分型论治。笔者认为分型不宜过多，若按肝郁气滞、肝郁脾虚、肝肾阴虚、气滞血瘀 4 型辨证治疗，基本可以概括慢性肝炎的主要症状及病因病机。此外，对有些常见证型有不同看法：如认为湿热未尽或湿热中阻，不能单独成为 1 个证型。一则因湿热为致病之因，如果湿热除尽，则病应痊愈，急性肝炎不会转为慢性肝炎，因此慢性肝炎各证型均有湿热存在，只是程度轻重不同而已；二则所谓湿热中阻，即是指湿热阻滞中焦，而中焦包括肝、胆、脾、胃 4 个脏腑，证候比较复杂，很难用 1 个证型概括殆尽。另外，关于脾肾阳虚型，临床上少见于慢性肝炎，而多见于肝硬化患者，故不必单独分为1型，可归纳于肝郁脾虚型中，如果患者出现形寒肢冷，下肢浮肿，脉沉细等阳虚证时，治疗时加附、桂、仙灵脾等温阳之品即可。另外，上述证型可相互转化，或两型或多型的兼夹，故临床辨证论治时，应灵活加减变通，不可拘泥于一法一方。

2.3 从养生及精神心理调理方面配合治疗

慢性肝炎患者，由于病机复杂，病情缠绵难愈，不能单纯只依靠药物治疗，而必须配合"养生"和精神心理治疗。具体方法包括：① 注意养生之道：中医认为对于慢性疾病需要三分治疗七分调养，慢性肝炎亦是如此。应遵循《黄帝内经》中"起居有常，饮食有节，不妄作劳"的教导。即日常生活起居，要有规律，每天保证足够的休息睡眠时间。饮食要有节制，不能暴饮暴食，并注意食物禁忌，如不能饮酒，忌吃雄鸡、鲤鱼、牛、羊、狗肉等发物，少吃油腻辛辣刺激性食物，工作学习不能过于劳累，性生活亦宜适当节制等。这些都需要患者正确认识，认真做到。②加强精神心理治疗。中医有"郁怒伤肝，忧思伤脾"之理论，肝炎病位在肝、脾二脏。因此，治疗肝病与患者思想情绪关系密切，临床常见患者有明显的抑郁和焦虑情绪，严重影响身心健康、生活工作和药物疗效。我们曾将80例慢性乙型肝炎肝郁脾虚型患者，分两组进行临床观察，一组单纯采用药物治疗，另一组在同样药物治疗的基础上配合心理治疗。结果显示：配合心理治疗的患者，疗效明显优于单用药物者，各种临床症状，如疲乏、胁痛、纳差腹胀等，有明显好转或消失，同时肝功能各项指标：如ALT、AST、TBil、A/G等，亦有显著改善或恢复正常。这提示对于慢性肝炎患者，不能单纯只依靠药物治疗，也需要加强心理治疗和自我控制。

3 重型肝炎

重型肝炎病情凶险，传变极快，治疗时不必按照一般辨证论治的原则，也不可用叶天士治疗温病按卫气营血发展顺序的尾随治则，而应遵照张仲景"见肝之病，知肝传脾，当先实脾"，以及《内径》"治病必求于本"、"审证求因"和"审因施治"的根本原则。对重型肝炎必须采取快速截断的果断治疗措施，以阻断瘟邪热毒侵入营血，扭转病机，不致内陷心包。

重型肝炎证候千变万化，病机错综复杂，但其病因病理不外"毒"、"瘀"二字，毒为致病之因，毒盛必导致瘀甚，而瘀甚则必定生毒，从而加重肝脏血瘀病变，形成恶性循环，最后形成瘀毒胶结难解的局面。针对这一病因病机，治疗重型肝炎的法则，必须重在解毒，贵在化瘀，据此，自拟两个经验方：①解毒化瘀汤：白花蛇舌草、绵茵陈、赤芍药、紫丹参各30g，田基黄15g，生山栀、广郁金、石菖蒲、木通各10g，生枳壳6g，生甘草5g，生大黄10～15g（后下）；②凉血化瘀汤：赤芍60～80g，丹参、葛根、白花蛇舌草、虎杖各15g，生大黄10g（后下）。两方随症加减，配合西药综合支持治疗，均可降低死亡率、缩短病程、节省治疗费用。

赤芍和大黄为治疗重型肝炎之要药。临床和实验研究证实两者均具有泻肝、清热、凉血、活血、散瘀之功效，故经常联用，且剂量宜大。大黄在临床上采取内服与保留灌肠并举的方法，效果更好。

4 肝硬化腹水

肝硬化腹水的病机复杂，肝硬化腹水的治疗，不能简单使用一法一方，或纯补猛攻，以求速效。而应精细辨证，谨守病机，各司其属，灵活施治。只有正确处理好消、攻、补的关系，始能奏效，或可以竟全功。①消法：着重于肝，包括疏肝、行气、活血、利水、消胀等，多用于肝炎肝硬化初期，邪气尚轻而正气充实者。②攻法：着重于利肠胃，包括逐水、攻下、破瘀、消坚等，多用于肝炎肝硬化中期，邪气实而正气不衰者。③补法：着重于补脾肾，包括益气健脾、温补脾肾、滋养肝肾等，多用于肝炎肝硬化晚期，正气虚弱而邪气不盛者，或肝炎肝硬化好转的恢复期。攻、补、消3法，通常不宜单独长期使用，往往需先后参杂、间断或同时兼用。如实证，宜用攻法，但攻中应以补法佐之，反之虚证宜补，但补亦不可纯补，以补中兼泻或消为宜。臌胀中晚期，多属正虚邪实，有虚不能补、攻难祛邪之虞，如《张氏医通》谓"胀本虚而证实，攻补两难，泻之不可，补之无功，极为危险"。故施治时，应注意攻邪不可伤正，补虚不能留邪。因此，对于逐水攻下药，如大戟、甘遂、芫花、商陆、二丑等必须慎用。因用之虽可获暂效，但停药后，腹水反复可较前更甚，同时因上述诸药均有毒性，可伤正气，加重肝功能损害，并且有诱发肝昏迷而致死之教训。如欲攻泻，可用大黄、芒硝等无毒之品。对于熟地、龟胶、鹿胶等，因虑其滋腻而易留邪，应慎用，常用生地、龟版、鹿胶霜等代之。对于并发症的治疗要分清寒热，辨别虚实。①发热：如突起发热，并现黄疸，为实热证，治当清热解毒，利湿退黄，可用甘露消毒丹、龙胆泻肝汤或清瘟败毒饮加减；如现低热缠绵，烦热不寐，为虚热证，治宜滋阴清火，可用知柏地黄汤或青蒿鳖甲汤加减。②血证：臌胀齿鼻衄血、皮下瘀斑、或呕血便血，多因气血瘀阻，或肝郁化火，损伤脉络所致，治当解郁清热泻火，凉血止血，可用丹栀逍遥散、清胃散或犀角地黄汤加减；但亦有少数患者，由于久病脾虚不能统血而现瘀斑或衄血者，宜补脾摄血，需用归脾汤加艾叶炭、血余炭、阿胶等补血止血之品治之。③昏迷：有热毒内陷和寒湿瘀阻，蒙蔽心窍之分，前者治宜清热解毒，醒脑开窍，可用清营汤或清宫汤加郁金、菖蒲、牛黄，或选加安宫牛黄丸、至宝丹、紫雪丹等；后者宜温中化湿，芳香开窍，可用茵陈术附汤或藿朴夏苓汤加菖蒲、麝香，或选加苏合香丸、玉枢丹等。（陈 斌 孙克伟）

医案验案

1 慢性肝炎

王某某，男，35岁，住院号：54468。患者因右胁疼痛发作10年，加重10天，化验肝功异常，于1989年11月6日入院。患者1979年发病，自觉肝区疼痛不适，查肝功能多次异常，并一直服用联苯双脂、齐墩果酸片及降酶护肝药物。于10天前因劳累后，感肝区疼痛加剧，同时伴纳差、厌油、乏力，小便黄，身目发黄。查：舌淡红，苔薄黄，脉弦。肝大右肋下2cm，剑突下4cm，质硬中等，脾未触及。肝功：血清谷丙转氨酶（GPT）316.9u，黄疸指数（Ⅱ）26单位，射浊（TTT）16单位，锌浊（ZnTT）14单位。A/G（37g/35g）1.06/1；乙肝大三阳，西医诊断：病毒性肝炎HbsAg（+）慢性活动型。中医辨证为肝郁气滞，兼湿热内蕴，用1号方柴胡疏肝散加减：柴胡、黄柏、香附、茯苓各10g，田基黄20g，半枝莲、板蓝根、茵陈、丹参、麦芽、白芍各15g，枳壳6g，陈皮、甘草各5g。服药17天后，黄疸、疲乏、纳差、厌油等症状消失，仅感肝区隐痛，舌淡红，苔薄黄，脉弦细。复查肝功黄疸指数正常。ALT40u，TTT12U，ZnTT16u，A/G36.4g/26g。原方服20剂，复查肝功各项指标全部正常，再服药10天，症状消失，精神纳食如常，住院47天，临床痊愈出院。

2 重型肝炎

患者，男，40岁，有慢性肝炎病史，反复发作二年半，入院前5日，因受风寒病情突然加重，精神疲乏，四肢无力，恶心作呕，食欲不振，口干苦，右胁隐痛，全身皮肤及眼巩膜黄染，尿深黄，舌质稍红，苔黄腻，脉濡。肝功：Tbi1322.2umol/L、ALT571.78u/L，白蛋白42.8g/L，球蛋白25.6g/L，乙肝三大阳，PCR HBVDNA阳性，凝血酶原时间18秒，活动度32.6%。西医诊断：慢性重型肝炎。中医诊断：瘟黄。辨证湿热并重，先予清热解毒利湿退黄之甘露消毒丹加减治疗10天无效。皮肤巩膜黄染加重，尿黄加深，化验肝功Tbi1465.0umol/L，D Bi1149.4umol/L，白蛋白33.6G/L，球蛋白33.6g/L。舌质红，边有瘀点，苔薄黄，脉弦。辨证为热毒入营血，改方拟予清热解毒，化瘀退黄之解毒化瘀汤加减：茵陈30g，丹皮10g，赤芍40g，葛根30g，郁金10g，栀子10g，蛇舌草15g，丹参30g，白茅根20g，生大黄10g（后下）。服4剂后，病情有所好转，自觉精神纳食转佳，原方再续服19剂，皮肤巩膜尿黄均有减轻，复查肝功：TbiL 287.8umol/L、D Bi1112.2umol/L、ALT 106u/L。因方药对症，病情日趋好转，守方继服至2月16日，查肝功：TbiL 120.4umol/L、ALT 116u/L，HbeAg转阴，说明肝脏损害减轻，病情进一步好转，仍守前方加减至3月16日查肝功TbiL 34.7umol/L、ALT 35u/L，患者纳食精均佳，皮肤巩膜轻度黄染，舌尖红苔薄黄，脉弦滑。病情趋愈，前方去大黄、茵陈、赤芍、丹参减量15～25g，加炒谷芽15g，再进20余剂，查肝功正常，纳食精神均佳，二便如常，于4月10日出院，住院95天。

3 肝硬化腹水

李某，男，23岁。患者素有肝炎病史，因腹胀纳差疲乏、消瘦、肝区疼痛月余，经化验肝功能及超声波检查，西医诊断：肝硬化腹水，建议中草药治疗，而入院治疗。证见患者面色晦暗萎黄、腹部臌胀、腹水征明显，大便稀溏，小便短赤，余证同前述。舌苔黄腻，脉弦滑略数。查体温38℃，脉搏106次/分。中医诊断：臌胀，病因湿热内蕴，损伤肝脾，脉络瘀阻，水湿内停。证属本虚标实，治宜清热解毒，利湿消胀，急治其标。处方：龙胆草10g，山栀10g，茵陈30g，木通10g，车前草12g，莪术10g，白芍15g，蛇舌草30g，半枝莲30g，土茯苓30g，甘草6g，田七粉3g（分冲服）。连服18剂后，病情明显好转，腹水渐消，可下床活动，纳食增进，每餐能吃2～3两。唯仍有腹胀、便稀、溲黄，舌红苔黄腻、脉弦细。病有起色，正气渐复，但邪未仅除，改拟扶正祛邪、攻补兼施之法。处方：白参6g，白术10g，苡仁30g，大腹皮12g，枳壳6g，蛇舌草30g，半枝莲30g，黄药子15g，土茯苓30g，炒莱菔子15g，甘草6g。连服10余剂，精神纳食均佳，体重大增，较入院前增加10多斤。复查超声波，腹水消尽，化验肝功能结果恢复正常。由入院时白蛋白2.58g提到4g/L，A/G比值由0.96/1上升为正常1.56/1。血红蛋白由入院时75g上升到125g/L。为巩固疗效，改为益气健脾扶正固本之法，以参苓白术散加减治疗月余，以竟全功而出院。

程士德临床经验

【名老中医简介】程士德(1919～2009)　江苏南通市人。教授，博士生导师。国家中医药管理局内经重点学科学科带头人，中国中医科学院研究生院兼职教授，卫生部高等院校中医专业教材编审委员会委员。享受国务院政府特殊津贴。第二批全国老中医药专家学术经验继承工作指导老师。长期从事教学、科研、临床工作60余年，主持与指导的科研项目曾获市级科技成果奖。培养博士、硕士研究生30余人。出版专著、教材13部，发表学术论文20余篇。

神志疾病

1 调营卫，通阳和阴

神志活动的失常，首先表现在睡眠紊乱上，临床上以不寐、多梦、多寐等多见。《内经》认为睡眠的形成与营卫气血的运行关系最为密切，如《灵枢·营卫生会篇》云："卫气行于阳二十五度，行于阴二十五度，分为昼夜，故气至阳而起，至阴而止"，这里的"起"、"止"即指寤与寐。程士德教授治疗睡眠紊乱多从调和营卫气血，通达脏腑阴阳之气入手，善用桂枝汤、小柴胡汤等方增损。

案1 王某，女，42岁，嗜睡、困倦1月余，头昏沉，记忆力减退，时有汗出，月经量少，舌淡，有齿痕，脉沉细。治则：调和营卫，通阳益阴。处方：炙黄芪40 g，桂枝10 g，白芍20 g，柴胡10 g，郁金10 g，香附10 g，石菖蒲10 g，胆南星10 g，当归10 g，川芎10 g，枳壳10 g，桔梗10 g。本方以桂枝汤调和营卫为主；辅以通阳利气的柴胡、石菖蒲；补血行血之当归、川芎；升清降浊之枳壳、桔梗。营卫气血和利，脏腑阴阳通达，嗜睡自消。

2 化痰瘀，泻浊通窍

程士德治疗神志病多采取以下三个步骤：一"百病多因痰作祟"故从痰治，善用温胆汤、半夏厚朴汤。二活血化瘀，消滞通窍，善用血府逐瘀汤、通窍活血汤等。三泻下通便，以大小承气汤为主加减。他认为痰浊、瘀血、积滞均为病理性产物，在体内堆积过多，会对神志活动产生不良影响，必须及时予以清除。这一观点很符合现代医学的"中毒学说"。

案2 王某，女，56岁，头闷痛，失眠1年余，时觉胸闷不舒，咽部不适，有堵塞感，吞不下，吐不出，易烦躁，大便干燥，舌质紫暗，苔黄厚腻，脉弦滑。治则：活血通窍，化痰消滞。处方：半夏10 g，厚朴10 g，茯苓10 g，苏梗10 g，柴胡10 g，川芎10 g，赤芍10 g，桃仁10 g，红花10 g，竹茹10 g，石菖蒲10 g，胆南星10 g，生大黄4 g。服药1周，头痛、失眠明显好转，咽部堵塞感消失。服药2周，胸闷烦躁消失，追踪随访1个月，未再发。

3 培本源，滋补肝肾

神志活动是脏腑功能的重要组成部分，它从不同的角度反映出脏腑功能活动的不同情况，程士德治神志病亦常从调理脏腑功能入手，尤重视培补肝肾。因肝藏血，血舍魂，肾藏精，精舍志，而精血是神志活动的物质基础，故临证多用六味地黄丸平补肝肾；用二仙汤温肾助阳。辅以珍珠母、灵磁石、生龙牡、琥珀、夜交藤、炒枣仁等重镇安神之品，对于记忆力减退者，则常加桑椹子、女贞子、菟丝子、枸杞子、益智仁等补肾填精、益脑生髓之品。

案3 刘某，女，49岁，1年前行子宫切除术，失眠(入睡困难，甚者整夜不能入睡)，劳累后加重，多梦，近日恶梦频作，盗汗，心中郁闷，时有坐卧不宁，烦躁易怒，易疲倦，舌质淡，苔薄白，脉沉，尺脉无力。治则：补肾培源，养血疏肝。处方：仙茅10 g，仙灵脾10 g，当归10 g，知母10 g，黄柏10 g，白芍15 g，杜仲10 g，何首乌10 g，紫河车粉10 g(冲)，阿胶珠10 g，生熟地各30 g，珍珠母40 g(先煎)，夜交藤30 g。服上方15剂，痊愈。程士德教授认为肾乃生命之本，精血之源，女子以血为本，如阴血亏虚，不养心神，特别是肝肾不足，阴阳失调，常常是妇女神志病产生的重要原因。

4 重气机，升清降浊

《素问·举痛论》云："百病生于气"，"怒则气上"，"喜则气缓"，"悲则气消"，"惊则气乱"，"恐则气下"等，可见气机的调畅与否是正常神志活动形成和维持的关键，如果情志不畅，则多引起气机郁滞，进而导致血瘀、痰凝、水聚。程士德临床善用逍遥散、柴胡疏肝散等来调畅气机，抓住气机这一关键环节来治疗神志病，并总结出调畅气机的方法与良药。如：用旋覆花、苏子(梗)宣肺利气；香橼皮、绿萼梅、郁金、香附疏肝理气；木香、砂仁、陈皮健脾和胃，升清降浊；金樱子、芡实、蛤蚧补肾纳气等。

案4 辛某，男，42岁，近半年情志不舒，善太息，失眠，多梦，晨起头昏蒙，记忆力明显减退，反应迟缓，语言时有不利，甚则口误，脾气急躁，大便秘结，胸腹胀闷，舌质红，苔黄腻，脉弦数。治则：疏肝理气，宁心安神。处方：柴胡 10 g，香附 10 g，香橼皮 10 g，川楝子 10 g，枳实 10 g，厚朴 10 g，大黄 6 g，木香 10 g，砂仁 6 g，珍珠母 40 g（先煎），磁石 40 g（先煎）。全方有升有降，有收有散，升降出入适宜，气机调畅，脏腑协调，神有所归，志有所养，诸证自消。

5 清郁热，交通心肾

程士德认为，神志疾病，如神昏、谵语、失眠、癫狂等多与郁热有关。或因七情内伤，气郁化火；或脾胃中焦蕴热生痰，痰火蒙蔽清窍；或肾精不足，肾水不能上济于心，而致心火独亢，扰乱神明。临证多以生山栀、青黛、胆南星、石菖蒲、龙胆草、夏枯草清热化痰开窍；以厚朴、枳实、大黄、泽泻、猪茯苓通利二便，泻热消积；以黄连、石膏、知母泻热除烦；以交泰丸并菟丝子、女贞子、枸杞子滋肾水，交通心肾，使心火不亢，心神守舍。

案 5 刘某，男，39 岁，5 年前因精神刺激，突发狂躁，打人毁物，被诊断为精神分裂症，用西药控制症状。近 2 月出现烦躁，失眠，幻听，幻视，精神不能集中，语言错乱，大便 3 日一行，舌质红，苔黄厚，脉弦数。治则：清热通便，宁神除烦。处方：柴胡 10 g，桔梗 10 g，当归 10 g，川芎 10 g，石膏 30 g（先煎），知母 10 g，生地 30 g，枳实 10 g，龙胆草 20 g，厚朴 10 g，胆南星 10 g，石菖蒲 10 g，生大黄 8 g。服 7 剂，烦躁减轻，睡眠好转，再服 10 剂，幻觉消失。再加黄连 10 g，益智仁 10 g，服 20 剂，病未再发。程士德教授治神志病，除以上基本原则外，多针对引起神志病的复杂病因、不同个体的神志状态、疾病的不同阶段等，辅以综合治疗，如心理开导、安慰，饮食调养，精神疗法，临床获得了较好的疗效。（苏 晶）

程莘农针灸临床经验

【名老中医简介】程莘农（1921～）江苏淮阴人。教授，博士生导师，中国工程院资深院士，国医大师，现任中国中医科学院资深研究员，国家攀登计划之一“经络的研究”项目首席科学家，中国北京国际针灸培训中心副主任，国务院学位委员会第三届特约评议组成员，中国针灸学会副会长兼经络研究委员会顾问，北京市针灸学会顾问，第六、七、八届全国政协委员兼医卫体委员会委员（中国科协组）。享受国务院政府特殊津贴。从事中医内、妇、针灸临床工作 60 年，对中医温热病舌诊有较深的研究，在针灸基础理论研究、针灸选穴、针刺手法等方面都有独到的见解。主编《简明针灸学》《中国针灸学》（中、英文本）《针灸精义》（印度印行，英文版）《针灸疗法》等 10 余部论著。

1 症状选穴

窍闭不开取百会。百会为手足三阳、督脉之会，升清举陷，醒脑开窍，程莘农言：“一窍开百窍开”，百会刺法宜轻浅。大凡风症取风池，风池系手足少阳，阳维之会，既疏散外风，又平熄内风，此穴内外兼治。迎风流泪，目闭不利取睛明，睛明为手足太阳、足阳明、阴蹻、阳蹻之会，祛风司目之启闭。头目昏胀取攒竹，攒竹能够清利头目，其刺法似蜻蜓点水。喉痹暴（病字旁加，倍去掉单立人）临近选穴取天鼎，天鼎位于结喉旁。口苦取阳陵泉。口臭取大陵。痰中带血取尺泽。小儿弄舌取手三里。

经络闭阻，不通则痛。上肢疼痛取合谷、外关，合谷为手阳明大肠经原穴，外关为手少阳三焦经络穴，原络穴相配治疗上肢疼痛。下肢疼痛取昆仑、悬钟，昆仑为足太阳膀胱经经穴，悬钟为足三阳之大络，髓之会穴，经会穴相配治疗下肢疼痛。周身疼痛取曲池、大包，曲池为手阳明大肠经合穴，大包为脾之大络，阳明太阴为气血生化之源，营养周身通灌四旁。镇痛诸穴，刺宜泻法，并于留针过程中行针 1～2 次，多有针起痛止之功。筋脉失其气血濡润则挛急，四肢拘挛取尺泽、曲泉、阳陵泉，三穴分别为手太阴肺经、足厥阴肝经、足少阳胆经的合穴，肺主气朝百脉，肝主筋而藏血，胆为中正之官以缓急，三穴相配，如矢中的。手足震颤取手三里、足三里，阳明者水谷之海也，滋水涵木，熄风止颤。足背厥冷取厉兑，胃经井穴，温煦足胫。足跟疼痛取大钟，肾经络穴，通经止痛。

《素问·调经论》：“人之所有者，血与气耳”。合谷调气，太冲和血，调和气血取合谷、太冲。足三里补气，三阴交益血，补益气血取足三里、三阴交。皮肤瘙痒取曲池、血海。清热凉血，祛风止痒。脾约便秘取大横，大横为足太阴、阴维之会。汗为心之液，阳虚自汗取内关、足三里以益气固表。阴虚盗汗取内关、复溜以敛阴止汗。气虚则麻，血虚则木，指趾麻木系中风先兆，上肢麻木取外关、后溪。下肢麻木取中渎、悬钟。尿检化验出现红血球取血海，出现白血球取大椎、足三里，出现蛋白取阴陵泉、三阴交。程莘农临床审症选穴，症穴相宜，治疗每获良效。

2 病证选穴

中风（脑血管意外）急证昏迷不省，取人中、内关、极泉、足三里、三阴交。益阴扶阳、醒脑开窍，人中刺法需令患者泪出，极泉刺法至肢体活动效佳。中风后遗半身不遂，初起治疗取阳经八穴，上肢为肩髃、曲池、外关、合谷，下肢为环跳、阳陵泉、悬钟、昆仑。阳经取穴，阳主动，意在恢复肢体功能。后期治疗取配阴经输穴，协调阴阳，阴平阳秘，精神乃治。口眼㖞斜（面神经炎）取睛明、四白、地仓、颊车。睛明刺法沿眼眶边缘直入 0.8～1.5 寸，忌捻转提插；地仓刺法透向颊车。心开窍于舌，舌强失语，取廉泉、哑门及心经络穴通里。

胸痹（冠心病）取内关、膻中。振奋心阳，宣畅气机。癫狂（精神分裂症）取大陵、神门、内关、百会、四神聪保心宁神，开窍益智，癫证刺宜平补平泻法，狂证刺宜泻法。胃脘痛（胃炎、溃疡病、胃神经官能症）取中脘、内关、足三里，宽胸降逆，和胃止痛。单腹胀取气海、公孙、足三里，健脾理气，散痞消胀。消渴（糖尿病）取然骨、肾俞、三阴交，益肾滋阴生津。泄泻（急性腹泻、慢性腹泻、消化不良性腹泻）取天枢、中脘、足三里，振奋脾阳，健运止泻。泄泻治疗宜针灸并用。疝气取关元、五里、曲泉、太冲，疏肝理气止痛。痿证（急性脊髓炎、进行性肌萎缩、重症肌无力）取手、足阳明经输穴为主，配筋会阳陵泉、髓会悬钟，通调经气，补养气血，濡润筋骨。本证疗程较长，同时配合皮肤针辅助治疗。上肢痿证沿手阳明大肠经、手太阴肺经轻打叩刺，下肢痿证沿足阳明胃经、足太阴脾经轻打叩刺。癔病性瘫痪取足跟赤白肉际或足心部，刺法透向涌泉，每收立竿见影之效。

流感、猩红热、肺结核、疟疾取大椎。大椎为诸阳之会，杀菌消炎，增强机体免疫功能，是一个值得深入探讨的输穴。五脏六腑之精气皆上注于目，因此治疗目疾多采取多经取穴的方法。上睑下垂取阳白、头临泣、阴陵泉、三阴交。青少年近视取风池、睛明、四白、合谷、光明、三阴交、太冲。老年性白内障取四白、养老、曲池、太冲。鼻渊（慢性鼻炎、慢性副鼻窦炎）取迎香、上星、通天、合谷、列缺，宣肺清热通窍。偏头痛取头维、太阳、率谷、足临泣，疏解少阳，活络止痛。耳聋分虚实两类，耳聋实证取听宫、翳风、液门、侠溪、太冲，利胆疏肝，开闭通窍，刺宜泻法。耳聋虚证多责之于肾，取肾经输穴为主，并随症酌加上穴，益肾复聪，刺宜补法。中医辨证，西医辨病，病证相参是程莘农施治选穴的一个准则。

3 针刺手法

程莘农重视针刺手法，经过多年临床实践摸索出自己一套施术手技。师以右手拇、食指持针，采用三才法进针，谓称天、人、地刺法。针刺 2～3 分深为天，4～5 分深为人，8 分～1 寸深为地。这一刺法吸取了中国传统针法与管针进针法的长处，将点穴、押指、穿皮、送针等动作揉合一起，在 1～2 秒钟内完成，具有快速无痛的优点，临床深受患者好评。

施针之术，气至而有效。程莘农施术一般 3～5 下得气，若针后气不至，师多采用震颤手法辅助催气，即以持针之手做小幅度较快速提插，这样便可得气。静以久留仍得气微弱或气不至患者，不宜强行催气，可施用温和灸或配穴导引经气。虚则补之，实则泻之是中医的治则，提插补泻法，捻转补泻法及平补平泻法是程莘农临床上常用的针刺补泻手法。

《灵枢·九针十二原》："持针之道，竖者为宝"。程莘农授术强调持针之手要指力实而腕力虚，运针要具有"手如握虎"之力，这样才能运神于指，气至病所，收到良好的治疗效果。反对将针刺手法神秘与玄虚化，突出手法的独特性和实用性，在针灸界其针刺手法独树一帜。

4 典型病案

案 1 面肌瞤动 许某某，女，62 岁。1992 年 8 月 3 日初诊。主诉：右侧面部肌肉瞤动 10 余年，是因工作劳累汗出复感风邪而得。曾奔波医治多年效果不佳，经人介绍慕名求治于程莘农。证见右侧面肌瞤动频作，抽动牵制口眼，致成口眼㖞斜，右眼视力下降，夜卧流涎，遇风、情绪紧张、劳累等为瞤动诱发因素。面晦少华，汗出恶风，肩背酸楚不适。舌质淡边有齿痕，苔白，脉象细缓。综观脉症，证属营卫不和，风邪侵袭，气血虚弱，筋脉失养。治以疏散风邪，调和营卫，兼益气血。处方：大椎、风池、四白、颧髎、左太阳、左巨髎、左地仓、左颊车、承浆、外关、合谷、足三里、三阴交。针刺手法为患侧用补法，健侧用泻法。治疗 8 次，面肌瞤动次数明显减少，抽动强度减弱，面色由晦暗转黄而明净。再针，右侧面肌偶尔出现瞤动，共治疗 3 个疗程疾病痊愈。三月后追访，病未复发。

按 营卫失调，卫外不固，风邪乘虚而入。风者，善行而数变，扬其性面肌瞤动频作。又因为患者平素气血虚弱，筋脉失其濡养，更增加了面肌瞤动的次数及强度。治取大椎、风池、外关、合谷，疏散风邪；内关、足三里、三阴交，调和营卫，兼益气血；四白、颧髎、左太阳、左巨髎、左地仓、左颊车、承浆，系局部取穴。程莘农治疗面肌瞤动，患侧面部取穴宜少，针刺手法用补法，健侧面部取穴宜多，针刺手法用泻法，这种独具一格的治疗经验，已为许多患者解除了痛苦。

案2 不寐 吴某某，男，50岁，1992年9月12日初诊。主诉：失眠30余年。近三年来依赖安眠药睡觉，胃脘胀满，矢气多，大便日2～3行，纳减，食用牛奶后易引起腹泻，腰部酸痛。两年前曾于某医院检查肝功，胆红素指标偏高，印象为胃肠功能紊乱。证见入睡难，多梦，劳累后失眠加重，舌质淡紫尖红，苔白，脉象弦。证属脾虚，胃气不和。治宜健脾和胃，宁心安神。处方：中脘、天枢、气海、神门、内关、足三里、三阴交、太溪。针刺手法平调法。治疗4个疗程，脾胃功能逐渐恢复，脾胃诸症明显减轻，睡眠已安稳，安眠药已减半服用。又继续间断巩固治疗4个疗程，停服安眠药，每晚能够安眠6～8小时，疾病痊愈。

按 脾主运化和升清，脾虚则心失所养。胃主受纳和降浊，胃气不和，浊气不降，上扰神明，故失眠。中脘、天枢、气海、足三里、健脾和胃，消胀降浊；神门、内关、三阴交是程莘农治疗不寐的经验选穴，神门为心经原穴，内关是心包经络穴，三阴交是肝脾肾三经的交会穴，三穴合用，宁心安神。太溪系兼症选穴，配神门又可交通心肾。证属虚实夹杂，针刺手法用平调法。《素问·逆调论》："胃不和，则卧不安"。此案程莘农由于抓住胃气失和这一根本病机，所以多年顽疾，治疗如此奏效。

案3 中风 马某某，男，72岁，1992年6月26日初诊。患者右侧半身不遂9年，病初曾于北京某医院经CT检查诊断为脑血栓，虽多方医治罔效。现患肢屈伸不利，指趾麻木，手握力差，步履艰难，沉重如坠，面赤眩晕，两目昏花，少寐，恶心纳减，舌质红少苔中有裂纹，脉象沉细弦尺弱。证属肝肾阴虚，风阳上扰。治拟滋补肝肾，平肝熄风。处方：百会，风池、太阳、四白、肩髃、曲池、外关、合谷、内关、环跳、足三里、阳陵泉、三阴交、悬钟、太溪、太冲。所刺手法用补法。治疗6次（1个疗程），右侧肢体沉重感大减，活动较前灵活，眩晕恶心亦见好转，效不易方，随症增损连续治疗4个疗程，患侧肢体已活动自如，诸症尽消而病痊愈。

按 患者年逾七旬，肝肾阴血已虚，水不涵木，风自内生遂成上述诸症。百会、风池，开窍熄风；足三里、三阴交、悬钟、太溪、太冲，滋补肝肾，培益气血，平肝熄风；肩髃、曲池、外关、合谷、环跳、阳陵泉，疏通经络，太阳、四白、内关，系兼症选穴。程莘农治疗中风后遗症日久不愈，采用通调周身经脉，阴经阳经输穴并取的方法，旨在畅达经络血气，协调阴阳。（常宝琪）

程志清验案选

【名老中医简介】程志清（1947～）教授，博士生导师。1969年毕业于安徽中医学院。浙江省中西医结合学会保健与康复专业委员主任委员，浙江省中医药学会理事，浙江省中西医结合学会常务理事，中国中西医结合学会专业委员会委员。浙江省名中医。擅长中医药防治心血管病，对高血压、冠心病、病毒性心肌炎的临床研究颇具特色。先后主持国家科技部、国家中医药管理局、省自然基金、省科技厅、等8项省部级课题，有5项成果获省、厅科技进步奖。发表论文50余篇，主编《陆芷青内科精华评述》《中医十大名方》《中医药防治高脂血证》。

1 肝风头痛

患者，男，58岁，初诊：1978年9月16日。主诉：头晕、头痛如劈，行走飘浮反复不愈一月余，住院前有高血压病史，长服降压药片，1周前因工作繁忙，头晕头痛剧烈，测血压210/120mmHg而收住入院治疗，现经西药治疗血压下降而自觉病情未见好转，要求中医会诊。诊查：面红如醉，头痛剧烈，头重脚轻，头晕欲仆，肢麻颤抖，以致不能下床行走。舌红绛苔老黄糙，脉弦劲。BP 170/100mmHg。证属肝阳亢逆，风火相煽。治法：凉肝息风。羚羊角2g（先煎），钩藤15g（后下），生地18g，白芍12g，川贝6g，竹茹12g，滁菊12g，石决明30g（先煎），广地龙12g，桑叶15g，川牛膝10g，决明子30g。3剂。二诊：上方1剂后头痛顿减，3剂后，诸症悉减好转，血压降至150/90mmHg，原方再进7剂。三诊：血压135/85 mmHg，诸症悉瘥，舌红苔薄黄腻，上方去羚羊角，加赤白芍各12g，川芎6g，天麻12g，带药出院，以资巩固。

按 本案因高血压头痛剧烈而入院，证见头痛剧烈，面红目赤，头晕欲仆，舌红绛，苔黄糙，脉弦劲而数，风火相煽，亢逆于上症状明显，故取《通俗伤寒论》羚羊钩藤汤化裁，其中羚羊角性寒味咸，凉肝息风，现代药理研究证明其具有镇静、抗惊、解热、降压、抗菌、抗病毒等作用。程师在方药中重用羚角为君，每剂1～2g，研末吞服，降压效果明显；臣以钩藤、石决明、决明子则使凉肝息风作用增强，佐以白芍、生地酸甘化阴，滋阴柔肝，地龙、桑叶、甘菊清热平肝，竹茹、贝母清热化痰，诸药合用，可使热去阴复，痰消风熄。因药证合拍故1剂后病势顿挫，7剂后诸证悉有好转。如法调理2周后出院。

2 眩晕头胀

患者，男，42岁，初诊：2003年3月1日。主诉：头晕，头胀伴胸闷，胸痛，反复不愈2年，近月加剧，有原发性高血压病史2年。诊查：面色晦暗，形体肥胖，头晕，头胀伴胸闷，胸痛善太息，口苦，大便粘滞气秽，舌红苔黄腻干，舌下瘀紫，脉弦细，体重87kg，身高1.80m，BP 160/110mmHg，平时服用开搏通。辨证：肝郁化热，痰瘀痹阻；治法：清肝泻热，涤痰化瘀舒痹。处方：夏枯草15g，炒黄芩12g，龙胆草5g，焦山栀12g，柴胡10g，薤白9g，郁金12g，瓜蒌皮12g，竹沥半夏12g，丹参30g，赤芍12g，川芎6g，炒枳壳12g，天麻（先煎）12g，双钩（后入）15g，7剂。二诊：2003年3月15日，BP 165/105mmHg，头晕头胀、大便粘滞、气秽显著好转，尚感胸闷，心悸，口苦，舌红苔中薄边黄腻，舌下瘀紫好转，脉弦，生化全套均在正常范围，心电图未见明显异常。治拟原法：泽泻15g，生蒲黄12g，炒决明子15g，夏枯草15g，炒黄芩12g，龙胆草5g，焦山栀12g，柴胡10g，薤白9g，郁金12g，瓜蒌皮12g，竹沥半夏12g，丹参30g，赤芍12g，川芎6g，炒枳壳12g，天麻（先煎）12g，双钩15g（后下），7剂。三诊：2003年3月29日，BP 140/90mmHg，原发性高血压病，头晕、头胀，胸闷胸痛好转，咽痒，咳嗽显减，口腻，舌红中薄边黄腻，脉弦，治拟原法。3月22日方生地改12g，加制天虫12g，车前子12g，5剂。

按 本案因肝郁气滞蕴久，生痰化热，以致气火上逆，痰瘀痹阻，而见头晕，头胀，胸闷，胸痛，故以龙胆泻肝汤清肝泻热，瓜蒌薤白半夏汤加丹参、赤芍、川芎，涤痰化瘀舒痹而见显效。

3 眩晕胸痹

患者，女，60岁。初诊：2002年10月18日。主诉：头晕头胀伴胸闷、心悸、心慌反复发作1年余，近2个月加剧。既往有高血压病史与冠心病心绞痛发作史，长期服降压西药心痛定每次10mg，2次/d。诊查：BP 145/75mmHg，心率37～47次/min，心律不齐，舌红苔薄黄腻，脉弦结，心电图提示心动过缓，ST－T改变。辨证：阳亢气逆，心脉瘀阻。治法：平肝降逆、通阳舒痹、涤痰活血。方药：天麻（先煎）12g，双钩（后下）15g，怀牛膝12g，葛根15g，郁金12g，炙甘草9g，桑寄生15g，丹参10g，赤芍12g，当归10g，川芎10g，甘松12g，夏枯草15g，石决明（先煎）30g，瓜蒌皮12g，薤白9g，制半夏12g（7剂）。另心宝丸每次2粒，每天2次。二诊：2002年10月25日。BP 145/75mmHg，心率提高到56～60次/min，头晕、头胀、胸闷、心悸、心慌减轻，原方再进7剂。三诊：2002年11月8日，头晕、心悸、胸闷显著好转，血压平稳，舌红苔薄，脉弦，再拟原法。上方去制半夏，加玉竹、鲜石斛。2002年11月15日～2003年1月10日，叠进益肾平肝降逆方剂，头晕气急均瘥，自觉精神体力恢复正常，舌红苔薄脉弦，治拟原法以资巩固。2003年3月28日，停中药近3个月，至今症情稳定，精神体力俱佳，能从事一般家务劳动。头晕心悸胸闷均瘥，舌红苔薄脉弦，心率70次/min，血压一直稳定在120～130/80～70mmHg，因最近想到桂林旅游，特来咨询能否前往，嘱路途勿劳累，慎起居，旅游无妨，心痛定10mg，隔日1片，中成药心保丸已停止服用，随访至今症情稳定。

按 本案因肝阳亢逆日久以致气滞痰凝，心脉瘀阻，证见头痛头晕，胸闷胸痛，脉结，其治当平肝降逆与涤痰活血舒痹并举。初诊以天麻（先煎）钩藤饮合瓜蒌薤白半夏汤化裁，以天麻、钩藤、石决明平肝潜阳；桑寄生、牛膝补肝益肾，引火下行；瓜蒌皮、薤白、制半夏通阳散结，行气祛痰，郁金、川芎行气散瘀，赤芍、当归、丹参养血活血化瘀，其中甘松甘温气香透窍，行气、开痹、通瘀，与炙甘草合用辛甘化阳，行气通阳，与心宝丸（附子、肉桂、人参、鹿茸、麝香、洋金花、田七等温阳、益气、活血药物组成）合用有提高心率与纠正心律失常的作用。少佐夏枯草清肝泄热，以防心宝丸之温热而升动肝阳。值得一提的是，葛根甘辛平无毒，轻清升散，有解肌舒项背之效，现代研究证实葛根总黄酮及葛根素能直接扩张血管，使外周阻力下降，而有明显降压作用，并能增强冠脉血流量和脑血流量，减少心肌耗氧量，因此对高血压、冠心病兼有项背不适者甚为合拍。

4 胸痹水肿

患者，女，74岁，初诊：2003年2月22日，主诉：胸闷、胸痛伴恶心腹胀，下肢浮肿反复不愈1年余，近半年已反复住院4次，诊断为原发性高血压、冠心病、房颤、心衰、心功能Ⅳ级，有脑血栓病史，近日出院而诸症未减，诊查：精神萎靡，面部浮肿，下肢凹陷性浮肿，形体肥胖，行动气急，入夜不能平卧，舌体紫暗，苔白厚腻，脉弦结，BP 146/90mmHg。辨证：心肾阳虚，心脉瘀阻；治法：温阳利水、化瘀通脉。方药：生黄芪15g，汉防己12g，猪茯苓各15g，桂枝3g，红花5g，益母草15g，大腹皮12g，冬瓜子皮各30g，瓜蒌皮12g，薤白9g，法半夏12g，丹参30g，降香（后下）9g，淡附片3g，干姜5g，3剂。二诊：2003年2月27日，胸闷、胸痛、恶心、腹胀减轻，颧红，入夜不能平卧，口舌干燥，苔腻，BP 146/90mmHg，脉弦结，再拟原法化裁。去降香加甘松12g，3剂。三诊：2003年3月6日，BP 150/85mmHg，全身浮肿，恶心，呕吐好转，近日夹感咳嗽，头痛，目赤，舌暗红质胖，脉弦，治拟平肝息风，温阳宣痹：天麻（先煎）12g，双钩（后下）15g，炒白术15g，猪茯苓各15g，甘菊10g，桑白皮12g，炒赤芍12g，冬瓜皮子各30g，生黄芪15g，汉防己12g，淡附片3g，干姜5g，益母草15g，制半夏12g，陈皮6g，广地龙12g，6剂。四诊、五诊：2003年3月13日，浮肿已退，入夜已能平卧，目赤，胸闷已除，头痛未已，脚抽筋，舌暗红苔薄，BP 151/75mmHg，心率62次/min，治拟原法化裁：去桑白皮加夏枯草15g，全蝎（后下）5g，7剂。2003年3月20日，BP 124/64mmHg，心率86次/min，律齐，浮肿今退，偏头痛，有时右手臂及手指拘挛，舌红苔薄黄腻，脉弦，治拟平肝息风，通阳利水。2003年3月20日方祛全蝎、淡附片加当归12g，川芎10g，生牡蛎（先煎）30g，甘菊10g，7剂。

按　本案初诊以胸闷、胸痛伴恶心腹胀，下肢浮肿为主证，伴见面浮气急，入夜不能平卧，乃属心肾阳虚，心脉瘀阻之证，以真武汤温阳利水，瓜蒌薤白半夏汤加桂枝、红花、益母草、丹参，通阳涤痰化瘀3剂后胸闷、胸痛好转；二诊加甘松以增强行气、开痹、通瘀之功；三诊诸症悉见好转，唯夹感后引动风阳有上升而见头痛，目赤，加天麻、双钩、地龙平肝息风；四诊浮肿已退，入夜已能平卧，目赤，胸闷已除，头痛未已，脚抽筋加夏枯草、全蝎以增平肝通络之力，五诊心肾阳气已见恢复，偏头痛，有时右手臂及手指拘挛，此乃血虚肝失濡养之象，去附片加当归、川芎、生牡蛎、甘菊养血柔肝，随访1年症情稳定。

5 眩晕胸痹

患者，男，57岁，初诊：2003年3月14日，主诉：急性脑梗死后伴阵发性房颤、心悸怔忡2个月，近周加剧。患者2003年1月17日上午突发急性脑梗死，左侧肢体活动受限，经住院治疗后虽肢体活动恢复，期间又发现房颤，服用培他乐克、乙胺碘呋酮治疗后消失，但于3月7日房颤又复发，服用以上药物无效，有高血压病史4年，最高血压150/105mmHg，平时服用络活喜与开搏通。诊查：刻诊BP 140/90mmHg，神情紧张，心慌心悸，失眠，畏寒，口干，时有呵欠，舌红绛苔薄黄，脉弦促。辨证：阴虚阳亢，痰瘀阻络，心脉痹阻。治法：育阴潜阳，涤痰化瘀，宁心舒痹。方药：生地15g，当归10g，赤芍12g，川芎10g，天麻（先煎）12g，珍珠母（先煎）30g，太子参30g，麦冬15g，五味子5g，郁金12g，丹参30g，灵芝10g，夜交藤30g，炒枣仁15g，炙远志6g，生山楂15g，葛根15g，7剂。二诊：2003年3月21日，服上方，心悸心慌畏寒、口干好转，房颤消失，齿痛，舌红苔薄黄，脉弦，治疗拟原法。去当归、川芎、灵芝、葛根加玄参12g，蒲公英30g，鸡内金12g，生石膏（先煎）24g，细辛2g，7剂。三诊、四诊、五诊：2003年3月28日、4月4日、4月11日。叠进益气养阴，涤痰化瘀定悸，房颤未发，齿浮胸闷、夜寐好转，夜尿减少，纳食增加，舌红苔薄脉弦，治拟原法。去生石膏24g，细辛2g，加川芎10g，桑寄生20g，葛根15g，7剂。

按　本案因高血压突发急性脑梗死，住院治疗，虽肢体活动恢复，但房颤、心慌心悸未已，伴有神情紧张，失眠，畏寒，口干，时有呵欠，舌红绛苔薄黄，脉弦促，证由阴虚阳亢，痰瘀阻络以致心胸阳气失于舒展，脉气不相衔接，发为心慌心悸、脉促，心失所养，心神不宁，而见失眠，畏寒呵欠，此乃阳气不展之象。故以生地、当归、赤芍、川芎、天麻、珍珠母育阴潜阳，太子参、麦冬、五味子益气生脉以振心阳，郁金、丹参、生山楂、葛根、炙远志化瘀涤痰舒痹，灵芝、夜交藤、炒枣仁宁心安神，二诊心悸、心慌、畏寒、口干好转，房颤消失，因齿痛去当归、川芎、灵芝、葛根之辛温升散，加蒲公英、生石膏清胃泻火，细辛配石膏以增通络止痛之功。三诊～五诊，房颤未发，诸症悉有好转，据症加减，六诊时已恢复日常工作，随访至今症情稳定。（余昱）

迟景勋脉痹临床经验

【名老中医简介】迟景勋（1938～）主任医师。曾任职于济南市中医院。中华中医药学会外科脉管专业委员会副主任委员。山东省名中医药专家。擅治周围血管疾病、乳腺疾病及皮肤溃疡等病症。

1 注重病因，辨明湿热

脉痹属现代医学血栓性静脉炎范畴，可发生于身体任何部位，尤以下肢多见，临床常见患肢或患处肿胀、疼痛；发于下肢则有深、浅静脉之分，迟老师认为其主要病因是湿热之邪所致，湿热之邪蕴结，脉络阻滞，营血受碍，水津外溢。因此，临证首辨湿与热孰轻孰重，根据病情，组方用药。其一：湿重于热者，表现为下肢漫肿，皮薄光亮，舌苔白腻，脉多滑。拟用自制脉痹汤：茵陈 20 g，赤小豆 18 g，薏苡仁 30 g，苍术 10 g，黄柏 10 g，防己 12 g，泽泻 12 g，佩兰 10 g，苦参 12 g，白豆蔻 10 g，木通 6 g，地龙 12 g，牛膝 10 g，滑石 10 g。用茵陈、苍术、黄柏、苦参燥湿清热；泽泻、防己、木通、滑石利水渗湿、宣通血脉；薏苡仁、赤小豆健脾利湿、行血消肿；佩兰、白豆蔻醒脾化湿、芳香化浊；地龙、牛膝通络引经。其二：热重于湿者，表现为下肢红肿，皮红灼热，舌红苔黄，脉数。用五神汤加味：金银花 30 g，茯苓 12 g，牛膝 12 g，车前子 10 g，当归 10 g，蒲公英 30 g，地丁 12 g，炒地龙 12 g，生甘草 3 g。方中金银花、蒲公英、地丁清热解毒；茯苓、车前子健脾利湿；当归、牛膝引药入经；炒地龙清热通络；生甘草解毒、调和诸药。

2 注重病位，辨证施治

发于胸、腹壁部位的脉痹，以病变局部有凹陷性条索状硬块为突出表现，肿胀不明显，皮色或红或不红，而以疼痛为主，舌质红，苔黄厚，脉弦。多属于肝胆湿热。辨证组方：当归 10 g，白芍 10 g，柴胡 12 g，茯苓 12 g，白术 10 g，薄荷 12 g，龙胆草 12 g，栀子 10 g，黄芩 10 g，生地黄 12 g，金银花 18 g。用龙胆草、栀子、黄芩、金银花清热解毒，柴胡、薄荷、白芍疏肝理气，当归活血通络，生地黄清热凉血，茯苓、白术健脾燥湿。

3 究其根源，以治其本

对于患病日久、病情缓慢、缠绵难愈者，不论其发病部位在何处，均应治其本。发于下肢，表现为患肢漫肿，双腿沉重，胀痛不已，按之凹陷；发于胸、腹壁，证见皮色黧黑，条索状硬块不退，伴神疲肢倦，纳呆，小便清长，舌质淡，苔薄白，脉沉细。此时皆应顾护脾肾，治宜健脾益肾，利水消肿。处方：生黄芪 18 g，当归 12 g，党参 12 g，茯苓 12 g，车前子 10 g，杜仲 12 g，丹参 12 g，牛膝 12 g，地龙 10 g。方中黄芪、党参、茯苓益气健脾，杜仲温补肾阳，当归、丹参活血通络止痛，车前子利水消肿，地龙通络止痛，牛膝活血引经。

无论何证型，凡局部出现条索状硬块、红肿灼热者，均可外敷自制消炎软膏。肢肿，朝轻暮重，用活血祛瘀洗剂：透骨草 12 g，伸筋草 18 g，苏木 18 g，红花 12 g，鸡血藤 18 g，丹参 18 g，荆芥 12 g，防风 12 g，威灵仙 10 g，乳香 10 g，没药 10 g，独活 10 g，生薏苡仁 18 g，当归 12 g。局部熏洗，日 1 次，每次 20min。有溃疡及炎症者慎用或不用。（张　覆）

邓悦临床经验

【名老中医简介】邓悦（1962～）教授，主任医师，硕士生导师。现任职于长春中医药大学第一附属医院。吉林省第二批名中医。

不寐

1 顺应自然，平秘阴阳的整体观

中医学认为，人是自然界的产物，生活在天地气交的环境之中，时时受自然界的影响，故人体活动是与自然界息息相关的。尤其是一年四季寒暑更替，一日之中旦午暮夜的阴阳变化明显而有规律，使人类生活受到影响，与睡眠也有着密切的关系。不寐一证于《内经》中已有详细的记载，为后世论治失眠奠定了坚实的基础。《素问·金匮真言论》云："平旦至日中，天之阳，阳中之阳也；日中至黄昏，天之阳，阳中之阴也；合夜至鸡鸣，天之阴，阴中之阴也；鸡鸣至平旦，天之阴，阴中之阳也。故人亦应之。"不仅如此，阴阳二气的运行也直接受着昼夜节律的影响，也同时影响着人的睡眠活动。平旦时人体的阳气随自然界阳气升发而由里出外，阳气渐长，人起床活动，中午时分人体阳气盛于外部，黄昏则阳气渐消，入夜则阳气潜藏于内，人上床休息。阳入于阴则寐，阳出于阴则寤，因此《灵枢·口问》曰："阳气尽，阴气盛，则目瞑；阴气尽而阳气盛，则寤矣。"可见，《内经》认为人体阴阳二气的运动变化，直接受到自然界昼夜节律的影响而和自然通应，同时又决定着人体的寤寐（觉醒）周期。故以平旦、日中、暮夜的阴阳消长变化为中心，邓悦对不寐提出了日间调畅气机，重在调肝脾，顾及病因，避免应用镇静安神药，达到疏畅气机，和血舒脉，以应少阳升发之气为主；

夜晚则以侧重养心安神、重镇安神、调和气血、交通心肾,勿扰动阳气为用药特点。此日夜分治之法谓之“二步法”。

2 日为阳、夜为阴的动态平衡观

《内经》通过卫气循行建立起来的睡眠理论具有多元性的特点,不仅使人体与自然相通应,而且在人体本身,由于它的生成与循行几乎和所有脏腑经络相关,因而包涵了人体的多重因素。仅就卫气的循行来说,日行于阳经(六腑),夜行于阴经(五脏),而无论其中哪一个脏腑发生病变,都可影响到卫气的循行而致睡眠障碍。也就是说,睡眠除了和营卫之气的循行密切相关外,仍然离不开人身脏腑经络功能的密切配合。这在《内经》关于睡眠的病理认识中可以得到反证。关于导致睡眠障碍的因素,《内经》认为主要责之于营卫的失调。如《灵枢·邪客》和《灵枢·营卫生会》中分别指出邪气内扰,卫气不得入于阴和营气衰少、卫气内伐都可导致睡卧不安。此外,《内经》还论述了五脏精伤和邪气侵扰脏腑也可导致睡眠功能障碍。《素问·热论》有“不得卧而息有音者,是阳明之逆也,足三阳者下行,今逆而上行,故息有音也。阳明者,胃脉也。胃者,六腑之海,其气亦下行。阳明逆不得从其道,故不得卧也。”在《内经》中有关精神情志和睡眠关系的直接论述的确鲜见,但精神情志却是直接和脏腑气血阴阳相关,如《素问·阴阳应象大论》所云:“暴怒伤阴,暴喜伤阳”,“怒伤肝,思伤脾”等。可见情志所伤仍是通过引起脏腑的气血失常进而影响睡眠。《灵枢·淫邪发梦》云:“邪从外袭内,而未有定舍,反淫于脏,不得定处,与营卫俱行,而与魂魄飞扬,使人卧不得安而喜梦。”在这一思想指导下,《内经》对于睡眠疾病的治疗基本上以袪邪补虚、调和阴阳营卫为主旨。后世对于睡眠疾病的治疗方法日益丰富,诸如安神、调理脾胃,从肝、从心论治等均收到了很好的治疗效果。如借鉴《内经》有关睡眠的理论,在考虑其初始致病因素的同时,顾及营卫阴阳,那么对于睡眠病证的治疗应该可以收到更好的临床效果。

3 时间医学和不寐的用药时间

邓悦对心肾不交型不寐的治疗,日间以调畅气机为主,重在疏肝理脾,顾及病因。本法是从“社会环境”出发,强调开郁悦神,注意调畅情志,精神开导,以使患者心情舒畅,增强战胜疾病的信心,有利于促进病情的好转。常用知柏地黄丸为先导,病因治疗也应参以柴胡、郁金、合欢、白术、茯苓,避免应用镇静安神药,达到疏畅气机,和血舒脉作用;夜晚则以侧重养心安神、重镇安神、调和气血、交通心肾、勿扰动阳气为用药特点。自拟心肾宁,药中黄连泻火解毒、除热以坚阴为君药;山茱萸补益肝肾,酸枣仁滋心阴、宁心神,二者共为臣;佐以五味子养心安神,肉桂活血通经、引火归源,夜交藤滋心阴、宁心神,磁石镇惊安神、潜阳纳气,郁金行气化瘀、清心解郁,为方中使药。诸药配伍,侧重养心安神、重镇安神、调和气血、交通心肾,勿扰动阳气,立法全面,用药周到,故为调理心肾不交型不寐之验方。(李 宁)

椎-基底动脉供血不足综合征

1 病因病机

邓悦认为,肾虚血瘀是本病的病机关键;眩晕-肾精亏虚(偏肾阳虚)兼挟血瘀脑络证的病因病机,大都为素体先天不足,肾精不充;或老年肾亏,或久病伤肾,或房劳过度等,导致肾精亏耗,不能生髓,而脑为髓之海,髓海不足,上下俱虚,发生眩晕;肾为诸气之根,生命之源,上通于脑,肾精亏虚可致血瘀,其病机特点为一方面脑为髓海,髓海不足,则脑转耳鸣,而肾主骨、生髓、通于脑,肾精亏虚,则脑髓空虚,脑络失养,加之病情逐渐发展而加重,此病之基础;另一方面由于肾虚而导致血瘀脑络,肾精亏虚,可致元阴(肾阴)和/或元阳(肾阳)不足,亦可致元气不足(肾为诸气之根),而有阴虚脉涩致瘀、阳虚寒凝致瘀、气虚运血无力致瘀,从而出现程度不同的虚实相兼的情况。其形成主要为肾精亏虚,脑络瘀滞所致。

2 治法方药

治则:补肾填精,益气化瘀。自拟方基本方:淫羊藿、川芎、葛根、何首乌、黄芪、山楂、山茱萸、枸杞子。加减:若头痛重者加白芷、藁本等;心悸者加养心安神药如远志、石菖蒲、茯苓、酸枣仁;甚者可加重镇安神药如龙骨、牡蛎等;伴有上肢麻木疼痛加桂枝、桑枝、鸡血藤、蜈蚣、全蝎等;伴有胸闷痛者可合用瓜蒌薤白半夏汤;头晕、呕恶重者可合用半夏白术天麻汤加减;颈项僵痛严重者加葛根、豨莶草等。

邓悦认为,本病的预防要从基本生活习惯的纠正开始,常嘱患者:(1)预防损伤及纠正不良的生活姿势,防止头、颈、肩背部损伤,一旦损伤后应立刻去医院彻底治愈;对有颈肩部强迫体位的患者进行正确姿势宣教,以防形成慢性劳损。(2)纠正不良的睡眠习惯:高枕使人的颈部肌肉处于紧张状态,颈部得不到休息和放松,久而久之就会劳损而诱发颈椎病。(3)注意颈部保暖等。(4)强调本病的治疗除了运用中药外,嘱患者配合自我颈肩部的练功,如“米字练习”,“回头望月”,“以头写凤”等。可缩短疗程,巩固疗效,预防再发,从而获得满意的效果。

3 体 会

邓悦用方中君药淫羊藿以补肾化瘀,主治肾阳虚血瘀之眩晕,淫羊藿味辛甘而性温,《本草经疏》:“辛能散结,甘能缓中,温能通气行血。”《医学入门》曰:“补肾虚,助阳。治偏风手足不遂……”《日华子本草》曰:“补腰膝,强心力,……,治筋骨挛急,四肢不任,老人昏耄,中年健忘。”故主治肾(阳)虚血瘀之眩晕;臣用何首乌、川芎,何首乌苦而甘涩,微温,有补肝益肾养血之功,主治肝肾亏虚之发须早白,头晕,腰膝软弱,筋骨酸痛等症。《药品化义》曰“益肝,敛血,滋阴,治腰膝软弱,筋骨酸痛。”《江西草药》曰:“制熟补肝肾,益精血”,川芎辛温,功善行气活血,主治头部瘀血诸症,《日华子本草》曰“治一切风,一切气,一切劳损,一切血,补五劳,壮筋骨,调众脉,破癥结宿血,养新血……。”《医学启源》曰“补血,治血虚头痛。”二药相合,可补肝滋肾,填精益髓,调畅血脉,使脑脉得养,辅助君药发挥其补肾化瘀之功效;佐以黄芪、山楂、山茱萸、枸杞子,黄芪意在益气而通畅血脉,其性甘味温,入肺、脾经,补中益气,《本草备要》曰:“炙用补中,益元气,温三焦,壮脾胃。”用此既有补后天以利先天之医理,又有益气化瘀之妙用,所谓:“气行则血行”,山楂酸甘微温,散瘀血,消积滞,《食鉴本草》曰:“化血块,气块,活血。”二药相合,辅佐君臣,而共为彰补肾中之元气,行活血化瘀之策略,山茱萸、枸杞子滋补肝肾之阴,取张景岳之阴中求阳之意,阴阳互根之理;使以葛根升阳生津,调畅血脉,以其轻清上扬,入于脑窍,为诸药之舟楫。诸药合用,寓补于通,寓通于补;尽显先后天为用之道;阴阳互根、气血相关之理;共奏补肾填精,化瘀通络之功,主治肾精亏虚,髓海不足,肾阳虚而血瘀脑络之眩晕。(董敬蓉 邓 悦)

邓兆智风湿病临床经验

【名老中医简介】邓兆智 女。教授,主任医师,硕士生导师。广东省中医院著名风湿病专家。中华中医药学会风湿病分会委员,广东省中医药学会风湿病专业委员会主任委员。广东省名中医。擅长治疗风湿类疾病。

类风湿性关节炎

1 病因病机及证候特点

1.1 病因病机

邓兆智认为(类风湿性关节炎,简称 RA)的发生是先天禀赋不足或素体正气亏虚,复感风寒湿之邪,气血不行,关节闭涩;或风寒湿热之邪留滞筋骨关节,久之损伤肝肾阴血,筋骨失养所致。邓教授把本病的特点概括为“虚、寒、湿、瘀、久、变”六个字。虚:素体正气亏虚,肝肾不足或劳累过度,损耗正气,此为本病的内因。寒:风寒外袭,寒凝血涩,痹阻经脉,久则经络、骨节不利,不通则痛,致关节疼痛不利。湿:湿性浸淫,缠绵难愈,且湿郁日久,化热成毒,热毒相搏,可见关节灼热肿痛。瘀:风寒湿热之邪留滞筋骨关节,气血痹阻,经脉不畅,日久成瘀,致关节肿大变形、僵硬。久:本病病程漫长,反复发作,除约1/4~1/5患者病呈自限性而自愈外,大多罹患终生。变:痹证日久,则内舍其合而致五脏诸多变证。

1.2 证候特点

邓兆智通过对 RA 患者症状、体征的长期研究分析,认为肝肾两虚是本病最常见的证型,寒热错杂为其基本病理特点。且 RA 证候单纯者少,复合者多,本病初起以邪实为主,多见寒湿阻络或湿热阻络;晚期或慢缓解期常数证同见,表现为正虚邪恋,或虚实夹杂,或伴有瘀血阻络等。

2 辨证施治

2.1 急性活动期宜清热解毒,利湿祛寒

RA 急性活动期以热毒或寒湿为突出表现。历代医家多主张痹证有热者为风寒湿邪郁而化热,但邓教授认为热邪亦可直接侵犯人体而致痹,尤其是湿热之邪。RA 活动期以寒热错杂证型居多,邓教授常以桂枝芍药知母汤加减治疗,热毒明显者加金银花、白花蛇舌草、两面针、土茯苓等以清热解毒,关节肿胀明显者加木瓜、防己、川萆薢等以利湿消肿。而对于关节冷痛,遇寒加重者,邓教授因地制宜,认为岭南气候湿热,不宜使用大辛大热的乌头,而常加用细辛、制马钱子等以散寒止痛,以及姜黄、羌活、独活等以祛风除湿。

2.2 中晚期宜补益肝肾,活血通络

RA 中晚期以肝肾两虚,痰瘀阻络为突出表现。邓教授主张 RA 中晚期的治疗以补肾活血法为主,临证中常用独活寄生汤加减,因本病中晚期病邪深入经络骨髓，非走窜之物不能搜风通络，故常加用全虫、蜈蚣、乌梢蛇等虫类之品。畏寒喜暖，手足不温，夜尿频多者加巴戟天、淫羊藿、鹿角霜等以温肾助阳；腰膝酸软，眩晕耳鸣者加女贞子、墨旱莲、桑椹、枸杞子等以滋养肝肾；RA 病情日久，痰浊瘀血内生，阻滞经络，邓教授常加用穿山甲、皂角刺、赤芍等以破血行血；对于病久气血两虚，面色苍白，气短乏力者，常加用大剂量黄芪、党参、黄精等，着重补气而生血，而不用阿胶、熟地此类滋腻之品，以达到补而不腻之效。

2.3 擅用雷公藤

中药雷公藤具有祛风除湿，通络止痛，活血消肿之功效，临床上常用于风湿顽痹的治疗，但雷公藤的毒副作用较明显，常引起患者生殖系统、消化系统、血液及骨髓系统、肾脏系统等各方面的损害，各地均有使用雷公藤造成中毒的报道。邓教授认为临床上使用雷公藤治疗 RA 一定要注意总量的控制，雷公藤起效到达药效顶峰时间一般在服药后 3 个月左右，进入平台期后其药效就难以提高了，因此 RA 患者连续服用 2～3 个月即可。邓教授根据多年临床经验，自行研制出复方雷公藤涂膜剂（组成：雷公藤、乳香、没药、生南星、川芎等）外用治疗 RA，取得了较好的临床疗效，同时避免了长期口服雷公藤带来的毒副作用。

2.4 “细辛可过钱”

古代医家有“细辛不过钱”之说，主要是针对细辛的毒性而言。邓教授认为古人原意可能是指细辛单用细末的一次用量，而细辛入汤剂则可以加大用量。因为以往细辛的入药部位是根部，现在一般是全草入药，据研究，细辛全草煎煮后，其煎液中挥发油的含量随煎煮时间增加而降低，在煎煮 30 分钟后，细辛中的毒性成分黄樟醚的含量大大下降，不足以引起中毒。细辛在 RA 的治疗中多入汤剂，所以我们不能一味受“细辛不过钱”的束缚，以致影响了细辛应有的功效。邓教授认为治疗 RA 时细辛的最大量可用至 30g，但必须在辨证准确无误才可大胆使用。（叶雷英）

系统性红斑狼疮

1 整体辨证论治，谨守阴虚内热病机

大多数学者认为先天禀赋不足、肝肾亏损，而以肝肾阴虚为主是系统性红斑狼疮（SLE）的内因。肝主藏血，肾主藏精，精血不足，则虚火内炎或上升；或因感受外邪，郁而化热，耗津伤阴，或长期服用激素，药毒化火，伤阴耗液，均致阴虚。阴虚生内热，故 SLE 的患者多有发热和面部、躯体、四肢出现红斑，口腔等处黏膜溃疡，舌质多红、红绛或嫩红。邓兆智认为阴虚的病机贯穿 SLE 的整个病程，临床所见绝大多数患者亦以阴虚内热证候表现为主，故治疗上养阴、清热的治疗大法贯彻始终。养阴之法因症状表现的不同，而以滋肝肾之阴为主，或养肺胃之阴为主；选用生地黄、熟地黄、白芍、鳖甲、龟甲、枸杞子、山茱萸或石斛、麦冬、天冬、知母、沙参、玉竹等；清热之法亦因临床表现有异而有清气分热、清营血分热的不同，选用知母、石膏、生地黄、玄参、牡丹皮、水牛角、青蒿等。

2 病机多兼瘀血痹阻，治疗多辅以活血化瘀

邓兆智认为 SLE 病病机仍以阴虚为主，但阴虚多内热，热灼津液，热郁血瘀，正如《医林改错》所云：“血寒则凝结成块，血受热则煎熬成块。”在症状表现上如发斑、皮疹、雷诺氏征等无不因瘀血痹阻经脉所致。此外，本病之发热、月经紊乱、经血闭阻，除与肝肾亏虚有关，亦与血瘀相关。故治疗中多辅以活血化瘀，选用丹参、赤芍、皂角刺、泽兰、桃仁、田三七、当归、鸡血藤、益母草等，往往可以提高疗效。

3 脾虚水停则予健脾温肾利水

狼疮性肾炎是 SLE 常见的系统损害之一。后期患者常表现小便短少，下肢轻度浮肿，倦怠乏力，生化检查常见血清肌酐、尿素氮升高，血清白蛋白降低，及出现尿蛋白，常伴腰膝酸软，面色苍白或㿠白，舌淡润或胖、苔白腻，脉沉细或弦细；究其病机多责之于脾肾阳虚、水湿内停；治疗上多予健脾温肾、活血利水；药用黄芪、草果、熟附子、菟丝子、补骨脂、金樱子、茯苓、白茅根、苏子、荠菜、泽兰、赤芍、益母草等，此时辅以活血之品，即取其血行水亦行之意。

4 中西医结合治疗是控制 SLE 病情的有效方法

SLE 是一种侵犯全身多脏器、多系统的自身免疫性疾病，病情多凶险，单予中医辨证施治往往难以控制病情，因此需要给予中西医结合治疗以控制病情，降低病死率。在西医治疗方面，邓兆智认为要给予足量糖皮质激素，配合二联、三联的免疫抑制剂，病情严重时给予醋酸泼尼松和环磷酰胺冲击疗法，同时配合中药辨证施治，以降低西药的毒副作用。控制、稳定病情后，糖皮质激素和免疫抑制剂要减量维持使用，同时亦予中药长期调治。

5 病案举隅

患者，女，24 岁。以双手雷诺氏征 3 年，伴面部蝶型红斑为主诉于 2006 年 4 月 3 日初诊。证见脱发，口腔溃疡，龋齿，乏力，双手雷诺氏现象，舌红嫩，

苔黄，脉细。血尿常规正常。IgG、IgA、IgM、C 3、C 4、CH 50 及 RF、ESR、CRP 均在正常范围。但自身抗体 ANA（+），效价 1∶3200，抗 Sm（+）；抗 UI－RNP（+）；抗 SSA 弱（+）；抗 Sc－70（+）。西医诊断：系统性红斑狼疮；中医诊断：蝴蝶斑（肝肾阴虚，热毒瘀阻）。西医治疗予甲泼尼龙针剂 0.5 g 静滴冲击 3d，继用环磷酰胺针剂 0.8 g 静滴冲击 1d，接着给予醋酸泼尼松片 50mg，qd，正清风痛宁片 60 mg，bid。中医治以滋养肝肾，化瘀解毒，药用：青蒿 30 g，生地黄 30 g，黄柏 30 g，知母 30 g，山茱萸 15 g，枸杞子 15 g，五味子 15 g，赤芍 15 g，皂角刺 15 g，泽兰 15 g，牡丹皮 15 g，紫花地丁 15 g，菊花 15 g，甘草 5 g。7 剂。复诊时患者自诉症状好转，伴时见口干，尿黄。守原方加减如下：生地黄 30 g，黄柏 30 g，知母 30 g，山茱萸 15 g，牡丹皮 15 g，紫花地丁 15 g，白茅根 30 g，泽泻 30 g，茯苓 30 g，玄参 15 g，天冬 30 g，甘草 5 g，石斛 15 g，赤芍 15 g，青蒿 15 g，5 剂。三诊时患者自诉症状大为好转，面部红斑减少，颜色转淡，脱发少，口腔溃疡愈合，精神好转，双手雷诺氏现象明显减轻，舌红苔薄，脉细。后期在原方基础上加用补益肝肾、益气滋阴之品，如女贞子、补骨脂、黄芪、龟甲等。西药则予环磷酰胺 0.8 g 静滴，每月冲击 1 次，醋酸泼尼松则每月递减 5mg，病情稳定好转，其后环磷酰胺改口服，醋酸泼尼松以低剂量维持治疗。半年后复查抗 ANA（+），效价 1∶100，抗 Sm（－）、抗 U1 RNP（－），抗 SSA（－），抗 Scl－70（－）。

按　本案以肝肾阴虚，热毒瘀阻为病机，中医理论认为肾主骨，其华在发，牙为骨之余，肝肾阴虚，失于濡养，故见龋齿；阴虚生内热，虚火上炎，故口腔溃疡；火之盛则为毒，热毒瘀阻血脉则见双手雷诺氏现象；毒热发斑，故见面部蝶型红斑，舌嫩红、苔黄，脉细则是肝肾阴虚、毒热内蕴之征，因而治以滋养肝肾，化瘀解毒而收效。（刘孟渊）

邓正明肛肠病用药特色

【名老中医简介】邓正明（1942～）福州人。主任医师，教授。1967 年毕业于福建中医学院。现任福州市第一医院副院长。中华中医药学会肛肠学会副主任委员兼副秘书长，《中国肛肠病杂志》编委会副主任委员，福建省中医药学会常务理事，福建省肛肠专业委员会主任委员，福州中医药学会会长。第四批全国老中医药专家学术经验继承工作指导老师。享受国务院政府特殊津贴。擅长痔、瘘等肛肠疾患。参编《中国肛肠病学》，发表 30 余篇论文。

1 习惯性便秘脱肛

陈某某，男，40 岁，干部。经常性大便秘结伴肛门脱肛坠物已有 1 年；专科检查：肛缘可见有环形直肠粘膜皱臂襞出约 6cm。诊断：① 习惯性便秘，② I° 脱肛。证见形体消瘦，眩晕神疲，胸闷腹胀，食后尤甚，经常性大便秘结，2～3 日排便 1 次，站立过久或大便用力努责肛内则有赘物脱出伴下坠感，舌淡，苔薄黄，脉弦细无力。此为脾胃升降失司，中气下陷，予补中益气汤加减。处方：党参 20g，黄芪 20g，柴胡 9g，升麻 6g，茯苓 12g，芍药 15g，白术 50g，甘草 5g。

嘱患者便后中药坐浴，坐浴方：明矾 10g，五倍子 10g，野麻草 30g。并用手扶托使脱出赘物回纳归位。连服 3 日后，患者腹胀消失，饮食增加，大便通畅，照上方白术量减至 10g，加枳壳 15g。再服 10 剂后，纳可，大便正常，便后肛门无赘物脱出。

2 痔术后创面愈合延缓

王某某，女，36 岁。肛旁肿痛反复溃疡溢脓 2 年。专科检查：膀胱截石位 7、9 点分别距肛缘 4cm、2cm 处有两个凹陷口，按压之有脓性分秘物由凹陷口溢出，周围红肿，并可触及索条状硬结向相应肠管延伸。拟诊：复杂性肛瘘。在腰麻下行肛瘘摘除术。术后换药 60 余日，手术创面尚未愈合，分秘物较多，肉芽生长缓慢苍白而不新鲜，皮缘不整齐，全身乏力，纳呆，舌淡红，苔白，脉沉细。证属久病体虚，气血亏虚，不得濡养肌肤，肉不长则皮不敛。治宜：益气健脾，养血生肌，予补中益气汤加减。处方：潞党参 30g，黄芪 30g，白术 9g，当归 10g，川芎 6g，柴胡 6g，升麻 5g，生熟地各 9g，丹皮 9g，甘草 5g，连服 10 剂后，肉芽转鲜，继而创口修复出院

3 痔术后发热

林某某，男，30 岁。便后滴血伴肛门疼痛反复发作 4 年。专科检查：膀胱截石位 3 点、7 点、11 点、齿线上下结节状隆起。诊断：环状混合痔。在局麻下行混合痔齿形分段外剥内扎术。术后 1～2d 体温正常，第 3d 午后即发热，轻微恶寒，体温 38℃左右，伴身体无力，四肢酸痛，饮食乏味，头晕。曾被当作术后感冒，给予感冒通等口服，同时因创面较大恐术后

感染，予庆大霉素注射液肌注。用药5d无效。体温一直波动在37.4～38.2℃。曾作三大常规、胸透、肥达氏反应、肝功等检查均无异常现象，请邓主任诊之。详辨其病症认为病延数日，低热徘徊，病之本已非外感，实属脾胃虚弱，证见身倦乏力，纳差，大便不畅，头晕，舌淡红，脉细数。治宜益气生血，甘温除热，予补中益气汤加减。处方：潞党参30g，黄芪30g，陈皮6g，升麻6g，柴胡15g，芍药9g，防风10g，白术10g，甘草5g。服药3剂，发热已退，饮食尚可，大便通畅，诸恙悉除。

4 体 会

4.1 邓正明认为肛肠疾病与脾胃有着密切关系。脾胃为后天之本，脾胃不健，中土气虚，不仅表现为消化吸收功能衰弱，而更重要的是表现为一系列内在元气不足，体质变弱，抵抗力下降所引起的症候群，如精神疲乏，四肢无力，呼吸短气，自汗畏冷，食欲不振或气虚发热等。脾胃气虚而致脾气下陷，可出现脱肛。脾胃气虚而先统血之能，往往出现便血等。

4.2 强调补中气，而补中益气汤即为升阳补气的代表方剂。本方以黄芪为主药，党参辅之；白术，炙甘草健脾和中，加强参、芪的补中力量；当归之补血，益以参、芪之补气，更增强补血之力；佐以陈皮理气贯中，加强补中作用；用升麻、柴胡协助升提下陷之阳气，又可以疏泄邪热而增强其扶正祛邪之力。

4.3 在运用补中益气汤时，邓正明非常重视审因辨证，随证加减，药物剂量应有轻重之别。如例1，对便秘的患者重用白术至50g。根据现代药理研究，白术有促进肠胃分泌的作用，使胃肠分泌旺盛，蠕动增速。大剂量白术可使坚硬干燥之粪便变润变软，据其多年的临床经验得出：治脱肛必先治便秘。待大便畅通后，白术量减至正常而加枳壳以助益气升阳。例2、例3则重用参、芪以增强其补脾益气之功。（孙 江）

丁樱儿科学术经验

【名老中医简介】丁樱（1952～）女，教授，主任医师，博士生导师。现任河南中医学院儿科学科带头人、儿科研究所所长、儿科教研室主任、一附院儿科主任。全国中医儿科学会副会长，全国中医药高等教育儿科分会副理事长，河南省中医儿科学会常务委员。第四批全国老中医药专家学术经验继承工作指导老师。从事儿科教学、临床、科研25年，擅长治疗小儿肾脏疾病。

小儿过敏性紫癜

1 阐述病机，分阶段辨证论治

过敏性紫癜属祖国医学"血证"的范畴。本病外因多为外感风热、湿、毒等邪，或进食鱼、虾等腥发动风之品；禀赋不足、血分伏热为重要内因，并且是迁延不愈的关键所在。病机为风热相搏或热毒炽盛、血分伏热、瘀血阻滞及阴阳气血失调，丁樱将其病机归为风、热、虚、瘀四端，认为风、湿、热毒之邪夹杂，络伤血溢，血溢脉外，而"瘀"是"溢"的病理产物，"瘀"、"溢"互为因果，这使本病具有反复发作、缠绵难愈的特点，"瘀"贯穿本病全过程。早期起病急骤多属实证，以风热、血热为主，辨证以实证为主，虚证较少；后期为病情反复迁延不愈，时发时止，耗气伤阴，多属虚证，以阴虚火旺，气阴两虚为主，故丁樱依据其病机特点将本病划分为两个阶段进行辨证论治，即邪实阶段和正虚阶段。邪实阶段治疗采用疏风清热凉血之法；正虚阶段采用治以益气养阴清热之法，全程兼以活血化瘀。

2 辨证论治

丁樱据其病机结合多年经验将本病分为四型，分别为风热夹瘀、血热夹瘀、阴虚夹瘀、气阴两虚夹瘀，以统一的分型标准应用于儿科肾病区，并纳入十一·五国家科技支撑计划课题："小儿过敏性紫癜性肾炎中医综合治疗方案的示范研究（2006BA104A16）"的中医纳入标准，具体如下：

2.1 风热夹瘀

主证：①咽红；②发热；③流黄涕。

次证：①舌质红，苔薄黄或薄白；②脉浮数；③恶风或咳嗽；④紫癜瘙痒，此起彼落。

诊断标准：具备风热主证2项（或主证1项+次证2项）+血瘀主证1项。

治法：疏风清热凉血，活血化瘀

方药：基本经验方。生地，丹皮，紫草，二花藤，当归，鸡血藤，丹参，连翘，徐长卿，乌梅，地肤子，川芎，赤芍，甘草。

2.2 血热夹瘀

主证：①皮肤瘀点瘀斑较多，此起彼落，色泽鲜红；②心烦；③口干欲饮。

次证：①面红或唇赤；②便秘；③舌质红或舌红绛或有芒刺；④苔薄黄或黄厚；⑤脉数有力。

诊断标准：具备血热主证2项（或主证1项+次证2项）+血瘀主证1项。

治法：清热凉血解毒，活血化瘀。

方药：犀角地黄汤加减。生地，丹皮，水牛角颗粒，紫草，当归，丹参，鸡血藤，川芎，徐长卿，二花藤，乌梅，旱莲草，黄芩，甘草。

2.3 阴虚夹瘀

主证：①舌质红、少苔或无苔；②咽暗红；③低热或盗汗。

次证：①手足心热；②口干喜饮；③脉细数。

诊断标准：具备阴虚主证2项（或主证1项+次证2项）+血瘀主证1项。

治法：养阴清热，活血化瘀。

方药：知柏地黄汤加减。生地，丹皮，知母，黄柏，当归，丹参，鸡血藤，益母草，玄参，旱莲草，茜草，女贞子，二花藤，乌梅，甘草。

2.4 气阴两虚夹瘀

气虚主证：①神疲乏力或易疲劳；②纳差或便溏；③面色㿠白。

气虚次证：①素体脾虚（如易感冒、腹泻）；②舌淡苔薄或舌淡胖边有齿痕；③脉细数。

阴虚证候及血瘀主证同上述。

诊断标准：具备气虚主证2项（或主证1项+次证2项）+阴虚主证2项（或主证1项+次证2项）+血瘀主证1项。

治法：益气养阴清热，活血化瘀。

方药：基本经验方。生黄芪，太子参，菟丝子，桑寄生，当归，丹参，生地，知母，川芎，云苓，薏苡仁，益母草，鸡血藤，二花藤，女贞子，甘草。

血瘀主证：①舌质紫暗或舌体瘀斑、瘀点，舌下静脉曲张；②固定性疼痛或疼痛拒按；③血栓形成；④眼周晦暗或发青；⑤脉涩、结代；⑥面色不泽，晦暗无华；⑦理化检查：具有循环淤滞表现。凡具备以上一项即可诊断血瘀证。

加减：咽喉疼痛加冬凌草、射干、桔梗；紫癜反复加徐长卿、地肤子；皮疹发痒加白鲜皮、防风、浮萍；腹痛加白芍，倍甘草；关节疼痛加牛膝、木瓜；热毒盛加黄芩、公英、地丁，板蓝根；咳嗽有痰加桑白皮、川贝、海蛤粉；气滞明显加佛手、香橼皮、陈皮；瘀滞明显加桃仁、益母草；大便溏薄党参易太子参；纳差加砂仁、鸡内金；湿热重加薏苡仁、车前子；盗汗加煅牡蛎、地骨皮、山萸肉；心烦失眠，加夜交藤、酸枣仁；血尿加茜草、白茅根、三七粉、小蓟；蛋白尿重用黄芪、太子参和活血化瘀药物，黄芪用量30~60g；肾脏损伤者同时加用雷公藤多甙，剂量：（1.5~2）mg/（kg·d），疗程为3个月以上。

3 用药经验

各型用药均为丁樱多年的临床经验。她认为疾病早期为邪实阶段，相当于西医的免疫上调阶段，并且通过临床积累此阶段免疫学检查IgA大部分在均值以上，属免疫上调阶段，故此阶段忌用补药。善用藤类植物药如鸡血藤、忍冬藤。鸡血藤能养血活血而舒筋活络，忍冬藤能清热解毒，疏风通络。认为二者皆有疏经通络，类雷公藤抑制免疫之功用，经临床实践，疗效满意。喜用乌梅与水牛角同用，乌梅性酸涩收敛，能增加水牛角中角质成分的利用率，促进其吸收，现代药理研究证实乌梅能增强机体免疫功能及对非特异性刺激的防御能力，二者皆有抗过敏作用；丁樱认为不论实证热证或虚证，均可配伍乌梅、白芍、甘草，其一可柔肝助其主疏泄而藏血，其二可敛气补肝，和营止痛。重视配伍如各型方中均用当归，于一派凉药中佐以甘温之品以使凉而不遏，同时亦取其活血化瘀之功用。对于顽固性紫癜者，加用小剂量（1mg/kg·d）雷公藤多甙片，疗程为3~4个月，同时静滴钙剂，疗程10~20天，临床收到很好的疗效。

4 注重诱发因素，防复发改善预后

丁樱十分重视发病诱因，认为澄源截流、防患于未然对改善过敏性紫癜的预后及减少复发，具有十分重要的意义。急性期忌食鱼、虾、蟹、蛋、奶、煎炸食物及含有添加剂等小食品；内衣要求纯棉织品；尽量避免接触油漆、化肥、农药等；积极清除感染灶；停用可疑过敏药物，简化用药。临床实践证明，能明显减少复发，对预防肾脏的损伤也有一定的积极作用。

5 病案举隅

张某，男，10岁。于2008年3月18日初诊。主诉：反复皮肤紫癜4月，尿检异常1天。病初血尿常规均正常。当地医院以“过敏性紫癜”予抗感染、抗过敏治疗，皮肤紫癜仍反复出现。1天前查尿常规示：镜检RBC 5~7个/HP，Pro1（+），24h尿蛋白定量0.235g，余检查均正常。初诊时咽暗红，易汗出，喜冷饮，便干，舌质暗红，苔白，脉细数。辨证属气阴两虚夹瘀型。治以益气养阴，活血化瘀。经验方：生黄芪30g，太子参15g，菟丝子15g，桑寄生15g，当归15g，生地15g，丹参15g，知母20g，薏苡仁30g，女贞子10g，旱莲草15g，益母草15g，鸡血藤30g，二花藤15g。加用泰州雷公藤多甙片15mg，日3次，口服。服药7剂，皮肤紫癜消退，尿检转为正常。继服上方

14剂，症状消失，皮肤紫癜未再反复，多次复查尿检均正常。持续服用中药及雷公藤多甙4个月以巩固治疗，尿检持续正常，4个月后停药观察，随访半年病情稳定。（管志伟 任献青 丁 樱）

小儿泌尿系感染

1 发挥经义，明辨病机

本病的病机为肾虚和膀胱湿热。肾主藏精气，为阴阳之根，气化之本。精属阴为肾阴，气属阳为肾气，故肾虚是指肾之气阴亏虚。病机为湿热下注，气阴亏损，这是因为湿热之邪久羁下焦，郁遏阳气，化火伤阴。肾气不发而暗耗亦有因“邪之所凑，其气必虚”，或它脏亏损，“穷极归肾”；或先天禀赋不足，肾精匮乏，湿热之邪乘虚而入，此皆肾虚在前，湿热在后。根据本病病理演化过程中湿热之邪与气阴亏虚的主次关系，临床分湿热邪盛、耗气伤阴与气阴两伤、湿热留恋两型论治。从病程上可分为急性期与慢性期，急性期治疗不彻底或经常反复发作，超过6个月则转为慢性期。急性期为湿热邪盛，耗气伤阴，表现为小便频数，淋漓涩痛，灼热尿黄，腰痛乏力，小腹胀满或痛引脐中，大便秘结，口干口苦，舌质红苔黄腻，脉弦滑或弦细者，指纹紫或紫滞，婴幼儿小便时哭闹不安；慢性期为气阴两亏，湿热留恋，多为急性期症状缓解后，病程缠绵或反复发作，尿路刺激症状起伏，反复不定，表现为小便频数，淋漓不净，夜尿增多，腰际酸楚，少腹坠胀，咽干口燥，哭闹烦躁，夜寐不安，倦怠乏力，五心烦热，盗汗，自汗，舌红边有齿印，苔薄黄微腻或苔少，脉细弱，指纹淡等症状。

2 辨病与辨证结合

丁樱认为，临床应当注意在中医辨证论治的基础上，结合尿检及其它实验室检查。做到辨证和辨病相结合，首先要明确诊断，以排除肾结核、肾肿瘤。明辨病机，辨证论治。在尿路感染的恢复期临床症状消失，若患儿尿中仍见脓球或白细胞，则需在补益气阴的同时加入黄芩、蒲公英、白花蛇舌草以清利余邪；如患儿见尿中红细胞，此为湿热久羁下焦，灼伤血络，应加入茅根、旱莲草、茜草炭、紫草等凉血止血之属；若患儿尿中蛋白未转阴，此为久病气虚，清阳不升，精微物质下泄，用黄芪、白术、柴胡、升麻等升提之品以益气举陷；久炼成石，应在清利湿热剂中加入海金沙、金钱草、郁金、鸡内金等利尿排石之品。在慢性尿路感染的恢复期，因正虚不能御邪而外感者，则遵“当先治其卒病，后乃治其痼疾”之训，以求邪祛正安。

3 遣方用药，倡导三法

3.1 清热解毒，利湿通淋

据其病机，丁樱认为湿热存在于尿感全过程，急性期热毒与湿邪郁结，影响膀胱气化不利而致本病的发生，故急性期治法首先清热通淋，利水渗湿。同时认为清利太过而致伤津劫液，耗气伤阳而转发虚证；或因补益过早而使余邪未尽，闭门留寇，病情迁延或反复发作。故丁樱强调临床用药必须做到合理配伍，应以清热解毒、轻凉滋润为侧重，忌用大凉苦寒劫阴之品。如急性期经验方为黄芩12g，柴胡12g，生白芍12g，当归12g，香附6g，黄连6g，升麻6g，郁金12g，地骨皮10g，车前草12g，通草10g，益母草15g，炒大白12g，甘草10g。丁樱主张，无论是在以祛邪为主的急性期，或是在以扶正为主的慢性期，均宜将清热解毒法利湿法贯穿于泌尿系感染治疗的始终。

3.2 扶正固本，以图巩固疗效

丁樱认为，湿热是形成本病的主要病机，而湿热久恋，势必导致正气耗伤。脏腑功能失调，脾肾俱虚尤为多见，正所谓“邪之所凑其气必虚”，此际又易招致湿热屡犯，使病情反复难愈，湿热邪盛，耗气伤阴，治宜标本兼顾，故缓解期亦扶正固本，补肾填精。脾肾气虚，多酌情选用四君子汤加黄芪、山药、菟丝子、肉苁蓉、巴戟天、枸杞等；脾肾阴虚，常用六味地黄丸、二至丸、左归饮加减化裁以扶助正气，增强抗病祛邪能力。经验方为车前草15g，通草12g，银柴胡15g，青蒿15g，地骨皮15g，生地黄15g，益母草15g，知母15g，草果15g，厚朴12g，黄芩15g，白芍15g，炒大白15g，制大黄6g，甘草10g。

3.3 活血化瘀，贯穿始终

丁樱根据朱丹溪“湿热伤血”、“湿热熏蒸而为瘀”及“久病多瘀”观点，认为活血化瘀不仅适于慢性期，同时应贯穿疾病始终。即方中应配伍二、三味活血化瘀之品，如当归、川芎、红花、桃仁、赤芍、丹参、益母草等，能达到助气化、通脉络、治淋漓、利小便的功效。经临床验证，可明显缓解膀胱刺激征，提高疗效；同时对于消除血尿、减缓腰痛以及防止疾病复发也有明显的作用。

4 病案举例

窦某，女性，8岁，2007年8月23日初诊。患儿2月前曾患尿频、尿急、尿痛，腰痛，某医院疑为“急性肾盂肾炎”，经静注氨苄青霉素、口服抗生素等治疗后症状消失。此后经常反复发作，尿色如浓茶，尿检有大量脓细胞，尿培养大肠杆菌计数10×10^5个/L以上，并经常服用复方新诺明、呋喃坦丁等，但疗效欠佳。现证见：排尿不适，乏力，腰痛，手足心热，口

干欲饮，舌暗红，苔薄黄微腻，脉弦细数。尿检：蛋白（＋＋），白细胞满视野，红细胞 5～10/HP。证属气阴两虚，湿热稽留。治法益气滋阴，清利湿热化瘀。方用黄芪、太子参各 30g，生地黄、山茱萸肉、山药、当归、枸杞各 10g，白花蛇舌草、石韦、白茅根、小蓟各 30g，紫草、怀牛膝、桑寄生各 15g，黄芩 10g，14 剂。服药后诸症悉减，稍觉乏力，腰酸，口干喜饮，尿检正常，方减生地黄、山茱萸肉、山药、当归、枸杞、小蓟、紫草，加桑叶、菊花、女贞子、旱莲草各 15g。并以此方稍作调整服用 1 月，诸症消失，多次尿检阴性。（管志伟 任献青）

小儿肾病综合征

1 谨守病机，辨证论治

肾病综合征属祖国医学水肿范畴，丁樱认为水肿发生，主要是全身气化功能失司，发病机理主要与肺脾肾三脏功能失调有关，正如《景岳全书》所云："凡水肿等症，乃肺脾肾三脏相干之病。盖水为至阴，水惟畏土，故其治在脾。"《素问·水热穴论》亦云："肾者，胃之关也。关门不利，故聚水而从其类也。"丁樱主要从邪实正虚两方面论述该病的病因。以肺脾肾三脏虚弱为本，临床上常分为肺脾气虚、脾肾阳虚、阴虚火旺及气阴两虚等四个基本证候。由于正虚于内，常不可避免出现外感、水湿、湿热、血瘀、湿浊邪实标证。

2 中西并用，辨证与辨病相结合

激素是本病的主要药物，临床上一些难治性肾病由于不规范应用激素所致，因此，丁樱认为激素应规范用药。一般强的松按 2mg/（kg · d），分三次口服，尿蛋白转阴两周后改为顿服，顿服一周后逐渐减量。对以下几种频繁反复及激素依赖患儿激素减量尤应谨慎，速度可适当减慢：①初始时有激素效应，但 6 月内≥2 次复发者。②初始激素足量诱导反复者，其后 18 月内频反复。③激素治疗前及用药 8 周肾上腺皮质激素功能低下者有频发倾向。具体方法因人而异，有些频繁复发的患儿采用激素拖尾疗法常获良效。对于一些难治性肾病，如病理类型为肾小球局灶阶段性硬化、膜性病变及伴有大量新月体等常多靶点用药。如可采用激素联合环磷酰胺、他克莫司、骁悉等，必要时加用雷公藤多甙诱导转阴，常 2 联或 3 联用药。

在应用以上药物同时联合中药治疗，可最大限度地发挥激素及细胞毒性药物的作用，防止其副作用，提高临床疗效及减少疾病复发。丁樱在治病中根据患儿的不同病程阶段，始终坚持调整阴阳平衡这一观点。在本病早期及水肿明显阶段，肺脾肾三脏亏虚之证明显，水肿不退，虽足量激素以诱导缓解，但还未出现阴虚火旺的症状，治以益气温阳为主，兼以养阴。临床上以肺脾气虚、脾肾阳虚多见，证见全身浮肿，小便减少，面白身重，畏寒肢冷，神疲倦卧，舌淡胖，苔白滑，脉虚弱或沉细无力。可伴有胸腹水、纳少便溏。临床多以真武汤和五皮饮加减。中医认为激素类药物属阳刚之品，服后呈现阴伤燥热的表象，故提出激素起效时因大剂量激素会出现阴虚火旺的证候，如五心烦热、口干、潮热、出汗、舌质红、少苔、脉弦细，甚至出现痤疮，加养阴清热、滋阴降火的中药，方以知柏地黄丸、二至丸加减。汗出多者加煅牡蛎、五味子以敛汗滋阴。病久，尤其长期应用皮质激素后则阳损及阴，患儿常出现面色无华、神疲乏力、汗出、纳少、腰膝酸软、腹胀，舌质稍红、苔少，脉细弱等症，多表现为脾肾虚弱、气阴两虚之象。加温肾益气养阴中药，如黄芪、生地、太子参、五味子、枸杞子、女贞子等。治以益气养阴，予以生脉饮或六味地黄丸加减。

激素维持量及停药以后多数患儿病情稳定，仅少数患儿因大量外源性激素对下丘脑－垂体－肾上腺皮质轴的长期反馈性抑制，致使肾上腺处于抑制性萎缩状态，皮质醇分泌减少甚至停止，一但激素减少或停用，极易引起肾病复发，此时，可见患儿面色无华、乏力怕冷，舌淡胖、脉象沉弱等脾肾阳亏之证，当以温补肾阳为主，兼以养阴。并酌加补气药，如黄芪、太子参等。常用的温阳药如菟丝子、肉苁蓉、仙灵脾、巴戟天等，其无燥热耗阴之弊，丁樱较少用附子，因小儿为稚阴稚阳之体，用药不可峻猛，易选用药性平和之品。常用养阴药有枸杞子、女贞子、生地、太子参、五味子、知母等。近年研究证实，中药温肾补阳药有兴奋下丘脑－垂体－肾上腺皮质轴之作用，可保护肾上腺皮质免受外源性激素抑制而萎缩，有助于减少机体对激素的依赖，防止反跳，此为延长缓解期及减少复发的关键。补阴药可拮抗外源性激素对肾上腺皮质功能的抑制作用。因此，适时的滋阴补阳，对防止激素的副作用，指导肾病治疗有极大使用价值。

以上各证可根据不同症状随证加减。如夹水湿者合五苓散；有血尿者加白茅根、小蓟；夹血瘀合丹参、当归、川芎、益母草养血活血；夹外感者加金银花、连翘。

3 活血化瘀，贯穿疾病的始终

现代研究证实肾病综合征常存在高凝状态，乃由于血液浓缩及高脂血症造成血液粘稠度增加，血中凝血因子改变，或血小板功能亢进，粘附力增加，及抗生素、激素和利尿剂的应用亦加重了高凝状态。符合中医"瘀血"证的内涵。瘀血在临床不同阶段与本病病机同在。如精不化气而化水，水停则气阻，气滞则血瘀；阳气虚衰，血液失去了阳气的温煦、推动作用，无力推动血脉运行，血行瘀阻，或气不摄血、血从下溢，离经之血留而不去；或脾肾阳虚，无以温煦，日久寒凝血滞均可致血瘀；病久不愈，深而入络，致脉络瘀阻；阴虚火旺，灼伤血络，血溢脉外而成瘀，等等。因而活血化瘀是治疗肾病综合征的重要环节。故在辨证论治基础上，加入丹参、泽兰、当归、水蛭、益母草等中药及肝素等活血化瘀药，辨证地运用于肾病的各个阶段，不仅可促进水肿、血尿、蛋白尿的消退，更能提高激素敏感性，使难治性肾病得到缓解。

4 预防感染，防复发改善预后

丁樱十分重视发病诱因对于肾病综合征病程发生与发展的影响，应避免感冒，注意饮食。如感染诱发者，积极清除感染灶。临床实践证明，积极有效地祛除诱因，能明显减少复发，减轻肾损害。

5 典型病案

患儿刘某，男，7 岁，7 天前无明显诱因出现颜面、双下肢浮肿，面白乏力，肢冷畏寒，纳差，尿少，大便稀溏，舌质淡，苔白滑，脉濡，遂来我院就诊，查尿常规：蛋白（＋＋＋），潜血（＋＋＋）；镜下红细胞（＋＋）。24h 尿蛋白定量 3.6g，肝功能：白蛋白 15g/L，球蛋白 10.3g/L，胆固醇 6.8mmol/L，肌酐、尿素氮在正常范围，诊断为肾病综合征，证属脾肾阳虚，方药：生黄芪 30g，太子参 12g，菟丝子 10g，桑寄生 10g，大腹皮 10g，猪苓 12g，泽兰 10g，山药 12g，薏苡仁 12g，当归 12g，鸡血藤 12g，生地 10g，桂枝 6g，甘草 6g。并给予足量激素服用两周后患儿浮肿消退，出现颧红，手足心热，烦躁易怒，盗汗，纳多易饥，尿多，大便偏干，舌红少苔，脉数。证属阴虚火旺型，予生黄芪 30g，太子参 12g，菟丝子 10g，桑寄生 10g，生地 10g，知母 10g，黄柏 6g，当归 12g，鸡血藤 12g，甘草 6g。6 剂，患儿尿检转阴，24h 尿蛋白定量 0.06g。后给予中药加激素配合治疗，随访未再复发。（黄芳　吴磊　丁樱）

丁广谦肝病临床经验

【名老中医简介】丁广谦（1952～）满族。主任医师。毕业于河北中医学院。河北省承德市第五医院中西医结合学术技术带头人。河北省中西医结合学会常务理事、副会长，《河北中医》杂志编委，承德市中西医结合学会、中医学会副会长。河北省第二批中医师带徒指导老师。从事中西医结合肝病内科临床工作 30 余年，获科技进步奖 14 项。擅长中西医结合肝胆病、男科病的治疗。出版著作 12 部，发表论文 40 余篇。

淤胆型肝炎

1 病因病机

淤胆型肝炎的始发病因基本与急性肝炎和慢性肝炎相同，也是由湿热或湿热疫毒所引起，只是其毒热较深较重，弥漫周身，游滞血分，引起血热相结，进而瘀血阻络，所以黄疸色深而暗，故属于瘀热胶结发黄。另外，湿浊为患也是其病因之一。湿浊其性阴寒，受毒热煎熬，成为痰浊，复与毒热瘀血凝结，胶固难化，以致黄疸久治不退。若湿浊盛于毒热，阳气受损日甚一日，阴寒之气日重，则可向阴黄转化。因淤胆型肝炎，黄疸多迁延难消，中医学又称为"瘀黄"、"黑疸"者。

2 辨证要点

①黄疸多月（持续 3 周以上）。②身痒，乃痰浊及瘀血结合阻于脉络，经气不舒使然。③舌苔多黄而垢腻，表示湿浊盛；舌质多淡而晦黯，为阳气被遏之象；舌下脉络可见青紫迂曲怒张，为瘀血凝滞之征。④脉弦缓或沉迟，弦脉主肝病，缓脉系阳气受湿浊困阻不得伸张使然。⑤本病不可仅据黄疸鲜明或晦黯而定阳黄或阴黄。因本病瘀血阻络，痰浊凝滞，为时日久，难免呈晦黯之色，所以判定阴黄尚需参照是否显现其它阴证证候，如口不渴、神疲困乏、舌质淡、脉虚无力等。⑥本病是由痰湿、毒热、瘀血凝滞脉络，弥漫周身而成。有时通过治疗黄疸渐消，查血中胆红素已降至正常范围，但黄疸乃可稽留一段时间。⑦部分患者面部尤其是眼睑或身体其他部位的皮肤出现黄色斑块，属痰浊凝滞之征。

3 辨证施治

根据淤胆型肝炎的病机特点，丁广谦治疗本病以清热利湿、凉血活血、解毒祛痰为主。针对毒热瘀滞的病机，需要清热解毒、活血化瘀，热在血分需要凉血以清热，故凉血解毒成为治疗本病的第一要法；针对湿浊痰瘀的病机，需祛湿化痰；若阴寒胶凝太甚，阳气衰微，则需配伍温运阳气之品。临证自拟茵陈赤丹退黄汤治疗淤胆型肝炎，收到较好疗效。

3.1 基本方

茵陈 30 g，赤芍药 60 g，丹参 15 g，牡丹皮 12 g，当归 15 g，蒲公英 30 g，郁金 15 g，车前草 15 g，车前子 15 g，瓜蒌 15 g，大黄 10 g，茜草 10 g，白茅根 30 g，枳壳 10 g。

3.2 加减法

①腹胀满、苔厚腻，湿浊重者，加砂仁、白豆蔻、草果、藿香、厚朴。②热偏盛者，加黄芩、龙胆草、栀子。③心烦欲呕者，加炒栀子、淡豆豉。④黄疸色晦黯、脉缓而弱或舌质淡黯，阳偏虚者，加制附子、桂枝、干姜。⑤大便稀或泄泻，偏脾阳虚者，去大黄加炒白术、干姜。如疗效差改用党参（或太子参）、炒山药、白扁豆、肉豆蔻、茯苓。⑥身痒甚者，加桃仁、蝉蜕、地肤子、刺蒺藜、荆芥穗、防风等。⑦身黄日久、神疲乏力者，加黄芪、党参等。⑧胸膈满闷，按之不舒者，加黄连、半夏与瓜蒌组成小陷胸汤方。⑨腹水者，加大腹皮、茯苓、猪苓、泽泻等。⑩发热者，加金银花、连翘；热重者，加大青叶、秦艽并予水牛角 3 g 冲服；寒热往来，咽干，胸胁苦满者，加柴胡、黄芩。

3.3 方 解

茵陈赤丹退黄汤方中重用赤芍药凉血活血；茵陈清利肝胆湿热；丹参、当归活血化瘀；车前子、大黄使湿邪从二便排出；蒲公英、车前草解毒；瓜蒌、枳壳开启中焦气机，气机通畅则湿浊易化；牡丹皮、茜草、白茅根清热凉血活血；葛根健脾益气升阳；赤芍药酸苦寒，凉血活血；丹参苦微寒，善治血分，祛瘀生新，养血活血，配伍其他凉血活血之品治疗重度黄疸收效显著，配伍葛根治疗黄疸屡见功效；牡丹皮苦辛凉，清热凉血；葛根，《本草正义》言：“气味皆薄，最能升发脾胃清阳之气。”尚有活血作用；大黄味苦性凉，破一切瘀血，是凉血化瘀之首选药物，也是治疗黄疸的主药，配合其他凉血药治疗黄疸取效甚速，每日可用 10～30 g，保持大便 3～4 次/日；茜草，味苦寒，行血止血、通络活络，配伍其他凉血活血药，具有明显的退黄作用；当归，味甘微辛，性温，为生血活血之主药，能宣通气分，使气血各有所归，因其性温，能佐凉血活血药之寒性。（高丽华）

丁金榜针灸学术经验

【名老中医简介】丁金榜（1938～）陕西省三原县人。教授、主任医师。1963 年毕业于西安医科大学。原陕西中医学院临床系主任。精体针、头针、火针、耳针、拔罐，擅长治疗面瘫、颈椎病、肩周炎及各种原因（如中风、脑伤、各种传染病等）所致的瘫痪、失语、智力障碍等。编著《针灸会通》及《针灸治疗学讲义》中外科五官科部分，发表论文 50 余篇。

学术思想

1 重视经络理论，并有新阐发

经络学说是祖国医学的重要组成部分，是对复杂的人体功能调节规律的高度概括，是古人在长期临床实践的基础上总结出来的。不仅用以解释人体生理功能、阐释机体病理变化，而且作为辨证、施针、用药的重要依据，至今仍有效地指导着临床实践，在很多方面能够取得现代医学无法达到、也无法解释的医疗效果。虽然经络、腧穴的实质尚未阐明，丁金榜始终坚持辩证唯物主义认识观，认为人体上不可能存在没有其物质基础的功能现象，各种经络现象以及十四经脉的循行路线，必然有其物质基础。经络本身不是已知或未知的管状物，而是以血管、神经、体液、肌肉等作为物质基础的能量潮。这就宛如平静的河水一样，静静的流淌，不为人所注意，当扔进一块石头，就会泛起层层涟漪，能量会逐渐积聚传向远方。而穴位就像河流上众多的蓄水闸，可以调节整个河道的水流。穴位在体表而言，不是一个点，而是一个直径约 0.5cm 大小的面，中心的反应最为强烈，只有高明的医生才会针刺到最有效处，激发出强大的能量潮，所以常常鼓励后学要勤学苦练方能出神入化。真正要取得良好的效果，必须重视穴位的立体定位，如风池穴，向对侧眼睛或鼻尖方向针刺 0.8～1.2 寸或平刺透风府穴，主治头痛、目疾、感冒、颈项强痛、鼻渊、癫痫等；针尖向喉结，刺 0.2 寸左右，则可主治假性球麻痹。对于是否得气，除了注重传统所说的酸麻困胀外，经过大量观察发现针刺局部潮红或者出现小皮丘也是得气的重要依据，出现上述现象者，疗效往往较好。

2 治中风重视肝脾肾而善调气血

中风，内科四大难治症之一，历代医家有关论述非常丰富，唐宋以前主要以“外风”立论，认为“内虚邪中”是其主要病机。金元以来，开始重视“内风”发病学说，或主心火暴盛，或主湿痰生热，或主气虚血瘀，关于中风的认识进一步深化，但各持己见，莫衷一是，让后学者难于适从。丁金榜认为中风的发病机理虽然复杂，但主要是肝、脾、肾三脏阴阳失调所致。劳倦过度、忧思恚怒、酒色戕害等诸因素的综合作用下，使肾阴日渐亏损，积损生变，致肾脏阴阳水火失衡，水不涵木，肝阳化风，或血随气逆或挟痰挟火，横窜经隧，蒙蔽清窍而成。脾脏位于中焦，起着沟通上下，擀旋气机的作用。脾脏实则内可平调脏腑气机，外可濡养四肢百骸。脾脏虚则生痰化湿，致气机不运，气机不运又可导致痰浊阻络，互为因果，是中风发生的又一重要原因。在中风恢复期和后遗症期的治疗中，非常重视调畅气血，选穴也多以手足阳明、足厥阴肝经、足太阴脾经为主。除了体针外，尤其重视头针，因为头为诸阳之会，十四经脉中诸阳经皆会聚于头部，通过针刺头部腧穴可以振奋各阳经的气血，达到补气、化瘀、通络、醒脑开窍等多重效果。重手法，强刺激是头针操作的要领，其目的也是为了激发经气、调畅气血的作用。中风后遗症刚形成时，大多数人表现为阴虚阳亢，手法上采用泻阳经、补阴经的穴位，使阴阳平衡，气血通畅，营卫调和。如通过上法疗效不显著，可先针健侧后针患侧以提高疗效。对于中风日久的患者，出现肌肉萎缩，关节废用，治疗时可选用与脾胃有关腧穴及全身强壮穴，如脾俞、胃俞、建里、膏肓、身柱等以促使脾胃运化功能转健，津液气血充沛，筋脉得以濡养，从而有利于疾病的恢复。对于痰瘀阻滞经络，气血呆滞的久病患者，认为是主客浑受，与吴又可在《温疫论》中所谈到的："表邪留而不去，因与血脉合而为一，结为痼疾也""客邪交固于血脉，主客交浑，最难得解，久而愈锢"的病理变化颇为相似，治疗上"乘其大肉未消，真元未败，急用三甲散"效果颇佳。具体用药如地鳖虫、炒鳖甲、炒穿山甲、生僵蚕、柴胡、桃仁泥、姜半夏、胆南星等。

3 治疑难病以整体为主，尤需巧思

疑难病有着复杂的病理过程，且病情复杂多变，具有病程长、病变疑似、证候错综复杂、难分主次、难辨真假、合并症多之特点。其治无成法可寻，临证宜深析病机、探病所、寻病因、识标本、观进退，以意消之。丁金榜认为疑难病患者四处求医问药，屡治不愈，身心均已受到巨大摧残，为医者当怀济世救人的仁心，并有敢于治疗疑难病的决心，从无法中寻找方法，在没有路处踏出道路。如有一位农村青年患者，在打斗中被人用锹铲去了一块约 6×7cm 的左侧头盖骨，而损伤了左侧大脑皮层，经西医院处理 1 月后出院。出院时右上肢完全性瘫痪，右下肢跛行，语言欠流利。按治疗常规，头针应选对侧头皮区域（即左侧），可左侧头盖骨已被铲去，如何进行头针？丁金榜认为神经躯体的支配虽有左右之分，但支配对侧的神经本身也存在彼此的信息传递。从中医理论而言，人体经脉如环无端，气血周流于全身，只要能激发相关部位的气血运行，就会取得良好的效果。于是，决定用右侧头皮区域来代替，经过一个月的治疗而获愈。对于疑难病症的治疗，丁金榜多采用整体疗法，所谓整体疗法就是调整整体生理的不平衡，一但恢复了生理的平衡，局部疾病就可治愈，这种基于整体立场的治疗，对于慢性病、疑难病最为重要。采用整体治疗的基本经穴包括中脘、脾俞、肾俞、身柱、曲池、足三里、太溪以及全身强壮穴如大椎、膏肓、关元、气海、三阴交等，这种以脾肾为主、以整体为本、兼顾局部的思想不失为治疗疑难症的好方法。此外，治贵有恒在慢性病、疑难病的治疗中显示着巨大的威力。有许多经现代医学宣判为不治的患者，在丁金榜长达数月、半年、甚至一年以上的整体治疗、综合治疗下，竟获痊愈。

4 三通并用，罐灸结合，疗效显著

根据患者具体情况，选择合适针具非常重要。对于一般患者，丁金榜习用毫针，认为毫针针体较细，进针时可减少痛感，运针时，进退灵活，施行手法方便，不伤正气。毫针具有疏通经脉气血的作用，通过提、插、捻、转而达到补虚泻实的作用。对于邪气壅盛，年轻壮实之人，多采用三棱针，以达到强通经络，而泻其壅闭之实的作用，是治疗强度的进一步升级。所治病种涉及高热、癫痫、静脉曲张、中风等。对于阳虚受寒之人，往往采用灸法或针上加拔火罐，阳虚寒凝较甚或寒邪直中的病例，临证多采用火针，火针兼具针与灸双重作用，取其能将热力引入深处，以温通经脉而散寒邪的作用。早期多用于治疗冻疮，轻者治疗一次后，可立即感觉手足血流通畅，瘀血消散，肿消痒止；重者 2~3 次可愈。后来将火针应用范围逐渐扩大，凡疼痛、麻木、疣痣、顽癣等皆可使用。甚至突破了火针不能治热症的禁区。丹毒系火邪侵犯血分，热邪郁于肌肤而发，一般是禁用火针的，丁金榜却大胆使用火针治疗，患者往往数次而愈。何者？以其软坚散结、祛腐，以达"菀陈则除之"的目的。火针既可治疗寒症，又可治疗热症是火针治疗的一大进步。（施京红 丁 辉）

临床经验

1 针罐治疗面瘫

丁金榜认为面瘫以阳明、少阳受邪为主，二经同病者为重，阳明独病者为轻，其治疗面瘫取穴为阳白、阳白旁开1寸、攒竹（一组）；太阳穴上下斜刺45°（二组）；颧髎、下关（三组）；颊车、地仓（四组），各组加电针，疏密波，电量以刺激各肌肉群明显收缩为度，患者常现呲牙咧嘴状。究其意，其一乃是充分让受累的肌肉被动收缩以加强疗效；其二可以通过观察相同刺激量不同病人收缩程度而判断预后，收缩差者，预后较差。留针30 min，起针后加拔火罐，其法为闪罐法，多在颊肌、额肌处，每次闪罐十余下，以局部潮红为度，后留罐数分钟。该法为基本方，如少阳受累，可加翳风等。

2 火柴灸治疗功能性子宫出血

患者，30岁，月经淋漓不净20余日，先后就诊某西医院，诊断为功能性子宫出血，治疗效差。来诊时，面色如纸，丁金榜嘱其平卧，当即给火柴灸，其法甚简，拿火柴一根点燃后迅速将其按于隐白穴，随后针刺三阴交、太溪、照海、足三里、气海、关元，另外气海、关元针后加拔火罐。次日患者来诊，欣喜告知，血量明显减少。上法续用2次，血止。

3 火针治疗下肢发冷

火针的应用较多，丁金榜常用来治疗妇女下肢发冷。临床常可以见到妇女抱怨下肢发冷，冬天尤为明显，检查往往无器质性疾病。丁金榜每遇上述患者往往采用火针来治疗，其法如下，取穴足三里、阳陵泉、悬钟，左病针左，右病针右，一般3日1次，1～3次即可，针后按揉患侧，以缓痉挛。上法丁金榜戏称装暖气，北方天寒地冻，上法改善了许多女患者的症状。中医学对下肢发冷多认为是阳气不足，火针历来有温阳散寒之功，所取阳经穴又有鼓舞阳气之意。针方相合，收效明显。

4 毫针治疗肢体红斑性疼痛

患者，15岁，2003年10月发现双脚有灼热痛感，未在意，后灼热感与寒凉交替出现，以为冻伤，仍未在意。但寒热交替时间缩短，渐以灼热为主，伴踝关节以下肿。2004年2月洗澡后次日，脚肿痛难当，红肿明显，须将双足浸于冰水中，或置于窗外，始觉舒适。遂前往某西医院就诊，其时，双足出现密集小红点，诊为“肢体红斑性疼痛”，给予安痛定、地西泮、杜冷丁，痛热不减，住院3日，每日卧床仅勉强入睡3h，双足肿至脚趾间缝隙无法看见，步行不能。家属请丁金榜诊治。第一次，给予双足井穴放血，针足三里、阳陵泉、三阴交、阴陵泉、地机、公孙、八风，当日痛减，患者安然入睡数小时，晨起觉痛减肿稍消。二诊放血诊治同前，患者觉肿痛又减，放冰水仅一二分钟即可。三诊后，痛势剧减肿退，皮肤蜕皮明显，可步行。前后针灸6次，患者自行前来，欣喜异常。（李 晖）

丁书文学术经验

【名老中医简介】丁书文（1941～）教授，主任医师，博士生导师。山东省名中医药专家。从事医疗、教学、科研工作40余年，擅长心血管内科，对高血压病、冠心病、心律失常、高血脂症、高血黏症、动脉硬化、心肌病、病毒性心肌炎等有独到的治疗经验。主持多项科研课题；主编著作4部，发表学术论文30余篇。

学术思想

1 衷中医参西医

中医归属生命科学门类，同时又融汇了人文哲学的内容，非常重视人体本身的统一性、完整性及其与自然界的相互联系，以整体的、动态的、辩证的观点把握疾病。但在诊断方面，中医病名尚不能准确地反应某些疾病的发病机制和临床特征，西医病名则具有较为明确的内涵；在治疗方面，中药复方多组分、多靶点、多途径地对机体进行综合调节，治疗疾病，这与西医用药讲究简单、清晰、明了大相径庭。丁书文认为，中医工作者当以中医为主，以中医特有的思维和方法，按照中医自身的发展规律研究中医，不能模仿、盲从西医，更不能以西医取代中医，但可借鉴西医的某些长处。譬如在诊断方面，对痰热型眩晕，可借鉴血生化、血流变或其它检查结果，同时诊断为高脂血症、高粘血症或其它病种；在治疗方面，对高血压患者给予辨证施治的前提下，为进一步提高疗效，可联用具有确切降压作用的西药普罗新希、金络等。

2 辨病辨证结合

丁书文在防治心血管疾病方面，采用辨病与辨证相结合的诊疗措施，取得显著疗效。他认为，辨病即针对疾病的共性，洞悉其病因、病机及演变规律而遣方用药，具有针对性较强、用药精专力宏的特点。譬如心绞痛一病，其发生与年老肾虚、饮食失节、情志失调、寒邪侵袭等因素有关。病位在心，病机多属本虚标实，虚证以心气阴虚为基础，实证以血瘀为多见，因此丁书文在治疗该病时常选用黄芪、党参、麦冬、五味子等益气养阴之品及当归、川芎、丹参、延胡索、三七等活血化瘀之品。辨证则是侧重于疾病某阶段病情状态，依据患者阴阳气血虚实寒热而制定法则，是对疾病不同证型的个性研究，具有因人因证施治的特异性与灵活性。再如心绞痛一病，在其发展过程中，由于各种因素的影响，可出现阳虚、血亏、气滞、痰浊等不同的证型，丁书文则分别予以温阳、补血、理气、豁痰等法，均显奇功。辨病与辨证的有机结合，体现了共性与个性的统一，在临床上发挥出明显的优势。

3 注重分期论治

丁书文在临床中，非常注重分期论治，因为疾病处于不同时期，其临床表现存在差异，辨证分型也各有侧重。譬如对高血压病，丁书文认为，肝阳上亢型多见于该病Ⅰ期，阴阳两虚型多见于Ⅱ期，而阴虚阳亢型各期均可见到，以Ⅲ期为多。治疗该病应紧紧抓住阴虚与阳亢这对主要矛盾，并注意阴虚为本，阳亢是标，根据“急则治其本，缓则治其标”，处理好标本缓急。在Ⅰ期，当肝阳亢盛、直冲清窍、风阳欲动之际，宜急用平肝潜阳、镇肝熄风类药物，酌加清肝泻火之品；在Ⅱ期，宜标本兼顾，区别阴虚与阳亢主次，同时选用平肝药物与滋阴药物，但应有所侧重；在Ⅲ期，待木平风息，病情较缓时则治本为主，重用滋阴药物，酌加宁心定志之品。

4 强调次症不次

每个病种均有主症，如心绞痛以胸闷、胸痛为主，高血压以头痛、头晕为主。但丁书文认为，在诊疗过程中重视主症的同时，次症亦不容忽视。譬如对病毒性心肌炎患者，若见咽喉隐痛、局部充血、扁桃体肿大等症，说明有余邪稽留，是该病迁延不愈或反复发作的病因所在。常在辨证论治的基础上加用清热解毒、活血利咽之品以肃清余邪，如金银花、连翘、丹皮、赤芍、桔梗、牛蒡子等。再如冠心病患者，若见大便不通或干结难下，常配伍润肠通便之品，如大黄、当归、生地、杏仁、麻子仁、何首乌等。因便秘存在，患者用力努挣会增加心脏负担，致左室负荷明显加重，心肌需氧量猛增，易诱发心痛或真心痛。又如对一高血压患者，经问诊有结肠炎病史，遂减少当归和生地用量，因二者均有润肠作用，用量过大会加重结肠炎病情。

5 擅长活血化瘀

多种心血管疾病如冠心病、高血压、心律失常、病毒性心肌炎等多伴有瘀血存在，瘀血既是各种病因所致的病理产物，又是导致疾病迁延不愈或加重病情的原因。丁书文在遣方用药时，擅长应用活血化瘀法，根据寒热虚实和轻重先后，视其证候之不同，针对性地配以温、清、攻、补等法，屡显奇效。如：益气活血法，在活血化瘀方药中配伍补气药物黄芪、人参、党参等；理气活血法，在活血化瘀方药中配伍理气药物香附、枳壳、厚朴、木香、砂仁等；养血活血法，在活血化瘀方药中配伍养血药物熟地、当归、阿胶等；滋阴活血法，在活血化瘀方药中配伍滋阴药物麦冬、枸杞子、女贞子等；温阳活血法，在活血化瘀药中配伍温阳药物桂枝、细辛、仙灵脾等；通络活血法，在活血化瘀方药中配伍通络药物地龙、全蝎、羌活、豨莶草等；清热活血法，在活血化瘀方药中配伍清热药物黄连、黄芩、丹皮、栀子等。

6 善于调和营卫

《难经·十四难》曰：“损其心者，调其营卫”，意指对于心脏疾病可采用调和营卫的方法加以治疗。丁书文在数十年的临床实践中，运用调和营卫法治疗胸痹、心悸、不寐、汗证等心系疾病，经验独到，不拘常法，取得了满意的疗效。对胸痹患者，见背痛、背寒、汗出、易于感冒等营卫不和、阴阳失调症状，常选用白芍、当归滋阴养血以助营，桂枝、羌活辛温通阳以实卫。对心悸者，若因营阴亏损虚火扰心所致，常选用知柏地黄丸加减；若因心阳不振无力推动营卫运行所致，常选用桂枝甘草龙骨牡蛎汤加减。对不寐者，若见面色不华、倦怠无力等血虚症状，常选用归脾汤加减；若见腰膝酸软、手足心热、口干津少等阴虚火旺症状。常选黄连阿胶汤加减。对汗证者，若属心气(阳)虚，常选用玉屏风散加减；若属心血(阴)虚，常选用当归六黄汤加减；若阴阳偏胜偏衰不明显，常选用桂枝汤加减。

7 师古纳新并举

丁书文在临证过程中，一方面师古而不泥古，一方面不断吸纳最新科研成果，尤其是现代中药药理研究成果，在辨证论治的基础上灵活选用，疗效显著。譬如在治疗高血压病时，丁书文常选用钩藤、黄连、黄芩、泽泻、丹参、川芎、当归等药，取得明显的降压效果。现代药理研究表明，钩藤碱可直接和反射性抑制血管运动中枢，以及阻滞交感神经与神经节，使外周血管扩张、阻力降低；黄连素能直接扩张血管、增加乙酰胆碱的降压作用、阻断交感神经；黄芩甙作用于中枢及血管感受器，能反射性引起血压下降,并有镇静和利尿作用;泽泻具有显著的利尿作用,从而使血压降低;丹参可调节血浆舒缓肽活性,增加尿中钠钾排出量;川芎和当归均具有钙离子阻滞作用,可通过扩张外周血管而使血压下降。

8 治病辅以调神

患者或因对疾病认识不足,或因长期受疾病所累,心理状态欠稳定,常产生忧郁、悲观、恐惧、消极甚至失望等情绪,导致心主神志的功能失调,反过来加重病情,这虽在常理之中,然却不利于疾病的痊愈。因此,丁书文在遣方用药时配伍安神或解郁之品,并给予积极的心理疏导。根据发病机制的不同,药物或选用酸枣仁、柏子仁、夜交藤、远志养心安神,或选用珍珠母、琥珀粉、龙骨、牡蛎、紫石英重镇安神,或选用半夏、厚朴、茯苓、紫苏化痰利气解郁。心理疏导主要包括三个方面,一是在问诊或解释时和蔼、亲切,在脉诊或听诊时认真、仔细,让患者体会到温暖;二是通过多种方式指导患者树立战胜疾病的信心,振奋精神,与医者密切合作,坚持服药,为治愈疾病努力;三是鼓励和督促患者注意生活规律化,起居有常,饮食有节,活动有度。(陈守强 张锡国)

临床经验

心 痛

1 初病宜理气止痛

患者初患心痛,或心痛复发之初始,常为情志不畅所诱发,体质较好,正虚之象不明显,性情抑郁或急躁易怒,常表现为心前区或痛,或胀,或痛牵后背,或走窜不定,或固定不移,伴胸闷、憋气、善太息,脉弦。心电图缺血性ST段、T波改变可有可无。丁书文认为,肝主疏泄,调理气机,气机调达则百脉和,津液正布。若肝郁气滞,血脉不畅,津不正布,波及心脉,或为瘀血内阻,或为痰浊粘滞,则胸闷、胸痛,心悸不安;殃及脾胃,则为胃脘胀痛,嗳腐吞酸,腹痛,腹泻。拟以疏肝理气止痛为大法,选用柴胡疏肝散、逍遥散化裁,使用频率较高的药物有柴胡、香附、川芎、延胡索、川楝子、檀香、玫瑰花等。柴胡疏肝散有时可致患者疏泄太过,而致肠鸣、腹泻,对平素脾弱易泻之患者,可加乌梅、白术敛肝健脾,使肝气条达而不太过。若胸部疼痛固定不移,或为针刺样疼痛,面色晦暗,舌质暗或有瘀点、瘀斑,或女子痛经、经色暗或有血块,可酌加当归、丹参、桃仁、红花、牡丹皮、三七、失笑散等以活血化瘀止痛;若出现胃脘疼痛或胀,嗳腐吞酸,可加大腹皮、白及、左金丸、煅瓦楞子;若伴腹胀、腹痛,或胁肋胀痛,面色萎黄,常选用逍遥散化裁。一般的规律,疏肝理气止痛法显效快,疗程短,不超过一周,患者症状即能消除或缓解。症状完全解除者,嘱患者自我调控情绪,并以逍遥丸善后;若肝郁症状已失,而胸痛不解,则可以益气活血为主,佐以疏理。

2 继之益气活血为主

丁书文认为本虚标实是冠心病患者的病机特点,气虚血瘀是心痛病常见病机,气能行血,血能载气,一有气虚,便有不同程度的血瘀及血虚。心肺同居胸中,心主血脉,肺主治节,胸中大气亏虚,则肺失治节,心血失其推动,血液迟滞不行,经络不充,脏腑机体失养。若心脉瘀滞不通,心脏失其荣养,不通与不荣共存,则胸闷、胸痛或牵扯后背,气短乏力,少气懒言,劳则喘促,面色萎黄,眩晕,肢体麻木,或虚汗频出,心悸不宁,失眠多梦,舌质暗淡,或有瘀点、瘀斑,或舌底脉络曲张。心痛是气虚血瘀的主症,其发病基础是脏腑功能虚衰及失调,因此兼症较多,病情复杂,治疗时要从整体出发,以心痛为治疗中心,及时处理兼症,可促使主症恢复。分清主次,综合治理方能提高疗效。丁书文常采用参芪活血汤加减,常用药物有党参(或人参)、生黄芪、丹参、延胡索、川芎、水蛭。若患者心烦,口干,舌红,苔薄黄,为阴虚内热,常伍麦冬、百合、知母、生地黄、五味子等以清热养阴。若心痛较剧,遇冷诱发,畏寒,四末发凉,则为阳气不足,寒凝血涩,可加附子、桂枝、细辛等药温阳散寒止痛。若患者形体较胖,苔厚腻,则属痰瘀互结证,有热可选小陷胸汤,有寒可加干姜、陈皮、半夏,以求痰瘀同治、通脉止痛。若患者眩晕,血压偏高,可加钩藤、白芍、桑寄生、益母草等养血敛肝熄风。若兼有胃脘痛可加砂仁、檀香。若患者处于更年期,阵发性烘热汗出,汗出后身冷,常用二仙汤化裁。丁书文尤其重视通便与安神,若患者大便不通或干结难下,用力努挣,常诱发心痛或真心痛,多配伍润腑通便的药物,如麻子仁、杏仁、当归、何首乌、肉苁蓉等,或用大黄3~9 g泡水代茶饮。心为神舍,气血亏虚刚心神失养而现心悸、失眠多梦,耗伤心之气血,加重心脏负担,亦能诱发心痛,安神法可解除患者焦虑状态,减轻心脏负担,减少心痛发作。临症时常选用养心安神之药如酸枣仁、柏子仁、夜交藤等。有时亦根据病机配伍安神小方,如朱砂安神丸、酸枣仁汤、交泰丸之类。对于血脂较高、动脉硬化患者,丁书文除采用山楂、何首乌、泽泻、黄精等降脂药物之外,还伍用海藻、牡蛎等软坚散结之药,提高疗效。对于病程较长者,丁书文祟叶天士“久患者络”之说,临床常选用辛润通络之味,如羌活、细辛、当归,或虫类药如蟅(上下结构)虫、蜈蚣、全蝎等,取得了较好的止痛效果。

3 补肾固本以善后

丁书文认为心肾相连，心根于肾，肾主藏精，精能化气，“心气虚者固于精”，尤其推崇张景岳之论：“先伤其气，气伤必及于精，或先伤其精，精伤必及于气，”“人赖以生存者惟此精气，而病为虚损者亦惟此精气。”心痛发病多在40岁之后，其精气趋于逐渐衰弱，加之人到中年，事务繁忙，疲劳过度，致使精气耗乏，心气失却肾精之资化，致气虚血瘀。丁书文认为采用益气活血法治疗2~3周，若心痛消失或减轻，皆可施补肾填精之法，酌加活血化瘀之味，既能巩固疗效，又能增强体质，预防复发。现代实验研究亦表明，补肾固本法能提高患者心肌耐缺氧能力、降血脂、增强免疫功能、延缓衰老。肾为元阴元阳之宅，年老肾虚，易现阴阳的偏盛偏衰，补肾时强调平调阴阳，只有阴平阳秘，肾精方可资化心气。对于命门火衰之人，常拟用右归饮化裁；对于肾阴亏虚者，常采用左归饮加减，同时注意补而不滞，少佐砂仁、陈皮、佛手等以防碍胃。

4 病案举隅

男，46岁。1995年10月26日因心前区阵发疼痛3d就诊，2年前曾被诊为心肌劳累，治愈。3d前因情志不畅而出现阵发性心前区疼痛。刻诊：心前区疼痛，时牵扯后背，呈胀痛，胃脘胀满，时有吞酸，纳呆食少，失眠，二便调，舌质红，苔薄黄。心率71次/min，律整，未闻及病理性杂音。ECG示：ST段在Ⅰ、Ⅲ、avF导联水平下移0.1 mV，T波在V5、V6导联低平。拟用疏肝理气止痛之法，药用柴胡15 g、川芎15 g、香附12 g、白芍20 g、延胡索12 g、玫瑰花12 g、枳壳12 g、黄连6 g、吴茱萸3 g、甘草6 g、炒酸枣仁20 g，水煎服，6剂。11月9日复诊。服药后胸痛、胃脘胀痛治愈。近日因工作劳累，又复现阵发性心前区疼痛，易于疲劳，失眠多梦，口干渴，舌红，苔薄黄，脉弦细。复查ECG，与上次对照无变化。拟用益气活血法，药用黄芪30 g、党参20 g、麦冬20 g、川芎15 g、丹参15 g、香附15 g、炒酸枣仁20 g。水煎服，6剂。11月16日三诊。药后疼痛程度减轻，发作次数减少，仍感心烦、乏力、不耐疲劳，伴有腰膝酸软，耳鸣，纳可，睡眠较前好转，二便调，舌质红，苔薄黄，脉沉弦。ECG示：ST段在Ⅱ、Ⅲ、avF导联下移0.05 mV，T渡在V5、V6导联低平。拟补肾活血之法，以左归饮加减：熟地黄20 g、山茱萸10 g、枸杞子20 g泽泻30 g、党参30 g、川芎15 g、麦冬15 g、砂仁6 g、当归12 g、白蒺藜20 g、羌活9 g、甘草6g、炒酸枣仁20 g，水煎服，6剂。11月30日，服用12剂，患者诸症明显好转，疼痛未再发作，劳累后仍感轻微胸闷，耳鸣，失眠，纳可，二便调，脉沉有力。EKG示ST段在Ⅱ、Ⅲ、avF导联恢复正常，T波V5、V6导联恢复正常。嘱患者戒烟及忌劳累，并服下药巩固疗效：熟地黄20 g、山药30 g、山茱萸10 g、枸杞子20 g、党参30 g、川芎15 g、当归12 g、羌活9 g、瓜蒌皮20 g、甘草6 g，6剂，水煎服。患者药后诸症消失，工作正常，随访半年未复发。

按 本患者较为典型，初用疏肝理气，再用益气活血，终则补肾填精扶正，收到显著疗效。丁书文认为多数患者符合此规律，也有患者不甚典型，有些只需要疏肝理气即愈，有些可采用活血化瘀之法，有些以益气活血为主，佐以疏理，情况并不完全一致，要因人制宜。（苑嗣文 李 举 李明媚 袁成民）

早搏

1 功能性早搏

功能性早搏多发于女性患者，可由情绪激动、精神紧张、过度疲劳、消化不良、饮酒、吸烟、喝浓茶或咖啡等引起，证见情绪不畅，胸胁胀满不适，憋闷气短，自汗盗汗，心悸不宁，失眠多梦，舌红，苔薄白或薄黄，脉弦或结代。丁书文认为，功能性早搏的主要病机为肝郁气滞、血行不畅而致心脉失养。肝主疏泄，调畅一身气机，“气为血之帅”，若肝失疏泄，气机郁滞，则血行不畅而为瘀，阻于脉络之中，导致心脉失养而发病，因此，治宜疏肝活血。丁书文常选柴胡疏肝散加减，药用柴胡、香附、枳壳、陈皮、川芎、丹参、当归、白芍、桂枝、青蒿、常山、酸枣仁、甘草等。病程日久，肝郁化火者，酌加牡丹皮、栀子等；伤阴耗气者，酌加黄芪、麦冬、五味子等；聚湿痰生者，酌加茯苓、半夏、白术等。同时嘱患者避免诱发因素，保持乐观情绪，积极配合治疗。

2 冠心病引发的早搏

冠心病引发的早搏，发生多由情志内伤、饮食失节、劳逸失度、冷暖失调、年老体衰等引起。丁书文认为，该病属本虚标实，缓解期以本虚为主，发作时则以标实为主。本虚有气阴两虚、肝肾阴虚、心阳不振等差异；标实则有心脉瘀阻、寒凝心脉、痰浊闭塞等不同。在本虚证中，气阴两虚是最常见、最基本的证型；在标实证中，心脉瘀阻则最为常见。气虚则无以行血，阴虚则脉络不利，均可使血行不畅，心脉失养，进而引起早搏；心脉瘀阻，络脉不通，心失所养，亦可导致早搏。因而丁书文治疗冠心病引发的早搏，常用益气养阴、活血化瘀之法，药选黄芪、麦冬、五味子、当归、川芎、丹参、延胡索、三七、白芍、桂枝、青蒿、常山、苦参、甘草等；但不囿于一法一方。对于其他证型或两种、多种证型混合出现者，丁书文亦结合临床征象仔细辨证，并给予相应治疗。

3 原发性高血压引发的早搏

原发性高血压的发生与情志失调、饮食不节、久病过劳、先天禀赋异常等因素有关，可分为肝阳上亢、阴虚阳亢、肝肾阴虚、阴阳两虚等证型。丁书文认为，该病早期多属肝阳上亢；久则肝肾受损，多见阴虚阳亢；后期则以阴虚为主，或阴损及阳，阳气受损，出现阴阳两虚。早搏在该病早期少见，多发于阴虚或阴阳两虚之时。阴虚则脉络不利，心失濡养，心神不宁，可致早搏；阳虚则不能推动血液运行，心脉瘀阻，心失所养，亦可导致早搏。因此，丁书文治疗原发性高血压引发的早搏，紧紧抓住阴虚与阳亢这对主要矛盾，注重阴虚为本、阳亢是标，并依据“久病多瘀”之说，而立滋阴潜阳、活血化瘀之法，药选钩藤、紫石英、枸杞子、制何首乌、女贞子、当归、川芎、丹参、白芍、青蒿、常山、黄连、甘草等。兼阳动化风者，加龙骨、牡蛎；肝火上炎者，加牡丹皮、栀子；痰浊中阻者，加半夏、白术、远志、石菖蒲；阴阳两虚者，加肉桂、淫羊藿。

4 风湿性心脏病引发的早搏

风湿性心脏病的发生多因人体卫外不固，腠理空疏，风、寒、湿、热之邪乘袭机体，滞留肌肤、关节、筋脉；脉痹不除，或复感外邪，内舍于心，使心脉痹阻；心痹日久，湿热之邪耗伤气阴，则气阴两虚；反复发作，气阴耗竭，则致阳气虚脱。丁书文认为，该病的基本病理特点一曰虚，一曰瘀，虚以气阴亏虚或阳气衰弱为关键，瘀则以血脉瘀滞为重点。气阴亏虚、阳气衰弱、血脉瘀滞均可引起早搏。因此，丁书文治疗风湿性心脏病引发的早搏，常用益气养阴、活血化瘀法或温阳益气、活血化瘀法，药选黄芪、人参、麦冬、五味子、丹参、当归、川芎、生地黄、白芍、青蒿、常山、黄连、甘草等或附子、肉桂、黄芪、党参、丹参、当归、白芍、青蒿、常山、甘松、甘草等。心胸闷痛者加延胡索、三七；下肢水肿者加泽泻、茯苓；腹胀腹痛者加木香、砂仁。

5 病毒性心肌炎引发的早搏

病毒性心肌炎多由禀赋不足、正气虚弱或复感外邪、内舍于心所致。丁书文认为，该病发病虽与感受湿热毒邪有关，但其基本病机为气阴两虚，这不仅是发病的内因，还是病变的必然结果，存在于发生发展过程中的各个环节；且认为血瘀亦存在于各个时期，中后期由于正气虚弱明显，血瘀征象比较突出，早期虽不典型，但也有血瘀存在。气阴两虚和血瘀均可导致早搏。因此，丁书文治疗病毒性心肌炎引发的早搏，常用益气养阴、解毒活血之法，药选黄芪、人参、麦冬、五味子、金银花、连翘、丹参、当归、生地黄、白芍、青蒿、常山、黄连、甘草等。兼气滞者，酌加香附、枳壳、玫瑰花；兼阳虚者，酌加附子、桂枝、淫羊藿；兼心烦失眠者，或加酸枣仁、夜交藤、远志以养心安神，或加龙骨、牡蛎、紫石英以重镇安神。（陈守强　张锡国）

董顺坤临床经验

【名老中医简介】董顺坤（1932～）四川省南充人。主任医师。四川省名中医。1947年拜中医世家冯世祥门下，从事中医骨伤内治近60年，对伸直型桡骨远端骨折用“将掌向上，医用对抗牵引、手搏损伤处，将掌屈而扑捺令平正”的整复手法；对先天性马碲内翻畸形足采用手法纠正，矫形鞋加绷带外固定的方法；对小儿肱骨髁上骨折采用“手法复位、梯形垫、塔形垫、纸夹板塑形固定”的方法等，在南充市中医骨科界独树一帜，形成川北片区骨科一派。

骨伤内治

1 重视整体，强调辩证

董顺坤通过长期对骨伤疾病的研究认为，人体是一个有机的、统一的整体。骨伤疾病虽是局部的损伤，但局部损伤可引起人体气血受损，致使正常生理发生病理变化，即所谓“肢体损于外，则气血伤于内，营卫有所不贯，脏腑由之不和”。

在骨伤疾病内治方面，董顺坤十分推崇“察其所伤，有上下轻重浅深之异，经络气血多少之殊，惟宜先逐瘀血，通经络和血止痛，然后调气养血，补益胃气，无不效也”的治疗法则，但又不拘泥此说。指出损伤后期，瘀血未净，仍须活血化瘀；损伤初期，素质虚弱，虽有局部瘀血，亦应补而行之。强调审证求因，辩证施治，“因人因地因时制宜”。灵活运用各种治疗法则，不可死搬硬套，应视患者体质、伤势不同而用药亦异。少壮新病宜攻，老弱久病宜补；体壮伤新宜大补猛治，体质一般伤缓宜宽猛相济，体弱伤陈宜缓治之。在临证中尤其应分清阴阳之虚实，辨别寒热之属性，气血脏腑之所属，才不致发生错误。如同为伤后腹胀，大便不通的患者，董顺坤通过辨证而采用不同的方法治疗；若瘀血内蓄，郁而化热，肠道失运，腹中满痛，大便不通，舌红苔黄，脉数实之青壮年用大承气汤以逐瘀攻下，活血行水；年老体弱或伤后血虚肠燥之便秘、腹胀，则用五仁丸以润肠通便，伤后大便干结，口渴唇燥，小便短赤，舌红苔黄燥则为津枯肠燥，又用增液承气汤生津润肠通便。

2 强调保护脾胃功能的重要性

董顺坤十分重视脾胃功能在伤科治疗中的重要作用，以“治伤不伤中”为上，推崇《景岳全书》中“凡欲治病者，须常顾胃气，胃气无损，诸可无虑”的观点。认为伤科患者病程缠绵，长期卧床，致使气血运行滞缓，脾胃运化减弱，加之用药时间又较长，胃气易受克伐损伤。脾胃为后天之本，气血生化之源。若脾胃一败，不但运化乏力，增加内湿，影响气血生化，而且影响药物吸收。此时若单用接骨续筋的中药，接骨续筋无以为基础。只有脾胃功能旺盛，纳食并吸收正常，才能化源充足，血盈经脉，四肢百骸得养，肌肉壮实，伤易康复。董顺坤不论是损伤初期、中期还是后期恢复阶段都很注意健脾开胃，如香砂六君子汤、化滞丹、十全大补汤都是常用之方药。

3 善用药对及引经药

在临床用药上，董顺坤独具匠心，善用药对。如丹参和苏木，一弱一强活血化瘀，用于中老年人以防止伤正；熟地与鸡血藤补肾活血，用于骨折中后期补肝肾、强筋骨；羌活与独活宣痹通经，用于风湿痹痛；海藻与昆布，一攻一守软坚散结。

经络是人体运行气血的径路，它内属脏腑，外络肢节，沟通内外，贯穿上下，将内部的脏腑同外部的各种组织、器官联系成为一个有机的整体，使人体各部的功能保持相对的协调和平衡，董顺坤在临床用药中，依据这些理论，结合《伤寒论》的六经辨证及中药归经理论，发现某些药物对某一经或某几经的疾病有特殊的治疗作用。因此，在临床诊疗中，董顺坤常常在药方中使用这种“引经报使”之品，其妙用在于能够协同方药直达病灶，药效发挥更好，更能直接起到治疗作用。如上肢常用桑枝、桂枝、姜黄等，下肢常用川牛膝、独活、木瓜等，脊柱常用葛根、狗脊、鹿角霜；足少阴肾经常用独活、知母、肉桂，足太阴脾经常用升麻、苍术、葛根、白芍，足厥阴肝经常用青皮、吴茱英、川芎、柴胡，手少阴心经常用黄连、细辛，足太阳膀胱经常用羌活。在骨伤疾病治疗中因肾主骨，肾虚则骨软；肝主筋，筋附于骨，肝血不足则筋脉失其柔润。因而临床可选用独活、知母、青皮、柴胡等引经药与滋补肝肾、强壮筋骨之君药配伍，使精血充足，则髓生骨健，筋脉关节得以荣养淖泽。

4 孰急孰缓，标本兼治

董顺坤常言，标和本是一个相对概念，是疾病发生、发展过程中各种矛盾的主次关系，就正邪双方而言，正气是本，邪气是标；从病因与症状而言，病因是本，症状是标；从疾病先后而言，旧病、原发病是本，新病、继发病是标。在临证中，任何疾病的发生、发展，总是通过若干症状显示出来的，而这些症状只是疾病的外在现象，还不是疾病的本质。只有在充分地了解疾病的外在症状和内在本质，通过全面综合分析，找出最基本的病理变化，才能分出标本主次不同，找出病之所在，分出轻重缓急，选择适合的治法和方药，才能收到满意的效果，即治病必求其本。但在某些情况下，标病急时，应先治其标，后治其本。否则，可能会危及生命或影响疾病的治疗。这就是所谓的急则治其标，治标只是在紧急情况下或是为治本创造条件的权宜之计，治本才是治病的根本。急性病的恢复期，则要采取缓则治其本的原则，从根本上解除患者的疾苦。当标病本病并重时，则应标本同治。（李 多 董 英 杨忠程 包旭佳）

治筋推拿八法与点穴八法

1 推拿八法

1.1 推拿法

是指狭义的推拿法，即推法与拿法的合称。推法是用指、掌、拳或肘等部用力在治疗部位做直线运动的方法，有掌推式、指推式、拳推式、肘推式。拿法是用拇指与食指或其余手指相对用力一松一紧挤捏肌肉韧带等的方法，有多指拿式、两手拿式等。推拿法具有舒通筋络、祛瘀散结、松解粘连、缓解痉挛的作用。

1.2 按摩法

是指狭义的按摩，即按与摩两种手法的合称。按法是用手的各个部位在施术部位体表进行按压的方法，有掌按式、拳按式、指按式、前臂按式。摩法是用手指指腹或手掌在施术部位进行环行而有节奏地抚摩的方法，有指腹摩式、手掌摩式等。按摩法具有镇静止痛、消瘀退肿、开通闭塞的作用。

1.3 揉擦法

是用手指指腹、大小鱼际或掌根在施术部位做轻柔、缓和、回旋活动，或做上下左右直线往返磨擦的方法，具有活血祛瘀、消肿止痛、温经通络、缓解痉挛、松解粘连、软化瘢痕的作用。

1.4 叩打法

此法为叩法和打法两种相似手法的合称。叩法是为术者用手或器具叩击患者效应部位，有指叩式、拳叩式。打法是用虚掌对施术部位进行有节奏地拍打，具有舒通气血、消除疲劳、舒通筋络的作用。

1.5 滚搓法

此法为滚法和搓法的合称。滚法是用半握拳状的手在施术部位利用腕关节的伸屈和前臂旋转，做复合、连续地往返运动的方法。搓法是用双手掌面挟住肢体两侧用力快速前后或内外方向进行搓揉的方法，具有调节气血、舒通经络、解痉止痛、祛风散寒的作用。

1.6 弹拨法

此法为弹法与拨法的合称。弹法是用拇指和食、中指指腹将肌束、肌键等组织提拉放松的方法。拨法是用拇指或其余四指取与肌束、肌键、韧带垂直方向，做单向或往复揉拨的方法，具有缓解肌肉痉挛、松解粘连、活血祛瘀、振奋经络的功能。

1.7 振抖法

是术者持患者肢体的一端作一次或数次的牵拉、抖动，具有松弛肌肉、关节，减轻手法反应，增进患肢舒适感的功能。

1.8 摇扳法

摇是运动患者肢体，是在术者协助下使患者各个关节进行各种术式和各个方向的被动活动。扳法是扳动肢体或躯体，使关节或躯体伸展、屈曲或旋转活动的方法，具有松解粘连、滑利关节、调正骨缝、整复错位的作用。

2 点穴八法

点穴法，又名指针法，是以脏象、经络、穴位的理论为指导，根据经络循行路线，选择适当穴位，用手指在经穴上用不同手法的刺激，通过经络的作用，使已经发生障碍的功能活动恢复正常，从而达到治愈疾病的一种方法，是董氏骨伤科治疗筋伤的特色之一。点穴手法具有调理气血、调和脏腑、舒筋解凝、宣痹通络、缓急止痛的作用，可起到舒通筋络，达到“通则不痛”的目的，并有行气活血、使营卫调和的作用，还具有平衡阴阳、扶正祛邪的作用。现代医学认为，点穴疗法主要是调节神经系统和新陈代谢，促进病变部位组织细胞的恢复与再生能力。董氏骨伤科点穴手法有点、揉、推、按、掐、拨、擦、叩八法。

3 手法特点

3.1 继承不泥古，发扬不离宗

由于前人在创建和总结手法时受所处时代背景、科技发展状况、自身学术水平、领悟程度的影响，其手法在种类、科学性、简繁程度、可操作性及各派之间相互交流学习上，均存在一定的缺陷。因此，运用现代解剖生理学和病理生理学知识进行了规范整理，在保持疗效的基础上，简化手法，便于学习掌握和推广应用。

3.2 手随心转，法从手出

一方面手法要经过长期的勤学苦练、仔细体会才能具有一定的功力。另一方面使用手法前要对病情作充分了解，必须有明确的诊断，应根据辨证施治的精神来运用手法，并对先用什么手法，后用什么手法，采用何种体位作出计划和安排，做到“机触于外，巧生于内，手随心转，法从手出”。

3.3 稳而有力，柔而灵活

运用手法时强调操作用力要稳定，严禁浮燥粗暴，手法必须具有一定的力量，包括医者应具有一定的功力和操作时施加于患部的压力，这种力量应根据治疗的对象，病证的虚实、施治的部位来决定。先轻后重，逐渐增加力度，手法动作有节奏感、协调性，变换手法要灵活自然，用力要均匀缓和，轻而不浮，重而不滞，达到寓刚寓柔、刚柔相济的状态。

3.4 因人而异，辨证施法

虽然人体解剖和气血规律基本一致，但由于个体的生长发育、生活环境和病理生理条件不同，每个人对手法的反应不完全相同，因而手法的力度应因人而异。必须与治疗对象病证虚实，以及治疗部位联系起来，因为人有男女老少之不同，体质有强壮虚弱之异，证有虚实久暂之分，治疗部位有大小深浅之不同。因此，何种手法、操作时间的长短、手法力量的轻重，以及掌握治疗的重点等，都因人、因病、因部位的不同而灵活运用，即辨证施法。治疗过程中要仔细观察病人对每个手法的反应情况，及时调整手法力度大小，并适当与病人交谈，分散其注意力，减轻手法疼痛反应，以便手法力度达到必要的强度，这样才能达到理想的治疗效果。

3.5 遵循程序，防止意外

严格遵循准备、治疗和结束三个阶段的治疗过程和操作程序。准备阶段主要运用较轻柔、刺激较小的手法，创造一个“松则不痛”的良好条件，使患者有一个适应手法的过程，这样后续的手法治疗才能顺利进行。治疗阶段针对患者的主要症情，综合考虑其年龄、性别、职业、体质等情况，施行相应的手法以求达到确实解决患者的主要病痛，但又不增加患者新的损伤的目的。结束阶段使用一定的手法缓和重手法的刺激，使肢体充分放松，恢复常态。否则由于手法不当和失误导致患者病情加重，甚至出现严重并发症，轻者增加患者痛苦，重者使人致残甚至危及生命。（李 多 董 英 罗 强 杨忠程）

董燕平临床经验

【名老中医简介】董燕平（1940～）辽宁锦州市人。主任医师，教授。1962年毕业于天津中医学院。第三批全国老中医药专家学术经验继承工作指导教师。从事中医内科临床、教学工作44年。擅长心血管疾病和风湿病的诊断和治疗。发表学术论文30余篇，参编《中医学》《中西医内科学》《红斑狼疮中医治疗》等5部。

慢性心力衰竭

1 益气温阳以治本

心气虚、心阳虚是发生心力衰竭的始动机制，所以益气温阳法是治本之法，是治疗心力衰竭的主要措施。临证益心气常选用人参、党参、西洋参、太子参、黄芪、白术、甘草等。温心阳常选用桂枝、附子、五加皮等。益心气与温心阳两法所选两类药物协同配伍，共奏益心气温心阳之功，可鼓动血液正常的运行和水饮的正常输布。起到加强心肌收缩力，增加心排血量。减轻肺、体循环淤滞状态，恢复心功能。可纠正因心排血量降低而产生的各种症状，如乏力、头晕、苍白、紫绀、心率快、少尿、低血压等。

2 活血利水以治标

心气虚血行无力，血液淤滞形成淤血，心阳虚水湿难于布化，加之淤血更宜导致水饮停聚。淤血、水饮俱为病理产物，是病之标，是进一步加重心脏负荷和肺、体循环淤血及组织血液灌注不良的直接因素。及时的消除淤血和利水，蠲饮成为当务之急的治疗措施，是缓解控制心力衰竭的关键。临证时活血常选用丹参、川芎、桃仁、红花、当归、赤芍、泽兰、益母草等。利水常选用猪苓、茯苓、泽泻、车前子等，蠲饮常选用桑白皮、葶苈子、杏仁等。以上活血与利水蠲饮药物伍用，可减轻心脏的前后负荷及肺、体循环的淤血状态，使咳喘呼吸困难、水肿，淤血性肝肿大等症状和体征得以减轻或消失。

3 四法并用标本兼治

益气温阳活血利水四法并用相互协同、相辅相成，标本兼治。其中益气温阳法并用可加强心肌收缩力，提高心脏排血量。益气与活血法并用可加大运血行血之力，减轻心脏后负荷，益气与蠲饮法并用可消除水饮凌肺，改善肺通气量，而增加血氧含量。温阳与利水并用可加大利尿消肿作用，减少回心血量，减轻心脏前负荷，有利于心力衰竭的缓解。

4 辨证求因，审因论治

益气温阳活血利水四法并用，是治疗慢性心力衰竭的通用方法。对于不同原发心脏病引起的心力衰竭，治疗用药时应辨证求因，审因论治。如冠心病心力衰竭，应用温阳药物应中病即止，并加大活血化瘀药物的力度。心肌炎、心肌病心力衰竭，又常表现为气阴两虚证，故应配用养心阴药物，如生地黄、玉竹、麦冬等。高血压性心脏病心力衰竭，应及时加用滋阴潜阳平肝熄风药物，如白芍、钩藤、天麻、淮牛膝、石决明、生牡蛎等。

案　患者李某，男，76岁。初诊日期2000年4月30日。主诉：心肌梗塞1年，心悸气短不能平卧1个月。证见：全身浮肿，尿少、心悸、气短，活动后尤甚，不能平卧，重度乏力。纳差、舌淡紫，苔白、脉结代。BP90/60mmHg，心率62次/分，频发室早，常规服用ACEI，利尿剂及硝酸脂类药治疗效不佳，（因患者心率慢不能耐受洋地黄制剂）。中医辨证：心阳不足、血瘀水停。给予温阳益气，活血利水四法并用。处方：茯苓15g，白术15g，桂枝6g，附子6g，川芎10g，泽兰15g，炙甘草10g。三剂后患者尿量增加，心悸减，能平卧。前方减桂枝，附子，五加皮，桑白皮，加五味子10g。益气养阴活血利水为主。长期服用。随访3年，患者健在，并未再因心力衰竭恶化而住院。（薛长玲）

董治中肝病临床经验

【名老中医简介】董治中（1924～）吉林扶余人。主任医师。原吉林扶余县中医院院长。吉林省名老中医。擅长治疗肝、肾、肿瘤等疾病。

1 肝非刚脏，法当柔润为要

董治中在肝病的诊治中疗效显著，通过多年的临床实践，提出“肝非刚脏，法当柔润”的理论。

1.1 肝喜条达而恶抑郁

肝为风木之脏，其气升发，喜条达而恶抑郁，肝气宜保持柔和舒畅、生发条达的特性，才能维持其正常的生理功能。在正常生理情况下，肝气升发、柔和、舒畅，既抑郁不发，也不能亢奋过极，应以条达为顺。若肝气升发不及，郁结不舒，就会出现胸闷、胁肋胀痛、抑郁不舒等症状。如肝气升发太过，则可见急躁易怒、头晕目眩、头痛头胀等症状。

1.2 肝为刚脏

肝具有刚强之性，其气主升主动，易亢易逆，被称为“将军之官”。肝主藏血，血属阴，其体阴柔；肝主疏泄，主升主动，其用阳刚，刚柔相济，阴阳和调，则肝的功能正常。

1.3 肝体阴而用阳

肝为刚脏，以血为本，以气为用。肝为藏血之脏，血属阴，故肝体为阴；肝主疏泄，性喜条达，内寄相火，主升主动，故肝用为阳。

2 肝病用药，酸苦甘辛为主

《素问·脏气法时论》篇曰：“肝苦急，急食甘以缓之。”“肝欲散，急食辛以散之；以辛补之，酸泻之。”仲景在《金匮要略》中亦指出：“夫肝之病，补用酸，助用焦苦，益用甘味之药调之。”董治中在治疗各种肝病中始终遵循这一原则。董治中治疗肝病须首先选用甘味药，甘得阴阳中和之气，和调于四气五味之中，随补则补，随泻则泻，从温则温，从凉则凉，能补能和，能缓能润，可升可降，可浮可沉。有人认为湿阻中满者，不宜用甘味，因为甘能缓和补中，可助湿邪。殊不知甘有甘寒、甘温之别，甘辛、甘酸之分。若苓、术、薏苡甘温淡渗之剂，历来被视为湿家之要药。“辛甘发散为阳”，《内经》旨意甚明，润泽刚燥之用，故可缓和络脉之拘急，疏通气血，有益肝体而调肝用之效。肝以酸为泻，以辛为补。董治中在治疗肝病过程中，应用酸味之药，应视其燥热是否伤阴，辛散是否太过，肝血是否耗伤，于甘寒、辛凉之中，酌加芍药、枣仁等酸收之品，敛阴保津，以达柔润肝体之目的。辛甘发散为阳，然而，辛有辛温、辛凉、辛热、辛寒之别，因为肝具少阳升发之性，辛温有助阳气之发散，辛凉可制少火之妄动。董治中主张，条达肝用以辛温或辛凉为治，切忌辛温燥烈之品。辛燥之剂，妄用不仅耗散肝气，而又灼伤肝血，不可不慎。此外在辛甘之中，应佐以苦降，由于胆得凉则安，得热则溢，苦降可泄少阳胆腑之热，多数肝病患者都有不同程度的心烦、口苦见证，此乃因少火妄动，胆气上溢，辛开之中佐以苦降，即发散疏泄之机，又清降妄动之火，一升一降，相辅相成。

3 治疗大法，疏肝理脾为上

在药物处方的选用上，董治中根据多年的实践认为，攻伐之法，不可妄用。尤其对一些慢性肝病的治疗，应以调养为主，三棱、莪术、枳实、枳壳之辈，皆能损伤肝脏之气血，犯虚虚之戒，在调理治疗肝病的过程中，加减逍遥散当为首选，因为逍遥散是调和肝脏阴阳气血的有效方剂，方中之当归、白芍甘酸化阴而养血柔肝；茯苓、白术甘温以和阳益气；柴胡、薄荷苦辛而凉，具有清热疏肝祛邪之用；甘草甘平，缓急和中。故可使肝脏之阴阳和谐，气血通畅，疏泄条达，故有逍遥之称。多年来，董治中用之治疗肝病，只要临床上出现肝血不足，阴虚火旺，枢机不利，气失条达之见证，皆可加减应用，每多效验。

肝病日久，每多瘀积之证，肝脏是贮藏血液之体，又有调节血量之用。久病气虚无力以帅血之运行，以致血液瘀积；即使是气滞血瘀，也必先有肝用不足的病理改变，因虚致滞，因滞致瘀的病理变化。故肝脏有瘀积之人在临床上，多出现形体消瘦，气短乏力，精神疲倦，胁下痞块等气虚血瘀之候。肝病瘀血则木衰土壅，可直接影响脾脏对血液的调节和统摄，因此血瘀成积即可单独发生在肝，又可同时发生在脾，或者肝瘀先后成积。在治疗法则上，宜以益气化瘀为主，软坚养血为佐。益气主以人参、白术，酌加山药、黄芪。化瘀主以丹参，酌加延胡索、郁金。软坚主以生牡蛎，酌加鳖甲、急性子。养血宜用当归，酌加芍药、何首乌。其它如三棱、莪术、青皮等，行气破瘀之品，当属禁用。董治中主张，疏泄不可太过，太过则耗伤肝阴；补益切忌壅滞，以防阻滞气机；祛湿不可辛燥，辛燥则灼伤肝血；化瘀不可攻破，攻破则正气先衰；养阴不可滞腻，太腻则阻遏阳气而伤脾。

4 臌胀治疗，气血阴阳为辨

对于臌胀病，董治中把本病分成气滞湿阻、肝脾失调、肝脾血瘀、肝肾阴虚、脾肾阳虚等证型。①气滞湿阻：证见乏力，腹胀，按之不坚，胁下胀满或疼痛，饮食减少，食后作胀，嗳气不适，小便短少，舌苔白腻，脉弦。治宜行气除胀，运脾利湿。方用胃苓汤加减。②肝脾失调：腹大胀满，叩之如鼓，胁下痞胀或疼痛，食少、纳呆、食后胀甚，嗳气或排气后腹胀减轻,小便量少,舌苔白腻,脉弦。治宜疏肝理气,运脾化湿。方用逍遥散加减。③肝脾血瘀:腹大坚满,脉络怒张,胁下痞块,面色黯黑,蜘蛛肝掌,神疲乏力,便溏或黑便,舌质暗红或有瘀斑,脉弦细。治宜化瘀消积,健脾利水,方用大黄蟅(上下结构)虫丸加减。④肝肾阴虚:腹大如鼓,腹壁青筋明显,形体消瘦,下肢浮肿,尿少,口干咽燥,心烦急躁,舌质红降,少苔或光亮无苔,脉细数。治宜滋养肝肾,化瘀利水,方用一贯煎加减。⑤脾肾阳虚:腹大如鼓,脘腹撑胀,下肢肿甚,纳食少,神疲怕冷,腰膝酸软,尿少,舌质淡胖,有齿痕,苔白滑,脉沉细。治宜健脾温肾,化气行水,方用防己黄芪汤加减。

臌胀的病情发展是由黄疸到黑疸,最后成为女劳疸,女劳疸除有身黄额上黑的症状外,尚有腹胀满如水状,大便黑而溏的证候。身黄、腹胀满等症,乃湿热蕴阻肝脾,输传运化之机失节所致,而额上黑、大便下血,乃肝脾之血络损伤、阴络伤故大便黑,这种肝脾气血两伤,正虚邪实的错杂证候,是血瘀为患,故用硝石矾石散之咸寒软坚,酸敛止涩之剂,意在软坚散结,以养肝体,酸敛固脱,以止后下之血,常用麦粥以调养脾胃而复液。董治中根据此理,运用四君子汤,佐以甘温养血之当归,清热柔肝之板蓝根,软坚散结之急性子、生牡蛎治疗臌胀,取得了满意的疗效。(李景华 蔡丽威 李 想 董治中)

杜晓山针灸临床经验

【名老中医简介】杜晓山(1921~)　江苏无锡人。主任医师。原任职于江苏省无锡市中医院。享受国务院政府特殊津贴。首批全国老中医专家学术经验继承工作指导老师。从医50余年,擅长针灸治疗面瘫、中风半身不遂、坐骨神经痛等病症。发表论文近30篇。

临床经验

针法经验

1 无痛进针 手法轻巧

进针在整个针刺治疗过程中,是最基本的一个操作步骤,进针无痛是患者能否乐意接受针刺治疗的重要方面,故医者要做到进针迅速,手法轻巧。“针入贵速,既入徐进”;“左手重而多按,欲令气散,右手轻而徐入,不痛之因”据此,杜晓山创造了速刺与缓捻两种进针法,其特点为双手协同进针,手法轻巧。

1.1 速刺法

操作时,以左手拇指或食指切压在穴位上,右手拇、食、中三指捏针柄下端,无名指抵住针身下端,针具靠近在押手指甲缘,在进针时切按稍重,右手运用腕力、指力迅速按压刺入皮下,而后将针缓慢插入或稍带捻转使针刺至要求的深度。此法适用于1.5寸以内的毫针。长针进针法,可用拇、食、中三指捏住针身下端,在押手的协同下,一压一刺迅入皮下,再作插入或捻转达一定深度,若针头面部等皮肤浅表部或施透刺法时,可改用提捏押手法相结合的速刺法,这种进针法定位准确,能达到少痛或无痛的目的。

1.2 缓捻法

在押手的协同配合下,用轻、慢、细的捻转及微加压力,向皮下捻入。此法常用于体质虚弱者及腹部腧穴。杜晓山指出;在进针时可根据不同的部位,施以不同的进针术式,同时强调了双手的协同作用。古人亦有“知为针者信其左,不知为针者信其右”之说。

2 基本手法 务求得气

进针后再施以一定的手法,称为行针,行针技术即是基本手法。提插法和捻转法是行针的基本手法,一定要熟炼掌握,运用自如,这与针刺得气有着直接的联系,而得气是取得疗效的前提,亦是行针刺补泻手法的基础。

2.1 提插法

进针达一定深度后,均匀提插,自觉针下沉紧,有如鱼吞钩饵之沉浮,说明气已至,这是一种激发“气至病所”的良好方法,在行补泻时,进针得气后,重插轻提为补,提重插轻为泻。

2.2 捻转法

进针后,拇食两指均匀捻转,以催气至,或可结合提插作上下捻转,以加速得气感。在应用补泻手法时,拇指向前力量稍强,食指后遇用力稍轻为补。反之,拇指后退用力稍弱,食指前捻力量稍强为泻。

2.3 搓针运气法

若用上法不得气时,将针单向捻转几次,这时多数能令气至,而后将针反方向捻退1~2次,再轻提插1~2次,注意勿令滞针。应用此法后,一般多能得气。

3 师古创新，手法简炼

“烧山火”、“透天凉”是一种较难掌握的复式补泻手法。其法源于《素问·针解》：“刺虚则实之者，针下热也，气实乃热也”；“满而泄之者，针下寒也，气虚乃寒也”。历代医家受其启迪有所发展而成“烧山火”、“透天凉”，具体操作方法首载于《针灸大全·金针赋》，由提插、捻转、徐疾、呼吸、九六、开阖等法组成，分天、地、人三部施术，终因其手法繁复，难以掌握。杜晓山在古针法的基础上，作了较大的改进，执简驭繁，自成一体，创造了一套行之有效，简便易行的独特补泻手法，如热补法、凉泻法、子午捣臼、龙虎龟凤等，使后学者便于掌握，能广泛应用于临床。

3.1 热补法

此法有温阳调气作用，常用于顽麻冷痹等虚寒性疾病。手法组成：提插、捻转、徐疾、开阖。操作：凡用针时，左手拇指或食指紧按穴位，右手用速刺法进针，待针下得气后，将针再插入1～2分深，行重插轻提多次，再以拇指向前，食指向后单向捻转数次，候针下有沉紧感时，紧握针柄，勿令气散(不使针下脱离针感，意在守气)，使针下持续沉紧直至产生温热感。一次不效，可重复数次，出针时以拇指轻轻向后捻退1～2次(以防滞针)，然后将针缓缓退出皮肤，速闭针孔。

3.2 凉泻法

此法有泻热作用，多用于热痹或急性肿痛等实热性疾病，手法组成同热补法。操作：在进针得气后，将针上提1～2分，然后将针尖向有感应的部位，行重提轻插多次，再以拇指向后、食指向前单向捻转多次，此时紧握针柄，使针下或全身产生凉麻感，不效可重复多次，出针时摇大针孔，急速拔针，不按或轻按针孔。

3.3 子午捣臼法

此法有导引阴阳，疏通经气作用，用于痛证、水肿、气胀等。《金针赋》曰：“子午捣臼，水蛊膈气，落穴之后调气均匀，针行上下，九入六出，左右转之，千遭自平。”说明此法是一种刺激量较强的手法，由捻转、提插、九六所组成。杜晓山对其作了改进，手法组成：提插、捻转。操作：在进针得气后，以提插为主(也可适当结合捻转)，反复在浅层深层旋术。杜晓山认为刺激量应视患者感应及耐受程度灵活掌握，不必强求或拘泥九六之数，指出九六补泻实质是一个刺激量的问题，而机械地运用九补六泻，实属牵强附会，不切实际。《灵枢·九针十二原》载：“刺之而气不至，无问其数。刺之而气至，乃去之，勿复针。”

3.4 凤凰展翅法

操作：进针一定深度后，用拇食二指大幅度搓针，一捻一放，在放针时拇、食二指分开，形如凤凰展翅之状，能起到快速催气、行气的作用。杜晓山常用此法作为催气或加强刺激量的辅助手法。其它如龙虎交战、龙虎升降、苍龟探穴等法亦经常应用，手法精炼，行之有效。

4 补泻应用，注重实效

杜晓山指出：“只要辨证正确，取穴精当，补泻适宜，均能应手取效。”补泻手法的应用得当，是提高针刺疗效的关键。“为虚为实，若得若失，泻之而虚，恍然若有所失，补之而实，恍然若有所得。”可谓“若得若失”，即实证用泻法，患者有邪去轻松的感觉(如疼痛减轻或消失)，虚者用补法后，气至有充实的感觉(如纳眠两佳，精神健旺等)，只有达到了“补虚”或“泻实”的效应，才符合补泻手法应用目的。因此，只强调某种手法针下感应，而不讲临床实效，是舍本逐末。

杜晓山还着重强调，补泻手法必须在针刺得气的基础上进行，且须选用肌肉丰厚，感应较强的穴位，常用穴位有合谷、曲池、足三里、阳陵泉、环跳等。对于某个病人或某一病症用某种方法，不是一成不变的，而是因人、因病、因时制宜，根据病人当时机体的虚实情况及疾病的性质，证候的变化而随酌，并不断调整之。对刺激量较强的手法，老弱患者慎用。(范婉华)

舌三针加体针治疗中风

1 治疗方法

1.1 舌部取穴及针法

聚泉、金津、玉液。针法：聚泉穴在舌面正中点，先用消毒纱布钳子拉出舌体(亦可用医者左手用纱布裹住舌体拉出)，以28号1.5寸针与舌面呈5～10度，进针5～8分，捻转2～3次出针。然后用同法刺金津、玉液。出针后用消毒纱布压迫针眼。

1.2 头面颈部取穴及针法

患侧攒竹、地仓、风池、百会、水沟、承浆、天突、廉泉。针法：用28号2寸针刺入，均以得气为准。

1.3 四肢部取穴及针法

患侧肩井、臂臑、曲池、手三里、外关、合谷、八邪、秩边、环跳、足三里、阳陵泉、委中、悬钟、太冲、三阴交、八风。针法：患侧秩边及环跳穴用28号3寸毫针进针后用雀啄刺法反复捣刺3～4次，至患侧下肢剧烈抽动为宜；三阴交用2寸针，行捻转补法；太冲行强刺激泻法。其它穴位均以得气为准，留针30分钟，隔日1次。

2 典型病案

案1 患者男,51岁,患者以脑出血急诊入院,经1个月抢救治疗,病情稳定,会诊时神志已清,舌强难语,右侧肢体偏瘫。查体:神清,精神可,心肺(-),不完全性运动性失语,右侧肢体肌力0级,肌张力略增高,右巴氏征(+)。用上法治疗2次,舌体较前灵活,语言较前流利,右侧肢体功能较前改善。共针52次,语言基本恢复正常,右上下肢肌力达Ⅳ级,生活基本自理。门诊随访1年,病情稳定。

案2 刘某,女,58岁,2000年2月22日初诊。患者素有高血压病史,1月前突发头晕,右侧半身不遂伴口舌歪斜,舌强语謇,头颅CT示:脑梗塞。经住院治疗20天病情控制后出院。转入我科治疗时,右侧上下肢偏瘫,口舌歪斜、语言欠利。查体:神清,精神尚可,不完全性运动性失语,右侧上肢肌力Ⅰ级,右下肢肌力Ⅱ级,口角歪斜,伸舌偏右,经治疗30次,其口舌歪斜、语謇等症状均获痊愈。右下肢肌力达Ⅴ-级,右上肢肌力Ⅳ级。经随访,情况良好。

3 体 会

杜晓山认为中风多为阴阳平衡失调,阴虚阳亢,心火暴盛,又以精神因素或劳累等诱发。气血并走于上,痰浊阻于清窍,横窜经络而成。在治疗上,以协调阴阳、平熄肝风、理气活血化痰通络为主。舌三针位于舌体,祖国医学认为:心藏神、主血脉、心开窍于舌,且心、肝、肾之经别、经络或经筋直接或间接上行与舌体相联。针刺舌三针可通过舌与心、心与脑、心与肝肾的关系,而达到醒脑调神,启闭开窍、利舌扬音,恢复肢体及语言功能的目的。其操作简便安全。杜晓山在临床中长期运用,每获良效。百会穴为诸阳之会,配风池以平肝熄风,另外取多气多血之阳明经曲池、外关、足三里,使阳明经气畅通,正气旺盛,补三阴交兼顾其阴,泻肝经之原穴太冲以潜阳熄风。诸穴合用,可起补益肝肾、健脾化痰、活血通络的作用。杜晓山认为针刺治疗中风偏瘫失语的疗效与以下几种因素有关:①疗效与发病原因、病变部位及症状的轻重有关,一般脑血栓形成较好,脑梗塞次之,脑溢血相对较差。②病程在3个月以内者疗效较好,1年以上则疗效较差,故需掌握治疗时机。③针刺的处方选穴及手法的运用与疗效有密切关系,其次对精神紧张、体弱、血压过高等患者,每次选穴不宜过多,无论运用补法、泻法,其刺激量均应酌情掌握。④待全身性症状稍稳定后,应鼓励患者作早期功能锻炼(包括被动、自动运动),加速肢体功能康复。(郭玉峰)

医案验案

1 浅刺疾出治小儿痿症

顾××,男,3岁。1972年11月1日初诊。家长代诉:患儿在半月前发高热3天,热退后右下肢软弱无力,不能单独行走。曾在某院诊治,诊断为小儿麻痹症,转来我科治疗。刻诊:患儿形体瘦弱,精神欠佳,右下肢软瘫无力,股肌及小腿肌肉松弛,扶行时足内翻。苔薄腻,脉细。治疗:取命门,阳关,环跳、髀关、伏兔、足三里、委中、上巨虚、绝骨、三阴交等穴加减。浅刺疾出,隔日1次。经10次治疗后能单独行走,足内翻亦得到纠正。

按 小儿麻痹症属祖国医学"痿症"范畴,本病由于感受温热之邪,肺热叶焦,津液耗伤,宗筋失濡以致肢体痿软弛纵不用。杜晓山根据"治痿独取阳明"之原则,选取阳明经穴,再配合他经经穴多针浅刺,可使六经气血调整,可冀其全面恢复。加之小儿形气未充,皮薄肉脆,血少气弱,手法不宜过重,故用"浅而疾之"的手法。此法属《内经》刺法中的"半刺"。《灵枢·官针》:"半刺者,浅内而疾发针,如拔毛状,以取皮气,此肺之应也。"由于本病采用多针浅刺疾出之法,治法恰当,故能收效。

2 双手同步捻转治胎位不正

某女,34岁,1988年4月6日会诊。已近临产,胎位不正。已顺产三胎,刻下第四胎已达临产期。产科检查为横位,已准备手术治疗,因患者不愿接受,遂邀针灸治疗。刻诊:神清,腹部隆起,腹诊胎儿头朝右,脚向左,舌苔薄润,脉滑数。治疗:取至阴、三阴交。先灸双侧至阴穴约半小时,未见胎儿转动,立即改用针法,取双至阴、三阴交,四穴轮翻不停捻转,经数分钟后,双手同步大幅度捻转三阴交。持续约20~25分钟左右,见孕妇腹壁不断蠕动,经该院产科医师检查,胎位已矫正,即停止治疗。后报告,患者于4月13日顺产一婴,母子均好。

案 古今针灸文献均有艾灸至阴转胎的载述,有人报导以妊娠30周左右为纠胎最佳期,有效率在70~80%左右。本案已达临产期,始用艾灸未见动静。杜晓山立即改用针刺方法,取双侧至阴、三阴交(针尖略向上),双手同步捻转,使针感向上放散。此法源于《内经》刺法十二刺中的"阴刺",《灵枢·官针》曰:"阴刺者,左右率刺之,治寒厥,中寒厥,足踝后少阴也。"治寒厥,可同刺左右两侧足少阴肾经太溪穴。杜晓山在用传统灸至阴穴不效时,采用针至阴、三阴交双穴同步捻转,以疏通气血,促进胞宫收缩功能增强,纠正胎位,使胎儿顺利分娩。

3 梅花针叩刺治带状疱疹

华某某，女，66 岁。1981 年 6 月 4 日初诊。左胸胁阵发性刺痛 3 天。左侧腋中线至乳中线约第 5～7 肋间皮肤呈片状红斑，上布成簇水疱，微恶寒，头痛，厌食。舌苔黄腻，脉细弦。T 37.8℃。治疗：针患侧支沟、阳陵泉，均用泻法；再梅花针叩打相应脊神经节段，先叩督脉，次叩夹脊，足膀胱经一、二侧线，红斑皮疹区，均叩至微出血，再于相应夹脊处及疱疹处热拔罐，少量出血用消毒干棉球拭净（或在疱疹处涂上龙胆紫）。上述方法治疗 3 次，疼痛显减，体温正常，共治 1 周，疼痛已止，疱疹渐干涸，红斑消退。随访无瘢痕及遗留神经痛征象。

案 带状疱疹祖国医学称“蛇丹”、“缠腰火丹”等，系风热湿毒浸于肌肤，气血运行不畅，不通则痛。胁肋乃少阳、厥阴之分野，故取手足少阳经支沟、阳陵泉，以疏通少阳经气，达到利气止痛的目的。杜晓山认为本病病位在皮肤浅表，故施以梅花针治之。梅花针系《内经》刺法中“毛刺”衍变而来。《灵枢·官针》：“毛刺者，刺浮痹皮肤也。”通过梅花针叩打及拔罐放血，以清热解毒，疱疹得愈。现代医学认为“带状疱疹”为病毒感染所致，疼痛与脊神经、肋间神经相关，采用上述方穴，寓辨证与辨病相结合之意，故能收效耳。

4“舌三针”络刺治失语

某男，51 岁，1988 年 2 月 15 日会诊。家属代诉：患者于 1988 年 1 月 15 日突然神志昏迷，右侧偏瘫而急诊入院抢救，诊断为脑出血。经救治后虽危象已除，但仍右偏瘫伴失语，至今一月，故邀会诊。神志尚清，伸舌困难，不能言语，口角歪斜，右手足完全性瘫痪，二便失禁，舌苔浊腻，脉弦滑。证由平素嗜酒恣食，使痰热内盛，一旦心火暴盛，风火气血并走于上而中风，痰浊堵阻窍络而失语。治宜育阴潜阳，调理气机，开窍通络。治疗：取双侧曲池、合谷、足三里、太冲，均用泻法。再针“舌三针”，聚泉穴在舌面中央，用消毒纱布，拉住舌体，以 38 号 1 寸半针与舌面呈 5～10°进针深 5～8 分，捻转 2～3 次即出针，然后刺金津、玉液，点刺出血。第 1 次针毕，当时令其伸舌即有进步，能讲出单字。2 月 18 日二诊时，原方进治。针后舌强即愈，能讲简单语言，手足偏瘫按常用方穴续治。

案 本病属中风偏瘫恢复期，伴有舌强语謇症状。刺络出血，乃内经刺法中九刺之一，《灵枢·官针》：“络刺者，刺小络之血脉也。”多用于实证，热证。故取金津、玉液点刺出血，可清泄痰热，开窍通络。心主神明，开窍于舌，心主别络系舌本。故早期运用“舌三针”，对脑血管意外所致舌强语謇症状，能收良效。

5 提插泻法治石淋

屈某，男，26 岁。1988 年 2 月 16 日初诊。原有腰痛史 2 年，今年 2 月起腰痛加重，某院诊断为左肾结石，建议手术治疗。因有顾虑而未作手术，故来针灸试治。刻诊：左侧腰部阵发性绞痛，并向季肋、少腹、前阴、股内侧放散，小溲不爽。舌红苔腻，脉细数。治疗：取左肾俞、志室、京门、三阴交（双），均用提插泻法，三阴交针尖略向上，得气后大幅度捻转，令经气扩散到膝、股内侧。留针 4 分钟，每 15 分钟提插行针 1 次。针毕自述腰部绞痛缓解。嘱其多饮水，注意排尿。第 3 日尿中排出结石 1 枚，腰痛等症状消失

案“肾结石”祖国医学称为“石淋”。该病是由于肾虚，湿热蕴结于下焦，日久煎熬尿液，尿中杂质结为砂石。由于结石阻塞，下焦气机运化不利，故小溲不爽，腰部疼痛。杜晓山用俞募配穴法，取背俞穴肾俞、志室，募穴京门，以疏泄肾气，通利水道。三阴交为肝、脾、肾三经交会穴，可清化湿热，疏通三经之气。运用提插泻法（提重插轻），以加强调气机，清湿热，通水道之功效。四穴同用，使一次排石成功，足见针灸之功效。

6 左病右取治偏头痛

李某某，男，31 岁。1983 年 5 月 4 日初诊。偏左头痛 5 天。曾在某院神经科、眼科诊治，诊断为“血管神经性头痛”，“病毒性角膜炎”。经中西药物治疗，疼痛未止，故来请求针治。患者手按左前额，上眼睑红肿，球结膜轻度出血，头痛如锥刺，持续不停。按压左阳白穴处，疼痛难忍，舌红、苔薄腻，脉弦数。治拟疏风祛邪，宣通少阳经气为主。治疗：取左风池，右侠溪，阳陵泉（子午流注开穴，巨刺），留针 90 分钟，针后痛势顿减。隔日二诊时，取左风池，右历兑（子午流注，缪刺，微泻血），痛势缓解，眠酣纳增。三诊时，取左风池、右支沟（子午流注，巨刺）。治疗后疼痛消失，随访至今未再发作。

案 本证属风邪袭络，肝胆经气阻滞，剧痛点位于前额阳白穴及太阳穴处，为足少阳胆经所过，故取风池以疏风散邪，宣调肝胆经气，手法行针导气至前额，配子午流注开穴，取右侧的穴位，治左侧头痛。这种左病取右，右病取左的方法，在《内经》刺法中称为巨刺、缪刺，其区别为“巨刺刺经，缪刺刺络，”是一种左右交叉取穴法。由于立法恰当，故三诊而愈。（范婉华）

杜雨茂肾病学术经验

【名老中医简介】杜雨茂(1934年～)陕西城固人。教授,主任医师。曾任陕西中医学院院长。中华中医药学会陕西分会副会长及肾病研究组组长,中国西北地区仲景学说研究会理事长,美国亚拉巴马东方医学院名誉院长,日本汉方交流会顾问等。1991年被国务院授予首批有突出贡献的优秀知识分子。业医40余载,善治肾病。主持研制的"芪鹿肾康片治疗慢性肾炎"获卫生部批准,诊治肾炎的专家系统和诊治胆系疾病的专家软件,通过省级鉴定并推广应用,"珍珠养生酒"获轻工部优秀新产品奖,"奇效咳喘保"、"静电药物降压器"及"针灸取穴尺"等荣获国家专利证书,并被美国柯尔比中心授予"国际著名替代医学肾病专家"。发表学术论文80余篇,出版《杜雨茂肾病临床经验及实验研究》《奇难病临证指南》等10余部。

1 病因

杜雨茂认为,肾脏疾病的病因有内外两端,外因风、寒、湿、热、毒邪入侵,内因先天禀赋不足、后天调养失当及水饮、瘀血内生等,内外相招而发病。

1.1 外邪入侵

六淫致病,既有其特殊性,又有其互通性,即中医所谓之"同气相求",《内经》所谓"嗜欲不同,各有所通。"业师认为,肾脏疾病多与下列因素有关;

①寒邪:"寒喜中肾",故无论外感,或内生之寒邪,均易伤肾,寒为阴邪,易伤阳气,其所致病,每每导致肾阳不足,同时,寒性收引,在外易闭塞毛窍,在内伤及肾阳,停滞气化,使水绝外排之道,而易生水肿

②风邪:风为阳邪,善行数变,其在肾病发生发展中,占有极其重要的位置。风与寒邪,常相兼致病,以致在发病之初,多表现为恶寒、发热等表证存在。风寒犯人,多耗伤正气。同时,因肾病日久,机体抵抗力低下,又往往容易招受风邪,致病情加重,甚则反复发作,缠绵不愈。可见,风邪是肾脏疾病发生发展和加重的重要因素。

③热邪:在肾脏疾患中,热邪之特征主要体现在侵及下焦。如汉·张仲景所说:"热在下焦者则尿血,亦令淋秘不通",继此,后世医家虽续有阐发,但其精神盖无超出此者。概热邪侵及下焦肾与膀胱,一则致水液皆热,灼伤阴津,从而表现为尿急、尿频、尿痛、小便灼热疼痛;波及血分,致血热妄行,则多见小便带血(即肉眼血尿),或镜检有红血球;热邪久腐,营血败坏,则有脓尿等。

④湿邪:湿邪亦是肾脏疾病发病的一个重要因素。它有内外之分。外湿多由气候潮湿、涉水冒雨、或居处潮湿等所致。一年四季皆可发生,但以夏季和初秋多见,说明肾脏疾病尤其是肾盂肾炎的发生与气候因素有关。内湿多由脏腑功能失调,水液不能正常敷布而成。在发病脏腑上,多与肺、脾、肾三脏有关,尤其与肾的关系密切。如饮食、房劳等,伤及肺脾肾三脏,均能使水停生湿。因湿性粘腻,最易阻碍气机,致三焦壅滞,水道不利。水道不利,又反过来招致湿热内生,形成恶性循环。应当指出,湿热内阻,水道不利是种种肾脏疾病得以发生,乃至迁延不愈的一个重要因素,一则水道不利可以聚水生湿,另则水道不利又难以排除邪热,就会形成恶性循环。

⑤毒邪:毒邪在各型肾脏疾病的发生发展中,具有不容忽视的作用。外毒不同于六淫,它是一种生物性致病物质,是自然界气候变化作用于某些物质形成的。内毒则是外邪作用于人体后,病理性代谢产物积聚郁滞所化生的一类有害物质。其侵犯人体,毒伤正气,侵及实质脏器,早期仅局限于下焦膀胱,病变晚期,可侵及多个器官,形成广泛的病变。

1.2 内在因素

杜雨茂认为,各种肾病的发生与发展,虽与外感有关,但内在因素起到了决定性的作用,只有人体正气不足的情况下,才能发生该类疾病,亦即《内经》所谓之:"正气存内,邪不可干","邪之所凑,其气必虚"之意。

①先天禀赋:体质因素是该病发生的重要因素,或素体阳虚,或素体阴虚,尤其是先天禀赋不足,最易导致肾脏疾病的发生。"人之生,先生精",父母肾精不足,可致子女肾虚,一旦感受外邪,每致肾脏功能失调,关门不利,气化不行,致水湿内停,发为水肿。另外,发病之后,其疾病之转归,亦主要取决于肾精强弱,正气恢复的程度。若肾精得复,正气旺盛,则疾病容易痊愈,反之,则容易恶化。各种肾脏疾患,皆不越此。尤其是肾小球之病变,更是如此。现代医学的研究表明,原发性肾炎大多系通过免疫机制的改变而发病。由于免疫损伤在肾炎发病机制

中起关键作用，临床上多采用免疫抑制疗法，亦有认为，慢性肾炎发病与细胞免疫和体液免疫缺陷有关，肾病或肾炎都不有不同程度的免疫功能不全，肾病比肾炎更严重，而细胞免疫功能减退比体液免疫显著。多数肾脏疾病免疫功能低下，与其病程迁延，某些肾脏病的免疫失调还有可能加重其肾脏自身的免疫损伤有关。总之，自身免疫功能失调是肾脏疾病发生发展的因素，此与肾为先天之本，阴阳之宅及肾精理论正相吻合，说明了肾精（阴阳）不足，先天禀赋不足是发生本病的根本所在。从大量的临床观察中发现，调补肾精是治疗该病有效措施，其理论依据正在于此。

②后天失调：禀赋虽足，但在日常生活中不注意调养，如饮食不节，损伤脾胃，日久伤肾，或房劳过度，肾精流失过度，肾阴、肾阳因之亏虚而致虚损，命门火衰，火不温暖，气化不行，则又聚水生湿，发为肾脏疾病。

③瘀血、水饮等：该类既是病理产物，又是致病因素，它们在各种肾脏疾病中起着重要作用。疾病之早期，由于湿热、毒邪蕴结，热郁则血滞，水停则血阻；到后期，由于阴阳不足，气血耗伤，气虚则血行无力，阴虚则血粘而凝，此等均能使血行不畅形成瘀血。瘀血一旦形成，则又影响整个病程的转归，使疾病迁延不愈。各种肾脏疾病患者的主要病变部位在于肾，肾的“主水”功能发生障碍，而使水液潴留，而内蓄之水反过来又阻碍肾脏的气化，影响三焦决渎，导致气化失司，水道不畅则又加重积水，水阻则血瘀，而血瘀又能生水，即“血不利则为水，”而加重病情。

现代医学证实，肾盂肾炎慢性期，其病理变化主要以增生性改变为主，肾脏瘢痕性萎缩变小，肾盂和肾脏变形，肾实质多数局灶性纤维化，如炎症反复发作，血管壁发生增厚及结缔组织增生，血管变窄，从某种意义上，这些病理变化与中医之“瘀血”不无相关。在肾小球病变中，凝血是肾炎病变形成中的重要方面，纤维蛋白沉着是血凝的后果，也是导致肾小球纤维化、萎缩的前奏。一般认为，原发性肾小球疾病中存在着不同程度的高凝状态，不论在动物模型及人体肾炎中，免疫荧光测定与电镜检查均可以在肾小球内测出纤维蛋白，并在肾小球毛细血管中可以看到血小板凝聚。甲皱微循环的观察还表明，肾炎的发生与微循环障碍有关，提示肾炎是全身性微循环障碍，不仅限于肾组织，亦可见于外周循环。所有这些现象连同肾炎发生时的毛细血管内的血栓形成，肾小球细胞增生，基底膜增厚和免疫复合物的沉积等，似可视为中医之瘀血证。

如上所述，肾脏疾病之因，不外内外二端。在内因方面，已如上述，它是免疫功能发生障碍的结果。在外因方面，已知是由细菌感染所引起，而肾小球之病变，亦与链球菌感染有关，同时，在病变过程中，感染是导致疾病恶化的重要因素，不容忽视。

2 病 机

2.1 病变脏腑以肾、脾、肺、肝、胆为主，而波及诸多脏腑、组织

各种肾脏疾患，其病变之根本在于水道失畅，水邪内留外溢，故在外可见水肿，在内可见小便不利等，可概括为“水”病。而肾之功能，主要主水，故有“水脏”之称。肾中之精气，具有促进气化，小便启闭之作用，故无论外感、内伤，只有侵及肾，使肾“主水”功能失调，才能发生肾脏疾病，故肾为该类疾病的基本病变部位。

但水肿之起，非是一脏之疾。首先，肾与脾，一为先天之本，一为后天之本，生理情况相互联系，先天靠后天以养，后天赖先天以助，功能上优势互补。《医徧》亦曰：“脾胃之腐化，尤赖肾中之一点真阳蒸变，炉薪不息，釜爨方成。”阐明了脾胃之运化腐熟水谷，需得下焦肾阳资助之理。李东垣云：“元气之充足，皆由脾胃之气无所伤，而后滋养元气”。又进一步论述了肾元必赖脾胃水谷壳养之情，确为允当。生理上的紧密联系，必致病理上的相互影响，以致脾肾俱病。首先，在水液代谢方面，肾阳不足，气化不行，关门不利，致下焦不通，浊毒内留必影响脾机，致脾运不行，湿阻外溢，反之，脾气亦亏。若脾虚不运，水不布化，流溢于内，阻滞气机，下焦不通，阳难化气，肾无所藏，元气必惫，及脾肾皆衰，必酿水害。其次，脾为气血生化之源，肾主藏精而化血，脾虚失于运化，水谷不入，精微不生，则化源告罄，必累及肾元，致肾虚亏。肾精不充，化血无基，加之肾阳衰惫，推动无力，气血必乏，从而可出现全身性的虚衰。再者，脾对精微具有约束之功，若脾肾俱亏，约精无力，必致精微外流，从而出现大量的蛋白尿。脾统血之力不足，血不循常道，外则可见紫斑，内则可见尿血，此亦即紫癜肾所生之基也。

肺与肾，一属金，一属水，为母子之脏，又有金水相生、金水同源之内在联系。病理上亦相互影响，每每肾亏及肺，肺虚传肾，尤在主水功能上，肺为水之上源，功主通调水道，肾主水而司二便，感受外邪，肺气不宣，水道不通，外不能得汗而解，内不能从小便

而排，形成肺肾俱病，如“风水”之患，即是此意。肝与肾最易互传。肾水不足，水不涵木，则易导致肝阳上亢，甚则肝风内动，如各种肾脏疾病后期之抽搐等。另外，肝主疏泄，与胆、三焦共主人体之气机升降，若肝病疏泄失职，则三焦不通，水不下达，郁之于内。反之，肾病日久，水湿内留，阻碍气机，影响肝之气机升降，气机内郁，又是形成瘀血内毒的重要因素。

此外，本类疾病，还常常影响到膀胱，以致膀胱湿热内停，水道不通。病延日久，亦可影响到心、三焦等等。尤其是慢性肾功能衰竭，更是形成多脏腑、多组织、多器官的广泛病变，上焦不纳，浊阴上逆，则吐逆于上；中焦不化，湿溢于外，则浮肿立见，加之卫阳不充，易招外邪等，清气不升，元气不行，相火不化，交通失畅，痞阻格逆，关门不利，决渎失职，浊毒内蓄，五脏六腑皆乘，全身上下俱病，寒热虚实并见。

2.2 虚实并见是其基本机转

2.2.1 阴阳失衡是其本质

疾病之发生发展，离不开内外二因，辨证法告诉我们，外因是变化的条件，内因是变化的根据，外因通过内因而起作用，肾脏疾病亦同样适用。各种因素作用于人体，从而形成不同的病变，但总的来说，邪之犯人，必伤正气，而正气具有阴阳之属性，故因感邪轻重，患者体质及治疗情况，本病之虚亦有所侧重。

①阳（气）虚不固：各种肾脏疾病，当病邪侵邪后，皆可伤及阳气，尤其是慢性疾病，因急性期失治误治或治未彻底，亦有不少患者在急性期症状不明显而来觉察，一经发现即成为慢性者，该类患者病变日久，正气损作，导致脾肾阳气虚损，肾气虚，脾阳不振则运化失常，水湿潴留，气机升降失调，精微物质不得吸收，脏腑益损，病情愈重。阳气不足，卫外不固，易受外邪侵袭而反复发作。《素问·水热穴论》云“勇而劳甚则肾汗出，肾汗出而逢于风，内不得入于脏腑，外不得越于皮肤，客于玄府，行于皮里，传为水肿。”明确指出了肾气充足之人，纵感六淫等外邪，亦不致受其所害，反之肾气不足，亦必导致卫阳不足，从而易感外邪，引发本病。脾肾不足，水湿内停，外溢肌肤，发为水肿。肾虚不固，封藏失职，脾失统摄，精微失约，导致精微外泄，形成大量蛋白尿。随着病情的进一步发展，浊邪内蕴，三焦壅滞不利，气机升降失调，因而出现尿少，甚则癃闭，恶心呕吐，常见面色无华，面肢浮肿，气短乏力，头晕耳鸣等症。肾脾失司则浊邪不能泄于下，久之邪郁生热，浊盛化毒，损伤脏腑，入血犯脑，而见神昏、抽搐、吐血、衄血等危重证候。可见，阳气虚衰有其演变过程，亦是临证较为常见者。

②肾阴不足：肾为先天之本，内寓真阴真阳，当病邪不解，损及肾脏之阴，亦可出现水肿。肾阴虚产生之因，可能与下列因素有关：①因阳虚而过用温燥，使阴精损伤。②因水肿而久用渗利，致阴液流失。③激素、免疫抑制剂的使用，也可耗伤阴精。④肾炎水肿期，水不化精而内潴脏腑，外溢皮肤，故慢性肾炎看似水液偏多，实则阴精亏少。⑤湿遏水聚日久，化热伤阴，或感受湿热毒邪，损伤阴津。⑥素体阴亏火旺之人，发病后邪从火化，更伤阴津，阴虚一旦形成，即可产生或加重水肿。早在汉代张仲景就创立了猪苓汤，以治肾阴虚有热之水肿，开滋阴利水之先河。对其机理，赵献可曰：“殊不知阴虚，三焦之火旺……皆相火泛滥停水而生病也”。清代医家唐容川对阴虚水肿论述更详，指出：“阴虚不能化水则小便不利”。张锡纯认为：“阴分虚损，肾脏为虚热所伤而生炎，是以不能漉水以利小便。”肾阴包括肾精，肾气由肾精所化，若作为物质基础的肾阴匮乏，则肾气生化不足，主水失职，关门不利，或水液泛溢而成水肿，或虚火灼伤下焦致尿频急而痛，若肾失封藏，肾阴虚，虚火灼伤阴络而见血尿、蛋白尿等。

③阴阳双亏：阴阳互根，相互维系，在发病过程中，常常阴损及阳，或阳损及阴，从而出现阴阳两伤。尤其是病变之中后期，此类患者最为常见，患者不仅有阴虚之见证，如五心烦热、面红潮热、盗汗等，同时又具有畏寒怕冷、腰膝冷痛等等一系列阴阳双亏之象。究其发生之因，不外两端，一是素体虚弱，日久不复。二是精气空虚，先由肾气虚，而后肾精不化，此过程之出现，标示着疾病的进一步发展，常常是加重的表现，应高度重视。

2.2.2 实邪内蕴是其特征

水气不利是各种肾脏疾病的主要表现。或肾阳不足，或肾阴亏虚，或阴阳双亏，以致下焦不通，水道不利，水气内留，外溢肌肤而为水肿；内窜脏腑而为悸、烦、眩等。水气内停，壅遏络路，阻塞气机，又易生瘀、化火、生毒，产生一系列的“实象”。

如上所述，该类疾病的共同机转在于虚实并见，本虚标实。本虚容易招致外邪，产生病理产物（水、瘀、火）而致实。标实又反过来损伤人体正气，加重本虚，形成恶性循环。可以说，在各种肾脏疾患中，均存在着上述之机，只是各有侧重，或以本虚为主，或以标实为主。一般说来，初期以标实为主，后期以本虚为主。

同时,值得提出的是,该类疾病尤其是慢性期,还有一特征,即寒热互见。一方面,肾阳虚者,阳虚而生内寒,而水、瘀、毒交炽,气机不通又易生火,故寒热每每同时存在。

2.2.3 传变规律

①六经序传:各种肾脏疾病,在发病过程中,不可能一成不变,但其发生发展,却有一定的规律。肾盂肾炎、肾小球病变皆由外感而起,其病变过程亦遵循由轻到重,由表入里的特征。就其正虚来说,先由不重到重,其阳气之虚亦每先气后阳,其邪气则从表入里,由强到弱,并随人体质及治疗情况而化热,化寒。据此,杜雨茂认为,肾脏疾病,就其总体病机来看,较为符合《伤寒论》之六经传变规律。病变之初,多由外感六淫之邪而引起,每每先有太阳之见证,如恶寒、发热、头痛、身痛、腰痛等等。继之出现小便不利、水肿等,表证不解,随经入府,膀胱气化不利的蓄水证。病情进一步的发展,则又可出现往来寒热、口苦咽干、目眩、胸满不舒等少阳病之见证。部分患者,邪气化热,表邪入里而传入阳明,病至阳明,亦有经证、腑证之不同。

若失治误治,病情不解,邪气损伤正气,首先出现的是脾气不足,而未达阳气亏虚之程度,此时,病已入太阴,标示着病由以实为主而转变为以虚为主,疾病发生了本质的变化,多见于各种肾脏疾病的慢性期之初。若病在太阴而未能及时治疗,或此时过用温燥,皆可传入少阴,从而出现寒化与热化两种不同的证型。寒化证,系气虚的进一步发展,导致阳气亏虚,而热化证则是肾阴不足,此多见于各种肾脏疾病的中后期。若病仍不解,正虚不复,而邪毒炽盛,损伤脏腑,败坏气血,其病情虚实互见,寒热错杂,标示着病已深入厥阴,预后欠佳,多见于慢性肾功能衰竭期。

②直中:即疾病发生之初,不经太阳之表,而直接入里,从而表现为三阴证候或少阳证候。临床上,不少患者发热之初自不在意,或无任何自觉症状,一经发现即为慢性期,如隐匿性肾炎等,个别患者,一经确诊,即为尿毒症等。

③合病、并病:此类患者亦较常见,或发病之初,即含有二经证候,或在演变的过程中,一经证候未罢,而又出现了另一经证候,最常见的为太阴、少阴合、并病。

④寒化热化互见:有一部分患者,在病变过程中,既有寒化之征,又有热化之象,从而出现阴阳双亏、气阴两虚之机,此当注意。另外,一部分患者还遵循表里互传,最常见的为太阳少阴互传及少阳厥阴互传,在治疗时应予注意。

3 辨证方法

各种肾脏疾病在病变过程中,多按六经传变,因此,其证候不越六经范围,其辨证仍依六经之法。

3.1 太阳病期

太阳主一身之表,为六经藩蓠,外邪入侵,多从表而入,正气奋起抗邪,于是首先表现出来的是太阳病,但太阳病有经证、腑证之分。邪犯体表所出现的表证,即太阳经证。经证不解,邪传膀胱,乃成太阳腑证。各种肾病之初起,多有邪犯太阳之表现。

①经证:临床表现 一般发病急,眼睑浮肿,继则四肢及全身水肿。按之凹陷或不凹陷,四肢关节疼痛或酸痛,恶寒、恶风、发热、身痛、咽痛等,脉浮紧或浮数,苔薄白或薄黄等,多见于各种肾炎之初起。

辨证要点 外邪侵袭,毛窍闭塞,肺气失宣,不能通调水道,下输膀胱,故小便不利,全身浮肿。水湿内留,与外邪相搏,加重症状。外邪犯表,卫阳被遏,营卫不和,故见发热,恶寒。四肢关节疼痛,或身痛。风邪犯肺,宣降失司,则咳嗽或气喘等。如口渴、舌苔薄黄。脉浮数,发热重则证偏于热。如舌苔白、脉浮紧、咯痰白、恶寒重,则证偏于寒。如汗出恶风、水肿不退者,则为表虚证。

②腑证:表证期经过治疗,或病情自然转变,外邪随经入里,侵入膀胱,则表现为腑证。

临床表现 表证解除,病势转缓。脘痞,全身水肿,或高度水肿。或下半身浮肿较重,肢体沉重,小便不利,苔白腻,口不渴或渴不多饮,舌淡红,舌体胖大,脉沉弦或缓。

辨证要点 表证已除,而邪气随经入腑,尚未化热,是本证之特征。因水湿之邪内壅膀胱,气化不行,则小便不利,水湿无外排之道,浸渍肌肤,壅阻不利,以致全身水肿,按之凹陷,水湿内阻,脾为湿困,阳气不能舒展,水湿不运,故见肢体沉重,脘痞、纳差。水湿为患尚未化热,故见口渴或渴不多饮,苔白。舌体胖大,脉缓亦为湿邪中阻之象。

3.2 少阳病期

少阳在三阳经中,以所居病位来讲,乃已离太阳之表,而未入阳明之里,就其病机而言,乃邪犯少阳,枢机不利,胆火内郁。因此,在各种肾脏疾病中,若主要体现为上述病机,三焦决渎失职者,皆为少阳病。

临床表现 一般发病较急,邪直犯少阳,或太阳病期失治误治而来，全身水肿、或腹水，或上下肢浮肿、或四肢肿胀，小便色赤，心烦、口苦、咽干而痛，头目昏眩，恶心欲吐，口渴，但渴不多饮，或发热无汗，或寒热往来，或胸胁胀满，或小便灼热、疼痛，左或右肾区叩击痛。脉沉或弦、或数。

辨证要点 病邪已离太阳之表，而尚未入阳明之里，是本证的主要着眼点。邪犯少阳，枢机不利，三焦失于通畅，则小便不利，水湿内停。外溢肌肤，则全身水肿。枢机郁滞，胆火内郁。上炎于上，则口苦、咽干而痛。主犯清窍，则头昏目弦，甚则双目红赤。下炎膀胱，则小便灼热疼痛。干犯脾胃，则恶心欲吐，脘腹胀闷等，种种见证，不一而足。

3.3 阳明病期

阳明病是三阳病之极期阶段，此期阳气亢旺，邪热最盛，其形成原因主要有以下几点。①因感受病邪较为严重，虽在太阳、少阳病期经过发汗或用和解之法，未能驱邪外出，依然传里化热；②病者阳气素旺，感受外邪后容易入里化热。③由于病在太阳、少阳或其它各期中一味攻伐，过用温燥，损伤阴津，使邪传阳明。不论何种因素，侵及阳明后，据其不同机转，可分为经证、腑证两类。无形邪热充斥表里，肠中无燥屎者为经证，邪热内传，已与糟粕互结肠道者，为腑证。

①经证：临床表现 发热或胸腹部灼热，或心烦，咽喉肿痛，皮肤疮疡，小便不利，全身水肿、或眼睑肿、或下肢轻度浮肿，头昏或头痛，口干而燥，舌红、苔黄，脉数或滑数。

辨证要点 扁桃体肿大，或皮肤疮毒经治不愈，毒邪循经传于阳明，致邪热炽盛，壅遏气机，阻塞水道，则发为水肿。或水肿患者过用激素，或久用激素，致阴虚生燥，热归阳明。或阳虚之人过用温燥，化热成实，转入阳明。概阳明为多气多血之经，外主肌肉，燥热充斥，外达则见发热；热腐营郁，则生痤疮；壅滞于内，则腹胀，腹部灼热；邪热上攻，则头昏而痛；热邪内遏，气机不通，水液不布，则小便不利，全身水肿，种种见证，不一而足。

②腑证：临床表现 脘腹胀满，大便秘结不通，烦热、口渴、或手足发热，不便不利，水肿，皮肤光亮，舌质红，苔黄，脉沉弦。

辨证要点 水湿之邪，郁而化热，伤津化燥，内传阳明，与肠中糟粕互结，致腑气不通，故大便秘结不通，脘腹胀满，热邪充斥，故烦热，口渴，或手足发热。水湿内阻，气化不利故见小便不利，皮肤光亮等。

3.4 太阴病期

太阴在脏为肺与脾，分别与大肠、胃相表里，生理情况下相互联系，病理上相互影响，两经证候可以相互转化。如本属燥热伤津、里实热证的阳明病，过用攻下，或素体脾虚者，即可转变为脾虚寒湿的太阴病；反之，太阴病中阳渐复者，亦可转为阳明，即所谓之实则阳明，虚则太阴。各种肾病，表现为太阴证者，多已进入慢性期，其基本病变仍局限于肺、脾气虚，尚未波及整体，不为全身性机能衰竭是其特征。

临床表现 一般病势较缓，全身浮肿或面目浮肿，或下肢浮肿较甚，或午后下肢微肿，晨起眼睑浮肿，或面目及手足不肿，心慌、头晕、气短或稍劳气短、胸闷、恶心、纳差、腹胀、神疲、困倦乏力、唇甲色淡、面色㿠白、或面色萎黄不华、小便清利、或小便不利。大便正常或大便稀溏，舌淡红或暗红、或舌边尖红，舌苔薄白，或舌苔前薄根腻、或白厚，脉沉缓、或弦、或细而无力。

辨证要点 病在太阴，一般由急性肾炎失治误治而转为慢性，或慢性肾炎经过治疗后而进入恢复期，此期血肌酐正常，尿素氮较低，而无腰痛、腰酸，明显畏寒等肾虚表现。概因水液代谢有赖于肺、脾、肾三脏的协调统一，肺为水上之源，主通调水道。脾居中州，功主运化水湿。肾居下焦，主气化蒸腾。今肺脾气虚，水之输布、运化障碍，可致水肿。肺气虚在症状上可见气短或稍劳气短，面色㿠白，时自汗出等。而肺气不足，不能宣散水精，下不能调水道通畅，则水留而为患。脾气不足，运化不力，一则可见腹胀，纳差，甚则便溏，水谷精微不能输布，则神疲，困倦乏力。日久气血亦亏，则见唇甲色淡。水湿内阻，则小便不利，肺脾虚弱，水液不能正常代谢，留之于内，外溢肌肤，则为水肿。

3.5 少阴病期

少阴病的性质，总的来说为全身性的机能不足证。因少阴心肾为一身元气之大宝，功主气化，司二便之开合，为水火之脏，少阴之肾，内寓真阴真阳，具有本阴而标阳之性，故病入少阴，既可从阴化寒，亦可从阳化热，因而在见证上有寒化、热化两种类型。一般而言，病至少阴，证情较太阴为重，标示着已进入慢性肾炎的中后期阶段。而各种肾病，病在少阴，主要反映在肾主水的功能发生变化，而与一般外感病及其它杂病有显然之别，应予注意。

①寒化证、脾肾阳虚型：临床表现 面目浮肿，或全身浮肿，或下肢肿甚，且按之凹陷，腰膝酸软或疼痛，少腹胀闷或凉，畏寒或足胫不温，或手足逆冷，夜尿频，小便清长或不利，大便稀溏或便次增多，食后

腹胀或饥不欲食，面色㿠白或萎黄不华，或面色晦暗，舌淡，舌体胖大、胖嫩或有齿痕，唇甲色淡，神疲乏力，或月经后期且经色淡，脉沉细无力。

辨证要点 素体虚弱，久病失治，肾阳衰微，不能温化水液，水湿内留，故见身面水肿，以下肢为甚，水气上凌，心神不宁，故见心悸气短。腰为肾之府，肾虚而水气内盛，则腰疼或腰酸腿软；肾阳不足，致膀胱气化不利，关门失约，故小便量少或尿频。肾阳虚，命门火衰，不能温煦肢体，则手足不温，怯寒神瘦。阳虚不华于面，则面色萎黄不华，或面色㿠白、灰暗。肾阳为一身阳气之根本，日久必累及脾阳、脾肾两亏，则可见腹胀、纳差、便溏，舌质淡胖，脉沉细等均为阳虚湿盛之象。

②热化证、肾阴亏虚型：临床表现 全身水肿或下肢浮肿较甚，或眼睑及下肢轻度浮肿，或晨起眼睑浮肿，下午下肢微肿，或足踝肿，按之凹陷或按之轻微凹陷，或胸水、腹水，头昏或头晕，耳鸣，咽干。口干或口渴，渴不欲饮，颜面烘热，两颧潮红，唇红，烦热，手足心热，或午后潮热，心慌，自汗或盗汗，腰痛或腰酸腿软，小便不利或小便量少，色红或淡红，大便正常或干燥，舌红或边尖红、或舌淡红少苔，或薄白、薄黄、脉沉，略数。

辨证要点 素体阴虚，或阳水经治后渗利太过，或阴水过服温热药阴证转阳而呈阴虚，均可形成本证。腰为肾之府，肾开窍于耳，肾虚则见腰痛或腰膝酸软，耳鸣。肾之经脉过咽，阴虚水不上承，则见咽干或口干而渴，阴虚不能敛阳，心肾不交则可见心烦热，心慌，手足心热，甚则面赤，多梦，遗精，盗汗或自汗。午后为阳旺之时，阴虚阳旺，故颜面烘热，潮热。肾主二阴，阴虚阳失化源，功能失职，加之阴虚不润，关门不利，故亦可见小便不利，大便干燥，致水湿不化，留之于内。至于脉数，舌边尖红等均为阴虚火旺之象。

③太少两感证：临床表现 全身水肿，大便稀溏，手足不温，形寒肢冷，腰膝酸软，唇甲色淡，无汗，小便不利，恶风身疼，脉沉细而数，舌淡苔白。一般尿素氮较高，血色素较低。

辨证要点 此证除一般肾阳虚见证外，尚有风寒外束之表现，多见于慢性肾炎之后期，复又感寒邪，以致表里同病。肾阳不足，不能温煦，故见唇甲色淡，畏寒肢冷，脉沉，腰膝冷痛，风寒外束，则恶风、无汗、身痛。因风寒外束，玄府闭塞，肾阳不化，小便不利，故导致水湿内留，发为水肿。

④少阴阴阳俱虚型：临床表现 病势缓，全身水肿或面目浮肿，晨起眼睑浮肿，下肢浮肿较甚，轻度恶寒，或背恶寒，手足逆冷，或足径不温，夜尿频，或少腹发凉，耳鸣，心烦，咽干，盗汗，或午后潮热，或五心烦热，失眠，多梦，脉沉细而数，颜面烘热或两颧潮红等。

辨证要点 少阴内寄真阴真阳，阴虚日久，可致阳虚，阳虚日久，亦可导致阴虚，即阴损及阳，阳虚累阴。肾阴虚则可见口干或口渴，或咽干，颜面潮红，五心烦热，舌边尖红等。肾阳虚可见畏寒，手足不温，或足径不温，夜尿频，小便不利，大便稀等。腰为肾之府，阴阳不足，多见腰痛等。上述证候，不一而足，临证之时，若仅现一二即可。肾虚日久，多及脾肺，可见相应之气虚症状，如气短，稍劳即加，神疲，乏力等。由于肾之阴阳虚损程度不同，故对水的气化功能影响大小不一，临床可见水肿轻重有别。

⑤太阴少阴并病（脾气肾阴不足）：临床表现 全身水肿，或下肢浮肿，或眼睑浮肿，按之凹陷，耳鸣，心烦，或手足心热，午后潮热，咽干而红，腰痛，或腰腿酸痛，或面色萎黄不华，困倦乏力，口淡无味，脘腹胀或食后腹胀，纳差，大便稀溏或便次增多，舌体胖有齿痕，脉沉细或缓弱。

辨证要点 因该类疾病本质所决定，故在临床上可以见到本类型。概因脾为后天之本，肾为先天之本，脾肾二脏皆主要参与水液的运化、输布，故各种肾脏病患多累及二脏。临床上，阳虚或阴虚见证均不典型是其特征，肾阴不足，则腰酸，头昏，耳鸣，甚则五心烦热，多梦遗精，而无明显的肾阳虚，如畏寒肢冷等。脾气不足，则有困倦乏力，腹胀纳差，气短等。脾不运化，则水湿内留。究其病机，概因脾不运化，水湿不运，精微不布，而致阴虚。或因肾阳不足，阴精亏乏，精不化气，而致脾虚，不论何种原因，二者共同存在，又相互化生，形成恶性循环。

3.6 厥阴病期

厥阴为三阴之尽，即二阴交尽也。在证侯的转变上，已经达于最后一经，又是阴尽阳生之脏，病情演变多趋极端，不是极寒就是极热，而阴极则生阳，阳极则生阴，就少阳寒化、热化之证，进一步发展，即表现为寒热错杂之厥病之特征。病至厥阴，已界极期，大多数为肾功能不全或肾功能衰竭，因此，证侯较为复杂，病情亦为凶险。

①肝寒浊逆：临床表现 四肢发凉，畏寒怕冷，头昏而痛，恶心欲吐，口苦而干，心烦，面色㿠白，唇甲色淡，周身发痒，甚则四肢抽搐，舌淡或边尖红，或苔黄而腻，脉沉细无力，尿素氮、血肌酐均升高，血色素

低。

辨证要点 是证有二组症状，一为肝肾阳虚，阴寒内盛。因肝肾阳衰，无力温煦，故见四肢发凉，畏寒怕冷，脉沉细无力，肝血不足，则唇甲色淡，肝血亏虚，无力养筋，虚风内动，故外见皮肤发痒，四肢抽搐。阳虚不能制水，浊阴上攻。二是湿浊内蕴，化热生毒，浊毒上攻，则头昏而痛，恶心呕吐，且口苦而干，证属寒热错杂之证。

②肝寒胆热：临床表现 除肾衰见证外，全身水肿，或下肢轻度浮肿，或晨起眼睑浮肿，尚有恶心呕吐，胸闷口苦，纳差，四肢抽搐，唇甲色淡，心烦，头昏而痛，脉弦细等。

辨证要点 肝与胆相表里，肝主疏泄，少阳胆主决断，生理上相互联系，病理上相互影响。厥阴阳气虚，则见唇甲色淡，四肢抽搐，头昏而痛等，少阳郁热，枢机不利，三焦水道不通中，则干犯于胃，而恶心呕吐，循经上扰，则口苦，咽干，耳聋耳赤，胸胁苦满等。

③下焦寒热错杂，瘀血阻滞：临床表现 畏寒怕冷，水肿，或下肢肿甚，或晨起眼睑浮肿，呕吐，大便硬或色黑，小便量少，面色萎黄而暗，烦躁不安，或谵语，腰酸腹痛，舌质紫暗或暗红，脉沉细无力，或沉涩无力等。

辨证要点 下焦肾阳不足，阴寒内生，则见四肢不温，畏寒怕冷，肾阳虚气化失常，则小便不利，水湿内留，泛溢肌肤，则发为水肿，况是病日久，水湿郁而化热，湿热相合，阻碍气机，加之阳虚推血无力，而致气滞血瘀，瘀既成，又与湿热相结，更加重病情，熏灼肠道，故见大便硬结色黑。血分热毒，上扰神明，则其人烦躁，甚或发狂。浊毒上攻，而见恶心欲吐等，脉沉涩，舌质紫暗等均属瘀血见证。

4 治 法

4.1 基本治法

①解表法：主要适用于各种肾病初起，证见发热恶风等太阳表证，但据脉证不同，又可分为风热及风寒二型，其治法亦异：

散寒解表，宣肺利水法：适用于风寒表证。因风寒束表，毛窍闭塞，肺失肃降，证见发热恶寒，无汗，关节疼痛，甚或全身疼痛，小便不利，全身浮肿。治有二途，一为祛风散寒，宣肺发汗，使水邪自汗而出，一乃渗利水湿，使湿自小便而去。方以麻黄连翘赤小豆汤化裁（麻黄、连翘、赤小豆、杏仁、猪苓、茯苓、桑白皮等）。

清热解表，利湿解毒法：适用于风热表证期。证见发热重，恶寒轻，咳嗽，咽喉肿痛，脉细数等，方以越婢汤化裁（麻黄、石膏、生姜皮、二花、荆芥、连翘、生益母草、石苇等）。

益气固表，利水消肿法：适用于表虚之证，证见汗出，恶风等卫外不固，水气内溢者，方以防已黄芪汤化裁（木防已、黄芪、白术、防风、茯苓、泽泻、生姜、大枣等）。

②化湿通阳法：主要适用于太阳腑证，即表邪不解，随经入里，三焦决渎失常，膀胱气化不利，水湿内停者。本证的关键在于阳气不化，水湿内停，故治应通阳化湿，阳气一通，湿乃自去，水即自消，方以五皮饮合五苓散化裁（茯苓、生姜皮、桂枝、猪苓、白术、泽泻、陈皮、大腹皮、桑白皮等）

③和解枢机法：适用于少阳枢机不利，三焦决渎失职之少阳病期，该期之关键所在，乃少阳枢机不利，胆火内郁，以致三焦水道不通，故治应和解少阳枢机，枢机一转，水道自通，方以柴苓汤化裁（柴胡、党参、黄芩、生甘草、猪苓、茯苓、石苇、白术等）。

④清热解毒法：此法适用于阳明毒热炽盛，充斥表里之阳明经证。因阳明邪热充斥，热水相合，必生毒邪，偏于表上者，证见咽痛，皮肤疮疡等，以五味消毒饮合四苓散化裁（地丁草、公英、二花、连翘、生甘草、黄连、桔梗、猪苓、泽泻、茯苓、生石膏等）。偏于内、下者，证见小便涩痛或混浊，化验小便脓球、血球俱见，治宜四苓散合八正散化裁（猪苓、茯苓、泽泻、滑石、葶苈子、扁蓄、瞿麦、生益母草、白茅根等）。

⑤泻热通便法：此法适用于阳明腑证。在水肿的同时，伴见腹胀，大便秘结等，阳明邪热与糟粕互结，气机不通，水道不利，治当通腑泻热，腑通则气畅，三焦通畅，水自可排，方以已椒苈黄丸化裁（酒军、厚朴、防已、椒目、葶苈子、茯苓、赤芍、石苇等）。

⑥益气健脾法：适用于太阴气虚证。该证虽为水肿，实由太阴气虚，运化失职而致，治疗不在利水，而在于健脾促运，脾机一转，水津四布，水肿自消，以参苓白术散加减，其意义有二：一则补气以充脾，二则理气以转脾。补脾充气用党参、白术、茯苓、山药、甘草、大枣、莲子肉；转脾用陈皮、扁豆、砂仁、薏苡仁、桔梗等。

⑦温阳利水法：适用于少阴寒化证。因少阴阳虚，气化不利而致水湿泛溢，该法之意义有二：一为温阳复化，气化水可分消；一乃治标利水，因此证以本虚为主，不可攻伐，故应淡渗利湿，水去而不伤正，标本齐治，取效宏捷。方以真武汤化裁（党参、白术、茯苓、附片、生姜、薏仁、白芍等）。

⑧滋阴利水法：适用于少阴热化证。少阴阴虚水停，此时单纯利水，每易伤及真阴，单纯滋阴清火，又易滋水生湿，故以滋阴泻火与利水祛湿并施。但据阴虚与水火之侧重不同，治疗亦异，对阴虚症状明显者，以六味地黄汤合猪苓汤化裁（生地、山药、云苓、泽泻、丹皮、猪苓、怀牛膝、车前子）；若以小便不利，水肿明显，或尿量少、色黄或混浊，或尿灼热而痛者，以猪苓汤化裁（生地、猪苓、茯苓、泽泻、滑石、车前子、金钱草、小蓟、石苇等）。

⑨阴阳双补法：适用于少阴阴阳双虚证。肾为水火之脏，阴阳互根，单纯壮阳，则阴益损，单纯滋阴，则阳愈虚，故用阴阳双补。以济生肾气丸化裁，滋阴以六味地黄丸，壮阳用肉桂、附子，两相配合，可补火中之阴，壮阴中之火，虽未直接利水，但肾气旺盛，水气自散。

⑩温阳解表法：适用于太少两感证。内有少阴阳虚，外有风寒束表，单发汗则更伤里阳，纯温阳则表邪不解，故应表里齐治，以麻黄附子细辛汤化裁，汗出表散，使水湿自表去。温阳化气，膀胱气化恢复，则水湿自小便出，虽未用利水之品，而水气自消肿自退。

⑪滋阴益气法：适用于太阴与少阴合病之肾阴脾气双亏证。本证气阴两虚，涉及两脏，治当兼用。补脾气以助运化，则水湿可散，气阴速生，滋肾阴以利肾关，则关利小便自畅，湿去而脾机自转。可谓相辅相成。方以四君子汤合六味地黄汤化裁（生地、山萸肉、丹皮、茯苓、泽泻、山药、怀牛膝、党参、白术、陈皮等）。

⑫温阳降浊法：适用于厥阴病期之肝寒浊逆证。因本证既有肝肾阳虚阴盛之寒，又有湿浊久郁之毒热，故治当寒热并用，温阳降浊，以真武场合黄连苏叶汤化裁（附子、生姜、茯苓、白芍、黄连、苏叶等）阳复寒去，热清浊降，毒邪得以外排，气机得以恢复。

⑬温肝清胆法：此法适用于少阳厥阴互感之肝寒胆热证。因厥阴阳虚，阴浊内阻，少阳郁热，枢机不利，单纯温复厥阴之阳，则少阳郁热更炽，单纯利少阳，和解枢机，则厥阴之阳更伤，况仲景早有明训：阳虚寒湿者不得单用柴胡汤。故权宜之法，当两解少阳厥阴，以小柴胡汤清解少阳郁热，疏利气机，且助肝疏泄，以桂枝、吴茱萸温肝复阳，可谓一举而两得。

⑭温阳清化法：此法适用于厥阴病期之阳虚寒盛，热瘀互结下焦之证。本证有肾阳虚衰，阴寒内盛，同时又有下焦水瘀热邪互结，浊毒内攻之机。治疗之法，一就温阳祛寒，一应化瘀清热利水，故以桃核承气汤化裁（桃仁、大黄、益母草、桂枝、附片、泽泻等）。

4.2 治法特色

①着重辨证论治：尽管各种肾病均为泌尿系统病变，但各种病之间毕竟存在着差异，即使患同一种病，如肾小球肾炎，但因病期、体质、时间、地域、感邪轻重等诸因不同，其表现亦完全不同，在病理上存在着极大的差异，有的为太阴病，有的为少阴病，即使同为少阴，亦有寒化、热化之异，更有兼挟之别，因此，治法就不可能相同，治疗的关键，在于根据不同的临床表现，首先分出属六经中的何经病变，而后确定不同的证型，有是证即用是药，突出辨证论治，才能发挥中医药特长，从而疗效更高，此不但是治疗肾病的秘诀，也是治疗各种疾病的关键所在。不可一见肾病，即谓病在中医肾脏本身，而只求归肾经之药，以从肾治，则往往事与愿违。从上可知，肾病之变，可分属六经，累及五脏六腑，决非肾之一端矣。

②突出扶助正气：因肾脏疾患之机，关键在于本虚标实，就其发病来说，正是“正气存内，邪不可干，”“邪之所凑，其气必虚”的体现，在各个阶段，各经病变中，均存在着正虚的一面，只不过不同阶段有所侧重而已，如早期病在三阳，以邪实为主，病在三阴，以正虚为重，唯其如此，亦应兼顾，主要体现在如下几个方面：在三阳，以攻邪为主，一则应适当加入扶正之品，呵护正气，使邪不内传，及早截断其内传之机，次则应在攻邪之时，不可伤正，药物宜平稳。病在三阴，以扶正为要，或顾其阳，或滋其阴，正气一复，病有转机，否则邪未去而正已伤，于病不利，要明白治疗之根本在于使机体阴平阳秘，精神乃治。

③重视利水渗湿：各种肾病，尽管其分证不同，但都有其共同的特点和病机，即水湿内停，外在表现为水肿，因此，治疗之主要目的，在于清利体内的水湿之邪，此亦即本病的特殊性，故尔，要知小便是排出水湿的重要途径，自始至终，应加入淡渗利湿之品，以通利下焦，使水有外排之道。

④贯穿活血化瘀：大量的临床实践及现代研究都证明，瘀血是导致肾脏疾病的重要因素，亦是该病发生发展不可忽视的成份，因此，活血化瘀疗法确能提高疗效。从临床来看，能否恰当地选用活血化瘀药物，直接影响着治疗效果。故尔，杜雨茂在上述各型之中，均有活血化瘀之法掺和，只是侧重有所不同，在一般情况下，多以辅佐之法行施，但对于瘀血突出者，直接用为主法，如病在厥阴期的下焦瘀血证

即是一例。

⑤注意清热凉血：因本病之机，有水湿瘀血内阻，气机不利，最容易郁而化火，酿毒入血，在临床上，小便赤涩疼痛，肉眼血尿及镜下血尿更是常发之证，因此，须时时注意热毒，一旦发现征兆，用之当然。即使在尚未出现之前，及早预防，亦属必要。

⑥封土涩关不可不知：因此类疾病多表现为小便不利，一般看来，开关利窍犹恐不及，万不可涩之闭之。其实不然，从病机而言，该病多有脾虚肾亏，脾失约束，肾失封藏，精微物质时常流失，征之临床，蛋白尿当属司空见惯，如不及时收涩，则正气必将大亏，故在利除水湿的同时，应知关门失约之机早已暗伏其中，故各期各型，均应注意。

5 特殊体征用药规律

5.1 蛋白尿

在慢性肾炎治疗过程中，蛋白尿往往十分严重，在短期内不易消失，且容易反复出现，即使一般症状消失后，尿蛋白也可能仍然存在。更有部分患者，毫无自觉症状，仅是以尿蛋白为突出表现。所以，能否有效地控制蛋白尿，对慢性肾炎的治疗来说，就显得十分重要。杜雨茂经验，一般按下法治疗

①肾元亏虚，调补阴阳：各种肾病的主要病位在于肾脏，其病变根本在于肾虚。由于肾虚，功能活动衰减，以致水液代谢紊乱，失其封藏之职，元气亏虚，从而出现蛋白尿。临床观察，肾虚以阴虚为多，能否恰当的补肾，是治疗蛋白尿的关键。肾阴虚者，证见腰膝酸软、头晕耳鸣、口咽干燥、脉细数等，用二至丸加生地、山萸肉、桑寄生；肾阳虚，证见畏寒肢冷，腰部冷痛，小便清长，舌淡胖有齿痕，脉沉细等，宜在补肾阴的基础上酌加附片、桂枝、杜仲、菟丝子、淫羊藿等。所谓阳得阴助，则生化无穷。

②截流止涩，固摄精微：在肾脏疾病的过程中，由于肾虚失于固摄，从而出现精微的流失，而精微物质的大量流失，又可导致正气亏虚日益严重，形成恶性循环。所以，能否有效地固涩精微，是肾病治疗的重要环节。若见小便清长频数，尿后余沥未尽，女子带下清稀等，应在补肾的基础上选加金樱子、莲须、芡实、潼蒺藜、鹿衔草等收涩精徽的药物，以加强固肾的能力。

③上封肾藏，补脾强关：杜雨茂认为，肾之蛰藏功能，必籍土封，只有土强，肾关方固，故常于补肾的基础上加入补脾之品，如四君子汤加黄芪，以加强脾之约束功能，疗效较佳。

④逐湿热瘀血，祛邪安正：因肾性疾患脏腑功能失调，水液代谢不力，气血运行受阻，故常夹有水湿、湿热、瘀血等病邪，此类病邪又进一步影响及肾脾，使蛋白尿等加重，导致疾病迁延难愈，所以及时地祛除病邪，才能提高慢性肾病的疗效，消减蛋白尿。在治疗上，夹有瘀血者，每选生益母草、丹参、红花、丹皮，有湿热者，酌加金钱草、石苇、土茯苓等。

5.2 血 尿

血尿一症，亦是各种肾病常见体征之一，严重者可有肉眼血尿，较轻者，则为镜下血尿，有时十分顽固，消除血尿对肾脏病的治疗亦甚为重要。但血尿的治疗，并非单一，要根据患者的不同表现，适当的选用药物。

①清热凉血：一般来说，邪热炽盛，壅于下焦，由气入血，以致热毒迫血妄行，每见小便灼热疼痛，口干而苦等。此时应在辨证用药的基础上，加用大小蓟、白茅根、丹皮、生地等，以清热解毒凉血，血中毒热消除，血尿自不发生。

②温运化瘀，活血止血：血尿之形成，不单由热邪引起，尚有因脾肾阳虚，瘀血内阻而致者，此时若径投清热解毒之品，则血尿将更加严重。是证每见形寒肢冷，少腹发凉等。因此，温运化瘀，血活则流通于经，自无血尿为害。故其治疗，当在辨证论治的前提下，选加炒蒲黄、干姜炭、焦艾叶等，以温运活血，消瘀通脉。

③滋阴清热止血：肾阴亏虚或肝肾阴虚，内热自生或相火妄动，内扰营血使其失藏而致血尿，证见五心烦热，头晕，耳鸣，腰酸，脉细数，舌红少苔，在肾脏病亦较常见。治宜滋养肝肾，清热止血，用知柏地黄汤加旱莲草、大小蓟、白茅根等；热象不著时，可减去知母、黄柏。

④养血止血：血虚经脉周流不畅，亦可导致出血，其证每见心烦，面色不华，头晕眼花，爪甲不荣等；治当补血止血，可在辨证的前提下，选加阿胶、当归身、仙鹤草等。

⑤益气固摄，活血止血：脾主统血，各种肾病若脾气不足，统血无力，血不归经，流溢于外，而成瘀血，瘀血内阻，加重出血，证见气短乏力，大便稀溏等。在辨证施治的基础上，可酌情加用三七冲服。三七一味，既化瘀，又能止血，更能壮元气，一举三得，确为对的。

值得注意的是，血尿的治疗，不仅要着眼于“止”，而应时时注意于“活”。止血是目的，也是主要措施，但一味应用止法，往往事与愿违，因过用止涩，则必然导致血瘀，瘀血一旦形成，则又阻塞血脉，

使血流不畅，血不归经，更加重出血。故尔，在各型止血药中，应选择止血而不留瘀着为好，如丹皮、蒲黄、当归、三七之属均是，此亦为治疗血尿的又一特点。

5.3 脓尿

脓尿亦是常见体征，尤其是合并有尿路感染者，则更为常见。其治疗有时相当不易，常易反复发作。尤其是慢性疾患，每每感染而呈急性发作之状，若治疗不当，易于影响整个治疗大局。究其原因，固然是因热毒郁于下焦，腐肉蚀血而成，治当清热解毒。但选择药物，却有讲究，一般应选凉而不寒者为宜。否则，一味投用苦寒直折之品，虽能图一时之快，但服之既久，则正气损伤，阳气虚弱，加重水肿；尤在慢性患者，更应时时注意保护患者胃气，古云："留得一分胃气，则有一生机"，此言不虚。苦寒之品，最易损伤胃阳，胃阳一败，一则饮食不入，正气缺乏生化之源，再则药物不入，难于治疗，此其一。其二，应选入有发越性能之品，取其"火郁发之"之意，一则可使火邪消散，自不腐肉，再则亦可使所用寒凉药物不致凝滞气机，酿成瘀血。因此，应在辨证的基础上，选用金钱草、扁蓄、地丁草、连翘、二花、鱼腥草等，取其凉而不寒，轻清发越之性。对于苦寒药物如黄柏、黄芩、栀子、黄连等，一般情况下不宜多用和久用，但在急性期，火热较烈，且患者体质不衰者应投用，以顿挫病势，但必须注意，见好即收，不可过剂，一俟火势收敛，及时换银花、连翘、柴胡等平行之药，以免伤正。

5.4 高血压

①平肝潜阳：各型肾病，由于肾阴不足，水不涵木，或水邪内阻，肝气郁滞，以致肝阳上亢，发为高血压。证见头胀痛或头晕，伴颜面烘热，耳鸣如潮，两颧潮红等。治当平肝潜阳，可在辨证的基础上，加入钩藤、天麻、草决明、丹皮、白芍等。若伴见口苦，急躁易怒等肝火上炎之证者，加用龙胆草、夏枯草等。

②滋肾活血：肾阴不足，既是导致水肿之因，亦是致木亢的主要因素。因肾阴亏虚，一则水不涵木，致肝阳上亢，再者阴亏血涩，形成瘀血，瘀血阻滞，气机不通，即可导致高血压。因此，在治疗之时应注意滋肾活血，可选用桑寄生、怀牛膝、生杜仲、丹参、红花、桃仁等，临床观察，多在经过一段时间的服药后有较好疗效。

③利水畅气：水气内阻，泛溢肌肤，可以阻塞人体气机致五脏六腑之机皆乘，是发生高血压的又一因素。故尔，应选择利尿通水之品，通达三焦。可选泽泻、车前子、荜澄茄等。

5.5 尿毒症

尿毒症是各种肾脏疾病的终末期，常常使患者丧失生活能力，给社会及患者带来沉重的负担和痛苦。故尔，能否积极有效地控制尿毒症，缓解症状，增强体质极有意义。

杜雨茂认为，一般轻型者，可以辨证治疗，但要大量应用泽泻，一般不少于15g，发现长期应用之后，具有良好地改善肾功之作用。若患者症情较重，则应温阳益肾，通腑泻浊，使"清阳出上窍，浊阴出下窍"，给体内浊邪出路，恢复机体的动态平衡，故在辨证给药的基础上，配合中药保留灌肠，药选大黄、附片、牡蛎等，常收较满意疗效。

5.6 泌尿系结石

肾及膀胱结石症，是临床常见病之一，在肾脏疾患中，占有一席之地，此病之治疗，一应重视扶正，二应重视排石及消溶结石，三应缓解止痛。原则上，应按照辨证论治，即有是证即用是药，实践证明，严格地按照辨证论治精神，长期坚持服药，待全身症状缓解，绝大部分患者的结石亦随之排出或消溶；但若能按照辨证与辨病相结合来治疗，不仅可以缩短病程，而且有利于临床疗效的提高，据杜雨茂经验，在辨病方面，应如下而治：

①清除湿热：结石之成因，多为湿热蕴结，炼灼津液结为砂石而成，故在辨证论治的基础上，加入清利湿热之品，如金钱草、石苇、扁蓄、车前子、滑石等。现代药理研究证明，上述药物有消溶结石及促进输尿管蠕动的作用，有利于结石的排出。

②活血化瘀：结石日久，阻滞气机，必然形成瘀血；而湿热阻滞，壅遏气机，阻塞血脉，亦必致瘀血，瘀血阻滞，更加重结石。故在辨证论治的基础上，应适当选加郁金、元胡、桃仁、川牛膝等。药理研究证明，该类药物可消除尿道的炎症、瘀血、水肿，使输尿管蠕动的频率和幅度增大，同样有利于结石的排出。

③滋阴缓急：因该类疾病日久，湿热蕴蒸，必伤阴津，致阴伤火旺，且阴亏则肌肉挛急，多表现为疼痛。此时，应滋阴缓急，药用芍药、甘草，酸甘化阴，缓急止痛。药理研究证明，大剂量的芍药甘草汤，有利于输尿管的扩张，使结石易于排出体外。

④消石溶石：对结石较大者若单纯用上法，实难奏效，必须消除之，杜雨茂的经验，消石溶石药在清热利湿药的同时，尚有鸡内金、海金砂、郁金、青皮、硝石等，应在辨证的基础上选用。

5.7 低蛋白血症

在慢性肾炎、肾病综合症中，常常出现低蛋白血症，此时白蛋白显著降低，球蛋白轻度减少，白、球蛋白比值常倒置。其治疗，一般情况下有效控制蛋白尿，其自可缓解，若单纯降尿蛋白效果不理想时，则应如下法治疗：

一般而言，血中蛋白下降，多是正气损伤的标志，若表现为面色不华，短气乏力，大便溏泻等属脾虚者，治宜补脾胃之气，以四君子汤加黄芪、芡实。若有头晕耳鸣，五心烦热等见症者，为肝肾阴虚，应滋补肝肾，酌情选加滋补肝肾之品，如女贞子、枸杞子、旱莲草、白芍等，效果良好。

5.8 乙肝表面抗原阳性

多见于乙肝相关性肾炎或肾病患者又感染乙肝病毒，此病治疗相当困难，因乙肝病毒是一种毒邪入侵，其消退，取决于人体正气的强弱，而解毒、祛瘀有利于扶助正气，加速机体对毒气的排除，使脏腑气机通畅，功能恢复。故尔，可在辩证论治的基础上，选加解毒化瘀之品，杜雨茂常用自拟解毒汤：大青叶、连翘、柴胡、白花蛇舌草、三七等，疗效满意。

5.9 尿糖、血糖增高

①尿糖不降：多系胃阴不足，燥热炽盛所致，故在辨证的基础上加花粉、乌梅、石膏、玄参以生津降火。同时，已故名医施今墨先生之经验，应以苍术配玄参，其曰："用苍术治糖尿病，以其有'敛脾精'的作用，苍术虽燥，但伍玄参之润，可制其短而用其长"。经实践，确有良效。

②血糖不降：多系脾气不足，肾精不藏而致，治当脾肾双调，可在原方的基础上，酌加黄芪、山药、黄精、沙苑、蒺藜等。尚有因服用肾上腺皮质激素过久而致出现尿糖者，需减停激素，用中药辨证治疗。

5.10 血色素低

各种肾脏疾患日久，损伤正气，致元气大亏时常见，一般出现血色素低等贫血现象，标示者患肾病日久甚至已到肾功不全期。究其机理，一则因脏腑气血大亏，功能受损，不能更好地化生精血，再则因体内浊毒内蕴，耗伤正气而致。故其治疗大法，一应补元复本，二应解毒化浊，可在辨证论治的前提下，酌情加入西洋参、黄芪、当归、虎杖、白花蛇舌草，标本齐治，临床验证，可有较好的疗效。

5.11 IgA 升高

血清中 IgA 升高，并在肾小球系膜区沉积是导致 IgA 肾病的直接因素。因此，能否有效地清除血中之 IgA，是治疗成败的关键。杜雨茂认为，清除血清中之 1gA，及扫除肾小球系膜区沉积之 IgA 的方法，可在原辨证论治的基础上，从以下二点着眼：

①活血化瘀：就临床表现而言，IgA 肾病患者多有瘀血的见证，如脉沉涩、腰部（肾区）疼痛，舌质紫暗或有瘀斑，小便色红等。现代研究证实，此时主要病理变化为血液成分的改变（即血清免疫球蛋白升高，尤其是 IgA 升高）和血管壁的改变（既免疫球蛋白及其抗原抗体复合物在毛细血管区的沉积），肾小球内有单体 IgA 沉积，而后者能与循环中的多聚 IgA 结合，从而加速多聚 IgA 在肾小球内沉积。血液流变学检查发现，此时患者的全血粘度、血浆粘度明显升高，红细胞形态明显变形，且变形的红细胞与血尿、肾小球滤过率相关等，都证明了 IgA 肾病中的瘀血存在。故应加入活血化瘀之品，杜雨茂常以丹参、三七、红花、益母草、泽兰等随证加入，取效较好。

②清利湿热：IgA 肾病的另一特点是湿热内阻，患者常表现低热、咽喉肿痛、脘腹胀闷、不思饮食、咳嗽等湿热内郁之征。现代研究也证实，IgA 肾病患者的咽部提取物中获得了腺病毒、疱疹病毒、水痘、带状疱疹病毒和Ⅱ型流感病毒，因而认为 IgA 肾病患者上呼吸道抗原刺激可能是由于几种不同类型的 DNA 病毒或为 RNA 病毒所致。有人对 IgA 肾病与乙肝表面抗原关系的研究显示，乙肝可能是 IgA 肾病加剧与恶化的重要因素，等等，能否恰当的运用清热解毒之品，是消除 IgA 肾病中抗原抗体复合物的一大环节。杜雨茂常在辨证论治的基础上，加入连翘、白花蛇舌草、大青叶、柴胡、山豆根、金银花、地丁草等。

5.12 肾囊肿

多囊肾常为双侧性，是一种先天性肾脏畸病，囊肿可逐渐扩大，压迫肾组织，出现腰痛、血尿、高血压，易并发感染，最后可导致肾功能不全。因此，临床上一旦有症状，经 x 线肾脏平片及肾超声波等可对本病确诊。此时应立即治疗，原则上仍用六经辨证的方法论治，但亦有其特殊的规律，故在辨证论治的基础上，应注意以下两点：

①活血化瘀：多囊肾患者，多有腰部胀痛或刺痛，部位固定，腹部痞块等，究其机理，乃因气血瘀滞日久，凝结而成。治当理气活血。一般可用桂枝茯苓丸，酌加香附、红花、川牛膝，若瘀血严重，可选加三棱、莪术、土元等以破瘀散结。

②理气化痰：由于肾阳不足，水湿停聚，郁而生痰，痰湿不化，阻塞经脉，故每见腹部痞块，触之不硬等征象，故在治疗时，应加入理气化痰、软坚散结之品，如陈皮、枳壳、川朴、半夏、昆布、生牡蛎等。若合并感染，出现脓尿，甚至发热恶寒、身痛等，可用四苓汤合五味消毒饮而用之。若损及肾实质，导致肾功

能衰退者，可按肾衰辨证施治。然后再考虑消囊肿。

5.13 高脂血症

高脂血症多见于肾病综合征患者，血浆胆固醇、甘油三脂和磷脂均明显增加，低密度及极低密度脂蛋白浓度增加，高密度脂蛋白正常或下降，它是慢性肾炎肾病型及肾病综合征患者动脉硬化性合并症较多的原因。因此，有效地控制高脂血症，不仅对该病本身的治疗，而且对其合并症的治疗均有重要意义。该病之治疗，一般进行辨证论治可以使高脂质减轻或消失，但若能针对其特点选加药物，疗效将更高。

杜雨茂认为，高脂血症一般与瘀血、浊毒及阳气不足有关。因阳气不足，气化不行，水湿内停，聚而化毒生瘀，而瘀血痰浊又可影响气机，消灼阴津。故其治疗，应随机加入丹参、泽泻等以活血化瘀、利湿降浊。加巴戟天、淫羊藿等温壮元阳，取效更佳。值得指出的是，上述体征往往合并出现，可据其不同情况一并处理。

6 异常情况的处理方法

在肾脏疾病的发病过程中，往往出现一些异常情况，亦需要单独处理，以加强疗效。于此，杜雨茂形成了自己的经验体会，现介绍如下：

6.1 急进性肾炎

在临床治疗过程中，患者突然出现少尿或尿闭、血尿（常见肉眼血尿、化验尿 EBC 在（+++）以上）、尿蛋白量多（++）以上、舒张压多在 13kPa 以上，以常规处理方法，未见好转，而呈进行性加重者，多为邪实内阻，浊邪急壅而致，故应配合用温阳活血、清热泄浊之剂的灌肠疗法，以顿挫病势。常用：大黄 15g，附片 9g，牡蛎 24g，蒲公英 18g，鹿衔草 24g，红花 12g，丹参 30g，泽兰 30g，水煎二次，滤汁灌肠，视其病情轻重，或每日一次或隔日一次，多有良好效果。

6.2 易感冒问题

各种肾病，由于机体抵抗力低下，在慢性期及急性肾炎的恢复期易感冒。可针对具体情况处理，一般情况下，证情偏气虚、偏阴虚者的轻型感冒，可在原方辨证基础上加数味药以调理，待其外邪解后，自可清除。若证情偏阳虚，如脾肾阳虚或肾阴阳两虚偏重者，可在方中加温经解表药。如系阴虚外感者，可合归葛饮（当归、葛根）加荆芥、桑叶而用之。重证感冒宜先治感冒，待愈后再专治肾炎。

风寒袭表：恶风或恶寒，无汗、鼻塞或头痛，应加苏叶、荆芥各 9g，以疏风散邪；风热袭表：发热或发热恶寒，或汗出，或舌边尖红，或脉浮数等，加柴胡 10g，二花 15g，连翘 12g，葛根 12g 等；肺气不宣：证见咳嗽、咯白粘痰，加杏仁 10g，贝母 10g；若咳嗽，咯痰粘稠，加桔梗 10g，鱼腥草 30g，黄芩 9g，以宣肺清热。

6.3 水肿不退，小便不利者

一般而言，各种肾脏疾病患者多有水肿及小便不利，若能针对病机，进行辨证论治多能获效。但严重的水肿，如伴见腹水、胸水以及应用常规治法而小便仍不利者，需随证予以特殊处治。

①攻逐水饮：若在辨证论治的过程中，突然出现腹水、胸水，或原有胸水、腹水不能消失，则应急开支河，在五苓散五皮饮疗效不显著时，可适当依据病情选加逐水之品：如二丑、葶苈子等中等度峻利之药；若仍不效，可加用商陆、大戟、芫花攻逐水饮。但应注意，此类药物毕竟为攻破之品，易损伤真元，一旦奏效，应先减量，进而逐渐更换药物，不可过剂，否则易形成变化。

②调畅气机：一味淡渗利湿，选用泽泻、茯苓等药不效者，其基本原因在于气机不通，水邪未能达于膀胱。此时，即使再用攻逐之品，亦难奏效。因此，应在治法上根本转变，应着眼于气化，察其气机是否通畅？适当加入行气温化之品，促进膀胱气化功能，则水液自然外排，据大量临床实践证明，该法确有事半功倍之效，杜雨茂常用荜澄茄、沉香、槟榔、桂枝、大腹皮之属，意正在此。

6.4 关于激素的应用及撤减问题

西医对多种肾脏疾患，多用肾上腺皮质激素治疗，固有较好的疗效，但因激素的副作用及撤减的困难，在临床上形成了极大的难点。杜雨茂认为，对病情严重，或对激素敏感者，或已应用激素，减量或停药后症状及尿蛋白出现明显反跳现象者，可在继续应用激素的同时，适当给予中药疗法，待疗效稳定后，再逐步减少激素用量，渐致撤去激素，继续服用中药。待无反跳现象，再单独用中药巩固 2～3 个月，然后停用中药。但值得注意的是，对激素敏感者，在撤西药时，一定要慎重缓慢，否则欲速则不达。同时，在激素的应用或撤减过程中，应恰当的应用中药，以对抗和减轻其负作用。

①滋肾清火：在长期临床实践中，杜雨茂认识到，激素对人体的副作用，多相当于肾阴不足，相火妄动的表现：如颜面潮热，手足心热，烦躁，面部及胸背部起痤疮，或口干、耳鸣等。故应以滋肾清火之法，在辨证论治的基础上，加入女贞子，旱莲草、生地、知母、粉丹皮等。

②壮肾气：对于服维持量激素或减量激素，从而

出现腰痛或腰腿酸软,但寒热之象不明显者,此为肾气不足而致,故应加入桑寄生、杜仲、鹿衔草、淫羊藿等。从临床看,很少因服用激素而致肾阳虚者,若久服之后,亦多致阴虚为主,而后才形成阴阳两虚。故在治疗上,仍应以滋肾阴,壮肾气为主,以防减停激素后,出现肾上腺皮质激素分泌不足而产生的肾上皮质功能低下的类似肾气虚证候。

6.5 小儿用药问题

各种肾病,小儿并不少见,因儿童期间,年龄区段较大,不同年龄对药物的耐受量不同,故应区别对待,其用药情况应遵不同年龄和不同体质而异,杜雨茂常分两种情况对待:

①一般情况:发育正常,身体素质较好者,8~14岁,用成人2/3量;6~8岁,用成人1/2;6岁以下,用成人1/3量。

②特殊情况:体质较弱,发育不良,后天失养,易罹患疾病者,用药应慎重。8~14岁用成人1/2量;6~8岁用成人1/3量;6岁以下用成人2/5量。发育一般,病情顽固,一般经治后服药20~30剂,病情变化不大,自觉症状无显著改变,尿蛋白或尿RBC下降,8~12岁即可用成人量。

6.6 妇女月经、妊娠期用药

因妇人生理特点不同于男子,治疗用药应有区别:

①月经期:已辨为太阳表证,少阳病证及阳明经府证等各证型时,尿中RBC(++)或兼有瘀血,方中用有过于寒凉之品、活血化瘀药如丹参、赤芍、红花及凉血止血药生地、大小蓟、公英等,宜停用或减量,以免致经血过多或骤停。全方中的寒凉或辛热太过之品,宜停用3~5天,以免凝滞经血或血热妄行。

②妊娠:患有肾脏疾患,如肾盂肾炎、肾小球肾炎等属慢性者,一般不宜怀孕,如已怀孕之肾功能不全,各型肾炎患者,若不终止妊娠,则碍胎药不宜用,以免流产或生其它变故。如红花、丹参、附片、桂枝、三七等不宜用或不应量大(宜减1/3量),若在妊娠5个月以前,生益母草、川牛膝、大黄亦不能用,以免流产。

6.7 皮肤瘀斑

过敏性紫癜性肾炎可出现皮肤瘀斑,其它肾病若血小板减少,亦可出现皮肤大块紫斑。如病情轻者,倍当施治,预后一般较好。但部分患者病情顽固者,易发展成为慢性肾功能衰竭,若病势严重,呈急进性肾炎状态者,每伴有迅速发展的肾功损害,此时若治疗措施不力,患者大多于半年到一年内死亡,应引起高度重视。对其治疗,原则上仍按六经辨治,但毕竟该病为血分热毒为患,故应重视凉血止血、解毒散瘀。在上述分型论治的基础上,随机佐入生地、丹皮、生益母草、大小蓟、丹参、白茅根、仙鹤草之属,若为单纯血小板减少引起,则应补脾益气,酌加黄芪、白术、当归、三七、仙鹤草等。(张振忠)

段其昌临床经验

【名老中医简介】段其昌(1939~)主任医师,教授。1962年毕业于云南中医学院。第三批全国老中医药专家学术经验继承工作指导老师。从医40余载,主攻内科临床,尤擅长于消化内科疾病及内假热、肿瘤等病证的诊治。

临床经验

内假热证

1 分型施治

段其昌认为常见的内假热证,原则上可分为整体虚损型、气机郁滞型两大类型。

1.1 整体虚损型

此型是整个内假热证病例中最常见和最多见的一型。人体阴阳气血,是维持人体生理活动最基本的物质基础,若邪气入侵,病久失调,积劳内伤,尤以平素体质虚损者,常易致使脏腑虚损,气血阴阳化生障碍,出现内假热证。临床上常见的又可分为阴虚、血虚、气虚型发热。

1.1.1 阴虚型发热 病因:以心、肝、肾、肺四脏阴分不足,津血亏虚,正虚邪干为多见。主症:发热,以夜热早凉,伴明显自热火升感为证候特征。此外,尚有手足心热,消瘦,盗汗,口燥咽干,大便燥结,烦燥易怒,腰酸遗精,头昏,尿短赤,舌质红或舌边尖红,少苔或无苔,脉象细数无力等兼挟症状。治疗原则:育阴清热。基础方药:清骨散加减(沙参、知母、银柴胡、青蒿、玉竹、甘草等)。

案1 何某某,女,35岁,玉溪市桃园5队农民。于2004年7月29日就诊,患者两月来持续发热,体温波动于38.5℃~39℃之间,伴身酸痛,神倦萎靡,其余无明显伴随症状,门诊以清热解表法治疗不效,遂于8月2日收入院。入院后血常规、血培养、血生化反应未见异常，给头孢噻肟钠，清开灵，安痛定等药抗感染及对症治疗二周后无效，遂出院到我院门诊就诊，来诊时患者诉发热，伴全身阵阵烘热感，以午后及夜间为甚，口燥咽干，头昏腰酸，大便干结量少，查：体温37.5℃，形体消瘦，精神倦怠，舌质红，少苔，脉细数无力，拟诊发热，证属热病经久不愈，阴津亏损的阴虚证，治以育阴清热，方选清骨散加减化裁，方药：地骨皮15g，青蒿12g，知母20g，牡丹皮12g，麦冬20g，沙参15g，银柴胡12g，秦艽12g，大黄3g，甘草6g，服药6剂后热退，诸症尽除，追踪观察1月体温正常，病告痊愈。

1.1.2 血虚型发热 病因：以心、肝二脏血亏为主。多由吐衄、便血、崩漏、产后失血等所致，可因饮食、劳倦等内伤脾胃逐渐发展而成。主症：发热与劳倦相关，小劳则热，伴有性情急燥，面部有烘热感为证候特征。此外，尚伴有身倦怠，手足无力，面白少华，头昏心悸，心烦少寐，唇色淡白，爪甲淡白或变形，或筋挛拘急，女子则经水不调，舌质淡，脉象细数无力等兼挟症状。治疗原则：补血益气。基础方药：补肝汤加减（炙黄芪、当归、白芍、生地、麦冬、枣仁、炙甘草等）。

案2 葛某某，女，45岁，江川县大街农民，因全身烘热半年于2004年5月21日就诊。患者患子宫肌瘤多年，月经量多，经期每月10～15天，每月均需服止血药月经才能干净，因家庭困难拒绝手术治疗。来诊时患诉半年来自觉全身及颜面阵阵烘热感，劳动及经期尤甚，伴头昏心悸，心烦少寐，查体温36.8℃，血色素6.8g/L，面白少华，爪甲淡白，舌质淡，少苔，脉细数无力。拟诊：发热，证属心脾两虚之血虚证，治以健脾养心、养血生血。首选补肝汤加减，方药：黄芪40g，当归15g，白芍15g，酸枣仁15g，旱莲草25g，炙首乌20g，鸡血藤膏25g，麦冬20g，甘草6g，服药10剂后症状明显好转。其中经期月经量多，淋漓不尽，上方加生三七10g，茜草15g，活血生血止血。月经终止后继服上方5剂，体温正常，全身烘热及颜面发热消除，病告痊愈。

1.1.3 气虚型发热 病因：以脾气虚为主，但亦有肺气虚者。多由饮食，劳倦内伤或重病久病后，正虚未复所致。主症：发热多无明显自觉热感，一般要测量体温才得知发热，并伴有形寒、倦怠等为其证候特征。此外，尚有面色欠华、气短懒言、头昏、口淡不渴、大便溏薄、食少或食则腹胀，舌质淡、苔白、脉象细而无力等兼挟症状。治疗原则：补中益气。基础方药：补中益气汤加减（炙黄芪、太子参、炒白术、淮山药、当归、何首乌、银柴胡、陈皮、大枣、炙甘草等）。

案3 刘某某，女，14岁，个旧人，因腹泻、发热65天于2005年3月5日就诊，患者2月前曾患“痢疾”，愈后一周，再度出现腹泻、发热。复予“青霉素、庆大霉素、痢特灵、黄连素”等针药未效，就诊时腹泻、发热已达45天，前后3次粪便镜检，均检出霉菌孢子及菌丝。就诊时患诉每日腹泻8～9次，便质稀薄，呈棕色似酱，泻出物微腥臭，无粘液脓血，伴肠鸣，腹胀，纳呆厌食，强食则自称腹胀欲破，口干苦，不时以水漱口而不欲下咽，溲清量少，查体温37.8℃，无自热感，在测体温后才得知发热。神情倦怠，语声低弱，面色萎黄，厚衣蜷缩。舌体胖嫩，苔色浅黑而润，脉细无力。拟诊：①泄泻；②内假热症。证属：脾虚及肾，水谷不化，虚热内生，治以补脾益肾，甘温除热。方选补中益气汤加减化裁。方药：炙黄芪3g，潞党参20g，炒白术12g，补骨脂15g，肉豆蔻12g，煨柯子6g，陈皮8g，肉桂3g，炙甘草3g，上方连服8剂，诸证消失，精神大振，仅大便微溏，每日排便1次，改予参苓白术散加减善其后，4剂而愈。

1.2 气机郁滞型

较之整体虚损型虽少，但兼杂病理产物相对较多，主要由脏腑、经络之气机阻滞不畅，气血盛衰失度，使正常的脏腑功能失调。临床常见的可分为3型。

1.2.1 气郁型发热 病因：以肝气不舒为主，多由精神刺激或情志抑郁，使肝气疏泄不及，气机阻滞而成。主症：以自感胸中郁热不安，伴急躁忧愤，闷闷不乐为其证候特征。此外，尚有胸胁胀满，饮食呆钝，盗汗少寐或心烦口苦，女子经前乳胀，舌质稍红、苔薄白、脉弦等兼挟症。治疗原则：疏肝解郁。基础方药：柴胡疏肝汤加减（炒柴胡、白芍、炙香附、佛手、郁金、当归、夏枯草、生甘草等）。

案1 王某某，男，55岁，干部。因发热一月余，于2005年4月5日就诊。患者8个月前因胆石症行胆囊切除，一月以前不明原因发热，体温波动于37.2℃～37.5℃之间，各项检查未见异常，用过多种抗生素无效，他院诊断为功能性发热，来诊患诉发热不定时，热时胸中郁热不安，口苦咽干，胸胁隐痛，纳食欠佳，查体温37.3℃，闷闷不乐，舌苔薄白，质淡红，脉弦。拟诊：内假热症，证属肝胆气滞留，治以疏肝利胆泄热。方选柴胡疏肝散与小柴胡汤加减化裁。方药：炒柴胡15g，郁金20g，夏枯草25g，黄芩15g，连翘15g，潞党参25g，青蒿12g，枳壳15g，焦三仙各15g，甘草6g，服药5剂后体温正常，症状减轻。上方又进

3剂后，病获痊愈。

1.2.2 瘀血内停型 病因：多由气虚、寒湿或外伤跌仆，或负重失度等，使气滞日久，气病及血而成。主症：以局部或全身自觉或触觉的发热为主，而体温多属正常或略高于正常，并伴舌质紫暗或舌体边尖瘀斑等为主要证候特征。此外，尚有固定性钝痛，或灼痛，或刺痛，或出现上半身一侧出汗一侧无汗，或两侧上下冷热，疼痛感觉悬殊等不平衡症状。治疗原则：益气化瘀。基础方药：补阳还五汤加减（炙黄芪、当归、川芎、紫丹参、地龙、生三七、炙甘草等）。

案2 段某某，女，58岁，教师。因右侧肢体、颜面部发热三个月于2004年7月28日就诊，患者于半年前中风后右侧肢体行走活动不便。来诊时，患诉右侧肢体、颜面部发热，并有灼痛感，入夜尤甚，行走活动不便，口干舌燥，心悸失眠，查体温36.8℃，颜面晦暗，舌质淡暗，边尖瘀点，脉沉细，拟诊：内假热症。证属瘀血阻络，治以益气化瘀通络，方选补阳还五汤加减化裁。方药：黄芪40g，当归15g，川芎20g，丹参20g，桂枝10g，三七粉10g，水蛭粉5g，红花5g，甘草6g，服药2个月后右侧肢体、颜面发热、灼痛感消失，肢体活动较就诊前灵活。

2 体 会

内假热证，又称虚热，为临床所常见，是众多疾病变化过程中尤为常见的一种病理表现或状态。目前该证尚无一个较为确切的定义，在未形成一个精确的表述之前，段其昌认为可以定义为：在正邪交争的过程中，由于阴、阳、气、血的不足，机体的反应属虚，因此导致的全身性发热或患者主观感觉全身（或局部）发热，无论其体温高于或低于正常范围内，均属于内假热证的范畴。

段其昌辨证时提出三个“强调”：①要善于抓常见症多发症，从而把内假热症分为常见的整体虚损型和气机郁滞型两大类型，有利于对本病的整体把握。②要善于抓主症、辨兼症，要不断总结提炼临床常见证型的主症和兼症，从而准确地把握各型的辨证要点及鉴别诊断要点，提高辨证的准确性。③中医的“证候”具有阶段性动态变化的特点，是针对疾病发展不同时段，不同状态的病理概括，上述辨证分型的确定是针对内假热证某一个具体阶段的病机而作出的辨证结论，这些证型只是反映疾病某一阶段的状态，这一阶段仅是整个疾病变化过程当中的一个动态时相，因此应动态观察，方能求得准确的证型。

在施治时段其昌提出三个“重视”：①要重视中医是认求证为核心的个体化治疗，因此遣方用药不能拘于一方，必须随“证型”变化动态调整处方用药，方能获效。②要重视证型的兼杂和可变性，要充分结合伏邪蕴郁体内极易生变的特点，一旦伏邪被触动，既可外传，又可内攻脏腑。③要重视细微征象变化。遵循“脏居于内而形于外”的整体观，及时捕捉分析人体发出的与疾病相关的信息，洞察每一个新症状、新征象的细微变化。例如：在阴虚型内假热证治疗过程中，若患者舌质渐转红绛，苔色渐呈深黄少津，热势上升，夜烦揭被，甚或合目便谵语等征象出现，则应视为触动深层伏邪。系伏邪乘机妄动所为，《素问》云：“阴虚则热”、“易动风火”。患者舌质、舌苔变化伴夜烦、热势上升、合目便谵语等新症状和新征象，即是邪犯心包前的潜在表现，可视为“邪传营分”病理变化的先兆。这些先兆既是预测潜在病证的佐证，更是明确诊断的依据。施治中必须果断加入清营透邪之品，对于预后的转归至关重要。（杨玲 吴治恒）

遣方用药

四逆散

1 胃、十二指肠炎、食道炎

表现为胃脘胀痛、痛窜两胁、嗳气频作、嘈杂泛酸，兼有胃粘膜急性活动性炎症或胆汁返流，舌质淡红、苔薄白、脉弦者，四逆散合小半夏汤加减。

案1 李某某，女，48岁，市轻工设备厂职工。于2003年5月18日就诊，患者三年来反复感中上腹部疼痛，近二月来因情志不舒遂感症状再发加重。来诊时诉中上腹临近心窝处疼痛频作，呈灼热隐痛、胀痛、痛连两胁、嗳气频作、心烦欲呕、郁虑善怒，伴肠鸣泄泻，泻前腹胀，泻后胀痛不减缓。舌质暗红，苔白厚腻少津，脉细弦。胃镜示：慢性浅表性胃炎，十二指肠球炎。拟诊为胃脘痛，证属肝脾不调，治以疏肝健脾和胃，投四逆散合小半夏汤加减：炒柴胡15g，炒枳实20g，白芍30g，苡仁40g，郁金20g，香附30g，法夏6g，苏叶12g，茯苓15g，甘草6g，服药两剂后泄泻止，每日一次稀糊状便，中上腹仍有烧灼隐痛饱胀感，嗳气频作，纳食每餐1两左右，上方去苡仁、茯苓加莱菔子30g，川楝子15g，连服二剂，纳食正常，上腹疼痛饱胀止，病痊愈。

2 胃、十二指肠溃疡

表现为胃脘疼痛，痛有定处或胃脘部灼热感，大便潜血阳性，胃粘膜充血，水肿或糜烂出血，舌质暗红或有瘀斑者，四逆散合失笑散加白芨、三七粉、大黄等。

案2 郭某某，男，39岁，江川一中教师。2003年7月18日就诊。中上腹部灼热刺痛三月余，黑便三天。中上腹痛而拒按，食后痛甚，大便黑色稀溏，伴神倦乏力。舌质暗，边尖瘀点，脉沉弦。胃镜示：十二指肠球部溃疡，大便潜血(＋＋)。拟诊胃脘痛，证属瘀血阻络，治以活血祛瘀，通络止痛，投四逆散合失笑散加减：炒枳实10g，白芍20g，炒柴胡8g，蒲黄15g，五灵脂30g，郁金20g，三七粉10g，白芨30g，甘草6g，服药二剂后，中上腹灼痛明显减轻，大便由黑转黄，仍有食后中上腹痛甚，神倦乏力，上方加潞党参25g，黄芪30g，益气扶正。服药一月后复查胃镜示：十二指肠球部溃疡已愈合。

3 胆囊炎、胆石症

表现为胁肋胀痛、窜痛、牵扯背部，与情绪变化关系密切，伴烦躁易怒、口苦、小便不畅，B超检查示：胆囊壁增厚或胆囊结石等，四逆散加金钱草、石苇、海金沙、郁金等。

案3 患者，刘某某，女，18岁，中学生。2004年3月12日就诊，反复右肋下疼痛一年，再发一周。证见：右肋下胀痛，窜痛两肋，牵扯背部，情绪变化及进食肥甘后加重。时有烦躁易怒，口干尿黄。B超示：胆囊壁毛糙欠光滑，拟诊肋痛，证属肝郁气滞，治以疏肝行气，投四逆散加减：炒柴胡15g，枳实20g，白芍30g，佛手15g，香附30g，郁金20g，金钱草30g，川楝子15g，石斛20g，甘草6g，服药二剂后右肋下胀痛，窜痛明显好转，续进三剂，诸症均除。

4 植物神经功能紊乱症

表现为烦躁易怒，失眠多梦，阵阵烘热，伴无可名状的全身不适感，实验室检查未发现阳性体征。四逆散加合欢皮、夜交藤、珍珠母、龙胆草等。

案4 患者，金某某，女，37岁，北城人。2004年7月15日就诊。情绪不宁，失眠一年。每日服"黛安神"方能入睡。证见：情绪不宁，抑郁不乐，多疑易惊，失眠健忘，全身无可名状的不适感以及阵阵烘热感。舌质淡、苔薄黄、脉弦。心电图、经颅多谱勒检查未见异常。拟诊：郁证，证属肝郁气滞，治以疏肝行气，投四逆散加减：炒柴胡15g，炒枳实20g，白芍30g，郁金20g，合欢皮15g，夜交藤40g，龙胆草6g，炒栀子12g，甘草6g，服药3剂后情绪稳定，阵阵烘热感减轻，睡眠每晚3小时左右，续进3剂，夜间已能入睡4～6小时，在此方基础上加减治疗二月后，诸症消失。

5 脑供血不足

表现为眩晕、记忆力减退、步态不稳，经颅多谱勒示：脑动脉弹性减退，血流不对称供血不足。四逆散加丹参、川芎、降香、三七等。

案5 郭某某，男，48岁，干部，玉溪人。2004年8月15日就诊。头痛眩晕五年，加重二月。自觉头晕、头痛、头胀，情志不舒则重，头部如裹如蒙，胸膈满闷，呕恶痰涎，少食多寐，舌质淡、苔白腻、脉弦滑。经颅多谱勒示：椎－基底动脉供血不足。拟诊眩晕，证属肝脾不调，痰浊上犯。治以疏肝健脾，化痰降浊。投四逆散加旋复代赭汤加减：炒柴胡15g，炒枳实20g，白芍20g，代赭石25g，竹茹12g，钩藤25g，郁金20g，川芎30g，三七粉10g(兑服)、甘草6g，服药3剂后，头痛如裹、胸膈满闷、呕恶痰涎明显减轻，仍感头晕、头胀。上方去竹茹12g，加水蛭粉10g，加强化瘀通络之功，连服一月余后，头晕、头胀症状消除，复查经颅多谱勒示：椎－基底动脉供血不足较一月前明显好转。(杨 玲 吴治恒)

范冠杰糖尿病临床经验

【名老中医简介】范冠杰 教授，主任医师。现任职于广西中医学院第一附属医院。中华中医药学会糖尿病分会副主任委员，世界中医药学会联合会内科糖尿病专业委员会副会长。广西自治区名中医。擅长糖尿病及各种并发症，甲状腺功能亢进，甲状腺功能减退等内分泌疾病以及内科杂病的诊治。

1 把握病机，治以益气健脾为主

糖尿病属于中医"消渴病"范畴，历代医家多从阴虚燥热立论，并分三消论治。范冠杰根据自己的临证心得，认为本病的根本病机在于脾气虚弱。临床上见许多患者"三多一少"的症状并不明显，却均伴有不同程度的少气懒言、倦怠乏力、自汗、虚胖或日渐消瘦、舌质胖大或有齿痕、脉沉微或沉无力等正气虚弱的征象。而气虚证的出现，多因脾失健运，精气不升、生化乏源之故。

脾为后天之本，饮食的消化和吸收，其功能主要在脾。若脾失健运，脾不散精，使水谷精微不得运化利用，则血中之糖不能输布于脏腑而增高，蓄积过多的血糖随小便漏泄而排出体外，而致尿甜、尿糖阳性。若因醇酒厚味，过食肥甘、生冷之品，或情志失调，房劳过度等因素，均可直接或间接的影响到脾胃，导致脾胃虚弱，运化失职。因此，糖尿病患气虚之病机贯穿于发病的全过程，只是程度轻重不同而已。阴虚、燥热、湿热、血瘀、阳虚和寒湿等病理演变，则具有明显的阶段性。

针对上述病机，范冠杰指出，在糖尿病的防治中，调理脾胃、顾护后天具有积极的意义，益气健脾法应贯穿治疗的全过程，其临床应用可根据病情严重程度与否而实施。若证见不思饮食，四肢乏力，舌淡苔白，脉细无力等脾胃气虚证，治宜健脾益气，方用七味白术散或参苓白术散；气阴两虚者，用玉液汤或滋膵饮；其他若肝肾阴虚者，可佐以调理脾胃以资化源，使阴精自生，阴阳平衡。若证以阴虚燥热为主，治当滋阴清热，在养阴方剂中必加健脾益气之品，如黄芪、山药、葛根之属，既可治脾胃气虚，又可防养阴滋腻之弊。

2 养阴之中不忘温阳

人体的精血化气、血液运行及脏腑进行各种功能活动，都是在阳气的推动、激发下来进行和完成的。若偏执阴虚燥热之论，过服甘寒滋腻、苦寒清降之品，则可致脾阳受损，甚则脾阳不振；或病程日久，阴损及阳；或老年体虚，阳气渐衰。所以临证之时必须注意顾护阳气，若只投滋阴生津、益气养血之品，则有滋腻凝滞难化之弊，长期服用易壅滞脾胃之气而致脘腹胀满、嗳气纳呆、便溏等症。对久病、重病之人，阳虚尤甚，更要慎用寒凉之味，否则徒耗阳气，而病情迁延不愈。

因此，范冠杰在益气养阴治本病的同时，非常注意温运脾肾之阳，使正气回复，从而正复邪退，药物常选沙苑子、菟丝子、苍术、佩兰、桂枝等。对脾胃阳虚者，用理中汤加天花粉；对阳虚水泛，浮肿尿少者，善用附子、桂枝，配以茯苓，寓通于补，振奋阳气，温化水湿。范冠杰指出，在大队益气养阴清热药物之中，少佐辛香温运之品，不仅无耗阴劫液之弊，反而有调畅气机、运脾生津之功。总之，范冠杰治疗糖尿病，养阴之中不忘温阳，如此则阳生阴长，阴平阳秘，消渴乃愈。

3 动态辨证，选药精当

糖尿病为一终生性慢性疾病，根据其不同阶段的临床表现可归属于中医的消渴、水肿、眩晕、虚劳等范畴，初期多为消渴，中期出现一些变证如水肿、眩晕，后期因久病全身脏腑功能减退而见虚劳。因此，范冠杰认为，本病辨证上必须抓住其动态演变规律，根据疾病发生发展的不同阶段及患者气血阴阳虚损的多寡，顺应疾病本身的动态变化灵活辨证论治，针对性的给予扶正补益或逐邪外出，强调“治无定法，法无定方”，切不可僵化于某一种证型。此外，对糖尿病除用望、闻、问、切宏观辨证手段外，还强调要与微观辨证相结合，重视血糖、尿糖、酮体、血脂等实验室指标，早期发现和治疗并发症，并且在治疗中不断复查，以判断疾病的进退。

范冠杰临证用药也颇具匠心。益气多用黄芪、山药；滋阴常用生地、沙参、二至丸；生津止渴用天花粉、玉竹、麦冬；对糖尿病肾病，早期常用芡实、金樱子，因二药合用具有敛涩固肾止遗之功；出现蛋白尿者重用黄芪，加丹参、川断、白花蛇舌草；并善用大黄，由于大黄有活血祛瘀、通腑泄浊之功，能促进体内毒素的排出，但使用时应注意顾及患者正气虚衰，不宜过于猛攻，以免正虚邪陷。血脂高者加何首乌、桑寄生、焦三仙；合并高血压者加怀牛膝、海蛤壳、石决明；合并疮疖肿疡者加蒲公英、地丁、金银花；合并周围神经病变，应以温阳和络，活血通脉为法，药用桂枝、乳香、没药、苏木、红花、毛冬青，煎水浸泡外洗。

4 活血化瘀贯穿始终

糖尿病发病初期，燥热炽盛，伤津耗气，血脉涩滞，且血受热灼易于壅塞，血液运行不畅而致瘀血；迁延日久，气阴两虚，气虚无力推动血行，阴虚脉道不充，则更易导致瘀血阻滞；病情发展到中后期，常出现瘀血见症。如面色晦黯，皮肤瘀斑，胸闷刺痛，肢体麻木或疼痛，半身不遂，舌紫黯有瘀斑，舌下静脉怒张等。现代研究也表明，糖尿病患者绝大部分具有凝、黏、聚、浓等血液流变学的变化。即便瘀血尚未形成，亦当“疏其气血，令其条达”而防患于未然，故范冠杰认为，活血化瘀须贯穿于糖尿病证治始终，这对于防治各种慢性并发症，有着重要的意义。

范冠杰临床常用活血药物，如川芎、大黄、郁金、牡丹皮、水蛭、玄参、莪术、虎杖、益母草、丹参等。范冠杰还强调根据患者不同时期的病机特点及体质等，灵活变化，辨证施药，或益气活血，或养血活血，或温经活血，切忌不顾因虚致瘀的病机特点而一味破血祛瘀，犯虚虚之戒。

5 中西医合参，各扬其长

中西药物治疗糖尿病，各有优缺点。临床实践证明，中医药治疗糖尿病疗效肯定，其途径是通过多环节、多靶点来实现的，具有综合治疗作用，如增加胰岛素分泌，减轻胰岛素抵抗，改善微循环，尤其在预防和延缓并发症的发生、发展方面优势明显，且毒副作用较小。但目前中药的降糖作用还不能与西药相比。范冠杰治疗糖尿病并不囿于陈见，主张中西医结合。

若糖尿病合并酸中毒或严重感染时，必须使用胰岛素、补液及积极有效的抗感染治疗。对糖尿病肾病患者，因为高血压会加速肾功能损害，需要严格控制血压，可选用合适的降压药；若出现严重的并发症，要停用口服降糖药，改为胰岛素；而当糖尿病肾病进入晚期，有时血糖并不升高，故应在严密观察下使降糖药剂量个体化，对于糖尿病肾病尿毒症期则需作透析治疗。总之，要根据临床需要来制定合理的治疗方案。（唐咸玉）

范国樑临床经验

【名老中医简介】范国樑（1937～）主任医师，教授。曾任卫生部新药审评委员会委员，中华中医药学会中医内科疑难病专业委员会副主任委员、中医内科辨证检测专业委员会副主任委员、中医内科肾病委员会委员，东北肾病研究会副主任委员，吉林省中医内科专业委员会主任委员等职。吉林省名中医。从事临床40余年，擅长中医药治疗心、脑、肾、急症、疑难病。参编《中医内科急症学》等多部中医著作。

水毒

水毒症是水肿病恶化的一种临床常见危重症候群，属现代医学慢性肾功不全尿毒证期。临床以高度水肿或不肿，颜面苍白或㿠白，头晕、乏力、身痒、恶心、呕吐、纳呆，甚或腹泻，便黑，齿鼻衄血，口淡臭味为特征，究其根源多为水肿病失治误治，水毒湿浊之邪壅聚于上，伤及中焦脾胃，向下损及肝肾，以致于机体不能排除邪毒，而致邪毒聚集于机体之中，损伤五脏六腑，其主要病位在肾，肾为性命之根，肾衰则命火熄，命火熄则相火不升，则五脏六腑皆衰，故水毒症为一种全身性恶候，临床死亡率极高。

范国樑结合自己多年的临床经验，立方渗湿解毒汤，并随证加减治疗水毒症，临床疗效肯定。基本方药为：藿香15g，党参40g，黄芪50g，砂仁15g，柴胡15g，竹茹10g，土茯苓20g，当归15g，紫荆皮15g，酒大黄10g，本方以疏肝益气，渗湿解毒为主，重在分利清浊以解毒，制肝补脾益肾而补养先天及后天。在上利肺以通调水道，使毒邪得除，气机得复水津代谢得畅；在中疏肝益气，健脾化湿，“脾气安则百病不生”，故中焦健则后天健，运化转输功能正常则有助于毒邪外排；在下则滋补先天，肾气充足亦助消除毒邪，毒邪排除体外的过程通畅顺利，加之脾气得复，吸收水谷精华以滋养机体，故使机体向痊愈的方向发展。此为本方之所以灵验之因。方中以黄芪、土茯苓为君，黄芪味甘性温，入肺、脾、肝，《本草疏证》谓黄芪“在入中土而引三焦，三焦为营卫之本，而脾胃之蒸腐变化为三焦之本，黄芪一源三派，竣三焦之根，利营卫之气，凡营卫间阻滞，无不尽通，所谓源清流自洁也”。现代研究表明，黄芪对蛋白尿的作用表现在促进患体蛋白质合成，作用点为肝脏，对肝肾有保护作用。土茯苓性平，味苦微涩，入肝脾，既能搜除内蕴湿热之毒，又可护中而不伤正，使邪除正安；方中以党参、砂仁，柴胡为臣，党参味甘，大补元气，既能调营卫，又能养卫气；砂仁健脾益肾，除寒湿凝滞而不消；柴胡味辛、苦凉，入肝胆，取其肝疏胆利阳升之功，推陈致新，使邪瘀得除，三药合用，健中益气并助瘀除。方中藿香、紫荆皮、当归共为佐药，藿香辛微温，入肺、脾、肾，能主持正气，芳香化浊，扶脾和中益气，化瘀解毒并醒脾气，紫荆皮苦平，入肝脾，祛风除热，活血解毒，与藿香合，使外邪无入内之经，当归甘温，补血和血，为血中之气药，行中有补，补中有动，动静相因，升降相随，血和气温，升降有序，故佐君而益气行血化瘀，方中酒军、竹茹共为使药，大黄酒制入血可导滞，散结祛瘀；竹茹既能佐君药，又能导络而为使药，二药合用共为佐使，全方体现了中医理论的整体观念，从上中下三焦入手，重在中焦脾胃，醒脾制肝，疏肝益气，使邪祛正安，而达到医病救人之目的。临床上每用则验，功效神奇。

案1 李某，女，50岁，1995年12月就诊，主诉患慢性肾炎10余年，既往无明显症状，近3年间断出现眼睑及双下肢浮肿，求治前查肾功血CRE421mmaoI/L，BUN2065mmaoI/L，CO 2 CP18.7mmaoI/L，尿PRO（++）。主证：极度疲乏，腰酸痛，恶心，呕吐，纳呆，便干，眼睑及双下肢浮肿，口淡粘腻，脉沉弱无力。处方：藿香15g，党参40g，黄芪50g，砂仁15g，柴胡15g，竹茹10g，土茯苓20g，当归15g，紫荆皮15g，酒大黄10g，茯苓20g，楮实子10g。服用上方2个月后症状明显好转，复查血CRE91.2mmaoI/L，BUN9.8mmol/L，CO 2 CP24.2mmaoI/L，尿 PR0(+)。经加减调方,继续服用5个月后肾功能基本恢复正常,尿蛋白消失,症状基本改善,临床治愈。随访4年未复发。(李 磊)

疑难病

1 痫 证

痫证是一种发作性神志异常的疾病。又名"癫痫"或"羊痫风"。其特征为发作性精神恍惚,甚则突然仆倒、昏不知人、口吐涎沫、两目上视、四肢抽搐,或口中如作猪羊叫声,移时苏醒。范国樑认为七情失调,痰气郁结是致发本病病因和病机,情志不调,气机逆乱,脏腑失职,肝失疏泄,脾不健运,气血津液运行阻滞,继而生痰生湿,久则化火生风,进而痰气交结,上犯清窍,蒙闭心神或横窜经络而发病。故先以理气化痰,熄风定痫,后调脾胃为主,是范国樑治痫之经验,痫证发作时多为痰气郁结,故应理气化痰,熄风定痫为主,病情好转后重调理脾胃,盖脾为生痰之源,脾胃健旺则痰无所生,故调理脾胃乃治本之法。

案1 田某,女,16岁,学生,1994年6月18日初诊。患者性格内向,与家人生气后,突发怪声,昏不知人,口吐白沫,手足抽动,良久乃苏,四五天发作1次,做脑电图广泛中度异常脑电图,1年来各处求治至今,经用中西药治疗未效,来诊后停用一切药物,治法以理气化痰,熄风定神。处方:半夏10g,陈皮15g,茯苓55g,胆星10g,枳实10g,生牡蛎45g,红花5g,加减连服1个月,发作次数明显减少,由原来四五天发作1次,减为每半月发作1次,改调理脾胃,健脾化痰,佐以平肝熄风安神之法,调理1个余月,病已不发作,余证均瘥。

2 脑髓消

"脑髓消"是指脑髓空虚,髓海不足的一种病证,本病是老年人或未老先衰之人逐渐出现一种脑功能衰退的疾病,临床常见头晕、耳鸣、视物昏花、失眠健忘、精神呆滞,甚或导致耳聋、目盲、语言不利、神志痴呆、肢体痿软或不用,西医学中的脑动脉硬化症及神经影象中脑沟回增宽,脑室扩大的脑萎缩与本病机相似。范国樑认为"脑髓消"的发病原因很多,但终不离"脑络失养,髓海不足"之机,治疗当以补精填髓为大法,病变过程中,气郁痰凝,瘀血阻络,阴虚阳亢,每每多见,故理气化痰,活血通络,育阴潜阳,亦为本病常用之法。

案2 白某,男,46岁,干部。头晕,耳鸣,失眠,健忘,腰膝酸软无力,患者素体肝肾阴虚,不能生髓,髓虚不能充脑髓,又长期饮酒致酒毒火浸津血,流注于脑,直损脑髓,津血内滞,久则不能滋脑髓,髓海更虚。经中西医治疗效果不佳。渐至精神呆滞,步态蹒跚,舌质红,苔白,脉沉弦,测血压为21.2/13.2kPa,CT扫描:脑萎缩。此为肝肾阴虚,又过嗜醇酒所致,治以育阴潜阳,填精补髓,佐以通经活络。生槐花15g,生石决50g,生鳖甲15g,生龟版10g,生牡蛎50g,怀牛膝15g,黑芝麻50g,当归15g,生薏米50g,茯苓50g,夜交藤50g,熟地20g,服上方20剂后,头晕,目眩著减,余症缓解,上方加砂仁10g,继服30剂,诸症悉除,最后服六味地黄丸1月余,随访3个月身体健康。(王继明 刘 敏)

范新发验方选

【名老中医简介】范新发(1954~)河北省曲阳县人。主任医师。保定市第一中医院心血管内科副主任。河北省高级职称评审委员会专家,河北大学医学部研究生导师团队成员,保定市医学重点学科中医心血管病专科创始人,河北省医学重点学科,国家"十一五"中医药管理局重点建设学科中医心血管专科带头人,保定市科技成果鉴定评审专家,保定市中医药学会心血管病专业委员会主任委员。河北省第一批老中医药专家学术经验继承工作指导老师。河北省首届名中医。擅长治疗心血管疾病。发表论文30余篇,出版专著1部。

栝楼通脉丸

方药:栝楼30g,丹参20g,三七(研粉)6g,党参15g,元胡10g,赤芍15g,白芍15g

功效:理气清热化痰,宽胸益气活血

主治:冠心病、心肌缺血、心绞痛见胸痛胸闷,气短乏力,心悸等症候者。

用法:水煎服,一日一剂,分2次、早晚口服。

加减:本方可作为治疗痰湿阻络、气虚血瘀、胸阳不振型的基础方。失眠多梦者,加柏子仁、远志、寒水石;头晕耳鸣者,加钩藤、磁石、黄精、川芎、牛膝;胸痛脘闷,舌苔黄厚垢腻,大便秘结数日不行,脉象滑数有力的痰热互结者加黄连、半夏、厚朴、枳实、大黄;兼胸满,胁下逆抢心者,中焦阳亦虚,阴邪得以留踞,加桂枝、薤白;心动悸,脉结代者,加槲寄生、刘寄奴、甘松;发憋气短,活动加重者,加葶苈子、桂圆肉、大枣、太子参;单纯脾虚以消化功能减退和乏力为主要症状,气虚下陷者,并非只表现为脏器下垂,而心下空虚、气短等亦是气虚不能升发之象,对此如果单纯补气则不足以升阳举陷,需佐以升阳之品如升麻、柴胡、葛根等补肾之药方可取效。

方解:方中栝楼味甘、苦、寒,入肺、胃、大肠经。具有清热化痰,宽胸散结之功,为君药。丹参苦、凉,入心、肝经,活血祛瘀,安神宁心,能降低血压,增加冠脉血流量,减慢心率,治疗心肌缺血,还有抑制血小板聚集及抗凝作用。三七味甘,微苦,温,入肝、胃经,有化痰止血,散瘀定痛之功效,其对心脏有保护作用,可减少心肌耗氧量,改善心肌缺血,缩小缺血面积,能增加冠脉血流量,并能对抗垂体后叶素引起的冠脉血流量减少,为臣药。党参甘平,入脾、肺经,补中益气,生津。元胡,苦,微辛,温,活血理气止痛,具有催眠、镇痛安定及扩张血管的作用,为佐药。赤芍止痛活血,凉血祛瘀;白芍养血敛阴,柔肝止痛,配合为使药。现代药理学研究表明,赤芍可增加冠脉血流量,保护缺血心肌,降低肺动脉压,增加心排出量,改善心肺功能。诸药配合,共奏祛痰理气,益气,活血止痛之功。对治疗痰湿阻络、气虚血瘀型的冠心病、心绞痛有良好的疗效。(范新发)

范永升临床经验

【名老中医简介】范永升(1955~)浙江金华人。主任医师,教授,博士生导师。现任浙江中医药大学校长。中华中医药学会风湿病专业委员会副主任委员,教育部中医学专业教学指导委员会委员,浙江省中医药学会副会长,浙江省中医药学会中医和中西医结合风湿病专业委员会主任委员。浙江省名中医,国家级老中医药专家学术经验继承工作指导老师。享受国务院政府特殊津贴。从事中医临床、教学及研究工作30余年,擅长治疗系统性红斑狼疮、类风湿性关节炎、皮肌炎、干燥综合征、强直性脊柱炎等疾病。先后承担国家自然科学基金课题2项,国家"十五"攻关项目和国家"十一五"科技支撑项目2项,国家教育部和国家中医药管理局等省部级课题5项,获省部级等成果奖7项。发表论文80余篇,出版《浙江名医诊疗特色》《金匮要略现代研究文摘》等著作10余种,主编国家"十一五"《金匮要略》全国高等中医药院校规划教材以及全国本科自学考试教材、全国本科成人教育教材。

系统性红斑狼疮

1 病因病机

系统性红斑狼疮(SLE)是一种可累及全身多系统的自身免疫性疾病。范永升根据古代文献结合临床认为:患者素体禀赋不足,肾精亏损及七情内伤、气血失和是发病的内在基础,感受外界的热毒之邪是外部条件;结合现代医学,SLE与遗传的相关性,实为中医之禀赋不足,患者肾虚阴亏之体质也许是某些易感基因的基础;免疫复合物、过敏毒素(C 3a 、C 5a)及IL-1、TNF引起的发热、皮疹及系统损害等,是热毒的反映;全血比粘度、血浆比粘度比正常人高,甲皱微循环表现流速减慢,红细胞聚集是瘀血的表现。总之其病机为本虚标实,以肾虚为本(肾阴虚为主),热毒、瘀血为标;虚实互为因果,使病情缠绵难愈。

2 病证结合

范永升认为:由于SLE临床表现的复杂性,单靠传统的望、闻、问、切很难对其作出及时诊断,而结合现代医学,从临床表现及血清学、免疫学等实验室检查(美国风湿病学会1997年分类标准),能及时明确诊断,指导治疗;明确诊断之后再进一步审明病机,临床常见证型有热毒炽盛型、风湿热痹型、肝肾阴虚型、阴虚内热型、肝郁血瘀型、气阴两虚型、脾肾阳虚型等,临床各型之间常相互错杂;因此,通过辨证与辨病相结合能更及时、有效的诊断、治疗本病,从而提高疗效,改善预后;另外治病中也常要结合实验室检查以延四诊之所及。

3 综合治疗

3.1 方从法出

范永升认为:临床上以上各型之间常相互错杂,很少单独表现某一证型,所谓"阴阳毒无常也",往往既有发热、红斑等热毒症状,又有腰酸耳鸣、失眠脱发等肾阴虚表现,同时又伴有月经不调、舌下脉络怒张、脉涩等血瘀之候,肾虚、热毒、瘀血等交织在一起,反映出肾虚为本,热毒、瘀血为标的病机特征;从治疗角度看,清热解毒有利于阴液的恢复,补益肾阴扶助正气有利于热毒的祛除,祛瘀既有利于清除热毒,也有利于阴液的滋生,故清热解毒,滋阴益肾,活血化瘀在治疗本病并行不悖,相得益彰。鉴于此,以解毒祛瘀滋肾方药为主方(水牛角、大青叶、赤芍、牡丹皮、生地黄、麦冬等),结合辨证加减,治疗SLE取得了良好效果；实验研究亦表明，解毒祛瘀滋阴药具有调节免疫、抗炎、调节内分泌等作用。

3.2 辨病用药

临床与实验研究发现不少特异治疗 SLE 的中药。如雷公藤具有抗炎、抑制体液和细胞免疫、扩张血管、改善微循环和类激素样作用，并能使狼疮细胞及抗核抗体转阴，血沉和免疫球蛋白下降，尿蛋白清除，贫血改善；青蒿的有效成分青蒿素、青蒿琥酯对体液免疫有抑制作用；重用麦芽以健脾和胃顾护后天之本，同时可抑制催乳素的分泌，而催乳素与狼疮发病有关；白芍对淋巴细胞及巨噬细胞功能呈双向调节作用；黄芪具有双向调节免疫功能，能减少蛋白尿，促进蛋白质合成，降血压，促进胰岛素分泌，促进骨髓造血的作用等。

3.3 对症加减

SLE 临床表现复杂多样，所以范永升在辨病辨证基础上对主症灵活加减，以变应变：①皮肤红斑明显者，多为热毒，加青蒿、鳖甲、升麻、紫草、凌霄花、蚤休等凉血解毒化斑。其中升麻鳖甲汤为《金匮要略》治阳毒方，有清热解毒散瘀之功。②关节痛，热象明显者加威灵仙、豨莶草、秦艽，寒象明显者加姜黄、桂枝、细辛，肾虚明显者加杜仲、牛膝、川断；同时上肢颈部关节痛加桑枝、桂枝、羌活、姜黄、葛根等，下肢关节痛加独活、牛膝等。③失眠者常加北秫米、半夏、淮小麦、夜交藤等；《内经》云："胃不和则卧不安"又云"阳气盛则阳跷陷，不得入于阴，阴虚，故目不瞑"，SLE 患者失眠者常见，尤其是应用激素后，多表现为阴虚火旺而失眠，以北秫米、半夏调阴阳、和胃安神，淮小麦养心气，护心阴而安神，夜交藤既养心安神又能祛风通络；④有口疮者，多参甘草泻心汤化裁（生甘草、黄芩、半夏等）。⑤肾虚失固，热毒水湿内蕴，瘀血阻滞是狼疮性肾炎（LN）的特征，对 LN 的蛋白尿多以杜仲、桑螵蛸、生黄芪、金樱子、半枝莲、白茅根、水蛭、积雪草等益肾固精，解毒利湿，活血化瘀，以标本兼治，扶正祛邪。现代药理研究也证实狼疮肾炎肾血流量降低，血液呈高凝状态，肾小球毛细血管内凝血，肾小球内凝血，加速肾小球硬化，这是活血化瘀疗法重要的理论基础，而中医治疗更注重整体，所以在活血化瘀同时更以益肾而治本。⑥雷诺氏现象多为寒凝血瘀，常参黄芪桂枝五物汤以温经通脉。⑦顾护中焦为治病之要，且能减轻激素等西药的胃肠反应，常用淮小麦、生麦芽，腹满腹痛者更加川朴花、佛手理气和胃。⑧贫血、白细胞减少者加黄精、鸡血藤、当归、生黄芪等以补气生血。

3.4 中西结合

目前治疗 SLE 的西药以糖皮质激素、免疫抑制剂（如环磷酰胺、硫唑嘌呤、霉酚酸酯）为主，可暂时控制病情，但长期使用毒副作用大，患者不易接受。范永升认为：免疫抑制剂为耗气伤血之品，激素为纯阳之品，久用必伤阴耗气，而且长期大量使用势必对证型产生干扰，所以应根据激素、免疫抑制剂使用的不同阶段或不同剂量引起的证型的变化，结合中医辨证施治，以求减毒增效；在激素足量或大量冲击阶段多表现为阴虚内热，应使用滋阴解毒祛瘀之法，药用青蒿、生地黄、麦冬、牡丹皮、鳖甲、升麻等；在激素减量阶段，表现为气阴两虚甚或阴阳两虚，采用滋阴益气温阳之法，药用女贞子、山茱萸、黄芪、菟丝子、仙灵脾等，以利于激素撤减；在激素维持量阶段，若表现为脾肾阳虚，应着重温肾补脾，药用黄芪、菟丝子、仙灵脾等配合金匮肾气丸，以巩固疗效，防止反跳和复发；其间常视瘀、毒之多少予以兼顾。当然，对于 SLE 急重症，单纯用中药难以控制病情时，应以西药治疗为主，辅以中药，及时控制病情，以不悖轻重缓急之理。（谢志军 卞 华）

范振域临床经验

【名老中医简介】范振域（1938～）河北涿鹿人。教授，主任医师。毕业于北京中医学院医疗系。现任秦皇岛市中医院名誉院长、市光明中医研究所所长。市医学会副理事长、常务理事、省中医学会理事、国家中医管理局脑病急症协作组成员。第二批全国老中医药专家学术经验继承工作指导老师。享受国务院政府特殊津贴。主持参加7项课题研究并获奖。参编《中国基本中成药》《中医治疗肝病的临床经验录》等著作。

冠心病窦缓

1 标本论治的阶段性

窦缓的主要临床表现除心率小于 50 次/min 外，患者当有胸闷、气短、头晕、乏力、失眠等心脑供血不足表现，其在中医当属"胸痹"范畴。探讨其病机，当为心脾两亏，即为其本，在此基础上，患者又有气血运行不畅，表现为口唇青紫，舌下脉络迂曲显露、脉来涩缓等心血瘀阻之征。临床辨证，范振域认为首先要认识到心脾亏虚为本，但辨证时要注意西医病理变化表现为血液循环障碍、心脑供血不足，导致患者胃脘痞满、嗳气、心烦、急躁、失眠，此症在中医当属肝郁气滞。究其病因，本病发生多与情志有关，如《难经·四十九难》曰："有正经自病，有五邪所伤，何以别之？然经言忧愁思虑则伤心。"本病患者临床其舌苔多为白厚而干，当为脾虚水湿不得运化而致，因此，临床范振域多辨此病属肝郁脾虚证，这是西医辨病与中医辨证的高度统一。在本病的发病初期，范振域常以柴胡、藿香、木香、檀香、佛手、香橼，疏肝理气通心络，以代代花、玫瑰花、半夏、茯苓、蚕砂、乌药、百合健脾化湿。在疏肝健脾治疗基础上，病情得到明显缓解，病势趋稳，范振域则常用经验方"百合口服液"善其后。他认为宗气能"贯心脉而行呼吸"，宗气在肺中生成，且肺朝百脉，故而补心气当要先补肺气，以百合为主要药物补益肺气，助心行血，以沙参、麦冬益肺安神，共奏养心安神、益气通络之功效。

案1 刘某某，男，62岁，门诊号0374，初诊于1997年6月17日。患者主因胸闷、气短间断发作2年，加重3天就诊。3年前心电图示心肌缺血，常服消心痛、速效救心丸，劳累、情绪激动后易发作。3天前因气温骤然升高出现胸闷、气短、阵发胸骨后疼痛，伴见倦怠、乏力、头晕、口粘、口苦、不欲饮水、心烦急躁、夜眠欠安。查见舌质暗红，舌体胖边齿痕，舌下脉络迂曲，舌苔白厚腻，脉沉缓无力。查体：BP 22/13KPa，P 42次/min。心电图示：①窦性心动过缓；②陈旧性前间壁心梗；③缺血性ST-T改变；④完全性左束支传导阻滞。心脏B超示：①心内结构未见异常；②左室收缩功能下降；③主动脉弹性差。中医辨证属肝郁脾虚、湿热中阻，拟方：丹皮12g，茯苓20g，当归12g，柴胡7g，卧木香10g，苍术10g，郁金10g，生牡蛎20g，香附12g，天麻6g，菊花10g，草决明15g。10剂。6月28日复诊，头晕减轻，血压降至20/11KPa，胸闷、气短大减，心率升至52次/min，口粘口苦已除，脉仍沉缓，拟方以化湿健脾益心气为主，太子参15g，麦冬15g，生芪10g，佛手10g，甘草5g，郁金10g，厚朴10g，茯苓20g，香附10g，白术15g，蚕砂10g，乌药12g，玉竹15g，百合20g。7月12日复诊，心率58次/min，血压平稳，无明显不适，但患者仍有心气亏虚、络脉瘀滞之本，故以百合口服液善后，2个月随访，病情平稳。

2 辨证用药的阶段性

范振域用药颇重孙思邈之不失人情论。在冠心病窦缓的治疗中又有进一步的发挥。冠心病患者一般年龄偏高，窦缓患者病程又较长，其以肝肾亏虚为本。虽有肝气郁滞、气血运行不畅，但毕竟又有心气亏虚，而疏肝理气之药多偏香燥，故在应用一个阶段之后，要予以养阴补气之药，如柴胡、枳实、香橼、佛手应用之后，配以百合、沙参、合欢、麦冬、玉竹等。世人多以为麻黄、附子、细辛等药理研究证明能提高心率，放在治窦缓时常用此药，孰不知冠心病窦缓之人肝肾阴亏、心之气亏，用之同耗气伤阴，百害而无一利。范振域在健脾时，虑及老年人脾虚日久多有湿邪为患，冠心病窦缓患者在倦怠、乏力、舌质淡、舌体胖边有齿痕同时，又有口粘不欲饮、苔腻、病程长，缠绵难愈等，故范振域常以先去其湿邪为要，予以藿香、苍术、茯苓、节菖蒲之类，待舌苔转薄后以白术、黄芪、党参等健其脾气。患者存在血液循环障碍，其病因在心动过缓，中医责之气虚气滞，故此类患者虽有血瘀症，但不可滥用活血之品。范振域常寓活血于理气之中，多用气中之血药如郁金、香附等，亦用元参、沙参、苦参、丹参、党参调和五脏，五脏调和，心气自足，则血液运行通畅、血瘀自除。

案2 张某某，男，64岁，病案号1209，初诊于1997年11月24日。患者有冠心病史8年，常年服丹参片、冠心苏合香丸、速效救心丸等，病情平稳，心率在50~58次/min。前日因劳累出现胸闷、气短，伴见心烦易怒、失眠、口干、口苦、目干涩、头晕眩、舌红赤少苔、脉沉细涩迟。查：BP 18/10KPa，P 47次/min。心电图示：①窦性心动过缓；②前壁心肌缺血。B超示：①室壁运动欠协调；主动脉弹性差。中医辨证当属肝阴不足，虚热内扰，立疏肝清热养阴益气为法。拟方：沙参15g，麦冬15g，当归12g，生地12g，枸杞12g，川楝12g，玉竹10g，元参12g，栀子12g，五味子10g，百合30g，荷花10g，白术15g，茯苓15g，黄芪20g，前方服10剂后，患者心率升至56次/min，无明显不适，舌质转淡红，苔薄白，脉沉细，继服5剂后，改用百合口服液善后，嘱其停用冠心苏合香丸等香燥类药，以免伤气阴。

3 药物配伍的层次性

冠心病窦缓之患者，多虚实挟杂，扶正则易敛邪、去邪又能伤正，故范振域临证颇重药物配伍以除此弊，如常用茯苓配香附，寓疏肝理气于健脾益气之中，二药相配可调肝脾气机。不仅用白术、茯苓、黄芪等补脾气，又虑及此类患者气虚气郁并存，常有湿、痰互结，故少佐薄荷、荷叶、羌活、防风等，取东垣"升发脾阳"之意，风能胜湿，阳气升则湿气自行。湿痰内蕴易于化热，但苦寒清热之品又常能伤脾，犯"虚虚实实"之戒，故范振域用山栀配良姜、茵陈配乌药，既能折其苦寒之性，又能理气通阳助其化湿行气。冠心病窦性心动过缓的西药治疗，有许多矛盾之处，如提高心率的阿托品、异丙肾上腺素等类，又有诱发心动过速引起病窦综合征之弊，加重心肌缺血，损害心功能，而单纯扩冠治疗又很难达到提高心率的目的，中医治疗能整体双向调节，范振域又将西医病理变化与中医四诊资料有机结合进行辨证论治，灵活用药，巧妙配伍，能在短时期内收到较好疗效，使中医药为防治冠心病发挥重要作用。（张学新）

范仲明临床用药特色

【名老中医简介】范仲明 主任医师。原浙江绍兴市人民医院中医科主任。浙江省名中医。从事中医临床工作40余年，擅长治疗内科急症及疑难杂病。

1 首重逐邪，路分三途

范仲明治病首重逐邪，推崇子和"夫病之一物，非人身素有之也，或自外而入，或由内而生，皆邪气也。邪气加诸身，速攻之可也，速去之可也"之说，认为病邪无论外感、内生均应迅速去除，驱邪既可截断病情进一步发展，又可使正气得以渐复，并为其它治法创造条件。其逐邪强调使邪有出路，归纳临床实践经验，认为逐邪途径有三，或发汗散邪从肌表而出，或利尿导邪从前阴而除，或攻下逐饮利水从后阴而排。同时又极力主张逐邪宜早，穷寇需追，务须尽净。

范仲明于攻下一法，尤有心得。认为攻下法通解大便仅为一种治疗手段，应摒除单一"大便秘结"的约束，而要以逐实热、祛瘀生新、祛邪攻逐为治疗目的。大黄为攻下法的主药，其通便作用并非与剂量成正比，轻剂通便作用可靠，重剂反而亦不过日解4~5次而已，并不形成通下成脱，相反其清热解毒逐邪作用则与剂量的增损有着直接的关系。临床泻法不仅应用于实热内结之痞满燥实，而且广泛应用于痰热壅肺，肺气不降；痰迷清窍，癫狂昏迷；瘀热壅滞，蓄血蓄水；血热伤络，迫血妄行等证。具体治法有：①清热攻下法。以杨粟山解毒承气汤为代表方，主治"三焦大热"，或实热积滞之阳明腑证，或湿热蕴阻，郁久化火，腐肉化脓之乳痈、内痈等。②活血攻下法。遵"血实宜决之"之旨，以生化汤、桃核承气汤为代表，主治血瘀蓄血发狂类病证。③泻热凉血法。适用于热势暴急之血证，以大承气汤加羚羊角为代表，此时若专持凉血无异于扬汤止沸，惟攻下泄热可求釜底抽薪之效。④导痰攻下法。主治痰迷清窍，癫狂昏迷病证，以指迷茯苓丸加大承气汤或龙虎丸为代表。

案1 刘某，男，35岁。触冒风寒，发热1周不解。诊见恶寒甚则寒战，继而发热，体温39.2~40℃，无汗，骨节酸楚，咽喉肿痛，烦躁，尿赤，便结3天，舌红、苔黄，脉浮数。证属风寒外束，入里化热。处方：羌活、独活、防风、荆芥、苏叶、午时茶（包）各10g，白僵蚕、金银花、连翘各12g，鸭跖草、车前草、鲜芦根各30g，生大黄（后下）5g。药服1剂，身汗得出，大便得通，发热诸症随退。

按 此案系外感风寒之邪，束于肌表，太阳经邪不解，且又入里热化，《内经》曰："其有邪者，渍形以为汗"，"其下者引而竭之"。故以羌活、独活，防风、荆芥、苏叶辛温发汗解表，鸭跖草、车前草、芦根清热利尿，因热而见便秘则可用大黄通便泄热。汗、尿、便三途驱邪，双解表里而收功。

案2 余某某，女，35岁。病起身热，体温39℃，恶寒，次日左下腹痛甚，拒按，可触及条索状块物，带下量多，黄白相兼，秽臭异常，口干引饮，面赤气粗，虽日圊1次，但状如糊浆，舌苔黄腻，脉浮数。血白细胞15×10^9/L，中性84%，淋巴11%。西医诊为急性盆腔炎。证属湿热蕴结，化火内炽，热壅血瘀，急当清热攻下。处方：生大黄（后下）、枳实、厚朴各15g，黄连3g，黄芩9g，栀子10g，红藤、败酱草、金银花、紫地丁各30g，益母草20g。药服1剂，便下增多，体温恢复正常，下腹疼痛有减，但腹块尚存。前方既效，效不更方，续服3剂，腹块消匿，疼痛若失，带下如常。

案3 陈某某，女，29岁。产后高热2天，诊为产褥感染（败血症），经抗菌、物理降温未效而邀范仲明会诊。询患者产后次日寒热骤作，寒甚作战，体若燔炭，遍身无汗，皮肤干燥，神识昏糊，时作呓语，舌燥无津，脉浮数有力。时值炎暑当令，疑为暑热挟湿，投以白虎汤加清暑渗湿药2剂，竟无寸效。次诊得知恶露多且臭秽，色如败酱，大便5日未解，下腹作痛，痛甚不可近手。《伤寒论》之热入血室所述与此症甚为吻合，急拟清热攻下，方用解毒承气汤加减。处方：白僵蚕、黄连、栀子、芒硝（冲）各9g，蝉衣20个，黄芩、地鳖虫各10g，枳实、厚朴、生大黄各15g，安宫牛黄丸1支。药服1剂，便下数次，尽为燥屎，随之热退，余症悉见轻减。

按 案2、案3均系实邪致病，邪不从外解，势必入里化热。例二邪热内结，久郁化火，腐肉化脓，故见腹块作痛；例三热入血室与恶血相结，故均以承气泻下，急逐其邪，邪去则安。

案4 李某，女，37岁。停经2月，突发左下腹疼痛，压痛明显，可触及4.5cm×5cm大小包块，阴道少量出血，诊为宫外孕（不稳定型），邀范仲明会诊。诊见形神失常，舌脉无殊，证属血瘀，以桃核承气汤加减。处方：桃仁、红花、当归、赤芍、川芎、三棱、莪术、蒲黄、五灵脂、乳香、没药、玄明粉（冲）各10g，穿山甲12g，蜈蚣4条，丹参、生大黄30g，广木香15g，连服12剂，病除块消，告愈出院。

按 此案系血结于血海。气血留滞不畅，冲脉为之不调，气血胶凝日久不化而为邪。病位于下焦，若专持活血恐难以取效，非攻结则瘀血不散，攻下可助散瘀，沈金鳌谓"形气强壮而瘀血不行，或大便结闭，或腹胀痛甚有非下不可者，宜良方桃仁承气汤下之最捷"，故取其方急下以去瘀血。

2 擅用补剂，补可祛实

攻逐以祛邪，补益以养正，范仲明每日临证，用补法者约四成占一。尚谓补可祛实，病久而不除者当责之正虚，惟有补之益之方可冀气旺驱邪外达，所谓"甘温除大热"治法，亦无非是扶正达邪之法。若病尚不去，因正气渐复，便有施用种种攻逐法之机会。其用药每以大剂滋补之品投之，认为既虚补之即宜峻而有力，以激发其正气之恢复，不必过分注意是否滋腻过度。补益是否得当可验之大便，因大便为胃气之外标，若药后便结腹胀或腹泻连连是滋腻呆胃或虚不受补，若药后矢气频繁但不臭秽，或药后便下几次，继而纳增，为补益得法，胃气渐旺，气机得通，正复有望。

案5 吕某，女，54岁。早婚多育，体质素亏，又患高血压病10余年。眩晕动则尤甚，面色㿠白，唇淡，神疲懒言，平素动则气短，舌淡嫩多齿印、苔薄黄，脉细数。血压180/120mmHg。证属脾肾两亏，虚阳浮越，治宜益气养阴填精，佐以潜阳。处方：生黄芪40g，熟地、制玉竹、制黄精、炙鳖甲、炙龟版、代赭石、怀牛膝各30g，山萸肉、女贞子、墨旱莲各12g，怀山药、杜仲各20g。4剂。复诊：药后血压下降至140/80mmHg，自感精神转振，眩晕基本消失，仍以前方调治10余剂后停药。

按 此案患者早婚多育，先后天俱亏，虚阳无以恋系而浮越，故见眩晕、神疲、气短等，治疗以峻补肝肾为主，佐以赭石、牛膝，一降一引，使虚阳归元而诸症得消。

案6 韩某，男，28岁。右大腿内侧肿痛伴发热45天。周围血象：白细胞偏高，中性85%，嗜酸性6%，淋巴9%。大腿内侧肿痛局部穿刺得脓肿液体。西医诊断：右大腿深部脓肿，脓毒血症。经抗感染及局部手术切开排脓等治疗有效，但患者因经济困难，每等病情稍好即停止治疗，且每日体力劳动较重，近半月来发热明显，体温波动在39～39.5℃之间，再予抗感染治疗10天竟无寸效，故向中医求治。诊见形肉羸瘦，面色苍白，神疲懒言，频频自汗。术后疮口不愈，疮面苍白，渗流脓液，色淡红质稀。舌淡、苔薄，脉沉细无力。证属阴疽，治宜温阳补血，托肉生肌。处方：炙黄芪、熟地、怀山药、炙鳖甲、炙龟版各30g，党参20g，生白术、山萸肉、阿胶（烊冲）、淡附子、桂枝、炮甲片各12g，白芥子、肉桂粉（冲）、炮姜、五味子、麻黄各5g。2剂。复诊：药后自汗止，精神振，纳食增，高热骤然而退，血象复查正常，惟疮口尚未痊愈，再原方加生黄芪50g收功。

按此案阴疽，由营血虚寒，寒凝痰阻，痹滞于肌肉、筋骨、血脉而成，营血虚寒则阳无所依倚，虚阳外浮，发为自汗，高热，经用大剂补气助阳益血后，营血得补，血脉得通，浮阳得敛，诸症得消。

案7 王某，男，35岁。劳作之人，夏季湿热为患。诊见脘痞，自觉腹胀如鼓，口不渴，动辄汗出，面色淡黄，苔腻而干，脉缓。证属气阴两亏，湿滞中焦。治仿生脉饮意。处方：太子参、黄芪、制玉竹、制黄精各30g，党参、麦冬、鲜石斛各20g，生白术、藿香、佩兰各10g，女贞子、墨旱莲各12g。服药4剂告愈。

按夏季湿热当令，但暑多耗气。此患者系劳作之人，夏日汗出过多，气随汗泄，故见气阴两虚，正虚则邪易留恋，故见湿邪缠绵。虽有暑无补法之说，但既属汗出气阴亏虚，仍应治以培补气阴为主，少佐芳香化湿，待正气得复，湿邪自去。

3 杂病重气，开通为先

一身气机贵于流通，脏腑因之能正常气化，反之则郁闭生病。范仲明对"气血冲和，万病不生，一有怫郁，诸病生焉，故人身诸病，多生于郁"（《丹溪心法·郁》）之说颇为赞同。每言先秦时对人体内出现的一切积聚、蓄积、郁闭之象均称之为郁，后世因七情为病较为突出，故有“郁不离乎七情”之说(《三因极一病症方论》)。此外，外感亦可致郁，赵献可明言“伤风、伤寒、伤湿，除直中外，凡外感俱作郁看”。范仲明又进一步认为，尚有气虚、血虚、阴虚可以致郁，脏腑功能失调可以致郁，瘀血、痰饮、热邪内阻可以致郁，将气机郁阻之因更为推广，并认为“妇人多气”，临证气机郁闭者以妇人为多。

范仲明治杂病之所以重气，与其推崇张景岳“因郁致病”和“因病致郁”之说有关，认为气为血帅，气行则血行而不瘀；气能行水，气行则津布而无痰；气能御邪，气行则卫固而能逐邪，人体一身气血阴阳赖气在其中运行而得以平衡。若气机闭阻则脏腑出入机废，既不能将外感之邪驱逐，内生之血瘀、痰饮消除，又不能使亏虚之气血得到恢复，结果虚者更虚，实者更实，其为害颇大。总之，气郁则病，病重则气更郁，只有气机条畅，才能使邪有出路，才能使脏腑气血阴阳生化，故杂病见气郁气滞莫不以治气为先。治疗上不喜用四逆散类，而以栝蒌薤白郁金汤、丹参饮、越鞠丸合而为方，再随证加用芳香走窜之成药，如气机阻滞偏寒用大苏合香丸，偏热用局方牛黄清心丸，痰多加生半夏、生南星、滚痰丸。

案8 王某，女，40岁。虚人劳累过度，遂致气滞。诊见胸闷太息频频，胃脘、少腹、胁肋胀痛，心悸怔忡时作，舌淡、苔薄，脉细弦。证属气虚气滞，治以理气为先。处方：栝蒌皮、越鞠丸(包)各12g，薤白、郁金各10g，青皮、陈皮、甘松、白檀香、降香各5g，砂仁(冲)、白蔻仁(冲)各2g，丹参30g，苏合香丸(吞)1丸。药服1剂，即嗳气频作，随即胸闷得舒，心悸怔忡消失，再服7剂调理收功。

按 此案属虚人而病气滞，气虚致气滞难行，脏腑生化之机受碍。临床见胸宇、胃脘、少腹、胁肋胀闷疼痛，为三焦气机阻滞之象，治疗惟有疏通气机，方有望一身活泼之生机恢复。

案9 张某，男，17岁。高考时精神紧张过度，下午考毕即感头重昏浑，胸中烦闷，精神呆滞，喃喃自语，舌苔无殊，脉弦。证属气火闭阻，清窍失灵。处方：羚羊角(另煎)3g，苏合香丸(化服)1丸。药后频见嗳气，随即胸闷得解，头脑清醒，次日继续参加考试，最终中元。

案10 刘某，男，40岁。暴发性耳聋，两耳无所闻，烦闷不已，舌苔薄腻，脉实。证属清窍闭阻，耳络失养。急予安宫牛黄丸化服1丸。药后不久，突发一喷嚏，听力即得慢慢恢复。

按 案9、案10均属气机闭阻，清窍失灵之疑难病症，苏合香丸与安宫牛黄丸同系开闭之剂，前者偏于理气，药后或见喷嚏，或见嗳气，此即俗称“七窍开通”之象，芳香走窜之品通气开闭而获捷效。

4 药对联用，复法力宏

范仲明喜用药对，常用者如辛温发汗：羌活、独活，防风、荆芥。辛平发汗：淡豆豉、葱白。辛凉发汗：桑叶、菊花，蝉衣、薄荷。利尿泻热：鸭跖草、车前草、芦根，滑石、芦根。利尿除水：泽泻、茯苓皮、车前子，虫笋、地骷髅、葫芦壳，蟋蟀、蝼蛄。通腑攻下：大黄、枳实。破血逐瘀：三棱、莪术，留行子、鬼箭羽，桃仁、红花。温经通阳：附子、桂枝。亦喜以大黄、甘草和胃降逆，乌梅、硼砂降逆止呕，丹皮、焦山栀清肝泄热，海风藤、海桐皮通经活络，猫人参、藤梨根清热开胃，肺形草、鹿衔草养阴润肺，生石膏、知母清泻胃热，龙胆草、黄连泻肝清心，生半夏、生南星化痰散结，白芷、白附子、白僵蚕熄风化痰。亦有用成药组成药对，如礞石滚痰丸配控涎丹逐泻痰饮，龙虎丸配木香槟榔丸或沉香化气丸导滞开窍，临证每获良效。

范仲明善用药对，尤善联用药对，组成复法大方，既简练明快，又势专力宏。认为按照“君臣佐使”配伍成方这种原则，不仅适用于单味药物间的配伍，而且亦适用于对药间的配伍，古人就有联用药对组成方剂之经验，如大承气汤以生大黄、芒硝药对配枳实、厚朴药对。药对按照君臣佐使原则配伍成方剂，可更适合千变万化的复杂病机，达到更好的效果。具体讲，其优点有：①既能突出药物共性，又能照顾诸多方面，适用于寒热错杂、虚实夹杂等复杂病机；②势专力宏，或能迅速捣除病巢，或能迅速恢复正气；③由于药物相互配合，互有督制，又可减少不良反应和副作用。

案11 李某，女，56岁。宿疾高血压病10余年。3天前突然昏仆，不省人事，两手握固，肢体强痉，遗尿，面色潮红，口气臭秽，喉中痰鸣，舌红、苔黄腻燥，脉弦滑数。血压180/110mmHg。病为中风，证属风痰火上扰，阻络蒙窍无疑，治拟清热熄风，化痰开窍。处方：羚羊角(另炖)、黄连各3g，钩藤(后下)、生石膏各30g，知母、龙胆草、全蝎各10g，生半夏、生南星、玄明粉(冲)、蜂房各12g，生大黄(后下)20g，蜈蚣4条，安宫牛黄丸(化服)1丸。药服1剂，便下五六次，神识转清，余症均见好转，效不更方，继以前方加减10余剂出院。

按 此案中风以风、痰、火立论，治疗紧紧扣住这三个环节，方中羚羊角、钩藤，生石膏、知母，生大黄、玄明粉，分别为羚角钩藤汤、白虎汤、大承气汤主药，再配以龙胆草、黄连,共同清心泻肝,清泻肝胃之火,泻火又可以熄风,“抑降其气火上浮,使气血不走于上,则脑不受其激动,而神经之功用可复”(《中风诠释》),生半夏、生南星治痰圣药,蜈蚣、全蝎、蜂房既能熄风镇痉,又能走窜以逐胶痼之痰,安宫牛黄丸着意开窍醒脑。处方联用诸多药对,多层投药,复法力宏,合奏熄风、化痰、泻火、开窍之功。

案12 赵某,女,23岁。咳嗽月余不已,咽痒则咳,咳则痰少,胸肋隐痛,舌淡、苔薄,脉细弱。证属肺气不足,邪恋于肺,治拟培土生金,佐以化痰止咳。处方:党参、白术、茯苓、当归、白芍、紫菀、款冬花、桑白皮、浙贝、杏仁各10g,川芎、五味子、青皮、陈皮各5g。药服4剂,咳嗽顿减,续服4剂而愈。

按 此案久咳不已,子病及母,每致脾虚。若气血生化乏源,正虚无力驱邪,更易致咳嗽缠绵难已。方中参、术、苓取之四君,长于补气;归、芍、芎取之四物,长于补血,气血又可互补;余药取自款冬花散,以紫菀、款冬花润肺止咳,青皮、陈皮行气化痰,桑白皮、五味子清肺敛肺,再加浙贝、杏仁降气化痰。联用诸多药对,照顾病变痰热虚实,要之在于培土生金,扶正祛邪,而后终收其功。(宋欣伟)

费开扬用药特色

【名老中医简介】费开扬(1925～)上海人。教授,主任医师。1944年毕业于上海中华国医专业学校。曾任中国中医研究院广安门医院院长。中华医学会理事,中华中医药学会顾问。擅长治疗老慢支咳嗽、肾虚气喘、慢性胃炎、肠功能紊乱、习惯性便秘、结肠炎、高脂血症、脂肪肝、早期肝硬化、低血压、颈椎病眩晕、肿瘤术后康复调理、神经衰弱、头发早白脱发、男女性功能障碍(男士早泄、女缺高潮)、妇女痛经、更年期综合征等疾病。

肝硬化

肝郁脾虚、瘀结为癥型:临床表现为消瘦乏力,面色晦黄,胃纳减少,腹胀便溏,四肢倦怠,或见右胁隐痛,甚或傍晚足胫微肿,舌黯红不泽,舌体稍胖边有齿痕,脉多虚弦,重按无力。治宜疏肝益脾,活血软坚。处方:黄芪、党参各15～30 g,柴胡、莪术、三棱、甘草各6 g,枳壳5 g,白芍、茯苓、白术、当归各10 g,丹参、鳖甲(先煎)各15 g,生牡蛎(先下)30 g,郁金、制香附各9 g。若食欲不振加鸡内金、炒山楂、炒谷芽、炒麦芽各10g;胁痛加姜黄、延胡索各10 g;腹胀甚加香橼15 g,青皮10 g。费开扬对早期肝硬化出血症状不明显者,常以大剂量党参、黄芪与小剂量三棱、莪术作为一补一消之对药使用;再配以丹参、鳖甲、牡蛎等软坚散结;又合逍遥散疏肝和脾。多数患者在坚持服药2～3个月后,即可改善症状,肝功能亦随之好转。本方长期服用,无不良反应。

肝肾阴虚、郁热瘀阻型:证见脾大明显,肝大不著,面色晦黯,可见蜘蛛痣,胁痛腰酸,鼻衄或齿龈出血,咽喉干燥,舌绛、少苔或苔薄中剥,脉细弦或细数。治宜滋肾柔肝,养阴宁络。处方:麦冬、石斛、玄参、白芍、茜草各15 g,生地黄20 g,白茅根、炙鳖甲、生牡蛎、北沙参各30 g。衄血多加阿胶、藕节;胁痛甚加枸杞子、川楝子;心悸且烦加酸枣仁、丹参、龟版;亦可仿四妙勇安汤法,上方加金银花、当归、生甘草以和营泄热。但若脾大、鼻衄、齿衄明显,为肝肾阴虚、肝郁血滞、结而为癥,并见络损血溢之候,应警惕出现亚急性肝坏死。

对于肝硬化腹水,费开扬认为,如患者病程不长,饮食尚可,大便成形,小便较少者,最佳选方是仲景五苓散合五皮饮,采取轻药重投,多可奏效。若见舌质红绛而少苔,医者每畏忌桂枝而去之,费开扬主张桂枝可减量,但切不可去,若去掉桂枝则难收佳效,而加入石斛、麦冬之属,即无伤阴之弊。如桂枝用6 g,石斛可用15 g,以监制之,旨在利尿消肿。处方:冬瓜皮、猪苓、茯苓各30 g,白术、大腹皮、泽泻各15 g,车前子(包煎)20～25 g,泽兰20～30 g,川牛膝10 g,槟榔、桂枝、木香各6 g。舌绛红加石斛15 g,麦冬10 g。如大便干结者,也可适当加用制黑丑、白丑各5g,使大便保持在每天1～2次,这样腹水消退更快。应用黑、白丑时,应以胃气未败、食欲不减为标志,防止过竣伤正。

在肝硬化腹水发展的不同阶段,费开扬以养正消积为大法,突出补肝和血、补脾运中、补肾化气等法,并佐以分消、化瘀、行气之品,分层次用药。如腹水不很多,可侧重治肝,补肝化瘀以消水。临床上肝气虚较为多见,肝失条达,疏泄功能减弱,出现倦怠萎顿,胸胁不舒,气短食少,腹大便溏,舌质暗红、苔腻,脉弦沉细,可选用当归补血汤合四逆散为主方,其中黄芪为补肝气之要药,用量宜大(30～60 g)。食少便溏加炒白术、鸡内金补脾助运，费开扬认为，如肝气极虚，不任疏泄，柴胡、枳壳可不用，径予补气化瘀以消水，常用黄芪、太子参、当归、丹参、莪术、泽兰、枸杞子、山茱萸、生鸡内金、生山楂等加减化裁，颇能应手。

肝血虚者可见两目干涩，眩晕或偏头痛，乏力，肢麻，胁痛腹胀，鼻衄，齿龈出血，舌质红，脉弦细。治宜养血化瘀，滋阴利水。可用一贯煎合牡蛎泽泻散加减。药用北沙参、天冬、麦冬、生地黄、枸杞子、鳖甲、牡蛎、泽泻、海藻、泽兰等。如舌红绛、苔薄黄而干，为肝有郁热，可加水牛角、金银花、茜草、玄参、仙鹤草等。方中牡蛎、海藻能软坚散结，又化水气，颇合病机，但用量宜大。

当肝病传脾，则见腹水增加，面黄虚浮，腹胀如鼓，食后腹胀尤甚，尿少，大便偏溏，倦怠乏力，舌边有齿痕、苔白腻，脉濡缓或沉迟。费开扬着眼补脾利水，养血和肝，常用《金匮要略》当归芍药散加减：当归、赤芍、川芎、白术、茯苓、泽泻。方中宜重用白术（30～45 g）增强补脾作用，再加大剂量泽兰（30g）、益母草（60～120 g），煎汤代水，共奏化瘀行水之效。如腹水不多，可选用香砂六君子汤补脾运中，重用黄芪（30 g）以补气，复入木瓜以柔肝，更增椒目、汉防己、生姜皮以通阳利水，分消利导，往往获验。若脾虚臌胀而见舌光红无苔少津，形体枯瘦，大便秘结者，则属脾阴亏虚之候，此时濡养脾阴，不仅阻遏气机，增其肿胀，亦有碍胃阳之旋运，使水湿更难泄化，殊属棘手。费开扬以景岳的理阴煎（熟地黄、当归、干姜、甘草）加化湿利水之品，以养阴为主，和阳为佐，为临证开拓思路别具一格。

病程迁延日久，"穷必及肾"。肾阳虚为主者，多见形寒怯冷，腹胀，周身浮肿，下肢尤甚，腰膝酸软，尿少便溏，舌质淡胖，脉沉细。由于肾阳失于温煦，三焦气化无权，故肿胀之势日增。费开扬认为选用济生肾气丸加味最佳。方中制附子（先煎）至少用至15 g，始能发挥温阳泄浊的作用。牛膝宜用川牛膝，配车前子、泽兰、天仙藤、马鞭草、生鸡内金等以增利水之效。

值得一提的是，费开扬曾治肝硬化腹水病程日久，腹胀如鼓的患者，肠溶胶囊装入甘遂末早晨空腹吞服（每次3～6 g，渐增至9g），药后3～5小时即开始大量水泻，同时尿量也稍见增多。调理1～2天再攻水时，虽药量渐增，但总泄水量却不增加。倒是反复攻逐，患者衰弱之极而腹水反渐见增加，形成恶性循环。因此，费开扬认为，峻药攻水之法虽可暂时取效，但总的效果不好，对于病程日久的腹水患者，虽腹水较甚，应以扶正消水为大法，切不可峻攻逐水以求一时之快。（李 平）

巧用药对

1 附子配灵磁石

附子辛热，其性走而不守，仲景多用于回阳救逆；磁石辛寒，潜阳纳气，镇惊安神。两者配伍，取磁石之潜镇以监御附子之善走，以静制动，使附子无慓悍上僭之性。用于心阳不足，麻毒内陷，可免于高热亡阳之变。内科杂病凡见肾阳亏虚，又伴头晕耳鸣，自觉面热升火，体温则不高，舌淡胖，脉沉细，属虚火上浮之证，都可用之。费开扬常用此组药对加葶苈子、桑白皮、紫菀、百部、熟地、五味子、紫石英、牛膝、车前子等治疗慢性支气管炎、肺心病咳喘反复发作者，表现为动则喘甚，心慌气短，咳痰清稀，怕冷体倦，下肢浮肿，舌淡胖、苔白滑，脉沉细弱。高血压患者，若久服天麻钩藤饮等滋阴平肝之品不效，细察患者虽有头面烘热，目眩耳鸣，但下肢发凉，大便溏薄，尿有余沥，舌淡胖有齿痕，脉沉细，也可在此药对的基础上，加杜仲、牛膝、仙灵脾，或加二仙汤等，补肾以摄纳上浮之虚火，可使血压下降，症状消除。

2 吴茱萸配丹皮

此组药对是费开扬从《金匮要略》温经汤中悟出的，两药均入厥阴肝经。盖足厥阴肝经，循少腹络阴器，内寄相火，取吴茱萸辛热温经散寒，配丹皮清泄行瘀，而共奏止痛之效。费开扬常用此组药对配伍小茴香、乌药、延胡索、川楝子、荔枝核、青皮、白芍、细辛、甘草等治妇女痛经、或少腹隐痛等，每获良效。如经血量少加当归、川芎、益母草，量多挟瘀块加生熟蒲黄、地榆、炮姜炭、生地等。经前3～5天服药，连服3个月经周期。

3 百合配乌药

百合甘平微凉，润肺宁心；乌药辛温，理气止痛。费开扬临床常用此组药对治疗慢性胃炎之胃脘疼痛，无论属热痛、寒痛，均可加减应用。如热痛者可加陈皮、延胡索、川楝子、白芍、甘草等；寒痛者可加高良姜、香附、延胡索、砂仁等，获效满意。一般百合用15～30g，乌药用15～20g。

4 苍术配元参，黄芪配山药

苍术、元参一燥一润，两药同用，苍术不燥，元参不腻；黄芪、山药相伍，一补脾阳，一补脾阴。费开扬常用两组药对加天花粉、葛根、麦冬、五味子、生龙牡、菟丝子、杜仲、丹参、泽兰等滋阴生津、封固肾关，佐以活血行瘀之品，治疗轻型糖尿病症状不明显，血糖、尿糖稍高者。

5 枳壳配白术

此药对乃源自张洁古的枳术丸，取白术健脾，配枳壳行气，即可补而不滞，久服无壅滞之弊。费开扬在临床上用治胃下垂而大便溏软者，白术、枳壳重用至各15g，再加升麻、柴胡各9g，疗效良好。又用治顽固性便秘，每隔5～7天大便1次，腹胀不甚，饮食尚可，服麻仁丸、大黄、番泻叶等，开始有效，久而无效。患者舌淡、苔薄腻，脉濡，大便前干后软不成形，此属脾虚不能为胃行其津液所致，故专用导泻无效。费开扬每重用生白术30～60g，配用少量枳壳5～6g，升麻6g，生首乌15g，或肉苁蓉或生地30g，润下以治标，一般服药15～20剂可痊愈。(李 平)

冯化驯临床经验

【名老中医简介】冯化驯(1921～)教授，主任医师。河南医科大学专家学术委员会委员，中华医学会中医学会河南分会常务理事，河南医科大学专家学术委员会委员。首批全国老中医药专家学术经验继承工作指导老师。出生于中医世家，毕业后调至河南医学院从事医、教、研工作。著有《祖国医学概要》《传统老年医学概要》《中医基础与临床》等，发表论文20余篇。

临床经验

梦游症

1 阴虚阳亢型

李某，男，35岁，司机，1990年10月17日初诊。患者自述于2月前晚间突然从睡眠中起床，无意识地乱翻家中箱柜，持续约10分钟左右，后自行入睡，未引起家人注意。时隔1周，晚上突然从寐中起床，披衣外出，在院内走动约10分钟，步态蹒跚，回屋后自行入睡，次日不能回忆。于1990年8月29日在本院神经内科就诊。做脑电图检查提示为：界限性脑电图。诊断为癔病，经用安定、利眠宁治疗效不佳。且发作次数有增无减，每晚即发。证见：精神不振，形体消瘦，全身乏力，心烦，多梦，手足心有汗，入睡时手足颤动不可自制。舌质红，苔微黄，脉象弦细。辨证为情志所伤，阴精暗耗，不能遏制肝阳，治宜滋阴潜阳，佐以宁心安神。方用自拟龙牡芍药汤，药用：生龙牡各30g，生白芍20 g，枣仁20 g，生地20 g，莲子20g，太子参12g，石决明(先煎)20g，茯苓12g，五味子12 g，甘草10g，水煎服。日服1剂，分2次服。服上方18剂，诸症皆平。后随访半年，未见复发。

按 本案系劳神过度以致阴精不足，阴不潜阳，故魂不附体，神不守舍，最终导致心神游荡不安。故治宜滋阴潜阳，兼以宁心安神。方中枣仁、五味子、莲子、太子参，益心气养心阴，以宁心安神；白芍、生地滋养肝阴；生龙牡、石决明镇肝敛魂，全方共使阴津充，阳气潜，魂有所收之效。

2 阳肝上亢型

李某，男，27岁，司机，1991年5月4日初诊。患者自诉禀性刚暴，争强好胜。发病前2天因琐事与人争吵，于1991年4月27日晚突然从睡眠中起床披衣外出，登入自家汽车厢内转几圈后，回屋自行入睡，次日不能记忆。曾在我院查脑电图，未见异常。现证见头晕、烦躁、易怒，耳鸣如蝉，入夜尤甚，口干不欲饮，大便头干。舌质暗红，苔黄，脉象弦而有力。辨证属肝气升发太过，阳气浮动于上的肝阳偏亢证。治宜镇肝潜阳，佐以养心安神。方用龙牡芍药汤加代赭石、草决明、杭菊花。药用：生龙牡各30g，白芍15g，枣仁12g，茯神15g，代赭石30g，草决明15g，石决明(先煎)20g，杭菊20g，甘草6g，生地20g，莲子12g。水煎服，每日1剂，分2次服。二诊，服上方10剂后，除头晕，烦躁，易怒，耳鸣口干尚存外，余症皆除。舌质红，微黄，脉象弦而有力稍平，略带数象。乃阴津尚未平复，仍宗前方之意，代赭石减至15g，加黄芩12g，旱莲草15g，杞果12g。又进20剂，诸症悉平，为善其后，以六味地黄丸巩固之。

按 该患者为阳盛之体，又为郁怒所伤，阴阳失衡，阳亢于上，损其津液，故见诸症。治疗重在平肝潜阳，佐以滋阴养心安神。以龙牡芍药汤既平肝潜阳，又滋心肝之阴。加代赭石以增龙牡之重镇；加草决明、杭菊以助芍药等滋心肝之阴。

3 阴血亏虚型

阎某某，男，30岁，干都，1992年5月30日初诊。患者于年内因晋职称未遂，加之准备考试，大伤神思。出现失眠，多梦，夜烦不能卧，睡眠时手足颤动不能自制。在某医院服用安定之类，开始尚有效，后效不佳。于3个月前发生夜间突然起床外出，在马路上来回徘徊走动，约10分钟左右，后返回入睡，次日不能回忆。每周发作2～3次，发作时家人呼之不应。1992年1月18日在某医院做脑电图示：右颞部可见棘波病灶。诊为精神运动性癫痫。给服抗癫痫药(药名不详),效不显,且副作用大,伴头晕,恶心,无食欲等症状。于1992年5月30日来门诊求治。冯化驯详询病情,察色按脉后曰:“患者发病半年有余,且为神思所伤,证见失眠,多梦,心烦不得卧,舌质红,脉弦细数,此乃血虚不能养神也。”书以龙牡芍药汤合四物汤加减。处方:生龙牡各15g,白芍12g,当归15g,川芎9g,生地12g,枣仁12g,莲子15g,茯苓12g,五味子10g,甘草6g,丹参20g,水煎服,每日1剂,分2次服,连服20剂。1992年6月28日复诊,上述症状控制,苔转薄白,质稍红,脉象较前缓和,药已中病,效不更方,继服30剂,遂竟全功。后嘱其吞服归脾丸以善其后。(田振典)

医方验方

1 龙牡芍药汤

方药:生龙牡各30g,生白芍20g,枣仁20g,生地20g,莲子20g,太子参12g,石决明(先煎)20g,茯苓12g,五味子12g,甘草10g。

功效:滋阴潜阳,宁心安神。

主治:肝阳上亢证。肝阳上亢所致癔病,即梦游症。

2 潜阳决明子煎剂

方药:草决明20g,菊花20g,黄芩12g,龙胆草10g,钩藤20g。

功效:平肝潜阳。

主治:肝阳上亢型高血压病(高血压病早期)

3 滋阴决明子煎剂

方药:草决明20g,菊花20g,钩藤20g,桑寄生20g,杜仲20g,杞果20g。

功效:滋阴,平肝潜阳。

主治:肝肾阴虚型高压病(高血压病进展期)。

4 化瘀决明子煎剂

方药:草决明20g,菊花20g,钩藤20g,丹参15g,赤芍15g,虎杖15g,茯苓15g。

功效:活血化瘀,平肝潜阳。

主治:血脉瘀阻型高血压病(高血压持续阶段)。

5 双补决明子煎剂

方药:草决明20g,菊花20g,黄柏10g,知母10g,黄芪15g,仙灵脾15g,枸杞子15g,川芎10g,牛膝15g,泽泻10g。

功效:养阴益气,活血化瘀,平肝潜阳。

主治:气阴两虚型高血压(高血压病后期)。

6 生脉散加味

方药:人参(或党参)、麦冬、五味子、黄芪、黄精、炙甘草。

功效:补益心气。

主治:心律失常之心气不足型。

加减:失眠多梦者加柏子仁、酸枣仁、合欢皮等助养心安神;自汗多者加浮小麦、大枣等敛汗益营;心动过缓者加桂枝、补骨脂补心通阳。

7 桂枝甘草龙骨牡蛎汤加味方

方药:桂枝、炙甘草、生龙骨、生牡蛎、红参、黄芪、五味子、酸枣仁。

功效:温补心阳,安神定惊。

主治:心律失常之心阳不振型。

加减:阳虚痰饮内停加茯苓、半夏、陈皮消饮化痰;汗出肢冷,面青唇紫,喘息不得卧之阳虚重证加附子、干姜回阳救逆。

8 归脾汤加味

方药:人参(或党参)、白术、黄芪、茯苓、远志、当归、龙眼肉、酸枣仁、木香、丹参、炙甘草。

功效:益气补血,健脾养血。

主治:心律失常之心血亏虚型。

加减:若血虚阴伤,证见烦躁不安者加麦冬、玉竹、沙参等;头晕目眩较重者加天麻、菊花平肝定眩;若兼见胸痛者加玄胡、红花活血祛瘀止痛。

9 补心丹加减方

方药:人参(或党参)、玄参、丹参、茯苓、远志、当归、天冬、麦冬、生地、柏子仁、酸枣仁、五味子、桔梗、生龙骨、生牡蛎。

功效:滋阴养血,宁心安神

主治:心律失常之阴虚有火型。

加减:伴见肝阳上亢,证见眩晕者加石决明、珍珠母、磁石潜阳平肝。

10 苓桂术甘汤加味方

方药:茯苓、桂枝、白术、炙甘草、陈皮、半夏、生姜、泽泻、枳实、竹茹。

功效:温化痰饮,宁心定悸。

主治:心律失常之痰浊阻滞型。

加减:形寒肢冷者去半夏、竹茹,加附子、干姜温阳散寒;兼有瘀血阻滞而见舌紫唇青者加丹参、赤芍活血化瘀。

11 血府逐瘀汤加味方

方药:当归、生地、桃仁、红花、丹参、枳壳、赤芍、柴胡、桔梗、川芎、牛膝、甘草。

功效:活血化瘀。

主治:心律失常之心血瘀阻型。

加减:兼有气虚者去柴胡、枳壳、桔梗,加黄芪、党参等补气;兼有阳虚者去柴胡、桔梗,加附子、肉桂、淫羊藿温补心阳。(徐江雁)

冯天有学术经验

【名老中医简介】冯天有(1942～)主任医师,教授,硕士生导师。1967年毕业于第四军医大学。现为空军总医院副院长、全军中西医结合正骨疗法中心主任。第四军医大学教授。中国中西医结合学会常务理事,中国中西医结合学会骨伤专业委员会副主任委员,全军中医学会副会长(顾问),骨伤推拿专业委员会主任委员。享受政府特殊津贴。空军少将,空军首席专家。军队国医名师。在国内首次揭示了损伤退变性脊柱疾病的本质,开创了中西医结合临床诊治的新领域,首次提出脊柱内外平衡失调是损伤退变性脊柱疾病的理论基础,单(多)个椎体位移是发病的主要病理改变,治疗上创用了"脊柱(定点)旋转复位法"。对腰椎间盘突出症、颈椎病、寰枢椎半脱位、峡部裂等一系列疾病建立了新诊治方法,取得突破性进展,居国内外领先水平。

损伤性脊柱疾病学说

1 主要学术成就

在国内首先创立了损伤性脊柱疾病的中西医结合临床疗法,取得突破性进展,1975年首先提出阐述损伤性脊柱疾病发病及诊治机制的单(多)个椎体位移的理论、脊柱内外平衡失调学说,同时,创用了脊柱(定点)旋转复位法。这一新诊治方法对环枢椎半脱位、颈椎病、胸腰椎后关节紊乱症、腰椎间盘突出症、腰椎峡部裂等一系列疾病的发病机理上提出了新观点,在诊断上提出了新内容,治疗上创用了新方法。

1.1 脊柱内外平衡学说

脊柱运动一方面靠神经、肌肉和韧带作用;另一方面靠骨骼和关节的结构。这些脊柱内外平衡因素的协调一致是胜任人体各种功能活动的重要条件,由于积累性劳损和(或)退变使脊柱的稳定性相对减弱。若在特定体位内平衡负重缺乏外平衡支架的保护,或急剧的体位变化,使影响体位姿态的内外平衡因素来不及迅速协调适应;也有时某退变(或正常)椎间隙承受超荷载直压扭转应力时很容易造成着力点部位及其软组织损伤。单(多)个椎体位移后,关节突关节面错位,改变了关节突关节、椎间韧带及椎间盘的张力也可使相应的椎间孔及椎管矢状径变小,破坏了脊柱间的内在平衡,也引起了外在平衡(肌肉支架)的相应改变,机体为了增大椎间孔和椎管的矢状径,减轻或消除神经、血管受压,就出现颈(腰)肌强硬、僵直、疼痛、活动受限及代偿性脊柱曲线。久之,出现代偿性骨质增生及椎间韧带肥厚、变性。这些变化又维持和稳定了损伤后的代偿性脊柱曲线,增生和退变如对周围组织产生刺激或压迫就出现相应的临床表现。

1.2 单(多)个椎体位移理论

单(多)个椎体可沿三维空间、六个自由度位移。其位移形式,可发生在额状轴上的前倾,后仰;矢状轴上的左右侧屈;纵轴上的旋转、因椎体、关节突、棘突是一个整体,在单(多)个椎体位移时必然导致棘突偏歪,关节突关节错缝、棘间隙的宽窄变化。

临床上冯天有建立"椎体棘突四条线"触诊法。正常情况下,脊柱在前后位观棘突的连线应为一条直线,棘突是椎体的一个组成部分,在颈背腰部的皮下可以触及。当脊柱因损伤和(或)退变产生单(多)个椎体位移时,患椎棘突必有偏歪,"椎体棘突四条线"触诊法,分单拇指触诊法、双拇指触诊法,三指(食、中、无名指)触诊法,主要是确定棘突有无偏歪,以及偏歪棘突的位置和方向。一般需触摸比较下述四条线综合判断。中心轴线为通过脊柱中心的想象的一条直线;棘突侧线为通过各棘突侧缘的连线;棘突顶线为每个棘突上下角的连线;棘突尖线为上一棘突下角尖与下一棘突上角尖的连线。正常人棘突侧线应与中心轴线平行,棘突顶线和尖线应与中心轴线重合(或平行)。一般情况下,当棘突偏歪时,其顶线偏离中心轴线,侧线在此处成角而成一曲线,尖线则呈斜方向与中心轴线相交。"椎体棘突四条线"为记载单(多)个椎体沿三维空间六个自由度轻微位移规范了统一的标准。对损伤性脊柱疾病的诊断、鉴别诊断及治疗提供了客观依据。

1.3 腰椎间盘突出症"腰型"变化的四步规律

冯天有从脊柱椎间力平衡紊乱、失稳,看待腰椎间盘髓核突出压迫神经根的动态变化,改变了过去只是静止地、孤立地看待椎间盘髓核突出压迫神经根造成神经功能障碍的认识,建立了新的概念。弥补、修正了既往的不足,在学术界产生重要影响。

腰椎间盘突出症患者手法触诊腰部具有"四大体征":①患椎棘突位置向左或右偏歪;②患椎上下棘间隙宽窄不等;③患椎棘突旁压痛或伴有向下肢放射痛;④患处棘上韧带有条索样纵行剥离,触之钝厚,压痛明显。依据患者棘突偏歪等“四大体征”可窥见脊柱内外平衡失调和棘突偏歪等的内在联系,提高了对发病机制的认识,也为诊断提供了新方法。

“腰型”变化四步规律:患椎发生轻度位移,髓核突出压迫神经根,产生腰腿串痛致腰椎失稳,改变了人体重力中心,直接影响人体站立行走姿势。为保持平衡,增大椎间孔和椎管矢状径,减轻或消除神经、血管受压,缓解疼痛,将利用骨盆倾斜、脊柱侧弯、胸廓扭转等机制进行自体调节。相继出现腰曲变平,腰骶上移,旋盆翘臀,旋腰挺胸四步规律性变化。从而依此可判断病情的轻重,病程长短,治疗难易及预后等,加深了对腰椎间盘突出症的认识。1991 年 5 月 ~1993 年 5 月空军总医院门诊经冯天有检查,结合 CT 和/MRI 确诊为单间隙腰椎间盘突出症者 1007 例(L 4－5 592 例,占 58.8%;L 5－S 1 397 例,占 39.4%;其它腰椎间盘 18 例,占 1.8%)其中Ⅰ型腰曲变平 437 例,占 43.4%;Ⅱ型腰骶上移 440 例,占 43.7%;Ⅲ型旋盆翘臀 117 例,占 11.6%;Ⅳ型旋腰挺胸 13 例,占 1.3%。

1.4 脊柱(定点)旋转复位法

根据对损伤性脊柱疾病发病机制的新认识,同时吸取了中西医治疗损伤性脊柱疾病的优点,摒弃了其弱点,在治疗方法上创用脊柱(定点)旋转复位法。它是目前保守疗法中科技含量最高的新方法。

脊柱(定点)旋转复位法,复位瞬间医生将病人重心落在患椎单侧关节突关节上,使脊柱暂时处于失稳状态,再拨动偏歪棘突。同时,通过医生复位的拇指使患椎承受了直拉力旋转分力,并且运用杠杆力而易于复位,手法稳、准、轻、巧。

脊柱(定点)旋转复位法具体操作:病人端坐方凳上(无靠背),两脚分开与肩等宽,医生正坐病人之后,以患椎棘突向右偏歪为例,首先用双拇指触诊法查清偏歪棘突。右手自病人右腋下伸向前,手掌部压于颈后部,拇指向下,余四指扶持颈部,(病人稍低头)同时嘱病人双脚踏地,臀部正坐不准移动。助手面对病人站立,两腿夹住病人左大腿,双手压住左大腿根部,维持病人正坐姿势。医生左手拇指扣住偏向右侧的棘突,然后右手拉病人颈部使身体前屈 40°~60°(或略小),继续向右侧(尽量大于 45°),在最大侧弯位医生右上肢使病人躯体向后内侧旋转,同时左手拇指顺向左上顶推棘突立即可觉察指下椎体轻微错动,往往伴随“喀”一声。患椎棘突向左偏歪者,医生扶持病人肢体和牵引方向相反,方法相同。

对于损伤性脊柱疾病,临床上施脊柱(定点)旋转复位法,配合分筋、理筋、镇定等轻巧确切的手法恢复病变部位的正常(或代偿)解剖位置,是其主要诊治手法。同时,纠正患处解剖位置变化与治疗无菌性炎症相结合;影响患处病理改变的内外平衡因素兼治;手法治疗后适宜休息与功能锻炼兼顾,临床上收到较好疗效。冯天有 1980 年 11 月 ~1987 年 6 月住院治疗的腰椎间盘突出症患者,随访 278 例,随访最长时间 2669 d,最短 265 d,平均 39.22 岁。治愈 186 例,占 66.55%,好转 69 例,占 24.82%。空军总医院韦良渠等自 1994 年 3 月到 1999 年 3 月对 64 例颈椎病患者采用以冯氏脊柱(定点)旋转复位法为主的治疗方法,取得较好疗效。其结果如下:治愈 49 例(76.6%),好转 14 例(21.8%),无效 1 例(1.6%),总有效率 98.4%。

这一新诊治方法对环枢椎半脱位、颈椎病、胸腰椎后关节紊乱症、腰椎间盘突出症、腰椎峡部裂等一系列损伤性脊柱疾病,均取得满意疗效。

2 新医正骨疗法是中西医结合的典型

中国传统医学,历经几千年的医学实践和理论,是一个伟大的宝库,对于损伤性脊柱疾病也积累了许多宝贵经验,但正骨、推拿、按摩等医师多数经验从实践中摸索而来,由于不同的历史条件,当时缺乏详尽的解剖学、病理生理学、生物力学等现代科学知识和方法,对疾病的认识有时欠深刻,所采用的诊治方法不同程度存在着大力、成套、盲目的一面。

西医诊治损伤性脊柱疾病,建立在较完善的解剖学、病理生理学基础上,检查相对客观、准确。但对疾病的发生、发展和归宿,往往只看到致病因素、机体先天缺陷、骨质增生、退变的一面,忽略了机体对抗疾病适应、修复、代偿的一面。静止、机械的分析判断机体所出现的变化。因此,在治疗方法上也缺乏辨证施治,不同程度地存在着简单、机械、“头痛医头,脚痛医脚”等的缺点。

冯天有在唯物辨证法思想指导下,具有丰富的中西医临床实践的基础,运用解剖学、病理生理学、生物力学等的知识,吸收传统医学的正骨经验,潜心从事损伤性脊柱疾病的中西医结合临床研究,创造了新医正骨疗法。阐述损伤性脊柱疾病发病及诊治机制的单(多)个椎体位移理论;脊柱内外平衡失调学说,一方面揭示了颈椎病、胸腰椎后关节紊乱症、腰椎间盘突出症、腰椎峡部裂等一系列疾病发病机理的本质,一方面揭示了它们之间的普遍联系,它融合了中西医学的精华,又克服了传统疗法中盲目、主观的一面,也克服了西医机械、静止、孤立的学术思路。在此基础上创用了脊柱(定点)旋转复位法,复位时使脊柱暂时性处于失稳状态,运用两个杠杆力使患椎复位,手法稳、准、轻、巧,疗效显著。例如冯天有指出腰椎间盘突出症发病机制是由于腰椎损伤和/或退变,脊柱内外平衡失调,单(多)个椎体位移后椎间盘突出压迫神经根造成神经功能障碍。这改变了过去只是静止地、孤立地看待椎间盘髓核突出压迫神经根的认识。诊断上提出腰部具有患椎棘突偏歪等四大体征,从而揭示了脊柱内外平衡失调和棘突偏歪等的内在联系,提高了对发病机制的认识。"腰型"四步变化规律从整体躯干望诊角度判断脊柱损伤、退变的严重程度,发展阶段及预后,全面、深刻、简捷。使多年来教科书一直沿用"脊柱侧弯"四个字来描述腰椎间盘突出症时的腰型变化,有了更深刻的变化。它不仅更准确阐述了腰型变化规律,同时揭示了腰椎间盘突出症与腰型变化的内在联系。治疗上以脊柱定点旋转复位法为主,纠正了椎体位移,解除或改善了突出髓核与神经根的关系,使神经根功能障碍锐减或消失。同时使脊柱稳定,恢复椎体间力平衡(或代偿平衡)从而达到"根治"的目的。因此新医正骨疗法是用现代科学知识和方法发掘和提高传统医学的正骨经验,创造的新方法,是中西医结合的典型。

3 结 语

冯天有创立的损伤性脊柱疾病的中西医结合临床疗法,在发病机制上提出了新观点,诊断上提出了新内容,治疗上创用了新方法。脊柱内外平衡学说,单(多)个椎体位移理论,揭示了损伤性脊柱疾病的本质。根据脊柱内外平衡失调的规律融入脊柱解剖学、病理生理学和生物力学等的原理,建立起来的单(双)拇指触诊法所查到的体征,来作定位诊断的依据是临床医学物理诊断方法上一个很大的进步。因为,高科技诊断技术和现实环境中的诊疗实践活动之间,仍然存在着巨大差距。颈(腰)椎间盘突出症定位诊断始终是困扰临床医师多年来的难题,今日这一问题已迎刃而解。脊柱定点旋转复位法,是高科技含量的新方法,手法稳、准、轻、巧,病人不痛苦,提高了疗效,缩短了病程,使许多久治不愈的患者重新返回工作岗位。(冯 伟)

冯宪章临床经验

【名老中医简介】冯宪章(1935 ~)河南长垣人。教授,主任医师。1962 年毕业于河南中医学院。现任职于河南中医学院一附院皮肤科。河南省名中医,第四批全国老中医专家学术经验继承工作指导老师。擅长中医药辨证治疗银屑病、红斑性狼疮皮肌炎等皮肤科疑难病症。中西药联用治疗体癣、股癣的临床研究曾获省科技进步奖。

银屑病

1 病因病机

银屑病俗称"牛皮癣",是一种常见并易复发的以表皮增殖和炎症为特征,无传染性红斑鳞屑性可遗传的皮肤病。其病因与遗传、感染、变态反应、代谢障碍、自身免疫等有关。冯宪章继承张志礼教授的观点,认为血热是银屑病的根本病机。而血热的形成又有多种因素:可因七情内伤,气机壅滞,郁久化火,以致心火亢盛,热毒伏于营血;可因饮食失节,过食腥发动风之物,脾胃不和,气机不畅,郁久化热,复受风热毒邪而发病。热壅血络则发红斑;风热燥盛肌肤失养则皮疹脱屑,色白而痒;病久阴血内耗,夺津灼液,则血枯燥而难荣于外;气血失和,经脉阻隔则肌肤失养;若血热炽盛,毒邪外袭,蒸灼皮肤,气血两燔,则郁火流窜,积滞肌肤,形成红皮。故冯宪章认为凉血解毒应贯穿银屑病的各个时期。

2 分期治疗

2.1 进行期宜清热解毒、凉血消斑

进行期银屑病皮疹以丘疹、斑丘疹为主,新疹不断出现,旧皮疹不断扩大,临近皮疹常相互融合,炎症加剧,鳞屑增厚,基底皮肤颜色鲜红,刮去鳞屑见点状出血,有同形反应,可有不同程度瘙痒,伴咽痛、口渴、便干、溲黄、舌红、苔黄、脉数等。冯宪章认为,此证是疾病的初发阶段,毒邪偏盛,充斥气营,波及血分,因此治疗应以清热解毒,凉血消斑为主,故以大剂清热解毒之品与凉血之品并用,常用犀角地黄汤加减,常用药物为土茯苓、板蓝根、大青叶、鱼腥草、白花蛇舌草、生地黄、牡丹皮、赤芍、生槐花、紫草、羚羊角粉、水牛角丝、虎杖等。方中土茯苓、板蓝根、白花蛇舌草、紫草经现代药理研究证实有免疫抑制、抗炎、抗肿瘤作用,对抑制银屑病表皮细胞过度增殖有治疗作用。

2.2 静止期宜凉血解毒、活血消斑

静止期皮疹病程较长,皮损相互融合成斑块,肥厚浸润,覆有较厚鳞屑,经久不退,舌质暗红或有瘀斑、瘀点，脉涩或细涩。现代研究认为此型患者血液粘稠度高，红细胞变形能力下降，真皮毛细血管扭曲，血管通透性增强。冯宪章认为皮损浸润肥厚，颜色暗红，舌质紫暗为其辨证要点。治疗上宜凉血活血，解毒通络。常用桃红四物汤加减，常用药物有生地黄、牡丹皮、丹参、当归、鸡血藤、夏枯草、红花、土茯苓、白花蛇、半枝莲、赤芍等。方中丹参、红花经现代药理研究能够改善外周微循环，降低血液粘稠渡，并有抑制肿瘤细胞 DNA 合成的作用，抗炎作用及免疫调节作用。

2.3 消退期宜凉血解毒

消退期银屑病皮疹变薄，颜色转淡，鳞屑干燥，同时伴有皮疹夜间瘙痒，五心烦热，舌质瘦红或淡红，少苔，脉细数。冯宪章认为，银屑病病程迁延，常历经数十年而不愈，反复发作则耗气伤阴，而以阴血亏虚为著。因此在治疗上强调滋阴养血，凉血清热解毒。方以当归饮子加减，常用药物有：生当归、丹参、鸡血藤、生地黄、石斛、麦冬、玄参、南北沙参、茅根、白花蛇舌草、土茯苓、何首乌等。

2.4 饮食调护

冯宪章强调，银屑病是皮肤科顽症，反复发作，缠绵难愈，是陪伴患者一生的“朋友”，饮食调护相当重要。饮食上忌食辛辣腥发之物，但患者因大量反复脱屑，容易造成低蛋白血症，故又不能忌口太严，一些辛辣之物只对血热证患者不利，因此强调银屑病患者应忌酒及羊肉，其它食物则因人而异；另外银屑病患者应起居有时，劳逸适度，否则耗气伤血，疾病容易复发；还应积极锻炼身体，预防感冒；心胸宽广，开朗豁达，避免精神刺激。（宋群先）

冯兴华风湿病临床经验

【名老中医简介】冯兴华（1945～）山东聊城人。主任医师，博士生导师。现任中国中医科学院广安门医院风湿免疫科主任。中华中医药学会风湿病专业委员会副主任委员，北京中医药学会风湿病专业委员会副主任委员，北京中西医结合学会风湿病专业委员会副主任委员，国家食品药品监督管理局中药新药审评专家，《北京中医》杂志常务编委，《药物不良反应杂志》杂志编委。第四批全国老中医专家学术经验继承工作指导老师。擅长治疗风湿性关节炎、强直性脊柱炎、系统性红斑狼疮、干燥综合征、硬皮症、皮肌炎、骨关节炎、痛风等多种疾病。发表学术论文20余篇，主编或参编专著5部。

强直性脊柱炎

1 对病因病机

冯兴华认为：①强直性脊柱炎患者多为先天禀赋不足，肾精亏虚，致使病情缠绵难愈，久则筋骨失养、髓不能充，晚期患者多表现为脊柱弯曲或强直、关节畸形，甚则出现“尻以代踵，脊以代头”之象。②肾脏虚损，是强直性脊柱炎发生、发展的重要原因，肾主骨、生髓，肾脏虚损，营卫气俱虚，阴阳失调，外邪则乘虚侵入，而发为风湿之病。③肾脏虚损同时也是强直性脊柱炎经久不愈、内传入里的结果。反复感受外邪，痹阻关节、经络，随着病情的进一步发展，气血凝滞，耗伐正气，终致肝肾亏虚、肾虚髓空而表现为四肢关节和脊柱疼痛变形，肌肉萎缩，僵硬强直，活动受限，或伴颜面浮肿、眩晕耳鸣。④强直性脊柱炎急性期多表现为湿热痹阻证，而不能简单地从“风寒湿三气杂至合而为痹”立论。冯兴华指出，本病多发于青少年，就其体质而言，具有阳气偏胜的特点。《素问·痹论》中曾指出：“其热者，阳气多，阴气少，病气胜，阳遭阴，故为痹热。”患者素体阳气偏胜，内有蕴热；或阴虚阳亢之体，感受外邪侵袭，邪气入里化热，流注经络关节；或风寒湿邪日久缠绵不愈，邪留经脉，郁而化热。由此可见，强直性脊柱炎活动期主要证候特点为湿热痹阻，中晚期则主要表现为肾虚血瘀。

2 辨证分型论治

2.1 湿热痹阻证

主要见于强直性脊柱炎的活动期。其主要表现为腰骶部疼痛剧烈，可伴有外周关节的疼痛、肿胀，疼痛部位有灼热感；口干，咽痛，周身沉重不适；舌质红，苔黄厚或黄腻，脉滑数。治以清热利湿，方用四妙丸加减：苍术、黄柏、苡仁、苦参、土茯苓、双花、连翘、防己、川牛膝等。若外周关节肿甚者，加泽泻、茯苓以增强利湿之功；关节痛甚者，加青风藤、忍冬藤等藤类药以舒筋活络；湿盛生痰，伴有肢体屈伸不利、腰背僵硬者，则加用白芥子、僵蚕、丝瓜络等。针对该期患者的临床特点，冯兴华指出，该病病机复杂,此期虽以湿热痹阻为主,往往兼有气虚、血瘀、痰阻,因此,治疗时要以清热利湿为主,同时根据兼证酌情配伍使用补气、活血、化痰之品如黄芪、红花、炮山甲、白芥子等。用药虽杂,杂而不乱,匠心独具,可见一斑。

2.2 肾虚血瘀证

主要见于强直性脊柱炎的中晚期。其主要表现为腰背部疼痛、僵硬,甚则强直畸形,活动不利,畏寒怕冷,遇寒痛剧,得温则减,头晕目眩,耳鸣耳聋,面色苍白,夜间或休息时疼痛明显,活动后疼痛减轻。舌质略红,苔薄,脉沉细涩,尺脉弱。治以温肾强督、活血化瘀,药用淫羊藿、补骨脂、熟地、枸杞子、菟丝子、杜仲、怀牛膝、当归、赤芍、制乳没、细辛等。药物加减:若夹有寒湿者,加羌活、桂枝;夹有湿热者,加用秦艽、穿山龙;若腰痛脊强、足膝酸软较重者,可加巴戟天、川断;阳虚寒胜者,可加制附片、肉桂;若痹证日久,气虚明显者,可加黄芪、党参。冯兴华认为,本证型多见于强直性脊柱炎的中晚期,变证丛生,难以速效,临床需注意患者正气胜衰,不可一味化痰祛瘀。肾主骨,肾虚则精少、髓空,骨失荣养,肾督亏虚,阳损及阴,气血凝滞而骨痹难除。肝肾不足,阴虚火旺,久致痰瘀胶结则病难速愈。正虚邪恋,当以扶正为主,兼以祛邪。

3 病案举隅

张某某,男,37岁,2005年2月11日初诊。主诉:腰骶部疼痛6~7年,加重6个月。现病史:患者自1998年初无明显诱因出现下腰部疼痛,晨僵不明显,服用止痛药症状可以缓解。近半年来腰骶部疼痛逐渐加重,全身明显乏力,夜间痛甚,翻身困难,影响工作、睡眠,晨僵15分钟。现伴有双侧胸胁胀痛,双髋关节、足跟部疼痛,无发热,舌质红,苔黄厚,脉滑数。查体:枕墙距:0cm,胸廓活动度:4.5cm,指地距:23cm,Schober试验:3.5cm,双侧“4”字试验(+),脊柱前屈、后伸、侧弯和转动无明显受限。髋关节活动外展稍受限,BSDAI均数为5.33。辅助检查:HLA-B27:(+),血常规:(-),尿常规:(-),ESR 27mm/h,CRP 87mg/L。骶髂关节CT示:双侧骶髂关节面模糊,关节间隙变窄,并可见部分融合。西医诊断:强直性脊柱炎。中医诊断:骨痹,湿热痹阻型。治以清热利湿、活血通络为主,方以四妙丸加减:苦参10g,苍术10g,苡米15g,川牛膝15g,黄柏10g,忍冬藤15g,元胡10g,赤芍15g,红花10g,地龙10g,秦艽10g,双花30g,连翘10g,川芎10g,泽泻10g,郁金10g。14剂,水煎服,1日1剂。2月25日二诊:患者服药后胁痛已不明显,腰骶部疼痛、足跟痛有所改善。因疼痛减轻,未曾出现痛醒的情况,时有头晕、耳鸣,活动后疼痛减轻,舌淡苔薄,脉沉涩。经上述治疗后湿热之象已退,证候已渐转化,证属肾虚血瘀。拟补肾活血之法,药用:淫羊藿15g,补骨脂10g,骨碎补10g,杜仲10g,制乳没各3g,怀牛膝10g,菟丝子10g,当归10g,赤芍15g,红花10g,狗脊10g,双花30g,苍术10g,苡米15g,羌活10g。14剂,水煎服,1日1剂。3月11日三诊:药后诸症基本缓解,时有腰骶部酸痛,周身乏力;体格检查:双侧“4”字试验(-),髋关节活动范围正常;舌淡苔薄,脉沉涩。前方加山萸肉10g、黄芪30g。7剂,水煎服,1日1剂。3月18日四诊:药后诸症消失,复查ESR 15mm/h,CRP 5.7mg/L,病情趋于稳定。(张显彬 王海隆)

干燥综合征

1 病因

冯兴华认为,津液是维持人体生命活动必不可少的重要物质。以荣养滋润机体各个组织、器官。本病之患,起因多端,机理复杂,是涉及多脏器、多系统的病理变化过程。《类证治裁》曰:“燥有外因、有内因。因乎外者,天气肃而燥胜,或风热致气分,则津液不腾。宜甘润以滋肺胃,佐以气味辛通。因乎内者精血夺而燥生,或服饵偏助阳火,则化源日涸。宜柔腻以养肾肝尤资血肉填补。”说明其病因为先天禀赋不足,阴津匮乏,或后天感受天行燥邪或温热病毒,损伤津液;或过服辛热燥烈药品而耗伤阴津。津液耗夺亏损,正常敷布运行代谢失调,津液枯涸则脏腑组织失运、失荣,人体皮肤、四肢、脏腑失于濡养,导致内外津涸液干则周身失于敷布润泽,燥邪内生。《素问·阴阳应象大论》曰:“燥胜则干。”金代刘完素在《素问玄机原病式》中有“诸涩枯涸,干劲皴揭,皆属于燥”的论述,指出了燥病的特点。燥则失濡、失润、失养,气血运行受阻,痹证乃成。

2 病机

2.1 阴亏液耗为本

阴血亏虚,津枯液涸,轻则肺胃阴伤,重则累及肝肾,导致肝肾阴虚。故治疗中当辨别肺胃、肝肾阴液亏耗何为主次。一般而言,病程短,口咽干燥为主,无明显系统损害者,病位主要在肺胃,治疗以甘寒培补、养阴生津为主。但人体为有机整体,五脏之间皆相互联系、相互影响,上焦肺胃之阴有赖于下焦肝肾先天之阴的培补,下焦肝肾之阴亦有赖于肺胃之阴的滋养,肺胃之阴伤易下及肾阴,肝肾不足必然累及其他脏腑，故在临床应用时甘寒、咸寒每多兼顾。药用玄参、沙参、麦冬、天花粉、石斛、知母等分别具有润肺、益胃、滋肾作用的药物。阴虚火旺加黄柏滋阴降火。

2.2 燥热邪毒为病机关键

正虚感邪致燥，阴虚津亏致燥，瘀血致燥，燥盛成毒，故瘀毒相互为患是病机关键。中医之“毒”，系脏腑功能和气血运行失常导致体内的生理或病理产物不能及时排出，蕴积体内过多，以致邪气亢盛，败坏形体而转化之物。故当重视清热解毒之品在治疗中的应用。药用金银花、连翘、蒲公英、漏芦等有清热解毒作用的药物。

2.3 久病及血，不可忽视瘀象

冯兴华认为，本病延绵日久，病必入血，本病起病缓慢，病程迁延，气血津液长期亏耗，燥毒邪盛，内陷血分，阴虚血燥，血运不畅，脉道涩滞，气机不利，脉络瘀滞在所难免。“不通”与“不荣”并见。瘀血既是病理产物，又是致病因素。治疗时不能单纯强调滋阴生津，活血化瘀亦至关重要，以使瘀去血活，气机调畅，津液畅达。此即《血证论》“瘀去则不渴”之义。药用当归、赤芍、丹参、莪术、穿山甲等具有活血化瘀作用的药物。有关节症状者加鸡血藤、忍冬藤以舒筋活络。

3 治疗

冯兴华认为，治疗本病应遵循《素问·至真要大论》“燥者濡之”的治疗总则。《丹溪心法》云：“燥结血少，不能润泽理宜养阴。”《景岳全书·燥有表里之不同》云：“盖燥则阴虚，阴虚则血少。所以或为牵引，或为拘急，或为皮腠风消，或为脏腑干结。此燥从阳化，营气不足而伤乎内者也。治当以养营补阴为主。”张子和认为，阴中伏火，日久煎熬，燥热转甚，法宜甘寒滋润。冯师主要采用甘寒滋润之品为主，佐以清热解毒、活血通经药物治疗。临证主要用玄麦甘桔汤加减治疗。

4 典型病案

患者，女，50岁，2003年9月27日初诊。2001年5月起，无明显诱因出现口眼干燥。查：RF 174 mg/L，ESR 62 mm/H，ANA（+），SSA（+），SSB（+）。眼科行Schimmer'S试验：左4.2cm 右5cm。泪膜破碎时间（BUT）：左4 S，右3 S。口腔科行腮腺造影示：导管及小腺体有破坏。外院诊为“干燥综合征”。病程中曾有龋齿。现口眼干燥，进食时需汤水冲饮下咽，视物模糊，毛发干枯，皮肤干燥，腰痛，舌黯红，少苔，脉沉涩。方用玄麦甘桔汤加减：玄参15g，天花粉30g，石斛15g，桔梗10g，麦冬10g，沙参10g，金银花15g，连翘15g，穿山甲10g，知母10g，黄柏10g，蒲公英15g，赤芍30g。14剂。二诊：口干症状较前明显减轻，眼干较前有所减轻，腰痛减轻，舌黯红，少苔，脉涩。前方石斛、金银花用量加至30g，以增强清热生津之力并加莪术10g、丹参15g，以加强活血化瘀作用。续服14剂。三诊：略有口干，进食时已不需饮水帮助下咽，眼略感干涩，腰痛消失，舌黯红，苔少，脉涩。继服二诊方14剂以巩固疗效，随访2年未见复发。（王海隆 张显彬）

医案验案

类风湿性关节炎

1 治痹之道，谨守病机，攻补有序

史某，男，48岁，2003年1月14日初诊。双手关节、膝关节疼痛1年，加重1月。患者于1年前无明显诱因逐渐出现双手近端指关节、腕关节、双膝关节疼痛、肿胀，未予重视。2002年5月在北京某医院诊断为类风湿性关节炎（RA），给予甲氨喋呤、柳氮磺胺吡啶等药物治疗，因服药后肝功能出现异常遂停药。近1月来，症状加重而来门诊求治。证见：双膝、双手多关节疼痛、肿胀，局部皮温高，活动困难，伴双腕、双肘关节疼痛，活动轻度受限，周身倦怠乏力，心烦，口干，舌红、苔薄黄，脉滑。检查：血沉（ESR）78mm/1h，类风湿因子（RF）137.5IU/mL，C－反应蛋白（CRP）90mg/L，谷丙转氨酶（ALT）1000.2nmol·s －1/L，谷草转氨酶（AST）583.45nmol·s －1/L。双手X线摄片示：符合类风湿性关节炎改变。中医辨证：痹证。证属湿热痹阻，瘀血阻络。治以清热利湿，活血通络。处方：黄柏10g，薏苡仁、苍术、苦参、怀牛膝、茵陈、蒲公英各15g，土茯苓、泽泻、忍冬藤、青风藤、青蒿、金银花各30g，蜂房、全蝎各5g，蜈蚣2条。每天1剂，水煎服。2月12日二诊：小关节疼痛明显减轻，肿胀已不明显，双肘关节活动已不受限，仍感双膝关节疼痛、稍肿胀，站起困难，周身乏力，舌红，苔黄厚，脉滑。证属湿热久蕴，气阴两伤。治以清热利湿通络，佐以益气养阴。上方去薏苡仁、忍冬藤，加黄芪、石斛各30g。每天1剂，水煎服。3月22日三诊：双膝关节稍疼痛、肿胀，活动不受影响，仍感周身乏力，舌淡红、苔黄，脉沉细。痹证日久不愈，渐至肝肾不足，脾气虚弱，虚实夹杂。治以健脾补肾，清利湿热，活血通络。处方：黄芪60g，党参、白术、茯苓、淫羊藿、怀牛膝、薏苡仁、姜黄、木瓜、蒲公英各15g，补骨脂、杜仲各10g，蜂房5g，土茯苓、金银花、青风藤各30g。每天1剂，水煎服。5月22日四诊：关节疼痛消失，无肿胀，双膝关节活动自如，可骑自行车，胃纳、睡眠均可，二便调，舌红、苔薄黄，脉沉弦。续服上方30剂，以资巩固。

按 RA属中医学痹证范畴。王海藏云："治病之道有三法焉，初、中、末也。初治之道，法当猛峻者，谓所用药势疾利猛峻也……中治之道，法当宽猛相济……末治之道，法当宽缓。"本案初期当辨风、湿、寒、热之邪，以大剂、猛剂速去其邪，法当清热利湿，活血通络；中期邪尽去，气阴两伤，当于祛邪药中稍加扶正之品，法当清利湿热佐以益气养阴；后期正气渐衰，脏腑受损，余邪未清，又当补肾健脾、益气养血，佐以清热利湿。痹证日久，邪气久羁，深经入骨，津血凝滞不行，变生痰湿瘀浊，经络闭塞不通，酌加全蝎、蜈蚣等虫类药，搜剔窜透使浊去凝开，气通血和，经行络畅。

2 益气祛邪，寓泻于补，相辅相成

王某，女，64岁，2003年1月14日初诊。双手多关节疼痛、肿胀1年余，加重1月余。患者自2001年11月起无明显诱因出现双手掌指关节疼痛、肿胀，服芬必得后症状渐缓解。其后关节痛反复发作，未予系统治疗。于2002年9月，关节痛、肿胀加重，遂在某医院就诊，诊断为类风湿性关节炎，给予甲氨喋呤、柳氮磺胺吡啶等治疗4月后，面部浮肿，周身乏力，自行停药，遂转我院门诊要求中医治疗。证见：双手掌指关节疼痛、肿胀，局部皮温高，双腕关节肿胀，活动略受限，伴双膝关节、双踝关节、下颌关节疼痛，晨僵2小时，口干，体温37.6℃，倦怠乏力，纳呆，舌暗、苔白，脉弦滑。检查：ESR 49mm/lh，RF 40IU/mL，CRP 0.73mg/L。双手X线摄片示：符合类风湿性关节炎改变。中医辨证：痹证。证属湿热痹阻，气阴不足，瘀血阻络。治以清热利湿，益气养阴，活血通络。处方：黄芪60g，木瓜、秦艽、怀牛膝各15g，远志、连翘、苍术、防风各10g，白芍、金银花、土茯苓、青风藤、石斛各30g，当归、川芎、莪术各10g。每天1剂，水煎服。3月17日二诊：关节疼痛明显减轻，体温降至正常。惟感右手掌指关节疼痛，肿胀不明显，局部皮温不高，无晨僵，双腕关节活动自如，口干、眼涩，倦怠乏力，腰膝酸软，舌暗红、苔薄白，脉细数。后期正气渐衰，脏腑受损，仍守上方加补骨脂、枸杞子各10g。每天1剂，水煎服。4月17日三诊：患者一般情况好，仅感右手近端指间关节稍有疼痛，不肿。仍治以清热利湿、益气活血补肾之法，继服30剂，巩固疗效。

按 痹证乃因风、寒、湿、热等邪气入侵，阻滞经络，使气血周流不畅所致。治疗以祛邪为主，但部分患者用祛邪通络之品疗效不显，因未予以扶正。正虚、外邪、瘀血三者紧密关联、相互影响。痹证多因湿，湿属阴邪，与风寒相合，易伤营卫，湿从热化，易耗散气阴，故本例拟方始终以黄芪为君药，鼓舞气机，气行则血行，气机流贯，凝塞疼痛则除，且大气一转，纵有留湿，亦可益气祛邪，寓泻于补，相辅相成。

3 标本兼治，培补肾元，贯穿始终

赵某，女，39岁，2002年5月28日初诊。多关节疼痛4年，加重半月。患者于1998年3月无明显诱因出现双手近端指间关节和掌指关节疼痛、肿胀，未予治疗。发病后2月，病变渐及双腕关节和双肘关节，有明显疼痛和肿胀，活动受限，晨僵约半小时，自行间服芬必得、雷公藤多甙等药，关节疼痛等症时轻时重，近半月来，因受凉后关节疼痛加重而入我院诊治。证见：双手多关节对称性疼痛、肿胀，关节疼痛处肤色发黑，局部皮温不高，双手指端发凉，伴右手腕关节活动轻度受限，双肘关节屈伸明显受限，晨僵约半小时，面色萎黄，倦怠乏力，畏寒喜温，无发热，舌淡红、苔薄白，脉沉细。检查：ESR 70 mm/lh，RF 40IU/ml，CRP 160ng/L。双手X线摄片示：符合类风湿性关节炎改变。中医辨证：痹证。证属脾肾两虚，血瘀湿阻。治以补肾健脾，佐以活血通络、清热利湿。处方：淫羊藿、木瓜、薏苡仁、金银花、蒲公英、赤芍各15g，当归、巴戟天、枸杞子、苍术、菟丝子、怀牛膝、党参、白术、莪术各10g，黄芪60g。每天1剂，水煎服。7月6日二诊：关节疼痛明显减轻，肿胀渐消退，右腕关节活动自如，但双肘关节屈伸受限，晨僵半小时，仍乏力，畏寒喜温，双手末端发凉、近端指间关节局部肤色仍发黑，舌淡有齿痕、苔白，脉沉滑。证属湿热之邪渐除，正虚邪恋。仍守补肾健脾、活血通络法。上方去金银花、蒲公英，加土茯苓、青风藤、穿山甲各15g，桂枝10g。每天1剂，水煎服。9月5日三诊：病情稳定，关节疼痛基本消失，关节无肿胀，双肘关节可以屈伸，各关节活动自如，双手近端指间关节局部肤色基本恢复正常。检查：ESR 13mm/lh，RF 0.23IU/mL，CPR 15.79mg/L。续以补肾健脾、活血通络法，以巩固疗效。

按 类风湿性关节炎属中医学痹证、历节、尪痹等范畴，活动期常以祛风通络、散寒除湿或清热通络、疏风胜湿等为治法。本例患者突出表现为指端发凉,关节局部肤色发黑,黑色主肾虚,辨证属本虚标实,寒热错杂,治以标本兼治、寒热并用,培补肾元之法贯穿始终,一是补益肝肾精血,二是温壮肾督阳气,阴充阳旺,既可祛邪外出,也可御敌不侵,筋强骨健,必关节滑利,湿浊瘀血无以从生。全方融培补肾元、益气养血、清热利湿、活血通络诸法于一炉,使肾元充、气血旺、湿热除、血络通而筋骨关节痛诸症自除。(刘宏潇)

傅萍妇科临床经验

【名老中医简介】傅萍 女。主任医师,硕士生导师。现任职于杭州市中医院中医妇科。浙江省中西医结合学会生殖专业委员会委员,杭州市中医药学会妇科专业委员会副主委。杭州市名中医,浙江省名中医。擅长月经病、子宫肌瘤、不孕症、习惯性流产等疑难病的诊治。

崩漏

1 病因病机

有关崩漏的记载最早见于《内经》,《素问·阴阳别论篇》曰:"阴虚阳搏谓之崩。"汉·张仲景在《金匮要略》中首次提出"漏下",临证时崩和漏常交替出现,可以相互转化,根据其临床表现,相当于西医无排卵型功能失调性子宫出血。而对于病因病机,历代医家有不同见解,《金匮要略·妇人妊娠病脉证并治》曰:"妇人宿有癥病,经断未及三月,而得漏下不止者,其癥不去故也。"明·徐春甫在《古今医统大全》中形容本病为"妇女崩漏,最为大病"。由于崩漏的病因病机较为复杂,历代医家所论颇多,各执其理,归纳起来其基本病机为冲任二脉损伤,冲任不固,不能制约经血,其发病原因不离虚、热、瘀3个方面,虚包括肾虚、脾虚,热又分为实热、虚热,瘀乃血瘀。傅萍在其多年临床实践过程中,认为本病的病因不离一个瘀字,病机是瘀阻冲任,离经之血停于脉道,血不得循经,血不归经,瘀血导致出血,出血加重瘀血,而易崩漏互转,致使病情缠绵难愈。

2 治疗方法

中医学治疗崩漏遵循"塞流、澄源、复旧"三法,此三法首见于明·方约之所著《丹溪心法附余》,曰:"初用止血以塞其流,中用清热凉血以澄其源,末以补血以还其旧。"此乃治疗崩漏之基本治法,沿用至今。傅萍在多年的临床中,精心揣摩,博采众长,形成辨病与辨证相结合,调周与固冲分步走的治疗特色,认为崩证治疗应宗"急则治其标"之旨以塞流为先,塞流即止血,强调快速止血是治疗崩漏的当务之急,而崩证的出现,傅萍认为主要与气虚下陷、血热妄行有关,塞流止崩宗清源遏流、补虚塞流之法,其间因出血过快过急,每每瘀血停滞,转而存在气虚夹瘀、血热瘀滞之象,稍佐以生新之品,收效更捷。对于漏证,傅萍认为或因肾虚冲任不固,或因脾虚血失所统,或因肝郁血失所藏,终由脉道不畅、胞宫不清而致。傅萍喜用祛瘀生新法,寓止于消中,待瘀去漏清更以益肾扶脾柔肝善后,求得巩固。

2.1 暴崩

可分为2型。血热肝旺型,证见:阴道流血量多势急,血色鲜红,腹无痛胀,咽干口燥,便秘数日一行,舌质红,苔薄,脉弦或弦数。治宜凉血清肝,塞流固冲。药用:桑叶、炒白芍药、生地黄、牡丹皮、墨旱莲、玄参炭、藕节。气虚下陷型,证见:面色萎黄或㿠白,食少便溏,神疲乏力,二阴重滞,经行量多色不鲜,持续不净,舌淡红边有齿痕,脉细沉。治宜益气升提,遏流固冲。药用:党参、白术、黄芪、升麻、赤石脂、禹余粮、仙鹤草、炒白芍药。畏寒加附子炭、补骨脂。暴崩时纯瘀血为患较少见,多掺杂在血热、气虚诸证候中,临证中施以蒲黄、花蕊石、三七类化瘀生新寓消于止中,有助于胞宫修复,血得循经。

2.2 久漏不止

主证:漏下2周以上,量时多时少,延日不净,血色不鲜,少腹隐痛或无明显腹痛,腰酸乏力。治宜分三步走。畅流为先,活血逐瘀,荡涤胞宫,药用:失笑散、当归、制大黄、益母草、牡丹皮、茜草。次以化瘀生新,寓生新于遏止中,药用:当归炭、血余炭、花蕊石、藕节、蒲黄。继以扶正固本,塞流复旧,药用:太子参、党参、黄芪、阿胶珠、山茱萸、远志、龙骨。

3 典型病案

案1 暴崩 朱某,女,41岁。2007年5月28日就诊。经行20日未净。平素经行量多日长,每次需用2~3包卫生巾,末次月经2007年5月5日,量时多时少,迄今未净,量多时每日需用7~8个卫生巾,色鲜夹块,近日量多如崩,每h换纸1次,渗湿内裤,诉头晕乏力明显,心悸畏寒,少腹隐痛。证见:面色苍白，口唇无华，舌黯苔腻，脉细。辅助检查：血红蛋白76g/L，血小板计数 $245\times10^9/L$；B超：子宫内膜厚1.7 cm。2007年1月曾行诊刮术：简单型增生。辨证为年逾中年，肾气渐衰，冲任失司，气血虚衰，不能固摄，而致暴崩。治宜益气升提，塞流固冲。药用：党参24g，黄芪24g，海螵蛸15g，马齿苋24g，白芍药20g，阿胶珠12g，藕节24g，生甘草5g，生地黄12g，熟地黄12g，白术15g，远志炭9g，附子炭6g，龙骨20g，炒蒲黄10g，三七3g。水煎服，日1剂。5剂。服上药后血止，诸症缓解。

按 患者年逾中年，肾气渐衰，又因几度孕产，胞宫受损，气血亏乏，冲任失于正常调摄，肝之藏血、脾之统血、肾之固摄功能皆受影响，致使暴崩不止，势必导致血更虚，"血脱气亦脱"，又将致气虚。傅萍用党参、黄芪、白术以健脾益气，血随气升，帅摄有主；生地黄、熟地黄、阿胶珠补血养阴，生化有形之血；附子炭回阳救逆；白芍药养血柔肝；远志炭养心脾。血溢脉外成瘀，故佐以马齿苋、蒲黄、藕节、三七化瘀止血，海螵蛸、龙骨固涩止血以收全功。

案2 久漏 王某，女，14岁。2007年3月26日初诊。月经淋沥不尽7个月。2005年初潮，末次月经为2006年8月22日，经行淋沥，量时多时少，迄今未净，量多时每日3～4个卫生巾，量少时每日1～2个护垫。略感乏力，证见：神清，面色未见明显苍白，见护垫上血色鲜红有块，舌红苔薄，脉细弦。辅助检查：B超示子宫内膜厚1.3cm；血常规：血红蛋白125g/L，血小板计数 $200\times10^9/L$。此因少女初潮期，肾气未盛，冲任失司，漏下日久，转而为瘀，瘀血不去则新血难生，久漏不愈，瘀阻胞宫而致漏下。治以活血逐瘀，荡涤胞宫为先。药用：当归炭10g，血余炭10g，失笑散（包）12g，藕节24g，炒莲房15g，生甘草5g，炮姜5g，牡丹皮10g，制大黄炭9g，阿胶珠10g，艾叶3g，三七（吞）3g，马齿苋24g，赤芍药10g，白芍药10g，黄芪15g。水煎服，日1剂。7剂。服药后患者诉日前下腹胀痛伴血量增多，见血块肉样物排出，瘀血渐去，去上方活血之品治以扶正化瘀生新，寓遏于止。药用：党参24g，黄芪24g，焦白术12g，炒白芍药24g，炒蒲黄（包）10g，三七（吞）3g，藕节24g，海螵蛸15g，远志炭9g，龙骨15g，阿胶珠10g，艾叶3g，牡丹皮10g，五味子9g，生地榆24g。水煎服，日1剂。上药服7剂后患者出血似净，治宜益肾健脾固冲。药用：党参12g，黄芪15g，焦白术12g，炒白芍药24g，狗脊12g，续断12g，阿胶珠10g，海螵蛸15g，牡丹皮10g，远志炭9g，生甘草5g，制大黄炭9g，藕节24g，仙鹤草24g，陈皮5g，橘络5g，龙骨15g，三七（吞）3g。水煎服，日1剂。7剂后患者诉未见出血再现，测基础体温（BBT）双相。

按 少女肾气未盛，天癸未充，肾气虚则封藏失司，冲任不固，经血失约，血不归经外溢于脉外而成瘀。傅萍认为患者漏下日久，久漏必有瘀，故应活血逐瘀，荡涤胞宫以畅流，方以黄芪配当归即当归补血汤为基础方，加止血不留瘀的藕节、失笑散、炒莲房，活血凉血的赤芍药、牡丹皮，凉血止血的马齿苋，配以温经止血的艾叶、炮姜，再佐以攻下之品大黄，则"逐瘀如扫，而止血如神"。待瘀血去，恐活血太过，去上方活血之品，加用健脾益气的党参、黄芪、白术和收敛止血之品，化瘀生新、寓生新于遏止中以遏流，待血量减少后再补肾健脾固冲任以培源收功。

4 结 语

傅萍认为，"塞流、澄源、复旧"3个步骤虽为治崩漏之法，但是塞流应为治疗的第一要务，塞流即止血，但不是单纯的止血，尚需根据具体情况选择，所以塞流和澄源应该同步进行，而且应该把澄源贯穿于塞流止血的全过程，同时崩和漏应分而治之，但治崩不可过于补摄，以免闭门留寇，治漏则以活血之品大开壅塞之路，再继以化瘀收敛之品。临床上采用上法治疗崩漏，多能获得良效。（张科群）

子宫肌瘤

傅萍认为，子宫肌瘤外因为风冷寒邪入侵或湿浊热毒与气血相结，气血运行受阻，瘀阻冲任胞宫而为癥瘕；内因为肝失疏泄，脾失健逆，脏腑气血失和，痰瘀凝滞久则结块为癥。傅萍结合《内经》中"坚者消之"，"结者散之"，"留者攻之"以及《校注妇人良方》中"养正积自除，必先调养，使营卫气充，若不消散，方可议下"之法，辨证遣方用药，拟攻，拟养，或攻补兼施相机而用，分别用凉肝、解郁、益气消癥，功效颇为显著。

1 凉肝消癥

姚某，女，43岁。发现子宫肌瘤2年余，最大者直径约为5.9cm×4.5cm×5.4cm，近半年经来量多如崩，伴血块，口干舌燥，大便偏干，舌黯红苔薄腻，脉细弦，证属肝热癥结之象，治拟凉肝消癥，药用：丹皮15g，夏枯草15g，紫草15g，贯众15g，猫爪草15g，猫人参15g，生牡蛎24g，三棱9g，莪术9g，山慈菇15g，藤梨根15g，制大黄9g，生甘草5g。经期加用当归炭10g，炒蒲黄15g，乌贼骨15g，拟清肝佐以生新。服药3个月之后，患者经量明显减少，纳便可，复查B超肌瘤最大为5.0cm×3.9cm×4.5cm，效果颇为理想。

按 本方以丹皮、夏枯草、紫草、三棱、莪术、猫爪草、猫人参为主。随证加减,适用于多发性肌瘤伴月经先期,量多,色鲜而无明显腹痛胀者;或肌瘤较大,但处围绝经期无症状者。

女子以肝为先天,肝为风木之脏,体阴而用阳,易于拂逆。热邪与余血相搏结,瘀阻胞宫冲任,久则而为癥瘕。木郁热炽,肝经火炎,血逆气乱,故妇人血不循经,月经先期,且量多。或围绝经期患者,阴虚而肝血不足,症状不显著,舌脉象为肝热癥结之象,方中用丹皮、紫草、贯众凉肝使沸腾之血平和,三棱、莪术、藤梨根、山慈菇活血消癥抑瘤生长。猫爪草辛苦平,解毒散结,临床用以治疗瘰疬、肺结核等,傅萍将其用以治疗子宫肌瘤,考虑痰湿凝滞,血气痰相结而成的癥瘕,用其可以活血消痰,解毒散结,猫人参能清热解毒,治痈疖、白带。傅萍喜用药对猫爪草-猫人参活血消癥,消散肌瘤。此方中用制大黄因其性苦寒,“下瘀血,癥瘕积聚,推陈致新,调中化食,安和五脏”,一则泻下通便,治疗便秘,二则活血生新,消结驱邪。经期加用当归炭、炒蒲黄、乌贼骨活血生新而不伤血。全方合用癥结渐消,经量减少,使围绝经期患者安然度至绝经。

2 解郁消癥

陆某,女,35岁。发现子宫肌瘤3年,位于子宫前壁,直径约3.5cm×3.2cm×2.8cm,经量中等,时有小腹隐痛吊痛,带多质稠,大便秘结,舌红苔黄腻,脉弦涩,证属肝郁癥结之象,治拟解郁消癥,药用:红藤24g,蒲公英24g,败酱草15g,白花蛇舌草15g,血竭3g,三棱9g,莪术9g,藤梨根20g,川楝子10g,桔核9g,荔核9g,制大黄9g,生甘草5g。经行量多腹痛经期加用赤白芍12g,失笑散10g,参三七(吞)3g;经行量少经期加用桃仁10g,茺蔚子9g。服药几个月后患者肌瘤2.5cm×2.3cm×1.6cm,平时腹痛缓解,经带亦转为正常。

按 方中以红藤、蒲公英、败酱草、白花蛇舌草、三棱、莪术、血竭、川楝子为主,随证加减,适用于子宫肌瘤合并子宫附件盆腔炎症者,时有少腹隐痛,带多质稠者。

《内经》曰:“任脉为病……女子带下瘕聚。”下焦郁滞,湿浊热毒与气血相搏相结而为癥瘕。邪阻络道,气血闭阻,“不通则痛”,而为下腹胀痛、隐痛。湿浊热毒蓄积下焦,故带多质稠,大便秘结。舌脉象为郁滞癥结之象。方中用红藤、蒲公英、败酱草、白花蛇舌草消热解郁,祛湿行滞;三棱、莪术、藤梨根消癥抑瘤;川楝子、桔荔核疏肝解郁;制大黄润肠通便。血竭为棕榈科植物麒麟血竭果实及树脂,性味甘咸平,入心肝经,功能散瘀定痛、止血破积,《纲目》:“散滞血诸痛、妇人血气,”其集行血破血止血于一身,先人用血竭、没药用醋为丸,治产后胞衣不下。傅萍治疗子宫肌瘤尝试用血竭,寓消癥于软坚之内,祛瘀生新之中。经行量多腹痛加用赤白芍柔肝敛阴和营止痛,失笑散、参三七化瘀止血;经行量少加用桃仁、茺蔚子活血温经调冲。全方合用使湿浊邪瘀得行,瘀结渐消,诸症缓解。

3 益气消癥

付某,女,30岁。发现子宫肌瘤5年余,B超提示2枚肌瘤分别为2.8cm×2.6cm×2.2cm,2.2cm×2.1cm×2.0cm,月经先期,色淡红量中等,腰酸乏力,纳呆便溏,舌淡苔薄脉细弱,证属气虚癥结之象,治拟健脾益气,扶正消癥,药用:党参12g,焦冬术12g,怀山药10g,茯苓12g,炒薏苡仁24g,蒲公英20g,猫爪草15g,猫人参15g,三棱9g,莪术9g,山慈菇12g,焦山楂24g,炒杜仲12g。经期加藕节9g,阿胶珠10g,乌贼骨10g。服药半年之后复查B超肌瘤均<2.0cm,经转规则,精神胃纳明显好转。

按 方中以党参、焦冬术、怀山药、茯苓、薏苡仁、三棱、莪术、焦山楂、蒲公英为主,随证加减,适用于子宫肌瘤患者见气虚神疲,纳呆便软,舌淡苔薄脉细弱者。

《内经》曰:“血脉和则精神乃居。血脉和又必赖气先和。”《难经》曰:“血留而不行者,为气先病也。”气为血之帅,气虚无力统摄血液,可导致血溢脉外,久则结为癥瘕。脾主运化,脾气虚弱,健运失职,故气虚神疲,纳呆便软。脾无力摄血为月经量多,面部失容,故面色萎黄,舌脉象为气虚癥结之象。李东垣有“土脏以生万物”之数,方中以四君子汤为主方,参苓术益气运脾;怀山药、炒薏苡仁健脾扶正,气足可以摄血,气旺可以祛邪消癥。此方中傅萍用焦山楂,因其入脾胃肝经,既能活血生新消癥,又能和中调理脾胃。用蒲公英因其入肝胃经,苦甘寒,“补脾和胃,泻火,通乳汁,治咳肺”故能健脾和胃,扶助正气以祛邪消癥。(马娴 傅萍)

盆腔包裹性积液

1 病因病机

盆腔包裹性积液多由妇科手术或慢性盆腔炎、腹膜炎或其它下腹部手术导致盆腔粘连而形成。属中医的“癥瘕”、“肠覃”范畴,傅萍认为,包裹性积液的发生主要由于术后脏腑虚弱,气血损伤,痰瘀阻滞，气血凝滞而成；气滞血瘀日久，则津液输布失常，聚而成痰，演成湿瘀互结之癥，即《丹溪心法》所云："痰夹瘀血，遂成窠囊"。

2 治疗经验

傅萍认为，其病机为正虚脾弱，痰瘀互阻，单纯用活血祛瘀消癥法治疗效果欠佳，应根据患者新病久病、体质强弱、伴随症状而辨证论治，临床上以扶正健脾利水、活血化痰、消癥散结为治则，取得了较好的疗效。术后多气血损伤，脏腑虚弱，宜用生黄芪、党参、太子参等补气之品补气扶正，益气运脾。

傅萍认为，盆腔包裹性积液系水湿停滞、气血瘀阻，治疗必用利水之品，临床上喜用"猪苓汤"加减。《伤寒论》中猪苓汤主治少阳病后余热未尽，阴液已伤，脾胃气化失司，水气停留之证。在此猪苓利水渗湿，茯苓性平和，既渗泄水湿又健脾宁心，泽泻淡渗利水，三药相伍为用则效更佳。常以赤小豆易猪苓汤中阿胶，《本经》曰"赤小豆主下水，排痈肿脓血"。《纲目》曰"赤小豆，其性下行，通乎小肠，能入阴分，治有形之病。故行津液、利小便，消肿除胀"。傅萍在此用其利水除湿、消肿解毒来治疗盆腔包裹性积液。另有茯苓皮性平，健脾渗湿，利水消肿；薏苡仁甘淡补中渗利，健脾祛湿，排脓消痈效佳，两药合用共施健脾利水消胀之功。

下焦郁滞，湿浊热毒与气血相搏结而导致盆腔包裹性积液者临床上亦多见。《内经》曰："任脉为病……女子带下瘕聚。"此类患者湿瘀之邪阻碍络道，气血闭阻，"不通则痛"，故表现为下腹坠胀吊痛、隐痛。傅萍认为，此类患者应用活血解郁通络之品。喜用药对穿山甲与皂角刺，穿山甲活血散瘀败毒，消肿溃坚；皂角刺性极锐利，搜风败毒，散肿排脓，两药合用走窜行散，直达病所。化痰药白芥子、细辛用在此取痰瘀同源之说，协同穿山甲、皂角刺以增强消癥之效。白芥子辛温，长于利气豁痰、通络止痛；细辛气味香窜，亦有较好的通络止痛之功，两药合用利水通络之效更甚。此外，还可加用蒲公英、红藤、败酱草、白花蛇舌草等消热解郁，祛湿行滞。诸药合用使湿浊邪瘀得行，瘀结渐消，诸症缓解。

傅萍认为，用药尚需根据月经周期变化进行调整，经期活血化瘀，使残瘀借经行尽去，以"血府逐瘀汤"化裁，当归、川芎、桃仁、焦山楂、益母草活血化瘀；泽泻、泽兰行血利水，净后合以生黄芪、党参、太子参等健脾益气，诸药合用补而不滞，活而不散，共奏补气养血、活血化瘀之功，使囊肿消散。傅萍还认为，久病体弱者，治疗包裹性积液要消补兼施，遵循"衰其大半而止的原则"，以免损伤元气，包块消失后一段时间还要益气健脾调护，兼以行湿，慎防再发。

3 验案举隅

案1 马某，女，14岁，学生，2007年5月11日初诊。患者因"左卵巢交界性粘液性囊腺癌"行左侧附件切除术后10月，发现右侧附件区包裹性积液，B超示：右卵巢囊性块7.6cm×5.6cm×5.1cm。CT提示：右附件区囊性块，盆腔包裹性积液可能，卵巢肿瘤不排除。故来门诊要求中药保守治疗。患者末次月经2007年5月7日已净，就诊时除略感乏力外无明显不适，舌淡胖苔薄腻脉细弦，辨证为脾虚痰瘀，拟用中药益气运脾，扶正利水消癥。处方：生黄芪12g，太子参15g，白术12g，茯苓皮15g、薏苡仁30g，制大黄10g，白芥子9g，猫爪草15g，三棱9g，莪术9g，藤梨根24g，蒲公英24g。上方水煎，每日1剂，分两次温服，共服7剂。二诊（5月18日）：患者乏力较前好转，拟扶正利水消癥再进，原方去太子参、茯苓皮，加党参15g，赤小豆24g，猪苓15g，泽泻12g。并嘱其配合食疗，多饮薏苡仁汤或薏苡仁粥以健脾利水消癥。平时以益气扶正、利水消癥为主，经时以当归、川芎、失笑散、焦山楂、益母草、三棱、莪术等活血消癥为主。治疗三个月后囊性块全消，2007年7月13日再复查B超提示：子宫常大，右卵巢长径4.0cm，左卵巢未显示。

按 案1中患者术后又经化疗，大病初愈，脾气已虚，健运失职，故湿瘀互结。李东垣有"土脏以生万物"之说，故加入四君子汤以益气运脾和土脏，气足可以利水行湿，气旺可以活血消癥。嘱其服薏苡仁食疗缓缓建功，使脾气渐复，诸症改善。

案2 朱某，女，50岁，职员，2006年9月8日初诊。患者于2006年8月行左附件囊肿切除术，术后盆腔包裹性积液形成，B超提示：右侧附件区囊性块约6.0cm×4.0cm×4.0cm，盆腔包裹性积液可能。曾因伴发热予以抗炎治疗一周。近来患者感小腹坠胀，时有针刺样吊痛，腰膝酸软，乳房胀痛，舌红苔薄腻脉弦涩，证属肝郁脾虚，拟用中药益气利水，解郁消癥。处方：生黄芪20g，党参15g，茯苓皮12g，赤白芍各10g，败酱草15g，白花蛇舌草15 g，紫草20g，夏枯草12g，穿山甲9g，皂角刺12g，水蛭5g，细辛3g，白芥子12g，薏苡仁24g，泽泻12g，生甘草5g。上方水煎，每日1剂，分两次温服，共服7剂。二诊（9月15日）：患者小腹胀痛较前明显好转，但仍感乏力，原方去败酱草，加入淮山药12g，蒲公英24g。四诊（9月29日）：复查B超示右侧附件区囊性块约3.5cm×

2.4cm×2.0cm，患者腹痛缓，纳呆便软，上方去败酱草、白花蛇舌草、蒲公英，加入太子参15g，白术12g，陈皮5g。加减治疗两月后，B超复查右侧附件区囊性块全消，患者腹痛乏力明显好转。

按 患者正值“七七之年”，肾精渐亏，肝血日趋不足，易导致肝气失疏、气滞血瘀、脾虚健运、痰湿内停，结而成癥。除用常法补中益气、运脾行湿外，更用夏枯草、紫草协助收功。夏枯草入肝胆经，紫草入肝经血分，《本草通玄》言：“夏枯草补养厥阴血脉，又能通气散结”，《医林纂要》记载“紫草补心，缓肝，散瘀，活血”。两者合用凉肝益阴、具软坚化痰之力。

案3 谭某，女，38岁，职员，2006年12月22日初诊。患者于一年前因左侧卵巢巧克力囊肿行左附件切除术，术后盆腔包裹性积液形成，B超提示约5.2cm×4.0cm×3.4cm，子宫肌瘤约为4.6cm×3.6cm×4.0cm，患者时有小腹隐痛，腰酸，舌暗苔腻边有瘀点，脉弦涩，证属气血郁滞，痰瘀互结，拟益气活血，通络消癥。处方：生黄芪15g，当归12g，川芎9g，茯苓皮12g，泽泻12g，薏苡仁24g，藤梨根24g，山慈菇15g，三棱9g，莪术9g，穿山甲9g，皂角刺12g，狗脊12g，川续断12g，生甘草5g。上方水煎，每日1剂，分两次温服，共服7剂。二诊（12月29日）：患者小腹隐痛、腰酸较前好转，仍感乏力，原方去山慈菇、莪术，加入制乳香9g，没药9g。前后治疗三个月后患者腹痛已缓，复查B超，盆腔包裹性积液缩小明显约为3.2cm×2.8cm×3.1cm，子宫肌瘤缩小效果也颇为理想。

按 本案盆腔包裹性积液合并子宫肌瘤，子宫肌瘤亦属于“癥瘕”之范畴。傅萍认为除益气活血、利水行湿外还需抑瘤遏瘤。方中当归、川芎和血行血，三棱、莪术行气破血，化瘀散积，更加藤梨根、山慈菇抑瘤生长。藤梨根性凉，清热活血消肿；山慈菇寒以清解，辛散痈肿，有清热解毒，消痈散结之功，诸药合用使痰瘀得消，癥积得散。（马 娴 傅 萍）

傅宗翰临床经验

【名老中医简介】傅宗翰（1917～1994）　江苏省南京市人。满族。主任医师。原南京市中医院院长。曾兼任中华中医学会理事，江苏省中医学会副理事长，南京市中医学会会长，南京市科学技术协会副主席，《江苏中医杂志》编委。江苏省名中医。享受国务院政府特殊津贴。从医60余年，创立和发展了脾燥、瘀血、浊脂诸学说，对治疗心血管、内分泌、胶原性疾病有独到之处。发表论文30余篇，著有《傅宗翰医术集锦》一书。

调气法

1 调气以疏郁平冲

临床每遇更年期综合征、神经官能症等患者，常见有肝冲悖逆，气火上炎证候，按一般辨证论治多忌用辛散，一虑辛窜伤阴，一虑升散动火，所谓忌刚用柔是也。然而一味清潜柔润，则其效并不显著。诚然肝火有自肝肾阴虚，虚阳无所制约而亢逆于上者，法当滋阴平肝潜阳，此治之常也。亦有郁怒忧思，肝失疏泄，气郁化火，鼓旋上冲者，治疗纯投潜降，每每出现胸闷烦躁难寐，越用潜降遏抑之药而热气越往上冲，是缘气聚则热盛难消，气疏则势孤易息。故宜清潜之中参以辛散疏郁，反佐以治，擒纵兼施，此治之变也。傅宗翰治此等疾，辛疏之品常用金桔叶、苏罗子、柴胡、香附、绿萼梅等，常收事半功倍之效。

案1 陈某某，女，54岁，工人，初诊予1986年7月3日。近一年来常作头痛头晕，多次测血压不高，自感心悸耳鸣，神情时感焦虑，心烦易怒，夜眠不实，恶梦纷纭，月经愆期或一月二至，经前乳胀胁痛，舌边尖红，苔薄，脉弦细。此乃肝郁化热，风木上扰。权宜养肝之体，体肝之用，清肝之热。处方：桑叶、白芍、山萸肉各10g，煅牡蛎（先煎）、女贞子、白蒺藜各12g，金桔叶4g，丹皮、香附、菊花6g，景天三七、石决明（先煎）各15g，5剂。药后睡眠显著进步，头痛耳鸣亦减。

按 本例方中桑叶、菊花、煅牡蛎、石决明平肝熄风潜阳；丹皮清泻肝热；白芍、山萸肉、女贞子养阴柔肝以制阳亢；香附、金桔叶、白蒺黎疏肝解郁；景天三七安神定志宁心。此例虽见一派气火逆乱之象，却配伍辛散之香附、金桔叶，俾使郁滞之气得疏，壅聚之热得散，升腾之阳得潜，实有画龙点睛之妙用。未现升散劫阴之弊，而收迅捷起病之功。

2 化气以行水消肿

对于水肿，一般都责之在肺、脾、肾三脏功能失调，治疗多从利水、化湿、宣肺、健脾益肾诸法。然肝主疏泄条达，职司气机通畅，而气之行滞，关乎水之流止,是以水症尤与肝的功能密切攸关,故亦有病肝而为肿者。水属阴,气为阳,阴水之流行,依赖于阳气的输布。据此治当理气疏肝为主,冀以气行水行,不利水而肿自消。傅宗翰常用天仙藤散化裁,以香附、天仙藤、苏叶、槟榔、枳壳、陈皮等理气行气为主,从气领水,证之临床,颇具效验。

案2 鲁某某,男,47岁,工人,1986年7月10日初诊。发现浮肿半年,曾在本市某医院经多种理化检查,无特殊发现,诊为"特发性浮肿",屡经中药渗湿利水及西药双氢克尿塞等利尿剂多方治疗,但见尿虽多,肿如故,或虽取效于一时,但旋即肿胀复起,且增少气懒言,神疲乏力诸症。刻诊:面目浮,足胫肿,脘腹胀,手指紧,握拳不利,稍劳则肿势加剧,胸闷心悸,大便溏,每日二行,有时尿道小痛,舌苔薄白,脉弦细。水气失调,资在肝、脾,分利过度,气机耗伤,治用疏肝健脾,调气行水。仿天仙藤散拟方:萆薢、香附各10g,天仙藤、炒苡仁、太子参、连皮茯苓、赤小豆各12g,苏叶4g,木瓜、槟榔、陈皮各5g,炒白术6g。服7剂后肿势减。遂原方略增泽泻、车前,调治月余,浮肿悉除,诸恙渐平。

按 方中天仙藤系马兜铃带叶的茎藤,有祛风利水活血通络的作用。天仙藤合苏叶、槟榔、陈皮,疏肝理气以治其本;连皮茯苓、赤小豆、萆薢利水渗湿而治其标;木瓜酸温,舒筋活络疏利经隧;太子参、白术、苡仁健脾化湿,以利枢机。天仙藤散系陈自明为妇人"子肿"所设专方,傅宗翰师古而不泥古,变通运用于特发性浮肿,临床效果卓著,为治肿病增添新法,其机圆智巧,通权达变,为后学拓宽了思路。

3 行气以化瘀和络

冠心病之心悸胸痛,现代医学认为系冠状动脉供血不足所致。祖国医学认为营血瘀滞心脉不畅是本病的基本病理,治疗多以活血化瘀为主。但血之病症与气机衰、荣、行、滞关系尤为密切。盖因气能生血、行血、摄血故也。临床上每遇此类病人,傅宗翰除用活血化瘀外,很重视辨证使用益气、行气药,屡用屡验,效果甚佳。

案3 童某某,男,57岁,干部,诊于1977年8月24日。向有高血压史,近年来左胸阵痛时作,每次历时约1分钟,痛甚躯体不能转侧,手足麻木,多次心电图提示"心肌供血不足"。近日心痛发作频频,日发十余次,痛作时心慌自汗,气短乏力,复查心电图示"V 5 ST段下移 > 0.05mV(水平型)、V 5 T < R/10"。舌质衬紫而有皱襞、苔中根腻,左脉偏滑。证属痰浊阻遏,胸阳失展,先拟通阳化浊,活血和络,急则治其标也。处方:全栝蒌15g,茯苓12g,石菖蒲3g,薤白、青皮、陈皮各5g,法半夏、蒲黄、五灵脂各6g,7剂。二诊:心痛次数减少,惟感全身明显乏力,气短不耐多劳,脉转细弱,舌质衬紫有皱襞,痰浊渐化,心虚络滞显露,拟用通补之法,以益气布阳,行气活血,通畅络脉为法。药用降香、炙甘草各4g,黄芪10g,五灵脂、桃仁、石菖蒲各6g,紫丹参12g,当归尾、红花各5g,蒲黄3g。服此方7剂后心痛大减,转侧亦无所苦,偶感胸中隐隐不适,或有盐渍感,仍踵上法,更佐党参、苏木、白檀香、生焦山楂等,服药匝月,心痛基本消失,试作劳动,发亦罕见,再查心电图正常。

按 本例来势较急,病情复杂,标本相兼,虚实交织,治之不易。初诊予通阳化浊活血和络治疗,痰浊虽化,胸痛仍在,脉从滑转弱,遂从通补并进。药用丹参、桃仁、蒲黄、五灵脂、当归尾活血化瘀;党参、黄芪、炙甘草补虚益气;降香、檀香、苏木行气活血。诸药标本兼顾,虚实并理,取效甚佳。

4 理气以健运止泻

泄泻基本病理主要是脾病湿盛,或湿盛伤脾,清浊不分,或脾虚生湿,健运无权。肝脾同居中焦,肝主疏泄,调畅气机。脾主升清,职司运化,是气血生化之源。脾之运化升清,有赖于肝气的疏泄。肝郁乘脾者,每先脾虚致病。新病肝郁之象著,辨证易,久患脾虚之征象多,施治难。遇此傅宗翰抓住病机关键,治疗辅以健脾化湿,主投风药疏肝,又能胜湿,有一举两得之妙。

案4 侯某某,女,41岁,解放军某部干部,诊于1986年6月12日。患泄泻多年,大便溏,不成形,无赤白粘冻,日行一、二次,食少纳呆,腹中隐痛,解后顿松,脘胀肠鸣,嗳气时作,面色少华,身倦乏力,舌淡边有齿痕,脉细而弦,曾用中药清化湿热、益气健脾、涩肠止泻及西药黄连素、复方苯乙哌啶等治疗不效。前医按脾虚气滞、健运无权辨证,治用健脾和中,药以太子参、白术、甘草、淮山药、苡薏仁、鸡内金、陈皮、枳壳、苏梗、白芍、山楂、神曲等,药后仍无动静,遂延傅宗翰诊治。询知其病起于郁怒之后,且每年梅雨季节上述症状更甚,四诊合参,知属郁怒伤肝,肝失疏泄,脾运失司,气湿交蕴,肠腑失和。辨证明确则法随证出,当从疏肝解郁化湿运脾为治。处方:防风炭、炒柴胡、荷叶、陈皮各5g,熟薏仁15g,茯苓、焦神曲、车前子各10g,白术、佩兰各6g,黄连3g,药至7剂。患者欣来复诊,诉多年夙疾大减,肠鸣已缓，大便成形，日解1次。上方再加太子参、煨葛根，补脾助运，以收全功。

按 本例脾虚之征较著，前医故从益气健脾，兼顾调理胃肠之气，药之少效，细审病因，知由恼怒忧思，致肝气失疏，健运无权，水温不运，清浊相混，下趋大肠。受病在脾，主病在肝，治宜疏肝和脾，兼风胜托化。故以防风、柴胡、陈皮疏肝理气胜湿，薏仁、茯苓、白术、神曲健脾化湿助运，佩兰、荷叶、川黄连轻清苦化，车前子分利水湿，利小便以实大便。见脾虚而不予补者何也？言：久罹泻泄，脾气必虚，但补法必须善用。蛮补呆补，壅滞土气适得其反，郁解湿除，虚能自复，纵须用补，亦当配合疏和之品。实乃通达权变之妙。（金小晶）

咯血验案

1 审因论治

傅宗翰治咯血不重在止血，而重在治因。若肺阴虚，宜养阴清肺，以沙参、麦冬、玉竹、百合滋养被耗之阴，以白及、阿胶补其络伤之创；以桑白皮、枇杷叶、百部、黄芩、芦根、羊乳、羊蹄清其扰肺之热。若肝火犯肺，宜平肝泻热，用青黛、焦山栀、丹皮、白薇泻肝宁络；以石决明、白芍、海蛤壳抑肝缓解。凡血之上出，必有气载血升之因，常用降香、安南子、黑郁金等，降气即为降火，火平血自安。兼痰热加瓜蒌、川贝母、浮海石、冬瓜仁等清化痰热；瘀血阻肺配以三七、茜草、归须等以化瘀止血；出血量多，酌加凉血摄血之剂，如仙桃草、仙鹤草、侧柏叶、藕节、白茅根等。

案1 张某，男，40岁。1991年5月11日初诊。间断咯血4年，此次发病1周，多则盈口盈碗，约数百毫升，少则残红断续，左胸隐痛不适，外院摄胸片示支气管扩张。舌边红苔薄黄，脉弦细微数。病前郁怒，肺体素虚，木火相凌，致络损血溢。抑肝方能保肺，清气庶可宁血。药用：黛蛤散15g，南沙参、野百合、石斛各9g，珍珠母12g，凤凰衣5g，白及3g，藕节3个，仙桃草9g，炙紫菀、杏仁各6g。5剂药后，咯血即止，继又间断服上药7天。月余未再咯血，但左胸胁仍感胀痛，后背不适，舌边略有紫气苔薄，脉小弦。系残瘀留滞，络脉失和所致。仿旋覆花汤加减，化瘀生新，和络拈痛。药用：旋覆花5g，归须、赤芍、白芍各6g，丝瓜络5g，茜草6g，冬瓜子12g，降香6g，合欢皮、落得打各9g，参三七粉3g（另冲）。7剂。药后胸胁胀痛减轻，咯血未作，诉左胸有粘着感，良由宿瘀未尽，肺气不得通调，络脉尚欠柔润。再予护肺和络，通补并施，于明党参5g，野百合9g，生薏苡仁、冬瓜仁各12g，凤凰衣5g，仙桃草9g，炙乳香、炙没药各3g，合欢皮、红花各12g，参三七3g（另冲）。间断服药2周。随访4月，诸恙已瘥。

2 证病结合论治

咯血之证，涉及范围较广，以辨证辨病相结合，用药疗效较好。如治疗肺结核，可选用一些抗结核药，如地榆、百部、鱼腥草、苦参、连翘、丹参等；肺癌多有瘀血之象，傅宗翰喜用化瘀止血之品，并合用抗癌药如三七、蛇六谷、蛇莓、半枝莲等。

案2 张某，男，72岁。1991年11月12日初诊。间断咯血2月，原有慢支多年。5年前一度咯血，诊为支气管扩张，经治而愈。近2月来，痰中夹血，色鲜红，胸中隐痛。当地医院按支气管扩张治疗近1月未效。胸片示：右肺中央型肺癌。刻诊：舌黯红苔薄少，脉弦细。证属肺阴不足，瘀血阻滞，络脉失和。治宜养肺阴、化瘀血、宁络脉。药用：南北沙参各15g，天麦冬各12g，杏仁10g，冬瓜子12g，生薏苡仁、白花蛇舌草、蛇六谷各30g（先煎1小时），参三七6g，茜草、芦根、白茅根、全瓜蒌各12g，生甘草3g。7剂后，咯血渐止。仍感胸部隐隐作痛。痰少白粘，大便较畅，逐日可解，纳谷欠佳，面色少华，舌淡红苔薄白，脉弦细。咯血虽止，瘀滞未尽，气阴耗伤。治以补益气阴、化瘀和络。药用：生地15g，南、北沙参各12g，天、麦冬各1g，炙黄芪20g，炙鸡内金、阿胶各10g（另烊），参三七6g，白茅根12g，生薏苡仁30g，冬瓜皮12g，白花蛇舌草、蛇六谷各30g（先煎1小时），生甘草3g，连服2月余，咯血幸未再作。

3 单方验方并重

傅宗翰常选择一些有效的单方、验方配合使用，如羊蹄，为寒性止血药，清火力强，其味苦酸，收敛凉血之功甚著，但凉而不伏，走而不守，且有化瘀作用，能推陈出新而止血，仙桃草味辛性凉无毒，入肺经，有活血散瘀、补血止血、清肺热、和肝胃等功效，虚实皆宜。临床上对于急性出血或慢性持续反复失血均可运用。

案3 祁某，男，1990年12月3日初诊，夙罹支气管扩张，反复咯血，时轻时重，冬春易作，肺虚络损已久，入冬又作，血色鲜红，或痰中夹血，或咳而咯血，自感胸闷不适，咽干，痰少色白，不发热。舌质红，脉弦细数。证属肝强肺弱，气载血升。拟抑肝养肺，护络安营。药用：生地12g，玉竹、石斛、黄精、阿胶各10g，桑白皮5g，羊蹄12g，荷叶4g，茜草、丹皮各6g，仙桃草

12g，黛蛤散15g。药后咯血渐止而未尽，胸闷缓解。舌稍红苔薄白，脉弦细。肝火渐平而络脉未固，肺阴得养而浊未清。于清养滋化。药用：南北沙参、杏仁、薏苡仁各10g，冬瓜子、黛蛤散各15g，桑白皮、柿霜各6g，仙桃草、羊蹄各12g，玉竹10g。7剂药后，咯血已止，咯白痰，略感胸闷。治以化痰宁嗽，养阴护络。药用：南沙参、麦冬各10g，苏子6g，浮海石12g，海蛤壳15g，白及6g，阿胶9g，仙桃草、黄精、藕节、石斛各10g。服药半月，咯血未再发作。（金小晶）

盖国忠学术经验

【名老中医简介】盖国忠（1962～）长春市人。主任医师，教授，博士生导师。全国中医急症医疗中心副主任，中华中医药学会理事，急诊分会副主任委员，吉林省中医学会常务理事。吉林省名中医。擅长治疗中风、高血压、冠心病、心率失常等心脑血管疾病以及高热、痛风、紫癜等内科疑难杂症。主编著作1部，副主编《中医急诊学》教材等10余部，发表学术论文66篇。

高血压

1 中医病名为“风头眩”

高血压病为临床最常见的心脑血管疾病，中医古籍并无此病名，目前多将其归入“眩晕”、“肝风”、“头痛”等范畴。为进一步确立其中医病名，以深入理解古人对该病的认识，盖国忠详考古代文献，发现既能反映该病病因，又能体现其临床症状之病名应为“风头眩”，其首载于《诸病源候论》：“风头眩者，由血气虚，风邪入脑，而引目系故也，……入脑则脑转而目系急，止系急，故成眩也。”《圣济总录》也说：“不眩之状，头与目俱运是也，……风邪鼓于上，脑转则目系急，使真气不能上达，故虚则眩而心闷，甚则眩而倒扑也。”因此确立“风头眩”为该病的中医病名。

2 主要致病因素为“肝气上逆”和“痰浊壅塞”

肝藏血，疏血脉，主气机，以血为体，以气为用。《素问·至真要大论》云：“诸风掉眩，皆属于肝”。盖国忠指出，肝之风，本之火，火之本，在肝之气。如《内经》云“百病生于气也”。又如王旭高《西溪书屋夜话录》所云：“内风多火出，气有余便是火，余故曰肝气、肝风、肝火，三者同出异名”。叶天士亦指出“内风，乃身中阳气之变动”。可见，肝气、肝火、肝风、肝阳都是肝用太过，气逆于上所致。因此，肝气上逆是发生高血压病的重要原因。其次，饮食和体质与高血压病的发生密切相关。由于饮食不节，嗜食肥甘，使脾失健运，痰浊内生，气血枢转不利，升清降浊失司，是本病发生的重要原因。有研究表明，肥胖是该病发生的最为密切的危险因素，古人素有“肥人多痰”之说，因此痰湿体质也是该病发生的重要因素。

3 病位在血脉，气血失和是发病关键

唐容川《血证论》云：“人之一身，不外阴阳，而阴阳二字即是水火，水火二字即是气血”。《金匮钩玄·六郁》亦云：“气血冲和，万病不生，一有怫郁，诸病生焉”。因此无论是“肝气上逆”还是“痰浊壅塞”，最终都导致血脉不通，气血运行不利，使清气不升，浊气不降，发为眩晕。因此，血脉不通，气血失和为发病之本。

4 调畅气血为治则，“降气化痰、通腑泻浊”为治法，强调“不宜降火”

气为血之帅，气行则血行，因此，降气为先。缪希雍在《先醒斋医学广笔记》中指出：“气有余即是火，气降则火降，火降即气不升，血随气行，无溢出上窍之患矣。降火必用寒凉之剂，反伤胃气，胃气伤则脾不统血，血愈不能归经矣。”提出了“宜降气不宜降火”的治血大法。盖国忠认为：治疗高血压病也应遵循“宜降气不宜降火”的原则，因为高血压病是终身性疾病，需长期甚至终身服用药，若过用重镇降逆或苦寒泻火之品，必致脾胃受伤，运化失常，湿浊内生，聚而生痰，则升清降浊失司，上下不能交通，致使病情缠绵难愈。因此对于高血压患者，应慎用降火之品。

脾胃为升降之枢，阳明为多气多血之经，脾又为“生痰之源”，因此“化痰泻浊”以畅通中焦脾胃，调达阳明气血，使上下交通，气血调和，则诸症自愈。叶天士《临证指南医案》云：“治肝不应，当取阳明”。对于肝气（风、火、阳）上逆的患者亦不要忽视调畅阳明这一重要环节。另外，“脏腑相通理论”认为，肝与大肠相通，李梴在《医学入门》中指出：“肝与大肠相通，肝病宜疏通大肠”。所谓“通大肠”即“通腑”，属中医学“下法”范畴。《儒门事亲》云：“陈莝去而肠胃洁，癥瘕尽而荣卫昌，不补之中，真补存焉”。这也正体现了《内经》“气血流通为贵”的思想。现代研

究表明,通腑泻浊法可扩张血管,改善微循环,运用此法治疗高血压病和急性出血性、缺血性中风有较好疗效,可见荡涤肠胃痰浊可导泄肝火、浊邪从大便而解,此法亦是对“治肝不应,当取阳明”理论的应用。

盖国忠在上述理论指导下,针对肝气(风、火、阳)上逆型和(或)痰浊壅塞型患者,提出了“降气化痰、通腑泻浊”的治法,临证重用莱菔子为君,取得了满意疗效。莱菔子性味辛甘平,归肺脾胃经,具有降气化痰,消食除胀之功效。《本草纲目》记载:“莱菔子长于利气。”朱丹溪云:“莱菔子治痰有推墙倒壁之功。”另外,莱菔子含有丰富的脂肪油,尚能滑肠通便,通腑泻浊。可使中焦畅通,气血调和,则肝火自息,痰浊自灭,临证用之,取效迅捷。

5 典型病案

奇某,男,33岁。头胀1年,时头晕,心烦易怒,脚软无力,无恶心,二便调和,形体肥胖,颜面红,印堂尤红,舌尖红,苔心淡黄,脉弦滑。Bp155/120mmHg。诊断:眩晕(肝阳上亢证)。治法:降气、化痰、通腑、平肝。方药:莱菔子30g,决明子10g,葛根30g,丹参20g,天麻20g,清半夏10g。4剂,水煎服。二诊:患者头胀明显减轻,心情好转,查舌质淡红,舌尖红,苔淡黄,脉滑。颜面红未减。Bp135/100mmHg。上方加钩藤30g(后下)继服4剂。三诊:药后患者自觉头清目明,颜面红亦减,查舌质淡红,舌尖红,苔薄白,脉滑。Bp130/92mmHg。上方加沉香5g,僵蚕20g。继服4剂。四诊:患者自觉无明显不适感,舌淡红,舌尖不红,苔薄白,脉滑。颜面红明显减轻,Bp130/85mmHg。嘱患者以莱菔子、决明子各15g开水浸泡,每日代茶频服。1月后复诊,患者自述血压控制在130/85mmHg,临床症状基本消失。

按 该患临床表现为典型的肝阳上亢证,但治疗时却采用了降气化痰、通腑兼以平肝、通络的方法,以莱菔子为君药,用以降气、化痰、通腑;并臣以天麻平肝、决明子通腑;佐以葛根、丹参通络,清夏化痰。全方共奏降气化痰、平肝通腑活络之功,使气血调达,诸症自愈。(李铁云)

急性痛风关节炎

1 论病机强调湿毒内伏血分

盖国忠在总结前人理论基础上,结合多年临床实践,提出湿毒内伏血分为急性痛风关节炎病机之关键。盖湿毒与湿邪同归阴邪,性重浊、粘滞,易伤阳气,阻滞气机,其性趋下;同时湿毒致病又具“毒”的特征,表现为剧烈性、难治性和顽固性。盖国忠认为湿毒内伏血分为本病病机之关键,依据有四:其一,痛风多缠绵不愈,病程较长,反复发作,具备湿性粘滞的特点,和“毒”的难治性与顽固性的临床特征;其二,急性痛风关节炎多发生于跖趾关节、足趾关节,发病初期跖趾关节炎发生率占50%以上,《金匮要略》描述为“足肿如脱”,“身体羸瘦,独足肿大”,这一发病特征符合湿性“重浊趋下”、“易袭阴位”的性质,而《素问·太阴阳明论》亦谓:“伤于湿者,下先受之”;其三,急性痛风关节炎发作期表现为关节红肿热痛,疼痛剧烈,入夜尤甚,此为“毒”的剧烈性表现,为毒入血分;其四,从临床上看,利湿祛毒法用于本病有良好疗效,提示从湿毒内伏血分论治急性痛风性关节炎的可行性。

盖国忠认为此湿毒之邪非受自于外,而主生于内。大凡痛风患者多有先天禀赋不足,或素体脾虚,或年迈脏气日衰,若加之饮食不节,沉湎醇酒,恣啖膏粱厚味,长此以往,致脾失健运、升清降浊无权,肾乏气化而分清别浊失司,于是水谷不归正化,湿毒随之而生,滞留血中则瘀结为患。湿毒之邪重浊趋下,其性恶而好窜,最易侵经袭络,随经络流注于足太阴脾经之隐白、大都、太白穴后,首先导致大趾和第1跖趾关节红肿疼痛;湿毒其性既好入血分,又善入津液聚集之处,使营血成瘀,津液酿痰,若兼夹凝痰,久可变生痛风结节,或痰浊瘀腐则见溃流脂浊;痰瘀胶固,则致僵肿畸形;由于郁闭之邪最易化热,其证多兼热象;若湿毒蕴热,煎熬尿液,可见石淋、尿血。

2 论治疗重视利湿祛毒

中医治病强调理、法、方、药的一气贯通。急性痛风关节炎既为湿毒内伏血分,气血被湿毒阻遏,“不通则痛”;根据“急则治其标”的原则,当以祛邪为先,自当采用利湿祛毒法,使邪有出路,以祛除体内湿性毒邪。盖国忠在临证时从湿毒立论,重用除湿解毒之剂,合以清热凉血之品清泻血分之热,临床收效颇佳。

3 施方于自拟痛风汤

盖国忠根据多年临证经验,自拟痛风汤治疗急性痛风关节炎,取得满意疗效。痛风汤由土茯苓30g,山慈菇10g,益智仁10g,秦皮15g,槐角10g组成,每日1剂,水煎取汁200mL,早晚分服。疼痛甚者加延胡索15g,络石藤30g,忍冬藤30g;伴尿路结石者加金钱草30g,鸡内金20g;关节肿甚者加萆薢25g,防己15g;有痛风石者加穿山甲10g,地龙15g;大便秘结者加大黄10g(后下);夹瘀血者加丹参30g,赤芍15g。同时多饮水以利于尿酸排出,少运动，并予低嘌呤饮食，忌食动物内脏、脑、海味、蛤蟹等高嘌呤食物，戒酒。本方以土茯苓为君，取其解毒除湿、通利关节之功效，本品亦有明显降低血尿酸的作用；山慈菇有清热解毒、消痈散结之功；益智仁温脾开胃、补肾化气以复水津代谢；秦皮清热解毒凉血，本品含马栗树皮苷，而马栗树皮苷有镇痛、利尿及促进尿酸排泄的作用；槐角能清泄血分之热，“能除一切热、散一切结、清一切火也”（《本草求真》）。诸药合用，既可利其湿毒使邪有出路，而又不伤其正，充分体现了中医学整体观念和辨证论治的思想。

4 病案举隅

李某，男，48 岁，干部，因右足第 1 跖趾关节及双膝关节肿痛反复发作 3 年，加重 3d，于 2002 年 4 月 6 日就诊。该患平素嗜酒肥甘，形体偏胖，3 年前于夜间突发右足第 1 跖趾关节疼痛、肿胀，局部皮肤微红，疼痛昼轻夜重，于当地医院按风湿性关节炎治疗，症状好转。以后反复发作，渐及双膝关节，每发则红肿热痛，自服消炎痛、布洛芬等药物可缓解，未明确诊断及系统治疗。3d 前大量饮酒后再次发作，关节疼痛剧烈呈刀割样，难以忍受，为明确诊断及求中医治疗而来诊。证见：右足第 1 跖趾关节红肿灼热疼痛，固定不移，行不任地，双膝关节皮色较红，轻度肿胀，活动受限，有僵硬感，面色稍红，口干而渴，腰痛，夜寐欠安，大便干，尿少色黄，舌质红，舌体胖，边有齿痕，苔黄腻，脉滑。否认肝炎、结核、糖尿病病史，无冠心病及高血压病。辅助检查：血白细胞 9.1 $\times 10^9$/L，尿潜血试验（＋＋）、红细胞 2～4，血沉 35mm/h，血尿酸 642.4mmol/L，抗“O”300u，类风湿因子（－）；X 线摄片符合痛风关节炎；B 超提示双肾泥沙样结石。中医诊断为痹证，辨属湿毒内伏血分。西医诊断为急性痛风关节炎，双侧肾结石。拟痛风汤加味治疗，药用：土茯苓 30g，山慈菇 10g，益智仁 10g，秦皮 15g，槐角 10g，鸡内金 20g，萆薢 25g，赤芍 15g，大黄 6g（后下），延胡索 15g，生石膏 50g（先煎），金钱草 30g。水煎服，每日 1 剂，早晚分服，同时嘱患者卧床休息，戒酒，限制高嘌呤食物摄入，并多饮水。3 剂后患者关节红肿热痛均明显减轻。守上方去生石膏，连服半月，患者关节疼痛消失，红肿完全消退。1 月后复查血尿酸 320.4mmol/L，血沉 15mm/h，尿常规正常。随访 1 年未复发，血尿酸始终维持在正常范围。（赫伟彦）

过敏性紫癜肾炎

1 湿毒内伏血分为其病机关键

盖国忠在总结前人论述基础上，结合多年临床观察、验证和分析，提出了湿毒内伏血分为其病机关键的学术观点。湿毒属性与湿邪相同，类归阴邪，重浊粘滞，易伤阳气和阻滞气机，其性趋下；同时湿毒致病又具有毒邪的特性，具有剧烈性、粘滞性和顽固性。湿毒内伏血分为其病机关键，因为：①过敏性紫癜肾炎病程长，反复发作，缠绵不愈，此特点符合湿邪与毒邪粘滞性、顽固性的特点。②过敏性紫癜肾炎的病位在肾，肾属脏为阴，此符合湿邪易袭阴位的特点。③过敏性紫癜肾炎有时表现为下肢肿，这一发病特征符合湿性趋下的特点，正如《素问·太阴阳明论》曰：“伤于湿者，下先受之”。④该病在急性发作期时常表现为皮肤紫斑，肉眼血尿，这与毒证的剧烈性相吻合，符合毒入血分的发病特点。⑤临床治疗效果证明，从湿毒论治过敏性紫癜肾炎是可行有效的。湿毒之邪非受自于外，而是内外合而为病。患者素有血热内蕴，感受外邪（各种感染）或食入动风之品（药物或食物）邪伤脾肾，脾失健运，升清降浊无权；肾乏气化，分清泌浊失司，湿邪内生。同时，外邪从热化毒，湿毒合而为病，侵入血分，迫血妄行，外溢肌肤，内迫胃肠及肾络，故有皮肤紫癜、腹痛及血尿。肾脏受损同时气化功能失常，水液运行代谢失常，故发为水肿。正如《素问·水热穴论》说：“肾者，胃之关也，关门不利，故聚水而从其类也，上下溢于皮肤，故为跗肿。附肿者，聚水而生病也。”

2 利湿解毒法的确立

《素问·三部九候论》提出“实则泻之，虚则补之”。湿毒内伏血分为过敏性紫癜。肾炎之病机关键，湿毒为实邪，故采用清热解毒利湿之法，以驱除体内湿毒之邪，热清毒去，则使脏腑功能调和，即脾之运化功能正常，水液得以正常的吸收、转输和布输。同时肾的气化功能正常，则体内津液代谢平衡，使湿邪无以生。邪去脏和，则血行常道，其病自除，诸症自安。盖国忠在临床治疗过敏性紫癜肾炎患者时从湿毒立论，重用辛凉解毒祛湿之品，配以活血通络之剂，并随症加减，收效颇佳。

3 消斑复肾汤组方意义

依据以法统方，以方统药的原则，盖国忠研制了消斑复肾汤，组成：土茯苓 30g，苍术 20g，淮牛膝 15g，黄柏 10g，商陆 15g，防己 10g，牛蒡子 20g，穿山龙 10g，炙甘草 10g。其中土茯苓味甘淡性平，归肝、胃二经，以土茯苓为君，取其解毒、除湿热、利关节之功效；苍术、淮牛膝、黄柏三味药是为三妙丸，共起除湿清热作用，为臣药；牛蒡子味苦性寒，有解毒之功；防己味辛性寒，有祛湿利水之效，加之苦寒善利水消肿之商陆，协助君药清热血解毒，利水消肿，牛蒡子还具有疏散风热的作用，风能胜湿，故可加强除湿热作用。湿毒蕴结于血分，故加入活血通络药物穿山龙、淮牛膝以活血去湿，共为使药。炙甘草缓和药性，调和诸药，方中各药均为寒凉之品。加一甘草使"寒药得之缓其寒"。诸药合用，解毒除湿，清热活血，则诸症可除。本药以汤剂为主，虽有煎药之繁，但具有配伍灵活，吸收快，疗效速，且又有价格低廉的特点，值得大力倡导并加以推广。

4 病案举隅

患者，女，21岁。因双下肢皮肤紫癜反复发作3个月，伴眼睑轻度浮肿10 d而求治。就诊前3个月因食物过敏而出现双下肢皮肤紫癜，无腹痛及关节肿痛，口服抗过敏药物后紫癜消退。1个月后复出现紫癜，继续口服抗过敏药物而疗效不显，转则静脉注射地塞米松注射液、维生素C注射液、葡萄糖酸钙注射液（常用量），共计5 d，紫癜逐渐减少。于就诊10 d前晨起出现眼睑轻度肿胀而到医院诊治，尿检：尿蛋白（++），隐血（++++），高倍镜下：红细胞15~20个，白细胞2~3个。因此到肾内科求治。证见：口干喜冷饮，小便色黄，舌质红，苔黄微腻，脉弦滑。体检：血压正常，眼睑轻度浮肿，双下肢散在深红色斑点。实验室检查：24 h尿蛋白定量1.78g/L，肝肾功能、血脂正常，双肾及血管彩超正常，乙肝六项检查正常。西医诊断：过敏性紫癜肾炎。中医辨证为湿毒蕴结证。予以消斑复肾汤加减治疗。1 w后复诊，紫斑基本消退，口干症状缓解。效不更方，继服4 w后，临床症状缓解，舌质红，苔黄，脉弦滑。查尿蛋白（+），隐血（++），高倍镜下红细胞5~8个，24 h尿蛋白定量0.83g/L。继以消斑复肾汤随证加减。8 w后尿蛋白（-），隐血（++），高倍镜下红细胞2~3个。守方继服10 w后查尿检同前。至12 w后查尿检正常，停用药物。随访1年未复发。（韩东彦　张亚春　孙永春）

甘爱萍临床经验

【名老中医简介】甘爱萍　女。主任医师，教授，硕士生导师。现任职于湖北省中医院内科。湖北省中医药学会脾胃病专业委员会副主任委员。湖北省知名中医。从事内科临床、教学、科研20余年，擅长治疗老年病及脾胃病。

胃痛

1 疏肝理气，肝胃同治

情志因素在胃痛中影响较大。如抑郁恼怒伤肝，肝失疏泄，肝气郁结，肝气横逆，势必克脾犯胃，导致气机阻滞，胃失和降，正如叶天士所云："肝为起病之源，胃为传病之所。"临床除见胃脘胀痛、嗳气等胃气壅滞的表现外，常兼见痛及两胁，遇生气、烦恼则痛作或加重，善太息，脉弦等肝气郁滞的临床特点。所以，治疗上以疏肝和胃为法，肝气条达，胃不受肝木所克，则胃安和而痛自止，即所谓"治肝可以安胃"。因郁怒伤肝所致的胃痛又称"肝胃气痛"，从肝论治胃痛是临床常用的辨治思路之一，故有"治胃病不理气非其治也"之说。临床常用四逆散或柴胡疏肝散加减治疗。而辛温香燥之品易劫阴耗液，甘爱萍认为辛温香燥药应中病即止，对素体肝旺、舌红者应少用或不用，误用既伤肝阴且伤胃液，致胃灼痛久久不愈，重则可动血，不可不慎。在临证时可多选用香橼皮、佛手片、玫瑰花、合欢花、八月札等理气而不伤阴药，调肝和胃。另外，在使用理气药时，可加白芍、甘草酸甘化阴，以防其伤阴之弊。

2 清热解毒，治病求因

外感六淫、内伤饮食等因素均可导致胃气壅滞。中医认为"气有余便是火"，气郁日久化热而致胃中蕴热，或肝胃气滞日久化热，而致肝胃郁热。因胃为阳土喜润而恶燥，易化热化火化燥，而出现胃脘灼痛、吐酸、口干口苦、嗳气频频、烦躁易怒、舌红脉弦等症。因此，临床常用"清热解毒"的方法治疗胃痛。如玉女煎、泻心汤、金铃子散、左金丸等方剂化裁以清胃泻热、清肝泻火，并常用蒲公英、黄芩、黄连、苦参等清热解毒。慢性胃痛以消化性溃疡和慢性胃炎占绝大多数，现代医学认为，幽门螺杆菌是上述疾病主要的病因之一。甘爱萍认为，幽门螺杆菌感染属于"邪气"范畴，以脾胃湿热、胃中蕴热、肝胃郁热等证型为主的患者中感染率较高。而在合并使用了清热解毒、清热化湿等药物治疗之后取得了较好的临床疗效。从已有的实验室及临床报道来看，对幽门螺杆菌抑杀作用较强和临床清除、根除较好的中药是清热燥湿药，如大黄、黄芩、黄连等。

3 活血祛瘀，中西合壁

胃气壅滞、肝胃气滞日久，慢性胃痛久病入络，均可导致瘀血停胃。瘀血停胃型胃痛患者病程长，且多有出血史，如吐血、便血史，临床上胃镜下常看到粘膜下糜烂、出血、充血、水肿等改变。中医认为，离经之血就是瘀血。甘爱萍认为，胃镜检查可作为中医的望诊内容之一，凡是胃镜下出现上述改变者，肯定存在瘀血，从而把中医的辨证与现代医学的检查手段有机地结合起来，瘀血停胃型胃痛，有胃脘刺痛、痛处固定、拒按、皮下瘀斑、牙龈出血、舌质紫黯或有瘀斑瘀点，脉涩等表现。治疗以活血化瘀为主要原则，常用丹参饮合失笑散加减。甘爱萍常用延胡索、川楝子、徐长卿、郁金、三七粉、白及、九香虫、刺猬皮等活血理气药，并在组方时根据辨证配合其他治法方药。如瘀热者配用茜草、赤芍以凉血活血；瘀毒者，配用半枝莲、白花蛇舌草以解毒祛瘀；气虚者，配用黄芪、党参以益气活血；阴虚者，配用沙参、麦冬等以养阴活血；兼有溃疡出血者，再配以白及消肿生肌、收敛止血，从而达到止血化瘀相得益彰之效。同时，对于胃镜下见到胃粘膜糜烂、溃疡等病变者，甘爱萍并不排斥使用西药制酸剂，认为在早期适当地配用制酸剂可加速病变的愈合，较快地缓解患者症状，减轻病痛。另外，对于已明确存在幽门螺杆菌感染者，适当地使用规范的“三联疗法”亦可较好地根除幽门螺杆菌，缩短病程，减少复发。

4 补泻兼施，寒热并调

本证反复发作，迁延不愈，常表现为寒热错杂，虚实夹杂之症。胃病日久，临证虽有阴阳气血诸多不足，但往往又兼挟有气滞、食积、痰凝、湿热、瘀血等标实证，治疗当以补虚泻实，补泻兼施为治则。甘爱萍常用太子参、炒白术、山药益气健脾，沙参、麦冬、玉竹等益胃养阴，虎杖、茜草根清热活血，炒三仙、鸡内金消积化瘀，全瓜蒌、郁金化痰散结，藿香、佩兰、苏叶芳香化湿，佛手片、香橼皮理气解郁，枳实、槟榔、莱菔子行气导滞等。如中虚不运，湿热蕴结，证见脘腹胀痛、恶心欲吐、胸闷纳呆、口干口苦、苔薄黄而腻、舌淡体胖等寒热错杂之证，治疗时仅清胃则碍脾运，仅温脾则助胃火，而中焦痞结难开解。甘爱萍常用半夏泻心汤苦辛并用，寒热并调。方中干姜辛温暖脾助运，黄连苦寒清胃泄热，干姜使脾阳升，黄连使胃火降，姜连相合，辛散苦泄能开结除痞而治中。使脾升胃降，脾运胃纳，中焦气机通畅，胃痛自能消除。临床运用中，可选黄芩、栀子、蒲公英等以配黄连之用，半夏、砂仁、附子、肉桂等助干姜之功。（陈宏慈）

高宝海中风病冶法

【名老中医简介】高宝海　主任医师。毕业于山东中医药大学。山东菏泽市中医院中风科主任。山东省名中医药专家。从事医疗临床工作40多年，擅长中西医结合治疗内科杂病，尤其对中风偏瘫及血栓性疾病有独到的研究。

1 中风急症，缘由痰热腑实，风痰上扰，当升清阳，降浊阴

中风急症病因以风、火、痰为主，病及心、肝、脾等脏，常由于情志失调，肝气郁结，或饮食不节，嗜酒过度，致聚湿生痰，痰郁化热，内风夹痰走窜经络，脉络不畅而致半身不遂。痰热阻于中焦，传导失职，升清降浊受阻，腑气不通则便秘，清阳不升则头晕，甚则扰及神明致不省人事。高宝海认为，中风急性期多以标实为主，急则治标，此时虽可予平肝、潜阳、降逆诸法，但皆缓不济急。唯早用通腑泻热为要，通其腑气，孤其热势，导热下行，不仅可使腑气通畅，气血得以敷布，痹通络活，利于肢体恢复，而且使阻于肠胃之痰火积滞迅速排除，浊气下降，不能上冲熏扰神明，神昏烦躁自除，浊气下降，清阳得升，头晕头痛则减轻。再者，急下可存阴，以防阴劫于内，阳脱于外。施用星蒌承气汤加减。药物组成：胆南星10g，全瓜蒌30g，大黄6g（后下），芒硝10g（冲），以通腑气、击燥结、清痰热，使“脏邪以腑为通路”。高宝海认为，只要有可通之症，均可先以通腑泄浊为法，既使不伴有便秘者，短期使用本法，亦可收到同样效果。使用本法应中病即止，不宜攻伐太过，以免耗伤气阴。邪去正安，待病情缓解后，再辨证论治。

2 痰瘀胶结，祛痰化瘀，痰瘀同治，攻补兼施

中风患者，多因嗜酒肥甘或饥饱失宜，脾失健运，聚湿生痰，痰或滞脉中而致局部血滞为瘀，或滞脉外而致气血运行障碍而为瘀，血行瘀滞，脉络痹阻，故致肢体不遂或麻木，伴语言謇涩，舌体胖大苔腻，脉滑。方于中风Ⅱ号：法半夏10g，白术12g，天麻10g，胆南星6g，茯苓15g，枳实10g，竹茹10g，丹参30g，川芎10g，全蝎6g，蜈蚣2条。若见口角歪斜，可加僵蚕、白附子熄风祛痰；不能语者，加郁金、石菖蒲、远志以祛痰利窍；大便秘结者，加火麻仁、郁李仁、肉苁蓉以润肠通便。

高宝海强调，对痰瘀同病，在治疗上须注意：①痰瘀同治，因痰瘀胶结，互相影响，仅击其一，病难根除，故应同治。②痰瘀互治，即治痰以消瘀，或治瘀以消痰。⑨痰瘀分治，根据病情缓急主次，先治痰或先治瘀。因痰瘀病久，湿性粘滞，故治当缓图，难求速效，祛痰化瘀中常配行气之品，易耗气伤阳，故须先攻后补，或攻补兼施方为全策。

3 气虚血瘀，审血压而施黄芪，配合针药并用，缓图而治本

《诸病源候论·风偏枯候》云："偏枯者，由血气偏虚，则腠理开……邪气独留，则成偏枯。"患者气血不足，脉络空虚，风邪乘虚入中经络。气血痹阻，肌肉筋脉失于濡养，故肢体不遂，肢软无力，患肢浮肿，面色萎黄，舌质淡，苔薄白，脉细涩无力。治宜补气活血，化瘀通络。方以补阳还五汤化裁。若患肢浮肿，可加益母草，一则利水消肿，一则活血化瘀通络；上肢偏废，加桂枝以通络，若下肢软瘫无力，加桑寄生、怀牛膝、千年健以强筋壮骨。兼见食少脘闷者，加陈皮、砂仁以理气。方中重用黄芪，量至 90 ~ 120g。高宝海认为：黄芪大量可降血压，因少量可升血压，因而具有双向调节作用。补阳还五汤具有调节微量元素平衡、维护细胞超微结构与血脑屏障的完整性、减少血浆蛋白的渗出而达到减轻脑水肿的作用。方剂中大量的活血化瘀药具有改善血液动力学，改善微循环，改善血液浓、稠、粘、聚状态，抑制血小板聚集，增加纤溶酶活性而发挥抗血栓形成作用。对于肌张力高，肢体僵硬，屈伸不利者不用黄芪，因黄芪可致肌力增强，此时可用养血柔筋、缓急之药，如何首乌、当归、白芍之类，在养阴的同时可加入全蝎、蜈蚣等熄风止痉通络之品。

对中风后遗证，由于病程日久，耗伤气血，气虚不能行血，气不能行，血不能荣，气血瘀滞，脉络痹阻，故肢体不遂，以气虚血瘀为病理基础。对此内服中药效果不著时，应当同时配合针灸、推拿等综合疗法，并配合功能锻炼，以提高疗效。

4 阴虚血瘀，攻补参半，左气右血，上阳下阴

中风患者多年老肾虚，元阴渐亏，加之起居失宜，饮食偏嗜，劳逸失度，阴津亏虚，血液粘滞，久即形成血瘀，阻滞脉络而发中风。此症常伴有腰膝酸软，头晕、耳鸣、口干等症。高宝海治以首乌延寿汤加减，以滋阴养血、活血通络。药物组成：生何首乌 30g，赤芍 15g，水蛭 9g，川芎 10g，山楂 15g，生地黄 15g，桑椹子 6g，大黄 6g，决明子 10g。临症时，如阴虚重加沙参、麦冬等滋阴生津之品，血瘀重加鸡血藤、当归、桃仁、红花，腰酸加桑寄生、杜仲以补肾强筋壮骨，便秘加麻仁、肉苁蓉以润肠通便。

中风病证，病变发生在或左或右，或上或下。当循"左气右血、上阳下阴"之原则，病在左，属阳，当加补气行气之品，如人参、黄芪、川芎等；病在右，属阴，当以养血活血为主，如阿胶、当归、赤芍、五灵脂等；病在上肢为阳，祛风施防风、秦艽，通络用桑桂、桂枝、蜈蚣；病在下肢为阴，加防己、木瓜、川牛膝、地龙；余则依经络辨证而遣药。

5 肝阳暴涨，风火上扰；脉络空虚，风邪入中，镇内风、祛外风有别

"诸风掉眩，皆属于肝。"风属肝，肝肾亏虚，肝阳暴涨，肝风内动，夹痰走窜经络，脉络不畅，故突然口眼㖞斜，舌强语謇，半身不遂，伴有头晕头痛，烦躁不安，面红，舌质红，苔黄，脉弦滑。此为内风。治宜滋阴潜阳，熄风通络。方选镇肝熄风汤合天麻钩藤饮。又有因正气不足，脉络空虚，卫外不固，风邪乘虚入中，气血痹阻，络道不通，故口眼㖞斜，语言不利，甚则半身不遂，风邪外袭，营卫不和，正邪相争。故时伴有恶寒、发热，苔薄白，脉浮数。此为外风，治宜祛风、养血通络。方以大秦艽汤加减。属内风者，宜平熄，切忌辛散；而属外风者，宜疏散，而不宜平熄。

高宝海认为，中风病病因多样，病机复杂，涉及多脏，病势缓急不一，故以辨证论治为准则，不可拘泥于一方一法，当审因论治，遣方用药贵在灵活多变。对中风病要防治并举，未病先防，尤其对中风先兆，高宝海主张综合摄养，顺四时，适劳逸，节饮食，畅情志，整体辨证护理亦是预防和治疗的重要组成部分。（陈银玲）

高鹏翔临床经验

【名老中医简介】高鹏翔（1949 ~ ）主任医师，教授。1977 年毕业吉林医科大学中医专业。吉林大学第二医院中医科主任、中医针灸教研室主任。中国中西医结合学会青年工作委员会委员，吉林省中医

药学会、中西医结合学会常务理事，省中医药学会中青年学会主任委员，长春市中西医结合学会理事长，长春市中医学会副理事长。吉林省名中医。擅长中医治疗急症、肿瘤、高热、血液病、肾病、肝硬化、胰腺炎、失眠、皮肤病及妇科疑难病症。发表学术论文50余篇，出版著作6部。

临床经验

发热

1 辨证要点

1.1 首辨分内伤与外感

中医学对发热的机制，一般分为内伤与外感两大类。高鹏翔临证时根据患者就医时的症状、体征、舌脉象以及发病的过程、热势等进行辨别。内伤发热起病缓慢，病程长，多为低热，或自觉发热，表现为高热者较少，不恶寒，或虽有怯冷，但得衣被而温，一般有气、血、水壅遏滞或气、血、阴、阳亏虚病史，或反复发热的病史；而外感发热起病较急，病程较短，热势较高，初期大多伴有恶寒、发热、头身疼痛、舌红苔薄、脉浮数等表症。但不可以热势高低作为主要的评判标准，因为不同体质的患者热势反应程度不同。

1.2 辨证候虚实

外感发热多数是实证，但也有因体质虚弱或禀赋不足而呈实中夹虚之候。内伤发热虚实情况较为复杂，高鹏翔善于追根溯源，深掘疾病的本质，多从发热的诱因入手，如发热因情绪变化而波动，并伴有胸闷胀痛，女子有月经失调，经前乳胀等症为气郁发热；若有损伤、跌倒、手术史，并低热或午后、夜间发热，舌脉有瘀血征象者多为血瘀发热；若患者既往体质不及，天生禀赋不足，或大病初愈，热势不高，面白少华，头晕乏力者多数为气血亏虚发热。抓住患者既往史及发病诱因，是区分虚实证的重要步骤。

1.3 辨分脏腑

发热是全身症状，可涉及各个脏腑、经络。外感发热多归属于肺卫、经络或足太阳膀胱督脉等，治疗以疏散发汗、祛邪外出为主。而内伤发热病位主要于脾胃，但临床上患者无明显的胃肠道症状，是由于脾胃为升降之枢，邪犯中焦，必然使之升降失常，导致清阳不能透达上窍，浊阴不能清出下窍，因此无胃脘疼痛、腹胀、腹泻等症，反而出现发热无汗，用麻黄、桂枝、峻猛发汗之剂也无济于事，使临床医生误认为是湿热之邪胶结所致。另外，也有些单纯气、血、阴、阳亏虚所致的发热，其分脏腑、经络比较明显，在此不一一累述。

1.4 脉象舌诊互参，分定热之进退

高热尽退，脉静身凉，可予调补之药，若热虽退而脉仍躁动，或滑，或数，舌苔仍见薄黄，表明体内火热之邪未尽，不可骤予调补之药，尝用滋阴清热之法，除热务尽。对有痼疾合并发热时，由于长期的病理损伤，使患者形成较为特殊而相对恒定的病理体质，加之病理产物在体内形成，因而表现较为固定的舌质或脉象。如胃癌晚期合并发热时仍舌质红津少，其舌质舌苔为不变的，此时必须综合分析，去伪存真，辨证分析时当侧重于脉象。

2 施治原则

2.1 善用下法和汗法，祛邪外出

无论是外感发热还是内伤发热，祛邪为第一要务，邪之不除，正气难复，除单纯虚证外，高鹏翔常用解表攻下并举，采用表里双解法，迫邪外出。常用柴胡、桂枝、薄荷等药，使热从表而解；攻下，多以大黄为君，倍增大黄的量，使里热实邪由下而出，同时佐以生石膏，以助清热泻火之力，兼以生津，对于体质强壮、热势较高者大黄的量可增至30g，其魄力和胆量非常人所及。

2.2 善用引经药

上述已论及内伤发热的病位多为脾胃，外邪或循经深入，或直中脏腑，蕴结成热。欲引药达病邪所在，同时清除里外余邪，引经行经药十分关键，半夏引药至脾胃，同时有和胃健脾之功，川芎为血中之气药，利于血脉的通畅，气机的调和，二药协力，药力专攻，祛邪尤佳。

2.3 中病即止

内伤发热和外感发热，病邪来势凶猛，用药必须大剂量、短程，力挫病邪而不伤正气，中病即止是高鹏翔治疗发热症的一大特点。

2.4 注重后期阴液的保护和调养

通过大量苦寒之剂的服用，患者多数阴液亏虚，虽热退脉平，但由于阴阳失调，易于复发，故高鹏翔注重后期阴液的调养，对热病初愈的患者，多用滋阴生津之品，如竹叶石膏汤等以善其后，使之达到“阴平阳秘”。（曹毅荣 沈 鸿 徐 丹）

医案验案

肝硬化腹水验案

1 湿热蕴结，气滞血瘀型

董某，男，73岁。主诉腹胀，伴小便赤涩，大便秘结，舌尖边红，苔黄腻，脉弦数。B超示：肝硬化，腹水，脾大；西医诊断：肝硬化腹水，中医诊断：臌胀（湿热蕴结，气滞血瘀型），治宜清热燥湿，行气活血。处方如下：大黄15g，川楝子20g，柴胡15g，黄芩15g，党参15g，木香5g，桂枝10g，青皮15g，枳壳20g，半枝莲30g，白花蛇舌草30g，丹参20g，当归20g，川芎15g，服药5剂后，大小便次数明显增多，腹胀减轻，食欲改善；守方治疗10剂后，仍有口干口渴，舌红苔少，边缘有裂纹，脉细，腹胀轻微，腹围减少5cm，腹部叩诊浊音，复查B超，腹腔见少量积液，在原方基础上去半枝莲、白花蛇舌草，加知母20g，丹皮15g，麦门冬20g，玉竹15g，再投10剂，其后各症状消失，食欲如常，复查各项指标均正常，好转出院，医嘱守方15剂，以巩固疗效，随访2年，未见复发，生活自如。

按《医学入门·鼓胀》曰："今内伤外感，脾阴受伤，痰饮结聚，饮食之精华不能传布，归于肺，下注膀胱。故浊气在下，化为血瘀，郁久化热，热化成湿，湿热相搏，遂成鼓胀。"故治疗时，当以清热燥湿为主，但"鼓胀"患病病程长，反复发作，日久入络，多出现气滞血瘀之征象，如舌质瘀紫，腹部青筋暴露。本方取苦能泻火，燥能胜湿之意，用大黄、黄芩、半枝莲、白花蛇舌草苦寒清泻肝经湿热；柴胡为"外邪之在半表半里者，引而出之，为清气之陷于阴分者，举而升之，使反其宅，而中阳自振"，其承内启外之意，肝主疏泄，肝气失和，气机郁结，多行气解郁，振动气机，故使用川楝子、青皮、枳壳、木香行气之品，用"火郁发之"的方法治疗，可以起到因势利导，从散而解的作用，突破了湿热之征，忌用温热药的用药原则，故方中作用少量的桂枝"升阳散火"，"载药行散"，久病入络，形成癥瘕，治宜消瘀散结，方中以常规配用活血化瘀之药；川芎在此作引经药，祛风活血，有利药物的发挥。全方中苦寒清热降火，寒温配伍，行气活血，升阳散火，传统与突破理论相结合，方证合拍，自能收效快捷，后期又注意苦寒伤阴之弊，加入清热滋阴之品以养肝阴，保证了疗效的巩固，防止复发。

2 水湿互结，脾肾阳虚型

张某，男，40岁，以腹胀，恶心，呕吐为主症，面色苍黄无光泽，畏寒肢冷，小便不利，舌淡胖边有齿痕，苔厚腻滑，脉沉弱，B超示：肝硬化，腹水，门静脉高压；西医诊断：肝硬化腹水，肝肾综合征；中医诊断：鼓胀（水湿互结，脾肾阳虚型），治宜祛邪逐水，兼温肾益脾，处方如下：党参15g，肉桂10g，乌药15g，半边莲50g，当归15g，川芎15g，茯苓15g，白术15g，陈皮10g，川楝子15g，大黄5g，甘草10g，木香5g，投药7剂，大小便次数增多，腹胀稍减轻，恶心、呕吐轻微，睡眠好转，呼吸平缓，药进有效，原方加用焦三仙各20g，知母、丹参、玉竹各20g，再进10剂，偶有腹胀，下地活动自如，食欲改善，复查各项化验指标，肝肾功能显著好转，B超示：腹腔少量积液，余症不显，继续服20剂巩固治疗，随访1年，生活自理，未复发。

按《医学法律》曰："凡有癥瘕、积块、痞块，即是胀病之根，日积月累，腹大如翁，名曰单腹胀"，并提出水裹、气结、血凝之说。高鹏翔从病因病机的认识同清代医家俞昌如出一辙，但治疗结合自己多年临床经验，别开生面，取得显著效果。本例患者病程长，病情复杂，据其脉舌症当辨为水湿互结，脾肾阳虚之候，本类症候，切忌用孟浪峻猛之品，悍毒攻劫之法，当以补虚温阳之法，不可太燥，祛邪不可太峻，唯有温清并用，补泻同方，方为允当。方中有肉桂、乌药温补肝肾之阳；半边莲、大黄等逐水利湿兼以解毒；木香、川楝子行气解郁；当归、川芎活血化瘀，气血通畅有利药物的发挥。后期亦因使用苦寒之品后伤及阴液和脾胃，故加用滋阴健脾之药，有利于正气的恢复，疾病的康复。全方温中健脾，清热通下法运用，善后加用焦三仙，健脾益胃，滋阴降水取得良好效果。（曹毅荣 孙贵亮）

高荣林临床经验

【名老中医简介】高荣林（1944～）天津武清县人。研究员，硕士生导师。1969年北京中医学院中医系毕业。现在广安门医院内科工作。全国疑难病专业委员会常委。第四批全国老中医专家学术经验继承工作指导老师。擅长中医诊治心肺系疾病、痹病、睡眠障碍、疑难病。参编《中医症状鉴别诊断学》《中医证候鉴别诊断学》《中国基本中成药》《临床中医内科学》等著作。著有《中医内科急症》《典要仲景学说的尤怡》《实用延寿中药学》。发表学术论文36篇。

失眠

高荣林宗前人经验，凡属痰热扰心、心虚胆怯、胆气郁阻、胃气失和之失眠，喜用温胆汤类方化裁治疗，每收良效。

1 理论依据

温胆汤最早见于《备急千金要方》，由半夏、竹茹、枳实、陈皮、生姜、甘草组成。主治"大病后，胆寒，虚烦不得眠，惊悸不安"；在《三因极一病证方论》（简称《三因方》）中又加了茯苓、大枣。主治"胆虚寒，眩厥，指不能摇，躄不能起，僵仆，目黄，失精，虚劳虚扰，喘满，浮肿，不睡"等。《证治准绳·类方》之十味温胆汤，在上方基础上，去竹茹，加益气养血，宁心安神之人参、熟地黄、五味子、酸枣仁、远志，主治"心惊胆怯、气郁诸症"。《六因条辨》之黄连温胆汤，以《三因方》温胆汤加黄连，重在清热除烦、化痰和胃，治疗痰热内扰，失眠、眩晕、心烦、口苦、舌苔黄腻诸症。高荣林认为，温胆汤有清肃胆气、顺降胃气、理气化痰、升清降浊之功能。方中并无峻补猛攻之品。而是以平和中正之剂调理人身阴阳、气血、脏腑之功能，恢复胆腑中正温和之气。具有化痰而不过燥，清热而不过寒之特点，临证可根据不同的临床表现，在温胆汤类方中变通使用。

2 辨证论治

2.1 痰热扰心

证见失眠不寐，胸闷心烦，头晕目眩，呕恶痰涎，纳谷呆滞，苔腻而黄。脉滑数。高荣林常以《六因条辨》之黄连温胆汤化裁以清热化痰、和中安神。若兼急躁易怒，面红目赤，口干苦者，加牡丹皮、栀子清肝凉血；若兼失眠烦躁，头晕目眩，盗汗耳鸣，口燥咽干，腰酸腿软等心肾不交等表现，可合交泰丸或黄连阿胶汤化裁。因病致虚，形成虚实兼见者，应兼养心血、肝血，常加白芍、当归、熟地黄、阿胶以养血和血。

2.2 心虚胆怯

证见多梦易于惊醒，心悸胆怯，坐卧不安，倦怠气短，舌淡胖。脉弦细缓。高荣林常以《证治准绳》之十味温胆汤化裁以益气温胆，宁心安神。若兼惊惕不安，心悸较甚。加生龙骨、生牡蛎、炒酸枣仁；兼气短乏力，面色㿠白者，可加生黄芪、党参、骨碎补以益气温阳。

2.3 胆气郁阻

证见失眠多梦，胸闷太息，胁肋胀满，心烦躁扰，纳呆嗳气，苔薄脉弦。高荣林常以《备急千金要方》之温胆汤合四逆散、柴胡疏肝散等利胆疏肝、化痰安神。若气郁化火，证见胁肋掣痛，急躁易怒，口干口苦者，加龙胆草、炒栀子、牡丹皮、延胡索以清肝泻火，和络止痛；若舌红而痛，溺黄便秘者，可加黄连、炒栀子、竹叶以清心泻火，导热下行；胸闷不舒，善太息者，加柴胡、郁金、香附或合四逆散，以疏肝理气。

2.4 胃气失和

证见睡卧不安，辗转反侧，胸脘满闷，不思饮食，恶心泛呕，嗳腐吞酸，大便糟粕不化，舌苔厚腻，脉滑。高荣林常以《三因方》之温胆汤合半夏秫米汤化裁以健脾和胃、化食安神。若宿食积滞较甚而见嗳腐吞酸，脘腹胀痛，可合保和丸消导和中以安神。湿浊内蕴，口黏便溏，泛吐涎沫，苔腻者，加藿香、荷梗、苍术、白术、厚朴以芳香化浊、健脾燥湿。

3 验案举隅

案1 郑某，女，51岁。1年前无明显诱因出现失眠，入睡困难，服用舒乐安定、多美康等镇静剂方能入睡，停药则失眠；半年前因右侧肢体麻木，在外院诊为多发性硬化，服用西药治疗，失眠愈加严重；伴入睡困难，夜眠易醒，心烦作热，胸闷汗出，心悸脱发，右侧上下肢麻木，胃脘胀闷，纳谷呆滞，大便不成形，每日1次，小便调。舌胖色暗、苔浊，脉滑。停经8个月。辨证为痰热扰心、心肾不交，予黄连温胆汤合交泰丸化裁：黄连6g，肉桂1g，当归10g，白芍15g，竹茹10g，枳实10g，半夏9g，陈皮10g，炒酸枣仁15g，远志10g，石菖蒲10g，生龙骨、生牡蛎各30g，水煎服，7剂。二诊：药后夜眠易醒好转，脱发减轻，纳食渐增，仍入睡困难，心烦作热似有增加，胸头汗出，头昏沉，目干涩，右侧上下肢麻木，大便已成形。舌暗、苔白浊，脉沉弦。仍宗前法，上方加牡丹皮10g，继进7剂。三诊：入睡较前好转，夜能睡5～6小时，心烦作热及胸头汗出减轻，右侧肢体仍麻木，胃胀未作，纳食尚可，二便调。舌暗、苔白，脉沉弦。上方去黄连、肉桂，加川芎9g，再进7剂。以后仍以此方化裁，化痰以陈皮、半夏、枳实、竹茹、远志、石菖蒲、胆南星进退，清热以炒栀子、黄连、牡丹皮、生地黄加减，共服药2个月余，失眠好转，惟肢体麻木尚留，后以健脾补肾、活血通络方药调治而愈。

案2 李某，女，39岁。5个月前因股疝行手术治疗，术后出现失眠，入睡困难，伴有心中烦闷，头晕而沉，倦怠乏力，纳谷呆滞，二便调。舌稍红、苔白浊，脉沉细。辨证为肝郁脾虚，痰浊中阻，予温胆汤合小柴胡汤化裁：柴胡10g，白芍15g，牡丹皮10g，枳实10g，陈皮10g，竹茹10g，半夏9g，党参10g，黄芩10g，炒酸枣仁15g，远志10g，石菖蒲10g，生龙骨、生牡蛎各30g，水煎服，7剂。二诊：患者失眠、乏力好转，仍有头晕，伴有颈项酸痛，腿软乏力，纳食渐增但恶油腻，舌尖红、苔薄黄，脉沉细。上方去党参、黄芩，加葛根12g，续断10g，继进7剂。三诊：已能入睡，有时夜醒但可再睡，头晕好转，左侧头痛，后背冰凉，腿软乏力，舌尖红、苔薄白，脉沉细。初诊方去牡丹皮，陈皮、竹茹，加骨碎补10g，生地黄15g，再进7剂。四诊：夜寐转好，颈项如压，头顶及后背发凉仍有，纳食增，遇风则前额头痛，舌尖红、苔薄，脉沉细。上方去生地黄，加鹿衔草10g，再进7剂。以后在此方基础上加减，共服42剂，失眠头痛均消失，后背凉亦好转，随访2个月未复发。（刘宗莲 康 凌）

高维滨临床经验

【名老中医简介】高维滨（1944～）哈尔滨人。主任医师，教授，博士生导师。曾任黑龙江中医药大学附属二医院神经内科主任。中国中西医结合学会神经病专业委员会委员，黑龙江省中医学会神经病专业委员会副主任委员。黑龙江省名中医。享受国务院政府特殊津贴。擅长针刺治疗脑脊髓疾病。3项成果获省级科技进步二等奖，主持的科技课题《针刺项颈部腧穴治疗真性延髓麻痹的临床应用研究》，荣获2004年国家科技进步二等奖。主编著作6部，独编4部，发表论文30余篇。

Bell 麻痹

1 治疗手法

1.1 取 穴

①主穴：翳风、牵正；②配穴：上关、丝竹空、颧髎、迎香、地仓、大迎、颊车、攒竹；③特色穴：合谷。

1.2 刺 法

取穴均为患侧，采用0.30 mm×4.0 mm毫针。翳风直刺20 mm，其他诸穴均采用平刺，以出现酸麻胀重得气为度，采用KWD－808Ⅱ型电针仪，选用疏波或疏密波。电针连接需要区分正负极，连接方法为：上关（＋）、丝竹空（－）为一组，颧髎（＋）、迎香（－）为一组，大迎（＋）、地仓（－）为一组。刺激强度，以患者难受为度，通电30分钟，12次为一疗程。

2 病 案

患者，女，23岁，大学生，右侧口角歪斜3小时。该患者无明显诱因，于晨起刷牙时发现右侧口角漏水，在家给于热敷治疗未见好转，急来我院诊治。查体：右侧额纹消失，睑裂变大，病侧鼻唇沟变浅，口角低垂。患者不能蹙额、皱眉，眼睑闭合无力，闭合时露白，不能鼓腮、吹口哨，露齿时口角歪向健侧，饮水时口角漏水，食物停留于齿颊之间，瞬目减少，右耳后乳突有压痛，无发热。实验室检查血常规示淋巴细胞升高，静点抗病毒、脱水治疗，口服中药面瘫灵（为院内制剂），针刺方法同上，经过20次治疗患者痊愈出院。

3 体 会

3.1 发病机制

中医学认为面瘫是由风痰阻络，经脉瘀阻，气血不通而发病。现代医学认为本病病因尚未完全明了，与病毒感染、局部血液循环障碍、神经水肿、髓鞘脱失有关。

3.2 关于中西医结合治疗

高维滨主张早期用药，辨证论治若为细菌病毒感染引起本病，早期静点、应用激素，减少面瘫并发症的发生。临床观察发现，非受风着凉引起的，有感染史，早期应用激素，在减轻面神经水肿及神经脱髓鞘方面起着重要的作用，明显地减少面瘫并发症的发生。

3.3 关于面瘫早期针刺的问题

一般认为，面瘫早期7～15天，病情可以进行性加重，若过早针刺，可能加重面神经水肿，加重病情。高维滨通过多年的临床观察发现，早期针刺选用疏波，刺激量宜轻，可以改善面部血液循环，减轻神经水肿，防止神经进一步变性。待病情稳定3天后，改用疏密波，有利于恢复表情肌的肌张力肌力，促进面神经再生。本疗法可以明显的缩短病程，患者多能完全恢复。

3.4 关于电针仪的使用

通电后以患者能够耐受，出现面部有节律的跳动为度，若未出现明显的面部有节律的跳动，患者即已不能够耐受其强度，多预示病程会超过2个月，往往留有后遗症或并发症。

3.5 取穴方解

翳风穴处有茎乳孔，面神经由此出颅，此处为治疗面瘫主穴。牵正为面神经出颅的主干部位。地仓、颊车、颧髎、丝竹空等穴均为面神经的分支，支配口轮匝肌、眼轮匝肌、颊肌、额肌。现代解剖学研究认为合谷的颈神经在脑干处与面神经有联系，因此，针刺合谷穴可以使面神经受到刺激，有利于面神经功能的恢复。

3.6 关于翳风穴是否通电的问题

本穴深层不但有面神经，还有颈内动脉鞘内的迷走神经，有报道称，通电后刺激迷走神经，有心脏停跳的报道，因此本穴若要通电，电流宜小，同时密切观察患者的反应。若患者出现明显不适感，应立即停止通电。翳风穴深层有面神经主干通过，是治疗面瘫的主穴，对本病的治疗起着关键的作用，若通以脉冲电流，可能会提高疗效，但鉴于本穴的危险性，建议慎重通电。

3.7 关于针刺深浅及眼睑下垂的问题

面神经形成的穴位是肌门类型的（肌神经进入肌肉的地方叫肌门，也叫运动点），神经分支都是从外表进入肌肉，面神经在面部肌肉表浅，所以穴位位置浅。故面部穴位不宜深刺，电针时，出现牙关紧闭，是因为刺中咬肌和颞肌，应将针退出、浅刺。临床上有很多患者，眼睑抬起不好，高维滨采用左手捏起眼睑，用 20 mm 毫针由上向下斜刺入 15 mm，疗效显著，该穴为“提睑穴”。面瘫时下眼睑外翻，可用 20 mm 毫针针刺下眼睑，可使之恢复。

3.8 关于面瘫并发症的问题

部分患者病情较重，或发病初期治疗不当，或未及时应用激素治疗，可并发面肌痉挛、联动症、面肌倒错。高维滨认为，出现面肌痉挛针刺治疗基本无效，局部针刺往往增加面神经的兴奋性加重病情，远端取穴，疗效不佳，可选择其他疗法。经长期临床观察发现，联动症的针刺组与自然恢复组对照，未见明显差异，本病可有一定程度的自然恢复。出现面肌倒错，病程要长，患侧表情肌运动功能可恢复良好，但萎缩的表情肌很难完全恢复，双侧表情肌不对称。（韩岳珊 藿薇 陈春林）

高忠英临床经验

【名老中医简介】高忠英（1938～）北京人。主任医师，教授。首都医科大学中医药学院温病教研室主任。第二批全国老中医药专家学术经验继承工作指导老师。从医临证 40 年，擅长诊治内科消化与呼吸道等疑难杂病。主编《方剂图析》，参编《实用中医学》《实用中医营养学》及《徐大椿医书全集》的注释。发表论文 20 余篇。

临证特色

1 稳

稳，即端庄稳重、平和稳定，这里指诊病求稳。

1.1 诊病态度稳重

高忠英在诊病时，对患者亦是笑容可鞠，和蔼可亲，从未发生与患者及其家属争执、要态度之事。临床上有些患者慕专家之名前来就诊，往往咨询的问题格外多，高忠英都是有问必答，不厌其烦地给予一一答复，使患者忧郁而来，满意而归；在给每位患者处方后，又总是告之其病因、注意事项及煎煮服药方法，乃至饮食养生保健等知识，使患者不仅得到了医治，同时获得健康知识的宣传，普及了卫生常识。对慢性病患者，高忠英能细心诊察，一丝不苟；对急性危重患者，亦是临危不乱，泰然处置，给患者及其家属以信心战胜病魔。有一位中风先兆的患者，年事已高，眩晕不能站立，家属及患者都很害怕和激动，言语也不免有些过激，高忠英不慌不忙，心平气和地精心诊治，使患者及家属很快安定下来，并听从高忠英劝告和治疗，经一段时间治疗后病情稳定，患者及其家属均十分感激。

1.2 治病处方稳定

中医历来就有“效不更方”的说法，意思是说，服了某方药有效后，就应不变其方继续服用。高忠英治病不仅“效不更方”，有时“不效亦不更方”。当然这是在辨证准确的基础上，对其病证的发展、演变胸有成竹的情况下实施。

案 1 赵某某，男，42 岁，公司职员，1998 年 8 月 27 日初诊。因下肢冷汗 10 余年前来就诊，20 年前常在农村水田劳作，加之一直居住潮湿之地，时感下肢不适并未在意。近 10 年来出现下肢从里向外冒凉气，遇寒则出冷汗，十分痛苦。多方求医未效。高忠英辨证为寒湿阻下，血脉失畅，拟用温经散寒，化湿通脉之法，处方：炮附子 20g，桂枝 10g，牛膝 15g，秦艽 12g，二芍各 15g，丹参 20g，水蛭 10g，威灵仙 10g 等，连服二十剂，仍未见效，患者失去信心。但高忠英根据患者服用大热药后未出现“上火”症状，坚持沿用上方加减，终于在 50 余剂后，患者告之下肢微有暖意，再继服数 10 剂，下肢汗出止，遇寒亦未复作。

象这样的患者，高忠英一般都会告诉患者不宜操之过急，病来如山倒，去病如抽丝。虽然大家明白这个道理，但在治疗时能守方不变则需准确辨证的功夫。

2 准

辨证必准。高忠英诊病十分强调辨证准确，要注重病因病机，尤其要注意舌脉变化。

2.1 辨病因病机

任何疾病的产生都具有一定原因和机理的，高忠英诊病注意询问病因，理清病机，抓住主证。在诊治妇女患者时，必问经产，是否有经期前后贪凉饮冷，或冒雨涉水，或分娩受寒，或人工流产等等，以确定有无冲任虚寒、气血失调之弊；诊治小儿，需问饮食喜恶，诊察脾胃功能和食滞程度。

案2 关某，女，3岁，1997年12月16日诊。主诉咳嗽十日，喉中有痰但不会吐出，夜间烦躁蹬被，食少腹痛，易感多汗，大便尚调，舌红，苔白根厚，脉左滑右涩。细问病情，方知10天前因饮食不节而致呕吐痰、食，其后便作咳嗽，究其病机为食滞未净，肺胃气逆而咳，故治以消食化滞止咳之法，方用内金10g，神曲10g，二丑5g，前胡6g，杏仁6g等药，五剂而安。

案3 王某某，女，32岁，干部，1998年6月11日初诊。主诉失眠、头晕三月余。患者一年余前因人流术后劳累而致失眠，头晕，神志欠清，语无伦次，经治而愈。近三月来无明显诱因复作失眠，头晕昏沉，情志抑郁，乏力困倦。查舌淡嫩，苔白，脉沉细。高忠英认为：人流术后劳累导致气血损伤是其病根，气血不足，不能上荣清窍而现头晕；血虚则肝之所藏乏源，不能正常疏泄条达气机而情志抑郁、乏力；血少神失所养则失眠；肝虚疏泄失职，又可致痰郁，出现头昏沉，困倦；其舌脉也反映气血虚少。治以养血补肝，化痰舒郁，方用四物汤加芪、术、夏、天麻、郁金等药，服药月余而愈。

2.2 辨舌脉症状

高忠英诊病非常注意舌象、脉象及特殊体征，尤其注重舌脉变化。如脉浮者，应看其沉取之脉力强弱，沉取仍有力者多为外感，沉取无力或中空者，称之为浮而无根，提示体弱，尤为肾虚；单脉弦主饮，舌淡而脉却弦滑有力，提示素体内有痰饮；肢厥而鼻准不凉非中阳虚，只有鼻头凉者说明脾阳已衰；手麻者，需问手麻前有无出现目胞振跳，若有则多为中风之先兆；多唾喜睡反映肝寒犯胃等等。

案4 马某某，女，28岁，播音员，1997年10月13日初诊。口疮反复发作一年余，每逢经前10余日便作口疮，影响饮食及说话，伴失眠，饮食尚可，大便亦调，小便频数，尤以夜尿为甚，月经尚准，但经期腰酸作痛。查舌淡，边有齿痕，苔白，脉左细右弦滑无根。据舌象分析，色淡而有齿痕为阳气虚，据脉象分析，右脉弦滑无根为肾阳不足，兼有湿浊。故高忠英采用温阳化湿降浊法，处方：黄芪30g，太子参30g，二术各15g，巴戟10g，仙灵脾12g，升麻10g等，服药30余剂，追访至今，口疮未作。

案5 刘某某，男，10岁，学生，1998年8月27日就诊。家长代诉：今年6月患肺炎，肺炎虽愈，但咳喘未除，胸憋气促，喉中痰堵不易咯出，纳少，睡眠不实，二便尚调。查舌红苔黄腻，脉滑数。舌脉反映为典型的痰热壅肺之证，治以清热化痰法，方用生石膏20g，麻黄6g，杏仁10g，苏子10g，葶苈子10g，二丑6g，枳实10g，瓜蒌10g等药，3剂咳止，7剂喘消。

中医强调四诊合参，但对于经验丰富的老中医来说，往往抓住主要舌脉、症状变化，便可做出诊断，如高忠英应用附子、肉桂等热药的指征主要在舌淡，苔水滑等。

3 狠

用药须狠，治病如同打仗，需集中优势兵力，出奇制胜。高忠英视疾如仇，在辨证准确的前提下，常喜用较为峻猛之品，且用量较大。如炙甘草汤强调地黄一定要用够量，一般在60～120g；补阳还五汤中的黄芪用量一般也在60～120g以上；气虚者，参芪常在30～50g左右，必要时须用上好人参；气滞者，柴胡用量需达24～30g；阴血虚者，需用血肉有情之品补之，如鹿角胶、龟版胶、阿胶之类；阳虚者，常用附子、肉桂、二仙等；血瘀者，以三棱、莪术、水蛭破之；痰蒙者，以礞石、甘遂等清之；内有积滞，用酒军、槟榔、厚朴导之；外有表邪，用麻黄、苏叶散之。

案6 马某某，男，29岁，学生，1998年7月21日初诊。家属代诉：发狂3月余。患者因精神受到刺激而出现神志恍惚，语无伦次，骂人毁物，西医予以镇静安定等药，使患者表情淡漠、不欲见人。现证：表情淡漠，目采无神，少言无伦，胸闷太息，情绪极易激动，烦躁，纳眠靠西药维持，大便干稀不调，舌淡苔黄腻，脉细数左涩。高忠英以肝郁血瘀，痰热阻窍辨证，处以疏肝化瘀，逐痰醒窍之法，方用礞石12g，瓜蒌20g，半夏10g，枳实10g，柴胡30g，菖蒲10g，郁金10g，三棱15g，莪术15g，甘遂0.2g（分冲）等药加减治之，服药近3月，病情控制，表情自然，对答自如，如同常人。此例用药峻猛，药量亦大，非辨证精确，用药娴熟者不敢轻用。（邹志东）

遣方用药

温经汤

1 咽痛案

李某，女，37岁，职员，初诊日期：1997年5月5日。患者4年来时作咽部痒痛，曾反复服清热解毒中药及抗生素，效不佳。近期发作频繁，自觉咽中热痛痒，引咳嗽阵作，口干思冷饮，但饮冷则胃脘不适且口燥不解，纳佳，眠梦多，二便调。平素易烦急，手足冷，掌心热，月经周期尚准，量少，色暗，带经期长，约10余日，小腹发凉。查舌暗淡，苔白，有染苔（因口含华素片），脉细弦稍数。西医诊断为慢性咽炎，中医辨证属寒凝血瘀，冲任失调，治以温经散寒，引火归元，拟温经汤加减。处方：吴茱萸10g，肉桂6g，丹皮10g，川芎10g，半夏10g，当归10g，太子参20g，炮姜10g，桃仁10g，益母草20g，紫菀10g，生诃子10g。患者服7剂后，咽中热减轻，咽痒止，咳嗽停，月经汛，色暗红，量增多，带经7日而净。原方加减连服2月，诸症即消，改用安坤赞育丸、妇科得生丹交替服用，以善其后。

按　高忠英认为妇女的内科疾患表现复杂，然其月经失调则是辨证的重要信息。临证时女子尤要详审月经情况，但月经色黯，烦热，唇口干燥不欲饮而小腹冷痛者，便可治以温经散寒，直中病机，标证自然迎刃而解，不必拘泥一方一证。本案以咽部干涩痛痒为主证，看似有热，但察其口干燥而饮水不解，手心热，经色黯，淋漓不净，小腹冷，参其舌脉，实属寒凝血瘀之证。咽痒热痛，其根本在于冲任虚寒，故前医投清热解毒药无效而更伤其阳，犯了虚虚之戒。高忠英易温经汤中桂枝为肉桂，生姜为炮姜，旨在温散下焦寒凝，蒸腾津液上承，使虚火归元，并去其阿胶、麦冬之阴柔；改用益母草、桃仁以助活血化瘀之力；因其咽部症状突出，故加用生诃子、紫菀等利咽之品。然冰冻三尺，非一日之寒，散寒化瘀并非几日之功、几剂之效，故在经前用温经汤化裁，以散寒祛瘀，经后以安坤赞育丸、妇科得生丹每日交替服用以温经养血。

2　嗜异症案

蒋某，女，35岁，初诊日期：1997年5月19日。患者产后起渐喜食肥皂、生菜，逐年加重，见肥皂即不能自制，每取一小块含口中，一日3～5次，平素恶寒，纳食佳，但不喜冷食，食后则小腹冷，大便时干时稀，月经准，色紫黑，有血块，汛时腹冷甚。察其舌青暗苔少，脉沉细弦。中医辨证为冲任虚寒，血瘀络滞，治以温经散寒，化瘀通络，拟温经汤加减。处方：吴茱萸10g，肉桂6g，当归10g，川芎10g，桃仁10g，三棱10g，莪术10g，香附10g，小茴香10g，巴戟天10g，坤草15g，槟榔10g。患者加减服用约20剂后，嗜异欲大减，看见肥皂可以自制，偶尔吃一次。月经色紫红，量仍少，小腹冷，舌暗但已显现红色，仍宗前法加减再服，并以安坤赞育丸、女金丹于经后交替服用，巩固疗效。一月余后，患者来诉已不再吃肥皂。

按　嗜异证一般见于虫积，但本案青年女性尚伴见腹冷，经色紫黑，舌青暗，脉细弦等症，可见，病症虽表现为脾胃功能异常，而本在冲任虚寒，致使血瘀络滞，故温经散寒，化瘀通络是治疗之关键。高忠英用温经汤化裁，加用了小茴香、巴戟以助吴茱萸、肉桂温散少腹寒邪，再用三棱、莪术、桃仁、香附、坤草加强活血通瘀行滞之功；用槟榔来调理胃肠气机。药中病机，故见神效。

3　胃脘胀案

王某，女，38岁，初诊日期：1997年5月29日。患者3年前始出现胃脘胀闷不适，进食后尤甚，当时诊断为浅表性胃炎，屡治不效。近期脘部痞闷尤甚，呃逆频频，泛酸，纳差，大便不畅，心烦，唇口干燥不欲饮水。月经先期，量少，小腹冷痛，白带多，色淡。查其舌淡有齿痕，苔白，脉右滑而无力，左弦细。西医诊断：萎缩性胃炎。中医辨证：冲任虚寒，气血凝滞，治以温经散寒，和胃降逆，拟温经汤加减。处方：吴茱萸10g，肉桂6g，丹皮10g，川芎10g，半夏10g，当归10g，红花10g，炮姜10g，桃仁10g，丁香10g，柿蒂10g。10剂后患者脘痞消，呃逆减，大便畅，唯小腹仍胀，遇冷加重。宗前法，去丁香、柿蒂，加乌药、小茴香以增强温经散寒、暖小腹之功。连服1月余，症平稳。

按　冲脉隶属阳明，冲任二脉与足阳明胃相通，冲任虚寒，则胃中阳气不布，气滞血凝则脘痞闷，虚气上逆则呃逆不休。高忠英在温经散寒同时，加用丁香、柿蒂平冲降逆，标本同治，尤妙在半夏之辛开，既可通阳明之气而平冲任之逆，又可引药直达病所，有利于温通调经，调顺气血的功效发挥。

4　胃脘痛案

曹某，女，30岁，初诊日期：1997年5月19日。患者3年来时作胃脘痛，经前或遇寒加重，手足凉，多唾，唇燥，纳眠可，大便干。经期尚准，色稍黑，量多，经前巅顶作痛，烦躁。望其形体瘦高，面色白，舌尖红，苔薄干，脉沉紧。辨证：冲任虚寒，瘀血内阻，拟温经散寒，化瘀止痛之法，投以温经汤加减。处方：吴茱萸10g，肉桂5g，丹皮10g，川芎10g，半夏10g，当归12g，红花10g，桃仁10g，赤芍12g，太子参20g，三棱10g，坤草20g，丹参15g。患者以此方加减服用近4个月，胃痛未作，服至5月余，经前诸症消减，但经后感嗜睡，易感。此属气血两虚，改用补气养血法，以八珍汤缓调。

按　胃脘痛一般多从脾胃入手，但该患者胃痛多在经前，或遇寒加重，再察多唾，唇燥，手足凉及经前后诸症，可知其胃痛由虚寒血瘀所致，故去其滋阴之药，而加用三棱、桃仁、坤草、丹参以活血养血，温通经脉。药后，血脉调畅，寒散瘀化，诸症必减。

5 身热案

孟某，女，40 岁，初诊日期：1997 年 10 月 21 日。患者自觉身热已有 7～8 年，触之灼手，但体温正常，入暮尤甚，且每于劳累后加重，伴有畏寒，乏力，咽部干痒，唇干，食欲不振，睡眠梦多，大便溏软，手足冷，月经如期，经量适中，经色紫暗，有血块，经前腰酸，小腹冷，双腿肿胀，舌暗淡，有齿痕，苔白，脉右沉细，左细滑。中医辨证属冲任虚寒，气虚血瘀。拟温经散寒，益气活血之法治之。温经汤加减：吴茱萸 10g，肉桂 6g，丹皮 10g，姜半夏 10g，当归 12g，桃仁 20g，赤白芍各 15g，太子参 20g，益母草 20g，柴胡 20g，桂枝 6g，甘草 20g。患者服 7 剂后，身热即消，述精神体力转佳，月经有大血块排出，经前下肢肿胀减轻，小腹仍有凉感。经前再用本方加减服，经后以安坤赞育丸调之，迄今 3 月，即使劳累亦再未作身热，纳眠、二便正常。

按　身热证，治疗常从阴虚、湿热入手，本案身热伴唇干，小腹手足冷，畏寒，月经色紫暗有块，舌暗，系寒凝血瘀所致，与阴虚之潮热盗汗、湿热之身热不扬、困重等有明显区别。遇劳则加重，是为气血不足之象。故经前用温经汤加减以温经散寒，养血祛瘀，调和营卫以散寒瘀，经后用安坤赞育丸养血调经以补虚寒。（李 翔 邹志东）

葛健文临床经验

【名老中医简介】葛健文　副主任医师。天水市中医医院脑病科主任。国家中医药管理局中医重点专科、甘肃省中医重点专科脑病科学科带头人。甘肃省中医药学会内科专业委员会委员，天水市中医学会副理事长，天水市科技顾问团成员。甘肃省第三、四批中医药师承教育指导老师，甘肃省名中医。从事中医工作 36 年，擅长中风病及血栓性疾病以及内科疑难杂症的诊治。主持完成中医药科研项目 15 项，获市级科技进步二等奖 4 项、三等奖 2 项。发表的论文 15 篇，参编《郭温润学术经验选集》《西北名老中医临证奇案选》。

中风病

1 解毒清热泻火，截断风之来源

葛健文认为传统的风、火、痰、瘀学说是中风病发病的关键因素，这些理论一直指导着临床辨证施治。但由于人们生活方式及生活环境的改变，导致情志不遂，五志过极使心肝火盛，热毒蕴积，化生内风而致中风者亦不可忽视。肝为刚脏，体阴而用阳，主司情志，又主疏泄而通畅一身气机。五志失和，疏泄无权，肝气郁而化火。心者，主神明，统司一身血脉，七情怫郁，引动心火，风火相煽，气机逆乱，上冲清窍，发为中风。孙思邈认为：“凡中风多由热起。”临床实践亦证明“无邪不有毒。”热由毒化，瘀从毒结，变由毒起。故解毒清热则为熄风之关键，以此可阻断生风之源，达到熄风之目的。葛健文常用治法有：

1.1 清肝泻火解毒

《证治准绳·中风》云：“内风之动，皆由于肝木之旺，木火生风，是其常态。”故清解肝之火热毒邪，可断其风之源头。葛健文常以钩藤、菊花熄风清热，丹皮、栀子泻火解毒；挟有痰热者，加胆南星、天竺黄、鲜竹沥、川贝母；心烦失眠者加黄连、山栀、夜交藤、珍珠母；头痛甚加生石膏、生石决明、夏枯草、全蝎、露蜂房。

1.2 清心凉血解毒

中风病急性期常伴有半身不遂，言语謇涩，面色潮红，心烦躁动，口苦口臭，大便秘结，舌红，苔黄腻，当以降心火，平肝木。葛健文常以自拟清心解毒汤：丹皮、黄连、黄芩、山栀加丹参、水牛角、水蛭、野菊花以清心凉血解毒，火热泻，热毒自清，风由何来。

1.3 通腑调气解毒

心肝火盛，气血逆乱而生毒，且热极则耗伤阴液；毒盛则蕴郁胃肠，腐败脏腑；痰凝令气血不畅，皆能致腑气不通，若得腑气通畅，则热毒有下泄之途。此谓通则不毒，通则不病。葛健文常用星蒌承气汤或《金匮要略》风引汤加减，取大量生石膏、滑石、芒硝等。热象明显者加黄芩、山栀，年老体弱津亏者加生地、麦冬、玄参、生首乌。若大便多日不解，出现躁扰不宁、神识恍惚者，此为浊气不降，上蒙清窍而为中腑证。一般认为，中风急性期出现腑气不通征象时，即可用此法。大黄、芒硝的用量需根据患者的体质而定，一般以 10 ~ 15g 为宜，以大便通泻为度，不宜过量，防止耗伤正气。

1.4 豁痰开窍解毒

中风急性期，由于因热生风，因风生痰，痰热扰于心脑，热毒炽盛，或瘀热互结，闭阻气机，内阻脑窍，外灼筋脉。其病机突出一个“急”字，用药则着眼于“速”字。葛健文常用安宫牛黄丸以清热开窍，豁痰解毒。每次 1 丸，每日 1 ~ 2 次，凉开水化服或鼻饲灌服，连续 3 ~ 5 天。病情重者，可每 6 ~ 8 小时服 1 丸，一般不宜久服，但个别极重危患者，也有服用逾半月而令昏迷病人苏醒者。同时予自拟方清涤愈风汤：法半夏、茯苓、陈皮、枳实、菖蒲、黄连、黄芩、郁金、生石膏、地龙、大黄、羚羊角加减，抽搐强直加山羊角、珍珠母、僵蚕、全蝎，便秘加芒硝、瓜蒌仁，热象明显加栀子、龙胆草，配合静滴清开灵或醒脑静。

2 逐瘀化痰通络贯穿疾病始终

中医传统理论认为，痰和瘀是两种不同的物质和致病因素，痰是人体津液不化或水液代谢失常而形成的病理产物，瘀则是人体血行不畅，污秽之血或离经之血着而不去的病理表现。葛健文认为“痰瘀同源”，“痰瘀同病”，“痰瘀互患”。痰瘀常不同程度地存在于中风病的各个阶段，可共同存在，亦可相互转化。由于毒寓于邪，火热煎熬熏蒸，炼血为瘀，炼液为痰，终致痰瘀互结，阻碍气机，脑髓脉络不通畅之病变。故化痰通络、活血祛瘀应贯穿于中风病的始终。葛健文研制的化痰愈风胶囊具化痰逐瘀、活血通络、清肝熄风之功，临床疗效甚佳。活血化瘀可改善脑血管微循环，促进血肿吸收和侧支循环的建立，有利于功能恢复。葛健文主张痰瘀同治，常选水蛭、天竺黄、石菖蒲、毛冬青、丹参、土鳖虫、三七等。以往在急性出血性中风时，因恐加重或引起再出血，常将出血性中风作为活血化瘀之禁区。但葛健文认为，出血性中风时损络破血，血妄离经即为瘀，瘀血必然阻滞脑络影响气血流通，若伴有神昏或呕吐或眩晕，饮食不进，津液亏耗，加之卧床不起，气血郁滞等，又形成新的瘀血，加重或促发瘀血之证，使脑脉更加瘀阻，甚至造成恶性循环。故无论何种病因所致出血中风，虽病因繁多，病机复杂，均可酌情予以活血化瘀，使阻滞之脑络得以疏导，离经之血得以消散和吸收，从而促进脑脉流通，清阳之气舒展，功能恢复，达到祛瘀生新的目的。

3 重视肝肾气血 综合调治后遗症

中风后期多气血亏虚，肝肾不足，脑络瘀滞，脑髓亏虚，或兼肝郁气机失畅，或脾胃虚弱，运化失职，均能影响病人的康复，宜综合调治。葛健文认为，有形之血生于无形之气，气血同源，气能生血，血以载气，气虚可致血虚，血虚亦可致气虚，故补气同时又配合补血之品，常以自拟复元愈风汤：白人参、归尾、川芎、桃仁、地龙、杜仲、水蛭等加减，黄芪为补气主药，与补血之当归同用，使气生血行，濡养筋骨；如痰瘀之象明显者，佐祛痰之药如菖蒲、僵蚕、半夏等，养血柔筋如首乌、白芍等，配以全蝎、蜈蚣、地龙、白花蛇、乌蛇等熄风止痉之虫类之品，搜风剔痰，舒筋活血。由于中风多为老年人，肝肾精亏虚，脑脉失养，髓海空虚，即所谓“肾虚脑髓空”，此为中风病之本虚。故葛健文常在益气活血同时，注重补益肝肾，自行研制的豨蛇治瘫丸和护脑荣筋胶囊，具补益肝肾、活血通络、护脑疏肝、养血荣筋之功，可促进大脑及肢体功能的恢复，临床疗效明显，中药常选用枸杞子、女贞子、益智仁、何首乌、龟版胶、鸡血藤等。其中首乌、鸡血藤既能活血通脉，又可补益肝肾，龟版滋阴潜阳、益肾健骨为肾之要药。与益气活血之药合用，使气血阴阳得调，肝肾得补，精气足，脑髓充，痰瘀自消。葛健文还强调，中风恢复期和后遗期，实证渐去，虚证渐显，虚实夹杂，在服药的同时，应配合针灸、理疗及推拿，中药熏洗，综合治疗，早期即加强功能锻炼及心理疏导，对中风病的恢复均有重要意义。

4 病案举隅

高某，男，56 岁，于 2004 年 9 月 23 日初诊，既往有高血压病，间歇头晕头痛发作 10 年余，1 天前晨起洗漱时，诉头痛较剧，渐神志不清，嗜睡不醒，口舌歪斜，右侧肢体瘫软无力，遂急送至我院。查：T 39.3℃，P 124 次/分，R 36 次/分，BP 180/105mmHg；神志不清，呈嗜睡状，口角向左侧歪斜，右侧鼻唇沟变浅，右上下肢肌力均为 2 级，右侧巴氏征阳性。头颅 CT 提示：左侧基底节区脑梗死。患者平素口干口渴，大便常 3 ~ 5 日一行，时见：身热嗜睡，烦躁不安，面色潮红，时有呕吐，舌红苔黄而干，小便频数，脉弦劲。葛健文辨证此为肝经火郁，热毒炽盛，上扰清窍，予清泄肝火，潜阳熄风，以龙胆泻肝汤合潜镇愈风汤（经验方）加减：龙胆草 10g、黄芩 9g、栀子 6g、大黄 5g、珍珠母 30g、磁石 30g、地龙 15g、野菊花 15g、钩藤12g、生龙牡各15g、赤芍10g、怀牛膝30g、生石膏45g、竹茹15g，水煎，每日1剂，连服5天。身热即退，呕吐止，神志转清，头痛亦减，大便已调，小便仍频数，舌红，苔薄白，脉弦。上方去石膏、大黄、珍珠母、生磁石，加生地20g、丹皮10g、车前子10g，服7剂后，可起床活动，肢体肌力恢复为3级，病情大为好转，继以豨莶治瘫丸及护脑荣筋胶囊调理康复。（陈亚民）

高血压

1 病因病机

葛健文认为高血压的病因，其主因为肝肾亏虚，辅因为饮食不调，情志失常。肝肾亏虚而致肝阳上亢，阳亢可化风、化火；另一方面，肝旺克脾，脾失健运，则不能运化水谷精微及水湿之邪，聚饮成痰，痰浊内生。痰为津液之变，瘀乃血液凝滞，由于津血同源，故而可因痰致瘀，以致风火痰瘀互见。饮食不调、情志失常等因素可进一步加重肝肾脾的损伤，促使风火痰瘀等病理现象的发生，故高血压病的病机为肝肾亏虚，风火痰瘀互见。

2 辨证论治

葛健文在临证中非常注意四诊合参、辨证求因、审因论治，临床分为以下四型论治。

2.1 肝阳上亢型

证见头晕，头痛，心烦易怒，夜眠不宁，头重肢麻，口苦口干，面时潮红，舌质红，苔黄，脉弦，此型多见于高血压病的早期。治以平肝潜阳，滋养肝肾，方以天麻钩藤饮加减。苔黄、脉数、舌质红者加丹皮、郁金、菊花、黄芩、栀子，兼肝火上炎者用龙胆泻肝汤加夏枯草，有大便秘结者加大黄，失眠甚者加夜交藤、酸枣仁、茯神、琥珀、合欢花。

2.2 肝肾阴虚型

证见眩晕耳鸣，腰膝酸软，心悸失眠，健忘，遗精，形瘦口干，五心烦热，舌质红，苔少，脉弦细或细数。治以滋肾潜阳，平肝熄风。常用熟地、萸肉、牛膝、龟版、山药、何首乌、白芍、麦冬，阴虚火旺者以大补阴丸加减。

2.3 气虚痰阻型

证见眩晕，头重如蒙，胸闷，气短，纳少，乏力，恶心泛呕，舌胖，苔白腻，脉弦细滑或虚大而滑，本型属本虚标实。治以健脾益气化痰，常用黄芪、党参、陈皮、法夏、天麻、茯苓、白术、葛根、苍术、玉米须、赭石，若兼血瘀者，加川芎、丹参、桃仁、红花、赤芍。

2.4 阴阳两虚型

证见头晕、耳鸣、眼花，腰酸腿软，自汗盗汗，健忘遗精，四肢不温，形寒肢冷，舌质淡，脉沉细无力。治以补肾填精，平补阴阳，常用二仙汤加减：仙灵脾、仙茅、附片、生熟地、山药、山萸、制首乌、茯苓、杜仲、牛膝、桑寄生、龙骨、牡蛎、肉桂、淫羊藿。

以上四型有时单独出现，但更多的是互相兼见，可临证依法而定。在治疗中，整体从正虚邪实两方面考虑问题，分清矛盾的主次，把扶正祛邪贯穿始终。病之早期宜调理脏腑功能为主，指导患者以适度锻炼、调理饮食为主，治疗上偏重于滋补肝肾，平肝调肝理脾；病之后期则重视祛痰化瘀，因为痰浊瘀血是进一步导致“变证”“坏证”的病因，总体以滋补肝肾、平肝熄风为主要治法，兼以化痰祛瘀。病轻时，以单方验方常服，可减轻症状，降低血压。葛健文常用的验方有：土芹菜叶每日35g开水泡代茶饮；玉米须30g，草决明15g，菊花3g，水煎代茶饮；也可配合药液浴足，方用：磁石100g，赭石100g，菊花30g，牛膝30g，焦栀10g，黄芩10g，勾藤50g，白蒺藜30g，泡洗双足（淹过踝部），每日1～2次。

3 病案举隅

案1 吕某，女，60岁，初诊于2004年11月10日。主诉头晕头痛5天，伴恶心泛呕，呕吐痰涎，心悸失眠，疲乏，舌质淡，舌底脉络迂曲，苔少，脉弦滑。查血压：220/100mmHg。中医诊断：头痛，证属肝阳上亢，兼痰浊瘀阻。治以滋补肝肾，平肝熄风，化痰祛瘀。方药：制首乌30g，山萸12g，山药12g，丹皮10g，茯苓10g，泽泻10g，夜交藤30g，石决明20g，川芎10g，葛根30g，蔓荆子10g，郁金10g，合欢花10g，3剂，水煎服，配合口服卡托普利25mg 1日3次，以控制血压，二诊时，诉上症大减。

案2 朱某，男，74岁，既往有高血压病史20余年，近日感头晕，心悸失眠，耳鸣，健忘，常感痰壅咽喉，舌质红，苔白厚，脉沉滑，舌底脉络迂曲。查BP 180/90mmHg。诊断：眩晕，证属肾精亏虚，瘀血阻络，治以补肾填精，化瘀祛痰，宁心安神。方药：制首乌30g，怀牛膝10g，杜仲15g，桑寄生10g，丹参20g，川芎10g，葛根30g，赤芍10g，远志10g，酸枣仁30g，夜交藤30g，龙齿10g，茯神10g，柏子仁10g，海浮石10g，天竺黄6g，琥珀3g，3剂，水煎服，二诊时，诉上症大减。（窦彩萍）

龚家林临床经验

【名老中医简介】龚家林(1941～)江西省安义县人。主任医师。曾任丰城市中医院院长、市人民医院副院长。中国传统医学专业委员会委员,世界中西医结合学会理事,江西医学院兼职教授,宜春地区中西医结合学会理事,江西中医管理专业委员会委员。江西省名中医。擅长诊治发热症、痛症、结石病以及部分中医急症。发表论文30余篇。

疑难怪病

中医的风、痨、臌、膈四证,加上现今的瘫、癫、痿、痹等证,是目前中医界的难治之症。随着理化检查的不断提高和完善,在确诊上已经不再是难题,但在治疗上还是疗效欠佳。这是因其病因与瘀血、痰浊、内风、湿毒等有密切联系的缘故。

瘀浊既是某些疾病的病理产物,又是疑难怪症的致病因子。瘀指瘀血、瘀积之类;浊指湿浊、脂浊之属,痰浊积久,易致发热久不退,若与感染的某些致病微生物胶结不解,就有可能发展成为疑难怪病。瘀浊之邪既可单独致病,亦可兼挟为患,特别易与"痰"和"风"合并致病,若不及时化解,易酿成疑难病症。从水湿痰浊来看,浊为痰之初,痰为浊之渐,而湿为痰浊之始,痰浊在体表可成核成块,在体内贮藏于肺,致久咳吐浊,若流窜至脏腑可聚结成包块,若流窜至经络、四肢、可成为流痰、流注、瘰疬之类,皆为津液输布不按常规,水液流通不循常道而致。痰为离经之血或蓄血干涸结块,多为宿血、死血。浊为废津、废液浓疑,可化生为痰为脂,临床上往往瘀浊合而致病,治疗则需两者兼顾。瘀多则治宜化瘀、逐瘀、破瘀为主,浊多则治宜行气、利水、化湿为主,若治疗及时且得当,那么,瘀血可液(机)化成浊或脂,浊脂可净化为水液,从而排出体外。

人体各系统的疑难杂症,临床表现却不一致,各有其特征。如发热久不见其退或身热夜甚,或入夜则痹痛不止,或神志恍惚,时清时胧或抽风惊痫,继续发作或肢体瘫废不用或不消,或腹部胀满不除,反复发作。从现代医学角度来看,像颅脑内的痰浊水液,可变生内风,致风证诸病发生。但此类风与证,其"本"与"因"多属瘀或浊,其"标"与"症"多具有邪见证及其风邪致病之特点。

瘀浊致病范围很广,在五脏六腑疾病之中,如心、脑血管疾病,各种影响气机流畅与血液流变性改变的疾病,各种气滞血瘀,日久凝聚成积之疾病,皆属此病之畴。具体地说,如心系之心脉痹阻,肺系之咳浊吐衄血证,肝系之痞积、湿浊、肿胀,肾系之淋浊、涩痛、尿血、浮肿,脾系之湿浊胀满、呕恶、泄泻等病均与瘀浊有关。

凡瘀浊致病有急有缓,有轻有重。急重者顷刻使人昏迷不醒,缓慢者病情常缠绵不已,而成疑难杂病。所以凡久病怪证或疑难杂病,若不是瘀浊致病,就有可能为湿毒侵袭为患,故在治疗时,必须首选逐瘀化浊之法,有的并可针对兼挟之邪而选用相应的治法配合施治,这样才符合中医"辨证论治"、"审证求因"的治则。临床一般可分别选活血化瘀、化浊除痰、利湿解毒、祛风、理气等法治之。总之,凡临床上属瘀浊引起的疑难怪证,诸法治之效果不显著者,若从瘀治之,往往获效。

1 瘀热入血室证

蔡某某,女,23岁,丰城市孙渡乡人。因下腹胀痛,暮则低热,惶惶不安,入夜如见鬼状,哭笑无常11天。经中西医多方诊治,静滴抗生素3天罔效,遂转院诊治,诊断为感染性精神病,一边抗菌消炎,一边镇静安神,治疗一周效果不佳,后找龚家林诊治。他细查病因,详问病症,得知患者患病中,适逢月经来潮,经水挟块,淋漓不止,7天未净,遂投以活血祛瘀、清热和解之剂,拟少腹逐瘀汤合小柴胡汤化裁,服一二剂见初效知中病,服三四剂则热退,身静神安,经止,5剂服完,身健如常。

2 湿浊郁遏,高热不退证

介某,男,36岁,丰城市埂上人。畏寒发热10天,伴头痛神疲,恶心欲吐,便稀等。曾在当地医院诊治,被多位医生诊断为胃肠型感冒、乙脑、伤寒病,先后使用磺胺药,庆大、氯、青、洁霉素,病毒唑,柴胡、新廣片以及中药等治疗未效,继而又选用氨苄青霉素、先锋霉素V、丁氨那等高档抗生素治疗,病情亦未见松动,体温反而升至41.5℃,最后被诊为败血症而束手无策。患者家属十分着急,速驱车前来龚家林处诊治。他细问病症,患者除上述症状之外,还出现汗粘,表情淡漠,口干不欲饮,舌质淡红、苔白、根黄厚,脉濡数。再询问家属,因天气闷热,患者常淋水饮冷,卧水泥地面。查血象,白血球不高,分类见淋巴细胞偏高,证似湿浊郁遏,热漫三焦之势,乃湿浊之邪作祟,于是投以自拟具有化浊渗湿透热之

"退热灵"(柴胡、苡仁、青蒿等组成)2剂,嘱咐家属若未见效速来住院。2天后,患者来复诊,言服药一剂6小时后,热便退,服完第二剂后热退清,诸证若失。当时体温测为37.3℃。再投2剂退热灵,以巩固疗效。服后,诸证悉除,体温正常,病已痊愈。

谷铭三学术经验

【名老中医简介】谷铭三(1904～2004)　主任医师。毕业于奉天(沈阳)汉医讲习所。大连市中医学会顾问,大连市肿瘤学会主任委员,中国癌症基金会顾问。首批全国老中医药专家学术经验继承工作指导老师。从医近80余年,擅长治疗各种肿瘤,获中医界最高奖项中华中医药学会终生成就奖和中华中医药学会终身理事称号。

肿瘤

1 辨证论治是中医治疗肿瘤之根本

谷铭三在诊治肿瘤时,一贯反对对某种肿瘤固定某个处方,或据病(而不是据证)拼凑处方的做法。他认为中医认识疾病和治疗疾病的基本原则是辨证论治,对肿瘤的诊治也是如此,否则将一事无成。以治疗胃癌为例,通过对他治疗胃癌的324张处方统计归类,当脾胃气虚对以六君子汤加味治疗;正在接受放、化疗或之后出现气血两亏时,以当归补血汤或归脾汤加味治疗;脾胃阳虚时,以黄芪建中汤加味治疗;出现胃阴亏损时,则酌情选用甘露饮或知柏地黄汤加味治疗;若脾虚湿困时则选用五苓散或五皮饮加味治疗。体现了谷铭三在论治肿瘤时首先着眼于证的分辨,然后才据证治疗的原则。

正确的辨证施治必须在掌握祖国医学的阴阳五行、脏腑、经络、气血、津液、整体观念及防治原则的基础上进行。谷铭三正是在这一前提下诊治肿瘤疾患的。如一"全身性网状细胞肉瘤"患者,两年来体力明显下降,气短乏力,经常发烧(T37.5℃～38.0℃),精神萎靡,面色苍白,形体消瘦,声音低微,颈部活动受限。颈部,腋下,腹股沟肿块累累,大者10cm×6.5cm,小者如杏核、花生米不等。质地坚硬,表面凸凹不平,压痛不明显,舌质淡紫,苔白,脉沉弦。就其全身症状而言,以脾肺气虚为主,就其肿块而言,则是邪毒痰湿凝滞于肌腠,谷铭三根据"脾为生痰之源""肺为贮痰之器",肺主皮毛等基础理论,确立了循经通窍、疏风散结、健脾化痰的治疗原则。以荆芥防风汤(经验方)化裁,加服健脾丸早晚各1丸,进行治疗,历时6年,各部肿块基本消失,病情稳定而停药。前后共服疏风解表的荆芥防风汤583剂,体现了"结者开之""汗之则疮已"的治疗原则。

谷铭三认为,肿瘤虽是目前尚未攻克的疾病,但说到底它还是众多疾病中的一种。因此对肿瘤的认识与治疗,仍应坚持既辨病又辨证的原则。一种肿瘤在成因、症状、病机方面可能有相同之处,但同一种肿瘤的表现也会因时、因人或其它因素而有不同表现,所以他坚决反对那种头痛医头的局限性对症疗法,也反对不分主次,一方一药对一病的治疗方法。以诊治乳腺癌为例,他认为乳腺癌的生成均与肝气郁结有关,故处方多以疏肝理气药为基础,但带癌者(包括术后复发或转移者)多以化痰软坚药为主,否则多加用健脾养血药。

2 扶正祛邪是治疗肿瘤之大法

谷铭三认为就肿瘤的性质而言,因其毒性大而常易损伤人体正气;以目前到中医就诊人群而言,多为术后,或放、化疗后,或复发,转移,或属晚期患者,正气损伤体质较弱,因此,中医治疗肿瘤扶正祛邪是为大法。在他274张治疗肺癌处方中共出现各类药物155味,2883味次,涉及补益药、化痰药、抗肿瘤药等十类,上述诸药又以补益药、化痰药、抗肿瘤药、清热解毒药四类为主。经统计表明,在每张处方中,补益药、化痰药、抗肿瘤药及清热解毒药之比为5:3:2,体现了扶正祛邪兼施,以扶正为主的原则。经对谷铭三近10年保留病案的324张治疗胃癌的处方统计,共用药物175味,3645味次,涉及补益、清热、理气、利水渗湿、抗肿瘤等药物十六类。出现味次由多到少依次为补益药1569味次,利水渗湿药468味次,理气药334味次,抗肿瘤药333味次,理血药329味次,其余均低于200味次。抗肿瘤药虽位居第四,但与补益药出现率对比,仅为其1569味次的21.1%,也就是说一个处方中补益药与抗肿瘤药之比约为5:1。再次表明了谷铭三把扶正置于治疗诸环节中心地位的思想。

在扶正的具体应用中,谷铭三尤重扶助脾胃之气。在治疗肺癌的占前5位的补益药中,除百合、生地外,就是补益脾胃的白参、黄芪、大枣。而治疗胃癌占前5位的补益药,如党参、白参、甘草、黄芪、白术全部归于脾经,这是因为,他认为脾胃为后天之本,百骸之母,中气充盛,上可滋心肺,下可养肝肾,病不由生。既病之人,中气立则化源足,气血充盛,从而改变邪正双方的力量对比,使之有利于疾病向痊愈方向转化。

强调扶正为主,是根据目前中医诊治肿瘤的大多患者具体情况而言的。谷铭三在诊治肿瘤过程中,十分注重患者全身状态及临床症状,对于那些年青体壮或证无虚象,在治疗初期可全方使用驱邪药,治疗中期和后期也常以驱邪为主。如治一直肠癌术后复发转移的患者,除身体消瘦外无其它虚象,诊为湿热瘀毒泛溢,流注少腹及体表,处方为夏枯草、槐角、金银花、败酱、连翘、薏米、木鳖子、三棱、莪术、乌梅、浙贝、黄芪,上方服用80余剂,使肿块缩小,诸症减轻或消失。

特别应当指出的是,所谓祛邪药并非专指抗肿瘤药,通过对谷铭三治疗肿瘤诸多处方统计显示,平均每方用药11~12味,而其中抗肿瘤药多为1~2味,有的处方根本没有抗肿瘤药,说明中医治疗肿瘤重在辨证施治,如用大量抗肿瘤药物堆砌成方,不仅无效反而有害。

3 立足中医辨治原则,开创诊治新路

谷铭三诊治肿瘤一贯坚持中医辨冶的基本原则,除辨证论治、扶正祛邪外,还时时注意调整阴阳、脏腑功能、气血关系,以及因人、因地、因时等,以治标与治本为例,他认为肿瘤基本属于慢性疾患,一般应坚持缓则治本的原则。但若出现能迅速危及生命的症状,如大出血,大小便不通,昏迷等,则应急则治其标,甚至中西医共同治疗。

谷铭三在长期的医疗实践中,积累了大量的实践经验。如他治疗肺癌的基本处方是生百合、黄芪、白参、生地、瓜蒌、鱼腥草、山慈菇、白花蛇舌草、浙贝、重楼。若咯血加大生百合用量,另加阿胶、三七粉或云南白药;咯吐黄痰加金银花、半枝莲或加大鱼腥草用量;痰稠粘加川贝、苇茎、冬瓜仁;干咳无痰伴喉干痒,声音嘶哑或放疗期间加沙参、二冬、石斛、花粉等,配合新鲜水果汁;若放、化疗血象下降加当归、甲珠、鸡血藤;胸痛加僵蚕、蜂房、元胡等。出现胸水多为脾肺两虚,应加强补益脾肺,另加葶苈子、半边莲、卷柏、龙葵等。在治疗胃癌使用参类药物时,如胃阴不足者选用西洋参;胃气不足者选用白参;若气血不足可选党参。若长期使用白参者,用量宜小,避免温燥伤阴,而黄芪的用量则宜重不宜轻。治疗胃癌在抗癌药物的选择上,谷铭三常用石见穿、半枝莲、白花蛇舌草。针对具体症状的一些常用药是:伴有吞咽困难时常加急性子、威灵仙;伴腹水,水肿时,常加半边莲、龙葵、薏米,其中前二者要尽早,足量使用;伴出血时,常加川军、三七粉、白及粉,后二者宜吞服;疼痛明显时常加白屈菜、全虫、马钱子、乳香、没药。

癌性疼痛应抓“早”字,避免疼痛加重才仓促用药,肿块较大时加三棱、莪术、鳖甲、甲珠。治疗肠癌时,每方必有乌梅,并鼓励患者多食酸性食物和药物;乳癌术后单臂肿胀,是临床上较难解决的问题,谷铭三运用疏肝健脾、软坚通络,多以逍遥散为基础方取效。根据“肾主骨”的理论,他常以《和剂局方》“青蛾丸”化裁治疗骨瘤、骨软骨瘤病,疗效显著。

谷铭三还采用了内外合治,穴位热敷,药物熏洗等方法,并指导患者进行气功和食物疗法,增加了治疗手段,提高了治疗效果。他还认为,肿瘤不是短期内即可治愈的疾病,因而守方也是医生必须坚持的一个原则。经常换方、朝三暮四,则难以取效。(谷言芳 张天文)

医案验案

1 多发性骨软骨瘤

李某,女,7岁。1982年8月14日其家长来信述:4年前,发现孩子两腿粗细不一,经天津儿童医院摄片发现:右尺、桡骨远端可见骨性突起,左股骨远端及左胫骨腓骨近端均可见多发小骨性突起。诊断为“多发性骨软骨瘤”(片号103211)。发病2年后,患儿下肢逐渐出现行动障碍,走路吃力,经常摔跤,重时寸步难行,尤以秋冬季为重。目前体高131cm,体重15kg左右。按多发性骨瘤治疗,宜温肾祛寒,活络止痛法。方用青娥丸化裁:补骨脂10g,杜仲7.5g,狗脊10g,细辛2g,威灵仙25g,川乌2g,核桃仁7.5g,红花5g,地龙5g,水煎服,日1剂。1982年9月20日,患儿服用前方90余剂。诸症明显好转。进入秋季以来,家长密切观察发现,走路已接近正常,活动量加大时亦无明显异常变化。但跑跳、下蹲不能自如。已能上学,因出现遗尿现象,故原方加鸡内金5g,白参3g,桑螵蛸7.5g,水煎服。至1983年6月20日累计上方化裁进药200余剂。患儿不仅顺利地度过了秋冬季节,而且现在上下五楼亦不太费劲,并能坚持上体育课(成绩不及格)。但下蹲时仍费力,力气亦小于同龄儿童。摄X光片复查:与1982年5月服药前的片子对照,左胫骨近端内侧后方治疗前骨性突起和软骨帽盖有两个,治疗后剩一个;左股骨下端内侧骨突起治疗前高而尖,治疗后变园钝状外观;右侧桡骨远端治疗前三角形尖状突起,治疗后基本消失。尺骨远端治疗前丘状骨质突起,治疗后变成方形突起,边缘硬化。(片号4698)。效果明显。

2 钙化性肩周炎

徐某某,女,53岁。患者于1986年5月出现右肩部疼痛,关节活动障碍,逐日加重。经针灸、按摩理疗等方法均不见明显好转。同年9月22日摄片确诊为肱骨头处上缘钙化性肩周围炎。右膊肌肉轻度萎缩,脉沉缓。证属肩凝症。为脾肾虚弱,加之外来损伤,导致肩局部有渗出、血瘀,相互凝结于肌腱而成钙化,以温肾散寒,活络止痛法。方药:补骨脂20g,杜仲10g,核桃仁15g,细辛5g,威灵仙40g,川乌5g,当归15g,红花7.5g,秦艽25g,黄芪25g,桂枝3g,青木香7.5g。上方服用10剂,右肩部疼痛及关节活动障碍消失,效不更方。坚持服药,同年11月25日摄片复查右肱骨头上缘钙化点消失。但右膊肌肉萎缩尚未恢复,以补益脾肾法善其后。

顾乃强临床经验

【名老中医简介】顾乃强(1938~)主任医师,教授。1963年毕业于上海中医学院。现任上海市天山中医医院外科主任医师。全国中医外科学会副主任委员,全国中医外科学会乳腺病专业委员主任委员,上海市中医药学会常务理事外科学会主任委员,上海市卫生局系统高评委中医学科委员。享受国务院政府特殊津贴。上海市名中医。

乳癌

1 重视触诊,紧扣"皮核相亲"特征

中医"四诊"(望、闻、问、切)是正确辨证论治的基础,随着各种现代科学辅助检查技术的相继出现,临床医师过分依赖辅助检查。忽视临床触诊的现象每多存在。顾乃强十分重视乳房的临床触诊,认为乳房肿块不论大小,凡肿块坚实,表面高凸不平,有"皮核相亲"特征,即使辅助检查阴性者,仍须认真对待,不得贻误,应尽早作病理活检,争取明确诊断。

案1 黄某,女,36岁。1991年6月初诊。主诉两乳房结块经前胀痛已有3~4年,外院中西医作小叶增生病论治。今年6月慕名前来就诊。经顾乃强检查,患者双侧乳房外上象限虽可扪及片状增生乳腺组织,但在左乳外上象限可触及一质坚有棱角肿块,推之可动,皮核有粘连,肿块0.8×0.8×1.0cm。由于肿块位置较高,在外上象限近乳腺尾部,不易置于摄片中,因此作B超检查,证实为肿块。在顾乃强的规劝下,患者同意作肿块病理活检,结果提示为乳腺癌。后作根治手术,腋下淋巴均未见转移。术后8次化疗。并坚持服用顾乃强处方益气养阴、活血散结中药(黄芪、太子参、女贞子、旱莲草、当归、白芍、鹿角片、蛇舌草、山慈菇、香附、牡蛎等)。迄今随访治疗4年余,正常生活和工作,未见转移和复发。

按 患者30余岁,虽是乳腺增生病的高发年龄,也有典型的乳腺增生病的体征,但一侧乳房出现孤立性质坚、皮核相亲的肿块,肿块虽还不到1cm^3,顾乃强还是认真触诊,不为乳腺增生病的体征所惑,及时建议作病理活检,从而使乳腺癌得以早期诊断、早期治疗,并获临床痊愈。因此,顾乃强重视临床触诊,抓住"皮核相亲"的特征,值得临床重视。

2 单纯性乳癌注重疏肝解郁,配合心理调摄

《外科正宗》曰:"忧郁伤肝,思虑伤脾,积想在心,所愿不得者,致经络痞涩,聚结成核。"通过长期临床实践与总结,顾乃强提出乳癌由无形之气郁与有形之痰浊相互交凝,经络痞涩,日积月累,结滞乳中而成。因此治疗上十分注重疏肝理气、解郁化痰,常用药有柴胡、青皮、香附、八月扎、枳壳、乌药、茯苓、远志等。同时十分强调心理调摄,两者结合对延长乳癌患者的生存期和提高生活质量有重要意义。

案2 余某,女,72岁。1985年7月初诊。患者乳房肿块已近2年,近半年来肿块逐渐增大,且有牵痛引及腋下。经顾乃强检查,左乳外上象限可扪及胡桃大小肿块,约2×3×2cm,要求患者及早手术治疗。经术后病理检查为单纯癌,根治术中发现已有一枚淋巴结转移癌。术后化疗8次,持续服用疏肝理气、养血柔肝中药(柴胡、青皮、陈皮、香附、八月扎、当归、白芍、乌药、枳壳、山慈菇、蛇舌草等),同时注重心理调摄,保持乐观情绪。迄今随访12年,生活正常,未见转移和复发。

按 根据有关实验表明,乳癌的转移与凝血机制有一定关系,高凝状态的血液理化性状,有利于癌细胞着床和种植,也有导致癌转移的趋势。高凝状态的血液与中医"血瘀"相关,根据"气为血帅"的理论,气滞是形成血瘀证的重要病理机制,理气有助于瘀血消散,因此,顾乃强对早期单纯性乳癌重用疏肝

理气、解郁化痰，发挥了抗乳癌转移的作用。同时注重心理调摄，起到了调节机体免疫状态的疗效，从而使患者的生存期得到延续。

3 炎性乳腺癌重用清热解毒

顾乃强十分重视八纲辨证，认为外科之证首辨阴阳，乳房肿块寒热虚实之辨更为重要。炎性乳腺癌之肿结非寒而凝，乃肝火瘀毒互结。因此，切不可沿用治疗流痰阴寒之温经散寒法及阳和汤之类的方药治疗，应清热解毒为主，故以活血化瘀、软坚化痰。常用药有蛇舌草、鹿含草、凤尾草、露蜂房、草河车、蛇六谷、蒲公英、半枝莲、山慈菇、夏枯草、土贝母、土茯苓、桃仁，赤芍、三棱、莪术等。

案3 阮某，女，40 岁。1989 年 5 月初诊。1988 年底右乳肿块 2 周余，肿块迅速增大，疼痛，皮肤充血，右外上象限肿块 6×4cm，肿块质地韧硬，肿块与皮肤粘连，肿块表面皮肤水肿，局部轻度触痛，曾作钼靶摄片，提示右乳炎性包块。入院后先予抗生素及中药治疗，肿块不见缩小，皮肤转暗红。拟诊右乳炎性乳癌可能，即作右乳肿块切除，病理切片证实为右乳炎性乳癌，进一步作乳癌根治术，腋下淋巴均有癌转移。术后虽用化疗，但仅半年，右乳切口周围发生皮肤转移结节，上肢肿胀，患侧胸壁皮肤广泛触痛。即重用清热解毒，佐以化痰散结中药（柴胡、当归、生地、赤芍、蛇舌草、鹿含草、益母草、山慈菇、夏枯草、半枝莲、蒲公英、生甘草等）治疗，药后局部疼痛减轻，病情得到控制。后因肺部转移，呼吸衰竭而死亡。

按 炎性乳腺癌的恶性程度是乳癌中之最，手术、放疗、化疗均疗效不佳。中医辨证与邪热瘀毒有关，故顾乃强治疗主张重用清热解毒。药理实验证实，清热解毒药具有较广泛的抗菌谱，能抑制病毒，提高机体的非特异性免疫力，对实验性动物肿瘤有一定的抑制率，对放、化疗有增效作用。瘀毒常互结为患，因此清热解毒方药常伍同活血化瘀。活血化瘀类药物可使癌细胞不易在血液循环中停留、聚集和种植，从而降低乳癌的转移发生率，同时还可以改善微循环，增强血管通透性，改善实体瘤的局部缺氧状态，使更多的致敏淋巴细胞到达肿瘤部位发挥其抗癌作用，也能提高放疗或化疗的敏感性。本案顾乃强取清热解毒为主，祛邪为先，祛邪可以安正，祛邪可以固本，体现了顾乃强寓辨病于辨证之中，用药立法，灵活构思的特点。

4 晚期乳癌重视扶正固本，扶助脾胃

晚期乳癌，正虚体衰，癌瘤扩散，此时顾乃强在立法用药上始终把扶正固本放在首位，既不强求术后的化疗次数，还屡屡告诫要慎用攻邪药物，切勿犯虚虚之戒。《东医宝鉴》谓："不必治癌，补其阴阳气血，自可带病延年。"顾乃强常用益气健脾药物如生晒参、黄芪、茯苓、白术、淮山药、大枣、炙甘草，养阴生津药物如生地、玄参、麦冬、南北沙参、石斛、花粉、百合、鳖甲、茅芦根，益精养血药物如当归、熟地、首乌、枸杞子、鸡血藤、龙眼肉、阿胶等。

案4 刘某，女，76 岁。1989 年 4 月初诊。右乳房肿块有馒头大小，肿块质地坚硬，表面皮肤已有破溃，少量出血及渗液，同侧腋下淋巴结肿大。入院后作右乳单纯切除术，术后化疗 2 次。由于患者化疗反应较大，白血球计数持续低下，且伴有频繁恶心呕吐，因此不再坚持定期化疗。患者体质极度衰弱，面色少华，头晕神疲，四肢乏力，苔薄舌淡胖，边有齿痕，脉细无力。顾乃强辨证为正气大虚，无力祛邪，治宜扶正固本，以益气健脾为主：黄芪、党参、当归、黄精、杞子、白术、谷芽、茯苓、蛇舌草、鹿含草、砂仁、大枣、陈皮、鳖甲。服药 1 个月，食欲渐增，精神倦怠明显好转，且能做点家务，血象检查也恢复正常。患者惧怕化疗，要求中药治疗，经上药加减治疗 3 个月后，腋下肿大淋巴结变小，脉苔正常，精神亦佳。迄今随访治疗 5 年余，未见转移和复发。

按 患者晚期乳癌，高龄体衰更不耐化疗，因此术后两次化疗即难以为继。顾乃强认为，乳癌晚期并非无毒可泻，而是正大虚，无力祛邪，扶正固本、补养气血、益气健脾，对本病有积极治疗作用。本案患者服药 3 个月，不但正气康复，腋下肿大淋巴结也趋缩小，显见扶正固本对晚期肿瘤患者的治疗有不容忽视的临床价值。（唐 新）

乳腺病

1、乳腺增生症

余某某，女，35 岁，干部。1994 年 12 月初诊。诉两乳胀痛反复发作三年，经前加重曾服消遥丸有效，近两次月经后两乳胀痛未减，腰酸甚。检查：两乳房外上象限可触及索状及颗粒状肿块，质中，压痛明显，舌苔薄，质胖边有齿痕，脉细弦。证属气滞血瘀，肝肾两虚，久病癥结。治拟理气化瘀，软坚散结，佐以益肾。处方：柴胡、郁金各 9g，当归、桃仁、三棱、莪术、仙茅、仙灵脾各 12g，益母草、生牡蛎各 30g，苁蓉 15g。甘草 3g。服药 14 天后两乳胀痛明显减轻，肿块缩小，质软，再拟前法并予随证加减治疗四周。两侧乳房肿块、胀痛全消告愈。

按 乳腺增生症的发生，主要由于肾气不足，冲任失调,以致肝气郁结,气滞血瘀,结聚乳中而成。据此,顾乃强从治本着手,选仙茅、仙灵脾、苁蓉补肾助阳,调摄冲任为主,同时重视疏肝解郁、理气活血、软坚散结在乳腺病消肿止痛中的作用。选用柴胡、香附既疏肝解郁调畅气机,又活血止痛;三棱、莪术、桃仁、当归和营活血软坚消肿,诸药合用常使肿消于无形,充分体现了辨证与辨病结合,治本与治标结合,整体与局部兼顾的学术思想。

2、乳腺导管扩张症

周某某,女,25岁,工人。1994年10月初诊。患者两乳头先天性内缩凹陷,五年前右乳晕内缘有一肿块约1.5cm大小,乳头有粉汁样分泌物不断溢出,未作治疗。一周前肿块疼痛、增大、皮肤逐渐发红,来院诊治。检查:右乳晕内缘肿块按之中软,脓已溃,当即用球头探针检查,探针从乳头一孔伸出,疮口周围皮肤常规消毒,局麻下在槽针引导下将疮口与乳头孔间组织一次性剪开,用八二丹棉填塞。初起在换药时每次均可取出豆渣样腐肉碎屑。一周后脓液和腐肉全部干净,疮口变浅,改用九一丹棉填塞至新肉与皮肤相平直至收口,共治疗四周,疮口愈合。随访一年,情况好,无复发。

按 乳腺导管扩张症,亦称浆细胞性乳腺炎。临床体征和乳癌十分相似,经常可发生误诊和误治,国内外西医采用单纯性乳房切除术,对中、青年妇女在心理上和生理上造成较大的创伤。顾乃强采用中医外科传统手术方法,具有损伤小、疗程短、痛苦少、复发率低的优点。在手术彻底上掌握一个"度"字,瘘管通向乳头的全层管壁必须彻底打开,不然功亏一篑仍可导致复发而全功尽弃。因此只要将扩张的乳腺导管完全打开,脓腔引流通畅,坏死组织刮除,部份残留的坏死灶可用中药祛腐援毒外用药二宝丹、九一丹填塞疮面,坏死灶便会逐渐自然脱落,疮面腐祛,新肉自会生长。在配合中药辨证分期治疗中,顾乃强主张静止期临床上有粉刺样分泌物,此为肝火湿热,常用龙胆草、黄芩、蛇舌草、蒲公英、银花、虎杖以清热泻火;生米仁、皂角刺、山甲、败酱草有排秽托毒之功效,可使积聚在导管中脂质稀释加速排出达到"通则不痛"的效果;生山楂、冬瓜子、桔梗、桃仁祛脂化瘀。该组药物有降低泌乳素的功效,对抑制扩张乳腺导管的异常分泌具有治本的作用。慢性迁延期乳房表现硬结肿块时重用化瘀软坚散结方药,常用柴胡、当归、丹参、三棱、莪术、益母草、留行子、炙山甲等。(虞亚男)

顾武军临床经验

【名老中医简介】顾武军(1942～)江苏阜宁人。教授,博士生导师。1966年7月毕业于南京中医学院中医本科。现任南京中医药大学伤寒教研室主任、南京中医药大学学报编委会委员。中华中医药学会仲景学说分会副主任委员,江苏省中医药学会理事,江苏省新药审评委员会委员。江苏省名中医。擅长脾胃病、肝胆病的治疗。参编《高等中医院校教学参考丛书·伤寒论》,主编《临床方剂丛书·传染病实用方》《现代家庭医学全书》《文白对照中医古典名著精品丛书·伤寒论》。发表论文近30篇。

遣方用药

1 背扭伤

唐某,男,30岁,2005年3月31日初诊。患者2年前因活动不慎扭伤背部肌肉,以后常觉背部酸楚不适,近1月来又不慎感寒而疼痛加重,尤以天气变化时更明显。诊见:背部酸痛不适,恶寒怕冷,四肢发凉,眼睛发胀、红赤,饮食可,二便正常,舌尖红、苔薄白,脉弦。证属寒邪凝滞,阳气郁里。治以温经通阳,方以麻黄细辛附子汤合当归四逆汤加减。处方:麻黄、附子(先煎)、桂枝、通草、桑枝、炙甘草各5g,细辛3g,生地黄20g,炒白芍、鹿角(先煎)、木贼各15g,当归、葛根各10g。每天1剂,水煎服。二诊:服7剂后,诸症好转,述服第1剂药背部受伤部位有酸麻感,但与服药前酸楚不同,服第2剂时扭伤部位疼痛消失,余症亦消失,唯见腹胀,大便每天2次、较稀,舌淡红、苔薄白,脉弦。顾武军认为,此乃阳气得通,效不更方,仍宗原方酌加健脾理气之党参、焦白术各15g,木香5g,续服7剂而愈。

按《伤寒论》中麻黄细辛附子汤原治少阴阴盛阳虚兼表证,即太少两感证,当归四逆汤主治血虚寒凝致厥。本例辨证虽非太少两感之证,但因背部属阳,为督脉循行部位,外伤后局部气血凝滞,故病机为阳气不通,复感寒邪,血脉凝滞,气血瘀阻,不通则痛而致诸症。方以麻黄散寒邪,附子温肾阳,鹿角温督脉,强筋骨;葛根辛散祛风,升津以舒缓拘挛之经脉,通调郁滞之经气;桂枝、细辛温阳通脉;通草助通血脉；生地黄、当归、炒白芍滋阴养血和血；桑枝祛风通络利关节；木贼明目退翳；炙甘草调和诸药。诸药合用，共奏温阳、散寒、通络止痛之功。

2 尿血

吴某，女，43 岁，2005 年 3 月 3 日初诊。患者 1 年前因工作关系常忍尿不解，后觉腰酸痛，伴尿频、尿赤，在当地医院检查尿常规：潜血（+++），红细胞 2～3 个/HP。经治疗效果不明显，腰酸及尿血未好转。诊见：形体偏瘦，性格急躁，手心热，口渴但饮不多，腰酸痛，尿频量少、尿赤灼热、气味臭，无尿痛及浮肿，时有腹痛，大便较干，间隔 3 天 1 次，舌红、苔少，脉弦。证属少阳三焦不利，阴虚内热。治以清疏为主，佐以养阴止血，方以小柴胡汤合猪苓汤加减。处方：柴胡、法半夏、炙甘草、黄芩各 5g，太子参、桑寄生、补骨脂、蒲公英、山茱萸、女贞子、旱莲草各 15g，猪苓、茯苓、阿胶（烊化）各 10g，仙鹤草 20g。生地黄、白茅根各 30g。每天 1 剂，水煎服。二诊：服 7 剂，自觉小便清爽，腰酸痛好转，手心仍觉发热。药已对症，守原方加青蒿、炙鳖甲（先煎）各 15g。三诊：再服 7 剂，症状明显改善，腰酸痛基本消失，小便微黄、无灼热感，仍口干、鼻干，鼻涕有血丝，手心热，大便不成形，舌尖稍红，二诊方去阿胶，仙鹤草减为 15g，柴胡加至 10g 以增疏利之功，加藿香梗 10g 以芳化湿浊。四诊：服 14 剂，腰酸腰痛除，小便正常，唯腹胀、矢气不畅，大便偏干，2 天 1 次。于 3 月 28 日复查尿常规：潜血（-），上皮细胞 0～1 个/HP，原方稍增减调理，继服 7 剂而愈。

按　小柴胡汤原用治伤寒邪在少阳，枢机不利之证，猪苓汤主治阴虚有热，水气不利之证。少阳包括手少阳三焦经与足少阳胆经，三焦主决渎而通调水道，又为水液、气机运行之通道。少阳枢机运转正常，则三焦通畅，水液、气机得以升降自如。本例患者素体阴虚，加之肝火素盛而伤阴，致阴虚火旺，虚火灼伤肾及膀胱血络，则血随尿出，病位在肾与膀胱，但涉及少阳三焦，证属少阳三焦不利，阴虚火旺，故治以清疏。根据小柴胡汤可使“上焦得通，津液得下，胃气因和”，选用本方加减治疗肾盂肾炎及泌尿系感染等，疗效较好。猪苓汤亦常用于治疗热淋、血淋、血尿等，证属阴虚有热，气化不利，或阴虚下焦湿热者，亦有良效。顾武军治疗本例患者选用小柴胡汤合猪苓汤加减，取小柴胡汤疏肝清热，枢利少阳气机；猪苓、茯苓淡渗利水；生地黄、桑寄生、补骨脂、山茱萸、女贞子、旱莲草补益肝肾之阴；阿胶、仙鹤草、白茅根养血清热止血；蒲公英清热解毒。诸药合用，共奏清热滋阴、淡渗利水、养血止血之功效。

3 抑郁症

陈某，女，53 岁，2005 年 3 月 26 开初诊。患者咽喉不适、气道不畅伴有胀感 1 年余，常情绪急躁易怒、悲伤欲哭，曾有自杀念头。既往有慢性胆囊炎、慢性胃炎病史，右肩背放射痛。诊见：咽喉两侧有堵塞感、伴胃脘不舒，嗳气则舒，舌淡、苔白少津，脉弦。证属肝强脾弱，肝脾不和。治以疏肝理气，方以小柴胡汤合百合地黄汤、甘麦大枣汤加减。处方：百合、小麦各 30g，生地黄、蒲公英各 15g，柴胡、茯苓、刀豆、葛根、紫苏叶、紫苏梗、八月札、娑罗子各 10g，桂枝、厚朴、法半夏、炙甘草各 5g，红枣 5 枚。每天 1 剂，水煎服。连服 28 剂，自觉心情舒畅，咽部亦较前舒利，唯见气逆、嗳气，易疲劳，舌淡、苔薄白，脉弦。仍宗原方增减，加山茱萸 15g 补益肝肾，继服 20 剂以调理善后。

按　小柴胡汤具有和解少阳枢机之功，疏利三焦，调达上下，宣通内外，和畅气机，主治少阳枢机不利证；百合地黄汤滋阴安神；甘麦大枣汤则养心安神。顾武军临证常用 3 方加减治疗抑郁症，每获良效。本例患者诊为抑郁症，病机乃肝郁脾虚，痰气郁结，故以小柴胡汤和解少阳，宣畅气机；百合地黄汤滋阴安神；甘麦大枣汤补益心脾，安神宁心；酌加桂枝通阳透达；茯苓健脾安神；厚朴行气解郁，化痰散结；紫苏叶、紫苏梗、刀豆、八月札、娑罗子理气和胃降逆；葛根、蒲公英清热解毒。3 方合方加减，使肝气舒，脾气健，气顺痰消，诸症自愈。

4 口腔溃疡

李某，男，82 岁，2004 年 5 月 16 日初诊。患肺癌伴骨转移，采用局部热疗后出现口腔溃疡，诊见：痛苦面容，形体消瘦，口唇、舌体至咽喉部溃疡。疼痛难忍，不能言语，滴水不进，痛苦不堪，因无法服药而咨询于中医。顾武军乃用苦酒汤原方治之，唯煎煮法稍不同，取法半夏 5g，加水 30～40mL，煮沸 10 分钟后，去法半夏，再加 30mL 白醋，煮沸，再加 1 枚鸡蛋清调入，嘱其不拘时间含服，可少少含咽之，如咽下，可吐出药汁，再继续含服。二诊：服药 2 剂，已可言语，疼痛减轻，可进流食，检查口唇、舌体溃疡基本痊愈。再服 2 剂，咽喉部溃疡亦痊愈。

按　苦酒汤乃治疗少阴痰火咽痛之方，证属痰火结于咽喉，咽部红肿糜烂，咽肿闭阻气道，乃致影响发声。本例肺癌患者，因局部热疗后出现诸症，乃火热上炎口腔、咽喉，致局部红肿破溃。证属本虚标实，根据中医学急则治标、缓则治本的原则，当以治标为主，故以苦酒汤消肿散结，敛疮止痛。方中法半夏涤痰散结；鸡蛋清甘寒润燥止痛；苦酒消痈肿、治咽疮。本方尤应注意煎服法：煎法是应去渣备用，服法是少少含咽之，意在使药物直接、持续作用于患部。患者虽病情严重，仅服4剂即效果显著，可见经方之药专力宏。（刘 敏 吴承峰）

医案验案

1 胃 痛

栾某，男，9岁。2004年6月26日初诊：胃脘疼痛约2年，患儿性格较为内向，其胃痛往往发于上学期间，假期则不发作。胃镜示：慢性浅表性胃炎，HP（-）。B超示：肝、胆、脾未见明显异常。刻下：胃脘疼痛，呈痉挛性，每日发作数次，每次约10 min左右，胃脘按之柔软，局部有压痛，患者体形较瘦，面色苍白，饮食尚可，大便质稍干，2日1行，小便正常，舌淡苔薄白，脉弱，证属气血不足，治拟建中、和中为主，药用：桂枝5g，白芍10g，炙甘草5g，枳壳5g，刀豆子10g（劈），八月札10g，葛根10g，娑罗子10g，延胡索10g，生姜2片，红枣5枚，饴糖20g。服7剂，胃脘疼痛大减，大便仍干，2日1行，稍觉口干，舌淡苔薄白，脉小数，宗原方增改：桂枝5g，炒白芍10g，炙甘草5g，柴胡10g，炒枳实10g，蒲公英15g，八月札10g，葛根10g，娑罗子10g，制大黄5g，火麻仁10g，延胡索10g，生姜2片，红枣5枚，饴糖30g，又7剂而愈。

按 脾胃居中州，为营卫气血生化之源，中气立则化源足，五脏皆可得养，正如《素问·灵兰秘典论》所云："脾胃者，仓廪之官，五味出焉"。脾胃若亏，则气血生化乏源，胃腑失其温养，故挛急而痛；气血不足，故见面色苍白，形体消瘦，舌淡，脉弱，证属中气不振，气血两亏，法当建立中气，以培气血生化之源，以小建中汤加减治之。小建中汤有温中健脾之效，取名"建中"者，有建立中气之意，《伤寒明理论》谓"必以此汤温建中藏，是以建中名焉"。方中重用饴糖为主药，甘温补中，配桂枝、甘草、生姜相合以辛甘化阳；配芍药、大枣相合以酸甘化阴，如此阴阳并调，则中气建，化源充，胃腑得养；芍药、甘草相合又有芍药甘草汤之意，功能柔肝缓急止痛，于补土中实有平木之意。胃为多气多血之腑，其气以通降为顺。枳壳行气破积、刀豆子温中降气，二药相伍则胃气得降而和，更配以延胡索行气活血止痛。该患儿性格较为内向，从其胃痛每于上学期间发作来看，与肝亦有关，《杂病源流犀烛·卷三·胃痛》曰："胃痛，……唯肝气相乘为尤甚，以木性暴，且正克也"。小建中汤在补益脾胃之中兼能平肝胆之气，又能缓解筋脉之拘急，用于本案正中其机，顾武军更与方中加葛根与娑罗子相配以舒肝，八月札行气。如此则木气自舒，土气得保，胃痛自除。后因大便尚硬，虑其肠中兼有燥热，故以原方为主，以枳实易枳壳，加制大黄以攻下积滞，加火麻仁以润肠通便，蒲公英以清热解毒，数药相合，有攻有补，果获神效。

2 便 秘

白某，女，22岁，在校大学生。便秘已有10余年，大便干结难解，月经期间大便次数较平时为多。刻下：大便干结，难解，2～6 d/1次，口稍干，胸胁满闷，喜太息，身不热，饮食尚可，睡眠亦安，舌淡苔白，脉细弦。顾武军辨其为少阳之"阳微结"证，法当疏解少阳，通利三焦，兼以泻热通腑，以小柴胡汤加减治之，药用：柴胡10g，法半夏5g，太子参20g，黄芩5g，生地20g，制大黄5g，厚朴10g，香附10g，火麻仁10g，枳实10g，生白术30g，全瓜蒌10g，桃仁10g，杏仁10g，生姜2片，大枣5枚，炙甘草5g。服7剂，大便已有好转，胸胁胀满之情亦有所减轻，因最近考试，精神紧张，而致睡眠不佳，舌质淡，苔薄白，稍有剥脱，药已见效，效不更方，仍以原方增改，原方加百合30g，夜交藤15g，生麦芽15g。又服7剂，大便通畅，心胸宽舒，夜寐正常，10年之疾竟已痊愈。

按 便秘一症，一般多责之于肠腑热结，或津血亏虚，肠失濡润，而施以通里攻下，或润肠通便之常法。然亦有因少阳三焦不通，津气郁结所致。顾武军指出，随着社会的发展，现代人生活节奏较快，压力较大，饮食过于精细，久坐少动，多致肝郁气滞，久则少阳三焦不畅，津气郁结。若妄用攻下之剂，虽可解一时之急，然停药后便秘更甚，且必伐伤阳气。《丹溪心法》云："如妄用峻利药逐之，则津液走，气血耗，虽暂通而即秘矣"。顾武军强调，便秘的治疗虽以通为主，然必辨清证候，有是证则用是方。本案虽大便不通，然身无大热，口无大渴，腹部不痛，且舌淡苔白而非舌红苔黄燥，可知并非燥热结于肠腑的阳明腑实证。胸胁满闷，口咽干燥，脉弦实为邪在少阳的辨证眼目，顾武军曰："但见一证便是，不必悉具"，可知此证实属邪入少阳之阳微结，小柴胡汤乃为的对之方。方中柴胡、黄芩疏解少阳之邪；半夏、生姜辛温，既能和胃降逆止呕，又通过其辛散作用，助柴胡透达经中之邪；太子参、大枣、甘草益气调中，既能鼓舞胃气以助少阳枢转之力，又能预补脾胃以杜少阳之邪内传之路。制大黄、厚朴、枳实合为小承气汤之意以泻热通腑；生地清热生津，以润肠中之燥；火麻仁、桃仁、杏仁、全瓜蒌质润多脂，以润肠通便；白术炒用健脾止泻，而生用却有通便之功；香附辛温，助柴胡疏利肝胆。数药合用则“上焦得通，津液得下，胃气因和”，大便自通。因其睡眠不佳，故后于方中加百合、夜交藤以安神，加生麦芽鼓舞胃气，以助舌苔之生长。药既对证，故取效甚捷。

3 泄泻

张某，61岁，男。大便稀溏，次数频多已有数年，刻下：大便稀，1日多则10次，少则5～6次，每于便前腹部作痛，便后腹痛得以缓解，患者面色淡而无华，气短懒言，身寒怕冷，纳谷不香，小便正常，舌淡苔水滑，脉弱而略弦，证属土虚木乘，治拟伐木救土为主，药用：陈皮5g，炒白芍10g，防风10g，苍术10g，白术10g，薏苡仁30g，淡附片5g，败酱草15g，干姜5g，红藤15g，炒枳实10g，茯苓10g，益智仁10g，煨葛根10g，党参15g。服7剂，大便转为1日4～5次，较前已有好转，舌苔白腻，脉小弦，治宗原拟增改，原方加地锦草15g。又服7剂，药后泄泻次数明显减少，日2～3次，无黏液，腹部无胀痛，患者精神渐旺，食欲亦增，舌淡苔白微腻，脉沉，上方去益智仁，陈皮加至10g，另加荆芥10g，肉桂5g，补骨脂15g，7剂。药后，诸症皆明显改善，大便质地较好，日1～2次，继以香砂养胃丸等巩固而愈。

按 宋·陈无择在《三因极－病证方论·卷十一·泄泻叙论》中指出：“喜则散，怒则激，忧则聚，惊则动，脏气隔绝，精神夺散，以致溏泄”，说明情志失调亦是导致泄泻的原因之一。由于社会竞争激烈，生活压力加大，临床上这种情况也越来越多见。肝主疏泄，其功能正常，才可保证脾胃升降协调，正如《素问·宝命全形论篇第二十五》所云“土得木而达”。若肝失疏泄，则最易克犯脾胃，而使脾气不升，以成泄泻、腹痛等症，《素问·阴阳应象大论》曰：“清气在下，则生飧泄”。且腹痛多有便前发作，便后则止之特点，正如吴昆所云：“泻责之脾，痛责之肝，肝责之实，脾责之虚，故令痛泻”。治宜泻肝补脾为法。方以痛泻要方为主，以泻肝补脾；党参、白术、干姜相合以成理中汤以温中止泻；党参、茯苓、白术又成四君子之意以补土，土旺自不受木气所乘；附子、苡仁、败酱草合为薏苡附子败酱散，本为《金匮要略》中排脓消肿，治疗肠痈之方，用于此，取其荡除肠内湿毒积滞之意，因脾虚必夹湿，湿邪既生，反困脾土，用之实能利湿醒脾，使脾之运化正常；枳实行气既能止痛又能消除肠胃之湿毒积滞；苍术协助白术以加强健脾燥湿之功；湿毒郁滞日久，易伤血络，故加红藤活血止痛；煨葛根升阳止泻、益智仁温脾止泻，二药共用，则止泻之力更强。此方以痛泻要方为主，更参有理中、四君、薏苡附子败酱散之意，药虽数味，而变化无穷，如此可使肝强得泻，脾虚得补，腹痛、泻泄自除。药后泄泻明显减少，故去温涩之力较强的益智仁，加补骨脂、肉桂温肾助阳、暖脾止泻，培补人身真元。

4 胃肠功能紊乱

孙某，男，55岁。平素时觉腹胀，冷食后加重，大便欠爽，刻下：腹部胀痛，食冷则腹胀甚，大便不成形，排之不爽，大便上稍有黏液，伴见面色无华，形体消瘦，纳谷不香，恶心欲呕，口渴，夜寐尚好，无恶寒发热，舌苔白腻，证属寒热夹杂，治以寒热并调，兼以和中。方用黄连汤加减：党参15g，法半夏5g，干姜5g，桂枝5g，炙甘草5g，藿梗15g，苏叶10g，厚朴5g，黄连3g，茵陈15g，茯苓10g，淡附片5g，大腹皮10g，焦麦芽15g，7剂。服药后，腹胀大减，大便稍通畅，苔腻稍化，仍按原方增减。原方附片加至8g，14剂。药后，腹胀较前又有好转，食欲有明显改善，口不干，大便先硬后软，仍不爽，有排之不尽之感，舌苔白腻，脉滑，效不更方，原方淡附片加至10g，另加大腹皮15g，焦苡仁30g，败酱草15g，红藤15g，14剂。药后诸症皆明显改善，大便成形，食欲渐增，惟舌苔仍白腻，治拟原方巩固，14剂。药后腹已不胀，诸症皆平，舌苔仍稍白腻，原方加佩兰10g，14剂而愈。

按 腹部胀痛，食冷则甚，其下有寒可知；恶心欲呕，口渴，苔黄，则知其上有热。《伤寒论》173条云：“伤寒，胸中有热，胃中有邪气，腹中痛，欲呕吐者，黄连汤主之”，证属上热下寒，师以黄连汤清上温下，寒热并调，实为正治之法。方中黄连清在上之热；干姜温在下之寒；桂枝既可散寒，又能交通上下之阳气；人参、甘草、大枣益胃和中，以复中焦升降之职；半夏降逆和胃，以止呕吐。大便不成形，排之不爽，苔白腻，可见肠中有湿邪阻滞。故加藿梗、厚朴、茯苓与半夏相合为藿朴夏苓汤之意，以利肠中之湿；大腹皮、苏叶行气化湿宽中；附子温散在下之寒凝；焦麦芽消食开胃；诸药合用，则上热得清，下寒得温，中虚得补，肠中湿毒得清。因湿性粘滞，难于解除，故腹胀，欲呕之症药后虽减，而排便仍然不畅，故加大附片、大腹皮用量以增温阳化湿之力，另加苡仁、败酱草、红藤以加强利湿活血排脓之效；佩兰性味辛平，芳香化湿而不伤阴津，久用芳化温燥之药后用之，亦为妙招。对此等复杂病证，顾师紧扣上热下寒这一主要病机，以黄连汤加味进退，药证合拍，收效甚佳。（陈 建 顾武军）

顾振东临床经验

【名老中医简介】顾振东(1929～)山西平定县人。主任医师。1955年毕业于山东医学院。原山东中医学院附院副院长。山东省科协委员,山东省卫生厅医学科学委员会委员,中华中医药学会山东分会常务理事,中国中西医结合学会血液病分会委员、山东分会副秘书长。山东省名中医药专家。擅长中西医结合诊疗肿瘤和血液病。发表论文40余篇。

肺 癌

1 气阴两虚为本,痰瘀内蕴为标

肺癌属祖国医学咳嗽范畴,病变部位在肺。肺癌早期主要临床表现为:阵发性刺激性的咳嗽,无痰或少痰,伴胸闷、气短、乏力等气阴两虚证候,肺阴虚,肺失濡润,宣降失司,肺气上逆,则干咳或咳嗽痰少;肺气虚,气失所主,呼吸失司,可出现短气不足以息、乏力等。顾振东认为肺癌发病的根本原因为气阴两虚。患者除出现咳嗽有痰外,尚有倦卧嗜睡等症状,此由于子耗母气致脾气虚,健运失职,痰自内生甚则郁而化热。气虚血行无力或痰多脉络受阻致痰瘀内蕴,患者可出现痰中带血,色暗红,舌暗有瘀斑等。阴虚生内热或痰郁化热或复感外邪而致热毒炽盛,患者可出现发热,大量咯血,色鲜红等。根据发病机理以气阴两虚为本,以痰瘀热内蕴为标。

顾振东认为治疗应以益气养阴为主,佐以清热解毒、化痰通瘀,并拟协定方:沙参24g,麦冬20～30g,黄芪30～45g,太子参30g,重楼20～30g,女贞子20～30g,桔梗10～15g,浙贝母20g,白术12～15g,白花蛇舌草30～45g,瓜蒌20～30g。

2 中医辨证分型与治疗

2.1 脾虚痰湿型

证见咳嗽痰多,胸闷纳呆,神疲乏力,面色㿠白,大便溏薄,舌淡胖,苔白腻,脉缓或濡滑。治则为益气养阴佐以健脾化痰。方药为协定方加薏苡仁30g、茯苓20～30g、半夏12g、陈皮12g。

2.2 气滞血瘀型

证见咳嗽痰中带血,气促,胸肋胀痛或刺痛,大便干结,舌紫暗有瘀斑,苔薄黄,脉弦涩。治则为益气养阴佐以理气活血。方药为协定方加当归15g、赤芍20g、红花10～15g、延胡索10～15g、全蝎10g、蜈蚣2条。

2.3 阴虚内热型

证见咳嗽无痰或少痰,痰粘难咳,痰中带血,心烦失眠,口干便秘,低热,舌红,苔花剥或光绛无苔,脉细数。治则为益气养阴清热。方药为协定方加地骨皮20～30g、丹皮15～30g、知母12g、黄芩10～15g。

2.4 气阴两虚型

证见咳嗽少痰,声低,气短,神疲,乏力,恶风,面色㿠白,自汗或盗汗,口干不多饮,舌红,苔薄,脉细弱。治则益气养阴为主。方药为协定方加天冬20～30g、枸杞子15～30g、山茱萸12～15g、茯苓10～20g。

2.5 热毒炽盛型

证见高热,气促,咳嗽,痰黄稠或血痰,或大量咯血,色鲜红,胸痛,口苦,大便秘结,小便短赤,舌红绛,脉数。治则益气养阴佐以清热解毒。方药为协定方合清瘟败毒饮加减。

另外咯血较甚者可加仙鹤草30～45g、小蓟20～30g、侧柏叶15～30g;咳嗽剧烈者可加百部12～15g、枇杷叶10～15g、款冬花10～15g、罂粟壳6～10g;胸痛剧烈者加甘松12g、罂粟壳10g、白芍30g;高热者加羚羊角粉1.5～3g。

3 验案举隅

男,52岁。乏力、咳嗽月余,伴胸闷憋气1周。1个月前外感后,出现阵发性咳嗽、少痰、乏力,并逐渐加重,伴纳呆、体重下降;1周前,咳嗽加重,咳痰带少量血丝,并感胸闷憋气、咳嗽,活动甚,偶有胸痛,乏力,口干,纳少,自汗,时有夜间盗汗,消瘦,神疲,烦躁,舌体瘦小,舌质暗红边有瘀斑,苔少而干,脉细数。CT:右肺下叶周围型肺癌;纤维支气管镜活检,病理诊断腺癌(中－低分化型)。中医辨证气阴两虚。用肺癌汤加减:党参12 g,白术20 g,麦冬20 g,生地黄20 g,牡丹皮15 g,黄芩12 g,山茱萸15 g,枸杞子15 g,细辛3 g,小蓟30 g,白花蛇舌草40 g,半枝莲30 g,蜈蚣2条(研冲),甘草6 g。水煎服。服6剂乏力减轻,纳增,咳嗽轻,未再咳血,仍口干,时胸闷胸痛。上方细辛改6 g、生地黄改30 g,加沙参15 g。6剂后,症状大减,后一直随证加减服用,已存活3个月。

按 临床发现,中晚期肺癌患者当失去手术机会,又无法承受放化疗时,此时中药治疗仅以肺癌四大主症咳嗽、憋气、胸痛、咳血为主时,往往收效甚微,病情多迅速恶化,生存期较短。顾振东则根据其病机特点,抓住本虚之枢要,从气、阴着手,扶正固本以祛邪消积而求长效,多用黄芪、党参、白术、茯苓补肺脾之气，虚甚者加用西洋参、人参；以生地黄、麦冬、山茱萸、枸杞子滋补肺肾之阴，久病则加鳖甲、龟版，以血肉有情之品养其精血；攻伐消积常用白花蛇舌草（最大量用至90 g）、半枝莲，配合全蝎、蜈蚣助其消积之力，并能活血通络，止痛。顾振东对正气已虚、制邪无力者必以扶正之药缓缓补之，方能见效。据临床观察，大部分患者服10余剂后，渐感体力增加，一般情况好转，症状减轻，生活质量明显提高，部分患者已带瘤生存2～3年。（郑翠娥 周晓园 陶 凯）

肿 瘤

1 柔肝疏肝治肝癌

肝癌发病急，病情重，死亡快。临床就诊者，多有腹中积块坚实，胁痛牵掣后背，心下痞满，少食或不食，满腹撑胀或胀痛，甚黄疸色鲜，肢体浮肿，腹水如鼓，二便难下，一派邪实壅盛之象。然顾振东临诊不以祛邪为主，认为“壮人无积，虚人则有之”“积之成也，正气不足，而后邪气踞之”。本病患者发病前大多有肝炎、肝硬化病史，且病史越长，乏力、少气、纳呆、口干、盗汗、五心烦热、消瘦脱形、舌光无苔、脉细数等症越明显。肝藏血主疏泄，体阴而用阳。体阴者，肝血易亏，肝阴易损，用阳者，肝气易郁、易滞。故治当以柔肝养肝、疏肝理气为要，常用肝癌汤（生地黄15 g，麦冬20 g，白芍15 g，山茱萸15 g，枸杞子15 g，柴胡12 g，郁金15 g，砂仁10 g，白花蛇舌草40 g，半枝莲30 g，党参15 g，白术15 g，茯苓10 g，甘草5 g）为基本方。痛甚者，加细辛（最大量用至9 g）、全蝎、蜈蚣；黄疸者，加茵陈、黄柏；肿块坚硬者，加穿山甲、水蛭、浙贝母；无出血现象可加三棱、莪术以攻坚破积；腹水、下肢浮肿者，加薏苡仁、泽泻，重用茯苓；腹胀者，加陈皮、大腹皮；五心烦热、口干甚者，加栀子、黄柏、鳖甲；大便干者，加肉苁蓉、柏子仁，重用当归。

案1 男，61岁。素有乙肝病史。1995年11月因消瘦、乏力、厌食5个月，键查AFP 990μg/L，CT诊断为肝癌而行手术。手术过程中因肿瘤多发并粘连、转移而未完全切除，予姑息治疗。术后行化学介入疗法3个疗程，于1996年3月来诊。患者右胁胀痛，连及后背，厌食纳少，脘腹痞满撑胀，食后、入夜更甚，有时因胀而不得眠，口干咽燥，烦躁易怒，双下肢时有浮肿，舌红少苔，脉弦细数。顾振东处方：生地黄15 g，麦冬20 g，牡丹皮15 g，白芍15 g，柴胡12 g，郁金15 g，黄芩12 g，白花蛇舌草50 g，半枝莲30 g，党参15 g，白术15 g，茯苓10 g，砂仁10 g，细辛6 g，甘草5 g，水煎服。12剂后自感乏力较前明显减轻，纳增，仍时有胁肋隐痛、脘腹胀满，但已减轻，夜寐安，情绪好转，已不动辄恼怒，舌脉气阴两虚之象较前改善。上方减黄芩，白芍改为20 g，细辛改为10 g，加穿山甲10 g、浙贝母20 g、水蛭6 g。继服6剂诸症减轻，随证加减服至1997年11月时，已无明显不适，纳眠可，二便调，B超检查肝肿块与1年前无明显增大。

按 肝癌患者多以胀、满、痞、痛为主要症状，然而失去手术机会时，积极的化疗有时会适得其反，不但胀满痛未减轻，反致正气更虚，诸症更重，甚至病情恶化。顾振东认为肝癌病根经久，邪毒深侵，正气亏虚，攻伐太急则复伤正气，邪反固矣。故善治者，当先补虚或兼而伐之。肝阴亏虚乃肝癌之根源，气机失于疏泄，血流不畅则气郁、气滞、血凝、痰聚，湿热毒邪互结成积而痞满胀痛。肝肾同源，故以生地黄、白芍、山茱萸、枸杞子峻补肝肾之阴，伍柴胡、郁金疏理条达肝气，佐党参、茯苓、白术、甘草、砂仁实脾，以防肝木克伐脾土，白花蛇舌草、半枝莲解毒消积。临床观察多数患者服药后，在乏力、厌食等症状改善的同时，胀满、痞痛等症亦随之缓缓改善，生存期延长。

2 疏肝健脾治乳腺癌

顾振东认为，乳腺之积当从肝脾论治，肝经布胁肋，乳病当责之于肝。肝气宜疏不宜结，肝气郁结则气滞血瘀，肝木盛则克脾土，脾失健运，聚湿成痰，气血痰互结，则积聚于乳腺。就诊患者术后和放化疗后，多有口干口苦、烦燥易怒、失眠多梦、四肢乏力等肝郁脾虚之症，若在更年期其症更为明显。故治当疏肝健脾。顾振东多以乳癌汤（柴胡、郁金、党参、白术、茯苓、砂仁、白花蛇舌草、半枝莲、浙贝母、蜈蚣、甘草）为基本方治之。乳腺、淋巴结癌肿复发者，酌加山慈菇、土贝母、夏枯草、半夏、三棱、莪术；上肢、肩部肿胀坚硬、麻木、胀痛、活动不利（手术、放疗导致上肢静脉回流受阻、臂丛神经及肌肉损伤等），重用蜈蚣、茯苓，加泽泻、薏苡仁、红花、丹参；心烦易怒、口苦者，加黄芩、栀子；夜寐差者，加何首乌、炒酸枣仁、百合；倦怠乏力甚者，加黄芪，重用党参、白术；纳呆脘满者，加厚朴、藿香、陈皮；心悸、汗出者，加何首乌、枸杞子、黄柏、生地黄，临床收效甚好。

案2 女，60岁。1997年3月12日就诊。9年前发现右乳房有肿块，行右乳腺癌根治术，术后未行放化疗，1年后发现右颈部淋巴结肿块，手术切除。1995年左颈部、左腋下淋巴结又肿大，手术切除，病理为转移腺癌，继行放疗。就诊时，患者左颈部、肩部、双上肢肿胀、麻木、硬痛，右侧乳房亦肿胀作痛，上肢活动后肿胀更甚，心烦易怒，夜寐不安，口苦口干，乏力，懒言，纳少，舌红苔薄黄，脉细弱数。顾振东处方：柴胡15 g，郁金15 g，土鳖虫12 g，白花蛇舌草40 g，半枝莲30 g，鳖甲15 g，党参20 g，白术15 g，茯苓15 g，薏苡仁30 g，泽泻15 g，白芍30 g，细辛10 g，炒酸枣仁30 g，甘草5 g，蜈蚣2条(研冲)。水煎服，日1剂。服12剂后复诊，颈、肩、上肢肿胀疼痛明显减轻，遂于原方加丹参15 g继服，效好，后一直随证加减服用1998年下半年，疗效明显。

按：顾振东认为，乳腺癌术后患者的治疗需把握两个重点：一为健脾疏肝。健脾益气能提高机体免疫力，改善患者乏力、少气、纳呆等症状；疏肝理气能改善口苦口干、心烦易怒、胁肋胀满等肝部症状；土为木之母，实脾以疏肝，疏肝又能健脾。经常服用此类方药可防止癌症转移和复发，以期达到延长生存期的目的。二为健脾疏肝配以活血通络之品。用于治疗由于手术、放疗对局部神经、血管、淋巴管、肌肉损害所致的上肢及肩颈部肿胀、麻木、疼痛，有很好的疗效。不少患者服药后，僵硬的肌肉逐渐变软，皮肤逐渐红润、变温。充分体现了中医药在治疗中晚期癌肿及其伴随症状方面的优势。(周晓园 陶 凯)

关建国临床经验

【名老中医简介】关建国 主任医师，硕士生导师。广西柳州市中医院业务副院长兼大内科主任。中华中医药学会肾病专业委员会委员，中南地区中医肾病专业委员会副主任委员，广西中西医结合学会副主任委员，广西中医学会理事。广西自治区名中医。从医20余年，擅长治疗肾病、风湿病、老年病及内科疑难杂病。

高血压早期肾损害

1 病因病机

高血压早期肾损害属于祖国医学“眩晕”、“头痛”、“腰痛”、“水肿”等范畴。关建国认为，高血压早期肾损害发病机理以肝肾阴亏、肝阳上亢为本，瘀血内阻为标。《内经》所说的“阴平阳秘，精神乃治”，可以说是关建国学术思想的理论基础。关建国推崇朱丹溪的“人身阴常不足，阳常有余”，但这里“阳常有余”是与“阴常不足”相对而言，非指人体真阳而言。当阴虚到一定程度，阴阳之间失去平衡，就会出现“阳亢”的现象，并非真的有余。现代社会生活丰富多采，复杂繁忙，烦劳操持，暗耗真阴之人日多。肾为先天之本，生命之源，如《素问·金匮真言论》说：“夫精者，生之本也。肾藏真阴、寓元阳，只宜固藏不宜泄漏。肝为刚脏，非柔不克，喜润喜柔；肾阴不足，水不涵木，则肝阳上亢，又如《灵枢·海论》曰：“髓海不足，则脑转耳鸣。”《素问·至真要大论》中说：“诸风掉眩，皆属于肝。”就本病发病特点来看，以40岁以上之人居多，且病程较长，正如《素问·阴阳应象大论》所云：“年四十，而阴气自半也，起居衰矣。年五十，体重，耳目不聪明矣。年六十，阴痿，气大衰，九窍不利，下虚上实，涕泣俱出矣……”。此时若滥用苦寒清泄以损其阳，势必导致阴阳两虚。故由阴虚导致的阳亢，只能“潜”，而不任攻伐，这一点非常重要。本病起病缓慢，病程较长，病情易反复，缠绵难愈。其一，肾精亏虚，水不涵木，肝阳上亢，进而可导致五脏功能和气血失调，瘀血内阻；其二，阴虚血浓，血脉涩滞，运行不畅，同样可致瘀血阻滞；再则，高血压患者出现肾损害一般多达数年之久，久病伤血入络是形成血瘀的重要因素，正如叶天士所说：“久发频发之恙，必伤及络，络乃聚血之所，久病必瘀闭。”综观以上原因均致肾之血脉瘀阻，则肾分清泌浊功能失常，关门不固，精微物质下流，使虚者更虚；另外，瘀血阻滞，气血不能上荣脑海，亦可见眩晕、头痛等症，故有血瘀致眩之说，如北宋《仁斋直指方》认为“瘀滞不行，皆能眩晕”，明代虞抟也有“血瘀致眩”的论述，因此，瘀血内阻不能忽视。结合高血压病变过程中伴随的高脂血症、动脉硬化、血管内皮损伤、血小板聚集异常、微循环障碍等病理生理改变，都是诊断高血压早期肾损害中瘀血阻络不可缺少的重要依据。

2 发病特点

本病发病机理为本虚标实，其病位在肝，病根在肾。因肾气亏虚，精髓不足，水不涵木，肝阳上亢，进而可导致五脏功能和气血失调，瘀血内阻，出现各种症候，诚如先贤所云：“因精血衰耗，水不涵木，木不滋荣，故肝阳偏亢。”临证所见虚实夹杂，以上实下虚为发病特点。如《临证指南医案》载：“夫阳动莫制，皆脏阴少藏，自觉上实下虚。”临床可见头痛、眩晕、耳鸣耳聋、面热生火、目涩眼花、心烦易怒等上实之症，下虚则表现为腰膝酸软、倦怠乏力、夜间盗汗、大便干燥、遗精早泄、夜尿频多、月经后期量少甚则闭经、绝经等诸证。

3 辨证论治

根据高血压早期肾损害肝肾阴亏、肝阳上亢、瘀血内阻之病机特点，应紧扣阴虚、阳亢、瘀血三个病理环节，辨治当谨遵病机，循“虚者补之”、“损者益之”和“高者抑之”、“惊者平之”之旨。这里的“阳亢”，非火之有余，乃真阴之不足也。阴不足则阳有余而为热，故治当取之于阴，如《静香楼医案》云：“阴不足者，阳必上亢而内燔。欲阳之降，必滋其阴，徒恃清凉无益也。”尤其结合明代虞抟“血瘀致虚”，清代王清任“治眩用化瘀法”等理论遣方用药，为此，自拟滋肾潜阳活血为治疗大法。

4 遣方选药

针对高血压早期肾损害阴虚、阳亢、瘀血之病机，关建国宗六味地黄丸之意，方中“三补三泻”之度，使滋补而不留邪，活血通络而不伤正，寓补于泻，补泻相得，相辅相成。方以滋补肝肾之生地黄、山萸肉，此二者味厚，用以滋少阴，补肾水；山药性平，补而不滞，液浓益肾，以上三药共为君药。泽泻味甘咸寒，甘从湿化，咸从水化，寒从阴化，故能入水脏而泻水中之火，《本草纲目》称其“养五脏、益气力、治头旋、聪明耳目之功”；茯苓味甘，甘从土化，土能防水，故用以制水脏之邪，且益脾胃而培万物之母；丹皮气味苦辛，微寒，寒能胜热，苦能入血，辛能生水，故能益少阴，平虚热；丹参，味苦，微寒，祛瘀通络，平肝安神之用，《本草汇言》称其“善治血分，去滞去新，调经顺脉”。现代药理研究表明，丹参有降压、降低血粘度、抑制血小板聚集、保护内皮细胞功能，另有抗动脉粥样硬化作用。桑寄生、怀牛膝、杜仲滋养肾气，白芍滋阴柔肝，石决明平肝熄风，遏制上亢之肝阳，诸药合用共为臣药；益母草、泽兰活血通脉，金樱子、芡实益智宁神、收敛固摄共为佐使。诸药合用，补肾阴，潜肝阳，祛瘀血，舒筋络，标本兼顾，燮理阴阳，临床疗效显著。

5 病案举隅

覃某某，男，61岁。2006年3月16日初诊。患者高血压11年，血压最高169/90mmHg，曾诊断为高血压2级，间断口服罗布麻、伲福达等药，血压控制不详，目前未服用任何降压药。近月余感头痛、眩晕、时面热生火，心烦易怒，腰膝酸软，夜间盗汗，夜眠差，夜尿频多，3～5次/夜，大便稍干。查体：BP 172/84mmHg，体形偏胖，颜面潮红，双肺呼吸音粗，未闻及干湿啰音，心率83次/分，心音稍高亢，各瓣膜听诊区未闻及病理性杂音，双下肢不肿，舌暗红，苔薄黄，脉弦细。既往有40余年吸烟史，约20支/日。查肾功能、尿常规均正常，尿微量白蛋白（mAlb）：27.2mg/L、尿β2－微球蛋白（β2－MG）1.12mg/L，血β2－微球蛋白（β2－MG）2.57mg/L，尿酶（NAG）：46U/L。诊断：高血压3级（中危组），高血压早期肾损害。治疗方案：基低盐饮食，并注意控制体重，调畅情志，戒烟酒，适当运动；西药治疗：伲福达（20mg，Q12h）；综合患者临床表现，结合舌脉，符合肝肾亏虚、肝阳偏亢、瘀血内阻，中医当以滋肾潜阳活血为法，方拟六味地黄汤加减：生地黄12g，丹皮10g，淮山药15g，山萸肉12g，泽泻12g，茯苓15g，益母草20g，杜仲18g，怀牛膝15g，泽兰12g，白芍12g，生石决明20g，桑寄生20g，金樱子15g，芡实15g，丹参18g，甘草6g。3剂，水煎，分2次服。二诊：感头晕、头痛好转，夜尿减少至2～3次/晚，BP 169/92mmHg，中药守方7剂。三诊：各症状减轻，BP 150/80mmHg，中药守方14剂。四诊：各症状明显缓解，无头痛眩晕等症，夜尿1～2次/晚，BP 132/79mmHg，查尿常规、肾功能正常，尿微量白蛋白（mAlb）20.2mg/L，尿β2－微球蛋白（β2－MG）0.27mg/L，血β2－微球蛋白（β2－MG）1.90mg/L，尿酶（NAG）：17U/L。症情基本缓解，以六味地黄丸调理巩固。（徐宏 赵先锋 杨晓敏）

管汾皮肤病临床经验

【名老中医简介】管汾 教授，主任医师。江苏省中医院皮肤科创建人之一。《临床皮肤科杂志》编委。江苏省名中医。擅治皮肤科各种疾病及较难治疾病。专著《实用中医皮肤病学》，参编《医生临床皮肤病学》。发表论文20余篇。

临床经验

皮肤病

1 治痤疮，清肺胃，喜用石膏

寻常痤疮是一种常见的皮脂腺疾病，中医称“肺风粉刺”，“肺风疮”（《外科启玄》），“面炮”（《诸病源候论》）。管汾认为，此病病因为肺经血热，薰蒸颜面；或恣食膏粱厚味，脾胃积热，复感风邪所致。喜用石膏配枇杷清肺饮加减。药如：石膏、枇杷叶、桑白皮、黄芩、生地、知母、茵陈、山栀、蝉衣、甘草等。其中石膏辛甘大寒，入肺胃经，善清肺胃之热。现代药理研究，石膏对神经系统及肌肉有抑制作用，并能减少血管渗透性，解热，镇痉及消炎。配伍黄芩、桑白皮、枇杷叶以泻肺火；知母、茵陈、山栀以清胃热；

蝉衣疏散风热;甘草调和诸药。药后肺胃积热得清,痤疮自消。临证若遇便秘者,加大黄;脓疱明显,热毒炽盛者,加紫地丁、蒲公英、银花等;结节性或囊肿性痤疮,则加用当归、川芎、赤芍、丹参、陈皮、昆布、海藻、贝母、半夏等活血化痰之品。外用皮脂搽剂(硫黄10g,枯矾2g,轻粉2g,共研细末,以10%大黄水加至500mL)以去脂、消炎、止痒。反复告诫患者,避免挤压,少食油腻、脂肪、辛辣等物,多食水果、蔬菜以保持大便通畅。

案1 刘某,男,19岁。1992年2月17日初诊。主诉:面部出现颗粒3年余,近3月来加重。查:面部满布丘疹、黑头粉刺损害,并见有囊肿、脓疱等皮疹。舌苔黄腻。此为肺胃积热之证。治以清肺胃之热。处方:生石膏30g,知母、黄芩、山栀、生地、枇杷叶、凌霄花、红花、赤芍各10g,蛇舌草、蒲公英各30g,生甘草6g。每日1剂,水煎服。外用卡那霉素软膏。服药2月余复诊,面部丘疹、脓疱、囊肿全消,皮肤残留疤痕,基本获愈。

2 治银屑病,清凉养润,善加雷公藤

银屑病,中医称"白疕",是一种顽固难治的慢性皮肤病。管汾认为,本病病因不外风、热、燥,病机属风邪(兼寒或热)外侵,郁久化热,热入营血,久则耗津灼液,致血燥液枯,肌肤失养。其治则总以清热凉血,养血润燥,祛风止痒为主。常用药物:清热凉血,有土茯苓、生槐花、生石膏、蒲公英、板蓝根、大青叶、忍冬藤、丹皮、黄柏等,用量15~30g;养血润燥,有当归、生地、鸡血藤、首乌、黄精、天冬、麦冬、大胡麻、丹参等,用量9~15g;祛风止痒,有麻黄、桂枝、防风、蝉衣、苦参、白藓皮、蜂房、蜈蚣、全蝎、乌梢蛇、白花蛇等,用量1.5~9g。根据临床表现不同,辨证选用,如急性进行期,选清热凉血药为主,佐以养血润燥之品;慢性静止或退行期,选用养血润肤药为主,佐以清热凉血;不论何型,根据患者瘙痒程度,均加祛风止痒药物。慢性病日久,重用虫类搜风;对慢性浸润肥厚并局限者,加用活血软坚之品(如三棱、莪术、山甲等)。在内服药的同时,可外用加味黄芩膏(黄芩87g,枯矾、青黛各5g,轻粉3g,冰片适量,调匀而成),以清热解毒,消炎止痒。管汾治银屑病善加雷公藤,用量10~25g。雷公藤有类似皮质类固醇激素和免疫抑制剂的作用,动物实验证明有抗肿瘤活性作用。其对银屑病的作用机制可能是抑制了细胞DNA的合成,迟缓细胞丝状分裂速度,抑制增生活跃的表皮细胞而发生疗效。临床观察,在配伍中加入雷公藤,患者瘙痒程度明显减轻,皮损变淡变薄,鳞屑减少。管汾在治疗中,还喜配用鸡血藤30g,以提高白血球,并加甘草以和胃,可减轻雷公藤之副作用。即使出现轻微反应,经对症处理或暂停治疗,反应便很快消失,不影响再治疗。管汾认为,雷公藤应去皮用根,以福建建宁产者为佳,毒性较小,并要求患者每月查血常规及肝功。

3 治结节红斑,活血化瘀,随证配伍

结节性红斑,是常见的下肢皮下结节病之一,好发于小腿伸侧,呈对称性,也可累及前臂及大腿部,结节枚数不定,大小不一,类似中医古籍所载的"瓜藤缠"、"梅核(病子旁内加丹)"等。管汾认为,本病为素体血分有热,外受湿邪,湿热蕴结,导致脉络阻塞,气血凝滞而成。唐容川《血证论》云:"既已成瘀,不论初起已久,总宜散血,血散瘀去,寒热、风湿均无遗留之迹矣。"因此,管汾治疗这类病,以活血化瘀、通经活络为主,再根据临床见症辅以疏风、清热、除湿、软坚之品。久病伤及气血者,重用滋阴养血药。

案2 秦某,女,26岁。两下肢反复发作结节7年余,发作时两小腿有大小不等的红斑、硬结、疼痛。以后红斑转黄褐色,结节缩小变软而消退。曾作结节活检,证实为结节性红斑。检查:两小腿伸侧见多数散在、大小不等的鲜红斑,结节有指头至核桃大,扪之灼热,压之作痛。舌红、苔薄黄腻,脉滑数。中医诊断为"梅核(病子旁内加丹)";西医诊断为结节性红斑。治以活血通络,佐以清利湿热。处方:牛膝、赤芍、三棱、莪术各10g,丹参15g,鸡血藤、忍冬藤各30g,泽兰、泽泻、黄柏、青木香各10g,生甘草6g。每日1剂,水煎服,并嘱卧床休息,抬高患肢,服药5剂,红斑色泽变淡变暗,结节亦缩小变软,疼痛减轻。前方继进10剂后,皮损全部消退,临床治愈。

按 由于湿热下注于血脉经络之中,留恋不退,致气血运行不畅,气滞则血瘀,瘀阻经络,不通则痛;瘀乃有形之物,故见结节如核桃;结节新起,湿热俱盛,故色鲜红,扪之灼热,舌红、苔黄腻,脉滑数皆为湿热之征象,故以鸡血藤、丹参、三棱、莪术、泽兰,活血破血,疏通经络为主;赤芍凉血和血,牛膝引经下行,木香行气止痛,气行则血行,并配以泽泻、黄柏、忍冬藤,清利湿热,甘草调和诸药。湿热清除,瘀血得散,气血流畅,结节自消。

4 古为今用,勇于探索创消风冲剂

皮肤病大多表现为红斑、丘疹、水疱、血痂、鳞屑或苔藓样改变,其病因不外风、湿、热、燥等邪,一般治则为清热、凉血、除湿、祛风,故方选消风散为宜。

消风散首见于明·陈实功《外科正宗》，药由荆芥、防风、蝉蜕、牛蒡子、苦参、苍术、通草、知母、生地、石膏、当归、大麻仁组成。具清热凉血，苦寒祛湿，祛风止痒之功。管汾古为今用，研制成服用方便的消风合剂，通过对数百例皮肤病患者的临床应用，进一步采用中西药物制成消风冲剂新剂型，内含荆芥、蝉衣、生石膏、生地、地骨皮、生甘草，及西药酯苯茚胺、氨茶碱等。现代药理报道，荆芥、生石膏、生地、地骨皮、生甘草分别有促进皮肤血液循环和镇静作用，并有抗炎、抗过敏及类肾上腺皮质激素作用；所含西药有抗组织胺、扩张平滑肌作用。本冲剂发生疗效的机制是结合了中西药物二者之长。并有相辅相成的优点，是中西结合的方剂之一。临床广泛用于荨麻疹、丘疹性荨麻疹、皮肤划痕症、接触性皮炎、湿疹、皮肤瘙痒症、玫瑰糠疹、异位性皮炎等多种瘙痒性皮肤病，皆有显效，无任何副作用。（于东岷）

医方验方

清热祛脂汤

方药：黄芩10g，山栀10g，桑白皮10g，蛇舌草10g，丹参15g，蒲公英30g，半枝莲15g，生石膏20g，生山楂15g，决明子15g，丹皮10g，葛根10g，橘叶10g，生甘草6g。水煎内服。1 d 1剂。

主治：酒渣鼻（酒糟鼻、红鼻子）

加减：鼻部痒甚者，加蝉蜕6g、白鲜皮10g；大便秘结者，加大黄10g；皮损浸润肥厚呈紫红色者，加桃仁10g、红花10g、归尾10g。

结合：口服维生素B62片、维生素C2片，3次/d，有脓疱者，加用菲宁达凝胶外涂。

病案：朱某某，男，53岁，3年前开始，鼻部发生皮肤潮红而痒，以后日渐扩大致两颊部，相继发现红斑，平素嗜烟酒，常有便秘史。检查：鼻尖、鼻翼及两颊部有弥漫性红斑，其上可见毛细血管扩张及少数丘疹，苔薄黄。诊断为酒渣鼻，系肺胃积热证，治宜清热解毒。中医治疗用清热祛脂汤加归尾10g、大黄10g；西药口服维生素B62片、维生素C2片，3次/d。上法治疗1个月，丘疹红斑明显减退，后改服黄连上清丸6g，每日2次。

方解：汤中重用黄芩、桑白皮、山栀、生石膏清肺胃之热，辅以蒲公英、半枝莲、蛇舌草清热解毒，丹参活血祛瘀，丹皮、赤芍清热凉血，决明子、生山楂祛脂，以炙甘草调和诸药为使，同时配服维生素C、维生素C6以促进脂质代谢。（梁浩云）

管遵信临床经验

【名老中医简介】管遵信（1938～）山东省高密市人。主任医师，教授。1983年毕业于卫生部全国针灸研究班。现任云南省中医中药研究所耳针研究室主任，云南省耳针研究所所长。中国针灸学会耳穴诊治委员会副主任委员、实验研究组组长，云南省针灸学会副会长，中国特种针法研究会副会长。享受国务院政府特殊津贴。云南省名中医，第二批全国老中医药专家学术经验继承工作指导老师。主持并起草了世界卫生组织西太区和中国针灸学会委托的《耳穴国际标准化方案（草案）》。1988年创办中华耳针函授部，为国内外培养针灸、耳针人才3000余人。主编《中国耳针学》《常见病耳针疗法》和《实用医学科研方法学》等专著10部，发表论文120余篇。

格林巴利氏综合征

1 祛邪宜用刺血

格林巴利氏综合征（以下简称格林征）初起主要表现为四肢末端对称性的麻木、疼痛及蚁行感。管遵信认为是因外感湿热毒邪或嗜食酒酪辛热肥厚之品，损伤脾胃，酿生湿热，湿热之邪浸淫于四肢，痹阻经络气血而致，属中医痹证范畴，以清热利湿疏经通痹为治，宜用三棱针点刺放血法，取穴为耳尖、结节及十二井穴，每次取一侧耳尖（或结节）及1～2个井穴（双侧），每日1次，放血量宜足，以“血变而止”为度，即当血色由暗红粘稠状变为浅淡清稀时止血。

刺血法有快捷祛逐实邪之功，早期格林征患者表现的四肢末端灼痛，麻木口苦口粘，舌红苔黄腻，脉滑数等湿热征常在刺血3～5次后得到改善。近年来对刺血的实验研究较多，河北武桂英等人的家兔耳后静脉放血实验证实：家兔适度超量放血，可以提高机体抵抗力，与免疫增强剂具有相类似作用，并且具有增强抗应激和抗疲劳能力的作用。成都中医药大学最新实验研究显示：井穴刺血能降低发热家兔体温，使白细胞总数升高，使红细胞免疫功能增强。说明井穴刺血法治疗热证、提高免疫力有其科学依据。

2 治痿非独取阳明

《素问·痿论》指出：“治痿独取阳明”，历代医家一直沿用，而管遵信认为治格林征之痿非独取阳明。本病中后期主要表现为四肢远端对称性驰缓型的瘫痪及麻木蚁行感，因肢体痿软无力，运动功能障碍甚至丧失，故属于中医痿证范畴，是因湿热交结，稽留肢体，羁绊经隧而致，其中湿邪粘滞重浊，易阻遏气机，痹阻经脉气血，使肢体经筋失养而致痿，病变多实；而热为阳邪，最易迫津外泄，消灼阴液，阴液耗损，不能柔濡经筋而致痿，病变多虚，故格林征之痿多属虚实挟杂，然而据邪正盛衰的不同，又有偏虚偏实之分。故治痿应调其虚实、和其逆顺、祛邪扶正同用，在沿用前述刺血清热利湿通经的同时，采用管氏循经取穴法，即一日取手足阳明经，主要穴位为髀关、伏兔、阴市、足三里、条口、解溪、肩髃、曲池、合谷；二日取手足少阳经，主要穴位为环跳、风市、阳陵泉、绝骨、丘墟、肩髎、臑会、天井、四渎、支沟、阳池；三日复取手足阳明经；四日取手厥阴经及足太阴经，主要穴位为天泉、曲泽、郄门、内关、大陵、阴陵泉、地机、漏谷、三阴交；五日及其后取穴重复上述规律，同时注意：如实邪较甚，每次取穴 8～12 个，留针 20 min，如正气较虚者每次取穴 4～6 个，留针 15min。12 次为 1 疗程，疗程间休息 1 周。

循经取穴法系已故针灸名医管正斋沿中风偏瘫的经验，管遵信在禀承家传的基础上，将此取穴法用于治疗格林征之痿取得较好疗效。该法有疏经及柔筋的双重作用，因数针同刺某一经，对该经的刺激效专力宏，易疏通该经脉气，有通经治痿之功；同时此法在 4 天一个小周期的取穴中，2 天均重复取手足阳明经，因阳明为多气多血之经，《素问·痿论篇》言："阳明者，五脏六腑之海，主润宗筋。"故重取阳明有益气血而润宗筋之功，可谓柔筋治痿。因该取穴法既疏通经脉，又柔润经筋，故特别适用于虚实挟杂的格林征之痿。此循经取穴治痿法目前尚未见文献报道，其治痿的更深机理有待进－步研究。

3 取穴整体与局部并重

管遵信治格林征一病取穴常整体与局部并重，取耳穴：上、下肢、肝、脾、肾、交感、肾上腺、皮质下、心、腰骶椎（热穴），用耳穴压丸法，隔日一换，双耳交替，其中上、下肢为相应四肢患部取穴，肝主筋，脾主肌肉四肢，故取肝、脾二穴配合上下肢穴，疏调患部经气，振肌起痿；肾为强壮穴，肾上腺有类似激素样的治疗作用，皮质下镇静消炎，三穴相合，强健机体，抗御病邪；腰骶椎及心穴扩张血管，加强患部血液循环，有助于瘫痪肢体功能恢复；肾穴益精，交感滋阴，二穴相配益阴滋经筋，诸耳穴合用，扶正祛邪，重在整体调衡。同时取病变肢体局部穴位如八邪、八风等穴直接疏调患部经脉气血。

管遵信认为耳穴有较好的整体调衡作用，因耳是人体的缩影，几乎包含了人体的全部信息，耳郭较小，耳穴比较集中，在耳郭上同时刺激与疾病有关的耳穴，通过神经、体液等多途径对疾病进行整体调衡，加之耳穴压丸法对耳穴的刺激作用连续不断，其调衡作用明显，因而耳穴压丸法贯穿治疗始终。

本病四肢远端运动、感觉障碍的症状明显，故取穴应兼顾患病局部，因为腧穴所在，主治所在，故就近选取八邪、八风等穴直接刺激患部，调整患部经脉之气，起到局部治疗作用。

4 治神需调情志

针刺治病中治神很重要。治神要求在针刺时，医者全神贯注，细心观察患者的神气，体会针下的感应，达到"如临深渊、手如握虎"的专注境界，同时要求患者聚精会神，用心体会针感的有无及是否传导等针刺反应。《灵枢·九针十二原 >谓"粗守形、上守神"，说明高明的针灸医生重视针刺治神。

格林征因病情复杂，病程较长，患肢的运动、感觉障碍非短时针刺可收功，加之病情严重时会出现呼吸肌麻痹的危象，故患者情绪紧张，烦躁易怒，治病信心不足，对治疗持怀疑态度，针刺时难以聚精会神的配合医生体会针感，如此则明显影响疗效，必须疏调其情志，使患者从根本上克服不良的情志因素，自觉地进入治神状态，使针刺发挥最佳救果。

医生对本病的发生、发展、预后、转归应有全面认识，对针刺疗效要有客观评价，要使治疗循序渐进，避免治疗急于求成等急躁情绪，使医生首先进入治神状态，以便尽快地诱导患者亦进入治神状态，如此才能达到针刺的最高境界，充分发挥针刺的治疗作用。（姜云武 汤晓云）

常用耳穴十大基本方

1 抗炎基本方

组成：肾上腺、皮质下、内分泌。

此方可用于治疗各种炎症。临床上在选用该基本方的同时，应配以相应脏腑，相应部位，表里脏腑的相应穴位。例如，膝关节炎，当配以膝、肾；伴有疼痛的配神门、皮质下；呼吸系统感染的当配肺、大肠、内鼻、外鼻。

2 安神基本方

组成：神门、皮质下、心、肾。

此方为治疗神经衰弱的基本方。这里应当指出，如果患者伴有胃肠功能不良，当将神门穴改为枕穴，加上脾和胃；因为有实验证明，神门有抑制胃肠蠕动的作用,而枕穴安神的作用虽较神门穴弱,但它没有抑制胃肠蠕动的作用。此方具有养心安神的作用,适用于治疗神衰综合症,如失眠、多梦、头昏、心悸等症状。

3 止痛基本方

组成:神门、皮质下、交感。

此方适用于治疗各种痛症,也为针刺麻醉的基本方。如果再配上相应部位的耳穴效果会更好。如治疗偏头痛,配颞、肝、胰胆。颈椎疼痛配上颈椎、颈、肾、肝。肾绞痛配肾、膀胱、腹。胃脘痛配脾、胃。膝关节疼痛的配膝、肾;伴有风湿性疼痛的配肩→锁骨(即原来的风湿线)。

4 降压基本方

组成:①角窝上、心、耳背沟。②耳尖、结节轮流放血。

此方主治高血压。肝火上亢型配肝、耳背肝、结节;肝肾阴虚型配肾、交感、肝;阴阳两虚型配心、肾;痰湿壅盛型配脾、三焦。

5 前列腺基本方

组成:艇角、膀胱、肾、肾上腺。

此方主治与前列腺及膀胱有关的疾病。如前列腺炎、前列腺增生、膀胱炎、尿潴留等。久病体虚、膀胱虚寒者加灸关元穴。伴有炎症的配肾上腺、皮质下、内分泌。伴有疼痛的配神门、皮质下。

6 胆道系统基本方

组成:胰胆、肝、脾、胃、十二指肠。

这五个穴又名"胃三角"。顾名思义,这组穴是围绕胃穴周围的一组主治胆道消化系统的基本方,主治胆囊炎、胆石症、胃炎、胃溃疡等。伴有炎症的配肾上腺、皮质下、内分泌;伴有疼痛的配神门、皮质下、交感。

7 抗疲劳基本方

组成:心、脾、肾上腺。

此方用于抗疲劳,对工作、学习、旅游、精神等因素导致的疲劳均适用。对于精神不振、记忆力不集中,或者是竞技综合征亦适用。头昏者配枕,四肢乏力配上肢、下肢,耳鸣者配内耳、外耳,失眠多梦者配神门、皮质下,心慌心悸配心,小肠。

8 强心基本方

组成:肾上腺、皮质下、热穴(标准穴名:腰骶椎,即位于腰骶椎的中点)、心、肾。

此方主要用于治疗心血管系统疾病,抗心律失常,对心功能不全、心慌、心悸、心动过速、心动过缓均有一定疗效。

9 止痒基本方

组成:对屏尖、心、肾上腺。

此方适用于治疗各种皮肤病,具有祛风止痒之功。在临床运用时需配伍相应部位的耳穴。如颜面皮肤瘙痒当配肺、面颊;下肢皮肤瘙痒当配伍下肢;腹部皮肤瘙痒的配肺、腹。

10 平喘基本方

组成:角窝中、对屏尖、肾、肺。

本方适用于呼吸系统疾病,咳嗽、喘息之症。痰多者加脾、三焦;有炎症的加肾上腺、内分泌、皮质下。(汤晓云 姜云武)

针灸取穴特点

1 注重耳穴阳性反应点

耳部是人体的一个缩影,通过经络与人体各部相联系,人体的疾病大多在耳部上有反应,在耳穴上的阳性反应就是施针的最佳部位。管遵信是国内外著名耳针专家,对耳穴的临床应用可谓娴熟至极,在应用耳穴诊治疾病时,十分注重耳穴阳性反应点,常用耳穴探测仪探测阳性反应点,或用耳部压痛法、肉眼观察法、耳郭触诊等方法寻找反应点,有时也用耳穴染色法显现阳性反应点,找准耳穴阳性反应点,进针施治常获立杆见影之疗效。

案1 赵某,女,36岁,1997年7月31日初诊,患乳腺炎80余天,患者分娩后,因情志不畅致双侧乳房胀痛,但一直未化脓破溃,曾服中药(药名不详)30余剂,患部外敷草药,病情均未缓解。刻诊:双侧乳房胀痛剧烈,尤以右侧为甚,排乳欠畅,双乳明显肿大,皮肤微红,每侧有数个硬结,大似鸡蛋,小如枣核,双乳切之疼痛,纳差食少,舌淡苔薄黄,脉细弦。中医诊为气滞热壅的乳痈。耳针选穴:胸(乳腺)、内分泌、神门、肾上腺、在耳穴胸区找到针尖大小的两个红色反应点,管遵信对准此反应快速将耳毫针刺入,随着患者"啊呀"一声惊叫,乳房胀痛已明显减轻,用同样方法再刺入其它三穴,乳房胀痛几乎消失,使在座的医患均赞叹针灸之神奇,连针两次后,乳房基本不胀痛,乳内硬结变软变小,改用耳穴压丸配合针刺足三里、膻中、乳根、内关等穴,共治10次,乳房外形恢复正常,排乳通畅,胀痛全消,乳内硬结大者变小如板栗,小者软化消失。

案2 李某某,男,37岁,1997年6月26日初诊,患结膜炎并角膜炎20余天,双目红肿涩痛,畏光羞明流泪,视力下降。管遵信用电筒在患者耳部背面作透光视诊,在耳穴眼及肝区部位找到阳性反应点,在此点上亦用三棱针点刺放血数滴,患者当即感到目涩肿痛减轻，次日复诊时自述症状大大改善。

由上述两病案可见，耳针的部位不是书上所言的耳穴的机械解剖定位，而是穴区的阳性反应点，施术前仔细寻找阳性反应点是取得疗效的关键。

2 注重临床取穴

管遵信常言，针灸取穴应为临床服务，不能生搬硬套去度量穴位，“穴者，洞也”，应在肌肉最凹陷处及骨孔间取穴施针。管遵信取穴时，常用手指反复切循按摄，仔细寻找施针的最佳部位，如取环跳穴，在解剖定位的基础上，用手指在股骨大转子与臀大肌之间切按，在该区域内肌肉最凹陷处下针，常常能获得满意的针感传至足部，治疗坐骨神经痛等下肢病变疗效甚佳。治疗耳疾取听宫，张口时在耳屏前最凹陷处进针。取悬钟治疗腰背痛应在腓骨后缘处外髁上三寸进针。用胆囊穴治疗胆囊疾患应在阳度泉穴下一寸左右找到条索状的阳性反应点处施针。头维穴治疗偏头痛效好，如能在额角处隆起的高骨（蝶囟）下凹陷处进针，则疗效明显优于按头维穴的解剖定位而取的穴位。申脉穴应针在内髁下缘内侧骨缝中。以上所举穴位的特殊定取法，足以说明管遵信注重临床取穴，不受穴位的机械定位束缚。

3 注重循经取穴

管遵信谓取穴应在经脉循行路线上，不能偏离经脉循行线。古人曰：“宁失穴，勿失经”说的就是取穴应以经脉循行为依据。在经脉循行线上取穴施针，才能激发经络之气以防治疾病。例如治疗肢体瘫痪的病证时，常按循经取穴，以手足阳明经为主，兼取少阳、太阴、厥阴经；如取足太阴脾经穴时，除取公孙、三阴交、地机、阴陵泉、血海、箕门等穴外，在箕门穴上四寸处循经加刺一针，以增强脾经在大腿部的经气感应。

4 取穴以体表标志及骨度分寸为依据

体表标志是在体表客观存在的显而易见的较为固定的标志，是取穴的主要依据。如迎香穴总是在鼻唇沟中定取，少商一定要在指甲旁寻找，天宗穴无论在人体采用什么体位、肩胛骨如何移动，均应在肩胛骨岗下窝中取穴。人有高矮，体有胖瘦，取穴必须依照患者自身相应部位的骨度分寸，不能用手指比量全身各部穴位。如治夏某某，女，50岁，1997年7月17日初诊，左动眼神经麻痹25天，在针刺下肢，发现下肢特别短，管遵信不用手一指法去量取绝骨穴，只用下肢的骨度分寸去量取之，因为患者上半身比例正常，而下肢过短则属特殊情况。可见骨度分寸是相应部位取穴的依据。

综上所述，管遵信临证时精于取穴，取穴准确、灵活，以中“气穴”为目的。因为腧穴不是孤立在体表的点，而是脏腑、经络气血输注于体表的特殊部位，是与人体生理、病理密切联系的“有机点”，在生理状态下，脏腑之气血通过经络输注于体表穴位，濡养四肢百骸、五官九窍，在病理情况下，脏腑之疾则循经脉循行路线反应于体表腧穴，因此在腧穴上针灸，其刺激通过经络而与五脏六腑、肢体官窍发生联系，从而起到协调阴阳、扶正祛邪、疏通经络的作用，即“引气远入抽病也”，故取准穴位是针灸治病的基础，也是取得疗效的关键。（姜云武 汤晓云）

郭勇诊治肿瘤特色

【名老中医简介】郭勇 教授，主任医师，博士生导师，1983年毕业于浙江中医学院医疗系。现为医院肿瘤内科副主任。浙江省中西医结合学会肿瘤专业委员会主任委员，浙江省医学会肿瘤分会理事，中国临床肿瘤学会执行委员（CSCO），美国临床肿瘤学会会员（ASCO），中国老年肿瘤学会委员，浙江省肿瘤康复专业委员会副主任，浙江省抗癌协会化疗专业委员会副主任、浙江省药理学会肿瘤化疗和药理专业委员会副主任等。浙江省名中医。从事中西医结合肿瘤内科工作23年，擅长治疗肺癌、胃癌、乳腺癌、大肠癌、肝癌及卵巢癌等。主持多项省、部级科学技术研究并获奖，发表论文80余篇，参编著作多部。

1 肿瘤的中医病因病机

肿瘤的发生与中医正邪理论一致，认为肿瘤的发生首先是自身正气不足，免疫力低下，再加上饮食不节、劳逸失调、环境恶化、邪毒侵袭。肿瘤早期体质虽然尚属强健，正气尚存，但临床上多数患者发现时已属中晚期，正气已伤，邪气尚存。郭勇认为肿瘤在脏腑重脾胃之气，在气血则重正气强弱，气机流畅，在阴阳为病久必伤阴精。因为脾胃乃后天之本，主运化，一旦脾土虚弱，水谷不得运化，水湿留聚，久则或寒或热，必然影响气机，乃至血行不畅或留滞之气与邪互结而发肿瘤。现代医学的手术、化疗、放疗多伤及脾胃及阴精，而中医十分重视脾胃气阴。

2 肿瘤的辨证施治

根据肿瘤的病因病机，郭勇认为肿瘤大致分为以脾气虚为主和以阴虚为主两型。肿瘤的发生有十分复杂的原因，发生后又因患者体赋、发生的脏腑部位、治疗情况、病情久近、年龄性格、饮食习惯等各有不同兼症。如患者未经手术，病灶尚存，正气虽存，邪气仍强，当以攻补兼施，尤其要注意顾护脾胃之气；若患者手术后，病灶已去，邪气已微，则以调理正气为主，使正气强而邪不可侵。

2.1 脾虚为主型

表现为饮食减少，消瘦或虚胖，乏力气短、面色苍白，舌质淡或胖，边有齿痕，苔淡白，脉弱。方以四君子汤为基础，药用太子参或党参、炒米仁、白术、茯苓、炙甘草、炒山药，酌加清热解毒或软坚散结攻邪之品，如猫爪草、炙甲片等，以陈皮、麦芽、谷芽等护胃运脾。若脾虚湿盛，见舌质淡胖，边有齿痕，舌苔白厚或腻，下肢浮肿，可加猪苓、泽泻、车前子等利水渗湿；若湿聚久酿成热而见舌质红、边见齿痕，舌苔黄腻，可去山药，加川连、沙参等清热去湿养阴。

2.2 阴虚为主型

表现为消瘦、口干、咽燥、便秘，舌质红，少苔或无苔，脉细。方以沙参麦冬汤为基础，药用南沙参、北沙参、天冬、麦冬、玉竹、天花粉、太子参、炒米仁、白芍、白术、百合等。酌加清热解毒或软坚散结攻邪之品，如猫爪草、炙甲片等，以陈皮、麦芽、谷芽等护胃运脾。若湿热日久伤阴，见舌质红、苔黄腻花剥、舌尖红刺，脉细滑，可加川连、车前子、车前草、猪苓、芦根、黄芩、黄柏等养阴清热；若以阴虚而湿热重，可加蒲公英、鸭跖草等；若阴虚及肾，见舌质嫩红，腰酸腿软，可加生地、黄精等；失眠加酸枣仁、合欢皮。

肿瘤的发生发展或毒或气滞或血郁，最终都归结于正气衰弱，其中又以脾虚和阴虚最为常见。又因发生脏腑不同而见不同特点。如乳腺癌多为脾虚兼肝郁，故在补脾益气同时加郁金、八月扎、玫瑰花等疏肝解郁；大肠癌多见脾虚兼湿热瘀滞，加用蒲公英、藤梨根、水杨梅根、虎杖根等清热解毒化瘀之品；胃癌可加理气而不伤阴的玫瑰花、佛手、无花果、香茶菜等。

3 中医药与化疗结合

化疗的毒副作用临床较为复杂，近期多以脾胃损伤为主，继则耗气伤血，两者相互影响。

3.1 胃肠道毒副反应

常见恶心、呕吐、腹泻、口腔溃疡或肝功能损害等。此时中医药的应用应注意顾护胃气，以理气健脾、降逆止呕为主，药用太子参、白术、茯苓、陈皮、半夏、米仁、山药等；舌苔厚腻酌加清热理气化湿之品，如苍术、川连、青蒿等；若口腔溃疡，兼舌质红绛，则加养阴清热之品，如玉竹、沙参、麦冬、玄参等；腹痛加白芍、佛手片等。此时尤其要重视气机通畅，要做到养阴而补脾胃，理气而不伤阴，补气而不壅堵，才能使脾胃健运。同时，在化疗中也不排斥西药对症支持治疗，认为此时应增加补液，加快排毒，积极应用止吐药物以保护脾胃，有助于患者体质恢复。

3.2 血液系统毒性反应

以白细胞、血红蛋白、血小板减少为常见。临床表现以气虚为主，兼见血虚。可见头晕乏力、多汗、面色苍白等症状，应用补气养血法，方以四君子汤为主，加黄芪、山药补气生血；加鸡血藤、当归、仙鹤草、丹参、大枣等养血。用药时不可滋腻碍胃，可酌加陈皮、佛手使中焦气机流畅。尤以鸡血藤等补血兼行血之品，使血得补而又不留邪。必要时应用西药，如细胞刺激因子，以帮助患者度过化疗反应期，使化疗得以顺利进行。

4 中医药与放疗结合

放疗是部分恶性肿瘤患者需采用的治疗方法，如肺癌、乳腺癌等。尤以中晚期患者，失去手术机会或颅内转移，放疗是十分重要的治疗手段。放疗的毒副反应表现在骨髓的抑制和肝肾功能的损害。远期毒副反应尚有放射性肺炎、出血性膀胱炎、直肠炎等，治疗手段较少，病情棘手。郭勇认为，放疗损害主要为损伤阴精，有时气阴两伤。因此在放疗过程中常配合应用滋阴之品。同时根据病变种类和部位不同，以及个体差异，用药各有偏重。如头颈部肿瘤放疗后常发生口腔炎、咽喉炎等，予养阴生津清热，药用生地、麦冬、天冬、天花粉、石斛及金银花、山豆根、桑叶、连翘等；肺癌患者放疗后多见肺阴亏耗，见干咳、气急等症状，予南北沙参、杏仁、百合、枇杷叶等养阴润肺，加五味子敛肺；兼见咳痰可加象贝；发生放射性肺炎者，除予沙参、麦冬、天冬、玉竹、石斛、百合等养阴生津之品外，应加丹参、红花等活血化瘀之品。

中医治疗肿瘤要重视辨证与辨病的结合，重视保护脾胃之气，维持脾胃正常运化，注意益气养阴，调理气机，使攻邪而不伤正，在扶正的基础上祛毒攻邪。同时要结合放化疗等情况，根据治疗特点不同，毒副反应不同而酌情治疗。放化疗的毒性反应多表现为多脏腑多系统反应，症状错综复杂，但总体仍不离脾胃气虚及阴虚内热或两者兼见。（吴大英）

郭国兴临床经验

【名老中医简介】郭国兴（1899～1991） 陕西南郑县人。主任医师。首批全国老中医药专家学术经验继承工作指导老师。

临床经验

胃脘痛

1 病因病机

中医胃脘痛多见于现代医学之急慢性胃炎、胃十二指肠溃疡等病症。胃脘痛在发病的机理上，就临床所见，大致可归纳为肝旺、脾虚、胃实三个方面。由于肝旺则气机横逆，脾虚则中气不足，胃实则气失通降，以致气机阻滞，升降失调，不通则痛。

在胃脘痛与肝旺的关系方面，郭国兴颇为赞赏叶氏关于"肝为起病之源，胃为传病之所"，"凡醒胃必先制肝"（《临证指南医案》）之说。因肝为刚脏，体阴而用阳，病则侮其所胜，乘土犯胃为恶心、干呕、脘痛不食、吐酸水涎沫。又可根据症状与病情之不同，分为肝郁与肝气横逆、肝阳上亢、肝火偏旺几种情况。"肝气、肝风、肝火，三者同出异名，但为病不同，治法亦异耳"（《王旭高医书六名·西溪书屋夜话录用》）。肝郁由于情怀不舒，郁郁寡欢，疏泄不及，病偏于气滞，多见胁肋隐隐作痛，胸脘胀闷，嗳气干呕。及至肝气横逆，胃失和降，则胁肋攻窜作痛，并见嘈杂吞酸。一旦气火内炽则烦躁易怒，胃脘有灼热感。若引起肝风内动，呕逆吐酸，不能进食，又见眩晕肢麻等症。此外，又有血不养肝而肝阳上升，多见头痛、头晕、面部烘热、脘中或有空洞感等症状。

在脾胃之间虚实传变方面，《素问·刺禁论》云："胃为之市"，主纳谷而不能自运；"脾为之使"，主磨谷、消谷而转输。一阳一阴，一腑一脏，降升交错，润燥相济，化纳相助，以完成转输生化气血的功能。东垣云："饮食不节则胃痛"，"胃既病则脾无所禀受，……故亦从而病焉"，"形体劳役则脾病……脾既病则胃不能独行津液，故亦从而病焉"（《脾胃论·脾胃胜衰论》）。初起感邪伤食导致胃实，可见胃脘胀痛，呕恶便秘等症。久则胃病及脾，常见三种情况：①脾胃虚弱，多见神疲乏力；②中阳不振，寒湿有余，多见便溏，食减腹胀，苔白腻。甚则湿聚成饮，腹中响鸣；③脾虚湿热内郁，多见口苦、嘈杂泛恶、舌质淡、苔腻微黄。郭国兴说："脾胃之间转化关系，虽云初病多属胃实，久则转为脾虚。实者多热，虚者多寒。但就临床所见，往往错综复杂，变化多端，不可执一而论"。在脾胃气机升降方面：元气乃人身之根本，升则上行于心肺，降则下行于肝肾，脾胃为之枢纽。肝气之疏泄亦赖脾胃之升降而畅达。脾胃有病，升降失常，脾之清气不升而为飧泄，胃之浊气上逆为呕吐、嗳腐，或脾不健运为中满腹胀，胃失通降而胸脘痞闷，治法各有不同。

2 辨证与治疗

郭国兴认为："胃脘痛可由各种原因引起，但初起以停食受寒为多。既病之后，如因饮食、劳倦、寒温不调、七情所伤而经常发作，渐成慢性疾病。一般初起属实，久病则虚实夹杂，寒热交错，进一步由气滞而致血瘀，故临诊必须精细辨证，然后决定治法，不能草率从事。"治疗当以调气法为主，调气不应则可用和营，所谓"初病在气，久病入血"是也。调气法包括虚则补之，实则泻之，下陷者升之，上逆者降之，阻滞者通之的意义。具体地讲，调气法有五大作用：①调补气血；②调和升降；③调理脾胃；④调气以疏肝、泄肝；⑤调气以活血化瘀。因此，调气法适用于气机不调之时，为治疗胃脘痛之主法。

2.1 临床证候分型及常用处方

2.1.1 寒实型：外感寒邪或饮食不节，以致气机阻滞，胃失通降。证见：胃脘暴痛，痛势较剧，得温则舒，泛吐清水，缠绵不已。苔白滑，脉弦或迟。治宜调气和胃、散寒消食。处方：苏梗、姜半夏、青皮、陈皮、木香、制香附、草叩、炒白芍、炒神曲、生姜各10g，炙甘草、桂枝各6g，荜拨、良姜各10g。寒重加肉桂（后下）5g。

2.1.2 气滞型：气郁伤肝，横逆犯胃，常因情绪波动而复发。证见：胃脘胀满，攻痛连胁，按之较舒，嗳气频繁。苔薄白，脉弦。治宜疏肝理气、和胃降逆。处方：柴胡、炒白芍、延胡索、旋复梗、广木香、青皮、陈皮、制香附、佛手各9g，煅瓦楞30g，炙甘草5g。

2.1.3 虚寒型：又有偏寒与偏虚二种情况。①偏寒：脾阳虚衰，运化无权，常因饮冷受寒而复发，证见：胃中冷痛，形寒喜暖，喜热饮，泛吐清水，溲清利，或腹痛。舌质淡、苔白，脉细缓。治宜温中调气散寒。处方：潞党参、炒白术、广木香、制香附、炒白芍、炒神曲各9g，炮姜、炙甘草各6g，丹参12g，煅瓦楞30g，肉桂（后下）3g。②偏虚：脾胃虚弱，升降失职，常因过劳而复发。证见：胃脘绵绵作痛，或胀满不舒，纳少便溏，神疲乏力。舌质淡苔薄，脉缓或濡细。治宜健脾调气和胃。处方：潞党参、炒白术、广木香、枳壳、陈皮、炙黄芪各9g，茯苓、炒神曲各12g，春砂仁（后下）3g。

2.1.4 郁热型：肝气郁久化火，可因情绪波动、饮食不慎而复发。证见：胃痛时轻时重，有烧灼感，嘈杂泛酸，口干口苦，心烦易怒，纳少，大便干结。舌质红、苔黄，脉弦细。治宜泄肝调气和胃。处方：金铃子、元胡、青皮、陈皮、瓜蒌皮各9g，蒲公英、丹参各30g，炒白芍12g，煅瓦楞30g，黄连6g，吴茱萸1g，茵陈30g，甘草5g。

2.1.5 瘀血型：胃痛反复发作，迁延不愈，久病由气及血，络脉瘀阻，常因气滞、伤食、寒温失调、情绪波动等而发作。证见：胃脘痛如针刺或刀割，痛处固定，拒按，或见吐血、黑便、面色晦暗、舌质紫暗或有瘀斑，脉涩。治宜活血调气和胃。处方：丹参、枳壳各15g，五灵脂、生蒲黄（包煎）、桃仁、青皮、川芎、赤芍、白芍、檀香、元胡各9，砂仁、甘草各5g，三七粉6g（吞服）。

上述各型胃痛，根据具体情况，可随证加减：食积加神曲、炙鸡金、枳实、莱菔子、焦山楂等；湿重加厚朴、苍术等；湿热加黄芩、黄连、公英等；夹瘀加丹参、红花、失笑散等。

2.2 辨证要点及药物选择

郭国兴认为：暴痛多寒，久痛多热；新病多实，久病多虚；初病在经，久病入络。故辨寒热、辨虚实、辨气血为胃痛之辨证要点。又须权衡轻重，灵活选择用药。治实不宜峻攻，补虚切忌滋腻。时刻照顾脾胃元气，用药贵在轻灵、流通、疏导。

2.2.1 辨寒热：由于体质、病邪、病程之不同，而有偏寒、偏热之区分。①偏寒者：证见胃痛剧烈，泛吐清水，形寒喜温，喜热饮，苔白腻，脉弦或紧。或伴腹痛、腹泻，治宜温中调气散寒。止痛可选肉桂、荜拨、荜澄茄、干姜；止呕可选吴茱萸、生姜；止泻可选炮姜、焦楂曲；外感风寒可加紫苏、六曲。②偏热者：证见胃痛而有烧灼感、嘈杂、呕吐黄水、烦躁、口苦或口干不欲饮，大便干结或不爽。舌质红、苔黄腻，脉弦或数。郭国兴曾诊治除上述症状外又兼鼻闻臭气的病例，辨为肝郁化火，上犯肺窍所致。治宜清肝泄火。选用左金丸，加黄芩、焦栀等取得良效。若兼见便秘、呕吐，可加少量大黄，通腑以降胃气，并无泻下之虑。实热夹杂者，苔白中带黄，用药宜辛开苦降，但用量应有所侧重。据现代医学研究证实，胃炎多由幽门螺旋杆菌感染，对有热象的胃痛病人，方中加入蒲公英30g，有消炎杀菌的作用。

2.2.2 辨虚实：初起多为气滞，每因受寒、夹食、夹湿引起胃痛，此乃属实方面。久病多虚，又因体质因素而有阴阳气血亏虚之不同。气机失调，水湿不运，以致消化功能紊乱。证见纳呆、口淡、体倦、胃中胀甚于痛，苔腻。又有寒湿与湿热两种情况。治寒湿宜苦温以燥湿，用平胃散加木香、紫苏之类；治湿热则宜辛开苦降，用生姜、半夏、芩、连之类。均可佐茯苓、苡仁等淡渗利湿之品。脾胃虚弱，津液不足，可见纳少，口干少津，舌红，脉细，一般称为胃阴伤（此证多见于萎缩性胃炎）用养胃阴法。取白芍、甘草酸甘化阴，进一步再加沙参、麦冬，甚则加乌梅、木瓜以制肝醒胃。若形瘦神疲，便溏者，属于脾胃虚弱，阴液难复的病例，再加石斛、人参之类，并与陈皮、佛手等芳香理气开胃之品同用，以助药力。久病之后，阴阳俱虚。还有脾胃阴虚而兼阳虚之证，既有不思饮食，舌红少津之热象，又有形寒喜温，兼喜热饮之寒象。郭国兴认为：此时用药要以温和为主，剂量不宜过重。

2.2.3 辨气血：凡久病不愈，病从气分兼传营血。如舌质青紫，就是夹有瘀血之征。凡见痛如针刺而有定处，或痛无休止，胃脘似有物顶住等症，即是气滞瘀阻的指征，当用活血化瘀之品。可根据症状轻重选择下列药物。①调气药之选择：木香入胃、香附入肝，合用于胃痛偏寒者。若有化热之象，则用金铃子散。寒热夹杂者可并用之。肝气郁结，嗳气频作，宜用佛手干、绿萼梅、玫瑰花等。肝气横逆，胃痛连胁，可加柴胡、郁金之类。②活血化瘀药之选用：当归为养血活血之主药，常与丹参、赤芍同用，在化瘀药中最为平和。红花、桃仁同用，兼有润肠活血之功，在胃脘刺痛时均可使用。若属顽固、陈旧性胃痛，可用失笑散及少量川军，有化瘀止痛通络的作用。

2.2.4 辨兼证：胃痛兼证较多，在明辨寒热、虚实、气血之后，亦当分别兼顾。①胀与痛：肝病善痛、脾病善胀。痛与胀又互相关联，但有虚实之分。气虚作胀，时胀时减，得食稍安，大便溏薄，胀而不痛，治宜健脾理气。气滞作胀，得食更甚，大便不畅，或胀而且痛，治宜行气破气。因胀满部位不同，用药又有区别。胸脘痞闷，当行气宽中，可用白蔻仁、砂仁之类；腹中胀满，当行气泄满，可用川朴、槟榔之类；至于少腹作胀，则宜疏泄厥阴之气，可用柴胡、乌药之类。②吞酸与嘈杂：吞酸总由肝木偏旺，曲直作酸也。治宜和胃制酸，可用煅瓦楞、白螺蛳壳之类。嘈杂大多偏热，治宜辛开苦泄，可用左金丸、陈香、橼皮之类。吞酸与嘈杂往往同时可见，以上治法亦可同用。此外又有饥嘈之症，得食则减，食后又嘈，用前法无效时，可用补气和中法，如香砂六君子汤及黄芪建中汤加减。③呕吐与嗳气：二症均由胃气上逆所致。嗳气频频，多由肝气犯胃，可用绿萼梅、佛手片以解郁，合旋复花以降逆，甚则用煅赭石以平上逆之气。呕吐乃食伤脾胃，肝气上逆，胃失和降所致，治宜泄肝和胃，以黄连、半夏为主药，有寒加紫苏、生姜；有热加竹茹；阴伤加沙参、麦冬，重则加石斛、玉竹。如不效可用石磨饮（人参、沉香、槟榔、乌药等份）磨汁，频频呷服，或暂用玉枢丹0.5～1g吞服。④便溏与便秘：便溏属脾虚者，用理中汤加焦楂每能见效；便秘属肠中燥热者，用瓜蒌、枳壳、大腹皮，甚则加大黄以助疏导。另有大便干结而热象并不明显者，乃阴虚肠燥之故，宜用润肠养阴之品，如当归、首乌、瓜蒌，也可参用麻子仁丸之类。临床常见大便转为正常时，胃痛、胃胀等症亦随之消失。⑤能食而不饥与脘中空洞感：胃主纳，脾主运，能食为胃强，不饥为脾弱，此乃胃强脾弱之证。胃强并非胃热、胃实之意，乃与脾弱相对而言。治宜健脾消导，枳术丸加味治之。脘中空洞感，乃患者一种自觉症状，并非饥嘈，但觉脘中空洞无物，为肝阳上扰所致。治宜平肝潜阳，柔肝缓中，如珍珠母、煅瓦楞、白芍、甘草之类。

“调气”二字，出于《素问·至真要大论》：“调气之方必别阴阳……内者内治，外者外治，微者调之，其次平之……”郭国兴认为：运用调气法能调脏腑之间的升清降浊功能一即调整机体自身的调节功能，而使人体保持“阴平阳秘，精神乃治”的正常状态。（郑国华 王义珍）

医案验案

水 肿

1 慢性肾炎（气血瘀滞型）

林某某，女，29岁，农民。于3年前出现浮肿，头昏乏力，腰腿酸软，病情时轻时重，曾2次住院治疗，均诊断为慢性肾炎。于1984年8月11月13初诊。证见：颜面及全身重度浮肿，面色㿠白，精神不振，懒言，头晕目眩，形寒肢冷，浑身胀痛，腰腿酸软，尿少色清，经闭2年余，舌苔白腻，舌质黯，边有瘀点，脉沉涩。尿检：蛋白（＋＋＋），白细胞（0～4），红细胞（0～2）。中医辨证为脾肾阳虚，水湿内停，气血瘀滞。治宜活血化瘀，温阳利水。处方：益母草、丹参、附子、白茅根各30 g，当归、川芎、泽兰、白术、桂枝各10 g，牛膝、车前子（布包煎）、泽泻各15 g，水煎服，6剂。二诊：精神好转，尿量增多，浮肿减轻，舌苔转薄，脉较前有力。前方去白茅根加炒杜仲15 g。水煎服，6剂。三诊：月经来潮，浮肿基本消退，唯下午足胫略肿。尿化验：蛋白（＋），白细胞（0～2），治法以温肾健脾为重心，处方：附子、白术各12 g，黄芪30 g，党参、补骨脂、牛膝、杜仲、枸杞子、茯苓、当归、山药、芡实各15 g，肉桂5 g（研末冲服），大枣3枚，生姜3片。水煎服，10剂。四诊：全身症状消失，尿检正常。上方继服6剂，以巩固疗效。随访2年未复发。

按 脾失转输，肺失通调，肾失开阖，水湿内停，泛溢肌肤，发为水肿。湿为阴邪，易伤人阳气，阻塞气机，日久则阳虚寒凝，气滞血瘀。不温阳则水湿不能蒸化，不化瘀则血流不畅通。水瘀互结，日久则正益虚邪愈盛。如瘀血祛、血脉通、浮肿消，治疗则仍应以温肾健脾为治疗大法。

2 慢性肾炎（水气壅结型）

杨某某，男，32岁，农民。患水肿半年多，曾住院治疗，诊断为“慢性肾炎”。1985年7月21日初诊。证见：全身浮肿，按之没指，腹胀膨隆，喘满倚息，尿少便干，口燥不欲饮，苔白滑，脉沉。此水气内盛，肺胃不降，脾失运化之权，三焦壅塞不通。拟降肺平喘，通中焦，利水道为法，处已椒苈黄丸煎剂，3服未效。继而出现烦热便秘，舌苔黄腻。乃水湿化热，壅结于内，而成实邪，继用疏凿饮子攻逐分消，2剂后，大便仍不通。改用舟车丸9g吞服，仅泻稀水2次，腹胀稍减，喘亦略平。过2日胀满如前，再予舟车丸则无效。观患者体壮证实，虽连投攻逐之剂，精神仍佳。乃以巴豆7粒，去油，捣和丸如绿豆大，吞服3丸，是夜水泻十余次，量甚多。次日全身肿消，腹部柔软，惟足胫浮肿，人殊疲乏。嘱其静卧，不予投药，糜粥养之。经1周调养，精神转佳。投胃苓汤3剂，尿量甚多，饮食如常。后以济生肾气丸善后调理。每月复查尿常规1次，均在正常值。半年后停药，3年后随访、体健。

按 水肿实证，利之罔效，泻之得愈，是遵仲景《金匮要略》“病水腹大，小便不利，其脉沉绝者，有水，可下之”之旨。但舟车丸攻之效微，足见其水气壅结之甚。且症情危急，腹胀喘息，不去其水，则正气将转虚,更难为力矣。乘其体尚壮实,故可竣攻。舍巴豆他药莫数!然巴豆究系毒药峻剂,中病即止。服前须备冷粥,倘泻不止,泻多神倦,即以冷粥与之可缓解。但用巴豆究属权变之计,必须在水气壅结,邪无出路,体壮证实,而见腹大胀满甚者,才可用之。对于一般水肿,尤其本虚标实者,不可滥用。

3 肺源性心脏病

雷某某,男,49岁,农民。1972年6月21日初诊。有慢性气管炎病史。一月前因给生产队放水,日夜劳作,有时在外露宿。开始恶寒发热,全身尽痛无汗,咳嗽吐白痰,医疗站给口服西药,病日加重,尿少不利,全身浮肿,送县医院住院,拟诊为“肺源性心脏病”。给吸氧、抗感染利尿等治疗,开始有效,但病情反复,肿势愈重、腹胀、尿闭、喘不得卧,告病危!嘱其出院。但回家1周不死,家人和邻居不忍,遂请郭国兴诊视。证见:全身浮肿,颈脉怒张,腹胀喘息,倚椅而坐,呻吟不止,身痛无汗,阴器肿亮,尿闭,舌暗红无苔有水流下,脉沉紧。证属寒湿浸淫,肺气闭塞,少阴寒化,命门火衰。治宜开肺启闭,温阳化气。处方:麻黄10 g,附子30 g(先煎),细辛6 g,葶苈子(布包)、桂枝、桔梗各10 g,大枣3枚,生姜3片,水煎服。二诊:服1剂开始排尿,喘息有减,身体微微发热,身痛减轻,继服1剂,尿量甚多,肿消喘平,体甚倦喜卧,舌淡红少苔湿润,脉沉濡。拟健脾温肾培土以运水湿,以香砂六君合真武汤加减化裁。薏仁、玉米糁、花生米等煮粥与之,以复胃气,如是调养3月,病渐痊愈。

按 素体禀赋不足,加之农忙劳作,感受寒湿,寒湿俱为阴邪,易伤人阳气。寒伤肺,肺气闭塞;湿困脾,脾失健运。寒湿凝聚,为痰为饮,痰饮内停则咳喘肿满骤起。抗菌消炎、输液补水犹雪上加霜,更损阳气。水得热则行,遇寒则凝,今寒多热少,成阴盛阳衰、凉遏冰伏之势。故宜温阳化气,开肺启闭。麻黄附子细辛汤解表温里,上下分消。麻黄虽曰发表,实为开肺,更有桔梗、细辛相佐,开肺启闭,犹“提壶揭盖”。姜桂助附子温阳化气行水,如“决堤开流”。葶苈子伍大枣泻肺逐水下行,以救心阳衰竭之危。药味虽少,功专力宏,故1剂见效,2剂肿消喘平。脾属土,为制水之脏,故水退则急宜培土以生金。体现了郭国兴注重后天脾胃的学术思想。

4 肾病综合征

徐某某,男,66岁,农民。于1978年7月14日初诊。患者因长期给生产队施化肥和给供销社卸车搬运化肥,后出现全身浮肿,经县医院检查,诊断为“肾病综合征”。经住院治疗两个月,病情不见好转,且日渐加重,故劝其出院回家调养,后辗转请郭国兴诊治。证见:全身浮肿,下肢尤甚,按之如泥,面色萎黄无华,精神萎靡,少气懒言,畏寒肢冷,夏天仍穿棉袄,尿量甚少,舌胖嫩,苔白滑,脉沉濡。辨证为脾肾阳虚,水湿内停,运化无力,气血亏虚。治拟真武汤加减:附子、白术、当归、巴戟各15 g,黄芪、茯苓各30 g,薏米根、玉米须、黑豆子各50 g,桂枝、白芍、腹皮各10 g,生姜3片,大枣3枚,水煎服,每日1剂。经上方加减出入调治2月,尿量逐日增多,浮肿自上而下消退,食欲日增,精神转佳,血压浮动在130~150/80~90 mm Hg,尿蛋白(+),后随证加减变化调治半年,临床症状消失,尿化验正常,3个月复查1次。随访2年,未见复发,能做一般轻活。

按 本案患者年过六旬,脏气已衰,又长期接触化肥有毒之物。脾主运化,肾司开阖,脾虚不能运化水谷精微,肾虚不能泌别清浊,清气不升,浊气不降,湿浊内蕴,损伤阳气,阳虚则水泛,发为水肿。郭国兴认为无火不能生土,无土不能制水,故立温养肾阳,益气健脾为其治疗大法。但在水肿大势已去的情况下,桂、附等大热之品当减量或改用仙茅、仙灵脾、补骨脂、巴戟、苁蓉、菟丝子之类,温肾而不燥。在温肾健脾的同时,常佐木香、槟榔、厚朴、腹皮、陈皮、沉香之类,以助化气,避免壅塞之弊。如兼外感时常加入麻黄、杏仁、桔梗、蝉蜕等宣肺之品。还可配合食疗,常能收到较好的疗效。(郑国华 林 瑛)

郭焕章颈椎病临床经验

【名老中医简介】郭焕章(1927~)主任医师。青海省医学首席专家。享受国务院特殊津贴。青海省名医,首批全国老中医药专家学术经验继承工作指导老师。从医50余年,研制的“损伤胶囊1、2、3号”处方已被《中国药典》收录。

1 分 型

郭焕章根据数十年的临床经验将本病分为:痹症型、晕厥型、肝阳上亢型、痿躄型等四型。

1.1 痹症型

以颈、肩上肢或胸背疼痛(包括心前区痛),兼见麻木为主症。痹者，痹塞不通之意，经云："风、寒、湿三气杂至为痹"。肝肾不足，筋骨虚寒，风、寒、湿邪乘虚侵袭，筋脉拘挛，经络痹阻，气血营卫不和乃为本病。

1.1.1 轻型者 发病急骤，转侧不利，属太阳俞不利，脉浮缓，舌淡红，苔薄白。治宜祛风散寒，解痉止痛，方用颈椎病1号方。

1.1.2 重型者 病久不愈，项强硬转侧不利，反复加重，掣引肩背手指疼痛，麻木不舒，遇阴雨寒冷加重，脉沉细无力，舌质淡，苔薄白微腻。治宜祛风散寒，解痉活络止痛，方用颈椎病2号方。

1.1.3 风湿偏盛者 湿阻筋脉，湿痰化热，症觉热酸胀感，病程缠绵者，脉浮滑，舌质红，苔微黄兼腻，治宜祛风燥湿，活络止痛。方用颈椎病3号方。

1.2 肝阳上亢型

经云："诸风掉眩，皆属于肝"，肝风上窜巅顶，属肝肾亏损，水不涵木，肝肾不足，不能潜阳，证见头眩目花。头痛脑胀，项强硬，腰膝酸软、脉弦、舌红少苔。治宜镇肝熄风，活血通络，解痉止痛。方用颈椎病4号方。

1.3 晕厥型

经云："诸髓者皆属于脑"、"肾主骨生髓充于脑"。诸髓者，周身气血凝聚而成，故气虚下陷，诸阳不升，营血不能上承，清窍失养。证见头痛头晕，耳鸣耳聋，视力下降，心悸恶心，面色苍白，晕厥冷汗，腰酸腿软，舌暗，脉细涩，属肝肾阴虚、气血亏损。治宜补肝肾益气血，祛风湿定眩晕。方用颈椎病5号方。

1.4 痿躄型

经云："肝气热……筋脉干，筋脉干则筋急而挛……"，"阳明者五脏六腑之海，主润宗筋。宗筋主束骨而利机关也。"证见颈部筋惕肉(目闰)，颈肩背臂刺痛，肢重膝痛，酸困乏力，尿频便难，步态不稳，下肢痉挛，脉细弱，舌质淡苔黄，兼有瘀斑，属肝脾两虚，气血不足，气滞血郁。治宜滋补肝肾，健脾化湿，祛瘀通络。方用颈椎病6号方

2 临床表现

2.1 颈项疼痛伴僵硬感

此属太阳经俞不利，故多见脉浮缓，苔薄白。轻型者发病突然，时间短暂，颈部活动不利，有明显压痛点，筋急拘挛，掣引肩背；重型者，病程较长，病久不愈，呈落枕状态，反复发作，掣引肩背，手指痛麻不舒，时轻时重等特点。

2.2 颈部放射性疼痛

见单侧颈肩上肢乃至手指麻木疼痛或沉重无力，按压相应颈椎横突前侧有放射性疼痛。

2.3 发作性椎动脉型－基底动脉供血不足

可见发作性偏头痛；发作性眩晕；发作性视觉障碍；少数患者可有发作性短暂的意识障碍，突发性肢体麻木、猝倒等症。

2.4 颈交感神经性综合征

见颈交感神经分布区疼痛，痛觉过敏，患肢凉、发绀，肩肘肌肉萎缩，心前区发作性绞痛等。

2.5 脊髓压迫症

中老年下肢不完全性痉挛性瘫痪(单侧或双侧)，呈缓慢、间歇性经过。脑脊液常规，蛋白含量增高等症。

2.6 X线表现

全组均拍颈椎正、侧及左右斜位、过伸过屈六位片，其中95%以上有颈椎病的特征改变。如钩状关节增生，椎间隙变窄，椎体后缘增生，生理曲度变直或反弓，椎间孔变形，项韧带钙化，后关节压缩增生等表现。

3 治 疗

颈椎病属祖国医学"项强"、"血痹"、"眩晕"等范畴，祖国医学认为颈椎病为积劳伤颈，外感于邪，内损肝肾所致。肝肾不足为本虚，挛急麻痹、肝阳上亢为标实，治法以补为主，以通为用，补则益气养血，培补肝肾，筋骨得以濡养。通法有二，风寒、湿沉伏经络以舒风通络为主，肝阳上亢、上扰清窍者，治宜滋阴潜阳乃以降为通的原则，结合临床症状辨证施治，临证处治既要针对病因，又要针对病位，全面考虑，内服中药(颈椎病1～6号方)，外敷中药二乌膏，再配合牵引、手法按摩、颈托支撑固定、自我练功、纠正睡眠姿势等综合措施，一般可以收到良好的效果。有效率达90%以上。现代医学也认识到，颈椎病是一种自限性疾病，多数学者主张首选保守治疗。郭焕章数十年的临床实践证明以上方法是行之有效的。

3.1 中药治疗

3.1.1 内服中药以滋养肝肾、补益气血、祛风散寒、解痉止痛为主，按型给颈椎病1～6号方。

3.1.2 外敷中药二乌膏(处方附后)。

3.2 颈椎牵引

轻者可用间断牵引，一日一至三次，每日半小时至1小时；重者行持续牵引，每日6～8小时。牵引重量自3～4公斤开始，逐渐增加至5～6公斤。

3.3 手法按摩

郭焕章常用三种按摩法：①点穴疏通经络；(2)②提拿臂丛，解痉止痛；③提项旋颅，解除嵌顿，纠正

小关节紊乱。

3.3.1 点穴疏通经络点印堂、百合、亚门、大椎疏通督脉，点太阳、风池、肩井疏通少阳经。

方法：患者坐较低的方凳上，术者立于患者背后，左手扶托下颌，右手拇指从印堂穴开始点约半分钟，然后沿正中线用点穴的右手拇指推拿移位至百合，后依次亚门、大椎疏通督脉。再用双手拇指同时点两侧太阳穴，以同样的方法措头两侧，把两手拇指移至两侧风池穴，用两手拇指交叉，点两侧风池穴（或一手的拇、食指同时点两风池穴），再沿颈椎两侧弹拨，顺少阳经把两手推拿移动到肩井穴。反复以上两种点穴法3~5次即可。

3.3.2 提拿臂丛，解痉止痛患者端坐方凳上，术者立于患者背后，将双手拇指置于肩后，其四指放在锁骨上窝，握手向上反复提，即带动臂丛移动，解除颈部肌肉痉挛，松弛血管神经粘连，改善血液循环，解除头痛、头晕及颈项强痛等不适感。

3.3.3 提项旋颅、解除筋膜嵌顿，纠正小关节紊乱患者端坐位，放松颈部肌肉，术者立于患者一侧，一手置于颌下，一手置于枕后，上举，使颈椎椎间隙尽量牵开，椎间孔相对增大，再稳妥地左右旋转头颅（使颈部的肌肉交替出现相对的张力，达到嵌顿的筋膜，从小关节间隙自动弹出，移位的小关节复位。）当旋转受限时，再略使力转动5°~10°，有时可以听到响声，和有轻松舒适之感时，即停止旋颅。即可推拿、揉搓、拍打颈肩部。

3.4 颈托支撑法

采用气囊颈围领和自制活动式颈托支撑，其作用是：①有维持、牵引、支撑头颅重量，减轻颈负荷的作用；②保持治疗效果避免复发；③符合中医“动静结合”治疗的原理。其优点是使用方便效果明显。

3.5 自我练功

3.5.1 颈项争力姿势为站立时双脚自然分开与肩相等（或取坐位），双手叉腰、抬头望天，头尽量后伸，颈部放松，还原低头看地，使下颌尽量接近胸骨，还原。做时，上身和腰不动，自然呼吸，反复5~10次。

3.5.2 回头望月姿势向上，头向右后转，目视右后上方，尽力转。如同向后天空看月，还原；再将头向左后转，（方法同上）反复5~10次。

3.5.3 金狮摇头（急性损伤慎用）姿势同上，头徐徐向左向右转动10~15次，尽量缓慢，避免产生发晕等并发症。

3.6 纠正不良睡眠姿势

郭焕章认为，颈椎常有生理弧度的异常，多因长期伏案低头职业工作的影响，和不良的睡眠姿势造成。低头职业者，用上面所叙的颈托、颈围领支撑可以纠正。睡眠姿势的纠正也很必要，根据我们观察多数病人感低枕舒服。故以调整略低一些为好（但也有例外），其原理是人一生睡眠的时间是较长的，利用这一时间，将头放低和颈脊椎形成对抗牵引状态，缓慢的恢复颈椎正常生理弧度，使紊乱的小关节复位。

4 附 录

4.1 颈椎病1号方

葛根30g，黄麻6g，桂枝10g，白芍30g，大枣5枚，黄芪30g，羌活10g，甘草10g。水煎饭后服，一日二次。

4.2 颈椎病2号方

羌活10g，独活10g，桂枝10g，川芎10g，归尾15g，灵仙10g，葛根30g，细辛6g，秦艽10g，海风藤10g，木瓜30g，藁本10g，炙甘草10g，蔓荆子10g，白芷6g。水煎饭后服，一日二次。

4.3 颈椎病3号方

羌活10g，独活10g，黄柏9g，苍术12g，防风10g，细辛6g，川芎10g，生地10g，葛根30g，甘草10g。水煎饭后服，一日二次。

4.4 颈椎病4号方

天麻10g，钩藤15g，赤芍10g，白芍24g，归尾10g，丹参30g，川芎10g，红花10g，桃仁10g，党参24g，细辛6g，蔓荆子10g，石决明24g，甘草10g，琥珀（冲）3g。水煎饭后服，一日二次

4.5 颈椎病5号方

天麻12g，清半夏10g，全虫9g，白芍30g，夜交藤24g，钩藤20g，云苓20g，丹参30g，葛根30g，木瓜30g。水煎饭后服，一日二次。

4.6 颈椎病6号方

清半夏10g，桔红10g，云苓10g，乌梅6枚、干姜6g，党参10g，熟地10g，归尾15g，白芍30g，木瓜30g，黄芪10g，地龙10g，红花60g，桃仁10g，川牛膝15g。水煎饭后服，一日二次。

5 外用药

5.1 二乌膏

制川乌、制草乌各等份。蜜调敷患处，3~4天更换一次。

5.2 二消膏

炒大黄、木耳炭、无名异、儿茶、紫荆皮加二乌膏组成。蜜调敷患处，3~4天更换一次。（黄应当 郭景哲）

郭锦章儿科经验

【名老中医简介】郭锦章 主任医师,教授。安徽省名中医。从事儿科临床50余载。从事中医儿科专业工作,擅长小儿疑难杂症诊治,对小儿胆道阻塞、脑积水、小儿咳喘、脾胃病、肾炎、肾病诊治有丰富的经验。

临床经验

1 成方嫁接治疗咳喘有奇效

小儿咳喘为最常见的呼吸道疾病,究其病机,因风寒束肺,肺失肃降者最为多见。常用的中成药蛇胆川贝散、枇杷露等均非所宜,中医古方小青龙汤、二陈汤、止嗽散、三拗汤等,皆为治疗风寒咳喘的经验方剂,郭锦章熔多方之长,另立新方,治疗小儿风寒咳喘,每收桴鼓相应之效。

案1 罗某,男,10岁,1994年3月5日初诊,因受风寒后感冒,咳喘涉旬,经服西药后,感冒好转,但咳喘不停,体温正常,舌淡苔白,首诊予方:炙麻黄6g,杏仁8g,甘草4g,制半夏8g,陈皮8g,苏子8g,紫菀8g,冬花8g,白前8g,细辛2g。3剂。3月9日二诊,患儿咳喘大减,继服上方2剂而痊愈。

按 小儿咳喘,不离肺脾。本方以麻黄、杏仁、甘草、宣肺平喘;用半夏、陈皮、细辛温中蠲饮;紫菀、冬花理肺止嗽;苏子、白前利气化痰,致肺气宣而脾气健,痰饮化而咳喘平。故该方治疗小儿咳喘无明显热象者,投之辄效,若咳喘高热,口干咽痛者,则非本方之所宜。

2 妙用双解风火目赤建殊功

儿童天行赤眼、暴风客热等眼病,一般经点用抗菌素眼药水、抗病毒眼药水多能获效,其不愈者,每责之于淫热反克,内外合邪之故,郭锦章仿刘河间防风通圣散之意,另立一方,名曰麻芍明目汤,治疗该类眼病,每能一举获效。

案2 王某,男,12岁,1993年8月15日初诊。患红眼病,迄今半月,经点用氯霉素眼水、病毒灵眼水、羟苄唑眼水等,目赤未愈,眼眵仍多,询其便干、溲赤,诊其舌红脉数。拟方:生麻黄6g,赤芍10g,生石膏15g,生大黄6g,蝉蜕6g,白蒺藜8g。3剂。8月18日二诊,服药后,溲黄、便泻、目赤大减,继服2剂。8月21日随访,患儿目红尽退。

按 天行赤眼,发于白睛气轮,其经久不愈者,多因邪热稽留肺胃所致,故当解表清里,荡涤邪热。麻芍明目汤方用麻黄宣肺解表,所谓宣通肺气,复其治节;予生石膏清解肺胃之热;大黄荡热于下;赤芍凉血解毒;蝉蜕、白蒺藜,退翳明目,药仅6味,有表里双解,上下分消之意。本方宜用于急性结膜炎以红赤眵多为主症者,若肿胀、泪多,以风胜为主症者,则当另选他方。

3 内病外治单纯腹泻用脐疗

小儿消化道疾病,亦为常见病变,每因寒湿滞中,运化失司而致婴幼儿腹泻,郭锦章在治疗该类病证时反对乱投抗生素、止泻剂等,常常采用数味简单药物,施以贴脐疗法,既经济又无痛苦,深受家长欢迎。

案3 黄某,女,6岁,1994年10月5日初诊,患单纯性消化不良半月,每日便泻5~6次,为清水样稀便,间夹不消化食物。郭锦章自拟经验方:艾叶、吴茱萸、肉桂、白胡椒、公丁香等制成“敷脐止泻散”,以胶布贴脐。翌日便泻减少,第3日痊愈。邻居有幼儿患腹泻者,家长以余药施之,亦获痊愈。

按 小儿单纯性消化不良,内伤饮食外受风寒者最多,郭锦章在敷脐经验方“丁桂散”的基础上,增入吴茱萸、艾叶等药物,加强了温中健脾之功,该治法颇受病家欢迎,但外治之法亦当辨证施治,若湿热泻、痢疾泻,用此法则会延误并加重病情。(朱万珍)

医案验案

1 脑积水

朱某,男,10个月,1990年9月15日就诊。患儿进行性头颅增大5个月。头颅摄片示:颅骨变薄,骨缝分离。头颅B超提示:双则脑室明显增宽,第三脑室扩大,脑中线偏移。诊为脑积水。检查:头围54cm,头皮光急,头发稀黄,前囟饱满4.5cm×4.5cm,目珠下沉呈“落日状”。面黄形瘦,舌淡,苔白厚腻,证属脾肾阳虚,升降失调,窍络阻塞,水液内停。治宜温阳利水,活血通络。补骨脂、当归各10g,泽泻、车前子(包煎)各8g,茯苓15g,川牛膝7g,桃仁、桂枝、鸡内金各6g,淫羊藿、巴戟天各5g,红花4g,水煎服,每日1剂。外用加味封囟散(生南星8g,

白芷、蜂房各10g，柏子仁30g，研末），猪胆汁调敷头顶，每周1次。用药1周后，小便量多，精神好转。继用2个月，头围52cm，前囟平软3.5cm×3.5cm，继内服原方去桃仁、车前子，加白术7g，陈皮8g，炒山药10g。共治疗5g个月，头围48cm，骨缝已闭，前囟2cm×2cm，患儿能站立扶手行走，1年后追访，小儿发育、营养与同龄儿无异。

按 脑积水，中医谓之解颅，本例由先天亏损，导致气血不足，肾气不充，以致血行滞涩，脑络瘀阻，进而瘀血化水，水湿内停而发病，属本虚标实之证。郭锦章运用补肾健脾利水为主，佐以活血化瘀，辅以外敷囟门，内外合治，标本兼顾，疗效满意。

2 病毒性心肌炎

王某，男，6岁，1983年3月17日就诊。患儿3日前因感冒后时感乏力、心慌、胸闷、汗出、心前区隐痛，在省某医院心电图检查：频发室性早搏，ST段压低，诊为“病毒性心肌炎”，治疗3个月，症状改善不明显，转求郭锦章诊治。诊其舌质暗红，少苔，脉细而结代。证属久病气虚，脉络瘀阻。予以益气养心，活血化瘀，太子参、当归、丹参各10g，川芎、桃仁、炙甘草、延胡索、炒枳壳、青皮、陈皮各6g，炙黄芪12g，红花4g。服药2周胸痛止，胸闷好转，脉沉缓而间歇。守原方去延胡索、枳壳、青皮、陈皮、川芎，加鸡内金6g，柏子仁10g。连服1个月精神活泼，饮食正常，二便调，诸症消失，心电图正常。改用复方丹参片口服2个月而病愈。

按 郭锦章认为，本例病毒性心肌炎系久病气虚，余邪留恋，瘀阻络脉，血行受阻，心失所养，而气为血帅，血随气行，关键是气虚和血瘀，故选用血府逐瘀汤加补气理气之品，标本同治。后期气机得利，胸痛已止，行气之药嫌伤其正，去而不用，加鸡内金助运升胃，柏子仁养心安神，共奏益气活血，祛瘀通络之效。

3 溃疡性结肠炎

徐某，女，7岁，1989年4月2日就诊。患儿3个月前出现腹泻，日行4～5次，大便稀薄挟有血性粘液，伴有纳差、腹痛，大便检查：粘液（++++），白细胞（+），红细胞（+++），未见阿米巴滋养体和包囊，培养阴性。长时期口服黄连素、庆大霉素、痢特灵等药，无明显好转。钡灌肠提示：结肠粘膜皱纹紊乱，部分粘膜呈绒毛状，结肠袋加深。诊为溃疡性结肠炎。刻诊：面色淡黄，舌质淡红，苔薄黄，脉沉无力。证属湿热秽毒蕴郁肠间，伤及血络，致使脾胃虚损，法当标本兼治，予以健脾和胃，清肠解毒，当归10g，山药15g，焦白术8g，煨木香、陈皮各6g，甘草5g，每日1剂煎服，另用锡类散2支，白及粉3g，生理盐水50mL冲匀，保留灌肠，每日2次，5天腹痛减轻，血便减少，面色淡红，舌淡，苔薄白，原方继用5天。三诊：饮食增加，大便较稀无粘液血便。此乃湿热末尽；唯脾胃失运，重在调理脾胃，炒白术、陈皮、鸡内金、泽泻各8g，山药、茯苓、炒神曲各10g，炙甘草6g，炙米壳4g，服药2周，食欲正常，大便每日1次，检查正常，随访3个月正常。

按 溃疡性结肠炎，儿童中偶有发病，病程迁延，反复难愈，郭锦章认为本病发生，多由饮食不节，脾气不足，运化失司，升降失调，其本为脾胃亏虚，其标为湿热瘀血之邪内蕴，在治疗上以健脾益气、调和脾胃以治其本，清热利湿、活血化瘀以治其标，运用中药内服配合灌肠，湿热、血瘀邪去而泻止，脾健旺而病自除。

4 婴儿胆汁粘稠综合征

刘某，男，1985年10月31日入院，患儿早产20天，生后2天出现黄疸，且逐渐加深，大便灰白，小便如浓茶，腹胀，肝肋下4cm，脾肋下1.5cm，质中。B超提示：胆囊不显影，肝内胆管不扩张，胆总管内径0.1cm。血总胆红素106.02μmol/L，直接胆红素71.82μmol/L，黄疸指数36u，凡登白试验直接阳性。拟为“先天性胆道闭锁，婴儿胆汁粘稠综合征”。观其形瘦神疲，而且皮肤黄染，舌淡，苔薄黄而腻，指纹淡紫。证属脾虚湿困、气滞血瘀，治以健脾消积化瘀；茵陈20g，郁金、桃仁各6g，鸡内金、大腹皮、车前子（包煎）各8g，陈皮、白术、泽泻各7g，茯苓、生山楂各15g，红花4g，水煎服，每日1剂。服药18天黄疸退，大便黄软，小便色清，肝肋下2.5cm，脾肋下1cm。改用异功散加鸡内金6g，三棱、莪术各5g，郁金8g，水煎服。1个月复查肝肋下1.5cm，脾未及，血总胆红素、直接胆红素、黄疸指数均正常。追访3年小儿生长发育良好。

按 婴儿胆汁粘稠综合征，从证候看属中医胎黄范围。胎黄之候，因乳母受湿热，传于胎也。小儿脾胃薄弱，湿热内阻，脾胃受损，运化失职，脾气不升则肝气郁结，不能疏泄，胃气不降则胆汁输送排泄失常，湿热郁遏，胆汁外溢，因而发为黄疸。湿热内羁，蕴郁血分，则血脉瘀阻。在治疗上，郭锦章采用茵陈蒿汤合逐瘀汤加减，取得满意效果。（马新超）

郭连澍临床经验

【名老中医简介】郭连澍(1952～)河北省宣化人。主任医师，教授。1972年毕业于张家口医学院。现任河北省人民医院中医科主任。河北省中医药学会副秘书长、理事，河北省男科学会副主任委员。河北省首届名中医。擅长治疗内科杂症、发热性疾病、风湿病、脾胃病、结石病、男性不育、阳痿、不射精症、前列腺病等。曾获得省级科技进步奖6项。发表论文40余篇。

突发性耳聋

1 病因病机

1.1 西医学认识

突发性耳聋是一种原因不明的，以听力突然下降或丧失为主要临床表现的非特异性感音神经性耳聋。近年来发病率有所上升，而发病年龄有下降趋势，发病原因及机制尚不清楚。郭连澍认为突发性聋与血管痉挛、血流黏滞、血循环障碍、病毒感染等有关。内耳供血障碍及病毒感染导致迷路动脉痉挛、栓塞，血栓形成，迷路水肿，最后可导致螺旋器和血管纹萎缩，螺旋神经纤维与前庭的感觉上皮细胞减少，从而导致耳聋。

1.2 中医学认识

突发性聋属中医学暴聋范畴。早在《内经》就有论述，如《灵枢·脉度》曰“肾气通于耳，肾和则耳能闻五音矣”，《灵枢·决气》云“精脱者，耳聋”，均说明耳聋与肾密切相关。《证治准绳》云“暴聋之病”是因“经脉欲行而未通”，说明暴聋源于经脉气血的瘀滞。另外，风热外袭或风寒化热侵及耳窍，清空之窍遭受蒙蔽，失去“清能感应，空可纳音”的功能，终致耳聋；脾气虚弱，阳气不能上奉清窍可致耳聋，如《素问·玉机真藏论》说“脾为孤脏……其不及则令人九窍不通”；郁怒伤肝，郁而化火，火邪循经上扰耳窍；痰火郁结，阻塞气道，气滞血瘀，耳窍脉络失养终致耳聋。

2 治疗方法

2.1 辨证施治

2.1.1 肝火上扰，清窍闭塞型　证见：突然耳聋，耳鸣，头痛，口干，口苦，烦躁易怒，脉弦或弦数，舌质红，苔薄黄。治宜清肝泻火，通经开窍。予清肝开窍饮。药物组成：柴胡9 g，栀子9 g，牡丹皮9 g，石菖蒲30 g，郁金10 g，葛根15 g，丹参15 g，知母9 g，黄柏9 g，赤芍药15 g，甘草9 g，路路通9 g，丝瓜络9 g。

2.1.2 风热上扰，清窍闭塞型　证见：突然发热，头痛，耳聋，耳鸣，耳部憋胀，脉浮数，舌质红，苔薄黄。治宜清热解表，宣闭开窍。予解表通窍汤。药物组成：金银花30 g，菊花15 g，葛根15 g，柴胡9 g，桔梗9 g，浙贝母15 g，蔓荆子9 g，石菖蒲30 g，郁金10 g，甘草9 g。

2.1.3 痰热郁结，闭阻清窍型　证见：突然耳聋，耳鸣，耳胀，眩晕，胸中烦闷，脉弦滑，舌苔黄腻。治宜清热化痰，活血开窍。予涤痰开窍汤。药物组成：半夏9 g，茯苓30 g，泽泻30 g，泽兰15 g，白术9 g，陈皮9 g，王不留行9 g，穿山甲9 g，石菖蒲30 g，郁金9 g，竹茹9 g，枳实9 g，黄芩10 g，红藤20 g。

2.2 综合疗法

2.2.1 针刺疗法　取穴：耳门、听宫、听会、翳风。强刺激，留针20 min。每日1次，20日为1个疗程。

2.2.2 高压氧疗法　采用医用高压氧舱，戴棉罩吸纯氧30 min，休息10 min，然后减压30 min后出舱。每日1次，10次为1个疗程，治疗1～2个疗程。

2.2.3 药物疗法　低分子右旋糖酐500 mL、辅酶A 100单位、三磷酸腺苷(ATP) 80 mg，每日1次静脉滴注。20日为1个疗程。可配合谷维素、复合维生素B口服。

3 典型病案

张某，男，40岁。2006年9月7日初诊。突然出现耳聋，耳鸣，头痛，心烦易怒。在耳鼻喉科经电测听、电阻抗等检查诊断为突发性聋。住院予低分子右旋糖酐500 mL、辅酶A 100单位、ATP 80 mg，每日1次静脉滴注；谷维素、复合维生素B等药物口服。疗效欠佳遂求治于中医。经询问有工作劳累和情绪变化的情况。刻诊：耳聋，耳鸣，头痛，心烦易怒，舌质红，苔薄黄，脉弦。诊断为突发性聋。辨证为肝火上扰，清窍闭塞。治宜清肝泻火，通经开窍。予清肝开窍饮。药物组成：柴胡9 g，栀子9 g，牡丹皮9 g，石菖蒲30 g，郁金10 g，葛根15 g，丹参15 g，知母9 g，黄柏9 g，赤芍药15 g，甘草9 g，路路通9 g，丝瓜络9 g。水煎服，每日1剂。并配合针刺听宫、听会、翳风、翳明等穴位及坚持高压氧吸入。连续治疗4周后，患者完全康复，经检查听力在正常范围。

4 体会

突发性聋病因尚未明确，目前无特效的方法，绝大多数需积极干预治疗。郭连澍认为，此病与多种因素有关，如感冒、免疫、中毒、血液循环、情绪等，故造成了治疗上和预后上的极大差别。听力功能否恢复及恢复的程度取决于迷路和相关神经结构的病情是否为可逆性，治疗越及时，萎缩性病变越早得到恢复，疗效就越理想。大量临床资料报道表明，突发性聋听力恢复的程度与中医证型有密切的关系，故正确的辨证施治甚为关键。突发性聋为耳之络脉不通，清空之窍被闭，故在治疗过程中常规加入开窍之品，如石菖蒲。现代药理研究显示，石菖蒲有扩张冠状动脉，改善缺氧和记忆障碍等作用；柴胡能抑制毛细血管通透性增加或渗出水肿，具有明显镇静安神、调节中枢神经系统和机体免疫功能；丹参能显著改善微循环障碍，抗氧化和消除自由基，抗凝血，解痉；葛根有改善内耳微循环，促进细胞代谢的作用。（刘文书）

郭龙清临床经验

【名老中医简介】郭龙清（1951～）主任医师。1982年毕业于泸州医学院中医系。现任内江市中医院业务副院长。内江市中医药学会副会长，成都中医药大学兼职教授，四川省中医药学会糖尿病专委会委员。四川省名中医。擅长心脏病、急腹症、急危重症的辨证论治与急救。

心脏病

1 基本观点

对于常见的冠心病、高心病、肺心病、慢性风心病、心肌病、慢性心肌炎、糖尿病性心脏病、老年性心脏病等疾患，郭龙清认为发病多本虚标实，标实多为痰瘀痹阻，本虚为阳气不足。治疗主张按照《素问·至真要大论》的观点“疏其血气，令其条达”。且在治标和兼顾诸虚的同时，重点突出温阳益气，认为只有阳气鼓动，才能“痰瘀则化，痹阻乃开，血气疏畅，心脉条达”。用药要点是大胆使用附、姜、桂、参、芪之类。而对于贫血性心脏病、甲心病、急性心肌炎则中西医结合。因常现火候，或虚或实，不宜过分温补，因而不在此例。

2 治疗经验

2.1 以温阳益气活血法为主治疗缓慢性心律失常

郭龙清在临床中发现，缓慢性心律失常患者一般表现为心动过缓、心悸、胸闷痛、头昏乏力气短、畏寒肢冷、倦卧嗜睡，舌质淡暗瘀紫，苔白润，脉沉迟或结代。中医辨证当属阳气虚弱、心血瘀阻，部分病例兼有痰浊阻痹胸阳或水气凌心等病机，多属本虚标实之证。故针对本病主要病机，治以温阳益气、活血通络之法。合《正体类要》之参附汤、《伤寒论》之炙甘草汤及《医林改错》之血府逐瘀汤化裁组方：人参、制附子（先煎1h）、炙甘草、丹参各12g，黄芪、生地黄各15g，生姜6g，桂枝、当归、川芎、枳壳各9g，大枣30g。若兼痰浊阻痹胸阳加瓜蒌、制半夏、薤白；伴四肢浮肿、水气凌心加茯苓、泽泻、白术等。方中以附、桂、姜温通心阳；参、芪、枣、草大补心气；归、芎、丹参活血通络，枳壳行气宽胸。用生地黄取“善补阳者，必于阴中求阳”之意。全方共奏温阳益气、活血复脉之功。每日1剂，水煎分3次温服，2周为1疗程。

2.2 配合现代医学手段治疗急性心肌梗死

郭龙清通过临床经验及各项研究总结，指出急性心肌梗死发病和死亡与时间有关。子时至巳时（阳时）发病率稍高，午时至亥时（阴时）死亡率较高。一日12个时辰中，亥时死亡率最高，这与一日夜半23:00～1:00人体神经活动、代谢、体温等是在最低点有关。冬春季节发病稍多，而死亡率亦较高。认同将急性心肌梗死分为为三期：第1～7日为危重期，属心阳虚或阳虚欲绝、血瘀痰阻、阴邪弥漫，应温阳救逆，给予参附注射液静注后再予温阳救逆之汤剂，如四逆汤等；第7～12日为演变期，属阴阳两虚、气滞血瘀，以调补阴阳、化瘀通脉为治；第4～6周左右为恢复期，属心气不足、心阳受损、脉络失畅，用益气温阳活血、和胃通腑之法治之。认为益气温阳活血法在急性心肌梗死救治中有重要意义。

2.3 温阳益气利水治疗充血性心力衰竭

充血性心力衰竭多以心悸、气紧、水肿等为主要临床表现，久病且伴口唇青紫、手足冰冷、腰部冷痛等症。郭龙清认为此类患者其病机主要在于心肾阳衰，而血瘀、水停乃为标象，故宜温其心肾之阳，配以活血利水，或者泻肺利水。病急者中西医结合治疗，在西药强心利尿基础上，再服生脉散与真武汤加减；缓则以真武汤为主，水肿甚者合五苓散或五皮饮；瘀血甚者加丹参、益母草、泽兰叶以活血利水；喘甚难以平卧属水饮凌心射肺，合葶苈大枣泻肺汤以泻肺利水。临床施之每每奏效。

2.4 辨证分型治疗冠心病房室传导阻滞

冠心病属中医“胸痹”范畴，若合并房室传导阻滞，症状可明显加重，甚至发生危险。郭龙清认为本病以血瘀痰浊为标，心之阳气虚弱、气血不足为本。据经验将其分两型治疗：胸阳痹阻、痰瘀阻滞者治以温通心阳、理痰化瘀，予附子汤、瓜蒌薤白半夏汤加减：瓜蒌20g，制附子30g（先煎1h），薤白、郁金、茯苓、清半夏、桂枝、枳壳、川芎各15g，丹参30g，生姜6g，三七粉3g（冲服）。每日1剂，疗程2周。气虚血弱、痰瘀阻滞者治以益气养血、理痰化瘀，予炙甘草汤加减：西洋参15g或党参30g，黄芪30g，炙甘草、大枣各20g，阿胶12g（烊化），桂圆肉、桂枝、麦冬各10g，生地黄、火麻仁各20g，丹参、川芎、清半夏各10g，三七粉3只（冲服）。每日1剂，疗程2周。上述方中薤白、桂枝、生姜温通心阳；附子温命门火而通诸阳，其力尤甚；参、芪、炙甘草、大枣大补心气；生地黄、麦冬、阿胶、麻仁甘润滋阴、养心补血；瓜蒌、半夏、茯苓、枳壳豁痰宽胸、行气散结；三七、川芎、丹参活血化瘀。诸药合用，共奏温通心阳、补益气血、豁痰化瘀之功，而达“疏其血气，令其条达”之目的。此方治疗Ⅰ~Ⅱ度房室传导阻滞效果最好。

3 典型病案

于某，女，47岁，已婚，2005年11月初诊。诉胸前区闷痛时作，心悸不宁，畏寒，伴见头晕乏力，舌质淡暗，苔白润，脉沉迟。心电图示Ⅱ度房室传导阻滞，心肌缺血。经前医诊治，用温里散寒之仲景方附子苡米散加味治疗症状反复，久而未愈。据症舌脉表现，其血瘀痰浊为标，心之阳气虚弱、气血不足为本。中医辨证属阳气虚弱、心血瘀阻。治以温阳益气、活血通络之法。处方：人参、制附子（先煎1h）、炙甘草、丹参各12g，黄芪、生地黄各15g，生姜6g，桂枝、当归、川芎、枳壳各9g，大枣30g。经服12剂而愈。随访1年未发。（高　蓉）

郭鹏琪临床经验

【名老中医简介】郭鹏琪（1934~）回族，福建泉州人。主任医师，教授。毕业于福建中医学院。原泉州市中医院中医内科主任。中华医学会福建分会理事，福建省中医内科专业委员会副主任，泉州中医学会副秘书长，泉州市中西医结合学会副秘书长，解放军第180医院中医顾问。福建省名中医。享受国务院特殊津帖。第二批全国老中医药专家学术经验继承工作指导老师。从医58年，擅长治疗心脑血管病、高血压、乙脑、流脑、老年性痴呆等疾病。发表论文30多篇，参编《泉州市科技杂志》（中医科技部分）《中国中西医结合内科学》。

中风重症

1 阐发病机，辨证结合辨病

郭鹏琪根据临床所见及经验，认为中风病病情瞬息万变，病因繁杂多端，病机错杂多变，但大抵有四端：①饮食不节，劳倦内伤，损伤脾胃，脾虚生痰，痰湿内蕴；②人到中年后，精血亏耗，阴气自半，肝肾阴虚，水不涵木，肝阳偏亢，肝风鸱张；③素禀不足或久病之后，气血亏损，虚风暗动；④正气不足，络脉空虚，风邪乘机入侵。总之，正气不足、肝肾阴亏为中风之根，而痰、火、风错杂交叉，乘阳明脉络之虚，侵隙而入，是致病重要因素。急性期多由风、火、痰作祟；中脏中腑者，乃因风、火、痰内中心络，神灵之府为之摇撼，神志因而不运，故见舌强神昏诸症；恢复期及后遗症期则虚中挟实为主，以痰、虚、瘀多见。临床之时，郭鹏琪强调要把辨病、辨型、辨证结合起来，根据中风患者的症状、体征和中医的舌、脉、症紧密相扣，才能于风、火、痰、瘀、虚之间，审其标本缓急，而采取相应的治疗措施。

郭鹏琪诊治中风重症，除运用传统望、闻、问、切等宏观辨证方法的同时，常结合脑脊液、血常规、CT提示等微观检测指标，尽可能掌握定性和定量资料，以明确疾病的病因、病机、病位等情况。这样综合分析，有利于进行辨证分型，增强遣方用药的针对性。在治疗过程中，密切观察病情的进退趋势，又不拘于一型一方。又因中风患者，难以靠问诊收集完整病史，郭鹏琪强调四诊中要注重舌诊与脉诊及望神。

2 分型治疗，重视开闭固脱

中脏腑者分为4型：①阳闭肝阳亢盛型：治宜重镇潜阳，化痰开窍，方用羚羊角汤或风引汤加减，同时灌服安宫牛黄丸，每日2~3丸，昏迷者用鼻饲法3~5天；②阴闭痰浊蒙蔽型：治宜芳香化浊，化痰开窍，方用导痰汤加味，同时灌服苏合香丸，每日3丸，连服3~5天，并配服纯珍珠粉加强豁痰之功，日服2

支。③阳脱气衰型：治宜回阳固脱，急用参附龙牡汤（人参要倍量于附子），或单味大量独参汤灌服。④阴脱衰败型：患者大多大汗出，气促口干，面赤，而四肢厥冷，舌尖红，脉浮大无根沉细欲绝，即使是尽力挽救，总是难以挽回生命。

由于阴阳互根，气血相关，阴可及阳，阳可及阴，气病及血，血病碍气，因此将中风病（重症）辨证分为4型并不是绝对的，病情的转变，阴阳转化，是医者不可忽视的。

3 标本兼顾，探索合并症的防治

郭鹏琪认为本病大多是本虚标实之证；肝肾阴虚，劳倦伤脾，气血亏损，正气不足为本；阴虚阳亏，脾虚生痰，虚风暗动，邪乘虚而入等为标；治疗宜标本兼顾，防治并发症为要。①合并应激性溃疡出血，证见面色苍白，呕血，大便拉柏油样便者，用云南白药二分之一支，日服2次，方用加减黄土汤（花蕊石、炒黄芩、党参、白术、紫珠草、白芨、白芍、酒军、黑地榆），或半夏泻心汤加减。②合并急性心肌梗塞，证见胸闷刺痛，心悸气短者，方用加减冠心Ⅰ号方（川芎、丹参、赤芍、红花、降真香、麦冬、五味子、瓜蒌、薤白）。③合并心律失常，证见心悸、汗出、气促脉结代者，用炙甘草汤与生脉散加减（炙甘草、党参、桂枝、葛根、阿胶、白芍、麦冬、五味子）。④合并肺部感染，证见咳喘，痰多，喉间痰鸣漉漉，用鲜竹沥1支/次，日用3支，配用纯珍珠粉，日服2支，方用导痰汤加减（枳实、胆星、竹茹、天竺黄、远志、陈皮、半夏、炒莱菔子、葶苈子、大枣）。⑤合并褥疮者，大都是护理不当所引起，因此要强调护理的紧密配合，防止该病的发生。

4 病案举隅

陈某某，男，56岁，教师。突发头痛，语言不利，右侧肢体麻木无力1小时多，于1993年5月14日入院。证见神志朦胧，面部潮红，瞳孔尚等圆等大，颈部稍有抵抗，双肺（－），心率56/分，律齐，右侧肢体瘫痪，右下肢巴氏症（＋）。舌红，苔黄浊，脉弦。颅脑CT示：左基底节区出血，出血量约40mL，右内囊膝部见腔隙梗塞。西医诊断：脑溢血伴脑梗塞。辨证属肝肾阴虚，肝阳上亢，痰热阻痹。治予平肝潜阳，清热化痰，方用羚羊角汤合温胆汤加减：枳壳10g，竹茹15g，胆星12g，浙贝10g，生白芍15g，丹皮10g，双钩15g，天麻10g，龙牡各24g，菊花10g。另送服羚羊角磨汁10g，并用安宫牛黄丸，日服2粒。治疗到5月20日，患者出现呃逆，大便呈暗褐色，OB（＋＋）。5月24日见嗜唾，四肢不温，自汗出，呕血约400～500mL，已转向阳脱，急回阳救脱，用大量西洋参，配用参附汤加味。郭鹏琪视诊指示：患者胃气已衰微，应急固胃气，否则治疗前功尽弃，加强回阳救逆，益气健脾固摄。方用西洋参10g，麦冬15g，五灵脂10g，黑蒲黄10g，白芨15g，酒芍15g，淮山30g，炒芩6g，紫珠草10g，白术10g，炙草6g。守方治疗到5月30日，患者黑便止，神志逐渐转清，反应清楚，随后运用益气养血通络、化痰开窍等法。患者神清，对答清楚，右上肢仍不利，右下肢已能扶物行走，于7月5日出院。（许真真）

脑血管性痴呆

1 脑梗塞

郭某某，女，73岁。反复眩晕10余年，复发加剧半个月为主诉，于1998年5月9日入院。伴证见健忘，言语时有错乱，小便时而失禁，腰酸膝软，夜寐不安，口干微渴，舌暗淡，苔中薄黄浊，脉弦细。查体见反应迟钝，言语对答欠流利，而且对时间、人物、地点、定向均有部分缺失，血压24/14.67 kPa，步态蹒跚，颈软，双肺呼吸音清，心率72次/min，律齐。四肢肌力Ⅳ级，双侧腱反射（＋＋），病理反射（－），双指鼻试验（－）。颅脑CT示：左基底节腔隙性脑梗塞，脑萎缩。西医诊断：高血压性脑动脉硬化症，脑梗塞，老年性痴呆病。辨证属肾精不足，气血亏虚，痰浊内生，痰火扰神。先治予清热化痰，安神定志，方用黄连温胆汤加减：黄连6g，远志8g，酸枣仁15g，茯神15g，半夏10g，陈皮10g，龙齿24g，磁石20g（先煎），朱砂3g（另兑入），生白芍20g，生地15g，丹参15g，甘草4g。连服5剂，1日1剂，并配合服纯珍珠粉2g，每日2次。药后患者情绪较稳定，夜寐好转，言语对答较清楚，言语错乱次数减少，小便失禁次数减少，已有自控能力，再服5剂，药已中病机，改服熟地黄15g，山茱萸10g，茯神15g，生怀山15g，菟丝子10g，当归10g，黄芪20g，龟版12g，鳖甲12g，合欢皮15g，胆星8g，远志8g，龙牡各20g，水蛭5g（研粉冲服）。上药加减服10余剂，精神好转，言清，面色红润，生活自理，愿与他人交谈，还能料理家务，随访至今未再复发。

按 患者久病未愈，加上年事已高，久则耗伤气血，肾精不足，不能荣养脑窍；因病后求治不及时，酿成痰火扰乱心神，因此急则先清心安神，静卧神安，口和纳谷，再进一步滋肾填精，精血滋生，髓海充盈，终使“呆症”日渐缓解，乃可取得满意效果。

2 脑出血

周某某，男，63岁，因言语謇涩10余天，伴反应迟钝,记忆力下降,吞咽呛咳,口角流涎而,于1998年6月7日由家属抬送入院。查体见:神志反应迟钝,完全性失语,查体欠合作,颈软,右鼻唇沟变浅,伸舌困难,心肺(-),四肢坠落试验(-),病理征未引出,双下肢腱反射对称(++),肌力Ⅳ级。舌强,舌暗红苔薄黄,脉沉弦。长期嗜酒10余年,1a前有中风病史,无明显后遗症。颅脑CI示:左颞叶血肿,脑萎缩,右基底节陈旧性脑梗塞。西医诊断:脑出血,脑梗塞,脑萎缩。辨证属饮食不节,痰热内蕴,耗伤肝肾阴津,阴血亏虚,血脉瘀滞,痰瘀互阻而致。方用导痰汤加减:胆星10g,石菖蒲15g,远志8g,陈皮10g,茯苓15g,半夏10g,全蝎5g,僵蚕12g,水蛭8g(研粉),生大黄6g,竹茹15g,钩藤12g。此方加减服20余剂,日服1剂。鼻饲灌服。此间曾配合静脉点滴清开灵、脑复康等药,患者反应日渐清楚,吞咽也日渐改善,拔掉鼻饲管。肢体功能肌力增进,并能发出单音。证见好转,加强益气养血通络,方用补阳还五汤加减,方药如下:生黄芪30g,当归10g,川芎10g,赤芍12g,桃仁10g,红花8g,水蛭6g,怀牛膝15g,石菖蒲15g,胆星10g,甘草5g,7剂,日1剂。药后患者能简单对答,肢体活动增强,精神好转。但出现纳食欠佳,苔少,便干,停上药加强健脾养胃阴,助运纳谷。方用沙参麦冬汤加减。药用沙参15g,麦冬15g,茯苓15g,麦芽20g,山楂肉15g,生扁豆12g,生怀山15g,郁金10g,石菖蒲10g,竹茹10g,连服8剂。患者胃纳佳,便调,精神好转,对答清楚,能自己行走。颅脑CT复查示:左颞叶顶叶血肿吸收好转,右基底节陈旧性脑梗塞囊变期。于1998年7月8日带药出院,随访至今,患者生活能自理,行走自如,并能做少许家务活。

按 患者由于长期嗜酒,久则酿成痰热;加上年事已高,肝肾阴精不足,血虚痰瘀互结阻络。急则先清热化痰通络祛瘀,痰去瘀通,缓则加强益气养血通络,取“旧血不去,新血不生”之意,促进颅内血肿吸收,改善颅内水肿,促进神经元的恢复,患者神志日渐好转,反应清楚,肢体功能恢复。而且年老患者,治病不能伐其正气,时时要顾其后天之本,脾胃运化功能健全,方能气血生成,血脉通达,荣养髓海,耳聪眼明,使重危患者痊愈出院。

3 脑萎缩

鲍某,男,78岁。反应迟钝,行走不稳,神倦乏力发作1周为主诉,于1999年8月9日由家属扶送入院。家属代诉:住院前2周,不慎感冒,出现畏冷发热,求诊当地医疗所,药后(具体用药不详)出现大汗淋漓,热退。但1周来自汗出,纳食减少,神倦卧床,反应迟钝,言语对答又清,二便时失禁,行走蹒跚。舌偏红,苔少而干,脉沉细偏数,既往无特殊病史。查体:血压16/11 kPa,神志反应迟钝,对答欠流利,时有错语,形体消瘦,面色欠华,双肺呼吸音清,心率85次/min,律齐,四肢肌力Ⅳ级,握力减弱,病理征未引出。颅脑CT示:脑萎缩,急诊血生化示:血糖3.78 mmol/L,血钙2.06mmol/L,血钾3.5 mmol/L。西医诊断:脑动脉硬化症,脑萎缩,电解质紊乱(低钾、低糖综合征)。中医诊断:痴呆症。证属气阴两虚,肾精亏虚,神明失养。治予滋阴补肾,健脾醒窍,方用左归饮加减:生地黄15g,熟地黄10g,茯苓15g,生怀山15g,枸杞15g,山茱萸10g,黄芪15g,白术30g,防风8g,石菖蒲12g,郁金10g,山楂肉10g,炙甘草5g。连服4剂,日1剂,配合静滴生脉注射液、川芎嗪注射液、脑复康。二诊:患者神志反应较清楚,言语对答较流利,纳食有增,小便能自控,诉行走仍欠稳,须他人搀扶。上方去防风、生地,加杜仲15g,桑寄生15g,巴戟10g,枳实10g,连服7剂,日1剂。其间嘱家属配合语言训练、思维图像训练、肢体功能训练,并且要增强食物疗法。患者诸症缓解,于1999年8月20日出院。9月初来院复诊,谈笑风生,生活能自理,并打算外出旅游。(许真真)

郭寿恒临床经验

【名老中医简介】郭寿恒 主任医师。第二批全国老中医药专家学术经验传承工作指导老师。在针灸临床诊治中,总结了“痿辟证”、“胃下垂”、“别络大钟穴的应用”、“慢性咽炎”等疑难病症的治疗方法。

过敏性鼻炎

1 方法

取28号1.5寸毫针,经常规消毒后,捏紧鼻头,沿鼻柱直刺入0.5~1寸,得气后留针15分钟,其间行针1次,手法平补平泻,隔日1次,同时配以双侧风池穴。

2 案例

例1 女,25岁,农民,因鼻痒鼻塞流清涕半年,于1997年6月10日初诊。患者半年前开始因感冒而鼻塞、流涕、咳嗽,后经治疗感冒已愈,而经常出现鼻痒,鼻塞流清涕,经多方治疗,诊断为过敏性鼻炎,服药无效,故前来针刺治疗。经此法针刺5次后,症状基本消除。

例2 男,22岁,评弹演员,1998年5月8日初诊。患者经常鼻痒、喷嚏、鼻塞流清涕六年余,每日清晨起床后约10分钟即鼻痒,喷嚏不止,流清涕、鼻塞呼吸不畅,半小时约要用去一卷卫生纸后,诸症方消失。曾服用多种抗过敏药,但效果不显,听人介绍针刺可治此疾故来求治。初诊后,隔日复诊时述,晨起流涕量明显减少,喷嚏亦缓解,经同样方法治疗9次后,诸症晨起基本消失。

按《证治要决》说:“清涕者,脑冷肺寒所致。”鼻鼽主要是由于肺气虚,卫表不固,腠理疏松,风寒乘虚而入,犯及鼻窍,邪正相搏,肺气不得通调,津液停聚,鼻窍壅塞,遂致鼻塞、喷嚏、流清涕。头面为诸阳所聚,鼻居面中为阳中之阳,而督脉为“阳脉之海”,具有调节全身阳经之气的作用,且督脉沿额正中下行到鼻柱至鼻尖端。素髎穴即位于鼻尖,具有开窍,宣通壅塞之效,故刺之可以调节鼻部之经气,且沿鼻柱方向刺入,针刺面积较大,直接作用于鼻甲、粘膜,以改善鼻腔之堵塞,减少分泌。因此可以取得较好疗效,加风池以散风,使肺不受邪 ,宣降正常,则鼻窍得通。

郭维琴临床经验

【名老中医简介】郭维琴(1940~)女。北京市人。教授,主任医师,博士生导师。1965年毕业于北京中医学院。原北京中医药大学东直门医院院长。享受国务院特殊津贴。第一届卫生部进口天然药专家委员会副主任委员,第七届卫生药典委员会委员,第四届北京中西医结合会副主任委员,卫生部药物保护品种委员会委员。第四批全国老中医药专家学术经验继承工作指导老师。从事中医内科临床、教学、科研工作30余年,擅长治疗冠心病、心绞痛、心肌梗塞、心肌炎、心肌病、高脂血症、动脉硬化、风湿病等疾病。先后主持局级以上课题2项,作为主要成员参与部、局级以上课题3项,获部、市级科技进步奖2项,北京中医药大学科技成果奖4项。主编、参编著作7部,发表论文30余篇。

病态窦房结综合征

1 认识

病窦综合征相当于祖国医学的“心悸”“怔忡”“迟脉证”“眩晕”“胸痹”“厥证”“脱证”等范畴。《诊家枢要》云:“迟为阴盛阳亏之候,为寒、为不足。”说明迟脉为阳虚之象。阳主动,阴主静。心之阳气亏虚,则阳不胜阴,其动失用,脉来迟缓。且从临床观察病历分析,大多数患者有全身乏力、畏寒、胸闷、手足不温、头晕或有晕厥史,脉象以迟脉为主伴有结、代脉等,舌胖有齿痕,故阳气虚衰为此病之本。虽也有快慢兼有者,但其数而无力,为阳损及阴,阴极似阳之象,仍为本虚所致。肾阳不足,不能温煦心阳,心之阳气不足,鼓动无力,心肾阳虚,阴寒内盛,可导致脉道不畅,血液瘀滞。“不通则痛”,出现胸闷、胸痛,反应在舌质则有瘀点或瘀斑。综上所述,本病以心肾阳虚为本,血脉瘀滞为标。病程迁延日久,阳损及阴,可出现阴阳两虚之重证。总属虚证、寒证、瘀证。

2 治疗

基于心肾阳虚、血脉瘀滞为病窦综合征的主要病理基础,遵循“虚者补之”“寒者热之”“劳者温之”、“益火之源以消阴翳”为原则。郭维琴主要采用益气温阳活血法来治疗,重在整体调节,标本兼顾,扶正祛邪。以自拟复窦合剂(党参、炙麻黄、仙灵脾、川芎等)为主治疗病窦综合征。

现代药理研究认为:人参能兴奋神经－垂体－肾上腺皮质轴,能使心脏的收缩加强。其作用特点与强心苷相似。因人参价格昂贵,则用党参代人参。麻黄有温和而持久的收缩血管作用,对心脏与血管作用类似肾上腺素,可使心率增快。黄芪对心脏也有加强收缩的作用。郭维琴常用党参、炙麻黄、黄芪,来提高心室率,增强心肌收缩力,改善冠脉供血,加快房室传导作用。温补肾阳、补益肾精药物主要选用仙灵脾,仙茅、肉苁蓉、补骨脂、山茱萸、鹿角胶等。病窦综合征病史较长,治疗非一日之功,需要长期服药治疗。阳药久服易化燥伤阴,并且“阴中求阳”,阳得阴助,则生化无穷。故在补阳药中加一些阴药反佐。例如:山茱萸、女贞子、枸杞子等。巴戟天为阳中阴药,也多使用。阴阳两虚者可加养阴药,例如:麦冬、元参等。据报道,麦冬也有强心作用。用之较宜。生地可减慢心率,一般不用。现代药理研究表明:活血化瘀药对改善微循环、增加冠脉流量、抗心律失常等有良好疗效,有利于改善窦房结血供,以改善其功能,故选用川芎。既可上行头目,又可中开郁结。研究证明:川芎嗪能对抗儿茶酚胺、5-羟色胺所引起的动脉痉挛,能降低脑血管阻力,增加脑血流量,使脑细胞的缺血缺氧得到改善;并抑制血小板聚集,改善微循环。若嫌活血力度不够,还可酌加红花、桃仁、丹参、鸡血藤、郁金、蒲黄、三棱、莪术等。若胸闷明显者,可酌加郁金、枳壳等;心烦失眠者,可用合欢皮、远志、炒枣仁等;血压高或兼有头晕、头胀者,可酌加天麻、钩藤、炒山栀、牛膝等。肢体麻木者,可加用鸡血藤、木瓜、地龙等;若形体肥胖,胸脘痞闷,舌苔白腻者,加瓜蒌、薤白、半夏、砂仁等;食欲不佳者,加用半夏曲、焦三仙、炒莱菔子等;大便干燥者,可加用全瓜蒌、熟军、生白术、生首乌等;大便溏薄者,加用苍白术、茯苓等。

3 病 案

谢某,男,57 岁。1 年前无明显诱因出现心慌、乏力,未经正规治疗。1 月前患者回家途中发生晕厥,诊为"病窦综合征",建议装起搏器。患者拒绝,遂慕名来诊。自述其每日自测心率波动于 39～65 次/分,静止时尤其夜间心率慢,活动后心率可达到 60 次/分以上。现患者偶感心慌,并觉左胸憋闷,呈阵发性,乏力,眩晕,畏寒,夜寐欠佳,食欲正常,小便频,大便正常。查心率 48 次/分。血压 130/75mmHg。舌胖有齿痕、质暗、苔薄白、脉沉缓。当日查 24 小时心电图示:①窦性心动过缓伴不齐(窦房结内游走节律),最慢心率 37 次/分,最快心率 67 次/分;②窦性停搏(最长 2.37s,RR 间期 >2.0s,98 个/24 小时);③偶发房早,偶见成对出现(单发 25 个/24 小时,成对 1 个/24 小时,次连发 1 个/24 小时);④偶发室早,可见间位室早(单发 28 个/24 小时)。根据此患者症状、体征,辨证属于心肾阳虚,血脉瘀滞之证。药用党参 15g,黄芪 15g,炙麻黄 10g,仙灵脾 20g,补骨脂 10g,川芎 10g,红花 10g,郁金 10g,枳壳 10g,巴戟天 10g,菟丝子 20g,麦冬 10g,合欢皮 20g,远志 10g,炒枣仁 10g。水煎服。每日 1 剂。以此方为基础加减用药治疗 3 个月后,患者自述 60 次/分以上心率较前明显增多,活动后可达 80 次/分。已无乏力及眩晕感,精神体力增强,无明显不适感。当日查 24 小时心电图示:①窦性心率,最慢心率 50 次/分,最快心率 83 次/分;②窦性停博 1 个,最长 2.0s;③偶发房早,24 个/24 小时;④偶发室早,13 个/24 小时。患者信心倍增。嘱其继续服药以巩固维持。(张 莹 梁晋普)

心力衰竭

郭维琴认为,从心衰的脉舌症表现来看,可分为气虚、阳虚、阳脱及气阴两虚等证候类型,各证型之间不是孤立不变,而是相互关联和相互转化的。同一患者,在整个病程中,以上各型都可能出现,但无论如何,气虚血瘀、阳虚水泛却是其最主要的病机。心气虚,心失所养而心悸不宁;心阳不足,则阴寒之邪上乘,水饮不化,水气凌心则心动悸;脾肾阳虚,痰饮上泛于肺,则喘息咳吐白色或粉红色泡沫痰;水液不化,泛滥肌肤则水肿;心阳不足,无力鼓动血脉,便出现血脉瘀阻之象。总之,气虚血瘀、阳虚水泛涉及心肺脾肾四脏。气虚、阳虚为本,瘀血阻滞、水饮内停为标,故为本虚标实。

郭维琴在治疗心衰的过程中,紧紧抓住益气活血、温阳利水这个重要的治疗原则,常用的基本方是:黄芪 30g,党参 30g,益母草 10～15g,泽兰 10g,桂枝 6～10g,北五加皮 4～10g,制半夏 10g。方中以党参、黄芪益气,益母草、泽兰活血利水,桂枝、北五加皮温阳利水,制半夏化痰止呕。随证加减:咳嗽喘息不得卧者加苏子、葶苈子、桑白皮、白果等;水肿明显伴咳吐稀白痰涎者加白术、茯苓、猪苓、车前子、白芥子等健脾利水、祛痰之品;若阳虚畏寒肢冷明显者加附子、菟丝子、仙茅、补骨脂等温补肾阳;久服桂枝者加麦冬以免温燥;有阴虚表现者去桂枝,加麦冬、五味子;顽固性心衰、心脏扩大者,北五加皮用量减少,有呕吐者加竹茹、生姜;若见阳脱,可用生脉饮、四逆汤合方,益气回阳救逆,并配合相应的西药,以图转危为安。

上述补气、活血、利水之中药,与强心、利尿、扩张血管之西药有协同作用,共奏促进心肌收缩力,减轻心脏负荷,提高有效循环血量,减少血液粘滞度,改善微循环,促进细胞代谢的作用,从而缩短了病程,提高了疗效,另外,还使洋地黄中毒的发生率减少。

病案举例:杨某,男,59 岁,1977 年 11 月入院。证见:心悸喘息不得卧,咳吐白色泡沫痰,量多,咳时伴大汗出,乏力肢冷,食欲欠佳,口干不欲饮,舌质紫暗,苔白,脉细而代。检查:心率 106 次/min,心律不齐,强弱不等,二尖瓣区可闻及Ⅲ级收缩期及舒张期杂音,两肺底闻及细小湿罗音。双下肢水肿(++),口唇爪甲紫绀。郭维琴认为,此患者是脾失健运,肾失气化,水饮内停,上泛心肺;治宜益气活血,温阳利水，化痰定喘。处方：党参30g，黄芪30g，泽兰10g，益母草12g，桑白皮12g，葶苈子30g，桂枝6g，猪苓15g，茯苓15g，车前子15g，远志6g，大腹皮10g，白术10g。3剂，水煎服，日1剂。3日后，患者咳喘减轻，能高枕卧位，痰量减少，尿量增加，下肢水肿（±），心率88次/min，律不齐，强弱不等，苔薄白，脉细而代。原方再进3剂。药后患者能平卧，不喘，心不慌，精神转好，食欲增进，能下地活动，仍在原方基础上随症加减，带药出院，休息巩固治疗。（谭路芸）

肺梗塞

1 病 案

闫某，男，29岁，2004年7月29日诊。胸憋闷20余日，病史：20天前感冒不发烧，上厕所时突然胸憋闷，胸痛，呼吸困难，一过性晕厥，家属发现患者时大汗淋漓，口唇紫绀，伴有心慌症状。急送到石景山医院入院治疗，做心电图示：心律失常。急查血清心肌酶正常，头部及胸部CT均未见异常。胸部X线检查：心肺未见异常。查血气分析：动脉氧分压74.9mmHg，氧总量示16.2mL/dL，肺泡与动脉po30.3mmHg。初步诊断：肺梗塞。给予肝素（剂量不详）抗凝治疗，未给溶栓治疗，治疗效果不理想，因经济原因未进行放射性核素扫描检查。故出院来东直门医院就诊。现证：一阵阵心慌，胸骨后憋闷呈阵发性，每次可持续10min左右，活动则加重，乏力失眠，食欲好，二便正常。既往：体健，否认慢性支气管炎、心肌病史。刻诊：舌唇爪甲紫绀，苔腻微黄，舌胖有齿痕，舌黯有瘀斑，脉沉略弦，心率60次/分，心律齐，两肺未闻及干湿罗音。血压：110/70mmHg，血氧分压74.9mmHg。郭维琴诊后辨证：气虚血瘀。治则：益气活血，养心安神。药用：党参、生黄芪各15g，丹参20g，红花、莪术、郁金、枳壳各10g，鬼箭羽12g，灵磁石（先下）30g，远志6g，炒枣仁10g，珍珠粉0.6g（分冲）。8月5日二诊：药后心慌、胸憋闷减轻，睡眠亦好转，食欲好，二便正常，苔薄白腻，舌胖有齿痕质黯，脉沉无力，心率60次/分，心律齐，血压110/65mmHg。双肺未闻及干湿罗音。上方减鬼箭羽、珍珠粉，加三棱、合欢皮、夜交藤加强破血作用，重镇安神，以治疗胸闷，心慌。7付水煎服。8月12日三诊：昨日散步时，心慌胸憋闷发作1次，睡眠好，食欲好，二便正常。苔薄白腻，舌胖质黯淡，脉沉无力。心率80次/分，心律齐，血压：110/65mmHg。上方减合欢皮、夜交藤、桃仁。7付水煎服。8月26日四诊：自觉胸憋闷减轻，心慌亦减轻，食欲好，二便正常，苔薄舌质黯淡，舌胖有齿痕，脉沉弦。心率64次/分，心律齐，血压100/70mmHg。查：心电图：窦性心律，T波V4、V5、V6低平。查血：甘油三酯增高。上方加菟丝子补阳益阴、三七粉0.6g（分冲）活血化瘀，及山慈菇、金银花活血软坚，破瘀。守方服用21付。10月13日五诊：药后胸憋闷明显减轻，体力增强，已能去郊外登山，精神好转，活动亦不感胸闷，食欲好，大便溏，每日2～3次，舌苔薄腻，舌质黯淡，舌胖，脉沉寸口盛。心率84次/分，心律齐，双肺未闻及干湿罗音。复查血气分析：血氧分压已正常，心电图提示：窦性心律，正常心电图。上方加苍术、白术、川芎各10g，茯苓15g。健脾利湿，继续服用以巩固疗效。

2 讨 论

肺梗塞属于中医学肺痹范畴。《类经》曰：“痹者，闭也，风寒湿三气杂至，则壅闭经络，气血不行而病为痹”。《类证治裁》曰“诸痹……良由营卫先虚，腠理不密，风寒湿乘虚内袭，正气为邪所阻而不能宣行，因而留滞，气血凝滞，久而成痹”。说明了痹证经络壅闭、气血凝滞的病机特点。肺痹并非一般的外感咳喘，与哮喘、支饮等以咳喘为主症的其它肺病不同，虽然肺痹亦可能与上述病证出现类似证型，但在病因病机、发展预后等方面有其自身规律，《内经》对此已有论述：“痹入脏者死”，说明肺痹预后不良，而一般外感咳喘、支饮等肺病预后并非如此，肺痹经络壅闭、气血凝滞之病机亦与上述肺病不同。故在治疗上注重调节肺脏功能与活血通络两个方面。本案治疗原则：益气活血，养心安神。整个过程中，郭维琴注重益气活血化瘀。气衰无以推动，血必因之而瘀阻，故方中用党参、黄芪补益中气，两药均归脾肺二经，肺主气，心主血脉，气为血帅，气行则血行；临床灵活运用活血化瘀药物：血瘀症状较轻，如胸痛偶尔发生，半小时内可自行缓解者，用丹参、赤芍、川芎养血活血；血瘀症状稍重，如痛有定处，每天疼痛时间少于3h，按之痛甚，服一般药物可缓解者，用桃仁、红花、鬼箭羽等活血化瘀，通经络；血瘀重，如痛有定处，持续疼痛，疼痛难禁、拒按者用三棱、莪术破血祛瘀，行气止痛。本方中运用丹参活血祛瘀，凉血消痈，养血安神，动物实验观察丹参可影响血小板聚集，使血栓溶解，丹参能抑制胆固醇升高，能使受损伤血管的内膜、中膜增生减轻，能抑制血管平滑肌细胞增殖；鬼箭羽具有散风祛湿、止痛、活血化瘀功效，临床研究具有降低血脂、抑制血小板凝集作用；灵磁石、远志、炒枣仁、珍珠粉祛痰开窍，宁心安神治疗心悸症状。郁金、枳壳、片姜黄等以理气助血行，提高活血化瘀的效果；山慈菇、连翘、金银花均为清热解毒药物，实验研究发现血小板聚集黏附，释放血小板源性生长因子，其对血管平滑肌细胞有明显的促增殖作用。临床实验观察金银花、连翘能不同程度地抑制血管平滑肌细胞增殖，山慈菇阻滞细胞有丝分裂，使细胞分裂停止在中期，起到软坚散结、化瘀的作用，应用清热解毒药物防止再次形成梗塞，巩固愈后。（于彦）

郭宪章学术思想

【名老中医简介】郭宪章（1933～）河南省洛阳人。主任医师。1960年毕业于兰州医学院。原中医骨伤科医院院长。甘肃省中医药学会理事长。第三批全国老中医专家学术经验继承工作指导老师。从医40余年，积累和总结出了郭氏正骨手法和方药，临床疗效显著。发表论文多篇。

1 重视中医学整体观在骨伤科的指导意义

郭宪章认为，中医骨伤科是中医学宝库中的主要组成部分，它以中医学基本理论为指导，中医整体观是中医骨伤科的理论核心。在临床治疗上，郭宪章认为要根据伤情，辨伤气血、伤筋骨、伤经络、伤脏腑等，采取相应的治疗措施，给予整体上的治疗。郭宪章指出在学习中医骨伤科的同时，应认真学习《内经》、《伤寒论》、《金匮要略》等经典著作，努力钻研历代名家有关骨伤科的著作和经验，以中医理论的整体观为指导，才能在骨伤科临床上取得令人满意的效果。

2 对骨伤科治疗原则的认识

在骨伤科的治疗原则方面，郭宪章主张内治和外治并重，局部与全身兼顾，静养（包括固定）和活动（主动练功和被动练功）互补，手法与药物并用，辅之以“器械”以达到治疗的目的。在临床上将骨伤内伤证分为伤气、伤血和气血两伤，或根据伤势深浅分为伤腠理、伤经络、伤筋骨、伤脏腑等。由于气血循行于经络，且相互依存，相互资生，不能截然分开，伤气必然伤血，伤血也必然伤气，不过两者所伤有轻重不同而已。因此，在治疗过程中，要气血兼顾而各有偏重。单纯地伤气或伤血在临床上是不多见的。此外，重视局部损伤与全身调护的关系，由于经络内联脏腑，外络支节，“肢体损于外，气血伤于内”，则“营卫有所不贯，脏腑由之不和”，故除局部施以外治（手法、涂药、包扎、固定、熏洗等），还要根据部位、受伤时间、经络循行及脏腑征候，给予必要的内治，方可收到预期的疗效。

3 继承发展

郭宪章常言，伤科治疗应根据伤之新陈、伤势轻重、伤者年龄、体质强弱等辨证用药。一般来说，伤症初期有瘀宜破之，失血宜补而行之；中期瘀去而不尽，虚实相兼宜和之；晚期气血亏损宜补之，但是，在临床用药时，还应依不同病例而具体分析，如外伤初期，身体虚弱者不宜猛攻急下，出血过多者还应补而行之。晚期虽以补气血为主，也可健脾、益肝、固肾、通利关节，补中兼通。

郭宪章在用药方面，简单明了，针对性强，在继承郭氏家传秘方基础上，不断创新，已有许多验方在医院成为协定方剂。加“损伤散”、“消定膏”在我省已成为治疗跌打损伤的首选药物，深受广大患者的青睐。

手法是治疗骨伤科疾患极为重要的手段，手法的优劣，直接影响伤证的预后。郭宪章承其家学，结合现代医学技术总结出一套伤科治疗手法，即“摸、离、推、按、端、托”六法，要根据骨折部位、移位情况、肿胀程度及肌肉损伤等情况施以手法，不能墨守一法一式，要结合具体病情，灵活应用。

固定与手法同样重要。若有良好的手法复位，但没有有效的固定，则骨折仍可再移位，所以，郭宪章非常重视外固定，并对某些固定方法加以改进，如锁骨骨折，以往大都采用“双圈”或“8”字固定，而他采用“大小8字”固定，经临床证实，固定牢靠，效果较好。（陈列）

郭志强妇科临床经验

【名老中医简介】郭志强（1940～）教授，主任医师，研究生导师。原北京中医药大学东直门医院医务部主任。世界中医药学会联合会妇科专业委员会常务理事，国家教育部直属高校卫生技术职称评审委员，中国性学会中医药专业委员会委员，中华中医药学会北京妇科专业委员会副主任委员，北京中西医结合学会妇科专业委员会顾问，北京医学会医疗事故技术鉴定专家库成员，《北京中医药大学学报》编委等。享受国务院政府特殊津贴。第三批全国老中医药专家学术经验继承工作指导老师。从事妇科医疗、教学及科研工作40余年，擅长不育不孕及痛经、月经不调等疾病。发表论文30余篇，主编《中医妇科治疗大成》《现代中西医妇科学》《中医妇科临床手册》《妇科病中医诊疗》等8部，参编《中医妇科学》（全国规划教材）《中医症状鉴别诊断学》《中医证候鉴别诊断学》等10余部。

临床经验

不孕症

1 女子阴常不足，阳非有余

古有"阴常不足，阳常有余"之说，郭志强认为，妇人一生经历经孕产乳，阴血数耗，"阴常不足"之说不容置疑，然而现代人生活环境改变，如夏日贪凉，冷饮制品、寒凉瓜果的过多摄入，着装前露脐、后露腰以及赤脚穿凉鞋的生活习惯，也往往导致阳气不足的体质。因此，郭志强在治疗不孕症时，益气养血的同时，非常重视补肾壮阳以"益火之源"。常用药如：巴戟天、淫羊藿、锁阳、菟丝子、当归、杜仲、枸杞子、山药等。

2 内治主以调周法

郭志强认为，肾为阴阳之本、生殖之根，经水出乎肾，在肾的主导以及肝藏血、脾统血、心主血、肺主气帅血的共同作用下，冲任胞宫才发生周期性阴阳气血盈亏消长变化，据此提出了中药调周序贯疗法。

2.1 行经期（月经期）

行经期为重阳转阴，相当于黄体退化－子宫内膜剥落期，排出经血，让位于阴长，胞宫由经前的充盛而渐至空虚，而胞宫的生理特点是泻而不藏，经血以通为顺，治宜因势利导，顺应胞宫的泄经作用，要以通为用，宜通不宜涩，加之此期胞宫相对空虚，郭志强治疗以养血、活血、通经为主，方用养血调经汤（党参、莪术、益母草、当归、赤芍、川芎、牛膝等）。如寒重者加肉桂；瘀重者加桃仁、红花等。月经第1～3日连服3剂。

2.2 经后期（卵泡期）

此期为阴长期，相当于卵泡发育期，月经既行，胞宫空虚，肝肾精血不足，子宫内膜剥落后开始增生，治宜调节脏腑气血，使冲任精血渐渐充盈，下注胞宫，以修复子宫内膜。采用滋补肝肾，培补气血法，方用育胞汤（菟丝子、女贞子、当归、熟地黄、党参、益母草、续断、牛膝等）。阳虚明显者加锁阳；气虚明显者加黄芪；大便溏薄者加炒白术。月经第4天起连服10～12剂。

2.3 经间期（排卵期）

此期特点为阴长达重阴，重阴在氤氲状的气血活动下转化，排出卵子，让位于阳，此时应以滋补肝肾为主，佐以温阳活血，促进阴阳转化，胞脉通畅，而顺利排卵。方用促排卵汤（当归、丹参、党参、续断、何首乌、益母草、牛膝等），临证可酌情加入肉桂、淫羊藿等以加强补肾阳作用，促进由阴向阳转化。从见较多透明拉丝状白带起服至基础体温（BBT）升高停药。常服3～5剂。

2.4 经前期（黄体期）

此期为阳长期，阳长则阴消，阴消为阳长，测量BBT可观察到阳长后体温升高，呈高温相变化，阳气鼓动，万物生发，阳长的目的在于温养子宫，为受孕提供孕育环境和条件，脾肾是经血之本源，又是安胎养胎之根本。故治疗以温养脾肾而固本，未孕能调经，已孕可养胎安胎。方用两固汤（熟地黄、山药、菟丝子、当归、续断、淫羊藿、锁阳等），从基础体温升高起服至经行，可服14剂左右。

3 根据病情辅以外治

对于慢性盆腔炎、输卵管阻塞或输卵管形态不好及子宫内膜异位症而致的不孕症，可用化瘀宁坤液，异位痛经灌肠液（两药均系北京中医药大学东直门医院院内制剂）100mL，温度39～41℃保留灌肠，每晚睡前1次，经期停用。慢性盆腔炎、盆腔炎性包块、陈旧性宫外孕等。亦可以透骨草、熟附子、桂枝、路路通、三棱、莪术、水蛭、昆布、赤芍、当归、牡丹皮、桃仁等用温水加盐拌匀，沙布包扎，外撒黄酒15～30g，上笼蒸20～30分钟，热敷双侧附件部位。而对于慢性宫颈炎、子宫内膜异位症后穹隆有触痛结节者，郭志强自配消毒散（血竭、石膏、青黛等）宫颈或后穹隆上药，可以治愈中、重度糜烂，并促进妊娠。

4 典型病案

李某某，女，33岁，2007年1月18日初诊。结婚7年，未避孕一直未孕。男方体检正常。2005年行试管婴儿术未成功。B超示：子宫附件无异常。性激素六项检查正常。子宫输卵管通液术示：左侧通畅，右侧通而不畅。妇科检查无明显异常。自测基础体温呈不典型双相。月经生育史：13岁初潮，经期5～7天，周期28～30天。末次月经2007年1月14日，量中等，色暗红，有中等量血块，轻微痛经。平素易乳胀、腰酸、大便正常，夜尿1次。舌质淡红、边有齿痕、苔薄白、脉弦细。劳累紧张后，月经周期缩短，经期延长。予中药调周序贯疗法配合保留灌肠。①方：菟丝子15g，女贞子15g，何首乌15g，党参15g，益母草15g，续断20g，牛膝15g，紫河车10g，淫羊藿10g，肉桂10g，12剂。服至BBT升高止。②方：熟地黄15g，山药15g，菟丝子15g，当归15g，续断20g，淫羊藿10g，锁阳10g，牛膝15g，巴戟天10g，熟附子10g，党参15g，炒白术15g，14剂。基础体温升高起服至经行。③方：党参15g，莪术15g，丹参15g，益母草15g，当归15g，赤芍15g，川芎10g，熟地黄15g，泽兰12g，牛膝15g，肉桂10g，桃仁12g，红花12g，3剂。月经1～3天服用。④方：化瘀宁坤液100mL，保留灌肠，每日1次，睡前用。4月18日二诊：上方循环使用3个疗程，未诉不适，BBT双相，高温期13天。3月21日子宫输卵管造影示：双输卵管道通畅、迂曲。继前述方药加减治疗4个月，2007年8月15日来诊，自述末次月经2007年7月4日，7天净，基础体温升高24天，8月11日查β－绒毛膜促性腺激素（β－HCG）2.664IU/L。B超示：宫内孕7周。足月顺产一男婴。（沈成飞）

遣方用药

慢性盆腔炎

1 病机特点

郭志强认为慢性盆腔炎的病机特点以血瘀、湿阻、寒凝为主。血瘀是慢性盆腔炎的基本病理改变，贯穿于慢性盆腔炎的始终；湿浊损伤任带是发病的重要因素；慢性盆腔炎寒证多而热证少。瘀、湿、寒三者交结，致慢性盆腔炎迁延难愈。

1.1 血瘀是基本病理改变

①从妇女的生理特点上看，女子经、孕、产、乳皆以血为用。冲为血海，任主人身之精血津液，为阴脉之海。妇人经期、产后血室正开，余血未尽，易为六淫、七情、饮食、劳倦及房劳所伤，影响冲任气血运行以致成瘀为患。如感受寒邪或阴寒内盛，寒性凝滞，血遇寒则凝滞，滞而成瘀；或热邪入里，煎熬于血，耗伤津液，使血液浓浊稠粘，循行不畅而成瘀；或湿浊之邪下注，湿性重浊，易困遏气机，气血运行不畅，湿与血结而成瘀为患，即《灵枢·百病始生》篇云："湿气不行，凝血蕴里而不散。"或情志失调，气机不畅，盖肝经布少腹，循阴器，肝气郁滞，疏泄失常，血随气结亦常为瘀；或手术损伤，如人工流产、上环、取环、手术产等操作不慎，使冲任直接损伤，影响血气运行而为瘀。

②从临床症状来看，慢性盆腔炎的症状特点亦多为血瘀之表现。①痛有定处。临证多见小腹一侧或两侧疼痛，痛处固定不移。《医林改错》指出："凡肚腹疼痛总不移动是瘀血。"②有形可征。正常盆腔附件、韧带多不能触及，在发生盆腔炎症的情况下，通过妇科检查，可触及输卵管增粗，或有包块，盆腔结缔组织增厚、推揉不散等有形之征。③疼痛拒按。下腹部有压痛，或妇科检查时触及病变的子宫、输卵管、卵巢或宫旁结缔组织时，患者常出现局部压痛、拒按，皆属血瘀之征。④月经淋漓不净或量多。由于瘀血阻于冲任，新血不得归经，以致经血妄行。如《金匮要略·妇人妊娠病脉证并治》说："所以血不止者，其癥不去故也。"⑤舌质紫暗，或有瘀斑、瘀点，脉涩，亦为血脉瘀滞、运行不畅之象。⑥本病病程较长，往往迁延难愈。叶天士云"久病入络"，即病久则邪气易于深入血络，致血瘀不畅。

③现代实验研究也证实"血瘀"作为慢性盆腔炎的基本病理改变是有客观依据的。郭志强系统总结了298例慢性盆腔炎患者的盆腔血流图、甲皱微循环及血液流变学参数变化，发现其存在盆腔血流量降低，循环功能障碍；血黏度升高，血液流动减慢；微循环灌注量减少等病理改变，支持"血瘀"为患。

1.2 湿浊之邪损伤任带是发病的重要因素

带下量多是慢性盆腔炎的主症之一，郭志强临床总结298例慢性盆腔炎患者，带下量多者占58.72%。《济阴纲目》中"带下三十六病"的有关论述颇似盆腔炎的症状及体征。中医认为带下病主湿邪为患，有"诸带不离乎湿"的说法。因此，慢性盆腔炎的发生与湿浊有密切关系。湿为阴邪，其性重着趋下，易袭阴位，《素问·太阴阳明论》说："伤于湿者，下先受之。"盆腔位居下焦，最易遭受湿邪侵袭而致病。至于感受寒、热之邪，亦多夹湿为患。湿浊之邪可直接感受，即外湿；亦可作为病理产物而成继发的致病因素，即内湿。外湿多因体虚或血室正开之际，湿浊之邪乘虚而入，直接损伤任带二脉。内湿则由脏腑功能失常而致，脾阳虚则健运失司，肾阳虚则气化不利，或肝郁脾虚，脾失健运，水湿内停，流于下焦而致病。此外，血瘀亦可致湿，"血不利则为水"。血脉瘀滞，血行不畅，血中之津液亦壅滞，渗出脉外而为水；血瘀致气机不利，使水液不能化气而成湿。因此,在诸多病因中,湿浊下注是慢性盆腔炎发病的重要因素。

1.3 寒证多而热证少

郭志强认为,急性盆腔炎起病急、病程短、正邪斗争比较剧烈,临床特点为发热、腹痛、带下臭秽,以湿热血瘀之证居多。而慢性盆腔炎病程缠绵,或起病较轻缓,临床表现以腹痛喜温、腰骶酸痛、遇劳则剧、月经色暗有块、体倦乏力、畏寒肢冷、舌淡暗或有瘀斑瘀点为最常见,寒象比较突出。其寒之形成,一是外感寒湿之邪直伤冲任,寒为阴邪,易伤阳气;湿为阴邪,易困遏阳气,致阳气受损,失于温煦而内生阴寒。二是急性期过用苦寒之品。本病多由急性期迁延而来,急性期之表现多为湿热毒邪炽盛,若过用苦寒清热之品,则易损伤阳气使正虚邪恋而成慢性。三是失治误治,有部分患者表现为带下色黄,而小腹疼痛不温或冷痛,临证易被黄带所惑,辨为湿热而误用寒凉之重剂,酿成阴霾久羁。郭志强认为此乃脾虚不能运化水湿,湿浊内生,下注任带二脉,日久变生黄带,而小腹冷痛不已,为假热真寒之象,非湿热之证可比。此外,临床上亦可见到少数患者出现小腹灼热疼痛、腰痛、带下黄稠、低热或无发热、小便黄、大便干、舌红、脉细数等症状,证属湿热瘀结,其治另有立法。

2 化瘀宁坤液

2.1 组方特点

化瘀宁坤液由水蛭、附子、桂枝、三棱、莪术、赤芍、丹皮、没药、昆布、槟榔、败酱草、虎杖、红藤等组成,是郭志强二十多年来治疗慢性盆腔炎的经验方。根据慢性盆腔炎的病机特点为血瘀、湿阻、寒凝,故立温经活血、祛湿止带之法。郭志强对奇经八脉之瘀滞,多用血肉有情之品以峻破其结。方中水蛭为君药,化瘀消癥,具有虫类搜剔之性,能达隐曲之所,祛络中之邪,破瘀血而不伤新血,《本草汇言》谓水蛭“逐恶血瘀血之药也”,张锡纯亦云:“凡破血之药多伤气分,惟水蛭味咸专入血分,于气分丝毫无损,而瘀血默消于无形,真良药也。”附子辛热,通达十二经,走而不守,能温经散寒,血得温则行;又可助阳扶正,振奋衰弱的机能以抗邪,与水蛭共为君药。三棱、莪术破血行气,消积止痛,人皆以其开破力峻而不敢轻用,张锡纯却称之为“化瘀血之要药”,“性非猛烈,而建功甚速”,郭志强临床上亦喜用此二药以活血化瘀。赤芍、丹皮活血化瘀,消肿止痛,善行血分之瘀滞。桂枝辛甘温,辛温发散,甘温助阳,可行里达表,有温经通阳、温阳化气祛湿之功,以上诸药为臣药。没药散血祛瘀,消肿定痛,又能祛腐生肌排脓。昆布取其咸能软坚散结之功。败酱草、虎杖、红藤均味苦,苦能燥湿,故取其祛湿之功以为佐药,且有活血化瘀止痛的作用,入大肠或肝经,性下行,能直入病所。《本草纲目》谓败酱草“古方妇人科皆用之”,《药性论》云:“败酱善排脓破血,主破多年瘀血。”槟榔行气消积,功在下焦尤著,俾气行则血行。上药共为佐药。

2.2 给药途径

采用保留灌肠的方法,药物透过直肠黏膜而被吸收。用法:患者每晚睡前排空二便,左侧卧位,药物温度 39～41℃,用 14～16 号导尿管插入肛门15cm,缓慢注入药物100mL,保留40min 以上,每日1次,经期暂停。直肠给药有以下几个优点:①比口服吸收快。②药物温热产生的物理效应可以促进盆腔血液循环,利于炎性渗出的吸收。③避免胃肠酸碱或酶对药物的破坏。④减少药物对肝脏的毒副作用和对胃的刺激。⑤通过直肠黏膜吸收,使盆腔局部药物浓度较高。

3 典型病案

黄某,女,28 岁,已婚,河北农民,2001 年 4 月 13日初诊。人流后小腹坠痛 3 年。1998 年 2 月人工流产 1 次,此后出现小腹坠痛,时轻时重,经期、劳累、同房后加重,小腹喜温喜按,带下量多,色白,质稀,腥臭,腰酸,四肢不温,经期延长,7～8 天干净,经色暗,有血块。舌质淡暗,苔薄白,脉细涩。近 2 年未避孕一直未孕。妇科检查:子宫后位,正常大小,活动差,压痛明显;双附件区条索状增粗,压痛明显;骶韧带增粗,有牵拉痛。子宫输卵管碘油造影示“双侧输卵管不通”。诊断为“慢性盆腔炎,继发不孕”。中医辨证属寒湿瘀阻,瘀阻冲任、胞宫,不通则痛;两精不能相合,则不孕。治以温经活血、祛湿止带,方用化瘀宁坤液。处方:水蛭 10g,附子 10g,桂枝 10g,三棱 10g,莪术 10g,赤芍 12g,丹皮 12g,没药 10g,昆布10g,败酱草 15g,槟榔 10g。浓煎 100mL,每晚 1 次保留灌肠,经期停用。连用 2 个月后复查,腹痛消失,带下量减少,经期血块减少,妇科检查:子宫及双附件压痛明显减轻,骶韧带牵拉痛消失。输卵管通液示“双侧输卵管通畅”。仍守原方,去槟榔、昆布,继用 1 个月后停药。2001 年 10 月中旬因月经逾期未至,查尿早孕阳性,2002 年 6 月顺产一健康女婴。(刘艳霞)

哈孝贤妇科临床经验

【名老中医简介】哈孝贤(1939～)回族，河北保定人。教授。1963年毕业于天津中医学院本科。现任天津中医药大学中医药研究中心研究员。中华中医药学会妇科委员会委员，天津市自然科学基金专家委员会委员，天津市医学考试中心委员会委员，《天津中医学院学报》编委。第九届、第十届全国政协委员。享受国务院政府特殊津贴。哈氏医学第四代传人。擅长治疗妇科疾病，对功能性子宫出血、子宫肌瘤、卵巢肿瘤、不孕及生殖器炎症、更年期综合征等效果显著。先后承担国家级及省部级科研项目8项，主持的5项课题均已通过天津市科委成果鉴定。发表论文70余篇，科普文章百余篇，出版著作《哈荔田妇科医案医话选》《哈孝贤医文集》《中医妇科验方选》《内经妇科辑文集义》《中医纲目·妇科卷》《中国性科学》等。

临床经验

妇科病

1 调治经病，守常选变，标本兼顾

月经是女性重要的生理现象，月经失调则往往是妇科诸病的最先反映。如《景岳全书·妇人规》说："夫经者，常也，一有不调，则失其常度，而诸病见矣。"故调经当是治疗妇科疾病的首要环节，一般说来，调经宜掌握经前宜通，经后宜补，经期治标，平时治本的原则。

经前期约为月经前5～7天的阶段，治疗宜通勿补，目的在于因势利导，使血流通畅，而无滞涩之虞，多选用逍遥散、柴胡疏肝散方加减。如兼寒而见小腹冷痛，喜温喜按者，加吴茱萸、小茴香、桂枝、乌药等温经散寒，以助血运；兼热而见烦躁易怒，肌肤潮热，口苦便干等症者，则加牡丹皮、栀子、白薇等清热凉营，使热随血去。但经前用通亦非绝对，如月经先期，经来如崩之属于气虚不摄者，也应调补气血，或兼予固涩之法，以控制出血量，并调整周期。哈孝贤治此，常用参芪四物汤重用白术、桑寄生，以助阳扶脾、益肾涩精。

经行期间由于血行较平时活跃，症状也常较明显，是月经失调标象阶段，临床宜在辨证的前提下，针对具体症状治疗，以缓解患者痛苦，此即经期治标之意。如经量过多者重在固经止血，过少者养血通经，腹部胀痛者予理气活血等等。但治标之中仍含有治本之意，如固经止血有补肾固中、益气固冲、凉血止血等不同选择，即是辨证治本之法。月经过后，由于精血耗伤，血海空虚，易为邪侵，故宜滋补肝肾，调理脾胃，恢复气血，以增强其机能的修复，此即经后宜补之意，以月经周期28天计，此期应是月经周期的第5～10天，治疗上重在滋补肝肾，以左归丸加减。药如：熟地、山药、山茱萸、枸杞子、菟丝子、女贞子、旱莲草、龟版、何首乌、陈皮等。

经后期至下次经潮前这一阶段为平时，此段时间应据"缓则治本"的精神，或调经，或治病。正如肖慎斋所说："如先因病而后经不调者，当先治病，病去则经自调；若固经不调而后生病者，当先调经，经调则病自除。"一般说来，调经重在调节脏腑气机，特别是肝、肾、脾(胃)的功能，以使气血调畅，冲任通盛，月经归常；治病则以祛邪为主，如癥瘕积聚之化瘀消癥，湿热带下之燥湿清热，乳癖之通络散结等等。

案1 痛经 丁某，女，27岁，未婚，教师，2000年5月10日初诊。近2年来，月经先期，量少色深，临经腹痛，势剧难忍，伴有乳房胀痛，触之有块，泛恶不食，烦躁易怒，口苦便干。曾做指肛检查、乳房触诊，诊为子宫后倾后屈，乳腺囊性增生。刻诊：经期将届，舌红苔薄，切脉弦数。辨证为肝郁化火，炼血成瘀，脉络阻滞，治以疏肝泻火，活血通络之法。处方：柴胡、青皮各6 g，香附、川芎各9 g，当归、白芍、延胡索、郁金、路路通、泽兰叶、丹参各15 g，牡丹皮、栀子各12g。嘱服7剂，经期不停。5月17日二诊：服药4剂经潮，腹痛锐减，乳痛如失，能坚持工作。经量较前增多，经色转红，3天净。尚觉腰酸乏力，口干欲饮，再投滋水涵木，养血柔肝之法。处方：女贞子、旱莲草、生地、麦门冬、沙参、枸杞子、当归、白芍各15 g，柴胡、生麦芽各6 g，川楝子、穿山甲、王不留行各9 g。嘱服7剂后日服二至丸、加味逍遥丸各1付，至下次经前5～7天仍服初诊方。

案2 崩漏 孟某，女，45岁，已婚，干部，2000年3月8日初诊。月经先期，周期21～23天，经量过多，每潮辄血下如注，夹有血块。西医诊为"子宫肌瘤合并内膜增殖症"、"贫血"，因畏惧手术来诊。就诊时将届经期，贫血面容，证见心悸气短，腰酸膝软，头晕乏力，肢面浮肿，舌淡苔薄，脉沉细弱，证属脾肾两虚，统藏失职，亟予两补脾肾，益气摄血之法。处方：

生黄芪、太子参、炒白术各30 g,当归9 g,熟地、山茱萸、何首乌各15 g,桑寄生30 g,黑香附、黑荆芥、刘寄奴、茜草各9 g。7剂,水煎服。3月15日二诊:药后经至,此次周期为27天,虽经量仍多,但无涌泄之势,体力有加。刻诊为经期第3天,原法更进,上方加菟丝子20 g,阿胶30 g(烊化),鹿角胶15 g(烊化),炒蒲黄(包煎)、茯苓皮各30 g,再予7剂。上方服讫,月经6天净,失血总量较既往减少约1/2。浮肿消退,诸症亦轻减,血色素已升高。遂以原方出入再予10剂,嘱2天服1剂,同时加服"肌瘤丸"。如此调治3个月经周期,月经的期、量、色、质臻常,B超复查:肌瘤略减小。

2 论治癥瘕,软坚散结,痰瘀并重

癥瘕之病在妇科,包括多种与生殖器官有关的腹部肿物。多年来,哈孝贤对子宫肌瘤、卵巢囊肿、子宫内膜异位症等病研究有素,曾作为专题进行了大面积的临床及实验研究,经治病例数以千计,体会良多,效果显著。哈孝贤认为,妇科癥瘕的形成,历代医家多从瘀血结积立论,谓:"痃辟癥瘕,……皆血之所为也。"(《证治准绳 >)因而在治疗上也每每强调活血化瘀,软坚散结之法,但痰与癥瘕的形成也有密切关系。《灵枢·百病始生篇》说:"凝血蕴里而不散,津液涩渗,著而不去,而积皆成矣。"张景岳并谓:"积痰多成癖块痞满。"均表明痰也可以形成积块。事实上,痰浊阻滞,气血不行,可致血瘀不散;而痰致瘀,积瘀化痰,痰瘀互结,胶著不移,方是癥瘕积块的病理基础。因此,对于癥瘕的治疗必要痰瘀并重,涤痰破瘀两相兼施,方称全面。如哈孝贤研制的"卵巢囊肿冲剂",由穿山甲、白芥子、浙贝母、生牡蛎、海藻、三棱、莪术、水蛭、乌药等组成,功能通络涤痰,破瘀消癥。通过314例卵巢囊肿患者的临床观察,痊愈232例,约占73.89%。

案3 王某,女,36岁,已婚。1997年4月20日初诊。两年前因子宫肌瘤行子宫次全切除术,保留双侧附件,术后恢复正常,无异常发现。半年前B超复查时,发现左附件区可见一5.8cm×5.1cm×5.0cm大小囊实性肿物,提示为左卵巢畸胎瘤。因惧怕再次手术来诊。给服"卵巢囊肿冲剂",1日3次,每次1袋,续服2个月。6月22日二诊:服药后,B超复查,囊肿为3.1cm×2.9cm×2.5cm,再服两个月后复查,囊肿消失。(王建玲)

临证思路

从痰论治妇科病

1 五脏之病俱能生痰,女子当责肝肾失调

痰是脏腑功能失调的病理产物,由津液"化失其正"而形成。一般认为,女子以血为体,以气为用,其病理变化也莫不以气血失调为主要特征。但血与津液异名同源,若"气血浊逆,则津液不清,熏蒸成聚,而变成痰焉。"(《明医杂著》)故痰或夹痰之证,在妇科疾病中亦每有所见。

哈孝贤认为,虽然"五脏之病,俱能生痰"(张景岳),但在女子,直接影响津液化失其正而成痰者,则主要责之于肝肾功能失调。女子经、孕、产、乳而"数脱其血",生理上常处于"有余于气,不足于血"的状态,病理上则每易出现肝郁不舒,气机不宣的变化,此即"女子以肝为先天"的机理。肝郁不舒,气道不得流畅,遂致津液留滞,聚而成痰,故叶天士强调"痰因气聚"而"肝气拂郁,郁而化火",亦能"煎熬津液为痰"(朱丹溪)。此外,因"精血同源","经水出诸肾",故女子"数脱其血"兼之房室之劳。积想在心,久必耗伤阴精,致肾水亏损,而精血久耗,阴损及阳,亦可导致肾阳(气)虚衰。《医部全录》云:"肾水亏损者,非肾水上泛为痰,即肾火沸腾为痰(虚火灼津为痰)",故有"痰之本在肾"说。

总之,肝肾功能失调,是女子生理病理上的一个特点,其为痰的生成构成了内在的条件,一旦由于经期、产后,或为风寒湿邪所感,或饮食劳倦所伤,或惊恐忧怒所扰,便会导致"营卫不清,气血浊败,熏蒸津液,痰乃生焉"(《证治汇补》)。

2 辨痰病虽有特点,论证治需审兼夹

大凡痰病、痰证及某些夹痰之证在症状、体征方面均有一些特点可资辨识,如形体日渐肥胖,困乏嗜睡;或手足作胀,目下晦暗,胸闷泛恶,咽中哽介;或头重头眩,恶心呕吐;或躯体某处出现冰冷、灼热、麻木等异样感觉;或皮下、腹中有结节、肿块;或惕然易恐,幻听幻觉,梦游,梦交等等。脉象则或弦、或滑、或细、或伏,舌苔或腻或滑等。但上述特点并非悉具于同一患者中,要视痰病所关涉的脏腑、病因病机以及痰的性状等不同,而见症不一。同时,痰病在临床绝少孤立存在,常与其他因素相互兼夹,如阴虚、阳虚、气虚、气滞、火热、湿浊等。特别在妇科疾病中,痰、气(滞)、瘀三者之间每每互为因果,互相纠结,并与其它兼夹因素盘根错节交结为病,因而往往病程延久,急切难解。加之其流伏的部位不同,所见病症也不一,如痰气滞于乳络而为乳腺增生,痰、瘀、湿邪阻于冲、任、带脉可见于盆腔炎、输卵管积水、顽固性痛经以及月经前后诸证等,其中尚有兼寒、兼热之别;而痰、瘀结于胞宫,则可见有闭经、崩漏、不孕及妇科的瘤、肿、包块等病，并有标本虚实，阴阳寒热之异。因此，对于妇科痰病、痰症及夹痰之症的辨治，应就具体的疾病及病变部位，既要识其为痰，又需究其病因病机、析其兼夹、度其虚实，为证治。（王建玲）

医案验案

妇科验案三则

案1 卵巢囊肿

杨某，女，37岁，已婚，2002年10月22日初诊。患者于2001年5月因巧克力囊肿行右卵巢切除术，后发现左卵巢囊肿近1 a，因不愿手术治疗，前来中药保守治疗。患者既往月经规律，此次月经逾期未潮2个月，末次月经2002年8月13日。刻诊：带多质稀，乳不胀，腰酸，左少腹隐疼，烦躁，经前后潮热自汗，脉沉滑细，舌淡红。证系肾虚不化，湿瘀阻滞胞宫，治拟益肾除湿，活血消癥。处方：桑寄生、萆薢、瞿麦、生薏苡仁、三棱、莪术各30g，桂枝、炒杜仲、当归、赤芍、牡丹皮、延胡索、栀子、牛膝各15g，川楝子、穿山甲片各9g，丹参20g，7剂，1剂/d。10月29日二诊：月经未潮，带已减，烦躁除，下肢凉，脉沉细，舌淡红，原法再投。10月22日方去萆薢、薏苡仁，加鹿角霜10g，7剂。11月5日三诊：11月4日月经来潮，量不多，腹不痛，背脊及胃脘痛，脉沉滑，舌正红苔白。继用上法，10月29日方去鹿角霜、桂枝、瞿麦、栀子，加油松节6g，川芎9g，薤白、狗脊各15g，益母草30g，7剂。11月12日四诊：服药后经量增多，有血块，伴小腹隐痛，11月8日经净(5 d)。刻诊：小腹不适，无带下，脉细滑，舌偏淡苔薄白。证系肾虚肝脾不调，湿瘀互结，拟益肾疏调消瘀法。处方：柴胡、醋青皮、川芎、川楝子各9g，生薏苡仁、荔枝核、橘核、寄生、萆薢、三棱、莪术各30g，当归、赤芍、牡丹皮、牛膝、延胡索各15g，炒杜仲25g，丹参、海藻各20g，穿山甲片、白芥子各9g，7剂。此后继以上法随症加减，至2003年1月初，复查B超，囊肿已经消失，卵巢恢复正常大小，嘱患者继服卵巢囊肿冲剂3个月以防其复发。

按 卵巢囊肿当属于中医之“肠覃”，如《灵枢·水胀篇》云：“寒气客于肠外，与卫气相搏，气不得营，因有所系，癖而内著，恶气乃起，息肉乃生……久者离岁，按之则坚，推之则移，月事以时下。”张景岳认为：“其非血病，盖由汁沫所聚而生。”哈孝贤认为卵巢囊肿的形成多由痰湿、瘀血结聚所致。本例初诊辨证为肾阳虚，气化失常，致水聚为湿，痰湿阻滞脉络而成湿瘀互结之症，故以桑寄生、炒杜仲温肾阳以治其本，以萆薢、瞿麦、薏苡仁化湿利湿，当归、赤芍、丹参、牛膝活血化瘀，牡丹皮、栀子清热凉血，辅以穿山甲、三棱、莪术、川楝子、延胡索以破瘀消癥通络，诸药共奏益肾除湿、活血消癥之效。随循原法加减。哈孝贤经期前后喜欢用疏调之法，领邪外出，如用柴胡、青皮、香附等疏调肝气。

案2 闭 经

王某，女，18岁，未婚，2002年5月7日初诊。患者经闭7个月。13岁初潮，既往月经后期、稀发，月经量中，色红，痛经剧烈，末次月经2001年10月3日。近数月因学业繁忙，压力过重，常感头昏重不适，脘腹痞满，肢体沉困。刻诊：带下多，乳不胀，便秘结，脉沉滑，舌淡红根部苔白腻。证系湿瘀互结，冲任不调，治拟除湿活血，和胃调冲。处方：萆薢、瞿麦、萹蓄各30g，半夏、当归、牡丹皮、炒栀子、川芎、延胡索各15g，丹参、牛膝、益母草各30g，沉香、川楝子各9g，7剂。5月14日二诊：月经未潮，带下减少，服药后腹中肠鸣（代诉），痰湿渐化，效不更法，原方去萆薢、瞿麦，加焦三仙各15g，天花粉15g。7剂。5月21日三诊：5月19日经潮，腹痛大减，经量多，色红，今日血已少，无不适，脉沉滑，舌淡红，苔薄白。拟滋肝肾调冲法。处方：熟地黄、山药各20g，山茱萸、枸杞子、菟丝子、当归各15g，沙参、桑寄生各30g，茜草9g，沉香9g。7剂。5月28日四诊：服药后无不适，脉沉滑，舌淡红，苔薄白，继用原法，上方去茜草，加桂枝6g，巴戟天9g，7剂。如法调治3个月，患者经行如常。嘱平时服肾气丸，经前后服加味逍遥丸以善后。

按《内经》云：“二阳之病发心脾，有不得隐曲，女子不月。”患者系学习压力过重，肝气郁结，克伐脾土，脾运不健，水谷精微聚而为湿，阻遏胞脉，而成本症。湿邪困脾，故见脘腹痞满，肢体困重，白带量多，清阳不升故头昏重不适；湿瘀互结，阻于胞脉，遂致经闭不行。本症病位在肝肾，辨治从湿瘀，乃标病求标之计，亦调经之一法。首拟利湿活血之法，先治其标，月经来后用滋补肝肾之方培其本源。哈孝贤认为少女闭经，多是肾精亏乏，血海无源，阴血未充，难当攻破，故治疗时采用补血活血，利湿通络益肾之法，扶正祛邪，两相顾之。经来正常后，辅以肾气丸与加味逍遥丸，则是治本之义。

案3 经间期出血

李某，女，23岁，2002年5月26日初诊。1年多来每于两次月经之间，阴道即有少量出血，色时红时褐，持续3～4 d。平素月经提前，经期5～6 d，量多，色红,质黏稠,时有血块,末次月经5月11日。月经前后带多质稠,色微黄。刻诊:阴道出血2 d,量少色深红,腰酸乏力,胃纳不佳,脉濡滑,舌红苔黄微腻。证属阴虚血热,湿热下注,治宜滋阴清热,祛湿止血。处方:桑寄生30g,熟地黄、白薇各20g,地骨皮、龟版、黄柏、大蓟、小蓟各15g,知母12g,仙鹤草30g,椿根皮20g,香附6g,焦三仙各10g,7剂,水煎服。6月9日二诊:药后带下量少,6月1日阴道少量出血,色红,一日尽。腰酸乏力减轻,胃纳和。刻诊:阴道无出血,口干,脉沉细滑,舌红苔略黄。再拟疏肝理气,清热利湿。处方:桑寄生30g,生地、地骨皮、牡丹皮各15g,白薇、丹参各20g,茯苓、猪苓各12g,黄芩、黄连各9g,柴胡、橘叶、炒荆芥、甘草各6g,7剂,水煎服。6月9日三诊:上方服后口干除,腰酸祛,白带较前减少。刻诊:带下稍多,色微黄,余无不适。脉左沉滑右沉细,舌淡红苔白。予以养阴清热,凉血利湿法。处方:熟地黄、麦门冬、北沙参各20g,当归、白芍、牡丹皮、地骨皮各9g,牛膝、茯苓各15g,车前子20g(包煎),香附、大腹皮各6g,4剂。嘱月经尽后先服加味逍遥丸5 d,继服初诊方5付,经前服知柏地黄丸5 d。守此法调理3个月,经量、经期正常,经间期未再出血。

按　本例经间期出血,伴有经期提前,量多,腰酸乏力,证属肝肾不足,肝经郁热。经期前后带多质稠,月经亦黏稠,舌苔黄微腻,是湿热下注之象;平时湿热蕴于冲任,于排卵之时,阳气内动,引动湿热,湿热下注,则见带下量多,湿热入于血络,迫血妄行,故见经间期出血。治用桑寄生、熟地黄、龟版、白薇、地骨皮滋阴清热,黄柏、知母、椿根皮清热利湿,仙鹤草、大蓟、小蓟凉血止血,全方使肝肾得以滋补,湿热得以清利,则冲任调和血循常道。后加车前草、大腹皮、茯苓等利湿通络之品,使水道通畅,给邪以出路。(王桂萍)

韩景献针灸学术经验

【名老中医简介】韩景献(1946~)河北省深县人。教授,主任医师,博士生导师。1970年毕业于天津医科大学医学系。天津中医药大学第一附属医院院长。中国针灸学会常务理事,中国针灸学会临床学会副会长,全国针灸临床研究中心副主任,中国中西医结合学会神经科专业委员会副主任委员,中华医学会老年医学会基础医学会委员,天津市针灸研究所所长,天津中西医结合学会神经科专业委员会主任委员,天津市医院管理学会副会长,天津中西医结合学会常务理事,中华老年学学会衰老与抗衰老科学委员会常务理事,中华中医药学会实验动物委员会委员等。享受国务院政府特殊津贴。第三批全国老中医专家学术经验继承工作指导老师。长期从事针灸学医疗、教学、科研工作,擅长以针灸治疗脑血管疾病及其合并症、老年期痴呆、运动系统疾患、神经痛、支气管哮喘、前列腺疾患等多种疾病。近年来,共获得国家级、省部级科技奖励10项,取得科研成果近20项。发表论文20余篇,著作3部。

老年期痴呆(AD)

1 “肾虚痰瘀浊毒”病机论

1.1 肾虚髓空,脑府失养

脑是机体全部精神意识思维活动的发源地和控制枢纽,这早在《内经》中已有所认识。《素问·脉要精微论》曰:“头者,精明之府,头倾视深,精神将夺矣。”说明头脑主神明,为精神、意识、思维、聪明之府。中医藏象学说将脑的生理和病理统归于心而分属于五脏,认为心是“君主之官,神明出焉”,“五脏六腑之大主,精神之所舍也”。明代李时珍提出脑与精神活动有关,谓“脑为元神之府”。清·汪昂《本草备要》中有“人之记性,皆在脑中”的记载。王清任则将人的学习记忆功能归于脑,认为“灵机记性在脑者,因饮食生气血长肌肉,精汁之清者,化而为髓,由脊髓上行入脑,名曰脑髓。”现今,人们已认识到神实由脑所主宰,由脑所藏。脑主精神意识思维活动的物质基础是脑髓。髓有骨髓、脊髓和脑髓之分,三者均由肾中精气所化生。肾中精气的盛衰,不仅影响骨的生长发育,也影响脊髓和脑髓的充盈和发育。脊髓上通于脑,髓聚而成脑,故称脑为髓海。肾中精气不足,易致髓海空虚,脑府失养,大脑精神意识思维活动失常而发生老年期痴呆,故“髓海不足,则脑转耳鸣,胫酸眩冒,目无所见,懈怠安卧”。清代王清任云:“高年无记性者,脑髓渐空”,肯定了脑髓为记忆的物质基础和源泉所在,指出脑髓空虚为痴呆发病的重要因素。

肾虚是衰老和许多老年性疾病的发病基础。肾藏精气,为脏腑阴阳之本,生命之源。精气是构成人体的基本物质，也是人体生长发育各种功能活动的物质基础。肾中精气盛衰在人的一生中起主导作用。人至老年，肾精渐亏，复因饮食、劳逸、情志调摄失宜而致内伤积损，肾中精气亏虚，不足以上行入脑充养髓海，脑髓空虚，则"精明之府"失养而神机失用，灵机记性减退以至丧失。因此，老年期痴呆患者出现呆傻愚笨、善忘前事、神情淡漠、寡言少语、反应迟钝、性情改变等时，大多伴有头晕耳鸣、懈惰思卧、齿枯发焦、腰膝酸软、两目昏花、瞳神呆滞、尿频或尿失禁、舌瘦、脉象沉细等肾精不足的临床症状。若肾虚日久，元阳不振，温煦推动无力，脏腑功能失调，气血津液运行失常，而变生痰瘀浊毒阻痹清窍，则使本病症状更趋纷繁，表现不一。由此可见，肾虚髓空、脑府失养、神机运行失常是老年期痴呆的主要病机基础，诚如《医学心悟》所言："肾主智，肾虚则智不足。"

1.2 痰浊困阻，脑窍蒙蔽

痰是由水液内停凝聚而成的病理产物，其质稠粘而其性流动，可外达肌肤，内停脏腑，流窜经络，发为诸多病症。究其成因，或为脏腑功能失调，水液代谢障碍，或为外感六淫邪气，邪郁而化，或为情志刺激，郁积而生。痰浊为病，颇为复杂，见症多端，故《杂病源流犀浊》有"痰为诸病之源，怪病皆由痰成"之说。若痰浊阻闭脑窍，留着不去，凝聚难化，致使髓海浑浊，清阳蒙蔽，神机失调，呆病则应运而生，临床出现呆钝善忘、喉中痰鸣、口多涎沫、头身困重、胸脘痞闷、言辞颠倒、举动不经、神昏癫狂等症。《辨证录》明确指出"痰积于脑中，盘踞于心外，使神明不清而成呆病矣。"由此可见，痰浊阻窍与痴呆的发生密切相关。

肾虚和瘀血是形成脑内痰浊的重要因素。肾中精气的蒸腾气化功能，对推动体内津液的输布和排泄，维持体内津液代谢的平衡，起着极为重要的作用，所以《素问·逆调论》称："肾者水脏，主津液。"老年期痴呆患者随着年龄的递增，肾气亏虚，元阳不振，肾的蒸腾气化功能减弱，津液失于蒸化而变生痰浊。如《医贯·痰论》云："肾虚不能制水，则水不归源，如水逆行，洪水泛滥而为痰"。王纶亦称："痰之本，水也，原于肾"。此外，脑脉不畅、气血运行受阻亦可导致津液运行障碍，停滞凝聚而成痰。

1.3 瘀血凝滞，脑脉不通

肾中精气是机体生命活动的原动力，亦是气化作用的原动力。精血同源，血液的化生有赖于肾中精气的气化；肾中精气的充盛亦有赖于血液的滋养。肾精不足可致气化无源，无力温煦和推动各个脏腑经络的生理活动，从而出现三焦气化不利，元气不能有效鼓动气血运行，血运乏力，脉道涩滞而致瘀血内生。《医林改错》云："元气既虚，必不能达于血管，血管无气，必停留而瘀。"《素问·病机气宜保命集》亦云："五十岁至七十岁……血气凝泣"。可见人在衰老过程中就有血瘀证的存在。在老年期痴呆的病变过程中，由于瘀血阻滞脑窍，脑府之灵机运行不畅，加之瘀血闭阻，脑脉不通，脑气与脏气不相顺接，肾精难以上行充髓养脑，以致脑府失养，神机失用，从而产生老年期痴呆的种种表现。瘀阻脑络可见头痛头晕、健忘失眠、面晦不泽、舌质紫暗，或有瘀点瘀斑、脉细涩等症，诚如《伤寒论》所言："其人喜忘者，必有蓄血"。

1.4 浊毒蕴积，脑髓受损

毒邪致病，既包括外感六淫、秽浊之毒，又包括因脏腑功能和气血运行失常导致生理或病理产物不能及时排出，蓄积体内而化生的内生毒邪。老年期痴呆病程漫长，呈渐进性加重。在发病过程中，肾虚生痰生瘀；痰瘀相互胶阻，结聚日久，郁蒸腐败，酿成邪毒。邪毒与痰浊胶结，而致病症复杂多变。由此可见，痰浊停聚及脉络瘀阻均可化毒为害，产生内生之毒。浊毒诸邪蕴积脑窍，败坏脑髓，损伤脏腑经络，则元神被扰，神明失用，从而使痴呆的临床表现进一步复杂化，出现神识昏蒙、烦躁不宁、不识事物、不辨亲疏、面色秽浊、口气臭秽等症候。

现代研究证实，老年期痴呆的发生发展过程与脑微循环及神经细胞的内环境变化有关，也与氧自由基、钙离子超载、兴奋性氨基酸、一氧化氮、肿瘤坏死因子、细胞表面粘附分子等"神经毒素"过度释放密切相关。这里的"神经毒素"，均可看成中医的"毒邪"，系因体内生理或病理产物不能及时排除，蓄积而成。其后果都会造成脑组织及功能损害，出现智能下降的疾患。

纵观本病，肾虚精亏、痰瘀浊毒是老年期痴呆的基本病机。患者脏腑功能失调，加之七情内伤，久病耗损，年迈体虚，肾精亏耗，而致气、血、郁、痰、瘀、毒等病邪阻于脑窍，渐使脑髓失养，神机失用，发为痴呆。老年期痴呆是一种神志疾病，病位在脑，病机不外乎虚、痰、瘀、毒四端，并在一定条件下相互影响，相互转化。痰瘀蕴久，可化毒为害，形成痰瘀毒兼夹的病理状况；另一方面，毒邪因其性好入血分，又善入津液聚集之处，易使营血成瘀、津液成痰。

从临床实际来看，本病病性多为本虚标实，虚实夹杂,在本为肾虚髓空;在标为痰浊困阻、瘀血凝滞、浊毒蕴积。肾虚可以生痰生瘀化毒,痰瘀毒又可加重肾虚,二者互为因果,导致病情的发生发展。因此,应围绕虚、痰、瘀、毒进行辨证论治。"谨守病机,名司其属",虚则补之,实则泻之,大法不离补虚、化痰、祛瘀、解毒,治宜补肾填精、祛痰开窍、活血化瘀、芳香辟秽、泄浊排毒,尤应注意补虚不忘化痰活血解毒,泻实不忘填精养血补气。

2 "益气调血,扶本培元"针法的立法依据

韩景献认为,老年性痴呆的病机除与上述因素有关外,还与三焦气化功能密切相关。中医的病机学观点认为:"百病皆由气生",即百病皆以脏腑经络的气机逆乱为根源。三焦在各部气机的调节中起着主导作用,三焦是气机升降出入的通道,元气通过三焦而充沛于全身。《中藏经·论三焦虚实寒热生死顺逆脉证之法》认为三焦"总领五脏六腑、营卫经络、内外左右上下之气也;三焦通,则内外左右上下皆通也"。三焦又是水液运行之道路。全身的水液代谢,是由肺、脾胃和肠、肾和膀胱等许多脏腑的协同作用而完成的,但必须以三焦为通道,才能正常地升降出入。

《难经》中有通行元气说,即言人体的元气是通过三焦通达于五脏六腑、四肢百骸的。衰老过程中,三焦的气化功能日趋低下,加之各种致病因素的影响,最易出现气机升降出入失常的气化病变,出现气虚、气滞、气郁等,随之产生痰浊、血瘀、浊毒等病理产物,老年性痴呆正是这种气化失常的具体体现。韩景献基于对三焦气化功能的深刻认识,确立了"益气调血,扶本培元"的针灸治疗法则,从气论治,由气入手,取穴为膻中、中脘、气海、血海、足三里,重在调三焦之气。

任脉上的膻中、中脘、气海三穴,在调理气机方面有着独特的作用,它们分别与三焦各部有着极为密切的对应关系。膻中,又名上气海,《灵枢·五味》篇说:"其大气之抟而不行者,积于胸中,名曰气海。"《难经》将其列为八会穴之一,名曰气会,为任脉、手足少阴经、手足太阴经的交会穴,又是心包经的募穴,乃宗气会聚之所,因其位近心肺,故可用以调上焦宗气,善治肺、膈、乳部气机不利之证。《行针指要歌》概言之曰:"或针气,膻中一穴分明记。"宗气积于胸中气海,是构成并维系人体心肺功能活动的根本动力,具有走息道以行呼吸,贯心脉以行气血的作用。宗气的盛衰与人身之神的正常与否密切相关:①宗气正常,神机安定。神在人体的运动是有规律的,其运转是随气血营卫而进行的,因此,宗气安定神机是通过其推动气血运行、协调气血关系的途经实现的。正如喻嘉言所云:"五脏六腑,大经小络,昼夜循环不息,必赖胸中大气斡旋其间。大气一衰,则出入废,升降息,神机化灭,气立孤危矣"。②宗气抟聚,助心调神。气血是神机活动的物质基础。宗气主持心肺生成气血,是脑神安定的首要保证。③宗气上行,助脑调神。"胸中大气上行,贯注于脑",为脑的功能提供必要的活力资助,故宗气司"心思脑力"以"振作精神"(《医学衷中参西录》)。选用膻中穴,正是发挥其补益宗气的作用,使气机畅达,血运得通,脑神得复,以保持正常的心博、呼吸、音声、嗅觉等生理功能。简言之,即是膻中穴用以疏利上焦气化,维持心肺的正常生理功能。

中脘:是任脉、手太阳、少阳、足阳明的交会穴,为六腑之会,胃之募穴,乃胃经经气聚集之处,故与胃脉相通。胃为"水谷气血之海",一方面,水谷之精气化生为营气,营养和化生血液,"以荣四末,内注五脏六腑",上充脑府;另一方面,后天之精气还可资充先天之精,共同濡养髓海。中脘穴(还有足三里穴)通过调节脾胃升降的功能来疏调中焦气机,在三焦整体气机的升降出入运动中起着枢纽作用,用之可促进中焦气化,维持脾升胃降的正常功能,以化生气血,濡养脑府。

气海:位在脐下1.5寸,《难经·六十六难》说:"脐下,肾间动气者,人之生命也,十二经之根本也。"脐下肾间动气即原气,气海穴所在为元气所生发,故《铜人腧穴针灸图经》言之为"生气之海"。元气根于肾,是人体生命活动的原动力,与宗气构成人体的上下"气海"。元气主"生化神机"而"精神昌盛"(《景岳全书》)。脑主神明的功能须依赖于元气的充足。气海与关元相近,具有增强元气,总调下焦气机的作用,针之既能培补元气,又能调摄、疏利下焦气机,兼可改善心、肺、脾、肾脏气虚疲惫,主治元气亏损之疾。正如《胜玉歌》所云:"诸般气症从何治,气海针之灸亦宜"。可见,气海穴的作用在于总调下焦气化,振奋和升发元气。

足三里:为足阳明胃经合穴,胃腑之下合穴。足三里穴,五行属土,为土中之土穴,所谓土生万物。而胃与脾相表里,故统治一切脾胃之疾。脾胃为后天之本,水谷气血化生之源泉,调补足三里,实即培补后天,以养先天。利用正电子发射断层摄影术(PET)研究证明:针刺足三里穴,可引起下丘脑、海马、扣带回、岛叶和颞叶的葡萄糖代谢率增加,这与

足三里改善精神和睡眠状态的治疗作用密切相关。此穴还可提高机体对自由基防御和清除系统的机能,减少自由基对脑、肝等组织的损伤。

血海穴:具有调血气,理血室,使血气归流,导血归海的功效。《会元针灸学》:"血海者,是心生血、肝藏血、肾助血,肾之阴谷,肝之曲泉,脾之阴陵泉皆生潮之处,三阴并行,通血之要路"。血海又名血郄,是血液聚敛归合之处,因此,血海调血,是其统血、生血、摄血、活血的有机体现。能益气统血、活血化瘀、养血生新。现代研究发现,针刺血海穴,可使血液流变学和凝血现象以及甲皱微循环的多项指标,有明显改善,提示针刺血海穴对血液的高凝聚状态和毛细血管的形态及血流状态,都有不同程度的影响。

三焦为人体气机升降出入的通路,乃气水传化之道,其在下合于肾与膀胱,在上关连于心肺,在中聚于脾胃。膻中意在疏利上焦气化,调补宗气,以行气血;中脘、足三里意在促进中焦气化,益气和中,以生气血,化痰浊;气海意在总调下焦气化,培补、振奋和升发元气。四穴通过调节三焦各部的气机,进而调节三焦各部所属脏腑的气机,既各司其气,又上下贯为一体,协调共济,以保证全身气化功能的通畅调达,加上血海的行血养血,共同维持其上焦如雾、中焦如沤、下焦如渎的生理状态,使全身气机流畅,气化守常,共奏益气调血、扶本培元之功,以恢复脑的正常智能状态。上焦宗气、中焦水谷之气(营气、卫气)、下焦元气,合而称为真气(正气)。上取膻中理宗气,下用气海壮元气,中选中脘调水谷之气,三穴调理气机,分治三焦;而中脘、足三里、血海三穴又可补益气血,培补后天。由此可见,"益气调血,扶本培元"针法的特点在于:调理三焦,以通利元气;培补后天,以充养先天。

3 临床研究

韩景献在临床实践中发现,随着老龄化的到来,临床上的AD患者越来越多,为方便患者就诊,特开设了痴呆门诊。采用国际通用的AD诊断、纳入、排除和疗效评价标准,通过简易精神状态检查表(MMSE)和临床痴呆量表(CDR)从记忆、逻辑思维和空间时间定位能力等方面,分析患者的认知能力,评价痴呆程度;通过老年性痴呆评估量表－非认知分量表(ADAS－noncog)评定患者精神行为变化;通过日常生活量表(ADL)评价患者生活能力,行为习惯和社会交往能力等变化。临床观察和分析表明,"益气调血,扶本培元"针法对轻中度AD具有明显的疗效,有效率达82%。治疗后,患者的学习、记忆、认知和社会交往能力,均具有明显的改善。

本针法重在益气培元。除用于AD的治疗外,还用于血管性痴呆的治疗,同样取得了较满意的疗效,对患者的记忆力、定向力、计算力、理解力等,均明显改善,对定向力的改善尤为明显。由于临床研究严格采用了国际通用的标准,不同的研究之间具有可比性,其疗效可与目前公认的痴呆治疗药物安理申相媲美。同时,针刺疗法还具有自己独特的优势,既无任何毒副作用,又廉价,因此,针刺疗法大大减轻了患者的经济负担,是一种非常有潜力的新的AD治疗方法。

本法为治本之法,在临床应用中常根据病机、症状的不同配合治标之法,如神智不清者配合百会、四神聪以醒脑开智,言语不利者配合上廉泉以开关利窍,肝肾阴虚,肝火上炎者配合行间以清肝热,肝气郁结者配合太冲以疏理肝气。总之,应灵活应用,不拘一法。(刘存志 于建春)

韩为琨临床经验

【名老中医简介】韩为琨 主任医师。重庆市老中医药专家学术经验继承工作指导老师。从医40余载,学验俱丰,擅治疑难杂症。

临床经验

老年性尿道综合征

1 病因病机

尿道综合征又称排尿不适综合征(无菌性尿频),一般病程较长,大多1年以上,反复发作,以尿频为突出症状,常伴尿急、尿痛、耻骨上疼痛和下腹坠胀,为中老年妇女发病率很高而且十分痛苦的疾病,大多有较明显精神因素,常误诊为尿路感染而长期给予抗菌药物治疗。本症病因未明,目前认为可能多数是焦虑性神经官能症的部分症状,亦可为尿路动力学功能异常,如逼尿肌和括约肌共济失调等。诊断需尿细菌培养阴性,排除结核、真菌感染等检查才能确诊。西医治疗较为棘手。本病归属中医学"淋证"、"气淋"、"劳淋"范畴。《金匮要略·消渴小便不利淋病脉证并治》中对其症状作了描述:"淋之为病，小便如粟状，小腹弦急，痛引脐中。”《中藏经》已认识到淋证是属于一种全身性的病证，诸如“五脏不通，六腑不和，三焦痞涩，营卫耗失”等皆可导致。因此在治疗时应考虑患者整体情况进行辨证论治。

韩为琨认为，老年性尿道综合征隶属中医学“淋证”、“癃闭”等范畴，根据老年患者的发病特点，结合其生理功能，病理变化，介入老年五脏皆虚，气血渐衰，肾精不足，中气下陷，阳气虚衰，导致脏腑的功能减退，气血津液的运化发生障碍，这是引起本病的主要原因。气虚则排尿无力，尿道不畅，而使膀胱排空不全则小腹坠胀；肾阳虚不能温煦下焦而使膀胱气化失司，水湿失运，尿出不利而见尿频尿急。因此老年性尿道综合征病因以脾肾亏虚、中气不足为主，病位在肾与膀胱。

2 辨证论治

韩为琨以辨证论治为基础，以补中益气汤进行辨证加减治疗，药物组成为黄芪、人参、当归、白术、炙甘草、柴胡、升麻、陈皮。方中黄芪益中气，升清阳；人参能补下焦元气，壮脾胃谷气，益上焦肺气，得健脾益气之白术、甘草相助，则脾肾生机旺盛，气有源，与黄芪共呈开源节流、补中益气之功；升麻升发中焦脾阳，柴胡疏达肝气，升发下焦肝气协助黄芪共呈升阳举陷之效；当归养血调肝，温煦少阳春升之气。在此基础上根据临床表现加减：脾虚下陷者，以少腹坠胀、尿有余沥、舌质淡、脉虚无力为明显，方中重用黄芪20～40g，白术20～30g。脾肾两虚下元不固者，病久不愈，反复发作，尿有余沥，少腹坠胀，耻骨上疼痛不明显，腰膝酸软，舌质淡、苔腻，脉细弱无力，治则补虚固涩，重用人参加益智仁、乌药、山药温肾缩尿。若兼有小便频急、尿道灼热、小腹坠胀、气短、倦怠乏力、舌质淡、苔黄腻、脉细滑，辨证为中气虚弱、湿热下注，治则补中益气、清热利湿，予补中益气汤合二妙散。若小便涩痛甚则点滴不通伴刺痛，舌质暗、舌下静脉明显者在此基础上加桃仁、红花、泽兰等活血祛瘀之品。

3 典型病案

李某，女性，64岁，2004年2月26日初诊。尿频急1月有余，加重3d。1月前无明显诱因出现尿频、尿急、尿痛，小腹坠胀，曾到某医院诊断为尿路感染，经治疗（具体用药不详）后尿痛消失，一直尿频、尿急排尿不畅，小腹不适。邀请妇科会诊排除妇科疾病。现小便频急，尿道灼热、小腹坠胀主要集中在下午、傍晚，气短，倦怠乏力，面色萎黄，形体消瘦，大便正常，舌质淡，苔黄腻，脉细滑；查小便常规正常。辨证为中气虚弱，湿热下注。治以补中益气，清热利湿。处方：黄芪40g，太子参30g，苍术、白术各15g，茯苓15g，柴胡15g，升麻10g，黄柏15g，萹蓄15g，瞿麦15g，石韦20g，金钱草30g，六一散30g。4剂，每日1剂，水煎服。二诊：小便频急缓解，尿道灼热大减，仍乏力，小腹坠胀，纳少，舌质淡、苔黄，脉细。辨证为中气虚弱，脾肾亏虚。治以补中益气，健脾补肾。处方：黄芪40g，太子参30g，白术15g，柴胡15g，升麻10g，当归10g，陈皮10g，台乌15g，益智仁15g，淮山药30g，茯苓15g，甘草10g。4剂，每日1剂，水煎服。三诊：小便频急明显好转，小腹略坠胀，守上方加山茱萸20g，熟地20g以增强补肾之力。续服10剂，症状完全消失，随访1年多未见复发。（余 健）

脂肪肝

1 谨守病机，注重辨证施治

脂肪肝病机为饮食不节，过食膏粱厚味等助湿生痰之品，致湿浊中生，困扰脾土，脾失健运，则精微不化，郁于肝中；浊为阴邪，不但害清，更易伤阳，肾中阳气不足，无力鼓动肝脾之疏泄运化，其病益甚，病性当属本虚标实。临证时韩为琨常从瘀血、痰浊、气滞等主要病理入手，以活血祛瘀、健脾化痰、疏肝解郁为治疗大法，自拟降脂方（丹参、赤芍、何首乌、白术、柴胡、白芍、决明子、泽泻、生山楂）为基础方进行辨证施治，屡获佳效。若兼有湿热中阻加黄芩、栀子、苍术、车前草等以清利湿热，若兼肝郁脾虚加党参、山药、茯苓、陈皮等以疏肝健脾，若兼气滞血瘀加桃仁、红花、三七粉、莪术、水蛭、青皮等以理气活血，若兼痰浊内阻加枳实、半夏、苍术、胆南星等以行气化痰，若兼热毒壅盛加栀子、水牛角、黄连、知母、生地等清热凉血解毒。转氨酶升高者酌加虎杖、田基黄、垂盆草等，血脂升高者酌加姜黄，尿酸升高者酌加萆薢、土茯苓、山慈菇等。

2 消除病因，强调精神调养

韩为琨在治疗脂肪肝时很注重病因治疗，依据不同的病因。劝其戒烟、戒酒，纠正营养失衡以减肥，适时服用维生素及降脂药物，积极控制如糖尿病、甲状腺机能亢进等内分泌疾病。如慢性肝炎患者长期大量口服糖类食品，停止服用此类食品。持续输注高渗葡萄糖者，改用输注等渗平衡液。由于很好地坚持辨证求因及对症调养，在治疗脂肪肝时往往收到事半功倍的效果。另外，韩为琨治疗脂肪肝还极为重视调神对形体和肝脏的影响，十分推崇“精神内守，病安从来”的古训，主张患者保持得失自调、忧乐自适和劳逸有度的心态。要求患者对“得”

与“失”保持平常心，不使内心世界因外界的各种诱惑而浮躁不安。避免情绪过度激动，克服沮丧、焦急、烦恼、恐惧、忧郁、愤怒等各种消极情绪，保持乐观从容的心境；合理用脑，弛张有度，借以协调形神平衡，从而对脂肪肝恢复大有裨益。

3 配合食疗，加强运动治疗

高脂血症是脂肪肝的成因之一，摄食不当又是高脂血症的重要诱因，所以调整饮食对脂肪肝的治疗以及预防控制其进展都有极其重要的意义。韩为琨在临证时一般都会告诫患者进食以高蛋白质、低糖、低脂肪、高纤维等富有营养的饮食为宜。对于肥胖的患者则注重限制其热量，以逐步减轻体重，使之达到标准。除此之外，根据患者的情况选择合适的方式进行运动，量力而行、适可而止、形式多样、持之以恒，消耗多余热量。减轻体重，自觉舒适为度。

4 病案举例

甘某，男，35 岁，2004 年 12 月 8 日初诊。半年前肝区胀痛，查丙氨酸转氨酶 65U/L，血胆固醇6.7 mmol/L，甘油三脂 2.4mmol/L。B 超示脂肪肝，脾稍大。曾用多种中西药症状未见改善。现肝区胀痛，四肢沉重，体态肥胖，晨起口干口苦，大便干燥，小便色黄，舌质微红苔黄腻，脉细。证属痰热内蕴，肝郁气滞，瘀阻肝络。治宜化痰祛湿，清热解毒，疏肝解郁，活血通络。自拟降脂汤加减，药用丹参、赤芍、何首乌、白芍、决明子、生山楂、虎杖、苍术、郁金各 15g，白术、柴胡各 10g，泽泻、田基黄各 30g，龙胆草 6g。每日 1 剂，水煎分 2 次服。加减连服 60 剂，于 2005 年 2 月复查，丙氨酸转氨酶正常，血胆固醇 5mmol/L，甘油三脂 1.7mmol/L。B 超示肝炎后改变（脾不大，未见脂肪肝图像）。不适症状全部消失，体重减轻 6kg，随访至今，未见复发。（余 健）

遣方用药

桃红四物汤

1 带状疱疹后遗神经痛

郑某，女，70 岁，2004 年 1 月 5 日初诊。3 个月前曾患带状疱疹在医院治疗后皮疹消退。现右侧胸胁部灼热刺痛，局部有蚁行感，皮肤瘙痒。查右侧第 5 肋间皮肤有呈带状分布的色素沉着，舌质紫暗苔薄白，脉弦细。诊为带状疱疹后遗神经痛。辨证为瘀血阻络，毒邪未尽。治宜活血化瘀，清热解毒。药用当归、川芎、红花、甘草各 10g，赤芍、桃仁、延胡索、莪术、栀子各 15g，生地、蚤休各 20g，银花、蒲公英各 30g，蜈蚣 2 条。每日 1 剂，水煎分 3 次服。服 5 剂后疼痛大减，皮肤仍瘙痒。前方去蒲公英、栀子，加白鲜皮、地肤子各 30g。继服 7 剂而愈，随访 3 个月未见复发。

按 患者年老体弱，免疫功能低下，加之老年人神经组织修复过程缓慢，导致后遗神经痛。韩为琨根据“久病多瘀，痛则不通”之理，用桃红四物汤加莪术、延胡索活血化瘀、通络止痛，蚤休、银花、蒲公英、栀子清热解毒、祛除残余之邪，白鲜皮、地肤子、蜈蚣祛风止痒而痊愈。

2 前列腺增生症

吴某，男，77 岁，2003 年 12 月 17 日初诊。患前列腺增生已 15 年余，服用中西药物治疗效果不显。近来病情加重，小便点滴不通，尿细如线，小腹胀满疼痛，伴腰膝酸软、口干、大便结燥。B 超示前列腺Ⅱ度增生伴尿潴留 80mL。因年事已高，不愿接受手术治疗。查舌质紫暗边有瘀点、苔白厚腻，脉涩。诊断为癃闭。证属湿浊留滞，瘀阻膀胱。治宜行瘀散结，通利水道。药用当归、赤芍、桃仁、王不留行各 15g，红花、穿山甲 10g，川芎 9g，酒大黄 6g，三七粉 3g（冲服），车前子 20g（包煎）。每日 1 剂，水煎分 3 次服。连服 6 剂后小腹胀痛、小便难解明显减轻，大便正常，苔薄白。前方去酒大黄，加肉桂 3g、淫羊藿 20g，续服 7 剂后诸症基本缓解，为巩固治疗续服半月。

按 患者年老体弱，膀胱气化不利，开阖失司。不能升清降浊，津血运行失畅，久而成瘀，结于下焦，阻塞窍道。桃红四物汤活血化瘀，加穿山甲、王不留行、酒大黄、三七粉化瘀散结，肉桂、淫羊藿温肾化气，车前子通利小便。诸药共奏祛瘀消结、化气利尿之功，使清升浊降，开合有度，症状缓解。

3 斑 秃

刘某，男，26 岁，2003 年 12 月 16 日就诊。1 个月前发现枕部有 0.5cm 2 大小光亮无发，几天前又发现头顶部大小不等脱发，小者约 $1cm^2$，大者约1.5 cm × 2cm。近几个月阵发性头顶刺痛，偶有腰酸，四肢皮肤粗糙，大便干结，3 日未解，舌质暗红苔薄白，脉弦。证属血虚血瘀，瘀血阻络。治以益气养血，活血止痛。药用桃仁、当归、白芷、羌活各 15g，红花、川芎各 10g，熟地、赤芍、制首乌各 20g，黄芪 40g，火葱头 7 个。每日 1 剂，水煎分 3 次服。连服 6 剂后大便正常，再未发现新的脱发，前方加枸杞、杜仲各 15g，再服 6 剂后头痛未再发作，脱发处长出稀疏毛发。又于前方减白芷、羌活，加菟丝子 10g。服 10 余剂后所有脱发处都长出细小毛发。

按 患者脱发为气血虚亏，瘀血阻滞，新血不生，毛发失养所致。桃红四物汤活血祛瘀,白芷、羌活散风止痛,火葱头使行血之品上达巅顶、外出于皮肤,黄芪、制首乌补气生血。二诊加杜仲、枸杞平补肝肾,三诊加菟丝子增强补肾填精之功。诸药合用,使瘀血祛,新血生,脱发止,新发生。

4 颈椎病

王某,女,51岁,2004年5月10日就诊。近5年来常感颈部强痛,偶感左手臂麻木刺痛。近1个月来颈肩疼痛加重,活动障碍,左手臂酸麻刺痛放射至食、中指末端。查 $C_4 \sim C_6$ 左横突旁压痛明显,放射至上肢及食指、中指,颈部活动障碍,臂丛神经牵拉试验(+),压头试验(+),X片示颈椎生理曲度变直,$C_4 \sim C_6$ 椎体前缘骨质毛糙、增生,$C_4 \sim C_6$ 间隙变窄。查舌紫暗苔少,脉沉细。证属瘀血阻络,风湿痹阻。药用桃仁15g,红花、当归、川芎各10g,赤芍、熟地、羌活、葛根、姜黄、秦艽各20g,甘草6g,每日1剂,水煎分3次服。并嘱多活动颈部,少伏案工作。连服5剂后复诊,颈肩部疼痛明显好转,前方继服10余剂,左上肢麻木刺痛基本消失。

按 颈椎病属中医"痹证"范畴,为气血津液运行不畅,日久阻滞脉络,筋脉肌肉失于濡养所致。桃红四物汤加姜黄活血化瘀,佐以羌活、葛根、秦艽祛风胜湿,改善局部的血液循环,血液畅通则痹闭得通,症状缓解。(余 健)

郝小波眼科临床经验

【名老中医简介】郝小波 女。教授,主任医师,硕士生导师。广西中医学院第一附属医院眼科学术带头人。广西自治区名中医。擅长于中医及中西医结合治疗各种疑难眼病,尤其在眼底病、免疫性眼病、小儿弱视的诊治方面有较深的造诣。精于眼科手术,对白内障、青光眼、眼底激光术的诊疗有丰富的临床经验。

干眼症

1 病因病机

干眼症是近年来临床较多见的眼表疾病,主要症状为眼部干涩、异物感、烧灼感、畏光、视力模糊、视力疲劳等。裂隙灯检查可见球结膜轻微充血、结膜囊少量黏液分泌物、角膜荧光素染色着色或角膜卷丝。泪液分泌试验(ST)<10mm/5min,泪膜破裂试验(BUT)<10s;泪河宽度<0.3mm。严重影响患者正常生活。西医认为本病主要是由于泪液分泌不足或泪液蒸发过快引起。中医学对干眼症虽尚无统一辨证分型和系统病因病机研究,但历代医家对该病早有表述。根据证候表现,干眼症应归属于神水将枯范畴。《证治准绳·神水将枯》载:"视珠外神水干涩而不莹润……乃火郁蒸膏泽,故精液不清,而珠不莹润,汁将内竭,虽有淫泪盈珠,亦不润泽,视病气色,干涩如蜒蝣唾涎之光,凡见此症,必有危急。病来治之,缓失则神膏干涩,神膏干涩则瞳神危矣。"郝小波根据临床经验认为,本病多因肝肾阴虚、虚火上炎,津液亏损,或风热郁久,伤阴化火,上攻于目,灼津耗液;或嗜烟酒肥甘厚味及辛辣之品,致脾胃蕴积湿热,气机不畅,目窍失养。

2 辨证论治

干眼症可归纳为3个主要证型。治疗应益气养阴,生津润燥,清利湿热为主,重建完整泪膜,治愈形成上皮。

2.1 肺阴不足

证见:目珠干燥乏泽,干涩、涩痛,口干鼻燥,大便干,舌红、少津,脉细数。肺朝百脉,主一身之气,气能推动脉中之血布散全身。肺气宣降有度,则眼络通畅,目得濡养而无脉涩窍闭之虞;肺失宣降,肺气不充,则血行不畅,眼周络脉失于濡养,目珠干燥乏泽、干涩,甚者涩痛,兼见全身干燥之症。治以清肺养阴润燥,方以百合固金汤加减。加减:外感燥邪加防风、蝉蜕、薄荷、芦根;肢体关节疼痛,屈伸不利,皮肤瘙痒,或有红斑者加桑枝、桂枝、威灵仙、忍冬藤、牛膝。

案1 吴某,女,72岁,2004年2月21日初诊。双眼干涩,畏光,异物、烧灼感,眼胀,视朦,不欲睁眼,腰膝酸软。用润舒眼液后症稍缓解,停药后又复作,舌暗红、少津,脉沉细。ST:10mm/5min;BUT:右眼:8s,左眼:7s;泪河宽度:0.1mm。检查:双眼球结膜稍充血,结膜囊未见分泌物,角膜上皮染色见大片点状着色(+),余阴性。以诺沛凝胶滴双眼,每天4次;证属肺阴不足,目珠干燥,方以百合固金汤加减。处方:百合、太子参各15g,山药、蝉蜕、木贼、牛膝、麦冬、知母各10g,薏苡仁30g,炙甘草3g。7剂,每天1剂,水煎服。1周后复诊:症状明显好转,上方加伸筋草15g,又服7剂。2周后三诊:症状基本消失,双眼角膜染色阴性,BUT、ST检查正常,泪河宽度:0.

15mm，继续用原治法巩固治疗。

2.2 阴虚夹湿

证见：目珠干燥、干涩、疼痛、视物模糊，眼眵呈丝状，口黏或口臭，便秘不爽，尿赤而短，舌红或舌边齿印、苔微黄或黄厚腻略干，脉细濡数。湿为阴邪，重浊黏滞，易阻遏气机。眼部气机升降失调，血行不畅，则气血难以上承，目珠干燥、干涩、疼痛；湿邪犯目，眼部多黏滞而不爽，缠绵难愈，则视物模糊，眼眵呈丝状，兼见全身湿热症。外湿久蕴，脾虚受困，运化失司，可致内湿，内湿不化，又加重外湿，上泛于目而病。治宜滋阴利湿，宣畅气机。方以三仁汤合二妙散加减。

案2 章某，男，31岁，2003年9月20日初诊。双眼干涩、灼痛，眼眵呈拉丝状8年。曾在多家医院诊治，诊为慢性结膜炎。经多法治疗仍常反复，症状愈加严重，影响日常工作。诊见：双眼干涩、灼热畏光，视物易疲劳，眼眵呈拉丝状，小便黄、大便干，舌暗红、苔黄厚微腻，脉细数。ST：右眼：6mm/5min，左眼：6mm/5min；BUT：右眼：4s，左眼：5s；泪河宽度：0.1mm。检查：双眼球结膜充血（++），结膜囊见大量黏性丝状分泌物，角膜上皮染色见大片点状着色（+），余阴性。以诺沛凝胶滴双眼，每天4次。证属阴虚夹湿，治以清热燥湿，方以二妙散加减。处方：苍术、牛膝、黄柏、丹参、法半夏、菊花各10g，陈皮、炙甘草各6g，薏苡仁30g。7剂，每天1剂，水煎服。1周后二诊：自觉症状略有好转，守上方丹参用15g，服15剂后每月复查1次。2004年3月17日三诊：诉双眼偶有干涩。ST：右眼：11mm/5min，左眼：11mm/5min；BUT：右眼：8s，左眼：9s；泪河宽度：0.1mm。双眼球结膜无充血，结膜囊未见分泌物，角膜染色阴性，余正常，继续巩固治疗。

2.3 肝肾阴虚

证见：目珠干燥乏泽，干涩、畏光，视物模糊，视久疲劳，口干唇燥裂，神疲乏力，失眠，多梦，舌红、少苔或无苔，脉沉细。肝开窍于目，主泪液，肝阴虚则泪液生成和排泄功能失调，故目珠干涩；肝肾同源，肝阴虚日久则累及肾，致肝肾阴虚，故神疲乏力，失眠，多梦；且肾为水脏，主津液，肾功能失常则津液不能上承于目，则目珠干燥乏泽，视物模糊，视久疲劳。治宜滋补肝肾，方以六味地黄丸或杞菊地黄丸合二至丸加减。

案3 唐某，女，60岁，2003年3月5日初诊。双眼干涩、异物感2～3年。曾在多家医院诊治，使用数种眼药水，症状未好转。诊见：双眼干涩、异物感，灼痛畏光，视物易疲劳，小便黄，大便干，舌红绛、无苔，脉沉细。ST：右眼：5.5/5min，左眼：6mm/5min；BUT：右眼：4s，左眼：4s；泪河宽度：0.15mm。检查：双眼球结膜充血（+），角膜上皮染色大片点状着色占角膜面积80%，其余阴性。予润尔乐眼水滴双眼，每天3次。证属肝肾阴虚，治以滋养肝肾，方以六味地黄丸合二至丸加减。处方：女贞子15g，旱莲草、熟地黄、山茱萸、牡丹皮、密蒙花、木贼、枸杞子各10g，山药30g，炙甘草6g。3剂，每天1剂，水煎服。二诊：双眼已不红，余症未见明显好转，继续用上方。3月29日三诊：症状明显较前好转，有时口干，舌红绛、苔少，脉沉细。检查：双眼球结膜无充血，角膜上皮大片点状着色约占角膜面积50%，其余阴性。西药予以诺沛凝胶和易贝眼水滴双眼，每天3次。守原方加白蔹皮15g，鸡血藤30g，7剂。后每周复查1次，至2003年6月12日复诊时诉偶有不适感，双眼球结膜无充血，双眼角膜染色阴性，其余正常。ST：双眼＞10mm/5min；BUT：右眼：9s，左眼：10s；泪河宽度0.2mm。继续巩固治疗。

3 调护

治疗干眼症，除对症治疗及辨证论治外，生活及饮食调理亦不可少。平素应多食含维生素A的食品，如动物肝脏、胡萝卜、豆类，戒烟酒，少食辛辣煎炸及肥甘厚味之品。老年人可经常轻轻按摩眼球，促进结膜杯状细胞的分泌。长期使用电脑和在空调房间工作的人员，要养成经常眨眼的习惯，每分钟眨眼最好15～20次，有利于眼表泪膜形成。经常使用电脑的人员，应将计算机屏幕调低，坐椅升高，使眼睛朝下看，以减少眼睛暴露面积而使泪液减少蒸发。对于一些症状较重或病程较长的患者，可经常戴潜水镜并尽量少晒太阳，防止泪液蒸发太快。（张彩霞）

何承志学术经验

【名老中医简介】何承志（1919～）上海市青浦人。主任医师。1940年上海中医学院毕业。上海市青浦区中医医院名誉院长，区红十字会名誉会长。首批全国老中医药专家学术经验继承工作指导老师，上海市名中医。从事中医临床、教学、科研工作60余年，擅长内科，对肝胆病和疑难杂证有独到见解。主要编著有《何氏百性赋》《何氏伤寒簒女》《三方江编》《青浦县历代名医》《青浦县中医治疗血吸虫病论文集》《何承志医集》。

学术思想

1 治病首要治人，因时因地制宜

何承志临证非常注重人的因素，即要调动起患者内在积极因素来同疾病作斗争。有因病情顽固丧失治疗信心者，常以自身患重病而治愈的实例鼓励患者；有因精神受刺激或抑郁而致病情加重者，常言之以情、晓之以理，使其开朗乐观，配合治疗。

临证时掌握患者体质强弱、年龄老幼、居处与工作不同，季节气候变更等等灵活用药，做到因人因时因地制宜。

对于"外感"，何承志重视机体内在因素、体质强健的青壮年概以辛凉疏解，直驱病邪。对于患肾炎或慢性白血病的儿童则认为"稚阴稚阳"之体、"肌肤柔软，脏腑未坚"，疾病过程中"易寒易热、易虚易实"治疗随时要注意照顾正气，每每辛凉疏解与益气固表或益肾固本并用，慎用大寒大热及汗下峻剂。

老年患者大多气血亏虚，阴阳俱弱，临床见证以虚证或虚中挟实为多，立方遣药，多用补养，治痰饮病者，常以益气健脾温肾化饮为法，善用六君、肾气诸方兼化痰湿。对肝肾阴亏者，着重养阴滋肾平肝调气，常以杞菊地黄类为法。

长夏多夹湿，何承志常用二陈、平胃、藿香正气诸方，喜用藿香、佩兰、半夏、川厚朴之类以化湿燥湿醒脾助运；秋令多燥，治咳嗽咯血常用清肺润燥及清肝泄热之桑叶、杏仁、沙参、象贝母、山栀、生地、玄参、麦冬之属。

总之，人生活在天地之间，环境之优劣，气候季节之变更与人的生理病理密切相关。何承志分析病因病机、制订治则、选用方药时常参合天时地理诸因素，因时因地制宜。

2 "温病"是"伤寒"之延续—推崇"轻可去实"

何承志认为从学术渊源上"温病学派"是"伤寒学派"之延续，从辨证和治疗上讲"温病学派"又发展了"伤寒论"。何承志治热病擅用时方，推崇"轻可去实"。盖以温病初起，邪在肺卫唯用辛凉轻清之剂，方能疏散风热，宣畅肺气，常选清水豆卷、银花、连翘、桑叶、菊花、薄荷、牛蒡子辈，不用大苦大寒之品，以免药过病所，以致邪陷入里。及至气分热甚，邪热入胃始宜清泄阳明，方用甘寒之"白虎"；如热积胃腑，出现谵语神昏便秘等症时，效法仲景，采用"承气汤"类攻泻热积。热病传变较多，热入营血，身发斑疹或谵语神昏，或动风痉厥，何承志每用咸寒清热、甘酸益阴配伍"紫雪"、"安宫"、"牛黄清心"以清热熄风，平肝止痉。何承志常谓临证不可拘泥于一法一方，要能知常达变方能把握病机，随证施治，才能取得疗效。

青浦地处江南水乡，夏秋季节湿温多发，在湿温病治疗上何承志常用芳香化浊、淡渗利湿、苦温燥湿诸法，用药以米仁、杏仁、蔻仁、藿香、佩兰、竹叶、厚朴花、葛根、黄芩、黄连为多，清灵圆活亦秉轻宣透达之性，以使湿去热孤，更易清除。

3 重视脾肾功能，贵在守法求本

土为万物之母，在人体脾胃为中土、为生化之源，是气机升降之枢纽，后天之本也。肾寓真阴真阳为元气之根、先天之本、人身脏腑气血皆赖肾气之温煦，才得以长养发育生生不已。

在外感热病治当清热祛邪，何承志不忘顾护脾胃，尝谓："人体以胃气为本，纳谷者昌，失谷者亡"，处方用药力避大苦大寒，以免克伐胃气，即便使用苦寒清热之品，必加制半夏、陈皮、焦谷芽、米仁以和胃运脾。

对于温病，何承志十分重视保存津液，宗奉叶天士"胃为津液之本"，"胃宜润则降"的观点，强调养胃阴，认为"留得一分津液，则有一分生机"。每用石斛、沙参、麦冬、西洋参等甘柔濡润之品以养胃生津。

对于慢性病调理，注重调治先天后天，认为脾为坤土生育万物，脾运健则源泉不竭。治气血亏虚之萎黄、紫癜、"再障"、脾虚泄泻或痰饮病、水肿病等皆宗奉东垣升阳益气，健脾利湿为法；久病损及肾阳，则取脾肾同治，加入温肾之品，"益火之源以消阴翳"。肺虚喘促而有纳呆便溏，采用培土生金，病久损及肾阳则加入温肾之品，纳气以归肾。

对于心肝之病的治疗，何承志常采用益肾之法，尝谓"肾阴乃各脏之阴的根本"，肝阳上亢实由肝肾阴亏才出现头目眩晕、面红升火、下肢酸软乏力，治宜滋水涵木，补肾阴以潜肝阳；心火上炎出现心悸、失眠、多梦、口舌碎痛等症，乃属心肾阴虚、多采用补肾阴以清心火法。杞菊地黄、知柏八味、交泰丸乃常用之方，均本"壮水之主以制阳光"之旨。

临证治病不可"头痛医头"，为"谨守病机，各司其属"，针对病源，审因论治，即"治病必求其本"也。"本"如找到，数诊之后，必见疗效，即便原来症状也自好转。有时患者把一些次要症状提出切不可舍本逐末，改弦易辙而必需守法不更，略加增损以治兼证，坚持下去方可收效，否则动辄更法改方为离其本，病情易见反复。

4 带病可以延年，摄生调治并重

不少患有慢性病、疑难病者，或曾经中西医多方治疗收效甚微或病情好转很慢，并经常反复。由于长期受病魔折磨非常痛苦，不能正常生活与工作，精神萎靡，少数患者悲观绝望失去进一步诊治的信心，甚或萌发轻生之念；也有一来就诊就迫切希望药到病愈……。凡此种种，何承志仔细给予诊治，根据病情安慰病家，晓以目前医疗水平虽不能尽愈其病，若能好好调治摄生，尚可带病延年。患者因此而增强了治病的信心，如有些慢性白血病、再障及慢性肝、肾疾病患者，病情得到好转后精神乐观，重返工作岗位，生活质量明显提高，有些晚期癌症患者延长了生存期。

除了药物调治外，何承志非常注重摄生，对于慢性病患者首先强调寒温调摄。“虚邪贼风，避之有时”，这对于慢性白血病、再障、哮喘痰饮、慢性肾炎、先天性心脏病等患者，避免外邪侵袭、诱发或加重本病具有重要意义，既可以防止病情反复又能巩固已获得的治疗成果。

对于心阴亏损，心火较旺或肝阳上亢的患者，何承志常以丹溪“阳常有余，阴常不足”之论，劝解患者，注重精神调养、清心寡欲、心怀坦荡，力戒嗔怒，以使气血平和，“阴平阳秘，精神乃治”，避免出现中风或心悸怔忡等症。

临床经验

胆囊炎胆石症

1 气滞型

症状较轻，常见右胁下隐隐疼痛，闷胀不舒等，相当于慢性胆囊炎、胆囊结石、肝胆管结石及胆囊切除术后残余结石（不伴有梗阻或感染的）。临床体征仅有右上腹轻压痛，无明显的反跳痛，莫菲氏征阴性、叩击痛不明显，舌质苔脉无明显变化。

2 湿热型

症状较重常见高热畏寒，身目黄染，右上腹痛剧，胀满，按之右上腹压痛明显可有反跳痛，莫菲氏征阳性，右胁叩击痛明显，可伴呕吐苦水、口干、便秘、舌质红苔黄腻脉弦滑数等表现，多见于急性胆囊炎、胆总管结石、肝胆管结石伴梗阻或感染者。

3 热毒型

右上腹痛胀更重，腹部痞满显著，右上腹压痛明显，可扪及肿大的胆囊等，反跳痛及胆囊区叩痛明显，莫菲氏征阳性，伴有高热、黄疸、口干、口苦、泛呕、便秘、溲赤、舌质红苔黄厚腻、脉滑数等一系列湿热重症，严重的可引发神昏谵语、脉细数等热毒逆犯心包甚或诱发虚脱等症状，此型相当于化脓性、坏疽性胆囊炎、胆汁性腹膜炎及胆道感染性休克等。

该病临床可有不同分型，病机总因肝胆疏泄失常，湿热内滞所致。肝胆相为表里，胆汁乃“借肝之条气，溢入于胆，积聚而成”。胆为“中清之腑”，以通降下行为顺，若情志不畅，寒温不适，饮食不节，劳累过度，可使肝胆气滞，湿热壅阻，不通则痛，湿热熏蒸，其邪溢于肌肤则发黄……。“六腑以通为用”治疗以疏肝理气、利胆通腑为要矣。肝胆病易影响胃肠功能，常有泛恶呕吐、便秘或腹泻、纳呆等表现，在疏利肝胆同时也需和胃降逆、通腑运脾，此法宜贯穿于胆道疾病治疗之始终。

分而论之，治气滞型重在疏肝理气，常用柴胡、延胡索、郁金、青皮、陈皮、枳壳，佐以清热利湿之蒲公英、焦山栀、炒黄芩、虎杖，利胆排石之金钱草、海金砂等。治湿热型者，重用清热泻火之龙胆草，利湿退黄之茵陈、黄芩，特别是茵陈具透发陈腐，利湿清热作用，不仅为治黄主药，凡湿热证虽不发黄均可使用。疼痛较剧酌加延胡索、川楝子、香附；腑气不通，痛胀痞满较著者，加枳实、生大黄通里攻下，使腑气通，湿热阻滞得解，胆道得利，痛胀痞满减轻，身热得清，黄疸渐退而获显著效果。

病久因胆道郁滞影响及肝者，常加板蓝根、平地木以清热泄肝保肝。对于肝胆疏泄失常影响胃肠致胃气上逆、泛恶呕吐者加制半夏、陈皮；脾运不健泄泻者酌加山药、茯苓、山楂以健脾助运。对于有胆道蛔虫者，常加槟榔、乌梅等驱虫安蛔，结石较久不除者，何承志常加乌梅、炙山甲或京三棱、王不留行等，一以酸味改变肠道内环境的酸碱度，提高胆汁酸度，增加胆汁分泌有利于溶石、排石；一以走窜行散，通络软坚增加利胆排石之效。经上述辨证治疗，患者常能迅速改善症状，增强治疗信心，使疾病好转或痊愈。

慢性胆囊炎，胆石症病程很长，长期服汤药不便。何承志经多年探索筛选出龙胆草、金钱草、虎杖、猪胆汁膏等，研制出消炎利胆的中成药“金胆片”广泛应用于临床，对急慢性胆囊炎，胆结石或手术后残余结石病，均有显著疗效。因其疗效确切，服用方便，深受病家喜爱。

医案验案

1 血小板减少性紫癜

费某，男性，6岁。初诊日期：1993年1月18日。患儿从1992年12月26日起足部出现细小针头状出血点，渐发展至手足及面部，呈紫红色，伴鼻衄。于12月28日住本县中心医院儿科病房，诊断为“血小板减少性紫癜”。经用氢考、洁霉素、强的松、输血等治疗，血小板仍在20×10^9/L左右。家属要求自动出院。刻下下肢、面部瘀点、瘀斑，无其它不舒。4岁时曾有类似发作。上医大儿科医院住院治疗。今日血小板30×10^9/L，脉细数，质淡，苔薄腻。患儿先天禀赋不足，气阴两虚，兼之肌衄反复发作，营血亏虚，元气渐损。本病为虚证，当与温病、湿热火毒之邪迫血妄行所致“发斑”相区别。本病治疗得当，效果尚可，治之不当，病程颇长。当予益气养阴、宁络止血，标本同治。药物：生地、熟地各15g、丹皮10g、仙鹤草20g、大蓟、小蓟各10g、党参15g、黄芪30g、羊蹄根10g、女贞子20g、旱莲草15g、当归10g、蒺藜15g、炙甘草5g、阿胶10g。复诊：1993年2月15日。上药连服至今，今日复查血小板59×10^9/L，无其它不舒。下肢足背未见出血点。家属自诉：患者近日开始每天服鲜生猪血10～20mL。脉细数，苔薄，再予益气健脾，养血止血，渗以有情之品治之。药物：生地、熟地各20g、淮山药15g、炙黄芪20g、当归15g、仙鹤草20g、女贞子15g、阿胶10g、炙龟版10g、党参15g、京玄参10g、麦冬15g、陈皮10g、制半夏10g、炙甘草5g。患儿上方加减连续服用2个月，4月19日复查血小板90×10^9/L，转用归脾丸加三奇冲剂，定期随访，至今未见复发。血小板一直保持在110～140×10^9/L。

按 紫癜一证《圣济总录》称“紫癜病”，《丹溪心法》称“阴症发斑”，《东医宝鉴》称为“内伤发斑”，是有别于外感温热病的发斑出疹。本例辨证为气阴两虚，营血亏损，故立益气补血、填精补髓为法则。方药选用党参、黄芪、当归、生地、熟地、女贞子、旱莲草、阿胶等。方中以党参、黄芪、当归、熟地、阿胶、女贞子益气滋阴养血，生地滋阴清热之效。根据症状，出血者加仙鹤草、羊蹄根，脾肾虚弱者加山药、茯苓、陈皮、白术以健脾和胃，随症加减。根据何承志治疗血小板用鹅血的经验，患儿家长得到启发，每日口服生猪血20mL，似有助于血小板的迅速增加，只是生猪血未作消毒处理，卫生状况有待改进。

2 急性血小板减少症

罗某某，女性，36岁。初诊日期：1991年1月2日。四肢胸背散在紫斑伴鼻衄三天。患者于三天前周身出现散在紫斑，以四肢胸背部明显，似针点样，并逐渐增多，伴有头昏乏力，三天后出现鼻血。今日来院门诊，经血象检查，白血球2.8×10^9/L，血小板25×10^9/L，脉细数，苔薄，舌红有紫疱。邪热伏于营分，迫血妄行为肌衄、鼻衄，当予清热凉血，滋阴降火，仿犀角地黄汤意。药物：水牛角20g、生地20g、玄参15g、白芍10g、龟版10g、女贞子15g、旱莲草15g、仙鹤草30g、知母10g、阿胶10g、羊蹄根10g、黄芪20g；7帖剂。嘱病情危重，须防血脱之变，必要时输血。复诊：1991年1月9日。药后精神好转，鼻衄渐止，紫斑未见新鲜点出现。上方加丹皮10g；4帖剂。三诊：1991年1月16日。诸急渐减，出血基本控制，脉细数，苔薄，气阴亏虚，再予上法继续治疗。“炉烟虽熄，防灰复燃”。药物：黄芪20g、生地20g、仙鹤草30g、女贞子15g、旱莲草15g、羊蹄根10g、阿胶10g、丹皮10g、白芍10g、当归10g、鸡血藤15g；7帖剂。患者上方加减服药近2个月，复查血小板67×10^9/L。

按 本例为急性血小板减少症，皮肤粘膜广泛性严重出血，血小板计数25×10^9/L，病情危笃。中药采用清热凉血、滋阴降火大法，仿犀角地黄汤化裁。服药一周，出血明显好转，继续调补服用，使血小板上升至67×10^9/L，说明中药不仅能止血，且能提高血小板计数。

3 再生障碍性贫血

曹某某，女性，23岁。初诊日期：1978年11月28日。主诉：头昏，心悸，口干便艰半年余。患者进行性贫血，伴有头昏乏力半年余，于1978年11月22日住本县人民医院，当时血象：血色素5g，白细胞2.1×10^9/L，血小板31×10^9/L。经骨髓穿刺确诊为“再生障碍性贫血”，家属要求中医治疗，请何承志会诊。证见面色苍白无华，头昏耳鸣，心悸心慌，神情萎软，口干便艰，脉沉细而数，舌淡苔薄，症为心脾虚损，气阴二亏，当予调补心脾，益气养血。药物：炒党参15g、炙黄芪20g、大熟地20g、二至丸（包）15g、黄精15g、羊蹄根10g、仙鹤草20g、制首乌15g、阿胶10g、另服牛骨髓。上方加减连续服用，于1979年2月29日出院。出院时血色素10.5g，白血球5.0×10^9/L，血小板6×10^9/L。出院后门诊继续随访至1979年10月，血色素11g，血小板90×10^9/L，白细胞5.6×10^9/L，而停止治疗，不久即怀孕，于1980年10月平安分娩，至今未见复发。

按 再生障碍性贫血为难治性疾病，属中医“虚损”范畴，临床表现以贫血、出血、反复感染为主要特征。根据中医理论，血液的化生主要与脾肾两脏密切相关，脾为后天之本，气血生化之源，肾为先天之本，是藏精之脏，主骨生髓，精血同源，故采用补脾益肾，填精益气为主治疗上述二例再障取得明显效果。

4 肾小球肾炎

杨某某，男性，13岁。初诊日期：1992年8月22日。主诉：反复血尿一年余，加剧一周。患儿一年前于体育课后出现血尿，呈酱油色。次日血尿自行消失，以后又有类似发作4次，严重时出现尿中有米粒样血块。4月份上海医科大学儿科医院住院确诊为"高尿钙症"、系膜增生性肾小球肾炎，予低钙饮食、双克等治疗，血尿仍反复。近周呈肉眼血尿，今家属伴同来本院门诊中医治疗。病中无腹痛或腰酸或尿频尿急及浮肿等症，今日尿常规蛋白（+），红细胞满视野。脉数苔薄质偏红，此乃热结下焦（膀胱），灼伤血络，迫血妄行，当与小便涩痛之血淋相鉴别。综观症状，病变在膀胱，日久必耗气伤阴，肾阴亏虚，肾虚不固，气不统血，本虚标实，病程颇长，先拟清热利湿，凉血止血，急则治其标。处方：银花15g、连翘15g、丹皮、丹参各10g、茜草15g、茅根30g、生地20g、茯苓15g、泽泻10g、大蓟、小蓟各15g、金钱草20g、车前子15（包）、生甘草5g。又诊：1992年9月19日。上药连服4周，血尿不已。今日尿检查：蛋白（+），红细胞仍满视野，证见乏力，倦怠，夜尿，苔脉同上。血尿日久，顽固不愈，耗气伤阴，治拟滋阴益肾，固涩，忌温燥伤阴，苦寒耗液。处方：淮山药15g、生地30g、覆盆子15g、菟丝子15g、茯苓15g、党参15g、炙黄芪20g、黄柏10g、女贞子15g、五味子5g、炙甘草5g、龙骨、牡蛎各20g。三诊：1992年10月24日。上药连服5周，症状不已，今日尿检查：蛋白（+），红细胞满视野，脉弦细，苔薄，症属虚实兼夹，正虚邪实，当予益肾滋阴，佐凉血止血。处方：生地30g、仙鹤草30g、血余炭10g、金樱子10g、阿胶10g、党参15g、丹皮10g、旱莲草15g、黄芪20g、蒲黄10g、山药15g、泽泻10g。上药连服一个月，精神好转，夜尿未作，体质渐复，尿检阴性。最后以补肾健脾养阴清化而巩固痊愈。

按 本例尿血，反复发作半年余，尿道无频急、涩痛等症。综观全程，分三个阶段论治。初起辨证热结膀胱，气化失司，迫血妄行，宗《金匮要略》"热在下焦者尿血"论治，以清热利湿、凉血止血之法，续进一月，愈止愈流不得其效。其次虑其血尿日久，耗伤肾阴而见夜尿，倦怠，虽用益气滋阴，补肾固涩之品，血尿未止，最终以扶正祛邪、滋阴益肾、清热止血佐治之而取效。本例纯用清热凉血止血，尿血愈止愈流，而用益气滋阴，补肾固涩，无凉血止血之品佐之亦难奏效，故终以益气滋阴、清热凉血并用，方能取效告愈。

5 肝硬化腹水

张某某，男，86岁。初诊：1991年9月5日。主诉：腹胀小便减少10天，伴有畏寒发热。患者半个月来，腹胀，小便减少，胃纳减退，近10天，腹胀明显，伴有畏寒发热，全身浮肿，皮肤抓痒，小便量少色深黄，便溏次多，今在家属伴同下来本院门诊。体温37.2℃，面色灰暗，巩膜皮肤黄染，肝剑突下三指，质硬，脾大一指，腹水征（++），腹围94厘米，下肢浮肿，按压没指。肝功能检查：总胆红质57.1umol/L，SGPT90单位，白球蛋白倒置，两对半阴性，B超示："肝硬化腹水"，脉弦数，苔薄黄，舌尖红而暗，气阴两虚，水湿内盛，瘀热发黄，症属阴虚湿热之"臌胀""阴黄"，治拟急则治其标，先予淡渗利水退黄症治其标，仿五苓散加减。桂枝5g、茵陈30g、赤苓15g、猪苓15g、鸡内金10g、金钱草30g、蟾皮10g、车前子（包）30g、白术10g、白芍10g、大腹皮10g、生米仁30g、蒲公英20g。医嘱：忌冷，少盐为要，属鼓胀重症。二诊：1991年9月12日。服药一周，小便稍多，纳迟，浮肿不退，面目一身尽黄，脉沉散，舌稍红，湿热未楚，阴分已损，运化无权，因年事已高，图活不易，症颇棘手，注意变化，再予疏肝清化，泻肺利水，今内外同治。1）制大黄10g、生白术10g、茵陈15g、片姜黄10g、赤茯苓15g、猪苓15g、鸡内金10g、车前子（包）20g、甜葶苈子10g、桑白皮10g、川椒目6g、炒山楂10g、生米仁20g、熟米仁20g、大腹皮10g。2）千金子10g、煨甘遂10g、白胡椒10g、黑丑20g。共研末，分2次面粉调和，敷脐部，每6~8小时观察一次，注意有无皮肤过敏。三诊：1991年9月19日。服上药兼用敷，小便增多，浮肿好转，脉沉细，苔薄，再予上法进行。生白术10g、桂枝5g、赤芍10g、白芍10g、连皮茯苓15g、鸡内金10g、葫芦巴壳20g、焦车前草10g、制大黄10g、鸭跖草30g、大腹皮10g、木通6g、甜葶苈子10g、知母5g。2）千金子20、肉桂20、甘遂20、黑丑20。共研末，分6次和面调和，敷于脐部。四诊：1991年9月26日。药后诸症均减，浮肿显著消退，圊便尚可，B超复查示：肝硬化腹水基本消失。肝功能检查：总胆红质12.6umol/L，GPT正常，症已见效，再予健脾护肝，活血软坚之剂，以善其后。白术10g、白芍10g、茯苓15g、黄芪20g、丹参15g、鳖甲10g、牡蛎20g、鸡内金10g、青梗10g、制大黄10g、半夏10g、炙甘草5g、大腹皮10g。

按 臌胀是内科常见病，在中医属疑难病，而合并高度黄疸，在治疗上愈加困难，本例患者臌胀，又加年事已高，病情更重，实为危疾之症，以急则治其标，缓则治其本的原则，开始以淡渗利水退黄，仿茵陈五苓散加减，但效果不甚满意，二诊后除参用上法加减并采用内病外治，敷贴脐部，以致较好效果，小便增多，浮肿显减，黄疸基本消失，B超复查“肝硬化腹水基本消失”，最后以健脾护肝，活血软坚之剂以善其后。本例重点是采用外治后取得效果，对顽固性疾病何承志善于使用外治法，外敷可以经过穴位、经络皮肤及体表相近粘膜结合治疗，具有吸收快，有可避免内服药对消化及其他脏器破坏，使用尚便，安全可靠，副作用少的优点，适用于顽固性疾病，内服效果不明显，借助于外治法，改善和提高疗效，拓开了中医中药治疗急症重难疾病的路子，增加了治疗手段。

6 痿证

陈某某，男，36岁。初诊：1991年3月21日。主诉：两下肢萎软，步履艰难2年余，患者两下肢萎软，进行性乏力半年余，某医院诊断为“肌营养不良症”，证见右上睑稍下垂，口角轻度歪向左侧，双下肢小腿右＜左0.2cm，双腿肌张力对称，肌力4°，脉沉细苔薄，舌润。证为精血亏耗，筋脉失养，病在肝脾肾，疗程颇长，治拟补肝肾，精髓壮筋骨养肌肉。黄芪30g、当归15g、苁蓉10g、鹿角片10g、川续断10g、大熟地30g、杜仲15g、仙灵脾10g、白术10g、白芍10g、桂枝5g、炙甘草5g。二诊：1991年6月27日。上药连续服用，证见好转，步履逐渐正常，下肢渐感有力，脉细数苔薄，再守上法出入。党参15g、黄芪20g、熟附子10g、当归15g、茯苓15g、山药15g、川续断15g、白术10g、白芍10g、千年健10g、川芎5g、鸡血藤15g、杜仲5g、五茄皮10g。患者药既对症，效不更方，嘱其续用至冬季，服膏方一料，以使肾坚骨强肝健筋舒。熟地200g、杜仲150g、炙黄芪150g、当归150g、白术100g、白芍100g、川续断150g、茯苓150g、黄芪100g、淮牛膝100g、菟丝子150g、秦艽100g、鹿角霜100g、桂枝50g、麦冬150g、党参200g、黄柏100g、锁阳150g、羌活100g、独活100g、防风100g、防己100g、泽泻100g、补骨脂150g、骨碎补100g、陈皮100g、甘草50g、阿胶250g、龟版胶150g、鹿角胶150g、冰糖1000g。上药浸一宿，浓煎三四次，取浓汁加阿胶、龟版胶、鹿角胶、冰糖溶化，以膏存放，每日2次，早夜各一匙，温开水送下，伤风停食暂缓。

按 痿证首见载于《内经》痿论曰“五脏因肺热叶焦发为痿（辟足）”，《生气通天论》亦曰：“湿热不攘，大筋软短，小筋弛长，软短为拘，弛长为痿”。《脏气法时论》又曰：“脾病者，身重善肌肉痿，足不收行”，认为痿证主症是由于肺热、湿热、脾虚所致，后世医家在此基础上不断有所发展。本例两下肢萎软，步履艰难，肌肉萎缩，是为精血亏损，筋脉失养，脾虚不养四肢肌肉所致。治疗当以大剂填补肝肾精血，温阳通脉，兼顾健脾养肌，舒筋活血，方中熟地、当归填精补血，“善补阴者，必求之于阳”，投以杜仲、仙灵脾、苁蓉、葫芦巴、巴戟肉等温补肾阳之品，黄芪、白术、白芍健脾助运，桂枝、附子温阳通络，又加千年健、牛膝等增强舒筋活络之功，综观全方之义，重在补运二字，既有以补药为主，也不忽视疏通之辅，最后以膏方巩固治疗以收全功。

7 精神忧郁症

孙某某，男，44岁。初诊：1991年3月16日。主诉：不寐惊怵五六个月，伴沉默少言，患者半年来，自觉恐惧，多思多虑，认为住家楼上有人窥视，不能一人独处，长海医院诊断为“精神忧郁症”，“更年期综合征”。刻下，消瘦双目呆滞，沉默少言，精神抑郁不欢，多思多虑，惊怵不寐，甚则通宵达旦不能入睡。脉细数，苔薄舌稍光，气阴不足，心脾两虚，症属郁症，治拟调养心脾，宁志安神，归脾法出入。炙黄芪20g、当归15g、炙远志5g、白术10g、白芍10g、枣仁15g、茯苓15g、木香10g、胆星5g、淮山药15g、炙甘草5g、制首乌20g、生地30g、丹参15g、党参15g、大枣7枚。二诊：1991年3月31日。药后证见缓和，渐能安睡，多梦纷纷，大便时或一日二次，脉细数，苔薄舌稍光，再拟调益心脾法增减。生地30g、熟地30g、制首乌20g、桂枝5g、淮小麦30g、麦冬15g、茯苓15g、当归15g、五味子5g、炙远志5g、党参20g、枸杞子15g、白芍10g、菖蒲10g、炙甘草5g。上药加减连续服用2个月，诸症均减，自觉心情舒畅，善言多语，再以上方巩固治疗。

按 “更年期综合征”、“精神忧郁症”属祖国医学“郁症”范畴，患者情绪抑郁，思虑过度，耗伤正气，心失所养，神失所藏，气血不足，心脾两虚。何承志认为“五脏主神，肝魂肺魄，心神脾胃意，若人躁竞则神出，乱魄散，精逐溃耗”，此郁症中气血不足之郁也，故投以益气补血，健脾养心、宁志安神的归脾法，随证加五味子、淮小麦，以增强其养心气益心神之功，在健脾宁心，安神中加菖蒲，胆星，化痰湿能增强疗效，药后三月患者情绪开朗，夜能安寐，饮食正常而痊愈。

8 癫病

邱某某,男,3岁。初诊:1991年4月26日。主诉:间歇性抽搐二月,伴步履蹒跚。患儿二月前有不规则高热,38～40℃之间,之后出现抽搐四五次,经儿科医院诊断为癫痫(脑电图示异常电波),刻下见视物较呆迟,行走欠稳妥,自汗盗汗,脉弦细,苔薄舌红。肾阴亏损,肝阳上亢,痰热交阻,上扰清窍,当予平肝熄风,清心化痰。菖蒲6g、僵蚕6g、礞石10g、生地10g、胆星5g、炙甘草5g、半夏6g、钩藤10g、地龙10g、炙远志5g、全蝎6g、麦冬10g。二诊:1991年5月4日。抽搐不已,动辄跌仆,脉弦数,苔薄舌稍红,再拟上法出入。龙骨15g、牡蛎15g、礞石10g、生地15g、半夏6g、僵蚕6g、天竺黄6g、菖蒲6g、炙地龙10g、胆星5g、全蝎3g、麦冬10g、炙甘草3g。三诊:1991年5月14日。药后抽搐次数明显减少,小便频数,步履蹒跚,脉数苔薄舌光,正气受损,肾气亏虚,当予益气补肾,化痰镇痫。淮山药10g、龙骨15g、牡蛎15g、僵蚕10g、全蝎6g、麦冬15g、菖蒲10g、礞石10g、党参10g、炙甘草5g、覆盆子10g、蒺藜10g。上药加减服用2月余。92年12月5日随访,自停药以后,痫证未作,睛珠活动灵活,活动聪明,食饮正常,行走稳妥,脑电波复查示正常波形。

按 患儿高热之后,出现间歇性抽搐,经脑电波提示为癫痫,属中医"痫"症。本病由于肝风扰动、肝失濡养、痰涎内结,肝风挟痰,随气上逆,蒙蔽清窍而致抽搐,急则治其标,故以先于平肝熄风,清心化痰。方用陈皮、半夏、胆星,行气导痰;僵蚕、全蝎搜风破结镇痫;钩藤清热平肝,息风镇痉;生地清热养阴;菖蒲开窍通心助远志通肾,气上达于心,二诊后抽搐次数减而出现小便频数,乃正气受损,肾虚肝失濡养,故在前方镇痉熄风化痰,清热之剂基础上,酌加益气补肾,以柔养经脉,扶正祛邪兼顾逐使风渐止,痰渐消,症状渐趋消失、一年后随访痫症未发作,脑电图正常而告全愈。

9 肝内血管瘤

周某某,男,38岁,干部。初诊:1991年6月22日。主诉:右胁胀痛年余,随情绪波动或劳累而改变。患者一年前感右上腹不舒,经江苏省兴化、南京医院B超、CT等检查为肝右前叶上缘血管瘤,经用保肝及维生素类治疗,症状无改善。病者今从外地慕名前来何承志处就诊,刻下自觉胁胀,睡眠欠安,今日B超"肝右前叶上缘4.2×4.1cm血管瘤",脉来双弦苔薄舌质红,肝郁气滞,血瘀肝脉,另予疏肝理气,化瘀通络,参以柔养。当归15g、丹参15g、红花10g、黄芩10g、茯苓15g、柴胡10g、延胡索10g、赤芍10g、白芍10g、生地30g、木香10g、炙鳖甲10g、青皮20g、黄芪20g、威灵仙10g、桃仁10g。二诊:1991年7月25日。据书信所述7月16日在兴化人民医院B超随访"肝右前叶上缘3.1×3.6 cm血管瘤",肝区仍有隐痛,回信处理。丹参15g、炙黄芪30g、白术10g、白芍10g、柴胡10g、延胡索10g、茯苓15g、郁金10g、莪术10g、三棱10g、五灵脂10g、当归15g、红花10g、鹿角片10g、石见穿10g、炙鳖甲10g。1992年4月3日随访。血管瘤消失,无自觉不舒。

按 肝内血管瘤根据其临床特点,多归于"胁痛"、"积聚"范畴,《金匮要略》:"积者,脏病也,终不移,聚者,腑病也,发作有时……","邪在肝则两胁痛"。此病多因情志郁结,饮食不节,致肝脾受损,脏腑失和,气机阻滞,瘀血内停,日久不除,渐积而成,故选用血府逐瘀汤加减,参以柔养之剂,方中柴胡疏肝解郁;青皮、木香、香附理气化瘀;红花、桃仁、丹参、五灵脂、三棱、莪术等活血化瘀;当归、白芍养血柔肝;鳖甲、牡蛎软坚,党参、黄芪、白术、茯苓健脾益气,全方合用,使疏导不耗其气,祛瘀而不伤阴血,使其络脉气血畅通,故胁痛可愈,其积渐消而肝内血管瘤缩小到消失。

经方验方

1 三奇汤

组成:人参3g、天冬15g、熟地20g、女贞子15g、丹参15g、仙灵脾15g、阿胶10g、鹿角霜10g、黄精20g、羊蹄根10g、黄芪20g。

功能:补肾益精,调和阴阳。

主治:再生障碍性贫血、血小板减少性紫癜、白血球减少等。

用法:水煎服,每日1剂,分2次服,人参另冲服或单独炖服。

方解:再生障碍性贫血、血小板减少性紫癜等疾病,在祖国医学属"虚劳"、"血证"的范畴。"气之源头在于脾,血之源头在于肾"为人体生成之终始,五脏六腑之根本。阴为造血的物质基础,阳为血液生化的动力,阴阳充足,脾气充沛,肾精不竭,精血旺盛,互为融贯而代谢无穷。若脾营肾精生化之机受损,导致血生障碍则出现一系列虚损症状。何承志根据"阴阳互根"、"阴生阳长"的理论,创立新方"三奇汤",立意通过调和脾肾之阴阳来纠正脏腑气血虚损。三奇指人体精、气、神而言,此三者是人体维持生命的根本。天、地、人三才损一不可。方中"人"参大补元气,熟"地"补血滋阴,"天"冬滋阴生津,以天冬、熟地、人参三味补气滋阴养血,并以黄芪补气升阳健脾,藉补气之力还可生血。以女贞子补肾滋阴,以仙灵脾补肾助阳,二味合用补肾之阴阳。丹参活血祛瘀,"一味丹参,功用四物,能补血活血"。阿胶补血止血,鹿角霜温补肝肾,黄精补脾润肺,本草纲目谓"补诸虚……填精髓"。羊蹄根凉血止血,能增强毛细血管抵抗力及促进骨髓制造血小板作用。

2 金胆排石汤

组成:虎杖 20g、金钱草 30g、猪胆汁(或制胆星)5g、龙胆草 5g、山甲片 10g。

功能:清热渗湿,疏肝利胆,排石消石。

主治:急慢性胆囊炎,胆结石,急性黄疸型(或无黄疸型)肝炎。

方解:其病本在肝胆,为湿热阻滞,肝胆疏泄失常,其表现为"痛、胀、痞、满"。根据"六腑以通为用"的理论,采用清热渗湿,疏肝利胆为其大法。胆为"中清之腑",又是"奇恒之腑",只有恢复胆腑通降功能,使胆汁排泄通畅,才有利于肝脏疏泄功能的发挥。方中精选龙胆草为主药,具有泻火除湿之功,辅以金钱草,能促使胆道括约肌松弛,增加胆汁分泌,提高胆汁酸度,有清热渗湿、利胆退黄作用。虎杖能抑制肠道逆行细胞感染,又能活血通络。猪胆汁以促使胆汁呈溶液状态,以纠正胆汁的病理变化。甲片活血通络,善于走窜,通经络达病所,增加疏肝利胆及排石作用。

何洪阳学术经验

【名老中医简介】何洪阳(1947~)教授,主任医师,硕士生导师。1970 年 6 月毕业于成都中医学院。现任成都中医药大学校学术委员,四川省中医药学会理事,四川省骨质疏松专委会委员,四川省中医骨伤科专委会委员,成都市中医骨伤科专委会主任委员。四川省名中医。擅治四肢骨折、脱位,颈椎病及颈性眩晕,腰椎间盘突出症,膝关节骨性关节炎、强直性脊柱炎等。出版《中医骨伤科学》《现代骨伤诊断与治疗》《骨伤推拿》《中西医临床骨科学》《中西医临床骨病学》《保健推拿》等近 10 部专著。发表论文 20 余篇。

1 学术创新点

何洪阳首次提出推拿手法五要素:手形、着力部位、力度、方向、速度,并通过手形、着力部位、力度、方向、速度等展示了每一种手法的要旨,体现了中医推拿手法辨证施治、调整阴阳平衡的学术境界。首次提出推拿手法应按作用力性质分类,并将其分为:摩擦类手法、按压类手法、复合类手法、牵拉类手法,并首次提出应将滚法归为按压类手法。首次提出了推拿手法的五类治疗效应:温热效应、泵压效应、牵拉效应、类针刺样效应、松弛效应。首次提出各种推拿手法的治疗作用。开创了头面、颈肩、肘腕、腰背、髋膝、踝足等 10 个部位的常用推拿术。研创了"温养筋脉"的骨伤推拿疗法,以柔和的力度、深透的热感、缓慢的速度、柔韧的内劲形成了独特的手法。对骨折脱位治疗提出:骨折愈合与功能康复齐头并进。强调无创整复的原则,控制并尽量减少整复手法引起的创伤,并提出手法整复力求一次成功,不强求解剖复位。倡导四肢骨折"一短两早"治疗,即手法整复后,短期固定,早期练功,早期手法理筋治疗。首次提出骨折逐步复位法。强调有效固定:夹板的固定以有效为准,不拘泥夹板的数目。如肱骨干长斜形骨折,仅用一侧内侧板,限制远侧端旋转,肢体远端重力牵拉可消除和防止成角;横形骨折视侧方移位,用两块夹板分别置于尺桡侧或掌背侧固定,辅以合挤手法纠正侧方移位;伸直型桡远骨折,用一块夹板置于背侧固定,屈曲型桡远骨折,用一块夹板固定于掌侧。强调骨折后活血化瘀之品不宜久服,新伤 3、5 剂即止;陈伤,多以手法代药物。治伤辨部位用药。对于筋伤提出:筋性以柔为顺;筋位各循其位;筋喜温而恶寒;筋喜柔而恶刚;筋赖血养;筋主动而须诸筋协调。凭指感了解筋情(筋的病理改变),指导手法治疗,予以辨筋施法,即根据病变部位筋的病理改变来确定相应的手法。在骨科内治方面,崇尚经方在骨科的应用,善用辛凉活血甘平之药治疗,慎用峻猛活血之药和过于辛燥之品。在骨科临床中善于运用活血化瘀、温经通络、散寒除湿、滑利关节、补益肝肾、强筋壮骨之法治疗骨与关节疾病。

2 学术思想

2.1 骨折脱位的治疗

①遵循骨折治疗的基本原则:动静结合、筋骨并重、内外兼治、医患合作。

②分期治疗:骨折早、中、后三期病理改变各不相同,其整复、固定、用药、练功应有所调整变化,方能取得事半功倍的效果。

③活血化瘀:损伤一证,专主血论,瘀不去则新

不生,新不生则骨不合;瘀去,则新生,骨合。所以活血化瘀贯穿骨折治疗的全过程。

2.2 骨折的整复原则

①子骨寻母骨:子骨即远端,母骨即近端。骨折复位,主要是矫正远端移位,以远端去对近端。

②顺势牵引:先顺骨折远端肢体的体位进行牵引,牵开后,再按整复需要,改变牵引的方向及角度。

③循伤道整复:骨折断端移位,在软组织中形成了损伤通道,复位过程就是沿着损伤通道的逆移位过程。

④松弛位整复:有些移位,宜在松弛位整复。如重叠状态下的侧方、旋转移位,宜在松弛位整复;近关节骨折及撕脱骨折的分离移位,宜在松弛位整复。

⑤逐步复位:长骨干骨折,可利用远端肢体的重量和持续牵引的力量消除重叠移位,再以小夹板及压垫的侧方挤压力矫正侧方移位,使骨折逐步复位,可减少手法整复对组织的损伤。

⑥保护软组织合页:有些骨折,断端处的软组织有类似合页的作用,可促进骨折复位并维持断端稳定,整复时应加以保护,避免破坏。

2.3 骨折的固定原则

①局部固定:以固定骨折局部为主,尽量不限制或少限制邻近关节的活动。如骨干骨折,通常不作超关节固定,骨端骨折的超关节固定也只固定邻近骨折的关节。

②有效固定:只要能限制断端再移位,维持骨折稳定,即属有效固定。因此,固定不在于夹板、压垫数目的多少,而在于是否使用得当。

③短期固定:固定时间越短,外固定解除越早,对伤肢功能恢复越有利。一般情况下,骨折进入原始骨痂期,即可逐步解除外固定。

2.4 骨折的用药原则

①合理用药:中药治疗,应按早、中、后三期辨证用药。中病即止,不可过量。根据伤情,可用可不用者,尽量不用,避免滥用。

②注重外治:外用药能直达病所,疗效卓著。早期外敷活血化瘀中药或浸敷药酒,其散瘀消肿效果较内服药明显。后期熏洗伤处能松解粘连、软化瘢痕。

2.5 骨折的练功原则

①尽早练功:骨折整复、固定完毕,即可开始练功。

②循序渐进:练功的次数由少至多,力量由轻至重,幅度由小至大,渐渐增加。

③主动为主:练功以主动活动为主,被动活动为辅。

2.6 骨伤推拿手法的原则

2.6.1 手法的操作原则

①神形合一:神,指注意力、心神、意念。形,指手法的着力部位。推拿治疗时,施术者心无杂念、聚精会神,集意念于着力部位,以意领力,法之所施,方能意到、气到、力到。神形合一,手法之力柔韧劲实、轻而不浮,重而不滞、功效倍增。神形合一,手法力度的增减进退,速度的缓急变化,皆自然灵活,而无生硬造作之象。

②力度柔和:由于“筋喜柔而恶刚”,所以伤虽有新久之别,手法有轻重之分,但运用之时,总以柔韧和缓为顺,切忌生硬之力。柔和均匀,深透有力是手法的基本操作原则。柔和,是手法操作的宗旨。手法柔和,有利于气血的条达、脏腑机能的调和,机体功能的康复,而无干扰气血,惊动脏腑之虑。柔和是手法有利无弊的保障。柔和又是手法均匀、深透,有力的基础。手法柔和,其力度和速度方能均匀;其作用方能深透;手法之力才能持之以久。柔和是手法的力度、速度、节律均达到自然协调的体现。具体地说,柔和是指手法用力自然,其力柔韧温和,如刻意用力,则显生硬粗暴。柔和之力,是手法经过长期训练所产生的一种巧劲,或称“内力”,非短期所能达到。均匀,是指手法动作要有连续性和节律性,压力不要时轻时重,速度不要时快时慢。深透,是指手法力度能达到深部组织,而非仅至皮下。有力,是指手法力度能深达治疗部位组织,并持续治疗一定时间。

③速度徐缓:推拿手法中,除擦法、推法速度偏快外,其余手法速度均宜缓慢。手法速度,从容徐缓,能使手法力度柔和均匀,有利于调和气血、经络、脏腑功能;能使手法作用深透,有利于疏通经络之瘀滞。如手法速度过快,其力仅在肌表,不能深达病变部位,还有扰乱气血循行之虑。力度深的手法,如按法、拿法、分筋、理筋等,其手法速度应略低于患者脉搏次数5~10次,过快则力漂浮而不深透。所以,除特别要求轻快的手法外,一般以速度徐缓为宜。

④轻重交替:推拿治疗,开始时手法的力度宜轻,让患者有个适应过程。同时术者也可观察患者对手法的耐受度。随着治疗的进行,手法力度逐步加重,治疗结束时,手法力度又逐渐减轻。治疗中,如使用了力度深的重手法,应立即辅以轻柔的揉法或拿法,以减轻重手法的刺激反应。轻手法力度多在皮部或肌肉表层,刺激温和,有温养筋脉,调和气

血的作用，是陈伤、劳损的主要手法，也是急性筋伤的基本手法。重手法刺激作用强烈，虽有舒筋活络、通散泻实作用，但因对气血的干扰较大，不宜多用久用。所以，推拿手法在轻重交替的使用过程中，仍以轻手法为主，重手法应谨慎使用，防止过度。同时，要克服“手法力度越重，效果越好”的错误倾向。

2.6.2 推拿手法的运用原则

①辨证施治：辨证施治是中医的基本原则，推拿治疗也要遵循这一原则。推拿治疗时，应首先辨明损伤病证的寒热虚实，再结合患者的年龄、体质和病变部位肌肉的厚薄、筋骨的盛衰等，进行综合分析，全面考虑，确定治疗原则，并依此选择治疗手法。如青壮年患者手法力度偏重，治疗时间略长，可使用摇扳关节的手法；老年患者手法力度宜轻，治疗时间不宜过长，一般不使用摇扳关节的手法。

②辨筋施法：辨证施治是在全面分析病情后，确定治疗大法，指导选择治疗手法。辨筋施法是根据病变部位筋的病理改变来确定相应的手法，比辨证施治更具体，其针对性更强。《素问·生气通天论》说“谨和五味、骨正筋柔。”骨正就是骨要正而不弯曲，筋柔就是筋要柔软而不强硬，才是正常的生理现象。一旦筋伤，除引起气滞血瘀外，必然也要引起筋失柔和而呈强硬。具体的说，就是出现筋的形态、性质或位置等方面的异常。这些异常改变统称为筋情。瘀斑、压痛、板结、肥厚、筋结、筋块是筋情的典型改变。根据筋情的改变来选择治疗手法则称为辨筋施法。如遇到痛点则用点穴法或指揉法，遇筋结则用分筋手法，遇筋挛可用并指揉或拿法，遇有筋出槽、骨错缝则可选用摇法、扳法。筋情除了作为选择手法的依据外，亦可作为调整变换手法的依据。理筋手法有消散瘀斑和消除肌肉痉挛的作用。但理筋中遇到筋结则分筋，以适应筋情改变，使推拿手法治疗的针对性更强，避免盲目地使用手法。

③舒运结合：舒筋手法属推拿治疗的基本手法，多用于患处及邻近部位的治疗，是运筋手法治疗使用前的准备手法。舒筋手法中，滚法、揉法有较好的温养筋脉作用，是治疗陈伤和劳损的主要手法；分筋、理筋、拇指揉或叠指揉，是治疗筋结、筋块的主要手法；点穴、弹筋、拿法、按法有较强的行气通经作用，多用于伤处疼痛，肢体麻木的治疗。如疑有筋出槽、骨错缝，应配合患处关节的扳法。凡是关节粘连的病变，在使用舒筋手法后，应重点使用运摇关节和扳动关节的手法，而且须反复使用，才能收到较好的松解粘连、滑利关节的作用。

④终末镇定：镇定，是指手法结束时，不立即放松手法力量，停留片刻，以增强手法作用。镇定可用于舒筋和运筋手法结束时。舒筋手法中，按法、点穴、分筋、揉法结束时都可配合镇定，有增强行气止痛、疏通经络的作用。运筋手法中，关节部位在扳法结束时，可配合镇定，有增强松解粘连的作用。

⑤循经取穴：一是指根据病情的寒热虚实，辨证取穴。如颈椎病，兼见外寒，可取百会、肩井、风池、列缺等穴；兼见风热，可取太阳、头维、率谷、印堂、风府等穴。二是根据病变部经络循行，选取适当的穴位，配合治疗。如颈椎病兼见一侧手指麻木，可取扶突、天鼎、缺盆、曲池、阳溪、合谷、肩中腧、秉风、天宗、阳谷、后溪等。推拿治疗，必须在经络学说的指导下，根据病情、病变部位，辨证取穴，才能获得好的治疗效果。

3 临床经验（典型病案）

何洪阳经过40年的临床实践，对骨折、脱位、筋伤、骨病的诊疗，积累了较丰富的经验。骨折脱位整复手法娴熟，运用巧妙；骨伤推拿手法柔和缓慢，热感深透，形成了以“温养筋脉”为特色的推拿疗法；内治深研经方在骨科的应用，以调节营卫气血为核心，辅以补益脾胃肝肾。擅长治疗肱骨外髁颈骨折、肱骨髁上骨折、关节内骨折、颈性眩晕、腰椎间盘突出症、股骨头缺血性坏死、强直性脊柱炎、类风湿性关节炎及急慢性骨关节感染等病症。

案1 患者陈某某，男，31岁，建筑工人，已婚。1985年5月4日初诊。

主诉：左侧胫腓骨开放性骨折伤口不愈合1+年。现症：患者自述1年前因外伤致左侧胫腓骨开放性骨折，在当地医院行清创及钢板内固定术，术后伤口久不愈合，钢板外露，予以长期换药处理。患者及家属为求中医治疗，遂来中医附院骨科门诊诊治。检查：打开伤口敷料，见钢板及部分骨质裸露，肉芽苍白，分泌物清稀。舌淡，苔白腻，脉濡缓。X线片示：左胫腓骨骨折部骨膜反应。西医诊断：左侧胫腓骨开放性骨折致骨髓炎。中医诊断：左侧胫腓骨开放性骨折术后创口不愈合。中医辨证：脾胃气虚，湿邪阻滞。治疗处理：内治：方用平胃散合十全大补汤加减，一日一剂。

外治：创面及裸露的骨骼、钢板用生肌玉红膏换药。2周后肉芽组织转红活，分泌物减少。继用前法治疗3月后，伤口愈合。半年后复查，骨折线模糊，胫腓骨骨膜反应消失。

案2 患儿某某，男，3个月。2002年9月11日初诊。其母代诉：喂乳后即泄泻（每日约10余次）3+个月。检查：患儿体瘦，神差，易哭。西医诊断：饥饿性腹泻（胃肠功能紊乱）。中医诊断：小儿泄泻。中医辨证：脾胃气虚，完谷不化。治疗法则：健运脾胃。

治疗手法：行推脾经500次，推大肠经500次，揉扳门0.5分钟，运八卦20圈，顺时针摩腹3分钟，捏脊5遍。首次治疗后，腹泻减为6次/日，第二次治疗后，腹泻减为3次/日，治疗3次后，大便成形，日1次，继用前按摩手法治疗3次，巩固疗效，随访1年无复发。

案3 患者某某，男性，32岁，职员，住院病人。主诉：左肱骨干中1/3横行骨折整复后再移位半天。治疗经过：患者肱骨干骨折手法整复后，复查左肱骨正侧位X线片显示：左肱骨骨折解剖复位。患者述当晚夜间自觉小夹板固定过紧，自行调松布带，次日查骨传导减弱，立即复查X线片见骨折远近端重叠，但压垫位置准确。主管医生提出需否再复位，何洪阳主任医师查房后指示以三角巾悬吊患上肢，让患者下床活动，至骨传导消失时，在合挤手法下收紧束带，并辅以每日叩挤患侧肩肘，住院6周，出院时复查X线片，骨折对位达解剖，对线约有10°成角。

案4 患者某某，女性，56岁，经理。2003年10月11日初诊。主诉：颈部不适伴眩晕、恶心3+个月。现症：患者自述变换体位即出现头痛，一过性眩晕，感恶心、汗出。在多家医院行输液治疗（具体用药不详），疗效不佳，遂到中医大附属老中医门诊部治疗。体格检查：右斜角肌止点处板结压痛，双侧斜方肌肩胛冈上部板结压痛，枕骨粗隆部板结压痛，颌胸征阳性。X线片提示：颈曲消失，钩椎关节骨刺。脑彩超提示椎基底部动脉供血不足。西医诊断：颈椎病（椎动脉型）。中医诊断：颈椎病。辨证为络脉痹阻，清阳失升。治疗法则：柔筋通络，调节升降。

治疗手法：予以滚颈：滚颈棘突、滚颈棘突旁、滚颈侧、滚颈根；揉颈：揉颈棘突、揉颈侧、揉颈根；拿颈：拿颈棘突、拿颈侧、拿肩井；以及推风府至大椎、风池至肩井，分推额、揉太阳、率谷、四神聪，分理头皮等手法治疗约25分钟，首次治疗后，症状减轻，治疗3次后，症状缓解，继用前法治疗10个疗程后，颈曲恢复，颈部压痛及板结消除，随访1年无复发。（张晓剑）

何焕荣临床经验

【名老中医简介】何焕荣（1940～）主任医师，教授，硕士生导师。曾任苏州市中医医院副院长。江苏省中医学会肺系专业委员会名誉主任委员，苏州市中医学会名誉会长，苏州市中医学会呼吸组主任委员，江苏省药品审评委员会委员，苏州市医疗事故鉴定委员会专家组成员。享受国务院政府特殊津贴。江苏省名中医。从事中医内科临床40余年，擅长中西医结合诊治心肺、消化、妇科等疾病和各种疑难杂症，尤其对支气管哮喘、急慢性支气管炎、慢性阻塞性肺病等有较深入的研究。获省卫生厅及中管局科技进步奖3项，获市级科技成果奖3项。出版专著两部，发表论文30余篇。

临床经验

慢性阻塞性肺病

1 发作期宜化痰止咳平喘、中西医并治

肺为娇脏，不耐寒热，且居上焦，为五脏之华盖，外邪侵袭，肺首当其冲，致肺之宣肃失司，升降失常，气机壅滞，肺气胀满。肺病日久，涉及脾肾，脾失健运，肾失蒸化，津液不归化为痰饮，潴留气道，痰气交阻，发为咳痰而成慢阻肺。何焕荣认为发作期应予止咳平喘化痰，若痰郁化热则应加以清化。发作期临床表现主要为咳嗽、咯痰量多、气喘痰鸣，胸闷不能平卧，或动则气急，伴寒热甚或心悸，苔多厚腻，脉弦，肺部听诊可及明显干湿罗音。何焕荣指出临床应注意辨其寒热虚实，并认为辨寒热之关键在于察痰之色、质、量，若咯痰色白质稀薄量多者属寒证，宜用麻黄、细辛之类温药如小青龙汤加减，取"温肺化饮"之意，若咯痰色白质粘量少或挟黄痰，为痰蕴而化热之象征，此时宜寒温同用，如加味定喘汤，若咯痰色黄质粘稠量少属热证，此时宜清化痰热，如桑白皮汤、麻杏石甘汤等加减。发作期多由外邪引动内饮，致痰气搏结阻于气道而发为喘证，故多属虚实夹杂，此时应坚持急则治其标，缓则治其本的治疗大法，先祛其标实，待症状缓解后再予以扶正固本。病情危急者，要合理运用实验室检查，明确现代医学诊断，进行中西医结合治疗，务必使患者的症状尽快得到缓解。

案1 沈某，女，55岁，因咳、痰、喘20余年加重1

周于2005年7月31日初诊。患慢性咳嗽20多年，每遇背部着凉后引发咳嗽、喷嚏，冬季加重，活动后气急，咯痰色白、质粘稠、无血丝、咯吐不畅，无咽痛，遇异味引咳，舌质淡红，苔薄白腻，脉小弦，否认吸烟史。查体：咽峡部充血（+），心率84次/min，律齐，无杂音。两肺呼吸音低，两肺底可闻及密集细湿罗音，全胸片示：呈肺气肿改变。证系肺寒痰饮内踞，肺失清肃，肺气上逆，予寒温同用，肃肺化痰，拟加味定喘汤加减。方药：炙麻黄5 g，桑白皮10 g，杏仁10 g，炙紫菀10 g，淡芩10 g，制半夏10 g，化橘红10 g，枳壳10 g，炙款冬花10 g，炙地龙10 g，苏子10 g，象贝10 g，炙百部10 g。患者服7剂后，复诊诉咳嗽减轻，咯痰较爽，量减少，苔薄白微腻，脉小弦，查体两肺底湿罗音明显减少，守原方加减继用21剂后诸症平稳。

按 患咳、痰、喘20余年，自觉背部寒冷，咳吐白痰，舌苔薄白腻，宿有痰饮，喘因痰作。为遇感触发所致，投自拟加味定喘汤，寒温同用，宣降并进获验。何焕荣临诊详辨望、闻、问、切，又十分重视体检，仔细听诊，复诊时诸症好转，肺部罗音明显减少，病涉坦途。

案2 夏某，男，63岁，因咳嗽、咯痰20 d伴气喘1周于2005年11月16日初诊。患者20 d前不慎受凉后出现恶寒、发热、咽痛、稍咳、咯痰，自服“巴米尔”后热退，但咳嗽一直未愈，1周前出现气喘，渐加重，刻诊：无发热、怕冷、咳嗽、略痰、色白质粘，咯吐不畅，咽痒、胸闷气喘动后尤甚，纳差，二便尚调，舌质淡红苔淡黄腻，脉弦数。既往有慢性咳嗽史10余年，已戒烟。查体：两侧扁桃体切除，下咽部淋巴滤泡增粗，心率92次/min，律齐，无杂音，两肺未及明显干湿罗音。全胸片示：两下肺纹理增多。血常规示：WBC 9.1×10^9/L，NO%，75%。证系感邪犯肺，肺气失宣；治拟清热化痰，止咳平喘；方选麻杏甘石汤加减。处方：炙麻黄5 g，杏仁10 g，生石膏30 g，生甘草5 g，桑白皮15 g，蜜炙马兜铃5 g，炙紫苑10 g，淡芩10 g，鱼腥草30 g，象贝10 g，炙地龙10 g，炙百部10 g。患者服用上方7剂后，气喘顿平，原方加减继服14剂后，告愈而归。

按 此例咳嗽气粗加重1周，良由风寒入里化热，肺气失于宣肃。投麻杏甘石汤以清泄肺热，参以马兜铃、黄芩、鱼腥草以增强清热药效；百部、象贝既能化痰止咳又能敛肺平喘；地龙配百部以解痉止咳，达到肺气得宣，咳嗽顿减，痰热得清，气喘则平。

2 迁延期及缓解期宜补肺益肾，扶正固本

肺为阴脏，慢阻肺患者日久每有阴虚中伤之征象，“肺为气之主，肾为气之根”，肺病日久，由肺涉脾及肾，致健运失司，肾气不固，肺、脾、肾皆虚，甚则肺病及心，心气亦虚。慢阻肺发作期虽经积极治疗，然诸多患者仍有余痰留肺，故痰热余邪未尽，气阴两虚是慢阻肺迁延期或缓解期患者容易复发，难以根除之机理。因此肃肺化痰、益气补肾对于慢阻肺尤为重要。其临床表现见咳、痰、喘不明显，咯痰间作量少，胸闷，动则气急，甚则心悸，平时易感冒，唇色可见紫绀，舌质淡红或暗红，苔薄或少，脉细弱。此时临床上多重补养并兼以清化。何焕荣常用皱肺丸加减。其基本方为太子参、南北沙参、炙款冬花、炙紫苑、五味子、紫石英、杏仁、象贝、制半夏、陈皮、坎脐。方中太子参补益心肺之气，南北沙参养阴清肺，炙紫苑润肺下气，开肺郁化痰浊，配伍款冬花加强止咳之力。象贝清肺化痰，杏仁化痰止咳，二者共奏清肃肺气之功。杏仁尚有润肠通便之功效，肺与大肠相表里，腑气通则上气亦平，制半夏降逆止咳、燥湿化痰，配与陈皮和胃化痰。五味子敛肺滋肾，沉香纳气归元，紫石英温肺下气，坎脐为血肉有情之品，可补肾纳气平喘，诸药合用既补肺益肾又清肺化痰。临证尚需灵活加减，如喘咳较据，痰较多时宜去坎脐，加苏子、莱菔子、甜葶苈等，如痰色黄质粘稠可加入鱼腥草、海浮石等，若面色紫绀或舌有紫气，可加入紫丹参、桃仁、当归等，若见舌红少苔可加入天麦冬，若见肢冷尿频可加入官桂、补骨脂等，若见苔黄腻和（或）伴大便秘结者可加入全瓜蒌、黄芩、胆南星等，若伴浮肿、小便不利可加入车前子、猪茯苓等。

案3 彭某，男，72岁，于2005年10月17日初诊。患者有“慢性支气管炎、慢性阻塞性肺气肿”病史20余年，刻诊：咳嗽不多，有痰色白，动则气急，甚则喘息抬肩，舌质淡红，苔薄白，脉细弦。查体：心率80次/min，律齐，未及杂音，两肺呼吸音低，未及干湿罗音。证系咳嗽日久，积年不愈，由肺及肾，拟益气温肾、利肺化痰。处方：太子参15 g，南北沙参（各）15 g，天麦冬（各）15 g，五味子5 g，紫丹参10 g，苏子10 g，制半夏10 g，杏仁10 g，陈皮5 g，炙紫苑10 g，炙款冬花10 g，象贝10 g，沉香末（后下）3 g，紫石英30 g，坎脐1条。患者服用上方2月后，改服膏药3月，服药期间症状平稳，病未复发。

按 患者系久咳廿载，已由肺及肾，动则气急，喘息抬肩，乃肺不降气，肾不纳气之明证。方取生脉散合苏子降气汤加减，补气益阴，利肺化痰；参以紫石英、炙坎脐温肾纳气之品，入冬继予膏滋重剂调摄而获效。

案4 刑某，女，80岁，于2005年11月14日初诊。患者有“慢性支气管炎”病史20余年，近4 d加重。刻下：胸闷气急，稍咳，无咯痰，纳迟，下肢不肿，舌质紫气，苔前光中后薄白腻，脉濡有歇止。查体：心率80次/min，可及早搏，两肺底细湿罗音。血常规示：WBC 8.2×10^9/L，N0%，66%。全胸片示：主动脉型心脏、两肺间质炎。心电图示：①房早（P波未下传）；②冠状动脉供血不足。证系老年心肺气阴两虚，痰瘀痹阻，心脉不匀，肺失治节。中医诊断：喘证。西医诊断：①慢性支气管炎；②慢性阻塞性肺气肿；③冠心病。予益气养阴，祛瘀化痰。处方：太子参30 g，南北沙参（各）15 g，天麦冬（各）10 g，紫丹参30 g，桃仁10 g，炙紫苑10 g，杏仁10 g，制半夏10 g，陈皮5 g，炙款冬花10 g，苏子10 g，沉香末（后下）3 g。另加用克拉霉素0.25，Bid，口服7 d。1周后患者复诊诉活动后气急减轻，苔薄光，脉小弦，继前方加减14剂后，诸症平稳。

按 本例耄耋之年，久咳而喘20余载，经云“善诊者，察色按脉，先别阴阳……”何焕荣认为此例患者舌质紫气，苔前半光剥，后半薄白腻，说明老年气阴早伤，痰瘀痹阻心脉，肺气失于宣肃，辨证施药应格外细心，慎防燥痰易伤阴，滋阴以碍瘀，姑拟益气养阴顾护心肺之气基础上参以丹参、桃仁活血化瘀；二陈、款冬花化痰止咳；苏子、沉香降逆利肺。药投相合病机，半月后好转。何焕荣云：临床上慢阻肺、肺心病、冠心病并存者，并不鲜见，切切不能顾此失彼。

3 治疗过程中需注意顾护脾胃

慢阻肺患者常需长期服药，易伤脾胃，故无论发作期、迁延期或缓解期，何焕荣喜加制半夏、陈皮以和胃化痰。因“脾为生痰之源”，慢阻肺日久子盗母气，由肺涉脾，脾失健运，津液不归正化积为痰湿，与肺之余痰相合，壅阻气道，使慢阻肺患者再发或加重。制半夏、陈皮二药相合，健脾化痰和胃，一来杜绝生痰之源，二来顾护脾胃，实乃妙哉！（吕 萍）

医方验方

加味定喘汤

方药：百部10g，炙麻黄10g，桑白皮10g，杏仁10g，炙紫菀10g，白前10g，制半夏10g，橘红10g，苏子10g，黄芩10g，象贝母10g，炙款冬10g，炙地龙10g。

功效：宣肺平喘，清热化痰，解痉止渴。

主治：急性支气管炎、慢性支气管炎急性发作之咳嗽。证见咳嗽不止，咳痰不爽，或闻异味症状加重。

用法：药物浸泡30min，待煮沸后再煎15min取汁，1日2服。

加减：形体、背俞不畏寒者，炙麻黄改用5g；干咳不止者，可加蜜炙马兜铃5g、全蝎3g；咳声洪亮、气粗者，加生石膏30g、生甘草5g，鼻塞咽痒者，加辛夷10g、桔梗5g；咽痛音哑者，去麻黄加制僵蚕10g，蒲公英30g，黛蛤散（包）30g。

方解：加味定喘汤系定喘汤（《摄生众妙方》）化裁而成。方中白果曾一度紧缺，以百部代之。方中麻黄宣肺降气以定喘兼解表寒；桑白皮清肺热而止咳嗽；杏仁、苏子、制半夏、橘红降气平喘、化痰止咳；与麻黄一宣一降，以加强宣肺平喘作用；百部、贝母既化痰止咳，又能敛肺平喘并防麻黄过于耗散之弊。现代药理研究表明，百部含多种生物碱，能降低呼吸中枢神经的兴奋性，煎剂对葡萄球菌、肺炎球菌等均有抑制作用。黄芩配桑白皮以清肺热，紫菀配白前以除痰嗽，地龙配百部以解痉止咳。全方共奏宣肺平喘、清热化痰、解痉止咳之功效，寒温同用，宣降并进。普通感冒初起二三天或急性扁桃体炎不宜使用。

何世东临床经验

【名老中医简介】何世东（1947～）广东人。主任医师，教授。广州中医药大学本科毕业。广东省东莞市中医院主任医师。广东省中西医结合学会消化专业委员会委员，广东省中医药学会肾病专业委员会委员及风湿病专业委员会委员。享受国务院政府特殊津贴。第三批全国老中医药专家学术继承工作指导老师。擅长治疗疑难病，对肾病、风湿性疾病、胃肠道疾病有独特体会及显著疗效。主持多项课题研究并获奖。发表论文38篇。

临床经验

恶性肿瘤

1 病机本在脾肾两虚，标在痰瘀互结

何世东认为人体外感六淫，内伤七情，邪之所凑，其气必虚，而脾肾之虚更为根本。痰的形成，多责之脾肾二脏，脾虚，其“散精”失职，不能运化水湿，清气难以上升，浊阴难以下降，停积为饮，凝聚为痰；

肾虚，其调节水液，司开合失职，水湿停聚为痰。命门火衰，难以温煦脾阳，造成脾虚不运，积水湿而成痰浊。“盖痰即水也，其本在肾，其标在脾。在肾者，以水不归原，水泛为痰也；在脾胃，以饮食不化，土不制水也”。瘀的形成，为气滞与气虚所致。气为血帅，血随气行，气行则血行，气滞则血瘀。若气虚无力推动血行，则形成血瘀。故血瘀的形成亦与脾肾相关。有形之邪，痰瘀互结，积聚于机体，发为肿瘤。

2 治则攻补兼施，顾护脾肾之本为要

治疗上何世东以益气健脾补肾化痰祛瘀为大法，且贯彻始终。肿瘤病机为脾肾两虚，痰瘀互结。脾肾两虚为本，痰瘀互结为标，况且手术、化疗、放疗大伤元气，使虚弱之躯体更虚，故临床表现错综复杂，虚实夹杂。治疗以益气健脾补肾为主，其中包括气血阴阳的扶助补益，在具体运用时首先照顾脾，因为脾为后天之本，水谷生化之源，若脾不能正常运化，任何补养都不起作用。益气健脾药常用：人参、白术、茯苓、炙甘草、黄芪、大枣、灵芝、淮山药、薏苡仁等。补肾可达到补火生土之功，肾为元阴元阳之脏，五脏六腑之阴非此不能滋，五脏六腑之阳非此不温煦，脾肾双补有相得益彰之效。补肾药常用：海马、杜仲、地黄、山萸肉、川断、女贞子、菟丝子、巴戟、仙茅、肉桂、附子、补骨脂、淫羊藿、龟版等。化痰药有除痰消肿化积、消散肿瘤之功，常用药：贝母、法半夏、胆南星、陈皮、全瓜蒌、牡蛎、昆布、紫苑、白芥子、竹黄、僵蚕、花粉、猫爪草等。祛瘀药善于走散通行，活血化瘀，通经活络，有化瘀止痛之功。常用药：三七、水蛭、赤芍药、桃仁、红花、当归、炒山甲、土鳖虫、全蝎、莪术、三棱、五灵脂、蒲黄。若痰瘀化热者可加用清热解毒药：白花蛇舌草、七叶一枝花、蒲公英、元参、黄芩、川连、栀子、半边莲、半枝莲、败酱草等。以上诸类药物，根据标本兼夹情况，有机整合成方，共奏补脾益肾化痰祛瘀之功，攻补兼施贯彻始终。何世东还强调肿瘤患者正气虚，加之放疗、化疗、手术等无疑百上加斤，故中药治疗切忌攻伐太过，不宜用过于峻猛有毒性之品。

3 典型病案

案1 男，54 岁。患者于 1984 年 3 月发现患肺癌，在广州某医院行手术治疗与术后化疗。1985 年 2 月出现右侧胸痛，胸片提示：右侧第一肋骨肿瘤转移，并病理性骨折。求诊中医，入住本院内科，当时证见右胸痛，咳嗽，纳差，盗汗，疲惫，面色暗晦，形体消疲，语声低怯，口气秽臭，四肢凉，舌质暗红、舌苔白腻，脉濡。中医诊断虚劳，证属脾肾两虚，痰瘀互结，治以益气补肾化痰祛瘀，处方：海马 10 g，田七 5 g，边条参 10 g（三味另炖），川贝 12 g，法半夏 15 g，猫爪草 15 g，北黄芪 15 g，夏枯草 15 g，陈皮 6 g，云茯苓 20 g，淮山药 15 g，桃仁 12 g，白术 12 g，血竭 5 g，每日 1 剂，随证稍作加减服至半年后，诸症消失，精神振作，胃纳大增，出院。用药至 1986 年 9 月 20 日，面色红润如正常人，能正常上班工作，随访 18 年情况良好。

按 方中海马、淮山药补肾；边条参、北黄芪、白术、云茯苓大补元气，益气健脾；海马、川贝、法半夏、陈皮、云茯苓、猫爪草、夏枯草化痰散结；田七、桃仁、血竭活血化瘀，散结通络。诸药合用达到补肾益气、化瘀散结、活血通络之功。

案2 男，48 岁。2001 年 9 月肺癌术后化疗，2003 年 3 月发现胸膜转移，不能再手术及化疗。曾求诊多家医院肿瘤专家均无效，转而求治中医，当时证见神疲，恶寒，形瘦脱发，面色暗晦，纳差，胸痛，胸闷，疲乏，动则气喘，间有咳嗽，痰白黏少而难出。大便数日一行，口不渴，睡眠差，舌暗淡红、苔白腻厚，脉弦滑无力。中医诊断：喘证，病机肾脾两虚，痰瘀互结，肾不纳气，肺失宣降。治则：补肾健脾，化痰祛瘀，纳肾气，降肺气。方药：海马 10 g，田七 5 g，新开河参 10 g（三味另炖），川贝母 15 g，苏子 12 g，法半夏 15 g，云茯苓 10 g，全瓜蒌 12 g，款冬花 12 g，杜仲 15 g，山萸肉 12 g，蛤蚧一对，七叶一支花 15 g，薏苡仁 30 g，桃仁 15 g，五灵脂 12 g，蒲黄 12 g，每日 1 剂，每周诊 1 次，按上法对症加减。半年后精神焕发，头发乌润，胃纳佳，气喘消失，间有胸痛，舌红润，苔薄白，脉弦细，上方去蛤蚧、苏子、冬花、七叶一支花加巴戟 18g，白术 12 g，北沙参 20 g，每日 1 剂，并随症加减。半年后，可以上班，爬山，旅游。随访至今，一切正常。

按 方中海马、杜仲、山萸肉、蛤蚧，补肾阳，纳肾气；新开河参大补元气，配云茯苓、薏苡仁，有补脾化痰之功；海马、川贝、苏子、法半夏、云茯苓、冬花、全瓜蒌，化痰降气平喘；田七、桃仁、失笑散，活血化瘀，通络止痛；七叶一枝花、全瓜蒌、薏苡仁，清热解毒，化痰抗肿瘤，诸药配合达补肾纳气，益气化痰，活血化瘀，清热解毒之功。复方时，将苏子、款冬花、七叶一枝花等清热化痰降气之药改为巴戟，加强补肾，白术补脾，北沙参养肺阴。（宁为民）

顽固性原发性肾病综合征

1 病因强调本虚标实

1.1 脾肾阳虚

脾肾亏虚、水湿内停致水肿；脾虚，水谷生化之源不足，致低蛋白血症；脾虚清气下陷，精气下泄致蛋白尿；肾虚不固、精气不藏致蛋白尿。故脾肾亏，是本病之根本。

1.2 湿浊内蕴

脾肾阳虚，水湿内停，或饮食不节，或外感湿邪致湿浊；或用药失当（包括中西药），或久郁化热致湿热胶结病变难愈。

1.3 瘀血内阻

湿浊内蕴阻碍气机，气滞则血瘀，瘀阻经络，气血运化水液更为失常。脾肾气虚，久病入络瘀阻于肾，致肾开合、藏精之功能难复。

1.4 外邪（毒邪）侵袭

外感风寒或热毒侵袭于肺，肺失宣降致水肿加重。外邪（如湿邪）内扰于脾，则运化失职致水肿加重。外邪（如寒邪）内及于肾，则主水功能失职，致水肿加重。肾藏精开合功能失调，蛋白尿加重。

故脾肾阳虚是本病之根本；湿浊（湿热）内蕴是病情难愈之主因；瘀血内阻是本病肾功能减退之关键；外邪（毒邪）侵袭是本病反复发作病情加剧的常见诱因。

2 治法重在分期辨治

2.1 水肿期治疗

此时主要矛盾在于消除水肿。水肿的主因是脾肾阳虚、水湿泛滥。但与湿热内蕴、瘀血内阻关系密切；有时与风邪侵袭有关。临床要明察。

2.1.1 脾肾阳虚 水湿泛滥，证见面色㿠白，形寒肢冷、全身浮肿、神疲尿少、腰膝酸软，若伴有胸水则气急促，难以平卧，伴腹水则腹胀、纳呆恶心，舌淡白苔滑腻，脉沉细。治则为温补脾肾、利水消肿。可用真武汤合五皮饮。药用熟附子、白术、茯苓皮、白芍药、生姜、大腹皮、五加皮、泽泻、桂枝、槟榔、陈皮。

2.1.2 脾虚水肿 证见四肢浮肿或全身水肿、少气乏力、神疲纳呆、面色萎黄、尿少。舌淡胖齿印、苔白腻，脉沉缓乏力。治则为益气利水。可用防己黄芪汤合参苓白术散或五皮饮。药用黄芪、白术、云茯苓、泽泻、苡薏仁、扁豆、砂仁、车前子、炙甘草、党参、大腹皮、五加皮。

2.1.3 风邪外袭 证见水肿因外感而加重或复发，恶风发热、鼻塞流涕、咳嗽或咽痛、痰黄、尿黄短，舌淡红，脉浮。治则为宣肺利尿或兼清热利咽。可用枇杷叶煎合五皮饮或银翘散合麻黄连翘赤小豆汤加减。药用麻黄、连翘、赤小豆、枇杷叶、淡豆豉、栀子、北杏、苡薏仁、银花、甘草、法半夏、滑石。

以上三型互相错杂，并常有湿热血瘀之证兼挟，临床治疗可分清标本，并对症加入清热祛湿或活血祛瘀之品。

2.2 非水肿期治疗

水肿消退后，多见面色无华、神疲乏力、腰膝酸软、头晕等，但大多数患者是反复应用大量激素，表现为阴虚火旺、湿热内蕴、血瘀内阻之证，随着激素用量的减少，渐显气阴两亏之证，至激素停用后，表现阴阳两虚或脾肾阳虚，并常虚实错杂。消除蛋白及预防复发为本阶段的重点。

2.2.1 脾肾两虚 证见面色㿠白、神疲乏力、腰膝酸软、舌淡、苔白、脉细弱。此型多为无激素治疗史或激素停用后所见。治则为益气补肾。可用右归丸或左归丸加黄芪、参苓白术散合水陆二仙丹。药用熟地黄、茱萸肉、淮山药、枸杞子、云茯苓、菟丝子、牛膝、黄芪、党参、女贞子、白术、杜仲、芡实、鹿角胶、巴戟、仙茅。

2.2.2 气阴两虚 证见面色无华、少气乏力、口燥咽干、五心烦热、头晕目眩、多梦、尿黄，舌红少苔，脉细弦数。此型多为激素已减量患者。治则为养阴益气固肾。可用六味地黄汤加二至丸、党参、黄芪等。药用熟地黄、茱萸肉、淮山药、泽泻、丹皮、党参、黄芪、云茯苓、苡薏仁、女贞子、旱莲草。

2.2.3 阴虚火旺 证见应用大量激素后表现为面红、失眠多梦、口干口苦、满月面、多毛、烦躁、盗汗等。治则为滋阴降火，可用知柏八味丸加栀子、二至丸，药用知母、黄柏、生地、丹皮、茱萸肉、泽泻、淮山药、云茯苓、女贞子、旱莲草、益母草、元参。待激素渐减后，清热之品渐减。

以上三型可见于激素治疗不同阶段的不同表现，但亦常有湿浊（湿热）血瘀等兼证，临床上可灵活加入祛湿热，药用蛇舌草、半边莲、苡薏仁、蒲公英、玉米须、茅根、茵陈、土茯苓等及活血化瘀之品，如川芎、益母草、田七、丹参、全蝎、血竭、赤芍等，才能获效。

何世东强调在激素减量至较少量时，往往出现阴阳两虚，此时患者在症状上可能以阴虚表现为突出，但应想到此病是脾肾阳虚，补脾肾之阳更为重要，千万不要被激素伤阴之象所迷惑。应着重阴中求阳，或直接补肾阳。

3 典型病案

患者，男性，12 岁。患者 1978 年出现全身浮肿，于广州某医院肾内科住院，诊断为原发性肾病综合征，应用皮质激素治疗，尿蛋白消失，当减药至强的松每天10 mg时，尿蛋白呈阳性（+～++），如是病程反复至1983年，仍大量蛋白尿，全身浮肿，而入我科住院。证见面色㿠白，形寒肢冷，全身浮肿，双下肢为甚，神疲尿少，大便溏，胃纳尚可，舌质淡苔白滑腻，脉沉以尺脉为甚，辨证为脾肾阳虚，水湿泛滥，治以温补脾肾，利水消肿。药用：熟附子8g，白芍12g，白术15g，云苓皮20g，生姜3片，五加皮15g，大腹皮15g，黄芪15g，陈皮4g，并服强的松1mg/kg/d。进14剂，水肿已消失，精神好，大便正常，胃纳大增，舌稍红，苔薄白，改用养阴益气固肾法：熟地18g，萸肉12g，淮山药15g，丹皮8g，泽泻9g，茯苓20g，黄芪20g，益母草20g，共进40剂，尿蛋白消失，加用环磷酰胺50 mg bid 45天。激素逐渐减量。仅见腰膝酸软，舌淡红苔薄白，脉细，补肾益气法，熟地20g，萸肉12g，北芪30g，淮山15g，云茯苓、菟丝子各12g，泽泻9g，田七5g，沙苑12g，杜仲10g，芡实15g，枸杞子10g。当激素用量减少，中药补肾阳益气药随之增加，经2年治疗。完全停用激素，尿蛋白一直阴性，以熟地15g，鹿角胶8g，仙茅8g，巴戟12g，杜仲10g，沙苑12g，枸杞子10g，北黄芪18g，白术12g，田七5g，淫羊藿8g，服3个月善后。此后患者痊愈，无再发作，并于1998年结婚，生一健康女婴。（宁为民 詹利霞）

医方验方

排石汤

方药：柴胡12g，枳实、白芍各15g，木香12g（后下），金钱草30g，茵陈30g，大黄10g（后下），玄明粉10g（冲），黄芩12g，法半夏12g。

功效：疏肝利胆、通便排石。

主治：肝胆管结石。用于未发展成急腹症的肝胆管结石，或肝胆管多发性结石、泥沙样结石者不能手术、或术后反复发作。

用法：将中药用清水4碗浸泡，30分钟后煎成1.5碗，再下大黄、木香，5分钟后去渣，下玄明粉。煎成药汁分2次服。若湿热重者加蒲公英、山栀子、郁金；纳差便溏者去玄明粉，加苍术、川厚朴、陈皮、鸡内金；痛剧者木香（后下）加至30g，合金铃子散；体虚者加太子参、当归等。

方解：方中柴胡、枳实、木香疏肝行气利胆；茵陈、白芍、黄芩、金钱草清肝胆之湿热，并可排石；柴胡、黄芩、法半夏枢转少阳；大黄、玄明粉清泄阳明通便，帮助肝胆疏泄，以达到排石目的。

应用：运用时需按上述用法加减运用，一般用药10天左右开始排石，排石作用稍缓而持续，服药需耐心，每个疗程4周。体壮、初起、症状重者可日2服。1个疗程结束未排完结石者，3个月后可再用1疗程。

何顺华临床经验

【名老中医简介】何顺华（1944～）　江西樟树市人。主任医师，教授。毕业于江西中医学院。现任江西省樟树市中医院医务科主任，中华中医药学会宜春地区分会理事，樟树市医学会副秘书长。江西省名中医。从事中医内科临床、带教、科研工作30余年，擅长治疗急慢性肝炎、胆囊炎、胆石病、慢性结肠炎、肾炎、慢支、胃炎、不孕（育）病、功血等疾病。发表论文、科普文章40余篇。

临床经验

肾小球肾炎

1 宣畅三焦，清热化湿

水湿之邪，浸淫肌肤，肺失宣化，脾失健运，三焦不利，水道欠畅，水湿之邪积久郁而化热，湿热壅滞三焦，气机升降失常，故临床上常现遍体浮肿、胸脘痞闷、烦热口渴、身热不扬、小便短赤等症，其病机特点为三焦湿困，气机不畅，郁而化热，其治法当为宣畅三焦，清热化湿，方用三仁汤加减。

案1 黄某，男，18岁。颜面浮肿1个月。刻诊：面部浮肿，萎黄少华，眼睑浮肿，脚胫按之微陷，头目眩晕，身重困倦，咳嗽咯痰，胸脘痞闷，纳差欲呕，口干不思饮，少腹胀憋，尿少频急，舌淡、苔白腻，脉弦滑。尿常规检查：蛋白（++），红细胞（+），白细胞（1～2），颗粒管型（1～2）。诊为皮水，证属三焦湿热郁遏，气机不畅。治拟清化三焦湿热、宣畅气机法。方用三仁汤合滋肾通关散加减，药选：淡竹叶6 g，白蔻仁6 g（后下），生苡仁30 g，滑石15 g（鲜荷叶包煎），杏仁10 g，厚朴1 0 g，法夏10 g，通草10 g，知母10g，黄柏10 g，佩兰10 g，鸡内金10 g，肉桂粉3 g（冲服）。服3剂后诸证见减，唯头重著，原方加羌活12g，继进10剂，浮肿全消，尿常规检查正常，唯身倦乏力，苔薄腻，后用香砂六君子汤加减收功。

2 健脾助运，益肾利水

《素问》：“诸湿肿满，皆属于脾。”《医门法律》：“肾者，胃之关也，肾司开阖，肾气从阳则开，阳太盛则关门不开,水直下而为消,肾气从阴则阖,阴太盛则关门常阖,水不通为肿。"治宜健脾助运,益肾利水。

案2 刘某,男,57岁。颜面浮肿4天,眼胞肿若卧蚕状,脚胫亦肿,按之凹陷,小便短,身重困倦,纳呆胸闷,苔腻略黄,脉滑。尿常规检查:蛋白(++),红细胞(±),白细胞(++),颗粒管型(-)。西医诊为急性肾小球性肾炎。中医辨证为水湿浸渍化热。书五皮饮加减服16剂后,水肿全消,但见腰酸痛,头昏,纳呆乏味,疲倦乏力,舌淡胖、苔薄白,脉沉细等,一派脾肾两虚之象。尿常规检查:蛋白(+++),红细胞(±),白细胞(+),颗粒管型(+)。拟用脾肾双补、健脾助运、益肾利水法。药选:桑寄生9 g,制杜仲9 g,菟丝子9 g,补骨脂9 g,漂白术9 g,生苡仁1 5 g,益母草1 5 g,黄芪15 g,陈皮6 g,茅根15 g,党参15 g。服30剂,诸症消失,尿检持续阴性。

3 益气化瘀,利湿消肿

水为阴邪,不能自行,赖气以动,气虚则水湿停滞,水湿停滞又反致气虚加重,泛溢肌肤则为水肿;气为血帅,气虚则不能运血,血滞为瘀。《血证论》:"又有瘀血流浊,亦发为肿胀者,乃瘀血变为水之证也。""瘀血化水,亦发为水肿,是血病而兼水也。"

案3 刘某,男,13岁。颜面及下肢浮肿、尿少反复发作2年余,现颜面下肢浮肿,尿短少,尿色淡黄,面色少华,形瘦倦怠,苔白润,舌淡胖、质紫,脉细弱。尿常规检查:蛋白(++),红细胞(+),白细胞(0~2),颗粒管型(1~2)。诊为水肿,证属元气亏虚,瘀血阻滞,水湿浸渍。治当益气化瘀,利水消肿。药选:黄芪15 g,仙灵脾10 g,益智仁10 g,鹿衔草10 g,川断10 g,淮牛膝10 g,当归10 g,川芎6 g,益母草10 g,白茅根10 g,蒲公英10 g,石韦10 g,金樱子10 g,芡实10 g。服15剂后,精神转佳,浮肿消退,尿常规检查:蛋白(±),红细胞(3~4),白细胞(1~2)。守原方继服30剂,水肿全消,尿检3次正常,食纳正常,体重增加,无任何不适。

4 和解疏利,益气养阴

在临床上,慢性肾炎虽表现为虚实夹杂、邪正交织的复杂病理征象,但少阳三焦枢机不利,往往是病变缠绵难愈的关键,三焦气化失常。津液停滞,气血凝滞,则为湿浊为痰饮为水肿为瘀血,此乃实之表现,其虚表现为肝肾阴虚,迁延日久,阴损及气,出现气阴两虚,治宜和解疏利,益气养阴,化瘀解毒。

案4 皮某,男,13岁,身肿尿少1年余,历经中西医治疗,疗效不著。诊见:颜面、脚胫浮肿,尿黄量少,纳呆,体倦易疲劳,口干苦,舌淡紫、苔薄黄,脉细。尿常规检查:蛋白(++++),红细胞(2~3),颗粒管型(1~2)。证为三焦枢机不利,气阴两虚,湿热瘀毒内蕴。治宜和解疏利,益气养阴,化瘀解毒。药选:柴胡10 g,黄芩10 g,石韦15 g,黄芪30 g,太子参10g,山茱萸6 g,女贞子20 g,银花15 g,白花蛇舌草15 g,丹参15 g,仙灵脾15 g,当归15 g,益母草15 g,茅根15 g,鸡冠花20 g,金樱子15 g,芡实15 g,益智仁15 g,服7剂后,浮肿减轻,精神转佳,食纳增加,尿量增多,尿常规检查:蛋白(+),红细胞(1~2)。上方黄芪改50 g,山茱萸改10 g,继续服用。后黄芪增至70 g,连续服至60余剂,诸症消失,尿检转阴而愈。随访3个月未见复发。(梁光程)

临证思路

双向调节治验七则

1 阴阳并补疗不育

周某某,男,29岁,某港务局工人,1974年4月21日初诊。婚后4年未育,多次精液常规检查证实精子活动率低,反复医治无效。现证:遗精早泄,腰背酸痛,尤以左腰更甚,头昏耳鸣,夜梦纷纭,食纳差,面色㿠白,神疲乏力,肢冷畏寒,小便清长,脉细弱。苔白干,舌质红。1973年8月江西某医院精液检查报告:质较稠,精子活动率30%,有时可见双尾畸形,精子计数1.25×10^{11}/L。证属肾阴、肾阳两亏,脾虚生化不足,治宜滋肾填精,助阳健脾,阴阳并补,双向调节。用药:熟地24 g,知母10 g,杜仲10g,鱼鳔15 g,山茱萸15 g,龟鹿胶各10 g(烊化),肉苁蓉10 g,菟丝子10 g,巴戟天10 g,党参10 g,白术10 g,枸杞15 g,淮山15 g。服药13剂后,腰痛稍缓解。原方再加黄精15 g、海狗肾15 g。服27剂后,腰痛头昏耳鸣及肢冷畏寒大有好转,食纳增,精关尚固。5月30日作精液常规检查,精子活动率70%~80%,计数1.4×10^{11}/L,异形10%,死亡10%。1977年7月3日,其爱人足月顺产一男孩。

按 张景岳曰:"善补阳者,必于阴中求阳,则阳得阴助,而生化无穷;善补阴者,必于阳中求阴,则阴得阳升,而泉源不竭。"故以滋肾填精,助阳健脾,阴阳并补,双向调节。用熟地、枸杞、山茱萸、龟胶滋肾填精;鹿胶、杜仲、肉苁蓉、菟丝子、巴戟天、海狗肾、黄精、鱼鳔益肾助阳;党参、淮山、白术健脾益气以助精生化之源。药症合拍,患者配合,其效甚著。

2 升降两施通大便

孙某某,女,29岁,2004年10月4日初诊。大便未解，伴腹胀已3日。患者大产2月余，来诊时便3天未解，腹胀，食纳差，口干，眩晕时作，耳鸣腰痛，舌质淡红、苔薄少，脉细弱。证属脾肾两虚、升降失调，治宜健脾益肾，升清降浊，养血滋阴。用药：白术30 g，当归15 g，川牛膝15 g，肉苁蓉15 g，泽泻15 g，升麻10 g，枳壳10 g，生地15 g，玄参15 g，麦冬15 g。服3剂后，大便已通，食纳差，腰痛减轻，停药后未复发。

按 患者产后脾肾两虚，升降气机失调，在健脾益肾，养血滋阴的基础上，用升麻、枳壳，一升一降，升清降浊，双向调节，气机调畅，大便乃通。

3 补疏结合解郁证

严某某，女，42岁。某地质队职工。门诊日期：1996年12月30日。精神忧郁，胸闷腹胀，纳呆已2月余。2个月前，患者因家事不遂，情怀欠畅，而致精神忧郁，胸胁胀闷，眩晕耳鸣，腰膝酸软，少气乏力，腹胀纳呆，四肢麻木，月经推迟，经色黑，量少有血块，苔薄白，舌质淡紫，脉细弦，诊为郁证，辨证属气虚肝郁，瘀血阻滞，治拟补气化瘀，疏肝理气，补疏结合，双向调节。方如：黄芪30 g，白术10 g，太子参30 g，茯苓20 g，旱莲草20 g，女贞子20 g，红花8 g，丹参15 g，益母草15 g，郁金10 g，柴胡10 g，刺蒺藜15 g，杭菊10 g。服上药5剂，身倦、眩晕好转，续服10剂，诸症悉除，经行正常。

按 细审本案，一因患者禀赋素弱，正气虚惫，不能帅血畅行，而致瘀阻；二由情志不遂，肝失条达，肝气郁结，血行不扬，日久成瘀。治从补气化瘀，疏肝理气，补疏结合，双向调节入手，方中黄芪一味既能补气，又能升气，使肝气升发条达，疏泄功能正常，郁滞得解，其效当验。

4 通阳益阴宁心悸

聂某某，女，28岁，某盐矿职工。门诊日期：1997年9月13日。心悸、胸闷反复发作已月余。1月前，患者因发热、咳嗽、心悸、胸闷等症，而入某医院治疗，诊为病毒性心肌炎。住院治疗半月，发热虽退，但心悸胸闷等症状未见明显减轻，后转何顺华治疗。刻诊：心悸、胸闷，活动后加剧，休息后减轻，气短自汗，眩晕失眠，神倦乏力，语言低微，面色㿠白少华，苔薄白，舌质淡紫，脉细数。心电图检查：窦性心动过速。诊为心悸，辨证属气虚瘀阻，心血不足，胸阳不展。治宜通阳行气，益阴养心，佐以化瘀。药用：瓜蒌皮15 g，桂枝10 g，薤白10 g，法夏10 g，麦冬10 g，炒枣仁15 g，五味子6 g，黄芪30 g，太子参30 g，绞股蓝20 g，黄精20 g，丹参15 g，当归15 g，红花10 g，郁金10 g。服5剂后，心悸胸闷好转。连服20余剂，诸症悉平，随访7年未见复发。

按 心悸气短，自汗神疲，眩晕失眠，面色㿠白，语声低弱，脉细数，为心之气阴两虚见症；舌质淡紫为心脉瘀阻之象；胸闷气短系胸阳不振，气机受阻所致。治宜阴养心顾护其本；通阳行气，佐以化瘀，兼治其标，如此双向调节，俾正复邪去，病遂告愈。

5 标本兼顾排胆石

杜某某，女，38岁，农妇。初诊日期：1991年8月22日。右胁下胀痛，牵及右肩疼痛已2个月。2个月前患者因右胁下胀痛，牵及右肩疼痛，诊为胆石症，服用中成药“消炎利胆片”及中药利胆排石汤（由金钱草、海金砂、鸡内金、柴胡、枳实、虎杖等药组成），治疗50余天，因疗效不著，而转诊于何顺华。刻诊：右胁下胀痛，牵及右肩部，呕吐，嗳气，纳呆，食后脘胀，身倦乏力，头晕，失眠，多梦易惊，口干苦，尿黄，大便干结，脉细弦，苔薄黄腻，舌质红。B超检查示：胆囊壁粗糙，在囊内可见一大小约10 mm×9 mm强光团及散在的泥沙样小光团后见声影，随体位而转移，诊为胆石症。辨证为肝胆湿热郁结，气阴俱损，标实本虚。治宜清化湿热、疏肝利胆以治其标；益气养阴顾护其本，标本兼顾。药用：金钱草30g，茵陈15 g，石韦15 g，海金砂15 g，鸡内金15 g，柴胡10 g，黄芩10 g，丹参15 g，郁金10 g，太子参15g，百合15 g，麦冬10 g。服7剂后，右胁痛明显减轻，纳增，精神好转，大便通畅。服至30剂，右胁痛已止，余无不适，且精力充沛，饮食起居正常，B超复查示：胆囊声影消失，胆囊、胆总管无异常。

按 胆石症属中医“胁痛”、“胆胀”范畴，多由情志怫逆，寒温不适，嗜食甘肥，虫积扰动等因素而致肝失疏泄，胆失通降，湿热蕴结，聚成结石。故疏肝利胆、清化湿热为治疗该病之“通法”。但此患者因病程较长，湿热久郁，耗气伤阴，加之过服香燥、清利苦寒之品，气阴更伤，出现身倦乏力，头晕失眠，多梦易惊，口干苦，大便干结等气阴俱损之候。故施治时，除应遵用上述“通法”以治其标外，还应配合益气养阴之法治其本，以顾护正虚之体，如此治标顾本双向调节，方能扣合病机，获得良效。

6 敛散相伍止自汗

孙某某，女，47岁，某酒厂职工，2004年10月10日初诊。恶风寒自汗出2月余。患者素来体虚，2个月前因感冒恶寒在某诊所用中药熏蒸（具体用药不详），治疗2天，药后大汗淋漓，汗出不止，活动更甚，精神萎靡，语言无力，恶风寒，关门闭窗仍感冷风袭袭,四肢关节冷痛,转辗多处求治,效果不显。延贻2月后而求何顺华诊治。刻诊:自汗不止,动则汗出更甚,语声低弱,虽戴帽身着大衣仍感背部寒冷恶风,面色苍白,口干,舌质淡红,苔少,脉细弱。证为气阴两虚,表虚不固,风寒未尽,营卫不和。治宜益气养阴,敛汗固表,发散风寒,调和营卫。药用:党参15 g,太子参15 g,麦冬10 g,五味子8 g,黄芪50 g,防风10 g,白术12 g,桂枝10 g,炒白芍10 g,炙草5g,熟附子10 g,当归15 g,浮小麦20 g,煅牡蛎20 g(另包煎),生姜3片(后下),大枣5枚。服5剂症状明显改善,汗出大减,服1个月后,诸症皆愈。

按 患者体质素虚,感受风寒后误治、发汗太过,正气更伤,外邪未尽,营卫不和,自汗不止。治宜扶正祛邪,调和营卫。方中重用黄芪、煅牡蛎、浮小麦固表敛汗,防风、桂枝辛温发散风寒,敛散相伍,双向调节,使正复邪却,自汗乃愈。

7 通塞参合愈经漏

刘某某,女,28岁,某厂职工。初诊日期:1990年7月14日,月经淋漓不尽已1月。患者于1个月前来经,迄今淋漓不尽,经色紫暗,夹有少量血块,右下腹胀闷疼痛阵作,腰膝酸痛,精神忧郁,头昏目花,身倦乏力,脉细数,舌根部苔黄腻,舌质紫暗,诊为经漏,辨证属气滞瘀阻,湿热下注,冲任受损。治宜通法行气化瘀、清热祛湿,用塞法补益精血以固冲任,通塞参合,双向调节,澄源截流。药用:益母草15 g,丹参15 g,炒枳壳10 g,炒蒲黄8 g,五灵脂10 g,菟丝子15 g,杜仲15 g,续断15 g,海螵蛸20 g,鸡冠花20 g,煅牡蛎20 g(另包煎),阿胶15 g(烊化),旱莲草30 g,女贞子15 g,蒲公英15 g,黄柏15 g。服5剂后,经血止,腰痛除。拟归脾汤加减善后,此后经水逐月正常。

按 患者平素嗜好炙烤肥腻,而致湿热内盛。1个月前又因情志拂逆,气机郁结,导致血瘀,湿热与瘀血下阻,伤及胞络,久而又损及冲任,故经漏不止。治时用行气活血、清热化湿与补益精血、固冲任通塞参合,双向调节,澄源截流,使血能归经而不妄行。善后用归脾汤加减,统摄血运,经水逐月当调。(何菁)

遣方用药

经方治杂病

1 小柴胡汤治定时发作性疾病

案1 发热 田某某,女,33岁,某防疫站职工,1997年5月17日初诊。证见:于每日下午5时定时发热,体温38℃,伴头痛,默默不欲饮食,苔薄,脉细弦。诊为阴阳不调,内热未清,治宜平衡阴阳,清宣内热,拟小柴胡汤加味,药用:柴胡10 g、黄芩10 g、法夏10 g、党参15 g、炙甘草6 g、蔓荆子15 g、白蒺藜15 g、地骨皮15 g、连翘10 g、杭菊花10 g、青蒿15 g、板蓝根15 g。服3剂,复诊时症状大减,继守方3剂,痊愈。

案2 咳嗽 付某某,女,35岁,农民,2002年6月1日应诊。诉近月来每日半夜1时准时咳嗽,多干咳,有时或见少量白痰,受寒后加剧,咽干,苔薄黄,脉细弦。证属阴阳不调,痰热未清,治宜平衡阴阳,清化痰热,予小柴胡汤加味,药用:柴胡10 g、黄芩10 g、法夏10 g、党参15 g、炙甘草5 g、杏仁10g、浙贝母10 g、款冬花10 g、广化红10 g、前胡10 g、远志10g、五味子8 g、炙麻黄10 g、马兜铃6 g。服4剂后,患者自诉大为好转,原方再进3剂,痊愈。

按 小柴胡汤为少阳病之主方,亦为平衡阴阳之要方。两例患者均具“发病有时,时过如常人”之特点。案1下午5时发热,5时属酉时,为阳中之阴与阴中之阳交替之时,此时阳气渐衰,阴气渐长,属阴阳不调;案2夜半1时定时发咳,1时为丑时,属阴中之阴与阴中之阳交替之时,阴气渐消,阳气渐长,亦属阴阳不调。故两案均以小柴胡汤平衡阴阳,再根据其主症的不同,分别配以清宣内热、清化痰热之法治之,疗效当显。

2 当归四逆汤治阴缩

黄某某,男,22岁,农民,2002年4月1日初诊。阴缩近1天,昨晚6时许患者突现阴茎内缩,尿频,便尿时更甚,伴精神萎靡,腰膝酸软痛,小腹冷痛,咽干,苔薄,脉细弦。诊为阴缩,辨证属厥阴肝寒,治宜温经暖肝,散寒通脉,方拟当归四逆汤加味,药用:当归15g、桂枝10g、细辛3g、炙甘草3g、通草5g、炒白芍15g、吴茱萸6g、巴戟天15g、乌药10g、蜈蚣1条、生姜4片,服药5剂后,阴缩好转,仍少腹冷痛,尿频,加肉桂3 g、柴胡10 g、蜈蚣改为2条,再进5剂,服后患者前来诉说诸症大有好转,阴茎不回缩,但仍腰痛、尿频,拟上方继加仙灵脾15 g、益智仁15 g、锁阳10 g。服3剂后,阴茎恢复常态,余无不适。

按 阴缩一证名出《灵枢·邪气脏腑病形篇》,系指男子阴茎和阴囊或妇人阴道内缩。此病多为肾阳亏损,元气下陷所致,常伴有四肢逆冷,面黑气喘,冷汗自出,甚则不省人事等症。法当回阳固脱,宜选四逆汤、参茸黑锡丸等方治之,但何顺华辨证该病,却从足厥阴肝经入手,“足厥阴肝经……过阴器,抵小腹。”(《内经》)阴茎内缩,小腹冷痛,均为厥阴之主症，治用当归四逆汤，加吴茱萸、生姜引药入肝，直达病所，加蜈蚣入肝搜邪逐络、熄风止痉，诸药伍用，共奏温经暖肝散寒通脉之功。

3 真武汤治咳喘心悸

杨某某，女，74 岁，农民，2003 年 10 月 18 日初诊。胸闷咳喘心悸反复发作 2 年余，患者素有心悸咳喘史，近 2 年来，反复发作且病情加剧。现证：胸闷咳喘，咯少量黄白相兼痰，汗出，动则益甚，颜面脚胫浮肿，畏寒，手足逆冷，精神萎靡，身倦乏力，纳差乏味，口唇青紫，舌淡胖、苔薄黄，脉沉细，尺部尤甚。西医诊断为肺心病；中医诊为心悸咳喘，辨证属心脾肾三脏阳虚，水湿浸渍上凌于心，痰湿化热。治宜温阳利水，佐以清热化痰祛瘀。方用真武汤加味：熟附片 10 g、茯苓 15 g、炒白芍 10 g、白术 10 g、泽泻 10 g、葶苈子 10 g、丹参 15g、桂枝 6 g、猪苓 10 g、地龙 15 g、桑白皮 15 g、石苇 15 g、黄芪 30 g、当归 15 g、杏仁 10 g。先服 4 剂，症状有所好转，再进 4 剂后，诸症控制，精神转佳。

按 患者年迈体虚，咳喘心悸浮肿日久不愈，责之心脾肾三脏阳虚，气不归元，气逆而上，水饮不得温化，浸渍泛滥肌肤，上凌于心所致；咯黄白相兼痰，苔薄黄乃痰湿化热之象；口唇青紫为瘀血之症。故治疗时用真武汤加味，以温阳利水，佐以清热化痰祛瘀。药证相符，疗效显著。

4 五苓散治口渴

黄某某，男，65 岁，药师，2002 年 6 月 18 日初诊。口干口渴，小便频急短少，伴眩晕反复发作 10 余年，加剧 1 周。患者曾于多处求治，反复用中西药治疗罔效，遂转诊于何顺华。刻下诊见：口干烦渴欲饮，小便频急短少，且眩晕时作，苔薄白，脉细。西医理化检查均未见异常。中医诊为口渴，辨证属中虚湿滞，水蓄膀胱，气化不利，津不上承。治宜健中利水，温阳化气，佐以益阴。方用五苓散加味，药用：泽泻 15 g、茯苓 15 g、猪苓 15 g、桂枝 5 g、白术 10 g、乌药 10 g、麦冬 10g、石斛 10 g、北沙参 15 g。服药 5 剂，口渴止，诸症消。

按《内经》云："中气不足，溲便为之变。""膀胱者，州都之官，津液藏焉，气化则能出矣。"患者中虚运化无力，致水湿蓄积，膀胱气化失司，阳气不得宣达，水津不布，故见口烦渴欲饮，小便频急短少；清阳不升，浊阴不降，故眩晕时作。治用五苓散健中利水，温阳化气，少佐麦冬、石斛、北沙参以益阴，方药合拍，其效当验。

5 黄芪桂枝五物汤治产后感冒

李某某，女，25 岁，农妇，2002 年 10 月 17 日初诊。产后感冒反复发作 2 月余，患者于 7 月 28 日大产后因感受外邪而致感冒，曾用中西药治疗，病情时好时发，延贻两月余，乃转诊于何顺华。证见：恶风寒，自汗出，鼻塞，头身疼痛，干咳少痰，面色苍白，身倦乏力，精神萎靡，食纳可，口干喜热饮，苔薄，脉细。诊为感冒，辨证属正气不足，外邪未尽，营卫不和，治宜扶正祛邪，调和营卫，佐以宣肺，拟黄芪桂枝五物汤加味，药用：黄芪 30 g、桂枝 10 g、炒白芍 10 g、当归 15 g、白术 10 g、防风 10 g、炙甘草 5 g、杏仁 10 g、苏梗 10 g、浙贝母 10g、桔梗 10 g、枳壳 10 g、蒲公英 15 g，鱼腥草 15 g，生姜 4 片，大枣 5 枚（自备）。服药 4 剂后，恶寒大减，汗出止，精神好转，但仍见咳嗽，时有呕吐，原方加百部 15 g、枇杷叶 15 g，再进 3 剂，痊愈。

按 黄芪桂枝五物汤为《金匮要略》治疗血痹证之方，"邪之所凑，其气必虚"，患者产后气血亏虚，正气不足，而招致外邪侵袭，出现感冒见症，用黄芪桂枝五物汤加减以扶正祛邪，调和营卫，药证合拍，故疗效立见。（李顺东）

贺若芳妇科经验

【名老中医简介】贺若芳 女。主任医师，教授。原广西中医学院瑞康医院妇产科副主任、名誉主任。曾任广西中医药学会妇科分会委员。广西自治区名中医。擅长治疗妇科各种疾病。

崩漏

1 以瘀立论，究幽洞微

妇女不在行经期间，阴道突然大量出血，或淋漓下血不断者，称为"崩漏"。前者称为"崩中"，后者称为"漏下"。经期延长达 2 周以上者，应属崩漏范畴。崩漏属常见病，常因崩与漏交替，因果相干，致使病变缠绵难愈，成为妇科的疑难重症。贺若芳根据多年的临证经验，认为崩漏的主要病因病机是瘀血阻滞冲任，血不归经，乃致崩中漏下。《千金要方》曰："瘀血占据血室，而致血不归经。"《血证论·卷一

·男女同论》云："女子胞中之血，每月一换，除旧生新，旧血即瘀血，此血不去，便阻化机"。该书卷二"瘀血"又曰："吐衄便漏，其血无不离经，……然既是离经之血，虽清血，鲜血，亦是瘀血。"以上足以说明瘀血乃崩漏的病因之一。瘀血是在疾病过程中形成的病理产物，其出有因：肾虚，脾虚及血热皆可致瘀。或为肾阴虚，阴虚则热，血得热而流散，成为离经之血而致瘀；或为肾阳虚，阳虚则寒，血得寒而凝滞为瘀；或为脾虚，生化乏源，脾虚即气虚，气虚则血行无力，血行不畅，必滞而为瘀；或为血热，血液被煎熬成块而致瘀。

综上所述，诸因素导致血瘀，瘀血占据血室，阻滞冲任，冲任不固，经血不得循其道而行，必非时妄行，因而发为崩中漏下。临床上常见崩漏患者诉下血紫暗，有血块，小腹疼痛拒按，观之舌质紫暗有瘀点或瘀斑，按之脉沉细涩，是为佐证。

崩漏归属于现代医学的功能失调性子宫出血病。现代医学认为功能性子宫出血的原因是促性腺激素或卵巢激素在释出或调节方面紊乱，导致子宫内膜不同程度的增生性变化或萎缩性改变。其治疗手段之一是行刮宫术，通过去除子宫内膜而达到迅速止血的目的。受现代医学刮宫术的启发及遵《素问·阴阳应象大论》"血实宜决之"之训，贺若芳认为，崩漏犹如水沟积水，水积日久，泥沙淤滞，阻碍水流，流水不畅，腐臭由生，故欲清流澄源，必先铲除泥沙。同理，崩漏之治，必先祛除瘀血，瘀去，则经血流畅，"通则不痛"，通则血行有道有时，此时止血，方不致留瘀为患，同时也有利于重建月经周期。

2 生化加减，提纲挈领

贺若芳认为崩漏有多种原因，但崩漏日久多夹有瘀，故治崩漏，首先以活血化瘀为大法。强调"见血休止血"，初始不宜收敛固涩，以免血止成瘀，主张"化瘀止血"，待瘀去七八，再根据病情治本为妥。她常以《傅青主女科》中生化汤加减治疗，屡奏良效。生化汤乃清代名医傅山为治产后恶露不行，瘀血腹痛而立。全方药共七味：桃仁、当归、川芎、炮姜、炙甘草、黄酒、童便。因临床上黄酒和童便令患者难以接受，故已弃而不用。方中桃仁活血祛瘀，祛瘀力尤强，《本草经疏》曰："桃仁，性善破血，散而不收，泻而无补。""当归，补中有动，行中有补，诚血中之气药。"川芎，活血行气，《本草纲目》曰："川芎，血中之气药也。"当归、川芎均为血中之气药，活血尤妙。炮姜"色黑入营，助归草以生新，佐芎、桃而化旧"（《成方便读》）。甘草"有调补之功……随气药入气，随血药入血"（《本草正》）。全方共奏化瘀止痛之功。《傅青主女科》曰："惟生化汤系血块圣药也。"因其祛瘀活血效果好，类似刮宫作用，故贺若芳曰："药物刮宫"，喜而用之。

3 病案举隅

患者，女，45 岁，会计，2003 年 2 月 3 日初诊。主诉阴道不规则流血 22 天，月经 2003 年 1 月 12 日来潮，量时多时少，淋漓不尽，近 4～6 天来量多如注，经色暗红，有紫黑血块。曾在某医院就诊，经服中西药无效。刻下证见：下腹疼痛拒按，腰胀痛，头晕，舌紫暗，苔白，脉沉细。诊断为崩漏，辨证肾阴亏虚，瘀血阻滞。先以活血化瘀兼止血，用生化汤为基本方加减。处方如下：当归 10g，桃仁 10g，炮姜 10g，炙甘草 6g，红花 6g，泽兰 10g，蒲黄炭 10g，大小蓟 15g。3 剂水煎服。二诊患者诉药后血块增多，血块排出后下腹疼痛减轻，阴道流血增多一天，随之减少，色暗红。刻下证见：下腹疼痛不明显，腰胀痛，头晕，发热，咽痛，口渴，舌淡红，苔薄白，脉细略数。考虑瘀血已化七八，应从本论治，故以补肾益阴为主，因兼感风热外邪，故兼以疏风清热。方用左归丸合小柴胡汤加减。处方如下：川续断 15g，生地黄 12g，山茱萸 15g，党参 10g，枸杞子 10g，柴胡 10g，防风 10g，荆芥 10g，白芷 10g，大小蓟 15g，甘草 6g。3 剂水煎服。三诊阴道流血基本停止，感冒已愈。仍觉腰胀，头晕，舌淡红，苔薄白，脉沉细。继续补肾固本。守上方，撤柴胡、防风、荆芥、白芷、大小蓟，加二至丸（女贞子 10g，旱莲草 10g），3 剂水煎服以巩固疗效。

按《黄帝内经·上古天真论》曰："女子七七，任脉虚，太冲脉衰少，天癸竭，地道不通。"此患者已年过不惑，肾气渐衰。根据其临床症状及年龄特点，辨证其病肾阴亏虚是本。病机为阴虚则热，血得热则流散而为瘀血，瘀阻冲任，血不归经而发为崩漏。瘀不去，则血行不畅，导致诸症丛生。故首诊以活血化瘀为主兼止血，以生化汤为基本方，加红花，泽兰以加强化瘀之力。"急则治其标"，加蒲黄炭、大小蓟以止血。二诊瘀血已去七八，又逢虚人外感风热，《伤寒论》曰："妇人中风，七八日续得寒热，发作有时，经水适断者，此为热入血室，其血必结，故使如疟状，发作有时，小柴胡汤主之。"故取小柴胡汤加减治感冒，用左归丸加减峻补真阴以治本。三诊外邪已去，故撤解表药，加二至丸，纯用补阴药固本以收功。（牟东春）

洪竹书临床经验

【名老中医简介】洪竹书(1928～)湖北鄂州人。主任医师。湖北鄂州市中医院名誉院长。曾任湖北省中医学会理事、鄂州市中医学会理事长、市科协副主席、市政协常委。湖北省名老中医。擅长内、妇、儿科,尤以治疗内科疑难杂症。发表论文10余篇。

遣方用药

用药特点

1 辨证与辨病结合

洪竹书在长期的临床实践中,即根据不同的疾病,各取其长,常以中医的辨证与西医的辨病相结合,如感冒发热、新久咳嗽或哮喘(即上呼吸道感染、急慢性支气管炎、肺炎、肺气肿等),针对寒热虚实治用散寒或清热或宣肺敛肺或止咳化痰,在此基础上常常加用黄芩、蒲公英或鱼腥草等药。胃炎或溃疡病偏热型,常加用金银花、川黄连;一般性消化道溃疡病,多用炒大黄、乌贼骨、白及、延胡索、广木香等药以抗炎敛酸、止血止痛。肝炎、肾炎或咽炎、扁桃体炎等,常用蚤休、山豆根、贯众等清热解毒(抗菌消炎)药。如胁痛和少腹痛,属气滞型以川楝子或台乌药为主,疏肝理气止痛。属泌尿系结石或胆道结石,则以金钱草、威灵仙为主(两药用量多为30g以上),以消石活络止痛。同证异治,异病同药,是洪竹书临证处方的一大特色。

2 寒药与热药结合

"寒者热之,热者寒之",这是中医学最基本的治疗原则。然而某些疾病,特别是某些慢性疾患,寒热虚实,错综复杂,治疗上颇为棘手,如偏执一端,往往难以得心应手。而洪竹书在诊疗上,始终抓住"大实有羸状,至虚有盛候"的病理机制,用药在或攻或补的基础上,加用寒温药物,且大多立起沉疴。如肾炎水肿风水型运用麻黄、桂枝、细辛诸药,加用黄芩和蒲公英;阳虚型运用附子、肉桂、干姜之类,亦用黄柏和蒲公英。又如慢性肠炎泻痢,每用乌梅、川黄连、黄柏,配以细辛、附片、川椒或干姜、肉桂,或党参、当归等药。如此酸收辛散并用,寒温气血并驾齐驱,多能收到如鼓应桴之效。

3 治标与治本结合

"急则治其标,缓则治其本",患者求医,不外全身或某一局部不适而前往诊治。其实,患者无论急、慢性疾患,其主观感觉不适和客观不良反应即是疾病的"标"。所以洪竹书常说:无论何病,首先要扣住他的主要症状,亦即要抓住矛盾的主要方面,如热证和痛证,就得首先要抑遏热或痛,以治标解热或止痛为主,解决燃眉之急,暂缓考虑治本。否则,病者一二剂药不效,热、痛依存,就会对医者另眼相看,或改投他医,或丧失信心,甚或贻误病情。主症控制后,再拟标本兼顾。如洪竹书诊治头痛一证,无论外感(风寒或风热)或内伤(肝阳、痰浊、瘀血、虚损等),皆用蔓荆子、川芎或菊花2～3味药(川芎有时用至15～30g),常列入处方之首;胁痛,皆用川楝子、延胡索。另如治发热,风寒用麻黄,风温用荆芥,风热用银花,乍寒乍热用柴胡,五心发热用白薇等,此正如金元四大家之一的张子和"良工先治实后治虚"之至理一脉相承。

4 擅用专方专药

一般情况下,洪竹书很少套用古之成方治疗现今疾病,大多疾病采用"兵来将挡,水来土掩",一病一主方或一主药既定处方而施治的(此与西医学专病专药似乎相近),并非按现代中医教科书上一病多型数方的繁琐复杂方与法,如胃脘痛,教科书上胃寒型用理中之辈,胃热型用清胃之类。而洪竹书,无论何型,一概以瓜蒌子、法半夏、川黄连为主方(此三药组方为小陷胸汤,古今多用于痰热互结、胸脘痞闷之小结胸证),在此基础上,再针对不同证情分别运用寒热药物。痹证,无论外感风寒湿痹或肾虚痹痛,皆用桑寄生、逍遥竹、片姜黄、细辛、白芍、杜仲、续断或羌活、独活为方;咳嗽,无论寒咳热咳、新咳久咳,均用仙鹤草配伍至诸方中,成人用30g,小孩酌减(此药其主要功效为止血),此乃洪竹书古方活用、老药新用的一大特点。

5 擅用对药

"用药如用兵",医者之辨证论治,选方遣药,犹如战时调兵遣将,捣其巢穴。洪竹书在数十年的临诊生涯中,勤求古训,博采众长,探索和验证了许多行之有效的对药,使其发挥最佳的相辅相成或相反相成效果。如胃失和降之胸脘痞闷、脘腹胀痛,既用法夏10g、川连6g配对,以辛开苦降,相反相成,又以广香6g、砂仁3g相配,以理气和胃,相辅相成;胃火上炎之口舌溃痛,常用石膏30g、细辛3g配对,一辛寒、一辛温,寒温并用,升降相因,既能"热而清之",

又能“火郁发之”；湿热带下，量多腥臭，常以龙胆草10g或败酱草15g、芡实10g或鹿角霜30g，一补一泻，一苦一甘，一清一涩，从而达到相反相成之效。湿滞脘腹之纳呆、腹胀，用二术（苍术和白术）、二芽（麦芽和谷芽）、楂曲（山楂和神曲）配对；外感风寒湿所致之发热，常用荆、防（荆芥和防风）、二术（苍术和白术）、二胡（柴胡和前胡）、二活（羌活和独活）配伍。如此成双结队地有机结合，既分工，又协作，使之最大限度地发挥其职能作用。

6 擅用补泻药

“实则泻之，虚则补之”，洪竹书处方很少启用补益药和价格昂贵药物，除非患者在虚甚不得已的情况下方佐用之，如气虚，常用党参、白术、黄芪三味；血虚，主以阿胶、当归；肺胃阴虚，多以沙参、麦冬为首；肝肾阴虚，常以女贞子、旱莲草为主。对于某一极虚患者，从未将补益药派上主导地位，亦从未开具某些价昂或冷僻药物以示奥秘。如胃脘痛和胁痛之患者，诊察舌质红、苔少等一派阴虚征象，而洪竹书常用药却是在运用大量的疏肝和胃、理气止痛的川楝子、延胡索、广木香、砂仁，或法半夏、川厚朴、陈皮、茯苓等温燥药的基础上，分别加用沙参、麦冬或旱莲草、女贞子等养阴清郁热之类。至于药味及分量，则常据其症情偏盛偏衰而酌情增减。（舒忠民）

医案验案

急难症验案三则

1 紫癜性肾炎

王某，男，15岁，学生，1993年5月14日诊。患者于5d前食龙虾后自觉胃脘不舒，服保和丸后自平。2d前肌肤瘙痒，面目浮肿且四肢出现紫色斑点，遂来院就医。刻下见目胞浮肿如卧蚕，四肢皮肤有针尖大小致密紫色斑点，尤以双下肢为甚，且四肢微肿，压之不退色，撤压后凹陷即起，纳食差，大便软，小便黄、量少，舌红苔黄根腻，脉细略数。实验室检查：尿蛋白（+++）、红细胞（++），血WBC 8.9×10^9/L、RBC 5.32×10^{12}/L，BUN 1.97mmol/L，CO^2 CP 19mmol/L。中医诊断：（1）肌衄；（2）水肿。西医诊断：紫癜性肾炎。脉症合参，此乃饮食不节，脾运失健，湿热内生，蕴伏营血，伤络损肾。治宜清营凉血，化瘀利水。仿犀角地黄汤合五苓散：水牛角30g（先煎），生地15g，丹皮炭10g，炒栀子10g，茜草炭10g，紫草12g，白茅根30g，赤芍10g，苍、白术各5g，茯苓12g，泽泻10g，蝉蜕10g。5剂，每日1剂，水煎3服。5月20日二诊：服用上药后，紫斑渐退，浮肿已消，纳食稍振，小便色黄，尿量较前增多，口微干不渴，舌红苔薄黄，脉细。复查尿蛋白（++）、红细胞（±）。此营热虽减，气阴有伤。治拟清营泄热，益气养阴。药用黄芪15g，太子参15g，生地12g，白茅根30g，怀山药12g，旱莲草12g，丹皮炭10g，芡实12g，龟版12g，茯苓10g，山楂10g，蝉蜕6g。续服5剂，日1剂，3煎分服。5月26日三诊：患者紫斑、浮肿均已释，纳食及二便正常，舌红苔薄白，脉细有力。复查尿蛋白（±）、红细胞（-）、白细胞（-）、脓细胞（±），效不更方，续前二诊方去龟版、蝉蜕，加白花蛇舌草20g，车前草12g。嘱其服完5剂后，早晚餐前服知柏地黄丸6g，餐后服香砂六君子丸6g，连服半月，经多次来院复查尿常规均示正常。

按 此案属湿热内生、蕴伏营血、外攻皮络、下损肾络，以皮肤紫癜、水肿、血尿、蛋白尿为主要证候。治当清营凉血，化瘀利水。二诊紫斑、水肿消退，出现口渴，为营热虽减而气阴有伤，治以益气养阴、固肾健脾渗湿，并用山楂消积化滞而取效。终以健补脾肾善后。

2 暴喘（过敏性哮喘）

李某，女，24岁，1995年3月18日12:00诊。宿无哮喘，近日家中家具新上油漆，吸入漆味后自感胸中憋闷，气短，身微痒，继咳喘气促，急来院请洪竹书诊治。诊时患者气促咳喘，呼吸粗大，喉中哮鸣，胸中胀闷，烦躁不宁，汗出不多，口干面红唇紫，舌红苔薄黄，脉滑数。查T 36℃，Bp 125/75mmHg，HR 114次/min、律齐。中医诊断：暴喘。西医诊断：过敏性哮喘。根据特定病源、病史，脉证合参，乃气毒闭肺，炼液为痰，痰气交阻，窒塞于肺，肺之升降失常，突发暴喘。药用炙麻黄6g，生石膏30g（先煎），杏仁10g，黄芩10g，炒苏子10g，桑白皮12g，葶苈子10g，沙参15g，广地龙10g，炙甘草10g。急煎1剂，分2次速服。门诊留观，予以低流量吸氧，服药后至17:00患者咳喘气促渐平，胸中窒闭大减，但口干渴甚。停止给氧，续前方黄芩减为6g，加天花粉15g，再剂夜间分2次服，次晨咳喘悉平。

按 本案患者因吸入刺激性气味，留滞于肺，痰气交阻，肺失宣肃，发为暴喘。治当清热化痰，宣肺降气平喘。投方华盖散加味，宣肺止咳，清热泻肺，化痰平喘，兼养阴生津。药理研究发现，地龙可解除支气管平滑肌之痉挛，故用之以通络平喘。

3 胸痹

张某，女，43岁，1971年5月21日晚诊。其夫代诉，患感冒旬余，经中西医治疗罔效，每至入暮则胸中窒闷之极，头重形寒背冷肢凉，特请洪竹书赴家中诊治。诊见患者覆被踡伏于床,诉胸中窒闭极不舒,覆被仍背冷形寒,四末凉,纳呆,大便软少,舌淡苔白,脉细沉。脉证合参,此非感冒,乃为胸阳痹阻之胸痹病。时值文革,洪竹书被红卫兵取消了处方权,深思良久,嘱其家人到药店购薤白50g,嘱其是夜用薤白15g加水250mL,煎取汁150mL顿服,覆被取微汗后啜热粥一碗,翌日入暮以前仍按此法服用。次日其家人欣告患者感胸宽膺阔,且形寒背冷肢凉诸症均除。

按 本案患者虽形寒背冷头重肢凉,终无发热咳涕;胸中窒闷之极,入暮即见,其时正值酉时,乃阳尽阴生、阴阳交替之际,此实为阴寒内伏、胸阳痹阻之胸痹。《素问·生气通天论》云:“故阳气者,一日而主外,平旦人气生,日中阳气隆,日西阳气已虚”;《素问·金匮真言论》云:“背为阳,阳中之阳心也,背为阳,阳中之阴肺也”。心肺同居上焦,入暮阴胜阳衰,阳不足以温煦,上不达头胸,致头重胸中窒闭闷、背冷,阳气不能敷达四肢则四末凉。洪竹书巧取独味辛温之薤白,归心肺二经而通阳,覆被取微汗后,啜热粥以助药力,实乃仲景桂枝汤之服法,使其阴阳调和、里通外达,病乃悉愈。(肖文新)

侯平玺临床经验

【名老中医简介】侯平玺(1940～)四川省泸州人。主任医师,教授。泸州市中医药研究所所长。四川省首届名中医。从医40余载,长期致力于中医防治乙肝与肿瘤的研究。主持完成省、市级重点科研项目共5项。发表论文40多篇。

癌 症

1 “扶阳气”在癌症治疗中的应用

“阳气”是人体生命活动的物质基础和原动力,其“以肾为根、以胃为本”,对于维持机体生命活动关系极大。《内经·生气通天论》云:“阳气者,若天与日,失其所则折寿而不彰,故天运当以目光明……”。在癌症的临床治疗中,“扶阳气”是提高机体免疫力,增强人体正气的根本保证。通过扶阳益气补虚从而达到瘀消积散之目的,其运用可从培元阳、强化源等着手。

1.1 温肾助阳法

肾阳又称“元阳”、“真阳”,是人体阳气的根本,对各脏腑组织起着温煦、生化作用,所以肾阳虚衰可导致全身各脏腑组织的功能减退,使正气低下,从而产生异常癌细胞,损害机体并导致癌细胞扩散、转移。同时,癌症患者在接受化疗、放疗时又要进一步伤及人体的阳气。温补肾阳方药能增强人体的免疫功能,改善机体代谢和神经功能,增强抗癌的能力,故温肾助阳法在癌症治疗中占有十分重要的地位,其适应范围是年老患者,化疗、放疗后或中晚期癌症患者,主症有形寒肢冷、腰酸冷痛,神疲乏力,面色㿠白,夜尿频多,舌淡苔白,脉沉弱等;临床常用药物有:熟附子、肉桂、鹿茸、淫羊藿、补骨脂、杜仲、巴戟天、冬虫夏草、川续断等,代表方如金匮肾气丸、真武汤等加减。

案1 李某某,男,69岁,退休工人。患者素有“慢支、肺气肿”20余载。1996年12月因受寒开始发热、咳嗽伴胸痛,胸片提示:左下肺阴影。经用青毒素等抗菌治疗后热退,但仍咳嗽、痰薄清稀,胸痛,面色㿠白,背寒肢冷,小便清长,舌淡苔白,脉沉细。经查痰涂片提示:鳞癌细胞。诊断:咳嗽;胸痛(原发性左肺鳞癌)。辨证:肾阳虚衰。治法:温肾助阳。方选仲景金匮肾气丸加减:制附片15 g,熟地15 g,山茱萸10 g,淮山药15 g,茯苓15 g,肉桂(后下)5 g,干姜5 g。每日1剂,服用10剂后,患者背寒肢冷减轻,小便次数减少,舌脉如前。继予上方加入鹿角霜10 g,补骨脂10 g,淮牛膝10 g,日服1剂,连服1月后,咳嗽、咯痰、胸痛等症均大有减轻,背寒冷症亦减,手足微温,小便如常,且无明显口干、咽燥等伤阴劫津之象。复查胸片,提示肺部病灶稳定,未发现转移。

1.2 健脾温胃法

机体生命活动的维系和气血津液的化生,都有赖于脾胃运化的水谷精微,故脾胃为“后天之本”,“气血生化之源”。癌症属于消耗性疾病的范畴,饮食营养的供给尤其显得重要。癌症患者在中、晚期或化疗、放疗后极易因脾胃功能的受损而出现恶心呕吐,食欲减退,四肢欠温或胃脘痛喜温喜按,或大便溏薄,神倦乏力,舌质淡胖嫩或边有齿痕,舌苔薄白,脉细弱等一系列脾胃阳虚症状。故健脾温胃法在癌症治疗中亦占有重要地位,且能减轻放、化疗的毒副反应,增强放、化疗的疗效。常用药物有:党参、人参、黄芪、白术、淮山药、炒扁豆、陈皮、炙甘草等,代表方如:人参汤、小建中汤、黄芪建中汤等加减。

案2 秦某,男,52岁,干部。因贲门癌于1997年10月行“贲门癌根治术,胃大部切除术”。术后曾进行化疗,因反应严重而停用。于1998年7月就诊。诉胃脘疼痛,喜温喜按,嘈杂、恶心,食入即吐;倦怠乏力,眠差多梦。查体:形体消瘦,语声低微,面黄无华,舌质淡,边有齿痕,脉弱。诊断:呕吐(贲门癌术后)。辨证:脾胃阳虚。治法:健脾温胃。方选仲景人参汤加味:党参30 g,黄芪30 g,白芍6 g,炒白术10 g,茯苓15 g,半枝莲15 g,白花蛇舌草30 g,干姜10 g,炙甘草6 g ,每日1剂。服药1周后,胃脘得适,呕吐停止,能纳食物,精神有所好转。继续服药半年后,精神力气大增,能上半天班,至今健在。

1.3 补气养血法

气血是构成人体和维持人体生命活动的基本物质,具有温煦、营养、防御等功能,直接关系到人体的营养状况和免疫功能,对疾病的预后关系密切。癌症患者在中晚期及化疗、放疗后正气受损,致机体表现出气血亏虚之少气懒言,神疲乏力,面色淡白无华或萎黄,口唇、爪甲不荣,心悸,失眠,舌淡嫩,脉细弱无力等。据现代实验和临床研究证实,补气养血法具有多种作用,它可以调节肿瘤患者的免疫功能,增强机体自身防御功能,改善微循环,缓解血液高凝状态,增加放疗、化疗敏感性而且减轻其毒副作用,保护骨髓造血功能,改善机体物质代谢,调节内分泌功能,抗突变等。可见,补气养血法是癌症(消耗性疾病)治疗中的重要一环。其常用药物有:党参、黄芪、当归、川芎、红参、紫河车、龙眼肉、红枣等,仲景代表方如炙甘草汤、薯蓣丸等。

案3 陆某某,女,39岁,教师。于1998年3月行“腹膜后低分化腺癌”切除手术,术后进行了1疗程的化疗,自觉头目昏眩而于1998年11月求治于中医中药。诉头晕目眩,如坐舟车,倦怠乏力,少气懒言,气短懒动,纳差眠少,胸闷腹胀,经量少,色淡红。查体:口唇、眼睑、指甲色淡,舌质淡,脉细弱。血色素70g/L,白细胞3.2×10^9/L,血小板90×10^9/L。诊断:眩晕(腹膜后低分化腺癌术后化疗)。辨证:气血两虚,脾胃受损。治法:益气养血,健脾和胃。方选仲景薯蓣丸加减:党参15 g,黄芪25 g,白术12 g,淮山药15 g,当归12 g,熟地15 g,制首乌15g,枸杞子15 g,丹参15 g,鸡内金10 g,广香6 g。每日1剂。治疗1月后,患者头晕目眩减轻,饮食增加,精神好转。查血色素105g/L,白细胞4.6×10^9/L,血小板100×10^9/L。嘱其坚持服用上方加减。在以后的化疗中无中断及延误。

2 “存阴液”在癌症治疗中的运用

“阴液”包括血和津液,都为液态物质,具有濡养、滋润等作用,是人体生命活动的物质基础和动力。《素问·六节藏象论》云:“五味入口藏于肠胃,味有所藏,以养五气,气和而生,津液相成,神乃自生。”这说明了阴液对人体的重要性。盖人身无处不赖阴液以润泽,即“血无津液则枯,肤无津液则燥,肌无津液则消瘦,骨无津液则枯,筋无津液则瘘(辟儿,上下结构),发无津液则秃落。”凡经手术后的癌症患者,均有不同程度的精血津液损伤;而凡经化疗的癌症患者,多有显著的化疗毒副反应,表现出不同程度的“阴液”耗损证候群;癌症患者临终前的表现亦多为精血津液耗竭所致,身体消瘦如枯柴者,即为津液(精血)枯竭之象,疼痛异常不能忍受者为津液(精血)涸竭失濡养之征;神智昏迷、心慌气促者,是由于津液损耗不足以养心也。因此,根据中医辨证,阴亏可归纳为肺胃心津伤及肝肾阴虚等,并根据“形不足者,温之以气,精不足者,补之以味”的精神,治以壮水滋化源为主,具体实例如下:

2.1 滋养心阴,益肺养胃法

癌症(特别是肺癌)患者在接受放疗、化疗期间,普遍容易出现午后低热,手足心热,口渴咽干,大便干结,尿赤,夜寝不安,或有咳吐痰血,舌红少津,脉细弦或细数等津枯内燥,虚火上炎等临床表现,常用药物有:沙参、麦冬、天冬、生地、玄参、玉竹、石斛、花粉、五味子、鳖甲等。仲景方如:麦门冬汤、芍药甘草汤、猪苓汤等加减。

案4 王某某,女,55岁,退休工人。因“左肺浸润性未分化鳞状细胞癌”,于1998年4月开始用“5-氟脲嘧啶加新霉素静脉滴注”,进行化疗,每个疗程1周。患者自接受第2个疗程治疗以来即有午后低热、纳呆、乏力、咽干等副反应,未引起重视。第3个疗程开始两天后,即出现泛恶,心悸,咽干口渴,纳差乏力,舌红苔薄而干,脉弦细。予以益气生津,和胃清热。方选仲景麦门冬汤加减:党参12 g,麦冬10 g,五味子5 g,淮山药12 g,玉竹15 g,玄参15 g,茯苓10 g,黄芪15 g,花粉10 g,枸杞子10 g,石斛10g,谷芽10 g,每日1剂,连服14剂后,诸症减轻,白细胞由化疗后的3.2×10^9/L上升到4.8×10^9/L,其后,在辨证服用中药的情况下,完成第4、5疗程的化疗而无明显不良反应。停止化疗后常用麦门冬汤合生脉散化裁治疗,经1年多的观察,全身情况较好,动态正常。

2.2 滋补肝肾法

肾阴又称“元阴”,“真阴”,是人体阴液的根本,对全身各器官、组织起着濡润、滋养作用。经曰:“肾苦燥,急食辛以润之,开腠理、致津液、通气也。”津液充足,则气血旺盛,身体强壮,精神饱满,病患易愈。反之,津液耗损,则气血亏虚,身体羸瘦,病势日增,临床上的阴虚,最主要是肾阴虚,以及因肾阴不足而造成的其它脏器的阴虚,癌症患者晚期及放疗、化疗中容易损伤肝肾之阴出现日晡潮热,口燥咽干,五心烦热,头晕耳鸣,头发稀疏脱落,大便干结,舌红绛少津,苔光剥或有裂纹或起芒刺,脉沉细或弦或细数。常用药物有:熟地、白芍、女贞子、制首乌、枸杞子、阿胶等,仲景方如黄连阿胶汤,猪苓汤等。

案5 杨某,男,52岁,农民。因原发性肝癌采用化疗后,出现头晕乏力,午后低热(T 38~38.5℃),耳鸣,口渴,纳减,恶心,体重减轻,舌质红绛,脉弦细等症状。查:白细胞 $2.6\times10^9/L$。治以滋补肝肾为主,佐以健脾和胃。处方:熟地15 g,山萸肉10 g,山药25 g,茯苓15 g,党参15 g,制首乌15 g,枸杞子15 g,花粉15 g,焦白术12 g,焦二仙各12 g,每日1剂。服7剂后诸症缓解,虚热已退,上方加当归续服1月,自觉症状基本消失,白细胞恢复到 $4.4\times10^9/L$。

3 小 结

侯平玺多年来治疗癌症患者的经验阐明,仲景“扶阳气”、“存阴液”的精神在癌症的整体治疗中起着重要的作用。“扶阳气”以补肾、保脾胃之气为主;“存阴液”以养肝肾肺胃之阴为要,但“扶阳气”当温阳不劫津益气不壅滞;“存阴液”虽有生津、养阴、育阴之别,但都要时时注意顾护脾胃。

现代药理实验亦证明,补益阳气药能激活机体免疫系统,提高垂体-肾上腺皮质系统兴奋性,促使抗体形成,增加血清补体含量,提高细胞免疫功能。养阴药可延长抗体存在时间,调节交感神经和内分泌功能,保持内环境稳定,调节免疫功能,临床实践和药理实验都充分说明:“扶阳气 、“存阴液”治则在癌症患者的治疗上确能起到减轻症状,促使全身免疫功能恢复,改善骨髓造血功能,改善内分泌及体液调节功能,能提高机体物质代谢,调节细胞内环磷酸腺苷(cAMP)含量及调节其与环鸣苷酸(cGMP)之比值,能抑制癌瘤浸润和转移,防治化疗、放疗毒副反应,提高近期和远期疗效的显著作用,达到延长癌症患者生存期限和提高生存质量的目的。(马章玲)

侯玉芬临床经验

【名老中医简介】侯玉芬(1949~)山东省莱州市人。主任医师,教授,硕士生、博士生导师。1974年毕业于山东医学院中医系。现任山东中医药大学附属医院周围血管病科主任。中国中西医结合学会周围血管疾病专业委员会委员、《中国中西医结合外科杂志》常务编委。山东省名中医药专家。从事临床、教学和科研工作近30年,擅长周围血管疾病的诊治及研究,特别对血栓闭塞性脉管炎、闭塞性动脉硬化症、大动脉炎、糖尿病性坏疽、下肢静脉曲张、下肢深静脉血栓形成、血栓性浅静脉炎及血管炎等周围血管疾病有较深入的研究,并取得了显著的成绩。先后负责和参加科研课题6项,获奖3项。主编及参编著作8部,发表论文30余篇。

下肢深静脉血栓形成

1 内治法

分期、分型论治如下:早期多属湿热下注型,证见患肢明显肿胀,按之凹陷,疼痛,压痛明显,皮色黯红而热,浅表静脉扩张,伴发热,口渴不欲饮,小便短赤,大便秘结,舌质红,苔黄腻,脉滑数。治宜清热利湿,活血通络。方用消栓通脉汤加减或四妙勇安汤加味,常选用茵陈蒿、金银花、赤小豆、桃仁、黄柏、红花、赤芍、栀子、水蛭、苍术、牛膝、当归、甘草等。

中期多为血瘀湿重型,证见患肢肿胀疼痛,肢体沉重,皮色暗红,浅静脉扩张,活动后加重。舌质黯红,有瘀斑或瘀点,苔白腻,脉沉细或沉涩。治宜活血化瘀,化湿通络。方用茵陈赤小豆汤或活血通脉饮加减,常选用茵陈蒿、赤小豆、苍术、黄柏、川牛膝、当归、红花、丹参、薏苡仁、泽泻、防己、土苓、苦参、佩兰、白豆蔻、甘草。

后期多属于脾肾阳虚型,证见患肢肿胀,沉重胀痛,朝轻暮重,伴腰酸畏寒,疲乏无力,纳差,患肢皮肤黯褐,溃疡经久不愈,肉芽灰白,脓水清稀,舌质淡胖,苔薄白,脉沉细。侯玉芬认为此型乃水湿瘀血阻滞日久,损伤阳气所致。治宜益肾健脾,利湿通络。方用温肾健脾汤加减,常选用党参、黄芪、黄精、茯苓、白术、当归、薏苡仁、怀牛膝、鸡血藤、川断、木瓜、泽泻等。

侯玉芬认为,本病病程长,病情复杂,湿、热、瘀、虚相互影响,而瘀血贯穿始终,脉络血凝湿阻是本病的主要病机。治疗应谨守病机，抓重点，辨兼症，以急则治标、缓则治本为原则，具体以“通”为要，急性期攻之使通，后遗症期攻补兼施或补之使通。初期湿热重者，可加用蒲公英、板蓝根、马齿苋等以助清热利湿解毒之功，肿胀明显者加云苓皮、薏苡仁、猪苓等以利水消肿，阴津耗伤明显者，可加生地清热养阴生津，但应注意清热不碍湿，化湿而不助热；中期邪势渐减，应以通络为主，肢体疼痛沉重、屈伸不利者，可加用木瓜、六路通、穿山甲、秦艽通络止痛，促进侧支循环形成；后期瘀久伤正，脾肾阳虚，气不化水，治疗应以顾护阳气为主，同时兼调脾胃，常加砂仁、炒白扁豆以健脾和胃。

2 处方用药特点

2.1 临证遣方有道

选药精当 中药处方用药如量体裁衣，要因人制宜，做到有的放矢，侯玉芬遣方有道，根据辨证立法，以法统方。药物用量上主张主次分明，该轻则轻，该重则重。具体应用上主药量重，药性平和者量重，如金银花、茵陈蒿、丹参、黄芪常用至30g，而佐使药则用量宜轻，如穿山甲常用3～6g，砂仁6g，肉桂6～9g。急性期宜大剂猛投中病即止或改用小量缓攻。因药有偏性，既可治病，也可致病，所以用药必须取其利而避其弊，不可过剂。侯玉芬治疗下肢深静脉血栓形成血瘀湿重型善用活血通脉饮加减，该方多为清热利湿活血之品，且药物用量较大，其中土苓常用至30g，病情稍缓则去之，以防清热药过于寒凉而损伤阳气，影响脾胃，且过用寒凉易致瘀血蛰伏于脉络，迁延难化。“勿使过之，伤其正也”，体现了治病求本的原则。

2.2 组方既遵法度又参药理

组方善于在中医理法方药的基础上，参照现代药理研究，使二者有机结合，用药理论既遵中医之法度，又合现代理论之研究。临床疗效切实可靠，提高了中医辨治水平。侯玉芬认为湿、热、瘀三者相互为患是下肢深静脉血栓形成早期的主要病理特点，血瘀贯穿于疾病的始终。根据这一大法，组方消栓通脉汤，由茵陈蒿、金银花、赤小豆、桃仁、黄柏、红花、赤芍、山栀、水蛭、苍术组成。方以茵陈蒿、赤小豆清热利湿、活血消肿共为君，辅以清热祛湿、活血破瘀的黄柏、水蛭、赤芍为臣，以清热燥湿、活血止痛的金银花、山栀、苍术、桃仁、红花为佐使，诸药合用，共奏清热利湿、祛瘀通络、消肿止痛之功效。实验表明，茵陈蒿、赤小豆有利尿消肿之功，金银花能抗炎、解热，对血栓早期患肢血管通透性增高和渗出性水肿有明显抑制作用。

2.3 治病善用验方，以方统药

侯玉芬推崇“方求其验，岂判古今；药贵乎灵，何分你我”，认为验方乃前贤经验的精髓所聚，得到临床验证，疗效稳定可靠。根据患者病情需要，选用验方，随症加减，有是症用是药，颇能得心应手。如四妙勇安汤加味方、茵陈赤小豆汤、活血通脉饮皆是前贤的经验方，侯玉芬常用于下肢深静脉血栓形成急性期和炎症消退期，效果显著。

2.4 施治方证相合，效不更方

侯玉芬强调临床用药，虽然需要根据病情变化不断调整用药、化裁，但下肢深静脉血栓形成病情复杂，易于反复或复发。治疗上不能贪一时之功，需要较长时间治疗，只要方证相合，可守方继服。

2.5 注重顾护脾胃，兼调整体

侯玉芬认为活血化瘀、清热利湿之品，久服易伤胃气，常于方中酌加一二味顾护脾胃之药，如砂仁、炒白扁豆等，往往收到事半功倍之效。强调只有重视胃气，顾护胃气，临床才能立于不败之地。

3 外治疗法

根据《医学源流论》中“外科之法，最重外治”，侯玉芬主张在内治的同时，配合外治疗法。运用同内治一样，需要进行辨证分期施治，根据疾病不同发展阶段，选择不同的方法。

3.1 外敷疗法

下肢深静脉血栓形成急性期常用冰硝散外敷，常用冰片10g、芒硝2000g，将二药共研为粗末，拌匀，装入缝制有条格的布袋内，均匀的摊平，外敷于患肢并固定，待药袋湿后即将其解下，晾干，然后搓揉数次再外敷于患肢上。每用两天后，更换布袋内药物，一般外敷3～5天后，大部分患者患肢肿痛明显减轻，一般用药1周即可。侯玉芬认为冰片气味芳香，穿透性强，具有通诸窍、散郁火、消肿止痛的作用；芒硝泄热止痛，软坚散结消肿，二者合用，外敷于患肢，渗透到皮下组织，共奏消肿止痛之功。该法简便易行，痛苦小，疗效好，是下肢深静脉血栓形成急性期一种较好的辅助治疗方法。

3.2 熏洗疗法

根据“血得热则行”大法，炎症消退期、后遗症期常用活血止痛散、活血消肿洗药熏洗患肢，方法是将以上药物用纱布包扎好，加水煮沸后，待水温降为30℃左右，浸泡患肢30～40min，每日1～2次，注意应随时调节水温，认为具有活血散瘀、舒筋止痛之功。实验研究其具有扩张血管、促进侧支循环形成的作用。

3.3 中药药渣外用

即用中药煎汤内服的药渣热敷患肢,嘱患者把药渣均匀摊在毛巾或纱布内,包在患肢上,具有扩张血管、加快局部血液流速的作用,能减轻肢体肿胀、缓解疼痛和促进侧支循环的形成,适用于慢性恢复之后遗症期。(王银中 秦珊珊)

胡德泉疑难病临床经验

【名老中医简介】胡德泉 主任医师,教授。毕业于江西中医学院中医系。中华名老中医药专家委员会委员,江西省中医药学会常务理事,上饶市中医药学会副会长。江西省老中医药专家学术经验继承指导老师。从事中医临床工作30余年,擅长治疗内科疑难杂病及儿科时令病、妇科经带病。

临床经验

疑难杂病

1 临证莫忘读书,要善用前人经验

中医学对疑难杂病的治疗,积累了数千年的丰富经验。要经常读书,复习文献,丰富自己的知识。这样,在辨治疑难杂病时,思路就会扩大,办法就会多样。如胡德泉治60余岁倪姓患者,发热、口舌糜烂,经抗生素、银翘之类治疗20余日,病情丝毫未减。诊见:发热(38.5~39℃),不恶寒,身微痛,口腔及舌尖糜烂,头晕神疲,怠惰嗜卧,四肢不收,大便溏泻,舌红苔白、中稍腻,脉缓。辨证为脾胃气虚,阴火上炎。拟补脾胃、泻阴火、升清阳法。与东垣《脾胃论》中补脾胃泻阴火升阳汤方证合拍,故以原方去石膏,加银花、连翘、藿香、米仁,3剂后热退,5剂后诸症均悉,后以补中益气汤收功。应注意的是此方以柴胡为主,分量独重,与甘温除热法的代表方补中益气汤重用黄芪不同。

2 莫忘中医根本,不囿西医诊断

治疗疑难杂证,必须遵守辨证施治的理论,不受西医理化检测的诊断束缚。如治一慢性肾炎患者,入某院前2d夜间突然感畏寒,继则发热、无汗,伴头痛鼻塞、轻度咳嗽、吐黄色粘稠痰、小便不利、大便结(3~4 d一行)、颜面及四肢浮肿,结合实验室检测诊断为慢性肾炎急性发作、上呼吸道感染。经西医治疗7 d后热稍退,但浮肿未减,蛋白尿仍在,请胡德泉会诊。证见:身微热(37.8℃),无汗,日晡热势增高,颜面周身皆肿,按之凹陷,移时复原,小便不利,大便4d未解,伴有轻度咳嗽、少痰、咳而不爽,渴喜冷饮但不多饮,舌红、前部无苔有裂纹,脉细数。辨证为阴分虚损,复感外邪。拟滋阴利水、祛邪宣肺法。处方:沙参25g,生地25g,山药30g,天麦冬各15g,玄参15g,火麻仁15g,防风10g,连翘10g,赤小豆10g,桔梗8g,车前12g,木通6g。2剂后热已尽,表证除;5剂后浮肿渐退,原方去防风、连翘、赤小豆,加木瓜25g,苡米仁25g,茯苓皮10 g,7剂后症状痊愈。尿检蛋白(±),原方加蝉蜕10g,5剂后病愈出院。嘱其服知柏地黄丸巩固疗效。本证治疗的主要依据是舌光无苔、日晡潮热,而没有囿于西医"肾炎"的病名诊断。

3 抓住主证,证病双辨

以辨证论治为主体,结合现代医学的诊断,把辨证与辨病结合起来,全面地作出准确处理。曾治2例重症肌无力患者,都是在补中益气场(重用黄芪)的基础上加巴戟天、淫羊藿、蛇床子、马钱子等药,疗效颇佳。其方剂前一部分是遵循中医传统的辨证论治,后面的用药则参考了西医的病名诊断。如马某,男,48岁。患病数月,西医确诊为重症肌无力,服西药后未能取得较好疗效。证见:遍身乏力,头晕肢困,卧床难起,吞咽、发声均艰难,双眼睑下垂,需抬头仰面才能视物,面色㿠白,舌淡、苔白,脉弱。拟补气升陷、暖肾益精法。处方:黄芪30g,党参15g,炒白术15g,北柴胡10g,升麻8g,首乌15g,枸杞子12g,菟丝子12g,巴戟天10g,淫羊藿10g,蛇床子10g,陈皮6g,马钱子0.5g。服中药期间不停西药。服药10余剂,症状明显好转,患者独自来诊。原方去马钱子,加减治疗月余,症状大为改善,除有轻度神疲乏力,余症均除。

4 详询病因,明辨标本

在诊治疑难杂证时,一定要详细询问病情,不要轻易放过一个症状,经过反复推敲,明辨标本,而得出结论。这对辨治那些"疑证"尤为重要。如治谭某,男,38岁。头晕目糊、身倦肢软、呵欠嗜卧等20余日,前医诊为气虚,投大剂参、芪、术之类,药后诸症反加重。细询之,虽头晕身倦,但有重着感,嗜卧为昏昏欲睡,睡后诸症不减,且有胸脘痞闷、口甜等症,大便虽溏,但有不爽之感。细辨之,非为气虚,实为太阴被湿所困,中焦阳气不得伸展,上不能达清空,外不能达四肢,故酷似气虚之候出现。处方:藿香12g,厚朴10g,法夏10g,茯苓15g,苡米仁25g,制苍术10g，九节菖蒲6g，通草6g，杏仁10g，白蔻仁10g，泽泻10g。5剂后症大减，湿邪去后再以补中益气汤收功。

5 双向调节，标本兼顾

疑难杂病（特别是杂病）大多由于初病失治或误治，以至病邪深入，酿成沉疴痼疾，或旧病复感新邪。故临床表现大多寒热错杂，或虚实并见，或邪正相兼，故治疗应重在调理。用药常常是攻补兼施，或寒热并用，刚柔合法，升降同施。有些处方乍看好象矛盾百出，其实不然。正所谓用复杂之方，以治复杂之病。只要认真阅读文献就不难发现，前人开创此种配伍方法比比皆是，如《伤寒论》中的麻黄升麻汤、诸泻心汤，《脾胃论》中的补脾胃泻阴火升阳汤等。当然不是头痛用白芷、腹痛加木香简单配伍，而是谨守病机，配合有法，主次分明，杂而不乱。如胡德泉治疗"慢支"急性发作的患者，因表现虚实并重，往往是攻补兼施，在宣肺理气化痰的基础上大多再投参、芪、术之品，常常是收效甚佳；又如在治疗慢性结肠炎时，常常是寒热并用，因患者常表现中焦虚寒，如每泻必先腹痛，且腹部怕冷，食热则舒；而下焦热象（湿热）昭然，如大便里急后重、便臭口苦、舌根苔黄腻等现象，故在用参苓白术散的基础上常加干姜、乌药、黄连、黄柏、白头翁等药，每获良效。

6 怪病奇症，从痰从瘀

汪昂谓："百病皆由痰起。"《医学入门》谓："人皆知百病生于气，而不知血为百病之始也。"临床上有些疑难病，尤其是诸治罔效的怪病奇证，不妨从痰从瘀考虑，详问病候、细推病因病机，看看是否有痰或瘀的症状反映。曾用豁痰开窍法治一8岁孩童，其母诉突然昏迷，不醒人事，但喂其水，患儿照样吞咽，牵其手，照样能行走，但呼之不应，发作之后自己不知，发作时并无口角流涎、手脚抽搐之症，或1个月，或数月发作1次。西医检查无任何阳性体征。证见：面色㿠白，头晕肢软，舌苔薄腻。处方：党参、白术、茯苓、山药、九节菖蒲、远志、胆南星、郁金、全蝎、丹参、生甘草。服药后数月未发，此病仍在治疗中。又如用化瘀法治疗桃花斑等，均能获效。

7 久病间治，知常达变

许多慢性病病至后期，其病变可由本脏波及他脏，或数脏同病，甚至以他脏病变证候为主。故在辨证时应明辨当时证候病变的主要脏腑，不可囿于原发脏器而置他脏于不顾。治疗时针对目前病变波及之脏腑，以他脏为主，运用间治之法，如肺病治肾、肾病治脾、脾病治肝等；又疾病有常有变，治宜知常达变，对疑难杂病的治疗尤为重要。有些疾病尽管有时变症百出，但仍有其规律可寻，临床只要详析其病机转化，药随证变，不可拘泥。曾治自春至秋的长期咳嗽患者，多方求医，历尽中西药无效，观前医处方均从肺脏用药入手。胡德泉在辨证时发现除咳嗽一症外，其余症状均系脾肾两虚，思及《内经》"五脏六腑皆令人咳，非独肺也"之训，故用金水六君煎加味：熟地12g，当归10g，党参15g，白术10g，茯苓12g，山药15g，陈皮10g，半夏10g，紫菀10g，炙枇杷叶10g，甘草5g。药后则获良效。又治一皮肤划痕症女患者，前医有用疏风清热法，亦有用养血疏风、凉血止血等法者，均罔效，余见口苦、烦躁、带下黄臭之症，故投龙胆泻肝汤，竟获良效。（胡德泉）

医案验案

1 先天输尿管狭窄

龚某某，男，36岁，已婚。自诉从小拉尿不顺畅，尿意频频，1 d小便数10次，尿线细或不成线，尿后总有未尽感；有时尿意很强却点滴而出，甚时需用全身之力大吼一声方能拉出少量尿液，但无尿痛和灼热感。因小便不畅，致使不敢多进汤水，曾多处求医未见效。近日症状加重，遂来求诊。证见：小腹坠胀，时欲小便而不得出，或量少而不畅，精神疲乏，食欲不振，偶感腰酸，劳累后上症加重，舌红、边有齿印，苔薄白，脉细弱。B超、尿常规检查无异常。胡德泉细参证情，认为患者主因为中气不足，升降失司，日久累肾，治宜补中益气兼顾益肾治其本，佐以利水通淋治其标，方用补中益气汤加杜仲、菟丝子、猪苓、茯苓、泽泻、小木通。5剂后，患者自觉排尿顺畅，守方出入10余剂，小便恢复正常。1a后患者因上症复现再次来诊，诉说其间曾出差至北京检查，诊断为先天性输尿管狭窄。回来后在某医院泌尿科做尿道扩张术，痛苦异常，效果却不尽人意，故又求治于胡德泉，仍以上方化裁，复诊2次即告小便正常。

按 先天输尿管狭窄临床较为少见，属中医学癃闭范畴。治癃闭用通利为常规思路，观前医处方多大队利尿通淋之品，然症状未减轻反加重，却是何故？胡德泉认为，患者小腹坠胀，精神疲乏，食欲不振，腰酸，劳累后加重乃中气不足，升降失司，日久及肾所致，小便点滴难出但无灼热之苦，故非纯用通利之品所宜，治当补中益气，益肾利水，正所谓"通因通用，塞因塞用"，思路正确，难病也就迎刃而解。

2 头 痛

鲍某某，男，41岁。患者两侧太阳穴阵发性胀痛10余年，发时疼痛剧烈，双眼欲脱，伴恶心呕吐，症状逐渐加重,发作频率增加,1周发作一二次,情绪不佳时发作更频,未发作时则如常人,曾到过几家大医院治疗,未见明显疗效。经熟人介绍前来求治于胡德泉。证见:形体壮实,面色黯红,头痛等症同前述,纳可,二便调,舌尖红、苔黄,脉弦。证属肝郁气逆,郁而化火,上犯清空。治宜清肝降逆,疏风止痛。处方:北柴胡10 g,黄芩10 g,粉葛根25 g,杭菊花10 g,蔓荆子10 g,藁本10 g,制香附1 2 g,法半夏10 g,明天麻10 g,炒竹茹10 g,紫丹参1 5 g,石决明25g(先煎)。服药7剂,1周来头痛未发,一般情况好,舌绛红、苔白微腻,按上方去黄芩,加干蜈蚣,仍予7剂,1个月后鲍某欣喜告知头痛一直未发。

按 中医治病主要有4个环节,即辨证、立法、选方、择药,其中择药最能体现医者功底。本例患者为肝阳偏亢夹少阳风热循经上犯所致的偏头痛。方中柴胡、菊花、蔓荆子、葛根、藁本为疏风清热止头痛的要药;石决明、天麻镇肝熄风;半夏、竹茹降逆止呕;香附配柴胡疏肝解郁;久病入络,加丹参以化瘀通络;见舌尖红、苔黄,加黄芩以清肝胆之火;一待舌苔转白,便去黄芩而加上熄风止痛力强,但药性辛温之蜈蚣,全方用药丝丝入扣,先后有序,药证合拍,故收效迅捷。(汪 玮)

胡国俊临床经验

【名老中医简介】胡国俊(1946～)安徽歙县人。主任医师。安徽省中医内科学会常务秘书,省肝脾学会副秘书长。安徽省名老中医。第四批全国老中医药专家学术经验继承工作指导老师。从事中医临床教学和科研工作40年,擅长诊治慢性呼吸道感染、胃肠型感冒、流行性感冒、急慢性胃炎、胃十二指肠溃疡、慢性支气管炎、喘息性支气管炎、肺气肿、支气管哮喘、支气管扩张。

临床经验

支气管哮喘

1 急性期祛客邪,必伍化痰

“支哮”发病突然,症情危急,如胸闷气急,张口抬肩,喉间痰声漉漉,甚则心慌气憋,面青目肿,唇舌紫绀,诚为临症急重症之一。胡国俊在古人及其父辈的经验基础上,再结合本人的临床实践,辨证析理,精细入微,选方择药谨慎细致,常收立竿见影之效。

1.1 疏风宣肺化痰

“支哮”之由风邪诱发引动伏痰停饮者,临床不为少见。大多突然发病,症情颇急,痰鸣气憋,喉有水鸡之声,三凹征明显;或咽痒咳逆,或鼻目耳窍皆痒难忍,洒淅恶风,喷嚏流涕,咯痰清稀,口淡,舌淡,苔薄白,脉浮。此风痰郁遏,气道痹阻,肺失宣肃,常予金沸草散(旋复花、麻黄、前胡、荆芥、甘草、半夏、赤芍)加蝉蜕、僵蚕、桔梗、生姜等,以轻清宣透、疏风化痰。有热者加薄荷、牛蒡子、黄芩;夹寒者加桂枝、细辛。症情较重者加全蝎、蜈蚣,以增驱风化痰之力。

1.2 辛温散寒化痰

“支哮”之由感寒着凉引发者最为多见。因寒主收引,与内伏之痰为祟,则气道凝塞,太阴抑闭,呼吸吐纳不利,胸膈憋闷,畏寒怕冷,胸背尤甚。哮喘气急,喉间痰如拽锯,无汗,口淡,痰多清白,或面青唇绀,或四末清冷,舌淡,苔薄白,脉浮紧或浮弦。此寒痰郁闭,气道阻塞,非温化不为功,拟射干麻黄汤(射干、麻黄、生姜、细辛、紫菀、款冬花、半夏、五味子、大枣)去大枣、五味子,加莱菔子、白芥子、苏子,以散寒温肺化痰、止哮平喘。如症情急重,上方尚未控制时可增干姜、猪牙皂以增温化之力。

1.3 清热凉肺化痰

“支哮”之由痰热而致者近有逐年增多趋势,缘由内伏之痰感内热之熏蒸后,痰热一体、互结为患,壅遏气道,痹阻气机。俾肺之宣肃吐纳失职,证见面赤气粗,喉间痰声漉漉,胸膈烦热,口干喜饮,喘哮气促,痰黄多汗,或便秘溲黄,舌红,苔黄腻,脉浮滑数,一派痰热内蕴、肺气壅塞之见症。不清热无以遏其热势,不化痰无以畅气道。是故清热凉肺化痰为其唯一之大法,千金苇茎汤(冬瓜仁、芦根、薏苡仁、桃仁)、葶苈大枣泻肺汤及泻白散(桑白皮、地骨皮、甘草、粳米)化裁最为理想,地龙、鱼腥草、泽漆也为常伍之药。如治之及时,用药合拍,常收一剂知、再剂已之效。

2 缓解期调脏腑毋忘治痰

“支哮”缓解期可长可短,但疾病并非已愈,只要气道慢性变异性炎症依然存在,“支哮”的复发性则有可能。也即中医所谓“宿根不除,喘哮难已”,故于缓解期调治脏腑功能,增强体质,调整机体失衡的内环境。在调节机体适应性能力之同时,化其伏痰、铲除宿根也十分必要。是故治痰一法如能贯彻始终,辨证用药若能恰到好处,对预防复发,减轻症状,延长缓解时日，直到愈疾康体将起到不可或缺的作用。

2.1 补肺金化痰别温润

“支哮”缓解之后，肺气虚惫、营阴亏耗为其常见之机理，虽无喘促痰鸣之作，但有胸闷气短，或总感气不够用、不足以息，或自汗恶风，神疲乏力，或有几声微咳，口黏痰腻而不易外排，舌淡，苔薄白，脉浮虚无力者。此肺气不足、痰涎内贮，治当补肺气化痰涎，《永类钤方》之补肺汤（人参、五味子、黄芪、桑皮、熟地、紫菀）去熟地、桑白皮，加二陈汤化裁。偏于阳虚者加甘草干姜汤。俾肺之气阳渐复，主皮毛、密腠理，卫外御邪有节，何患客邪之外袭。如口干咽燥，面颊潮红乏力，夜汗，微咳少痰，或咳声不扬，胸闷气短，舌红少苔、脉细数者，此肺阴暗耗，燥痰内结，非滋阴不能生津，非化痰无以散结，生脉散合清燥救肺汤（桑叶、石膏、杏仁、人参、甘草、胡麻仁、阿胶、麦冬、枇杷叶）易人参为太子参，加南沙参、海蛤壳，薏苡仁、海蛰皮、地栗等。俾暗耗之营阴在缓解期得以修复，结伏之燥痰也能在修复期渐有消解。肺之清肃有度，贮痰之器清洁如初，故呼吸吐纳岂有失节之虑。

2.2 运脾胃化痰分燥清

脾为生痰之源，脾虚失运，水湿易凝聚为痰，上渍于肺而贮之。是故“支哮”缓解期，若有脾失健运之症时，应在健脾益胃运中之同时，化痰除湿之药不可少。脾为阴土，得阳始运，如中阳式微，运化失司，腹胀脘痞，便溏溲清，纳差乏味，神色疲惫，或口唾清涎，舌淡润边有齿痕，苔薄白微腻，脉虚濡乏力等，附子理中与二陈平胃合方，使失运阴寒之中州得理中之温煦，气阳一振，健运复司，再得二陈平胃之燥湿化痰，则水湿化，痰浊消，生痰之源渐清，贮痰之器何愁不洁！但在奏捷之后仍应小剂常服，予缓缓调治之中，更有土厚金旺之效。若口舌干燥，脘腹胀满，或口臭龈肿，纳馨易饥，或便秘溲黄，或咳而痰少黄黏，舌红、苔黄腻、脉滑数者，此胃阴不足，痰热内蕴，治当清胃热、养胃阴，佐以化痰热为法，增液汤合《东垣试效方》之清胃散（生地、当归、丹皮、黄连、升麻、生石膏）合温胆汤化裁，使热清、液复、痰化。胃复纳腐运化之职，水谷之精微得以上输太阴，肺之清肃治节有权，则宣降吐纳可复常态。

2.3 培下元化痰辨寒热

喘哮之标在肺，其本则在肾。急则治标治在肺，缓时治本治在肾也。是故“支哮”缓解期培补下元、平衡阴阳尤为重要。或温肾强督，或滋阴填精，或于阴中求阳，或于阳中求阴，当随机而设。但逐痰化饮、消解暗伏之邪也应同步而施。要知窠囊之痰如蜂之穴于房中，如蓬实之嵌于蓬内，生长则易，剥落则难，非朝夕仓卒能铲除者也。纵温滋下元，培补肾督，而无斸逐搜剔顽黏胶固之化痰法，此治本之失一佳法也。其治之之法当分而两途：温肾强督，佐以化痰，当为肾阳亏虚、督脉虚寒兼有寒痰而设。证为畏寒肢冷，腰膝酸软，痰清色白，口淡乏味，溲清便溏，舌淡润，苔薄白，脉沉细迟弱等，金匮肾气丸合《外科全生集》之阳和汤（熟地、肉桂、鹿角胶、白芥子、麻黄、炮姜、甘草）加皂荚、姜半夏、制南星等为合拍。方中白芥子可除皮里膜外之痰，皂荚能搜斸风痰并化湿浊，又皆性温味辛之品，利于阳虚寒痰。若舌红、苔薄黄、脉沉细数，口中噼噼干燥，形体消瘦，寐差梦多，头晕目眩，腰膝酸痛者，金水六君煎（二陈汤加熟地、当归）合二至或左归饮加雪羹汤（海蛰皮、地栗）、黛蛤散化裁。其中海蛰、蛤壳等性味咸平，化痰软坚而不伤阴，为肾阴亏耗、痰热内蕴最佳选择。上述2型皆应缓缓调治，因虚无速补之法，痰非即日化解也。（周 雯）

胡思荣临床经验

【名老中医简介】胡思荣（1953～）主任医师，教授。硕士研究生导师。1979年毕业于湖北中医学院。现任职于湖北省襄樊市中医院。中国中医专家委员会委员。湖北省知名中医。擅长中医治疗与植物神经功能紊乱和内分泌功能失调相关的考试紧张综合征、更年期综合征、头痛、失眠、甲状腺机能亢进、甲状腺瘤、乳腺增生、乳腺瘤、痛经以及月经不调等内科疑难病。

失 眠

1 清热化痰法

痰火内盛，互相搏击，形成痰火交结的病机。痰火内扰，心神躁动，不得安宁，神魂外游，则心烦不安，失眠多梦。痰热上扰清窍，则伴见头昏眼花；痰热阻碍津液上承，则口干不欲饮水；痰热内阻，则舌红苔黄腻，脉滑数或濡数。治以清热化痰为法，兼顾疏肝、健脾，或以化痰为重或以清热为主。胡思荣用药常选黄连、半夏、陈皮、竹茹、枳实、茯苓、柴胡、丹皮。

案1 患者，男，48岁。反复失眠一年，伴心烦、急躁易怒、口苦、头重、胸闷、恶心、痰多、大便干结。舌质偏红、苔黄腻、脉滑数。治以化痰清热，养心安神。药用黄连温胆汤加减：半夏、陈皮、竹茹、枳实、黄连、龙胆草、柴胡、丹皮、栀子、龙骨、牡砺各10g，茯苓15g，甘草、大黄各6g。服药7剂后患者即觉心情舒畅，入夜能寐。原方继服28天后病愈。

2 活血化瘀法

失眠可由于精神抑郁、生活紧张或所愿不遂致气机郁结，失于调达，不能运行阴血则瘀血内阻，神失所养。心脉瘀阻，可致心胸疼痛；心失所养，可见心悸怔忡；气血不能上养于脑，可见头昏眼花；唇舌血行不畅，可致面唇晦暗，舌质紫暗，或有瘀斑、瘀点，脉细涩。临床表现为失眠，多梦，烦躁不安，并伴有口干口苦，头晕乏力，胸闷胁痛，大便干结，小便发黄或短赤，舌质红或暗红，边有齿印或瘀斑，舌苔薄黄或黄腻，脉弦细或弦涩。故以调节气血为主，使阴阳平衡。治以化瘀为主，理气为辅，寓行气于活血之中。胡思荣用药多选桃仁、红花、三棱、莪术、川芎、当归、茯苓、陈皮、白芍、枳壳。

案2 患者，女，51岁。自诉失眠多梦6年余，屡治乏效。近来失眠多梦，甚至彻夜不寐，烦躁不安，伴口干苦，头晕乏力，腰膝酸软，便秘溲黄，舌暗红、边有齿印、苔薄黄，脉弦细。胡思荣认为久病多瘀，并结合症状辨证为血瘀兼肝郁气滞，治以活血安神，兼疏肝理气。处方：桃仁、红花、白芍、三棱、莪术各10g，陈皮、枳壳、川芎、当归各12g，茯苓、炒酸枣仁各20g，川楝子15g，炙甘草6g。服7剂诸症悉减，又服40剂而愈。随访半年未复发。

3 情志相胜法

情志失调是导致失眠的又一主要原因。临床或因郁怒伤肝，肝经郁火，上扰脑神而致不寐；或因劳倦思虑太过，伤及心脾，使阴血暗耗，神不守舍。伤于脾则食少纳呆，化源不足，营血亏虚，不能上奉滋养于脑，亦令不寐。正如《景岳全书·不寐》："劳倦思虑太过者，必致血液耗亡，神魂无主，所以不眠。"针对情志失调导致失眠的，胡思荣依据中医情志相胜的理论，运用"喜胜忧、忧胜怒、怒胜思、思胜恐、恐胜喜"之以情胜情法，经常起到良好效果。

案3 患者，女，45岁，失眠反复半年，伴有头痛头晕。患者半年前，因照顾一晚期胃癌患者后，胡思乱想，彻夜不眠，慕名前来就医。诊时神情沮丧，悲伤欲哭，情绪紧张而又消沉，甚至惧怕自己将不久于人世，胡思荣首先对其进行心理疏导，四诊合参后，告诉患者并无大碍。患者情绪较前稳定，并辅于中药治疗，药用：柴胡10g，酸枣仁20g，白芍、茯苓、茯神各15g，知母、川芎各6g，小麦20g，远志10g，当归12g，夜交藤30g，龙骨、牡蛎各20g，甘草9g，大枣10枚。3剂，水煎服。三天后复诊，晚上能安然入睡。此病是由于过度忧虑所致，而病因为情志所伤，单用安神药效果不好，据情志相胜的理论，喜胜忧，当以喜胜之。故取得良好的疗效。随访一年，未复发。

4 小结

失眠的病因很多，治疗方法多样。胡思荣多从痰、从瘀、从情志论治，用药多用清热化痰、活血化瘀药，并配合健脾安神、疏肝理气药治疗，少用重镇安神药，同时运用情志相胜法治疗失眠亦屡获佳效。对气血亏虚者，宜补气养血，胡思荣多选用人参、当归、熟地黄、茯神、炙甘草、白术、酸枣仁、远志；肝气郁结者，多选用柴胡、白芍，枳壳、白术、茯苓、陈皮；其他病因引起者，胡思荣随证加减。以上治疗方法是导师在临床上治疗失眠病症的经验，笔者在跟师学习的过程中运用上述方法也多有灵验，每获良获。（戴琴 徐骁）

月经病

1 破血消瘀、益气养血治疗闭经

胡思荣认为，闭经直接病因为瘀，而瘀不外肝郁气滞、气血亏虚所致。女子胞为奇恒之腑，经期以通为用。故治疗首应破血消癥、活血化瘀。旧血不去，新血难生，久瘀致虚，血虚易滞，故治以补血和血、理气健脾，使气血畅，胞脉通，血脉充，下注冲任，故而经水自来。常用三棱、莪术破瘀行气、消积止痛；桃仁、红花活血通经、祛瘀止痛；四物汤补血和血；焦术、茯苓、陈皮、焦山楂、炙甘草健脾理气；炙黄芪益气补中，并合当归补气生血。肝郁气滞者加用炙香附、柴胡、川楝子等行气解郁。

案1 李某，女，32岁。停经两月余，腰部酸胀不适，手足发胀，心情烦躁，时有心悸，夜晚入睡困难。舌淡胖，边有齿痕，苔薄白，脉弦细。证属肝郁脾虚气滞。治以活血化瘀、疏肝理脾。药用：白芍12g，当归15g，制香附10g，柴胡10g，桃仁10g，红花10g，三棱15g，莪术15g，水蛭10g，炙黄芪15g，陈皮15g，川楝子12g，焦山楂15g，茯苓12g，白术10g，炙甘草10g。服药1周后，月经至，有少量血块，余无不适。又调理服药2周，月经按期而至。

2 收敛止血、健脾养血治疗经期延长

对经期延长、淋漓不断者，胡思荣多从健脾理气入手。气虚无力推动血行故而成瘀，血热互结于脉道亦会成瘀。脉道不畅则血不循常道，旁溢淋漓不止。《本草纲目》言："女子，阴类也，以血为主"。急宜治其标，以收敛止血，再加益气升提之品，助生新血，使血行有度。方用艾叶炭、生地炭、藕节炭、白及收敛止血，其中又各有温经、滋阴、凉血之不同，合而兼备；泽兰、佩兰调经，利水道，为对药，对月经有双向调节的作用；当归、白芍、制香附疏肝理气，活血通经；炙黄芪补气升提；炙黄柏泻火除蒸，可清下焦湿热；陈皮、茯苓、焦山楂、甘草健脾理气。

案2 周某，女，47岁。月经淋漓不断半年余，前半个月量较少，后半个月量较多。患者曾做刮宫术，术后经行淋漓。现月经已行13天，量少，无血块，色鲜红，头晕乏力，无腰腹疼痛、舌淡苔白腻微黄，脉细数。证属脾虚血热。治以凉血止血，疏肝健脾。药用：泽兰15g，佩兰15g，当归15g，生地炭15g，白芍12g，白及10g，炙黄芪15g，艾叶炭10g，藕节炭30g，丹皮炭20g，炙黄柏10g，制香附10g，陈皮15g，金银花炭15g，焦山楂15g，茯苓12g，炙甘草6g。服药1周后经血停，无不适。继守上方2周，月经正常。

3 理气止痛、活血养血治疗痛经

胡思荣认为，痛经多因经血受阻，不通则痛，当属实证。经净后身体尚未复原，而下次经水复至，病体难免不足；或平素体弱，气血本虚，经血无力排出，致瘀滞作痛。表明痛经乃虚实夹杂的本虚标实证。治法不可独取活血化瘀，宜先固护精血。一味攻伐，必伤精血，虽取效一时，但气机失畅，瘀血难去。遵《素问·调经论》"病在脉，调之血，病在血，调之络"之法则，经行时以通为贵。常用制香附、延胡索理气止痛；桃红四物汤养血活血。随证加用茯苓、陈皮健脾养胃等。

案3 张某，女，31岁。行经时腹痛，连及腰胯，经期错后，经血色紫暗，血块多，痛甚则恶心欲呕，平时心急易怒。舌红苔黄腻，脉弦细。证属：气滞血瘀、肝郁痰浊。治以疏肝理气、活血化痰。药用：当归15g，熟地15g，桃仁15g，红花15g，白芍12g，柴胡10g，延胡索12g，制香附15g，半夏12g，茯苓12g，陈皮15g，川芎10g，炙甘草6g。于月经前1周开始服用。1周后经来，诉腹痛不明显，经色鲜红，血块少。又服药2个月经周期（于每次月经前1周开始服药，每日1剂，连服7剂为1个疗程）后，经来无不适。

4 讨论

胡思荣治疗月经不调疾病有以下几个特点：①善用桃红四物汤加减治之。瘀血阻滞是月经不调的常见发病机理，素性抑郁，或愤怒过度，气滞血瘀，或经期产后，余血未尽，感受外邪，瘀阻胞脉，均可致瘀血不去，新血难安，而见痛、漏、闭等证。加之多数患者病程长，气血亏虚较多，故选补血调血之四物汤加桃仁、红花治之。②注重调养脾胃。临证强调固护脾胃。盖脾胃居中州，为一身气机之枢纽，敷布精微于全身，脾升则健胃降则和。若脾胃功能失常，水谷精微无以纳化，气血生化乏源。气机升降紊乱，冲任虚空血海不能按时满溢，则见月经紊乱，变证丛生。③强调疏肝解郁。正常月经有赖于冲任气血的充盈和任脉的通畅，而冲任二脉隶属于肝，肝藏血和疏泄功能正常是月经正常的基础。情志抑郁、肝失调达肝血暗耗，则气滞血瘀，阻滞冲任。④每方必寒温并用，补泄兼施。血遇寒则凝，遇热则奔，止易成瘀，活易外泄，故常用制香附和川楝子，一温一寒行气止痛；四物汤和桃仁、红花，一补一泄补血活血，使相制相承，相辅相成。（罗若兰）

胡天雄临床经验

【名老中医简介】胡天雄（1921～）　湖南双峰人。教授，副主任医师，硕士生导师。原湖南中医学院中医内科学教授。湖南省名老中医。擅长诊治多种急慢性传染病及内妇儿科杂症。发表论文多篇，著有《素问补识》《马王堆医书考注》《中国百年百名中医临床家丛书—胡天雄》等。

临床经验

解表法

1 正确认识表证

解表既为中医疗法特色之一，能否正确认识表证自然成为应用解表法的关键。表和里是一对矛盾，是八纲辨证中的两个纲领，曾见少数同道对此有三个误解，故不能不加以辨析。

误解之一是："表指皮肤经络，里指内脏"。胡天雄认为：皮肤内脏是静止的表里，活人有，人死了也有，表里证则是动态的，只存在于生者而死者则没有。也就是说八纲辨证中的表里，必须与活的证候相联系，脱离了活的证候，就无所谓表，也无所谓里。

误解之二是："表里指病变部位"。胡天雄认为：病变部位是比较固定的，而表里证则在不断变化着，例如体表痈疽，病变部位在表，但当它表现为心烦口渴、腹痛便秘时，则为里热实证，为内疏黄连汤之类所主，不得因为病变部位在体表而作为表证治疗。相反，急性肾炎病变部位在内脏，但当表现为风水证状时，常用越婢汤以开肺解表，而不得因为病变部位在内脏而作里证。

误解之三是："表证就是感冒"。胡天雄认为这里有两个问题应弄清楚：①感冒是辨病，表里是辨证，二者不能相提并论。②风寒不是表证的唯一病因。

那么，怎样解释表里才是对的呢？任何征候的出现，都是病原（邪）特性和生理（正）机能相互斗争（即邪正斗争）的结果，表里证也不例外。如果说寒证和热证是指证候性质的话，那么表证和里证就是邪正斗争的部位。即是说出现表证时，是邪正斗争的部位在体表。

2 表证应用解表法的理论渊源

解表法是通过综合分析，认定病邪在表（邪正斗争的部位在体表）所采取的一种治疗原则。早在2000多年前的《内经》时代就有"其在皮者，汗而发之"（《素问·阴阳应象大论》）的记载。又说："善治者治皮毛，其次治肌肤，其次治筋脉，其次治六腑，其次治五脏。治五脏者，半死半生也。"说明疾病早期，人体正气旺盛，能把邪气阻于体表，否则病邪由浅入深，由轻转重，终至内犯五脏不可医治，也为后世早期治疗施用解表法奠定了理论基础。东汉医家张仲景著《伤寒杂病论》，完善了《内经》六经辨证系统。其六经条文共381条，太阳篇即占了178条。太阳主一身之表，以脉浮头项强痛而恶寒为提纲，故知表证仲景谓之太阳病。太阳病的治疗，除有里虚寒证须"先温其里，乃攻其表"，或温中解表同时并用外，其它如"表解乃可攻里"、"其外不解者，尚未可攻，当先解其外"等等，无不谆谆告诫后人早期解表的重要性。

3 临床应用

胡天雄尝谓：八纲以表证为首，六经以太阳为首，太阳为人身之表，邪气入侵，被正气抗拒，邪正斗争于体表，故出现表证。此时，正气抗邪的趋势是把邪气赶出体外，医者要善于把握这种趋势，因势利导助正气一臂之力，驱邪外出，汗腺是邪气最近的出路，发散是驱邪最好的方法。所以解表法成为祖国医学中最高明的一着，原因也就在这里。当然，解表只是一个治疗原则，方法须视具体情况而定。有的表郁里应，表解则里和；有的由里出表，外疏通则内畅遂；有的表里同病，里寒者温中解表，里热者清里解表，《伤寒论》中狭义的伤寒用麻黄汤，中风用桂枝汤，风雨火郁用大青龙汤，寒而水停用小青龙汤，即是不同情况下使用不同的解表方法。

喻嘉言用人参败毒散以治痢疾，号称逆流挽舟法。方中枳、桔、柴、前、羌、独等药，外疏经络，内畅气机，其实质亦是解表。前清同治、光绪年间，湘乡瘟疫盛行，《疫证治例》作者朱明太先生创芦根方，自云"光绪戊子（1888年）秋，小儿光馥染疫，当万难措手之际，细绎古今治疫名方，窃取其中药品之精粹者，名曰芦根方，投之立应。越二年—庚寅，疫又盛行，检是方与人，无不应手取效。"又云："余自临证以来，凡遇疫病，先行透解。"可知疫病初起宜表散。

1957年，双峰县流行性感冒大流行，胡天雄所在的双峰县第二中学师生员工五百余人，患病率高达50%，胡天雄曾根据当时患者的具体症状：高热、头痛、面赤、气粗、脉数，使用葛根芩连汤。用葛根辛凉以解表邪，芩连苦寒直清里热，服一二剂即热退病愈，无一例并发症发生。1976年胡天雄在泸溪县人民医院诊一婴儿，病起突然，发热腹泻，神昏，手足厥冷，医院诊为急性菌痢、中毒性休克，予葛根汤一剂，即热退神清，利止，手足转温。1967年春，胡天雄参加医疗队赴醴陵县泗汾地区防治脑膜炎。历时两个多月，使用西药为主，观察治疗各型流脑300余例，疗效有得有失。胡天雄总结那次防治经认为：流脑初起当以解表清里为治疗原则，解表常用麻黄、葛根，清里不离石膏、知母；表寒重于里热者用大青龙汤；里热重于表寒者用知母解肌汤（方出《古今录验》）。由此可知，许多急性热病，不论有无传染性，初期若见表证，及时运用适当的解表法，即可将病邪消灭在萌芽阶段。

4 应用病案

案1 高热神昏 夏某，男，7岁，本院附一院职工子弟。1975年6月30日诊。发热多日，已服用多种退热药而热终不除。诊时患儿高热达40℃，昏迷不省人事，胡天雄应邀会诊，切其脉，数而时止，抚其项背，略无汗意。据此已知为热陷神昏，即所谓"邪入心包"之候。其原因实由表邪失解所致，脉象数而时止即促脉，《伤寒论》"脉促者，表未解也"，《素问·脉要精微论》"数动一代者，病在阳之脉也"，正是此等情况，因与桑菊饮2剂。服一剂未见明显汗出，诊其脉虽数，已不歇止。患儿神识略清，觉微恶寒，故于第2剂中加麻黄1g。服后微汗出，体温下降1度，药后3小时许，体温骤升至40℃，家人不知为正气来复之象，惊惶失措，急急进往省某医院欲住院治疗。途中患儿续自汗出，抵院后体温为38℃，神识爽朗。患儿之母亦医生，忆胡天雄表证未解之语，今表解神清，病已好转何必住院，又背之回家，复来就诊。时患儿已不恶寒，唯舌苔干黑无津，大便三日未解，此热病津伤，令适当补液，中药改进犀角地黄汤加玄明粉凉血通便。2剂后畅解秽臭大便数次、黑苔已去，体温复常，改投甘寒养阴之剂调理善后。

按 患儿热陷神昏，邪入心包，病情十分危急，以桑菊饮治之，其依据是患儿脉数而时止即促脉。心为君主之官，主神明而司血脉。患儿初起发热，为邪正交争于体表，正气欲鼓邪外出，此时心官既欲组织全身力量与外邪斗争（主神明），又欲运行气血以供体表需要（司血脉），故负担甚重，此时医者若能以适当的发散药因势利导，自然汗出热退而病解，即《素问》"邪、气交争于骨肉而得汗者，此邪却而精胜也"之意。如不问发热原因，不讲退热方法，一以退热为目的，致正气先伤，邪气复乘虚内侵，邪胜正败，心官力遂不支，故其表现于神明者则"昏"，表现于血脉者则"促"，所谓"太阳虚即是少阴"也。由此可知，太阳与少阴为表里，表证失解，内陷少阴，当千方百计寻求透发之机，使邪从太阳而解，切不可动手即用苦寒，而加重病情。其二，凡热病表证已解，热已减退，全身情况好转，无其它诱因而突然体温升高者，多为正气来复欲再次作汗之佳兆，遇此不必惊惶。

案2 钩端螺旋体病 谭某某，男，50岁，双峰县白杨乡村民。1994年8月12日诊。患者于3周前患钩端螺旋体病，村医以大剂量青霉素滴注，症状缓解，近日因劳累前症又发。除寒热身痛之外，双腿腓肠部酸胀甚剧。察其舌苔薄腻，脉略弦数。此乃暑湿疫毒之邪袭于肌表，郁于肌腠，正邪交争故见恶寒发热，气机壅滞故见肌肉酸胀。治宜轻宣解表，泄热渗湿。以芦根方加味：芦根30g，蝉衣7g，僵蚕10g，银花15g，薄荷5g，葛根20g，桔梗10g，苡仁30g，甘草5g，3剂。每日服1剂，并告之服完第1剂后体温会升高，以表郁既久，反应亦必强烈，为正气抗邪外出之兆，不必去打针退热，汗出当自安。当晚11点，其子匆匆来告，谓患者服完1剂后，寒热交作，更甚于前，头痛如劈，刻不可耐，故来问计。告其回家即可见患者大汗热退。两天后患者来复诊，情况果如此。因舌上腻苔未净，予三仁汤5剂，日服1剂。三诊时，诉在家打藕煤，两腿感软弱无力，改服柴芍六君子汤以善后。

按 钩体病为急性传染病，如早期处理不当，邪气深入，常会导致出血或肾功能衰竭而威胁生命。芦根方是治疫病的解表方，患者接受治疗为时不过十天，用费不过十余元，关键在初起表散得去。

案3 小儿反复发热 肖某，男，3岁，中南林勘院职工子弟。因反复发热不愈于1990年7月4日诊。患儿自当年3月起，即反复发高热，每月必数发。发则以西药对症治疗而获缓解。5月底发热咳嗽刚愈，6月13日又患流行性腮腺炎，急性中耳炎又接踵而至，至就诊时，腮腺炎、中耳炎均已消退，仍反复发热不愈，汗出则热退，汗止则热作，口渴尿黄。7月2日曾大便稀泻数次，此表热犹存，而中气已伤，邪气有内侵之势。治宜和中解表，方以和中解表汤（自拟方）：葛根15g，桔梗10g，芦根24g，党参10g，粳米10g，甘草5g。3剂，日服1剂。7月7日复诊，诉前方进药1剂，当晚体温升高达40℃，汗出后热退，体温复常。恐其反复，将余下2剂服完，体温未再上升，惟食欲不振，偶有腹痛，舌苔虽不厚但有花点。改投消风和胃汤（自拟方）善后：谷精草30g，鸡内金10g，五谷虫7g，白参5g，牡蛎15g，白术10g，甘草3g，5剂。嘱其以后每月守服本方剂，可健体防病。随访至今，小儿体健结实，反复高热未再发作。

按 患儿反复发热，汗出热退，汗止热作，为表证失疏，正气不能鼓邪外出。和中解表汤适应于表邪未解而中气已伤之证。方中葛根升阳解表，芦根清热利尿，桔梗宣肺，党参、粳米、甘草和中益胃，前三药升阳布津解表，后三药健脾益胃助正气逐邪外出。由于组方合理，故能使长达四月之久的反复发热之疾，治愈在朝夕之间。（胡静娟）

医方验方

鳖甲救痨汤

组方：鳖甲、生地黄各20g，生黄芪、山药各30g，黄连、甘草各5g。

用法：上药加水500mL，煮沸后文火煎至250mL，滤药取汁，再加水500mL，同法煎至250mL。前后两汁混和，分2～3次服完，每天1剂。

主治：结核病之具有咳嗽、自汗盗汗、口燥咽干、五心烦热、纳呆神疲等气阴两虚症状。

加减：小儿咳嗽潮热，已确诊为肺门淋巴结核者，根据小孩拒吃苦药的特点，减去黄连、生地黄，效果亦佳。一般不需加减。

胡荫奇痹证临床经验

【名老中医简介】胡荫奇(1943～)主任医师，教授，博士生导师。1981年毕业于中国中医研究院研究生部。中华中医药学会风湿病学会副主任委员，中华中医药学会内科学会常委，中国老教授学会医药专业委员会委员，北京市中医药学会常务理事，北京市中医内科学会主任委员，北京市中医药学会风湿病分会主任委员，全国高等院校继续教育委员会理事，国家新药评审委员会委员，北京市新药和制剂评审委员会委员，中国中医研究院学术委员会委员。享受国务院特殊津贴。全国风湿专科专病学科带头人。第三批全国老中医药专家学术经验继承工作指导老师。长期从事风湿病医疗、科研和教学工作，擅长治疗风湿及类风湿性关节炎、强直性脊柱炎、系统性红斑狼疮、皮肌炎、痛风、干燥综合征、硬皮病、骨性关节炎、颈肩腰腿痛、骨质疏松症、内科杂病等。承担、完成国家七五攻关"痹病(类风湿性关节炎)的临床及实验研究"等多项国家、部级及院级科研课题。发表论文数10篇，出版著作10余部。

类风湿性关节炎

1 热毒痹阻，络脉不通

六淫外邪致痹之说，始见于《内经》。《素问·痹论》云"风寒湿三气杂至合而为痹"。古人认为外感风寒湿是引起痹病的重要因素，"风寒湿三气杂至合而为痹"作为痹证的最基本病因一直为大多数医家所固守。但痹之病因决非单纯表现为风寒湿邪。华佗、吴鞠通、叶天士、顾松园等医家根据各自的临床经验提出了湿热之邪或风寒之邪郁久化热皆可导致热痹之说。胡荫奇根据类风湿性关节炎的临床表现，发现本病活动期多表现为手足关节肿胀疼痛、拒按、触之发热、晨僵，或有皮下结节，或有口渴、咽痛、溲赤等，舌质红暗或紫、有瘀斑、瘀点，脉弦细或涩数。根据活动性类风湿性关节炎起病原因及常见证候，总结出其主要病因病机为素体阳盛或阴虚有热，风寒湿入侵机体，留滞经络，郁久化热为毒，或直接感受热毒之邪，热毒交炽，导致气血壅滞不通，痹阻脉络而出现关节红肿热痛、关节屈伸不利等症。胡荫奇指出，在热毒瘀血痹阻时，最主要的表现为手足关节肿胀疼痛，触之发热及舌脉变化。临床上有的活动性类风湿性关节炎患者在热毒瘀血之象中还表现关节怕冷等症，此为阳气内郁所致。因关节为气血敷布薄弱之处，热毒瘀血痹阻，阳气内郁，不达于外，故出现关节怕冷等症，此时不要误认为是寒证。只要热毒得祛，气血流通，则关节怕冷之症可除。

2 清热解毒，活血通络

胡荫奇根据活动期类风湿性关节炎临床所表现的主要证候，采用清热解毒、活血通络之治法，可使热毒得祛，经络得通，气血流畅，关节肌肉得气血之濡养，正气恢复，顽疾得以控制。胡荫奇在临床上清热解毒药常选用：金银花、蒲公英、土茯苓、土贝母、连翘、白花蛇舌草、黄柏、紫花地丁、苦参、漏芦、栀子、天花粉、忍冬藤等。活血化瘀药常选用：赤芍、川芎、鸡血藤、当归、蜈蚣、全蝎、三七、炮穿山甲、莪术、土鳖虫、乌梢蛇、蜂房、姜黄、乳香、没药、苏木等药。

胡荫奇认为，临床用药要在符合中医辨证论治原则的前提下，选用一些经现代药理研究证实对风湿病具有针对性的药物，能提高疗效。如现代药理证实白花蛇舌草、黄柏、金银花、蒲公英、土茯苓等对细菌、病毒等有明显的抑制作用，还能刺激网状内皮系统增生，促进白细胞和网状内皮细胞吞噬抗原的能力。白花蛇舌草、黄柏、金银花、蒲公英具有抑制B细胞产生抗体的作用，土茯苓可选择性地抑制细胞免疫反应。

3 典型病案

王某，女，31岁。2003年7月9日初诊。主诉：双手近端指间关节、掌指关节、双腕关节肿胀疼痛6个月。现病史：6个月前出现咽痛，伴有轻度发热，继之出现双手近端指间关节、掌指关节、双腕、膝、踝关节肿胀疼痛，双肩前部疼痛，怕凉，手足心热，晨僵明显，终日不解。与天气变化无关。化验类风湿因子(RF)升高，给予非甾体类消炎药等，效差。月经经常延迟，有较多凝血块。诊见：双手近端指间关节、掌指关节、双腕、膝、踝关节肿胀疼痛，伴双肩前部疼痛，咽痛，晨僵4小时，口干，饮食可，二便调，舌质红暗、苔黄腻，少津，脉细涩。查体：双手握力：左手60mmHg，右手50mmHg，左手第3、4、5，右手第2、3近端指间关节呈梭形肿胀，右手第2、3掌指关节肿胀，双腕关节明显肿胀，屈伸受限。化验：RF761U/L，C-反应蛋白(CRP)92mg/L，血沉(ESR)64mm/h。西医诊断：类风湿性关节炎。中医辨证：热毒夹湿痹阻，瘀血阻络。治法：清热解毒祛湿，活血通络。

处方：土贝母15g，忍冬藤30g，虎杖20g，萆薢10g，车前子10g（包），苦参10g，青风藤15g，穿山龙15g，乌梢蛇10g，延胡索15g，乌药10g，伸筋草10g，徐长卿15g，水煎服，每日1.5剂，日服3次。

二诊：药后2周，关节疼痛明显减轻，肿胀亦减轻，仍有晨僵，持续2～3小时，仍双肩前部疼痛，痛引小臂、双肘，咽喉部疼痛，二便调，纳食睡眠可，舌暗红、苔黄腻，脉细涩。处方：土贝母15g，金银花20g，辛夷10g，青风藤15g，穿山龙30g，车前子10g（包），苦参10g，威灵仙30g，延胡索15g，乌药10g，乌梢蛇10g，鸡血藤30g，伸筋草10g，姜黄20g，徐长卿15g，莪术10g。

三诊：服上方2周后，关节肿胀疼痛较前减轻，晨僵1小时，咽痛，大便干，每日1次，舌质红略暗、苔黄，少津，脉细涩。前方减辛夷，加牛蒡子10g，僵蚕10g。

四诊：服上方2周后，双手近端指间关节、掌指关节、双腕、双膝关节、踝关节肿胀疼痛、双肩前部疼痛大减，咽痛减轻，晨僵0.5小时，二便调。舌质略红暗、苔薄黄，脉沉细。握力：左手170mmHg，右手150mmHg。处方：威灵仙30g，泽泻10g，萆薢15g，乌梢蛇10g，莪术15g，当归10g，乌药10g，青风藤30g，穿山龙15g，徐长卿15g，僵蚕10g，牛蒡子10g，水煎服，每日1剂。

五诊：以上方为主加减治疗6周后诸症基本消失，但感周身乏力，腰酸，劳累后加重，舌质淡红、苔薄白，脉沉细。化验RF22IU/L，CRP3mg/L，ESR12mm/h。随后予益肾蠲痹丸治疗2个月调理善后。（王义军）

强直性脊柱炎

1 对病因病机的认识

强直性脊柱炎是以中轴关节慢性炎症为主，也可累及内脏及其他组织的风湿病。本病病程漫长，晚期可导致严重残疾。胡荫奇认为，强直性脊柱炎的基本病因病机为素体虚弱，禀赋不足，肝肾精血亏虚，风寒湿深侵肾督，寒湿或可郁而化热，深入骨骱、脊柱。肝肾精血不足，使筋挛骨弱而邪留不去，渐致痰浊瘀血阻于体内，终致疾病缠绵难愈。

2 治疗强调补益肝肾化瘀通络

由于本病基本病机为本虚标实，以肝肾亏虚，督脉失荣为本，风寒湿、湿热、痰浊瘀血为标。故治疗上强调以补益肝肾为主以治本，以祛风散寒除湿或清热利湿或化痰祛瘀通络以治标，以辨证为主并结合分期进行治疗。临床上常分以下3型进行辨证施治。

2.1 肾督亏虚、风寒湿痹阻证（多为强直性脊柱炎早期阶段）

治以补肾益督、祛风散寒、除湿通络，药用狗脊、川续断、巴戟天、淫羊藿、赤白芍、牛膝、杜仲、蜈蚣、青风藤、伸筋草、穿山龙等。

2.2 肝肾阴虚、湿热痹阻证（多见于活动期）

治以滋补肝肾、清热利湿通络，药用知母、黄柏、怀牛膝、萆薢、山茱萸、生地黄、木瓜、秦艽、忍冬藤、苦参、青风藤、穿山龙、薏苡仁等。

2.3 肝肾亏虚、痰瘀痹阻证（多见于缓解期）

治以补益肝肾、化痰祛瘀通络，药用狗脊、山茱萸、鹿角胶、鸡血藤、青风藤、白芥子、莪术、土贝母、赤芍、蜈蚣、僵蚕、穿山甲、穿山龙、乌梢蛇等。另外，无论是风寒湿之邪侵袭，还是内生湿热或痰浊之邪，皆可导致血瘀络阻、经脉不通，故对肝肾亏虚之证，无论是兼有风寒湿痹阻，或湿热痹阻或痰浊痹阻，在补益肝肾的同时，均需配合使用活血化瘀通络之品。

3 用药匠心独具

胡荫奇经过多年的临床实践，总结出几组具有固定配伍关系的药对，疗效显著。

3.1 青风藤与穿山龙

青风藤：辛、苦，微温，入肝、脾，功能祛风除湿、通络止痛；穿山龙：苦、微寒，入肝、肺经，功能祛风除湿、活血通络，并有祛痰之作用。两药配伍辛开苦泄温通相须为用，共同起到祛风除湿、化痰祛瘀通络的作用，临床常和其它中药配伍用于风寒湿热痹阻经络引起的腰背肢节疼痛，特别是对缓解晨僵有良效。

3.2 狗脊与杜仲

狗脊：苦、甘，温，归肝、肾经，具有补益肝肾、强壮腰膝、祛风胜湿之功；杜仲：甘，温，归肝、肾经，具有补肝肾、强筋骨之功。二药配伍发挥协同作用，共奏补肝肾、益督脉、强腰膝、壮筋骨之功，且因二药性质平和，随证配伍可应用于强直性脊柱炎以肝肾不足为主的各证。

3.3 山茱萸与白芍

山茱萸：酸，微温，归肝、肾经，具有补益肝肾、收敛固涩之功，本品补益肝肾，既能补精，又能助阳；白芍：苦、酸，微寒，归肝、脾经，具有养血敛阴、柔肝止痛、平抑肝阳之效。山茱萸补益肝肾治其本，白芍柔肝缓急止痛治其标，二者配伍相须为用，标本兼治，是治疗肝肾亏虚所致腰背强痛，四肢关节拘挛疼痛不可多得的良药效对。

4 典型病案

白某，男，40岁，已婚，2003年6月25日初诊。半年前无明显诱因出现下腰背僵硬疼痛，当时未予特殊注意，此后每逢劳累腰酸痛加重。刻诊：下腰背痛，甚如折，颈部酸痛不适，时有周身发热感，双下肢酸楚重着，晨起周身僵硬，口渴不思饮，大便正常，小便黄，舌质红，苔黄腻，脉滑细。化验：HLA－B27（+），RF（－），CRP 22.3 mg/L，ESR 32 mm/h。CT示：双侧骶髂关节局限性硬化，骨质边缘毛糙，骶髂关节炎（Ⅱ级）。中医诊断：痹病（证属肝肾阴虚，湿热痹阻证）；西医诊断：强直性脊柱炎（早期）。治以清热利湿通督、补益肝肾。处方：青蒿、猪苓各15 g，苦参、苍术、黄柏、半枝莲各12 g，鳖甲30 g，山茱萸20 g，赤芍、青风藤各15 g，穿山龙20 g，白芥子6 g，蜈蚣3条，姜黄20 g，莪术15 g。14剂，水煎服，每日1剂，日服2次。二诊：服药后腰骶部僵硬感及颈部酸痛有所减轻，腰骶部时有针刺样疼痛，夜间翻身困难，活动后周身乏力，舌质红，苔黄微腻，脉滑细。前方加木瓜15 g，14剂。三诊：腰骶部疼痛僵硬及颈部酸痛感明显减轻，晨僵减轻，夜间翻身已较自如，时有手足心热，口干，舌质红，苔薄黄，脉滑细。处方：枸杞子、山茱萸、杜仲各15 g，生地黄20 g，葛根、赤芍、白芍各15 g，僵蚕10 g，生黄芪15 g，白芥子6 g，延胡索15 g，鸡血藤20 g，伸筋草15 g，半枝莲10 g，蜈蚣2条，檀香10 g，莪术15 g，威灵仙20 g，知母12 g。14剂。四诊：腰骶部疼痛僵硬及颈部酸痛感基本消失，无晨僵、手足心热、口干等，唯感劳累后腰骶部不适，乏力，舌质淡红，苔薄白，脉细。化验：HIA－B27仍阳性，CRP5.1 mg/L，ESR 12 mm/h。CT示：双侧骶髂关节表现基本同前，无进一步发展。嘱其服益肾蠲痹丸3个月以善后调理。

按 本案初诊时表现为本虚（肝肾阴虚）标实（湿热痹阻），治疗宜先清热利湿通络为主以治其标，待热祛湿清，再行滋补肝肾、益督通络之法以固其本。药用青蒿、苦参、苍术、黄柏等以清热利湿；山茱萸、枸杞子、杜仲、生地黄等以补肝肾、益督脉；生黄芪、鸡血藤益气、养血通络；赤白芍、青风藤、蜈蚣、姜黄、莪术、伸筋草等以活血通络止痛。收效后改丸剂，意在缓图其功，巩固疗效。（王义军）

胡永盛临床经验

【名老中医简介】胡永盛（1926～）吉林省吉林市人。教授。原长春中医药大学中医各家学说教研室主任。首批国家500名老中医之一，吉林四大名医之一。从事《方剂学》教学及临床、科研近60载，善用古方经方。发表论文20余篇，著有《中药方剂学》等多部著作。

遣方用药

葛根解醒汤

葛花解酲汤出自李东垣《脾胃论》，方由葛花、砂仁、白豆蔻仁各五钱（15g），木香五分（1.5g），白茯苓、猪苓、人参、陈皮各一钱五分（5g），青皮三钱（9g），白术、神曲、干姜、泽泻各二钱（各6g）组成，主治饮酒过度，湿伤脾胃的眩晕呕吐，胸膈痞满，食少，身体疲倦，小便不利，或泄泻等症。胡永盛运用本方加减化裁，多治疗胃、肠、肝、胆等消化系统疾病，疗效满意，并治疗失眠、心悸、眩晕、淋证、腰痛、痹痛等，亦疗效颇佳。

唐某，男，52岁。嗜酒，每日饮酒250～400g。现症：右胁下如物顶感，胸闷纳呆，时恶心呕吐，失眠多梦，小便黄，舌质隐青两边色深红苔少，脉弦滑有力。胡永盛认为是湿热蕴结于肝胆，中州升降失常，痰阻气机，气血不和而致胁痛。治以疏肝利胆，祛除湿热，方用葛花解酲汤加减治疗。处方：葛花15g，枳椇子20g，土茯苓20g，砂仁15g，白蔻仁15g，木香10g，柴胡10g，金银花20g，金钱草20g，枸杞子25g，川贝母20g，竹茹15g。服4剂后，胁下如物顶感消失，食欲转佳，仍失眠多梦；二诊原方去柴胡，加炒枣仁40g，连服8剂后，诸症消失。

按 本案胁痛，因其由饮酒过度所致，故应属中医“酒癖”之范畴。酒癖，指饮酒过度，水饮搏聚于胸膈、胁肋的癖病。巢元方在《诸病源候论》中首先提出了酒癖的病名：“夫酒癖者，因大饮酒后，渴而引饮无度，酒与饮俱不散，停滞于胁下，结聚成癖，时时而痛，因即呼为酒癖，其状胁下弦急而痛……”并进一步指出：“酒者，水谷之精气也，其性剽悍而有大毒，入胃则酒胀气逆，上逆于胸，内熏肝胆，故令肝浮胆横。”明确指出了酒毒损害肝胆的病机。该证的胁痛，病位在肝胆，与脾胃密切相关。脾主运化，主升清，胃主降浊，肝失疏泄就会影响脾胃中州的运化功能，从而引起肝脾不和的病理表现。胡永盛根据病机，运用疏肝健脾法，平肝和胃，而以顾护中州为主。方中用甘平能解酒的葛花，使湿热从肌表而出，土茯苓祛湿热，使湿热从小便去，二味伍用，解酒之湿热，清肝胆湿热；《张氏医通·胁痛》说：“饮食劳动之伤，皆足以致痰凝气聚，……然必因脾气衰而致”，故砂仁、豆蔻仁并用理气醒脾和中，顾护中州，木香辛苦而温，三焦气分之药，疏肝气，和脾气，调肺气，使肺气调则金能制木而平肝，木不克土而脾和，合用而调畅中焦升降之枢，加用枳椇子止渴除烦，润五脏，解酒毒，与葛花、土茯苓合用，而成解湿热酒毒之组药；金钱草利湿，金银花清热，酒客不喜甘，故用竹茹代甘草和胃中，开胃土之郁，且能清肺金之燥，凉血除热，除欲生之浊气，与金钱草、金银花伍用，以助主药清肝胆湿热之功；又用胁痛首选之柴胡，疏泄肝木，调畅气机，然其大剂量的应用，恐耗劫肝阴，故用杞果补水之药，既可滋水以涵养肝木，又可佐柴胡之燥，共奏疏肝柔肝之功；又妙加川贝母，清泻心火，辛散肺郁，使心火降，神自安，又心火降则肺气宁，而肺主诸气，主宣发肃降，肺气宁则气顺痰湿自利，是“治痰先治气”的间接体现，且本药可与多药配伍而组成药对，从而可见胡永盛用药之巧妙，选药之精微，把整个方中的药物紧密地贯穿为一体。本方配伍气血并调，疏肝理脾，脾肾兼顾，而以顾护中州为主。（宋雨婷 邓文华 王迪）

医案验案

逍遥散验案

1 频发室早搏

田某，女，50 岁，2004 年 7 月 2 日初诊。患者 1 年前经动态心电图检查确诊为“室性早搏”。平素爱生气，心悸气短，反复发作，时轻时重，经常在后半夜加重，伴胸胁满闷，心烦口苦，善叹息，失眠多梦，舌红苔黄，脉结。胡永盛认为其病机为肝气郁结日久，致使肝的疏泄功能失常，气机阻滞，气血运行不畅，则心脉瘀阻而致心悸。治宜疏肝解郁，调气活血，方用逍遥散加减。处方：当归 15g，白芍 15g，柴胡 10g，白术 10g，茯苓 20g，青皮 15g，乌药 20g，百合 25g，川贝 15g，金银花 25g，甘草 10g。每日 1 剂，水煎服。服 4 剂后胸闷、失眠多梦症状明显改善，又加入紫苏梗 20g，香附 20g，郁金 20g，连服 10 剂后诸症消失。

按 室性早搏属于中医学惊悸、怔忡等范畴，病位在心，与肝有关。心主神志，肝主疏泄，且“心受气于肝”、“肝气舍于心”，故胡永盛治疗此病心肝并治，气血兼顾。方中柴胡解郁疏肝，当归、白芍养血柔肝，白术、茯苓、甘草补脾和肝；加青皮、乌药以助疏肝，川贝、百合清肺开郁，佐金平木，其中百合、乌药相伍之百合乌药散，又可上走心肺，下达肝肾，以润肺清心，开郁化滞；金银花清心除烦。二诊加入之紫苏梗、香附、郁金皆具有理气活血、开郁行滞之功。诸药合用，既疏肝和木，培土益木，佐金平木，以治肝木郁滞之本，又活血清心，以治心脉瘀阻及化热之标。故肝气得调，心血得通，心神得养，则心悸自除，正如《薛氏医案》所说：“肝气通则心和，肝气滞则心乏，此心病先求于肝，求其源也。”

2 甲亢

李某，女，41 岁，2004 年 8 月 25 日初诊。自述 6 月份经检查确诊为“甲亢”，患者消瘦，甲亢面容，心烦易怒，胸闷不畅，自汗，腹胀便溏，舌质淡，苔薄白，脉弦。此乃肝郁不达，气滞痰凝之证。治宜调肝解郁，化痰散结，方用逍遥散加减。处方：当归 15g，白芍 10g，柴胡 10g，白术 15g，茯苓 20g，枳壳 15g，百合 25g，乌药 15g，川贝 15g，大腹皮 20g，甘草 10g。每日 1 剂，水煎服。服 4 剂后，诸症减轻，加入合欢花 15g，夜交藤 20g，连服 10 剂而愈。

按 甲亢属于中医学瘿病范畴。情志内伤是其发病的内在条件，《诸病源候论·瘿候》曰：“瘿者，由忧恚气结所生。”气滞痰凝壅结颈前是其发病的关键。肝主疏泄，能够调畅全身的气机，推动血和津液运行，胡永盛从肝论治，恰中病机。其方以逍遥散疏肝柔肝，加入下行之乌药、枳壳，与柴胡相伍，宣降调气，行气之力尤著；百合、川贝合用，既可清泄郁结之气火，又可消痰散结；大腹皮行气利水，既助疏郁，又助消痰；郁久易伤阴血，致心神失养，故二诊又入夜交藤、合欢花，既养血宁心，又开郁解忧。诸药合用，使气畅津输痰消，而情志自调，药证贴切，故能收效。

3 乳腺增生

车某，女，40 岁，2004 年 2 月 20 日初诊。患者双侧乳房内肿块半年，痛连胸胁，经前加重，影响工作和休息，伴有月经不调，心烦易怒，少食乏力，失眠多梦，舌淡红苔薄白，脉弦细。查两侧乳房内多个大小不同、圆形、较硬的结节，结节周围组织分界明显，与表皮无粘连，有触痛，腋窝淋巴结未扪及。经红外线扫描提示双侧乳腺增生。此乃肝郁癖结之证。治宜养血疏肝，消痈散结，用逍遥散加味。处方：当归 15g，白芍 15g，柴胡 15g，木香 15g，香附 20g，青皮 15g，蒲公英 25g，砂仁 15g，炒酸枣仁 40g，川贝 15g，甘草 10g。每日 1 剂，水煎服。服 5 剂后左侧乳房疼痛症状消失，继服 20 余剂痊愈。

按 乳腺增生属于中医学“乳癖”范畴。因肝经“挟胃属肝络胆，上贯膈，布胁肋”，通于乳房外侧，且其脉“挟胃”，可藉胃脉通于乳房，同时肝主筋，乳头为肝所主。而《外科正宗》认为“乳癖……多由思虑伤脾，恼怒伤肝，郁结而成”，故胡永盛临床治疗本病多例，皆从肝论治，以疏肝通络之逍遥散化裁治疗。加青皮以行气止痛，加瓜蒌、川贝以清热化痰、散结止痛，蒲公英是治疗乳痈的良药，而其清热解毒、消肿散结之功亦恰中本证气郁化火之机，故为胡永盛治疗本病的必用药。诸药合用，使肝郁得疏，痰瘀得消，肿癖得散，疗效自佳。（张虹 石绍顺）

医方验方

乳儿宝

方药：生晒参10g，淫羊藿20g，生黄芪50g，当归20g，川芎15g，香附15g，天花粉20g，砂仁10g，王不留行20g，甘草10g。

制法：上10味共为细末，（人参和砂仁研成粉末后兑入），每袋15g，每大包15g×14袋，为1疗程。

服法：产后3d开始服用，每次1袋，开水冲服，日服2次（无乳汁者，可日服3次，早午晚各1次），早空腹、晚睡前服用。7d为1疗程，2疗程无效者，停药。

主治：产后气血两虚乳汁分泌量少，甚至无泌乳者。

禁忌：湿热壅滞，乳房红肿疼痛，乳汁淤积者（急性乳腺炎）忌用。

注意事项：谨避风寒（感冒者宜先治愈感冒）、戒气恼、忌食大蒜、生姜、荞面、辛酸生冷硬物等。

胡玉荃妇科临床经验

【名老中医简介】胡玉荃（1938～）女，河南西华人。主任医师。1962年毕业于河南中医学院。原河南中医学院一附院妇科主任、教研室主任。《中原医刊》杂志编委，中华医学会省中医妇科分会负责人，省计生委技术指导及鉴定委员会委员，省卫生系列职称评定高评委员等。第四批全国老中医药专家学术经验继承工作指导老师。从事中医妇科临床医疗、教学、科研工作近40年，擅长治疗妇科各种出血、肿瘤、炎症、不孕症、妊娠病、产后杂病。发表论文40余篇，著作6部。

崩漏

1 瘀血作祟，须通因通用

塞流、澄源、复旧治崩三法，已为临床所习用，然崩漏一证，病机复杂，变化多端，有的虽获效于一时，但不久又病症如故，胡玉荃认为，久治不愈，反复发作的崩漏证，要重视瘀血作祟。如河水泛滥，泥沙俱下，时久河道无有不瘀塞者。瘀血不去，新血难安，故崩漏不止，诊断瘀血之崩漏要点有三：患崩漏久治不愈，尤其是用塞流法无效；阴道出血时出时止，有小血块，伴腹痛，时间超过20天；用止血药后，出血虽止，但腹痛加剧。从临床来看，致瘀病因多见于素体肝郁，情志过度刺激，心胸狭小之人，以中年妇女多见，青春期少女少见。用药：当归12g，赤芍12g，三棱6g，莪术6g，地鳖虫10g，香附15g，益母草30g，蒲公英15g，金银花15g，仙鹤草15g，山萸肉10g。方中当归炭活血化瘀止血；三棱、莪术、地鳖虫、香附行气活血祛瘀，使气行血行；仙鹤草止血而不留瘀；益母草止血调经；蒲公英、金银花用于瘀久化热，邪毒内侵；山萸肉滋下焦肾水，使肾充经期如常。尤要指出，方中三棱、莪术必不可少，医者往往恐此破血太过而拘谨少选用，但实践证明；二者对久漏不止者确有良效。

临床凡遇瘀血不祛，新血不安，久漏不止者，勿见血止血，应祛瘀与止血同用，相辅相成，以达止血不留瘀，祛邪不伤正之目的，即所谓“通因通用”之意。若单用补涩法，则有碍气畅血行，致离经之血不循常道，肆意妄行，加重病情。

案1 毕某，女，46岁，于1991年5月10日收入院，3月前值经期因家中被盗致月经紊乱，量多继而淋漓，色鲜红，曾用西药消炎止血效不著。入院时见证：阴道出血一月余，量时多时少，色黯红，伴小血块，轻腹痛，头晕乏力，心烦寐差，舌边尖红，苔薄黄，脉细滑数。证属血瘀夹虚，用方：炒当归15g，赤芍12g，三棱6g，莪术6g，地鳖虫10g，益母草30g，山萸肉10g，蒲公英12g，金银花12g。服药2剂出血量增多，色鲜红，腹痛加剧，阴道排出两团血块后，腹痛消失，继服3剂出血止。巩固治疗后改为理脾补肾之剂，调理周期，治疗两月，经候如常。

2 带环崩漏，应清补并用

妇女带环崩漏，尤其是带环2年以上的崩漏，有其临证特点。大多数患者有月经先期，经期初为少量淡黄色，数日后量逐增，继而崩漏不止，常伴面色萎黄或虚胀，腰腹疼痛，心烦易怒，带下伴红，脉数无力。其病因病机为虚实夹杂。放环时间多在经后、人流后、产后。此时阴血亏虚，正气不足，加上素体因素，易致气虚血瘀，血不归经，“胞脉者系于肾“，“冲任之本在肾”。放环后，异物刺激，可影响胞宫、胞脉，冲任不固，伤及于肾，封藏失司；肝气郁滞，气郁化火，热伤冲任，血热妄行；术时或术后邪毒可乘虚而入，与瘀血互结，阻滞胞宫，新血难安，以健脾，补肾，清肝，解毒为治则。方药选用：党参15g，黄芪15g，炒薏苡仁30g，巴戟天15g，菟丝子30g，淫羊藿10g，川楝子12g，炒栀子10g，黄柏15g，金银花30g，蒲公英30g，白花蛇舌草30g，香附10g，益母草30g，炮姜10g，甘草6g。血止后，再于经后服药10剂，经2个月经周期治疗，治愈率可达80.89%。

案2 张某，女，38岁，1989年8月27日初诊。主诉：上环4年，阴道出血30余天，患者上环2年后出现月经先期，量多，未行治疗。此次出血曾在某院输血、消炎止血，效果不著。现症：阴道出血色暗红，伴血块，腰酸乏力，心烦口苦，纳差，舌质淡苔薄黄，脉虚数。妇检：宫口微张，有活动性出血，子宫轻压痛，其余正常。血常规：血红蛋白8.5g/L，红细胞2.8×10^{12}/L，白细胞11×10^{9}/L，中性：0.81。B超示：子宫大小正常，节育环位置正常。拟方：党参15g，黄芪15g，黄柏15g，黑栀子12g，蒲公英30g，金银花30g，白花蛇舌草30g，香附10g，炒薏苡仁30g，巴戟天15g，菟丝子30g，淫羊藿12g，益母草30g，甘草6g。3剂水煎服，药后复诊血止。巩固治疗半年，经期、经量均正常。

3 室女崩漏，宜补肾调经

自金元以后，医者治崩着重“脾统血”的机理，多采用补脾摄血治法，此法在出血期间，虽可取效一味，但往往容易复发，不易根治。胡玉荃认为，妇女崩漏，应认识到肾的重要性，尤其是青春期少女，肾气未充，天癸刚至，生殖机能发育未臻完善，此时感受邪气或生活所伤均易损伤肾气，引起机体功能失调，诱发崩漏。故补肾为其正治，特别是补气健脾固气摄血后，更应着重补肾，调理周期，即所谓的复旧固本，常选用：龟版30g，熟地黄15g，麦冬15g，旱莲草30g，女贞子15g，炒白芍15g，五味子15g，杜仲10g。以滋肾补肾，止血调经，若偏阳虚其中二至丸改二仙汤（仙茅10g，淫羊藿30g），或加紫石英15g，鹿角霜15g，使肾阴阳转化功能健全，恢复其封藏之本功能，方阴阳平衡，冲任得固，月事如期而下。

案3 吴某，女，17岁，1991年5月11日初诊。13岁初潮，但周期不准，4~6个月不等。近几个月，经量多，色鲜红，无腹痛，用多种西药治疗罔效。就诊时阴道出血已20余天，量仍较多，色红，伴周身乏力，腰酸肢软，头晕，寐差梦多，口干心烦，舌红少苔，脉细稍数。辨为肾虚兼热。方药：太子参30g，生、熟地黄各15g，龟版15g，煅龙骨30g，牡蛎30g，杜仲10g，麦冬15g，枸杞子10g，炒白芍15g，服2剂，阴道出血明显减少，余症好转，上方加女贞子15g，旱莲草30g，6剂出血止。继用中药周期疗法，配服女青春片，胎盘糖衣片，调治半年，周期、经期、经量均正常。（张晓丹 赖谦凯 冯 焕）

胡毓恒临床经验

【名老中医简介】胡毓恒（1925~）湖南双峰人。主任医师。曾任湖南省中医药学会理事。享受国务院政府特殊津贴。首批全国老中医药专家学术经验继承工作指导老师，湖南省首批名老中医。擅长诊治冠心病、高血压、糖尿病等疾病。发表论文40余篇，专著《胡毓恒临床验案精选》等。

临证思路

不寐七法

1 调和营卫法

成某，男，56岁。就诊日期1986年6月16日。失眠3月，每晚仅睡3小时，而且夜梦纷纭，心烦，时常自汗出，汗出微恶风，偶有梦遗。中西医治之不验。脉弦细，舌质淡红舌苔薄白。证属营虚卫气内伐，治以调和营卫安神法。处方：桂枝6g，白芍、枣仁各12g，龙骨、牡蛎各30g，五味5g，炙草4g，大枣3枚，生姜3片。服4剂后，自汗止，共服8剂痊愈，后用归脾汤调理善后。

按《灵枢·营卫生会》篇载：“老者之气血衰，其肌肉枯，气道濇，五脏之气相搏，其营气衰少而卫生内伐，故昼不精，夜不瞑。”《伤寒论》云：“病常自汗出者……以卫气不共营气谐和故尔”。本证为营卫不和，阴阳失调，故取桂枝加龙骨牡蛎汤加味。

2 疏肝养血法

陈某，女，35岁，于1991年3月9日就诊。失眠，多梦易惊5年，久而引起脘胁胀痛，呃气，口苦纳呆，头昏头痛，心烦易怒，刻下面色黄滞，表情忧郁。舌质红舌边齿印舌苔薄黄，脉弦细。此乃肝郁脾虚，郁久化热之证。处方：柴胡、当归、白芍、茯苓、白术、丹皮、栀仁、枣仁各10g，太子参12g，薄荷3g，甘草4g。上方加减共进30余剂，治愈。体重增加2公斤。

按《血证论·卧寐》曰：“肝病不寐者，肝藏魂，……若阳浮于外，魂不入肝，则不寐”。此患者由于郁怒伤肝，肝郁化热，热扰魂不入阴故不眠。治用疏肝养血、清热安神的丹栀逍遥散加味，使郁解热清，血足敛阳，魂入于肝故寐。

3 滋阴降火法

田某，女，60岁。就诊日期1989年8月20日。素患“高血压病”、“冠心病”。失眠，多梦，心烦易怒，手足心发热，口渴咽干，服西药2年无效。刻诊：舌质紫暗舌苔粗黄，脉弦细略数。证属心阴不足，虚火上炎。处方：黄连6g，阿胶、白芍、枣仁、茯苓、生地各12g，黄芩、知母各10g，川芎5g，服7剂后停用安眠西药，共服30余剂而愈。

按 阳盛阴虚，则昼夜不得眠。心阴不足，虚阳外浮，心不安神，神躁于外，用黄连阿胶汤合酸枣仁汤，滋养心血而清虚火，火消则心静，神安其室，故安卧而无梦。

4 交通心肾法

曹某，男，56岁。于1992年4月3日就诊。患“两上肺浸润型肺结核”，中西治疗近1年。近月失眠，严重时彻夜不寐，伴左胸痛，干咳，盗汗，大便干结。舌质稍红舌苔薄黄，脉虚右脉兼弦。证属心肾不交，心火乘金。处方：太子参20g，玄参、枣仁、百合、麦冬、生地、桔梗各15g，柏子仁、天冬、茯苓、当归、浙贝各10g，远志7g，朱砂1g（冲），服7剂后不寐瘥，它证减轻，后用百合固金汤加减治疗。

按《清代名医医案精华·陈良夫医案》云：“心火欲其下降，肾水欲其上升，斯寤寐如常矣”该案即由于心火不降，反而上灼肺金，金伤不能生水，肾精日耗，无以上济，心火更旺，神魄外游，所以彻夜不寐。治用补心丹加减，交通心肾，使心火下降，肾水充足，贼火自熄，水火既济，肺金自不被心火强凌，神魄得安，而寐如常。

5 活血通络法

胡某，女，39岁。就诊日期1980年6月13日。失眠10年，每晚仅睡2～3小时，甚至通宵不眠，恶梦纷纷，伴头昏头痛，烦躁不安，时悲伤欲哭。历用中西治疗不效。诊见舌质稍红舌尖及舌边满布瘀点，脉弦细。询其起因乃剖腹产后而生，至今月经量少色黑，此为瘀血阻络，当活血化瘀。处方：桃仁、赤芍、柴胡、丹皮、枳壳、香附、玄胡、郁金各10g，旱莲草、牡蛎各20g，红花8g，生地15g，甘草6g。上方加减服用50余剂，夜眠6小时以上，它症全失，舌转淡红舌部瘀点消失。

按 瘀血内聚，心脉闭阻，神室被占，神自无安身之处，脏躁之象自见。瘀血不去新血不生，神无安宁之时。胡毓恒抓住病因这个关键，用膈下逐瘀汤加减，瘀血去，经脉通，神室清净，心神安其位，10年痼疾霍然而愈。

6 镇心宁神法

廖某，男，18岁。就诊日期1989年11月25日。因失恋而失眠多梦2月，伴心惊胆怯，神识或明或暗，治疗无效而休学。慕名求治，观其表情淡薄，反应迟缓，少语懒言，舌质淡红舌尖红点舌苔薄白，脉弦细滑。证系思虑伤神，心神躁浮。处方：朱砂1.5g（冲），当归、茯神、柏子仁各10g，生地12g，黄连6g，龙齿15g，甘草5g。服12剂后痊愈复学。

按《景岳全书·不寐》云：“心为事扰，则神动，神动则不静，是不寐也。”该少年因失恋而心被情扰，又惧人言，不能解脱，神躁动于外，用朱砂安神丸镇心安神，使外浮之神归其室，故收效颇捷。

7 和胃化痰法

杨某，男，43岁。就诊日期1990年5月13日。患“慢性胃炎”5年。近年来失眠，多梦，胃脘胀满，呃气，泛吐清水，纳呆，神疲头昏，大便时干时稀。舌质淡红舌苔白腻夹黄，脉细缓。证属痰湿内停，心胃不和。处方：半夏、茯苓、枳实、竹茹、枣仁各10g，陈皮6g，党参12g，龙骨、牡蛎各15g，甘草3g，服11剂后，诸症大减，进25剂失眠多梦消失。后用归芍异功散善后。

按《内经》云：“胃不和则卧不安”。患者久患胃脘痛，中焦升降悖逆，水湿内积成痰，阻扰气机，致心气不舒，心神不宁而不寐。病因胃起，治用温胆汤加减，和胃理气化痰，气机畅顺，心气顺行，心胃相谐，神安而卧。胡毓恒治不寐，不拘一法。认为：不寐之证治当明因、明理，精心推敲，随证变通；盖寐本乎阴，神其主也，神安则寐，不寐的要素是神不安，在辨证施治的基础上安神之法是诸证之基本法则。不寐系心身疾病，必辅以心理治疗才能取得最佳效果，正如《寿世保元》所谓：“使其绝于忧虑，远其六欲七情，如此渐安矣”。（刘顺安）

遣方用药

附 子

1 窦性心动过缓

刘某，男，50岁，1991年12月3日初诊。10年来心悸气短、头昏、神疲乏力，畏寒肢冷，遇寒加剧。心率48次/分，心电图检查确诊“窦性心动过缓”，用阿托品、心宝等治疗月余无效。舌体稍胖大，舌质淡红苔薄白，脉沉细迟。脉症合参，心阳不振，治当温通心脉。处方:附子 8g,麻黄 6g,细辛 3g,党参 20g,黄芪 20g,当归 10g,生地黄 15g,麦门冬 15g,五味子 5g,炙甘草 5g。服药 50 剂,症状消失,多次复查心电图正常,心率维持在 66 次/分左右。

按 心主血脉,血脉运行全仗心阳推动。窦性心动过缓多责之“阳微阴弦”,心阳虚惫,阴寒痹阻,血脉失却温煦故运行迟缓,附子振奋心阳,温散阴,辅之参芪益气;佐以阴药,寓阳得阴助则生化无穷之意。

2 白细胞减少症

郅某,男,30 岁,1968 年 6 月 3 日初诊。长期从事放射性元素分析工作,证见脱发,头昏,神疲,腰膝酸软。经骨髓穿刺确诊为“单纯性白细胞减少症”。曾服西药及中药补气生血之品半年无效。就诊时白细胞 2×10^9/L,中性粒细胞 50%,淋巴细胞 46%,嗜酸性粒细胞 4%;舌质淡红,舌苔薄白,脉细缓。虚损之证,治从温阳生血。处方:附子 10g,官桂 6g,党参 12g,当归 10g,干地黄 12g,黄精 12g,破故纸 10g。上方服用一月余,诸证全失,体力大增,多次复查白细胞皆在 5.8×10^9/L 以上,中性粒细胞 66%,淋巴细胞 34%。

按 “白细胞减少症”属中医“虚劳”范畴。虚劳气血不足自可补脾生血,然久治不效,当责之釜底无火,无火则水谷精微不能蒸化,气血自无再生之理。胡毓恒主张此证补脾不如补肾,肾火上腾则水谷熟化,脾能复行其运化职司,则气血生化有源,故用附、桂启动肾阳,辅以血药,阴得阳生而泉源不竭。

3 慢性前列腺炎

邱某,男,29 岁,1967 年 4 月 20 日初诊。患有慢性前列腺炎 4 年,会阴部及耻骨处隐痛,小便淋漓不尽,时有白浊溢出。服用滋阴清热,利湿化浊之中药及青霉素、卡那霉索等治疗 4 月无功。前列腺液检查:卵磷脂(++),白血球(++),红血球 4~12,脓球 0~5/HP。舌苔薄黄而微腻,脉细濡。证属肾阳不足、寒热错杂之证,治当温阳化浊,清热利湿。处方:附子 8g,川椒 4g,干姜 3g,黄连 6g,黄柏 8g,乌梅 10g,党参 15g,当归 8g,细辛 3g,桂枝 6g。服药 2 周,症状减轻,复查前列腺液:卵磷脂(+++),白血球 1~3,精子 +/HP。后继续原方近月,症状消失,连续 5 次复查前列腺液均正常。

按 慢性前列腺炎属中医“淋浊”,此例为白浊。白浊之证有虚实,本患者因久病过用苦寒之剂伤及肾阳,形成虚实寒热错杂之证。今用附桂温阳,参归益气血,再以连、柏清热解毒,而收良效。胡毓恒认为,对慢性炎症属虚寒者,加用附桂,可以振奋阳气,提高机体抗病能力,使清热解毒之品发挥最佳效果。

4 神经症

周某,男,38 岁,1972 年 6 月 10 日初诊。周身自汗出,畏风,遇风身麻,虽酷暑不敢近电风扇 2 年余,形体瘦弱,面色㿠白,舌质淡红,舌苔薄白,脉细弱。诊断“神经症”。中西医久治无效。此乃阳气虚弱,卫表不固,治宜扶阳固表。处方:附子 10g,黄芪 15g,白术 10g,防风 10g,百合 30g,白芍 12g,龙齿 30g,炙甘草 10g。上方加减服 23 剂,诸症全除。

按 此例植物神经功能失调的“神经症”属于中医“汗证”。汗为心液,肺主卫表,肾辖五液。心肺肾阳气虚弱,阳气不能固密,腠理空疏而汗自出。用附子扶三脏之阳,强化玉屏风散的固表作用。

5 急性肺炎

毛某,女,38 岁,1992 年 4 月 3 日初诊。无痛性腹泻水样便 3 天,检查大便常规无异常,服土霉素、痢特灵、氟哌酸无效。进食则泻剧,每日 10 余次,伴精神倦惫,面色㿠白,畏寒肢冷,舌质淡红苔白厚,脉缓弱。诊断“急性肠炎”证属寒性洞泄,胃关失控。治当温中散寒止泄。处方:附子 10g,党参 15g,白术 10g,煨姜 10g,桂枝 3g,甘草 4g。服药 1 剂泻减,2 剂痊愈。

按 急性肠炎属中医“泄泻”范畴,此患者乃因寒邪直犯脾肾,脾主运化,升清降浊,肾为胃之关而司二便,脾肾受病,则清浊不分,水入肠间,虚莫能制,故洞泄不止。治当温补脾肾,用附子引热药直入中下焦,祛其在里之寒湿,使阳复阴散,清升浊降,故其泻自止。

6 性功能减退

周某,男,56 岁,1989 年 11 月 11 日初诊。阳痿 2 年,伴头昏神疲,食纳不振,舌质淡红少苔,脉细弱,治从温肾益阴壮阳。处方:附子 8g,肉桂 5g,熟地 15g,枸杞 12g,山萸肉 8g,山药 15g,茯苓 7g,牡丹皮 8g,泽泻 8g,锁阳 10g,杜仲 10g,淫羊藿 15g。连服 2 月,阳痿获愈,神爽纳馨。

按 此“性功能减退”者乃因年老加之心劳、劳伤及肾,肾虚不能荣于阴器,真阳衰惫致阳事不举。用附子、淫羊藿、锁阳等强阳摄阴,参以六味地黄汤以水济火,则肾阳之功用自能恢复。

7 复发性口腔溃疡

刘某,女,50 岁,1985 年 11 月 2 日初诊。患“复发性口腔溃疡”20 年,反复不愈,口中热痛,时流血腥气味之涎液,口干而不饮,心烦,大便干结,小便清长。查口腔粘膜、唇舌齿龈多处点状溃疡，颜色淡红略显灰白，舌质暗红苔薄黄，脉细弱。前医屡进滋阴清热之剂不效，此系阴虚阳浮，治当引火归原。处方：附子3g，桂枝5g，生地黄20g，麦门冬10g，山药10g，山萸肉10g，茯苓10g，牡丹皮10g，泽泻10g。服药20剂，症状消失，随访2年未见复发。

按 复发性口腔溃疡，习以滋阴清火往往不效，或效而复发。此乃阴损及阳，以致下焦阴火熏灼于上焦，口舌因之疮糜。治疗当取八味丸引火归原，使龙雷之火潜归沧海，上焦虚燥自息。胡毓恒认为，引火归原法所治之证是因为阴虚，阳无所依而虚浮于上，决非阴盛格阳之证，故附桂之类阳刚之品用量不可太重，量大反而灼阴助火，适得其反，医者不可不知。（刘顺安）

胡章如验方选

【名老中医简介】胡章如（1948～）浙江永康人。主任医师。现任职于永康卫校附属医院。浙江省中医学会妇科委员会副主委，永康市中医学会副理事长。浙江省名中医。擅长中医妇科疾病。

鹿巴仙汤

方药：鹿角片、巴戟天、仙灵脾、萸肉、杜仲各10g，党参、熟地各12g，炙黄芪、淮山药各15g。

功效：补肾益气，助阳安胎。

主治：习惯性流产。

用法：水煎服。流产后未见成孕或孕后未见阴道出血者均服此方，每月服15剂，服至前几次流产的月份尔后递减。

加减：阴道出血，佐以止血药侧柏叶10g、仙鹤草30g、阿胶10g。

方解：胞脉系于肾，如素体肾气不足，冲任不固易致滑胎；或孕后房事不节，损伤肾气，胎失所系。故补肾固胎为本病治疗大法。方中鹿角片为血肉有情之品，入肝肾二经，入肝以养血，入肾以补精，配巴戟天、仙灵脾、杜仲温肾益精，更辅以萸肉、熟地滋肾育阴。补肾阳能振兴肾气，补肾阴能填精益元。肾气充肾精足，则胎元得复，胞有所系。再配党参、黄芪、淮山药健脾益气，既增添补血之效，又加强补肾功能。从孕前开始服药，这是治疗习惯性流产的一个重要措施，也是确保疗效的一大关键。

芪防红酱汤

方药：生黄芪、防己、红藤、败酱草各30g，桂枝、苍术、白术、山栀、黄芩、椿根皮、炮山甲各30g，茯苓12g，生甘草5g。

功效：健脾利水，清化湿热。

主治：卵巢囊肿。

用法：水煎服，每日1剂，30剂为一个疗程。

加减：大便溏者，加米仁30g；纳谷不振，加平地木15g，石菖蒲10g；白带多者，加蛇床子、乌贼骨、车前子、白鸡冠花各10g；闭经者，加月季花、香附各10g。水煎服，每日1剂，30剂为1疗程。

方解：胡章如认为，卵巢囊肿是由脾虚运化失常，湿热蕴结下焦所致。从而确立健脾利水、清化湿热的治法。所拟芪防红酱汤之用药，也相应地分为两个部分。其中黄芪、防己、桂枝、茯苓、甘草、苍白术健脾利水，以治本；红藤、败酱草、山栀、黄芩、椿根皮清利湿热，炮山甲活血化瘀，乃治标之计。标本同治，药中肯綮。

胡肇基验方选析

【名老中医简介】胡肇基（1920～）毕业于广东中医药专科学校。广州市荔湾区中医医院首任院长。广东省名老中医。悬壶济世50多年，擅内、妇、儿科。临床经验被编撰成《岭南名家胡肇基医学精华》。

肝肾方

1 组 方

鹿角霜30 g（先煎），关沙苑12 g，紫石英15 g（先煎），当归6 g，小茴香3 g，杜仲15 g，茯苓15 g，锁阳12 g。

2 病 案

2.1 月经无定期伴剧烈腰痛

患者，女，46岁。有慢性肝炎史。近3 a来月经无定期，每月约来2次，量多色红暗紫，伴有剧烈腰痛。年前在某医院妇检，进行刮宫2次，诊为子宫内膜增生症。经治疗效果不大。院方建议患者行全宫切除术,未允。转另一医院门诊,曾多次注射黄体酮后,月经过多基本控制,但经来腰痛如故。因痛难忍而来就诊。证见:体瘦羸弱,面色㿠白,神倦懒言,头晕心悸,四肢痹冷,饮食无味,颈脊酸痛,腰骶剧痛,下肢乏力,步履困难,舌质淡略胖,舌苔薄白,脉沉尺弱。辨证:肝肾亏虚,血海虚寒。治法:温养肝肾,散寒止痛。处方:温养肝肾方加熟附子5 g,肉桂、沉香各5 g。服药3剂,经水已净,腰痛开始缓解,已见初效。原方不变,再服3剂,腰痛大减,可自行活动。按法以补骨脂、菟丝子、山萸肉、巴戟天加减。连服50余剂,来经2次,均无明显腰痛,只感腰胀,诸恙减轻。后嘱每于经前来诊,按方服药1周。0.5a后临床症状基本消失。

按 该案为经前腰痛,兼血海虚寒,宜兼散寒止痛。故加附桂、沉香以加强其温补元阳、祛除积冷之作用。在治疗中加入补骨脂以治脾肾阳虚,加入菟丝子配合杜仲以加强其治腰膝酸痛作用。加入山萸肉以“暖腰膝,助水脏”(《日华子本草》)。

2.2 妊娠伴腰痛

患者,女,29岁。有慢性泌尿系感染史3a。曾流产2胎,现妊娠4月余,遵医嘱卧床休息以安胎,仍有恶阻。一直腰痛,伴有坠胀感,以双腿伸直时明显,转动困难。曾在某妇幼保健院门诊,注射维生素B12、维生素B1,并多次检查尿常规,尿液培养均为阴性。X线片示腰椎骨质未见异常。证见:面色不华,肌肤萎黄,眼睑略浮,下肢微肿,自汗恶风,易感冒,胃纳不佳,口淡尿频,大便量少而稀,舌质淡红苔白,脉濡弱。辨证:肝肾亏虚,气虚湿聚。治法:温养肝肾,益气化湿。处方:温养肝肾方去小茴香,加党参、云苓、泽泻。连服1周,精神食欲增进,腰部坠痛感减少。共服药20余剂,已无腰痛。后服补中益气丸以巩固疗效。

按 该案为胎前腰痛,兼气虚湿聚,宜兼益气除湿。胡老去小茴香之辛窜助火,以免碍胎。加入参苓、泽泻以健脾渗湿。最后以补中益气丸收功者,取其益气通阳之用也。

2.3 反复腰痛

患者,女,27岁。经产3胎。于2 a前产下幼子后,仅旬日便忙于夏收夏种及操持家务,失于调养,渐觉腰部疼痛,在久坐久立或劳动后更甚。初则屈伸不利,继而运动受限。曾在当地县医院门诊检查,X光照片示腰椎骶骨骨质未发现病变。抗“O”阴性。血沉正常。经中西药物、针灸理疗等治疗,症状未见改善。遂来门诊。证见:面色萎黄,眼睑微黑,经常失眠,心悸,头晕,肢痹,双膝关节酸软乏力,纳差,二便可,舌质淡红,苔薄白,舌边可见少许暗瘀点,脉沉弦细。辨证:肝肾亏虚,气血失调。治法:温养肝肾,益气活血。处方:温养肝肾方加沉香5 g,台乌15 g,鸡血藤15 g。服药9剂,腰痛明显减少。后去沉香、台乌、小茴香,加熟地、杞子、川断。继服1周,腰痛若失。因患者急于回乡处理家务,嘱其自购归脾丸服用,并须休息一段时间,避免重体力劳动以防复发。后随访未见腰痛。

按 该案为产后腰痛,兼气血失调,宜兼益气活血。先加沉香、台乌以加强温肾散寒、行气止痛作用;再加鸡血藤以活血通络。服药9剂后腰痛缓解,随即减去小茴香、沉香、台乌,加入熟地、枸杞子以益肾填精、滋肝养血。更加活络通痹的川断为使。标本兼顾,诸恙乃平。

3 体会

养肝肾方以鹿角霜、关沙苑、锁阳补肾益精,暖腰振痿为主,以杜仲、小茴香温肾壮腰、祛寒止痛为辅,以紫石英、茯苓、当归暖肝活血、补脾养筋为佐使,共收祛寒暖腰、养筋坚骨之效。对湿热腰痛、淋痛腰痛、跌扑腰痛及其他不属于因肝肾亏虚的腰痛均不适用。但对男性的肾虚腰痛则可使用。在具体运用时,其属于肾阳虚者宜加入鹿角胶以加强其温肾助阳作用;其属于肾阴虚者宜加入龟版胶以滋阴益肾、濡养筋骨,则疗效更著。(孔小云 卢集森)

胡作亮临床经验

【名老中医简介】胡作亮(1945～)主任医师。1970年毕业于河南中医学院。原河南温县中医院院长。河南省名中医,焦作市名老中医。擅长中医药治疗胸痹、慢性胃炎、类风湿性关节炎等。主编专著2部,发表论文10余篇。

临床经验

类风湿性关节炎

1 对病因病机的认识

类风湿性关节炎属于中医学“痹证”、“顽痹”、“骨痹”等范畴。肢体关节疼痛、肿胀、僵直拘挛为本病的基本特点，由于人体禀赋素质不同，阴阳气血、脏腑盛衰各有差异，风、寒、湿、热之邪随其转化，而出现不同的证候。《素问·痹论》云："风寒湿三气杂至，合而为痹。"风、寒、湿、热之邪乃痹证之外因，在人体气血失调、肾阳亏虚的内在因素下，外邪得以乘袭，痹着经络关节，进一步导致气血凝滞、经络痹阻、脏腑虚损，产生痰浊、瘀血等病理产物，呈现痰瘀交阻、凝滞不通、邪正混淆、胶着难解、虚中夹实的局面。然而，人体有阴阳盛衰之别，风寒湿热也有偏重不同。如素体阳气偏盛，内有郁热者，邪易从阳生热，而成湿热痹证；若阳虚阴盛，寒自内生，邪多从阴化寒而为寒湿痹证；或风寒湿痹日久不愈，郁而化热以至关节红肿热痛而成热痹；风、寒、湿热袭踞经络，风邪偏盛者，其疼痛多呈游走状，走注无定，是"风者善行而数变"之故，谓之"行痹"；寒邪偏盛者，痛有定处，受寒则剧，屈伸更甚，是由于"寒性凝滞、主收引"之故，谓之"寒痹"；湿邪偏盛者，关节酸痛重着，漫肿麻木，由于湿性重着，故《内经》称之为"着痹"。关节肿胀是湿邪致病的一个特点，肿势越重说明湿邪越甚。湿性粘腻，凝滞为痰，常致气血不畅，痰凝、血瘀胶结不去，附着于骨则导致关节畸形。热邪偏盛者，关节红肿热痛，得凉稍舒，伴见发热、口干、苔黄、脉数等一派热象，多见于类风湿性关节炎的活动期；若病邪与瘀血凝滞，胶结难解，其关节肿胀、僵硬，甚则拘挛，缠绵不愈。

2 辨证用药经验

胡作亮认为，正虚邪羁、痰瘀交阻、滞络附骨、留注关节是本病的主要病机，在治疗上基于常规辨证的基础，采用益肾培本、通络散结、搜风剔邪之品。由于本病缠绵反复，加上久痛入络、久病及肾的原因，非一般祛风散寒、燥湿清热、通络止痛之品所能奏效。其关节疼痛游走不定者，用防风、桂枝、独活、海风藤等。独活有镇痛、抗炎之作用，用量一般在20~30 g，《本草正义》称"独活为祛风通络之主药"。海风藤善解游走性疼痛，用量30~45 g。胡作亮治疗重症类风湿性关节炎时常选用蕲蛇10 g。本品透骨搜风、祛风镇痛，善治僵直抽搐、拘挛麻木等症，"内走脏腑，外彻皮肤，无处不到。"其关节漫肿者，用防己、萆薢、薏苡仁、千年健以祛风渗湿，通经止痛。其关节冷痛，夜间或受寒加剧，形寒畏冷，脉沉细或弦紧者，常以制川乌、制草乌配以桂枝、细辛、独活等辛温之品。制川乌、制草乌温经定痛之力甚强，二者常合并应用，剂量从6 g开始逐步加大至12 g，且与甘草同用。细辛可用至6~12 g。凡关节红肿热痛，舌红口干，属于热痹者，常用石膏、寒水石、羚羊角粉、知母、生地黄、地龙、虎杖、忍冬藤凉血滋阴、清络解热，配以制川乌、制草乌、桂枝温经开痹，入营达卫。在注重清的同时，突出一个"通"字。瘀阻疼痛者，病程较长，久治乏效，久痛多瘀，久痛入络，久必及肾，见关节肿痛，僵直拘挛，伴神疲乏力，腰膝酸软，舌暗或有瘀斑，脉弦或涩。多是邪毒与瘀血凝聚经隧，胶结难解。药用透骨搜络、涤痰化瘀之蜈蚣、全蝎、水蛭、僵蚕、天南星、山慈菇、白芥子等。

胡作亮强调祛邪不忘扶正。"邪之所凑，其气必虚"。正气亏虚，卫外不固，邪气乘虚而入乃是致病的根本。张介宾说："痹证大抵因虚者多，因寒者多，惟气不足，故风寒得以入之。"况且外邪痹着不去，在正邪相争的过程中，久必进一步耗伤正气，出现肝肾不足、气血虚衰之象。正气既损，邪毒深入经隧骨骱，治当扶正与祛邪并重，常用黄芪、当归、鹿角片、淫羊藿、地黄。胡作亮善用黄芪扶正祛邪，使正气充足，邪无容身之所。阳气虚者配以淫羊藿，其性温味辛而甘，善补肾阳而强筋骨，通行气血；阴血不足者再配熟地黄15~30 g，亦取"阴中求阳"之意。在此基础上，还常用补骨脂、骨碎补、肉苁蓉、桑寄生等补肾之品，对类风湿关节炎的骨质破坏、骨质疏松不仅有修复作用，且能巩固疗效，防止复发。

为了提高治疗效果，胡作亮在遣方用药时，常用制马钱子研粉装入胶囊，随药服下，以散结消肿、通络止痛。剂量一般为每天0.3~0.5g(若为煎剂，每剂0.5~1g)，以期"急则治其标"而提高疗效。有实验证明，马钱子碱有较强的抗炎作用，能抑制外周炎症组织PGE2的释放，抑制炎症介质的释放，具有抗类风湿作用。（胡瑞霞 胡瑞华 李会芬）

华明珍临床经验

【名老中医简介】华明珍 女。主任医师，教授。曾任济南市中医医院内科主任。山东省名中医药专家，第四批全国老中医药专家学术经验继承工作指导老师。享受国务院政府特殊津贴。擅长治疗心血管疾病。发表论文30余篇，参编著作5部。

临床经验

冠心病心律失常

1 病机认识

肾为先天之本,生命之根,为水火之脏,主一身阴阳,五脏之阴非此不能滋,五脏之阳非此不能发,心阳源于肾,赖肾阳以温煦,命火充足则心阳振奋,肾阴上济以资心阴,濡养心阳,使其不亢。《素问·五脏生成篇》曰:"心之合脉也,其荣色也,其主肾也"。另外,《景岳全书》也有"凡治怔忡惊悸恐者……阳统乎阴,心本乎肾,所以上不宁者,未有不由于下"的记载。由此可见,肾与心关系密切。冠心病心律失常多见于中老年人,年龄增长是本病的重要易患因素,其发病年龄与肾气衰弱的年龄是一致的,男性患者几乎在40岁以上,而女性则在绝经后发病率显著上升,符合《素问·上古天真论》所述肾虚发病的年龄规律。肾阳不足,命门火衰,心君失于温养则心阳不振、心神失守而发为惊悸怔忡、心中空虚、惕惕而动,此即《证治汇补·惊悸怔忡》所曰:"有阳气内虚,心下空豁,状如惊悸"。肾阴亏虚,虚火上扰,心阳独亢,则心失宁静,心悸动而烦,正如《素问玄机原病式·火类》所说:"水衰火旺而扰火之动也,故心胸躁动,谓之怔忡。"盖心为致病之标,肾为受病之本,故治上者必求其下,欲养心阴,必滋肾阴,欲温心阳,必助肾阳。

肾为血脉运行的原动力,肾阴亏虚,津液不足,脉络空虚,脉内有效血容量减少,血粘度增高,血流速减慢则血滞脉络;肾阳不足,温煦推动血行之力减弱,血流减慢,亦致瘀滞脉络;若肾中真阳衰竭,阳虚生内寒,寒则血凝,也将导致瘀阻脉络。可见肾虚为病,无论是肾阴虚还是肾阳虚,都将发生因虚致瘀的病理改变。由于血脉瘀阻,心失所养,神无所主,故见心悸、心痛、胸闷等症。脉络瘀阻,血行不畅,则有碍肾精的充养、肾气的化生,故补肾有助于血脉的流通,活血又有利于肾阴、肾阳的化生。因此,对于本病的治疗,华明珍主张补肾活血,临证还须详察心动过速还是心动过缓。

2 补肾活血,标本兼治

2.1 温肾助阳,活血通络

用于冠心病缓慢型心律失常。常见心慌胸痛,心胸憋闷,气短息促,头晕乏力,畏寒肢冷,唇色紫暗,舌体胖嫩,舌质淡红,脉沉细、迟或结代。常用自拟增率汤:炮附子10g,淫羊藿10g,细辛3g,黄芪18g,川芎10g,党参12g,当归10g,枸杞子10g。

案1 患者,男,61岁。心慌胸闷5年,加重3天,入夜尤甚,伴身倦欲寐、畏寒怕冷。查:舌质暗淡,边有瘀斑,脉沉细结,心率54次/min,律不整,早搏6次/min,未闻及病理性杂音。心电图示:陈旧性下壁心肌梗塞,窦性心动过缓,频发室性早搏。治以温壮肾元、活血通脉。处方:炮附子12g,淫羊藿10g,黄芪18g,党参10g,川芎10g,当归10g,枸杞子10g,炙甘草10g,水煎分两次服。日1剂,连服6剂。复诊:诸症若失,体力渐增,心率上升至61次/min,律整,继用上方加减以资巩固。

按 本例为冠心病伴发之缓慢型心律失常,以心慌胸闷,畏寒肢冷、舌质暗淡、脉沉细结等阳虚血瘀之症为突出。华明珍四诊合参,认为病属肾阳亏虚、心血瘀阻,予以附子、淫羊藿温阳补肾、散寒通脉;脾为后天之本,肾阳虚可以累及脾阳,加入黄芪、党参补脾益气,温运脾阳;佐以川芎活血化瘀,标本兼顾;华明珍选方用药注重阴阳互补,故投当归、枸杞子补血养阴。诸药合用,使肾阳得复,心阳旺盛,气血流畅,心有所养,则悸痛自止。

2.2 滋阴补肾,活血复脉

用于冠心病快速型心律失常。常见心慌心烦,胸痛阵作,胸闷气短,口干盗汗,腰酸乏力,头晕耳鸣,舌质暗红,少苔或无苔,脉细数、促或疾。常用自拟定心汤:何首乌12g,延胡索10g,三七粉(冲)3g,苦参15g,珍珠粉(冲)3g,炒酸枣仁15g,淫羊藿6g。

案2 患者,女,60岁。冠心病病史13年,心慌加重1天,胸痛时作时止,心烦躁扰,失眠多梦,大便干结。证见:舌质暗红,苔少,脉促,血压22/12kPa,心率100次/min,律不整,心音强弱不一。心电图示:心房纤颤,冠状动脉供血不足。治滋肾养阴,活血化瘀。方药:何首乌15g,黄精10g,延胡索12g,三七粉(冲)3g,苦参18g,炒酸枣仁18g,珍珠粉(冲)3g,淫羊藿6g,甘草6g,3剂水煎服,日1剂。二诊时心慌消失,胸痛亦轻,心率88次/min,律整。心电图示:冠状动脉供血不足。自述仍感心烦失眠,上方加五味子10g、莲子心3g,继服6剂,心烦消失,睡眠渐酣,嘱继续服药治疗以善后。

按 本案属冠心病快速型心律失常,因肾阴亏虚,瘀阻血脉而致心慌胸痛,心烦失眠,舌质暗红,苔少,脉促。华明珍投予何首乌、黄精滋阴补肾;延胡索、三七粉活血化瘀、通经止痛;苦参、珍珠母、炒酸枣仁清心安神;淫羊藿温肾壮阳、通行经络。华明珍强调,临证用药应始终注意补不助邪,补之能受,方为允当。因此,以上诸药配伍,育阴而无滋腻之弊,通降而无爆烈之偏,通过滋肾济心、祛瘀通络、宁心安神,使肾阴得复,心血渐充,则心能自守,神能自安,悸忡能除。(臧 宏)

医方验方

梅翘饮

组方：乌梅15g，连翘12g，生地15g，沙参15g，赤芍12g，郁金10g，肉桂3g。

功效：滋阴清热、凉血活血。

主治：复发性口疮、口腔溃疡。

加减：伴口臭异常、大便秘结、舌质红苔黄、脉滑者，加竹叶10g、大黄6g；纳呆恶心、舌苔黄厚腻、脉濡数青，加苍术10g、菖蒲10g。

用法：每日1剂，水煎早晚分服。3天为1疗程，一般服用2个疗程。服中药期间停服其他药物。

方解：方中以乌梅、连翘滋阴清热为主，乌梅滋阴生津，其性酸涩可收敛疮面；连翘清热解毒，药理研究证实，该药有抗炎抑菌作用，故可消除口腔炎症；沙参、生地滋阴生津、清热凉血，二药合用以助乌梅、连翘滋阴清热；赤芍、郁金凉血清热、活血止痛，使局部疮面血行流畅，加快疮面愈合；佐以肉桂引火归原。另外，其甘辛大热之性又可防连翘等药之寒凉。方中诸药滋阴生津意在治本，清热解毒佐以凉血活血意在治标。临床观察表明：该方可加速口腔溃疡的愈合及炎症的吸收，有利于于局部的消肿、止痛，可缩短病程，减少复发。

华占福妇科临床经验

【名老中医简介】华占福（1927～）副主任医师，副教授。甘肃省中医学校著名中医妇科专家。原中华全国中医学会妇科学会委员，中华全国中医学会甘肃分会副会长，甘肃省中医药人员高级职务评审委员会委员，甘肃省药品评审委员会委员，《甘肃中医》编委会委员，中华全国中医学会甘肃分会妇科学会科主任等职务。甘肃省名中医。从事中医教学40余载，善治妇科。先后编写了《中医常见病》《中医妇科学》《历代经典妇科择录》等7部论著。

临床经验

“人流”术后阴道出血

1 辨证施治

1.1 气血两虚

证见：出血量时多时少，或淋漓不净，色淡红或稍黯，小腹坠胀，或伴腰痛，神疲乏力，纳食欠佳，脉细无力，舌质淡红，边有齿痕。妇科检查：子宫偏大，质软，宫颈口关闭。在补肾安血宁方中加杜仲、续断、党参、黄芪等。如果气虚下脱，血流不止者加用红参10 g，另煎兑服，煎后将红参咀嚼服食。

1.2 瘀阻胞宫

证见：出血量时多时少，或淋漓不净，色紫黯，有血块，腰腹阵痛，腰骶酸胀，头昏乏力，恶心呕吐，纳食欠佳，口渴不欲饮，大便秘结，舌质紫黯，脉细涩。妇科检查：子宫略大，或有轻度压痛，宫口松，或有胎膜组织堵于宫口。方用补肾安血宁加益母草、香附炭、焦山楂、赤芍等。如腹胀甚加大腹皮、炮姜、紫苏等。

1.3 湿热蕴滞

证见：出血量时多时少，色黯红，质黏稠，有秽臭味，小腹作痛，发热头昏，腰酸下坠，纳欠口腻，小便短赤，舌质略红，苔黄腻，脉细数无力。妇科检查：子宫正常或略大，有明显压痛，活动差，附件增厚有压痛。应用补肾安血宁加蒲公英、马鞭草、败酱草、焦山楂等；如果湿重者加茯苓、车前子、白花蛇舌草等；热重者加大青叶、红藤等；如果盆腔有炎性包块者加三棱、莪术、地鳖虫等。

1.4 阴虚内热

证见：出血量少，淋漓不尽，色红，质黏稠，腰酸困，小腹隐隐作痛，头晕，两眼干涩，舌质红，脉细数。妇科检查：子宫偏大，质软，宫颈口关闭。补肾安血宁加杜仲丸、女贞子、白蒺藜、夏枯草等治疗。

2 典型病案

侯某，已婚，26岁，2003年9月17日初诊。主诉“人流”手术已3次，本次人流术后，阴道流血已两月余，量时多时少，色红，质黏稠，伴有腰酸痛，手足心热，头晕，眼睛干涩，舌红，脉细数。辨证属素体阴虚，复加瘀血内阻，热迫血行所致。治宜滋阴补肾，固摄冲任。以补肾安血宁加减治疗。处方：炒黄芩10 g，山药30 g，茜草10 g，焦艾叶3 g，白及10 g，乌贼骨10 g，仙鹤草10 g，旱莲草10 g，杜仲10 g，苎麻根10 g，川续断10 g，黄柏10 g，女贞子10 g，白蒺藜10 g，夏枯草10 g。水煎，分早晚两次口服，3剂。并嘱患者忌食辛辣生冷之物。9月20日复诊，服上方后，手足心热、头晕、眼睛干涩明显好转，阴道流血量大为减少，但色黑，质稠，仍有腰痛，舌质略红，脉细数。继续用补肾安血宁加减治疗。至9月23日，阴道流血已止，其余症状均消失，舌质淡，脉细，继用六味地黄丸、人参养荣丸各10丸以调理善后。2个月后，其母因病前来治疗，询问得知，未再复发。

3 体会

在对人流术后阴道流血不止的诊断、治疗、遣方用药过程中，华占福特别重视以下几个方面。①守方而不拘方，华占福常引蒲辅周之言："治常则易，治变则难。善治常者，也善治其变。"②重视瘀证，但也要考虑瘀证稽留多变的特点。女子以血为本，胞宫冲任以血为用。人流术后，瘀血未尽，血流不畅，极易致瘀，由于瘀之成分、性质、程度、范围不同，可以诱发各种不同病证，也可以长期潜伏，流注各处，产生各种怪症。因此，在处理本证时，既要考虑到"多瘀"的特点，亦要考虑到稽留多变的特点。③心理影响不可忽视。人流术后，对患者均有程度不同的心理影响。古人有"小产之伤，十倍于大产"之说，其心理因素，常致气血失和，心神不宁，故药物治疗的同时，应配合心理疏导，可收到事半功倍之效。（齐会英）

医案验案

习惯性流产验案

许某某，女，33岁，教师，初诊日期为1999年5月7日。主诉：于1995年8月结婚，夫妻感情和谐。自1996年3月至1998年12月先后流产3次，流产二胎后于1998年元月在某医院妇产科住院治疗20余天，曾用黄体酮、舒喘灵、维生素E等药治疗，并通过妇科检查排除生殖系统疾病、染色体异常及家族遗传史。1998年12月5日又流产第3胎，每次流产的时间均为妊娠后80余天。患者形体消瘦，面色萎黄，小腹不适有空坠感，腰痛，脉虚细，舌淡。对患者拟用泰山盘石散加减治疗：党参15g，白芍10g，生黄芪20g，甘草6g，熟地10g，白术10g，阿胶珠10g，川断6g，杜仲10g，桑寄生10g，陈皮10g，砂仁6g，苏梗10g，水煎5剂，日服2次。5月14目2次诊，自诉服药后面色好转，小腹舒适、腰痛减轻，脉和缓、舌淡，用原方去桔梗、砂仁加鹿角霜、菟丝子各10g，再服5剂。12月20日夫妻再次来诊，妻子主诉，刚刚在门诊做尿酮试验检查，确定已妊娠40余天，而有轻微的妊娠反应：恶心，呕吐，不思饮食，脉滑缓，舌质淡，要求保胎。华占福拟用胎元饮加减予以保胎：党参15g，当归3g，杜仲10g，白芍10g，熟地10g，白术3g，炙甘草6g，陈皮6g，山药10g，桑寄生10g，竹茹6g，取四剂水煎隔日服，并要求服至妊娠3个月以后。患者经过保胎治疗于2000年8月16日生下3400g重的男婴，母子平安。

按 习惯性流产指连续发生3次或以上者，中医称为"滑胎"。本病的发生，主要是由于先天肾气不足，肾失封藏固摄，导致男精不壮，女精不健，或者后天脾气不足，气血亏乏，血不能养胎，气不能摄胎，也有因近亲结婚而影响胎元发育等因素。泰山盘石散为《景岳全书》之方，治疗滑胎的主要方剂，由人参，白术，炙黄芪，黄芩，续断，砂仁，白芍，炙甘草，当归，川芎，熟地，糯米组成，尤其适用于气血虚弱者。原方主治妇人血气两虚或肥而不实或瘦而血热，或脾肝素虚、倦怠食少，有坠胎之患。此古平和兼养脾胃气血，觉有热者倍黄芩少用砂仁，觉有弱者多用砂仁少加黄芩，可永保无堕。本方适用于妇女妊娠气血两虚，胎动不安或屡有堕胎痛患，面色淡白，倦怠乏力，不思饮食，舌质淡，脉滑无力。方中党参、黄芪、白术、炙甘草补脾益气；当归、熟地、芍药、续断补益肝肾，养血活气；黄芩和白术、砂仁以安胎，川芎配入补血药中调和血中之气，糯米甘平养脾胃而固胎元，诸药和用，共具益气健脾、补益肝肾而安胎元之功。华占福以原方为基础，并结合临证加减收到了极好的疗效。如该病案中加杜仲、桑寄生，阿胶珠重在补养肝肾、养血止血，加陈皮、苏梗起理气疏滞，消腹中不适，而陈皮更具健脾和胃之功，苏梗别具安胎之效。去川芎意在防止其气辛温，行散开郁之弊，川芎具有扩张动脉血管，改善血液循环、增加血流量的作用，致不利于育荫胎元，去之。（董怀智）

黄瑾明临床经验

【名老中医简介】黄瑾明（1937～）壮族，广西贵港市人。教授，硕士研究生导师。1965年毕业于广西中医学院医疗专业。中华中医药学会理事，中国民族医药学会理事，广西中医药学会、广西民族医药协会副会长。享受国务院特殊津贴。全国第二批老中医药专家学术继承工作指导老师。主持国家自然科学基金和广西卫生厅、教育厅科研课题多项，并多次获奖。出版《壮医药线点灸疗法》《壮医药线点灸临床治验录》等著作10余部，论文30多篇。

临床经验

周围性面瘫

1 毒虚致病为病因

面瘫中医俗称“吊线风”、“口喎”、“口僻”、“口眼歪斜”，属壮医的龙路病、红路病范畴，西医称为面神经麻痹，分周围性和中枢性两型，周围性面瘫是由于茎乳突孔内组织发生炎性水肿压迫面神经所致，而中枢性面瘫是由于脑部炎症、肿瘤、脑血管疾患所致，中医的面瘫属周围性面瘫范畴。本病多病起突然，以口眼歪斜，一侧眼睑不能闭合，鼻唇沟歪斜变浅，口角流涎，喝水则漏，不能吹口哨等为主症。中医认为本病多由络脉空虚，风邪乘虚侵袭面部筋脉，以致气血痹阻，筋肉纵缓不收而成。

黄瑾明认为毒和虚是本病发病必备的两方面因素。毒是以对人体是否构成伤害以及伤害致病的程度为依据的，有广义和狭义之分。广义之毒泛指一切对人体构成伤害的致病因素，是各种致病因素的总称，有外侵之毒、内生之毒，有形之毒、无形之毒；有的毒性猛烈，有的则缓慢起作用；有的损伤皮肉，有的损害“三道”（谷道、水道、气道）、“两路”（龙路、红路），有的则损伤脏腑气血骨肉。狭义之毒则指一些具体的有害、有毒之物，如蛇毒、虫毒、刺毒。虚即正气虚，或气血虚，是指体内的运化能力和防卫能力相对减弱，不足以抗毒。毒和人体正气是一对矛盾，二者互相抗争，势不两立。正气可以祛除邪毒，使毒去体安；毒也可以损伤正气，使正气虚弱。毒是外因，虚为内因，毒和虚相因而为病。正气虚损不足是发病的基础，是外毒得以侵入人体的前提，毒进入人体后与人体正气相抗争，若正胜毒，则毒退而正安，可不发病或虽发病而速愈；若毒邪亢盛，正气奋勇抗毒，但终因毒邪过盛，则毒进，滞留机体，耗伤正气，发而为病，此为因毒致虚；若正气明显虚损，则抗病能力低下，正不敌邪，虚不胜毒，毒可乘虚而入，此为因虚致毒，发病常较深重。

本病的发生是由于先天禀赋不足，或后天劳作过度，或与邪毒抗争气血消耗过多，使气血偏衰，正气虚弱，风毒则乘虚外侵，从气道进入人体，并迅速传变至龙路、红路，阻滞天部（即上部）的龙路、红路，使其道路不畅，功能失调。龙路、红路又是输送气血以充养机体的场所，阻滞不通及功能失调势必导致气血平衡关系失调，甚则气血瘀滞不通，使面部筋脉肌肉失去气血充养，终致人体天部（即上部）、地部（即下部）、人部（即中部）三部之气不能同步运行，出现筋肉功能丧失、纵缓不收，发为本病。

2 气血瘀滞是病机

黄瑾明认为，毒和虚虽为起病二因，然毒虚能否致病，得看毒虚两者抗争是否引起气血关系失衡。早在1986年，黄瑾明整理出版的《壮医药线点灸疗法》（黄瑾明，黄汉儒，黄鼎坚，壮医药线点灸疗法（M），南宁；广西人民出版社，1986）一书中就已明确提出“疾患并非无中生，乃系气血不均衡”的病机理论，并以此指导壮医临床治疗，取得较好的疗效。意即疾病的产生，是由于气血平衡关系失调所致。气和血是构成人体和维系人体生机的两种最基本物质，气血必须保持相对的平衡状态，则机能正常，人体健康；若气血失衡，超出了机体的自我协调和恢复的能力，不能正常化生和排泄，不能充养机体和维持机体的正常生理功能，则疾病丛生。

对此，黄瑾明在大量的临床实践中体会到，外因风毒在内因正气虚损、气血偏衰的基础上，通过气道直犯龙路、红路，滞留于面部的龙路、红路分支内，使龙路、红路不通畅或功能失调，进而使气血运行流通受阻不畅而瘀滞于内，形成气血瘀滞病机，使人体天气（上部之气）不通畅，头面筋脉肌肉失去气血充养，筋肉纵缓不收，终致天气（上部之气）、地气（下部之气）、人气（中部之气）三部之气不能同步运行化生，从而出现口眼歪斜，眼睑不能闭合，鼻唇沟歪斜变浅等症状，壮医目诊可见“勒答”脉络散乱、青紫、曲张，甚则出现瘀点瘀斑，甲诊可见红紫甲。因此，气血瘀滞是面瘫的主要病机，也是气血失衡病机中常见的一种，而气血偏衰是发病的基础。

3 平衡气血为治则

针对面瘫气血瘀滞病机，黄瑾明总结出平衡气血的治疗原则，具体包括调气、解毒、补虚、祛瘀四大面瘫治则，又称“八字”治则。通过“八字”治则调整人体气血阴阳恢复平衡，使人体内三部之气、人体之气与自然界天地之气恢复同步运行，从而面瘫可愈，健康可复。

3.1 调气

调气是针对气血瘀滞病机而设的治则之一。壮医认为，气是构成人体的本原，是维持人体生命活动的最基本物质，气又是血液化生的根源，是各内脏骨肉的物质基础。因此，治疗疾病时，黄瑾明十分强调调气，只要人体一身之气调畅，则血行可通，天地人三气可复，疾病可愈。调气就是通过针刺、药线点灸、刺血放血、拔罐等方法调节、激发和通畅人体之气（即正气），包括天地人三部之气，使之正常运行，协调化生。调气一方面可能疏通气道、龙路、红路之阻滞，利于风毒从气道排出体外，二则使人气（即人体三部之气）通畅，并能与自然界之天气、地气保持三同步，从而气血化生泉源不竭、运行畅达、排泄有常。

3.2 解 毒

解毒治则主要是针对气血瘀滞病机中风毒盛而设。风毒盛实，气血不足，则风毒乘虚而入，阻滞于龙路和红路，引起气血运行瘀滞，此时需兼顾祛除病因，使风毒去而正气安，解毒治则主要是通过药物外用如熏洗、敷贴，或药物内服，或针灸等非药物的作用，使毒邪在人体内化解，或凭借"三道"、"两路"来清除邪毒，毒去则正安气复而疾病向愈。黄瑾明在临证中喜用壮医针灸的综合疗法来解除体内邪毒。

3.3 补 虚

补虚是针对面瘫机体正气不足，气血偏衰病机而设立的治则。气偏衰有气血生成不足和气血耗损过多之别。无论是生成不足还是耗损过多，均需补虚。补虚意义有二，一是扶助正气，以增强抗病能力，二是可以促进解毒排毒。补虚可通过药物或非药物、外用或内服等多种方法进行，黄瑾明补虚擅用外用方法如壮医针刺法和壮医药线点灸疗法以扶助正气，而对于气血虚损严重的患者，他主张食补、药补和针灸补，三补相结合的综合方法，则其补力更胜一筹，可调补一身之气，提高机体抗病能力。

3.4 祛 瘀

祛瘀治则是专门针对气血瘀滞病机而设立的。面瘫发病后，气血瘀阻于龙路、红路内，产生相应的病现改变，气血瘀阻还会引起人体内天部、地部、人部三部之气阻滞不通，从而疾病百出。此时只有在通畅道路（调气）和祛除病因（解毒、补虚）的协助下，尽快祛除瘀滞之气血，人体三部之气方可恢复同步运行，从而生生不息，人体安康。因此，黄瑾明提出祛瘀是治疗面瘫的主要治疗原则，不祛瘀则病因难除，道路难通，新血难生。祛瘀有三要义，一是指祛除和畅通人体气血之瘀滞，使气血运行通畅，机体得到气血的正常充养；二是指疏通"三道"、"两路"，恢复"三道"、"两路"的畅通和正常功能，常采用针刺、线灸、拔罐、引舞气功、药物等方法达到祛瘀的目的；三是祛瘀生新，是指祛除瘀滞之气血，使气血畅通均衡，从而使人体之气与大自然天地之气保持三同步，则气血化生泉源不竭，面部筋脉充养有源。黄瑾明运用祛瘀治则治疗面瘫擅长采用刺路、放血和拔罐相结合的方法来达到祛瘀目的，如莲花针拔罐逐瘀法，其效果显著。

在面瘫治疗过程中，祛瘀是治疗的主要原则，而调气、解毒、补虚则兼而用之，孰轻孰重，要根据病情分清主次，以风毒明显者，须加重解毒；体虚为主者，应强调补虚；若体虚不明显而风毒甚，则以解毒、祛瘀、调气为要，待瘀毒尽去，正气自复。但总以祛瘀为要，调气解毒补虚为辅。

4 针灸拔罐治法

针对"八字"治则，在面瘫的具体治疗时，黄瑾明一方面强调以外治为主，必要时可内治法与外治法并用；另一方面主张非药物治疗为主，必要时亦可配合药物治疗。他最常用的是壮医针灸综合疗法，即壮医针刺术、壮医灸法和拔罐疗法。壮医针刺术包括普通针刺术和壮医莲花针法，其中壮医普通针刺术与中医针刺术有诸多不同，如用穴、手法、理论基础等等；壮医莲花针是由7枚不锈钢针集成的不锈钢针束构成，又称七星针。壮医灸法主要是壮医药线点灸疗法，采用经过多种壮药制备液浸泡过的直径约0.7毫米的苎麻线，将一端点燃形成圆柱状炭火，并灼灸在人体体表一定穴位或部位的一种医疗保健方法，是黄瑾明等壮医专家在上世纪八十年代深入壮乡挖掘整理并经过系统临床验证研究总结出来的一种独具壮医特色的疗法。拔罐疗法乃中医临床常用的一种疗法，他常用来配合壮医针灸以提高疗效。在具体运用壮医针灸治疗面瘫时，病轻者可单用壮医普通针刺术或壮医药线点灸疗法即可手到病除，重者可用壮医莲花针法与中医拔罐疗法相兼为用，先用莲花针法叩刺以刺破龙路、红路分支，再用拔罐疗法以吸出瘀滞之气血，为纯泻无补之法，对正气明显虚弱的患者，不宜应用。若壮医莲花针拔罐疗效不显时，则可采用壮医莲花针拔罐逐瘀法，壮医普通针刺术，壮医药线点灸疗法三法联合应用，则祛瘀解毒之力最强，且可调气、补虚，疾病可速愈，每获良效。对气血虚甚者，可配合中药或食物补虚。

5 病案举隅

王某某，女，39岁，初诊于2008年11月25日。主诉：右侧面瘫8年。患者8年前始出现面瘫，曾在一家三甲医院和一家针灸医院行针灸及服用中药治疗1年余，均未能治愈而中止治疗。听说壮医能治疗许多疑难病症，遂前来请黄瑾明壮医治疗。检查：右侧额纹完全消失，右眼闭合不全，右脸不能鼓腮，舌体向右偏。近两个月来，自觉右耳后疼痛。经详细检查后，决定用壮医针灸方法治疗。取穴：脐边四穴（壮医针灸特定穴）、关元、气海、三阴交、太冲、中脘、上脘、攒竹、阳白、迎香、颊车、合谷。手法：针健侧攒竹、阳白、颊车、合谷，用吐纳补法，每穴补4次；针患侧上述四穴用吐纳泻法，每穴泻2次。其余穴位用壮医药线点灸，每穴3壮，健侧补法，患侧泻法，每周治疗2~3次。治疗15次后，于1月4日作详细复查，结果是右额开始出现一些细小额纹，右眼闭合明显改善，右脸虽仍未能鼓腮，但觉肌肉较前有力，舌仍偏右。为了提高疗效，决定从1月6日开始改用壮医莲花针拔罐逐瘀法治疗。部位选择在风门、前额、大椎、风池、肩井、肺俞等处，每周2~3次。经治疗24次后，于3月22日再次作检查，右额纹明显增加，右眼已能完全闭合，右脸已能鼓腮，舌体仍见稍右偏。8年顽疾，经过4个月的治疗，已经获得基本痊愈。

按 面瘫临床治疗方法多样，有从风论，多以祛风、熄风、镇痉、通络等为法；亦有从瘀论，法以活血化瘀，兼以祛风，均可取得较好疗效。针灸治疗面瘫也是一种较好的治疗方法。黄瑾明在治疗本病时，独辟蹊径，主张调气、解毒、补虚、祛瘀“八字”治则，强调三结合，既中医与壮医相结合、补治与泻法相兼、药物疗法与非药物疗法同用。本案中，患者患面瘫已8年，且久治不愈，气血瘀滞日久，旧血不去，新血难生，故除气血瘀滞外，必有气血偏衰的病理改变，治疗用壮医普通针刺术和壮医药线点灸疗联合应用，且泻法与补法相兼，以扶助气血。经过一段时间的治疗，患者气血得到改善，如右脸肌肉较前有力等，又因患者患病日久，瘀滞太重，此时，可只攻不补，故改用纯泻无补而祛瘀力更强的壮医莲花针拔罐逐瘀疗法，切中病机，故疗效甚好。（宋 宁）

遣方用药

四逆散

1 不 寐

患者，男，42岁，1997年10月9日初诊。诉夜难入寐反复发作3年余，加重2个月。3年前。因工作变动未能适应出现夜难入寐，虽经中西药治疗，效果不佳，常口服安定，每晚6片方可入睡。近2个月来，症状加重，虽服安定亦难入睡，曾在某医院住院治疗，未见好转，诊见：夜难入寐，入睡即恶梦纷纭，每晚至多能睡2~3h。伴头晕头痛，心烦，神疲倦怠，口干苦，纳差，大便干结。舌尖红，苔黄，脉弦细。脑血流图示：脑动脉弹性减退。其他理化检查均未见异常。诊为不寐，证属肝郁气结，肝火上炎。治宜疏肝泄热，清心安神。拟四逆散加味：柴胡6g，白芍15g，香附10g，枳壳10g，黄芩10g，栀子10g，酸枣仁10g，生地黄12g，合欢皮12g，夜交藤12g，龟版20g，炙甘草6g，火麻仁15g。3剂，每日1剂，水煎服。二诊：药后症状稍好转，服用安定4片即能入睡3h，仍恶梦纷纭，时头晕，大便已畅。上方去火麻仁加夏枯草、钩藤各10g，继5剂，嘱逐日减少安定用量，服至最后2剂中药时停用安定。三诊：停服安定后，入夜能安睡，自觉精神舒畅，纳食增加，续进6剂。四诊：头晕头痛明显好转，每夜睡眠可达5h，乱梦亦平。继服上方半个月后诸症消失，病告愈，随访半年未见复发。

按 不寐之因，历代医家多责之于心肾，谓心火不下通肾水，肾阴不上济心火，心肾阴阳失交则入夜不寐。黄瑾明认为，不寐患者每因情志变化、精神刺激而诱发或症状加重，故与肝亦密切相关，据此，他对病程缠绵，服镇静、催眠药少效或无效不寐者，多从肝论治，投以四逆散，往往奏效。黄瑾明认为本案缘由情志不遂，精神抑郁，以致肝气不达，气郁化火，上扰心神，神魂失安使然。方中柴胡、枳壳、香附疏畅肝胆之气；黄芩、栀子清肝泻火；生地黄、白芍、龟版柔肝养血和肝；合欢皮、酸枣仁、夜交藤安神养肝，火麻仁滑肠通便。诸药合用，使肝气得疏，肝火得泻，肝血（阴）得养，心神安定，阴阳相和，不寐自愈。

2 便 秘

患者，男，46岁，1995年8月12日初诊。大便干结，排便困难3月余。患者3月来大便常干结不通，每3~4天排便1次，情志不佳时5~6天才排便1次。曾多方求医，服清热泻下及养阴增液等中药（具体药名不详），收效甚微。诊见：3天未解大便，嗳气频作，下腹胀满，纳食减少，舌淡红，苔薄白，脉弦。诊为便秘，证属肝气郁滞，肝胃不和。治宜疏肝和胃，行气导滞。投四逆散加减：柴胡10g，枳实15g，白芍10g，槟榔10g，厚朴10g，白术10g，陈皮6g。3剂，每日1剂，水煎服。二诊：服药2剂后，大便稍畅，嗳气减少，腹胀减轻，原方加山药20g，太子参12g，火麻仁10g，再服3剂。三诊：大便顺畅，每日1次，腹胀除，纳食增，诸症消失。嘱上方去槟榔、厚朴，再服3剂，以资巩固。随访半年未见复发。

按 便秘临床较为常见，且因肠胃积热，气血亏损者居多，然亦有气机郁滞为病者。本案患者，黄瑾明根据其情绪不佳时病情加重这一临床表现，辨其属肝郁气滞，肝胃不和所致。因肝主疏泄，若情志失和，肝气不畅，则肝脾气机郁结，脾气不升，胃气不降，腑气不通，传导失常则致便秘，故用四逆散疏肝理气，调肝理脾。加厚朴、槟榔以助四逆散疏肝解郁，行气导滞；太子参、白术、山药、陈皮健脾和胃；火麻仁润肠通便。药证相合，故而奏效。

3 带下病

患者，女，30岁，1997年2月25日初诊。白带量多反复5年余。自诉婚后5年来白带量多,绵绵不断,色白质稀,无臭味,平时善太息,身倦嗜卧,便溏,腰痠腿软,小腹胀满。舌质淡红,苔白腻,脉弦滑。诊为带下病,证属肝郁脾虚,湿浊下注。治宜疏肝健脾,利湿止带。予四逆散合四君子汤加味:醋柴胡10g,白芍15g,枳壳10g,炒山药30g,太子参12g,白术15g,茯苓12g,苍术10g,车前子10g,甘草6g。5剂,每日1剂,水煎服。二诊:服上方后带下明显减少,腹胀减轻,仍便溏,腰痠腿软,继投上方加续断10g,再服10剂。三诊:带下已止,诸症消失。继以原方调治1个月,随访1年未见复发。

按 带下病责之于脾,此乃常理。然症有因果,治有标本。《女科经论》云:"白带多是脾虚,肝气郁则脾受伤,脾伤则湿土之气下陷,是脾精不守,不能输为荣血,而下白滑之物,皆由肝木郁于地中使然"。本案缘于患者素性抑郁,肝气郁滞,横逆犯脾,脾精不守,不能化生营血,反聚成湿,流注下焦,伤及任带二脉所致。故以四逆散疏气之滞为主,佐太子参、山药、白术、茯苓以健脾清肝止带,苍术燥湿健脾,车前子利水除湿。从而使肝气条达则脾气健运,肝脾调和则带下止,标本兼治,故获良效

4 瘾 疹

患者,女,35岁,1997年10月6日初诊。全身皮肤瘙痒反复发作1年余,复发并加重1周。诉近1年来常感全身皮肤阵发性瘙痒,搔抓后起大片红斑,时起时落,夜间加剧,尤秋冬季节天气变化时更重。多方求医,迁延未愈。平时心烦易怒,睡眠欠佳,月经不调。诊见:全身皮肤干燥瘙痒,皮肤划痕征阳性。舌质红,苔黄厚。脉细。太冲穴压痛明显。诊为:瘾疹,证属肝气不舒,郁久化火,兼感风邪。治宜疏肝清热,养血祛风。投予四逆散合四物汤化裁:柴胡6g,香附10g,枳壳10g,白芍10g,赤芍10g,生地黄25g,当归6g,何首乌20g,防风8g,牡丹皮10g,僵蚕15g,刺蒺藜10g,甘草6g。3剂,每日1剂,水煎服。二诊:皮肤瘙痒减轻,搔抓后起小片红色风团。继予上方加皂角刺10g,土茯苓20g。服3剂。三诊:睡眠好,心烦等症状缓解。继服3剂,诸症消失。随访1年未见复发。

按 瘾疹相当西医的"荨麻疹",是常见的过敏性皮肤病。由于引起瘾疹的因素根多,治疗亦比较困难。因此,黄瑾明在临证诊治时,强调要重视寻找病因,认真辨证。本案为中年女性,精神因素是中年妇女常见的致病因素之一。他认为,患者情志不遂,闷郁不舒,肝气郁结,失于条达;兼感风邪而致郁久化火,外犯肌肤而成,故见全身瘙痒,皮肤干燥;肝火上炎故见心烦易怒;气郁血滞故而月经不调。针对此证,以柴胡、香附、枳壳舒肝理气,生地黄、牡丹皮、皂角刺凉血清热,当归、何首乌,赤、白芍养血活血,防风、刺蒺藜、僵蚕祛风止痒,全方共奏舒肝清热,养血祛风之功。(林 辰)

医方验方

通痹散

方药:蝉蜕6g,地龙10g,蜈蚣3g,全蝎3g,太子参15g,茯苓10g,白术10g,当归10g,川芎10g,赤芍15g,柴胡10g,香附10g,枳壳10g,重楼10g。

功效:祛风通络活血剂。祛风通络,益气活血。

主治:周围性面神经麻痹。证见:口角㖞斜,前额皱纹消失,眼裂扩大,鼻唇沟平坦,病侧不能做皱额,蹙眉、闭目,鼓气等动作。舌淡红或暗红,苔薄白,脉弦细。

用法:水煎服,每日1剂,分3次服。7剂为1疗程。

加减:耳后乳突疼痛加金银花、大青叶各20g;恶风寒、头身疼痛加麻黄6g,桂枝、防风各15g;咽痛加葛根、玄参、天花粉各15g。

方解:周围性面神经麻痹属中医面瘫范畴。多因气血虚弱,经脉空虚,风邪入中面部,经络气血阻滞所致。治应以祛风通络,益气活血为主。本方由《杨氏家藏方》牵正散化裁而成,方中蝉蜕、重楼疏风清热,地龙、蜈蚣、全蝎祛风通络;根据"治风先治血,血行风自灭"的理论,取太子参、茯苓、白术健脾益气,当归、川芎、赤芍补血活血,以达到充盛经络气血,血行风灭的目的;并佐入柴胡、香附、枳壳以增强行气通络之功。

病案:患者,女,25岁1997年6月20日初诊。左侧口眼㖞斜2周。患者2周前晨起即出现口眼向左歪斜,右眼闭合不全,曾在当地服药(具体服药不详)、理疗等,病情未见明显好转。诊见:口角向左歪斜,右额纹消失,不能做蹙眉、鼓气、闭目等动作,右侧耳后乳突压痛。舌暗红,苔薄白,脉弦细。西医诊为周围性面神经麻痹。中医诊为面瘫,拟以祛风通络,益气活血为治。煎服本方7剂后,症状明显改善,再服7剂,症状消失。半年后随访未见复发。(附注:若口服本方的同时配合使用晚蚕沙500g,炒热布包外熨患处,其效更佳)。

黄克勤学术思想

【名老中医简介】黄克勤(1935～)山东即墨人。主任医师。北京皇城股骨头坏死专科医院院长，北京皇城股骨头坏死研究所所长，北京昌平区政协常务委员。世界中医骨伤科联合会常务副主席，中国人才骨伤学会常务副理事长，中华骨科学会副会长，国际华佗中医学院教授。吉林省名中医。享受国务院政府特殊津贴。从事骨伤科研究40余年，先后发明了“黄氏骨穿针外固定疗法”和“股骨头坏死新疗法”，获12项国家专利。撰写8部专著。

1 股骨头坏死的病因学说

黄克勤经长期的临床实践，加深了对 wolff 定律—骨对应力的适应性，骨内应力状态决定骨的重建的理解。他认为某种因素引起股骨头超微结构变化，骨小梁强度降低后受到局部应力的过度挤压，超微结构损伤，骨小梁排列紊乱，其代谢修复缓慢，破坏不断积累，使单位体积内骨小梁束变性或减少(硬化或囊变)，股骨头内循环系统障碍，骨失濡养而坏死。进而骨小梁力学性能丧失，股骨头出现断裂带、塌陷，形态和关节间隙改变。

黄克勤在长期临床和动物实验研究中发现，股骨头坏死的病因与股骨头应力集中，超微结构破坏，骨小梁网架断裂、卷曲、重迭、变形和骨小梁间隙改变及骨架吸收溶解或变异，致使在股骨头髓腔内的骨小梁间隙中分布的“血管床”中的毛细血管受到挤压破坏，而使循环系统与血运中断有关。这种思路是对传统医学关于股骨头坏死“缺血”概念的重新认识。认为股骨头坏死的病因不仅是“缺血”，应考虑股骨头内的应力变化，某种致病因素致使骨内应力变化，骨结构破坏是“因”，骨结构破坏血运受阻，“缺血”是必然结果。

2 运用“股骨头坏死计算机图像处理系统”诊断股骨头坏死

黄克勤针对国内外对股骨头坏死诊断尚缺乏理想的先进技术，临床普遍应用X线影象技术诊断的现状，与北京大学有关专家合作，利用计算机图像处理技术，发明的“股骨头坏死计算机图像处理系统”对X线片予以处理，进行量化诊断，其结果表明该技术对临床诊断有很大的应用价值。

拍X线片是医学领域最常用的影像诊断手段。X射线透过人体，投影到胶片上，将人体器官组织的密度变化转变为相应灰度变化的胶片，形成影像，再根据影像来判断病变部位和疾病程度。应用于骨科领域，X线片反映了骨的密度，内部结构和形态。骨组织的病变或损伤表现为胶片上局部灰度变化。但是X线片也有其局限性，它的影像灰度差别并不大，尤其是X线投影是把三维密度变化成二维平面图像，将射线所穿透的密度叠加而成像于胶片上，会造成有病变区域或损伤部位在X线胶片上的灰度与相邻区域的灰度差别微小，使得眼睛难于辨认，甚至根本辨认不出来。

“股骨头坏死计算机图像处理系统”在诊断和治疗股骨头坏死两个方面有意义：在诊断方面，通过图像处理，增强肉眼对医学图像的细节检测能力，提取对诊断有帮助的信息，达到早期诊断的目的；在治疗方面，对判断疗效，分析病情等发挥作用，对股骨头坏死的发病时间、坏死部位、坏死程度及转归有参考价值，有助于指导治疗，并为临床研究提供一种方法。

2.1 提出一种快速的高通滤波算法。股骨头X线片中的骨小梁结构对于诊断与治疗股骨头坏死疾病有着非常重要的参考价值，用合适的高通滤波算法来增强骨小梁的细节检测能力是令人感兴趣的，实验表明，这一高通滤波算法适合于增强股骨头图像的骨小梁结构，它的快速特点使它适合在临床中使用，并且在效果上优于 Butterworth 滤波器。

2.2 提出一种直方图不完全均衡的图像处理方法，克服了传统直方图均衡法图像处理在增强一部分灰度区域的对比度的同时过度抑制另一部分灰度区域的对比度的缺点。对股骨头X线片图像的实验表明，它比传统的直方图均衡法有更好的视觉效果，并且，由于眼睛模型中感光体的对数或立方根的响应，均衡直方图经网膜视锥体和视杆体反应后的直方图分布使得图像在高灰度区损失了对比度，直方图不完全均衡也能较为有效地克服这一缺点。

2.3 提出一种基于各向异性的热传导方程导出的图像锐化方法，witkin 等人的尺度空间滤波办法是对原图像一个逐渐平滑的过程，这个过程可以用传统的热传导方程来描述。假设“热量”由低温向高温处流动，导出一个各向异性的反向热传导方程，同时提出一个对微观的热流发生条件的邻域平均去噪音法，并将其用于图像处理，使得“灰度”流动过程中感兴趣的纹理得到增强,而噪音不会被增强。从而得到一个适合一类图像的图像锐化算子。实验证明,这种锐化算子的导出方法能够有效利用已有的尺度空间研究成果,基于目的设计合适的图像锐化算子,得到良好的效果。用这种方法对股骨头X线片进行增强处理,结合股骨头X线片的骨小梁特点,经过对离散化的迭代原理的深入分析,给出了适合增强骨小梁纹理,并且同时抑制噪音的方法。并结合扩散方程的物理意义分析了这种增强方法的规律,与传统的尺度空间中分析方法比较,更为直观,提供了分析这一类问题的一个很好的思路。

2.4 提出了一种新的无监督聚类算法,但是它并非基于目标函数,而是对数据直接设计一种迭代运算,使数据保持类特征进行重新组合,即通过迭代使得数据向类内收缩,从而达到分类的目的。对常用模拟数据的实验表明,该算法在无监督给出类数方面具有较好的鲁棒性,并且,算法在数据的准确归类、无监督聚类、确定性、对特殊类分布的适用性等方面优于HCM和FCM算法。这一算法用于股骨头MRI图像聚类分割,取得很好的效果。可以为临床诊治股骨头坏死提供依据。

临床表明,"股骨头坏死计算机图像处理系统"不仅可用于股骨头坏死的诊断和治疗,对股骨颈骨折,应用图像处理技术能早期判断股骨头在修复过程中的结构变化。

3 内、外兼顾的中医治疗方法

黄克勤基于对股骨头坏死病因的认识,提出了"在股骨头修复过程中尽量保持髋关节结构的完整性,扶正固本、补肾壮骨,非手术重建骨结构"的治疗原则,中医内治法与外治法相结合,经动物实验研究和临床观察疗效确切。

3.1 中医外治法

"股骨头坏死治疗仪"是黄克勤根据Wolff定律和应力—力电法则,力电效应促进骨生长的原理研究设计的非手术、无损伤治疗股骨头坏死促进骨结构修复的治疗仪器。通过向体内释放调频调幅电信号,以改善髋关节内电化学环境,提高骨内应力,促进骨修复。

骨内应力和生物电信号都会引起细胞反应影响骨修复,而生物电信号激发骨内应力对骨内部环境,力学状态电效应影响骨重建。人体含有C、H、O、N、S、P、Cl、K、Ca、Mg、Fe等多种元素,在离子状态下存在于体内,发生电解、离子水化、电泳、电渗和极化现象等复杂的物理、化学变化。实验发现股骨头坏死治疗仪可改变骨细胞的内环境,降低局部组织氧张力和提高PH值,阴极处氧被消耗,产生羟基,引起组织环境碱性增加,低氧张力可有利骨化形成。碱性环境,促进骨化形成的现象,学者认为是电能影响细胞环境的生化改变,钙的动力学影响C-AMDC(环磷酸腺苷)含量增加有关。

"股骨头坏死治疗仪"释放的生物电信号,影响骨和软骨细胞C-AMDC(环磷酸腺苷)系统,引起骨和软骨细胞的特殊生理反应,完成骨的修复与重塑。钙、锌和其它元素的调节促进骨修复的研究与陈中伟实验相一致。

另外,黄克勤还研制了具有强筋壮骨、软坚散结、活血通络作用的外用中药,将外用中药敷于髋关节周围的特定穴位上,通过股骨头坏死治疗仪的输出器—穴位器释放的微电流作动力,推动药物在局部的吸收,达其肌理、透其筋骨,作用于病所,是中药给药途径的新拓展。

有研究表明:中药外治法除药物直接进入体液发挥药理作用,还有调整机体免疫功能等作用外,使机体细胞免疫和体液免疫提高,机体抗感染、抗过敏的能力增强。扩张局部毛细血管,加速血液循环,血粘度减少,血脂降低,对神经具有兴奋和抑制的双向调节作用,可使机能低下,兴奋衰弱或麻痹神经,使引起疼痛、痉挛的神经得以镇静。外治法药物对局部的刺激,通过经络系统的调节纠正脏腑阴阳气血的偏盛偏衰、补虚泻实、扶正祛邪等,药物施于经穴处,通过经络信息直达病所,发挥调节或治疗效应。通过热释放、化学刺激和机械物理刺激等,可通过反馈原理将刺激信息传入体内相应的部位,而起到生理或治疗效应。

中药外治法对坏死组织修复过程表现为,促进细胞的增生分化与肉芽组织的增长;提高局部的抗感染能力;调节胶原代谢作用;改善坏死组织血液循环,增加局部血氧供给;加速新陈代谢,促进坏死组织吸收与修复。中药外治法施于局部的药物浓度明显高于其血液浓度,加之股骨头坏死治疗仪的动力作用和红外热作用,发挥作用充分,取效迅速,局部疗效明显优于内治,股骨头坏死病有定所,中药敷之,直达病所,攻而散之或提而出之,奏效迅捷。

3.2 中药内治法

黄克勤经多年临床探索,研制出的口服中药承载丸,具有扶正固本,益髓填精之功效。动物实验表明可促进细胞及机体的生长发育和骨代谢过程,提高骨骺板无机焦磷酸酶活性,增多细胞层次,能促进垂体生长激素细胞及甲状腺细胞增加，具有明显促进骨生长发育和钙化作用。口服承载丸对坏死的股骨头，经动物实验证明：能提高股骨头的骨量；可增加股骨头内骨小梁密度；能清除骨陷窝内脂肪滴；能改善骨小梁束支撑强度；提高雌激素水平；改善微循环；修复骨小梁结构；塌陷的股骨头和断裂带得到修复、重建。

4 髋关节的修复理论

黄克勤遵循应力－力电法则，吸取国内外专家学者宝贵经验，提出髋关节修复理论。在总结各种股骨头坏死疗法的优缺点以及大量临床观察的基础上，运用骨伤生物力学基本原理，提出了股骨头坏死治疗中应遵守的一些基本原则，即“髋关节修复准则”，它是股骨头坏死疗法的理论依据，也是衡量股骨头坏死疗法是否符合骨修复规律的标准。本准则主要包括以下四项内容：

4.1 治疗过程中保持股骨头受力的相对稳定

理论和经验告知，股骨头受力情况较其它关节更为复杂，且受到远大于其它关节的应力。在单腿站立时，静态下股骨头的受力可达到体重的近2.5倍，若进行功能活动，特别是有冲击力，如跑步、从高处跳下等活动时股骨头受的力还要增大数倍。尤其是对股骨头坏死病患者，股骨头内骨结构破坏有局部疏松或硬化的情况会出现应力集中，较正常人的受力更大，而造成对受损股骨头的进一步损伤。

由于股骨头的功能是承重和运动，所以对股骨头坏死的治疗必须着眼于正常生理功能的改善和恢复。动态模造不仅是治疗的目的，也是治疗股骨头坏死的手段之一。股骨头坏死的受力相对稳定，就是要求患者既要进行功能锻炼，又不能使股骨头部分受到明显的加速度（包括线加速度和角加速度）及冲击力，既达到运动目的，又不使已损伤的骨组织受到超出承受能力的应力。

4.2 适时、适度的力环境

活体骨重建过程的目标是骨使其总体结构适应于载荷环境的变化。长期以来，人们就发现应力调整骨的生长和吸收，一个低应力骨可变得脆弱，而一个超应力骨同样也变得脆弱或遭破坏，对骨的重建来说，存在着一个最佳应力范围。股骨头坏死的治疗过程主要是死骨的清除、新骨的生长及塑形修复阶段，它是在一个开放的反馈系统中，依照功能需要进行功能适应性修复。髋关节的力学状态及设定的力环境，将作为一种信息输入反馈系统，从而调整骨的修复，使坏死股骨头与髋臼形成的新的骨结构接近正常功能状态。所以，在受损股骨头的修复过程中，必须给它创造有益于恢复正常功能的环境和条件，这也是功能模造的理论依据。

4.3 调正应力

骨的生长、发育和再吸收与所受应力的大小直接有关，这已被大量实验和临床实践所证实。应力能促进坏死股骨头的修复，已为大量临床和动物实验所证实。但应进一步建立有效的实验方法，阐明修复机理。作为生物材料的活体骨一旦遭到破坏，在生物体内有自行修复的能力。坏死骨的修复过程，即改善关节功能和修复的速度及质量与髋关节所受应力水平有关。把能加快坏死股骨头修复速度，提高修复质量的应力称为生理应力（physio10gical stress）。生理应力值构成一个区间，且在该区间内应力存在最优值。生理应力分为恒定的和间断性的。恒定生理应力多是由髋关节在静态下肌肉收缩产生的，而间断性生理应力则多是由股骨头在承受自身重力下进行功能锻炼产生的，一般并非周期性的，它可促进局部血循环，激发新生骨细胞增长。这种分法不仅是客观存在的，也是研究和临床上所需要的。一般生理应力系指两者迭加。尤其间断性生理应力，对加速坏死股骨头的修复，提高骨结构修复质量极为有益。生理应力观点已应用于股骨头坏死修复的临床实践，并取得较理想疗效。但由于它的复杂性，对它的研究和应用还处于初始阶段。

生理应力值区间和最优值的确定这一工作的完成，使股骨头坏死的髋关节受力在最理想的情况下加以人为控制，使修复达到最完善程度，仍需深入研究。

总之，为使坏死股骨头能恢复其正常生理功能，在治疗过程中，必须使其承受一定应力。但要求受力状态稳定，且限制在有利于再修复的一定范围内。

4.4 动静结合、以动制痛

对股骨头坏死的治疗，不仅应注意髋关节受力的相对稳定性；使患部得到较好休息；同时，也必须使髋关节得到适时、适度的应力刺激。在临床实践中，该应力主要来源于正常生理活动和医生指导下有针对性的功能练习，将之称为功能模造。功能模造对股骨头坏死的治疗具有重要作用，主要表现为：

①股骨头出现坏死后，不仅有内部结构破坏，往往还伴有几何形状的改变，边缘凹凸不平，关节间隙异常，纤维粘连等，随之活动受限。髋关节动态模造对股骨头的修复具有模造塑形作用，及时恰当的功能模造，防止股骨头进一步向异型发展，促进骨组织的功能适应性，还可使其逐步恢复正常几何形态，调整关节间隙，使关节面变光滑。

②功能模造是增强骨质代谢，提高骨组织修复能力的最有效措施。骨组织是由骨细胞和骨基质，包括胶原纤维和钙盐所组成，并不断进行新陈代谢，正常人血浆的总钙量平均每分钟与体液钙和骨钙交换一次。但其代谢速度受到全身和局部机体功能活动的影响，正常人此种交换是平衡的。当全身或局部功能活动受到影响时，骨钙与体液钙及血浆钙间的交换即发生负平衡，久之，则导致全身性或局部性骨质疏松。骨质疏松不单是骨钙量减少，它意味着一部分骨小梁的“总崩溃”。必然对股骨头坏死局部的重建和修复产生负面影响。

③功能模造对血运的影响不可忽视。血管的成骨作用一直受到人们普遍关注，血液不仅回收了死骨局部的废用物，亦带来成骨所需的氧及其它物质。适度进行功能模造，可发挥肌肉对血循环“泵”的作用，肌肉收缩时，组织间压力增加，推动静脉回流；舒张时压力降低，更多动脉血通过毛细血管流向静脉，促进了肢体软组织和骨内的血液循环，显著加快血循环速度。血供为受损骨结构的修复提供了物质保证，而新骨结构的建立又为新生血管爬行创造了必要条件。

④功能模造对关节内非骨性组织及关节液循环也有明显影响。若长期卧床，不仅会使关节内非骨性组织发生退行性改变，关节液分泌失常，髋关节周围肌力减弱，且可能出现食欲下降，精神不振，全身性肌肉活动能力降低，甚至多种可能的合并症。

⑤肌肉内在动力对髋关节修复的影响有消极一面，也有积极一面，治疗中要注意变消极因素为积极因素。髋关节周围有强大的肌群使之多维受力，在适度的水平下，可给股骨头创造一个良好的“力环境”，促进受损部分的细胞极化，打开膜上离子信道，调整细胞活性，控制受损骨组织的再修复。

在股骨头坏死治疗中，注意动静结合，长期卧床有损于骨组织的重建和修复。功能模造一定要适时、适度，在医生指导下进行，不能超越患者自身承受能力。功能模造可加快血液循环，增加细胞活性，加速骨质代谢，使患部区域获得间断性生理应力，为骨结构的再修复提供良好的“力环境”。由骨的功能适应性，适度功能模造不仅可使股骨头内部受损微结构得到重建，也可通过模造不断修复股骨头的外部几何形状，促进关节滑利，改善关节液分泌，提高髋关节周围非骨性组织的耐受能力，达到以动制痛，并使髋关节逐步恢复其正常功能。（郎风萍 黄 辉 黄永勋 黄 宏）

黄胜光临床经验

【名老中医简介】黄胜光（1955～）主任医师。1982年湖南中医学院毕业，1985年获南京中医学院硕士学位。深圳市南山区医院中医科主任。深圳市中西医结合学会风湿病专业委员会主任委员，湖南中医药大学教授、硕士生导师。广东省名中医。临床经验丰富，善用中西医结合方法诊治风湿免疫性疾病。主持或参加省（厅）级课题3项并获成果奖。发表论文20余篇，主编或参编著作9部。

类风湿性关节炎

1 病因病机

类风湿性关节炎属中医学痹证、尪痹范畴。既往治疗RA多从风寒湿邪论治，取得一定的疗效。黄胜光从虚、毒、瘀等方面论治，疗效显著。患者素体正气亏虚，肝肾不足或劳累过度，损耗正气，正气亏虚，外邪易于入侵。“邪之所凑，其气必虚”，正气既虚，无力驱邪外出，正虚邪实，不易痊愈，病情日趋恶化；风寒湿热之邪留滞筋骨关节，气血闭阻，经脉不畅，日久成瘀，致关节肿大变形、僵硬。久病生瘀、生痰，瘀久化热，痰瘀、痰热相搏，病情复杂，变化多端。故RA的发生与先天禀赋不足、内脏亏虚、外感热毒、久病血瘀相关。

2 治疗方法

2.1 扶正固本

RA的发生多与先天不足、内脏亏虚有关，以肺、脾（胃）、肝、肾亏虚为主，肺气亏虚，卫表不固，易被风邪侵袭，风邪则携诸邪而致病。患者表现为自汗畏风，神疲体倦，面色淡白，舌质淡、苔白，脉弱。黄胜光治疗RA时酌加黄芪、白术、防风、灵芝，即使无肺气亏虚，也可长期应用大剂量黄芪治疗本病，因黄芪有扶助正气、调节免疫作用。若脾虚失运，水湿不化，湿邪流注关节、经络，致肢节肿胀畸形，肿痛绵绵，伴纳少腹胀，大便溏薄，肢体倦怠，神疲乏力，形体消瘦，面色萎黄，舌淡、苔白，脉缓弱，宜加茯苓、白术、薏苡仁等健脾化湿；若肝肾亏虚，不能濡养筋脉，使筋挛骨弱而缠绵难愈，伴腰膝酸软、耳鸣、口燥咽干、五心烦热、舌红、少苔，脉细数，宜加熟地黄、何首乌、枸杞子、桑寄生、牛膝等滋补肝肾；若肾阳不足，证见面色㿠白，形寒肢冷，腰膝或下腹冷痛，舌苔白滑，脉沉迟无力，则加杜仲、续断、补骨脂、狗脊等温补肝肾。黄胜光治疗RA注重胃气，“得胃气则生，失胃气则死”，治疗RA的中药多为苦燥伤胃，阻碍胃气，易出现胃胀痛、纳呆，损伤胃阴，则口干、喜饮、纳差、舌红、少苔，伴有气滞者加石斛、麦冬、沙参；无伤胃气者，也可酌加1～2味行气和胃药，以防胃气壅滞；若胃气伤甚不能耐药者，则可先和胃，后治痹。

案1 李某，女，22岁，因反复对称性、多关节肿痛伴晨僵5年余入院。诊见：双腕关节、掌指关节、近端指间关节肿痛，晨僵约1小时，活动后可缓解，形体消瘦，面色淡白，腰膝酸软，自汗畏风，五心烦热，神疲体倦，舌质淡、少苔，脉细弱。双腕关节、掌指关节、近端指间关节轻度肿胀畸形，活动稍困难，轻压痛，未触及风湿小节，腕关节活动尚可。检查：类风湿因子（RF）90IU/L，血沉（ESR）50mm/1h，肝肾功能正常。X线摄片：双手（包括腕关节）符合类风湿性关节炎改变。中医诊断：痹证（肺肾亏虚型）：西医诊断：类风湿性关节炎。治以补益肺肾。方用独活寄生汤合玉屏风散加减。处方：独活、羌活、续断、狗脊、杜仲、千年健各15g，白芍、桑寄生各20g，当归、生地黄、熟地黄、川芎、桂枝、防风、白术、灵芝、陈皮、砂仁各10g，炙甘草5g，黄芪30g。水煎服，每天1次。并配合蜂针，每天1次，治疗2周后改每周2次。服14剂后症状缓解，关节肿痛明显缓解，轻微晨僵，5分钟左右。复查RF25IU/L，ESR 18mm/1h，肝肾功能正常，出院后门诊巩固治疗。随访2年，未见复发。

2.2 清热解毒

RA初期常有关节灼痛、肿胀、灼热等，与感受毒邪有关。外感六淫之邪，偏盛则化为毒；内因脏腑功能紊乱，气血阴阳失调，病理代谢产物蕴积化为毒。“无湿不成痹”，RA患者多合并有湿邪，故常选用兼有化湿作用之清热解毒药如土茯苓、白花蛇舌草、半枝莲、金银花等，此类药甘寒清香，清热解毒而不伤胃；并配合芳香透达而不遏郁之蒲公英、紫花地丁等药；若热毒炽盛，关节红肿灼热，舌质红绛，配用大剂量水牛角、生地黄、牡丹皮、黄连等凉血、清热、解毒。RA活动期当重用清热解毒药，即使缓解期，若有关节热痛者，亦考虑余毒未清，当配清热解毒之品。黄胜光根据中医学取类比象的原理，取“肢”与“枝”同，“经络”与“藤”相似，茎藤类药物，善走四肢而通利关节，还有引经功用，可将诸药引达四肢，增强其疗效，可加用青风藤、鸡血藤、忍冬藤、络石藤、海风藤、桑枝、桂枝；而羌活、独活、桑寄生、牛膝既能通经络，又能补肝肾，强筋骨。

案2 郭某，女，48岁，因反复对称性、多关节肿痛伴晨僵10余年入院。证见：双腕关节、近端指间关节、肘关节等多关节肿痛，掌指关节、近端指间关节有晨僵约2小时，关节肿痛灼热、微红，口微苦但不欲饮，舌质红、苔薄黄微腻，脉滑数。双腕关节轻度肿胀畸形、压痛，关节活动尚可。掌指关节、近端指间关节肿胀畸形，活动稍困难，轻压痛，未触及风湿小节。右手食指、中指呈鹅颈畸形，轻度尺偏畸形，活动差。检查：RF 110IU/L，ESR 45mm/1h，双手（包括腕关节）X线摄片示：符合类风湿性关节炎改变。中医诊断：痹证（湿热痹阻型）；西医诊断：类风湿性关节炎。治以清热利湿解毒。以宣痹汤加减。处方：土茯苓、薏苡仁、萆薢、丹参、白芍各20g，忍冬藤、栀子、蒲公英、生地黄、续断、狗脊、杜仲各15g，蚕沙、秦艽、木瓜、苦杏仁、法半夏、白花蛇舌草、牡丹皮各10g，水牛角、黄芪各30g，炙甘草5g。水煎服，每天1剂。并配合蜂针，每天1次，治疗2周后改每周2次。服20剂后症状明显缓解，关节肿痛减轻，轻微晨僵。出院后门诊继续以上方加减巩固治疗。随访3年，症状明显缓解。

2.3 活血化瘀

RA病程长，反复发作，迁延难愈，日久则入络成瘀。气血运行不畅，经络痹阻也是痹证的重要病理环节。外感风寒湿热之邪，内因脏腑虚损，日久可见瘀血，“血得温则行，得寒则凝”，寒性收引凝涩，侵犯经脉，使经脉收引，血液运行迟缓而致瘀血停滞。热为阳邪，易伤津耗液，血液受热煎熬而粘滞成瘀；或热伤脉络，血溢脉外，留于体内形成瘀血。湿性粘滞重浊，湿热侵犯经络气滞血凝，亦可成瘀。RA病程长，久病不愈耗伤正气，气虚则运血无力，阳虚则脉失温通，血行凝涩，阴血虚则血脉不充，血行不畅，皆可致血瘀。关节肿痛，痛有定处，痛处拒按，久治不愈，以及局部硬节瘀斑，肌肤干燥无光泽，肌肤甲错，舌质紫暗。瘀既是RA原始的病因，又是本病的病理机制，贯穿于整个疾病的全过程，故活血化瘀的疗法应贯穿于本病的治疗始终，可用丹参、川芎、血竭、赤芍、红花等。由于病邪与瘀血凝聚经隧胶结难解。黄胜光认为此时用常见草木之药难以奏效，必须加用透骨搜剔之品，以剔除深入经髓之瘀血。首选蜈蚣、全蝎、穿山甲、乌梢蛇、蕲蛇以搜剔透骨、通络止痛。但这类药大多数有毒不宜多用或久用，也易伤津，故可酌情用补气滋阴之品。如耗气伤血，致气血亏虚，可加补气益血之品。

案3 程某,女,60岁。因反复多关节肿痛伴晨僵20余年入院。证见:双腕关节、掌指关节、近端指间关节肿痛,跖趾关节肿痛,晨僵约半天,肘关节、踝关节肿痛,肌肤甲错、干燥无光泽,全身多处疼痛,疼痛固定不移,夜间为甚,四肢轻微麻木,腰膝酸软,神疲体倦,生活不能自理,舌质暗红有瘀斑或舌下静脉迂曲、苔淡黄,脉沉弦。双腕关节肿胀畸形,僵硬不能活动,压痛;双手呈尺偏畸形,掌指关节呈驼峰畸形,右手食指、中指以及左手食指、无名指呈鹅颈畸形,双手不能张开,压痛;双肘关节可触及风湿小体,跖趾关节向外侧偏斜,RF 313 IU/L,ESR 85mm/lh,双手(包括腕关节)X线摄片示:符合类风湿性关节炎改变。中医诊断:痹证(瘀血阻络型);西医诊断:类风湿性关节炎。治以活血祛瘀。方以身痛逐瘀汤加减。处方:桃仁、红花、川芎、秦艽、当归、羌活、没药、香附、鸡血藤、蕲蛇、穿山甲各10g,牛膝15g,黄芪、伸筋草各30g,丹参、威灵仙各20g,蜈蚣2条,炙甘草5g。每天1剂,水煎服。口服灵芝胶囊、六味地黄丸,每天2次。配合蜂针,每天1次,1月后改每周2次。治疗1月后,关节肿痛缓解,轻微晨僵,约30分钟左右,活动后缓解。再守上方加减,继续服用2周,症状缓解,生活能自理。复查RF 30IU/L,ESR 18mm/lh,肝肾功能正常。出院后门诊继续以上方辨证加减巩固治疗。随访3年,病情稳定,未见明显加重。

2.4 其他疗法

蜂针治疗类风湿关节炎有一定疗效,既有针灸、又有温针的双重作用。现代药理研究证明,蜂毒具有生物碱、活性肽、生物酶等多种活性物质。临床研究证实,蜂毒具有抗炎、镇痛、免疫抑制等作用。取穴:阳池、阳溪、八邪、八风、大都、太溪、商丘、昆仑、肾俞、肺俞、命门,配合阿是穴,但蜂针也有一些副作用,首先是蜂螫部位的疼痛,其次是过敏反应。局部反应有灼热、微红、微痒,全身反应有低热、皮肤瘙痒、荨麻疹等,也可能出现休克等严重的过敏反应。此外,在过于疲劳、饥饿等情况下,不宜蜂针治疗。

RA关节肿胀畸形,并有明显的晨僵,活动困难,予以气化治疗、中药外洗,利用药液的蒸汽熏蒸,可借助其热效应使药液的局部吸收,可以促进血液循环,活血化瘀,加快消肿,通经活络。中药以通络止痛、活血化瘀为主的丹参、石楠藤、伸筋藤、鸡血藤、透骨草、独活、生川乌、生草乌、红花、威灵仙可以收到疗效。亦可给予中成药内服,如龟鹿补肾丸、六味地黄丸、灵芝胶囊,以补益肝肾,提高机体免疫力,对治疗有帮助。(朱辉军)

黄世林血液病临床经验

【名老中医简介】黄世林(1933～)主任医师,教授,博士生导师。1964年毕业于北京中医学院中医系。解放军210医院中医血液科主任。中国中西医结合学会副会长,全军中医药学会名誉会长。享受国务院政府特殊津贴。国家、军队第一、二、三、四批老中医药专家学术经验继承工作指导老师,军队国医名师。从事中医内科临床、教学和科研工作43年,擅长治疗白血病、再生障碍性贫血、系统性红斑狼疮等疾病。先后承担国家、军队及省部级科研课题6项,获全军及省市级科技进步奖16项,2002年6月获原中央军委江泽民主席通令嘉奖,中华中医药学会首届中医传承特殊贡献奖,荣立二等功3次、三等功3次。主编专著4部,发表论文近百篇。

再生障碍性贫血

1 辨证分型论治与兼证的治疗

1.1 辨证分型论治

黄世林将再生障碍性贫血(AA)分为肾阴虚、肾阳虚及肾阴阳两虚型3个基本证型,辨证论治,并以基础治疗(雄性激素、糖皮质激素等)为伍。

1.1.1 肾阴虚型 主证:贫血、出血,并可见手足心热、低热、盗汗、腰酸膝软、头晕、耳鸣、口渴思饮、便干、舌质淡或舌尖红、苔薄黄、脉滑数。治则:滋肾阴、养肾精、益气生血。基础方剂组成:生地黄20g、熟地黄20g、何首乌15g、阿胶15g、鸡血藤25g、丹参25g、当归20g、荷叶10g、太子参25g、茯苓15g、甘草5g、蒲公英20g。

1.1.2 肾阳虚型 主证:贫血、出血较轻,并可见手足发冷、畏寒肢冷、喜热自汗、阳痿、便溏、夜尿频、舌质胖淡有齿痕、苔薄白、脉虚大或沉细。治则:温补肾阳、化瘀生血。基础方剂组成:菟丝子30g、人参5g、补骨脂20g、肉苁蓉15g、仙灵脾30g、鹿角胶10g、枸杞子20g、麦冬15g、黄芪30g、赤白芍各20g。

1.1.3 肾阴阳两虚型 主证:具有肾阴虚和肾阳虚的证候特征,或阴虚阳虚证候不明显。治则:补肾阳、滋肾阴、益气生血。基础方剂组成:菟丝子30g、仙灵脾15g、枸杞子20g、生熟地各20g、党参30g、茯苓20g、白术20g、丹参30g、当归20g、荷叶15g、蒲公英30g、甘草5g。

上述方剂均为水煎剂，早、晚饭后各服半副。病情达到稳定期，可每周服6剂或5剂；病情达到缓解期，可每周服4剂或3剂，直至基本治愈。

1.2 兼证（症）的治疗

AA的临床表现复杂多样，常在基本证型基础上兼有心气不足、脾气虚弱和心脾两虚等证及崩漏症状，中医药治疗可发挥重要作用。

1.2.1 心气不足 主证：心悸气短、胸闷、心前区痛，甚则咳嗽、躁烦不得平卧，脉细数；听诊二尖瓣区可有Ⅲ级以上吹风样杂音；心电图有缺血改变；胸片可见心界扩大。治疗应在辨证分型论治基础方中加用补心阳、养心血的药物，如人参3～5g，制附子10～15g，桂圆肉15g。同时注意适量输注红细胞悬液等对症支持治疗。

1.2.2 脾气虚弱 除主证之外，可兼见食纳不佳、腹胀、腹泻等，且易于外感发热，脉滑数，舌质淡、苔厚腻或薄黄。治疗原则：健脾利湿、解毒生血。方用党参30g，紫苏20g，滑石20g，甘草10g，焦山楂20g，黄连3g。

1.2.3 心脾两虚 临床上心气不足及脾气虚弱常并见，黄世林多以归脾汤化裁。

1.2.4 崩漏 阴道出血不止，有血块；脉滑数，舌质淡，苔厚腻或薄黄。治疗原则：益气、凉血、化瘀、止血。药用：崩漏以气虚者多见，在基础方中重用党参，加用黄芪40g、当归40g、川芎5g、陈皮10g、仙鹤草30g。三七粉0.9g装入胶囊中口服，3次/d。崩漏由血热而致者在基础方中加入黄柏20g和牡丹皮20g。

2 分期论治

黄世林依据病情的轻重，将AA的病程分为进展期、稳定期与缓解期，据此进行分期论治。

2.1 进展期

病情呈进行性发展、恶化，全血细胞进行性降低，急、重型AA每周白细胞下降0.5×10^9/L，血红蛋白下降10g/L，血小板下降10×10^9/L以上，或者网织红细胞<1.0或其绝对值<15×10^9/L，中性粒细胞绝对值<0.5×10^9/L，血小板<20×10^9/L。常继发出血或（和）感染发热。治疗原则：标本兼治，治标为主。

2.1.1 基础治疗 严格消毒隔离患者，加强口腔、皮肤、外阴、肛周护理；积极应用肾上腺皮质激素、雄性激素、能量合剂、丙种球蛋白、免疫抑制剂等治疗，并给予输血、抗感染等对症支持治疗。

2.1.2 辅助治疗 在辨证分型论治的基础上，重用蒲公英、金银花、连翘、黄芩、板蓝、板蓝根、白芍等清热解毒药物。

2.2 稳定期

病情稳定，不输血，患者血红蛋白维持在50g/L以上，白细胞维持在2.0×10^9/L，血小板维持在20×10^9/L以上，无明显出血和感染表现。治疗原则以治本为主，兼以治标。肾上腺皮质激素可逐渐减量直至停服。

2.3 缓解期

贫血及出血症状消失，血红蛋白：男≥120g/L，女≥105g/L；白细胞≥3.0×10^9/L，血小板有一定程度的恢复，按疗效标准判定已达缓解指标。治疗原则：补肾固本。继续常规基础治疗达半年以上。雄性激素的应用逐渐减量至停用。（陈楠楠）

过敏性紫癜

1 治疗经验

黄世林提出，该病治疗的总原则为祛湿化浊、清热凉血。自拟消癜方：藿香10g，紫苏10g，姜半夏20g，茯苓20g，连翘10g，金银花20g，黄芩10g，板蓝根20g，白鲜皮20g，甘草5g。其中藿香、紫苏辛温芳香，为黄世林的经验用药，二者共用有化湿运脾、祛浊解毒作用，有利于清除湿浊；伍用姜半夏温化湿浊，茯苓淡渗利湿，共奏健脾益气之功，从根本上阻止湿浊的产生；连翘、金银花、黄芩、板蓝根、白鲜皮清热解毒、凉血止血，一方面可清湿浊蕴久之热，另一方面亦可发挥抗感染及祛浊解毒的作用。另外，黄世林认为，过敏性紫癜患者出血的主要原因是湿浊蕴久化热，热灼血脉，迫血妄行，故在治疗时不必大量应用止血药，通过祛湿凉血，热退血宁即可达到良好的止血效果。根据HSP临床表现的不同，可分为皮肤型、关节型、腹型、肾型及混合型几种，在消癜方基础上临证化裁。皮肤型伴皮肤瘙痒者加用地肤子，重用白鲜皮，以清热利湿、祛风止痒；腹型加用白芍，与甘草合用可缓急止痛，亦可加用延胡索，活血行气止痛；关节型加用牛膝、豨莶草、伸筋草解毒通络、舒筋活血；尿中红细胞可重用白茅根凉血止血、清热利尿，尿蛋白加用芡实补脾益肾固精；若合并上呼吸道感染加用百部、白前，重用金银花、板蓝根、黄芩等以清热理肺解毒。

2 病案举隅

纪某，女，13岁，2008年3月初诊。主诉：患HSP（皮肤型）1个月余，经维生素C、葡萄糖酸钙以及抗过敏治疗后，紫癜消退。本次入院前2天因受凉后出现咽痛、咳嗽，皮肤再次出现紫癜。入院第2天出现腹痛、腹泻，排暗红色稀便，每日4～6次。查体：双下肢皮肤紫癜密集、对称分布，以小腿为主，有的融合成片，高出皮面，压之不褪色，咽部中度充血，扁桃体Ⅱ度肿大，表面覆盖脓苔，舌质淡红、苔薄白，脉滑。血常规：白细胞 $14.5\times10^9/L$，中性粒细胞0.89，血红蛋白144g/L，血小板 $354\times10^9/L$；尿常规：潜血(±)，红细胞21.15/HP，白细胞27.74/HP；大便潜血(+)；肝、肾功能、免疫球蛋白、补体C3、C4均无异常。诊断：HSP(混合型)，治以祛湿化浊、清热凉血。方用：藿香10g，紫苏10g，姜半夏10g，茯苓20g，黄芩15g，板蓝根20g，连翘10g，金银花15g，白鲜皮20g，白芍20g，甘草10g，炒地榆10g，桔梗5g。水煎200mL，早晚分服。治疗过程中随症调整或加味，腹痛明显时加大白芍、甘草用量；皮肤紫癜加重、反复时加大白鲜皮用量；便潜血持续阳性时重用炒地榆，并加用小蓟；尿中红细胞增多时加用白茅根。同时酌情配以抗感染、抗过敏等对症治疗。治疗至第7天，患者腹痛、腹泻症状缓解，下肢皮肤紫癜色泽变深，部分消失；至21天紫癜消退，便潜血转阴；至35天，尿常规正常。此后患者继续服用中药巩固治疗，门诊随诊4个月病情无反复。(陈楠楠)

急性早幼粒细胞性白血病

1 病因病机

黄世林认为急性早幼粒细胞性白血病(APL)虽然是白血病的一种特殊类型，但是也具有共性，即正气不足，邪毒内蕴，伤阴营、损骨髓，髓内瘀滞，终致生血不足，气血两亏。黄世林将其病因可归纳为内外二因：内因为正气不足；外因为邪毒。然邪毒入侵，并不立即发病，而是深伏于骨髓，经过一个量的积蓄过程，达到能与正气相抗衡的地步时，疾病发作。经过治疗，正盛邪衰，病情虽缓解，然邪毒尚未完全清除，而是再度深伏于骨髓，或内蕴于脑、睾丸，伺机发作。鉴于上述认识，黄世林引用了中医“伏邪”二字对白血病的病因病机进行了概括。在此的伏邪与温病学中的伏气温病或伏邪有所不同。黄世林认为，伏邪不仅是白血病的病因，而且是白血病病理的基础，更是白血病复发的根源。

2 治则与方药

目前白血病的治疗可分为诱导缓解与缓解后治疗两个阶段。其中诱导缓解是整个治疗的基础，是患者长期缓解、生存乃至治愈的前提。基于对白血病的研究，黄世林认为白血病的病理实质是本虚邪实。因此诱导缓解的治疗原则为祛邪扶正，治法以解毒、活血、益气生血。在研究历代医家临证经验的基础上，结合多年的临床实践，黄世林研制出复方黄黛片治疗APL。复方黄黛片组方为雄黄、青黛、丹参、太子参，每片0.25g，方中雄黄解毒祛邪，为主药；青黛清热、解毒、凉血，以助雄黄，为臣药；丹参活血祛瘀，太子参益气生血，同为佐使。诸药合用，具有解毒祛邪、凉血止血、补气益阴、祛瘀生血的功能。合方与拆方分组实验显示：雄黄有促进人体早幼粒细胞白血病细胞株凋亡的作用；青黛虽无直接的促凋亡作用，但与雄黄合用，则有协同与促进作用。

3 典型病案

鞠某某，女，32岁，病案号109476。因乏力、全身瘀斑1月余，左侧卵巢囊肿切除术后伴发热、阴道流血8天，于1992年11月25日入院。入院时患者诉头晕、乏力、发热、咳嗽、气短、阴道流血、腹泻8～10次/日，为稀水样便。查体：体温38℃，脉搏80次/分，呼吸18次/分，血压12/7kPa。中度贫血貌，全身皮肤可见瘀点及瘀斑，心肺听诊未闻及异常，肝脾不大。舌质暗淡、苔薄黄，脉滑。外周血象：白细胞 $2.75\times10^9/L$，血红蛋白60g/L，血小板 $8\times10^9/L$，早幼粒细胞占72%。骨髓象：有核细胞增生极度活跃，粒红比例为98.5∶1，粒系生成异常，以病理性早幼粒细胞为主，占92%，浆中布满粗大颗粒。红系生成严重受抑，巨核细胞生成障碍，血小板少见。诊断为急性非淋巴细胞性白血病M3a型(即APL)。给予复方黄黛片10片，每日3次口服，同时给予抗生素、止血药，调整酸碱水电解质平衡，并间断输注单供体血小板。患者病情逐渐好转，体温降至正常，感染控制，出血停止。41天后，复查骨髓象达缓解(CR)指标。其后多次来我院接受中西医结合缓解后治疗。1997年7月停止治疗，现随访观察已6年6个月，患者处于持续完全缓解(CCR)状态。(向阳)

医案验案

急性淋巴细胞白血病治验

刘某某，男，20岁，住院号95274，1990年6月20日入院。1月开始低热，伴周身不适，骨及关节疼痛，浅表淋巴结肿大。在当地医院输注抗菌素。发热稍有改善而余证不减。3月转入市中心医院，经骨髓细胞学检查，诊断为“急性淋巴细胞白血病”，行VDCP方案化疗两个疗程后高热不退，齿衄肌衄，住院87天未获缓解，并拒绝继续化疗而自动出院。返家后采用民间医方治疗，方药不详，服药7剂后，出现全身水肿、尿少、呼吸困难，全身浅表淋巴结呈进行性肿大，因周身痛胀坐立均难，在当地医院反复应用杜冷丁镇静止痛，总量达5000mg以上，造成依赖。1周前转入我院门诊观察治疗，因病情重笃收入我科。患者面目肌肤高度水肿，被动卧位，不能转侧，面色苍白，烦躁不安，全身浅表淋巴结肿大，大如核桃，质硬触痛，两肺呼吸音明显减弱，肺底呼吸音消失，腹部膨隆，有移动性浊音，肝脾触诊不满意，四肢高度水肿及至趾，指不能屈伸，舌体胖嫩有齿痕，舌苔白浊，脉沉细数。实验室检查，周围血：RBC $1.63\times10^{12}/L$，Hb 55g/L，WBC $23.3\times10^{9}/L$，St 0.02，S 0.15，原始淋巴细胞0.40，幼稚淋巴细胞0.30，中幼粒细胞0.01，晚幼粒细胞0.02，可见中幼红细胞2个，晚幼红细胞2个，PLT $38\times10^{9}/L$，RC 2.3%，肝功肾功及血浆蛋白正常。血钾2.6mmol/L，钠126mmol/L，氯化物95mmol/L，钙0.94mmol/L，镁1.0mmol/L。胸水黄色轻浊，李凡他试验阳性，细胞数$24\times10^{9}/L$，WBC $0.03\times10^{9}/L$，蛋白2.0g/L。腹水黄色混浊，李凡他试验阳性，细胞数$33.2\times10^{9}/L$，WBC $0.234\times10^{9}/L$，分叶0.39，淋巴0.61，蛋白5.0g/L，胸水及腹水细胞培养阴性，脱落细胞检查阴性。心电图呈窦性心动过速、心肌缺血改变，骨髓有核细胞增生活跃。淋巴系统呈恶性增性，原淋（+），幼淋占0.89，红、粒、巨三系均严重受抑。POX染色阴性，ALP积分156分，骨髓活组织检查：骨小梁及大量病理性淋巴细胞。淋巴结穿刺学检查：大量病理性淋巴细胞。诊断：急性淋巴细胞白血病（ALL-11型），合并广泛淋巴结浸润，水电解质平衡失调。

综合分析脉证，黄世林首选真武汤，温阳化气行水。药用熟附子15g，茯苓40g，猪苓40g，白术45g，赤芍40g，生姜皮、大腹皮、瞿麦、薏苡仁各20g，木通、冬瓜皮各15g，浓煎50mL每日一剂，分二次服。伍用西医对症与支持疗法，利尿剂：速尿120～200mg/日。提高胶体渗透压、纠正电解质平衡失调：20%人血白蛋白100mg，隔日一次连用3次，氯化钾1.5g，每日3次口服，戒断瘾癖，氨丙嗪、异丙嗪各50mg肌注，每日1～2次，改善机体内环境；地塞米松10g静注，每日一次，其它如控制血压、预防感染。在急重期有效控制病情的基础上，一周后选用COMPT方案化疗：6-TG100mg/晚，用药34天，第13天起用VCR 1mg/W，CTX1000mg/W，MTX 30mg/W，地塞米松9mg/日，4周为一疗程，间隔2周。

以真武汤为主抢救治疗一周后，头面部水肿开始减轻，皮肤张力减退，部分皮肤出现皱摺，尿量增多，达3700～4500mL/24小时，呼吸困难好转，情绪安定，可少量进食，血压降至正常，杜冷丁戒断成功，治疗第13天时已可起坐，电解质紊乱得到纠正，水肿进一步改善，但全身淋巴结高度肿大无变化，化疗后第3周时，淋巴结变软、缩小，水肿完全消失，并可触及肿大的肝脾，化疗两个疗程时，骨髓像达CR标准，临床症状，体征消失，9月12日出院。

按　黄世林认为，本例水肿出现在病变早期，急性白血病失治误治及难治，水肿虽甚但脏器功能未衰，血浆蛋白正常，用现代医学理论可解释为肿大的淋巴结阻塞血液及淋巴液回流，或因白血病细胞广泛浸润，影响微小血管血液循环及小血管的通透性，造成体液滞留。这都不能充分阐明水肿的机理，且经过大量利尿剂、补充蛋白等未收效。若以中医辨证施治来分析，便可明喻其理：由于肾阳衰败，气化失司，脾用不振，运化无权，水湿泛滥，上至头面，下至足胫，内停三焦，外溢肌肤。温阳利水之法可振奋阳气，通利三焦，化湿行水。

真武汤是《伤寒论》少阴水湿不化之主方，以附子之大辛大热、走而不守之性，达振奋阳气，蒸化水湿之目的。大剂量白术，既可健脾行水，又能理气除胀，气行则水行。全方重在回阳气，醒脾土，意于行气机、化水湿，待阳气渐复，水湿日下之际，抓住有利时机联合化疗治疗白血病这一根本，故而收到可靠疗效，达到临床治愈。（李　铁）

黄孝明临床经验

【名老中医简介】黄孝明　主任医师。绍兴市中西医结合学会顾问，浙江省中西医结合学会消化专业委员会委员。浙江省名中医。从事中西医结合临床、教学、科研40多年，擅长中西医结合诊治肾脏病、消化系统和心血管疾病。撰写学术论文40多篇。

幽门螺杆菌阳性胃炎

1 重视舌诊

黄孝明为了研究幽门螺杆菌（Hp）阳性胃炎与中医舌诊之间的关系，曾对100多例门诊患者进行随机抽样，全部病例先按《舌象图谱学》（宋天彬·1984年）的标准，在自然光线下，充分暴露舌体，排除药物、食物的影响，观察并记录；并予XQ30纤锥胃镜检查，取活检组织做Hp尿素酶反应，然后根据Hp阳性及阴性结果分组，结合中医舌诊进行卡方检验，得出结论是：Hp阳性胃炎多见薄黄、薄黄腻及黄腻苔，且多伴少津；Hp阴性胃炎多见薄白苔及剥苔。舌苔及津液在Hp阳性与阴性之间有非常显著的差异（$p < 0.001$）；舌质的变化在Hp阳性与阴性之间无显著差异（$p > 0.5$）。"观舌本，可验其阴阳虚实；审苔垢，即知其邪之寒热深浅也。"

黄孝明认为，胃炎当属六腑病证，Hp感染在中医学中当属感受"邪气"范畴，"舌质主五脏"，故舌质的变化在Hp阳性与阴性之间无显著差异（$P > 0.5$）。"舌苔主六腑"，乃胃气所熏蒸，一旦胃部受邪，在舌苔上即有变化，其观察到慢性胃炎患者中，炎症轻者，大多舌苔薄白或薄黄腻，炎症重者，大多为厚腻苔，炎症越重，舌苔越厚腻，炎性反应是胃内邪正相争的结果，炎症明显，舌苔变厚，是胃中正气挟浊气熏蒸于舌之故。

黄孝明总结发现Hp与黄苔虽无直接关系，但有诸内必形于外，黄苔能间接反应胃内Hp感染情况，可作为Hp感染的间接观察指标，Hp阳性胃炎与舌苔之间有一定的关系，舌苔色调的变化与胃粘膜感受外邪有关，光泽的变化可反映出胃阴的存亡，舌苔厚薄则是胃内邪正相争的结果。

2 强调辨证论治

2.1 清胃化湿

Hp阳性慢性胃炎多见薄黄、薄黄腻及黄腻苔，且多伴少津，主热证、实证，临床多见于胃病早期、急性期或慢性胃炎的急性发作期，黄孝明常按脾胃湿热论治，以蒲公英、白花蛇舌草、黄芩、川黄连、虎杖、大黄、芦根、石斛等清胃解毒，直接杀灭和抑制Hp。清热药多根据病邪轻重和脾胃功能状况适当选用，如热湿相合，宜用清热燥湿的黄连、黄芩等；热而伤阴，则用甘凉甘寒的石斛、芦根、蒲公英等；运脾化湿则选加白术、扁豆、薏米仁等；如湿热兼脾虚，则当避免使用苦寒、甘寒之品，因过寒则伤脾，过甘易腻胃。其擅用辛开苦降法，喜用甘草泻心汤、干姜泻心汤，如少量黄芩、黄连配半夏或生姜等。认为中药治疗清除了Hp，则黄苔亦随之消失。

2.2 疏理气机

气滞不通是胃病发生发展的重要环节，肝气犯胃、感受外邪、脾胃虚弱均可导致胃气壅滞，而见胃脘痞满，上腹疼痛，脘痛连胁，嗳气频繁，口苦心烦，舌淡红，苔薄，脉弦。此为气机郁结，不得疏泄，横逆犯胃之候，予疏肝和胃、行气止痛。常加苏梗、白芍、香附、枳壳、陈皮、佛手、鸡内金等，苏梗宽胸理气，认为此药对胃脘气滞不畅者特佳；香附为气病之要药；枳壳、陈皮、佛手等行气、宽中、除胀，达到理气运脾、调中快膈之妙用，但须注意防理气太过，伐伤肝阴；若有内热之象，加清郁热之品；肝郁化火，嘈杂易饥明显者加左金丸：胆汁返流者加郁金、广金钱草以疏肝利胆和胃。疏理气机，升清降浊，促进胃动力，帮助胃排空，调节幽门功能。

2.3 益气建中

胃病日久，易木郁土虚，而见中脘痞胀隐痛，喜温喜按，得食则舒，纳少，或泛吐清水，呃逆时作，大便溏薄，体虚乏力，舌淡，脉细，此为久病中虚，邪气不实，治拟补脾健胃，益气建中。方取黄芪建中汤加减：党参、黄芪、白术、甘草等补中益气，鼓舞脾胃，用药以甘平为主，忌用刚燥之药；加木香调理肠胃之气滞，使补而不滞；有内寒之象者加桂枝、高良姜等温中散寒。黄孝明认为，良姜暖胃散寒、止痛尤为专长，泛吐清水者予乌贼骨配合象贝母功擅收敛制酸。

2.4 滋养胃阴

胃病缠绵难愈，久则精微不化，阴血不足，胃失濡养，日久枯萎，"脾既病，则胃不能独行其津液，故亦从而病焉。"证见脘腹钝痛，有烧灼感，午后腹胀，纳食乏味，口咽发干，舌红少苔，脉沉细。此胃病日久，郁热伤阴，胃肠失其滋润濡养，纳运失职。治当滋阴和胃，以行中舟。沙参麦冬汤化裁，沙参、麦冬等和胃养阴；白芍、甘草敛阴缓急，配乌梅、木瓜可酸甘相合，有助酸、化阴、调营之妙用。根据现代药理研究，乌梅含有苹果酸、枸橼酸、维生素C等酸性物质，可促进胃液分泌，使胃的蠕动增加；绿萼梅、木蝴蝶和胃止痛；当归养血温润，具有疏通之性，使滋而不腻，有内热之象可加石见穿等，患者服药后往往大便通调，口不干，而胃痛渐愈。

2.5 益肾扶正

慢性胃炎大都有不同程度的"肾虚"表现，即后天不足导致先天的亏损，亦即前人所谓的"久病及肾"。根据"先天温养后天"、"肾气通于胃"的特点，在治疗上注重益肾扶正。如偏于虚寒的加温肾之品，酌加肉桂、制附子、淫羊藿等，肾阳乃脏腑阳气之本，亦是胃阳"纳"、"磨"之本，此即"胃得命门之温而能受纳"之义。

胃主受纳以通降为顺。胃阴的滋润是其通降的前提，不润则不降，唯肾阴充足则胃阴润，胃阴润则能胜任食物之受纳、消化与传输。可在方中加入枸杞子、山药等，以平补肝肾阴阳，使水火相济、充养脾土。

2.6 活血化瘀

胃病既久，耗气损精，气虚无力，血则瘀滞，因瘀致胃萎。如少苔、剥苔患者，胃镜病理检查多伴有肠上皮化生、不典型增生，可酌加白花蛇舌草、半枝莲、蒲公英等具有防突变或抑制癌细胞作用的药物；加八月扎、莪术、鸡内金等对肠上皮化生、不典型增生的转化吸收有较好的作用；加丹参、赤芍、当归、刺猬皮、延胡索、郁金等活血通络，行血中之气滞，通气中之血滞，对改善局部病灶处循环障碍，促进病理组织向好的方面逆转有良好的作用；若胃镜见胃粘膜粗糙不平或结节状隆起，更须加重活血之品，宜加炮山甲、王不留行等。

3 结 语

中医认为脾胃为“后天之本”，有腐熟水谷、化生津液的功能，病理上胃的病变通常表现为脾胃湿热、气滞、气虚与阴液不足，与 Hp 感染密切相关，以致胃的正常功能失调，气血津液化生无源。黄孝明认为 Hp 相关性胃炎多为寒热之邪互结胃中，以致中气受伤，升降失调，久之形成瘀血阻络。故治疗本病既要注重局部病理的改变，又要调节整体功能。胃气壮则能进食，而脾与胃互为表里，胃之受纳尚有赖于脾之运化，亦需依赖肾阳的温煦生化及肾阴的滋润滋养，且胃病由气入络，病情加重、加深往往与瘀血并见。

中医证型是建立在较广泛的生理病理基础上，有一定表现规律的综合症候群，现代医学认为，分泌胃肠激素的细胞，称 APUD 细胞，广泛分布于全身各处，如除胃肠道外，尚可见于中枢神经系统及各种内分泌腺体。中医证型表现的多样性、规律性是有客观生理物质基础的，黄孝明对 HD 相关性胃病灵活运用中医整体观进行辨证论治，无疑是十分有价值、有前景的探索，值得进一步研究。（夏 晨）

尿道综合征

1 整体观念，辨证灵活

尿道综合征是一种常见病、多发病。黄孝明在多年临床实践的基础上，认为该疾病位在膀胱，发病脏腑主要与心、肝、肾有关，缘由肾与膀胱互为表里，均主水，水入小肠而下于胞，行阴而为溲便；足厥阴肝经“起于足大趾爪甲后……上行过膝内侧，沿大腿内侧中线进入阴毛中，绕阴器，至少腹……”；心为脏腑之主，而总统魂魄；手少阴心经与手太阳小肠经在心与小肠之间相互络属，故心与小肠相为表里，而小肠泌别清浊的功能与尿液的量有关。故以上各脏腑的功能失调，都会影响膀胱的正常排尿功能，引起尿频、尿急、尿痛。

2 审因论治，治病求本

黄孝明认为，尿道综合征之因，不外湿热、虚、郁、瘀。湿热可受自于外，亦可内生。如小肠邪热或心经郁火积热，传于其腑，移入膀胱；或肝郁脾虚湿阻，久蕴化热，久郁成瘀，或素体禀赋不足，肾气虚弱；或湿热邪气上犯于肾，久病不已，使肾气受损。因而治疗时须治病求本，在八正散清热利湿通淋的基础上，佐以疏肝理气，清心泻火，养阴补肾。在具体用药上，心火下注用生地、丹皮、淡竹叶等清心泻火；肝郁气滞用软柴胡、白术、炒白芍、丹皮、炒山栀等疏肝理气泄热；挟肾虚，用大生地、萸肉、淮山药、知母、黄柏等养阴补肾。

3 病案举隅

案 1 俞某某，女，41 岁，2003 年 9 月 22 日初诊，下腹部胀痛伴尿频尿急数天。诊查：尿检正常，舌质红，苔薄白，脉细弦。辨证属肝失疏泄，气机郁滞，湿热留恋。处方：软柴胡、炒白术、白茯苓各 10g，炙甘草 6g，当归、炒白芍各 10g，扁蓄、瞿麦各 30g，丹皮、炒山栀、佛手片各 10g，水煎服，每天 1 剂，连服 3 剂，腹胀尿频急好转。患者未继续服药巩固，于 10 月 22 日复诊，尿频尿急又作，伴脘腹作胀，脉弦，舌质红苔薄黄，拟疏肝利湿通淋，上方加制香附 10g，合欢皮 30g，服 5 剂。于 10 月 27 日三诊，脘胀、尿频已明显改善，继服上方巩固。

按 此例属淋证中的“气淋”范畴。患者为中年女性，平素多虑善疑，肝主疏泄，其脉循少腹络阴器，绕廷孔，肝郁气滞，郁久化火，气火郁于下焦，壅遏不能宣通，故下腹胀痛，尿频尿急；肝气不得疏泄，横逆犯胃乘脾，故脘腹作胀。黄孝明用逍遥散加减，疏肝消火，更加瞿麦、地扁蓄清热利湿通淋，疗效满意。1 个月后病情反复，更兼肝气犯脾之象，故加香附理气解郁宽中，合欢皮解郁宁心安神。

案 2 孙某某，女，67 岁，2003 年 12 月 29 日初诊。诉尿频、腰酸、头晕、下腹部胀痛 1 个多月，曾服抗生素治疗，无明显疗效。诊查：尿常规示 B10（±），血脂基本正常，BP：18/11kPa，舌质红苔薄白，脉细弦，证属肾阴不足，固摄乏权，兼挟肝郁。治拟养阴补肾固摄，佐以疏肝，拟滋水清肝饮加减。处方：生地、丹皮、萸肉、淮山药、茯苓、软柴胡、当归、炒白芍各 10g，桑椹子15g，桑螵蛸12g，益智仁10g，服6剂。2004年1月5日复诊，头晕、腰酸、尿频好转，舌质红，苔薄，脉细弦，拟补肾固涩巩固之。处方：生地、萸肉、淮山药、白茯苓、炒川柏各10g，桑螵蛸12g，芡实、益智仁、当归、五味子、金樱子各10g，1天1剂共7剂，水煎服。

按 此例属淋证中的“劳淋”范畴。患者年近67岁，早已过“七七，任脉虚，太冲脉衰少……”之年，夫肾虚则小便失其所主，故尿频。腰为肾之府，肾虚故见腰酸；肾水不足涵木，故头晕，肝肾精血同源，肾精亏损，可导致肝血不足；肝血不足可影响肝的疏泄功能，肝失疏泄，气机不畅，故下腹部胀痛。黄孝明拟滋水清肝饮加减治疗，以地黄丸补益肝肾之阴，而用逍遥散加减以疏肝解郁养血，并以桑螵蛸、益智仁、桑椹子补肾固涩缩尿，黄柏清热养阴，全方合用共奏补肾疏肝缩尿之功。（张建英）

黄修武针灸验方选

【名老中医简介】黄修武（1937～2009）　四川泸县人。主任医师。原成都市第一人民医院针灸针麻研究室主任，成都市针灸学会常务理事。第二批全国老中医药专家学术经验继承工作指导老师，四川省名老中医。从医40余年，擅长治疗中风偏瘫、消化系统疾病、眼肌病变、泌尿系统疾病、神经系统疾病、脊髓病变等，并对消化系统疾病有一定研究。发表论文数篇。

温脏理中方穴

组成：中脘、梁门、水分、天枢、气海、足三里。

功能：温补中州，调理脾胃。

主治：慢性腹泻，腹中虚寒之脘腹胀满、神倦乏力、不思饮食、或四肢不温、身体消瘦、面色不华，舌质淡、苔白腻，脉濡或无力。

用法：针刺用补法，留针30分钟加悬灸或用艾炷灸，每穴5壮。

方解：慢性腹泻多因脾胃弱，或久病气虚，中焦健运衰退，食物以消磨，脾气还不能散精，或因肾阳不振，命门火衰，还不能腐熟水谷而至。《脾胃论》述：“真气，又名元气乃先身生之精气也，非胃气不能滋生。”又述：“脾胃之气既伤，而元气亦还不能充，而诸病之所由生也。”可见脾肾二者是相辅相成，相互为用。“温脏理中”方穴即是针对脾胃虚弱所至的慢性腹泻而制的验方。方中中脘穴为胃之募穴，天枢为大肠募穴，募穴是脏腑之气所汇聚之处取胃大肠之募穴，二者可调整脾胃的运动与传导功能。足三里是足阳明胃经合穴，配合中脘、天枢以使脾阳得伸、运化有权。梁门为阳明经穴，配合中脘调理中焦气机。水分、气海为任脉经穴，取水分以求分清化浊，促使利小便实大便，气海以调气益气、培补肾元，下焦命门火旺，则水谷得以腐化。本方若加艾炷灸，其振奋脾阳、健运脾胃、温补命火之功更强。

应用：若患者偏于脾胃虚寒者，证见肠鸣腹痛腹泻，腹中喜温喜按，则先用隔姜灸，再行针刺，以加强温中祛寒之功。若患者证见腹泻日久；时轻时重，发作时便稀次数增多，又见有神倦乏力，腹胀，苔白腻，此为兼有湿困脾土之征，方中加关元灸五壮，用以添薪壮命门火，以助脾阳运湿。若兼有肾阳虚者，证见五更泄，加灸命门、关元穴各五壮，以益命火，壮肾阳，起到温养脾肾，熟腐水谷之功。若见肝木克脾土，证见腹胀肠鸣，水谷不化者，加刺期门，行间，针用泻法，以泻肝木之旺盛。

黄一峰临床经验

【名老中医简介】黄一峰（1902～1990）　江苏苏州人。主任医师。苏州市中医医院首任院长。曾任江苏省政协委员。江苏省名老中医。临床善治肝、胆、脾胃病，学术经验被收入《黄一峰医案医话集》。

胆结石

1 疏 法

疏法即疏利肝胆法。主要适用于肝郁气滞，胆汁分泌不畅，临床见证有上腹胀痛或隐痛，痛引肩背部，嗳气泛恶，纳呆体倦，精神抑郁则加重，以柴胡疏肝散合逍遥散加减，常用药物有柴胡、川楝子、延胡索、枳壳、枳实、广郁金、小青皮、赤白芍等。

2 清 法

清法即清利湿热、解毒法。主要适用于肝胆湿热，热重予湿者。证见寒热往来。黄疸，口干口苦，呕吐胆汁，舌苔黄腻，脉弦滑数，方以龙胆泻肝汤为主，常用药物：龙胆草、茵陈、黑山栀、田基黄、虎杖、山楝子、蒲公英等。

3 通 法

通法即通泻通利排石法，适用于胆腑郁滞，有积有形，证见寒热往来，右胁掣痛加剧，有明显放射性牵痛，口干口苦，呕吐胆汁，大便干燥艰难，小便黄赤，舌苔黄腻，脉弦滑数。治疗方以大柴胡汤合承气汤，常用药物有柴胡、枳壳、枳实、制川朴、生军、玄明粉（冲）、皂角刺等。

4 消 法

消法即消石溶石法，主要通过清利湿热、化瘀消石、通腑溶石等法，促使结石在体内溶化，从体内排出，适用于胆结石症，常用药物：生鸡内金、海金砂、大叶金钱草、广郁金、皂角刺、生军、玄明粉等。

临床中治疗胆结石不能单用一法一方，而要将以上四法相互联系，相互协调，灵活运用，相得益彰。

5 病案举隅

周某，男，56岁，干部，1994年4月25日初诊。患者胆囊炎、胆结石病史约5年，每因劳累过度，情绪不悦诱发，一周前，因儿子婚事操劳过度及过食油腻乃发，胁酸胀痛加剧，甚则放射至肩背，经B超检查证实：胆囊炎，胆结石（胆囊内见多枚增强光团，其中一枚约1.2cm），伴寒热往来，黄疸，口干口苦，呕吐胆汁，大便干燥艰难，3日未解，小便黄赤，舌苔黄腻，脉弦数，治以疏清通消并用。处方：龙胆草2g，黑山栀10g，川楝子12g，菌陈15g，延胡索、生鸡内金各10g，蒲公英30g，虎杖15g，皂角刺12g，生军（后下）、玄明粉（冲）、田基黄各10g，大金钱草30g。日1剂，水煎服。服药10剂，诸症减轻，黄疸减退，大便日一次，上方去玄明粉，再服10剂，症状基本消失，黄疸消退，因外出探亲，给予黄一峰自拟、本院药厂自制的消胆片，每日3次，每次4片，逍遥丸每次6g，每日3次，口服。3月后返家复诊，精神明显改善，诸症消失，未再复发，B超复查：胆囊结石约0.5cm，继服丸药，半年后复查，结石已消除。

6 体 会

胆结石的产生和发作是以肝郁气结，湿热蕴结肝胆为病理因素。因此在消石的同时不可忽视疏肝与清肝利胆，通泄郁结，并每须配通腑化瘀排石之法。黄一峰指出，胆结石的治疗务须“早”，祛邪注重“尽”，即早期应用清热利胆法，使湿热之毒祛尽，而胆为中清之腑传化物而不藏，略有所积，皆为有形之实邪治应顺之降之，通之泻之，祛其实邪，利其气机，使“结者散之，留者去之”，即通法也。结石已成则要选择有针对性的药物进行溶石化石，促使结石从体内溶化、排出，即消法。本病发作期以汤药为主，缓解期可单服丸药，常选用黄一峰自拟，本院药厂自制的消胆片，方中有龙胆草、苦参、小青皮、郁金、生鸡内金、猪胆汁，诸药合用，共奏疏肝理气，清泻肝火，清利湿热，通利胆汁，溶石化石之功效。（黄继峰）

胃 病

胃病，以胃脘部疼痛为主症，常伴有嗳气、泛酸、嘈杂、便黑等症。相当于现代医学胃炎、溃疡病、胃下垂、上消化道出血等疾病。黄一峰认为，本病病因多端，与气化升降失调和脏腑功能改变有关，强调脾胃与肝气、肺气关系密切。气为病因病机的关键所在。正如《素问·六元正纪大论》云：“木郁之发，……民病胃脘当心而痛”。《医学正传》指出：“未有不由诸疫食积郁于中，七情九气触于内之所致焉，是清阳不升，浊阴不降，而肝木之邪得以乘机侵侮而为病矣”。又如《景岳全书》云：“胃脘痛证多有因食、因寒、因气不顺者，然而因食、因寒亦无不皆关于气。盖食停则气滞，寒留则气凝”。除此以外，黄一峰认为“诸气（月贲）郁，皆属于肺”，胃气之所以失于通降，是与肺气的宣肃功能失职有关。当然饮食、劳倦、外邪等致病因素，亦能损伤脾胃功能，导致气机升降的失常。气滞郁久，络脉受损或为出血或为瘀血；气郁化火，灼伤胃阴，出现胃阴不足证；气郁则痰结，气虚则寒凝。故而临床每呈虚实寒热错杂的综合症候群。黄一峰对本病的治疗原则：

1 肝周宜泄，胃腑宜通

根据叶天士“肝为起病之源，胃为传病之所”，胃腑“以通为用”、“以降为顺”，注重于疏泄肝气，通降胃气。故气行则气郁、血瘀、痰湿和食滞等病理产物皆能消除。常用黄连、吴萸，苦辛通降借以泄木；绿萼梅、旋复花、川楝子，疏肝降胃。

2 脾升则健，胃降则和

根据东垣治疗本病即以升降立法，着重升举脾之阳气，唯有脾气升发，谷气上升，生机才能旺盛，阴火得以潜降，反之，清气不升，浊阴不降而成病。常用升麻、薤白，升发温通脾阳，宣肺治节，助运气机，盖肺朝百脉，主宣发和肃降，能通调一身之气，有助机体气化升降。故黄一峰认为，宣泄肺气，伸其治节，是调升降、运枢机的重要一环。常用紫菀、桔梗，宣泄肺气。

此外临症夹有瘀血者加活血化瘀药，如丹参、五灵脂、乳香、没药、三七等；夹有胃热加清热泻火药，如黄连、蒲公英、铁树叶等;夹有痰滞加消食化痰药,如半夏、陈皮、莱菔子、鸡内金、槟榔等;夹有气虚加益气健脾药,如黄芪、白芍、甘草等;夹有阳虚加温阳祛寒药,如肉桂、沉香、良姜、丁香等;胃阴不足则宜养胃生津药,如沙参、麦冬、石斛、天花粉等。兹举两案以飨同道。

案1 吴某,男,46岁。胃痛阵作,病延二载,经治罔效。刻下:脘痞胀引及两胁,嗳气泛恶,苔薄脉弦。良由肝气横逆,胃失通降。拟疏肝之郁,降胃之气。药用:苏、藿梗各10g,广木香2g,生紫菀6g,桔梗5g,川楝子10g,吴萸5g,白檀香3g,绿萼梅10g,制金柑6g,旋复花、竹茹各10g,青、陈皮、枳壳实各6g。7剂后,诸症悉减,续服7剂痊愈。

按 本案西医诊断浅表性胃炎,中医属肝胃不和型。方用川楝子、吴萸,辛开苦降以泄肝木,其中川楝子代替黄连;苏藿梗、制金柑、绿萼梅、白檀香,疏肝开郁;紫菀、桔梗,宣泄肺气以助气化升降;旋复花、竹茹、青陈皮、木香、枳壳实,降逆和胃。本方用药轻灵、剂量偏小,可谓"轻可去实"也。

案2 安某,男,47岁。胃病6年,每食后2小时胃痛加剧,嘈杂脘闷,得食痛缓,多食胀甚,便溏不实,口腻舌白,经院钡剂摄片为十二指肠球部溃疡,幽门前区溃疡。此乃中虚失运,肝木克土。拟醒脾升阳,建中泄木。药用:炙升麻2g,薤白头10g,川桂枝3g,白芍15g,炙甘草3g,陈皮6g,楂炭12g,紫菀6g,桔梗5g,绿萼梅10g,乌贼骨15g,砂蔻仁各1.5g,左金片3片,棕子糖3只。7剂后,胃痛减轻,脘嘈若失,便溏转干,续服原方7剂,诸恙渐平,按原意改作丸剂调治,3个月后,胃透复查,溃疡已愈合。

按 本案属脾胃虚寒型。黄一峰告诫"得食痛缓,乃中虚求食也"。而土虚易受木贼,故本方在建中温胃的同时,稍佐苦寒借以泄木。处方以小建中汤为主,加升麻、薤白,升举脾阳;绿萼梅、左金片,疏肝泄木;砂蔻仁、陈皮、楂炭,健胃消导;饴糖建中补虚。黄一峰在治疗慢性疾病对,往往先用汤剂取效,后予丸剂,可谓"丸以缓之"。(袁道生)

黄有荣验方选

【名老中医简介】黄有荣(1949~)广东清远人。教授,主任医师,硕士生导师。1975年7月广西中医学院医疗系毕业。现为广西中医学院中西医结合研究所所长,广西中医学院附属瑞康医院骨科副主任。中华中医药学会骨伤学会常务委员,中华中医药学会骨伤学会脊柱病学术委员会委员,中华中医药学会广西分会副会长,广西中医骨伤科学会主任委员,广西国际手法医学协会副理事长,《中医正骨》杂志编委。广西自治区名中医。从事中医骨伤科临床医疗、教学、科研工作30多年,擅长诊治骨伤科疾病,如骨折、脱位及多发性、复合性损伤、软组织损伤等。参编出版专业教材、著作4部,发表论文20多篇。

芍药木瓜汤

组方:白芍30g,木瓜15g,当归10g,川芎10g,伸筋藤10g,丹参15g,续断10g,姜黄10g,甘草5g。

功效:活血益肝,舒筋通脉止痛。

主治:颈肩痛、腰腿痛。

用法:每日1剂,水煎分2次内服,7天为1个疗程,连服2~3个疗程。

加减:颈肩痛加葛根30g;腰腿痛加牛膝15g;肾阴虚加肉丛蓉15g;肾阳虚加杜仲10g,破故纸10g;肢体麻痹加威灵仙15g。

方解:颈肩痛、腰腿痛多因劳损所致。筋骨劳损导致瘀血内阻、血脉不通则痛;久之肝阳上亢、肾精不足,肝肾不和而气血亏虚,筋肌失养而出现麻痹。病变脏腑以肝、脾、肾为主。芍药木瓜汤为自拟方,根据多年的临床应用观察体会,舒筋止痛效果显著,尤配合牵引疗效更确切。方中以当归、川芎活血养血;白芍、木瓜、丹参柔肝舒筋,通顺血脉。中医认为:肝藏血,主疏泄;肝血充盈,主疏泄功能正常,则血液循环即可恢复常度;所谓人静则血归于肝,人动则血流于诸经,发挥其对人体组织的滋养作用。当归、川芎既可养血、活血,又为血中气药,走而不守,通利血脉达到促进血液正常循环的目的。现代药理研究提示,丹参对微循环及血液流变学有明显促进作用,并且对凝血、纤溶、血小板聚集及血栓形成有明显的减弱作用。续断、杜仲滋补肝肾。全方具有活血舒筋,通利经脉,柔肝益肾的作用。综合现代中药药理研究结果,提示芍药木瓜汤作用可能为:提高免疫力,软化血管,降低血液粘稠度,改善微循环及使增生或变性的结缔组织复原。

黄志强临床经验

【名老中医简介】黄志强(1942～)浙江宁波人。主任中医师,教授。原宁波市第一医院院长。宁波市中医学会副会长,宁波市中华医学会副会长,医师学会副会长。现宁波市灵塔医院名誉院长。宁波市老年卫生工作者协会副会长,宁波大学医学院教授,宁波市多届人大代表、政协委员。被政府授予突出贡献的科学技术工作者称号。浙江省名中医。第三批全国老中医药专家学术经验继承工作指导老师。擅长治疗肝炎、肝硬化、中风、偏瘫、肿瘤等疾病。

1 益气通络法

黄志强对络病学说一直很有研究,认为络病广泛存在于内伤疑难杂病和外感重症中的病机状态,络脉是气血运行的通道,也是病邪传变的通道,六淫外袭易于先伤阳络,由阳络至经甚则热毒滞于阴络形成一系列病理变化。络中承载着由经脉而来的气血,随着其逐级细分使在经脉中线性运行的气血流速逐渐减缓直至面性弥散渗灌,并在末端完成津血互换和营养代谢。因此发病邪侵袭络脉伤及络气,使络气郁滞导致津血互换障碍,津凝为痰,血滞为瘀,痰瘀作为病理产物阻滞络脉,形成痰瘀阻络的病理状态。久病久痛,脏腑气机紊乱,或气血耗损无以荣养络脉致络虚不荣,或气结在经,功能失调,久则入血入络,伤及形质。此外亦有内外各种因素造成络脉损伤,导致络气阻断不通或脉络破损出血。可见由于络脉的结构、循行及功能特点,病邪伤及络脉则易形成易滞易瘀、易入难出、易积成形的络病病机特点,从而出现络气郁滞、络脉瘀阻、络脉细急、络脉瘀塞、络息成积、热毒滞络、络脉损伤、络虚不荣等络病基本病机变化。

血液在脉络中流动于全身发挥濡养作用,血液在脉络中凝滞而形成的病理产物则为瘀血,瘀血也包括溢出脉络积存体内的血液。由于各种致病因素导致气虚气滞,气虚运血无力血滞留脉络为瘀,气滞血行滞涩脉道亦可为瘀。痰为津凝,瘀为血滞,津血同源,痰瘀相关,故痰瘀常胶结在一起阻滞脉道,导致络脉运行气血的功能障碍甚则阻塞不通。

"病久入络"是清代叶天士关于络病发生发展规律的重要学术观点,包括久病入络、久痛入络、久瘀入络,阐明了内伤疑难杂病由气到血、由功能性病变到器质性病变的病机演变过程。络病日久,营卫失常,气血阴阳不足,气虚不能充养,阳虚络失温运,血衰不能滋荣,阴虚络道涩滞,络脉失于荣养,阳气精血不能温煦满足脏腑组织,临床常见肢体麻木、痿软无力、神疲困顿等症。清代叶天士《临证指南医案》说:"大凡络虚,通补最宜。"益气药常用人参、黄芪,取其能大补元气,气旺而行,元气旺盛,奇阳充沛,自可流经充络。阴血涩少,络道失荣,常用麦冬滋阴生津,当归养血活血,滋荣络脉。辛味药辛香走窜,能散能行,行气通络,辛味药为叶天士治疗络病常用药,正如其所云"络以辛为泄"、"攻坚垒,佐以辛香,是络病大旨",故在益气通络中佐以一、二味辛味药,常用辛香通络之降香、麝香、檀香等,若络气郁滞,寒凝脉络常用辛温通络药桂枝、附子、细辛等,若络气郁滞,渐致络瘀可用辛润通络药当归尾、桃仁等。

1.1 前列腺增生

案1 葛某,男,72岁。2001年6月11日初诊。主证:患者3天前出现排尿困难,滴沥而下,诊断为:前列腺肥大并增生。建议手术治疗,因患者惧怕手术,转中医诊疗,诊见:患者面见苦状,捧腹而坐,自诉平时小便次数较多,近3天来一直感尿频尿不畅,头晕乏力,舌淡红,苔薄腻,脉细。针对患者尿闭之急,速用益气利尿法以救高气虚于内,元气亏损,气化失司,开合无权之急,乃予益气通利汤治之。药用黄芪120g,滑石30g(先),车前子15g(包),鸡内金30g,炙甘草10g,5剂。二诊:仅服1剂,小便即畅通无阻。又续服5剂。此后用知柏地黄汤加黄芪、杜仲、石菖蒲、滑石、甘草10余剂后复如常人。

按 黄志强从辨证论治与辨症论治入手,认为前列腺增生的原因,与老年人元气亏虚有关,下元不充,膀胱开合失司,经云:"膀胱不利为癃";因不能推动血液运行从而产生瘀血,凝结成块,络脉瘀血,终使前列腺增生肥大,排尿困难,甚则小便不通,元气亏虚之本,血瘀水阻之标,本虚标实,是本病的基本病理特点。因此,在治疗上采用益气扶正以补其虚,助其气化;祛瘀通络治水,以开其流,疏其道。标本兼顾,自拟"黄芪滑石汤"。该方取大剂量黄芪补中益气,扶正培本,元气充足,则自能化气行水,且本品尚有利水之功;滑石,甘淡、性寒,通络治癃闭,利小便,且其能入膀胱,直捣病所,非其它利水之药可比;用大剂量鸡内金软坚散结;甘草调和诸味。四药相和，虽方简药少，但既能益气扶正以助气化，又能活血散瘀通络，更能利水通淋以除水蓄，可谓标本兼顾。

1.2 重症肌无力

重症肌无力属中医“痿证”范畴。有关痿证的记载，首见于《内经》，《素问·痿论》为讨论痿证的专篇，论述了痿证的病因病机、证候分类及治疗大法，指出痿证的主要原因是内热伤津，宗筋失润，发为痿证。关于痿证的治疗，《内经》提出：“治痿独取阳明”的治疗原则，为后世治痿提供了重要依据。脾胃为后天之本，气血生化之源，居于中焦，为气机升降出入之枢机。脾主升主动，脾虚气陷则升举无力，上睑属脾，故眼睑下垂；脾主肌肉四肢，脾虚生化濡养不足，络虚不荣，故四肢痿软；胃主降主里，脾虚胃也弱，受纳无权，故纳呆，脾气主升，上充于肺积胸中而为宗气，贯百脉，中气下陷，胸中之火气难以接续，肺之包举无力，故气短不足以息。脾病及肾，肾不纳气，气难归根，甚或大气下陷，危及生命。

案2 周某，女，11岁。1998年6月18日初诊。主证：1998年4月经上海某医院神经科诊断重症肌无力，服西药强的松2个月后症状未控制，同年6月来诊，患儿面色不佳，眼睑下垂，神疲乏力，纳差便溏，四肢欠温，舌淡，苔薄白，脉细缓，注射新斯的明0.5mg，肌力改变明显好转。辨证属脾胃气虚型重症肌无力。治宜健脾化湿，益气补中。药用黄芪60g，党参15g，炙甘草6g，白术6g，当归6g，陈皮3g，升麻3g，柴胡6g，淡附子5g，蜈蚣2条，全蝎1.5g。守方1月后，症大减，眼睑下垂渐好，减强的松剂量。1月后，患儿纳可，四肢温热，眼睑下垂在傍晚时明显，夜尿频多，用补中益气汤加冬虫夏草2g，菟丝子10g，枸杞子20g，桑螵蛸20g，守方1月。2月后停用强的松，患儿诸症均减，疲劳后偶有眼睑下垂，药用黄芪60g，党参15g，炙甘草6g，黄精15g，葛根20g，冬虫夏草2g，菟丝子10g，枸杞子20g，守方半年痊愈。随访6年未发。

按 运用益气通络法治疗时，生黄芪常用100g～120g，重用黄芪取其大补脾胃之元气，使气旺以促血行，祛瘀通络而不伤正。这与黄芪现代药理研究显示，具有强壮作用和兴奋中枢神经系统作用相吻合。

1.3 脑干旁囊肿

颅内肿瘤的病机特点为正虚邪实，临证治疗要本着扶正与祛邪相结合、局部治疗与整体治疗相结合的原则。扶正祛邪是治疗本病的根本方法。二者可以相辅相成，起到提高免疫功能、遏止肿瘤的作用，但应权衡其主次配伍，尚需要注意辨病用药。

案3 胡某某，女，46岁。于2002年11月15日初诊。主证：因偏瘫失语，发现“脑干旁巨大囊肿”，至上海行R刀术后4月余，反应迟钝，四肢无力，行走不稳，言语含糊，头昏。证见：体形消瘦，站立不稳，行走困难，言语含糊不清，面色少华，舌体萎缩，质嫩红苔薄，脉细。术后MRI示：囊肿缩小约2/3。药用半夏12g，茯苓12g，甘草3g，陈皮6g，竹茹12g，枳壳12g，制南星30g，天麻20g，川贝母6g，石菖蒲10g，郁金12g，远志5g。二诊：固守上方治疗1月余后，患者行走较前明显稳健，言语含糊好转，未诉头晕，舌体萎缩亦略有好转，舌质嫩，苔薄，脉细，改投滋补肝肾之杞菊地黄汤：枸杞子30g，菊花10g，生地30g，山药30g，茯苓12g，泽泻12g，天麻20g，黄芪50g，党参30g，葛根30g。守上方服用近1月后，患者基本能独立正常行走，反应较灵敏，言语较清晰，惟面色少华，予归脾汤加味。此后以滋补肝肾，益气养血，祛风化痰之法坚持治疗半年左右。术后1年至上海复查，头颅MRI示：脑干旁囊肿术后，少许残留。对照术后好转明显。现言语流利，活动无障碍，已参加正常工作。

按 颅内肿瘤属中医“癥积”范畴。癥积指腹部所生积块，按之有形，坚着不移。癥积与瘕聚相对而称，前者固定不移，病属血分，后者聚散无常，属气分，故明代张景岳《景岳全书》曰：“是坚硬不移者，本有形也，故有形者曰积。或聚或散者，本无形也，故无形者曰聚。”癥积的形成是一个由气及血，由功能病变到器质性损伤的慢性病理过程，形成常由情志郁结、饮食所伤、外受寒邪以及久病不愈等因素影响脏腑气机，导致络气郁滞，络脉功能失调，津血互换失常，瘀血痰湿凝滞脉络而成。本例虚实兼杂，瘀血痰湿凝滞脉络为实，肝肾阴虚不足为虚，初诊投予燥湿化痰之温胆汤以治标实，鉴于本病病位在头，用药宜轻清向上直达病所，加制南星、川贝、远志豁痰开窍通络，祛瘀醒脑，石菖蒲、郁金行气开窍，引药上行，再用天麻平肝熄风，达到清上通痹的疗效。1月后，痰邪得以削弱，正气不足上升为主要矛盾，抓住肝肾亏虚为切入点，予滋补肝肾的杞菊地黄，同时重剂黄芪，大补元气，天麻、葛根祛风通络，1月之后病情大有起色。然后仍遵原旨，连续治疗达半年之久，终建奇功。

2 逐瘀攻坚法

黄志强在长期从事疑难病的诊治中，发现一些病证，诸如缺血性脑血管病、脑膜外血肿、偏头痛、病因不明之肿块、肿瘤、类风湿性关节炎、肝硬化、血栓性静脉炎、自身免疫性疾病等。虽症情复杂，久治不愈，但多与气血障碍有关。疑难病证多系各种因素导致气血逆乱，瘀阻窍络，着而不去，宿瘀久滞，伤经阻络。且每由其瘀阻部位之不同，影响脏腑经络之不一，随之产生不同见症，但大多繁杂稀有，缠绵难愈。此时治疗仅用"疏其气血，令其条达"之一般活血祛瘀之品，必不能达其病舍，而愈其痼疾。正如叶天士所云："久则邪正混处其间，草木难能见效"。必须运用逐瘀攻坚之法，方能克敌制胜，以起沉疴。

逐瘀攻坚之法虽承《内经》之旨演化而来，但具体运用，仲景为有史第一人，其所立鳖甲煎丸，大黄蛰虫丸等，实开后世无限法门。景岳认为："血有蓄而结者，宜破之逐之"，崇以桃、红、棱、莪、硝、黄之属。叶天士、王清任悟于仲景治瘀每用虻、蛰诸虫，而亦善用搜剔之品，如蛰、山甲、蜣螂、地龙等以逐瘀消癥，《临证指南医案》谓"虫蚁迅速之走诸灵"善治"瘀痹""癥瘕""肿胀"等瘀积重症，"俾飞者升，走者降临，血无凝著，气可宣通"，所以"搜剔经络之风湿痰瘀莫如虫类"。黄志强古为今用，博采众长，对凡宿瘀留滞，瘀结成块，且病久不愈，痼疾顽症，善用逐瘀攻坚之法，在药物配伍上，常将活血逐瘀之品与虫蚁搜剔合用，选用穿山甲、广地龙、全蝎、蜈蚣、水蛭、丹参、桃仁、红花、赤芍、川芎等。

2.1 大动脉炎

大动脉炎，病变的部位在主动脉及其分支，呈慢性、进行性、闭塞性全层动脉炎症。体内各部位的大动脉皆可产生病变，并易累及多处血管，造成血管腔狭窄或闭塞，形成血栓，大动脉炎是西医病名，属风湿病范畴，中医学历代医籍中未见有此病名的记载。然对其症状文献中却有不少描述，甚至有无脉证的记载，本病属中医脉痹的范畴。这类疾病的病因病机比较复杂，临床常呈多学科、边缘性表现，因此，给诊断和治疗带来了一定困难。

案1 洪某某，女，45岁。2001年6月7日初诊。患者面色少华，身体微胖，近半年来，神志恍惚，自诉：头晕头痛，记忆减退，视力下降，两眼经常发黑，上肢发冷，麻木疼痛，动者尤甚，寸口脉搏动减弱，上肢血压低，平时月经量较多，妇科检查"未见异常"。西医诊断为大动脉炎（头臂动脉炎）。实验室检查：血沉45mm/h，白细胞计数10200/m^3，C反应蛋白（+），抗"O"增高，抗主动脉抗体阳性，全血粘度和血浆粘度增高。证属：气血两虚之脉痹证，治宜益气补血，活血化瘀，辛温通络，攻坚散结。方用八珍汤加味：党参30g，黄芪60g，当归20g，桂枝20g，淡附子10g，茯苓15g，白术15g，甘草6g，赤芍15g，生地30g，川芎10g，地鳖虫10g，乌梢蛇10g。

按　该患平素月经量多，日久致气血两伤，气虚则推动血液运行无力，血虚则经脉空虚，脉道失充，而致发为病。因患者机体虚弱，内环境失去相对平衡，气血不足，血失健运，阻滞经脉，病因虚而致实，或虚实挟杂，从而使病情复杂错综。治病求本，黄志强在治疗时抓住根本，用补养气血八珍汤为主方，加用辛温通阳逐瘀攻坚之品直达病所，用大剂量桂枝、附子祛寒助运，促动营血运行，用地鳖虫、乌梢蛇逐瘀攻坚通络，疗效显著。患者服药2个月痊愈，后随访2年未发。

2.2 烟雾病

烟雾病一般认为是脑底动脉环主干狭窄或闭塞后，各深支增生扩张，互相吻合而形成血管网，在脑血管造影时，呈烟雾状，故而得名。本病发病率低，早期表现为脑梗塞，晚期则易发生脑出血。

案2 徐某某，女，42岁。2004年1月21日初诊。患者因头晕头痛，恶心呕吐，四肢乏力，言语含糊至当地医院就诊，住院后经头颅MRI等确诊"脑室出血，烟雾病"予对症治疗后好转出院。证见：言语含糊，肢体麻木，乏力，头晕，头重，面色少华，舌淡胖，苔白，脉细。药用茯苓12g，陈皮6g，半夏12g，枳壳12g，竹茹12g，甘草3g，制南星30g，天麻20g，川贝6g，石菖蒲10g，郁金12g，远志5g，地龙10g。二诊：经上法治疗近2月后，患者言语流利，头晕头重已愈，感肢体发冷，乏力，面部轻微麻木感，舌淡，苔薄白，脉细无力。原方见效，病情已见转机，患者气虚血滞，脉络瘀阻，药用补阳还五汤：黄芪100g，桃仁12g，红花6g，当归12g，赤白芍各30g，川芎10g，地龙12g，天麻20g，桂枝10g。三诊：患者服上药2周后，诸症悉平，唯感肢体发冷，继以原意益气活血，佐以行气通络，黄芪60g，桃仁12g，红花6g，当归12g，赤芍30g，川芎10g，地龙12g，丝瓜络30g，郁金12g，香附12g，蜈蚣3条。服上方4周后，家属代诉，病情稳定，已能正常生活起居，言语流利，四肢活动正常，无肢体发冷麻木感觉。以后予归脾、六君等调补，病情至今未见反复。MRI复查：烟雾病，未见出血。

按　本案以"怪病多因痰作祟"立论，治从豁痰开窍入手，方用理气化痰的温胆汤，加制南星、川贝、远志，增强祛痰之力，天麻以平肝熄风，改善脑部循环，再佐郁金、石菖蒲芳香行气开窍，助诸药上达病所。其中制南星用量达30g，黄志强数10年临床实践，未见有任何毒副作用，祛痰开窍之力尤强。二诊后，病久多虚，气虚不能运血，气不行则血不荣，气血瘀滞，脉络痹阻，而致肢体乏力、发冷，改用补阳还五汤加味，重用黄芪补气，当归、川芎、桃仁、丝瓜络、郁金、香附以增强通经活络，用地龙、蜈蚣逐瘀攻坚。此时颅内出血病灶已相对稳定，可大胆选用活血逐瘀药物，以达“祛瘀生新”之意，但应避免使用动血破血之品，与现代医学治疗脑出血使用抗凝溶栓药的理论如出一辙。制方攻补兼施，相辅相成，使病情得到了有效控制。但本病为难治顽疾，尤其易发生脑出血，应随时注意复查。

2.3 淋巴细胞性淋巴肉瘤

淋巴肉瘤是一组起源于淋巴结或其他淋巴组织的恶性肿瘤。祖国医学文献中未见有“淋巴肉瘤”病名的记载，但有很多类似于淋巴肉瘤的临床表现，如“瘰病”“阴疽”“石疽”“失荣”“恶核”等，中医认为，凡淋巴结肿大皆与“痰”有关，即所谓“无痰不作核”，痰有寒热之分，寒湿凝滞为寒痰；气郁化火，阴虚火旺，血瘀日久化热，煎熬津液成痰为热痰。同时，忧思喜怒，肝郁气结，郁痰化热，气滞血瘀，积而成痰，且日久脏腑内虚，肝肾亏损，终成气血两虚之证。

案3 吴某某，男，38岁。2000年1月15日初诊。患者原本身体健壮，于1992年8月起，渐觉乏力，面色黄而浮肿，并经常发热、腰痛，咽中有异物感，在本地卫生院求诊多次，因病因未明，医治无效，颈部逐渐肿大，于2年后退职在家休养，病况更趋严重，自觉头昏，心悸，气短，严重贫血，四肢倦怠无力，行走不便，颈部明显肿大，曾多次求医，未见转机，前来求诊。患者面色萎黄且浮肿，自觉头晕目眩，心悸气短，神惫，疲乏不堪，稍动即感气促，两膝酸软无力，吞咽略感困难，纳少，二便尚调，唇舌色淡白，苔面干燥，脉虚数。查体：T 37.5℃，BP 110/60mmHg，呈贫血貌，且浮肿，咽喉充血，扁桃腺（－）；颈部两侧肿块，其间有数颗蚕豆及胡桃大的淋巴结，心率每分钟平均100次，律齐。心尖区可闻及Ⅱ～Ⅲ级收缩期杂音，肝肋下3cm，质软腹水（－）。实验室检查：血红蛋白5.4g，白细胞4200mm^3，中性66%，淋巴33%，嗜酸1%，血沉105mm/h，大便隐血弱阳性。颈部淋巴结切片病理诊断：淋巴细胞性淋巴肉瘤。本病从病理诊断证属恶性肿瘤，且病情危重。从临床症状看，患者病延日久，阴血暗耗，营血大亏，且有气随血脱之势，而颈部巨大之淋巴结，若不予控制，可导致呼吸吞咽受阻，按肿块之部位，中医谓：“瘿瘤”乃痰郁血瘀凝结而成。本案充分体现了“虚”“实”并重之特点，且病情危重。黄志强治疗时采用“攻补兼施”法，用逐瘀攻坚解毒以攻瘿瘤积聚，用大补气血，扶正固本以救虚脱。药用红参6g，穿山甲10g，半枝莲30g，白花蛇舌草30g，虎杖10g，藤梨根30g，猫人参30g，当归20g，红枣5枚。随诊略作加减，前方连续服用120剂左右，颈部淋巴结肿块逐渐消失，精神和体力基本恢复。血红蛋白9.2g，血沉正常，自觉无不良反应，续以上方加重扶正固本之品服用30剂，患者康复如前，颈部淋巴结病理切片检查正常，后返回家乡，参加农业劳动。（朱可奇）

黄智芬验方选

【名老中医简介】黄智芬（1952～）教授，主任医师。现任中国中西医结合学会肿瘤专业委员会委员、中国抗癌协会肿瘤传统医学委员会委员、中国癌症基金研究会中医药肿瘤专业委员会委员、中国特效医术研究会理事、广西肝癌专业委员会委员、化疗专业委员会委员、广西中西医结合学会消化系病专业副主任委员、广西中西医结合学会活血化瘀专业委员会副主任委员。广西名中医。擅长治疗肝癌、肺癌、鼻咽癌、恶性淋巴瘤、骨转移瘤及疼痛、头颈部肿瘤放射性纤维化、放射性肺炎、乳腺癌术后上肢淋巴循环障碍症、癌性胸、腹水、放化疗所致口腔炎等疾病。参编多部专著，撰写论文48篇。

健脾消积汤

组方：太子参30g，黄芪30g，白术10g，茯苓10g，陈皮6g，麦芽12g，枳壳12g，青皮9g，莪术10g，薏苡仁30g，白花蛇舌草12g。

功效：健脾消积剂。益气健脾，理气消积。

主治：应用于肝癌、胃癌、食管癌、结（直）肠癌、胰腺癌、恶性淋巴瘤、乳腺癌等。广泛应用于癌症手术及放、化疗、介入治疗出现的恶心呕吐、食欲不振、腹胀满、腹痛、头晕、全身乏力、大便溏烂等体质虚弱证型。中医辨证属脾胃气虚，毒瘀阻滞型（中医病名：胃脘痛、肝积、积聚、鼓胀、脏毒、失荣、乳岩等）。

用法：水煎内服，每日1剂，每剂分3次口服。

加减：肝区胀痛加郁金12g，延胡索10g；腹胀满加厚朴10g，砂仁9g（后下）；泛恶或呕吐明显者加半夏12g，竹茹9g；胁下积块加牡蛎30g（先煎），鳖甲15g；黄疸加茵陈12g，泽泻15g；肢肿加猪苓12g，泽泻15g；便血加仙鹤草30g，三七粉3g（冲服）；小便黄短加车前草12g，白茅根30g；体质虚弱无力加西洋参5g（另煎）；盗汗自汗加五味子、煅牡蛎各30g。

方解：中医治疗肿瘤的方法可归纳为扶正与祛邪两个方面，扶正是为祛邪创造条件，祛邪是为了进一步保护正气；因此，正确处理扶正与祛邪，整体与局部之间的关系，在肿瘤治疗中是非常重要的环节。健脾消积汤由异功散加味而成。方中黄芪、太子参、白术、茯苓、薏苡仁、甘草益气健脾、燥湿和胃；枳壳、青皮、陈皮行痰消积，理气止痛；麦芽、莪术消食导滞，化瘀散结；白花蛇舌草清热解毒，消肿散结。现代药理研究证实，太子参、白术、茯苓、甘草通过健脾益气可改善低下的免疫功能；黄芪多糖有明显促进淋巴细胞分泌白细胞介素-2的能力，能增强NK细胞、巨噬细胞等的免疫杀伤作用；黄芪皂苷具有抗肝损伤作用，能减轻肝中毒引起的病变；枳壳引气宽中活血，补气扶正，加强散结消痞作用，增进免疫功能，抑制肿瘤生长；薏苡仁含多糖体和薏苡酯，有增强机体免疫功能、抑制瘤细胞作用，并有抗病毒作用；莪术既可提高细胞免疫功能，又直接杀伤肿瘤细胞；白花蛇舌草对小鼠和人有免疫调节作用，并通过刺激机体的免疫系统抵抗肿瘤的生长和其他疾病的发生。诸药合用，具有益气健脾，理气消积功能。（黄智芬）

黄中柱学术经验

【名老中医简介】黄中柱（1937～）主任医师，教授。毕业于江西中医学院。现任萍乡市中医院专家门诊部主任，江西中医学院兼职教授，江西省中医药学会理事，萍乡市中医药学会副理事长。全国第二批老中医药专家学术继承工作指导老师。从事中医临床、科研、教学40余年，精心研究心血管病、脾胃病、肾病、肝胆病等疑难杂病。出版著作3部，发表论文近百篇。

1 学术思想

1.1 辨证施治与辨病论治结合

辨证是施治的基础，施治是辨证的体现，只有在辨证准确的前提下施治，才能获得满意的疗效。黄中柱在临证遇到一患者反复起荨麻疹多年，多处求医，服用祛风凉血、止痒之中药无效，注射葡萄糖酸钙及服用维生素也只能暂时缓解，停药即发。患者不堪其苦而求医于黄中柱。黄中柱详查病情，认真思考分析。患者诉全身起风团，色泽淡红，瘙痒，抓之流水，伴气短倦怠，不思饮食，舌质淡，苔薄白，脉细软无力。黄中柱辨证为脾胃虚弱，血虚生风。用补中益气汤加白芷、川芎、防风、僵蚕、全虫，服7剂后，病状彻底消失。

黄中柱认为，众医均曰荨麻疹为血热生风，岂不查患者病程已长，耗伤正气，导致气血两虚，而致血虚生风，故投入凉血祛风药均无效。由此可见在临床中我们不能单纯拘于病症，要全面深入，细致考查。凡为医者，治病必抓主症，围绕主症，再寻其病因病机，求其根本，然后论而治之。只有做到辨证准确，方可取得满意的疗效。当然要做到辨证准确也不是一件易事，所以黄中柱指出在临证中首先必须要有扎实的基础理论知识，然后勤学古训以及各代医家和别人的辨证施治经验，再加上善于不断总结自己的经验，这样日积月累方能提高自己的辨证施治水平。

黄中柱在临床中常常运用先进的检测手段来帮助对疾病进行诊断，同时受西医病理的启发，运用现代中医学的研究，在治疗中辨证与辩病相结合，确实取得了很好的疗效。黄中柱治疗过一患者，胃脘痛反复发作三年，发作时服用中药均可暂时缓解，不久又复发。一次病发后求医于黄中柱，黄中柱建议其作胃镜检查，诊断出：糜烂性胃炎。黄中柱处方在辨证用药的原基础上加太子参30g、白芍30g、白头翁30g。服药一个月后，症状悉除，一年后随访未发。现代医学研究表明，胃之疾病与幽门螺旋杆菌有关。黄中柱从中得到启发，而白头翁现代药理研究出其具有抑制绿脓杆菌、金黄色葡萄球菌、痢疾杆菌等多种细菌的作用，白芍具有疏肝和胃功效，太子参具有健脾和胃扶正祛邪功效。因此，只加三味药而事半功倍。临床上这样的例子数不胜数，由此例可见一斑。黄中柱常常谆谆教导：中医学的辨证施治与现代医学的辨病施治并不矛盾，只是把握事物的概念和方法不同罢了，中西医相互结合能相得益彰，疗效显著。

1.2 治病重在以脾胃为本

黄中柱极为推崇李东垣的学术观点，其认为脾胃位居中焦，燥湿相济，沟通上下，是气机升降出入之枢纽。无论外感，还是内伤，都能导致脾胃受损，脾胃虚弱。黄中柱在临床中善于审时夺势，抓住主要矛盾进行辨证论治。

患者姜某某，女，46岁，长期咳嗽，吐白痰反复一月，量多质稀，伴胸闷，纳呆，精神萎靡，大、小便可，舌淡红，苔薄白，脉沉滑，拟方：法夏10g、陈皮6g、党参15g、山药20g、苡米30g、杏仁10g、苍术及白术各10g、百部10g、甘草3g，服3剂后，咳嗽减轻，痰量减少。三诊仍以原方服6剂后，症状悉除。

从上病例可见诊断为咳嗽，病位在肺，病因为痰湿，黄中柱在处方中并未用大量的宣肺化痰之品，而是以健脾益气、宣肺化痰为主为本，可见其用心良苦。痰的形成是由于水液失于调摄，停留在肺而为痰。《素问·经脉别论》曰："脾气散精，上归于肺，调通水道，下输膀胱。"从中可知脾在水液代谢中的重要作用。所以又有"脾为生痰之源，肺为贮痰之器"之说。黄中柱重脾来治咳嗽正是基于此点，基于运用中医精华。

刘某某，女，58岁，患Ⅲ型肺结核十年，经抗痨治疗，结核病灶钙化后，见神疲乏力，少气懒言，心烦失眠，夜寐多梦，身体消瘦，面色无华，畏寒肢冷，不思饮食，小便清长，大便稀，一日三次，曾服阿胶、龟胶、鹿胶以及其它保健品，但症状无明显改善，且在服补品期间腹泻，停药即止。请黄中柱诊治，查体征：舌淡红，苔薄白，脉沉细无力。黄中柱诊断为虚劳（阴阳两虚）处方：太子参30g、白术10g、云苓12g、山药20g、苡米30g、黄芪15g、砂仁6g、陈皮9g、山楂10g、麦芽10g、百部10g、百合10g、甘草3g，服4剂。二诊，服药后无明显改善，但饮食增加。大便转为一日一次，守原方加藿香10g，鸡内金6g，服7剂。三诊，精神明显好转，睡眠安稳，面色转华，饮食正常，但感畏寒肢冷，继前方加制附片10g、肉桂6g、熟地30g、枣皮6g。服半月后，诸证悉除，面色红润，体重增加，恢复健康。

从该案可以看出，患者由于患消耗疾病后，虚损成劳，阴阳两虚，曾试滋阴壮阳，并未达到预期目的。黄中柱用补脾健胃之法治疗，旨在调理后天之本，使其健旺，气血化生充足而达到平补阴阳的目的。常言道"虚不受补"就是指脾气不健旺，即使用补药也不能取得疗效。此病例充分证明了这一观点。

1.3 扶正与祛邪同等重要

黄中柱在长期的临床实践中认真总结出：即使临床表现为实证的病例，如果单纯地运用祛邪剂，也难免耗伤正气，导致邪去正虚，而在祛邪的同时，佐以扶正，不但取得较好的疗效，同时患者在病去后迅速康复。

患者李某某，风热感冒，表现发热、咽痛、头痛、流涕、口干喜饮，脉浮数。医者投银翘散，服药后表热等症状消失，但觉疲惫乏力，头绵绵而痛，不思饮食，后服用参苓白术散而愈。而过一段时间，患者再次感冒，症状如出一辙，请黄中柱诊治，黄中柱用药仍用银翘散，但加太子参15g，服药后患者康复，无病后不适之状。又有一患儿王某某，患支气管肺炎近月，临床表现为：呼吸急促喉中痰鸣，咳嗽，伴发热（38.2℃上下）精神差，口唇轻度青紫，不思饮食。听诊两肺干、湿罗音，用了多种抗生素点滴和服用中药麻杏石甘汤、定喘汤等，但均无效，而求医于黄中柱，黄中柱用参麦散再用麻杏石甘汤治疗，其中参麦散的参用洋参，服3剂后病情明显好转。黄中柱实践认为：在治病中扶正与祛邪同等重要。只不过差别在于通过辨证运用二法孰轻孰重，灵活运用，纲举目张。

1.4 中老年疾病重视补肾气

黄中柱在治疗中老年人疾病时处处十分重视"肾气"，认为在临床上无论患者表现出是否有肾虚，但治疗上均要处处照顾肾气为主，在辨证上要十分关注患者的尺脉盛息，若尺脉沉，无力，可以考虑大胆地补肾，即使表现为实证也无妨。

刘某某，男，65岁，双侧腰部阵发性绞痛难忍，诊断为：双肾结石，求治于黄中柱。黄中柱查脉：双手脉弦但重按尺脉无力。黄中柱处方：制附片15g、肉桂6g、枣皮10g、淮山20g、云苓12g、巴戟10g、大云20g、石苇10g、三棱10g、莪术10g、木通10g、车前仁15g、生地20g、沉香6g（泡用）、泽泻10g、甘草3g。服15剂后，排出一粒结石。从此病例可以看出患者中医诊为石淋，病因为结石阻滞，表现为一派邪有余之实证，而患者年过花甲，尺脉无力，由此可知肾气不足，治疗上补肾与排石相结合，能取得良好的疗效。黄中柱曾用此法治疗这类病例30例，效果很好。

江某某，女，54岁，头晕目眩七天，如坐舟车，伴恶心呕吐、耳鸣、精神萎靡、食欲不振。起病时医者予以健脾化痰祛风之中药，但病情未缓解。经黄中柱诊视，诊脉，患者双脉沉细无力，尤右尺脉弱，处方：制附片20g、干姜10g、肉桂5g、天麻15g、黄芪30g、党参15g、黄精18g、川芎6g、淮山30g、苡米20g、制半夏30g、甘草6g。服6剂后，病愈。此病例诊断为眩晕，导致眩晕的原因很多，有肝阳上亢，气血虚弱，肾精不足，痰湿中阻等。临床上多有医者片面强调"无痰不作眩"，而不究其深层次病因病理。从上病例的表现来看，诊断的确有痰象，但为什么前医用健脾化痰，祛风之法却无疗效，黄中柱考虑以为患者年岁偏大，肾气不足，证中的痰是由肾气不足不能温煦脾阳，脾失健运，水湿停滞所产生的，同时肾气不足，阴血化生不足，肝失所养，肝风内动，痰逆生风，才产生了眩晕。所以，治疗上仅治标是无效的，只有针对本虚治疗才可大获成功。此外，黄中柱用补肾治疗很多例中老年人患咳嗽、泄泻、胸痹等其它病例，在此不可一一枚举。

1.5 外治法

姚某某，女60岁，下埠镇人，指、趾、膝关节肿胀，疼痛反复发作五年，指、趾关节畸形二年。诊断为类风湿性关节炎。曾长期服西药抗风湿药及激素和中药祛风散寒，通痹止痛之品。症状时轻时重，但始终未能彻底缓解。至黄中柱处求医时症状是：指、趾、膝关节肿胀、疼痛，但无红肿，指、趾关节呈梭状，行走不便。处方：内服：制川乌、制草乌、细辛、制马钱子、桂枝、黄芪、当归、鸡血藤、木通、田七、白花索、杜仲、寄生、羌活、独活、熟地、淮牛膝、西红花，以上研末，炼蜜为丸，一天四次，每次10g。外用：防风、独活、羌活、细辛、麻黄、桂枝、灵仙、秦艽、苍术各30g，煎汤蒸浴，蒸气温度以38～42℃为宜，蒸至出汗，但不能大汗淋漓过度。每天上午、中午、下午、晚上共四次。治疗半个月后，患者关节疼痛、肿胀消失，嘱其继续服内服药巩固疗效。一年后随访，春天小发一次，但以原方蒸浴九次即愈。

黄中柱认为临床上用蒸浴法治疗风湿病确有疗效。风寒湿痹，邪扰经络，肌肉、关节、病位较为表浅，用药物蒸浴，使腠理开泄，病邪随汗液排出，故有较好的疗效。

曾某某，男，2岁半，腹泄水样便日十余次2天，伴面色苍白，眼窝凹陷，皮肤干燥，精神萎靡，不思饮食，无发热，曾在某妇幼医院打点滴，但仍泄泻不止，特邀黄中柱出诊，黄中柱以艾条熏关元，双足三里穴，至局部皮肤潮红为止。嘱其家属夜间再熏一次，第三天腹泄止。

晏某某，男，26岁，中学教师，胃痛反复发作五天，时好时止。黄中柱考虑他服药不方便，用针灸治疗。处方：双足三里，中脘，关元针刺10天后即愈。随诊5年未复发。

2 临床经验

2.1 冠心病

黄中柱在五十年临床中，潜心研究冠心病的发病、发展和治疗，认为冠心病的病因病机从中医的角度看主要是气血瘀阻。心主血，心血的正常运行有赖于心气的推动作用，当心气心阳不足时，推动无力，血滞则瘀阻，瘀则胸痛。《素问·举痛论》指出："经脉流行不止，客于脉中则气不通。故卒死而痛"，充分说明胸痛的原因是心血瘀阻，而心血瘀阻又是因为心气、心阳不足所造成。因此，黄中柱认为此证属本虚标实之证，在治疗上要攻补兼施。用药常以黄芪、党参、红参、制附片、肉桂、桂枝等温阳补气；用红花、赤芍、田七、当归、山楂、丹参、薤白活血化瘀；心主血，以血为用，故又佐以熟地、川芎、白芍、枸杞等滋养心血。此外，还要根据其诱因的不同兼而治之。因情绪不遂而起病加郁金、柴胡，因受寒而发加荆芥、桂枝、苏叶、桑叶等等。

温某某，男，50岁。萍乡人，农民，1998年10月6日就诊。主诉：活动后胸痛半年。在半年前的一次剧烈活动后感胸闷痛，休息后自行缓解，当时未引起重视。每逢活动后（中等度活动量）就出现左胸闷痛，且症状逐渐加重，于是求于黄中柱，症状见：活动后胸痛、胸闷、脉沉缓。查心电图提示：1）窦性心动过缓，2）左室高电压，3）运动试验阳性。诊断为：冠心病。处方：制附片9g、红参12g、丹参15g、山楂18g、赤芍10g、白芍15g、瓜壳6g、薤白6g、当归18g、川芎6g、黄精30g、炙甘草8g。服4剂后精神好转，余证如故，守原方去赤芍、白芍，加黄芪18g再进4剂。三诊：活动后胸痛减轻，精神、饮食、睡眠均可，继服原方6剂。四诊：活动后胸痛消失，但时稍感胸闷，同样守原方进6剂，半年后随访，患者病症未发，嘱其常服丹参片和补中益气丸。

患者文某某，女，40岁，工人，萍乡人，2001年3月21日就诊。主诉胸闷，时胸痛半年余。在劳累或情绪不遂后感觉胸闷，甚则胸痛，休息后立即可以缓解。查心电图提示：心肌缺血改变。就诊时症状见胸闷，时有胸痛，持续时间一般不久，胸痛也不剧烈，可自行缓解，伴易疲劳，精神欠佳，睡眠，饮食正常，大、小便自调，舌淡红，苔薄白，脉细弦，略带涩象。诊断为：冠心病。处方：黄芪30g、太子参15g、当归15g、黄精30g、淮山15g、白芍10g、瓜壳10g、甘草6g。服4剂后胸闷、胸痛未作，精神好转，舌淡红，苔薄白，脉细，嘱继服前方10剂，再常服丹参片和补中益气丸。

2.2 小儿哮喘

黄中柱在临证中发现患哮喘病的患者多为体质软弱的人,正气不足是其根本原因,因此,在治疗上应注重祛邪与扶正相结合,当然在祛邪和扶正的运用上,可视病情的轻重缓急,酌情运用,特别要注意患者的体质强弱,药物的量剂大小,以免影响疗效。

患儿陈某某,女,5 岁,其母代诉:患儿感冒后咳嗽,气急三年,复发四天。患儿体质较弱,易受风寒,面色苍黄,不思饮食,尿清,便溏,舌淡红,苔白,脉缓无力,处方:炙麻黄 5g、杏仁 5g、细辛 1g、五味子 3g、桃仁 3g、法夏 3g、地龙 3g、白芥子 3g、葶苈子 3g、莱菔子 3g、生姜 1 片、甘草 2g、服 3 剂。二诊:气急止、仍咳嗽,咳吐白痰,仍以上方继服 3 剂。三诊:咳喘止,但面色欠华,食欲不振,以参苓白术散调理 10 天后患儿恢复健康。一年后随访,此病未发。

患儿刘某某,女,2 岁。咳嗽,气急三天,伴发热,精神萎靡,面色苍黄,头发少泽,食欲不振,小便清,大便二日未行,舌淡红,苔微黄,指纹浮淡青,询问患儿平素饮食起居,其母诉:小儿素饮食不佳、偏食、喜唾。处方:炙麻黄 3g、杏仁 3g、石膏 6g、法夏 3g、地龙 3g、桃仁 3g、云苓 3g、甘草 1g,服 3 剂。三诊:气急消失,仍有咳嗽继服前方 3 剂,病愈。

2.3 妇科病

黄中柱早年拜师于名老中医赖良蒲、沈波涵等先生门下,赖老自拟"固本调经汤"治疗妇女月经不调之症,黄中柱遵循其方,在几十年的临证中广为运用,用之治疗各种妇科疾病,均取得很好的疗效。"固本调经汤"由当归、柴胡、白芍、熟地、川芎、淮山、云苓、益母草、香附八味药物组成,方中以当归、白芍、熟地、川芎养血补血;以云苓、苡米、淮山健脾和胃;以益母草、柴胡、香附行气活血、调经。黄中柱在运用中以该方为基础方,根据不同的证状,通过辨证加减运用来治疗月经不调、痛经、崩漏、带下及更年期综合症等妇科疾病。如属血热者,加生地、丹皮、旱莲草、紫草等清热凉血;属血寒者则加制附子、桂枝、炮姜等温经散寒;属气滞者,加柴胡、玄胡、郁金、乌药等行气;属痰湿者,加法夏、川贝、浙贝、海螵蛸、陈皮、白附子等化痰;属血瘀者,加红花、桃仁、玄胡等活血化瘀;属气虚者,加黄芪、党参、红参、白术等补气;属血虚者,加阿胶、首乌、黄精等;于肝肾不足者,加枸杞、桑椹子、山茱萸;阴虚火旺者,加龟版、别甲、玉竹、玄参、生地等等。黄中柱认为妇科疾病虽病情复杂,病证繁多,但只要抓住"妇女以血为用"之关键,万变不离其宗,以养血、活血、散血、调经为治疗总则,再根据辨证灵活运用,疗效定如桴鼓。

龙某某,女,33 岁,萍乡湘东人。月经提前,且经期延长 1 年。因人流后出现月经提前,每个月提前 5 ~7 天,伴行经期延长 7 ~ 10 天,偶尔达半个月,量少、色黑、质稠,小腹疼痛,喜温,精神欠佳,纳可,大、小便正常。舌边紫暗,苔白,脉细迟。处方:当归 15g、熟地 18g、白芍 10g、川芎 6g、淮山 15g、益母草 15g、制香附 9g、炮姜 6g、柴胡 6g、黄精 30g、川断 10g、枸杞 15g。服 4 ~6 剂,二诊月经干净。续服前方 4 剂,并嘱在下月将来月经前来就诊。连续三个月后,月经周期正常。行经期 4 ~5 天,症状消失。

张某某,女,17 岁,学生,痛经 1 天。因月经来潮时天气炎热而饮大量冷饮后出现闭经,小腹剧烈疼痛,呻吟不止,出冷汗,面色苍白,四肢欠温,恶心欲呕、大小便可,舌淡红、苔白,脉沉细。处方:当归 15g、白芍 10g、熟地 18g、炮姜 7g、台乌 10g、玄胡 10g、桂枝 6g、甘草 3g,服 1 剂后疼痛减轻,3 剂后消失,月经正常。

文某某,女,49 岁,农民。近半年来月经周期紊乱,本次月经来潮量多(一日二包卫生纸),色正红,且持续近半个月不止,伴头晕眼花,气短乏力,小腹隐痛,膝酸软,面色苍白,食欲减退,二便调,曾在市妇保诊断为:更年期宫血,服西药欠效,而求医于黄中柱,查舌质淡偏胖,苔白,脉沉细无力。处方:当归 15g、白芍 15g、熟地 30g、川芎 6g、淮山 20g、云苓 10g、黄芪 30g、红参 10g、黄精 10g、寄生 15g、杜仲 10g、枸杞 10g、首乌 10g、益母草炭 10g、艾叶炭 10g、阿胶珠 15g 、甘草 3g。服 4 剂后月经量明显减少,但尚未彻底干净,续前方再进 4 剂;三诊:月经止,精神欠佳,面黄,少气乏力,以八珍汤调理 10 天,病愈。

徐某某,女,48 岁,教师,月经已经半年未来潮,出现烘热汗出,烦燥易怒,心悸失眠,多愁善感,食欲减退,大小便正常。舌淡红,苔白,脉弦细,诊断为更年期综合症。处方:当归 15g、白芍 10g、熟地 30g、川芎 6g、益母草 10g、制香附 10g、淮山 20g、云苓 12g、柴胡 9g、旱莲草 15g、山茱萸 10g、合欢皮 10g、龟版 12g、黄精 15g、生地 15g。服 4 剂后症状减轻。三诊:症状减轻。继服前方 7 剂。四诊:还有烘热汗出,嘱患者再进 7 剂,加服尼尔雌醇,痊愈。

2.4 小儿疳积

黄中柱在治疗小儿疳积中认为脾胃是治疗的关键。《妇科发挥·疳》中说:"疳症,此小儿之极病也,虽有五脏之不同,其实皆脾胃之病也。"小儿脏腑娇嫩,形气未充,喂养不当或恣食生冷、肥甘之品,或疾病均极易损伤脾胃而致胃气虚弱，脾气不足，因此治疗中无论证属虚属实、属虚实夹杂等都要补益脾胃，因此视证虚实决定补益脾胃与消食导滞的偏重。

黄中柱在治疗中常用太子参、白术、淮山、苡米、南山楂、扁豆补脾益胃，以太子参代替党参，因为党参较太子参更淡腻易滞也，而太子参是一味清补之品。消食导滞常用南山楂、麦芽、莱菔子、厚朴、槟榔之类。兼虫积加乌梅、使君子；兼热者，加葛根、毛根、连翘；兼气阴不足者加洋参、麦冬、石斛之类。或同时配合外治法，如针刺四缝疗法。

易某某，女，3岁，母代诉不思饮食1月，伴腹胀，面色苍白，毛发干燥欠润泽，口中喜饮(喜冷饮)，大便1日3次，夹有不消化物，放屁气味臭，大便可，舌淡红，苔中黄腻，指纹淡青。拟方：太子参10g、白术6g、淮山10g、苡米10g、云苓6g、葛根6g、黄连2g、厚朴3g、焦山楂10g、麦芽10g、莱菔子5g、陈皮3g、甘草3g。服4剂后，食欲增加，大便转为1日1次，守上方，去黄连加连翘3g，服7剂后病愈。

朱某某，男，1岁。父代诉不思饮食，腹大如鼓，身体消瘦半年，因断乳后饮食不佳，逐渐出现吃邻舍饭，甚至厌食，毛发稀少干枯竖立、烦燥、多汗、大小便可，舌淡红，苔白指纹青滞。拟方：太子参6g、白术3g、淮山6g、苡米6g、炒扁豆6g、干姜1g、莱菔子3g、焦山楂6g、麦芽6g、神曲3g、川朴3g、槟榔3g、麦冬6g、银柴胡3g、甘草1g。服4剂，并配刺四缝穴后，患儿吃饭较前稍有好转。继上方加干姜2g，服5剂食欲明显增加，再拟太子参6g、白术6g、云苓3g、淮山6g、苡米6g、藿香3g。服10剂，并加强营养，痊愈。

2.5 小儿紫癜

小儿紫癜属血证范畴，根据："凡治血者，必先以祛瘀为要"的理论，在辨证论治过程中，如证属血热者，当于凉血止血之中加入祛瘀活血之品，如为气不摄血者，亦当于益气摄血之中加入活血化瘀之品，以达到止血而不留瘀，既能祛瘀之品，以达到止血而不留瘀，既能祛瘀，又能生新的目的。分类如下：

①血热妄行型：治宜清热解毒，凉血止血活血散瘀。方选犀角地黄汤加减(方中犀角也可用水牛角代替)；水牛角10～20g、生地黄10～15g、赤芍6g、丹皮6g、茜草6g、丹参6g、紫草6g、生侧柏叶6g、川连3g、连翘6g、蝉衣3g、甘草2g。

加减法：如兼见鼻衄、齿衄者，加焦山栀6g，生石膏10g；尿血者加大、小蓟、白茅根各6g；便血者加地输、槐花各6g；如兼腹痛者加白芍6g，倍用甘草；如见高热烦躁、口渴、斑色红赤或紫红者，可用化瘀汤加减治疗。

②气不摄血型：治宜补气摄血，活血祛瘀为主。方选归脾汤加减：太子参6g、白术6g、炙黄芪6g、当归6g、鸡血藤10g、阿胶珠6g、仙鹤草6g、远志6g、茯苓6g、炙甘草3g。

加减法：如兼腰酸膝软，畏寒肢冷，斑色暗淡，大便稀溏或完谷不化者，加肉桂3g、艾叶3g、炮姜2g，如兼见盗汗、低热、恶楚频繁、手足心热者加黄精10g、五味子3g、鳖甲6g，兼腹胀、纳呆者，加焦山楂10g、木香3g。

③气滞血瘀型：治宜行气活血为主。方选桃红四物汤加减：桃仁6g、红花6g、川芎3g、当归3g、青陈皮各3g、郁金3g、木香3g、赤芍3g、枳壳3g、炙甘草3g。以上各型，药物用量大小，以病情而定。

朱某，男，11岁，安源区安源镇人。2000年7月18日初诊，门诊号0015914。患儿近三年来，紫癜反复出现，瘀斑色淡紫、面色萎黄、气短懒言、饮食欠佳、常有头昏、口唇色淡、舌质淡红、舌体胖大、脉沉细无力。常伴见鼻衄等症。诊断：气不摄血型。治法：宜补气摄血，活血化瘀。方药：方选归脾汤加减。党参60g、白术6g、炙黄芪10g、当归10g、川芎6g、鸡血藤10g、云苓6g、陈皮3g、炙甘草3g、毛根6g，水煎服，6剂。复诊：7月25日服药后各种症状明显减轻，精神好转，饮食增加，小便清长，紫癜已开始减少，照原方再服4剂。三诊：7月29日小块紫癜全消退干净，大块紫癜明显缩小，尿常规(－)。再服原方6剂，全身紫癜完全消退干净，其他症状也全部消失。四诊：因身体较弱，拟归脾汤10剂善后调理，半年后随访，末再复发。

马某，女，8岁，湘东区下埠乡人。2001年5月4日初诊，门诊号：0017265。患儿形体消瘦，面色无华，毛发干枯，心悸，倦怠，畏热烦躁，四肢关节酸楚，口喝饮饮，大便干结，双上下肢、臀部可见对称性分布紫癜，大小不一，按之不褪色、舌质红、苔薄黄稍腻、脉弦数。辨证：气滞实火，发斑紫癜。治法：清热解毒，凉血消斑。方药：消斑汤加味(自拟经验方)生地10g、赤芍6g、姜虫6g、丹参6g、银花6g、蛇虫草10g、毛根6g、蝉衣3g、当归6g、川芎6g、陈皮3g、甘草3g，4剂，花生衣为引。复诊：5月8日服药后关节疼痛明显减轻，精神好转，小便好，紫癜渐渐开始减少，但仍口干，便燥，原方再服5剂。三诊：5月13日服药后疼痛明显减轻，精神正常，活泼可爱，大便黄软，小块紫癜全消退，大块紫癜明显缩小，其他症状消失，原方再服3剂。四诊：5月16日全身紫癜完全消退，拟用八珍汤善后调理。一年后随访，未再复发，家长深表感谢。

2.6 胃炎

黄中柱治疗胃痛有其独特经验，慢性胃炎由于病程较长，故其病因和表现也较复杂，常常出现寒热错杂、虚实相见的证候。所以用药以"清灵"、"升降"为总原则，"清灵"的意义有三点，用药轻少，收散结合；配伍灵巧。胃炎初起，脾胃既虚，运化力弱，治投补剂必有碍脾胃运化之力，适得其反也；不仅补剂如此，纵为实热之证，亦不可峻剂攻伐，须中病即止。苦寒清热之品有败胃气之嫌，其用量也不宜太过；行气药多辛温芳香而性燥，多用重用有耗气伤阴之弊；消食化滞之品，适量用有健脾之效，然必见厚苔方用之为妙，少量为度，轻可去实为好，重则克损胃气。胃之病，寒热互存，虚实并见，诸证相兼者，于临床颇为多见。因此选方用药，孰轻孰重，最为关键。效不效，常在君臣佐使配伍之主要药中一二味之取舍；验与否，多因份量之增减为度。临床上要解决胃病之止痛，一定要升脾气，调肝气，降胃气，才可以解决升降问题，使阴阳之气平衡，人体气机升降有常，才能胃气安和，安和则胃病自愈。在用药上还要注意药中少佐之，以防太过，又可除隐患以防变证。在治疗上要因时、因地、因人而异，注意患者体质的寒热虚实之别。业师治胃经验简言为十宜：寒宜温，热宜清，虚宜补，实宜化，痛宜通，呕宜降，酸宜和，津宜生，汗宜收，胀宜消。

彭某某，男，39 岁，安源区安源镇人，1999 年 6 月 26 日初诊。胃痛 11 年左右，胃镜检查确诊为"慢性浅表性胃炎(糜烂型)"。经多方中西医求治，疗效不佳，反复发作，不能根治。在门诊请黄中柱诊治，当时症状：脘腹隐痛，喜温喜按，手足不温，这次因多食绿豆冰棒引起胃痛，进食半小时加重，胃脘胀满不舒，反酸，胸前区时有灼热感，舌体胖嫩有齿痕，苔白厚腻，中间薄黄，脉沉细。辨证：虚寒夹热。治法：温中散寒，健脾清热。拟用胃灵汤加减：太子参 20g、白术 10g、黄芩 6g、白芍 15g、广木香 10g、乌贼骨 6g、玄胡 6g、薤白 6g、砂仁 6g、炙甘草 6g。煎汤频服，服上方 15 剂，逐步显效。应用上方为丸，连服 6 个月。胃镜复查正常，追踪 2 年未复发。

刘某某，女，36 岁，湘东区下埠镇人，2003 年 10 月 9 日初诊。胃痛发作 3 天，脘腹刺痛，腹痛拒按，呕吐黑血 2 天，进食则呕吐，痛久不已。胃镜检查确诊为："慢性萎缩性胃炎，食道多发性小息肉；胃窦隆起病灶(脂肪瘤)"。辨证：胃实证(血瘀痰滞型)。治法：活血化瘀，消痰散结。方用胃灵汤加减：蒲黄 9g、五灵脂 10g、藕节 10g、太子参 15g、浙贝 15g、黄芩 10g、白芍 15g、半夏 12g、玄胡 10g、陈皮 6g、炙甘草 6g。服 3 剂呕血止，连续服 20 剂，诸症悉平。以上药配制为丸服用半年，随访今年未复发。(黄卫华　刘洁　黄卫民　黄科峰)

纪青山学术经验

【名老中医简介】纪青山(1938～)吉林省榆树人。主任医师，教授，硕士生导师。曾任长春中医学院针灸骨伤系副主任，长春中医学院附属医院针灸科主任。兼东北经络研究会副秘书长，吉林省针灸学会会长，长春市中医学会副理事长，针灸专业委员会主任等职。享受国务院特殊津贴。国家级名中医。擅长主治中风、面瘫、胃病、失眠、脱发、痛症(三叉神经痛、枕大痛、坐骨神经痛)、面肌痉挛等。

学术思想

1 针灸治病，辨证、辨病、辨经相得益彰

纪青山认为，中医治病要始终遵循"整体观念和辨证施治"两个原则，但中医一般偏重于辨证论治，而针灸不但要注重辨证论治，还要注重辨证和辨病相结合、辨病和辨经相结合。他认为临床辨证是中医治病先决条件，临床诊治重在疗效，但疗效是建立在辨证的基础上，只有深入细辨，透过纷繁复杂的现象看到其本质，抓住肯綮，才能达到取穴精确、疗效显著的目的。证治临床综合分析从整体出发，才能妙悟其理。但西医诊断又是治疗疾病的前提，提倡临床应中西医两条腿走路，互相取长补短，主张辨证与辨病相结合，治疗有科学依据，在西医诊断明确，中医辨证清晰的情况下施针治疗。例如：纪青山曾经治疗一例慢性泄泻患者，初诊表现为脾虚湿盛，故取穴脾俞、章门、太白以健脾，阴陵泉以利湿，针后其症大减，然而此后病情变化显示出以肾虚之象，即改取关元、太溪以补肾温阳，天枢、公孙以健脾，而臻痊愈。

纪青山主张辨证与辨病相结合的同时，亦主张辨病和辨经相结合，他认为辨病与辨经相互渗透融会贯通，才能达到针灸治病之效，临证常对某些内脏疾病，首先通过望、闻、问、切四诊，运用脏腑辨证和疾病在经络上的某些若干证候的反映，来推断为某病，病在何经。根据经络与疾病生理病理关系，用针刺某经络上的腧穴来达到治疗疾病的目的。如治胃病（胃脘痛），常取胃的募穴中脘配胃经合穴足三里来治疗；治疗泄泻、痢疾等肠胃疾病，常取大肠之募穴天枢及大肠经之原穴合谷、下合穴上巨虚，配胃经之合穴足三里来治疗；治疗肝病（胁痛）或胆病（胆囊炎、胆石症）等，常取肝之募穴期门及肝俞，胆之募穴日月，少阳三焦经穴支沟、胆经合穴阳陵泉、肝经之输穴（原穴）太冲配伍治疗，可取得良好效果。

2 针灸取穴，善用“五输”“原”穴

五输穴是十二经分布在肘膝关节以下的五个重要经穴。纪青山从随师学习针灸开始，就熟背“五输”“原”穴，领悟“五输”“原”穴之要义。临证五十余年，善用“五输”“原”穴治疗临床常见多发病，深有体会。临床常运用井穴如少商、商阳、少冲、少泽、中冲、关冲等穴浅刺出血以治疗神志昏迷、热病痉厥；取荥穴如鱼际、劳宫、液门、前谷浅刺疾出治疗高热惊风；取输穴后溪、中渚治头项强痛及腰脊痛，足临泣、陷谷、束骨、大陵直刺治疗腕、踝关节疼痛足跟痛；取经穴经渠、阳溪治疗咳嗽诸疾；取合穴足三里、阳陵泉、曲池治疗胃脘、胆腑疾病，用委中、阴陵泉、阴谷治少腹和妇科疾病。纪青山认为，由于原气导源于肾间动气，是人体生命之原动力，又是脏腑原气留止之处，所以临床上常运用肺经原穴太渊治疗哮喘、咯血，用心经原穴神门、心包经大陵治疗心悸、怔忡、失眠，用肝经原穴太冲治疗胃痛、泄泻、痢疾、食积不化等脾胃疾患，用肾经原穴太溪治疗耳聋、耳鸣、腰脊痛及遗精、阳痿等。纪青山认为针灸取穴能运用好肘膝以下的“五输穴”及“原”穴，既方便安全又确实有效。如果能深谙其“五输”“原”穴之原理，辨证配伍运用得当，能做到取穴少而精，收到事半功倍之效。

3 针刺施治，重视治神、得气、守气

纪青山临证40余年，运用针刺治疗患者近40余万人次，针刺手法有四大特点。

3.1 重视治神

纪青山针刺进针前重视治神，要求针刺术者，全神贯注，做到目无外视，手如握虚，心无内慕，如待贵人。强调心静平行，调理精神，先治术者之神气，后要守神而针刺之。切忌针刺时心神分散，一边进针一边与人谈笑。因此，老师针刺时眼神集中，拇指按压穴位，快速捻转进针，常令病人无痛感，不知不觉中针已入穴。

3.2 重用捻转提插

纪青山针刺重用捻转提插联用之补泻手法是其又一特长。针刺手法虽多，但他认为不管采用何种手法，捻转提插为其基本手法也。并强调用粗针捻转进针得气快，进针时运用捻转快速进针，可以减少针痛感，导气之时用提插手法来加强针感得气是其针刺操作手法要点之一。

3.3 重在得气

针刺之效，得气为要，这是纪青山的经验体会。纪青山在临床针刺中，强调术者要治神，运用捻转提插导气，同时更重视在针刺之中患者的针刺得气感，要求术者细心体会指下针感，非常重视“轻、滑、慢而未来，沉、涩、紧而已至”的古训。只要术者未有沉、涩、紧之感觉，必须借提插手法导气、引气，让患者得气。重视针感得气，强调气至有效是他开临证治病之遵循的重要原则之一。

3.4 重于守气

纪青山针刺施治除重视治神、导气、得气外，还强调以候气、守气来提高针刺疗效，认为治疗一些慢性痼疾，非浅刺疾出所能取效也，应重视患者得气后要留针守气，以保持患者事实上的针刺感和刺激量，才能取得较佳疗效。因此，其留针常在1h左右，甚至更长。针刺得气后，多采用静候守气为主。如果患者针刺中得气感不是很强，则可静以久留候气、守气，或静以守气、动以候气交替而达守气之目的，以提高临床疗效。（刘 洋 安小茹 王学东 张燕丽）

医案验案

1. 子宫内膜异位症

赵某某，女，39岁，干部。1989年1月24日初诊。

主诉：经行腹痛4年。

病史：患者4年前因感受寒湿后开始行经腹痛，每月发作1次，曾在某医院诊为子宫内膜异位症，经服西药治疗后，未效，又取中药效果亦不佳，故来我处求治。现症：腹痛难忍，大汗淋漓，呻吟不止，月经量少，色暗有块，腹痛得热则减，伴有头痛，周身乏力，食少纳呆。二便正常。

检查：神清语明，痛苦面容，弯腰扶腹，手足欠温。舌质淡，苔薄白，脉象沉迟。

诊断：子宫内膜异位症。

治则：温经散寒，化瘀除湿。

取穴：中极、归来、三阴交、秩边。

治法：取上穴每日针灸1次，中极、归来针上加灸，每穴灸3壮；三阴交、秩边只针不灸。

经治疗10次后，其痛乃止。以后每月月经来潮前5天进行温针治疗，连续治疗4个月，痛经而止。

2. 癔症性瘫痪

王某某，女，38岁，工人。1973年7月16日初诊。

主诉：右侧偏瘫1周。

病史：患者1周前与人争吵后，猝倒抽搐2个多小时，后现右侧上下肢活动不灵，经某医院神经科检查，诊断为癔症性瘫痪，服中西药物疗效不显。来我院就诊时，右上下肢仍不能活动，伴肢冷，抽搐，睡眠不好，胸闷心慌，气短，善叹息，饮食不好，二便正常，并发夜游症。

检查：神志尚清，语言流利，反应迟钝，表情淡漠。血压16/10.7kPa（120/80mmHg）。舌质绛苔黄，脉弦数。

诊断：癔症性瘫痪。

治则：舒肝理气，镇静安神。

取穴：百会、曲池、内关、阳陵泉、行间。

治法：毫针刺用泻法。留针20～30分钟，每日1次，针上加用701电麻仪通电。

共治疗5次获愈。1976年8月随访未见复发。

3. 癔症性失语

黄某某，女，40岁，社员。1974年3月24日初诊。

主诉：失语2个月。

病史：患者2个月前，因生气后引起音哑而致失语，经服中西药物2个月，未效，乃来诊治。

检查：身体健壮，面色淡黄。五官科检查：咽喉及声带未见异常。舌红，苔黄，脉沉弦。

诊断：癔症性失语。

治则：理气通经，开音利咽。

取穴：扶突、廉泉、合谷。

治法：取双侧穴，针用泻法，得气后每穴留针20分钟。每日1次。经过针刺1次后，患者即能发音。

第2天又针上述诸穴1次，共治疗2次，能流利说话而痊愈。1974年9月随访未见复发。

季光临床经验

【名老中医简介】季光　主任医师，教授，硕士生导师。现任通州市中医院名誉院长。江苏省中医学会理事，南通市中医学会副理事长，通州市中医学会理事长。江苏省名中医。享受国务院政府特殊津贴。从医40余年，擅长内科、肿瘤及妇科疾病的诊治，对胃病、咳喘、肿瘤等疑难杂症治疗有独到之处。主编《现代治癌验方精选》、《癌症的中医预防治疗》，《治癌临床经验精华》被列入《临床经验精华科技丛书》，发表论文20余篇。

临床经验

慢性阻塞性肺疾病

1 急性加重期，重在肺与大肠，全面辨审，确定慢阻肺急性加重的原因及有无兼变症的发生

慢性阻塞性肺病急性加重期应审因论治，根据患者感受风寒、风热不同，或内有痰热、寒饮的差异，给予相应的宣肺散寒、疏风清热、清热化痰、温肺化饮等治法，这是众所周知的。然而，临床上慢性阻塞性肺病急性加重的原因远非上述列举的如此简单，一般多病因复杂，甚至难以确定。这就要求临证时必须全面地收集病史和体格检查结果，并结合现代医学的检查手段，进行全面的综合分析，确定慢阻肺急性加重的原因及有无兼变症的发生。尤其要注意以下几种情况：①表里寒热错杂，如外感风寒内有痰热、外感风热内有寒痰伏饮等；②医源性因素，如长期使用抗生素、糖皮质激素，使人体的正气进一步虚损，引起条件致病菌的感染而呈现邪正错杂；③变症的发生导致新的病理因素的产生及其他脏腑功能的损害，如此又进一步加重肺通气功能的障碍；④结合现代医学的检查手段，对因心律失常、气胸、胸腔积液、肺栓塞引起的酷似慢性阻塞性肺病急性发作的临床表现，须仔细地加以鉴别。

这一阶段的治疗应始终抓住“肺以通为用”的要领，宣肺解表以散邪，宣肺清热以透邪，宣肺化痰以利气，温肺化痰以通气，散瘀泄热以畅气。若大便秘结，伏热不退，肺失清肃，则通腑泻实以安肺。方以三拗汤、杏苏散、银翘散、麻杏石甘汤、宣白承气汤加减变通应用。若出现神志昏糊，寒闭用苏合香丸，热闭用安宫牛黄丸，厥脱者大补元气。

2 稳定缓解期，调治脾肾，全面教育，综合治疗，最大限度保护肺脏功能

遵循“缓则治其本”的原则，重视缓解期的治疗显得尤为重要。脾土为后天之本，生化之源，补脾即

是补肺，正如前人谓“培土生金”，脾又为湿土，是“生痰之源”，补脾可截痰之来源。方以香砂六君子汤、二陈汤加减化裁，补中兼理气化痰燥湿，亦即治痰必先理气之意。“金水相生”指的是肺为水之上源。肺气失于肃降，可见小便不利浮肿，甚则癃闭无尿；肾又是藏精之脏，是肺阴、肺气补充之根本，肾气不足，则肺失所养。补肾即可养肺，方以七味都气丸、桂附八味丸加减。兼夹水气痰饮，以真武汤加减；脾肾兼病者，加二陈汤、三子养亲汤加减化裁。为了取得患者最大限度的依从配合，还要进行全面的教育，使患者认识到缓解期治疗的必要性，吸烟的危害性，饮食、起居、环境因素对本病的影响及康复锻炼的原理及要领等。一般来说，肺脾肾的亏虚是本病的根本，当根据患者的具体情况，给予相应的补肺、补脾、补肾治疗，尤其须注重三伏天及冬令的温补，一般以中药熬膏调服。

3 肺以通为用，治疗总以祛痰宣通肺气为要，忌止咳过度

依据《内经》脏象理论，五脏以藏为职，六腑以通为用，而季光从长期的临床实践中提出“肺以通为用”的观点。因肺是开放之脏，与大自然直接相通，主气、司呼吸，主肃降，肺脏气机和畅是以通达为前提的。肺藏气是以正常呼吸为基础的，“肺以通为用”正是肺脏体用功能的基本形式。牢牢的把握住肺脏这一功能特点，是治疗慢性阻塞性肺病的核心要素。朱丹溪曰“凡久喘之证，未发以扶正气为主，已发以攻邪为主。”在临床辨治中，无论是攻邪还是扶正，目的均是实现肺气的和顺通达。临床以此为诊治要点，每能在纷繁复杂的疾病中理清思路，切中证候病机而获得良好的效果。

4 典型验案

李某，女，67岁。2005年4月20日诊。患者患慢性阻塞性肺疾病5年，2005年3月因病情急性加重于某院住院治疗，使用高档抗生素、激素月余，病情反复不愈而自动出院。后请季光诊治，见患者面色㿠白，面肢浮肿，体态虚胖，畏寒厚被，咳痰无力，痰液白粘难咯，动则气喘，腹胀食少，舌体胖大，苔白腻，脉细而数。中医辨证为肺脾气虚，痰湿内蕴。除与患者脏腑功能不足有关外，与患者长期使用抗生素、激素有关，遂停用所有西药，予以中药益气健脾方调治。处方：黄芪30g，桂枝10g，白术10g，茯苓10g，陈皮10g，半夏10g，麻黄6g，杏仁10g，炙甘草6g，7剂。用法：水煎，每日1剂分两次服。服药后，患者畏寒除，咳嗽减，食欲增，精神转振。再服7剂，诸症好转，后调治月余而愈。（曹汉彬）

遣方用药

薏苡附子败酱散

1 治疗肠道诸疾

薏苡附子败酱散是家父推崇并经常使用的一张名方，其出自张仲景《金匮要略》：“肠痈之为病，其身甲错，腹皮急，按之濡，如肿状，腹无积聚，身无热，脉数，此为肠内有痈脓，薏苡附子败酱散主之。”故本病临床常用于肠痈脓已成而未溃之病证，即现代医学所说的急性阑尾炎、阑尾周围脓肿、慢性阑尾炎、腹内脓肿等。

阑尾炎是外科的常见病，居各种急腹症之首，本病70%～80%具有典型的转移性腹痛。中医学认为本病病因为湿热内蕴，邪毒瘀积，寒温失调，饮食失节，情志失畅，糟粕停滞等；病机为气滞血瘀，瘀久化热，甚则肉腐化脓。季光临床运用薏苡附子败酱散合大黄牡丹汤治疗急性阑尾炎有确切的疗效，同时对化脓性阑尾炎、阑尾周围脓肿及老年阑尾炎等，也均获效满意。早在二十世纪50年代末至60年代初，即中西医结合治疗急腹症的鼎盛期，运用该方加味治疗“肠痈”具有大量的病例资料可供参考。临床运用本方可视病情轻重、有脓无脓、邪毒性质、正气盛衰，而灵活选用其药味，增减其药量。

本方对腹内脓肿（腹膜内脓肿、腹膜后脓肿、腹腔内脏脓肿）同样具有很好的疗效，虽然三者具有不同的临床特征，但大多数腹内脓肿会引起发热，脓肿附近出现不同程度的腹部不适、疼痛或局限性腹膜炎，常见厌食、恶心、呕吐、腹泻或便秘。本病病机当属热毒壅滞，阻滞营卫，热化成脓。治以清热解毒、排脓消痈，方选薏苡附子败酱散加银花、蒲公英、枳实、厚朴、丹皮、当归、赤芍、生大黄、生甘草。若体虚气弱者，加党参、黄芪，酌减银花、蒲公英、大黄；热甚伤阴者减生大黄，加生地、玄参、太子参、麦冬等。《金匮要略方义》认为：薏苡下气则能排脓。附子微用，意在直走肠中屈曲之处，加以败酱之咸寒，以清积热。服后以小便下为度者，小便者，气化也，气通则痈结可开，滞者可行，而大便必泄污秽脓血，肠痈可已矣。《本草纲目》中亦记载：大黄下瘀血，血闭寒热，破癥瘕积聚，留饮宿食，荡涤肠胃，推陈致新，通利水谷，调中化食，安和五脏。故原方中加大黄、枳实、厚朴峻下热结，荡涤肠胃瘀热；金银花、蒲公英清热解毒；丹皮、赤芍清热凉血；当归活血通络；生甘草解毒调和诸药。全方共奏清热解毒，排脓消痈之效。

慢性结肠直肠炎属中医学“泄泻”、“痢疾”范畴，病机关键为脾虚湿盛化热，久泻脾肾阳虚，寒热虚实错杂，胃肠气机阻滞。治疗采用薏苡附子败酱散加大黄、丹皮。方中薏苡仁、败酱草善治大肠之湿热壅滞，有泄热散结利湿之功；附子辛热温阳散结，意在振奋肠中之阳，温运气机，解散阴寒内结；加大黄助清泄湿热之功；加丹皮助散瘀滞之力，全方通因通用，故收效颇著。

2 治疗妇科诸疾

慢性盆腔炎是妇科最常见的疾病之一，临床多表现为下腹痛，发热，阴道分泌物增多，及(或)异常子宫出血，或尿频尿急，或肛门坠胀、里急后重，症状常于月经期或月经后加重。本病可归属于中医学“少腹痛”、“癥瘕”、“积聚”、“带下”、“淋证”、“不孕”等范畴，属本虚标实证。由于本病病程较长，患者正气衰减，又因湿热、湿瘀滞凝结于胞宫、胞络，导致气血瘀阻、不通则痛。治疗予以薏苡附子败酱散加赤芍、丹皮、川楝子、延胡索、土茯苓、车前子、甘草。若热毒瘀结，伴有发热者，加银花、生大黄以加强清热凉血、解毒破瘀之功；若湿热与瘀浊搏结，伴见脓带、腹痛甚者，加萆薢、赤小豆、冬葵子以加强清热利湿排脓之功；若热毒积聚、血瘀气滞，伴见腹中包块者，加皂角针、穿山甲、昆布破坚散结、消痈排脓；若病情反复发作，并出现不同程度的盆腔粘连者，加三棱、莪术、桃仁、红化、血竭等；若合并月经迁延不净者，加茜草炭、蒲黄炭、银花炭等；体虚者加党参、黄芪；腰痛剧者加牛膝、杜仲、桑寄生等。

卵巢囊肿一般无症状，但可有压迫、疼痛或沉重感，通过B超即可确诊。一般认为卵巢囊肿大致相当于中医学“癥瘕”、“积聚”、“肠覃”范畴，或散见于“痛经”、“带下”中。治疗以薏苡附子败酱散辅以桂枝茯苓丸、当归芍药散加减。对于双侧、单侧、多发或单个卵巢囊肿均有较好的疗效。

宫外孕包块多见于非休克型输卵管妊娠，属中医学“血瘀少腹”、“癥瘕”、“腹痛”范畴。宫外孕患者在包块形成的早期，多见腹痛拒按，阴道出血，舌质偏红、苔微黄，脉弦或弦细略数等瘀热互结表现。若在胚胎被杀灭后，立即服用中药以消包块，不但可以达到早期治愈的目的，还能避免输卵管的局部病变。一般治以薏苡附子败酱散加红藤、蒲公英、生地炭、桃仁、赤芍、冬瓜仁。阴道出血未止者，附子减量，加炒阿胶、仙鹤草、茜草炭；发热者去附子，加忍冬藤、连翘；热甚者加炒丹皮、焦山栀；腹痛者加乌药、川楝子；便溏者去冬瓜仁；大便秘结者加生大黄。方中败酱草、红藤既有清热作用，又有散瘀之力，为本方君药，正如《本草纲目》云“败酱草善排脓破血”；加赤芍、桃仁、生地炭既可消痈去瘀，又可防止因活血祛瘀过猛而造成出血不止和包块破裂，若宫外孕包块在2个月或更长时间内未消者，则应重用活血祛瘀之品，选用附子取“结者非温不行”之义，血得温而行，遇寒则凝。凡痈肿瘀结症伴有热象者，若过用清热，则热清而瘀结难散，借附子辛散之力，使结者散之、消之。

输卵管积液是由输卵管急慢性炎症或毒性较低的细菌上行性感染所致。本病可归属于中医学“癥瘕”、“肠覃”的范畴，因寒凉伤于气机，水湿积聚不散而致。若病程日久，寒湿化热，煎熬水液，则成脓、成痰。但因气凝水聚，损碍部位局限，故对冲、任二脉影响尚小，月经仍可按时来潮。治疗以消水散结、温阳化瘀为大法，符合薏苡附子败酱散之方义。全方重用附子，并在其基础上加冬瓜子、莱菔子。气虚者加党参、黄芪、白术；腰骶部疼痛者加川断、杜仲；心烦易怒者加青皮、川楝子、黄芩；热重便干者减附子，加蒲公英、紫花地丁、红藤、白花蛇舌草；湿重者加泽兰、泽泻、苍术；血瘀者加蒲黄、五灵脂、三棱、莪术；痰凝不化者加南星、海藻、昆布、牡蛎、海蛤壳；包块质硬者加皂角刺、穿山甲、王不留行等。

3 治疗其他诸疾

乳腺小叶增生属中医学“乳癖”范畴，是最常见的乳房良性病证。临床表现为随月经周期出现的经前乳房疼痛，可触及大小不等的包块，多因肝郁日久化热，热蕴成痰，气机不畅，血行受阻成瘀，痰瘀互结于乳房而成乳癖。治疗以疏肝解郁理气为先，同时佐以化瘀散结软坚之品，季光多选用薏苡附子败酱散加贝母、川芎、香附、橘核，临床应用每获佳效。

慢性前列腺炎是临床常见病、多发病，多发于中老年人，以尿频、尿急、尿痛、尿线细、尿等待、尿分叉、小腹胀为主要症状。本病相当于中医学“癃闭”范畴，临床多见两种证型，一为肾中阴阳亏耗、湿热蕴着证。一为肾阳虚衰、膀胱湿热、寒热互结证。其中后者临床还表现为会阴部以及睾丸胀痛、发凉，并伴腰膝冷痛、喜温喜按、手足不温等症状。治宜温阳利湿、清热散结，可选用薏苡附子败酱散加王不留行、冬葵子、瞿麦、竹叶。若腰痛明显，可加怀牛膝、山茱萸等补肝肾、强筋骨；若夹血瘀证，可加大黄、桃仁。以取《伤寒论》桃仁承气汤之意。全方活血化瘀，泄热散结，通利水道，其中大黄又善治茎中痛，故收效满意。

4 体 会

薏苡附子败酱散是张仲景用于治疗“肠痈”已成

脓的一张名方，方中重用薏苡仁排脓消痈利肠胃，轻用附子振奋阳气、辛热散结，佐以败酱草破瘀排脓。探究该方，因其具排脓化毒、祛湿除邪、破瘀散结的功效，用于临床多种疾病均获良效。然季光认为，原方药仅三味，而临床病证多症杂势重，恐有药力不任之虑，故临床运用原方时，多在辨证的基础上采取加味配伍法，同时在多年的临床实践中体会到，只要辨证准确，加味药物方证配伍相宜，附子用量适度，对未成脓而证相符的病例同样可以运用本方。尤其对慢性阑尾炎、慢性盆腔炎、慢性前列腺炎、慢性结肠炎病变位于回盲部与降结肠至直肠段，同时证见寒热、痰瘀、湿浊交互者，在原方基础上据证加味配伍，多获良效。(季蒋晖)

贾六金儿科学术经验

【名老中医简介】贾六金(1941～)主任医师。现任职于山西中医学院附属医院。1961年毕业于山西中医学校。中华中医药学会委员，山西省中医药学会理事。第三批全国老中医药专家学术经验继承工作指导老师。从事中医临床及教学工作40余年，擅长儿科、内科常见病、多发病。发表论文20余篇，编写著作1部。

学术思想

1 崇尚并奉行中西医结合，取长补短，力求实效

贾六金一贯坚持中西医结合，他说中医几千年的优势就在于通过四诊将人体的全方位信息综合起来加以分析，着手于特定环境、个体差异及疾病的阶段性治疗，而现代医学则充分利用现代科学技术的成就寻找疾病发生的原因，从器官、组织到细胞、基因，从生物物理到生物化学。详尽地探知了人体的生理和病理机制，对大多数疾病的发生、发展都有系统的认识。要更好地弘扬中医特色，就要掌握现代医学知识，积极地从现代医学中汲取养料，为我所用。

1.1 坚持宏观辨证与微观辨证相结合

中医以宏观辨证见长，西医以微观认识为优，贾六金临证善将二者有机地结合起来，用现代化的诊疗手段来提高对疾病的认识，取长补短，以期对疾病有较全面的认识，使辨治达到更新更高的水平。如治疗小儿厌食症，将辨证和微量元素指标结合起来进行辨证治疗，取得很好的疗效。

1.2 坚持西医辨病与中医辨证相结合

贾六金指出，辨证和辨病相结合，决不是按照西医的诊断来应用中药治疗。而是立足于中医理论，发挥中医整体观念和辨证论治的优点，并且吸收西医对病因、病理的认识和科学的检查方法，来进一步认识病机，观察疾病的进退和疗效。如小儿咳嗽一证，首先要从中医的角度明确引起咳嗽的病因，是属于感受六淫所致的外感咳嗽，还是五脏受损引起的内伤咳嗽；从西医的角度辨病，仔细检查是因咽喉炎、扁桃体炎、气管支气管炎、肺炎、肺结核等呼吸道疾病引起的咳嗽，还是呼吸系统以外的某些疾病引起的咳嗽，这样对咳嗽一病才能有更全面的认识。才能更恰当地选方用药，提高疗效。贾六金还坚持无证从病、无病从证的辨证方法，如对紫癜性肾炎的后期治疗，临床可能已无症状，也即无证可辨，但仍存在镜下血尿，贾六金便会从病而治。治疗上，西医是辨病用药，中医强调人是一个有机整体，脏腑之间是相互关联的，其治疗可因人而异、因病而异，且有异病同治和同病异治，灵活多变。贾六金在临床是坚持辨病与辨证相结合，既考虑到病的各阶段证的变化，又不忽视疾病的本质，以此指导临床治疗用药，每获良效。

1.3 坚持证的动态变化性

一切事物都存在着阴阳转换、对立、消长的规律。这是其内部相互对立的两个方面，(阴阳)相互作用的结果。因此，贾六金十分注重证的动态变化，强调证是不断发展变化的，是不间断的移行过程。强调辨证时要灵活掌握临床表现，要抓主证，不要按图索骥，只要主证符合辨证即可。在治疗时，一定要有前瞻性，尤其是治疗急性病、传染病、发热性急病，如治疗温病，病在卫分就要考虑到气分，又如仲景所说“见肝之病，当先实脾”即是此意，只有这样，才能牢牢掌握主动权。

1.4 坚持实事求是，力求实效的原则

临床上，有些病中医疗效好，有些病西药疗效好，有些则是中西医结合疗效好。贾六金能对这些病做到准确的把握与区分，坚持实事求是的原则，讲求实效，从而大大提高了疗效。贾六金临床上一般疾病用中医药治疗，对西药有特效药的疾病坚决用西药治疗，如缺铁性贫血、佝偻病等补给铁剂、维生素D，患儿就能很快痊愈，贾六金决不会用中药去慢

慢调理，而像支气管肺炎一类的疾病，贾六金总是采取中西医结合治疗，以期尽快缓解病情，彻底清除病灶。

2 重视小儿生理病理特点在临床中的重要作用

小儿自出生到成人，始终处于不断的生长发育过程中，因此，小儿无论是在形体、生理方面，还是在病因、病理及治疗方面，都与成年人有着显著的不同。《素问·病机气宜保命集》指出："小儿和气如春，日渐滋长"，因此在生理上小儿脏腑娇嫩。形气未充，即钱乙所说：小儿"五脏六腑，成而未全，……全而未壮"；病理上发病容易，传变迅速，如吴鞠通所说："小儿脏腑薄，藩蓠疏，易于传变；肌肤嫩，神气怯，易于感触"；小儿又生机蓬勃，发育迅速。所以脏气清灵，易趋康复。这说明小儿在生理上，既有生机蓬勃，蒸蒸日上的一面，又有脏腑娇嫩、形气未充的一面。病理上因其"稚阳未充，稚阴未长"，抗病力低下，所以易于发病，发病后病情发展迅速，变化多端是最显著的特点。贾六金运用小儿解剖特点来进一步阐发古人的这一理论，如呼吸系统，小儿鼻腔短小，黏膜血管丰富，没有鼻毛，加上抗体产生较少，故易发生呼吸道感染性疾病，此即：小儿"肺常不足"，是脏腑娇嫩，易发病的具体表现；又消化系统，小儿胃呈水平位，贲门括约肌较松弛，故易呕吐和溢乳，因胃酸及消化液分泌相对较少，消化酶活力较低，故饮食稍有不当，即易引起腹泻，此乃小儿"脾常不足"。婴幼儿神经髓鞘未完全形成，兴奋易于扩散，因此高热时易出现惊厥，此"肝常有余"是也。这不但使我们更深刻、更形象地理解了小儿生理、病理的特点，也更进一步地认识到中医学的科学性、严谨性，对我们巩固专业思想、树立中医信心起了很大作用。

小儿的病机转化错综复杂，"易寒易热"，"易虚易实"，稍有疏忽便险象丛生，如《温病条辨·解儿难》中所说："小儿肤薄神怯，经络脏腑嫩小，不奈三气发泄。邪之来也，势如奔马，其传变也，急如掣电"。因此贾六金强调在临证时，必须明察小儿病理特点，掌握病情演变规律，及时诊断，预见可能的病机变化，采取有效措施，才能不断提高疗效。如贾六金治疗小儿外感发热一病，肺卫一旦感邪，便会子病及母，导致脾胃枢机不利，饮食易于积滞，蕴而助热，使热邪缠绵难退，故消积导滞之品不可不用。又因小儿形体未充，发病后"易虚易实"，"易寒易热"，因此病势若进一步发展，邪气则可由气入营入血，出现热扰神明或内陷厥阴的惊厥、昏迷、出血等危急变证，因此，急需予以疏风解表、清热解毒之重剂以挫其热势，防患于未然。

3 以五脏证治，突出肺、脾论治

贾六金对钱乙"五脏证治"的学术观点十分崇尚，结合数十年临床实践，逐步形成了"以五脏证治，突出肺、脾论治"的学术思想。贾六金认为，小儿脏腑柔弱，形气未充，发育未完善，对疾病的抗病能力较差，尤以肺、脾两脏更甚，突出表现为"肺常不足"，"脾常不足"，加上小儿寒暖不能自调，饮食不知自节，故外易为六淫之邪所侵，内易为饮食所伤，所以在临床上小儿肺系疾病、脾系疾病的发病率最高。贾六金指出，临床所见肺系疾病多伴有消化道症状，如感冒、咳嗽、肺炎喘嗽等病常伴有纳差、呕吐、大便干结或溏泄等症状；而积食、泄泻等脾胃疾病易诱发感冒、咳嗽等肺系疾病，这与肺脾两脏之间相互影响、相互制约密切相关，肺主一身之气，脾为后天之本，母子相生，脾旺肺强则不易生病；反之，若肺气不足，藩篱不固，则易遭受外邪侵袭，肺脏感邪后又极易子病犯母，导致脾的运化功能失司而生他变；或小儿饮食不知自节，易损伤脾胃，运化失健，则易母病及子，若久病则土不养金，常常肺脾同病而传变其他脏腑，使病邪留恋，病情反复不已。

突出从肺、脾论治，就是治疗时多从肺脏入手，兼顾脾胃，以宣肺调脾，驱邪逐寇为主，这不仅可清除病灶，同时还能强脾固肺，增强抵抗外邪的能力，避免滋生变证。如治疗小儿反复呼吸道感染，贾六金验方"小儿复感灵"中既有玉屏风补肺固卫，六君子健脾益气化痰，又有小柴胡和解少阳，尚有羌活、独活祛风解表，散寒升阳，板蓝根清热解毒，利咽散结，预防呼吸道感染。突出从肺、脾论治，就是重视肺脾与其他脏腑之间的关系，重视肺脾在小儿常见病、多发病中的主导地位，而不是否定从其他脏腑入手治疗小儿疾病。例如治疗小儿遗尿，即从补肾入手，通过补肾滋阴来达到固涩止遗的目的。突出从肺、脾论治，并不是单独强调肺脾，而是从治肺脾入手，达到治疗其他脏腑疾病的目的。如贾六金治疗其他许多慢性疾患，也常从调理肺脾入手，往往收到较好的疗效。

4 治疗上善用清法、和法，补法少用

贾六金根据小儿的生理病理特点，在治疗中处处体现用药柔润的原则，以清法、和法为要，力戒妄攻、误下与蛮补。

4.1 清 法

叶天士曰："襁褓小儿，体属纯阳，所患热病最多”。贾六金指出，小儿生机旺盛，一旦发病，则机体反应敏捷，对外邪有较强的反应能力，故而感邪后“易化热化火”，所以临床所见小儿“所患热病最多”，治疗时需用清法。现代医学认为小儿发热性疾病大多为感染性疾病，需抗感染治疗，而药理学研究证实清法中所用中药大部分都有抗病毒、杀菌或抑菌的作用。强调在运用清法时，要充分利用小儿纯阳之体易趋康复的特点，准确、及时地辨证施治，同时要谨慎用药，因清法所用药物性多寒凉，易损阳气，尤易伤伐脾胃之阳，不宜久用。须中病即止，以免阳气受损而使病情缠绵难愈。

4.2 和 法

贾六金指出，小儿从出生到成年，其生长发育过程往往时强时弱，时快时慢，时虚时实，其机能转输主要在少阳肝胆；在病变发生发展过程中，小儿易寒易热，易虚易实，究其原因，少阳枢机不利起着重要的作用。因此贾六金在治疗儿科疾病时，将和法应用到各种疾病的治疗当中，从外感病到内伤杂病，如外感发热、肺脾两虚、肝胃不和、肝脾不调、气血不调、营卫不和等等，均渗透了和法，常常寒热并用、补泻合用、表里双解、升降并用、敛散并用，疗效显著。

5 诊断时强调四诊合参，注重望口腔察咽喉

儿科古称哑科，小儿或不能言语，或表达不清，或言不足信，且检查时常常啼哭叫扰，声色俱变，难于合作，给诊断带来了困难，因此，临床上许多医师不注重问诊，而教科书中也有“四诊不求全备，以望诊为主”之说，这大有商榷的必要。贾六金指出，小儿疾病的发生、发展、变化过程，治疗经过，以及既往病史，衣食起居等基础资料，只有通过问诊才能获得。而这些资料是分析病情、判断病位、掌握病性及辨证治疗的可靠依据，是诊断、治疗疾病不可缺少的重要过程。因此贾六金一再告诫，望、闻、问、切是中医诊断疾病的一个有机整体，每一个过程都非常重要，临床务必四诊合参，万万不可偏颇。

贾六金每于临证之际，诊察小儿颇为详细。他将“有诸内者，必形诸外”的理论运用于临床，对面色、舌苔咽喉作深入精细的观察，注重望色，色症合参，立体观察，执简驭繁。总结出望咽喉辨寒热的经验，指导临床用药每收奇效。贾六金指出，咽喉是呼吸、进食的通道，肺主呼吸，胃主受纳，故咽喉为肺、胃之门户；心、肾、肝、脾、胃诸经均遍络于咽喉；而外邪侵袭人体，也多从口鼻咽喉而入，因此望咽喉是临床辨小儿虚实寒热一个非常客观、非常重要的指标。贾六金通过望咽喉的色泽变化来判断虚实寒热：以软腭为参照物，凡咽部色泽较硬腭红者，为热证，此又分为三种，稍红，多为外感风热所致；焮红，为里热炽盛之征；若为暗红，则为阴虚内热兼有瘀血。凡咽部色泽同软腭一样者，属寒证。同时贾六金十分注重查看舌苔，小儿一旦舌苔厚腻，常为湿困积滞之兆，须燥湿化湿、消积导滞，常用砂仁、白蔻仁、生薏苡仁、白术、苍术、炒三仙等药。

6 博采众长，融会贯通，善复方多法合用

贾六金辨证选方较为独到，善多方合用，多法并举。他指出：复方、多法合用优于单方、单法治疗，复方多法治疗涵盖面广，使主症、兼症都能得到充分的治疗，同时可汇总主方的优点，有利于集中优势打“歼灭战”，且多方合用，能将相类似的方子合成一方使用，有利于方剂的创新与发展，如临床贾六金常常将六味地黄丸、左归丸（饮）合用，肾气丸、右归丸合用，华盖散、杏苏散合用。（刘小渭 薛 征 樊小开 冯俊俐）

临床经验

小儿反复呼吸道感染

贾六金从小儿生理病理特点入手，结合气候及人文特点，创制小儿复感灵，用于临床防治小儿反复呼吸道感染，疗效确切。

小儿复感灵方药组成：黄芪 9g，太子参 6g，炒白术 6g，陈皮 6g，半夏 3g，白芍 6g，柴胡 6g，羌活 6g，独活 6g，防风 6g，黄芩 6g，板蓝根 9g，炒三仙各 9g，甘草 6g。每日 1 剂，水煎服，10 d 为 1 个疗程，每周服药 5 d，休息 2 d。

1 病案举隅

牛某，女，5 岁，2006 年 6 月 5 日初诊，患儿自幼体质欠佳，2 年多来经常呼吸道感染，稍有不慎即发鼻塞、咳嗽、发热等症，几乎每月一次，略为耽误则发为肺炎，每次需肌注、输液后方可缓解。患儿一向面色㿠白，时常汗出频频，近 1 w 来咳嗽频作，痰声漉漉，入夜尤甚，纳食欠佳，大便偏干。体格检查：咽部正常，双肺呼吸音粗糙，舌淡苔薄白，脉滑。脉证合参，证属肺脾气虚。西医诊断为反复呼吸道感染。治以补脾益肺，化痰消滞，和解清热。宗以小儿复感灵化裁：黄芪 9g，太子参 6g，炒白术 6g，陈皮 6g，半夏 8g，白芍 6g，柴胡 6g，羌活 6g，独活 6g，防风 6g，黄芩 6g，桔梗 10g，炒三仙各 9g，紫菀 10g，款冬花 10g，百部 10g，甘草 6g。每日 1 剂，水煎服。6 月 19 日二诊：药后咳嗽基本缓解，汗出减少，纳食略增，大便如常。体格检查：咽部正常，双肺呼吸音清晰，苔白脉缓。患儿咳嗽虽止，但补益肺脾绝非朝夕之功，仍当

补土生金巩固疗效，投小儿复感灵3个疗程，随访半年未再患病。

2 体 会

小儿呼吸道黏膜柔嫩，血管丰富，无鼻毛，纤毛运动差，清除病原体的能力薄弱，故儿童呼吸道感染性疾病最多见。小儿“脾常不足”的生理病理特点在小儿反复呼吸道感染的发生发展中起着非常重要的作用。随着生活水平的日益提高，儿童过食高蛋白食物的现象较为普遍，如肉类、海鲜类肥甘阴柔之品，多致小儿脾胃功能呆滞；又多贪凉饮冷，极易损伤脾胃之气，造成运化失健，土不养金，致肺虚卫外不固而易发生反复呼吸道感染。因此临床所见复感儿每每肺脾合病，虚实兼夹，多表现为脾肺气虚（或夹积滞）的基础上感受外邪而发病。发病后多表现出夹滞、夹痰、夹热的临床特点：

2.1 夹 滞

复感儿平素脾胃虚弱，感受外邪后易致脾胃纳化功能失调，腐熟运化不及，饮食稍增便可停聚不消，积而不化，气滞不行而成积滞，积滞进一步损伤脾胃，病理上因虚致滞和因滞致虚常同时存在，互为因果，相互影响，常出现脘腹胀满，不思乳食，或呕吐、泄泻等症。

2.2 夹 痰

脾气虚弱，运化失职，聚水成痰，上渍于肺，造成痰浊阻肺，即所谓“脾为生痰之源”，“肺为贮痰之器”；加之感邪后肺失宣肃，气机不利，津液失于敷布聚而生痰，壅塞气道，因而临床多见复感儿咳嗽痰多，甚则喉间痰鸣。

2.3 夹 热

小儿感邪则脾胃枢机不利，饮食积滞，易蕴而化热，临床常见发热、咽红、扁桃体肿大等症。

贾六金所创“小儿复感灵”由李东垣的《脾胃论》中“升阳益胃汤”化裁而来。方中太子参、白术补气健脾，燥湿和中。黄芪补脾肺而升阳气，益肺卫而固表虚，与太子参相须，黄芪善于走表补肺兼扶阳，太子参善于守里补脾兼养阴，二药一走一守，阴阳兼顾，里外通补；与防风合用，防风遍行周身而祛肌肤之风，为风药中之润剂，黄芪益脾肺而实卫，御外来之风，为补剂中之风药，黄芪得防风不虑其固邪，防风得黄芪不惧其散表，相得益彰，于补中寓散，散中有补，共奏实卫以散风、祛邪以固表之功。陈皮理气健脾，助黄芪、太子参健脾升阳，使其补而不滞，与半夏同用，陈皮理气和胃，半夏燥湿健脾，两药相须为用则燥湿化痰、健脾和胃之力更著。半夏燥湿化痰，散寒消痞，《药性论》曰其上能消痰，下肺气，中能开胃健脾，止呕吐，配黄芩能清上焦之热，燥肺中之痰。柴胡透表泄热，推陈致新，与黄芩、半夏合用，和少阳，畅枢机，疏半表半里之邪，清半表半里郁热。黄芩苦寒，清热燥湿，泻肺胃之火；白芍养血和营，固腠理，且于土中泻木，平抑肝阳，防小儿阳亢化风，与甘草相伍酸甘化阴，防温燥之药伤阴，同时有缓急止痛的作用，可预防因饮食不适引起的腹痛；防风、羌活、独活祛风解表，散寒升阳；炒三仙消食化滞，开胃和中；板蓝根清热解毒，利咽散结，同时具有预防呼吸道感染的作用。诸药合用，集补消、寒热、升降、开合于一方之中，标本兼顾，相辅相承，共奏补脾益肺、化痰消滞、和解清热之功。

小儿复感灵特点鲜明：①补消兼施，母子同治，既有太子参、白术、甘草健脾益气以复中气，黄芪升阳固表以强卫气，又有半夏、陈皮、三仙化痰消滞；②升降相得，清温并施，既有升清之太子参、白术、黄芪、柴胡，又有降浊之半夏、黄芩，既有辛温之半夏、羌活、独活，又有苦寒之柴胡、黄芩、板蓝根；③开阖适度，气血并举，既有防风、独活、柴胡宣散发表，又有白芍养血敛阴。清代周学海在《读医随笔》中谈到和法时云：“寒热并用，燥湿并用，升降敛散并用，非杂乱而无法也，正法之至妙也。”现代药理研究证明，太子参、黄芪、白术、白芍、防风、柴胡、黄芩、半夏、陈皮具有明显的增强机体免疫功能的作用，甘草具有双向调节免疫功能的作用，白术对肠管有双向调节作用，是很好的机体强壮剂，柴胡、防风、陈皮有抗炎、解热镇痛作用，半夏有祛痰、抗惊厥作用，柴胡、防风、白芍、黄芪、板蓝根具有抗病毒、抗细菌的作用。

本方取效的关键还在于药量的变化，而药量的多少取决于证候，视病情虚实寒热之多寡，决定补消升降清温之孰重孰轻，或参半，或三补七消，或七补三消，总之要做到补而不滞，消而无耗。此外，本病的发作与季节变化有很大的关系，因此，要依据六气变化而加减，如春季多风可重用紫苏、薄荷，夏季多火可加知母、栀子，长夏多湿可加藿香、佩兰，秋季多燥可加沙参、麦冬，冬季多寒可加生姜、附子等。结合《素问·八正神明论》第26条所说“月生无泻，月满无补”，患儿服药时间最好在农历每月初三至十四之间，一般2～3个疗程即可取效。（刘小渭 韩亚鹏）

小儿外感发热

1 组方及功效

药物组方：金银花、连翘、柴胡、黄芩、牛蒡子、桔梗、荆芥、大青叶、板蓝根、紫花地丁各8g，焦三仙各

10g，半夏、生甘草各 6g。具有辛凉解表、祛风退热、和解消食之功效。若风寒偏重，加羌活、防风增加辛温解表作用；若高热便干，为里热偏重，加生石膏以清阳明胃腑实热。

2 病案举隅

患儿张某，男，3 岁 8 月，因反复发热 3 月余，于 2006 年 1 月 5 日初诊。患儿 3 个多月来反复发热 5 次，每次体温均在 39 ~ 40℃，伴咽痛、咳嗽、头痛等症。去年曾两次在外院住院，均诊断为急性上呼吸道感染，用抗生素治疗，痊愈出院。但每间隔 10 d 左右上述症状又会复发，每次持续高热 3 ~ 5 d，均须输液治疗方可退热。今晨 1 时许患儿无明显诱因开始发热，T 39.4℃，家长予"泰诺林"后体温暂降，就诊时体温复升，伴轻咳有痰、口渴喜饮、大便干（两日未解）。平素食欲好，喜食肥甘厚味。查体：T 39.2℃，咽部充血，双侧扁桃体Ⅱ度肿大，双肺呼吸音粗，心、腹无异常，舌质偏红，舌苔白，舌中根部舌苔厚腻，脉浮数。证属外感发热夹积，投银柴退热汤加味：金银花、连翘、柴胡、黄芩、牛蒡子、桔梗、荆芥、大青叶、板蓝根、紫花地丁各 8g，焦三仙各 10g，半夏、甘草各 6g，生石膏 10g，枳实 8g，3 剂，每日 1 剂，频服。2 剂后体温降至正常，仍轻咳、大便偏干，遂复诊。查：咽部充血明显减轻，双侧扁桃体 I 度肿大，舌质稍红，厚腻苔已去大半。嘱停服上药（留以后备用），予轻宣肺气、清除余邪、调脾胃方药。药物组成：桑叶、菊花、连翘、芦根、桔梗、杏仁、浙贝母、板蓝根、牛蒡子各 8g，焦三仙各 10g，炒莱菔子 10g，甘草 6g。4 剂后一般情况良好，遂以"复感灵"7 剂收功。

3 体 会

小儿外感发热的特点为发病急、病程短、热势重，常伴恶寒、咳嗽、咽痛、流涕等肺卫表证。小儿为纯阳之体，具有传变迅速的病理特点，故邪气易从阳化热，从温化火，迅速传变深入气分，出现高热、烦躁、口渴、大便秘结等症状，而一旦出现高热多出现表证、半表半里证、里证等三证同时存在的情况，故须解表、和解少阳及清解里热。因小儿脏腑娇嫩，一遇感邪，则脾胃枢机不利，饮食易于积滞，蕴而助热，使热邪缠绵难退，故消积导滞之品不可不用。又因小儿形体未充，发病后"易虚易实"、"易寒易热"，因此病势若进一步发展，邪气则可由气入营入血，出现热扰神明或热入厥阴的惊厥、昏迷、出血等危急变证。因此，须急予疏风解表、清热解毒之重剂以挫其热势，防患于未然。

银柴退热汤由银翘散和小柴胡汤加减而成，以疏风解表、清热透邪、解毒退热为主，佐以和解导滞。方中荆芥、牛蒡子疏风散热、透表达邪，使邪从表散；荆芥"通肺气"，可除鼻塞流涕等症。金银花、连翘、大青叶、板蓝根、紫花地丁清热解毒、宣肺透邪。连翘善清心火，理肝气，如张锡纯在《医学衷中参西录》中云："具升浮宣散之力。流通气血，治十二经血凝气聚，为疮家要药。能透表解肌，清热透风，为治风热要药"；荆芥善搜血中之风，剔入营入血之邪，荆芥、连翘配伍相用，可防热扰神明或热陷厥阴之变。牛蒡子被历代医家奉为解毒利咽之要药，还具有泄热通便的作用。连翘、牛蒡子同用，可通泄热毒、散结消肿，专攻咽喉肿痛，具有初期能透解、中期能消散的功效。柴胡苦辛，"苦以发之"，可散火热之标；黄芩苦寒，"寒以胜之"，直折火热之本。二药相须为用，透表泄热，疏半表半里之邪。半夏辛温性燥，为太阴脾经、阳明胃经之要药，入脾能化湿祛痰，入胃能降逆止呕，消痞散结，配苦寒之黄芩，苦燥肺中之痰，寒清肺中之热，二药相辅相成，具母子同治、标本兼顾之功。桔梗辛散苦泄，宣开肺气，祛痰涎、止嗽咳，调达利气，与半夏合用，一升一降，宣肃并奏，通上焦郁滞，宣肺止咳。小儿尚有"脾常不足"的特点，感邪后易成夹滞之候，故用焦三仙开胃健脾，化食和中，消宿食积滞，化日久顽痰。甘草补脾益气，缓和药性。纵观全方，集辛开、苦降、甘调于一方之中，寒温并用，升降同调，虽治在肺卫，又旁顾心肝脾胃，既清解邪热，又和中消食，使内外宣通，三焦疏达，枢机畅利，脾胃调和，共达辛凉解表、祛风退热之功效。现代药理研究表明，金银花、连翘、大青叶、板蓝根、紫花地丁、黄芩、荆芥、牛蒡子对流感病毒、副流感病毒、疱疹病毒、柯萨奇病毒、乙脑病毒、腮腺炎病毒等有明显的抑制作用，对革兰氏阳性菌和阴性菌均有广泛的抑制作用，具有显著的解热、抗炎、抗过敏、镇痛等作用，能促进巨噬细胞的吞噬能力，促进内毒素抗体的产生，调节机体免疫功能。现代药理研究成果使本方的退热机制得到科学的论证和诠释，也为本方的解表清热作用提供了可靠的依据。

运用本方，重在取汗。汤药宜热服频服，以利发散驱邪。若服药后汗出热退身凉，提示表邪已解，不必尽剂。若服药后，汗出不透，寒热未退，说明表邪未解，药力不济，仍需继服，以出微汗热退为度。（刘小渭）

小儿腹痛

1 与现代医学多种疾病相关

贾六金认为小儿腹痛，多见以下情况。①肠虫症：小儿多见，农村发病高于城市，以肠道寄生虫、蛔虫导致多见。临床症状为脐周痛，疼痛不规律，严重者影响患儿食欲。②急性肠炎：由食入腐烂变质，或不干净食物导致。临床表现为腹痛、腹泻，可伴有呕吐。③便秘：多由肠腔内粪便积聚，肠腔内胀气引起。④腹型癫痫：癫痫的一种特殊表现形式，以腹痛、腹泻、恶心呕吐等胃肠道症状代替抽搐症状，特点为腹痛时发时止，腹痛时有轻微意识障碍，痛止后精神萎靡不振，腹痛时可作脑电图检查。⑤腹型偏头痛：周期性腹痛伴有呕吐，伴有偏头痛，发作持续数小时，表现为面色苍白，疲倦乏力等症状，发作时做脑电图、脑血流图可助诊断。⑥过敏性紫癜：2/3患儿出现腹痛，主要由血管炎引起的肠壁水肿、出血、坏死；疼痛为阵发性，疼痛剧烈，部位为脐周或下腹部，可出现轻重不等的便血。⑦肠系膜淋巴结炎：疼痛以右下腹为主，应注意和阑尾炎鉴别，发病时常伴有上呼吸道感染，或有发热，右下腹可摸到肿大淋巴结。⑧发热时伴有的腹痛：原因在于发热时肠蠕动加快、发热时蛔虫骚动不安或消化不良。⑨乳食积滞：由于饮食不节、暴饮暴食损伤脾胃，临床证见腹胀、腹满、腹痛。⑩肠绞痛：临床症状较重，表现为阵发性哭闹，发作时婴儿双膝上曲腹部，伴有排气，腹部紧张，双拳紧握，面容痛苦，不易缓解，一般为半岁以内小儿。诊断标准为：健康营养良好小儿，哭闹每日超过3h，每周超过3d，连续3周。病因一般认为与胃肠功能失调有关，可能的原因是对牛奶、蛋白的过敏，多在喂奶后2小时出现腹痛、腹胀、腹泻，又有人称为过敏性腹痛，婴儿及母亲不食牛奶者发病率较低，喂养方法不当也是发病原因之一。⑪再发性腹痛：发病率为5%～10%，15岁以内健康学龄儿童常有反复发作的腹痛，只有不足10%的病例可找到器质性原因，而常有证据表明腹痛和情绪紧张有关。临床表现为不同程度、不同持续时间的腹痛，部位在脐部，可发生在白天或晚上，周日晚上或周一早晨发作者不欲上学是主要原因，其家长及家庭成员常有胃肠功能紊乱病史。⑫肠套叠：多见于2岁以下小儿，4～10月为发病高峰，70%以上患儿有阵发性腹痛，同肠蠕动节律改变有关，伴呕吐、拒乳、便血，右小腹部可扪及蜡肠样肿块。

2 中医病因病机

贾六金认为导致小儿腹痛的原因主要是：因食、因寒、因虫、或因伤食感寒或肝郁气滞。①食所伤：古人云："乳贵有时，食贵有节"，引起腹痛的饮食不节常见原因有过饥过饱、过食生冷、辛热、肥甘、不洁之物。②虫内扰：常因小儿食入带有虫卵的不洁之物，滋生成虫。③感受寒邪：外感风寒之邪或过食生冷瓜果引发腹痛者甚重。张介宾总结临证所见即指出："盖三焦病证，因寒者常居八九，因热者十惟一二"。指出了寒证在腹痛中所占比例之大。④情志因素：《温病条辨》曰"小儿但无色欲耳，喜怒悲恐，较之成人更专"。精神紧张，或情志不舒，皆可致腹痛。其中多见肠寄生虫病所致腹痛及无器质性病变的小儿腹痛（如再发性腹痛），其它类型的腹痛在明确病因诊断并给以相应处理的基础上可参照以下内容辨证论治。

3 辨治思路

贾六金认为，腹痛临证应从腹痛的部位、性质、轻重着手。

3.1 寒积腹痛

多有外感寒邪、饮食生冷史，其腹痛特点为拘急疼痛，得温则缓，得寒痛甚。小儿又多有内伤食滞，外感寒邪。临床表现为腹痛、腹胀、兼发热恶寒；贾六金运用藿香和中汤治疗该证，其组方为藿香、厚朴、陈皮、山楂、白芷、川芎、砂仁、羌活、苍术、紫苏梗、甘草等。

3.2 食积腹痛

起病前均有伤乳或伤食的病史，以脘腹胀满、疼痛拒按、不思乳食为辨证要点。呕吐酸馊，大便臭秽，痛则欲泻，泻后痛减皆为伤食之候。贾六金用香砂平胃散加减治疗伤食腹痛，其组方为木香、砂仁、苍术、厚朴、陈皮、山楂、神曲、麦芽、枳壳、白芍、莱菔子、鸡内金、连翘等。

3.3 虫积腹痛

有饮食不洁，喜食异食，睡中磨牙，大便下虫或粪检有虫卵的病史。以脐周疼痛，痛喜揉按，时作时止为辨证要点。贾六金治疗该证在调理脾胃的基础上加用驱虫药。

3.4 肝脾不和腹痛

其病机为肝失疏泄，脾失健运。由情志不遂，郁怒伤肝，劳倦伤脾，饮食不当而导致。临床多见情绪不稳，急躁易怒，脘腹疼痛，食欲不振，腹痛腹泻，大便不调等。治疗宜疏肝理脾，方可选逍遥散、枳实芍药散、柴胡疏肝散等。贾六金擅长用柴胡疏肝散（柴胡、白芍、枳壳、甘草、陈皮、香附、川芎）加太子参、白术健脾益气，加广木香、乌药以加强行气止痛之功。强调该方重用白芍、芍药甘草汤治小儿寒热虚实腹痛皆有良效，因白芍疏肝解郁，因此白芍用量要大，木香、乌药理气止痛，为必不可少之要药。

3.5 虚寒腹痛

以胃脘部或大腹部疼痛为主。气痛则痛无定处,肠痈腹痛多在右侧少腹。临证应根据不同特点加减用药。

4 病案举隅

刁某,女性,9岁。反复腹痛3年余,疼痛部位主要为胃脘及脐周,喜温喜按,疼痛无明显规律。余无明显不适,纳可,大便调,舌淡,苔白,脉滑。诊为脐寒腹痛,治以健脾和胃、理气止痛,处以黄芪10g,炒白芍15g,桂枝8g,苍术10g,厚朴10g,陈皮10g,乌药10g,桔梗10g,草蔻仁10g,延胡索10g,五灵脂10g,甘草6g。每日1剂,水煎分服。连用4剂后患儿腹痛止,上方加香附10g,枳壳10g,白蔻仁10g继服4剂,随访2月未见发作。(薛 征 刘小渭)

贾淑兰临床经验

【名老中医简介】贾淑兰 女。主任医师。毕业于辽宁中医学院医疗系。全国高等教育学会临床教育研究会辽宁分会理事,辽宁省中医药学会常务理事,中医急症委员会和脾胃病专业委员会副主任委员,丹东市中医药学会和中西医结合学会理事长,内科专业委员会主任委员,《辽宁中医杂志》编委,《丹东医药》编委。辽宁省名中医。从医30年,擅长治疗脾胃病、肝胆病和心系疾病及亚健康,发表论文10余篇。

脾胃病

1 理顺升与降

脾胃居中,通连上下,为人体气机升降出入之枢纽。脾升胃降是脾胃生理功能的正常活动形式,生理情况下,脾升,才能将饮食水谷之精微输达于心肺,布散于周身;胃降,才能受纳、腐熟水谷,推送糟粕下行排出体外。因此,脾胃的升降受到历代医家的重视,《临证指南医案》中指出:脾胃之病虚实寒热,宜燥宜润,固当详变,其精于升降二字,尤为紧要。东垣详治脾胃,更精于升降,《脾胃论》首创升发脾阳,为后世医家所推崇。究其理论,升阳之治,必用升麻、柴胡;升阳之基础,要在益气;升阳之药量,妙在轻清,慎防药过病所。用风药升阳更为东垣所创,他认为,风药"助春夏之升浮"气味俱薄,既能入肝肾所居之下焦,又能出心肺所居之上焦,从而有"从阴引阳"之用。因而对脾胃内伤,中气下陷的"阴火"证更是不可缺少的药物;尤其是升麻、柴胡,一归脾胃,二归肝胆,相须为用,对脾胃内伤所致的气陷证最为适宜,其独到之处,不容忽视;"风胜湿",其作用关键在于助胆气上升,从而促进脾胃的运化、转输作用以清湿邪,"然而诸风之药损人元气",虽有用于脾胃的内伤之证,但毕竟有升浮发散作用,能耗人元气,故用于脾胃虚证只能遵循东垣所立的原则,在补脾方中"少佐之"为宜。脾胃之升降,虽各有特点,相互对立,但又协调统一,相反相成。

2 把握润与燥

脾为阴土,喜刚燥而恶湿,主运化水湿,病则易被湿困,虚则生湿,故脾病多湿,治宜甘温益气以健脾,芳香燥化以祛湿,代表方剂如升阳益胃汤、参苓白术散、补中益气汤、防已黄芪汤等。胃为阳土,喜柔润而恶燥,为水谷之海,病则易化燥、化热,治疗上应顺应其特性,甘凉滋润以养胃,诸如增液汤、益胃汤、沙参麦冬汤等,皆可选而用之。只是临床运用时不可拘泥一格,若胃阳不足者则不可一味柔润滋阴,而当治以辛香温燥之品,轻者白术、苍术、二陈汤,重者非附桂温补不能收功。若脾阴不足,则应避免燥烈之属,而以甘淡滋润濡而治之。

3 调节纳与化

"纳"与"化",是胃与脾的重要生理功能。胃主受纳水谷,故有"水谷之海"、"仓禀之官'之称。胃受纳作用之强弱,主要取决于胃气的虚实,胃气壮实则能食善纳,反之,则胃失和降不能盛受,引起胃气失降之原因既可是外感又可因七情内伤,临证时需具体分辨加以施治,如:因外感所至,当先解其外,表邪一除,胃气自和;若情志不舒,肝郁气滞、肝气犯胃所致,当疏肝和胃,情志畅、肝气调,则胃气自降;因寒湿秽浊阻胃者,予芳香开胃;食积滞塞者,又当消食导滞……总之,胃气得降,纳食自然得复。

4 从肝、肺、心、肾四脏调治脾胃

4.1 从肝调治

4.1.1 疏肝理脾、和胃降逆 适用于肝气郁结,木不疏土,而致肝胃气滞,证见脘腹串痛或胀痛牵及胸胁,脘痞、嗳气、纳少、嘈杂、恶心呕吐、郁闷不乐等,宜按本法施治,四逆散合金铃子散或柴胡舒肝散化裁。

4.1.2 抑木扶土 适用于肝旺脾(胃)弱,常根据肝郁犯脾或肝火犯胃的不同,分而治之。

抑肝扶脾法:对肝气犯脾所致的胁痛隐隐或腹

痛肠鸣，大便溏泻，便前腹痛，泻后痛减等，宜用此法，逍遥散合痛泻要方加减。

平肝和胃法：适用于肝火犯胃所致胃脘胀痛，牵及两胁，急躁易怒，嘈杂泛酸，口苦食少，大便不调，舌红苔黄，脉弦数等症，方用左金丸合温胆汤及金铃子散出入。

4.1.3 柔肝和胃 用于肝胃阴虚，胃失和降所致的胸胁满闷，胃脘灼痛或痞胀，口燥咽干，不欲饮食，心烦失眠，大便不爽，小便色黄，舌红少苔，脉弦细数等证。一贯煎加白芍、木瓜、石解、玉竹之属主之。

4.2 从肺论治

脾胃与肺，系母子相生，脾（胃）土为母，肺为其子。病理情况下，脾气虚弱，土不生金，则母病及子，肺气不足，子盗母气亦可致脾虚；肺失宣肃，又能使胃气不降，腑气不通，故脾胃有病，可以肺论治。如对久咳喘促，伤肺损脾所致的脾肺气虚症，宜补肺益脾为法，参苓白术散为主，酌加紫菀、五味子等益肺收敛之品。对肺气不降，腑气不通所致的胸闷、痰、喘、便结、苔黄等症，则应以宣白承气汤类肃肺通腑泄浊。

4.3 从心论治

心火能温煦脾土，亦能焦土，故心阳不及则脾（胃）病，心阳过亢脾（胃）亦病，故临床调治脾胃，不可忽略从心论治。如对心阳虚衰影响于脾所致的脾失健运，痰饮凌心之证（心悸、气短、甚则喘不得卧、咳嗽多痰、脘腹满闷、纳呆、泄泻、尿少、浮肿等），宜补心火生脾土为法，苓桂术甘汤合四君子汤加减；而对心火虚衰，胃寒内生之证（胃痛喜暖按、食少便塘、心悸、胸闷等）当予人参、白术、干姜、附子、肉桂、良姜、川椒等补心火以温胃土；心火过盛所致的胃热燥结之证（心烦失眠、食少腹胀、大便干结、尿黄、口臭、舌红苔黄等）宜大黄黄连泻心汤之属泻心火清胃热而母子同治。

4.4 从肾论治

脾、胃、肾为先天之本，内藏的真阳与真阴既能燥脾阳，又能滋胃阴。故肾对脾胃的影响，或为火衰不能生土，或为阴亏水滋土，因而治疗肾脏水火失调所致的脾（胃）病变主要有两法：一是对命门火衰、脾胃虚寒所致的脘腹冷痛、口淡不渴、畏寒肢冷、五更泄泻、完谷不化及腰膝酸软、头晕耳鸣等证，宜四神丸合附子理中汤化裁以补肾阳，温脾土；二是对肾胃阴虚所表现的形瘦腰酸、口咽干燥、大便干结、五心烦热、饥不欲食或嘈杂不饥、舌红、脉红数等证，则宜滋肾养胃，六味地黄丸加减。脾喜燥恶湿，胃喜润恶燥，两者互为表里，故临床用药，燥脾之湿应防太过而灼伤胃阴，润胃之燥要防过于滋腻而碍脾之健运。

5 调治脾胃中的几个问题

5.1 补脾勿忘先开胃

胃主纳，脾主化，而胃纳是脾化之基础，有正常的胃纳，饮食物与药物才能正常摄入与吸收。反之，胃失受纳，则脾无以化。因此，补脾必先开胃，开胃之法，常根据影响胃纳的原因而立，如临床常用的芳香开胃法（霍香正气散化裁），消导开胃法（保和丸、枳实消痞丸等），滋阴养胃法（沙参麦门冬汤类），理气降逆和胃法（旋复代赭汤类）等，皆属此类。均可使胃气得开，纳、降有序，方能使脾气得升，能运、能化，共同完成食物的消化、吸收与转输。

5.2 补以甘味

《内经》指出“五味入胃，甘先入脾，”说明“甘”是补脾药物的主味，故调补脾胃当以甘味药为主。甘味，又有甘温（以补阳）、甘凉（以补阴）之别，一般来说，脾为阴土，喜燥恶湿，故治脾病，多以甘温之性以助其升，如李东垣《脾胃论》中说：“甘温以补其中而升其阳”，即指此意。故治脾阳不足，中气下陷的补中益气汤和升阳益胃汤等方剂中，皆以甘温药为君，临床常用的四君子汤等补脾方剂也均以甘温药为主。阳明胃土喜润恶燥，故治胃病，多宜甘凉之品，以助其降。然而脾胃之中又各有阴阳，因此临证时应具体分析，辩证地立法、处方，方可不至于偏颇。

5.3 治病重视顾护胃气

一要防过于苦寒，损伤脾胃之阳；二防辛辣、温热太过灼伤脾胃之阴；三防补不得法，壅滞中焦、碍脾犯胃（当遵脾以平补为善，胃以通补为佳）；四防吐、下太过损脾败胃。（荣 华）

江育仁儿科学术经验

【名老中医简介】江育仁（1916～2003）　江苏常熟人。教授，主任医师，博士生导师。1938年毕业于上海中国医学院。中华全国中医学会第一、二届理事，中华全国中医学会儿科专业委员会副主任委员，全国中医儿科学会名誉会长，国务院学位委员会医学专家组成员。从事中医儿科临床60余载，倡导的"运脾法"在儿科治疗营养性疾病中取得了显著效果，在诊治流行性乙型脑炎方面有丰富经验。著有《中医儿科诊疗学》《中医儿科临床手册》等。

学术思想

1 观体质，崇尚"稚阴稚阳"学说

对于小儿生理特点，历来就有"纯阳之体"和"稚阴稚阳"的不同观点，对后世影响很大。江育仁为了验证这两种学术观点，曾从300例住院病例中的61例危重病儿，作了偏于伤阴和偏于伤阳的调查研究。通过观察，江育仁认为小儿生理确具有"稚阴稚阳"的特点，同时在病理上所表现的易虚易实、易寒易热，也是随着年龄增长而转归，伤阴伤阳亦互有转化。多见者如腹泻病例中的中毒性消化不良症，它可先伤胃阴，继伤脾阳，又能在胃阴耗损的同时，既出现口干舌绛，皮肤干燥皱瘪的症状，又可突然出现面色㿠白、两目无神、肢厥脉微的阳气厥脱危象，具体反映了"稚阴稚阳"的临床征象。对阴阳两伤的处理往往采取扶其阳而救其阴的方法，但必须审察孰者为主。盖阴与阳虽是不同的属性，但又是互根的，所以阴的滋生，必须赖阳气的濡化；阳可以统阴，而阴则不能统阳。江育仁认为：只有通过反复实践，才能较深刻地理解小儿"稚阴稚阳"这一生理特点的客观性，才能正确对待"小儿纯阳之体"的偏面观点。

2 论脾胃，倡导"脾健不在补，贵在运"

古有小儿"脾常不足"之说。江育仁指出："小儿脾气未充，运化力弱，而生长发育迅速，对水谷营养的需求量又高"，如果"喂养方法不当，饮食过量与不足，或突然改变饮食品种，增加过高的营养物质，超过正常的脾胃耐受能力，就会影响和导致脾失运化，而发生种种脾胃病变"。

江育仁尝谓，脾的正常生理功能之一是主运化，脾健则运。脾病证候的表现虽有不同，而脾失运化的病机转归则是一致的，如果一旦脾气失运、不运、或运迟、运弱，皆能发生种种脾胃病变。从整体言，脾虚亦可导致小儿免疫系统的功能低下而发生上呼吸道感染。可见健脾运脾这一指导思想，必须贯穿在防治小儿脾胃病乃至其它脏器病变的过程中。江育仁这一学术思想是仲景"四季脾旺而不受邪"的学术思想在儿科领域中的具体运用。

"脾健不在补，贵在运"，这是江育仁根据脾的生理病理特点提出的治疗法则。江育仁非常精练地把脾的功能归纳为运与化，提出"脾健不在补，贵在运"。欲健脾者，旨在运脾，欲使脾健则不在补，而贵在运。厌食症中只要符合脾运失健的病机和证候，均属运脾法的应用指征。并指出，运脾法属"和法"范围，具有补中寓消，消中有补，补不碍滞，消不伤正的调和作用，用于治疗小儿脾失运化而致的脾胃病最为适用。金·李东垣把温、调、和、养四法归之于补，其涵义亦是寓补于运，运中有补之意。江育仁的"脾健不在补，贵在运"的学术思想，不仅是对中医儿科临床治疗学的一大发展，更重要的是对小儿生理、病理学的一大阐明，学习和运用好这一理论法则，是对培育后天之本，有利于小儿正常生长发育和防治多种疾病的一项关键举措，尤其是以临床实践为依据，突出苍术运脾的药理作用，扬其长而避其短，这也是一大突破。

3 论乙脑，首创热、痰、风三证

流行性乙型脑炎（简称"乙脑）的治疗，各地均积累了不少经验。在病因方面，中医学者认为属于温病学说"暑温"范畴。按温病的传变规律，一般均由卫及气、由气入营入血。而本病特别是重症病例，发病急骤，往往病起即见昏迷、抽风等营血症状，如沿用卫气营血辨证，则难以合拍，且急性期与恢复期、后遗症期的病因病机，亦无统一的认识。因此，对本病的病因病理形成了阶段之间的割裂，给医疗、教学亦带来困难。江育仁为进一步探索本病的发病机理及其辨证治疗规律，有意识、有目的地对120例"乙脑"急性期及135例恢复期和后遗症期的病例进行了全面观察。根据"乙脑"急性期所出现的高热、昏迷、抽风三大主症，恢复期、后遗症期的不规则发热、意识障碍、吞咽困难、失语以及强直性瘫痪、震颤样抽动等症状，均具体表现了"热"（发热）、"痰"（意识障碍和颅神经症状）、"风"（抽风）等三大证候。而热、痰、风三者又互有联系，互为因果。如热极可以生风，风动生痰，痰盛生惊。它既是证候，又是病机。虽然三者之间可以同时存在，但必须有主要的一个方面。不过，急性期的热痰风证，实者为主；恢复期、后遗症期的热痰风证，则以虚为主或虚中夹实。江育仁为了进一步明确辨证，又将急性期的热证按其不同的属性，分为温、热、火三个类别。痰证为意识障碍，其狂躁不宁者为痰火，深度昏迷者为痰浊；风证中头痛项强，有表证者灼热无汗为外风，惊厥反复发作，持续不止，有汗者为邪陷心包、肝风内动之内风。恢复期及后遗症期发热，有阴虚和阳虚两类（感染性发热例外），强直性瘫痪为风窜络道，震颤样不自主动作的抽风为虚风。对吞咽困难的失语、痴呆者均列入痰浊证。通过多年的实践证明，运用热、痰、风理论，指导"乙脑"的辨证论治且有一定的规律性，对进一步探索其机理亦有很大的启迪。

4 辨疳证，归纳为疳气、疳积、干疳三大类

疳证是儿科四大证之一，涉及范围颇广。它不仅是营养不良的一种现象，而且是多种疾病的综合反映。病因复杂，命名繁多，历代医家仁者见仁，智者见智，概念多有含混，分类方法更无统一标志。江育仁从临床实践中观察到疳证症状是错综复杂的，很少以独立的症状出现。于是作了533例各类疳证的临床观察，并且从病因调查、证候分析、诊断依据、治疗方法以及合并症的产生等几个方面进行了分析。在533例中，属于营养不当的有305例，占57%(其中包括营养过剩)；由于病后失调的171例，占32.1%；属于先天不足、后天失调的有57例，占10.9%。说明古代医家提出的"诸疳皆脾胃病"的观点是符合实际的。江育仁将各类证候的表现和不同疳证的名称，根据"有诸内必形诸外"的理论，结合患儿临床特征，把疳证列为三大类：一为形体比较正常儿，消瘦，食欲不振，大便失调者，本组中有196例，占36.8%，属疳之初期，称为"疳气"，其病机属脾胃失调；二为能食不充肌肤，肚腹膨大，甚则青筋暴露，形如橄榄，多有合并肠寄生虫病者，有256倒，占48%，属疳之中期，名为"疳积"，其病机属脾虚夹积，虚中夹实；三为极度消瘦，犹如皮包骨头者，有8例，占15.2%，乃疳证之后期，称为"干疳"，病机为气血津液亏耗。江育仁还指出，疳证三期的治疗原则分别为：疳气以和为主，疳积消补兼施，干疳则以补为主。这一医疗经验的总结，对儿科临床具有重要的指导意义。

5 倡导麻疹肺炎辨证分类新方案

1965年以前关于麻疹肺炎的分类，各地报道很多，有按病邪性质分类的，有按麻疹病情分类的，有按病期分类的，缺乏统一的认识。江育仁教授认为，疾病的分类目的在于指导临床实践，便于临床医生所掌握。因此，分类分型的概念应明确、类型标志应明显、主症要突出，不宜把各种次要的夹杂症和兼症作为分类分型的依据，否则主次不清，标志不明，失去分类分型的目的和实用价值。他通过临床591例麻疹合并肺炎病例的治疗观察，将麻疹肺炎辨证分型为肺闭型、火毒型、内闭型和闭脱型4型，其中火毒型介于较轻的肺闭型、危重的闭脱型之间，是病机的关键。"麻疹合并肺炎"分型证治经验一文，在国家卫生部召开的全国"麻疹肺炎诊治规律"经验交流会上，被确定为制定麻疹合并肺炎中医辨证分类分证和疗效标准的参考资料，并公布在1964年的《中医杂志》上，作为中医诊断治疗麻疹合并肺炎的主要依据。(黄馥华)

临床经验

乙脑

1 急性期的治疗

1.1 发热的治疗

急性期发热分温、热、火三证，其病机变化为暑温在表，入里化热，热极化火生风温，证以头痛、怕风、嗜睡、颈有抵抗感为主证，舌苔薄白或淡黄，高热时多不出汗，偶有惊跳，神志清楚，不抽风，如夹湿者则舌苔白腻、恶心呕吐。其病机为暑温在表，治宜清暑透表，以新加香薷饮加减，常用香薷、薄荷、葛根、豆卷、僵蚕、连翘、银花，夹湿加鲜藿香、鲜佩兰；呕吐加姜半夏、姜竹茹。江育仁指出不宜过用苍术、厚朴等药，以防化燥伤阴。3岁以内，日服1剂，分3～4次服。较大儿童或高热稽留不退可日服2剂。服药后以全身潮润为宜。本方亦可煎汤外洗擦浴。温证多见于普通型病倒之初热期。

热证见高热而偶有抽风，嗜唾和烦躁交替，有汗或无汗，尚有知觉，口干喜饮，大便秘结，舌红苔黄。此为暑温入里化热，表里同病而以里热为主，治宜清解暑热兼顾宣透，方用白虎汤，常用生石膏、知母、寒水石，无汗或少汗加香薷、豆豉；有汗加鲜竹叶、黄芩、天花粉；便秘、舌苔老黄加生大黄通腑泄热。热证在乙脑中较为多见，可见于初热期及极期。热证须及时治疗，祛暑外泄，以保阴津，否则由热化火导致邪火充斥，肆逆无制。

火证常见于持续高热患者，伴有反复抽风呼吸急促，腹臌便秘，神志不清，舌红起刺，舌苔黄腻或灰糙。其病机为暑邪由热化火，火盛生风。江育仁认为本证的病机为火毒充斥，关键为"火"邪作祟，故治应侧重泻火，而泻火又重在通腑，故常选用凉膈散合龙胆泻肝汤加减的"釜底抽薪"法，此非一般清热凉营平肝息风所能取效。方中芒硝、大黄、山栀子、龙胆草、连翘、知母为主药。江育仁尤擅用大苦大寒之龙胆草，谓其对于肝胆上冲巅顶的实火有清脑降火、通腑达下、火息风灭之作用。在临床上出现脑水肿见症者，更为适应。

1.2 昏迷

昏迷属于痰证。其病机有痰浊内蒙或痰火内扰两大证型。痰浊内蒙者见有深度昏迷，舌苔厚腻，治宜芳香开窍，泄浊化痰。药用雄精3份，冰片、皂荚子粉各1份，共研极细末，每服0.3～0.6g，每日3～4次，以鲜石菖蒲汁(或干品15g煎汤)稀释鼻饲，连续

服用3～5天；亦可用苏合香丸温开辟秽。痰火内扰者见有狂躁不宁，嚎叫哭闹，舌苔黄糙，治宜泻肝火宁心神，药用龙胆草15g煎汁90mL，每次30mL，冲入朱砂粉（水飞）0.1～0.3g/次，每日3次，舌红者加入玄参15g煎汤。

痰证亦可表现为喉间痰多，特别一些重症乙脑使用冬眠疗法后更为多见。用一般化痰药不够理想，江育仁用鲜竹沥疗效较好，固其"性滑润利，走窍逐痰"，可"通达上下百骸毛窍诸处"。或用金礞石5份、玄明粉3份、沉香2份，研成极细粉末，每次1～3g，温开水稀释后灌服或鼻饲。

1.3 抽 风

抽风属风证，有外风、内风两类。外风多见于初热期，惊厥前多有头痛、怕风等感觉，继即高热、无汗、项强，舌苔薄白，热退后惊厥可暂停，醒后神志清楚，其病机为外感暑风，治与温证相似，不可随便使用清热息风平肝止痉之品，治以"体若燔炭，汗出而散"的解表法则，宜解暑祛风，即新加香薷饮加葛根、蝉衣等。内风多见于极期，亦可见于初热期，主症为惊厥的反复发作，或持续抽搐不止，抽风时神志昏迷，两目斜视或眼球向下，呼吸气促，腹膨便秘，舌红绛或起刺，苔多黄腻或灰垢，其病机为暑邪化火生风，用解热止痉难以奏效，江育仁按火证处理，即凉膈散合龙胆泻肝汤为主泄热通腑，导火下行，因火盛而风动，火灭风自息。

2 恢复期及后遗症期的治疗

恢复期及后遗症期发热的主要病机为热久伤阴和病久营虚卫弱；抽风中有虚风内动及风邪窜络两大类；神志变化中亦有痰火与痰浊的区别。所以恢复期及后遗症期的治疗也按热、痰、风三证辨证，但与初热期和极期有所不同，初热期及极期的热、痰、风以实证为主，而恢复期及后遗症期的热、痰、风则以虚证为多或虚中夹实。

2.1 热 证

表现为不规则低热或仅为低热，颜面潮红，虚烦少宁，偶有惊惕，口渴易汗出，小便黄，大便秘，舌红苔薄净。病机为暑邪伤阴，余邪留络。治宜清暑通络，以清络饮加减，常用鲜荷叶、鲜扁豆花、丝瓜络、青蒿、西瓜翠衣、六一散、钩藤、远志等；阴伤明显者，加用生鳖甲、生地、石斛育阴泄热。热病易于伤阴，故治以清热养阴为主。亦有因素体不足，营虚卫弱，病久伤及营卫，导致营卫失偕，气阳不足，可见面色㿠白，多汗，出汗部位以胸至头部为多，汗液欠温，精神萎靡，食欲不振，大便稀溏，小便清，舌淡苔白，质胖嫩，则宜调和营卫，常用桂枝加龙骨牡蛎汤。

2.2 痰 证

症状以意识障碍为主，可有两种情况。如深度昏迷或半昏迷，舌苔多呈厚腻，此为痰浊阻窍，宜用芳香豁痰开窍，如陈胆星、竹沥半夏、天竺黄、干菖蒲、矾郁金等。若见狂躁不宁，嚎叫哭闹，精神异常，舌红苔光者，多属痰火内扰心肝，治以泻火宁神，佐以养阴，宜用龙胆草、黄连、阿胶、生地、酸枣仁、琥珀等。

2.3 风 证

多见于肌张力和肌力的异常，以强直性瘫痪为多，如肢体强直、角弓反张等，属风邪窜络，气血痹阻。治宜搜风通络活血，常选全蝎、乌梢蛇、蜈蚣、僵蚕、地龙以搜络中之风。但须注意此类药有温燥辛窜、耗伤气血阴津之弊，故临证时，江育仁必佐以生地、当归、红花、鸡血藤等养血润燥之品，同时可酌用木瓜、丝瓜络、秦艽等舒筋活络。如见震颤样抖动与不自主动作者，可伴有低热出汗，虚烦不宁，口干，舌红绛，苔薄净或光红，则属久热伤阴，血燥生风，治宜养阴息风，常用生鳖甲、生龟版、牡蛎、珍珠母、生地、白芍、玄参，并服鸡子黄每日1～2只。风证在恢复期和后遗症期表现较为突出，因此搜风通络是江育仁在这二期治疗中常用的方法。

无论在乙脑的急性期、恢复期及后遗症期，都以热、痰、风为主证，而且三者并非单独出现，往往伴见并存，相互联系转化，互为因果，因热极可生风，风动则生痰，痰盛则生惊，因此江育仁在运用上述清热豁痰息风三大法则时，根据主次缓急轻重权衡，随证灵活施治，以期收到预期效果，达到降低病死率，减少后遗症的目的。（王明明）

麻 疹

1 诊断与分期

对于麻疹的诊断，江育仁指出要注意麻疹流行季节、年龄、症状、实验室检查等4个方面，并指出麻疹疹前期应与感冒相鉴别，出疹期应与风疹、幼儿急疹、猩红热等相鉴别。

麻疹分为顺证和逆证，根据麻疹发生发展规律，顺证临床可分为3期：①疹前期：症似感冒，有麻疹黏膜斑，色白根红，发热第2～3天出现，疹出后即消失。②出疹期：出疹顺序自耳后发际－面－颈－躯干－四肢，3～4天出齐，手足心鼻准都有为标准。③疹退期：按透发的次序消退，疹退后皮肤有脱屑。

2 治顺宜宣透、清解和养阴

一般顺证根据病程的发展及临床表现，分为疹前期、出疹期和疹退期，其治疗原则：①疹前期：宣透；②出疹期：清透；③疹退期：养阴。《医宗金鉴·痘疹心法要诀》指出："凡麻疹出，贵透彻，宜先用发表，使毒尽达于肌表"。可见治疗以辛凉透表、清热解毒、养阴清热为大法，其中以透疹为主。

江育仁治疗麻疹疹前期，注重因势利导，促使麻毒外达，治疗以宣透为主，方选宣毒发表汤加减。常用药物为荆芥、防风、葛根、前胡各5g，升麻、薄荷、桔梗、生甘草各3g，炒牛蒡子、连翘、建曲各10g等。发热恶寒，鼻流清涕加苏叶、羌活；发热烦躁，咽红口干加金银花、蝉蜕；咽喉疼痛，乳蛾红肿加射干、马勃；潮热有汗，精神疲倦，恶心呕吐，大便稀溏加藿香、佩兰；夜寐不安，尿黄短少加竹叶、通草；面色苍白，四肢欠温加太子参、葛根。麻疹欲透未出者，可另加浮萍、芫荽煎水外洗。治疗时应根据气候时令选药，若夏季患麻疹，酌加香薷、扁豆、浮萍等祛暑透疹。

出疹期疹毒已有外达之路，但内热炽盛易伤肺胃，江育仁认为此时须退其热毒，以保脏腑，治疗应以清热为主，方选竹叶石膏汤加减。常用药物为生石膏20g，竹叶15片，牡丹皮、炒牛蒡子、紫草、连翘、建曲、金银花各10g，生甘草、前胡各5g等。壮热不退，烦躁不安，加栀子、黄连、石膏；皮疹稠密，疹点红赤，紫暗成片，加牡丹皮、红花、紫草；神识昏沉嗜睡，加石菖蒲、郁金；壮热神烦、口渴舌绛、疹隐不透，加西河柳、豆豉以透疹；身不发热，皮疹未透或疹稀色淡，加黄芪、太子参。

疹退期人体内经过1周左右的邪正交争，病势虽然减退，但麻疹热毒，多易耗伤肺胃之阴，治疗时应以养阴为主，方选沙参麦冬汤加减。常用药物为南沙参、玉竹、石斛、大麦冬、天花粉、生地黄、谷芽、麦芽各10g，大贝母5g，陈皮5g等。麻疹收没过缓，加牡丹皮、丹参；苔黄口渴、汗出心烦，加生石膏、栀子；神倦自汗，食欲不振，加谷芽、麦芽、鸡内金；大便秘结，加瓜蒌仁、火麻仁；咳嗽不止，加枇杷叶。

注意事项：由于古有"麻喜清凉"之说，历代中医认为麻疹初出未透禁用苦寒，恐苦寒败胃或冰伏麻毒，使毒郁遏而不得出，反而成内攻之患，然麻疹未透，已并发肺炎，就应重用清热解毒药物。麻疹治疗过程中应注意三禁，即禁滋补、禁升提、禁固涩。早期滋补，犹如火上加油，疹点不易透出；见形期应以清肺为主，佐以解毒透疹，若疹点已透，仍投以柴胡、葛根，犹如举火助燃；麻疹病程中火轻嗽轻，火甚嗽甚，毒火下泻则泻泄，宜禁固涩而投清导之品，上清肺而解火郁，下导肠泄火毒。

3 治逆证宜清热、凉血和回阳

麻疹常见的逆证主要有以下几种：

3.1 在出疹过程中因复感风寒，或因麻毒深重，或疹回而热不退，高热咳嗽、气喘、鼻煽者，此乃热毒闭肺，应治以清热开肺，常用麻杏石甘汤加味。

3.2 患儿壮热持续，疹点大而紫黯或成斑块，舌红起刺，甚则神昏谵语，此乃热毒内陷，宜治以凉血解毒，常用犀角地黄汤加减。

3.3 患儿体质较差，疹出而疹色苍白；或突然隐没，面色㿠白，气短，自汗，四肢厥冷，此乃正气衰脱，治以回阳固脱，可用参附龙牡救逆汤加减。

4 合并肺炎宜透达、解毒和固脱

在麻疹患儿的并发症中，肺炎是最常见的一种并发症，也是引起患儿死亡的主要原因。江育仁通过长期的临床实践，灵活运用透达、解毒、固脱三大法则，大大提高了麻疹肺炎的治愈率。

4.1 透达

所谓透达即是宣肺达邪，使疹毒透于毛窍外，疹毒能透出则邪毒皆从外解。要透发疹毒，必须宣肺气，肺气宣则上焦气机通调，使麻毒不致内陷，这是阻断麻疹发生并发症的首要环节。

透达是遵从"疹喜透达"和"自内达外，由里及表"的自然规律，采取因势利导的治疗方法。由于患儿体质各异，气候寒暖不同，感邪亦有轻重，临床需根据不同病情，采取不同的透疹方法。江育仁在临床常根据患儿不同证型灵活运用辛凉、辛平、辛温、益气、护阴等法透疹。一般麻疹初期，疹未出齐，表证较重，发热咳嗽，舌苔薄白，脉浮，多采用辛平宣透，使邪从外泄，方选葛根解肌汤加减；若气候寒冷，风寒阻表，身热无汗，疹点透发不顺，舌苔白，脉紧，治宜辛温宣透，选三拗汤加味以辛温发汗散寒以助透疹；若疹出之时，天气炎热，患儿证见发热汗出，咽红，咳嗽不爽，舌红苔黄，脉浮数，此为风温郁表，治宜辛凉宣透，以银翘散加减；若患儿平素体虚，证见面色㿠白，出疹稀少，疹色淡而不活，舌淡苔薄，此乃禀赋虚弱，无力透疹外达，治宜托邪扶正以透疹。

气虚患儿可在宣透中酌加党参、黄芪、黄精等温补之品，见神萎、肢冷、脉弱等阳虚症，酌加淡附片、麻黄、西河柳等以温阳达邪透疹；若高热伤阴或素体阴虚，无津作汗，影响麻疹透发，宜治以护阴透疹，在宣透方中酌加生地黄、玄参、天花粉、芦根等养阴生津之品。另外，气候寒冷季节或患儿气阳不足，无力透疹，还可用西河柳、芫荽、浮萍、紫苏等煎汤熏洗头面、胸背、四肢以助透疹。

麻疹早期应用透达原则 透疹的同时，应及时判断麻疹是否出齐，如患儿疹已出齐，疹色红活是为顺证，一般不易发生并发症，疹已出齐则不宜再予透达。江育仁在长期临床实践观察中，总结出麻疹是否出齐的标志应重在观察鼻准部位，如透疹期内，鼻准出现2~3疹点者则表明麻疹已经透达；即使全身疹点密布，亦不能视为麻疹透齐，仍应按证施以透达，务使疹毒及时外达，力避"麻疹肺炎"等并发症的发生。

透达药物的选用，不必因麻毒为阳邪而避用辛温之药，应据证而施。现代药理报道，辛温药具有扩张血管作用，使患儿微微汗出，有温热感觉，可调节机体平衡，使皮疹易于透达。

4.2 解 毒

前人对麻疹的病变机制归纳为"毒兴于脾，热流于心，脏腑之伤，肺则尤甚。"在麻疹病变过程中无论哪期都可能由于邪毒炽盛、内闭于肺产生并发症，即麻疹肺炎。这是由于麻毒内闭所造成的，所以清解麻毒是治疗麻毒闭肺证的关键。若在疹前期、出疹期，宜注意透疹解毒；在疹退期则宜注意养阴解毒，一般可选用麻杏石甘汤加黄芩、葶苈子、桑白皮等宣肺开闭、清热解毒；若喉中痰鸣，气道不利，一般可选猴枣散、竹沥水等清肺化痰；若喘憋较甚，呼吸急促，喉中痰鸣，不能仅用一般清热解毒法，此时可选凉膈散，或重用单味生大黄泡水灌服。肺与大肠相表里，釜底抽薪，使火邪有出路，邪毒得以下泄，如必待下证具备，则为时晚矣。

4.3 固脱

麻疹肺炎从病理性质上分析属热属实，治疗常为清热解毒。然而小儿体属稚阴稚阳，病理变化往往易虚易实、易寒易热，在麻疹肺炎病变过程中常因肺气闭郁，导致心血运行不畅，如果正不胜邪，心血瘀阻加重，心失所养，心气不足可导致心阳不振，甚而出现心阳暴脱之危症。此时若囿于"小儿纯阳，无烦益火"之说或循于热病忌用温热药的惯例，仍用清热解毒法，待汗出淋漓，四肢厥冷，脉微欲绝，脱证出现时，才用回阳救逆法，恐蹈噬脐莫及之悔，从而延误了最佳治疗时机，导致患儿抢救不及时。江育仁认为麻疹肺炎病程中出现阳气外脱，是温热病中的坏症、变症，此时病在正虚，治疗关键在于抓得准、治得早，及时应用固脱之法。脱证虽来势突然，但在由闭转脱，由阳证转为阴证的过程中，一般都有先兆征象。如病程中出现面色苍白，山根、年寿部位青灰暗滞，脉细数疾而无力，呼吸浅促，精神淡漠，容易出汗，四肢欠温等。无论有无发热，皆有突然产生虚脱的可能，但见这些症状一二症即应急用回阳固脱之法，不需待脱证悉具。（郁晓维 王明明）

遣方用药

苍术调治脾胃病

1 疗腹泻重祛湿首选苍术

《片玉心书·泄泻门》言："泄羁皆属于湿。"湿为小儿腹泻的主要病理因素之一，治湿之法，各家不一，所用之药各有特点。江育仁临证，祛湿首选苍术。他指出苍术性味散苦，芳香悦胃，醒脾助运，能疏化苦燥水湿，对脾失输化、湿盛为主的腹泻应主用苍术。临证配伍对湿泻夹积者，用山楂、六曲与苍术伍用，增强助运止泻的效果；夏季暑湿致泄，用鸡苏散、霍香与苍术配用；若泻利日久，大便呈黄绿色，水份多者，已见伤及脾阳，方中常用苍术配炮姜，温运脾阳止泻。

为了便于临床推广运用，江育仁研制了一号止泻散（苍术炭、山楂炭）、二号止泻散（苍术炭、山楂炭、炮姜炭）及三号止泻散（葛根芩连汤加味制成）。在临床实验研究中曾观察了68例病例，全部患儿以一号止泻散为基本方，属于偏湿盛的腹泻治则单用一号止泻散燥湿运脾和胃；属于伤食泻者治用一号止泻散加鸡内金粉、陈皮粉、麦芽粉以消食化积，运脾止泻；属于湿热泻者治用一号加三号止泻散以清肠化温，运脾止泻，对脾虚泻用二号止泻散以温运脾阳而治。全部患儿在住院期间均未用抗菌素。结果治愈60例，好转6例，无效2例。治愈病例平均止泻时间3.9天。

2 治贫血辨证辨病结合，用苍术配皂矾

缺铁性贫血是卫生部所列重点防治小儿四病之一。临床表现：皮肤粘膜苍白，疲乏无力，食欲减退，头晕健忘，细胞免疫功能低下，常合并感染，舌质淡，辨证属气血亏虚，脾失健运证。江育仁指出，患儿气血亏虚是因脾失健运，生化之源无力而致，故缺铁性贫血之病本在脾，病理关键为脾失健运。提出了运脾为主兼以养血的治法。并拟定运脾养血散，方以苍术醒脾运脾，陈皮理气助运，皂矾养血生血，大枣和中安胃。

治疗观察176例缺铁性贫血患儿，其中运脾养血散治疗组91例，西药复方枸橼酸铁氨糖浆治疗组85例，以血红蛋白的上升幅值为主要指标。结果运脾养血散疗效显著优于复方枸橼酸铁氨糖浆。而且在改善食欲等临床症状方面运脾养血散也优于西药。运脾养血散在服用过程中未出现胃肠道反应等副作用。说明运脾养血散方用苍术、陈皮、大枣促进脾胃纳化吸收，又用皂矾补充患儿所缺的铁元素，既能有效地减轻皂矾的副作用，又能避免服用西药所引致的副作用。充分体现了辨证与辨病结合，扬长避短的优势。

3 治厌食以苍术为主组方

厌食是指小儿较长时期见食不贪、食欲不振，甚则厌恶进食的病症。通过对300例患儿的病情证候分析，江育仁发现其中60例属于脾运失健证，多由于感受时令之湿不化，或饮食不节所伤，或因疾病损及脾胃，致脾气困遏不舒，运化功能失健而成。据《灵枢·脉度》："脾气通于口，脾和，则口能知五谷矣"。以及万全提倡的"重在助运，贵在中和"之旨。江育仁提出当以健脾助运，恢复转运之机为治疗原则予以调中消食、运脾开胃之法。方用苍术配佩兰、陈皮、鸡内金、焦山楂等药，制成儿宝冲剂。用之治疗脾运失健厌食症患儿178例，有效率为91.5%。治疗后患儿普遍食欲增进，食量增加，体重增长，其他临床症状也明星改善。临床实验表明儿宝冲剂能增强患儿小肠吸收及胰酶分泌功能，提高患儿血淋巴细胞ANAE测定值及唾液SIgA含量，能使患儿锌、铁等多种微量元素含量提高。动物实验证明儿宝冲剂能提高家兔离体十二指肠对多种氨基酸和葡萄糖的吸收率。均说明以苍术为主组方的儿宝冲剂主要作用机理是增进机体对微量元素及其他营养物质的吸收和利用。

4 治营养不良重苍术运脾

小儿营养不良属中医疳证的范畴，以全身虚弱消瘦为主要临床表现，就目前临床所见，疳气证最多。责其病因，江育仁通过对533例各类疳证患儿进行分析，发现因喂养不当而致的305例，占57%。喂养不当，乳食失节，而致脾胃失调，运化失健，此即所谓"病起于过用"。临证见患儿形体略显消瘦，面色稍萎黄，食欲不振，或食多便多，大便干稀不调，精神不振，舌苔腻等，体重在同龄健康儿童标准体重的85%以下。江育仁治之用运脾和胃法，组方用苍术、陈皮、焦山楂、鸡内金等，全方燥湿理气，消食助运，不用补益、攻伐之品。江育仁认为疳气证以脾胃失调，运化之力较弱为主，若补则致壅滞，若攻则更伤脾胃，故以苍术为主组方，称为运脾合剂。经临床54例疳气证患儿应用观察，总有效率为83%，平均每例患儿用药一个多月后体重增加0.58kg，较1岁以上儿童平均每月体重增长值0.17kg，显著增高，患儿的食欲、食量及其他症状也有明显改善。

5 博古搜今述苍术之药理

5.1 苍术功在运脾

普遍认为苍术能健脾、燥湿、解郁、避秽。江育仁则明确指出苍术对脾胃的作用主要在运脾。对此古代医籍虽有论述，却不够详尽明了。如《本草通玄》言："苍术，宽中发汗，……大抵卑监之土，宜与白术以培之；敦阜之土，宜与苍术以平之。"《药品化义》："苍术，味辛主散，性温而燥，燥可去湿，专入脾胃……湿在中焦，滞气作泻，以此宽中健脾。"《玉楸药解》认为："白术守而不走，苍术走而不守，故白术善补，苍术善行"，"而泄水开郁，苍术独长。"张隐庵《本草崇原》进一步指出："凡被补脾，则用白术；凡欲运脾，则用苍术；欲补运相兼，则相兼而用。"这些论述虽提及"欲运脾，则用苍术"，又述苍术能"宽中"、"健脾"、"燥湿"、"开郁"、"善行"等，而苍术如何"运脾"，又如何"健脾"并未说明。苍术"宽中"、"燥湿"、"善行"与"运脾"、"健脾"有何关联，也未述及。江育仁在总结前贤的论述基础上，通过临床实践验证，认为苍术辛苦而温，气味芳香，其辛香开郁，苦温燥湿，芳香醒脾，辛温扶用，能开脾气之郁，疏脾湿之蕴，散脾经之寒，舒脾运之滞。万全提出脾性"喜燥而恶湿"，"喜运而恶滞"，"喜舒而恶郁"，"喜温而恶寒"。用苍术即能就脾之所喜而击脾之所恶，使脾气舒展，运化之机恢复而达健旺。"脾健则运，脾运则健，"所以"运脾"是苍术的主要药理作用，通过"运脾"而达到"健脾"。苍术"燥湿"、"宽中"、"善行"、"开郁"作用，是其"运脾"作用的几种不同作用途径。

5.2 苍术性燥，用之又当制之

《药品化义》："苍术，味辛主散，性温而燥"。《本草经疏》："凡病属阴虚血少，精不足，……法咸忌之"。《医学入门》："误服耗气血，燥津液，虚火动而痞闷愈甚。"有鉴于此，临床诸家皆畏苍术之燥烈而少用甚或不用。唯叶天士认为："脾为柔脏，惟刚药可以宣阳驱浊。"江育仁通过千余例病例观察，并未发现因用苍术而伤阴耗液者。他认为，苍术性燥，尤以生苍术为甚，临证当辨证而用。用苍术调治小儿脾胃病，取其运脾作用时，应少用或不用生苍术，而用炒苍术、焦苍术、苍术炭或漂苍术等炮制品，即用其燥而制其燥。现代药理研究也证明：米泔水漂苍术能缓和其燥性，认为去苍术之"燥性"系除去过量的挥发油成分，减少刺激性。而各种苍术炮制品其挥发油含量均较生苍术所含为少。（史正刚）

急重症

1 乙脑热毒炽盛—通腑泻火解毒

江育仁将乙脑高热、昏迷、抽风等临床相互间影响关系的转变规律，归纳为“热极生风、风动生痰，痰盛生惊”，提出其主要病理因素为“热、痰、风”，始终贯穿于乙脑疾病的急性期、恢复期及后遗症期的整个病程中。指出乙脑急性期的治疗法则“疗惊必先豁痰，豁痰必先祛风，祛风必先解热”，以解热为第一要义。江育仁选用凉膈散为治疗乙脑高热极期的主方，常用药物有大黄、芒硝、黄芩、山栀、薄荷等，其中大黄生用后下，药量加倍。通过对乙脑急性期121例病例观察，疗效较为满意。同时观察到一些频繁抽搐、颅内压增高的早期脑水肿病例，用甘露醇脱水剂及止痉药难以控制病情，通过灌服大黄等药后，腑气得通，发热减轻，抽搐也得缓解。

江育仁认为乙脑极期每多出现高热不退、频繁抽风、神昏烦躁、舌苔黄糙或灰垢、舌红起刺、脉大有力等症，为毒热内结阳明，化火已成燎原，一般清热、凉营、熄风等法难济其危，此时应重在泄火，而泄火又重在通腑，所谓“扬汤上沸，莫若釜底抽薪”，此时通腑不必拘于粪结有否，只要见到舌苔黄厚燥或灰即可下。故江育仁重用大黄，清涤中焦炽盛之热邪，使火热之邪假阳明为出路，达到热去痰消风自灭。

2 麻疹火毒闭肺—上病下取开肺

在麻疹流行的年代里，麻疹并发肺炎发病急暴，病情凶险，死亡率高。江育仁通过临床591倒麻疹并肺炎病例治疗观察，总结出麻疹并肺炎的辨证分型有肺闭型、火毒型、内闭型、闭脱型，其中火毒型介于较轻的肺闭型、危重的闭脱型之间，是病机的关键。抓住火毒型的治疗，使病情转重为轻，是降低死亡率的重要环节。所谓火毒型证见高热不退、气喘鼻煽、腹胀便秘、小便少赤、舌苔黄糙、精神烦躁，甚或神志不清等，作痰培养往往发现有金黄色葡萄球菌感染。这一类病例用一般清热解毒或清心开肺法治疗，效果常不理想。江育仁采用“急下存阴”、“上病下取”之法，投大剂凉膈散，并且增加服药次数，取得明显效果。

火毒之邪闭肺，最易耗损肺之阴液，严重者导致阴竭阳脱危证，此时“急下存阴”，重用大黄通腑泻火，恰合病机。肺与大肠相表里，此时“上病下取”，泻利大肠，可疏肺气之壅塞，助肺气之宣肃。本组麻疹并肺炎病例与乙脑热结阳明为异病同治，采用凉膈散，竣下泄热，通达腑气，虽不治肺而肺气自宣。

3 痢症湿浊内阻—通阳开结导滞

夏秋季节，因饮食不洁或啖食生冷，致湿热邪毒积滞内阻肠胃，脾胃失调，运化失职，下利秽浊甚或脓血，腹满时痛，舌苔浊腻等症。江育仁用通阳泄浊导滞之法，药用大黄、肉桂（3:2），研成细末，每次1~2g，开水调服，方便简便，效果颇佳。一些急性菌痢及迁延性菌痢用抗生素欠效的，用本方往往奏效。此方经临床30余年应用，至今仍为我院治疗痢疾的常用方。

江育仁采用大黄通导积滞，清利湿热，为“通因通用”，本是治痢之常法，其精妙之处在于配伍肉桂。盖湿为阴邪，其性粘腻，缠绵难化，如单用苦寒通利，难以彻除，肉桂辛热助阳，理气化湿，善于祛散阴邪湿浊，又可疏通肠胃气机，有助于大黄荡涤积垢，使留结于大肠屈曲之间的余邪清除贻净。另外，大黄苦寒，易伤胃气，肉桂可监制其副作用。脾喜温恶湿，得阳始运，肉桂还可鼓舞脾阳，促进脾胃运化，有利肠胃功能恢复。本方寒温并用，相辅相成，扬长避短，体现江育仁用药配伍之精当。

4 真实真虚—泻实补虚并行

江育仁曾治一例重症急性出血性坏死性肠炎，由南京某儿童医院收治。经西医治疗，给予大量输血、止血，患儿仍便血不止，延请江育仁会诊。此时患儿精神萎软，面色灰白，泻下赤豆汤样血水便，且有恶臭，伴发热、呕吐、腹痛、腹胀，舌苔黄腻，脉数无力，血压低下。既有大羸，又有大实，一派重危急证。江育仁细察病情，思虑再三，毅然处方，投药二味，人参加熟大黄煎汤灌服。药后患儿腹痛减轻，便血减少，精神好转，病情向愈。

出血性坏死性肠炎中医病机为感受秽毒湿热之邪，塞结中焦，热胜血败，损伤血络，瘀血内生，与邪毒互相胶结，愈加重肠络损伤，恶性循环，故出血便血不止。治疗法则当化湿解毒，祛瘀止血，如仅见血止血，反致闭门留寇，有害无益。江育仁采用大黄，其作用取《血证论》唐容川所说：“大黄一味，逆折而下，兼能破瘀逐陈，使不为患。”本例大黄加以熟制，是减其苦寒猛烈之性，用其推荡积滞，祛瘀止血之功。今患儿反复便血难止，气随血脱，元气衰微，虚象毕现，故用人参大补元气，救逆固脱。如此复杂重证，仅选简单二药，一泻一补，邪去正复，配伍精妙，举重若轻，实为不同凡响大手笔。

大黄气味大苦大寒，性禀直遂，治疗急重病证有独特效果，但易伤害脾胃之气。江育仁精于选方用药，善于扬长避短，在复杂的病证中应用大黄，如快刀斩乱麻，多种病痛迎刃而解。江育仁用药的原则是短期足量，中病即止，不留后遗症。（陆力生）

姜喆临床经验

【名老中医简介】姜喆(1949~)吉林省长春市人。主任医师,教授,硕士生导师。现任长春中医药大学第一临床医院内分泌、代谢、血液科主任。吉林省医学会糖尿病学分会名誉主任委员,吉林省中医学会糖尿病学分会主任委员,吉林省中西医结合学会糖尿病学分会副主任委员,吉林省医学会内分泌学分会副主任委员。吉林省名中医。主持完成国家中医药管理局项目1项,吉林省中医药管理局项目3项,吉林省科技厅项目1项,先后获国家中医药管理局科技进步奖1项,中华中医药学会科学技术奖1项,省中医药局科技进步奖2项,省科技进步三等奖3项。发表论文30余篇,出版论著5部。

糖尿病性胃轻瘫

1 病因病机

糖尿病性胃轻瘫(dia-betie gastroparesis,DGP)是糖尿病在消化道常见的慢性并发症。胃轻瘫又叫糖尿病胃肠麻痹或胃潴留,表现为胃张力低下,排空延缓。大约有40%~50%的糖尿病患者有早期胃轻瘫的表现,症状明显的占10%。本病临床主要表现为厌食、恶心、呕吐、早饱、嗳气、上腹胀满、上腹痛、便秘或腹泻等症状,轻者影响患者的生活质量、血糖的波动,重者可致病死率增加。现代医学对DGP的发病机制目前尚不十分清楚,多认为与神经损伤(尤其是迷走神经的损伤)、胃肠道激素的影响以及高血糖的作用有关,胃动力障碍是其发病关键。对于本病,在中医学中也早有论述,《素问·奇病论》曰:“脾瘅,此肥美之所发也,此人必数食甘美而多肥也。肥者令人内热,甘者令人中满,故其气上溢,转为消渴。”《圣济总录·消渴门》曰:“能食者,末传脑疽背疮;不能食者,末传中满臌胀。”论述了消渴(糖尿病)日久发生脾气虚弱、脾胃运化失常以及由此产生的脾胃症状。姜喆指出,“中满”正是脾为肥甘化热所滞,失其健运之明证,为本病发病之关键。基于古代文献相关论述,结合DGP的临床表现,姜喆认为本病属“消渴”“痞满”范畴,其病位在胃,与脾关系密切。从生理而言,脾以升为健,胃以降为顺,升降有序来共同完成人体饮食的消化、吸收和输布精微的作用。由于脾胃在生理上相互联系,因此在病理上亦相互影响。本病为消渴日久,阴损气耗,致脾气虚弱,运化无力,升降失常,食积于中焦,气机不利,或久病入络,瘀血阻滞胃络所致。姜喆认为,本病以脾胃虚弱不足为本,血瘀、湿困、食滞、气滞为标,其中瘀血与虚证均存在有普遍性,两者之间关系密切,DGP血瘀证的根本原因就在于气虚。

2 DGP的诊断治疗

本病目前尚无统一的诊断标准,姜喆认为有明确的糖尿病病史及临床症状和体征,辅助检查证实有胃动力障碍的存在即可确诊。其中,明确的糖尿病病史是诊断DGP不可缺少的一个重要条件。此外,诊断本病尚需排除其他影响胃排空的疾病,如食道炎、胃及十二指肠溃疡、肿瘤、结缔组织病等,还要排除药物(如麻醉剂、镇静剂等)作用。姜喆认为,随着现代检测手段的增加和进步,对其进行更早期的诊断已成为可能。在治疗方面,目前西医均是在控制血糖的基础上,应用促胃肠动力药,手法略显单一,且这些药物也有其局限性,如不良反应大,易产生耐药性,停药后病情易复发等。姜喆认为,与西医相比,中医的优势在于辨证论治疗效显著,副作用少。

中医学历来重视预防,早在《内经》中就提出了“治未病”的预防思想,强调“防患于未然”。《素问·四气调神大论》曰:“圣人不治已病治未病,不治已乱治未乱。……夫病已成而后药之,乱已成而后治之,……不亦晚乎。”再次指出了“治未病”的重要意义。因此本病也应注重早期诊断、早期治疗。姜喆主张,积极治疗糖尿病,防止DGP的发生,乃属未病先防;积极治疗DGP,防止其进展,乃属既病防变。在DGP的治疗中,早期应以预防为主,治疗多衷中参西,即在应用西药控制血糖的基础上配合中药治疗。姜喆通过多年临床探索,总结临床用药经验,认为运用中医药治疗DGP务使脾胃得健,壅滞得消,痞满得除,方可取得满意疗效。故此,姜喆针对病机提出,本病中医治疗的要点在于通过补益脾胃,并对相关脏腑组织的调固和病理产物的清除而达到使脾胃健运和顺的目的。即以补益脾胃为主,调补脏腑阴阳气血,及时处理好瘀血、湿浊、气滞、食积等兼证。基本方药组成:水红子15g,莱菔子20g,党参15g,白术15g,茯苓15g,半夏10g,香橼20g,赤芍10g。全方以水红子、莱菔子、党参、半夏为主药,共奏健脾利湿、行气消积之效。因虚气留滞,偏于气虚者可酌情加用山药以增强补虚功效。本病以脾胃虚弱不足为本，血瘀、湿困、食滞、气滞为标，故在补虚为主的基础上，兼顾祛瘀、化湿、消食、理气。因为糖尿病病机关键为阴虚燥热，且DGP的发病与肝、肾、大小肠功能失调也常有密切关系，所以治疗DGP除应用上述方法外，也应重视滋阴、疏肝，或结合补肾、宽肠等法综合运用。在上述方法中，姜喆尤其重视气血同治，即活血化瘀法的应用。他认为，DGP虽以脾胃虚弱、中焦气机阻滞为病机关键，但其发病时多见消渴久病的患者，所以经常存在"血瘀"、"胃络瘀阻"的病机，因此临床上若瘀血偏重者，可加用川芎、丹参或失笑散以增强活血化瘀力度，甚至选用活血通络之品，如刺猬皮、炮穿山甲等活血以祛瘀生新，使得气血通畅，瘀血诸症得消。伴食滞者，可加用焦山楂、神曲、鸡内金以及槟榔等健脾助运、消食化积。脾虚湿困者可酌加藿香、佩兰、苍术或薏苡仁以醒脾化湿，偏气滞者可加用香附、枳壳、厚朴、佛手、陈皮、木香等药以理气和胃、行气消胀除满，阴虚明显者可选用天花粉、石斛、生地、太子参、麦冬等药滋阴润燥，兼肠道气滞、大便不畅者可加用玉竹、何首乌、槟榔、炒莱菔子行气导滞，或加制大黄泄下通腑，大便不通兼腰膝酸软肾虚者可用济川煎加减。姜喆在多年临床实践中发现，DGP也易伴见其他消化系统疾病，如常合并胆囊炎，伴见口苦、咽干、胁肋不舒等症，可选用柴胡、黄芩、延胡索、郁金、生姜或川芎等药以舒肝利胆。合并胃炎时，伴见胃痛、返酸、嗳气、嘈杂等症，可选用山萘、砂仁、香附等药以理气和胃止痛。

在DGP的治疗中，姜喆还特别强调医患结合，中医治病非常重视调动患者的积极性，而不仅是单凭用药一途。中国古代就已注意应用饮食、运动疗法治疗糖尿病，孙思邈曾在世界范围内最早提出糖尿病应注重饮食治疗。现代研究亦表明，DGP的发病及病情进退多与饮食、运动及心理失衡等因素有关。姜喆指出，糖尿病是一种终身代谢性疾病，饮食治疗对维持机体正常生存和调整机体代谢失衡不可缺少，它是糖尿病综合治疗中的基础治疗。运动疗法可以改善胰岛素的敏感性，改善代谢指标，使患者保持标准体重及健康心理，改善心、肺、消化、骨骼、肌肉等系统功能。医生必须综合分析，科学地向患者告知病情及治疗方案，争取患者合作，使其正确控制饮食，适当运动，保持乐观情绪等。这其中要注意饮食、运动疗法的个体化及运动的适量和经常性，从而改善疾病的可逆因素，提高疗效并预防复发。

3 验案举隅

刘某，女，58岁，于2005年6月9日就诊。因消谷善饥于7年前多次测空腹血糖均在9.3mmol/L～12.0mmol/L，诊断为2型糖尿病。经饮食、运动疗法及服用磺脲类药物后，空腹血糖控制在5.7mmol/L～7.8mmol/L，餐后2h血糖控制在6.8mmol/L～10.3mmol/L。半年前开始出现上腹胀满，嗳气，尤以餐后明显，时有恶心，食量减少，体倦乏力，舌淡胖，苔薄白，脉沉细。查胃镜未见食道炎及胃、十二指肠器质性病变，肝胆胰脾B超未见异常。先后服用红霉素、吗丁啉、西沙必利，初服均有效，2～3周后上症又作。此次就诊患者自诉10d前自行停服降糖药，2d前自觉症状加重。就诊时证见上腹胀满，嗳气，尤以餐后明显，时有恶心，食量减少，大便时干时溏，倦怠乏力，舌质淡，苔白略干，脉沉细。空腹血糖7.1mmol/L，餐后2h血糖15.0mmol/L，肝功能、肾功能正常。食道、胃X线钡透显示蠕动减弱，伴食物胃内潴留，排空延迟。诊断为糖尿病性胃轻瘫，中医证属脾胃虚弱，中焦不达，治以补气健脾、和胃理气。嘱患者遵医嘱积极配合治疗，继续服用降糖药，均衡规律饮食，适当运动，保持乐观情绪。药物组成：水红子15g，莱菔子20g，鸡内金15g，党参15g，白术15g，半夏10g，茯苓15g，香橼15g，枳壳10g，赤芍15g。上方水煎取汁300mL，日1剂，早晚分服。6剂后，患者自觉上腹胀满、嗳气及倦怠乏力明显减轻，偶有恶心，饮食尚可，排便略感不畅，舌质淡，苔白，脉沉细。查空腹血糖6.1mmol/L，餐后2h血糖9.1mmol/L。在原方基础上加用槟榔15g，山药10g，再服6剂，余治疗同前。1周后，患者自诉上腹胀满、嗳气、恶心及倦怠乏力等症消失，饮食正常，大便正常，舌质淡，苔薄白，脉沉细。查空腹血糖5.3mmol/L，餐后2h血糖6.7mmol/L。空腹钡剂透视胃内未见潴留。随诊半年，病情稳定，未见复发。（包 扬）

姜春英临床经验

【名老中医简介】姜春英 女。主任医师，博士研究生导师。山东中医药大学附属医院肛肠科科主任。中华中医药学会肛肠分会常务委员，山东省中医药学会第四届理事会理事，山东疼痛研究会中医镇痛委员会副主任委员。山东省名中医。从事肛肠专业30余年，擅长对环状混合痔、高位肛瘘、直肠脱垂、功能性便秘、溃疡性结肠炎等肛肠科疑难病症的诊治。主持与承担国家级、省级、院级科研项目7项。发表论文20余篇，参编著作7部。

慢性结肠炎

1 治疗方法

姜春英分为两个步骤，首先是标本兼治，以治标为主以缓解症状，然后固本调元以善其后。

姜春英认为该病病位在大肠，大肠属阳腑，邪滞日久，多从阳化热。另外，邪留之处必有湿瘀，故本病之标多为湿热蕴结大肠，治标以清热燥湿祛风、活血化瘀消肿。六腑以通为用，大肠为阳腑，喜润恶燥，以通为用，遵从通因通用、去腐生新治则，以理气润肠通便法以祛邪。主方选秦艽苍术汤：秦艽12g，苍术9g，黄柏12g，桃仁9g，猪牙皂9g，防风9g，当归尾9g，泽泻6g，槟榔6g，大黄6g。如腹痛甚者，加乌药、甘草；如大便干结或初头干者，加麻仁、枳实、肉苁蓉；如大便溏泻或粘液多者，加败酱草、扁豆、蒲黄炭；如坠胀不适者，加青皮、木香；如有便血者，倍黄柏，加地榆。上方日1剂，水煎，早晚各1次，空腹热服。一般服7天后，病情稳定。

第二阶段要探本求源，其病之本在于肝脾。脾主运化水湿，脾不健运则酿为湿患，痰湿流于大肠，阻滞气机，影响腑气不畅，则或为便溏，或为大便秘涩不畅。诸痛皆责之肝，肝主疏泄，肝气不畅，横逆犯脾胃、大肠，则为腹痛、胁胀。肝气宜疏不宜伐，肝血宜养不宜耗，故治肝则药选青皮、木香、白芍、当归、柴胡以疏肝养血。治脾则宜燥湿以解脾困，温脾以振脾阳，药选苍术、陈皮、党参、干姜、黄芪等。大肠与肺相表里，治大肠之病佐以宣肺理气可助肠腑通降之职，药选杏仁、防风之属。如见全身乏力、心悸心慌等，酌加益智仁、柏子仁以养心安神。如腹部隐痛频发，宜重用青皮、木香、白芍；如腹痛喜温喜按，除重用苍术、干姜外，宜加小茴香；如腰膝酸冷，宜加山茱萸、制首乌、诃子、泽泻；如虚不受补，宜加黄连、黄柏反佐，兼清余邪。以此调补使正气渐复，继以饮食调理以收功。

2 病例举隅

李某某，男，48岁，已婚，1997年3月2日初诊。左下腹下坠隐痛7年，痛则欲便，里急后重，排粘液稀便，每日2~7次，饮酒及食生冷后加重。此外还有全身乏力，但小便调，纳眠尚可。自服吡哌酸、黄连素等则病情稍缓。舌质淡、苔薄黄腻，脉沉濡。乙状结肠镜检查见肠壁粘膜有节段性充血水肿。中医诊断为腹痛（湿热蕴结，脾肾亏虚）；西医诊断：慢性结肠炎。方用秦艽苍术汤加蒲黄炭12g，木香10g，乌药10g，败酱草15g。上方服6剂后，腹痛减轻，大便仍稍稀，每日2~3次，坠胀减轻。因病人久泄耗气伤阴，脾肾亏虚，改方重用健脾益气补肾、兼清湿热法。处方：白术10g，诃子10g，山茱萸15g，干姜6g，半夏10g，木通3g，败酱草15g，蒲黄炭15g，木香10g，乌药10g。服上方7剂后，食欲增加，面色红润，神疲乏力明显减轻，大便成形，每日1~2次，腹痛及坠胀不适感基本消失，舌质淡红、苔薄白，脉弦。继用健脾益气补肾、疏肝理气法。处方：党参12g，白术12g，诃子12g，山茱萸12g，白芍9g，制首乌12g，茯苓12g，香附9g，砂仁9g，小茴香9g，黄连6g，黄柏9g，甘草6g。服上方10剂后，患者腹痛等症状均消失，大便正常。随访半年未复发。

3 体会

慢性结肠炎属中医腹痛、泄泻等范畴。临证多表现为标实而本虚，即腑实而脏虚。腑实宜清宜下，脏虚宜补宜温，随证施治需不离病机大要。秦艽苍术汤方中秦艽祛风胜湿清热，黄柏清热燥湿解毒，作为君药；苍术燥湿健脾，防风祛风胜湿，泽泻利水渗湿，作为臣药；当归、木香、乌药、槟榔行气活血止痛，大黄、桃仁、杏仁泻下攻积化瘀。全方以清肠腑湿热，兼行气润肠通便，对于大肠湿热蕴结的标实能取效。然本病又多为虚实相兼，急治其标后当缓图病本。治本勿忘培补脾肾、补益气血以扶正，理气柔肝以平横逆之肝气。故在运用秦艽苍术汤祛邪大半之后，继续以白术、黄芪、陈皮、党参、甘草等健脾益气，芍药、青皮、香附等柔肝疏肝，山茱萸、制首乌、泽泻等补肾精、泻肾浊，仍以秦艽苍术汤清余邪，使诸药共奏标本兼治之功。其病虽然迁延日久难治，但是临床上分阶段标本治疗，疗效尚显著。（刘卫国　连文学　王端伟）

姜惠中妇科医案选

【名老中医简介】姜惠中　女。主任医师，教授，硕士生导师。现任职于湖北中医学院附属医院妇科。国家药品监督管理局新药审议专家，中华医学会湖北分会妇产科专业常务委员，中国中医药学会妇科专业委员会常务委员。第三批全国老中医药专家学术经验指导老师。擅长中西医结合诊治妇产科疾病。发表论文多篇。

1 卵巢早衰

郑某，女，24 岁，未婚，2004 年 1 月 17 日就诊。闭经 1 年，发病无任何诱因，病程中偶感头昏耳鸣，烦躁易怒，胸胁胀闷。既往健康状况良好，1 年前月经 4 ~ 5/25 ~ 30 天，量中，色红，白带稍多。B 超检查：子宫 3cm × 1.8cm × 2.3cm。双侧附件无异常，性激素测定：E2 15.8pg/mL，FSH 175.78mIu/mL，LH 36.42mIu/mL。BBT 单相。证见：舌淡暗，苔薄黄，脉细弦。中医诊断：闭经（肾虚肝郁）；西医诊断：卵巢早衰。治疗：①中医辨证施治：自拟补肾活血调冲任方：仙茅 15g，仙灵脾 15g，菟丝子 15g，枸杞子 10g，熟地 10g，鸡血藤 10g，香附 10g，牛膝 10g，当归 10g，川芎 15g，柴胡 10g，郁金 10g，炙甘草 6g。每日 1 剂，水煎服；②西药人工周期替代治疗：补佳乐 1 片，每天 1 次，连用 22 天；用药第 17 天加用黄体酮胶丸 200mg，每天 2 次，连用 5 天；HCG3000U，肌肉注射，每天 1 次，于月经第 13、14、15 天使用。用药期间，月经按期而至，烦躁、头昏、胸胁胀闷、烘热等症状逐渐好转。半年后复查性激素：E217.5pg/mL，FSH54.48mIu/mL，LH 23.07mIu/ml，PRL 13.28ug/mL。停用西药，单用中药按周期治疗（即卵泡发育期用上方，排卵期用促排卵方）：丹参 12g，茺蔚子 12g，赤芍 10g，桃仁 6g，当归 9g，菟丝子 9g，牛膝 9g 等。1 日 1 剂，水煎服。月经每月按时来潮，后两个月 BBT 开始出现双相。2005 年 3 月复查性激素：FSH7.9mIu/mL，E219.5pg/mL，LH11.3mIu/mL。继用中成药八珍颗粒巩固疗效，追踪观察半年，月经正常。

按 卵巢早衰，是多因素引起的综合征，目前发病有年轻化的趋势。姜惠中治疗本病的特点是：明确病因病机，寻根求源；中西医结合治疗，以中医理论进行辨证论治。闭经的病因，虚者多责之于肾、肝、脾之虚损，精、气、血不足，血海空虚，经血无源可泻；实者多责之于气、血之瘀滞，胞脉不通，经血无路可行。临床当辨虚实以补益通调。姜惠中在治疗中，根据患者惧怕闭经的心理，遵循急治标缓治本的中医理念，首先用西药人工周期（常用方案为雌、孕激素序贯治疗 3 ~ 6 个周期后，停药观察治疗反应），在短时间内快速使患者月经周期恢复，增强患者战胜疾病的信心；恢复月经后停用激素，再用中药继续调整；卵泡期：滋肾养血，调冲任，以促进卵泡发育；排卵前期：滋养精血，辅以助阳调气活血；黄体期：宜温补肾阳；行经期：调理冲任，通经活血。姜惠中认为，补肾活血中药有多系统、多环节的整合调节作用，特别是能提高卵巢对促性腺激素反应和卵巢中性激素受体的含量。近年来许多实验研究表明：补肾活血中药能提高 E2 水平，可以通过抑制特异性免疫损伤，使卵巢内残存的少数卵泡得以复苏，从而恢复部分卵巢功能。

2 子宫内膜异位性不孕

杨某，女，32 岁，2002 年 3 月就诊。结婚 6 年，患者婚前曾有痛经史，婚后同居未避孕，但一直未孕，其夫精液正常。患者经期腹痛，经量少，血色黯淡，常感头晕，疲乏，腰膝酸软，面部色素沉着。多次就诊于各大医院，其效不佳而转我院。证见：舌淡苔薄，脉沉细。妇检：外阴阴道无异常，子宫后位，骶韧带有多个结节，触痛明显；子宫大小正常，活动差；双侧附件增厚。B 超示：盆腔附件区域模糊不清。查血 EMAb 阳性。测定 BBT 为单相。西医诊断：子宫内膜异位症，原发不孕。中医诊断：不孕；癥瘕；痛经（肾虚血瘀型）。治疗：按月经周期自拟方，经后药用干地黄 15g，当归 12g，赤芍、白芍各 10g，泽兰 10g，丹参 20g，延胡索 10g，三棱 10g，莪术 10g，茺蔚子 10g，丹皮 10g，香附 10g，甘草 6g。10 剂，日 1 剂，水煎服。经前药用当归 12g，川芎 10g，赤芍、白芍各 10g，三棱 10g，莪术 10g，夏枯草 20g，钩藤 10g，生蒲黄、炒蒲黄各 10g，香附 10g，卷柏 10g，刘寄奴 10g，白术 10g，荔枝核 10g，甘草 6g。10 剂，日 1 剂，水煎服，至月经来潮。调经数月后，BBT 双相，痛经明显减轻。8 个月后停经 40 天。B 超检查，提示早孕。后生一健康男婴。

按子宫内膜异位症属祖国医学“不孕”、“痛经”、“癥瘕”等范畴。姜惠中认为，此症乃瘀血结于下腹，瘀阻冲任、胞宫、胞络。冲任之本在肾，胞络系于肾。肾阳不足，温煦无力，则血行停滞，凝结胞宫，进而血行受阻，血不归经，形成离经之血，即可形成子宫内膜异位；肾气虚则冲任不顾，离经之血流注经脉、脏腑，从而出现月经失调、不孕，积聚而久则成瘕。本病以肾虚为本，血瘀为标，属于本虚标实之证，当以补肾活血化瘀治之。治疗上分经前、经后不同用药，顺应了女性月经周期的特点，疗效甚好。

3 月经不调

徐某，37 岁，已婚，2005 年 3 月 12 日初诊。月经不调 8 个月。患者近 8 个月来月经周期缩短为 15 ~ 20 天，经期延长为 8 ~ 10 天，经色紫黯，开始量多，后淋漓量少，伴有乳房胀痛，腰骶坠胀，时有夜间盗汗，夜寐不安，心烦多梦。曾多次用中西药调经，时好时坏，故来我院求治。上次月经为2月29日，现阴道出血未净。证见：舌红少苔，脉细弦而数。妇检：外阴阴道无异常，少许暗红色血液，子宫大小正常，双侧附件正常；西医诊断：黄体功能不全。中医诊断：月经不调，经期延长。根据病情分析，此症乃肝肾阴虚、血热肝旺之证。治宜滋肾柔肝、滋阴养血。姜惠中自拟方：菟丝子15g，白芍10g，枸杞子10g，山茱萸10g，女贞子10g，生地15g，旱莲草15g，龟版15g，茜草10g，阿胶（另包）15g，甘草6g。5剂，每日1剂，水煎服。5天后复诊，经血已干净。复用上药5剂。三诊：月经按期而至，量正常，5天干净，但感腰腹坠胀。上方去龟版，加龟胶、鹿胶各10g，共10剂。第2个月经周期正常。守上方继用1个月后改八珍颗粒服用2个月。随访半年月经正常。

按　中医认为，本病病因为：虚、热、瘀，三者或单独成因，或复合成因，或互为因果，最终导致冲任受损，不能制约经血。在治疗上，按“急则治其标，缓则治其本”的原则，根据病情可以塞流、澄源并用，也可以澄源、固本同用。历代医家治疗妇科病各有柔肝、补肾、补脾之侧重，姜惠中的临床治疗则重在补肾。姜惠中认为，对月经不调者，治疗当以“调”为主，调经主要体现在平衡阴阳、调气和血、调理冲任，就是通过补肾、疏肝、健脾，补其不足，泻其有余。现代医学研究认为，补肾补血中药可以调节生殖轴功能，有助于子宫内膜增生，又可以促进子宫收缩帮助内膜剥脱；清热药可抗菌、消炎，帮助子宫收缩减少出血；化瘀药既有助于子宫内膜的剥脱又有助于内膜的增生。与西药治疗相比，中医药多环节的辨证治疗有明显的优势。临床中，姜惠中多次强调：滋肾柔肝、养阴调经、清热凉血是针对病因的治疗，但拟方用药时要防伤阴，辛温行血之品如当归、川芎等，最好不用。（谢　靳）

姜建国医案选

【名老中医简介】姜建国（1953～）教授，博士生导师。山东中医药大学基础医学院书记、常务副院长。山东中医药大学学术委员会委员、学位评定委员会委员，中华中医药学会仲景学说分会副主任委员，山东中医药学会仲景学说分会主任委员，山东中医药学会常务理事，山东医学会全科医学分会副主任委员，山东医学健康教育分会副主任委员，山东省医疗事故鉴定委员会委员。山东省名中医药专家。主要从事《伤寒论》辨证思维特征研究，外感病（内热外感）临床辨证论治研究，仲景方药对肝炎（乙肝）的辨证论治研究。发表研究论文80余篇，主编著作（教材）12部，参编著作12部。

厥阴病

1 舌疼案—厥阴热证

薛某某，女，68岁。2004年5月17日初诊。主诉：舌疼6个月，如吞服辣椒粉样灼痛，口干，常发口疮，伴胃中灼热，喜食冷，时有腰腿酸疼。曾服复合维生素B，亦服中药养阴之品，效果均不佳。舌质红赤，满布裂纹，舌体较大，无苔。脉沉弦略数。辨为肝肾阴虚，相火内炽，虚火上炎，病主在厥阴相火。治当滋补肝肾，清敛虚火。处方：乌梅12g，生地30g，山茱萸15g，知母10g，黄柏10g，桑椹子30g，女贞子12g，地骨皮12g，沙参12g，麦冬12g，煅龙骨、煅牡蛎各30g，肉桂3g，细辛3g，甘草3g。7付，水煎服，日1剂。5月24日再诊，服药舌疼大减，口疮疼痛明显减轻，口中粘腻，时牙痛。舌色较前略淡，脉同前。处方：乌梅12g，生地30g，女贞子12g，地骨皮12g，沙参15g，煅龙骨、煅牡蛎各30g，细辛3g，生石膏30g，甘草3g。7付，水煎服，日1剂。5月31日三诊，舌已基本不疼，牙痛消失，口中粘，腰腿疼明显减轻。效不更方，嘱其再服7付以巩固，并以知柏地黄丸善后。

按　本案患者肝肾阴虚，但以肝之相火内炽上炎为重点。舌赤灼痛，口中疮疡，口干均反映这一病机。肝火扰及阳明则胃中灼热，正与厥阴病提纲证之“心中疼热”同。主用乌梅色黑入血，味酸入肝，最善补肝体，敛虚火，尤适用于舌质红赤、胃中灼热之厥阴病者。生地、山茱萸、女贞子、桑椹子甘寒补阴；沙参、麦冬甘凉生津；知母、黄柏、地骨皮清泻相火；肉桂、细辛引火归元；龙骨、牡蛎潜敛虚火。全方滋、补、润、养阴液以治其本，清、透、敛、祛虚火以治其标。二诊口粘牙痛，提示尚有阳明热盛，故加生石膏30g，并加大知母用量以清泻阳明之火。三诊诸症大减说明药已中病。阳易生而阴难长，故收效后嘱服知柏地黄丸滋阴清火以善其后。

2 下寒案—厥阴寒症

姚某某,女,56岁,2005年12月12日来诊。主诉:下寒5年,加重1年。患者自述每于夜半12点左右即感足部有冷气从骨中透出,渐渐向上蔓延至腰部而止,其冷难耐,如坠冰窖,加衣被或取暖不效,天明则缓。上半身则躁热汗出。患者曾于1984年4月行右肾及肾上腺摘除术,术后不久即感全身发冷,但症状较轻,1996年元旦因"冠心病"入院治疗。初予温补之剂,感觉良好。后因其血压较高而予以天麻钩藤饮,服之胸痛旋即发作,继而全身发冷,后经已故伤寒大家李克召先生诊治,予温阳剂而愈(方已佚)。近年来下半身逐渐变凉至透骨奇冷,夜半而作,天明则缓。胸胃绞痛,其痛掣背,舌质黯淡苔薄白,脉沉涩。辨为厥阴阴阳枢转异常之寒热错杂证,以下寒为主。方以乌梅丸加减:炮附子10g(先煎),细辛6g,干姜10g,乌梅10g,当归12g,党参30g,川芎12g,黄柏12g,肉桂6g,红花12g,葛根30g,甘草3g。7付,水煎服,日1剂。服7剂后,诸症大减,足冷几不再作。又予前方加减,着调理胸痹。

按 本案较为罕见,其症之奇在于夜半而作,至腰而止,天明则缓。《金匮要略·脏腑经络先后病篇》有云"甲子夜半少阳起,少阳之时,阳始生。"夜半正是厥阴主时,阴尽阳生之机,夜半冷作正是厥阴枢机异常,不能枢阴转阳而致。腰下为阴位,故至腰而止,天明阳气始隆,内弱之阳得天阳之助稍壮,故天明则缓。治当燮理枢机,调其阴阳。以炮附子、细辛、干姜、肉桂温通阳气以治厥阴之寒;黄柏内清郁滞之相火以除其烦热;乌梅、当归入厥阴血分,滋其阴以敛阳气,养其体而助枢转,数药并行,治厥阴而调阴阳。党参补中益气生血,川芎、红花行气活血,葛根升达阳气,诸品同施,理气血而助枢转。如此阴阳气血并调,厥阴枢机复常而收功。

厥阴病病案临床不太多见,女子多发。因女子以肝为先天,肝脏体阴而用阳。七七之后,天癸竭,阴气衰,肝体不充则易致厥阴枢转阴阳之用失常而出现寒热错杂的症状。如前案厥阴上热之舌疼,后案厥阴下寒之足冷。其症虽异,终不离相火失布,厥阴肝火内郁上炎;或阳虚寒气内逼,厥阴阴阳枢转异常。总之,当领会贯通厥阴阴尽阳生、枢转阴阳、寒热错杂的生理病理特点,临证自能得心应手。(谭智敏 杨学)

姜志芳妇科临床经验

【名老中医简介】姜志芳 副主任医师。现任职于通渭县中医院。甘肃省名中医。擅长中医内、妇科。

盆腔炎

1 中西结合,谨守病机,祛湿清热是关键

盆腔炎(PID)的临床表现相当复杂,所以诊断尤为重要。因为"病(病名)代表该具体疾病全过程的特点与规律,是疾病的根本性矛盾;证(证名)代表疾病当前所处阶段的主要矛盾。病的表现一般规定着症的表现和证的变动"。所以辨证必须以辨病为前提,也就是要充分利用现代医学的诊断手段,与其他妇科疾病相鉴别。湿热之邪导致PID后,会出现冲任损伤,肝脾肾功能失常的复杂病机,但基本属性和临床表现仍以湿热为主,并作为始动因素,贯穿于PID的始终,即使是寒湿症,起始亦有湿热的过程,所以祛湿清热是治疗盆腔炎的关键。治疗时应权衡湿热的孰轻孰重。恰当施治。

急性盆腔炎常表现为腹痛、发热、阴道分泌物增多。由于湿热之邪蕴滞胞宫,正盛邪实,病情一般较重,甚者邪毒蕴盛,还会发生败血症。祛湿清热法可直折病势,使邪去正安。慢性盆腔炎,湿热之邪羁留已久,导致气滞血瘀,正气损伤,湿热之邪根据其留滞部位不同而症状各异,可见下腹坠胀痛,腰骶酸痛,常在劳累、性交后及月经前后加剧;不孕、异位妊娠及月经异常等。湿热瘀滞是病变的主要环节,祛湿清热具有扶正祛邪,防止病情复发的作用。

临床应谨守病机,对湿热的主次消长及病态变化必须明辨。因为冲为血海,任主胞胎,《内经》早有"伤于湿者,下先受之"之训,所以PID中,湿热之邪首先损伤冲任二脉。脾为主湿之脏,肝主疏泄,且足厥阴肝经之脉"入毛中,过阴器,抵小腹",热重于湿者,以肝失疏泄,郁而化火为主;湿重于热者,以脾失运化,水湿停滞为主;湿热并重者,由于湿遏热伏,相互郁蒸,胶结不化,湿热互恋,形成湿热瘀毒蕴结之势,病情重急,不宜速解。当冲任受损,肝脾失调后,气滞血瘀、经带异常、阴精耗损,必累及肾之阴阳。治疗应重视以下几点:①祛湿清热,消除致病原因;②病程缠绵,多虚多瘀,应当根据月经周期的不同时期、病情的虚实转化、病变部位的不同,分经用药,并

斟酌药量的大小，因势利导，以防犯虚虚实实之戒；③急性盆腔炎病情较重者，清热解毒之品剂量宜较大，并可配合西医的抗炎治疗，以求有力扼制病邪；④慢性盆腔炎要注意调理肝、脾、肾功能，以图正气恢复；⑤湿热之邪易伤正气，耗损阴液，且祛湿清热之品多有伤阴之弊，应注意气血津液的盈虚状况；⑥PID多见月经过多，但应治病求本，慎用止血之品。

处方用药应执简驭繁，主要针对湿热之邪，其次结合肝郁气滞、痰湿瘀阻、瘀阻胞宫、脾气虚寒、肾气不足、肾阴亏损等分别施治。清肝止淋汤为治赤带方。由当归、白芍、生地、黄柏、阿胶、丹皮、香附、黑豆、大枣、牛膝组成。姜志芳在盆腔炎治疗中将上方减大枣、阿胶（去其滋腻之性），加败酱草、苡米，作为基础方，根据不同证型，拟为清肝止淋体系方1～7号（以下简称体系方），进行施治，疗效甚好。原方有“清肝火扶脾气”之义，加入败酱草能清热解毒、祛瘀排脓，苡米能淡渗利湿、清热排脓，二者配于原方既有利于瘀腐之物的排泄，且增强了祛湿清热之效。

2 瘀湿清热兼化瘀解毒

现代医学认为PID患者发病前往往全身代谢水平低下，抗病能力减退，易遭需氧菌和厌氧菌的混合感染，正所谓“邪之所凑，其气必虚”。邪毒致病后湿热之邪与诸多致病因素纠合为病，在病理演变过程中具有重要意义，病理产物以瘀血为主，这是由于离经之血留滞，刺激周围组织引起炎症。形成粘连和包块；炎性细胞不断浸润，炎症逐渐向宫体、宫旁扩散而引起附件、卵巢及盆腔结缔组织的炎症；由于病灶周围反复损伤，形成局部病变部位微血栓呈高凝状态。这与中医认为湿热瘀毒蕴滞，气失调畅，正不胜邪的病理相近。在急性盆腔炎或慢性盆腔炎急性发作时，更为明显。所以基础方中要加入化瘀解毒之品。

案1 马某，41岁。2004年5月18日初诊。有慢性盆腔炎史16年。于16年前行绝育手术后，逐渐小腹坠胀疼痛，腰骶酸痛，带下量多，赤白相间，腐臭难闻，阴痒肿痛；月经提前，经行腹痛，量多质稠，色黯有块，持续10日方净，近2月病情加重，月事15日一行。就诊时值经行2天，腹痛，量多如注，并乍寒乍热，周身疼痛，头晕目眩，尿赤便结，舌红苔黄腻，脉浮数。触诊：少腹压痛明显，无反跳痛及肌紧张。B超提示，子宫体积极增大，子宫直肠窝积液，体温、脉搏、呼吸、血压正常。血象：白细胞12.9×10^9/L，血色素110.2g/L。诊断：慢性盆腔炎急性发作。证属湿热瘀毒蕴结，先以祛湿清热解毒法治之，处方用体系方1号（基础方加银花、公英、茵陈）加味：当归9g，白芍9g，生地15g，黄柏12g，丹皮12g，香附6g，黑豆12g，牛膝3g，败酱草60g，苡米20g，银花30g，公英30g，茵陈15g，益母草10g，炒蒲黄10g，茜草10g，并配以静滴先锋V、鱼腥草、甲硝唑治疗。次日月经明显减少，连治7日月经方净，又以1号方调治1周。二诊：白带、阴痒、腰骶疼痛明显减轻。以祛湿清热、活血化瘀法调治，即经前期应重视祛瘀，方用体系方4号（基础方加蒲黄、五灵脂、元胡、红花）：当归30g（酒浸），白芍30g（酒炒），生地12g，黄柏12g，丹皮10g，香附6g，牛膝3g，败酱草30g，苡米20g，蒲黄9g，五灵脂9g，元胡20g，红花10g，服药10剂。月经于第25天来潮，经量明显减少，无血块，腹痛减轻，月经中有较多黏串样物排出。随后用上两方调治3月，经带正常，诸症消失，B超提示子宫大小正常，子宫直肠窝积液消失。

按 本案患者，邪郁日久，湿热瘀毒蕴结，扰及血海，迫血下行，祛湿清热解毒之品可直中病邪，加入茜草、炒蒲黄可助生地、丹皮、黄柏凉血止血，即“急则治其标”，佐益母草可使止血而不留瘀。经前期用体系方4号，以图旧血得去新血能安，即“缓则治其本”。另外PID患者多数大便艰涩，甚者1周一行，苦不堪言。这是由于子宫、输卵管直肠相邻，且静脉丛互相吻合，姜志芳认为，随着PID治疗好转，便可不治自愈，无须专门处理，即所谓“异病同治”法。

3 祛湿清热兼理气

女子以肝为先天。肝者体阴而用阳，体阴者主藏血，用阳者主疏泄；脾主湿，主统血，二者在生理病理上息息相关。PID由于湿热内扰，不仅使肝失所藏、脾失所统而血不归经，又能使土壅木郁，疏泄失常，可见带下黄白，量多，阴痒，烦躁易怒，经前乳房胀痛，月经先后无定期等肝郁气滞之症，治疗应兼疏肝理气。

案2 孙某，女，42岁。月经失调半年余，或前或后无有定期，量多，色黯，质稠有块，腰骶疼痛，小腹坠胀。经间期带下量多色黄白，或呈黑褐色，烦躁易怒，乳房胀痛，经前尤甚。就诊时值经前期，舌苔白腻，脉沉涩。B超提示慢性盆腔炎。证属温热下注，肝郁气滞。方用体系方2号（基础方加柴胡、佛手、郁金、丹参）：当归10g，白芍10g，生地12g，丹皮10g，香附12g，牛膝6g，败酱草30g，苡米20g，柴胡6g，郁金10g，丹参12g。服上方6剂，月经来潮，腰腹疼痛减轻，月经量、色、质均明显好转，自觉口干明显，舌体胖，舌心光红，苔白腻，用2号方加党参9g，白术9g，麦冬15g，共5剂，月经方净。继守2号方化裁，调理3月，经期如时，白带正常，诸症消失，B超、妇查均正常。

按 本案病程较短，病情较轻。由于湿热内扰，气滞血瘀，经带异常。2号方疏肝理气，化瘀通络。二诊时值经期，加党参、白术以益脾气，加麦冬以救祛湿清热之品的伤阴之弊。对此类以湿滞、气滞为主，热瘀不太严重的患者，待气滞症状有所缓解，应积极扶持中土，以图"正气内存，邪不可干"。

4 祛湿清热兼化痰通络

湿热日久，凝聚成痰，瘀阻胞宫、胞络，损伤冲任，不能摄精成孕，治疗应兼化痰通络。

案3 周某，女，34岁。2000年6月20日就诊。婚后3年未孕，月经40~50天一行，经行腹痛，胸闷泛恶，量少，色黯红，经期6~8天，平素带下量多，色黄质稠或呈黑竭色，味腥臭。就诊时值经净5天，舌质红苔厚腻，脉沉涩，碘油造影双侧输卵管不通，妇查、B超提示盆腔炎。证属湿热下注，痰瘀阻络。方用体系方3号（基础方加苍术、陈皮、半夏、茯苓、枳壳、白芥子、鲜生姜）加味：当归30g，白芍30g，黄柏12g，丹皮9g，香附12g，黑豆12g，牛膝6g，败酱草60g，苡米20g，苍术10g，陈皮10g，半夏10g，茯苓10g，白芥子10g，鲜生姜10g，山甲10g，皂刺15g，路路通15g。守上方调治半月，白带、阴痒、腰腹症状明显好转，月经于第30天来潮，腹痛明显减轻，量较前增多，色红，且夹有较多黏串样物。口干不欲饮，耳鸣，五心烦热，腰膝酸困，舌红苔薄腻、舌心光红。又以祛湿清热兼滋肾益阴法治之，方用体系方7号（基础方加女贞子、旱莲草、山芋、山药、知母）：当归10g，白芍10g，生地12g，黄柏12g，丹皮10g，香附6g，黑豆12g，败酱草30g，苡米12g，女贞子15g，旱莲草15g，山芋15g，山药15g，知母12g，每日1剂连服5日，月经方净。继守上两方调治2月，月经均30天一行，碘油造影，一侧输卵管畅通，又后1月，月经未潮，尿妊娠试验阳性，足月顺产一女婴，2年后又足月顺产一男婴。

按 本案湿热痰瘀阻塞胞脉、胞络，且耗肾阴，损及肾阳，以致不能摄精成孕。治当祛邪为主，以通为要，所以经间期用体系方3号重归、芍加山甲、皂刺、路路通，共奏祛湿清热化瘀通络之效。邪势大衰后，经行之时，攻补兼施，用体系方7号兼滋补肾阴，调治后使湿热去、肾精充、冲任调、胞脉通，自能摄精成孕，即所谓"善补阳者，必于阴中求阳，则阳得阴助而生无穷"之意。

5 祛湿清热兼补益脾肾

湿热之邪羁留日久，耗伤脏腑之气，尤其是热瘀之邪，耗血动血，以致气随血脱，并形成"多虚多瘀"之势，最易损及脾肾，即"四脏相移，必归脾肾"，"五脏之伤，穷必及肾"，出现血瘀与气虚、血虚、阳虚、气阴两虚相夹杂的复杂病理改变，用药应知常达变，寒热并用。

案4 秦某，女，35岁。2004年9月12日就诊。自诉3年前行绝育术后，渐觉月经提前，经行腹痛，量多，并夹有大量血块。平素腰腹坠痛，白带量多，赤白相间，不胜劳力，稍有不慎就会出现阴道出血，且淋漓不净。本次月经提前2周而行。就诊时已行4日，因昨夜量多如注、彻夜未眠，前来就诊。刻诊：面色㿠白，形寒肢冷，神倦乏力，腹痛，经量多色淡有块。腹部无明显压痛，脉沉细弱，舌淡苔少，化验：白细胞10.9×10^9/L，血色素92.0g/L。诊断：崩漏。辨证：冲任损伤，脾肾双亏。予以体系方6号（基础方加附片、炮姜、仙茅、仙灵脾）加味：当归10g，白芍10g，生地12g，黄柏12g，丹皮6g，香附6g，黑豆12g，牛膝3g，败酱草30g，苡米12g，附片6g（先煎），炮姜12g，仙茅12g，仙灵脾12g，红参30g（另煎、兑）。并配以静滴先锋V、鱼腥草、甲硝唑抗炎治疗。次日经量明显减少，精神好转，连治4日月经方净。于16日就诊时，B超提示：慢性盆腔炎。自觉腰骶疼痛，畏寒、带下清稀量多，阴部痒痛，舌淡苔白，脉沉细。治以体系方5号（基础方加附片、炮姜、黄芪、吴芋）：当归10g，白芍10g，生地12g，丹皮10g，黄柏12g，香附6g，黑豆12g，牛膝3g，败酱草30g，苡米20g，附片10g（先煎），炮姜12g，黄芪18g，吴芋6g。1日1剂连服10日，并予以蛇床子洗方4剂，外用熏洗阴部。第2次月经于10月4日来潮，周期25天。诸症明显好转，继守上两方调理3月，诸症悉平。

按 本案湿热之邪内扰，迫血妄行，气随血脱，固摄无权，阴损及阳，脾肾双亏，体系方6号配入大量红参，共奏祛湿清热，回阳固脱，补气摄血之效，即有形之血，不能速生，无形之气，所当急固，经间期又以5号方祛湿清热兼温补脾阳，共奏扶正祛邪之功。（姜志芳）

蒋庆雨临床经验

【名老中医简介】蒋庆雨(1941～)主任医师。1965年毕业于河北中医学院。现任阳泉市中医医院院长。阳泉市中医药学会理事长,山西省中医药学会常务理事。第二批全国老中医药专家学术经验继承工作指导老师。擅治外感温热病、心血管病、肾病等内伤疑难杂病。

辨治慢性头痛

1 病因病机

头痛是指头颅上半部的各种疼痛,极为常见,它可为疲劳、紧张等的表现,也可是某些严重疾病,如脑肿瘤、高血压脑病、蛛网膜下腔出血等的信号,可见于内、外、神经、精神、五官等各种疾病中,中医对头痛有外感、内伤之分。蒋庆雨认为慢性头痛属内伤范围,其病因较多,如禀赋不足、久病体虚、饮食劳倦、情志不遂、瘀血阻络等皆可导致气血不足而清空失养,或气血阻滞而上扰清空,因而发生头痛,多与肝、脾、肾三脏有关。

肝藏血,体阴而用阳,肝阴不足,肝阳独亢,肝阳上扰可致肝阳头痛。肝肾同源,精血相生,由于肾阴虚而引起肝阴虚,肝阳上亢,上扰清空,也可引起肝阳头痛,肾藏精,主骨生髓,肾精亏耗,或久病及肾均可引起髓海不足,清窍失养而引起肾虚头痛。由于饮食不节,劳倦过度,或思虑伤脾,而致脾的运化功能失调,则气血生化不足。气虚则清阳不升,浊阴不降,血虚则不能上荣于脑而引起头痛,脾主运化水湿,脾虚而失健运,水湿内生,积聚成痰,湿痰中阻,清阳不升则致痰湿头痛。久病入络,或离经之血瘀阻脉络,不通则痛可发生瘀血头痛。

2 辨证施治

蒋庆雨强调,对头痛患者应根据其疼痛特点及其伴随症状的不同而分型施治,不可草率从事,凡临证以头蒙不清就诊不属眩晕者,应当按头痛辨治,临证时将头痛分为以下四型辨证治疗。

2.1 肝肾亏损型

证见头痛绵绵,脑中空空,遇劳则发,静养则安,耳鸣目眩,腰膝疲软,或遗精带下,舌红少苔,脉细无力,治宜滋养精血为主,杞菊地黄汤加减。若阴血不足,风阳上扰者,可见面赤口苦、心烦易怒,舌红苔黄,脉弦,加石决明、天麻、钩藤、生龙牡等;如偏阴虚火旺,则见五心烦热,盗汗颧红,脉细数,加女贞子、旱莲草、知母、黄柏、元参等;肾阳不足而见形寒肢冷,舌淡苔白,脉沉弱者,酌加菟丝子、杜仲、鹿角胶、附子、细辛等。此类患者可常服杞菊地黄丸。

2.2 痰湿头痛

证见头痛昏蒙或头重如裹,胸闷脘痞,苔白腻,脉弦滑。治宜祛湿化痰,和中降逆,半夏白术天麻汤化裁。若见口苦,大便不畅,苔转黄浊,为痰湿化热,当合温胆汤再加川贝母、黄连。

2.3 气血虚弱

证见头痛且晕,遇劳更甚,神疲乏力,食欲不振,心悸怔忡,舌淡苔薄白,脉细无力。治宜益气养血为主,八珍汤加减,偏血虚者加炒枣仁、阿胶、何首乌;偏气虚者加黄芪、升麻、柴胡。

2.4 瘀血头痛

如锥如刺,经久不愈,痛处固定不移,舌有瘀斑瘀点,脉细涩。治宜活血化瘀为主,血府逐瘀汤加减,气虚加黄芪;痛甚加全蝎、蜈蚣。

蒋庆雨指出,川芎辛香走窜,能上行头巅,下达血海,外彻皮毛,旁通四肢,有活血行气,祛风止痛之效,用治头痛,无论寒、热、虚、瘀何种病因所致,只要配伍得当皆可应用,不必拘于阴虚火旺者慎用之说,且头痛愈烈,愈应用川芎,用量宜在15g～20g。另外,方书多以通窍活血汤加减治疗久病入络引起的瘀血头痛,但麝香一味价格昂贵,不易得利,用大剂量川芎可起到与之相当的作用;临证用血府逐瘀汤重用川芎治疗瘀血头痛颇有效验。

3 典型病案

任某某,男,48岁,右侧头痛反复发作2年余,其痛绵绵,剧时不能入睡,某医院诊断为"神经性头痛",用正脑宁、针灸等治疗未能防止复发。2周前因用脑过度而诱发,遂于1998年4月7日就诊,诊时右侧头痛绵绵,眩晕耳鸣,健忘少寐,腰膝无力,五心烦热,口干尿黄,舌红苔少,脉弦细数,中医诊断为头痛。证属肝肾亏损,阴虚火旺。治以养血填精,滋阴降火。处方:菊花12g,枸杞子15g,知母12g,黄柏10g,生地15g,熟地15g,丹皮10g,泽泻15g,茯苓15g,山萸10g,山药12g,川芎15g,服药5剂后,头痛诸症俱减轻,上方去知母、黄柏,加女贞子12g、旱莲草15g,续服10剂头痛消失,改服杞菊地黄丸,1丸/次,日2次,服至年底,头痛未再复发。(张晋平)

金良骥临床经验

【名老中医简介】金良骥(1941～2003)　主任医师。原湖北省鄂州市中医医院副院长。湖北中医学院兼职内科副教授,湖北省脾胃病专业委员会委员,中华中医学会鄂州分会理事长,市中医学会副理事长。鄂州市十大名医之一,湖北省知名中医。

临床经验

药伤脾胃

1 燥热伤阴宜清润

胃有喜润恶燥之性,若素体阴虚,或热当寒治,误服燥热之品,耗伤胃阴,胃失滋荣。临床每见胃脘灼痛,饥不欲食,心烦潮热,口干咽燥,尿短便秘,舌红少苔,脉细数等。选用清润益胃,缓急止痛之剂以救治之。如麦门冬汤、芍药甘草汤之类。

案1 杨某,女,56岁,退休教师,1988年9月20日就诊。患者多孕多产,素体瘦弱,常夜寐不宁,食少心烦,大便数日一行。早春见右肩酸痛,拘急不利,自购大活络丸服用,疼痛稍减。又用麻、辛、羌、独之类古方浸酒常服,逐渐肩关节疼痛加重,且有拘挛抽掣感,时夜间潮热盗汗,至夏末身瘦形消。就诊时前证仍然,见胃疼嘈杂,饥不欲食,口干烦躁,夜难入寐,呃逆频频,大便数日未行,舌红少津,脉细且涩。证原属阴虚之体,经脉失养之痹证,自误用温燥之品,耗伤脾胃之阴而成斯证。用麦门冬汤合芍药甘草汤化裁,以养阴和胃、缓急止痛。药用:麦冬、白芍、薏米各20g,枣仁、木瓜、太子参各18g,麻仁15g,石斛、竹茹各12g,当归10g,半夏、甘草各6g。1剂/d,水煎服。5剂后诸证递减,已能纳食,眠安,大便已行。再用上方出入加活络之品,后证前疾均愈,随访未见复发。

按 此证为阴虚络脉失养,羁留风邪为患。治应养阴舒经,活络祛风之品即可,但患者自用温燥,耗伤胃阴而成此证。故用麦冬、石斛甘寒养阴;白芍、甘草酸甘缓急止痛;太子参、薏米(代粳米)扶正补中;枣仁、当归养血安神;竹茹、半夏和胃降逆;木瓜活络,共奏养阴和胃、缓急止痛之功,故中州健而痹痛亦愈。

2 苦寒损阳应温养

中州之阳,为脾胃运化受纳之本,若寒当热治,或久服苦寒之品,即可损伤胃阳,使虚寒内生,温煦无权,临床每见胃脘冷痛隐隐,喜热喜按,得食稍安,多食痞胀,泛吐清水,肢倦便溏,舌淡苔白,脉细弱等。选用振奋中阳,温养散寒之剂以救治之。如黄芪建中汤、理中汤之类。

案2 陈某,男,40岁,养鱼专业户,1993年11月6日就诊。患者春夏之交出现阴囊湿疹,奇痒难忍,搔后溃流黄水,某医诊为湿热下注,用龙胆泻肝汤稍减,后续服多剂,症情已瘥。但患者自虑常在水中作业,易感湿气,防后复发,自购龙胆泻肝丸常服。至冬初则胃脘绵绵作痛,饮酒则痛缓,喜暖喜按,遇冷痛重,常吐清水,肢寒倦怠,尿清便溏,舌淡薄白苔,脉沉弱。证属久服苦寒,损伤胃阳,中失湿煦,虚寒内生而成。用黄芪建中汤合理中汤化裁,以补土温中,和里缓急。药用:黄芪20g,党参、白芍各15g,白术、桂枝各10g,干姜、甘草各6g,吴萸4g,饴糖50g。前8味水煎,后下饴糖烊化,1剂/d,服3剂后,胃痛如失,诸证渐减,后用香砂六君子丸服用收功。

按 凡服用苦寒之剂应中病即止,不宜久服,此证即"大寒虚其中"之例。病由中阳受损,温煦无权,故药用黄芪、党参、白术补益中土;桂枝、干姜、吴萸温运中阳;白芍、甘草、饴糖缓急止痛。合用共奏补土温中,和里缓急之救,药证相符,取效颇速。

3 滋腻碍中须健运

纳食在胃,运化在脾。若脾胃素弱,恣意使用滋腻呆补之品,则阻碍中运,困脾滞胃,升降失职。临床易见脘痞胀满,或见闷痛,纳食减少,时恶心欲呕,口不渴,便溏不爽,舌淡苔腻,脉缓等。选用化浊运脾,理气和中之剂以救治之。如平胃散、二陈汤之类。

案3 刘某,女,32岁,医院护师,1995年6月22日就诊。患者平素纳食较少,体弱常病,大便不实。5月中旬,因斑秃就某医诊治,药用熟地、制首乌、黄精、当归、枸杞、女贞之类,药量奇重。服后渐见纳食更少,日食不足二两,脘痞隐痛,胀闷不舒,恶心常呕,短气懒言,神倦乏力,大便稀溏,舌淡苔白厚腻,脉细等。证属久服重用滋腻之品,困脾滞胃,升降失司所致。用二陈汤合平胃散化裁,以芳香化浊,理气助运。药用:姜半夏、陈皮、茯苓、建曲、藿香各10g,厚朴、苍术各8g,甘草、木香、白豆蔻各6g。水煎服,1剂/d,少量多次频频呷服,用4剂后,痞、闷、胀、呕逐渐缓解,诸证亦减。后以参苓白术散与养血生发之品变替使用,形体渐复,斑秃亦愈。

按 应用滋腻之品，必须考虑运化，中州不健者，尤须慎重。脾胃之病，宜燥宜润，必当详辨。此案因滋腻碍胃，故用厚朴、半夏、苍术、藿香以芳香化浊，醒脾助运；陈皮、木香、建曲、甘草理气和中；茯苓健脾渗湿以为佐，合用共奏芳香化浊，理气助运之功，药中病机，收效尚佳。

4 峻补壅气必疏理

脾以升为健，胃以降为和。虚证用补须照顾升降，若一味蛮补，亦可导致中州气壅，升降紊乱。临床每见胃脘胀痛，胸闷不舒，嗳气频频，纳食减少，肠鸣矢气，大便滞下，舌红薄白苔，脉弦等。宜用行气导滞，疏理和中之剂以救治之，如四磨饮之类。

案4 熊某，男，53岁，农民，1995年3月12日就诊。患者于1992年初患肺痨（X线胸片提示：右上肺浸润型结核），经中西各方治疗，病情有所控制，但未痊愈。至1994年冬，某医用补土生金法治之，渐见纳少，腹胀又用大量参芪熬膏服用，则见不思饮食，嗳气频繁，脘腹胀痛，胸时憋闷，动则气促，矢气多，大便滞下，舌苔薄白，脉弦细。证属体虚峻补，补不得法，中州气壅，升降失调之候。用四磨饮加减，以行气导滞，疏理和中。药用：乌药、陈皮、菔子、山楂、麦芽、谷芽各10g，沉香、槟榔、木香、砂仁各6g。1剂/d，水煎服。服用3剂后，胀痛憋闷递减，纳食已增，后出入为方，予以调理，渐复正常。肺痨痼疾则用月华丸两料收功。

按 “培土生金”法用于肺痨本属正治，若只知蛮补，不助运化，有失“培”字之义。峻补气壅，升降紊乱，故用槟榔、木香、砂仁以行胃肠滞气；乌药、沉香、陈皮降逆气以和中；山楂、麦芽、谷芽、菔子消导助运。合用共奏行气导滞，疏理和中之功。药证合拍，投之则应。

遣方用药

化肝煎

1 颈如绳束症

舒某某，男，19岁，学生，1989年7月28日初诊。患者因期末考试将近，备考劳累，精神紧张，出现颈如绳束，呼吸不畅，活动欠利，伴头胀，身体倦怠，纳呆，舌红、苔黄腻，脉滑数。诊为肝郁化火，痰热互结之候。拟清肝泄热，理气化痰之法。用化肝煎加味，处方：泽泻、白芍各15g，陈皮、丹皮、山栀子、川贝母、白芥子各10g，法半夏、苏梗各8g，甘草6g。3剂后颈部活动好转，呼吸已畅，头胀减轻，纳增，再服3剂，诸症悉平。

按 本案属颈部感觉异常证，系肝失条达，气郁化火，郁火灼液，炼液为痰，痰热互结，壅阻颈项所致。《仁斋直指方论》云：“痰因火动，治火为先，火因气生，理气为本。”金良骥针对病机，如法使用理气机、清肝火、化痰湿之剂。运用化肝煎加化痰降逆之半夏、白芥子、苏梗等品，收到满意的效果。

2 交接阴痛症

邵某某，女，24岁，农民，1989年9月10日初诊。患者新婚后不能同房3月余，性交则内阴抽掣疼痛，痛苦异常，精神焦虑。伴头晕目眩，寝寐不宁，口干喜饮，大便秘结，舌红、少苔，脉细数。平素少言寡语，性情急躁。发病后，月经先期，经量少、色紫暗。妇检：子宫、尿道及内外阴无器质性改变。证为肝郁化火，火郁伤阴之候。拟清肝泄热，调营生津之法。以化肝煎化裁。处方：女贞子、白芍各18g，生地、麦冬、玄参各15g，青皮、陈皮、丹皮、山栀子、川黄柏、当归各10g，甘草6g。服5剂后，各症大减，同房时疼痛减轻。原方再进5剂，诸症悉除，并于1990年8月产一子。

按 本案属女阴感觉异常症。患者平时言语甚少，性格内向，导致肝气郁结，日久化火伤阴，阴伤则肝脉失养，“女子以肝为先天”，下阴为肝脉所过，不荣则痛。遇房事、情绪紧张，则阴内疼痛产生。《丁甘仁医案》云；“郁火宜清，清火必佐养营。”用化肝煎去泽泻、川贝母、加女贞子、当归以养营；生地、玄参、麦冬以滋阴；黄柏坚阴；白芍配甘草缓急止痛，药中病机，收效颇佳。

3 食入口噤症

李某某，女，34岁，营业员，1988年5月10日初诊。因工作原因与同事争吵，情志不畅，耿耿于怀。1年来每因进食，食物刺激上腭后，致牙关紧缩，张口困难，逐渐加重。在本市各医院，经脑部CT、心电图等检查，均无异常，屡治无效，遂来金良骥处求诊。伴见胸闷，自觉发热，口干渴，心烦易怒，舌红、苔黄，脉弦数等。证为肝气郁结，化火生风，风火伤筋所致。拟清肝泄热，理气解郁，熄风舒筋之法，用化肝煎化裁。处方：钩藤18g，白蒺藜、地龙、生地、白芍各15g，青皮、陈皮、丹皮、贝母、山栀子、僵蚕各10g，甘草6g。3剂，水煎服，并施与心理疏导。复诊时牙关紧缩减轻，能少许进食。遂再进原方10剂，能自然进食，余症悉除，后用平肝育阴之品以资巩固。随访1年，未见复发。

按 本案属牙关运动异常症。病由情志不舒，肝气郁结，郁而化火，生风伤筋所致。因郁化火，因火生风，故火为本，风为标。《景岳全书》云：“内生之火，当先治火，火灭而风自清”。故用化肝煎去泽泻以清火解郁；加地龙、僵蚕、白蒺藜、钩藤等平肝熄风，舒筋通络，以生地、甘草配白芍育阴缓急。配合心理疏导，使郁解火平风静而愈。

金明渊验方选

【名老中医简介】金明渊（1917～）教授，主任医师。曾任上海市中医学会理事，内科学会副主任委员，上海中医药大学专家委员会委员，上海中医医院专家顾问委员会委员，上海中医药学会理事会顾问，上海中医药研究院专家委员会名誉委员，上海食疗研究会理事，《上海中医药杂志》编委会编委。全国首批500名老中医药专家学术经验继承工作指导老师之一，上海市名中医。享受国务院政府特殊津帖。发表论文数10篇，专著多部。

金氏泄热化滞方

方药：柴胡、香附、枳实、苍术、黄芩、山栀、鸡内金、神曲各9g，金钱草30g，海金沙15g，生甘草3g，川芎6g，白芍12g。

功效：理气泄热、化滞解郁。

主治：胆石症。

加减：大便秘结加生大黄6～9g；黄疸加茵陈15g；发热加连翘9g，青蒿9g；疼痛较剧加川楝子9g，乌药9g。

用法：每日1剂，每剂煎2次，每次煎30min，共400mL，分2次早晚或上、下午空腹温服，14剂为1个疗程。

方解：该方由四逆散合芎术汤配合消积排石药物组成，四逆散出自《伤寒论》，本治疗外邪入里、阳气被郁所致的阳证热厥，功在疏肝理脾，舒挛止痛；芎术汤出自丹溪，主治气血痰火湿食等六郁所致的胸膈痞闷、吞酸呕吐、饮食不消等症，功在舒气开郁，解六郁之苦。方中柴胡配香附，透热利气解气郁；苍术配枳实，燥湿郁，泄热下气；山栀配黄芩，清肝胆，泄热郁；白芍配川芎，敛阴和营解血郁，配甘草和营止痛；鸡内金配神曲，消食滞。由此，五郁得散而痰郁自除，从根本上消除胆石形成的基础，再佐利胆排石药物而取效。临床发现，该方对参与结石形成的有关细菌有杀灭和抑制作用，可治疗和预防胆石症引起的胆道感染；同时，可松弛胆道平滑肌和解除Oddi氏括约肌的痉挛，缓解疼痛，利导胆汁排出，减轻胆道压力，排出或溶解结石，防止胆道结石的再发，间接起到保护肝脏作用。

晋献春用药特色

【名老中医简介】晋献春（1964～）河南鄢陵人。副教授，副主任医师。1994年河南中医学院中医内科专业研究生毕业。现任第三军医大学第二附属医院（新桥医院）中医科主任。中华中医药学会内科分会肺系专委会常务委员，重庆市中医药学会风湿病专委会委员，重庆市中医药学会肿瘤专委会委员，重庆市中西医结合学会老年病专委会委员，重庆市中西医结合学会肾脏病专委会委员。重庆市名中医。擅长治疗心肌病、风湿病、妇科病、脾胃病及疑难杂症等。发表论文30余篇，参编著作6部。

桂枝汤

1 鼻 炎

罗某，男，32岁，2006年6月22日初诊，因鼻塞、喷嚏5年就诊，现症：鼻塞、喷嚏每日30多次，苦不堪言，怕冷，畏吹空调，舌质淡，苔薄白，脉缓，辨证为营卫不和，表虚不固所致的鼻炎。给予调和营卫、固表的桂枝汤加减，桂枝10g、白芍15g、生姜5片、炙甘草6g、大枣15g、炙黄芪15g、白术12g、防风15g、辛夷6g、苍耳子6g，水煎服，每日1剂。10日后复诊，症状大减，每日打喷嚏减为几次，怕冷减轻，舌质淡，苔薄白，脉缓，治法同前，继服前方30余剂治愈。

2 中 风

张某，女，65岁，2006年7月2日初诊，因头部怕冷畏风1年就诊，四季头部都要戴帽，痛苦难堪。现症：畏风怕冷，头部最甚，时值盛夏，头部戴帽，面色苍白，舌质淡，苔薄白，脉弱，辨证为表阳不固，营卫不足所致的中风。给予固表振阳，调和营卫的桂枝汤加减，桂枝10g、白芍15g、生姜5片、炙甘草6g、大枣15g、炙黄芪15g、白术12g、防风15g、鹿角霜15g，水煎服，每日1剂。10日后复诊，头部畏风、怕冷好转，舌质淡，苔薄白，脉弱，仍固表振阳，调和营卫，服前方，一月余治愈。

3 遗 精

黎某,男,23岁,2006年8月5日初诊,因夜间遗精半年就诊,现症:夜间睡觉时梦见女子就遗精,易出汗,舌质淡,苔薄白,脉弱,辨证为阴阳两虚所致的遗精。给予滋阴和阳,佐以固涩的桂枝汤加龙骨、牡蛎加减。桂枝10g、白芍15g、生姜5片、炙甘草6g、大枣15g、生龙骨30g、生牡蛎30g,水煎服,每日1剂。20日后复诊,遗精、出汗好转,舌质淡,苔薄白,脉弱,仍服前方20余剂治愈。

4 产后感冒

唐某,女,27岁,2006年5月30日初诊,因产后7天,怕冷头痛就诊,现症:畏风、怕冷、头痛,恶露未尽,舌质淡,苔薄白,脉缓,辨证为营卫亏虚所致的产后感冒。给予调和营卫的桂枝汤加减,桂枝10g、白芍15g、生姜5片、炙甘草6g、大枣15g、坤草15g、仙鹤草15g,水煎服,每日1剂。服5剂后,症状全消治愈。

5 胃 痛

华某,男,20岁,2006年7月5日初诊,因上腹隐痛半年就诊。现症:上腹疼痛、隐痛,喜按,饥饿时疼痛加重,舌质淡,苔薄白,脉弱,辨证为脾阳虚所致的胃痛。给予温补中焦、缓急止痛的桂枝汤加饴糖,桂枝10g、白芍15g、生姜5片、炙甘草6g、大枣15g、饴糖30g、山药15g,水煎服,每日1剂。10日后复诊,上腹饥饿时疼痛减轻,舌质淡,苔薄白,脉弱,治法同前,继服前方,服30余剂治愈。(龚贵川)

康广盛临床经验

【名老中医简介】康广盛(1940~)教授,博士生导师。现任黑龙江中医药大学基础医学院方剂学教研室主任、方剂研究所副所长。全国首届方剂学研究会副秘书长,中国中医药学会方剂学专业委员会常务理事,中华医学会黑龙江分会理事,黑龙江省医药局医疗新产品评审委员会专家组成员,国家自学考试委员自学教材《方剂学》副主编。第三批全国老中医药专家学术经验继承工作指导老师。擅长内科、妇科,科研成果多次获奖。发表论文近30篇,主编、主审出版学术著作5部,副主编及参编著作8部。

临床经验

1 胸痹心痛

康广盛认为由于生活水平的提高和疾病谱的变化,今日临床所见之胸痹心痛,单纯实证或单纯虚证都较为少见,多以本虚标实、虚实夹杂为其基本病机。此病主要形成原因有年老体虚,饮食不节、情志失调、寒邪内侵等。其本虚可有气血阴阳之虚,且又可阴损及阳,阳损及阴,而表现气阴两虚,气血双亏,阴阳两虚甚至阳微阴竭,心阳外越;标实为气滞、寒凝、痰浊、血瘀,且又可相互为病。康广盛在临床执简驭繁,以瓜蒌薤白半夏汤合丹参饮加减治疗本病,疗效显著。考瓜蒌薤白半夏汤和丹参饮二方,一出自张仲景《伤寒论》,一出自陈修园《时方歌括》。前者通阳散结,祛痰宽胸,是古今临床治疗胸痹的有效基础方;后者活血祛瘀,行气止痛,主治血瘀气滞而偏瘀偏热的心胃诸痛。二方合用,调气理血,气血兼顾,化瘀散结,正合胸痹心痛的基本病机。临床根据患者具体病情,多适当化裁。正气虚甚者加白参、黄芪;胸痛明显者加三七粉;胸痹胀满明显加枳实、厚朴;舌干而少津者去薤白,无津者可去半夏加麦门冬、生地黄等。

案1 刘某某,女,49岁,2001年10月28日就诊。患者"十一"假期去北京旅游期间突然发病,在当地医院紧急处理后遂回哈尔滨到某医院住院治疗。查有室早、二联律、心肌严重缺血。住院近1月,有所好转,患者主动出院转求中医治疗。刻诊:胸闷气短,心悸,头感沉重,四肢发凉,过肘过膝,双足略浮肿,月经已闭止,自汗出,二便如常,舌苔白,脉沉细结代。处方如下:瓜蒌40g,丹参、黄芪、泽泻、炒枣仁各30g,砂仁、枳壳、石菖蒲、当归各15g,白参20g,远志、炙甘草各10g。7剂,水煎服,日1剂,分2次温服。2002年11月4日复诊:患者自诉药后诸症明显改善。近日夜间入睡后偶有早搏,现自觉左侧胸胁部隐隐作痛,二便正常,舌质稍红,舌苔白,脉沉细。处方如下:瓜蒌、丹参、黄芪30g,砂仁、当归、石菖蒲各15g,白参、延胡索各20g,没药、白芍、远志、炙甘草各10g。7剂,水煎服,日1剂,分2次温服。随访得知,患者服完此7剂药后,症状若失。而无任何不良反应。

2 偏头痛

康广盛认为,虽然传统上将正偏头痛分为外感内伤两大类,但验之临床,以内伤为多,外感较为少见。其大部分患者多与肝脾肾三脏有关。因于肝者,多见肝阳上亢;因于脾者,见脾失健运,痰浊内阻,致清阳不升,浊阴不降;因于肾者,多因禀赋不足,或劳欲内伤,肾精亏虚,最终使脑髓失养,脉络失荣而成。康广盛根据多年临床经验积累,自制一方,加减化裁,治疗多种原因引起的偏头痛,疗效较为显著,其基本组成是:葛根、姜黄、白芷、川芎、决明子、怀牛膝、当归、细辛、甘草。因于脾者酌加砂仁、白豆蔻、白术;因于肝者酌加白芍、天麻、菊花;因于肾者加杜仲、桑寄生、枸杞子等;瘀血明显者可加没药、红花等;外感表证明显者可加荆芥、防风。康广盛尤其强调的是,无论何种原因引起的偏头痛,都应随证加入全蝎、蜈蚣二味(生品),搜风逐邪,活络止痛,为提高临床疗效不可或缺之品。

案2 任某某,女,53岁,2002年3月24日就诊。患者近日头部两侧疼痛剧烈,曾吃有关西药,稍有疗效。头不晕,血压正常,晨起睑肿,月经已闭止,大便不调。自诉口臭明显,舌苔厚腻,每日自刮舌苔,脉沉细。处方如下:葛根、青葙子、决明子、怀牛膝各20g,姜黄、白芷、川芎、当归各15g,砂仁、白豆蔻、甘草各10g,全蝎5g,蜈蚣2条。7剂,水煎服,1日1剂,分3次服。3月31日复诊,自诉药后头痛明显减轻。现有后背疼痛,口臭仍很明显,仍自刮舌苔,大便改善,脉沉细。处方如下:葛根、怀牛膝、泽泻各20g,姜黄、白芷、川芎各15g,决明子30g,砂仁、白豆蔻、当归各10g,全蝎5g,蜈蚣2条。7剂,服法同前。4月7日三诊,诸症均愈,为巩固疗效,去泽泻按比例配制成蜜丸,带回家服用。

3 精神病(狂躁型)

康广盛认为此类患者虽临床症状千变万化,但诊断并不困难。中医治疗时首先把握气血逆乱、神机受损这一基本病机,然后再根据患者年龄体质、性别、阴阳、气血偏盛偏衰予以灵活加减化裁。对于此类病症,康广盛临床多用王清任癫狂梦醒汤为基础方辨证加减。考王氏癫狂梦醒汤,由桃仁、柴胡、香附、木通、赤芍、半夏、大腹皮、陈皮、桑白皮、苏子、甘草共12味药组成。其中,桃仁行血逐瘀润燥为君;赤芍能散邪行血中之滞,与柴胡相配平三焦相火,宣畅气血,共为臣药;大腹皮下气宽中,陈皮导滞利水,解郁除烦;青皮疏肝胆,破坚瘀;苏子行气宽中;桑白皮泻肺火,去水气;半夏和胃健脾,除湿化痰共为佐药。综观全方,活血行气、化痰逐瘀,治痰气郁结、气血凝滞的癫狂甚为合拍。

案3 张某,男,22岁,2001年3月18日就诊。患者念高中时因鼻梁部有钱币大小的色斑而产生强烈自卑感,后逐渐出现躁狂症状,经某市精神病医院确诊为精神病(躁狂型),持续服用氯丙嗪10粒/日。其母带其就诊时基本能正确回答医师问题,但时间稍长即显烦躁不安,刻下饮食正常,睡眠由于西药控制尚可,大便干结难解,3~4日一行。舌质紫暗,苔薄黄,脉弦滑有力。处方如下:桃仁20g,柴胡、赤芍、白芍各15g,香附、半夏、大腹皮、青皮、陈皮、桑白皮、苏子、甘草各10g。4剂,水煎服,1日1剂,分3次服。患者服完4剂药后,症状稍有减轻。据其母称:服完第2剂药后,吐出粘痰约一小杯。因离家远复诊不便,故据证略加调整,加酒大黄5g,以泻热通腹,活血行瘀。让其带药回家继续坚持服用,同时嘱其氯丙嗪减量不可过快,以免产生反弹。通过随访得知,患者在服完30剂汤药后已将汤剂处方按比例配成蜜丸,1日2丸,持续服用,现西药已停,各方面状态良好,已基本达到生活自理程度。

另外,对于此类患者,康广盛经常强调:一定要注意心理疏导与抚慰,多主动与其交流沟通,认真倾听加以劝解,必要时辅以适当的心理治疗,多管齐下,方可取得较好疗效。而且此类患者多半治治停停,时好时坏,疾病迁延日久,虚实夹杂,病机复杂。故康广盛在临床上经常先予患者口服一月到数月的中药汤剂,基本控制病情后,多要求继服相当长时间随方配制的丸药,以巩固疗效,达到彻底治愈的目的。(马艳春 倪项根)

医案验案

妇科验案

1 外阴白斑

吕某,女,40岁,干部。2006年6月18日初诊。自诉患外阴白斑病十余年,经中西医多方治疗均疗效不佳,故求诊于康广盛,现主诉:外阴白斑处瘙痒,甚至难以入眠,有溃疡,月经正常,面部两颊黄褐斑,舌质稍红,苔薄白,脉沉细。检查外阴局部情况:大阴唇内侧、小阴唇、阴蒂可见界限清楚的片状浅白色皮肤损害,边缘形态不规则,间有皮损。证属肝血亏虚,内蕴风热。治以养血祛风止痒为主,辅以清热燥湿解毒。内服方以当归饮子加减:生、熟地各15g,川芎5g,当归15g,赤、白芍各15g,防风15g,荆芥15g,制首乌20g,白蒺藜20g,皂刺10g,苦参30g,黄芪20g,野菊花20g,甘草10g。7剂,水煎服,一日一剂,分三次口服。外洗方:蛇床子30g,苦参50g,地肤子50g,鹤虱30g,艾叶30g。7剂,水煎,一日一剂,熏洗外阴。并嘱咐患者要保持外阴部清洁,避免一切刺激性的因素对外阴部的刺激,只宜用温开水洗涤外阴,同时,内衣裤应宽松、舒适、吸水性强,以棉织品为佳,忌穿紧裆的不透气的纤维织物。用药7剂后瘙痒减轻,溃疡皮损愈合,即用上方加减应用半年余,外阴白斑基本消失,皮肤接近正常。

按 外阴白斑病属于中医"阴痒"、"阴疮"范围。因肝脉绕阴器,又主藏血,肝血亏虚则阴部肌肤失养,不荣而痒,不荣则肌肤颜色失常,故该病在治疗上内治以养血祛风止痒的当归饮子加清热燥湿解毒药物,配合外治法杀虫止痒、祛风胜湿。当归饮子现在临床上多用于血虚风燥,内蕴风热的荨麻疹,皮肤瘙痒、皮炎等多种皮肤科顽疾。康广盛抓住该病肝血虚亏、内蕴风热的病机选用该方,进行辨证加减用于治外阴白斑取得较好疗效。

2 经间期情志异常

季某,女,34岁,职员。2007年6月7日初诊,自诉因多年来与丈夫不和,经常生闷气,情绪抑郁,近两年来,自觉颈部热、手脚热,头晕,困倦乏力,心烦易怒,甚至骂詈狂言,不能控制情绪,以月经前半月尤为明显,平素耳鸣,时胸闷、气短、多梦易醒,有时夜晚憋醒,月经期腹部胀痛、腰痛,现值月经前半月,舌质红稍黯,苔黄稍腻,脉沉弱、偶有结代。心电图示:正常心电图。证属肝肾阴血亏虚,虚火内扰。治以滋阴泻火,清虚热,养血安神,方用清骨散和酸枣仁汤加减:胡黄连15g,银柴胡15g,青蒿15g,鳖甲20g,白薇30g,丹皮15g,知母15g,玄参20g,白芍30g,当归15g,坤草30g,酸枣仁30g,茯神30g,龙齿30g,砂仁10g,甘草10g,7剂,水煎服,一日一剂,分三次口服。同时,针对患者病因给予心理疏导与抚慰。6月14日二诊,患者心烦易怒已经消失,情绪乐观,手脚仍热,余证减轻,舌尖红,苔白厚,脉沉弱稍滑。于上方中加减14剂。后随访得知,患者服药后,症状已基本消除,情绪开朗。

按 经间期情志异常,是经间期出现情志异常,过后康复如常,至期又复发作,应与内科郁证相鉴别。该患者系内伤情志,素体肝肾阴亏,不能涵养心肝,致使虚火内扰,至经间期氤氲乐育之气触之,上扰清窍,神魂不宁,以致发病。康广盛以清骨散合酸枣仁汤加减。方中银柴胡、胡黄连、玄参清热凉血,善退虚热,滋阴泻火清虚热;青蒿清虚热、善透伏热;丹皮泻阴中伏火;鳖甲滋阴潜阳,又引药入阴分;白芍养阴和营;当归滋阴养血;坤草调经理血;酸枣仁、茯神养心宁神;龙齿潜阳重镇安神;砂仁行气散结;甘草和药。诸药合用,共奏滋阴泻火,清虚热,养血安神之功,对于肝肾阴虚,心肝郁火亢盛之证可以起到标本兼治的效果。

3 多囊卵巢综合征引发的不孕

曲某,女,30岁,农民。2006年7月3日初诊,患者体丰满,17岁初潮,婚后五年从未孕育,既往月经不定期,经血量少,经期下腹坠胀,血色黯,现月经愆期50日,舌质淡,苔白,脉滑,饮食二便均可,余无不适。超声检查提示:子宫稍小,卵巢结构欠佳,西医诊断为多囊卵巢综合征。证属肾虚血瘀痰湿。治以补肾填精化痰,活血通经利水。方以左归丸合桃红四物汤加减:熟地40g,山茱萸20g,枸杞子20g,当归15g,川芎10g,白芍15g,桃仁20g,红花10g,川牛膝20g,泽兰20g,刘寄奴10g,坤草60g,鹿角胶15g,乌药10g,甘草5g。7剂,水煎服,一日一剂,分三次口服。7月31日二诊,自上诊服七剂药后,因故未复诊,现月经未来,舌质淡,苔白,脉象左滑,右弦。因前方应用补肾及大量活血通经药物而月经未至,思本病肾虚经血亏少,冲任不足,血海不能充盈满溢,治疗还应以补肾填精养血化痰为主,兼以活血通经利水,故处方以左归丸加减:熟地40g,山茱萸20g,枸杞子20g,菟丝子20g,坤草50g,怀牛膝15g,当归15g,川芎5g,薏苡仁50g,人参15g,黄芪30g,白术15g,鹿角胶15g,阿胶15g,甘草5g。14剂,水煎服,一日一剂。8月14日三诊,患者自述于8月5日行经,时达五日,血块不多,少腹稍胀痛,余无不适,舌淡,苔白,有齿痕,脉稍弦滑。处方:8月14日方菟丝子减至15g,坤草减至30g,加砂仁10g,14剂,水煎服,一日一剂。8月28日四诊,自诉无不适感觉,舌淡,苔白,脉稍滑。处方:以8月14日方加山药20g,薏苡仁减至30g。14剂,水煎服,一日一剂。9月10日五诊,自诉月经于9月3日来,经行四日,无血块,小腹稍胀痛,余无不适,舌淡,苔白,脉稍滑,因家住外地,往来不便,患者要求吃丸药。处方:熟地30g,山茱萸20g,菟丝子15g,枸杞子20g,坤草30g,白术15g,薏苡仁30g,当归15g,川芎5g,人参15g,黄芪30g,鹿角胶15g,阿胶15g,砂仁10g,甘草10g,10剂,共为细末,为蜜丸,每丸重15g,每日3丸口服。三个月后,丸药已服完,患者报月经经期、量、色、质均已正常,故而予以停药。后于2007年6月某日患者报喜:已怀孕3月余,且无不适感觉,超声提示:孕周12周。

按 多囊卵巢综合征(PCOS),主要的临床表现为月经稀发,至闭经、不孕、多毛、肥胖。中医病机为肾虚痰湿,冲任失调而致月经不调,渐至闭经,甚或不孕,病症日久可成瘀。该病例辨证属肾虚痰湿血瘀,治疗时康广盛以补肾填精养血为主导思想,应用熟地、山茱萸、菟丝子、山药、枸杞子、鹿角胶、阿胶等补肝肾,以四物、黄芪等调气血贯穿治疗始终;同时依据现代医学研究成果,根据月经周期规律应用药物:在月经间期加大补肝肾、养血药物用量,在月经前一周至经期可以加桃仁、红花、川牛膝、泽兰、刘寄奴、坤草等大量活血通经之力以促经血下达,针对该病肾虚痰湿之病机用补益肝肾药配伍白术、大量薏苡仁等利水渗湿以化痰浊,如此在药物配伍应用下,达到标本兼治,使肾精气血充足,气血化生有源,肾及冲任之功能正常,则痰湿血瘀之证自消,血海冲盛满溢,而月经调和,两精相合,故能构胎成孕。(赵冬丽 张 巍)

不育症验案二则

1 精少、精弱致不育

于某某,男,30岁,干部。2006年5月6日初诊。结婚三年仍未得子,性生活正常,内外生殖器检查无明显异常。平素腰痛,足跟痛,滑精,早泄,阴囊潮湿、发凉,面色少华,便溏,舌质淡,脉细弱。精液常规检查示:精子计数1.04千万个/mL,精子存活率40%,活动力差,大部分在0~1级,畸形率25%。西医诊断:少、弱精子症。中医辨证属肾精亏虚。治以实肾填精、温阳补气为立法,方用:附子10g,肉桂10g,巴戟天15g,肉苁蓉15g,沙苑子20g,熟地30g,杜仲20g,川断20g,锁阳15g,小茴香15g,吴茱萸10g,白术10g,山药30g、白扁豆10g。14剂,水煎服,每日1剂。并嘱患者戒除烟酒及有碍生精的食物,生活规律,不穿紧身裤。5月20日二诊诉腰痛、滑精、便溏诸症有所减轻,阴囊潮湿好转,但仍觉发凉。调方:将原方中附子用量加至15g,熟地用量加至40g,并加入补骨脂15g。10剂,水煎服,每日1剂。5月29日三诊诉阴囊潮湿减轻,手足已不甚凉,余症均已好转。舌苔白,脉沉缓。调方:将前方中附子用量加至20g,锁阳用量加至20g,熟地用量减至30g,去掉补骨脂。7剂,水煎服,每日1剂。6月5日四诊,以上症状基本消失。患者要求继续服药巩固病情,故将附子用量减至10g,余同前方。8月21日五诊诉,续服药30剂后,查精液常规示:精子计数2.78千万个/mL,精子存活率70%,活动力可达二级以上。康广盛予以停药。约四个月后,其妻受孕成功。

按　肾藏精、主生殖,《素问·上古天真论》云:"丈夫八岁肾气实,齿更发长;二八肾气盛,天癸至,精气溢泻,阴阳和,故能有子。"不但提出了肾主生殖,同时也提出了肾气的盛衰关系着人的生殖能力,具体体现在肾气-天癸-精室之间的关系,在这一关系中,肾气起决定作用,只有在肾气充盛的条件下,天癸才能,精室才能盈满,精气才会溢泻,男女和合,才能有子。康广盛认为精少、精弱之不育,应以益肾填精为首要原则。精子的生成依赖于肾阴的滋养和肾阳的温煦,肾中之真阴真阳的盛衰决定男性生殖功能的正常与否。"阳化气,阴成形",所以精子数目的多少受肾阴的影响较大,活动率的高低多由肾阳的盛衰所决定。本案中,用熟地黄补肾滋阴、益精填髓,山萸肉补肾固精,二药主要针对精少之症。附子、肉桂、吴茱萸、小茴香温补肾阳,健运脾阳,共奏生精之效;肉苁蓉、锁阳补肾益精;诸药合治精弱之症。杜仲、川断补肝肾、强筋骨,擅治肝肾不足引发的腰痛足痛。现代医学研究,精子运动与锌含量密切相关,而巴戟天、沙苑子等含锌量较高,适当配伍可提高疗效。康广盛还认为补肾之中要蕴含补脾之意,脾胃为后天之本,生化之源,可充养先天之精。通过调理脾胃,达到增强肾精之效。方中加入白术、山药、白扁豆补气健脾,固精止泻。纵观全方,阴阳并补、脾肾俱顾;诸药配伍,共奏滋阴补肾、壮阳填精之功,对精少、精弱之不孕起到标本兼治的效果。

2 精液不液化致不育

刘某某,男,28岁,农民。2006年2月13日初诊。结婚3年,女方一直未孕,夫妻同居,性生活正常,女方妇科检查无异常。实验室检查显示精液颜色灰白,量215mL,60min不液化,粘稠度高,活动力差。平素喜爱饮酒,小便频繁、有烧灼感、伴刺痛,时有浑浊黏液排出,腰痛,视力差,舌质红,脉沉细数。西医诊断为精液不液化。中医辨证属肾阴不足、湿热瘀结。治宜滋阴清热、利湿化瘀,方用:知母15g,黄柏15g,生地30g,山药15g,丹皮15g,泽泻10g,龟版15g,红花15g,桃仁15g,丹参15g,仙灵脾15g,赤白芍各15g。7剂,水煎服,每日1剂。2月19日二诊诉小便次数减少,疼痛感减轻,腰痛未见好转。调方:在原方基础上去龟版,加杜仲20g,川断20g,茯苓15g。14剂,水煎服,每日1剂。由于患者公出,未赶上出诊时间,故按原方又拿药14剂。3月17日三诊诉上述诸症均好转,精液常规检查示:精液40min液化,活动80%,粘稠度正常。又坚持服药30剂,延用上方。约半年后,其妻受孕告喜。

按　精液不液化是指精液排出体外,精液粘稠度高,使精子发生凝集,束缚了精子的活动力,减慢或抑制精子正常通过宫颈而致不孕,是男性不育的原因之一。现代医学认为精液不液化与前列腺病变或纤维蛋白酶缺乏有关。中医认为精液不液化病位在肾,肾为先天之本,肾藏精,主生殖,肾精不足造成精液异常致不育。本例病案见于肾阴亏损,阴虚则导致火旺,煎灼津液,精液凝滞或湿热下注,阻滞精道,精浊混淆,精稠难化。治当滋阴降火,清热除湿。康广盛在六味地黄汤的基础上加味成方,滋补肾阴的同时注重祛湿除瘀。方中用知母、黄柏清热解毒,滋阴润燥;生地、丹皮清热滋阴凉血,以降肾中伏火;山药、白芍养阴益精;龟版、仙灵脾养阴填精,益肾健骨;更佐以茯苓、泽泻化湿祛浊,桃仁、红花、丹参、赤芍活血祛瘀,以养肾中阴精。统观全方,养阴清热并举,化湿祛瘀共利,标本同治精液不液化之不育,疗效显著。(张 巍 赵冬丽)

孔尧其学术经验

【名老中医简介】孔尧其(1944～)主任医师。浙江省立同德医院针灸科主任。浙江省针灸学会常务理事兼秘书长,浙江省针灸学会头穴研究会主任委员,浙江省暨杭州市医疗事故技术鉴定专家库专家,省中医针灸中风专科学科带头人。擅长治疗中风、偏瘫、小儿脑瘫、截瘫、面瘫,及颈椎病、腰椎间盘突出、肩周炎、网球肘等疑难杂症。著有《中国头皮针》等5部著作,发表论文20余篇。

孔尧其在长期针灸临床实践和经验中总结出来"头针导引法"被列为国家中医药管理局中医临床诊疗技术整理与研究项目之一。该法被概括为"头皮针,抽添法;边行针,边导引;长留针,常运动"十八字诀,现将其特点及临床应用情况介绍如下。

1 头皮针,抽添法

"头皮针,抽添法"是指孔氏头针导引法的取穴和手法。其取穴以中国针灸学会公布、联合国卫生组织西太地区通过的《中国头皮针穴名标准化方案》中14条治疗线为基本穴位;其运针手法为抽添法。抽添法包括抽气法和添气法,抽气法和添气法是一种复式提插补泻手法,前者为泻,后者为补。该手法源自《针灸大成》,《针灸问对》中亦载:"抽添法:针入穴后,行九阳之数,气至慢慢转换,将针提按,或进或退,使气随针到于病所,扶针直插,复向下纳,回阳倒阴。"又云:"抽添,即提按出纳之状。抽者提而数拔也;添者按而数推也。取其要穴,先行九阳之数,得气,随呼按添,就随吸提抽,其实在乎动摇、出纳、呼吸同法。以动摇、出纳、呼吸相兼并施,故曰同法。谨按生成息数足效也。此治瘫痪、半身不遂之疾。"由此可见,抽添法的特点是"数",即提插速度快;"拔"和"推",即手法力度大,其内涵包括运针的力度和速度两方面,力度的要求是术者用暴发力提插,速度的要求是快速提插。值得注意的是,虽然抽添法要求用暴发力、速度快,但并不等于提出和插入的针体长度也长,其手法要领是提插幅度小,每次至多出入1分左右,若手法熟练,甚至看不出针体的出入,因此,该手法具有刺激量大、省时省力、痛微效捷的优点。

1.1 头皮针抽气法的具体操作方法

手持0.35mm×40mm毫针,与头皮成15°,运用指力将针尖快速透入皮下,针进帽状腱膜下层后,将针体平卧,缓插1寸左右,然后用暴发力向外速提3次,速提时针体最好不动,或至多提出1分许,又缓插至1寸许,如此为运针1次,反复运针直至得气。

1.2 头皮针添气的具体操作方法

手持0.35 mm×40 mm毫针,与头皮成15°,运用指力将针尖快速透入皮下,针进帽状腱膜下层后,将针体平卧,插入1寸左右,然后用暴发力向里速插3次,每次至多插入1分许,又慢提至1寸许,如此为运针1次,反复运针直至得气。

孔尧其认为得气体现在两个方面,一是患者的感受和医生的感受,患者的感觉以针后产生酸、胀、重、麻等,医生则要指下有一种既不紧涩又不松弛的吸针感;二是要看是否有即时疗效。但值得一提的是,同一种手法,治疗不同疾病时,所采用的手法力度和频度应有所不同。如中风运针1次约5 S,失眠则为1min。

2 边行针,边导引

孔氏头针导引法强调"边行针,边导引",导引最早见于《庄子·刻意篇》:"吹响呼吸,吐故纳新,熊经鸟伸,为寿而已矣,此导引之士、养形之人、彭祖寿者之所好也。"是我国古代养生、健身方法之一。《灵枢·病传篇》:"有导引行气、乔摩、灸、刺、焫、饮药。"古人对导引注释为:"导气令和,引体令柔。"说明导引包括意念运动、形体运动、呼吸运动等多方面内容。孔尧其将导引理论运用到针灸临床治疗中来,提出头针导引法,主要包括主动导引和被动导引。如在治疗心绞痛时,医生和患者都应意守患处,进出针讲究配合呼吸运动,即吸气时进针,呼气时出针,行针和留针时用手按摩心脏部位,并作深呼吸等。

2.1 主动导引

包括医生患者双方的意念运动和患者的肢体运动。即所谓的“治神”。《灵枢·本神》:“凡刺之法,必先本于神”;即医生在运针时注意力要集中在患者身上,要求患者全身放松,医生提示患者做意念运动,将注意力集中在患处,意念运动带动患肢或患处的主动运动,注意意念和动作必须一致。意念运动主要有两方面的作用,一是可以激发经气,引导经气到患处;二是有利于导邪外出。头针抽添法应与导引部位相对应,如治疗中风失语病人时,穴取额中线,用抽气法,进针时嘱患者屏气,运针时嘱患者不断伸缩舌头,作轻轻咬舌动作,医生教其数1、2、3,患者跟随,如此反复;中风偏瘫患者则要求患者注意力集中患侧肢体,做意识运动,并由意念运动带动肢体自主运动。

2.2 被动导引

不能自主运动者,要结合健侧肢体帮助下或旁人的帮助做被动运动。如治疗尿潴留患者,在行针与留针时,患者作腹式呼吸及憋气排尿动作,医生或患者家属在患者小腹向尿道方向作加压动作;中风偏瘫患者,在行针、留针期间,医生要帮助患者反复做起坐动作,并在此基础上,搀扶步行,进而让其独立行走,不能坐立者,可在床上做屈膝、伸腿、屈肘、伸臂等运动。

3 长留针,常运动

头针适宜留针。孔氏头针导引法主张长留针和间歇行针,留针时间一般2~48 h,间歇动留针即在留针过程中间歇行针,保持一定的刺激量,以增强疗效,特别是对一些慢性、顽固性、疼痛性、痉挛性的病症,留针时间宜长,间歇行针的次数也可多些。若行针后已取得即时疗效,但留针期间疗效减退,即应马上行针,务使保持原来已取得的疗效,若留针期间配合导引,能始终保持原有的疗效,则间歇动留针的时间和次数可相对短些、少些。所以孔氏头针导引法要求患者在留针期间继续进行患肢运动,运动也是提高疗效的一个重要手段。运动时间每日不少于2 h。留针应注意下列事项,第一,留针前,应宣传头皮针留针的安全性和出针注意事项,解除患者的紧张情绪;第二,在留针过程中,特别是留针过夜者应注意暴露在头皮外的针柄不要受到外物的压迫以免弯针;第三,出针时要注意观察有无出血,如有出血,则应迅速按压直至血止;第四,出针要检查针数,防止遗漏,第五,对精神病、癫痫病及婴幼儿患者不留针。

4 临床应用举隅

4.1 脑血管疾病

选用顶颞前斜线(病灶侧)、顶旁1线、顶旁2线。血压偏高者加顶中线,腰脊酸软者加枕上正中线和枕上旁1线。手法用抽气法以取得即时疗效为得气,留针2~48 h。急性期10次为1个疗程,慢性期5次为1个疗程。曾用此法治疗中风偏瘫192例,总有效率达97.58%,疗效高低依次为脑外伤、脑溢血、脑血栓形成,并提示病程越短,疗效越好。

4.2 肩周炎

穴取顶颞前斜线中三分之一节段。单肩针对侧,双肩针双侧,针尖方向根据患肩疼痛部位,在前者透向阴面(以百会为界,前为阴面,后为阳面),手法用抽气法,以即时患部疼痛消失或减轻为得气,每间隔10~30 min运针1次,留针1 h以上,隔日1次,10次为1个疗程。留针期间,配合患肩运动。曾用此法治疗肩周炎122例,总有效率达99.2%。

4.3 尿路感染

取双侧额旁3线,额顶线(神庭至前顶穴)后三分之一。间歇动留针2~24 h,每隔1~2 h行针1次,并配合小腹按摩,向尿道方向加压,5次为1个疗程。共治疗82例,总有效率达96.3%。(江凌圳)

赖祥林验方选

【名老中医简介】赖祥林(1947~)广西省博白县人。主任医师。1977年毕业于广西中医学院医疗系。现为广西玉林市中西医结合骨科医院副院长,广西中医药学会理事,广西中医药学会中医内科专业委员会常务委员,活血化瘀专业委员会副主任委员,广西玉林市中医学会副会长,广西卫生系列高级职称评审委员会委员。广西自治区名老中医。从事中医内科临床工作30多年,擅长治疗肾病、胃病、肝病、中风、胸痹、地中海贫血等多种内科疾病。发表论文110多篇,出版《中老年百病食疗妙方》《百病防治与自我康复》。

虎贯茵黄清肝饮

组方:虎杖15g,贯众12g,茵陈15g,黄根50g,败酱草20g,鸡骨草20g,白花蛇舌草30g,白茯苓15g,

猪苓15g,白术12g,柴胡9g,甘草6g,佛手9g。

功效:清热解毒,疏肝解郁,健脾理气,利湿化瘀。

主治:肝经郁热所致之胁痛、黄疸,或乙肝、丙肝病毒携带者偏于肝胆湿热。证见两胁胀痛,口苦而干,溲黄便结,甚则遍身发黄,疲乏无力,胃纳呆滞,尿色如茶,舌质红苔黄,脉象弦数等。

加减:兼脾气虚者加太子参30g、黄芪20g、麦芽15g以健脾益气;兼阴虚肾亏者加生地黄20g、枸杞子15g、龟版30g(先煎);兼瘀血阻滞者,加桃仁10g、丹参15g、醋制鳖甲30g(先煎)、生牡蛎30g(先煎);大便秘结者,加生大黄10g(后下);溲短而黄者,加白茅根15g、泽泻30g;女性患者并有月经不调者合逍遥散化裁,肝阴亏损者与一贯煎合用;对肝功能反复异常,表面抗原、e抗原较长时间不能转阴者,需坚持服药,缓缓治之,使肝功能恢复正常。

用法:水煎服,每日1剂,水煎分2~3次温服,10岁以下儿童酌情减量,服药时可适当加入白糖或红糖调味。

方解:虎杖味苦性平,具有清热解毒之功,且能利湿破瘀,退黄止痛;贯众味苦性寒,清热解毒、散瘀,可用于多种病毒感染性疾病的治疗;茵陈味苦性平,微寒,具有清热利湿、利胆退黄、抗菌抗病毒等作用,为治疗湿热黄疸、寒湿黄疸等肝胆疾病的要药;黄根味微苦辛性平,具有祛瘀生新、化湿退黄、凉血止血之效,常用于乙型肝炎及再生障碍性贫血等疾病的治疗;败酱草味苦涩性微寒,具有清热解毒、破瘀止痛之功,常用于因肝经郁热而致之急性肝炎谷丙转氨酶、谷草转氨酶升高者;鸡骨草味甘性凉,有清热解毒、舒肝散瘀之功,用于各型病毒性肝炎的治疗;白花蛇舌草味甘淡性凉,具有清热解毒、散瘀止痛之效;白茯苓味甘性平,具有渗水利湿、益脾和胃、宁心安神之效;猪苓味甘淡性平,具有利水渗湿、消肿退黄之效;白术味甘微苦性温,健脾益气,燥湿利水,具有保护肝脏、防止肝糖元减少的作用;柴胡味苦性微寒,有疏肝理气、解郁散火之功,用于肝气郁滞所致之肝病;佛手味苦酸性温,理气疏肝,健胃止痛,理气而不伤阴,补肝暖胃,消胀止呕;甘草味甘性平,补脾益气,清热解毒,缓急止痛。诸药合用,热清毒解,脾健肝和,功能复常。

赖跃进验方选

【名老中医简介】赖跃进　主任医师。现任职于柳州市中医院。广西自治区名中医。

排浊消脂方

方药:决明子30g,三七粉2g(冲服),生大黄粉2g(冲服)

功效:消导剂。排浊消脂。

主治:高脂血症,高粘血症。

用法:每日1剂,开水泡服。60天为1疗程,连服3个疗程。

加减:脾虚便溏,大便每日超过3次,不能耐受者,生大黄减量或停用,另加山楂15g。腹胀脘闷加薄荷或荷叶。

方解:高脂、高粘血症患者多为平素嗜食肥甘厚味,营养过剩,缺乏运动之人,故"泻浊"应为其主要治法。此方为自拟方,治疗高脂血症、高粘血症,药简效宏且服用方便。方中决明子清肝明目,利水通便泻浊;现代研究证实决明子能显著降低血清胆固醇。三七祛瘀泻浊,止血定痛;现代研究证实其能降低胆固醇和甘油三酯,软化血管,促进微循环。生大黄泻下,去瘀生新,世人皆视之为峻厉之品而不轻用之;但老中医朱良春以其亲身体验,认为大黄确有推陈致新,延缓衰老,降低胆固醇、甘油三酯及利胆消石之功。以上诸药合用,治疗高脂血症,高粘血症效果显著。

胃痛饮

组方:木香5g,降香5g,乌药5g,青皮5g,白豆蔻5g,白芍15g,甘草5g,乌贼骨10g,延胡索10g,三七粉2g(冲服),徐长卿15g,两面针15g,白花蛇舌草15g。

功效:行气剂。理气缓急止痛。

主治:慢性浅表性胃炎,胃窦炎,胃、十二指肠球部溃疡,以气滞或气郁化火为主要表现的胃脘痛。

用法:每日1剂,水煎分2次服,7天为一疗程,连服2个疗程。服药期间忌食油腻、烘烤煎炸、酸辣生冷食品。

加减:脾虚便溏、气虚乏力者去白花蛇舌草,加党参、黄芪各15g;反酸甚加瓦楞子15g;恶心呕吐加橘红、竹茹、法半夏各10g。

方解:胃痛患者多为平素饮食不节或情绪抑郁之人,导致气机阻滞,胃气上逆,胃失和降,不通则痛;故气滞或气郁化火常为大多数胃脘痛患者的主要病机。此方为自拟方，止痛效果显著是其特点。方中木香、降香、乌药、青皮行气降逆止痛，取其温则行、行则痛止之意，但用量宜小，以免久用伤及胃阴；白豆蔻除湿消滞、暖胃止痛；白芍、甘草取芍药甘草汤方义，缓急止痛，解除胃肠道痉挛；乌贼骨中和胃酸，保护胃粘膜；延胡索、三七为止痛要药，化瘀通络定痛功效显著；徐长卿、两面针消炎解毒止痛，白花蛇舌草清热解毒，与徐长卿、两面针联用解毒消痈止痛效果显著。全方合用，共奏理气缓急、消炎止痛之功。

蓝青强验方选

【名老中医简介】蓝青强（1950～）壮族，广西忻城县人。教授、主任医师、硕士生导师。现任广西中医学院瑞康医院党委书记。广西中医学院学术委员会委员，广西中医学院中医内科学术带头人。《广西中医学院学报》编委，《广西中医药》杂志常务编委，广西中医药学会常务理事，中国中医药信息研究会理事，中华中医药学会内科分会常务委员等职务。广西自治区名中医，第四批全国老中医药专家学术经验继承工作指导老师。从事中医临床医疗、教学、科研工作20余年，擅长中西医结合治疗高血压、糖尿病、高脂血症、老年性痴呆症、脂肪肝、早期肝硬化、慢性胃炎、消化性溃疡、慢性腹泻等。主持并完成多项科研课题。发表论文20余篇，出版专著1部，参编著作3部。

清幽消痞益胃方

组方：党参12g，白术15g，制半夏10g，黄芩10g，蒲公英20g，黄连6g，吴茱萸2g，白芍15g，枳实10g，干姜10g，炙甘草6g。

功效：和解剂（调和肠胃剂）。益气健脾，和中开痞。

主治：HP相关性胃炎。证见胃脘闷胀，或脘腹痞满，嘈杂不舒，饭后饱胀明显；或胃脘隐痛、胀痛，纳呆食少；或嗳气吞酸、口苦，大便不畅；舌苔白腻或黄腻，脉弦滑等。证属脾胃气虚、湿热中阻、寒热错杂型。

用法：水煎内服，每日1剂，分3次温服。10天为一疗程，一般需连服3～6个疗程。

加减：气虚甚者加黄芪；脾胃虚寒者加桂枝；胃痛明显者加延胡索；兼有肝郁气滞者加香附、乌药；兼有血瘀者加丹参、莪术；恶心呕吐者加藿香、苏梗；食滞不化者加神曲、麦芽；泛酸者加海螵蛸；大便秘结者加草决明、莱菔子。

方解：慢性胃炎活动期HP检测阳性率极高，中医辨证多属脾胃气虚，湿热内阻，胃失和降，寒热虚实错杂之证，故拟清幽消痞益胃方治疗HP相关性胃炎。此方由半夏泻心汤、枳术丸、左金丸和芍药甘草汤四方化裁而成。方中取党参、白术、炙甘草益气健脾；半夏燥湿化痰、和中止呕；黄连、黄芩性味苦寒，有清热燥湿之功；蒲公英味苦健胃，有清热和中、清胃定痛之效；干姜温中散寒，吴茱萸入肝胃脾经，有温经散寒镇痛、理气止呕之功，其性温能振奋脾阳，增进脾胃运化功能；干姜、吴茱萸与黄连、黄芩配伍，寒温相宜，因此无论脾胃虚寒证或热证皆可用之；白芍柔肝缓急止痛，与甘草合用酸甘化阴、益胃阴以防燥药之急；枳实行气导滞，消痞除满，与白术配伍，寓消于补之中。此方配伍之妙在于全方集甘温苦辛于一炉，寓温清补消于一方，具有辛开苦降，和胃降逆，寒热并调，散结消痞之功效，能纠正治疗多种胃肠病出现的寒热错杂、虚实互见的病理改变，故能取得较好的疗效。现代药理研究表明：半夏泻心汤对胃粘膜屏障有一定的保护作用，枳术丸具有调节胃肠功能的作用，方中的黄连、黄芩、蒲公英、吴茱萸等对引起慢性胃炎的幽门螺杆菌（HP）具有抑制和杀灭作用，这也是此方治疗HP相关性胃炎的作用机理之一。

疗效：一般服药三五剂均可获得症状减轻之良效，坚持服药1个月以上，大多获得临床治愈之疗效。

病案：患者，女，46岁，2002年5月10日就诊。患者三年来经常胃脘闷胀不适或隐痛，迭经中西医诊治，曾服用过法莫替丁、复方田七胃痛胶囊、斯达舒等药半年，症状时轻时重，未见明显效果。近因饮食不节，痞满隐痛加重，饭后胀甚，纳呆食少，口苦而粘，大便不畅，倦怠乏力，日渐消瘦，舌质暗红，舌苔黄腻，脉弦滑重按无力。胃镜检查诊为“慢性浅表性胃窦炎伴平坦糜烂”。HP检测（＋＋）。脉证互参，证属脾虚湿阻、寒热夹杂之证，治拟益气健脾、和中开痞，方用清幽消痞益胃方，每日1剂，水煎服。服上药6剂后，胃脘胀满隐痛等症大减，食纳增加，黄苔稍退，但饭后仍胀。原方加减治疗一个半月，诸症消失，面色红润，食纳良好。

黎成科临床经验

【名老中医简介】黎成科(1938～)广西南宁人。主任医师。广州市中医药学会副会长、中西医结合专业委员会主任委员。广东省名中医。从事中医内科临床30多年,擅长治疗中风病及肝、胆、脾胃病。著作有《家庭中医顾问》《现代中药养护学》等。

中风

1 吸纳西医理论,界定中风含义

“中风”,中医和西医所指的基本上是同一类疾病。由于医疗条件的改善,现在中医收治的中风患者大多以头颅CT或MRI作为诊断的佐证和抢救用药的依据。而大量的临床实践证明,如以上述西医检查和其它检验作为中风病诊断与治疗参考佐证,则可提高中医对中风病诊断的准确性和治疗的针对性。其中的原因是因中医对中风的含义界定不清所致。《实用中医内科学》中风定义说:“中风又名卒中……临床表现以猝然昏仆,口眼㖞斜,半身不遂为主要特征,亦有未见昏仆,仅见㖞斜不遂者。”由此可知,凡非外伤所致的口眼歪斜、半身不遂都可以列入中风病进行辨证施治,这就使一些不属“中风”的㖞斜不遂患者也当成中风患者。这部分“中风”患者会影响传统中医对中风诊断的准确性和治疗的针对性。西医则从病因病理上对中风进行严格的界定;按《实用内科学》所述,“中风”属“急性脑血管病”,是“各种病变引起脑动脉阻断(血栓形成,栓子),狭窄痉挛或破裂,干扰脑的正常血液供应,使该动脉供血区脑组织受损导致局限性脑功能异常的一种疾病。”习惯将中风区别为缺血性中风和出血性中风。这就明确指出:中风的病理是“急性脑血管病所致的局限性脑功能异常”,病因是“脑动脉阻塞或破裂 。”黎成科认为,为促进中医现代化,有必要对“中风”的含义明确界定为:“中风是一种急性脑血管病,是脑动脉阻塞或破裂出血所致的局限性脑功能异常,临床表现以猝然昏仆、半身不遂为主要特征,亦有仅见一过昏厥,或眩晕,或㖞斜不遂者。”对中风含义的重新界定,将对中风诊治水平提高一步。

①确定“脑”在脏象与辨证论治的地位:传统中医历来以“ 心”代“脑”,现在既然明确指出中风是脑的病变(局限性脑功能异常),就促进医生去加深对脑的认识,填补中医藏象和辨证论治对脑及脑病认识上的空白。②减少误诊,提高治愈率:中医治疗中风,无论在急性期、恢复期或后遗症期都有明显的优势,给药途径除口服、熏洗之外,不少方药已能提取有效成分从静脉滴入。尤其是恢复期后遗症所用的针灸按摩推拿疗法是中医所特有。如果按新界定的中风定义甄别非中风的患者,不但可以提高中风的治愈率,而且也使甄别出来的其他患者得到及时正确的治疗。③减少漏诊和复发:不少中风患者其临床表现极不典型,甚至既无昏仆也无㖞斜不遂等表现,如果不按“局限性脑功能异常”,“脑动脉阻断(血栓形成,栓子)狭窄,痉挛或破裂”去追究患者的其它临床表现,并进行相应的检查(如CT,MRI),那么将有一部分中风患者被漏诊而错过治疗机会,复发中风和致残的危险性将相对偏高。

2 中风重症的辨治

2.1 闭证与脱证的鉴别界定

中医以中风有否昏迷作为“重症 与“轻症”的分界,中风后神志昏迷谓中风重症(中脏腑),无昏迷者谓轻症(中经络)。重症是指死亡率高,需要紧急救治的患者。传统将中风昏迷分“闭证”与“脱证” 施治,闭证是重症中之轻者,脱证则是重症中之极重。习惯的鉴别法是:“闭证是邪闭于内,证见牙关紧闭,口禁不开,大小便闭,肢体强痉,多属实证,急宜祛邪;脱证则是阳脱于外,证见目合口张,鼻鼾息微,手撒遗尿,这是五脏之气衰弱欲绝的表现,多属虚证,急宜扶正。”在闭证中又有阳闭与阴闭之分。总的治则是闭者宜“开窍”,脱者宜“固脱”。但是,上述对闭证与脱证的辨别极不准确,标准不明,不能量化,如果现在仍以“手撒”、“张口”、“目开”、“遗尿”,作为抢救昏迷的用药依据,极易出错(古代用此法另当别论)。根据多年的临床实践,黎成科认为,对中风闭证与脱证需引进西医体查指标进行界定鉴别。如血压正常或偏高为闭证,低于12/8kPa,继续下降者为脱证;心率每分钟60次以上,无严重心律失常为闭证,60次/分以下或120次/分以上或有严重心律失常为脱证;呼吸节律及深浅均匀16～24次/分之间为闭证,节律或深浅不均匀每分钟在16次以下或24次以上为脱证;双瞳孔等圆等大,对光反射存在为闭证,对光反射消失,双瞳孔不等大,或缩小如针尖为脱证。符合其中一项者即可确诊为脱证。另外,对闭证按传统按阴闭、阳闭之外,还须对病势的顺与逆进行分辨，所谓“顺”是病情较稳定，由中脏腑转为中经络的可能性大。所谓“逆”是病情重，随时有可能由闭证转为脱证。如无发热者为顺，昏迷伴高热者为逆；无咳嗽多痰者为顺，有者为逆；无便血、呕血者为顺，有者为逆；无糖尿病者为顺，有者为逆；无舌缩、鼾声如拽锯者为顺，有者为逆。符合其中一项者即可确诊为病势逆。

2.2 中风重症的病机

分析中风重症的病机，必须先明了脑的功能，因为中医对脑功能尚无系统论述。黎成科根据文献及临床实践试作如下概述：“脑为藏髓之脏。有感知、神思、语言及运动功能，以保持机体与外界环境的统一。脑对脏腑有控制、协调作用，以保持内在环境的统一。而五脏有通过经脉与脑络将其精气血等营养物质供应于脑，因此可以理解为脑与五脏相表里，脑为里中之里。脑把五脏的苗窍—五官九窍作为它的开窍”。中风是由于脏腑功能失调，气机逆乱，有升无降，血随气升，冲破脑络而外溢，从而导致瘀血浸淫，压迫脑髓；或是肝肾阴虚，肝阳上亢，进而化风化火，或因五志过极而化火，火炽可致气机逆乱亦可进一步加重阴亏液耗，而致痰瘀内生，瘀阻脑络，使受阻局部的脑髓失去气血的滋荣，脑髓受瘀血浸淫压迫，或失去气血滋荣，结果导致局限性脑功能异常。表现出来的就是感知、神思、语言或运动等功能的失常或丧失，以及对脏腑功能的控制调节功能严重紊乱，这是中风的病机。至于中风出现重症和病势由顺转逆，第一是络破血溢或脑络瘀阻造成的脑髓受损范围太大，或虽损害范围不大但部位重要，从而严重干扰甚至破坏脑的功能，导致脏腑失控气血乖戾，元气顿散，阴阳离决。第二是患有与中风相关的病症—糖尿病、冠心病（尤其是心肌梗塞和严重心律失常），这两种病都与瘀阻互为因果，使中风病情由顺转逆，增加救治难度。第三是中风后继发痰热壅肺或血证（便血、吐血）加重元气耗散，促使闭证迅速向脱证转化。综上所述，中风的整个病理都是邪实占主导地位，只有瘀血吸收消散或痰瘀清除，使脑髓所受的浸淫压迫解除和脑络疏通，“局部脑功能异常”才能恢复正常。

3 中风重症的救治

3.1 通瘀活络

此法通治中风昏迷，用活血散瘀，化痰，祛风活络之药以散瘀血，化风痰，通脑络，希冀迅速化解脑部的充血水肿与受压变性，恢复和保护脑对脏腑的正常调控功能 ；方药需效专力雄，用大承气汤加郁金、三七、牛膝、全蝎、地龙、南星、僵蚕，送服安宫牛黄丸（从胃管注入）。有条件者用醒脑静注射液、复方丹参注射液加 10% 葡萄糖注射液静滴，同时用 20% 甘露醇注射液进行脱水。

3.2 降逆泻火

此法专治中风昏迷伴高热，或血压居高难下，或继发痰热壅肺，或血证（便血、呕血）以及大便燥结、小便涩少等。方用黄连解毒汤合调胃承气汤加牛膝、人工牛黄、野菊花、龙胆草、生牡蛎，每日 1 剂分 2 次从胃管注入。

3.3 通泄二便

此法是实施“通降”二法的重要途径，通治中风昏迷，通过通泄二便引热引血下行，缓解气机逆乱及内生风火对脑窍的冲激，并可排除由于昏迷导致脏腑功能失调，代谢紊乱所产生的毒素。方用龙胆泻肝汤加大黄、人工牛黄、牛膝；或大承气汤加牛膝、益母草、人工牛黄。可与上述通瘀活络方药交替服用。

3.4 顾护气阴

对中风昏迷，祛邪当属首位，然而扶正也不可忽略，因昏迷患者不能进食，必然引起气血生成及水液代谢的失常，再加上实施通降皆用攻伐药，最易引起气阴的损耗，故用生脉散煎水取汁，每日多次从胃管注入，以保气阴。有条件者用生脉注射液或参麦注射液静脉滴注，并根据血液生化检测纠正水电解质代谢的失衡。

4 关于固脱和促醒

中风重症出现脱证是脑髓受到瘀血的浸淫压迫或脑络瘀阻而导致脑髓失荣，或是中风合并糖尿病、心肌梗塞、严重心律失常，或继发血证、痰热壅肺所致。这些病因不能解除，固脱纯属徒劳。因此对于脱证患者，只能在上述通降诸法之上加上固脱方药，或许能挽救一、二。文献及民间疗法对中风昏迷有“促醒”的治法，如吹鼻取嚏或放血疗法等等。黎成科认为只要脑实质所受的损害得到解除和恢复，昏迷就会不促自醒。而且促醒诸法都是一些强的刺激，为避免对脑产生恶性刺激，故应禁用。

辨证论治

1 微观分析病情，标本虚实易明

1992 年治一患者，男，58 岁，多发性骨髓瘤放疗及化疗后发热，全身虚弱。诊见患者形体虚胖、面色苍白、全头脱发、精神困倦。诉起病已半年，初起为腰骶痛逐日加重，继后头部、胸骨及肋骨亦有局限性痛和肿块出现。确诊为多发性骨髓瘤后即用“放疗、“化疗”及“激素”三联治疗，现全身多处疼痛已控制，骨质破坏趋稳定，唯反复发热，全身虚怯，气短乏力，胃纳极差，心悸失眠，口淡不渴，尿少便溏而不畅。无咳嗽流涕，皮肤无黄疸及皮疹、瘀斑，无尿痛及脓血便。血常规化验红细胞、血色素、白细胞均明显低于正常数值。数日来体温在37.5～38.5℃之间波动，午后较著，夜间汗出较多，脉芤而数、舌质淡、苔白腻稍厚，当时即按“气虚发热”论治，拟归脾汤去远志加鳖甲、青蒿、威灵仙、丹参，以甘温除热。服药3剂后发热未退，自觉全身症状加重，夜难入眠，烦躁不安。西医要求入院作对症治疗，因患者不同意再住院，故要求中医复诊。复诊所见与3 d前相同，仍是一派虚损之象，证属气虚发热无疑。为伺治之无效？经过再三审议，改用清热解毒凉血，通利二便排毒之法，用五味消毒饮合增液承气汤去紫背天葵加白花蛇舌草、土茯苓、白茅根、赤芍，服6剂后体温即退至正常，自觉症状亦得到明显的改善。从此凡遇类似患者，用上述解毒排毒之法，均有一定疗效。

按 本案气虚发热用清热解毒凉血、通利二便之治法，似犯“虚虚”之戒。但从微观分析病情患者患多发性骨髓瘤，骨质被癌瘤细胞侵蚀破坏，用化疗和放射治疗，其目的就是通过放、化疗的杀伤作用去破坏或抑制癌瘤细胞的无限增殖，而癌瘤组织被抑杀破坏，就释放出大量毒素，这些毒素加上放、化疗的杀伤作用，抑制了机体的生机而造成虚证。因此，虚证在此患者身上只是病之标，而非病之本；再深一层分析，大量癌瘤组织破坏后及其放出的毒素，停留于体内就是一种异物—“病邪”。“邪气盛则实”，一定要解决“解毒”和“排毒”的问题，才能扭转病机病势。通过此治验，提示后学：用西医学理论对病情进行微观分析，可以使中医的标本虚实辨证更准确，用药更有针对性。

2 疑难危重病证，必须辨证与辨病并举

收治2例胸痛患者，第1例是教师，56岁，第2例为职员，50岁。均为左侧胸肋痛近旬，逐日加重难以忍受而住院。两患者一向体健。起病无明显诱因，无外伤、无发热、无咳嗽、无呼吸困难、无心悸。胸痛呈刺痛性质，呈闪电式，阵发加重，夜间尤为显著。检查患者胸廓对称，无皮疹及红肿，呼吸运动无明显受限，胸部挤压痛第1例明显，听诊心肺均正常，全胸片第1例提示“左胸膜稍增厚”外，其余心肺未发现明显病变。血象等检查亦无异。两例脉均现弦紧而细数，舌质红稍紫，第1例舌上有瘀点，苔薄白，两例辨证均属瘀血痹阻，处血府逐瘀汤加玄胡、郁金、瓜蒌皮。送服云南白药，并配合针灸。治疗1周，两例胸痛仍有增无减，发展至夜间需肌注“颅通定”始能入眠。第1例经胸部CT及支纤镜检查，确诊为“肺癌并胸膜转移”，转心胸外科治疗。第2例于入院后第10 d在左胸腋部皮肤出现少量丘疹、水疱，确诊为“带状疱疹”，改按“肝经湿热”，用龙胆泻肝汤加赤芍、板蓝根、土茯苓、七叶一枝花，外加西药和理疗而渐愈。

按 以上2例的胸痛患者按瘀血痹阻辨证施治，完全符合传统“治病求本”的要求。但最终未收到疗效。究其原因，是因为受条件所限，“辨证论治”在其创始阶段，只能从宏观上，动态上去分析和推断病情，其对疾病的诊断结论—“证”，实质是疾病发展过程中的”反应状态”。疾病反应状态既有同一性亦有多样性，即不同疾病可以在其发展过程中出现相同的反应状态— “证”，同一疾病在不同发展阶段也可以出现不同的证，因此辨证论治就有“同病异治”“异病同治”的特色，现在问题就出在“异病同治”，特别是疑难病证，同一种“证”之内，往往包含病因病理迥然不同的疾病，这样同证同治就不可能取得相同的疗效。以上治例，“带状疱疹”和“肺癌”按当时胸痛的表现均属“瘀血痹阻”，但两者的病理基础、预后转归却迥异，如果应用相同的治疗措施，如止痛，可能暂时有效，但治愈疾病则不可能。再者“带状疱疹”在丘疹疱疹未出现时，其表现酷似“瘀血痹阻”，临床难以发现与湿热相关的表现。

临证遇到这类同证异病，同治却疗效大异的情况不少，比如“中风”，中医无法把局限性脑功能异常（眩晕、昏仆、语蹇、口眼歪斜、半身不遂等等）的病因再行分辨，结果把真中风（急性脑血管病）与假中风（脑肿瘤、脑囊虫病等）也纳入中风进行辨治，自然有些“中风”患者的疗效就很差。再如最常见的“眩晕”病，痰浊中阻本来是最常见的一个证，半夏白术天麻汤亦屡治屡应，但近期收治一75岁老妇，表现确属痰浊中阻，但如法投药却无效，后经头颅CT确诊为“小脑胶质瘤”，改按痰瘀胶结于脑，用导痰汤合桃仁承气汤加西药脱水，眩晕才获暂时缓解。这就说明，疑难危重病症的鉴别诊断与微观辨证对中医来说是一个有待增强的薄弱环节，鉴别不出“同证”之内不同疾病的本质区别，治疗就不可能有的放矢，当然就达不到“治病必求于本”的经意。因此必须吸纳现代医学的技术与理论，把辨证与辨病有机结合起来，才是真正的“治病求本”。

李莉验方选

【名老中医简介】李莉　女，壮族。主任医师，硕士生导师。广西自治区名中医。1982年毕业于广西中医学院医疗系。广西中医药学会理事及中医妇科学会副主任委员兼秘书。从事中医妇科、中西医结合妇产科临床及科研工作20余年，擅长治疗妇科常见病及疑难杂病，尤以治疗月经不调、不孕不育、癥瘕为特长。发表论文30余篇，主持区卫生厅科研课题1项。

盆瘀饮

组方：丹参25g，赤芍药10g，白芍药10g，当归10g，川芎6g，白术10g，茯苓10g，泽泻10g，延胡索10g，川楝子6g，莪术10g，炙甘草6g。

功效：化瘀利湿，缓急止痛。

主治：因湿瘀所致的下腹疼痛、性交痛、痛经或月经紊乱、白带过多等。

用法：水煎服，每日1剂。月经干净后服20剂为1个周期，连用3个月为1个疗程。

加减：兼附件炎性包块或卵巢囊肿者去白芍药加三棱、皂角刺；兼气虚者加党参、黄芪；兼腰痛者酌加杜仲、骨碎补；带下量多色黄者去川芎加黄柏、薏苡仁。

方解：此方为当归芍药散化裁。方中重用丹参、赤芍药、白芍药和营养阴，敛肝止痛，活血化瘀；配当归、川芎补血化瘀，使肝经得养，肝脉舒畅；其中芍药甘草汤对横纹肌、平滑肌挛急有镇静作用。已有实验证明：芍药甘草汤可抑制大鼠子宫肌标本收缩；临床实践证明，大剂量的芍药甘草汤合失笑散或活血化瘀药止痛效果显著。白术、茯苓、泽泻健脾益气，渗湿和中，利湿而不伤阴；延胡索、川楝子疏肝理气，行血止痛；莪术化瘀消积，通肝经瘀血。全方共奏调和肝脾气血，化瘀利湿，缓急止痛之功。

临床疗效：治疗湿瘀互结型盆腔瘀血综合征34例，总有效率为94.12%。动物实验证明，此方能明显降低血液粘度，扩张微动脉口径，增加毛细血管开放数，抑制炎性水肿，改善微循环，并有镇痛作用。

病案：患者，36岁，2003年8月就诊。小腹坠胀、肛门坠痛反复发作3年。自2000年人流术后即出现小腹坠痛，腰骶痛，久立后加重，逐渐发展至肛门坠痛，不能久坐。曾多次到肛肠科就诊及住院治疗，住院时症状暂缓，出院后诸症依然。近年来出现经前乳房胀痛，经行淋漓不畅，带下增多，性交时小腹疼痛剧烈，以至害怕性生活。舌淡红，舌边有瘀点，苔微黄，脉细弦。妇科检查及B超检查均无特殊发现。证属肝郁气滞，湿瘀互结于胞宫胞脉，治宜疏肝行气，化瘀利湿止痛，以盆瘀饮加减治疗：丹参25g，赤芍10g，当归10g，川芎6g，白术10g，土茯苓20g，泽泻10g，柴胡6g，延胡索10g，川楝子6g，莪术10g，水蛭6g（研粉冲服），炙甘草6g。每日1剂，水煎服。服药3剂后自觉腹痛及肛门坠痛明显减轻，能久坐。守方加减服1个月后，性交痛得以改善。坚持服药半年，诸症基本消失。

李延临床经验

【名老中医简介】李延（1942～）教授，主任医师，硕士生导师。现任黑龙江中医药大学临床医学院暨附属第一医院院长。黑龙江省名中医，第三批全国老中医药专家学术经验继承工作指导老师。从事中医内科学专业教学、医疗及科研工作，主要研究方向为心脑血管疾病的临床研究。先后获省部、局级科学进步奖7项。发表论文共30篇，出版专著8部。

临床经验

脑梗死

1　谨守病机，虚实为纲

李延认为脑梗死即属于“中风”的范畴。他综合诸家学说并结合临床经验，认为本病的病因病理即积损正衰、饮食不节、情志所伤、气虚邪中。归纳起来有虚（阴虚、气虚）、火（肝火、心火）、风（肝风、外风）、痰（风痰、湿痰）、气（气逆）、瘀（血瘀）六端，其中以肝肾阴虚为本。缘水不涵木，木枯精亏，即产生肝火、肝阳、肝风。龙雷之火引风上燔，血随气涌，风火挟中焦垢腻之痰上犯于脑，痰瘀互结于脑络，血脉不畅，营津不布，外渗于脉外为饮，更加阻滞脑脉，而使脑神经失去荣养，如《素问·八正神明论》云：“血气者，人之神”，脑失去“神”的物质基础，故出现眩晕，头痛，言语謇涩或不语，肢体失用的临床表现。

总之,本病病位在脑,涉及心脾肝肾,痰浊壅滞和脑络瘀阻是本病的主要致病因素,下元亏乏为致病之本,本虚标实,虚实夹杂贯穿疾病的整个过程。

2 辨证施治,初中末三期立法

在临床中,脑梗死的证型比较复杂,肝阳上亢、气血亏虚、肾精不足、痰浊互阻多相交相错。若仅凭证处方,孰轻孰重,很难掌握,效果亦多不明显。李延根据此病的发展阶段,提出了初中末三期,并提出了各期的立法方药,不仅易于应用,而且效果彰显。

2.1 初期—风痰上蒙,痰瘀阻窍(发病1w内)

症状:平素头晕头痛,耳鸣目眩,少寐多梦,突然口舌喎斜,言语謇涩或不语,半身不遂,心烦,痰多而黏,苔黄腻,脉弦滑。治法:平肝熄风,化痰通络。方药:天麻15g,钩藤15g,刺蒺藜15g,石决明30g,寒水石30g,代赭石30g,清半夏15g,茯苓15g,石菖蒲15g,炙水蛭5g,川芎15g,桃仁10g。加减:便干者,加大黄、芦荟。不寐者,加合欢花、夜交藤、炒枣仁。心中烦热者,加栀子、黄芩、竹叶。

2.2 中期—气虚血瘀,脑络瘀阻(发病1w~1个月)

症状:半身不遂,口舌歪斜,面黄不华,气短乏力,纳差,感觉减退或消失,自汗出,口角流涎,心悸,手足肿胀,舌质黯淡,舌苔白,或舌体不正,脉沉细。治法:益气养血,活血通络。方药:黄芪30g,党参20g,全当归15g,川芎15g,防风10g,玄参15g,白术15g,茯苓15g,白芍20g,生地黄15g,麦冬15g,牡丹皮15g,赤芍15g,丝瓜络15g。加减:血渗脉外、肢体浮肿者,加泽泻、茯苓、牛膝、车前子。上肢偏废者,加桂枝、桑枝。下肢软弱无力者,加杜仲、桑寄生、怀牛膝。此期可合服大黄蛰虫丸,每日2丸,以求祛瘀生新。

2.3 末期—肾精亏虚,络虚不荣(发病1个月后)

症状:头晕头痛,双耳失聪,头不自主晃动,行走则甚,伴健忘耳鸣,腰膝酸软,夜尿频多,语言謇涩或不语,舌红或无苔,脉弦细。治法:益精填髓,补虚通络。方药:熟地黄20g,山茱萸20g,石斛15g,麦冬15g,五味子15g,石菖蒲15g,远志15g,肉苁蓉20g,龟甲20g,丹参20g,砂仁15g,苍术20g,薄荷5g,蛤蚧5g(研粉冲服)。加减:语言不清者,加蝉蜕10g、诃子10g。头项不举者,加鹿茸粉1g冲水服。

3 临床辨证用药特点

3.1 循病机,立三期,药法各异

因本病病机关键为气血逆乱,上下气不相顺接,故调气尤为重要。李延认为,此病因肝阳暴张挟痰上扰脑窍,脑窍一闭,诸窍皆闭,影响到肺-脾-肾三焦津液代谢系统出现痰浊壅盛,脑体水肿,小便不利;影响到咽喉的吐纳系统出现鼾声痰鸣,不能进食;影响到大肠的传导系统出现便秘,腹胀。故李延在初期治疗上,一方面主张重用药物镇住气血痰火上升之势,另一方面又要行泄理气,常用青皮、枳壳等辛开苦降之品,疏导痰浊瘀血。茯苓、桃仁在此作用尤为精要,在前基础上因势利导,使痰和瘀有出路,从下而解。中期由于气血痰郁而化火,加之命门相火妄动,“壮火食气”,气血相燔,蒸腾脉道,导致气虚津枯,脉道枯涸,血行不畅。李延此时重用黄芪20~50g,一可防活血伤气,二与活血药合用有鼓浪前进之效,三与参、地、冬、芍合用有云行雨施之妙,荣润脉道又凉血活血。由此才心气充沛,血液充盈,脉道通利。缘此时正气必虚,方中加入玉屏风散以培土御风。气血通畅,津液自布,更好地消除脑水肿,并有助于吸收。后期龙火焚食真元,精亏髓消,脑体不用,故李延此时主张守真气,毓阴潜阳,与张山雷所说的“内风乍定,痰壅既开,自当滋养以培其本”极为合拍。若论填精,血肉有情之品首当其冲,如蛤蚧与龟甲、鹿角胶等,又恐碍于脾胃,故加砂仁、苍术有助于吸收。此处麦冬取其“金水相生”,肝甲乙木得肾水濡灌后,又得薄荷温风一吹,木气得伸,土亦得滋,五脏荣泽,气血条畅。但不可因一时转佳而妄自骄行,后期的预后和调养也不容忽视。

3.2 化痰浊,兼通络,相得益彰

痰浊是水液代谢失调形成的病理产物,又是本病极为顽固的致病因素。“百病皆因痰作祟”,痰无处不到,故临证不容小视。对于化痰,李延主张用温胆汤,续服指迷茯苓丸,一是化已生之痰,二绝生痰之路。瘀血往往是痰浊的连带反应,同时又常是引起痰浊的主要原因。血液一旦停滞便失去了原有的功能,“不加于好血”,此血不去,新血难生。故化痰药与活血药皆备于三期中。

3.3 喜用虫类药

李延根据昆虫类生物具有钻、行、窜的习性,而脑梗死多因顽痰死血胶固,且脑络受邪,非此类药物难以根除痼疾,临证常在水蛭、僵蚕、蜈蚣、全蝎、地龙、土鳖虫等药中选其一二,加入辨证方中。入煎剂一般用5~10g,入散剂一般用1~5g为宜。此类药物能入络搜邪,引药入络,可应用于疾病发展各阶段。

4 病案举隅

患者,男,72岁,2005年12月15日来诊。患者有高血压病史20余年,于10 d前开始头部针刺样疼痛,眩晕,就诊于某医院做CT检查示:左腔隙性脑梗死，轻度脑萎缩。心电图示：ST－T缺血性改变。经扩张血管，抗纤、抗栓治疗，服用阿司匹林片、VitE片后，效果仍不显著，遂来求诊。证见：血压175/100 mmHg，头晕头痛，言语不清，睡眠不安，口舌正中，痰涎多，左下肢行走拖曳，双耳失聪，口干，疲乏，便干，苔黄腻，舌体大，舌质黯，脉弦滑细。中医诊断：中风（中经络）。辨证为：风痰阻窍，瘀阻脑络型。方药：天麻20g，钩藤20g（后下），石决明30g（先煎），磁石30g（先煎），刺蒺藜15g，清半夏15g，石菖蒲15g，枳壳15g，柴胡15g，川芎15g，炙水蛭10g，僵蚕10g，桃仁10g，茯苓15g，酒大黄10g。二诊：上方共服10剂，初服时，自觉效果较好，手脚运动则较差，于上方去石决明、磁石、石菖蒲、酒大黄，加生黄芪30g、白术15g、当归15g、杜仲15g、怀牛膝20g，配合大黄蛰虫丸，每日2丸，口服。在此方基础上加减治疗1个月后，说话流利，语言清晰，肢体活动正常。

按　此患者是比较典型的风中经络的患者，“人过四十，而阴气自半”，故脉象见细，又气血亏虚，经云“不得虚，邪不能独伤人”，虚风内引，邪侵脉络，故营卫闭塞，手足失灵，风为阳邪引痰上窜廉泉，故言语蹇涩。此期虽虚实夹杂，但不可进补，祛邪才是第一要务。方中石决明、磁石重镇风阳上升之势，天麻、钩藤、刺蒺藜平肝熄风，柴胡、枳壳辛开苦降，清半夏、石菖蒲化痰开窍，川芎、桃仁活血祛瘀，水蛭、僵蚕入络搜风。老年人中风病情较复杂，风、痰、瘀、虚交织在一起，辨证有一定困难，且病情虽然出现而得病却非一日，故不少人欲图速效，却往往欲速不达。对此证，只要辨证无误，坚持用药，持久论治，常常可显奇功。（刘宝海　朴雪花）

头痛

李延对治疗老年夹痰夹瘀、痰瘀互结型头痛疗效颇佳。《丹溪心法·头痛》认为：“头痛多主于痰，痛甚者火多，有可吐者，可下者”。“痰乃津液之变，瘀乃血液凝滞，津血同源，痰瘀相互渗透”“痰瘀同源、同病，痰瘀同治”。李延遵循古训，结合自己多年的经验认为：痰与血同属阴，易于交结凝固，特别是老年内科疾病，或虚或实，均有不同程度的夹痰夹瘀，指出痰瘀阻遏引起的头痛、眩晕一般多见实证，而又以本虚标实最为多见。从老年人的生理病理上来讲，人到老年脏腑日衰，五脏俱虚，而脏腑虚衰是老年人发病的重要因素。“邪之所凑，其气必虚”，故老年病以虚为本，但虚能致实。心主一身血脉，心气虚则鼓动无力，而致血行迟缓，久则成瘀；肝主疏泄一身之气，肝气虚则疏泄无能，气滞血凝；脾主运化全身水谷精微，脾虚运化失常，精微反聚而为痰；肺主治节，通调水道，肺气虚则失于宣肃，肺津不布，凝而成痰；肾为先天之本，老年人肾气日虚，元阳不足，气血凝滞易致血瘀，加之肾主水，肾气虚而水液易于聚为痰饮。故老年人五脏虚衰均可引起痰或瘀，痰阻气滞，血行不畅则瘀；瘀血阻滞，水津敷布运行不利又可聚而为痰。而且现代社会物质生活水平不断提高，饮食中肥甘厚味逐渐增多，而老年人脾胃虚弱，运化不及反生痰湿，加之老年人活动减少，久坐久卧血液运行缓慢，也易产生痰瘀互结之证。此类患者往往痰瘀互结，致使清阳不升、浊阴不降，清窍痹阻，经络不通，不通则痛；痰浊瘀血内生，使清阳精血不能上充脑脉，清窍失于濡养，经脉不荣，而致头痛。

临床常见患者头痛日久不愈，其痛如刺，固定不移，或头痛昏蒙，入夜尤甚，伴有面色晦滞，胸闷脘痞，纳差，睡眠不安，甚或失眠，舌苔腻，舌体胖大或舌质暗边有瘀斑、瘀点，脉弦滑，或沉弦或沉涩。脏腑虚弱，功能不足，运血无力，加之痰湿阻滞，使血行不畅，瘀血内停，脉络受阻，故头痛日久不愈，其痛如刺，固定不移；肺失宣肃，脾失健运，聚湿生痰，痰浊中阻，上蒙清窍，清阳不展，故头痛昏蒙；夜间阳气较弱，推动血行之力更为不足，故入夜尤甚；痰浊瘀血阻于胸膈胃脘，故胸闷脘痞，纳差；痰瘀扰及心神故睡眠不安，甚或失眠；舌苔腻，舌体胖大或质暗边有瘀斑、瘀点，脉弦滑，或沉弦或沉涩，均为痰瘀互结之象。在治疗方面，李延以活血化瘀，祛痰通络，痰瘀同治为总的论治原则，兼顾标本，祛邪佐以扶正，在活血祛痰的同时，根据患者个体因素给于补气、养血、健脾、安神养心等，概以缓急止痛为要务，而切忌头痛医头，单纯使用止痛药物。常用的方药有川芎、当归、地龙、水蛭、茯苓、半夏、菖蒲等，李延治疗瘀血证善用地龙、水蛭等虫类活血化瘀药，取其强大的“逐恶血”、“搜逐风邪”、“通经络”之功，祛除停滞于经络血脉的瘀血痰浊，以达到止痛之目的；川芎具有活血行气，祛风止痛之功，又秉升散之性，能上行头目，为治头痛之要药；同时配以当归、赤芍、丹参等缓和之品，既能行气化瘀又可补血，瘀血去而新血生，祛邪而不伤正，常用方剂如通窍活血汤加减，对头痛经久不愈，如锥如刺，固定不移，舌暗或有瘀斑，脉涩等以瘀血偏重者效果甚佳。治疗痰浊常用半夏、菖蒲、茯苓等化痰祛浊健脾药，半夏为治痰要药，善治肺胃湿痰以及经络之痰浊；菖蒲辛温开窍，芳香而散，能“利九窍，明耳目，发声音”；茯苓健脾利水，治痰之根本，常用方剂如半夏白术天麻汤加减，对头痛不甚，而昏蒙眩晕较重，伴有胸脘痞闷，苔腻，脉弦滑等症状痰浊偏重者疗效好。头痛若伴有失眠者加炒酸枣仁、夜交藤、远志；纳呆重者加焦三仙、白术、党参；恶心者加生姜、竹茹。并指出治疗头痛，引经药的使用对发挥药效有一定的意义，根据头痛的部位选用葛根、柴胡、苍术、细辛、吴茱萸等引经药。运用痰瘀同治法施治，同时根据患者的不同临床表现随证加减，收效卓著。

案1 患者，王某某，男，65岁，退休干部。初诊日期2004年3月6日，头痛半年余，有针刺感，闷痛如戴帽，时有眩晕，下午及入夜较重，睡眠不佳，夜寐多梦，易惊，纳差，面色晦滞，舌质暗红，苔薄白腻，脉濡缓。李延认为：本证属痰瘀阻遏引起的头痛、眩晕，实多虚少，瘀血为著，瘀血、痰浊阻滞脉络，使清窍失于濡养，不通则痛，痰瘀互结使清阳不升、浊阴不降，上扰清窍故而眩晕，痰瘀扰及心神故睡眠不安，湿邪碍脾而纳差。面色晦滞，舌质暗红，苔薄白腻，脉濡缓均为一派痰瘀互结之象。辨证属血瘀痰浊内阻。治宜活血化瘀，化痰祛浊。方药：当归15g，川芎15g，赤芍15g，地龙2bg，水蛭10g，茯苓15g，半夏15g，昌蒲20g，丹参20g，细辛5g，夜交藤15g，焦三仙各15g，服药7剂。3月13日复诊，自诉头痛缓解，饮食改善。嘱其上方继服10剂，头痛未再发作，睡眠大有改善。（崔岩飞 吴 限）

医方验方

人参益智汤

组方：人参15g，熟地（砂仁炒）20g，黄精20g，菟丝子20g，制首乌20g，柴胡15g，白芍30g，远志15g，茯苓15g，淫羊藿20g，川芎15g，当归15g。

主治：老年痴呆症。

病案：高某，女，63岁，退休工人。2006年8月5日来诊。患者3年前发生脑梗塞，右半身不遂，曾住院治疗1个月余，好转出院，基本恢复，生活可自理，但行动缓慢，说话费力，一直未能恢复，且呈进行性记忆力减退，开始为近事易忘，发展到远事也忘，1年来认知能力减退。从不认远亲到不认家人，不能正确判定是否在家里，不能正确回答问题，表情淡漠，近1个月病情又加重，大小便不能自知，舌苔薄白，舌质紫黯有瘀斑，脉弦细弱。CT检查有局灶性脑萎缩。缺血性积分量表8分。西医诊断：脑血管性痴呆。中医诊断：痴呆。中医辨证：肾精不足，瘀血阻窍。治法：益精填髓，化瘀通窍。处方：人参15g，熟地（砂仁炒）20g，黄精20g，菟丝子20g，制首乌20g，远志15g，川芎15g，柏子仁15g，益智仁20g，苍术15g，山萸肉20g，赤芍15g，柴胡15g，白芍20g。服用4周后，记忆力减退和认知障碍有所改善。继之服用3个月后，记忆力明显改善，生活可以自理。

李安源儿科经验

【名老中医简介】李安源（1952～）山东省嘉祥人。主任医师，教授，博士生导师。山东省立医院中医科主任。中华中医药学会理事，中国中西医结合学会儿科专业委员会委员，中华中医学会儿科专业委员会理事，全国中医药高等教育学会儿科研究会理事，山东省中医药学会副会长、常务理事，山东省中西医结合学会儿科专业委员会主任委员，山东省中医学会儿科专业委员会副主任委员，山东省中医镇痛专业委员会副主任委员，山东省中医呼吸病专业委员会副主任委员，山东省医疗事故鉴定专家委员会委员，山东省医院制剂评审专家委员会委员。山东省名中医药专家，全国老中医药专家学术经验继承工作指导老师。擅长儿科疾病诊治。主持和参与研究科研课题多项，并多次获奖。主编、参编著作多部，发表论文50余篇。

小儿多发性抽动症

李安源认为抽动－秽语综合征（Tourette Syndrome，TS）病位主要在肝，涉及肾、心、脾等脏腑，从“虚、风、痰、火”辨证施治，疗效显著。

1 病因病机

1.1 肝肾阴虚，阳亢风动

小儿为稚阴稚阳之体，脏腑清灵，形气未充，具有“肝常有余，肾常虚，肝阳易亢”的生理特点，肾虚则肝木无制，阴虚则筋脉失养，易发生抽动。小儿肾之精气不足，肾阴化生乏源，肾为先天之本，各脏之阴均有赖于肾阴的滋润；正常情况下，肝肾之阴阳相互制约，处于动态的平衡状态，即《素问·生气通天论》云：“阴平阳秘，精神乃治”；小儿“肝阳亢盛”一方面指肝主疏泄，具有升发全身气机之功能，同时又指病理时，肾阴常虚，无以制约肝阳，肝肾之阴阳失衡，而致阴虚阳亢，虚风内动，可见抽动，如《素问·至真要大论》所云：“诸风掉眩，皆属于肝”；肝体阴而用阳，为罢极之本，小儿肝常有余肾常虚，肾水不能涵肝木，则肝之阴血不足，而致阴虚阳浮风动。阴主静，阳主动，阴虚阳亢，故阴静不能制约阳动，虚风内动，故见肌肉抽动，《素问·阴阳应象大论》说："阴静阳躁，……阴在内，阳之守也；阳在外，阴之使也"，若阴阳失和，则病变丛生。故李安源认为，小儿多发性抽动症病位在肝，与肝肾之阴阳失调关系最为密切。

1.2 脾虚失运，痰浊阻窍

脾为后天之本，小儿脏腑娇嫩，有"脾常虚"的生理特点。中医认为，"怪病多责之于痰"、"百病皆由痰作祟"。脾虚则易聚湿生痰，痰与风邪相携，易阻滞脏腑孔窍之经络，若风痰鼓动，上犯清窍，则挤眉弄眼，横窜经络，则发生头颈、四肢肌肉抽搐，痰阻气道则胸闷痰鸣，上壅咽喉则咽痒不适怪声连连，或语声不断，流窜经络则肢体抽动。李安源认为，脾虚痰浊阻窍也是TS的重要病机。

1.3 痰火扰心，神明失志

心在五脏中五行属火，主神明。《万氏家藏育婴秘诀·五脏证治总论》曰："心属火，旺于夏，所谓壮火之气也"，小儿为"纯阳之体"，脏腑经络之气柔弱，感邪后易化火伤阴，引动肝风，如刘完素《宣明论方》中说："小儿病者纯阳，热多冷少也"，故小儿有"心常有余"之说，《素问·灵兰秘典论》云："心者，君主之官也，神明出焉。"，《灵枢·本神》又云："故生之来谓之精；两精相搏谓之神；随神往来者谓之魂；并精而出入者谓之魄；所以任物者谓之心；心有所忆谓之意；意之所存谓之志；因志而存变谓之思；因思而远慕谓之虑；因虑而处物谓之智"，详细论述了人体的情志活动与心的关系，故李安源认为，当痰火扰动心神，心神不宁，神明失志，便可见患儿出现猥亵言语、强迫、注意力不集中、多动等行为和情绪障碍。

2 辨证论治

2.1 活用经典名方

李安源在治疗TS时，常巧用经典名方，强调辨证论治。在治疗肝肾阴虚，阳亢风动证型时，常以《医宗金鉴》之钩藤饮（人参、全蝎、羚羊角、天麻、甘草、钩藤），以党参易原方中人参以防温补太过，以水牛角易原方中羚羊角以缓解过于寒凉之性，常加生地黄、白芍、菊花、生龙骨、生牡蛎、木瓜、伸筋草，方以水牛角、钩藤为君滋阴熄风，配以全蝎、菊花祛风止痉为臣，辅以党参扶正以祛邪，且防全蝎伤正气，生地黄、白芍滋阴养血、增液舒痉，生龙骨、牡蛎平肝潜阳，同时助钩藤、水牛角、全蝎熄风止痉，木瓜、伸筋草舒筋活络止抽共为佐药，甘草缓急、调和药性为使药。对脾虚失运、痰浊阻窍或痰火扰心证，常在《医学心悟》半夏白术天麻汤（半夏、白术、天麻、陈皮、茯苓、蔓荆子、生姜、大枣、甘草）或《三因极－病证方论》之温胆汤（半夏、竹茹、枳实、陈皮、茯苓、甘草）之基础上随症加减，基本方以健脾祛湿，化痰熄风为主，常加石菖蒲、郁金、胆南星豁痰通窍，加钩藤、全蝎、蜈蚣祛风止痉，肢体抽动加桑枝、木瓜、伸筋草以舒筋通络；情绪不稳者加柴胡、白芍以疏肝解郁；心神不宁者加炙远志、五味子等养心安神；咽部发声不适者常加蝉蜕、僵蚕、射干疏风利咽；眨眼频繁者加菊花、木贼清热疏风。

2.2 重视情志调摄

由于多发性抽动症强迫、注意力不集中、多动等行为和情绪障碍，患儿常有轻度抑郁或焦虑等表现，故李安源在药物治疗的同时，常注意对患儿和家长的心理、情志的调摄，强调避免指责或强行制止抽动的发生，指导家长日常生活中积极鼓励患儿提高治疗信心，减轻患儿学习和精神压力，避免过度劳累和看过于刺激性的影视剧，禁止玩刺激性电子游戏；在生活上养成良好的生活习惯和作息规律；饮食上注意均衡营养、平衡膳食，忌食辛辣或肥甘厚腻的食物，少食或少饮添加色素的零食或饮料，使药物治疗和心理调摄相得益彰，利于疾病的康复。

3 病案举隅

案1 刘某，男，7岁8个月。2007年12月11日初诊。半年前出现耸肩，皱眉，频繁眨眼，偶有干咳样发声，注意力不集中，2个月后症状加重，引起家长重视，在当地妇幼保健院咨询治疗，医生建议心理开导，数月后症状无明显减轻，遂请李安源治疗。患儿身体偏瘦，发育尚可，手心发热，耽嗜电子游戏，伴心烦易急躁，口渴，纳眠可，盗汗，大便干，1～2日一行，舌红、苔薄黄，脉细数。诊断：多发性抽动症（肝肾阴虚、阳亢风动型）。治以滋阴熄风，平肝潜阳。钩藤饮加减：党参6g，全蝎3g，水牛角6g，天麻10g，钩藤10g，生龙骨、生牡蛎各10g，僵蚕10g，生地黄10g，白芍10g，菊花10g，木贼6g，甘草3g。每日1剂，水煎分3次服用，嘱忌辛辣饮食，适当控制电子游戏，10剂后复诊，耸肩、皱眉、眨眼较前明显减轻，守上方加蝉蜕、伸筋草各6g，30剂，制水丸剂，每次服用15g，每日3次，饭后服用，服用2个月而愈。随访半年未复发。

案2 马某，男，8岁，2007年10月12日初诊。近1年多来常口角抽动，伴咽部不适，少言语，曾短期服用氟哌啶醇，因服用后出现双手颤等副作用后停用，遂求李安源治疗，患儿体型偏胖，纳差，眠可，大便溏，舌体胖大有齿痕、苔白厚腻，脉弦。诊断：多发性抽动症(脾虚失运、痰浊阻窍型)。治以健脾化湿、祛痰熄风。半夏白术天麻汤加减:法半夏10g,白术6g,天麻10g,陈皮6g,茯苓10g,钩藤10g,醋柴胡6g,郁金10g,石菖蒲10g,煅龙骨、煅牡蛎各10g,甘草3g。10剂后复诊,上述症状减轻,上方去醋柴胡,加僵蚕6g,伸筋草各6g,木瓜10g,35剂,制水丸剂,每次服用15g,每日3次,饭后服用,服用3个月而愈。随访半年未见复发。(李继君)

李昌源学术经验

【名老中医简介】李昌源(1916~)四川铜梁人。教授,主任医师,硕士生导师。1941年毕业于成都国医学院。贵阳中医学院伤寒教研室主任、院学术委员会委员。中华全国中医学会贵州分会理事、贵阳市支会常务理事,贵州省技术职称评定委员会委员,大连仲景学术编辑委员会委员,河南仲景国医大学顾问,国际肝病研究合作交流中心学术委员,贵州东方肝胆病研究所名誉所长。首批全国老中医药专家学术经验继承工作指导老师。从事临床和教学、科研近60年,擅长内、外、妇、儿各科,尤对各型肝炎、肝硬化、胆道疾病和疑难重症有较好的疗效。发表论文30余篇,参编《肝病治疗学》《全国当代名老中医临床荟萃》《南方医话》等著作。

学术思想

1 据证而辨,活用经方

李昌源崇尚伤寒辨证论治学派的观点,综合以方类证、按法类证、分经审证各家之长,主张按张仲景原序中"平脉辨证"以"见病知源"的要求,立足客观,把握病机,因病制宜,活用经方。

1.1 病机契合,径用经方

雷诺综合征 患者田某,四肢阵发性厥冷伴青紫麻木8年,手足皮肤干燥、增厚,爪甲弯曲变形,舌淡,苔薄白,脉沉细。李昌源辨证为寒凝经脉,营血郁滞。根据《伤寒论》"手足厥寒,脉细欲绝者,当归四逆汤主之",予原方6剂,服后肢冷麻木大减,调理20余日而告愈,X线摄片复查指骨脱钙现象消除。

1.2 病有兼夹,随症增减

急性水肿型胰腺炎 患者罗某,持续性上腹疼痛、痞满拒按3天,伴往来寒热,口苦呕恶,渴欲饮冷,手足(三点水戢)然汗出,大便3日未解,舌红,苔黄厚腻少津,脉沉实有力。李昌源辨证为肝胃郁热,少阳阳明并病。予大柴胡汤和解少阳、通下里实为主,合芍药甘草汤以缓急柔筋,加川楝子、元胡以疏肝止痛。1剂而腑气通,热退痛减,再3剂而痊愈。

1.3 证非一经,合用经方

急性肾小球肾炎 患者何某,浮肿、尿少1周,渴欲饮水、饮入即吐2天,舌边尖红,苔黄厚腻,脉浮滑,李昌源辨证为表邪里饮,湿郁化热。予五苓散合麻黄连翘赤小豆汤;3剂而肿退呕止,再3剂而诸症悉除,尿、血常规均恢复正常。

1.4 病非一证,并用时方

胃大部切除术后顽固性膈肌痉挛 患者朱某,呃逆不止3年余,久治无效,呃声响亮,频频而作,伴恶心呕吐,泛酸少食,便秘数日不下,舌红苔白,脉弦细。李昌源辨证为肝胃郁火,气逆不降。予小承气汤泻除胃热,合左金丸清泄肝火。6剂而大便畅通,呃逆大减,再6剂而顽症告愈。

2 行气化湿,辨治肝炎

李昌源主要以"黄疸"、"胁痛"两证为纲来辨证治疗病毒性肝炎。以黄疸为主证者,治湿为本。其法有四:阳黄用利湿清热退黄法,湿重热轻者用胃苓汤或茵陈五苓散,热重湿轻者用退黄三草汤(李昌源经验方,由鲜车前草、天青地白草、酢浆草、绵茵陈、白花蛇舌草、大青叶、板蓝根、郁金各20g组成)或栀子柏皮汤,湿热并重者用茵陈蒿汤、甘露消毒丹或苗虎汤(李昌源经验方,由绵茵陈40g,虎杖、败酱草、白花蛇舌草、板蓝根、土茯苓、柴胡、黄芪各20g,蜂房、蒲公英、贯众、蚕砂、陈皮、焦三仙各10g组成);阴黄寒湿发黄型用温阳化湿退黄法,以脾阳虚为主者用茵陈附子理中汤,以肾阳虚为主者用茵陈术附汤;阴黄瘀血发黄型用活血化瘀退黄法,以血府逐瘀汤加绵茵陈、田基黄、茜草;急黄用泄热凉血散瘀法,以茵陈蒿汤合承气汤类方加减,邪入心包者急投安宫牛黄丸。

以胁痛为主证者,行气为要。其法有六:肝脾不和型用疏肝健脾行气法,肝郁乘脾者用四逆散与四君子汤或与平胃散合方,脾虚肝乘者用逍遥散或理中汤合四逆散,寒热错杂型用辛开苦降和中法,以半夏泻心汤、干姜芩连人参汤或连理汤化裁;肝胆郁热型用清肝泄胆解郁法,以小柴胡汤或柴平汤化裁;瘀热留滞型用清热血育阴法,以黄连阿胶汤或青蒿鳖甲汤加减;肝肾阴虚型用滋水涵木疏肝法,以一贯煎或归芍地黄汤佐四逆散；气血瘀阻型用理气活血化瘀法，气滞血凝者用血府逐瘀汤，气虚血瘀者用当归补血汤合旋覆花汤，血虚寒凝者用当归四逆汤。无症状者，从调理肝脾肾着手：乙型肝炎病毒携带者以四君子汤或逍遥散健脾疏肝为基础，慢性迁延性肝炎以六君子汤加仙灵脾、巴戟天、仙茅健脾补肾为基础，再酌加清热解毒、化瘀通络之品。

3 利水清源，治肝硬化

李昌源认为，就疾病整体而言，肝硬化本虚而标实，本虚乃肝、脾、肾损伤，标实为气、血、水互结；就主症腹水而言，则又以水停为标，气滞血瘀为本；气滞血瘀又以气滞为先导。其治疗不外扶正与祛邪两法，关键在于分清标本之轻重缓急，把握攻补之先后主次。

腹水为标，由气、血、水搏结而成，腹水期以治水为主，必兼行气，活血。其法有四：脾虚湿滞型用健脾化湿利水法，以胃苓汤加减；脾肾阳虚型用温肾理中行水法，以真武汤合理中汤化裁；气滞血瘀型用行气活血消水法，以血府逐瘀汤加味；形证俱实之顽固腹水则用下气分消逐水法，用李昌源自制臌胀消水丹（甘遂、沉香、琥珀各10g，枳实15g，麝香0.15g，共研细末，装入胶囊，每粒0.5g，每次4粒，于清晨空腹时用大枣煎汤送服，间日1次）。

正虚为本，因肝、脾、肾损伤所致。腹水消退后当健脾以筑堤防，补肾以疏下源，调肝以利气血。其法有三：脾虚肝郁者用健脾益气疏肝法，以香砂六君子汤加减；脾肾阳虚者用温肾健脾暖肝法，以附子理中汤或济生肾气丸加减；肝肾阴虚者用滋肾养阴柔肝法，以一贯煎或归芍地黄汤加减。

4 和解疏利，治疗胆病

胆附于肝，共主疏泄。肝病则胆汁不循常道而见黄疸、口苦，胆病则肝气横逆脾胃而见胁痛、呕恶，肝胆病则同病，治当并治，除可参照肝病辨证治疗者外，李昌源治疗胆系感染多从和解少阳、清泄肝胆入手，用小柴胡汤类方剂化裁；治疗胆道结石多以疏肝利胆、化石排石为法，用五金汤（金钱草、郁金各20g，海金沙、鸡内金（生用）、金铃子各10g）加减。

5 化瘀搜逐，攻克痼疾

痼疾的特点有二：一是正气虚衰，气不行血，血流不畅而涩滞；二是病程漫长，屡治罔效，久病入络而瘀阻。李昌源采用活血化瘀、通络搜逐之法治疗：偏瘫及各种气虚血瘀所致的顽症，用益气化瘀法，以补阳还五汤加减；脑外伤、复发性阿弗他溃疡及各种气滞血瘀所致的顽症，用血府逐瘀汤加减；顽痹、久痛不愈之证用养血通络法，肿瘤用破瘀散结法。

原发性肝癌 患者郁某，肝脏进行性肿大、疼痛难忍2月，日渐消瘦，腹胀便秘，小便短少，夜难成寐，舌淡苔薄，脉细数，三五不调。李昌源辨证为气阴两虚，瘀血邪毒搏结。予生脉饮合二至丸，加丹参、郁金、三七粉、元胡、枳壳以行气化瘀，蜈蚣、全蝎、水蛭、虻虫以搜剔逐邪，白花蛇舌草、七叶一枝花以祛毒抗癌，加减调治8个月癌肿明显缩小，疼痛解除，精神好转。追访2年仍健在。

6 异曲同工，内外合治

李昌源常常根据辨证论治原则，在内服汤药的同时，配合外治。

6.1 病灶贴敷，清肿截毒

右肱骨上端中心型软骨肉瘤 患者吴某，右上臂外侧肿块疼痛1年，溃烂流出淡血水样浓液1月。李昌源在予阳和汤加味煎服的同时，局部用醋调敷吴茱萸散（李昌源经验方：吴茱萸300g，荜茇、细辛各100g，共研极细粉末，瓶装备用），每日换1次。6剂而疼痛大减，脓液减少。内外合治2月而愈，X线摄片骨质愈合。

6.2 内病外敷，透里达邪

急性阑尾炎 患者黄某，因饱餐后负重急行而突发右侧少腹疼痛拒按1天，发热恶寒，呕恶便秘。遂予芒硝50g，拳参25g，研细用醋调敷阑尾部位，每日换1次。次日疼痛大减，寒热、呕恶解除，数日而愈。

6.3 敷脐逐水，攻不伤正

对于腹水壅盛而体虚不胜攻逐的肝硬化患者，李昌源在用应证方药内服的同时，常用甘遂研为细末，每次取5～10g，以蜂蜜调匀敷于脐上，每日换1次，可迅速产生逐水效果，使腹水从二便去而无不良反应。

6.4 中药灌肠，降浊排毒

慢性肾小球肾炎尿毒症 患者盛某，浮肿尿少、呕恶厌食、心悸气短半月。李昌源在予真武汤合香砂六君子汤内服的同时，用黄芪40g，生大黄20g，煎水200mL，早晚各用100mL保留灌肠。调治10天尿量每日增至900～1100mL，恶心呕吐解除，浮肿、心悸气短减轻，纳食增加，再内外合治调理半月，诸症消除，心肾功能均恢复正常。（周道红）

临床经验

肝硬化腹水

肝硬化腹水，多因七情内伤，六淫外袭，疫毒水邪所害，或饮食不节，酒色过度，导致肝脾肾功能失调，转输之官失职，气血不和，清浊相混，隧道壅塞，形成气滞、血瘀、水停的复杂证候，该病本虚而标实，腹水一旦大量出现，其病根深固，已属晚期。腹水作为突出之主证，虽系标证，但其障碍气血运行，危害脏腑功能，是重要的病理因素，然邪气久羁，戕贼脏器，正虚邪实，攻补两难，治疗十分棘手。李昌源积五十余年临证经验，明辨虚实，缓急分明，切合病机，攻补适时，治疗多有良效。

案1 王某，男，40岁，初诊：1992年10月7日。因腹水五月多住入某院，西药治疗，腹水反复渐进，病情危笃，逐请李昌源会诊。五月来疲乏纳差，两胁时有刺痛，腹胀渐渐膨大，口干喜饮，小便黄少，大便干燥，日渐消瘦，肝大肋下1.5cm，脾大肋下1cm，均为中度硬而边锐，光滑，轻度触痛，肝功检查：SGPD 120μ，Ⅱ 40u，TTT 22μ，TFT(+++)TD 7g%，A:3.2g%，G:3.8g%，西医诊断为坏死后性肝硬化，失代偿期。20多年前有急性黄疸型肝炎史。刻诊见患者精神不佳，慢性病容，形体消瘦，面色晦滞，色素斑累累，目肤发黄，腹大如瓮，脐心突起，腹筋怒张，较之坚硬，肝脾触诊不满意，腹围102cm，颈后及胸前各见蜘蛛痣一颗，肝掌红甚，小便黄如浓茶，每日约250mL，大便二、三日一行，干黑量少，坚涩难下，舌紫边有瘀斑，脉细涩。此瘀血阻滞，气结水停之证，拟活血化瘀，行气逐水法。与消水丹，每日早、晚备存2粒，并投桃红四物汤合五苓散加减：当归10，川芎15g，赤芍20g，红花10g，桃仁10g，猪苓10g，茯苓20g，泽泻10g，桂枝6g，丹参20g，郁金15g，莪术10g，鳖甲10g，川朴15g，大腹皮20g，车前仁20g，茵陈15g，田基黄20g，二剂。二诊：1月9日。药后腹鸣腹痛，日泻清水6~7次，小便量增，日约1000mL，腹胀大减，身黄减，极为疲乏，但饮食增加，腹围减至80cm，邪已顿挫，停服消水丹，方中加入枳实10g，黑丑10g，三剂。三诊：尿量增加，日约1500mL，腹胀诸症减轻，精神好转，腹围73cm，饮食增加，大便调畅，方中去黑丑，加太子参20g，山药15g，六剂。后以活血化瘀，疏肝健脾法调治两月余，服方87剂，肝功各项检查正常，追访至今，未再复发，已投入正常工作。

按 本例以瘀血阻滞脉络，气机壅遏，致气滞水停，腹水盛大，幸年壮，正气尚旺，标证危急，故急以逐水活血为治，待水消至大半，则停用攻逐，转用调理肝脾，活血行气利水之法，效果极著。王肯堂曰："气血不通，则水亦不通而尿少，尿少则腹中水积而为胀"，此例先事透邪，意在使邪去，气机流畅，升降复常，后再以补泻兼施，渐消缓削而告愈。

案2 徐某，女，58岁。初诊：1993年1月13日。20年前曾患无黄疸型肝炎，以后肝功时好时坏，近三月来腹胀食少，食后胀甚，两肋闷胀，小便短少略黄，大便时干时稀，一月来，腹胀加重，渐渐腹大如蛙，神疲乏力，下肢浮肿，嗳气食少，尿少便溏，B超检查，示肝脾肿大。肝功检查：SGPT 80μ，TTT 18μ，TFT(+++)，TP:5.2g%，A:2.3g%，G:2g%。面色萎黄而晦，语声低微，腹大膨隆，脐心突起，双下肢凹陷性浮肿，按之如泥，舌胖淡瘀滞，边有齿痕，苔白少津，脉沉弱。证属脾虚肝郁，气结水停，治以健脾疏肝，行气利水，茵陈理中汤合逍遥散加减：茵陈15g，干姜15g，焦术10g，茯苓20g，党参15g，柴胡15g，枳实10g，当归10g，川朴10g，猪苓10g，泽泻10g，车前子10g(包煎)，郁金10g，大腹皮10g，桂枝10g，三剂。另用甘遂粉20g调蜂蜜外敷脐部，每日一次。二诊：1月16日，用药后。水泻3~4次/日，小便量增。腹胀明显减轻，口干食差，疲倦乏力。上方加太子参20g，四剂。外用药续用。三诊：日下稀便2~3次，尿多，精神好转，已思饮食，下肢浮肿消退，腹胀大减，舌淡苔白，脉沉细。停用甘遂外敷，汤剂中增入黑丑10g、砂仁10g、焦三仙各20g，六剂。后以健脾和肝，行气利水，佐活血消癥法，续调二月。肝功基本恢复正常，TP:7g%，A:3.4g%，G:3.6g%，腹水全消，精神饮食良好。

按 本例由无黄疸型肝炎久延而来，脾虚肝郁，气滞水停，腹水较甚，但体虚难胜峻逐。故以甘遂调蜂蜜外敷，竣药缓用泻其水，同时温补脾阳，行气利水，助其运化，水消至半后，改补脾和肝，行气利水。软坚消癥，攻补有序，收效显著。本例初期腹胀甚时，断不可因虚而径用壅补，滞气碍邪，不可不防。补泻兼施，权宜而行，助正克邪，渐进缓图，如恃峻药猛克，欲速不达，反伤正气。（袁金声）

医案验案

疑难病三则

1 脑萎缩

本病属祖国医学"文痴"、"痫证"范畴。是由于脑萎缩所致的进行性脑器质性精神衰退的一种综合症状，多在脑动脉粥样硬化的基础上由于多次大小不同的脑卒中发作形成多发性脑栓塞的结果，出现痴呆综合征。临床可见人格改变，睡眠及知觉障碍，判断力及记忆障碍等精神异常表现，甚至出现呆傻、二便失禁等严重症状。临床上常见之老年性痴呆症，多有不同程度的脑萎缩。本病预后较差，治疗颇为棘手。本病的病因病机不外有三，即髓海不足、脾肾亏损和心血不足，李昌源认为本病的治疗总则不离补肾填髓，健脾益气。

案1 刘某某，男，77岁，1992年7月1日初诊。患者曾有高血压史10年，数次出现中风先兆，1月前患感冒后出现神志不清，二便失禁，肢末不温等象，经某医院作脑CT检查，提示“脑萎缩”。刻诊：神情呆滞，双目无神，问之不答，头昏乏力，手足不温，炎炎夏日竟身着毛衣且戴帽，二便失禁，舌淡体胖大、苔白腻，双关脉弦、尺弱。诊为痴呆，属肾阴虚，命火衰，髓海空虚，治当温肾扶阳，方选金匮肾气丸加减化裁。处方：熟地、淮山药、枸杞子、丹参、益智仁、菟丝子各20g，茯苓、山萸肉、郁金、仙灵脾各10g，附片（先煎）、丹皮各6g，肉桂3g。水煎服，日1剂。二诊以后加重温阳药，附片增至20g，肉桂增至6g，并用枸杞蒸羊脑炖服，另加用鹿角胶（烊化）20g。其余增损药物如覆盆子、桑螵蛸、太子参、炙甘草、薏苡仁、巴戟、远志、菖蒲等。调治近2月后，二便正常，手足不冷，饮食睡眠均正常，神志清楚，对答自如，经脑CT复查已正常。

按 本例辨证明确，治以温肾扶阳为主，佐以健脾益气，填髓化瘀。主用金匮肾气丸温补肾阳，因小便失控，故去泽泻。前后用药23剂，其中桂、附总量分别达129g和418g，其温肾阳之力不可谓不强；加入丹参、郁金，取其活血化瘀，改善心、脑、肾血循环以治脑栓塞；鹿角胶既助桂、附温阳，又助枸杞子、菟丝子、羊脑补髓填精；巴戟、仙灵脾助命火，补肾气；益智仁、桑螵蛸、覆盆子补精固摄二便，枸杞蒸羊脑乃以脑补脑之脏器疗法；太子参、茯苓、淮山药、炙甘草益气健脾同补后天；菖蒲、远志通心阳而透脑窍。是方配伍严谨，药证合拍，故20余剂得收捷效。

2 慢性肾功能衰竭

肾功能衰竭是由多种原因导致氮质潴留而产生的全身性综合证候群，急性肾功能衰竭与中医的“癃闭”相似，慢性肾功能衰竭则与“关格”类同。关于关格的病因病机，李昌源认为脾肾阴阳衰竭是本，浊阴内聚是标，在病理上的表现是正虚邪实，因此，在治疗上重在调燮阴阳。

案2 盛某某，男，53岁，干部，1992年4月6日初诊。慢性肾炎史6年，1月前因尿少、眩晕、贫血、呕吐、心衰被诊为慢性肾功能衰竭而入院治疗，经作“血液透析”等治疗后病情有所缓解。现症：少尿（日尿量600mL左右），面色苍白，神疲乏力，眩晕，双下肢浮肿，心悸气馁，厌食口臭，便干溲黄，恶心欲呕，舌红、苔黄腻，脉沉细，BP 24.5/15.7kPa，Hb 66g/L，BUN 46.9mmol/L，CrC1143.7μmol/L，CO2CP 16mmol/L，K+4.3mmol/L，Na+139mmol/L，CI-1109mmol/L，Ca++2.04mmol/L。诊为关格，属阴阳失和，拟酸甘化阴，辛温通阳。处方：山栀子、竹茹、附片（先煎）、乌梅、五味子、甘草各10g，麦冬、沙参、玉竹、白芍、酸枣仁各20g，当归15g，生姜3片，日1剂，水煎服。另以黄芪40g，大黄20g，煎水200mL，早晚各1次，每次100mL行保留灌肠。16日二诊：经服上方10剂并结合“血透”、灌肠后，心悸气馁感明显减轻，纳食增加，无恶心感，大便通畅，下肢浮肿亦减，尿量增加（900～1100mL/日），守方继服15剂，灌肠减至每日1次。5月11日三诊：患者未再出现心衰之象，眩晕感明显减轻，下肢不肿，尿量增至每日1600mL以上，故于1周前已停止“血透”，查BP 20.0/12.5kPa，Hb 85g/L，内生肌酐清除率89.41/24h，BUN 15mmol/L，CrC613.4μmol/L，CO2CP 18mmol/L，K+、Na+、C1-、Ca++均在正常范围以内，停用灌肠，以初诊方去竹茹、乌梅、枣仁加肉桂6g，山萸肉10g，车前子、怀牛膝各15g，再服10剂，以资巩固。

按 本例采用酸甘化阴为主，辛温通阳为辅的治疗原则，配合灌肠通腑降浊以扶正祛邪，与一般治疗本病健脾温中、温肾利水导浊等法迥然有别。“目前有不少学者亦提出应用酸甘化阴法或阴阳兼顾的法则，从临床报道看，比单纯应用温补肾阳法或单纯应用滋阴补肾法效果较好”（《实用中医内科学》上海科技出版社，1986年2月版，298页）可作为使用本法的最好脚注。

3 糖尿病

糖尿病属新陈代谢类疾病，是由于胰腺功能减退而引起的碳水化合物代谢紊乱，主要表现为血糖升高及糖尿，其多饮、多食、多尿与中医所称消渴的三多症状一致。李昌源认为糖尿病初期多为气分有热，中期以气虚为主，后期气阴两虚，多夹瘀血阻滞。其初期治则为清热生津止渴，方选白虎加人参汤；中期应健脾益气，生津止渴，方选七味白术散加味；后期宜滋养肝肾，活血化瘀，用六味地黄汤与血府逐瘀汤合方化裁。

案3 张某某，女，65岁，1991年10月17日初诊。患糖尿病史3年余。证见：烦渴引饮（4000～5000mL/日），小便频数量多，饮一溲一，尿色混黄，耳鸣头昏，腰膝酸软，视物昏蒙，皮肤干燥搔痒，消谷善饥，体态肥胖，舌红淡紫，脉沉细数。查：空腹血糖14mmol/L，尿糖（+++）。诊为消渴，属肝肾阴虚兼血瘀为患，拟滋养肝肾，活血化瘀，用地黄饮子、桃红四物汤合方加减。处方：生地、熟地、天冬、麦冬、石斛、郁金各20g，花粉40g，生山楂30g，生石膏、知母、丹参各15g，西洋参5g，桃仁、红花、赤芍、川芎、甘草各10g。15剂，水煎服，日1剂。11月4日二诊：药后口渴及善饥症状均有改善，饮水量及尿量均减至3000mL/日以下，上方去西洋参、石膏、知母、川芎，加太子参、黄芪、蛇床子各15g，白茅根、旱莲草、女贞子各20g，继进15剂。28日三诊：三多症状基本消失，饮水量及尿量接近正常，查：空腹血糖6.16mmol/L，尿糖（+）。

按 本例病属后期，故以地黄饮子滋养肝肾，人参白虎汤降糖蠲饮，桃红四物汤活血化瘀，从本病的生化检查看，除血糖增高外，常伴有血脂浓度增高，有时血糖呈乳浊液改变为高脂血症，血液粘稠度高，这些病理改变使血流缓慢，与祖国医学“血不活，有瘀滞”的瘀血病机相似，为中医采用活血化瘀法治疗本病提供了科学依据。实验证明：桃仁、红花、郁金、山楂有明显的降脂作用；人参、石膏、知母同用降糖作用明显；益气药黄芪和补阴药地黄、天冬、麦冬、石斛、花粉等均有降糖作用。对本例的治疗还提示：在养阴基础上加用活血药提高疗效，是否说明这两类药有互补作用？当然，活血化瘀法不能作为治疗糖尿病的通治法，仅能作为该病后期气阴两虚夹瘀血阻滞的治疗方法之一。（徐学义 周道红 袁金声）

李长生临床经验

【名老中医简介】李长生 主任医师，教授。山东千佛山医院中医科主任。山东中医药大学博士研究生导师，山东大学医学院硕士研究生导师。山东中医药学会常务理事，山东中医药学会老年病专业委员会主任委员，山东中医药学会心脏病专业委员会、活血化瘀专业委员会副主任委员，中华中医药学会老年分会委员，中国老年保健协会脑保健专业学术委员会委员，中华中医药学会营养药膳专家分会常务理事，山东中西医结合学会神经内科专业委员会委员，山东抗癌学会中西医结合专业委员会委员，山东中西医结合影像专业委员会委员，《中国中西医结合影像杂志》编委等。山东省名中医药专家。主要从事中西医结合临床、教学、科研工作，擅长治疗心脑血管、胃肠及糖尿病等疾病。获得省级科研成果奖5项。发表论文60余篇，参编著作6部。

临床经验

血管性痴呆

1 对病因病机的认识

血管性痴呆的患者多发于老年，主要表现为脑血管病发生后出现记忆力的下降，并往往伴有不同程度腰脊酸痛、耳鸣耳聋、发脱齿摇、肢体麻木，舌紫暗或有瘀点瘀斑，脉涩。故李长生认为本病病位在脑，肾髓亏虚、瘀血阻络为基本病机，其中肾髓亏虚为本，瘀血阻络为标。

1.1 肾髓亏虚为血管性痴呆之本

李长生主张脑主神明，认为脑为精明之府，具有精神意识思维感觉功能。脑神有赖于气血之濡养才能维持正常思维活动，而气血之充盛赖于五脏调达。肾为水火之宅，内寓元阴元阳，是人体一身阴阳之根本，它是人体正常精神意识的基础，也是五脏赖以濡养的源泉。肾精充盛，则阴平阳秘，五脏调和，其所生之气血上荣于脑，则耳聪目明，思维敏捷；若肾精亏虚导致五脏虚损，不能化生运行气血，气血不能上荣，脑髓失养，神明失用，可发为痴呆。可谓脑为神之主，肾为神之根。

《灵枢·海论》云：“脑为髓之海”，而肾为先天之本，藏精生髓上输于脑。因此，髓海的充盈有赖于肾精充盛。若肾精亏虚不能生髓，髓海不足，神机失用可致痴呆，正如清·王清任在《医林改错·脑髓说》中云：“年高无记性者，脑髓渐空；年高肾虚，髓海空虚，发为呆病。”《医学心悟》亦曰：“肾主智，肾虚则智不足。”《医方集解·补养之剂》进一步解释说：“人之精与志皆藏于肾，肾精不足则志气衰，不能上通于心，故迷惑善忘也。”因此只有肾精充足，脑髓充盈，脑的生理功能才能得以正常发挥。由此可见，肾髓亏虚为血管性痴呆之根本。

1.2 瘀血阻络为血管性痴呆之标

血运行周身，以通为用。《景岳全书》中说：“血者，精之属也……盖其源源而来，生化于脾，总统于心，藏受于肝，宣布于肺，施泄于肾。”人至老年，肾精渐亏，五脏渐衰，则脾虚生化乏源，血虚而瘀；心推动乏力，脉中之血凝而留滞；肝主藏血，是谓血海，肝血不足，木失调达，气机郁遏，血脉不畅；肺气虚衰，不能朝百脉，主治节，血失敷布调和，气虚帅血无力，血行瘀滞而生瘀血。瘀血阻于脑络，脑失所养，神明失用，灵机呆钝而发为痴呆。故王清任有“凡有瘀血也令人善忘”之说。瘀血既成，不但可以蒙蔽脑窍，而且能够阻滞气机，则血瘀更甚，加重气血循行不利，使气血不能上达，脑气不能与脏气相接，日久则精髓渐枯，故病情呈进行性加重。由此可见，瘀血既是病理产物，又是主要致病因素，贯穿本病始终。

2 补肾活血是血管性痴呆的基本治法

肾髓亏虚贯穿于血管性痴呆的整个病理过程，是其基本病机。根据“治病求本”、“虚则补之”、“精不足者，补之以味”（《素问·阴阳应象大论》）、“损其肾者益其精”（《难经·十四难》）等治疗原则，当以补肾为治疗本病之基本治法。肾精充足，脑髓充盈则神得其养，脑主神明功能正常，故智慧生生不息，痴呆症状得以改善。瘀血阻络为其标，则活血通络治之。《素问·阴阳应象大论》谓：“审其阴阳，以别柔刚，定其气血，各守其乡，血实宜决之。”瘀血祛，脑脉通，则脑得血养，神明得用，故本病症状得以改善。“精者，血之精微所成”（《读医随笔·气血精神论》）。血液流于肾中，与肾精化合而成为肾所藏之精。由于血能生精，血旺则精充，血亏则精衰。故旧血不去，则新血断然不生，而新血不生，则肾精亦难补。补肾精、益脑髓和活血通络在本病的治疗中均有重要的意义。又据“气行则血行，气滞则血瘀”，故在活血同时注重补气理气药的应用，以求气血畅达。张景岳说：“善补阴者，必于阳中求阴，则阴得阳生而泉源不竭”。因此填精之中佐以温阳，补命门之火，启发脑元之气，温火生精以补其髓，以壮其根，故本法阴生阳长，相互滋生。此外，“血得寒则凝，得温则行”，故补阳药的应用还可以促进血的流通。

3 经验方

李长生根据本病的基本病机，以补肾益精填髓、益气活血通络之法治之，常以何首乌、黄芪、益智仁、丹参、水蛭、川芎等药物组成基本方，再根据病情随证加减治疗，取得较好的治疗效果。方中君药何首乌苦、甘、涩、温，不寒不燥，入肾经，直达病所，能“长筋力，益精髓，壮气”（《何首乌传》），能补肾益精填髓，且补而不腻。黄芪气味俱轻，具有升发之性，功专补气升阳，以达气足行血之效；益智仁辛温气香，能温补肾阳。二药为臣药鼓舞肾气以生精，助阳以化阴，取“阳生阴长”、“血得温则行”之意，使阴得阳生而泉源不竭，可使化源得滋，血得畅达，脑髓得充。丹参、水蛭共为佐药，丹参苦，微寒，活血祛瘀，养血安神；水蛭咸、苦、平，专入血分而药力迟缓，取其破瘀而不伤气血之功，剔除脑络瘀血。与君臣药共达益气活血、化瘀通络、填精益脑、开窍聪智之功。川芎为使药，味辛性温，辛则行，温则通，为血中之气药，可使血活气顺，助诸药发挥作用。全方通补结合，补而不滞，诸药配合，共奏补肾健脑、益精填髓、益气活血、化瘀通窍之效果。（王 莹）

遣方用药

缺血性中风用药

1 病因病机

李长生经过几十年临床总结，认为缺血性中风的基本病机为气虚血瘀。病因为气虚，病理结果为血瘀，而瘀血既为病理结果，又为新的病因。气虚主要为脾、肾气虚，脑为髓海，肾藏精生髓，肾精充足则髓海能得以正常运行。“肾为先天之本”，“丈夫五八，肾气衰，发更齿槁……八八，天癸竭，精少，肾脏衰，形体皆极”，“年过四十，阴气自半”，脾胃为后天之本，气血生化之源，气的盛衰是生长壮老的根本原因，元气渐衰，功能减退，气虚无力推动血脉，血液运行迟涩，所谓“虚气流滞”，或嗜食肥甘厚味，脾胃受损，生痰积瘀，血不利则生水，聚湿成痰，痰瘀互结，脉络瘀阻，瘀阻塞脑窍，脑脉不通，清窍失聪，灵机失用，神明受扰，发为中风，证见变化多端，或为头晕目眩，或为半身不遂，或为口舌歪斜，或为呆傻愚笨，乃与瘀阻脑窍具体部位不同而已。瘀阻日久，其气自耗，瘀血不去，新血难生，血为气之母，血之生成竭源，其气更虚。

历代医家亦有相同观点，王清任在《医林改错》中提出“气虚血瘀”的观点，阐明了劳伤体虚之人，因气虚无力，不能推动血液的运行，血瘀于内，而致瘀血的发生。张锡纯阐发了脑贫血萎废的病机，认为是脑不满而贫血，则耳鸣、头目倾眩，其剧者能使肢体萎废。可知其当时已辩中风之出血性和贫血性，其言贫血即今之缺血也。在治疗上张锡纯主张，“当以补气之药为主，以养血之药为辅，而以通活经络之药为使也”。由此可推出张锡纯亦认为缺血性中风之病机为气虚血瘀。

2 用药经验

2.1 重用活血化瘀法

基于以上对其病机的认识，李长生认为在缺血性中风中，气虚为血瘀的病因，瘀血既为气虚的病理结果，又为进一步气虚的病因，故瘀血在此过程中，与气虚相比较，起了标症的作用，其标不除，其本难固，因此活血化瘀就显得更加重要。临证时善用化瘀疗法，又不忘其本，多用益气化瘀法和补肾化瘀法随证加减。化瘀克塞方（药用生黄芪、川芎、丹参、水蛭、鸡血藤、三七、黄连、骨碎补、地龙等），与补阳还五汤之意略有不同，重活血化瘀药物，又因瘀血愈补血愈瘀，然又不可不补，纯用行气、活血之品，恐更耗伤气血，气失固摄而见出血，故少用益气之黄芪。鸡血藤，苦、温，养血活血而舒筋活络；三七，止血、散瘀、消肿、定痛也，《本草求真》言，“世人仅知三七能止血止痛，殊不知……能于血分化其瘀”。骨碎补，苦、温，补肾、活血、止血。上述药活血兼补血、止血，行气兼补气，化瘀而不伤正；寒温并用，不致辛温耗伤气阴，也不致寒凉遏血。黄连，苦、寒，清利血热、燥湿祛浊而厚肠胃，又可清心安神止瘀热。地龙能通络，消除经络阻滞、血脉不畅，其性走窜，通达全身，领诸药直达病所，川芎同为使药。同时地龙清热化痰，顺应肺的宣发肃降之性，促进宗气生成，加强益气化瘀的作用。诸药合用共奏益气化瘀、活血通络之功。因此，益气以改善本质的气虚状态，一则气行以消脉中之留瘀，二则气旺以资新血之化源；活血以畅通气血，剔除淤滞，益气与化瘀相结合，化瘀不伤正，使正复、脑清、神明。

如见腰酸背痛、呆傻愚笨、夜尿增多、口角流涎等症，舌质发紫，是为肾虚血瘀，加用制首乌30 g，益智仁6 g，银杏叶10 g，何首乌苦甘涩微温，阴不甚滞，阳不甚燥，得天地中和之气，专入肝肾，补益肝肾、益精生髓。《本草纲目》：“此物气温味苦涩，苦补肾，温补肝，涩能收敛精气，所以能养血益肝、固精益肾、健筋骨、乌须发，为滋补良药”。益智仁辛温醒脾益胃，使脾气升，胃气降，运化功能重建，使血脉充，精髓生。正如杨仁斋《直指方》“此为温煦以助阳和而斡旋大气，则能进食”。助首乌补肾益精填髓。银杏叶甘、苦、涩、平，据《食疗本草》记载银杏叶可用于心悸怔忡，肺虚咳喘等病症。近代研究认为有活血化瘀、增强记忆等作用，用于痴呆有一定功效。

2.2 重调脾胃

李长生认为，活血化瘀药往往耗伤胃气，导致食欲减退、胃胀、出血等症。脾胃为后天之本，气血生化之源。谷入于口，而聚于胃，胃为水谷之海，喜谷而恶药，药之所入邪，不若谷气之先达，故治病之法必先以谷气为先。通常选用女贞子、鸡内金、炒谷麦芽，痰热者黄连配半夏，寒证者善于用砂仁，气滞者偏于木香、薄荷。

2.3 善疏肝理气

李长生认为，中风后患者多因境遇变迁，而情绪不畅，肝失疏泄，使气滞血瘀，甚至肝郁乘脾，更致气血亏虚，影响中风康复，甚至加重病情，因此对其治疗应疏肝理气、解郁活血，使气机通畅，气血调和。李长生临证善于观察患者的言谈，凡是言行过于谨慎，性格比较内向、闷闷不乐者均给以疏肝理气的药物，善用薄荷、郁金、佛手、香橼、玫瑰花等质轻药物，取“轻可去其实”之意，收效显著。（单康娜）

李春华妇科临床经验

【名老中医简介】李春华（1937～）白族，云南大理人。主任医师。1961年云南大学毕业。原云南中医学会理事、曲靖市中医学会副会长。享受国务院特殊津贴。云南省名中医，全国第二批老中医药专家学术经验继承工作指导老师。勤于临床，精于妇科，擅治子宫肌瘤、卵巢囊肿、崩漏、闭经、高泌乳素血症、多囊卵巢综合征、不孕症、盆腔炎、子宫内膜异位等。论文30多篇，编著《曲靖中草药手册》，创办《曲靖医药》，为首任主编。

临床经验

妇科疑难病

李春华治疗妇科疑难病症时，除重视肝、脾、肾等脏腑的协调作用外，认为气、血、痰（湿）、瘀对妇女生理病理的影响尤为重要，并提出了痰瘀致病的见解，制定了化痰破瘀、痰瘀同治的治疗原则。

1 子宫肌瘤（癥瘕）

子宫肌瘤的形成除气滞血瘀为主要病机外，李春华崇尚《丹溪心法》：“痰挟瘀血，遂成窠囊”的理论，认为痰瘀凝积，相互搏结，壅阻冲任，结于胞宫是形成本病的主要病机，治疗上除行经期针对月经量多进行辨证治疗外，对于经间期（非经期）的调治，采用活血化瘀、理气消痰是治疗该病的根本举措。以自拟化痰破瘀消癥汤（昆布、海藻、夏枯草、白芥子各15g，瓦楞子30g，三棱、莪术、蒲黄、五灵脂、甘草各12g）为治疗本病的基本方剂，结合辨证，气滞血瘀加柴胡15g，香附10g，卷柏30g，丹参20g；肝郁湿热加柴胡、白芍各15g，枳壳10g，败酱草、马鞭草各30g；气血两虚加人参（党参30g）、当归各15g，黄芪30g，鸡血藤20g；阴寒凝滞加附片30g，桂枝、炮姜、小茴香各15g。水煎服，每日1剂。2个月为1疗程，一般服1～3疗程，经91例门诊和住院病案统计分析，总有效率为89.02%。

案1 宋某某,女,40岁,1992年5月7日入院。住院号:42508。患者月经量多1年,近3个月以来每月两潮。9天前在某医院经B超检查,诊为子宫肌瘤。入院时我院B超检查探及子宫前壁9cm×7cm×6cm之包块。确诊为子宫肌瘤。证见月经先期,1月两潮,量多有瘀块,带下量多,色黄粘稠,小腹胀痛,经前烦怒,胸乳胀痛、口干苦,舌淡红、苔腻色黄,脉弦滑。辨为肝郁血滞,痰瘀凝结,发为癥瘕。治宜疏肝解郁,破瘀消癥,投化痰破瘀消癥汤化裁。处方:柴胡15g,白芍20g,香附、枳壳、昆布、海藻、浙贝母、三棱、莪术、五灵脂各10g,败酱草、夏枯草、生黄芪、瓦楞子各30g,甘草12g。每日1剂,水煎分3次服,行经期减三棱、莪术,加炒蒲黄10g,仙鹤草30g;经间期加水蛭、白矾等药,共住院138天,服中药109剂,最后经妇检及B超复查,子宫肌瘤消失,月经恢复正常出院。

2 崩漏

崩漏的形成,临床以气虚、血热、肝郁、血瘀较为常见。李春华认为痰凝和血瘀互结,瘀阻冲任,损伤胞络也可导致崩漏。治宜祛痰化瘀,使冲任调畅,则崩漏自愈。其自拟祛痰竣血汤(苍术、白术、茯苓、枳壳、当归、白芍各15g,香附、蒲黄、五灵脂各12g,陈皮、法半夏各10g,黄芪30g)为治疗痰瘀崩漏的基本方。瘀血偏重者加三棱、莪术各10g;痰积偏重者加白芥子、瓦楞子各15g;脾虚者加党参30g,淮山药15g;肾阳虚者加巴戟、仙茅各15g;肾阴虚者加女贞子15g,旱莲草30g;肝郁气滞加柴胡、郁金各15g;暴崩不止加龙骨、牡蛎各30g。

案2:贺某,女,36岁,教师,1980年6月23日入院,住院号:46672。1977年开始出现月经时而停闭,时而量多不止。末次月经8月13日,已流血11天未止。西医妇检:阴道内有较多血液,子宫前位,双侧卵巢可扪及,诊为①功能性子宫出血;②卵巢多囊性病变。证见月经量多,质粘稠有血块,小腹胀痛,恶心欲呕,痰多,形体肥胖,舌胖苔薄,脉弦滑。辨为痰湿凝聚,气郁血瘀,痰瘀阻滞,血络受损之崩漏。投祛痰竣血汤加味。处方:苍术、白术、茯苓各15g,香附、五灵脂、当归、蒲黄各12g,陈皮、法半夏、枳壳各10g,白芍、龙骨、牡蛎各30g。水煎服,日1剂。连服3剂,腹胀痛减轻,流血明显减少,又服2剂流血净,腹痛呕恶症消失。仍有带下量多,质粘稠,头昏蒙疼痛。守方加白芷、僵蚕各15g,连服10剂,头痛愈,带下明显减少。继前方加三棱、莪术各10g,白芥子15g调治。8月7日月经来潮,7日干净,经量适中,经期无明显不适。9月3日带药15剂出院继续调治。半年后随访,月经正常。

3 闭经

李春华认为实证闭经,不仅见于气滞血瘀和痰湿阻滞两种类型,而痰和瘀血胶结,壅塞胞脉导致的闭经也屡见不鲜。《灵枢·邪客篇》:“营气者,泌其津液,注之于脉,化以为血”说明了津血是同源的。病理方面,气滞既可导致血瘀,又可聚湿成痰。《医学入门》指出:“痰乃精血所成”。《张氏医通》云:“肥人多年内伤,血蓄……杂于痰涎”。因此,痰瘀形成的闭经应该痰瘀同治。其自拟化痰破瘀通经汤(当归、柴胡、白芍、茯苓、白术、益母草、鸡血藤各15g,川芎、陈皮、法半夏各10g)为治疗痰瘀闭经的基本方剂。瘀血偏重加桃仁、红花各10g;痰湿偏重者加天南星10g、白芥子15g;气滞明显者加香附、郁金各15g;肾阳偏虚者加仙茅、仙灵脾各15g。

案3 莫某某,女,23岁,已婚,工人,1987年1月7日入院,住院号:99936。闭经3年,数月一行,行而不畅,血黯有血块,小腹刺痛,寐差多梦。西医妇检:阴道内分泌物呈烂豆腐渣样,子宫前位,大小异常。化验检查,激素水平略低于正常;白带杂菌。辨为痰瘀阻滞冲任,壅塞胞脉,经水阻隔而致闭经。李春华投化痰破瘀通经汤加味治之。处方:柴胡、当归、白芍、白术、茯苓、益母草、鸡血藤、白芥子各15g,川芎、法半夏、陈皮、红花各10g。每日1剂,水煎日服3次。守上方加减,连服32剂。2月9日月经来潮,行经4天,经量适中,经期腰酸痛。因患者闭经多年,治疗时间需要较长,因而于2月16日转家庭病床治疗,仍守前方加仙茅、巴戟、菟丝子各15g,于3月23日月经来潮,经量适中,有少许小血块,白带恢复正常,诸症消失。

4 不孕症

《医宗金鉴》指出:“女子不孕之故,由伤其冲任也,……或因宿血积于胞中,新血不能成孕,……或因体盛痰多,脂膜壅塞胞中而不成孕”。可见痰瘀壅积胞宫也是导致不孕症的因素之一。李春华自拟祛痰消瘀清宫汤(苍术、茯苓、当归各15g,香附、川芎各12g,陈皮、没药各10g,卷柏、丹参各30g)治疗痰瘀积聚之不孕症,收到良好的治疗效果。寒痰偏盛者加桂枝15g,细辛6g;瘀血偏盛者加赤芍15g,桃仁10g,红花6g;热痰偏盛者加竹茹10g,败酱草30g。

案4 侯某某,女,28岁,工人,1983年9月11日入院,住院号:74927。患者月经不调3年,结婚2年夫妇同居不孕。妇检:子宫前位,大小正常,宫颈1°

靡烂，附件（－），输卵管通液7mL，诊为原发性不孕症。证见月经失调，经行10～20天干净，经量时多时少，夹有血块；经后赤白带下，量多粘稠，伴有少腹刺痛，嗜睡懒言，少气心悸，舌淡、苔薄白，脉细略数。辨为痰瘀胶结，胞脉闭阻之不孕症。投祛痰消瘀清宫汤。处方：苍术、茯苓、当归、白芥子各15g，香附、川芎各12g，陈皮、法半夏、没药各10g，丹参、卷柏各30g。日服1剂，分3次服。同时根据症情增减药味，行经量及血块多时减川芎、卷柏，加炒蒲黄10g，仙鹤草30g；赤白带下加赤芍15g，生苡仁30g；带下色黄加黄柏10g，败酱草30g。至1984年1月17日出院，共住院4个月。出院时月经周期恢复正常，行经期6～8天干净，经量一般。后仍每月在门诊就诊，李春华继投祛痰化瘀清宫汤，又服药5个月，于1984年6月怀孕，后足月顺产一女婴。（陈金荣）

闭经

1 从肝论治

肝为女子之先天，肝藏血，肝主疏泄。肝与冲任两脉有内在的联系，肝之疏泄可直接影响经血之运行，因此情志失调，郁怒伤肝或生活环境突然改变，精神过度紧张，或受刺激，使肝气不舒，气结血滞，阻滞冲任而致月水不通。其临床表现：有明显的精神刺激史或情绪抑郁史，骤然闭经或月经周期由先后不定期渐致闭经，伴有烦燥易怒，情志抑郁，胸胁或乳房胀痛满闷，少腹胀痛、纳差，舌质正常苔薄白，脉沉弦。

因此，李春华治闭经常常注重调肝，治以疏肝理气调经，方喜用逍遥散加木香6g，香附10g，川楝子10g，益母草15g，鸡血藤15g，地鳖虫10g，没药10g，牛膝15g。

2 从湿热论治

湿热在妇科临证中极为常见。湿热之邪可致月经紊乱亦可导致月经不调的两个极端：即一则可致崩漏，一则可致闭经。只是崩漏者多，闭经者少。然临床中因湿热致闭经者，并非鲜见。湿热之成，由多种原因而致，可归纳为：外感六淫之湿邪，郁久化热；内由脏腑功能失调，水液代谢失常、湿由内生，如脾胃虚弱、脾失健运、水湿内停，湿郁阳阻，久而化热；或内蕴脾湿，复感外邪，湿与热合；或“脾湿”与“肝热”两邪相合而成；或膏粱厚味、醇酒之浆，生湿蕴热；或人流刮宫和房事不节，湿热邪毒乘虚内侵；尚有当今使用西药激素较为普遍，而有的因体质关系可致湿热证的产生。

李春华认为湿热致闭经的产生渐致，亦可骤成，是由湿热蕴结，气机阻滞，血行不畅，冲任受阻；湿热内遏，热邪煎熬阴血，湿邪阻滞，而致湿热血瘀；湿热困阻，湿土之气同类相召，终归脾胃，湿热不化，脾运难健、化源不足，气血匮乏；或因湿为阴邪，重浊粘滞，其性趋下，湿热以羁下焦，消灼阴液，耗损肾精肝肾亏损，精血不足等，可致冲任血虚或阻滞，终成湿热闭经。其临床表现：月经骤闭，或先见月经后期，经量少，而渐至闭经，困倦乏力，头晕，记忆力差，心烦胸闷，常自感有身热之状，午后致夜尤甚，或有盗汗，纳呆乏味，胃脘痞寒满闷，口干渴不喜饮，白带量多，色黄质粘稠，或赤白相兼，味多臭，尿赤黄、有灼热感；大便溏稀或干燥，舌质偏红，苔腻或厚腻，或黄白间挟、脉多濡数。

治疗湿热闭经时，应注意湿为阴邪，阴邪祛热，热为阳邪，阳邪喜清的相互矛盾，以及病变重心终归脾胃的特点，以祛除湿邪为首务，使“湿去热孤”，调理脾胃为其重点，此即“脾运得健、使湿热易化”以达“调其化源，其经自通”之目的，方用李春华自拟的清热渗湿通经汤加减治疗，方药：苍术10g，白术12g，茯苓20g，生苡仁30g，当归15g，赤芍15g，败酱草30g，马鞭草20g，益母草15g，黄柏6g，牛膝15g。大便溏加山药30g；大便秘结加生大黄10g；气滞腹痛加川楝子10g，荔枝核15g，香附10g；肝郁加柴胡15g，枳壳10g；血虚加鸡血藤膏15g；湿热瘀血阻滞加卷柏30g，虎杖30g；湿重于热，加厚朴10g，陈皮10g，藿香10g，杏仁10g；热重于湿加大黄柏用量用至10g。

3 从痰瘀论治

中医素有“怪病多痰”、“久病多瘀”之说，痰浊与瘀血，是由人体津液代谢障碍所化。痰瘀互结，壅塞胞宫，占住血海，经络受阻，冲任不通，经水闭塞。其临床表现：月经稀发或数月一行，经行不畅，量少，色黯，有血块。经行小腹刺痛；渐致闭经，形体肥胖，或体重日增，胸胁滞闷，头晕、心悸，健忘，嗜睡，疲倦乏力，带下量多色白，如涕如唾，甚则绵绵不绝，或粘稠，舌胖嫩边有齿痕或有瘀斑、瘀点，苔厚或腻，脉濡或弦滑。

李春华在治疗痰瘀形成的闭经是痰瘀同治，临床视其孰轻孰重，或祛痰兼以活血化瘀，或活血祛瘀兼以祛痰，若痰瘀并重，则化痰祛瘀并举，使其痰瘀分消，月经自行。方用李春华自拟化痰破瘀通经汤，药物组成：柴胡10g，当归15g，白芍15g，茯苓15g，白术15g，益母草15g，鸡血藤15g，川芎10g，陈皮10g，法夏10g，苍术15g，香附10g。若瘀血偏重者加三棱

10g,莪术10g;若痰积偏重,躯体渐胖,可加白芥子15g,王不留行15g,桃仁10g,天南星10g;若内分泌测定泌乳素偏高者,加白芍30g,生甘草15g,生麦芽30g,山楂30g;若见溢乳者加莲须10g,金樱子15g,芡实10g,麦芽30g;若内分泌测定雌激素水平偏低者加淡大芸15g,制首乌15g,黄精30g,仙茅15g,仙灵脾15g;若内分泌测定激素偏高者,加丹皮10g,丹参15g,山楂30g,菟丝子15g,枸杞15g,桑叶15g,赤芍10g。(闫继兰)

遣方用药

妇科药对

1 相辅相成药对

此系将两种药性相同或相近的药物进行配伍,起协同作用,以加强药效,或一种药物为主药,配伍另一种药物以提高主药的疗效。

1.1 香附与木香

《本草纲目》云香附治"妇人崩漏带下,月经不调,胎前产后百病";又云:"木香,乃三焦气分之药,能升降诸气。"《本经》亦云:"木香以气用事,故专治气滞诸痛,于寒冷结痛,尤其所宜。李春华认为两药同为辛苦之品,同具行气活血,调经止痛之功,两药同用,加强其理气活血止痛之效,临床用治气滞血瘀之月经不调、痛经及妇人癥瘕腹痛诸病。

1.2 卷柏与路路通

路路通辛、苦,《纲目拾遗》云:"其性大能通行十二经穴。"《本草汇言》谓卷柏"非血有瘀蓄,或不因瘀蓄而致疾者,不可轻用";《本草求真》亦云:"生则微寒,力能破血通经。"两药同用,加强其行气活血,祛瘀通络之效,临床用于治疗输卵管阻塞之不孕症。

1.3 柿蒂与南瓜蒂、荷叶蒂

柿蒂性苦平,能降逆气,健脾和胃,《滇南本草》谓其"治气隔反胃。"南瓜蒂性平,有安胎保胎的作用,《民间常用草药汇编》云其"排痰、安胎";荷叶蒂性苦平,《本草拾遗》曰:"主安胎",《本草求原》云"安胎,止崩,健脾。"三蒂合用,组成自拟三蒂汤,共起健脾和胃、降逆止呕、安胎保胎之功,临床用治胎漏、胎动不安、滑胎之症。

案1 邹某,30岁,1997年4月16日初诊。患者结婚5年,婚后2年曾行人流术2次,近3年夫妻同居未避孕而不孕,男方检查正常。患者14岁月经初潮,月经周期尚准,末次月经4月8日,经量中等,色黯,有瘀块,经前感头痛,双乳胀痛,烦躁易怒,舌质淡、边尖有瘀点、苔薄白,脉弦。3月16日在医院妇科门诊做子宫输卵管碘油造影术示:双侧输卵管伞端梗阻。李春华认为此属肝郁气滞血瘀,胞脉阻滞之不孕。治以疏肝理气,活血通络之法,方投自拟管通煎。处方:柴胡、王不留行、路路通、桂枝、白芥子各15 g,赤芍、枳壳、地龙各10 g,没药、水蛭各6 g,卷柏、生黄芪各30 g,蜈蚣2条。15剂。每2天1剂,水煎服。5月21日复诊:服药后感乳房胀痛明显减轻,经前头痛减轻,情绪稳定,末次月经5月6日,月经正常,继续服上方10剂。当年年底已怀孕2月余。

2 相反相对药对

相反相对药对系用性味相对或相反的药物进行配伍,使之在相反相对中,发挥新的效用。

2.1 人参与五灵脂

人参大补元气,固脱生津,安神。《本草正》云:"人参,气虚血虚俱能补,……其味甘而纯正,所以能补血。"《济阴纲目》谓"五灵脂散(五灵脂炒炭存性),治疗血崩不止,……其效如神,其救急之良方也。"《本草纲目》云五灵脂"恶人参,损人。"然李春华不囿于诸家本草"人参最怕五灵脂"之戒,临床遂将两药配伍,用于暴崩之症,且人参量大于五灵脂,扶正为主,祛邪为辅,五灵脂功擅止血,然涩中有化,两药相配,人参得五灵脂则补而不滞,益气摄血而无留瘀之弊;五灵脂得人参则扶正祛邪而无伤正之虞;两药合用,补气之中,行止血之法,其益气摄血止崩,效力更佳。

2.2 枇杷叶与紫苏叶

枇杷叶苦凉,《本草经疏》曰:"枇杷叶性凉,善下气,气下则火不上升,而胃自安。"《别录》云:"主卒(口宛)不止,下气。"紫苏叶辛温,《本草汇言》曰其"散寒气,清肺气,宽中气,安胎气,下结气,化痰气,乃治气之神药也。"两药一升一降,一苦一温,苦降与辛散配伍,可免除苦凉败胃,辛散升浮之弊,用于治疗肝胃不和,气机上逆之妊娠恶阻,呕吐酸苦水,胸腹满闷等症,可使气机调畅,肝胃安和。

2.3 九香虫与白芍

九香虫性味咸温,入肝、脾、肾三经。其效补肾壮阳,理气止痛,通络。白芍苦酸凉,入肝、脾经,其效养血柔肝,缓中止痛;《唐本草》云"益女子血"。《滇南本草》谓"收肝气逆痛,调养心肝脾经血,舒经降气,止肝气疼痛。"《本草求真》亦云"白芍号为敛肝之液,收肝之气,而令气不妄行也。"两药配伍使用,一寒一温,一柔一刚。一个气分药,一个血分药,同入肝、脾经,共奏柔肝养血,理气止痛之效,临床用于治疗肝郁气滞型痛经、胃脘痛。

案2 陈某，35岁，已婚，1997年4月6日初诊。患者阴道流血50余天，量增多5天。平素月经5/28天，末次月经1997年2月8日经行第2天因搬家劳累致月经量增多，此后淋漓未净，量时多时少，色黯红，有少量瘀块，曾服中药数剂无效。5天前量突增，色红，有大血块，每天用卫生巾近2包，伴见头昏头晕，疲倦乏力，面色苍白，口干，舌质偏红，脉沉细。李春华认为此属肝郁化热血瘀之暴崩，治以疏肝理气，活血化瘀，凉血止血，方投自拟仙乌五草汤加参芪失笑散。处方：生黄芪、红参、仙鹤草、仙桃草、旱莲草、夏枯草、乌梅、海螵蛸各30 g，生五灵脂、生蒲黄、益母草各15 g。3剂，每天1剂，水煎服。4月13日复诊：患者服药1剂后流血量明显减少，后连服2剂血止，现感头晕乏力，腰酸，小腹隐痛，纳差，寐差，舌质淡、苔薄白，脉沉细。治以疏肝理气、补肝肾、调经之法，方用逍遥失笑散加味。处方：柴胡、续断、制何首乌、鸡血藤各15 g，白术、当归、蒲黄、五灵脂各12 g，茯苓、桑寄生、白芍、败酱草、仙鹤草、生黄芪各30 g。续服4剂以巩固疗效。（闫继兰 孙跃农）

李春香用药特色

【名老中医简介】李春香 教授，主任医师，博士生导师。2003年获河北医科大学中西医结合博士学位。现为河北医科大学中医学院中药系主任。《河北中医》《河北医科大学学报》《河北中医药学报》编委。河北省第三批中医药师带徒指导老师。主持研究的"复方配伍减低关木通对动物肾损伤的实验研究"2006年获河北省科技厅科技进步三等奖，2007年获得河北省卫生厅三等奖。参编著作10余部，发表论文30余篇。

乳康平

1 病因病机

乳腺增生病属中医学乳癖、乳结核范畴，临床表现为乳房疼痛、乳房肿块，可发生于一侧或双侧，乳房疼痛、肿块与情志和月经周期关系密切。李春香认为乳房疾病与肝关系密切，因肝经循行乳房"入期门穴，穴在乳下，出于上入于下"，肝主疏泄，喜条达，恶抑郁。肝气郁结，瘀血阻滞，循经上逆，客于乳房发为乳癖，正所谓"木郁不达，乳房结癖"。故肝气郁结、痰瘀凝滞为本病的病机。

2 治疗方法

治则为疏肝理气，活血化瘀，软坚散结。自拟乳康平组成：柴胡、白芍药、茯苓、当归、玫瑰花、青皮、陈皮、王不留行、薄荷、丝瓜络等。随证加减：肝郁化热出现口干、便结加栀子、牡丹皮、郁金；肝郁血滞出现乳房胀痛明显，舌质黯或边有瘀斑加香附、八月札、川楝子；肝郁脾虚出现纳差、腹泻、乏力加炒白术、甘松、党参、香橼、佛手。每日1剂，水煎分2次温服。20日为1个疗程，一般连续治疗3个疗程。

3 典型病案

朱某，女，41岁，已婚。2004年6月15日初诊。两乳房胀痛3年，加重5个月。现两乳房胀痛，经前加重，经后减轻，曾服乳癖消、小金丹等疗效不佳。乳房检查：左侧乳房外上象限扪及3cm×3cm大小的韧性结节，右侧乳房外上象限扪及直径1.5cm×2.0cm大小的韧性结节，有压痛，左侧卧位时加重。伴心烦易怒，口干苦，呃逆，性急躁，纳食尚可，大便干结，2日一行。颧骨处有黯斑。舌质淡苔厚，脉弦。中医诊断为乳癖，辨证为肝气郁滞化热型。治宜疏肝解郁，清热化痰。予乳康平加减：柴胡10g，白芍药20g，炒白术10g，茯苓15g，郁金12g，牡丹皮10g，竹叶10g，玫瑰花15g，青皮10g，陈皮10g，竹茹10g，枳壳12g，清半夏12g，当归12g，焦槟榔12g，肉苁蓉15g，火麻仁15g，薄荷(后下)10g。每日1剂，水煎分2次温服。服药2周后，乳房疼痛明显减轻，左侧减轻尤为明显。现胸闷，时太息，呃逆，口微苦，大便仍偏干，舌黯红苔厚，脉弦滑。前方去郁金、牡丹皮，加栀子15g、石菖蒲15g、橘叶10g、丝瓜络15g、八月札12g。继以基本方加减治疗2个疗程后，乳房胀痛明显减轻，乳房结块变小。又2个疗程后，复查乳房肿块消失，乳房无压痛，近红外线乳腺扫描乳腺结构正常。

4 体 会

中医学认为，乳房通过与十二经脉及奇经八脉之间的纵横联系，和机体内部脏腑形成一个有机整体。本病根源乃肝气郁结所致，因郁怒伤肝，思虑伤脾，痰火郁结，冲任失调而成。病机为肝气郁结、痰瘀凝滞。《外科正宗》云："乳癖乃乳中结核，形如丸卵，或重坠作痛，或不痛皮色不变，其核随喜怒消长，多有思虑伤脾，恼怒伤肝，郁结而成。"

本病以育龄期妇女发病率较高，这一年龄段的妇女常因家庭、工作中的不顺心因素的影响，易于伤肝，导致肝气郁滞，血行不畅，痰郁凝滞。李春香治疗乳腺增生病十分注意调理患者情志，治疗注重调理肝气，认为肝气郁结是本病的基本病机，治以疏肝理气为主，活血化瘀、软坚散结为辅。本病常兼夹郁久化热，或病久体虚之象，治疗常配以解郁清热或温补脾肾之药。李春香自拟方乳康平中，柴胡善调达肝气，用于肝气郁结，胸胁乳房胀痛，月经不调；青皮、陈皮、玫瑰花、枳壳理气消瘀；白芍药、当归、牡丹皮、郁金养血活血，化瘀；白术、茯苓益气健脾；半夏、王不留行、丝瓜络通络化痰散结。诸药合用，既调整了肝脾失调的全身因素，又消除了气滞、血瘀、痰凝的局部病理变化，标本兼治，局部与整体并重，故疗效显著。（邓国兴 丁 芳 倪广林）

逍遥散

1 失眠案

戴某，女，33 岁，因失眠 3 年加重 7 天，于 2003 年 11 月 10 日就诊。患者 3 年前因工作原因渐出现夜寐不安，经常借助服用安定以改善症状，但近期用安定效果不佳而来就诊。现患者失眠多梦，心烦，时有胸闷，善太息，且常因情绪、劳累等因素致失眠加重，伴空腹时胃脘痛，烧心感。舌质暗淡，舌体胖大，苔白，脉弦细。辨证为肝郁脾虚，血不养心。给予逍遥散加减，处方如下：柴胡 10g，白芍 20g，当归 12g，茯苓、炒白术、党参各 15g，清半夏、石菖蒲各 12g，远志 10g，五味子、香附各 12g，陈皮 10g，酸枣仁、柏子仁各 15g，炙甘草 10g，薄荷 5g（后下）。水煎服，日 1 剂，7 剂后夜能成寐，睡眠质量明显好转，胃脘不适症状减轻。因月经将至，故加川芎 12g，炮姜、玫瑰花各 10g。14 剂后睡眠转佳，改用玫瑰花、薄荷泡水饮服巩固疗效。半年后随访未见失眠症状复发。

按 患者因思虑劳倦太过，情志不遂，造成肝体失和，肝不条达，影响脾运失常。致气血亏虚，血不养心，神不守舍，故夜寐不安，多梦；情志不遂，肝失条达，肝气郁结，故胸闷太息。用逍遥散疏肝健脾，酌加党参补气健脾，配五味子、柏子仁、远志、酸枣仁补心健脾，安神定志。佐以陈皮、炙甘草、焦三仙理气消食，调胃。诸药合用，共奏疏肝健脾，养心安神之功。

2 月经先后无定期伴黄褐斑案

贺某，女，36 岁，主因月经不调 2 年余，面部出现色素斑月余，于 2004 年 3 月 12 日就诊。患者 2 年前无明显诱因月经周期紊乱，月经间隔时间很短，甚则只有十几天，且带经时间较长。长者达十几天，量多。后在当地某医院做过清宫术，并用中药治疗数月月经仍不规则，经量少，且乳房胀痛，面部出现色素斑渐加重而前来就诊。患者末次月经量少，色暗，食可眠差，二便调，舌质淡苔薄，脉弦细滑。查血激素六项：ISH 1.83 ng/mL；LH 2.35 mIU，mL；E2 115.4 pg/mg；P 0.3 ng/mL；PRL 104.9ng/mL。辨证为肝郁脾虚血瘀型，治拟逍遥散加减：柴胡 10g，赤芍、白芍各 20g，当归 15g，桃仁、川芎各 12g，坤草、泽兰、王不留行、白术、茯苓各 15g，炙甘草 10g，玫瑰花 9g，紫河车粉 5g（冲服），薄荷 6g（后下）。水煎服，日 1 剂。7 剂后患者面部色素斑颜色变浅，月经量明显增加，色泽鲜红，无明显腹痛，舌淡苔薄，脉弦细。处方如下：柴胡 10g、赤芍、白芍各 10g，全当归、炒白术各 12g，党参 15g，青皮、陈皮、焦三仙各 10g，甘松 15g，炙甘草 10g，玫瑰花 9g，合欢皮 15g，7 剂，水煎服，日 1 剂。后服中药调理 3 个月经周期，面部色素斑基本消退，月经按期来潮。

按 月经不调因肝气郁滞，疏泄失调所致。肝疏泄失司，气血失调，血海满溢失常，故月经先后无定。黄褐斑多因肝郁气结，气血运行不畅致使颜面部气血失和而发病。因此用逍遥散加减疏肝健脾、调经是该病的治本之法。

3 溢乳案

刘某，女，24 岁，主因双侧乳房间断溢乳 1 年余，于 2004 年 9 月 12 日就诊。患者 1 年前因毕业不能就业而情志不遂造成双侧乳房胀痛，时轻时重，且溢乳。近来乳房胀痛溢乳明显，慕名前来就诊。现乳房胀痛，有少量白色清稀乳汁溢出。月经色暗有血块，量中等。查双侧乳房有少量白色清稀乳汁溢出，有轻压痛。舌尖红，苔薄黄，脉右弦细数。辨证为肝郁化火型，治法：清肝理气通络。处方逍遥散加减：柴胡 10g，白芍 20g，炒白术 10g，茯苓 15g，当归 12g，栀子 10g，丹皮、郁金各 12g，青皮、陈皮各 10g，天花粉、漏芦、瓜蒌各 15g，八月札 10g，生地 15g，竹叶、薄荷各 10g（后下），7 剂后复诊，乳房胀痛、溢乳症状消失，舌脉如前，前方加玫瑰花 9g，王不留行 10g，继服 7 剂痊愈。

按 该溢乳症主因情志内伤，肝郁化火互结乳房所致，治宜清肝理气通络。方用逍遥散疏肝解郁；加丹皮、栀子、八月札、竹叶以清肝热；天花粉、漏芦、瓜蒌清热通络散结。诸药合用，药证相合而奏效。

4 绝经前后诸证

杨某，女，48 岁，主因头晕、时冷时热、汗出月余，于 2004 年 12 月 6 日就诊。患者 1 个月前因劳累致头晕耳鸣,周身时冷时热,甚则汗出,月经量少。现头晕,时冷时热,汗出,周身不适,腹部时痛,脘腹时胀,二便基本正常。舌淡,苔白,脉弦细滑。证属脾肾两虚,肝气不舒型,予逍遥散加减治疗。处方如下:全当归20g,炒白芍15g,柴胡、云苓、炙甘草各10g,炒白术15g,桂枝10g,生熟地各10g,龟版15g(先煎),生龙骨20g(先煎),生牡蛎20g(先煎),炒枳壳10g,青蒿12g(后下),浮小麦30g。7剂后时冷时热,汗出症状稍减,仍腹痛腹胀时作,舌淡偏暗,苔白,脉弦,加青皮、陈皮、焦三仙各10g。14剂后诸症消失。

按 妇女在绝经期前后,肾气渐衰,天癸将竭,冲任脉虚,精血不足,生殖功能逐渐减退以致丧失,出现月经由失调而断绝的自然生理变化。更年期出现的症状、体征与机体精血亏损、冲任失养、脏腑功能紊乱、阴阳平衡失调有关,与肝肾关系最为密切。中医有"肝为肾之子,肝郁肾亦郁"之说。李春香治疗此病从养肝疏肝,补肾健脾,调和脏腑气血,平衡阴阳着手。本例患者治用逍遥散疏肝健脾,桂枝配白芍调和阴阳;全方共奏疏肝解郁,调和阴阳之功而奏效。

5 腰痛案

郑某,女,23岁,因腰部疼痛2个月于2003年4月2日就诊。患者两个月前曾因腰部扭伤出现腰部疼痛,外用药物后症状略减轻。近日又因受凉后腰痛加重,弯腰时痛剧,痛引胁部而来就诊。现患者腰痛较剧,痛处拒按,口有异味,时胸闷,胁部不适,食后胃部胀满。舌质淡暗,边有瘀斑,苔薄白,脉弦沉。因腰胁属肝,辨证为肝气郁滞血瘀。因月经推后20天,故用逍遥散加减:柴胡10g,当归12g,白芍20g,茯苓、炒白术、王不留行15g,桃仁、红花各10g,醋元胡、蒲黄(包)、五灵脂(包)各15g,炮姜10g,川牛膝12g,炙甘草、酒大黄各10g,鸡血藤15g,薄荷6g(后下)。7剂,水煎服,日1剂。一周后复诊,自觉腰痛症状明显减轻,现腰脊痛,转侧不利,低头时加剧,偶有胸闷、腹胀。于服药第5日行经,经量适中。舌质淡红,苔薄白,脉沉细。处方如下:柴胡10g,白芍20g,当归12g,炒白术10g,茯苓15g,金毛狗脊、菟丝子、玫瑰花各15g,防风、陈皮、青皮、焦三仙、桂枝各10g,怀牛膝、徐长卿各12g,炙甘草10g。14剂后腰痛、胸闷、腹胀消失。

按 本例患者因外伤经络气血阻滞不通,瘀血留着腰胁部而发生疼痛,疼痛较剧。李春香用逍遥散调理肝脾气机,加桃仁、红花、醋元胡、蒲黄、五灵脂、酒大黄活血祛瘀、止痛,牛膝引血下行,并强壮腰膝。全方共奏理气止痛、活血化瘀之功。(邓国兴 郝蕾 丁芳)

李发枝艾滋病临床经验

【名老中医简介】李发枝(1943~)教授。原河南中医学院金匮教研室主任。现为国家中医药管理局中医药防治艾滋病专家组成员,河南省中医药防治艾滋病专家组组长。第四批全国老中医药专家学术经验继承工作指导老师,河南省专业技术学科带头人。从事中医临床、科研工作,擅长运用中医辨证施治方法治疗艾滋病等。主持承担多项重点、专项科技攻关课题。发表学术论文22篇,出版专著5部。

艾滋病合并疑难症

1 艾滋病并发空泡性脊髓病

张某,女,38岁。因四肢肌力持续下降1周,到某传染病医院,经脑CT、MRI检查确诊为艾滋病合并空泡性脊髓病。因目前尚无适当治疗方法,遂转回乡卫生院维持治疗。河南省中医药防治艾滋病专家组疑难重症组于2007年7月24日会诊。证见:卧床不起,双上肢不能抬高,感觉异常,有触电感,双下肢纹丝不动,语声低微,周身无力,大便干,数日一行,小便黄。舌红,苔薄白。体检:双上肢肌力2级,双下肢肌力为0。中医辨证为痿证(气虚湿热),药用:党参20g,苍术15g,白术15g,黄芪80g,升麻10g,柴胡10g,陈皮10g,当归12g,黄柏10g,黄连3g,猪苓15g,泽泻15g,茯苓15g,枸杞30g,甘草15g。6剂,水煎服,日1剂,分2次温服。8月7日二诊:病情明显改善,双下肢肌力大为提高,体检:双下肢肌力3级。效果显著,继拟上方加葛根30g,白扁豆30g,萆薢30g。7剂,水煎服,日1剂,分2次温服。8月14日三诊:患者已能在床上翻身,面色红润,语言清晰有力,双下肢抬起有力,但不能站立,气短消失,易出汗,饮食增加,小便正常,大便4~5日一行。舌淡,苔少,脉沉。上方去白扁豆、萆薢,加山茱萸30g,继服7剂。此后,以上方为基础加减出入,病情持续好转,每周都有进步。9月11日可以下地行走,但行走不稳,有共济失调表现;10月2日可以上楼,但下蹲后不易起立。体检:肌力正常。10月23日下蹲后可以起立,步履如常,并告诉近日查CD4细胞306/μL。继以上方加淫羊藿15g,巴戟天30g,怀牛膝20g巩固疗效。11月20日又服7剂后停药,随访至今,一切正常。

按 艾滋病并发空泡性脊髓病,是艾滋病病毒感染脊髓而致,病变以中下胸段最为严重,其主要临床表现为双下肢肌力进行性减弱,或脊髓性共济失调和尿失禁。脑电图示慢α波。脑CT、MRI显示不同程度的脑萎缩,脑室扩大。MRI在白质和基底神经节显示增强信号。本病西医尚无特殊疗法。本例通过中医辨证治疗,疗效卓著。以李发枝为首的疑难重症组,认为本病属中医的痿证范畴,但用一般治疗痿证的方法却不能获效,须另辟蹊径。李发枝根据患者独特的临床表现,认为此证当是湿热毒邪,浸淫督脉,伏于三焦。金·李东垣曰:"六七月之间,湿令大行,子能令母实,湿助热旺而刑燥金,绝其寒水生化之源,源绝则肾亏,痿厥之病作矣。"因此,李发枝以清暑益气汤去葛根,加二苓,专以去湿;加黄连、生地,专以泻热。二苓佐二术,利水燥湿之力倍;黄连、生地佐黄柏,救金生水之功多。中气益,则阴火熄而肺清;湿热除,则燥金肃而水生。"肺清水生,则湿热痿厥之病,未有不愈者也"(《医宗金鉴》)。临床实践证明:本方疗效确切。

2 艾滋病并发顽固性口腔溃疡

杨某,男,44岁,因口腔溃疡1个月余,无法进食10余天来诊。2007年7月10日首诊:口腔溃疡已月余,形容枯槁,眼窝深陷,张口甚难,约2/3口腔黏膜溃烂,咽喉肿烂,口角流涎,呻吟不止,说话无法听清,痛苦万分,其母代述已10余天未进水米,靠输液维持生命。查其舌质黯红苔白腐厚腻,脉沉弦。辨为湿毒蕴结,蒸熏为热。药用:半夏30g,黄芩10g,黄连6g,干姜12g,党参30g,甘草30g,五倍子6g。4剂,嘱其浓煎少量频服。7月17日二诊:口腔黏膜溃烂减少约有一半,舌苔已薄,咽喉仍肿,疼痛减轻,呻吟已少,说话可以听清,能进少许稀汤。遂依上方稍事加减,先后共服20余剂,患者口腔溃疡竟完全治愈,面色也渐泛红润,精神饮食大增。

按 艾滋病患者常常伴见口腔溃疡,症状通常较一般人要重,且反复发作,迁延不愈,严重影响生活,又称复发性口腔溃疡、顽固性口腔溃疡。本病多由病毒、霉菌等引起,初起时黏膜充血、水肿,很快出现大小不等的溃疡;严重者可引起整个舌面溃烂,并蔓延至颊内黏膜,唇内黏膜及上腭,有时也可向后蔓延至咽喉,患者痛苦异常,饮食难入,体质逐渐虚弱。口腔溃疡中医一般辨证分为心脾积热、阴虚火旺、气血两虚等型,常以清热导赤、育阴清热、益气养血等法,疗效似有似无。李发枝认为本病乃因于湿,湿蕴日久而生热,热盛则肉腐,故成口疮,所以治病之本不是清热,而是祛湿。五脏之中,脾胃与湿病关系最为密切,《素问·脏气法时论篇》日:"脾苦湿,急食苦以燥之"。对于此种湿热,当治以苦温,非一般清热祛湿药物所能当,常选《金匮要略》治疗狐惑病之甘草泻心汤。此方寒温并用,辛开苦降,恰合病机,故能使热退湿除,腐肉消而口疮愈。

3 艾滋病并发带状疱疹

任某,女,39岁。CD4细胞140/μL,正在服用抗病毒药物。右腰部皮肤红色斑丘疹、疱疹13天,呈带状分布。在某卫生院静滴青霉素、病毒唑、阿昔洛韦,口服维生素、吗啉呱等治疗,效差。遂来会诊。2007年8月28日一诊:症如前述,疱疹色鲜红,部分溃烂,疼痛异常,自诉如滚水烫一般。舌质红苔薄黄。辨证:湿热浸淫肝经,波及血分。治以龙胆泻肝汤加味:龙胆草12g,黄芩10g,栀子10g,柴胡12g,赤芍12g,丹皮12g,全瓜蒌20g,延胡索12g,红花3g,车前子30g,当归10g,泽泻15g,青皮10g,金银花40g,甘草12g。5剂。9月4日二诊:疼痛大减,皮损大部分消退,右侧背部和乳房下有两处溃烂面,仍感疼痛较重,舌质淡红。苔薄白,脉弦。继以上方减金银花为30g,车前子改为20g,加生地15g。7剂。10月9日三诊:上方服后,皮损完全消失,未再来诊。近日觉原来疱疹处皮肤略有疼痛,且伴右乳胀,故来就诊。仍拟上方去金银花,加桑皮15g、防风10g,继服7剂。随访至今,患者未再复发带状疱疹,亦未有其它不适,仍正常服用抗病毒药物。

按 带状疱疹是艾滋病常见的病毒感染,常侵犯腰胁部、胸部、颈部、脸部及大腿内侧面,一般不超过正中线。带状疱疹俗名蛇串疮,《医宗金鉴》中有"缠腰火丹"的记载,《外科启玄》又称蜘蛛疮。中医治疗根据"经之所过,病之所治"的原则,发于胸和腰胁部的多与肝胆脾经有关,属中医"肝胆湿热"范畴,临床使用龙胆泻肝汤合瓜蒌红花散加味治疗,此时又不必拘泥于艾滋病是虚证而妄用补剂,反闭门留寇。李发枝通过大量临床实践认为:艾滋病病毒本身引起的各系统病证,以正虚为多;而机会性感染引起的病证,则以邪实为多。临床见本病而用本方,见效甚快,无后遗症,疗效常优于西药无环鸟苷。

4 艾滋病并发血小板减少

张某,女,38岁。CD4细胞402/μL,因无法耐受,中断服用抗病毒药物,目前已服用中药制剂"益艾康"胶囊2年。因"反复牙龈出血,周身乏力半年"来诊。2007年9月19日首诊。反复牙龈出血,皮肤易有瘀斑,容易感冒,双下肢酸困,周身乏力,大便干结,每月感冒2~3次。舌质淡,苔薄黄,脉弦细浮。化验:血小板5×10^9/L,Hb94.4g/L。辨证:风热郁闭经络。药用:僵蚕10g,蝉蜕10g,水牛角30g,赤芍20g,生地20g,丹皮12g,白茅根30g,黄芩10g,黄连3g,茜草15g,地榆炭20g,防风10g,甘草30g。14剂。同时饮食忌羊肉、芹菜。10月2日二诊:牙龈出血减少,乏力减轻,大便通畅,近日稍有咳嗽。化验:血小板8.7×10^9/L,已经明显上升。上方加苏叶12g,桔梗12g,款冬花12g,7剂。饮食忌羊肉、芹菜。10月30日三诊:上方加减出入已服10余剂,病情续减,牙龈已不出血,皮肤碰撞后仍易形成瘀斑。化验:血小板9.2×10^9/L。调整处方药用:僵蚕10g,蝉蜕10g,水牛角30g,赤芍30g,丹皮10g,黄芩10g,黄连3g,茜草15g,地榆炭20g,防风10g,荆芥炭6g,大黄炭3g,仙鹤草30g,炒槐花12g,甘草30g。14剂。同时饮食忌羊肉、芹菜。此后病情比较稳定,未再服药。后于11月20日来诊,诉已经多日未发现皮肤瘀斑,来问下一步治疗计划。望其舌质淡苔薄白,切脉沉细。继以上方加生地15g,白术12g,阿胶珠10g。7剂善后,并嘱不必再服,注意饮食禁忌。随访至今,未见复发。

按　血小板减少中医常按气血亏虚、脾不统血等病机予以施治。艾滋病并发血小板减少用此法则无效。现代医学认为,HIV感染发生血小板减少的机制为:①血小板的免疫性破坏:即HIV感染后体内产生抗血小板抗体,形成免疫复合物导致肝脾等单核吞噬系统对血小板破坏增多而发病。②骨髓的血小板生成受损:多数学者认为,HIV感染后到达骨髓中诱导造血细胞凋亡或直接破坏巨核细胞,以及分泌肿瘤坏死因子都会使血小板生成减少。根据这一特点,李发枝认为其病机不是传统意义的"肾主骨生髓",也非气血亏虚,而是疫毒之邪直中血髓,营血大伤,风热之邪来袭郁闭于内所致。故选用升降散合犀角地黄汤宣散风热,凉营解毒而终奏其功。

5 艾滋病并发反复感冒

患者,男,54岁,2007年7月3日诊于某乡卫生院。患者以"经常闷气、咳嗽2年,咯吐白痰,偶吐黄痰"为由求治,经询得知,患者非常容易出汗,每遇寒凉则打喷嚏,流鼻涕,头痛,咳嗽加重,近来食欲差,起立时头晕,X线报告示:支气管炎。查其脉弱,舌质淡红,苔根黄腻,辨为脾肺气虚,表卫不固,湿热内蕴。方用:羌活6g,白芷6g,防风10g,升麻10g,黄芪60g,苍术15g,黄芩6g,黄连3g,党参20g,陈皮10g,款冬花12g,甘草10g。6剂后复诊,患者喘咳大减,食欲倍增,汗出明显减少,不恶风。原方加杏仁10g,再服7剂,病症若失。

按　艾滋病患者由于细胞免疫功能的逐渐缺失,经常感冒发热,甚者1个月可感冒五六次,或这次感冒刚愈,下次感冒接踵而来。由于患者频频使用解热镇痛药、抗生素、激素,不仅感冒不愈,反而体质更加虚弱。常见汗出恶风,鼻塞流涕,遇风寒则头痛或咳嗽或打喷嚏,伴或不伴低热,痰、涕或清或黄。李发枝认为本证或因病久病重,或因发汗过多,或因寒凉冰伏,其病机演变至此,总属脾肺气虚,表卫不固,湿热内蕴。李发枝认为抗生素、大输液属苦寒之品,有凉遏冰伏之弊,久必生湿;热郁于卫,不去宣泄,反以苦寒之药将热邪逼困于里,久之与湿相合,湿热内生;肺脾气虚,表卫门户大开,则见汗出恶风,遇风寒则症重或复发。李发枝审证求因,认为患者脉虽浮虚,但其舌不淡,且舌质常红,上有薄苔便是明证。治之之法,方选李杲的御寒汤。《兰室秘藏·卷上·眼耳鼻门》曰:"御寒汤,治寒气风邪伤于皮毛,令鼻壅塞,咳嗽上喘之证。"原书虽未明言病机,李发枝衍其方意,移而治此,药证合拍,恰如其分。(张明利)

李夫道临床经验

【名老中医简介】李夫道(1936~)主任医师。青海省中医学会理事。青海省名医,第二批全国老中医药专家学术经验继承工作指导老师。擅长中医男科、疑难病、糖尿病等疾病。发表40余篇论文。

慢性前列腺炎

1 湿热下注,用清热利湿通淋法

慢性前列腺炎患者急性期,多由恣食辛辣厚味,过量饮酒等因素,致使脾胃运化失常,湿热内蕴,下注膀胱,阻遏膀胱气化功能而尿频、尿急、尿灼热、排尿终了或大便用力时有白粘物溢出。常伴有少腹、睾丸、会阴等处不同程度的腹痛或不适,舌苔多黄腻,脉细小数。治疗以清热利湿通淋法。李夫道临床常用方：白花蛇舌草30g，石苇24g，双花30g，瞿麦12g，连翘12g，败酱草24g，桃仁10g，山甲10g，排尿疼痛甚者加白茅根30g，滑石15g，琥珀4g。小便滴白者加乌药9g，川萆薢15g。

案1 霍某某，男，23岁。证见尿频、尿急、尿痛、尿滴白，会阴部疼痛，口干欲饮水，心烦急躁，大便干。舌淡红，苔黄腻，脉弦细小数，此属慢性前列腺炎急性期，为湿热下注型。治宜清热利湿通淋法，遂以白花蛇舌草30g，石苇24g，双花30g，瞿麦12g，扁蓄15g，败酱草30g，白茅根30g，滑石15g，乌药9g，六月雪30g。每日一剂，水煎，早晚分服。连服15剂后症状缓解，病告痊愈。

2 肾气虚损，用益肾强身法

慢性前列腺炎久治不愈，反复发作，致使肾气虚损，闭藏无权，因而出现遗精、滑泄、甚或阳痿等症。并兼见腰膝酸软无力、头昏、失眠、健忘等。舌淡红、苔薄白、脉沉细。治疗以益肾强身法。李夫道常用方：淮山药24g，肉苁蓉15g，熟地18g，生黄芪30g，益智仁15g，金樱子12g，芡实15g，生龙骨15g，生牡蛎15g，夜交藤18g。

案2 刘某某，男，40岁。慢性前列腺炎反复发作4年。证见腰膝酸软无力，遗精频作，头昏耳鸣，失眠健忘，舌淡红，苔白，脉沉细尺弱。属肾气虚损型，宜益肾强身法。方以淮山药24g，肉苁蓉15g，熟地18g，生黄芪30g，益智仁15g，金樱子12g，芡实15g，生龙骨15g，生牡蛎15g，夜交藤30g。连服30天后，症状基本消失。遂以金匮肾气丸，1次1丸，每日3次，口服，继续缓图，以善其后。

3 肾虚兼有湿热，宜标本兼治法

临床上有许多慢性前列腺炎患者，既有肾虚又见湿热下注者，为混合型。是本虚标实，肾虚为本，湿热为标。其临床主要表现为腰膝酸软无力、遗精、阳痿、头昏目眩，又见尿频、尿急、尿痛、尿白等。此时应标本兼治，治宜补肾兼清湿热。李夫道常用：淮山药30g，生地24g，山萸肉12g，云苓12g，丹皮9g，泽泻9g，知母9g，黄柏9g，双花21g，石苇21g，莲须9g，金樱子12g。

案3 陈某某，男，48岁。感尿频、尿急、尿痛，腰痛，早泄，疲乏无力，小腹胀痛。舌淡红，苔白略腻，脉弦细。症属肾气虚损，湿热下注。宜标本同治，补肾兼清湿热。拟方：淮山药30g，生地24g，山萸肉12g，云苓15g，丹皮9g，泽泻9g，知母9g，石苇21g，虎杖15g，莲须9g，金樱子12g。治疗20剂后湿热诸症消失，肾虚症状亦明显缓解。继以六味地黄丸，1次1丸，每日3次，口服，以扶正固本，诸症渐除。

4 瘀血阻络，用活血化瘀清利通络法

多见于慢性前列腺炎患者前列腺变硬和肿大的患者，久病入络，气血瘀滞，使前列腺局部血液循环障碍，多见少腹、会阴、睾丸等处不同程度疼痛，排尿余沥不尽。舌淡红，舌苔白或微黄，脉沉弦。宜活血化瘀，清利通络。李夫道常方：丹参12g，泽兰12g，桃仁12g，红花9g，当归15g，王不留行12g，三棱9g，山甲9g，川楝子9g，乳香6g，没药6g，败酱草21g，白花蛇舌草30g，石苇15g。

案4 王某，男，36岁。证见小便余沥不尽，少腹及会阴部疼痛，前列腺略大，口干欲饮。舌淡红，苔白，脉弦。属气血瘀滞。治宜活血化瘀，清利通络。处方：当归12g，丹参15g，泽兰9g，桃仁12g，红花9g，王不留行9g，三棱9g，川楝子9g，山甲9g，石苇15g，石莲子12g。一日1剂，水煎，早晚分服。并配合外洗方：昆布、海藻、海浮石、夏枯草、芒硝。水煎熏洗会阴部，每日2次，每次30分钟，治疗30天后，症状渐除，病告痊愈。

慢性前列腺炎系常见病之一，青壮年、老年均可罹病，属中医劳淋，热淋，白浊，腰痛等范畴。本病初起多为实证日久则本虚标实，难以分消。病久入络，气血瘀阻，故缠绵难愈。李夫道在临床中药熏洗，中药离子导入，体育疗法等综合治疗，表里兼顾，双管齐下，故临床效果显著。（马秀萍）

李庚和临床经验

【名老中医简介】李庚和 女。主任医师，教授。上海市重症肌无力（中医）临床协作中心主任。享受国务院政府特殊津贴。上海市名中医。擅长治疗重症肌无力、震颤麻痹、肿瘤、胃病、自身免疫病、帕金森病、脑梗等神经内科疾病。

重症肌无力

1 脾胃虚损是重症肌无力发病的内在因素

李庚和根据祖国医学“脾主肌肉”之说，探索脾与重症肌无力发病的内在联系，将重症肌无力最具特征性的八大主症及两大特征，即上睑下垂（睑废、睢目)、复视(视歧)、言语低嘶(声喑)、舌软弱(舌萎)、抬头困难(头苦倾)、咽嗌不利、呼吸困难及四肢不用,概括为病在肌肉,这些肌内的酸怠无力都与脾胃功能的虚损密切相关,且主要表现在脾虚气弱,由于脾气虚损,临床也常伴有纳少、便溏或腹胀、便难无力,甚至可伴有消瘦或肌萎。从舌脉上来看常表现为舌质淡、舌体胖或有齿痕、苔薄白,脉细濡。通过对重症肌无力常规开展肌电图低频重复电刺激及肢体抬举功能和指力的器械检测,证实患者受累肌群功能下降,不耐负荷,不耐疲劳,同时相关研究也证实本病伴有脂肪吸收不良,基础胃酸分泌降低。这些均与脾虚气弱、运化不力有关,也说明本病有内在的脾胃虚弱的病理因素。对于脾虚的成因,在对1000例病例的临床资料进行统计分析,归纳出主要因素有劳累过度、忧思抑郁(包括精神超负荷的负担状态或精神刺激)、外邪感染等。通过对重症肌无力T细胞分类、多项细胞因子、乙酰胆碱受体抗体等临床检测,发现本病存在着机体免疫自稳机制的紊乱;相关研究也发现重症肌无力患者的编码MHC抗原基因可能与其自身免疫的基因连锁或易感性有关。由于本身的免疫自稳功能的紊乱,造成了重症肌无力发病机理及临床表现的复杂性及多样性,而这一点与明代徐春甫在《古今医统大全》中阐述的“脾胃既虚则十二经之邪不一而出”的观点相吻合。脾虚不能化生水谷精微滋养卫气,以致卫气的“温肌内、肥腠理,司开阖”等作用失常,易致外邪侵袭和机体本身的功能失衡,这与重症肌无力的发病也是密切相关的。另外,以临床与相关研究来看,重症肌无力在其本身具有脾虚的禀赋不足因素存在。

随着重症肌无力病情的发展,脾脏虚损常累及肾,出现肾气不足,渐而出现脾肾气阴两虚,直至脾肾阳虚之重症,这在重危患者中表现得尤为突出。另一方面,脾肾虚损又可致五脏不足,继发另一系统的功能失常而出现病态。临床常可见到本病伴有心、肺功能的受损。在临床中通过对重症肌无力患者的心功能、食道运动功能、肺功能及胃肠检查提示本病患者有心肌及食道、胃肠等内脏平滑肌无力及肺功能减退等表现存在。

2 辨治主张知常达变、审时度势、视证运法

本病由脾胃虚损而起,脾虚及肾是其主要病理机转,基本治法可概括为补益真气、振元治痿,但必须在上述病机的基础上对本病的证候特征与证候态势的深层次进行再认识,以期揭示出疾病发展各阶段中的主要矛盾和矛盾的主要方面,做到知常达变,审时度势,视证运法。李庚和在辨证立法、选方用药上的具体学术经验如下:

2.1 证候观点

李庚和从证涉层面(虚、损、衰)及证型分类来对本病的证候加以剖析,以求进一步抓住本病的本质,为立法施治打下基础。

2.1.1 证涉层面 按病情的轻重可分为虚、损、衰3个层面。气弱谓之虚:临床上肌无力症状时显时隐,受累肌有异常的疲乏感或无耐力,但能延时恢复,且症状轻浅局限。久虚不复则日损:损则难复,临床表现因病型而异,症状较深重而广泛,且持续存在。常可兼有肺、心、肝系的疾病表现。虚损极为衰:肾损则五脏衰,临床可见呼吸困难、痰涎壅盛(咳甚不得卧,气短促难续接),甚至汗出淋漓,脉细微弱或大而无力为主症。

2.1.2 证型分类 按病情可归纳为3个基本证型。即脾虚气弱型:证见倦怠乏力,纳少便溏,腹胀或便难乏力,眼睑下垂,舌质淡、舌体胖嫩或边有齿痕、苔薄白,脉濡。脾肾气阴两虚型,疲倦无力,复视,口干纳呆,舌质偏红、舌体偏小,苔花剥或少苔甚或无苔,脉细弱或细数。脾肾阳虚型:全身乏力,胸闷气怠,语声不扬,憎寒怕冷,腰酸膝软,舌质淡,舌体胖大、苔薄白,脉沉细。或可见面色㿠白,小便清长,大便稀溏或完谷不化。

2.2 证治观点

结合证涉层面及证型分类,在补益真气、振元治痿的原则下,李庚和归纳出3个基本方证。即脾虚气弱型:补中益气升阳,基本方:黄芪、党参、升麻、柴胡、白术、葛根、当归、黄精、陈皮、甘草、大枣;脾肾气阴两虚型:益气补肾滋阴,基本方:黄芪、党参、生熟地、山药、首乌、枸杞、山茱萸、麦冬、龟版、白术、甘草;脾肾阳虚型:益气补肾温阳,基本方:黄芪、党参、制附子、鹿角胶、熟地、巴戟肉、锁阳、脐带、怀山药、补骨脂、甘草。此外,本病有与其他自身免疫性疾病交叉或伴发的倾向,李庚和认为但凡是以耗阳、伤阴而致损耗元气、加重本病的伴发病症,均应同时兼顾治疗,具体原则是:①本病与伴发病症辨证机理一致,则采取异病同治;②本病与并发病症辨证机理相悖,则两者有机兼顾(如伴甲亢则变益气升阳为益气育阴潜阳法);③短暂之标证(如感冒、感染)集中药力先期治疗。

3 遣方用药、治疗宜忌独有建树

在遣方用药、治疗宜忌方面,李庚和积累了丰富的经验,也很有特色,具体有如下几方面。

3.1 倡用黄芪

李庚和遵景岳之说："非水谷无以成形体之壮……水谷之司在脾胃"；《古今医统大全》之说："脾为五脏之源"及《脾胃论》所云："脾主五脏之气"力倡用黄芪补益脾气，强肌健力。认为黄芪于本病的治疗有四方面的好处：温分肉而固实腠理；补中气而强肌健力；壮脾胃而升清养肌；益正气而抑邪内生。如遇体虚易感，卫外不固及肌肉瘦削，则常生、炙黄芪并用。

3.2 补脾三宜

李庚和认为调补脾脏就要顺乎其性，不能逆悖其理。补脾临床归纳有三宜，即宜甘温滋养，不宜苦寒辛燥。遣甘温则在补脾中振奋中阳，寓意于阳中求阴，使生化有常；佐以甘凉滋润之品，不致损及脾阴胃液，使源泉不竭。前者如选党参、熟地、黄精之属，后者常用麦冬、萸肉、沙参之类。宜升举调畅，不宜泻利破气。补脾中强调升清运畅，则中焦枢机转运，使清阳四达，精微四布。药用升麻、葛根、柴胡、陈皮等。宜醒脾运中，不宜腻补峻补。在长期补气填精的同时，切不可忽略健脾助运，以碍生发之气，且胃气一败，预后堪忧，故治疗用药常宜顾护胃气，健脾助运。李庚和在处方中常参入砂仁、甘松、九香虫等，以醒脾运中。

3.3 干扰因素的治疗

在本病的治疗过程中，常会出现一些干扰因素，影响本病的治疗，常见的有：感冒、感染、月经不调、人流、劳累；情绪波动，季节气候因素。因此，防止感冒、感染，及时积极的治疗；调理好月经，避免怀孕及人流；避免劳累，保养体力；调节情绪，保持乐观的心情；做好季节交替时及气候变换时的治疗工作及保养等，都对治疗很有帮助，同时也有利于脾肾功能的恢复，从而提高疗效。

3.4 重视补肾，防止因虚生内邪

当重症肌无力进入肾损阶段，临床易导致逆证、危候。此时在治疗上应强调脾肾双补，温固下元，在用药上李庚和常选用脐带、首乌、肉苁蓉、菟丝子等。同时本病因为脾肾虚损常有伴发多种自身免疫性疾病以及肿瘤的倾向，故在施治时，既要注意扶正培本，还要防止邪从内生。当邪从内生后，还应兼顾邪气的性质，依据不同病种和病期进行辨证，切不可一味以"虚损"概治，留邪作祟。（蒋方建）

李广文学术经验

【名老中医简介】李广文（1936～）教授，主任医师。1964年毕业于山东医学院。原山东中医药大学附属医院妇科主任。第二批全国老中医药专家学术经验继承工作指导老师。从事妇科医、教、研工作40年，精于女科，兼擅男科。

学术经验

1 *中西融会贯通，病理生理详辨*

"居经"、"避年"、"暗经"、"激经"属生理现象还是病理状态，历代医家有不同论述，而分清生理病理对指导临床有重要意义。李广文对《中医妇科学》、《中医名词术语解释》认定上述情况属生理范围提出置疑，指出："居经"、"避年"有"不可谓病"（常态）的一面，亦有"可谓病"（病态）的一面。其原因以肾虚为主，就现代医学理论来说，主要是卵巢功能不足，故表现为月经稀发或一时性闭经。因青春期是生殖系统从发育到成熟的过渡时期，卵巢功能尚不够健全，从中医理论看乃天癸初至，未臻成熟，随着年龄的增长和身体的发育，肾气逐渐充沛，卵巢功能逐渐健全，即能形成正常的月经周期，故"居经"、"避年"如发生在青春期，且无临床症状则不以病态论；20岁以后之婚前期，第二性征及生殖器官发育良好者，婚后自然形成正常月经周期的可能性较大，亦不以病态论，若第二性征及生殖器官发育不良者，应视为病态，并进行治疗；婚后一段时间仍未形成正常周期者，妊娠率甚低，要积极治疗；发生在更年期且无自觉症状者不属病态。对"激经"产生的原因，李广文认为并非孕后血盛有余或垢血排出，而是肾气不足，因肾为生胎之源，肾气不足，固摄无权，以致孕后流血，应以保胎为宜，否则有堕胎之虑。而"暗经"极少部分为返祖现象，多数是时代的产物。

2 *创新有效方剂，临证得心应手*

李广文从阅读的大量中医古籍中遴选出200余首方剂作为参考，将中药传统的性味归经、升降浮沉，与现代药理研究相结合，创立了数首行之有效的方剂。对每一种疾病，根据其发病机理找出主要矛盾，选定一个方剂，随证加减变化。

2.1 排卵障碍－石英毓麟汤

排卵功能障碍是女性不孕症、月经后期、闭经等疾病的常见原因，李广文认为肾虚是其根本，因肾主生殖，为生胎之源，亦是月经之本，在肾－天癸－冲任轴(现代医学下丘脑－垂体－卵巢轴)中起主导作用,肾虚则胎孕难成,肾虚血海不能按时满溢则月经后延,源流断竭则经闭。临床所见排卵障碍患者多有不同程度的肾虚表现,如腰膝酸软,性欲淡漠等,对无明显症状者,亦当以肾虚论,故以补肾为大法,创立了石英毓麟汤。药物组成:紫石英、川椒、川芎、续断、川牛膝、仙灵脾、菟丝子、枸杞子、香附、当归、赤芍、白芍、桂心、丹皮。诸药合用,共奏温肾养肝,调经助孕之效。动物实验表明,该方可显著提高血浆促卵泡激素、黄体生成激素水平,使血浆雌二醇、孕酮含量呈增加趋势,可使卵巢和子宫重量增加,并使用药组排卵数有所增加。

2.2 卵管梗阻－通任种子汤

输卵管梗阻是女性不孕症的另一重要原因,一般由输卵管炎症引起。李广文指出,根据任脉的生理功能和走行方向,与输卵管有相似之处。输卵管不通的患者多有附件炎病史,有少腹痛的症状,“不通则痛”,故可认为本病符合任脉瘀阻不通,以活血祛瘀、通络止痛为法。创立通任种子汤。药物组成:丹参、香附、赤芍、白芍、桃仁、红花、当归、川芎、连翘、小茴香、络石藤、炙甘草。如经检查输卵管通畅,但妇科检查附件区增厚或增粗有压痛者,亦用该方治疗,因输卵管虽通畅,但其周围的炎症可影响输卵管的功能,导致不孕。

2.3 免疫不孕－四新毓麟汤

对抗精子免疫性不孕,李广文创立了四新毓麟汤,药物组成:紫石英、仙灵脾、黄芩、徐长卿、党参、白术、茯苓、炙甘草、当归、川芎、白芍、熟地、菟丝子、川椒、鹿角霜、续断。本方是毓麟珠以续断易杜仲,加紫石英、仙灵脾、黄芩、徐长卿四味而成,毓麟珠有补气养血益肾的作用,乃治疗不孕症的要方,加紫石英、仙灵脾使肾气更足,因中医学的“肾”除对生殖系统有主导作用外,对免疫系统亦有稳定和调节作用,故治疗本病仍以补肾为主,另外由于抗精子抗体常在生殖道感染、局部炎症增加的情况下产生,所以选用具有清热、泻火、解毒作用的黄芩和徐长卿。方中党参、白术、甘草可提高网状内皮系统的吞噬功能;黄芪、黄芩、白芍具有免疫功能的取向调节作用;当归有免疫抑制作用,促进清除抗原,防止免疫复合物产生;徐长卿具有抗免疫作用;菟丝子、续断增加免疫功能。通过抑制亢进的免疫反应,提高低下的免疫功能,使免疫机制恢复平衡状态,抗精子抗体转阴而受孕。

2.4 崩漏下血－通用止血方

崩漏一病,由冲任损伤,不能制约经血所致,而冲任损伤的原因又是多方面的。李广文治疗本病分为两个步骤;第一步控制出血,第二步调整月经周期。崩漏的出血阶段用崩漏通用止血方,药物组成;党参、黄芪、炒白术、升麻、炙甘草、益母草、马齿苋、生蒲黄、仙鹤草、旱莲草、生地炭、黑芥穗、小蓟、煅龙牡。方中举元煎补气升提,固冲摄血;益母草、生蒲黄行瘀止血,祛瘀生新;马齿苋清热凉血;仙鹤草、生地炭、小蓟凉血止血;旱莲草滋阴凉血止血;黑芥穗散瘀止血;煅龙牡收敛固涩。研究表明,仙鹤草、生地、蒲黄可缩短凝血时间,荆芥炭、小蓟能缩短出、凝血时间;益母草、马齿苋、蒲黄能促使子宫收缩而使血管闭塞,使子宫内膜脱落加速,达到缩短经期及减少出血量的目的。龙骨、牡蛎含有大量钙的成分,能促使血液凝固,有止血作用;党参、黄芪、白术可增加红细胞及血红蛋白,仙鹤草、生地可使血小板增加。临证时,无论辨证属气虚、血热、血瘀,均施以该方,每每效验。因崩漏为失血性疾病,耗气伤血,血止后李广文常予归脾汤 6～10 剂,以恢复正气,然后再行调整周期,以补肾为大法,常用石英毓麟汤。

2.5 经行腹痛－温经逐瘀汤

李广文认为,本病虽有气滞血瘀、寒凝血瘀、肾气亏损、气血虚弱几种证型(虚、实两大类),但后两种证型(虚证)较少见,且因疼痛较轻,就诊率较低,而气滞血瘀和寒凝血瘀(实证)临床最为常见。中医认为实证痛经的发病机理乃气血运行不畅,“不通则痛”,现代医学近年根据细胞和分子水平调节肌肉收缩机能的研究成果,认识到原发性痛经的关键是子宫肌反应性过高,继发子宫肌层缺血缺氧而致剧痛。李广文根据中、西医发病机理,指出治疗应以通调气血为主,“通则不痛”,只要解决了子宫的痉挛性收缩,缺血缺氧状态得到改善,疼痛即能缓解。针对临床发病率最高的寒凝血瘀证,拟方温经逐瘀汤,药物组成:小茴香、干姜、延胡索、当归、川芎、官桂、赤芍、生蒲黄、香附、白芍、桃仁、炒杜仲、陈皮、姜半夏、炙甘草。经前 3～4 天开始服药,日 1 剂,连服 6 天。本方由王清任少腹逐瘀汤加减而成,因原方中五灵脂有不良气味,故去之。所选药物以活血理气、温经止痛为主,且药理研究证实有抑制宫缩,提高痛阈及镇静镇痛作用。由于用药精当,临床每获良效。

2.6 子宫肌瘤－知柏消瘤饮

子宫肌瘤是女性生殖器官中最常见的良性肿瘤,是一种依赖于雌激素生长的肿瘤,多发生在育龄期,30% 的患者不孕。对尚不具备手术指征者,李广文以清泄肾火、活血消瘀、软坚散结为治疗法则，自拟知柏消瘤饮，药物组成：知母、黄柏、三棱、莪术、玄参、牡蛎、夏枯草、海藻、半枝莲。李广文指出，由于气血不畅，瘀血凝结，滞于胞中而成癥，故用三棱、莪术行气破血消癥，玄参咸能软坚，牡蛎软坚散结，海藻软坚消痰散结，夏枯草清火散结，半枝莲清热解毒。该病常伴月经过多或淋漓不尽，李广文认为一是因瘀血内阻致血不归经，另外由于火热迫血妄行，此火乃肾火，鼓用知母、黄柏清泻肾火。根据现代药理研究，知母能降低神经系统的兴奋性，配黄柏可降低性神经系统的兴奋性，故可降低性激素，对依赖雌激素生长的子宫肌瘤有一定疗效。（王东梅）

临床经验

1 胎漏，胎动不安

杜某，女，29 岁，已婚，2002 年 3 月 9 日初诊。停经 38 天，阴道流血 3 天，既往月经规律，周期 28 ~ 30 天，经期 4 ~ 5 天，末次月经 1 月 30 日，量色质同前，3 月 3 日尿妊娠试验（ + ），3 月 6 日至今阴道少量流血，色暗红，无血块及组织物，小腹隐痛，腰酸软，无恶心呕吐，乳胀轻，纳眠可，二便调。舌淡红苔薄白，脉沉细。B 超示：早孕（符合 5 + 孕周）。诊断：胎动不安（肾虚型）治宜益肾气，安胎元。予炒川断 30g，寄生 15g，菟丝子 15g，阿胶 11g（烊化），炒杜仲 15g，香附 12g，陈皮 9g，砂仁 9g，黄芩 9g，白术 9g，苎麻根 12g，水煎服，日一剂，六剂。3 月 16 日二诊，服药平妥，进上方 3 剂后，阴道流血止，腹痛消失，现仍有腰部不适，乳胀明显，余同前。上方去苎麻根，再进 6 剂。3 月 30 日三诊，来人代述，上方连用半月，恶心呕吐明显，余无不适。上方去阿胶，加苏梗 9g，竹茹 12g。再进 6 剂可停药。12 月来人述于 11 月初顺产一男婴。

按 胎漏，胎动不安现代医学称先兆流产，祖国医学认为腹不痛而下血者为胎漏，腹痛而下血者为胎动不安。《陈素庵妇科补解》曰：“妊娠胎动不安，大抵冲任二经血虚，胎门子户受胎不实也。”；《景岳全书 · 妇人规》谓：“冲任气虚不能制约，血滑易动者……”，冲任之本在肾，如肾气不盛，则冲任不固。李广文认为本病主要原因是肾虚。肾为生胎之源，乃胞脉之所系，肾虚则受胎不实，冲任不固，胎失所系而致。治以补肾安胎为主，用寿胎丸加杜仲益肾养血安胎，香附、陈皮、砂仁理气安胎，白术健脾安胎，黄芩、苎麻根清热凉血安胎，临证增减，灵活使用，收效甚捷。药理研究表明：川断含大量 VitE，用大量安胎而无副作用，杜仲有良好的镇静镇痛作用，二药炒用尚有止血之功；香附、陈皮有抑制宫缩之效，降低子宫敏感性，有利于保胎。本方服至胎气盛（恶心、呕吐、乳房胀感明显）时停药或换方。尤应注意有滑胎史者，服药保胎应超过以往堕胎月份一个月为宜，并进行心理治疗，解除其恐惧，因恐则伤肾，肾虚则胎元不固。

2 产后身痛

孙某，女，31 岁，已婚。2002 年 11 月 13 日初诊，产后 30 多天，四肢关节痛半月，痛如针刺，关节屈伸不利，恶露已净，哺乳正常，纳食睡眠可，二便正常。舌质暗红，苔薄白，脉沉涩。既往无风湿病史，外院检查无异常，局部关节无红肿，灼热，体温正常。诊断：产后身痛，证属血瘀，治宜活血化瘀，通络止痛。当归 12g，川芎 6g，桃仁 9g，红花 9g，香附 12g，秦艽 9g，地龙 6g，羌活 9g，川牛膝 9g，杜仲 15g，白芍 12g，炙甘草 6g，水煎服，6 剂。二诊述四肢关节痛明显减轻，余无不适。效不更方，守方再进 6 剂，痊愈。

按 产后身痛多缘产后血虚，筋脉失养，或外邪乘袭，痹阻脉络，或余血未尽，留滞经络所致，明 · 王化贞《产鉴》曰：“产妇四肢挛急者，因脏腑俱虚，月内未满，起早劳役，动伤脏腑。虚损未复，为风寒所乘，……筋脉挟寒则挛急也”，认为本病因虚致实，虚实夹杂；清 · 傅山《傅青主女科 · 产后编》谓：“产后百节开张，血脉流散。气弱则经络间血多阻滞，累日不散，则筋牵脉引，骨节不利，故腰背不能转侧，手足不能动履……”，认为本病气虚血滞，不通则痛。该患者痛处固定，痛如针刺，证属血瘀，舌脉亦属血瘀之征。投以活血祛瘀，通络止痛之身痛逐瘀汤加减。李广文治病注重顾护胃气，产后多虚，若胃气受损，治疗则得不偿失，故弃原方气味恶浊之五灵脂、没药，防药后增吐，损其胃气。加用杜仲、生蒲黄、白芍，取其补肾化瘀，养血止痛之效。杜仲有良好的镇静镇痛之效，蒲黄入血分，可导瘀结而治气血凝滞之痛，白芍配甘草，取芍药甘草汤之意。综览全方，活血之中寓养血，无破血之虞，通络止痛而无耗血之弊。

3 缺乳

周某，女，28 岁，已婚，2002 年 5 月 11 日初诊，产后 20 多天，乳汁渐少，双乳胀感，胸闷不舒，食少，眠可，恶露已净，二便调。诊断：缺乳，证属气滞，治以利气养阴，通络下乳。穿山甲 9g，王不留 9g，漏芦 9g，路路通 9g，通草 9g，桔梗 9g，沙参 12g，麦冬 12g，陈皮 9g，白术 9g，炙甘草 6g，柴胡 12g，木香 12g。二诊上方进 6 剂后，乳汁渐增，仍有纳谷不馨，上方加砂仁9g，再服6剂，乳汁如常。

按 缺乳多由气血虚弱或肝气郁滞所致。乳血同源，均为水谷精微化生而成，若产时失血过多，产后恶露不绝，或素体气血亏虚，化源不足，导致缺乳，正如《景岳全书·妇人规》云："妇人乳汁，乃冲任气血所化，故下则为经，上则为乳，若产后乳迟乳少，由气血不足，而尤或无乳者，其为冲任之虚弱无疑也。"；若产后情志抑郁，肝气不舒，气机壅滞，影响乳汁运行而致乳少，如《儒门事亲》中所说："或因啼哭悲怒郁结，气溢闭塞，以致乳脉不行。"乳房属胃，乳头属肝，乳络之病与肝胃关系密切，乳络以通为宜，故用穿山甲、王不留、路路通、漏芦通络下乳，沙参、麦冬益胃生津，使化源充足，通草、桔梗利气宣络，桔梗载药上行，白芍敛阴养血柔肝，于血虚肝郁之病用之最宜，陈皮、白术、炙甘草理气健脾和胃，以资化源，全方合用利气养阴，通络下乳。气虚重或剖腹产者加党参、炙黄芪；气滞明显加柴胡、木香。该患者属气滞乳汁不通，宜通乳汤（自拟经验方）加柴胡、木香。本病治疗越早效果越好，发现乳少，及时就诊，服药同时增加婴儿吸吮次数，并及时排空乳房，刺激母体内分泌系统产生良性循环而获效。

4 经行口糜

马某，女，35岁，已婚，2002年10月25日初诊，近2年每于经前10天左右出现口舌糜烂，疼痛难忍，持续至经净方愈，患者月经规律，周期28天，经期4~5天，末次月经10月8日，现口舌糜烂又见，影响进食，心烦易怒，大便稍干，2日一行，舌质红，苔薄黄，脉弦。望诊见溃疡散布于口舌粘膜。诊断：经行口糜，证属肝胃蕴热，治以疏肝养阴清热。丹皮9g，栀子9g，柴胡12g，香附12g，当归12g，赤芍12g，白芍15g，玄参15g，麦冬12g，黄芩9g，银花15g，连翘12g，甘草6g，水煎服，日一剂。二诊：服上方10剂，月经已来潮，口舌糜烂明显减轻，仅见一两处粘膜色红与周围组织有别，纳食好，心烦减轻，二便调。嘱下次月经前继用本方治疗两个周期。

按 经行口糜病发于口舌，总因于热，足阳明胃经挟口环唇，口舌为病，总因于胃，本病每月如期反复发作，多见于育龄期，此期妇女之经、带、胎、产皆仰仗肝之疏泄调畅，若肝失调达，郁滞化火，肝火犯胃，肝胃蕴热，引发本病。治疗时应疏肝泻火，清热养阴，以丹栀逍遥散加减，柴胡、香附疏肝理气解郁，肝为刚脏，体阴而用阳，当归、白芍养血柔肝，上四味使肝气条达，肝阴自足，不致横逆犯胃。丹皮、赤芍清热凉血，玄参、麦冬益胃生津，清心除烦，使胃热自清，胃阴充足，不受肝侮，栀子、黄芩、银花、连翘清上焦热，泻火解毒，甘草生用泻火解毒，调和诸药，全方合用肝气疏达，热清毒解，口糜自愈。（高向慧 莫平）

男性不育症

1 辨证与辨精相结合

李广文认为，男性不育主要责之于肾肝脾三脏，尤以肝肾为要。因肾主生殖，藏精，主二阴，为孕育之本，肾虚则性功能障碍、精滑、精少而艰嗣。肝藏血，肝经络阴器，肝阴不足则精少，肝郁化热，湿热伤精则无子。肝肾同源，息息相关，其中任何一脏功能失常，均可影响其他脏腑功能，导致不育。

男性不育症有其自身的特点，有时只根据四诊内容辨证施治，不易切中病本，因有的患者常无证可辨。所以，李广文强调在保持中医辨证特色的基础上，要结合化验检查，辨精求因。李广文认为精液和精子的异常与肾有密切关系，精液量少或精子数少，甚至无精子，表明肾精不足，气血亏虚，精子成活率低或动力差，提示肾气不足；死精子过多，现代医学认为与生精功能缺陷，维生素A、E缺乏及生殖道炎症有关。李广文认为因生殖功能缺陷所致者属肾气不足，因生殖道炎症所致者符合阴虚火旺证，临证应结合症状、体征及前列腺液检查进行区分；精液不液化多因慢性前列腺炎所致，患者常有泌尿系感染症状，属肾火偏旺、阴虚湿热证；精液色红或镜检有红细胞（血精），为肝经湿热、灼伤血络所致；精液检查见脓细胞，提示下焦湿热。化验检查是四诊内容的深入和扩展，辨证与辨精相结合，才能审明病因，更加科学地诊断治疗。

2 辨证分型论治

李广文根据多年的临床经验，将男性不育症分为7个证型论治：

2.1 肾阳虚证

婚久不育，性欲淡漠或阳痿，射精无力，伴腰膝酸软，小便清长，畏寒喜温，舌淡胖苔白，脉沉细。精液化验精子数少，动力不良或死精子过多。治以补肾壮阳生精，方用生精种子汤：淫羊藿、菟丝子、川续断、何首乌、枸杞子、桑椹子、五味子、覆盆子、车前子、黄芪、当归。

2.2 肾阴虚证

婚久不育，性交过频，精液不液化或死精子过多，伴五心烦热、头晕耳鸣、腰酸膝软，舌质红，少苔，脉细数。治以滋阴补肾、清热泻火，方用知柏地黄汤加丹参、连翘、天花粉、生甘草。

2.3 脾肾阳虚证

婚久无子，性欲淡漠或阳痿，早泄，精清，精冷，精子数少，伴纳呆，腹胀，便溏或五更泻，夜尿多，舌淡苔白润，脉沉细。治以温肾健脾、生精种子。方用脾肾双补丸：党参、炒山药、菟丝子、巴戟天、补骨脂、山茱萸、肉豆蔻、砂仁、陈皮、莲子、五味子。

2.4 气血两虚证

婚久不育，精液量少，精子活动力差，伴心悸气短、头晕目眩，舌淡苔薄白，脉细无力。治宜健脾益气、养血滋肾，方用毓麟珠去川花椒，加制何首乌、川续断、淫羊藿。

2.5 气滞血瘀证

婚久无子，睾丸坠胀疼痛，精索静脉曲张，死精子过多，伴胸闷、心烦易怒，舌质黯或边有瘀点，苔薄白，脉沉弦。治以疏肝理气、化瘀止痛，方用开郁种玉汤加味：香附、延胡索、柴胡、当归、白芍、丹皮、桃仁、丹参、炒白术、天花粉。

2.6 肝经湿热证

久婚艰嗣，睾丸红肿热痛，或射精疼痛，有血精，死精子过多，伴阴囊湿痒、小便短赤、口苦口干，舌红苔黄腻，脉弦数。治以疏肝清热、利下焦湿热，方用龙胆泻肝汤加减：龙胆草、黄芩、栀子、柴胡、木通、泽泻、车前子、当归、生地黄、黄柏、连翘、蒲公英、生甘草。

2.7 痰湿内蕴证

婚久无子，形体肥胖，性欲淡漠或不射精，精子数少，伴神疲气短、肢体困倦，舌淡胖苔白腻，脉沉细。治以健脾利湿、理气化痰，方用苍附导痰丸加巴戟天、杜仲、淫羊藿补肾助阳、温化痰湿。

3 专方治疗专病

李广文认为阳痿的主要发病机制是肾虚，古书中虽有脾虚、肝郁、湿热之说，但须由其引起肾虚方可致病，故拟补肾医痿汤补肾强筋，治疗一切阳痿之证，疗效颇佳。再如治疗少精症，认为肾虚是致病之本，肾精亏乏或肾气不足，无以化精，精子数目过少，则难以成孕。他在七子散、庆云散、五子衍宗丸等古方的基础上，结合现代医学对少精症的认识，创立了生精种子汤，根据精子生成周期，服药3个月为1个疗程，疗效显著。又如，治疗不射精症的玉茎涌泉饮，治疗精液不液化的液化汤，均是针对某一病因而设。这些专方经得起临床重复，疗效肯定。

4 注重养精求育及心理调治

除药物治疗外，李广文还注重对患者进行性生活指导及心理调治，推崇寡欲、节劳、息怒、戒酒、慎味的养精求育之道，认为男子养精以寡欲为要。《秘本种子金丹》曰："种子之法，男子必先养精，女子必先养血。今人无子者，往往勤于色欲。岂知施泄无度，阴精必薄，纵欲适情，真气乃伤，妄欲得子，其能孕乎？"寡欲则精足，精子数多且活力强，适时交合则能提高受孕率。否则，房室不节，耗伤精血，肝肾受损，则影响孕育生子。

男性不育，特别是有性功能障碍者，精神、心理因素也是其发病原因之一。精神过度紧张，或盼子心切，过度焦虑，可直接影响精子的生成及性功能，不少男子因精神因素而患阳痿、早泄、不射精。所以，李广文临证时非常重视心理调治，通过交谈使患者消除思想压力，增强自信心，保持乐观心情和和谐的性生活，从而收到满意的疗效。（刘静君）

医方验方

1 石英毓麟汤

组方：紫石英15～30g，淫羊藿15～30g，菟丝子9g，枸杞子9g，川断12～15g，川牛膝12～15g，川椒1.5g，川芎6g，当归12～15g，赤芍9g，白芍9g，香附9g，肉桂6g，丹皮9g。

功效：温养肝肾，调经助孕。

主治：排卵障碍性不孕症。

方解：紫石英、淫羊藿温补肝肾为主药；菟丝子、枸杞子滋补肝肾，益精血；川断补肝肾，行血脉；川椒专入督脉而温肾补火；当归、川芎、赤芍、白芍养血活血；香附理气；丹皮凉血散瘀，肉桂温通经脉，二者一寒一热，相反相成；川牛膝活血通经专攻于下。诸药合用，共奏温肾养肝，调经助孕之功。

2 通任种子汤

组成：香附9g，丹参30g，赤芍9g，白芍9g，桃仁9g，红花9g，川芎6g，当归12g，连翘12g，小茴香6g，络石藤9g，炙甘草6g。

功效：活血化瘀，行气助孕。

主治：输卵管阻塞性不孕症。

加减：少腹痛重者，加延胡索9g，生蒲黄9g；有包块者，加三棱9g，莪术9g；腹胀者，加木香9g，陈皮9g。

方解：丹参、赤芍、桃仁、红花活血祛瘀，消炎止痛；当归补血活血；川芎活血行气；香附疏肝理气，有气行血行之妙，更增活血祛瘀之力；白芍补血敛阴，缓急止痛；连翘清热解毒散结，促使炎症消散；小茴香入肝经理气止痛；络石藤通络活血，消肿止痛；炙甘草缓急止痛，清热解毒。诸药合用，共奏活血化瘀、行气助孕之功。

3 种子转阴汤

组方：菟丝子9g，枸杞子9g，淫羊藿15～30g，炒杜仲9g，鹿角胶9g，金银花12g，徐长卿9g，黄芩9g，丹参30g，赤芍9g，当归12g，黄芪15g，炙甘草6g。

功效：补益肝肾，解毒活血。

主治：免疫性不孕症。

方解：菟丝子、枸杞子、淫羊藿、炒杜仲、鹿角胶益精血，补肾阳，扶正固本；金银花、徐长卿、黄芩清热解毒以祛邪；丹参、赤芍、当归活血化瘀；配以黄芪扶助正气，托邪外出；炙甘草清热解毒，调和诸药。诸药合用，共奏补肾活血、解毒祛邪之功。

李国衡学术经验

【名老中医简介】李国衡（1924～2005）　江苏扬州市人。教授，主任医师。原上海市伤骨科研究所副所长。中华全国中医药学会理事，中华全国中医药学会骨伤科学会副主任委员，中国中医研究院客藉教授，上海市中医学会伤科学会主任委员。上海市伤骨科研究所顾问，上海中医药大学、上海市中医药研究院专家委员会名誉委员，中国中医药学会骨伤科学会顾问，《中医骨伤科杂志》编委会副主任委员，上海市中医文献馆馆员，《上海预防医学》杂志编委会委员。第一批全国老中医药专家学术经验继承工作指导老师，上海市名中医。享受国务院政府特殊津贴。

学术思想

1 勤求古训，古为今用

李国衡在王肯堂《证治准绳》中所引述刘宗原关于"又察其所伤，有上下轻重深浅之异，经络气血多少之殊，惟宜先逐瘀血，通经络，和血止痛，然后调养气血，补益胃气，无不效也。"的启发下，确立了活血化瘀、和血生新、固本培元骨折内治法的三个阶段，并详细诊察全身情况，从辨素质，辨气血，辨症状等不同类别，制定了不同的治疗方药，达到加速骨折愈合的目的。从而确定了内外兼治、筋骨并重的学术思想。李国衡还引用清代钱秀昌《伤科补要》中对手法提出的要求："医者心明手巧，知其病情，若用手法治之多效，若草率不较，误人非浅"，一再强调，一定要辨清病情，因症施法，采用熟练手法，决不能草率，唯此才能得到满意的效果。

2 理论探求，观点新颖

在长期的医疗实践中，李国衡提出了"骨错缝，筋出糟"的新颖的学术观点，突出了从诊断到治疗均有中医骨伤科的特色和优势，把中医骨伤科病理学理论提高到了一个新水平。李国衡对"骨错缝"的研究可分为脱、扭、滑、错四种。脱是指关节脱位或半脱位；扭是指关节轻微移位；滑是指习惯性脱位；错是骨错缝。"骨错缝"在脊柱与四肢关节中都有可能发生，常见有胸背部小关节包括肋脊关节、肋骨横突关节、胸骨肋骨间关节。腰椎小关节紊乱又称腰椎小关节滑膜嵌顿，还有骶髂关节半脱位等。"筋出糟"是指肱二头肌长头滑脱，肩关节急性损伤之一。肱二头肌腱（长头）位于肱骨结节间沟，在近端有横韧带及关节囊，把肱二头肌腱限制于肱骨结节间内。小结节发育不良，结节间沟因骨质增生而变浅，致使肱二头肌腱容易滑脱，有时突然强烈的肌肉收缩，也可引起肱二头肌长头滑脱。

3 重执手法，综合各家

李国衡大力提倡、积极推广中医手法复位，对骨折和关节脱位的整复，成功率很高。从上世纪五十年代起，就多次进行了示范表演，将中医伤科手法介绍给医学界同仁。同时，他认为手法不能墨守成规，拘泥于一家一技，要吸收各家之长。他在对前辈经验研究的基础上，提出了不少新的手法及复位方法，如肘后血肿的一次性手法治疗、髌上囊区血肿手法治疗、股骨粗隆间骨折手法，能达到解剖复位以及有效固定方法。无麻醉下髋关节脱位手法复位，在腰椎间盘突出症的"三步八法"手法的基础上，因型施法。李国衡对清代钱秀昌所著《伤科补要》中的"胯骨，即髋骨也。……若出之则难上，因其膀大肉厚，手捏不住故也。必得力大者三四人，使患者卧，一人拉住其身，一人捏膝上拨下，一手揿其骱头迭进，二手将大膀曲转，使膝近其腹会舒直，其骱有响声者已上"进行深入研究，通过现代医学的解剖、生理、病理以及生物力学原理特点，认为髋关节中层称为"髀枢"、"臀骱"，是人体最大的关节，由于髋臼窝深，周围肌肉丰厚，坚强的韧带，一般情况下不易脱位。只有在强大暴力外伤下，才能造成脱位。外力作用不同，股骨头脱出的方向亦不同，临床上分后脱位、前脱位、中心脱位三大类。整复髋关节后脱位时所用的回旋法，是应用扛杆原理进行整复的。髋关节后脱位整复步骤：患者仰卧在平地板上，助手三人，一助手双手揿住患者两髂前上棘，固定骨盆，勿使其臀部抬起；一助手按住和固定健侧下肢，勿使屈曲；另一主要助手，要有熟练的技术，手臂要有力量，将患肢膝关节屈曲，两手兜住患肢膝下，两大腿夹住患者踝部，将大腿由内收位缓缓用力提至正中位。术者主要控制股骨头，复位时示意主要助手双手用力晃动上提，术者同时将股骨头向髋臼推拨，当股骨头已经离开脱出的位置时，然后继续屈髋屈膝，使股骨头向前下方滑移，再外展外旋髋关节，利用髂股韧带为支点，依靠杠杆作用使股骨头移至髋臼下缘，最后伸直下肢，使股骨头向上滑入髋臼，听至复位声音，即复位成功。

4 内外兼治，经验丰富

李国衡在临床上重视内外兼治，筋骨并重，尤其对骨折的内治方法颇具特色。特别重视健脾补肾，脾胃健佳才能更好地吸收药物发挥作用，同时吸收营养物质，有利于损伤的修复。肾主骨，骨骼损伤必然耗损肾气，严重损伤的后期应用补益肾气方药促进骨折愈台。李国衡研制出“和血壮筋汤”和“外用蒸敷散”等新的临床经验方药，丰富了魏氏伤科的固有方药。李国衡还强调综合治疗法，即在用手法的同时均采用药物以及导引锻炼为主法，且内服方药，大多是头汁、二汁内服，药渣捣烂蒸热外敷或煎水外洗，以更好地提高疗教。（胡大佑）

临床经验

椎动脉型颈椎病

1 辨证分型依据和要点

椎动脉型颈椎病除一般颈椎病症状外，常伴有眩晕、恶心、头痛等表现。临床检查除 X 线片外，目前还进行多普勒脑血流图检查（TCD），常见椎－基底动脉血流流速及阻力改变。对此，李国衡根据患者的症状、体征和实验室检查结果，结合全身表现，一般分为以下四型。

①肾虚肝旺型：口干，心烦少寐，多梦，急燥易怒等。舌质红，苔薄白或黄腻，脉弦数或弦细；②气血两虚型：面色少华，心悸少寐，神疲体倦。舌偏淡，苔薄白，脉细弱或软而无力；③气虚瘀滞型：肢体沉重无力，肩背肌内拘紧酸胀。舌淡，苔薄白，脉缓少力或涩；④痰湿阻滞型：肢体沉重，懒言，舌嫩，苔白厚味，脉濡滑。

2 辨证用药特点

2.1 肾虚肝旺型

治以益气养血，益肾平肝通脉。药用益气通脉汤：生黄芪 15g、太子参 15g、生白芍 9g、川芎 9g、枸杞子 9g、女贞子 9g、桑椹子 9g、绿豆衣 12g、制首乌 12g、菊花 9g、穿山甲 4.5g，毛冬青 12g。精神烦躁，血压偏高者，加天麻 6g、钩藤 9g、山羊角 15g 等平肝熄风药；睡眠不安者，加生牡蛎 15g、生龙骨 15g、珍珠母 12g 等重镇安神药；舌质红绛，津液不足者，加沙参 4.5g、石斛 9g、天冬 9g、麦冬 9g 等生津养液药；恶心呕吐，不思饮食者，加陈皮 6g、姜半夏 9g、白术 9g、白蔻仁 1.8g 等健脾和胃药；头重，心悸不寐者，加琥珀粉 1.5g（吞服）、合欢皮 12g 等安神活血药；颈项牵掣而痛者，加葛根 9g、桑枝 9g 等解肌通络药。

2.2 气血两虚型

治以培补气血，养心安神，药用加味八珍汤。党参 12g、当归 9g、生白术 9g、生地 12g、川芎 9g、茯神 12g、白芍 9g、夜交藤 12g、绿豆衣 12g 、柏子仁 4.5g、枣仁 9g、生甘草 3g。

2.3 气虚瘀滞型

治以补气活血，通络止眩。药用补阳还五汤，生黄芪 15～20g、赤芍 9g、桃仁 9g、当归 6g、地龙 9g、川芎 6g、红花 3g。

2.4 痰湿阻滞型

选用温胆汤加减。

上述药物每日 1 剂，水煎 2 次，早晚分服，剩下药渣捣碎，盛入布袋内隔水蒸热后敷于颈肩部，早晚 2 次。或将药渣煎水，用毛巾 2 条沾药水轮流热敷患处。

3 手法治疗经验

第 1 步：患者取坐位，术者立于患者身后，用双食指指侧面搓颈椎两侧约 2 分钟，然后用双侧拇指及其余四指拿肩井及肩中俞约 10 次左右，使项肌、胸锁乳突肌、斜方肌放松，经脉疏通。

第 2 步：患者坐位不变，术者站立在患者侧方，术者先用拇、食指指端交替点压脑空穴，然后用掌根豌豆骨部位按揉，再用拇、食指点揉风池、风府穴，必要时加点揉合谷穴。最后术者站立患者身后，用食、中指由前往后抹推两侧太阳穴。上述手法，一般反复操作 10 次左右，使颈肩部上下气血贯通。

第 3 步：患者上述体位不变，术者一手将患臂外展，另一手拇指点揉肩髃穴及其周围疼痛点，而后再用掌根按揉，以活利关节，减轻疼痛。

第 4 步：患者改俯卧位，术者用双手拇指点揉患者天宗穴、膏盲穴，而后用掌根按揉，使肌肉放松，经络畅达。

以上 4 步手法反复操作约 15 分钟左右，每周 2

~3次,4~6周为1疗程。

4 病案举隅

案1 武某,女,49岁。右侧偏头痛,眩晕,恶心,伴右侧颈背部牵掣疼痛半年,曾有两次因头部快速转动突然猝倒。外院CT检查提示C4~5间盘膨出。经内服中、西药物及颈椎牵引等多种方法治疗效果不佳,症状无好转,于1993年5月30日来我院就诊。查体见精神萎靡不振,颈椎前屈活动可,后伸及旋转活动受限。C4~5右侧压痛。头枕部风池、风府、脑空、太阳、悬颅穴等处压痛,右背部天宗、膏肓穴压痛。双侧霍夫曼氏征阴性。纳呆,夜寐不安。舌质偏红,舌苔薄腻,脉细弦。李国衡诊断为椎动脉型颈椎病,气虚肝旺。内服益气通脉汤加天麻9g、钩藤12g、白蔻仁1.8g、陈皮6g、白术9g。同时配合手法治疗,每周1次,经治疗3个半月后症状悄失,恢复工作。1994年因疲劳后偶有发作性头痛,经手法治疗2~3次,随症加减服药10余剂,症状缓解。

案2 龚某,女,42岁,颈部板滞伴眩晕1年余。严重时伴恶心。曾经牵引、推拿等治疗未见好转。有高血脂史。X线颈椎摄片示颈椎生理弧度变直,C5~6间隙狭窄。于1995年2月15日来我院就诊,查体见颈椎后伸及侧向活动限制,C5~6左侧压痛,霍夫曼氏征左侧阳性,右侧阴性。舌质偏红、干燥,舌苔薄白,脉沉细。李国衡诊断为椎动脉型颈惟病,颈髓压迫。内服补阳还五汤加葛根9g、玉竹9g、石斛9g、野菊花6g,每日1剂,水煎分2次内服,药渣煎水颈部热敷。1周后复诊,颈椎核磁共振示C5~6椎体后缘增生,硬膜囊有压迹,C3~5节段椎管狭窄伴后纵韧带增厚,TCD示椎-基动脉流阻增高。服用前药后眩晕有好转,但有恶心,胃纳不佳,于原方加毛冬青9g、白蔻仁1.8g。连服14剂后,眩晕症状改善。前方加生山楂9g再服用14剂,同时配合颈背部手法治疗,至4月12日复查时,症状已基本消失,恢复工作。(李飞跃 李中伟)

股骨头无菌性坏死

1 发病机理

股骨头血供主要来自旋股内、外动脉,经关节囊形成囊内动脉环维持股骨头的血液循环,由于外伤等因素引起股骨头血供障碍,发生缺血性改变导致无菌性坏死;如股骨颈骨折或髋关节脱位发生缺血性无菌性坏死。或因应用过量激素导致血凝,脂肪代谢紊乱造成微血管栓塞而致坏死。祖国医学认为本病外因为跌扑挫伤,气滞血瘀,内因为肝肾亏损。肾主骨生髓,肝主筋藏血,肝肾亏虚,筋脉失养,故见骨质坏死;筋骨枯萎,屈伸不利,络脉阻塞,不通则痛。

2 诊断要点

①髋内或膝部疼痛;②跛行;③患腿轻度内收畸形;④分髋试验阳性;⑤髋部腹股沟内压痛。X线片早期:髋关节间隙变窄,股骨头外上方骨密度增高;中期:股骨头呈囊性缺损区,发生塌陷,股骨头变扁;后期:股骨头密度均匀,有清晰的骨小梁形成,股骨头扁而大呈现蕈状。

3 辨证施治原则

①早期:髋部疼痛,局部微肿活动受限,舌苔粘腻,脉滑数者,为瘀湿交错,郁而化热。治宜化瘀浊兼清湿热,方以三妙汤加味:黄柏9g,苍术9g,川牛膝9g,丹皮9g,生甘草6g,水煎服。②坏死期:骨节变形,筋萎髓枯,瘀血阻滞,脉络不通者,治宜活血化瘀为主,瘀去骨生。气为血帅,化瘀必须理气,故理气化瘀汤主之:当归、郁金、泽兰、苏木、大黄各6g,赤芍、制香附各9g,红花、青陈皮各3g,甘草4g,水煎服。③瘀化之后:局部疼减,久病正气不足者,当以和营扶正,大补骨髓,活血补髓汤主之:当归9g,生熟地各9g,赤芍9g,川芎4.5g,红花6g,山药9g,丹皮6g,肉桂4.5g,补骨脂9g,续断9g,仙灵脾9g,甘草3g,生姜3片,大枣3枚,水煎服。外以艾条灸或接骨丹外敷。④后期:坏死骨区渐有新生,据肾主骨生髓之理,宜补肾壮骨,可服六味地黄丸、健步虎潜丸各9g,分2次吞服。

中药治疗本症通常以理气化瘀治其标,继之活血补髓、滋养肝肾治其本。肝肾之气充沛,筋骨得以濡养,筋萎枯骨有望可愈。内外兼施,辨证论治,医患合作,坚持用药是治疗取得满意效果的关键。

4 典型病案

案1 赵某,女,51岁,江苏铜山人。门诊号2771。X线片号842019。就诊日期1999年8月21日。患者右髋疼月余,加重1周,无外伤史,但有激素治疗史,X线片示右股骨头呈现斑状点稀疏透光区,为股骨头坏死。患者要求中药治疗,首取理气化瘀汤调治,继之活血补髓汤连服。外用接骨丹治疗。6月后X线片复查股骨头斑点阴影消失,患者自觉症状消除。

案2 钱某,男,59岁,徐州市6414工厂干部。X线片号11209。就诊日期2000年3月。患者右股骨颈骨折1年余。伤后三翼钉内固定,6个月后摄片骨折有愈合趋向,1年后X线片示股骨头无茵性坏死呈不全性,防其增变,内固定不能拔除。2000年初X线片示整个股骨头密度不均,有少许囊性改变,头上有塌陷，予以中药理气化瘀汤治疗2周后，改服活血补髓汤3个月，同时配合六味地黄丸等成药内服，2001年2月X线片复查，股骨头坏死区骨质囊性改变明显好转，患者经治疗1年，6个月拆除内固定，症状完全消失。（卢树昌）

风湿病

1 治疗特点

1.1 逐痹为先，复方治疗

李国衡认为风湿病的病机是“风寒湿三气杂至，合而为病”。针对病机，需祛风散寒，逐痹为先，同时活血止痛，壮筋骨并重，选用方药味多、剂量重、疗时长、大复方。李国衡治疗风湿病组方用药多在20味以上，关键用药多加大剂量（其有别于李国衡平时用药轻巧的特点），同时李国衡针对此病迁延难愈的特点，治疗时间相对放长，一般在数月以上，症情消失或稳定后亦要坚持用药调理一段时间。

1.2 善用草药，精用虫蛇

与众医家不同，李国衡治疗风湿病擅用大队草药，豨莶草、秦艽、金雀根、徐长卿、海风藤、络石藤、清风藤、寻骨风、鹿含草等均为其治风湿病的常用药。其中以金雀根一药为例，就可观其用药十分精妙，金雀根，性味甘平，既能通络止痛，又兼有健脾和胃、益气生津之功，能祛风湿又不伤胃阴，故李国衡喜重用之。同时李国衡随症精用虫类和蛇类药物，以达搜风通络之功。虫类药用于轻症，善用地鳖虫；蛇类药用于重症，善用乌梢蛇、白花蛇。

1.3 活血养血，辨证施治

李国衡根据“治风先治血，血行风自灭”的理论，在治则中突出活血养血，用药多为首乌、当归、丹参等。同时患者多久病伤正，病久肝肾亏虚，气血凝滞，筋骨失养。故早期以活血养血，祛风逐痹为主；后期应注意扶正，调补肝肾兼顾。整个疗程中辨证施治，注重脾胃调养。

1.4 手法导引，综合治疗

李国衡认为本病治疗同样突出药物及手法导引并重。部分疾病，如强直性脊柱炎，症状稳定期可配合脊柱手法，以减轻局部症状；疾病早期，在药物控制情况下，应进行预防畸形的导引锻炼。李国衡对患者的生活起居及日常生活保养亦相当重视，如风湿病活动期忌食海鲜等发物，日常生活起居应有节，注意关节局部保暖，居室环境干燥等，均为其对病家宣教的内容。

2 典型病案

洪某，男，29岁。1993年9月30日初诊。主诉：1年前出现腰背疼痛，以后又感到颈部疼痛，转动不利，晨起症状明显，曾在某地治疗，症情未见好转，并有加重趋势。检查：腰痛部、颈部活动有强直感，腰部前屈30度，后伸约20度，左右侧屈0度，左右旋转45度，颈椎至胸、腰椎两侧与正中部广泛压痛，腰骶部有叩击痛，骶髂关节活动轻度限制。咳嗽痰多，胃纳较差。脉洪数，舌质偏红、苔薄腻。诊断：强直性脊柱炎（待排）。治疗先予活血祛风，通络止痛，兼祛痰和胃。处方：大生地12g，川牛膝9g，金雀根12g，紫丹参9g，豨莶草15g，京元参9g，生白芍9g，左秦艽4.5g，云茯苓9g，威灵仙9g，海风藤9g，生白术9g，玉桔梗6g，清炙草4.5g，淮山药9g，川贝母9g，延胡索9g，谷麦芽（各）9g。7剂。另作X线摄片与血液检查。

二诊（10月7日）：X线摄片示：两骶髂关节有模糊改变，腰椎、胸椎及颈椎韧带有骨化表现，椎体边缘骨质增生。血沉97毫米/小时，HLA－B27阳性。类风湿因子、粘蛋白正常，确诊为强直性脊柱炎。患者主诉：腰背、颈部疼痛，伴体倦，咳痰已稀，胃纳不香。脉数，舌苔如前。治拟益气健脾，活血祛风通络。处方：太子参15g，全当归9g，紫丹参9g，生白术9g，杭白芍9g，左秦艽4.5g，云茯苓9g，南川芎9g，鹿蹄草12g，淮山药9g，地鳖虫4.5g，寻骨风9g，建神曲9g，川桂枝3g，海风藤9g，白扁豆9g，金雀根12g，仙灵脾9g，威灵仙9g，豨莶草15g，广陈皮6g，生甘草3g，谷麦芽（各）9g，大枣7枚。三诊（10月26日）：患者商务繁忙，但能坚持工作，经服药1年，自觉腰背、颈部疼痛减轻。时有耳鸣现象，手法继续作脊柱正中及两侧理筋，使软组织进一步柔和，内服方药在原方基础上，佐以祛风养阴之品。处方：孩儿参15g，海风藤9g，川木瓜9g，大生地12g，左秦艽4.5g，嫩桑枝9g，杭白芍9g，络石藤9g，豨莶草15g，川牛膝9g，金雀根12g，鹿蹄草12g，制玉竹12g，云茯苓9g，紫丹参9g，生甘草3g。

四诊（1995年6月5日）：2年后，患者自觉腰背、颈部疼痛已不明显，脊柱后伸与侧屈活动仍受限。复查血沉42毫米/小时。气候变化时无不适反应，工作后仍有疲劳感。再拟益气活血，祛风化湿。处方：生黄芪20g，南川芎9g，寻骨风9g，吉林参6g，全当归9g，豨莶草15g，生白术9g，杭白芍9g，川牛膝9g，淮山药9g，大生地12g，海风藤9g，云茯苓9g，威灵仙9g，金雀根12g，广陈皮6g，左秦艽4.5g，川桂枝3g，芡实米9g，制玉竹12g，生米仁12g，鹿蹄草12g，大枣5枚。

五诊(12月15日)：血沉已下降至27毫米/小时。腰背、颈部无疼痛，活动较前更感轻松，但睡眠较差，苔根部薄腻，脉偏细。治以益气活血，祛风化湿，养心安神。上方去寻骨风、海风藤、威灵仙、山药、桂枝、玉竹、米仁、鹿蹄草、大枣，加仙灵脾、防风各9g，熟地、龙齿、合欢皮、枣仁、黄精、千年健各12g，远志6g，柏子仁4.5g，甘草3g。

服药4个月，症状基本消失而停药。1年后跟踪随访，病情稳定，未见反复。（奚小冰 刘 涛 李飞跃）

李国贤验方选

【名老中医简介】李国贤(1938～)江西丰城人。教授，主任医师，硕士生导师。江西医学院第一附属医院中医科主任，江西医学院中西医结合研究室主任。江西省中西医结合学会常委、副会长，江西省中西医结合活血化瘀专业委员会主任委员。江西省名中医。享受国务院政府特殊津贴。擅长中西医结合诊治心脑血管等疾病。发表论文70余篇，合编《临床血液流变学》等5部著作。

活血通里汤

组方：大黄(后下)3～30g，枳壳12g，川朴12g，莪术10～30g，地鳖虫10～15g，桔梗6～12g，浙贝母12g(或杏仁12g)，水煎服。

功效：攻下通里，活血化瘀。

主治：肺源性心脏病。

加减：邪热较甚加银花30g，黄连4g，黄芩12g，焦山栀12g，芒硝(冲)12g；热灼伤阴加鲜生地30g，麦冬30g，玄参30g，鲜石斛30g，天花粉15g；痰浊壅盛加竹沥半夏12g，陈皮12g，制胆星9g，茯苓12g，姜竹茹12g；水肿明显加茯苓皮30g，川椒目3～6g，葶苈子30g；气虚者加白参30g(或别直参9g)，制附子15g，干姜6g。

李恒明用药特点

【名老中医简介】李恒明(1935～)女，四川遂宁市人。主任医师，教授。四川省遂宁市中医院名誉院长。四川省中西医结合学会常务理事、呼吸专委会副主任委员，市中医学会名誉会长及常务理事，中国药文化研究会医药科技专家委员。第二批全国老中医药专家学术经验继承工作指导老师。四川省名中医。享受国务院政府殊津贴。擅长内科呼吸、消化、泌尿及妇科杂症。多次获得省、市级科技奖项。发表文章40余篇。

胃 病

案1 杨某某，男，63岁，农民。因胃脘部疼痛，反酸，心下嘈杂不适，心口发烧，嗳气，而于1998年求治。现症为口苦，口干，饮食少，尿黄，大便正常，舌红苔黄，舌下瘀紫，脉弦；胃镜检查发现，食管下段粘膜糜烂，胃体、胃窦浅表性糜烂炎变。患者因在外医治一些时间疗效欠佳，甚感焦虑，并一再哭求外科医师切除其胃，后劝其先服药治疗后，观察效果再定是否需要手术治疗。中医诊断：胃脘痛，西医诊断：慢性浅表性糜烂型胃窦炎食管炎。辨证属中焦寒热互结，肝胃不和，治当辛开苦降，开结消痞，疏肝和胃。处方：半夏12g，黄芩12g，黄连3g，吴芋3g，香附子10g，白叩3g，薏仁15g，败酱草15g，谷芽15g，荷叶18g，陈皮10g，厚朴12g。水煎温服，因系慢性病，故嘱可两日服1剂药，每日服3次。服上方4剂，自觉病情明显好转，胃脘灼热感大为减轻，痞胀也大为缓解，食量也稍增加。因食管下段易糜烂，故反复叮嘱患者及家属进食要细嚼慢咽，不能吃太粗糙及辛辣食物，要以有营养价值的半流质为主，既然病情好转，所以原方随症加减化裁个别药物，吞酸减轻去吴茱萸，其余诸药基本不变，服药近1个半月诸症皆愈，现已随访10年，患者一切均好，虽已7旬，仍可干农活。

按 半夏辛苦散结而泄热，黄芩黄连之苦以除痞热，泡参益气健脾，佐吴芋与黄连而为《丹溪心清》之左金丸，左金丸主治肝火犯胃，胃失和降以致脘痞吞酸嘈杂，嗳气，口苦，舌红脉弦数等症，以苦辛开郁散结下气降逆，又随以泻肝火为治疗大法，患者年过6旬，又久治不愈，已有明显的肝郁气滞，肝火犯胃，肝胃不和之病机，故加用吴茱萸、香附、枳壳等疏肝理气之品，以使肝气条达，不克脾上，脾胃升降和达，白叩芳香化浊，和胃醒脾，以促动脾胃的运化；加薏仁、败酱草以清除胃肠热毒，“火曰炎上”，胃炎者，胃热之象也，更加谷芽荷叶以和胃肠消化之力，加陈皮厚朴取《金匮要略》半夏厚朴汤之意以升气降逆化浊宽中散郁，方用泡参益气健脾和中，全方共达疏肝和胃降逆健脾泻热之功。

案2 张某某，男，56岁，农民。反复胃脘痛已数年，时好时差，于2003年3月16日做胃镜检查，发现胃窦部大弯侧现粘膜呈散在斑点状疣状隆起，其上粘膜糜烂，表面可见结痂，周围粘膜充血水肿，结论为隆起糜烂型胃炎。患者求诊时诉，胃脘胀满，打嗝，胃中灼热不适偶尔冒酸，吐清水，口苦，大便秘结2—3日一解，尿黄，口干饮少，舌下紫，苔黄稍厚，脉弦，上腹正中压痛。中医诊断：胃脘痛；西医诊断：隆起糜烂型胃窦炎。中医辨证：肝胃不和，寒热互结中焦。脾胃升降失司故胃脘胀满；胃气不降则呃逆打嗝，肝热上犯则口苦泛酸，热盛而便秘尿黄，寒湿上泛则吐清水。治则：辛开苦降，疏肝和胃，清热解毒散结以治其隆起之疣变。处方：半夏12g，泡参12g，陈皮10g，黄连3g，香附10g，枳实(冲)10g，白叩(冲服下)3g，薏仁15g，败酱草15g，炮姜炭3g，谷芽15g，荷叶18g，吴芋3g，黄芩12g。

按 本案与前述之病例有类似病症，皆以胃脘胀满呃逆，胃中灼热为主症。遂以半夏辛开散结，降逆和胃；炮姜辛热，辛开宣散，热可去寒，用炮姜炭可止其胃粘膜出血，黄芩、黄连苦寒，苦可降逆，寒可泄热，以上五味辛开苦降结合寒热之品并用，可治寒热互结之胃脘胀满，佐以泡参益气健脾，更加香附、枳实、白叩疏肝理气，芳香醒脾和胃化浊，更加薏仁、败酱草清除胃火热之毒，谷芽、荷叶和胃升胃阳，助消化。诸药相配共奏和胃降逆，开结消痞之功，使中焦升降之职复常，热毒(炎)得除，痞满得消而诸症痊愈。

患者因系农民，农忙时不得求治，农闲时经济稍宽，遂来诊治，反复治疗以上方加减化裁，诸病症均已大大好转，2005年3月24日查胃镜仅见胃窦部有花斑样改变，其余胃病粘膜突变以及胃窦部之疣状隆起均完全消散而正常，偶感胃脘部胀满不适，仍常年参加农活劳动，时以上方或香砂六君子汤加减以善其后。

李鸿娟临床经验

【名老中医简介】李鸿娟 女。主任医师。1967年毕业于山东中医学院医疗系本科。乐陵市中医院名誉院长。第三批全国老中医药专家学术经验继承工作指导老师。擅长中风科、肝胆病、肾病、脾胃病及风湿病的诊治。

慢性支气管炎

1 见痰先辨痰，治痰顾标本

慢性支气管炎以反复发作性咳喘憋气为特征。咳痰为本病的重要症候，也是病情加重或减轻的一个重要标志，对痰的辨证和治疗在本病治疗中占有重要地位。痰是人体阴阳失调、水液代谢失常而形成的病理产物，又是“从外知内”、“见标识本”，据以辨证的主要客观依据。从辨痰本身来讲，清痰含有泡沫为寒痰，稠浊或黄稠为热痰，多而易出为湿痰，少而不易咯出为燥痰。同时还要结合舌象、脉象和其他临床资料综合辨证，更重要的是要辨明产生痰的原因。痰的产生主要与肺、脾、肾三脏功能失调有关，而本病的产生与发展，由肺而脾至肾，逐次加重，故根据临床具体情况，恢复肺、脾、肾三脏功能为治本之举。寒痰因于阳虚，当温化，即“病痰饮者，当以温药和之”。肺脾阳虚者宜苓甘五味姜辛夏仁汤，肺肾阳虚者宜真武汤加减，脾肾阳虚者宜四逆汤加减；热痰多见于急性发作期，常选用自拟的清肺化痰汤加减(炒杏仁、浙贝母、瓜蒌、陈皮、半夏、茯苓、黄芩、鱼腥草、芦根等)；湿痰当健脾燥湿化痰，宜二陈汤加减；燥痰当润之，以清燥救肺汤加减。

2 无痰并非真无痰，四诊灵活参机变

许多慢性支气管炎急性发作时，憋喘很重，但不咳痰，多为严重呼吸道阻塞，痰不能咳出，或正虚无力排痰等，并非真正无痰，此时应综合四诊资料，灵活辨证遣药。例如伴发热、口干口渴、舌红苔黄厚腻、脉滑数，即可辨证为痰热蕴肺。予以清肺化痰汤，待喘憋稍减后，自然痰能排出；有些病人胸闷憋气，咳嗽无力，但咳声重浊，伴乏力、精神萎靡等表现。此为气虚无力排痰，治宜培土生金化痰，六君子汤加减；有些病人咳喘发作，伴水肿，由于过量应用了利尿剂，出现咳喘加重，痰难咳出。此类病人多伴口干舌燥、舌苔焦燥、脉细数，治疗宜养阴化痰，以麦门冬汤加减，并配合补液，调整水、电解质平衡。

3 病情虽复杂，执简可驭繁

慢性支气管炎病情虽复杂，证型变化颇多，但李鸿娟认为临床上最常见的只有3个证型，其他证型在此3型的基础上。本着辨证施治的基本原则，灵活加减运用，就可举一反三，执简驭繁。

3.1 痰热蕴肺型

急性发作期早期，未经失治误治，未见明显虚损表现者多见此种证型。具体表现为咳嗽气喘，痰多、色黄、质粘稠，可伴有发热、恶寒、胸痛，无明显乏力、水肿等表现，舌质红，苔黄厚腻或薄黄腻，脉滑或滑数。治宜清肺化痰，自拟清肺化痰汤加减：炒杏仁9g，浙贝母15g，瓜蒌30g，陈皮15g，半夏12g，茯苓9g，黄芩9～12g，鱼腥草18～30g，芦根24g。其中炒杏仁、浙贝母、瓜蒌、陈皮、半夏、茯苓相伍专事化痰，黄芩、鱼腥草、芦根清解肺热。伴发热恶寒者加柴胡30g合黄芩解表清里。痰热内陷、上腹胀满影响食欲者，去黄芩，加黄连10g，半夏、瓜蒌成小陷胸汤辛开苦降、泻热除痞。本方仅用清肺、化痰法，无扰肺之升降而肺气自平，配伍虽简，疗效可靠、快捷，较之抗生素等治疗毫不逊色，尤其适用于西药治疗无效者。

案1 巩某，男，56岁，2004年12月6日初诊。慢性支气管炎病史5年，每于受寒感冒后发作咳嗽、咳痰、胸闷气喘，缓解期无明显症状。于6d前遇感复发，咳嗽，咳大量黄色粘痰，胸闷气喘。经西医输液治疗疗效欠佳，舌质红，舌苔黄厚腻，脉滑数。证属痰热蕴肺，肺失宣降，以清肺化痰汤加减，水煎服，日1剂，5剂而愈。

3.2 脾肾两虚、痰浊阻肺型

肾气亏虚，水泛为痰；脾虚不运，湿聚生痰。痰蕴于肺而为咳喘。本型多见于久病体虚，遇感而发，或急性发作迁延日久不能缓解，正虚邪实者。证见咳嗽气喘，稍动辄剧，痰多质粘稠，色白或黄，无力咳出，咳出后咳喘可暂减，伴口干舌燥、纳呆、腹胀、头晕、腰酸、困倦，舌质红少苔或苔厚而干燥，脉细数、双尺脉滑大。治宜固肾纳气，健脾化痰，金水六君煎加减：熟地30～60g，麦冬18g，当归、黄芩各12g，陈皮10g，半夏、茯苓、白术、杏仁各9g，肉桂10g，炙甘草6g。金水六君煎出自《景岳全书》，功效标本兼顾、上下并治、润燥同用，今略事加减，颇为应手。方中大剂熟地合麦冬，金水相生，大滋已亏之肾，以固下虚之本元。麦冬、黄芩清肺以除上盛之热。二陈汤合白术健脾化痰，执中而治上盛之痰。肉桂一方面能纳气平喘，合炒杏仁使气能清肃下行，另一方面可益元阳，合熟地阴阳双补，平复肾元，以治水泛。当归养血润燥，活血化瘀。全方药味虽少，但组方周全，配伍精当，验之临床，多有良效。临床应用时一定注意熟地要重用，而化痰之剂常是熟地用量的1/5～1/3，疗效才好，不可本末倒置，更不可因有些病人纳呆、腹胀而惧熟地之滋腻。事实上，应用本方后未见1例出现纳呆或纳呆加重，反而随咳喘减轻，饮食渐增，腹胀等症消除。

案2 张某，女，65岁，慢性支气管炎病史三十余年。此次急性发作后于我院住院治疗，予抗菌消炎、解痉平喘等治疗二十余日后仍咳嗽气喘，稍动即加剧，痰白质粘量较多，无力咳出，伴上腹胀满，纳呆乏力，精神怠倦，舌质红，少苔，脉细数。证属脾肾两虚，痰浊阻肺，治宜补脾肾，化痰浊，金水六君煎加减，5剂而愈。

3.3 脾肾阳虚型

该型多见于本病终末期合并心力衰竭的病人。证见咳嗽气喘，动则加剧，不能平卧，痰白质稀带有泡沫，伴畏寒怯冷，全身水肿，纳呆，腹胀、腹水，小便量少，大便稀薄，舌质淡或淡黯有瘀点瘀斑，苔白，脉沉微，或数极无度，或结、代。治宜回阳蠲饮救逆，大剂四逆汤加减：附子30～60g(先煎)，干姜、半夏、桂枝各12g，甘草6g，细辛3g，泽泻30g，五味子9g等。其中大剂附子回阳救逆，干姜、甘草顾护脾阳，细辛、半夏、桂枝温化寒饮，桂枝、泽泻通阳利水，五味子敛正气且防诸辛燥药伤阴之弊。乌头类药物附子虽与半夏为相反药，但在临床应用中，两药相反相成，对阳虚之痰饮逆上疗效颇佳，未见任何副作用出现。

案3 许某，男，72岁，慢性支气管炎病史四十余年。此次急性发作后于我院住院治疗。证见胸闷憋气，不能平卧，稍动即喘憋、紫绀、大汗出，咳嗽无力，痰白质稀有泡沫，伴全身水肿，腹胀大有腹水，已五、六天不能进食，小便量少，大便稀少次频，有时失禁，舌质淡紫有齿痕，脉沉细欲绝。证属真阳亏虚，水饮上泛外溢，治宜回阳蠲饮救逆，大剂四逆汤加减，十余剂后，症状渐缓解。

4 抓主症，求病源，忌药力分散

李鸿娟常说："打蛇打七寸"，治病用药要有重点，切忌漫无边际。例如慢性支气管炎病人，由于缺氧等因素，多有口唇紫绀，舌质紫暗、有瘀点瘀斑等瘀血见证，有许多医家提出以活血化瘀法为主治疗本病。李鸿娟则认为，瘀血仅是本病之标象，多由于气机不畅、水液代谢凝滞，或阳虚、气虚，推动无力，或阴虚而血脉失于濡润所致，应探求根源，治病求本。当然也可兼顾活血，但不能一见瘀血症状，即大剂活血为主，舍本趋末，不但疗效差，还可能损伤正气，致病难复。

5 咳、喘病机不尽同，单喘不宜小青龙

小青龙汤为经方、名方，也为治疗呼吸系统疾病之常用方。本方以麻黄配桂枝走表而散风寒，合杏仁宣降开通肺气之郁闭，干姜、细辛、半夏温散寒饮，白芍、五味子敛正气并防诸辛散药发散过度。可见，本方证病机应为外有风寒闭阻，内有寒饮阻气，临床特点为咳嗽气急，咳白色稀痰沫，故用药偏于升散、温燥，以外解风寒，内散寒饮，用于外寒内饮型咳嗽有显著疗效。而单纯气喘为气机上逆，肺为“华盖之脏”，位居最高，故肺气以降为主。治喘宜降不宜升，凡升举肺气之品，走表发散之药，皆非所宜，更不适宜应用升散温燥之小青龙汤。但用药不忌升麻、柴胡、黄芪等升举中气药，因其能举中气以养宗气，不至提肺气以助喘。（陈拥军 庞晓钟）

李建新临床经验

【名老中医简介】李建新 教授，主任医师。毕业于天津中医学院。河北省第二批老中医药专家学术经验继承工作指导老师。从事胃肠病的临床、科研及教学工作40多年，擅长治疗各种胃肠病、慢性胃炎、慢性结肠炎、消化道肿瘤、消渴、咳喘、便秘及内科疑难杂病。

临床经验

慢性萎缩性胃炎

1 辨证分5型，专方加减

1.1 气机郁滞型

无论外感六淫邪气，还是内伤七情饮食，影响于胃，皆可导致气机郁滞。证见：胃脘痞闷或胀满，嗳气频作，胸闷不舒，烧心，纳呆，大便不爽。舌红苔黄，脉弦或滑。治宜理气开郁，降逆和胃，用胃炎1号加减：柴胡15g，黄芩9g，枳实12g，青皮15g，广木香6g，香附、白梅花各12g，香橼15g。

1.2 湿热中阻型

湿邪黏滞，滞于胃腑，湿滞难化，日久郁热，湿热壅滞胃腑，阻滞气机，胃气郁滞。证见：胃脘堵闷，嘈杂，口干，恶心或呕吐，头重身重，或有低热，大便不爽或溏。舌黯红苔黄腻，脉弦滑。治宜化湿清热，和胃消痞，用胃炎2号加减：石菖蒲20g，郁金、茵陈各12g，蒲公英15g，枳壳9g，黄连9g，白豆蔻（后下）6g，生薏苡仁15g。低热加金银花12g，柴胡15g；纳呆加佩兰9g，炒谷芽、炒麦芽各15g。

1.3 胃热炽盛型

“气有余便是火”，胃腑气机郁滞，日久化热，邪热郁结于中焦胃腑，胃腑失其通降之性。证见：胃脘灼热痞满，口干喜冷饮，或口臭，或口舌生疮，心烦不寐，大便秘结，舌红苔黄，脉滑或滑数。治宜清热解毒，和胃降逆。用胃炎3号加减：金银花15g，连翘12g，蒲公英15g，白花蛇舌草15g，黄连12g，沙参20g，麦冬12g。牙龈肿痛加栀子6g，生石膏20g；肠上皮化生或异型增生加败酱草30g，莪术9g，薏苡仁20g。

1.4 瘀血阻滞型

胃乃多气多血之乡，气机郁滞，湿浊中阻，日久皆可入络，胃络不通，而成瘀血之证。证见胃脘满闷或疼痛，痛有定处，按之加重，胸满烦躁，夜间加重，舌质紫黯或青紫，或有瘀斑，脉涩。治宜理气活血，化瘀消痞，用胃炎4号加减：生蒲黄（后下）15g，五灵脂12g，当归、川芎各9g，延胡索12g，桃仁20g，枳壳9g，柴胡15g。疼痛较重加徐长卿、仙鹤草各20g；伴肠上皮化生加败酱草30g，广木香6g，姜黄9g。

1.5 阴液亏虚型

胃气郁滞，气郁化热，热伤胃津，或瘀血不去，阴津匮乏，均使胃阴不足，阴津亏损，胃络失养。证见：胃脘满闷，似饥而不欲食。治宜滋养胃阴，和胃消痞。用胃炎5号加减：沙参30g，麦冬、生地黄各12g，五味子9g，天花粉、白芍各20g，炙甘草6g，佛手12g。胃酸缺乏加石斛20g，山茱萸6g，乌梅9g；大便干结加柏子仁30g，瓜蒌20g。

2 灵活辨证不限于5型

治疗虽分5种类型，但有时单独出现，有时夹杂并见，有时还相互转化。治疗时需随机应变。灵活应用。一旦辨证正确，就要守法守方，多服才能见效。若动辄易方，方药乱投，必难收功。

2.1 和胃降逆贯穿始终

CAG整个病程中，病机复杂，有时变证丛生，常出现虚实并见、寒热错杂等复杂病机。但无论病机如何变化，病变脏腑之多寡，其共同之处乃在于最终致胃气失于和降，气机不利，胃失濡养，这是其基本病机，也是关键所在。导致胃失和降的因素不外气、血、湿、热、虚5种，因此，李建新在治疗上始终贯穿和胃降逆。脾宜升则健，胃宜降则和。通降是胃腑生理特点的集中体现，降则生化有源，出入有序，不降则传化无由，壅滞为病。所谓降就是通过理气、化湿、清热、活血、补虚，使气血调，壅塞通，郁滞消，使胃腑能受纳，能和降。

2.2 善用对药屡收奇效

李建新在临床中，采用辨证与辨病相结合的方法，根据患者症状、发病原因、病机变化及胃镜、病理，应用对药配伍，灵活加减，治疗 CAG 效如桴鼓。例如：对 CAG 气滞湿阻、胃气上逆而且阴血不足者，用郁金配菖蒲，可除胃腑气血郁滞及湿浊。黄连配苏叶，二者寒温并用，辛开苦降，顺应胃气下降之性，乃和胃药方，适用于胃热恶心呕吐。若胃脘满闷疼痛且苔黄便干，同时病理活检伴肠上皮化生者，可予蒲公英配木香，对肠上皮化生有一定的消除作用。如见到患者后背沉重、疼痛，乃由肺胃之气阴两虚所致，常用沙参配麦冬，既可补肺之气津，又可疗胃之阴虚。另外，对胃镜下胃黏膜苍白、表面粗糙及肠上皮化生者，用蒲黄配五灵脂，CAG 伴胆汁反流用青皮配木香，寐差多梦用夜交藤配合欢皮等。

3 病案举隅

王某，男，60 岁，2005 年 5 月 8 日诊。间断胃脘胀满 2 年，一直未予检查及系统治疗，遇饮食不节及情绪激动后症状加重，自服舒肝健胃丸、香砂养胃丸等症状时轻时重。3 天前因生气后症状加重，堵闷不适，嗳气，口干口苦，恶心，欲呕，心烦，纳差，寐差，大便黏腻不爽。舌黯红苔黄厚腻，脉弦滑。刻诊：中上腹轻度压痛，肝脾未及。门诊查胃镜：慢性萎缩性胃炎（重度），病理：窦、体小弯重度萎缩，伴轻度肠上皮化生。辨证为湿热中阻，胃失和降，治以化湿清热，和胃消痞，药用：石菖蒲 20g，郁金、茵陈各 12g，蒲公英 15g，广木香 6g，枳实 12g，黄连 9g，白豆蔻（后下）6g，生薏苡仁 15g，佩兰 9g，炒谷芽、炒麦芽各 15g，夜交藤 30g，合欢皮 12g。7 剂。药后胃脘堵闷明显减轻，口干口苦基本消失，食欲增加，大便基本正常，因考虑患者有萎缩及肠上皮化生，加白花蛇舌草 15g，蒲黄（包）20g，五灵脂 12g，14 剂。药用：患者胃脘堵闷消失，纳食可，二便调，舌红苔薄白。脉弦滑，守方治疗。3 个月后复查胃镜为慢性浅表－萎缩性胃炎，病理：窦、体小弯黏膜慢性炎症。（杜艳茹　白海燕　孙振胜）

遣方用药

消化系统疾病

1 胃癌前病变

男，63 岁，2004 年 6 月 8 日初诊，患者慢性萎缩性胃炎病史 8 年，近 2 个月胃脘胀满堵闷加重，胃镜示慢性萎缩性胃炎（重度），病理为不典型增生（中度），予增生平未效。现症状为胃脘胀满堵闷，疼痛不明显，嗳气，烧心，乏力，纳差，寐差，大便偏干，每日一次，小便可，舌质紫暗，边尖有瘀点，苔黄腻，脉细涩。证属郁热气滞湿阻络瘀。以血府逐瘀汤加减：菖蒲 20 g，郁金 12 g，当归 12g，川芎 9 g，桃仁 12 g，红花 12 g，赤芍 12 g，牛膝 12 g，川朴 12 g，枳壳 15 g，广木香 6 g，公英 15 g，白花蛇舌草 15 g，白寇仁 6 g，生苡仁 30 g，茵陈 15 g，夜交藤 9 g。上方调治 1 个月，患者胃脘堵闷明显减轻，纳食增加，夜寐好转，将白花蛇舌草改为藤梨根，减夜交藤继服 3 个月，症状基本消失，上药按比例做蜜丸，继服 6 个月后做胃镜示：慢性浅表萎缩性胃炎，病理：黏膜慢性炎症。

按　胃癌前病变与胃癌的发生有密切关系，因此越来越受到人们的重视，本病因病程日久，初期可见气滞、湿阻、热毒、阴伤等多种表现，但随病程延长，无论是虚是实，均可出现瘀血，即“久病多瘀”，方中当归、川芎、赤芍等均可养血活血；若体质较壮者可用活血化瘀作用强的药物，如蒲黄、五灵脂、三棱、莪术等；同时针对不典型增生予公英、白花蛇舌草、藤梨根等清热解毒，但这一类药物长期服用时剂量不要过大，以免损伤脾胃。

2 胃食管反流

男，32 岁，2004 年 8 月 15 日初诊，患者胸骨后烧灼感 1 年，胃镜示反流性食管炎，服奥美拉唑症状消失，停药后复发。现症状为胸骨后烧灼感，口干口苦，烧心，烦躁易怒，后背沉，纳食尚可，寐差，大便干，2～3 日 1 次，舌暗红苔薄黄，脉弦。证属肝胃郁热，瘀血阻络。治以血府逐瘀汤加减：当归 12g，川芎 9 g，生地 9 g，赤芍 12 g，红花 9 g，牛膝 12 g，柴胡 15 g，黄芩 9 g，清夏 12 g，柏子仁 20 g，枳壳 15 g，川朴 9 g，生石膏 20 g，公英 15 g，栀子 6 g，虎杖 12g，白术 12 g，瓜蒌 30 g，三七粉 2 g（冲）。上方治疗 7 d 后，胸骨后烧灼感口苦基本消失，大便稍偏干，去瓜蒌继服上方 2 个月，诸症消失，嘱患者注意饮食调理，随访 6 个月未复发。

按　胃食管反流病是由于抗反流屏障的缺失，导致胃内容物异常反流进入食管，西医多用抗酸药及胃动力药。方中当归、川芎、赤芍、三七粉等活血化瘀，可修复食管黏膜；柴胡、黄芩、枳壳疏肝理气，使气行则血行；公英、石膏清胃中郁热。李建新在临床中对烦躁易怒、口干口苦、大便干者多加栀子、虎杖、龙胆草等以清热通便，对体质虚弱或药后大便溏者应减量。

3 糖尿病胃轻瘫

女，73 岁，2004 年 10 月 21 日初诊。患者糖尿病史 5 年，一直服用消渴丸、二甲双胍等，血糖在 6～

7mmol/L。近1个月出现胃脘胀满，早饱，腹胀，嗳气，纳差，恶心未呕吐，口干，周身乏力明显，寐差，大便1～2日1次，偏干，舌紫暗苔少，脉细涩。查空腹血糖8.2mmol/L，胃镜示胃轻瘫，^{13}C呼气查胃排空延迟（中度）。证属气阴两虚，络脉瘀滞。治以血府逐瘀汤加减：生黄芪15 g，太子参30 g，麦冬20 g，五味子6 g，红花9 g，当归12 g，川芎9 g，赤芍12 g，生地12 g，桃仁15 g，郁李仁20 g，柴胡12 g，黄芩9 g，枳壳12 g，桔梗12 g，川朴12 g，荔枝核15 g，鬼箭羽15 g，地锦草30 g，三七粉2 g（冲）。上方调治1个月，患者脘腹胀满基本消失，仍有口干乏力，纳食稍增，大便1次/d，舌暗红苔薄白，脉细，上方减柏子仁、桃仁，加石斛15 g，沙参20 g，继服2个月，患者脘腹胀满消失，偶有口干乏力，空腹血糖为5.9 mmol/L。

按　患者糖尿病合并胃轻瘫，其病机多由消渴日久，耗伤脾胃气血，中焦运化不利，水谷杂陈于中，久而络脉瘀滞，而致阳明经脉萎软，胃腑弛废失用，其病性虚中夹实，治以益气养阴活血通络，方中太子参、黄芪、麦冬、五味子益气养阴；三七粉、当归、红花、川芎、丹参活血化瘀；枳壳、荔枝核、川朴疏肝理气增加胃动力；荔枝核、鬼箭羽、地锦草、黄芪同时又可降低血糖。（杜艳茹）

李洁生儿科经验

【名老中医简介】李洁生（1913～）副主任医师。原任职于安徽阜阳市人民医院。安徽省名老中医。

小儿咳嗽

1 欲明因机，须重声舌之辨

咳嗽一证，小儿颇多常见。临床若辨治不当，轻则延误病情，重则变生他疾。由于小儿有其特殊的生理、病理特点，病情反应与成人有别，况乳婴儿不会言语，年龄偏大的小儿也往往不能明言病情，就诊时多啼哭动乱，常致脉证信息不属，其辨治之难，不言而喻。小儿脏腑柔弱，反应灵敏，病证每能形诸于外。在该病的辨证中，李洁生尤重咳声舌象，闻咳声之轻重，窥脏腑之虚实，舌象最能反映病性之寒热，据舌以甄别寒热，则爽而不谬。如风寒咳嗽，咳声清扬而流涕，气急不平，舌淡苔多薄白；风热咳嗽，咳声多频剧而息粗，舌红或舌边尖红苔薄黄；痰热咳嗽，咳声清脆，咳呛连作，舌红苔黄或黄腻；风寒挟痰湿而咳，必声重兼有痰鸣，舌苔多水滑而润；若外寒内热，俗称寒包火，则以咳声重浊，沉闷不畅，舌苔多水黄而腻为特点；肺燥咳嗽，多咳声响亮，干咳无痰，舌干苔白而欠润；痰湿咳嗽，多声重而浊，其音不扬，舌淡苔白腻；久咳不瘥，咳而汗出，声音低微，舌淡嫩，属肺虚不固；若咳而无力，舌苔浊厚或附有不化乳食，为脾虚食积。

总之，大凡咳声重浊响亮，多属肺实邪盛；咳声低沉无力，属肺虚邪少。尚有素体不足之小儿，触感而咳，咳声或重或轻，或浊或扬，舌象变化不一，所见各有不同，临证当详察内外，明辨虚实，治疗上才能主次有序，经渭分明。

2 外感咳嗽，治当祛邪为先

咳嗽病因虽多，但其机理则一，皆为肺脏受累之后才能发生。肺位最高，为五脏之华盖，上连气道喉咙，与大气相通，主气司呼吸，有宣发和肃降的功能，只有宣肃协调，才能保证肺气的出入通畅，呼吸均匀，反之，肺气失宣或肺失肃降，皆能引发咳嗽。小儿形气未充，体禀“稚阴稚阳”，卫外藩篱稀疏，加之寒温不知自调，易为六淫邪气侵袭，致肺气郁闭不宣，肃降之令不行而咳嗽。小儿脏腑娇嫩，如草木之方萌，对药物的反应，远较成人敏感，病情转变迅速，在病理上有易虚易实的特点，故临证选药颇为不易。如《温病条辨·解儿难》谓：“其用药也，稍呆则滞，稍重则伤，稍不对证，则莫知其乡，捉风捕影，转救转剧，转去转远”。

李洁生针对肺为娇脏，易受邪侵和肺失宣肃，痰升气逆之特点，认为治疗小儿外感咳嗽，当以宣肃肺气，透达祛邪为先，立方遣药注重“轻灵”二字，力求因势利导，驱邪安正。小儿生机旺盛，易趋康复，若施方恰当，药中病所，常随拨随应，一药可愈。

如风寒咳嗽，痰白质稀，恶寒发热，鼻塞流涕，脉浮紧。李洁生以疏风散寒，轻宣肺卫之华盖散化裁。药用：炙麻黄、杏仁、炙桑皮、橘红、紫苏子、桔梗、紫菀、款冬花、前胡等；若兼痰湿，见咳嗽痰多，胸闷脘痞，加苍术、半夏。

咳痰不爽，痰黄质粘，咽喉红赤，脉浮数，为风热犯肺，治宜辛凉疏散透表。药用：桑叶、杏仁、桑白皮、炙枇杷叶、百部、薄荷、连翘、牛蒡子、象贝母、芦根等。外寒内热，治宜散寒宣肺，药以辛温为主，辅以苦凉清解。三拗汤加连翘、炒山栀甚为合拍。如内热甚，不妨少佐黄芩、知母之类，寓清于辛散之中，使其温而不热,清而不寒。

凡干咳少痰,痰或稀或粘,口干鼻燥,身有微热,或头身隐痛,此属肺燥而咳。燥有温凉,其治有温润、凉润之异。温燥药有:沙参、栀子皮、鲜梨皮、香豉、杏仁、川贝母、瓜蒌皮等;凉燥药有:杏苏散加减。

若小儿触风而咳,嗽痰稀薄,无寒热之证可查,俗称伤风咳嗽,李洁生习用止嗽散化裁。轻宣透过,舒展气机。此方"温润和平,不寒不热,既无攻击过当之虞,大有启门驱贼之势。是以客邪易散,肺气安宁"(《医学心悟》)。诚为治疗小儿咳嗽之佳剂。临证运用得宜,可用于诸般咳嗽。

总之,治疗小儿外感咳嗽,既不可专事辛散,也不宜滥施苦寒,以免寒凉郁遏,小儿为纯阳之体,阳气受伐,生机顿挫,临床上常见过用寒凉之药,每每邪郁不解,中阳损伤,气机郁滞,反致患儿病趋慢性,缠绵难愈。但寒凉之药并非避而远之,若患儿体壮邪实,火盛咳急,此又非苦寒之品不能折其邪势。故临证时,必须详察病机,明辨虚实寒热,药如葶苈子、生石膏、黄连、生大黄之属,亦当审证择入。

3 久咳补敛,勿忘制痰消食

小儿外感咳嗽,久医不瘥,正气伤损无疑,常致咳嗽屡作,且易反复感邪。李洁生认为,此虽与肺气虚而无主及阴伤失润有关,但与中州虚馁不无关联,脾为肺之母,久咳肺虚,子盗母气,脾必受累。一般施以补脾益肺,养阴固卫之剂,初服尚有小效,继服则嗽痰不减,咳反不止。缘因小儿饮食之冷热不能自调,况生理上有"脾常不足"之特点,易为乳食所伤,常致中焦及肠腑痰食停积,腑气通降受阻,必气逆挟痰食上冲,肺气肃降无力。此时若能变纯补为补消并用之法,寓化痰消食之药于相应补益方中,每收相辅相成之功。

如见久咳无力,痰稀色白,咳甚则呕逆不化乳食,气味酸秽,面色萎黄,懒言气短,脉细弱。此脾肺气虚,痰食停滞。法宜培土生金,化痰消食。治宜六君子汤加白芥子、扁豆、鸡内金;兼自汗畏风,易感冒,加玉屏风散;若脾阳虚者,理中汤合二陈汤加神曲、麦芽。

咳久阴伤,肺津不布,每见痰少而粘,不易咳出,喉痒音嘶,手足心热,颧红艳唇,脉细数。药用:沙参、麦门冬、天门冬、生地、玉竹、川贝母、木蝴蝶、炙杷叶等。兼精神萎靡,神倦易疲,与生脉散合用,方中人参易西洋参。

尚有久咳之小儿,虽外无客邪,内无痰食积滞,但见咳而不已,终日不宁,舌淡苔少,脉沉细无力。李洁生认为,此必肺气大伤,欲肃无能。治宜扶正补虚的同时,当审证择入敛降之品。药用:五味子、罂粟壳、乌梅、生磁石、生牡蛎等。

此外,清淡饮食,限量摄入,保暖避寒,此虽曰小事,但与病瘥颇有裨益。(李龙骧)

小儿泄泻

1 探明因机,注重质色之辨

小儿泄泻一证,病因虽多,但无非触感外邪,内伤乳食及虚损不足几个方面。小儿脏腑娇嫩,气血未盈,一旦患病,易虚易实,易寒易热,传变迅速,常易出现液脱伤阴或阴竭阳脱的危候,其辨治之难,不言而喻。李洁生通过多年临床实践总结,强调诊治小儿泄泻,如果注重质色之变,常能执简驭繁,根据大便质色的变化,则易分辨所患何邪,更能反映病证之虚实,病性之寒热,从而为施治用药提供正确的依据。如见便质清稀,中多泡沫,颜色浅黄,此风寒泻;便质污积粘垢,粪色深黄,此湿热泻;若泻如水注,黄褐秽臭,或泻如热汤,此属火泻;伤食泻必大便如败卵腐秽,夹有白色乳块,或有不消化食物;泻下粪少水多,色淡黄不粘,此为水泻;惊泻以粪便粘滞,色如青苔为特点;如食后作泻,便质稀塘,色淡黄不臭为脾虚泻;食入即泻,澄彻清冷,质色似水,挟有谷物不化,此属肾虚泻。总之,凡大便质稀色浅黄者,属寒证、虚证;质粘色深黄者,属热证、实证。小儿患病后,转变迅速,其间又多兼夹,只有灵活变通,随证施法,才能遣方恰当,药中病机。

2 处方论治,主张渗利芳化

小儿发育迅速,对水谷精微的需求远较成人迫切,由于脾胃功能尚未健全,加之乳食不能自制,饥饱无节,一旦调护失当,极易感受外邪或伤于乳食,损伤脾胃而致泄泻。李洁生认为,外邪致泻以风、寒、暑、热、湿较常见,其中尤以湿邪最为多见。脾恶湿而喜燥,外感湿邪,最易困脾,"脾受湿而不能渗泄,致伤阑门元气,不能分别水谷,并入大肠而成泻"(《沈氏尊生书》)。其它风寒暑热虽也可直接损伤脾胃,但仍多与湿邪相兼为患。如《杂病源流犀浊》云:"湿盛则飧泄,乃独由于湿耳,不知风寒热虚虽皆能为病,苟脾强化湿,四者均不得而干之,何自成泄?是泄虽有风寒热虚之不同,要未有不原于湿也。"李洁生认为,湿性趋下,易困脾土,湿邪致泻,病位在中下二焦,湿在中焦,宜芳化祛湿,湿在下焦,当因势利导,渗利祛湿,根据挟风寒暑热食积之不同,随证化裁。小儿脏气清灵,生机蓬勃,若施方恰当,随拔随应。诚如《景岳全书·小儿则》所说:"但能确得其本而撮之。则一药可愈，非若男妇损伤积瘤痴顽者之比。”如风寒泻，腹痛肠鸣，纳食减少，便臭不甚，或兼恶寒发热，鼻塞流涕，舌质淡、苔薄白，脉浮缓或紧。李洁生治以利湿芳化，疏风散寒之藿香正气散加减。药用：藿香、紫苏叶、陈皮、半夏、白术、大腹皮、茯苓、泽泻、甘草。若泻下急迫，腹痛，肛门灼热发红，哭闹不休，小便黄少，舌红、苔黄腻，脉滑数者，属湿热泻。治宜渗利清热。以四苓散加黄芩、黄连。火泻者多痛一阵，泻一阵，肛门红赤灼痛，后重不爽，宜黄芩汤加黄连、栀子、通草、车前子以清泻火热，利湿止泻。伤食泻则腹痛欲泻，泻后痛减，粪味酸臭，不思乳食，舌苔垢浊或厚腻，脉滑。治宜消食化积，渗湿和中。药用：神曲、麦芽、莱服子、陈皮、白术、半夏、薏苡仁。腹胀者加厚朴、槟榔，积滞甚者伍以枳实、生大黄。夏季小儿解衣贪凉，嗜食生冷，常致中州失和，水谷交杂，多成水泻，证见泻下黄水，次多无度，尿少。腹胀。舌质淡、苔白水滑，脉濡缓。治当渗利化湿，理气畅中。李洁生喜用胃苓汤加滑石、车前子，常收1剂知，再剂已之效。若泻下如水，呕吐腹痛，烦渴尿赤，自汗，面垢，舌红、苔黄腻，脉濡数，此夏秋湿热交蒸，暑湿侵入。宜清暑化湿，和中止泻。方选蚕矢汤加荷叶。荷叶苦涩性平，非但清暑利湿，且搜升发阳气，裨助脾胃惊泻。诚如《张氏医通》所云：“肝主惊，木盛必传克于脾，脾土既衰，则乳食不化，水道不调，故泄泻色青。”常伴夜眠不稳，易哭闹，遇响声则惊惕不安，舌平，脉弦，治宜抑肝定惊，扶脾化湿。李洁生常用五味异功散加扁豆、白芍、蝉蜕、朱砂。如兼见啼哭不已，吐舌惊叫，摇头肢抽者，此肝木气旺，风动于内。治又当择入熄风宁木之品。药如水牛角、钩藤、全蝎等。综上可知，渗利芳化诚为祛湿治泻要法，但由于小儿乃稚阴稚阳之体，久用重施则多有伤阴之弊，且本病在发展过程中又易于伤阴损阳，故在施治时若见皮肤干燥，目眶凹陷，舌苔少而无津者，乌梅、芦根、石斛、生地等养阴之品酌情伍入；如见面白神靡，肢凉身冷，脉沉细微，温振阳气之人参、附子、干姜、五味子也当审证选入。

3 久泻补涩，勿忘升阳消食

小儿泄泻迁延日久，脾土日衰，久而及肾，阳气虚损，则阴寒独盛，久泻不禁。如见时泻时止，特点是食后即泻，谷乳不化，纳呆腹胀，面黄肌瘦，精神倦怠，舌淡胖边有齿印、苔薄白，脉细弱。此脾土虚馁，治宜补中健脾。方用参苓白术散加减。若稍受凉即泄泻加重，手足欠温者，属中阳不振，加干姜温脾止泻，或择理中汤。久泻无度，形寒肢冷，面白神萎，似睡非睡，口开睛露，舌质淡、苔薄白，脉沉细者，属肾阳衰微，肠滑不固。治当温肾壮阳，收涩止泻。李洁生常用仙茅、仙灵脾、益智仁、补骨脂等温阳柔补之药。他认为肾阳衰者，若投以附子、肉桂，无可非议，然小儿乃阴阳娇弱之体，泻久阳衰，阴亦不足，重施辛烈之味，阳衰虽可得补，但阴津势必更伤，不如仙茅、仙灵脾、益智仁、补骨脂等温柔之药稳妥合拍。如《临证指南医案》云：“肾虚瘦泄，乃下焦不摄，纯阳恐伤阴液”收涩之药，则喜用五味子、诃子、石榴皮、罂粟壳等。李洁生告诫：使用收涩法，首当审明证之虚实，必泄泻久羁，确无邪留积滞者。若见便多不爽，腹胀后重，便味臭秽者，即使是久泻，也必兼有肠中湿热蕴留，积滞未清，此断然不能使用收涩药物，否则湿热积滞交阻，中州壅滞，祸不旋踵。李洁生使用收涩药时，常佐入少量木香、枳壳、陈皮等理气药，以防收涩留寇。久泻之小儿，治以补气健脾，温阳收涩，临证效者固多，然也不乏无效者。缘因久泻脾馁，清气下陷耳。李洁生常配以升阳举陷之品。药如葛根、荷叶、柴胡、升麻等。选用上药时，李洁生颇为考究。如见苔少、唇艳、喜饮者，选葛根升清生津；暑月用荷叶清暑升阳；柴胡则鼓动清阳上行，如近代医家张山雷说：“在脾虚证用之，乃借其振动清阳，提其下陷，以助脾土转输。”脾胃素弱者添加升麻，以其善助脾胃，引阳举陷。此外，李洁生据小儿脾常不足，易为乳食损伤这一病机特点，常加入神曲、麦芽、山楂等消食药物，对有不思乳食，食则饱胀，嗳腐吞酸，便味臭秽者，更是必用之品，先用时应有所侧重，食积轻者单用，重者联用，其它如清淡软食，合理喂养，保暖御寒，均有益于资助脾胃。（李龙骧）

李介鸣验方选

【名老中医简介】李介鸣（1916～1992）　湖南省新宁人。教授，主任医师。原中国医学科学院阜外心血管病医院中医科主任。北京中医药大学名誉教授，中华全国中医学会第一届理事会理事，中医内科学会顾问委员会委员，中西医结合研究会名誉理事，中国人民政治协商会议北京市委员会第六、七届常委会委员，中国农工民主党北京市委员会顾问。首批全国老中医药专家学术经验继承工作指导老师。

温阳益气复脉汤

方药：人参15g，黄芪20g，北细辛6～15g，制附片10g，炙麻黄6g，麦冬12g，丹参18g，五味子12g，桂枝10g，甘草10g。

主治：心肾阳虚，心阳不运所致脉象迟滞结代、心悸怔忡、胸憋气短等症。包括现代医学的病窦综合征以缓慢为主者，及窦性心动过缓（单纯性）。

用法：每日1剂，水煎2次，早晚各服1次。

加减：①有房颤者加珍珠母、百合、琥珀末安神敛气，去附子、麻黄、桂枝、减细辛用量；②心痛者加元胡、生蒲黄、檀香活血行气；③胸憋者加瓜蒌、薤白宣痹通阳，或用菖蒲、郁金解郁理气；④头晕者加菖蒲、磁石开窍通阳；⑤气喘者加重人参用量，补元固脱。

病案：粟某，男，57岁，住院患者。病史：患者9年前出现胸憋，心悸，届时心率变慢，且眩晕欲仆，日益加重，于1982年9月14日入院。入院检查，心电图—窦性心动过缓及不齐，Ⅰ房室传导阻滞，心室率40次/分。阿托品试验：阳性；西医诊断：病窦综合征。1982年9月20日初诊，胸憋时痛，气短怔忡，头晕阵作，面色苍白，精神倦怠，舌质胖淡暗，苔薄白，脉沉迟间结。经用温阳益气复脉汤治疗1个月后，平时心率均在55次/分。阿托品试验阳性，自觉无明显不适，故带方出院。

（注：本方细辛用量较大，最大量可达30g，据观察，一般服药一个半小时即可见心率增加，4小时后逐渐下降，服用大剂量细辛只要用法得当，除少数人有一过性面红潮热外，未见有不良反应。）

李金生临床经验

【名老中医简介】李金生　主任中医师。江西省吉水县中医院院长。第四批全国老中医药专家学术经验继承工作指导老师。

脂肪肝

1 辨证论治

1.1 痰阻气滞脂停

本证患者形体肥胖，常有痰湿内盛之证。治当以豁痰行滞清脂。李金生常用薤白、胆星、瓜蒌、陈皮等。其中薤白辛温通阳，善散壅滞；胆星清利化痰，“假胆以清胆气，星以豁结气”（《药品化义》）；瓜蒌化痰散结，“又洗胸膈中之垢腻”（《本草衍义补遗》）。

1.2 肝郁气滞脂聚

此类患者，常与情志异常变化有关，多数患者有不同程度的胸闷、胁胀、口苦、脉弦等。由于肝气郁结，胆气郁遏，疏泄失职，气机不畅，则清净无权，脂浊难化，日久则生脂肪肝，故李金生治疗时常以疏肝利胆行滞净脂。正如《血证论》云：“木之性主于疏泄，而水谷乃化。”肝主疏泄，胆为中精之府，分泌精汁，能净脂化浊。药用柴胡、枳实、香附、白芍、决明子等。考柴胡“能振举清阳，则大气斡旋，而积滞自化”（《本草正义》），为疏肝利胆之要药，加决明子以清泄肝胆郁热，配香附、枳实、白芍则疏肝解郁之功更佳。

1.3 血瘀气滞脂停

本证常兼有眩晕、肢体麻木、舌暗、有瘀点等特点。由于血行不畅，瘀血阻络，气机不利，脂浊停积肝脉内，日久不化，而成脂肪肝。李金生治疗时，常以活血化瘀行滞除脂之法。方选血府逐瘀汤加丹参等，用桃仁、红花、赤芍、川芎、当归、丹参以活血化瘀，正如《本草汇言》说丹参“善治血化，去滞生新，调经顺脉之药也”。以柴胡、枳实、白芍、香附以疏肝理气行滞，共奏活血行气降脂之功。

2 既病防变

本病常因患者嗜酒过度，过食辛辣肥甘；或七情内伤，调养失常，而致痰阻、肝郁、血瘀而发病。故李金生主张针对以上诱因采取综合预防措施，指导其改变不良的生活方式、饮食习惯，注意调养身心，参加适当的运动，从而减轻病症，这正是中医“治未病”的预防思想体现。

3 病案举隅

王某，男，40岁，教师，2006年5月10日就诊。形体肥胖，近1月来肝区胀痛不适，口苦，夜寐欠安，脉弦，舌红有瘀斑、苔薄白。肝功能：A 42.4g/L，G 32g/L，Tbil 40μmmol/L，ALT 73 U/L，AST 45 U/L；血脂：TC 4.09 mmol/L，TG 2.72 mmol/L，HD10.92mmol/L，LDL 2.39 mmol/L。B超显示：①肝实质回声增强、增粗，中度脂肪肝；②脾稍大。在排除病毒、药物等因素的影响后诊断为：①肝功能异常；②脂肪肝。证属肝郁气滞、痰瘀阻络，治拟涤痰化瘀，疏肝行滞法。药用柴胡10 g，枳实10 g，茵陈20 g，栝蒌15 g，黄芩10g，泽泻20 g，丹参20 g，陈皮10 g，决明子 20 g，桃仁 10 g。并嘱以清淡饮食，生活有度，服 7 剂后，右胁胀痛大减，守方续服 1 月后复查：肝功能、血脂均正常。B 超检查：轻度脂肪肝。再以上方加减和蜜为丸以善后。

按 李金生在治疗脂肪肝时，常在辨证基础上，配以泽泻、决明子、茵陈，除本身具有降脂作用外，更重要原因在于三者为脂质提供出路，促使其从二便排出体外。考泽泻最善渗泄水道，专能通利小便，正如《本草正义》言“唯其滑利，故可消痰”。现代药理亦证实泽泻有阻止脂质在血清内停留或渗透到动脉内壁的能力，以干扰胆固醇的吸收分解，同时又促使其从小便排泄出体外；而决明子，能润肠通便，故可促使其从大便排出体外，正如《神农本草经》说决明子“久服……轻身”。现代药理研究也证明它可促使脂类物质的代谢和抑制体内脂类物质的吸收，减少脂类物质在肝内的沉积。茵陈既有保肝利胆作用，同时还可利尿降脂。正如《本经》记载：“久服轻身，益气而耐老。”（郭义然 杨小莲）

李克光学术经验

【名老中医简介】李克光（1922～）四川成都人。教授，硕士生导师。四川省中医药研究院名誉院长。四川省中医学会名誉会长，四川省中医药高级职称评审委员会副主任委员，中国农工民主党四川省主任委员，第八届全国人民代表大会代表，四川省政协第七届副主席。临诊善治脾胃病、血症、老年病及疑难怪症。负责完成卫生部古籍整理重点科研项目《黄帝内经太素校注》。2005 年被中华中医药学会授予“国医大师”称号。著有《李斯炽医案》第一、二辑，参编教材《中医学基础》《金匮要略选读》《金匮要略讲义》《金匮要略教学参考资料》《金匮要略译释》《实用中医内科学》。

学术经验

1 遵古而不拘泥，赋经典以新意

李克光所学，既承家学渊源，又植根于中医药经典之沃土。他认为，《内经》乃医书之祖，其学博大精深，故须精研细读，并参考后世各代注家，乃能融汇贯通。是以，他对《内经》的研究着力深厚，其中许多疑窦，经他研判诠释，令人茅塞顿开。如他说：“《经》云‘治痿独取阳明’，乃谓阳明胃腑为水谷之海，五脏六腑皆禀气于胃，胃气盛而宗筋润，胃气衰则宗筋纵，故阳明无病则不能成痿。言‘独取’者，乃重规之意，非谓舍此别无他法。证之临床，还有‘肺热叶焦发为痿躄’者，治当以清肺养阴为主；有‘湿热不攘，大筋软短，小筋弛长’而痿软者，又当以清热除湿为主；如属下焦虚损所致之‘筋痿’、‘骨痿’，又当以补益肝肾为主。无论何种痿证，须同时结合健脾养胃，佐以养血通络法，庶几可收全功。”他常教导我们说：读古人书须前后参看，不可囿于一说而使有所壅闭。

后汉张机，上承《内经》，撰成《伤寒杂病论》，后世析为《伤寒论》与《金匮要略》二书，确立了六经辨证与脏腑经络辨证的体系，被后世奉为规臬，习医者不可不读。李克光熟读医经，深谙仲景之学，尤其对《金匮》一书进行了全面系统地研究，其造诣甚深。他指出：《金匮》一书，内烁着朴素的辨证法思想，其治未病、五行生克制化等，反映了普遍联系的统一整体观；其扶正祛邪、顺应病机、因势利导、平调阴阳等法，反应了其灵活运用对立统一规律；其急则治标、缓则治本的方法，反映了抓主要矛盾的观点，其同病异治、异病同治的思想，反映了其透过现象看本质的观点；其辨证求本、随证选药、紧扣病机、灵活加减等，反映了具体问题具体分析的观点。正因为《金匮》一书蕴含着这样极其丰富的宝藏，故对其发掘与研究历久不衰，至今仍有效地指导着临床实践。

李克光深入研究中医经典，在辨章学术的同时还注重考镜其源流，十分重视它们相互之间的演变关系。《汉书艺文志》有《黄帝内经》十八卷，西晋皇甫谧纂而为《甲乙》；齐梁间有全元起之《训解》不传；隋杨上善纂注《太素》，至宋已亡。后世所传者，乃唐王冰次注、宋林亿等校正之《素问》九卷，合《灵枢》九卷，即《黄帝内经》十八卷。《灵枢》晚出，乃南宋史崧所献之家藏旧本。故今之《素问》、《灵枢》，虽经历代编次整理，已难复其旧，其中错脱衍倒，在所不免。清杨守敬至日本访书，得仁和寺本《太素》抄录以归，使这一古籍医籍佚而复得，实医林中一大幸事。因此，李克光十分重视对《太素》的研究，他说：“杨注《太素》是现存《内经》传本中最古的一种，更接近于《内经》原貌。而杨上善又是隋唐以降《太素》的唯一注家，由于杨上善学识渊博，医理精深，故凡读《太素》者必读杨注，《太素》与杨注早已浑然一体，同样具有相当高的学术价值。因此，当《内经》的四大传本之间发现经文互异，需要勘比互订，察疑存真之际,《太素》与杨注具有去古未远的特色,常能在互校中发挥他书所不可替代的重要作用。李克光所主持的全国11种重点古医籍整理项目之一—“《太素》整理研究”,历时十载,稿凡数易,终于完成了《太素校注》,有关专家给予了高度评价,称其为“千百年传世以来,医文并重,古今兼骸,雅俗共赏的最佳版本,对中医教学、科研、临床具有重要学术价值和广泛应用价值。(1995年国家中医药管理局主持召开的《太素》整理研究评审会综合评审意见)。

2 博采且能兼收,善用各家之长

李克光不仅治学严谨,虚怀若谷,而且博采众家,善用其长。他说:“古人云‘外感遵仲景,内伤法东垣,热病宗河间,杂病自用丹溪’,这只是泛泛而论。要达到兼收并蓄,应用裕如的境地,就必须在牢固掌握中医理论的基础上反复实践,不断总结,还须博览群书,弄清各家对痰病发生发展的不同认识,才能择善而从,制订最佳的治疗方案。如厥之一证,《素问》著有专篇,大抵言寒热二厥与六经之厥状,其病机不外阴阳之气虚于下。而李克光则认为:后世医家对厥证病机的分析,已在《内经》的基础上有了很大发展,临证时就不宜仅局限于“阳虚则为寒厥,阴虚则为热厥”之说。就热厥而言,尚有属于邪气盛实的阳明热厥,也有属于热邪深入下焦的厥阴温病。若证见腹满身重,谵语自汗,手足厥冷之阳明热厥,当用白虎汤以解内外之邪;若属热极动风之厥阴温病,又当以羚羊钩藤等凉肝熄风。

李克光博采众长还体现在临床治疗时活法圆通,善用其意,而不是以药对证,以方对病。尝治一青年疟病患者,疟发则渴而思饮,但欲饮热而不欲寒,疟止则体倦乏力。询之,知其素嗜生冷,且久居温地。但见面色淡黄,苔白舌润,脉弦细。乃判为寒湿素盛,阳气被郁之证,不可遽用截药。遂投以柴胡桂姜汤化裁,温中燥湿,以散其寒。方用:柴胡、黄芩、桂枝、干姜、草果、厚朴、法夏、花粉、甘草。二剂而疟发减轻,但出现口唇泡疹,溃烂疼痛,病者甚为惊疑,速来复诊。李克光笑谓曰:此为邪气外达之佳兆,但饮此药无妨。于原方以茯苓易草果,再二剂而痊。后因问及此证用草果之意,李克光谓:疟证之因,已详于《内经》,惜无治法。后世诸家各有论述,可羽翼经文。或责之于痰,或责之于胆,或谓金木相战,其治法方药甚多,择善尤难。清季高鼎汾氏论疟甚详,其谓:“唯草果能治太阴独胜之寒,升邪使出,朴半助之。”以其法治中焦之疟,常可获效。于此。可窥见李克光临证的活法。

3 治病重视脾肾,攻补总得其宜

李克光临证经验丰富,尤擅治疗杂病,在长期的临床实践中,常体现出其重视扶助正气,顾护脾肾的学术思想。他认为:人身正气充盛,邪不可干,自然无病或因六气失常,或因情志过极,或因饮食劳倦等各种因素影响,导致机体正气受损,抗病能力下降,各种病邪就会乘虚而入,尤其是各种内科杂病,以正虚邪实为多见,此时若不顾标本,而失于调治,则会导致正愈虚而邪愈盛,加之各种病理产物积聚体内,以致病情沉重,变证百出。所以治病勿忌扶正,扶正当重脾与肾。脾为后天之本,人生气血,全赖后天水谷滋生,水谷入胃,游溢精气,其清者为营,浊者为卫,营卫调合,三焦各司其职,水谷之精微得以输化,则气血自然充盛。肾为先天之本,藏人身之元阴元阳。肾精足,则上济于心,升降有常;肾气盛,相火以位,出入不废。故又谓:肾为一身之枢机。如真心痛一证,世人多以心血瘀阻立论,其治法以逐瘀为主。李克光基于以上论述而独辟蹊径,总结提出了治疗心痛三要点:一是扶正为主,只有正气充盛,才能抗邪。二是注重整体并顾护脾肾,心痛每伴有肝肾与脾胃症状,故治疗时常兼治它脏,尤其对久患心痛者,治肾更重要。三是组方精当,要注意“补阴顾阳,补阳护阴”;“补中兼通,通而勿耗”。因本病多正虚邪实,应以补为主,通为辅。李克光重视脾肾,扶助正气,并非是不问病情,一味蛮补,而是在审证求因的基础上,需补才补,当泻则泻,在整个治疗过程中随时关注患者正气的强弱,勿使其受损。如治彭某,男,10岁。患儿面色苍白,身倦乏力,不思饮食,西医诊断为再生障碍性贫血,前医以益气补血之剂治之,非但症状毫无改善,反致饮食难进。但见舌苔白腻,质淡,脉弱无力。李克光据脉证分析,认为属脾为湿困,气血两虚之证。但补益气血,则湿邪不解,反致壅遏其中。故须治分两步,先以藿香正气散合三仁汤加减,化浊利湿。方用:广藿香、杏仁、苡仁、冬瓜仁、苍术、厚朴、大腹皮、法夏、茯苓、神曲、甘草,服药三剂后,苔已不腻,饮食能进,但脉仍细弱无力,复以香砂六君子汤合四物汤补益气血。方用:党参、炒白术、茯苓、淮山、当归、白芍、川芎、细生地、广木香、砂仁、甘草。加减续服50余剂,其病渐趋康复。初诊至今已30余年,患者仍身体健壮。

李克光博学多能,所治极广,正所谓海纳百川,有容乃大。举凡心痛心悸、历节、水肿、中风、痰饮、虚劳以及甲亢、红斑狼疮等诸多疑难病证，屡治屡验，有案可稽。其用药平正轻灵，不用猛药重剂，君臣佐使，秩序井然，多则十一、二味，少则几味，且分量不重，时或一付药才21g，却总能于平淡处见神奇而起人沉疴，他尊重现代医学的科学性而不泥于斯、甚于斯，主张中西结合阳痿，尽量使之为我所用。他的学术思想，在继承传承的基础上具有鲜明的时代特征，对中医临床、教学、科研以及中医学术发展无疑具有积极的参考意义。（廖正烈 李继明）

遣方用药

1 善用疏肝理气药

李克光治病，注重一个“疏”字，即疏通气机。用疏之法，重在疏肝。因肝主疏泄，为全身上下之枢机。若肝郁气滞，则变生诸疾，如血瘀、湿聚、痰壅、火郁、食滞等。故在辨证基础上每用疏肝之品。如胃痛用疏肝和胃消积法，水肿用疏肝运脾利水法，火郁用疏肝清热泻火法，黄疸用清热疏肝利湿法，瘰疬用疏肝祛痰活血法，咳嗽用化痰理肺疏肝法，肝脾肿大用疏肝软坚散结法，心悸怔忡用疏肝养心滋阴法，常用药如柴胡、香附、青皮、川楝子等。李克光认为，诸疏肝药中，柴胡疏肝之力最强，又因能通达三焦，有疏通肝经的作用，肝郁者每多用之。但该药有升阳劫阴之弊，古人多用白芍以监制之。如属阴虚兼肝郁者，常以蒺藜、牡丹皮代替柴胡。阴虚甚者，再加白芍、女贞子以使肝血充足、气血并行。李克光还认为，疏肝宜兼顾其气。疏肝药久用、过用，有耗气之弊，且气虚推动无力，易成气滞。对气虚肝郁者，疏肝药中加入补气之品，如人参配柴胡，但一般情况下，补气不宜过壅，故以南沙参、炒白术之类即可。

2 运脾除湿治顽疾

脾胃乃后天之本，历代医家至为关注。李克光常引其父斯炽公的话告诫后学：“用药不顾脾胃，戕贼生化之源，使脾不能运药，则用药何益？”他认为治病须随时顾护其根本，脾喜燥恶湿，又最易为湿所困，故常以平胃散为基础方加入芳香醒脾、疏肝理气之品。或养阴，或益气，或清热，或温阳，或芳化，或淡渗，或开胃，或利水，或抑木扶土，或养心补肾，总将顾护脾胃融入主要治法之中。李克光善治脾胃病，尤长于治疗慢性顽固性腹泻。治泻之法，推崇明代李中梓的淡渗、升提、清涤、疏利、甘缓、酸收、燥脾、温肾、固涩9法，认为此9法全面扼要，颇为实用。如能集众法于一炉，对久治不愈的泄泻可缩短病程，提高疗效。如曾治一男性患者，胃溃疡行胃大部切除术后，长期便溏，次数无常，伴见面色㿠白，瘦弱乏力，李克光辨为脾肾阳虚，综合燥脾、温肾、酸收、淡渗诸法，以四神丸、平胃散为主方，处以补骨脂、吴茱萸、五味子、苍术、厚朴、陈皮、白豆蔻、甘草，间以大腹皮、豆卷、茯苓、菟丝子、藿香、木香、乌药等加减进退，连服10余剂，患者食欲明显增进，便次减少。守法守方再服10剂后，大便成条状，面色转红润而愈。

3 阴虚湿热多斟酌

阴虚夹湿热这一证型，在我国南方较为常见，但历代对之论述甚少，方药阙如。李克光认为凡虚证患者，当以养为要。诸多杂证，虽正气内虚，常兼实邪，若峻补蛮补，必致留邪，使病情缠绵难愈。治此证补要得法，而湿热既为实邪，全在分解。若此证复感外风，施治愈加困难。因补阴则恐滋腻，渗湿又虑损阴，解表只怕耗液，清热犹虑生湿，甚难处理。李克光经多年临证实践，反复筛选，制定了祛风而不峻、渗湿而不燥、清热而不寒、养阴而不腻的方药，如防风、金银花辛散凉泄，透风热于外而无峻汗伤阴之弊；甘平淡渗之茯苓、豆卷、薏苡仁、滑石等渗湿而不伤阴，谓之“渗湿而不燥”；清热常选金银花、连翘、栀子、地骨皮等轻清之品，而无苦寒伤中化燥之弊；补阴药有滋阴、养阴之别，须仔细分辨。麦冬、玉竹、沙参、百合、天花粉、女贞子、旱莲草等系养阴之品，性寒味甘，甚少滋腻恋邪之性，故多用于阴虚夹湿热之证，此即“养阴而不腻”。

4 轻灵平正起沉疴

李克光用药一向轻灵平正。擅用经方，又不囿于经方。每剂药多则10味，少则几味，甚至1味。每味药分量不多，如白豆蔻、吴茱萸、川芎常用3～6g，甘草2～4g，使用夜交藤30g、黄芪25g就算大量了。而且甚少使用峻药猛剂以及贵重稀缺药物。处方平平常常，却常于平淡处见神效而起沉疴。如治一男青年，鼻衄不止，几经辗转施治不效，已服过犀角地黄汤、十灰散等多剂止血药而罔效。转诊李克光时已失血过多，气息奄奄，面色不华，李克光断为气随血脱，当机立断，嘱以高丽参9g煎浓汤频服。一天之内衄血渐止，转危为安。再稍加调理而病愈。李克光认为，此失血重症，必致气随血脱，此时止血、补血、凉血均缓不济急。惟依气为血帅之理，以独参汤单刀直入，效专力宏，方能取得满意疗效。倘药多方杂，互相掣肘，反倒不效。（廖正烈 李继先）

李鸣皋临床经验

【名老中医简介】李鸣皋(1918～)主任医师。曾任南阳地区人民医院副院长,南阳医学会理事长,河南省中医学会常务理事。首批全国老中医药专家学术经验继承工作指导老师。从医50余年,临床经验丰富,擅长内科疑难杂症的诊治,尤擅肝胆脾胃病的调治。发表论文30余篇,著有《李鸣皋医案选》。

临床经验

肾炎

1 肾炎见血尿,治从虚湿热

李鸣皋认为,以镜下血尿或肉眼血尿为主诉的肾炎血尿,其成因虽然纷杂,但总以脾虚失统、湿热伤络为主。脾主运化水谷精微和水湿,若脾阳不振,统摄无权,运化不力,必致精漏湿聚。湿浊既留,沤则生热,热盛伤络迫血,故见肾炎血尿。这种肾炎血尿明显的患者除具有尿血、轻度水肿、微量蛋白尿、尿少等主症外,常伴有脾虚及湿热之候,如肢倦乏力,胸脘满闷,饥不欲食,腹胀便溏,舌红或淡红,苔薄黄,脉濡或濡数。李鸣皋常以健脾通阳,清热利湿,滋阴凉血为法,药用黄芪、白术、云苓、桂枝、鲜茅根、生地、旱莲草、大小蓟、连翘、滑石、生甘草、玉米须等。此方服后俟血止尿清,当立去寒凉之品,免凉遏血瘀,再生变端。

案1 张某,男,25岁,工人。1981年8月10日初诊。3年前患慢性肾炎,经中西药多法治疗,肿势大有好转,唯镜下血尿终未消失。近期又出现肉眼血尿,自服前药无效,遂求李鸣皋诊治。现症:面浮神疲,气短赖言,脘闷腹胀,不思饮食,尿少便溏,腰酸,口燥,舌红,苔薄黄腻,脉濡数。尿检:红细胞(++++),白细胞(+),颗粒管型(+),蛋白(++)。此系肾炎血尿典型症候,乃余邪久恋,滞伤脾运,湿聚化热,耗阴动血所致。治宜健脾通阳,清热利湿,滋阴凉血。处方:黄芪、大小蓟、生地各15g,白术12g,云苓25g,桂枝6g,鲜茅根、旱莲草、连翘、玉米须各30g,滑石20g,生甘草6g。服药6剂,肉眼血尿消失,面肿亦减,身舒欲食,尿红细胞(+++),尿蛋白仍然(++)。又续服上药10剂,小便复常,面肿尽消。尿检:红细胞(+),白细胞(-),管型未见,蛋白(+)。此乃向愈之兆,宜击鼓再进,上方去滑石,旱莲草,减连翘量至15g,加益母草30g,丹参20g,山萸肉10g,制附片6g,如是稍事出入继治两个月,小便常规检查各项指标转常,病告痊愈。随访2载,旧恙未发。

按 肾炎血尿有人认为是脾不统血所致,亦有人认为是湿热下注使然,李鸣皋则认为两说均嫌片面,虚、湿、热才是根本病理所在,故其治应是标本两顾,既健脾利湿,又清热凉血。本案李鸣皋谨守病机,用黄芪、云苓、白术健脾利湿,桂枝通阳化气,连翘清十二经之热、毒,茅根、旱莲草、大小蓟、滑石、甘草清热凉血利尿,玉米须甘平无毒,利尿退肿益肾,乃近年来公认的治肾炎良药。诸药相伍,可使脾健水去,热清阴回,血尿自止。但血尿止后并不意味肾炎根散,故继用益肾健脾化瘀法坚持治疗,终获康复。

2 肾炎高血压,滋阴是正法

肾炎高血压虽为肾炎之标象,但若血压持续增高,则会严重影响肾炎的预后,故当肾炎患者这一典型症侯突出时,应先设法治标,使血压得降,再从本施法。李鸣皋认为,造成这一典候的根本原因是阴虚阳亢。盖肾炎久羁,每因滥用激素或利尿类西药而戕伤脾肾,脾肾两虚,精微外漏,阴精势必无源,又乙癸同根,肾阴亏乏必致肝阳亢炽,上扰巅顶则血沸害清,故肾炎高血压实由阴虚阳亢所致。这一典型症候的临床见症除了血压持续中等度偏高外,还可见面浮身肿,小便不利,头晕耳鸣,身为振振摇甚或倚杖而行,眼涩口干,五心烦热,舌红,脉沉细数。治宜滋阴潜阳,利水消肿。用熟地炭、山萸肉、丹皮、杞果、云苓、旱莲草、女贞子、炒杜仲、牛膝、生龙牡、珍珠母、益母草、玉米须等。李鸣皋体会,方中熟地炭不可径用熟地,杜仲必用炒制,心烦甚丹皮可易为青蒿。

案2 丁某,女,31岁,农民。1982年4月5日初诊。自述8年前罹染急性肾炎,经治缓解。此后病情时轻时重,头晕、浮肿、腰痛反复发作,多次去医院检查,均诊断为慢性肾炎,经中西药治疗(询知中药多系健脾通阳利水之属,西药则为激素、抗菌、利尿之类),虽有轻时,多不巩固。刻诊:头晕头痛持续不解,面浮身肿,小便不利,心悸而烦,腰酸耳鸣,四肢乏力,胸闷纳呆,大便干,舌红苔燥,脉沉细略数。尿检:蛋白(++),红细胞少许。血压20.8/15.2kPa。此虽症状一派,依然以肾炎高血压典型症侯为主要矛盾。究其因,乃屡用利尿、激素类药物,导致肝肾阴虚,虚阳上扰使然。治宜滋阴补肾,重镇潜阳,佐以利水。处方：熟地炭、杞果、牛膝、青蒿各15g，山萸肉10g，旱莲草、女贞子、炒杜仲、生龙牡各20g，珍珠母、云苓、玉米须各30g。服药13剂，头晕头痛大为见轻，血压降至17.1/11.2kPa，尿蛋白(+)，余症明显好转。此标象已去，撤炒杜仲、牛膝、生龙牡、珍珠母，加山药、丹参、党参、制附片常服，以图根本。患者汲取过去治不彻底之苦，遵嘱以上方增损持服3个多月，其间多次测得血压稳定，连续3次小便常规检查未见异常，患者亦自感体健神爽，乃暂停药。后经随访，患者言自停药后迄无不适，多年来如常人，一直参加劳动。

按　本案肾炎有年，迭经治疗，但血压持续不降，恐与医源性的治疗用药不无关系。李鸣皋即从这一思路出发，认为患者系屡用激素及利尿类药物损伤了肝肾之阴而致头晕头痛持续不解，故治疗以滋阴潜阳为主，稍佐利水。方以熟地炭、山萸肉强补肾精，复其真元；杞果、旱莲草、女贞子滋阴补液，益养肝肾；生龙牡、珍珠母重镇潜阳，炒杜仲现代药理研究具有良好的降压作用，牛膝活血祛瘀并引血下行，此5味和合，专事治标；云苓、玉米须运脾益肾，利尿作用极其平和，亦为肾炎必用之物。诸药一体，切中病机，故首战告捷。但当血压得降，标象既去，亟当治本缓图，故舍重潜之介类药物，另加山药、党参健脾益气，丹参活血化瘀，附片壮肾以阳中求阴。如此标本分治，次第井然，因收完功。

3 肾炎蛋白尿，脾肾两相补

肾炎患者大都有程度不同的尿蛋白出现，常随病情的转归而进退变化，经治后的肾炎患者也有其它症状已改善而尿蛋白持续不降的。蛋白是维持人体生命活动的营养物质，宜藏不宜泄，故如何消除肾炎尿蛋白一直是诸医家的攻关课题。李鸣皋认为，导致这一典型症候的原因虽属复杂，但最主要的只有两条，一曰脾肾虚损，一曰病邪侵扰，两者常互为影响，相扰为病。盖脾主运化统摄，后天所需之营养物质必由脾之运化统摄，才能留存体内，以营养五脏六腑，而肾为"封藏之本"，受五脏六腑之精而藏之，肾功能强健，脾摄之精才有所藏。若脾肾虚损，当摄不摄，该藏不藏，人体之精微即可随之外摒，蛋白尿因之而生。至于病邪侵扰，有先病而入者，也有病后所凑者，主要以风、热、湿等六淫邪气和瘀血等病理产物为主。李鸣皋说，再复杂的问题也有主从，肾炎蛋白尿也不例外，从临床表现看，本证是以脾肾虚损的症状为主而兼有其它表现。总结归纳出肾炎蛋白尿的主要见症及其或然症是(这里主要是指慢性肾炎经治后，其它主要症状如水肿、尿血、高血压等好转或不复存在，仅遗尿蛋白持久不降的病理阶段)。面浮胫肿时轻时重，腰膝酸软，神疲气怯，咽干口渴或畏寒肢冷，面晄头昏，纳呆便溏，小便清长或量少，舌淡，脉沉。或见舌黯、舌下瘀斑瘀点；或脘痞口粘，苔黄而腻，或胸胁苦满，郁郁寡欢，或感冒频频，弱不禁风。证既如此，治疗必以恢复脾肾功能为要旨，俟摄藏机转，尿中蛋白自去矣。至于兼症，李鸣皋认为亦不能轻视，可视情加味治之，但绝不能喧宾夺主。基本方：芡实、山药、苡米、白术、苓皮、杜仲炭、菟丝饼、炙杷叶、山楂、赤小豆、金樱子。情怀不舒加柴胡、白芍；血瘀加丹参、益母草；湿热加连翘、苦参；易感冒加黄芪、防风；阴虚明显加生地、麦冬；阳虚明显加制附片、鹿角霜。

案3 周某，男，27岁，工人。1981年10月21日初诊。6年前因浮肿、腰痛入某院诊为肾炎，经中西药联合治疗，浮肿消失，获临床治愈而出院。近年来，时感腰痛肢困，纳食不香，感冒屡屡，尿蛋白持续偏高，几经治疗而罔效，遂求李鸣皋解惑。诊见：胫肿没指，腰膝酸软，面晄神疲，纳呆便溏，畏寒肢冷，不渴，舌淡、舌下有瘀点，脉沉细。尿检：蛋白(+++)，红细胞少许。血压14.7/10.4kPa。诊为慢性肾炎(蛋白尿)，证属脾肾两虚，卫阳失固，久病致瘀，精微外泄。治宜两补脾肾，升阳固表，活血化瘀，固精止漏。处方：菟丝饼、杜仲炭、山药、茯苓皮各15g，白术、防风各12g，芡实、金樱子各20g，苡米、丹参、黄芪、益母草各30g，制附片6g。上方略事增减服药月余，两次尿检未见蛋白出现，它症亦除。后依上方巩固服药40余剂，至今安好。

按　中医有"久病多瘀"、"血不行则病水"之说，本例患者患慢性肾炎历6年之久，反复迁延，不仅脾肾伤损，卫阳失固，而且血水互结，瘀阻精失。故方用芡实、菟丝饼、杜仲炭、金樱子、苡米、山药、白术固肾健脾，复其根本，黄芪、附片、防风益气升阳，驱邪固表，丹参、益母草、茯苓皮祛瘀利水，通解结聚。据现代药理研究，上方大部分药物具有恢复肾功能和消除尿蛋白之功用。由于配伍有章，标本兼顾，药专力宏，加之服药守时，故获佳效。

4 肾炎尿毒症，泻浊温脾肾

慢性肾炎进入尿毒症期，提示肾之功能不全或衰竭。由于体内代谢产物潴留、水、电解质及酸碱平衡失调，常出现严重的恶心呕吐、少尿、嗜睡等险候。李鸣皋认为，此多系正气亏虚，脾肾衰败，阳虚浊逆所致，其中脾肾功能衰败又为正虚之本源。脾胃乃后天之本，统摄精微营周身，运化水湿降阴浊，若中阳衰败，脾运失健，水湿浊邪即潴留难泄，肾主封藏司开合，肾强开合有度则如清·邹澍所说“肾气固当留其精而泻其浊”是以无病。故脾肾荣弱与尿毒症关系极大，且两脏功能互济，相关为用，本难截然分论。从临床表现看，尿毒症以脾肾阳衰见症为著，当然，湿浊久羁，必发郁热，久病入络，可致瘀生，亦不可不知。常见症状有，恶心呕吐，尿少浮肿，胸闷心悸，食欲不振，头昏嗜睡，身疲乏力，腹胀便溏，面色晦滞，舌淡苔腻，脉沉细。此属危证，急当强补脾肾，温阳泻浊。药用：制附片、肉桂、人参、大黄、云苓、竹茹、黄连、半夏、灶心土。热毒炽盛去肉桂加白花蛇舌草、连翘、羚羊角或犀角粉；血瘀加丹参、丹皮；肿甚加益母草、车前子。另外，对尿毒症不甚或慢性尿毒症患者，李鸣皋在视证处方的同时，还嘱其佐服鲤鱼茶叶汤，效果的确不逊。他认为鲤鱼温中下气，利承消肿，茶叶利尿解毒，能促进体内废物排泄，两者为伍，相得益彰，有助于尿毒症尽快恢复。具体用法是：鲤鱼（也可用鲫鱼代，效同）约500g重1条，去鳞和脏，装入上等茶叶10g，封口，将一小棍横放锅中，用线穿鱼脊吊在小棍上不使其触锅；加水熬煮，待熟吃鱼喂汤。

案4 周某，男，58岁，农民。1982年9月14日初诊。患慢性肾炎，延年5载，辗转治疗，病情反复难痊。近期出现头晕，恶心呕吐，服药不效，求李鸣皋诊治。刻诊：全身浮肿，尿少，身有异味，烦躁，头昏，时时泛恶，胸闷不食，身倦肢冷，面色萎黄，舌黯淡边尖红，苔腻，脉沉缓。血压21.3/14.7kPa。尿检：蛋白（+++），红细胞（+），白细胞少许。血检：尿素氮20.7mmol/L，肌酐433.2μmol/L，二氧化碳结合力16.2mmol/L。诊为慢性肾炎、尿毒症，证系脾肾阳衰，阴浊上犯，蒙蔽清窍，急施温补脾肾，回阳泻浊，利水祛瘀法。处方：制附片、竹茹各10g，半夏、大黄各12g，党参25g，云苓、丹参、连翘各20g，益母草30g，肉桂6g，钩藤15g，生姜适量，灶心土如鸡蛋大1块。服药3剂，证情好转，嘱遵方再服。至25剂，头清，不泛恶呕吐，可进食，尿量几近正常，浮肿消退。血压19.7/13.6kPa。血检尿素氮、肌酐、二氧化碳结合力均恢复正常。后用金匮肾气丸合参苓白术散出入并结合鱼茶汤治疗半年，病情一直稳定。

按 尿毒症为慢性肾炎晚期的危症，轻者尚可治，重者多难收功。本案患者于近期出现头晕烦躁，恶心呕吐、少尿等尿毒症症状，检查尿素氮、肌酐、二氧化碳结合力与正常值相去不远，故为可治。由于脾肾阳气虚衰，不能化散湿浊，湿聚成瘀，瘀碍水行，如此恶性循环，终成湿毒弥漫三焦之证。治用附片、肉桂、党参温阳益气，化散湿浊；大黄、云苓、益母草、丹参活血利水，导浊下行；钩藤清肝熄风，降压醒窍；连翘清利三焦，消解郁毒；半夏、生姜、灶心土和胃降逆，温中止呕。由于药依法配，法随机转，机圆法活，故获效理想。至于重型尿毒症，李师告诫，因其肾损严重，呕难进药，必中西医结合治疗，切不可固执偏见。（王星田 赵体浩 查道成）

遣方用药

逍遥合剂

逍遥合剂是李鸣皋为肝胆脾胃诸疾专拟的方剂，由当归、白芍、柴胡、白术、云苓、丹参、百合、广木香、郁金、青皮、甘草等药组成。李鸣皋认为，诸多疾病的发生无不与情志不遂，肝木失达有关，故“见病先治肝，疏和为之先”，俾肝体得柔，肝用得疏，诸疾则不生矣。本方以疏肝健脾为主，兼能养血活络，是治疗肝气郁结所致的胸背胁肋胃腹疼痛，三焦气机不通之有效方剂。李鸣皋沿用该方数十年，灵活化裁通治20余种疾病，获效无数，足见其立法组方思路不谬。

1 结肠炎

陈某，男，56岁，1992年7月12日初诊。两年前患者生气后出现右胁肋疼痛，食欲不振，泛泛欲吐，腹胀便溏，到数家医院检查，均诊为“结肠炎，西药对症治疗，时轻时重，又请数名中医治疗，效果亦微。时见：胁肋疼痛，呼吸气短，面㿠神疲，不欲饮食，腹胀，大便稀溏，日4～5行，脉沉弦细，舌暗苔薄黄。此乃肝木不疏，横逆克土，脾运失健使然。治宜疏肝活络，健脾助运。逍遥合剂加减：当归、白芍、云苓、郁金、丹参、百合、元胡各15g，柴胡10g，白术、青皮各12g，木香、甘草各6 g。每日1剂，水煎服。7月15日二诊：服药3剂后腹胀、胁肋疼痛均减，大便减为日3行。此乃药中病机，上方去丹参，百合加乌梅12g，黑山楂20g，继服6剂。7月21日三诊：大便日1行，余症悉除，精神佳爽。二诊方加吴萸2 g，黄连6 g，再服6剂以资巩固。近日偶遇，知无再发。

按 本案初乃肝郁，日久延及脾胃，终成肝脾不和泄泻之证。其治疗，《内经》有“调其中气，使之和平”。《金匮要略》亦提出“见肝之病，知肝传脾，当先实脾”。李鸣皋遵古而不泥，疏肝解郁，调理脾胃齐施，只9剂竟获痊愈。

2 慢性咽炎

张某，女，38岁，工人，1992年8月4日初诊。3

年前一次与邻居发生口角后出现右胁疼痛，中满，太息，嗳气，咽部不适似有异物，腹胀，某院诊为"咽炎"，屡服西药而效不明显，又延中医治疗，亦不尽意。刻诊：咽紧，如物堵塞，咽食自觉不利，胁肋胀闷不舒，烦躁不安，面色萎黄，精神倦怠，不思饮食，舌红，苔薄黄。患者思想包袱沉重，恐为"噎膈"，再三肯求明诊决治。证属木郁不达，气机阻遏，痰火封咽。治用疏肝解郁，运脾化痰法，并配合思想疏导。处方：柴胡、白术各10g，当归、丹皮、白芍、云苓、香附、大贝、郁金各15g，黑栀子9 g，西茴、甘草各6 g，木香5 g，红花3 g，橘叶3片。每日1剂，水煎服。8月10日二诊：服药6剂后，自觉诸症皆轻，咽紧及堵塞感如除。患者精神大振，如逢甘露，要求重剂除根。效不更方，宗上方去香附加降香10g，再进6剂。8月16日三诊：胁肋闷胀悉除，饮食大增，颜面红润，咽部已无不适感。遵一诊方去香附加半枝莲15g，继服9剂以善其后。随访至今安好。

按 慢性咽炎，祖国医学称之"梅核气"，认为多为痰气交阻使然。李鸣皋心得，肝气郁结，脾运失健是痰气交阻之根。故欲除此根，必从疏肝健脾入手，俾肝气条达，脾运强健，气痰自无交阻之机。（李临端）

医方验方

益气活血法方

方药：太子参15g，麦冬15g，五味子5g，桂枝12g，川芎15g，赤芍15g，红花10g，炙甘草9g，丹参15g，降香10g，郁金15g，当归15g，元胡15g，香附15g。每日1剂，水煎，分2次空腹服，20天为1个疗程。

主治：证见胸闷、心悸、气短、头晕、乏力、过劳后肢软等，舌质淡，苔薄白，脉沉细或结代，有的舌有瘀点，脉沉涩等临床症状的冠心病。

加减：胸痹重者加栝蒌、薤白；气虚甚者太子参加至30g；畏寒肢冷者加附片；肝气郁结者加柴胡、佛手；心神不安、失眠多梦者加柏仁、枣仁、龙骨、牡蛎；浮肿者加猪苓、泽泻；心火旺者加黄连；肝火盛者加石决明、夏枯草；气不舒者加沉香；血瘀重者加土元、炒桃仁；血脂高者加女贞子，生山楂；心肌缺血重者加葛根、甘松。

病案1 杨某，男，60岁，1992年6月25日诊。主诉曾于1984年患心肌梗塞住院治疗，此后一直未能康复。经常胸闷，气短，心悸，稍有劳累即觉左胸疼痛连及肩背，四肢软弱。刻诊：面色㿠白，形体肥胖，稍有喘促，舌淡，苔白有瘀点，脉沉细涩滞。心电图示：心肌供血不足。胆固醇224.4mg%，甘油三酯139mL%，β－脂蛋白348.4mg%，纤维蛋白原419.7mg%，全血粘度1.55，红细胞电泳(s)23.2，血小板电泳25.5%/s，红细胞压积47.3%。西医诊为：陈旧性心肌梗塞，冠状动脉粥样硬化性心脏病。辨属气阴两虚，心阳不振，心血瘀阻。治以益气活血。基本方加葛根30g，甘松9g。6剂。日1剂，水煎，早晚各1服。6月30日二诊：胸痛、胸闷明显减轻，气喘消失，尚纳差、眠少，上方加陈皮15g，枣仁12g，焦三仙各10g，继服6剂。前后服上方45剂后诸症完全消失，心电图恢复正常。随访至今未见复发。

李七一临床经验

【名老中医简介】李七一（1951～）教授，主任医师。南京中医药大学第一附属医院、江苏省中医院副院长。中华中医药学会中医瘀血证专业委员会副主任委员，江苏省中西医结合学会心血管专业委员会主任委员，江苏省中医药学会医学教育专业委员会副主任委员。江苏省名中医。参加10余项国家级、省级、厅局级科研项目，获省、市科技进步奖3项。发表学术论文近30篇，主编、副主编各2部，参编3部。

冠心病

1 心胃同治

胃经与心经相通，《内经》云："胃之大络，名曰虚里。"心经、心包经与胃经、脾经都分布在"鸠尾以下至脐上二寸"，同处于胃脘区域，所以心胃感传相通。冠心病心绞痛，患者常见胸闷胀痛、脘腹痞胀、纳差、乏力，餐后脘胀加重，时或牵及后背，或进食后易诱发心痛等心胃同病症状，此类患者平素恣食肥甘厚味，少劳多逸，以致胃弱不化，痰湿内生，气机不畅，痰瘀互结于中焦，进而阻塞心脉，不通则痛，而发胸痹。治疗必须心胃兼顾，养心和胃，祛瘀化痰，随胃之气得以转复，宗气得以贯注心脉，心脉气血和则胸闷痛、脘痞胀满诸症缓解。

案1 杨某某，女，48岁，干部，2002年7月10日初诊。胸闷痛连及后背间作2年，患者既往有冠心病、高血压病、高血脂症，一直服用扩冠、降压、抑制血小板聚集等西药，血压控制在正常范围，但胸闷、心前区疼痛仍反复发作，而求诊于李七一。证见：胸闷痛连及后背，活动后或饱餐易作，含服速效救心丸可缓解，伴头昏或头麻感，胃脘部痞满不适，时有干呕，纳差，神疲乏力，二便尚调，舌暗红、苔薄黄腻，脉细弦。心电图提示ST段改变。证属气阴两虚，心脉不畅，寒热错杂，胃失和降。治法：养心和胃，祛瘀通络，散结除痞。选药：制黄精30 g，当归10 g，甘松6 g，瓜蒌皮10 g，仙鹤草15 g，丹参15 g，失笑散（包）10g，白檀香9g，青、陈皮各10g，炒枳壳10g，黄连3g，川芎10g。取7剂，每日1剂，水煎服，另加三七粉2g，分2次冲服。二诊，药后胸闷痛及后背感明显改善，胃脘痞胀减轻过半，纳谷稍增，口干，仍偶有头昏感，舌暗红、苔薄黄腻，脉细弦。效不更方，守原方加滋养胃阴之麦冬15g，再服14剂。三诊，胸闷痛基本告愈，胃脘痞胀全失，纳可，仍有头昏或头麻感，守方去白檀香、炒枳壳，加升清芳香之葛根30g、石菖蒲10g。四诊：患者诸症基本好转，嘱其守方7剂以巩固疗效。

2 心脾同治

脾为心子，心为脾母，心主血需脾运化水谷精微以充养。冠心病患者每有心脾两虚证，此类患者多思虑过度，劳伤心脾，气血不足，而见心悸气短，健忘不眠，盗汗虚热，食少体倦，面色萎黄，腹胀便溏，舌淡嫩、苔薄白，脉细弱。此型患者多形体偏胖，嗜食烟酒，且病程日久，缺少运动。脾胃气虚，运化失司，饮食不能化气化血而聚湿生痰；痰阻中焦则胀满；脾虚湿滞则肢体困重；痰浊上犯，停于胸中，阻滞心脉，气血运行不畅而生血瘀，痰瘀互结而发心悸气短、心胸痞闷不舒、心痛等症。本证患者多有血脂、血流变学异常。脾胃之病波及于心，脾虚胃弱化源不足，无以养心，心脾两虚，或脾虚不运，宗气不生，运血不利，脉道淤阻均可发生胸痹。

案2 章某，女，53岁，退休，2001年8月1日初诊。2年来胸闷、胸痛、心慌间作，发时胸闷、胸痛、气短，有窒息感，疼痛牵至左肩背，多次查心电图提示心肌缺血，诊为冠心病。长期服用复方丹参滴丸，发作时服速效救心丸和硝酸甘油可缓解。1周来因劳累致胸闷心慌加重，伴双手晨起发胀而就诊。证见心前区疼痛牵至左肩背，胸闷心慌，心悸气短，健忘少眠，食少体倦，面色萎黄，易自汗，胃脘部按压不适，大便干结3日未解，舌淡多齿痕、苔薄黄腻，脉细弦。证属心脾两虚，血脉不和，营卫失调。治法：健脾养心，调和营卫，活血通脉。处方：炙黄芪30 g，党参15 g，山萸肉12 g，仙鹤草30 g，炙桂枝9 g，炒赤、白芍各12 g，肉苁蓉10 g，路路通30 g，川芎12 g，焦楂、曲各10 g，当归10 g，葛根10 g，防风10 g，防己10 g。每日1剂，水煎服7剂。二诊：药后胸闷胸痛、左肩背疼痛减轻，出汗改善，胃纳稍增，手胀好转，大便转畅，日行一次，夜寐欠安，舌红、苔根部薄黄腻，脉细数。加生龙、牡各15 g（先煎），三七粉2g，加强安神、活血的力度。三诊：胸闷及后背疼痛感续减，纳可，手胀除，夜寐安好，仍觉乏力，大便通畅，原方减路路通，加瓜蒌皮12 g、薤白6 g。半月后复诊症状缓解，守原方7剂巩固疗效。

3 心肝同治

心肝共同调血和脉，调畅情志。若七情过极，情志不遂，肝气郁结，心之气血受阻，心络不和，即可发为胸痹。肝气郁结，日久不解，必损及血，多致瘀血阻络，此谓"肝气通则心气和，肝气滞则心气乏"（明·《薛氏医案》）。本证患者发病与情志密切相关，平素情绪多易怒易抑郁，因此，胸痹常从肝胆论治，其中疏肝与柔肝多联用：肝气郁结者，疏肝解郁以行气血，治之以刚；心肝阴虚者柔肝养心以养阴血，治之以柔，俾刚柔相济，气血调和，则胸痹自除。

案3 李某某，男，55岁，干部，初诊时间2002年3月17日。左胸部隐痛2个月余，平素烦躁易怒，情绪激动时加重，面色红，伴盗汗乏力，腰酸，时有头胀、眩晕、耳鸣，口苦吐酸，胁肋胀痛，心悸气短，寐欠安多梦，舌红、苔淡黄，脉弦滑。既往有高血压病史5年（伴高血脂）。现服用钠催离、盖衡、舒降之，血压维持在140/80 mmHg，心电图示Ⅱ、Ⅲ、AVF导联ST段下移0.075 mV。证属肝气郁滞，日久化热，心血瘀阻，心营失畅。治法：清热疏肝，滋阴活血，宁心安神。处方：丹皮12 g，丹参12 g，黑山栀10g，醋柴胡9 g，炒赤、白芍各12 g，延胡索10 g，旋覆花10 g，茜草12 g，煅龙、牡各30 g，浮小麦30 g，黄连5 g，八月札10 g，制半夏10 g。7剂，水煎服。二诊：胸部不适感减轻，仍时有头胀、眩晕、耳鸣，口苦吐酸，胁肋胀痛，夜寐稍安，余症减轻。原方加黄芩10 g、莲子心10 g、天麻15 g、钩藤15 g、夏枯草12 g，增强原方清肝平肝作用。三诊：药后症状缓解，嘱其调畅情志，继续服药1周，以资巩固。

4 心胆同治

《灵枢·经脉》篇云："胆足少阳之脉……以下胸中，贯隔……循胸，过季胁。"明确指出胆心两经之脉交互联系。《医学入门》亦称"心与胆相通"。此外，胆属木，内寄相火；心属火，内藏君火，二者母子相关："相火炽则君火亦炎，君火衰则相火亦败"，肝胆湿热，可致痰火上攻，扰及心君；心之气血阴阳不足，心火亢盛，亦可致胆道疏降失常，故生理上也相互影响。现代医学认为胆道传入神经纤维与心脏传入神经纤维在第5～8胸椎处重叠，在其调节植物神经功能时易发生错位，故胆囊、胆道疾患时，胆壁受炎症与结石的刺激会引起植物神经反射而致心脏植物神经失衡，心电不稳定及冠状动脉收缩、狭窄、血流量减少、心肌缺血、缺氧而致心前区疼痛、胸闷诸症，即胆心综合征。治疗冠心病时要注意了解患者是否兼有胆道系统疾病，如有则应考虑心胆同治。

案4 姜某某，男，71岁，2001年10月15日初诊。外感后，心前区疼痛阵作1个月，自服速效救心丸和复方丹参片后稍缓，伴头痛头昏，午后明显，胸腹有热感，全身酸痛，口苦口粘，少汗，纳少厌油腻，寐欠安，大便数日一行，小便黄、次数多，舌偏红，苔满布中后部而厚腻、色黄，脉细弦数。触诊右上腹胆囊点轻压痛。结合病史诊为高血压病、冠心病、胆囊炎、胆结石。证属胆胃湿热，气机不利，心脉不通。治法：清利湿热，疏肝利胆，活血通脉。处方：醋柴胡9 g，炒黄芩10 g，竹沥10 g，半夏10 g，竹茹10 g，砂、蔻仁各3 g（后下），晚蚕沙10 g（包），煨草果3 g，炒黄连3 g，芦根15 g，炒赤、白芍各10 g，炒枳壳10g，炒白术10 g，全瓜蒌15 g，薤白10 g，失笑散10 g（包）。7剂，水煎服。二诊：心前区疼痛、胸腹有热感、头痛、全身酸痛等症均有所减轻，仍诉口苦口粘，纳可，二便调，腹软无压痛，原方加麦冬10 g，郁金10g，佛手10g，减竹沥、半夏、竹茹。三诊：诸症缓解，再服7剂巩固疗效。（宋郁珍）

李任先临床经验

【名老中医简介】李任先（1933～）广东梅县人。教授，博士生导师。1962年毕业于广州中医学院。原广州中医药大学校长。中国中医药学会副会长，国家科技进步奖、发明奖评审委员会委员，中国中医药科技进步评审委员会副主任，国家中医药管理局中医药专家咨询委员会委员，全国高等中医教育学会常务理事。广东省名中医。从事医疗、教学、科研工作30余年，擅治慢性胃肠炎、消化性溃疡、胆囊炎、胃下垂等脾胃系疾病。主编或参编《中医诊断治疗常规》《现代中医治疗学》《中医杂病大全》等著作5部，发表论文20多篇。

慢性胃炎

1 探病机，脾胃虚弱为本，邪气干胃为标

慢性胃炎临床表现多种多样，如胃脘部疼痛、胀满、痞满、痞塞、嗳气、嘈杂等等，属中医胃痛、胃痞、嘈杂等范畴。引起胃痛的病因非常复杂，有外感六淫亦有内伤七情及不节饮食等，正如清代名医邵新浦所云：“胃者十二经脉之长，其作痛之因甚多，胃者，汇也，乃冲繁要道，为患最易。”古人据其病因而分有气、血、冷、火、痰、食、虫、悸、（病字旁加圭）九种心痛（今之胃痛），可见胃痛病因的复杂性。但李任先根据中医“正气存内，邪不可干”，“邪之所凑，其气必虚”发病学原理及《金匮要略》中“若五脏元真通畅，人即安和”、“四季脾旺不受邪”等理论，认为慢性胃炎的病机特点是虚实夹杂，脾胃虚弱为本，邪气干胃为标。脾胃虚弱，多数为脾胃气虚，部分可伴阴血不足；邪气包括六淫、肝胆气火、不节饮食、痰饮、瘀血等。正如《杂病源流犀烛－胃痛》指出：“胃痛，邪干胃脘病也，胃禀冲和之气，多气多血，壮者邪不能干，虚则着而为病。”强调在脾胃虚弱基础上邪气干胃才发病出现胃痛等。首先，脾胃虚弱，运化功能失常，气血化生不足，机体正气亏虚，抗病力低下，外邪易乘虚入侵犯胃致脾胃功能失调，气机逆乱，气滞血瘀而出现胃脘部疼痛、胀满、痞满等症状，如《诸病源候论》云：“此二脉（脾经胃经）俱虚，五邪所乘，正气与邪交争，在于经，则胃脘急痛。”其次，脾胃虚弱，则土虚木乘，易致肝胃不和与肝脾不和之证，正如《医学正传》所说：“饮食失节，劳役过度，以致脾土虚乏，肝木得以乘其土位，而为胃脘当心而痛。”再次，脾胃虚弱，运化水谷和水湿功能失常，水湿不从正化，停而为痰为饮，痰饮又进一步影响脾胃功能，致使病情更复杂，迁延不愈，如叶天士所说：“胃痛久而屡发，必有凝痰聚瘀。”由上述可知李任先对慢性胃炎病机的高度概括是要言不繁，切中要害，在临床上颇具指导意义。

2 论诊法，尤重腧穴诊察

慢性胃炎临床表现复杂多样，多数患者有胃脘部局部不适症状，但也有不少患者无明显胃脘部局部不适，而表现为诸如咽喉部不适、头晕、困乏、周身不适等，加大了临床诊断的难度，致使临床漏诊不少。李任先根据中医“有诸内，必形诸外”的诊断学原理，结合针灸学中经络腧穴有关理论，认为中脘穴

局部压痛，或压之酸胀，或扪及结节，或局部皮色变化是诊断胃病的有力证据。中脘穴是胃之募穴，募穴是脏腑原气输注于胸腹的部位，在一定程度上可反映脏腑功能的变化，尤其是在慢性疾病中，与胃镜检查结果的符合率颇高，尤适用于无胃脘局部症状患者的诊断。此外，有时在足三里穴和胃俞穴局部亦出现上述变化，但以中脘穴为多见。

3 论治疗，标本兼顾，扶正勿忘祛邪

胃病虽是胃腑局部病变，但人体是一个有机的整体，各脏腑之间有着内在的联系。胃痛的病因复杂，如前文所述。李任先认为其基本病机是脾胃虚弱，邪气干胃，因此治法当为健脾益胃、祛邪和胃，基本方是四君子加味。药物组成：党参 8g，白术、佛手各 12g，茯苓、元胡、救必应各 15g，炙草 6g，鸡内金 10g。方义：四君子汤益气健脾胃。鸡内金助胃消食，佛手理气调和肝胃而止痛，元胡行气活血止痛，救必应微苦寒能清热祛湿止痛，又防前药之温燥。诸药共奏益气健脾胃，祛邪和胃之功。加减法如下：气虚盛者，加黄芪、淮山；肝郁气滞者，合四逆散；肝胆火旺心烦易怒、口干苦者，加栀子、川楝子、天麻；瘀血阻络，证见刺痛、痛处不移、入夜尤甚者，合失笑散；痰浊内停者，合二陈汤；胃阴不足，证见脘腹灼热嘈杂者，加生地、沙参；湿邪中阻出现口甜腻、身困重、苔白腻脉濡者，加藿香、佩兰；心阴血不足失眠多梦者，加酸枣仁、柏子仁；大便稀溏者，去佛手，重用白术加苍术，或合平胃散；胃酸过多而反酸者，加乌贼骨、浙贝母。

药物治疗时需注意以下两点：其一是不要拘于前贤"诸痛不可补气"之说，李任先认为临床所见慢性胃炎患者多是经年历月，病久多虚，属于虚痛者仍需补之。其二是不要囿于前贤"理气止痛"之说，慢性胃炎胃脘部胀满痞等症，是由于胃病日久，脾胃受损，脾胃虚弱，运化升降功能失调，气机逆乱所致，脾胃虚弱，运化升降失常是病变的关键所在。处方时在健脾益胃基础上选用 1～2 味理气药即可。此时见胃脘部胀满痞等症，则完全用辛燥理气破气药物治疗，多数是愈消愈胀。况且其有耗散中气、化燥伤阴致变证丛生之弊，此种现象在临床中很常见，应引起重视。

4 注重饮食生活调养

李任先长期临床观察到胃病的发病和疗效与饮食生活习惯密切相关。故在治疗期间患者必须要注意饮食宜忌。宜一日多餐，以厚粥烂面为主，配合富有营养、易于消化的食物，如鸡蛋、鱼肉、瘦肉等，尤倡食鱼，因其易于消化吸收而无伤胃之弊，有渣之品最好去渣食用。忌食一切生冷瓜果、辛辣酸涩等有刺激性食物；忌油炸肥腻、硬饭及其他坚硬难化之物；忌变质不洁之物。但也要防止另一倾向，即患者因担心药物与食物相抵触而盲目忌口，致使营养不良，抗病力低下，不利于疾病恢复。此外，患者应戒烟戒酒，平时生活要有规律，睡眠充足，保持心情舒畅乐观，适当参与文娱活动，尽量避免不良情绪刺激。平时应注意保暖，尤要避免胃脘部受凉。如此配合药物治疗可提高疗效。临床上许多医生和患者均只重视药物而忽视饮食生活调养，致使疗效不明显。

5 典型病案

案 1 刘某，男。45 岁，干部。2002 年 6 月 10 日初诊。患者胃脘部胀痛，嗳气反复发作 4 年余，再发 3 天。多次胃镜检查镜下见胃粘膜花斑样充血水肿，多处粘液斑附着，胃窦部多处糜烂，诊断为慢性浅表性胃炎伴糜烂。曾多处诊治，服用多种中西药治疗，疗效不佳。现证见上腹部胀痛，痞满，嗳气，心烦易怒，口苦，纳食不振，大便不畅，舌质淡红，舌边偏红，苔薄，舌根部厚腻。左手脉细弦，右手脉沉而濡。脘腹部柔软，中脘穴有压痛。四诊合参，证属脾气虚，肝火犯胃。治以健脾和胃，疏泄肝火。药物：党参 18g，白术 12g，茯苓、元胡、救必应各 15g，炙草 6g，栀子、川楝子、天麻各 10g。3 剂，每天 1 剂，水煎服，并嘱注意饮食和调节情志。14 日复诊时脘腹胀痛明显减轻，心烦口苦好转。守上方 7 剂后，脘腹胀痛、心烦口苦基本消失。后用香砂六君子汤加减调治 2 周。复查胃镜胃粘膜光呈桔红色，糜烂灶消失，病愈。至今未复发。

按 此案中李任先认为患者纳差，大便不畅，右脉沉濡是脾气虚的表现；胀痛嗳气，心烦易怒，口苦，舌边偏红，左脉弦是肝火旺的表现。辨证为脾气虚肝火犯胃，治以补脾胃泻肝火。用四君子补益脾胃，加元胡、栀子、川楝子、天麻以理气清泻肝火，鸡内金以消食，药证相符，取效迅速。

案 2 李某，女，36 岁。教师，2002 年 7 月 11 日初诊。患者无规律性胃脘胀满，隐痛 3 年。曾在多家医院诊治，疗效不满意，3 月前在本院经电子胃镜检查诊断为慢性浅表性胃炎，HP（＋＋）。近日因情志不畅而致胃脘胀满，疼痛加重，甚则两胁胀痛，伴嗳气，善太息，心烦，纳差，大便溏，舌质淡红，苔薄白，左关脉弦，右脉细而浮。脘腹部软，中脘穴压痛明显，且局部有条状结节。四诊合参证属肝郁脾虚，肝胃不和。治法疏肝健脾，理气和胃。方药用四君子汤合四逆散化裁：党参18g，白术、茯苓、白芍、救必应各15g，柴胡、鸡内金、陈皮各10g，元胡12g，炙草6g。4剂，每日1剂，水煎服。7月15日复诊。脘腹胀痛已明显减轻，纳食增多。上方去救必应，加香附10g，服7剂，自觉症状消失。嘱注意饮食和保持心情舒畅，并服用逍遥散调理1月。复查胃镜胃粘膜光滑桔红色，未见溃疡和糜烂，HP(－)。病愈。

按　案中纳差，便溏，右手脉细浮是脾气虚的征象；胀痛连两胁，善太息，嗳气，左关弦是肝郁气滞犯胃的表现。辨为肝郁脾虚、肝胃不和，治用四君子汤健脾益胃以扶正；四逆散以疏肝理气和胃；元胡、陈皮加强理气止痛功能；鸡内金以消食健胃。如此配合，药证相合，标本同治。故见效快，疗效巩固。（李保良）

溃疡性结肠炎

1 脾虚为本

溃疡性结肠炎的发病虽与外感六淫、饮食不节、情志失调、脾胃素虚及劳倦过度等因素有关，但其病机重点在于脾脏。脾胃居中焦，禀纳谷、腐熟、转输、运化之职，更具升清降浊之功能，若饮食失宜或劳倦过度，久病耗伤皆可损伤脾气，脾失健运，升清降浊失司，水谷精微不布，变作水湿，清浊相混，下注于肠，而致泄泻；若湿滞肠腑，滞久化热，使湿热蕴积于肠，气血涩滞，肠络受伤，血肉腐败，又可便下粘液或脓血，则现里急后重之症；脾气虚损，日久不愈，进一步可致脾肾阳虚，寒从中生，水湿不化，寒湿下泄或凝结于肠，则见便泻稀薄多夹粘液白冻，脘腹冷痛等症；由于脾虚失职，气血生化之源匮乏，致气虚血少而见面色萎黄、头晕、气短、消瘦等症；脾虚则运化无力，可使饮食停滞，而成食积腹泻，便中夹有不消化之食物；脾虚日久，升举无力，中气下陷，而成久泻滑脱，合并痔疮、直肠或子宫下脱等症状。脾虚失运的病机可贯穿在溃疡性结肠炎的各个病理阶段，尤其是长期患病及素体虚弱的患者表现明显。如《素问·脏气时法论》曰："脾病者，虚则腹满肠鸣、飧泄、食不化。"《景岳全书·泄泻》曰："泻泄之本，无不由脾胃"。

祖国医学中"脾"的概念除包括现代医学消化系统功能外，与免疫功能亦有密切关系。对脾与免疫的关系，《内经》中就有"脾之防卫"的论述，李东垣亦提出了"内伤脾胃，百病由生"的观点。现代研究证明，脾虚证有腮腺分泌功能紊乱、胃张力低、蠕动弱、排空时间延长、空腹滞留液多、肠道运动加快的现象。脾虚患者1gA、1gG、1gM及补体C含量均低于正常，存在现代医学提出的免疫力（包括机体体液免疫和细胞免疫）下降。近年研究表明，溃疡性结肠炎与体液免疫及细胞免疫功能有关，尤其是细胞免疫在发病机制中占重要地位。在炎症性肠道疾病患者中，免疫系统尤其是细胞免疫功能异常，造成清除肠道中感染性物质障碍，导致结肠粘膜的损伤，亦与脾虚密切相关。

2 湿热为因

湿热之邪是溃疡性结肠炎最主要的致病因素，几乎溃疡性结肠炎患者均不同程度地具有湿邪致病的基本特征。湿性重浊粘腻，与水类同，具有壅遏气机，易困脾阳的致病特点；火热之性炎上、燔灼、易动，具有耗气伤津、动血的致病特点。湿热之邪亦有内外之分，溃疡性结肠炎多由内生湿热之邪所致。内湿由脾胃运化功能失常之所生，内热则多因情志化火、嗜食辛辣、烟酒成癖、痰湿瘀血、久蕴生热等而成，湿热酿成，下注于大肠，导致腑气不通，气血壅滞，蒸腐化脓，而见腹痛、腹泻、脓血粘液便等症状。正如《证治汇补·下窍门》曰："饮食不节，起居不时……闭塞滞下，为飧泄。滞下者，谓气食滞于下焦；肠澼者，谓湿热积于肠中，即今之痢疾也，故曰无积不成痢，痢乃湿热食积三者。"于临床治疗中，对于湿热内蕴病因的治疗，不仅仅在于清热利湿，更注重脾虚时痰浊等病理产物的清除，避免酿湿生热，而消湿热于无形之中。对于患病日久，湿热表现不明显的患者，亦强调应用清热利湿药物，以杜绝痰湿内生引起疾病复发。清热利湿药物的应用，多考虑脾虚因素的存在，禁忌大剂量的苦寒药物，以免损伤脾胃阳气，使病情更复杂。饮食调理中，适当节制饮食，忌食生冷、油腻、辛辣之类食物，避免酿生痰浊，诱导疾病复发。如《证治汇补·下窍门》曰："生冷油腻，留滞于内，湿热致瘀，伏而不作。偶为调摄失宜，风寒暑湿，干触秽浊，故为此疾"。

3 重视情志因素

溃疡性结肠炎的发病和治疗与情志因素密切相关，胃肠运动受精神心理因素的影响。情志因素是溃疡性结肠炎的主要诱因，于临床治疗中，常有因情志刺激而复发或加重，使病情反复发作，缠绵难愈。溃疡性结肠炎病程延长，患者腹泻、消瘦、乏力、食欲不振等症状干扰影响，常忧心忡忡，心理压力较大，情绪容易波动，相互影响。肝主疏泄，脾主运化，脾的运化有赖于肝的疏泄作用，肝的疏泄功能正常则脾的运化功能健旺；脾气调畅，亦利于肝气的疏泄，肝脾两脏在生理上密切相关、病理上相互影响。因此在临证之时，方中常佐以轻清疏肝之品，耐心向患者解释病情，树立信心，解除思想包袱，常可收到事半功倍之效。

4 典型病案

刘某，女，40 岁，干部，2000 年 6 月 19 日初诊。自述左下腹疼痛、腹泻，解脓血及粘液样大便 2 年余，每日腹泻近 10 次，有时泻出冻样粘液，在本地市医院诊断为慢性非特异性溃疡性结肠炎。经服用多种抗生素、激素以及应用中西药液保留灌肠等治疗，效果不佳，病情反复发作，经人介绍转我院治疗。初诊见面色萎黄，口唇淡白，表情淡漠，腹痛，食少，大便每日 5～6 次，腰疼，四肢乏力，舌淡苔白，脉沉细。大便检查：报告无病原体发现。结肠镜检：在乙状结肠中段可见粘膜充血、水肿，且有数处深浅大小不等的溃疡面，表面覆盖有黄白色渗出物，肠壁呈增生状。证属脾气亏虚，痰湿内滞，运化失司。治宜健脾理气，清热利湿。处方：党参 18g，炒白术 12g，茯苓 12g，炙甘草 6，救必应 15g，玄胡 10g，佛手 10g，黄芩 10g，莱菔子 15g，干姜 6g，法半夏 12g，陈皮 3g，鸡内金 15g。7 剂后，腹泻次数减至每日 2～3 次，腹痛缓解，精神好转，四肢有力。上方去玄胡，加车前子 20g，再服 7 剂，大便次数减至每日 1 次，腹痛止。再去莱菔子、干姜，加黄芪 30g、五爪龙 30g、北沙参 20g，调理 6 周，所有症状及体征消失，于 3 个月内行结肠镜检查无异常发现，随访 1 年未复发。（曾常春　张志敏）

胃脘痛

1 辨证分型

1.1 脾胃虚弱型

病由饥饱失常，或劳倦过度，或久病脾胃受伤等，导致脾失健运，胃失和降，失其濡养或气机阻滞而作痛。证见胃脘隐痛绵绵不已，喜温喜按，神疲乏力，腹胀，纳差，或泛吐清水，大便不调，舌淡、苔薄白，脉细弱。治以甘温健脾，调气和中，方用四君子汤加味。处方：党参 18g，白术、茯苓、砂仁（后下）、佛手各 12g，丹参 20g，香附、鸡内金各 10g，甘草 6g。若脾胃虚寒者，肢冷便溏，胃脘痞胀，加黄芪 30g，沉香（后下）10g；兼停饮者，泛恶欲吐，胃有振水音或背冷如掌大，加桂枝 10g，半夏 12g；气滞不畅者，脘腹胀痛明显，嗳气矢气，加七叶莲 30g，救必应 15g；夹湿者，加苍术 15g；纳差较甚者加神曲 15g 或麦芽 30g。

案 1 肖某某，男，60 岁，1995 年 6 月 8 日诊。既往有胃痛史，胃镜示“慢性浅表性胃炎”、“胃轻度下垂”。近因劳累，饮食不节而发病。证见：胃脘隐痛不适，脘部痞胀，喜温喜按，面黄少华，形体消瘦，纳差，神疲，无嗳气及反酸，大便烂，舌质黯淡、苔薄白，脉细弱。脉证合参，系脾胃虚弱兼寒型，治以甘温健脾，调气和中，以上方加沉香（后下）10g，黄芪 30g。服 4 剂后，胃痛及痞胀明显好转，续用上方治疗 1 月余，症状消失，随访半年无复发。

按 本例患者以脘部痞胀为苦。其痞胀以喜温喜按为特点，乃脾胃虚弱，中阳不足所致。故加辛温之沉香以降气消痞，且沉香用量宜大（常用 10g），疗效才佳。加黄芪以甘温补中，益气举陷。

1.2 脾虚肝郁型

病由饮食不节，或情志不畅，伤其肝气，肝气横逆，克犯脾土，致气机阻滞而作痛。证见胃脘胀闷或痛，嗳气，心烦易躁或喜叹息，神疲乏力，纳差，舌淡、苔薄白或薄黄，脉弦细。治以健脾调肝，行气止痛，方用柴芍六君汤化裁。处方：柴胡、白芍、白术、茯苓、砂仁（后下）、佛手各 12g，党参 18g，香附 10g，救必应、黄芩各 15g，甘草 6g。若肝郁化火者，心烦易怒，灼热嘈杂或反酸，加栀子、乌贼骨各 15g；兼瘀血者，舌黯或黯紫，加丹参 20g，三七末（冲服）3g；大便色黑者加紫珠草 30g；兼湿热者，口粘口苦，大便不爽，苔黄腻，加火炭母 30g；纳差者，加鸡内金 10g，神曲或布渣叶 15g。

案 2 陈某某，女，38 岁，1995 年 8 月 17 日诊。脘腹胀痛反复发作 10 余年，近因生气，饮食不洁发病。证见：胃脘胀痛，心烦易躁，嗳气，反酸，神疲乏力，纳差，大便色黑，舌质黯淡、苔薄黄，脉弦细。胃镜示“十二指肠球部溃疡”，“慢性浅表性胃炎”。辨证属脾虚肝郁兼有瘀热型。治以健脾调肝，行气止痛化瘀。遂以上方去香附、黄芩加栀子、乌贼骨各 15g，紫珠草 30g，丹参 20g，三七末（冲）3g。服药 3 剂后，诸症减轻，继服 5 剂，胀痛大减，无反酸，大便转黄，舌淡红，遂以基本方调治 2 周，症状消失，经胃镜复查，原溃疡面愈合。

按 因香附香燥易化火伤阴，而本例患者郁热较甚，故去之。因栀子既能清实热，又善清郁热，且清热力优于黄芩，故用栀子而不用黄芩。加乌贼骨以制酸，且能收敛止血，加紫珠草以活血止血，三七、丹参以活血化瘀定痛。

1.3 肝气犯胃型

病由忧思恼怒，情志不畅，气郁伤肝，肝木失于疏泄，横逆犯胃，胃失和降而作痛。证见胃脘胀痛，脘痛连胁，嗳气矢气则舒，心烦易怒，大便不畅，苔多薄白，脉弦或弦细。治以疏肝理气为主，方用四逆散加味。处方：柴胡、枳壳、佛手、砂仁（后下）、郁金各12g，延胡索、黄芩各15g，香附10g，丹参20g，白芍18g，甘草6g。若气郁化火者，灼热嘈杂，上冲胸咽，口苦，苔黄，加栀子15g，牡丹皮12g；火郁伤阴者，灼痛似饥，口干，舌红少津，脉细，减柴胡、香附，加沙参、麦冬或石斛各15g；兼瘀血者，加三七末（冲）3g；便黑者加紫珠草30g；反酸频繁者加乌贼骨20g；胃痛较甚者加救必应15g，七叶莲30g；纳差者加鸡内金10g，神曲或布渣叶15g。

案3 张某某，女，42岁，1996年3月6日诊。因情志不畅发病。证见：胃脘胀痛，攻撑作痛，痛及胁背，嗳气、矢气则舒，心烦易怒，大便不畅，舌淡红、苔薄黄，脉弦。证系肝气犯胃型，治以疏肝理气为主，遂以上方去丹参加七叶莲30g，救必应15g。服药2剂，胃痛明显减轻，继进4剂，诸症消失。

按 本例患者系肝气犯胃，气滞作痛所致。舌淡红而不黯、不紫，无瘀血之象，故去活血化瘀之丹参，加七叶莲、救必应取其行气定痛之功，两者止痛皆佳。现代药理研究证实七叶莲用于痉挛性胃痛、胆绞痛效好；救必应含救必应素，尚有局部止血作用，用治胃、十二指肠溃疡所致疼痛尤佳。（蒋兴伟）

李荣亨临床经验

【名老中医简介】李荣亨（1945～）教授。中国中西医结合学会第五届理事会理事重庆市中西医结合学会副会长，重庆市政协委员，重庆市教委学位评审委员，重庆市人民政府中医医疗事故技术鉴定委员会委员。重庆市名中医。从事中西医结合临床教学及科研工作30余年，擅长中西医结合诊治肾病、肝病、风湿病、皮肤病及老年病。负责或主研参与科研课题18项，其中获奖5次。参编著作3部，发表论文40余篇。

难治性尿路感染

1 补肾温阳法

本法用于肾阳虚衰证。证见尿频、尿急，腰膝酸软，脑力减退，头晕目眩，耳鸣，小便清长，尿后余沥，甚至失禁，夜尿频多，小便清长，性欲下降，女性阴道干涩，男性外阴潮冷，舌淡，尺脉无力。巢元方在《诸病源候论－诸淋病候》中指出：“诸淋者，由肾虚而膀胱热故也。”提出淋证以湿热为标，肾虚为本。肾藏元气，元气是正气的主要组成部分，“正气存内，邪不可干”与现代免疫学认为的免疫三大功能“防御、自稳、监视”是相一致的。同时，已有研究认为细胞免疫功能低下是肾功能正常的尿路感染患者免疫学改变的一个标志，可能与疾病复发有关。而补肾方药则有增强细胞免疫的功能。肾阳虚衰证常见于老年或体弱患者，伴严重躯体疾病如肿瘤、糖尿病等多见。方用二仙汤加减为主。

案1 邓某，女，69岁，于2004年2月20日初诊。反复尿频，尿急，尿干痛2年，伴见小便清长，双下肢软弱乏力，双膝以下冷，偶有双下肢浮肿，夜尿增多，3～4次/晚，眠差多梦，舌淡胖苔薄白，脉细弦。多次尿常规均提示LEU（＋＋～＋＋＋），白细胞3～5/HP。曾在外长期服用抗生素等药物治疗，用药期间小便常规正常，停药即复发。亦曾在外服用补肾为主中药，无明显效果。辨证为肾阳虚衰，气化不利。用二仙汤加味：仙茅15g，淫羊藿30g，巴戟天15g，黄柏15g，当归12g，怀牛膝15g，枣皮15g，生地15g，丹参20g，车前草30g，桂枝10g，杜仲30g，山药30g，败酱草30g，陈皮12g，甘草10g。水煎，分3次温服，1日1剂。2周后尿频尿急明显缓解，未出现双下肢浮肿，但仍时觉双下肢软弱，仍感双脚冷及阴道干痛，舌淡红。上方去败酱草，加刺五加20g、台乌15g。服药后尿路刺激症状基本缓解，无双下肢冷等症。服药1个月后停药，症状无反复，多次复查尿常规正常，病情明显好转。

2 疏肝理气法

用于肝郁气滞证。证见尿频、尿急、尿痛，胸闷不适，喜长叹气，性情急躁易怒，每因情绪波动而症状加重，脘腹胀满，食少纳呆，口苦，失眠多梦，女性可见痛经、乳房胀痛等症，舌淡红苔薄白，脉弦。肝为将军之官，喜条达主疏泄，有助于水道通调。病久难愈，患者多情志不畅，常会累及于肝。肝气郁结，疏泄不利，则使病情迁延。肝郁气滞证常见于更年期妇女、前列腺炎患者等。方用柴胡疏肝散为主。

案2 罗某，男，32岁。反复尿频、尿急、尿余沥不尽7个月，偶有阴茎扯痛，近4个月来早泄，时时心烦，易怒，睡眠差，晨起口苦，舌淡红苔白，脉弦。多次尿常规示IEU（＋～＋＋＋），白细胞0～5/HP。

前列腺液检查白细胞15～20/HP,卵磷脂小体(＋)。在外诊为前列腺炎,曾使用多种抗生素,但无明显效果。亦曾在外服用清热解毒为主中药,无明显缓解。辨为肝郁气滞,用柴胡疏肝散:柴胡25g,枳壳18g,白芍15g,陈皮15g,川芎12g,当归12g,香附15g,郁金15g,车前草30g,黄柏15g,茯苓15g,淫羊藿18g,合欢皮15g,木香15g,甘草6g。水煎,分3次温服,1日1剂。2周后复诊,症状明显减轻,复查尿常规LEU(＋),镜检无白细胞,上方续用2周后,复查尿常规正常。后以二仙汤为主调节,3个月后症状完全消失,复查前列腺液白细胞0～5/HP,卵磷脂小体(＋＋＋)。

3 健脾除湿法

用于脾虚湿遏证。证见尿频、尿急、尿痛,口干不欲饮,饮食无味,食少纳呆,身体困重,精神倦怠,舌淡红或淡胖苔腻,脉沉细。诸湿肿满皆属于脾,下焦久病湿邪,脾为邪困,运化无力,湿邪内生,故使淋证反复难愈。偏于湿重者多为急性发作期,尿常规白细胞多见,以苔腻为辨证要点;偏于气虚者多为慢性迁延期,尿常规白细胞可见,并常有隐血等,以舌淡胖为辨证要点。脾虚湿遏证常见于长期使用抗生素者。治疗气虚为主者可用六君子汤或补中益气汤,湿盛为主者用藿朴夏苓汤。

案3 吴某,女,62岁。反复尿频、尿急、尿意不尽3年就诊,口干以晨起为甚,不欲饮水或饮少许温水,饮食无味,身体困重,精神倦怠,自汗,小便黄,舌淡有齿痕,苔白腻。多次查尿常规示LEU(＋＋～＋＋＋),白细胞0～5/HP。长期用多种抗生素。辨证为脾虚湿遏。用六君子汤加减:党参25g,白术18g,茯苓15g,陈皮15g,半夏12g,当归12g,藿香15g,苡仁15g,车前草30g,黄柏15g,白蔻15g,黄芪30g,败酱草15g,甘草6g。水煎,分3次温服,1日1剂。2周后复诊,症状减轻,身体无困重,精神好,复查尿常规IEU(＋),镜检无白细胞,舌淡苔薄白。换用中成药四君子合剂长期服用,间断服用藿香正气口服液,以后每月复查尿常规均正常,共随访8个月,均无不适。

尿路感染迁延日久,久病入络,常伴有血瘀。血瘀的形成与湿热久稽下焦、气虚无力行血密切相关。湿热可造成多种病理损害,但主要有两个方面,一是热盛血壅,湿阻气滞,导致血行不畅,血液瘀阻。二是热盛伤阴,导致正气不足。瘀血一旦形成,又易与湿热互结,使湿热之邪更难祛除。瘀血在尿路感染病程中,往往不单独出现。现代医学认为肾盂肾炎的病理变化主要是肾脏出现的弥漫性的间质浸润现象,肾实质有大小不等的脓肿以及日久形成瘢痕萎缩和纤维增生,这些病理变化与中医的"瘀"有其共同点,因此"瘀"是尿路感染慢性化的重要因素,所以在治疗中应佐活血化瘀,可加用当归、丹参、川芎等药以及丹参注射液、络泰等制剂。(姚蔚瑜)

李淑荣临床经验

【名老中医简介】李淑荣 女。教授,主任医师。河北省秦皇岛市中医院副院长、脑血管学科带头人。秦皇岛市中医学会副理事长。河北省名中医,第四批全国名老中医药专家学术经验继承工作指导老师。擅长中西医结合治疗脑血管疾病尤其对脑血管病恢复期治疗有独特疗效。发表10余篇论文。

缺血性中风

李淑荣认为缺血性脑血管病病因有四:一是情志失调,多以怒喜为主,怒则气逆,血随气上,冲于脑窍而病。二是饮食不节,多食膏粱厚味,蕴湿生痰,郁热上冲发病。三是劳倦内伤,气虚血瘀。四是肝肾不足,阴虚阳亢,化风为病。其发病基础是本虚标实,本虚以气虚最为常见,肝肾不足亦较为常见。所以在脑梗塞治疗上,强调益气活血,化痰通络,通腑开窍,滋阴熄风。

病在急性期,治则以通为主,缘本病为标急本缓,邪实于上,必宜"狂峻之药急去之",邪去则通,阴阳气血得平。故治法必活血化瘀,泻热醒神,豁痰开窍为用药准绳,宜星蒌承气汤,加石菖蒲、天竺黄、郁金、丹参水煎口服或鼻饲或灌肠,同时用清开灵注射液、舒血宁注射液等静点,针灸选用醒脑开窍法,人中、印堂、上星、内关、极泉、三阴交等。

恢复期汤剂改用补气活血通络为主,宜补阳还五汤,加生蒲黄、土鳖虫、牛膝、豨莶草水煎服。同时静点血塞通或舒血宁、胞二磷胆碱、维脑路通等。针灸选用肩隅、曲池、合谷、秩边、环跳、委中、风市、绝骨等。

随症加减如下:证见昏迷嗜睡者加服安宫牛黄丸,1丸,每日1～2次。烦躁不安者药用黄连解毒汤,加生石膏、寒水石、石决明、珍珠母、丹参,水煎服。血压高者加羚羊角、玳瑁、石决明、牛膝。血压低者加用参麦或参附注射液静脉滴注。患肢肿胀加中药外洗，透骨草、三棱、莪术、桂枝、桑枝。痉挛疼痛者加全蝎、蜈蚣、威灵仙、豨莶草。血脂高加泽泻、荷叶、枸杞、丹参。血糖高加葛根、花粉、玉竹、黄精。下肢痿软无力加杜仲、牛膝、熟地、功劳叶。肝肾阴虚加二至丸、枸杞、石斛。喉中痰鸣如拽锯者用鲜竹沥水送服猴枣散。呃逆频繁者谨防应激性溃疡引发胃出血，急予平肝降逆之剂，药用旋复花、代赭石、刀豆子、半夏、杷叶，牛膝，陈皮；同时予法莫替丁口服或静点。证见饮水呛咳、吞咽困难、构音障碍、强哭强笑等球麻痹症状，针刺风池、翳风、廉泉、情感区。

患者李某，男性，62 岁，主因突发右半身不遂，言语蹇涩，嗜睡一天就诊，伴便秘，舌紫暗，苔黄腻，脉弦滑。查体：Bp：160/100mHg，神情嗜睡，不完全运动性失语，右上下肢肌力Ⅲ级，右巴氏征阳性，CT 示左基底节梗塞。中医辨证：中风。中脏腑、痰热腑实、蒙蔽清窍，因患者过敏体质，拒输液，治以通腑泻热、开窍醒神，予星蒌承气汤加减，处方如下：胆星10g、生大黄 10g（后下）、芒硝 20g（冲服）、枳实 10g、天竺黄 20g、石菖蒲 20g、郁金 20g、生蒲黄 20g、僵蚕10g、竹茹 10g、生龙牡各 30g（后下）。同时针刺人中、上星、内关、三阴交、曲池、合谷、外金津、玉液、阴陵泉、绝骨，每日一次。中药一剂后，大便既下，嗜睡减少，腑气已通，上方减芒硝、生大黄改为同煎继服三付，针刺同前。四天后嗜睡消失，语言更流利，右侧肢体肌力Ⅳ级，舌淡暗，苔薄白，脉濡。症属气虚血淤，痰系舌本，治以补气活血，化痰开窍，调方如下：生黄芪 30g、半夏 12g、蝉衣 10g、桑枝 20g、地龙20g、豨莶草 30g、水蛭 10g、陈皮 10g、知母 12g、土鳖虫 15g、石菖蒲 20g、郁金 20g、生蒲黄 20g、僵蚕 10g。水煎服加减服用三周，配合针灸每日两次，头体针交替，共治疗 26 天痊愈出院。

李淑荣治疗脑梗塞之用药特点为：①益气贯穿疾病始终。重用黄芪，最多用至 120g，以生黄芪为宜。若用黄芪口干佐知母，服黄芪大量腹胀加木香。②活血化瘀贯穿治疗始终。大剂量益气加小剂量活血。如红花、川芎、桃仁、丹参等。③治疗中加通络祛风药，如豨莶草、僵蚕、地龙、全蝎。④活血不忘化痰。用瓜蒌、胆星、石菖蒲、远志、天竺黄。⑤便秘者一定通腑。星蒌承气汤之类。李淑荣认为：通腑可泻浊开窍醒脑，促进神志及肢体功能恢复。总之，多法参与，功补兼施，共奏奇效。（张惠利 王 田 郑文友）

李斯文学术经验

【名老中医简介】李斯文 教授，主任医师，硕士研究生导师。现任云南省中医医院肿瘤科主任，云南中医学院中医内科教研室副主任，中华中医药学会肿瘤专业委员会常委，中国中西医结合学会肿瘤专业委员会委员，中国中医肿瘤诊疗指南专家委员会委员，云南省中医药学会肿瘤专业委员会主任委员，云南省抗癌协会常务理事，云南省医学会肿瘤专业委员会委员。云南省名中医，全国第四批老中医药专家学术经验继承工作指导老师。从事中医内科医疗、教学、科研工作 30 余年，擅长肺癌、肠癌、乳腺癌等肿瘤疾病以及对癌痛的治疗。

学术思想

扶正抑癌理论

1 扶正抑癌的理论基础

李斯文从中医学整体观点来认识到，肿瘤是一全身性疾病，全身属虚、局部属实的病证。首先发病的基础是正气先虚，其后邪气攻之而成积证，正所谓“积之成也，气不足，而后邪气距之”《医宗必读》。“脾肾不足及虚弱失调之人，多有积聚之病”《景岳全书》。“积聚者，由阴阳不和，脏腑虚弱，受于风邪，搏于腑藏（脏）之气所为也”《诸病源候论》。朱丹溪亦指出“壮人无积，虚人则有之”。而扶正祛邪作为中医治疗疾病的一个治则，历代著作及医家多有论述，如《内经》：“形不足者，温之以气；精不足者，补之以味”朱丹溪倡导“凡治病，必先固正气”，罗天益认为“养正积自除，……今令真气实，胃气强，积自消矣。”诚如：“善用兵者，必先屯粮，善治邪者，必先养正”。因此，对于正虚邪盛之病证必须治以扶正祛邪，对肿瘤而言即扶正抑癌，扶正抑癌无疑就是扶正祛邪在肿瘤治疗方面的现代延伸。现代医学对肿瘤发病机制的研究表明，体内存在着原癌基因与抑癌基因，当癌基因受到某些因子刺激活化时，发生突变，就会引起细胞癌变；抑癌基因若通过功能丢失，导致调节异常，失去对肿瘤的控制，肿瘤就会进一步恶化，这与中医学正邪消长学说不谋而合，扶正抑癌理论就是在上述理论的基础上逐步形成的。

2 扶正抑癌理论的具体内容

2.1 辨证与辨病相结合

李斯文通过多年的临床实践，发现"正气不足"几乎是所有晚期肿瘤患者的共有证候，在此基础上兼血瘀、痰湿、毒热等证。因此，在遣方用药时多以扶助正气为主，再依兼证选用活血化瘀、化痰祛湿、软坚散结、清热解毒等法。其组方原则必须在辨证基础上结合辨病、再兼次证，对证辅之，形成了自己对肿瘤治疗独特的处方法度，即辨证 + 辨病 + 对证的处方思维模式。选用扶助正气药，李斯文经验多为"三参"（太子参、条参、沙参）或"四参"（再加丹参）同用，并配以健脾补肾药为基本方。李斯文认为，治疗肿瘤尤其是晚期恶性肿瘤不同于一般疾病，辨病显得尤为重要。获知病种为何，病位在哪里，知道了要打击的"靶子"，为下一步遣方用药指明了方向。比如肺癌，"扶正"或"抑癌"时就会多选用肺经之药，再者很重要的一点是，可结合现代研究成果选用已经证明抗肺癌较明显的中药，其理不言自明。

2.2 注重与现代研究的结合

李斯文在运用扶正抑癌思想治疗肿瘤时，还特别注重结合现代研究成果，为我所用。现代研究证明，中药"三龙"（天龙、地龙、龙葵）、半枝莲、八月札、石见穿、鬼针草、红藤等具有明显抗癌作用，李斯文多依据其归经主治应用于不同病种的肿瘤，起到良好效果。对属于扶正抑癌类的中药注射液及中成药也要辨证使用。例如，经现代药理研究，扶正类中药注射液有参芪扶正注射液、黄芪注射液、参麦注射液等，中成药有贞芪扶正颗粒、参芪片、复方皂矾丸等，上述药物均有较好的扶正作用。但临床仍须辨明正气不足者的脏腑气、血、阴、阳的偏盛偏衰，具体情况酌情选用。抑癌类或具有双向调节作用的有艾迪注射液、康莱特注射液、复方苦参注射液及祛邪为主的中成药平消胶囊、康赛迪胶囊等。可依据个体情况辨证选用。

2.3 强化免疫疗法的规范操作

中医学的扶正法则与现代医学所讲的免疫疗法其意义是相通的。由于肿瘤患者本身即由免疫监视功能低下发瘤，再经过手术、放化疗等对机体的损伤，机体免疫功能更愈低下。因此，联合现代免疫增强剂是实施扶正抑癌的一项重要措施。李斯文强调免疫疗法须规范操作，应在中医辨证论治原则的指导下，使其个体化、具体化。例如，对已行手术并实施放化疗的患者，视其正气的损害程度，应予以及时的强化扶正免疫治疗，如使用核糖核酸、胸腺五肽针、TNF 等，同时可联合乌苯美司胶囊，以确保足量、有效。而扶阳和抑阴又分别对化疗和放疗患者的免疫调节产生了极其重要的作用。

2.4 适时配合穴位注射及有机硒的补充

李斯文常说："我们研究肿瘤，中医具有特色和优势，应该充分发挥中医在肿瘤综合治疗中的地位。"在其扶正抑癌的思想体系中，穴位注射亦占有重要地位，主要应用于两个方面：①可增强免疫功能。经常选用三阴交、足三里这两处具有保健功能的穴位，实施"强壮穴注射强壮剂"的疗法，多采用黄芪、参麦一类注射液在上述两穴位适量注射，并按疗程给药。实践证明，该法具有明显益气升提、振奋精神之作用；②减轻化疗毒副反应。恶心呕吐是化疗较常见的一类毒副反应，李斯文经验是选用穴位注射的方法可明显减轻这类反应。具体做法是选用内关、足三里等穴位适量注射胃复安等止呕药，疗效确切。李斯文还很注重微量元素对肿瘤患者的影响，根据多年经验发现，肿瘤患者尤其是实施手术、放化疗等治疗后多有体内硒的缺乏，适时适量的补充硒酵母片可明显改善患者的体质，增强食欲，对提高其免疫功能亦多有裨益。（于宏波）

临床经验

肺癌

1 病机认识与治法方略

1.1 病机首推正虚毒蕴

肺癌以咳嗽、咯血、血痰、胸痛、气短、发热为主症。就其临床表现而言，类似于中医古典医籍中的"息贲"、"肺痿"，也可见于"咳嗽"、"咳血"、"胸痛"、"痰饮"、"短气"等的描述。按照祖国医学理论，肺癌的发病和许多疾病一样，取决于正气和邪气两大因素。就正气而言，包括先天禀赋和气血阴阳的盛衰；就邪气而言，具有多因素、综合性的特点。概而言之，具体病因不外"先天不足、正气亏虚"、"秽浊邪毒侵袭"、"情志内伤"、"饮食不节"、"劳逸调摄失度"等五大方面。此五种因素综合作用，形成气滞、血瘀、痰凝、湿聚、火热熏灼及毒蕴的胶结，成为肺癌的病因病机。

李斯文认为，肺癌病机虽多，但"正虚毒蕴"是肺癌发病的关键。无论是气滞、血瘀、湿聚，还是火热熏灼，只有"毒蕴"日久并达到一定的程度，才导致肺癌的发生。肺癌实为正气内虚或人体久病，蕴毒日久而生。"邪之所凑，其气必虚"。无论何种原因，毒蕴一旦产生，必然戕伐人体正气，导致正气的进一步虚损。肺癌患者的发病就表现为正气和邪毒的矛盾斗争。两者互为影响，或正气尚强，邪毒不剧，病势缠绵；或邪毒强盛，正气败损，导致机体短期内死亡。

肺癌的发病正是正气虚损和邪毒蕴结相互作用的结果。

1.2 扶正最崇培土生金

基于对肺癌病机的认识,李斯文对肺癌的治疗坚持“扶正抑癌”的指导思想。扶正就是培补正气。由于肺癌患者确诊时大多已属中晚期,病势已深,正气必然虚损,只有培补正气,方能增强机体活力,提高机体免疫力;只有正气充实,机体的免疫力得到改善,才能抑制肿瘤的进一步发展,提高患者生活质量,延长生存期。李斯文强调,脾肺两脏,一居中焦,属土,为人体后天生化之源;一居上焦,属金,为人体脏腑之华盖;土为金母,培土即可生金,补脾即可补肺;病理上,“脾为生痰之源,肺为储痰之器”,二者相互影响;从经络的角度来看,肺脾分属手足太阴,经气相通,所有这些都说明了脾肺两脏的密切联系。因此其对肺癌的扶正之法最崇“培土生金”,处方用药多取“六君子汤”化裁。六君子汤中,人参甘温,大补元气,健脾养胃;苓、术健脾除湿,促进人体之运化;陈皮、半夏,理气化痰,又能祛邪;全方使脾胃之气健旺,人体运化复常,气血得以滋生,甚合肺癌患者正虚邪踞之征。“肺主吸气,肾主纳气”,肺癌患者中又多见肺肾两虚证。李斯文认为,对于肺肾两虚证的治疗,补肾固然重要,但传统的补肾方药性味一般比较滋腻,临证处方应当加以灵活化裁。比如,他不主张使用地黄、当归等传统的滋阴补肾药物,而是使用杜仲、狗脊、续断、巴戟等补肾而不滋腻之品,又多伍入木香、鸡内金、砂仁之属,使滋肾而不碍胃气。总之,一切治疗均以顾护脾胃为要务。只有脾胃得健,气血得生,肺金得实,肾精得充,抗癌方有希望。

1.3 解毒尤重通肠泻肺

抑癌重在清解邪毒。《内经》中“开鬼门、洁净府、去菀陈莝”的指导思想表明解毒关键在于驱邪外出。《内经》又云:“其在上者,因而越之”,提示治疗上焦疾病应采用汗、吐之法。李斯文认为,肺癌患者正气甚亏,邪毒甚深,其病在肺又不唯在肺。汗法只能祛表浅之邪,而吐法又伤人体正气甚重,二者均不适用于肺癌患者的治疗。肺虽在上焦,但肺脏之邪毒,可运用缓下之法使其从肠腑缓泄而去。其临证最擅长使用通肠泻肺的治法,达到软坚散结、清解肺毒之功,遇腑实燥热,选用虎杖、首乌、绞股蓝、半枝莲、重楼之属;遇大便稀溏,脾胃虚馁,取六君子汤配伍木香、香附、炒谷芽、炒麦芽之属;遇大便湿滞,选用茯苓、苍术、大腹皮、藿香、佩兰之属;总之着意于使邪毒从大肠顺便而去,但又不可下之过猛。李斯文认为,下法并非单指通利肠腑,通利小便亦可归于下法的范畴。人体之邪毒之所以难去,一方面与人体正虚,御邪无力有关,另一方面,黏滞的湿邪也导致人体病久难愈。通利小便之法是李斯文肺癌治疗中的常用方法。通小便,可以实大便。小便通利,湿邪得祛,可以振奋脾胃之阳气,患者的食欲就得到改善。所以,通小便之中,实寓调肠腑之功。对于湿痰凝聚之证,通过通调二便,可以使湿从前消,痰从后走,给邪毒以出路。在其收治的肺癌患者中,特别是并发胸水者,通过合理使用通利小便之法多能达到理想的治疗效果。其用药一般选用茯苓、泽泻、大腹皮、通草、淡竹叶、石菖蒲、灯心草等轻清之品,并配伍芳香行气的厚朴、大腹皮、陈皮、山土瓜等。

李斯文对肺癌的临证处方体现“培土生金”和“通肠泻肺”两者的有机结合,用药谨守。肺癌“正虚毒蕴”之病机,正虚为主者则侧重扶正,毒蕴为主者则主以清解,二便通调,邪毒自有出路。培土生金着意于调理中焦,使中焦运化有权;通肠泻肺则着意于恢复三焦的疏泄功能,上述治则综合应用,有机灵活,形成了李斯文治疗肺癌的系统方略。

2 特色治疗

2.1 三因制宜,个体治疗

肺癌患者的症状体征有其共性也有其个性。李斯文治疗肺癌,既重视肺癌患者共性的一面,更重视个性的一面,充分贯彻中医“三因制宜”的治则思想,实施个体化治疗。李斯文认为,在诸多影响肺癌患者体征的因素中,最重要的当属手术、放疗和化疗等现代医学治疗经过,所以论治非常重视患者的病史和治疗经过。对于失去手术机会或不适宜手术及放、化疗的肺癌患者,李斯文提倡以带瘤生存,提高患者生活质量为目标的综合治疗,重点改善患者的饮食、睡眠和二便及精神状况。他认为,对于此类患者的治疗应坚持以扶正为主,如果不顾及人体正气一味地给予抗癌祛邪治疗,会促使患者体质急剧下降,进而引发肿瘤转移扩散。

李斯文认为肺癌的早中期宜尽快采取外科手术,但肺癌外科手术最伤人体之宗气。因此对于手术后的肺癌患者,尤其重视补益与升提宗气,常以自拟二参汤(人参、西洋参)为基础方,适当配伍健脾益气之品,促进患者术后康复,为进一步抗肿瘤治疗奠定体质基础。

李斯文对放、化疗后或正在接受放、化疗的患者,从阴阳学角度审视其病变过程,把握阴阳气血之大纲,给患者以个体化治疗。他认为放疗最伤人体之真阴。放疗后的患者常见阴虚火旺之侯，多出现口干咽燥、盗汗、心烦、失眠、舌红少津之征。而化疗则易伤人体之元阳，化疗后的患者多有恶心、呕吐、自汗、神疲气短、纳呆便溏等症。对于正在接受放疗或放疗后的患者，常以沙参麦门冬汤化裁；而对于正在接受化疗或化疗后患者则以香砂六君子汤化裁论治。养阴重用西洋参，益气重用太子参及白术。

2.2 疏情畅志，心理关怀

李斯文强调，情志内伤是导致恶性肿瘤的重要因素。情志一有所伤，气机必然抑郁，肺脏必受其累；肺脏有病，人体之气必然受损，气机随之失于调畅，前后二者互为因果，相互促进。因此，李斯文对肺癌患者特别注重心理治疗。肺癌患者都承受着巨大的心理压力，并发骨转移者还要忍受剧烈的癌痛，或者因为长期的治疗和病情的不断进展，导致患者对生活丧失信心，甚至产生轻生的念头。对此类患者，李斯文处方用药多酌情伍入柴胡、香附、砂仁、佛手、山土瓜等行气解郁之品，还对其进行耐心的心理疏导，施以人性化的心理关怀，帮助患者树立与疾病作斗争的信心。（韩尽斌）

李松龄临术经验

【名老中医简介】李松龄（1936～）主任医师。重庆市中西医结合学会副秘书长、常务理事。重庆市名中医。擅长于中西医结合诊治内科疑难杂证，如心、肺疾病、风湿性疾病及脾胃病等。出版专著3部，发表各种文章400余篇。

1 治胸痹，兼顾诸脏

李松龄在胸痹的治疗过程中始终贯穿“五脏相关、气血同源、阴阳互根”理论，尤其对冠心病的治疗特别注重五脏兼证，不局限于活血化瘀、强心止痛等，而注重温肾益气，兼顾它脏。认为冠心病的病机，不仅是胸中阳气不足，亦有肾中阳气虚弱，下焦阴邪偏盛，上乘阳位，尤其是中老年人，肾精不足，心气日亏，鼓脉无力，血行不畅，胸闷心痛。施治宜配合温肾益气之治本之法，用淫羊藿、潼蒺藜、山茱萸等，则可获良效。同时，在诊治过程中，注意调理脾胃，保持肠胃通畅，不但对缓解胸闷心痛有效，而且能减少肠胃对过多脂质等饮食之吸收，或促其早日排泄，故常用山楂、制首乌、隔山撬等，既理脾胃，又强心降脂。

案1 杨某，男，64岁，退休工人，2003年9月12日初诊。患者于8年前因无规律加班，过于劳累，常感胸骨后及心前区闷胀不适，长期服用速效救心丸、复方丹参滴丸等，效果不显。近年来，不仅胸闷胀感加重，且心前区隐隐作痛，凌晨时感疼痛剧烈，时伴大汗淋漓，含用硝酸甘油其痛缓解后，感头昏、视物昏花、四肢不温且乏力，舌淡红，苔薄白。多次心电图提示心肌缺血改变。辨证为胸阳痹阻，脾肾两虚。治宜宣痹通阳，温肾益气，健脾化浊，通络止痛。方用瓜蒌薤白白酒汤、二陈汤、丹参饮加制附片、黄芪、淮山药、肉苁蓉、制首乌、三七粉等。5剂后复诊，患者感胸闷胀、头昏等症明显缓解，心前区疼痛发作次数明显减少，继服20剂后病情大有改善，嘱患者服心元胶囊以巩固疗效。

按 该患者因长期劳累，加上年事已高，肾精不足，心气日亏，胸中阳气不振，使之下焦之阴邪乘虚犯上，使心脉痹阻，气血不通。故单纯按活血化瘀、通络止痛，则治标而未治本，病未愈而反加重。只有五脏兼顾，使心肺之气血流畅；健脾以蠲除痰浊，益火之源以消阴翳，胸中阳气振奋而病自愈。

2 治心悸，综合辨证

李松龄认为自古迄今，中医辨证方法众多，若失偏颇，则显局限。因此，主张融各种辨证为一体，摒除门户之见，对内科疾病从不同的辨证角度，渗透各家的学术思想，同时进行综合辨证，并提出了正确辨证的三条标准：首先，能解释患者的全部症状和体征；其次，能说明病因、病位、病性、病机、病势；最后，还能为拟法、处方、选药提供依据。李松龄在治疗心悸等疾病中，多采用综合辨证之法而施治，每每获效。

案2，彭某 女，47岁，中学教师，2004年6月5日初诊。患者因教高三毕业班课程，平素劳累，多静少动，性情较急躁，自觉近几月来，心烦易怒、心悸，伴有少寐、眩晕，劳累后胸闷欲吐，口臭，舌质红，苔黄。曾检测心电图示窦性心动过速，ST－T轻度下移。经服活血化瘀、镇静安眠类中、西药，病情未见好转，心理负担加重，遂求中医治疗。辨证为胆气内虚，痰浊扰心。拟温胆汤加牡蛎、黄连、琥珀等。3剂后患者觉胸中舒畅，症状明显缓解，述熬夜后感头眩欲吐，测血压135/80mmHg。前方加钩藤、代赭石再服3剂，病情向愈。随访半年未见复发。

按 该病例辨为胆虚气郁，日久化热，内生痰火，扰乱心神，基本能含盖其所见之脉症，虽为心悸，但病在肝胆。《素问·灵兰秘典论》谓："胆者，中正之官，决断出焉。"说明胆与人体精神情志之活动有关。若胆气内虚或被邪气所扰，轻者心悸、失眠；重者可导致精神情志方面的疾病。《灵枢·邪气脏腑病形》曰："胆病者，心下澹澹，恐人将捕之"；《中藏经》云："胆者，中清之府也，号将军，决断出于此焉，实则伤热，热则惊怖，精神不安，卧起不宁"。本案是为胆虚，痰热内扰。若按养心安神论治，则不能清化痰热，舒展郁结之气，而有"闭门留寇"之虞。温胆汤清痰热，和肝胆，除虚烦，定惊悸，正与本证合拍。体现了李松龄综合辨证之理法思路，其选方用药充分考虑到病因、病位、病性，并紧扣病机，以温胆汤化痰火，柴胡、黄芩疏肝清热，当归、白芍柔肝养血，黄连清心火，牡蛎敛心阳等，以奏宁心安神之效。

3 治突发性耳聋，重标本兼顾

二十多年来，李松龄对当今国内外发病率甚高的突发性耳聋（包括药毒性耳聋），从祖国医学和现代医学相结合的理论、检查方法进行深入探讨，依据《类证治裁》"精脱失聪，治在肾；气逆闭窍，治在胆，凡耳聋及耳鸣者，治法悉准乎此"之论，认为前者多为虚证，后者多是实证；亦参《卫生宝鉴》"夫卒耳聋者，由肾气虚为风邪所乘，搏于经络，随其血脉上入耳，正气与邪气相搏，故令耳卒聋"之说，因而李松龄认为本症病机系经阻滞经脉为标，肾气亏虚为本，确立补肾填精、活血化瘀、行气通窍治法，拟定系列专方专药，在院内首倡运用响铃草作为治疗耳聋、耳鸣主药之一，医治了不少突发性耳聋患者，大多取得良好效果。

案3 胡某，男，33岁，干部，2003年5月12日初诊。突发双耳听力明显下降2d，某西医院行电测听听力损失60～70db（右耳60db，左耳70db），经高压氧仓、输液等治疗1周余，病情未见好转，遂来我院治疗。刻诊伴见头晕、头昏、耳鸣，有耳塞感，神疲乏力，健忘，少寐，舌质淡，苔白腻，脉弦。辨证为肾精亏虚，风邪闭窍，痰瘀蒙窍。药用党参、黄芪、陈皮、白芍、升麻、葛根、石菖蒲、蔓荆子、白术、川芎、制首乌、响铃草等。7剂后，头昏、耳鸣明显好转，仍觉听力差，伴少寐、心烦胸闷，前方去蔓荆子、升麻，加酸枣仁、熟地、牙皂。又7剂后头昏、耳鸣有好转，听力渐复。继服中药30余剂，听力明显好转，电测听听力损失10～30db（右耳10db，左耳30db），继服药巩固疗效。

按《医学入门》谓："耳鸣乃聋之渐也"。李松龄将鸣、聋两证视为同一病种，首先认为聋病多以耳鸣为前奏，鸣者多伴有听力下降，多见虚、实、寒、热错杂，故无论耳鸣或耳聋，必予开窍或通窍，常用石菖蒲、路路通、通草等；并予补肾填精，选用熟地、桑椹、制首乌等药。其次耳聋患者的舌质多暗，舌下脉络色多青紫，即"耳之血瘀，则气无以行之，而听失聪；耳之气滞，则血不能自施，而听失聪"，因而于活血化瘀基础上常加入理气之青皮、陈皮等药。

4 治痛痹，痰瘀同治

中医学通常认为，痹证各有所胜，用药以胜者为主，而兼者佐之；痛痹治以温寒为主，辅以疏风渗湿，佐以益火、辛温解凝寒。李松龄研习丹溪论治痹证之经验，将"痰瘀同治"施之于痛痹的治疗，颇有建树。认为凡顽痹久治失效，致关节肿痛、功能障碍，每遇诱因则关节疼痛呈进行性加重，多为外邪与瘀血痰浊凝聚经隧，胶结难解。故按常规用药，很难奏效。须采用透骨搜络、涤痰化瘀之品，以蠲肿痛。首选胆南星、白芥子、红花、乌梢蛇、水蛭等配合祛风湿之药，其功效在于化痰瘀、消肿痛。同时，急性期不离祛风、散寒、利湿通络或疏风、清热、利湿通络等；缓解期注意调补气血，或补益肝肾。总之，补助真气，宣通经脉，使气血流通，则痹自愈。

案4 陈某，女性，56岁，2003年12月6日初诊。患类风湿性关节炎9年，近2年来频繁发作。10d前关节疼痛加重，以四肢小关节及踝关节尤为明显，行走困难，右手第1掌指关节、第3指指关节肿胀微红，局部有灼热感，疼痛难以忍受。舌红苔薄黄，脉滑细。查血沉76mm/h，抗"O"1:500，类风湿因子阳性。辨证为风湿热痹、痰浊留注经络。治以疏风清热，利湿通络，涤痰化瘀。药用苍术、黄柏、胆南星、白芥子、防己、威灵仙、红花、羌活、桂枝、白芷、制乳香、制没药等。5剂后复诊，关节疼痛有减，但红肿依旧。原方加寒水石、知母等，继服7剂后，关节疼痛基本好转，红肿消退，活动自如。查血沉42mm/h，但夜间感关节不灵活，前方去胆南星、寒水石，加当归、白芍、熟地。5剂后症祛病愈。

按 本例患者类风湿性关节炎反复发作，伴关节肿胀、功能障碍，乃病久邪气痹阻经络，气血津液运行受阻，形成痰浊与瘀。此次发作，关节疼痛剧烈、灼热肿胀为主,为复感湿热之邪。因此,风湿痰瘀痹阻经络乃本病之病机关键。采取祛风利湿常法的同时,注重化痰、消瘀,选用丹溪之上中下通用痛风方化裁,可熔四法于一炉,对本病甚为合拍,其既能疏散风邪于上,又能横扫百节与臂胫之风,亦能除湿于下,透达四肢关节;既具活血化瘀通络之功,又有祛痰搜风之效。故李松龄施治痛痹得心应手。(李延萍)

李同生学术经验

【名老中医简介】李同生(1929～)山东曲阜人。教授,研究员,主任医师。现任湖北省中医药研究院名誉院长,中国中医骨伤科杂志社社长、主编,国家药品监督管理局新药审评委员,中国中医科学院客座研究员。首批获国务院特殊津贴的专家。全国第一、第二批老中医药专家学术经验继承工作指导老师。李氏正骨第四代传人,从医执教60余年,1999年获20世纪中医接骨学最高成就奖。

学术经验

1 推崇道家思想

李同生认为道家与医学同一渊源,虽各自发展,但相互渗透,所以他将道家思想及养生功法引入骨伤科,融合在诊疗之中。不论是药治、手法、功能锻炼或气功养生康复,多采取道家的顺应自然思想。燮理阴阳,顺势利导,无过无不及,恰中肯綮。

2 在骨伤科的治疗上,主张手法与药治并重

在手法上,其功力锻炼以武当功法为主,参以少林功法的精要部分,将气功、武功与正骨治伤手法熔于一炉,又将传统手法与现代医学,自然科学相结合,使李氏伤科别具一格。他把手法综合归纳为拔伸、接正、按摩等10种:

2.1 拔伸法

可解除伤肢肌肉痉挛使骨折短缩移位,旋转移位,成角移位得到改善或矫正,拔伸多由助手进行,拔伸力由轻到重,助手“倒腰向后”,用身体向后倾斜的重力持续缓慢加力,应当注意的是有拔伸力,一定要有反拔伸力作用于近骨折端。只有这样,才能使牵拉引力作用到两骨折端上去。

2.2 捺正法

广义“捺正”几乎包括整个整复手法,此处系指狭义“捺正”,捺者,“用手掀也”,“手重按也”。捺正法用于横形、短斜形、短螺旋形以及粉碎性骨折有侧方移位或成角移位者,对有短缩移位和重迭移位者,可先行拔伸而后施以捺正。捺正法有两点或三点捺正法,前者用于骨折侧方移位,后者用于成角移位。

2.3 反折法

又名翻托手法,对于骨折有短缩、重迭移位,经用拔伸法不能将短缩移位全部矫正者,可用反折法整复。先将骨折端推成成角,在助手轻力拨伸下,术者两大拇指为一方,按捺住骨折段突起的骨折端,两手的其余八指按捺住另一突起的骨折端,术者两拇指用力向选定的方向推按,将骨折推捺成30～50°成角,然后两拇指和余八指同时用力按捺,并作小范围的多次推拉动作,待远近两骨折段的同侧骨皮质接触顶住时,术者两手仍用力按捺复位的骨折端而不放松,助手再将成角的骨折端复直还原。

2.4 旋转法

用于骨折有旋转移位者,根据骨折时旋转外力作用的方向,用相反方向的旋转方法,使移位骨折得以整复。常用旋转手法有:回旋法,用于斜形骨折、螺旋形骨折有背向移位,或两骨折端有软组织嵌入者;捻转法,用于骨折后的旋转移位,陈旧性骨折畸形愈合,或骨不连接者;转动法,用于关节处骨折有侧方移位、成角移位和旋转移位者。在靠近骨折的关节上,可选用冠状轴或矢状,作顺或逆时针方向转动,利用关节转动并加其它手法而将其整复。

2.5 屈伸法

即在拔伸下作关节屈伸手法,近关节的骨折段过于短小,用手难以握持,利用关节的屈伸力可带动近关节的骨折段进行整复。关节内骨折因骨折片被附着的肌肉收缩牵拉,而产生不同的移位,此时的屈伸手法可使该肌群松弛,便于整复。

2.6 摇晃法

横形骨折或短斜形骨折有侧方移位的骨折面锯齿相嵌,可在拔伸、捺正法下行摇晃法。术者一手按捺近骨折端移位突起点,一手按捺远骨折端移位突起点,作推按、摇摆、晃动若干次,摇晃的角度为10°～30°。

2.7 挤捏法

用于管状骨长协形骨折、螺旋形骨折者,骨折线

较宽,有分离移位,或横形骨折有轻度侧方移位,或粉碎性骨折等。术者用两手在骨折同一水平作相对挤压按捏,进行整复。

2.8 分骨法

用于两骨或多骨并列部位的骨折,导致骨间隙狭窄,形成成角移位或侧方移位者。此法要点是:术者用两拇指甲部靠拢并列成一方,2~5指成另一方,分别掐捏正反两侧,楔入狭窄的骨间隙处,到一定深度后,两手各捏住同侧的骨折端而作扯拉分开。

2.9 合骨法

这是一种使分离移位的远近两骨折端,向骨折线靠拢的手法。术者用两手拇指、食指抵送两骨折块靠拢合骨,使两骨折端紧密接触。

2.10 推拿法

是一种辅助的治疗手法,多用于骨折整复后,藉以调理筋络,顺筋捋骨,使骨折合缝,使歪曲扭转的肌肉、肌腱得到整理还原,而宣通经络、化瘀活血、行滞理气。

3 深谙武当功法,外示安逸,内含刚挺

吸取武当内功之心静神宁,松软沉静,不致于临症慌张;发劲如箭,收功如电,不致于失手致伤(指使用闪劲的大力手法,或施用弹性冲击力的功法);顺顶提顶,虚胸实腹,不致于汗喘气逆;沉肩坠肘,动作稳健,不致于抖动失准;含胸拔背,催力至手,不致于气血乖离;口闭齿叩,舌抵上颚,不致于口燥神疲。

4 李氏内治颇具特色

李同生主张用药之道当法乎自然,因势利导,用药量不在多,贵在切合病机。他认为新伤责之于血淤,旧伤重在通络,应按四诊八纲,审证求因,据因定法,宗法拟方,依方遣药。反对拘守成方,百病一法,以病符方,以致药病不符,反致病笃。在内治上,李同生认为只有调理气血、行气理滞、活血祛淤,方能续筋接骨。调理气血之法又当分清脏腑、经络、部位,施以温清补泻。李同生临床用药组方法度严谨、配伍精当、君臣分明,用药擅兴王道之师,绝少大辛、大热、大燥、大寒等霸道之品。祛邪之时,注意刻刻顾护正气。

5 擅长武当气功点穴疗法(又名循经点穴法)

李同生常以脏象、经络、穴位、营卫气血为基础,以武当派的内功练气、蓄劲、发功等功力功法为依据,用指代针,进行穴位点打。点穴时,仍须用武当内功施法,施术者要求松、静、随、沉。凝神一志,调平气息,意在气先,聚集全身精气于丹田,由丹田发劲,以意领气,尾闾正中,顶竖肛提,运气由尾闾升至肾关,由肾关沿夹脊至天柱,开泥丸,舌抵上颚接天河水,津液满口,通任脉至膻中,呼应督俞,阴阳交泰,运气于臂肘、前臂,腕,运劲于掌指,此即武当内家所说的“牵动往来气贴背,乃敛气入脊”、“尾闾正中神贯顶”等。依此法以意领劲,运行到手指,能使点穴疗法之效大增。

历代骨伤科医家均重视练功疗法,古之“导引”即属此意。《词源》释“导引”为道家养生之术,谓呼吸俯仰,屈伸手足,使“气血充足,身体轻灵也”。李同生则用武当导引练功法来指导患者进行练功。作导引时,需体松、气固、神凝。“体松”是动作自然,举止轻灵,练时方能血循流畅;“气固”是气不散漫,呼吸深长,顺乎自然;“神凝”即精神集中,排除杂念。坚持按要求练功,可收事半功倍之效。(丁继华)

医方验方

一盘珠

组方:续断15g、生地12g、川芎12g、广木香6g、红花6g、泽兰12g、当归12、g、赤芍12g、苏木12g、桃仁6g、乌药12g、大黄6g、甘草6g、制乳香9g、制没药9g。

功效:行气活血,祛瘀消肿,抗炎止痛。

应用:跌打损伤。

用法:水煎服,每日一剂,共煎两次,早晚分服。

加减:1 证属伤后瘀血凝滞,患处皮隐泛青紫,作肿作痛,按之而复起较慢,宜用散血活瘀为主。此方重用桃仁、红花、苏木,另加广三七3~6g,刘寄奴12g,以韭汁为引。瘀肿较重,身体壮实者,宜逐瘀破血,此方加姜黄9g、荆三棱9g,莪术9g。

若瘀血凝滞,坚积难消者,宜消瘀化滞,原方加花蕊石1.5~3g,三七1.5~6g,人药汤混搅后内服。

若瘀血凝结,经久不散者,治以攻瘀化滞,此方加水蛭(炒断烟)1.5g,虻虫(去足翅)1.5g,或五灵脂6g,然此类药力过猛,谨慎用之,中病即止,不宜过服,切记。

2 证属郁气凝滞者,患处皮肤正常,泛肿而痛,按之陷下,复起较速,或不肿仅觉气刺痛,或咳嗽时牵掣痛。如属新伤体无虚证,当以通气行滞为主。此方重用乌药、木香,另酌加降香9~15g,陈皮9g。

若气滞较重者,治以疏肝行气、降逆。此方加青皮9g、枳壳9g、沉香1.5g、紫胡6g、代赭9g。

若气滞更重,身体较好者,治以破气导滞。此方加枳实9g、厚朴9g。

3 证属瘀血凝滞，证候较轻，瘀痛不减，或久伤难以急速取效，或新伤体质虚弱者，当以理伤活血通络为主。此方重用当归、川芎、生地、赤芍、泽兰、苏木、乳香、没药。另加丹参15g、活血藤15g、落得打9～15g、牛膝9g、丹皮9g、血竭6g。以上可根据病情酌加1～2味，以求良效。

4 证属瘀气凝滞，症状较轻，隐痛不愈，或受伤时日较久，或虽为新伤而体质虚弱，当以行气活络为主。此方重用乌药、木香。另可酌加枳壳9g、陈皮6g、香橼皮9g、香附9g。以上根据病情可酌加1～2味，以求良效。

5 气血阻滞于经络，痛无定处，时轻时重，当以理气通络为主。此方重用乳香、没药。另酌加桔络9g、穿山甲9g、王不留行9g、威灵仙9g、丝瓜络15g、地龙9g、麝香0.15g。以上可酌加1～2味。

6 伤筋、筋弱、筋纵无力、筋急、僵硬，不灵便、筋急不伸、不能运转，重用乳香、没药。另可加桂枝9g，伸筋草9g、威灵仙6g、海相皮9g、制川乌9g、丝瓜络9g、络石滕9g、秦艽9g等。根据病情可酌加1～2味。

7 伤骨、骨折、骨碎。肾主骨，此方酌加滋肾补骨之剂。若欲接骨，可酌加接骨木9g、自然铜（煅、醋淬七次为末）15g、古铜钱（制法同上）15g、骨碎补15g。可酌加1～2味。

若欲补骨，可用醋条虎骨9g、灸黄狗骨15g、鹿骨15g、煅龙骨15g、鹿角胶9g等，酌加1～2味。接骨宜补骨，此为根本之法；接骨宜散瘀，又须顾及。

8 身体各部位损伤时，可用此方酌情加减下列药物一至数味，以求良效。

①上肢伤：桑枝9g、桂枝9g、千年健9g、续断12g、姜黄9g；②下肢伤：木瓜12g、牛膝9g、独活9g、五加皮12g；③胸部伤：枳壳9g、桔梗9g、木香6g、郁金9g；④背部伤：乌药12g、威灵仙9g、狗脊9g、虎脊骨9g；⑤腰部伤：杜仲9g、破故纸9g、大茴香9g、巴戟天9g；⑥小腹伤：茴香6g、金铃子9g、木瓜6g；⑦胸胁伤：柴胡9g、青皮9g、龙胆草6g、白芥子6g；⑧腹部伤：大腹皮9g、吴茱萸9g、枳壳9g、槟榔9g；⑨足跟伤：紫荆皮9g、升麻9g、苏木6g、柴胡9g；⑩睾丸伤：萬苣籽9g、小茴香9g、荔枝核9g、桔梗9g。

此方在诊治过程中，一定要审清病症病理，或向有关医士请教，方保平安。旧方中有些动物药物今属违禁药物，配方时可遵医嘱予以更替。（史 明）

李维贤儿科临床经验

【名老中医简介】李维贤 教授，主任医师，研究员。曾任中国中医研究院基础所所长，享受国务院特殊津贴。第三批全国老中医药专家学术经验继承工作指导老师。从事中医科研、临床工作40余年。精通中医经典理论，能熟练运用中医理法方药治疗儿科、妇科、内科多种疑难病症，并多有显著疗效。撰写医著、论文近50篇，其科研成果有近10次获奖，研制开发中成药、保健品等数种，并曾多次赴港台讲学交流。

1 治病先察其源

李维贤经常引述《素问·至真要大论篇》的"必伏其所主，而先其所因"。他认为儿科诊法，虽无异于成人，然小儿之幼者口不能言，较长者又言不达意，且有拒绝生人、临诊啼哭之事，故临床诊疗时询问病史、寻找病因尤其重要，若得其原委，往往可一箭中鹄。

案1 张某，女，1岁7个月，不欲食，夜啼已2周，大便稀，呈绿色，日2～3行，小便黄，舌淡红，苔薄白，脉缓滑，左指纹青。证脉合参似脾寒夜啼，李维贤仔细追问病史，患儿曾2次自床上跌下而受惊吓，认为病因是暴受惊恐，气机逆乱，胆胃不和，痰热扰心，治宜豁痰宁神，温胆和胃，方选温胆汤合七味白术散化裁，药用：竹茹3g，枳壳2g，陈皮3g，清半夏2g，茯苓3g，甘草2g，藿香3g，木香2g，葛根3g，荷叶3g，3剂。每日1剂，水煎服，分4～5次服，每服4～5汤匙，忌生冷，绿豆类。3日后来电话，病已告愈。

按 本案小儿因受惊吓致胆胃不和而见夜啼、不食；因闪挫腰部而致大便绿色，溲黄为热象，指纹青为惊吓。温胆汤出自《三因极－病证方论》主治"心胆虚怯，触事易惊，梦寐不祥"，合七味白术散意取调和脾胃，用荷叶以醒脾，患儿脾胃本不虚，故不用参、术。

2 药从乳传显奇效

李维贤认为小儿之病，大人之过也，对乳儿的疾病常从乳母身上找原因，诊治乳儿疾病十分推崇薛铠父子，《保婴撮要》云："乳下婴儿有病，必调其母，母病子病，母安子安，儿难服药，当令其母服之，药从乳传，其效便捷”。凡因乳母的饮食、疾病等因素所引起的小儿病，通过治疗乳母而达到“母安子安”的目的；认为药物的有效成分通过乳汁可以对小儿起治疗作用，对喂药困难的乳儿令其母服药通过“药从乳传”起治疗作用。

案2 范某，男，5个月，母乳喂养，腹泻1个月，大便绿色稀糊状，日7～10次，纳可，睡眠不实，易惊，小便正常，面色萎黄，枕后脱发，舌淡红，苔薄白，脉细滑，指纹淡红。乳母经常吃生冷寒凉之品，面色萎黄，脉细缓少力。李师分析“乳母者，儿之所依为命者也。盖乳者血所化也，血者水谷之精气所生也。水谷入胃，气通于乳，母食热则乳热，母食冷则乳亦冷，故儿伤热乳者则泻黄色，伤冷乳者则泻青色。”（《幼科发挥》），此为脾肾虚寒作泻，病因在乳母过吃寒凉，母病及子，应调其母，令其母服药，母安则子安，起子母同治作用，方用化气暖胞汤加味，药用：盐巴戟25g，白术25g，茯苓10g，菟丝子10g，车前子10g，芡实10g，生晒参6g，官桂3g，生姜5片，大枣5枚，灯芯草2g。5剂。水煎服，每日1剂，日2服，每服200mL。忌生冷，绿豆类，萝卜类。6日后来电话，儿病已告愈。

案3 张某，男，6个月，咳嗽1周，痰多，夜睡不实，喉中痰鸣，纳可，小便黄，大便正常，舌淡红，苔薄白，脉细滑，指纹淡红。证属脾虚痰盛，方用七味白术散合二陈汤化裁，药用：生晒参6g，木香6g，葛根10g，白术10g，藿香6g，茯苓6g，陈皮6g，清半夏6g，甘草6g，前胡6g，桔梗6g，桑白皮6g，地骨皮6g，炙杷叶10g，川贝6g。4剂，每日1剂水煎2次，日3服，每服150mL。忌生冷，绿豆类，萝卜类。5日后来电话，儿病已告愈。

按 此例乳母健康，因小儿喂药困难令其母服药通过“药从乳传”而起治疗作用，小儿为稚阴稚阳之体，脾常不足，易为药物所伤，药物通过乳汁再进入乳儿体内，药害可明显减少，而乳母身体健壮，一般的中药对其身体并无损伤作用。

3 诊治因时制宜，用药顾护脾胃

《素问·六元正纪大论篇》：“用寒远寒，用凉远凉，用温远温，用热远热，食宜同法。有假者反常，反是者病，所谓时也”。李维贤在临床治疗疾病过程中，十分强调用药要因时制宜，要根据不同季节气候特点选方用药。由于小儿脾常不足，用药要十分重视顾护脾胃，要中病即止，反对治一经损一经，疾病剩下一成时可用食疗的方法。他在临证时经常对弟子讲：“大毒治病，十去其六；常毒治病十去其七；小毒治病十去其八；无毒治病十去其九。谷肉果菜，食养尽之，无使过之，伤其正也”（《素问·五常政大论篇》）。“救死是在不妨生的基础上而为之。”（《古今医统正脉大全》）。

案4 陈某，男，16岁，2005年8月12日诊。一诊：反复发热伴头痛已20余日，体温39℃～36.7℃，纳差不欲食，大便溏，日1～2行，溲黄，时有尿频、急、痛。就诊前曾输液治疗2周，苔厚腻，脉缓滑小数。李维贤认为此证属湿温病且湿重于热。治宜芳香化浊，清热利湿，方用暑令三仙方化裁，药用：藿香15g，佩兰15g，荷叶15g，杏仁15 g，薏苡仁25g，白蔻仁10g，茯苓15g，猪苓15g，泽泻15g，生石膏50g，滑石15g，知母15g，芦根15g，竹叶10g，生山药15g，甘草梢6g。3剂，每日1剂水煎服，早晚各1服，每服200mL。忌生冷，绿豆类，油腻。3日后复诊，服前药1剂热退，头痛明显减轻，现头部转动时偶感右颈部痛，食欲渐增，大便偏稀，日1行，溲黄，苔黄厚腻，脉缓滑而沉，服药后病势已衰，但余邪未净故仍取原法治之，方用藿香荷顶汤，药用：藿香15g，佩兰15g，竹叶10g，菊花10g，茯苓15g，薏苡仁30g，葛根15g，滑石15g，草梢6g，蔓荆子10g，通草10g。5剂，每日1剂水煎服，早晚各1服，每服200mL。仍忌食生冷，绿豆类，油腻，并嘱其防止食复、劳复，5日后随诊，病愈。

按 本案病发于夏季，暑湿之邪当令，患者高热缠绵不退，伴头痛、纳呆、大便溏，溲黄，时有尿频、急、痛，舌淡红，苔厚腻，脉滑数，符合湿温特点。湿热胶结不化，则见发热不退；湿热蕴结脾胃，脾失健运，则纳呆、便溏；湿热之邪困扰清阳则头痛；湿热下注则溲黄，时有尿频、急、痛，故本病的病机关键是湿热胶结，弥漫三焦。吴鞠通曰：“从清热则湿不退，从祛湿则热愈炽。”故以化湿清热为治疗大法。清热，尽量选用甘寒药，慎用苦寒药，否则易犯“苦寒凉遏，冰伏其邪，变证百出”之戒。祛湿药，选用芳香化湿如藿香、佩兰，苦温燥湿如白蔻仁，淡渗利湿如猪苓、滑石、泽泻。湿热病救阴犹易，通阳最难，救阴不在血，而在津与汗，通阳不在温，而在利小便。故方中有芦根生津，猪苓、滑石、泽泻、薏苡仁利小便而通阳。

4 善用名方治顽疾

李维贤常对弟子说，老祖宗留下了很多宝贵的经验和方药，要多向他们求教，有些我们束手无策的疑难病，其实典籍里面已经有了很好的办法，要通古达今。

案5 李某，男，13岁，脐周痛已半年余，纳佳，眠差梦多，大便干，2~3日1行，溲可，舌苔白根部厚，脉细滑。曾求治于多家医院，用过解痉止痛西药和行气导滞中药均无效。李维贤认为证属饮食积滞实证，治宜消食导滞，方用凉膈散加痛泻要方，药用：炒栀子10g，连翘15g，黄芩10g，薄荷6g，大黄10g，芒硝6g，白芍15g，白术15g，陈皮15g，防风15g，2剂，每日1剂水煎服，日2服，每服200mL。忌生冷，绿豆类。1周后其母前来告知2剂后其子腹痛已愈。

按《幼幼集成·食积证治》："夫饮食之积，必用消导，消者，散其积也，导者，行其气也。"患儿脐周痛已半年余，腑气不通也。饮食佳，大便干2~3日1行，舌苔根部厚，内有食滞也。积久必化热，有热必生浊气，故窜痛绕脐。治当寒下，剂轻则余邪难以尽除，剂重则恐伤脾胃，今选中剂佐以痛泻要方，不仅可以顾护脾胃而止痛，而且还能泻土中之木，通利五脏关脉，一泻一收，1剂邪去大半，再剂而滞尽除矣。

5 "停食外感"是中医儿科的四字箴言

李维贤常说治疗儿科病"停食、外感"可谓四字箴言。若先停食后外感，治以调理脾胃为主，兼顾表证。若先外感后停食，治以解表为主，兼顾脾胃。现在的小儿发热，多是因内有食火、脾胃不和而招致外感，但也有因外感而造成脾胃不和而停食的。停食多由饮食不节，任意恣食所致，外感则以六气划分为宜，非西医所谓的感冒。停食致外感，小儿脏腑娇嫩，形气未充，在生理上常表现出"脾常不足"，加之饮食不知自节，故易伤于饮食而形成积滞。目前物质生活条件远比以前优越，因喂哺不足而导致营养不良已明显减少，而家长为了让孩子吃得饱、吃得好、长得快，不根据小儿饥饱的情况，时时强行喂食的情况则经常出现，溺爱孩子任其挑食过食冰冷甜品、煎炸厚味也常见，挑食过食致脾胃损伤，脾不升清运化，胃不降浊腐熟，饮食内停不消而成积滞，积滞日久化热，脾胃积热，脾与肺为母子关系，母病及子，致肺卫外失于固密，稍有起居不慎，外邪即可入侵，内外合邪致小儿发热，此乃内有食火、脾胃不和而招致外感，临床较常见，也是小儿反复呼吸道感染的原因之一。外感致停食，小儿为稚阴稚阳之体，清·石寿堂《正原·儿科论》："稚阳未充，则肌肉疏薄，易于感触；稚阴未长，则脏腑柔弱，易于传变"。且小儿寒暖不知自调，故易被外邪所侵。外邪袭表，卫阳被遏，致肺气失宣，子病及母，可致脾失健运，胃失和降，受纳腐熟功能失职，加之家长唯恐孩子生病致营养不良而给予肥甘厚味，则更伤脾胃，以致饮食内停不消，亦即外感致停食也。小儿之病，大人之过，所以医生对家长的宣教也是治未病不可缺少的。（杨丽新 李睿）

李学麟儿科学术经验

【名老中医简介】李学麟（1954~）主任医师。1982年毕业于福建中医学院医疗专业。现任职于福建中医学院附属人民医院中医儿科。福建中医学院硕士生导师、名中医。福建中医药学会儿科专业委员会理事兼秘书。出身于中医世家，主要致力于小儿热病方向的研究，尝试以伤寒温病学说指导治疗小儿高热、哮喘、肾病、支肺等急重疑难病症。1997年主持省教委《"解肌清热"和"宣表化湿"口服液辨证治疗小儿外感高热临床研究》科研课题，2001年主持开展《舒咳合剂治疗小儿咳嗽变异性哮喘与尿"E4关系的临床研究》。

1 诊病施治，需时时顾护脾胃

小儿时期由于其脏腑娇嫩，形气未充，在其生长发育过程中，有赖于脾胃后天之本不断化生气血而滋养之。小儿发育迅速，生长旺盛，对营养精微需求较成人为多，但小儿素有"脾常不足"之体质特点，饮食、起居稍有不慎，即可导致脾胃功能运化失常。故在治疗小儿疾患过程中，脾胃的顾护显得更为重要。因此，李学麟在治疗小儿各种疾患进程中，强调必须时时固护脾胃，每于各处方中必加以运脾健胃，药常选苍术、藿香、山楂、神曲、茯苓、甘草之辈。尤其在小儿疾病恢复后期，李学麟指出调理脾胃尤其显得重要，以促进小儿免疫机能的尽快恢复。

2 重视饮食调理

李学麟十分重视小儿的饮食调理，主张对婴幼儿要合理喂养和顾护，反对家长过分的溺爱。提倡婴儿时期母乳喂养为主，新出生儿应尽早喂以母乳。认为母乳对婴儿来讲，其营养等各方面的作用，是其他食物所不能替代的。

李学麟力赞北宋儿科名医钱乙的"若使小儿安，常带三分饥与寒"之说，认为一些儿科疾病，诸如厌食症、积滞、泄泻等，常因平时饮食不当所致。即虽然小儿生机旺盛，处在发育阶段，水谷精微所需较多，然而婴幼儿脏腑柔嫩，脾胃功能尚未健全，平时饮食如稍有不慎，则容易造成脾胃损伤，尤其是现今家庭冰箱必备，零食冷饮充足，家长又缺乏科学育儿知识，每以小孩多食善饮为佳事，任其食用，不加节制，往往导致脾胃损伤，消化功能紊乱，临床多见食积腹胀、腹痛吐泻、厌食等症。所以临证时李学麟常嘱其家长要注意小儿饮食调理，食物冷热要适中，切勿过饥过饱而损伤脾胃。尤其是小儿病后初愈之时，嘱其父母更应善于调理，切不可认为小儿病后体虚，妄用膏粱厚味补之，有碍脾运，导致"食复"或延为厌食等症。虽然在大病、时病、久病后可能消耗了大量的糖、脂肪及蛋白质，这些物质急需补充，但鉴于小儿的生理特点，病愈初期宜先选择米粥、瓜果蔬菜这些清淡之品调养。俗话说的好，"三分医药，七分调理"，更是生动的说明了饮食调理对于疾病康复所起的不可忽视的作用。

3 小儿脾胃病的治法

3.1 通阳法

自宋金钱乙、陈文中开始，就对小儿的体质特点逐渐形成了两种主要学派。其一，认为小儿乃属阳气偏亢的"纯阳之体"，"小儿纯阳，无烦益火"(《小儿药证直诀·序言》)，"襁褓小儿，体属纯阳，所患热病最多"(叶天士《临证指南医案·幼科要略》)，据此，在治疗小儿疾患时，宜用清凉，力避温阳药物，即主张寒凉，以清为主派。其二，认为小儿纯阳，实非阳气之有余，而是稚阳，"……稚阳之阳，其阳几何！"(《鱼孚溪医论选》·罗整齐)，故该派主张以扶阳为主，即后世称之为温阳学派。至今，寒温两大学派仍有着深刻的影响。李学麟对此有其独特的见解，认为小儿体质确实存在"阳多阴少"的倾向，小儿虽然"阳常有余"，但在正常生理状态下，其"有余"之阳气通过适时向上、向外升发、蒸腾而得到正常的、适度的宣泄，从而调节机体内阴阳相对的、动态的平衡，保持健康的状态，同时也维持机体蓬勃生长的需要。所以"阳常有余"对小儿而言仅是相对而必需的。当小儿感受外邪及其它致病因素时，既可因阳得邪助，化火化毒，也可因阳气郁遏不能畅通、舒展、宣泄，行其正常的温煦、升发、蒸腾等作用，而成为体内异常的"有余"之阳气，从而破坏阴阳平衡，导致百病丛生，所谓"气有余，便是火"即指此也。如因饮食积滞中焦，脾阳失运致寒热交错于中，气机升降失常时，则发为腹痛、痞满、泄泻诸病症。故此，李学麟认为阳气郁遏，可为小儿百病之源。而对于小儿疾病发展过程中表现出的阳热过盛之证，就当前儿科临床来看，习用寒凉者多，温热者少。然而药不论寒温，贵在审证明确，用之得安。既不可误予温补，也不可过于寒凉，须时时注意予邪以出路，必要时还须应用温热药鼓荡其闭遏或不足之阳气，这就是所谓的通阳法。其目的就是祛除病邪，促使机体郁遏之阳气得以舒展、畅通、宣泄，使闭者开，郁者伸，滞者通，结者散，达到阳气流通，畅达无阻，津液敷布表里上下，气机升降出入有常，恢复小儿体内阴阳相对的动态的平衡目的。

3.2 运脾法

脾胃乃人体后天之本，气血生化之源，脾的正常运化，直接关系到整个机体的健康和生长发育，因此，治疗小儿脾胃疾病，必须重视脾的运化功能。而在治疗小儿脾胃病上，偏补则有碍气机条达，偏消则损脾伤正，李学麟对此则主张以运脾为主，即运其精微，化其水谷，以使脾主运化功能恢复，疾病向愈。根据运脾法的原理，具体治则、选方用药如下：

其一，醒脾助运。脾闻香则动，故运脾当选芳香化湿之品，药用苍术、藿香、苏梗等。在运脾药中，又首选苍术，该药性味微苦，芳香悦胃，醒脾助运，开郁宽中，疏化水湿，正合脾之习性，实为运脾之佳品。若再配以山查、神曲等，运中有消，则苍术助运之力加强。李学麟常用方有自拟"醒脾健胃合剂"(药物组成：苍术、党参、藿香、川朴、茯苓、黄芩、北山查、神曲、生大黄、甘草)、香砂枳术丸等。

其二，温运脾阳。水谷的转输，气血的化生，全赖脾阳之运化。脾阳不运，则水谷不化，气血化生功能障碍，遂发生腹痛、泄泻、便溏等脾胃虚寒证。脾为太阴之脏，"太阴湿土，得阳始运"，故治疗宜温运中阳，药用干姜、炮姜、生姜、木香、桂枝、砂仁等，方选小建中汤、理中丸等。

其三，运脾醒胃。李学麟在运脾过程中，也不忘醒胃。胃与脾，一纳一运。能纳者多能运，能运者多能纳。倘若纳或运有一失职，则脾胃有病矣。故临证时，健脾助运之余，应不忘醒胃以振奋食欲。尤其在患儿病后处于疾病康复期，以及小儿厌食症、疳证等脾胃纳运失调者，宜佐以醒胃开导食欲。药则喜用山查、神曲、苏叶、藿香、砂仁等。

4 小儿脾胃病的用药经验

4.1 升降结合

脾主升清，脾宜升则健。脾气上升，并将其运化的水谷精微，向上转输至心、肺、头目，通过心肺的作用化生气血，以营养全身。脾升清功能正常，则水谷精微才能正常吸收和输布，气血生化有源，机体生命活动旺盛。若脾不升清，则水谷不能运化，气血生化无源，则可出现神疲乏力、头晕目眩、腹胀腹泻等症。

胃主通降，胃宜降则和。胃为水谷之海，饮食物入胃，经胃腐熟后，必须下行小肠，才能将饮食物作进一步消化，并将其中的营养物质彻底吸收，化为气血津液，输送至全身。

在中医藏象学说中，常以脾升胃降来概括整个消化系统的功能。如此可见，脾主升与胃主降的功能关系是密不可分的，共同主导整个消化系统的功能正常运转。

李学麟在临证过程中发现，单纯胃病和单纯脾病很少见，往往是脾胃同病，只是轻重不同而已，但无论是哪方功能失常，辨治用药时倘若注意调和脾胃的升降功能，充分发挥其各自的功能，临床每每能获效。比如在治疗小儿厌食症中，李学麟常治以芳香醒脾助运，药用藿香、苍术、厚朴等，同时加用通腑导滞之大黄、槟榔等，如此脾胃升降得以调达，功能得以正常发挥。

4.2 阴阳并济

阴阳乃八纲辨证之总纲。诊治脾胃病，若不分阴阳，则不能达到预期的疗效，因此李学麟治疗脾胃病，必将辨鉴阴阳作为施治中州之前提，即分辨脾胃阴阳属性，鉴别脾胃阴阳不足。李学麟临证之际，必察其不足，审其有余，而后以理统方，精确辨证，使脾胃得安。

脏腑之性各有阴阳之别，脏为阴，腑为阳。脾与胃相为表里，脾在脏属阴，胃在腑属阳。在脾胃疾病中，脾属阴，胃属阳。脾的生理特性可谓：太阴湿土，得阳始运；脾喜刚燥；脾宜升则健。而胃为“阳明阳土，得阴自安”；胃喜柔润；胃宜降则和。脾胃虽同居中焦，然生理特性有别。脾胃皆属五行之土，然一为阳土，一为阴土；同与饮食有关，但一主受纳，一主运化；虽有枢纽之称，但一主升，一主降；一喜刚燥恶水湿，一喜柔润恶燥热；脾主藏精能运化水湿，胃主通降为津液之府。

脾与胃种种不同的生理特性，是二者产生不同病理变化之根本。大凡脾病多为升之不及，藏之不足，运之不力，燥之有碍；胃病多为降之不及，通之无力，纳之欠佳，润之有差。脾之所病，多为阳之不足；胃之所病，多为阴之亏虚。脾胃生理不同，病理各异，故其治则不能统于一法。治脾宜甘温升发，治胃则甘润通降。李学麟治脾必宗李东垣之甘温升发，用药常用党参、黄芪、甘草、苍术、藿香、茯苓、厚朴等。对于胃阴不足，遵叶天士“腑宜通即是补”之训，主张清补，以“甘平或甘凉濡润以养胃阴”为治胃之大法，用药上则强调胃乃“阳土喜柔，偏恶刚燥”，大多采用山药、沙参、白芍、甘草、乌梅、二冬、石斛之类养阴生津之品，达到“津液来复使之通降”的治疗效果。

4.3 攻补兼施

小儿患病具有“易虚易实”之特点，其病机每以虚实夹杂者居多。故李学麟临证时，主张治疗宜虚实兼顾，攻补兼施，从而达到祛邪又不伤正的效果。

李学麟经常告诫弟子攻补要有先有后，有主有次，当察其胃气强弱。因虚者正气内馁，无力鼓邪外出，故当扶正驱邪，以补为主，冀正复而邪能速去；因实者邪气亢奋，正气尚存，则当驱邪为主，辅以扶正。扶助正气，常用黄芪、党参、白术、怀山药、茯苓之辈；驱除邪气，常用大黄、槟榔、枳实、栝楼等。

4.4 辛开苦降

李学麟治疗儿科脾胃疾患，或见泻利，或见呕吐，或腹中痛等等，治疗上崇尚《伤寒论》，喜用仲景诸方，特别是泻心汤类的运用，治疗每多获效尤佳。盖小儿疾病以脾胃疾患居多，病机又多以寒热互见，虚实夹杂为特点，故寒热互调，辛开苦降之法用之甚为恰当。

泻心汤之辈，为辛开苦降法的典范。其方中的配伍甚为精当，李学麟每治证属寒热互结者脾胃病者，最喜用泻心汤之属。方中以辛温之半夏为君，散结除痞，又善降逆止呕，臣以干姜之辛热以温中散寒，二药辛以宣通，使机体湿遏之脾阳得以畅达；黄芩、黄连之苦寒以泄热开痞，使积于中焦之湿热得以清降。正如叶天士《临证指南医案》中告诫我们：“微苦以清降，微辛以宣通”，即为此意。如此，苦辛并进，则升降得调，湿热得除。临证中，若属湿热并重者，则用苦辛平等之剂，即半夏泻心汤，散结除痞，寒热平调。若湿重于热者，又当以辛通为主，苦降为辅，方选生姜泻心汤，重用芳香之品，以醒脾开结除痞；如若偏于胃气虚弱者，则当用甘草泻心汤，和胃补中，降逆消痞。

5 注重药物配伍

李学麟在临床中重视药物的配伍，认为两种或几种药物互相配伍，不但能起协同作用，相得益彰，而且将其配入主方中使用，能提高主方的疗效。现就李学麟治疗小儿脾胃病常用的药对小结如下：

5.1 柴胡和黄芩

柴胡苦平，入肝胆经，透泄与清解少阳之邪，并能疏泄郁滞之气机，使少阳之邪得以疏散；黄芩苦寒，清泄少阳之热。柴胡泻半表半里之外邪，黄芩泄半表半里之里邪。柴胡升清阳，黄芩降浊火。柴胡长于开郁，黄芩善于泄热。二药相和，升清降浊，调和表里，和解少阳。在治疗小儿脾胃疾病中，表现为寒热往来、心烦喜呕、胸胁苦满、食欲不振、口苦、咽干、目眩等少阳证者，但见其中一二证，李学麟即将二药相伍为用。

5.2 黄芩和半夏

黄芩苦寒，苦能燥湿，寒能清热，为清热燥湿、泻火解毒之品；半夏辛温，体滑性燥，能走能散，能燥能润，既能燥湿化痰，又能降逆止呕，散结除痞。李学麟常将二药配伍，治疗寒热互结以致胸胁痞满、食欲不振、恶心呕吐诸症，以及痰热互结、脾胃升降失调所致之痞证。

5.3 黄芩和黄连

黄芩苦寒，清热燥湿，泻火解毒，善清中上焦之湿热；黄连大苦大寒，善清心胃之火，除中下焦之湿热。李学麟常用二药配伍治疗如小儿泄泻、腹痛等表现湿热证者。

5.4 黄连和吴茱萸

黄连苦寒，清热燥湿，泻火解毒；吴茱萸辛苦，大热，温中散寒，降逆止呕。黄连苦寒泻火，直折上炎之火势；吴茱萸辛散温通，开郁散结。二药配伍，辛开苦降，取反佐之妙用。李学麟常将二药配伍，治疗肝郁化火，胃失和降所致之胁肋胀痛、呕吐、嗳气、吞酸、口苦等，且在用量上，根据寒热不同，在比例上灵活变化。

5.5 干姜和黄连

干姜辛热，温中散寒，回阳通脉；黄连苦寒，清热燥湿，泻火解毒。干姜辛开温通，黄连苦寒降泄。二药相和，辛开苦降，一温散一寒折，李学麟多用于治疗寒热错杂所致之胃脘疼痛、呕吐泄泻、嘈杂嗳气诸症。

5.6 木香和槟榔

木香苦温，气味芳香，为行气止痛之要药；槟榔辛苦温，消积导滞，行气利水。二药伍用，行气止痛，消积导滞之力倍增，故李学麟常用之治疗胃肠积滞所致之腹痛、便秘、痢疾等。

5.7 黄连和木香

黄连苦寒，清热燥湿，泻火解毒，守而不走以厚肠止泻；木香辛温芳香，行气止痛，走而不守以消胀。二药配伍，一寒一温，一升一降，共奏调气行滞，厚肠止泻、止痢之效。李学麟常用于治疗下痢腹痛、泄泻等症。

5.8 附子和干姜

附子辛温大热，其性善走，为通行十二经脉纯阳之药，全身上下内外，无处不达，无所不至；干姜气足味厚，温中散寒，回阳通脉。“附子无干姜不温”，二药相伍，回阳救逆之力倍增。李学麟多用于治疗久痢久泻、手足逆冷之脾胃虚寒等症。

5.9 黄芪和党参

黄芪甘微温，补气升阳，固表止汗，利水消肿；党参甘平，甘温补中，益气生血。黄芪固卫气，擅长敛汗；党参补中气，长于止泻。二药相和，一里一表，一阴一阳，共奏补中益气之功。李学麟多用于治疗脾胃虚弱诸症。

6. 小儿常见脾胃病的诊治经验

6.1 厌食症

现代医学认为，小儿厌食症是多种原因导致食物中枢由兴奋转为抑制，胃肠功能紊乱，肠管蠕动及小肠功能减弱，消化分泌功能失调，各种酶分泌减少的结果。目前西医治疗本病多以消化酶类、维生素、微量元素等的补充来满足机体对所缺物质的需要。从中医整体观出发来看，李学麟认为西医治疗的思路片面地强调外源性因素，而忽略了机体自身对营养物质的吸收功能，而中医药治疗则以辨证论治方药为主，重视改善患儿失调的脾胃功能，激发机体肠道多种功能，从而有利于机体对缺乏物质的吸收利用，并且中药本身也含有一定的微量元素，可以说是从多方面、多途径从根本上来治疗厌食症。故李学麟治疗小儿厌食症多提倡运用中医药辨证治疗，并经过多年的临床实践，也充分证实了中医药治疗本病确实疗效显著，是西医药难以比拟的。现就李学麟治疗本病的中医诊治经验分几个方面阐述如下：

6.1.1 喂养不当是其主要病因

小儿脏腑娇嫩，脾常不足，多种原因均可导致脾胃纳运功能失常。然在众多病因中，饮食不节，喂养不当实其主要病因。现时或因家长过于溺爱子女，使其恣意过食生冷，如冰棍、雪糕、汽水、瓜果等；或是过食肥甘厚味，如巧克力糖、酸牛奶、奶油蛋糕、炸鸡腿等，久而久之，必损伤脾胃之阳，造成寒凉遏胃，气机阻滞，出现食欲不振等厌食症。而产生食欲不振的根由，李学麟将其归结为两个方面：一是家长缺乏育婴保健知识，喂养方法不科学，多数家长（尤其是独生子女的家长）片面强调给孩子以高营养的滋补食品，滥用滋补，恣食肥甘，造成营养过度，超过脾胃正常的需求承受能力，致使脾胃受纳运化呆钝；或是过于溺爱，乱投杂食及恣意投其所好，养成孩子偏食，甚至家长强迫进食等不良饮食习惯。其二是小儿素禀不足，脾胃尤其虚弱，脾虚则不运，胃弱则不纳。

6.1.2 病变脏腑关键在脾胃

李学麟认为小儿厌食症与心、肝、脾胃、肺、肾等脏腑均有关系，但病变的脏腑关键在脾胃。小儿乃稚阴稚阳之体，脏腑娇嫩，形气未充，肺脾肾三脏均为不足，然在既生之后则以脾胃不足最为关键。盖脾为后天之本，气血生化之源，既生之后，肺肾功能之不足，均有赖于后天脾胃的滋养，才能不断补充和化生。

《灵枢·脉度》篇云："脾气通于口，脾和，则口能知五谷矣。"不思纳谷，食而无味，其病在脾胃当属无疑。《小儿药证直诀·虚羸》云："脾胃不和，不能食乳。"《幼幼新书》谓："脾者，脏也；胃者，腑也。脾胃二气合为表里，胃受谷而脾磨之，二气平调，则谷化而能食。"脾胃乃后天之本，气血生化之源。脾胃健运，方能知饥欲食，食而能化。各种病因造成脾运失职，胃纳失司，都能产生厌食症。故厌食患儿临床症状并不多，但均与脾胃失调密切相关。

6.1.3 脾运失健为其主要病机

脾胃相为表里，脾主运化，胃主受纳，二者相辅相成。《景岳全书》云："胃主受纳，脾主运化，一运一纳，化生精气。"脾胃调和，方能知饥纳食，食而能化。脾胃不和，则精微不得四布以滋养全身，进而出现体弱消瘦，面色萎黄，皮毛憔悴，头大颈细，烦急厌食等症。

小儿脾气未充，运化力弱，而小儿发育迅速，生长旺盛，故对水谷精微的需求量较成人相对为多。加之喂养方法不当，饮食的过量与不足，或突然改变饮食品种，盲目增加过高的营养物质，超越了正常的脾胃耐受能力；或先天禀赋不足，环境气候的变迁等等，还有患病之后，滥用药物或病后失调皆能影响和导致脾胃受损，而发生诸如厌食等脾胃病变。故李学麟认为小儿厌食症中，脾运失健才是其病机关键。

6.1.4 辨证分型

① 脾失健运证：起病前多有乳食喂养不当史，临床主要表现为厌恶进食，甚则拒进饮食，常嗳气泛恶，胸闷脘痞，面色正常或少华，形体偏瘦，大便不畅，舌质淡红，苔白或薄腻，脉细尚有力，指纹淡。

②脾胃虚弱证：本证又可分两证型，即脾胃气虚证和胃阴不足证。

脾胃气虚证：多由于素体脾虚，或厌食日久，脾气耗损，由脾失健运发展而来。此时脾虚症状已具但尚不严重。临床除表现有厌食甚或拒食外，尚有脾胃气虚之征，如面色萎黄，形体瘦弱，容易疲乏，多汗腹胀，易犯外感，大便稀薄或夹有未消化物，舌质淡，苔薄白，脉细弱，指纹淡。

胃阴不足证：多由于素体阴虚或患热病之后，或嗜食辛辣伤阴者。临床以口干多饮而不欲进食为主要表现，常兼有诸如面色萎黄，皮肤干燥，烦躁易怒，手足心热，大便秘结，舌质红少津，苔薄少或花剥，脉细，指纹紫等阴虚之征。

虽然小儿厌食症临床上大体可以分为以上两型三证，但李学麟在多年的临床实践中发现，由脾失健运而导致厌食者在临床中约占半数以上。盖其多因喂养不当所致，主要病机是脾运失健等有关，前面已经阐述。

6.1.5 醒脾健胃为其治疗大法

脾胃为人身升降之枢纽。脾主升，脾气散精，将水谷精微之气上输心肺，流布全身；胃主降，使秽浊糟粕从下而出，一升一降，使人体气机生生不息。李学麟认为针对小儿厌食症，其升清降浊的主要面在于升清，加之喂养不当乃其主要病因，故治疗小儿厌食症，李学麟推崇以运脾为主，健胃为辅。基本方治疗如下：党参、苍术、藿香、厚朴、茯苓、黄芩、山查和神曲，健中有消，消中有补，攻补兼施，补而不滞，消不伤正，既醒脾又健胃，诸药合用，共奏醒脾健胃，助运导滞之功。

在临证过程中，若属脾运失健，李学麟每治以运脾为主，选苍术、藿香等醒脾助运，辅以茯苓、厚朴、山查、神曲等健胃，如此健中有消，消不伤正。若属脾胃虚弱，治宜健脾益胃为主，偏脾胃气虚者，当健脾益气，药常加用党参、甘草等益气健脾，生津养血；偏胃阴亏虚者，又当益胃养阴，药又加用沙参、白芍、甘草、乌梅之品。随证加减：便秘加生大黄、槟榔、栝楼仁通腑导滞；脘痞腹胀加木香行气止痛；便溏腹泻加炮姜、黄芩、黄连、麦芽等清肠消积；汗多易感加浮小麦、黄芪、牡蛎益气敛汗；呕吐加煮半夏止呕。

6.1.6 病案介绍

董某，男，3岁4个月，连江人。初诊日期：2004年6月7日。患儿出生于美国，一年前回国至今。自从回国后，患儿食欲明显下降，纳食量较前明显减少，至当地医院西医治疗（具体不详），效果不明显。经人介绍，遂求诊我师。刻下证见：纳食不思，饮食稍有不慎则大便溏泻，平时大便时有偏干，但每日均可解其大便，面色尚华，形体如常，舌质淡红，苔白，脉细尚有力。证属脾失健运，治疗宜醒脾健胃助运，方选自拟醒脾健胃合剂。处方如下：党参6g、藿香6g、川朴5g、茯苓8g、苍术8g、黄芩10g、北查12g、神曲10g、生大黄2g(后入)、甘草3g。7剂，水煎服，每日1剂。并嘱其家长若患儿服药3剂后大便畅，将大黄去掉，余药继服。二诊：服药后食欲见增，唯大便至去大黄一药后的第3天又偏干，舌脉同前。上方加槟榔10g，继服7剂。三诊：服药后饮食基本正常，大便转软、畅，舌脉同前。上方去大黄，北山查改用15g、茯苓改10g。继服6剂，以巩固疗效。

按 患儿自美国回到中国后，生活环境、饮食方式等发生重大改变，加之家长营养方法不当，片面追求高营养的滋补食品，超越了其脾胃正常的运化能力，导致患儿脾运失健，故而发生纳食不思，饮食稍有不慎则大便溏泻；舌质淡红，苔白，脉细尚有力均为脾运失健之象。故李学麟投以自拟醒脾健胃合剂，醒脾开胃，芳香健胃，助运导滞，以增进食欲。共进20剂中药，疗效显著。

6.2 小儿泄泻的诊治经验

6.2.1 病因在于饮食不当

李学麟认为，小儿泄泻的发病存在内、外两种因素。其中，饮食不当及气候变化是本病的主要外在因素，而脾胃虚弱是其内在因素。然在众多病因中，李学麟经过多年的临床实践认为，饮食不当实乃本病的主要病因。现时或因家长过于溺爱子女，使其恣意过食生冷瓜果及不消化食物，或是过食肥甘厚味，或因调护失宜，饥饱失常等等因素，超越了脾胃正常的耐受能力，脾胃受损在先从而易发泄泻。气候因素也不容忽视，气候突变，寒温失调，尤其在夏秋之时，更加暑湿为犯，此时饮食稍有不慎，则易引发泄泻的发生。因此，饮食不当是小儿泄泻发病的主要病因，辨治之时须重视饮食的调护，从源头治疗本病。

6.2.2 病机是脾运失健

李学麟认为，小儿泄泻主要是由于饮食不当，导致脾运失健，脾不运湿，脾主升清功能不足，而致清浊相干，并走大肠，发为泄泻。脾为湿土，喜燥而恶湿，湿困脾阳，则运化力弱。脾宜升则健，胃宜降则和，若脾胃有病，则清浊升降失常，水反为湿，谷反为滞，清气下陷，湿犯大肠，而为泄泻。故有“湿胜则濡泻”、“无湿不成泻”等之说。总之，脾运失健才是本病的主要病机，其病变部位在脾胃，当属无疑。

6.2.3 辨证重视审查寒热与虚实

① 首辨寒热

伴有发热，面色红赤，大便急迫呈黄色，或水样，或带有黏液泡沫、气秽热臭，小便色黄短赤，色红苔黄或伴白腻者，是为热泻。若苔薄白则湿热较轻，厚则湿热较重。伴畏寒，面色灰白，便下青色或淡黄水样，小便清长，舌淡苔薄白或薄腻者，是为寒泻。

另外，李学麟针对每一泄泻小儿，必观察其肛门情况，以作为辨证参考。凡肛门肿胀、灼热、潮红，皱褶变粗者，多属热泻。若肛门色红紫，见皱褶粗而肿硬者，为湿热转重之象。凡肛门色淡，皱褶潮粘者，多属寒泻。若肛门肿胀而痛，周围淡红者，多为伤食泻；肛门不肿不红者多为虚泻。

② 二辨虚实

凡泻下急骤，量多腹胀或腹痛拒按者，多为实证；泻下日久缓慢，腹胀喜按者，多为虚证。实证当分伤食泻、风寒泻或是湿热泻；虚证又当分脾虚，或是脾肾俱虚。其中伤食泻往往与湿热泻相夹。

6.2.4 治疗首重运脾

李学麟遵江育仁“脾健不在补，贵在运”的观点，采用运脾法为主治疗小儿泄泻，确实疗效可靠。根据运脾法则，李学麟自创“运脾止泻合剂”，药物组成：藿香、葛根、厚朴、茯苓、泽泻、苍术、黄芩、黄连、炮姜、神曲和甘草。方中以苍术和藿香为主药，运脾醒胃；葛根升阳止泻，泽泻降浊化湿，二药合用，调理脾胃升降；厚朴、茯苓、神曲和甘草理气健脾；黄芩和黄连清热化湿。另外，遵“太阴湿土，得阳始运”之训，李学麟认为治疗小儿泄泻，不应一味清热化湿，而应时时固护脾阳，故常于止泻方中加入少许炮姜，以温振脾阳，亦取反佐方中苦寒之品之义，如此寒热平调，脾阳得助，脾运则健。本合剂具有消中有补，补中寓消，攻补兼施；升降结合，寒热平调等特点。此外，在该合剂配伍中，李学麟除了运用寒温并用、升降相调、攻补兼施外，尚将辛开苦降之法运用其中，如运用藿香、苍术芳香醒胃，辛以助运，再辅以芩、连苦寒降泄，如此配伍精当，能不获效？

6.2.5 病案介绍

案1 张某，女，8岁，福州市台江区人。初诊日期：2003年12月29日。患儿近2日来腹泻，泻下急迫，日行4~5次，为稀水样便，色黄而臭，无脓血黏液，伴腹痛、恶心欲呕，纳食差，小便短少，肛门口灼热感。查体：面黄，唇红而干，皮肤弹性可，心肺(-)，腹部平软，未及包块，压痛不明显，无反跳痛，肝脾肋下未及，肛门潮红。舌质红，苔薄腻微黄。中医诊断：小儿泄泻。证属湿热下注，治疗宜运脾止泻，清肠化湿。方选自拟“运脾止泻合剂”加减，处方如下：藿香8g，葛根6g，厚朴8g，茯苓10g，煮夏9g，黄苓10g,黄连6g,炮姜4g,泽泻10g,北楂10g,神曲10g,甘草3g。2剂,水煎服,每日一剂。二诊:上述2剂药后,腹泻明显减轻,次数减为每日2次,恶心欲呕症状已除,腹痛时有,较前略减,纳食渐增,舌质红,苔薄微腻。此乃湿热余邪未净,脾运未健,遂于上方去掉煮夏,加木香(后入)3g,继进3剂,药后诸症悉除,病告痊愈。

案2 范某,男,9个月,福州市连江人。初诊日期:2004年3月1日。患儿腹泻已有3月余。曾用西药抗菌素,及"妈咪爱"、"思密达"、"培菲康"等药物治疗,腹泻仍反复难愈。刻下证见:大便呈黄色稀水样,日行5~6次,时有微臭,无脓血黏液,神倦,面色苍黄,间有吐乳,哭时泪少,纳食差,小便少。查体:唇白略干,皮肤弹性稍差,眼窝、前囟稍凹陷,心肺体检未见异常,腹部稍膨隆,未触及包块,叩诊鼓音,肝脾肋下未及,肠鸣音亢进,肛门无肿痛,周围淡红。舌质淡红,苔薄白中微腻。中医诊断:泄泻。证属脾虚湿困,治疗宜健脾渗湿止泻,方选七味白术散加减。处方如下:党参5g,白术5g,苍术5g,茯苓10g,泽泻8g,黄芩8g,黄连3g,炮姜2g,北楂6g,神曲10g,木香(后入)3g,野麻草10g,石榴皮8g,甘草3g。5剂,水煎服,每日1剂。二诊:5剂药尽,大便次数减为3~4次/日,粪质渐成形,患儿精神好转,纳食见增,舌质淡红,苔薄白。效不更方,上方去黄连,加乌梅6g,继进5剂,药后诸症痊愈。

按 患儿先天禀赋不足,脾胃虚弱,故泄泻日久难愈。脾虚则运化力弱,不能运化水湿,发为泄泻。脾虚则湿邪困阻中焦,湿郁日久化热,则大便时有秽臭。脾胃虚弱,则神倦、面黄、纳差。舌淡红,苔薄白中微腻,均为脾虚湿困之征。本病案治疗采用七味白术散加减,方中以四君子汤(人参易为党参、白术、茯苓和甘草)健脾助运;苍术运脾燥湿,泽泻渗湿止泻,黄芩、黄连、石榴皮和野麻草清肠化湿。方中佐以少量炮姜,温运中阳;木香疏理气机,北山楂、神曲健胃。全方攻补兼施,寒温并用,升降调和,共奏健脾渗湿止泻之功。本处方配伍精当,切中病机,故而收效。二诊时易黄连为乌梅,酸甘养阴,以善其后。(林德湘)

李学铭临床经验

【名老中医简介】李学铭 主任医师,教授。首批全国老中医药专家学术经验继承工作指导老师,浙江省名中医。名老中医叶熙春关门弟子。擅长治疗黄疸型肝炎、慢性肾盂肾炎、结核性渗出性胸膜炎、风湿病等疾病。

肾性蛋白尿

1 从风论治

李学铭据临床观察认为,许多蛋白尿患者,长期不愈、加重或复发,其原因多为风邪侵袭后,治疗不及时,外来之风邪并未完全祛除而滞留体内。蛋白质系人体水谷精微,有赖于肺脾肾的化生与输布,若风邪滞留于肺,肺病则既不能接受脾之上输水津,又不能纳入肾气蒸化之浊中之清,致水精不能布散全身,径走膀胱;肺病精气不行,水停为痰,肺不朝百脉,血滞为瘀,痰瘀互结使然。正如《灵枢·经脉》云:"肾足少阴之脉……贯脊属肾络膀胱,其直者从肾上属肝膈,入肺中……"即指出了肺肾经脉相通,肺病可通过经脉联系影响肾之封藏作用。同时,风邪亦可直接循经下行,滞留于肾,"风性开泄",致肾之封藏失职,形成蛋白尿。李学铭认为,风无定体,常依附他邪而发病,故临床祛风亦当辨证用药。风寒者,方以荆防败毒散为主,药用荆芥、防风、羌活、桔梗、枳壳、川芎、茯苓、细辛、全蝎等;风热者,方以银翘散为主,药用金银花、连翘、一枝黄花、牛蒡子、薄荷、僵蚕、蝉蜕、芦根、桔梗、甘草、牡丹皮等;风湿者,以羌活胜湿汤为主,药用羌活、独活、防风、秦艽、威灵仙、雷公藤、柴胡、川芎、当归、丹参等。现代药理研究表明,祛风药不仅能抗炎、消肿,而且还具有抑制免疫反应作用,这为从风论治蛋白尿提供了现代药物学依据。

2 从瘀论治

瘀血是脏腑功能失调的病理产物,其在许多肾性蛋白尿患者中可贯穿始终。这是因为:其一,肾脏病初期,邪气侵扰肾络,致肾络气血闭阻,即可出现瘀血现象;其二,蛋白尿患者多伴水湿内停,"水病及血"而致瘀;其三,蛋白尿患者亦多伴有血尿或实验室检查见小便含大量红细胞,出血必有瘀;其四,肾系疾病多病程冗长,"久病入络","久病必瘀"。如此等等。从微观辨证看,患者血液流变学及血小板功能每有异常改变,血尿纤维蛋白降解产物增高,某些肾病综合征患者血液常因高凝状态易形成静脉血栓等,这些均证明血瘀证之存在。若瘀阻肾络,精气不能畅流，壅而外溢，常使蛋白尿顽固难消。具体治疗上，李学铭认为瘀血之初，可选用一般活血药物如当归、赤芍、牡丹皮、川芎、牛膝、益母草、丹参、红花、石见穿、落得打等；瘀血之久，一般活血药奏效甚微，非虫类破血药物难竞其功，宜选用水蛭、虻虫、地龙、地鳖虫、鳖甲、穿山甲等。运用活血化瘀法的同时，还需注意适当配合通腑、利水、温阳、理气等药物。因为瘀化之后必假肠腑而出，故酌配益母草、汉防己、车前草、白茅根等利尿药；血得温则行，瘀得温则散，故酌配制附片、仙灵脾、桂枝、干姜、细辛等温阳药；气行则血行，气滞则血瘀，理气可活血行瘀，故酌配香附、佛手、乌药等理气药。

3 从痰论治

李学铭认为，肾系疾病之发病原因不离外邪侵袭和脏腑功能失调两端，病之发生发展，无论在肺、在脾、在肾均可引起水液代谢障碍，导致水停湿聚痰停。正如《医学入门》所说："痰者，津液所化。风伤肺，湿伤脾，凝浊而生。"《医学纲目》亦云"凡病百药不效……痰也"，且俗有"怪病多痰"之说。痰一旦形成，必阻滞气机，妨碍血液的正常运行而又致血瘀，痰瘀互结，交结难解，而"痰之为物，随气升降，无处不到"（朱丹溪），由此可见损伤脾肾极易导致蛋白尿持续难消。现代肾脏病理研究证实，肾小球疾病的主要病理改变为系膜细胞增生，基底膜增殖增厚，足突融合，管腔闭塞，肾小球彼此粘连，甚至玻璃样变等，此正与祖国医学"痰瘀互结"之病机吻合。所以李学铭常在活血化瘀的同时，喜加用化痰药如海藻、昆布、半夏、川贝母、白芥子、瓦楞子等。

4 从湿热论治

薛生白云："太阴内伤，湿饮停聚，客邪再至，内外相引，故病湿热。"同时，因治疗中激素、免疫抑制剂、雷公藤制剂、抗生素等药物的长期、大量使用，难免损伤脾胃，导致水湿排泄不利，湿郁化热。湿热之邪内困于脾，脾失升清降浊之能，则清浊俱下；湿热扰于下焦，肾主封藏失职，精气下泄，从而使蛋白尿形成或加重。李学铭强调，凡顽固性蛋白尿见舌苔厚腻或黄腻这一主症者，即可辨为湿热内蕴。具体治疗过程中若湿热阻于中焦者，方以苏叶黄连汤为主，药用苏叶、黄连、茯苓、半夏、枳壳、竹茹、陈皮等；若湿热阻于下焦者，方以四妙散、程氏萆薢分清饮为主，药用苍术、黄柏、牛膝、薏苡仁、土茯苓、石菖蒲、丹参、车前草、忍冬藤等；若湿热阻于三焦者，方以三仁汤为主，药用杏仁、白蔻仁、薏苡仁、藿香、佩兰、半夏、厚朴、白茅根、玉米须、滑石、石韦、甘草等。

5 从肝论治

李学铭认为，肝主疏泄，性喜条达，若肝气郁结则升降无序，水停精泄；肝肾同源，肝经湿热实火下注于肾，精室不宁，则精微外泄；肝藏血，肝之阴血不足，疏泄也自然受到影响。同时，精血同源，补肝即补肾。因此，从肝论治蛋白尿，理所当然，同样不可偏废。主要方法有疏肝、泻肝、养肝等，常用方如柴胡疏肝散、逍遥丸、龙胆泻肝汤、补肝汤、杞菊地黄丸等。（卞华 吕芹）

慢性肾衰竭

李学铭治疗慢性肾衰竭，主张紧抓毒、瘀、痰、邪、虚、土六字，具有独到见解。

1 基本疗法

1.1 毒

慢性肾衰竭，在本为脾肾亏虚，在标为体内代谢毒素不能正常排泄而积蓄成毒，则上袭心为浊气凌心，表现为心悸、惊恐；上袭肺为浊气熏肺，表现为咳嗽、气急；上窜脑为尿毒症脑病，表现为谵妄，甚者昏迷；中阻脾胃为恶心呕吐。故治疗本病重在排毒。

1.1.1 泄毒 除用大黄外常佐少量番泻叶2～3g，或风化硝，或加商陆，荡涤毒物从二便排泄。其用商陆最有考究，商陆为苦寒有毒之品，攻逐水饮，商陆运水饮使毒从大便解出，且剂量从少量开始，初用10 g，渐加至15 最大量20 g，血肌酐400μmol/L 以上始用。

1.1.2 解毒 使毒从体内化解，加白毛藤、黄毛耳草、六月雪、金银花、白花蛇舌草、鱼腥草等清热解毒之品。

1.2 瘀

久病入络，久病必瘀，慢性肾衰竭尿毒症，肾小球基底膜改变至肾小球毁损者，舌多暗紫瘀或淡紫瘀斑，治疗必参入活血化瘀之品，除大黄、丹参、川芎外，或加桂枝茯苓丸，或加地龙、鳖甲、穿山甲软坚散结。化瘀对于稳定肾功能起到很大作用。

1.3 痰

慢性肾衰竭，往往历时很长，凡顽固之疾，非瘀即痰，化瘀不应即化痰，李学铭仿《伤寒论》牡蛎泽泻散，常加海藻、昆布，配合生牡蛎、商陆，化痰之巢穴。痰湿浊邪上逆于胃而恶心、呕吐，则加生姜、半夏，即《伤寒论》小半夏汤，化痰止呕。

1.4 邪

久病必虚，抵御外邪之力必弱，每每易遭外邪入侵，感冒、咽痛、咳嗽等肺系症状最易发生，且每每使病情突然加重，故必须及时治疗，常加桑叶、枇杷叶、杏仁清泄肺金，浙贝、半夏、远志化痰。如咳嗽甚急，则急则治其标，用桑叶、杏仁、佛耳草、鱼腥草、半夏、浙贝、芦根、地蛄蝼、黄芩、大黄、川朴等，且佛耳草、鱼腥草、芦根量达30g。如以咽痛为主加野菊花、板蓝根、蒲公英等。平素常加芦根、白茅根清肺利水。肾功能衰竭，另一个易感染的脏器就是膀胱，泌尿道御邪功能减弱，易发尿频、尿急等症状，常加六一散、瞿麦、川柏等清利膀胱湿热。假如浊阻三焦，上则胸闷、心悸，中则胃胀、纳呆，下则尿少、浮肿，舌淡胖、苔灰黑而滑，则暂用三仁汤，宣通上下，清化湿浊，常用杏仁、白蔻仁、苡仁、法半夏、川朴、藿香、草果、黄柏、制大黄、制商陆、丹参、远志、炒薤白等，往往收效明显。

1.5 虚

久病必虚，肾阴亏虚，阴虚及阳，阴阳两虚，常表现为形寒、肢冷、口干不渴，舌淡或红而裂、无苔，脉细数或细沉缓，夜尿频多。阴虚者加麦冬、淮山药、女贞子、枸杞子、石斛、北沙参；阳虚者加附子、菟丝子、肉苁蓉、仙灵脾等。肾虚火衰，火不燠土，故虚不运，纳谷差、便溏，加太子参、白术等健脾益气。腰膝乏力加牛膝、川断、木瓜等。

1.6 土

脾胃居中属土，土能克水，土虚不能制水。故慢性肾衰竭中，脾胃功能的好坏关系尤大，有胃气则生，无胃气则死。胃不和无法受药，故胃不和者暂治胃，用砂仁、良姜、干姜、半夏、藿香等，或暂用四君子汤合小半夏汤加香附、制大黄、丹参、远志、苡仁、通草等。健脾非仅补法一途，如脏腑不通者以通为补，治疗常从调脾着手，故便秘必通之，重用大黄、川朴、枳壳外，常佐以白术健脾润肠，并常用滋润通结法，如生首乌、油当归之类，热者加炒山栀。

2 体 会

李学铭根据多年的临床经验，组方用药每获良效。如其治肾衰竭常用基本方为：黄连3 g，黄芩10 g，制大黄4～10g，当归12 g，川芎20 g，生地15g，生黄芪10～20 g，丹参30g，泽泻20 g。在此基础上，依上所述化裁应用。慢性肾功能衰竭表现脾肾阳虚，运化不力，温化无权，脾不运水，小便少或反多，肾不分清浊，毒物不能随尿排出，则血中肌酐、尿素氮上升，表现在消化道为恶心呕吐，在血液系统为贫血，在水液代谢为少尿、水肿或夜尿多。本方系当归六黄汤化裁，黄连、黄芩清中焦浊邪；四物去杭芍之酸敛，补血生血；生芪为补肺脾之气的要药，合当归为当归补血汤气血双补；久病必血络瘀阻，用丹参合川芎活血化瘀；泽泻通利小便，治其浮肿，即使不肿，也可使体内浊物随尿排出。（卢昌义）

肾病综合征

1 基本方

生地20～30g，山茱萸10～12g，山药12～30g，牡丹皮10g，女贞子20～30g，生甘草10～15g，茯苓皮30g。日1剂，水煎2次，分2次温服。本方为六味地黄汤去泽泻加女贞子，增强补肾之力。生甘草有类似激素样作用，可增加激素的疗效，且用量偏大，效法于炙甘草汤。为防水钠滞留，改茯苓为茯苓皮利水消肿。

2 辨证治疗

2.1 辅助激素，据期变更

肾病综合征的治疗，激素仍是不可替代的药物，尤其是微小病变及系膜增生型。在激素的不同阶段施以中药加减，能起到减毒增效的目的。激素起始阶段，表现为脾肾阳虚，水肿明显，舌淡胖，苔白，脉沉细，加附子10～12g以温阳利水，甚则加仙灵脾20～30g。激素开始大剂量口服6～8周后，表现出阳盛燥热对，加用知母10g，以制约虚阳亢盛，或减去附子。附子与知母一阴一阳，互相制约。激素减量表现出脾气不足，乏力，形胖，纳减时，加炙黄芪12～30g，太子参10g或白术20g，党参20g。激素减至维持量，脾肾阳虚表现明显，形虚胖，畏寒肢冷时，加附子10～12g或加仙灵脾、巴戟天或加胡芦巴、菟丝子、杜仲、枸杞子等辛甘温濡润之品，温补肾阳又不伤肾阴。

2.2 活血化瘀，贵在疏通

肾病综合征呈高凝状态，表现出明显的水肿时，压迫脉道，可致血流缓慢，导致局部血液瘀阻，肾穿时往往可见微小血栓现象，故必参入活血化瘀之品，如丹参10～15g，红花10～15g，或川芎15～20g，桃仁10～12g，或加当归、川牛膝、马鞭草等。

2.3 清心柔肝，安神为先

肝肾同居下焦，肝肾同源，肝主疏泄，不仅疏泄脾胃，利于运化，且可疏调神志。患肾病综合征后，影响肝主疏泄之功能，患者担心病难治愈，精神负担重，往往精神抑郁，常常失眠。心属火，肾属水，肾水上济心火，心火下济肾水，水火相济，人即安和。而肾病综合征患者往往水火不济，表现为心烦、失眠，故常加五味子6～10g，百合30g，酸枣仁15g，夜交藤30g，或加黄连、肉桂各3g等。

2.4 健脾助运，强水之制

水停血瘀必碍气机运行。水肿盛时，可暂用实脾饮加减，重用茯苓皮30g，泽泻20g，加强利水效果。待水肿消后，用基本方加少量行气药，如陈皮5g或砂仁3g，气滞明显加制香附10g，木香10g，或加厚朴10g，或加槟榔10g。此法除理气外，还具防止基本方药物碍胃之功。如脾气虚弱，运化失健，加黄芪、白术，或加党参、太子参健脾运化水湿。

2.5 宣肃肺金，清水上源

肺为水之上源，肺属金，金能生水，肾主水。如有风邪束表，表现出呼吸道症状，肺气不宣时，用麻杏石甘汤加鱼腥草30g，虎杖20g，宣肺解表止咳而清水之上源。如时时咽痛，导致肾病频发，每加野菊花12g，板蓝根15g，或加金银花15g，连翘10g。有时即使无表证，亦加桑叶等清之。平素常在基本方中加蒲公英30g，白花蛇舌草30g，或加大青叶15g，或加金银花、野荞麦根等。（卢昌义）

lgA 肾病

1 lgA 肾病的病理检查与中医四诊

凡患者出现无症状性镜检血尿或蛋白血尿者，应警惕为lgA肾病，宜积极进行检查，力求确诊。确诊lgA肾病主要是依靠肾组织活检，只有通过肾组织的病理检查，在肾小球系膜区出现lgA，才可以确诊为lgA肾病。通过病理检查，还可以了解病理损害情况（包括肾小球、肾小管、肾间质等），确定病情的轻重程度，为确立治疗方案提供依据。

中医的四诊方法也适用于lgA肾病，但是存在着一定的局限性。首先在诊断上存在着困难。lgA肾病多数表现为无痛性镜检血尿与蛋白血尿，除了在实验室资料以外，多数患者没有明显的临床症状，或少数具有轻微的腰酸腰痛，乏力肢软，基本上无证可辨。即使有腰酸腰痛，也不能把已经具有较严重病理损害的lgA肾病，轻描淡写地诊断为腰酸症、腰痛症。同样的，也不要轻易地将此病出现轻度的乏力肢软而诊断为虚劳症。当然，lgA肾病患者还是具有阴阳、寒热、虚实、表里，以及脏腑、气血、经络的证候表现，可以应用中医传统的四诊进行分析与辨证，以决定中医的治则方药。所以诊治IgA肾病应当采用辨证与辨病相结合的方法。

2 lgA 肾病的中医分型论治

2.1 内热炽盛型

近期曾有外感史，或发热或无发热，或虽无外感病史，但证见小便黄，口干，咽干痛，或伴咳嗽痰稠，或伴鼻塞涕黄。尿检以镜检血尿为主，红细胞（+）～（++），少数患者尿蛋白（+）左右。脉来沉数，舌质色泽无明显变化，或略偏红，苔白少津或根部微黄。治拟清热宁络散风，处方：一枝黄花、玉米须各30g，大蓟、小蓟、茅根、浮萍各12g，蝉衣10g。加减：肾阴虚加女贞子、旱莲草各15g；肺阴虚加北沙参12g，麦冬10g；咽痛加生甘草6g，知母10g，板蓝根12g；鼻塞加杏仁10g，苍耳子12g；口干渴加芦根30g，天花粉12g。

2.2 气虚热郁型

证见程度不等的乏力、肢软、头昏，少数出现轻度下肢浮肿，伴有反复发作的咽干、咽痛或鼻塞涕稠，以及小溲灼热，带下黄稠等。尿检红细胞（+）～（++），或伴有蛋白尿（+）左右。脉形沉细数，舌苔薄白少津或白燥，或舌根微黄。治拟补气清热宁络，处方：生黄芪、白茅根、汉防己、茜草、白及、白薇、银花各12g，鹿衔草、蒲公英各30g。加减：咽干痛加芦根30g，天花粉、板蓝根各12g；鼻塞涕稠加杏仁10g，苍耳子、黄芩各12g；带下黄稠加白毛藤、鸡冠花、凤尾草各30g；内热与血尿较著，加大蓟、小蓟各12g。

2.3 肺脾气虚型

证见乏力、肢软、头昏，纳谷减少，大便易溏，易受外感，或伴有面虚浮，足浮肿等。尿检多数为单纯性蛋白尿，常在（+）～（++）左右，少数患者伴有轻度镜检血尿。治拟平补肺脾。处方：炒党参、炒白术、防风、乌药、益智仁、制僵蚕、生山药各12g，生黄芪、石见穿各30g。加减：大便溏泻加干姜3g，炙甘草10g，赤石脂15g，甚者加炮附子3～6g；大便溏泻里急腹痛，伴有黏液再加黄连3g，马齿苋30g；反复鼻塞而受凉辄发加川芎、辛夷各10g，白芷6g；乏力明显，并且伴有畏寒加杜仲、潼蒺藜、狗脊、补骨脂各10g，五味子6g；挟有肺热而咽喉干痛，去乌药、益智仁，加生甘草5g，桔梗6g，黄芩10g。

2.4 肺肾阴虚型

证见腰腿酸软，乏力头晕，男子梦遗，女子月经不调，口干咽痛，大便易干结，或伴烦热失眠。尿检蛋白（+）～（++）。红细胞（+）～（++）。脉沉细数或细弦数。舌质红、苔薄白或白燥。治拟滋养肝肾。处方：大生地、山萸肉、生山药、茯苓、当归各12g，丹皮、知母、生甘草各10g，赤小豆30g。加减：低热加地骨皮12g，黄柏10g；咽痛加桔梗6g，藏青果10g；头昏目眩加菊花、天麻各10g；大便干结加麻仁、全瓜蒌各12g；肺阴不足加北沙参12g，麦冬10g。

2.5 脾肾阳虚型

证见下肢重度浮肿或全身浮肿，按之凹陷不起，面色苍白，神倦肢软，乏力畏寒，纳差便溏。尿检呈多量蛋白尿（+++）～（++++）。定量在3.5g/

d以上，或伴镜检血尿（+）左右，同时具有低蛋白血症与高脂血症，部分可出现高血压或轻度肾功能不全。脉沉细，舌胖淡。治拟温补脾肾。处方：大生地、茯苓皮各30g，山萸肉、生山药、炒党参、炙黄芪各12g，炙甘草、制附片各10g，仙灵脾20g。加减：轻度血尿，且咽痛，鼻塞涕黄，或正值感冒以后，去附子，加菊花、银花、板蓝根等；无肺热症状，仅镜检血尿，加当归、桃仁、茜草、炒五灵脂。

3 几个相关问题的说明

3.1 感冒与上呼吸道感染

这是引起本病复发与加重的重要原因之一，在治疗时必须十分注意。治疗中出现明显的咽喉疼痛，即宜加入如菊花、蒲公英、板蓝根等散风清热利咽药物。如鼻塞涕黄或稠，可加入野菊花、黄芩、桑白皮与杏仁、苍耳子等清热宣窍之品。若因感冒而头痛、咽痛、鼻塞、咳嗽等症俱见者，暂停服用温补脾肾方药，改以桑菊饮加板蓝根、天花粉、苍耳子，内热重者知母、石膏也可加入。如形寒发热，则速投银翘散加减，总以急则治标，祛除新感之外邪为是。一般来说，当肺热内盛而咽喉痛、鼻塞涕稠，或感受风热时，患者的血尿明显增加，蛋白尿也可能明显增加，加用清热利咽、清热宣窍或改用辛凉清散药物后，随着以上症状之消失，尿检也会相应改善。

3.2 活血化瘀药的应用

凡是病程冗长，病情反复或持续镜检血尿，或伴有轻度肾功能不全，或伴有高血压者，均为活血化瘀法的适应症。从肾组织活检来说，凡具有肾小球内新月体形成或出现部分小球硬化，或中度、重度系膜增生等，都可用活血化瘀药物。至于活血化瘀药选用之或峻或缓，药量之或轻或重，以及在方中占有主次之地位，应按照传统中医的辨证方法去掌握。

3.3 关于高血压

部分lgA肾病患者出现高血压征象。但表现为肝风眩晕症状者则少见。相反的是有的患者出现不同程度的局部肢体麻木症状。因此lgA肾病出现的高血压征象不能与原发性高血压病同日而语，不能按中医肝风眩晕证去处理，而应用平肝熄风或凉肝镇逆的方药进行治疗。必须承认，中药对于肾性高血压的降压作用很不理想，而控制血压又是保护肾功能不受损害的重要举措之一。因此在临床处理时，应当采用西药降压。从中医角度来说，凡lgA肾病出现高血压者，多病程冗长，按久病多瘀的理论，可以视此为瘀血证。适当应用活血化瘀药物来处理，使病情稳定，症状好转。

3.4 结合西医治疗

lgA肾病的病理检查，按肾脏损害的程度分为5级。一级最轻，此类西医多主张继续观察，可不予药物治疗。或给以ACEI或ARB制剂如洛丁新或安博维。二级稍重，可应用强的松控制蛋白，雷公藤治疗血尿，或两者联合应用，同时配合ACEI制剂。三级、四级病情已重，肾小球病理变化比较严重，多数肾小球增生明显，少数肾小球已硬化，或小球内有新月体形成。同时伴有小管与间质损害，治疗以免疫抑制与抗凝为主，多采用强的松、环磷酰胺、雷公藤多苷片、火把花根片等与抗凝剂如低分子肝素，或再加用ACEI制剂联合治疗。若肾小球内有新月体形成，则用强的松与骁悉片，或与环孢霉素A联用。对于激素的剂量，尚待观察。五级最重，用药重点是在骁悉片与低分子肝素上，强的松都采用中小剂量。因为肾小球有不少硬化，有的还出现轻度肾功能损害。此时，大剂量激素已经不能再继续使用，同时还应密切注意对患者血压的控制。（何灵芝）

李延芳针灸经验

【名老中医简介】李延芳（1938～）主任医师。1958年毕业于河北省中医学校。原任职于邯郸医专附属医院。第四批全国老中医药专家学术经验继承工作指导老师。长期从事中医针灸临床与教学工作，擅长经络辨证与针刺，治疗坐骨神经痛、肩周炎、急性腹扭伤、腰腿痛、中风偏瘫、面神经麻痹、小儿麻痹后遗症、腹泻等病症。编著有《针灸写作概论》《针灸学概论》《针灸妇科研究进展》《简编中国医药史常识》等，发表论文40余篇。

临床经验

小儿先天性斜颈

1 病机探讨

李延芳认为本病多由产伤及宫内发育不良导致病变局部气血郁滞，经脉瘀阻，而致旧血不去，新血不能濡养而造成胸锁乳突肌缺血、缺氧、肌肉挛缩。

2 诊断及治疗

2.1 诊 断

对于本病的诊断，一般多有胎位不正的难产史，斜颈现象多在出生后即出现，或生后 2 ~ 3 周出现，头向病侧偏斜，下颌转向对侧，触诊可发现软硬度不等的梭形肿块或条索，与胸锁乳突肌的方向一致，颈屈伸和旋转受限。

2.2 治疗方法

用针刺快速轻柔点刺法。所选穴位常规消毒。然后用 32 号 1 寸毫针快速轻柔点刺，得气为度，不留针。常用穴位，主穴：翳风、完骨、扶突、气舍、外关、曲池、合谷。配穴：天窗、天牖、水突、阿是穴。每次治疗时从主穴和配穴中选 6 ~ 8 个穴位，10 次为一疗程。用本法治疗快者 1 个疗程可治愈。重症患儿则需要 6 个疗程才能治愈。

3 典型病案

患儿，男，5 个月。于 1998 年 8 月就诊。患儿因难产而致右侧肌性斜颈。沿右侧胸锁乳突肌方向，可明显触及条索状硬块。查体：体温、血压、脉博均正常。神志清醒，发育良好，二便正常，食眠均可。用针刺快速轻柔点刺法。选穴：翳风、完骨、外关、合谷、天窗、水突、阿是穴，不留针。针刺 1 个疗程后，颈部条索状硬块消失，活动自如而告治愈。随诊至今，未见复发。

按　小儿为稚阴稚阳之体，气血待充，血脉待长。因此，对小儿疾病的治疗，手法要轻，针刺要浅，以免伤其正气。李延芳根据小儿生理之特点，及《内经》关于针刺之理论，创造出了快速轻柔点刺法，治疗本病。小儿斜颈，病变在颈部，累及少阳、阳明二经。病因为产伤及宫内发育不良而致经脉阻滞，气血郁滞，瘀血不去，则新血不能濡养而致胸锁乳突肌缺血、缺氧肌肉挛缩而致本病。关于本病的治疗，根据病因及病变部位，采用循经取穴及病位取穴相结合的方法。以理气活血，疏通经络为准则。故取翳风、完骨、扶突、外关、曲池、合谷等穴，以疏通少阳、阳明之经气，使气血流畅，瘀去新生，改善局部血液循环，使挛缩舒展，硬块及条索变软消失。对合并尺神经或桡神经损伤者，同时取其病位所在经脉腧穴，协助治疗，也能取得较满意的效果。（白金尚　耿　惠）

医方验方

小儿腹泻方

主穴：中脘、天枢、足三里、气海。

配穴：湿热伤食者加长强、合谷；呕吐加内关；慢性腹泻加关元、水分；偏虚寒者加灸脾俞、胃俞。

主治：小儿腹泻。

操作：患儿取仰卧位，常规消毒，用 30 号 1 寸毫针。进针 1 ~ 3 分，施以轻柔浅刺疾速出针的手法，一般采用平补平泻法，速刺而不留针。手法宜轻宜柔而不宜重。并且让家长与患儿嬉戏，以分散其注意力，来减轻针刺的痛苦。每日一次，5 次为一疗程，一疗程后统计疗效。

方解：中脘为胃之募穴，天枢为大肠之募。募穴为脏腑之气所汇聚，能调整胃肠运化与传导功能；足三里为足阳明经之合穴，因"合治内腑"可以通调肃降胃腑气机，使胃气通降，脾气则升，受纳运化，水精四布，湿滞化而大便转实。以上各穴相互配合，共奏调整经络与脏腑之间的失衡状态，使胃气强、脾气健，水湿化，气机顺，从而起到阴阳平衡腹泻可止的作用。

病案 1 患儿李某某，女，4 个月，腹泻 2 天，大便为蛋花样稀便，每日 7 余次并伴有呕吐，食欲减退。查体：体温正常，一般情况尚好，肛周发红。实验室检查：血象正常。大便黏液状，有脂肪球，上皮细胞等。诊断：湿热型腹泻。治疗取穴：中脘、天枢、足三里、长强、内关、合谷。针刺 2 次后，大便日行 2 次，呈糊状，肛周发红明显好转。按上方连续治疗 3 次后大便正常，食欲好转，病愈。（蔡红英）

李彦民验方选析

【名老中医简介】李彦民（1949 ~ ）教授，主任医师，硕士生导师。1975 年毕业于陕西中医学院医疗系。陕西中医学院附院骨伤科学术带头人。陕西省名中医。擅长运用中西医两种方法治疗骨折，综合应用推、揉、滚、手指击打、手掌拍打五步手法及内外结合用药治疗颈肩腰腿痛。发表论文 38 篇，出版《中医方法全书》《中医治法精华》《骨与关节损伤的治疗手法》《牵引技术》《外洗药在骨伤科临床应用》5 部著作。

仙龙颗粒

方药：①内服方：威灵仙 12g，制川乌 9g，秦艽 12g，乌梢蛇 9g，细辛 3g，穿山龙 9g。②外用方：在上述内服药渣中加透骨草 30g，红花 15g，花椒 15g，艾叶 15g 等共煎水外洗、热敷患处，作为外用药，配合使用。

功效：祛风除湿，温经散寒，通络止痛。

主治：痹病（寒湿阻络型）。

加减：湿邪重者加薏仁 9g，白术 9g，茯苓 12g，川芎 9g；寒邪重者加桂枝 9g，姜黄 9g，附片 9g，黄芪 24g，当归 12g；风邪重者加葛根 12g，羌活 9g，木瓜 12g，鸡血藤 12g；关节肿大者加穿山甲 12g，茯苓 12g；血瘀者加三七粉 3g，元胡 9g，乳香 9g，没药 9g；上肢疼痛重者加桂枝 9g；下肢各关节疼痛重者加牛膝 9g，桑寄生 9g；腰痛盛者加杜仲 9g，续断 9g，金毛狗脊 9g。

用法：①内服法：用 800mL 开水将制川乌先煎 30 分钟后，再将其余药物置入共煎 30 分钟，倒出药液约 250mL，再加 600mL 开水煎 30 分钟，将两次所得药液共 500mL 混合，分两次或三次口服。②外用法：然后将药渣与外用药物置入盆内，加 3000mL 水共煎 30 分钟，将一毛巾置入盆内，用毛巾包住药渣蘸水熏洗、热敷患处，待水温至 40℃左右时，可泡洗患处。若患处为躯干或邻近躯干的关节时，可将药渣与外用药加醋拌湿后包入布袋内，入笼蒸 30 分钟后热敷患处，每次 30 分钟，每日两次，一月为一疗程。应嘱患者在使用外用药时，切忌内服，防止烫伤。

方解：方中威灵仙，性温，味辛咸，祛风除湿，通络止痛，为君药；制川乌，性热，味辛苦，祛风除湿，温经止痛，秦艽祛风湿，止痹痛，细辛祛风散寒，穿山龙活血舒筋共为臣药，助君药祛风除湿，通络止痛之力；乌梢蛇祛风通络，归肝经为使药。六药合用，共奏祛风除湿，温经散寒，通络止痛之功效。在此方基础上视具体症状进行加减，对不同症状的寒湿阻络型痹病均有效辨证论治，取得了较好的临床效果。

外用药物的配合使用是不可忽视的治疗措施，方中透骨草，性温，味辛，活血止痛，祛风除湿；红花，性温，味辛，活血通经，祛瘀止痛；艾叶，性温，味辛苦，温经散寒；花椒，性热，味辛，燥湿止痛。通过对患处局部进行熏、洗、敷，使药物直接作用于患处，增强温经散寒，通络止痛之功效。运用仙龙颗粒治疗寒湿阻络型痹病是李老师根据自己多年临床经验，反复验证的有效经验方，属于专病专证专方，符合中医发展方向。其组方合理，功效明了，用药简练而专一。同时内治外治并用，所以取得较为满意的临床效果。

病案 1 何某，男，2004 年 5 月 18 日初诊，以双膝双髋疼痛两月为主诉，患者两月前出现双膝关节疼痛，随后出现双髋关节及全身多处关节疼痛不舒，遇阴冷天气上述症状加重，曾在外院住院治疗，效果不佳，现诸关节仍然疼痛。体格检查：双膝关节肿胀，有压痛，关节主动活动轻微受限，被动活动时疼痛加剧，不能做下蹲活动。舌质淡，舌体胖，苔薄白，脉弦细。实验室检查：抗“O”（+），RF（+），CRF（+），ESR：64mm/h。中医诊断：痹病（寒湿阻络型），西医诊断：风湿性关节炎。初诊给予威灵仙 12g，制川乌 9g，秦艽 12g，乌梢蛇 9g，细辛 3g，穿山龙 9g，牛膝 9g，木瓜 12g，6 剂，开水久煎 1 日 3 服。一周后疼痛较前减轻，体格检查基本同前，在原方基础上加薏仁 9g。6 月 1 日，患者诉膝关节肿胀较前明显改善，但疼痛仍然存在，体格检查：双膝关节肿胀较前明显消减，主被动活动可，舌质淡，体胖，边有齿痕，苔薄白，脉弦细。实验室检查血沉为 22mm/h。处方给予威灵仙 12g，制川乌 9g，秦艽 12g，乌梢蛇 9g，细辛 3g，穿山龙 9g，牛膝 9g，木瓜 12g，薏仁 9g，白术 9g，6 剂。外用药：透骨草 30g，红花 15g，花椒 15g，艾叶 15g，6 剂与内服药渣共煎外洗。以后每次复诊，在原方基础上辨证加减，内服外用药并用。7 月 13 日，患者双膝双髋关节疼痛完全消失，关节活动自如，实验室检查血沉为 15mm/h。继续服用上药，隔日一剂。8 月 31 日，患者全身各关节疼痛消失，主被动活动均恢复正常，实验室检查血沉为 6mm/h，抗“O”（-），RF（-），CRF（-）。（史永博）

李燕宁儿科临床经验

【名老中医简介】李燕宁 主任医师教授，博士师导师。山东中医药大学附院儿科主任。山东省名中医药专家。擅长治疗小儿哮喘、癫痫、多动症、脑瘫、病毒性心肌炎、过敏性紫癜等儿科杂症。发表论文 30 余篇，主编参编著作 10 部。

临床经验

小儿哮喘病

1 哮发突然，勿忘平喘

李燕宁认为，治疗小儿哮喘病无论是在发作期，还是缓解期，平喘的原则应贯穿治疗的整个过程。该病在临床上虽然被人为的分为发作期和缓解期，但临证时不能截然分开，只是有所侧重而已。小儿哮喘病的引发以外感为主，临床以风寒、风热居多。风寒型小儿哮喘病李燕宁以温肺化痰定喘为主，表寒重而喘者常用小青龙汤，表寒轻而喘者常用苏子降气汤；风热型小儿哮喘病以清肺化痰定喘为主，常用定喘汤;临床有部分患儿表现为起病以风寒引发,迅速入里化热,表寒仍在的表寒里热型,采用解表清里之法,常选用麻杏石甘汤加味。缓解期以扶正为主,分清肺、脾、肾三脏。偏于肺脾气虚者,宜健脾益气,培土生金,常用人参五味子汤;偏于脾肾阳虚者,宜补肾固本,常用金匮肾气丸,同时配合祛痰、活血、行郁、化湿等法。无论发作期,还是缓解期,李燕宁均在上述常用方剂的基础上酌情加用平喘药物,如麻黄、杏仁、白果、地龙、乌梅、苏子、沉香等品。通过大量的临床病例反馈,发作期加用平喘药能够迅速控制小儿哮喘病的发作,缓解期加用平喘药能够延长小儿哮喘病两次发作的间隔时间。

2 哮久多郁,酌情疏肝

小儿哮喘病发作一次持续的时间较长时,按常法治疗效果不佳,应考虑到有肝气郁滞因素存在,治疗时适当加用疏肝解郁行气的药物。李燕宁认为小儿哮喘病中的肝郁因素,以外感为主。外邪侵袭,由表及里,影响少阳经脉,足厥阴肝经和足少阳胆经互为表里,进而波及到厥阴,从而影响肝主疏泄的功能。患者常表现出闷闷不乐、情绪低沉或脾气急躁,易激惹等或多或少的情绪改变。故治疗时在选用方剂的基础上加用疏肝药物,如柴胡、白芍、香附、佛手、玫瑰花等。常用的方剂有柴胡疏肝散、丹栀逍遥散等。

3 久哮夹瘀,酌情活血

哮喘反复发作,缠绵难愈时,李燕宁从"心肺同居上焦,通过气血关系相互影响"的观点着手,认为有瘀血征象存在。患者常表现为喘息反复发作,胸闷、胸痛,面色晦暗,唇甲紫绀,舌暗,有瘀点,舌下脉络紫暗怒张。在治疗该类顽固性哮喘时多从活血化瘀角度考虑,在选用方剂的基础上加用活血化瘀药物。李燕宁认为活血化瘀药物有活血、破血、逐瘀等之分,发挥作用也有强弱之别。小儿为稚阴稚阳之体,处于不断生长发育时期,在选药时初期宜选用桃仁、红花、丹参、赤芍等药性比较平和之品,这样既可以活血化瘀,又不伤正气。后期瘀结较甚时可选用破血逐瘀之品,如三棱、莪术、全蝎、蜈蚣等。常用的方剂有血府逐瘀汤、艾沉四物汤等。

4 病案举隅

男,7岁,2001年4月1日就诊。小儿哮喘病史2年余,每遇气候突变、感冒或活动后诱发,发作时以夜间为甚。用博利康尼、舒喘灵等药物可暂时缓解。10余日前因受凉诱发,服用中西药效果不佳。证见喘息频作,胸闷,气急,鼻翼煽动,夜不能卧,喉间痰声漉漉,痰液黏稠,难咯,汗出湿衣,烦躁不安,易激惹,纳差,大便秘结,小便黄,舌红,苔黄腻,脉弦滑数。听诊双肺满布哮鸣音。辨证属痰热内蕴,气机郁滞。治宜清热化痰定喘,疏肝解郁行气。处方:炙麻黄6 g。炒杏仁9 g,白果6 g,黄芩12 g,桑白皮12 g,地骨皮12 g,炒苏子9 g,炒葶苈子9 g,桔梗9 g,瓜蒌15 g,当归9 g,白芍15 g,柴胡12 g。3剂,水煎服,日1剂。忌食冷饮及鱼虾等腥臊之品。二诊(4月4日)证见胸闷、憋喘基本缓解,偶咳,有痰,色黄,质黏稠,纳食尚可,舌苔白略厚,脉滑数。听诊双肺呼吸音粗糙,可闻及痰鸣音,未闻及哮鸣音。处方:上方去炒苏子、炒葶苈子,加浙贝母12 g,4剂。三诊(4月8日),患者症状消失,纳食可,二便调。处方:人参五味子汤,15剂善后。(周 朋 孙振高)

小儿病毒性心肌炎

1 明确病因,把握疾病的发病关键

小儿素体正气亏虚是发病之内因,湿热邪毒侵袭是发病之外因,因小儿脏腑娇嫩,卫外不固,脾常不足,易遭风热、湿热侵袭,风湿热邪入侵则进一步导致瘀血痰浊的生成,而瘀血痰浊作为病理因素又进一步加重病情。痰为瘀之始,瘀为痰之终。故治疗以祛除病因为要务,并按病因之不同,予以清热、解毒、化湿、祛痰、活血、扶正等法。

2 缜思密察,病因辨证与脏腑辨证相结合

小儿病毒性心肌炎系内因与外因结合而致病,气血阴阳改变是其基本的病理变化。本病病位在心,与肺、脾胃、肝、肾等脏腑均有关,从而形成脏腑功能失调的病情演变过程。早期,温热之邪由口鼻而入,首先犯肺;湿热之邪从口而入,首犯胃肠,累及心脏,故早期病位在肺脾,并产生痰浊、瘀血,其中痰浊与肺脾肾三脏相关,瘀血与心脾肝肾四脏相关;痰瘀相互交织,互为因果。至心肌炎病变后期,影响及肾,肾主一身阴阳,气损及阳,血亏及阴,终致气血阴阳的失调。因本病与多脏腑有关,故治疗可从它脏入手以调心。

3 知常达变,分清病情演变的病理基础

初期,温热与湿热邪毒侵心,致气阴两亏,并夹痰浊瘀血;病程迁延则痰热瘀血加重,进一步损伤心阳心血;邪毒稽留,正邪消长,使心肌炎病情错综复杂。在病变后期,以虚为主,尤以阴阳亏虚为重,并夹瘀血证候。在整个病程中,外因与内因相互致病,气血阴阳的失调是基本的病理变化。故治疗时,早期以祛除病因为主,如温热邪毒侵心伴风热表证时可给予银翘散,湿热侵心时可给予葛根芩连汤,热重时给予黄连解毒汤,湿重时给予三仁汤。值得注意的是，因汗为心之液，感受热性邪毒，多汗易伤阴损心，故早期驱邪切不可妄汗。又如当痰浊致病时可给予二陈汤，伴气滞热象重时改用黄连温胆汤，当心气发生改变时，切记要理心气，如气滞时给予枳实薤白桂枝汤，气郁者给予行气解郁之越鞠丸，气虚者予以人参五味子汤，气陷者给予升陷汤，心阳虚者给予桂枝甘草汤，心阳欲脱者给予参附龙牡救逆汤，对心血虚轻证给予归脾汤；重证给予养心汤；血亏及阴者可给予天王补心丹；气阴两伤者给予生脉散；阴阳两伤者予以炙甘草汤。在整个治疗过程中，不能过用燥热伤肝之品，因肝为心之母，故护心时应注意护肝；又外邪由表及里，易影响少阳胆经，而肝胆相表里，肝为气机之枢纽，六郁致病皆可影响及气，故病情演变过程中，疏肝尤为重要。

4 精研覃思，妙用活血化瘀与安神类药

心脏之气血神紊乱，是小儿病毒性心肌炎的发病关键。《素问·灵兰秘典论》曰："心者，君主之官也，神明出焉。"人体之神藏于心，故《灵枢·大惑论》说："心者，神之舍也。"《素问·宣明五气》亦云："心藏神"。故治疗本病时，活血化瘀与安神类药应贯串始终。早期因热致瘀时，可予丹参饮凉血活血；因痰致瘀时，可予以枳实薤白桂枝汤；因气致瘀者，可选用血府逐瘀汤。后期因虚致瘀，可选用黄芪桂枝五物汤。至于安神类药物，临床可根据病情的需要灵活选用，例如：重镇安神多选朱砂、磁石、龙骨；清心降火安神多选灯心草、百合；养肝宁心安神多选酸枣仁；镇静安神多选琥珀；平肝安神多选茯神；养心安神多选柏子仁、当归、远志、合欢花、夜交藤；解郁安神多选合欢花（皮），除烦安神多选淡豆豉、栀子。

李燕宁言中医之妙，贵在辨证准确、选药精当，医者要做到辨疑不惑，治难不乱，关键是熟练掌握基础知识，背诵与熟知中医经典古籍，在临床实践中不断探索与总结辨证论治的方法与技巧，从而发挥中医的特色。

5 病案举隅

李某，男，2岁，2006年2月23日初诊。患儿半年前因感受风寒，出现发热、头身痛、咳嗽、喷嚏流涕等症，服用抗感冒的中西药后，体温恢复正常，上感症状消失，但出现乏力，活动后尤重，叹气，每分钟5～6次，无手脚发凉与口周紫绀，纳尚可，眠安，大便干，2日一行，小便调。查体：T 36.8℃，P 89次/min，R 31次/min，双肺呼吸音清，未闻及干湿性啰音，心音强度可，律不齐，每分钟可闻及6～7个期前收缩，各瓣膜未闻及病理性杂音，舌红、苔黄厚。心肌酶谱示：CK－MB 35U/L，cTn：0.20ng/mL，24h动态心电图示：10024个室性期前收缩。西医诊断：病毒性心肌炎；中医诊断：心悸（痰热扰心型）。治拟清热涤痰、解毒安神。予以黄连温胆汤加减，处方：竹茹9g，黄连6g，枳实壳（各）9g，陈皮6g，清半夏6g，石菖蒲9g，郁金9g，炒枣仁6g，生山楂9g，蝉衣9g，甘草3g。用法：水煎，每日1剂分2次服。复诊：服用7剂后，患儿家长述3剂后叹气症状明显减轻，每分钟偶发，仍感乏力，纳眠可，二便调。查体：心脏听诊期前收缩较前明显减少，每分钟2～3次，舌红、苔黄厚。仍予上方继服。三诊：又服药7剂后，患儿家长述已无明显叹气与乏力，舌红、苔薄白。复查24h动态心电图示：1014个室性期前收缩，实验室检查结果均在正常范围。辨证属气阴两伤，治拟清热生津、益气养阴，予以竹叶石膏汤加减，处方：竹叶9g，生石膏12g，太子参9g，麦冬9g，清半夏6g，丹参12g，珍珠母9g，黄芪12g，甘草3g。服法同前四诊：服药半月后症状及体征基本消失，嘱饮食宜清淡，避风寒。后随访半年，未见复发。（劳慧敏）

医案验案

反复发热

男，1岁4个月，2008年9月19日就诊。主诉：反复发热2月。患儿近2月来反复出现发热，体温波动于37.2～37.7℃，患儿平素上午9时左右开始出现体温上升，体温上升时患儿即出现乏力、倦怠，至入夜热降，可降至正常，无咳嗽、咯痰，纳眠可，大便偏稀，日2～3行，小便可。近2个月来患儿家长多方求医，曾口服中药当归六黄汤、清暑益气汤等药物治疗，效果不明显。遂来我院诊治。证见：低热，无咳嗽、咯痰，纳眠可，大便偏稀，日2～3行，小便可。查体：T 37.5℃，神志清，精神差，面白少华，咽充血明显，舌红少苔，余无阳性体征。诊断：内伤发热（气虚发热）。方选补中益气汤加减，处方如下：黄芪15g，党参12g，炒白术9g，柴胡9g，当归9g，陈皮9g，升麻9g，银柴胡12g，白薇12g，炙甘草6g，水煎服，日一剂，3剂。3剂后，患儿体温波动于37.2～37.4℃，大便偏稀，日2～3次。原方加炮姜6g，继服7剂。7剂后再次复诊，患儿一日内体温偶最高37.2℃，纳眠可，二便调。上方继服7剂后痊愈。

按 补中益气汤是李东垣根据《素问·至真要大论》"劳者温之，损者益之，陷者举之"之旨而制定，"故脾胃之证，始得之则气高而喘，身热而烦，其脉洪大而头痛，或渴不止，皮肤不任风寒而生寒热。……惟当以甘温之剂，补其中，升其阳，甘寒以泻其火则愈。”为补气升阳，甘温除热的代表方。《脾胃论》云：“饮食不节则胃病，形体劳倦则脾病”。脾胃为营卫气血生化之源，脾胃气虚，气虚不能固表，阳浮于外，故身热自汗；气为血之帅，气虚致血液不能上荣于面，故面色少华；脾主运化，主四肢，脾虚则四肢倦怠无力，大便溏薄。导师据气血津液及脏腑辨证后处以补中益气汤加减。方中黄芪味甘微温，入脾肺经，补肺气，实皮毛，益中气，升清阳为方中主药，共奏补中益气，升阳固表之功；配伍党参、炒白术、甘草，补气健脾，与黄芪合用，增强补中益气之功。血为气之母，气虚日久，加用当归养血和营，助党参、黄芪补气养血；陈皮理气和胃，使诸药补而不滞；加以升麻升发中焦脾阳、柴胡升发下焦肝气，助黄芪升提下陷之中气，诸药合用，使气虚者补之，气陷者升之，气虚发热者，得此甘温益气而除之。李燕宁在上方基础上加用银柴胡12g，甘寒益阴，清热凉血，退热而不苦泄，理阴而不升腾，白薇12g，苦寒，退虚热，后复诊时加炮姜6g，温中散寒止泻。

李业甫推拿经验

【名老中医简介】李业甫　教授，主任医师。中华全国中医药学会推拿学会常务理事，安徽省推拿专业委员会主任委员，安徽省推拿学术界带头人。安徽省名老中医，第二批全国老中医药专家学术经验继承工作指导老师。享受国务院政府特殊津贴。从事中医医临床医疗、教学、科研工作45年，积累了丰富的经验。发表论文40多篇，主编和协编专著20多部。

腰椎间盘突出症

1 辨证分型

李业甫集40余年的临床经验，认为绝大多数腰椎间盘突出症可以运用中医推拿治疗而康复。按照中医五体痹的分类，腰椎间盘突出症属于筋痹。结合八纲辨证，又分虚实两大类。即痹证型和痿躄型。

1.1 痹证型

腰骶部急性损伤后神经根受到牵拉、挤压或局部炎症、水肿、血肿或骨刺等压迫所致。痹者，痹塞不通之意，经脉痹塞不通，气血运行不畅，筋骨失于荣养，则见患侧肢体放射性疼痛或感觉异常，肌肉无力。李业甫根据《素问·痹论》痹“在于筋则屈不伸”和《素问·长刺节论》“病在筋，筋挛节痛，不可以行，名曰筋痹”之意，认为本病属于痹证中的筋痹，并将其分为如下三型。①瘀阻型：腰骶部急性损伤之后，筋脉受损，瘀血积于肌肤腠理之间，血瘀气滞，经脉痹阻。气血不行，不通则痛，证见患侧腰腿疼痛剧烈，如锥如刺。固定不移，痛不可按。舌质紫暗，或有瘀斑，或舌下静脉曲张，苔白，脉沉细或细弦。②寒湿型：伤后卧床，机体失用，卫气不固，风寒湿邪乘虚内侵，客于筋脉，注于经络，留于关节，气血失和而痹阻。或与未散之瘀血相结合，留滞经脉，经气不通，表现为患侧肢体抽掣疼痛，酸胀沉重，抬举困难，遇阴雨天加重，得暖或饮酒则舒。舌淡胖，苔白腻，脉沉细或沉弦。③湿热型：伤后治疗不愈，情怀不畅，肝气郁结，郁而化火，熏灼津液，使之留聚成邪，同时又因津液不行，筋脉失养拘挛，或因多食高梁厚味而酿成湿热，湿热阻滞，灼伤筋脉，证见患侧肢体沿经脉走行方向出现掣痛或胀痛或灼痛，饮酒加剧，伴有胸胁苦满，口苦咽干，面色灰垢或萎黄。舌质红，苔白厚腻或黄腻，脉濡效。

1.2 痿躄型

神经根损伤日久，经脉痹阻不通，筋脉肌肉失养，肢体痿软无力，长期废弱不用，渐而伤及脾胃，正所谓：“淫气肌绝，痹聚在脾”。脾胃为后天气血生化之源，脾胃虚弱生化无源，气血日衰，经脉失养，则见肢体痉挛疼痛，酸困无力或痿而不用。或肌肤麻木不仁，肌肉瘦削，皮肤枯槁。李业甫根据《素问·太阴阳明论》“四支皆禀气于胃，而不得至经。必因于脾，乃得禀也。今脾病不能为胃行其津液，四支不得禀水谷气，气日以衰，脉道不利。筋骨肌肉皆无气以生。故不用也”之旨，认为本证属于虚证，可分为以下2种类型。①气血两虚型：损伤日久，或久治不愈，失于调养，使气血两虚，气虚则推动无力，营卫不通，血行不畅，血虚则四肢百骸失去荣养，表现为患侧肢体酸痛，时轻时重，而以屈伸时为甚，或筋肉时有惊掣跳动，面色少华，短气乏力，肌肉瘦削，爪甲不荣。舌质淡，苔薄白或无苔，脉濡弱或细数。②脾肾两虚型：损伤后瘀血内停，经脉痹阻，久而内舍于脾，脾阳不振，脾气虚衰，难以行其津液，使气血生化之源匮竭，影响精血，累及于肝肾，脾主四肢肌肉，肝主身之筋脉，肾主作强，脾肾两虚，则肌无以养，筋无以荣，表现为患肢隐隐作痛，缠绵难愈，反复发作，筋屈不伸，步履艰难，肌肉消瘦，肢体乏力，伴腰膝酸痛，头晕耳鸣。舌质淡，苔少，脉沉细无力。

2 治疗方法

李业甫治疗腰椎间盘突出症的原则是：①拉开椎间隙，增加椎间盘内负压，促使突出物回纳；②松解神经根与突出物的粘连，整复错位的小关节，解除神经根的压迫；③放松紧张痉挛的肌肉，松解局部的软组织粘连，促进局部的血液循环，加速无菌性炎症的吸收、消退，以缓解或消除疼痛。同时还根据临床症状，辨证与辨病相结合，临症治疗既针对病因，又针对病位，全面考虑。采用腰椎牵引复位术和推拿法，配合皮腰围固定，自我按摩及功能锻炼等综合治疗，收到了很好的效果，有效率达95%以上。

2.1 腰椎牵引复位术

腰椎牵引复位术是李业甫在总结前人经验的基础上，结合自己的临床实践，首创的一种治疗腰椎间盘突出症的方法，适用于腰椎间盘突出的各种类型（有严重脏器疾病者除外）。具体操作方法如下：①俯卧牵引法：用自制机械牵引床，患者俯卧于床上，胸部用皮胸围束紧固定，腰部用皮制骨盆牵引带束紧固定，作对抗用力牵引，拉力由小加大，至达到自身体质量或超过5～10kg，一般牵引时间为10～15min。②俯卧牵引正脊法：继上法，一助手用双手掌根部分别顶住侧弯上下起始处固定脊柱，术者位于对侧，双手掌重叠，用掌根部按住侧凸顶部，用力向对侧进行顿挫性推压5～10次。推压力由小而大，使侧凸部位有松动感为度。③俯卧牵引悬吊下肢压腰法：继上法牵引下，将双下肢吊起，使腹部、骨盆、下肢悬空，离开床面，并由两助手做左右晃动50～70次，术者双手掌重叠按压腰椎间盘突出部位，压力由轻而重，节奏随呼吸起落，忌用猛烈暴力。④俯卧牵引踩跷法：患者在俯卧牵引下，在其胸部和下腹部各垫上特制枕头一个，使胸、腹部腾空，距离床面20～30cm，术者用单足掌或双足掌重叠踩踏腰椎病变部位500～700次，并做垂直弹压动作，幅度由小到大，压力由轻到重。踩踏时患者呼气，跳起时吸气，切忌屏气。踩踏后松解胸、腰围，用另一只皮腰围固定腰部，抬入病房，仰卧休息8h后屈腿，12h后可侧翻身。

2.2 推拿法

李业甫常用的推拿方法有3种，即解痉止痛法、推扳法、舒筋活络法。①解痉止痛法：患者俯卧位，医者用一指禅推法在患侧有关夹脊穴、肾俞、大肠俞及腰阳关等穴进行治疗；用滚法施于腰部；再用拇指按揉以上诸穴，按揉的方向先左右，后上下，再按而留之不动约30s。继之用滚法依次施于臀部、大腿后侧、腘、小腿后侧，再用拇指依次按揉居髎、环跳、承扶、委中、承山诸穴及其压痛点。然后用掌根或小鱼际按揉法相结合，施于下腰部及臀部，操作10min左右。瘀阻型，加按揉心俞、膈俞；寒湿型，按揉脾俞、胃俞、三焦俞、膀胱俞，热敷腰骶；湿热型，加按揉肝俞、胆俞、膀胱俞；气血两虚型，加按脾俞、胃俞；脾肾两虚型，加按揉脾俞、胃俞、肝俞、肾俞、擦命门、八髎穴。②推扳法：患者健侧卧位，术者双手掌按髂部，助手双掌扶持肩膀前外方，两人同时作相对用力，使腰部脊柱产生被动扭转运动。在完成这一手法时，常可听到"咯嗒"的响声。对这一响声的出现既不要害怕，但也不要刻意去追求。③舒筋活络法：患者取仰卧位，用滚法施于患肢大腿前侧、外侧，然后微屈膝，按揉阳陵泉、绝骨和压痛点，并拿委中、承山、昆仑诸穴，然后做被动屈髋屈膝动作数次，同时做顺时针或逆时针方向摇髋关节各数次，并做被动直腿抬高动作数次。动作幅度由小到大，力量由轻到重，以患者能耐受为度。最后用掌根按揉股外侧、小腿外侧，自上而下，3～5遍，再搓抖患侧下肢结束治疗。瘀阻型，加直推膻中穴，按揉血海、阴陵泉；寒湿型，加摩腹，按中脘、天枢穴，拿足三里、丰隆穴；湿热型，加逆时针摩腹，按伏兔、丰隆、三阴交、飞扬穴，点太冲、风市穴；气血两虚型，加顺时针摩腹，揉神阙、气海穴，拿足三里、内庭、太白穴；脾肾两虚型，加顺时针摩腹，掌振关元穴，按揉长强、太溪、绝骨穴。

2.3 皮腰围固定

患者经牵引推拿治疗后，用皮腰围固定，李业甫认为其主要作用有三，一是符合中医"动静结合"的治疗原则；二是有维持、支撑机体上半身重量，减轻腰椎间盘的负荷；三是保持治疗效果，避免复发。

2.4 自我按摩保健法

①患者取坐位，用双手拇指按揉腰阳关及压痛点处，反复操作3～5min，以有酸胀为度。②用双手四指端分别放于腰脊柱两侧筋脉，自上而下揉拨腰骶部，往返操作3～5min。③用双手掌根部分别放于腰部两侧，自上而下，往返推擦至腰骶部，压力由小而大，反复操作3～5min，以达肌皮发热为度。④用拇指或四指推法沿疼痛的经脉走行方向，从大腿根部推至踝关节部位，往返操作10～15次。最后用空拳叩击大腿外侧、小腿后外侧，以有酸胀为度，自上而下，往返操作15～20次。

2.5 功能锻炼法

①蹬腿锻炼法：患者仰卧位，双下肢交替进行屈髋屈膝至最大限度，然后伸直，动作逐渐由慢到快，

重复操作10～15次。②拱桥锻炼法：患者仰卧位，两臂伸直平放或“屈肘”。双下肢膝关节屈曲，两足分开，中间距离约20cm，以枕部、肘部、足跟为着力点，用力抬起躯体，使其向上弯曲，腹挺至最高点时保持片刻，重复5～7次。③下肢后伸锻炼法：患者俯卧位，两侧上肢肘关节屈曲，前臂及手平放于床边，双下肢轮流交替地后伸抬举，重复操作10～15次。④燕式锻炼法：患者俯卧位，两侧上肢沿着身体放平，用力抬起躯体的同时抬起双下肢，双上肢也同时向后伸展与肩平，使腰背部及下肢肌肉完全背屈，重复操作5～7次。⑤倒退走锻炼法：行走的方向向后退，要求挺胸抬头，双目平视，双手叉腰，拇指向后，其余四指向前；先左脚开始后退。再换右脚，交替进行，速度以慢为佳，每分钟不超过80步，每次锻炼30min为宜。

3 诊治体会

3.1 证候分类

祖国医学对腰椎间盘突出症缺少系统论述，多散见于各医籍的一些章节中，其部分临床表现和症状与“肌痹”、“脉瘀”、“骨痹”、“坐臀风”极为相似，从而造成临床病因病机、诊断方法、治疗措施等诸多混乱。李业甫通过40年的临床研究，借鉴《内经》“痹……存于膝，则血凝不流”，“肝脉微涩，为瘈挛筋痹”，“经脉者，所以行血气而营阴阳，濡筋骨，利关节也”的旨意，提出腰椎间盘突出症早期瘀血痹阻经脉，血气不能通达肢体，濡养筋骨肌肉者为筋痹；腰椎间盘突出症后期久治不愈，肝失疏泄，影响脾肾胃功能，使精、气、血生化之源虚弱，气血不足，不能濡养筋骨者为痿躄证，从而条理分明，虚实有辨，为临床诊断、辨证、分型和治疗带来极大方便。

3.2 辨治要领

李业甫将腰椎盘突出症分为痹证型和痿躄型，前者标本俱实，后者标本俱虚。对前者的治疗，主要以祛除瘀邪、通经活络为主。正如《灵枢·阴阳二十五人》云“切循其经络之凝涩，结而不通者，此于身皆为痛痹，甚则不行，故凝涩。凝涩者，致气以温之，血和乃止。其结络者，脉结血不和，决之乃行。”经脉以通为用，经脉通则气血畅行，筋骨皮肉得以濡养而获良效。对后者治疗则以补养脾胃、益气养血、舒筋通络为主，正所谓：“阳明者，五脏六腑之海，主润宗筋，宗筋主束骨而利关节也……。故阳明虚，则宗筋纵，带脉不引，故足痿不用也。”李业甫在调理脾胃的同时，强调固肾养肝，因为肾藏精，肝藏血，精血相生，肾精虚则不能灌溉诸末，血虚则不能营养筋骨，因此手法治疗时多摩腹，揉中脘，按揉脾俞、胃俞、肾俞、命门、肝俞、血海、足三里、三阴交、太溪等穴，以健运中州，益气生血，养肝补肾。

3.3 自我康复

李业甫非常重视治疗后的自我按摩和功能锻炼，认为自我按摩有助于通畅经脉，舒筋活络；而功能锻炼能使腰部肌肉有规则地收缩与松弛，改善腰部血液循环，促进腰部肌肉组织的新陈代谢，从而加强腰肌的力量，防止复发。但锻炼必需因人而异，循序渐进，持之以恒。（余润明）

李一清针灸验案

【名老中医简介】李一清（1938～）教授。吉林省名中医。享受国务院特殊津贴。临床主张辨病与辨证结合、针灸与中药结合。擅长治疗神经系统疾病、心脏血管病及脾胃肠道疾病。出版《针灸耳鼻喉口齿科学》等专著2部，参编全国高校中医类规划教材《针灸治疗学》等教材、著作40余部，完成针灸学教学辅助系统CAI的科学研究2项，发表学术论文40余篇。

1 三叉神经痛

温某某，女，43岁。1987年6月12日就诊。

主诉：右面部疼痛4个月。近两周发作频繁，疼痛难忍。

病史：患者4个月来，右侧面部从下唇到鼻旁、目内眦，呈发作性放射样剧烈疼痛，持续半分钟左右。经住院治疗症状改善。2周前因感冒发烧面病复作，疼痛部位还向前额窜痛、灼痛，发作频繁。可因风吹、漱口、说话、轻微触碰痛处而诱发。经住院综合治疗不效。检查：精神萎靡，面容痛苦、少华。其疼痛部位为右侧第一、二、三支混合作痛，右鼻旁板机点明显。舌质红，苔薄黄，脉弦数。问有尿黄，便秘。诊断：三叉神经痛。治则：清泄肝胃肠火，通经止痛。取穴：分二组：①丰隆（双）、迎香（右）、禾髎、承泣；②四关（合谷、太冲）。治法：疼痛发作时，取第一组；间歇时，取第二组。用粗毫针（26号）刺入，行针得气后，皆用泻法，强刺留针30分钟。留针期间运针3次，两组穴位治法相同。共10次获愈。

2 流行性感冒

宋某某,男,46岁,长春市第二服装厂工人。1988年11月22日8时初诊。主诉:头痛,周身痛,发烧1天。病史:自昨日中午寒战后高热,头痛,周身关节酸痛,鼻流清涕,声重流泪,在卫生所服解热镇痛药,汗后头痛略轻,但高热持续不退。昨夜体温持续40℃,神昏谵语,汗多,烦躁,服药打针未效。检查:T 39.6℃,血压13.3/8kPa(100/60mmHg),急性病容,全身汗多。内科、神经科检查均未见器质性损害征象。舌苔薄白,舌质淡红,脉浮数。诊断:流行性感冒。治则:清热解毒,调和营卫。取穴:大椎、至阳、曲池、合谷、昆仑、膈俞、风门、阿是穴。治法:①挑刺:在背部寻找皮肤瘀血点4处,与膈俞穴,常规消毒后,用三棱针挑破表皮,剥离并挑断皮下部分纤维组织,局部消毒后,覆盖敷料。②毫针:用26号粗毫针强刺大椎、至阳,针刺时使针感向下传导,再刺曲池、合谷、昆仑、风门,用强刺激手法。均留针15分钟。③拔火罐:大椎、至阳、风门,起针后闪火拔罐7~8分钟,起罐后拭去血迹。按上法取穴治法15分钟许,患者溃溃冷汗,顿时降温2℃,至中午体温恢复正常,调养2日,六脉和缓而愈。

3 偏头痛

齐某某,男,11岁,吉林省德惠县人。1987年8月12日初诊。主诉:左侧头部剧痛2年。病史:左侧偏头痛2年,反复发作。近1个月来头痛频繁,发作急暴,作止无常,以左颞部疼痛为著。剧痛难忍,患者以拳击头、撞墙,头痛可持续数小时至数天。可因怒气、睡眠障碍、过劳、看电视而诱发。伴目眩、恶心、呕吐。头痛休止期有烦躁、恐惧感。胸部CT、脑电图皆未见异常。检查:神清语明,体质瘦弱,面色青黄,来诊时正值患者头痛发作,嚎啕大哭,以头撞墙,年寿与颞部青筋暴露,颞动脉显现剧烈搏动,恶心呕吐。神经系统检查未见异常征象。舌质红、苔微黄,脉弦数。诊断:偏头痛。治则:养血安神,清热止痛。取穴:分二组。①颌厌、悬颅、行间、三阳络、二间;②四神聪、安眠、侠溪、肝俞、膈俞。治法:头痛发作时取第一组穴,用泻法,留针可达1小时。头痛休止时。取第二组穴,除侠溪用泻法外,其余穴位皆用补法,留针20分钟。日针1次。头痛发作呈持续状态时,1日可针2~3次。10次为1疗程。初诊时正值患儿头风大作,即按上法取穴施术,留针1小时许,头痛缓解。连续依上述治则针刺3个疗程,头风得到控制,头痛消失,停止治疗。

半年后头痛复发,疼痛部位同前,但头痛时间短暂,头痛程度较以前大为减轻。又针刺2个疗程。口服头痛1号(当归、川芎、五味子等养血安神药),每次5粒,日服2次,连服20天,症状消失,舌象、脉象恢复常态。

李英杰临床经验

【名老中医简介】李英杰(1939~)主任医师。1966年毕业于北京中医药大学中医系。第三批全国老中医药专家学术经验继承指导老师。从事中医药临床工作42年,擅长诊治心脑血管病、脾胃肝胆疾病及妇、儿科疾病。

心绞痛

梁某,女,36岁。2003年3月12日初诊。患者因胸中窒闷2月,加重3天就诊。2月前无明显诱因出现发作性胸中窒闷。3天前因进食油腻食物上述症状加重。同时伴胃脘胀满,嗳气,虚烦不得眠,舌质暗红、苔黄厚。左寸脉沉细,左关脉弦滑。既往有慢性胆囊炎病史10年。心电图示:①窦性心律;②室性期前收缩;③各导联T波低平。中医辨证属胆胃不和、痰热扰心、心气阴不足。治宜利胆降逆、清化痰热、补气养阴、宁心安神。予以黄连温胆汤、生脉散加味治疗。处方:太子参15g,麦冬15g,五味子10g,丹参10g,黄连10g,茯苓15g,半夏9g,陈皮10g,木香10g,白蔻仁5g,炒白术10g,酸枣仁20g,夜交藤15g,甘草10g。水煎,每日1剂,分2次服,连服5剂。胸中窒闷感明显减轻。期前收缩次数明显减少。仍自觉胃脘痞满,嗳气,夜寐欠安,舌质暗红、苔黄。左关脉弦滑。考虑为痰湿内阻,寒热错杂,气滞血瘀之象。治宜通补兼施。方选温胆汤合生脉饮化裁治疗。连服5剂。诸症悉平。

按 李英杰认为,胆为六腑之一,泻而不藏,胆又为清净之府,喜温而主和降。失其常则郁而不通,胃气内壅不降,痰热自内而生。正如张秉成所说:“……痰为百病之母,所虚之处,即所受邪之处……”患者左寸脉沉细,说明心之气阴两虚,痰热得以上扰心神,阻滞心脉,出现胸中窒闷,虚烦不寐,有的患者还会表现为善恐如人将捕之状。胆郁而胃失和降,故胃脘胀满,嗳气。全方以生脉散补气养阴,温胆汤利胆降逆、清化痰热，诸药合用，使心脉得通，气血调和，诸症俱消。现代医学研究认为，心脏、胆道均由植物神经支配，两者在胸4－5脊神经有重叠交叉，故胆道疾病可通过心脏大神经纤维牵涉至心前区，导致心绞痛。同时，胆道疾病常伴感染，可致心脏小动脉痉挛，心肌缺血缺氧，产生心绞痛症状。感染还可导致心脏自律性和传导功能异常，从而出现各种心律失常。因此，胆心同治，不仅符合中医辨证论治原则，也符合现代医学理论，对于治疗胆心综合征所引起的心绞痛有一定的临床价值。（李萍 张朝香）

脾胃病

1 理论基础

李英杰认为中医学中脾的概念，不同于西医的脾脏，脾的运化功能是指食物消化后的精华与糟粕的运输和转化，更重要的是包括营养物质的能量转化过程，而且脾还有主肌肉、统血等功能。胃的概念基本与西医学的胃一致，它具有接受食物并"腐熟"（消化）食物的功能。《灵枢·海论》曰"胃者水谷之海"，"胃主腐熟水谷"。脾与胃关系密切，二者同居中焦，相为表里，胃的受纳是脾运化的前提，胃有所纳，脾有所化，脾主升清，胃主降浊，脾喜燥而恶湿，胃喜润而恶燥，生理状态下纳化相宜，升降相应，燥湿相济，人体水谷精微得以上升，糟粕得以下降，此即所谓"升清降浊"。由于功能上密不可分，中医学总把脾和胃联系在一起，认为二者以膜相连，一脏一腑，阴阳互为表里，如《素问·灵兰秘典论》日："脾胃者，仓禀之官，五味出焉。"《灵枢·本俞》云："脾合胃，胃者，五谷之府。"可见脾胃在人体的重要性。

2 治疗特色

2.1 治脾胃必重舌诊

阳明胃腑，多气多血，胃中气血夹邪气上潮于舌，则形成各种舌苔。脾胃病就其属性而言，有寒证、热证、寒热错杂之分；以虚实而言，有虚证与实证之别。古有"舌为胃镜"之语，故李英杰认为察舌验苔，是诊治胃病之重要手段。概言之，有苔为实，主湿滞；无苔为虚，主阴亏。苔白主寒，苔黄主热；治疗用药，先以舌象为指导，若舌苔白厚，为寒湿中阻，当用苦寒燥湿之品；舌苔黄腻，为湿热壅结，宜苦寒清利之剂；若舌苔黄白相间，为寒热错杂之象，多由腹部受寒或饮食生冷，阴寒凝滞，阳热郁遏，寒凝热郁，胃失和降致胃脘疼痛，其兼证寒热共有，治宜温凉同用，辛开苦降，以干姜、黄连相伍；或用张仲景半夏泻心汤；若舌质淡润胖大，边有齿痕，苔厚腻，黄白相间，或边白心黄，采用藿香正气散合三仁汤加减；若舌面光滑无苔，为胃阴不足之象，则须沙参、麦门冬之类久服以濡养胃阴，待舌苔渐生，病情会有转机，此时虽有胀痛，也慎用辛燥。

2.2 治脾胃调气为先

脾胃病中，气机逆乱之气病较多。脾胃居中焦，为全身气机升降出入之枢纽。如脾胃气滞，当升不升，当降不降，郁滞于中，久之则成气、血、痰、湿、火、食六郁之病，而以气郁为先，故治郁首当行气。行气法不仅能止痛、除胀、运脾、和胃，还有解郁、化痰、祛湿作用。治疗时，气郁壅滞则行之，气弱虚衰则补之，气逆于上则降之，气陷于下则升之。李英杰临床常用行气方剂主要是加味乌药汤，但宜中病即止。治气之法，惟在适中。气积于中，宜疏顺，如疏导过剂，则又耗元气，致生下虚中满之证。因此，行气药不可过用、久用。李英杰临证行气取效后，常以六君子汤、香砂养胃丸调理以补气健脾，以御肝木克伐。以行气开始，补益善后，亦可谓法外之法。

2.3 胃病以通为要

六腑以通为补，胃为六腑之一，为水谷之腑，以通为用，以降为顺。叶天士认为"脾宜升则健，胃宜降则和"。胃和的关键就在于胃气润降。降则生化有源，出入有序；不降则传化无由，壅滞成病。只有保持舒畅通降之性，才能奏其纳食传导之功。肠胃为囊，无物不受，易被邪气侵犯而盘踞其中。邪气犯胃，胃失和降，脾亦从而不运。一旦气机壅滞，则水反为湿，谷反为滞，即可形成气滞、血瘀、湿阻、食积、痰结、火郁等。若脾气虚弱，运化失司，升降失调，清浊相干，郁滞自从中生，则属于虚而夹滞，胃病常以寒热错杂、内有郁滞为共同特点。寒则凝而不通，热则壅而失降；阳主动，伤阳者滞而不运；阴主濡润，伤阴者涩而不行。因而李英杰临床治疗着重疏通气机，使上下畅通无阻，气机升降出入正常则寒热自除，阴阳调和。正如《医学传真》所说："夫通者不痛，理也。但通之之法，各有不同，调气以和血，调血以和气，通也。上逆者使之下行，中结者使之旁达，亦通也；虚者助之使通，寒者温之使通，无非通之之法。若必以下泄为通，则妄矣。"临证郁则解之，瘀则行之，虚则补之。寒则散寒，实滞者消导，气滞者理气，热邪者泻热，血瘀者化瘀，阴虚者则养胃阴。胃气虚者，气机不运，虚中有滞，宜补虚行滞，又不可壅补。凡此种种，虽有温清、补泻之不同，都寓有通降的法则。

2.4 治脾胃不忘调肝胆

脾胃与肝胆同居中焦，肝主疏泄，主一身气机的升降出入，脾主运化，胃主和降，脾胃为人体气机之枢纽。肝脾主升，胆胃主降，共同发挥疏理气机升降、协调气机运化的功能。因肝为风木之脏，喜条达，主疏泄；脾为至阴之脏，必赖肝之疏泄，始能运化水谷以化生气血；肝主疏泄，精气泄于肠胃，以助胃腐熟水谷，传导糟粕之用。若肝失疏泄，精气郁结则脾气不升，胃气不降，壅滞成病；或疏泄太过，横逆而犯，脾胃受戕；或脾胃虚弱，肝木乘之，气乱为病。因此，在临床上许多脾胃病证皆由肝胆功能失调所致。正如叶天士所言"肝为起病之源，胃为传病之所"；胆附于肝，肝胆互为表里，《脉经》曰："胆汁系肝之余，气泄于胆，聚而成精。"其借肝之疏泄功能，胃气下降之力，下输于肠，以助消化。一旦肝气郁结，疏泄失常，胃失和降，势必致胆汁上逆，于是造成胆胃不和证。而情志不舒，肝郁犯胃，或肝郁脾虚，湿热内生，气滞湿阻，亦是临床上脾胃病证的常见类型。所以李英杰在健脾和胃时始终不忘调理肝胆。

2.5 脾阴亏虚亦可致病

脾阴之说，历代医家很少论及。脾为太阴之脏，藏精而不泻，多汁多液。脾主运化，为胃行其津液，重在化生。故凡脾体本虚，胃强脾弱，胃火炽盛，耗伤脾阴，或年老肠燥，产后体虚，皆使脾气不得敷津，失其传输之能，而使脾失滋润之性，即为脾阴亏虚。脾阴一亏，中脘嘈杂，即生大便秘结，舌红脉细等。正如《慎斋遗书·渴》曰："盖多食不饱，饮多不止渴，脾阴之不足也。"由于脾阴胃阴彼此渗透，多难区别，然脾阴亏损多由内伤所致，胃阴不足，多系热伤津液，治胃偏于清热生津，治脾则当养阴和营。李英杰临证常应用富含汁液之品，如肉苁蓉、何首乌、白芍药、当归、枸杞子、火麻仁等品。另外，滋阴诸药虽可补其阴液，但不能助其生化，故加白术，以滋其化源。《慎斋遗书》曰："专补脾阴不足，用参苓白术散。"此即"补脾不如健脾，健脾不如运脾"之意。

2.6 酌加活血化瘀之品

胃为多气多血之腑，初病在气，久病入血，临床胃病多迁延日久，致胃阴不足，中土失于健运，气血津液生化乏源，无以充养血脉，络脉涩滞而致瘀血内停，或阴虚燥热，耗伤阴血，又灼伤血络，血溢于外，留而成瘀。故瘀血痹阻与津血亏虚并见。因而瘀血之证不拘于疼痛固定、舌紫、脉涩。凡胃病日久不愈者，均考虑其血瘀因素。李英杰善用丹参，取其破宿瘀而以生新血，功兼四物，既可活血又可养血。对于胃热、肝胃郁热、热灼血络致瘀血者，可用牡丹皮、赤芍药、丹参等凉血、活血、散瘀；对于阴虚津伤之证可用沙参、麦门冬、当归、白芍药、三七、丹参以养阴活血和血、消肿生肌。对于血瘀证多用失笑散或丹参饮、金铃子散等。现代医学表明，活血化瘀药不但有止痛止血的作用，还可改善胃黏膜的血液循环，消除炎症细胞浸润，促进病灶恢复，防止组织异型增生。

3 病案举隅

程某，女，42 岁。2005 年 3 月 18 日来诊。上腹部胀满反复发作 1 年余，加重 1 个月。刻诊：自觉腹部胀满，纳呆，时有恶心、反酸，舌质黯，苔薄黄，脉弦滑。西医诊断：慢性胃炎。辨证属胆胃不和型。治宜柔肝利胆，消食和胃。药用：吴茱萸 3g，黄连 6g，蒲公英 15g，白芍药 15g，甘松 10g，白花蛇舌草 10g，炒白术 15g，麦芽 10g，谷芽 10g，佛手 10g，半夏 10g，甘草 10g。水煎服，每日 1 剂。服 3 剂后再诊，患者诉腹胀、纳呆、恶心、反酸症状均有好转，继予胃乐胶囊（药物组成：白芍药 30 份，黄连 6 份，吴茱萸 3 份，蒲公英 30 份，白花蛇舌草 15 份，白术 15 份，佛手 10 份，麦芽 12 份，谷芽 12 份，三七 3 份，延胡索 15 份，海螵蛸 20 份，甘松 10 份，法半夏 10 份，炙甘草 6 份。制剂室生产，批准文号：冀药制字 Z20051530，每粒含生药 0.3 g），每次 2 粒，日 3 次。服药 1 周后，诸症尽消，继服胃乐胶囊 1 周以巩固疗效，随访 6 个月未复发。（刘银鸿 王玉栋）

李友余临床经验

【名老中医简介】李友余（1940～）江西省万年县人。主任中医师。1965 年 8 月毕业于江西中医学院。现任江西省鹰潭市中医院院长兼书记，鹰潭市月湖区政协副主席，鹰潭市中医药学会理事长。鹰潭专业技术拔尖人才，享受国务院政府特殊津贴。第二批全国继承老中医药专家学术经验工作指导老师，江西省名中医。擅长中医治疗皮肤科、肝病、内科疑难杂病。撰写论文 10 余篇。

脾胃气虚气滞论

李友余在脾胃理论方面有较高造诣，对"气虚气滞"理论为主体的脾胃学说有所发展。其在临床辨证施治上特别重视脾胃，重视"留得一分胃气，便有一分生机"的学术观点，特别强调"人以胃气为本"。脾胃居于中焦，是人体气机升降之枢纽，能灌通其它四脏五腑，为气血生化之源，五脏六腑四肢百骸之根，故称“脾胃为生化之源，后天之本”。根据“四季脾旺不受邪”的理论，认为脾胃虚弱，消化力差，又不注意节制饮食，那就脾胃更伤，消化不良，营养不足以供给体内的需要，自然体内元气因营养缺乏而不充沛，防御机制减退，不能抵抗外邪的侵袭，所以各种疾病从此发生。

脾胃受病，以脾胃先虚为主。脾胃为气血生化之源，气机升降出入之枢纽。人体气机升降是维护机体生命活动的重要表现。气贵顺，血贵行，气血调和，百病无生；气不顺，血不行，气血不和，百病丛生，诸症蜂起。脾胃虚弱，则气血生化失源，升降出入混乱，气虚无以运行，气虚导致气滞，气滞则致血瘀，并可引起阴虚、血虚、出血、夹湿、夹食、生水、生痰，碍肝累肺，伤损心肾，诸症皆起，日久不解成为沉疴顽疾。这是李友余在《脾胃论》指导下独创的“气虚气滞”理论，在这个理论指导下，创加味香砂六君子汤：广木香9 g，砂仁7 g（后下），煨肉豆蔻6 g，厚朴9 g，党参30 g，白术10 g，茯苓15 g，甘草3g，黑丑3 g，生大黄3 g。本方特点是权衡补行，把握升降，方中以四君子汤健脾益气，补其气虚，选广木香、砂仁、煨肉豆蔻、厚朴及少量的黑丑、生大黄以去其壅滞，推陈致新，清降胃气，综本合方以补促行，以行助补，补行结合，从而达到补中有行气不滞、行中有补气不耗的目的。所有虚实传变，都应以脾胃气虚气滞为本，补行平衡为治，这就是李友余的中心思想。

案1 胡某某，男，62岁，1987年5月6日初诊。诊见：病人骨瘦如柴，面白无华，双目失神，语声低微断续，半月来恶心呕吐，不能进食，只靠饮少量糖水度日，10余日无大便，脐下可见一个拳头大小包块，时起时消（1个月前在当地医院诊断为肠癌，不宜手术治疗），舌质淡白、苔少而润，脉濡细无力。辨证属脾胃虚弱，气虚气滞，滞淤肠间，升降失司。治宜补气行滞，升清降浊，佐以化淤通腑，方用自拟加味香砂六君汤出入：党参30 g，白术10 g，茯苓15g，甘草3g，木香8g，砂仁（后下）7g，煨肉豆蔻6g，厚朴8g，生大黄（后下）10g、煅赭石（先煎）30g，莪术15g，柿蒂10g，黄芪30g，鸡内金10g。服药3 d后，呕吐减轻，大便已通，可进少量米汤，药已中机，原方减生大黄至8g，再进5剂，呕吐已止，大便日行1次，能进半碗稀饭，病有转机，原方去赭石，大黄减至6g，加三棱10g再服15剂后，饮食增加，可进软的干饭和肉饼汤，并下床活动，原方加黄精10g、进服2个月而愈，现仍健在。

案2 杨某某，男，68岁，1987年10月20日初诊。因经常拉黑便，消瘦伴贫血3 a，经2次住院检查诊断为胃癌，转移性结肠癌，在当地军医院2次手术，术后消瘦，贫血严重，腹胀，呕吐不能进食，拒绝化疗，要求中药治疗。当时望舌淡白、苔白润，脉弦细无力，辨证脾胃气虚，气滞血淤，升降失司。治宜健脾胃，补气血，理气滞，化淤血，复升降，方用自拟加味香砂六君子汤出入：党参30g，白术10g，茯苓15g，甘草3g，黄芪30g，木香8g，砂仁（后下）7g，煨肉豆蔻6g，厚朴8g，莪术15g，生大黄（后下）9g，当归10g，煅赭石（先煎）30 g，柿蒂10g，鸡内金9g，进服5剂后，呕吐、腹胀明显减轻，按上方出入进服3个月，患者体重增加，面色红润，时过7a，现仍健在。（丁 奎）

李有伟临床经验

【名老中医简介】李有伟 女。主任医师，教授。安徽芜湖市中医院门诊内科主任。第三批全国老中医药专家学术经验继承工作指导老师，安徽省跨世纪中医学术和技术带头人指导老师。从事中医临床工作30余年，擅治内科疑难杂症、风湿及急重症。发表论文数10篇。

临床经验

痹 证

1 重体质因素，论质辨证

李有伟认为，人体体质与发病密切相关，体质因素往往决定了个体对某种致病因子的易感性及其所产生的病变类型的倾向性。体质不仅是疾病发生的内因，而且常决定着疾病的发展和演变。在痹证的发病中，体质内虚是其共有因素，阴盛或阳虚之体易感寒湿之邪，成为寒湿痹；阳盛或阴虚之人易感风热之邪，成为湿热痹。《素问·痹论》中指出：“（痹）或寒、或热、或燥、或湿，其故何也？”“其寒者，阳气少，阴气多，与病相益故寒也；其热者，阳气多，阴气少，病气胜，阳遭阴，故为痹热。”由此可见，人体阴阳失调，禀赋素质的阴阳偏盛偏衰，与痹病的发生和寒热转归有着密切关系。现代流行病学调查和遗传免疫学的研究发现，遗传因素在类风湿性关节炎的发病中起着重要的作用，表明该病有明显的家族倾向，说明先天禀赋不足是主要的发病原因。李有伟在痹证的辨证中，特别强调体质因素，认为不仅是诊察病证的重要方法之一，而且对痹证预后转归的深入探索，具有较高的实用价值。

2 明辨病，衷中参西

李有伟诊治痹证，首要辨病，注重辨病与辨证相结合。由于痹证范围很广，包括西医学很多疾病，如类风湿性关节炎、风湿热、风湿性关节炎、坐骨神经痛、骨质增生、痛风性关节炎等，每一种病各具其自身的病理变化特点，即使辨证为同一证型，其临床特征也不尽相同。在痹证这个笼统的概念下，由于对疾病产生的具体机制和诊断缺乏客观指标和依据，因而用药也缺乏很强的针对性。李有伟强调，要把现代医学理化检查及客观指标借用来作为诊断时的参考依据，并且在辨证论治的前提下，对某病加用一些具体的、有针对性的药物进行治疗。李有伟常根据患者的体征，如有无发热、皮肤损害、关节肌肉异常、内脏病变及其他表现，配合一些辅助检查，如抗“O”、血沉、类风湿因子、血尿酸、放射线等项检查，来辨明痹病所属疾病。明确诊断是李有伟诊治痹证的特点之一。李有伟曾多年从事医院急诊工作，西医的诊治水平也很高，临床诊断多很明确。如通过“风湿活动诊断标准”来掌握风湿病，并积极防治，以免导致慢性瓣膜损害，形成慢性风湿性心脏病。如糖尿病性关节炎，必须尽早治疗原发病，关节症状才能得以改善。类风湿性关节炎属自身免疫疾病，李有伟常用黄芪、仙灵脾、露蜂房来调节免疫功能，用豨莶草降血沉，促类风湿因子转阴。对类风湿性关节炎后期特别注意关节的变形、脱位、附近肌肉有无强硬及萎缩等，并加强功能锻炼及康复治疗。

3 分阶段，治重通补兼施

3.1 初在经，熏洗发汗，开腠疏表

痹证初起，外邪袭表，病位多在肢体、皮肉、经络之分，可用疏表开腠、解肌发汗的方法，因势利导，祛邪外出。李有伟常采用熏洗的方法，选用具有散寒祛湿、温经通络止痛之剂，药如艾叶、络石藤、天仙藤、桑枝、木瓜、豨莶草、伸筋草、忍冬藤等，并制成院内协定方，临床效果显著。通过熏洗，使药物直接作用于病所，收到通痹止痛之效。现代医学实验证实，熏蒸时湿润的蒸汽能加速皮肤药物的吸收，同时皮肤温度升高可改善局部的血液循环，有利于局部炎性水肿的消散及改善组织缺氧和营养状态。李有伟认为，治痹的关键在早期，一定要加强早期防治，否则病变将难以控制。

3.2 急性期，截断病邪，重在防变

“截断”疗法是李有伟治痹的又一特点之一。所谓“截断”，是指采取果断措施和有效方药，迅速祛除病邪，控制病证，尽可能阻止疾病的自然发展和恶化。痹病多表现为本虚标实之证，而急性发作阶段则以邪实为主。急性期肢体:关节疼痛肿胀较为剧烈，而疼痛肿胀乃为邪气痹阻所致，因此，治疗重点在祛邪通络。邪之一去，络脉疏通，则痹痛自除。祛邪要根据病邪的特点，针锋相对，处方遣药要准要狠。李有伟临证或散寒，或清热，或外敷内服兼用，或中西结合用药，务在尽快消除症状，祛邪截变。如类风湿性关节炎活动期，李有伟多重用清热通络、祛风除湿之剂，方予四妙散加减，并配合外敷及熏洗等法。再如治痛风急性发作，则用清热祛邪、化瘀泄浊之法，配合西药，可尽快终止急性关节炎发作，纠正高尿酸血症，防治尿酸盐沉积于肾脏、关节等引起并发症。李有伟认为，急性发作期的治疗是阻止痹证进一步发展的重要时期，因此，“截断”疗法具有重要的临床意义。

3.3 缓解期，扶正通络，辅以康复

痹证虽有寒、热、虚、实之别，然而总以腠理、筋膜、骨节之脉络中血气或津液痹阻不通为共同病变特点，“通畅络脉”则为其总的治则。然痹证的发生，最根本的是由于机体肝肾亏虚、气血虚弱的内在因素，因此治宜治本顾标，益肾补气养血。李有伟治痹重在攻补兼施，其临床长期应用的风湿通补协定方，并以此方为基础制成的院内制剂风湿止痛胶囊，经数千例临床验证，效果显著，且长期服用无明显的毒副作用。其药物组成有：黄芪、防己、鸡血藤、活血藤、片姜黄、怀牛膝、露蜂房、僵蚕、延胡索、连翘、丝瓜络、桑寄生等药。综观全方，通中有补，补中寓通，性味平和，寒温并用，可扶正固本，补益肝肾，攻补兼顾，并能提高机体免疫力和抗炎、抗变态反应能力。尤其对久治不愈的顽痹，坚持服用，常能达到改善临床症状、控制疾病进一步发展的目的。

在药物治疗的同时，李有伟更为强调功能锻炼，认为康复治疗，有助于缓解疼痛，控制病情的发展，更重要的是保护、恢复患者已受损的各种功能活动，从而保存患者的工作和生活能力，防止残疾的发生或减轻致残程度。李有伟强调，功能锻炼越早越好，并在医生的监控下，针对不同的病情或不同的治疗目的，选择不同的治疗方法如物理治疗、运动疗法、作业疗法、心理疗法等，做到个体化。功能锻炼要贯

穿于痹病的始终。(焦庆华)

遣方用药

“有毒”中药在痹证中的应用

1 对于“有毒”中药的认识

中药的毒性有广义和狭义之分。广义之毒即为药物本身或指药物的偏性。如《内经》中即有“当今之世,必齐毒药”之说。而《本经》曰“药有酸、咸、甘、苦、辛五味,又有寒、热、温、凉四气,及有毒、无毒”,只是泛指药性的强弱、刚柔、急缓。凡药性强烈、作用峻猛者谓之有毒,反之则谓之无毒。狭义之毒专指药物的毒副作用。本文所论“有毒”中药即指狭义之毒而言。

现代药理研究表明,中药的有毒成分可分两种情况:一种是有毒成分为非有效成分,可以运用一些炮制手段将其去除,从而防止中毒。一种是有毒成分即是有效成分,需以其毒性来治疗疾病,只有降低有毒物质的含量以减少毒性,保持一定药效。正因为一些有毒药物具有独特的治疗作用,才使得这些药物长期以来仍受到广大医务工作者的青睐。这就要求我们在使用这些药物的时候扬长避短,既要充分发挥其独特的药效,又要确保用药安全。

2 “有毒”中药在痹证中的应用

中医用“有毒”中药治痹证由来以久,早在《金匮要略》就记载有“诸肢节疼痛,身体魁羸,脚肿如脱,头眩短气,温温欲吐,桂枝芍药知母汤主之。”、“病历节不可屈伸,疼痛,乌头汤主之。”其中用治“风湿历节”的桂枝芍药知母汤的组成中就有附子,用治“寒湿历节”的乌头汤的组成中就有乌头。上述二方为后世治疗痹证的代表方,至今仍应用于中医临床。后世用于治疗痹证的有毒中药还有很多,如:细辛(见《医宗金鉴》三痹汤)、马钱子(见《救生苦海》马前散)、白花蛇(见《中国中医秘方大全》除痹汤)、露蜂房(见《乾坤生意秘祖》)、雷公藤等。可见,从古至今,“有毒”中药在痹证的治疗中有着非同寻常的作用。如今,其功效也正在为现代越来越多的药理研究所证实,2002 年扬州大学医学院完成了“乌芍制剂对关节炎大鼠抗风湿机制的实验研究”,研究证实乌芍制剂可使关节滑膜组织中炎性细胞浸润及组织水肿减轻,在早期能抑制前列腺素的合成,并能抑制细胞因子 TNFaT 和 IL－1β 的分泌而产生抗风湿作用,且可能与目前普遍用于类风湿病临床的西药氨甲喋呤有协同作用。

3 “有毒”中药治疗痹证的用药原则

3.1 辨证择药,严禁滥用

用药中要严格遵循中医辨证施治的原则,并且要考虑患者的年龄、性别、体质、生活环境等因素,尤其对于老人、儿童及久病体弱者,在选择“有毒”药物时更当慎之又慎。

3.2 严格炮制,合理配伍,正确制剂

有毒中药经过正确炮制可以减少甚至消除毒性,增强疗效。如乌头类(川乌、草乌、附子)经水漂能使有毒成分降低;马钱子可通过砂烫的方法降低毒性。在选用有毒中药组方时,一定要考虑运用药物之间的七情关系。可以利用适当配伍来减轻或消除其毒副作用,提高药效。如附子甘草配伍、附子白芍配伍、川乌白芍配伍。使用有毒中药还选用适当的制剂形式和正确的煎服方法。有些药物宜久煎以减少毒性。如附子、乌头、细辛等,久煎可使有毒成分分解、挥发。而有些药物的醇浸出液的毒性较大,泡酒时应慎用。如:细辛、乌头等。而有些药物已制成专门的成药,如雷公藤多甙片,毒副作用进一步减低,则不入汤剂使用。

3.3 严格限量,中病即止,连续观察

大多数有毒中药安全范围窄,使用时稍有不慎即致中毒,因而要严格限量。一般宜从小剂量用起,逐渐加量,但不宜超过各种药物的最大常用量。使用时以选择常用量为宜,如:露蜂房内服量,煎汤,0.8～1.5 钱;制附子内服量,煎汤,1～3 钱;制乌头内服量,煎汤,0.5～2 钱;细辛内服量,煎汤,0.3～1 钱;马钱子内服量,入丸、散,日 1～2 分;白花蛇内服量,煎汤,0.8～1.5 钱。而且,由于剂型不同,用药量也有所区别。一般入散剂或酒剂剂量较小,入汤剂可稍大。对于有毒中药不宜过久或持续服用。使用一段时间后,不论有效无效均需停药,中病即止。用药过程中要密切观察病情变化,有无中毒反应,并行相关的化验检查。如发现有中毒现象,应立即停药,并采取解毒措施。

4 痹证常用有毒中药中毒临床表现及抢救措施

4.1 乌头类

乌头类中药包括川乌、草乌、附子等,为含生物碱的有毒中药。所含生物碱主要有乌头碱、新乌头碱。乌头碱毒性最强,其毒理作用为引起中枢神经系统和周围神经系统先兴奋后麻痹,还能直接作用并毒害心肌,引起心血管系统的中毒症状。中毒表现为:先有唇、舌、四肢发麻,并遍及全身,且痛觉减弱。迷走神经兴奋,可致恶心、呕吐、腹痛、腹泻、出汗、流涎、视力模糊及心率减慢、心律紊乱。对心肌的毒性可致频发室早,甚至阵发性室速、室颤,引起血压下降、呼吸困难、口唇紫绀、抽搐、四肢厥冷、瞳孔散大,可因呼吸、心跳停止而死亡。

抢救措施:停药。中毒早期,应立即催吐、洗胃,并用硫酸钠口服导泻。危重患者,应配合西医抗休克、抗心律失常、强心等治疗。阿托品可以抑制腺体分泌、抑制平滑肌收缩、阻断迷走神经对心脏的影响及兴奋呼吸中枢,能减轻或消除流涎、消化道症状及心律失常。对于窦性停搏、结性心律、房室传导阻滞等使用阿托品疗效不显著者,可改用或加用异丙肾上腺素。并可用生姜、甘草、金银花煎服解毒。

4.2 马钱子

马钱子又名番木鳖,为含生物碱的有毒中药。所含生物碱主要是番木鳖碱,其次是马钱子碱、番木鳖次碱等。其毒理作用系对脊髓有高度的选择性兴奋作用,对大脑皮质及延髓也有兴奋作用。中毒表现为:中毒之初有咀嚼肌,颈肌抽动,吞咽困难,呼吸加速,有窒息感,继而紫绀、大汗、强直性痉挛、角弓反张、牙关紧闭、面肌痉挛呈苦笑状,严重者可因呼吸麻痹而死亡。

抢救措施:停药。将患者置于安静的环境中,避免声、光刺激,并以硫酸镁或硫酸钠导泻,静滴速尿促进毒物排出。急性中毒者应予立即洗胃。抽搐者可用苯妥英钠静注。并可用甘草绿豆汤解毒。

4.3 雷公藤

雷公藤为含生物碱的有毒中药。所含生物碱主要是雷公藤碱、雷公藤定碱,还有雷公藤酸等。雷公藤毒性较强,可导致中枢神经系统损害,并可引起肝脏出血与坏死。中毒表现为:全身症状有头晕、头痛、全身软弱、乏力、眩晕、肌肉疼痛、四肢麻木、甚至抽搐。消化系统症状可有恶心、呕吐、厌食、腹胀、腹痛、腹泻、胁肋疼痛、黄疸。心血管系统症状可见心悸、胸闷、气短、心痛,脉律不齐而细弱,唇、指发绀。严重者可见急性肾功能衰竭,及吐衄、休克等危候。

抢救措施:停药;口服中毒早期常规催吐、洗胃、导泻;输液、利尿;防治急性肾功能衰竭、休克;并可用绿豆、甘草煎服。

4.4 白花蛇

白花蛇的主要毒性成分是多肽物质,包括血循毒(如五步蛇、蝰蛇)、神经毒(如银环蛇)等。血循毒的毒理作用为凝血酶样作用和凝血活素样作用。能使血浆中的纤维蛋白原沉淀为纤维蛋白,由于纤维蛋白原被耗竭,造成血液失凝而出血,以及组胺物质的释放。神经毒主要表现为箭毒样作用,造成神经症状,重者可致呼吸肌麻痹。白花蛇中毒的主要表现有:全身广泛溶血和出血,水电解质紊乱,甚至血压骤降、呼吸心跳停止;胃肠麻痹、呼吸肌麻痹、呼吸中枢抑制。

抢救措施:停药;注意把好循环、呼吸、肾功能三关;禁用或慎用中枢神经抑制药、横纹肌松弛药、抗凝血药;对于血循毒中毒,应尽早应用抗蛇毒血清;口服中毒早期常规催吐、洗胃、导泻。

4.5 细辛

细辛的主要毒性成分是细辛挥发油。它对心肌、平滑肌有直接抑制作用。细辛中毒的主要表现有:中毒早期呈兴奋现象,继而陷于麻痹状态,逐渐使随意运动及呼吸运动减退,同时反射消失,终以呼吸肌麻痹而死亡,一般呼吸先于心跳停止。

抢救措施:停药;口服中毒早期常规催吐、洗胃、导泻;危重者酌用呼吸兴奋剂、强心剂,甚至机械呼吸。

4.6 露蜂房

露蜂房的主要毒性成分是挥发油,可促进血液凝固、强心、利尿,能致急性肾炎、心律失常。

抢救措施:停药;口服中毒早期常规催吐、洗胃、导泻;对症治疗。(张 媛 卢建平 李有伟)

李元馨急重症验案

【名老中医简介】李元馨(1893~1982) 江西临川人。原抚州市人民医院副院长。江西省中医学会理事。江西省名中医。从医60余年,擅长诊治急重症。

1 寒实结胸案

黄某,男性,初患发热,表证未解,医误下而成寒实结胸,更医数辈,皆诊为热结,予大、小陷胸汤之类,一误再误,犹如雪上加霜,阴凝尤甚。李元馨诊之,时值炎暑,严闭户室,厥逆无脉,已三四日不省人事,心下实满,舌苔灰白且腻,虽经苦寒攻逐,所下甚少。其父问曰:“吾子到底何病?为何久医无效?”李元馨曰:“病属寒实结胸,前医皆从热结论治,故不应。用三白散攻逐,或许有一线希望。”在堂亲朋有识医理者,听之愕然一惊,均认此药峻而体衰,请李元馨三思。曰:“除此以外,另无救急佳品。”后依李元馨之见,冷粥一碗备用,三白散一钱,温水调匀,频频灌服。服后始则腹中雷鸣，手足躁扰，众亲友及家人哗然，以为必死，继则矢气频传，大泄粘滞垢物半桶许，安卧数小时后，神识渐知。次日黎明，其父即告李元馨："吾子药后大有转机。渐能识人，再劳先生复诊。"李元馨随即赴诊，见其神识较清，手足微温，心中甚喜，但切脉未及，不宜再攻，嘱停药一日，以观动静。至晚三诊，脉来沉细无力，此佳兆也。患者胸闷微烦，与栀子厚朴半夏汤以净余邪，继用二陈汤合山楂、麦芽等和胃消食，终以六君子汤益气健脾收功。

2 阴盛格阳案

1952 年夏季，患者万翁，年老体弱，忽十余日烦躁不得眠，面赤，时时阴缩，口渴，脉来洪大鼓指，诸医俱从阴虚阳亢论治，叠进滋阴潜阳之剂，躁烦益甚。遂转李元馨诊治，其脉数举之洪大鼓指出鱼际，寻之散大无力，口渴喜热，时时阴缩。此阴盛格阳，孤阳欲脱之证。滋阴潜阳更助阴阳离决之势，救燃眉之计，惟温壮下元，镇纳浮阳。患者服《局方》黑锡丹后，阴缩即愈，是夜安能入寐。次日脉沉伏，盛夏穿冬衣，四末不温，阳微之象始著，嘱服鹿茸散大补元阳，而竟全功。

3 热结旁流案

1930 年 8 月。杨妇，年逾四旬，腹泻清水不臭，历时半月余，屡次更医，泄泻虽止，饮食不进，精神更差，日趋险境。及至李元馨出诊，手足逆冷，昏愦不语。舌质如锉，苔黄黑起芒刺，脉来沉实而数。病属热结旁流。前医皆未究病源，以实为虚，见泻止泻，概施温补，伤津耗液，至使燥结愈深。热无下泄之路，逆而上冲，故神昏不语。症状虽危，犹可图治，乃书调胃承气汤。其夫优柔不断，未敢与服，家人丧失信心，而备后事，并喂以参汤，聊表仁至义尽之意。是晚病妇头垂床沿，不事不省。两天后李元馨出诊而归，病家再请往诊。见患者奄奄床第，知药未服，谓曰："再补更促命，非下不可为功！"家人始商定破船漏撑，依原方捡药，下午三时频频灌服。夜半得转矢气，臭气充屋。一小时后再转矢气，臭难近身。继后遗酱色软便一床，恶臭无比，神志依然不清。时至五更，不意病人突然坐起，脱去上衣，用手蘸灯油抹脸涂胸。至清晨始能开言，知饥索食。家中老少，欢喜若狂。是日再诊，拟大承气汤荡涤肠胃热结。次日又与增液汤加黄连栀子等，复以安神丸、磁朱丸和天王补心丹调治，月余而安。

4 中暑案

抗日战争时期，李元馨悬壶黎川。治患者张某，身躯魁梧，素体健康，缘夏月下乡中暑，发热汗出。某医臆其久别归家，必有房劳，诊为挟阴伤寒。嘱服黑锡丹，遂生变端，手足逆冷，斜视，不省人事，面目俱赤，唇红齿槁，腹胀便秘，舌绛，苔黑而干。抱薪救火，更助烈焰上炎，致成液涸痰生，风动肢厥之危。釜底抽薪，急下存阴，诚为治本救危上策。然承气汤患者家属不敢与服，为救燃眉之急，先予安宫牛黄丸一粒，得开窍宁心之效，神志转清，能够动作。复拟犀角地黄汤加黄连、石膏、知母、银花、连翘等，气营两清，症状续减，惟大便难行，发热未退。此阳明热结未开，火无下泄之路，再拟前方加大黄、芒硝，开结泻火遂竟全功。

5 冷癖案

张某，男，三旬余。三十多年前，正值农历六月，灼日炎炎，李元馨出诊到其家，汗流夹背，见其不寒而栗。头戴皮帽，身穿棉衣，两腿间置一火笼，缩手不肯与诊。病历数月，恶寒无热，终无解时，非疟可知。前医叠进参附、理中之属，如石投水。自诉非常怕冷，怠惰懒动，食欲大衰，稍食则胀，小腹如置冰，喜温熨，大便或秘，或质软量少而艰行。诊脉沉细，手足不温。为命门火衰，火不生土，土不胜湿，冷凝成癖。此冷癖之甚器，非以补火，难解冰凝，非以通下，难去腑浊。嘱每日服硫附丸三钱，空服温开水送服，连服两日。药后下胶冻样大便甚多，小腹如冰感顿失，脱去皮帽棉衣，精神好转。后以香砂平胃散，附桂理中汤调治康复。

6 痰热结胸案

上世纪四十年代，女性王某，时年三旬开外，久病数易名医诊治，罔获寸功，终于昏迷不醒，肢厥脉无，家人以为已故，欲蔑囤圈尸。然其夫扪其心窝尚有微傲热气，适见李元馨从其家门路过，顿生一念，便急急出门请其诊视。患者僵卧如尸，切脉推之至骨仍不能及，察舌质红干，苔黄黑垢腻，触虚里似动非动，扪心窝微热，按脘腹实满，询病史，便秘多日，继后胸脘胀闷，烦躁不安，拒进饮食。此乃痰热结胸，心神被蒙，故昏迷不醒；阳气不通，三焦气机窒塞，阳气内郁，故肢厥脉无。此宜宣通三焦为务，拟小陷胸汤加薤白、枳实、大黄、芒硝等药，泻后神志渐清，厥回脉复，合家欢乐，庆贺再生之幸！时至 1990 年仍健。

7 瘴疟案

邬某某，男，18 岁。1971 年 5 月 27 日初诊，因恶寒发热四日不退，血片检查诊为疟疾，住入某医院。入院后体温高达 41.3℃，神志不清，四肢抽搐，舌强语蹇，口角歪斜。经冬眠疗法治疗后，体温降至正常。但神志昏迷,抽搐不止,两目斜视,颈项强直,舌质红干,苔黄黑且腻,脉弦滑且数。此乃肝经热盛风动,痰热蒙蔽心窍,病情危笃至极。始拟泻火滋阴之黄连、黄芩、生地、玄参,息风止痉之钩藤、羚羊角、天麻、僵蚕、菊花,化痰开窍之胆南星、石菖蒲、天竺黄图治。少量多次灌服。一剂后,抽搐渐止,呼唤能勉强睁开眼睛。前法既见效机,续投原方两剂。左手足渐能移动,口张能言,但蹇涩不清,吞咽不利,此风痰未净之证,守原方出入再进三剂,药后口词清楚,右手足也能动弹,但手不能握,也不可任地,屈伸不便,皮肤干枯,肌肉瘦削,改投滋补肝肾,柔润养筋药物十余剂,步履矫健,活动自如,于7月1日痊愈出院。

8 咳喘案

王某,男,43岁。1971年12月30日初诊。哮喘多年,近又复发,痰鸣有声,喘息抬肩,半卧于床,动则气不得续,心悸不宁,口唇发绀,发烧(38℃以上)不退,上半身大汗淋漓,手足厥冷。住院多日,经西药治疗,未见显效,病情危重。舌红略紫,脉浮散而数。肺肾同病,痰涎上涌则肺气不降,肾不摄纳则孤阳欲脱。急则标本并治,以图挽救。药用参茸黑锡丹镇纳浮阳以救急,参附蛤蚧温壮下元,纳气归肾以治,苏子降气汤温化痰浊,降逆平喘以治标,药进两剂,病减大半,续投五剂,基本复原。(何晓晖 陈建章)

李治牢皮肤病临床经验

【名老中医简介】李治牢(1951~)主任医师,教授,硕士研究生导师。1975年毕业于陕西中医学院医疗系。陕西中医学院中医外科学术带头人,中华医学会陕西省皮肤性病专业委员会常委。陕西省名中医。从事临床、教学、科研工作30余年,擅长治疗各种皮肤病。先后获省优秀科技成果奖,优秀教学成果奖,优秀电教成果奖多项。发表论文40余篇。

急性渗出性皮肤病

1 病因病机

急性渗出性皮肤病,临床常见,相当于中医文献记载的“浸淫疮”“湿毒疮”等范畴,大多数发病急骤,皮损表现为红肿、灼热、丘疹、疱疹、脓疱、糜烂,且伴有渗液或脓液;李治牢认为发病原因大多为风、湿、热、虫、毒所致,以实证为主;与肺、脾、心三脏关系最为密切,《内经》曰“诸痛痒疮,皆属于心”,因心主热,火之化,热甚则疮痛,热微则疮痒;肺主气,外候于皮毛;脾主肌肉,气虚则肌腠开,为风湿所乘,内热则脾气温,脾气温则肌肉生热也。湿热相搏,浸淫肌肤则皮损糜烂渗液;热毒蕴结则局部红肿,灼热;热盛肉腐,肉腐则为脓,故头面、身体皆生疮。

2 临证经验

急性渗出性皮肤病多因湿热所致,主用萆薢渗湿汤和复方野菊花汤灵活加减,为皮肤外科常用经方。前方由萆薢、薏苡仁、黄柏、茯苓、牡丹皮、泽泻、滑石、通草8味药组成;后方由野菊花、马齿苋、栀子、炒白术、生地榆、苦参、黄连、土茯苓、萆薢、地肤子、甘草组成。急性渗出性皮肤病,湿重宜兼温化,热重宜兼清利,兼挟风邪宜疏风散邪;实证宜兼攻逐,虚证宜兼扶正。李治牢集多年临床经验,用萆薢渗湿汤和复方野菊花汤加减,疗效颇佳。

2.1 急性湿疹、接触性皮炎

多由过食肥甘厚腻,致肺胃湿热,复受风邪,蕴滞肌肤,搏结于头面部、颈部。证见皮肤潮红,双目俱肿,目赤痛或面颈部红斑、丘疹、水泡,脉浮数或滑数者。方用萆薢渗湿汤,去泽泻加枇杷叶、桑白皮、辛夷花、赤石脂、白芷而成;方中炙枇杷叶、辛夷花质轻上浮,可直达肺胃,有轻宣降气之功;桑白皮有泻肺利尿之效,其性寒凉,经归肺胃,可清肺胃热毒;赤石脂、白芷可增强宣肺清热,抑制皮脂溢出的功效。

2.2 脓疱疮、脚癣感染

多因脾失健运,湿浊内生,郁久化热,湿热搏结或肝胆之火妄动、熏蒸肌肤,循经外溢而致。证见局部皮损潮红,灼热刺痛,水疱壁紧张或患处糜烂、渗液,浸淫成片,结痂瘙痒,伴口苦,咽干,烦躁易怒,胁痛,舌质红,苔黄,脉弦数。方用萆薢渗湿汤,去泽泻加柴胡、龙胆草、当归、黄芩。该方即可清热利湿、解毒又能泻肝胆之实火。临证遇疼痛较著者,加化瘀通络之品,如延胡索、金铃子、乳香、没药等;若局部肿胀明显,糜烂汁水频流,需重用生薏苡仁,易赤苓为土茯苓;瘙痒甚加苦参、海桐皮、全蝎等。

2.3 带状疱疹

多由于湿热侵入肝经,不得疏泄,热毒蕴蒸肌肤所致。证见局部起疱疹,以头面、胸背多见,密集小疱,基底潮红,破后糜烂或患处红肿,浸淫滋水,自觉痒痛,伴身热、胸闷、便干、尿短赤,舌红,脉濡数者。方用复方野菊花汤加蚤休15g。若脾虚湿盛者,去栀子、黄连加山药、扁豆。方中蚤休、马齿苋苦寒,清热解毒,故可重剂投之;黄连、栀子有苦寒清热、燥湿、泻火解毒之功。诸药合用达清利湿热,泻火解毒之效。

2.4 脂溢性皮炎

多由湿热内蕴或禀赋不耐,食入忌物,蕴热成毒,郁于肌肤,充于腠理,浸淫皮肤,甚则毒热入营,致气血两燔的皮脂腺疾病。该病一般发于上部者多兼风邪,渗液过多,大都属脾胃湿热,治疗上主张标本兼治,内外治法同施,以凉血清热、利湿为主,方用萆薢渗湿汤;病发于中部者去黄柏加菊花、蔓荆子、升麻;病发于下部者加牛膝。热毒重加连翘、蒲公英、白花蛇舌草,血热而见红斑者,加生地榆,以增强清热凉血止血的作用,剧痒者,加刺蒺藜、白鲜皮、白僵蚕、薏苡仁等,以清热利湿敛脂,反复发作者加丹参、生黄芪、苍术,有里热实证者加大黄、枳实,可增强清热凉血、化瘀,通腑泻热之效。

2.5 天疱疮

多由于火毒,湿热蕴蒸肌肤而致。皮肤小疱、大疱,破裂后,色红糜烂,局部肿胀,治宜清热利湿为主。方用复方野菊花汤去赤苓加牛膝、土茯苓、紫花地丁、金银花。若局部肿而灼热,为毒热炽盛之象,宜合黄连解毒汤;若肿甚者,宜兼化瘀通络之品,加丝瓜络、地龙等;若色暗红者,宜加活血透托之品,如皂刺、乳香、没药等;伴奇痒难忍者,加白鲜皮、地肤子、蛇床子等。

3 体 会

急性渗出性皮肤病从治疗途径上有内治和外治之法。通过内服,以清热解毒,利湿祛浊,外敷以清洁保护,收敛消炎,而发挥治疗作用。李治牢主张,临证之法,施方用药,贵在灵活加减,方能取效。这是由于患者体质强弱有异,夹杂邪气不同,故具体治则亦当有别,应审证求因,根据皮损性质、病变部位、自觉症状,坚持辨证施治,并注意理法方药组合,辨病与辨证结合。故对急性渗出性皮肤病如急性湿疹、脚癣感染、接触性皮炎等,善用清热、凉血、利湿之法,常以萆薢渗湿汤和复方野菊花汤加减化裁。根据病情,每配伍以宣肺的枇杷叶、桑白皮;清肝的龙胆草、柴胡;清心的山栀子、黄连、淡竹叶;健脾的陈皮、川厚朴;燥湿的半夏、苍术;通腑的大黄、枳实等。以达到清热消炎,抗菌解毒等作用。而皮肤病的外治宜结合皮损的性质选择适当的药物和剂型。皮肤炎症在急性阶段,如仅有红斑,丘疹者,用洗剂、粉剂;有大量渗液或红肿,则用溶液湿敷为宜,以减少渗出,消炎收敛,形成清洁疮面;皮肤炎症在亚急性阶段,渗液很少,红肿减轻,有鳞屑和结痂,则用油剂为宜;皮肤炎症在慢性阶段,有浸润肥厚,角化过度时,则用软膏为主;并注意预防调护,避免搔抓,禁食腥发之品,防止复发。(张宇波 郑楠 刘伟玲 臧 亮 李 娟)

寻常型银屑病

1 全面检查,探求病因

银屑病又称牛皮癣,是一种常见的红斑鳞屑性皮肤病,该病病程缓慢,具有复发倾向,与中医文献中记载的“白疕”相类似。此病的形成,多为内外因素相兼而成。外因主要以风邪为主,并与寒、湿、燥、毒等相兼致病;内因多注重血分的变化,其中以血热、血虚、血瘀为常见的发病基础。此病临床虽多发于体表,但与脏腑、经络、气血有密切关系,故李治牢遵循“有诸内必形诸外”、“治外必本诸内”的原则,详细询问病史,全面体格检查,重视局部皮损检查,认为寻常型银屑病初起多为风寒或风热之邪侵袭肌肤,以致营卫失和,气血不畅,阻于肌肤而生;久则血分热盛,毒入营血,蕴伏血络,则红斑泛布,疹色鲜红;血热伤阴,脉络瘀滞,气血运行不畅,则起丘疹斑块;湿热燥盛,阴液消耗,肌肤失养,则皮肤干燥,叠起鳞屑,病久反复发作;阴血被耗,气血失和,化燥生风或脉络阻滞。气血凝结不通,则斑块顽厚,日久不消,缠绵不愈。此病临床特征明显,有典型鳞屑性皮损,易于诊断,但因患者年龄、诱因不同,其发病机理亦有差别。中医历来主张“审因论治”,不同的病因病机,治法也就不同,因此,全面分析银屑病的病因病机,对辨证施治有重要意义。

2 辨证施治,随证加减

近年来,中医对银屑病的临床研究和治疗取得了很大进展,临床分型较多,李治牢结合临床实践经验,根据患者皮损色泽、症状、舌脉象等,将其分为血热风燥证、血虚风燥证、气滞血瘀证。

血热风燥者治宜清热解毒,凉血祛风,方用自拟银屑宁1方:生地黄15g,牡丹皮15g,水牛角30g,土茯苓20g,白花蛇舌草15g,赤芍15g,白藓皮12g,山豆根10g,威灵仙12g,生甘草6g。口渴、心烦加生石膏30g,生山栀子15g;便秘加枳实10g,大黄10g。

血虚风燥者治宜养血活血,祛风润燥,方用自拟银屑宁2方:当归15g,生地黄15g,白芍15g,川芎12g,白花蛇舌草15g,玄参15g,丹参20g,板蓝根15g,火麻仁15g,甘草8g。皮肤瘙痒加地肤子15g,苦参10g;心烦不眠者加酸枣仁15g,石菖蒲15g;脾虚纳差者加炒白术15g,山药15g。

气滞血瘀者治宜活血化瘀,软坚通络,方用自拟银屑宁3方:当归15g,川芎12g,桃仁12g,红花12g,土茯苓15g,丹参20g,三棱12g,皂刺15g,乌梢蛇15g,甘草6g。气虚者加黄芪20g,炒白术15g;月经错后色暗者加泽兰10g,益母草12g。

3 辨证与辨病结合,内治与外治配合

寻常型银屑病轻者局限于四肢,重者可泛发全身,斑块肥厚,难以消退,反复发作,临床应详细检查。如伴有咽炎、扁桃体肿大,则与病毒或细菌感染有关,可在辨证基础上加紫草、赤芍、山豆根、金银花、大青叶、黄芩等;根据银屑病表皮细胞过度增生的病理,可选用抗肿瘤有效的中草药,如半枝莲、白花蛇舌草、浙贝母等;皮损浸润肥厚者,根据银屑病临床表现与气血瘀滞理论,加用三棱、莪术、地龙、丹参、红花、淫羊藿等。若患者免疫功能低下,可加用对增强免疫力有效的药物,如黄芪、党参、白术等;若患者血液循环不畅,可加用活血化瘀药物,如桃仁、红花、丹参等。外治应根据皮损先后反应情况,选用不同药物,如皮损广泛,勿用浓度较大且刺激性较强的药物,以免药物吸收后发生不良反应。病变进行期可用安抚保护剂,禁用刺激性药物;静止期和消退期,以剥脱消炎,溶解角质,软化浸润,抑制细胞增殖为原则。用药前应先用中药洗剂(野菊花250g,枯矾120g,侧柏叶250g,花椒120g,芒硝500g,煎水淋浴或泡洗),既促进血液循环,又可以除去鳞屑,增强外用药物疗效;对慢性肥厚性皮损,选用10%硫黄软膏、10%水杨酸软膏、疯油膏、肤康膏等,用于手、足、下肢等处,慎用于面颈、外阴等皮肤菲薄处,并根据病情不断调整药物浓度和变换品种,从而提高疗效。

4 典型病案

患者,男,29岁,因"全身泛发红斑鳞屑,反复发作6年,加重2月"于2005年10月就诊。证见全身广泛发作点滴状、钱币状斑丘疹,尤以下肢较多,色鲜红,鳞屑叠起,皮疹处肤温偏高,伴瘙痒,口干,便秘,舌红苔黄。脉弦数。诊断为寻常型银屑病进行期,中医辨证属血热风燥型,治以清热解毒,凉血祛风。方选自拟银屑宁1方加减:生地黄30g,土茯苓15g,板蓝根15g,赤芍15g,白藓皮15g,牡丹皮10g,北豆根10g,威灵仙12g,生甘草6g。用法:水煎服,每日1剂,早晚分服,配合中药外洗及外涂,连续用药一月后复诊,可见无新发皮损,原有皮损颜色变淡,舌红少苔,脉细数,辨证属余热伤阴,故前方去板蓝根,加当归20g,玄参20g,鸡血藤15g,银花藤15g。继续前述服药方法,再用三月复诊,见皮损消退,留一过性色素脱失斑。

5 体会

银屑病是是目前国内外医学界皮肤病研究的重要课题之一。此病病因复杂,且缠绵难愈,故应加强对此病的预防和调护。①应调摄适宜,严防感冒。②应忌食腥发及酒类等。③应忌洗烫及搔抓。④应避免精神刺激,保持生活调理。⑤选药适中,禁止滥用。临床辨证应根据病患的脉症,详细检查,因人辨证,不应拘泥于固定的证型和处方,应该灵活运用,随证加减;对于皮损泛发,全身症状明显者,宜辨证与辨病结合,内治与外治配合。(刘伟玲 郑楠 张宇波)

李宗俊"因人刺治"针刺思想

【名老中医简介】李宗俊 女。主任医师。毕业于江西中医学院本科。任职于江西省中医院针灸康复部。全国第二批老中医药专家学术经验继承工作指导老师。从医40年,擅长治疗颈椎病、肩周炎等疾病。专著《子午流注开穴指南》(第一副主编),参编《中国灸法大全》,发表论文6篇。

1 因人刺治

1.1 按人的体质年龄分型论治

李宗俊在《内经》理论指导下,根据人的不同体质、年龄分为肥人、瘦人、常人、壮人和婴儿5型。肥人血气充盈,肤革坚固,针刺宜深刺留针;瘦人皮薄色少,肌肉消瘦,针刺宜浅划不留针;常人血气和调,不涩不滑,可按一般正常的方法行针;肌肉坚实的中青年壮士,又需区别对待,若敦朴稳重,气血涩浊者,宜深刺留针,并增加针数;若行动劲急轻捷,气血滑清者,宜浅刺不留针;婴儿肌肤脆薄,气弱血少,发育尚未健全,针刺宜浅刺不留针,操作要快,有时一天可针刺两次。李宗俊认为,因人刺治其总的精神,就是强调针刺施术必需因势利导,因人而异,灵活运用,方能达到较好的疗效。

1.2 按阴阳五行学说分型论治

《灵枢》中根据阴阳五行学说,把人分为25种类型,根据阴阳多少,把人分成太阴之人、少阴之人、太阳之人、少阳之人及阴阳平和之人5种,并提出了不同的治则。指出针刺得气反应也因人而异,重阳之人,反应敏感而强烈;阳中有阴之人,反应稍钝;阴阳和调之人，反应适时而至；阴多阳少之人，反应迟钝，需快刺多刺才能得气。李宗俊临证时谨守《内经》理论，针刺时明辩患者血气之所在，左右上下各方面的特征而运用不同的针刺法则，疗效满意。

1.3 因人的生活条件、个性、精神状态的不同刺治

《灵枢·根结》篇云："刺布衣者，深而留之，刺大人者，微以除之。"因而李宗俊临证时往往根据患者生活条件不同而采用不同的施针方法。如体壮劳力者，针刺深而久留针；体弱脑力者，针少而补之。

《灵枢·本神》篇云："凡刺之法，必先本于神"。"用针者，察观病人之态，以知精、神、魂、魄之存亡，得失之意，五者以伤，针不可以治之也"。李宗俊针刺前必观患者"神"之变化，强调临证要掌握患者情志，提出"顺"的治则，即"临病人向所便"，"便"指的是对患者晟为相宜的治疗措施。对难以"顺"的患者要进行说明，"导之以其所便"。

2 "因人刺治"实质

2.1 重视正气在治疗中的主导作用

内因是依据，外因是条件，外因必须通过内因才能起作用。李宗俊认为，针刺治疗属外因，它必须通过人的内因，特别是正气进行调节，才能达到预期的治疗作用。因此，体内正气在治疗中起主导作用。

正气的强弱因人而异，如年龄与体质不同，其生理特征也不一样，即使在同一环境、同一邪气侵犯的情况下，所产生的病变过程也不同。针刺后，得气情况的出现也有快、慢、强、弱的差异。一般而言，体质壮实的成年人与体力劳动者，正气旺盛，抗病力强，其病多为实证，针刺一般用泻法、深刺；体弱瘦小者、老年人、儿童与脑力劳动者，正气不足，抗病力弱，其病多为虚证，针刺一般用补法、浅刺。可见，针治时不仅要因病施治，而且还要因人施治，既要掌握深浅补泻一般规律，又要考虑到个体的特异性。因此，对人的分型，就是对正气的具体剖析，也就是重视正气在治疗中的主导作用。

2.2 重视刺激量在针治时的差异

因人刺治，除了重视正气的主导作用外，另一方面就是重视刺激量在针治中的作用。所谓刺激量，指的是在针刺操作过程中刺激强度大小，其与许多因素有关。一般来说，针具粗、进针深、取穴多、手法重、穴位特异性强、留针时间久、刺激量就大；反之，刺激量就小。

临床上，对年老体弱者、儿童、脑力劳动者及生活条件优裕、情绪紧张、反应敏感的这一类患者，刺激量就用得比较小，即对他们取穴少、手法轻、浅刺少留针，针具亦以较细、较短为宜；反之，刺激量就可用得大。

3 违反"因人刺治"的不良反应

李宗俊临证谨守经文，强调必须掌握因人刺治的原则，才能治愈疾病；反之，可使病情加重，刺灸不当均可产生不良反应。《灵枢·经水》篇认为，针之太过则"脱气"，灸之太过则"骨枯脉涩"。《行针》篇也指出治之不当则"针入而气逆"，此为"粗之所败，工之所失"。因此，根据不同类型的人而施用不同的针法，才能取得满意的疗效。（洪恩四 周珊玲）

廉玉麟针灸临床经验

【名老中医简介】廉玉麟（1949～）教授，主任医师。现任天津中医学院第一附属医院针灸科主任医师。从事针灸教学及临床研究工作30余年，擅长针灸治疗脑血管病、颈腰椎病及妇科病。出版专著《中国针灸100要穴临床妙用》等。

"五型三线"治疗颈椎病

廉玉麟认为，针灸治疗颈椎病应该结合现代医学的分型，并根据颈椎的生理功能及解剖特点，提出分三线排刺的施针方法。颈椎三线的定位：以紧贴颈椎棘突两侧，双侧斜方肌内缘，在棘突下旁开约0.5寸处为第1侧线，相当于颈椎华佗夹脊穴，直刺；在斜方肌肌腹最高处排刺为第2侧线，此线没有颈部症状时才可用，直刺；在双侧斜方肌外缘斜向中线排刺为第3侧线，呈45°角向中心线方向斜刺（针尖扎在棘突与横突的夹角上）。颈椎三线的上下缘分别平齐颈椎第2棘突上缘和第7棘突下缘，排刺的针距与相邻棘突间的距离相等。根据颈椎病的不同临床表现，分别采用其中一条侧线为主进行治疗，可明显缩短疗程，提高疗效。

1 颈型颈椎病

本型以颈项部疼痛、压痛、强直、活动受限为主要临床表现，通常为急性发作，症状类似落枕，症状很重时可伴有上肢放射性疼痛、麻木，但不如神经根型中根痛型剧烈；亦可合并交感神经或椎动脉之刺激症状，如头晕、头痛等，但均较轻微。治疗时分急性与慢性。

急性期,发病1~2天,颈项部活动范围几近零度,疼痛严重。针刺方法:①先远端取后溪。患者取端坐位,取一侧或双侧后溪穴,进针1寸,用强力捻转提插泻法,同时嘱患者活动颈部。治疗15~30分钟后,颈部症状能明显缓解。②局部用排刺。后溪起针后,患者取俯卧位,针颈部第1侧线,深度1寸左右,勿太深,施捻转泻法,加灸或TDP灯照射。③毫针刺毕,在斜方肌压痛最明显处,用三棱针点刺,辅以拔罐令出血。

慢性期,发病1~2天后,颈项部症状减轻。针刺方法同急性期②、③。

2 椎-基底动脉型颈椎病

眩晕为该型最常见的症状,约占45~90%,有1/3~1/2的患者同时兼有耳聋或耳鸣,有一部分患者可同时伴有自发性眼颤,头痛与眩晕可交替出现,头痛出现率约为60~80%。根据眩晕的程度可分为急性和慢性。急性表现:眩晕,恶心呕吐,畏惧睁眼及活动,动则天旋地转,此时椎动脉的供血只有30%左右。慢性表现:似晕非晕,无恶心呕吐,此时椎动脉的供血只有70%左右。急性慢性针刺方法相同:①主穴取风池(针尖对准对侧鼻翼)、完骨、天柱,用1.5寸毫针直刺1寸左右,施捻转补法。②配穴:交感神经引起,取第3侧线排刺为主,椎动脉供血不足,取第1侧线排刺为主,1线用1.5寸毫针直刺,第3线用2~3寸毫针斜刺,施捻转补法。③根据伴随症状配百会、四神聪、印堂、太阳、内关,用1.5寸毫针针刺,施常规手法。此型禁用温热疗法。

3 神经根型颈椎病

据临床表现不同,又可分为根痛型、麻木型及萎缩型3个亚型。根痛亚型以头颈至上肢疼痛为主,若病变在颈4以下,则疼痛主要在颈丛分布区,表现在头、颈、项、背等部位;若病变在颈5~胸1,则疼痛在臂丛神经分布区,初期仅表现在脊神经后支,疼痛靠上,渐次发展形成颈、肩、臂、手疼痛综合征。麻木亚型多为隐性发作症状由轻到重,临床表现为麻木,发病年龄较根痛型为高,更年期或更年期以后发病。颈5、颈6受累麻木多在肩背部,颈7及胸1为前臂及手麻木。萎缩亚型无疼痛及麻木,仅为运动障碍,初期肌肉松弛,进而肌肉萎缩。针刺方法:①主穴取颈椎第1侧线排刺为主配合第3侧线排刺,以深刺为宜。据患者体型不同,可选用1.5~3寸的毫针针刺,一般进针2寸以上。参照颈椎CT、MRI所示,或根据脊神经的节段分布规律,推断出椎间盘脱出或膨出的部位,此部位的夹脊排刺更应深刺至椎体或横突上,否则效差。一侧颈丛神经或臂丛神经受激惹,疼痛、麻木或萎缩仅出现在一侧,患侧深刺2寸以上,健侧可浅刺,一般在1寸左右。②配穴取患肢局部的阳经穴:肩贞、臂臑、曲池、手三里、外关、养老、合谷、八邪。根痛型用1.5寸毫针,进针约1寸,施以捻转或提插泻法;麻木型进针宜浅,一般在0.5~0.8寸;萎缩型宜适当深刺。疼痛严重、不易缓解的根痛患者,刺颈臂穴可加TDP灯照射。③刺络放血:取颈5、颈6、颈7夹脊旁开的斜方肌上三棱针点刺,出血不畅加闪火拔罐。此法麻木型、萎缩型不常用。

4 交感神经型颈椎病

本型临床表现复杂,有数十种症状出现。如伴发心脏症状:心动过速,心动过缓,或二者交替出现,心绞痛,称颈型心绞痛。五官症状:交感神经受激惹则眼睑无力、瞳孔扩大、眼球胀痛、流泪、视物模糊、飞蚊症、眼冒金星;交感神经麻痹则眼球内陷、眼干涩、眼睑下垂、瞳孔缩小;咽喉不适及异物感、发作性声嘶、慢性咽炎;鼻腔疼痛及异物感,慢性鼻炎;耳鸣、听力减退、流涎、牙痛等。头面部症状:枕部痛、颈枕部痛、面部充血、无汗、可伴有头沉头晕。周围血管症状:肢凉、麻木、遇冷发痒或麻木疼痛、指端发红、灼热、喜冷怕热、项胸背灼热感。还可出现出汗障碍、血压异常等症状。原有交感神经功能不稳定者及更年期妇女易罹患本型颈椎病。另外,本型合并神经根型较多。针刺方法:①主穴取颈椎第3侧线排刺。用3寸毫针,呈45°角向中心线方向斜刺,针尖扎在棘突与横突的夹角上,进针较深,约2.5寸左右,施捻转泻法。②配穴:根据临床症状的不同,灵活配以相关穴位。如心率失常,配内关、神门、通里;颈型心绞痛配心俞、厥阴俞、督俞、膻中、内关;高血压配风池、曲池、太阳、合谷、足三里、三阴交、太冲等;憋气配肺俞、风门;心绞痛而出现濒死感配风池、四神聪、上星、神门、内关。本型一般不用刺络放血,亦不用TDP灯等温热疗法。

5 脊髓型颈椎病

本型多表现为运动障碍。如果是皮质脊髓束(锥体束)受挤压,可出现下肢运动障碍,如下肢无力、沉酸感、步态笨拙、迈步发紧、颤抖、脚尖不能离地、渐发展为肌肉抽动、痉挛性无力及跌跤,晚期形成痉挛性瘫痪。若是脊髓丘脑束受累,可造成感觉异常。但单纯感觉障碍者并不多见,多为运动障碍与感觉障碍同时出现。此外,部分患者还可出现共济失调、植物神经及括约肌功能障碍等。本型较难治，首选应为手术治疗，若保守治疗，针灸为首选。针刺方法：①主穴：颈椎第1侧线排刺为主，可配合第3侧线排刺，1线必须深刺，视患者体型胖瘦选2～3寸毫针，进针1.5～2.5寸，针尖通过上下两横突间深至横突前缘效果更佳。配穴：腰部背俞穴如气海俞、大肠俞、关元俞；受累肢体的部分要穴，如秩边、殷门、委中、承山、承筋、陵后、悬钟、昆仑、太溪等。常规针刺深度，用捻转或提插泻法。

6 典型病案

童某，男，48岁。主诉：眩晕，下肢无力，伴胸闷憋气3个月余。现病史：既往无高血压、冠心病史，曾在其他各大医院经各种检查除外心脏疾病、原发性及肾性高血压，经查颈椎MRI确诊为脊髓型颈椎病，在本院推拿科病房住院1个月未见明显好转，遂来廉玉麟处就诊。查体：颈部活动可，双侧斜方肌稍紧张，臂丛神经牵拉试验(－)，压顶试验(－)，血压120/85mmHg。舌质红、苔薄白，脉弦滑。颈椎MRI示：颈椎生理曲度变直，颈3～4、颈4～5、颈5～6、颈6～7椎间盘向后脱出，同水平上的脊髓不同程度受压。诊断：颈椎病(脊髓型)。治疗：取俯卧位，主穴取颈椎第1侧线配合第3侧线排刺，1线深刺，选2.5寸毫针，进针2寸，针尖通过上下两横突间深至横突前缘；3线用3寸毫针，呈45°角向中心线方向斜刺，针尖刺入棘突与横突的夹角上，进针较深，约2.5寸左右，施捻转泻法；配穴取腰部背俞穴如气海俞、大肠俞、关元俞；受累肢体的部分要穴，如秩边、殷门、委中、承山、承筋、陵后、悬钟、昆仑、太溪，常规针刺深度，用捻转泻法。留针30～40min。每日针刺治疗1次，12次为1个疗程。经上法治疗3个月后诸症减轻。经治疗半年余后，诸症消失，可以做一般运动。

7 小 结

廉玉麟认为，临床运用针灸治疗颈椎病也要遵循中医治病必求于本的原则，颈椎病的本在督脉、在柱骨，标在头面、在四末，故创颈椎三线排刺方法。本法以现代生理、病理及解剖理论为基础，结合中西医两种理论，采用长短针配合，适当深刺，以加强颈椎病变局部的治疗作用，可达釜底抽薪的治疗效果。从解剖位置上看，颈三线排刺所对应的椎体下方有其发出的脊神经后支和椎体前方的动静脉丛，通过调整作用，从而改善组织的缺氧缺血状态，起到治疗作用。临床实践证明，本方法对各型颈椎病均有较好的治疗效果，尤以颈型颈椎病、椎动脉缺血型颈椎病疗效最佳，取效甚捷，针刺3～5次即有很好效果，且不易复发。神经根型颈椎病除需适当深刺及配合刺络放血外，疗程也要适当延长。交感神经型颈椎病、脊髓型颈椎病则应深刺，并要求不间断治疗3～6个月，才能保持远期疗效。(赵建强 陈 颖 李 军)

妇科病的选穴配穴

1 选穴原则

针灸选穴是治疗疾病的关键环节，直接影响到临床疗效。妇产科疾病主要表现为经、带、胎、产和妇科杂病，因而妇科病的临床选穴既有同于内科病的一般规律，又有其自身的特殊性。廉玉麟通过对多年临床治疗妇科疾病经验的积累，形成了以下4条选穴原则用于指导临床实践。

1.1 局部选穴

所谓局部选穴，是指多数腧穴均可以用来治疗其所在部位及附近的病症，同时也包括该穴位所在处深层组织和器官的病变。对此种取穴原则古代医家亦有丰富的记载，《针灸甲乙经》云：“女子赤淫，大赫主之。”《针灸大成》记载带脉穴的作用为：“主月事不调，赤白带下。”《百症赋》记载：“月潮违限，天枢、水泉细详。”《针灸甲乙经》记载：“女子阴中寒，归来主之。”《医学入门》记载：“中极主妇人下元冷虚损，月事不调。”以上种种关于局部取穴法的记载，足见其在临床治疗妇科疾病中应用之广泛。廉玉麟主要总结包括小腹部、腰骶部、膺乳部这3个部位的妇科疾病。其中小腹部、腰骶部均可视为女性生殖器官的体表投影区，妇科疾病选取这些部位的腧穴，能起到直达病所，迅速缓解症状的作用。对于妇科脏器本身的功能或器质性疾病，尤多取该脏腑体表投影区局部的穴位。譬如子宫的体表投影区上的穴位如关元、气穴、中极、大赫、气海可用于治疗子宫肌瘤等子宫疾病，卵巢的体表投影区局部及邻近的穴位如水道、归来、子宫穴、气门可以用于调节卵巢的内分泌功能。临床应用局部取穴法治疗妇科疾病，必须是病位相对固定并且临床症状相对集中的病证，否则便无局部而言。

1.2 循经选穴

“经脉所过、主治所及”，即腧穴可主治所属经脉循行所过部位包括深部组织、器官的病证。此种取穴方法在古代医籍中亦有不少记载，《针灸甲乙经》曰：“女子疝…… 太冲主之”，“乳痈有热，三里主之。”《针灸大成》记载：“阴挺出，曲泉、大敦、照海。”《神灸经纶》记载：“行经头晕少腹痛，灸内庭。”可见，循经取穴的方法早已被古代医家所重视及应用。循经选穴法通常以发病部位为基础，根据中医经络理论,选取该病位所属经脉远端的五输穴、原穴、络穴等要穴。需要注意的是,临床中本法常与局部选穴法同时应用,或作为局部选穴的加强与补充。如治疗子宫脱垂,取穴以局部的关元、维道、提托为主,同时配以远端的足太阴脾经之阴陵泉,足少阴肾经之照海以补益脾肾之气,回阳固脱;治疗阴痒在取阴廉、曲骨的同时,取足厥阴肝经之合穴曲泉。

经过不断的临床实践,循经取穴的含义也得到了延伸和拓展。第一,"循经"的含义不仅包括十二正经,也包含奇经八脉。如治疗子宫脱垂,亦可循督脉上行取百会以助阳固脱。第二,"循经取穴"可取交会穴。妇科需取冲脉、带脉治疗的疾病很多,而冲脉、带脉本身并无穴位,则可取其与十二正经之交会穴。譬如月经失调可取足阳明胃经之气冲,它位于冲脉起始之处,可通过调整冲脉以起到调经之功效。带证可取带脉与足少阳胆经之交会穴带脉、维道。第三,"循经取穴"亦可取表里经穴,或表里同取。如治疗产后缺乳,可取足阳明胃经之乳根、足三里,亦可配以足太阴脾经之阴陵泉、三阴交以益气生血。第四,"循经取穴"亦可同时取手足同名经上的穴位,如治疗乳痈,可循经取足阳明之内庭以泻阳明之热邪,同时可配手阳明之曲池以共奏泻热消痈之效。

1.3 辨证选穴

辨证选穴法是以辨证的结果确定相应的治则,并依此选取穴位的方法。这种取穴方法古医籍也屡有记载,《寿世保元》有云:"治下血不止秘法,命门一穴……灸可七壮止。"《杂病穴法歌》记载:"妇人通经泻合谷。"《针灸甲乙经》有云:"月事不利……行间主之。"《神应经》有云:"隐白妇人月事过时不止,刺之立愈。"目前在妇科病的临床治疗中,主要适用于无固定部位的全身性疾病和以神志疾病为主要临床表现的妇科病。如足临泣可用于肝郁气滞或肝胆湿热型的妇产科疾病,肾俞可用于辨证属肾气虚弱或肾阴不足的妇产科疾病。

1.4 特殊效验取穴

在临床治疗妇科疾病的过程当中,我们发现有很多穴位有比较特殊的作用,这些穴位多为古代医家从长期的临床实践中总结出来的宝贵经验,而用传统中医理论及经络学说很难阐述清楚,但其治疗作用却是肯定的,因而也为我们所广泛采用。《类经图翼》中记载少泽穴时提到:"主治目疾,及妇人无乳。"《杂病穴法歌》有云:"三里、至阴催孕胎。"《寿世保元》记载至阴穴亦可引下滞留胎盘,"并治胞衣不下"。《针灸甲乙经》有云:"女子孕难,若胞不出,昆仑主之。"《胜玉歌》中云:"阴交针人下胎衣。"目前,这些有特殊效验的穴位在临床治疗妇科疾病时也起到了很好的治疗作用,如少府可用于治疗各种原因引起的阴痒,肩井穴可用于治疗多种乳症,也是治疗乳腺炎的经验穴,独阴为调经止血的经验效穴。

以上4种临床治疗妇科疾病的选穴方法虽可单独使用,但在一般情况下常互相配合应用,临床上要根据具体情况合理选择。

2 配穴原则

配穴法就是在针灸选穴的基础上,按照一定的法则将所选诸穴配伍成方,使之更好的发挥整体治疗作用。合理选穴是组穴成方的基础,而配穴组方则是在此基础上的灵活运用。根据廉玉麟的临床经验,具体针灸配穴规律总结为以下两个方面。

2.1 病变部位相对集中、固定的妇科疾病,临床可以局部取穴为主,同时根据具体情况灵活运用其他的选穴原则选用配穴。例如产后缺乳:廉玉麟认为对于产后缺乳在治疗上应注意,虽然本病有虚实之别,辨证亦有气血虚弱、肝气郁滞之分,但因其病变部位固定且仅局限于膺乳部,故无论虚实临床治疗均应以其局部的乳根穴为主穴,并配合谷刺法以疏通局部气血,通经催乳,并注意初次施针当以产后未及满月为佳,且越早施治效果越好。配穴的选取则可根据辨证虚实的不同,选取具有补血益气作用的脾俞、足三里,以及具有疏肝解郁作用的内关、太冲等,并配以治疗本病的经验效穴少泽,可取得显著疗效。

2.2 对于病变部位不固定的全身性疾病及以神志改变为主要临床表现的妇科疾病,临床取穴当以辨证取穴为主,适当选用其他配穴。例如围经期综合征:廉玉麟认为本病是因妇人绝经前后肾气渐衰、冲任虚损、天癸渐竭所致,其病变部位不固定,且神志症状较为突出,故临床取穴应以辨证取穴为主。肾阴虚可取肾俞、三阴交、太溪为主穴以滋肾益阴,肾阳虚则可取关元、肾俞等益肾壮阳。廉玉麟还指出,所谓肾虚,与现代妇科学雌激素分泌不足是一致的,故取卵巢的体表投影区穴位子宫、气门以激发雌激素的分泌以改善症状,属局部取穴法;而风池、四神聪、内关、神门、膻中、中脘这一组穴位,廉玉麟在临床中常作为调神之用,以改善围经期综合症常出现的精神情志症状。(邹蓓蕾)

疑难杂证

1 胰岛素注射致皮下脂肪萎缩

患者,女,69岁,因腹部皮下脂肪萎缩于2005年

4月16日就诊。患者自诉糖尿病史20余年，胰岛素注射史13年，诺和灵30R腹部注射每日80U。患者于一年前发现脐上5cm偏左处出现17cm×5cm的带状皮肤凹陷，当时未予重视。继续注射胰岛素。后又于脐下6cm偏右处出现0.5cm×4cm的带状凹陷。为防止萎缩进一步发展，患者曾先后在本市两家医院进行针刺治疗，效果不明显，遂求诊于廉玉麟。患者神清，精神可，饮食欠佳，平时血糖水平在8mmol/L左右。腹部可见皮下脂肪萎缩区，脐上17cm×5cm带状萎缩区，腹围92cm，脐下0.5cm×4cm带状萎缩区，腹围94cm，腹部正常腹围95cm。诊断为皮下脂肪萎缩(胰岛素注射引起)。①取穴：主穴取中脘、建里、下脘、梁门、气海、关元、足三里、阴陵泉。配穴取太乙、外陵、水道、水分、天枢。②操作：穴位常规消毒后，选用长50mm毫针针刺腹部诸穴，直刺，得气后行小幅度高频率的捻转补法。足三里直刺，捻转补法，阴陵泉针尖对准阳陵泉方向。紧贴胫骨内后缘进针，捻转补法。配穴用0.30mm×40mm毫针针刺，施捻转补法。留针30min，12次为1个疗程，并采用TDP照射腹部以助阳化气，且嘱患者不要在萎缩区施加压力，恐妨碍脂肪生成。③疗效：针刺1次后小面积萎缩区几乎消失，患者针刺6次后，大面积萎缩区缩小为15cm×4cm，腹围增加为93cm，萎缩部位皮下变软，小面积略低于皮肤，且患者自诉脾胃运化功能较以前明显改善，患者针刺10次，大面积萎缩区缩小为15cm×3cm，腹围增加为93.5cm，萎缩区较初诊时明显变窄。继续针刺4疗程共48次后，腹部萎缩区脂肪生长接近正常。

按 皮下脂肪萎缩是胰岛素注射引起的不良反应之一，临床极为少见。其病理生理学机制尚不十分清楚，有人认为可能是由于注射胰岛素后局部产生高浓度的肿瘤坏死因子(TNF－α)介导的免疫反应引起。廉玉麟认为本证从中医学角度可概括为脾胃虚弱不能荣养肌肉筋脉所致。中医学理论认为脾胃为后天之本，气血生化之源。《素问·太阴阳明论》："四支皆禀气于胃，而不得至经，必因于脾，乃得禀也。今脾病不能为胃行其津液，四支不得禀水谷气，气日以衰，脉道不利，筋骨肌肉，皆无气以生，故不用焉"；《素问·痿论》："脾主身之肌肉。"故脾胃虚弱不能荣养筋骨肌肉，而致"脾虚则肌肉削"。廉玉麟进一步认识到中医学所说肌肉的概念，从形质上讲是指现代解剖学的脂肪组织，所以治疗皮下脂肪萎缩应以补益脾胃为基本治则，以足阳明胃经穴位为主，梁门、天枢等助运健脾，益胃和中；胃的募穴中脘是治疗脾胃虚弱的重要穴位，助脾运化，调中和胃；并配气海、关元补益先天之气，以先天培补后天；下肢可取具有全身强壮作用的足三里，以健补脾胃，补虚扶正；阴陵泉针尖对准阳陵泉方向，紧贴胫骨内后缘的针刺方法可治疗脾虚诸证，为健脾要穴；并在腹部配合温热治疗以加强脾胃运化功能，以上诸穴共同达到补益脾胃的作用，增强脾主肌肉的功能，从而使脂肪生化有源，达到可喜的治疗效果。

2 不安腿综合征

患者，女，53岁。诉双下肢疼痛，麻木8个月。患者于8月前无明显诱因每于夜间出现双下肢难以名状的不适感，时有疼痛、麻木感，常于睡眠中因双下肢不安而醒，醒后需揉搓、按摩或是下床行走方能缓解。白天活动后症状减轻，甚至完全好转。曾多方就医均诊断不明，服药后效果不显，近一段时间症状加重，遂求诊于廉玉麟。现患者神清，精神可，自诉双腿夜间疼痛、麻木，需下床活动方能减轻，因此睡眠欠佳。查体示神经系统无阳性体征。脑电图、肌电图均正常。舌红苔薄白，脉细弱。诊断为不安腿综合征。①取穴：主穴取双头皮针感觉区上1/5、双侧足运感区，配穴取太冲、三阴交、太溪、足三里。②操作：穴位常规消毒后，选用0.35mm×40mm毫针针刺头部感觉区和双侧足运感区，针尖沿皮平刺，刺入帽状腱膜下方，得气后快速捻转，约1min，并接电针治疗仪，用等幅连续波。其余穴位用0.30mm×40mm毫针，常规刺法，得气后行捻转补法。留针30min，12次为1个疗程。③疗效：针刺6次后自觉麻木、疼痛感减轻，夜间发作次数减少，睡眠较前明显改善。针刺1个疗程后症状消失，夜间能安睡。巩固治疗1疗程，遂告临床痊愈。

按 不安腿综合征临床较少见，机理尚不甚明了，有学者认为本病可能与血运障碍造成局部代谢产物堆积有关，亦有人认为可能与间脑脊髓的多巴胺能系统有关，突触后多巴胺D2受体阻断在精神药物诱导静坐不能的发作机制中起到一定的作用。廉玉麟更认同后者，认为可能与体内的多巴胺代谢有关。中医学认为此病是由于肝肾亏虚，阴血不足，不能濡养筋脉而致，正如《图书编·肝脏说》："肝亏则筋急"，中医辨证大致属于"痹证"的范畴。廉玉麟针刺此病重视头体针的配合，头皮针感觉区上1/5主下肢感觉功能，针刺此区可以起到治愈下肢感觉异常的作用，双侧足运感区主要用于下肢及脚部疼痛、麻木、瘫痪等。但必须注意的是头皮针的针刺深度必须到帽状腱膜以下，且必须达到一定的刺激量才能起到很好的效果，故应用电针以加强针刺效果。下肢配穴足三里是全身强壮要穴，补益脾胃，使气血生化有源；三阴交为滋阴主穴，补益肝肾，滋阴养血；太溪为补肾要穴，滋阴补肾，填精益髓，太冲为肝经原穴，可滋阴柔肝，补肝阴益肝血，为肝病治疗的第一要穴。

3 重症肌无力

患者，男，32 岁，因全身乏力半年前来就诊。患者于5 年前无明显诱因出现精神疲乏，饮食减少，当时未予重视，未进行系统治疗。发病1 年半后上述症状加重，且出现双眼睑下垂，四肢无力较前加重，朝轻暮重，活动或劳累后加重，休息后减轻。为防止病变进一步发展故求诊于廉玉麟。现患者神清，精神疲惫，形体消瘦，语声低微，双睑下垂，四肢无力。实验室检查示骨骼肌疲劳试验阳性，抗胆碱酯酶药物实验阳性，血清乙酰胆碱受体抗体阳性。诊断为重症肌无力。①取穴：主穴取膈俞、肝俞、脾俞、胃俞、肾俞，配穴取中脘、天枢、关元、气海、足三里、阴陵泉、三阴交、太冲。②操作：患者先俯卧，背部穴位常规消毒后，选0.3mm×40mm 毫针针刺，行捻转补法，每穴施术约1min，不留针。然后患者仰卧，腹部穴位常规刺法，得气后捻转补法，下肢穴阴陵泉针尖向阳陵泉方向，紧贴胫骨进针，余穴常规刺法，得气后行捻转补法。留针30min，12 次为1 个疗程。并配合中药地黄饮子合补中益气汤以补益脾胃，滋养肝肾：熟地、山茱萸、石斛、石菖蒲、远志、茯苓、肉苁蓉、麦冬、太子参、黄芪、五味子、升麻、柴胡、当归、肉桂、杜仲、附子、生地等，其中黄芪用量常在60g 左右，以加强补气健脾的力量。③疗效：针刺2 个疗程后自觉四肢乏力的症状减轻，眼睑下垂的症状消失。经治疗半年后，四肢无力的症状基本消失，自诉只是在劳累后才出现，且休息后能很快缓解。现已恢复工作。

按 重症肌无力是一种表现为神经肌肉传递障碍的获得性自身免疫性疾病，病变部位在神经肌肉接头处突触后膜上乙酰胆碱受体。主要临床表现为部分或全身横纹肌软弱和异常疲劳，晨轻暮重，活动后加剧，休息后缓解。中医学辨证属于“痿证”范畴，廉玉麟认为应从肝脾论治，因肝主筋，脾主肌肉，中医学的肌肉是西医脂肪组织的概念，而筋才是真正肌肉的概念。《说文解字》对“筋”的解释为“肉之力也”，也就是能产生力量的肉，由此可以看出“筋”即是指现代解剖学中的骨骼肌。本病是由于肝血不足不能养筋，脾胃虚弱不能濡养肌肉筋骨，而致四肢痿软无力。穴取背部腧穴脾俞、胃俞补益脾胃，膈俞补血养血，肾俞、关元、气海补益肾气，以后天补先天，以先天助后天，则气血之生化有源，肌肉筋骨得以濡养。中脘为胃的募穴，和胃健脾，合足三里、阴陵泉则补益脾胃力量更强。太冲为肝经原穴，是治疗肝病第一要穴，滋肝阴养肝血，三阴交是肝、脾、肾三经交会之处，具有滋阴补肾，益肝养血之功。针刺上述穴位的同时配合补肝健脾的中药，以求力专则效著，使疾病得愈。（尚方明 邹蓓蕾）

梁兵临床经验

【名老中医简介】梁兵 主任医师。现任职于云南省玉溪市中医院。云南省第二批师承教育工作指导老师。从医40 余载，擅长治疗痹证。

类风湿性关节炎

1 病因病机

据临证观察，类风湿性关节炎（rheumatoid arthritis，RA）病系正虚邪入所致。《素问·评热病论篇》云：“邪之所凑，其气必虚”。患者大多素体虚弱，气血不足，肝肾失养，致腠理空疏，易受外邪侵入。一旦受邪，正虚无力祛邪外出，致使邪气逐渐深入，生痰成瘀，留连筋骨血脉而缠绵难愈。《素问·痹论》指出：“风寒湿三气杂至合而为痹也”。《儒门亲事》又言：“痹病以湿热为源，风寒为兼，三气合而为痹”。梁兵认为：患者体质既虚，又因起居、饮食、劳倦、外伤等因素，感受风、寒、湿、热之邪，邪气痹阻经脉，气血瘀滞，不通则痛而为痹。风寒湿盛则为寒痹，风湿热盛则为热痹。正虚邪恋，久病入络，湿聚为痰，血凝成瘀，痰瘀互结，邪气交合，深入骨骱，伤筋坏骨，故晚期骨节肿大，畸形，甚至功能丧失。总之，本病正虚邪实，虚实挟杂，邪气胶着，病程迁延，诊治难度大。

2 辨证论治

本病起病缓慢，反复迁延，多以小关节呈对称性红、肿、热、痛，活动受限。掌指关节、腕关节、肩关节、趾间关节、踝关节及膝关节肿痛最多见。受累关节呈梭形肿胀，压痛拒按，活动则疼痛加剧，关节僵硬以清晨明显，午后减轻。晚期可见关节肿大畸形，功能障碍或丧失。梁兵根据本病的病因病机和证候表现,并结合历代医家治疗经验,拟将本病分实痹、虚痹论治。

2.1 实 痹

2.1.1 风寒湿痹证 证见四肢关节肿胀疼痛,晨僵,屈伸不利,局部畏寒发凉,遇寒痛剧,得热则舒,舌质淡苔薄白或白腻,脉沉弦。治法:温经散寒,祛风除湿,通络止痛。方药:乌头汤加减(制川乌40g,麻黄10g,细辛10g,羌活10g,独活15g,石楠藤15g,生黄芪30g,薏苡仁30g,白芍30g,掉毛草20g,全蝎10g,生姜30g,甘草10g)。

2.1.2 风湿热郁证 证见四肢关节红肿灼热疼痛,得凉痛减,屈伸不利,活动受限,晨僵,口渴,尿黄,大便不爽,舌质红苔黄腻,脉滑数。治法:清热祛湿,宣痹通络。方药:宣痹汤加减(防己15g,杏仁10g,薏苡仁30g,连翘15g,生石膏50g,忍冬藤30g,清风藤15g,虎杖15g,全蝎10g,白花蛇舌草30g,掉毛草20g,甘草10g)。

2.1.3 痰瘀互结痹阻证 证见关节肿大变形,痛如锥刺,日轻夜重,僵硬,屈伸受限,活动障碍,肢体麻木,肌肤紫暗或肌肉萎缩,舌质紫暗苔白,或有瘀斑,脉沉涩。治法:活血祛瘀,化痰通络。方药:身痛逐瘀汤加减(生黄芪30g,当归15g,川芎15g,桃仁15g,红花10g,没药10g,香附10g,法夏15g,羌活10g,秦艽15g,灯盏细辛20g,甲珠10g,甘草10g)。

2.2 虚 痹

气血不足、肝肾亏虚证:证见关节肿大变形,僵硬,屈伸不利,活动受限,肢体酸痛,神疲乏力,形体消瘦,面色无华,腰膝酸软,筋脉拘急,舌质淡苔薄白,脉细弱。治法:益气养血,养肝益肾,祛邪通痹。方药:三痹汤加减(生黄芪40g,白术20g,当归15g,川芎15g,白芍20g,熟地30g,独活15g,防风15g,秦艽15g,桂枝15g,细辛6g,桑寄生20g,杜仲20g,淫羊藿15g,炙甘草10g)。

3 体 会

3.1 把握病性,统揽全局

历代医家治痹,分证繁多。梁兵以虚实为纲分证,可执简驭繁,利于定性,权衡攻补方略,布局全程。

3.2 扶正祛邪、攻补有度

本病正虚邪入,气血痹阻,扶正祛邪、以通立法无疑当贯穿始终,只不过需要分清轻重缓急,选择祛邪为主,还是攻补兼施,或扶正以达邪。RA病位深,病情重,缠绵难愈。初期邪实为主,祛邪为先,重剂当用,中病即可,勿攻伐太过犯虚虚之弊,特别要注意顾护脾胃,勿伤胃败胃,否则,治疗更加棘手。久病缓图,攻补兼施,孰轻孰重因证而定,权衡有度。病至中晚期,筋骨严重受损,肝肾亏虚,气血不足,痰瘀阻络,养肝养肾、调补气血、活血通络实为图本之治,只需注意补而勿滞。

3.3 知常达变,巧取善用

RA病机复杂,证型多变,一方一法难以应对。临证时当仔细审证,举一旁通,有攻有守,知常达变,运筹帷幄。寒证麻辛乌附,热证白虎、清营,寒热错杂则寒热并施。久病入络,虫类药辛窜搜剔祛邪通络止痛效佳。久病必瘀,桃仁、红花、土鳖、甲珠等活血功著。肌肤结节顽麻,南星、白芥之类祛痰通络不乏其功。更有草药,如九子、地片、麻疙瘩、掉毛草等,民间治痹广为流传,善用、巧用自是经验之谈。

3.4 中西医结合,优势互补

现代研究表明,RA系自身免疫性疾病,发病机理还不完全明了,治疗仍有难度。目前中西医治疗RA各有优势,两者结合优势互补,疗效均优于单纯的中药或西药,提示中西医结合治疗RA是必要的,特别是对重症急进型患者,选加非甾体抗炎药、抗菌素、激素疗法,或免疫抑制剂,生物分子靶向治疗,前景广阔,治愈RA大有希望,关键是如何把握。(曾艳红)

痛风

1 病因病机

1.1 内外合邪,气血阻滞

患者发病可有家族史,或平时多有暴饮暴食,如海鲜肥甘及酒类等,致体内湿聚热盛,又因劳累或起居不慎感受风寒湿之邪,内外合邪,邪从热化,湿热蕴结,留滞关节经络,经气不畅,气血阻滞,不通则痛,故趾、指等关节卒然红肿热痛,或伴发热。

1.2 瘀热阻滞,关节受损

患者由于湿热内蕴,久则伤络致瘀,瘀热滞留关节,经气受阻,气血不畅,关节受损而现红肿刺痛,痛处固定,肤色紫暗等。

1.3 痰湿阻滞,经气不畅

患者平时喜食肥甘厚味,易生湿成痰,痰湿内蕴,留滞关节而致气血不畅,故关节肿胀或漫肿;痰湿内滞,阻碍气机,升降失常则现眩晕,胸脘痞闷,痰多纳呆等。

1.4 肝肾阴虚,骨失所养

患者湿热内蕴,痰瘀阻滞不去,久则气血受损,热盛阴伤,形成肝肾阴虚,骨失所养,故关节疼痛,昼轻夜重,局部变形,屈伸不利,并伴有头昏、耳鸣等症。

2 辨证论治

2.1 湿热蕴结证

证见下肢足背、趾、踝关节，或其他关节卒然红肿热痛，拒按，触之局部灼热，得凉则舒，或伴发热口渴，腹胀便结，小便黄赤，心烦多梦，舌质红苔黄腻，脉滑数。治法：清热解毒，祛湿通络。方药：内服清热祛湿饮（忍冬藤30g，虎杖15g，黄柏15g，连翘15g，萆薢20g，土茯苓20g，百合15g，赤芍30g，白花蛇舌草30g，通草10g，掉毛草15g，甘草10g。）；外用：大黄15g，黄柏10g，虎杖15g，栀子15g，桃仁10g，金叶子38g，共研细末，蛋清或温开水调敷患处，日1次。

2.2 瘀热阻滞证

证见关节红肿热痛频作，痛处固定，刺痛难忍，局部肿胀变形或有块瘰硬结，屈伸不利，肌肤色泽紫暗，按之稍硬或有硬结，舌质紫暗或有瘀斑，苔薄黄，脉沉弦。治法：活血祛瘀，清热通络。方药：自拟活血通络饮（川芎15g，赤芍30g，丹参30g，桃仁15g，红花10g，泽兰15g，泽泻15g，萆薢20g，忍冬藤30g，虎杖15g，连翘15g，百合15g，甘草10g。）每日1剂，水煎服。

2.3 痰湿阻滞证

证见关节肿胀疼痛，或见“块瘰”硬结，周边漫肿，伴有胸脘痞闷，纳呆痰多，眩晕，舌胖质暗苔白腻，脉弦滑。治法：健脾利湿，祛痰化浊。方药：半夏白术天麻汤加味（法夏20g，白术15g，天麻20g，炒苍术15g，茯苓30g，泽泻15g，萆薢20g，陈皮10g，炒枳壳15g，胆南星10g，白芥子10g，炒莱菔子10g，甘草10g。）每日1剂，水煎服。

2.4 肝肾阴虚证

证见关节肿痛频作，疼痛较剧，昼轻夜重，关节变形可见“块瘰”，肌肤麻木不仁，步履艰难，筋脉拘急，屈伸不利，头晕耳鸣，颧红口干，舌红少苔，脉细数。治法：养肝滋肾，和营通络。方药：知柏地黄汤加减（熟地30g，山药30g，枣皮20g，丹皮15g，茯苓30g，炒黄柏10g，炒知母15g，当归15g，白芍20g，阿胶15g，丹参20g，木瓜15g，伸筋草15g，甘草10g。）每日1剂，水煎服。

3 体会

3.1 预防为先，注意饮食

据发病情况看，有家族史者及部分男性肥胖者易患本病，说明发病与遗传有关，与肥胖体内痰浊内滞有关。多数发病者常因饮酒、暴食肥甘厚味，或疲劳感受风寒而作，有家族史者更为多见，说明饮食调控很重要。因此，预防为先，注意饮食意义重大。要求相关人员注意锻炼身体，不超重，不肥胖；少食高嘌呤食物，少饮酒或不饮酒，尤其是啤酒；多食新鲜蔬菜、水果、牛奶等，以减少尿酸生成；多喝水，以促进尿酸排泄，这样即可减少发作或不发作。

3.2 抓住湿热痰瘀之本，清热利湿化浊立法

本病常卒然发作关节红肿热痛，痛如鸡啄难忍，多因湿热内蕴及暴饮湿热相加，或感受风寒，内外合邪而作，清热利湿、化浊通络当贯穿证治全过程。梁兵自拟清热祛湿饮，具清热解毒、祛湿通络之功，与痛风病机相合拍，故用之疗效好，理化指标恢复快。发作时如再配合药物外敷，则疗效更捷。

3.3 着眼早期治疗，阻止病程进展

患者患发本病后应予高度重视，积极治疗很重要，着眼早期，尽量减少发作或控制不发，要把理化检查指标控制在正常范围内，这样就可避免“痛风石”的形成及形成后所造成的严重后果和其他并发症，阻止病程进展，使危害降低到最小，以益健康。（梁　涛）

梁其源医案选

【名老中医简介】梁其源　主任医师。现任职于广东罗定市中医院。广东省名中医。

慢性肝炎医案

患某，女，38岁。10年前发现乙肝大三阳，一直未予重视，素体操劳。近1年来自觉身倦、口苦、尿黄，曾在外院查血谷丙转氨酶升高，服清热解毒利湿中药1月余，未效，渐见纳呆、食少腹胀，不耐劳，肢冷，肝区隐痛不舒，气短，大便烂，月经色淡量少，腰酸，最近查肝功示：谷丙转氨酶198U/L，谷草转氨酶145U/L，总胆红素301μmol/L，直接胆红素14μmol/L，间接胆红素16μmol/L。查面色萎黄，巩膜无明显黄染，善叹息，肝区轻叩痛，肝脾肋下未及，肢端欠温，舌淡苔薄白，苔根稍腻，脉细弦尺弱。辨证为脾肾两虚，气滞湿阻，治宜补益脾肾，疏肝行气化湿。药用党参40g，白术20g，茯苓30g，鹿角霜20g，黄芪40g，砂仁6g（后下），仙灵脾15g，香附10g，白芍20g，虎杖30g，巴戟天20g，丹参20g。水煎服，日1剂。上方共服15剂后，自觉症状明显改善，精神振奋，纳

增,复肝功转氨酶下降过半,胆红素正常,续服半月再复查肝功恢复正常,症状基本消失,嘱继续坚持中药治疗及定期复查,并配合生活调理善后。

按 中医认为慢性肝炎归属于“黄疸”“胁痛”“积聚”等范畴,乃由于在感受湿热或疫疠之邪、劳逸失当、饮食不节、情志不畅等因素作用下,病情缠绵日久,伤及肝胆、脾胃、肾等脏腑,形成虚实夹杂、邪正互相胶着之局面,临床存在多脏同时受累,几种病邪同时作用于机体的特点,故治疗上较为棘手。梁其源认为,慢性肝炎在中医生理病理上,肝、脾、肾三脏关系十分密切,肝主疏泄,为藏血之所;脾主运化为气血生化之源,后天之本;肾藏精,主一身之元阳,为先天之本。肝失疏泄则脾胃升降失常,肝阴暗耗亦必累及肾阴精不足;脾失健运,则气血生化不足,肝失所养,后天不足亦必累及先天;肝肾同源,肾阴虚则水不涵木,易见肝阴虚阳亢之象;肾阳亏虚,温煦功能下降终致肝阳、脾阳不足。综合以上种种关系,临床上多见肝脾两虚、脾肾不足、肝肾亏虚证型。而湿热、气滞、血瘀、痰浊这些病理因素,既是脾失健运、肝失疏泄的病理产物;也为慢性肝炎病情加重的病因,所以慢性肝炎的辨证本虚为肝脾肾不足,标实为湿热滞血瘀痰浊。临床常证见精神倦重、不耐劳、纳呆反酸、胁痛隐隐,劳则加重,尿黄,大便溏烂,气短,面色少华,腰膝酸软,肢端欠温,容易外感,舌淡或淡红,边有齿印,脉弦细等。梁其源认为,治疗上“见肝之病,知肝传脾,当先实脾”,且临床多见早期因拘泥于“肝炎病毒”而过服清热解毒等苦寒中药致损伤脾胃者,所以时时顾护脾胃为首要法则,无论在病情的哪个阶段都要贯穿其中,或运脾化湿,或健脾疏肝,或补益脾肾等。清·程文囿在《医术·虚劳》中言“肾气虚者,脾气必弱,脾气弱者,肾气必虚”,故在补益脾气同时,必加补肾气、益精髓之品,常喜选用黄芪、党参、白术、茯苓、砂仁以益气健脾醒脾;选仙灵脾、鹿角霜、巴戟天、菟丝子等温而不燥之品补肾益精;选白芍、桑椹子、女贞子、杞子等养肝柔肝,并随证佐以清热化湿、理气疏肝、活血化瘀、化痰之品。临床实践证实,对慢性肝炎患者有着提高免疫机能,改善或消除症状,使病情逐步趋向稳定向愈的效果。(周智文 陈南官)

廖洪韬治疗颈椎病经验

【名老中医简介】廖洪韬(1942~)主任医师。原四川省安岳县中医院院长,成都中医药大学兼职教授。四川省名中医,四川省第二批老中医药专家学术经验继承工作指导老师。临床工作近50年,擅长骨科疾病、肝胆结石及呼吸消化系统疾病的治疗。

廖洪韬从事临床工作五十余年,在临床实践中体会到“痰”是颈椎病治疗过程中非常关键且不容忽视的重要环节。对“痰”这一致病因素在颈椎病产生过程中的机理有着独到的见解,他认为这里的“痰”多应考虑为“风痰”,应重视从祛“风痰”这一角度去治疗。

颈椎病多发于40岁以上的中老年人,体质渐衰,肝肾之气渐失亢盛,气血虚弱,筋失荣养,筋骨懈惰。《素问·上古天真论》曰:“丈夫八岁,肾气实,发长齿更……三八,肾气平均,筋骨隆盛,肌肉满壮;五八,肾气衰,发堕齿搞……说明“肾主骨生髓”,肾精充盈,方能骨坚筋强,而肾精亏损,则骨髓失其充养,表现出各种退变形状。张仲景在《金匾要略方论》中指出:“人年五六十,其病脉大者,痹挟背行,皆因劳得之。”因劳损而致肾气不足,肾精亏耗也是该病的致病因素之一。《医宗必读·腰痛》论曰:“有寒湿,有风热,有挫闪,有瘀血,有滞气,有痰积,皆标也。”用现代理论解释理解为:当有外感(如感受风寒)、外伤、劳损等因素作用下,会使颈椎周围的软组织和骨组织发生病理变化累及周围组织结构(神经根、脊髓、椎动脉、交感神经等)。同时根据在正常的骨上长出骨刺,骨赘及髓核脱出,椎间隙狭窄等病理改变均符合中医的痰湿流注,痰阻则气滞血瘀,闭塞不通,不通则痛,又符合血瘀机理。故廖洪韬认为腰椎病、颈椎病的病因病机是肾虚、痰瘀互结,其中肾虚为本,痰瘀互结为标。这与流痰的病因病机:本虚标实,且肾虚为本,风寒痰浊或外伤为其标有相似之处。

廖洪韬从祛“风痰”的角度治疗颈椎病的组方思路最早源于《外科证治全生集》中治疗流痰的代表方阳和汤方。中医认为流痰多因先天不足,肾气不充,骨骼柔嫩,或外来损伤,致气血失和,风寒痰浊凝聚留于筋骨而发病。成人多因劳倦内伤,肾精亏损,骨骼空虚,正不胜邪,风寒痰浊乘虚而人,侵袭经隧骨髓而成。总之,流痰的形成,先天不足,肾亏骼空,是病之本;痰浊凝聚,风寒侵袭,或有所损伤,是病之标。其发病的机理与颈椎病的病机非常的相似,部位都在骨,都属于本虚标实,肾虚为本,风寒痰凝为标。阳和汤是采用温阳与补血并用，祛痰与通络相伍，从而使阳虚得补，营血得充，寒凝痰滞得除，用于阴疽犹如仲春温暖和煦之气，普照大地，驱散阴霆，而布阳和。使筋骨、肌肉、血脉、皮里膜外凝滞之阴邪，皆得尽去。近年来人们对阳和汤作了进一步的研究和探讨，发现该方在骨伤科中的临床应用非常广泛。有用阳和汤温通经络、强筋健骨、滑利关节、解痉止痛，以治疗腰椎椎间盘突出症、退行性病变、腰椎狭窄的报道。还有运用阳和汤治疗颈椎病、肩颈痛、运动系统慢性损伤、骨髓炎、股骨头缺血性坏死、骨折愈合延迟、肋软骨炎及骨肿瘤的报道。后世医家根据阳和汤方具有温阳养血化痰之功，又将该方加减用于临床内、外各科。

然而，廖洪韬在临床实践中发现用阳和汤方治疗腰椎病的疗效明显优于颈椎病。经过长期的思索和临床实践，廖洪韬认为颈椎病病位在上，应考虑"风"邪的因素。导致颈椎病的风邪可有外风，也可有内风。因风为百病之长，其它邪气都依附于风而令人发病。颈椎病患者多以头项部不适为主要症状，为素有痰邪滞于经络骨节，复感受风寒、风热等邪气，外风与凝滞于经络之痰相搏结，形成风痰。风痰胶结，痹阻经脉，气血流通不利，不通则痛，出现颈项强痛，颈部麻木酸胀痛，肩背拘急，上肢麻木疼痛等一系列颈椎病的证候。风痰痹阻于四肢，出现四肢麻木无力，或持物不稳，或双腿沉重发紧、步态不稳。风痰流窜脑络，上扰清窍，出现眩晕、头昏、头痛，记忆力减退等。而内风的产生可有多种因素，如肝阳化风，热极生风，阴虚动风，血虚生风等。颈椎病患者多肝肾亏虚，阴虚则肝阳亢，风阳内动，痰随风升，流窜经络，闭塞清窍。痰扰肝经，壅滞经络，出现肢麻震颤，持物不自主坠落，肌力减弱，肌肉萎缩，感觉减退，甚至半身不遂。风痰上扰清空，出现恶心、眩晕、呕吐、耳鸣、耳聋、视物不清等症状。总之，外感风寒湿邪或脏腑功能失调可致痰饮内生，湿阻经络亦可久蕴成痰，外风或内风与痰搏结，则成风痰。因而在正确的辨证施治基础上选用天南星、白附子、僵蚕以消坚化痰、祛风通络，搜透经络中之痰浊。

同时，颈椎病发病因外感等因素诱发者多，阳和汤方更适用于虚寒证，而用于兼夹湿热者却需要斟酌。因鹿角胶、熟地胶粘恋邪，早期发病适用于此方者甚少，而且对于一些中老年女性患者，因肾虚肝亦不足，用麻黄、炮姜等温燥药需慎，阴虚兼痰热者则更不可用。故借用张伯呐教授治疗更年期综合征的专方—二仙汤进行化裁，以温肾阳，益肾阴，用于临床实践，效果甚佳。因为更年期的病机也为本虚标实，常见的病理产物是痰浊和血瘀。这一点与颈椎病有共通之处。在用药上，巴戟天与仙灵脾相须为用，力大功专，温而不伤阴，甘温化阳，温补肾阳。知母、黄柏清热，前者兼滋阴，后者兼降虚火，充分体现了"阳中求阴，阴中求阳"的思想。临床上不仅对于有热象的更年期妇女非常合适，对于肝肾阴虚兼痰热者都很适用。

验方在辨证施治的基础上加上祛风化痰药，再配以补肾、活血化瘀药，标本同治。风药在治疗颈椎病中也有开腠理通经络的作用，既可解在表之邪也可宣通经络。具体用药分以下四组：

1 祛风药

秦艽、羌活、防风、葛根、藁本。这些祛风药，均为祛外风之品，这与临床中颈椎病患者多由外感引发或兼外感有关。部分药物不仅可以解表祛除外邪，还有通督脉、通经络的作用。而临床药理研究表明这几味药均具有消炎、镇痛、解热或抑菌等作用，这对于消除颈椎病局部炎症水肿，改善局部症状非常有用，且可以改善脑部血液循环，对于椎动脉型颈椎病尤为适合。

2 化痰药

僵蚕、天南星、制白附子、瓦楞子、甲珠。这些药物均为强有力的祛风痰药，这里的风为"内风"。这些药物不但能祛痰，还具有熄风止痉功效。此外，还有利咽消肿的功效。最近有很多报道颈椎病的产生与咽炎的关系。这些祛痰药不仅解决了"风痰"这个大难题，还可以清利咽喉，可谓一举几得。和祛风药同均为治标之品，用于缓解症状，且部分药有一定毒性，临床不宜长期使用。

3 补肾药

仙灵脾、仙茅、巴戟、续断、杜仲、骨碎补。肾虚在颈椎病的发病中是个非常重要的因素，肾主骨生髓，因而补肾是治疗中非常关键的一个环节。上述药均为温性，入肝肾之品。现代药理研究表明：淫羊霍有降低破骨细胞活性，活跃成骨细胞作用；巴戟能调节性激素，恢复骨功能；骨碎补能促进骨对钙的吸收，并提高血钙和血磷水平，有利于骨折愈合，有改善软骨细胞功能和推迟细胞退行变的作用，同时还可镇痛镇静。

4. 活血化瘀药

川芎、赤芍、当归、姜黄。据统计，近十年治疗颈椎病文献报道中，活血药使用的频率最高，约有91%

的使用率。川芎、赤芍、当归均位于单味药总体排名前十位。颈椎病的产生到发生病理性改变必定是一个漫长的过程。久病必导致气血瘀阻，因而活血化瘀药在颈椎病的治疗过程中必不可少。

凡按照颈椎病的诊断标准诊断为颈椎病，或临床上有眩晕、头项强痛、四肢麻木、肩背疼痛等症状且已排除其它疾病者，均可按照上诉四组药为基础组方，根据患者体质及其临床表现进行辨证加减。患者体质壮实，舌苔厚腻，化痰药可以重用，反之，则慎用，且加养阴之品。寒湿重者选药易，而热盛阴伤者须多加斟酌。颈椎病病位在上，祛风药必不可少，葛根药性辛凉，具有生津作用，药理研究也有明显的改善心脑血管的作用，对于寒证者可作为反佐，对于有热象者可重用，必要时可用至50g。属风寒者可选用羌活、防风、藁本等，属风热者可选用秦艽、葛根等。化痰药注意辨寒热燥湿：①明辨寒痰热痰。寒痰自可放胆用之，且疗效甚佳。若舌红苔黄，脉数者选药宜慎。或以胆星易南星，或佐以清热之品，如银花藤、栀子、虎杖等。②明辨湿痰、燥痰。因辛温之品易耗气伤津，若少苔少津，有阴虚、化燥之象者，用上述温燥药时应更加谨慎，必要时可配伍生地、麦冬、石斛、知母等养阴药联合使用。虚证明显患者补肾药重用，所选常用补肾药均为温性且入肝肾之品，虚热明显者须佐以清热药，虚寒证者无需顾忌。活血化瘀药中川芎、赤芍是必用的药对，如果血瘀甚者可酌加化瘀药。

廖洪韬大胆提出了“风痰”在任何类型的颈椎病的形成过程中都起着不容忽视的作用，灵活运用祛风痰的药物治疗颈椎病。同时又重视补虚，注重补虚药的选择。既为颈椎病的治疗提出了新的可供选择的思路，也便于掌握和运用于临床，提高临床疗效。（郭尹玲）

林兰糖尿病临床经验

【名老中医简介】林兰（1938～）女，浙江省景宁人。主任医师、教授、博士生导师。1963年毕业于上海中医学院医疗系。中国中医研究院广安门医院内二科主任。中国中医研究院首席研究员。全国中西医结合学会糖尿病专业委员会主任委员，中华医学会理事，全国甲状腺专业委员会副主任委员，中国中医研究院广安门医院专家委员会委员。第四批全国老中医药专家学术经验继承工作指导老师。擅长中医治疗内分泌系统疾病和心血管疾病。科研项目多次获国家重大科技成果乙等奖、国家中医药管理局科技进步奖、中国中医研究院科技进步奖、北京科技进步奖。主要学术论著4部，在国内外发表学术论文46篇。

“三型辨证”与糖尿病治疗

1 以中医理论指导用药

1.1 根据三消主要病位论治

上消属肺，中消属胃，下消属肾，分别代表糖尿病三个不同的病变阶段。根据不同的病位可制定不同的治疗原则，如清热润肺、清胃泻火、养阴补肾、滋阴生津，可以消渴方、玉女煎、六味地黄汤、金匮肾气丸为基础方。临床随症化裁。上中下三消用药各有侧重，上消用黄芩、天冬、麦冬、桑白皮、地骨皮、太子参；中消用生地黄、生石膏、知母、石斛、玉竹、黄连、天花粉；下消用山药、山茱萸、枸杞子、黄精、黄柏、生地黄、熟地黄。

1.2 根据脏腑辨证论治

脏腑辨证是辨证论治的基础。以脏腑为纲，进行辨证论治是糖尿病治疗最常用的法则。历代医家从肺论治、从脾论治、从胃论治、从肝论治、从肾论治，发展了中医糖尿病治疗理论。林教授认为，从肺论治宜清热润肺，药用沙参、天冬、麦冬、桑白皮、地骨皮、太子参；肺热不盛，兼有邪热宜清解肺热，药选蝉蜕、蚕蛹、金银花、连翘、金荞麦根等。从脾论治当分脾阴虚和脾气虚，糖尿病燥热已去，津液未复宜滋养脾阴，药用山药、白扁豆、石斛、玉竹；脾气虚宜补气健脾，药用黄芪、太子参、西洋参、茯苓；健脾化湿可选苍术、薏苡仁、泽泻。从胃论治，若胃火炽盛当清胃泻火，养阴保津，药用生石膏、知母、黄连；大便干结当泻热通便，药用生大黄、玄参、元明粉等。从肝论治，若肝阴虚当滋阴养肝柔肝，药用枸杞子、女贞子、旱莲草、白芍、甘草；疏肝解郁宜选柴胡、薄荷、郁金。从肾论治当分肾之阴阳，肾阴虚宜补肾滋阴，药用山药、山茱萸、枸杞子、黄精、生地黄、熟地黄、龟甲胶；肾阳虚用菟丝子、鹿角胶、补骨脂、巴戟天等。

1.3 根据病因病机的特点论治

糖尿病的病因病机主要与气虚、阴虚、气阴两虚、气血两虚、瘀血、痰湿等相关，选药组方时，林兰对气虚用黄芪、人参、太子参、山药、五味子；阴虚用麦冬、天冬、生地黄、玄参、天花粉；血虚用当归、白芍、阿胶、益母草；阳虚用附子、肉桂；痰湿可选苍术、白术、茯苓、薏苡仁、泽泻、赤小豆；血瘀用当归、丹参、桃仁、红花、赤芍、姜黄、乳香、没药、川芎、鸡血藤；活血通络用穿山甲、地龙、王不留行。灵活结合脏腑辨证可取得满意的疗效。

2 以现代医学理论为指导用药

2.1 胰腺功能可归属为中医“脾”的范畴讨论

从现代胰的生理功能看，胰腺属中医“脾”的范畴。食物中的糖、脂肪、蛋白质以及各种微量元素等营养物质，必须经过胰腺外分泌细胞分泌的胰淀粉酶、胰脂肪酶、胰蛋白酶的化学消化后，才能被机体吸收利用。如果胰腺分泌这些消化酶的作用减弱或功能失常，各种营养物质消化吸收障碍，机体无法获得足够的营养，就会出现气血生化不足的脾虚现象，即“垂体下丘脑胰腺轴”、“肠胰腺轴”功能失调。胰岛素是人体能源利用的原动力，又是糖原分解与合成的始动环节，胰岛素缺失，可导致糖不能利用，脂肪和蛋白质的分解增加，乳酸堆积，酮体产生，出现一派热象，饮食不养肌肤，形体逐渐消瘦。因此，胰腺是命门之火的重要组成部分，人体阴液的物质基础。该部分命门之火不足，不仅出现发育迟缓，形瘦神疲，百骸失煦的阳虚之征，也会出现烦渴、烦热、热毒内生的血糖升高之火热现象。因此，大补脾气可促进机体对各种营养物质的利用，促进机体胰岛素的分泌，可选用黄芪、党参、白术、茯苓等。营养物质不能被机体利用变生邪热，宜清解胃热，养阴增液，以利于各种营养物质的利用与代谢，可选用桑白皮、地骨皮、知母、苦瓜等。

2.2 脾主运化包括胰腺外分泌及部分内分泌功能

脾消化吸收水谷精微的升清功能，相当于胰腺的外分泌功能部分，各种消化酶是实现其作用的主要物质基础，脾运化水谷精微到身体各部分，内而五脏六腑，外而四肢百骸、皮毛筋骨，以营养周身的各个脏腑组织器官，胰岛素是实现其作用的物质基础之一。糖尿病胰岛β细胞功能低下，胰岛素绝对或相对不足，脾运化水谷精微功能不足，脾为胃行其津液的物质基础匮乏，故产生以脾虚为主要表现的各种糖尿病症状。实验研究证实，益气健脾方药能增加胰岛β细胞的数目，恢复胰岛β细胞的功能，反证了脾虚是糖尿病的主要病机。胰岛素受体与受体后缺陷，多见于体质偏胖的患者，临床常表现为脾气虚与痰湿内停兼见，治疗组方当补气化痰，以二陈汤和六君子汤加减化裁。

2.3 糖自稳调节与中医阴阳平衡

糖、脂肪、蛋白质依赖升糖激素和降糖激素的调节。降糖激素主要指胰岛素，升糖激素包括胰升血糖素、生长激素、肾上腺素和去甲肾上腺素。二者相当于中医的阴和阳，正常情况下处于相对的动态平衡，在应激、精神创伤等因素作用下，糖自稳被打破而发生高血糖或低血糖症。凡能使血糖升高的因素属阳，使血糖降低的因素属阴。胰岛素使血糖降低可表现为气虚、阳虚征象；胰升血糖类激素升高血糖可表现为阳热、火盛征象，此火热多为气郁化火，或湿郁化火、血郁化火。知其阴阳之所在，以审为期，舒其气血，令其条达而致和平。有情志因素当疏肝理气，方选柴胡疏肝散；气郁化火宜疏肝解郁清热，方选逍遥散。痰湿内蕴当燥湿化痰，方如二术二陈汤；痰郁化热宜清热化痰，方如黄连温胆汤、瓜蒌贝母半夏丸。血瘀者宜活血化瘀，方如血府逐瘀汤；瘀血化热当化瘀清热，方选凉血解毒汤。伤阴者兼以养阴，有热者清热。灵活辨证论治，可提高临床疗效。

2.4 针对糖脂代谢紊乱临床选用排毒方药

血糖在体内堆积可导致慢性糖中毒，脂肪堆积导致高脂血症、肥胖症、脂肪肝。高糖、高脂属中医痰湿、瘀浊。这些有害物质在人体滞留日久，阻碍脾胃运化，气血运行，津液输布，因此临床可以化痰祛浊解毒，活血凉血排毒，以促进体内毒物的代谢与排泄。可在常规治疗药物中加入金银花、连翘、牡丹皮、紫草、赤芍、生地黄、玄参、黄连、地锦草、鱼腥草、泽兰、大黄、泽泻、茵陈、车前子、大腹皮等，以提高疗效。

2.5 针对胰岛病变有侧重选用方药

Ⅰ型糖尿病多有上呼吸道感染史，起病时胰腺发生炎症，胰岛逐渐被破坏，导致胰岛素绝对不足或缺如。因此，在Ⅰ型糖尿病早期即有上呼吸道感染症状表现为热象为主时，宜重用清热药物，佐以解毒养阴，以消除胰腺局部炎症，保护胰腺，药如生石膏、知母、麦冬、生地黄、玄参、金银花、连翘、蒲公英；中期以阴虚为主者，宜重用养阴佐以清热，药选太子参、麦冬、生地黄、玄参、玉竹、花粉、黄精。兼热盛者佐清热药，兼瘀血者佐活血药；后期胰岛素分泌绝对不足，出现气阴两虚或阴阳两虚，宜益气养阴、补养气血或阴阳双补，以改善机体虚弱症状，增加胰岛素分泌，药如黄芪、党参、当归、麦冬、山药、五味子、黄精，肾阳虚明显加鹿茸、肉苁蓉、菟丝子、巴戟天等，肾阴虚明显加熟地黄、山茱萸、女贞子、枸杞子、龟甲胶等。Ⅱ型糖尿病的治疗可以下述思路选方用药：①辨证用药，前已述及。②选择促进胰岛β细胞分泌胰岛素的药物，如党参、黄芪；③选用改善微循环障碍的药物，如具有活血化瘀之功的当归、丹参、赤芍、三七、桃仁；胰腺纤维化或淀粉样变应软坚散结，宜选用贝母、牡丹皮、皂角刺、生牡蛎、夏枯草；④改善胰岛素抵抗，提高周围组织对胰岛素的敏感性，药如黄连、大黄、土茯苓。

3 根据药理实验研究成果指导组方用药

3.1 根据血糖选择降糖单味药

近年研究证实具有降血糖活性的单味中草药有几十种，临床根据辨证论治的原则合理选用，可以提高疗效。如枸杞子、覆盆子、五味子、菟丝子、五倍子、栀子、金樱子、女贞子、桑白皮、桑枝、桑椹子、桑叶、荔枝、荔枝核、蚕蛹、僵蚕、黄连、黄芩、牡丹皮、地骨皮、生地黄、玄参、麦冬、天冬、山药、天花粉、山茱萸、黄精、芍药、黄芪、茯苓、三七、苦壶卢、泽泻。这些药物基本以养阴药、清热药、补肾药和益气养血药为主。

3.2 根据尿糖选药

尿糖为人体的精微物质，肾主藏精，脾主运化升清，尿糖增多与脾肾关系密切，因此补肾摄精和益气健脾法是治疗尿糖的重要原则，可选用的药物如山药、山茱萸、金樱子、桑螵蛸、芡实等可补肾摄精以降尿糖；白术、苍术、鸡内金、黄芪等益气健脾升清以降血糖和尿糖。近代名医施今墨的苍术配玄参降血糖，以清血中伏火；山药配黄芪降血糖、尿糖，以益气升清，可供临床参考。

3.3 根据胰腺分泌功能用药

促进胰岛素的分泌，加强周围组织对胰岛素的敏感性，可用太子参、生黄芪、知母、麦冬、生地黄。

3.4 根据相关检查用药

糖尿病人往往伴有血脂增高、血液流变学指标异常及微循环障碍等现象。临床针对具体检测指标，在辨证论治的基础上，可适当选择对这些指标有特效的中草药，可以提高临床疗效。林兰临床上，针对血脂高常选用鸡内金、泽泻、槐米、大黄；血液流变学异常或微循环障碍可选用当归、丹参、桃仁、红花、川芎、赤芍、水蛭、虻虫、土鳖虫、益母草、泽泻、三七、血竭等。

糖尿病脑血管病

1 博采众家撷其要，脏腑气血探病机

糖尿病脑血管病变病情复杂，林兰认为本病应归于中医中风、偏枯范畴，并涉及到头痛、眩晕、痰证、血瘀等。博采中医学对这些疾病的认识和论述，结合糖尿病的病机特点，认为糖尿病脑血管病变的发生不外虚、痰、火、气、血等多方面的病理改变。

禀赋不足，肾精亏虚。脑为“元神之府”，主持精神思维活动，脑髓有赖于肾精滋养生化。先天禀赋不足，肾精亏虚，或糖尿病日久伤肾，肾精不能上充于脑则出现眩晕，精神萎靡，健忘痴呆，思维迟钝等症。劳逸失度，肝肾不足，酒色房劳过度，或久病失养，耗伤真阴。肝为刚脏，内寄相火，全赖于肾水滋养，真阴被耗，肝阳暴张，阳化风动，气血逆乱，并走与上，闭塞清窍，骤见意识昏蒙，甚至昏迷不省，发为中风。

饮食不节，痰浊蒙闭。过食醇酒厚味、辛辣炙（火専），或恣食甘厚肥腻之品，损伤脾胃。脾胃损伤，脾失健运，湿阻中焦，聚湿化痰，痰火上蒙清窍，或阻于脑络则出现口眼歪斜，半身不遂，语言不利，甚则猝然昏仆，不省人事。五志过极，肝阳暴张，情志不舒或七情郁结，气机不畅，五志过极化火，耗伤肝阴，肝火亢盛，或肝阴不足，肝失涵养，风阳升动。风火相煽，肝阳暴张，热迫气逆，上窜于巅，轻则头晕头痛，中则口眼歪斜，半身不利，重则神识昏冒，猝倒不省人事。

气虚血瘀，经脉痹阻。糖尿病缠绵不休，气阴耗伤，或年老体弱，元气虚亏，气虚血行不畅，脉络痹阻，则出现肢体麻木不利，甚则半身不用，口眼歪斜，口角流涎。总之，糖尿病脑血管病变的发生主要缘于肝、肾、心、脾脏腑功能失调，从而导致阴阳相倾，气血逆乱，常因情志变化、饮食起居失常而诱发，逆犯于脑则病情危重，痹阻于经络病势轻缓。

2 中经气阴虚为本，辨证兼顾痰与瘀

林兰认为糖尿病主要分为阴虚热盛、气阴两虚和阴阳两虚3型，气阴两虚是消渴病最常见的证型。气虚、阴虚是糖尿病脏腑功能失调的必然结果，也是糖尿病脑血管病变的主要病理基础，瘀血、痰浊是主要的兼挟之邪。糖尿病脑血管病变临床按其有无猝然昏仆、不省人事，分为中经络、中脏腑两大类。中经络又以临床不同证候辨为阴虚、气虚、痰瘀等。素有头晕头痛，耳鸣眼花，心烦健忘，失眠多梦，急躁易怒，肢体麻木，腰膝酸软，骤见口眼歪斜，手抖舌颤，语言謇涩，舌红苔薄白，脉弦数，证属阴虚阳亢，风阳上扰。治宜育阴潜阳，镇肝熄风。方以镇肝熄风汤合天麻钩藤饮加减。药用：白芍12g，玄参、天冬各10g，生龙骨、生牡蛎各30g（先煎），牛膝10g，天麻

12g，钩藤10g（后下），代赭石20g（先煎），生地15g，龟版12g。痰多加天竺黄、川贝母、胆南星；头晕头痛甚加石决明、菊花、夏枯草；腰酸耳鸣重加灵磁石、桑寄生；气虚痰盛，痰浊阻络可见眩晕，肢体麻木不仁，突然口眼歪斜，口角流涎，舌謇语塞，半身不遂，意识尚清楚，舌淡苔白腻，脉弦滑。治宜健脾燥湿，化痰通络。方用半夏天麻汤加减，药用：天麻、半夏各10g，白术12g，陈皮6g，党参、茯苓各12g，钩荐（后下）、地龙各10g，全瓜蒌15g。眩晕较重伴恶心、呕吐加代赭石；胸闷心烦，口苦，舌苔黄腻加黄连；神昏嗜睡加石菖蒲；气血不足，脉络瘀阻，常见面色苍白，头晕目眩，气短懒言，健忘纳呆，肢体麻木，骤然半身不遂，口眼歪斜，舌黯淡或有瘀斑，苔薄白，脉濡细。法当益气补血，活血通络。方以四君子汤合桃红四物汤加减，药用：党参15g，白术10g，茯苓12g，甘草5g，当归12g，川芎10g，生地12g，丹参15g，红花6g，赤芍、白芍各10g。气短乏力明显加黄芪；有明显的肌肤甲错加当归、川芎、三棱、莪术。

3 中脏需分闭与脱，论治巧妙辨阴阳

中脏腑是糖尿病脑血管病变的危重证象，发病急，变化快，病情重，骤然昏仆、不省人事，又可分为闭证、脱证。闭证以邪实内闭为主，以突然昏仆，不省人事，牙关紧闭，口噤不开，两手紧握，大便闭结，肢体痉挛拘急为特点。根据有无热象而分为阳闭、阴闭。兼见面红身热，气粗口臭，躁扰不宁，舌红苔黄燥，脉弦滑数。证属肝阳嚣张，风升阳动，治宜辛凉开窍，清肝熄风。先以局方至宝丹1粒化服，继用羚羊角汤加减。药用：羚羊角1g（冲服），生地15g，丹皮10g，白芍15g，石决明30g（先煎），菊花10g（后下），夏枯草12g，钩藤15g（后下），龟版12g。面赤加牛膝；抽搐拘急甚加全蝎、僵蚕；痰涎壅盛加天南星、天竺黄、竹沥水；口臭加藿香；便秘加生大黄、枳实。阳闭还可见痰火搏结，蒙蔽清窍，多发于形体肥胖之人，除闭证的表现外，可兼见痰声漉漉，声高气粗，舌红苔黄腻。法当豁痰开窍，通腑涤浊。先以安宫牛黄丸灌服，继以三化汤、涤痰汤化裁辨治。药用：大黄、厚朴、枳实、半夏各10g，胆南星、陈皮各6g，人参10g，茯苓12g，菖蒲10g，竹茹、甘草各6g，生姜3片。腹胀便秘，舌红苔黄燥者重用大黄，加芒硝；痰多加瓜蒌、天竺黄、竹茹；四肢抽搐加羚羊角、钩藤；半身不遂加僵蚕、全蝎。阴闭可兼痰涎壅盛，四肢欠温，静卧不烦，口唇青紫，舌紫黯或有瘀斑，苔白腻，脉沉滑。先以苏合香丸化服，继服导痰汤加减，药用：陈皮6g，竹茹12g，枳实10g，茯苓15g，菖蒲8g，胆南星10g，钩藤15g（后下）。肢体强直甚加僵蚕、全蝎、石决明；痰涎壅盛加川贝母、天竺黄、猴枣散。

脱证以阳气欲脱为主，证见：骤然昏仆、不省人事，鼻鼾息微，手撒遗尿，肢体软瘫，汗多肢冷，目闭口开，舌淡苔白，脉微欲绝。法当回阳固脱，方以参附汤加味，药用：人参、附子、五味子各10g，汗出不止加黄芪、煅龙骨、牡蛎；神昏加菖蒲、远志。

中风经救治后，常有半身不遂、口眼歪斜、言语蹇涩等后遗症，中脏腑者多见，其证分虚实两型，虚者多为肝肾阴亏，实者多为肝阳上亢、风痰上涌，瘀血阻络。可根据临床症状不同特点辨证选用不同方药治疗。林兰根据糖尿病患者的不同特点，常中西药联合使用，积极控制血糖和血压，防治脑动脉硬化，除药物治疗外，配合针灸、按摩、激光等综合疗法，极大地提高了患者的康复率。（董彦敏 倪 青）

糖尿病心脏病

1 糖尿病冠心病

糖尿病冠心病是糖尿病以阴虚为本兼夹痰浊、血瘀、寒凝等因素而因虚致实，虚实夹杂的病症。林兰按其不同的临床表现，又分为冠心病（胸痹）和急性心肌梗塞（真心痛）进行辨证论治。

1.1 冠心病（胸痹）

冠心病（胸痹）中医辨证论治分为气滞血瘀、痰浊瘀阻、寒凝血瘀三型。

①气滞血瘀型：胸闷憋气，郁闷善叹息，头晕目眩，心烦易怒，两胁刺痛，痛引肩背，发无定时，每于情志不遂而加重，舌质淡红或暗红，苔薄白或薄黄，脉弦或弦数。本型多见于中年妇女，病位在心、肝，发作时心电图出现ST段压低、T波平坦或倒置；不发作时心电图可正常。治宜疏肝理气，宣痹止痛。方用四逆散合丹参饮加减：柴胡10g，白芍10g，枳实10g，甘草10g，檀香4g，砂仁6g，郁金10g，丹参15g，栝楼12g，黄连6g。

②痰浊瘀阻型：胸闷憋气，心下痞满，胸脘作痛，痛引肩背，伴头晕，倦怠乏力，肢体重着，舌体胖大，边有齿痕，舌质暗淡，苔白腻，脉弦滑。本型病位在心、脾，心电图可见T波、sT段改变。治宜化痰宽胸，宣痹止痛。方用栝楼薤白半夏汤加味：全栝楼15g，薤白10g，半夏10g，陈皮6g，云茯苓10g，枳实10g，甘草6g。

③寒凝血瘀型：心胸疼痛，痛甚彻背，背痛彻心，痛有定处，痛剧伴四肢厥逆，面色苍白或紫暗灰滞，爪甲青紫；遇寒尤甚，伴气短喘促，唇舌紫暗，苔薄白，脉沉迟或结代。本型病位在心、肺，心电图可见T

波、ST段改变，常伴有心动过缓或传导阻滞。治宜温阳通痹，散寒止痛。方用赤石脂汤加味：赤石脂10g，制附子6g，干姜3g，薤白10g，枳实10g，半夏10g，丹参15g，桂枝6g。

1.2 急性心肌梗塞（真心痛）

急性心肌梗塞（真心痛）是于冠心病的基础上发生进行性冠状动脉闭塞，引起心肌坏死，具有发病急、变化快、死亡率高的特点。早期多以痰瘀邪实为主，继之以阳明正虚为主，虚中夹实，虚实夹杂。中医辨证论治分为三型。

①心脉瘀阻型：心胸作痛，疼痛逐渐加剧或骤然发作，心痛彻背，背痛彻心，痛有定处而持久不解，伴见胸闷憋气，心悸气短，汗出肢冷，唇舌紫暗，苔薄白或薄腻，脉弦细或细弱或脉微欲绝。本型以心阳虚为主，心电图提示，初期ST段抬高，继之出现异常Q波。治宜活血化瘀，宣通心脉。方用丹参饮合抗心梗合剂加减：丹参20g，郁金10g，檀香6g，砂仁6g，红花10g，赤芍10g，生芪15g，桂心6g。

②心阳暴脱型：胸闷憋气，骤然心胸剧痛，甚则晕厥，大汗淋漓，四肢厥逆，息短气微，面色苍白，爪甲青紫，舌体胖大，舌质紫暗，苔薄白或白腻，脉微欲绝。本型病位在心、肾，多见于急性心肌梗塞合并心源性休克，心电图提示ST段抬高，呈弓背向上，出现异常Q波，血压下降，心肌酶谱升高，循环衰竭，病情危重，危在旦夕。治宜回阳救逆。方用参附汤加味：人参15g，附子19g。脉绝不可寻者，加干姜、肉桂、炙甘草以回阳复脉；不得卧者，加黑锡丹以定喘；大汗不止，加黄芪、煅牡蛎以益气收敛而固脱；神识昏蒙者，加苏合香丸以芳香开窍。

③肾阳虚衰型：心胸作痛，胸闷憋气，心悸怔忡，气喘不得卧，动则喘甚心下痞满，大汗淋漓，四肢厥冷，头晕目眩，甚则晕厥，尿少身肿，舌体胖大，舌质紫暗或有瘀斑，苔薄白或白腻，脉细微或结代。本型病位以心、肾为主，五脏俱虚。多见于急性心肌梗塞伴发心力衰竭，心电图提示急性心肌梗塞特有的异常Q波、ST段进行性演变，同时伴有心动过速或心房颤动。治宜温阳利水。方用真武汤加味：附子10g，生姜6g，茯苓15g，白术15g，白芍10g，人参6g，肉桂6g，丹参15g，红花10g。

2 糖尿病心肌病

糖尿病心肌病多见于糖尿病经久不愈者，“久病必虚”，“久病必瘀”，临床表现以心气虚心阴虚为主，兼夹血瘀。本病系本虚标实之证。中医辨证论治分为三型。

①心气不足，心阳虚亏型：胸闷气短，心悸怔忡，面色恍白，乏力倦怠，精神萎靡，语音低微，自汗纳呆，形寒怕冷，苔薄白，舌体胖大，舌质暗淡，脉沉细无力或结代。本型病位在心，以气虚、心阳不足为主。心脏二维超声提示心肌顺应性降低；或心电图有T波、ST段改变；X线提示左心室饱满或轻度扩大。治宜补益心气，宣通心阳。方用保元汤加减：人参10g，黄芪20g，桂枝6g，甘草6g，丹参15g，太子参10g，五味子10g，麦冬10g。

②心阴不足，虚火偏旺型：心悸怔忡，五心烦热，潮热盗汗，口渴咽干，失眠多梦，或咳嗽喘息，气短乏力，苔薄黄，舌质红或紫暗，脉细或结代。病位在心、肺，多见于心肌病伴有心律失常。心电图提示心动过速，心房颤动，室性早搏，房室传导阻滞；X线和二维超声检查提示心脏扩大，以左心室为主。治宜滋养心阴，清热宁神。方用天王补心丹加减：生地15g，元参10g，丹参15g，当归10g，党参10g，茯苓12g，柏子仁12g，远志10g，天冬10g，麦冬10g，五味子10g，桔梗10g，枣仁12g。

③心肾阳虚，水气凌心型：头晕心悸，胸闷憋气，气喘气急，动则喘甚，神疲乏力，面色恍白，形寒怕冷，四肢厥逆，食纳不佳，渴不欲饮，肢体浮肿，小便不利，舌苔白，舌体胖，舌质淡，脉沉细无力或脉微欲绝。本型病位在心、肾，多为糖尿病心肌病伴有左心功能不全，心力衰竭，心源性休克，血压下降。X线检查提示心脏普遍扩大，而以左心室为主；二维超声提示心肌肥厚。治宜温阳利水。方用苓桂术甘汤加减：茯苓12g，白术10g，桂枝10g，甘草6g，附子6g，牛膝10g，车前子20g（包），泽泻10g，白芍10g。

3 糖尿病心脏植物神经病变

糖尿病心脏植物神经病变属于祖国医学“心悸”、“怔忡”、“惊悸”等范畴。多为素体不足，或心虚胆怯，或久病不愈等因素，而致机体气血阴阳亏虚，全身情况较差，病情较重。中医辨证论治分为三型。

①心气虚亏型：心悸怔忡，善惊易怒，胸闷心烦，气短自汗，坐立不安，多梦易醒，纳食不香，苔薄，舌淡，舌体胖大边有齿痕，脉濡细或结代。本型病位在心、脾、肾。心电图提示室性早搏或房室传导阻滞。治宜益心气，养心阴。方用珍珠母丸加味：珍珠母20g，龙齿20g，当归10g，人参12g，茯神木15g，枣仁12g，熟地12g，黄芪20g，柏子仁12g。

②心血不足型：心悸不安，心中空虚，面色恍白无华，头晕目眩，倦怠乏力，肢体麻木，失眠多梦，苔薄白，舌淡红，脉虚细或细数。病位在心、脾。治宜

补心宁神。方用归脾汤加味:人参10g,黄芪20g,白术10g,炙甘草10g,茯神15g,远志10g,枣仁12g,龙眼肉12g,当归10g,木香6g。

③心肾阴虚型:心悸不宁,烦躁不安,失眠多梦,头晕目眩,腰酸耳鸣,五心烦热,惊恐不安,舌红苔薄黄,脉弦细数或结代。本型病位在心、肾。心电图提示心动过速,或心率不齐;二维超声提示心肌顺应性降低,X线提示左心功能不全,有肺瘀血。治宜养心益肾。方用补心丹合六味地黄汤加减:生地12g,元参10g,当归10g,五味子10g,人参10g,茯苓12g,天冬10g,柏子仁12g,枣仁12g,丹参15g。

糖尿病视网膜病变

1 病因具有多元性,宜整体把握病机

糖尿病视网膜病变,属于中医瞳神疾病范畴。可根据不同发病阶段的临床表现,归于视瞻昏渺和云雾移睛、暴盲等不同病症讨论。根据中医理论,肝开窍于目,"诸脉者皆属于目"、"五脏六腑之精气,皆禀受于脾,上贯于目"、"气脱者,目不明"等,该病主要病位在肝,与五脏六腑经络、气血精津皆相关,是多因性疾病。与西医认为是血管内皮损伤,血液流动异常等原因相兼为病一致。试分述如下:

1.1 肝郁气滞,目络受阻

肝开窍于目,受血而能视,肝气通于目,肝脉系于目。忧思恼怒,情志不畅,肝阳上扰于目,肝气郁结,气机不畅,血不上荣于目;肝郁化热,湿热上扰于目等,均可导致视网膜病变。

1.2 肝肾不足,水亏目暗

肝肾同源,肾为肝之母。眼睛五轮中的水轮属肾,是视觉的中心,肾精充足,目睛有所养。先天禀赋不足,肾源亏乏或消渴日久肾气愈亏,精血不足,目失所养,或肾阴不足,阴虚火旺上灼目络,皆可发为本病。

1.3 脾虚湿胜,痰浊阻络

糖尿病患者多为痰湿肥胖体质,发病常与饮食不节,损伤脾胃相关。脾虚则"五脏之精气皆失所司,不能归明于目",脾虚不生血则目失所养,脾统摄血气能力下降则目络受损,血贯瞳神;脾虚酿浊生痰,上蒙清窍而致云雾遮睛,视物不清。诸端皆发为糖尿病视网膜病变。

1.4 气血两虚,目失所荣

糖尿病本为五脏柔弱,气血津液输布失常之疾,糖尿病日久正气愈伤,目失荣养则视物昏渺。

1.5 阴虚阳亢,虚火灼目

糖尿病病程中期,常表现为肝肾气阴两虚夹瘀之证。肝肾阴虚日久,肝阳上亢于目,可致面红目赤,甚至火伤目络,迫血妄行,目失血养而暴盲。

总之,糖尿病视网膜病变的病因责于阴虚、血瘀、痰浊、气虚、血虚诸端,病机总由脏腑虚损,真元耗伤,气血在经络输布失常所致。西医所述蛋白非酶糖基化、山梨醇代谢异常、脂代谢紊乱、血管壁损伤、血液流变异常等是糖尿病视网膜病变的共同病理生理基础。

2 参考西医分期,灵活辨证论治

糖尿病视网膜病变的中医治疗,宜首先重视中医辨证,参考西医辨病的辨证与辨病相结合原则。治宜滋补肝肾为主,兼以活血祛瘀生新,以改善眼部微循环;促进渗出的吸收为度。临床常分5型论治,分述如次。

2.1 肝郁气滞型

视物昏蒙,蒙昧不清,头晕目眩,心胸满闷,善叹息,口燥咽干。舌红苔薄黄,脉弦细。多见于糖尿病视网膜病的Ⅰ、Ⅱ期微血管瘤、视网膜静脉扩张或有出血点。治宜疏肝清热,行气消滞,方选丹栀逍遥散加减:柴胡6g,当归、赤芍、白芍各12g,丹皮、郁金、焦栀子各10g,丹参15g,红花10g,薄荷6g。

2.2 脾虚络阻型

眼花目眩,眼前黑花或如蛛丝飘浮,伴头晕头重,胸闷纳呆,大便溏薄。舌淡红苔白腻,脉濡滑。多见于糖尿病视网膜病变Ⅱ、Ⅲ期,视网膜静脉纡曲、扩张,伴黄白色硬性渗出或有出血斑点或出血斑。治宜健脾化湿,祛痰通络,方选温胆汤加减:半夏10g,茯苓15g,炒枳实、炒苍术各10g,竹茹6g,大腹皮15g,山药12g,陈皮6g,薏苡仁12g,丹参15g,甘草6g。

2.3 肝肾不足型

目眩耳鸣,初感眼前蚊蝇或如隔云雾视物,继则眼前红光满布,甚则一片乌黑,伴腰腿酸软,五心烦热,失眠口干。舌红苔薄少津,脉弦数。多见于糖尿病视网膜病Ⅲ、Ⅳ期,眼底视网膜极后部有聚集白色渗出斑,或有玻璃体出血,静脉纡曲成串珠状。治宜补益肝肾,方选驻景丸加减:菟丝子、楮实子、茺蔚子各12g,枸杞子10g,车前子20g,山萸肉10g,制首乌12g,五味子、三七粉(冲)各6g,生地、熟地各12g。

2.4 气血两虚型

视物昏渺,或有云雾飘动,面色苍白无华或萎黄,头晕目眩,倦怠乏力,气短懒言。舌淡、苔薄白,脉虚细。多见于糖尿病视网膜病变Ⅳ～Ⅴ期,表现有新生血管生成,纤维增殖,玻璃体或视网膜前出血。治宜补气摄血、益精明目,方选八珍汤加减:党参、白术、当归、川芎、赤芍各10g，熟地12g，黄芪20g，陈皮6g，谷精草10g，甘草6g。

2.5 阴虚阳亢型

骤然目盲，或视物色红或荧星满目，黑影遮睛，伴头晕目眩，急躁易怒，口苦咽干，目赤面红。舌红苔薄少，脉弦涩。多见于糖尿病视网膜病Ⅴ、Ⅵ期，纤维增殖，视网膜前或玻璃体出血，甚至视网膜脱离危候。治宜平肝明目，清热凉血，方选犀角地龙汤加减：水牛角30g，生地、丹皮、赤芍、栀子各10g，白茅根30g，侧柏叶15g，龙胆草10g，石决明（先煎）30g。（倪 青）

林天东临床经验

【名老中医简介】林天东（1947～）主任医师。海南省中医院院长。海南省政协委员，联合国医疗产业专家委员会主管专家。广州中医药大学、海南医学院兼职教授。享受国务院政府特殊津贴。第三批全国老中医药专家学术经验继承工作指导老师。临床善用经方，擅长治男性病、不育不孕症和老年病、高血脂症、心脑血管病、泌尿系及胆囊结石、肝炎及癫痛、三叉神经痛等疑难杂症。主持和参与了7项科研课题。出版医学著作19部，参编内部刊物13部。

临床经验

脑萎缩

1 升阳益髓，须疏利三焦而扶肝脾肾

脑主元神，为“精明之府”，“髓之海”，是人体生命活动的中枢，精神意识的主宰。《灵枢·本神篇》云：“两精相搏谓之神”，言阴精与阳气的转化输注是脑发挥正常生理功能的保证。精气旺则脑精灵，精气衰则脑迟钝。临床呈现形体衰惫，神志恍惚，寡言少动，善忘迟钝，眩晕气短，纳呆出汗等症。根据“虚者补之”、“损者益之”的原则。林老师临证注重扶助肝脾肾三脏以充实精气。偏于肾精亏损者，治宜滋补肝肾，填精益髓补脑，方用左归丸加味。药常选用生地或熟地、怀山、枸杞子、山萸肉、怀牛膝、菟丝子、鹿角胶、龟版胶、黄精、肉苁蓉、当归、白芍等；偏于肾阳虚衰者，治宜温补肾阳升阳益气，醒脑开窍，方用右归丸加味。药常选用熟地、山药、附子、肉桂、枸杞子、杜仲、山萸肉、鹿茸、巴戟、仙茅、锁阳等。偏于脾气虚者，扶脾则强调“升阳益气”，即予辛甘温补之黄芪、白术、党参、甘草、怀山、红枣补脾益气。上述诸症常配以辛香气雄、味薄升散之羌活、防风、藁本、白芷、苍耳子、柴胡、升麻等祛风药2～3味入方，以求助气升阳，促发脾胃清阳之气升腾贯注于脑，使脑得充分营养和修复。林老师擅将祛风药用于此，虽然味少量轻，却寓意深刻。一则升阳达巅，行经于脑。脑为诸阳之会，居于巅高，惟风药辛宣，方可疏通经脉，升发清阳之气贯注于脑，以壮髓海；二则醒脾助肾，以促化源。脾胃为后天之本，气血生化之源，气机升降之枢，风药胜湿，有助于脾气升发，五脏之气旺盛，使气血津精化生有源，以保证脑功能活动所需的精微物质；三则阳升气旺，可化痰瘀。气帅血行，气能行津，脑气充盛而气化畅利，既可防止津血凝滞为痰瘀之害，又能消散少量痰瘀之浊。

总之，补虚不忘疏调三焦气机，乃因三焦总司全身的气机和气化，为通行元气，运行水液之通道，倘上焦失宣，中焦失衡，下焦失畅，气机逆乱，则势必阻碍精气代谢，使脑无所依附而病变愈重，故临证惟使三焦气机畅达，方可求升阳益髓之功。然疏通三焦气机，亦须审因论治，灵活掌握。

2 除痰化瘀，可散结通络而开清窍

脑为“清灵之府”，盖六腑清阳之气，五脏精华之气血，皆朝会上注于脑以司其用。倘若年老气衰，久病迁延，或内风卒中及外伤头脑，或邪毒内窜而盘结脑络，可导致脏腑失和，营卫不清，气血败浊，凝为痰瘀，交结脑府，阻滞髓络，阴阳之气不相顺接，则清窍失用，出现表情淡漠，神志散乱，行为呆滞，情绪不稳，嗜睡或烦躁，甚则语言不清，语无伦次，愚钝呆痴，饮食起居不能自理，可兼失语、半身不遂、舌质紫暗或有瘀斑、苔腻、脉弦滑等症。依“结者散之”、“留者攻之”之法则，治当化瘀浊、畅络脉、散结聚、通窍隧以开窍醒脑。林老师临证痰瘀并治，用全蝎、地龙、土鳖虫、水蛭各等份加工成药丸为基础用药，视其兼证、变证而辨证用药。偏于虚风内动者，治宜滋阴填精，柔肝熄风，方用大定风珠加味。药常选用阿胶、龟版、鳖甲、生地、牡蛎、白芍、五味子、火麻仁、鸡子黄、麦冬、甘草、龙骨等；偏于气滞血瘀者，治宜理气活血，祛瘀通窍，方用通窍活血汤加味。药常选用桃仁、红花、当归尾、川芎、川牛膝、赤芍、麝香、三七、丹参、鸡血藤等；偏于痰浊阻窍者,治宜健脾化痰,豁痰开窍,方用温胆汤加味。药常选用法半夏、胆南星、竹茹、枳实、郁金、茯苓、陈皮、石菖蒲、远志等。对神志散乱、焦虑烦躁、睡眠不安、哭笑不常者,酌加莲子心、淡竹叶、琥珀、远志以清心醒脑;对语言障碍,迟缓不利者,加石菖蒲、郁金以通窍争语;对神情淡漠、行为呆滞、记忆障碍、思维模糊者,加苏合香丸,可芳香开窍,提神醒脑;对痰瘀浊邪动风,肢体颤抖、行动困难者,天麻、钩藤、僵蚕、生牡蛎、生龙骨以平肝熄风。

林天东在祛邪化浊的同时,十分注重顾护胃气,用于方中加入青皮、陈皮、麦芽、谷芽,以促进药食运化。然本病属顽症痼疾,病程冗长,详细辨证,准确施治,灵活用药,汤丸并取,心身共调,持久治疗,体现了临证精心务实的特点。

3 病案举隅

患者,女,65岁,于2005年7月5日初诊。家人代诉:患者觉双下肢软弱无力2年,伴步履不稳,渐至记忆衰退,言语不清,性格孤僻等症。查头颅CT示:双侧额、颞部蛛网膜下腔增宽。拟诊为:脑叶萎缩。曾西药对症治疗,症状改善不明显。刻下证见:表情淡漠、闭目不睁、沉默缄言,不能站立行走,记忆力衰退,定向力差,形体衰惫,大便秘结,小便黄赤,纳呆口臭,舌红、苔黄腻,脉沉滑。证属湿热内蕴,下焦失畅,精气亏虚,痰瘀交结,神府失用。治则先予清利湿热,调畅气机,后予补虚化浊,通窍醒脑。以枳实导滞丸每天3次,每次6g,白开水送服,连服1周后便秘溲赤、口臭、黄腻苔消失,食欲增加,即改用汤剂配丸剂。处方:黄芪30g,菟丝子15g,熟地黄20g,谷芽20g,麦芽30g,天麻10g,僵蚕10g,怀山15g,山萸肉10g,苍耳子10g,怀牛膝15g,枸杞子15g,石菖蒲10g,鹿龟胶9g,龟版胶9g,青皮6g,陈皮10g。水煎服,每日1剂,复煎,分2次温服。配合药丸(全蝎、地龙、土鳖虫、水蛭各等份加工而成),每日2次,每次6g。服药1个月后,眩晕好转,能站立平稳,记忆力改善,行为仍呆滞。于上述方法再服药5个月,半年后诸症均见明显好转,生活基本能够自理。(卓进盛)

医方验方

消抗丸

组方:女贞子1000g,旱连草1000g,生地黄1000g,玄参1000g,蒲公英1000g,银花1000g,柴胡1000g,虎杖1500g,丹参1000g,赤芍1000g,穿山甲500g,王不留行1000g,田七100g,蒲黄1000g,海马100条,党参1000g。

制法:女贞子、海马、党参、赤芍、穿山甲(用砂炒至暴鼓,加醋制)、田三七、蒲黄(炒黄)等药干燥粉碎成粗粉;余药加水煎煮2遍,浓缩成稠膏。然后将上述粗粉与药膏混匀,干燥后粉碎,过100目筛,蒸馏水泛为小丸。

功效:滋阴清热解毒、化瘀通络。

主治:阴虚湿热兼瘀血证免疫性不育,血液或精液抗精子抗体(Asab)检测阳性者。

用法:每次6 g,每日3次,温开水送服,40 d为1个疗程,1疗程未愈者,再治疗1个疗程。共观察2个疗程。

方解:方中女贞子、旱连草、生地黄、玄参滋阴清热,蒲公英、银花、柴胡、虎杖清热解毒,丹参、赤芍、穿山甲、王不留行、田三七、蒲黄化瘀通络,更用海马补肾填精、党参益气为佐。使阴精得复、湿热得清、瘀血得化而气机条畅,抗体得消而有子。

振痿汤

组方:淫羊藿15g,仙茅10g,巴戟天15g,肉苁蓉15g,阳起石10g,锁阳10g,海马1条,蚕蛾公6g,柴胡10g,赤芍15g,枳壳10g,蛇床子10g,蜈蚣1条,蜂房10g,川牛膝10g,丹参10g。

用法:日1剂,水煎分2次温服,21天为1疗程。

功效:补肾壮阳,疏肝活血。

主治:肾阳不足、肝郁血瘀型阳痿。

方解:方中淫羊藿、仙茅温肾壮阳为君药;巴戟天、肉苁蓉、阳起石、锁阳、蛇床子、海马、蚕蛾公补肾助阳为臣药;柴胡、枳壳疏肝理气,川牛膝、赤芍、丹参活血化瘀并能引血下行,六药为佐;蜈蚣、蜂房疏通经络为使。诸药合用,共奏补肾壮阳、疏肝活血通络之功。(黄显勋)

林维启验方选析

【名老中医简介】林维启 教授,主任医师。毕业于北京中医学院。现任职于甘肃中医学院。甘肃省第四批名老中医师带徒指导老师。

柴青汤

1 柴青汤

药物组成:柴胡10 g,黄芩6 g,半夏10 g,青皮6

g,枳壳10 g,竹茹10 g,山栀子6 g,龙胆草6 g,苍耳子10 g,大青叶30 g。以上方为基本方剂,临症时需辨证加减。

2 典型病案

案1 颈椎病:患者王某,男,42岁,公司文员,长期伏案工作。2年前开始出现头晕目眩,尤以低头时为甚,曾于某医院拍颈椎片提示颈椎病。近2年来先后尝试多种治疗方法,效果均不显著。2006年慕名来诊。时患者头晕目眩,心烦易怒,口苦咽干,睡眠不佳,大便干,2~3日一行,舌质红,苔黄,脉弦。林维启诊后认为,此患者乃肝郁气滞,瘀而化火所致。治当清肝泻火,镇静安神。方以柴青汤加味:柴胡10 g,黄芩6 g,半夏10 g,青皮6 g,枳壳10 g,山栀子6 g,竹茹10 g,龙胆草6 g,苍耳子10 g,大青叶30 g,炒酸枣仁30 g,远志10 g,葛根30 g。服用上方3剂后,患者自觉头晕目眩较前明显好转,睡眠改善,续服3剂,诸症悉除。

案2 高血压:患者李某,女,53岁,于2007年3月就诊。患者既往有高血压病史10余年,长期服用降压药物,血压控制尚可。半月前因家庭琐事情志抑郁不舒,随之出现头晕,头痛,心烦,急躁易怒,大便干,舌质红,苔黄,脉弦。BP 160/100mmHg(1mmHg=0.133 kPa)。林维启诊后认为此患者乃家庭琐事致情志抑郁,肝郁气滞,肝经郁热所致。治当清泻肝经之热。方以柴青汤加味:柴胡10 g,黄芩6 g,山栀子6 g,半夏10 g,青皮6 g,枳壳10 g,竹茹10 g,龙胆草6 g,苍耳子10 g,大青叶30g,川续断10 g,夏枯草30 g。服用上方3剂后,头晕头痛,心烦急躁等症有所好转,继服3剂,上症明显好转,再以3剂善后而诸症悉除。

3 体 会

随着现代社会的高速发展,人们的生活节奏越来越快。工作及生活的压力亦越来越大。由于工作生活中的种种不顺心,亦或所欲而不得所求,久而久之则肝气郁滞,气滞化火,临床上即可出现头晕目眩、头痛、心烦急躁易怒等症。此类病症主要的病因病机为肝经有热,而以心烦急躁易怒,大便干燥为主要症状,治当清泻肝经之热。柴青汤为林维启自拟方,乃小柴胡汤原方去党参、甘草、生姜、大枣,加青皮、枳壳、山栀子、龙胆草、竹茹、苍耳子、大青叶组成。方中以柴胡疏泄肝胆;黄芩清泻少阳之热;半夏和胃降逆;青皮疏肝理气;枳壳行气除满;竹茹清热除烦;山栀子清三焦之热;龙胆草善泄肝经之火;苍耳子祛风解表;大青叶清热。对于颈椎病患者可加用葛根30 g;高血压患者可加用川续断10 g、夏枯草30 g。临症时尚可加用镇静安神之药,如炒酸枣仁、远志等。(李宗青)

凌昌全学术经验

【名老中医简介】凌昌全(1957~)安徽怀宁人。教授,主任医师,博士生导师。1982年毕业于上海中医学院医疗系。现任第二军医大学中医系主任和长海医院中医科主任。中华中医药学会理事,全军中医学会副会长,全军中医肿瘤研究所所长、上海中西医结合学会副会长,上海中医药学会常务理事,上海市中西医结合肿瘤专业委员会主任委员;《中西医结合学报》常务副主编,国家自然基金委、国家中医药管理局及总后卫生部基金成果评审专家。上海市名中医。长期从事中医、中西医结合防治肿瘤研究。

学术思想

癌毒学说

1 癌毒学说

1.1 癌毒是恶性肿瘤发生发展的根本原因

凌昌全认为,恶性肿瘤的致病因素属于毒邪,它致病后病情进展快、易传变,对机体造成严重损害。它具有毒邪致病的三个共同特点:①峻烈性;②顽固性;③相兼性。因而称之为癌毒。他把癌毒定义为“已经形成和不断新生的癌细胞,或以癌细胞为主体形成的积块”。癌毒属于有形之邪,但在形成之初,癌毒积块尚不明显时,很难被察觉,所以早期患者多无症状,致使延误诊断和治疗。到了中晚期,癌毒积块渐趋明显,临床诸证出现,直至最后变证频出。癌毒是恶性肿瘤发生发展的根本原因。

1.2 阴阳不和、脏腑失调是癌毒发生发展的基础

凌昌全认为,癌毒产生的基础是“阴阳不和”,也即机体脏腑平衡失调。此时虚象或可不显。即在某些条件下,细胞的繁殖与死亡、生长与分化、机体免疫机制对肿瘤的抑制与肿瘤对宿主免疫功能的遏阻、癌基因与抑癌基因等相互平衡的因素保持平衡,机体就处于阴平阳秘的健康状态。如果打破内外因素之间的这种平衡,机体就处于脏腑失调、阴阳不和

的状态。平衡失调使体内细胞出现异常增强的生长繁殖能力和减弱的分化和凋亡能力。这些异常增殖和分裂的恶性肿瘤细胞,即为"癌毒"。

1.3 癌毒诱生瘀血、痰湿、热毒,耗气伤阴,使恶性肿瘤进一步恶化

凌昌全指出:癌毒及其产生的病理性代谢产物通过血液、淋巴液循环扩散到全身,致使整体功能失调,继而耗伤正气,并与气、血、痰、热等相互纠结。癌毒阻滞气机,气滞可以导致血瘀;同时癌毒生长消耗正气,气虚不能推动血液运行,血行迟缓,也能导致血瘀。癌毒与瘀血胶结,阻滞中焦,脾胃失健,不能运化水谷津液,可以导致痰湿的产生。癌毒与血瘀、痰湿胶结,可以郁而化热,产生热邪。癌毒与其作用于机体产生的各种病理产物如血瘀、痰湿、热邪等通过经脉扩散至全身,导致各种复杂证候的出现。癌毒及癌毒所致的各种病理产物使得机体阴阳气血进一步耗损,脏腑功能更加虚弱,最后精气耗竭,阴阳离决。

2 癌毒学说临床意义

2.1 癌毒贯穿恶性肿瘤的辨治过程始终

中医学认为,正气存内,邪不可干,恶性肿瘤是由于机体正气亏虚,复感六淫,或内伤七情、或饮食劳伤导致瘀血、痰湿、热毒等病理因素产生,同时伤阴或伤阳,伤气或伤血。而癌毒同血瘀、痰湿等证一样有自身的特征,癌毒切实可见,并且贯穿于病情发生发展的始终。因此,也应该作为一个独立证型,对其治疗法则就是以毒攻毒。

2.2 癌毒的轻重程度决定了恶性肿瘤的治疗方法

凌昌全认为,癌毒的轻重程度决定了疾病进展的早、中、晚期。癌毒贯穿于疾病始终,在治疗过程中要根据癌毒的轻重程度选择适当的治疗方法。总的治疗法则为以毒攻毒,恶性肿瘤早期,癌毒轻浅,正气尚盛,正盛邪轻,治疗以攻为主或大攻小补,或先攻后补;中期,邪盛正伤,虚实夹杂,正邪相争,治宜攻补兼施;晚期,癌毒深重,气血耗伤严重,正虚成为矛盾的主要方面,此期以补为主,适当佐以抗癌之品;终末期,邪盛极而正衰极,治疗只能以扶正为主,佐以对症处理。可见,在恶性肿瘤各个阶段,施用以毒攻毒法和扶正法时都要掌握好攻补的尺度,防止邪去正伤或闭门留寇,同时还要兼顾其它邪实,酌配它法,如活血化瘀、清热利湿、泻火解毒等。

3 验案举隅

赵某,男,55岁。2001年6月29日B超及CT检查发现右肝巨块性肝癌(12cm×14cm),脾肿大,腹水。总胆红素86μmol/L,直接胆红素56μmol/L,白蛋白:球蛋白=0.60,丙氨酸氨基转移酶106U/L,门冬氨酸氨基转移酶71U/L,甲胎蛋白>3687μg/L。2001年7月2日前来我院求治,入院时患者形体消瘦,双目肌肤暗黄,胸腹多处青筋暴露。自觉脘胁胀满疼痛,精神不振,不思饮食,口干,便秘,舌红少苔,脉细数。治以益气滋阴利水。处方:太子参30g,石斛30g,麦冬15g,五味子9g,茯苓皮15g,猪苓15g,葫芦15g,阿胶珠15g,茵陈30g,生薏苡仁30g,鸡内金12g,焦三仙各12g。汤药煎服同时,每天静脉滴注阿托莫兰1.8g、苦参碱150mg保肝,华蟾素注射液30mL解毒抗癌,人血白蛋白10g扶正利尿,经综合对症治疗3周,诸症明显缓解出院。然后每两月左右住院治疗一段时间。2002年1月住院期间发生食道静脉曲张大出血,给予止血三联、善得定、立止血、云南白药等药物止血无效,后采用三腔管止血,24小时后出血基本停止,拔除三腔管,每天再给予牡丹皮15g,升麻炭5g,大黄炭5g,水煎至100mL,加入三七粉5g,白及粉10g,云南白药粉0.5g,搅匀,分3次服用,连用1周,血止出院。该患者2003年2月23日因广泛转移、多脏器衰竭死亡,生存期延缓1年余。(张金峰)

临床经验

肝癌

1 治肝重脾

凌昌全认为肝癌虽然病本在肝,但最易损伤脾胃。肝病则木郁,木郁则横逆乘脾;癌毒消耗气血,伤及生化之源,久致脾胃虚弱;临床广泛使用的手术、放化疗、介入等治疗手段更是无一不重伤脾胃。故肝癌患者在疾病不同时期中均可出现不同程度的脾气虚弱证候,临床表现为倦怠乏力、食欲不振、食后腹胀、大便溏薄、舌淡苔白、脉缓弱等。脾胃为后天之本,治肝求效,当先实脾,正如《金匮要略》所云:"见肝之病,知肝传脾,当先实脾。"脾胃健旺,则肝癌癌毒虽剧却多易除,迨脾胃衰败,正气匮乏,则黄疸、腹水等变证丛生,纵华扁再世,亦多回天乏力。凌昌全临证尤重调治脾胃,认为脾气健运,则气血得以运行全身,正气充盛,方能奋起抗邪。对于脾胃尚强的患者,方中每每伍用鸡内金、焦三仙等消食开胃药物,以固护脾胃;倘癌毒或治疗因素已耗伤脾气,患者出现倦怠乏力、纳差、便溏等脾虚症状,此时多加

入黄芪、白术、山药、党参等药味甘平之品以益气健脾；若脾胃久虚，酿生湿浊，患者出现恶食、腹胀、大便黏腻不爽等，此时不宜妄用温补滋腻法，宜选用芳香醒脾之砂仁、木香、陈皮等，佐以山药、白术，使补而不滞。考虑到肿瘤患者多需长期服药，凌昌全处方药味不多且药性平和，鲜见半枝莲、白花蛇舌草、蟾皮、全蝎、蜈蚣等抗癌药物的堆砌，更鲜用药性峻烈之品，药物入口多无腥辣、苦涩之感，更少见服用后胃肠不适者，故许多患者长期服用无所惧，更有患者服用汤药三五年，如服日常饮食汤水。

2 治癌重毒

基于长期的临床实践，凌昌全针对传统上“积之成者，正气不足，而后邪气踞之”的学术观点，认为正虚邪积只是肿瘤发生后的病理变化和病理属性，是肿瘤发生发展到一定阶段后消耗人体，损伤正气，并使机体内部继发产生痰饮、瘀血、水湿等病理代谢产物才出现的表现，而肿瘤发生发展的中心环节应该在于癌毒的产生及其恶性生长。根据癌毒的发生发展规律，凌昌全大致将病程分为4期，把动态抗癌的思想贯穿于肝癌治疗整个过程，每个时期都抓住主要矛盾，整体辨证，分清主次，以使患者获得最大的收益。

肝癌初期，邪盛正未衰，治疗原则以袪邪为主，积极选用手术、放疗、化疗、局部用药(包括以毒攻毒的中药)等手段，最大限度地消灭癌毒，同时注意呵护正气，缓解以上治疗手段对人体正气的损伤。手术、放化疗之后，无论是邪去正复还是邪去正衰，都应考虑到癌毒虽然大势已去，但并非彻底被消灭，此时根据临床辨证可分别采取益气、养阴、化瘀、祛痰等治则，但无论采取何种治则，都必须顾及“余毒未尽”，并切实体现在处方用药的选择与配伍之中，以达到清除体内剩余癌毒、减少复发转移之目的。肝癌中晚期，往往出现正气不足、阴阳失调，治疗当以扶正气、调阴阳为主，适当佐以抗癌之品，其目的一是抑制癌毒生长，使其与人体共存，二是为进一步的抗癌治疗作准备，从而获得更长的生存期。即使在肝癌终极期，邪盛正衰治疗只能以扶正为主，佐以对症处理，目的还是为了尽可能减缓癌毒生长扩散的速度，使患者在有限的生存期内获得尽可能高的生存质量。

3 调血畅气

肝体阴而用阳，疏气而藏血，故癌毒已成，首犯气血。癌毒最易壅聚，阻碍气血运行，同时肝主疏泄，是调畅全身气机，推动血和津液运行的重要环节。肝癌患者多有情志抑郁、两胁满闷、嗳气、头胀头痛、烦躁等气滞气逆等病理状态，日久气滞血瘀，又会导致瘀血等病理产物的产生，诚如《素问·举痛论》云：“血气稽留不得行，故宿昔而成积矣。”凌昌全发现肝癌患者在不同临床分期中多可见肿块，疼痛，出血，面色晦暗，舌质暗紫。舌下络脉迂曲粗大，皮肤有瘀斑、瘀点，爪甲瘀点，脉涩等血瘀的症状与体征，且随着病情变化有不同程度的改变；手术、放化疗等手段亦会增加血瘀证的发生，或使血瘀证加重。凌昌全认为调畅气血，令血气条达，可达调和肝之阴阳的目的，有利于驱邪外出，在处理调气与和血的关系上，尤其要重视活血化瘀，主张调血以畅气，而致和平。

凌昌全处方中最常选用郁金、川芎、八月札等血中气药，以调和气血。对于兼有血虚者，则用当归、鸡血藤养血活血；有顽痰死血者，则伍用鳖甲、夏枯草软坚散结；因气虚所致者，则配伍大剂生黄芪以益气行血。同时，因肝癌患者多有出血倾向，凌昌全临证非常重视伍用赤芍、丹皮等凉血活血、化瘀止血的药物，使活血而不动血，鲜用水蛭、虻虫、地鳖虫等药性峻烈、破血逐瘀的虫类药，以防活血过于峻烈，反而导致出血。

4 重补气阴

肝癌之毒，性情暴戾，发展迅速，易于复发和流注，多属阳热之邪。《素问·阴阳应象大论》云“壮火食气”，癌毒最易耗伤患者气阴。同时，肝癌患者在反复经过手术、放化疗、介入等现代医学方法治疗后，人体气阴也多被耗伤损害。凌昌全认为，对于气阴两虚患者，必须重视培补气阴，此时若一味追求以毒攻毒、消灭癌毒，将适得其反。对此阶段的肿瘤患者宜根据气阴不足的具体情况，以扶正为主。追求“正胜邪自去”的治疗效果，正所谓“存得一分津液，便有一分生机”。凌昌全临床善用黄芪、生地、白术、麦冬、天冬、石斛、南北沙参等益气养阴生津药，使气阴得复；兼有血虚者，则加用当归、熟地、何首乌、鸡血藤等补血滋阴药。

5 方小力宏

凌昌全临床遣药制方，谨遵法度，“方从法出”，反对杂乱拼凑药物，配伍精当，方小力宏。临床组方用药少则五六味，多则十余味，少有超过十六味者。他认为肿瘤虽系大病，但无出“阴阳失调”之根本病机，遣方用药之目的在于通过中药“四气五味”的偏性，补偏纠弊，激发人体自身的祛病强身能力。纵观凌昌全诊治原发性肝癌不同时期的用药，可以看出其选药精当，重用主药，方小力宏。他主张在肝癌初中期应及时选择手术、放化疗、介入治疗等多种“以毒攻毒”的“招式”，最大限度的杀伤肿瘤细胞。此时辨证用药，应把握“扶正为主”，“辅助驱邪”的原则，处方中“以毒攻毒”的峻猛药物不宜多用。迨至晚期，对于失去手术时机的重症患者，则精选“以毒攻毒”重剂一二，以图“逆流挽舟”之效，临证常用生半夏、生南星二味“毒药”，剂量高达30g，重剂久煎。冀“重剂起沉疴”，以攻致命之毒，常能力挽狂澜，救患者于危亡之际。

6 擅用对药

凌昌全临床尤善于使用对药，通过对药的灵活配伍，从而收到最佳的协同效果。如临床治疗阴虚常取南北沙参配伍天麦冬，以肺胃同补，养阴兼能清热；气阴两伤则多用太子参配川石斛，以益气养阴、气阴并补；气虚甚者则以炙黄芪配太子参，使气旺津生；脾气亏虚则用潞党参配炒白术，以健脾气，除脾湿；脾湿内滞以煨陈皮配砂仁，取其化湿利气之功；瘀血内停用赤芍与苦甘质润的桃仁相伍，祛瘀而不伤正；气虚血瘀则以黄芪配当归，使气行则血行；胁下结块则常用夏枯草伍炙鳖甲，以软坚散结。凌昌全还常用石见穿配猫人参以抗癌解毒，石见穿具有活血化瘀、清热利湿、散结消肿之功效，猫人参味苦，性寒，归肺、胃经。具有解毒消肿、祛风除湿之功效，此二药合用，石见穿得猫人参之助，活血化瘀、散结消肿之力得增；猫人参得石见穿之助，抗癌祛毒之力益彰。且二药尚有止痛之功，确为治疗原发性肝癌之精妙配伍。（孙 振 岳小强 苏永华）

凌耀星学术经验

【名老中医简介】凌耀星（1919～）上海青浦人。女。教授，硕士生导师。现任上海中医药大学、上海市中医药研究院专家委员会教学组长、内经教研室教学顾问。卫生部全国高等医学院校中医专业试用教材编审委员，中国中医研究院研究生部客籍教授。上海市名中医。享受国务院政府津贴。负责卫生部科研课题“中医古籍整理丛书·黄帝八十一难经整理研究”，1994年度获国家中医药管理局科技进步二等奖。主编《实用内经语句辞典》《难经校注》《难经语译》《中医治癌秘诀》《中医治疗疑难病130例纪实》等。

学术经验

1 治病求本，标本同治

凌耀星在临床中特别强调“治病求本”，她认为这是中医治疗的特色，取得疗效的关键。“求本”就是通过辨证分析，认识疾病的病因病机，如治便秘，决不仅是承气汤一法，分热结、寒结、血瘀、血枯、气虚、阳虚病因病机不同，治则用药大有差异。以咳嗽为例，每见有些病例咳嗽顽固难愈，或反复发作，进而发展气喘、肺气肿乃至肺心病者，究其原因，凌耀星认为主要是未能治本之故。咳嗽是肺脏病变的症状，然而《内经》曰：“五脏六腑皆令人咳，非独肺也。”说明人体任何脏腑的病变，如果影响及肺均可产生咳嗽，如果不把原发脏器的疾病治好，咳嗽也不会痊愈，见咳止咳，治标不治本，虽非误治，在某些情况下，也可不见其功，反致其害。如凌耀星在上世纪六十年代初，曾治一男性少年，干咳无痰已1年余，多方求医，未见疗效，经反复检查肺部未发现异常。按常规治咳，服药1月余，仍不见轻减，百思不得其解。某一日凌耀星偶见长女挖耳垢，强直咳嗽，忽有所悟。想起该患者诉说耳鸣及听力减退症状，会不会与耳病有关？次日便找到患者，只见耳中耵聍塞满，就嘱其速去五官科清除耳垢，结果久治不愈的顽固咳嗽竟不药而愈，而耳鸣重听也从此消失。凌耀星还认为因痰而致咳嗽者，不可多用镇咳的药物，因为咳嗽是一种保护性的反射动作，如果不能及时的把积贮的痰液清除出去，结果只能使咳嗽加甚，甚至变生他病。治疗上对咳嗽患者切不可过早的用五味子、乌梅、罂粟壳、诃子肉等酸涩止咳的药物。凡属痰多而引起的咳嗽，当以化痰为先；外感风寒、湿热等邪所致，当先祛外邪，邪除则痰不生，咳自止。凌耀星临证时决不以咳嗽为小恙而掉以轻心。当然治病求本，标本同治，何止咳嗽一症，任何症状或疾病也莫不如此。

2 疑难杂症，双向调治

凌耀星认为，所谓疑难杂症顾名思义是证候反映疑难，病机矛盾复杂，治疗比较棘手，其病理变化在同一个机体内常常呈现双向性，或湿热同在，或正虚邪实,或升降紊乱,或阴阳两损等。因此采用双向调节法治疗,如寒热并用,邪正兼顾,升降并行,阴阳互调,针对病理变化的双向性差异,结合相反性能的药物,进行矛盾对立面的综合调节,常收桴鼓之效。

2.1 活血化瘀与益气扶正同用

这是针对出现气虚血瘀而采用的虚实并调、攻补兼施的双向调治法。凌耀星常用于治疗气虚血瘀型的中风、冠心病、肝硬化,某些恶性肿瘤等。常用药物:党参12~15g,黄芪、白术、五灵脂各15g,黄精20g,丹参15~30g,红花、川芎、山栀、莪术、桃仁各10g,穿山甲9g。

2.2 养阴补血与温经破血同用

这是针对出现血虚瘀阻、阴损阳痹而采用补血活血、养阴温经的双向调治法。凌耀星常用于治疗寒痹营热、瘀热互阻、营阴受耗、阳气亦亏的类风湿性关节炎、血栓闭塞性脉管炎、子宫肌瘤等疑难杂症。此法是润其源而通其流,濡其脉而煦其骨,使寒痹从温而通,瘀热得清而化。常用药物:生地、白芍各12~15g,玄参12g,赤芍、丹皮、桂枝、独活、羌活、红花各10g,丹参、鸡血藤各15g,鳖甲、穿山甲各9g。

2.3 健脾升清与和胃降浊同用

这是针对脾胃功能失常,升降之机紊乱,邪浊上犯,中气下陷,而采用升清泄浊、斡旋升降的双向调治法。凌耀星常用于治疗消化系统疾病,常能使脾胃升降回复常度,清浊之气上下有序。常用药物:黄芪、白术、怀山药、党参、槟榔、全瓜蒌、茯苓各12g,升麻、柴胡、沉香曲各9g,葛根12~20g,枳实、枳壳、厚朴各10g。

2.4 清热解毒与温阳扶正同用

这是针对出现寒热错杂、邪盛正衰,而采用的温凉并进的双向调节法。凌耀星曾用此法治疗符合上述辨证的脑垂体腺瘤、红斑狼疮、肝硬化腹水等疑难病例,取得显著疗效。常用药物:党参、金银花各12~15g,黄芪15g,附子、黄芩、黄柏各9g,干姜、黄连各3g,肉桂6g,仙茅、仙灵脾、蛇六谷、白花蛇舌草各30g,丹皮、知母各10g,石膏15~30g。

2.5 滋添肾精与温补肾元同用

这是针对肾阳斫伤,阴精亦亏而采用水火互济、阴阳双调的双向调节法。凌耀星常用于肾病综合征、慢性肾炎、神经衰弱、肾虚不育症等,疗效显著。常用药物:生地、熟地、天冬、益智仁各12~15g,玄参、菟丝子各12g,何首乌、山药各15g,枸杞子15~20g,女贞子、龟版、黄柏、仙茅、肉苁蓉、锁阳、川断、杜仲各10g,仙灵脾10~12g。

3 重症难症,辨证论治

凌耀星认为疾病发展到危重阶段,必然邪衰正竭,气血悖乱,变证蜂起,阴阳离决在即,并且往往出现多层次、多环节、多向性的病理交叉,使人难统全局,治乏章见,凌耀星认为此时的重点是治危不乱,分层治疗。现举例详述如下。

3.1 健脾软坚法治疗肝硬化失代偿期

肝硬化是顽固难愈的慢性疾病,到了晚期,由于肝脏实质广泛损害,肝细胞进行性变性、坏死,纤维增生,肝脏功能严重减退,脾肿大、门静脉高压、食道及胃底静脉曲张破裂而大量出血、腹水、肝昏迷,因此肝硬化失代偿一向被人们认为"不治之症",变了性的肝细胞是不能逆转的。但凌耀星认为,本病的重要病机是肝失疏泄、脾失健运、血络瘀阻、水湿停滞、气机失调、升降失常、清浊不分、化源涩滞、新血不生,终至精血、气阴亏绝,浊邪弥漫而不治。根据辨证,针对病机,凌耀星运用软坚通络、活血化瘀、柔肝养血、健脾益气、滋阴养津、通利水湿等法治之,常获桴鼓之效。如治张某某,男,48岁。1993年3月27日初诊。患者2月23日突然大量呕血,送某医院抢救,查系食道静脉破裂,结扎止血,切除肿大脾脏,术中见肝脏很小质硬,呈结节状,乙肝大三阳,诊断为肝炎后肝硬化,食道静脉破裂。术后每周抽胸水800~1000mL,遂邀凌耀星会诊。患者已抽腹水6次,面色苍白,低热,气急不能平卧,泛吐泡沫状痰,头汗出,胃脘不舒,小便黄少。舌质偏红、边有齿印、苔薄白,脉弦细而数。凌耀星认为乃术后三焦气化失常,肺失宣肃,胃失和降,膀胱失于气化,决渎不畅。三焦气化,其制在脾,肝脏症积,病亦传脾。治以健脾益气、柔肝养血、通调水道,方用葶苈大枣泻肺汤和参苓白术汤加减。处方:炒白术30g,黄芪、甜葶苈、代赭石20g,玄参、猪苓、茯苓、泽泻、枸杞子各15g,当归12g,桃仁、旋覆花、姜半夏各9g,大枣10g,生姜4片。7剂。4月5日复诊,低热已愈,小便量增,已无气急而能平卧,4月3日抽胸水1次,仅270mL,能每餐进食75g,食后无不适感觉,此后原方加减,多次X摄片检查,胸水逐渐减退,直至消失,上方去葶苈子及利尿诸药,白术加至50g,另加炙鳖甲(打粉)、黄药子、赤芍各15g,生牡蛎、石见穿各30g,莪术12g,治疗至6月初好转出院。随后继续上方加减调治,1个月后已能步行1000多米,体重增加2.5Kg,肝肾功能正常。8月2日血检:总蛋白上升到72g/L,白蛋白45g/L,球蛋白27g/L,白球比例1.667:1。至9月能上班工作。随访一切正常。

3.2 逐瘀涤痰调肝肾法治疗垂体瘤

垂体瘤是颅内良性肿瘤，西医主要手术治疗，或放疗，由于垂体常切割不净，故术后复发率高，不少患者有恐慌心理，不愿手术，要求中药治疗。1983年至今凌耀星用中药治疗本病，已达30余例，取得满意疗效。凌耀星认为垂体分泌的多种激素关系到人的生长发育，这些功能与中医之肝肾功能，尤其与肾关系密切；另一方面，由于瘤体增大压迫周围组织可出现头痛、视野缺损、视力减退等症状，乃属于痰瘀互结之癥积，所以对本症的治疗既要调治肝肾，又要逐瘀涤痰，散结消瘤。

刘某某，女，32岁。1990年6月24日初诊。患者在1983年10月因婚前闭经，溢乳半年，婚后5年未有生育，至上海妇产科医院检查，确诊垂体腺瘤，经溴隐停治疗，月经来潮，当年12月行宫外孕手术，术后泌乳素经常在2000μg/L左右，最高达4480μg/L，服溴隐停至每日7.5～8片，亦未见下降。1990年在华山医院CT扫描，见鞍内占位偏左，侵及海绵窦，诊断为垂体泌乳素腺瘤，因不愿手术前来求治。诊见头晕目眩，视物疲劳，两乳分泌乳汁，脉细数，苔薄白。血泌乳素1009μg/L，至今每天服溴隐停3片。证属痰瘀互结，冲任失调，治则逐瘀涤痰，散结消肿。处方如下：①调理冲任：当归、茺蔚子各9～12g，川芎、赤芍各9g。②逐瘀涤痰：莪术、制南星、牙皂角各9～12g，姜半夏9g。③消肿散结：生牡蛎30g，葶苈子9g。加减：泌乳素高时加生麦芽30g；经来腹痛则加制香附9～12g，延胡索9～15g；白带多时加苡仁20g，愈带片，每日4片，每日3次。溴隐停改为每天2片。至8月6日泌乳素降为292.5μg/L，属正常范围，8月14日妊娠试验阳性，停服中药。1991年1月4日妊娠6个月发生流产，续服溴隐停每日3片，2月7日起续服上述中药，溴隐停减量至每日2片，经来正常，8月21日CT扫描垂体略有减少，至1993年12月21日足月分娩产下一男孩。（吴士延　施晓芬　李　欣）

积　证

凌耀星指出，根据《灵枢·百病始生》相关论述，积的病因病机可概括为：外受寒邪，卒然多食饮，内伤于忧怒，起居不节，用力过度等因素，导致寒邪、气滞、血瘀、津液凝涩相合，积聚不散，日久成积。因此，临床上一方面采取积极措施，防患于未然，如指导人们谨调五味，饥饱适度，起居有节，避免外邪，心情愉悦，不妄作劳，尽可能减少导致积的致病因素；另一方面，在治疗积证时，可采用祛邪攻毒，理气散结，破气散结，化痰软坚散结，活血化瘀散结等方法，使积块消散。

1 解毒攻邪，清热滋阴

《灵枢·百病始生》云："积之始生，得寒乃生，厥乃成积也。"这里的寒不仅指寒邪，更广义地讲，应该包含了所有致积的外邪。凌耀星认为，致积的外邪较一般的六淫之气更为强横，当为毒邪也；故治疗积证当以解毒攻邪为先。凌耀星常用攻毒之药以本草居多，主要有半枝莲、猫人参、野葡萄藤、墓头回、藤梨根、白花蛇舌草、山慈姑、七叶一枝花、蛇莓、蛇六谷等10余味。动物类药物则以天龙、蜂房、干蟾皮最为常用。其中天龙有时不入煎剂，而是嘱患者研末分吞，一般剂量为2至3条。考虑到肿瘤患者需要加大攻毒祛邪之力，但是又经过化疗、放疗以及长期服用各种抗癌药物后，脾胃虚弱，不耐攻伐。凌耀星特以煎汤代水法，即以石见穿、猫人参、藤梨根、半枝莲等攻毒之品为主组成一剂处方先煎汤，再用此药汤煎煮其另一剂方药服下。除了攻毒之药，凌耀星认为肿瘤患者多有化热之象，因此清热之药也较常用。

上焦病变，肺部肿瘤多配白英、佛耳草等轻清之品：有咳血者，加鱼腥草、仙鹤草；还可酌加款冬花、枇杷叶宣肺，前胡、桔梗理气，山海螺化痰。有心脏病者配合毛冬青或葛根。中焦病变，多配蒲公英、徐长卿、小川连。下焦病变，多伍苦参、大黄、败酱草、泽泻。此外，长期服用清热解毒之药，加之肿瘤患者病程都比较长，必多伤阴。因此凌耀星多在方中适当加入滋阴药，如天花粉、沙参、天门冬、麦门冬、玄参、女贞子、旱莲草最为常见，求其滋阴又不碍胃。

2 扶正固本，健脾当先

《素问·刺法论》有云"正气存内，邪不可干"，《灵枢·百病始生》亦提出"两虚相得，乃客其形"，即不仅有外邪，关键是人体正气不足，才可能构成积证发病的条件。凌耀星临证治疗肿瘤的特点是：强调扶正固本，且以健运脾胃为重。代表药物为人参、白术、黄芪三味，尤其是病情已被控制，进行巩固性治疗的患者，此三味药物几乎每方必用。若脾胃虚寒症状明显，大便不成形者，加煨肉果以加强温中之效；脾胃虚弱，不思饮食的患者可加炒楂曲、谷芽、麦芽来消食化积、生发脾胃之气；化疗患者常用仙鹤草、制黄精来培补脾肾二脏之气；肝癌患者多用田基黄保肝；肾虚患者可配补骨脂、狗脊、枸杞子等药，固护本元。

3 活血化瘀，兼顾正气

中医理论认为久病多瘀。凌耀星指出单从病程来看，肿瘤患者便多有瘀血。且《灵枢·百病始生》以腹部积证为例，也讲到离经之血与肠外津液搏结、日久成积的病理变化："肠胃之络伤，则血溢于肠外，肠外有寒，汁沫与血相搏，则并合凝聚不得散，而积成矣。"而石瘕、血瘕等病证更是和瘀血密切相关。因此瘀血为积证形成的重要病理因素之一。为此虽然血药长期服用难免伤正，临床上还是需要适当加入。凌耀星常用的活血化瘀药多为桃仁、莪术、当归、丹参、乳香、没药、三七之属。若患者舌质暗或有瘀斑，还可加入适量地鳖虫或水蛭，并要辅以干地龙等通络之品，以达到通之、散之的目的。

4 软坚散结，首选鳖甲

《灵枢·百病始生》有两处阐述积之生成与津液的病理变化有密切关系，"汁沫与血相搏，则并合凝聚不得散，而积成矣"，"凝血蕴里而不散，津液涩渗，着而不去，而积皆成矣"。津液化痰，与外邪、瘀血搏结日久而成肿块，因此在具体治疗时必定需要破之散之，或软坚散结，或化痰散结，根据具体病症又有不同矣。凌耀星治疗肿瘤，首选药物即鳖甲，取其既能软坚散结，且又可滋阴，对于长期放化疗的患者有较好的针对性。尤其是肝癌患者，据临床观察，鳖甲散结效果显著。化痰散结多用南星、浙贝母、生半夏、木鳖、木馒头、海藻、昆布等；软坚散结则投以夏枯草、山慈姑等。

5 破气散结，适度而为

《灵枢·百病始生》认为"温气不行"是积证生成的条件之一。因此气药在肿瘤治疗中也是十分常见的。凌耀星用药总体偏于温和，由于气药燥烈伤正，投药原则是能不用则不用，根据症状轻重而施药，如有轻度腹胀可用陈皮；气滞较重，才加枳实、槟榔等破气之药，凌耀星强调对破气散结药，不可久服，应适度而为；此外绿萼梅理气作用较为柔和，多用于病程长、体虚症状更明显的患者。此外，凌耀星多次强调，对癌症患者的心理治疗亦非常重要。在临证时她对每位患者都和颜悦色，并加以开导鼓励，使患者树立战胜癌症的信心。

综上所述，凌耀星治疗肿瘤的方法确乎深得经旨。总体上，她认为癌症患者整体多虚，局部肿块则为实。局部之实诚当泄之攻之，故可投以祛邪攻毒、破气散结、活血破瘀、化痰散结等药；同时还需注意整体上的调理，扶正尤其是培补中焦脾胃便成了癌症治疗过程中不可忽视的一环。（王丽慧 周国琪）

医案验案

萎缩性胃炎案

林某某，女，41岁。1989年10月30日初诊。有胃病史近20年。1981年胃镜检查为胃角，胃窦萎缩性胃炎。1988年8月胃镜复查为萎缩性胃炎，切片两块，病理报告为萎缩性胃炎伴中度肠上皮化生，不典型增生。患者面色少华，胃时有隐痛发胀，无泛酸胃纳欠佳，大便正常，有时色黑。口渴欲饮，有时泛吐清水。下午多矢气，脉沉濡而细，舌上少津。长期胃病，纳食量少，营养不足大便呈黑色乃出血之候，面色，脉象，舌质均提示气血两虚，胃阴不足，治宜滋养胃阴，补益气血。处方：金石斛9g，麦冬15g，天花粉12g，当归9g，党参12g，炒白术9g，乌梅肉6g，生山楂12g，茯苓9g，生甘草6g，川连4g。胃胀加陈皮6～9g，绿萼梅9g，胃中热感，白花蛇舌草30g，菝葜20g，龙葵20g，选加1～2味。胃中寒感，泛吐清水加桂枝6～9g，吴萸3～6g，生姜3～5片。上药调治胃痛减轻，大便未见黑色，口干减轻，1990年4月出差1星期，胃部感觉良好，胃纳增。6月24日去黄山休养回来，胃痛未发。1991年3月24日来诊。仅偶有胃中隐痛，胃镜复查示萎缩性胃炎，活检三块，病理报告：无肠上皮化生，无不典型增生。由于患者来我处服中药尽属自费，乃停服中药。2年后向介绍人随访，情况良好。中药调治前后共1年零5个月。

按 慢性萎缩性胃炎一般由慢性浅表性胃炎发展而来。据调查：本病与胃癌的发生率呈显著的正相关，而胃窦部又为胃癌的好发部位，胃癌约半数以上发生在胃窦部，尤其是肠上皮化生，不典型增生变化者容易发生癌变。本例胃窦部萎缩性胃炎肠上皮化生，不典型增生，经中药治疗，肠上皮化生、不典型增生消失。有助于防止胃癌！方中白花蛇舌草、菝葜、龙葵等均有抑癌防癌作用。用药以滋养胃阴，补益脾气，扶助正气，加强免疫能力为主。生山楂、乌梅、绿萼梅、甘草，酸甘化阴。配合石斛、麦冬、花粉的滋阴生津作用，对胃腑起着保护功用。尤其是山楂一味，据现代研究含枸橼酸、苹果酸、维生素C、糖和蛋白质等，其有增加胃液消化酶，帮助消化的作用，并能扩张血管，配合补血活血的当归有可能改善胃的微循环和胃粘膜的血供营养，从而使肠上皮化生和不典型增生消失！

刘锐临床经验

【名老中医简介】刘锐 主任医师，教授，研究生导师。原任职于西安交通大学医学院第二附属医院。享受国务院政府特殊津贴。全国老中医药专家学术经验继承工作导师，陕西省名中医。从医50余年，擅长治疗急、慢性肾炎、肾病综合征、紫癜性肾炎、慢性肾功能衰竭等疾病。曾承担多项科研项目研究，获省中医药科技奖5项。主编、参编著作5部，发表学术论文30余篇。

临床经验

肾脏病

1 辨阴虚，当识肺脾肝肾

慢性肾脏疾病中的阴虚证型占全部证型中相当大的比例，究其原因与慢性肾脏疾病久而不愈，伤及真阴有关。真阴之伤，非独肝肾，尽管肝肾之精血乃真阴所存，然肾者，受五脏六腑之精而藏之，诸脏虚弱，则肾之真阴气竭。刘锐主张，真阴亏乏，当责之于五脏之阴不足，不能填充先天之精，故在治疗上既要滋补肝肾之阴，也要兼顾其诸脏之阴，如是则阴虚易复也。五脏之虚，穷必及肾。阴虚更其然，肺阴不足，上源之水失于涵养肾阴，脾阴不足，水谷精微不能濡润先天之阴，肝阴不足，血化不能归为阴精。因此，滋补五脏之虚，肾阴则自盈不亏。肺阴不足及肾者，常用麦味地黄汤，脾阴虚及肾者，常用参芪地黄汤，肝肾阴虚者用杞菊地黄汤，如此用药，常效不殆。

案1 贺某，男，46岁。患慢性肾炎3年余，浮肿时消时作，反复发作，腰酸腿软，纳呆，溲短，倦怠无力，渴不欲饮。实验室检查：尿蛋白4.2g，肾功：尿素氮25mg，肌苷2.1mg，处方以参芪地黄汤化裁，且重用淮山药。服药两月余，病情好转，各项化验指标趋于正常。刘锐认为，肾阴虚患者病程多长，治疗匆匆勿改辕易辙，故改汤剂为丸药，以巩固疗效。

2 遣方药，兼顾诸脏功能

遣方用药，是中医突出的学术特点。刘锐的独到之处是整体观的处方用药和用药不偏不倚，旨在调整机体的自身机能以扶正抗邪，而不以药石驱邪，故对机体无药石损伤之弊。刘锐认为肾脏疾病往往牵扯多系统功能障碍，如伴贫血，伴高血压，或数病同存，因此，证候复杂，阴阳交错，正邪兼挟，其治疗原则必须祛邪兼顾扶正，补虚勿忘泻实，利尿兼顾固涩精微，潜阳勿忘升发清气。水肿的形成与肺脾肾的输布、排泄障碍有关，还与肝、心、三焦等疏泄及气化失常有关，治疗必须兼顾诸脏功能，处方一般伍药较多，各司其用，既照顾输布之功，亦兼顾气化之用。这与张景岳所谓“气化而愈，愈出自然，攻伐而愈，愈出勉强”有异曲同工之妙。也与李东垣某些处方用药的学术特点有相似之处。

案2 李某，女，44岁。浮肿，腰酸楚，心烦难寐，溺短，病历数载。处方以党参、白术、当归、香附、远志、车前子、淮山药、扁蓄、杜仲、续断、丹参、连翘、黄芪、郁金、川楝子、茯苓，酸枣仁。处方设防，五脏皆治，可谓用心苦良。患者连服5载，病情稳定，未见有恶化趋势。

3 从气血，辨治肾盂积水

肾盂积水，多由输尿管迂曲、结石或由肾盂本身畸型所致。刘锐主张以益气活血法治疗肾盂积水，临床疗效比较理想。益气活血治疗肾盂积水的机理是：中气不足，往往易使内脏下垂，从而使输尿管迂曲，再是，中气不足，斡旋力差，气化无力，易使肾盂尿液滞留，输尿管迂曲又使经脉血液运行不畅，经脉失于濡润，则气化失职而尿滞留肾盂；同时肾盂畸型亦必局部气血涩滞。临证中纵观该病患者，多为形体消瘦，气短懒音，溯其原乃脾胃虚弱，失于纳化，气血乏源。因此，可以说，益气活血是治疗肾盂积水的理论基础，其方剂多选用圣愈汤或补中益气汤加活血药。

案3 白某，男，67岁，1987年12月29日诊。以自觉腰酸腿软，疲乏无力，神疲、寐差多梦入院。B型超声波提示：左肾体积略大，肾盏、肾盂扩张，肾盂光带分离1.7cm，输尿道上端扩张1.4cm。投以黄芪、党参、当归、赤芍、刘寄奴、补骨脂、川芎。连服半年，1988年9月7日复查B型超声，肾盂光带1.2cm，其它症状亦缓解，体重增加。

此外，刘锐认为，肾脏疾病的用药，攻不宜克伐，补不宜壅滞，清不宜过凉，温不宜过热，不以过量为用，不以过峻为设。在他常用的方药中，常用一些并不显眼的药物，每获良效。如利小便用淡竹叶、益母草；清热用连翘、知母；补虚常用白术、淮山药；温阳用补骨脂、杜仲等，亦可谓为刘锐治疗肾病的一个特

色。(刘一志)

遣方用药

慢性肾衰经验方

1 通腑泄浊,附子大黄汤重剂急下

慢性肾功能衰竭尿毒症期,多见“关格”和“癃闭”诸症,常表现为呕恶、腹胀、浮肿、少尿或无尿、溏泻或便秘、甚或口鼻出血、头目眩晕,或腹痛难忍、神昏谵语等,刘锐认为,此时为慢性肾衰危重阶段,临症治疗,急以重剂通利二便,泄浊排毒,以期迅速解除尿毒症状,同时应配合西医基础治疗。为此,他创制了通腑泄浊的附子大黄汤。

附子大黄汤由黄芪30g,生大黄15~30g,芒硝10~20g(冲),制附子15g,益母草30g组成。每日1剂口服,或每晚1次灌肠。方中黄芪益气健中,现代药理研究表明黄芪能提高机体免疫功能及抗氧自由基等作用;生大黄、芒硝通腑泄浊,其中生大黄《本经》言其“荡涤肠胃,推陈致新,通利水谷”;附子温阳促脾肾气化,并使大黄通腑而不寒;益母草活血利水助泄浊排毒,五药相配,具益气温阳、泄浊活血之功用,但纵观全方,则以通腑泄浊为主。刘锐认为,本方适宜于尿毒症呕恶、浮肿腹胀、二便少或不通诸危急证候使用。使用本方时要注意全身耐受情况及大便次数,视大便次数之多少增减生大黄和芒硝用量,一般大便以每天2~3次为宜,多者可停用芒硝,并减生大黄用量;或采取“用3停2法”,即用3d,停2d,再重复,同时注意整体状况,以不出现过度乏力为准。刘锐认为,本方特点是通腑泄浊,可显速效,为治标之法,不能久用。经临床观察36例慢性肾功能衰竭患者,显效率36.1%,总有效率86.1%。

案1 李某,男,47岁。13年前患急性肾炎,经治疗缓解。1周前因受凉致全身浮肿,尿少,遂来我院住院。现症:腹胀纳少,头晕乏力,恶心呕吐,畏寒肢冷,大便溏泻,小便少,舌质嵌白、苔白,脉沉滑。入院化验:CO2结合力17.1mmol/L,Bun36.8 mmol/L,Cr698.38/μmol/L。颗粒管型(0~1)。诊断:中医:虚损(脾肾阳虚,浊毒潴留);西医:慢性肾炎,肾功能衰竭,尿毒症期。予附子大黄汤原方,并配合西医基础治疗,20剂,诸症改善,肾功能恢复正常,继服原方30剂,诸症除,复查肾功能、尿常规均正常。

按 本例患者呕恶腹胀,小便短少,为关格之重症,故以附子大黄汤通腑泄浊而见功,刘锐认为,本方应用时必须注意体质之强弱,正气之强弱,以此决定通腑药之用药剂量,否则易致耗气伤阴,促其病情加重。

2 益气补肾,益肾降脂片轻剂缓图

慢性肾衰代偿期及氮质血症期,患者无明显关格癃闭之急症,而多见神疲乏力,腰膝酸软,食少腹胀,有或无浮肿等症。刘锐认为,此期病情进展缓慢,其治疗重在轻剂守方缓图,以促脾肾功能逐渐恢复。为此,创制益肾降脂片,以方便长期服用。

益肾降脂片由黄芪10g,冬虫夏草3g,绞股蓝总皂甙200mg,葛根15g等组成,每片0.3g,每次8片,每日2~3次。方中黄芪益气健脾;冬虫夏草益肾保肺,现代药理研究有改善肾功能作用;葛根《本经》谓其能“解诸毒”,现代药理研究证实其降血脂,改善血液循环;绞股蓝总皂甙降血脂,调节免疫功能,和葛根并用,可化“血浊”。诸药相伍,以益气补肾为主,兼有化浊解毒功能。刘锐认为,本方药主要应用于慢性肾衰代偿期和氮质血症期,应用时须注意如是脾肾阳虚患者可放心服用。如是肝肾阴虚患者,则适当配伍一贯煎或六味地黄丸等药,以减轻温燥之性。本方药物特点是以益气补肾为主,轻剂缓图,是治本之法,可以长期使用。经临床观察32例慢性肾功能衰竭患者,显效率37.5%,总有效率87.5%。

案2 王某,男,23岁,农民,以乏力、食少半年主诉入院。半年来因劳累常感乏力,腰困,易感冒,纳少,消瘦,夜尿多,尿色白,大便溏薄,在当地医院常按感冒治疗,效不佳。入院后检查:尿蛋白(++),BID(+),Bun 12.7mmol/L,Cr256.3μmol/L,面色萎黄,无浮肿,舌淡红、苔薄白,脉沉细。诊断为慢性肾功能衰竭,氮质血症期,中医辨为脾肾虚损夹湿夹毒。处以益肾降脂片,每次8片,每日3次,前后服药3个月,肾功能及尿常规恢复正常。

按 本例系慢性肾衰氮质血症期,无关格及癃闭等急症,故以益肾降脂片缓图,日久脾肾得以培补,功能得以恢复。

3 宣畅气机,佩兰化浊汤缓急见功

刘锐认为,慢性肾衰的基本病机是脾肾虚损,气化失司,浊毒潴留,气机失调。于尿毒症期,附子大黄汤重剂急下;于氮质血症及代偿期益肾降脂片轻剂缓图。前方似过峻猛,后方又似过轻缓,应有一缓急适中之方剂,普遍适于慢性肾衰各期。于是,从调理气机失调入手,刘锐创制了佩兰化浊汤。组成:菊花、连翘、苏叶、黄连、竹茹、大黄、枳实、厚朴各10g,半夏12g,佩兰、茯苓各15~30g,泽泻15g。每日1剂。方中菊花、连翘、苏叶轻宣上焦气机;黄连、藿香、佩兰、竹茹、半夏、厚朴化湿燥湿,开痞通滞,调畅中焦气机；茯苓、泽泻、生大黄，利水通便、调畅下焦气机；枳壳疏肝理气，以助三焦气机调畅，全方重在宣畅气机，运化浊毒。刘锐认为，本方药适用于慢性肾衰各期，可单独应用，亦可和上二方配伍应用。本方药物特点以疏利气机为主，气机调畅，元气能通行于三焦，脏腑尤其是脾肾气化得行，本方药可以较久服用。临床观察慢性肾衰26例，显效率34.6%，总有效率80.8%。

案3 某男，37岁，农民。头痛、乏力1年余，年前因劳累出现头痛、乏力，腰困腿软，在当地就诊，发现血压增高，按高血压治疗，初有效，继之则效不佳，并逐渐出现腹胀纳差，小便少、色黄，大便干等症，随来我院住院治疗。现症：头闷痛，乏力，腰困，口苦，腹胀纳少，小便短少，色黄，大便干，舌暗、苔黄腻，脉沉弦滑。入院检查：尿蛋白（+），Hb88g/L，Bun16.8mmol/L，Cr357.2μmol/L，CO2结合力20mmol/L。诊断为中医：虚损；西医慢性肾炎，肾功能衰竭，氮质血症期。刘锐认为，本病虽为虚损，但湿热为标，应以调气机，化浊毒为主治疗，处方：菊花、苏叶、厚朴、黄连各10g，佩兰20g，藿香、薏仁、茯苓、首乌、枸杞、泽泻各15g，生大黄6g，当归12g，每日1剂，并配合西医基础治疗。进药7剂，头痛减，二便通畅，腹胀减，但仍乏力腰困，上方减薏仁，加黄芪30g，川断20g，又服20剂，乏力腰困改善，又继服月余，诸证除，查肾功恢复正常，但尿蛋白（+），带药出院继续巩固治疗，同时配服益肾降脂片。

按 本例以湿热壅滞三焦为主症，使气机阻滞而致头闷痛、口苦腹胀，二便短少，其本虽为虚损，但其治重畅气机，之后则配服益肾降脂片以图治本。（孙万森）

刘采倩用药特色

【名老中医简介】刘采倩 女。主任医师，教授。中国文化研究会传统医学专业委员会全国委员，四川省张仲景学术研究专业委员会委员，四川省中医康复委员会副主任委员，四川省医学会医学美学美容专业委员会委员，成都市中医皮肤外科专业委员会副主任委员。四川省名中医。从事中医临床、科研、教学工作40余年，擅长治疗外感温热病、肾系疾病、神经衰弱、血管性头痛等神经系统疾病，对中医医学美容、养生保健有独到的经验，尤其擅长治疗痤疮、黄褐斑、扁平疣、湿疹、日晒性皮炎及过敏性皮炎等损容性疾病。

桂枝汤治杂病

1 治疗心悸

赖某某，女，68岁。患者自觉心慌、胸闷半年余，加重1周，劳作时加重，休息后可以缓解，伴气短、头晕、四肢无力、自汗、懒言，饮食尚可，大小便正常。脉细濡，舌质淡，舌苔薄润。辨证为心气虚弱，营卫不调所致。拟益气通阳、调和营卫法主治，以桂枝汤合瓜蒌薤白半夏汤加味，处方：桂枝10g，芍药10g，大枣10g，甘草10g，生姜10g，全瓜蒌30g，薤白15g，法夏10g，川芎10g，降香10g，茯苓20g，葛根15g，太子参30g，炒白术15g。每日1剂。服用3剂后复诊，心悸、胸闷等症状明显缓解。效不更方，再用3剂，诸症基本消失。

按 心悸是患者心中动悸不安的一种病症，多因情绪波动或劳累而发作，其形成常与精神因素、心血不足、阴虚火旺、心阳衰弱、水饮内停、瘀血阻络等有关。刘采倩认为，此例心悸乃是因心气虚弱、营卫不和所致，故以桂枝汤调和营卫，加瓜蒌薤白半夏汤以宽胸通阳宣痹，以四君子汤益气强卫，以川芎、降香活血通脉助营，其强卫、益营之品，与桂枝汤之治起到良好的协同作用。

2 治疗汗证

刘某，男，55岁，反复头汗10余年，运动及进餐时尤为明显，近两周来感觉双腿软弱无力，其余无明显不适，脉细弦，舌边略红，舌苔薄黄。辨证为营卫不和，腠理不固。以调和营卫、运脾敛汗之法治之，选用桂枝汤加味，处方：桂枝10g，芍药10g，大枣15g，甘草10g，生姜10g，浮小麦30g，糯米根30g，五味子15g，泡参30g，苍术15g，茯苓20g。每日1剂。服用3剂后复诊，头汗明显减少。再服6剂，10余年之顽疾即消。随访1年余，情况尚好。

按 汗为心之液，精气之所化，过泄乃为病。汗证的病因大多因肺卫不固，阳气亏虚，阴虚火旺，湿热熏蒸等所致。《伤寒论》53条指出："病常自汗出者，此为荣气和，荣气和者，外不谐，以卫气不共荣气谐和故尔，以荣行脉中，卫行脉外，复发其汗，荣卫和则愈，宜桂枝汤。"刘采倩认为该患者是由于"卫气不共荣气和谐"而汗出，其病理机制是营卫不和，卫外失司，腠理疏松，营阴不守。选用桂枝汤"复发其汗，营卫和则愈”。在这里我们看到桂枝汤之治汗,是通过发汗达到目的,发汗之后,营与卫的功能达到谐和、平衡,从而止汗。本病例因病程长,病久体虚,故酌加益气之参、术、苓,与桂枝汤中之甘草合为四君子汤,以益气助卫,方中所加浮小麦亦有敛汗之功。

3 治疗不寐

王某某,女,31岁。反复阵发性头昏、乏力、不易入睡半年多,夜晚入睡困难,睡后易惊醒,梦较多,伴有心悸、自汗,头昏乏力,偶有口干,月经正常,脉右细,左寸略大,舌苔薄润。辨证为气虚营卫不调,以益气强心、调和营卫治之,用桂枝汤加味,处方:桂枝10g,芍药15g,大枣15g,甘草10g,生姜10g,明沙参30g,淮山药30g,龙骨30g,牡蛎30g,陈皮10g,炒麦芽、枣仁、川芎15g。水煎服,日1剂。服用3剂后,上述症状减轻,渐能入睡。效不更方,再服6剂,随访已能安然入睡,诸症亦随之消失。

按 不寐主要是因机体内在的气血、脏腑功能失调所致,多与心脾肝肾及阴血不足有关。刘采倩认为该病例是因气虚和营卫不和所致,调和营卫之方理当桂枝汤,并以沙参、淮山药益气;陈皮、麦芽理气和中,佐姜、草以助卫;以枣仁、龙牡安神定志,佐桂、芍以和营;川芎活血以益营血,共奏助卫、和营,以致谐和之功。(李渝琬)

柴胡舒肝散治疗黄褐斑

黄褐斑是一种常见的色素增生性皮肤病。它的主要表现是面部皮肤出现大小不等、形状不一的色素斑片,颜色多为淡褐色、黄褐色,也有咖啡色或淡黑色。一般是对称地分布在眼周围、额部、颧颊部、鼻旁和口唇周围,边界清楚,表面皮肤光滑,不痛不痒,无皮屑,抚之不碍手。好发于中青年女性,多与月经不调、妊娠、口服避孕药有关。本病中医又称为“黧黑斑”“肝斑”“蝴蝶斑”等。

1 病因病机

《灵枢·邪气脏腑病形篇》:“十二经脉,三百六十五络,其气血皆上于面而走空窍。”《丹溪心法·能合色脉可以万全》:“有诸内,必行诸外。”说明五脏六腑之精华均上注于面,面部气色的好坏,皮肤的光泽或枯槁,色素斑的形成与脏腑精气的盛衰及其功能的协调密切相关。刘采倩认为,黄褐斑虽发于外,然其根必源于内。以五色映五脏,黄褐斑的青、黄、黑,即与肝、脾、肾的功能失调有关,其中尤为重要的是与肝的关系,因此,该病又多称“肝斑”。肝主疏泄,调畅气机、情志,推动血液运行和津液疏布。若情志失调,或怒,或悲,或惊恐等,均可影响肝的疏泄功能,致使气机紊乱,郁结不畅,导致气血瘀滞,不能上荣于面肤,而生褐斑。肝主疏泄有助于脾升胃降的协调,若肝失疏泄,木不疏土,升降乖戾,则直接影响脾胃之运化,即表现出便溏、腹胀、腹痛、纳差,面部黄而晦暗,产生黄棕色斑。“肝肾同源”,肾为先天之本,若肾之精血不足,则无力滋养肝脏,肝失肾水滋养而肝失条达,如凋零之树木,面色萎黄,色斑黧黑。总之,本病的发生与肝、脾、肾三脏有关,尤与肝脏的关系最为密切,肝郁、脾湿、肾虚为主要病因,气机不畅,气血瘀滞,颜面失于濡养为致病之理。

2 治疗经验

刘采倩提倡整体治疗与局部治疗相结合,内治与外治相结合,药治与心理疏导、休养生息相结合。

2.1 内 治

黄褐斑成因虽不离肝、脾、肾三脏,但与肝脏的关系最为密切。肝失条达,或阴血暗耗,或生化之源不足,均可导致肝气郁结,郁久化热,灼伤阴血,致使颜面气血失和而发病。从病因入手,运用疏肝理气,调和气血的原则,以柴胡疏肝散为基础方加减治疗黄褐斑效果良好。柴胡疏肝散出自《景岳全书》,由柴胡、香附、川芎、陈皮、枳壳、芍药、甘草七味药物组成,其中柴胡疏肝解郁为君;香附理气舒肝,川芎行气活血,二药共助柴胡解肝郁为臣;陈皮、枳壳理气行滞,芍药养血柔肝为佐;甘草调和诸药为使。若并心烦、抑郁、口苦、寐难,加丹皮、栀子、郁金;并月经不调,加桃仁、红花、川楝子、延胡索;并腹胀、大便稀溏,加白术、茯苓;并消瘦、潮热、腰膝酸软,加六味地黄丸等。

2.2 外 治

2.2.1 中药面膜外敷:选用淡化色素或滋养气血的药物,磨制成细粉,用蜂蜜调成糊状,直接敷于面部皮肤,1 h后洗去面膜并清洁皮肤。一般常选药物如人参、黄芪、白术、茯苓、当归、白芷、僵蚕等。

2.2.2 经络按摩:选用相应穴位,采用特定手法在头面部进行摩擦按压,以疏通经络,调理脏腑,从而改善局部血液循环,加强新陈代谢。一般常选穴位如阳白、印堂、丝竹空、太阳、鱼腰、攒竹、四白、承浆等。

2.3 心理疏导

黄褐斑的产生与患者自身的情绪改变密切相关。刘采倩临诊时特别注意与患者的交流与沟通,通过耐心聆听、真诚交谈、分析病由,使患者对本病有正确的认识,以积极的心态面对疾病,并在医生的帮助下增强战胜疾病的信心,建立良好的医患关系,取得患者的信任,配合医生坚持治疗。刘采倩强调黄褐斑的治疗不能仅限于药物,重视病中调护能起到事半功倍的效果。(李渝琬)

刘持年用药特色

【名老中医简介】刘持年(1940～)教授，博士生导师。山东中医药大学学术委员会委员、学位评定委员会委员，中医学博士后科研流动站合作导师，中华中医药学会方剂学分会顾问，中国实验方剂学杂志编委，山东中医药学会常务理事。山东省名中医药专家。发表论文36篇，主编著作4部，参编6部。

败毒散

1 病 案

患者，男，4岁。发热4天，伴有头项强痛，鼻塞流涕，喷嚏时作，咳嗽痰白，肢体酸痛，曾呕吐数次，胃纳减少，大便稀软。患儿素易出汗，且经常患感冒。查：舌尖稍红，苔薄白，咽红，脉浮数重取无力。体温38℃。辨证：感冒(体虚外感，偏于风寒)。治法：益气解表，宣肺散寒。处方：柴胡6g，前胡6g，川芎6g，羌活4.5g，枳壳4.5g，茯苓9g，桔梗6g，薄荷4.5g，人参2g，双花12g，连翘6g，荆芥6g，甘草2g。水煎服，每日1剂，分2次服，连续服用3剂。二诊：服药后热退，头痛身痛等症俱瘥，但仍时有咳嗽，出汗较多。处方：人参2g，枳壳4.5g，茯苓9g，浮小麦9g，桔梗6g，前胡6g，陈皮6g，双花12g，连翘6g，甘草3g，水煎服，每日1剂，分2次服，连续服用3剂。诸症皆愈。

2 方 解

本案所用处方是《小儿药证直诀》之败毒散化裁而来。钱氏立败毒散本意即为小儿所设，主治“伤风，瘟疫，风湿，头目昏暗，四肢作痛，憎寒壮热，项强睛痛，或恶寒咳嗽，鼻塞声重”等症。由柴胡、前胡、川芎、枳壳、羌活、独活、茯苓、桔梗、人参、甘草、薄荷、生姜所组成。方中羌活、独活辛温发散，通治一身上下之风寒湿邪，共为君药；川芎活血祛风，柴胡辛散解肌，共为臣药；枳壳、桔梗升降，宽胸利气；前胡、茯苓宣肺化痰；生姜、薄荷发散表邪；人参扶正祛邪，共为佐药；甘草益气和中，调和诸药为使药。方中人参非为补虚之用，乃为祛邪外出而设，盖正气虚有外邪客之，单用表药汗之，药虽外行而中气不足，轻则汗出不畅，邪自不去，重则邪反随元气之虚而入里，故于解表药中加人参补气，正气旺则鼓邪外出。其作用有四，一为补正气，以祛邪外出；二为资汗源，不致汗之无汗；三为散中有补，不致耗散真元；四为调补正气，防邪复入为患。该方之妙，全在人参一味，力致开阖，补中兼发，邪气不致于留恋，发中带补，真元不致耗散，言败毒散而弃人参，非其用也。

3 发 挥

败毒散原方为外感风寒湿邪所设，但只要灵活加减化裁，不仅可治风寒之邪所袭，而且可疗外感风热之证，以及其他兼证者。

①外感风寒，表闭无汗，头痛身痛明显，或小儿蜷卧，喜入母怀，动扰则哭闹者，可在败毒散中加荆芥、防风，增强辛温解表，宣肺散寒之效。

②风寒束肺，肺气不宣，咳嗽频作，痰白稀薄，鼻塞流涕者，可用败毒散加陈皮、半夏、杏仁，以加强宣肺化痰止咳之力。

③风寒入里化热或偏于风热犯肺，咳嗽不爽，痰多粘稠而黄者，可用败毒散适量减辛温发散之品，加川贝、知母、桑白皮、瓜蒌等，以清热止咳化痰。

④表热较盛，体温高，超过39℃时，可用败毒散加葛根、黄芩、生石膏。以解肌清热。

⑤内热较盛，多为小儿素蕴积热，复感寒邪，证见发热，恶寒，面赤唇红，咽红，舌质红，苔黄等外寒里热症状者，宜用败毒散加黄芩、双花、连翘、淡竹叶等，以清热泻火解毒。

⑥夹食滞，兼见脘腹胀满，不思乳食，呕吐泄泻者，宜用败毒散加神曲、炒谷芽、妙麦芽、焦山楂、莱菔子等，消食导滞，以助内和外解之力。

⑦邪气犯胃，胃气上逆，恶心呕吐，不欲饮食者，宜用败毒散加藿香、佩兰或清半夏、陈皮等，以和胃降逆止呕。

⑧夹惊，兼见心烦不安，睡眠不宁，惊惕啼叫者，可在败毒散中加地龙、蝉衣、钩藤等，以安神镇惊。若见抽搐者，则加：全蝎、羚羊角粉，以镇惊息风。

⑨风热偏盛，面红口渴，咽喉红肿疼痛明显者，可用败毒散酌减辛温友散之品，加双花、连翘、牛蒡子，以疏风清热解表。

⑩素体气阴两虚或热病伤阴，兼见干咳痰少，手足心热，口渴咽干者，可用败毒散加太子参、沙参、元参等，以养阴增液。

此外，用败毒散一要注意人参的用量不宜过大，一般不超过3g，则可达到扶助正气以祛邪外出之目的。二要注意详询病史，病儿多为平素汗多，或易患感冒，体质虚弱者。(杨雅西)

刘大同临床经验

【名老中医简介】刘大同 教授，主任医师。任职于吉林省人民医院中医科。第三批全国老中医药专家学术经验继承工作指导老师。

临证思路

再生障碍性贫血

刘大同认为再障患者虽有面色苍白、气短乏力等一派虚象，但经常出现出血、发热等症，在气血亏虚及血瘀的同时，又有热毒。“毒”邪一词是既包含于风寒暑湿燥火之内，而又游离于其外的一个独特的病因，包括来自外界及体内自生之毒。古代医家通过长期的医疗实践观察到，有些致病因素很难以“三因”加以归纳，因此创立了毒邪致病学说。“毒”作为病因概念，早见于《内经》，如《素问·刺法论》中就有“避其毒气”之说。成书于隋朝的第一部病因证候学专著—巢元方《诸病源侯论》更有“伤寒毒”、“温病毒”、“时气毒”、“热病毒”、“蛊毒”、“注毒”、食诸虫，食酒，以及各种食物、药物“中毒”的记载，对毒的认识已较为深刻，其所谓的“热毒”、“湿毒”已成为六淫之外的一些特殊的致病物质。清·唐容川《血证论》集血证理论及实践之大成，病因病机突出“火”，提出“血证由于火，气盛旺者十居八九”之说。其强调治脾，但不仅限于脾。《血证论·阴阳水火气血论》谓：“血生于心火而下藏于肝，气生于水而上主肺，其间运下者脾也……”提出“治血以治冲为要”。对治脾者则由单纯的温补益气，扩展到祛瘀、滋阴、解毒方面。脾不统血在血证发病中固然重要，但骨髓空虚亦不可忽视。故《素问·素气通天论》谓：“骨髓坚固，气血皆从。”由此可知，骨髓空虚，而气血亦可逆乱。大多数慢性再障隐匿发病，就诊时病已深重，难以卒除。故《素问·宝命全形论》谓：“形之疾病，莫知其情，留淫日深，着于骨髓。”

刘大同认为再障病因为热毒，产生原因概有内外二端：一为外感温热毒邪直接侵入（包括生物性、物理性、化学性等因素），二为内生之火极而化毒（包括禀赋、七情、饮食、劳倦等因素）。病机为热毒内陷骨髓，或煎灼精髓，髓枯而无以化生；或热毒阻络，髓道瘀滞，新血难以释放，转输以供体用；或热毒直接耗伤气血，而致气损血亏；或热毒蒸煎，血沸而溢，溢则血更虚，血虚而毒益盛，形成恶性循环。总之，热毒施虐，内陷骨髓，耗血、动血、阻络、伤精毁髓，血源枯涸为其主要病机。而脾肾损伤，气血亏虚，阴阳失衡则常是热毒施虐的继发病理。俗谓：“伤风不醒结成劳。”清·吴澄云“有外感之后而终变虚劳”即言此理。再障之虚劳系因毒致虚，因毒致劳。正气虚与不虚有时并不决定是否发病，而取决于毒邪的强烈程度，以及是否侵入机体。

再障病机系因毒致虚，虽外现气阴两虚，或气血两虚，或肝肾虚损，治疗仍应以解毒为其第一要务。热毒侵入营血，尚可清解、化解、散解，“透热转气”。然热毒深伏骨髓，非托则毒邪难出，非补则驱邪无力，惟清毒、托邪、补虚并用，方可尽除深入骨髓之毒邪。治疗当以澄源为先，祛除毒邪，清除热毒对血液的煎灼耗伤，对髓道的胶阻，同时填精补髓。临床可根据患者邪正盛衰，治以温阳解毒、益气解毒、清热解毒、化瘀解毒。中药中许多清热解毒药不仅具有抑菌及减毒两方面的作用，其功效甚至超过许多抗生素，而且更重要的是某些清热解毒药的主要作用并非其抑菌部分，而是调节免疫功能，解除对骨髓造血的抑制又可改善骨髓微环境，促进造血功能的恢复，从而使患者的贫血、出血等症状改善，外周血象升高。临床常用解毒药有：制马钱子能镇痛、驱毒、止血，又可解毒。漏芦含大量硝酸士的宁，能深入骨髓来解毒，活血通络能力也很强。半边莲、半枝莲、鱼腥草现代研究对肿瘤有抑制作用，均有轻微的利尿、利水作用。紫草有解毒凉血作用。此外还有黄连、黄芩、龙胆草、栀子。对再障的治疗，向来补法为第一要招。既称“虚劳”，不离峻补肺、脾、肾，见虚补虚已成惯例。一味呆补而致高热迭起，出血频至，血象似有一时提升，然终因出血、感染加重而使病情迅速恶化，甚则丧生，此种情况颇为常见。究其原因，乃是重表象（虚），轻实质（实），重症状（贫血），轻病机（毒陷）之过，一见再障，恣意用补，坏症蜂起，仍无返顾，实犯“虚虚实实”之戒。（徐亚文 王立书）

医方验方

降红汤

方药：白花蛇舌草、知母各30g，半枝莲、赤芍各25g，川芎、虎杖各20g，漏芦、丹参各50g，黄柏、三棱、莪术、黄药子各15g，青黛5g，雄黄粉1g。

功效：活血化瘀，清热解毒。

主治：真性红细胞增多症。证见：头痛眩晕、衄血、倦怠、皮肤紫红、肌衄、舌紫红、苔黄,脉弦。

方解:丹参、赤芍、三棱、莪术、川芎活血化瘀,青黛、虎杖、知母、半枝莲、黄药子、白花蛇舌草、雄黄、漏芦清热解毒。据现代药理研究,白花蛇舌草、雄黄、三棱、莪术、黄药子、半枝莲、青黛均有抗白血病作用。

刘恩祺治蛋白尿经验

【名老中医简介】刘恩祺 教授,主任医师。原广州市中医院肾内科主任,广州中医药大学兼职教授。中华中医药学会肾病专业委员会委员,广东省中医药学会肾病专业委员会副主委,广东省中西医结合学会肾病专业委员会副主委。广东省名中医。

肾炎蛋白尿

1 病因病机

蛋白尿在中医典籍中虽无记载,亦无恰当的中医病名相参应,但近代学者根据蛋白尿患者临床出现的症状和体征,多以"精微物质"或"肾精"辨证治疗。刘恩祺认为蛋白是人体生命活动的精微物质,其生成、耗竭与肺、脾、肾三脏密切相关,若三脏受损使津液精微输布障碍,则产生相应的病理改变使蛋白漏出。

1.1 邪气伤肺

肺失肃降影响及肾,可致肾气不固,封藏失司,精微外泄,蛋白漏出。

1.2 湿热中阻

脾运化失司则水谷精微无以敷布,失其敛精之能,肾失固精之职,精微物质外泄。

1.3 脾失统摄

脾虚运化失司,则肾失充养。肾精亏少,闭藏失司,蛋白漏出。

1.4 肾失封藏

肾蔽精,若肾虚不固,浊阴不能排出,精华外泄而成蛋白尿。

综上所述,蛋白尿的发生是外因通过内因而起作用,外因有风湿、热毒、瘀血;内因为肺、脾、肾脏腑亏虚。病机则主要是外因影响肺脾肾功能失调为病变之本,但与肾的关系更为密切。以肺、脾、肾虚为病之本。尤以气虚、风湿、湿热、瘀血阻滞为病变之标。表现为本虚标实,虚中挟实之证。病情中易感外邪并常因外感而加重病情。尤其是血瘀与脾肾气虚,自始至终贯穿在疾病的整个过程中,因气虚而发病,因血瘀而致病情迁延难愈,若病情迁延,正气愈虚,邪气愈盛,日久则可发生癃闭,关格、肾衰等重危证。气是一身之主,在正常情况下升降出入,周流全身以温养内外,使四肢百骸所得到正常活动。所谓气机顺,百脉和、百病不生。古人亦曰"夫生化之原以气为本,天地万物莫不由之……人之有生,全赖此气",柯韵伯亦说:"邪之所凑,其气必虚"。临证运用益气补肾,活血利尿,结合辨证用药。

2 治疗方法

2.1 益气解表法

基本方:太子参15g,金银花15g,鱼腥草15g,赤小豆20g,连翘12g,白茅根15g,益母草15g,泽泻15g,淡竹叶12g,生薏米20g。

适用于急性肾炎中早期,因为感染的存在(外邪),临床症状和转化多以热为主,热盛于内与水湿蕴结于中(病理损害主要为肾小球毛细血管内增生和炎性渗出)。

案1 刘某,女,10岁,住增城市石难某村,住院号:69283。患儿于2000年8月初,头部生疮痒痛不止。当地卫生院给予中草药煎水外洗10多天,效果不理想,并发现颜面、下肢浮肿,发热、咽痛、小便短少,色黄,体倦纳呆,面色微黄,唇红,舌质稍红,苔黄,脉浮数。查体温37.8℃,咽部充血(++),扁桃体肿大Ⅱ°。血压正常。尿常规白细胞(+),红细胞(+),蛋白(+++),畸形红细胞9000/L,24h尿蛋白2.86g/L。西医诊断:急性肾小球肾炎;中医诊断:水肿(阳水—风水)。治则:益气解表,利尿消肿。药用基本方,加蝉衣5g,云苓皮15g,桔梗15g,甘草10g,水煎服,1N/d,早晚服之。服7剂后热退,咽痛减轻,小便量增多,浮肿渐消,精神、胃纳改善,继守原方去连翘、桔梗、蝉衣加淮山15g,白术10g,继服7剂,咽痛消失,颜面及双下肢肿基本消退,精神胃纳好转。查尿常规:红、白细胞消失,尿蛋白转阴,治愈出院。出院带药14剂(上方去鱼腥草、金银花、赤小豆、淡竹叶、薏米等加党参15g,黄芪15g,防风12g),服完停药,经随访1年无复发。

按 患儿体质较差,头部感染后未能控制,引致水肿(急性肾炎),方中太子参、党参、黄芪益气提高免疫功能,增强体质。金银花、连翘、桔梗清热解毒透表，鱼腥草清热解毒祛湿兼能消除尿蛋白；蝉衣、甘草解表祛邪；赤小豆、生薏米、云苓皮利尿消肿。

2.2 益气清热法

基本方：黄芪 15g，太子参 15g，生地 15g，丹皮 12g，金银花 15g，鱼腥草 15g，云苓 15g，黄芩 15g，白茅根 15g，赤小豆 20g。

适用于急性肾炎后期，慢性肾炎急发，由于此期感染灶的长期存在或反复发作，患者免疫功能的低下，体内长期受抗原刺激，不能迅速消除抗原，使抗原长期留在体内，发生免疫反应，造成肾组织损伤，其病理损害主要为炎性细胞浸润，肾小球毛细血管壁的弥漫性增生，基底膜增厚，临床表现为水肿，疲乏无力，腰痛，遇劳加重等脾肾两虚诸证。

案 2 关某，女性，34 岁，住荔湾区逢源正街 XX 号地下，门诊号：00014761。1999 年 4 月 16 日初诊，1 年前确诊为慢性肾小球肾炎，曾住院治疗 2 个月，服用抗生素、激素等，症状好转，但尿蛋白仍在（＋＋～＋＋＋）之间。近周来觉腰酸痛，下肢微肿，体倦纳差，口干微苦，小便黄而少，时有灼热感，大便干结，舌质稍红，舌苔微黄，脉象细数。尿常规红、白细胞（＋），尿蛋白（＋＋＋），24h 尿蛋白 3.06g/L，畸形红细胞 12000/L，尿园盘电泳以大、中分子蛋白为主。西医诊断：慢性肾小球肾炎急性发作；中医诊断：水肿（湿热壅盛），治则：益气活血、清热利湿。药用：黄芪 15g，太子参 15g，生地 15g，丹皮 12g，泽泻 15g，金银花 15g，鱼腥草 15g，赤小豆 20g，白茅根 12g，益母草 15g，大黄 10g，冬瓜仁 20g，忍冬藤 15g，滑石 20g，1 N/d，水煎服。服 7 剂，觉腰痛感，浮肿消，口干苦感轻，尿量增多，色稍清，小便无灼热感，复查尿常规红细胞（＋），白细胞（－），尿蛋白（＋＋＋），再服 14 剂，口干苦消失，尿量基本正常，无肿，腰痛时作时止，劳累后发作较多，查尿常规，红细胞（－），尿蛋白降至（＋），24h 尿蛋自 0.92g/L，考虑患者湿热已清，脾肾尚虚，为减少因外感而引致复发，此时着重益气，健脾补肾为主，上方去太子参、赤小豆、金银花、大黄、白茅根、忍冬藤、滑石等，加寄生 15g，杜仲 15g，党参 15g，萸肉 10g。再服 14 剂。临床症状消失，尿蛋白阴性，在上方去生地，加防风 12g，白术 15g，肉苁蓉 15g 等，继服 1 个月药，嘱患者慎防感冒，不要太劳累，劳逸结合，不要吃腌制品等。随访 2 年未见复发。

2.3 益气健脾法

基本方：黄芪 20g，党参 15g，云苓 15g，淮山 15g，芡实 20g，白术 15g，砂仁 10g（后下），甘草 10g，益母草 15g，川芎 5g。

适用于慢性肾小球肾炎，此期的病理主要是炎症细胞浸润肾小球毛细血管壁弥漫性增生，基底膜增厚。临床表现有腰痛，遇劳加重，体倦乏力，倦怠纳呆，食后腹胀，大便溏，面色萎黄，舌淡苔白，脉细弱。

案 3 郑某，男性，58 岁，住东山区署前路×××号，门诊号 00013728。患者于 2000 年 7 月体检发现尿蛋白（＋＋＋），无浮肿，间有腰部疼痛，于 2002 年 10 月 8 日初诊。患者腰痛加剧 1 周，发作时间延长，稍觉乏力，间有进食后腹胀，大便成形软便，日解 1～2 次，小便量尚正常，面色苍白，舌淡胖，边有齿印，舌苔薄白，脉象细弱，血压正常，查 24h 尿蛋白 2.94g/L。西医诊断：隐匿性肾炎，中医诊断“腰痛”（脾气虚弱）。治则：益气健脾佐以活血化湿，在基本方加藿香 15g，大腹皮 10g，丹参 15g，服药 7 剂，胃口好转，进食后腹胀明显减少，大便好转，乏力减轻。继服 14 剂，腰痛基本好转，临床症状改善，查尿常规蛋白转阴，24h 尿蛋白 0.12g/L，再经 1 个月的调理后，改服院内制剂“益肾 2 号丸”，由补中益气丸加减，及服玉屏风散 3 个月后，自觉无不适而停药，随访 1 年未见复发。

2.4 益气温肾法

基本方：熟地 25g，云苓 15g，丹皮 12g，泽泻 15g，萸肉 10g，淮山 12g，黄芪 15g，丹参 15g，制附子 6g，肉苁蓉 15g。

适用于慢性肾小球肾炎后期，此期的病理变化，主要是肾小球纤维化和玻璃样变损害，出现面色苍白，畏寒怕冷，腰疼腿软，夜多小便等。

案 4 周某，女，45 岁，住越秀区越化路×××号，门诊号：00014782。2002 年 8 月 14 日初诊，患者有慢性肾小球肾炎 2 年之久，现证见腰部疼痛，畏寒怕冷，夜多小便 4～5 次/晚，下肢微肿，小便稍少，色清，大便尚调。体查：血压正常，血常规红细胞 2.06 $\times10^{12}$/L，血色素 100g/L，尿蛋白（＋＋＋），24h 尿蛋白 3.1g/L。面色苍白，舌淡胖，苔薄，脉细弱。西医诊断：慢性肾小球肾炎；中医诊为水肿（阴水、脾肾阳虚）。治则：益气温肾佐以活血利湿。在基本方加巴戟 12g，肉桂 6g（焗），益母草 15g，猪苓 15g，1 剂/d，水煎服，服药 30 剂后腰痛大减，畏寒肢冷减轻。下肢肿消，查尿常规尿蛋白（＋），24h 尿蛋白 1.12g/L。继服 1 个月后临床症状好转，夜尿明显减少，1～2 次/晚，若临睡时饮水少，夜间无夜尿。经尿常规检查，尿蛋白已转阴，患者无不适，精神胃纳一般。为防止复发，在基本方加玉屏风散，继服 20 剂后，改服金水宝胶囊或百令胶囊2片,3次/d。半年后停药,已随访1年未见复发。

2.5 益气活血法

基本方:黄芪20g,党参15g,云苓15g,熟地15g,萸肉10g,当归15g,益母草15g,泽泻15g,丹皮12g。

适用于慢性肾炎,病程较长,病情反复,迁延不愈,出现面色晦暗,心悸气短,腰痛固定拒按,全身浮肿,小便少,舌暗红,有瘀点,脉弦细等。

案5 梁某,女性,56岁,住增城市新塘镇×××号,门诊号00014802。患肾小球肾炎3年来反复浮肿,曾在西医院服激素及中西药治疗,症状时轻时重,疗效不理想,尿蛋白一直在(+ + ~ + + +)浮动,伴少量镜下血尿,24h尿蛋白3.3g/L。来诊时见面部微肿,面色暗,腰痛,固定不移,动则气短,下肢浮肿,小便少,唇舌暗红,舌边有齿印及瘀点,脉细涩。西医诊断:慢性肾炎,中医诊为水肿(阴水)属气虚血瘀。治则:益气活血,利尿消肿。在基本方加车前草15g,川萆薢15g,丹参15g,1N/d,水煎服,服药1个月后,浮肿消退,腰痛明显减轻,无气短,查尿常规尿蛋白(+),24h尿蛋白1.42g/L。守上方去车前草、川萆薢加重党参30g,继服2个月,自觉症状消失,查尿常规正常,24h尿蛋白极微量。后用金水宝胶囊及玉屏风散冲服3个月而停药,随访2年未见复发。

2.6 益气养阴法

基本方:熟地15g,云苓15g,丹皮12g,泽泻15g,萸肉10g,淮山15g,黄芪20g,丹参15g,益母草15g,女贞子15g。

适用于肾炎病情日久,病情反复,病久阳损及阴或过用温补,刚燥伤阴或清利太过等耗阴,而致肾阴亏损,并病久必瘀。

案6 陈某,女,19岁,学生,住南海市里水村,门诊号:00013843。患者因水肿,尿少,神疲纳差,曾住市某大医院2个月,经系列检查及肾穿活检诊为原发性肾病综合征(系膜增生性肾病),曾用大剂量激素(强的松40mg/d),免疫抑制剂环磷酰胺(CTX)冲击疗法,口服雷公藤片及火把花根片等经治疗后症状时好时差,而尿蛋白及尿红细胞经服药近2年未能改善。于2001年9月1日来诊,患者有口干咽燥,失眠梦多,精神疲倦,头晕耳鸣,腰痛固定,月经不调,纳差,小便量一般,色清,夜多小便2~3次/晚,面色苍白,舌淡质较暗,舌苔薄,脉细弱,查尿蛋白(+ + +),24h尿蛋3.5g/L,西医诊断:原发性肾病综合征;中医诊为腰痛(脾肾阴虚兼血瘀)治则:益气活血,养阴补肾。药用基本方加金樱子15g,旱莲草15g,丹参15g,桑椹子15g。1N/d及口服院内制剂益肾1号方50mL/次,2次/d,服药4个月后口干咽燥明显减少,睡眠好转,腰痛、头晕耳鸣减轻,月经周期基本在正常范围,经量一般,无痛经。查尿常规蛋白(+ +),24h尿蛋白2.45g/L。再服3个月临床症状改善,查尿蛋白(+),24h尿蛋白1.78g/L,直至治疗1年半才得以尿蛋白及血尿完全消失,现随访2年未见复发。(刘毅菲)

刘华为学术经验

【名老中医简介】刘华为(1950~)陕西岐山县人。研究员,主任医师。毕业于陕西中医学院。现任陕西省中医药研究院暨陕西省中医医院业务院长,国家"天使工程项目"陕西中医肿瘤中心主任、学科带头人。中国中医科学院博士生导师,西安交通大学医学院、陕西中医学院教授、硕士生导师,世界中医药联合会亚健康委员会理事,中华中医药学会名医学术思想研究分会副主委,中华中医药学会理事,陕西中医学会副会长等。陕西省名中医,陕西十大名医,第四批全国老中医药专家学术经验继承工作指导老师。从医40余载,擅长治疗肿瘤、胃病、肾病、脑病、传染病和感染性疾病等疑难杂症。先后获国家新药成果证书6项,国家新药临床批件5项,科技成果转化5项,2004~2007年连获省科学技术奖3等奖4项,国家中医药管理局中医药科研成果推广项目2项,省科技厅中医药科研成果推广项目1项,卫生厅科技项目1项,省中管局中标课题3项。发表论文100余篇,出版著作8部。

学术思想

1 注重气机、气化理论

刘华为在治疗内科疾病中特别注重气机和气化学说的研究,他认为气机是人体脏腑经络之气的运行规律。其表现形式是升降出入,这种规律是:肝气升,胆气降;脾气升,胃气降;肺气既宣发又肃降;心气、肾气既升又降,小肠、膀胱之气升清降浊,大肠之气下降等等。他认为,气化是中医学对人体物质新陈代谢的高度概括。人体要把饮食物变化为自身的营养成分(气、血、津、液),必须经过脏腑气机的升降出入运动才能实现，而这一新陈代谢的过程就是气化。他认为，中医和西医都有研究人体物质新陈代谢的任务，西医称为"氧化"，三羧酸循环是氧化分解的共同途径，中医谓之"气化"。氧化是在细胞中进行的，而气化是在以五脏为中心的整体进行。在没有生物氧化理论之前，中医借用了五行学说的循环论和生克制化论来阐明和确立以五脏为中心气化理论的。简言之，以五脏为中心的人体是通过循环往复的生克制化（气化）过程，把饮食物变成人体所需要的精微物质（气、血、津、液）。相生过程是精微物质的合成过程；相克过程就是津微物质的分解过程。在这一过程中，若生克制化（气化）失司，则变为病态的相乘相侮，导致痰、饮、水、湿、瘀等病理产物的产生，形成继发性致病病因，其中痰、饮、水、湿往往是气和津液气化失常的产物；瘀是血气化失常的产物。所谓"痰为气不化津，瘀（郁）为血不调和"。气血津液在生理上相互补充，在病理上往往相互交结，形成"水瘀互结"、"湿瘀互结"、"痰瘀互结"、"痰湿互结"等病机，发生在各类疾病的病程之中。反之，痰（饮、水、湿）瘀等病理产物的形成，也会进一步导致气机升降失常，使气化失司，形成复杂的因果互致关系。他创造性地把五行学说同中医的气化理论有机地联系起来，注入了新的学术思想，深化了中医基础理论。他用这种思想指导临床实践，认为，内科疾病的产生尤其是疑难杂症都与"气化失司"，"痰（水、饮、湿）瘀互结"有关。在治疗时要紧守病机，着眼气机，着手气化，目的在于恢复人体正常的气机运动和气化功能。

如刘华为在分析脾胃肝胆大小肠等消化系统疾病时，把调节气机、恢复气化放在首位。他认为，脾胃肝胆大小肠气机升降失常是本，是发病的根源；而痰、湿、水、瘀是代谢性病理产物是标，是发病的诱因，治宜标本兼顾。或疏肝健脾化痰，或疏肝健脾利水，或通腑降浊，或理气健脾化瘀，或柔肝健脾通络，或疏肝和胃降逆等等，尽管临床上病机千变万化，治疗亦随证变法，但其根本目的是变相乘相侮为相生相克，恢复正常的生克制化（气化）关系。他认为，四苓、五苓、四君、异功、六君、香砂养胃、理中、补中、调中、温胆、泻心、二妙、四妙、四逆、胃苓、柴苓、平陈、逍遥散、痛泻要方、大小柴胡等古方配伍精妙，疗效确切，都有调节脏腑气机，恢复脏腑气化之功。因此，他常把这些方剂灵活的合并或化裁，药简效捷、疗效卓著。常将半夏与附子同用，认为附子能生阳气，半夏能降逆气，一升一降，温阳化气，调畅气机，恢复气化，临床功效神奇。

刘华为以《素问·经脉别论篇》"饮入于胃，游溢精气，上输于脾，脾气散精，上归于肺，通调水道，下输膀胱"的理论和实践，认为《素问》已明示了人体水液代谢的全部过程和最终下输膀胱的结论，中医膀胱的概念应包括现代医学的"肾"和"膀胱"，"肾"为膀，"膀胱"为胱，合称膀胱。他认为现代医学的"肾"与"膀胱"之病，实质是中医膀胱"气化不宣，水瘀互结"所致。治宜宣气化，利水湿，化瘀毒。认为五苓散，桃核承气汤或抵挡汤是治疗该病的典型方剂。还认为，伤寒论太阳病篇"蓄水证"和"蓄血证"是指慢性肾炎、肾病综合征、尿毒症。张仲景归类在太阳病篇的原因，是因为这类病多因感冒或上呼吸道感染后复发或加重，与溶血性链球菌感染有关，故列为太阳病篇。认为五苓散健脾利水，适用于慢性肾炎；桃核承气汤或抵当汤活血利水通便，适用于"肾病综合征"或"尿毒症"，既活化了肾小球基底膜血管硬化，又使水从大便排出，减轻"肾"的负担，实际上等于对肾衰和尿毒症进行肠道透析。同时，他还认为中风的本质是脏腑气机升降失常，生克制化（气化）失司导致水瘀互结。血有瘀便是水，水有淤血不活，认为"肾"与"膀胱"之病与中风同为"气化失司，水瘀互结"，病机相同，可异病同治，用五苓散类方剂既健脾利水，又降低脑压，或用桃核承气汤或抵当汤类，既活血通络，又通腑下气，以降低脑压和血压。他的这些观点都体现了中医的辨证思维。他在治疗代谢综合征时，认为气化失司，气机失常，体内代谢产物（痰、湿、水、淤）停聚是代谢综合征的实质。是代谢性产物阻碍了中焦气机的升降之故，脾居中州络胃，脾以升为和，胃以降为顺，斡旋中焦，为气机升降之枢纽，脾胃失和，则四脏易病。所谓"大气一转，其气乃散"。法宜辛开苦降，分消走泄，方能舒展气机。主张用黄连温胆汤，半夏泻心肠合五苓散或加杏、蔻、橘、菖、薤等轻苦微辛，具有流动功效的中药以调畅气机，恢复气化。他在治肺病时，主张分析病情要着眼于五脏六腑的气化，认为肺之为病是脏腑气机失常，导致肺失宣降，气化失司，故不独在肺。

刘华为认为，癌症的病机是气化失司，水瘀、痰瘀、湿瘀交夹，正虚邪实，治宜祛邪，但又须温化，温化才能促进气化，温化主张用参附术苓之辈。他主张带瘤生活，分年龄段治疗。中青年血气方刚，气有余便是火，气机壅实，气化过旺，癌变迅速多端，治宜七攻三补；年老体弱，癌亦相对稳定，治宜七补三攻，攻不宜峻，以免损伤元气，使气化难以恢复。对于疑难久治不愈之疾病，他强调，要多总结前医失败的经验教训，谨守病机，多从脏腑气化失司方向考虑，采用辨证思维与逆向思维合参，迂回出招，往往会转危为安。如他曾用五苓散治愈多尿症；用升举法治愈顽固性呃逆症；用通降法治疗胃下垂；用附子退高热；用附子降虚火；他还从气治水，用升清降浊治愈积水症（脑积水、肝硬化腹水、心包积液、胸膜积液、肾盂积水等）；从水治血，用利水法治愈功能性子宫出血；用“少火生气”理论治愈甲状腺功能减退症；用“壮火食气”的理论辨治“衰竭症”；用通腑泻热法治愈“胃柿石”所致急黄昏迷症，等等。

2 深化方药理论

刘华为认为，在临床使用方药中，必须在中医理论指导下，坚持和遵循方药固有的功效原理，不能象用西药那样去应用中医方药。他说，中药功效的判定，不是在实验室里根据其物质成分，理化性质，构效关系来论定的，而是在辨证论治的临床实践中，以其对“证”的临床效应来论定的。如果这个药能治这个证，就赋予它这种功效。所以判定方药功效的唯一标准是以证论效的。如中药柴胡，在小柴胡汤中能和解“少阳证”，故具和解少阳之功；在逍遥散、柴胡舒肝散、四逆散等方中能治疗“肝郁证”，故具舒肝之功；在补中益气汤中能治疗“中气下陷证”，故具升阳之功；在柴葛解肌汤中能治疗“寒热郁表证”，故有清热解表之功，等等，不一而论。所以说，中药以及它组成的复方是“药证对应”、“方证对应”的必然结果。辨证是否正确，还以用药后的效果来验证，这就是效证关系的辨证法。他强调，中医临床重点要研究组方，组方体现了中医特色，是中医治病的灵魂。组方能聚集群药的特长，产生新的合力，形成相对的安全组合。不少中药的毒性成分，就是药效成分。有效性和毒性是绝大多数药物同时具有的双重特色，虽然中药饮片炮制是增效减毒的一种手段，但组成复方更能达到减毒增效的目的。组方的配伍理论是古人对中药毒性趋利避害的总结。组方注重的是方剂内所含物质群的整体作用，包括复方中所含物质数、量、组成比例的差异，以及方内药物之间复杂的交叉互相作用，这些复杂结构和成分，在人体这个复杂开放的巨系统中，形成复杂的作用网络，通过多层面、多靶点的结合作用于机体，发生整合调节的生物学机制，使紊乱的机体机能恢复到有序状态。复方的成分煎煮后发生的合成、分解以及产生的新的物质是可以搞清楚的，但服用后在人体一系列酶等物质参与下，所发生的变化却是未知的。人体的证候虽然是来自微观或中观层面的综合表现，但人是活人整体，证又是动态变化的。这样一来，复方和“证”就形成了模糊对模糊，复杂对复杂的态势，这就是单味中药有效成分提取不能使用于中医“证”的缘故。所以复方的临床研究要坚持“有成分论”、“不唯成分论”的原则，特别要重视组方不同配伍与“证”之间差异性的研究。

刘华为认为，组方要研究方根，寻找方根与“病的人”的对应点。临床常用的方根如麻黄汤类方、桂枝汤类方、柴胡汤类方、葛根汤类方、栀子汤类方、承气汤类方、泻心汤类方、白虎汤类、五苓散类方、理中汤类方、四物汤类方、四君子汤类方、二陈汤类方、地黄丸类方、补中益气汤类方、平胃散类方、银翘、桑菊类方。掌握这些类方就可以组成千万张处方。如四君子汤可组成异功散、六君子汤、归芍六君子汤、香砂六君子汤、二陈汤、涤痰汤、温胆汤、黄连温胆汤、十味温胆汤，它与四物汤组成八珍汤、十全大补汤、归脾汤等。桂枝汤可组成大小建中汤、桂枝龙牡汤、桂枝加桂汤、桂枝附子汤、黄芪桂枝五物汤等等。方根找到后，在临床上可寻找方根与“人”的对应点，即寻找和辨别方根中某种药证、方证出现频率比较高的体质类型。如有“柴胡体质”的；有“大黄体质”的；有“附子体质”的；有“参芪体质”的；有“二陈体质”的；有“地黄体质”的等等。所谓“未识方证，先辨药人”。这就是说，这类体质的人临床上经常出现这类方剂的“证”。一般而言，①阳气旺盛着，其外感一般对应的是麻黄汤或白虎汤类方根，其内伤一般对应的是栀子汤、承气汤、泻心汤类方根。②阳气虚弱者，外感一般对应的是补中益气汤、八味丸类方根，其中补中益气汤用治外感有三性，即长期性、反复性、轻型性。八味丸治外感一般有房事后感冒、时间长、浑身关节冷痛的特点。阳气虚弱之人其内伤一般对应的是建中、补中、理中、四君类方根，若气虚兼痰湿者，对应平胃、五苓、温胆类方根。③阴虚体质的人外感一般对应的是银翘、桑菊类方根，其内伤对应的是地黄丸类方根。其中地黄丸类方根的患者和补中益气汤类患者都有瘦弱的特点，但补中益气汤以瘦弱人为多，但也有虚胖者，地黄丸基本是瘦弱人，补中益气汤是人瘦舌胖，地黄丸是人瘦舌瘦，补中益气汤是瘦而弱，地黄丸是瘦而干，以此为辨。④气郁体质人一般外感对应的是四逆散、逍遥类方根。其中有些植物神经功能紊乱者，常对应的是桂枝汤类方根。由于植物神经和内分泌的相互影响，故临床上小柴胡及桂枝类方根可用于植物神经紊乱或内分泌紊乱者。以上只是一般规律，仅供参考。方根同体质对应是中医用方的特点，因为中医治疗的是“病的人”，调整的是人体状态。临床上可在这些方根的基础上随证加减，以不变应万变。

刘华为认为，组方应具有科学性。复方功效在于配伍，优点也决定配伍，通过配伍原则达到减毒增效的目的。所谓特效方其实质就是配伍得法。他体会组方配伍有以下特点：

2.1 特定的配伍结构

结构是事物变化的基础。如桂枝汤中，桂芍等量组合；麻黄汤的核心是麻桂同用；温脾汤是附子与大黄配伍；补阳还五汤是大剂量黄芪与小剂量川芎、赤芍等活血之品配伍，否则不仅无效甚至还起不良反应。实验证明，补阳还五汤和单味黄芪都能抑制血小板聚集，若去掉主药黄芪，则抑制作用消失。说明黄芪在方中的主导作用。当归补血汤，归少芪多，黄芪五倍于当归，实验也证明两味药虽然也能提高正常或贫血性小白鼠的红细胞和血红蛋白，但其作用不如全方明显。又如生脉散是人参、麦冬、五味子组成的复方，方中五味子所含5-羟甲基-2糖醛在复方合煎中随着麦冬量的增大而增大，人参所含皂甙也随着发生了变化。药效学实验证明，原方中人参、麦冬、五味子按1∶3∶1.5的比例配伍，是合理而正确的。反之，若麦冬量小其他两味药的药效就不会增大。再如麻杏石甘汤与桑菊饮都是辛凉解表剂，然而两者配伍风格却大不相同。麻杏石甘汤采用麻黄与石膏相配，一温一辛，一散一降，药性较为剧烈，大宣肺气，大宣肺热，其配伍特点是药专力宏，作用急而强，针对重证。而桑菊饮则选用一派辛凉轻剂，也能宣肺清热，但其药力多轻，作用缓而弱，针对轻症。所以一重一轻，要善于领会，应用前方时，药物用量不可太轻，尤其是石膏，轻了就违背了辛凉重剂之宗旨，应用后方时药量宜轻，用量太重就违犯了辛凉轻剂之宗旨。有些药物含有有害成分，但在特定的配伍结构中，可减毒增效。如白芍含有害成分苯甲酸，但当白芍与当归、地黄、川芎配伍成“四物汤”后，苯甲酸检出量显著降低。说明配伍后，能佐制药物的偏性、毒性和峻烈之性。

2.2 特殊的量效关系

同一味中药，因治疗作用不同，其用量也就不同。如薄荷在逍遥散中仅3g，用以舒达肝木，而在苍耳散中却重用15g，以发散风热，清利头目；桂枝汤中桂枝为9g，取其温经散寒，解肌发表之功。在五苓散中用量不到5g，取其温经通阳，增加膀胱气化功能。红花少用活血，多则破血。白术常用量10g是健脾止泻，大剂量30～60g则能益气通便。柴胡在小柴胡汤中为君，用量大于其他药物一倍有余，意在透发，在逍遥散中为臣，用量与各药相等，起疏肝解郁作用，在补中益气汤中用量3～6g，意在升举清阳。黄芪利尿作用在20g以内明显，30g以上就趋抑制。黄芪对血压的影响是15g以内可升高血压，35g以上反而降低血压。

2.3 科学的排列组合

①方药增减重组，使一方转化为另一方。如名方“真武汤”有温阳利水之功，主治阳虚水泛之证。临床上常用治阳虚水肿病人（如心衰、肾衰等）。本方由附子、茯苓、白术、芍药、生姜组成。若减利水的生姜，增补气的人参并加重术、附用量，方剂就发生了变化，成为“附子汤”，功效变为温阳散寒祛湿，主治阳虚寒湿，用于阳虚寒湿痹证，由治“心衰”、“肾衰”的名方，变为治关节痛的名方。②同一味药因不同的组合产生不同的效应。如麻黄与桂枝配伍，则发汗解表（如麻黄汤）；若与石膏相配，则发越水气（如越婢汤）；若与白术相配，则微发汗祛湿（如麻黄加术汤）；配附子则温经通阳（如桂枝芍药知母汤）。③基础方组合不变，随证加减。《伤寒论》中张机以麻黄散寒、杏仁利气，甘草和中组成三拗汤。并以此为基，遇寒加桂枝组成麻黄汤，用于寒邪束表证；遇热加石膏组成麻杏石甘汤，用于热壅于肺证；遇湿加薏苡仁组成麻杏苡甘汤，用于风湿痹痛。又如四君子汤、五味异功散、六君子汤、香砂养胃汤、归芍六君子汤等都是在脾虚有湿的“四君子汤”基础上加味配伍的。如湿较重，胃脘不舒，舌苔厚腻者，加陈皮成为五味异功散；若再兼胃脘胀满，呕恶者加半夏成为六君子汤，若再兼有疼痛者加木香、砂仁，芳香化湿，理气止痛，成为香砂养胃汤等等。同一脾虚有湿，因病情轻重不同，在四君子基础上，随证加味。④主药易位，方剂更名。“枳实汤”是由枳实24g、白术12g组成，主治脘腹积滞、坚满，有硬块等症。而“枳实丸”是由枳实30g、白术60g组方，白术用量大于枳实而成为健脾和中的复方。又如“小承气汤”和“厚朴三物汤”都是由大黄、厚朴、枳实三味组成。“小承气汤”以大黄为主药，用于肠热便秘；“厚朴三物汤”以厚朴为主药，用于气闭便秘。两方若用治肠梗阻，前者适用于实性、真性肠梗阻，后者适用于假性肠梗阻或肠套叠。

2.4 合理的协同和拮抗的统一

合理的协同和拮抗是名方配伍的又一大特色。配伍中特别注意药物之间协同和拮抗的统一，即相辅相成和相反相成的统一。①表里同病，散收相伍。如若临床出现表里同病者，配方应散收相伍。如桂枝汤、小青龙汤、射干麻黄汤均是散收并列，刚柔相济，相反相成，散中有收的典型方剂。②虚实并见，攻补兼施。如临床上常用来治疗癫痫或精神分裂症的柴胡加龙骨牡蛎汤；治疗肝脾肿大，肝纤维化或肺纤维化或间质性肺炎的鳖甲煎丸；用治子宫肌瘤、卵巢囊肿的大黄䗪虫丸等名方都是攻补兼施，寓补于消的好复方。③寒热错杂，寒热并用。临床上因脾胃升降失常，常常出现湿热或痰热或水热互结的见证。既有寒的症状，又有热的表现，多见于消化代谢系统和免疫神经系统的疾病。治宜寒热并用，调畅气机，辛开苦降。所谓"大气一转，其气乃散"，如温胆汤，半夏泻心汤，三仁汤，藿朴夏苓汤等名方均体现这一配伍特点。

刘华为还认为，组方的作用要具有整体性。组方是数味中药按照配伍理论组合而成，是数味中药有机组合所形成的一个新的整体，构成"合力"，这个"合力"是通过所有药物全部成分的"鼎力合作"来实现的，而不是凑合起来的"单干户"。中药虽然有各自的功能与主治，但它被配在一个复方中，它的作用有时同药理学研究发现的作用相一致，有时不一致。就是说，药理学研究它有某一功能，但在配方中却没有这个功能；药理研究它没有某一功能，但它在配方中却有这个功能。所以，中药复方的作用是具有整体性的。也不是说药味用得越多越好。如果配伍不当，药多还会起副作用。用药如用兵，兵不在多，而在于排列组合，协同拮抗，发挥整体效应。如用芍药甘草汤做实验，发现芍药对肠管的运动有促进和兴奋作用，而甘草则与此相反，起抑制作用，可是把两味药配在一起却有显著的抑制作用，特别是对肠管运动异常兴奋的疾病能起到显著的抑制作用。又如附子有强心作用，其强心成分之一为消旋去甲基乌头碱，附子在单独使用时，其强心作用既不明显也不持久，而且还有一定的毒性。但把它配在四逆汤中使用时，尽管干姜、甘草无强心作用，但三味药组成复方，其强心作用增强持久，使心肌收缩在强度和持续时间上超过单味附子效应，同时附子引起不良反应的异位心律失常也得到缓解。在薄层色谱法实验中还可直接观察到随着甘草量的增加，而乌头碱的含量降低，清晰显示出甘草对附子的解毒作用。从四逆配伍关系实验中可以表明臣药干姜的辅助作用，甘草对君药既有辅助作用，同时对君药也有毒性监制作用。这说明附子与干姜、甘草同用，在强心这个药理指标上有协同作用。单味附子其毒性比四逆汤的毒性大4.1倍，配伍后四逆汤的毒性是明显下降了，这说明复方能减毒增效。再如白虎加人参汤能降低四氧嘧啶引起的大鼠试验性糖尿性的高血糖，如果只将方中的知母与人参同用，其降血糖的效果还不如单用人参或知母。可见人参与知母在降血糖这个药理指标上有拮抗作用。但是，若将石膏与知母，或石膏与人参同用，其降血糖作用都增强，说明石膏与知母、石膏与人参在降血糖方面是起协同作用的，若石膏、知母、人参同用，其作用更加明显，石膏在这里不仅消除了知母与人参的拮抗作用，还加强了三者的协同作用，再加上粳米、甘草效果更好。既增强了全方的功效，又保护了药物对胃的刺激。补中益气汤在治疗许多无力性疾病，如重症肌无力、胃下垂、子宫脱垂、脱肛等病症中，临床上确实有较好的疗效。药理学研究也表明，本方有增强肠蠕动和加强子宫收缩的作用。若取掉方中的升麻、柴胡，其作用大减或不再出现上述作用，若单独使用升麻、柴胡，根本不出现以上作用。可见两方在药方中有明显的协同作用，并能增强其他药物的作用强度。

刘华为认为，使用复方的关键是方证对应。复方是药物组成的，药物和复方的应用指征是"药证"和"方证"对应。如桂枝的应用指征为"桂枝证"，桂枝汤的应用指征为"桂枝汤证"，这个指征是中医临床非线性思维的体现，绝对不是西医研究复方的"抗菌"还是"抗癌"和"抗菌""抗癌"的化学成分，是治肝炎还是治胃炎的理化指标的线性思维，这是历代医家用药用方的重要经验。药证对应是特效药，不对应是无效药，这是临床取效的关键。方证对应是中医治疗的精髓，证是方剂运用的指征，即所谓"有是证用是药""有是证用是方"。离开证去解释中药及复方的有效性和安全性是不符合中医临床实践的。即使有效的复方，若方证不符，还会发生相反作用，如气虚便秘，误用大承气汤就会出现腹胀腹痛，甚至发生虚脱。这并不是大承气汤配伍不好，而是方证不符。小柴胡汤是临床最常用的中药方剂，它的功效是和解少阳，适用于"少阳证"（口苦、咽干、目眩、寒热往来、默默不欲饮食、胸胁苦满、心烦喜呕、脉弦），"少阳证"的病机是邪犯足少阳胆经，胆经与肝经相为表里，肝气升发，胆气下降，小柴胡汤就解决肝气不升，胆气不降的矛盾。而日本西医观察，小柴胡汤制剂能改善患者的肝功能阻碍，按西医的功效来研究和应用，出现了百万肝病患者服用小柴胡制剂的异常现象，最终导致间质性肺炎，死人甚众。小柴胡汤能否改善肝功能障碍呢？关键是肝功能障碍者是否具有“少阳证”的临床表现。如果出现“少阳证”的临床表现，疗效是肯定的，如果未出现“少阳证”的临床表现，就不能用小柴胡汤，小柴胡汤专为“少阳证”而设，并不为肝功能障碍而立，运用中医复方的关键是方证对应，有是证用是方。

医案验案

1 肝 积

席某，男，58岁。2008年11月5日初诊。右侧少腹胀痛3月。3月前无明显诱因出现右侧少腹胀痛，在西安某医院腹部核磁共振扫描示：肝内占位性病变，肝门胆管癌并肝内转移可能，腹膜后淋巴结肿大。随后在第四军医大学某附属医院行肝脏穿刺活检示：低一中分化癌，并行经皮肝动脉灌流栓塞术。术后多方延请中医治疗，方药多以清热利湿、活血攻毒为主，但疗效不著，且病情日益加重。现症：右侧少腹胀痛，进食后加重，厌食油腻，纳呆，恶心，烧心，食后易吐，口干、口苦，气短乏力，目睛黄染，大便干秘，排便不爽，2～3日一行，尿黄，小便灼痛，双下肢浮肿。舌质瘀暗，舌边有齿痕，苔黄厚腻，脉沉迟无力。辨证：脾虚肝寒，湿郁化热。治法：健脾暖肝，化湿清热。处方：党参15g，炒白术10g，茯苓30g，炙甘草6g，飞滑石15g，厚朴15g，台乌药30g，檀香8g(后下)，青皮7g，郁金12g，佛手15g，焦山栀10g，瞿麦30g，黄连6g。20剂，每日1剂，水煎2次，早晚分服。12月3日二诊：服上药后右侧少腹胀满感减轻，口干消失，食纳较前增加，稍进油腻饮食亦无恶心、呕吐，偶有口苦、烧心、反酸。但胁痛未见改善，目珠黄染，下肢水肿。大便干，排出不畅，2日一行，小便色黄、灼痛。舌质淡暗，苔黄厚腻，脉沉细弱。药已中病，唯阳虚寒湿不运，湿郁化热注于膀胱，小便不利。上方合五苓散加减利湿通淋。处方：党参20g，炒白术15g，茯苓15g，炙甘草6g，猪苓15g，泽泻15g，桂枝6g，台乌药30g，薤白10g，大腹皮15g制附片3g(先煎15分钟)。20剂，水煎服。12月24日三诊：服药后精神好转，乏力减轻，纳食情况继续改善，小便时灼痛感大减，但仍右侧少腹胀痛，食后尤甚，时有全身瘙痒，大便干，排出不畅，2日一行。舌质淡暗，舌苔减退，苔黄略腻，脉沉迟无力。患者元气已略有所复，仍用上方加郁金、姜黄。20剂，水煎服。2009年1月14日四诊：服药后右胁腹胀痛均有所减轻，但食后加剧，小便烧灼感明显减轻，下肢浮肿略退。厌食油腻，食欲较差，目睛黄染未见减轻，大便干，排出不畅，2日一行。舌质淡暗，苔黄略腻，脉沉细弱。肝寒湿郁发黄，湿重于热，以茵陈五苓散加减，健脾利湿退黄。处方：茵陈12g，炒白术15g，茯苓30g，猪苓15g，泽泻15g，桂枝6g，台乌药30g，木香10g，檀香8g(后下)，砂白蔻仁各6g(后下)。20剂，水煎服。2月4日五诊：服药后腹痛明显缓解，食纳进步，口干、恶心、小便烧灼感消失，面色已不晦滞，体质和精神好转，坚持工作。上方加制附片4g、桃仁、红花各10g。患者病情已得缓解，在上方基础上加减治疗。2009年7月28日患者在陕西省人民医院复查腹部CT(CT号：220904)示：肝左内叶与右前叶交界区肿块(6.2cm×6.8cm×6.2cm)较2009年3月5日(6.9cm×6.7cm×6.5cm)明显缩小，且肿瘤无转移扩散迹象。门诊继续治疗，以巩固善后。

按 “肝积”属中西医疑难重病，前医以为癌症要重用清热解毒，活血化瘀之品，结果误伤了阳气，导致脾虚肝寒，湿不去而生热。刘华为崇《金匮》“见肝之病，知肝传脾，当先实脾”和《难经》“损其肝者缓其中”之训，从脾胃入手健脾和胃，暖肝化寒湿，并把这一思想贯穿整个治疗过程。虽说肝体阴而用阳，肝病阳证居多，然阴证亦不少。患者便干、尿黄、舌苔黄腻，似乎一派热象；但其面色晦黯，脉象沉迟无力，少腹痛甚；舌苔虽黄而淡，舌质瘀暗，且边有齿痕。实为寒湿之邪凝滞肝脉，寒湿郁久而渐有化热之象。导师强调：在临床上，病程日久，往往虚实并见，寒热错杂，病机较为复杂，只要条分缕析，透过表象，抓住实质，才能诊治无误。一诊后腹胀减轻，饮食增加，患者治疗信心大增。二诊后脾虚状况有所缓解，但仍纳少厌油腻，尿黄，便干，乃湿热为患(湿重于热)，膀胱气化不宣，用五苓散健脾渗湿，加附片并重用台乌温化膀胱。三诊后腹痛明显缓解，精神气力增加，饮食大有改观，小便灼痛消失。可见正气渐复，邪实渐退，他认为此时方可言攻，但只宜缓攻，应补中寓攻，如在大队扶正剂中酌加桃红、郁金等活血轻剂，不可妄用攻积破血等峻烈之药，以防伤正。此阶段十分关键，若峻投误治，极易形成急黄、腹水、出血甚至肝昏迷等坏证。在治疗恶性肿瘤时，刘华为一再强调主张带瘤分年龄段治疗，中青年七攻三补，老年七补三攻。

2 中 风

郭某，男，55岁。2008年10月13日初诊。左下肢麻木发凉3月。患者既往有“高血压”病史10余年。5月前因出现左侧肢体不遂，在外院CT扫描示：右侧丘脑出血约15mL。随后接受住院治疗(具体治疗情况不详)，患者肢体功能明显改善，但3月来左下肢麻木发凉，左肩部亦麻木，头晕，乏力，动则汗出，咳嗽，喉中有痰，痰白色粘，咳吐不利，小便量多较频，食纳一般。舌淡红，苔白略腻，脉细滑数。辨证：气虚痰湿阻络。治法：化痰利湿，益气活血。处方：黄连 6g，橘红 10g，姜半夏 10g，木瓜 15g，桂枝 10g，赤芍 10g，生黄芪 30g，猪苓 15g，泽泻 15g，炒白术 10g，制附片 3g（先煎 15 分钟）g，川牛膝 10g，桑寄生 30g。20 剂，每日 1 剂，水煎 2 次，早晚分服。11 月 5 日二诊：服上药后咳嗽减轻，头晕消失，晨起偶有阵咳，痰少易咳出。左肩麻木消失，但有沉困感，左下肢发凉感消失，入夜则麻木感明显，自汗消失。舌质红苔白略腻，脉沉细弱。方药对证，唯阳虚湿困。上方加石菖蒲、白芥子去痰通络。20 剂，水煎服。12 月 24 日三诊：服药后左下肢麻木感减轻，以左足部麻木为主，咳嗽咳痰消失，食纳可，二便调。舌质红苔白，脉沉细。患者舌苔已退，说明湿浊渐化，气虚血瘀已成主要矛盾，改以补阳还五汤益气活血。处方：生黄芪 45g，川芎 10g，桃仁 10g，红花 10g，赤芍 10g，地龙 10g，茯苓 30g，木瓜 15g，僵虫 10g，川牛膝 10g，伸筋草 10g。20 剂，水煎服。患者病情明显好转，继续在上方基础上调治月余，2009 年 2 月 4 日电话回访时诉仅左趾部有麻木感，生活已基本自理。

按 患者患中风病已 5 月，虽肢体功能恢复较好，但麻木症状无明显改善，从症舌脉来看，咳嗽有痰，气短乏力，舌苔白腻水滑，脉象细滑，乃气虚痰湿阻滞之象，“营气虚则不仁”，痰湿瘀阻于经脉，营血不充故肢麻。“伤于湿者，下先受之”，故下肢麻木为甚。《丹溪心法》有云：中风大率血虚有痰，治痰为先，次养血行血。刘华为宗丹溪之旨，化痰通络为先，用二陈汤合五苓散治之。妙在附子一味，温阳行经，以助化湿之力。二诊肢麻症状减轻，加石菖蒲、白芥子涤化内外之湿痰。三诊咳嗽咳痰消失，左下肢麻木感减轻，仅左足部麻木，舌苔减退，表现出气虚血瘀之证，此时方改用补阳还五汤治疗。综上，他认为气化失司是中风病的本质，“水瘀互结，痰瘀阻络”是中风病的主要病机，强调“血有瘀便是水”，用五苓散、二陈汤类方药可健脾化痰利水，有利于降低脑压治疗中风。他指出，补阳还五汤治疗中风疗效确切，但不可滥用，有是证用是方，单纯气虚血瘀可用，但有痰湿内盛者恐非所宜。

3 消 渴

张某，男，75 岁。2008 年 8 月 25 日初诊。口干、上半身汗出 1 年。患者既往有“高血压”病史 10 余年，1 年前发现“血糖高”，空腹血糖最高达 13.5mmol/L，现面色红赤、烦热、口干、多欲饮水、尿多而频，上半身出汗明显，胃脘部有嘈杂感，食后腹胀，大便干秘，3～4 日一行，活动后胸闷气短，排尿无力，血压 180/90mmHg。舌质红绛中有裂纹，苔黄燥，脉洪有力。辨证：白虎汤证。治法：清热、益气、生津。处方：太子参 15g，知母 12g，生石膏 30g，粳米 15g，生甘草 6g，生地 30g，丹皮 15g，桃仁 15g，元参 30g，麦冬 30g，黄连 9g，花粉 15g。以此方加减出入 20 剂，早晚分服。9 月 18 日二诊：服上药后胃脘部嘈杂感及胃胀消失，口干减轻，上半身出汗减少，双目干涩，大便偏干，2 日一行，血压 175/100mmHg。舌质红苔薄白，脉弦有力。气分热证减轻，但肝阳亢盛于上。治法：平肝潜阳，清热生津。处方：夏枯草 30g，草决明 30g，珍珠母 30g（先煎 30 分钟），生龙牡各 30g（先煎 39 分钟），菊花 15g，枸杞 15g，生白芍 30g，沙参 15g，生石膏 30g，知母 15g，粳米 15g。以此方加减出入 30 剂，早晚分服。12 月 24 日三诊：服药后口干明显减轻，口干缓解，胸闷气短偶有发作，双目干涩消失，上半身汗出明显好转，尿频减少，空腹血糖 5.5mmol/L，血压 155/78mmHg。大便不干，1 日一行。舌质暗红，苔白稍厚，脉弦有力。热伤气津，气阴两伤。上方用党参易沙参，加麦冬、五味子、生地、丹皮以益气养阴。30 剂，水煎服。2 月后复诊时诉口干消失，汗出已不明显，仅剧烈活动时有轻微胸闷感。空腹血糖波动于 5.2～5.5mmol/L，血压波动于 155～145/70～80mmHg。患者病情明显好转，继续在上方基础上调治。

按 患者临证表现：热、烦渴、上半身汗出、脉洪有力，乃阳明气分热盛，邪热蒸腾于上，迫津外泄之证。然“壮火食气”，耗气伤津，故有口干、气短、乏力、排尿无力，大便干秘，胃阴亏虚则胃中嘈杂不适。急当“保胃气，存阴液”，以白虎加人参汤合增液汤治之。二诊后口干减轻，汗出减少，气短胸闷好转，说明药证相符，阴伤已得缓解。但血压偏高，肝阳亢盛于上，故加平肝潜阳之剂。三诊后血糖已降至正常，血压也明显下降，口干消失，汗出症状明显减轻，此时宜加强益气养阴之力以收功。刘华为认为，消渴病其根本病机为阴虚内热，但因患者体质不同，邪有入于阳或有入于阴，外证复杂多变，须如抽丝剥茧，分清疾病主次，层层深入，才能取得好的疗效。

4 银屑病

杜某，女，64 岁。2008 年 11 月 26 日初诊。全身皮肤瘙痒伴局限性皮损 2 年。患者 2 年前无明显诱因出现周身皮肤瘙痒，继之颈、胸、腰背部出现大片皮肤粗糙、增厚、脱屑，搔抓后呈红色，瘙痒难忍，入夜加重,甚则夜不成寐。西京医院诊断为:银屑病,西医疗效不佳,特求中医治疗。舌质淡苔黄腻,脉滑数。辨证:风湿热毒蕴表。治法:利湿清热,祛风解毒。处方:茯苓15g,猪苓15g,泽泻15g,炒白术15g,苍术10g,黄柏6g,生薏米30g,白鲜皮30g,乌蛇15g,僵虫10g,蝉衣10g,羌独活(各)10g,露蜂房15g。以此方加减出入30剂,每日1剂,早晚分服。12月24日二诊:患者病情继续好转,皮肤瘙痒程度及发作次数明显减少,夜间瘙痒不甚,已不影响休息。舌质淡,苔薄黄略腻,脉弦滑。湿聚成痰,湿郁而化热,痰热互结于络。治以化痰通络,祛风解毒。处方:黄连6g,橘红15g,茯苓30g,姜半夏15g,白鲜皮30g,乌蛇15g,僵虫10g,连翘30g,皂刺30g,花粉15g,王不留行30g,全瓜蒌30g,土茯苓30g,苦参10g。30剂,水煎服。2009年1月22日三诊:服上药后皮肤瘙痒程度及发作次数减少,夜间瘙痒减轻,亦能入睡4~5小时。皮损部位皮色变浅,原粗糙增厚部位皮肤变薄,仍有少量脱屑。食纳正常,二便调。舌质淡苔白,脉滑缓。因痰湿郁阻病症已减,患者胃纳正常,提示脾胃不虚,仍需治疗其本。治法:滋阴凉血,活血解毒。处方:生地炭30g,丹皮10g,白芍10g,当归8g,川芎7g,桃仁15g,赤芍15g,麦冬15g,玄参30g,蝉衣10g,大青叶15g,火麻仁30,白蒺藜10g。以此方加减出入30剂,早晚分服。1月后复诊时诉瘙痒情况大为好转,皮损部位皮色明显变薄,皮色变淡,亦无脱屑,夜间瘙痒不甚,夜休基本正常。患者病情明显好转,继续在上方基础上调治善后。

按　刘华为认为本病的发病多由禀赋不足,气血不和,腠理疏松,风邪外束,阻于肌表,阳气闭郁,蕴而化热,热盛生风化燥,阻于肌表而生。"风盛则痒",风为百病之长,常夹寒湿或湿热之邪侵犯肌表而致痒,偏于湿热的,痒较甚,搔抓后呈红色;或由营卫失和,气血运行受阻,以致瘀阻肌表而发病。病久则元气衰败,脾虚生湿成痰,郁而化热,湿热相结,如油裹面,热易清,而湿难除,湿性黏腻,故缠绵难愈,常易复发。其根本病机不离风、热(燥)、湿、毒、瘀。治疗时他主张:早期宜祛风止痒,清热解毒;反复发作,迁延不愈者,往往挟湿(痰)挟瘀,宜配合化湿涤痰、活血化瘀之品。选方用药,紧扣病机。常用药物有:白鲜皮、苦参苦寒而能燥湿清热、解毒止痒;乌蛇、僵虫、全虫等虫药善于搜风止痒,现代研究能改善皮损部位蛋白质代谢,促进细胞修复;白蒺藜、蝉衣可祛风止痒,火麻仁善于滋阴润燥。本案皮损部位瘙痒难耐,搔抓后为红色,且舌苔黄腻,脉滑皆为湿热互结之象,故以五苓散合三妙散加减调治。二诊湿聚成痰且已化热,故易五苓为黄连温胆汤加强化痰清热之力。三诊痰热肃清,故以祛风滋阴凉血,活血解毒治疗其本。刘华为强调,患者病情日久,元气亏虚,脾虚失运,用药不可过于苦寒滋腻,以免伤中败胃,病必难愈,因此需时时扶脾护胃。

4 痞证(胃癌切除术后腹腔转移)

王某,男,62岁。2009年3月25日初诊。"胃癌切除术"后4年余,腹胀乏力2月。患者于2005年1月因"胃癌"在第四军医大学某医院行"根治性全胃切除术"、"脾切除术",术后先后行全身化疗5次。2月前无明显诱因开始感腹胀不适,进食后尤甚,乏力,纳差,继之出现黄疸、发热等症,解放军某医院CT示:①胃腔及肠管后缘复发或浸润。②胰头及体部周缘浸润。③肝门部浸润,并肝内胆管扩张,胆囊增大,门静脉浸润不除外。④腹膜后淋巴结浸润。⑤脾脏缺如。医院以"胃癌切除术后腹腔转移"收入住院。2009年3月行胆道支架植入术,术后黄疸消退。继行左锁骨下动脉药盒植入术,术后化疗。但仍上腹部胀满不适,食后尤甚,胃脘部扪之有手掌大小痞块,硬满有触痛,口干,时时欲呕,纳差,乏力明显,住院期间体重下降4公斤,特求中医治疗。舌质红,苔薄黄略腻,脉弦细数。辨证:肝胃阴虚。治法:养阴柔肝,益胃生津。处方:生地15g,麦冬15g,枸杞15g,当归9g,川楝子6g,郁金12g,焦三仙(各)15g,沙参30g,白花蛇舌草30g,焦山栀10g,丹皮10g,白芍15g,炙草9g,赤芍15g。12剂,每日1剂,早晚分服。4月9日二诊:服药后胃脘痞胀感明显减轻,痞块已大为缩小,触之变软,但仍乏力,口干口苦,恶心,食欲不振,精神差,二便正常。舌质红,苔黄而干,脉弦滑略数。药已中病,说明辨证无误。因口干、舌红苔黄而干乃阴液耗伤虚损之象,故上方去郁金、川楝等动血伤阴之剂,加石斛、五味养阴收敛,竹茹、陈皮清热和胃以止呕,山栀、丹皮清肝之热。5月15日三诊:服上药后病情继续缓解,心下痞块消失,按之濡软,仍乏力,纳差,口干,大便稀软,一日一行。舌尖红赤,苔黄腻,脉来弦滑。提示阴伤部分缓解,但中气里虚,"清气在下,则为飧泄",证变法亦变,故治当益气养阴,健脾止泻。处方:太子参30g,麦冬15g,五味子6g,生黄芪30g,生山药15g,莲子肉15g,炒扁豆10g,生薏米30g,炒薏米30g,炒白术10g,炙升麻6g,炙柴胡6g,炙甘草6g,乌梅10g,木香6g。10剂,早晚分服。患者病情已趋稳定,继续在上方基础上调治善后。

按 胃癌术后元气大伤，阴精亏损，术后放化疗对机体又形成再次打击，若年轻体壮尚可耐受，年老体衰者则性命堪忧！患者年逾六旬，术后4年且化疗5次，目前还在化疗之中，体质状况可想而知。对于西医化疗药物，中医认为乃聚大毒，其性燥烈，极易耗气伤阴，用之不当，流弊甚多。刘华为曾言："邪气伤人，或发于阳，或发于阴。"患者初诊时可见乏力、纳呆，似当大补元气，但细辨此症，虽乏力而无气短、头晕、四肢无力之症，说明气虚不甚。反见口咽干燥、烦热、舌红而干、脉来细数等阴虚内热表现，阴精亏损已甚，故急当救阴。本案病本在胃，肝体阴而用阳，中得胃津之濡润，故肝阳易潜，肝气易柔。今胃阴先竭，肝失滋养，木气横犯，肝胃之气本相通，一脏不合，则两脏皆病。肝主疏泄，调畅气机，肝气横逆则胃失和降，气化失司，上下为之痞塞，故见心下痞积。叶天士说："厥阴之气上干，阳明之气失降。"又云："胃汁竭，肝风动。"本病发病之机由此可见一斑。魏柳州设一贯煎原为肝肾阴虚，肝气横逆之证所投，刘华为在此方基础上酌加益胃阴、清肝凉血之剂，灵活变通，继承和发展了叶氏的"胃阴虚"理论。芍药、甘草配伍乃合《内经》"酸甘化阴"之义，郁金血中气药，善消心下胁肋痞积，另配炒谷芽、神曲纯为健脾消导。他认为，此处胃脘痞积乃虚痞，邪在气分，万不可一见此症，无论虚实，大队活血破血、破气消积妄用，否则极易犯"虚虚"之弊。药后果然效如桴鼓，腹胀痞积减轻，口干已得到缓解，说明阴液渐复，效不更方。三诊时，阴虚病症已得改善，而中气虚损表现突出，故治法为之一变，以生脉饮合参苓白术散以益气养阴、健脾益胃。四诊时腹胀已明显减轻，胃脘痞积已除，食纳转佳，惟便溏说明脾气未复，以四苓散健脾利湿为治。至此时患者病情已趋稳定，以前方为基础，加减进退，缓治收功。对于久病正衰，刘华为主张"大积大聚，衰其大半则止。"在疾病调理上十分重视饮食和生活起居的调摄，认为药物多系草木金石，其性多偏，使用不当，多伤及胃气，胃气一绝，危殆立致。《难经》有云："损其脾者，调其饮食，适其寒温"，古人2000多年前的论述，仍然对临床起着积极的指导意义。（屈小元 马战平）

刘怀栋眼科经验

【名老中医简介】刘怀栋（1952～）河北深州市人。主任医师，教授，硕士生导师。1975年毕业于河北医学院中医系。现任河北省人民医院中医眼科主任。中华全国中医眼科学会第二届委员，河北省中医眼科学会委员，第四届《河北中医杂志》编委。河北省中医眼科学术带头人。河北省首届名中医。从事中医眼科临床科研教学工作20余年，擅长角膜炎、角膜溃疡、视神经炎、视神经萎缩、视网膜血管阻塞、眼肌麻痹等疾病治疗。作为项目负责人承担河北省科委科研课题2项。主编《庞赞襄中医眼科经验》《中医五官科学》。参编《临床药物实用大全》《中医内科治疗大成》《眼底病专辑》《名医名方录》《中医学说与临床》《中华名医特技集成》《古今名医临证金鉴》等著作。发表学术论文30篇。

匐行性角膜溃疡

刘怀栋根据临床实践观察，认为匐行性角膜溃疡多因毒邪外侵，肝胆内热，内热壅盛，上攻于目；或因肺阴不足，津液短少，内有郁热，外受风邪，风热毒邪交攻；或因肝胃实热，火毒炽盛，上攻于目所致。外伤为重要的诱因之一。

1 内热挟风型

多见有羞明，流泪，眼磨疼痛，角膜溃疡。胃纳尚可，口干不欲饮，大便润，小便黄，舌质润，苔薄或无苔，脉浮数或弦细数。治宜：内清郁热，外解风邪。方药：双解汤（金银花、蒲公英各30g，天花粉、黄芩、龙胆草、荆芥、防风、蜜桑皮各10g，枳壳5g，甘草3g）。便秘者加大黄10g；便溏者去龙胆草，加苍术、白术各10g；眼痒甚者，加羌活10g。

案1 李某，男，35岁，2003年2月1日初诊。主诉：右眼疼痛，流泪，不能睁眼，视物不见10天。检查：右眼视力眼前手动。裂隙灯检查：右眼睫状充血（++），角膜溃疡，表面不平，呈黄白色浓密浸润点，舌质淡苔薄，脉弦细。诊断：右眼凝脂翳（右眼匐行性角膜溃疡）。处方：双解汤加减，水煎服，每日1剂早晚分服，每次200mL。配合阿托品眼药水、氯霉素眼药水点眼。治疗经过：服药7剂，检查：右眼视力一尺指数。右眼睫状充血减轻，角膜溃疡面积缩小，周边已平复透明。效不更方，继服7剂。2月15日检查：右眼视力0.2，右眼结膜不充血，角膜留有薄翳，瞳孔药物性散大。嘱其继服5剂，以善其后。

按 刘怀栋认为：本例为内有郁热，外受风邪，风热毒邪交攻于目，以致本病。治宜内清外解。方中以金银花、蒲公英、黄芩、龙胆草、蜜桑皮清热解毒，天花粉解毒散结，荆芥、防风发表散风，枳壳、甘草调胃和中，共奏清热散风之效。

2 阴虚内热型

多见有羞明，流泪，眼磨疼痛。睫状充血，角膜溃疡，前房积脓。口渴欲饮，或口干唇裂，咽喉疼痛，鼻内生疮，纳可，舌质红，苔薄黄，脉弦细数。治宜：养阴清热，散风除邪。方药：养阴清热汤（生地、生石膏、金银花各30g，知母、芦根、天花粉、黄芩、龙胆草、荆芥、防风、枳壳各10g，甘草3g）。眼部病情严重者加青黛、芦荟各10g。

案2 宋某，男，29岁，2003年8月16日初诊。主诉：左眼发红、疼痛不适7天。检查左眼视力眼前手动，裂隙灯检查：左眼睫状充血（++），角膜大面积溃疡，前房积脓，瞳孔药物性散大。舌质淡红苔黄，脉弦细数。诊断：左眼凝脂翳、黄液上冲（左眼匐行性角膜溃疡）。处方：养阴清热汤加减，水煎服，每日1剂，早晚分服，每次200mL。氯霉素眼药水点左眼，每日6次。治疗经过：服药5剂，左眼红痛已止，前方加青黛、芦荟、大黄各10g，蔓荆子15g，服用5剂，睫状充血明显减轻，角膜溃疡面积缩小，前房积脓完全消退。又服7剂善后，左眼视力0.2，结膜不充血，角膜留有薄翳，前房积脓完全消退，嘱其停药。

按 刘怀栋认为：本例采用养阴清热，散风止痛，通腑泻火之法治疗。方中以生地、金银花、生石膏、花粉、知母养阴清热，以大黄、青黛、芦荟泻火通腑，荡涤肠胃之邪热，驱毒热之邪迅速外出体内；荆芥、防风散风驱邪；黄芩、龙胆草、芦根清热解毒；枳壳、甘草调和诸药，全方共奏养阴清热解毒之效。

3 肝胃实热型

多见有眼部疼痛较为剧烈，流泪，畏光、生眵、头痛、睫状充血，角膜溃疡，前房积脓。口干，大便秘结，小便黄赤，舌苔黄厚，脉弦数。治宜：清热解毒，通腑泻火。方药：银花复明汤（金银花、蒲公英各30g；天花粉、生地、知母、大黄、元明粉各12g；蜜桑皮、黄芩、黄连、龙胆草、蔓荆子、枳壳各10g，木通5g，甘草3g）。大便秘结甚者加重大黄用量，或加青黛、芦荟各10g；头痛剧烈者加荆芥、防风各12g；儿童患者去生地、知母、木通，药量酌情递减。

案3 彭某，男，33岁，2002年9月13日初诊。主诉：右眼疼痛不适，不能睁眼，流泪，羞明半个月，伴有口干，大便秘结。检查：右眼视力眼前指数。裂隙灯检查：右眼睫状充血（++），角膜大面积溃疡，前房内黄色脓液，瞳孔药物性散大。舌质淡红，苔黄厚，脉弦数。诊断：右眼凝脂翳、黄液上冲（匐行性角膜溃疡）。处方：银花复明汤，水煎服，每日1剂，早晚分服，每次200mL。配合阿托品眼药水、氯霉素眼药水点眼。治疗经过：服药7剂，右眼疼痛减轻，眼已能睁开。检查：右眼睫状充血减轻，角膜溃疡面积缩小，前房下方黄色脓液有吸收，前方元明粉改为5g，继服7剂。服药后效不更方，再服7剂检查患者右眼视力0.1，结膜不充血，角膜留有薄翳，前房积脓完全消退，瞳孔药物性散大。嘱其再服7剂，以善后退翳。

按 刘怀栋认为：本例为肝胃实热，邪火上攻，热毒不解，以致本病。非重用泻火解毒之品，则病不除。故以大黄、元明粉通腑泻肝胃积热，逐邪外出，以达釜底抽薪之意；金银花、蒲公英、黄连、黄芩、龙胆草清热解毒；火热毒邪最易伤耗阴液，故以生地、知母养阴清热，凉血止痛；桑皮、木通清心肺利小便；蔓荆子开玄府，散郁结，止疼痛；枳壳、甘草调和诸药，全方共奏清热解毒之功效。（张 彬）

麻痹性斜视

刘怀栋治疗麻痹性斜视，强调必须着重于健脾益气，熄风疏络，补气升阳。故多用党参、黄芪、当归、白术、茯苓之类，或用柴胡、升麻升提清阳；钩藤、全蝎则有熄风疏络之功。由于本病风邪所中有轻重缓急之不同，因而治法各异。属于风邪较重者，多用培土健肌汤和羌活胜风汤加减。本病多为脾胃虚弱，气虚风侵，脉络失畅，以致眼肌麻痹。故以健脾益气，培土健肌，散风疏络为治疗原则；当归、白芍养血活血，为“血行风自灭”之义。羌活、防风与升麻、柴胡同伍，为“升举阳气之要药”；诸药合用共奏健脾益气，散风疏络之效。方药对症，故见其效。或外感风邪，风邪中络客于眼肌，以致眼肌麻痹，视物成双，造成本病。由此见症，多拟散风祛邪之品，辅用健脾之药。故在大队散风药中，多用散风祛邪，加清解郁热内邪之品，或用健脾散风之品，诸品合用，风邪祛散，脉络通畅，故病得治。另外全蝎多用于急感风邪，或风邪较重者。对于病程日久者，并用小量党参、黄芪等扶正驱邪之品。属于肾阴阳虚者，方用育阴潜阳熄风汤和桂附地黄汤加减。肾阴不足，津液匮乏，阴虚亏损，肝阳易于上亢，风邪外侵，内有郁热，脉络失畅，以致本病。用大养肝阴，滋水涵木，清退虚热之品。或用育阴潜阳，散风疏络，清热解郁之药。伴有糖尿病或其他全身性疾病，且病情较重者，多用温补肾阳，疏通脉络，开郁启闭，佐以散风解郁之品。应用桂附地黄汤意为阴中求阳，在补阴阳中加宣通之品，配合针刺治疗，以开通玄府，解郁散风，疏通脉络，治愈眼病。辨证论治分为以下4型。

1 脾胃虚弱，脉络失畅型

患者上睑无力展开，遮于整个角膜，上睑麻木驰缓，开张失去自主，患者为了克服视物障碍，每有仰头视物的姿态，一般精神疲乏，食欲不振，舌质淡苔薄白，脉缓细或弦细，多为脾胃虚弱，气虚风侵，脉络失畅所致。治宜健脾益气，养血疏络。方用培土健肌汤，药用：党参、白术、茯苓、当归、炙黄芪、钩藤、全蝎各10g，柴胡、升麻、陈皮、甘草各3g，水煎服。胃纳欠佳，大便溏薄者加吴茱萸、炮姜各10g，附子3～10g；口渴烦躁者加麦门冬、天花粉、元参各10g；头痛颈项拘紧者加羌活、防风、前胡各10g。方中党参、白术、茯苓、黄芪等健脾益气，培土健肌；当归养血散风；柴胡、升麻升举阳气；钩藤、全蝎熄风疏络；陈皮、甘草共奏健脾益气，散风疏络之效。

2 风邪较重，脉络受阻型

眼球仅能直视而不能转动，伴有头痛，颈项拘紧，舌苔薄白，脉浮数，多为外感风邪所致，风邪中络客于眼肌，以致眼肌麻痹，视物成双，由此见症多用散风疏络之品。治宜健脾散风，疏通脉络。方用羌活胜风汤，药用：柴胡、黄芩、白术、枳壳、羌活、防风、前胡、薄荷、全蝎、桔梗、钩藤各10g，甘草3g，水煎服。大便秘结加番泻叶5～10g，口渴烦躁加生石膏12g，天花粉、麦门冬各10g。方中羌活、防风、前胡、薄荷、全蝎、桔梗、钩藤以祛散风邪；柴胡、黄芩清解郁热内邪；白术、枳壳、甘草健脾散风。诸品合用，风邪祛散，脉络通畅，故病得治。

3 肾阴不足，津血亏损型

伴有高血压病或糖尿病，视物成双，头晕目眩，手足心热，盗汗，口燥咽干，尿短而赤，或多见于成年人，脑力劳力者而突然发病。舌质红少苔或无苔，脉细数或弦数有力。多为肾阴不足，津液匮乏，阴虚亏损，肝阳易于上亢，风邪外侵，内有郁热，脉络失畅，以致本病。治宜滋阴益肾，平肝熄风。方用育阴潜阳熄风汤，药用生地、石决明各15g，白芍12g，麦门冬、天门冬、盐知母、盐黄柏、生龙骨、生牡蛎、怀牛膝、钩藤、全蝎、菊花、黄芩各10g，水煎服。胸闷，心悸，脉结去石决明、生龙骨、生牡蛎，加苏子、党参、远志、炒枣仁各10g，丹参15g。方中生地、石决明、枸杞子、白芍、麦门冬、天门冬大养肝阴，滋水涵木；知母、黄柏退虚热以清相火；生龙骨、生牡蛎、怀牛膝育阴而潜阳；钩藤、全蝎、菊花、黄芩散风疏络，清解郁热。组方严谨，故见其效。

4 肾阳不足，脉络失畅型

伴有久病不愈，或糖尿病，视物成双，体乏无力，面色无华，畏寒肢冷，少气懒言，自汗腰酸，小便清长，或糖尿病患者，而且病情比较严重。久病之人多损及元阴真阳，或老年人突然发病者，胃纳尚可，便润，口不干，舌质暗苔白，脉沉细。故多用温补肾阳，疏通脉络，散风祛邪。治宜滋补肾阳，温化通络。方用桂附地黄汤加味，药用：山药、黄芪各30g，茯苓、白术、黄精、钩藤各15g，附子6g，熟地10g，枸杞子、泽泻各10g，全蝎6g，丹皮、肉桂各5g，水煎服。纳少便溏去熟地、丹皮加吴茱萸、草豆蔻10g；口渴欲饮加葛根20g，麦门冬10g。方中附子、肉桂温补肾阳；熟地、枸杞子、茯苓、泽泻、山药、黄精、丹皮补益肝肾；黄芪、白术、全蝎健脾益气，散风疏络。诸品温化通络，开郁启闭，从整体出发，审因辨证，精选用药，治愈眼病。（张 彬）

刘欢祖男科医案

【名老中医简介】刘欢祖（1937～1998）　山西文水人。主任医师，教授。1962年毕业于北京中医学院医疗系。原新疆中医学院教授。国家著名老中医。享受国务院政府特殊津贴。

男科医案

案1 张某，男，56岁，1983年7月8日诊。近月以来，前后阴之间坠胀灼感，并于少腹，坠胀略有痛感，圊便频，溲解或急迫，素罹咳嗽痰略多，色白，纳谷小滞，苔白腻、舌中黄腻，脉弦略滑。苔黄白厚腻者，痰浊郁于上，湿热滞于下，湿阻气滞则前后阴坠感胀感，热则令二便急迫，而会阴灼感，治之者，当以清化湿热，淡渗湿浊，兼以清热理气。方药：苍术10g，川柏8g，牛膝10g，滑石15g，木通10g，萹蓄12g，瞿麦12g，川楝子8g，枳壳8g，车前子（布包）12g，萆薢12g，栀子6g。

案2 王某，男，44岁，1983年7月8日诊。溲解溺孔不适，渐延及少腹，两肾并前后阴之间，或有胀感或略坠感，溲略频，色淡黄色浊，卧则诸不适或轻减，而久立久坐则胀痛有加，圊便小常，饮食尚可，夜寐易寤，腰部酸痛，苔白糙而腻，舌质淡红，身略沉重而易疲劳，左脉沉细弦略数，右脉虚弦略数。苔白糙腻，是湿浊内阻之象，上焦咳痰，中则饮食小常，则知湿浊阻于下也。湿阻气滞，则脘腹气化受阻，并及肝气亦滞，遂令溲解溺孔不适，少腹、两肾及前后阴胀或坠感，右脉虚弦而数者，是气滞而兼气虚之象，故劳则诸症有加。治之者，首以化湿利湿、理气，兼以益气。方药：萆薢 10g，乌药 8g，石菖蒲 8g，苍术 10g，陈皮 8g，猪苓 15g，桂枝 8g，白芍 12g，生黄芪 15g，升麻 5g，党参 10g，冬葵子 12g。

案 3 郭某，男，32 岁，1986 年 11 月 12 日诊。阴汗出而清冷，腰部酸痛小抖，脘腹痞满，嗳气则舒，左脉三部弦小滑，右脉三部沉细而弱，腰部受寒则其痛有加，苔薄舌质略赤而胖大，溲频长，夜溲尤频长。舌体胖大，右脉三部沉细而弱，此阳气不足之症，肾命阳衰于下，阳虚不能固，则阴汗多而清冷，腰部酸痛而清冷受寒有加，脾土阴气虚则胃弱而不能腐熟，故令脘腹痞满，脾虚不能转输津液则口干，舌质略赤，左脉三部弦小滑，此又阴虚之证，故治之者，当滋阴而温阳，兼以健脾运。方药：生熟地各 15g，枸杞子 12g，菟丝子 10g，五味子 10g，山茱萸 10g，炒山药 12g，丹皮 8g，川断 12g，桑寄生 12g，砂仁 5g，白术 10g，葛根 8g，肉桂 3g，白芍 12g，麦冬 12g，补骨脂 7g，怀牛膝 12g，水煎服。

案 4 张某，28 岁，干部（文秘工作）。1987 年 11 月 25 日初诊。婚后已 3 年，婚后两年内夫妻性生活正常，并于婚后年余得一子。因工作性质的需要，经常长时间伏案撰写文字材料，甚至夜以继日，废寝忘食。一年前始觉阴茎勃举维艰，举而不坚，力不从心，然尚可勉力交媾。继而阴茎完全不能勃举，已有半年之久。曾服补肾壮阳之剂，初尚可取效于一时，但停剂则阳痿如故。以后再服则无丝毫之效。察患者身形瘦弱，面色萎黄，苔薄舌淡胖嫩，切脉沉缓弱，右三部尤甚。询知纳呆食少，四肢酸软，周身乏力，起立则头晕目眩，夜卧枕席则思绪纷纭，欲罢不能而难以入寐，腰部酸痛，二便如常。据此辨证，知为思虑伤脾，由脾而损及胃，脾胃既伤，后天水谷精微、气血化生不足，宗筋失养；后天不能滋养先天，以致肾之精气日衰。虽属脾肾肋虚，但脾胃气虚则是本病之根。故治之应从调补脾胃入手，先予补中益气汤加味。方药：升麻 8g，生黄芪 20g，党参 15g，白术 10g，炙甘草 6g，陈皮 8g，五味子 10g，茯神 15g，柴胡 6g，当归 12g。水浓煎服，日早晚 2 次分服。并嘱劳逸结合，少劳多逸，更不宜加夜班案牍。守上方服药 3 周，诸症重减强半，惟阴茎仍疲软不举。遂于前方内加枸杞子、菟丝子、肉苁蓉、仙灵脾各 15g，补肾壮阳，如前水浓煎服。并以人参 60g，鹿茸 30g，共加工为细末，每服 3g，日服 2 次，与汤剂同服。再服药 2 周后，阴茎始能勃举，但举而不坚亦不久，其余诸症悉解，纳健寐安，精力充沛。遂停服汤剂，仅予参茸散（方如上）服用。2 周后再诊，性功能已完全恢复正常。乃拟方补中益气丸、金匮肾气丸，早晚 2 次，每服各 1 丸，脾肾肋补，巩固疗效。年余后，患者因外感就诊，询知性事迄如常人，阳痿未再发。

案 5 卓某，32 岁，铁路局装卸工。1988 年 3 月 4 日初诊。结婚 5 年，婚后性功能正常，已有一女 3 岁。自述半年前始有尿后滴白，小便不利，余沥不尽等症，曾就诊于泌尿外科，诊为慢性前列腺炎，口服氟哌酸治疗，未获疗效。月余后又相继出现阴茎举而不坚，举而不久之症，未交媾则精已外流，迄今已 4 月余。询知素来喜酒贪杯，酒量渐增，甚至以酒代食，饮食递减，脘腹痞胀；并于得一女后，曾以交媾忍精不泄，或体外射精避孕。今仍于尿后滴白，并于大便时努挣，或于装卸搬运用力时则有尿道口流白，精神日渐衰弱，腰腿酸沉乏力，前阴汗湿清冷。察其形体虽壮而精神不振，苔白厚腻，舌淡胖大而嫩，切脉沉缓弱。据此辨证，病由嗜酒伤于脾胃，酒性热标本寒，脾阳受损，运化不健，湿浊内生，下流于膀胱，以致尿后滴白；湿阻气滞，膀胱气化不利，以致小便不利，余沥不尽；又因交媾忍精不泄，精虽未外泄，然已离精宫，离宫败精变浊，用力努挣则迫其下流为出白。脾胃阳虚气弱，不能温润宗筋；更有寒湿下流，而致宗筋弛长，发为阳痿。治之当从温阳化湿、健脾司运入手，予平胃散合实脾散化裁：苍术 10g、陈皮 10g、川朴 12g、草果 6g、槟榔 8g、白术 15g、干姜 8g、炮附子 10g、茯苓 15g、萆薢 15g。水煎服，日早晚 2 次分服。并嘱戒酒。服上方 1 周后，苔转薄白、舌转淡红，脘腹痞胀已解，纳谷有增，精神略有好转，而小便不利，余沥不尽，尿后滴白，努挣流白以及阳痿诸症悉如故。遂于前方去川朴、草果、槟榔，加生山药、芡实各 15g，乌药、石菖蒲各 10g，以秘精关而通水窍。又守上方服药 3 周后，滴流白浊已减大半，腰腿酸沉亦减，精神尚欠佳，而阳痿仍如故。停服前剂，改拟下方,意在益气健脾,补肾壮阳。生黄芪20g,党参15g,白术12g,茯苓12g,干姜5g,炮附子8g,菟丝子12g,沙苑子12g,补骨脂10g,巴戟天12g,蛇床子12g,仙灵脾15g。水浓煎服,早晚2次分服,日1剂。守上方服药2周后,精神转佳,腰腿酸沉已解,偶有努挣流白,并于寐中阴茎坚举,而寤即萎软。遂于前方去姜、附之辛燥,加枸杞子、肉苁蓉各15g,温润壮阳,再服2周后,阴茎已能随意勃举,坚挺不衰,性功能完全恢复正常,已收全功。

案6 王某,43岁,银行会计,已婚。1988年4月16日初诊。自述结婚已近20年,夫妻一直同居。年末始则有梦而遗,继则无梦而精自出,继至内裤常有精迹。阴茎举而不坚,勉力偶一交媾,射精量少。纳谷不馨,精力渐衰,腰部酸楚,大便燥秘,2~3日一行。察其身形消瘦,面色不华,苔薄舌淡红欠润、舌体瘦小,切其脉六部皆虚弦,左脉略沉,右脉虚甚。念其多年从事会计工作,终日伏案劳神,少有户外肢作活动。久思伤脾,胃气日减,纳谷呆少;脾气日衰,精神不振;脾气虚则运化呆,腑气不行,气血生化日亏,血虚肠燥便秘。后天生化不足,难以滋补先天,以致肾精亏而腰脊不强,精关不秘;更因脾虚气弱不能摄精,遂致由遗而滑,不能禁止。精亏真阴不足,阴虚不能成形,以致阴茎举而不坚,身形消瘦。精滑虽病在肾精不固,然其病本则在脾胃气虚,气不摄精。治宜补脾益气摄精为主,兼以补肾填精秘精。生黄芪30g、党参15g、白术15g、炙甘草10g、枳实10g、陈皮10g、生苡米12g、当归15g、生山药15g、芡实15g、沙苑子12g、金樱子12g。水浓煎服,日早晚2次分服。嘱其节劳,并于早晚适度户外散步或缓慢跑步锻炼。守方服用2周后,大便转润,日行一次;纳谷稍健,精神转佳;精滑之症亦略减。前方中去当归、枳实、生苡米,加枸杞子15g,肉苁蓉、炒杜仲各12g,水煎日服1剂。再服3周后,纳健,腰酸若失,偶有遗滑,情欲渐盛,阴茎坚举,性功能恢复正常。停服汤剂,改服人参健脾丸、金锁固精丸,每服各1丸,早晚各1次。1月后,再无遗滑而告愈。

刘吉善肝病经验

【名老中医简介】刘吉善(1953~)湖北竹山县人。主任医师。现任十堰市中医院院长。中华中医药学会理事,湖北中医学院硕士生导师,《湖北中医杂志》特邀编委,十堰市中医学会会长。湖北省知名中医。擅长中医中药治疗精神疾病,为国家"十五"确立的首批重点专科——中西医结合治疗精神病首席专家。研制的抗精神病专药《舒畅饮》通过湖北省重大科技成果鉴定。发表论文40余篇。

非酒精性脂肪肝

1 病因病机

刘吉善勤求古训,结合临床,将非酒精性脂肪肝的病因病机归纳为"实(饮食)"、"郁(情志)"、"湿(痰热)"、"滞(气血)"。

1.1 饮食失调,过食肥甘

《素问·痹论》:"饮食自倍,肠胃乃伤"。《医方论》:"人非脾胃无以养生,饮食不节,病即随之,多食辛辣则火生,多食生冷则寒生,多食浓厚则痰湿俱生,于是为积累、为胀满、为泻痢,种种俱见。"这与《素问·通评虚实论》中指出的"肥贵人"乃"膏粱之疾"的病机一致。肥甘厚味食之太过,必然损伤脾胃,中焦阻滞,水停湿聚,湿久化热、痰生。厚味肥甘入胃肠,中阳不运,脂质浸淫脉道,血脉不利,气滞血瘀,阻于经络,终致痰湿浊瘀蕴结不散,而成脂肪肝。

1.2 肝脾不调,气机失常

生活不规律或情志不舒、心理负担重、操劳过度、过度安逸等可致肝脾不调,气机失常。脾的运化,有赖于肝的疏泄。若失其疏泄,则气机不畅,水道不利,气津不化,气血津液输布代谢障碍,水停饮聚,凝而成痰成脂。"肝木疏土,脾土荣木,土得木而达之,木赖土以培之。"若肝之疏泄功能失常,无以助脾之升散,从而引起"木不疏土"或称"肝脾不和"的病理变化,导致精微不布,聚湿生痰,日久渐积,终致脂肪肝。

1.3 胃热滞脾,湿浊内生

《素问·奇病论》:"肥者令人内热,甘者令人中满。"有"肥人多痰"之说,嗜食肥甘厚腻,损伤脾胃,湿热熏蒸,炼液为痰,痰浊膏脂瘀积。胃热滞脾,食欲亢进,过多水谷瘀积体内,化为膏脂。损伤脾胃,运化失常,湿浊内生,"脾恶湿",湿浊进而阻碍脾气,水谷运化失司,加重湿浊内生,并可溢于肌肤,阻滞经络,或脾病及肾,脾肾阳虚,水湿运化无权。加重体内湿浊,瘀脂泛溢肌肤,而发肥胖,遂致脂肪肝。

1.4 痰瘀互结，痹阻血络

过食膏粱厚味，损伤脾胃，湿热熏蒸肝胆，致使肝胆疏泄失常，脾失健运，生湿酿痰，日久，留而成瘀。痰瘀互结，痹阻血络，脂质沉积形成脂肪肝。

2 辨证施治

刘吉善认为：通过“宏观辨证”与“微观辨证”相结合，借助现代医学知识、仪器、实验室检查，参考体质因素，非酒精性脂肪肝临床上可分为四型：肝郁气滞型、胆胃湿热型、肝胃阴虚型、肝脾血瘀型。疏肝解郁、健脾化湿、清热化痰、活血通络是治疗脂肪肝的基本原则。具体辨证施治：①肝郁气滞型：丹栀逍遥散加玄胡、葶苈子、浙贝母、砂仁、莱菔子、蒲公英等。②胆胃湿热型：三仁汤加温胆汤加减。③肝胃阴虚型：一贯煎加减（麦冬、条参、生地、川连、枸杞、石斛、当归、白芍、栝楼仁、薤白、百合、乌药等）。④肝脾血瘀型：调营饮加减（川芎、赤芍、酒大黄、莪术、延胡索、当归、参三七、穿山甲、水蛭、桃仁、红花、桔梗、枳壳等）。

3 诊疗特点

传统的中医辨证方法是靠宏观望、闻、问、切等手段，收集辨证素材，运用中医理论归纳分析，“思外揣内”、“探微求索”、“防微杜渐”，追求辨证的精确入微。刘吉善从实践中体会到，非酒精性脂肪肝的治疗坚持把“宏观辨证”与“微观辨证”相结合，是提高疗效的重要环节。妥善处理矛盾证型。临床上矛盾证型很多，以湿困与阴虚为例说明之，当湿困与阴虚并见于同一患者时，湿困治疗宜温化，阴虚理当滋阴，而温化可加重阴虚，滋阴又可加重湿困。刘吉善推崇“三因学说”，把致病的病机统一在五脏系统，包括五脏、六腑、五体、五用、七情及所属经脉的病变。脂肪肝的发生，除与饮食、情志等有关外，还与体质因素密切相关。清代医家章虚谷指出：“病之阴阳，因人而变”，“邪气因人而化”。重视人的体质因素在疾病发生中的作用是中医学的一大特色。善用心理疗法，配合临床，深入浅出的语言让患者懂病、懂因、懂治、懂预后。从理论到临床，从病症到治疗层层剖析，使患者心情舒畅，有助于机体康复。深得患者信赖。

4 典型病案

患者许某，男性，45 岁，干部。右胁胀闷不适 1 月。患者嗜食肥甘厚腻之品，不喜运动，伴有口干苦，不耐劳作，活动后胸闷、气促。无肝炎病史。无烟酒嗜好。查体：形体肥胖，体重 85kg，身高 165cm。舌质红，苔黄厚，脉弦滑。皮肤、巩膜无黄染，未见蜘蛛痣、肝掌。浅表淋巴结不肿大。心肺查体未见异常。腹部平软，无压痛、反跳痛，肝脾肋下未触及。双下肢无水肿。辅助检查：肝功能：TBIL 16.7μmol/L，DBIL 5.2μmol/L，ALT 49U/L，AST 88U/L，GGT 47U/L，TP 68.1g/L，A 35.2g/L。空腹血糖 5.4mmol/L。AFP10.4ng/mL。HBVM：HBsAg（阴性）、HBsAb（阴性）、HBeAg（阴性）、HBeAb（阴性）、HBcAb（阴性）。Anti－HCV－IgG（阴性）。肝纤：HA 84.7ng/mL，IV.C 39.7ng/mL，PC Ⅲ 46.6ng/mL，LN 48.4ng/mL。血脂：CHO 6.42mmol/L，TG 3.97mmol/L，HDL－C 0.62mmol/L、LDL－C 2.95mmol/L。B 超：重度脂肪肝，胆囊壁毛糙。辨证为胆胃湿热型。嘱患者低脂饮食，适当锻炼。治以清热利湿、健脾化痰。以三仁汤加温胆汤加减。共服药 30 剂。诸症消失。复查血脂恢复正常，B 超：轻度脂肪肝。改以上方加减配制水泛丸，6g/次，3 次/日，巩固治疗。3 个月后随访，患者经 B 超检查肝脏形态大小正常，临床诸症消失。（杨智海）

肝硬化腹水

1 学术思想

1.1 注重祛湿与调理脾胃

刘吉善认为，肝硬化腹水的病机可概括为 3 个方面，即湿、虚、瘀，其中湿邪贯穿疾病的整个过程，影响疾病的发展和预后，同时三者又相互影响，互为因果，形成邪盛正衰、虚实夹杂的复杂病机，致使疾病缠绵难愈。基于上述发病机理，刘吉善在临床诊治疾病的过程中，突出攻补兼施、调理脾胃的治疗原则。这正体现了“脾胃为后天之本”、“见肝之病，知肝传脾，当先实脾”的中医治疗大法；同时也是与其他应用大量苦寒之剂治疗肝硬化腹水方法的区别所在。

1.2 辨病与辨证相结合

辨证施治是中医治疗疾病的根本原则，也是中医学的精髓所在。随着现代科学技术的进步，现代医学对肝硬化腹水形成机理的认识不断深入，刘吉善在临床实践中，在中医辨证施治的基础上，不断吸收现代医学知识，辨证与辨病相结合，施治过程中加入既符合辨证又符合现代药理的药物，获得良好疗效。

2 辨证论治

2.1 气滞湿阻证

证见腹胀按之不坚，胁下胀痛，饮食减少，食后作胀，嗳气不适，小便短少，舌苔白腻，脉弦。治以疏肝理气、健脾利水。方药：柴胡 12g，木香 18g，厚朴

20g,白术15g,泽泻18g,车前子30g,茯苓30g,陈皮10g,大腹皮18g,槟榔15g。

2.2 寒湿困脾证

证见腹大胀满,按之如囊裹水,颜面微浮,下肢浮肿,脘腹痞胀,精神困倦,怯寒懒动,食少便溏,尿少,舌苔白滑或白腻,脉缓。治以温中健脾、行气利水。方用干姜10g,白术12g,制附子(先煎)10g,木瓜15g,桂枝10g,木香18g,车前子30g,槟榔12g,汉防己18g,茯苓30g。

2.3 湿热蕴结证

证见腹大坚满,脘腹撑急,烦热口苦,渴不欲饮,小便短黄,大便秘结或溏垢,两目、皮肤发黄,舌边尖红,苔黄腻或灰黑,脉弦滑或数。治以清热利湿、攻下逐水。方药:黄芩10g,黄连10g,酒大黄(后下)8g,半边莲15g,车前子30g,白术12g,干姜10g,枳壳20g,姜厚朴25g,茵陈30g,蒲公英20g,白茅根18g,木香25g,牵牛子10g。

2.4 肝脾血瘀证

证见腹大坚满,脉络怒张,胁肋刺痛,面色黯黑,面颈胸臂有血痣,呈丝纹状,手掌赤痕,唇色紫褐,口渴不欲饮,大便色黑舌质紫红或有瘀斑,脉细涩。治以活血化瘀、行气利水。方药:丹参25g,桃仁15g,酒大黄(后下)8g,川牛膝30g,三棱12g,葶苈子15g,桑白皮20g,土鳖虫15g,大腹皮18g,陈皮10g,木香25g,桂枝10g。

2.5 脾肾阳虚证

证见腹大胀满,早轻暮重,面色苍黄,脘闷纳呆,神倦怯寒,肢冷或下肢浮肿,食少便溏,小便短少不利,舌质淡紫,脉沉弦无力。治以温补脾肾、化气行水。方用制附子(先煎)10g,干姜10g,党参15g,白术12g,茯苓30g,泽泻18g,桂枝10g,车前子30g,汉防己30g。

2.6 肝肾阴虚证

证见腹大胀急,或见青筋暴露,面色晦黯,唇紫口燥,心烦失眠,牙龈出血,鼻衄时作,小便短少,舌质红绛、少津,脉弦细数。治以滋养肝肾、凉血化瘀。方用生地黄12g,山茱萸10g,何首乌12g,枸杞子10g,牡丹皮15g,泽泻18g,茯苓30g,川牛膝30g,车前30g,桃仁15g,凌霄花12g,赤白芍各15g,枳壳20g,鳖甲(先煎)10g。

3 典型病案

患者,男,37岁,教师。既往有乙肝病史10余年,肝硬化病史2年。曾间断服用中西药治疗,效果不佳,1年来病情有所加重,近来出现腹大胀满,按之如囊裹水,颜面微浮,下肢浮肿,脘腹痞胀,精神困倦,食少便溏,尿少,舌苔白滑或白腻,脉缓。肝脏B超示:肝硬化伴大量腹水。中医辨证为寒湿困脾。治当健脾利水行气。处方:藿香10g,陈皮10g,紫苏叶10g,桔梗6g,通草10g,滑石20g,厚朴10g,冬瓜皮30g,茯苓皮30g,白豆蔻12g,茯苓30g,葶苈子20g,王不留行30g,川贝母20g,竹茹15g,炮山甲8g,败酱草30g,大白15g。5剂,每日1剂,水煎温服。1周后,患者腹胀明显减轻,现仍在随访中。

4 讨 论

肝硬化腹水属于中医学“黄疸”、“胁痛”、“积证”、“鼓胀”等范畴。病因多系情志郁结、饮食所伤及感染湿热、寒湿、疫毒之邪,或病后体虚、劳倦内伤、感染虫毒所致。黄疸、胁痛、疟疾等疾病日久不愈可致积证和鼓胀。其病机为正气亏虚脏腑失和,气滞、血瘀、痰浊互结而成,其发生发展为一个漫长的过程。现代医学认为,引起肝硬化腹水的根本原因是肝炎病毒的感染(主要是乙肝病毒和丙肝病毒),据此有些临床医生选用大剂苦寒之药来抗病毒,不加辨证地选用大剂量活血化瘀药来治疗肝硬化。岂不知中西医是两套完全不同的理论体系,不可机械地对号入座,只有在严格按照中医辨证施治治疗原则的基础上,结合中药的现代药理研究,才能取得预期的疗效。刘吉善通过多年的临床实践总结,认为肝硬化腹水的形成与正气亏虚有很大关系,湿热疫毒之邪之所以能长期潜伏于体内,其原因首先在于人体正气亏虚,不能驱邪外出,正邪之间长期处于对峙的局面,提出了对该病应根据其邪正盛衰的不同,攻补兼施,在辨证施治的基础上,注重后天脾胃功能的调理,运用整体调整与局部改善(肝脏)相结合的治疗原则,采用中医辨证施治与中药药理研究相结合的治疗方法。(李旭英)

刘继高临床经验

【名老中医简介】刘继高(1929～)主任医师。曾任洛阳市中医院内科主任。张仲景国医大学兼职教授,中国中医研究院导师,北京中博中医研究院客座教授。河南省名中医。从医从教60余年,擅长治疗肾炎、肾病综合征、尿毒症等。

肾小球疾病

1 对肾小球疾病系肺阴亏虚的认识

对于肾小球疾病，中医界普遍认为其病机主要为感受外邪和正气虚弱两个方面。外邪致病多为风湿、风热、湿热，正气亏虚则多为肺脾肾三脏不足，并以脾、肾两脏亏虚为主，故治疗肾小球疾病多从风论治，从湿论治，从热论治，从虚论治，从虚论治则以益气健脾补肾为主。刘继高认为，以上对本病病因病机的认识及治疗方法并不能涵概所有患者或同一患者疾病发展过程的不同阶段。今人阴虚阳盛之体颇多，特别是使用糖皮质激素或其他免疫抑制剂的患者更易伤津耗液，使本病病机更加复杂多变，这一点在青少年身上尤为突出。肺为娇脏，喜润恶燥，肺主气司呼吸，主宣发肃降，通调水道，故称“肺为水之上源”。《素问·灵兰秘典论》云：“肺者，相傅之官，治节出焉。”本病发展过程中常出现肺阴虚之证，肺阴不足，肺燥失润，气机升降失司，则致其宣降失常；肺阴不足，卫气不能正常宣发御邪于外，水液不能正常输布，又因阴虚生内热，久则损及于肾，肾阴不足，更使水液运行失常，由是则出现水肿诸症。

2 自拟金屏风汤治疗肾小球疾病

刘继高认为肺阴不足是许多肾小球疾病反复发作、迁延不愈的原因所在。患者常见咽喉肿痛，口干舌燥，干咳，以及头晕耳鸣，五心烦热，面浮肢肿等症。若一见火热而直用苦寒之品，有时非但不能取效，反徒伤正气，而用滋阴润肺之法，则可使虚火下降，潜阳于阴。《丹溪心法》创玉屏风散，是取益气固表之意，刘继高以沙参、白芍、石斛、知母、麦冬、生地等组方，取“金屏风”之名，意与玉屏风相呼应。肺阴亏虚，气机失调，不能正常宣降，卫气亦不能正常宣发于外，此时滋阴润肺，肺阴得养，阴阳平衡，才可使肺之宣降正常，卫气则可正常宣发于外。故金屏风与玉屏风一阴一阳，皆为扶正御邪之法。

3 病案举隅

案1 韩某，女，50岁，2007年4月17日来诊。患者间断浮肿3 a，加重2个月。3 a前发现颜面及双下肢浮肿，至某省级医院就诊，查尿蛋白（＋＋＋），24h尿蛋白定量2.88g，血浆白蛋白31g/L。排除风湿类疾病、乙肝等。诊为“慢性肾炎”，给予洛汀新、双密达莫及雷公藤多苷等治疗。治疗0.5 a，患者症状时轻时重，尿蛋白持续在（＋＋～＋＋＋）之间，后改请中医治疗，病情亦不见改善。近2个月来浮肿加重，咽干而痛，口干舌燥，五心烦热，形体消瘦，眼睑浮肿，双下肢按之凹陷，舌质黯红少苔，脉弦细。证属肺肾阴虚，兼有血瘀。以金屏风汤加味滋阴润肺，益肾通络。处方：沙参30 g，白芍20 g，石斛15 g，知母10 g，麦冬15 g，生地15 g，益母草30 g，女贞子15g，丹参20 g，川芎10 g，鳖甲15 g，制大黄10 g。5剂后咽痛口干、五心烦热之症悉除。上方加猪苓30 g、泽兰15 g，再服14 d后浮肿明显减轻，复查尿蛋白（＋），24h尿蛋白定量0.42 g。再以上方加减调理1个月，余症皆除，尿蛋白转阴。此后又巩固治疗2个月，病情稳定，遂停药。至今未再复发。

按 本患病情反复发作，虽经中西医多方诊治仍未获效。患者形体消瘦、咽痛口干、五心烦热均为肺肾阴虚之象，故虽浮肿但不可妄行利水，否则有虚虚之虑。先予滋阴润肺，使肺阴得养，虚火下降，再加利水而不伤阴之品，乃取事半功倍之效。

案2 张某，男，14岁，2007年3月8日来诊。患者有“肾病综合征”病史5 a，复发20 d。患者5 a前因浮肿在某医院诊为“肾病综合征”，经标准激素疗程治疗，获完全缓解，但当强的松减至5mg/（kg·d）时，病情复发，强的松又加至足量，再次完全缓解。如此反复。3 a前肾活检示轻度系膜增生，患者又加用中药治疗，多用益气健脾补肾之剂，效亦不佳。20d前患者病情再发，全身浮肿，尿蛋白（＋＋＋），24h尿定量5.8 g，血浆白蛋白18g/L，遂将强的松加至60mg/d，病情仍无好转。查患者咽部充血，手足心热，舌绛红无苔，脉细数。证属肺阴亏虚，虚火内盛。拟金屏风汤加清热凉血之品治之。处方：沙参30g，知母15 g，生地20 g，石斛20 g，麦冬10 g，白芍15 g，水牛角30 g，蒲公英30 g，金银花30 g，牛蒡子10 g，玄参10 g。10剂后症状明显减轻，尿蛋白减至（＋）。再服10剂后，尿蛋白转阴，浮肿尽消。此后加减调理年余，治疗经过平稳，未再出现反复，激素逐渐减量停药。现各种药物均已停用3个月，各项指标复查正常。

按 患者为激素依赖型难治性肾病综合征，再发激素难以起效，此非药物之过，乃病机变化使然。因长期使用激素使肺阴不足，虚火内盛，阴阳失衡，故治疗自难起效。以益阴润肺、清热降火为法，虽无一味利水之品，但属治本之治，故仍可取消肿之效。

案3 李某，女，16岁，2007年5月23日就诊。有过敏性紫癜性肾炎病史2 a，加重1个月。2 a前，患过敏性紫癜性肾炎，曾用小剂量激素治疗无效，后一直服用中药治疗。2 a来皮肤紫癜反复发作，尿蛋白常在（＋～＋＋）之间，潜血多为（＋＋＋），颜面及双下肢持续浮肿，间断加重。近1个月来症状明显加剧，转来就诊。查患者毛发稀疏，咽喉红肿，双下肢皮肤有散在点状红疹，压之不褪色，膝关节以下浮肿按之凹陷，舌淡红无苔，脉细无力。查尿蛋白（+++），潜血（+++）。自述少气乏力，夜寐不安，盗汗，手足烦热，前医多用清热解毒、凉血止血之剂治疗。此乃阴虚血瘀之证。故予金屏风汤养阴润肺酌加益气补肾活血之品治之，处方：沙参15 g，知母6 g，生地15 g，石斛15 g，麦冬10 g，白芍15 g，太子参15g，山药30 g，川芎10 g，泽兰15 g，龟版15 g，蝉蜕10 g。10剂后紫癜消失，浮肿减轻，尿蛋白减至（++）。加猪苓30 g，续进10剂，尿蛋白减至（+），潜血（++）。又经治疗0.5 a，诸症皆除。

按　该患者属阴虚之体，过用苦寒，反伤正气，过用止血，闭门留寇。故在养阴之基础上，酌加益气活血药物，选用太子参、山药益气而不燥；川芎、泽兰、猪苓活血利水而不伤阴。药切病机，故取佳效。（郭建立　刘涵）

刘茂才学术经验

【名老中医简介】刘茂才（1937～）教授，主任医师，博士生导师。现任广东省中医院老年脑病研究所所长，脑病专科学术带头人。广州中医药大学首席教授。享受国务院特殊津贴。国家新药研究与开发专家委员会委员，中华中医药学会理事会理事，中华中医药学会内科脑病专业委员会主任委员，广东省中医药学会理事，广东省中医药学会脑病专业委员会主任委员。广东省名中医，第二批全国老中医药专家学术经验继承工作指导老师。擅长中西医结合诊治神经内科及其他内科疾病，如中风（脑梗塞、脑出血等）、眩晕、头痛、痴呆、癫痫、颤证、失眠、郁证等。

学术思想

1 辨病求本，不囿表象

刘茂才认为，多种内科疾病尤其是中老年人的内伤杂病，往往根源于脏腑气血阴阳亏虚，在此基础上内生痰浊、瘀血等而成本虚标实、虚实夹杂之证。虚象者自当治以“虚则补之”为则，但临床上许多患者虚象并不显著，甚或表现痰、瘀、热等实象，刘茂才对此亦同样重视补益，认为不应为某些表面病象所掣肘，“治病必求其本”，只要辨明该患者确实有“虚”，就应处处顾护正气、辨证施补。

1.1 综合分析患者一般资料及体质，细察“虚象”

刘茂才十分注重综合分析各项临床信息，将患者的年龄、性别、职业、发病节气、所处环境、心理状态等作为选方用药的重要依据。他指出，“老年人多为肝肾不足，尤其是肝肾阴虚”，故对老年患者常以补益肝肾为大法，随证加减；幼儿形气未充，肺脾肾不足，尤其以脾胃稚嫩为主，常注重健脾理气和胃；妇人中年以后，易出现血虚及气血郁滞，常需兼顾养血活血、疏肝理气，并注意月经对气血盈亏的影响；脑力劳动者可因心血暗耗而成心脾气血两虚，或长期熬夜折损气阴，应酌情予健脾补气或益气养阴。刘茂才还提醒注意鉴别有些患者受心理因素影响而描述出种种的“虚象”，其实质可能是气郁而非气虚，例如一些患者若情绪焦虑或抑郁、或希望得到更多关注时，可能会将倦怠、乏力、气短、胸闷等症状描述得很重，有的还会“装”出声低息微的虚弱之状，这就尤其需要医者四诊合参、细辨真伪。另外，刘茂才常细心留意患者面色善恶、声息强弱、穿衣多少、肢体温凉，以及追问其烟酒嗜好，饮食寒热喜恶、既往用药反应等，以辨析患者素体体质，以求辨证准确、全面。

1.2 从病因病机及发病规律把握“虚证”

中医对不少疾病的病因病机及发病规律已有较为明确清晰的认识，这可作为分析是否有“虚”的重要参考，例如中风以脏腑气血亏虚为基本发病基础，呆病的总病机不离髓海失养等等，这些病虽常兼有瘀血、痰浊等邪实，但究其根本仍为因虚致实。

2 证治揆度虚实，进退有度

内科杂病尤其久病、老年病大多本虚标实，刘茂才指出，“正虚”与“邪实”往往分属不同的脏腑，而“正虚”又有气血阴阳和脏腑之别，这使得病情复杂多变。因此扶正补虚必须衡量邪正关系，把握“补益”之度。

2.1 祛邪宜衰其大半，注重护本

刘茂才临证时祛邪务求及时，却不强求彻底，尤其对内生诸邪，常“衰其大半而止”。只要没有明显禁忌，都会尽早用上扶正补虚的药物。

如治疗中风，许多中风患者起病时以肝风、阳热之象为主，刘茂才常用天麻、钩藤、夏枯草、葛根、桑叶、菊花、毛冬青等平肝熄风清疏之品，兼痰瘀、腑实

者加法半夏、天竹黄、竹茹、丹参、桃仁、红花、益母草、王不留行、虎杖等。但单用治标之剂的时间甚短，不超过5～10d，只要病情稳定、实象未见加重，即开始酌加太子参、山萸肉等平补之品。察其症状、面色、舌脉有由实转虚的迹象时，就应逐渐减少攻伐而加大益气血、补肝肾的力度，予北芪、党参、杜仲、桑寄生、巴戟天、熟地、菟丝子、枸杞子等；仍有大便秘结者也不宜再用攻下，可予何首乌、肉苁蓉或仁类药以补虚、润下；若需活血化瘀则可转投平缓、或兼养血、舒筋的活血药，如鸡血藤、牛膝等；化痰则不宜过用寒凉，可合用茯苓、白术健脾以化痰。刘茂才指出，中风急性起病时所表现的“邪盛”之象是由脏腑气血逆乱所致，究其本乃是脏腑气血亏虚，治之太过必加重其虚，及至表现明显虚象时脏腑元真已受重创，补之已晚。另一方面，痰瘀贯穿中风病始终，虽因气虚无力运津行血而生痰成瘀，但单用涤痰化瘀难收良效，故通过运用益气补虚可达“防邪”、“祛邪”之效。

“风雨寒热，不得虚，邪不能独伤人”，对于外邪入中经络引起的疾病，如治面瘫，刘茂才特别注重其“脉络空虚”的一面，祛风散寒或疏风清热均中病即止。初期尽量避免使用蜈蚣等温燥动火之品，以防耗伤阴血，筋脉失养，导致面肌痉挛；后期则常加益气养血、养阴生津之品以活血通络、濡养经脉。

2.2 扶正当以平为期，稳中求效

年老脏腑精气虚衰总是难以逆转，许多疾病（尤其是神经内科疾病）一旦发生就难以完全恢复。因此，扶正补虚往往是一个长期的过程。刘茂才推崇《内经》中“以平为期”的治疗理念，认为补虚不是强求回复既往的“强健”而是要让机体在新条件下达到新平衡；遣方用药力求稳中取效，避免破坏气血阴阳的稳态。

刘茂才认为，补虚的治法一旦选准，就不宜因为机体暂时出现的“实象”而大作调整，因为骤攻骤补最易打破阴阳平衡而使病情更加复杂。用药时在药量或同类药物之间稍作调整即可。如前所述，在治疗中风病后期用补肝肾、益气化痰活血为法，若患者因不能耐受而出现咽干口渴、心烦、苔黄等燥热之象，刘茂才常保留人参和黄芪等补药不变，而在化痰、活血、通络等药上调整，如将法半夏改为竹茹，川芎改为丹参或赤芍，徐长卿、伸筋草等改为秦艽、忍冬藤、络石藤等，或再改党参为太子参，酌减补气或补肾阳的药物，也可稍佐生地、麦冬等养阴清热、生津润燥之品；若出现脾胃积滞、便秘、咳嗽咯痰等变化，原方相应加减即可；期间还需鉴别是补气药导致燥热内生还是兼有阴虚内热的情况。刘茂才还指出，慢性病或疾病后遗症期机体难免会出现一些“邪实”的症状或舌脉象，甚至掩盖了原有的虚象，必须注意这些往往只是反映了机体的局部情况，不可以偏概全而忽略了原有的基础病变。另外，天气、饮食、起居、情绪等因素均可导致机体变化，应随之调整。

刘茂才使用补益药物多从小量逐加，循序渐进。他常以北芪、党参作为补气药对。北芪有时会重用至100g以上，但都从30g起始，待患者能适应才逐渐加量，或先用补气力度和温燥之性稍弱的南芪，用党参则多从10至15g开始或先用太子参。用龟版、鳖甲、熟地、当归等滋阴养血之品亦遵此理。

3 补中寓通，不拘一法

刘茂才运用补法不仅补而不滞、补不留邪，更是补中寓通、补而能消，主要表现如下：

3.1 补肾与益气血合法治疗中医脑病

中医认为肾、精、髓、脑密切相关，肾与脑借督脉相通，肾精由督脉上输于脑。另外，精、髓、血同源，脑又离不开气血濡养。因此，呆病、痿病、截瘫等脑髓病变常与肾精及时性气血有关。刘茂才由此确立补肾与益气血合法的治疗思路，常用龟版、枸杞子、黄精、肉苁蓉或鹿角霜、淫羊藿、巴戟天、杜仲等滋肾阴、补肾阳以益精生髓；用北芪、党参、白术、茯苓等健脾益气生血，常重用北芪取其补气升提之效；兼有阴血亏虚者，加山萸肉、白芍、何首乌、熟地以滋阴养血。

3.2 滋阴剂中少佐凉血活血之品

临床上不少失眠、郁病的患者证属阴虚内热，刘茂才常效丹溪大补阴丸之法治以滋阴降火，予龟版、熟地填补肾中元阴，并选加麦冬、沙参、玉竹、石斛养阴生津，或白芍、酸枣仁等滋阴养血，知母、黄柏、生地、玄参等清热养阴。匠心独运之处在于合用少量凉血活血之品，因为血属阴，阴虚可致血滞，同时滋阴药大多滋腻，加用活血药可使静中有动、补而不滞，凉血又助降火清热，一举多得。阴虚兼有五心烦热或骨蒸发热者常用牡丹皮，兼有肝火者常用赤芍，兼有肝郁气结者常用郁金，往往疗效较佳。

3.3 益气而化痰瘀，以补为消

痰瘀等内生之邪，多为“因虚致实”，前人已早有健脾化痰、益气活血等法。刘茂才认为痰瘀同源，可痰瘀同治。二者均因水液代谢失常而生，常互相转化、互结为患。中医脑病中的中风、眩晕、头痛、呆症等疾病就常因痰瘀阻络、清窍受扰而起，应活血化痰并行。因此类病症根本病机都与脏腑气血亏虚有关，且气可行血、行津，故以益气为主，血虚则佐以养血活血，津亏则配合滋阴生津。常以补气力胜、性动而能行滞的北芪为补气主药，活血化瘀方面常选泻中有补的药物，如以鸡血藤、丹参、益母草等活血补血，以茯苓、白术、陈皮、法夏等健脾化痰，再视具体情况加用活血通络、化痰除湿之品。痰瘀蕴而化热时，补气药可继续用，而且需继续用，配合清热化痰、活血凉血即可。刘茂才指出，攻伐之性太强的药物易耗损气血，反而使痰瘀更难消除，正如前贤所言，"因虚致病者……与其去病而虚不可保，毋宁补虚而病可渐除"。

3.4 重视脏腑特性及其相互关系，补中寓通

刘茂才立方选药时重视顺应脏腑特性，不用猛药重剂而往往获效甚佳。脑为清阳之府，既需气血精华濡养，又易受痰瘀浊气蒙蔽，故在补气血、益精髓时，注重涤痰瘀，保持大便通畅以降浊气，同时配伍川芎、白芷、天麻等上行疏利头目，或选用石菖蒲、远志、郁金等开窍之品。脾胃虚弱则易生痰湿、易有积滞，故健脾补气常需佐以理气、除湿、消滞。在岭南湿热之地，理气除湿又不宜过于温燥以免助生湿热，常用枳壳、厚朴、苍术、绵茵陈、鸡内金、谷芽、麦芽等，还常选用岭南地方药物，如布渣叶、火炭母、芒果核、鸡蛋花、田基黄等。肝为刚脏，性喜调达，又因其体阴用阳而气常有余、阴血常不足，治疗癫痫、抽动症等肝风为患的疾病，发作期除了平肝熄风止痉，还常配伍疏肝清肝之品，如柴胡、郁金、菊花、夏枯草、牡丹皮等，缓解期则需注意养肝柔肝，用白芍、酸枣仁、山萸肉、生地、麦冬等等。

刘茂才善于利用脏腑生克关系提高疗效。治疗失眠证属肝郁脾虚者用抑木扶土法，常以党参、白术、茯苓、法半夏、柴胡、郁金、合欢皮、酸枣仁为基础方加味；治疗癫痫证属阴虚肝风内动者用滋水涵木法，一方面以钩藤、羚羊角骨（或羚羊角胶囊）、水牛角平肝清肝，或加白蒺藜、天麻增强熄风之效，另一方面重用龟版滋补肾阴，加白芍、玄参、生地、麦冬、沙参、山萸肉等加强养阴清热，再合用化痰、通络之品，对控制癫痫发作常收良效。（黄婉怡）

临床经验

中风病

1 重视气血失调与痰瘀为患

刘茂才认为，中风之发病，其关键在于气血失调，痰瘀为患。该病多发生于中老年人，在气血亏虚、脏腑阴阳偏盛的基础上，遇有劳倦内伤、忧思恼怒、嗜食厚味、烟酒等诱因，进而引起脏腑阴阳气血错乱，痹阻脑脉，或血溢脉外，形成清窍失宣而见神昏、口舌歪斜、不语或言语謇涩、偏身麻木不遂等中风症候。从病者的体质与发病年龄看，中风之病，多先有伏痰存在，因其脏腑气血失调，每致痰浊内生，痰阻脑脉或痰随气升，阻滞脑髓脉络而出现中风证候。中风病后，由于脑脉之痹阻，或脑脉气血之郁积，致清阳之气不得舒展，津液渗泄，为痰为饮；中风病发，血溢脑脉之外，致津凝血败，亦化为痰，这种痰在中风病中的产生和存在，在一定条件下，可互为因果，甚至造成恶性循环。中医传统理论认为，凝和瘀是两种不同物质和致病因素，痰是人体津液不化或水液代谢失常而形成的病理产物，瘀是人体血行不畅，污秽之血或离经之血着而不去的病理表现。但刘茂才认为"痰瘀同源"，"痰瘀同病"，"痰瘀互患"，痰瘀贯穿于中风病的始终，两者可共患，亦可转化，终致痰瘀互阻，脑髓脉络不通畅之病变。

2 祛瘀涤痰通络为治疗大法

刘茂才认为，治疗中风病应遵循中医辨证施治原则，采取综合治疗措施。在诊断、辨证明确的前提下，对中风病应早期应用综合手段进行综合救治，利用各种给药途径及治疗手段，充分发挥中西医各自的优势，根据患者的个体情况，予（介入）溶栓、手术清除血肿、中药针剂、口服液、灌肠液、针灸及早期康复措施等方法进行综合救治，以提高治愈率、降低病死率、减轻致残程度，并强调早期活血化瘀、涤痰通络为治疗之大法。

不论出血性中风、缺血性中风，发病后其基本病理为脑脉瘀滞不畅，活血化瘀可改善脑组织血管微循环，促进血肿吸收和侧支循环的建立，以利功能恢复。临床上，除使用活血化瘀针剂如川芎嗪、血栓通、复方丹参注射液、灯盏花素注射液等外，刘茂才还研制了中风病系列中成药：如清肝熄风、破血逐瘀、涤痰开窍之脑脉Ⅱ号胶囊和口服液；益气活血、涤痰开窍、熄风止痉之脑脉Ⅰ号胶囊和口服液，均获得较好疗效。此外，还主张痰瘀同治，涤痰常选用胆南星、牛黄粉、天竺黄、海藻、石菖蒲等，祛瘀则常选用水蛭、三七、土鳖虫、毛冬青、丹参、益母草等。而通腑醒神法则是针对中风病腑气不通之病变，其发病多与患者素有宿痰，发病后痰邪积滞、痰瘀交结，或素为阳盛之体，或脾肺、元气亏虚发为中风，而致热甚腑实或气虚便难；而病后肠蠕动减弱、气机不畅，肠内废物积滞过久，加重腑气不通。腑气不通，

大便不畅可能成为病情加重或再中风的危险因素。故应重视通腑醒神，无论其有无意识障碍，均可用之；对于中风病之急危重症，及早予通腑醒神法，更可直折肝阳暴亢之势，或起上病下取、急下存阴作用。刘茂才曾运用大承气汤加虎杖煎水灌肠治疗重症中风，收到良效。经过长期临床观察和总结，研制了通腑醒神胶囊。辨证、辨病应用于各期、各型中风，常获良效。

急性出血性中风用活血化瘀法，因恐加重出血或引起再出血，故将出血性中风作为活血化瘀之禁区。但刘茂才积极推崇以活血化瘀法治疗急性出血中风。他认为，出血中风之络破血溢，本身就是瘀血；离经之瘀血，必然阻滞清窍之脉络，影响脑髓气血流通；加上神智障碍，饮食受阻而津液无以补充，或眩晕呕吐，津液耗伤，或卧床不起，气血郁滞，或误用寒凉止涩太过，致血脉凝涩等，形成新的瘀血，又加重或促发瘀血证候，使脑脉更加瘀阻，甚至造成恶性循环。故无论何种病因所致出血中风，虽病因繁多，病机复杂，但治疗瘀阻脑络、清窍不宣为当务之急，此有形之邪，为血实之证，宜祛除之。通过活血祛瘀加以疏导，使离经之血消散和吸收，促进脑脉流通。清阳之气舒展，恢复功能，达到祛瘀生新的目的。现代药理研究表明，活血化瘀药物对凝血机制有双向调节作用。因此，不必担心用之加重出血或引起再出血。出血中风病发后，只要上逆之气复还，气复平顺而不上逆，亦无明显出血倾向，可在辨证用药的基础上，应用活血祛瘀法治疗，把握时机，视病情而加重破血逐瘀之剂，以促进脑水肿的消除，血肿的吸收，改善血液循环，促进侧支循环的建立，恢复神经功能，提高疗效。

临证中，刘茂才还主张中西医结合，通过现代医学的开颅、钻孔碎吸等手术清除血肿，迅速解除血肿占位效应，争取时间，同时发挥中医药辨证施治的优势，尤其是活血祛瘀法的综合应用，能够取得较好的疗效。他主持国家“九五”科技攻关项目“高血压性中、大量脑出血血肿清除术及中医药治疗的研究”，通过百余例临床观察初步表明，28天、6个月随访临床疗效及患者生活能力（ADL）均优于西药对照组，并能降低合并感染率。

3 中风后期当益气活血与肝肾同治

对于中风后期，刘茂才强调益气活血法，且讲究益气活血孰轻孰重，同时又重视肝肾同治。他认为中风急性期后主要以“本虚”为主，兼以“标实”，“本虚”乃为气血不足，肝肾阴精亏虚，脑脉失养，髓海空虚，肢体功能活动障碍。“标实”即痰浊、瘀血阻滞脑窍脉络，而痰浊瘀血又为正气亏虚所致，“气行则血行”，气虚则运血无力，血流不畅而成瘀，水液不化气而成痰。因此，根据“急则治标，缓则治本”及“肾主骨，生髓，髓皆属于脑”的理论，结合中风其病在脑，瘫痪诸症乃为痰瘀痹阻脑脉所致，拟补气补肾以益脑髓，达到扶正以祛邪，寄补为通，寄补为消之目的，立复方北芪口服液处方。方中重用黄芪以补气，助以健脾化痰；配何首乌、鸡血藤以益气活血通脉兼以养肝肾；用龟胶以滋阴潜阳，益肾健骨。诸药合用，平调阴阳，补益肝肾，使气血流畅，精气充足，脑髓得充，痰瘀自消。临床用之，效果较佳。他主持国家中医药管理局课题“复方北芪口服液治疗中风恢复期临床与实验研究”已通过结题，受到国内专家的一致认同，鉴定为同类研究“国内领先”水平。（黄 燕 卢明）

神经证

1 病位在脑，以阴阳为纲

中医学对脑主精神意识思维活动，虽然有一定的认识，但其理论尚不完善，并且常有笼统和直观的局限性。刘茂才根据多年的临床经验，提出神经证的病位在脑，盖从脏的体用而言，由于脑为髓之海，髓属阴，脑为真气之所聚，真气属阳。阴为体，阳为用，阴阳矛盾的统一，是人体保持躯体与心理健康的根本。一旦阴阳失调可导致大脑皮质功能失调，精神紧张。外界恶性刺激及疾病是导致这种调节功能减弱的重要因素。刘茂才禀从朱丹溪“阳常有余，阴常不足”的理论，认为神经证临床以阴虚内热证为多见。阴虚则阳亢，机体物质能量代谢消耗多于合成，表现倦怠无力，腰膝酸软；消化腺分泌受抑制，胃肠平滑肌舒张，括约肌收缩，故出现食欲减退、口干、便秘等植物性神经症状。治疗应根据病机特点，以调整阴阳、养心宁神为法则，只有这样才能“阴平阳秘，精神乃治”。

2 注重心肝肾脏腑之间的辨证

人之五志，是指人精神活动的五种神志表现，包括怒、喜、思、悲、恐。《素问·阴阳应象大论》指出：肝在志为怒，心在志为喜，脾在志为思，肺在志为悲，肾在志为恐。刘茂才认为，人在社会生活中，种种外界刺激可以影响到人的精神活动，造成心肝肾虚损，阴血不足，脑海失养。心肝肾三脏中，以肾阴虚为主，心肝兼有。盖心藏神、主火，肾藏精、主水，肾水不足则心阴亦亏，心火必旺，肾水不足则虚火妄动；肝属木而肾属水，肝之阴精充足与否，在于肾水是否充足，肝阴虚则阴虚生内热，肝阳上扰而加重虚损，心虚则为虚汗，怔忡，心悸，不寐，神志郁结或错乱。肾虚则为骨蒸，梦泄，头痛，腰痛，耳鸣，健忘。肝虚则为善怒，筋掣，头晕，目眩，胁痛。所以治法应当补心养肝益肾，以交水火，潜浮阳。水火交，浮阳降，则五脏之阴不会再受影响，神经证也就可治愈。

3 抓住病机实质所在，舍症求本

刘茂才常喜用分析综合方法，他认为临床中的许多症状、脉象或相对客观的舌象都不能绝对化，有时甚至可以是相反的结果，尤其在临床杂病之辨证中更当注意。在临床辨证中，须注意由饮食因素或医源因素等导致的非原病因素所致之"病症"，通过分析判断后，抓住病机实质，舍症求本，提高临床疗效。例如一中年男性神经证患者，见汗出、头晕、失眠、焦虑、口干、舌淡、脉细，前医以其舌淡、脉细考虑为心血不足，治以归脾汤，服用10多剂中药不见效。刘茂才以其有口干、头晕、睡眠差、脉细，当为心肝肾虚损，阴血不足，脑海失养，仿知柏地黄汤之意以交水火，潜浮阳，补心养肝益肾。二诊时患者述汗出、头晕、失眠、口干等症减轻。

4 借鉴古方，加减化裁

由于患者、病情各有所异，仅仅遵古守方还不能治疗千变万化的病症，刘茂才多在继承的基础上，从不同的侧面、不同的角度摸索新的经验和方药，给中医的理、法、方、药增添新的内容。在治疗神经症的遣方用药方面，刘茂才常仿《金匮要略》中百合地黄汤和《医宗金鉴》中知柏地黄汤之意，在补肾的基础上，上以敛心神，下以泻相火，常以生龙骨、生牡蛎潜肝阳，知母、牡丹皮、水牛角等泻相火，女贞子、石斛、麦冬、白芍、生地黄等滋阴，酸枣仁、合欢皮、夜交藤等补阴血，宁心敛汗，镇静安神。诸药合用，使心肾之火得安，肝肾之阴得补，故可缓慢取效。（连新福　黄燕）

医案验案

偏头痛验案

患者，女，24岁，大学生，2001年9月1日门诊初诊。反复发作性头痛3年，加重1周。患者3年前因失恋导致情绪不宁，忧郁恼怒、纳寐不佳，逐渐消瘦而出现头痛，呈发作性掣样痛，以双颞、前额为甚，痛甚则恶心思睡，每月经前后头痛发作加剧，肌肉酸痛，兼有头晕、目干涩、口干口苦、多梦、心烦易怒、纳呆，在当地久服益气益阴药未见疗效。既往无药物及食物过敏史、性情喜静，多愁善感，月经色暗，量少，有血块。检查：T36.8℃，P 78 次/min，R 20 次/min，BP 98/68mmHg，神清，对答切题，双肺呼吸音清，心率78 次/min，律齐，无杂音，腹软，无压痛，肝脾肋下未触及，神经生理反射存在，病理反射未引出，舌暗红，苔薄白，脉弦滑。实验室检查：颈椎X线片未见异常；经颅多普勒超声：双侧大脑中动脉、前动脉血流增快，血管痉挛。西医诊断：偏头痛；中医诊断：头痛。刘茂才四诊合参，认为证属肝郁气滞，痰瘀阻络，治以疏肝清热，佐以化痰祛瘀。处方：桑叶12g，菊花15g，荷叶15g，合欢皮30g，浮小麦30g，郁金15g，天麻15g，丹参20g，白芍15g，石菖蒲9g，柴胡10g，甘草6g，水煎服，每天1剂。配合中成药：血蝎胶囊2粒，每日3次，共服2周。9月15日二诊：头痛锐减，自觉头部清爽，目干涩、口干、多梦减轻，唯晨起头晕、肌肉酸痛，舌暗红苔少津，脉滑，肝经郁热渐消，脾弱气虚渐显，治以疏肝健脾，理气通络。处方：菊花15g，合欢皮30g，浮小麦30g，郁金15g，天麻15g，丹参20g，白芍15g，柴胡10g，甘草6g，党参20g，女贞子20g，蜂房6g，知母20g。中成药：血蝎胶囊2粒，每日3次。共服2周。9月30日三诊，患者头痛基本消失，头晕、口干改善，纳食增进，精神亦振，经颅多普勒超声：未见血管痉挛；半年后随访，无头痛发作。

按　中医治偏头痛"从肝论治"是重要治法，《素问·至真要大论》曰："诸风掉眩皆属于肝"。肝为风木之脏，肝阳上亢，水不涵木，风阳上扰，阻遏清阳，是偏头痛发生的根本病理基础。患者性情多愁善感，"怒伤肝"、"忧伤脾"、情志失调，可引起脏腑功能失调，阴阳偏颇，气血失和，脉络瘀滞，不通则痛，证见头痛且胀。肝胆失疏，肝郁气滞，横逆犯胃，证见心烦易怒，纳呆、口苦等。"肝气"转化，"气有余便是火"，火热灼津，肝阴不足，证见目干涩、口干、多梦，舌暗红，苔薄白，脉弦滑为肝郁气滞，痰瘀交阻之象。中医治疗"偏头痛"以"从肝论治"为主，其次是"从瘀论治"，"初病在气，久病入血"，"不通则痛，久病入络"，结合现代医学研究，偏头痛患者的血小板凝集性升高，刺激5-HT释放，从而引起血管张力性收缩，脑血流量减少，亦支持了血瘀之论，故脑络瘀滞是其局部病机。此外，百病皆由痰作祟，薛立斋谓："头痛久发，多生于痰"，强调痰瘀同治。综上所述，平肝熄风，活血涤痰，通络止痛是中医治偏头痛基本治法。本案例中，桑叶、菊花、荷叶善清肝经风热，柴胡、郁金善疏肝理气，火盛日久、火热伤阴，则阴虚阳亢，古人有"欲阳之降，必滋之阴"，当滋水涵木，培下清上，宁心安神，选天麻在滋阴潜阳基础上加合欢皮、白芍养阴安神，石菖蒲、丹参涤痰祛瘀通络止痛。以上组方集疏肝、潜阳、化痰、祛瘀于一方，综合治理。血蝎胶囊乃中药“龙血树”提取制剂，李时珍著《本草纲目》云：“此物干如血，故谓之血蝎……主治心腹卒痛、破积血、止痛生肉、去五脏邪气、补虚、益阳精、散滞血诸痛、妇女血气……”并推崇血蝎为“和血圣药”，刘茂才佐以此药治偏头痛常获良效。本病急性期发作，经过治疗可暂时得到缓解，但极易复发，病程较长，多属本虚标实，本患者以脾虚为本，风、痰、瘀为标，故治疗上应以治病求本，兼以治标。二诊时，当目干涩、口干等肝经风热症状减轻，在原方基础上减桑叶、荷叶、石菖蒲，加党参以健脾益气，女贞子、知母养阴清虚热，蜂房通络止痛。如此辨证辨病相结合辨证用药，全面调整阴阳、气血、脏腑、经络之平衡，以求得寓通于利，气行血旺，风邪自灭，通随利减之效。(覃小兰 张忠德)

刘茂甫学术经验

【名老中医简介】刘茂甫(1930～)　教授，硕士生导师。1959年陕西中医学院师资班毕业。曾任原西安医科大学中西医结合研究所所长。首批全国老中医药专家学术经验继承工作指导老师，陕西省名中医。长期从事医疗、教学、科研工作，创办学术刊物《现代中医》杂志并任主编。发表论文50余篇，出版专著《中老年养生手册》《老年病常用中药》，参编《常见病中医治疗研究》《孙思邈千金方研究》《中西医结合实用内科学》等书，审订全国高等医药院校教材《中医学》，主编西安医科大学教材《中医学》以及《中医诊疗常规》。

老年病

1 学术思想

1.1 肾虚是老年人的生理特点。

刘茂甫根据《素问·上古天真论》“女子七岁，肾气盛齿更发长，……五七阳明脉衰于上，面始焦，发始堕；六七三阳脉衰于上，面皆焦，发始白；七七任脉虚，太冲脉衰少，天癸竭，地道不通，故形坏而无子也。丈夫八岁肾气实，发长齿更；……五八肾气衰，发堕齿槁；六八阳气衰于上，面焦发鬓颁白；七八肝气衰，筋不能动，八八天癸竭，精少，肾脏衰形体皆极，则齿发去”的理论，认为老年人存在着生理性肾虚。他指出，此段经文是古人对人体生、长、壮、老、已的客观认识和高度总结，说明机体衰老，女性从35岁开始至49岁明显，男性从40岁开始至56、64岁时最为明显，这种生理性变化是由肾元精气逐渐虚衰所致。

1.2 肾虚使人体阴阳失调，脏腑功能失常，以致瘀血、痰饮等邪内生

肾藏精，精气为人体阴阳之本。肾中之精气是构成机体的基本物质和维持生命活动的原动力，对机体各方面的生理活动均起着极其重要的作用，故称：“肾为先天之本”。来源于肾精气中的元阴元阳，分别对机体各脏腑组织起着滋养、温煦的作用，是人体阴阳之本。各脏之阴取之于肾阴，各脏之阳取之于肾阳，而“阴阳者，天地之道也，万物之纲纪，变化之父母，生杀之本始，神明之府也”《素问·阴阳应象大论篇》。正常情况下“阴平阳秘，精神乃治”。肾精气虚衰，则生命失去了物质基础，不但出现肾精衰之证候，而且还会出现阴虚、阳虚、阴阳俱虚等病理变化。肾阴精不足，各脏腑组织器官失于滋养、濡润，则导致阳热亢盛，火热内生，炼滓为痰，灼伤营血，各脏腑功能衰退；肾阳气虚衰，各脏腑组织器官失于鼓动，温煦，其功能衰退，出现阳气不足的寒证和血液水液不能温运而停于体内的瘀血、痰饮诸证。

1.3 瘀血和痰饮是引起老年病的直接原因

瘀血和痰饮是由肾虚所致，是老年人因生理性肾虚，使脏腑功能失常，气、血、津液代谢紊乱所产生的病理产物，也是引起老年病的直接原因。它们一旦形成，便可作为病因引起新的疾病，其病理特点为阻塞不通，并相互导致，正如刘茂甫所说：“附着于血管壁的一种特异性痰浊，由于它逐渐沉积，愈变愈厚和范围增大，阻滞血液流通，这样的病理变化，即可导致血管压力增大，或某脏络缺血，大脑孙络为脉络之最细者，而表现脑缺血更为突出，易发生变证，值得注意。”瘀血和痰饮郁久便可化火，形成气、血、痰、湿、火、瘀结体内，使病情不断复杂化。

1.4 提出用补肾化瘀法治疗老年病

基于以上论点，根据“治病求本”的原则，提出补肾化瘀为治疗老年病的基本治法。刘茂甫认为该法适用于各种老年病，如中医的眩晕、中风、惊悸、消渴、痹证、积证、淋证等。西医的高脂血症，心、脑血管病，内分泌病，免疫功能低下，肿瘤，前列腺增生等均可用补肾化瘀法治疗。

2 临床经验

补肾化瘀法，是刘茂甫根据老年人肾虚兼瘀的生理病理特点而设立的治疗大法。补肾，是扶正的总称，不但包括了益精、滋阴、壮阳补肾，还包括了调补气血及各脏腑功能的调节，但以补肾益精、滋阴、壮阳为主。化瘀，则是祛除邪气的总称，包括了活血、除湿、化痰、行气、消食等祛除瘀邪的方法，但以活血、化痰行气为主。常用的补肾益精药有枸杞子、女贞子、五味子、菟丝子、何首乌等，其代表方为益肾饮（自拟：由枸杞子、女贞子、五味子、丹参、车前子等组成）；滋补肾阴药有：生地、天冬、石斛、旱莲草等，其常用方为六味地黄汤加味；壮阳补肾药有淫羊藿、巴戟天、杜仲、补骨脂等。其常用方为右归丸、金匮肾气丸。常用活血药有桃仁、红花、丹参、川芎、郁金、牛膝、益母草、当归等，常用方为桃红四物汤加味；除湿化痰多用茯苓、猪苓、泽泻、半夏、车前子等，常用方为五苓散、二陈汤加减。行气常用陈皮、厚朴、枳壳、香附等，其代表方剂为厚朴八味汤（自拟：胃散加枳壳、柴胡、炒莱菔子连翘）。

补肾化瘀法在临床应用时应注意以下几点，补肾化瘀同时应用，始终养精、护精以固其本，同时配以活血除湿等祛瘀药，以通利血脉；肾虚重瘀邪轻，则以补肾为主；肾虚和瘀邪并重，则祛瘀药味，量要偏多、偏重；肾虚但瘀邪偏重者，应以祛瘀为主，补肾药量要轻，味少；用于保健、康复时，应以补肾益精为主，如“益肾饮”。另外，老年人由于体虚，病情多变，治疗时应注意辨证与辨病相结合，临床与实验相结合，必要时中西医治疗同时应用。（郑清莲）

妇科病

1 对女性生理特点的认识

刘茂甫认为，脏腑在女性生理活动中所起的主要作用是化生精血，促进发育，滋生天癸，产生月经等，而在此生理活动中起最主要作用的为肾脏，肾藏先天之精，为冲任之本，天癸之源，也是生长、发育、生殖的根本。月经的产生是依赖天癸的泌至和冲任二脉的通盛，而天癸来源于肾。冲任二脉的通盛也取决于肾气的盛衰。《素问·上古天真论》说：“女子七岁，太冲脉盛，月事以时下……；七七任脉虚，太冲脉少，天癸竭，地道不通，故形坏而无子也。”这段经文叙述了妇女生理的全过程，同时也说明了妇女月经的生理形成是在肾与冲任二脉的作用下通过胞宫而完成的。因冲任二脉皆起于胞中，又系于肾。正如《妇科经论》中说：“况月水全赖肾施化，肾水既乏，则经水日益干涸。”由此可见肾在女性生理中的重要作用。也只有在肾气旺盛，阴阳调和，天癸才能得以滋养，泌至胞宫，冲任二脉才能充盛，精血方能注入胞宫化为月经，胞宫也才能受孕，育胎。

脏腑中除肾以外，肝、脾在女子生理中亦起着重要作用。刘茂甫认为，脏腑在女性生理活动中各司其职而完成其功能，但它们之间又是相互依存，相互协调为用的，脏腑中以肝、脾、肾三脏与女性生理活动最为密切，而这三脏中又是以肾为基础的，所以肾在女性生理活动中所起的作用是最为重要的。女子在体为阴，以血为本，肾主藏精，肝主藏血，精血互生，肝肾同源；脾主藏血，为后天之本，气血生化之源，肾藏先天之精，与脾共同完成生血的功能，女子一生的生理过程即经、孕、胎、产、乳均离不开血，不但要血源充盛，而且要血脉通达，不得有瘀，所以刘茂甫认为，肾是女子生理的保证，血是女子健康的条件。

刘茂甫还认为，气血、经络在女性生理活动中也发挥着重要的作用，气血是人体一切生理活动的物质基础，经、孕、胎、产、乳无不以精血为本，以气为用，妇女月经为血所化，妊娠需血养胎，生产靠气来推动，产后血化为乳以营养婴儿，因此，气血在女性生理的各个环节中都是非常重要的，它具有荣脏腑，充经络，促天癸，化月经，养胞胎，生乳汁，资津液等功能。《圣济总录》说：“血为荣，气为卫，……内之五脏六腑，外之百骸九窍，莫不假此而致养，矧妇人纯阴，以血为本，以气为用，在上为乳饮，在下为月事，养之得道，则营卫流行而不乖，调之失理，则气血衍期而不应。”经络在女性生理中的作用，主要表现在奇经八脉中的冲、任、督、带的作用上，其生理功能主要是对十二经脉的气血运行起着蓄溢调节作用。冲为血海，任主胞胎，任脉与冲脉同源相资共同完成其生理功能，所以在妇科无不言冲任。

2 对女性病理特点的认识

肾为先天之本，受之于父母，主一身之阴阳，藏先天之精血，先天禀赋不足，或任何原因导致的后天失养，使肾的生理功能失常而发生的肾阴阳平衡失调，生精，化气，生血功能不足，天癸的产生与泌至不足，冲任失固失养，系胞无力，种子成胎机化异常，从而发生与其有关的妇科疾病，临床上常见的证型有肾气虚、肾阳虚、肾阴虚及肾阴阳两虚等，其发病多因先天禀赋不足，肾气未盛，冲任未充，或后天疾病伤肾等，由于妇女所有的生理活动无不依赖肾气的旺盛，肾精的充沛，所以无论肾虚的哪一个证型均可导致妇科疾病的发生，如闭经，痛经，月经过多、过少，崩漏，不孕或产后诸病。

刘茂甫认为，妇科疾病的发生，与各脏腑的功能失调均有关系，但由于肾禀赋于先天，主生殖，其肾气的盛亏，阴阳的消长，既与先天禀赋有关，又与后天调养有关，各脏腑功能失调均可累及肾脏，而妇科疾病，无论是经、孕、胎、产、乳哪一种，都是完成生殖过程的一部分。所以妇科病的发生大多与肾有关，而肾病均为虚证，所以刘茂甫提出"肾虚血瘀为妇科病之本"。

血瘀是妇科最常见的病证。血瘀的发生，或因寒凝，或因热结，或因气郁，气虚，或因恶血内留，或因冲任受阻。总之，有瘀则气血阻滞，血脉不通，"不通则痛"，瘀血阻滞，新血不得循经则出血，故妇科瘀血证常见有疼痛，出血，肿块，发热，月经不调，闭经等证，由于瘀血阻滞的部位不同，因而所致的病证各异；由气虚，气滞，气逆所致的妇科疾病，临床上大多还是以血的病证表现出来，如气虚对血的推动无力，统摄无权，冲任不固，造成瘀血疼痛，出血或小产等。情志不畅而导致气机失调，气滞则血瘀，以致冲任不利，胞络受阻，同样发生与血有关的妇科病。

经络是脏腑间相互联系的通路，也是气血运行的通道，尤其是冲、任、督、带四脉，直接连系着脏腑与胞宫。所以气血失调，脏腑功能失常，冲、任、督、带损伤，三者相互影响，相互累及，最终而导致妇科疾病的发生。刘茂甫认为，妇女一生以血为本，其经、孕、胎、产、乳的生理活动均离不开血，所以，妇科疾病的病理特点，无不表现在血上。只要血脉充足，运行如常，就不会发生疾病；而无论是气虚，气滞，血寒，血热，血虚，或经络阻滞等，其最后的病理结果大都是血瘀，因而，刘茂甫提出的"肾虚血瘀为妇科病之本"，是抓住了主要矛盾。

3 治疗妇科病的辨证施治特点

刘茂甫认为，正确的治疗方案来源于正确的辨证，而处方用药无一不是在辨证的指导下实施的。在妇科病中，常用的辨证方法有八纲辨证，脏腑辨证，气血津液辨证等，在临床上，我们一般是将三种方法结合起来进行。刘茂甫认为妇科病发生的基础是有虚有实的，虚者多为肾虚，实者多为瘀血，而妇科病落实到具体的脏腑功能失常方面，主要与肾、肝、脾三脏有关，而其中与肾的关系最为密切，也就是说，无论是肾阴虚，肾阳虚，还是肾阴阳两虚，都会导致妇科病的发生；在妇科病的临床表现方面无论是经、带、胎、产、乳哪一种病变，都是与气血津液分不开的，而其中与血的关系又最为密切，如出血，疼痛、不孕、缺乳等无不是因为血虚或血瘀。所以刘茂甫主张将这传统的三种辨证方法结合起来，再与现代医学的辨病结合起来，经过具体分析和多年的临床经验得出了肾虚血瘀为妇科病辨证的关键这一结论。至于具体是肾阴虚，肾阳虚，肾阴阳两虚，或是肝肾阴虚，脾肾阳虚等，则要根据具体病变来决定；另外，瘀血的发生部位也是同样要根据妇科疾病的具体临床表现才能确定是瘀在脏腑，瘀在经络，瘀在胞宫，瘀在冲任等。（薛东波 郑清莲）

中、晚期肝癌

1 对肝癌病因病机病位的认识

刘茂甫认为：肝癌病位在肝，其本在肾，其标在瘀。在生理条件下，肝藏血、肾藏精这种"精血同源"的关系，决定了肝与肾在生理上相互为用，在病理上相互影响。不管是肾中阴精不足引起的肝阴不足，还是肝火过盛暗耗肾阴，均使肾中阴精不足。肾精不足，肝失所养，则邪气乘虚而入，引起肝癌的邪气，刘茂甫认为是瘀邪所致。基于以上肾虚之理论，可知肾之阴精不足，不能滋养肝阴，肝阴不足，疏泄失常，使体内气机的升降出入失常，气机不畅不能推动血液运行，水液不能正常敷布，饮食不能正常运化，气、血、痰、湿，交合郁结，积于胁下，则见积聚癥块。瘀结不通，故疼痛剧烈，瘀久化火则出现热症，可见日赤、心烦、黄疸，迫血妄行则出现吐衄等出血症候。所以说肝癌的病变部位虽在肝，但其本在肾虚，其标则为瘀。

2 提出补肾化瘀为治疗肝癌的基本治则

刘茂甫认为："积者，积累也，由渐形至而成，先有虚后有瘀，闷其气血，使正气得复，邪气也就渐驱。"故提出以补肾化瘀法作为肝癌的主要治疗原则。在补肾药的运用上，主张应以补肾精为主，佐以滋阴壮阳药，常用药有：女贞子、枸杞子、山药、山萸肉、菟丝子、生地。化瘀药，理气活血化瘀用：丹参、红花、柴胡、川楝子；利湿化瘀用大腹皮、白茅根、车前子、苡米，消食化瘀用乌梅、山楂、鸡内金；泄火化瘀用栀子、黄芩、半枝莲、知母、白花蛇舌草。并以补肾化瘀之药制做成药，益肾饮（枸杞子、菟丝子、五味子、丹参、山楂等八味药），在病情稳定时服用。用药特点为：补肾药贯穿始终，但补而不过腻，以防瘀邪难除，化瘀以疏通肝气，调理气血，辨别各类瘀证之不同而加减用药；切勿乱用破血、攻下、逐水之峻剂，以免耗伤正气。

典型病案 和某某，男，36岁，干部。住院号：266615。患者于1991年9月26日以晚期肝癌、肝癌破裂，行剖腹探察，肝右动脉栓堵，腹腔清理术后70d，皮肤巩膜黄染6d，由肝胆外科转入我科。患者于3个月前，作B超时发现肝右前叶可见一4cm×4cm稍增强光团，CT示肝右前叶可见一7.2cm×5cm低密影，边界模糊，磁共振报告，肝右叶原发性肝癌（6cm×8cm）。碱性磷酸酶（15.915mg/100mL），胆固醇高（351mg/L）AFP、血清铁蛋白正常、HBsAg（+），HBeAg（+）。患者除感觉乏力外，余无特殊不适感。查体，肝脾不大。诊断为原发性肝癌，住院准备手术切除。但住院2W后突然出现腹痛，急给剖腹探察，发现肝癌巨块约7cm×10cm已破裂，腹腔内有大量鲜血，约1000mL，因不能切除故给行肝右动脉栓堵（栓堵液为阿霉素60mg+泛影葡胺20mg+碘化油10mL），同时给腹腔清理，术后7d拆线，伤口愈合良好。70d后感头昏、乏力加重，皮肤巩膜黄染，黄疸指数53u，转氨酶GPT高达100。复查CT，肿块与原无明显缩小，考虑肝转移或化疗引起的肝细胞破坏，外科给保肝对症治疗1W，效果不显，症状反而加重而转入我科。入我科时，头昏、乏力、腹胀、纳呆、尿黄、皮肤巩膜黄染、黄色鲜明，性情急躁易怒、舌红、苔黄腻、脉弦数。刘茂甫根据病史，结合脉证，诊断为癥积，辨证属肝肾阴虚，湿热壅盛，遂用标本同治法，给滋补肝肾，清热利湿，佐以疏肝理气，方用生地12g、山药15g、女贞子12g、丹皮8g、栀子12g、茵陈30g、柴胡9g、山楂30g、车前子15g。服上药10剂，黄疸明显消退，因腹胀不减再加用枳壳12g、莱菔子15g以消胀理气。连服2W，乏力、腹胀、黄疸消失，复查黄疸指数正常，B超报告肝内肿块明显缩小，去掉清热利湿之剂，以补肾为主（方用生地、山药、女贞子、丹皮、栀子、柴胡、川楝子、山楂、当归）连服1月后转外科行门静脉右支栓堵术，术后2W，复出现乏力，纳呆，胁下胀满，但皮肤巩膜微黄，黄疸指数24μ，GPT50，舌红、苔黄腻、脉弦，辨证用药同上，服药10d后症状基本消失，20d后化验肝功，黄疸指数正常，碘试验（+），高田氏（+），B超报告，肝光点增多。结合舌红、苔薄黄、脉弦细，辨证属肝阴不足，给予六味地黄汤加枸杞子、女贞子、丹参、川楝子、当归，以充其根，养其肝，疏其气血。连服2月。除口干外，余无特殊不适感，B超报告肝光点增多，增粗，肝内原肿块消失，脾脏略大。辨证同上，用上方加红花12g、郁金6g，继服2月，同时加服益肾饮，日二支分早晚服，症状基本消失，肝功好转，出院。出院后坚持服六味地黄丸、益肾饮。后每月复查，肝功、AFP、血清铁蛋白，B超观察2个月，未见复发迹象。

3 体 会

刘茂甫认为，肾虚是肝癌发病之本，这与现代医学对癌症发生的研究是相吻合的。现代医学认为，肝细胞有强大的再生能力，如肝细胞受某种因素影响而坏死、过度再生的过程推动生理控制，可通过细胞的化生而演变为癌细胞；并认为癌症是因致癌因子作用于机体，突变率先起动，抗突变在抗癌作用上十分重要，而现代研究，肾虚可以造成免疫功能下降，特别是细胞免疫功能低下，体液免疫紊乱，自身抗体阳性率增高。在这种情况下，机体抵抗力下降，只要致癌因素作用于机体，突变因子就可能率先起动而发生癌症。用补肾药可以增强免疫功能。现代研究结果表明，山楂、当归、丹参、五味子、枸杞子、女贞子、天冬、苡米、百合、杏红、山萸肉、茯苓、乌梅等中药对AFB有显著抑制致突变作用。提示这些中药含有抗突变物质，不仅能抑制移码型突变，也能抑制碱基置换性突变。通过这些诱变抑制剂在细胞内或细胞外使致突变物灭活，阻断致突变物质损伤DNA引起体细胞突变而达到防癌的目的。说明补肾是治疗肝癌较有效的治则，有可能成为综合治疗肝癌的主要治则之一，值得进一步探讨。（郑清莲）

中老年颈椎病

1 方剂组成

枸杞子15g、菟丝子15g、五味子15g、天麻15g、钩藤15g、葛根30g、丹参30g、地龙9g、茯苓30g。每日1剂，水煎，分早晚服。

方中枸杞子、菟丝子、五味子补肾益精，茯苓健脾除湿、丹参活血化瘀通经，均为君主之药，葛根升阳生津解肌、润养筋脉为辅药，天麻、钩藤平肝熄风，地龙通络利湿为佐使药。诸药合用，共奏补肾、化瘀通络之效。

本方特点为除用补肾、活血、祛湿化瘀外，重用葛根。葛根：被《神农本草经》列为中品，其味甘、性平、入脾胃经，为解肌退热，透发麻疹、生津止渴、升阳止泻的常用药。唐以前多用于解肌、调胃、止泻、止痢，宋以后又常取其升阳止泻及透疹退热之功，以治脾虚泻泄和疹透不畅之症。近代又常用治高血压、头痛、冠心病。刘茂甫用此治颈椎病，认为该药既能解肌，又能透疹，说明其表里双解互为作用，颈椎病虽非外邪侵犯于表，但多有项背强痛之筋脉不通之证。故取其生津液，润筋脉之效用于颈椎病。他还指出，此非表证，要用此药量宜大，方可全效，故一般量多为30g，远大于正常量（6～12g）。现代药理研究证实,葛根提取物总黄酮及葛根素有增加冠状动脉、脑血流量的作用,对解除项背强痛效果颇好,对头痛、头晕、耳鸣及肢麻的症状也有改善作用。

2 临床加减应用

心烦、失眠、多梦者,加酸枣仁30g,远志9g或合欢皮15g、夜交藤15g;血虚者加首乌、熟地各15g;伴疲乏无力,肢体软弱不用气虚症者,去枸杞子,加补阳还五汤(黄芪15g、赤芍15g、川芎15g、桃仁9g、红花9g);舌质紫暗,瘀血症状甚者加红花25g、元胡18g;冷痛甚者加桂枝9g。肢体麻木,沉重甚者加防己18g;伴有口干,但不欲饮,午后烦热等肝肾阴虚症状者去枸杞子、菟丝子、加六味地黄汤(熟地、山药、山萸肉各12g,泽泻、茯苓、丹皮各9g)。

3 验案举隅

患者,潭某某,女,55岁,以头昏颈面部麻木一年,加重50天主诉于1993年11月27日就诊,患者于一年前,无明显原因,头昏右颈项麻木,有时面部亦有麻木感,经本单位卫生所治疗,时轻时重,50天来头昏症状加重,颈项麻木不能缓解,有时疼痛、面部不适、伴腰膝酸困心烦,记忆力减退、失眠、多梦、食欲可,大小便正常。曾于1991年颈椎拍片报告“颈椎病”。平素体健,分别于1980年、1989年二次左胫骨骨折,已绝经五年。查体,体形略胖,BP 15/10KPa,舌质淡红、苔薄白、脉沉细。颈部活动尚可,两肺(-),心界不大,心率78次/分,律齐 Az > Pz,腹部无压痛,肝脾不大,双肾区叩痛(-),右手握力较差,腱反射无亢进,颈颅多普勒超声检测报告:“右侧椎动脉供血不足。”西医诊断:颈椎病,右侧椎动脉供血不足。刘茂甫根据以上症状认为属肾虚血瘀。治则补肾化瘀,佐以安神,全方为:天麻15g、钩藤15g、远志9g、五味子15g、枸杞子15g、女贞子15g、炒枣仁15g、柏子仁15g、葛根30g、川芎18g、丹参18g、红花12g。每日一剂水煎,分早晚服。服上方二周头昏颈面部麻凉,腰酸膝困明显减轻,只是睡眠仍欠佳,故给按以上治则:加合欢皮18g、夜交藤15g、牛膝15g、菟丝子15g、去枸杞子、五味子、远志。服药6剂,睡眠好转,头昏,颈项麻木已不明显,说明服药有效。由于患者煎药不便,故改用成药益肾饮补肾化瘀以治其本。

按 该患者十多年来竟骨折二次,并常感腰膝酸困,说明其本为肾虚,颈项麻木为气血不通,故用补肾化瘀治疗,疗效明显。(郑清莲 薛东波)

刘茂林妇科临床经验

【名老中医简介】刘茂林 主任医师。毕业于陕西中医学院。曾任榆林市中医院党委书记兼副院长。陕西省中医学会常务理事,陕西省中医妇科学委会副主任委员,省中医药研究院客座研究员,《陕西中医》编委,榆林市中医学会副会长。陕西省名中医,第四批全国老中医药专家学术经验继承工作指导老师。擅长男女不育不孕症、习惯性流产、急慢性盆腔炎、功能性子宫出血、闭经、乳腺增生、子宫肌瘤等妇科疑难杂症。出版专著《妇科诊治门径》,发表医学论文20余篇。

经行头痛

1 清窍失养宜补气升清

妇人以血为本,以气为用,五脏六腑全赖气血之营养,况脑为元神之腑,最为娇嫩,对气血的反应更为敏感。如若素体虚弱,或久病失养,以致气血亏损,加以经期阴血下注冲任,气血益亏,脑海失养,则病头痛。临床以经期或经后头晕痛或空痛为特点。伴见面色㿠白,心悸气短,神疲倦怠等症。治以补气升清。方用顺气和中汤治疗,收效颇丰。

案1 张某,女,32岁。1987年5月4日初诊。主诉:经后头痛3年。经中西医多方诊治少效。3年前因经期过于操劳,致经血大下。嗣后每于月经后期则头脑空痛,心烦闷乱,坐立不安,持续5天左右而止。月经周期正常,量少色淡、质稀。平素头晕眼花,心悸易惊,神疲乏力,稍劳则气短,昨日经净,头痛复作。望之形体消瘦,面色不华,舌淡,边有齿痕,脉细弱。治当补气升清,佐以养血止痛,方用顺气和中汤。药用:炙红花30g,当归10g,党参15g,炒白术10g,炙柴胡、炙升麻各6g,酒白芍12g,川芎10g,细辛8g,蔓荆子10g,炙草3g,3剂。药后头痛止,眩晕心悸明显减轻,仍觉倦怠乏力,神疲肢软,继以上方加炒山药、黄精各30g,5剂药尽,除微觉心慌外,余症若失。拟用归脾汤6剂补益心脾,以善其后。随访1年,再未复发。

按 气血亏虚,经行阴血下注,则益感不足,清窍失养,故病头昏头痛。加之气虚不得摄血,经量反会愈多,势必气血益虚,若不及时治疗,往往会造成恶性循环。因此,刘茂林针对病机,以益气升清的顺气和中汤治疗本病。如此气旺则血自生，清气升则脑得养，标本兼顾应手取效。

2 肾虚肝旺当滋阴疏风

肾藏精，生髓通于脑。肝藏血，其脉于督脉会于顶，肝肾同源，滋养清窍。肝肾不足，精亏血少，经行阴血益虚，肝阳偏亢，上扰清空，则致头痛。临床以经行巅顶掣痛为特点，伴见腰酸眩晕，心烦易怒，口苦咽干等症。治以滋阴养血，清肝疏风，滋阴乃治病之本，但上扰之亢阳虚风，急宜疏之散之，以轻凉上行之药散之于无形，则头痛自止。

案2 叶某，女，25岁。1988年4月27日初诊。主诉：近3年每遇经行则巅顶掣痛。伴有头晕目眩，腰膝酸痛。月经周期提前4~5日，量少色紫红。患者素性急躁，心烦易怒。现经行3日，头顶痛剧不可忍，经服数10片去痛片暂缓，移时复痛，无片刻安宁。伴口苦咽干而不多饮。腰背酸痛，心中了乱，坐卧不安，小便色黄，舌红苔少，脉弦数。此乃肾虚肝旺，风火上扰，治当滋阴养血，疏风清肝，药用：生地30g，当归8g，山萸10g，枸杞12g，白芍、川芎、丹皮、焦栀、桑叶各10g，菊花8g，薄荷6g，钩藤5g，蔓荆子10g，3剂。服完1剂后，头痛若失，得3剂尽，头晕目眩基愈，口已不渴，微腰酸，继以上方去桑叶、菊花、薄荷、钩藤，加女贞子、旱莲草各12g。5剂药尽，诸症愈，为巩固疗效，嘱继服杞菊地黄丸5盒。经随访未复发。

按 足厥阴与督脉会于巅。肝肾阴虚，经期阴血益虚，偏亢之阳上扰清窍，则病经行巅顶痛。刘茂林临证悉用养血胜风汤化裁治疗，效果满意，此例患者本于肝肾精血亏损，标以亢阳上扰清窍。故以滋阴壮水以制阳光治其下，清肝柔肝以安将军治其中；疏散风火以清头目治其上，如此标本兼顾，上下同治，1剂除主症，见卓效。由此可见刘茂林临症用药的精细之处。

3 气滞肝脉应理气疏肝

肝为风木之脏，性喜条达，恶抑郁，而女子性善忧郁，每破坏气血冲和之象，致肝气郁结，疏泄失常，气血运行失畅，每值经期，气血变化急骤，更使郁结之气不畅，循经络影响头部，则致头痛。临床以经行头部两侧胀痛为特点，伴见精神郁闷，胸胁乳房苦满胀痛，时叹息，嗳气等症。治当疏肝解郁，佐以轻散通络，理气畅血之品，使气血和顺畅达，则头痛自愈。

案3 刘某，女，32岁，1987年11月20日初诊。主诉：1年前正值经期，因精神受刺激，次日则头痛，经量明显减少，微有小腹胀痛。嗣每值经期头必痛，以两太阳穴为甚，胀跳性疼痛，经净则若如常人。月经周期时错后2~3天，经前觉得乳房、小腹胀。月经量少色黯，时有血块。现正值经期，头胀痛如昔，经行不畅，时多时少，有紫色瘀块，嗳气频作，舌黯脉弦。此为肝脉气滞，气血运行不畅，治当疏肝解郁，佐轻疏之品，药用：醋柴胡、郁李仁、白芷、川芎各10g，醋白芍12g，香附、香橼、佛手、枳壳、郁金、合欢各10g，薄荷6g，老葱3寸。3剂药尽头痛愈，乳房，小腹胀减，经水将净，予逍遥丸2盒，早晚各1丸，开水送服。于12月17日经行，头微痛，腹胀满轻。继以上方加台乌10g，3剂。并嘱痛止药尽后，再服逍遥丸3盒。后经随访，再未头痛。心情亦较前畅快。

按 精神刺激，肝郁气滞，致病多端，亦每易导致经行头痛。疏肝解郁，乃其正治。予疏肝解郁方中，少佐薄荷、老葱味轻上浮疏散之品，以顺其肝性，理畅气血，对于气滞肝脉的经行头痛，则取效更速。

4 痰扰清窍须化痰醒脑

脾为后天之本，职司健运，若脾虚不能散精布液，则可聚湿为痰。痰湿阻滞中焦，升降失常，当值经期阴血下注时刻，湿浊待机上扰清窍，则病经行头痛。临床以头痛昏痛为特点，伴有胸闷泛恶，口腻纳呆等症，治当化痰降逆醒脑。

案4 黑某，女，34岁。1987年7月24日初诊。主诉：5年来，每于经前1~3天起头昏痛，眼黑头旋。头重似裹湿布，肢沉若举重物，常喜卧床将头置高位，或用针刺使头清醒。经期尚准，经量少色淡。平时胸闷泛恶，厌食油腻，口淡纳差，倦怠无力，肢体重困，饭后嗜睡，白带绵绵量多似痰状。曾先后多方求医治疗无效。慕名专程来求治于刘茂林。诊之形体肥胖，颜面虚浮，精神疲惫。舌淡胖有齿痕，苔白厚腻，脉濡缓。脾不健运，痰湿内生，上蒙清窍而然，予化痰降逆，祛浊醒脑之剂。药用：半夏10g，炒白术15g，苍术、天麻、陈皮各10g，茯苓30g，川芎、草果各12g，细辛5g，薄荷6g。3剂药后，疼痛减，头也轻快，效不更方，继守前方3剂药尽，头痛悉愈。舌苔转薄白，见饭有香味，且思食。嘱患者继服上方10剂以巩固疗效。

按 痰扰头痛，其病本为脾虚生痰，病理反映为浊邪上扰清窍，使清窍不清，故用半夏白术天麻汤是恰如其分。但化浊醒脑，草果力专，醒脑清窍，细辛、薄荷力捷。常见刘茂林于方中加入3药，取效若神，可见临症不但辨证要准，用药更应精巧，方能效若桴鼓。

5 瘀血阻滞则活血通窍

头为诸阳之会，气血贵为通畅。若气滞寒凝或跌仆损伤，使瘀血内停，气血运行受阻，脉络不通。而经期气血以下行为顺，去旧生新，若经行时，瘀血不去，不通不顺则致头痛。临床以头痛剧烈如锥刺刀劈，舌边舌尖瘀点瘀斑，舌下静脉紫黯怒胀为特点。伴有小腹疼痛拒按，经行不畅，经色黯有血块等症，治宜活血化瘀，通窍止痛。

案5 陈某，女，24岁，未婚。1987年4月3日初诊。主诉：经行头痛5年。患者月经17岁初潮，至19岁时病经行头痛，每次头痛在经前1～3天发作，至经畅量多逐渐减轻。痛势剧烈如针刺，痛时双手抱头，在床上乱动，甚则以头撞墙。平素月经量少色黯，有血块。末次月经3月2日。现经血即将来潮，头痛复作，舌边满布瘀点，舌下静脉紫黯怒胀，脉沉涩。此乃血瘀头痛，治当化瘀通络，通窍止痛。药用：桃仁10g，红花8g，川芎30g，赤芍、延胡索各10g，当归12g，白芷10g，川牛膝6g，细辛5g，老葱5寸，4剂。服1剂后，头痛见减，4剂尽，头痛若失，经已潮3日。继以上方3剂，并嘱每于经前服此方3剂，连服3个经期。

按 本方基本以王清任的通窍退瘀汤化裁而成。刘茂林积多年临床经验，认为王氏之方，对血瘀头痛，疗效确佳。此方妙在细辛、老葱的辛通上开。因脑伤在上，瘀阻其中，以二味之上行以别诸药；以二味之辛通以助行血。对于川芎，刘茂林一般用于头痛的量为30～40g，因川芎上行头目，为头痛要药，量小则不及病，唯用重剂，方能一达病位，祛瘀于脑。（慕生宽）

青春期崩漏

1 调理脾胃，益气摄血

青春期崩漏患者临床症状多表现为经行量多色淡，经期延长，甚至数十天淋漓不净，面色苍白或萎黄，精神倦怠，肢体无力，气短懒言，食少纳呆，小腹空坠感，舌淡苔薄，脉虚弱。益气摄血汤方药组成：红参10～20g，白术12g，醋柴胡10g，山药30g，黄芪30～60g，当归12g，白芍12g，海螵蛸12g，生牡蛎20g（先煎），茜草12g，枳壳10g，血余炭5g（冲服），甘草5g。方中红参、黄芪、白术、山药、甘草补脾益气；当归养血补血；白芍收敛止血；柴胡升提中气；海螵蛸、生牡蛎固涩止血；血余炭、茜草止血活血；枳壳行气宽中，使补而不滞，并可载诸药入冲任子宫。全方以健脾益气药物为主，佐以补血养血，升提固涩行气之品，静中有动，补中有行，合奏益气摄血之效。

随证加减：若出血量多，色鲜红有小血块，烦热口渴，溲黄便干，舌红苔黄脉数者，上方加生地、藕节各30g，炙龟版20g（先煎），大黄炭6g；若血中夹有血块，行而不畅者，加生山楂15g；若流血日久不止者，加炒蚕砂10g，棕榈炭12g。

2 补肾健脾，充养天癸

青春期崩漏病的发生，绝大多数是由于天癸未臻成熟而致。经云："女子二七而天癸至，任脉通，太冲脉盛，月事以时下……。"人体降生后，禀受于父母而藏之于肾的天癸是非常怯弱的，它的成熟，一方面靠后天水谷精气的不断滋养，另一方面须肾气的激发，才能日臻成熟。脾胃之于天癸，其重要性则显而易见。天癸成熟后，不但促使任脉气通，冲脉血盛，使子宫生理功能渐完善，而且能维持月经、胎孕的正常。促天癸汤就是由具有健脾补肾功用的药物组方，以促进天癸的成熟，从而建立月经周期，此乃治本之法。

促天癸汤方药组成：仙茅12g，仙灵脾12g，枸杞12g，阿胶10g（烊化），怀山药30g，茺蔚子12g，菟丝子12g，巴戟天10g，鸡血藤12g，熟地15g，白芍12g，怀牛膝10g，黄精30g，胎盘粉3g（吞）。方中仙茅、仙灵脾，巴戟、菟丝子、怀牛膝、枸杞等补肾助阳药配以当归、白芍、熟地、鸡血藤、阿胶等补血养血调经之品，使阴阳互相滋长，佐以大剂量山药、黄精以健脾益气，胎盘益气补精血，茺蔚子促进卵泡发育。合用使其肾气成，天癸充，冲任流通，子宫藏泻有时，经血应期来潮。

3 病案举隅

案1 周某某，女，15岁，榆林中学学生，1997年10月21日诊。月经13岁冬月初潮，次年仅行经两次，量少期短，今年2～8月份行经四次，每次量少色淡，淋漓不断约8～11日方净。现患者经潮已14日，先时量少，色淡无血块，昨日突然血下如注，昏迷，急送地区二院急诊室治疗观察，流血量略有减少。今晨来门诊求治。平日伴见精神倦怠，胸闷纳呆，大便稀溏，诊见形体瘦弱，面色苍白伴虚浮，唇舌色淡，苔白润，脉虚细。处方：上红参30g，三七粉10g，水煎服。继以益气摄血汤3剂水煎服，1日1剂。治疗经过：煎服红参、三七后血止大半，进益气摄血汤2剂后血止，3剂服完后，改用促天癸汤连服21剂而停红。后随访半年，月经期、量、色、质均为正常。

案2 张某某，女，19岁，市三中教工，1994年4月16日诊。月经16岁初潮，经期延后，经行量多如注，持续性出血十余日方止，在西安上学时曾用西药人工周期治疗，并先后输血7次，罔效。去年毕业返榆后仍月经后期，经量时多时少，最长淋漓不断一月方净，头晕目花，腰骶酸楚，胸闷心烦，夜寐不实，体倦懒言，饮食量少，面白形瘦，测量基础体温呈单相。诊时经血淋漓又9日，舌淡边有齿痕，脉沉弱。处方：黄芪30g，党参15g，白术12g，山药30g，黄精30g，当归15g，乌贼骨12g，醋柴胡10，牡蛎20g（先煎），血余炭5g，茜草12g，枳壳10g，炒蚕砂10g，4剂水煎服，每日1剂。上方连服4剂后经净，继进15剂后饮食大增，乏力明显减轻。遂改用促天癸汤连服用45剂，后月经按期而至，期、量正常，基础体温呈双相。

4 结语

导致青春期崩漏的主要原因是天癸不足，论其治则应着眼于脾肾，基于这种认识，刘茂林手订"益气摄血汤""促天癸汤"二方，先用前方"塞流，澄源"，示气虚明显恢复，继以后方"复旧"，以绝复发之虞。此外，青春期少女因饮食失节，或经期负物过重，或带经剧烈运动，亦可发为崩漏，除经量过多外，多表现为月经先期，此型患者单纯用益气摄血汤即可治愈。崩漏下血量众者，止血为当务之急，刘茂林经验用高丽参（或上好吉林红参）30g，三七粉10g炖服，有很快的止血效果。（刘筱茂）

刘乾和临床经验

【名老中医简介】刘乾和（1940～）山东省惠民人。主任医师。1967年毕业于山东中医药大学医疗系本科。曾任德州市中医院院长兼书记。德州市中医药学会理事长，山东中医多学科研究会委员，全国中药外治专业委员会委员，中国中医药延缓衰老专业委员会委员，《中医中医药科技》编委，中国特效医术研究会理事。享受国务院特殊津贴。山东省名中医药专家。擅长运用中医药及中西医结合防治心脑血管病、脾胃病、肝胆病、肿瘤、白癜风、银屑病等疾病。先后获学术成果奖35项，地、县科技进步奖33项。主编《临邑县卫生志》，参编《经方研究》《中国医论荟萃》《中西医结合肝胆病治疗学》等9部著作，发表论文70余篇。

医案验案

危重急症验案

1 真心痛（急性心肌梗死）

黄某，女，63岁。脘腹闷痛伴有恶心呕吐2天，经心电图检查诊断为急性高侧壁、下壁心肌梗死。时有脘腹闷痛、恶心，不欲饮食，畏寒，四肢欠温，舌质暗淡，苔薄腻，两脉沉细而迟。刘老据其脉证，认为乃中焦寒滞、胃失和降所致，治以温中祛寒，理气和胃：党参15g，苍、白术各10g，制附子10g，云苓10g，厚朴10g，炒枳壳10g，姜半夏10g，良姜6g，木香6g，陈皮9g，桂枝6g，甘草8g，生姜9g，水煎400mL分2次服。进1剂后，胸闷减，未再痛，不恶心，舌淡红，苔薄白，两脉沉细较前有力。上方连进3剂，食欲恢复，自觉无所苦。原方去良姜、附子、桂枝，加黄芪15g，又进3剂患者诸症消失。遂用益气活血合补肾健脾之品以善其后。

按 此案虽为西医明确诊断的急性心肌梗死，但发病初期表现为脘腹闷痛、呕吐，辨证属中焦寒滞、胃失和降。刘乾和据"视其脉证，随证治之"的辨证施治原则，运用温中祛寒、理气和胃的调理脾胃法而使临床症状很快消失。但刘老也指出，这并不是说调理脾胃法可适用治疗一切急性心肌梗死，必须根据"有是证则用是药"，方能取得好疗效。

2 冠心病心绞痛、心律失常

王某，男，52岁。近半月来，频繁发作胸腹闷痛、心悸，每日下午4时左右病情加剧，食欲下降，喜热饮，神疲乏力，睡眠欠佳，大便不成形，日2次，小便可。有冠心病史3～4年。近日心电图检查，报告为慢性冠状动脉供血不足，频发房性早博，血压150/100mmHg。时见面色萎黄，神疲，舌质淡胖，苔薄腻而滑，两脉沉细结代。据其脉证，刘乾和认为乃脾胃虚寒，湿阻中焦。治宜燥湿运脾，温中调气，以平胃散加味治之。药物：苍术、白术各10g，厚朴10g，砂仁8g，陈皮9g，姜半夏9g，制附子9g，党参15g，云苓10g，木香9g，炙甘草9g，生姜9g，水煎服，日1剂。上方连进3剂后复诊，病情大为好转，脘腹闷痛很少发作，心悸已消失，诸症均有所减轻，遂嘱按原方再进3剂。服后诸症若失。查舌质淡红，薄白苔，两脉平和，血压140/90mmHg，房性期前收缩消失。上方稍有出入又取7剂，以巩固疗效。

按 此案虽系冠心病频发心绞痛、房性早搏，但患者既往还有胃肠病史不能忽略。刘乾和辨证认为该患者属脾胃虚寒所致的湿阻中焦。通过调理脾胃，运用燥湿运脾、温中行气之治则，终于使患者临床症状消失，心电图也有所改善。

3 食道癌术后复发并化疗反应

付某,男,63 岁,农民。频繁呕吐不进食水 3 天。3 个多月前因患食道癌行手术治疗。1 周前在家始服抗癌化疗药片而出现不欲饮食、恶心。面色萎黄,神疲,心烦,舌暗淡,少津,舌根部薄腻苔,前舌部无苔,两手脉沉细而无力、略数。刘乾和据其脉证,认为此乃脾胃之气受扰,胃气上逆所致,治当和胃降逆。处方:姜半夏 12g,黄芩 9g,柴胡 9g,杭白芍 10g,云苓 9g,厚朴 9g,炒莱菔子 15g,威灵仙 15g,甘草 8g,白术 10g,生姜 9g,大枣 6 枚。水煎 300mL,分 3 次服。进 3 剂后即不再呕吐,嘱续服 3 剂。服后能进半流饮食,再进服 3 剂。能进食油条,心平气和,舌淡白,薄白苔,两脉和缓。此后,上方稍作加减续服中药半月,每餐能进食半个馒头,病情一直保持稳定。

按 刘乾和指出,在临床药物治疗中,只要患者一般情况允许,常采取先攻邪之治则,特别是对中晚期肿瘤患者,往往先投以重剂以图立挫病邪之锐气。此案虽为难治之证,但由于口服抗肿瘤药损伤了脾胃而使病情危在旦夕。通过调理脾胃,又使"后天之本"恢复了生机,从而达到使患者带病延年的目的。李东垣曾云:"脾胃一伤,五乱互作……人以胃气为本,粗工不解,妄意施用,本以活人,反以害人。"正是此意。(刘昊雯)

医方验方

强心通脉饮

方药:人参 6~9g(先用文火煎),黄芪 15~30g,葶苈子 15~30g,制附子 10~15g,桂枝 5g,川芎 15g,丹参 15~30g,猪苓、云苓各 15~30g,泽泻 10g,车前子 15~30g(包煎),甘草 6g,大枣 6~10 枚(劈)。

功效:补气强心,泻肺平喘,活血通脉,利水消肿。

主治:顽固性心力衰竭。

用法:上药水煎 300mL,分 2~3 次服用,日 1 剂,15 剂为一个疗程。

加减:伴大便干燥者,加当归 10g,生大黄 10g(后下);伴有头晕头胀及阴虚阳亢者,去桂枝、附子,加玄参 15g,生地 15g,地龙 10g;伴有咳嗽痰多,有支气管感染表现者,去桂枝、附子,加金银花 30g,黄芩 10g,白果 12g,鱼腥草 30g;伴有肢冷便溏,下肢水肿,表现脾肾阳虚征候明显者,加干姜 6g,炒白术 15g。

方解:方中人参大补元气,与附子同用,可回阳救逆;与黄芪、白术、云苓、甘草同用,可益气固本;与川芎、丹参、桂枝同用,以益气活血通脉;与泽泻、白术、猪苓、云苓、车前子同用,能益气健脾利水。据现代药理分析,人参、黄芪、附子、葶苈子及桂枝均有强心作用;白术、猪苓、云苓、泽泻、车前子均能利尿消肿;川芎、丹参可以改善血液流变学和微循环;甘草有皮质激素样作用,大枣含有多种营养成分,诸药合用有强心利尿及改善微循环的作用。全方共奏补气强心,泻肺平喘,活血通脉和利水消肿的作用。

病案 1 张某某,男,62 岁,干部。1981 年 12 月 21 日初诊。半月前,因肺心病心衰住某医院治疗不见好转而请中医诊治。检查所见:神清,口唇及指甲发绀,呼吸迫促,不能平卧。舌暗紫,苔白腻,舌下静脉怒张。双膝以下呈凹陷性水肿。两脉细弱而数。血压 14.6/9.3KPa,血红蛋白 13g/l,白细胞 10200/立方毫米,中性粒细胞 80%。胸透报告:符合肺心病改变。心电图报告为窦性心动过逭,ORS 低电压。遂予强心通脉饮加减,药物:人参 6g(先前),黄芪 18g,白果 12g,鱼腥草 30g,葶苈予 15g,猪苓、云苓各 15g,川芎 15g,丹参 15g,泽泻 10g,炒白术 15g,甘草 6g,车前子 30g(包煎),大枣 8 枚(劈)。水煎服,日 1 剂,分 2 次服。服上药 8 剂后,病情明显好转,心率下降为 96 次/分,呼吸较平稳。进药 11 剂后,已能下床活动。用益气活血健脾法善其后,服药 1 月余,随访半年未复发。

刘清贞儿科学术经验

【名老中医简介】刘清贞(1939~)女。教授,主任医师。1965 年毕业于山东中医学院医疗系本科。曾任济南市中医医院中医儿科主任。山东中医药大学兼职教授,中华中医药学会济南分会儿科委员会主任委员。第二批全国老中医药专家学术经验继承工作指导老师,山东省名中医药专家。从事中医儿科临床、科研、教学工作 30 余年,擅长治疗小儿外感热病和内伤杂病。发表论文 20 余篇。

1 外感热病,祛邪解毒为主

刘清贞对外感热病主张以祛邪解毒为主,临床宜灵活施治,用药应审慎果敢,以中病为准,一般不宜久攻或峻补。她认为,"毒"是发热的主要原因,外感六淫、内伤七情、饮食劳倦是其主要诱因,积、滞、湿、饮、痰、瘀、脓等既是病理产物,又可成为发热的原因,故对小儿呼吸道感染性疾病多按温热病论治。其法宗钱乙《小儿药证直诀》之"小儿纯阳,无须益火"及叶天士"襁褓小儿,体禀纯阳,所患热病居多"之说,多采用卫气营血辨证。对小儿消化道感染性疾病多按湿热病论治,宗薛生白之"太阴内湿,湿饮停聚,客邪再至,内外相引,故病湿热"之说,多采用三焦辨证。

2 外感六淫为病,多按六淫辨证

六淫中以小儿穿着过暖、汗出感受风寒者居多。刘清贞多宗张仲景《伤寒论》立法用药。但她强调小儿体禀纯阳,易于化热,即使感受风寒,每易郁而化热,多成外寒里热、表里并见之证,治宜表里双解,解表清里,并应据表里轻重慎重选方,斟酌用药。刘清贞推崇刘完素《宣明论方·儿科论》,谓小儿为纯阳,其病"热多寒少",主张以辛凉苦寒、泻热养阴法治疗小儿火热病证。风热者按温热病论治,湿热者按湿热病论治,燥者多宗喻嘉言清燥救肺治法,寒湿、阴暑则多宗《局方》芳香温通,行气化湿。

3 气血痰食为病,多按气血痰食辨证

刘清贞推崇张从正的攻邪论,主张小儿慎用补法,以期邪去正安。小儿气血痰食为病,重在乳食积滞。小儿生机蓬勃,发育迅速,需大量的水谷精气来供养,但脾常不足,运化能力差,乳食不知自节。若小儿纵恣口腹,超过脾胃的承受能力,即可发生伤食、积滞。伤食积滞不仅是胃脘痛、腹痛、呕吐、泄泻、湿热、湿阻、痰饮、血瘀、气滞、厌食、疳证、肥胖症等病症的主要原因,而且还是感冒、咳嗽、肺炎、哮喘、癫痫、惊风、夜啼、疮疖等病症的常见诱因。因此,刘清贞在临床诊疗过程中,常用导滞通腑或通腑泄热法治之。并且经常向家长们宣传科学喂养知识。她常说:"若要小儿安,需耐三分饥与寒",强调要小儿忍三分饥,吃七分饱。处方用药也常用消食化乳、平胃化积、健脾助运之品。对素体阳旺、胃热偏盛、肠胃积滞者,刘清贞常常告诫患儿要纠正饮食偏嗜的习惯,多进食富含纤维的食物。痰饮既是病理产物,又可成为致病原因,为病极其广泛复杂。正如王隐君云:"痰之为物,随气升降,无处不到,为喘为嗽、为呕为泻、为眩晕、或身中结核、或臂肿肢硬、麻木瘫痪、或小儿惊风、抽搐、或癫痫……"。刘清贞强调辨证时必须探本求原。由于湿困脾阳、脾失健运而生成的为"湿痰"或"痰饮",因肺阴不足、津液被灼的为"燥痰",因热而成的为"热痰",因寒而成的为"寒痰"或"寒饮",因风而成的为"风痰",因食滞不化而成的为"食痰",因气郁不畅而成的为"郁痰"等,治疗多宗张仲景"病痰饮者,当以温药和之"的原则,多予二陈汤类方,并据痰饮的成因进行加减变化以治之。

4 脏腑功能失调为病,多按脏腑辨证

小儿肺脾不足易感外邪而成温病;胃强脾弱,易积滞湿阻为痰为瘀;心肝有余,易惊风拘挛夜啼不安。刘清贞推崇钱乙《小儿药证直诀》、万密斋《育婴家秘·五脏证治总论》等医家著述中倡导的五脏辨证和根据五脏寒热虚实证候而建立的五脏之方。她常讲五脏中是"三不足二有余",即脾常不足,易生湿,主困,以健运为贵;肺常不足,主咳喘,为娇脏,易伤而难调;肾常虚,易虚寒,宜补不宜泻;神明之心常有余,主惊悸,为热为火,宜同肝论;肝常有余,主风、惊、抽搐,宜泻不宜补。刘清贞宗万密斋"心热为火同肝论"之说,认为小儿心肝常有余,在病理状态下多用泻法,宜清心宁肝,镇肝息风;在生理状态下切不可泻,以防伤伐生气,亦不用补,以防助火生风。正如万密斋所说"虽然泻之无用补,少阳生气与春同"。治疗小儿夜啼、惊悸、惊风、抽搐、痉挛等病症之时,多用泻肝、镇肝、平肝及镇心宁神等法。

刘清贞主张,脾以健运为贵,以醒脾之法治疗脾运失健而脾气不虚者。运用各种方法以祛除积滞湿阻、痰饮血瘀等实邪之困遏,恢复脾气健运之功能,即为醒脾。刘清贞谓脾居中州,喜燥恶湿、喜芳香而恶秽恶、喜清淡而恶腻浊,喜灵动畅达而恶实邪困遏,临床常用消食导滞、化湿祛湿、祛痰化饮、利湿化瘀、理气行滞等法来醒脾。

由于目前生活水平的改善和提高,供给儿童的饮食物日渐丰盛,而小儿胃强脾弱,易出现饮食失节、饮食偏嗜,而造成伤食、食积、积滞、湿阻、痰饮、血瘀的病理变化。人体的水液代谢为肺脾肾所主,三焦气化而成。《内经》谓:饮入于胃,游溢精气,下输于脾,上归于肺,通调水道,下输膀胱,水精四布,五经并行。若气化功能障碍,三焦水道失于通利,则水液不能正常输布、排泄,阻于脾则为湿,聚于身体局部则为痰为饮,淤于血脉则为瘀;湿、痰、饮、瘀等都可阻滞气机,影响气机的升降出入,出现各种各样的病症。其中"湿"又是痰饮血瘀的病理基础。

《幼幼集成·伤湿证治》谓"脾虚多病湿",而"内外所感,皆由脾气虚弱,而湿邪乘而袭之"。湿邪的成因,不仅与气候潮湿、饮食生冷、素嗜肥甘有关,更与脾运不及、水湿内生密切相关。湿邪阻滞脾胃、素体虚寒者,则易于寒化而更伤脾阳,表现为寒湿证候;素体阳旺、肠胃积热、或阴虚内热者,则易热化而更伤胃阴，多表现为湿热证候或湿热伤阴证候。

刘清贞在治疗中强调以祛湿醒脾为主，用药以轻疏灵动为贵，使湿邪得以从上焦宣化、从中焦运化、从下焦渗利；寒化伤阳者，多配合温运脾阳之品；热化者，多配合燥湿清热之品；热化伤阴者，则配合养阴之品，以清热燥湿不伤阴、生津养阴不助湿为原则。

4.1 疏风解表法

此法用于外邪侵袭所致的表证。以辛凉解表为多用，方如银翘散、桑菊饮、感冒一号、辛凉通方、柴葛解肌汤等。辛温解表法较少用，方如荆防败毒散等。

4.2 清热解毒法

此法用于邪毒所致的实热证。方如乳蛾解毒汤、黄连解毒汤、普济消毒饮、葛根芩连汤、龙胆泻肝汤等。

4.3 通腑泄热法

此法用于肠胃积热证。方如凉膈散、牛蒡瓜蒌汤等。

4.4 和解法

此法用于邪在半表半里证及肠胃不和证。方如小柴胡汤、半夏泻心汤等。

4.5 清热养阴法

此法用于热毒伤阴证。方如青蒿鳖甲汤、秦艽鳖甲汤、银翘汤、益胃汤、竹叶石膏汤、沙参麦冬汤、生脉散、加减葳蕤汤等。

4.6 止咳法

此法用于咳喘证。宣肺止咳，方如麻杏石甘汤、三拗汤、金沸草散、止嗽散等；清肺止咳，方如清肺解毒汤、清金降火汤、清金宁嗽汤、石膏汤等；泻肺止咳，方如加味泻白散、泻肺止咳合剂；通腑止咳，方如麻贝蒌菔汤；利湿止咳，方如麻贝苡扁蔻滑汤、麻贝菖阳车苇汤、三仁汤、藿朴夏苓汤、菖蒲郁金汤、千金苇茎加杏仁滑石汤、五叶芦根汤；利咽止咳，方如桑射豆根汤、板玄金灯汤等；润燥止咳，方如清燥救肺汤、贝母瓜蒌散、桑杏汤、杏苏散等；化积止咳，方如曲麦二陈汤等；祛痰止咳，方如二陈汤、三子养亲汤、导痰汤；清热祛痰，方如清宁散、芩连二陈汤、清气化痰汤、清金化痰汤等；养阴止咳，方如麦门冬汤、百合固金汤等；敛肺止咳，方如九仙散、补肺汤。

4.7 定哮平喘法

此法用于哮喘。散寒定喘用小青龙汤、射干麻黄汤等；清热定喘用厚朴麻黄汤、定喘汤等；补肺健脾纳气用固本咳喘片、玉屏风散、六君子汤等。

4.8 消食导滞法

此法用于乳食积滞。方如保和丸、枳术丸、香砂平胃散等。

4.9 祛湿法

此法用于湿邪所致诸证。方如藿香正气散、平胃散、胃苓汤、理苓汤等。

4.10 健脾益气法

此法用于脾胃气虚证。方如七味白术散、参苓白术散、补中益气汤。

4.11 镇肝定惊法

此法用于抽搐、惊厥、夜啼。方如羚羊钩藤汤、天竺黄散、清热定惊汤、镇肝息风汤、人参黄连散等。

4.12 凉血化瘀法

此法用于血热血瘀证。药如丹皮、赤芍、桃仁、白茅根、地榆、生地等。（崔文成）

刘盛斯临床经验

【名老中医简介】刘盛斯（1943～）主任医师。现任职于乐山市人民医院中医科。首届四川省名中医。擅长中医治疗脾胃及肾系疾病，男性不育和女性不孕症。

不孕症

1 霉菌带下，清热除湿可种子

女性阴道炎严重时，大量白细胞吞噬精子，降低精子活力，缩短其生存时间，而影响受孕，更因黏液性质改变，精子通行困难，障碍卵子受精，从而导致不孕。刘盛斯对于霉菌性阴道炎，常用自拟“抑霉止带汤”治之。方中黄柏、苦参、地肤子、前仁、蛇床子清热燥湿，杀虫止痒，且利尿除浊，开邪出路以治本；银杏、芡实、乌贼骨收敛止带以治标。现代药理研究表明黄柏、苦参、地肤子、蛇床子对致病性真菌均有一定程度的抑制作用。更兼本方内服外洗，一方两用，故于霉菌性阴道炎有一定疗效。

案1 石某，女，27岁。1990年3月26日初诊。主诉：婚后2年不孕，外阴瘙痒，白带稠黏2年余。患者于2年前发病，白带稠黏，外阴瘙痒，经某院检查诊断为“霉菌性阴道炎”，虽经多方治疗未见明显好转。近来病情加重前来我处就诊。刻诊：外阴瘙痒，白带量多而稠黏，有豆腐渣样分泌物，带色时黄，腰腹胀痛，手足心热，唇红舌赤，舌苔薄白，脉弦细数。近期白带涂片检查：霉菌阳性。证属湿热下注，予以自拟“抑霉止带汤”加丹皮、地骨皮治之。药用：黄柏、苦参、地肤子、银杏、丹皮各15 g，蛇床子、前仁、地骨皮各20 g，乌贼（骨去壳为末，冲服）12g，土茯苓30 g。每剂水煎3次，分3次口服，1日1剂。第4煎，去渣留汁，坐盆。用此方2剂后阴痒减轻，用至13剂，白带显著减少，阴痒基本消失。服药至5月24日作白带涂片检查，报告结果为：清洁度Ⅱ度，未见异常。临床症状基本消失而停药，5月后怀孕。

2 经迟滑胎，补肾暖宫助毓麟

肾为生殖之本，若肾气亏耗，命火衰微，胞宫失暖，则宫寒难以摄精成孕。即使偶尔结胎成孕，亦可因肾亏宫冷，胎失系着，而胚胎停育，或胎动不安，终至滑胎流产。肾虚宫冷之证，常见久婚不孕，月经愆期，腰酸腿软，白带清稀淋漓，小腹不暖，甚可冰冷，情欲淡漠，舌淡苔白，脉沉细弱。刘盛斯常用艾附暖宫汤酌加菟丝子、巴戟天、补骨脂、鹿角胶、熟附片等药，温肾兴阳，暖煦胞宫。对胎滑易堕者，成孕之后，可速用寿胎丸合四君子汤以补肾益脾，固元安胎。

案2 彭某，女，25岁。1989年7月25日初诊。主诉：滑胎2胎，未育4年。患者于4年前曾怀孕而施人工流产术，术后曾两次怀孕，但均于妊娠2月时，无明显诱因而自然流产。平素月经不调，现欲再妊，遂来我处就诊。刻诊：4年未曾正产，月经后期，约37～40日1行，量少质清，色黯黑，经期4日。平素常感小腹不暖，舌淡苔薄白，脉弦细缓。此为经迟，滑胎之病。证属气血亏损，肾虚宫寒。予益气养血，温肾暖宫之法。方药：艾叶10 g，醋炒香附、白芍、川芎、桂枝、当归、鹿角胶（烊化，兑服）各12 g，淡吴萸、干姜各6 g，川续断、党参各15 g，黄芪30 g，熟地25 g。8剂，水煎。于每月排卵期及行经期各服1剂。并嘱经期忌食生冷辛辣食品。前方化裁治疗5月，月经期准，量正常，色正，小腹亦暖。再治2月，以资巩固。1990年4月，患者来告曰：已停经45日，小便HCG试验阳性。并求保胎之策。疏以补肾安胎之寿胎丸合以四君子汤方。方药：菟丝子、桑寄生、炒白术各20 g，续断、阿胶（烊化，兑服）、党参各15 g，茯苓12 g，炙甘草6 g。上方水煎服，服至孕足3月而停药，其后足月顺产一男婴。

3 输卵管阻，清热散瘀可助孕

输卵管不通，精子和卵子便难于或无法结合，遂致不孕。此病多由女性内生殖器官感染使然。近代中医学者对此病的认识，有言败精恶血瘀阻胞中者，有言痰瘀互结阻滞胞中者，虽尚无定论，但总与瘀阻有关。鉴于输卵管阻闭，多关乎瘀热，故治当以清热消瘀为法。刘盛斯常选银甲煎（王渭川方：银花、连翘、生蒲黄、椿根皮、炒升麻、红藤、大青叶、茵陈、蒲公英、紫花地丁、生鳖甲、桔梗、琥珀粉）合桃红四物汤化裁治之，其效尚可。

案3 关某，女，25岁。1988年11月4日初诊。主诉：结婚3年未孕。患者于婚后1年未孕，经某院妇科检查诊断为“输卵管不通”，曾于今年2月、5月和8月共施行“输卵管通水术”3次，皆有阻力，曾经多种治疗仍无显效。遂来就诊。刻诊：不孕3年，平素经期基本正常，量偏少，色紫黑有块，约4日净。经前3～4日，即感小腹胀痛，经畅则痛止。饮食二便正常，舌苔薄白，脉沉细缓。妇科常规检查：除后位子宫外，余无异常。此为继发性不孕，证属肝郁化热，血结阻络。治拟疏肝清热，活血散结，方用银甲煎合桃红四物汤化裁。银花、连翘、红藤、蚤休各15 g，黄柏、丹皮、赤芍、香附各12 g，当归、川芎、红花、三棱、生鳖甲各10g，山楂20 g。前方水煎服，每日1剂。服药近2月，约40余剂，未再复诊。1990年4月11日再来复诊，诊其病状如前，继用前方化裁30余剂，终于1991年4月12日顺产一健康男婴。

4 卵巢囊肿，理气活血消痰行

卵巢囊肿可引起卵巢功能失常而发生排卵障碍，是常见的不孕原因之一。祖国医学无此病名，但据其下腹包块，固定不移，有形可证，故刘盛斯常以之按癥积辨治。以其多缘于气滞血瘀痰凝所致，故常用理气活血，化痰散结之法，以逍遥散、消瘰丸、桂枝茯苓丸化裁为基础方治之，获效良好。

案4 蔡某，24岁，于1997年7月30日初诊。主诉：不孕3年，腰骶部反复胀痛2年。患者婚后3年未孕，2年前自觉腰骶部反复胀痛，今年4月遂赴成都就诊，并4月10日，在成都某医院妇产科行“卵巢囊肿（左右）剥离术，圆韧带悬吊术，异位病灶切除术”。4月21日切口愈合而出院。今年7月10日在我院作B超复查发现：左附件有囊肿（肿块4.8×3.3cm）。患者因囊肿术后复发，故对手术治疗心存疑惧，遂来就治。刻诊：已婚3年，夫妻同居，一直未孕。据述男方无异常。近数月来，月经约半月一至，量偏多，色暗红，质稍稠，约6日净，经前1日及经至2～3日感下腹胀痛。纳食，睡眠及二便无明显异常，舌质稍暗，脉弦略数。诊断：妇科癥积。证属气滞湿阻，痰凝血瘀。拟理气活血、化痰除湿、消癥散积法，方用消瘰丸、逍遥散、桂枝茯苓丸化裁。方药：玄参、生牡蛎、夏枯草各30 g，泽兰、银花各 20 g,浙贝、桂枝、茯苓、赤芍、白芍、黄柏、山楂各 15 g,当归、香附各 12 g。前方水煎服,每周 5 剂。此后复诊,均以本方出入,并酌情使用丹参、三棱、莪术、海藻、昆布、甲珠粉等品,共服 70 余剂,于 10 月底复查 B 超:双侧附件(-)。1998 年 2 月,患者专程来告,已孕 40 余日。

刘时觉验方选析

【名老中医简介】刘时觉(1949 ~)教授,主任医师。1982 年浙江中医学院研究生毕业。原温州医学院中医系主任。浙江省名中医。长期从事中医临床和教学工作。先后获得浙江省高等教育教学成果奖、浙江省中医药科技进步奖、浙江省教育厅科技进步奖、温州市科技进步奖二等、三等奖多项。出版专著《中医学教程》《中医教程新编》《宋元明清医籍年表》《西医运用中医的临床思路和方法》《永嘉医派研究》《丹溪学研究》《四库及续修四库医书总目》《解读中医》《温州近代医书集成》《丹溪逸书》等;发表论文 88 篇。

加减温胆汤

组方:黄连 5g,炒枳壳 10g,远志 6g,陈皮 6g,半夏 10g,茯苓 12g,竹茹 10g,合欢皮 12g,太子参 12g,龙骨 30g,甘草 5g。

功效:舒畅胆气,化痰和胃,治胆气不舒,痰热上扰。

主治:常用于神经官能症、抑郁症、更年期综合症等,亦可用于因学习工作紧张、用脑过度,或处于亚健康状态证见者。证见:心绪不宁,心烦不安,心胸憋闷,头昏头晕,口苦烦扰,失眠或睡眠不深,或多梦扰,或易醒易惊,苔薄黄,或兼腻苔,脉弦。

用法:每日 1 剂,水浸泡半小时,煎煮 15 分钟。每剂 2 煎,分 2 次服。

方解:温胆汤出自唐代“药王”孙思邈《千金方》,南宋永嘉医派陈无择《三因方》卷九重加茯苓,组合成方以治“大病后虚烦不得眠”。方中茯苓、陈皮、半夏、甘草即“二陈汤”,是化痰理气的基础方;加枳壳、竹茹即温胆汤原方。合欢皮、太子参是调畅情志、宁神安眠的药对;远志安神益志、祛痰开窍,龙骨镇惊宁神,潜阳平肝,二药配伍,也对宁神安眠有效。失眠多由热扰,加用黄连既可清热,更可使全方的药性由温胆汤的温转为凉性,与痰热上扰的病机更加贴切。共同组合成方,功能调畅胆气,化痰和胃,对于痰热上扰的失眠诸症颇具功效。

加减:偏于实症者,如心烦性躁,可加炒栀 10g,淡竹叶 6g,增强清心除烦之力;头昏头痛,脑胀神疲,加天麻 10g,白蒺藜 12g;情绪波动大,忧愁悲伤,加石菖蒲 10g 以祛痰开窍;重度失眠,甚则彻夜不寐者,合酸枣仁汤,即加酸枣仁 12g,知母 10g,川芎 6g,也可以合朱砂安神丸,重用黄连,加用朱砂、生地。偏于虚症者,如兼血虚心悸,加酸枣仁 12g 以养血安神,当归、熟地之类也可视症加入;劳心过度,心悸健忘,加龟版 20g,石菖蒲 10g,二味与远志、龙骨相配伍,名孔圣枕中丹,古代用来治读书人读书劳神引起的诸多病症。

刘时尹临床经验

【名老中医简介】刘时尹(1939 ~)副主任医师。1968 年毕业于安徽中医学院。原淮南矿工二院中医科主任、副院长、职工医大校长。中国中医药学会淮南分会副理事长,安徽省中医药学会理事,淮南市科协技术学会委员,淮南海外联谊会中医药委员会副理事长。淮南职业技术学院兼职教授。安徽省首届名中医。从事中医临床、教学、研究 40 余年,发表论文 40 余篇。

1 冠心病

1.1 心络受阻、气滞血瘀型

以阵发性心胸刺痛,心悸怔忡,胸闷气短,善太息,纳呆脘胀,面色晦暗,舌质黯、舌下静脉怒张或边有瘀点,脉结代或多沉涩等为主证。治宜行气活血,化瘀通络。以血府逐瘀汤为主方。药用:当归、赤芍、生地、牛膝、桃仁、红花、川芎、枳壳、青皮、柴胡、丹参、桔梗、桂枝。

1.2 胸阳不振、心脉闭阻型

以胸闷憋气,阵发性心痛,心悸气短,面色不华,夜寐多梦,食欲不振,便稀溲长,舌淡苔薄润或腻,脉沉缓或结代等为主证,治当宣通血脉、温助心阳。药用:全瓜蒌、薤白、陈皮、丹参、桂枝、石菖蒲、党参、法夏、玄胡、焦三仙、炙甘草。

1.3 阴阳两虚、气血不足型

以胸闷胸痛,夜间憋甚,怔忡气短,食少倦怠,头晕耳鸣,少气懒言,手足心发热,舌紫暗,苔薄白少津,脉沉细或结代等为主证,治宜益气养血,佐以活血。以炙甘草汤为主。药用:炙甘草、党参、桂枝、生地、丹参、当归、麦冬、五味子、绿萼梅、白术、红花、生姜、大枣。

1.4 脾虚聚痰、阻遏心络型

以头晕心慌,心悸不宁,形体肥胖,嗜睡身重,常咳吐涎沫,胸脘憋闷作痛,神疲乏力,苔白滑或灰腻,脉弦滑或结代等为主证,宜健脾化痰、除湿养心。导痰汤增减。药用:姜半夏、胆南星、橘红、枳实、茯苓、桂枝、全瓜蒌、薤白、丹参、甘草。

1.5 肝肾阴虚、心血瘀阻型

以胸闷不舒,两肋胀痛,头晕耳鸣,口干目涩,夜寐不宁,心烦急躁,腰酸腿软,舌质红,苔薄白,脉沉细等为主证,宜滋补肝肾,活血化瘀。养阴通痹汤增减。药用:生地、麦冬、女贞子、全瓜蒌、红花、五味子、玄胡、党参、玉竹、枸杞子。

验案举隅

案1 黄某某,男,58岁,退休教师。患冠心病已3年,心电图示:①室性早搏;②完全右束支传导阻滞。证见:面色晦暗,头晕头痛,心悸不宁,神疲乏力,左胸闷痛,失眠多梦,食欲不振,舌黯红有瘀点,苔薄白,脉沉细涩,证属心络受阻,气滞血瘀。治以行气活血、化瘀通络。血府逐瘀汤加减:当归、赤芍、生地、桂枝、川牛膝、桃仁各10g,川芎、红花、枳壳、柴胡、桔梗、甘草各6g,丹参、二芽各15g。连服1个月后,头痛胸痛好转,食欲增加,精神转旺,舌红苔薄,脉沉细。日久病深,虽见转机,恐难速效,但活血化瘀之品有碍正气,上方去桃仁、枳壳、桔梗,加党参、麦冬、五味子以益气生津,加减服药两月余,自觉症状及早搏消失,精神日渐恢复常态。

案2 张某某,男,60岁,干部。患冠心病已4年,心率40~50次/分,心前区疼痛呈阵发性两年,近3个月来常头晕欲倒,食少倦怠,少气懒言,心悸,头晕耳鸣,舌紫黯边有瘀斑,苔薄少津,脉弦细濡,心电图示:窦性心率;不完全性房室传导阻滞。证属心脾气血两虚。宜益气养血,佐以活血。炙甘草汤增减:党参、黄芪各20g,炙甘草、丹参各15g,生地、当归、麦冬、玄胡、白术各10g,桂枝、五味子、绿萼梅、红花各6g,生姜3片,红枣3枚。此方随证加减服药百余剂后,自觉症状尚好,心绞痛控制未发,心率维持在50~70次/分左右,尚可以料理日常生活。

案3 高某某,男,58岁,工人。患冠心病已5年,常感心烦躁扰,胸闷不畅,时感胁肋胀痛不适,头晕耳鸣,腰酸腿软,睡眠欠佳,溲黄便干,舌质红,苔薄,脉弦细,心电图示:窦性心率,陈旧性下壁心肌梗塞。《素问·痹论》:“阴气者,静则神藏,燥则消亡。”证属:肝肾阴虚,心血瘀阻。宜滋补肝肾,养血解郁,养阴通痹汤加减:生地、女贞子各15g,全瓜蒌20g,红花、五味子各6g,党参12g,玄胡、枸杞、旱莲草、牛膝各10g。随证加减服药近百剂后,诸证逐渐缓解,自觉状况良好,坚持工作1年未发。

2 月经病

2.1 健脾祛痰,和胃渗湿,治疗月经过多

周某某,女,22岁,未婚,工人。1978年11月15日就诊。经行量多如崩,色淡质薄,一周方净,面色苍白,气短懒言,脐腹疼痛则欲解大便,便后痛减,精神不振,四肢无力,口淡无味。苔白腻,脉沉细滑。辨证属痰湿壅滞,脾失健运。治以渗湿化痰,健脾和胃。予四君子汤合二陈汤加味:党参12g,白术10g,云茯苓10g,姜半夏10g,广木香6g,陈枳壳6g,香附10g,薏苡仁20g,山药15g,防风10g,陈皮10g,甘草6g。服药10剂后,月经来潮,经量较上次明显减少,此后随证加减服药达60剂,形丰神旺,观察3个月经周期,经量如常。

按 人之气血,贵在清顺,脏腑功能不失偏颇。若脾气不运,气血败浊,熏蒸津液,聚湿生痰,清浊相混,统摄无权,致使冲脉不固,脾气虚衰,不能摄血,则经行量多如崩。投以四君子汤健脾益气,二陈汤祛湿化痰;香附、木香诸药理肝气,以达气血和调,运化有度,故药后体健病愈。

2.2 行气导痰,消积去坚,治疗闭经

陈某某,女,30岁,已婚,工人。1974年3月10日就诊。结婚4年,一直未怀孕,平素白带量多,胸闷纳少,时欲呕吐,多年经期后错,经前腹胀痛,此后经量越来越少,渐至闭而不行2年,形体亦趋肥胖。4个多月前受严重精神刺激后,精神不振,胸闷腹胀,食欲减退,涎亦多,舌淡、苔白腻,边有齿印,脉弦滑。辨证属痰湿凝结,情志内伤,气郁血滞。治以开郁化痰,理气消积。方予开郁二陈汤加减:广陈皮12g,清半夏10g,云茯苓12g,三棱6g,莪术6g,苍术10g,川芎6g,香附10g,紫苏梗10g,厚朴6g,丹参15g,甘草

6g。以上方为基础加减服药30余剂，月经来潮，周期恢复正常，神情怡悦。此后又以种玉汤加减服药历时近半年后怀孕，次年足月顺产一孩婴。

按 痰湿为患致使月经闭阻不行，前贤虽有论述，尚未被引起足够重视。朱丹溪云："经不行者，非无血也，为痰所碍而不行也。"《万氏女科》云："妇人女子经闭不行……一则忧愁思虑恼怒怨恨，气郁血滞而经不行者，法当开郁气、行滞血而经自行，苟用补剂则气得补而益结，血益凝聚，致使癥瘕胀满之疾；一则驱脂痞塞，痰涎壅滞而经不行者，法当行气导痰，使经得行，斯谓之良工矣。"此论将行气导痰，尤其将治痰推为治疗月经的一个重要认识方法与治疗原则，开阔了月经病辨证施治的视野，当引以为鉴。

2.3 养血和脾，化痰通经，治疗月经后期

李某某，女，35岁。已婚，工人。1984年3月12日就诊。月经五、六十天一行，量少色紫2年有余，面色晦滞，纳差消瘦，肌肤甲错，带下量多、色白、质稠，伴左侧少腹疼痛，牵引及腰骶。触之有条索状块痛，舌红、苔腻，脉沉弦滑，曾用中西药物治疗罔效。此属痰瘀交阻，肝郁脾虚。治宜化痰通络，养血疏肝和脾。药用：当归10g，焦白术10g，白芍10g，云茯苓10g，白芥子15g，法夏10g，枳实6g，胆南星10g，生苡仁30g，橘红10g，三棱6g，红花5g，甘草6g，6剂。服药后纳食增加，带下量显著减少，腹痛亦轻，调治3个月经周期，此后月经周期基本正常，经量中等，肤色转润，精神体质状况亦佳，继以养血舒肝丸调理，巩固疗效，愈后未复发。

按 临床体验，前贤论述久病多瘀多痰，乃真知灼见。痰湿临床易辨，而痰瘀错杂，较之难察。本案虽无肥胖妇人痰证显著征候，却见面色晦滞，肌肤甲错，带下量多色白，腹痛，皆属顽痰入络，瘀血阻滞为患，治以化痰通经，养血和脾舒肝，致水到渠成，污垢尽去而症愈。说明痰瘀同治不失为月经病治疗过程中的又一途径。

2.4 温阳化痰，散寒除湿，治疗痛经

马某某，女，25岁。已婚，农村妇女。1972年10月11日就诊。患者结婚5年未孕，15岁初潮后，每次行径，少腹持续疼痛，排出较多血块后，方逐渐缓解，带下清稀色白。近一年来经行腹痛剧烈，痛时肢冷汗出，面色苍白，腰背及少腹发凉，形寒怯冷，泛恶欲呕，得温痛减，舌暗红、苔白滑，脉弦滑。此属寒痰蕴阻胞宫，寒凝血瘀。治以温阳化痰通络，宜阳和汤加减：熟地30g，白芥子15g，麻黄6g，肉桂5g，鹿角胶15g，炮黑姜6g，红花5g，制附片9g，云茯苓10g，广陈皮10g，法半夏10g，焦白术10g，甘草6g，3剂。服药后腹痛大为好转，守方略事加减，于经前服3剂，经后以参苓白术散为基础方服1周，治疗3个月经周期，病愈。2年后随访得知生一女婴。

按 该案始为正气不足，继而寒湿侵袭，津液结聚为痰，血遇寒则凝塞，合而滞阻胞宫为痛，治以阳和汤之化痰补虚，温阳散寒，且以参苓白术散之补气健脾，和胃益肺。从痰瘀入手，注意调动肺、脾、肾三脏的正常生理功能，扶持正气，以驱邪浊。共奏运化有度，标本同治之功。（刘静玮）

刘仕昌温病经验

【名老中医简介】刘仕昌（1914～2007） 广东省惠州人。教授，博士生导师。1938年7月毕业于广东中医药专科学校。原广州中医学院温病教研室主任。享受国务院特殊津贴。全国老中医药专家学术经验继承工作指导老师，广东省名中医。擅长治疗温病、内儿科疾病。学术经验被收入《刘仕昌学术经验集》。主编《温病选读》，参编《中医大辞典》，发表论文10余篇。

临床经验

岭南温病"时邪类疟"证

1 理论经验

刘仕昌每遇恶寒、发热久不退，午后、傍晚热增，热后汗出，天明晨起热退，形如疟作者，谓之"时邪类疟"。清·叶天士《外感温热篇》"邪留三焦"中有言："再论气病有不传血分，而邪留三焦，亦如伤寒中少阳病也。彼则和解表里之半，此则分消上下之势，随证变法，如近时杏、朴、苓等类，或如温胆汤之走泄。因其仍在气分，犹可望其战汗之门户，转疟之机括。"刘仕昌"时邪类疟"的提出，正是叶氏"邪留三焦"之说的启发。本病临床多先恶寒一段时间，继而发热、头痛、口渴、汗出，午后、傍晚热增，到深夜热退病解，早晨状若无病，但到午后又重复出现上述症状，因镜检未见疟原虫，故有学者称之"类疟证"。吴鞠通《温病条辨·叶霖按》曰："伏暑多夹湿，脉色必滞，口舌必腻，或有微寒，或单发热，热时脘痞气窒，渴闷烦冤，每午后则甚，入暮更剧，天明得汗稍缓，至

午后又甚，似疟无定时。”此亦即刘仕昌所谓之“时邪类疟”。即感受时邪（多为暑湿之邪或其它温邪兼湿邪）所致类似疟疾表现的一类病症。

刘仕昌世居岭南，深谙岭南气候特点，认为岭南地域位于亚热带，终年气温较高雨湿较盛，且人们喜食阴柔之物，常贪凉饮冷，致脾胃受伤，湿浊内生，故岭南外感热病多兼湿而作。刘赤选主编的《温病学讲义》亦强调：“东南濒海之区，土地低洼，雨露时降，一至春夏二令，赤帝司权，热力蒸动水湿，其潮气上腾，则空气中常含多量之水蒸气，人在其间，吸入为病，即成湿热、湿温，又曰暑湿，此即外感温热兼湿之谓也。”所以岭南温热之邪，阳热之性尤著，又有热于湿合的特点。刘完素在《原病式·火类》提到“阳热发则郁”“郁，怫郁也。结滞壅塞，而气不通畅，所谓热甚则腠理密闭而热郁结也。”阳热怫郁，湿与热合，气蕴不透，外不能畅达腠理玄府，肌肤郁滞，卫气阻而不宣，内不能通行上下，升降之机乖违，而成发热，微恶寒，午后热盛汗出，晨起阴复热退，形如疟疾发作。病虽不急不重，但邪气流连不退，病势缠绵，难于速退。若病者素体脾虚中气不足，则更易邪滞不解，流连三焦，转而为疟。早年广州中医药大学温病教研室在岭南温病研究中就提出了岭南温病多夹湿、发病不拘四时、人群体质以湿热型多见的特点。可见，“时邪类疟”符合岭南温病的发病特点。本病病机属时邪郁于少阳三焦所致。因时邪困阻少阳，枢机不利，故寒热似疟而脉数；时邪郁蒸于里则心烦口渴；湿邪郁遏气机则脘痞苔腻；湿属阴邪，午后、暮夜属阴，阴邪旺于阴分，午后暮夜邪正交争更为激烈，故发热以午后较重，入暮尤剧；因时邪具有温热性质，热欲蒸迫外泄，而又被湿邪所阻，故天明得汗诸证虽可稍减，病症却不能尽除。

本病病机虽属邪在少阳三焦，半表半里。但与伤寒邪在少阳，寒热往来自是不同。伤寒少阳证为感受寒邪，化热入里，致使胆气郁结，枢机不利，正邪分争于半表半里，而成寒热往来，胆郁化火，风火上扰而成口苦、咽干、目眩之小柴胡汤证。而本病为感受时邪致三焦气机受阻，化气行水失常，故有脘痞、腹胀、纳差、小便不利、苔腻、脉濡等湿邪为病的特点。本病之发热以午后较重，入暮尤剧，与阳明腑实证的日晡潮热又有不同，也需鉴别。且本病虽然类似疟疾（寒热似疟），但与疟疾汗出之后诸症若失，并呈周期性发作显然有别。

对于岭南温病“时邪类疟”的治疗，刘仕昌常用芳香化湿、运脾和胃、和解三焦法。该法集清热、透邪、化湿、健脾药物于一炉，清时邪而不伤正，养津气而不碍邪，使少阳三焦邪热得清，津气得复，诸症可除。此即吴坤安《伤寒指掌》谓：“夏受暑湿之邪……其症与疟疾相似，但寒热模糊，脉象沉滞，舌苔黏腻，脘痞烦闷，午后更热，天明汗解或无汗，清晨稍解。此暑湿之邪留着于里，最难骤愈。治法不外三焦主治。”刘仕昌临床用药常选蒿芩清胆汤加减。以清泄少阳之郁热，兼以化湿。方中以青蒿、黄芩清泄困郁三焦之时邪，而疏利枢机；竹茹、陈皮、法半夏、枳壳清胃降逆，理气化湿，以助三焦疏利；茯苓、碧玉散既可导少阳之火热下行，又能清利湿热，再加用柴胡以加强透表泄少阳郁热，疏利枢机之力，并酌加薏苡仁增强清热健脾利湿之功。诸药合用少阳之热可清，痰湿得化，困郁少阳之病邪自然而解。

刘仕昌诊余常告诫：岭南外感热病尤其是久热不退者多有阳热怫郁，湿与热合之变，对此等病症不可偏执辛凉寒凉一法，应注意审证求因，因势利导，顺势透邪，务求邪气外达为要，如稍佐辛平微温之品以畅达玄府，辛开气机之味以疏达枢机，每能收到事半功倍之效。在临证中，若偏执岭南气候炎热，不详审证之异同，病势之内外，纯用清热解毒之品，常有凉遏闭邪之弊，致使病程缠绵，临证有见低热长达2~3个月，甚至逾年者。此亦吴鞠通之“徒清热则湿不去，徒祛湿则热愈炽。”所以，刘仕昌在岭南外感湿热病的治疗中，力主“清透兼施，攻而不伐”。在大队寒凉药中，常用辛温之苍耳子通彻表里上下，枢机达卫泻热，或用藿香、佩兰畅机化湿，或用辛温之威灵仙通达经络之郁热，即使对于辛凉之品的选用，也常用清热兼疏透之品，如柴胡、葛根、青蒿之类，以防时邪内郁之虞。

另外，祛湿药物多用芳香轻清宣透之品，少佐淡渗，慎用苦寒。岭南外感热病卫气阶段多呈热势偏盛，易传营血，多挟湿的特点，故治则以清热透邪为主，祛湿药物宜协助清热透邪之品，清里热毒，透邪外达。芳香轻清宣透祛湿药物味薄质轻，具有祛湿不伤阴，清热不碍湿的特点，具有宣化湿邪，通达表里而不伤津耗气，且兼化湿醒脾和胃的作用，与清热药物配合颇宜风热挟湿卫气同病证治。淡渗利湿药质重多无疏风散热之性，行下焦伤阴津，不利风热湿邪外达，故少用。苦寒清热燥湿药因苦能化燥，常耗阴液，故宜慎用。

2 病案举隅

案1 陈某，男，21岁。因无明显诱因于2002年3月初见高热，头痛，呕吐，外院予抗病毒药、激素，及后来予氯霉素、多种抗生素治疗20多天，病情加重入院。当时患者烦躁，高热，头痛，呕吐，不欲饮食，舌红，苔黄浊，脉细滑数。中医诊为“春温”，属“伏气温病”范畴。治疗以扶正祛邪为则，早期邪在气分，投以清热解毒药4剂后热稍退，复转寒热类疟之象，胸闷不纳谷，泛恶，倦怠神情默默，口干苦，小便短赤，舌红，苔黄腻，脉细滑数。延刘仕昌会诊，拟春温夹湿，伏匿之邪，移于少阳，蕴湿留恋中焦，胃失和降，而成“时邪类疟”。治宜和解少阳枢机，芳香淡渗，使伏匿之邪从枢机而解，湿从小便去。方选蒿芩清胆汤加减清泄少阳、化湿祛邪、疏利三焦。处方：青蒿（后下）10g，黄芩12g，柴胡12g，滑石12g，知母12g，竹茹12g，秦艽12g，茯苓15g，大青叶15g，薏苡仁15g，藿梗10g，枳壳10g。4剂寒热减，继进6剂热退病愈。

按 中医认为，患者春季发病，起病即见高热，头痛等气分热盛证候，当辨为“春温”，属“伏气温病”范畴。经曰“冬不藏精，春必病温”，因患者平素调摄失宜，且是年气候失常，应寒反暖，易犯温病。本例伏邪发病，初起即见热盛阳明，经清解后伏邪夹湿转移少阳，枢机不利，胃失和降而成“时邪类疟”，故刘仕昌选用蒿芩清胆汤加减清泄少阳、化湿祛邪、分利三焦，清化并举，湿去热退，病告痊愈。

案2 李某，女，50岁。2003年7月8日初诊。患者7天前下田劳作淋雨后，晚上即发热恶寒，发热以下午为甚，体温在38～39℃之间，全身酸痛，头痛，咽痛，咳嗽，咯痰黄稠，胸闷，纳差，口渴，大便干结，小便黄短，舌边尖红，苔黄腻，脉弦滑数。外院抗菌治疗6天未效，患者全身疲乏，午后热盛，晨起热稍退，纳呆，欲呕，苔黄腻明显。到本院邀刘仕昌会诊，辨为“时邪类疟”（暑湿郁阻少阳），治以清暑化湿，和解少阳，宣通三焦。方用蒿芩清胆汤加减。处方：青蒿10g，黄芩12g，柴胡12g，连翘12g，板蓝根30g，竹茹12g，法半夏12g，茯苓15g，滑石15g，薏苡仁15g，枳壳10g。4剂，水煎服，上下午各1剂。7月10日二诊。服药第1天当晚寒热减，体温37.5℃，各症减轻。服第3剂后热退清，精神转佳，胃纳亦好。按上方加减巩固调治4剂热退病痊。

按 此例发热，西药抗菌不效。刘仕昌据其寒热似疟，胸闷不纳谷，倦怠神疲，苔腻等表现，认为感受暑湿所致“时邪类疟”。故治以清暑利湿祛邪为主，并配合调和少阳枢机，疏通三焦，使少阳三焦之时邪（暑湿）能因势而解。（林兴栋 钟嘉熙）

登革热

1 热毒壅盛、毒瘀交结为其病机

温疫是感受疫疠毒邪所致的急性热病。其特点是发病急骤，病情险恶，有较强的传染性，能引起大的流行。刘仕昌认为疫疠毒邪中热邪与毒邪同属阳热性质的病邪，一般来说，热毒比热邪致病更急更重，故有毒为热之甚之说，临床上常将疫毒引起的高热证称为热毒证或火毒证，以示区别于一般热证。余师愚在《疫病篇》中说：“此烈毒鼎沸于内，热气上腾，”又说：“热毒盘踞于内，外则遍体炎炎。”明确指出毒是热之因，热是毒之果，留一分毒邪，便有一分热势，两者互为因果，相互作用。

叶天士论热毒与瘀的关系时指出：“吸入疫疠，三焦皆受，久则血分受瘀，愈结愈热。”何廉臣《重订广温热论》也说：“因伏火郁蒸血液，血被煎熬而成瘀。”疫疠内侵，热毒即生，两阳相合，煎熬血液，灼血成瘀。瘀既是热毒的病理产物，又可成新的致病因子，一则阻滞营卫肌腠，使营卫不和，气血运行不畅导致发热；另则，毒瘀交结，阻塞经络血脉，血不循经而滥于脉外，外窜肌肤，可致皮疹及各种出血症。

登革热有湿热疫和暑燥疫两种。湿热疫是感受湿热秽浊之毒邪，吴又可在《温疫论》中认为：“邪从口鼻而入，则其所客，内不在脏腑，外不在经络，舍于伏膂之内，去表不远，附近于胃，……即针经所谓横连膜原也。”指出湿热疫毒，从口鼻而入，伏于半表半里之膜原。湿热疫传变有两种趋向，如病邪外出，即可见太阳表证，证见憎寒壮热，头痛身痛等症。如入里化燥，可出现阳明腑实证或气分热盛证，证见但热不寒，日晡尤甚等症。由于疫毒深重，多反复传变，所以吴氏《温疫论》中又有九传之论述。总之，本类型登革热传变多端，与一般温病有所不同，临证时不可忽视。

暑燥疫是感受暑燥淫热之毒邪，余师愚在《疫病篇》中指出：“毒火盘踞于内，五液受其煎熬，……因内有伏毒，邪火干胃。”余氏认为疫毒虽从口鼻而入，侵犯部位在胃而不在膜原，病势充斥十二经，因此临床上出现表里上下内外受病，症状复杂而严重，治以杀其炎炎热毒之势，方可中病。

2 临床证候变化复杂

疫疠毒邪其性暴戾猖獗，其致病来势迅猛，发病急骤，起病后热毒充斥表里内外，且病情险恶，证候变化复杂。本病传变可按卫气营血传变或表里九传，可以顺传，本病初起多在卫气分，治疗得当或邪轻正旺，则不能内传；若失治误治或毒盛正衰，则可传入营血。也可以越传，如起病径入营、血分，或邪在气分，直入血分，叶天士所说：“温邪上受，首先犯肺，逆传心包。”实际上可归属越传范围。刘仕昌认为，登革热的证候变化虽复杂，但临床上以下列几种证型较多见。

2.1 卫气同病

此型多见于本病初期，可分为湿重于热与热重于湿二型。湿重于热证见：恶寒发热，寒重热轻，无汗，头痛身重，胸闷腹胀，恶心呕吐，舌苔白腻，脉濡数或濡缓。热重于湿证见：憎寒壮热，热重寒轻，颜面潮红，头痛身疼，口苦咽干，小便黄，舌苔黄腻，脉濡数。

2.2 气分热盛

此型见于本病极期，可分为阳明热盛和湿热阻遏膜原二型。阳明热盛证见：壮热，面红目赤，头痛如劈，骨节疼痛，腰如被杖，烦渴，便秘尿黄，舌红、苔黄，脉滑数。湿热阻遏膜原证见：寒热如疟，脘痞，呕恶，苔白腻或苔如积粉，脉濡缓。

2.3 气血两燔

此型亦见于本病极期，证见：高热多汗，汗出热不退，头痛如劈，骨节烦疼，面红目赤，斑疹稠密或出血，舌红绛、苔黄燥，脉滑数。

2.4 毒犯心脑

证见身灼热，舌謇，肢厥，神昏谵语，手足瘛疯，呕吐频作，舌质红绛，脉细数。

2.5 毒瘀交结

证见发热夜甚，神昏谵语，口干不欲咽，腹痛拒按，肌肤斑疹，色红紫，并见各部位出血症，舌红紫或有瘀斑，脉沉涩。

2.6 余邪未清

此型见于本病恢复期，可分为湿热未清和热伤阴液二型。湿热未清证见：倦怠，胸满，知饥不食，口干苦，大便烂，舌红、苔黄腻。热伤阴液证见：热退神疲，口干，不思饮食，小便短，大便结，斑疹渐隐，舌苔白干，脉细。

3 治疗以清解疫毒为本

登革热不论是湿热疫，还是暑燥疫，总以清解疫毒为治疗原则。卫气同病治宜清气泄热解毒，佐以辛凉解表，若属湿重于热者，治宜宣透膜原法；若属热重于湿者，方选银翘散加减。气分热盛，治宜清热解毒，佐以理气化湿，若属阳明热盛者，方用加味白虎汤；若属湿热阻遏膜原者，方用达原饮加减。气血两燔，治宜清热凉血解毒，方用加减清瘟败毒饮。毒犯心脑，治宜清心开窍，凉血解毒，方用清宫汤加减。毒瘀交结，治宜清热解毒，凉血化瘀，方用犀角地黄汤加减。余邪末清，治宜清涤余邪，养阴生津。若属湿热未清者，方用五叶芦根汤加减。若属热伤阴液者，方用沙参麦冬汤或竹叶石膏汤加减。

4 病案举隅

黄某某，女，48岁，教师，住院号：62130。1990年10月13日因发热恶寒，头痛，全身骨节酸痛4天收入院。患者4天前无明显诱因而出现发热恶寒，伴头痛，全身骨节酸痛，以腰痛为甚，发热以下午或夜晚为甚（T38℃～39℃），肌肤出疹，色红，无咳嗽，胃纳差，口干，时有腹痛，便溏，3～4次/日，舌边尖红、苔微黄干，脉弦细数。体检：T38℃，神清，四肢及胸腹部皮肤可见散在红色出血点，眼睑结膜充血（++），双肺未闻干湿性罗音，心（-），束臂试验阳性。血分析：WBC 3.0×10^9/L，RBC 3.76×10^{12}/L，HGB 10^9g/L，PLT 84×10^9/L。西医诊断：登革热。中医诊断：暑燥疫。辨证：卫营同病。治以清暑解毒，凉营透疹。处方：水牛角（先煎）、石膏（先煎）各30g，生地、野菊花各20g，银花、黄芩各15g，赤芍、丹皮、知母各12g，黄连、甘草各6g。日2剂，水煎服，上、下午各进1剂。15日二诊：仍有发热（T38.5℃），腰痛乏力，皮疹，尿黄，大便干，舌红、苔黄，脉弦数。治以清热祛湿，凉血透疹。处方：苡仁30g，红条紫草、滑石、茯苓、黄芩各15g，丹皮、法半夏、赤芍各12g，青蒿（后下）10g，甘草、陈皮各3g。水煎服，日2剂。19日三诊：发热已退，神疲乏力，口干口苦，时有胸闷，皮疹消退，舌淡红、苔白稍腻，脉弦细数。此为登革热后期，余邪未清，治宜清涤余邪，养阴生津。处方：生苡仁20g，沙参、麦冬、连翘、菊花、茯苓、板蓝根、花粉各12g，甘草3g。日1剂，再服4天而病痊愈。

按 本例经白云区防疫站和本院卫防科查视患者，结合症状、体征、血象以及CF抗体阳性，登革热诊断明确。治疗以清解疫毒为主，佐以凉营透疹祛湿，配合双黄连粉针剂3g静滴，板蓝根注射液2mL，肌注，每日2次，以加强清热解毒之力，疫毒得清，诸症得除。（史志云）

遣方用药

蒿芩藿苡汤

1 辨证论治灵活变通

刘仕昌认为岭南有其独特的气候、地理环境、体质类型及饮食习惯，岭南温病具有与其它地区不同的特点，治疗必须因时、因地、因人制宜，在遵循中医辨证论治理论的前提下，还位灵活变通。因此自拟“蒿芩藿苡汤”（青蒿6～10g，黄芩12g，藿香10g，薏苡仁20～30g，甘草3～6g）治疗暑湿、湿热或伏暑郁阻少阳、三焦，留恋气分之证每获良效。并在此方基础上进行了系统的、多层次的研究，取得了令人欣慰的成果。

2 病证结合衷中参西

刘仕昌结合祖国医学形象思维、整体观念、辨证论治的特点，辨证与辨病相结合，充分发挥医者的潜能，为临床实践服务，蒿芩藿苡汤的灵活运用正是这一思路的具体体现。

2.1 病毒性脑炎

多由肠道病毒、疱疹病毒等引起，多发于夏秋之季，西医尚无特效疗法，刘仕昌多将本病归于温病的暑湿或伏暑范围，分为三期辨治：早期常为暑湿蕴蒸，阻滞少阳三焦，治疗不能辛温发散，亦不能清苦寒凉太过，而必须宣通三焦，务使暑湿之邪得以上下分消而解，常用本方加减治疗。头痛加菊花、白蒺藜、苍耳子、葛根等；热毒甚者重用大青叶、板蓝根、金银花、蒲公英、水牛角；呕吐不止者可用薛氏止呕散（川黄连、苏叶少许，泡开水慢慢呷服）。

2.2 肠伤寒

多归于温病的湿温范畴。刘仕昌认为清热祛湿应贯穿始末，疏理气机是治疗关键。辨证论治虽分四型，但蒿芩藿苡汤乃基本方。初起邪热郁阻卫表，合新加香薷饮出入；若邪在气分，湿热困阻中焦，合葛根、黄连、凤尾草、蚤休等；湿热弥漫三焦，则合以三石汤化裁。

2.3 病毒性肺炎

对年老体弱之躯或幼儿稚嫩之体为害尤其，而现代医学尚无理想的治疗药物，对发于夏天的肺炎以暑湿壅肺论治，每获良效。临证时清暑祛湿并用，宣畅调理气机，因势透邪外达，时刻顾护津气，喜用芳香轻清宣透、解肌之品，少佐淡渗，慎用苦寒。以本方加杏仁、鱼腥草、桔梗、太子参，并随症加减。

2.4 功能性低热

亦是一种难治之病，中医归属其为内伤发热范畴。刘仕昌独辟蹊径，认为湿热或暑湿之邪侵入人体，正虚不足以抗邪外出，则邪气滞留不退，留恋三焦，阻滞少阳，枢机不利。治宜清暑化湿，疏通少阳气机，予本方合小柴胡汤加减。若腹胀加郁金、川厚朴；纳差、苔腻加茵陈、麦芽。

此外，恙虫病、登革热等感染性疾病也多用本方随症加减治疗，必要时中西并用，吸取西医精华。

3 用药心悟妙在青蒿

刘仕昌用药特点可以“轻清灵巧”四字概之，尤以青蒿之用匠心独运。青蒿是蒿芩藿苡汤中的君药，味辛苦性寒，气味清芳。芳香药物而具苦寒之性者唯此而已。该药解暑清热之功优于藿、佩，苦寒清热之力次于芩、连，其性平和，副作用少，不惟苦而不伤阴，寒而不碍湿，气芳香而化浊，质轻清而透邪，且与其它相关药物配伍可发挥明显的协同作用。如配黄芩能清热化湿，配石膏能清暑泄热，配扁豆花能清暑化湿，配香薷能祛暑化湿，配西洋参能清暑益气。该药用量亦轻，一般是6g，病重时用至10g，小儿多用3g，且后下，乃轻剂取胜之意。其处方药少量轻，用药质地、性味清轻，且善用花叶类药而自成轻清芳化、灵活巧妙的用药特色。（李吉超 张剑勇）

刘寿康妇科验方

【名老中医简介】刘寿康（1942～）江苏省射阳县人。主任医师。原任职于江苏省射阳县中医院。江苏省名中医。师从名医张宝奇先生，擅治外感热病、内科、妇科多种疑难杂病。发表论文30多篇。

回春饮

组方：墓头回15g，椿根皮15g，地丁草30g，败酱草30g，乌贼骨15g，炙猬皮15g，白芨12g，丹参15g，当归15g，制乳香6g（布包），制没药6g（布包）。

功能：清热解毒，活血化瘀，去腐生新。

主治：糜烂性子宫颈炎，证见白带增多，如脓如涕，夹有血液，常伴下腹部隐痛。

用法：每日1剂，加冷水适量，浸泡半小时，武火煎25分钟即成。1剂煎2次，早晚空腹服下。10剂为1疗程。

方解：宫颈糜烂，往往迁延难愈，且有继发宫颈癌之可能，患者苦不堪言。中医学认为，该病系湿热蕴结于胞宫，腐蚀阴器，扰动血脉所致。本方以墓头回为君，该药不仅能清热化湿，治崩止带，且现代研究发现有治疗宫颈癌的作用，此亦寓上工治未病之意；椿根皮有清热燥湿治带之功，并有良好的抑菌作用；辅以地丁草、败酱草增强清热解毒、灭菌消炎之效；佐以乌贼骨、白芨、炙猬皮、丹参、当归、制乳香、制没药，活血化瘀，去腐生新。全方合用能使湿热净而毒素排，瘀腐化而新肌生，痼疾能愈。

加减：出血较多，可加大蓟、小蓟各30g，腹痛较甚加醋元胡20g；舌苔白腻者，可加法半夏12g。服

10剂后可去地丁草、败酱草，加鱼腥草30g、野菊花30g。一般服药1～2个疗程即可。

固冲安麟汤

组方：黄芩10g，白术15g，菟丝子15g，沙苑子15g，桑寄生15g，杜仲15g，川断12g，砂仁10g（后下），阿胶10g（烊化分冲）。

功效：补益肾气，固摄冲任，以安麟胎。

主治：习惯性流产。

加减：腹痛加白芍15g、苏梗10g；出血加侧柏炭15g、地榆炭15g；恶心呕吐加法半夏12g、藿香10g；腹部畏寒用炒黄芩，加炮姜10g；气虚体弱加党参15g。

用法：习惯性流产者，一旦证实怀孕便可使用本方。妊娠初期，每十天服药1剂；妊娠3个月后，每15天服药1剂；至妊娠6个月可停药；若遇流产先兆可随时加服。

方解：方中首选黄芩、白术，清胎热，补中土，后世称其为"安胎之圣药"。菟丝子、沙苑子、桑寄生、杜仲、川断益肾安胎；阿胶乃血肉有情之品，可补益冲任；砂仁助白术健脾益气。全方合用补先天，益后天，能使冲任固而麟胎安。

刘铁军肝病学术经验

【名老中医简介】刘铁军（1954～）教授，博士生导师。长春中医药大学附院感染性疾病（肝病）科主任。世中联肝病学会理事，国家自然科学基金委员会评议专家，国家科技奖励评审专家，省中医肝病学会主任委员等。吉林省名中医。主持并参与完成国家科技部、省科技厅、局科研成果10项，新药开发1项，专利2项。主、参编著作2部。研发院内制剂6项，发表论文60余篇。

学术思想

肝病

1 阐明了中医"下法"与"肠肝循环"的关系及在肝病治疗中的应用

刘铁军通过多年临床实践，将传统中医理论中的"下法"与现代医学"肠肝循环"理论有机结合，取"六腑以通为用"之则，立"泻下清肠法"，阐述了利胆退黄与胆红素代谢、通因通用与肠道炎症、泻下排毒与内毒血症、急下阳明与肝性脑病的关系及其作用机理和临床应用。认为肝病患者，其肝脏的解毒、代谢等生理功能均有不同程度损害，容易造成体内有毒物质的积聚，不仅加重肝脏的负担，不利肝脏功能的恢复，而且容易诱发其他疾病。通过使用通利泻下，因势利导之法，使体内的毒性物质从二便而解，从而达到调节胃肠功能、消除肠道炎症及内毒素血症、预防和治疗肝病的目的。

2 论述了肝病输液腹水综合征产生机理及防治对策

刘铁军针对近年来，由于肝病连续输液导致腹水产生的现象，提出了肝病输液腹水综合征应引起临床医生的高度重视。认为肝病患者由于本身对水不耐受，清除功能障碍，尤其肝硬化患者常有低钾、低钠等电解质紊乱，此时，再大量输液，极易诱发或加重腹水的产生，甚至导致上消化道呕血及肝昏迷。此外，肝病患者若长期大量输注葡萄糖液，易造成体内乳酸堆积，形成乳酸性酸中毒，甚至出现顽固性腹水。因此，对已有腹水或有腹水倾向者，输液前首先考虑如何调剂和适量增加患者的饮食，人体所需的各种营养物质和电解质应以胃肠道摄入为主，严格控制液体量，切勿过量输液和依赖大量利尿剂，以免加重病情，降低生活质量，甚至危及生命。在治疗上，根据多年临床经验，制定并形成了治疗肝病严格控制液体输入量，以中医药为主，西药支持疗法为辅的"三九"治疗原则，即1方9天，3方1个疗程的中医药辨证疗法，该疗法见效快，费用低，远期病情稳定。

3 分析了肝病附加药物性肝损伤产生的机理及防治对策

肝脏既是药物代谢的主要场所，也是药物毒性反应的主要靶器官。药物性肝损伤的发生与用药剂量、用药时间、性别、年龄、营养状态及肝脏本身功能等因素有关。肝病时，功能有不同程度损害，其解毒、排泄功能及贮备和再生能力均降低，肝血流量减少，各种进入肝脏的药物使代谢负荷加重，产生内环境紊乱，进一步加重肝病患者的肝脏损伤。刘铁军通过多年临床观察认为，肝病附加药物性肝损伤较单纯的药物性肝损伤治疗难度大，且预后不良。因此，在治疗中应明确各类药物对肝脏是否有损伤及损伤的程度和个体差异，明确标明慎用或禁用对肝脏有损害的药物，以减少使用损伤肝脏的药物为原则，中药辨治可收"事半功倍"之效。

4 研究了肝病附加酒精性肝损害产生的机理及

防治对策

我国病毒性肝病和酒精性肝病均有逐年上升的趋势，而酒精性肝损害与肝炎病毒有着协同加强的作用，极易造成更为严重的肝损害，使肝炎重症化，或使肝硬化、肝癌的发生率增高。尤其是乙、丙型肝炎为著。刘铁军认为，为减少酒精及其代谢产物的致病作用，治疗过程中要求患者必须戒酒，否则将影响中医药治疗效果。

5 探讨了中药激活免疫、清除乙型肝炎病毒的机理及临床

乙肝病毒携带者之所以发展为慢性肝炎、肝硬化、肝癌，究其原因，是由于乙肝病毒在体内存在。因此，清除乙肝病毒是防止疾病进一步发展的根本所在。刘铁军通过多年临床研究，探讨了乙肝病毒携带者的免疫耐受，不产生免疫应答反应，及病毒长期存在于体内随时发病的原理。通过运用中药激活免疫，使机体产生免疫应答，最终清除乙肝病毒，临床疗效确实可靠。

6 治疗用药体现了中医药治疗肝病的传统继承观与现代发展观

刘铁军在临床工作中非常重视现代医学和药理学的研究成果，并积极探讨传统中医药学功能主治原则与现代中药药理学的相关性，将二者紧密结合，不仅便于阐明中医药治疗肝病的机理，使选药组方既符合传统中医药理论，又符合现代药理学的实验结果，而且使施药更具有针对性，一药多用，一举多得，既收效明显，又可避免盲目过多、过滥用药加重肝脏负担。

7 提倡病因用药与症状用药相结合

病因用药与症状用药都是辨治疾病的方式，二者侧重点不同，前者针对某一疾病或疾病某一阶段的病因病机特点用药，强调治疗的整体调节；后者则主要针对疾病过程中某些突出的症状和体征用药，强调治疗的针对性。刘铁军在临床过程中，强调二者的相互结合，视患者的具体情况有选择、有重点地分别加以用药。对于诊断明确、客观指标异常，而无任何症状和体征，即“无症可辨”的患者，主张针对病因用药；对于临床症状明显者，应重在缓解或解除患者痛苦，宜以症状用药为主，这样症状的迅速改善，既能缓解患者的痛苦，为进一步治疗奠定了必要的身体条件，又能增强患者治愈疾病的信心，使之能更好地配合医生进行治疗。临床上，二者的相互结合、相互渗透，用于指导临床用药，收效颇丰。

8 临床用药主张多种剂型配合应用

长期以来，肝病用药多以汤剂为主，虽吸收充分，发挥作用快，但亦具有局限性，如肝病患者普遍疗程长，汤剂往往使人难以接受和坚持，因此，刘铁军主张多种剂型配合应用，在病情较重或疾病初起时，以中药汤剂为主，待病情稳定，症状缓解，正气来复之后，再改用作用平稳、和缓的成药。这样，不同剂型交替使用，既可避免患者由于长期服用汤药所产生的厌倦心理，又可防止由于用药偏激导致的毒副作用，使之达到必要的缓冲。又如在治疗某些肝病合并其他疾病，如皮肤病时，刘铁军往往以一方口服治其肝病，一方外洗治其皮肤病，这样既可防止由于一方用药过多、过杂加重肝脏负担，又方便可行，效果明显，深受患者欢迎。

9 主张将中医调气理论运用到肝病心理护理

肝病由于其本身具有传染性、多发性、遗传性、恶变性和难治愈性等特点，使许多患者缺乏治愈疾病的信心，临床多表现为烦躁、抑郁、悲观等不良心态，这不仅不利于疾病的康复，而且还可直接或间接引起疾病向不利方向转化。因此，肝病患者，特别是病毒性肝病患者，除要进行积极的药物治疗外，心理护理至关重要，使患者保持良好的精神状态，对于充分调动自身的免疫功能，恢复病情，起着不可低估的作用。

10 重视饮食调养在肝病治疗中的重要作用

刘铁军在治病过程中重视患者的饮食忌宜，认为肝病难愈或愈而复发，不少是与忽视饮食调养有关。强调肝病患者应重视饮食调养，应以清淡滋养为宜，以满足人体正常需要的营养为度，饮食要有节制，切忌肥甘厚味，辛辣之品和暴饮暴食。因为肝病初起多与湿热之邪有关，味厚之品易助湿生热，使病难以速愈，肝病晚期，脾胃虚弱，既使在恢复期，其正气尚未完全恢复，脾胃功能较差，此时若暴饮暴食或进食大量蛋白含量高的食品，不仅加重脾胃肝胆的负担，而且其分解产生的大量含氮物质不能完全被肝脏解毒，吸收入血而易诱发肝性脑病，导致肝昏迷。因此，临床上刘铁军提倡肝病患者饮食上应做到“少食多餐，未渴先饮”的原则，根据不同时期及表现，予适当饮食，不可毫无节制、恣意饮食，以免加重病情。（贾桂芝 李 敏 王立颖）

临床经验

下法治疗肝病

1 实证急攻为求下

刘铁军认为疾病的发生以邪毒客气等实邪压制正气，正不抵邪的结果，故退邪则正气自复。因此，

治疗应当见本求源，从因治本，攻邪当为首选。实邪必急攻，及时祛邪可直接清除病因，减轻病理损害，可扭转病势、防止传变。他在治疗慢性肝病患者时，如遇到阳明腑实证表现时，当下不厌，方选大承气汤加减急攻其实，他十分笃信明代吴又可在《瘟疫论》中所提出的“逐邪为扶正之本、逐邪以导出为本、逐邪不妨矫枉过正”等逐邪三说，并把这一治则运用到肝胆病的临床治疗中，取得了理想的疗效。强调祛邪才是治疗疾病的根本措施，祛邪应当作为治疗疾病第一要旨。认为祛邪愈早，防传截变效果愈佳，下法绝对不能单纯看作是为了通畅大便，更为重要的是为了祛除病邪，尽快改善机体不正常的机能与状态，有利于疾病的尽早康复。

2 虚证体用可并治

肝为刚脏，体阴而用阳。肝体（肝的阴血）与肝用（肝的阳气）存在相互依赖、相互制约的关系，所以慢性肝病患者常出现肝体不足而肝用有余，即体用并病的病理变化，慢性肝病日久虚淤常见，淤久化热伤阴血、耗津液，阴虚而致内伤发热，刘铁军称其为肝病内伤发热。阴液耗伤程度与病情轻重关系密切。通里攻下、泻热排毒之法，方选增液承气汤，大黄、芒硝如釜底抽薪，邪热除则阴津自保；生地、玄参、麦冬补肝体，平肝用，体用并治；同时再配以柔肝益气之品，能迅速恢复耗损气阴，调节和增强机体免疫功能，提高抗御病邪的能力。现代医学表明，慢性肝病患者内伤发热的发生与肠源性内毒素有很大关系，故补虚同时注重排毒，减少肠源性内毒素的吸收，达到治病求本的目的。

3 虚实错杂通补兼施

因机体正气不足，抗邪无力，若湿热疫毒之邪侵袭人体，则破坏机体内平衡，致使湿热疫毒之邪，郁结肝胆，困遏脾胃，引起脏腑功能紊乱，气血阴阳失衡。湿热疫毒亦是致病因素，可产生痰浊淤血等病理产物，湿、热、毒、淤诸邪相互胶结，缠绵难去，导致肝病由急性向慢性，甚至向肝硬化、肝癌演变，并由实证向虚证转化，故出现虚实夹杂之候。刘铁军在治疗慢性肝病肝肾阴虚腑实证时，选方一贯煎加减补肝肾以治本，加大黄、黄连、马齿苋清毒泻实以治其标，并根据患者的临床症状、体征、免疫学及生化学指标，判断邪正消长之势；扶正而不留邪，祛邪而不伤正，以通为用，以通为补，亦通亦补，从而达到正复胜邪，邪去正安的目的。

4 下法与肠肝循环

“下法”是祖国医学的八法之一，是通过荡涤肠胃，使停留于肠胃的有害物质从下窍而出，以祛除病邪的一种治疗方法。刘铁军认为“下法”能通腑实、祛毒邪、使毒性物质从肠道排除，切断肠肝循环，能减轻或控制肝病的发展。脏腑互为表里，生理上相互配合，病理上相互影响，脏病可以及腑，腑病亦可以及脏。如腑气不畅，传化不行，则糟粕等废物不去，其秽浊之气必殃及五脏。下法可帮助和顺应六腑的气机运行，调整胃之受盛、大肠之传导、小肠之分清泌浊、胆之疏泄、膀胱之气化的功能活动，消除和清理人体各部的有形或无形瘀（郁）滞，借以调整全身气机的升降流通，影响人体的气化活动。同时，下法对人体气血津液的相互转换及人体对营养物质的吸收都会产生一定的影响。现代研究表明慢性肝病过程中，胃肠蠕动功能减弱，肠道内容物积留时间过久，肠肝循环的首次通过作用降低，肠源性内毒素及血氨的吸收增加，进一步加剧了脑血循环障碍，此时速取下法，不但排出了肠内容物，增加了腹腔脏器血流量，降低肠壁通透压，并可恢复胃肠功能，减少内毒素的吸收，改善肝脏内血液循环，防止肝细胞变性、坏死，疏通肝脏微循环，增加血流量，降低门脉压力及增加肝脏的营养物质供应，减轻对肝脑的损害。下法可促进新陈代谢，改善胃肠道的血液循环，以及抗炎，促进胆囊收缩，增加胆汁分泌，降低颅内压及高血压，减轻脑水肿。根据脏腑生理病理相互影响的规律，刘铁军提出在临床肝病治疗中如果出现可下之证，只要把握病机，适时通下，不但可祛除有形之实邪，亦可通过泻腑气而导出五脏之浊邪，使邪有出路，则气机调畅，诸证缓解，达到护肝醒脑的治疗目的。

刘铁军将中医下法与现代医学肠肝循环理论有机结合，运用于临床实践中，并深入地阐明了中医下法的作用机理，下法与肠肝循环理论的提出是对《内经》及“六腑以通为用”和明代吴又可“逐邪勿拘结粪”说的重要继承和发展，体现了传统继承观与时代发展观相结合的鲜明特点。

5 下法与大黄

刘铁军认同大黄具有“走而不守”、功善通下的药性，可调节肠道菌群，使排便正常、规律，认为其为下法应用之首药。

5.1 上病下取通肠宣肺

刘铁军认为慢性肝病常致肝失疏泄，脾失运化，中焦气滞夹积，气机不畅，升降失调，腑气不通，肺与大肠相表里，肺肃降失常，导致上闭下实，攻下可利肺肃气，气机升降有序则腑气自可通调。这种情况常见于慢性肝病患者并发外感热证或肺卫表证时，上焦肺卫表证表现明显，肺与大肠为表里之脏腑，通过清通脏腑，祛瘀泄浊可改善胃肠道血液循环，降低毛细血管通透性，排出坏死组织细胞，浊降则清升，升降有常，腑得治而脏得调，肺复宣发，上病而下治，外感热证或肺卫表证能够治愈，慢性肝病病情自然可以减轻。他常采用防风通圣散加减，常加入全瓜蒌等，意在全瓜蒌与大黄配伍，全瓜蒌宣肺理气、通腑降逆，大黄以通达腑气，气机升降有常，则热、毒、瘀自上、中、下三焦而解，使该方更具有宣上、畅中、泻下的治疗目的。刘铁军认为采用釜底抽薪、通腑降逆之法，腑气通调则气自降、病自安，对于肝病及其合并症的治疗都有良好的效果。现代研究也证实大黄有良好的通便作用，其作用主要是通过明显增加肠道蠕动、降低毛细血管通透性，抑制肠道异生菌群来实现的，减少蛋白质分解，控制合并感染。通过其泻下作用，清除肠道内容物，阻断肠道内氮的来源；其化瘀作用又可改善肝脏内血液循环，并能抑制内毒素致热反应，防止内毒素血症的发生。

5.2 治标为本保肝护脑

大黄可以清除肠道因慢性肝病而出现菌群失调产生大量的内毒素，其清热解毒、逐淤泻浊、通达腑气、清升浊降，从而增加胃肠蠕动，泻下排毒，并能减少肠源性内毒素的吸收和促进血氨等的排泄。刘铁军常在辨证的基础上重用大黄治疗重症肝炎并发的肝性脑病，实现“清肠毒、降血氨、泻宿便、减少肠道内毒素吸收、降低肝损害及防治肝性脑病”的目的。他强调保持消化系统的通畅状态，解除机体最大的排毒管道的不通，是治疗过程中应该十分注意的环节。现代研究也表明，大黄能保护肝细胞变性、坏死，疏通肝脏微循环，增加血流量，降低门脉压力及增加肝脏的营养物质供应。故其是治疗肝病的重要药物。

刘铁军在多年的临床工作中体会到，中医下法的应用不应仅局限于要有“下下之证”方可下之，拘泥于“满、胀、燥、实”等需攻则攻之症，应在临证时要审证求因，辨证论治，一些疾病在发生的过程中，即使没有可下的实证等表现，亦可根据疾病的转归及医者的治疗经验适当应用中医下法，攻邪外出，肝得通泄，则病可去。并认为下法应指广义的下法，可包括通下泄热，消积导滞疏肝理气，疏肝利胆，活血化瘀等，均应属下法之列。他对下法的理解和明吴又可在《瘟疫论》“注意逐邪勿拘结粪”一节当中明确提出了“逐邪勿拘结粪”学术思想的实质，祛邪为首务、祛邪务早、攻下重在祛邪、祛邪重用大黄是一致的，并认为下法只是肝病整体治疗中的一部分，要采取系统化、多途径治疗肝病及其合并症。同时他也认为过于片面地强调下法的观点同样也是错误的。即可在运用下法的同时或当机体的状态有所改善之后采用滋阴或调补等方法，达到辨证治疗肝病，恢复机体健康的目的。（张景洲 霍丹丹 张 莹）

刘燕池临床经验

【名老中医简介】刘燕池（1937～）河北定洲人。教授，主任医师，博士生导师。北京中医药大学基础医学院顾问。教育部考试中心硕士入学综合命题中医专家组组长，全国中医医师资格考试《中基》命题委员，中华中医药学会理事，中医理论专业委员会副主任委员，中国康复医学会理事，中医中西医结合专业委员会副主任委员，《中国中医基础理论》杂志编委。享受国务院专家特殊津贴。第三批全国老中医药专家学术经验继承工作指导老师。从事中医理论教学、医疗、科研40年。主持并承担部局级科研1项、校级科研1项。主持并参与《中基》五版和六版教材、中国医学百科全书《中基》卷、《大百科全书·中医》等书编写，《中医基础理论》教材主编。出版《中国传统医学精要》《详解中医基础理论》《中医基础学》和《中医辨证论治概要》等论著33部，发表论文50余篇。

临床经验

咳 嗽

1 基本方

刘燕池凉血滋阴治咳法基本方为：生地、玄参、浙贝母、杏仁泥、桑白皮、炙枇杷叶（去毛）各10～15g，桔梗10g。

外感初期，鼻塞，流涕，加辛夷10g，去生地、玄参。若为外感风寒，加荆芥、防风；外感风热，加银花、连翘、桑叶；肺热重，加蜜麻黄、生石膏、黄芩、鱼腥草、芦根。咽痛明显加牛蒡子、板蓝根、木蝴蝶；痰黄黏胸闷加全瓜蒌、炒莱菔子；痰少黏，加沙参、麦冬；痰多清稀有泡沫加细辛、干姜；痰黏难咯加葶苈子、白芥子；痰多易咳加二陈汤；便秘加元明粉、酒军；兼呕吐加淡竹茹、法半夏；咳嗽牵引两胁痛加柴胡、郁金、炒枳壳、川楝子、元胡；咽痒，加蝉蜕。

2 病案举隅

2.1 小儿咳嗽痰黄难咯案

张某，男，7 岁，2004 年 6 月 25 日初诊。咳嗽，流浊涕。痰黄难出，昨夜呕吐 1 次，已发病 3 天，欲呕尿短黄，昨夜低热 37.8℃，苔薄黄，脉弦滑。辛夷、浙贝母、炙枇杷叶（去毛）各 6g，双花 10g，连翘、化橘红、桔梗、葶苈子、杏仁泥各 6g，蜜麻黄 3g，生石膏（先煎）、鱼腥草、淡竹茹、芦根各 10g，黄芩 6g，3 剂。6 月 28 日二诊，药后今晨体温下降，前 2 日重感曾发热，现咳嗽痰白黏，鼻塞清涕，口干咽痒，尿黄，苔薄黄中心退，脉滑。生地、浙贝母、辛夷各 6g，蜜麻黄 3g，生石膏（先煎）、鱼腥草、杏仁泥、双花各 10g，连翘 6g，荆芥、防风各 3g，陈皮 6g，桑白皮 10g，桔梗 6g，鱼腥草 10g，黄芩 6g，生草 3g，板蓝根 10g，蝉蜕 3g，5 剂愈。

按 本例证属风热束肺，兼胃热津伤。风热束肺，故见低热 37.8℃，咳嗽，流浊涕；热伤肺津，炼津为痰，故见痰难出，尿短黄。胃热气逆，故见欲呕；苔薄黄，脉弦滑均为肺胃热盛，炼津为痰之象。治宜宣散风热，清肺化痰止咳，清胃生津止呕。故用辛夷、双花、连翘宣散风热；浙贝母、炙杷叶、化橘红、桔梗、葶苈子化痰止咳；杏仁泥、蜜麻黄、生石膏、鱼腥草、黄芩清肺止咳；淡竹茹、芦根清胃生津止呕。二诊风热、肺热已稍退，故苔薄黄中心退，咳嗽痰白黏，尿黄，但又外感风寒，故见鼻塞清涕，咽痒，二诊时病程已达 6 天，虽肺热退但已津伤血热，故见口干，治宜疏散风寒，清肺化痰止咳，凉血养阴生津。故在原方减竹茹、芦根基础上，加荆芥、防风疏散风寒，加蝉蜕疏风止痒。加板蓝根、生地重在清热利咽，凉血养阴，陈皮易化橘红重在理气化痰，桑白皮易炙枇杷叶、葶苈子重在泻肺利水化痰，方中刘燕池治外感风寒独到之处在于寒温并用，且散寒药量轻，如双花 10g，连翘 6g，荆芥、防风各 3g，是虑其内热，防散寒药助内热也，不可不知。

2.2 小儿咳嗽痰多质清多泡沫案

王某，男，5 岁。平素乳食不节，感冒后咳嗽 20 余天，夜间为重，痰多色白质清稀多泡沫，无寒热，舌质红绛，口干，大便干，脉弦滑。药用生地、玄参、浙贝母、杏仁泥、桑白皮、炙枇杷叶（去毛）各 5g，桔梗 3g，细辛 1g，干姜 1 片，元明粉（包冲）1g，7 剂愈。

按 本例证属寒饮伏肺，血热津伤。患者感冒后 20 余天，咳嗽未愈，说明余邪未尽，痰多色白质清稀多泡沫、脉弦滑为寒饮邪气伏肺。其平素乳食不节，内热由生，咳嗽夜重、舌质红绛，口干，大便干为内热耗津，阴虚血热的表现。治宜凉血清热养阴，温肺化饮止咳。方中生地、玄参凉血清热养阴；浙贝母、杏仁泥、桑白皮、炙枇杷叶、桔梗清肺化痰止咳；细辛、干姜温肺化饮；元明粉通便，诸药合用，寒温并施，体现了“有是症，用是药”的学术思想，故效验如神。

2.3 青年咳嗽痰多色白案

王某，女，25 岁，2004 年 4 月 25 日初诊。咳嗽，痰多色白，胸闷，10 余日，咽痒，大便稍干，尿不黄，苔薄中心质黯紫，脉弦滑。药用：生地 15g，玄参 10g，浙贝母、粉丹皮、桑白皮、炙枇杷叶（去毛）各 15g，桔梗 10g，杏仁泥、全栝蒌各 15g，白芥子、蝉蜕各 6g，射干、胖大海、黄芩、炒山栀各 10g，霜桑叶 6g，元明粉（包冲）3g，炒莱菔子 15g，7 剂愈。

按 本例证属肺热津伤，血热痰凝。患者 25 岁，外企职员。属于工作紧张的血热阴虚一族。肺热气逆故咳嗽，肺热，肺气不布散津液，津凝为痰不下输大肠故见痰多色白，胸闷，大便稍干，脉弦滑。这里虽痰多色白，但不可做寒痰论。血热津伤，血行瘀滞，故见苔薄中心质黯紫。其咳嗽 10 余日余邪未尽，故咽痒。治宜清热凉血，化痰通便。方中生地、玄参、浙贝母、粉丹皮、黄芩、炒山栀清热凉血养阴兼活血；桑白皮、炙枇杷叶、桔梗、杏仁泥、全栝蒌、白芥子、胖大海、射干、霜桑叶，清热化痰止咳利咽；蝉蜕疏风止痒；元明粉、炒莱菔子化痰通便，方证对应，故获卓效。

2.4 更年期慢性咽炎咳嗽痰少案

董某，女，48 岁，2004 年 6 月 23 日初诊。慢性咽炎，咽部堵塞，微咳，有少量痰，难咯，咽痒，大便干，舌红绛，苔薄黄，脉弦缓。药用：生地、玄参、浙贝母各 15g，桑白皮、葶苈子各 10g，白芥子 6g，黄芩 10g，沙参、麦冬各 15g，蝉蜕、玉蝴蝶各 6g，射干 10g，胖大海 15g，炒山栀、焦榔片、焦三仙各 10g，酒军 3g，淡竹叶、生草各 6g，加减 20 余剂愈。

按 本例证属痰凝气阻，血热阴虚。慢性咽炎，一般认为属于“痰凝气阻”，故可见微咳，咽部堵塞，有少量痰，难咯，咽痒。本例女性，48 岁，正值更年期，属阴虚血热，故可见大便干，舌红绛，苔薄黄，脉弦缓。治宜化痰理气，通便，清热凉血养阴。方中浙贝母、桑白皮、葶苈子、白芥子、玉蝴蝶、射干、胖大海、淡竹叶化痰利咽。生地、玄参、沙参、麦冬、炒山栀养阴清热凉血，焦榔片、焦三仙、酒军化痰理气、通便，生草解毒调和诸药。诸药合用，共奏佳效。

2.5 老年咳嗽痰粘案

李某，男，86岁。2004年2月26日初诊。外感3天，咳嗽，清涕，咽痛，痰黏，无寒热，口干，大便三日未行，苔根黄白，脉弦滑。药用：辛夷、桑白皮、陈皮、桔梗、太子参各10g，生地15g，元参10g，浙贝母15g，射干、杏仁各10g，蝉蜕6g，鱼腥草、牛蒡子、黄芩各10g，全瓜蒌15g，炒莱菔子10g，元明粉（包冲）3g，4剂愈。

按 本例证属内热外寒，外感风寒初期，外邪束肺，肺气不利，故见咳嗽，清涕，因年逾80，生理性气阴减退，正邪斗争不剧烈，故无寒热。肺热伤津，津亏血热，故口干。内热盛，炼津为痰，故痰黏。大肠热盛兼气阴亏虚，故大便三日未行。苔黄白脉弦滑为内热外寒之象。本例虽然外感初期，但考虑到患者的年龄，故以宣肺清热化痰通便，益气养阴凉血止咳为治则，方中辛夷、蝉蜕、桔梗、杏仁宣肺通鼻窍；桑白皮、射干、牛蒡子、黄芩、全瓜蒌、鱼腥草清肺化痰，止咳利咽；炒莱菔子、元明粉化痰下气通便；太子参、生地、元参、浙贝母益气养阴凉血止咳。故可效如桴鼓。（马淑然）

遣方用药

三仁汤

1 慢性浅表性胃炎之脘腹胀满案

案1 王某，男，50岁，2003年11月13日初诊，主因脘腹胀满五年迁延不愈。患者5年来脘腹胀满，饭后及夜间胀甚，喜冷饮，易疲劳，咽部痰浊阻塞感，项部疼痛，腰酸痛，腿及足冷感，便干，苔薄黄根腻，舌尖赤，脉弦滑。曾行胃镜检查，确诊为慢性浅表性胃炎。在某医院曾服用摩罗丹、茵陈五苓丸等效果不著。诊断：西医：慢性浅表性胃炎；中医：湿热阻滞于上、脾肾阳虚于下。治宜清热利湿，温经通脉。方用三仁汤加减。药用：杏仁泥15g，白蔻仁10g，薏苡仁30g，藿香、佩兰各15g，制厚朴、炒枳实各6g。浙贝母10g，滑石粉（包）、车前子各15g，淡竹叶6g，鸡内金、炒莱菔子各15g，炒白术20g，制香附10g，嫩桂枝10g，茵陈15g，生草6g。水煎，每日1剂，分早晚服。上方加减，连服50余剂，诸症悉除。

按 慢性浅表性胃炎脘腹胀满一般多因气滞、气虚、湿邪阻滞引起，因体质不同，湿邪可兼挟寒或热，本例即属湿热阻滞于中上焦，困阻气机所致。故见脘腹胀满，喜冷饮，咽部痰浊阻塞感，项部疼痛，便干，苔薄黄根腻，舌尖赤，脉弦滑。脘腹胀满5年，病程较长，必兼脾胃气虚，故饭后及夜间胀甚，易疲劳。日久损及肾阳，故见腰酸痛，腿及足冷感。方中杏仁泥、白蔻仁、薏苡仁、藿香、佩兰、茵陈、制厚朴、炒枳实、制香附，化湿行气除胀满；浙贝母化痰软坚；滑石粉、车前子、淡竹叶，清热利水渗湿；鸡内金、炒莱菔子，消食除胀，炒白术健脾益气；嫩桂枝，温肾通脉；生草清热解毒，调和诸药。方证相应，故疗效甚佳。

2 口腔溃疡案

案2 裴某，女，34岁，2004年8月12日初诊。主因口腔溃疡反复发作2年就诊。患者左颊部口腔溃疡疼痛反复发作2年，疼痛，口臭，善太息，自觉心悸怔忡，嗜睡，小便不畅，舌苔黄腻，脉弦细。服用西药和中药效果不显。中医辨证：肝胆郁热，湿热阻滞。治宜清利湿热，疏肝和胃。方用：三仁汤加减。药用：川黄连3g，粉丹皮15g，生石膏（先煎）20g，广郁金15g，陈皮10g，炒枳实、制厚朴各6g，炒莱菔子、全瓜蒌各15g，焦楂曲各10g，薏苡仁20g，杏仁泥、滑石粉各15g（包），酒大黄2g，连翘15g，川木通3g，淡竹叶6g。水煎，每日1剂，分早晚服。上方加减，连服20余剂，诸证悉除。随访半年，没再复发。

按 口腔溃疡中医一般认为是胃热或兼肾虚，常用清胃散合玉女煎加减化裁。本例证属肝胃郁热，故见口腔溃疡，口臭，善太息，小便不畅，湿热阻滞于心故见心悸怔忡，嗜睡，阻滞于下焦，故见小便不畅，舌苔黄腻，脉弦细。方中川黄连、粉丹皮、生石膏清胃热；广郁金、陈皮、炒枳实、制厚朴、炒莱菔子、全瓜蒌疏肝清热；薏苡仁、杏仁泥、滑石粉、酒大黄、连翘、川木通、淡竹叶清热利湿，通便利尿。方证对应，故效如桴鼓。

3 性欲减退案

案3 高某，男，36岁，2003年12月8日初诊。主因3个月来性欲减退就医。患者3个月来性欲减退，伴腰膝酸软，虚汗，行房后加重，乏力，精神欠佳，或抑郁不舒，或急躁易怒，食欲不佳，口苦，口气重，平素大便干燥，舌苔白黄腻，舌尖赤，脉沉细弦。中医辨证：湿热阻滞，肝胃郁热。治宜清利湿热，清肝胃热。方选：三仁汤加减。药用：薏苡仁30g，滑石粉（包）、车前子（包）、粉丹皮、杏仁泥各15g，白蔻仁10g，藿香15g，佩兰、法半夏各10g，制厚朴、淡竹叶各6g，柴胡10g，川黄连6g，浮小麦30g，炒山栀10g，生甘草6g。水煎服，每日1剂。上方加减，连服20余剂，诸证悉除。

按 性欲减退一般多因肾虚引起。本例为湿热阻滞，下焦肾气受困，故见性欲减退，伴腰膝酸软。行房后加重，虚汗，乏力，精神欠佳，舌苔白黄腻，舌尖赤，脉沉细弦。湿热郁滞，肝胆气机不利，故见抑郁不舒，或急躁易怒，食欲不佳，口苦。热邪熏蒸，故口气重,大便干燥。故方中三仁汤加减(薏苡仁、滑石粉、杏仁泥、白蔻仁、制厚朴、淡竹叶、车前子、粉丹皮、法半夏)清热利湿化痰;藿香、佩兰芳香化湿;柴胡、川黄连、炒山栀清肝胆郁热;浮小麦收敛止汗。全方合用,病情痊愈。

4 五心烦热案

案4 杨某,男,49岁,2004年3月20日初诊。主诉一个月来自觉五心烦热,腰酸困痛,乏力,口渴、喜热饮,纳化尚可,大便稍溏,苔根薄黄腻,剥落,脉弦缓。中医辨证:湿热阻滞,肾阴亏虚。治宜清利湿热、补肾之阴。方用三仁汤加味。药用:桑寄生15g,川断、菟丝子、炒䗪虫、泽泻、山茱萸肉各10g,云苓、茯苓、粉丹皮各15g,地骨皮30g,薏苡仁20g,滑石粉15g(包),杏仁泥、白蔻仁10g,制厚朴、炒枳实、炙甘草各6g,大枣3枚,炒白芍12g,水煎,每日1剂,上方加减,连服30余剂,诸证悉除。

按 五心烦热一般属于阴虚。但本案属于湿热壅滞,伤及肾阴,故见五心烦热、腰酸困痛,乏力。苔剥落(肾气阴两虚);苔根薄黄腻,脉弦缓(湿热壅滞),而大便稍溏,脉弦缓,湿邪下注大肠。方中三仁汤加减(薏苡仁、滑石粉、杏仁泥、白蔻仁、制厚朴),清利湿热;桑寄生、川断、菟丝子、山茱萸肉、地骨皮、粉丹皮、泽泻补肾之阴,清相火。炒䗪虫化瘀止痛,炒枳实、炙甘草、大枣、炒白芍、云苓、茯苓调理中焦。诸药配伍,共奏清利湿热、补肾之阴的功用。

5 更年期头身困重案

案5 王某,女,49岁,2004年10月20日就诊。主诉近两个月来自觉头沉重,身不适,时值更年期,心情稍有不舒则心烦发作,舌质中裂,质黯红,苔黄白腻,剥落,脉沉细无力。中医辨证为湿热阻滞,气机郁结,肝肾阴虚。治宜清热化湿,补肾疏肝。方用:三仁汤加味。药用:薏苡仁30g,滑石粉(包)、杏仁泥、藿香各15g,佩兰10g,女贞子、夏枯草、车前子(包)、生地黄、元参各15g,菟丝子10g,桑寄生15g,柴胡10g,广郁金15g,生甘草6g,决明子10g,酒大黄3g,水煎,每日1剂,上方加减,连服10余剂,诸证悉除。

按 更年期是指妇女达到49岁左右,身体出现生理性肝肾阴虚,伴有肝气郁结表现的综合征,如心烦躁扰,烘热汗出,易怒等证候群。本例患者正处在更年期年龄,出现心烦发作,舌质中裂,苔剥落,脉沉细无力等肝肾阴虚之证,及心情稍有不舒心烦发作等肝气郁结证候,同时伴有湿热见证,如头沉重,身不适,苔黄白腻。方中三仁汤加减(薏苡仁、滑石粉、杏仁泥、藿香、佩兰)清利湿热,芳香化湿;女贞子、生地黄、元参补肝肾阴虚;菟丝子、桑寄生补肾阳,寓阳中求阴之意;柴胡、广郁金、决明子、酒大黄、夏枯草、生甘草疏肝平肝清热。诸药配伍,达到清利湿热,芳香化湿,疏肝平肝清热的目的。

6 胃癌术后脘腹胀痞案

案6 张某,男,78岁,2003年9月6日就诊。主因胃癌术后脘腹胀痞半年就医,患者食纳欠佳,倦怠乏力,口干,舌尖溃疡,苔根黄白厚腻,脉弦滑。中医辨证为湿热阻滞,气阴亏虚。治宜清化湿热,益气养阴。方用三仁汤加减。药用:生石膏20g,知母、杏仁泥各10g,薏苡仁20g,党参、陈皮各10g,茯苓、石斛各15g,白蔻仁10g,麦门冬、天花粉、炒白术各15g,法半夏、焦楂曲各10g,淡竹茹15g,炒枳实6g,制厚朴6g,滑石粉15g(包),炒山栀6g,车前子(包)、藿香各15g,焦榔片10g,水煎,每日1剂。上方加减,连服50余剂,诸证悉除。

按 胃癌术后脘腹胀痞,食纳欠佳,倦怠乏力,口干是脾之气阴耗伤,舌尖溃疡,苔根黄白厚腻,脉弦滑,是湿热阻滞。方中三仁汤加减(白蔻仁、滑石粉、杏仁泥、薏苡仁、制厚朴、法半夏、淡竹茹、炒白术、车前子、炒山栀、藿香、陈皮、茯苓、焦楂曲、焦榔片)清湿热;生石膏、知母清胃热;党参、麦门冬、天花粉益气养阴。诸药合用,切中病机,故疗效较佳。

7 亚健康倦怠乏力案

案7 李某,男,38岁。2004年3月26日就诊。主诉倦怠乏力、精力不足2月余,纳差,大便不爽,多梦,苔黄厚腻质淡。脉弦细滑。曾在北京某医院行各种检查未发现阳性结果,诊断为“慢性疲劳综合征”。中医辨证:湿热阻滞,清阳不升。方用:三仁汤加减。药用:生薏苡仁30g,杏仁、白蔻仁各15g,法半夏10g,飞滑石(包)15g,制厚朴6g,车前子(包)15g,党参10g,麦门冬15g,五味子10g,炒白术20g,云茯苓15g,炙甘草6g,炒枣仁30g,生石膏(先煎)20g,知母10g,夜交藤15g,菖蒲20g,败酱草15g。该方加减30余付,诸证悉愈。

按 乏力常见的原因是正气亏虚和湿浊阻滞。本例即属湿热内生,阻滞中焦,清阳不生,故乏力精力不足,纳差,苔黄厚腻质淡,脉弦细滑为气阴不足兼湿热内生之象,大便不爽为大肠湿热之象,多梦为热邪扰动心神之象,故用三仁汤加减(生薏苡仁、杏仁、白蔻仁、法半夏、飞滑石、制厚朴、炒白术、云茯苓、车前子、生石膏、知母)清利湿热;党参、麦门冬、五味子益气养阴;菖蒲、夜交藤、炒枣仁、炙甘草芳化

湿浊,养心安神;败酱草清肠中湿热。诸药合用,方证对应,故获良效。(马淑然)

黄连温胆汤

1 抑郁证

王某,男,42岁,既往身体健康。1年前因工作精神压力大,出现心胸烦闷不适,情绪低落、自责、厌生、失落、烦躁、沮丧、紧张、抑郁寡欢。近半年来即经常啼哭,惊恐不安,心烦失眠,时常有轻生念头。舌淡苔黄腻,脉弦滑。方选黄连温胆汤加减,药用:半夏、枳实、陈皮、竹茹各10g,茯苓12g,甘草、生姜各6g,大枣3枚,黄连6g,郁金10g,琥珀3g,珍珠母、浮小麦各30g,加减20余剂愈。

按 本例证属肝胆郁结,痰热扰神兼心胆气虚。肝胆郁结,故见抑郁寡欢,心胸烦闷,情绪低落;痰热扰神,故见心烦失眠,紧张,苔黄腻,脉弦滑;心胆气虚,故见经常啼哭,惊恐不安,沮丧,失落,厌生,舌质淡。治以清胆化痰、安神定志、补益心胆。方中陈皮、半夏、竹茹、枳实、生姜、茯苓理气化痰;琥珀、珍珠母宁心安神;郁金、黄连清热疏肝利胆解郁;浮小麦、甘草、大枣和中、益心胆之气,诸药合用,共奏清胆化痰、安神定志、补益心胆之功。

2 神经衰弱

赵某,女,49岁,2005年9月13日初诊。自诉平时嗜食肥甘厚腻,1年前因受精神刺激,出现失眠、头晕,尤以入睡困难,寐而易醒为甚,伴胸闷,曾经多方治疗,难以根治,遂来门诊治疗。刻诊:面色无华,精神倦怠。每晚入睡不足3h,且易惊醒,时有胸闷、头重头昏、恶心欲吐,心烦口苦而干,纳呆,舌红,苔黄腻,脉滑数。方选黄连温胆汤加减。药用:黄连6g,制半夏10g,竹茹12g,山栀15g,枳实10g,陈皮15g,茯神10g,酸枣仁30g,生姜5片,大枣5枚,炙甘草6g,夏枯草10g。水煎服,连服14剂,诸症减轻,每晚已能睡5h,时有头昏乏力、纳少、气短,舌淡红苔薄白腻,脉弦滑。为痰热邪去兼气虚,故于原方去黄连,加党参、白术各10g,继服15剂,病情痊愈。

按 本例证属痰热内扰、心神不宁。患者平素嗜食肥甘厚腻,助湿生痰生热,痰热上扰心神,故每晚睡眠不足,心烦;加之精神刺激,肝胆气郁,故易惊醒,因痰湿壅遏于上焦,故胸闷;痰湿上扰头目,蒙闭清窍,故头重头昏;痰热阻胃,胃失和降,故恶心欲吐、口苦而干,舌质红,苔黄腻,脉滑数。治拟理气化痰,清胆和胃,安神定志法,以黄连温胆汤加减,方中黄连、山栀清热泻火除烦;夏枯草清肝泻火散郁结,是考虑到女性更年期用药;半夏、竹茹降逆和胃、燥湿化痰;枳实、陈皮理气燥湿化痰;茯神健脾渗湿、宁心安神;酸枣仁养心安神,用量独重;以生姜、大枣、炙甘草调和脾胃,调和诸药。上方服药半月,痰热已消,诸症减轻,睡眠增加,但又现气虚之象,故去黄连以防伤胃,加党参、白术,与前方中茯神、炙甘草组成四君子汤,以加强调理脾胃之功。再服药半月,病情痊愈。由于辨证精当,用药准确,故患者顽疾得以根治。

3 幻视

金某,男,23岁,韩国留学生。2004年7月13日初诊,自诉1年来每晚夜里2时前不敢入睡,看见身披黑衣之鬼站在阳台上。如果提前入睡,必于夜里2时前醒来,看见黑衣之鬼,心中十分恐惧。刻诊:面色秽黯而垢,眼眶周围黯黑,自诉身体倦怠乏力,头昏沉,口干苦,舌质红,舌苔黑褐而腻,脉弦滑数。方选:黄连温胆汤加减,药用:黄连6g,制半夏10g,竹茹12g,山栀15g,枳实10g,陈皮15g,茯神10g,酸枣仁30g,生姜5片,大枣5枚,炙甘草6g,胆南星、石菖蒲各10g,珍珠母30g,服药7剂,日泻10余次,2诊,已无幻视,夜能入睡平稳,面色有光泽,舌红,舌苔变为薄黄腻,口干苦与眼眶黯黑均减,仍感乏力倦怠,效不更方,继服7剂愈。

按 本患证属痰热内扰、心神不宁。韩国人,平素喜饮酒,助湿生热,日久湿聚为痰,热极似水,故见黑褐色而腻舌苔,湿热蒙蔽上焦,清阳不升,故见面色秽黯而垢,眼眶周围黯黑,头昏沉;痰热阻滞于中焦,津液不能上达,故见口干苦;痰热困滞于周身,故见身体倦怠乏力,脉弦滑数。痰热扰乱心神,故见夜不能寐,幻视黑衣鬼。治以清胆化痰、安神定志。方中胆南星、陈皮、半夏、竹茹、枳实、生姜、茯苓理气化痰;酸枣仁、珍珠母宁心安神;山栀、黄连清热疏肝利胆;石菖蒲化痰开窍;甘草、大枣和中,诸药合用,共奏清胆化痰、安神定志之效。

4 酒精肝

尔某,男,46岁,2004年4月8日初诊。平素饮酒过量多年,近1周晨起呃逆,干呕泛酸,口苦,多梦,在朝阳某医院查血ALT 76(5-40),AST 57(8-40),GGT 217(20-110),诊为酒精肝。舌紫,苔薄黄腻,脉弦滑。肝区正常,未见痛胀。方药:金钱草、茵陈、藿香各15g,佩兰、草决明各10g,黄连6g,陈皮15g,法半夏10g,云茯苓、淡竹茹各15g,炒枳实6g,焦山楂、焦神曲各10g,白花蛇舌草10g,虎杖、紫丹参、粉丹皮、败酱草各15g,生草6g,板蓝根20g。服药7剂,患者主诉证大减,再服20余剂愈。

按　本例证属肝胆湿热犯胃兼血瘀。患者平素喜饮酒，助湿生热，肝胆湿热，故见肝功能异常，口苦，苔薄黄腻，脉弦滑；肝胆湿热犯胃，胃气上逆，故见呃逆，干呕泛酸；肝胆湿热扰心神，故见夜多梦。肝胆湿热，气滞血瘀，故见舌质淡紫。治以清利肝胆湿热，兼活血行气解酒毒。方中金钱草、茵陈、草决明、黄连清热利湿；藿香、佩兰芳香化湿；陈皮、半夏、竹茹、枳实、茯苓、甘草健脾理气化痰；焦山楂、焦神曲、虎杖、紫丹参、粉丹皮活血化瘀理气；白花蛇舌草、败酱草、板蓝根清热解酒毒，诸药合用，共奏清利肝胆湿热，兼活血行气解酒毒的功效。

5　急性浅表性胃炎

王某，男，42岁，2004年5月10日初诊。患者因大量饮酒后导致胃脘部胀痛、纳差4天来诊治。诊见：胃脘部胀痛，纳差，时恶心欲吐、呃逆泛酸，口干口苦，喜冷饮，大便干结，舌红苔白黄腻，脉弦滑；胃脘部有压痛，莫菲征阴性。上消化道钡餐提示：急性浅表性胃炎。方药黄连温胆汤加减：黄连6g，制半夏10g，竹茹15g，枳实8g，知母、花粉、陈皮各15g，茯苓12g，酒大黄3g，生姜、大枣、炙甘草各6g。水煎服，连服7剂，患者已无恶心呕吐、反酸、口干等症；呃逆、大便干结亦明显好转，纳食增加。效不更方，继前方再服10剂，患者诸症消失；上消化道钡餐提示：急性浅表性胃炎痊愈。

按　本例证属胆胃不和、痰热内扰。因患者饮食不节，大量饮酒，助生痰热，痰热内扰于胆胃所致。痰热内阻，气机不利，胃气不和，不通则痛，故患者胃脘部胀痛、纳差；胆胃郁热，胃气上逆，则恶心欲吐，呃逆泛酸，口苦；痰热阻滞，津液受伤，故见口干、大便干结；痰热内扰故见舌红苔白黄腻，脉弦滑。治拟和胃健脾清胆、理气化痰、降逆止呕，以黄连温胆汤加减；方中黄连、半夏、竹茹、陈皮、枳实、生姜降逆和胃止呕、清热燥湿行气；知母、花粉清热泻火滋阴；茯苓健脾渗湿，使湿去痰消；酒军清热缓泻干结之大便；生姜、大枣、炙甘草调和脾胃并和诸药，方证相应，故效如桴鼓。

6　胆汁反流性胃炎

孟某，男，43岁，胃脘部胀痛反复发作1年余。检查：幽门螺旋菌（+），胃镜检查诊为胆汁反流性胃炎。服多种西药未缓解。刻诊：患者胃脘嘈杂、时胀闷不舒，伴嗳气，泛吐黄绿苦水，食少纳呆，口苦便干，苔薄黄腻，脉弦滑。药用：锻瓦楞子（先煎）15g，赭石（先煎）30g，黄连6g，吴茱萸2g，枳实6g，竹茹、姜半夏、柴胡、芍药、茯苓各10g，陈皮6g，黄芩10g，蒲公英20g。服药7剂后症状减轻，胃脘部嘈杂感已愈，稍有胀感。苔薄腻，脉弦。继服14剂后症状消失。胃镜复查，轻度浅表性胃炎，未见胆汁反流入胃现象。

按　本例证属肝胆痰热内扰，胃失和降之证。胆汁反流性胃炎属中医“胃脘痛”、“嘈杂”、“呕吐”范畴。按中医学“肝随脾升，胆随胃降”理论，胃的贲门、幽门具有使食物下行而不上逆的作用。胃失通降则“胆随胃降”机能丧失，遂出现胆汁反流之症。痰热内阻于胃，不通则痛，故患者胃脘部胀痛反复发作；痰热内阻于胆胃，胆胃气逆于上，故见胃脘嘈杂、时胀闷不舒，伴嗳气，泛吐黄绿苦水，口苦；胃气逆于上，不能通降，故见食少纳呆、便干；苔薄黄腻，脉弦滑也为痰热内扰之象。拟清胆和胃，理气化痰法。方用黄连温胆汤加减。方中黄芩、黄连、半夏、竹茹、陈皮、枳实、生姜降逆和胃止呕、清热燥湿行气；茯苓健脾渗湿，使湿去痰消；吴茱萸与黄连配伍有左金丸之意，与锻瓦楞子、赭石配伍起到抑制胃酸分泌、防止胆汁反流入胃，并恢复胃中酸碱平衡、保护胃黏膜的作用；蒲公英解毒，杀灭幽门螺旋菌；柴胡，芍药疏肝利胆，以助胆汁正常分泌、排泄而不反流入胃。方证相应，每奏佳效。（马淑然）

刘运耀临床经验

【名老中医简介】刘运耀（1939～）福州人。主任医师。1965年毕业于福建中医学院。原福建福鼎市医院中医科主任。福鼎市中医学会副会长，宁德地区中医药学会副理事长。第二批全国老中医药专家学术继承工作指导老师。享受政府津贴。从事中医临床工作30多年，擅长中医内科，兼治妇儿科疑难重症。发表论文近20篇。

临床经验

脑血栓形成

1　病因病机主要在痰瘀阻滞脉络

脑血栓形成属中医“中风”范畴。古代医家对“中风”之说各异，刘运耀在博采众家之长的基础上，指出脑血栓形成的病因病机，有两家学说较为深切，一是《景岳全书·厥逆》篇中“痰火上壅之中风”说，二是王清任在其《医林改错》中所创的治偏瘫名方“补阳还五汤”，从药物组成可以看出其重在益气化瘀通络。刘运耀认为，痰浊和血瘀这一对致病因素，在脑血栓形成中至关重要。人至中年之后，脾运减弱，痰浊内生，痰浊流滞于脉络，阻碍血行，则血液涩滞，造成瘀血内阻，反过来又导致津液不得流通输布，亦可凝聚成痰、痰瘀相互作祟而发病。刘运耀结合现代医学缺血性中风病之血液藏变学的理论，认为所谓痰和瘀，其实就是津液与血液的流态异常，最终导致血液的高“黏聚”状态，易致微循环障碍，微血栓形成，这种变化，与中医的“痰”、“聚”“瘀”等的病理认识是一致的。刘运耀上述关于脑血栓形成的痰瘀相兼为病的论点，对于临床治疗有着很强的指导意义。

2 在辨证论治基础上突出化痰行瘀

脑血栓形成以偏瘫、失语等中经络症为多见，而出现突然昏仆、不省人事的中脏腑症较少，但治疗不及时或不当，病情也会呈渐进性或阶段性发展。传统中医对中风的认识较复杂，有责之于气血亏虚、络脉空虚者；有责之于精血不足、肝肾阴虚者，有责之于肝风心火相煽、气血并走于上者，有责之于脾湿生痰、肝火炼液成痰者。由此造成临床分型辨治时莫衷一是，令后学者常常有不得要领之惑。刘运耀通过反复的临床探索，指出在脑血栓形成的治疗上，辨清其标本缓急是十分重要的，但同时又必须认识到，作为一种临床急证，在脑血栓形成这一特定的病理变化过程中，相对“本虚”而言，“标急”始终是矛盾的主要方面。因此，刘运耀在辨治本病时，一个鲜明的特点就是在辨证施治的基础上突出化痰行瘀，以期迅速疏通经络，减轻脑脉受损程度，以挽救生命，促进脑功能尽早恢复。大量的实验资料表明，化痰行瘀类方药有抑制血小板凝集、降低血黏度、扩张血管、改善微循环、增加脑血流量及氧供等多种功效。

根据上述认识，在具体治疗中，刘运耀将脑血栓形成简要地分为2型进行辨治，2型共同的病理基础都是痰瘀阻滞脉络，其共同的主症都是半身不遂、舌强语蹇，口舌歪斜、偏身麻木，但由于有平素脏气虚弱和素体阳亢或热盛的差异，2型在临床上又显现不同的证候特点：

2.1 脏气虚弱型

除上述主症外，尚有肢体软弱，手足肿胀，面色苍白，气短乏力，痰涎较多等，舌质暗淡，苔白腻，脉细涩或细缓。处方用补阳还五汤合二陈汤加味，并送服人参再造丸。

2.2 阳亢热盛型

除主症外，尚有眩晕头痛，面赤心烦，口苦口粘痰多，便秘尿黄等，舌质暗红，苔黄腻或灰黑，或干燥少津，脉弦滑。处方用血府逐瘀汤加钩藤、石决明、菊花、胆星、瓜蒌、鲜竹沥、生大黄等，并送服华陀再造丸。

上述2型在用药时，均如丹参、水蛭、牛膝、鸡血藤、桑枝等，以加强化瘀通络之力。刘运耀指出，上述治疗思路和方法，不仅适用于脑血栓形成的急性期，而且也适用于病程超过4～6周，神经功能恢复不太理想的中风后遗症患者。

脑血栓形成患者有少数可出现突然昏仆、不省人事的中脏腑症状，此时又有“阳闭”，“阴闭”之分，刘运耀指出，此乃急中之急。现代医学对于该证型的治疗近年来进展很快，疗效也有逐步提高，若此时配合中医治疗，阳闭者用安宫牛黄丸1～2丸（鲜竹沥10～20mL调化），通过鼻饲管注入。阴闭者则选用苏合香丸1～2丸（以高丽参汤调化），鼻饲注入，均可提高疗效。

3 病案举隅

案1 廖某某，男，67岁，干部，住院号123564。患者以突发右侧上下肢体瘫痪伴失语2 h为主诉急诊入院。入院时血压14.7/10kPa，颅脑CT提示：左基底节散在性梗塞. 治疗1周后症状改善不明显，请刘运耀前往会诊。察患者除上症外，尚有面色苍白、喉间多痰、舌淡紫苔白腻、脉细缓无力。刘运耀辨证认为气虚、痰瘀阻于脉络，即给予补阳还五汤加味：生芪50g，当归、川芎、赤芍、桃仁、地龙、水蛭各10g，红花5 g，牛膝、桑枝、丹参各15 g，鸡血藤30 g，陈皮6 g，茯苓、半夏、枳壳、肉苁蓉各10 g，水煎服，日1剂，并加用人参再造丸，每日2丸分服。上方连服5剂后，患者右侧肢体肌力由1级恢复到3～4级，续进上方至13剂，患者已能下床依杖跛行，语言功能也基本恢复，只是构音尚不够清晰，后出院门诊治疗。

案2 刑某某，男，63岁，住院号118274。患者先以头痛继而神志不清住入内科。脑CT检查诊为“蛛网膜下腔出血”，经治疗10 d后神志转清醒，但头痛无明显减轻，继而出现烦躁，神志再转模糊，现左侧肢体偏瘫，肌力‘0”级，再行脑CT检查示：右侧基底节区脑梗塞，而原”蛛血”已明显吸收。改变方案救治2 d后，症状无明显改善，遂请刘运耀会诊。当时患者神志朦胧、烦躁、面赤、喉中痰鸣、呼吸粗急、大便已3 d未通，并见唇红干、舌暗红苔黄厚而少津，脉弦滑，测血压23/12 kPa。刘运耀认为证系阳亢热甚、痰瘀阻于脉络，治宜平肝清热、化痰行瘀、开窍等法并进。处方用羚羊钩藤汤合血府逐瘀汤加减：羚羊角粉0.6 g(分2次冲服)、钩藤12 g，生地30 g，菊花、丹皮、胆星、石菖蒲、白芍、枳壳、地龙、桃仁、水蛭、生大黄(后入)、川连各10g，川贝、柴胡各6 g，红花5 g，牛膝、桑枝、黄芩各15 g，鲜竹沥40mL(分2次冲服)，安宫牛黄丸1枚(化服)，每日1剂，水煎鼻饲。药后大便通，2 d后神志转清，头痛减轻，诸症亦改善，原方去安宫牛黄丸，减生大黄量为6 g(后入)，再进3剂，头痛缓解，肌力恢复到2～3级，仍守上方去石菖蒲、羚羊角粉2味续进9剂后，患者已能下床扶杖行走，左肢体肌力恢复到4级，言语清晰，其后随症加减，但化痰行瘀不变，3个月后，患者已完全恢复到发病前的状况。(狄 民)

遣方用药

急腹症

1 胆囊炎胆石症

患者陈某某，女，65岁，住院号56452。右上腹持续性痛阵发性加剧1天入院，伴寒热往来，体温39.2℃，便秘2天。巩膜轻度黄染，右上腹拒按喜凉，墨非氏征阳性，脉细弦数，舌红苦黄腻。血象白细胞总数20.6×10^9/L，中性89%，B超提示：胆囊炎胆石症。中医诊断：脘胁痛。拟为少阳胆腑湿热阻滞，阳明大肠热结不通。治仿仲景大柴胡汤加减，柴胡10 g，郁金10 g，白芍15 g，枳壳10 g，黄芩15 g，银花30 g，茵陈30 g，川楝10 g，元胡10 g，生军10 g，芒硝15 g，甘草5 g，紫雪散2支。日服2剂，配合针刺内关，胆囊穴。服药后排便4次，次日痛除热解。

按 本例乃少阳阳明合病，故治疗用柴、郁、芍、枳、草等以疏泄胆府，配合金铃子散以理气止痛，银花、黄芩、茵陈以清热解毒利湿退黄，硝黄通下阳明里结，紫雪散可用于高热便秘者，如斯配伍，使胆热得泄，肠结得通，故能药到病除。

2 急性胰腺炎伴休克

患者蓝某某，女，40岁，住院号20815。右上腹痛阵发性加剧7天，近2天痛连左胁并放射左背肩，伴畏冷发热，恶心呕吐入院求治。患者呻吟不休，面目发黄，额上冷汗，四肢不温，体温37.8℃，血压10.7/7.5kPa，上腹拒按，脉细数无力，舌暗红，苔黄厚干。询之大便虽通而不畅。检查血象：白细胞总数23.1×10^9/L，中性80%，尿淀粉酶1024单位。西医诊断，急性胆道感染继发胰腺炎，早期中毒性休克。中医辨证：肝胆湿热蕴结，耗伤气阴兼血瘀。方用大柴胡汤合茵陈蒿汤加减：柴胡10 g，白芍15 g，枳壳10 g，半夏10 g，郁金10 g，黄芩15 g，银花30 g，公英20 g，茵陈30 g，栀子10 g，生军15 g，元胡10 g，川楝15 g，丹皮12 g，赤芍12 g，党参30 g，麦冬20 g，甘草6 g。配合5%葡萄糖生理盐水输液，药进1剂大便通泄3次，腹痛缓解，四肢转温，血压13/9kPa，复查尿淀粉酶降至125单位，按原法加减治疗4天病愈出院。

按 本例系湿热内蕴肝胆，调治失法，病延多日，耗伤气阴，因虚而又气滞血瘀。肝胆蕴热，胆汁外溢，故腹痛连胁，身目发黄。其痛与上例病症大抵相同，故用大柴胡汤治之；合用茵陈蒿汤祛其瘀热；气阴耗伤则头额汗出，四肢不温，故加参麦以防厥脱之变，更有输液补充，则有救阴以回阳之意。

3 幽门不全梗阻

患者吴某某，男，32岁，住院号58171。上腹胀痛阵发性加剧3天入院，伴食入即吐，便黑3天。检查，胃振水音(+)，肠鸣音减弱，脉弦细，舌质紫，苔厚腻微黄。血象：白细胞12.4×10^9/L，中性76%，尿淀粉酶32单位。大便隐血阳性。既往有消化性溃疡史。胃肠造影诊断：幽门不全梗阻。中医病因病机分析：饮食不节，湿热内蕴，脾胃气机紊乱，气滞血瘀，升降失司。治用仲景桃核承气汤加减：桃仁10 g，生军12 g，川朴30 g，枳壳15 g，丹参15 g，木香10 g，半夏15 g，元胡10 g，川楝15 g，药进2剂后，吐止矢气转，腹胀减，舌苔转薄，后加公丁香再1剂，大便通下色黑，痛缓解，调理1周症愈。

按《伤寒论》第106条述蓄血之证：“其人如狂，少腹急结，血自下……桃核承气汤主之”。从其方药组成知其热在阳明胃肠，与血相搏，阴络伤故云少腹急结，血自下。本例症状与蓄血证有所不同，但其病机亦为热结阳明胃府与血相搏结而阴络伤，故便黑隐血阳性。又胃中热，失其通降，故呕吐腹胀。治仿仲景用桃核承气汤乃临床变通之法。

4 胆道蛔虫并发黄疸

患者程某某，女，35岁，住院号68540。右上腹阵发性痛如绞7天入院，伴畏冷发热，恶心呕吐，右上腹膨隆拒按，触及右肋下肿块4cm×5cm，脉弦数，舌红，苔黄厚腻，巩膜黄染，血象：白细胞16×10^9/L，中性80%，伊红5%，B超提示：右肝肿大，肝内胆管结石，胆囊肿大，胆总管下段索条状(蛔虫)阻塞。中医辨证：肝胆湿热郁遏，蛔虫上窜，气机阻滞。治用四逆散加味：乌梅30 g，柴胡15 g，白芍15 g，枳壳10 g，元胡15 g，川楝10 g，郁金10 g，黄芩15 g，半夏10 g，银花30 g，生军15 g，芒硝12 g，日服2剂，配合针刺内关，胆囊穴，强刺激留针、日2次。服药后便下多次，痛缓解，减硝黄量，再剂，3天后疼痛完全消除，黄疸退净,右胁下肿块消失,B超复查,胆蛔阴性,胆囊肿大消失。

按《伤寒论》治蛔厥用乌梅丸,乃因胆蛔痛剧而致四肢厥冷。本例无肢厥,而有黄疸,故不用乌梅丸与茵陈蒿汤,而用四逆散加乌梅、生军等。方中用四逆散加元胡、川楝疏肝利胆理气解痉止痛,乌梅以安蛔。痛已7天,胆汁郁积化热生毒,配以郁金、银花、黄芩更能利胆清热解毒,复有硝黄通下,以除上逆之势使虫体下排;针刺法增强疏通经气、止痛退黄。

5 高位小肠梗阻

患者朱某某,女,30岁,住院号58518。大腹胀痛持续3天入院,伴心下痞满而烦,呕吐食物,便秘。检查:腹胀拒按喜凉,下腹部按痛明显,上腹肠鸣音亢进,脉弦大,舌红苔黄厚腻。血象:白细胞13.6×10^9/L,中性78%。腹部平透:小肠高位梗阻。中医诊断:阳明府实证。方选大承气汤加味:川朴30 g,枳壳15 g,生军15 g,芒硝12 g,莱菔子30 g,黄芩15 g,银花30 g,药进3小时后排便1次,下蛔虫数条,按原方减硝黄量加乌梅、槟榔,再进2剂而痊愈出院。

按 本例以痞满燥实备全,故投大承气汤,因热甚生毒,加银花、黄芩清热解毒,有虫加槟榔驱之,莱菔子一味功兼下气与滑肠,故能1剂而见效。

6 阑尾炎

患者陈某某,女,37岁,住院号53395。右下腹持续性腹痛放射腰部1天入院,伴畏冷发热。检查:下腹均有压痛,以麦氏点为明显,反跳痛阳性。脉细数,舌红苔黄。血象:白细胞总数17.5×10^9/L,中性81%。西医诊断:单纯性阑尾炎,中医诊断:肠痈。治拟四逆散合大黄牡丹皮汤:柴胡10g,白芍15 g,枳壳10 g,川楝10 g,元胡15 g,生军15 g,芒硝10 g,桃仁10 g,丹皮10 g,公英20 g,甘草5 g。日服2剂,便通腹痛减,次日再进2剂便泄3次,痛消除。

按《伤寒论》第318条载四逆散原治阳气内郁之四肢逆冷证,后世发展,用之疏肝理气治脘腹胁肋诸病。本例病位右少腹部,属厥阴肝经。《金匮》治肠痈大黄牡丹皮汤。本例用四逆散合大黄牡丹皮汤,功兼疏肝理气,止痛与清热通下,行瘀,消痈。用此法治疗肠痈,每收良效。

刘兆宁验案选

【名老中医简介】刘兆宁 主任医师。1968年毕业于广西中医学院医疗系本科。现任职于广西柳州市中医院骨伤科。广西自治区老中医。从事临床36年,擅长治疗各类骨折、脱臼、各类跌打损伤、颈椎病、腰腿痛、腰椎间盘突出、各类关节炎、强直性脊椎炎、骨折后期功能障碍,以及骨伤科疑难杂症。有3项科研成果获柳州市科技进步三等奖;在公开刊物上发表论文15篇;参编《中医骨伤科治疗手法图解》。

气虚络瘀验案

患者,女,63岁,某小学教师。2003年9月19日来诊。右腕部右手肿胀疼痛、活动受限41天。2003年8月9日不慎跌倒,右掌先着地,当时疼痛难忍,右腕畸形,活动受限。立即到某医院就诊,经摄右腕X线片,诊为右桡骨远端粉碎性骨折。即行手法整复,小夹板外固定(未外敷中药膏),患肢中立位吊于胸前。并予伤科七厘散内服。当天晚上患者右手肿胀疼痛加剧,难以入睡。第二天重回原诊医院复诊,未调整小夹板,并予止痛药口服。尔后患者多次在原诊医院复诊,曾先后摄右腕X线片三次,均示:骨折断端对位对线良好,但右手肿胀疼痛不消退已41天。患者自觉不妥,遂到刘兆宁处就诊。

患者体型虚胖,自述一向纳呆、便溏、精神差,脉沉弦重取无力,舌质淡白,舌边有齿印,舌苔白有瘀点。右腕小夹板外固定,扎带左右移不动,右手背肿如面包,手指不能抓握。诊为:气虚络瘀。处方:党参10g,白术10g,茯苓15g,扁豆10g,陈皮6g,山药15g,甘草5g,砂仁3g,薏苡仁15g,桔梗10g,赤小豆40g,神曲10g,麦芽10g,蜈蚣1条,全蝎3g。3剂,水煎分服,每天1剂。并解开小夹板,外敷中药膏,再用小夹板外固定。嘱患者注意扎带松紧度,扎带要左右能移动1cm左右,太松太紧都不行,要自己调节,并嘱其多练习抓握手指,在前臂不旋转的前提下活动肘、肩关节,以免发生关节僵硬。

9月22日二诊:患者右手肿胀已开始消退,疼痛明显减轻。按原方再服中药3剂,换外敷药1次,仍用小夹板外固定。医嘱同前。

9月25日三诊:患者右手肿胀消除大半,疼痛基本消失,手指活动改善,但仍不能握紧,纳呆、便溏已好转,舌脉均好转。仍守原方3剂,换外敷中药膏1次,医嘱同前。

9月28日四诊:患者右手肿胀基本消失,手指仍握不紧。经摄右腕部X线片复查示骨折断端已有骨痂生长,全身症状明显好转,提示络脉已通,停内服、外敷中药,改中草药外洗。处方:四方藤50g,大钻50g,鸡血藤50g,九龙藤50g,半枫荷50g,满山香50g,鸟不落50g。6剂,水煎外洗,日洗2次,每剂药洗2日。并嘱其晚睡觉时仍自行上好小夹板,以保护骨折部位不再损伤。另建议患者自行购买钙片内服,以促进骨折愈后。12月17日随访,患者右腕右手已完全恢复功能。

按 桡骨远端骨折是骨伤科十分常见的疾病,只要整复基本对位对线,小夹板安放及辨证用药正确,绝大多数患者都能痊愈。但此例恰好忽略了重要的两点:一是未给患者调整或交代患者自行调整小夹板扎带的松紧;二是未按患者体质辨证用药。患者一派气虚症状,不应40多天一直内服伤科七厘散。骨折后期的肿胀,不同于刚受伤时水肿。刚受伤时水肿为外伤后气滞血瘀所致,骨折后期肿胀是属络瘀久滞所致,也可以理解为气血周流不畅,荣卫不和,易于痰聚。痰聚既是病理产物,又可理解为新的致病因素,亦是叶天士"痛久入络""久病入络"之所谓。古代医家提出"络以辛为泄"的治疗原则,选用辛味为主要药物,配合通络药,形成辛温通络、辛润通络、补气通络、虫药通络等各种治疗方法。结合此例,是气虚在前,络瘀在后,应以补气通络为主,配合虫药通络。虫类药为血肉有情之品,性走窜,具有动跃攻冲之能,深入络道,次剔痼结痰瘀,旋转阳动之气。叶天士《临证指南医案》中说:"藉虫蚁血中搜逐,以攻通邪结"。此例辨证为气虚络瘀,方用参苓白术散以健脾益气,配以神曲、麦芽、赤小豆于健脾益气中加重消导,更以蜈蚣、全蝎通络以攻邪结,同时调节小夹板扎带松紧度、外敷中药膏以解决人为的气滞血瘀,9剂中药即见疗效。可见辨证论治之重要,不仅在内科应用重要,在骨伤科应用中也一样重要。医者不可不慎之。

刘支柏制丹经验

【名老中医简介】刘支柏 副主任药师。原任职于重庆市中医院。从事中药工作60余年。重庆市首批名中医。

升丹工艺改进经验

刘支柏从事中药工作60余年,自上世纪50年代末期始,专事名老中医熊雨田祖传秘方铁板丹的制剂工作,并对其生产工艺进行了改进,介绍如下。

在旧工艺中,是将1剂药分为陈氏吹喉散、结灵丹、紫灵丹、铁板丹、兑丹等5个部分。在这5个部分中,药味和操作都有重复。刘支柏经研究后,将其分为两个部分(即升丹为一部分,其余的为一部分),从而减少了领药、下料和加工等工序。

旧的炼制方法是先将处方中除冰片外的其他药研细过40目筛,再加2/3药量重的冰片研细混匀,堆放在铁板中央垒成元宝形,稍压紧后,用瓷碗扣住,碗与铁板连接处,用浸了面糊的桑皮纸封固,底下用由12根灯草扭成灯芯的菜油灯作火源,置避风处,以烧完120g菜油为标准,冷后轻轻划破封碗纸,取下白色丹药,装瓶内密封。刘支柏对工艺作了深入研究后进行了改进,将菜油灯改为恒温电炉,外加温度计来控制,把铁板和瓷碗扩大。同时把剂量扩大17倍。从而大大的简化了程序,增加了产量,操作更为方便。

用恒温电炉炼丹应把温度控制在80℃~90℃为宜,时间控制在3.5~4h。另外须注意保持封碗纸不变为黄色,碗内应无滴水声,碗口边的纸无湿点。如火力适当,丹为雪白色,形如羽毛状。如火力过大,丹碗上的丹会成黄色的干锅巴,碗口边和丹渣的顶端为银灰色,一抹可出现水银珠,这样则丹的质量差。又如火力不足或时间未烧够,丹碗内的丹是湿的,丹渣表面也没有丹,因此在炼丹过程中要时时掌握好火力、温度和时间,用恒温电炉和温度计可确定准确的温度和时间。使烧炼出的丹药色泽、质量、数量都能达到一致。(杨 敏)

刘志明学术经验

【名老中医简介】刘志明(1927~)湖南湘潭人。主任医师,博士导师。现任中国中医科学院资深研究员,中国中医研究院学术委员会委员和学位委员会委员。北京中医药大学、中国中医科学院研究生部客座教授，中国中医药学会副会长，全国政协第六、七、八届委员。享受国务院政府特殊津贴。首都国医名师。擅长治疗温病，老年病，心脑血管疾病，肿瘤，风湿性关节炎，慢性肾炎，病毒性肺炎、病毒性脑炎等发热性疾病。发表学术论文30余篇，主编或参编专著7部。

心脑血管病

1 高年下亏，治在肝肾

朱丹溪云："人生六十七十以后，精血俱耗，头昏日眵，肌痒溺数，鼻涕牙落，涎多寐少，足弱耳聩，健忘眩运，肠燥面垢，发脱眼花，久坐则睡，未风先寒，食则易饥，笑则有泪，但是老境，无不有此。"这些生理特点，多由高年下亏而致。叶天士谓："男子向老，下元先亏。"虽然脏器衰老是一个复杂的生理过程，但下元虚乏是脏器衰老的基本原因，是老年人的生理特点。肾虚，又是导致心脑血管病的基本内在因素。肾为水火之宅，元阴元阳高于其中，在脏腑活动中处于非常重要的地位。张景岳认为：五脏六腑皆须依赖肾气的温滋，"心赖之，则君主以明；肺赖之，则治节以行；脾胃赖之，济仓廪之富；肝胆赖之，资谋虑之本；膀胱赖之，则三焦气化；大小肠赖之，则传导自分"。所以，老年人肾虚必然累及到其它脏腑的功能活动，使脏腑功能受到不同程度的影响，故肾虚是心脑血管病发病的病理基础。补肝肾法乃是治疗心脑血管病的重要方法。老年人肾气衰弱，表现为阴阳之气俱不足。阴为阳基，无阴精之形，则阳无以载，故补肾应强调补肾阴的不足。张景岳《治形论》主张："凡欲治病者，必以形体为主，欲治形者，必以精血为先，此实医家之大门路也"。景岳的"治形"思想，对于心脑血管病的防治更是有其现实意义。

由于"乙癸同源"、"精血互化"，所以肝肾并治实能相得益彰。刘志明对于老年病临床重视肝肾之治，意在治病求本，但补益肝肾有滋补与平补的不同，老年人脾胃不足，运化气弱，不任重补，刘志明用平补之法，为治疗心脑血管病的常用方法，对老年肝肾两虚，补而不腻，利于老年人长服、久服。药如：首乌、桑椹、杜仲、牛膝、寄生、当归、白芍、女贞子、旱莲草、枸杞子、菟丝子等。如熟地碍胃，鹿茸壮阳，苟非阴阳大亏，皆宜慎用。

案1 杨某某，女，66岁。1980年9月8日初诊。患高血压病30余年，近日因劳累及精神紧张而于昨日突发左半身瘫痪，手不能持物，足不能举步，即送某医院急诊，诊断为"高血压病"，"脑血栓形成"，今日由家人背来门诊。诊查：血压25.3/14.1kPa，言语不利，口唇麻木，头胀痛，反应迟钝，左半身不遂，大便干结，舌苔薄黄，脉象弦数。中医辨证：此高年人，肾阴素亏，水不涵木，因劳累而肝阳暴张，连成中风之证。治宜滋肾平肝，活血通络为法。处方：当归9g，赤芍12g，川芎4.5g，寄生15g，牛膝9g，首乌藤12g，钩藤12g，菊花9g，地龙12g，黄芩9g，菖蒲9g，远志9g，枣仁6g，石决明30g，黄芪18g。二诊：药进5剂，头清爽，头胀痛减轻，语言较前流利，左下肢已能抬起，左上肢抬举感困难，复查血压22.7/13.3kPa，苔薄黄，脉弦细。肝阳渐平，守前法稍加增损。处方：生芪18g，当归9g，赤芍12g，川芎6g，地龙12g，寄生15g，首乌藤12g，钩藤12g，黄芩9g，防己12g，枣仁9g，石决明30g。三诊，药连进20余剂，左半身活动明显好转，手能持物，足可举步，语言流利。守原方加减，继调治月余病痊愈，且能操持家务。

按 本案西医诊断为"高血压病"、"脑血栓形成"，属中医之中风病。盖中风一病，多由"精血衰耗，水不涵木"而致，为老年肾亏之一常发病。本病以肾虚为本，风、火、痰、瘀为标。患者初诊时左半身不遂，言语不利，头胀痛，以标急为主，故取牛膝引血下行，助当归、寄生补益肝肾；取钩藤、菊花、石决明、地龙、黄芩平肝熄风；当归、黄芪、川芎、赤芍、首乌藤，养血补气行血，平肝通络，取"血行风自灭"之意；菖蒲、远志化痰开窍。全方药性平缓，气血阴阳标本兼顾，补通并用，补而不腻，静中有动，故取效甚著。

2 脏腑虚损，兼补五脏

赵献可谓"五脏之真，唯肾为根。"肾藏元气，元气通过三焦流行全身，内致脏腑，外达肌肤腠理，推动人体的生长发育和脏腑的功能活动。故中医以元气是否充沛为衡量人体健康的主要标志。《医学源流论》徐大椿认为："先天元气，根本所在，在丹田命门间，无水而能令五脏皆海，无火而能令百体皆温，此一线未绝，则生气一线未亡。"所以，人的生命活动功能与先天元气—无形水火的盛衰极为有关。人到老年肾气（元气）匮乏，必然影响到他脏，正如张景岳谓："五脏之阴气非此不能滋，五脏之阳气非此不能发。"老年人随着肾气虚衰，脏腑组织、阴阳气血都表现为不足，而致"五脏皆虚"。临床上可出现脾肾同病，肺肾同病、心肾同病、心脾肾同病。《内经》云"虚者补之"、"衰而彰之"，故补虚是治疗心脑血管的原则，是中医治病求本的思想，也符合老年人"肾气衰"、"脏腑虚损"的特点。因此对心脑血管病的治疗，在强调重在治肝肾同时，还要注意兼补脏腑。如脾肾双补、补肾益肺、补肾养心等，治贵灵活，不可执一。但无论应用何种补法，都必须依病情和老年人的体质情况而定。老年人最忌"蛮补"，所谓蛮补，就是不视患者体质强弱，能否受补，投以大剂量参、茸、桂、附等峻补之品，则违背了老年人之生理特点。老年人脾胃气薄，气化功能减弱，过于滋补，难于受纳。故前贤治老年病，多不赞成峻补之法。如丹溪说："任是衰老，不直峻补。"邹铉亦谓："大体老人药饵，止是扶持之法，只可用治平顺气，中和之药治之。"

刘志明对治心脑血管病治重肝肾，兼补脏腑，是治病求本的方法，其义在扶助正气，提高抗病能力，达到祛邪治病，却老全形之目的。

案2 丹某，男，63岁，1981年4月23日初诊。患者反复发作性心前区绞痛9年，加重1月余。患者自1972年以来反复发作心前区绞痛，劳累后尤甚，有时呈憋闷感，含服硝酸甘油、心痛定可缓解。近1月来心绞痛发作频繁，伴腰酸乏力，口干纳少，大便微干，服西药效差而求治于刘志明。西医诊断为冠心病心绞痛。该患者1973年患脑血栓已治愈。诊查：血压17.3/12.0kPa，精神差，气短，心率120次/分，左侧体温低于右侧，左手握物发抖，汗少，脉弦细，沉取无力，舌苔薄。中医辨证：此属老年肾阴素亏，胸阳不振，血气不和，治宜通心阳，调气血，益肝肾。处方：瓜蒌15g，薤白12g，首乌12g，桑椹15g，桑寄生12g，当归9g，太子参12g，牛膝9g，枳壳9g，赤芍9g，川芎4.5g，三七粉1g（冲服）。二诊：进药7剂，自觉精神转佳，胸闷、心绞痛、气短好转，守方加减治疗半年，上述症状全缓解。心电图复查恢复正常。为巩固疗效并改服丸剂。处方：西洋参30g，首乌45g，桑椹45g，茯苓30g，生芪30g，瓜蒌45g，薤白30g，枣仁30g，桑寄生45g，牛膝45g，枳实30g，三七30g。共为细末，炼蜜为丸，每丸10g，日服2丸。上药服三料，后因工作需要，外出工作半年余，虽有劳累也未再发病。

按《素问·上古天真论》云："五八肾气衰，六八阳气衰，七八肝气衰"。因此胸痹心痛的病机与心肝肾有关，尤与心肾关系密切，肾虚则精气不上承，致心气失养，胸阳不振，阴浊内生，气血失调。所以刘志明认为在治疗上应注意通心阳，肝肾兼顾。本案冠心病心绞痛多年，但刘志明在治疗上抓住了胸痹心痛之主证，采用滋肾通阳的方法，调阴阳，和气血，标本兼顾，攻补兼施，使频繁发作性心绞痛完全缓解，心电图完全恢复正常，其它疾病也得到改善，这是中医治病求本的理论体现。

3 本虚标实，攻补要当

刘志明认为，心脑血管病以下元亏虚，脏腑虚损为本，即所谓本虚。然而，心脑血管病并非皆为虚证，临床实践证明，本虚标实证居多，所谓标实，是指病邪，不外六淫、七情、饮食、痰、温、瘀、滞、火之邪。老年人脏腑阴阳俱不足，正气一虚，外邪乘虚而入，内邪由虚而生，故老年心脑血管病多因虚而致实，老年人下元先亏，脾胃气薄，气化无力，故易致水液精微运化不利而为痰饮、湿聚之证；脏腑功能低下，血行无力，易致气血瘀滞之证；阴精亏耗，虚火内生，阴亏于下，火亢于上，又易致下虚上实之证，故老年心脑血管病多表现为复杂的虚实相兼之证。

刘志明在多年的治疗实践中对心脑血管病的治疗注重补法，但并非唯有补一法，又由于心脑血管病多虚实相兼，治法亦常取攻补兼施。"急则治标，缓则治本"，"间者并行，甚者独行"的独特治疗风格，所以临床疗效显著。

案3 杨某某，男，64岁。1982年9月20日初诊。反复心前区绞痛10余年，加重3月。患者自1970年以来，反复发作心前区闷痛，有时呈绞痛，每次发作历时5分钟左右，休息及含服硝酸甘油片可缓解。1980年因劳累后，心绞痛频发，含服硝酸甘油片无效而住某医院，经心电图检查诊断为"冠心病，急性前壁心肌梗塞，"住院治疗月余，病愈出院。此后，心绞痛经常发作，伴胸闷，头晕，气短，腰腿酸软。舌苔薄腻，脉弦细。证属胸阳不振，痰浊内阻，治宜通阳化浊法。处方：瓜蒌15g，薤白12g，半夏9g，泽泻9g，枳壳9g，太子参9g，茯苓12g，杏仁9g，甘草4.5g，三七粉1g，冲服。二诊，药进10剂，心绞痛发作次数明显减少。于原方加桑椹、首乌、寄生、当归等补益心肾之品，继服百余剂，诸证痊愈。复查心电图明显改善。

按 胸痹病机为本虚标实，本例本虚为心肾两虚，标实为痰浊内阻。刘志明认为，肾精不足则精不化气，气不行湿而致痰浊内蕴，心气不足则心神失养，心神亏虚而易为痰浊所扰。故取瓜蒌、薤白、半夏、茯苓、杏仁、甘草通阳化浊；增太子参、当归、首乌，桑椹、寄生以填精益气，既能使精气化，助上药通阳化浊；又能益肾养心安神，以拒痰浊之上扰。全方合用，意在标本兼治，所取临床上不但疗效好，而且疗效巩固。（刘如秀）

热痹

1 病因

热痹的发病，主要取决于患者体质和感受外邪两大因素。素体阴虚阳盛者，感受风寒湿邪，容易发为热痹。以感受之外邪而论,风湿热邪相兼侵袭人体,湿热蕴蒸,亦能产生热痹。此外,风、寒、湿三痹经久不愈,邪留经络,郁而化热,又可转化为热痹。由此可知,热痹实乃风湿与热相搏流注关节,阻于经络,气血流行不畅所致。故其病因应以湿热为源,风寒为兼。其临床表现有热偏胜与湿偏胜之异。其兼症可见寒象而呈寒热错杂之证。而热邪最易伤阴,故热痹每有阴虚见证。因此,热痹有热胜、湿胜、阴虚、兼寒之证,临床必须明辨之。

2 治疗方法

热痹的治疗,总的原则是清热利湿,疏风通络。李东垣之当归拈痛汤,主治湿热为病,肢节烦痛、肩背沉重、胸膈不利、遍身疼痛、足胫肿痛等症。吴鞠通之宣痹汤,主治湿聚热蒸,蕴于经络,寒战热炽,骨骱烦痛,舌质灰滞,面目萎黄之湿痹证。二方皆为治热痹之良方。故刘志明宗二位前贤制方之义,结合自己临证体会,治疗时随症选用,灵活变通。多年来治疗热痹患者甚多,疗效满意。

3 分 型

因所受外邪与患者体质的不同,在临床中,本病可见以下几证。

3.1 热痹热胜证

多见于痹证初期,起病较急,病程较短。患者关节红肿疼痛,灼热感明显,皮肤可见环形红斑,伴发热、恶寒、口干喜饮、大便秘结、小便灼赤、舌质红、苔黄腻偏干、脉象滑数。治宜清热利湿,宣痹通络。处方:当归12g,黄芩9g,知母12g,栀子9g,连翘12g,生甘草12g,生苡仁24g,防风12g,防己12g,羌独活各12g,忍冬藤15g,海桐皮15g。本方服15剂后,一般能退热,关节疼痛能明显减轻,若能治疗月余,效果更好。

3.2 热痹湿胜证

可见于痹证初起或复发期,患病关节肿胀较甚,疼痛沉重,灼热感轻度或不明显,伴发热或身热不扬,身体沉重,疲乏无力,纳呆欲呕,大便溏,小便短黄,舌苔黄腻,脉濡滑而数。治疗宜利湿宣痹,清热通络。处方:当归15g,生苡仁24g,防己12g,苦参15g,滑石15g,生甘草12g,半夏9g,黄芩9g,连翘12g,防风12g,秦艽12g,忍冬藤15g,海桐皮12g。服本方20余剂,发热可除,关节肿胀疼痛可明显减轻,全身症状均能改善。

3.3 热痹阴虚证

多见于久罹本证反复发作之患者,其病程较长,患病关节疼痛,或有肿胀灼热感,甚则轻度变形,常伴低热,五心烦热,形体消瘦,口干咽燥,大便干结,小便短少。舌红无苔或苔少,脉细滑数。治宜养阴清热,利湿宣痹。处方:当归15g,生地黄18g,知母12g,黄芩9g,连翘12g,生甘草15g,生苡仁24g,苦参12g,半夏9g,防己12g,防风12g,海桐皮12g,忍冬藤15g,滑石15g。服上方10~20剂,低热渐退,关节疼痛减轻,关节肿胀渐消除,关节活动困难亦逐步恢复。

热痹多见于痹证初起或复发期,是疾病的一个阶段。治疗时一旦热邪解除,黄芩、栀子、连翘等清热泻火药物就当及时减去。但因风、湿之邪缠绵难愈,故祛风胜湿之品必需继续使用,同时增以调理气血之品以善后,如此则能扶正与祛邪并举,而增强疗效,缩短疗程。热痹后期,患者大多正气已虚,以致狡邪留恋,影响疗效。此时若增以补气血之品,如黄芪、太子参、当归、白芍等品,使正气充实,鼓动血脉,则气血流行通畅,且能发挥祛风湿药物的功效,而达到祛邪务尽之目的。(李晓春)

水肿

1 湿热兼表而肿

《金匮要略》称之为"风水",风水的特点是全身浮肿伴有恶寒发热之表证。风水发病迅速,开始一身肢节酸痛,小便不利,眼睑浮肿,继而四肢全身皆肿,以头面部明显,兼见恶风、恶寒、发热等症状。可以越婢加术汤加减治疗,用以清热、宣肺、行水,使表里之邪由发汗、利小便而解。风毒郁于肌表而为水叶者,则以荆防败毒散加减治疗。

刘志明在六十余年的临床实践中,本《内经》之旨,师仲景之法,取各家之长,用荆防败毒散治疗风水,取得满意疗效。《素问·水热之穴论篇六十一》曰:"勇而劳甚则肾汗出,肾汗出逢于风,内不得入于藏府,外不得越于皮肤,客于玄府,行于皮里,传为浮肿,本之于肾,名曰风水"。《金匮要略·水气病脉证病治第十四》中明确指出:"风水其脉自浮,外证骨节疼痛、恶风"。说明风水是由于风邪外袭,肺气不宣,故其治疗应以宣肺为主,而不宜分利。仲景指出风水恶风,越婢汤主之,是方重用麻黄以宣肺,肺气得通,水湿得下,风水自除。而刘志明在长期的临床实践中采用荆防败毒散加减治疗风水疗效卓著,较之越婢汤更加切合病证。

荆防败毒散有发汗解表,散风祛湿之功,习惯用于外感风寒,内有痰湿及湿毒流注脚肿、腮肿等疾病。刘志明用来治疗风水,是其几十年临证经验,方中荆芥、防风、麻黄辛温,薄荷、银花、连翘辛凉,温凉相参，表里双解，荆芥、防风又有疏风宣肺之功，麻黄宣散水湿，柴胡散热升清，前胡、枳壳降气行痰，协桔梗、茯苓泻肺热除湿消肿，甘草和里而发表。全方以祛风、热、郁、湿诸邪为主，且攘外安内，祛邪而不伤正。

2 湿热壅盛为肿

肾炎病机由于湿热，用猪苓汤以清利之，使水去热清，水肿自退。今湿热壅盛，水肿为甚，猪苓汤力量薄弱当用疏凿饮子，使湿热从上下表里分消之。

刘志明认为猪苓汤是治疗肾炎湿热病机的一张良方，猪苓汤出自于《伤寒论》及《金匮要略》，为张仲景的方剂，由猪苓、茯苓、泽泻、滑石、阿胶等味药组成。配方简单，但是蕴意深刻，根据《伤寒论》223、224、319 条及《金匮要略》中条文的分析，猪苓汤的作用有三点：一为利水，治疗汗不出的小便不利；二为清热，朱丹溪谓其曰“降火利小便最速”，故能治疗发热、心烦等证；三能调理三焦，如上焦的咳烦，中焦的呕渴，下焦的小便不利。

猪苓汤配伍立法甚妙，方中茯苓、阿胶均以补为利，而各具特点，茯苓擅长补肺、脾、心之气，而阿胶擅长补肺、脾、肾之阴，二药用于本方则补气可以行水，利水而不伤阴；猪苓、滑石，皆以利为补，但各有所长，猪苓长于利水，滑石长于清热，《长沙药解》谓“猪苓利水，较之茯苓更捷”，《本草纲目》云“滑石清热，通彻表里三焦，清与利相合、使水火俱去”；泽泻一味，利而能润，《药品化义》誉之为“利水第一良药”。此五味药物皆甘，和缓而不峻烈，相互配伍，共奏育阴利水，清利湿热之功，该方利水而不伤阴，清热而不过于苦寒，滋阴而不妨碍祛邪，用于湿热伤阴之证十分合拍。清代柯秦称猪苓汤“为少阴枢机之剂，有治阴和阳，通理三焦之妙”。由于猪苓汤既可清下焦湿热，又可以滋阴之源，切合湿热伤肾身的病机特点，故作为临床治疗肾炎基本方剂，根据症情适当配伍，灵活运用确能取得卓效。

刘志明用猪苓汤的体会颇深，现总结以下几点：①对于湿热犯肾，宜清凉而不宜燥热。《素问·宣明五气篇》指出“肾恶燥”，朱丹溪亦认为“肾宜清和”。可见治疗肾病不宜用燥热品，以免伤阴耗精，而肾病多属湿热为患，虚寒者少，燥热更不宜轻投，若用燥热之品，必然会助火邪而重伤肾阴，故选用猪苓汤取其寒凉，配伍也力求避免助热生火，如补气用太子参、生黄芪，都是此含义，但是并不是说凡是肾气温补就一概不用，若真属虚寒，桂附又为必用。②用药不宜呆滞，湿热在肾，用药宜活泼流利，才能祛邪，若呆滞粘腻，反导致邪气留而不去。如补肾用阿胶、牛膝、桑寄生、生地、枸杞之类，皆补而不滞，如用熟地则湿热胶固难解。③宜平和不宜峻烈，慢性肾病的治疗只宜缓图，不宜速效，若用峻烈之品，则邪气未去而正气已伤，欲速反迟。用药甘淡和平，使邪气渐去，正气逐渐恢复，如猪苓、茯苓、薏苡仁等，疗效稳妥。④宜兼顾而不宜独行，治疗湿热伤肾，正邪逐渐恢复，既要清热利湿，又要保养肾脏；脏腑需兼顾，既要调理肾脏又要注意其它脏腑的病变，只有全面调治，才有利于局部的恢复。但是兼顾又分主次，以脏腑而言，治疗肾脏为主；就邪与正而言，当以祛邪为先，邪去正则安。若正虚甚者，自不可不补，但湿热邪不去，肾炎始终不得痊愈。

3 阴阳两虚

湿热伤肾日久，阳损及阴，或过用温补刚燥伤阴，或清利耗阴，逐渐肾阴亏损，水火失于其济，阴阳不能维持正常的平衡，出现阴虚火旺的同时现象，患者出现头痛、心悸、耳鸣、失眠等症状，腰膝酸软，颧红，舌红黄腻，脉弦细及功能损害的表现，此时可以六味地黄汤为基本方，该方遵守“损者益之，实者泻之”的原则，以调理阴阳化生肾气。六味地黄丸，乃钱仲阳《小儿药证直诀》从《金匮要略》肾气丸减去桂枝、附子而成，世人遂以此为滋阴补肾之祖方。由于肾之阴阳为人身之水火，二者相互依存，相互滋生，相互制约，处于动态平衡之中，若阴阳偏颇，则必然人产生阴虚、阳虚、阴阳俱虚、及肾气虚等症候。临床观察，不少慢性肾炎患者，久治不愈，蛋白尿持久不消，浮肿反复发作，则不可续进行通利之剂，妄施之，则邪不但不去，反致阴伤阳衰。慢性肾炎，肾之阴阳两虚，正气不支，水肿泛滥，发汗、利小便不但不能收效，使更伤阴阳。此时应用“塞因塞用”之法，补阴和阳，水中求火，使阴生阳长，气化得利，水肿自消。张仲景的理阴煎配合《千金方》的鲤鱼汤即宗此法，每获良效。

4 脾胃失和

肾炎病机的基本点在湿热伤肾，然而湿热之邪常常影响到脾胃，而使其升降失度，临床浮肿日渐加重，同时胸闷腹胀，身重疲乏，纳呆食少，二便不利。慢性肾炎，湿热犯中，病久多兼脾虚，脾虚则运化失常，上不能输送精微于肺，下不能化湿浊于肾。脾肺为母子相生，脾虚导致肺虚，肺气不足，导致皮毛不固，外邪乘虚而入，肾病加重，故刘志明认为治疗肾炎兼顾脾运非常重要。此时应从脾胃升降调理，促使脾胃健运，恢复其升降功能。常用补中益气汤或胃苓汤，方中重用生黄芪、太子参以健脾升阳，使胃和则降，脾健则升，脾胃升降得调，湿热之邪自化。

尿毒症是肾炎的危重证候，因肾炎久治不效，肾气衰竭，湿热之邪滞留，浊阴上逆犯胃，甚至蒙蔽心神。临床表现为恶心、呕吐，口中尿臭味，胸闷腹胀，神倦嗜睡，面色灰暗，尿少或闭。舌苔灰腻，脉象濡细，一派肾竭胃败之征象。此时必需用胃肾同治之法，刘志明临床主张用张仲景之人参汤合橘皮竹茹汤，培本扶元，化浊和胃，常获良效。

5 病案举隅

案1 患者，男，23 岁，1984 年 4 月 27 日就诊。患者于 1983 年元月突发浮肿，在本市某医院住院治疗，诊断为"急性肾小球肾炎"，症状缓解后出院。半年来患者面肢浮肿复发，经中西药物治疗，效果不佳，转诊于刘志明。诊察：头面四肢浮肿，晨起头面上肢为甚，目胞肿如卧蚕，手掌肿胀；午后下体为甚，足背按之凹陷不起。伴有腰酸腿软，头晕乏力，不耐疲劳，烦躁多梦，纳呆，小便短黄。尿常规检查：蛋白（+++），白细胞 0~1，颗粒管型 0~1，透明管型 1~2。舌苔薄黄而腻，脉细滑。辨证：湿热蕴结，脾肾两亏。治法：清利湿热，健脾滋肾。方药：猪苓汤加味。处方：猪苓 12g，茯苓 12g，泽泻 12g，阿胶 12g，滑石 15g，车前子 9g，茅根 18g，石苇 18g，川牛膝 9g，太子参 18g，生黄芪 18g。服用药物 7 剂后，尿量增加，浮肿减轻，调治四个月，面部、肢体浮肿增多消失，体力增加，面色红润。1 年后来院复查，未见异常。

按 本例属于急性肾小球肾炎，中医辨证为下焦湿热，以猪苓汤为基本方加减。因患者湿热偏重，故增加车前子、白茅根、石苇以增强清热利湿之力；如牛膝、太子参、生黄芪稍佐滋阴益肾，药专力强，湿热之邪速去，疾病痊愈。

案2 患者，男 6 岁，1985 年 10 月 20 日初诊。患者一周前因感受外邪出现喉疼痛，畏寒发热，身疼痛，咳嗽，痰少，继而出现眼睑及面部浮肿，逐渐发展为四肢及阴囊水肿，起病以来饮食尚可，小便短赤，量少，每日尿量 500mL 左右。诊察：体温 38.2℃，急性重病面容，咽部充血，颜面及双下肢浮肿明显，足背按之凹陷不起，阴囊水肿亦甚。尿常规：蛋白（+++），白细胞 1~2，红细胞 3~5，颗粒管型 0~1，舌苔薄，黄白相间，脉浮滑数。西医诊断为"急性肾小球肾炎"。中医辨证：风水。由风邪引起，邪犯肺卫，宣肃失常，卫气壅遏而致发热、咽痛、水肿之证。治法：疏风解表，宣肺利气。方药：荆芥 9g，防风 9g，薄荷 5g，银花 12g，连翘 12g，麻黄 6g，杏仁 6g，甘草 5g，茯苓 9g，枳壳 5g，桔梗 5g，柴胡 6g，前胡 6g。上方服 3 剂，喉痛、咳嗽除，寒热解，尿量明显增加，水肿逐渐消退。守原方继续服用 5 剂，水肿消退，多次尿常规复查正常，追踪两年，未见复发。（刘如秀）

医案验案

慢性肾功能衰竭验案

案1 杨某某，女，30 岁。尿少，全身浮肿 2 年，腹胀、恶心、呕吐半年于 1990 年 7 月 20 日初诊。患者 1988 年 6 月不明原因而感全身乏力，并发现眼睑、面部浮肿，渐遍及全身肿，尿少，每日尿量 500mL 左右，食欲减少而住当地医院治疗，当时尿常规：尿蛋白（++++），管型（++），红细胞（+），诊断为慢性肾炎。经激素及其他西药治疗，病情有所缓解，由于血压高，激素骤停，而出现病情加重。近半年反复感冒发热，喉痛，尿量明显减少，浮肿进行性加重，出现纳呆，腹胀，恶心，呕吐。检查血非蛋白氮 100mg%；肌酐 8.5mg%；二氧化碳结合力 20 容积%，血色素 6.5g。复查尿常规：尿蛋白（++++），红细胞（+），白细胞（+），管型 0~3。西医诊断：慢性肾炎（尿毒症期），经中西药治疗病情无好转，且出现气短、气促、头晕，腰酸胀而转我院。诊查：血压 21/14.6KPa，面色苍白晦滞，精神萎靡，口有浊气，头面浮肿，腹膨隆，有移动性浊音，下肢压之凹陷不起，舌淡，苔黄腻，脉细弦滑。辨证：属肾虚水泛，湿热蕴阻。治宜益气养阴，清化湿热。处方：猪苓 12g，茯苓 12g，泽泻 12g，阿胶 12g，石苇 24g，生黄芪 30g，生地 18g，太子参 30g，茅根 24g，车前草 9g，川牛膝 9g，生姜 5g，当归 9g。服 7 剂后，尿量渐增，每日尿量 1500mL 左右，浮肿渐减，腹胀减轻，恶心、呕吐基本消失，食欲增加，守原方加减调理 4 个月，全身浮肿基本消退，面色转红润，血压基本恢复正常，尿常规：尿蛋白（+）；血检查：非蛋白氮及血肌酐基本正常；血色素 8.2g，追踪 2 年，患者一般情况尚好，能从事家务劳动。

按 在慢性肾功能不全的病变过程中，内蕴之邪湿积久，渐从热化，无形之邪热和有形之邪湿结合，致湿热逗留三焦，损伤脾肾气阴，以致升降开阖失常，当藏不藏，当升不升，当降不降，当泄不泄，精微（蛋白）不摄而漏出，水浊（血中废物）反而滞留；更由于癸损及乙，热灼伤阴，可出现一系列虚阳上扰的症状，因此，患者出现血压高，头晕，咽痛，面及全身浮肿，腰脊酸楚，溲少色赤，舌苔薄黄或黄腻、质偏红，脉细弦滑，尿蛋白增多，尚有管型及红细胞和肾功能有中度至重度损害。由于本例属少阴肾气本虚，复感外邪，湿热交遏至阻，脾胃升降，肾气开阖因之受阻，遂致清浊相干，上格下关。盖湿与热合，侵及中清之府，脾主升清，胃主降浊，必先除其湿热，和其脾胃，湿热除，脾胃和，则升降自调，三焦通利，肾气恢复正常。故以猪苓汤为基本方，该方利水而不伤阴，清热而不过于苦寒，滋阴而不碍邪，用于下焦湿热阴伤之证，十分合拍，方中增入车前草、石苇、茅根助原方清利湿热；增生地、牛膝养阴清热；增黄芪、太子参、甘草健脾益气而不助火。全方合用补不碍其邪，泻不损其阳，因而临床疗效卓著。

案2 段某某，男，75岁。因头晕头胀40余年，反复双下肢浮肿5年，加重半月于1991年11月13日初诊。患者1948年因头昏、耳鸣，在当地医院检查血压为31.0/15.9KPa，当时诊断为高血压病，长期间断服西药降压，血压不稳定，常波动在25.3/14.6KPa。自1986年来间常出现双下肢浮肿，夜间尿增多，每夜约5～7次小便。伴腰酸楚及心烦失眠，近半月来浮肿加重，并出现腹胀，纳呆、恶心、乏力，尿频量少，大便干结，而去西医院尿常规检查：尿蛋白(++)，红细胞0～2，白细胞0～2；血非蛋白氮80mg%，血肌酐6mg%，血色素7.6g，诊断为肾动脉硬化性肾功能不全；经用中西药治疗效果不佳，症状无明显改善而转我院门诊。诊查：血压23.9/14.6KPa，面色晦滞，颧红，双下肢轻度至中度凹陷性浮肿，舌质淡红，脉弦滑数。辨证属肾虚水不涵木，肝阳上亢。治宜滋肾涵木为主，兼平肝健脾。处方：熟地18g，白术12g，山药12g，山萸肉12g，丹皮5g，泽泻5g，云苓12g，生芪24g，猪苓12g，太子参18g，阿胶9g。服药15g后复诊，浮肿消退，腹胀缓解，食欲增加，心烦好转，睡眠正常，大便1日2～3次，尿常规恢复正常；上方加减调治3个月，大便恢复正常，血非蛋白氮、肌酐恢复正常，血色素提高到10.5g。追踪2年，患者情况良好。

按 慢性肾病日久，可因阳损及阴，或过用温补刚燥伤阴，或屡使清利耗阴，逐渐形成肾阴亏损，阴虚日久，阳失其涵，火失其济，则阴阳不能维持正常的平衡，出现阴虚火旺的病理现象，所以患者出现头痛，眩晕，心悸，耳鸣，夜寐不宁，腰膝酸软，浮肿，面色暗而颧红，舌质红、苔薄黄，脉细弦及肾功能损害等表现。由于肾之阴阳为人身之水火，二者相互依存，相互资生，相互制约，处于动态平衡之中。若阴阳偏颇，则必产生阴虚、阳虚、阴阳俱虚及肾气虚之证候。故以六味地黄汤为基本方，该方遵守“损者益之”、“实者泻之”的原则，以调理阴阳化生肾气。正如《医方考》吴琨曰：“熟地黄、山萸肉味厚者也。经曰：味厚为阴中之阴，故能滋少阴，补肾水，泽泻味甘咸寒，甘从湿化，咸从水化，寒从阳化，故能入水藏而泻水中之火；丹皮气寒味苦辛，寒能胜热，苦能入血，辛能生水，故能益少阴平虚热；山药、茯苓味甘者也，甘从上化，上能防水，故用之制水藏之邪。”方中增用生芪、太子参、白术以健脾升阳，使清升浊降；增猪苓、阿胶益肾除湿，诸药相合，组成滋补肝肾，淡渗除湿之剂，用之肾虚而致浮肿者，可达补而不留邪，利而不伤正的目的，所以疗效满意而巩固。（刘如秀）

刘智斌推拿经验

【名老中医简介】刘智斌(1957～)教授，研究生导师。陕西中医学院附属医院针灸推拿专家。对中医针灸推拿在临床上有独到的经验。擅长颈、腰椎病及脑血管病的针灸推拿治疗，独创的“腰三针”针刺疗法治疗老年性痴呆、特色推拿手法治疗颈椎病、腰椎间盘突出症疗效显著。主持国家、省部、厅局级科研课题5项，获得多项科技成果奖。主编、参编著作7部，电视教材5部，发表学术论文30余篇。

肩周炎

1 分期论治，擅用刮痧

肩周炎，又叫“漏肩风”、“肩凝症”、“冻结肩”，因好发于50岁左右之人，又称为“五十肩”。从病名上就可以了解到此病的病因病机和临床表现。北方寒冷多风，人过半百，脏腑气血功能渐渐衰退，汗后当风，或睡卧露肩，致使气血凝滞，筋脉失养，久而久之拘急疼痛并有功能障碍，临床呈急性期、发展期和恢复期变化。导师认为，在急性期和发展期，当用刮痧为主，辅以轻柔的推拿手法施治；而在恢复期，应以推拿为主，刮痧为辅。通过刮痧在不同部位和穴位刺激，有疏通经络、活血化瘀、滑利关节的作用。可以使病变局部组织的血液循环加快，加速炎性渗出物的吸收，使痉挛的肌群得到明显缓解、活动度改善，临床观察效果明显。在恢复期，由于无菌性炎性物质渗出液被吸收后，渗出液中的蛋白质、纤维素析出沉着等最终导致肩关节粘连、冻结，而疼痛反不明显，故导师认为，治疗重在解除粘连、恢复功能活动。

2 㨰动结合，循序渐进

刘智斌曾得到㨰法创始人丁季峰的亲自指导，所以他的㨰法灵巧娴熟、刚柔并济，既实用有效又富观赏性，独具特色。他对手法的操作要求极严，必须按规范在沙袋上练习，不主张在人身上练习以防手法变形。治疗时应思想集中，全神贯注，认真负责，注重医患合作，以提高疗效。在肩周炎治疗时，主要用㨰法，配合牵、拉、摇、弹拨等，主张柔和渐进，反对为了追求活动度而采用生拉硬拽等粗暴手法。所以他在治疗时，动㨰结合，富有层次和节奏感。不时让患者改变体位，暴露肩部不同肌群，这样可以使㨰动时手背近小指侧和牵拉紧张的肌群充分接触，增加㨰法的渗透力，促使局部血液循环加快、改善，淋巴回流增加。另外，牵、拉、摇等也是一种被动运动，有利于解除肩关节粘连，改善活动度。

3 重视解剖，明辨经穴

刘智斌重视病变局部解剖，对于肌肉、骨骼、神经支配等尤为重视。治疗时，根据病情就能推测到病变的肌群，明辨经穴，常能事半功倍。比如肩周炎内旋功能受限，肱骨结节间沟处疼痛并压痛明显，则病变部位在此，用㨰法和弹拨法在此处、肩胛区和三角肌重点治疗，见效迅速，可缩短疗程。而刮痧时要顺着肌肉走向和经脉循行，如刮天柱到胸椎、患侧斜方肌、天宗穴、肩胛区、肩髃穴、曲池到外关、压痛点等，尽量拉长刮，出痧为度。同时嘱患者进行双手交叉抱肩、体后拉手、晃肩、摸高等自主锻炼，临床疗效显著。

4 典型病例

左某，男，42岁，农民。2005年8月10日来诊。左肩疼痛1月余，活动受限。自诉夏日大汗后对着电风扇吹了一夜，晨起即感左肩酸痛无力，抬不起来，中午有所缓解，未重视。连日来病情渐重，左肩上举＜110°，外展＜80°，后伸＜5°。先用导师经验一指禅推法、拿法、弹拨法、牵摇、拔伸等法在患肩和上肢治疗，动㨰结合。3日后刮痧1次，痧呈紫黑色，逐渐加大牵拉力度，闻及一声弹响，活动度明显改善。休息1 d后，嘱患者自行爬墙摸高锻炼，坚持治疗半月后基本痊愈。（冯卫星 李耀龙）

刘智壶用药经验

【名老中医简介】刘智壶（1948～）主任医师。现任职于湖南省常德市第一人民医院。湖南省名中医。享受国务院政府特殊津贴。擅长治疗心脑血管疾病、胃肠疾病、肝病，对中医腹疹研究有较深的造诣。

蛇、蝎及蜈蚣的临床运用

1 血管性头痛

杨某，女，34岁，营业员，2002年8月12日初诊。患头痛反复发作已10余年。此次发作，右侧头痛剧烈，局部有跳动感，痛引目胀、恶心。经用麦角胺、西比林等西药治疗，收效不显；服用去痛片仅可止痛一时，而求治于余。诊其舌苔微黄，脉弦，脉症合参，属肝风上扰，肝肾阴虚之证。治以养血熄风，补益肝肾之法，方用：钩藤25g 杭菊10g 蒺藜10g 当归12g 生地黄10g 川芎12g 白芍12g 柴胡12g 酸枣仁10g 何首乌15g 北枸杞20g 淮山25g 苡米20g 玉竹20g 香附10g 丹参15g 甘草3g 蔓荆子12g，服药7剂，头痛稍减，遂于原方加入全蝎2g，再服药7剂，痊愈。

按 血管性头痛，属于中医学"头风"、"偏头痛"等病症之范畴，本例患者脉症合参，属肝血亏虚，虚风上扰所致。其首先治以养血熄风，补益肝肾之剂，收效甚微，而入全蝎一味后，其效如响。全蝎，性味甘辛平有毒，功专熄风，为肝经之要药，故入方中，相得益彰，而收卓效。

2 面神经炎

吴某，女，65岁，退休干部，2003年9月11日初诊。患口眼歪斜已2月余。经用西药及针灸治疗，症状有所改善，但仍左眼不能闭合，口角不正，流涎水，面部麻木，故求治于余。诊其舌苔薄白，脉细弱，脉症合参，属气虚血亏，风邪入络，气血不和之证。治以益气养血，疏风活络之法，方用：生黄芪25g 当归15g 川芎10g 生地黄10g 白芍12g 秦艽15g 防风12g 香附10g 丹参25g 苡米25g 甘草3g 蜈蚣2条，服药10剂后，患侧眼睛已能闭合，口角歪斜渐正，面部麻木减轻，续用本方加减治疗，诸症痊愈。

按 面神经炎，亦称面神经瘫痪，属中医学"中风"之范畴。本例患者为年迈气虚，外风之邪乘虚袭络，而致气血失和，经脉失畅所成。故随证治以益气养血，疏风通络之剂，方中生黄芪益气；当归、川芎、生地黄、白芍养血；秦艽、防风疏解外风；苡米舒筋缓急；香附、丹参行气活血，即"治风先治血"之意；而蜈蚣之性味辛温有毒，善能祛风、镇惊、解毒，其性善走窜，为治风之要药，故入方中，大能增其疏风通络之功。临证每用此方治疗面神经炎,收效甚捷。

3 类风湿性关节炎

谢某,男,20岁,农民,1970年5月20日初诊。患四肢关节疼痛、麻木已6月余,尤以双下肢关节疼痛为甚,不能步履,下肢冷感,食欲及大小便均正常。经化验类风湿因子为阳性,诊断为类湿性关节炎。经用中西药治疗,收效不佳。余诊之,其舌苔白腻,脉弱而缓,属寒湿阻络,气血亏虚之证。拟独活寄生汤加味:独活10g 桑寄生15g 秦艽12g 防风12g 细辛3g 桂枝10g 当归15g 川芎10g 生地黄10g 白芍10g 党参12g 白术12g 茯苓12g 淮牛膝30g 杜仲15g 苡米25g 木香10g 甘草3g 乌梢蛇20g,服药10剂后,下肢疼痛明显减轻,冷感消失;守前方,再服10剂,症续好转,已能扶杖步履,舌苔白,脉弱。遂施补益气血,温经通络之法,方用:生黄芪25g 当归15g 生地黄10g 川芎10g 白芍10g 党参12g 白术15g 茯苓10g 桂枝10g 乳香10g 没药10 丹参20g 淮牛膝30g 甘草3g 乌梢蛇20g 威灵仙12g,服用20余剂,诸症痊愈,步履如常。

按 类风湿性关节炎,属中医学“痹证”之范畴。本例类风湿性关节炎患者,由寒湿阻络,气血亏虚经脉失和所致。故其治以温经散寒,祛湿通络为先,而后重在补益气血,活血通络。方中始终配伍乌梢蛇一味,取其长于搜风通络,而善治风湿痹痛,关节不利之功效,故收效颇佳。乌梢蛇甘平无毒,功同白花蛇而力较逊,但白花蛇甘咸温有毒,不宜入煎剂,多用于粉剂或浸酒服用,且不宜久服;故临证多用乌梢蛇为方,而疗效稳妥神奇。

4 癫痫

宋某,男,18岁,学生,1990年5月26初诊。患者时发昏仆不省,四肢抽搐已10月余。经某医院诊断为癫痫。服用西药苯妥英纳治疗,症状缓解,但停药即发。遂求治于余,诊之,其未发作时诸症如常,胃纳可,二便平,舌苔白,脉弦滑。脉症合参,属肝风痰浊之证,遂治以平肝熄风,健脾祛痰之剂,收效甚微;随后治以古方五痫丸,方用:白附子10g 半夏10g 南星10g 乌梢蛇30g 全蝎10g 皂角10g 白矾10g 蜈蚣10条 僵虫20g 朱砂3g 雄黄3g 麝香0.5g 姜汁糊丸(次为一料剂量),每次服5g,每日服3次。连服2料后,症遂未再发作。

按 癫痫之病,中医学称为“痫症”、“羊痫风”等,且有五种痫症之分,此例患者属肝风痰浊之证,治以一般熄风祛痰之剂,收效不显,遂投以峻剂祛痰熄风之品,而获良效。五痫丸为古方,方中全蝎、蜈蚣为有毒之品,二味同用,尤善熄肝风,又与乌梢蛇相伍,其功效益彰。

从以上施治可见,方用全蝎、蜈蚣、乌梢蛇配伍,其治疗效果即尤为显著;三药均有治风之功效,然刘智壶临证体验,全蝎长于熄风镇痛;蜈蚣善于熄风通络;乌梢蛇专能搜风蠲痹,三者同中有异,此即是所谓“以毒攻毒”之旨意。临证可举一反三,推广运用;但此类药物多为有毒之品,临床须严格掌握用量,切不可滥施。

刘中柱医方选析

【名老中医简介】刘中柱 主任医师。生前任职于浙江省宁波市中医院。浙江省名中医。擅长中医治疗外科疾病。

三黄软膏

组方:大黄100g,黄芩100g,黄柏100g。

制法:抢水洗净,于80~90℃烘干。将以上药材粉碎成细粉,过6号筛,备用。另取黄凡士林700g,经150℃1h干热灭菌,过滤,放冷至100℃,投入粉碎好的药粉,混匀,不断搅拌至凝固。分装成30g/盒。

功效:清热解毒、活血消肿。

主治:专治各部位浅表疔、疖、痈、疽。

方解:方中以大黄为君药,取其活血行瘀治瘀阻作痛;黄柏、黄芩合用,清热除湿,抗菌消炎,治热毒疮疡。三药合用,具清热解毒、活血消肿、托毒排脓之功,体外抗菌试验对绿脓杆菌、葡萄球菌、皮肤真菌等有抑制作用,对体表感染表现为“阳”证者疗效显著。

刘祖贻临床经验

【名老中医简介】刘祖贻(1937~)湖南安化县人。研究员。湖南省中医药研究院第一任院长。享受国务院政府特殊津贴。首批全国老中医药专家学术经验继承工作指导老师。从事中医内科和妇科临床50余年,曾获省级科技进步二等奖4个,研制新药5个。编著《神经系统疾病的中医辨治》等10部著作。

脑病

1 病因重在血瘀、内风与正虚

刘祖贻认为:脑病的病因虽然很多,其常见因素为外邪、痰、瘀、内风、气郁、正虚6者而已。由于外邪有风、寒、火(暑)、湿之殊,痰有痰湿、痰热之分;瘀有阻络、扰神、闭窍之别;内风有肝阳化风、热盛风动、阴虚风动、血虚风动之异;气郁有郁滞、郁热之差;正虚有精虚、气虚、神虚之变,临证之时,需明辨之。但6者之中,重在内风、血瘀与正虚。刘祖贻认为:脑部感染性疫病一般起因于外邪;急性期,多兼痰、兼内风;恢复期,则多为痿、瘀、内风互结,或伤及于正所致。脑病缺血性疾病一般起因于瘀与内风。急性期可兼痰、或气郁,亦有化火者;恢复期,则多为正虚、血瘀所致,亦有兼挟内风或痰浊者。脑部出血性疾病,一般起因于内风,急性期可兼痰、兼瘀,亦有化火者;恢复期则多起因于内风、痰浊、瘀血、正虚。脑部损伤性疾病,虽然起因于瘀血,但急性期可有兼痰或化热之变;恢复期则乃正虚、血瘀等因素为病。脑部占位性疾病,一般乃痰、瘀为病,常兼夹内风,日久不愈者渐伤于正。脑部先天性疾病,常因正虚而致病,但可兼夹痰、瘀及内风。脑部变性性疾病,一般起因于正虚与血瘀,亦有兼痰、兼内风者。脑部发作性疾病,多起因于内风、痰、瘀,亦可与外邪、正虚有关。精神病变,则多起因于气郁、痰、瘀与正虚,亦可有化热之变。因此,刘祖贻认为脑病病因主要责之于外邪、痰、瘀、气郁、内风、正虚等6个方面,但六者之中,以内风,血瘀、正虚为病者居多,以外邪,痰湿、气郁为病者较为少见。

2 治疗注重肝、肾和血瘀

脑病之治疗,包括治外邪、治痰、治瘀、治肝、治肾、治脾、治心等7种治法。刘祖贻尝曰:脑病治法虽多,却均从这7个方面变化而出,但应注重从肝、肾和血瘀辨治。

2.1 治外邪

①疏风散邪法:适应于风邪外扰证。药用薄荷10g,蝉衣10g,白蒺藜12g,蔓荆子15g,佛手10g。风寒为患者,酌加防风、苏叶、藁本、川芎、白芷、细辛等;风热为患者,加银花、连翘、菊花。②散寒醒脑法:适应于寒邪犯脑证。药用制附片10g,桂枝10g,细辛3g,黄芪30g,党参15g,白术10g,甘草3g。痛在前额及面部者加白芷;痛在两颞者,加川芎;痛在后枕者,加葛根;痛在头顶者,加藁本;若挟饮而巅顶痛,吐涎沫者,加吴茱萸、生姜;恶心者,加法夏。③清热开窍法:适应于热闭心包证。药用银花30g,连翘15g,大青叶15g,黄连6g,生地15g,丹皮10g,紫雪散3g。高热而无汗,加薄荷、蝉衣;兼痰而痰声漉漉,加竹沥、天竺黄、石菖蒲、郁金;热盛动风而抽搐频频者,加羚羊角、全蝎、钩藤、白芍;暑热闭窍者,加青蒿、石膏、西洋参、绿豆。④化湿散邪法:适应于湿邪上蒙证。药用苍术10g,茯苓10g,苡仁6g,佩兰7g,川芎10g,醋延胡10g,蔓剂子10g,山楂15g,内金7g,麦芽30g。身体重痛者,加羌活、独活;眩晕恶心者,加法夏、天麻;失眠多梦者,加枣仁、龙骨、牡蛎;暑湿上蒙者,加香薷、厚朴、扁豆、荷叶。

2.2 治痰

①化痰燥湿法:适应于痰浊上犯证。药用法夏10g,陈皮10g,石菖蒲10g,郁金10g,枳实10g。心烦口苦,苔黄腻者,去法夏,加竹茹;狂躁便结者,加礞石、远志;失眠多梦,加枣仁、龙骨、牡蛎;颅内发现肿块者,加昆布、海藻、莪术。②化痰清热法:适应于痰热上扰证。药用竹茹10g,枳实10g,茯苓15g,法夏10g,陈皮10g,石菖蒲10g,郁金10g,天竺黄6g,炙远志10g,僵蚕10g。时伴狂躁者,加礞石;口苦便结者,加胆草、草决明。

2.3 治瘀

①活血通络法:适应于瘀阻脑络证。药用丹参15g,延胡索10g,川芎10g,生蒲黄15g,全蝎5g,白芍15g,钩藤15g,甘草5g。劳累则发,气少乏力者,加黄芪;失眠多梦者,加枣仁、夜交藤、龙骨、牡蛎;腰酸膝软者,酌加制首乌、桑椹,或枸杞子、淫羊藿。②活血安神法:适应于瘀扰脑神证。药用丹参15g,延胡索15g,合欢皮15g,五味子10g,枣仁15g,夜交藤30g,龙骨30g,牡蛎30g,山楂15g。神疲气少,加黄芪;嗜睡,去龙骨、牡蛎,加石菖蒲;头痛,加全蝎。③活血化痰法:适应于痰瘀互结证。药用丹参15g,延胡索10g,川芎10g,黄芪30g,僵蚕10g,法夏10g,茯苓15g,竹茹10g,生龙骨30g,生牡蛎30g,山楂15g。失眠多梦,加枣仁、夜交藤;烦躁颈胀,加天麻、钩藤;颅内发现肿块,加海藻、昆布、莪术。

2.4 治肝

①疏肝理气法:适应于气机郁滞证。药用柴胡10g,白芍15g,郁金10g,制香附10g,石菖蒲10g,合欢皮15g,乌药10g,山楂10g,丹参15g,白蒺藜12g。头痛,加延胡、川芎;眩晕恶心,加葛根、法夏;胸闷时

痛，增丹参用量至30g，加降真香、益母草。②解郁泄热法：适应于气郁化火证。药用胆草7g，生地10g，车前草10g，钩藤15g，白芍12g，合欢皮15g，郁金10g，山楂10g。狂躁不安，加龙骨、牡蛎、珍珠母、石决明；头痛加延胡、川芎；苔腻者，加竹茹、石菖蒲、远志。③平肝熄风法：适应于肝阳化风证。药用天麻10g，钩藤15g，石决明30g，珍珠母30g，白芍15g，佛手10g，山楂12g，丹参15g。头痛剧烈者，改白芍30g，加甘草10g，蔓荆子10g，延胡12g，全蝎5g；眩晕恶心者，加白蒺藜10g，法夏10g，泽泻15g，葛根15g；血压增高者，加桑枝30g，苦丁茶10g，杜仲12g；腰酸膝软者，加枸杞子10g，山茱萸10g；半身不遂、口眼歪斜者，加地龙10g，僵蚕10g。④滋阴熄风法：适应于阴虚风动证。药用制首乌15g，白芍15g，女贞子15g，白蒺藜15g，钩藤15g，全蝎6g，山楂12g，甘草5g。头痛明显，加丹参、延胡索；震颤者，加鳖甲、龟版、牡蛎；失眠多梦者，加枣仁、夜交藤、龙骨、牡蛎；大便干结者，加草决明；口中涎多，神情呆滞者，加石菖蒲、郁金。⑤养血熄风法：适应于血虚生风证。药用生地10g，川芎10g，白芍15g，当归10g，钩藤15g，白蒺藜15g，全蝎6g。失眠多梦者，加枣仁、夜交藤、合欢皮；手足颤抖，加木瓜、僵蚕；神疲气少，加黄芪、白术。⑥清热熄风法：适应于热盛动风证。药用羚羊角5g，全蝎5g，生地15g，丹皮10g，白芍15g，钩藤15g，蚤休15g。神昏谵语者，加安宫牛黄丸或紫雪散；痰涎壅盛者，加天竺黄、竹沥；高热无汗者，加银花、薄荷、蝉衣。⑦熄风化痰法：适应干肝风痰浊证。药用：天麻10g，双钩12g，龙骨30g，牡蛎30g，法夏10g，陈皮10g，泽泻15g，茯苓15g，白术10g，丹参15g，佛手10g。口苦，苔黄腻者，去法夏、白术，加竹茹、胆星；神情呆滞，加石菖蒲、郁金；颈僵硬、转动则晕，加葛根。⑧熄风活血法：适应干肝风络阻证。药用天麻10g，钩藤15g，珍珠母30g，石决明30g，白芍15g，丹参15g，川芎10g，红花5g，山楂10g，全蝎5g。兼腰酸足软，夜尿多者，加枸杞子、杜仲，或淫羊藿；失眠多梦者。加枣仁、夜交藤。

2.5 治肾

①补肾益髓法：适应于肾虚髓亏证。药用制首乌12g，枸杞子15g，菟丝子10g，龙骨30g，牡蛎30g，枣仁15g，丹参15g，佛手10g。舌质紫暗，加益母草、蒲黄；震颤或抽动，加鳖甲、全蝎；神疲气少，食少便溏者，加黄芪、白术。②补肾活血法：适应于肾虚血瘀证。药用黄芪30g，淫羊藿15g，枸杞子30g，沙苑子10g，丹参15g，益母草12g，生蒲黄15g，川芎10g，龙骨30g，牡蛎30g，山楂15g。失眠多梦者，加枣仁、夜交藤；健忘加五味子；神疲气少，加党参、白术；神情呆滞加石菖蒲、郁金；肢体僵硬，加全蝎、白芍。

2.6 治脾

①健脾益气法：适应于脾气虚证。药用黄芪15g，党参10g，白术10g，茯苓10g，柴胡5g，升麻5g，葛根15g，甘草5g。头痛加蔓荆子、川芎；眩晕加白蒺藜、天麻；脘胀加佛手、山楂；失眠多梦，加枣仁、合欢皮、夜交藤。②益气活血法：适应于气虚血瘀证。药用黄芪30g，党参10g，白术10g，丹参15g，生蒲黄15g，益母草10g，山楂12g。失眠多梦，加枣仁、夜交藤、龙骨、牡蛎；偏瘫加全蝎、地龙；眩晕加白芍、钩藤。

2.7 治心

①养心安神法：适应于心虚神弱证。药用枣仁15g，夜交藤30g，合欢皮15g，生龙骨30g，生牡蛎30g，莲肉30g，山楂15g。神疲气少，加党参、黄芪、白术；心悸头晕舌淡，加当归、丹参、百合；困倦思睡，加石菖蒲、远志；心烦，舌红苔少者，加生地、百合。②健脾养心法：适应于心脾两虚证。药用黄芪30g，白术10g，茯苓10g，丹参15g，枣仁15g，夜交藤30g，龙骨30g，牡蛎30g，山楂15g。恶心呕吐，加法夏、陈皮；颈胀，加葛根；头痛，加蔓荆子、蜂房；神呆苔腻，加石菖蒲、郁金、远志。（周 慎）

脑动脉硬化症

1 治疗方法

1.1 基本方药

丹参15g，生蒲黄15g，川芎10g，益母草10g，山楂10g。

1.2 辨证组方

1.2.1 风阳阻络证 证见头晕而痛，烦躁口苦，失眠健忘，步履蹒跚，甚至偏瘫，舌暗红，脉弦细。治宜平肝潜阳、活血通络。拟在基本方上加白芍15g、天麻10g、钩藤15g、珍珠母30g、石决明30g、地龙10g、全蝎5g（头痛不甚者去川芎）。

1.2.2 瘀阻脑络证 证见头部刺痛，痛处固定，失眠健忘，肢体麻木，步态不稳，舌暗，苔薄，脉弦细。治宜活血通络。拟在基本方上加生黄芪30g、全蝎5g、钩藤10g。或用复方黄参片（由本方药物制成糖衣片），每次10片，每日3次，开水送服。

1.2.3 阳虚血瘀证 证见头部空痛，时伴眩晕，嗜睡或失眠，健忘，腰酸足软，夜尿多，舌淡暗，脉缓弦。治宜温肾通络。在基本方上加黄芪30g、淫羊藿15g、巴戟天10g、鹿角霜30g（可去益母草）。

1.2.4 阴虚血瘀证 证见头晕而痛，失眠健忘，口干目涩，大便干结，舌红苔少，脉细而弦。治宜滋肾通络。拟在基本方上加生地黄 12g、枸杞子 12g、女贞子 15g、麦冬 10g（可去川芎）。

1.3 辨病加减

中度脑动脉硬化症伴血管性痴呆者加石菖蒲、郁金、远志或胆星；震颤麻痹综合征者加制龟版、炙鳖甲、生龙骨、生牡蛎；血管性头痛者加露蜂房；颈椎病加葛根、姜黄；高血压病加苦丁茶、夏枯草。

1.4 对症加减

头痛较甚加延胡索、全蝎；失眠多梦加枣仁、夜交藤、生龙骨、生牡蛎；恶心欲呕加法半夏、陈皮、泽泻；纳少加麦芽、内金；脘腹作胀加佛手、大腹皮；便溏加苡仁、茯苓；大便干结加女贞子、草决明；夜尿多加益智仁、白果；肢体浮肿加茯苓、泽泻；胸闷胸痛加瓜蒌壳、薤白、降香。

2 典型病案

李某，男，51 岁，干部。5 年前因头晕眼花经脑血流图诊为脑动脉硬化，后曾 2 次出现脑血栓形成偏瘫。就诊时头晕眼花，目胀颈胀，失眠健忘，讲话多则口齿不清，右侧肢体乏力，易于疲劳，纳食及大小便可，舌暗，苔薄白，脉弦。辨为风阳阻络证，施以平肝活血法。药用：白芍 12g，钩藤 15g，夏枯草 7 g，石决明 30 g，丹参 15 g，生蒲黄 15 g，川芎 10 g，益母草 10g，生黄芪 30 g，葛根 15 g，枣仁 15 g，夜交藤 30 g，山楂 15 g。28 剂后，诸症明显减轻，守上方加杜仲 10 g、桑寄生 15 g。56 剂后症状全部消失。改用上药为末，制成蜜丸以善后。后复查脑血流图，脑血管紧张度由中度增高减为轻度。

3 体 会

脑动脉硬化症多见于中老年人，其发病机理与血管内壁脂质沉积，动脉腔变小，弹性减退有关。属于中医“头痛”、“眩晕”、“不寐”、“虚劳”等病症范畴，目前多认为由肾亏衰老、脑髓空虚，脂瘀阻着，脑络不畅，肝肾亏虚，髓海不足，肝阳偏亢，内风时起，气血亏虚；上气不足，髓海失养，瘀血阻滞等因素所致。刘祖贻认为本病的病理基础是以肾虚血瘀为主，因为“人年四十、阴气自半”，肾虚不能上奉于脑，则脑髓空虚，而人之年龄增大，气血失调，瘀血渐生，则可阻于脑络，导致本病的发生。但由于肾虚不涵木，可致内风时动，因此本病常挟肝风。

刘祖贻主张从肝肾、血瘀辨证，选药以丹参、蒲黄、川芎、益母草、山楂为基础，其中丹参养神定志，通利关脉；蒲黄凉血活血；川芎调众脉，破癥结宿血；益母草活血破血；山楂化血块、气块，活血。（周 慎）

脑震荡

刘祖贻认为脑震荡的各期辨证均与血瘀有关，但瘀在早、中、晚三期各有差异，因此，主张从瘀分三期辨治。

1 早期瘀热阻络，治宜活血凉血

脑震荡早期瘀血初聚，壅遏化热，常见头痛，夜间潮热，或头部烘热，时盗汗烦躁，口干苦，尿黄便干，舌暗红，苔少，脉弦细数。治则：活血凉血。方药：凉血通络汤加减。生地黄 12g，丹皮 10g，地骨皮 12g，白芍 12g，女贞子 15g，丹参 15g，蒲黄 15g，川芎 10g，全蝎 5g，钩藤 10g，山楂 12g。加减法：头痛甚者，加醋延胡索、川牛膝以活血止痛；眩晕恶心，加法半夏、陈皮以和胃降逆；失眠多梦，加酸枣仁、夜交藤、龙骨、牡蛎以重镇安神；大便秘结，加草决明以润肠通便。

案 1 文某，女，16 岁。因车祸撞伤头部后头胀痛 16 天而就诊，受伤当时昏迷约 3 分钟，现头部胀痛，无眩晕，面部阵作烘热，右眼视力下降，口干苦，纳食差，睡眠可，舌质暗红，苔薄白，脉细数。辨证为脑震荡早期瘀热阻络证，治宜活血凉血，药用：生地黄 10g，丹皮 10g，赤芍 10g，白芍 10g，丹参 15g，蒲黄 15g，川芎 10g，全蝎 5g，钩藤 15g，菊花 10g，蝉蜕 8g，石斛 10g。7 剂后头痛明显减轻，局部烘热感消失，改用活血通络法以善后。

2 中期瘀血阻络，治宜活血通络

脑震荡中期热得宣泄，独留其瘀，瘀血阻滞脑络，动扰脑神，故见头痛而胀，或头部刺痛，目胀，失眠，舌质暗，苔薄白，脉弦。治则：活血通络。方药：黄参通络汤加减。丹参 15g，蒲黄 15g，川芎 10g，全蝎 5g，延胡索 10g，黄芪 30g，山楂 10g。加减法：彻夜不寐者，加生龙骨、生牡蛎、磁石、酸枣仁、夜交藤以重镇安神；恶心欲呕，加法半夏、陈皮以和胃降逆；嗜睡，加菖蒲、郁金、远志以开窍醒神；大便秘结，加女贞子、草决明以润肠通便；夜尿频繁，加枸杞子、山茱萸、益智仁以补肾缩泉；记忆力减退，加沙苑子、枸杞子以补肾填精。

案 2 郑某，女，12 岁。因被铅球打伤头部后嗜睡 1 周而就诊，受伤当时昏迷 5 分钟左右，苏醒后嗜睡，每日达 15 小时以上，伴头顶疼痛，纳食可，大小便可，舌淡暗，苔薄，脉细。辨证为脑震荡瘀阻脑络证，治宜活血通络，将黄参通络汤制成颗粒剂，另用丹参 10g，石菖蒲 10g，酸枣仁 15g，天麻 10g，山楂 10g，麦芽 30g，煎汤冲服。7 日后嗜睡时间减少，头已不痛，舌转淡红，于汤剂中加当归10g，三七粉15g，党参10g，枸杞子10g，煎汤冲服黄参通络汤之颗粒剂，再服14日后，嗜睡已不明显，惟外伤处头发脱去，余无不适，仍守前法变化以善后。

3 后期肾虚血瘀，治宜补肾活血

脑震荡后期瘀久伤正，由实转虚，虚实夹杂，常见头昏沉而痛，或空痛，记忆力下降，耳鸣，腰酸足软，舌淡暗，苔薄，脉细弦。治则：补肾活血。方药：益肾通络汤加减。淫羊藿15g，枸杞子10g，山茱萸10g，沙苑子10g，丹参15g，蒲黄15g，川芎10g，山楂10g。加减法：头痛甚者，加全蝎、醋延胡索以活血止痛；失眠多梦，加酸枣仁、夜交藤、龙骨、牡蛎以安神；神疲气少，加黄芪、葛根以益气升阳；纳少脘胀，加佛手、麦芽以理气助化；夜尿多，加仙茅、巴戟天、益智仁以温肾缩尿；头目作胀，烦躁，脉弦，加天麻、钩藤以平肝。

案3 马某，男，42岁，干部。因车祸撞伤头部后头痛头晕1个月而就诊，受伤当时昏迷约5分钟，清醒后一直头晕头痛，视物模糊，用脑后加重，失眠多梦，腰膝酸软，舌质暗淡，苔薄白，脉细弦。辨证为脑震荡后期肾虚血瘀证，治以补肾活血法，药用：淫羊藿10g，枸杞子12g，山茱萸10g，丹参30g，川芎10g，醋延胡索12g，山楂15g，佛手10g，全蝎5g，黄芪30g，酸枣仁5g，夜交藤30g，龙骨30g，钩藤15g，牡蛎30g。14剂后头已不痛，视物好转，但仍头部昏胀不适，用脑后加重，上方加沙苑子。又14剂后，头已不胀不痛，用脑时无明显不适，上方加益智仁以善后。（周慎）

医方验方

芪苏宣肺汤

组方：黄芪30g，党参10g，苏叶7g，前胡10g，杏仁10g，桔梗10g，旋覆花10g，茯苓15g，麦芽30g，甘草6g。

加减：痰量多者，加矮地茶、法半夏；胸闷者，加丹参、瓜蒌皮；大便稀溏者，加炒白术、山药。

主治：慢性咳嗽脾虚痰壅证，证见咳嗽痰稀，活动后气少，受凉后加重，口不干，咽不痛，纳食少，大便偏溏，舌质淡，苔薄白，脉细滑。

案例：张某某，男，62岁。1992年3月13日初诊。咳嗽反复10年，伴活动后气少半年。现咳嗽时作，痰白而稀，活动后气少，胸闷，纳食少，舌质淡，苔白，脉细弱。治拟健脾益气，化痰止咳。方用芪苏宣肺汤加减，药用：黄芪30g，党参10g，苏叶7g，前胡10g，杏仁10g，桔梗10g，旋覆花10g，丹参15g，茯苓15g，佛手10g，麦芽30g，甘草6g。服7剂后，咳嗽减少，守上方加白术，续服7剂以巩固疗效。

按 此案乃脾虚痰壅证，故用黄芪、党参、茯苓、甘草健脾益气，苏叶、前胡、杏仁、桔梗宣肺化痰止咳，旋覆花、佛手、丹参理气和血宽胸，麦芽益胃助化。

楼丽华妇科临床经验

【名老中医简介】楼丽华 女。主任医师，教授，硕士生导师。浙江省中医院中外科主任，浙江中医药大学中外教研室主任。国家中医药管理局重点中医专病乳腺病中心建设基地负责人。中国中医药学会乳腺病专业委员会副主任委员，中国中医药学会中医外科专业委员会理事及浙江省中医外科专业委员会副主任委员等职。浙江省名中医。擅长乳房常见病、多发病、疑难病的中西医结合治疗。在中药治疗乳腺病方面有独到之处。

哺乳期乳房脓肿

1 病因病机

产后乳头破碎，或乳头先天凹陷致乳汁排出不畅；或乳汁多而饮少；致使乳汁淤积乳房，乳络阻塞。或有些初产妇产后忧郁，肝气郁结，厥阴之气失于疏泄，乳络气血不畅，推动无力，乳汁排出困难而致乳汁淤积，日久酿腐成脓。本病虽见一派实证，局部肿块，红肿热痛。但总因产后正虚所致，“邪之所凑，其气必虚”。本虚标实之证。产后气血受损，正气不足，温煦推动无力，致使乳汁排出不畅，结聚于内，日久酿腐成脓，邪气未及时祛除，正气内不能抗邪，致使邪气侵及乳房多个房室。

2 临床表现

①乳房肿块，红肿热痛，患乳显著大于健乳，皮肤紧绷，皮色紫黯，皮温升高，肿块中央部触之有波动感，体温正常或升高。②乳房肿块，不红不肿，曾有体温升高，应用抗生素治疗有效。

3 辅助检查

①B超检查：乳房内大片无回声团，侵及多个象限；或可见低回声团，内可见强回声光点。②血常规检查：白细胞总数及中性粒细胞比例升高。③脓培

养加药敏；脓培养多见耐药金黄色葡萄球菌。

4 治疗方法

4.1 中药治疗

治则：温经通络，排脓消痈。方药：自制消痈方。熟地黄 12 g，炮姜 12 g，鹿角片 15 g，穿山甲 12 g，王不留行 15 g，皂角刺 30 g，鸡内金 12 g，煅瓦楞子 15 g，炙甘草 6 g，路路通 15 g，昆布 15 g 等。

4.2 穿刺加冲洗治疗

在乳房波动明显处，或在 B 超引导下选择距皮肤最浅位置穿刺。一般用 12 号针头。穿刺时，嘱患者自己用双手轻挤乳腺并稍加压，使脓液集中，以利于抽吸。待脓液抽净后注入脓液量的 80% 的生理盐水冲洗，直至抽出液体基本变清为止。穿刺后清凉膏外敷，每日 1 次。

5 体会

哺乳期乳房脓肿是哺乳期乳腺炎的一种表现。西医认为其病因多为产后乳汁淤积，乳头破碎，细菌通过乳头进入乳房引起的化脓性感染。中医将其病因分为内外两因，外因为乳头破损，风毒之邪入络；内因为厥阴之气不行，阳明经热熏蒸，肝郁与胃热相互影响，引起乳汁淤积，乳络阻塞，气血瘀滞，化热酿毒而致肉腐成脓。病虽为实，但总因正虚所致。中医理论认为，乳房阳明所属，乳头厥阴所司，即乳房疾病的发生大多与足阳明胃经、足厥阴肝经有关。《太素·任脉》中杨上善注道："手足少阴太阳多血少气，以阴多阳少也。手足厥阴少阳多气少血，以阳多阴少也。手足太阴阳明多血气，以阴阳俱多故也。"由此可见，在生理状态下，两者都以"阳多"为主，故在治疗上就应该从恢复其生理状态入手，以温阳为治。王洪绪在《外科证治全生集·痈疽总论》中指出："世人但知一概清火而解毒，殊不知毒即是寒，解寒而毒自化，清火而毒愈凝。然毒之化必由脓，脓之来必由气血，气血之化必由温也，岂可凉乎？"高秉钧在《疡科心得集·辨乳痈乳疽论》云："况乳本血化，不能漏泄，遂结实肿，乳性清寒，又加凉药，则肿硬者难溃脓，溃脓者难收口矣。"且中医认为"产前一团火，产后一块冰"，故治疗上亦宜宗法"产前宜凉，产后宜温"的治疗大法。人秉天地之气而生，藉气之温煦推动作用而完成各种生命活动。故临床治疗，除见实火实热之证，不可妄用寒凉，恐寒凉收引，阻碍气血循行。妇女产后，伤津耗液，正气不足，气血虚弱，温煦失职，故更不可妄用寒凉，恐敛邪之弊。治以温通为大法，温煦而推动气血运行，推动有力；通即使经脉通畅，乳络畅通，为乳汁之排出疏通道路，亦使邪有出路。消痈方中熟地黄温补营血；鹿角片填精补髓，强壮筋骨，藉血肉有情之品，助熟地黄以养血；血气充则正气旺，驱邪有力。炮姜温通经脉，路路通通经下乳；穿山甲咸，寒，归肝胃经，性善走窜，内达脏腑经络，能活血化瘀，消癥积，通经脉，又能疏通气血而下乳，用于产后乳汁不行；王不留行通经下乳，诸药合用，疏通乳络，积聚之乳汁得以排泄，使邪有出路。皂角刺消肿排脓，加强王不留行消痈之功；煅瓦楞子消痰软坚，化瘀散结；昆布消痰软坚，与煅瓦楞子合用，消散局部结块；鸡内金健运脾胃，防诸药伤胃；炙甘草调和诸药。（李亚玲）

乳房囊肿

乳房囊肿分积乳囊肿和单纯囊肿两类。积乳囊肿是指乳汁在乳管内积聚而形成的囊肿，多见于妊娠或哺乳期妇女，乳汁分泌而乳腺导管不通畅是积乳囊肿的病因。乳房单纯囊肿是乳腺囊性增生病的一个类型，其形成是由于病变部位的乳腺导管上皮细胞有明显的顶浆分泌，使导管呈囊性扩张形成囊肿，囊肿壁内衬一层扁平上皮而无明显增生表现。好发于 30～50 岁妇女，特别是即将停经的妇女。囊肿多为多发性，手术难以逐个切除，且易反复发作。由于囊肿是一种良性的乳房疾病，楼丽华一般不主张手术治疗，而采用局部穿刺抽液配合内服中药治疗，效果满意，介绍如下。

1 外治法

对于局部可触及的较大囊肿而言，穿刺抽液法简效优，但仅根据临床触诊，囊肿不易与乳腺纤维腺瘤、乳腺癌等肿块区别，因此楼丽华主张所有患者穿刺前都要行 B 超、高频钼钯 X 线检查，以排除其他乳腺病。穿刺采用普通 7 号针头，斜向进针，有脱空感后即可抽液，尽可能抽空囊内液，再注入等量空气，这样可以使囊壁粘连而自行封闭。随着时间的延长，空气被逐渐吸收，囊肿萎缩形成疤痕，即形成疤痕化囊肿，既可避免局部再发，又能防止因注射硬化剂致乳房硬结。囊肿穿刺过程中要观察穿刺液的颜色，抽出的液体通常呈绿色、棕色、黄色或乳汁状，如果抽出血性液体，则应手术切除，以明确诊断。穿刺后常规行囊肿空气造影，穿刺液行脱落细胞学检查。如果囊肿重复抽吸 3 次之后重新出现时，也需要手术活检。

2 内治法

2.1 单纯囊肿

楼丽华认为乳房囊肿局部穿刺抽吸虽能使肿块迅速消失，但易反复发作。此外对于一些不可触及的小囊肿，以及多部位反复发作者，应内服中药以治本。楼丽华认为本病病机多为肝郁气滞、冲任失调、痰湿瘀滞，治疗上当三者兼顾，疏肝理气为先，选用柴胡、郁金、川楝子、八月扎、佛手柑等药。调理冲任求本，选用仙茅、仙灵脾、菟丝子等。健脾化痰必用，用陈皮、茯苓、白术健脾化痰，并加薏苡仁、车前草健脾祛湿以绝生痰之源。另外，由于水液积聚在囊肿内日久，适当选用蒲公英、白花蛇舌草等清热解毒药使乳络得通。

2.2 积乳囊肿

积乳囊肿系由于感染、外伤、乳腺结构不良等多种原因导致乳腺导管堵塞、乳汁淤积，导管呈囊性膨胀、腺泡破裂，彼此融合，形成大小不等的囊肿。楼丽华认为基本病机为寒痰凝滞。方用阳和汤温补和阳，散寒通滞。即使伴有乳房局部红肿热痛、畏寒、发热、脉数等一派热象，楼丽华仍大胆使用阳和汤，每获良效。

3 典型病案

王某，女，30 岁，2006 年 9 月 15 日初诊。产后 45 天，15 天前发现左乳外上象限肿块，伴局部疼痛，发热，曾在当地医院门诊，诊断为急性乳腺炎，用青霉素治疗 5 天，热退痛减，但肿块仍存，2 天前疼痛又现。查体温 37.2℃，左乳外上象限皮色红，触痛，可及 4cm 肿块，无明显波动感。血白细胞 7.5×10^9/L，B 超示左乳外上象限探及 2.5cm×3.0cm 无回声区，内见絮状漂浮物。舌质红苔薄白，脉数。诊断为积乳囊肿。行局部囊肿穿刺，用 10 号针头，斜向进针，有脱空感后即抽液，抽出约 20mL 乳白色液体，再注入等量空气，拔出针头。另用阳和汤加减。熟地 15g，肉桂粉 3g，炙麻黄 6g，鹿角片 12g，白芥子 12g，炮姜炭 12g，甘草 6g，炮穿山甲 12g，蒲公英 30g，皂角刺 12g。3 剂。3 天后疼痛减轻，肿块明显缩小，约 1.5cm×1.8cm。再次穿刺抽吸，抽出约 5mL 乳白色液体，继服原方 3 剂后肿块消失，B 超复查未见明显囊性占位。（娄海波）

卢芳用药特色

【名老中医简介】卢芳（1939～）教授，主任医师。原黑龙江省中医管理局副局长。现任中国中医药学会糖尿病专业委员会副主任委员，中国中医药学会男科专业委员会副主任委员，中国中医药学会中医基础理论整理研究委员会委员，黑龙江省中医药学会糖尿病专业委员会主任委员，中国中医药学会理事，黑龙江省中医药学会会长。第一、二、三批全国老中医药专家学术经验继承工作指导老师。享受国务院特殊津贴。对于糖尿病、甲亢、三叉神经痛、前列腺炎、男科疾病等各种内分泌系统、神经系统、消化系统方面疾病有极深造诣。

1 心电图 ST－T 改变

冠心病常见的心电图改变，卢芳认为：冠心病的病理改变属于中医的宗气虚。《内经》云："宗气者，积留于胸中，灌心脉而行血；循喉咙，而行呼吸焉。"所以患者往往出现胸闷、气短。常用人参、三七、血竭、琥珀、水蛭，压面装入胶囊，每次 2g，1 日 3 次，多数患者用药 2～3 个月后，症状消失，心电图恢复正常。方中人参大补元气、生津止渴、安神定志为方中主药；辅以三七活血化瘀、止痛；血竭活血散瘀，治心腹瘀痛、补心包络；佐以琥珀镇惊安神、散瘀止血、利水通淋；使以水蛭破血逐瘀。如有心衰者，重用人参，加附子、细辛、淫羊藿。心衰者重用人参，加附子回阳救逆、补火助阳、散寒止痛，细辛散寒止痛、温肺化饮，淫羊藿温肾壮阳、祛风除湿。

2 糖尿病肾病

糖尿病肾病主要以蛋白尿、高血压和肾功能衰竭为主。卢芳认为，从中医角度其病理改变主要是脾气虚。蛋白尿是由于脾的升清降浊功能失司，不能使水精四布，五经并行，故水谷精微下注于膀胱，而为蛋白尿。甚者浊邪内泛而出现肾衰表现。治疗以益气健脾、活血降浊为法，重用黄芪 100g，伍以山药、玉竹、丹参、王不留行、泽兰、益母草、苍术。方中黄芪补气升阳、固表止汗、利水消肿；辅以山药补益脾胃、补肺益阴、固肾涩精；玉竹养阴润燥、生津止渴；苍术燥湿健脾、祛风除湿；佐以丹参凉血消痈，王不留行活血通经，泽兰通经活血、散瘀消肿，益母草活血祛瘀。肌酐尿素氮高者加酒大黄、草果。多在 1～2 个月内蛋白尿消失，肾功能恢复。

3 血管性头痛

血管性头痛特点是发作性头痛。卢芳认为发作性头痛与风和痰有关，头部"巅顶之上唯风可到"。卢芳重用川芎 50～100g，伍以白芷、白芍、羌活、防风、胆南星、半夏、天竺黄。方中以大剂量川芎为主，取其辛温走窜，上行头目，下行血海，以达到驱除头面风邪的目的；辅以白芷、白芍祛风止痛、通窍止痉；

佐以防风、羌活祛风解表、通痹止痛；半夏、胆南星、天竺黄清热燥湿、息风定惊、散结消痞。全方共奏祛风止痉、涤痰通络功效。

4 皮肤疾病

卢芳治疗皮肤病，总结了4个字：风、燥、湿、毒。"风"表现为痒，中医有"无风不作痒"之说。"燥"就是血燥，表现为脱屑、皲裂。"湿"即渗出、流水、起泡。"毒"，即红肿热痛。卢芳治疗皮肤病如湿疹、结节性痒疹、玫瑰糠疹、天疱疮等基本按照这个原则，常用内服方：苦参、白鲜皮、浙贝母、蒲公英、紫花地丁、皂角刺、防风、地肤子、蛇床子、雷公藤。方中苦参清热燥湿、利湿止痒为方中主药，常用量50g，辅以白鲜皮、防风、地肤子、蛇床子以清热燥湿、祛风解毒、止痒、燥湿利水；佐以雷公藤、浙贝母消肿散结、清热祛痰；使以蒲公英、紫花地丁清热解毒，消痈肿疔疮；皂角刺消肿排脓。对有渗出者尤宜外用：儿茶、冰片、雄黄、枯矾、炉甘石、密陀僧（研末）。儿茶收湿敛疮、止血，冰片开窍醒神、清热止痛为方中主药；辅以雄黄解毒燥湿，枯矾燥湿杀虫止痒、收敛止血，炉甘石解毒、收敛止痒；使以密陀僧消肿杀虫、收敛防腐，治疮毒、湿痒等。

5 支气管扩张咯血

支气管扩张临床常有反复咯血，卢芳认为治疗本病应以敛肺气、泻大肠为法。由于肺气不降，血随气上，出现咯血，肺与大肠相表里，泻大肠热即起降肺气的作用。常用药物有白及、大黄、墨旱莲、仙鹤草、花蕊石，1周内咯血多可消失。卢芳治咯血关键是巧用大黄，热甚便秘者，大黄可用30g，如无便秘者用大黄炭30g。大黄泻热通便、活血祛瘀为方中主药；辅以白及收敛化瘀、消肿生肌；佐以墨旱莲滋补肝肾、止血；仙鹤草收敛止血；花蕊石止血化瘀。待咳血停止，再辨证施治他症。

6 老年抑郁症

老年抑郁症是指60岁以后起病，多有精神因素诱发，主要表现为情绪低落，思维迟缓，意志活动减退和躯体某部不适的疾病，复发率和死亡率较高。卢芳认为老年抑郁症的病理本质是年老肾虚，《内经》云："肾者主水，受五脏六腑之精而藏之"。肾之精气可濡养五脏，而五脏之精藏于肾，所以老年抑郁症其病变脏腑虽然与心、肝、脾、肾、胆关系密切，但其本质是肾精不足而致髓海空虚，心气涣散，故临床出现心无所依，虑无所定，五脏六腑皆可被摇撼的多端症状。基本方：人参、石菖蒲、远志、百合、生地黄、紫石英、枸杞子等。卢芳认为治疗精不足，当先益其气，故人参为方中主药，只有用人参益气生精，培补气血，才能安神定志；辅以石菖蒲、远志，《千金方》中开心散，只用以上3味药，治疗恍惚迷惑善忘等；佐以百合、生地黄，取其百合地黄汤治疗百合病之意，百合养心安神定胆益智，生地黄凉血除烦，此二者可防人参之燥；以紫石英引药入心，此药善治心神不宁、不寐、体弱、心胆素虚、善惊易恐；使以枸杞子，益气填精。诸药相合，治疗老年抑郁症每获良效。（郎宜男）

陆永昌中风临床经验

【名老中医简介】陆永昌（1917～）主任医师，教授。原山东中医学院附院名誉院长。首批全国老中医药专家学术经验继承工作指导老师。从医治学60余年，擅长中医内科疾病的诊治。

防治中风先兆

陆永昌根据自己的临床经验，在总结先哲近贤对中风先兆认识的基础上提出，虽然中风病发病急骤，变化多端，证候纷繁，病势凶险，预后较差，为中医风、痨、臌、膈四大难症之首，但其发生并非偶然，而是有一定的病理基础和逐渐演变的过程。在一定诱发因素的作用下，此过程可以突然加速，出现脏腑气血阴阳失调，风、火、痰、瘀互结为患。中风先兆就是在这演变过程中最先表现出的一组症状，它可出现于中风发病前数日、数月，甚至数年。其病因病机与中风病雷同，仅是程度上较轻，时间短暂而已，故谓先兆为中风之渐始，中风是先兆之归宿。对于中风病，"治"莫胜于"防"，关键在于加强对中风先兆的认识和及时治疗，因而他十分重视中风先兆的防治，其防治措施有3个方面。

1 首重养慎

即慎起居、节饮食、远房帏、调情志，以固其本。经临床数百例发病因素的调查，我们认为"七情"失调、劳逸失度、气候变化、贪婪酒色、嗜食厚味、形体肥胖、大便秘结与本病密切相关，若及时祛除以上因素，就可防患于未然。尤其对形体肥胖，有中风病家族史者，从中、青年期就应注意养生，积极预防。

2 消除中风高危因素

对被医学界所公认的危险因素，如高血压病、脑动脉硬化症、糖尿病、高脂血症、心脏病、颈椎病等进行早期有效的治疗十分必要，在此强调“早”字，即在中风先兆发生之前，就针对以上诸病进行全面检查，并进行预防性治疗，以杜绝中风病的发生。

3 药物防治

陆永昌采用中风先兆防治四法。

3.1 镇肝潜阴法

适用于时有短暂眩晕，偏身麻木，言语蹇涩，烦躁易怒，伴头胀头痛，目赤口苦，舌红苔黄，脉弦数者。予镇肝熄风汤、建瓴汤加减化裁：明天麻9g，钩藤15g，杭白芍12g，淮牛膝18g，代赭石15g，生龙牡各18g，龟版18g，全虫6g（研粉冲服），制首乌18g，枸杞12g，淮山药18g。水煎两遍约250mL，分两次温服（上午9时、下午4时各服1次），忌烟酒辛辣食物。

3.2 豁痰开窍法

适用于有一过性眩晕，偏身麻木，言事蹇涩，伴头沉头胀，胸腹痞满，纳呆多痰，眼睑虚肿，手足发胀，舌体胖大，苔白腻，脉弦滑者。予涤痰汤加减化裁：白术12g，茯苓15g，陈皮9g，半夏9g，枳实6g，胆南星9g，远志9g，菖蒲9g，郁金9g，竹茹6g，生甘草6g，竹沥水30mL（分2次服），上药日1剂，日服2次。

3.3 益气活血法

适用于一过性眩晕、肢麻、言语蹇涩，伴全身疲乏无力，少气懒言，记忆减退，舌质淡苔白，脉弱者。予补阳还五汤加减化裁：黄芪30g，党参15g，赤芍12g，川芎9g，当归尾12g，广地龙12g，红花9g，炒桃仁9g，全虫9g（研末冲服），九节菖蒲12g，炙远志12g，枸杞12g，白菊花12g。

3.4 育阴熄风法

适用于一过性肢麻，言蹇，伴头晕目眩，双目干涩，口干喜饮，心烦易怒，腰膝酸软，舌红少苔或光红无苔，脉弦细数者。予杞菊地黄丸加减化裁：熟地黄18g，淮山药15g，萸肉12g，粉丹皮9g，枸杞12g，白菊花12g，北沙参15g，麦门冬12g，生石决明30g（先煎），莲子心6g，淮牛膝15g，全虫9g（研末分2次冲服）。

另外，有高脂血症者，常给山楂、草决明、枸杞子代茶饮；有肝热上犯者，给菊花、草决明代茶饮；若痰热壅盛者，给鲜竹沥水，每日3次，每次20～30mL。以上数方，服用方便，效果可靠，可长期应用。（曹晓岚 陆维娜）

中风病

1 急性病期以调气为先

中风病之所以发病急骤，进展快，是由其气机逆乱所导致的，正所谓“大怒则形气绝，而血菀于上，使人薄厥”“血之与气，并走于上，则为大厥，厥则暴死，气复返则生，不返则死”，强调了气机逆乱在中风病发病中的地位及其作用。从中风病发病的标实因素讲，无外风、火、瘀、痰四个方面，而以风居首位，风的形成究于气的疏泄太过，即“气之往来流动谓之风”。气机逆乱导致气机郁结，进而生火，即“气有余便是火”。痰瘀的形成一方面责于平素在各种致病因子的作用下，引起津聚成痰，血滞为瘀；另一面气机逆乱则又加重了痰瘀的生成，致使痹阻络窍，从而突发昏仆，半身不遂，言语謇涩，口舌歪斜等症。总之，气机逆乱是中风病发病的首要因素及其先导，治疗当以调气为先，然后分而治之。陆永昌多从以下两方面调理气机。

调理六腑之气：适用于痰热腑实，脾气不通的患者，此证除中风病主证外，兼见腹胀、便干便秘、头晕目眩、咯痰或痰多，舌质暗红，苔黄或黄腻、或黑褐，脉弦滑而大。药选大黄、芒硝、枳实、厚朴、瓜蒌、生地等品。临床应用时要注意腑实证与腑气不通的鉴别，腑实证以胃腑的燥实为主要病理变化，治疗以泻下通便、润燥软坚为主；腑气不通以胃腑的痞满为主要病理变化，治疗以行气导滞、消痞除满为主，在选药的侧重方面二者有所不同。

疏通经络之气：适用于气行不畅，痰阻血瘀，经络不通的患者。此证除中风病主证外，兼见遍身麻木，肢体疼痛或肿张，肌肤甲错，舌质暗淡或有瘀斑，苔白腻或薄白，脉弦滑。方选血府逐瘀汤加减。在应用本方时，陆永昌常佐苏梗以开宣肺气，由于“肺朝百脉”，肺气得开，则百脉皆通，经络之气畅达，血运无阻，进而使痰得化，瘀得祛。

2 风痰瘀血治法并用

中风病的发病以风痰瘀相兼为患是其关键，风痰瘀为津、气、血的病理产物，津、气、血的正常运行是由心肝脾功能的相互联系而完成的。三者中有一脏功能失常就可引起另外两脏的功能障碍，导致气机郁结、痰浊、瘀血形成。由于心肝脾生理上的互相联系及气血津液的生则同生，行则同行，故某一环节发生病变则必互为影响，使气郁、痰浊、瘀血相兼为病。气机逆乱是发生中风病的主要病理机制，易于诱发肝风内动，因此，气痰瘀相兼可以导致风痰瘀互相为患，从而痹阻脑窍脉络，证见偏瘫、失语、眩晕、麻木等,故治宜熄风、化痰、通络三法同施,药用:清半夏、白术、天麻、白蒺藜、胆星、威灵仙、香附、酒军。清半夏、白术燥湿化痰,胆星熄风化痰,天麻、白蒺藜平肝熄风,五药合用为治风痰诸症之要药。威灵仙活血通络,香附理气解郁,酒军既可辅佐威灵仙活血通络,又可助香附调理气机,诸药相伍共奏熄风、化痰、通络之功。

治疗中,根据临床表现,审证求因,观其风痰瘀三者孰轻孰重,或以熄风为主,辅以化痰通络;或以化痰为主,辅以熄风通络;或以通络为主,辅以熄风化痰,既注重风痰瘀同治,又要辨别主次,分清用药之轻重。

3 后遗症期重益气养阴

中风病后遗症期以本虚为主要表现,其本虚无外脾肺气虚及肝肾阴虚。在本病的不同阶段,有些患者以脾肺气虚为主,有的则以肝肾阴虚为主,但纵观整个病程,皆呈现出气阴两虚的临床表现,故治疗应以益气养阴为主,药选黄芪、党参、白术、生地、知母、百合、当归、元参等品。临证时,根据体征分清气虚、阴虚的主次,使之用药有所侧重,并配以化痰祛瘀通络之品,常能收到较好的疗效。

4 外洗疗法以熄风通络

外洗法治疗中风病近年来受到足够的重视,陆永昌经过长期的临床实践,自拟熄风外洗方,经临床运用,效果颇佳。本方的主要功效是温通血脉,舒筋活络,其有三大好处:①促进患肢的功能恢复;②减轻患肢的疼痛、肿胀;③防止褥疮的发生。熄风外洗方:桂枝、防己、川牛膝、豨莶草、鸡血藤、伸筋草、桑枝各30g,红花12g,吴茱萸20g。

5 病案举隅

胡某,男,62岁。因右侧肢体活动不遂3d以"脑梗塞"收住院观察治疗。刻下证见:右侧肢体完全性偏瘫,不完全性运动性失语、头晕头痛、烦躁易怒、腹胀不适,大便已7d未行,舌苔黄腻,质暗红、脉弦滑。查体:血压26/15kPa,右侧鼻唇沟变浅,伸舌向右,右上下肢肌力0级,肌张力正常,右侧浅感觉减退,腱反射右大于左,右巴氏征阳性。CT示:左基底节区脑梗塞。诊断:中风病(中经络),痰热腑实,风痰上扰,急以调理六腑之气为先,药用大黄9g,芒硝6g(烊化),瓜蒌30g,枳实20g,土元10g。服药5剂,大便已通,舌苔变为薄白,继改拟熄风化痰通络法以紧扣病机转归,对症下药:法半夏15g,香附、白术各12g,天麻20g,白蒺藜、威灵仙各30g,水蛭3g(研粉冲服)。药进20余剂,患者肢体功能明显好转,上肢可上抬过肩,下肢可站立,言语基本正常,双目干涩、眠少健忘、大便略干,舌质暗淡、苔薄黄,脉弦细而弱,施以益气养阴通络法治疗:生黄芪、党参、黑芝麻、桑椹子、威灵仙、百合、生地各30g,元参15g,知母24g,豨莶草45g,水蛭3g(研粉冲服),服药30余剂,瘫痪肢体基本恢复,日常生活能够自理。

按 本例首以调理腑气为治,待腑气通,则气机升降出入正常,清气得升,浊气得降,中风诸症自然减轻,此即"治风先调气,气顺风自熄"。随着证候的转归,及时改拟熄风化痰通络法,在上述调气的同时,酌加化痰祛瘀之品,以风痰瘀并治,解决其相互为患的病理环节。至疾病后期,邪实之象不显,本虚之征显著,重用益气养阴之品,以调补五脏气血阴阳,则该病即可告愈。(孙西庆 郭丽青)

中风病恢复期的针灸推拿疗法

陆永昌对中风病恢复期患者,除按中医辨证用中医药治疗外,还根据经络内联脏腑,外络肢节和所属经穴(包括经外奇穴)的主治作用,即所谓"经络所通,主治所在"的理论,提出了一组针灸、推拿治疗方案。

1 针灸治疗

1.1 口舌㖞斜、舌强言蹇

取地仓、颊车、哑门、合谷为主穴针之(先针健侧穴,强刺激;后针患侧穴,弱刺激)。患侧穴针后用艾条行鹊啄术灸法,各灸3~5分钟,或艾炷灸3~5壮。取其补患侧泻健侧之意。哑门穴禁灸,不宜深针。

备用穴:通里、廉泉、承浆、风池,针灸法同上。《循经考穴编》注:"承浆穴禁灸"。

地仓、颊车均属足阳明胃经之穴。前者为手足阳明、蹻脉之会;哑门(又名舌根)属督脉经穴,督统诸阳;哑门又为督脉、阳维之会,入系舌本。合谷属手阳明大肠经穴,为本经之原穴,以上主穴可每次必用,或症以口舌㖞斜明显者,主取地仓、颊车,症以舌强言蹇明显者,主取哑门,合谷。备用穴:通里属手少阴心经穴,为本经之络穴,入心中系舌本;廉泉属任脉经穴,为阳维,任脉之会;承浆属足阳明胃经穴,为足阳明、督脉,任脉之会;风池属足少阳胆经之穴,为手、足少阳、阳维之会。诸备用穴,可轮换选用,与主穴相伍,具有调阴阳、通经络、活血开窍之功,故用于治疗口舌㖞斜,舌强言蹇,其效益彰。

1.2 半身不遂

取曲池、阳陵泉为主穴针之。先针健侧穴,强刺激,只针不灸;后针患侧穴,弱刺激,针后加灸,同上法。

备用穴:肩髃、手三里、足三里、绝骨、环跳。

曲池属手阳明大肠经穴,为本经之合穴;阳陵泉为筋之会穴。取为主穴,每次必用。备用穴中肩髃、手三里均属手阳明大肠经穴,肩髃为手阳明、阳蹻之会;足三里为足阳明胃经之合穴,绝骨属足少阳胆经穴,为足三阳经之大络,且髓会绝骨;环跳为足少阳胆经之合穴。又为足少阳、太阴、太阳之会。

针灸治疗中风病是通过经络(包括经筋、经别)联系脏腑、阳阳及各经在体表所属穴位的主治作用于人体而发挥其效能。由于经络内联脏腑,外络肢节,上下、左右、交叉会合,因而本经的穴位,许多可治另一经的病症,特别是肘膝以下的穴位,可治躯干四肢及头面诸症,因此,本组治疗中风病恢复期所选穴位,注意选用各经的会穴、合穴、原穴、络穴等,亦注意选自肘膝以下和经脉交会部位的腧穴。另由于风邪为病,多犯阳经,故本组所取穴位,多为阳经腧穴,又因阳明为多气多血之经,阳明经之气血通畅调和,正气得以扶助滋养,肢体功能则可逐渐恢复。

附 中风预防灸法 中风病患者,在中风前往往有先兆症状:如指端不时麻木,头晕,目眩,或一过性舌强,言语不利等,此为中风病将发之先兆。及时用艾条以鹊啄法灸曲池、风市、足三里、绝骨,每穴灸3~5分钟。屡经使用,此法有预防中风病的作用。

2 推拿疗法

2.1 头面部

①揉运百会:操作法:患者头靠椅背而坐,医者站于椅背左侧,以左手扶患者前额部,右手拇指揉运百会穴,开始用力稍轻,可逐渐加力,但不宜过重。自前方向患侧旋转,运50~60次。②揉运太阳:操作法:患者头靠椅背仰面坐位,医者站其椅后,用两手托患者两侧颞部,两拇指按于两太阳穴向前向下运之,50~60次,手法轻重要适宜,不应用力过重。③推运耳后高骨:操作法:患者俯椅背坐位,医者站其后,以两手中指按患者双侧太阳穴,两手拇指在耳后高骨自下而上推之,作50~60次,然后再向前、向后方向各运30~40次。

2.2 摇上肢

操作法:患者靠椅背坐位,医者站其前。如患者右侧肢体瘫痪不用,医者则以右手握患者右手施术(如患者左侧瘫痪不用,医者则以左手握患者左手施术)。医患两手虎口相对,若患者手指挛缩内收,需将其手指扳开。医者以拇指掐患者合谷穴,另以左手拇指掐患者曲池穴,食指掐少海穴,将患肢抬至约40~50°,自内向上向外和自内向下向外摇动,各50~60次。应先轻渐重,注意向肩部(向上)轻轻用力顶抬,以免肩关节脱位。

2.3 摇动伸屈下肢

①摇动下肢:患者仰卧位。医者站其患侧,以一手拇指、食指掐患者内膝眼、外膝眼穴,以另一手托患者足跟,食中二指掐照海、昆仑穴,将患肢抬至40°左右,自内向外摇动,30~40次。摇动时宜缓慢旋转,并注意向髋部轻轻用力顶靠,以防髋关节脱位。②伸屈下肢:患者仰卧。医者站其患侧,以一手拇指、食指掐住患者内、外膝眼穴,以另一手握住患者足蹠,同时以掌根部按压涌泉穴,将患肢抬起,做膝关节伸屈活动,30~40次。

本疗法中所选用的穴位,百会穴属督脉,为手足三阳、督脉之会,治中风病半身不遂;耳后高骨治口舌㖞斜;少海属手少阴心经,为本经之合穴,治四肢不举和肘关节活动不利;内、外膝眼,属经外奇穴,治膝及下肢麻木不仁;涌泉属足少阴肾经,为本经之井穴,治筋挛膝不可屈伸。

上述各法,可联合运用,亦可选择运用。摇动上肢和伸屈下肢法,简便易学,可教给患者亲友,协助进行。

中风病恢复期,医者常嘱患者进行功能锻炼,其方法多样,形式各异,但大都单纯进行关节、肌肉、肢体的机械运动。而陆永昌根据多年治疗中风病的经验,采用的此组疗法,是在单纯机械运动的基础上,参考针灸循经取穴的方法,有针对性地按、掐相应穴位,以达通经络、调阴阳、和气血、利关节之功效。与药物、针灸配合治疗,对中风病的早日康复,具有良好的促进作用。(陆维娜 曹晓岚)

路广晁脾胃病临床经验

【名老中医简介】路广晁(1953~)山东高唐人。教授,主任医师,硕士生导师。中华中医药学会内科脾胃病专业委员会委员,山东省中医药学会内科脾胃病专业委员会主任委员。山东省名中医药专家。擅长消化系统及心血管系统疾病的诊治。参加省级科研课题研究5项,1项获省科技进步二等奖,3项课题通过省级鉴定，参与医疗器械发明1项，并获国家专利证书。主编、参编著作5部，发表学术论文30余篇。

临床经验

反流性食管炎

1 木郁土壅、胃失和降为基本病机

反流性食管炎大致属于中医学"吐酸"、"噎膈"、"胸痛"、"胃脘痛"等范畴。多因情志不遂，气郁伤肝，肝失疏泄，横逆犯胃，或饮食不节，或烟酒无度，损伤胃气，失于和降所致。路广晁通过多年的临床实践认为，反流性食管炎的基本病机为木郁土壅、胃失和降。盖胃为六腑之一，主受纳、腐熟水谷，其气以和降为顺。以通为用，且"胃为多气多血之所"，不宜郁滞。然其通降之性有赖肝气疏泄的正常。若忧思郁怒日久，损伤肝气，肝气疏泄不及，势必土失木疏，而致胃气壅滞；胃气壅滞，则或积滞内停，或痰从中生，皆可郁久化热为酸，随气上逆损伤食管膜络而发为本病。同时若素体脾胃亏虚，或饮食不节，或劳倦过度，伤及中气，则木失土荣，疏泄失常，亦可导致本病发生。故本病的基本病位虽在食管，属胃所主，但与肝、胆密切相关。临证虽有夹湿、夹热、夹痰、夹瘀的不同，但总以木郁土壅、胃失和降为基本病机。临床上患者多以烧心、反酸、胸骨后疼痛不适为主要表现，且往往多伴有心烦易怒、胸胁胀痛或遇情志刺激加重等肝气不舒的症状，为这一认识提供了有力的实践依据。该病如日久不愈，反复发作。可因郁滞日久，蕴生痰热，气血失和而致瘀血内生。食管血络阻滞，出现"久病入络"之象。电子胃镜检查可见食管黏膜充血、水肿，甚至糜烂溃疡，后期可出现食管狭窄，Barrett食管等严重并发症。

2 疏肝解郁、和中降逆为治疗大法

路广晁针对该病木郁土壅的基本病机特点。提出本病治疗应以"疏肝解郁、和中降逆"为治本大法。辨证时必须抓住"气机郁滞"这一病机本质特征，重视肝、脾、胃三者关系，强调"以气相求、复运气机"，从而达到气机调畅，使郁逆自除，以恢复脏腑和谐的平秘状态。同时他指出辨证治疗时须重视本病的病机演变，如病之初期，病邪较轻浅，属气分，胃镜下食管黏膜多无明显异常，或仅见胃、十二指肠液反流征象，此时多为肝气郁滞，胃失和降，治疗以疏肝和胃、理气降逆为主；随着病情进一步发展则郁滞有酿湿化热倾向，胃镜下食管中下段黏膜可见条纹状、斑片状充血糜烂，此时多为肝胃郁热夹湿，治疗以疏肝泄热和胃为主，兼以祛湿；病之后期，郁滞益甚，痰浊瘀热交结为患，病较深，属血分，胃镜下食管粘膜可表现为溃疡，甚则管腔变窄，证属脾虚肝郁，痰瘀交阻，治以通络化痰，佐以健脾疏肝。总之，该病在病程中有夹热、夹湿、夹痰及夹瘀之变，应明辨之，同时必须牢牢把握"木郁土壅"这一贯穿本病之始终的病机根本，治疗时方不致主次不分，舍本逐末。

3 合理遣方选药是取效关键

本病总以肝胃气郁为本，湿热、痰浊、瘀血等实邪为标，惟其各有侧重而已。可依其症状所见，视孰轻孰重而灵活用之。立方选药时当注意：治肝宜疏宜柔，不宜独进辛散之品，以防止疏之太过而激发肝之阳气，而伤及肝阴，可选用四逆散为基本方，临证时可酌加佛手、香橼、合欢皮等偏于柔润的理气解郁之品，尤其合欢皮更具安神之效，对缓解患者焦虑情绪颇有裨益。治胃宜和宜降，切不可滥用破泄之剂，以防破气伤正，应处处照顾胃气冲和之性，可选半夏、竹茹、旋覆花、苏梗、砂仁、莱菔子等。对夹湿夹热者，应遵循"化湿防辛燥，清热勿过寒"的原则，选配芦根、蒲公英、马齿苋之属。也可酌情选用黄连、黄芩等苦寒之剂，但应用时量不宜大；夹瘀者可选理血活血之物，慎用攻破，药选降香、桃仁、丹参、三七之属，避免应用乳香、没药、蜜虫等败胃破瘀之品。另外，治疗中应遵循辨病施药，不论何种证型，均可酌加中和胃酸、护膜宁络之品。制酸可选黄连、吴茱萸、煅瓦楞、乌贼骨之属，护膜宁络可选加白及、藕节之类。

4 病案举隅

患者，女，38岁，2006年8月20日初诊。患者半年前因琐事与家人争吵后出现反酸、反食，餐后尤甚。近一月来反酸加重伴胸骨后灼热，吞咽不利，口干苦，心烦急躁，嗳气，脘痞，纳少，大便正常。舌质偏红，舌苔薄黄腻，脉弦细滑。胃镜检查示食管炎，食管下段黏膜斑片状充血，散在糜烂面，累及食管黏膜1/3周圈。病理检查示：食管黏膜慢性炎症改变。中医诊断：吐酸（肝胃郁热证）。治则：疏肝泄热，和胃降逆。方用路广晁自拟平逆汤加减：柴胡12 g，枳实12 g，白芍18 g，栀子9 g，旋覆花12 g，竹茹12 g，黄连9 g，吴茱萸3 g，合欢皮30 g，蒲公英30 g，佛手12 g，白及20 g。7剂，水煎400 mL，晨起及晚间睡前温服，每日1剂，并嘱忌过饱，忌食辛辣油腻。复诊：药后诸症皆减。食纳渐增。原方续服12剂。三诊：泛酸、嗳气及胸骨后灼热感皆消失，舌淡红苔薄白，脉弦细。处方：柴胡9 g，枳壳9 g，白芍15 g，莲子心6 g，旋覆花12 g，竹茹12 g，黄连9 g，吴茱萸3 g，蒲

公英30 g,佛手12 g。水煎服。2周后患者复查胃镜显示正常食管黏膜相未见炎症改变。随访半年病情未复发。(王建波)

溃疡性结肠炎

1 病因病机

溃疡性结肠炎(ulcerative colitis,UC)是一种病因不明的慢性炎症性肠病,以直、结肠部位的黏膜和黏膜下层出现炎症和溃疡为主要病理特点,以腹痛、腹泻、黏液脓血便及里急后重为主要临床症状。病程迁延,易反复发作。属中医学肠澼、泄泻、痢疾、肠风、脏毒等范畴。

路广晁认为,本病多由禀赋不足、感受外邪、饮食不节、情志失调等因素导致脾胃虚弱,运化失职,湿浊内蕴,郁化热毒,下注肠道,壅塞气血,以致肠腑气血凝滞,肉腐血败而成痈溃疡,下痢赤白。故脾虚湿蕴、热毒瘀阻是本病的基本病机。脾虚是其本,湿热、气滞、血瘀为其标。脾胃虚弱与湿热瘀毒相胶结是本病的主要病机特点。脾虚加之湿瘀困阻,以致本病缠绵难愈,易反复发作。

2 辨证论治

路广晁认为,溃疡性结肠炎证属本虚标实,虚实夹杂。故治疗首当辨其标本缓急,察其虚实寒热。诚如《景岳全书·痢疾》云:“凡治痢疾,最当察虚实,辨寒热,此泻痢中最大关系。”临床根据疾病过程中正邪盛衰不同,将溃疡性结肠炎分为活动期和缓解期。活动期以湿热瘀毒壅盛为主,缓解期以脾虚湿蕴为著。活动期多见便下脓血,下痢急迫,腹痛腹胀,里急后重,肛门灼热,舌红,苔黄厚腻,脉弦滑。急则治其标,应清热解毒、除湿理气、化瘀止血为主,以健脾扶正为辅。路广晁自拟清溃愈疡汤,方以痛泻药方加味:黄连9g,木香6g,蒲公英30g,败酱草30g,椿根白皮20g,炒白芍24g,焦白术15g,防风6g,陈皮9g,合欢皮30g,生甘草6g。方中黄连苦燥湿寒清热,为君药;臣以蒲公英、败酱草解毒消痈,椿根白皮收湿止血,白芍柔肝缓急止痛,白术健脾止泻,使湿毒去而肝脾调;以木香、陈皮调三焦气分以疏邪导滞,防风胜湿醒脾,合欢皮安神解郁,共为佐药;生甘草清热解毒,调和诸药,为使药。诸药相配,共奏祛湿清热、解毒消痈、敛疮止血之功。热盛者,加白头翁、苦参;肛门下坠者,加枳壳、槟榔;便下鲜血量多者,加炒槐花、地榆炭;下血色黯者,加丹参、当归;腹痛有定处者,加大黄、莪术;心烦易急者,加莲子心。活动期患者除口服中药外,同时需配合局部给药,予中药保留灌肠。路广晁认为,灌肠给药既可使高浓度药液直接作用于局部病损,提高疗效,又能避免除湿解毒药物苦寒败胃之弊,是溃疡性结肠炎活动期患者必不可少的治疗手段。自拟灌肠方:炒槐花30g,地榆炭30g,苦参30g,黄连30g,败酱草30g,儿茶9g,枯矾5g,白及20g,三七粉5g(冲服),水煎浓缩至150 mL,保留灌肠。功可清热解毒,祛湿敛疮,凉血止血。对于湿热较重,脓血便不易止,或结肠伴生息肉者,路广晁常予鸦胆子油乳30 mL加入生理盐水150 mL保留灌肠,取鸦胆子凉血解毒、除疣腐赘之功,临证每收奇效。

缓解期多见便稀泄泻,或夹脓血,肠鸣腹胀,腹痛后重,面色萎黄,乏力倦怠,舌边齿痕,苔腻,脉沉细或弦细。缓则治其本,应健脾益气,固肠止泻为主,佐以化湿祛邪。处方多予黄芪、党参、茯苓、白术健脾益气,木香、槟榔调气除湿,当归、丹参化血分瘀滞,白及、三七止血生肌,并酌加黄连、败酱草、薏苡仁之类以除留滞之邪。则清阳升而浊阴降,肠腑气血通调,泻痢乃止。

3 证治要点

溃疡性结肠炎起病有缓有急,轻重不一,常表现为活动期与缓解期交替。路广晁认为其临证辨治应在辨病分期的基础上辨证论治。在治疗中,整体与局部兼顾,内服与外治兼施。在具体辨治过程中要着重处理好扶正与祛邪、通降与升敛、止血与活血的关系。

3.1 扶正与祛邪

溃疡性结肠炎以本虚标实为基本病机,临证多见虚实标本错综复杂。因此,在溃疡性结肠炎的整个治疗过程中都应充分权衡标本缓急,正邪盛衰,妥善处理好祛邪与扶正的关系,活动期以祛邪为主,缓解期以扶正为要。具体而言,祛邪首要清热、祛湿、解毒,临床发现溃疡性结肠炎活动期多伴细菌或病毒感染,路广晁予黄连、蒲公英、败酱草、苦参、椿根白皮等清热祛湿解毒药常收佳效;扶正主要指健脾,溃疡性结肠炎为病脾气先虚而湿毒蕴结肠腑。缓解期患者路广晁喜用黄芪,益气健脾,托毒生肌,扶其正而驱其邪,实为治本之法。另一方面,肝气疏泄乃脾气升清胃气降浊之枢纽,路广晁强调,善治脾者,调其肝。观溃疡性结肠炎病因,情志失调以致机体免疫功能紊乱是其重要诱发因素;临证常见腹痛、肠鸣等亦皆属肝旺之证,故临证要注重调肝以健脾,或疏、或清、或柔皆当贯穿溃疡性结肠炎治疗始终。路广晁治溃疡性结肠炎善以痛泻药方加减,其中芍药常用至24g,取其土中泻木、柔肝缓急之功。

3.2 通降与升敛

《医宗必读·痢疾》云："新感而实者，可以通因通用；久病而虚者，可以塞因塞用。"实为治痢名言。溃疡性结肠炎活动期宜行气疏邪，通腑导滞；缓解期宜升提止泻，固肠止脱。若施之不当而早用收涩，或敛涩太过则易留邪，将导致病情加剧；反之，若一味泻实破气，又有伤正之虞，使疼痛胀满诸症益甚。而通法重在疏导，使肠腑气机调畅，则湿易祛瘀易散脾得健运，用药常选木香、槟榔、大黄之属；塞法重在升提，脾阳升清则浊阴自降，泻痢自止，临证多用黄芪、白术、升麻之类。

3.3 止血与活血

便下脓血为本病主要症状，路广晁认为此乃大肠气血凝滞，血不归经，加之热入血分，迫血妄行使然。治疗应活血化瘀，凉血止血兼顾。若只知凉血止血，止血太过或寒凉太甚，反致瘀重，使湿瘀留滞，久病入络，以致病情迁延不愈。故活动期湿热毒邪熏灼肠络，以致便下脓血量多者，固当以大剂清热解毒，凉血止血为先，然少佐活血化瘀则可凉血无凝血之弊，活血无动血之虞。且研究发现，溃疡性结肠炎的炎症程度与血液的高黏程度有关，炎症越重，外在腹泻越重，内在血液黏度越高，而活血化瘀药有调整免疫、抗炎、抑菌、清除炎性产物及细胞毒，改善肠组织循环，改善血液高凝状态，抑制黏膜异样增生与组织纤维化及镇静、止痛、改善肠道运动等作用，有利于溃疡的修复与消除。路广晁临证常选当归、丹参、莪术之属。

4 预防调护

路广晁非常重视饮食宜忌，强调溃疡性结肠炎患者忌食粗纤维食物、海鲜贝类、牛奶及辛辣刺激之品。以防诱发病情，疾病复起。对缓解期患者，常嘱其以薏苡仁熬粥常服，以巩固疗效。对于伴有精神症状，如心烦易怒、精神忧郁、少语寐差者，路广晁在予以心理疏导与安慰的同时，多在用药中加莲子心、合欢皮、茯神、百合等解郁安神之品。每可增加疗效，缩短病程。

5 病案举隅

男，43岁，2005年7月3日初诊。主诉：黏液脓血便1年余。现病史：患者于2004年2月无明显诱因出现便下脓血黏液，伴腹痛隐隐，便次增多，里急后重，且逐渐加重，2004年5月于他院行肠镜示：溃疡性结肠直肠炎。曾予泼尼松、柳氮磺氨吡啶、锡类散灌肠治疗，效欠佳，证见：黏液脓血便，质可，日3～6次，便前腹痛，便后缓解，肠鸣，左下腹隐痛，肛门下坠感、灼热感，纳可眠安，舌红苔黄厚腻，脉弦。处方：黄连9g，木香6g，蒲公英30g，败酱草30g，椿根白皮20g，炒白芍24g，焦白术15g，防风6g，陈皮9g，当归9g，白及20g，三七粉3g（冲服），槟榔12g，合欢皮30g，生甘草6g。水煎服，日1剂。另鸦胆子油乳30 mL加入生理盐水150 mL保留灌肠，每天1次。上药共用14 d。二诊：用药后脓血便明显减少，大便日1～2次，腹痛，里急后重均减轻，舌淡红，苔薄黄腻，脉弦。嘱中药上方继服14剂。灌肠改中药：炒槐花30g，地榆炭30g，苦参30g，黄连30g，败酱草30g，儿茶9g，枯矾5g，白及20g，三七粉5g，水煎浓缩至150mL，保留灌肠，14剂。三诊：脓血便已无，日1～2次，里急后重消，仍左下腹痛，苔薄白腻，脉弦。处方：黄芪30g，党参24g，茯苓30g，薏苡仁30g，椿根白皮20g，炒白芍24g，焦白术15g，防风6g，陈皮9g，莪术9g，佛手12g，生甘草6g。水煎服，14剂。灌肠上方继用14剂。四诊：已无明显腹痛，仍时有左下腹不适感，肠鸣，大便无脓血，质可，日1～2次，纳眠可，舌淡红苔薄略黄。嘱停灌肠，中药上方继服以巩固。其后每诊又稍加减，于2005年9月底停药，至今病情稳定，未复发。（顾培青）

医案验案

胃溃疡验案

案1 孙某某，男，25岁，1996年5月3日初诊。左上腹部阵发性胀痛1个月。1月前因情志不遂致左上腹部阵发性胀痛，食后更甚，攻窜两胁，空腹时可缓解。脘腹胀满，不思饮食，身重乏力，舌淡胖有齿痕、苔白腻，脉弦滑。曾服逍遥丸、舒肝和胃丸不效。经上消化道X线钡餐造影确诊为胃溃疡。辨证属气滞湿阻。治宜：行气化湿。处方：柴胡15g，枳壳10g，白芍9g，香附10g，苍术15g，川朴10g，半夏10g，白及12g，浙贝母10g，乌贼骨15g，陈皮10g，佛手10g，元胡10g。12剂，水煎服。二诊：药后胃痛已止，脘腹胀满消失，已能进食，但稍有痞闷感，上方去香附、陈皮，加焦三仙各15g。继服12剂，复查溃疡面消失，病愈。

按 本病为新病初期，由气滞湿阻而发，单用疏肝理气和胃，则不能取效。路广晁用柴胡疏肝散合平胃散起到了疏肝理气、健脾化湿、和胃止痛作用，更用白及、浙贝母、乌贼骨以敛疮生肌止酸止痛，故溃疡愈合较快。路广晁认为气滞、湿阻可单独致病，但大多为二者互为因果致病，施治时应分清气滞湿阻孰轻孰重，灵活用药可收事半功倍之效。一般不用过多香燥之品，以防伤胃阴之弊。

案2 张某某，男，45岁，1996年5月29日初诊。上腹部疼痛反复发作4年，加重7天。4年前无明显原因出现胃痛，食后痛甚，空腹缓解，曾做上消化道X线钡餐造影诊为胃溃疡，口服甲氰咪呱效果好，但每年发作数次。近7天来，由饮食不当而诱发胃脘灼痛，痛势急迫，纳差，呕吐粘稠物，吞酸，大便不爽，烦躁，舌红、苔黄腻，脉滑数。辨证属湿热内蕴，治宜清热化湿，辛开苦降。处方：半夏12g，黄连9g，黄芩12g，干姜5g，党参10g，枳实10g，吴萸3g，竹茹9g，白芷12g，元胡12g，蒲公英30g，甘草6g。12剂，水煎服。二诊：药后痛势减轻，下午时有隐痛，仍吞酸，大便质稀，呕吐已止，舌红、苔黄腻，脉滑有力。上方去竹茹，黄芩减为9g，增党参至30g，加煅瓦楞子15g，乌贼骨30g，浙贝母10g。12剂，水煎服。上方加减服36剂后，复查溃疡面已基本痊愈。

按 此例为胃溃疡急性发作期。由肝气郁结，日久化热或寒邪伤胃，郁久化热，湿邪粘腻缠绵，湿困中州，致使湿热蕴结，故胃脘灼痛，痛势急迫。路广晁用仲景半夏泻心汤加减治之，以寒热并用，辛开苦降，泻火解毒。此型虽无寒象，但脾喜燥恶湿，且湿为阴邪，故不可去干姜，必要时还可加川椒、荜澄茄以温胃止痛，作为反佐药。临证要辨其寒热之偏胜，调整姜、连用量之轻重，恰到好处，才能收到预期效果。

案3 李某某，男，42岁，1996年6月2日初诊。左上腹部反复疼痛2年余，加重2个月。2年前因饮食不节、情志刺激而致左上腹部胀痛，饮食不振，恶心，嗳气，自服逍遥丸，吗丁啉后，疼痛缓解。其后经常出现上腹闷胀不适，灼热疼痛，进餐后开始疼痛，空腹可缓解，饮食减少，曾做上消化道X线钡餐造影诊为胃溃疡，服中西药久治效果不佳。近2个月来，症状加剧，呈持续性上腹部灼热刺痛，夜间更剧，伴烦躁，眠差，纳少，时有嘈杂，吞酸，大便色黑、2日一行，经人介绍求治于路广晁。诊见痛苦面容，两手抱腹，左上腹及剑下压痛拒按，皮肤湿润，大便潜血试验（+++），纤维胃镜检查：胃小弯处见一直径0.5cm大小溃疡面，深达肌层，溃疡边缘光整、水肿，有新鲜出血痕迹，表面覆有白色渗出物，胃部血管显露呈紫色。舌质紫暗有瘀斑瘀块、苔薄黄，脉细滑涩。西医诊断：胃溃疡，属热壅血瘀，治宜清热泻火，凉血化瘀止血。处方：黄连10g，黄芩10g，栀子10g，炒五灵脂10g，炒蒲黄10g，丹参15g，三七粉2g（冲），大黄6g，煅瓦楞子30g，白及12g，炒枣仁30g，元胡10g，郁金10g。6剂，水煎服。二诊：药后胃脘痛减，但饮食稍多则作痛，睡眠好转，大便日一行，舌紫暗有瘀斑，脉细涩，大便潜血（-）。路广晁认为热毒已除，血已止，仍有瘀血征象。守上方增丹参30g，继服12剂。患者服至7月2日，胃痛未再发作，饮食如常，体重增加。胃镜复查报告：溃疡面已基本愈合。嘱其避免辛辣肥甘刺激及过度疲劳，上方去灵脂，加黄芪30g，砂仁9g。12剂，以巩固疗效。

按 此例为胃溃疡日久，具有热壅血瘀之特点，方用黄连解毒汤以清热泻火，失笑散行血化瘀止痛，丹参饮理气和胃止痛，三七粉、白及化瘀止血，大黄通腑泻热，共奏清热解毒、凉血化瘀之功。辨证准确，用药适当，热毒已尽，气顺血和，溃疡自然愈合。临证时若反复出血兼见面色萎黄，四肢不温，舌淡，脉虚弱无力者属脾胃虚寒，脾不统血，可用黄土汤以温脾摄血；若出血兼见舌尖红，口干咽燥，脉细数者属阴虚血热，加沙参、生地、麦冬、阿胶以滋阴清热凉血止血；若见脾胃虚寒兼血瘀者，选附子理中汤、黄芪建中汤之类加活血化瘀之药温中散寒，中阳得运，则寒邪自散，血运如常，诸证悉除。痛止之后，可用香砂六君子汤调理，以巩固疗效，防止复发。（陈洪强）

吕承全临床经验

【名老中医简介】吕承全（1917～1997） 河南开封人。主任医师，教授。原任职于河南中医学院第一附属医院。曾任第一届全国中医学会肾病专业委员会顾问，南阳张仲景学术研究会顾问。享受国务院政府特殊津贴。首批全国老中医药专家学术经验继承工作指导老师。从医50年，擅治中医内、妇、儿科，精于肝、肾等疾病的诊治。曾获河南省科技进步三等奖及河南省中医管理局科技进步二等奖各1项。主编《中医疑难杂症证治》等专著，发表学术论文20余篇。

临床经验

特发性水肿

1 审病机，因郁致瘀而胀

特发性水肿吕承全名之曰“瘀胀病”，最常见于20岁～50岁育龄女性，主要临床表现为周期性浮肿，或轻度指凹性浮肿，腹胀，全身瘀胀不适，腰酸乏力，夜尿频多，喜叹息，情绪易波动，烦燥易怒，或郁郁寡欢，月经前加剧，劳累、生气易诱发或加重症状，并随病程进展呈进行性加重，月经周期不规律，每夹杂血块，色紫暗，舌质暗红，有瘀斑瘀点，舌下脉络瘀胀，苔薄白，脉沉细无力。吕承全认为，此年龄段女性，每承受工作生活、家庭多方面的压力，最易导致心情抑郁，烦躁易怒，肝之疏泄、条达受碍，气机郁滞，久之，气滞血瘀，血瘀络阻，更使水液内停，既生之病理产物相互影响，胶结缠绵，形成气滞血瘀，血瘀水停的恶性循环。总审本病形成经过，吕承全认为，始因肝郁气滞，肝脾肾功能失调，阴阳失衡，终致气血失和，水瘀互结。肾者主水，州都之官，水液经肾之气化，方能开合有度，调摄循序，故肾气不足又贯穿于本病的始终。总之，吕承全认为本病属虚实夹杂，本虚标实之候。

2 明方治，开郁化瘀消胀

基于前述病机，吕承全依数十年的临床经验，以开郁化滞，化瘀消胀为大法，自拟开郁消胀汤施于临床，屡收捷效。基本方：郁金 10g，丹参 30g，莪术 15g，三棱 15g，炒麦芽 30g，肉苁蓉 20g，淫羊藿 15g，巴戟天 10g，大黄 10g。随症加减：肝郁甚（两胁胀满）加柴胡 10g，川楝子 10g；腹胀甚加厚朴 10g，枳壳 10g；关节痛加威灵仙 15g；腰酸痛甚加炒杜仲 15g，怀牛膝 15g；伴尿频、尿热、尿痛加猪苓 15g，瞿麦 30g，石苇 30g，蒲公英 30g；水肿甚加茯苓皮 30g，泽泻 15g。吕承全认为，方中郁金、丹参疏肝解郁，活血化瘀；三棱、莪术行气破瘀，消肿通滞；炒麦芽健运脾胃，顾护中州，又可配合郁金疏肝解郁；肉苁蓉、淫羊藿、巴戟天补肾温阳，以资气化；大黄推陈致新，活血利胆，更泻邪实。诸药配伍，共奏开郁消肿，化瘀消胀，调补肾气之功，使邪去正安，标本兼顾。惟本病实属本虚标实，虚实夹杂之候，非一时半时所能愈，一般以 20～30 天为 1 个疗程，务须坚持服药，循序渐进，方能水到渠成，以竟全功。

3 重调护，悦情食淡忌逸

吕承全在临证之时，除精心辨证，巧妙施治外，十分注重调养、护理，临床中常谆谆劝解患者，调悦情志，忌安逸，饮食以清淡为主，忌食辛辣肥腻之品。惟其药护结合，整体调养，才能促成理想、快捷之效。否则，徒恃药石，每致事倍功半。

4 病案举隅

苏某，女，47 岁。近 1 年来颜面及全身瘀胀，伴胸闷，胁胀，心慌，烦躁易怒，焦虑失眠，善太息，月经前后不定期，色暗，有血块。经多家医院诊查，未异常发现，服用利尿剂往往消而复肿，瘀胀日甚，痛苦不堪。刻诊：颜面及全身瘀肿，按之轻度凹陷，不时叹息，表情痛苦，舌略红，苔薄白，脉弦细，辨属肾气渐亏，复加肝郁气滞，气血失调，水瘀互结，致发瘀胀。治宜开郁消胀，益肾化瘀。方用基本方加柴胡 10g。守方服 20 剂后，瘀胀减轻，肝郁诸症好转，惟夜寐差，梦多易醒。上方去柴胡、川楝子加炒枣仁 30g，炙远志 15g。前后共服药 2 月余，诸症渐除，复查尿常规无异常，体重较前减轻，继改服逍遥丸调理善后。随访 1 年无复发。（台淑萍）

急型黄疸性肝炎

1 初 期

主证：发热恶寒，头身疼痛，恶心欲呕，胸胁痞满，腹胀纳呆，胁胀痛，身倦乏力，尿少而黄。舌红苔白腻或黄腻，脉弦滑。治则：清利肝胆，泻火懈毒。方药：经验方“清肝解毒汤”。茵陈 30g，郁金 10g，炒栀子 10g，大黄 10g，板蓝根 30g，金银花 30g，公英 30g，败酱草 30g，甘草 10g，水煎服。方解：黄疸初期，毒邪内侵，湿热内蕴，内外合邪而发。故本方重用茵陈为主药，清热利湿退黄；此时虽有寒热表证，但非风寒外束，而乃邪毒所致，故以板蓝根、金银花、公英、败酱等清热解毒；用栀子、大黄、郁金清肝利胆，清泻内蕴之湿热邪毒；配以甘草调和诸药。全方由茵陈蒿汤与清热解毒之品配伍而成。共奏清肝利胆，泻火解毒之功。加减：发热恶寒等表症明显者，酌加连翘、浮萍、青蒿之类，以助解毒透表之功；厌油恶心者，加竹茹、半夏、降逆止呕；头昏身困，舌苔黄腻者，加赤小豆、猪苓、滑石，清热利湿；大便燥结者，重用大黄，或酌加芒硝以攻积导滞，泻火利胆；脘腹胀满者，加川朴、枳实、炒卜子，行气除胀；发热甚者，加柴胡、黄芩疏利肝胆，和解少阳。

2 中 期

发病 5～7 日后，表证已罢，湿热内蕴。主证：身目俱黄，色较鲜明，溲少色黄或发热，胸脘痞闷，恶心腹胀。舌红苔黄腻，脉弦滑。治则：清热化湿，利胆退黄。方药：经验方“化湿利胆汤”，茵陈 30g，郁金 10g，炒栀子 10g，大黄 10g，黄柏 10g，厚朴 10g，陈皮 10g，半夏 10g，茯苓 30g，甘草 10g。水煎服。方解：本证病因为湿热内蕴，肝胆失疏、脾胃失和，故治宜首清肝胆，次调脾胃。方中以茵陈清肝利胆、利湿退黄为主药；郁金活血开郁，栀子清利三焦，大黄荡涤胃肠，利胆导滞；黄柏清热燥湿，共为辅药；厚朴理气除满；陈皮和胃醒脾；半夏止呕降逆，祛痰化湿；茯苓健脾渗湿；甘草调和诸药，共为佐使。本方为茵陈蒿汤与二陈汤合方加味组成。诸药相配，肝胆得疏，脾胃得和，前后分消，邪有出路，黄疸自除。加减：内热炽盛，舌苔黑燥者，加黄芩、黄连、大青叶，金银花，以苦寒清热，泻火解毒；周身困乏，首重如裹，舌苔厚腻，湿气偏盛者，加藿香，佩兰、苍术、砂仁，以芳香化湿；胁肋疼痛者，加白芍、川芎、枳壳、元胡之类，理气和血，柔肝止痛；纳呆厌食者，加麦芽、山楂、砂仁、白蔻，消食开胃；腹胀甚者，重用大黄，或酌加芒硝，以通秘导滞；吐血便血，热伤脉络者，重用栀子，酌加生地、丹皮、大小蓟，凉血止血。

3 恢复期

主证：精神倦怠，食纳欠佳，胁痛或胀。舌质淡，苔薄白稍腻，脉弦缓。治则：健脾益气、柔肝和胃。方药：经验方"健脾复肝汤"。党参10g，白术10g，白芍30g，炙鳖甲30g，山药30g，薏苡仁30g，茯苓30g，厚朴10g，麦芽15g。水煎服。方解：本期湿热毒邪基本消退，但正气未复。故方中以党参健脾益气为君，辅以白术、茯苓，取"四君子"之意，更配以平补三焦之山药，健脾调中，脾胃健则气血生化有源，进而行培土生木之功。白芍、炙鳖甲活血益阳，柔肝软坚；薏米健脾利湿；厚朴行气除满；麦芽开胃消积。俾土肥木茂，正气得复。加减：黄疸未退尽者，加茵陈，利湿醒脾；胁痛腹胀者，加郁金、玄胡、青皮，舒肝开郁止痛。

4 验案举隅

于某，女，14岁，学生；病历号1090。患者1992年12月21日以身目俱黄染，纳差，乏力一周为主诉门诊就诊。自述一周前发烧，用"洁霉素""双黄连素"等治疗后烧退，但随之出现身目俱黄，小便黄，胃脘胀痛，纳差恶心，大便不爽，全身乏力。舌淡红、苔黄腻，脉沉细弦。查尿：PRO（±）；BiL（+++），URO（+）。据此脉证，吕承全诊为黄疸（急性黄疸型肝炎），为邪毒内侵，湿热内蕴，肝胆失疏，胆汁外溢之阳黄证。即拟清热利湿之法，以清热解毒汤加减治之。处方：茵陈30g，栀子10g，大黄10g，二花30g，公英30g，金钱草30g，郁金15g，连翘15g，泽泻15g，赤小豆30g，茅根30g，甘草10g。水煎服。忌食辛辣厚味，调情志。上方服3剂，已不恶心，但仍感脘腹胀满，大便未泻。查肝功能：总胆红素94.6μmol/L，T 76g/L，A：40g/L，G：36g/L，SGPT：187，AKP：163，HBsAg（－）。舌红，苔薄黄，脉弦细。守上方，加竹茹10g，川连10g，砂仁10g，大黄加至15g（后入）。以去中焦湿热、泻内蕴之毒火。服上方6剂，大便通泻，食纳转佳，胃脘疼痛消失，精神好转，目睛黄染明显减退。仍小便黄，右胁不适，肝区压痛。舌嫩红、苔少、脉弦。复查小便：VRO（±），BiL（－）；红细胞6～8，白细胞4～6，上皮细胞少。此表证已除，内蕴之湿热毒邪已折其势，病入中期。继以化湿利胆肠为主方化裁治之。处方：茵陈30g，栀子10g，大黄10，连翘30g，郁金15g，川朴10g，茯苓30g，丹皮10g，砂仁10g，茅根30g，甘草10g。水煎服。服药6剂，食纳佳，小便色转淡，白睛黄染消失。大便日行2次，质稀。无不适感。舌尖红、稍有齿痕，苔薄白，脉沉细。复查小便：BLD（－），RET（－）、BIL（－），URO（±），红细胞（－）、白细胞（－）。上皮细胞少。病已渐愈，但肝胆未和，脾胃尚虚。拟健脾复肝汤化裁，疏肝利胆、健脾和胃，以利恢复和巩固。处方：茵陈15g，云苓20g，白术15g，砂仁10g，白蔻10g，郁金10g，茅根30g，山药20g，薏苡仁30g，麦芽15g、甘草10g。水煎服。上方随证加减服20余剂，复查肝功，总胆红素8.8μmol/L、谷丙转氨酶（SGPT）正常。γ－转肽酶（γ－GT）10.6μmol/L。（彭勃 吕宏生）

亚急性重型肝炎

1 邪盛正衰易转阴黄

吕承全认为，急黄亦有阳黄、阴黄之分，如辨证确有黄疸色泽鲜明，发热不渴，吐血衄血，溲赤便干或黏滞不爽之证，则又当分为湿重于热，热重于湿，拟方施治。吕承全治亚急性重型肝炎辨属阳黄者，多以自拟"解毒救肝汤"为主方，以清热利胆，解毒凉血。对热重于湿或温重于热者，酌加相应药物化裁。

在大量临床实践中，吕承全发现，许多亚急性重型肝炎具有高度黄疸、发热、吐衄、神昏等症，看似阳黄，但按阳黄施治，疗效并不满意。待阴黄之证俱备，患者多已是阳气衰微，阴霾四布，毒邪炽盛，正气衰败，病入膏肓。由此，吕承全进一步深入探究，详察细辨，发现不少貌似阳黄的患者有纳少便溏，畏寒喜热，低热绵绵，舌质淡，体胖大，苔薄白或灰腻，脉沉细数无力等脾肾阳虚之象。吕承全认为，此即阴黄之兆，所以然者，其一、本病之邪盛，主要是毒邪盛，而非热邪盛：其二、患者多正气虚衰，或苦寒攻伐太过伤阳。阳黄与阴黄间的转化，是正邪交争的结果，急黄之正邪交争，往往是正不胜邪，其结果是黄疸骤发急进，由阳黄迅速转为阴黄，或发病即为阴黄。由于病情复杂，变化迅速，远非普通黄疸可比，如泥于新病多实，黄疸多热之见，误将阴黄以阳黄治之，苦寒攻伐，倒行逆施，则终致正气衰败，阴阳离决而不救。故此，吕承全提出，亚急性重型肝炎之急黄，阴黄多而阳黄少。治疗此类急黄，尤应注意。

2 救逆防变，扶正回阳

吕承全根据多年的临床经验认为，对亚急性重型肝炎，临证不必待阴黄之症俱备，只要急黄患者有脾肾阳虚之征象，即当断然按阴黄施治，急施温补脾肾，化湿利胆之剂以扶正祛邪。如此方可做到防微杜渐，化险为夷。主方：经验方“温阳保肝汤”，附子片15g，干姜10g，白术15g，茯苓10g，党参15g，茵陈30g，肉桂6g，甘草10g，大枣5枚，水煎服。

方解：阴黄乃脾肾阳虚，湿邪内阻，肝胆失疏之证，治宜温补脾肾，化湿利胆。方中附子大辛大热，入心、脾、肾经，回阳补火，散寒除湿；干姜辛热，入脾、胃、肺经，温中逐寒，回阳通脉；姜附相伍，一主中上焦，一主中下焦，温脾肾，祛寒湿，相得益彰，共为主药；茵陈苦微寒，入脾、胃、肝、胆经，为利湿退黄主要药。与附子、干姜、甘草配伍，乃茵陈四逆汤，功专回阳利湿，以疗阴黄；白术补脾益气，燥湿利水；茯苓利水渗湿，健脾补中；党参健脾益胃，益气补血；甘草甘缓和中，调和诸药，缓姜附之峻烈，四药伍用，取四君子汤之效，加之补脾和胃，益气生津之大枣，回阳散寒引火归元之肉桂，共为辅佐。诸药相合，共奏回阳温中，利湿退黄，补脾益气，扶正祛邪之功。

化裁：若胃满腹胀者，加砂仁10g，厚朴10g；气逆呕吐者，加陈皮10g，半夏10g；呃逆不止者，加丁香6g，柿蒂15g，代赭石20g，旋复花15g；腹水，小便短少者，加猪苓15g，泽泻15g，车前子30g；有血瘀证者，加桃仁10g，红花10g，赤芍10g，丹参20g，当归15g，随证加减。

3 验案举隅

郭某，男，58岁，干部。患者两个月前因食物中毒引起胃痛、呕吐，发烧腹泻，当地医院按胃炎治疗，症状缓解后，仍低热不退，体温37.4℃，继发黄疸并迅速加重。被北京某医院诊为“亚急性肝坏死”“黄色肝萎缩”。现症：胃满，厌油腻，呃逆，呕吐，腹胀大，有腹水，腹围96cm，小便黄如柏汁，大便稀溏。体倦无力，精神不振。肝功能检查：黄疸指数70单位，谷丙转氨酶450单位，总蛋白65g/L，白蛋白2.8g/L，球蛋白3.7g/L。脉沉数无力，舌体淡胖，边有齿痕，苔白腻。据此脉症，辨为邪毒内侵，正不胜邪，脾肾阳虚，湿从寒化，寒湿内聚，肝胆失疏，胆汁外溢，发为阴黄。治宜温补脾肾，化湿利胆，以温阳保肝汤加减治之。处方：附子片15g，干姜10g，茵陈60g，白术10g，代赭石20g，茯苓20g，白芍30g，半夏10g，枳实10g，厚朴10g，党参9g，旋复花9g，肉桂3g，甘草9g，焦三仙各10g，水煎服。上方服月余，呃逆呕吐均止，低热减退，黄疸及腹水均减轻，食欲增强，大便成形，小便增多，腹胀减，精神亦好转。脉沉细弱，舌苔薄白，质淡。病情好转，但脾胃运化仍弱。拟健脾和胃，温阳化湿，养肝利胆之剂，以复正气。处方：茵陈30g，党参15g，白术9g，山药30g，薏米30g，茯苓30g，泽泻15g，陈皮10g，枳壳10g，肉苁蓉10g，杞果15g，鸡内金10g。水煎服。上方酌情加减，服56剂，黄疸消退，胃纳消化均好，腹已不胀，二便通利，体质日渐恢复。肝功能检查：黄疸指数4单位，谷丙转氨酶120单位，总胆红素3.4μmol/L，总蛋白54g/L，白蛋白34g/L，球蛋白20g/L。仍以上法加减，调补肝脾以巩固疗效。处方：党参15g，白术15g，干姜6g，肉苁蓉15g，茯苓30g，山药30g，泽泻15g，薏米30g，茵陈30g，陈皮9g，甘草9g，大枣6枚，水煎服。服上方2月余，绪症尽消，精神饮食俱佳。肝功能复查：黄疸指数3单位，谷丙转氨酶40单位，脑磷脂（－），总蛋白74g/L，白蛋白45g/L，球蛋白29g/L，痊愈而归。（彭 勃 吕宏生）

医案验案

验案三则

1 特发性水肿

王某，女，32岁，1974年5月24日初诊。患者自述自1968年起自觉全身肿胀，近两年渐为加重。伴有腰腿酸软。刻下患者表情忧郁，全身肿胀。体重80余公斤。切其肢体呈水肿样凹陷，但凹陷随手即起。平素动则汗出气短，胸闷乏力，失眠多梦，晨起腹泻，小腹发凉。经前面部发黯，口唇发绀，自觉肿胀加重，月经量少，色暗。诊其脉沉细涩，舌黯有瘀斑，苔白腻。实验室及超声检查未发现明显病变。后得知患者早婚，现已孕6次，其中人工流产5次，平素性情郁闷。初步诊断为瘀胀症（特发性水肿）。辨证：因生育不节，损伤冲任，而致脾肾俱损，气滞、血瘀，发为肿胀。治用开郁消胀汤加减。处方：郁金15 g，丹参30 g，三棱15g，莪术15 g，枸杞子10 g，白术15 g，茯苓30 g，泽泻10g，肉桂6 g，桑寄生30 g，仙灵脾15 g，巴戟天10 g。10剂。水煎服。服药7 d后，腹泻渐止，月经来潮，量少色黑，全身瘀胀及口唇发绀诸症显著减轻。经期加入桃仁、红花、香附之类通经活血药物；腹冷便溏加吴茱萸、肉桂等调治3个月余。瘀胀诸症消失，月经恢复正常，体重减至67.5kg，可正常工作。

按 瘀胀属于临床常见病，尤其多见于育龄及更年期妇女。但由于其临床表现以肿胀为主，所以临床多被视为“水肿”，而以“利水消肿”之法治之，疗效欠佳。吕承全经过大量临床观察及翻阅文献资料后，认为此病并非“水肿”，而是“瘀胀”。《素问·阴阳别论》提出：“二阴一阳发病，善胀，心满善气”。此条经文提示病“胀”是和少阴心肾相关。宋·陈自明提到经期及产后易致肿胀，他在《妇人大全良方·经脉总论》中说：“若遇经行，最宜谨慎，否则与产后证向类……若逆于头面肢体之间，则肿痛不已”。杨士赢认为“气胀”是因七情郁结而致，他在《仁斋直指方》中说：“七情郁结，气道壅塞，上不得降，下不得升，身体肿大，四肢瘦削，是为气胀”。清代医家唐容川明确指出肿胀和水肿非为一病，他说：“观于妇人水分血分说，则知血家所以多肿胀者，亦是水分血分之病也，与杂症水肿有别，勿妄用舟车丸、消水圣愈丹”。吕承全根据此病的病因病机认为此病名之为“瘀胀”较为合适，因其病因为“气滞血瘀”，表现为“肿胀”。辨明病因病机之后，此病的治疗要从活血、理气化瘀着手，配以滋肾之药，达到开郁消胀，化瘀消肿之功。方中郁金理气开郁，又可活血消瘀为方中君药；三棱、莪术、丹参活血化瘀；仙灵脾、巴戟天，益肾温阳共为臣药。之后再根据病情进行加减变化，一般30剂即可治愈。

2 肺部霉菌感染

马某，男，62岁，1980年4月初诊。患者曾患有慢性支气管炎、肺气肿20余年，每遇劳累、感冒及食用生冷之品则诱发咳喘。1979年7月咳喘复发，当地医院作X线检查示：双肺有炎性浸润。体格检查：体温40℃，心率130次/min，两肺布满湿啰音，下肢轻度水肿。实验室检查：白细胞4.5×10^9/L，中性粒细胞80%，淋巴细胞20%；痰液中有霉菌孢子。邀吕承全会诊时，患者神昏，面白唇紫，张口抬肩，端坐呼吸不能平卧，吐痰如黏胶。无气味，头身出汗不已。闻其声呼多吸少，语言低微，咳喘痰鸣，时有烦躁，尿少而黄。问其病因，乃因当时正值炎暑，气候闷热，因贪食西瓜，遂恶寒高热，咳喘加重，汗出心悸。脉象疾数无力，苔灰白而腻，舌边有豆大片状白膜。诊断：肺心病心力衰竭合并肺部霉菌感染。辨证：患者系久喘伤肾、素积内湿，又贪食冷饮故寒湿内结，运化受阻，中焦壅塞，清阳不升，浊阴不降，痰饮恋肺，水气凌心乃成阴霾四布，脾肾阳气衰微之象。急予温阳救脱，宣肺化饮之剂：制附子、干姜、炙冬花、陈皮、半夏各10 g，干肉桂3 g（冲服），葶苈子10 g，大贝母20 g，茯苓、瓜蒌仁、金银花、败酱草、马鞭草各30 g，红参10g（另煎），3剂，水煎服。1剂后，患者夜卧平稳，汗出减少，咳喘势弱。3剂后，体温逐渐下降到37.2℃，痰浊减少，能平卧，精神好转。脉象较以前有力，舌苔灰腻。守原方加减继服6剂并配服犀黄丸，每次9 g，日2次。5 d后四肢转温，两肺呼吸音清晰，诸般危象渐除。

按 霉菌感染是一种难治性疾病，现代医学对此病往往束手无策。吕承全从中医理论出发，认为霉菌感染和脾肾二脏有着密切的关系。肾为先天之本，寓元阴元阳，藏精主水，五脏六腑皆赖其温煦濡养。脾为后天之本，主运化水谷精微，喜燥而恶湿。若久病体虚，致脾肾虚衰，阳微阴盛，湿邪内聚。湿与热结，生湿浊秽毒之邪，霉菌则乘虚猖狂。吕承全有感于鹅口疮属于霉菌感染而运用参苓白术散治疗，认为治疗霉菌感染应从脾胃肾入手，故提出用温阳化湿的治疗方法。本例患者为肺部霉菌感染，由于其素有肺气肿等疾病，属于霉菌和细菌交叉感染。所以在治疗时既用温阳化湿之法又合用清热泻火、苦寒燥湿之品。吕承全运用此法治疗由于霉菌感染而致的疾病数百例，均治愈，可见此法为治疗霉菌感染的良法。

3 扩张型原发性心肌病伴充血性心力衰竭

崔某，女，24岁，1993年6月初诊。患者于3月前因劳累出现心悸汗出、胸闷气短，咯痰带血，不能平卧等症状，被诊断为：扩张型原发性心肌病伴充血性心力衰竭。住院用地高辛等治疗2个月余，心力衰竭纠正，好转出院。近5 d来患者病情再次加重，邀吕承全会诊。证见：患者精神不振，面色苍白，口唇发绀，胸痛彻背，心悸汗出，胸闷气喘，不能平卧，全身乏力，下肢水肿，小便短少。查体：体温36.7℃，心率120次/min，脉搏20次/min，血压150/45mmHg。X线示：肺门阴影增大，两肺呈瘀血样改变，心影扩大。脉象沉细数，舌质淡、苔白腻。诊断：胸痹，喘证（扩张型原发性心肌病伴充血性心力衰竭）。辨证属于心肺两虚，心血瘀阻型。自拟樟木生脉饮加减：樟木、丹参、茯苓各30 g，炙甘草、太子参、麦冬、川芎各15 g，蒸首乌20 g，五味子、石菖蒲、炙远志、西洋参（另煎）各10 g，水煎服。上方服用12剂，左胸闷痛及汗出渐止，胸闷气喘减轻，已能安卧，尿量增多，但仍咳嗽。脉沉细数，舌淡苔薄白。守上方加南北沙参各30 g，润肺止咳，继服16剂，诸症缓解。

按 扩张型原发性心肌病属于临床难治性疾病。吕承全根据临证经验认为此病因心阳虚衰，肺气不纳，无力鼓动血液运行，而致心血瘀阻，化生痰饮，上凌心肺而致。治疗此病，吕承全常用其经验方樟木生脉饮加减而效。方中樟木性味辛、温，其气芳香，入心、肺、肝、脾经，能行气血、辟邪恶、祛风湿。现代药理研究，樟木含有樟脑，对虚脱或心功能衰竭者具有明显的强心、升压和兴奋呼吸的作用，为本方的君药。太子参、麦冬、五味子具有益气敛阴之作用，为本方之臣药。石菖蒲开心窍，远志益气养心，川芎活血通脉，茯苓淡渗利湿，共为佐使之药。诸药合用，共奏益气养心之功。临床运用治疗扩张型原发性心肌病具有良好的疗效。（徐江雁）

医方验方

樟木生脉饮

组方：樟木30g，丹参30g，茯苓30g，人参10g，麦冬10g，五味子10g，炙远志10g，石菖蒲10g，川芎10g，肉桂10g，红花10g，炙甘草10g。

功效：温补心阳，化瘀利水。

主治：扩张性心肌病、肺原性心脏病、风湿性心脏病等充血性心力衰竭。

注意：急性左心衰竭不宜使用此方。

开郁消胀汤

组方：郁金15g，三棱15g，莪术15g，丹参30g，川军10g，炒麦芽30g，肉苁蓉10g，仙灵脾15g，巴戟天10g。

用法：上方每周服6剂，水煎服。一般服用1个月可明显见效，治疗3个月后瘀胀即可消除。

功效：开郁消胀，化瘀消肿，温肾活血。

主治：郁胀（常出现于更年期妇女或妇女月经前后期出现的周身肿胀）。

注意：调情志，使心情舒畅。

清热利肝汤

组方：茵陈30g，栀子、黄芩各10g，白芍30g，厚朴10g，枳实10g，砂仁10g，白术10g，茯苓30g。

功效：清热利湿，健脾和胃。

主治：黄疸表症已退，湿热仍盛，兼有鼻衄、腹胀者，一般应用20～30天就可退黄。亦可用于慢性肝炎湿热盛者。

加减：若肝大者，伴有肝功能不佳者加鳖甲30g。

健脾复肝散

组方：柴胡10g，党参15g，白术15g，茯苓30g，山药30g，扁豆30g，麦芽30g，莲子10g，焦山楂10g，鸡内金10g，甘草10g。

功效：疏肝利胆，健脾和胃。

主治：黄疸已退，而脾胃虚弱者，多为恢复期善后使用。

加减：若舌质红，肝阴虚者可加醋炙鳖甲、白芍、当归；腹胀者加砂仁、厚朴、炒莱菔子；若肝区痛，腹胀者加乌药；太阴湿盛之阴黄证加附子、肉桂等健脾药合用。

栾光斗临床经验

【名老中医简介】栾光斗　主任医师。安丘市中医药学会理事长，潍坊市中医学会常务理事，山东省中西医结合学会心血管病专业委员会委员，潍坊市医疗事故鉴定专家库成员和山东省高级职称评审委员会委员。山东省名中医药专家。先后获省科技进步奖3项，潍坊市科技进步奖2项，安丘市科技进步奖6项，获国家发明专利2项。发表学术论文10余篇。

病毒性心肌炎

1 清解热毒，贵乎神速

病毒性心肌炎是由外感温热邪毒引起的，以心脏损害为主要病理表现的疾病。热毒是诱发本病的重要外在因素，急性期之初多有肺卫或胃肠症侯，如发热、咽痛、腹泻等，此时贵在迅速祛邪，不可妄投滋补，姑息养奸，否则遗患无穷。《伤寒论》34条曰："太阳病，桂枝证，医反下之，利遂不止，脉促者，表未解也。"说明不能因为心律不齐等心肌损害，就当作心之气阴不足而畏于解表。冬春之季发病者，多为风热袭表或风寒束表郁而化热，治当投以银翘散，热盛者可加黄芩、知母、生石膏；咽痛、咳嗽者加桔梗、杏仁、牛蒡子；腹痛腹泻者加川连、白芍、木香；胸闷胸痛者加丹参、桃仁、绛香；心悸怔忡者加炒枣仁、柏子仁；素体虚者可按体虚外感辨治，在以上辨证论治的基础上，栾光斗常酌情投入紫草、苦参、虎杖、大青叶、板蓝根、青黛等，并重用炙甘草固护心气。值得注意的是，清热解毒药多属苦寒之品，大量久用易伤阳败胃，尤其是平素脾胃虚弱者更不耐苦寒之品的攻伐，所以用药时宜顾护脾胃，以防虚虚之弊。

2 祛除余邪，务必彻底

病毒性心肌炎急性期经治疗后常常发现低热不退、咽痛缠绵、胸闷心悸、面色苍白、疲乏易汗等余邪羁留、心气已虚的征象。余邪不尽，则正气难复，此时治疗不可见虚妄补，而忘祛邪，应当扶正祛邪并举，栾光斗喜用竹叶石膏汤化裁，方中人参、麦冬、甘草、粳米益气养阴，竹叶、石膏清导热邪，半夏和胃化痰，扶正而不留邪，祛邪而不伤正，堪称清退余邪之佳方。咽痛者加射干、木蝴蝶、玄参、桔梗等；易汗者加山萸肉、五味子或玉屏风散加减。

3 保养气阴，贯穿始终

热毒感人，由表入里，留而不去传于脉，而舍于心，损伤心肌，伤其阴血，耗其心气，易形成气阴两虚之证。气阴两虚贯穿于本病的恢复期、迁延期和慢性期整个病程，因此必须重视益气养阴，即使有实邪，亦不例外。益气养阴，栾光斗擅用复脉汤，取得明显效果。吴鞠通《温病条辨》谓："温病误表，津液被劫，心中震震，舌强神昏，宜复脉法。"栾光斗指出，病毒性心肌炎当出现心律失常时，大多数病例已属于"邪入下焦，精气内夺，气阴不足"的辨证范畴，故在用复脉汤治疗时，体会到炙甘草、生地的药量必须加大，效果方好，炙甘草一般用15g～30g，生地用45g～60g，大可不必虑其壅气满膈碍胃，极少数患者服后出现面部及四肢短时间浮肿，无须处理，停药即瘥。

4 重视痰瘀，宣畅气机

痰饮、瘀血是病毒性心肌炎病变过程中的病理产物，同时又是使病机趋于复杂化、加重病情不可忽视的重要因素，临床有痰瘀独见者，也有痰瘀血结者，治疗时或在辨证论治的基础上加入化痰行瘀之品，或因痰瘀表现突出而专施化痰行瘀之方。患者表现胸闷、胸痛、心悸、喉中物梗、吞吐不爽、舌苔腻脉滑者，为痰饮湿浊，壅遏于上，心神被蒙，胸阳不振，气化不利，脉络受阻，可用瓜蒌薤白半夏汤加味；痰湿郁而化热，心烦失眠，多梦易惊者，可用黄连温胆汤或小陷胸汤加味；脾虚生痰者，用参苓白术散治之；如患者胸部刺痛，舌质暗或瘀点瘀斑，脉细涩结代者，为瘀血痹阻，脉行不畅，可用血腑逐瘀汤或丹参饮。患者上证兼有者，为痰瘀交阻，可用瓜蒌薤白半夏汤合丹参饮加减。化瘀行瘀时，栾光斗必于方中加一味或几味行气之品，如郁金、枳壳、柴胡、香附、佛手片等，意取"气行则血行，气化则瘀亦化"，重在调畅气机，疏理肝气。

5 固护心阳，中西并重

病毒性心肌炎急性期起病急、变化快，严重者很快出现心阳虚衰，甚至发生阳虚气脱的危重征象，可见气喘心悸，倚息不得卧，口唇青紫，烦躁不安，自汗不止，四肢厥冷，甚至血压下降，脉微欲绝，舌质淡白，此证也可见于慢性期、迁延期。此时必须中西医结合抢救，固护心阳，以防阳脱于外，阴竭于内，阴阳离绝。可急用生脉注射液静滴，也可选用四逆汤、参附汤之类。治疗心悸怔忡、大汗淋漓之阳气欲脱之证，栾光斗还喜用添加山萸一味，获救甚速。他指出，山萸肉能补肝肾，暖腰膝、涩精气、固虚脱，其救脱之力数倍于参芪，可挽回人命于须臾之间，足见其功底博深，用药精良。

临床工作中，栾光斗十分重视见微知著，防微杜渐。当出现心阳已虚之证候，输液时必须限制入液量和滴速，以免加重心脏负荷，体现固护心阳之治则。

总之，病毒性心肌炎在整个病程中由心涉及肺脾肾等多个脏器，由实致虚，虚实夹杂，出现气血阴阳不同程度的病理变化，大有"心动则五脏六腑皆摇"之状，而使病机复杂多变。临证应权衡标本缓急，根据不同的病期，不同的体质，辨证施治与整体观念相结合，才能知常达变，药到病除。（曹忠义）

罗庆道针灸临证特色

【名老中医简介】罗庆道（1934～） 安徽六安人。主任医师，教授。现任安徽中医学院第二附院针灸医院伤科主任，兼任中国针灸学会理事、全国针麻专业委员会委员、安徽省针灸学会副会长。全国名老中医专家。从事针灸医教研工作40多年，创用针灸正骨法，治颈椎、腰椎骨质增生症、椎间盘突出症、骨性关节炎。合著《人体十四经和穴位断面解剖图谱》，发表论文40余篇。

针治痛证特色

1 泻皮部治实痛

根据临床经验，罗庆道把发病急、病程短的疼痛性疾病多归属于实证疼痛的范围，如急性骨关节痛、软组织损挫伤、各类骨关节及软组织炎症的早期疼痛及某些急腹症疼痛等。其疼痛性质为刺痛拒按，疼痛剧烈，痛有定处，舌暗或有瘀点，脉沉涩或弦迟，治以疏泻皮部法，祛瘀通络，行气止痛。方法：取阿是穴及上下左右10～20cm皮部区域，用梅花针重叩，以皮部出血为宜，然后拔罐1～3次，吸出适量瘀血即可。

案1 陈某，男，18岁，学生。1997年8月21日初诊。主诉：右踝关节扭伤肿痛1 d。因踢足球时不慎扭伤右脚，致右踝关节局部肿胀疼痛，行走困难。

检查:右踝关节外侧肿胀明显,外踝前下方压痛阳性(+),踝关节内翻,活动时疼痛加剧。X片排除骨折。诊断:右跟关节软组织扭伤。用上法治疗1次,肿胀疼痛基本消失,局部稍有酸胀不适感。能行走回家。又治2次,酸胀消失,关节活动正常,临床告愈。

按 急性关节扭挫伤,中医称“伤筋”。《素问·缪刺论》载:“人有所堕坠,恶血留内。”《素问·阴阳应象大论》篇曰:“气伤痛,形伤肿。”伤筋多由用力不当,致气形俱伤,气血壅滞,局部出现肿胀疼痛,关节活动障碍。《素问·针解》曰:“若菀陈则除之者,去恶血也。”所以罗庆道循“以痛为俞”的原则,取阿是穴皮部,重叩拔罐祛除伤部瘀血,使经络气血通畅,通则不痛。肿胀消失,一旦霍然。

2 补皮部治虚痛

虚证疼痛多见于一些慢性疼痛性疾病。如慢性关节炎及软组织劳损长期酸胀疼痛,或因气血虚弱导致的头痛、胃脘痛、腹痛等。疼痛性质为隐隐作痛,或酸胀疼痛,痛无定处,喜温喜按,舌质胖或有齿痕,脉弦细或细弱,治以温补皮部法,温经通络,补气行血。方法:用梅花针叩刺循经皮部,以皮肤潮红为度,涂艾灸液一定灸膏后用250W红外线灯照射30~40min,作用等同艾条薰灸,但避免了艾烟的薰染。

案2 李某,女,40岁,教师。1998年6月20日初诊。主诉:上腹部隐痛、饱胀8年,加重半年。1995年曾作内窥镜检查诊断为浅表性萎缩性胃炎,病理检查还伴有轻度不典型增生和肠上皮化生。服中西药治疗,当时有效,停药后又发作。诊上腹部隐痛,饱胀,食后尤甚,喜温喜按,纳呆乏力,舌暗质胖,苔白,脉缓细。诊断:胃脘痛(脾胃虚弱型),治以温补脾胃,行气止痛。取上、中脘皮部,背部足太阳皮部即脾俞、胃俞上下10cm区域,下肢足阳明皮部即足三里上下5cm区域,用上法治疗,每天1次,10d为1个疗程,2个疗程中间歇息5 d。共治3个疗程后,症状消失,复查内窥镜结果为慢性浅表性胃炎,病理结果为胃窦部轻度慢性浅表性胃炎。随访1年未复发胃脘痛。

按 慢性胃脘痛多因久病体虚,脾胃虚寒,气血虚弱,脉络失养,而致上腹饱胀隐痛,纳呆乏力等。治疗当以温补脾胃。如张仲景言“腹满时减者,以腹中本无实邪,以有时或减。即减而腹满如故者,以脾气虚寒而然,所以当与温药,温即兼言补也”。罗庆道以脾胃俞募相配,施以温灸,加之温补足三里皮部,健胃运脾功效倍增,气血通畅,胀痛自瘳。

3 先泻后补皮部,治本虚标实痛

这一类痛证,临床最为多见,常见于一些慢性疼痛性疾病中晚期,病理上即存在气血不足不能濡养脏腑经络的本虚病情,又有局部气不行血、瘀滞不通的标实症状。治疗上要补泻并用,标本兼治。方法先疏泻皮部,后温补皮部,操作分别同前所述。

案3 丁某,女,35岁,工人。1997年8月4日初诊。主诉:反复腰痛4年,加重3个月。4年前无明显诱因而致腰痛,经多方治疗未愈。就诊3个月前因搬迁新居劳累,腰痛加重,疼痛难忍,腰部活动受限,曾用封闭和理疗,疼痛缓解几天又发作。检查:扶入诊室,腰部下弯、侧弯活动受限,第2~5腰椎棘突间两侧压痛明显,腰椎两侧可触及条索状物,舌质暗,脉沉弦。经X片及尿液检查,排除骨质及肾脏病变。诊断:腰痛(肾亏血瘀型),治以温补肾气,活血化瘀。取肾俞、太溪、阿是穴皮部,用温补皮部法温灸肾俞、太溪皮部,阿是穴皮部先疏泻后温补。每天1次,治疗1周基本恢复正常,但腰部有酸痛感,又治疗2周,症状、体征消失,随访1年腰痛未复发。

按 该患者素患腰痛,久痛伤肾而致肾虚,精气不足,腰肌失养,又因劳累伤腰,经筋、络脉受损,气血运行不利,瘀阻不通而痛。温补肾俞、太溪皮部以补益肾精,濡养腰肌,取阿是穴皮部,先泻后补以祛瘀通络,行气活血,补泻兼施,标本同治,共奏良效。

4 小 结

4.1 治痛先辨证,因证分而治之,是罗庆道论治痛证的特色之一。

《景岳全书·杂证谟》篇曰:“痛有虚实……辨之之法,但当察其可按者为虚,拒按者为实;久痛者多虚,暴病者多实;痛徐而缓,莫得其处者多虚;痛剧而坚定不移者为实。”《调经论》曰:“实者外坚充满不可按之,按之则痛,虚者摄气不足,按之则气足以温之。”罗庆道遵循中医辨证法则,结合自己临床经验,把痛证归纳为实痛、虚痛、本虚标实痛3类,进行论治。《针灸大成·卷四》曰“十二经络之病,欲针之时,实则泻之,虚则补之……陷则灸之。不虚不实,以经取之。”罗庆道常告诫门下,此乃治痛之准绳,他以补泻皮部论治痛证,在针灸镇痛中,可谓独树一帜。

4.2 补泻皮部法是罗庆道治疗痛证的另一特色。

早在上世纪八十年代初,他对皮部理论就有较深的研究,他认为皮部在人体的生理、病理、诊断及治疗中都有着重要作用。《素问·皮部论》曰“十二经络脉者,皮之部也。是故百病之始生也,必先于皮毛。”《素问·咳论篇》曰:“皮毛者,肺之合也。”肺朝百脉,可见皮部与全身脏腑经络之气有着密切的联系,所以刺激皮部能激发脏腑经络功能,使气至病所,起到防病治病的作用。经临床实验研究证实,刺激循经皮部可提高疼痛部位的压痛阀,改善局部血液循环,以达消炎镇痛作用。因痛有虚实,则针有补泻,以重叩皮部,拔出瘀血为泻法,轻叩皮部,施以重灸为补法,此实属罗庆道运用皮部理论治痛的针法经验总结。

4.3 补泻皮部轻重适度,是提高镇痛疗效的关键之一。

古代有"毛刺""半刺""杨刺""豹文刺"等针法,及艾灸、拔罐等,都是刺激皮部的治疗方法。罗庆道踵事增华,倡导补泻皮部治疗痛证,看似简单,理则奥妙。关键要临证把握补泻量的大小,掌握手法操作。如实证瘀血疼痛,需重叩皮部,拔出适量的恶血,有时要反复多次,以达祛瘀之功。如虚证,气血不畅疼痛,则轻叩皮部施以重灸,实取温补之效;如本虚标实、虚实夹杂疼痛,补泻量多少则视虚实孰轻孰重而定。罗庆道常曰:如不能心领神会,闻一知十,则难以取效也。(姜 英)

麻金木学术经验

【名老中医简介】麻金木(1949~)教授,主任医师。江苏省中医院肾内科主任医师。江苏省名中医。从事肾脏病临床工作40余载,对多种肾脏疾病都有独特的体会与经验。

学术思想

肾病血治

1 从传统医学解释肾综病机

肾病综合征以水肿为主要表现,而水与血本不相离,如《金匮要略·水气病脉证并治》曰:"血不利,则为水。"《血证论·阴阳水火气血论》谓:"水火气血,固是对子,然亦互相维系。故水病则累血。……瘀血化水,亦为水肿,是血病而兼水也。"麻金木指出:水病可致血病,而血瘀亦可导致水肿。血、水二者是相互影响的,而血瘀存在于肾病综合征的整个病程之中。

2 从微观认识肾综病理

肾病综合征的病因以免疫炎症为主,也有非免疫因素如凝血、纤溶系统的参与。由于凝血因子增强,抗凝活性降低,纤溶抑制因子增加,纤溶酶系统异常,血小板数目增加,及抗生素、激素和利尿剂的应用,造成血液粘滞度升高;肾实质内肾小球有纤维蛋白,纤维蛋白活性抗原,交联的纤维蛋白降解产物,因子Ⅷ亚单位,纤溶酶、抗纤溶酶沉积,凝血-纤溶蛋白及血小板产物沉积,造成肾综患者的高凝状态,影响疾病的转归和预后。麻金木根据对肾病综合征病理,及临床表现和生化检查的认识,认为肾病综合征自始至终有血瘀存在。认为血瘀是本病持续发展的重要原因。他指出此微观病理过程与中医对血瘀病机的认识相符。由此推断血瘀存在于肾病发展的整个过程,从而提出病证同辨,活血化瘀法贯穿始终的治疗法则。

3 肾病血治

肾病综合征的水肿长期不退,历代医家多据张景岳治水者必先治气之说,从气分治疗,但往往无效,麻金木通过实践中正反面经验的总结,根据《内经》"病在脉,调之血。"和文献关于从气分治疗无效当于血分求之的论说。认为从气分治疗无效之水肿,乃由久病瘀血内阻所致,从血分治疗肾病综合征,取得了良好的疗效。

3.1 活血利水

血能病水,水能病血。《血证论》指出:"血与水素本不相离,病血者未尝不病水,病水者未尝不病血"。"瘀血化水,亦发水肿,血积即久,亦能化为痰水",瘀血内停,气机受阻,必然影响脏腑功能,若瘀血阻于肾,则肾之气化失常,关门不利,代谢之水液不能排出体外,渐积为肿,久之郁而成毒,变生诸证。临床可有面肢浮肿,腰膝酸软,舌质淡胖,脉虚细之症。麻金木指出:瘀血与肾病相关,针对病理类型较轻,为微小病变或轻度系膜增生型者,方用生黄芪、炒党参、茯苓、丹皮、桃仁、赤芍、益母草、连皮苓、泽泻、泽兰,益气活血利水,使瘀血得除,经脉得通,水湿自除。方中生黄芪、炒党参益气健脾,利水消肿;茯苓、泽泻、连皮苓利水渗湿;丹皮、桃仁、赤芍活血化瘀;益母草、泽兰活血利水,有助于改善肾脏微循环及高凝状态,减轻血小板聚集,有助于免疫复合物的清除及病变组织的修复,从而取得了良好疗效。

3.2 疏泄通络

人体的升降出入功能紊乱,初伤及气分,久延及血分,变气血精微为湿浊痰瘀,阻滞脏腑络脉肌腠。《丹溪心法》云:"气血冲和,百病不生,一有拂郁,百病生焉。"郁则气滞,气滞则升降出入之机失度,血行不利。临床证见:腰府酸胀,胃纳较差,苔腻,脉弦细。麻金木认为,血病多有兼郁者,或郁久生病,或病久生郁,或误药杂乱而成郁。在治血的同时,也重视行气解郁,使气行则血行,以获疏泄通络之效。方用制苍术、炒白术、生薏苡仁、制香附、广郁金、法半夏、炒陈皮、茯苓、赤芍、桃仁、红花、丹参、芦根等,疏之泄之,疏其气血,泄其湿浊痰瘀,使失常之升降出入功能得以恢复。若头痛者加川芎;腰痛者加川断、杜仲、制狗脊;小腹坠胀疼痛者加台乌药、延胡索;大便溏薄者加炒扁豆。疗效显著。

3.3 破血逐瘀

"久病入络",气滞则血瘀,"久病必瘀",瘀阻肾络,肾气不能畅流,壅而外溢,常使蛋白尿顽固难消。《内经》谓:"惟以血气流通为贵……。"麻金木认为,肾病综合征病程冗长,随着病情的反复发作,血瘀程度逐渐加重,他重视血气流通,着重改善气血壅滞的病理现象。针对病理类型为肾小球硬化、间质纤维化或有新月体形成,临床证见顽固性血尿,顽固性水肿,面色黧黑或晦暗,腰痛固定或呈刺痛,肌肤甲错或肢体麻木,舌色紫暗或有瘀点、瘀斑,脉细涩。采用破血逐瘀之法,破瘀消癥,以通为补,祛瘀生新。方用水蛭、三棱、莪术、当归、生地、赤芍、牛膝、丹参、景天、三七。酌加清利的药物,如鬼箭羽、凤尾草等,可以消炎,抑制免疫。此法当中病即止,勿使药过病所,耗伤气血。临证之时,疗效颇佳。

3.4 凉血化瘀

肾病综合征患者由于大剂量应用了激素,常常抑制了机体的免疫力,出现继发感染。湿热蕴郁,热入血分,络脉瘀阻。三焦不畅,气血壅滞。表现:咽痛、皮肤痤疮、疖肿、怕热多汗等。麻金木指出:热郁者清透,湿阻者芳化,认为此时应凉血化瘀,清化湿热,疏调三焦。此时应用中药可调整机体的免疫力,有效控制感染。常用清化湿热,凉血化瘀之剂。方用银花、连翘、丹皮、炒子芩、炒黄柏、白茅根、泽泻、益母草、鸭跖草、蒲公英、蛇舌草、荔枝草。若尿频尿急者加瞿麦、扁蓄;尿痛、尿赤涩者加淡竹叶、石韦;血尿明显者加大蓟、小蓟、茜草、紫珠草。清化湿热,使郁滞通,邪气去,而收消肿之效。

3.5 养阴活血

肾病综合征的水肿,并非利水一途,因为利水的疗效不尽人意,往往是越利尿水肿越甚,尿蛋白反复不降,其病的实质是湿热郁滞,阴液耗伤,血炼成瘀。由于攻逐过度,和激素的长期大量应用,导致阴液耗伤,虚火外浮。临床可见:肌肤甲错,面色潮红,五心烦热,口干舌燥之阴亏血瘀之证。麻金木认为,本病乃虚实夹杂,本虚标实之候。治宜标本兼顾,善用养阴活血法,滋阴润燥、活血化瘀。使瘀血去则阴液得复,寓养阴于活血之中。药用知母、黄柏、生地、玄参、枸杞子、鬼箭羽、丹皮、赤芍、荠菜花。若腰痛者加川断、杜仲;盗汗者加瘪桃干、糯稻根;咽干口干较重者加川石斛、芦根。麻金木治水肿不用利水剂,而收消肿之效,所谓不治之治是也。

3.6 补血调血

已用激素治疗的病例,在撤减时,因激素用量的减少,肾阳失去助养,多见腰膝酸软,头晕耳鸣,肢体疲倦,少气懒言。面色苍白,口干咽燥,舌质由红转淡,脉多沉弱。麻金木以补气血阴阳之品,药用生黄芪、炒党参、炒当归、仙灵脾、首乌、鸡血藤、旱莲草、女贞子。含有多种活性物质,有类似肾上腺皮质激素样作用,但无副作用,且可以降低血浆脂蛋白,促进肌肉蛋白和肝脏白蛋白合成,使血浆白蛋白达到正常值范围,通过改善蛋白质代谢,提高机体免疫力,改善病情。功效持久,停药后没有反跳,治愈后不易复发,并可减轻激素所致之不良反应。

总之,肾病综合征病程长,临床表现多样,病机变化多端,决非一法能从一而终,故治疗中要注意病机的动态变化,审证论治,但血瘀存在于疾病的整个过程,应将化瘀之法贯彻始终。(朱美凤)

临床经验

紫癜性肾炎

1 病因病机

紫癜性肾炎的主要病因仍不明确。目前认为本病与感染及过敏有关,属中医学斑疹,肌衄,温毒发斑,尿血,水肿,虚劳等范畴。麻金木认为病因与六淫外感、误食异物、素体不足有关。主要病理因素为风热瘀。感受四时不正之气,六淫之邪外浸,误食异物,素体不受,蕴而化热,灼伤脉络,血不循经,血溢脉外,瘀阻脉络,不通则痛,而见皮肤紫癜、关节痛、便血、尿血、腹痛等症。热久伤阴,阴虚火旺,气阴两虚,气虚不固;久则损及脾胃,肾关不固,精微下泻,不能蒸化水液,湿浊内停,则见水肿等证。早期多为实证热证,以肺胃为主;迁延日久,耗气伤阴,损及肝肾之阴,脾肾之阳,多见虚证、瘀证,以肝脾肾为主。

2 辨证分型

2.1 热伤血络型

症状:皮肤紫癜连片,甚至有鼻衄齿衄,血尿鲜红,大便黑血,舌苔黄腻,脉数。治宜解毒凉血,散瘀止血，清营汤加减。药用：水牛角30 g，生地15 g，玄参10 g，竹叶30 g，麦冬15 g，丹参12 g，黄连3 g，紫草30 g，丹皮15g，赤芍15 g。血尿甚者加小蓟15 g、白茅根30 g、仙鹤草15g；便秘者加制军8 g；腹痛加白芍15 g、甘草3 g、当归10 g；便血加地榆12 g、槐花10 g；口渴热甚加石斛10 g、天花粉15g、麦冬15 g、玉竹15 g；见皮肤瘙痒皮疹等过敏症状加蝉蜕6g、防风10 g、地肤子30 g、地龙15 g；见乏力气短等气虚症加山药15 g、西洋参6 g；蛋白尿加清风藤30 g、荔枝草30 g、制蚕10 g。

2.2 肝肾阴虚型

症状：下肢紫癜已消失，残留暗褐色斑点，但虚烦不寐，手足心热，腰酸膝软，口干少津，或见较严重蛋白尿，镜下血尿，高血压。舌红苔少，脉细数。治宜滋肝益肾，凉血散瘀。予自拟滋肾祛瘀汤。药用：生地12 g，丹皮15g，山萸肉10 g，丹参15 g，泽兰15 g，泽泻15 g，知母10 g，女贞子15 g，旱莲草15 g，淮山药15 g。高血压者加钩藤12 g、石决明20 g、天麻15 g、潼白蒺藜各12 g；血尿明显加茜草15g、阿胶10 g；心烦失眠者加五味子6 g、夜交藤15 g、酸枣仁20 g；烦热较甚，梦遗遗精阴虚火旺者加黄柏10 g、地骨皮10g、银柴胡10 g。

2.3 脾肾阳虚型

症状：紫癜消失，面肢浮肿，腰酸膝软，腹胀食少、尿少、舌淡苔薄白，脉沉细弱。治宜温肾健脾，化气行水。予自拟健脾温肾汤。药用：生黄芪30 g，制苍白术各15 g，太子参20 g，茯苓皮40 g，淮山药15 g，川断10 g，杜仲15 g，牛膝15 g，泽兰15 g，泽泻15 g，丹参12 g，当归10 g，凤尾草30 g，土茯苓30 g。

3 典型病例

唐某某，女，8岁，2005年8月7日初诊。患儿1个月前感冒后发热咽痛，下肢臀部皮肤紫癜，肢体浮肿，查：PLT 120×10^9/L，BLD（++），PRO（+）；肾穿提示：系膜增生性改变，癜性肾炎（Ⅱ级）。诊断：中医为水肿，西医为紫癜性肾炎。予以维生素C针5.0g，静滴，每日1次；菌必治1.0g静滴，每日2次；强的松20 mg，每日1次。共治疗7天。疗效欠佳，故请麻金木诊治。刻下：T 38.6℃，双侧下肢伸侧面近膝关节处臀部散在瘀点，压之不褪色，下肢轻度浮肿，舌红苔黄，脉滑数。辨证为热伤血络型，治以解毒凉血，散瘀止血。处方：水牛角30 g，生地15 g，玄参10 g，麦冬15 g，丹皮12 g，丹参15 g，紫草30 g，赤芍15 g，黄芩12 g，仙鹤草15 g，茜草15 g，制蚕10 g，青风藤30 g，茯苓皮40 g，泽泻15 g，车前草15 g，甘草3 g。7剂。8月14日二诊：紫癜消退，水肿略减，小便量增，无发热，无咽痛。尿常规：隐血（+），蛋白（±）。上方去玄参、紫草、黄芩、水牛角，加淮山药15 g，太子参20g，生黄芪20 g，川断10 g。7剂。8月21日三诊：无下肢水肿，无其它不适，精神可，尿常规，PRO（-），BLD（+），疾病基本治愈，随访3个月，未见复发。

按　麻金木指出，紫癜性肾炎所表现的皮肤紫癜、腹痛、关节疼痛，病机常为瘀阻脉络，血不归经，不通则痛。中医宜加凉血祛瘀之品，如丹参、三七、茜草，宜行血于止血之中，不宜单用止血之药，这样既可止血，又可止痛。本病蛋白尿、血尿为临床上棘手的治疗问题，治疗时除以凉血活血法贯彻治疗始终外，还应在各期有所侧重，加上针对性的药物如抗过敏药地龙、地肤子、蝉蜕、防风、苦参；增加毛细血管致密性可加连翘、黄芩、仙鹤草、茜草以提高疗效。隐血有时短时间内较难全部消失，但对肾功能影响不大，注意随访。（翟金海）

医案验案

膜增生性肾小球肾炎验案

1 案 例

张某，女，42岁，2006年1月16日初诊。患者2005年2月无明显诱因出现双下肢浮肿，腹胀，伴大量泡沫尿，3月于当地医院查尿常规：蛋白（+++），红细胞（+），尿蛋白电泳示肾小球源性蛋白尿，血浆白蛋白23.6g/L，肾功能正常。5月于某医院行肾活检组织检查，诊断为膜增生性肾小球肾炎Ⅰ型。24小时尿蛋白定量4.8 g，Tp 27.3 g/L，Alb16.3g/L，血脂升高，予以激素等治疗。期间水肿消退不显，尿中仍有大量泡沫。遂撤减激素。2005年12月28日患者受凉后，咽干，咳嗽，咯痰。复查尿常规：蛋白（+++），红细胞（±），24h尿蛋白定量：10.13g，为求治中医，特来我院就诊。刻下：双下肢中度浮肿，头痛间作，恶心，偶有呕吐，小便量少，大便稀，舌质红、苔薄黄腻，脉细。辨证属风热犯肺。治以疏风宣肺。处方：金银花15 g，连翘15 g，桔梗6 g，炒子芩10 g，桑白皮15 g，紫苑10 g，款冬花10 g，鱼腥草30 g，制僵蚕10 g，蝉衣6 g，大腹皮15 g，茯苓皮30 g，凤尾草15 g，荔枝草15 g，猪苓15 g，泽兰、泽泻各10 g。水煎，每日1剂，分2次服。

麻金木认为膜增生性肾炎多因外邪侵袭而诱发或加重，临床可见风热证或湿热证，而肺卫风热证尤为常见，此时应以祛邪为先，采用祛风清热化湿之法，调整脏腑气化功能。

2月13日二诊，复查尿常规：蛋白(＋＋＋)，24小时尿蛋白定量：9.23 g，血浆白蛋白20 g/L，患者感冒症状消失，双下肢浮肿减轻，自觉腰痛，午后觉烦躁，胃纳欠佳，夜寐可，大便调，舌红、苔黄腻，脉滑数。患者诉素有焦虑症病史，情绪易于波动。辨证属肝脾肾气阴不足。治以益气养阴，渗湿和络。处方：柴胡10 g，炒子芩10 g，半夏12 g，陈皮6 g，白术12 g，茯苓皮40 g，猪苓15 g，泽泻12 g，生地12g，山萸肉10 g，蛇舌草10 g，合欢皮10 g，灵磁石10g，丹皮10 g，丹参10 g，酸枣仁12 g。

膜增生性肾炎多见气阴两虚，阴虚与湿热夹杂，麻金木认为用药：益气不宜太温，宜平；补阴不宜滋腻，宜甘微寒；除湿不宜用燥，宜甘淡、甘凉。并嘱患者克服急躁、恐惧心理。

5月8日三诊，复查24小时尿蛋白定量：4.76 g，血浆白蛋白28 g/L，患者浮肿消退，诉恶心时作，泛吐酸水，口干，纳差，夜寐差，舌质红、苔黄腻，脉细数。辨证属阴虚湿热，胃络失和。治以益气养阴，泄浊降逆。改方：生黄芪30 g，太子参15 g，赤、白芍各15 g，旱莲草15 g，川黄连3 g，吴茱萸15g，石见穿15 g，玄参12 g，制首乌15 g，天花粉15 g，广郁金15 g，炒当归15 g，蒲公英30 g，百合15 g，灵磁石30 g，土茯苓30 g。

7月11日四诊，诸症减轻，乏力感偶作。处方：生黄芪30 g，太子参15 g，川断10 g，桑寄生10 g，枸杞10 g，生薏仁20 g，连皮苓30 g，僵蚕10 g，蝉衣6 g，泽兰、泽泻各15 g，莪术10 g，车前草15 g，六月雪30 g。

10月13日五诊，复查尿蛋白定量：0.35 g/L，患者无明显不适，临床症状消失，原方继续服用。

2 讨论

膜增生性肾小球肾炎I型是一组织诊断名称，以肾小球系膜细胞和基质高度增生、系膜插入及毛细血管壁增厚，1gG和C3沉积，临床常表现为见大量蛋白尿的慢性原发性肾小球疾病。麻金木认为本病的发生不外乎内外两端。内因主要由于先天禀赋不足，后天疲劳过度，外邪伤及日久，导致脏腑功能虚损，特别是脾肾虚损；外因多为湿、热、瘀、水互结。此外，本病每因感受外邪诱发或加剧。本案例属本虚标实，虚实夹杂之证。本虚主要表现为脾肾不足和气阴两虚，标实主要为湿热、瘀血、水湿等夹杂。根据膜增生性肾炎的临床表现，麻金木采用辨病与辨证相结合治疗：蛋白尿是肾气亏虚、精气下泄所致，因此补肾是治疗膜增生性肾炎的第一治则；肾小球内补体成分的沉积，特别是C3的沉积是膜增生性肾炎的临床病理特征，故清利湿热是治疗本病的第二治则；本病可见毛细血管基膜增厚，细胞增生，系膜基质扩张，亦是本病的病理特征，与中医的瘀血密切相关，因此活血化瘀也是本病的又一重要治则，在治疗中应加入软坚破结之品。麻金木认为肾为先天之本，元气之根，内寓真阴真阳。久病不愈，迁延反复，耗气伤津，损阴及阳，常累及肾脏，形成肾脏病。如《景岳全书》所说：“虚邪之至，害必归阴，五脏所伤，穷必及肾。”故麻金木以补肾为第一要务，惯用生黄芪、太子参、川断、杜仲、桑寄生、怀牛膝、山萸肉等。然此病例水肿难退，蛋白尿缠稽难除，究其根由，系正虚而邪着未去，内湿外湿相合，弥漫三焦，郁而化热，加之肾气亏虚，致使疾病缠绵难愈。湿热内蕴，肾气不固，精气下泄，治疗上若单补不泻，则愈补愈虚，邪不得去，正不得安；若单泻不补，则愈泻愈虚，正气不固，邪毒羁留。因此，麻金木喜在补益之剂中参入清利之品，如凤尾草、荔枝草、六月雪、蛇舌草、蒲公英、土茯苓、车前草等，消除缓解湿热之邪，抑制肾脏免疫炎症反应，减少蛋白尿，促进肾脏病变的修复。麻金木认为肾病自始至终有血瘀存在，认为血瘀是本病持续发展的重要原因，故将活血化瘀之法贯穿始终，药用当归、丹皮、丹参、泽兰、益母草、红花、桃仁、三棱、莪术等，改善肾脏微循环及高凝状态，有助于免疫复合物的清除及病变组织的修复。膜增生性肾小球肾炎病程较长，个体差异较大，只有辨证准确，治疗持之以恒，方能获取较好疗效。（朱美凤）

马山临床经验

【名老中医简介】马山（1937～）河北宽城人。主任医师，教授。毕业于北京中医药大学。海军疗养院副院长，海军胃病研究所所长。中国中医脾胃病专业委员，中国内科学会委员会会员。享受国务院特殊津贴。从事中医临床、教学与科研近40年，擅长治疗慢性萎缩性胃炎、糜烂性胃炎、溃疡病等各类胃病。3次荣获国家科技进步和科研成果大奖。其研究项目获军队科技进步二等奖1项，三等奖2

项,四等奖1项。发表论文百余篇,著有《新编中医胃肠病学》《老年病治疗经验学》等9部专著。

慢性萎缩性胃炎

1 宏观、微观辨证探明病机

马山注重病症施治,但不拘泥于古,根据CAG患者多数有较长病史,病因多由于饮食不节和精神等因素损伤脾胃,初期胃阴受损,胃阳被遏,久则中阳衰败运化失司,气血郁结而致病。临床可见胃脘隐痛或刺痛、腹胀、嗳气,诸症得热则舒,遇寒加重,舌质暗,舌下静脉迂屈等一派虚寒夹瘀之相。积多年治疗CAG之经验,马山创立了“十胃九寒”学说,结合中医“久病多虚”“久病必瘀”理论及西医胃镜下所见:胃黏膜变薄,可透见血管网,红白相间,以白为主,或(和)黏膜粗糙不平等,都表明了CAG患者的胃黏膜有缺血、缺氧、局部瘀阻等虚寒瘀象。马山将中医辨证施治精华与西医现代科学手段相结合,宏观辨证与微观辨证相结合,认为脾胃虚寒血瘀是CAG病机的根本。

2 确立治则中西和参选药

根据CAG多虚多寒夹瘀的特点,马山确立了益气温中、活血化瘀的基本治则。既按中医辨证论治的规律处方,又参照现代药理选药,组成了治疗CAG的基础方:黄芪、党参、吴茱萸、肉桂、丹参、赤芍、蒲公英、白花蛇舌草、高良姜、香附、三棱、莪术、王不留行、炮山甲、甘草等。方中黄芪、党参、丹参、莪术等益气活血药均对胃黏膜有保护作用,同时还能抑制幽门螺杆菌及炎症反应,促进创伤愈合及增生性疾病的转化和吸收,改善肌体免疫反应,使萎缩的胃黏膜血循环得到改善,病变得以修复;吴茱萸、肉桂、高良姜既能温中散寒,又有活血化瘀、扩张血管、增加血流量的作用。与活血药合用可加强活血化瘀的功效,促进局部炎症吸收,并有建立侧支循环功能,使局部缺血、缺氧得到改善;蒲公英、白花蛇舌草、莪术等解毒散结之品则具有一定的防突变和抑制癌细胞的作用;王不留行、炮山甲通经活络,软坚散结对胃黏膜粗糙不平,肠上皮化生及不典型增生等均有较好的疗效。

3 标本兼顾,活血化瘀是关键

由于CAG病程长,病因复杂,在病程中会出现胃阴不足、肝胃不和、湿浊中阻等不同证型。对此,马山坚持“标本兼顾”的原则,但始终不忘要让患者萎缩的胃黏膜得以恢复这一根本,坚持活血化瘀贯穿始终。治疗中,在基础方上适当加减,胃阴不足者加沙参、麦冬、山楂等养阴和胃药;肝胃不和加柴胡、郁金,赤芍改白芍;湿浊中阻加茯苓、泽泻、木香等化湿健脾和胃。虽然对症治疗对于消除症状比较满意,但临床观察对改善胃黏膜的病理变化并不理想,故症状一改善仍以补气温中活血化瘀为主治疗。马山指出,坚持这一治则,活血化瘀贯穿始终是CAG从组织学得以恢复的关键。

CAG被现代医学认为是不可逆性疾病,所谓“不可逆”,即指其病理组织不可逆转,经马山用补气温中活血化瘀治则治疗的CAG患者,其临床总有救率为96.9%,胃镜及病理总有效率为91.8%。治疗CAG伴肠上皮化生、不典型增生的临床总有效率为87.5%,胃镜及病理总有效率为74.4%,说明CAG是可以逆转的。(黄淑平)

食管-贲门失弛缓症

食管-贲门失弛缓症是以食管下端括约肌松弛异常及食管体部缺乏推进性蠕动为特征的食管运动功能障碍性疾病。本病属中医“噎膈”、“胸痹”、“反酸”、“胃脘痛”、“呕吐”等范畴。证属肝郁气滞、胃气不降之胃火证。传统治疗多用疏肝理气、和胃降逆方药,如旋覆花代赭石汤、丁香柿蒂汤等,但症状缓解慢,长期疗效不理想。西医用食管扩张术和手术治疗效果亦不理想,往往术后刀口刚愈合就复发。

马山经过长期临床观察认为,本病与支气管哮喘、肺气肿、面部肌肉痉挛、肌性斜颈、血管痉挛性头痛的性质是一样的,都属于平滑肌或横纹肌痉挛,与免疫功能低下、植物神经功能紊乱有关。病机多为肝气郁结、肝阳上亢,久致脾胃气虚、气滞血瘀。治疗采用补气健脾、平肝理气、潜阳解痉法,获得较理想疗效。

基本方:黄芪30 g,党参15 g,白术15 g,茯苓12 g,陈皮10 g,厚朴12 g,代赭石30 g,蒲公英30 g,肉桂10 g,枳壳10 g,制半夏10 g,干姜10 g,片姜黄10 g,制南星10 g,钩藤20 g,全蝎6 g,僵蚕10 g,天麻10 g,丹参20 g,三棱10 g,莪术10 g,白芍60 g,威灵仙30 g,川芎15 g,酸枣仁30 g,知母15 g,甘草6g。每日1剂,水煎3次,分多次缓慢服下。大便溏泻者加丁香6g,肉豆蔻10g,赤石脂30g;便秘者加薤白12g,瓜蒌12g,皂刺12g。

患者,女,60岁,1999年4月6日就诊。7个月前无明显诱因出现吞咽困难,进食需要用水缓缓送服,白天进食夜间吐出,胸骨后闷痛,时轻时重,情绪波动,劳累时症状加重,二便正常。形瘦神疲,舌苔白,脉缓。钡餐造影见食管体部明显扩张,末端变细呈萝卜根状。患者2年前因治疗慢性萎缩性胃炎在我院服用温中活血汤,治疗3个月后痊愈。西医诊为食管失弛缓症。中医诊为噎隔、呕吐、胸痹。病机为肝郁气滞,胃气不降,久病脾胃气虚,肝阳亢逆,血脉瘀滞。采用基本方加减,每日1剂,每剂煎3次,多次缓慢服下。15剂后二诊,患者感吞咽顺畅,无恶心呕吐,胸痛消失,精神、食欲好,体重渐增,复查钡餐造影示食管正常。遂未再服药,观察6年未复发。(马 群)

马居里临床经验

【名老中医简介】马居里(1952~) 主任医师,教授,研究生导师。陕西中医学院内科教研室教授。陕西省名中医。擅长中医诊治慢性肾炎、糖尿病肾病、肾功能衰竭、肾病综合征等。主持和参与省、厅局级科研项目7项,获得多项教学、科研成果奖。出版专著8部,发表学术论文48篇。

临床经验

肾性血尿

1 病因病机

肾性血尿是指排除尿路之感染、结石、结核、肿瘤等肾外出血因素,红细胞经过肾脏而随小便排出体外的肾脏疾病,它是多种疾病的一种临床症状。引起血尿的原因很多,但绝大多数血尿来自肾脏疾患,常见于急慢性肾炎、IgA肾病、紫癜性肾炎、狼疮性肾炎等,临床表现为肉眼血尿或镜下血尿。中医则将其称为溺血、溲血等,属于血证范畴。马居里根据多年临床经验认为,血尿的基本病机可以概括为“热、虚、瘀”。脾肾两虚、肾阴亏损是该病病机的关键所在,是发病的病理基础。病位在肾与膀胱。肾性血尿首先突出了一个“热”字,以热迫血行者多见,临床可分为实热与虚热。实热证起病急骤,常因风热邪毒客肺,毒邪沿足少阴肾经入肾,损伤肾络,络破血溢;虚热证发病较缓,多由实热证病久不愈,或素体阴亏,阴虚火旺灼伤肾与膀胱络脉而致尿血。其次,肾性血尿亦多因“虚”致病,主要有脾肾两虚,多为久病不愈,脾肾受损,或素体虚弱,脾肾不固,脾虚中气下陷,血随气陷;肾亏封藏失职,不能固摄血液而致尿血。再者,肾性血尿中因“瘀”致病者亦很常见,由于湿浊内阻日久,或情志怫郁,气机不畅,气滞血瘀;或久病劳伤等致气虚血瘀;或膀胱内有癥积,瘀血阻滞于肾与膀胱络脉,致血不循经等均可出现血尿。另外,出血必致留瘀,瘀积不散,血不归经,又是血尿反复发作或加重的重要原因。所以,瘀血阻滞既可单独成为一种证候,亦可伴见于其他各型血尿之中。

2 辨证分型,审因论治

肾性血尿往往病程长,反复发作,病性复杂多变。在临证中,马居里强调要辨证求因,针对不同病因,施以不同治法。他依据多年的临床经验,将肾性血尿总结为以下8法辨治。

2.1 清上治下,凉血止血法

适用于风热伤肺,移损肾络证。由于外感风热,肺气受损,外邪不解,内移伤肾,肾络损伤。证见恶风发热,汗出口渴,咽干疼痛,腰腿酸软,尿中带血,舌红、苔黄,脉浮而缓。方用银翘散加减。常用药物:银花、连翘、蒲公英、玄参、麦冬、桔梗、黄芩、大小蓟、白茅根等。

2.2 清利湿热,凉血止血法

适用于下焦热盛,伤及肾络证。由于热邪盛于下焦,灼伤肾络。证见小便黄赤灼热,尿血鲜红,心烦口渴,面赤口疮,夜寐不安,舌红,脉数。方用小蓟饮子加减。常用药物:大小蓟、滑石、通草、萹蓄、瞿麦、生地、淡竹叶、蒲黄、藕节、车前草、白茅根、山栀等。

2.3 清泻心火,凉血止血法

适用于心火移肾,脉络受损证。由于心火亢盛,下移入肾,灼伤肾络。证见心烦不寐,口舌生疮,口干口苦,尿热短赤,舌边尖红、苔薄黄,脉细数。方用导赤散合二至丸加减。常用药物:生地、通草、淡竹叶、甘草梢、女贞子、旱莲草、赤芍、丹皮、车前草、白茅根、黄连等。

2.4 滋阴降火,凉血止血法

适用于阴虚火旺,灼伤肾络证。由于肾阴亏耗,肝肾阴虚,虚火灼肾,肾络受伤。证见心烦易怒,头晕目眩,咽干口燥,大便干结,小便短赤带血,舌质红、苔薄黄,脉弦细数。方用知柏地黄汤加减。常用药物:知母、黄柏、生地、山药、茯苓、丹皮、赤芍、白茅根、益母草、女贞子、旱莲草、三七粉等。

2.5 补肾益气,固摄止血法

适用于肾虚不固,血渗脉外证。由于禀赋不足,劳累过度,肾元亏虚,肾气不固,肾脉失摄,血渗脉外以致尿血。证见劳累后突发血尿，腰部发胀，腰腿酸软，全身疲乏，舌胖黯淡、苔薄，脉沉弱。方用无比山药丸加减。常用药物：生黄芪、党参、山药、熟地、山萸肉、茯苓、菟丝子、杜仲、怀牛膝、白茅根、益母草、砂仁等。

2.6 健脾益气，摄血止血法

适用于气虚失摄，肾络渗血证。由于全身病变，气血亏虚，或脾气亏虚不能统摄，血渗脉外而见尿血。证见全身疲乏，面色萎黄，纳谷不香，尿中带血，血色较淡，常有鼻衄，齿衄，肌肤衄血，舌胖淡黯，脉数重按无力。治宜健脾益气，摄血止血。方用归脾汤加减。常用药物：党参、黄芪、白术、山药、茯苓、远志、当归、炙甘草、龙眼肉、熟地等。

2.7 补益脾肾，温阳止血法

适用于脾肾阳虚，血渗肾络证。血尿之形成，不单有邪热引起，尚有脾肾阳虚，温运无力，瘀血内阻而致血渗肾络出现血尿者。证见形寒肢冷，困倦乏力，少腹发凉，夜尿多，尿中带血，舌黯淡、少苔，脉沉弱。方用桂附地黄汤加减。常用药物：制附片、桂枝、山萸肉、山药、茯苓、熟地、砂仁、炮姜、蒲黄、车前子、怀牛膝等。

2.8 化瘀止血法

适用于瘀血内阻，肾络受损证。由于浊邪内阻日久，或情志郁滞，气机不畅，气滞血瘀，瘀血阻滞于肾与膀胱络脉，致血不循经而尿血。证见小便不畅或小腹有刺痛，尿血紫暗或有血块，舌质紫暗或有瘀点，脉细缓或涩。方用桃红四物汤加减。常用药物：黄芪、当归、桃仁、红花、生地、川芎、赤芍、丹参、白茅根、车前子、茜草根、三七粉等。

临证中，马居里还总结以上各型血尿既有出血又必有瘀滞，且针对尿血若过用止涩之品，亦必导致血瘀，瘀血一旦形成，则又可阻塞血脉，使血流不畅，血不归经，则更加重出血。因此，马居里强调，治疗血尿不仅要着眼于“止”，更应时时注意于“活”，故临证中常常选用一些既可止血又可活血的药物，如蒲黄、茜草、当归、三七粉、琥珀粉之类，止血而不留瘀，效果显著。

3 典型病案

林某，男，52 岁，2007 年 3 月 12 日初诊。患慢性肾炎出现镜下血尿 3 年余。曾在某医院行肾活检，诊断为系膜增生性肾炎，口服保肾康、金水宝及益肾滋阴之中草药治疗，但镜下血尿一直不减，尿常规潜血为（＋～＋＋），遂至马居里处求治。证见身困乏力，腰膝酸软，口干不欲饮，触之手脚不温，自诉小腹时有凉意，得温稍舒。舌黯淡、少苔，脉沉弱。尿常规示：潜血（＋＋），蛋白（－）。考虑前医为止血尿，久用寒凉之品，日久损伤脾肾之阳，依其临症及舌脉，当为脾肾阳虚之证，治宜温补脾肾，但因患病日久，尚有瘀血内阻，故还须兼以活血。方选桂附地黄汤加减。药用：桂枝、制附片、山萸肉、丹皮、炒蒲黄、砂仁、炮姜、地龙各 10 g，熟地 12 g，山药、怀牛膝各 15 g，茯苓、车前子各 20 g，白茅根 30 g，三七粉 3 g。每日 1 剂，水煎服。服上方 28 剂，诸症改善明显，但尿潜血仍为（＋）。分析病久邪入少阴，故一般草类药难以取效，当加大虫类药力度，上方减丹皮，加水蛭 6 g，僵蚕 10 g。又服 14 剂，尿潜血转阴。后以上方加减制成丸药长期服用以巩固疗效。随访半年，尿潜血阴性。

4 体 会

4.1 注重辨病与辨证相结合

由于引起肾性血尿的原因很多，临床表现的中医证型也较为复杂，故临证中马居里强调要重视辨证与辨病相结合。应利用西医学手段查清病因，依据各项检查结果，明确诊断，为中医辨证提供信息，为辨证用药提供参考，以提高临床疗效。

4.2 用药平和，注重保护脾胃

马居里认为，对肾性血尿的治疗应以“平”为本，虽有邪实，但不可攻伐太过，即使有本虚，亦应慎用温补，忌用大温大补、大寒大下之品，否则攻甚则伤正，补过则恋邪。肾性血尿病程日久，往往致阴阳气血均不足，涉及五脏六腑。虽有标实，治疗时亦应顾及本虚。特别是无症状的血尿更不可滥用温补之品，以免病情反复。脾胃为人一身之本，久病迁延，饮食劳倦，用药不当等均可损伤脾胃，脾胃伤则不仅其职失司，更可影响疾病的治疗及预后，故临证中马居里很注意保护脾胃功能，一方面用药力求平和，另一方面方药中常常加用一些芳香化湿、醒脾开胃之品，如藿香、佩兰、砂仁、蔻仁等。

4.3 善用药对和虫类药

马居里临证治疗血尿善用药对，强调药物经过配对后疗效将会大大提高。临证中治疗气虚血尿常用黄芪配太子参，治疗阴虚血尿用女贞子配旱连草，脾肾双亏之血尿常用山药配山萸肉，治疗血尿兼夜尿多、尿中泡沫多常用芡实配金樱子，血尿而兼浮肿尿少者常用白茅根配益母草，血尿兼有湿邪则常用苍术配白术，对顽固性血尿常常选用僵蚕配地龙，每每取效甚佳。从临床上看，慢性肾炎多病程冗长，病情缠绵，反复发作，顽固难愈，一般用常法难以获得满意疗效。因此，马居里在以上治疗的基础上，常加用虫类药物，如水蛭、地龙、僵蚕、全蝎等而获良效。他认为，虫类药物具有钻透剔邪、搜风通络之特性，凡疾病迁延不愈者，必取草药与虫类药同用，收效显著。（向英歌 迟金亭）

遣方用药

滋水清肝饮

滋水清肝饮是滋水清肝，生津润燥的名方，它出自高鼓蜂方，初载于杨乘六之《医宗已任编》，由地黄、山药、山茱萸、丹皮、茯苓、泽泻、柴胡、白芍、栀子、酸枣仁、当归组成，乃六味地黄丸合丹栀逍遥散化裁而成。《医宗已任编·四明心法·二十五方主证》载："疏肝益肾汤，凡胃脘痛，大便秘结者，肝血虚也，此方主之。"（注：吴仪洛著《成方切用》引用此方，以"肾"属"水"而迳以"肾"作"水"而更名为"滋水清肝饮"之方名沿用至今。）

马居里分析本方以六味地黄滋养肾阴为主，配归、芍、枣仁以养血柔肝，山栀降火、柴胡疏肝解郁，这样滋阴与疏肝并用，从而达到肾水足，肝血充，津液润，肝气舒，气滞自除之目的，全方共奏滋阴养血，清热疏肝之功效。他认为临床只要辨证属于肾阴亏虚、肝郁有热，证见阴虚肝郁，胁肋胀痛，胃脘疼痛，咽干口燥，舌红少苔，脉虚弦或细软等症皆可以之为主化裁应用，扩大了本方的临床治疗范围而颇有效验，兹将马居里临床应用滋水清肝饮的部分案例实录如下：

1 糖尿病肾病

孙某，女，64岁，干部，2007年10月2日入院。患者1996年查体发现血糖异常，逐渐出现形体消瘦，诊断为Ⅱ型糖尿病。经服用优降糖、消渴丸等血糖控制不理想。证见形体消瘦，口渴多饮，小便量多，口干口苦，烦躁易怒，头晕眼花，腰膝酸软，夜寐不安，神疲乏力，手足麻木，舌红少苔，脉细数。空腹血糖13.3mmol/L，尿常规白蛋白（+），证属肾阴亏虚，肝经郁热，血瘀入络。治以滋水清肝，益气养阴，活血通络。拟方加减滋水清肝饮：熟地30g，生山药15g，山茱萸12g，丹皮10g，葛根20g，丹参30g，当归10g，牛膝15g，枸杞子20g，柴胡10g，白芍12g，酸枣仁30g，炒栀子10g，天花粉15g，黄芪20g，太子参15g。日一剂，水煎服。共服40余剂，复查空腹血糖9.1mmol/L，尿常规白蛋白（-），停用中药服拜糖平控制血糖，维持治疗。

按 糖尿病属中医消渴范畴，乃禀赋不足，饮食不节，情志失调，劳欲过度所致。其病机特点为阴虚热淫，赵养葵谓"治消之法，无分上中下，先治肾为急"，因此当以滋补肾阴为主。马居里分析认为糖尿病肾病主要是消渴病治不得法，阴津耗伤，肾阴不足，肝木失养，常成为肝肾阴虚火旺之证。病情持续发展，肾体劳衰，气血俱伤，浊毒内停，脉络瘀阻。本例患者年逾六旬，肾水渐亏，水不涵木，加之疾病缠绵难愈，思想负担沉重，肝气郁结，肝火消灼津液，浊毒内留，瘀阻血脉。处方以滋养肾之阴液固本，疏泄肝经郁热、活血通络而收效。

2 肾病综合征

王某，男，61岁，干部，2007年10月16日初诊。慢性肾炎病史4年，1年前无明显诱因出现双下肢浮肿、乏力；后出现腹胀，腹胀如鼓，乏力加重，遂来我院诊治。证见腹大胀满，胁下胀满疼痛，腰膝酸软，面色晦滞，唇干口燥，五心烦热，失眠，乏力纳差，小溲短赤，舌质红绛少津，脉弦细数。实验室检查：24小时尿蛋白定量3700mL/24h，血浆白蛋白26g/L。肾组织活检诊为"系膜增生性肾炎"。属肝肾阴亏，阴虚有热；治以养肝肾，养阴清热。方药以滋水清肝饮加味：生地20g，山药15g，山萸肉10g，丹皮10g，茯苓20g，泽泻12g，赤白芍各10g，炒栀子10g，柴胡10g，当归10g，制鳖甲15g，大腹皮15g，二丑9g，三棱10g，莪术10g。每日1剂，水煎服。服10剂后，腹胀减轻；去二丑加焦白术15g，再服20余剂，小便正常而出院。

按 肾病综合征出现腹水属祖国医学的"臌胀"范畴，是由于酒食不节，情志所伤，劳欲过度或虫毒感染以及病后续发而致；肝、脾、肾三脏功能障碍，导致气滞血瘀，水饮停积于腹内而形成上症。本例患者，由于起居失宜，寒温不调，脏腑气血失和，复加饮食不节，脾失健运，痰、湿、食与气血互结，肝肾阴虚，津液失布，水湿内停导致腹胀，面黑便干溲赤，舌红苔薄，脉弦细数。即肝肾阴亏，阴虚生热。用滋水清肝饮加味滋养肝肾，养肝清热而痊愈。

3 系统性红斑狼疮性肾炎

刘某某，女，28岁，工人，2007年9月14日初诊。患者4年前在某医院诊为系统性红斑狼疮。此次发病于20日前，无明显诱因出现发热，体温每于下午、夜间升高，波动于38.2℃～39℃之间，伴腰膝酸软无力，右胁疼痛及双膝关节疼痛，自服退烧药体温不降，遂来我院诊治。证见颜面轻度浮肿，右胁部疼痛不适，面色晦暗，双膝关节疼痛，咳嗽痰多色白，伴胸痛憋气、手足心热、口干乏力、眠差、便干三日一行，小便尚可。舌红苔少呈花剥状，脉弦细。T 37.

8℃,尿常规:白蛋白(+),镜下红细胞2~3个/HP。证属肝肾阴虚,脉络痹阻。治拟滋养肝肾,和血通络。方药:生熟地各15g,山药15g,山萸肉10g,炒栀子10g,柴胡10g,酸枣仁30g,当归10g,怀牛膝10g,杜仲10g,丹参20g,赤芍15g,鸡血藤30g。每日1剂,分二次服,配合西药醋酸泼尼松(1mg/kg/day)。服药10剂后,热退痛减;再服10余剂后,痊愈出院。

按 马居里认为系统性红班狼疮性肾炎内因多属先天肾阴亏损,阴虚火旺为本,外因邪毒以热毒最为关键。本病的患病率以女性为多。故本病之后常以阴虚证候最为突出。阴虚火旺与热毒炽盛,一为虚火,一为实热,二者同气相求,肆虐不已,戕害脏腑,损伤气血。该病类似于中医“阴阳毒”、“痹证”等范畴。本例患者,发热胁痛,腰膝疼痛,口干眠差,便干乏力,舌红苔少花剥,脉弦细,是由于病情没有得到及时有效的控制,以致阴虚火旺而成,故当用滋水清肝饮加味,滋养肝肾,和血通络而痊愈。

4 前列腺炎

陈某某,男,32岁,2007年3月24日初诊。间断性尿频、尿急、尿痛2年,现证见尿频、尿急,尿痛不甚,淋漓不已。小腹拘急引痛,腰膝酸软,神疲乏力,遇劳尤甚,心烦少寐,多梦早泄,急躁易怒,两胁隐痛,口苦,舌红少津,脉弦细而数。前列腺液常规检查:卵磷脂小体(+),WBC2~3个/HP。证属阴虚肝郁,膀胱气滞,气化失司,治宜养阴清热,疏肝利湿,以助膀胱气化。方拟:生地15g,山药12g,山萸肉10g,茯苓20g,丹皮12g,泽泻10g,山栀10g,柴胡10g,川楝子10g,白芍12g,当归10g,酸枣仁20g,萆薢10g,炮山甲6g,黄柏10g,知母10g,生龙牡各30g,黄芩10g。每日一剂,水煎服。以此方加减治疗40余剂诸症消失,继服知柏地黄丸以善其后。

按 本病中医辨证属淋证(劳淋),淋证其基本病机为湿热蕴结下焦,肾与膀胱气化不利。《诸病源候论·诸淋病候》谓“诸淋者,由肾虚而膀胱热故也。”马居里指出淋证以肾虚为本,膀胱热为标。本例患者因工作竞争压力大,精神紧张,情志内伤,所愿不遂,致肝气郁结,气郁化火,蕴结膀胱,导致淋证。迁延不愈,下元不固,肝火郁于上,肾阴亏于下,气化失司,以成劳淋。用滋水清肝饮加味以养阴清热,疏肝解郁,行气利水而获效。

5 更年期综合征

冯某某,女,50岁,教师,2007年6月27日初诊。自诉头晕面热,两目昏花,视物不清,口干而不欲饮,胸胁胀痛且无定处,疼痛每随情志变化而增减,胸闷不适,善太息,脘腹胀满,饮食减少,心烦失眠,舌暗红苔薄,脉弦细而数。证属肝气郁结,肝阴不足;治以养阴柔肝,滋阴补肾。处方如下:生熟地各15g,山药15g,山茱萸10g,丹皮10g,茯苓15g,泽泻10g,柴胡10g,白芍10g,栀子10g,酸枣仁30g,当归10g,菖蒲15g,郁金10g,川楝子6g。每日1剂,水煎服。前后共服20剂而愈。

按 马居里认为更年期是年老肾气渐衰,冲任二脉亏损,精血不足,天癸将竭的生理变化,此时人体阴平阳秘功能减退,往往出现肾阴不足,阳失潜藏或肾阴虚衰,经脉失于温养等情况,少数妇女由于体质较弱,肝脾不和,或兼有精神因素,一时不能适应这些生理变化,而出现一系列脏腑功能紊乱的证候。本例患者,头晕发热、心烦失眠、胁痛口干、两目昏花、视物不清,是由于患者肾气渐衰,冲任亏损,精血不足所致。用滋水清肝饮滋阴补肾,养血柔肝;使阴平阳秘,肾水充足而痊愈。(迟金亭 张 璇)

小柴胡汤

1 慢性肾功能衰竭

边某,男,22岁,初诊。以“发现尿检异常10个月”之主诉于2007年4月17日就诊。自诉10个月前受凉后出现咽痛、咳嗽、无发热,在县医院查尿常规示:尿蛋白(+++),隐血(+),诊断为“急性肾小球肾炎”。后间断服药,症状消失,但其后尿常规一直存在异常。就诊时见:T 37.8℃,面色苍白少华,双眼睑浮肿,口干口苦,恶心、泛酸纳差,全身乏力,腰部困痛,舌质淡,苔薄黄少润,脉象虚弦,双下肢轻度水肿。血压130/100mmHg。血红蛋白112 g/L,尿蛋白(+),肾功能:尿素氮16.47mmol/L,肌酐228.9μmol/L,二氧化碳结合率:19.1mmol/L。西医诊断:慢性肾功能衰竭(失代偿期)。中医诊断:关格。证属脾肾亏虚,水湿内停。治则:健脾益肾,行气利水。方用参芪小柴胡汤加减:柴胡15g,黄芩、法半夏、生姜各10g,党参20g,黄芪30g,茯苓20g,当归、大黄各10g,山萸肉10g,益母草15g,车前子20g,牛膝10g,生熟地各10g,丹参20g,芡实15g。7剂,日1剂,水煎服。灌肠方:制附片10g,生大黄30g,蒲公英、丹参、生牡蛎、生槐花各30g。日1剂,每晚灌肠。7剂后,T:37.2℃,腰痛,双眼睑浮肿明显减轻,大便畅,仍有头晕不适、乏力,恶心。上方去芡实、益母草,加黄连10g,杜仲10g,麦冬10g。继续灌肠。14剂后,浮肿消失明显,食纳可,恶心明显减轻。尿常规:尿蛋白(+),肾功能:尿素氮16.02mmol/L,肌酐129.9μmol/L,K^+ 5.84mmol/L。坚持治疗,至今半年余，定期门诊复查，肌酐一直在 130μmol/L 左右。

按 本病久病及肾，导致脾肾两虚，脾健运失司，肾开阖不利，湿浊羁留，正气日虚，脾肾由虚及损，最后出现脾肾衰败，浊邪壅塞三焦，瘀血阻滞经脉，以致清阳不升，浊阴不降。本病为本虚标实、寒热错杂之证。患者禀赋薄弱，肾失其用，浊毒不能下泄，致湿毒内停上泛，则恶心、泛酸、纳差，肾虚不能温煦脾阳，脾阳不振，三焦疏泄失司，水湿内停则水肿。患者又外感风寒，而正气已虚，无力祛邪外出，邪气处于半表半里之间，故发热。治则应在补肾益气的基础上，用和解法，攻补兼施，疏利三焦，调达上下寒热并用。慢性肾衰现代医学尚无较好的方法，大多是对症治疗。马居里运用中医辨证论治，充分发挥了中医药在控制肾功能进一步恶化方面的独到之处。

2 泌尿系感染

朱某，女，27 岁，以“尿频、尿急、尿痛并向下腹部放射疼痛 1 月余加重 2d”之主诉，于 2007 年 5 月 22 日前来就诊。诉 1 个月前出现尿频、尿急、尿痛并向下腹部放射疼痛，自服左氧氟沙星（0.2g×3 次/d）后症状明显减轻，其后在夫妻性生活过后，上症状加重，但无予重视，2d 前，上症逐渐加重，遂来就诊。就诊时见：尿频、尿急、尿痛并向下腹部放射疼痛，平素急躁易怒，纳差、食后腹胀，口微苦、夜眠差，大便干，舌红，苔薄黄，脉弦。辅助检查：尿常规：WBC（+），镜下：WBC3～5 个/HP。西医诊断：急性泌尿系感染。中医诊断：淋证。证属肝郁化火，下焦湿热。治则：疏肝解郁，利尿通淋。方用小柴胡汤合当归芍药散加减：柴胡 10g，法半夏 10g，黄芩 10g，生姜 10g，生甘草 6g，当归 10g，白芍 10g，土茯苓 15g，白术 10g，鱼腥草 30g，牛膝 10g，车前子 20g，蒲公英 10g，大黄 6g。7 剂，日 1 剂。7 剂后，纳食，夜眠及大便明显好转，但小便仍有不适感。查尿常规：WBC（±）。镜下：WBC 1～3 个/HP。上方去蒲公英、生姜加通草 6g，连翘 10g，继服 7 剂。尿频、尿急、尿痛症状明显减轻，尿常规转阴。继服上方 1 周痊愈。

按 本病为情志不舒，恼怒伤肝，肝气郁滞，久则化火，气火郁于下焦膀胱，膀胱气化失利而致。治疗以调达肝气，通利三焦。肝脏为将军之官，其气不得舒畅，至上致使心神不安，坐卧不宁；扰中则克伐脾土，纳食无味，达下迫袭州都溺馊不畅。本法重在治肝，以调节三焦气机之转枢，而达到心神静谧，脾胃纳佳，州都舒畅。

3 慢性肾小球肾炎

杨某，女，36 岁，以“尿检异常 2 年”之主诉于 2007 年 2 月 26 日前来就诊。诉 2 年前无明显诱因出现双眼睑及双手肿胀，遂在当地医院就诊，查尿常规示：尿蛋白（++），隐血（++），后未予重视。2006 年 9 月眼睑浮肿加重，在西安某医院就诊查 24h 尿蛋白定量：2.6g/L。肾组织活检：轻度系膜增生型。诊断为：慢性肾小球肾炎。并给与糖皮质激素 50mg/d，ACEI 制剂门诊治疗。病情时好时坏，随来院门诊。就诊时见：双眼睑浮肿，恶心，口干口苦，纳可，夜休差，盗汗，腰痛，全身乏力，夜尿频 2～3 次，大便可。舌红，苔白，脉细弦。BP：100/60mmHg。辅助检查：尿常规：尿蛋白（++），隐血（+），血常规：RBC 3.84×10^{12}/L，WBC 11.4×10^{9}/L，HGB：108g/L。24h 尿蛋白定量：1.5g/L。西医诊断：慢性肾小球肾炎（轻度系膜增生型）。中医诊断：水肿。证属气阴两虚，水湿内停。治法：滋阴清热，利水消肿。方用：柴苓汤加减。柴胡 10g，黄芩 10g，法半夏 10g，生姜 10g，太子参 20g，茯苓 20g，女贞子、旱莲草各 15g，桑螵蛸 10g，猪苓 10g，白花蛇舌草、白茅根各 30g。7 剂，日 1 剂。7 剂后，眼睑浮肿，口干口苦，恶心症状减轻，仍腰困及盗汗。复查尿常规：尿蛋白（+），隐血（+）。24h 尿蛋白定量：1.2g/L。上方去桑螵蛸，加金樱子、芡实各 20g。7 剂后眼睑浮肿明显减轻，精神亦较前有所好转，腰困痛，及盗汗症状亦有所减轻。随访 3 月余，患者症状较前明显减轻，24h 尿蛋白定量在 400g/L 左右。

按 本病为久病脾肾亏虚，脾失转输，肾失开合，终至膀胱气化无权，三焦水道壅塞，水液潴留，泛溢肌肤而为水肿。肾为水脏，久病伤阴，阴虚生内热，内热迫血妄行，可导致血尿。脾肾气虚统固失司，精微外泄，而形成蛋白尿。治疗上要通利三焦，利尿消肿。《伤寒论》指出用小柴胡汤可使“上焦得通，津液得下，胃气因和，身濈然汗出而解”柴苓汤即五苓散与小柴胡汤的复方。现代医学研究认为，柴胡皂苷－d 可明显抑制蛋白尿，阻止血胆固醇上升及总蛋白、白蛋白的下降，使肾小球上皮细胞足突融合明显得到改善。柴苓汤减轻肾损害的机理，可能涉及到对炎症细胞的抑制作用，特别 CD8＋的抑制作用。

4 肾病综合征

陈某，女，18 岁，以“发现尿检蛋白异常半年”之主诉于 2007 年 9 月 25 日前来就诊。诉半年前感冒后出现眼睑及双下肢浮肿，在交大二附院就诊查尿常规：尿蛋白≥（+++）及 24h 尿蛋白定量测定：4.0g/L，诊断为肾病综合征，肾脏活检结果：肾小球微小病变型,并给与ACEI制剂,免疫抑制剂,糖皮质激素(50mg)服用,至今。就诊时见:患者眼睑及双下肢微肿,纳差,食后腹胀,口苦,烦燥易怒,夜眠差,大便干燥,小便黄,腰困痛,舌红,苔黄厚,脉细弦。辅助检查:尿常规:尿蛋白(++),24h尿蛋白定量测定:2.1g/L,肝功能:总蛋白61g/L,白蛋白:29g/L。西医诊断:肾病综合征(微小病变型)。中医诊断:水肿,证属脾肾亏虚,胆腑郁热。治法:清泄胆热、益气和中。方用小柴胡汤加减。柴胡10g,黄芩10g,法半夏10g,生姜10g,太子参20g,茯苓20g,白术10g,竹茹10g,芡实20g。7剂,水煎服,日1剂。7剂后,患者烦躁易怒症状减轻,口苦症状消失,后继服14剂,大便干消失,余症悉除。随访3个月,患者激素用量现维持在35mg;尿常规:尿蛋白(+),24h尿蛋白定量测定:0.9g/L;肝功能:总蛋白68g/L,白蛋白32g/L。

按 本病为脾肾阳虚、水湿内蕴。糖皮质激素为温阳燥热之品,长期大量服用,伤耗阴液,阴不制阳,则阳热之气相对偏旺而生内热,加之脾肾亏虚,水液运化失司,水湿停留,易生湿热内扰胆腑故诸证尤生。马居里在对泌尿系疾病长期的临床实践中,总结了丰富的经验,他颇有体会地说:“胆腑郁热内扰这是本病的主要症结,故使用小柴胡汤清泄胆热、益气和中常能有效改善症状。”

小柴胡汤立法上以“疏气转枢、佐以温清消补”为主旨,临证中马居里善用小柴胡汤以临床实际灵活加减化裁,异病同治,屡用屡验,其关键在于,辨证中抓住了“少阳枢机不利,三焦决渎失司”这一主要病机。《伤寒论》曰:“伤寒中风,有柴胡证,但见一证便是,不必悉具。”说明小柴胡汤证的特征具不典型性。本方临床应用较广泛,运用指征为:有是证便用是方;紧扣病机;久治不愈,低热不退;七情所伤;寒热往来,休作有时(即临床有规律性恶寒或发热者),都可以适证选用。(张 璇 向英歌)

马永桢临床经验

【名老中医简介】马永桢 女。主任医师,教授。1965年南京医科大学医学系毕业。从事内科工作。江苏省中医药学会风湿病专业委员会主任委员,中华中医药学会风湿病专业委员会委员。江苏省名中医。从事医疗工作30余年,擅长中医药治疗风湿免疫性疾病。科研课题获江苏省科技进步三等奖。发表论文多篇。

干燥综合征

1 病因病机

干燥综合征,类属中医的“燥证”范畴,早在《素问》中即有“燥胜则干”、“诸涩枯涸、干劲皲揭,皆属于燥”的记载。马永桢认为本病的病机关键在于“阴虚”,多因素体阴虚或感染邪毒而致津液生化不足,阴血亏虚,津液枯涸,致使清窍、关节、经络失于濡养。本病主要与肺、胃、肝、肾阴虚有关,病程日久,五脏皆可发病。肺主皮毛,为水之上源;脾主运化,开窍于口,在液为涎,脾健则涎润;肝藏血,开窍于目,在液为泪,目受血而能视;肾主五液,上润为唾。病程初期,病位多在口目、经络,表现为口目干涩,关节疼痛;日久,五脏受累,变证丛生;阴虚阳亢,阳化动风则出现头痛、头晕、甚则偏瘫;阴虚燥热,灼伤血络则出现皮肤紫癜、皮疹;虚火内炽,湿毒内生,则出现颌下腮腺肿大、咽痛、龋齿;阴损及阳,阴阳两虚,肾气不固,则出现小便频数、清长;肺肾两虚,肾不纳气,则出现胸闷、气短。

2 治疗方法

马永桢指出,本病的治疗重点当“滋阴救液”,临证时须根据病变部位及兼夹症的不同分别论治。以口干症状为主的,治宜甘寒滋润,方选沙参麦冬汤合竹叶石膏汤化裁,常用南北沙参、天麦冬、玉竹、白芍、生石膏、知母、天花粉、寒水石、芦根、生甘草等;以眼干症状为主的,证见两目干涩、口干、形瘦、治宜育阴润燥,常用杞子、菊花、当归、潼沙苑、谷精草、玄参、怀山药、草决明、生熟地;伴有关节疼痛的,治以养阴蠲痹,方以滋血汤合舒筋汤化裁,常用当归、首乌藤、秦艽、熟地、川芎、鹿含草、白花蛇、全蝎等;出现皮肤紫癜、瘀斑,伴有低热的,治宜清营凉血,方选犀角地黄汤加减,常用水牛角、丹皮、丹参、生地、赤芍等;伴有肾脏损害的,见小便频数,腰膝酸软,证属阴损及阳,当阴阳双补、益肾固摄,可选用熟地、山药、山茱萸、肉苁蓉、菟丝子、五味子、怀牛膝、杜仲、金樱子、芡实等;兼有腮腺肿痛、龋齿、发热的,证属阴虚火旺,湿毒内蕴,治宜滋阴降火,解毒散结,药选知母、黄柏、玄参、麦冬、生地、大贝、夏枯草、丹皮、藏青果等。

3 用药特点

3.1 健脾、调肝、补肾

干燥综合征多以唾液腺、泪腺等外分泌腺受侵为主，临床常见双目干涩，口干少津，马永桢在养阴润燥的基础上常辅以益气健脾，酌加山药、焦白术、太子参、神曲等。脾为后天之本，气血生化之源，脾气得健，气血充沛，则津液得复。肝开窍于目，肝阴不足则双目干涩，如有异物，甚则目赤畏光，治疗当清肝泻火、育阴潜阳、滋阴润燥，清肝明目常选用黑山栀、夏枯草、菊花、谷精草、青箱子等；育阴潜阳常用白蒺藜、草决明等。肾主元阴元阳，五脏之阴不足久必累及肾阴亏虚，肾阴一亏，则五脏之阴皆亏，故在临床用药中常酌加滋补肾阴之品，如杞子、黄精、桑椹子、女贞子等。临床上常遇到某些患者，在使用大量滋阴救液药物后，津液久久不能回复，应宗景岳“阳中求阴，阴得阳升而泉源不竭”之意，在滋阴药中酌加鹿角片、仙灵脾、巴戟天等温补肾阳药，可使阴液渐渐恢复，临证之际，可掌握舌质嫩红，四肢觉凉，脉沉细的特征，即可辨证酌情加入1～2味温阳药，每可获效。

3.2 活血通滞，以通为要

由于本病的病机关键在于阴虚，阴虚则燥热内生，灼伤血络，气血运行不畅，而成血瘀之证，现代医学研究也证实本病存在广泛的血管炎，故马永桢强调在本病治疗中，当酌加活血化瘀之品，以疏通经络，调畅气血，常选用当归、赤芍、川芎、丹参、虎杖、人中白等；病情顽固迁延日久的，当选用虫类药走窜入络、搜剔逐邪，可使气血宣通，有利于津液恢复，常选用全蝎、地龙、僵蚕等。因虫类药大多有毒，且有耗气伤阴之弊，临床用量宜轻，不宜久服，马永桢常选其1～2味与养阴生津之品配伍使用，能明显增强疗效而无伤阴之虞。

3.3 临床选药主张“甘凉平润”

本病特点为五脏阴液不足，选药当注意甘凉平润，避免使用苦寒辛热之品，以防劫伤阴液。本病在病理演变过程中，常兼夹湿毒、气滞、血瘀，治疗时应在滋阴润燥的基础上佐以祛邪，不可喧宾夺主。马永桢认为味酸之品，对人体腺体分泌有明显促进作用，临床常在辨证用药的基础上，酌加乌梅、五味子等性平味酸之品，常有明显疗效。

4 验案举隅

陈某，女，45岁。2001年4月15日初诊。主诉口眼干燥2年，近2年来渐感口舌干燥，两目干涩，时伴有两膝关节疼痛，口中牙齿腐败脱落，曾在西医院查两眼泪流量为0，角膜荧光染色（+），腮腺造影呈3级改变，自身抗体检测：RF（+），抗SSA（+），抗SSB（+），免疫球蛋白测定IgG增高为25g/L，诊断为原发性干燥综合征，予胸腺肽、必嗽平、氯喹等治疗，效不显，故而求助于马永桢。现症：口舌干燥，目涩无泪，形体消瘦，倦怠乏力，胃纳不佳，舌红少苔脉组数，证属肺胃阴伤、肝肾亏虚，治宜养阴润燥，药用杞子10g，菊花10g，南北沙参各10g，天麦冬各10g，肥玉竹10g，草决明10g，黑山栀6g，焦白术10g，紫丹参10g，全蝎6g，青葙子10g，乌梅10g，桑椹子10g，甘草6g。服药30剂后，口眼干燥明显好转，纳食正常，后以上方为基础加减，连服3月，病情稳定，随访半年未复发。（徐长松）

马云枝临床经验

【名老中医简介】马云枝（1953～）女。教授，博士生导师。河南中医学院第一附属医院脑病科主任医师。中国中医药学会内科脑病专业委员会常委，中国中西医结合学会神经内科专业委员会委员，河南省神经病学会委员会委员，河南省医师协会内科分会副会长，郑州市中西医结合内科学会主任委员等职。河南省名中医。长期从事中西医结合防治脑病的临床、教学与科研工作，擅长治疗中风、痴呆、帕金森等疾病，主持及参与的科研项目获省科技进步奖16项。发表学术论文近200篇。

临床经验

脑中风

1 衷中参西救危急

马云枝非常强调中西医并重，认为只有中西医互补才不至延误患者。对急危重症脑中风患者，充分发挥现代医学的优势，衷中参西，为我所用。如在病因治疗上所治郭某，男，48岁，以“左侧肢体麻木不遂8 h，加重2 h”为主诉入院。查神志清，左侧上下肢肌力均为2级，巴氏征阳性，头颅CT平扫未见异常，马云枝分析病情后诊断为血栓形成所致脑梗死，定位在基底节区，急查血栓止血实验后，给予尿激酶75万单位静脉溶栓治疗，6 h后，患者肢体肌力恢复为3级，48 h后复查CT右基底节区缺血病灶显影与临床诊断符合，继续治疗后痊愈。其他对腔隙性脑梗死，首选改善红细胞变形能力的药物静点；分水岭梗死，治疗一般不用降血压药物，保持颅脑血流高灌注；栓塞性梗死时，用低分子肝素钙抗凝治疗；对动脉炎所致的梗死给予抗炎治疗；对严重的动脉狭窄（如颈动脉）及时请介入科治疗等。并按照卒中单元模式，指导中风患者及时进行针灸和康复治疗。此外，对危急重症的救治及并发症的处理，马云枝积累了丰富的经验，每每聆听教诲，如醍醐灌顶，使人启悟。她对急性脑中风患者在采用现代医学方法治疗的同时，为了增加疗效，多同时采用中医治疗，据统计1月内接诊的门诊及住院患者，中医参与率达97.24%，说明了马云枝对中医治疗的重视。为了提高中医药参与率，提高疗效，除给患者口服中药外，在静点液体时，依病情多同时配合中药制剂，如肝阳暴亢，风火上扰或痰热内闭心窍者静点清开灵或醒脑静；风痰瘀血，痹阻脉络者静点血塞通针、丹参针、脑脉宁针；痰热腑实，风痰上扰者静点灯盏花、葛根素针；气虚血瘀者静点黄芪针、丹参针、通脉舒络液、川芎嗪、血栓通；阴虚风动者静点脉络宁针；痰湿蒙塞心神者静点葛根素、灯盏花针；元气败脱、心神散乱者静点心脉灵针、参麦针、参附针、刺五加针等。

2 解毒泻火风势熄

鉴于目前公认的中风基本病机"风、痰、气、火、虚、瘀"治疗无较优疗效，临床表现具有"毒"之为病的特征。在治疗脑中风时，马云枝抓住风、火、痰、瘀、气虚、阴虚阳亢6个基本证候结合脏腑辨证同时，不拘泥于《中医内科学》第6版对中风病的8个证型诊断，在辨证论治时重视"热毒"与中风的发生发展病理联系，认为热毒痹阻脑络，薰蒸清官则昏馈，燔灼筋脉则㖞僻不遂。故将"解毒"作为治疗中风危重病非常重要的方法，通过清热解毒泻火，达到熄风之目的。对脑中风患者常采用的解毒治法有：①清肝泻热解毒：肝主情志，七情失和，五志过极，皆致肝疏泄失司，气郁化火，火盛为毒。"内风之动，皆由于肝木之旺，木火生风，是其常态。"因之清肝可泻热解毒。常用药物有菊花、钩藤、栀子、夏枯草等。②泻火清热解毒：用于脑梗死伴有肺及泌尿系感染的患者及中风病急性期兼有热象者。证见：半身不遂，言语謇涩，面色潮红，心烦躁动，口苦口臭，或发热，便秘，小便失禁，舌质红，苔黄腻或黄燥，脉弦滑而数。热极生风，火盛为毒是中风发生、演化的重要病理。"当以降心火为主，心火降则肝木自平矣。"（《证治准绳·中风》），故清热泻火解毒即成为熄风之关键。方选黄连解毒汤加丹参、水蛭等以清热解毒，凉血化瘀。③通腑泻浊解毒：用于脑梗死急性期大便不通的重症患者，属中风病急性期腑气不通者。热极则耗伤阴液，毒盛则腐败脏腑，痰凝令气不行，瘀阻使血不畅。通腑泻浊，使热毒下行，此谓"通则不毒"，"通则不病"。方选星蒌承气汤加当归、桃仁通腑泻浊，祛瘀通络开窍。④豁痰开窍解毒：用于脑中风急性期征属痰热蒙塞心神的患者，证见昏馈，鼻鼾痰鸣，肢体强痉，躁扰不宁，频繁抽搐，偶见呕血，舌红绛苔黄褐干腻，脉弦滑数。痰浊内生，蕴久化热，热毒炽盛或瘀热内结，闭阻气血，内败脑窍，外灼筋脉。治宜涤痰汤合安宫牛黄丸加减，解毒豁痰开窍醒神。静脉常用清开灵或醒脑静静点。

3 利水通络痰瘀去

"化瘀""通络"治法是中风治疗的基本方法，马云枝通常把"化瘀""通络"治法作为"中经络"治法之纲领，统领"益气、祛痰、泻浊、养阴、镇肝"诸法。在选用"化瘀"法时，缺血性中风早期火热证、痰湿证、风痰证、痰瘀证较多，马云枝根据病情不同分别选用开窍化瘀、通腑化瘀、清热化瘀、祛痰化瘀等，而随着病程的发展，气虚、阴虚、阳虚证可能明显，此时改用益气化瘀、滋阴化瘀、温阳化瘀等，虽是化瘀法应用，但已法随病变。在采用"通络"治法时，依据清·叶天士通络治疗的经验，选用不同的通络药物。辛温通络用桂枝、细辛等；辛香通络用降香、乳香、冰片等；辛润通络用归尾、桃仁等；化瘀通络用三七、水蛭、土鳖虫等；搜风通络用全蝎、蜈蚣、乌梢蛇、金钱白花蛇等；祛风通络用藤类如雷公藤、海风藤、络石藤等；清热通络用二花藤等；补血通络用当归尾、鸡血藤等；滋补络道用鹿茸、紫河车、猪脊髓等；补气养络用人参等。研制出了中风各证型的协定处方，探索出了治疗中风病系列方药如益气通络汤、祛痰通络汤、镇肝通络汤等。同时，根据现代医学对中风急症的认识，结合中医中风病虚瘀浊毒理论，在中风急症的基础研究和临床观察方面，马云枝提出了治疗中风急症的一些新观点，认为痰瘀互阻是中风病急证的主要病机，急性脑梗死后脑络瘀阻，血不利则为水，水津不行，凝结为痰，外渗为饮，瘀血、痰饮、水浊壅塞络道，渐成瘀水互结颅内的病理变化。由于对于中风病瘀水交结于脑窍这一病理的认识，提出了"利水通络"治法，并研制成"利水通络口服液"（主要由水蛭、益母草、猪苓、川芎、大黄、冰片等组成）治疗中风急症。研究结果显示［河南省科技厅科技攻关计划基金资助项目（980945）利水通络口服液对急性脑缺血大鼠IL－8、TNF－a、脑组织含水量的影响］利水通络口服液对急性脑缺血损伤引起的脑组织水肿和神经细胞等病变，有明显的改善作用，在降低脑组织含水量方面效果显著。"利水通络"治法丰富和发展了脑病的治疗方法。

4 典型病案

某女，68岁，以"突然口角偏斜、左侧肢体不遂，剧烈呕吐1 h”为主诉于2004年4月26日18时45分入院。入院证见：口角偏斜，左侧肢体活动障碍，时有喷射性呕吐胃内容物，意识不清，皮肤湿冷，小便失禁。查体T 36.3℃，P 61次/分，R 16次/分，BP 190/100 mmHg，中度昏迷，面色黄，营养发育一般，舌质稍暗，舌边有齿痕，苔薄黄，脉沉缓，皮肤湿冷，两瞳孔均1.5mm，对光反射迟钝，左侧鼻唇沟稍变浅，心肺腹部无异常，四肢肌力、肌张力均低下，腱反射减弱，双侧巴氏征阳性（+），克氏征（-）。头颅CT示：①右侧外囊脑出血（25 mL）并脑水肿；②两侧基底节区陈旧性脑梗死。入院中医诊断：出血性中风（元气败脱，心神散乱）。救治：立即用地塞米松10mg、速尿40mg、20%甘露醇250 mL iv，及可拉明0.375、洛贝林3mg iv，其他急救措施及方法按脑血管病急救常规，吸氧、输液、导尿、保持水电解质酸碱平衡，预防呼吸道及泌尿系感染，输液治疗脑病药物早期采用中性治疗等。经上述抢救治疗，患者住院4 h后病情缓解，瞳孔2.5mm，对光反射已有恢复，对语言能理解，能听懂并部分配合检查，伸舌时舌尖左偏，双侧巴氏征阳性。此时脱证已复，脑窍风火热迫，开始用中药清开灵针40mL qd，静滴，醒脑开窍，清热解毒。病情出现转机后，患者一度嗜睡，腹满，呛咳有痰，用星蒌承气汤通腑泻浊解毒，药物组成：胆南星12 g，全瓜蒌12 g，石菖蒲12 g，炒枳实12 g，大黄6 g，茯苓15 g，陈皮15 g，炙甘草3 g。每日1剂，鼻饲6剂。应用上方后患者大便通，痰少，神志清。5月8日，患者仍语言表达障碍，双眼仍向右凝视，左上下肢肌力为0级，患者舌红苔黄，脉弦滑，治以清肝泻火，豁痰开窍加利水通络法，处方：胆南星6 g，石菖蒲9 g，钩藤20 g，石决明20 g，栀子12 g，炒杜仲15 g，川芎10 g，怀牛膝15 g，夜交藤30 g，益母草30 g，水蛭10 g，鸡血藤30 g，炙甘草3 g。每日1剂，连用17剂，静脉同时用血塞通粉针0.4 + NS250 mL ivgtt. qd. 配合。用药后患者神志清，语言渐流利，肢体肌力开始恢复。继以益气、活血、养阴、通络药物调理，共服药60余剂，病告痊愈。

按　对于中风元气败脱，神明散乱型的治疗，用回阳救逆的参附汤。显然，本例病情如此之危重，采用中药根本不可能争分夺秒地抢救患者的生命。现代医学已认识到患者此时的脑水肿非常严重，已处于脑疝前期，若不及时抢救，可能几分钟内就有脑细胞的大量死亡，后续治疗将非常困难。（傅爱民）

血管性痴呆

1 病因病机

血管性痴呆系中风后痴呆病，早期表现为近记忆的减退，随病情的进展，渐出现计算力、定向力的障碍，严重者可出现性格、人格的改变。血管性痴呆属中医呆病、痴呆范畴，历代医家论述颇多。如《灵枢·海论》：“髓海不足，则脑转耳鸣，胫酸眩冒，目无所见。懈怠安卧。”《医林改错》说：“年高无记性者，脑髓渐空。”当代医家对血管性痴呆的病因病机认识更加丰富，或从虚论治，或从瘀论治，或从毒论治。马云枝认为：本病起因于中风，中风多发于中、老年人，《素问·阴阳应象大论》曰：“年四十而阴气自半”，肾精亏虚是中风发病的根本，肾为先天之本，主骨生髓，而脑为髓海，元神之府。肾精不足，大脑失养，灵气不通则出现意识模糊、神情呆滞、精神抑郁、语无伦次、遇事多忘、头目不清、喃喃独语、不思饮食等症；老年体虚，五脏元气俱衰，气虚血瘀痰凝，痹阻脑窍，则遇事善忘。因此，血管性痴呆病机核心为本虚标实，以肾气亏虚为本，痰瘀阻滞为标。

2 治疗原则及方药组成

根据血管性痴呆本虚标实的病机特点，马云枝采用标本同治的治疗原则，补肾填精以治本，化痰活瘀、通络开窍以治标，自拟经验方复智胶囊。处方组成为：何首乌、熟地、山茱萸、黄芪、茯苓、远志、节菖蒲、桃仁、川芎 葛根。提取加工后制成胶囊。

3 病案举隅

患者，男，60岁，干部。因左侧肢体瘫痪半年，健忘三个月而就诊。患者半年前劳累后出现左侧上下肢运动不遂，来我院住院，CT诊断为右侧额、颞叶脑梗塞，经给予中西医结合治疗，瘫痪好转出院。但近三个月来健忘明显，突出表现为近事遗忘。就诊时证见：健忘，呆木少语，纳呆，眠少，大便两天一次，小便正常，舌质暗，苔薄白腻，脉沉细。智能检查见近记忆、计算力、定向力均有减退。综合舌、脉、症，分析为血管性痴呆，病机为肾精亏虚，痰瘀阻窍，神机失用所致。治当补肾填精，化痰活瘀。给予复智胶囊，连服3个月后，健忘症状大减，智能检查长谷川痴呆量表（HDS）和日常生活能力量表（ADL）较初诊时均明显改善。

4 体会

复智胶囊针对血管性痴呆的治疗，经过长期临床观察，取得了良好的疗效。主要是因该方切中血管性痴呆以肾精亏虚为本、以痰瘀蒙窍为标的病机，该方中何首乌补肾填精生髓，主治精髓不足，为君药；熟地、山萸肉养肝肾之阴，助何首乌益精填髓，为臣药；茯苓、远志、节菖蒲泻肾浊，化痰开窍；桃仁、川芎活血化瘀，行气解郁；黄芪大补脾胃元气，使气旺血行，达补气活血通灵之用。葛根升举清阳之气，共为佐药；炙甘草调和诸药为使。全方以补肾填髓为主组药，兼以豁痰开窍、化瘀安神。以补为主，攻补兼施，既补气阴精髓，又兼祛邪，即祛痰、活血、化瘀。通过药理实验证实复智胶囊有抗缺氧和抑制血小板聚集作用，对缺氧引起的脑过氧化脂质增加有对抗作用。（李社芳 李金环）

脑血管病

1“增液行舟”治血栓

魏某，男，66岁，2003年2月16日于晨起之际发现右侧肢体活动失灵，言语不利，遂紧急入某院治疗。当时查患者神志尚清，语言謇涩，右侧肢体呈不完全性瘫痪。头颅CT提示左侧基底节区脑梗塞。给予25%甘露醇125mL，每天2次，连用7天，同时应用扩容、抗凝、神经营养剂等治疗，病情无明显好转，且有加重趋势。患者表情淡漠，反应迟钝，严重构音障碍，吞咽困难，右侧肢体完全瘫痪，于3月3日请马云枝会诊。证见：发热（T 37.5℃），嗜睡，眼窝深陷，皮肤干燥有皱折，舌质暗红，舌苔干燥，脉细数。马云枝仔细检查后认为，患者属中医中风病中脏腑，病机初始为肝肾阴虚、虚风内动，后因持续应用脱水剂时间过长，未做到中病即止，损伤了津液，加之假性球麻痹妨碍进食，水津补充不足，故表现为津伤液脱之象。津液不足，津伤血燥，血液相对粘滞，血运不畅，导致瘀血阻络进一步加重。阴虚脏腑失于濡养，神明失充，因此表现诸脏功能低下，神识欠清。应立即停用脱水剂，西医治疗应及时补充液体。中医治疗则采用“增液行舟”之法，以达滋养阴液以行气血的目的。方用增液汤合四物汤加味。处方：太子参30g，生地20g，玄参15g，麦冬15g，枸杞子20g，当归20g，白芍12g，川芎12g，丹参30g。水煎服，每日1剂。1周后再诊：患者神志转清，眼窝深陷消失，皮肤润泽，舌质淡红，苔薄白，脉弦细。仍守原方，另加生山药30g，花粉30g，继服5剂，以增强益气生津之力。随后采取中西医结合康复治疗，患者诸症好转出院。

按 中医“增液行舟”法原为津伤便秘而设，最早由清代吴鞠通提出并实施。然津液与血有着同源与互生的关系，故《内经》有“津血同源”说。如《灵枢·邪客》云：“营气者，泌其津液，注之于脉，化以为血。”生理上的互用，必然导致病理上相关。《灵枢·营卫生会》言：“夺血者无汗，夺汗者无血。”张仲景亦有“人之气血犹源泉，盛则流畅，少则壅滞，故气血不虚则不滞，虚则无有不滞者”之论。周学海曾指出：“夫血犹舟也，津液水也”，“津液被火灼竭，则血行瘀滞。”这就明确说明了血液的正常循行需依赖津液的运载和流通，反之，如若津液不足，血液循行必受影响，从而造成血瘀征象。近年的相关研究也证明，阴虚津伤患者血液流变学会生改变，具体表现为全血比黏度、血浆比黏度、红细胞硬化指数增高，血沉加快；微循环显示出微血管异形，血流缓慢瘀滞，血管周围渗出明显。这与血栓病有着相同的病理基础。该例患者缘于素体阴虚，突发中风后，应用脱水剂未根据体质情况及病情需要做到中病即止，而是用之过量、过久，致使津伤液脱，气血之舟无以运行，血流缓慢，血瘀程度更甚，所以病情呈现加重之势。采用“增液行舟”之法，增益耗损的阴液，促进血液的流通，诸脏得以濡润，神明得到濡养，故病情得以迅速好转。现代药理研究证明，增液汤能有效抑制全血黏度和血浆黏度升高，增加红细胞变形能力，减少血小板聚集，改善血液瘀滞状态，恢复正常的血液供应。这就是古法新用，中西医结合的很好例证。

2“急下存阴”疗狂躁

段某，男，64岁，因生气突然感到头痛、言语不利、右侧肢体无力于2002年11月18日16时收治入院。入院后体查：神志恍惚，言语不清，右中枢性面舌瘫，右上、下肢肌力1级，双眼向右侧凝视。血压180/100mmHg。头颅CT示：左基底节区脑出血，量约35mL。遂给予20%甘露醇250mL，每6h一次脱水降颅压及其它内科对症处理。次日，患者出现烦躁不安，发热，T 38.5℃，给以安定10mg肌肉注射，烦躁尤甚，又给安定10mg肌肉注射，每日2次，第3日，患者出现狂躁，左侧肢体舞动。遂请马云枝会诊。查体后，发现患者面红目赤，狂躁不安，腹部膨隆，可触及肠形，7日未行大便。舌质红绛，苔黄厚焦燥有裂纹，脉洪数。马云枝诊察后认为，该患者属中医“出血性中风”，源于患者素体阳盛，因大怒肝阳暴张，肝火上灼脑络，迫血外出发为中风。邪热蕴结与燥屎相互搏结，阻闭于腹，渐成“痞、满、燥、实、坚”之候。热毒蕴结，上扰心神和脑窍，故出现失眠，狂躁不安。辨证属典型的阳明腑实热结之证。治疗应攻积导滞，急下存阴。方以大承气汤合增液汤加味。处方：大黄9g（后下），芒硝6g，枳实12g，厚朴12g，生地12g，玄参12g，麦冬12g，天花粉30g。1剂，水煎服。患者服后不久即频转屎气，当日行大便2次，体温有所下降，烦躁减轻。次日再诊，因实结已除，改用竹叶石膏汤加减。处方：生石膏20g（先煎），淡竹叶12g，知母12g，石斛12g，玄参12g，生地12g，麦冬10g，天花粉30g。5剂，每天1剂，水煎服。服后体温正常，神清而安详。

按 中医常言“留得一分津液，便存一分生机”。因此张仲景便针对阳明腑实见证，创立了大承气汤，目的在于“釜底抽薪，急下存阴”。然急下之后，热结虽除，余热未清，加之热邪耗伤人之气阴，故张仲景又立竹叶石膏汤以益气生津、和胃除烦，寓意仍在于固护人体阴液。该例患者由于实热与燥屎互结，浊气填塞，腑气不通，故大便秘结，数日不行，脘腹痞满；邪热内盛于里，上扰心神，故表现为狂躁不安；里热炽盛，燥屎结于肠中不得出，故腹部按之坚硬有块；热灼津液，阴精大伤，不能上承，故舌苔焦黄干裂。综观诸症，阳明腑实征象已悉数呈现，故治疗应急下实热燥结，以图存阴救阴。中医对于阳明腑实见证一直强调要“下不言早”，因“祛邪即所谓扶正”，“邪去正自安”。现代研究也证实，通腑泄下法可促进新陈代谢，使体内毒素假借肠道而排出，在脑血管病的急性期能起到降低颅内压、减轻脑水肿、改善脑细胞缺氧状态的作用。但攻下时需考虑患者体质及病程，做到中病即止，不可过量。同时合用增液汤，一可以协助攻下，二可补充因热病而受损的阴津。两法合用可发挥攻补兼施之功。攻下之后，虽腑实已解，然余热未清，此时采取且清且补之法，可收清不伤正、补不恋邪之妙。本例患者就是随着腑气的通畅而神志转清，血压也渐趋正常。大量的临床实践证明，保持患者的大便通畅，是提高脑出血抢救成功率及防止出血再发生的重要保证。在临床上常见到一些老年高热患者，因治不及时或治不得法而突发中风之患，如能采取中西结合，中药攻下与保津同施，西药及早补充液体，就可以避免此类事件的发生。因此“急下存阴”不单对治疗热性病而且对防治中风病也具有十分重要的意义。（周晓卿）

遣方用药

经方验案

1 柴胡加龙骨牡蛎汤治疗癫证

张某，男，67岁。数月前因头部受伤住院治疗，好转出院后又见癫痫样发作，且愈发相隔时间愈短。发作前伴头痛，发作时伴谵语，神志不清，给予镇静药未能控制，癫痫样发作每日2～3次，常伴呕吐，小便不利，查体神萎，面目浮肿，舌质暗，脉弦滑，方用柴胡加龙骨牡蛎汤加减。药用柴胡、龙骨、牡蛎、黄芩、茯苓、桂枝、生姜、党参、姜半夏、猪苓、大黄（后下）、大枣等药，3剂温服，每天一剂。服药三天期间，癫痫发作4次，胸满、烦躁明显有所改善。续服十余剂，其间仅有偶尔癫痫样小发作3次。

按 本案取仲景柴胡加龙骨牡蛎汤。分析其胸满烦惊为心中有痰有热，谵语为胃中积热，面目肿胀则因里虚津液不行，阳气失于荣达所致，故取柴胡通达全身之气以除胸满不适，用龙骨牡蛎以镇其内而止烦惊，更择大黄逐胃热、和胃气而止谵语，茯苓泄膀胱、利小便，加参、姜、枣益气生津，增桂枝则行全身阳气而解错杂之邪，合于救治坏逆之法而奏效。

2 乌梅丸治疗颤震

张某，男，76岁。帕金森病5年，头部不自主晃动，面容板滞以致生活不能自理。证见：神清，疲乏头晕，畏风寒，头及四肢震颤，肌肉僵硬，步履艰难，面容板滞，心烦，口苦，咽干，小便频数夜甚，便秘，失眠。辨证分析：寒热错杂、厥阴风动。治宜养血濡筋。故予乌梅丸加减。方予：乌梅、黄连、桂枝、党参、当归、川芎、附子、石菖蒲、炙甘草。每日1剂，水煎服。两个月后复诊，患者精神转佳，震颤幅度变小程度变轻，写字前后对照明显好转，行走较有力。仍便秘，眠差，舌质淡红，舌苔薄黄，脉弱。予上方加酸枣仁，火麻仁，继服数月余。三诊：精神良好，诸证见轻好转，病情不再进展。

按 帕金森病属中医“颤震”范畴，《黄帝内经》云：“诸风掉眩，皆属于肝”。患者具有头晕，畏风寒，四肢僵硬震颤，心烦口苦，咽干，大便秘结等症状，故辨为寒热错杂、厥阴风动。唐容川认为：“厥阴之寒热，总因风气而煽动也。故用乌梅敛涩风气，而余药兼调寒热”。本方以乌梅之大酸，伏其所主；配黄连以清其热；附子温肾使火有所归，则肝得所养；肝藏血，桂枝、当归引血归经也；寒热杂用，诸药相谐而达熄风定颤之功。（马 龙 程传浩）

马在山临床经验

【名老中医简介】马在山（1922～）山东省沂水县人。主任医师。北京市鼓楼中医医院骨伤科主任。北京市推拿按摩治疗学会常务副会长。第一批全国老中医药专家学术经验师继承工作指导老师。从医60余年，擅长诊治股骨头缺血性坏死、骨折迟缓愈合、类风湿性关节炎、骨性关节病、骨质疏松等疑难病症。专著《马氏中医治疗股骨头坏死》。

强直性脊柱炎

1 病因病机

1.1 素体肾虚，寒邪深侵于骨

肾主骨，肾虚髓空，寒邪乘虚而入，内舍于骨发为“骨痹”。

1.2 风寒之邪痹阻经络

久居、作业潮湿阴寒之地，三邪过盛，易于痹阻经络,使气血不通而发“痹证”。据王兆铭90例强直性脊柱炎病史调查发现,其中60例均系潮湿、寒冷影响引起发病。

1.3 遗传基因

强脊炎比类风湿性关节炎更有较强的家族遗传倾向。我们曾收治2例同族三代同患此病的患者。据天津医院关节科统计的318例中,家族史的阳性率为23.7%,家属中同患本病者以父子、兄弟最多见。

2 分期辨证治疗

2.1 早期(寒湿痹阻)

初发症状常为腰臀、髋部疼痛及活动不便,遇寒加重,得热痛减,经治疗数日后即可痊愈,脉多沉弦。此期为寒湿之邪流注经络,正气为邪气所阻,气血运行不畅,虚实并见,以实为主之证。基本治法:内服祛寒通痹煎剂(麻黄、桂枝、乌头、细辛、赤芍)或单服马氏类风关节片(白花蛇、穿山甲、生南星、骨碎补、川草乌、当归等)

2.2 中期(肾虚寒侵)

随着病变进展,腰臀部疼痛,腰僵都变为持续性,疼痛变为深部钝痛,刺痛,常在凌晨疼醒,脊柱活动受限,甚至部分强直,脉多沉而无力。此期为久病正虚邪实,寒邪深侵入骨,关节变形,屈伸不利。基本治法:内服马氏类风关节片加服补肾散寒煎剂(鹿角胶、巴戟天、附子、桂枝等),配合3号药液全身热浴。

2.3 晚期(肝肾两虚)

数年之后,病变累及腰椎和胸椎以后,患者为减轻疼痛,经常采取脊柱前屈姿势。久而久之,形成弧形驼背畸形。此期一旦形成骨性固定性改变则不可逆转。脉多沉细,或沉细弦,两尺更弱。这正是臀骨枯细,节挛肉拳筋缩,肘不得伸,骨节蹉跌,尻以代踵,脊以代头之“旭羸”废疾。基本治法:内服马氏类风关节片,加服滋补肝肾煎剂(山萸、苁蓉、狗脊、桑寄生、二地、川芎等)。配合3号药液,全身热浴。

3 病案举隅

倪某,男,30岁,住院号8148。患强直性脊柱炎已5年,脊柱生理弯曲变直,活动欠佳,屈曲明显受限,腰椎棘突有压痛,不能下蹲,行走困难,下肢肌肉萎缩,形体消瘦,脉沉细。诊为强脊炎晚期,肝肾两虚型。采取晚期基本治法,3个月后,下肢及腰部疼痛基本消失,活动度加大,功能好转,能缓慢下蹲,并可以从1楼登上3楼,可弃拐走路达2~3里之远。

4 体 会

①强脊炎只要早期诊断、早期治疗,是可以痊愈的。临床所见患者,多因早期诊断不明,治疗不及时而发展到中晚期。中期治疗以控制发展为主,具有较重要的价值。晚期腰胸椎强直变形很难逆转,治疗可达到减轻疼痛,恢复一些功能的目的。

②强脊炎急性发作期,可出现“热痹”证侯,不可统用温补散寒之药。可选用忍冬藤、寄生、牛膝、生地、赤芍、丹参,煎服。热重者加黄芩、黄柏;湿重者加木通、苍术;随证施治。

③X线特点:强脊炎都具有骶髂关节典型改变。早期可见骶髂关节间隙模糊;中期可见骶髂关节锯齿样改变;晚期可见骶髂关节融合,脊柱呈竹节样改变。

④马氏类风关节片为基本方,除了“热痹”以外,早中晚期均可应用,为了提高疗效,还应随证加服煎剂。适当配合药浴法、功能锻炼法,综合治疗。在治疗中应注意休息,避风寒,一般治疗1个月即可见效。(王凤仪)

酒精中毒性股骨头坏死

1 治疗方法

1.1 口服生骨片

主要成份:骨碎补、鹿角胶、血竭、石菖蒲等,每次3~4.5g,每d3次,饭后1h服用;早期患者配以黄柏、薏米、木瓜、白蔻,水煎服,每d1剂。

1.2 中药局部薰熥

将250g中药放入布袋内缝好,再放入清水内浸透置蒸锅内,开锅后蒸10~15min取出,患者仰卧于床,将药袋放在患髋处,若过热则可不使其接触皮肤,先用仰蒸气薰,待温度合适时再放在皮肤上,并放热水袋在药袋上面,然后再用塑料布包好。注意温度保持在42℃左右,每d1次,40~60min。主要药物:急性子、三棱、莪术、透骨草、伸筋草、川乌、草乌、防风、海桐皮等。

1.3 按 摩

着重采用点穴法、双手按法、滚法、提拿法、推法,自下而上做手法各3~5次,施手法于大腿屈肌群、大腿内收肌群、臀肌;以拇指拨法,拨大腿屈肌群、大腿内收肌群、臀肌及梨状肌的起止部;以牵抖法、提屈旋转法活动髋关节。

1.4 功能锻炼

分别采用站立锻炼法、坐位锻炼法和卧位锻炼法,以扩大髋关节屈曲、后伸、外展、内收、外旋、内旋各方面活动度和下肢肌力,通过医生的语言和形体示范激发患者主动功能活动意识和恢复信心。

1.5 注意事项

戒酒、保暖、少负重。

2 病案举隅

王某，男，38 岁，1996 年 6 月出现左髋关节疼痛，按风湿性关节炎治疗服用中药一个月后，又出现另一侧髋关节疼痛，仍以风湿性关节炎治疗服用中药。1997 年 5 月，患者双腹股沟疼痛加重，伴双膝内侧疼痛，下蹲困难，走路跛行，当时 X 线诊断为双股骨头坏死。1997 年 6 月入院查体，疼痛 3 分，走路明显跛行 2 分，髋关节活动障碍 3 分，病情综合判定为重度（8 分）。经治疗 15 个月，则弃拐行走，隐性跛行 1 分，走路过多则偶有疼痛 1 分，髋关节功能基本恢复正常 0 分，病情为轻度（2 分），分值下降 6 分，疗效评定为优。

3 体 会

马在山认为，酒的性味辛温燥烈，过量饮酒则日久伤及肝肾，致肝肾两虚：肝主筋，肾主骨，肝肾两虚则筋骨失养；而人体中股骨头比其它部位相对供血较差，故筋骨失养而股骨头部位最易失养，气血运行不畅，日久生瘀，瘀则不通，不通则痛，发为髋部疼痛；筋骨失养则肌肉关节失去濡润滑利，故活动受限。酒精中毒性股骨头坏死属骨科的疑难病、慢性病。由于骨坏死的修复、生长时间长，治疗时间也相对要长，一般 3～6 个月才能有疗效，对于病情严重者则要求治疗时间更长，最长可达 2.5 年左右。采用内治法以内服生骨片活血化瘀，补肾生骨；针对早期患者，出现湿热症状者，配以黄柏、薏米、木瓜、白蔻，水煎服，清热利湿、活血通络。外治法，以中药局部薰爔，该方功能活血化瘀、祛风除湿、通络止痛，且薰爔法本身也有舒通关节筋络、疏导腠理之功，有利于药物渗透，加强疗效；二以按摩法配合，因股骨头坏死者大腿多屈曲、内收，故施手法于大腿屈肌群、大腿内收肌群、臀肌，活血通络而使萎缩的肌肉有所濡养而日见丰厚；以拇指拨法，拨大腿屈肌群、大腿内收肌群、臀肌及梨状肌的起止部，以松解肌腱之间的粘连；以牵抖法、提屈旋转法活动髋关节，恢复关节活动度；三以功能锻炼法，自主活动为主，被动活动为辅，动静结合，医患合作，充分激发患者主张活动意识和恢复信心，锻炼髋关节活动度和下肢肌力，以改善受限的活动、萎缩的肌肉和疏松的骨质，从而促进疗效。（杨 康）

毛德文临床经验

【名老中医简介】毛德文 教授，主任医师，硕士生导师。广西中医学院第一附属医院肝胆内科主任，广西中医肝病防治中心主任。广西自治区第二批名中医。承担科研课题 20 多项。擅长诊治肝炎病毒所致的急慢性肝炎、肝硬化，尤其在防治慢性肝炎向肝硬化、肝癌发展—抗肝纤维及重型肝炎的中西结合治疗方面有独特创见。

临床经验

从毒论治肝衰竭

1 毒为肝衰竭致病之因

肝衰竭是由于肝细胞广泛范围的坏死，或肝功能急剧严重的损害所引起的凶险的临床症候群，是一切肝脏疾病重症化的共同结局。其来势猛、进展快、病势重、变证多、病死率高达 60%～80%，临床最主要的特征为高黄疸及神识昏蒙，中医学以证统病，故属祖国医学“黄疸”之“急黄”、“瘟黄”及“厥证”之“肝厥”范畴。现代医学对本病的发病机制远未阐明，临床上尚无治疗本病的特效药物。而中医药在治疗肝衰竭方面具有独特的优势，国家已在此方面进行了大量的研究工作，取得了一定的进展，但由于肝衰竭其实际是多脏器功能衰竭，其临床表现相当复杂，导致中医据“四诊”收集来的资料千变万化，由此归纳演绎病机病理的概括—证型，也就呈现出诸多差异，如果单纯按照辨证论治的方法，就达不到执简驭繁的目的。更有甚者是肝衰竭晚期诸脏俱损，邪毒鸱张，诸证并存，使辨证论治无从入手。毛德文提出了肝衰竭治疗应遵循辨病论治的观点，即根据基本病因、病机、病理来制定出相应的治疗原则，并随之确立相对固定的有效方药。

对本病的病因文献记载始见于《黄帝内经》，如《素问 · 六元正纪大论》载：“湿热相搏……民病黄瘅”；隋 · 巢元方《诸病源候论》谓：“因为热毒所加，故卒然发黄，心满气喘，命在顷刻，故云急黄也”；唐 · 孙思邈《千金要方》谓：“凡遇时行热病，多必内瘀发黄”；吴又可《瘟疫论》载：“疫邪传里，热移下焦，小便不利，其传为疸，身目如金”；清 · 沈金鳌《沈氏尊生书》载：“天行疫疠以致发黄者，俗谓之瘟黄，杀人最急”；《医宗金鉴》有“天行疫疠发黄，名曰瘟黄，死人最暴也，盖是急黄耳”的记载。清·叶天士《临证指南》指出：“阳黄之作，湿从热化，瘀热在里，胆热液泄，与胃之浊气并存，上不得越，下不得泄，熏蒸抑郁……身目俱黄，溺色为变，黄如橘子色。”从以上文献记载可见，我国古代医家对肝衰竭的病因已有了一定的认识，与疫疠、热毒、湿热相搏、瘀热等因素有关。

毛德文汲取前贤精髓，结合临床经验加以总结，提出了“毒”为肝衰竭的根本病因。中医文献中有关“毒”的记载，其含义主要包括三方面：药物的毒性和偏性、病名（如丹毒等）以及致病因素的毒等。而作为致病因素“毒”又包含了三层不同的涵义：其一，邪之甚（盛）者为毒。如《素问·五常政大论》王冰注：“夫毒者，皆五行标盛暴烈之气所为也”；《金匮要略心典》言：“毒，邪气蕴结不解之谓”；《重订通俗伤寒论》言“火盛者必有毒”。由邪气过甚（盛）产生的毒有内外之分，六淫过盛所产生的为外毒，如风毒、寒毒、暑毒、湿毒、燥毒、火毒；而由七情、饮食、劳倦等导致机体脏腑功能紊乱、气血阴阳失调、病理产物蕴积过盛可化为内毒，常见的有痰毒、瘀毒、郁毒等。其二，疫毒，指疫疠之“毒”，为自然界产生的具有强烈传染性，可导致人体急剧病变的致病物质。《说文解字》载：“疫，民皆病疾也”。其三，有毒物质，指有毒性作用的物质侵入人体，所引起的损伤作用。具体到肝衰竭，外毒主要指疫疠、有毒的物质，即肝炎病毒、酒精、化学毒物等；内毒指热毒、瘀毒、痰（湿）毒等，即因外毒入侵导致机体脏腑功能紊乱、气血阴阳失调、所产生的对机体有特殊而强烈损伤作用的病理产物，可能涉及T淋巴细胞介导的免疫性“毒”、细胞因子“毒”、炎性因子“毒”、内毒素“毒”、脂质过氧化“毒”等。毛德文还通过大样本（1072份）病例检索及病因病机临床实践前瞻性调查（133份）发现，在调研的5家医院肝病科，肝衰竭的病因均以外因立论，责之湿热疫毒内侵，有1009份病例在住院记录的辨证分析中明确提出其病因为湿热疫毒，占总病例数的94.12%。从病因流行病学角度证实了肝衰竭毒邪病因学说的科学性。

2 瘀、痰为肝衰竭的病变之本

在我国，95%的肝衰竭患者因感染肝炎病毒而发病，肝炎病毒属疫疠之毒，其性火热炽盛，其气秽浊，其毒极重，一旦感受此毒邪则造成气机壅闭，难以宣发，郁闭于内，致肝失疏泄，脾失运化，湿浊内生，胶凝成痰。《医碥》谓：“痰本吾身之津液，随气运行，苟气失其清肃，而过于热则津液受火煎熬，转为稠浊之痰”。痰火蕴结过盛又可化为痰毒，从而造成痰毒、火毒交攻之势，上扰心神则引起窍机失利，病者或失眠，或烦躁；内蕴肝胆胃肠则腑气不通，胆汁郁滞，黄疸久羁不退。对于血分原有伏热者，内外勾引，毒热很快迫入营血，热盛动血，故可见出血、瘀斑之候。根据唐宗海《血证论》“离经之血，虽清血亦瘀血”之论，此候亦为瘀血之征。由于痰毒、火毒交攻，血热相结，煎熬熏蒸，热与血相搏，而致血液稠浊，血涩不畅，或痰凝气滞则血行不畅，以致脉络瘀阻，形成瘀血，则见血瘀之候。而瘀甚则必定生毒，瘀亦可化痰，《血证论》指出：“血积既久，亦能化为痰水”，从而形成恶性循环，导致毒、瘀、痰胶结难结的局面。最终痰、瘀郁闭于内，毒热窜于心包，清窍受蒙，以致陷于昏迷。由于毒邪弥漫周身，三焦不利，决渎失司，所以小便既少且浊，更使邪无出路，留滞体内以致出现腹水胀满。若为正气本亏之体，邪热燔灼于肝，营阴暗耗，其最终发展则是气阴两虚，正虚邪陷。所以本病的病机可以概括为：感受疫毒，毒热炽盛，痰毒内闭，痰火交攻，热迫心营，脉络瘀阻，清窍受蒙，三焦不利，正虚邪陷。其主病位在肝，横连于胆，克伐脾胃，上行于脑及心包，下涉于肾，血脉受损，三焦俱病。总之，毒为致病之因，贯穿于疾病的始终，瘀、痰为病变之本，并且毒与瘀、痰又可互为因果。其病机病理可简单概括为“毒”、“瘀”、“痰”胶结。

3 解毒、化瘀、祛痰为肝衰竭的基本治疗原则

毛德文认为本病的基本治疗原则为清热解毒、活血化瘀、豁痰醒神，自拟解毒化瘀Ⅱ方：茵陈30g，白花蛇舌草30g，大黄15g（后下），赤芍50g，郁金15g，石菖蒲15g。本方以茵陈为君，清利郁于中焦、结于肝胆之湿热毒邪，为退黄的要药。配大黄、白花蛇舌草为臣，其中大黄能畅阳明谷道以使湿热之毒从后阴而出，白花蛇舌草清热解毒有助于茵陈以退黄。赤芍既清入血之邪毒，又行留滞之瘀，与大黄相配消凝瘀败血，与茵陈相伍去入血之湿毒效宏；石菖蒲、郁金化痰浊、辟秽毒、醒清窍、理升降而畅三焦，合赤芍共为佐药。诸药配伍，使湿热去，浊毒解，痰化瘀消，脾运复健而升降有序，肝胆疏泄司职而气畅血行，三焦通利，心智复常，共奏清热解毒、活血化瘀、豁痰醒神之效，可谓与肝衰竭的中医病因病机丝丝相扣。其中赤芍、大黄均具有清热解毒、凉血、化瘀、退黄之功效，被公认为治疗肝衰竭之良药。（邱华　刘洁）

重型肝炎

1 病因病机的认识

中医将重型肝炎归于急黄、瘟黄、疫黄、臌胀、血证等范畴。据1997年国家标准《中医临床诊疗术语》记载并规范其中医病名为肝瘟。历代医家对本病都有精辟的论述。张仲景《金匮要略·黄疸病》提出了“诸病黄家,但利其小便”的治疗原则,其首创的茵陈蒿汤、茵陈五苓散、栀子大黄汤等治疗黄疸的名方一直延用至今。巢元方《诸病源候论》中提出急黄为“热毒”所致,谓:“因为热毒所加,故卒然发黄,心满气喘,命在顷刻,故云急黄也。”沈金鳌《沈氏尊生》首载瘟黄与疫疠的关系。张璐《张氏医通》提出了瘀血与黄疸的关系,“诸黄虽多湿热,然经脉久病,不无瘀血阻滞也”。叶天士《临证指南》对本病的病因病机认识较为全面,指出“阳黄之作,湿从热化,瘀热在里,胆热液泄。与胃之浊气并存,上不得越,下不得泄,熏蒸抑郁……身目俱黄,溺色为变,黄如橘子色”。毛德文承先辈精髓,结合临床,认为本病的病因可总归结为“毒”,毒有外毒与内毒之分,外毒指疫疠(即肝炎病毒),内毒指热毒、火毒、痰毒、湿毒、瘀毒、郁毒等(即富集的各种病理性产物)。基本病机为外感湿热疫疠之毒邪(外因,始动因素),毒热炽盛,痰毒内闭,痰火交攻,热迫心营,脉络瘀阻,清窍受蒙,三焦不利,正虚邪陷。其主病位在肝,横连于胆,克伐脾胃,上行于脑及心包,下涉于肾,血脉受损,三焦俱病。

2 中医辨病论治

重型肝炎西医分为急性、亚急性及慢性重型肝炎3型,毛德文以此为鉴,亦将其分为急性肝瘟、亚急性肝瘟及慢性肝瘟等3型。辨病论治要点:①既往无或否认肝脏受邪病史,近期内有邪毒入侵体内病史,可以化验为凭(由此引导急性及亚急性肝瘟);既往有湿热病邪入侵病史,并且缠绵体内,著留不去,表现为肝著、肝积、鼓胀及肝癌等(由此引导慢性肝瘟),且多伴有饮酒、受凉、情志不遂及过劳等诱发因素。②起病迅速,有明显的乏力、纳差、恶心、厌油、腹胀等症状,不能胜任工作,甚至影响生活起居。③绝大部分患者起病就有身目尿黄,并且迅速加深,其黄如金,以小便深黄为先,继而出现身、目俱黄。④大部分患者可出现神志改变,表现为躁扰不宁,表情淡漠,昏睡及昏愦等不同,逾日加重。⑤常伴有发热、皮下瘀点,瘀斑等血证倾向及鼓胀、水肿等。⑥肝功能、凝血酶原时间及活动度等检查有助于诊断。肝脏B超及CT检查等有协助诊断价值。⑦急性肝瘟患者既往无原发病,病程短,患者正气尚盛,其基本病机为:毒、瘀、痰互结,主病脏腑在肝、脑、心包。治则:清热解毒,化瘀退黄,豁痰醒神。方药:解毒化瘀Ⅰ方,白花蛇舌草15g,赤芍50g,大黄(后下)15g,茵陈30~50g,菖蒲15g,郁金15g。亚急性肝瘟患者虽既往无原发病,但病程历时已久,患者正气渐衰,其基本病机病理为:毒瘀互结、脾胃虚损,主病脏腑在肝、脾。治疗原则:清热解毒,化瘀退黄,益气健脾。方药:解毒化瘀Ⅱ方,白花蛇舌草15g,赤芍50g,大黄(后下)15g,茵陈30~50g,南沙参(另兑)10~15g,葛根30g。慢性肝瘟患者(在我国占发病的大多数)既往有肝著或肝积等原发病,久病归肾,表现为肾元不足者居多,其基本病机病理为毒瘀水互结、肾元亏损,主病脏腑在肝肾。治疗原则:清热解毒,化瘀退黄,滋补肾元。方药:解毒化瘀Ⅲ方,白花蛇舌草15g,赤芍50g,大黄(后下)15g,茵陈30~50g,南沙参(另兑)10~15g,炮附片(偏阴黄)5~10g或怀山药(偏阳黄)30~50g。解毒化瘀汤变裁方:醋制大黄30g,乌梅30g,用于重型肝炎患者中药保留灌肠治疗。临床研究表明解毒化瘀颗粒对重型肝炎患者具有较好的治疗效果,能显著提高患者的存活率,改善预后,减少医疗费用。动物实验通过存活率、生化指标及病理学观察,进一步肯定了解毒化瘀Ⅱ方拮抗肝衰竭的作用,并从肝线粒体保护、抑制肝细胞凋亡、干预信号转导等层面阐明了其部分作用机制。

3 辨证论治

3.1 毒热炽盛

高热,黄疸急起,色泽鲜明,迅速加深,烦渴,呕吐频作,脘腹胀满,尿赤短少,大便秘结,燥烦不安,失眠难睡,舌质红,苔黄厚或黄糙,脉弦,滑数或洪大。治则为清热解毒,利湿退黄。方选茵陈蒿汤合黄连解毒汤或甘露消毒丹。药用:茵陈30g,山栀子15g,大黄10g,白花蛇舌草15g,藿香10g,白蔻仁5g,飞滑石15g,木通10g,石菖蒲10g,黄芩10g,连翘15g,半枝莲15g,夏枯草10g。若热毒深重,见大热烦渴、皮肤发斑、衄血时,用清瘟败毒饮凉血救阴;若阳明腑实,高热便秘,可用大承气汤以泄下通便,清泄救阴;若呕吐频作、呕逆不止,可用黄连泻心汤以清胃降逆止呕。若不能口服者以灌肠为主。

3.2 热毒入营

发热口渴,目黄、身黄如金,食欲差,乏力,尿少,大便秘结,初起齿鼻衄,少腹满,肌肤瘀斑,继之出现呕血、便血,甚或神昏谵妄、昏迷,舌苔秽浊,舌质红绛,脉弦细数。治则为清营解毒,凉血散瘀。方选犀角地黄汤合清营汤化裁或清瘟败毒饮化裁,药用:水牛角60g，生石膏（先煎）60g，茵陈15g，赤芍30g，栀子15g，生地黄15g，黄芩10g，连翘10g，玄参10g，黄连10g，丹皮10g，竹叶10g，生甘草8g。若热毒内陷，神昏谵语者，可用安宫牛黄丸、紫雪丹之类，以清热解毒，芳香开窍；若痰热胶结或痰湿蕴滞，则用至宝丹之类，以芳香开窍，清心涤痰，甚至三宝同用，合力攻邪；若吐血、衄血、便血重者加三七粉10g冲服，或加用云南白药；若黄疸迁延，久病转虚，意识昏蒙，表情淡漠，视物不清，四肢发凉，倦卧头伏，呕逆不止，有气无力，则用至宝丹加独参汤，以扶正固脱，醒神开窍为安。

3.3 热入心包

身黄如金，其病急骤，变化迅速，躁动不安，甚则狂乱，或精神恍惚，甚则神昏谵语，衄血，皮下斑疹或瘀斑，舌苔秽浊，舌红绛或舌体卷缩，脉弦细而数。治则为清热解毒，凉血醒神。方选清营汤化裁合安宫牛黄丸或解毒化瘀汤合安宫牛黄丸。药用水牛角30g，茵陈30g，白花蛇舌草15g，赤芍40g，大黄（后下）15g，石菖蒲30g，郁金15g，生地黄15g，麦冬10g，玄参15g，黄连15g，栀子15g，竹叶心15g，甘草10g。神昏谵语，高热烦躁加安宫牛黄丸，神昏谵语，烦躁不安，伴有四肢抽搐或痉挛者加紫雪丹。若精神恍惚、神昏谵语症状未见好转，并有进行加重者，应急予清开灵注射液40～60mL，加入5%葡萄糖注射液250mL中，2次/日，静脉滴注；醒脑静20mL加入10%葡萄糖注射液250mL中，2次/日，静脉滴注；并可予大黄煎剂保留灌肠。若热毒煽动肝风，见颤动、抽搐则加羚羊角、钩藤、珍珠母以清热凉肝熄风；若热毒久燔致气阴两虚者，加用增液汤或竹叶黄芪汤，以益气养阴；若出现阴竭阳脱之危候则需急予参附汤合生脉散，以益气养阴，回阳固脱，并配合西医抢救治疗。

3.4 痰浊蒙窍

黄疸深重，色泽晦黯，伴胸脘胀满，倦怠乏力，恶心呕吐，呃逆不止，腹部膨隆胀大，身热不扬，神志昏蒙，时明时昧，喉中痰咳，尿少尿闭，舌苔白腻或淡黄垢浊，舌质黯红，脉濡滑。治则为化湿除浊，涤痰开窍。方选：菖蒲郁金汤化裁或温脾汤化裁合苏合香丸，药用：石菖蒲30g，郁金15g，制附片10g，干姜8g，党参15g，炙甘草10g，白术15g，白蔻仁15g，藿香20g，厚朴15g，制半夏10g。若呕吐呃逆甚可加姜半夏、竹茹、代赭石或至宝丹。若腹大膨隆、尿少浮肿可用茵陈四逆散合苍牛防己汤加减；若湿热交结成痰上蒙清窍又当配合豁痰开窍，可用涤痰汤药如胆南星、陈皮、半夏、黄连、黄芩、茯苓、石菖蒲、竹茹、人参等。

3.5 寒湿发黄

久有肝病，尿黄，身目俱黄，黄疸如烟熏，脘闷纳呆，腹胀，疲乏无力，嗜睡，畏寒喜温或形寒肢冷，便溏，舌白苔腻，脉沉缓或濡。治则为温阳散寒，健脾化湿。方选：茵陈术附汤化裁或茵陈四逆汤化裁。药用：茵陈30g，制附片10g，白术12g，干姜6g，白豆蔻10g，藿香10g，砂仁10g，石菖蒲20g，厚朴15g，泽泻10g，茯苓15g。水煎口服或保留灌肠。若黄疸较深或持续不退时，可加丹参、赤芍、泽兰等活血凉血通络之品；因气滞腹胀，加香附、陈皮、大腹皮等理气消胀；肝郁胁痛加柴胡、川楝子、广郁金等疏肝解郁，行气止痛；若患者突然出现昏愦不语，呼吸微弱，面色苍白，四肢厥冷，冷汗如珠，二便失禁，脉微欲绝之亡阳危候时，急予回阳救逆，可选用参附汤合回阳救急汤化裁。并可用参麦注射液静脉滴注。

4 病案举隅

徐某，男，45岁，2005年3月18日因持续高热，身黄、目黄、尿黄迅速加深5天送入院。既往有"慢性乙型肝炎"病史15年。刻诊：神志尚清，烦躁不安，频频呵欠，乏力，巩膜皮肤深度黄染，时有牙龈出血，腹部胀满，口干欲饮，大便秘结，小便短赤腥臊，舌红绛，苔黄腻，脉滑数。体温39.2℃，瞳孔对光反射略迟钝，巩膜皮肤深度黄染，皮下未见瘀点或瘀斑，脾肋下2cm，上腹压痛，无明显反跳痛，移动性浊音（+），双下肢轻度水肿。白细胞6.0×10^9/L，血红蛋白71 L，血小板53×10^9/L；肝功能示总胆红素（TBil）198.3μmol/L，间接胆红素（DBil）64.5μmol/L，谷丙转氨酶（ALT）106U/L，白蛋白（ALB）30.60g/L；凝血功能示凝血酶原时间（PT）28.2s，凝血酶原活动度（PTA）32%；血氨（NH_3）128μmol/L；乙肝表面抗原（+）；B超示肝硬化，脾大，腹水。诊断为：慢性肝瘟之热毒炽盛型。治以清热解毒，化瘀退黄，健脾利水，通腑泻浊。处方：解毒化瘀Ⅲ方合甘露消毒丹化裁，药用：白花蛇舌草15g，茵陈50g，大黄（后下）15g，赤芍60g，石菖蒲15g，郁金15g，怀山药30g，淫羊藿15g，茯苓15g，藿香10g，葛根30g，白茅根30g，通草6g，车前草15g。同时予解毒化瘀汤变裁方浓煎至100mL保留灌肠。治疗3日后神志渐清，体温下降，黄疸稍退，大便通畅日2～3次，尿量日增，腹胀稍缓解，效不更方，停用灌肠治疗。10日后病情好转，神志清，体温正常，乏力症状缓解，皮肤巩膜黄疸减轻，腹水量减少，纳食增加，二便调。TBil 125.2μmol/L，DBil 56.3μmol/I，ALT 81U/L，ALB

32.50g/L；凝血功能 PT 20 秒，PTA 49%；NH3 92μmol/L。续用上方，3周后复查 TBil 70.7μmol/L，ALT 65U/L；PT 18.5秒，PTA 54%；NH365μmol/L。续用原方，赤芍减为30g，加用白术20g，薏苡仁30g，太子参15g。住院58天黄疸、腹水消退，肝功能正常，痊愈出院。续用甘平之剂抚养调理肝脾肾。随访1年，病情稳定，现已能参加日常工作。（邱 华 武建华）

医方验方

解毒化瘀Ⅱ方

组方：茵陈30g，赤芍50g，白花蛇舌草30g，大黄15g，郁金15g，石菖蒲15g。

功效：清热解毒，活血化瘀，豁痰醒神。

主治：各种病因（肝炎病毒、酒精、药物等）导致的急性、慢性肝功能衰竭。证见起病迅速，发热或高热，重度身目黄染及小便黄，色鲜明，迅速加深，精神萎靡，头晕沉，可昏睡或躁动不安，肢体困重，极度乏力，食欲大减或无食欲，恶心呕吐，胁肋胀满疼痛，大便秘结或粘滞不爽，小便黄赤，腹胀满或腹部膨隆，舌质红绛，苔黄或黄褐厚燥或焦黑起刺，脉洪大或弦数。

用法：每日1剂，水煎分2次口服。2周为1个疗程，一般服用2~3个疗程。

加减：舌苔白腻，偏湿重者加蔻仁、藿香、佩兰等芳香化湿；苔黄、脉数、发热，偏热重者加板蓝根、半边莲、土茯苓等清热解毒；齿鼻衄血，皮下瘀点、瘀斑，出血倾向明显者加生地黄、牡丹皮、水牛角等凉血止血；心烦，神志异常，有肝厥表现者加用安宫牛黄丸或醒脑静等；胃脘胀满加大腹皮；便秘加芒硝；恶心、呕吐加陈皮、法半夏、竹茹；腹胀大如鼓、少尿者加茯苓、猪苓、泽泻、白术、薏苡仁等。

方解：肝功能衰竭属于中医黄疸之“急黄”、“瘟黄”等范畴。中医认为此病的病因为毒，贯穿于疾病的始终，瘀、痰为病变之本，并且毒与瘀、痰又可互为因果，“毒”、“瘀”、“痰”胶结为其基本病机病理，相对应的基本治疗原则是解毒、化瘀、祛痰。解毒化瘀Ⅱ方以茵陈为君，清利郁于中焦、结于肝胆之湿热毒邪，为退黄的要药；配大黄、白花蛇舌草为臣，其中大黄能畅阳明谷道使湿热之毒从后阴而出，白花蛇舌草清热解毒有助于茵陈以退黄；赤芍既清入血之邪毒，又行留滞之瘀，与大黄相配消凝瘀败血，与茵陈相伍去入血之湿毒效宏；石菖蒲、郁金化痰浊、辟秽毒、醒清窍、理升降而畅三焦，合赤芍共为佐药。诸药配伍，使湿热去，浊毒解，痰化瘀消，脾运复健而升降有序，肝胆疏泄司职而气畅血行，三焦通利，心智复常，共奏清热解毒、活血化瘀、豁痰醒神之效。

孟景春临床经验

【名老中医简介】孟景春（1922~）江苏张家港人。教授。曾任南京中医学院中医系主任、基础部主任，兼任卫生部高等医学院校中医专业教材编审委员会委员，江苏省暨南京市中医学会副会长，江苏省内经研究会主任委员、省养生康复学术研究会顾问、省抗衰老协会会员。江苏省名中医。享受国务院政府特殊津贴。擅长中医治疗内科、妇科疾病。参加和主编的教材、专著，整理的古籍共计23部，发表学术论文70余篇。

临床经验

便秘

1 柔肝缓急法

《医经精义》脏腑通治篇云：“肝与大肠通，肝病宜疏通大肠；大肠病，宜平肝为主”。故而，肝的阴血不足，疏泄功能异常，常易导致便秘的发生。孟景春在治疗此类便秘时，常配以芍药甘草汤。他认为：芍药甘草汤所治疗的便秘，其特点为便干，形如栗状。除此之外，患者还当有急躁易怒，胸胁胀痛，舌苔薄腻，便秘常与情志有关等特点。孟景春认为，便干如栗状是因为肠道平滑肌痉挛，大便在肠内阻滞过久，便内水分被过度吸收所致。芍药甘草汤出自《伤寒论》，由芍药、炙甘草组成。芍药养血敛阴，又可柔肝缓急止痛；炙甘草可补益脾气，原方为阴阳两虚之脚部挛急所设。现代药理研究认为：本方对躯体和四肢或深部的平滑肌脏器如胃肠、胆囊、子宫等的痉挛均有缓解作用。低浓度的芍药甘草汤对正常离体肠管的运动有促进作用，而且在体肠管与离体肠管实验结果相同。因此，以此方治疗便秘，可以滋阴疏肝解郁，使得脾胃的气化功能得健，缓解肠管痉挛，进而使肠腑的传导恢复正常，大便得以顺利排下。

案1 苏某，女，19岁，2002年9月18日诊。患者大便秘结3a余，常2周一解，便时艰涩，其形如栗。常自服番泻叶茶汤，服后便下，停药复常。平时烦躁易怒，常感乳房胀痛，舌质偏红，脉细弦。此乃肝郁失疏，肺失肃降所致。治宜柔肝润肠，清肃肺气。处方：白芍15g，炙甘草6g，郁李仁10g，丹参

10g，紫菀12 g，当归10 g，火麻仁10 g，沙参12 g，生大黄（后入）6 g，杏仁10 g。7剂以后感觉大便通畅，每1～2日一行，再以前方加减治疗2个月，服药期间大便正常，诸症悉除。停药后跟踪3个月，大便正常。

2 补益脾气法

《灵枢·口问》中说："中气不足，溲便为之变"。因而，若因年老体弱，病后产后，脾胃虚弱，中气不足，易因无力运送水谷精微而发生便秘。孟景春在临床治疗气虚便秘时，常用白术健脾益气，助运通便。他认为：由脾气虚所引起的便秘，其临床特点为：大便形细、质软，虽努责亦不能下。除此之外，还可见到面色萎黄，四肢乏力，或口淡，纳谷不香，大腹胀满等。这是因为，脾气虚则无力传送水谷精微，故大便形细而并不干硬，临厕需竭力努挣。白术苦、甘、温，常用于补脾益胃，燥湿和中。《本草求真》曰："白术味苦而干，既能燥湿实脾，复能缓脾生津"。现代研究证实，白术对肠胃有双向调节作用，大剂量单味白术有通便作用，而小剂量则有止泻作用。故而，孟景春认为以白术治疗便秘，必须用大剂量才能见效。每剂轻则30 g，重者可用至120 g。且通便之白术须生用方可生津液，润肠道。

案2 鲁某，女，23岁，初诊2002年8月13日。患者大便困难10余年。日行大便4次左右，每次量少。临厕需竭力努挣，大便成型，亦不太干结。平时常感精神倦怠，四肢乏力，食欲不振，食后腹胀，舌质淡，少苔，脉细软。此乃脾气不足，肠道失运所致。治宜补益脾气，助运通便。处方：黄芪20 g，生白术30 g，太子参15 g，当归10 g，肉苁蓉12 g，炒枳壳10 g，陈皮10 g，鸡内金10 g，炒白芍10 g，炒赤芍10 g，炒谷芽20 g，炒麦芽20 g。7剂后，患者每日排便次数减少，自觉排便较为顺利，精神状态亦转佳。再以前方加减。1个月后，大便恢复正常，每日一解，质色正常，随访未发。

3 温肾缩尿法

清代名医沈金鳌在《杂病源流犀烛·大便秘结源流》中指出："大便秘结，肾病也。经曰：北方黑水，入通于肾，开窍于二阴，盖此肾主五液，津液盛，则大便调和"。故而，若肾阳不足，体内津液输布和排泄失常，易造成便秘的发生。对于肾虚所造成的便秘，孟景春选用缩泉丸对其进行治疗。肾虚便秘的特点为：大便干结而小便频数。此外还可见到夜尿频频，手足欠温，腰膝酸软等肾阳不足之象。孟景春认为，小便与大便皆由肾脏所主，肾阳不足，不能蒸腾气化，小便频数而量多，水分多由小便而去，故大便干结难解。临床常以"利小便以实大便"来治疗泄泻。孟景春反其思维，独创"缩小便而通大便"之法。故而选用缩泉丸温肾助阳，缩尿润肠，使肠道得润，传导有权。

案3 庄某，男，21岁，2002年4月10日初诊。大便秘结8 a，每两日食泻火剂通便。便形如栗，小便多，日行8次左右。平时常感两足欠温，腰膝酸软，舌质淡，少苔，脉细软。此肝肾两虚，致大肠传导失司。治拟调肝温肾，润肠通便。方药组成：益智仁10 g，乌药6 g，炒白芍15 g，炙甘草10 g，山药10 g，郁李仁10 g，肉苁蓉10 g，火麻仁10 g，熟地黄10 g，肉桂（后入）5 g，砂仁（后入）2 g，炒谷芽20 g，炒麦芽20 g。服7剂后，1周内大便3次，排便通畅，量不多，两足仍欠温，舌质淡，边有齿印。此兼有气虚之象。再以前方加补气之品，服药1个月后，大便一日一行，较通畅，小便正常。足汗减少，足转温。继续服药2个月，未再复发。

便秘作为一种症状，见于多种急慢性疾病当中。因其病因各不相同，故临床又常将便秘分为热秘、气秘、虚秘、冷秘等多种证型。孟景春强调，临床治疗便秘需进行辨证论治，承气汤、麻子仁丸等亦为临床所常用的有效方剂。然而，在常法不能取效的情况下，且其典型症状表现符合上述病机的，可考虑从柔肝、补脾或温肾入手，配伍选用相应的药物治疗。（罗苏群）

医方验方

调经止痛方

组方：当归10g，白芍12g，炙甘草6g，制香附10g，玄胡10g。

功效：调经缓急，理气活血。

主治：痛经。

用法：在经前1～2日服用，至经净时停止，并要连续服用3～4个周期。

方解：痛经是妇女的常见病，其致痛的因素虽有不同，但都可以此为基本方，而后在辨证的前提下，随证加味，都能取得较好效果。方中用当归、芍药，是基于《金匮要略》"妇人怀娠，腹中（病字旁里加亏，不要上面一横）痛"以当归、芍药散主之为依据；而芍药配甘草为芍药甘草汤。源出于《伤寒论》，本为治腓肠肌痉挛的效方。原方有"作芍药甘草汤与之，其脚即伸"，其后应用更为广泛。如《医学心悟》以之治疗腹痛，并说"芍药甘草汤治腹痛如神"。再配香附理气止痛，玄胡活血止痛。现代研究证实，玄胡的止痛效果大致与杜冷丁相当。本方用药虽只有五味，而却具有多种止痛功能，现将其汇聚一方。止痛效果较著。在临床应用时，可结合不同证型而随证加味。若属寒凝者加炮姜、艾叶，甚者加附、桂；若属气滞胀痛者，加木香、沉香或青皮、柴胡；若属气虚加参、芪、陈皮、红枣等；若属血瘀者则加失笑散、三七、红花、山楂；若属血虚者则加熟地、阿胶、龙眼肉等。

孟仲法儿科经验

【名老中医简介】孟仲法（1925～）浙江省诸暨市人。主任医师。现任上海药膳协会会长，上海东方食疗营养研究所所长，中国中医药学会药膳专业委员会顾问，上海市中医医院及上海市中西医结合医院专家委员会委员，上海儿童营养食品学会理事。上海市名中医，上海市继承老中医药专家学术经验指导老师。开发研制的药膳食疗食品有“珠玉两宝粉”、“健脾宝花粉”、“开胃灵”、“增纳饮”、“百龄老年保健饼干”、“健儿灵口服液”、“聪宁灵”冲剂等各种制品。主要著作有《儿童肺炎》《中国食疗学》《药膳与健康》《食疗药膳》等。参编《中医饮食营养学》《中国食疗大全》等。发表论文及各种文章著达230余篇。

临床经验

小儿多动症

1 食方组成与应用

食方由孟仲法在继其父常用的食方基础上，经多次修改后按中医理论和现代营养学配伍而成。由黑大豆、酸枣仁、茯苓、海带、金针菜、胡萝卜组成并加工为散剂。服用剂量为4～6岁每次10g，每日2次，7～12岁每次15～20g，每日2次，3个月为一疗程，同时还交待有关的饮食宜忌和口服健脾养心安神的中药，3个月后停用中药，继服以上食方以巩固疗效。经服用后取得令人满意的效果。

2 典型病例

宋某某，男孩，7岁。诉兴奋多动，注意力难以集中，脾气倔强，学习成绩欠佳，且常破坏东西，纳食不佳近1年。被诊断为轻度脑功能障碍综合症，经多方医院治疗无效。来诊治疗后，作头发微量元素测定，铅含量为25.9PPM，经服用中药与食方，每次10～15g，每日2次，经3个月治疗后，上述症状全消。家长反映像换了一个孩子，变得文静听话，学习成绩转佳，发铅复查为9.6PPM。后停用中药，续服自拟食方，至今疗效巩固。

3 体 会

3.1 本食方配伍及中医原理为以黑大豆为君，黑豆味甘性平，功能健脾补肾、养血滋阴、益精敛汗为健脑益智之主剂；辅以酸枣仁、茯苓两味为臣，酸枣仁味酸甘，性平，养心安神之功明显，加上性略偏凉味甘的茯苓，更能增加宁心安神之功效，并以金针菜、胡萝卜、海带作佐使，可起清热利湿、健脾祛风、平肝泄热之功效，对肝旺、心火上炎者起釜底抽薪之作用。因此，本食方能益肾水以滋肝木而抑心火、扶脾土、植肺金，而复益肾水，促其形成正常的脏腑生生不已的良好生机，达到补泄并施、清消同用，益肾以固先天之本，健脾以养后天之源，庶儿心神得安，益智健脑可期。

3.2 小儿多动症经现代研究发现，发铅含量测定普遍有铅偏高现象，其原因主要是由于营养不良和环境污染有关。本食方含有多种营养成分及微量元素，可以补充患者所需的微量元素，对过高的铅有排除作用，尤以海带、胡萝卜、金针菜、茯苓等所含的成分很容易与体内铅结合，排出体外，所含苏氨酸、氨基酸较高。酸枣仁有改善脑微循环及提高小儿免疫力作用，黑大豆除含有丰富的蛋白质外，还含有一种卵磷脂为乙酰胆碱的前身，是提高记忆力的重要物质。整个食方有补充营养素，调节微量元素，提供促使神经介质正常代谢所需的物质，而使患者多动症状获得改善和病愈的作用。

3.3 除服用食方外，平时饮食宜多食健脾补肾的平性食物和蛋白质、微量元素丰富的食物，如海鲜鱼类食物，菌类食物，豆类食品，绿色蔬菜，硬壳果仁，香蕉等食物，充分补充患者体内所需的营养素和微量元素，并发挥其降铅排铅的作用。

小儿感染后脾虚综合征

1 临床表现和诊断标准

本证的诊断标准，是孟仲法十余年来，对千余名患儿的临床资料进行综合分析而提出来的。凡存在下列1条情况，又有②③条所述症各3项（包括3项）以上者，并有实验室检查中一项阳性所见者，即可确诊为本病。

①有一次或多次急性或亚急性感染或伴有发热

病史，在感染症状消失或基本消失后，仍存在“脾虚证”的症状和体征者。②常见症状为厌食，乏力，多汗，口渴，大便失常（包括便溏、干硬便、便秘），睡眠不实，磨牙，腹痛等。③常见体征为消瘦（包括体重、身长落后于年龄），面色苍白，萎黄少华，面部有脱色斑，扁桃体肿大，颈部淋巴结肿大，舌质淡胖或伴有齿印，花剥苔、白腻和黄腻苔等，心脏有收缩期杂音。④实验室检查：常示轻度贫血，白细胞及中性细胞略增高，细胞免疫功能偏低，血中免疫球蛋白 IgG 和 IgA 偏低，头发微量元素测定常示铜、锌、铁、锰的偏低，铅偏高的现象。

2 常用食方、药膳与饮食指导

2.1 食 方

①健脾宝花粉：每料以山药 20g，米仁 20g，白扁豆 20g，陈皮 10g，茯苓 10g，花粉 5g，粳米 20g，白糖 15g 组成，烘干研成粉剂。服法：每日 2 次，每次 10g。可用沸水冲调或于牛奶或豆浆中服用。适用于纳食不佳、便溏、便次增多、消化不良者。

②健脾养心合剂：以金针菜 20g，黑大豆 30g，酸枣仁 10g，海带 20g，茯苓 10g，胡萝卜 20g，白糖 15g 组成。加工成合剂。每料制成 200mL。服法：每次 10～20mL，每日 2 次。适用于心脾两虚，如多动兴奋，睡眠不佳，食欲不振，注意力分散、学习成绩不良，血铅偏高者。

2.2 药 膳

①黄杞五味蒸鹌鹑：黄芪 10g，枸杞子 10g，五味子 3g，鹌鹑 2 只。同蒸熟。服法：吃鹌鹑肉与汤，每周吃 2 次。适用于易于反复感染、咳嗽迁延难愈者。

②银香煎：银耳 100g，香菇 100g 组成。用香菇煎汁 500mL，去渣，取汁与银耳同煮至羹状，制成 300mL，食用时加适量冰糖。服法：每次 30mL，日 2 次，可连服数料。适用于免疫力低下，频频感染，纳食不佳，便硬，便秘口渴、尿频者。

2.3 饮食指导

①经常嘱患儿吃些水产及动物性食品，如鱼虾、海带、海蜇皮及贝壳类等，瘦猪肉、牛肉等，禽类、蛋类等食物。②常食菌类食物，如香菇、金针菇、豆腐干、豆腐衣等等。③每天吃 10～20g 的花生酱或芝麻酱，可混在其他食品中吃，或涂在馒头、面包上食用。④每日 3～6g 绿茶泡茶给患儿作饮料。⑤矫正患儿的偏食习惯和减少糖和甜食的摄入，忌油煎、生冷食物。

以上食治方可根据病情或选择单用，或连用数疗程，或较长时间食用。

3 典型病例

顾某，女，6 岁。反复感染 2 年余，经常感冒、扁桃体发炎，每周均有 1～2 次。经外院多次治疗，未见明显疗效。于 1994 年 9 月初来院请孟仲法诊治，伴纳呆、乏力、大便干结，4 日一行。经检查：扁桃体肿大，心脏有一级收缩期杂音，颈淋巴结肿大为 1.2×0.8cm，腹壁脂肪 0.7cm。实验室血常规检查红细胞为 3.2×10^{12}/L，血红蛋白 99g/L，白细胞 3.1×10^{9}/L，中性细胞 71%，淋巴细胞 27%，头发微量元素测定：钙 498.8ppm，锰：2.2ppm，铁：13.7ppm，铜：10.4ppm，锌：80.8ppm，铅：10.2ppm。经辨证为感染后脾虚综合征。孟仲法除辨证治疗外，并给上述食治，前后复诊五次，共 2 个半月，每次复诊都有不同症状的改善，于 11 月中旬复诊时症状与体征全消，且在治疗期间未发生呼吸道感染，食欲大增，无盗汗，乏力，大便一日一行，体重增加，腹壁脂肪 2.0cm，扁桃体红肿消失，颈淋巴结未及，实验室血常规复查红细胞为 5.4×10^{12}/L，血红蛋白 129g/L，白细胞 6.2×10^{9}/L，中性细胞 62%，淋巴细胞 28%，头发微量元素复查：钙：1125.6ppm，锰：3.5ppm，铁：29ppm，铜：20.5ppm，锌：180ppm，铅：7.5ppm。为巩固疗效，虽中药停服，但食治继行，后随访未再复发，疗效满意。

4 小 结

在小儿感染后脾虚综合征的治疗中，食治占有重要的地位，是配合药治不可缺少的重要治疗手段。食方“健脾宝花粉”功能健脾助运，使水谷运化，吸收功能恢复。方以山药、米仁为主药，白扁豆、花粉、茯苓为辅，佐以陈皮、粳米。山药味甘，性平，有补脾胃，益肺肾之功用，对脾胃虚弱，食少体倦有较好的作用；米仁味甘淡，有健脾利水，渗湿之功效；白扁豆健脾化湿，实肠；陈皮理气健脾，燥湿化痰；茯苓健脾和胃，利尿渗湿；粳米味甘性平，能益五脏，除烦渴；花粉有健脾益胃，缓中止痛的功能。全方配伍强化了健脾益气，和胃增纳之功用，故对脾气虚弱，正不胜邪，表卫失固的患儿有较好的疗效。食方“健脾养心合剂”主要用于健脾养心降铅，并补充有关微量元素。方以黑大豆为君，黑大豆味甘性平，有补肾健脾，滋阴养血的作用，辅以酸枣仁、茯苓二味为臣，酸枣仁味酸甘，性平，能养心安神，茯苓健脾益胃，利睡眠；并以金针菜、胡萝卜、海带作佐使，其中金针菜和茯苓又有较好的降铅排铅作用。全方具有健脾补肾养阴、降铅之功能。对于脾虚引起的长期食欲不良，而致微量元素的不足（主要为铜、锌、铁、锰）和因环境污染所致体内铅偏高的种种失常现象，有调整治疗作用。“黄杞五味蒸鹌鹑”和“银香煎”益气健脾补肾，润肺开胃养阴，提高患儿的免疫功能，改善患儿的营养状态，有利于患儿的康复。

医案验案

“雪羹汤”辅治疑难病验案五则

孟仲法在临床善用食疗方主治或辅治某些疑难疾病，“雪羹汤”即为常用方之一。雪羹汤系著名的食疗古方，清代名医王士雄所创，方用海蜇（海蛇）、荸荠两味食物调制而成，功专清热涤痰，养阴生津。

1 养阴润肺，清热涤痰，以治肺热痰瘀

孟仲法在治疗小儿反复呼吸道感染，慢性咳嗽，痰多或咳嗽久治不愈及干咳无痰，咽燥喉痛病症时，他除应用药治外，常辅以“雪羹汤”，尤其在症状缓解后，常停用他药而仅服“雪羹汤”往往能使病情进一步好转而获愈。他曾用雪羹汤辅治1例肺含铁血红蛋白沉着症，并获得满意疗效。

案1 陈某，女，6岁，1993年12月来就诊。诉曾于9月因发热咯血，作肺炎就治。经检查，痰中发现有暗红色血块，伴贫血。以后继有发作，时轻时重，于1994年1月在痰中找出含铁血黄素巨噬细胞，胸片揭示有广泛性间质纤维化。给服用益气补血，活血化瘀方药并同服“雪羹汤”。经一年余治疗，发作明显减轻，肺部病变显著好转，咳嗽及咯血停止。

2 软坚散结，以治瘿瘤痰核

孟仲法常用“雪羹汤”辅治颈部慢性淋巴结炎及甲状腺腺瘤，并取得较为明显的疗效。

案2 王某，女，6岁，左及右颈淋巴结肿大，发热疼痛，左侧有数枚淋巴结集合成一处（5×6cm）团块，右侧为（2×4cm）团块，压痛明显，略移动。血象：白细胞2.6×10^9/L，中性76%，淋巴24%，诊断为颈部急性淋巴结炎。孟仲法除用清热解毒中药方剂外，并加用“雪羹汤”同服。每日用海蜇20g，荸荠10枚，用小火煮烂至羹状，加适量冰糖，经一周服之，热退，淋巴结明显缩小，局部疼痛减轻，后继服“雪羹汤”二周，经复查，颈部淋巴腺肿大全消，白细胞恢复至9×10^9/L，中性为45%，淋巴为55%。

案3 杨某，女，52岁。1992年8月确诊右侧甲状腺瘤，“B”超检查瘤体大小为5×4cm，质略坚，无移动性及压痛，拟住院手术，患者拒绝手术，要求孟仲法作食治。嘱每日服“雪羹汤”：海蜇50g，荸荠20枚，用小火煮至羹状，加适量冰糖调服，每日一剂，患者坚持服用两个月，于同年11月23日经B超复查，腺瘤消失，一切正常。

3 清热养胃，润肠通便，以治胃热脘痛，津涸便闭

孟仲法常对有胃热的患者与老人脾虚津涸便秘者，嘱服“雪羹汤”每可获效。

案4 王某，男，39岁，来诊诉口渴喜饮中脘不舒并觉疼痛，食后尤甚，便坚，数日一行，舌苔黄腻而厚，质红，脉弦略数。孟仲法嘱服“雪羹汤”，经二周后诸症俱消，舌质转淡红，苔薄白，脉平，大便一日一行，并嘱以后常服以巩固疗效。

4 平肝潜阳，通络明目，以治高血压并发青光眼

案5 胡某某，女，63岁。患高血压十余年，症情时有起伏，遇劳累与心情不好时加重。近数月来，诉双目疼痛且头胀头痛，视物模糊，经检查除有高血压症外，尚有双眼球内压增高的青光眼，已服西药，高血压虽降，但眼疾未愈。于是来找孟仲法就治，经嘱服“雪羹汤”二周后，即有明显好转。继服一月后，经复查，谓眼压已恢复正常，其余症状随之消失。

5 讨论

5.1 雪羹汤“能消痰食而不伤正，可滋阴血而不留邪”，就是说它性味平和，无毒副作用，不会伤害人体的防卫生理功能，却能起到滋阴补血，消除不正常痰滞积瘀等病害，确具有扶正祛邪，补而不腻，滋而不滞的特点。

5.2 雪羹汤虽有多方面的保健治病功用，但在应用中也要辨证施食，对甲亢之阴虚阳亢者，内热火旺者则在禁用之例。

5.3 现代研究认为，雪羹汤所含物质营养丰富，其含有人体所需的多种物质，如蛋白质、氨基酸，碳水化合物，钙、磷、铁及维生素B、C，菸酸，胆碱等成分。在动物实验中发现“雪羹汤”有抑制结缔组织增生、阻断纤维化、降低血脂、防止血管硬化、降低血压及眼球内压，改善神经传导、保护胃肠粘膜、稀薄痰液、提高呼吸道的免疫能力等多方面的作用，因此值得临床上进一步推广。（赵永汉）

糜震然医案选析

【名老中医简介】糜震然（1933～）江苏仪征人。主任医师。扬州市中医院名誉院长，扬州市中医学

会副理事长，江苏省第六届政协委员。江苏省名中医。擅长诊治难治性高热、肝性脑病、肝炎肝硬化等疾病。

儿科疑难病

案1 刘某，男，9岁，1989年5月30日初诊。患儿近半年挤眉弄眼，摇头耸肩，喉中痰鸣，头重困倦，纳食呆滞，二便正常，舌红苔白腻，脉弦滑。西医诊断为抽动－秽语综合征，曾服用西药治疗效不佳而转服中药治疗。糜震然认为此属中医"风痰"范畴，治疗当以祛痰为主，佐熄风通窍法。处方：橘皮10g，竹茹10g，茯苓10g，半夏10g，枳实6g，钩藤10g，柴胡10g，黄芩10g，全蝎3g。服药3周，患儿挤眉弄眼明显减轻，痰减少，精神好转，但纳差，个别字说不清，舌质暗，原方去黄芩，加紫丹参10g，焦三仙30g，服药2周后病情好转，仅在读书时间过长时眨眼，喉中偶有痰鸣，舌质红，苔白微腻，脉弦略滑，予以温胆汤去枳实加薏苡仁巩固治疗1月，诸症消，半年后追访无复发。

按 小儿抽动－秽语综合征表现为身体不同部位抽动伴以喉中痰鸣、语言不清，属祖国医学"风痰"范畴。抽动为风盛之象，痰鸣语言不清为痰浊内生，阻于气道，清窍被蒙之征；头重困倦是痰湿内困所致，痰湿困滞中焦则纳食呆滞。温胆汤功能理气化痰，清胆和胃，加入柴胡，黄芩清热以平肝风；钩藤镇肝以熄风；全蝎通络以熄风。服药后痰浊明显减少，抽动也减大半，仅纳呆，苔白腻，舌质暗红，出现吐字不清，此乃痰湿阻络，血瘀窍闭之象，故去黄芩苦寒，加紫丹参活血化瘀，清心开窍，焦三仙助中焦运化之功，服药三周诸症基本消失，所余脉症为湿邪留恋，缠绵之象，故用温胆汤去枳实加薏苡仁服1月，诸症消失。

案2 王某，女，5岁，初诊1992年4月6日，患儿咳嗽已3周，且近日愈发加重转为频繁干咳，时有少量白色痰液。体检：咽稍红，两肺呼吸音粗糙，无罗音，舌淡红，苔白薄，脉浮数。化验血象：白细胞总数$8.4\times10^9/L$，中性73%，淋巴26%。胸片：双肺有斑片状阴影。西医诊断为支原体肺炎，予红霉素治疗，因其胃肠道反应强烈，患儿不能坚持用药，转而成为顽固性咳嗽，遂服中药治疗。糜震然应用清热、解毒、通脉法治疗。处方：虎杖10g，大青叶10g，百部10g，桃仁、杏仁各9g，甘草6g，葶苈子、苏子各9g，大黄9g，钩藤9g，黛蛤散10g。5天后咳嗽大减，药既奏效，毋庸更张，守原法继进，10天后症状全消，二周后胸片复查肺部阴影消失。

按 支原体肺炎发病是由于外邪郁闭上焦，气机不宣，聚液成痰，形成肺闭痰阻，咳甚则伤脉络，继而瘀血乘肺，阻滞气道，妨碍气机升降，肺气上逆，形成咳喘，针对其病因病机，糜震然应用清热解毒通腑法治疗。方中虎杖、大青叶清热解毒；桃杏仁活血化瘀，化痰止咳；葶苈子、苏子降气化痰，泻肺通络；百部润肺降气；钩藤祛风化痰镇咳；黛蛤散清热宣肺祛痰；大黄具有泻下、泄热、通腑作用。诸药合用，其效显著。（糜丽娟）

闵范忠验方选

【名老中医简介】闵范忠 教授，硕士生导师。现任职于广西中医学院内科教研室。广西自治区名中医。

提神安眠方

提神方

组方：人参3g，黄芪15g，佩兰12g，石菖蒲10g，郁金10g，白术12g，桂枝3g，甘草5g。

安眠方

组方：夜交藤30g，酸枣仁15g，柏子仁15g，远志10g，琥珀粉1g（冲服），龟版20g，鳖甲20g，生龙骨30g（后三味先煎）。

功效：提神方补益心脾，提神醒脑，畅达神机。安眠方育阴潜阳，养心补脑，宁神安眠。

主治：神经衰弱性失眠、不寐。证见入睡困难，多梦易醒，醒后难入睡，甚至彻夜不眠。

用法：水煎服。白天服用提神方，分晨午两次服；晚睡前一次顿服安眠方。服药期间要配合有规律的作息和适度锻炼。

加减：平时畏寒肢冷、腰膝酸软者，提神方加熟附子5g（先煎），杜仲10g；胸闷泛恶，提神方加白蔻仁10g；舌红少苔脉细数者，安眠方加阿胶10g（烊化），川黄连3g；多梦易醒，舌淡脉细者，安眠方加百合25g；惊悸难眠、易醒者，安眠方加朱砂1g（冲服）；烦躁不眠者，安眠方加合欢皮15g；心悸、自汗、盗汗者，安眠方加五味子5g。

方解：不寐一症，中医认为无论病因如何，其总体病机为人体阴阳失交，即夜晚表现阴虚为阳所胜，阳不入阴，终夜扰动心神，心神不宁而不寐；而白天阳又不能很好地出阴。阳虚阴敛，致使脾阳不足，清阳不升，或心阳不足，血运无力，甚至肾阳不足，失于温煦。证见神疲乏力，精神不振，少气懒言，纳食不香，心悸健忘，头晕耳鸣，甚至出现腰膝酸软、畏寒肢冷等正虚神衰之症。所以，白天用提神方振奋心脾肾之阳气而提神，方中黄芪、人参、白术、桂枝、甘草补益心脾之气；石菖蒲、佩兰芳香醒脾；郁金、菖蒲、桂枝通阳开窍，解郁醒脑提神。白天阳气得以振奋畅达，入夜才能更好地潜藏入阴；所以晚上用安眠方养心育阴潜阳宁神使阳气入阴而得安眠。方中夜交藤、酸枣仁、柏子仁、远志养血宁心安神；龟版、鳖甲育阴，生龙骨镇惊潜阳；琥珀粉活血，并能增强镇惊安神之功效。两方合用，白天振奋阳气提神，夜间滋阴潜阳安神。

病案1 患者，男，41岁，2004年10月21日初诊。二年前因婚姻破裂开始失眠，后反复发作并逐渐加重，近半年来入睡困难明显加重，每晚最多入睡一小时，且睡眠迷迷糊糊，稍有动静极易惊醒，醒后不能再次入睡，甚至经常彻夜不眠。经中西医治疗和自服脑白金等均无明显好转。四诊所见：精神不振，语声低怯，神疲乏力，面色淡白无华，形体消瘦，心悸，头晕，盗汗，夜尿2~3次，食欲不振，纳食不香，大便溏，舌淡红，苔白微腻，脉沉缓弱。诊断：不寐，辨证为心脾不足、气阴两虚，治以补益心脾、育阴潜阳、宁神安眠。拟处方：提神方原方，嘱晨、午两次服用；安眠方加百合15g，五味子5g，3剂。二诊：已能入睡3个多小时，入睡较深沉，不易惊醒。白天精神较好，心悸、盗汗减轻，食欲稍有增加。守原方再进7剂。三诊：每晚已能入睡四五小时，无夜尿。精神好转，食欲基本正常，头晕消失，大便成形。嘱其上方去琥珀粉，再服5剂。四诊：每晚睡眠6小时以上，白天一切症状消失，恢复如常人，面色亦有光泽，舌苔薄白，脉沉缓。嘱每周再服2剂，连服4周，以巩固疗效。随访半年，未见复发。

莫通临床经验

【名老中医简介】莫通（1946～）广东廉江人。教授，主任医师。毕业于广州中医药大学。曾任广东医学院附属医院门诊部副主任、康复科主任及科学技术评审专家。中华医学会广东分会中西医结合儿科委员，中华医学会广东分会物理康复学会委员，广东医疗事故评审专家，广东省技术职称评审专家，中国医学教育协会专家委员会副主任委员，湛江市科学技术评审专家委员，《中国保健》常务编委等。第四批全国老中医药专家学术经验继承工作指导老师。从医40载，擅专中医儿科、内科、骨伤科。对肺结核、小儿股骨头缺血性坏死的治疗有独特之处，对肿瘤等疑难杂症也独有匠心。发表论文40多篇，出版专著5部。

疑难杂病

1 消坚化癥汤治疗异位妊娠案

黄某，女，35岁。2002年5月10初诊，患者怀孕40天开始出现腹痛，肛门坠痛感，阴道持续性少量出血5天，妊娠试验（HCG）均为阳性，B超提示左侧输卵管包块5×6cm，盆腔少量积液。西医妇科诊断为：异位妊娠，建议其手术治疗，但是病人不愿意接受手术治疗，遂到本科求诊，今诊腹痛，肛门坠痛，阴道少量持续性出血，胃纳可，大小便可，舌质红，舌苔薄略黄，脉弦滑。中医证属癥瘕，证为肝气郁结致血瘀，郁久化热，遂予具有疏肝行气、活血化瘀散结功效的消坚化癥汤加减，拟方如下：柴胡10g、水蛭5g、桂枝5g、赤芍15g、茯苓15g、益母草15g、香附10g、蒲黄10g（布包煎）、五灵脂10g、牡丹皮10g、大黄10g、枳壳10g、三棱10g、莪术10g、当归12g、桃仁10g、蒲公英15g、金银花15g。水煎分二次早晚服，日1剂，上方服6剂后复诊，腹痛及肛门坠痛感明显减轻，阴道出血量较前增加，伴见乏力，纳差，舌质红，苔白，脉弦滑，遂守上方去蒲公英和金银花，加山楂、麦芽、鸡内金各10g，5剂后复诊，腹痛消失，阴道出血止，复查B超提示左侧输卵管包块基本吸收，后投四物汤加减巩固疗效，后随访，月经恢复正常。

按 中医学中无异位妊娠的病名，但按其临床表现可属“癥瘕”、“妊娠腹痛”、“胎动不安”等病症范畴，因该病随时可能出现大出血而危及生命，所以西医治疗首选手术治疗，而采用中医治疗往往也可获得良效，而且还可免去手术之苦，莫氏认为该病的主要病因病机在于肝郁和少腹血瘀之实，肝气郁结，则致气滞血瘀，气血运行不畅，不通则痛，则见腹痛，血气不和，脉络受损，血溢脉外则见阴道出血。故莫氏给予消坚化癥汤化裁，该方柴胡、香附、枳壳有疏肝行气，桃仁、赤芍、当归、三棱、莪术起活血化瘀通络，蒲黄、五灵脂、水蛭其破瘀消癥止痛，益母草、牡丹皮起活血调经，桂枝温经通络止痛，诸药合用共奏疏肝理气、活血化瘀、软坚散结之功。本案中活血破血化瘀散结的治疗原则贯穿始终，这也体现了莫氏的女子病以治血为要的思想。

2 补气健脾法治疗血小板减少性紫癜案

李某，女，70 岁。2008 年 11 月初诊，因反复皮下瘀斑 1 年余，多家医院治疗，效果欠佳，到我中医科门诊就诊，四肢及躯体多处瘀斑瘀点，无发热，无腰痛，无腹痛，曾在本院血液科就诊，查血常规提示红细胞、白细胞及血小板计数均低，尤以血小板计数减少严重，诊断为血小板减少性紫癜和可疑 MDS，给予激素、输血小板等治疗，但瘀斑和瘀点没有减轻，遂到我科就诊，诊：患者躯体和四肢皮肤多处瘀斑瘀点，大小不一，伴有全身乏力感，头晕，胃纳欠佳，大便干结，舌淡红有暗点苔白，脉细弱。中医诊为：紫斑，证属脾胃运化不足，气血亏虚，气虚不摄血所致，治疗以补气健脾为要，施以四君子汤加减，处方：北芪 40g，茜草 10g，仙鹤草 10g，地榆 10g，当归 10g，丹参 15g，仙矛 15g，白术 15g，紫草 10g，白芷 10g，川芎 5g，太子参 30g，炙甘草 10g。水煎分两次早晚服，每日 1 付，连服 6 剂后复诊，紫癜减轻明显，但仍有全身乏力感，纳差，遂守上方，其中北芪加至 60g，继续服用六服，患者复诊，紫癜基本消失，后守方继续服用以巩固。

按 该病属于中医“血证”和“紫斑”范畴，临床上以血液溢出肌肤之间、皮肤呈现青紫斑点或斑块为特点，外感和内伤均可导致，其病因病机主要在于三个方面：热盛迫血、阴虚火旺及气虚不摄血。莫老在治疗该疾病时辨证主要强调了热和虚两方面，特别是对于虚，主要强调了脾胃的虚损，脾胃是后天之本，是气血化生之源，所以在治疗用药方面强调健脾益气，重用北芪和太子参等健脾益气药，以达到补气以摄血而止血目的，另外，莫老还强调不能见血止血，切勿忘化瘀活血清利，这样才能瘀化血归经，故加用活血及清利的药方可更好的止血，因此，在方中用了川芎、丹参、当归、公英及银花等药。

3 攻补兼施法治疗肝炎后肝硬化腹水案

王某某，男，46 岁，有慢性乙肝病毒携带病史多年，三年前因出现明显的腹胀和纳差到本院消化科门诊就诊，B 超示肝硬化并腹水，遂口服中西药等治疗，后又多次出现上消化道大出血，多次住院抢救治疗，每次治疗效果尚可，近来患者反复出现腹水、并有纳差、全身乏力、易疲倦等症状，患者遂到我科门诊就诊，诊：近来患者有明显腹胀、腹水明显增多、胃纳差，乏力，面色萎黄，无呕血，大便干结时有黑便，无发热等，查体：腹部鼓胀，青筋暴露，移动性浊音阳性，无压痛，舌淡红，苔薄白，舌体略胖，边有齿印，脉弦。西医诊为肝炎后肝硬化并腹水，中医诊为：鼓胀，证属脾胃虚弱，水湿内困所致，遂给予健脾益气疏肝，化湿利水治疗，处方：甘遂 10g 芫花 10g 大戟 10g 猪苓 15g 大腹皮 10g 莪术 10g 生地 50g 北芪 30g 白术 15g 厚朴 10g 丹参 10g 茯苓 15g 生麦芽 15g 炙甘草 6g，水煎分两次早晚服，每日 1 付，6 剂后复诊，腹胀减轻，B 超示腹水消减，遂守方 6 剂，复诊，腹水尽消，但有纳差及全身乏力，易疲倦，遂改为健脾柔肝益气养阴方，处方如下：鳖甲 20g 莪术 10g 桑葚子 15g 枸杞子 15g 山药 15g 生地 20g 北芪 30g 太子参 15g 白术 15g 茯苓 30g 炒麦芽 15g 当归 10g 丹参 10g 炙甘草 10g 扁豆花 15g，每日一剂，早晚各服一次，连服十余剂以巩固。

按 肝硬化属于中医“鼓胀”范畴，鼓胀的病因主要在于酒食不节，情志所伤，劳欲过度以及黄疸失治，病机在于肝、脾、肾三脏功能障碍，致气滞、血瘀、水停，积于腹内而成，莫氏在对本病的辨证上强调虚实，虚主要在肝、脾肾三脏，实在于水停、血瘀，认为临床上常常是虚实夹杂，不能把虚实单一化，论治上强调攻补兼施，只是要视病情变化而确定攻补的时机和主次地位，急则攻，缓则补，灵活运用，案中采用攻的方法主要体现在甘遂、芫花、大戟、猪苓的利水和莪术、当归、丹参的活血、软坚，特别是重用生地以及运用当归是莫氏的独特的运用，莫氏认为生地大量运用时可起到利水消肿的作用，而一般的医家在肝病中都谨慎运用当归，但莫氏认为肝藏血，所以在肝病中应常规的运用当归，以起到养血而养肝柔肝的功效，案中补的方法主要体现在健脾和养阴，莫氏认为治肝当先实脾，所以在补法中常重用北芪、党参等健脾药，同时莫氏还认为该病还易出现阴损的情况，所以本案前方先利水，后方则加用养阴药物，总之本案例集中就体现了莫氏注重辨证的学术思想，同时也体现了莫氏用药方面的独特和灵活。另外莫氏还认为本病易复发，患者还应注意劳累、饮食、情绪方面的调护。（钟志国）

莫矜耀特色经验

【名老中医简介】莫矜耀(1931～)侗族,广西三江人。教授,研究生导师。1962年毕业于广州中医药大学中医专业。历任云南中医学院及附属医院中医内科教研室主任。云南中医学会内科、急症专业委员会委员。全国老中医药专家学术经验继承工作指导老师,云南省荣誉名中医。从事中医内科医疗教学30余年,专长内科杂病的辨证论治。特别对脾胃、肝胆、肺系疾病有较深的研究和治疗经验。对痹证、癫证、男性不育症等疑难杂症有独特的见解和治疗成效。参编全国中医学院教材《中医内科学》,合编《杏林拾珍录》《中医学多选题题库》《中医学问答题题库》《常见内科急症》等著作,发表论文10余篇。

胃痛六法

1 疏肝和胃法

适应证:肝气犯胃、肝胃不和之胃痛。临床表现:胃脘胀痛,牵引两肋,游走窜痛,随情绪怫郁而波动,伴嗳气,呃逆,泛酸,食后胀甚,饮食减少,苔白,脉弦。处方用药,自拟疏肝和胃汤:柴胡、杭芍、川楝子、延胡索、佛手、厚朴、苏梗、玉竹、白术、甘草。

本证多由情绪抑郁不舒,肝郁胃弱,肝气横逆犯胃,气滞胃腑,胃失和降引起。胃痛其病在胃,其本在肝,土得木则达,治胃必先疏理肝气,调畅气机,缓解疼痛。方中以杭芍和甘草酸甘化阴、缓急止痛;川楝子和延胡索行气止痛;柴胡疏肝解郁;佛手、厚朴调理气机,消除胀满;苏梗和胃理气止呕;白术健脾胃以防木旺克土;"理气慎防伤阴",胃为阳土,喜润恶燥,用玉竹滋阴益胃。

2 疏肝泄热法

适应证:肝胃郁热之胃痛。临床表现:胃脘胀痛灼热,吞酸呕吐,心烦易怒,口苦咽干,便秘溲黄,舌红苔黄,脉弦散。方药自拟疏肝清胃汤:丹皮、黄连、柴胡、杭芍、玉竹、川楝子、延胡索、佛手、厚朴、山药、玉竹、甘草。

本证由肝气郁滞,日久化火,克土犯胃,火性急迫,热灼胃腑所致。平时患者胃阳素盛,胃腑机能亢奋为易感因素。本方在疏肝和胃汤的基础上加入丹皮凉血活血;黄连泻胃火、解热毒、止呕逆,但其性寒易于败胃,用量宜小,中病即止。相互配合,实为治疗肝胃郁热之胃痛的有效方剂。

3 益气健脾法

适应证:脾胃虚弱型胃痛。临床表现:胃脘胀满,隐隐作痛,时作时止,得食则安,按之则舒,饮食减少,气短乏力,消化不良,泄泻,面白少华,舌淡苔薄白,脉细无力。方药自拟益气健脾汤:党参、白术、茯苓、山药、木香、砂仁、杭芍、川楝子、延胡索、甘草。

本证或由木旺克土或由饮食不节,损伤脾胃,胃脾虚弱,失于运化,胃腑气滞。方中党参,白术益气健脾为主;茯苓健脾渗湿;甘草甘温益气;木香和砂仁理气宽中止痛,淮山药补脾气,益胃阴,助消化,增食欲。配芍药甘草汤缓急止痛;金铃子散行气止痛。本方对脾胃功能减退,胃腑气滞的胃痛有良效。"实则阳明,虚则太阴",胃痛以实证为多,即使是虚证,也非单纯之虚证,常伴因虚致实(气滞)的情况。故不可专用滋补、呆补、壅补,以免壅滞碍气,气滞益甚。应用补法,应补中有通,静中有动,佐以理气宽中除胀之品,虚实同理。本方多用清补之品,佐以疏散理气,补而不滞。

4 温中健脾法

适应证:中阳不振、脾胃虚寒型胃痛。临床表现:胃脘挛急疼痛,喜温喜按,得食则减,泛吐清水,四肢不温,倦怠乏力,大便溏薄,舌淡苔白滑,脉沉迟或弦缓。方药自拟温中健脾汤:干姜、肉桂、党参、白术、木香、砂仁、川楝子、延胡索、杭芍、甘草。

本证多由胃痛日久不愈或外感寒邪,寒气在胃,胃阳受损,脾胃阳虚,纳运失健,中寒内生,胃失温煦,气机郁滞。本方由理中丸化裁而来,用干姜和肉桂温煦气血,消散阴寒,增强运化功能,解除胃肠痉挛性疼痛;重用杭芍配甘草以柔肝缓急止痛;金铃子散行气止痛。其治疗消化性溃疡属于虚寒者具有卓效。

5 芳香化湿法

适应证:脾虚湿阻型胃痛。临床表现:胃脘痞闷疼痛,空腹加重,得食则减,纳呆呕恶,肢体困重乏力,舌淡苔腻,脉细缓或细滑。方药自拟健脾化湿汤:党参、白术、茯苓、苡仁、山药、藿香、厚朴、川楝子、延胡索、甘草。

本证由脾胃虚弱,失于运化,湿浊内生或感受湿邪,内困脾胃,日久伤脾所致,二者相互影响,内湿存在则易感外湿,外湿困脾则易生内湿,常有脾虚存在,为虚实夹杂之证。本方用《和剂局方》之四君子汤益气健脾为基础；山药、苡仁健脾利湿，补而不腻以杜绝内湿生成；藿香芳香解表，化湿悦脾，温而不燥，以祛内外之湿；厚朴理气和胃，化湿醒脾；金铃子散行气止痛。全方攻补兼施，性质平和，补气不碍邪，祛邪不伤正。

6 养阴益胃法

适应证：胃阴不足型胃痛。临床表现：胃中灼热隐痛，嘈杂易饥，纳食减少，口干咽燥，大便干结，舌红少津，脉细数或弦细。方药自拟养阴益胃汤：麦冬、玉竹、石斛、杭芍、明党参、川楝子、延胡索、地骨皮、甘草。

本证多因肝胃郁热，久而不愈，火热薰蒸，迫灼胃中津液，胃液枯槁，津伤气少，纳降无权，虚热内扰所致。“阳明燥土，得阴自安”。“胃属燥土，恶燥喜润，胃气得滋，则降纳而能食”。胃阴不足则“釜中无水，不能熟物”，治宜养阴益胃。本方由《温病条辨》之益胃汤化裁而来，玉竹，石斛、麦冬滋养胃阴；杭芍养阴柔肝配甘草缓急止痛，酸甘化阴，且防土虚木乘；党参甘温益气助津液之化生；为使“凉而毋凝”，不致滋腻害胃，以金铃子散行气止痛；地骨皮治虚火内扰。

胃痛常伴有胀闷、嗳气、泛酸、纳呆和失眠五大症状。故用上述6法辨证施治的基础上，尚需随症加减：胃胀用木香、厚朴、砂仁行气除胀；嗳气用苏梗、公丁香、代赭石降逆止呃；泛酸用瓦楞子、海螵蛸中和胃酸；纳呆用山药、鸡金、神曲健脾开胃；失眠用丹参、枣仁养心安神。胃痛日久，气病及血，须气血并调，用丹参、郁金调气活血。（牛祖智）

乙型肝炎

1 辨证思路

乙肝为湿热疫毒，侵入人体，隐伏于肝及血脉，滞留血分，引起脏腑功能失调和虚损。肝受邪扰，疏泄失常，气机郁滞，血流不畅，滞而为瘀。湿邪损伤阳气，热毒耗伤阴血，乙肝日久遂致气血阴阳亏虚。肝气郁滞，郁而化火，内耗肝阴，肝肾同源，穷必及肾，形成肝肾阴虚。邪入于肝，抑郁肝木，势必乘土，脾失健运，痰湿内生。脾气虚弱，日久阳气不足，累及于肾，发展为脾肾阳虚。总之，乙肝病位主要在肝及血脉，与脾肾密切相关。病理因素为热毒，气滞、瘀血和痰湿。初起（急性乙肝）以邪实为主；日久正气亏虚，不能祛邪外出，正邪相争，长期对峙，使病情迁延难愈，形成慢性乙肝。乙肝的发展过程中始终存在不同程度的正虚邪实状况。

2 治疗方法

乙肝患者初起多无明显症状和体征，辨证有一定困难，治疗以辨病和辨证相结合为原则，症状不明显者以实验室检查结果为依据确立治法。治疗以扶正祛邪并重为原则。根据病情采用清热解毒，疏肝理气，活血化瘀，化痰除湿，健脾益肾和养阴柔肝之法。

2.1 清热解毒，抑杀乙肝病毒

用于乙肝急性期，慢性乙肝活动期和乙肝病毒携带者。或伴见口干苦，烦躁、失眠、舌红苔黄、脉弦。湿热疫毒是乙肝发病的主要病因，以急性期为突出，在慢性乙肝活动期，肝肾阴亏阶段仍有湿热疫毒残留，潜伏血分。故需针对病因治疗，用药力求入血解毒，使邪无隐伏之所，失其萌发之机。清热解毒能抑制乙肝病毒复制，减少体内乙肝病毒。药用白花蛇舌草、虎杖、龙胆草、板蓝根、茵陈、半枝莲、蒲公英、鱼腥草、郁金、白芍、陈皮、甘草。

2.2 疏肝理气，阻止疾病发展

用于乙肝初起以胁肋胀痛，情绪抑郁，脘闷腹胀或恶心嗳气，纳食不香，舌淡红苔薄白，脉弦为主要表现者。肝主疏泄，性喜条达，恶抑郁，肝郁不解，横逆乘脾犯胃而至肝脾不调和肝胃不和。肝失疏泄条达，气病及血，气滞不行遂致血脉瘀阻。治疗应及早消除郁滞，阻止疾病发展。“木郁达之”，疏肝理气，但忌纯用香燥之品，以防耗伤阴液，宜用性味平和，理气不伤阴之药物，或疏肝理气之际，增入滋养肝阴之品，肝阴得以柔养，肝气自能疏达。药用柴胡、白芍、郁金、川楝子、白术、枳壳、苏梗、佛手、八月扎、绿萼梅、玫瑰花、当归、麦冬、甘草。

2.3 活血化瘀，对抗肝纤维化

用于急慢性乙肝，尤其是慢性乙肝。病邪入肝，肝失疏泄，气滞血瘀，血脉瘀阻。慢性乙肝，久治不愈，肝内纤维结缔组织代谢失常、增生，使肝脏变硬，形成肝硬化。同时免疫调控障碍，免疫复合物清除不全，沉积在小血管基底膜造成损害，使病情加重和进一步发展。针对病理改变进行治疗，活血化瘀，活跃微循环，提高细胞供氧状态，改善结缔组织代谢，抑制纤维组织增生，对抗肝纤维化。同时能清除免疫复合物及其沉积造成的损害。活血化瘀应尽早应用，即使无明显血瘀见症，也应酌加活血化瘀之品。药用丹参、桃仁、红花、当归、川芎、赤芍、穿山甲、香附、鸡血藤、柴胡、延胡索、甘草。

2.4 化痰除湿，促进疾病痊愈

用于慢性迁延性乙肝，日久不愈，伴见纳呆、恶心欲吐，身体困重，大便溏而不爽，舌胖苔腻，脉濡滑。实验室检查:γ球蛋白增高,浊絮改变明显,并持续难降,或转氨酶持续增高;或有高脂血症。乙肝顽固难愈,乃肝脾肾三脏功能失调,津液输布、代谢失常,湿浊内生,津凝为痰。痰湿均为阴邪,其性黏滞,故病情缠绵。久病从痰湿论治,化痰除湿,能缩短病程,促进痊愈,消除症状,改善肝功。若腻苔化净,肝功好转,症状改善,食欲增加则病情好转;如果苔腻不化,即使肝功已正常,仍有复发的可能。药用藿香、佩兰、陈皮、半夏、茯苓、薏苡仁、白术、泽泻、石菖蒲、白豆蔻、厚朴、甘草。

2.5 养阴柔肝,防止病情恶化

用于慢性活动性乙肝,伴见口干咽燥,舌红苔光剥。肝脏"体阴而用阳",以阴为本,肝在病理状态下多表现为阴血之虚损。慢性活动性乙肝热毒未尽,肝阴受耗,久延而致肝肾阴虚,肝体失养,日久枯萎变硬,形成肝硬化。血热伤阴,血中阴液不足则血质变稠,形成血瘀,肝脉瘀阻,热毒不衰,瘀毒结积可致肝癌发生。阴血不足,热灼肝络,迫血妄行形成大出血。此时保存一分阴液,便有一分生机。养阴柔肝能防止病情恶化,为治疗乙肝的重要环节。其对肝损害不但能起到减轻肝细胞坏死及变性和抑制纤维组织增生的作用,而且有促进肝细胞再生作用。药用生地黄、北沙参、麦冬、当归、枸杞子、玉竹、石斛、佛手、女贞子、白芍、乌梅、甘草。

2.6 健脾益肾,调节免疫失衡

用于 HBsAg 长期持续阳性和经治后 HBsAg 转阴又复阳,并且免疫功能失常者。慢性乙肝长期不愈和反复是正气已虚之故。肝气亢盛,木盛侮脾,脾气必虚,病久及肾,肾阳亦惫,终致脾肾两虚。此时保护后天之本,开化气血之源和强壮先天实属重要。健脾益肾,扶助正气,以祛邪外出。脾肾亏虚型乙肝一般多有免疫失衡,免疫功能低下,病程往往迁延,免疫功能亢进则病情容易恶化。慢性乙肝的发生发展与机体免疫调控紊乱,尤其是细胞免疫功能低下有关。乙肝的组织损伤并不是乙肝病毒在肝细胞内复制、增殖的结果,而是通过一系列免疫活动产生的。因此,调节免疫是治疗乙肝的主要环节之一。健脾益肾,提高人体抗乙肝病毒免疫反应,使病毒感染停止;恢复免疫调节功能使自身免疫进程停止;抗肝细胞的损害,调节免疫失衡,使之趋于正常,有利于 HBsAg 的消失和抗-HBe 的出现。药用黄芪、党参、白术、茯苓、山药、枸杞子、菟丝子、淫羊藿、巴戟天、当归、白芍、甘草。

乙肝因免疫功能失调,通过一系列的免疫反应对肝脏组织形成损伤,肝细胞变性、坏死,肝细胞膜的通透性增加,血清酶 ALT 和 AST 等活性增高。降酶护肝在治疗乙肝过程中也是必不可少的,既可用于血清酶增高,更用于血清酶正常之际以防止和延缓肝细胞的受损,此乃"治未病"的反映。宜根据证候虚实选用药物,气虚用五味子;阴虚用枸杞子;热毒用垂盆草或龙胆草。其降酶短期疗效较佳,有护肝作用。药物的代谢和肝脏最为密切,若不适当地服用过多所谓保肝药物,可加重肝脏负担,或损害肝脏,使乙肝病程迁延,甚至恶化。乙肝发病机制较为复杂,上述方法虽有各自的适应症及运用指征,但治疗时应以整体观为指导,综合性治疗为原则,根据实际情况,同时采用其中几种治法。另外患者需积极配合,坚持服药,持之以恒,方可多获良效。(牛祖智　刘红英)

少精症

1 补肾生精为主,阴阳并补

男子以精为本。肾藏精,主生殖。精子数和量的不足,责之于肾。肾精亏虚是其基本病机。精子生成依赖肾阴的滋养和肾阳的温煦,生育能力取决于肾中真阴真阳的盛衰和平衡。遣方用药一定要注重阴阳并补,在养阴益精药中,佐以温肾壮阳之品,惟求阳生阴长之意。若一味地滋填阴精或温补肾阳,易使阴阳偏盛,破坏平衡,不但无益,反使精子数目下降或增加不明显。

2 结合益气养血脾肾同调

张景岳:"善治气者,能促气中生精。"气能生血,血能化精,精血同源,无形之气能助有形之精血的生长。益气养血能增强生精功能。故治疗少精症在补肾生精的基础上,宜结合益气养血。肾为先天之本;脾为后天之本,气血生化之源。肾中精气为先天和后天之精的融合体,需要脾化生的水谷精气的滋养方能充盈不衰,维持生殖机能。补肾之际还要健脾。

3 注重微观辨证赋于一定中医内涵

少精症的患者除少部分可见腰酸、耳鸣等肾精不足的表现外,绝大多数无症状可辨,传统的辨证论治方法已不能满足认识和治疗的需要。其诊断依据主要是精液化验指标,并对各项指标从微观进行辨证,赋于一定的中医内涵以指导治疗。精子稀少或精液量少,多为肾的生精功能障碍或低下所致,可视为肾精亏虚的表现:精子活动力差,多为肾之阳气不足,气虚推动无力,精子活动减弱,可看做肾阳不足的指征;精液中有白细胞、脓细胞或精子成活率低,或畸形精子过多,常为湿热扰于精室,精液壅滞化腐成浊，伤及阴血，熏蒸精宫，肾精伤残，影响精质，可视为湿热内蕴之征；精液粘稠度高，液化时间延长，多为阴虚火旺，煎熬精液，精稠难化，可视为阴液不足的表现。

4 自拟补肾生精汤进行化裁

莫矜耀治疗少精症，自拟补肾生精汤为基础方，根据精液化验指标进行加减，该方组成为：女贞子15g，桑椹子15g，覆盆子15g，枸杞子15g，菟丝子15g，党参10g，白术10g，制首乌15g，当归10g，淮牛膝15g，其中女贞子、桑椹子补肝肾之阴，为生精提供物质基础；覆盆子益肾固精，补肾阳而无伤阴之弊；菟丝子和枸杞子既可养阴又可扶阳；腰为肾之府，淮牛膝补肾强腰；党参、白术益气；首乌、当归补血。综观全方，其功能为补肾生精，阴阳并补；益气养血，脾肾同调。配伍注重滋养和温补同用，调节体内阴阳平衡，以达阴平阳秘。根据肾中阴阳偏颇的程度，阴虚明显加滋阴药，阳虚甚者加补阳药。精子活动力减弱，重视温肾助阳，加巴戟天、仙灵脾；精液中有白细胞、脓细胞，或精子成活率低，或畸形精子过多，佐以清热利湿，加大青叶、虎杖、知母、黄柏；精液粘稠度高，液化时间延长，配合养阴增液，加生地、沙参、麦冬。

5 病案举隅

龙某某，男，27岁，1998年8月11日初诊。结婚3年未育，性生活正常，爱人体健。其除腰酸外无任何不适，舌淡红苔薄白，平脉。精液常规：量2mL，计数$35\times10^6/mL^3$，形态基本正常，活动力差，成活率40%，色灰白，粘稠度（++）。证属肾精亏虚，湿热内蕴。治宜补肾生精，重视温肾助阳，佐以清热利湿。方为补肾生精汤，加仙灵脾10g，巴戟天10g，杜仲10g，黄芪30g，知母10g。进5剂，二诊时诉便干，口渴，舌红少苔，脉沉。上方去巴戟天，加麦冬15g，沙参10g。共服40剂，于1998年10月15日复查精液常规：量3mL，计数$286\times10^6/mL^3$，形态正常，活动力良好，成活率85%，色灰白，粘稠度（+）。继服上方10剂。1月后女方受孕。（牛祖智　刘红英　宋云娟）

牟玉书皮肤病临床经验

【名老中医简介】牟玉书（1930～2010）主任医师。任职于成都市中西医结合医院中医皮肤科。第二批全国老中医药专家学术经验继承工作指导老师，成都市名中医。擅长治疗牛皮癣、局限性硬皮病、异位性皮炎、过敏性紫癜、甲状腺囊肿、带状疱疹后遗神经痛等皮肤病症。

临床经验

疮疡

1 内消确效散及加减应用

通下驱邪法基本方，内消确效散组成：酒大黄15g，桃仁、丹皮各12g，冬瓜仁、败酱草各31g。方中酒大黄活血祛瘀，泻下攻积，清热泻火，引诸热从二便而下，以缓解因积热所引起的热症；丹皮清热凉血，活血散瘀以和解血中积热，凉血消痈；桃仁活血祛瘀，润肠通便，以恢复血中损失的水分；冬瓜仁健脾胃排脓，故泻下而脾胃不损，其排脓功效与败酱草共用泻积热，而使脓血从大便排出，达到内消的目的。加减：疮痈加连翘、白芷；化脓发烧，加青蒿，甚者加止雪丹；痛甚加乳香、没药；恶寒加柴胡；瘙痒后感染者加虫退、白芷；肿势较甚加茯苓皮、冬瓜皮；上肢发者加桑枝；下肢发者加焦柏；头部加菊花；面部加薄荷、桑皮；背部加苍术。禁忌：①大病后，大吐大泻后；②身体虚弱者；③婴幼儿。牟玉书认为：外科疮疡是肌肤积热而产生的现象，一般为发红疼痛、肿胀以致化脓溃烂，在治疗中如要控制这些过程的发展，必须解除积热的继续蔓延，故牟玉书运用通下驱邪法，用家传方内消确效散加减达到内消的目的。

2 病案举隅

案1 腿痈：曾某某，男，50岁，农民。因右大腿内侧结一肿块，嫩红疼痛，于1998年7月15日初诊。诊见右大腿内侧结一肿块约20cm×12cm，有数处脓点，按之有波动感，伴口苦、纳差、便秘，苔黄腻、舌质红，脉滑数。证属湿热凝聚，治宜清除湿热，消肿止痛。方用内消确效散加减：酒大黄15g，桃仁、没药各12g，紫花地丁、连翘、冬瓜仁、败酱草各31g。每日1剂，水煎服，外敷如意金黄散。服药后日泻3次，脓肿逐渐变小，余症减轻。原方加减1月后诸症尽消。

案2 疥疮兼脓疱疮：罗某某，男，37岁，因指缝、腕屈侧、全身发丘疹发痒1月于1997年6月16日初诊。诊见手指缝、腕屈侧、胸腹部发丘疹，起水泡，部分抓破后生脓疮，腋下淋巴结肿大，自述瘙痒难耐伴口苦、便秘，舌红，苔黄腻，脉数。治宜泻热利湿，驱风止痒。方用内消确效散加减：酒大黄15g，丹皮、防风、焦荆芥各12g，蜈蚣3条，连翘、银花藤各31g。1日1剂，水煎服。外用肤疮灵（组成：石膏、冰片、芒硝）加枯矾、硫黄外搽。3日后瘙痒减轻，丘疹减少，脓疮结痂，原方加减半月后诸症尽失。

案3 浸淫疮：巫某某，男，45岁。因全身发痒起小疹，抓破流黄水1周于1998年9月25日初诊。证见全身遍布如疥小疹，流黄水，浸淫成片，边缘红肿，自述瘙痒难忍，口干、小便短赤，舌质红，苔黄，脉滑数。证属湿热并重。治宜清热除湿，驱风止痒。方用内消确效散加减：酒大黄15g，丹皮12g，虫退、地肤子、冬瓜仁、六一散各31g，蜈蚣3条。1日1剂，水煎服。外搽绿霞膏（组成：石膏、枯矾、苦参粉、青黛）。服药3日后，瘙痒减轻，黄水减少，原方加减1月痊愈。

案4 乳痈：李某某，女，28岁，干部。因右乳房肿痛、发红、恶寒发热3天，于1999年4月16日初诊。证见右乳房肿块较大，皮肤发红，拒按，按久有波动感，自述疼痛剧烈，全身高热，憎寒壮热，烦躁口苦，便秘，舌质红，苔黄腻，脉数。证属脾胃湿热。治宜疏肝理气，清热止痛。方用内消确效散加减：酒大黄15g，丹皮、白芷、橘核、乳香、没药各12g，柴胡9g，冬瓜仁31g。1日1剂，水煎服，外敷如意金黄散。3日后肿消痛减，寒热渐退，原方加减，半月全消。

案5 流注：姜某某，男，14岁，学生。因右胸一包块漫肿、疼痛1周于1998年9月19日初诊。诊见右胸一包块约10cm×10cm，漫肿，皮色不变，按之微软，自述疼痛，伴心烦、口渴欲饮、神疲、小便短赤、大便秘结，舌苔薄黄，脉浮数。证属暑湿偏盛。治宜清热除湿，消肿止痛。方用内消确效散加减：酒大黄15g，没药、桃仁各12g，白术、冬瓜仁、败酱草、透骨草、白芥子各31g。1日1剂，水煎服。外敷如意金黄散加二味拔毒散（组成：雄黄、枯矾）。3剂后疼痛减轻，包块缩小，全身症状减轻。原方加减，1月痊愈。（肖荣粹）

皮肤病

1 隐疹

隐疹，即现代医学的荨麻疹。牟玉书认为本病多因体内宿有风湿，毛窍不能畅通，卫气卫外之力减弱，实受风邪侵袭，或接触水湿过久，或因汗出当风，或夏日露卧以致外风引动内风而发。风湿阻络，郁于肌肤则发丘疹，风善行故时隐时现。治宜健脾除湿，驱风止痒。方用家传驱风胜湿汤：羌活、虫蜕、川芎、赭石、赤芍、蜈蚣。方中羌活、虫蜕驱风胜湿，蜈蚣驱风止痒兼通经络，赤芍、川芎活血驱风，赭石入肝平镇熄风，共奏活血驱风之效。有划痕加地龙，发于上肢加桂枝，面部加薄荷、白芷，头部加刺藜，发于下部加柴胡，忌吹风沾水。

案1 李某某，女，25岁，职员。1998年5月14日初诊。证见全身皮肤出现大小不等疹块，扁平隆起，颜色发白或发红，自述午后瘙痒难忍，发疹较多，伴心烦，口不渴，舌质红，苔薄白，脉浮紧。证属风湿阻络。治宜驱风止痒，健脾除湿。处方：羌活12g，虫蜕、赭石各31g，赤芍、柴胡各9g，蜈蚣3条。水煎服，1日1剂。3剂后，瘙痒减轻，疹块减少，全身症状消失。原方加川芎9g、秦艽12g，继服半月后，诸症尽消。

2 粉刺

粉刺是青年男女较常见的皮肤病。牟玉书认为本病内由肺气太过，久则化热，热入血分后血燥阴伤。外由过食辛辣食物或气候炎热而发。治宜清热宣肺，活血凉血。方用秘方泻肺汤：桑皮、丹皮、知母、虫蜕、薄荷、节竹根。风为阳邪，最易上扰上焦，肺位最上而主皮毛为风邪所乘，方中桑皮泻肺热，薄荷驱面部之风，知母养肺中之阴，丹皮泻血中之热，节竹根清肺热而解毒。可外用秘方肤疮灵（药有生石膏、芒硝、冰片）。忌食辛辣燥火饮食，少晒太阳。

案2 邓某某，男，服务员。因面部、后背泛发红斑、丘疹、粉刺、脓疱、色素沉着3年余，于1998年11月12日初诊。证见：面部、额头、双颊、下颌、后背泛发红斑、丘疹、粉刺、脓疱、色素沉着，伴口臭、小便短赤，舌红苔薄黄，脉数。证属肺热血热。治宜清热宣肺，活血凉血。处方：桑皮24g，赤芍9g，地丁、焦楂各31g，白芷、淡竹各12g。水煎服，1日1剂。配合外擦肤疮灵软膏。治疗3日后，脓疱干瘪，基本未发新疹，丘疹渐退。原方加知母31g，姜虫12g，治疗20天诸症尽失。

3 牛皮癣

本病为皮肤病中之顽癣。牟玉书认为该病多为风邪和湿邪客于肌肤，久则耗伤阴液，湿郁化热而成。治法宜驱风解毒，益阴润燥。方用秘方益阴煎：羌活、虫蜕、薏苡仁、冬瓜、蜈蚣、桃仁。方中羌活驱风除湿，虫蜕、蜈蚣驱风止痒，薏苡仁、冬瓜仁利水胜湿健脾，桃仁泻热润操。湿热久积阴液必伤，故以益阴为主，佐以泻热、驱风、利湿、活血之药配之。外用癣敌灵：生石膏、冰片、枯矾、黄连、轻粉、苦参粉等。忌食辛辣燥火食物。

案3 廖某某，男，38岁，职员。因全身遍发扁平丘疹，融成斑片，皮肤增厚，状如苔藓伴发痒7年，于1997年11月20日初诊。证见：头部、四肢、躯干泛发丘疹，融合成片，高出皮肤，皮面纹理粗疏，有少量鳞屑，皮损浸润肥厚，伴抓痕、血痂。自述发痒，舌质微红，苔薄白，脉浮微数。证属风邪蕴湿。治宜驱风解毒，益阴润燥。处方：羌活、桃仁各12g，虫蜕、薏苡仁、冬瓜仁各31g，蜈蚣3条，水煎服，1日1剂，外用癣敌灵。3剂后，痒止，丘疹色淡，鳞屑减少，皮肤粗糙减轻。原方加地肤子31g，赤芍9g，秦艽12g。半年后皮疹消退，恢复正常。

4 脚癣

牟玉书认为，本病的内因为宿有脾胃湿热，外因则为久居湿地，或工作湿地，从事与水有关的工作。治宜健脾除湿，驱风清热。方用加减三妙散：焦柏、知母、赤芍、虫蜕、蜈蚣、冬瓜仁。方中焦柏清热燥湿，专治下焦湿热，知母、赤芍清热润燥，虫蜕、蜈蚣驱风止痒，冬瓜仁健脾除湿，外用绿霞膏：生石膏、枯矾、苦参粉、黄柏粉、青黛等。

案4 贺某某，女，30岁，职员。右脚趾缝出现大小不等水泡，发痒，糜烂，流水起脓疱，足背红肿1周，于1998年9月24日初诊。证见：右足趾缝皮脱糜烂，粘水似脂，脚臭，发痒，足背浮肿，疼痛难走，伴口苦心烦，舌红苔黄腻，脉滑数。证属脾胃湿热盛。治宜健脾除湿，驱风清热。处方：焦柏12g，赤芍9g，虫蜕、知母、生地、蚕砂、冬瓜皮、六一散各31g。水煎服，1日1剂。外擦绿霞膏配合清热除湿。3日后，自述轻微发痒，右趾缝不流水，脓疱干瘪，足背红肿基本消失，口苦心烦消失。上方去蚕砂、生地，加苍术9g，地丁31g，冬瓜皮改为冬瓜仁31g。四诊后诸证尽失。

5 缠腰火丹

牟玉书认为，本病内因肝火内动侵袭肌肤，也可由风湿诸邪化火而成，即湿郁化热，治宜泻肝火，凉血解毒。方用秘方泻丹解毒汤：赤芍、柴胡、乳香、没药、槐花、银花藤。方中赤芍、槐花清热凉血，银花藤清热解毒，乳香、没药活血止痛，柴胡和解退热。外用秘方止痛解毒散：生石膏、雄黄、白矾、没药等。忌辛辣燥火饮食，忌洗患处。

案5 郭某某，女，43岁，干部。因右侧腰背皮肤出现红斑，成簇疱疹，周围有红晕疼痛1周，于1998年7月27日初诊。证见：右侧前胸及后背几处红斑，有成簇疱疹，小如粟米，大如绿豆，疱壁紧张发亮，周围有红晕，如串珠，自述疼痛难忍，伴身微热，倦怠无力，舌淡红，苔薄黄，脉弦滑微数。证属热毒内蕴。治宜清热解毒，止痛。处方：柴胡、赤芍各9g，虫蜕、六一散各31g，乳香、没药各15g，水煎服，1日1剂。配合外擦止痛解毒散。3日后，水疱结痂部分脱落，疼痛减轻。原方加白芷12g，冬瓜仁31g，治疗半月，诸证尽失。

6 黧黑斑

本病为现代医学中的黄褐斑，病因病机各说不一，故该病疗效不显。牟玉书认为本病由营血不足、血少气滞，皮下瘀血阻滞，素体风湿较重沉积皮下使卫阳不能透达毛窍所致。治宜活血散瘀，行气消斑，方用秘方活血汤：薏苡仁、桃仁、灵脂、香附、冬瓜仁。方中薏苡仁、冬瓜仁健脾除湿，灵脂、桃红活血化瘀，香附行气，诸药合用共除瘀血、清水湿。外用肤疮灵：生石膏、冰片、芒硝。

案6 黄某某，女，45岁，面颈部黄褐色斑2年，于1998年6月初诊。证见：面、颈部黄褐色斑，对称分布，边缘不清，不痒不痛色淡红，苔薄白，脉沉弦。证属气滞血瘀，瘀血阻络。治宜活血化瘀，行气消斑。方用秘方活血汤，外擦肤疮灵膏，调治半年，诸证尽失。（肖荣粹）

牟重临学术经验

【名老中医简介】牟重临（1945～）浙江省黄岩人。主任中医师。现任职于台州市第一人民医院。浙江省名中医研究院专家学术委员会委员，浙江省中医学会内科委员会委员，台州市中医学会副会长。浙江省名中医。从事中医临床、教学工作42年，对消化系病、心肺系病、腰腿痛、肿瘤及外科疾患等有独特的治疗经验。发表学术论文80余篇，获全国、省、地市级奖有13篇。主持设计实施省级科研课题2项，获省医药卫生科技三等奖1项，出版著作4本。

1 从水饮论治心脏病

中医治疗各种心脏病，多从临床表现症状分析，辨证而立法。各种心脏病长期反复发作，最终发展致心功能不全，临床主要表现是气喘、乏力、心悸、水肿等症候。各地文献报导和临床论治大都从阳气亏虚、血瘀痰滞入手，采用的方法以补虚祛瘀占多数。但牟重临从病因病机分析，认为本病与水气、痰饮关系最大，其次为气虚，再次为血瘀。

本病主要表现首先是喘，动则气喘，甚则喘不得卧的特点。动则气喘而乏力,虽多由肺肾气虚而成,但这种喘往往单施补益效果不佳。因为此病患者之喘常表现喘不得卧。《素问·逆调论》中阐述颇得要领:"夫不得卧,卧则喘者,是水气之客也"。二是水肿,发生缓慢,始于下肢,多属阴水,由脾肾阳虚,气不化水,致水液内停而成。三是心悸,《证治准绳》言:"心悸之由,不越二种,一者虚也,二者饮也。……其停饮者,由水停心下,心为火而恶水,水饮内停,心不自安,故为悸也"。这些都说明,本病与水饮之关系密切。

古医藉中,对水饮病临床的描述,与现今的心脏病、慢性心衰症候颇为类同。如《金匮要略》所述心水表现:"其身重而少气,不得卧,烦而躁,其人阴肿"。而痰饮表现则有喘满,咳逆倚息,短气不得卧,心下痞结,面色黧黑,其形如肿,甚者则心悸等等,均和现代医学的心脏病、心衰所特有的症状相似。而且许多治疗水气、痰饮病的方剂,如苓桂术甘汤、木防己汤、己椒苈黄丸、葶苈丸、防己黄芪汤、导水茯苓汤等均为治疗各种心脏病、心衰的有效方剂。这些方剂辨证加减,临床用于治疗肺心病、冠心病、风心病、高心、先心、心肌梗塞、心包积液以及心功能不全者,效果满意。牟重临曾经拟加味木防己汤:木防己、桂枝、人参、石膏、葶苈子、半夏、茯苓等,随证加减,治疗慢阻肺、慢性肺心病因呼吸道感染而致肺功能衰竭和心力衰竭者,获得较好的疗效。

2 高热的辨治特色

高热是急诊中最常见的证候,牟重临常单独使用中药进行治疗,获得理想疗效。他认为高热致病原因复杂,首先要分清属外感、内伤;其次再辨明属证、个体素质差异及兼夹证,必须认清本质,立方果断,灵活用药,才能一举中的。

2.1 治疗外感高热应迅猛

外感病高热,发病较急,病程尚短,大都表现为邪正俱实,此时驱邪退热宜急,切不可瞻前顾后,延误战机。吴又可说:"大凡客邪,贵乎早逐。乘人气血未乱,肌肉未消,津液未耗,病人不至危殆,投剂不至掣肘,愈后亦易平复"。外感高热是邪正相搏剧烈的表现,病势非轻,剂量宜重,选药须精,单刀直入,一举中鹄,用药贵乎迅猛,故谓"治外感如将"。特别是急性传染病,常须大剂进剿,力挫其势,方能取效。如治疫每施重剂,力挽危证,别开生面,深为后世医家所赞赏。即是病在表卫,亦不可拘于轻剂,盖病始即见高热,表里同病者多,内外邪热相煽,其焰斯张。施今墨说:"表证不可只知发汗,切应注意清里。"确为经验之谈,若单用解表,偶挫热势,旋即如故,只有表里双解,才能一举全胜。

2.2 辨别内伤高热须细审

高热固以外感实证居多,亦可见于内伤虚证,在临床上容易误诊者,为气虚发热。外感与内伤之辨,东垣论之颇详。一般认为内伤气虚发热缓慢,病程较长,但也有骤发高热者,特别是小儿、年老体衰、失血产后等患者。此类患者虽见高热,无实证之象,反见一派脾虚气弱。《脾胃论》说:"脾胃之气下流……无阳以护其荣卫,则不任风寒,乃生寒热。"临床如见气虚兼夹表邪之证,更须细别。周学海在《虚劳损极有内因外因两大纲》说:"凡劳疲忧思内因而起者,亦必兼夹外邪,以正气内陷,外邪即相随而入。"临床务须四诊合参,综合分析,方能作出正确诊断。治疗大都用甘温除热法,以补中益气汤加减。高热也有属阳虚,用附子剂退热者,临床虽较少见,辨证更须仔细。

2.3 兼夹证候处理要重视

高热的兼夹病证,虽然在整个病情中处于次要地位,但如果处理不妥,往往影响疗效,甚至达不到退热的目的。尤在泾说:"无形之邪,入结于脏,必有所据,水、血、痰、食,皆邪数也。"无形之邪易除,如夹痰浊、瘀血、水气、积滞,易使邪气胶结难解,反而助长热势;有些内伤发热夹时邪、夹秽毒……,虚实夹杂,还给诊断带来一定困难。临床最多见的兼夹证是脾胃功能障碍,在辨治时尤不可轻视。脾胃为后天之本,是气机升降之枢纽,一旦失调,就不利于其他脏腑功能的恢复。如胃气充足,则易得汗,邪气无从内恋,易于拔除,因此辨治时细诊饮食、大便及舌苔、腹部,及时作出相应处理,对退热是很有裨益的。

2.4 小柴胡汤的灵活运用

牟重临认为临床上一些证候不典型之疑难高热,表现热型不规则,似表非表,似里非里,或有表有里,三阳证同时并见;或久治不愈,导致正邪交争不解,或枢机不利,形成虚实夹杂之候,可用和法,以小柴胡汤化裁治疗。小柴胡汤退热作用确切,适应范围较广。仲景特别指出:"但见一证便是",不必少阳证全部具备。《伤寒论》言:太阳病发热呕吐、胸胁硬满、舌上白苔者,及厥阴病呕而发热者,均可与此方。可见高热证如见寒热往来,或口苦、咽干、目眩,胸胁苦满,或心烦喜呕等证,均可使用。此方不仅对外感高热见表里不和,或疑似于表里之间之证有效,且对内伤发热亦有效。高鼓峰《医家心法》说:"有内伤似外感者,此火不可发散也,散之则亡阳;不可霜雪以压之，压之则火灭。初起，以小柴胡汤加减调之可也。”此方用于疑似之发热并非鲜见，方中柴胡配参、草，不独和里解表，且可疏肝调脾，又能升举中气，故对于肝胆失疏、肝脾不调及脾胃亏虚、中气下陷所致之发热，亦能奏功。

3 从湿热论治盗汗

一般认为盗汗都责之阴虚，治疗亦不外滋阴降火、养心敛汗。牟重临认为临床上由阳虚、血瘀、湿热所致盗汗者亦不在少数。疾病的病机特点，往往带有明显的地域差异，如叶天士说：“吾吴湿邪害人最广，……在阳旺之躯，胃湿恒多，在阴盛之体，脾湿亦不少，然其化热则一。”我区地处浙江沿海，盗汗属湿热者尤屡见不鲜，因其表现有“状若阴虚，病难速已”的特点，颇易误诊，务须明辨。牟重临从吴鞠通的三焦辨治，可谓别出心裁。

3.1 上焦湿热盗汗

多由外感湿热，加之太阴内伤，水湿内停，内外合邪；或由湿热内郁，误用辛散，过用苦寒，致肺气失宣，卫阳失固，湿热交蒸，腠理开合失司，遂致盗汗。此类患者多伴有恶寒，身热不扬，午后热象较重，头重如裹，身重肢倦，胸闷脘痞，苔白腻，脉濡缓。治忌滋阴、凉遏，宜清轻宣泄，辅以芳化。法宗《时病论》清宣温化法，用连翘、豆卷、竹叶、佩兰、桑叶、杏仁、瓜蒌皮、茯苓、半夏、荷叶、朴花、扁豆衣等。

3.2 中焦湿热盗汗

多由饮食不节，嗜酒厚味，湿热内生，或夏秋之交，恣饮食冷，湿郁化热，以致中焦气机阻滞，湿与热合，热蒸湿动，腠开汗泄而致盗汗，且多见于胸脘部。此类患者多见脘痞呕恶，口苦糊粘，心中懊浓，便溏不爽，尿短而赤，苔黄滑腻，脉濡数或滑数。治当辛开苦降，以清热化湿。方取连朴饮、三仁汤、甘露消毒丹之类加减，药用黄连、厚朴、法半夏、葛花、神曲、山栀、石菖蒲、芦根、木瓜、六一散等。

3.3 下焦湿热盗汗

多由大肠传导阻滞，或膀胱气化失司，湿热蕴结，或寒湿、湿浊下注，久郁化热，下焦气机不利，邪无出路，内迫阴津，而作盗汗，以下半身为主。此类患者表现大便溏滞，小便赤涩不利，口渴不欲饮水，少腹微痛，腰酸足楚。舌根苔腻，脉滑数。治宜清热利湿，俾膀胱气化复常，水道通调，邪有去路，则病自已。若湿重于热者，用茵陈五苓散、茯苓皮汤之类，热重于湿者，则宜龙胆泻肝汤，药用茯苓、滑石、泽泻、猪苓、茵陈、龙胆草、黄柏、黄连、山栀、蒲公英、米仁、木通、车前子等。

各类的湿热盗汗常交互出现，治疗应灵活配合。湿热伤阴、伤阳，虚实夹杂，治须权衡标本缓急，祛邪切忌伤正。湿邪易困脾胃，易伤中气，故须时时顾护脾胃。用药不宜一味收敛，如桑叶、仙鹤草、木瓜、乌梅、生白芍、橹豆衣等既能止汗而又不妨碍清热利湿之品，最宜选用。此外，盗汗常存在原发病，应追本穷源，考虑图本而治。

4 论温法治血证

临床所见的血证表现，以火热扰络与阴虚火旺居多，但是因寒、因虚亦并非少数。唐容川在《血证论》中言：“寒证者，阳不摄阴，阴血因而走溢。”即所谓“阳虚者阴必走”。虚寒见证，不独慢性有之，急性出血无力，非以大剂温补，不能力挽危澜。

大抵因实热或虚火而迫血亡行所致出血者，诊断与治疗用药较为直观，易于操作。牟师告诫如由中气虚寒，不能收摄所致出血，施治用药要慎重，辨证必须精确，如果稍有疏漏往往火上加油，祸不旋踵。特别是使用大热之剂，力挽狂澜之际，必须胆大心细，才能安然中的。因为大量出血患者出现气虚失统，大都为重危病症，常常出现寒热错杂及虚实真假，给辨证带来一定困难。虚寒出血，症状表现面色苍白，神疲乏力，必悸气短等，偶有心烦口干之象，这里需要细辨脉象。《伤寒论》所描述“脉微细，但欲寐”的少阴证是典型的虚寒证；用大剂温补治疗血证脉证亦如此，有似于西医所指休克状态，其中脉微细弱是关键词。牟师认为，宁波名医范文虎，凡遇吐血不止，面色苍白，脉迟而弱者，恒于附子理中汤取效。牟师根据临床所记，其脉迟则不然，脉数反而多见，但必是微细、微弱。

牟重临在妇产科病区会诊一更年期功血患者，遍用各种止血措施，屡屡输血，仍大出血不止。诊其面苍气短，脉相细微，遂投别直参、附子、白术、当归、白芍、炮姜、炙甘草，一剂知，三剂即止。半年后旧恙复作，前来门诊，仍予上法，三剂亦止。临证尚遇呼吸道、消化道大出血不止者，出现虚寒之证，导师重用参附为主，附子用至20～30g，其止血效果极佳；并对用附子强调久煎，特别是重用。许多出血重证，由于用了大量输液、输血及西药，症状表现并不典型，给辨证施治带来了一定的困难，需在追溯病史，结合经验，全面分析。血证用附子，主要是温阳，因阳气复则阴血受其摄，血顺其道，则病愈。血证使用寒冷之剂止血，使血得寒而凝结，血虽止而脉络不畅行，愈后不久易复发。温法止血，血得温畅行，血脉无阻滞，血循环不外溢，故愈后不易复发，这是温阳止血的妙处。

5 标本并施治危重症

牟重临认为治病有个标本缓急，一般认为“急则治标，缓则治本”。但是危重病症往往病机十分复杂，容易形成本虚标实、虚实错杂的临床特点。有时表现标急为主，有时则见本急，而且经常出现正气愈虚则标实表现愈急，治疗必须标本并举。在辨证时，还要根据病情的随时转化，斟酌本与标的比重而变化用药。临床在治疗心肌梗塞、脑中风及心衰、呼衰等危重病症上常碰到这些问题。

两年前，牟重临在心胸外科会诊一重度风心患者，行人工二尖瓣瓣膜置换术加三尖瓣成形术后，反复出现心衰与呼衰，房颤伴胸腔积液与肺内双重感染，一个月内作过3次气管切开，行人工呼吸机，已病危通知家属。刻诊：患者面苍形瘦，精神极度疲怠，口唇发绀，胸闷气急，少动则气喘嘘嘘，汗淋不止，发热，呼吸机辅助呼吸，不能言语，痰液呈脓性，舌淡胖边紫，脉细微。证属心肾阳衰欲脱，痰瘀交阻心肺，病情极为重笃。急于大补元阳，佐以祛瘀化痰，处方：别直参、西洋参、生晒参、黄芪、当归、五味子、瓜蒌实、桃仁、桂枝、白芍、附子、川朴、红花、炙甘草。频频饮服，3天后，精神明显好转，气喘乏力大有改善，虚汗减少，惟两肺痰鸣漉漉，不能拔除气管插管。于上方合苓桂术甘汤，再3剂。肺部痰鸣音基本消失，拔除气管插管，已能下床，觉胃纳欠佳。再予上方，合调理脾胃之味。3天后步行出院。（沈丹）

倪宣化临床特色经验

【名老中医简介】倪宣化（1908～1998）　四川威远县人。主任医师。毕业于上海中国医学院。首批全国老中医药专家学术经验继承工作指导老师。

调治气血

1 调治气血的内涵与依据

倪宣化认为调治气血的基本内涵是：气血是人体生命活动的基本物质基础，又是脏腑正常生理活动的产物；脏腑发生病变首先影响气血的变化，气血的病变必然导致脏腑功能的紊乱，气和血相互依存，相互为用。调治气血是治疗疾病特别是治疗内伤杂病恢复人体正常机能的基本方法。倪宣化认为气和血是人身至宝，是人的生命关键，人的生、长、病、老无不根于气血。气是人体生命活动的动力，因此气宜补不能泻；血在脉管中环周运行不息，为全身各脏腑器官提供营养，因此血宜行不能滞。气和血在生理上互根互用，在病理上相互影响，在治疗上调治气血则相得益彰，乃为治本之法。

有关气血的调治早在《内经》中就有记载，如《素问·至真要大论》说：“疏其气血，令其调达而致和平。”至汉·张仲景在总结前人经验的基础上，首创气血的辨证论治和方剂。此后诸如《诸病源候论》、《医学心悟》、《外自秘要》、《普济方》等书在调治气血的理论、方剂、药物方面都有创新。特别是清朝的王清任根据自己的实践经验，对气血的理论和治疗作了重要的发挥，主张“治病之要诀，在明白气血，无论外感内伤……所伤者无非气血。”在他所著《医林改错》一书中总结出六十种气虚证和五十种血瘀证，创立和修改调治气血方剂二十余首，对倪宣化调治气血的学术思想影响极大。

2 气贵在旺，治气以“补”为要旨

倪宣化十分重视理论学习，八十六岁高龄仍常卷不离手，勤于思考，慎于明辨，从《内经》“血实宜决之. 气虚宜掣引之”以及《医林改错》的有关理论，结合几十年的临床经验悟出“气病多虚，血病多瘀”的独特见解。认为气是人体生命活动的动力，应该以充足旺盛为佳。同时由于气的推动、温煦、防御、固摄、气化等生理功能的特点耗损较大，病理上易出现不足的状态，所以在治疗上以补其不足为要旨。当然也不排除诸如行气、降气、调气疏肝等治疗方法。临床时他善于发现和抓住病变的气虚本质，大剂量地使用补气药，以推动和激发脏腑组织器官的功能，促其早日病愈康复，取得十分满意的疗效。

案1 李某某，女，43岁，1991年6月7日初诊。因功能性子宫出血骤然血崩，出血量达600mL左右，患者不愿用西药，由家属背来就诊。证见头昏欲倒，大汗淋漓，面色惨白，语音低微，手足厥冷，舌苔淡嫩，脉沉弱，血压12/9KPa。辨为血崩，气不摄血，气随血脱之证。治以益气摄血，回阳固脱。方用黄芪100g，红参、阿胶各10g，炒附子15g，汗止脉回。二诊时为增加补气药力，原方重用黄芪为200g，服后血崩全止，继服益气养血之品20余剂，患者恢复健康，返回工作岗位。

3 血贵在运，治血以“活”为要旨

倪宣化勤于探索，尊古而不泥古，借古而更创新。他强调血液循经运行不息，环流全身，周而复始，为全身各脏腑组织器官提供必需的营养，以维持人体的正常生理功能，一刻也不能停滞，贵在活动流畅；同时根据血病多瘀的病理见解，提出“血以活为贵”的认识，在临床上注重辨析血液的流畅或瘀滞情况。十分推崇“久病入络”、“怪病必有瘀”等学术观点，以及王清任活血化瘀的理论和经验。当然，在临床上他也不排除诸如补血、止血、破血、凉血等治血方法及其联合运用。倪宣化常强调出血证、血瘀证亦须注意活血化瘀，活血化瘀药对出血和血虚证并无矛盾，兼有血瘀者佐以活血化瘀治疗有促进止血或生血的作用。前人亦有“瘀血不祛新血不生”以及“去瘀为治血要法”等经验之谈。现代医学研究亦已证明活血化瘀法有影响血液流变的作用，有调整结缔组织代谢、机体免疫的作用以及抗炎和抗感染等方面的作用。临床上老师用活血化瘀法治愈不少疾病。

案2 陈某，男，11 岁，1992 年 2 月 26 日初诊。患癫痫病 3 年，发作时卒然昏倒，神志不清，手足抽搐，数分钟后方苏醒恢复平常。平时纳呆，喜吐涎痰，近半年来发作频繁，一月发作 6～7 次，多处就医，有用涤痰汤加熄风药治疗者，有用六君子汤加味治疗者，疗效均不显著，遂来请倪宣化诊治。患者面色不华，食欲不振，胸闷，喜吐涎痰，舌苔白薄，舌质正常，脉细涩。倪宣化以“久病入络为瘀”及脉细涩为依据，诊断为气滞血瘀，痰迷心窍，认为前医重在涤痰熄风开窍，忽略了血瘀的存在。现治以活血化瘀，熄风开窍。方用桃仁、赤芍、半夏、桑皮、青皮、石菖蒲、远志、钩藤、全虫、神曲等药为基础增损治疗，服药后癫痫未再发作，随访 1 年未复发。

4 疑难杂病，以调气活血为要旨

疑难杂病，一般是指内伤杂病中的疑难病证，多病程缠绵，经久难愈，临床表现多隐晦复杂，多由内伤诸因导致机体多脏器发病所致，常称之为“久病”、“怪病”。倪宣化认为，此等疑难杂病多由气血瘀滞所致。如《素问·缪刺论篇》谓“邪……入舍于孙络，留而不去，闭塞不通……流溢于大络，而生奇病也。”叶天士亦云：“大凡经主气，络主血，久病必瘀。”至于具体治法，倪宣化主张以调气活血为要旨，根据其病征性质或益气活血化瘀或行气活血化瘀或调气疏肝化瘀。他还认为血瘀与气虚的关系最为密切，因为气为血帅，气虚则无力推动和统摄血液循经运行而最易导致血瘀。在临床上既便是气滞血瘀证，他也常在行气活血的同时加入适当的补气药。气为血之帅，血为气之母，二者同治相得益彰，往往可获奇效。

案3 丁某，男，46 岁，1991 年 10 月 30 日初诊。患者自述慢性腹泻两年余，在市某医院作纤维结肠镜检诊断为慢性非特异性溃疡性结肠炎，多次经中西医治疗无效。遂来请倪宣化诊治。就诊时主诉每日腹泻 2～3 次，大便溏，带脓血，里急后重，腹痛喜按，肠鸣，神疲乏力，纳呆，怯冷，手足冷，腰膝酸软，面色无华。大便常规化验：脓球（++），粘液（+++），RBC（++）。舌苔白稍腻，舌边淡有齿印及瘀点，舌尖红，脉沉细。前医者多因其大便脓血，里急后重，舌尖红，苔稍腻，用清热利湿或清热解毒法治疗效果不佳。倪宣化根据其病史，抓住患者腹痛喜按，神疲乏力，纳呆，手足冷，腰膝酸软，舌质淡，舌边有齿印及瘀点，脉沉细等临床表现，治以益气活血、健脾补肾。用王清任止泻调中汤（黄芪、党参、白术、当归、白芍、红花、川芎、良姜、安桂、炒附子）增损，少加升麻、木香、黄连连服 10 余剂，腹泻消失，大便成形无脓血，一日一次，无里急后重。手足冷、腰膝酸软、肠鸣诸证亦消失，精神、食欲明显好转，大便常规化验正常，获临床治愈，疗效满意。

5 调治气血，以辨证为要旨

倪宣化强调调治气血必须辨证。他常说：经云“两虚相得，乃客其形”、“喜怒不节则伤脏”，在临床上只有通过辨证才能将气血病变落实到“形”、“脏”的实处，如是才谈得上遣方用药，才能一举中的，否则就是纸上谈兵，无的放矢。

倪宣化对气血辨证，一方面极为重视整体观念，认为气血是人身至宝，为五脏六腑功能活动的物质基础，又是五脏六腑气化的产物。气血的变化无不和五脏六腑的功能活动、病理变化息息相关，相互影响。气和血的生成有赖于脾、胃、肺、肾等脏腑生理功能的综合作用。血的正常循行靠心脏的搏动，肺的宣发肝的疏泄和调节，脾的统摄，气的升降出入便是脏腑生理活动的体现。因此，他强调气血的病变必须从以五脏为中心的机体的整体出发来认识和治疗。另一方面，倪宣化又强调气血是独立存在的物质，其生理功能、病理变化及相互关系又有其独自的特点和规律。例如气虚可导致血虚、血瘀、出血，气滞可导致血瘀，气实（气盛）亦可致出血或血瘀；血虚可导致气衰，血脱可造致气脱等。在临床时，倪宣化注重熔气血辨证与整体辨证于一炉，以增强气血辨证的整体性和灵活性。

黄某，女，30岁，1993年12月13日诊。主诉月经淋漓10天未净，经色淡红，伴面色不华，神倦，气短，纳呆，便溏，四肢不温，腰膝酸软，苔白薄，舌质淡，脉细。倪宣化辨为崩漏，从气血辨证考虑为气血两虚；从脏腑辨证考虑脾虚统摄无权，肾虚冲任不固，治以益气养血健脾固肾。拟圣愈汤以鸡血藤易川芎加白术、枣皮，鹿角胶，两剂而获效。（张洪德）

聂天义学术经验

【名老中医简介】聂天义（1941～）重庆涪陵人。主任医师。重庆市涪陵区中医院院长。重庆市中医药学会常务理事，重庆市涪陵区红十字会理事。重庆市名中医。从事中医临床近40年，擅长心脑血管疾病、糖尿病、高热、脾胃疾病、肾系疾病的诊治。参编写论著7部，发表文章70余篇。

学术思想

“水血相关”学术思想

1 水血生理，密切相关

水，赅以津液；血，专指血液。水与血在生理上密切联系，是“水血相关”论运用于临床实践的根本理论依据。聂天义将水血生理联系概括为“同源、倚行、功相济”。

1.1 水血同源

对于水血同源，中医基础理论经典之作《黄帝内经》已有较深入的论述。《素问·经脉别论》曰：“饮入于胃，游溢精气，上输于脾，脾气散精……水精四布。”《灵枢·决气篇》曰：“中焦受气取汁，变化而赤，是谓血。”因此，人体水与血均来源于水谷精微之气，化生于后天脾胃。《灵枢·痈疽》曰：“肠胃受谷，……中焦出气如露，上注谿谷，而渗孙络，津液和调，变化而赤为血。”《灵枢·营卫生会》亦曰：“谷入于胃……中焦亦并胃中，出上焦之后，此所受气者，泌糟粕，蒸津液，化其精微上注于肺脉，乃化而为血。”《灵枢·邪客》则曰：“营气者，泌其津液，注之于脉，化以为血。”如此可见，血与水又互为化源。

《内经》以降，一些医家对水血同源也有所阐发。如：明·缪希雍认为“水属阴，血亦属阴，以类相从”，从阴阳气化层次道明了水血同源之本。《本草经疏》则明确指出“血与水同源而异派”。日本《吉益药征》亦认为“夫水之与血，其素同类也。亦惟赤者谓之血，白者谓之水耳”。《本草思辨录》在论述“发为血之余”时，也强调指出“血者水之类”。《本草求真》从诸血之中入以三七，直观地观察到“血化为水”。清·唐容川在其《血证论》中则指出：“血得气之变蒸，变化而为水”。这一论述，在理论上填补了《黄帝内经》在水血互化方面未论及血化为水的空白。

聂天义师古不泥，认为：“水血同源，古已有述，然其要义当详加细分作解。第一，通天下惟一气尔，人秉天地之气生，作为人体重要组成部分的水与血，根本上同源于天地之气；天人相应，不同时域，秉气不一，临证当注意异法方宜。第二，人始生，先成精，从这一层面上理解，水血皆禀受于先天精气，人禀赋不同，水血之强弱也有不同，临证当注意体质差异。第三，人出生之后，水与血均来源于水谷精微之气，化生于后天脾胃，临证调水治血当时时顾脾。第四，运行于脉中的血液，渗于脉外就成为水，而津液从孙络渗入脉中又化为血，水血互为化源”。

1.2 水血倚行

聂天义认为水之输布，血之运行，两者亦密切相关。盖而言之，水血之行皆倚气之推动。气为血帅，故其能行血；津液输布，亦靠气的升降出入，故气行则水行。血行脉内而不外逸，依赖于气之统摄；津液代谢之常，也靠气的固摄功能以维持。因此调气是临证水血同调的根本，诚如唐容川《血证论》所言：“水为血之倡，气行则水行，水行则血行”。分而述之，以脏腑气机言，水血之行同赖脾、肺、肝之力。

脾主统血，五脏六腑之血全赖脾气统摄，脾气健旺，固摄作用健全，保证了血液安行脉内。同时，水制在脾，脾气散精，通过转输作用，一方面将津液上输于肺，另一方面直接将津液向四周布散全身而行“灌溉四旁”之功。

肺为气之本，肺主一身之气而司呼吸，调节全身气机，朝百脉而助心行血，推动调节血液的运行。肺又主行水，通调水道而为水之上源，肺接受脾转输之津液，一方面通过宣发作用将其输布至人体上部和体表，另一方面，通过肃降作用将津液输布至肾和膀胱及人的下部形体。

肝主藏血，具有贮藏血液、调节血量的功能，可以根据人动静之不同，调节血管中的血流量，使脉内之血量维持在理想水平。同时，肝主疏泄，可调达气机，一方面对血液的通畅循行起着重要作用，另一方面，气机调畅，三焦气治，气行则津行，促进了津液的输布环行。

综上可见，水血之行，同与脾、肺、肝三脏的功能密切相关，因此临证水血同治之时可从这三个脏腑的气化着眼施法遣方。

聂天义认为，水血倚行，除二者之运行同与上述因素相关外，二者本身亦具有“互为依伏”、“相互维系”的密切关系。一方面水赖血以行，《景岳全书》即指出，“血流灌溉一身，无所不及，津液得以通行”。《本草述》也指出心主血，火降气通，则“血和而水源畅也”。《本草述钩元》则阐释说：“盖血即真阴之化醇，其化和而水之自畅。”另一方面，血的正常运行需津液的运载，血犹舟，津液为水，水津充沛，血方能行。朱丹溪在论述肉桂功用时指出“味辛属肺”故能“生水行血”；周学海《读医随笔》则指出：“夫人身之血，如胭脂然，有色有质，可粉可淖。人血亦可粉可淖也，其淖者津液为之合和也。”因此，血浓于水，水渍于血，血行水布，水载血行，临证治血可以行水，调水可以和血。

1.3 水血相济

聂天义认为：水血都是构成人体和维持人体生命活动的基本物质，且同为阴质，以类相从，故两者在生理功能上必然密切相关，概而谓之“水血相济”。

水血相济，一方面体现在水和血都具有滋润濡养功能。《灵枢·决气》曰：“腠理发泄，汗出溱溱，是谓津……谷入气满，淖泽注于骨，骨属屈伸，泄泽，不益脑髓，皮肤润泽，是谓液。”《灵枢·五癃津液别》曰：“津液各走其道，故三焦出气，以温分肉，充皮肤。”液态的津液含有丰富的营养物质，所以既有滋润作用又有濡养作用。一般而言，津的质地清稀而滋润作用较为明显，液的质地较稠厚而濡养作用较津明显。津液布散于肌表，则润养肌肤毛发；流注于孔窍，则滋养保护官窍；灌注于脏腑，则滋养内脏；深于骨髓，则充养精髓；流于关节，则润滑关节。诚如《灵枢·营卫生会》所言“以奉生身，莫贵于此”。血濡养滋润全身脏腑组织，血盛则形盛，血衰则形萎，血败则形坏。故《难经·二十二难》指出“血主濡之”。《灵枢·营卫生会》曰：“血者，神气也。”《灵枢·平人绝谷》曰：“血脉和利，精神乃居。”说明了血对神的滋养作用，是人精神活动的物质基础。血循脉中周流全身，为各脏腑组织器官的功能活动提供营养，五脏、六腑、五官、九窍、四肢、百骸无一不是在血的濡养下发挥生理功能。故《素问·五脏生成》曰：“肝受血而能视，足受血而能步，掌受血而能握，指受血而能摄。”《景岳全书·血证》云：“凡为七窍之灵，为四肢之用，为筋骨之和柔，为肌肉之丰盛，以至滋脏腑，安神魂，润颜色，充营卫，津液得以通行，二阴得以调畅，凡形质所在，无非血之用也。”

水血相济，更重要体现在两者在生理功能上直接相济为用。对于该方面，清末大医家唐容川作了较详细的论述。《血证论·汗血》指出水与血“原互根互宅，阴分之血盛，则阳分之水阴自然充达。阳分之水阴足以布护灌濡，则阴分之血愈为和泽”，揭示出水与血在生理功能上“相济相养”的关系。阳倡阴随，是水血相济的表现之一。《血证论·经血》的“戊与癸合”说更充分体现了这一点。癸，即天癸，乃先天肾中动气化生癸水。戊者，戊土也，乃后天水谷之海，化气取汁，变赤为血。当癸水至于胞中，水为阳气所化，阳倡而阴随，阴者血也，随冲任两脉聚于胞中，血之应水而下，合于癸水。水血在一定条件下相互转化是水血相济的直接方式，唐容川强调“血足津生”（《血证论·创血》）、“水足则精血多”（《血证论·脏腑病机论》）。指出“男子主气，故血从水化而为精；女子主血，故水从血化而为经”。因此“血是男子之精，水中有血；女子之经，血中有水”（《血证论·经血》）。水血的互化常使二者在功能上交融混合。故“男子之精属气属水，而其中未尝无血无火……女子之经，属血属火，而其中未尝无气无水”（《血证论·男女异同论》），“精者，水与血混合之名也”（《血证论·胎气》）。由于水血倚行，因此水血相济还体现在两者上下内外，互相维系。如《血证论·阴阳水火气血论》说：“在下焦，则血海膀胱，同居一地。在上焦，则肺主水道，心主血脉，又并域而居，在躯壳外，则汗出皮毛，血循经脉”。

总之，聂天义认为，血与水均为液态物质，二者同源而异名，相倚而行，均有滋润濡养功能，与气相对而言，两者均属阴，在生理上相互补充既济。

2 水血为病，攸关互累

聂天义认为，水血在生理上密切相关，决定了两者在病理上必然攸关互累。

《灵枢·营卫生会》的“夺血者无汗，夺汗者无血”揭示了血竭津枯、水枯血虚的相关病理。这一相关病理为后世所崇，其中尤以吴鞠通、唐容川论述较详。《温病条辨·解儿难》小儿痉病瘛病共有九大纲论指出“汗多亡血”，疳疾论也指出“汗多而营血愈虚”，血水互生，汗多势必耗血。反之，亡血亦必伤津。故《温病条辨·解产难》产后三大症论指出：产后血虚虽然可出现筋脉、神志、津液三方面的病情，但其"亡血伤津则一"。唐容川认为：血虚"即是水虚"（《血证论·阴阳水火气血论》），"病血者，未尝不病水，病水者，亦未尝不病血也"（《血证论·遗精》）。吐血的后果是"既伤阴血，又伤水津"（《血证论·用药宜忌论》）。若血虚气热亦必伤津，"上焦血虚火盛，则炼结津液……下焦血虚气热，津液不生"（《血证论·痰饮》），"血伤火灼，肾水枯竭"（《血证论·脉证死生论》）。相反，"水不济火则血伤"（《血证论·咳嗽》），"水不足以濡血则血燥"（《血证论·胎气》），"阳分之水阴不足，则益伤血之阴"（《血证论·汗血》），"气分之水阴不足，则阳气乘阴而干血……故汗出过多则伤血，下后亡津液则伤血"（《血证论·阴阳水火气血论》），"水虚则精血竭"，"水虚则火不归元……心肾不交，遗精失血"（《血证论·脏腑病机论》）。

《灵枢·百病始生》"温气不行，凝血蕴里而不散，津液涩渗，着而不去，而积皆成矣。"揭示了血滞水停的病理。《金匮要略》指出"经为血，血不利则为水"，论述了妇人月经停闭，经血不利影响水液代谢而发水肿的病。《圣济总录》指出妊娠子肿的病机乃"经血壅闭则水饮不化"。《济生方》"血热生疮，变为肿满"指出了疮毒内攻，煎熬血液成瘀，因瘀致水行不畅而成水肿的病机。清·石寿堂《医原》说："盖肝郁则热，热则燥，燥则血不流通而结，血结则不独血滞于中，即水饮亦无由吸摄，不能循其常道，下输膀胱，故蛊胀多水。"《张氏医通》则云："血薄血浊能致水"。有"先病血结而水随蓄者"，同时亦"先病水肿而血随败者"（《医碥》）。《重订广温热论·清凉法》指出"因伏火郁蒸"使血中津液耗竭，"血被煎熬而成瘀"，《读医随笔》则指出"津液为火灼竭，则血行愈滞"。

《仁斋直指方》说："下焦蓄血……则便尿自遗而不知"，揭示了下焦蓄血与二便的病理关系。金·李东垣也认为"不渴而小便不利者，热在下焦血分"。《本草经疏》说："血蓄膀胱，则水道不通"。元·朱丹溪则指出小便不通可因于"血虚"。《本草逢原》针对《本经》谓丹参治心腹邪气肠鸣幽幽如走水等症指出"皆瘀血内滞而化为水之候"。《医林改错》说："不知总提上有瘀血，卧则将津门挡严，水不能由津门出，由幽门入小肠，与粪合成一处，粪稀溏，故清晨三五次"，"用隔下逐瘀汤逐总提上焦之瘀血，血活津门无挡，水出泻止"，王清任的说法虽然欠妥，但瘀血致水液偏渗肠间而作水泻之症并不少见。以上论述说明血热、血瘀、血虚均可引起水道失调。

聂天义强调：水血相关病理，历代论述颇丰，对其把握和理解，关键建立在对水血相关生理的正确理解的基础之上。失常的生理即为病理。例如，水血同源于后天脾胃，如脾胃虚弱，化源不足，则致津血虚弱；水血互为化源，相互既济，故血液亏虚可致津液耗伤，津液亏虚亦可致阴血不足；水血之行皆倚气之推动，如气虚无力、气滞不通，则可致水血停滞；脾统血而治水，脾弱失职，统血无力而变生血证，水液失制则变生水湿痰饮诸证；又水血总倚行，故一方罹病必然通过共同相关的脏腑而使另一方受累。如之细参，水血互病之理自可明了。

3 水血互治，权衡以平

聂天义指出：水血攸关的病理上联系，又决定了临证时水血互治，相辅相成。前人虽然未对水血相关理论作系统阐述，但历代医家在临证实践当中已广泛运用了水血互治之法。通过对古籍的学习继承，可以明其概要。

《素问·汤液醪醴论》对水肿病提出了"平治于权衡，去菀陈莝"的治则。《灵枢·小针解》曰："菀陈则除之，去血脉也"。可见，"去菀陈莝"除了攻逐水饮外，尚包括疏通体内的瘀血郁滞。《素问·腹中论》提出的鼓胀"治之以鸡失醴"，是已知最早水证治血的方剂。《内经》还提出了针刺血络以治疗水肿的方法。除《素问·汤液醪醴论》的"缪刺其处"外，《灵枢·水胀》曰："肤胀臌胀……先泻其胀之血络，后调其经，刺去其血络也。"

张仲景极大地丰富和发展了水血相关治法。聂天义总结了《伤寒杂病论》水血相关治法，计有：忌汗秘血法、衄以代汗法、调津凉血法、养血利尿法、养血利水法、养血滋阴利水法、活血利水法、逐瘀除湿法、逐瘀涤饮法、下血逐水法、逐瘀攻水法、利尿消癥法等一十三种水血相关治法。创制了当归贝母苦参丸、当归芍药散、猪苓汤、真武汤、茵陈蒿汤、已椒苈黄丸、大黄甘遂汤、十枣汤、桂枝茯苓丸等水血同治的方剂。可谓开水血并治之先河，立辨证调治水血之典范，为后世医家所宗。

至宋代，《和剂局方》制"五淋散"治热淋，创养血通淋之法。《三因极一病证方论》制"沉香散"以治气淋，方以石韦、冬葵子、甘草、滑石利湿导浊泻热，另以王不留行、沉香、陈皮活血理气，更用当归、芍药养血活血。水血同治，调水血以通气，标本兼顾。

金·刘河间以舟车丸治水肿水胀，是方"用牵牛泻气分，大黄泻血分，协同大戟、甘遂、芫花三味大剂攻水者，水陆并进……故无坚不破，无水不行，宜乎有舟车之名”（《成方便读》），亦为水血互治之方。

《证治准绳》治疗臌胀的调营饮，方以当归、川芎、赤芍等活血化瘀，莪术、延胡索、大黄散气破血，瞿麦、槟榔、葶苈子、赤茯苓、桑白皮等行气利水，体现了活血利水治法 。《景岳全书》针对水肿治疗，更明确地指出：“治胀当辨虚实，因血道不通而致者，当专清其血”。清·沈金鳌指出“血瘀小便秘者，则以牛膝、桃仁为要药，尝采其法，用之颇效” 。《医门法律》指出治疗肿胀当用当归、大黄、赤芍等药，其义亦在通过活血化瘀，血行水亦行。《医林绳墨》亦云：“肢肿者四肢作肿也……大率滞于血者，则痛肿难移，宜参归汤加丹皮、白芷、秦艽、续断”以活血利水。

温病大家吴鞠通其学术思想“始终以存阴精为主”。水血是人体阴液的主体，故其对水血相关治法的论述深具精义，与张仲景师遥相呼应。《温病条辨·杂说篇·活血论》指出：“治水与血之法，间亦有用通者，开支河也；有用塞者，崇堤防也”。聂师总结了《温病条辨》的水血互治的方剂中，有利尿以活血、逐瘀以消水的开支河法；亦有补气以生津、补气以摄血的崇堤防之法。整部《温病条辨》计有：血亏忌汗法、存津济血法、生津凉血法、养血生津法、活血滋汗法、活血消水法、利湿止血法、利尿活血法、利尿逐瘀消癥法等九种水血相关治法。较集中体现在上焦篇中，其他各篇亦有散在论述。《温病条辨》分条缕析，一条一方证，详方剂之加减，极具实用价值。

清末医家唐容川，以善治血证而著称，其于水血相关治法亦运用娴熟。唐容川明确提出了“凡调血，先需调水”（《血证论·经血》）、“治水即是治血”（《血证论·尿血》）的血证治水法则。《血证论》集血证治水之大成，聂天义总结了全书水血相关治法，共计有：保津秘血法、滋水止血法、化水止血法、祛痰止血法、凉水止血法、滋癸补血法、逐水活血法、温水行血法、滋水濡血法、补气升水止崩法、清气滋水宁血法、滋脾润津宁血法、补肺生水宁血法等一十三种血证治水法。《血证论》对方药加减运用之由的论述，力求理、法、方、药环环相扣，理论和实践价值极高。

临床经验

急症

1 肺心病心衰

杨某，女性，64 岁，1980 年 3 月 15 日诊。患者反复咳嗽 15 年，发作伴双下肢水肿 1 周，心悸、不能平卧 2d。刻诊：咳嗽喘促、动则尤甚，息高张口抬肩，咳吐泡沫痰，甚则痰中带血紫暗；头面浮肿，口唇发绀，颈脉动，桶状胸，双肺满布干湿啰音；心率 120 次/min，律齐，心音遥远；虚里跳动，按之应手，但无力，鸠尾下悸动明显；右胁胀痛，肝肋下 3cm、剑突下 4cm，压痛（+），无反跳痛，肝颈回流征（+）；纳呆腹胀，移动性浊音（±）；双下肢按之没指，皮色紫暗；尿短少，大便 3d 未解；舌质紫，苔微黄，舌下脉络粗紫，脉沉数无力。证属宗气亏虚，心肺脉络瘀阻，水饮阻遏。急则治标，治以活血逐水，遣桃葶椒黄汤加味：葶苈子、丹参、大黄（后下）各 30g，桃仁 20g，椒目 10g，牵牛子 15g，每日 2 剂，水煎取汁，日 3 服、夜 2 服。1d 后大便溏泻 5 次，小便亦多，已能平卧。复与 1 剂，日 3 服，喘累心悸进一步好转，心率 96 次/min，双肺干湿啰音明显减少，肝颈回流征（-），肝肋下 1.5cm，剑突下 3cm，双下肢水肿大减。改以补益脾肾、温阳利水，佐以活血化瘀，以四君子汤（党参改为黄芪）合真武汤加丹参、琥珀、泽兰、泽泻等以善后。

按《灵枢·邪客篇》曰：“宗气积于胸中，出于喉咙，以贯心脉，而行呼吸焉”。患者缘于久咳伤肺，子盗母气，致肺脾俱虚，宗气衰竭，既乏走息道以司呼吸之力，又不能贯心脉以行血气，心肺络脉瘀阻，心不主血行而血化为水，肺不通调水道致饮邪泛滥，故证如斯。此正虚邪实之证，如以虚治，则愈壅其邪；迳以祛邪，则困惫之宗气不为邪羁而能振，故首当逐瘀荡水。方中桃仁“止咳逆上气，消心下坚……破癥瘕，通脉”（《别录》）；丹参“治心腹邪气，肠鸣幽幽如走水，皆瘀血内滞而化为水之候。止烦满益气者瘀积去而烦满愈，正气复也”（《本经逢原》），故重用二药，力逐心肺络脉之瘀阻，推动宗气贯心脉以行血气。葶苈子“主癥瘕积聚结气……破坚逐邪，通利水道”（《别录》）；椒目“利小便”（《唐本草》）、“治喘，似于水气之喘更为得宜”（《本草述》），二药相须，活血利水，止嗽平喘。牵牛子“治水气在肺，喘满肿胀，下焦郁遏……卓有殊功”（《纲目》），偕大黄以活血逐水，通利二便。《本草经百种录》曰：“大黄之泻从中焦始，葶苈之泻从上焦始”；而李杲称牵牛子“除……三焦壅结”，故相伍以荡涤三焦壅遏之水邪，使之前后分消。药后心肺之络脉得通，水邪被蠲，宗气一振，走息道，贯心脉，故心悸咳喘好转。

2 急性肠梗阻

冯某，男，24 岁，1978 年 4 月 12 日诊。腹痛 6h 入院。刻诊：急性痛苦面容，轻度脱水征。腹痛突然发作，为阵发性，痛时以脐周为主，不矢气，转侧不安；腹稍膨满，未见肠型及蠕动波；腹软，仅下腹稍有肌紧张及轻度压痛，无反跳痛，可闻及高调肠鸣及气过水声；伴恶心呕吐，吐出物为胃内容物；大便2d未解，小便黄赤短少；血WBC7.35×10^9/L、N 0.72、L 0.28，尿常规(－)；X光示腹平片显示上腹部肠管充气，有明显液平面；舌苔黄，舌质紫暗，脉弦实。证属气滞腑实，血瘀水遏。治以西医体液支持疗法，中药理气攻下、活血逐水，以厚朴三物汤加味：厚朴30g，枳实、桃仁、泽兰各15g，大黄20g（后下），丹皮18g，桔梗10g，赤小豆20g。每日2剂，水煎，每2小时一服。服药2次后，矢气频转，解出稀大便2次。嘱前药改为每4小时一服，至腹痛消失，继以疏肝和胃善其后。

按 本例肇于气滞腑实。气滞血亦瘀，腑实更阻气，血瘀则化水，气滞水亦积。故出现腹痛、便秘、肠腔充气有液平等症。其气滞腑实为本，血瘀水遏乃标。标本相因，呈恶性循环，致升降出入之气机悖逆，故证情险恶。治宜标本兼顾。方以厚朴、枳实理气；大黄通腑攻下；桃仁、丹皮活血；泽泻、赤小豆利水。“诸气膹郁，皆属于肺”。妙在使桔梗宣畅肺气，且肺气开则腑气通，故亦助大便之秘通，有升降相济之妙。药后气机调畅，腑实得通，血行水布，故证遁矣。

3 癃闭

杨某，女，35岁。1975年3月5日诊。产后3d，小便闭塞不通36h，服代抵当汤治疗不效，延诊于余。患者分娩时，产程较长，流血较多，紫暗有瘀块。产后少腹刺痛，小便不畅。刻诊：小便点滴不通，小腹鞕满，按之石鞕，大便不爽；伴发热恶寒，微汗出，气稍促。纳呆，泛恶，未见呕吐，口干不喜饮；苔薄白质淡有瘀点，脉弦细涩。证属产后血虚致瘀，兼感风寒，阻塞水道。治以养血逐瘀利水，兼祛风寒。处方：黄芪、熟地、白芍、益母草各30g，阿胶20g（烊），当归12g，桂枝、大黄、穿山甲、桔梗、荆芥、葱白各10g，每日1剂，水煎日4服。1剂之后，小便始通，但点滴如线。更进1剂，小便通利如常。复以归芍六君子汤加减善后。

按《景岳全书》曰：“凡人之气血犹源泉也，盛则流畅，少则壅滞，故气血不虚则不滞，虚则无有不滞者”。本例产后血虚致瘀，血虚“无阴则阳无以化”，致肾之气化不及州都；瘀则阻塞水道，皆致癃闭。《景岳全书》指出：“倘于此证，不知培气血而但于行滞通经，则愈行愈虚，鲜不殆矣”，故前医以代抵当汤治之罔效。方中黄芪“逐五脏间恶血”（《别录》）；熟地“大补血虚不足，通血脉”（《珍珠囊》），与阿胶、白芍、当归养血活血，阴血得补，肾之气化州都复职。然对遏阻州都之水，刚振之肾气尚无力以气化出焉，必以疏渎而后快。《证治汇补·癃闭》说：“瘀血者疏导兼行”，桂枝化气利水；大黄通大便而利小便不利；益母草活血利水；穿山甲为“二便秘塞”之“向导”（《医学衷中参西录》），诸药共奏利尿以通癃之功。《本草经疏》曰：“肺气壅塞则膀胱与焉”，以州都阻遏之水，必逆犯肺，致肺气壅塞，水道不通，更遏州都之水。宣上启下，治所不免。桔梗开宣肺气，俾肺气开则腑气通，有助州都之水出矣。且桔梗与大黄有升降相济宣通三焦之妙。荆芥可治癃闭不通（《宣明论方》），葱白有“利大小便”之功（孟诜），可见二药不仅为治外感风寒而设，且可助诸药治癃闭之功。

4 输尿管结石

张某，男，45岁，1987年3月20日诊。右侧腰部阵发性绞痛1d。刻诊：腰痛突然发作，向右下腹及右大腿内侧放射。急性病容，痛苦表情，胸肋胀满。尿淋涩刺痛，尿液浑赤，大便1d未解，右侧肾区叩击痛(＋)；尿检示红细胞(＋＋＋)，白细胞2～5/Hp；X线尿路平片示右侧输尿管结石约0.5cm×0.4cm；苔微黄腻质暗，脉弦。证属肝郁气滞，湿阻血瘀，蕴而化热，煎熬尿液成石，阻塞水道。施以西医体液支持疗法，中药予活血化瘀、攻下排石通淋之下瘀血汤加味：桃仁、芒硝（冲）各15g，土鳖虫、桔梗各10g，赤芍、白芍、海浮石、滑石各30g，石韦、大黄（后下）各20g，茯苓18g，川牛膝25g，每日2剂，水煎，每4小时一服。3d之后腹痛缓解，小便畅通。遂以此方加减，每日1剂，连服半月，终从尿中排出米粒大小砂石数粒，经X线尿路平片复查未见结石。

按：本例始于肝气不疏，致血瘀水遏，煎凝为石，更阻水道。其治如从气分疏肝，有隔靴搔痒之嫌，故迳以活血逐瘀以疏肝利尿。方中桃仁散肝经之血结；土鳖虫乃足厥阴药也，可活血破坚，赤芍药“专入肝家血分”以“除血痹，破坚积”（《本草经疏》），并有利小便之功；川牛膝入肝经，通经散血，治尿血，故诸药皆入肝活血化瘀疏肝利尿通淋。海浮石软坚通淋；滑石“偏主石淋”；芒硝“破五淋”（《别录》），重用三味，以石攻石排石。白芍缓急止痛，大黄通大便以利小便，且助诸矿石药以逐石。然尿石之排，终须三焦决渎通畅以涤荡之，故以桔梗宣肺，茯苓运脾，石韦导下。则三焦水道通调，尿畅石排，故病瘥矣。

5 结语

《素问·至真要大论》在论述疾病的治疗时，强调要“疏其血气，令其条达，而致和平”。说明中医对疾病的病机多责之气血失调。而气血失调常导致气血水三者的病变。《医碥》曰："气血水三者，病常相因。有先病气滞而后血结者，有先病血结而后气滞者，有先病水肿而后血随败者，有先病血结而后水随蓄者"。盖气滞(虚)则血瘀，血不利则为水；气虚水不化。气滞水失布。故聂天义认为，气机失调是导致水血并病的枢纽。水血并病之后，进一步导致气机升降出入的逆乱，影响脏腑、经络、气血、阴阳等的平衡协调。《素问·六微旨大论》曰："出入废则神机化灭，升降息则气立孤危"。故病情愈笃而险象旋生。此时，从水血相关论治，使血行水畅，从而气机升降复权而"条达"，故多能使危急病症缓解或治愈。(陈长春 余德文 聂 曦)

牛兴东验方选

【名老中医简介】牛兴东(1946～) 主任医师。原内蒙古中蒙医医院业务副院长。中华中医药学会脾胃病分会副主任委员，内蒙古中医药学会常务理事，内蒙古中医药学会内科专业委员会委员，《内蒙古中医药》杂志副主编等。内蒙古自治区名中医。擅长诊治食管疾病、胃肠道疾病、肝胆胰疾病及慢性萎缩性胃炎及其癌前期病变。发表论文30余篇。参编《古今奇症妙治揭秘》《中医消化病诊疗指南》《内蒙古中医药继续教育读本》《中医药应对突发公共卫生事件能力建设人员培训教材》等。

参芪郁黄汤

组方：基本方为黄芪20～120g，丹参15～30g，大黄10～20g，郁金15～30g。按不同证型，随证加减药味及增减剂量。

功效：清热解毒、豁痰开窍、益气活血。

主治：证见半身不遂、口舌歪斜、神识昏蒙、舌强语蹇或不语、偏身麻木等主症的中风病。

加减：①肝阳暴亢、风火上扰型 主证：半身不遂、口舌歪斜、舌强语蹇或不语、偏身麻木，舌红苔薄黄、脉弦有力。基本方加水牛角30g(或羚羊角5g)，钩藤30g(后下)，黄芩15g，生白芍30g、珍珠母30g(先煎)，生甘草6g。②痰热腑实、风痰窜络型 主证：半身不遂、口舌歪斜、舌强语蹇、偏身麻木，舌质暗红或暗淡、舌苔黄、脉弦滑或偏瘫侧弦滑而大。基本方加天麻15g，钩藤30g(后下)，石决明30g，黄芩15g，胆南星10g，枳实10g，桃仁泥15g。③风痰瘀血、痹阻脉络型 主证：半身不遂、口舌歪斜，舌强语蹇，偏身麻木。舌质暗淡、舌苔薄白或白腻，脉弦滑。基本方加天麻15g，胆南星10g，僵虫10g，半夏10g，白芥子15g，鸡血藤30g，乌稍蛇15g。④阴虚风动型 主证：半身不遂，口舌歪斜，舌强语蹇或不语，偏身麻木，舌质红或暗，少苔或无苔，脉细弦或细弦数。基本方加生牡蛎30g(先煎)，珍珠母30g(先煎)，钩藤30g(后下)，生地30g，女贞子30g，旱莲草30g。⑤气虚血瘀型 主证：半身不遂，口舌歪斜，言语蹇涩或不语，偏身麻木。舌质暗淡、舌苔薄白或白腻、脉沉细缓或细弦。基本方加当归尾10g，赤芍15g，桃仁泥15g，红花10g，炙地龙10g，川芎10g。⑥邪热内闭脑窍型 主证：神昏，昏愦，半身不遂，病急骤，鼾声痰鸣，肢体强痉拘急，项强身热躁扰不宁，舌质红绛、舌苔黄干腻，脉弦滑数。用基本方。至宝丹与安宫牛黄丸每6小时交替鼻饲各1丸，清开灵40mL加入10%葡萄糖液250mL中静脉点滴。⑦元气败脱、心神散乱型 主证：突然神昏、昏愦，肢体瘫软。舌质紫暗、舌苔白腻，脉沉缓或沉微。基本方去大黄加人参10g，熟附子30g(先煎)，龙牡各30g(先煎)。生脉散20mL加入10%葡萄糖500mL中静滴，复方丹参注射液20mL加入5%葡萄糖200mL中静脉点滴，每日1次。

方解：方中黄芪益气固本、补气为主，气为血帅，血能运行全身的动力是气，气行则血行，气滞则血瘀，气虚则鼓动无力而使血运瘀滞。配用丹参活血化瘀、清心安神，具有抗凝、抗血栓形成，改善中风患者脑循环等多方面作用。对血瘀患者的粘、聚、滞倾向有很好的治疗作用。大黄可通腑泄热，可起到脱水降低颅压的作用。诸药相合，共奏清热解毒、豁痰开窍、益气活血之功。以基本方为基础，出现不同证候、再灵活随证加减。根据病证的标本缓急，急则治其标，以祛邪为主，加重清热解毒、豁痰开窍、活血化瘀之药，佐以益气补虚之品；缓则治其本，以扶正为主，加重益气补虚、滋补肝肾之药，佐祛邪之品，达到邪祛正安，气血调，阴阳和之目的。

钮晓红验方选

【名老中医简介】钮晓红(1959～)女,河北省定县人。主任中医师,教授。南京市中西结合医院瘰疬科主任。中国中西医结合学会疡科分会委员,江苏省中医药学会理事。江苏省名中医。擅长治疗中医外科疾病,对肺外结核、各种难治性窦道瘘管尤有体会。主持国家中医药管理局、省、市科研项目多项,发表医学论文10余篇。

银僵汤

方药:金银花30g,忍冬藤30g,连翘15g,拳参9g,白僵蚕9g,牛蒡子9g,生甘草9g,玄参15g,薄荷(后下)6g,荆芥穗9g,柴胡15g,黄芩9g,芦根15g。

功能:疏风清热,解毒消肿。

主治:组织细胞坏死性淋巴结炎(风热痰)。

用法:1剂/d,水煎,2次分服,小儿剂量酌减。

方解:组织细胞坏死性淋巴结炎属中医学“痰毒”范畴。开始有似感冒症状如咽疼、全身不适、发烧,继而颈部或腋窝痛性肿块多枚,皮色如常,质度中等,按之疼痛,推之可移。清·高秉钧言:“夫风热痰皆发于颈项间,以风温阻于少阳梢络而发。初起寒热,项间酸痛,结核形如鸡卵”(《疡科心得集》)。方中金银花、忍冬藤、连翘清热解毒,透表通络,为主药。白僵蚕、牛蒡子疏散风热,化痰散结;配玄参、拳参、生甘草消肿利咽,缓急止痛;荆芥穗、薄荷辛散表邪,轻宣透热,共为臣药。芦根甘凉轻清,生津止渴,为佐药。柴胡、黄芩解表泄热,升举阳气,为使药。诸药相伍,具有疏风清热、解毒消肿之功,临床用于组织细胞坏死性淋巴结炎,疗效显著。

欧阳枝磊医案选

【名老中医简介】欧阳枝磊 主任医师,教授,硕士生导师。现任职于江西新余市中医院。江西省名中医。第三、第四批全国老中医药专家学术经验继承工作指导老师。

危急重症验案

1 营卫失调,身热不退

李某,女,25岁。于1990年5月顺产一女婴,产后3 d,不慎感受风寒,恶寒发热,体温39℃,周身胀痛,恶心微呕,汗自出,胸胁胀满,某医院静点氨苄青霉素5 d,体温不降,加用激素后,体温曾一度下降,但停药后体温又升至38.9℃,又服银翘散数剂,其症不减,发热恶风,自汗不止,恶心欲吐,胸胁胀满,精神疲乏,二便调和,舌苔薄白、质淡红,脉浮。证属太少并病,治以和解表里,用柴胡桂枝汤:桂枝7g,白芍10 g,黄芩7 g,党参10 g,半夏6 g,柴胡10 g,大枣6 g,生姜5 g,炙甘草3 g。服3剂,药后发热罢,诸症减.守方3剂,病获痊愈。

按《伤寒论》曰:“伤寒六七日,发热,微恶寒,支节烦疼,微呕,心下支结,外证未去者,柴胡桂枝汤主之。”患者产后当风,外邪袭表,营卫失调,因治不得法,表邪未去,邪入半表半里,故见发热、汗出恶风、恶心呕吐、胸胁胀满等症。方中桂枝汤调和营卫,解太阳之表;柴胡汤和解少阳,除半表半里之邪。对产后伤风,体虚外感十分合拍,故能取得较好的疗效。

2 血蓄下焦,高热不除

张某,女,25岁。于1991年5月行剖官产,术后恶寒发热,体温39.2℃,某医院以产后感染处理,经氨苄青霉素静点6 d,恶寒罢,但体温不减,后改用先锋霉素静点5 d,体温仍波动于39～40℃,查伤口愈合良好,WBC 17×10^9/L,中性偏高,患者小腹硬满,疼痛拒按,口渴不多饮,小便调和,大便5 d未行,心烦谵语,舌红、边有瘀点,苔黄而干,脉象弦涩。证属血蓄下焦、瘀热互结,投以桃核承气汤:桃仁10g,大黄10g,桂枝5 g,芒硝10 g,甘草3 g。服3剂。药后,下瘀血数块,大便泄泻4次,色黑气臭,体温37.9℃,精神爽,腹痛消失,舌稍红,脉弦有力。瘀去热退,余邪未尽。原方去芒硝,大黄减为5 g,再服2剂,脉静身凉,血象正常,唯神疲乏力,以养阴和血善后。

按《伤寒论》曰:“太阳病不解,热结膀胱,其人如狂,血自下,下者愈,其外不解者,尚未可攻,当先解其外。外已解,但少腹急结者,乃可攻之,宜桃核承气汤。”该患者剖腹产后,感受风寒,寒邪入里化热,热与血结,血蓄下焦,故小腹急结硬满疼痛,小便调和,大便秘结,其人如狂。桃核承气汤以桃仁活血通瘀,大黄泄热下瘀,芒硝软坚泄热,桂枝通行血脉,诸药共奏泄热通便、破血下瘀之功,故能瘀去热清,诸症悉除。

3 身孕7月，阳明腑实

吴某，22岁。1991年12月1日，因腹痛剧烈，大便3 d未行而就诊。患者已怀孕7个月，腹痛剧烈，辗转不安，大便秘结，壮热烦躁，口干思饮，查患者腹痛而拒按，体温39.8℃，舌苔黄厚而干燥，脉象弦滑而数。WBC $15.8\times10^9/L$，N 0.88。证属阳明腑实，投以大承气汤：生大黄10g，枳实10 g，厚朴10g，芒硝10g，生晒参10g。服2剂药后大便通畅，痛减热退。

按《伤寒论》曰："阳明病，谵语有潮热，反不能食者，胃中必有燥屎五六枚也，若能食者，便硬耳，宜大承气汤下之。"患者妊娠7个月，患阳明腑实证，方中生大黄、枳实均为苦寒攻下之品，荡涤肠胃，破气散结，均为妊娠所忌，而此患者，生大黄、枳实均用10g，说明临床处方用药不能墨守陈规，而应有是病，必用是药，因病制宜，有故而无殒之意。

4 周身悉肿，喘促不宁

李某，女，37岁。患风湿性心脏病，心悸气短，汗出恶风，关节冷痛，小便不利，周身浮肿，按之凹陷，脉沉细不整。证属风湿相搏，日久不愈，邪从寒化，累及心阳所致。治以强心通阳，温脾化湿，投以甘草附子汤：炙甘草10g，附子10g，白术10g，桂枝6g，防己、茯苓各12g，4剂。药后汗出、恶风已止，关节冷痛减轻。继用真武汤加桂枝、防己，水肿消退，气短、心悸尚存，嘱常服柏子养心丸，0.5a后已能从事一般的家务劳动。

按《金匮要略》曰："风湿相搏，骨节疼烦，掣痛不得屈伸，近之则痛剧，汗出短气，小便不利，恶风不欲去衣，或身微肿者，甘草附子汤主之。"方中炙甘草缓急补中，附子温经止痛，桂枝祛风，白术除湿，更加茯苓、防己健脾除湿，附子配桂枝强心通阳，诸药共奏强心通阳、温脾化湿之功，故能显效。（欧阳枝磊　欧阳海波）

欧阳作理验方选

【名老中医简介】欧阳作理（1943～）重庆合川市人。主任医师。现任职于重庆市江北区中医院中医儿科。重庆市中医药学会儿科专委会副主任委员。重庆市名中医。擅长诊治儿科常见病、多发病、疑难病，对小儿哮喘、肾病综合征、肺含铁血黄纱沉着症、慢性消化功能紊乱等。

三仙增液汤

方药：生地15g，玄参、麦冬各12g，山楂、神曲、麦芽各10g，甘草3g。

主治：顽固性便秘。

用法：水煎2次，每次20分钟，合并两次药汁一日分3次服完。

注意：①根据大便软硬状况及解便次数酌情增减剂量，以维持每日1～2次成形软便为佳。连续服药30天为一疗程，停药观察1周，如出现大便间隔时间延长或转为干硬大便则继续第二疗程服药。②以牛乳为主的人工喂养儿容易便秘，应适当减少牛乳总量，增加糖量或米面糊及豆浆，每天还要给一些鲜果汁、菜汤和蜂蜜水；稍大的婴儿可给水果泥或蔬菜泥；1岁以上儿童更应鼓励多食绿叶蔬菜、水果和粗粮，尽力克服挑食偏食坏习惯。③每日定时提便或教其坐盆，年长儿常因贪玩忘记大便需要家长定时提醒，不论有无便意都应令其入厕蹲候，持之以恒便可形成按时大便的良好卫生习惯。④第二疗程结束，停止服药，但仍继续以上第②、③项措施。

病案1 李某，女，3岁，1999年3月26日以"大便干燥，排便困难两年"就诊。以前曾反复使用开塞露、果导片、上清丸、麻仁丸、番泻叶，虽可畅快一时，旋即又秘结难下，近半年来完全依赖泻药通便，曾在某医院作钡灌肠摄片检查无特殊发现。患儿平时喜食香燥之物，厌恶蔬果，形体虽显消瘦，但精神颇佳，特别好动，夜间睡眠不安，常常汗出湿衣。舌质偏红，舌苔薄白，脉略细数。诊为津枯肠燥，无水舟停。予三仙增液汤口服，生地、玄参、麦冬皆用至30g，每日1剂。并嘱多食鲜蔬水果和训练定时排便。2剂后大便畅行，服至第5剂时大便转为稀溏，日下2～3次。乃减少生地至15g，玄参、麦冬各12g，基本维持每日1～2次成形软便。其间进食渐增，睡眠好转。服至1个月时体重增加1.2kg，后改为两日服1剂，服满两个月后停药，仍能继续保持大便畅通，每日定时排便，体重增加至15kg，精神食欲良好，随访至今无复发。

方解：增液汤系吴鞠通为阳明温病津液不足，大便秘结而设，方中大剂玄参、麦冬、生地滋阴润燥，增益津液，使干涸的肠管滋润，粪便得以自下，犹如水涨船行，故称"增液行舟"之法。以此治疗慢性顽固便秘与其关键的病理环节甚为贴切，加入号称"三仙”的神曲、麦芽、山楂消积导滞、和中助运，更加适合小儿脾常不足易致乳食停滞的生理病理特性。实践证明临床疗效确切。值得提到的一是剂量要足够大，大到服药后能自行排便，每日1～2次；二是疗程要足够长，以免停药后复发。本方无毒，口感亦佳，长期应用未见不良反应。

潘金辉脾胃病临床经验

【名老中医简介】潘金辉 主任医师，教授。湛江市第一中医院大内科主任。广州中医药大学教授，广东省脾胃消化专业委员会委员，广东省湛江市政协委员。湛江名中医。广东省名中医。从事内科临床研究及带教工作40余年，擅长诊治慢性胃炎、消化性溃疡病、消化道出血、慢性结肠炎等消化道疾病。

1 重视舌诊，四诊合参

患者每来就诊，除了细问其病史，摸其脉象，潘金辉无不特别细察其舌象，以辨其脏腑盛衰，辨别病位深浅，辨清疾病性质，并以舌象的状况作为指导立法及处方用药的重要依据。如舌质淡苔薄白，多为脾胃虚寒，常用黄芪建中汤加减；舌质瘦薄而偏红少苔者，多为阴虚火旺，常用一贯煎加减；舌质瘦薄而偏淡者多为气血两虚，常用归脾汤加减；舌淡白而胖嫩或有齿痕者多为脾阳不足，痰湿内停，常用苓桂术甘汤加减。

观察舌象是中医诊疗的传统经验和特色，是审证求因、辨证论治的可靠依据，在脾胃疾病的诊治中更是占有重要的意义。首先，舌通过经络系统的循行与五脏六腑联系起来，《临证验舌法》中云：“舌者心之苗也，五脏六腑之大主，其气通于此，其窍开于此者也。查诸脏腑图，肺、脾、肝、肾无不系根于心，核诸经络，考手足阴阳，无脉不通于舌。”可见，五脏六腑的生理和病理状况能够通过“有诸内者，必形诸外”的舌象反应出来。其次，临床疾病千变万化，错综复杂，有阴盛格阳、邪热郁伏等虚假之象表现出来，但舌上胎色表现一般较为明显直观，在诊疗疾病中具有重要的意义。如《伤寒舌鉴》曰：“邪气入里，其虚实寒热之机，必现于舌，非若脉法之隐而不显也。况阴盛格阳，与邪热郁伏，多有假证假脉，惟验舌上胎色之滑、燥、厚、薄，昭若冰鉴，无所遁形。”再者，舌象与脾胃有着尤为密切的联系。《形色外诊简摩》曰：“苔乃胃气之所熏蒸。”舌苔禀胃气而生，舌质赖气血充盈，舌辨别滋味与消化功能有关，然而脾主运化，胃为水谷之海，脾胃为后天之本、气血生化之源，因此，舌象的形成和变化亦是脾胃功能状态的反映—“舌为脾胃外候”。所以，通过对舌象的细致观察，可以判断脾胃的盛衰寒热与强弱，分析脾胃疾病的病因病机，通过四诊合参，辨证论治，就能够更好的做到药到病除。

2 重在健脾，肝脾同治

《脾胃论·脾胃盛衰论》说：“百病皆由脾胃衰而生也。”在门诊患者中，大多都伴有脾胃虚弱的证候，或脾失健运，或脾为湿困，或脾虚气滞等等，因而常以四君子汤加减（党参、云苓、白术、炙甘草、川朴等）配以其他方治之，以益气健脾。脾为后天之本，脾胃健运，则气血生化源源不断。正气充足，则能抗邪于外，诸患得治。肝与脾无论在生理上还是在病理上都有着很密切的联系。肝为风木之脏，主疏泄；脾为湿土之脏，主运化。肝脾两脏相互协调制约，则人体气机调畅，消化吸收功能旺盛。若肝郁气滞，木郁乘土，影响及脾，导致脾失健运；或脾虚湿蕴，影响肝之疏泄，以致气机郁滞，从而形成肝脾不调之证。正如《四圣心源》所说：“盖厥阴肝木，生于肾水而长于脾土。水土温和则肝木发荣，木静而风恬。水寒土湿，不能生长木气，则木郁而风生。木以发达为性，己土湿陷，抑遏乙木发达之气，生意不遂，故郁怒而克脾土。”这都说明了肝脾两脏在病理变化上的相互影响关系。因此，在脾胃疾病的诊疗中，要肝脾同治，在益气健脾的同时，加入柴胡、郁金、佛手、川楝子、香附、延胡索等疏肝理气之品，能够起到更好的疗效。又如证见胸胁胀满，纳呆腹胀，腹痛欲泻，泻后痛减或便溏不爽之泄泻，证属肝郁脾虚，常与六和汤加减合痛泻要方以治之。此因“痛责之肝，责之脾。肝责之实，脾则虚，肝旺脾虚，故令痛泻。”以六和汤加减合痛泻要方，共奏祛湿健脾泻肝，缓痛止泻之功。

3 注重调理气机，顺应脏腑习性

脾胃居中，脾气主升而胃气主降，相反而相成，为脏腑气机上下升降的枢纽。“胃宜降则和，脾宜升则健。”（清·叶天士《临床指南医案·脾胃门》）只有两者气机升降有序，脾胃健运，阴阳出入有常，才能维持“清阳出上窍，浊阴出下窍，清阳发腠理，浊阴走五脏，清阳实四肢，浊阴归六腑”的正常升降运动。

脾气升,则水谷之精微和水液得以输布心肺等脏,并化生气血,以营养濡润全身,并防止内脏下垂;胃气降,则水谷及其糟粕才得以下行。而脾胃之病发生,无不责之于升降。正如李东垣所说:“脾胃升降失常,则百病皆起。”在《医学正传·胃脘痛》中也指出:“胃脘当心而痛……未有不由清痰食积郁于中,七情九气融于内之所致焉”。因此,在治疗脾胃之病,要注意调理气机,用药也要顺应脏腑升降特点,使脾胃升降如常。《读医随笔》说:“……治脾胃之法,莫精于升降,使升降失宜,则脾胃伤,脾胃伤则出纳之机失其常度,而后天之生气已息,鲜不失机生民者也。”所以,常用柴胡、黄芪、升麻等药物使脾气得升,用紫菀、法半夏、枳壳、厚朴、旋复花等使胃气得降。对证见脘腹胀满之食滞胃脘证,常用焦山楂、神曲、谷芽、槟榔、鸡内金之品,以健脾消食导滞,恢复气机调畅。另外,在调理气机时,要注重肝在疏泄调畅气机的重要作用。肝喜条达而恶抑郁,肝气疏泄,助脾运化而升发清阳之气,助胃受纳腐熟而下降浊阳之气。同时,肝能促进胆汁分泌,从而助脾化物。肝气疏泄条达,胃不受侮而胃气通降;若肝气郁结,失于疏泄,则脾胃之气壅滞。正如《类证流载》所谓:“肝木性升散,不受遏郁,郁则经气逆,为嗳、为胀,为呕吐,为暴怒胁痛,为胸满不干的飧泄,为溃疝,皆肝气横决也”。因而常用四逆散加香附、郁金、丹参等药以疏肝理气。

脾喜燥而恶湿,胃喜润而恶燥。脾燥则脾气升动正常,才能将水谷精微上输于肺;胃润则利饮食物的受纳与腐熟,即“太阳湿土得阳始运,阳明燥土得阴自安”。用药时,既不能太过温燥,以防伤及胃阴;也不能太过滋腻,以防助湿困脾。常用藿香、白蔻仁、砂仁、木香等化湿健脾、醒脾悦脾,使补而不滞;用沙参、麦冬、百合、石斛、女贞子以滋胃阴,滋而不腻。而用陈皮燥湿健脾时,因其燥性较烈,要减其药量,一般用3~5g。而脾胃湿热时,苦寒之品也应酌情减量,以防化燥伤阴,而常用绵茵陈、炒栀子、木棉花以清化湿热。

4 调理情志,注重饮食调复

古人云:“三分治疗七分养”。潘金辉在脾胃病的治疗过程中,也很强调调理情志和调复饮食的重要性。他临证每每强调服药的同时,一则叮嘱患者要注意调理情志,以防情志内伤,二则叮嘱要按时进餐,忌生冷、辛辣、厚腻之品。这两点在脾胃疾病的治疗与康复中有着重要的意义。

现代生活节奏越来越快,人们所面临的生存压力也越来越大,情志内伤成为了一个重要的致病因素,同时也是影响病情的重要因素,因而在脾胃疾病的治疗中,情志调摄不容忽视。《素问·举痛论》说:“百病皆生于气。”情志内伤可导致脏腑气机失调,以致百病丛生。朱丹溪曰:“气冲和百病不生,一有怫郁,诸病生焉。”只有情绪积极乐观,七情反应适当,并不断的进行自我的心理疏导,保持心情舒畅,才有利于疾病的康复。除了情志内伤,饮食失宜也是一个重要的致病因素,同时也是影响病情的重要因素。由于饮食物主要是依赖脾胃的纳运作用进行消化吸收,故饮食内伤主要是损伤脾胃。正如李东垣所说:“饮食不节则胃病,……胃病则脾无所禀受,故亦从而病焉。”所以,在脾胃疾病的治疗过程,一定要注意饮食,按时进餐,忌食生冷、肥甘厚腻之品,以防伤及脾阳,助湿困脾,影响脾胃的健运。

5 重视现代检测手段

潘金辉喜研习西医,中西兼通。他强调作为一个医生应该做到中西并通,取长补短,而不是相互排斥。并充分借助现代先进检测方法,为中医所用。在辨证施治的时候,常借助现代检测方法如C-14呼气试验、电子胃镜、肠镜等以协助诊断,并根据检测结果,选加专效药物以增强疗效。如:消化道溃疡胃酸过多者,则加海螵蛸、煅牡蛎、皂荚刺之品,消化道溃疡属于中医的胃生疮,以海螵蛸、煅牡蛎收湿敛疮,制酸止痛,以皂荚刺消肿托毒排脓;胆汁反流者,则加柴胡、郁金、茵陈、金钱草、炒栀子之品以清湿热、疏肝郁;有便血者属血热出血者,则加地榆、槐花以凉血止血。(陈建发 林晓彬)

潘立群临床经验

【名老中医简介】潘立群(1949~)教授,主任中医师,博士生导师。南京中医药大学外科学教研室主任,重点学科带头人。兼任中华中医药学会外科委员会常委、江苏省中医药学会外科专业委员会副主任委员。江苏省名中医。享受国务院政府特殊津贴。

临床经验

乳腺增生病

1 病机认识,衷中参西

现代医学认为，乳腺增生病与周期性性激素分泌失调有关，即黄体期雌激素相对或绝对过高，有的伴有催乳素异常升高而孕激素分泌不足，引起乳腺组织的增生和退化复原周期变化失常，这种周期性变化是在下丘脑－垂体－卵巢轴的调控下完成的。潘立群认为，从临床表现而言，雌激素与黄体素这一对矛盾运动失调后所表现出来的症候与肾阴阳失衡的证型具有相关性，简言之，即雌激素与“阴”有关，而黄体素与“阳”有关，月经周期中激素水平的升降变化与阴阳的消长密切相关。整个月经周期可分为4个阶段，即行经期、经后期、经间期和经前期，后三者相当于现代医学的卵泡期、排卵期与黄体期。女性，阴也，以阴血为主，体现性生殖机能的月经周期演变，除经前黄体期属阳外，行经期、经后期和经间排卵期均属阴，这与女子以阴为主的理论相合。阴的产生与发展依赖于阳，阴阳相依，推动阴阳消长的更替。在整个月经周期中，阴阳消长处于动态变化之中。经后期以阴为主，阴长至月半达重阴水平，重阴必阳，阴转化阳，进入经间期。重阴是此期的最大生理特点，而重阴转阳是月经周期中的一次极为重要的转化，此后阳长阴消，经前阳长至重阳，然阴虽消而消中有长，长盛于消，形成一次消中反升的阴长高峰，阴阳惧盛，但仍以重阳为主，即阳盛于阴，重阳必阴，转化开始，进入行经期，阳随血泄，让位与阴。而这种周期转化，是在肾气－天癸－冲任这个性腺轴调控下完成的。肾气是核心，胞宫和乳房是性轴的靶器官。乳腺增生病的发生，与阴阳消长转化不利密切相关。如若经后肾失充养，冲任不足，至经间期而不能达到重阴水平，影响经前的阴消阳长，阳气不足，肝失疏泄，冲任失和，气滞阴痰凝结、乳腺复旧不全而产生诸症。所以“肾”是乳腺增生病最根本的病因，而“肝”则为其标，概括为“其本在肾，其标在肝”。

2 四期调治，重在辨证

基于肾为病之本，女子以阴血为主的认识，潘立群在临床治疗中常以二至丸为基本方药，结合月经周期变化服药，以顺应妇女生理阴阳消长的变化规律，取得了满意的效果。如经前期为经前7天左右，宜补肾助阳为主兼以活血散结化瘀，补肾助阳常用药有仙茅、淫羊藿、巴戟天、鹿角霜、菟丝子、锁阳、肉苁蓉等，同时可加补阴药如天冬、枸杞子、熟地黄、何首乌等以达“阴中求阳”之效。软坚散结、活血化瘀可减少乳房充血水肿，使乳房组织顺利地从增殖转入复原。经后期为经净7天左右，阴血已少，以补肾养阴为主，药用生熟地、女贞子、旱莲草、黄精等。月经间期为经净后14天左右，正是重阴必阳阶段，在调补肾阴的同时兼加补阳之品，以助阳来激发阴精的功能，使肾元旺盛，真阴充实，冲任通畅，有利于乳腺的修复还原，从而能有效地达到治疗乳腺增生的目的。行经期血海满溢而下，应因势利导，顺其自然，常用活血通脉之法，药用全当归、泽兰叶、桂枝、益母草之类。为防血泻胞宫虚寒之虑，常加用清艾叶一味以佐之。此期用药须慎重，尤忌破血动血之品。潘立群认为在上述原则指导下，重在审视月经的先后、色泽、量、期以及有无夹血块、粘液等局部辨证，此期以助泄为先，而不在于补。

对大多数乳腺增生病的发生，潘立群认为是肾虚为本、气滞痰凝血瘀为标，肝郁、脾虚等亦是导致本病发生的主要原因，故在四期调治的同时，尚需以乳房局部为主，综合患者的整体情况进行辨证治疗。比如在经前期，患者往往因乳痛的烦扰而心绪烦乱，胸闷不舒，舌质红，苔薄黄或薄白，脉弦或弦滑。此时在补肾扶阳的同时，尤应疏肝柔肝，常用药物有醋柴胡、青陈皮、制香附、郁金、八月札；柔肝药物有大白芍、何首乌、熟地黄、枸杞子等以防疏肝之品辛燥伤阴。肝郁可以化火，以致烦躁不宁，故尚需加入清肝之品，如焦栀子、夏枯草、丹皮、赤芍等。痰凝血瘀为乳房结块之标，故活血化瘀养血、化痰散结健脾等亦为四期调治中常用方法，昆布、海藻、三棱、莪术、浙贝母、穿山甲、瓜蒌、山慈菇等为常用之药。

3 精神饮食，关乎疗效

中医认为人的精神状态对疾病的发生和发展有着极大的影响，如《素问·上古天真论》“精神内守，病安从来”，就是强调精神在抗病方面所起的重要作用。现代医学也认为：沮丧、紧张、恐惧、暴怒等强烈的精神刺激，可使机体出现一系列的神经－内分泌反应，引起各种功能和代谢的改变，从而导致疾病发生。乳腺增生病就是由于情志影响、内分泌失调所致。潘立群认为情绪变化对身体激素水平有着奇妙的影响，强调在治疗过程中，一定要让患者尽可能避免过激的情绪波动和繁劳紧张的工作，保持心情舒畅，乐观豁达的精神状态是治愈本病的重要因素。在饮食方面，应注意多样、适中、清淡，做到三多三不一少，即：多食蔬菜水果，多食高纤维粗粮、杂食，多食低脂肪食物；不吃腌熏食品、不吸烟、不喝酒；少食精米白面和甜食。防止体重超标而脂肪堆积，也是提高疗效的一个重要方面。

4 典型病案

王某,女,33岁,2000年3月6日诊双侧乳房胀痛半年,经前加剧,经后减轻。刻诊月经已行,延期10天,量中等,经色紫暗,伴腰背冷感酸痛,小腹下坠感。经后3天,乳房无疼痛,纳可眠差,舌淡苔薄白,脉细弦。检查:双乳外上象限可扪及片状结节,呈团块状,腋窝未及肿大淋巴结。此为经后期,拟方补肾养阴为主,辅以化痰散结。处方:炙女贞10g,旱莲草15g,制黄精10g,生地6g,熟地6g,大白芍10g,广郁金10g,制香附10g,夏枯草10g,山慈菇10g,炮山甲6g,川连1g,上肉桂3g。根据周期调治,前后服药半年,乳房胀痛消失,肿块消散,B超提示乳腺小叶结构正常。嘱其每2月至门诊复查,至今未见复发。

5 体会

对于乳腺增生病,一般都以疏肝理气为主要治则,但目前比较统一的观点认为该病与肾及冲任的关系更为密切。肾为先天之本,现代对肾的研究认为,肾与神经内分泌系统、肾上腺皮质功能有相似之处,特别是肾所藏的生殖之精与性腺机能极其相似。七七肾气衰,妇女到了绝经期以后,乳腺增生病也就不治而愈。因此,肾是乳腺增生病发生的根本之所在,所以在治疗过程中要长期"治肾"。前人尝谓冲任之气,上行为乳,下行为经,乳、经乃一脉之源,是冲任的两个表现范畴。冲任植根于肾,是肾精在女性生长发育方面的独特表现。故潘立群强调治乳之病,必结合调经,以期调周补肾而顾全身,治乳疏肝运脾以治局部。这种整体与局部辨证相结合的学术思想反映了中医外科临床的基本规律,为他所一贯倡导,故疗效确切。当然,本病治疗还存在疗程较长,长期服用汤剂尚有不便等问题,因此,尽早研制出服用方便、疗效显著的新剂型将成为今后研究工作的重点。(陈德轩)

医方验方

补肾散结汤

组方:党参10g,黄芪10g,地黄10g,天冬10g,地鳖虫10g,炮山甲10g,盐制黄柏10g,知母10g,枳壳10g,泽泻10g,琥珀粉(吞)1.5g,肉桂(后下)3g

功效:补肾散结,活血通尿。

主治:前列腺增生症(气阴两虚型)

方解:本方宗《金匮》大黄蛋虫丸方意而得,含缓中补虚之意。取参、芪、地黄、天冬之补肾,以加强膀胱气化之功能。张锡纯谓"二便闭塞诸证,用药治不效者,皆可加山甲作向导",而地鳖虫又"善化瘀血,最补损伤",故本方以山甲、地鳖虫破血散结,疏通下焦瘀滞;桂、柏、知乃滋肾通关丸;黄柏盐制暗含封髓丹之意,合参、芪、地黄、天冬当有三才封髓之意;泽泻与琥珀、枳壳为伍,可直趋下焦,活血通尿。倘辨证属阳虚,则去滋阴之品,酌加右归之类,亦属补肾基础上的活血破瘀法,不出缓中补虚之法门。

潘敏求临床经验

【名老中医简介】潘敏求(1941~)湖南浏阳市人。教授,主任医师,研究生导师。1968年毕业于湖南中医学院。现任湖南省中医药研究院附属医院长、临床研究所所长兼肝病、肿瘤研究室主任。中国中医药学会肿瘤专业委员会常务委员,中国中西医结合肿瘤专业委员会委员,中国抗癌协会传统医学委员会委员,国家新药评审委员,国家自然科学基金评审委员,湖南省中医内科学会副主任委员。享受国务院特殊津贴。湖南省名中医。长期从事中医药治疗肝病和肿瘤的临床及实验研究,发明国家级治疗肝病的三类中药新药—肝复乐。主持多项国家级、部级和省级课题的研究。主编《中华肿瘤治疗大成》《中医内科治疗大成》,发表论文40余篇。

肺 癌

1 病因病机

潘敏求根据长期的临床经验,认为中晚期肺癌的发生是多种因素综合作用的结果,其形成是由于正气亏虚,脏腑功能失调,邪毒侵肺,导致肺气失宣,气机不畅,脾胃运化失常,肾水通调不顺,水津不布,津聚为痰,痰凝气滞,血不畅行,日久成瘀,瘀毒内结,故成肺癌。正如《杂病源流犀烛·积聚癥瘕痃癖痞源流》云:"邪积胸中,阻塞气道,气不宣通,为痰为食为血,皆得与正相搏,邪既胜,正不得而制之,遂结成形而有块。"晚期患者又因常常接受放化疗药物的治疗,而发生消化道反应、骨髓抑制、脱发等,加重脾肾受损,"脾为生痰之源","肺为贮痰之器",脾虚不运,痰湿内生,上储于肺,则咳嗽、咯痰日久不愈;肺主气,肾主骨生髓,主纳气,肺病日久及肾。肺癌是因虚而得病,因实而致虚,互为因果,恶性循环。若未控制,邪毒伤正,肺脾气虚,遏邪乏权,邪毒可进一步向肺外传变,或流窜于皮下肌肤,或流注于脏腑筋膜,或着于肢节骨骼,淫髓蚀骨,或邪毒上扰清窍,甚至蒙蔽清窍。虚损加重，耗气伤血，伤阴损阳。因此，潘敏求认为“瘀、毒、虚”为中晚期肺癌的基本病机，邪实而正虚，虚实夹杂。邪实的一面为痰瘀毒内结，正虚的一面为肺脾肾气虚。痰瘀毒内结与肺脾肾气虚并存，从而中晚期肺癌常见咳嗽痰多或少痰、痰中带血、胸闷气短、动则喘、胸痛或腰背疼痛、纳差、四肢乏力、舌质淡紫、或舌有瘀斑、脉细涩或弦细。中晚期肺癌既非单纯瘀毒内结，也非单纯肺虚，或肺脾两虚，或肺肾亏虚，不能单纯从某证型入手，而应该在治疗的同时更多的注意到瘀、毒、虚给疾病带来的影响，全面考虑，认识到肺脾肾气虚，痰瘀毒互结是中晚期肺癌的特殊本质变化。

2 辨证论治

潘敏求临证时非常强调肺癌的辨证施治。辨证要点结合肺癌患者临床分期、治疗经过，根据主症，重视望闻问切、四诊合参，确立相应的理法方药。临床将肺癌分为以下几个证型：

2.1 阴虚内热型

主症：咳嗽无痰或少痰或痰中带血，气急，口渴，心烦，失眠，潮热，盗汗，舌质红或绛，少苔或光剥无苔，脉细数。治法：滋阴生津，润肺化痰。方用百合固金汤加减：百合10g，生地10g，熟地10g，玄参12g，麦冬15g，当归15g，白芍10g，沙参15g，杏仁10g，桑白皮20g，瓜蒌壳20g，黄芩15g，蚤休30g，臭牡丹30g，白花蛇舌草30g，甘草5g。

2.2 气阴两虚型

主症：咳嗽少痰或痰中带血，气短，神疲乏力，自汗或盗汗，口干不多饮，面白无华，舌质淡红，苔薄，脉细弱。治法：益气养阴，解毒清肺。方用生脉散合沙参麦冬汤加减：白参（蒸兑）10g，黄芪20g，麦冬15g，五味子12g，北沙参15g，天冬15g，杏仁10g，百部15g，瓜蒌20g，桑白皮20g，蚤休30g，白花蛇舌草30g，半枝莲30g，甘草5g。

2.3 脾虚痰湿型

主症：咳嗽痰多，胸闷气短，纳少腹胀，神疲乏力，大便溏薄，面色萎黄，舌质淡胖有齿印，苔白腻，脉濡缓或濡滑。治法：健脾祛痰利湿。方用六君子汤加减：党参15g，白术12g，茯苓12g，陈皮10g，法半夏10g，黄芪15g，淮山药20g，薏苡仁20g，扁豆10g，神曲15g，补骨脂15g，仙灵脾15g，臭牡丹30g，白花蛇舌草30g，甘草5g。

2.4 肾阳亏虚型

主症：咳嗽气急，动则喘促，耳鸣目眩，腰酸膝软，形瘦神惫，面青肢冷，舌质淡红，苔薄白，脉沉细。治法：滋肾壮阳，解毒软坚。方用金匮肾气丸加减：熟地12g，山茱萸15g，肉桂6g，山药20g，北沙参15g，胡桃肉15g，五味子10g，牛膝15g，肉苁蓉15g，补骨脂15g，陈皮12g，蚤休20g，白花蛇舌草20g，甘草5g。

2.5 气滞血瘀型

主症：咳嗽不畅，血痰或咯血、气急，胸胁胀痛，痛有定处，失眠，唇暗，大便秘结，颈部及前胸臂青筋暴露，舌有瘀斑或瘀点，脉细涩或弦细。治法：理气活血，软坚散结。方用桃红四物汤加减：桃仁10g，红花10g，当归10g，赤芍10g，生地10g，郁金15g，丹参15g，三棱10g，莪术10g，枳实10g，露蜂房10g，瓜蒌30g，八月札20g，白花蛇舌草30g，石见穿30g，甘草5g。在上述分型的基础上，处理好辨病与辨证、扶正与祛邪、整体与局部的关系，灵活加减。

3 处方用药特点

健脾补气、化瘀软坚、清热解毒是潘敏求治疗肺癌的法则。原发性支气管肺癌是一种全身属虚，局部属实，正虚为本，邪实为标的疾病。因此，原发性支气管肺癌的辨病治疗主要针对肺部局部肿块的特点，治疗中常选用一些具有一定抗癌作用的中草药。常用的抗肺癌中药有清热解毒类药，如龙葵、白花蛇舌草、半枝莲、大青叶、蚤休、石见穿等；化痰消结类药，如夏枯草、山慈菇、土贝母、土茯苓、瓜蒌、胆南星、半夏、菝葜、生牡蛎等；活血化瘀类，如丹参、苏木、三棱、莪术、桃仁等；攻逐水饮类，如葶苈子、泽泻等。同时也选用补益类药，如枸杞、菟丝子、女贞子、黄芪、白术、茯苓、人参等。

潘敏求通过多年临床经验研究总结，独创经验方肺复方治疗肺癌，并随症加减。方用：人参10g，北沙参10g，黄芪15g，茯苓10g，白术10g，枸杞10g，菟丝子10g，女贞子10g，夏枯草10g，浙贝母10g，生牡蛎（先煎）30g，莪术9g，蚤休30g，半枝莲30g，白花蛇舌草30g，甘草5g。方以四君子汤为基础，从补虚益肾入手，以人参、黄芪、白术、茯苓、甘草健脾益气，补肺生津，正是取“培土生金”之意；枸杞、菟丝子、北沙参、女贞子益肾润肺，俾金水相生；夏枯草、浙贝清热化痰，宽胸解郁；生牡蛎、莪术活血化瘀、软坚散结；蚤休、半枝莲、白花蛇舌草以清热解毒，诸药合用，使肺脾肾同补，土金水相生，化瘀解毒之类以消积，寓攻于补，补中有消，实为攻补兼顾之方。

4 配合手术，放、化疗论治

手术、放射治疗，化学药物治疗是肺癌治疗的主要手段。手术后不久或放、化疗期间，潘敏求认为中药的辅助治疗，以扶正为主，发挥中医药的减毒增效、恢复脏腑功能的优势。故临证时常将中医药配合手术、放、化疗论治。肺癌手术后采用扶正抗癌方治疗。药用：太子参15g，北沙参15g，丹参12g，麦冬15g，五味子10g，川贝10g，薏苡仁15g，鱼腥草20g，蚤休20g，白花蛇舌草30g，甘草5g。加减：气促、自汗者，加黄芪、白参；低热盗汗、口干、舌红少苔、脉细者，加石斛、天花粉、炙鳖甲（先煎）、地骨皮；咳嗽不爽、胸部闷痛、唇舌紫暗或舌见瘀点、脉弦者，加重丹参的剂量，并加当归、赤芍、瓜蒌壳、三七粉（冲服）；发热胸痛，咳嗽气急，痰多黄稠，心烦口干，便秘，舌红，苔薄黄，脉细而数者，加黄芩、玄参、桑白皮、瓜蒌、天竺黄。水煎服。功能主治：益气养阴，解毒抗癌。肺癌放疗后采用金石清解方治疗。药用：黄芪30g，参须10g，麦冬10g，石斛15g，金银花30g，连翘10g，蚤休30g，淮山药15g，茯苓10g，生地10g，玄参10g，竹茹10g，女贞子10g，旱莲草10g，白花蛇舌草30g，夏枯草15g。加减：恶心呕吐者，加法半夏、砂仁；白细胞下降者，加锁阳、仙灵脾。水煎服。功能主治：益气养阴，清热解毒。肺癌化疗期间及化疗后采用癌复康方加减治疗。药用：白参（蒸兑）10g，黄芪30g，白术10g，茯苓10g，枸杞10g，女贞子10g，菟丝子10g，广木香10g，仙灵脾10g，法半夏10g，砂仁5g，旱莲草15g，夏枯草15g，甘草5g。加减：恶心呕吐甚者，加姜竹茹、代赭石；气虚多汗者，加黄芪、防风；腹泻者，加神曲。水煎服。功能主治：健脾益肾，和胃理气。

5 讨 论

潘敏求认为肺癌的发生与正气亏虚、邪毒犯肺、瘀毒内结关系密切，故治疗时应以健脾补气、化瘀软坚、清热解毒为法则。肺癌其病变虽然在肺，但与脾肾密切相关。肺主一身之气，脾为气血生化之源，肾为气之根，主纳气。脾、肺、肾三者存在着互生的关系。脾为后天之本，气血化生之源；肾为先天之本，内藏元阴元阳，故脾化生有源，则肾有所藏，人体正气充足则抗病力强。因此健脾补气应同时补益肺气和肾气。同时肺癌的治疗应注意发挥中医药在其综合治疗中的作用。（李琳霈）

潘文光验方选

【名老中医简介】潘文光（1942～）江西人。副主任医师。江西余干县中医院院长。江西省名中医。从事医疗工作30余年，擅长治疗食管癌、肺癌、肝癌、胃癌病。发表论文10余篇。

胃疡散

组方：密陀僧20g，熟石膏150g，乌贼骨100g，白及50g，大黄20g，共研成细末。

功效：排毒祛腐，敛溃生肌。

主治：消化性溃疡，如胃、十二指肠溃疡。

用法：每天3次，每次5g左右，饭前空腹用开水吞服，以20天为1个疗程，可连续服至本病状消失，溃疡愈合为度。

注意：服药期间，严禁荤油，生冷刺激食物等。

病案1 胃溃疡：叶某，男，38岁。自诉从1987年上半年开始胃部隐痛不适，时吐酸水，纳食无味，曾在当地医院以胃病治疗缓解又发，延至1988年8月15日，患者胃部刺痛难忍，固定不移，3次呕吐咖啡色胃溶液约400mL，大便呈柏油状，饮食不思，体质瘦弱，面色萎黄，经县医院纤维胃镜检查，发现胃小弯侧有一1.8×1.2cm大小溃疡孔，时出血，周围组织呈暗色红晕。病情严重，收入住院按胃小弯溃疡病治疗1周未效。于8月25日，改服胃疡散剂。服药不到3天，胃痛减半，随后诸症逐日好转，呕血便血停止，饮食增进。体质渐趋恢复。治至9月30日，症状全部消失，经纤维胃镜复查，证实胃小弯侧溃疡孔愈合。出院休息1月后，能参加轻体力劳动，至今一切正常。

病案2 十二指肠溃疡：盛某某，男，36岁，本病史有5年。患者于1984年下半年起，自觉脘部右侧隐痛不解，时嘈杂烧心，不吐酸水，饮食如常，大便反复出现黑便，当地医院按消化道溃疡病治疗，反复用药数年未愈。延至1988年下半年，受寒诱发加重，患者脘部右侧呈蚁咬样痛，饥饿时更甚，尤其晚上常被痛醒。于同年10月20日，经X线钡餐检查，确诊为十二指肠球部溃疡。次日入院治疗，服胃疡散剂4天后，脘部蚁咬痛明显缓解，他症亦随之减轻。坚持服至11月20日，患者自觉全身症状消失，黑便已除。25日，患者要求钡餐复查，证实十二指肠球部无溃疡病灶，痊愈出院，至今上班工作未见复发。

方解：方中密陀僧洁疮祛腐，熟石膏燥湿清热生肌，乌贼骨制酸软坚敛溃，白及既护溃疡面，又能止血，大黄下瘀排毒，诸药共奏排毒祛腐，敛溃生肌之效。溃疡得到修复愈合，诸恙自当消除。

庞声航验方选

【名老中医简介】庞声航 主任医师，硕士生导师。1983 年毕业于广西中医学院。广西民族医药研究所(广西壮医医院)所长兼院长。广西自治区名中医。享受国务院政府特殊津贴。广西中医内科学术带头人。长期从事中医内科和壮医药的研究及临床工作，临床经验丰富，擅长运用中西医治疗呼吸系统、消化系统等内科疾病。先后取得 5 项科研成果。发表论文 16 篇。

抗肿瘤白莲Ⅰ号方

组方：白花蛇舌草 60g，半枝莲 60g，叶下珠 30g，龙葵 30g，夏枯草 30g，三七 20g，浙贝母 15g，莪术 15g，当归 12g，党参 20g，北芪 20～30g，山药 15g，甘草 6g。

功效：清热解毒、破血消积、软坚散结、益气补虚。

主治：恶性肿瘤。

用法：水煎内服，每日 1 剂，分 3 次温服。连服 1 个月为 1 个疗程，一般 3 个月为 1 个治疗周期。

加减：放、化疗 1～2 个月后的患者，视体质恢复及肿瘤情况，在辨证施治的基础上随症加减如选加茯苓、陈皮、半夏、枸杞、灵芝、昆布、海藻、郁金、冬虫草等。

方解：肿瘤的形成与气滞、痰湿、瘀血、毒邪有关，是“积聚之病”，由于精神情绪的过度紧张、忧郁，或者外邪(也就是外部致病因素)的侵犯，以及机体衰老、饮食起居的影响等等，引起体内气血郁结瘀滞，最后诱发肿瘤。正如《医宗必读》所说：“积之成也，正气不足，而后邪气踞之。”另外，人体内所产生的某些不正常物质积累在身体里面，或者内脏功能的失调、紊乱等等，都能成为诱发肿瘤的病因。而肿瘤病变的病机特点是局部肿块坚实，五脏功能低下，即貌似强盛，实则正气虚羸，机体营养物质亏乏。正气虚弱是导致肿瘤产生的前提条件，即所谓的“正气虚则成积”。正气虚弱，抵御外邪的能力低下，外邪伺机侵入人体，变生多种疾病，这也是肿瘤产生的根本原因，因此，对肿瘤的治疗强调临证时要做到具体分析，肿瘤治疗初期以“标实为主”而采用攻下法，不仅是为了消除有形物，更主要的是通过攻下这一方法，破除瘀滞、痰积、结气，达到消除癌毒的目的。而病至晚期，气血亏败，脏腑功能失调，当以调补气血，平衡内外以扶正，切不可应用峻烈攻逐有毒之药，试图一举收功，急于求成。抗肿瘤白莲Ⅰ号方可根据肿瘤患者所处时期的不同而随症加减，方中白花蛇舌草、半枝莲、龙葵、叶下珠四药相配伍，收清内热解癌毒之功；重用三七以活血化瘀，祛腐生新，止痛散结，祛邪而不伤正；当归活血止痛；莪术、浙贝母破血消积消结；夏枯草清热散结消肿；北黄芪、党参益气补虚；山药健脾，补肺，固肾，益精，更佐甘草以和中。诸药合用，能清热解毒、软坚散瘀、益气补虚，既可培补正气，又使邪有去处，既重视局部病位，又重视全身机能的调节。组方攻补兼施，寒温并用，调解补相合，气血同治。

疗效：经过放疗、化疗的患者按周期坚持服用本方后，观察发现患者外周血象在不同程度上均明显上升，减轻和减少了因放、化疗引起的骨髓造血功能抑制，白细胞下降及呕吐、腹泻等消化道反应等并发症的发生。

彭银亭中药炮制加工经验

【名老中医简介】彭银亭(1914～2009)湖北武汉市人。主任药师，教授。湖北省中医药学会委员，武汉市中医药学会常务理事、名誉理事。第三批全国老中医药专家学术经验继承工作指导老师，湖北省名老中药专家。从事中药专业工作 80 多年，擅长于在传统中医药理论的指导下对中药炮制加工目的、炮制辅料的选择与处理、炮制火力和火候的掌握和控制进行研究，对中药炮制工艺不断创新。

1 净制药材要求杂质和非药用部位去除干净、彻底，以保证药材的净度和成品精致好看，符合药用要求。

1.1 发明了滚动旋转法去除花椒、吴茱萸等类圆形药物中的梗柄杂质。

具体方法为取花椒、吴茱萸过筛，除去部分杂质，倒适量于簸箕内，先将其抖入一边，抖动簸箕，使药材滚入另一边，重复操作，簸去梗柄及残叶，这种方法是利用吴茱萸、花椒和梗柄的流动性不同使其分离除去梗柄。

1.2 用簸减法分离扁豆的种仁和种皮

方法为取扁豆，除去杂质，置沸水中煮10min，至皮变软易破开时，捞起放冷水中稍泡，取出用搓板搓去皮或将石磨心稍春高，放入泡好的扁豆，磨去皮，晒干，置簸箕内反复簸减分开种皮和种仁，分别入药。

1.3 药材表面的栓皮要去干净

如厚朴的去杂切片方法为取原药材，置清水中浸泡（夏秋泡2h，春冬泡4h），捞取，放筐中盖麻袋伏润，润透后取出用刨刀刮去栓皮，用清水洗净，捞取，滤干水分，开成5分宽长条，切斜片成瓦状片，干燥。樗白皮去杂切片方法为取原药材，除去杂质，洗净，捞起置筐中润1～2d，待润透后刮去外粗皮，洗净，沥干水分，切丝或厚片，晒干。

1.4 表面有毛、须根的药材配方前一定要把毛、须根去干净

如枇杷叶的叶背面生长有大量的绒毛，入药配方前一定要把毛刷洗干净。先前枇杷叶去毛的方法为取原药材，除去杂质，用板刷刷去绒毛，清水洗净，捞取，放竹箩筐中，沥干水分，润透，切丝，晒干，筛去碎屑。这种方法去毛时到处都是绒毛，易飞入人的鼻孔和身体皮肤上面，对人体有影响，后来改为取枇杷叶，清水洗一次，捞取，滤干水分，用板刷刷去叶背面的绒毛，洗净，捞取，置筐中，润透，切丝，晒干。

1.5 表面的刺、果种皮及其它非药用部位去干净、彻底

如莱菔子在传统炮制时要求去种皮，认为种皮能使人作胀，配方前一定要除去，其去种皮的方法为取莱菔子，置清水中用筲箕淘去砂石，洗净，晒干，置热锅中，用文火加热，不断翻动，炒至微鼓起，颜色加深，有香气溢出，取出，放凉。先把石磨的磨心稍春起，将炒好的莱菔子置磨中研磨拖破，用簸箕簸去莱菔子种皮。

2 炮制毒性药材的工艺要求非常严格，对药材的水浸泡时间、投入水中浸泡或锅中煮制的温度都有规定，在去除毒性彻底的前提下讲究制成品的外形和色泽

2.1 法半夏

取原药材，加水浸泡3～7d（春3d、夏1d、秋5d、冬7d），每天换水，浸泡至内无干心，清水洗净。另取广灰加适量清水溶化，搅拌至水温（冬春70℃、夏秋50～60℃）时，将泡好的半夏倒入石灰水中浸泡5～7d，每天搅拌1～2次，捞取，清水洗净。另取甘草饮片加水煎煮2次，合并煎液，将石灰水泡好的半夏倒入甘草水中浸泡3～5d，至半夏表面呈黄色时，捞取，晒干。每100kg半夏用石灰25kg、甘草15kg，此法炮制的法半夏制成品呈黄白色，轻泡，燥湿化痰力强。

2.2 制川乌

取原药材，除去杂质，洗净泥土，放缸内加清水浸漂，冬春7d，夏秋5d，每日换水1次，捞取置锅中加水用武火加热煮2h，另取黑豆、甘草、生姜放入锅中加水与川乌同煮2h，至个大者煮透心，未透心加水继续煮至透心，取出，摊入簸箕内放凉，拣去辅料，晒八成干后，放缸内闷润透后，取出，切横厚片，晒干。每10kg川乌，用黑豆0.5kg、甘草0.5kg、生姜0.5kg。注意：川乌炮制浸漂至内无干心，加辅料煮至透心，口尝无麻辣或微有麻舌感，闷润要经常检查，防发粘、生霉。

2.3 砂炒马钱子

取油砂置热锅中，用武火加热，炒至滑利容易翻动时，加入净马钱子，不断翻动至外棕褐色，鼓起，起泡有裂纹，内老黄色或红褐色，取出，筛去砂，用小刀或碎玻璃刮尽表面的绒毛。

3 为了保持炮制品的色香味，含挥发油的香味药材炮制忌水洗或抢水洗，且炮制品要凉干或阴干

3.1 细辛

取原药材，拣净杂质，切段过筛。其切制品辛香味浓郁，保持原色泽，炮制忌水洗，若用水洗润透后切段置日光下晒后，药材色泽变深，香气减弱。

3.2 杭菊花

取原药材，拣尽杂质，置盆中喷淋少许清水，拌匀，润一晚上，将菊花花朵掰开，置簸箕中吹干。该法炮制的菊花，每朵都分开，花不破碎，香气浓郁，成品精致漂亮，易于配方。

3.3 陈皮

取原药材，拣尽杂质，摊在干净的水泥地面上或团蔸里喷淋清水拌匀，露润一晚上，将草纸铺在案板上，把陈皮平铺在草纸上，至70～80cm高时，上铺一层草纸，用麻线上下捆紧，放在压榨机里，每次放两捆，压12h，压平后根据临床用药需要剪成长圆形或圆形，阴干。后来改进的方法：将陈皮拣尽杂质，摊在干净的地面上或团蔸里喷水拌匀，润一晚上，将板炭烧旺，把烙铁烧红，用两个烙铁交替使用，将陈皮

铺在案板上展开用烙铁熨平(后来改用电熨斗),用剪刀剪成长圆形或圆形,阴干。

4 切制药材饮片十分讲究,特别强调制成品的外形、色泽,做功十分精细,真正做到精制饮片

4.1 枳 壳

取原药材,除去杂质,用清水浸泡 2 ~ 4h,捞取,置筐中,上盖麻袋,润 12 ~ 24h 至内外水分一致时,取出,用专用的叉子挖去瓤子,洗净,将其跌陇(十五个为一陇)用枳壳钳压扁,用麻线捆好,晒干,用清水润透,切薄片,吹干(不能晒,晒后变形)。将蜜麸均匀地撒入热锅中,用中火加热,待冒浓烟时投入枳壳片,用条掃拌炒至表面呈金黄色时取出,筛去麸皮,放凉。100kg 枳壳用麸皮 15kg、蜂蜜 3kg,制成品外形似剪口,表面金黄色,厚薄均匀,十分精致美观。

4.2 鹿 茸

取原药材,在酒精灯上燎去表面的茸毛,未尽的毛用小刀刮去,用布揩尽,取黄酒用注射器从锯口面小口往里面灌,20min 再灌,将其放在塑料袋或不锈钢盒中闷润 24h,袋或盒中加适量黄酒,润透后取出,用麻线均匀缠绕,用厚朴夹紧切薄片,摘取厚朴片,晒干。将鹿茸片置筛子中吹晾,晚上倒入簸箕中,盖上纱布,用米压平,第二天再置筛子里反复吹晾,至干。制成品片面平整,片型均匀,不脱皮掉边,美观漂亮。

4.3 醋延胡索

取原药材,用清水洗净,捞取,滤干水分,放入铜锅内,加热米醋和平面水将延胡索淹至寸许,用文火加热煮至药透液汁尽,煮时要经常翻动,并取个大者检查是否透心,若不透心,加适量清水再煮至透心,取出,放簸箕内晾至八成干,倒入缸中盖严闷润,润时要经常检查,防止生霉,润透后,取出,切薄片,撒在洗净的簸箕内摊平,于通风处吹干,吹的过程中,要经常轻轻抖动簸箕,使其均匀干燥。注意,醋煮延胡索不能用铁锅煮,铁锅煮易变黑色。

4.4 麦 冬

取原药拣净杂质,用水浸泡 3h,捞出,晒八成干,用牙咬住一端木心抽去心,放簸箕中,用湿毛巾盖住放一晚上,用两头圆的小刀沿麦冬直画一刀,下刀 2/3 深度,再在两侧斜着向旁各直画一刀,深度为 1/2,拔出小刀,用双手慢慢翻开麦冬,可见中间一条肉梗,再用中指轻轻顶麦冬中部,使其微凸成船形,放簸箕中晒干。(刘忠杰 韩顺意 张南方)

朴志贤肾病临床经验

【名老中医简介】朴志贤(1950 ~)朝鲜族。主任医师,教授,硕士生导师。长春中医药大学附属医院科主任。全国中医药学会肾脏病分会委员,吉林省中西医结合学会肾脏病专业委员会主任委员等。吉林省名中医。从事临床、科研、教学工作 30 余年,擅长中西医结合诊治肾病疑难杂症。

肾性蛋白尿

1 病 案

刘某,女,55 岁。于 2005 年 3 月 3 日初诊。主诉:反复尿中蛋白、潜血 2 年,伴有尿赤便干,心烦,口渴。尿常规:BLD(+ + +),PRO(+ + +),RBC 590.10/uL;血尿定位提示肾小球性血尿占 80%。舌质红,苔薄黄,脉沉细。初诊:慢性肾小球肾炎。证属热毒内蕴,阴虚内热。治宜清热利湿、凉血祛风。处方:土茯苓 25g,白茅根 25g,侧柏叶 15g,大蓟、小蓟各 25g,茜草 15g,仙鹤草 15g,蒲公英 20g,紫花地丁 20g,鱼腥草 20g,马齿苋 20g,黄柏 15g,黄连 15g,蝉蜕 20g,地龙 20g,益母草 15g,车前子 15g,水煎取汁 200mL,日 1 剂,早晚分服。1 周后复诊,尿常规:BID(+ +),PRO (+),RBC 69.30/uL,有效,守方继服 1 周。三诊,尿常规:BLD(+ +),PRO(+ +),RBC206.40/uL,WBC 127.30/uL,因合并尿路感染于上方中加入萹蓄 15g,瞿麦 15g,水煎服,日服 4 次。服药 1 周后复查尿常规:BLD (+ +),PRO(+),RBC 45.30/uL。后以初诊方为主,辨证加减口服近 3 个月。2005 年 5 月 26 日复查尿常规 BLD(+ +),RBC 118.20/uL,尿蛋白消失,考虑患者现以镜下血尿为主,故在原治法不变的基础上,更方:蒲公英 20g,紫花地丁 20g,鱼腥草 20g,马齿苋 20g,白头翁 20g,黄柏 15g,黄连 15g,牡丹皮 15g,栀子 15g,茯苓 25g,泽泻 15g,白术 10g,甘草 10g。日 1 剂,水煎取汁 200mL,早晚分服。口服 15d,复诊,自述伤风感冒,发热咳嗽,复查尿常规 BLD(+ +),PRO(+ +),RBC109.9/uL,考虑为上呼吸道感染激发机体免疫反应,诱发肾小球基底膜损伤加重,再次以初诊处方为主,口服近 1 月余,复查尿常规 PRO(+),余未见异常,后继服上方(辨证加减)近 2 个月,2005 年 10 月 10 日尿常规恢复正常,后又连续 3 周复查尿常规

均未见异常。

2 体 会

2.1 蛋白尿在中医范畴中尚无恰当的病名,探讨蛋白尿现多从精的生成异常外泄来理解。在蛋白尿形成的病机演变中肺、脾、肾三脏虚弱是关键,但邪气的留滞对该病的影响不容忽视。就邪气而言,最主要的有水湿、湿热、瘀血。水湿内停常有寒化、热化之势,寒化则为寒湿,热化则为湿热。蛋白尿形成过程中,湿热较多见,其原因有:①蛋白尿的形成多有一个演变过程,故病程较长,湿郁日久,易从热化,而成湿热。②患者因脏器虚损,正气不足,易反复感染。所谓感染,即属中医湿热或热毒。③久用助阳生热之品,有助湿郁化热之弊,故湿热内蕴也贯穿于蛋白尿的演变过程。湿热内蕴,则壅滞三焦,气机升降失常,脾胃失其升清降浊之能,导致精微下泄而致蛋白尿。

2.2 古代医家对人体精微(即蛋白)自尿中泄漏,以扶正为主,结合祛邪,常用清补相兼、清上固下、补中升提、通补任督等中医之法。朴志贤结合古代医家学术思想和多年的临床经验,采用清利湿热、解毒化瘀、凉血祛风之法,方用土茯苓、白茅根、大小蓟、蒲公英、紫花地丁、白花蛇舌草、鱼腥草、蝉蜕、地龙、虎杖、黄柏、栀子、益母草、甘草等,达到清热解毒、利水消肿、益气补中之效。

2.3 方中土茯苓、白茅根清热解毒,除湿利尿,大小蓟散瘀解毒、凉血止血,共为君药;蒲公英、紫花地丁、白花蛇舌草、鱼腥草清热解毒、利湿通淋,蝉蜕、地龙清热结、利水道,共为臣药;虎杖清热解毒、活血祛瘀,黄柏、栀子清热燥湿、泻火解毒,共为佐药;益母草活血利水,甘草益气补中、清热解毒、调和药性,共为使药。诸药合用,清热解毒、利水消肿,对蛋白尿起到较好的治疗作用。水肿不消者,加猪苓,健脾益气利湿,利水而不伤阴。

2.4 现代药理研究表明,土茯苓、白茅根、大小蓟、蒲公英、紫花地丁、白花蛇舌草、鱼腥草、虎杖、黄柏不但有抗菌、抗病毒作用,也可以通过激发非特异性的免疫功能,抑制炎症反应,从而改善组织损伤;益母草能改善微循环,增加血流量,降低血小板的表面活性,抑制血小板聚集,促进纤维蛋白溶解的作用;蝉蜕、地龙均有抗过敏、抗组织胺、消除抗原的免疫抑制作用,有利于减少有变态反应性病理变化的慢性肾炎的尿蛋白排出。诸药合用,可达到修复肾脏,改善肾脏血液供应,降低肾小球毛细血管的通透性,增强肾小管的滤过功能。

2.5 慢性肾小球肾炎的发病多与肾小球的滤过屏障、肾小管的重吸收、肾及尿路的排泌等病理变化有关,是一种免疫介导的肾小球基底膜非特异性炎症,现代医学多采用激素、环磷酰胺等免疫抑制剂抑制炎性反应,以减轻炎性反应引起的肾小球基底膜损害,从而减少蛋白尿,但由于免疫抑制剂的副作用,临床应用常受到限制。现代药理学研究证实清利湿热、解毒化瘀、凉血祛风中药具有抗炎、抗变态反应的作用,故对以肾小球基底膜损害为主的慢性肾小球肾炎可获得较为满意的疗效。

2.6 为维持药物的血液浓度,使药物起到持续的抗感染、抗炎效果,朴志贤主张对于重症、疗效不显著的患者,采用日服3次,或睡前加服的服药方法,在临床获得了较好的疗效。(王艳华 朴志贤)

浦家祚临床经验

【名老中医简介】浦家祚(1941～)主任医师,教授,硕士生导师。山东省名中医药专家。山东省首批名中医药专家学术经验继承人导师。从事中医内科工作40余年,擅长脑血管病、高血压病、高血脂症及各种老年病,内科杂症的诊治。

临床经验

高脂血症

1 病因病机

祖国医学虽没有高脂血症这一病名,但早在《内经》、《诸病源候论》中对其症状就有描述。如《灵枢·血络论》云:"血气俱盛而阴气多者,其血滑,刺之则射;阳气蓄积,久留而不泻者,其血黑以浊,故不能射。"浦家祚认为,本病的形成与痰浊凝聚有关。血脂犹如营血津液,为人体水谷化生之精微物质,输布全身,贯注血脉,以温煦肌肤,濡养五脏百骸。煦濡相得,水精四布,五经并行,痰浊无从产生。如果脏腑功能失调,水津停滞成饮,精化为浊,痰浊内聚,则成本症。痰浊的形成有二:一为外来。由于饮食不节,过食肥甘,嗜酒无度,损伤脾胃,痰浊内生。正如《养生论》所言:"滋味煎其腑脏,醴醪煮其肠胃,香芳腐其骨髓。"二由内生。主要责之于脾肾功能虚衰。脾为生痰之源,脾虚气弱,运化失权,水精不能四布,聚湿成痰。肾主水，"痰之源，水也，其本在肾"。肾气亏虚，无力温煦蒸化水液，水湿停聚，痰浊由此而生。然而水液的输布与肝胆的疏泄亦密切相关。肝主疏泄，助脾以运化，胆为清静之府，泌输精汁。如若肝胆疏泄失司，气机逆乱，清浊混淆，津结为浊，则浊脂内生。因此本病的发生以脾虚、肾虚为本，痰浊为标，涉及肝胆。脾虚、肾虚是高脂血症的病理基础，痰浊是脾虚、肾虚的病理产物。

2 据证立法遣药

临床观察，高脂血症多有以下症状：头身困重，胸脘痞闷，或形体丰腴，头晕目眩，或口中粘腻，肢体麻木，舌苔白腻，脉弦滑。上眼睑多有黄色素瘤（为脂质沉积所致）。浊脂沉积血府，血流受阻，可致血压升高；痹阻心脉，可致胸痹心痛；阻塞脑窍，可致昏仆中风。据证立法，宜祛痰化湿、升清降浊。浦家祚拟降脂汤（加味二陈汤）治之，半夏10 g，陈皮10 g，甘草3 g，泽泻10 g，薏苡仁30 g，茵陈20 g，瓜蒌15 g，焦山楂10 g，荷叶10 g，郁金10 g。用半夏、陈皮燥湿化痰，陈皮尚能行气，使气顺痰降，气行痰化；茯苓、薏苡仁健脾化湿；泽泻利水渗湿；荷叶芳香化湿；茵陈利胆祛湿；郁金活血行气、利胆解郁。脾虚者加人参、白术、黄芪健脾益气；肾虚加何首乌、黄精、杜仲补肾益精；肝气郁结、肝阳上亢加决明子、钩藤清泄肝胆郁热；气滞血瘀加香附、丹参、赤芍、桃仁理气活血。

3 培补脾肾，以善其后

当痰浊等标实征象已去，血脂降至正常范围后，浦家祚根据"治病必求其本"的原则，拟用补肾健脾法，以防痰浊滋生、浊脂升高，使血脂保持在正常水平。以脾虚为主者，用参苓白术散加焦山楂制成丸剂，以肾虚为主者用右归丸加何首乌制成丸剂长期服用。

4 病案举隅

男，55岁，1996年2月初诊。近2年自觉头晕目眩，头身困重，口中粘腻发甘，右臂麻木不适，食欲欠佳，大便黏滞不爽，多次查血脂高于正常。查体：舌苔白厚腻，脉弦滑，血压23/15 kPa。胆固醇8.05mmol/L，三酰甘油2.02 mmol/L。诊断：高脂血症，高血压病。给予降脂汤：陈皮、半夏、泽泻、郁金各10 g，瓜蒌、茯苓、茵陈、焦山楂各15 g，薏苡仁30 g。水煎服，日1剂。停用其他降脂药，降压药继用。连服6剂，感周身舒适，口中粘腻感消失，仍肢体麻木，苔稍腻。上方加丝瓜络10 g，连服18剂，自觉症状消失，纳食增加。复查胆固醇6.28 mmol/L，三酰甘油1.46 mmol/L。（赵世珂 郭立华）

临证思路

中风

1 中风的病因病机及诊治思路

中风，又称脑卒中，起病急骤、变化多端、病机复杂、危害性大，是中老年患者致残致死的重要原因。浦家祚认为，无论是缺血性中风，还是出血性中风，其基本病机均为虚损正衰，气血逆乱，痰瘀互结，痹阻经脉，以致化火动风、毒伤血脉、脑髓失养，蒙蔽神明。但是，社会环境的改变，必然对人的体质因素、发病过程、病情转归产生影响，其病理病机特点也会随之改变。因此，论治中风，既要"谨守病机"，又要"圆机活法"。

1.1 脾虚肝旺是中风发病的基础

浦家祚指出，中风病多中年以上发病，多见于嗜烟酒、肥胖、素有痼疾者。由于患者长期嗜食膏梁厚味，损伤脾胃，导致中焦枢机不利，脾失健运，痰湿内生。痰浊蕴久可化热化毒，损害脏腑，伤及血脉。可见中焦脾虚是内生痰浊的主要来源；五志过极、七情之变亦是引发中风的重要因素。如情志不遂，恼怒伤肝，可使肝阳暴亢；或素有阴虚，火旺扰心，则致心火炽盛；加之肝失疏泄，气郁血聚，痰浊与瘀血相互搏结，以致风火相煽，血随气逆，上冲犯脑，侵扰清窍，化热动风。正如《素问玄机原病式·六气为病》所云"中风之症，适因忿怒伤肝，肝气上升为火，火无所制，火载痰壅，遂致不救矣"。可见中风发病源于风火与痰浊，脾虚肝旺是其病理基础。

1.2 痰瘀互结为中风发病之关键，贯穿疾病全过程

痰浊和瘀血是机体气血津液代谢平衡遭受破坏而产生的病理产物。痰本于津，瘀本于血，津血同源。浦家祚认为，内生痰浊乃津液不归正化所致。素体脾虚肝旺之人，易生痰火与瘀血。风火无形，痰瘀有质。中风卒病，必由风、火挟动浊痰瘀血阻塞经络，蒙蔽脑窍而发病。"无痰不中风"。瘀血的形成，与气滞、气虚、血寒、血热等多种因素有关。瘀血即成，血行阻滞，既可使脑窍失养，还可导致血不归经而溢于脉外，成为出血性中风。痰浊与瘀血同样是中风的实质性病机关键。浦家祚认为，中风之前，痰浊与瘀血既已形成，为中风发病的病理因素。如不及时被清除，蕴结于脑之脉络，可郁久化腐，凝聚成毒。脑主意识思维，统五官诸窍，经络百节，统摄人体运动功能，是人生命活动的根本。若脑络损伤，则出现失语、神昏、偏瘫等。痰瘀胶合凝聚，闭塞经隧，

瘀阻脑络,可使气血不通,九窍失灵,甚至神机失聪。可见,痰瘀互结贯穿中风疾病的全过程。

1.3 补虚泻实为中风病的统治之法

浦家祚认为,中风病总的病机在于虚损正衰、阴阳失衡、气血逆乱,风、火、痰、瘀、虚相兼为患。缺血性中风由风痰瘀血痹阻脉络、痰热、气虚、阴虚等因致病;出血性中风为风火、痰浊、邪热伤及脉络,血溢脉外而形成;均可导致内闭心窍,元气败脱。急性期以风火、痰瘀、腑实为主;恢复期则以风痰、气虚、血瘀为主;后遗症期多以气血阴阳诸不足,顽痰瘀血痹阻脑窍,致髓海空虚、虚风内动、失神痴呆为特点。本虚而标实,痰瘀互结为病机核心。因此,化痰祛瘀、痰瘀并治、标本兼顾,为治疗中风的根本大法。

2 辨证论治中风"八法"

2.1 豁痰开窍,熄风祛瘀法

适用于风火痰瘀内闭清窍之中风重症。

辨证要点:起病急骤,神志昏迷,口噤不开,半身不遂,肢体强痉拘急,大便秘结,面赤身热,鼻鼾痰鸣,气粗口臭,躁扰不宁,或四肢抽搐,舌质红降,舌苔黄厚腻,脉弦滑数。

治疗:清热豁痰,熄风开窍,活血祛瘀。

方药:安宫牛黄丸鼻饲或灌服,配用羚羊角汤加减:羚羊角 1g,生珍珠母 30g,钩藤 15g,郁金 10g,竹茹 10g,天竺黄 10g,石菖蒲 10g,远志 6g,夏枯草 10g,丹皮 10g,白芍 15g。痰多加鲜竹沥、瓜蒌、胆南星;热甚加黄芩、山栀;抽搐加全蝎、蜈蚣;呕血加犀角粉、鲜生地;呕吐加姜半夏、旋复花。此外,配合清开灵或醒脑静静脉点滴,神志清醒后,以平肝潜阳、化痰祛瘀通络为治。

浦家祚指出,本证特点为风火相煽,痰瘀壅滞。患者素体痰湿偏盛或肝阳偏亢,遇有情志相激,使肝阳暴张,阳升风动,气血逆乱,挟痰浊、瘀血上扰神明,阻闭清窍,为正气未衰、邪气偏盛之实证。

2.2 通腑泄热,化痰祛瘀法

适用于气机升降逆乱,腑气不通之血瘀痰热腑实证。

辨证要点:卒然昏仆,半身不遂或偏身麻木,口眼歪斜,舌强语謇或不语,脘腹胀满,大便干结难下,口气臭秽,气粗痰鸣,烦躁不安,面红目赤。舌质暗红,苔黄厚腻或黄燥,脉弦滑有力。

治疗:通腑化痰,清热祛瘀。

方药:星蒌承气汤加减:大黄 10g,瓜蒌 30g,芒硝 6g,胆星 10g,枳实 10g,郁金 10g。痰盛加天竺黄、鲜竹沥水;瘀血重,加丹参、赤芍;眩晕头痛加钩藤、菊花、生石决明,夏枯草;抽搐加全虫、僵蚕、蜈蚣。

浦家祚指出:本证关键是气机升降失司,浊气中阻,痰郁化热,腑气不通。六腑以通为用,应及时釜底抽薪,上病下取,孤其热势,导热下行。通其腑气既可减缓病势,使浊邪不再上扰;又可使气血得以敷布,通痹达络;还可急下存阴,避免阴竭于内,阳脱于外,发生抽搐等变证。本法以泻下积滞臭秽为度,中病即止,免伤正气。兼有气阴两伤者,宜攻补兼施,可取增液承气汤。

2.3 涤痰开窍,温阳通经法

适用于素体阳虚,痰湿壅盛,蒙蔽清窍之证。

辨证要点:突发昏仆,牙关紧闭,半身不遂,面白唇暗,痰涎壅盛,四肢不温,甚或四肢厥冷,苔白腻,脉沉滑或沉缓。

治疗:温阳通经,涤痰开窍。急服苏合香丸,配合涤痰汤加减:清半夏 12g,陈皮 10g,枳实 10g,云苓 15g,竹茹 10g,胆星 15g,菖蒲 10g,远志 6g,郁金 10g。兼有动风者加天麻、地龙;畏寒明显加桂枝 10g。

本证多见于阳虚阴盛体质患者。浦家祚指出,病机关键是阳气亏虚,脾肾不足,运化、蒸化功能失常,痰湿内盛,遇有肝风触动,肝火挟湿痰上壅清窍,闭阻气机,扰乱神明。此型临床较少见,证候虽重,如抢救及时得当,三五日内可神志转清,预后多好。若阴闭日久,进一步耗损阳气,可转为阴阳欲绝之脱症。

2.4 平肝泻火,活血通络法

适用于情志过激,肝阳暴亢,风火上扰清空之证。

辨证要点:突然头痛头晕,半身不遂,口眼歪斜,舌强言謇,急躁易怒,面红耳赤,口苦咽干,尿赤便干。舌质红绛、苔黄,脉弦数。

治疗:镇肝熄风汤加减:牛膝 18g,龟版 15g,生龙牡各 30g,天冬 10g,元参 15g,杭芍 15g,菊花 10g,夏枯草 10g,钩藤 15g,丹参 20g。头痛重加桑叶、石决明;心中烦热加黄芩、栀子;便秘加瓜蒌、大黄。

浦家祚认为,素体肝旺之人,最易五志过激,化火动风。本证特点是没有神志障碍,而以肢体活动不遂为主。如果情志刺激不能及时消除,则会复中,导致中风重症。强调平肝泻火、熄风化瘀的同时,勿忘滋养阴津,未雨绸缪,防患于未然。

2.5 活血祛瘀,化痰通络法

适用于素体肥胖,风痰瘀血痹阻脉络之缺血性中风患者。

辨证要点:半身不遂,口舌歪斜,舌强言謇不语,偏身麻木，头晕头痛，舌质紫暗，苔白腻，脉弦滑。

治疗：方用温胆汤合桃红四物汤加减：陈皮 10g，半夏 10g，云苓 15g，胆星 10g，竹茹 10g，枳实 10g，桃仁 10g，红花 10g，赤芍 15g，当归尾 10g，郁金 10g，丹参 20g，香附 10g。烦躁不安者加栀子、黄芩以清热；头痛眩晕者加菊花、夏枯草以平肝降逆。

浦家祚指出，本证关键是痰瘀同病，可由痰热腑实证转化而来。泄热通腑后应及时改拟化痰祛瘀之剂。区分痰瘀孰重孰轻，治有侧重。痰瘀为患，多兼气滞，治疗应重视畅中，添加理气和胃之品。

2.6 滋阴潜阳，理血祛瘀法

适用于肝肾阴虚，肝阳偏亢，经脉阻滞患者。

辨证要点：头晕头痛，耳鸣耳聋，失眠多梦，腰膝酸软，半身不遂或肢体麻木重滞，口眼歪斜，舌强言謇，舌暗红，苔薄或少苔，脉弦细。

治疗：方用杞菊地黄汤加减：枸杞子 20g，菊花 15g，生地 15g，泽泻 10g，丹皮 10g，云苓 15g，当归 10g，赤芍 15g，桃仁 10g，夏枯草 10g。阳亢明显酌加珍珠母、生龙牡重镇潜阳，以复阴阳平衡。

浦家祚指出，本症特点是上盛下虚，治疗关键在于滋阴潜阳，引血下行，防止肝阳浮越。肝为血脏，体阴而用阳，辅以养血活血化瘀之品，有助于肝气之调畅，可选用滋降味厚之品，直入下焦补阴精之不足，遣药宜甘凉滋润，不宜苦寒。

2.7 益气活血，祛瘀通络法

适用于正气亏虚，血行不利，脉络瘀阻之证。恢复期或后遗症期多用此法。

辨证要点：半身不遂，口舌歪斜，言语謇涩、或不语，偏身麻木，面色苍白，气短乏力，口角流涎，自汗心悸，食少便溏，手足肿胀，舌暗红，苔薄白，脉沉细。

治疗：方用补阳还五汤加味：黄芪 30～60g，赤芍 18g，川芎 10g，归尾 12g，地龙 15g，红花 10g，鸡血藤 30g，郁金 10g。瘀血重酌加水蛭、炮甲，言语不利，加石菖蒲，远志祛痰利窍，气虚加太子参，肢麻加木瓜、伸筋草；肢体瘫软加川断、杜仲、寄生、牛膝；小便失禁加桑螵蛸、益智仁；久病不愈加僵蚕、蜈蚣、全蝎等搜剔络中之痰瘀。

浦家祚指出，本证正气亏虚为病机关键。“气为血帅”，“血之本在气”，“气行则血行”。年高体衰或久病之人，耗气伤阴，气虚不能运血，必致血行不畅，血行瘀滞。治疗应益气活血并举，通经达络，以起痿废。

2.8 补肾填精，祛瘀通络法

适用于肾精虚衰，脑脉瘀阻之证。见于年老久病或反复多次中风的患者。

辨证要点：肢体偏废瘫软，音哑甚或不能出声，舌体痿软或偏歪。兼见腰膝酸软，心悸气短，或遗尿或便秘，舌质暗淡，脉细无力。或见神情呆滞，表情淡漠，遇事善忘，理解多误，言语迟钝，傻哭傻笑等痴呆表现。

治疗：方用左归饮加减：熟地 20g，山萸肉 10g，山药 10g，枸杞子 20g，菟丝子 20g，鹿角胶 10g，牛膝 18g，益智仁 30g，何首乌 20g，丹参 15g，归尾 10g，郁金 10g，菖蒲 10g。以痴呆为主证，加服河车大造丸以补肾填髓，活络开窍。

浦家祚指出，滋肾填精、祛瘀通络为治疗关键。滋补肝肾药物多为血肉有情之品，性多滋腻，长期应用时应注意脾胃运化。滋不腻胃，方能生化有权。可在滋阴药中，加入砂仁、木香、陈皮等行气醒脾开胃。（刘承琴　赵世珂）

亓鲁光临床经验

【名老中医简介】亓鲁光（1951～）女，山东济南市人。主任医师，教授，博士生导师。1975 年毕业于成都中医药大学。成都中医药大学附属医院内分泌科主任。美国医师学会荣誉教授，世界中医药学会联合会内科糖尿病专业委员会常务理事，中国中西医结合内分泌专业委员会委员，四川省中医药学会糖尿病专业委员会委员，四川省慢性非传染性疾病专家组成员。四川省名中医。擅长中西医结合糖尿病坏疽、皮肤疾病、神经病变、肾病等难治并发症。已完成各级课题多项，发表论文数 10 篇。

糖尿病肾病

1 病因病机

本病是糖尿病主要的并发症之一，主要造成肾脏小血管和肾小球的病变，导致尿蛋白的异常排泄，其病变发展至终末期肾功能衰竭，往往是导致糖尿病患者死亡的重要原因之一。若早期或在其发展过程中，阻止或延缓其任何一个阶段，可截断病势，甚至可以逆转病情，中医在这方面具有独到的优势。

糖尿病肾病相当于中医消渴病并发的水肿、关格、癃闭、腰痛等证，和肾消损伤关系密切，《圣济总录》指出："消渴病久，肾气受伤，肾主水，肾气虚衰，气化失常，开阖不利，能为水肿"。张仲景在《金匮要略》中也指出："男子消渴，小便反多，以饮一斗，小便亦一斗，肾气丸主之"。开温肾治疗消渴病之先河。肾为先天之本，寓元阴元阳，主藏精，司开合。肾阳亏虚，命门火衰，则无以化气上升，津液不布，则口渴多饮；在下则导致肾之开合失司，固摄无权，致尿频及尿量增多，使精微物质从小便泄出。亓鲁光认为消渴病的病机虽为阴虚为本，燥热为标，但并发肾病以后，则会导致肝、脾、肾三脏受损，痰瘀互结而致水液代谢紊乱，此时当以健脾、益气、补肝肾、活血利水为主。一旦病程日久，后期致阴损及阳，则应着重顾及肾阳，通利气机，温补肾阳。同时，脾之健运，有赖于肾阳温煦，所谓"火能生土"，故肾阳不足，常伴脾土虚弱，故当温补脾土，以助肾阳。培补后天，以助先天。

2 辨证要点与治疗方法

本病应着重辨水肿及小便的类型，并进一步将病、症相结合，正本清源，从而达到治疗目的。在治疗上，首先稳定病情，然后求其疗效。亓鲁光将糖尿病肾病分为以下5期来辨证治疗。

2.1 肝肾不足，气阴两虚

这个时期主要表现为轻度水肿和疲乏，可伴有腰膝酸软，目涩，头晕耳鸣等症状。治疗以益气养阴，补益肝肾为主。方选杞菊地黄丸，并佐以活血利水的药物，如益母草、猪苓等。需要注意的是，此期如果小便量多，说明其病情较轻，虽有水肿，但不宜轻易使用西药的利尿剂，以免导致电解质紊乱，加重阴液耗伤。

2.2 脾肾两虚，阳气亏虚

此期的水肿更甚，尚伴有神疲乏力，畏寒肢冷，食少便溏，舌体胖大等。治以健脾补肾，利水消肿为主。方选肾气丸或真武汤，佐以其他利水的药物，如大腹皮、冬瓜皮、白茅根、泽泻、赤小豆、椒目等。

2.3 湿浊滞留，上逆犯胃

此期阳气衰微、邪气内盛，临床表现为面色萎黄，纳呆，便溏，口苦，口臭，口中有尿味，恶心，呕吐等，患者常伴有高血压，肾功能检查尿素氮及肌酐皆明显上升。治以祛湿泻浊，降逆和胃。方选大黄附子汤或温脾汤，方中附子加大黄可温阳泻浊。若大便稀溏，大黄可与附子同煎，减弱其峻下的能力；若大便干结，大黄可后下，取其清热、解毒、活血之功。另可在方中佐以苏子、白蔻仁、砂仁、佩兰、薏苡仁等药，以降逆止呕、利湿泻浊。

2.4 肾虚血瘀，脉络痹阻

此期患者面色常表现为紫黯无光泽，全身水肿，形体消瘦。治法当健脾补肾，化瘀利水。方选参芪地黄汤，并在方中加活血药以化瘀通络。

2.5 水气上逆，凌心射肺

因为肾阳虚衰，阳虚水泛，导致水气上逆，凌心射肺，临床表现为全身重度水肿，心悸，痰中带血，小便量显著减少，甚至少尿，无尿。治以温补肾阳，泻肺行水。方选真武汤合葶苈大枣泻肺汤。

本病在上述治疗的基础上，若伴有高血压病者，可加天麻、钩藤、草决明、珍珠母等平肝息风药；伴尿少者，可加滑石、车前子、通草等利水化湿药；伴尿多者，可选用金樱子、益智仁等固涩药。

3 病案举隅

石某，男，65岁，2007年7月6日初诊。患2型糖尿病4年，高血压病1年。服用数种降糖药物，但血糖仍控制不理想，半年前无明显诱因出现双下肢水肿。刻诊证见：时有头昏，视物模糊，晨起口干苦，大便干结，4日一行，双下肢水肿，四肢麻木，舌淡、苔白厚腻，脉细。实验室检查：空腹血糖9.1mmol/L，餐后2 h血糖14 mmol/L，尿蛋白（+++）。诊断为糖尿病伴肾病。辨证属脾肾两虚，阳气亏虚，水邪内停。治当健脾补肾、利水消肿。方用真武汤加减。药用：制熟附片（先煎）、山药、泽泻、金樱子、益母草各30 g，炒白术、椒目、荔枝核各10 g，茯苓12 g，黄芪40 g，白芍20 g，甘草3 g。7剂，每日1剂，水煎服。7月13日二诊：双下肢水肿缓解，口干苦减轻，但胃脘略有不适，血压160/90 mmHg。上方去白芍、椒目、益母草、荔枝核，加夏枯草30 g，鸡内金、佩兰各10 g。7月27日三诊：双下肢水肿基本消退，尿常规检查：尿蛋白（+），餐后2 h血糖9.1 mmol/L，大便调，肢麻减轻，全身情况好转，续以真武汤加减，巩固治疗，并嘱其控制饮食及情绪，坚持适当锻炼。（林莹宣　张　静　曾　静）

糖尿病合并带状疱疹

1 病因病机

带状疱疹相当于中医学"缠腰火丹"、"蜘蛛疮"、"蛇串疮"等，清代医家祁坤在《外科大成》有"初生于腰，紫赤如疮，或起水疱，痛如火燎，名蛇串疮也"的描述。多发于肝、胆、心经循行区。中医学认为带状疱疹是由肝气郁结，久而化火妄动，脾经湿热内蕴，外溢皮肤而生，或因兼感毒邪，以致湿热火毒蕴积肌肤而成。亓鲁光认为本病为内外合邪发病，外因是感受湿热毒邪，内因是正气不足，糖尿病发展到一定的阶段，阴津亏损、脏腑内热以及多种因素可直接或间接损伤脾脏,使脾的运化、输布功能受损,脏腑失养,机体出现气阴两虚的病理改变,因此本病的病机则是脾虚生内湿,阴虚血燥,复感湿热毒邪,内外之邪相合,日久化火,湿热火毒内蕴肝胆。其特点是:以气阴两虚为本,湿热火毒为标,表现为本虚标实、虚中夹实。

2 理法方药

2.1 治法

带状疱疹属自限性疾病,病程通常2~4周,但糖尿病患者体质虚弱,病程迁延,日久难愈,往往遗留有后遗神经痛,治疗目的是加速其恢复,控制急性及慢性疼痛的程度和持续时间,减少并发症发生。对久治难愈及遗留有后遗神经痛的患者,亓鲁光采用分期辨证施治的方法,根据病变的不同时期,辨证论治的侧重点不同,带状疱疹未结痂期以湿热火毒为主,重在清热除湿、泻火解毒兼以益气养阴;结痂后以血热、血瘀为主,重在清热凉血活血、滋阴润燥、通络止痛;脱痂后以脾虚内湿为主,重在益气养阴、健脾除湿。但始终将“清热除湿,益气养阴,凉血活血,泻火解毒”之法贯穿于整个治疗过程之中,此治则源于她对糖尿病合并带状疱疹独特的病因病机认识,体现了中医“急则治标,缓则治本,标本兼治”的辨证论治思想。

2.2 用药

亓鲁光根据带状疱疹的病因病机特点,辨证组方,基本处方为:黄芪30g,茯苓12 g,生地20g,玄参15 g,紫花地丁30 g,野菊花20 g,金银花30g,丹皮12 g,山药30 g,蜂房10 g,僵蚕10 g,甘草3g。本方重用黄芪、生地、玄参益气养阴,凉血润燥;山药、茯苓健脾除湿;紫花地丁、野菊花、金银花泻火解毒;蜂房、僵蚕通络止痛;甘草调和诸药。并随病变的不同时期进行加减。

未结痂期主要表现为:病变处灼热疼痛,皮损处覆黄色薄脓苔,疱液色黄混浊不清,性情烦躁。证以湿热火毒为主,血热血瘀为辅。灼热疼痛,皮损处覆黄色薄脓苔,疱液色黄,混浊不清,是湿热火毒旺盛之征象,性情烦躁,为肝胆火妄动之表现,在基础方中加茵陈、土茯苓、地肤子、大黄加强清肝胆之火、除内外湿热之功。

结痂期主要表现为:疱疹干缩,结痂,皮色由潮红转为黯红,疼痛酌热感减,但刺痛明显,入夜尤甚。证以血热血瘀为主,湿热火毒为辅。基础方中加甲珠、赤芍、紫草增强凉血活血,通络止痛。

脱痂后主要表现为:脱痂处皮色由黯红变淡红,瘙痒,疲倦,口淡无味,邪微正虚。在基础方中加砂仁、佩兰、厚朴行气醒脾化湿。

3 典型病案

李某,男,63岁,工人,2006年10月28日初诊。1个月前患者右胸部起水泡,蔓延至胁背,灼热刺痛,烦躁,卧起不安,起病后首诊于某三甲医院皮肤科住院治疗,经止痛、抗病毒、消炎、局部对症等治疗1周,症状不见好转,且出现胸部和肋背部疱疹增多,灼热疼痛加剧,疱疹溃烂,流黄水,疱液混浊不清,伴口干、疲倦、烦躁、懒言、纳差、大便秘结,遂要求出院,寻求中医治疗。既往有7年糖尿病病史,平时注射诺和灵30 R早8U、晚8U控制血糖。随机测指尖血糖:10.8 mmol/L。查体:右胸胁有簇状红色大小不等疱疹,成带状,皮肤潮红,疱疹溃烂处流黄水,表面覆黄色薄脓苔,心肺腹正常,舌质淡红、体胖大、边有齿痕,舌苔微黄腻,脉濡滑。药用黄芪30 g,茯苓12 g,生地20 g,玄参15 g,紫花地丁30 g,野菊花20 g,金银花30 g,大黄6 g,土茯苓10 g,茵陈10g,丹皮12 g,山药30 g,蜂房10 g,僵蚕10 g,甘草3g,7剂。水煎分早晚服,药渣外敷患处。同时予以诺和灵30R早9U、晚9U控制血糖。11月5日二诊:服药后,疱疹开始干缩、结痂,皮色由潮红转为黯红,疼痛酌热感减,但刺痛明显,疲倦,烦躁,懒言减轻,舌质淡、体胖大、边有齿痕,苔薄白,脉沉细。随机测指尖血糖:8.9mmol/L。病情向愈,药证合拍,以上方去土茯苓、大黄、茵陈,加甲珠、银花藤,再服7剂,药渣外敷患处,胰岛素用量同前。11月12日三诊:药后疱疹全部干缩结痂并脱痂,皮色由黯红变淡红,舌淡红、体胖大、边有齿痕,苔白微干,脉沉细。方以生脉散合四君子汤加减益气健脾,养阴生津,7剂,服法同前。11月20日四诊,患者痊愈。

4 结语

现代医学认为,带状疱疹为感染水痘带状疱疹病毒所引起,多数情况是病毒潜伏在脊髓神经后根神经结的神经元内,并不马上发病,而在机体免疫功能减退时才发病,糖尿病患者血糖控制不理想时,引起蛋白质代谢紊乱,使机体抵抗力减弱,则罹患和加重皮肤感染,故在治疗带状疱疹的时侯,首先控制血糖,维持肌体代谢平衡,提高抗病能力。中医的治疗应立足于糖尿病本病的特点,患者久病成虚,多因正气不足而感邪致病,因此治疗上应灵活运用,认识到正气不足的病机特点,扶正祛邪,标本兼顾,方能药证合拍,效如桴鼓。(牛仁秀 甘洪桥 刘晓娟)

糖尿病并发无症状性心肌缺血

1 重视脾胃,调中央以通达四旁

《灵枢·五变篇》有"五脏皆柔弱者,善病消瘅"的论述,《灵枢·本脏》则进一步指出"脾脆善病消瘅"。亓鲁光认为糖尿病发病的根本在于脾胃虚弱。糖尿病患者中2型糖尿病可占80%~90%。2型糖尿病的发病有一定的遗传因素,但更重要的是环境因素,如饮食过于精细及摄入热量过多,体力活动减少,精神紧张及心理压力过大等。中医学认为,脾主运化,饮食物的消化、吸收主要由脾所主,如过多摄入肥甘饮食,或热量过多,必然加重脾脏的负担,使脾脏的运化功能减弱;劳则伤脾,过逸亦可伤脾。如陆九芝《逸病解》曰"逸乃逸豫、安逸所生病,与劳相反",并提出"逸之病,脾病也"。现代生活方式中以车代步常见,甚至出门即车,体力活动缺乏,导致脾脏功能不能正常发挥。随着科学技术的发展,社会生产力极大提高,随之带来的是工作的紧张及竞争的加剧,"思伤脾",大脑的极度紧张也会影响脾的功能。从另一个角度,情志因素多归属于肝,而肝属木,脾属土,木病必然克土,而致土虚。心与脾胃乃母子关系,联系密切,子病及母或子盗母气,均可因脾胃失调而波及心脏,发为胸痹,现代医学所讲的心肌缺血亦包括其中。亓鲁光认为,脾胃为气机升降的枢纽,脾脏清阳之气主升,脾气一升,则肝气随之升发,肾水随之气化,脾气升而水谷精微转输于肺脏而敷布周身。胃的浊阴之气主降,胃气降则糟粕得以下行,胃气降则肺气可以随之肃降,心火随之下潜,心肾得以相交。脾胃居于中央以运四旁。亓鲁光重视调理后天脾胃,大多用黄芪30~40g、山药30g,鸡内金10g以健脾益气,促进运化。

2 活血化瘀法贯穿始终

血瘀与消渴的关系可追溯到《内经》时代,如《灵枢·五变篇》曰:"怒则气上逆,胸中蓄积,血气逆留,(月宽)皮充肌,血脉不行,转而为热,热则消肌肤,散为消瘅。"亓鲁光认为,久病多虚、多瘀,诸虚之中,又以气虚为先,此为消渴各种并发症病机根本之所在。这是因为"气为血帅",气虚推动无力,血行缓慢,气虚不摄,血溢脉外,气虚生化无源,血涸成瘀,气虚及阳,阳虚寒凝,皆可致瘀,瘀血痹阻胸阳,发为胸痹。现代医学认为,血瘀贯穿糖尿病、心肌缺血始终。早期可表现为舌脉粗张、迂曲、延长,色泽紫黯、淡黯或有瘀点、瘀斑;中晚期则瘀血征象更明显,如上下肢麻木、疼痛,心前区疼痛,半身不遂等。她认为应以活血化瘀法贯穿始终,而不必拘泥于瘀血见证的有无。故加用丹参、川芎活血化瘀,改善血液循环。盖丹参重在活血养血,所谓"丹参一味,功同四物",即言其有活血养血而不伤血的卓越功效,而川芎为血中气药,性善走窜,走而不守,单用则有伤血动血之虞,二药合用,寒温之性相制,既有活血养血之功,又无伤血动血之弊。

3 重视辨证论治

亓鲁光将糖尿病并发心肌缺血分为4个证型。

3.1 痰湿阻滞型

证见:胸中憋闷隐痛,心悸气短,面黄淡白,伴咳嗽痰黏色白,腹胀纳差,舌质淡红或淡黯,舌苔滑腻,脉沉细无力或脉滑。治宜宽胸化痰,健脾强心佐以化瘀。方用瓜蒌薤白半夏汤加减。药用:瓜蒌10 g,薤白10 g,半夏10 g,丹参10 g,川芎10 g,山药30 g,黄芪30 g,砂仁10 g,鸡内金15 g,炒酸枣仁10 g,夜交藤30 g,甘草3 g等。

3.2 气阴两虚型

证见:胸闷隐痛,时作时止,心悸气短,倦怠懒言,面色少华,头晕目眩,遇劳则甚,舌质偏红或有齿痕,脉细弱无力或结代。治宜益心气,养心血,祛痰化瘀。方用生脉散加减。药用:沙参30 g,麦门冬20 g,五味子20 g,丹参10 g,川芎10 g,薤白10 g,鸡内金15 g,鱼腥草30 g,荔枝核12 g,甘草3 g等。

3.3 脾肾亏虚型

证见:心悸胸闷,头昏耳鸣,口干咽干,倦怠乏力,神疲懒言,腹胀纳少,舌质红或淡红,边有齿痕,苔薄白,脉沉细。治宜健脾气,滋肾阴。方用益气固本汤加减。药用:黄芪30 g,桑椹10 g,枸杞子10 g,丹参10 g,川芎10 g,山药30 g,薤白10 g,瓜蒌10 g,鸡内金12 g,鸡血藤30 g,荔枝核12 g,甘草3 g等。痛甚者加丹参饮。

3.4 痰浊上扰型

证见:头重如蒙,胸闷作恶,时发心悸,轻微心痛,肢软乏力,苔白腻,脉弦滑。治宜燥湿健脾,化痰祛瘀。方用半夏白术天麻汤加减。药用:天麻12 g,半夏10 g,白术10 g,丹参10 g,川芎10 g,泽泻15 g,佩兰10 g,桑叶10 g,山药30 g,鸡内金15 g,荔枝核12 g,甘草3g等。

4 天人相应,防治结合

四季变化中,心主火,与夏季相应,一般心病在所主之季病轻,在冬季主水,相克之季病重,所以冬季应注意预防心病。昼夜之中,《素问》载心病多以日中慧、夜半甚、平旦静,所以亓鲁光一般凡见活动后心悸及(或)心电图改变者,及早加入通心阳、滋心阴、益心气之品。除辨证用药外,她经常在病机演变之前预防用药。如糖尿病以阴虚为本,适值夏季,易夹杂湿邪,故在还未出现阴虚夹湿之前即用砂仁、佩兰以防之;立秋伊始,秋燥渐增,为防伤阴,即加用沙参、麦门冬、五味子等养阴制燥之品。在服用拜糖平同时,即在中药处方中加神曲、炒谷芽、炒麦芽、荔枝核等以防止拜糖平引起腹胀的副作用;在患者注射胰岛素控制血糖时,即加泽泻、山楂、决明子等健脾消脂之品,以预防胰岛素所致的肥胖。

5 典型病案

濮某,女,67 岁。2004 年 12 月 23 日就诊。冠心病、心绞痛 10 余年,复发加重 15 日。刻诊:形体肥胖,胸部闷痛,头晕,心悸气短,活动后加重,倦怠乏力,纳差,眠差,舌质黯淡、边有齿痕,苔白厚腻,脉结代。心电图检查:窦性心律,心肌缺血。中医诊断:胸痹,证属痰浊阻滞,痹阻胸阳。治宜通阳散结,祛痰宽胸。方用瓜蒌薤白半夏汤加减。药用:瓜蒌 12 g,薤白 10 g,半夏 10 g,丹参 10 g,川芎 10 g,黄芪 30 g,山药 30 g,砂仁 10 g,炒酸枣仁 10 g,夜交藤 30 g,鸡内金 15 g,甘草 3 g。水煎服,日 1 剂。7 剂后诸症明显好转,仅有活动后胸口不适,守方继服 7 剂,诸症消失,心电图恢复正常。

按 患者恣食肥甘厚味,日久损伤脾胃,脾胃运化失司,聚湿生痰,上犯心胸清旷之区,清阳不展,气机不畅,心脉痹阻;或痰浊久留,痰瘀交阻;或饱餐伤气,推动无力,气血运行不畅而发为胸痹。方用瓜蒌薤白半夏汤以宣通胸阳,佐以黄芪、山药益气健脾,砂仁化湿醒脾。痰浊阻滞易致气滞血瘀,故加丹参、川芎活血祛瘀;炒酸枣仁、夜交藤滋养心、肝之阴血;鸡内金消食健胃。诸药合用,脾气健则水湿痰浊无以停留,胸阳振,血脉通,诸症自除。(段玉红 张彦忠 龚光明)

钱伯文治癌经验

【名老中医简介】钱伯文(1917～) 江苏无锡人。教授。1939 年毕业于上海新中国医学院。上海中医药大学专家委员会副主任委员,上海市中医药研究院专家委员会副主任委员,上海中医药大学终身教授,上海康复食疗协会名誉会长,中国中医药学会外科学肿瘤专业委员会顾问,上海中药学会顾问,上海中医药学会肿瘤学专业委员会负责人。首批全国老中医药专家学术经验继承工作指导老师。享受国务院政府特殊津贴。从医 50 余年,擅长治疗各种肿瘤。出版《肿瘤的辨证施治》、《抗癌中药的临床效用》专著,主编《中国食疗学》《养生指南》《抗衰老中药与食物》等 5 部著作,组织编写《中药学》、《方剂学》等教材,参加《辞海》中药部分的编写工作,发表论文 80 余篇。

临床经验

恶性肿瘤

1 气机失调是癌肿之重要病机

中医学认为,气是构成人体的基本物质之一,对于维持人体正常的生命活动起着极为重要的作用。《类经》曰:"人之有生,全赖于气。"气机调畅是人体各脏腑功能协调统一的基础。当六淫七情、饮食劳倦等各种致病因素作用于机体,导致气机失调时就必然影响脏腑经络、阴阳气血等方面的功能活动而发生种种病理变化,如气滞、气郁、气逆、气虚等。故《素问·举痛论》曰:"百病皆生于气也。"

钱伯文认为,肿瘤的发病同样与气机失调有着密切的关系,尤应责之于脾胃气滞和肝气郁结。他说:"从临床角度来看,肿瘤患者所表现出来的各种症状,常可见气滞、气郁之象。如胃癌、食道癌患者多见胸脘胀闷、嗳气等症;肠癌患者常出现下腹部胀痛、大便时里急后重等症;乳腺癌患者常出现肝气郁结、乳房胀痛等。另外,从大量临床资料分析,患者发病前(即癌前期)常有长期的郁闷忧愁,或蒙受打击而不得解脱等肝气郁结之象。"对此,历代医家也多有论述,如巢元方云"此由忧患所致……使塞而噎"。张从正在解释积聚的成因时也认为:"忧思郁怒,气机不和,日久聚而成积。"据此,他进一步解释说:"长期的情志抑郁不舒,肝气郁滞,可导致气机不畅,由气滞进一步导致血瘀、痰凝等一系列病理变化,致使肿瘤形成。"

2 理气散结乃治癌之基本方法

气机失调是肿瘤发生发展的重要病理基础,因此,钱伯文根据《内经》"遗者行之"、"结者散之"、"木郁达之"的理论,将理气散结之法作为治疗肿瘤的基本大法之一,以调理气机,使人体气机通、血脉畅、脏腑功能协调,从而升降有权,出入有序,阴阳平衡,达到治疗目的,此乃钱伯文治疗肿瘤的独到经验之一。如他治疗胃癌时,非常重视调理气机,视此为治本之法。古代医家对用理气药治疗噎膈、反胃等证虽有所认识，但具体用法论述不详，且有相当一部分医家认为理气法便是改善症状的治标之法而已。如朱丹溪认为理气药仅能取“暂时得快”之效，并非治本之计。徐彦钝亦认为“辛香之药尽是治标”。然而钱伯文不泥于古，把理气作为胃癌的治本之法。他指出：“中医治病，之所以能通过辨证求因，审因论治，说明‘证’的表现正是‘因’的实质反映。理气法在胃癌的治疗中可起两方面的作用：①理气调整脏腑功能。通过疏理气机，使气机畅达，如疏肝理气、理气和胃、行气健脾等。②理气祛除病理产物。通过疏理气机，使血瘀、痰凝逆转，从而达到祛除病理产物的目的。临床上也不乏使用该法治疗后肿块缩小，乃至消失的例证。”

现代研究表明，理气药对实验性肿瘤有不同程度的抑制作用。如乌药，对S180抑制率达44.8%。日本有人对抗癌剂有强耐药性的宫颈癌患者JTC－26细胞株筛选800种中药，发现抑制率在90%以上的有大茴香、枳实、沉香、厚朴、木香、丁香等理气药。钱伯文在指导研究生所做的实验研究也证实，理气药能纠正肿瘤所致的气机逆乱状态，使肿瘤细胞破坏，核破碎，肿瘤细胞呈坏死性改变，使癌细胞停滞在G1期，从而抑制肿瘤的生长增殖。该项研究为用理气法治疗肿瘤提供了科学的依据，由此可见调理气机对肿瘤的治疗具有十分重要的意义。

3 理气不避香燥

理气药大多辛香温燥，有耗气、伤津、助火之弊，故古代医家竭力反对用这类香燥理气之品。如朱丹溪告诫“若服之必死”；方贤认为翻胃用香燥“如抱薪救火”；刘宗厚说：“咽嗌闭塞……有服耗气药过多而致者。”更有张鸡峰等因畏香燥之品，而放弃药物治疗，仅仅采用“内观静养”法来治此险恶瘤疾。钱伯文指出，尽管从理论上讲前人所说不无道理，但临床实践证实，理气药能使气机恢复正常，从而促进正气的生存和邪气的祛除，而收正气复、津液生、瘀血去、火热退之效，何来“服之必死”之恶果？如枸橘李，世人多因其破气辛燥而畏用，而钱伯文在治疗胃癌时，每每根据病情放手用至24g，多获良效，且未见任何副作用。钱伯文说：“临床实践表明，只要辨证准确，配伍恰当，即使较长时间服用理气药，也不会产生耗气、伤津、助火等副作用。”他还谆谆告诫后学者：理气不避香燥，要重视理气药的应用，切不可因噎废食，而贻误病机。

4 临证重视配伍

钱伯文在治疗癌肿时常用的理气药有：橘皮、橘叶、枳壳、香附、川楝子、大腹皮、佛手、八月扎、枸橘李、香橼、青皮、广木香、九香虫、绿萼梅等。他在使用理气药时，常根据病情兼夹的不同，予以适当的配伍。如气滞而兼有血瘀，在使用理气药的同时常配合丹参、赤芍、桃仁、红花、三棱、莪术等活血化瘀药；气滞兼有痰凝者常配合半夏、南星、昆布、海藻、象贝等化痰软坚药；气滞兼有湿阻者常配合苍术、白术、薏仁、茯苓等化湿利湿药；气滞兼有气虚者，常配伍黄芪、党参、甘草、扁豆等药。

5 病案举隅

某男，32岁，患者因上腹饱胀、胃脘疼痛，胃镜证实为胃癌，1994年8月于某医院行胃癌根治手术。病理示：中分化消化道管状腺癌淋巴结2/10转移。术后行放化疗，经治半年后，患者出现上腹剧烈疼痛，向腰背部放射，某医院CT检查提示胰腺显示不清，胰腺病变待排。诊见胃脘胀痛，腰背剧痛、拒按，纳食呕吐，胸闷，心下胀满，肢体倦怠，舌质淡紫，有齿痕瘀点，脉细弦。证属肝胃气滞，脾气不足，运化失常，血行不畅而致瘀血积聚、疼痛不止。治以理气散结，益气健脾，活血化瘀止痛。主要方药：党参、白术、茯苓、甘草、陈皮、佛手、枳壳、丹参、川芎、郁金、赤芍、桃仁、三棱、莪术、天龙、八月札等。服药2个月，腹痛渐止，呕吐消，胃纳好转，体力渐增。复查B超提示：胰腺清晰，胆囊无病变，腹腔内及腹膜后腹主动脉旁淋巴结未见肿大。坚持服药2年余，病情稳定。（朱国福　钱力兰）

遣方用药

天龙在肿瘤病中的应用

天龙，又名守宫、壁虎，为脊椎动物壁虎科蹼趾动物或同属它种壁虎的干燥体。性寒，味咸，有小毒，入肝经，有祛风定惊、止痛散结等功效；主治中风瘫痪，历节风痛，风痰惊痫，瘰疬恶疮。近年亦用于治疗肿瘤。

钱伯文擅治各种肿瘤。对天龙的性能、适应症、用量、配伍等诸多方面积累了不少独到经验，临床运用推陈出新，得心应手。他用天龙治疗肿瘤，主要用其消肿、止痛、散结之功。如肿瘤证见胸闷痰多，舌强语涩，颈部肿块疼痛，用天龙配昆布、海藻、象贝母、煅牡蛎、枳壳、佛手等化痰软坚，理气散结；肿瘤证见局部刺痛不止，痛有定处，舌质紫暗，脉细弦，则用天龙配丹参、赤芍、桃仁、三棱、莪术等活血化瘀，消肿散结；肿瘤证见发烧或五心烦热，口渴便秘，腹胀纳差，局部灼热疼痛，则天龙伍天花粉、蒲公英、白花蛇舌草、七叶一枝花、制大黄、苦参片等清热解毒，止痛散结；肿瘤证见精神疲惫，腰膝酸软，小便频数淋漓，则天龙加杜仲、补骨脂、山萸肉、生熟地、淮山药以补肾固堤，避免天龙攻伐太过而伤正气；肿瘤晚期患者气虚血衰，困虚致痛者，则天龙加黄芪、当归、党参、白术、生甘草、白芍等益气养血，缓急止痛。

1 天龙配理气化痰、软坚散结之味治疗颈髓神经纤维肉瘤

张某，男，50 岁，1985 年 5 月日颈髓 1～2 神经纤维肉瘤予某院手术治疗。1990 年 5 月因复发又于某院放射治疗。1994 年 9 月觉右颈部胀痛和出现肿块，于某院核磁共振检查，提示延髓桥脑腹侧占位性病变，结合病史，考虑为神经纤维肉瘤。术后、放疗后再次复发。1995 年初请钱伯文诊治。证见胸闷痰多，舌强语涩，右侧颈部可扪及肿块如鸽蛋大小，右颈部和右颌部胀痛，右上肢上举困难，右下肢麻木，行走不稳，苔腻，脉细弦。证属气滞痰浊不散，积聚成块。治拟攻毒散结止痛，理气化痰软坚。处方：天龙 5 条，昆布 20g，海藻 20g，象贝母 30g，煅牡蛎 60g，苍白术各 20g，陈皮 9g，枳壳 10g，茯苓 60g。服药 1 月余，痰多胸闷、舌强语涩减轻。续治仍宗上意，酌情加白芍 30g、夏枯草 30g。连续服药半年余，颈部肿块明显缩小，胀痛明显减轻。

按 颈髓神经纤维肉瘤临床比较少见。钱伯文根据辨证，用天龙与昆布、海藻、牡蛎等配伍，天龙性味寒凉咸，攻毒散结，有解痉止痛之功；昆布、海藻、牡蛎苦寒泄热，具软坚润下、消肿散结之效，两者合用功效倍增。患者气滞痰积，用陈皮、枳壳、佛手、象贝母理气化痰，取苍术、白术、茯苓益气健脾，不致寒凉太过而伤脾胃。

2 天龙配活血化瘀、消肿散结之品治疗脊索瘤

裘某，男，18 岁。患者因尾骶部疼痛进行性加剧，小便淋漓不尽，大便溏薄不畅而于 1976 年 2 月到某院作 x－ray 摄片检查，诊断为尾骶部脊索瘤或骶骨区细胞瘤（骨椎为囊状骨质破坏，边缘呈膨胀性生长，囊内无钙化），初诊时，患者尾骶部疼痛严重，步行艰难，小便须下蹲体位且淋漓不尽，大便溏薄而不爽，腰膝酸软，精神疲惫，舌质淡紫，苔薄，脉细弦。证属肾气不足，气血两虚，寒邪客居，瘀血凝滞。治拟活血化瘀，消肿散结，佐以补肾。处方：丹参 12g，赤芍 12g，桃仁 9g，川牛膝 12g，三棱 12g，莪术 12g，天龙 3 条，淮山药 24g，生熟地各 24g，桑寄生 24g，仙灵脾 24g，山萸肉 9g，补骨脂 9g，杜仲 24g，生黄芪 12g，生熟苡仁各 24g。另用牛黄醒消丸（分吞）3g、六味地黄丸（分吞）12g。服药 1 月余，患者尾骶部疼痛减轻，大小便症状改善，腰膝酸软减轻，精神渐佳。服药 1 年半，患者尾骶部疼痛消失，大小便恢复正常。x－ray 摄片复查提示：骶骨中部原大片破坏的区域出现钙化，病灶消失。患者恢复健康，于 1979 年秋入大学深造。

按 钱伯文认为尾骶部脊索瘤多系正气虚损、寒湿凝滞、气滞血瘀或折跌损伤等所致。患者尾骶部疼痛固定，证属瘀血凝滞。药用天龙与三棱、莪术、丹参、桃仁、赤芍配伍，天龙祛风止痛散结，三棱、莪术破血祛瘀消癥，丹参、桃仁、赤芍活血化瘀，有较好的消散作用。同时，天龙的消肿散结与牛黄醒消丸的活血消肿对消除肿瘤有重要作用。又根据“肾主骨，骨生髓”的理论，用生熟地、淮山药、桑寄生、杜仲、山萸肉、补骨脂等温补肾气（阳）。诸药合用，共奏厥功。

3 天龙伍清热解毒、止痛散结之药治疗黑色素瘤

胡某，男，40 岁。患者因右大腿内侧近腹股沟处一绿豆样大小黑痣抓破后溃疡不愈合，于 1993 年 2 月到某院作活检，病理报告为黑色素瘤，遂于同月行右大腿内侧、腹股沟、髂骨清扫术。术后用化疗、放疗、免疫疗法。同年 10 月患者右上肢腘窝红肿疼痛伴发热，体温高达 39℃，持续 2 周。某院 B 超探及右腘窝实质性肿块 2 个，大小约 2.3×2.7cm、1.4×1.8cm。11 月再次手术治疗，病理报告：黑色素瘤。同年 12 月请钱伯文诊治，证见四肢发热，右下肢肿胀疼痛，右侧腹股沟处表皮破溃，右上肢腋窝处灼热胀痛，口渴便秘，五心烦热，腹胀纳差，口淡无味，舌质红，苔黄腻而干，脉弦数。证属热毒内蕴，瘀毒凝滞。治拟清热解毒，止痛散结。处方：天花粉 20g，蒲公英 30g，白花蛇舌草 30g，七叶一枝花 20g，夏枯草 12g，土茯苓 30g，苦参片 30g，制大黄 20g，赤小豆 30g，茯苓 30g，苡仁 20g，北沙参 20g，地骨皮 20g，天龙 3 条。服药 1 月，诸症减轻，惟右下肢胀痛仍存。原方加象贝母 30g、赤芍 20g、莪术 20g、金银花 20g，持续服药至 2 年半时间，病情稳定，已恢复日常工作。

按 钱伯文认为，肿瘤与热毒往往同时存在，特别是中晚期癌症患者，常伴有肿块局部灼热疼痛或五心烦热、口渴便秘、苔黄脉数等热性证候，所谓热毒炽盛、内蕴。而且，感染或炎症往往是促使肿瘤扩散和恶化的因素之一，故当以清热解毒药物消炎杀菌、清除热毒。本例，他用天花粉、蒲公英、白花蛇舌草、七叶一枝花、夏枯草、土茯苓、制大黄、苦参片等

清热解毒泻火，加天龙，既取天龙止痛散结功效，亦取其消肿、消炎作用（现代药理证实壁虎对细菌、真菌等有抑制作用），从而取得良好效果。

由上可见，在肿瘤临床诊治中，天龙的消肿止痛功效不仅能改善症状，而且也可以促使肿块缩小。但钱伯文着重指出，消肿止痛毕竟是克伐之法，对中晚期癌肿气虚体弱之质，不宜久用和多用。如邪气初客，积聚尚未坚实，可以重用之，然后调和气血；若积聚日久，气郁渐深，邪气久客，正气极亏，当与补益药并用，先扶正而后祛邪。只有这样审因论治，辨证用药，才能做到诛伐无过。他还强调，天龙乃虫类药，主要成份含与马蜂毒相似的有毒物质及组织胺类、蛋白质等，少数患者对天龙有过敏不适和毒副反应，故一般用量不宜过大。（金 文 钱力兰）

医案验案

1 直肠癌术后

王某某，男，51岁。1990年5月15日初诊。主诉：因大便粘液脓血1月，于1989年9月某医院诊断为直肠癌而手术切除，术后放疗。证见：面色萎黄，疲倦乏力，腹部稍感胀气，胃纳欠佳，白血球偏低，一般维持在$3.0\sim3.5\times10^9/L$左右，苔薄，脉细弦。辨证：脾胃虚弱，气机不畅。治法：益气健脾为主。处方：党参12g，白术12g，茯苓24g，白扁豆30g，陈皮6g，生黄芪30g，仙鹤草30g，败酱草30g，莪术30g，焦楂曲各12g，大腹皮12g，三棱30g，女贞子30g。复诊：服药2周后胃纳转佳，腹胀减轻，前方见效，治宗上意加减，改生黄芪60g，加莱菔子20g，蛇舌草30g。坚持服药，随证加减，至1993年年底，症情稳定，早已恢复工作。

按 此患者肠癌术后，根据辨证属脾胃虚弱，气机不畅，故治疗上着重益气健脾，各种症得到改善，然其白血球偏低，故处方中加大生黄芪、女贞子用量，以期达到升高白血球作用。

2 乳腺癌术后

陈某某，女，58岁。左乳腺癌，于1990年10月在某市级医院行左乳癌扩大根除术，术中见周围淋巴结1/4转移，术后放疗化疗1年余。目前精神疲倦，胃纳欠佳，腰酸头晕乏力，腹部胀满，左手臂肿胀。诊查时，苔薄白，脉细无力，白细胞偏低。辨证：放疗化疗后正气虚弱，脾气运化失司。治法：益气健运为主。方药：党参20g，白术10g，茯苓20g，陈皮6g，仙鹤草30g，桑寄生30g，枳壳10g，生黄芪30，土茯苓30g，枸杞子10g，焦楂曲各12g，天龙2条。服上药1月后精神较佳，胃纳亦可，腹胀减轻，惟腰酸、脚根疼痛，治守前法，原方加续断、杜仲、女贞子。嗣后按此方随症加减，连续服药，症情稳定，多次作全身复查，均未见异常。

按 此患者乳房癌术后，多次放化疗后体质虚弱，正气受损，故出现一系列脾失健运之症，方中以四君子汤加减，益气健脾，调量气机，土茯苓利水渗湿，因考虑到其淋巴1/4转移，故方中用仙鹤草、天龙以祛邪，生黄芪、女贞子增加造血细胞，续断、桑寄生、杜仲以滋补肝肾，配方考虑全面周到，故收到较好疗效。

3 鼻咽癌

郁某某，男，48岁。患者于1974年5月诊断为鼻咽癌晚期，无手术指征来钱伯文处中医药治疗。诊查时，头痛头胀，两颞部胀痛灼热，左侧眼球外斜，张口和吞咽困难，胃纳欠佳，咽喉干燥，心烦失眠，口苦咽干，舌质红绛，脉细带数。辨证：肾水不足，肺热灼津。治法：滋阴润燥生津，同时接受少量放射治疗。处方：生地24g，麦冬12g，玄参12g，知母12g，玉竹12g，石斛24g，蒲公英30g，生米仁24g，昆布24g，银花12g，山豆根6g。成药：六味地黄丸24g分吞。经过一段时间的治疗后，头痛、眼球外转有所好转，但口干津少，张口困难，咽喉干燥等依然存在，原方基础上再加天花粉、炙鳖甲、龟版、生甘草、苦桔梗、丹皮、地骨皮、天龙等药进行治疗，连续服药2年左右，上述症状逐渐减轻至消失。于1977年2月复查鼻咽部未见可疑的复发迹象，1985年随访情况良好，并早已恢复全日工作。

按 本案为晚期鼻咽癌，证见口干津少，舌质红绛，阴液亏耗，而予生地、麦冬、天花粉、石斛、知母以及六味地黄丸以滋阴润燥生津，长期连续服用增其阴液，提高机体免疫功能，同时减少放疗后副作用，经中西医结合治疗而获得比较满意效果。

乔仰先学术经验

【名老中医简介】乔仰先（1914～）江苏建湖县人。主任医师。上海市中医医院专家顾问委员会委员。首批全国老中医药专家学术经验继承工作指导老师，上海市名中医。享受国务院政府特殊津贴。

从事中医临床、教学、科研工作近 60 年。1985 年受上海市卫生局颁发“从事中医工作五十年，为继承发扬祖国医药学作出贡献”表彰。擅治血液病、肝病、冠心病、老年病等。发表论文 30 余篇，合著《常见病的诊断和防治》等。

再生障碍性贫血

再生障碍性贫血(下称再障)是由于骨髓造血功能低下而引起全血细胞减少为特点的血液系统疾病。古代医学典籍中，虽无该病的记载，但乔仰先认为，据其临床症状可归入“虚劳”、“血证”的范畴。就病因病机而言，与心、肝、脾、肾四脏相关，而与脾肾最为密切。因如肾精不足，则血液生化乏源；脾肾虚衰，则血液统摄无权，均可导致血液亏耗，出现再障。

1 辨标本虚实，审因论治

乔仰先常告诫弟子，中医治病，首要抓住辨证二字。再障的治疗，应以辨证为先导，结合本病特有的病因病机和各种检查化验，综合考虑，才能提高疗效。“再障”治疗一般以温补脾肾，调益气血为主法。但临床上常有急性期和慢性期之分，有贫血、出血，发热三方面主要症状。如不明辨主次，分清缓急，就不能达到预期的疗效。临诊一般以发热、出血为标，急者治标，缓者治本。

1.1 治 标

1.1.1 发热 发热有内外两因。内因发热一般以低热为主，并随本病治疗的好转而缓解；外因发热以高热多见，并常影响疾病的转归，应及时治疗。乔仰先认为贫血越是严重，高热患者越易引起出血，故治疗高热刻不容缓，即所谓“无粮之师，贵在速战”，常以温病论治。如邪热入营，则以犀角地黄汤或清营汤，加羚羊角粉、紫雪散或广犀角粉等以清热解毒、凉营清心。

1.1.2 出血其危害最大，尤其是大出血，随时能引起病情加重，甚则恶化。出血的原因是多方面的，乔仰先认为主要热与虚者多见。在治疗方面，热者清之，一般按上述发热治法重在凉血止血，如辨证为肝旺者则合丹栀逍遥散或龙胆泻肝丸。虚者补之，气虚者用生晒参、西洋参、黄芪、党参、白术、淮山药等补气健脾摄血。阴虚者用龟版，鳖甲、生地、麦冬、玉竹、知母、玄参等滋阴潜阳药。常用止血药：阿胶、地榆、仙鹤草、旱莲草、藕节、牛角腮、参三七、茜草根等。

1.2 治 本

即贫血治疗，患者常表现为眩晕，面色苍白，气短乏力，腰酸耳鸣，舌淡脉濡等。证属气血两虚，脾肾两亏。常用方剂如补气血之归脾汤、人参养荣汤，调脾肾之右归丸、还少丹、理中汤、香砂六君丸等。常用药物有补气的人参(红参、生晒参)、党参、黄芪；养血的当归、白芍、熟地；温脾助运的白术、干姜、淮山药、黄精；温肾壮阳的肉桂、附子、鹿角、巴戟、补骨脂、肉苁蓉。

案 1 徐某某，女，58 岁，住院号 5133。入院时主要症状，面色少华，头昏疲乏，面浮肢肿，下肢满布出血点，舌淡、苔薄，脉弦无力。经间断输血，血常规化验：红细胞 1.86×10^{12}/L，血红蛋白 69g/L，白细胞 2.85×10^{9}/L，血小板 62×10^{9}/L。骨髓检查报告为再生障碍性贫血。辨证为气血两亏，气不摄血。治以益气养血，止血，兼调脾胃。处方：黄芪、枸杞子、藕节各 20g，焦白术、白芍、当归、生地、熟地各 15g，茅根、芦根、炙龟版各 12g，牛角腮 40g，红枣 10g，另泡服生晒参 6g。服上药后出血渐止，后加补肾益髓药调治近 1 年，已不用输血，症情稳定，面色有华，下肢出血点消失。复查血常规：红细胞 3.70×10^{12}/L，血红蛋白 108g/L，血小板 92×10^{9}/L，白细胞 4.6×10^{9}/L。

案 2 张某某，男，30 岁，1989 年 9 月因严重出血邀乔仰先会诊。血常规化验：红细胞 1.15×10^{12}/L，血红蛋白 25g/L，白细胞 1.85×10^{9}/L，血小板 41×10^{9}/L。每周输血 800 ~ 1200mL。面色苍白，精神异常疲惫，牙周布满出血紫块，血腥气薰人，皮肤出血斑点显著，舌苔黄，脉弦大而数。骨髓报告：再生障碍性贫血。西医诊断为急性再障。中医辨证：血热妄行，气血两亏。急拟凉血止血，引血下行，兼补气血。处方：水牛角 30g，牛角腮 40g，丹皮、赤芍各 15g，生地、藕节各 20g，大黄 3g，牛膝 10g，太子参、白术、茅根、芦根各 12g，甘草 5g，广犀角粉(吞)0.5g，西洋参(另煎服)5g。经 3 个月左右治疗，症情已稳定，出血止，逐渐停止输血。继以调补脾肾、益气养血法调治，患者精神转佳，面色红润。化验血常规：红细胞 3.33×10^{12}/L，血红蛋白 101 g/L，白细胞 4.80×10^{9}/L，血小板 80×10^{9}/L。经随访，病情稳定，已能上班工作。

上述 2 案，同属再障，治法各异，案 1 为气血两亏，气不摄血，故用黄芪合四君子汤加止血药为治。案 2 为“再障”急性期。见严重出血之标证，按卫气营血辨证，辨为邪在血分，宗叶天士所说的“入血就恐耗血动血，直须凉血散血”而治之。

2 辨阴阳气血，阳气为要

乔仰先认为本病为阴阳偏衰,气血虚亏。而阳气与阴血关系上,孰主孰辅,这对治疗具有重要意义。他认为本病产生阴血亏损是随阳气虚衰所致。治疗上推崇明·李中梓所云;“气血具要,而补气在补血之先;阴阳并需,而养阳在滋阴之上”。以温阳补气为要。

案3 杨某某,男,57岁,住院号226。面色灰败如水泥,全身皮下散在大小出血斑点,头晕目眩面痛,心悸怔忡,牙、鼻衄血,口苦纳呆,大便稀薄深黑,舌苔厚腻,脉濡。化验血常规:红细胞 0.85×10^{12}/L,血红蛋白305/L,白细胞 1.80×10^{9}/L,血小板 50×10^{9}/L。患者以输血维持生命。数家医院会诊为“再障”。中医辨证为脾肾不足,气血两亏。初期以益气健脾养血法,治疗5个月,症情未见好转,每周仍需输血400 mL。后细辨其四肢发凉,脉细濡,乃命门火衰,阳气虚弱,不能温四末而鼓血脉。无阳则阴无以生,阳虚则阴血生化不利。故改用温阳益气法,处方:黄芪、党参、炒白术、红枣、茯苓各15g,炮姜、甘草各6g,当归、熟附片各12g,肉桂、鹿角片各3g,另煎服人参3g。经过5个月治疗,症情逐渐缓解,血象上升,遂停止输血,复查血常规:红细胞 2.0×10^{12}/L,血红蛋白65 g/L,继治疗一段时间,症情大有好转,面色红润,舌苔化,脉弦。血常规:红细胞 3.8×10^{12}/L,血红蛋白125g/L,白细胞 4.90×10^{9}/L,血小板 152×10^{9}/L。以后随访多年,症情稳定。

本案从正反经验说明温阳益气法在“再障”治疗中的重要作用,本例方用四君子汤合四逆加人参汤加黄芪、鹿角片以温阳益气,从而使患病获安。

此外,临诊时即使见阴虚火旺,乔仰先主张要细辨其阴阳的虚前与虚后。一般认为“再障”患者在治疗时出现阴虚火旺明显,其大多数为阳虚于前,阴虚于后,其阳虚为其本质,而阴虚乃由阳虚转化,即所谓阳损及阴。治疗上宜阴阳平补,两者兼顾。否则仅重视养阴清热,不顾本质,每致阴阳两伤。如一朱姓男孩,病前素体脾肾阳虚。患“再障”后出现低热、牙衄、口干咽燥等。曾用养阴清热之剂病情益重。改用生地、熟地、丹皮、天冬、麦冬、北沙参、五味子、淮山药、肉桂、附子、炒干姜、藕节、茅根、芦根等阴阳兼顾之法乃安。

3 辨脏腑虚损,以脾肾为主

乔仰先认为“再障”常累及五脏,而主要为脾肾两脏。因肾为先天之本,内寓真阴真阳,肾虚则五脏俱虚。现代医学认识本病病机,主要为骨髓微循环缺陷,造血干细胞衰竭所致。而中医认为“肾主骨,生髓,藏精”,肾虚则精髓空虚,造成血液化源匮乏。脾为后天之本,与胃相表里,为水谷之海,生精化血之所,脾虚则生精化血衰退,且不能统血。故患者常出现气血两虚,血行逆乱等。治疗上重在健脾益肾法。

案4 刘某某,男,48岁,住院号271。面色少华,头晕,耳鸣眼花,口苦纳呆,低热疲乏,腰酸便溏,下肢多发瘀斑,上臂内侧有出血点,舌淡胖、苔薄白,脉软略数,两尺无力。骨髓检查报告为“再障”。血常规化验:红细胞 1.10×10^{12}/L,血红蛋白45 g/L,白细胞 2.85×10^{9}/L,血小板 30×10^{9}/L,网织红细胞0.005。中医辨证为脾肾阳虚,治拟调补脾肾,益气养血止血。处方:党参、生地榆、藕节、生地、熟地、白术、仙灵脾、菟丝子各15g,黄芪20g,白芍、补骨脂各12g,当归、山萸肉各9g,甘草6g,鹿角片3g。患者住院治疗过程中病情最严重时,1个月内输血达5次,每次400mL,如5~7天不输血,则心悸疲乏显著。经过1年的中医调治,症情逐步改善,血常规:红细胞 3.07×10^{12}/L,血红蛋白97g/L,白细胞 4.9×10^{9}/L,血小板 102×10^{9}/L,网织红细胞0.023,门诊随访,症情稳定。

乔仰先治疗“再障”常用归脾汤重用人参、黄芪等以健脾益气养血;用右归丸作汤剂以温肾补阳。现代医学通过实验研究结果表明,人参使骨髓中处于有丝分裂期的细胞数增加,黄芪对造血干细胞有促进增殖作用;补益肾气药可以减轻或消除骨髓微循环的障碍,补益脾肾之气对骨髓的生血功能具有促进和保护作用;补气和补肾药配伍能提高机体细胞活性效应,从而提高对“再障”治疗的疗效。说明乔仰先治疗“再障”所以能获很好疗效是有理论作用依据的。他正是通过健脾益气,温肾补阳,调益气血以治其本,从而改善骨髓微循环障碍,促进造血干细胞的增殖,达到治疗“再障”的目的。(潘永福)

肝炎

1 辨证着眼湿毒瘀虚

乔仰先认为,肝炎之发病,多虚实夹杂,表现为湿、毒、瘀、虚四大病理环节。湿邪与肝炎的发病关系尤为密切,正如《金匮要略·黄疸病脉证并治》所云:“黄家所得,从湿得之。”湿与热相搏,形成湿热,或郁于肝胆,或困于脾胃,也可与寒相合,使湿从寒化而成寒湿困脾。毒者,疫毒也,指肝炎病毒具强烈的传染性,瘀者,瘀血也,指血液循环的障碍。李东垣曾云:“恶血皆自归于肝”,所谓的“恶血”,即指瘀血,既是致病因素,又是病理产物。现代研究报道,包括急性肝炎在内的各型肝炎均有不同程度的微循环障碍，临床上表现为肝区刺痛，肝肿大，面色晦黯，肝掌，蜘蛛痣，舌质紫黯或有瘀斑等。在发病过程中，湿、毒、瘀三邪常相互纠缠，发展至后期则形成“湿毒瘀结”的局面。这是肝炎表现为实证的三个方面。所谓虚者，乔仰先认为有两个方面，首先表现为患者正气亏虚（免疫功能降低），易为湿毒之邪所乘。其次，急性肝炎阶段如果治不及时或恢复不顺利，病情反复波动形成慢性肝炎时，由于慢肝病程迁延，精气内夺，湿热亢盛，煎熬精血，或因久服苦寒清凉之品，一伤脾胃，二劫肝阴，导致肝阴内耗，脾胃失运，甚则肝肾阴虚。这种虚实夹杂，正虚邪恋的情形在慢性肝炎中尤为多见。

2 治疗重视活血扶正

鉴于湿、毒、瘀、虚四个环节，乔仰先在临证时常选用利湿、解毒、活血、扶正四大法。其中，尤重视活血与扶正。他认为，湿瘀同源，利湿而不活血，则非其治也。故常提倡：“治肝需治湿毒，治湿毒又必治血，血行则湿毒易去。”根据这一学术思想，临证中，在清热利湿解毒的同时，佐以活血行瘀之品，如丹参、丹皮、赤芍、川芎、当归、大黄等，以改善血液循环，促进湿毒易于祛除。另外，无论在发病期，还是恢复期，均十分重视扶正，主要表现为：①注意顾护胃腑。因为清热利湿、活血解毒之品，性多寒凉败胃，而“胃气一败，则百药难施”（李中梓语）。②补虚以利攻邪。肝炎多为虚实夹杂之症，若一味攻伐，则易伤正气，宜攻补兼施。肝脏“体阴用阳”，为藏血之脏，虚则多为阴虚、气虚或气阴两虚，治宜益气、养阴，以恢复正气，提高自身免疫力，有助于湿、毒、瘀邪的祛除。③强调善后调理。恢复期的患者，肝组织尚处于修复阶段，其正气未充。乔仰先认为，肝炎患者在实验室指标恢复正常后仍应坚持服药一段时间，以固本善后，减少复发。

临床上，乔仰先喜用砂仁、蔻仁配伍炒谷麦芽或焦楂曲来和胃安胃，保护胃腑。若湿邪重笃，可用生熟米仁各30g入药，既可利湿，又可养胃，堪称以补为攻之品。而在虚证突出时，他常令患者自购生晒参、西洋参，煎汤代茶频服，以扶正补虚，两参合用，有很强的益气、养阴之功，一般也可用党参、沙参代替。两参合煎时的剂量比例，可视气虚与阴虚的情况而定，一般以3:1、1:1或1:3的比例为宜。善后调理多选用疏肝、健脾之品，如黄芪、党参、太子参、白术、白芍、柴胡、枳壳、米仁、山药、枸杞、甘草等。据现代药理实验及临床研究结果证明，这些药物均可提高细胞免疫和补体水平，对肝炎患者的恢复大有裨益。

3 用药善使大黄四草

急性黄疸型肝炎，乔仰先常用龙胆泻肝汤合并茵陈蒿汤加减，以疏肝利胆，清热利湿，活血退黄。两方中均有大黄，而一般文献认为，大黄可用于热重便结的病例，对湿重便溏者则不相宜。实际上，大黄具有攻积导滞、利胆退黄，泻火解毒之功，证见湿重热重，用之皆宜。辨证要点：大便虽溏薄，但量少色黄，表面如油，且排便不爽，腹胀，舌苔厚糙，脉弦数。同时，大黄“能入血分，破一切瘀血”（张锡纯语），具推陈出新之功，乔仰先常以大黄配伍当归、赤芍等活血之品，以祛瘀活血，改善肝郁血。如肝失疏泄，胆液不循常道，渗入血脉，溢于肌肤而致皮肤瘙痒时，常用大黄配伍凌霄花，以凉血祛风止痒。

慢性肝炎，活动期或急性发作时，乔仰先喜用验方“蛇龙解毒汤”加减治疗，颇为应手。其适应症：身目黄染，发热，胸闷心烦，厌食油腻，恶心呕吐，胁痛腹胀，小溲黄赤，大便干结或溏薄，肝掌，肝肿大。实验室检查见谷丙转氨酶、黄疸指数、r－GT异常升高，乙肝三系阳性。药物组成：蛇舌草、龙胆草、岩柏草、鸡眼草、丹皮、丹参、赤芍、川芎、太黄、甘草。如黄疸重者，加茵陈、当归，重用大黄；如急性发作或重症肝炎，见有“热入营血”之证时，常加用水牛角、生地；病情危急则以广犀角粉代替水牛角，量用0.3～0.9g，分吞。“蛇龙解毒汤”以蛇舌草、龙胆草、岩柏草、鸡眼草为主药，旨在清热解毒利湿浊，降转氨酶，而丹皮、赤芍、川芎、丹参为辅，以活血化瘀，佐以大黄攻通利腑，甘草调和诸药。上药合用，共奏祛湿、解毒、活血之功。四草中蛇舌草、鸡眼草、岩柏草均用30g，龙胆草性最苦寒，用量以9～15g为宜。

案1 颜某，男，31岁。1988年3月31日诊。患“淤胆型肝炎”在某院住院治疗，但黄疸持续不退而来求治。自诉肝区胀痛，食欲尚可，但食喜冷，食后觉腹胀，口干苦，寐差，肤痒，汗出不畅，大便量少不爽，质薄色黄，表面如油，小便深黄。查体，两目深黄，肝大肋下二指，质软，按之作痛。苔糙厚，脉弦数。查血：总胆红素567.72μmol/L。辨证：肝胆湿热，瘀阻血脉，治拟清肝利胆，解毒祛瘀。处以茵陈、龙胆草、赤芍、白芍、凌霄花、车前子（包）各15g，大黄、柴胡、枳实各5g，炒山栀、黄芩各6g。服药21帖，其中大黄增至8g，凌霄花增至18g，4月23日复查总胆红素为388.1μmol/L。1分钟胆红素为51.3μmol/L。肝区胀痛、皮肤瘙痒好转，但口干，疲乏，动则气急手抖，小便渐清，大便日1行，虽软已成形。药已中的，守法再进。原方加生熟米仁各30g，大黄用至9g。另以生晒参、西洋参各1.5g，煎汤代茶饮服。又服14帖，诸症均改善，复查总胆红素已降至97.47μmol/L，1分钟胆红素降至20.52μmol/L。以上方加减续进，其中大黄用至12g，7月21日复查，实验室指标均正常。随访半年未复发。

案2 丁某，男，70岁。1989年10月6日诊。曾患乙型肝炎住院治疗，出院后，谷丙转氨酶反复增高1年余。自诉肝区隐痛如针刺，耳鸣多梦，胸闷纳呆，口干欲饮，腹胀少力，小便黄赤，大便尚调。苔厚腻，脉数。查血：谷丙转氨酶3334nmol·S-1/L，麝香草酚浊度试验10单位，絮状试验(+)，锌浊度试验15单位。辨证：湿邪缠绵不去，瘀毒胶结肝胆。方选蛇龙解毒汤加减：蛇舌草、鸡眼草、岩柏草各30g，川芎、黄柏、龙胆草各12g，丹皮、丹参、赤芍、茵陈、炒谷芽、炒麦芽各15g，大黄(后下)、甘草、炒山栀各6g，砂仁、蔻仁各2g。上方加减服至12月9日，复查肝功能正常。又于12月29日及1987年1月2日两次复查肝功能，均无异常。除睡眠多梦、疲乏少力外，其余不适均消失。为巩固疗效，嘱常服下方以固本善后：黄芪、枸杞、炒白术、炒山药、白芍各15g，太子参20g，生米仁、蛇舌草、鸡眼草各30g，柴胡5g，枳壳、甘草各6g。随访未见复发。(赵 卫)

秦昌国临床经验

【名老中医简介】秦昌国(1943～) 主任医师，教授。湖南省中医药研究员附属医院大内科主任。湖南中医学会内科专业委员会、中西医结合湖南省风湿免疫专业委员会委员。湖南名中医，第三批全国老中医药专家学术经验继承工作指导老师。擅长治疗心血管疾病，对各类心脏病、高血压、心律失常等有良好疗效。

心血管疑难疾病

1 益气活血法治疗冠心病

冠心病属于中医"胸痹"、"心痛"、"真心痛"范畴。多发于40岁以上人群，尤以老年人为多。秦昌国认为，冠心病其病机以气虚为本，气虚则鼓动无权，血运受阻。正如王清任在《医林改错》中说："元气既虚，必不能达于血管，血管无气，必停留而瘀。"在冠心病的治疗中，秦昌国往往以益气活血为基本治法，再根据患者不同症、脉、苔情况，随证加减。其基本方为：黄芪20g，白参10g，三七粉6g，丹参15g，川芎10g，当归10g，薤白10g，毛冬青20g，甘草3g。胸闷为主者加檀香；阴虚者加麦冬；痰浊甚者加陈皮、法夏；阳虚寒凝者可去全瓜蒌，加细辛；瘀血甚者加红花、桃仁、水蛭等。本方以黄芪、白参健脾益气为君药；三七、丹参、川芎、毛冬青、当归为臣药；薤白通阳散结、行气导滞；甘草补脾益气，缓急止痛为佐药。方中毛冬青活血通脉作用甚强，上世纪70年代在断肢再植时，患肢术后出现肿胀，经毛冬青煎水内服外敷，其肿胀很快控制。故秦昌国将其引用于冠心病治疗中，有很好的活血止痛、促进侧支循环重建作用。不仅能明显缓解心绞痛，而且对解决植入支架后的再狭窄问题有很大的帮助。

2 益气收纳、利水平喘治心衰

心力衰竭是各种心脏疾病引起心功能不全的综合症，属于中医"水肿"、"喘证"、"心悸"等范畴。由于心主血脉，脾主运化而统血，肺主气而司呼吸，肾藏精而主水、纳气。所以心功能衰竭，主要在于心肺气虚，气血运行失调，肾虚不能纳气，水液不调所致。故心衰的治疗要兼顾心、脾、肺、肾诸脏，以益气收纳、利水平喘之法综合治疗。其基础方为：红参10g，白术10g，桂枝8g，山茱萸15g，甘草3g，黄芪30g，云苓10g，丹参10g，葶苈子10g，泽泻10g。若形寒肢冷，汗出淋漓者加制附片、干姜；喘促甚者酌加杏仁、陈皮、法夏；水肿甚者可加蝼蛄、猪苓等。方中红参、黄芪补虚鼓动心脉而增强心肌收缩力；白术健脾利水；葶苈子降肺平喘；桂枝振奋心阳，温通心脉；合用云苓、泽泻利水消肿，减轻心脏前负荷；丹参活血而扩血脉，以利血气运行，可减轻心脏后负荷。诸药配伍，每每用于临床均获良效。

3 活血化瘀法治疗周围血管性疾病

深静脉血栓形成、闭塞性动脉硬化、血栓闭塞性脉管炎等是常见的周围血管疾病，也是临床上疗效欠佳的疑难病，这些疾病有一个共同点，就是周围血管内皮的损害，导致血管狭窄或闭塞，使血液循环受阻，局部组织供血不足，而引起患肢的疼痛、跛行或肿胀，甚至出现局部溃烂等。《灵枢》中早就有"脱疽"的记载，相当于现代医学血栓闭塞性脉管炎。虽然中医没有深静脉血栓形成、闭塞性动脉硬化等病名，但机理与脱疽是相同的，《疡医大全》曰"足疽之生，乃气血之于不能周致所致……必大补气血，加以泄毒之味，则全胜之道也。”所以在治疗上以益气活血为主，根据不同症状，或佐以利水消肿，或佐以清热解毒药物。其基本方为：毛冬青 20g，楤木 30g，地龙 15g，川芎 10g，桃仁 10g，三七粉 6g，山甲 10g，赤芍 10g，水蛭 6g，黄芪 40g，红花 10g，当归 10g，熟地 20g，甘草 3g，党参 20g。病主在上肢加桂枝、桑枝；主在下肢加牛膝、木瓜；阳虚寒凝，肢端发绀、发紫者加鹿角胶、附片；热毒炽盛、肢端红肿疼痛者加黄柏、黄芩、蒲公英、银花；水肿甚者加苡米、茯苓、泽泻等。同时可配合蝮蛇抗栓酶、降纤酶、灯盏细辛注射液等药物中的一种进行静脉注射。从组方来看，本方重用楤木、毛冬青、水蛭活血通脉、解毒消肿为君药，楤木性味辛平，具有祛风除湿、利水消肿、活血解毒的功效，《本草拾遗》载：“楤木，主水阴。”《四川中药志》载：“除湿解毒，散瘀积，消痈肿。”毛冬青性平，无毒，具有清热解毒、活血通脉之效，水蛭破血逐瘀，通经消癥，《本草汇言》载：“水蛭逐恶血、瘀血之药也”；山甲、地龙、当归、川芎、桃仁、红花、赤芍、三七粉、当归活血祛瘀为臣；黄芪、薏苡仁益气护胃为佐。诸药合用，故瘀血去，肿毒消，气血畅通而痛止。本方应用于雷诺氏征、大动脉炎等的治疗同样有效。（刘春华）

秦家泰学术经验

【名老中医简介】秦家泰（1919～2005）　教授。原广西中医学院著名儿科专家。首批全国老中医药专家学术经验继承工作指导老师。从医 60 年，擅长治疗脾胃病及儿科疾病。

学术经验

胃肠病

秦家泰认为：胃肠病是以风、寒、湿、热诸邪内侵或情志不调致病为标，以脾胃虚弱（免疫力低下）为本，在治疗上急则以驱邪为先，缓则以治本为法，并遵循效不更方，不效守方的治疗原则，师古而不泥古，多法并施，疗效显著。

1 病因病机

秦家泰认为，首先中医学对胃肠病的认识，以腹痛、胃脘痛等为特点，按病因、病机可分为：气痛、热痛、淤痛、冷痛、虫痛等。根据证候可分为：脾胃虚寒、胃阴不足、肝郁气滞、饮食积滞、肝火燔灼、瘀血留滞、寒邪犯胃等，其临床表现大多为嗳气呕吐、泛酸、呃逆酸腐，或腹痛隐隐，或拒按或口干便秘，口渴引饮；或面红目赤或痛处固定，痛如针刺等表现，其次对肠病的认识，中医学以“腹痛、腹泻”命名。根据证候可分为湿热、寒湿、食积、肝气犯胃、热结旁流等证型。临床表现以腹痛腹胀，大便里急后重和脓血便等表现。再次以现代医学来看胃肠病是一种原因不明的非特异性炎症。它的主要原因有消化性溃病的黏膜屏障损伤，胃肠神经系统（ENs）异常。幽门螺杆菌致病机制。胃肠黏膜相关性淋巴细胞亚群的改变以及各种肿瘤坏死因子对胃肠黏膜的损害。主要临床表现有腹泻黏液浓血便等表现。

2 证候辨证分析

秦家泰认为胃脘痛首先应辨别：寒热虚实。属实者如肝气郁结，大多因情志内伤而致。肝气郁结，横逆犯胃致使胃失和降，其痛以胀痛走窜为主。而饮食积滞大多因饮食不节，留滞胃间不通则痛，常伴有嗳腐呕酸，其痛以胀痛为主。但痛处并不走窜，与肝气郁结有别。而瘀血留阻往往因久痛伤血或瘀血化热，热伤血络而致，其痛处固定，痛如针刺与上述二证不难相别。属虚者有：胃阴不足，脾胃气虚，前者以口干，便秘，胃脘部烧灼疼痛。舌红少苔，饥不欲食为主的临床表现；而后者则以面色无华，不思饮食，口渴不欲饮，甚至脏器下垂，大便稀薄为主要临床表现，两者不难相别。属寒者脾胃虚寒，寒邪客胃两者均可得热痛减，遇寒痛甚，而前者则以本虚久病为主证，后者大多因外寒内侵，寒客胃肠其痛较甚痛势剧烈。属热者胃火炽盛主要胃火上炎，口腔溃疡，咽干口燥，以及消谷善饥，其痛以炽热疼痛为主。上述症状不是一成不变，往往随着疾病不同时机而相互转变。其次，腹痛腹泻者，应首辨湿、实、热、虚。属湿者寒湿泄泻与湿热泄泻，二者均以湿邪为患，而前者喜温喜按，粪质清稀，常伴口淡不渴，舌苔白腻，而后者泻下如注，肛门灼热，肠内鸣响作痛，腹痛即泻。粪色黄秽臭两者不难相辨。属热者正如《症因脉治》：“酒积深之症，每致五更，腹中作痛，痛而后利，利下黄沫”。大多因患者嗜好酒湿辛辣之品，而酒性热，湿热之气蒸酿于肠中故成热泻。亦属湿热范畴。属实者，寒积内结，热结旁流，瘀阻肠络。三者均有绞痛作泻。一为阴寒内结，证见晨起即泻，下物清冷，挟黏液稀薄，少腹冷痛，肠鸣漉漉。一为实热内结。大多是阳明腑实证的一种表现。证见腹胀腹痛拒按。排便稀水而秽臭,有时带干结粪球,涩滞不爽。一为瘀血阻滞肠络,证见晨起即泻,泻后有不尽感,小便刺痛并兼有面色晦滞,舌质紫黯或有瘀点。属虚者,脾阳虚与肾阳虚泄泻。二者均有阳虚的表现。前者泻下清冷,完谷不化。喜热喜按,食生冷则加甚。后者则以五更泄为主,伴大便溏薄,小便清长等症。再次从现代医学上看:胃肠病大多属幽螺杆菌感染,胃酸分泌过多,胃肠黏膜保护作用减弱,以及表皮生长因子受损所引起,而溃疡性结肠炎是一种原因不明的非特异性炎症,如消化性溃疡的临床症状和特征与中医学之胃热内蕴症状相符合,而功能性消化不良则与中医学之胃阴不足有诸多的相似之处,而神经性消化不良症状与中医学肝胃不和症状类似。而慢性假性肠炎的临床表现则对应着中医学之瘀血阻滞肠络的症状,而急慢性肠炎的症状和体征与祖国医学之腹痛、泄泻相同。

3 准确的诊断是治疗成功的关键

秦家泰认为,急慢性胃肠病的临床表现极其复杂,其不是单一的寒热虚实各证的单一临床表现,而往往是多种症状相互夹杂且易发生转变,故单纯地采用祖国传统医学之望、闻、问、切四诊,以及患者描述、病史采集的资料都存在着局限性。而医者由于受学识与经验的局限亦很难对其作出准确的诊断,鉴于此,只有充分吸收和借鉴现代科学的新技术、新方法、新手段与传统的四诊方法相结合,才能提高诊断水平,如祖国传统医学之胃脘痛、吞酸、嘈杂、灼热亦即现代医学之胃食管反流性疾病(CERD)的典型症状,可借助现代医学之胃液酸碱测定进行量化,为诊治提供可靠的技术指标。如中医之食欲不振,纳呆亦可运用现代医学之胃动力学测试。如少腹刺痛、痞块、呕血等可借助现代医学之新技术内镜进行明确诊断。如黏液脓血便亦可运用现代医学之细菌培养以了解肠道菌群情况。只有借助现代医学之B超、X线、钡餐及免疫学、分子生物学等方法的检查可提高胃肠病的准确诊断和辨病。将对其所选择的治疗方法提供可靠的科学依据。在诊断过程中,要尽可能地了解引起胃肠病的原因。只要清楚病因才能有效的治疗。故在辨病的过程中要尽可能地掌握引起胃肠病的原因,才能使治疗更有针对性,如菌源性胃肠病则要选择是有对该菌种敏感的药物才能提高疗效。对胃肠病的诊断还应该根据疾病发展的不同时期,不同个体所表现它的具体证候作为辨证如:胃功能亢进所致的消食易饥大多因胃火炽盛和阳明蓄血,而消渴之中消症所表现为善食易饥则兼见口渴,消瘦即三多一少。故在诊断时应辨证的把握。只有这样才能为辨证论治提供准确的依据。胃肠病的诊断主要是辨别病因,而中医学对病因的掌握尚停留在以医者的经验和学识的感性认识,远不能满足现代诊断的认识水平,如胃肠癌,单纯地以中医学之腹中痞块或瘀血阻滞或肝气郁结为辨证依据往往会延误病情,远不如现代技术内镜活检更快捷、准确。但现代医学对于消化不良的诊断则过于单一,远不及中医学之纳呆(食欲不振)—肝气郁结或胃阴不足或脾胃气虚或脾胃虚寒或脾肾阳虚或伤食,这种多层次、多方位、多角度的诊断不仅有利于病因分类诊断,更有助于指导辨证论治。故此对胃肠病的诊断应不拘于祖国传统医学之望、闻、问、切,更应结合现代技术的诊断水平,只有这样才能为胃肠病的治疗提供完整的治疗方案。

4 全方位多渠道多靶点系统地进行治疗

秦家泰认为:胃肠病的病因极为复杂多变。既有风寒湿热的外邪因素,又有后天脾胃功能低下和先天不足的自身免疫因素,更有社会心理情志等因素的存在。很难用一种治疗方法统治所有的胃肠病,故根据不同的病因诊断判定相应的治疗。首先,采用中西医结合治疗,在病因诊断明确的情况下,现代医学有着不可替代的治疗效果。如中医之腹部痞块、瘀滞、郁结。若经现代技术内镜活检确诊为癌细胞生长时,一经确诊即刻进行手术治疗,不得延误病情。而现代医学之消化不良则应根据祖国医学之食欲不振、纳呆、饥不欲食进行系统的辨证,若因肝气犯胃则治以舒肝和胃。若因脾胃湿热则应清化湿热,益气健脾,若伤食则消食化滞,若因胃阴不足则应养阴和胃等等,这些是现代医学所不可比拟的,其次采用内外合治如溃疡性结肠炎,单纯的内服则药到病所一者时间长,二者经过各脏器的吸收有效成分有所减弱,若用灌肠的方法则能使药物直达病所。起到内服药所不能达到的功效。且能有效的缩短病程。再次随着临床研究的不断深入,对胃肠病在不同时机、不同环节中有着特异作用的经方、验方。如在胃脘痛初期以平胃二陈金铃子合方。它既有行气舒肝,温中散寒,又有燥湿化痰,理气和中,更兼有除湿和胃,活血止痛之功,对胃脘痛初期各症无不验效。若经治疼痛好转,则改用香砂六君合金玲子散以固本调胃。故此针对不同时机、不同环节在辨证辨病的基础上运用与之对应的经方、验方均能取得很好的疗效。

5 验方选录

5.1 平胃二陈桂枝汤加味治疗腹胀

陆某,女,32岁。因1年前分娩10天吃西瓜,尔后即感腹胀。近1年来每吃凉食即腹胀难忍。前来求诊。证见:心中懊烦,面色晦黯,四肢厥冷,舌质黯红,苔黄腻,脉弦滑。大便2日1行,便不畅。予苍术12g,厚朴10g,半夏10g,桂枝10g,延胡索10g,川楝子10g,石斛10g,大黄6g,甘草6g。服上药7剂,患者自觉懊烦大减,尝试进食凉食,腹胀较前大为减轻,按原方调治2周,诸症悉除。

按 此案患者产后体虚而误食生冷致寒湿内聚,复因病久不愈且久服大量燥热之品与寒湿内结,郁久化热,寒热互结,故虽厥冷但舌质黯红、苔黄腻等实为湿热内结之真象。故治以平胃散、二陈汤、金铃子散加桂枝、大黄而成。此方既有行气和胃、降逆除烦、泻下除热之功,更兼疏肝除湿之用。该方常用治寒湿滞脾胃、肝郁有热、寒热互结之证。投大黄以除中焦余热,以桂枝燃脾土之阳,复用平胃散以祛湿运脾,金铃子散行气疏肝,诸药合用则热除寒去,湿行郁散共奏调和、疏肝、清热、祛寒行气之效。

5.2 香砂六君合金玲子散治疗萎缩性胃炎

陈某,男,62岁。反复胃脘部胀闷不舒几十年,证见:面色不华,形体消瘦,倦怠乏力,食少纳呆,舌质淡白,苔白滑,脉濡弱。电子胃镜诊断:萎缩性胃炎。予党参15g,白术10g,半夏10g,茯苓15g,陈皮6g,黄芪20g,延胡索10g,川楝子10g,石斛10g,鸡内金30g,川贝10g,丹参15g,枳实10g,甘草6g,田七10g。服上药7剂,自觉胀闷不舒好转,守方加减治疗10月余,症状消失,复查电子胃镜胃黏膜红白相间恢复正常。

按 此症当属中医学之"胃脘痛"范畴,辨证属:气虚血瘀。故治以六君汤合黄芪补气健脾,金铃子散行气疏肝,以鸡内金、川贝、丹参、枳实、田七行气散结,活血祛瘀通络,佐以石斛养护胃阴,甘草调和诸药。诸药合用则气补结散,瘀除络通,诸症自除。

5.3 附子理中泻心汤加味治腹泻

金某,女,63岁。反复腹泻10余年,患者10年前因饮食不节而出现腹泻,大多出现在清晨,虽经多方求治,却难以奏效,慕名而至。证见:大便质稀,面色㿠白,神疲乏力,大便质稀滑利,小便清长。舌质淡白,苔黄腻,脉沉滑。电子结肠镜诊断:溃疡性结肠炎。属中医学之"泻泄"范畴,辨证属:胃肠积滞,寒热互结。治当化滞通腑,驱寒清热。通因通用。予党参15g,白术10g,干姜6g,制附子(先煎)10g,川黄连3g,黄芩10g,半夏10g,薏苡仁30g,地榆10g,大黄(酒制)10g。服7剂后,上症好转,守方加减治疗月余,症状消失。随访半年未复发。

按 附子理中泻心汤是以二方合并而成,具有温下通阳之功。《脉因症治》曰:寒滞泻之症,每天黎明既欲大便,粪色淡白而不黄。此患者痢疾误治,寒药太过,伤其太阴,脾胃寒积,积久化热,致使寒热互结,中州失司,故腹泻。治宜温下寒积,通阳健脾。故治以干姜、附子驱散寒积,以川连、黄芩、大黄荡涤肠中寒结,以党参、白术、薏苡仁健脾通阳润肠。诸药合用则经年沉疴痊愈。(林才志)

医案验案

小儿杂病

1 小儿舞蹈症

朱某,男,7岁,于1997年6月7日初诊,患儿于1年前出现不规则发热,其后即出现关节疼痛,并出现四肢及面部自发性不由自主的小动作。至当地医院治疗,诊断:风湿热。经治症状稍好转,因经济困难而出院,寻求中医治疗,经治症状时有反复,近1个月来上述症状加重,慕名前来求治。证见:面部肌肉自发性颤动四肢亦有不自主的小动作,神志正常,精神欠佳,舌质黯红,苔黄腻,脉弦滑。诊断:小儿舞蹈症。也属中医学之"抽风"。辨证属:痰热内蕴,热极动风。治当清热化痰,熄风止痉。予大黄3g,黄连3g,法半夏4g,胆南星5g,天竹黄3g,水牛角15g,钩藤6g,杭菊6g,白芍10g,竹茹6g,甘草4g,5剂。二诊:患儿症状较前好转,守方去大黄、胆南星、天竹黄。加石斛3g,桔梗4g,千层纸3g,射干6g,7剂。三诊:患儿症状大为好转,偶有发作,守方加减治疗月余,上症治愈。随访年余未发。

按 秦家泰认为,小儿舞蹈病为现代医学的病名,根据其症状和体征,当属祖国医学之"抽风","惊撅"范畴。该患儿本就湿热内蕴,复予燥热之品(西医所用之激素)治疗,虽能暂时缓解症状,但湿热病根未除,故易发。尔后中医治疗又投大量燥热之品,如附子、桂枝、细辛等,致使湿热内郁,郁久发热,痰热引动肝风,肝风内动故面部肌肉自发性颤动,四肢亦有不自主的小动作。正如《儒门事亲·风形·风搐反张二》云:"诸风掉眩,皆属肝木,风之用也"。故治以清热化痰,镇肝熄风止痉为法。予大黄、黄连直折其火以清热。以法半夏、胆南星、天竹黄、竹茹荡涤其顽痰,重用水牛角以清热凉血解毒,合钩藤、杭菊、白芍以柔肝熄风止痉,以甘草调和诸药。二诊,顽痰已去大半,故去大黄、天竹黄、胆南星防荡涤太过,改用桔梗、千层纸、射干化痰,加石斛以养护胃阴。诸药合用，则热去痰消风自止，上症治愈。

2 小儿顿咳

张某，男，5 岁，于 1997 年 3 月 17 日初诊，患儿于半年前出现咳嗽，咳势较缓，不连续咳，咳时两手握拳，弯腰曲肚，涕泪皆出，甚至咳出尿来。咳后有鸡鸣样回声。经多方求治，不能治愈。前来就诊。证见：面白唇淡，咳声低沉，咳以夜间多见，纳少，大便溏。舌质淡红，苔少，脉弱，指纹淡紫。诊断：小儿顿咳。辨证属：肺虚，痰湿阻肺。治宜：补肺健脾，化痰止咳。予半夏 3g，茯苓 6g，橘红 5g，胆星 3g，浙贝 3g，前胡 4g，杏仁 4g，百部 4g，紫菀 4g，桑白皮 4g，黄芩 3g，甘草 3g，5 剂。二诊，咳嗽较前好转，但便溏较前更甚。守方去黄芩、杏仁、胆星。加白术 4g，葛根 10g，7 剂。三诊，咳嗽大为好转，但纳差，便溏无明显改善。予柴胡 3g，白芍 3g，党参 5g，白术 4g，半夏 4g，茯苓 6g，橘红 4g，川贝 4g，鸡内金 5g，葛根 10g，甘草 3g，7 剂。四诊，无不适，随访 3 个月未发。

按 秦家泰认为，该患儿属“百日咳”或“顿咳”，也称“鸡咳”。如《本草刚目拾遗》所述：咳从少腹下逆上而咳，连咳数十声，小住又作，甚或咳发必呕，牵掣两胁，涕泪皆出，连月不愈。说明此病迁延难治，究其根源，皆因伏痰作祟，病痰内伏，每因外邪触动而致咳嗽阵作，甚至拘肚勾胸，顽痰难出，留滞喉间，故有鸡鸣样回声。久病致虚，脾肺受损，故大便溏，面白唇淡。根据急则治其标，缓则治其本。该患儿顽痰作祟咳之难出为标，故以清气化痰汤合二陈汤加味以化顽痰，散内结治疗。予胆南星、紫菀、百部以化顽痰，以清气化痰汤合二陈汤燥湿化痰，理气和中而止咳。并佐以黄芩清热。二诊顽痰已化，故去黄芩、杏仁、胆星等苦寒之品以防损伤脾胃。加白术、葛根以健脾。三诊，顽痰作祟之标已治好转，故侧重健脾以固本，予柴芍六君合清气化痰汤以补益脾肺，化痰止咳。如此标本兼治，则诸症悉除。并嘱治顿咳者首要辨清本虚标实，而现今之人往往以为患者久病，以治本虚为先，这是不对的，因为顿咳者顽痰难去，总难治愈。故务要治标为先。即使本虚尤甚，亦要标本同治，单治本不足以祛邪，此乃治顿咳之要也。

3 小儿青盲

钟某，男，4 岁，于 1997 年 6 月 8 日初诊，患儿出生后，两眼外观正常，单视不清，每至夜间及暗光下则看不见物体，住院治疗，诊断为：角膜软化症。经多方治疗，无明显好转。慕名来诊。证见：形体消瘦，精神萎靡不振，皮肤干燥，双侧瞳孔等大等圆，对光反射存在，时烦躁不安，肢体颤抖。舌质稍红，苔薄白，脉细数，指纹淡紫。诊断：小儿青盲。辨证属：血虚肝郁。治宜：养血疏肝，清肝明目。药用：当归 4g，黄芪 6g，生地 4g，川芎 4g，牛膝 4g，水牛角 8g，紫贝齿 10g，刺蒺藜 4g，柴胡 3g，石决明 10g，蝉蜕 3g，甘草 3g，7 剂。二诊：流泪，肢体颤抖好转，守方加首乌 8g，白芍 6g，10 剂。三诊，上症好转，去紫贝齿、石决明，加菊花 4g。四诊，好转，守方加减治疗 4 个月余。上症治愈，视力正常，随访半年未发。

按 秦家泰认为，该患儿属中医学之小儿青盲。唐《秘传眼科龙木记》称之为青盲外障。《诸病源侯论·小儿杂病篇·目盲侯》云：眼之翳障，而不见物，谓之青盲。根据该患儿的症状和体征，当属血虚肝郁而致，血虚为本，肝郁非现今所论之“郁结”之郁，而是肝血虚郁滞不通之意。肝开窍于目，肝血虚不能上养于目，故视物不清，血虚无以养体故体弱瘦小，肝经失养，故时有肢体颤抖，肝体阴而用阳，治宜养血为先，清肝明目为辅。以当归补血汤补血养肝，以水牛角、紫贝齿、刺蒺藜、石决明重镇平肝，以柴胡、蝉蜕轻清上扬引药上行而达病所，更用牛膝引热下行。二诊颤抖好转，故加首乌、白芍以养血柔肝。三诊重镇之品不宜太过，故去紫贝齿、刺蒺藜、石决明。加菊花以清热明目，经治诸症消失。并嘱此类患者因其是积年沉疴，不应轻易改方，要药力达到一定程度才能见效，即效不更方，不效守方之意。

4 小儿流涕

华某，男，8 岁，于 1998 年 7 月 18 日初诊，患儿长年流黄浊鼻涕，嗅觉差，鼻塞较重，时有头痛，易外感，西医诊断：鼻窦炎。经治好转，易复发，前来就诊。证见：鼻涕黄浊而量多，鼻塞较重，有鼻音。舌质红，苔黄腻，脉滑数。诊断：鼻渊。辨证属：湿热蕴肺。治宜：清热解毒，宣肺通窍。药选：金银花 8g，连翘 8g，桔梗 6g，薄荷 4g，荆芥 4g，柴胡 4g，天花粉 6g，紫苏 6g，白芷 3g，辛夷 3g，重楼 8g，甘草 4g，苍耳子 6g，5 剂。连煎 2 次，混合每 1h 喝 1 次。二诊好转，守方 10 剂。三诊大为好转。去金银花、连翘、天花粉、柴胡、白芷，加桂枝汤，黄芪，10 剂。鼻腔已干燥，仍有鼻音，守方加减治疗 3 个月余，上症治愈。随访半年未发。

按 秦家泰认为，该患儿属祖国医学之“鼻渊”范畴。缘因患儿素来体虚，复又外感而未及时治疗，致使病邪留恋反复不去，而成此症。《证治要诀》：“清涕者脑冷肺寒所致，浊涕者肺经郁热也”。故治疗上用银翘散清热解毒，合天花粉、紫苏、白芷、辛夷、苍耳子宣通鼻窍，佐以桔梗、薄荷、荆芥、柴胡轻清载药上行达病所。三诊好转鼻涕减少，热已去大半，故去金银花、连翘、天花粉、柴胡、白芷，加桂枝汤，黄芪以补益肺气，调和营卫。诸药合用则热消涕化，鼻腔自然通畅。并嘱“鼻渊”患者主要责之于表虚，肺卫不固而常感外邪迁延难愈。故治以清热解毒通窍为先，等其病邪衰其大半，复以扶正为主。只有这样营卫调而肺卫固则外邪难侵，不易复发。此治“鼻渊”之常法也。

5 小儿厌食

毛某，男，7 岁，于 1997 年 10 月 24 日初诊，患儿纳食欠佳，每次吃饭要家人喂食，且要 2h 才能吃完，饭时每因口含饭而不欲咽，其父母哄、体罚均用过而无明显作用。经多方求治而不效。慕名前来求治。证见：面色无华，毛发干枯，神志正常，饮食懒进，易出虚汗，大便秘结。舌质红，苔浊腻，脉儒细。诊断：小儿厌食证。辨证属：脾胃受损，脾失健运。治宜：健脾理气，消食导滞。予党参 8g，白术 6g，半夏 6g，茯苓 8g，鸡内金 8g，北芪 10g，枳实 6g，焦三仙各 6g，柴胡 3g，茵陈 4g，甘草 4g，7 剂。二诊好转，守方去茵陈加五味子 4g。三诊大为好转，患儿喊饿并自找食吃，守方加减治疗 1 个月余，上症治愈。随访半年未发。

按 秦家泰认为，该患儿属祖国医学之“小儿厌食证”范畴。缘因患儿素来脾胃虚弱，复又饮食不节致使脾胃受损，脾失健运，则纳食不佳，饮食懒进。后天失养，气血虚弱无以上供，故面色无华，毛发干枯。正如《幼幼集成 · 诸疳证治》所云：“凡病疳而形不魁者，气衰也，色不华者，血弱也，气衰血弱，知其脾胃必伤。”故以四君汤加北芪健脾益气，以枳实、焦三仙、鸡内金消食导滞，以茵陈清热利湿，以柴胡疏肝理脾。诸药合用，则汗止积消，后天得补，诸症自愈。（林才志 邓远玉）

遣方用药

六三汤治验四则

六三汤为秦家泰自拟方，是由六味地黄丸合三妙散组成。其药物组成有生地、丹皮、泽泻、山茱萸、茯苓、山药、薏苡仁、牛膝、黄柏，值得指出的是此方常用生地而非熟地，虚火不显时用熟地，常用于肝肾阴液亏损、水不足而心火亢旺，或阴虚而湿阻下焦之证。临床上常用于淋证、水肿、不育、阳痿、腰痛等病证，凡病证表现为肝肾阴虚而下焦湿热之邪未解者，临床多表现为小便淋沥涩痛、头晕眼花、腰膝酸软、苔黄腻，多见于现代医学的慢性泌尿系感染、慢性肾炎、肾结石、乳糜尿、慢性前列腺炎、肝炎等。

1 淋 证

梁某，女，37 岁，1979 年 6 月 11 日初诊。1964 年 7 月曾因腰痛，小便淋漓涩痛而频数，于当地医院就诊，诊为尿道感染（中医诊为热淋），用中西药物（药不详）经治疗半月后，病情得以控制。但以后每于过食辛辣或劳累则尿痛反复发作，缠绵不愈。近 10 日来又见腰胀，小便涩痛，头昏眼花，腿软无力诸症状加重，尿常规检查：白蛋白（＋＋＋），白细胞少许。经某医院诊为慢性肾小球肾炎。因治疗效果不好，慕名前来求治，现见上述症状，舌淡有齿印，苔微黄腻，脉细弱。秦家泰据症诊为劳淋（肾阴虚兼下焦湿热）。治拟补肾阴而通淋利湿。方用六三汤。药用：生地 15g，山药 12g，山茱萸 9g，丹皮 9g，茯苓 12g，泽泻 12g，薏苡仁 30g，牛膝 15g，黄柏 9g，10 剂，每日水煎分 3 次内服。6 月 21 日 2 诊：服上方后，病好转，腰少胀，小便已不涩痛，小便量较多，但仍觉腿重胀，早上面部微肿，时见小便淋沥不爽，苔微黄腻，脉细弱。仍守上方加味。7 月 1 日 3 诊：服上方 20 剂后，诸症大减，腰不痛，小便不黄，腿不重，面不浮，尿常规检查：尿蛋白（－）。随访半年，未复发。

按 隋 · 巢元方《诸病源候论 · 诸淋病候》曰：“诸淋者，由肾虚膀胱热故也……肾虚则小便数，膀胱热则水下涩。数而且涩，则淋沥不宣。”巢氏认为淋证肾虚为本，膀胱热为标。湿热不解，留注下焦，热伤肾阴，故淋证缠绵难愈，时轻时重，遇劳加重或诱发；肾虚于下，真阴暗耗，则精气营血俱不足，不能上承，故见头昏眼花；不能充养肌肤则膝软；腰为肾之府，肾虚则腰酸；湿热未解，故见小便淋沥涩痛，苔微黄腻；气血不足，则见舌淡，脉弱。遇劳加重或诱发，头昏眼花，腿软无力，腰痛绵绵，脉细弱，属虚证表现，小便淋沥涩痛，苔微黄腻，又有实证表现，故此证属虚中夹实，不可纯补。故用六味地黄汤补其肾阴，薏苡仁、牛膝、黄柏去其湿热，补泻兼施。秦家泰认识到临床上很少见纯虚无实或纯实无虚的病症，故治疗中多补泻兼施，这是其治病的一大特色。

2 水 肿

陈某，女，40 岁，1985 年 8 月 25 日初诊。患者 1979 年曾因腰痛，小便淋漓涩痛而频数，于当地医院就诊，诊为尿道感染（中医诊为热淋），用中西药物（药不详）经治疗半月后，病情得以控制。以后反复发作，尤其是夏天劳累后即发作，腰痛，小便热而涩痛，头昏，耳鸣。1985 年 5 月见下肢浮肿，口苦。尿常规检查：白蛋白（＋＋＋），某院诊为慢性肾盂肾炎，因治疗效果不好，欲求中医治疗，现见上述症状，苔黄腻，脉细弱，舌黯，舌尖有瘀点。秦家泰据症诊为水肿(肾阴虚兼下焦湿热)，治拟补肾阴利水湿。方用六三汤。药用：生地12g，山药12g，山茱萸9g，丹皮9g，茯苓12g，泽泻12g，黄柏9g，薏苡仁30g，牛膝12g。5剂，每日水煎分3次内服。8月30日2诊：服上方5剂，病好转，头昏耳鸣减，仍腰痛，小便黄，肿不显，口不苦，苔薄白，脉细弱。小便常规：(+)，此属气阴两虚，改用六味地黄汤加味治之。药用：熟地15g，山药20g，吴茱萸12g，丹皮9g，茯苓9g，泽泻9g，黄芪30g，党参15g，枸杞9g，益智仁12g。每日1剂，水煎服。调理月余，至8月7日，小便化验：蛋白(-)，上皮细胞少许。8月21日再验小便，蛋白(-)，体力渐复，脉舌如常，病愈，随访半年无复发。

按《素问·水热穴论篇》明确论述了水肿的病理，云："肾者，胃之关也，关门不利，故聚水而从其类也。"此先下焦感湿邪，湿郁化热，湿热不解，留注下焦，热伤肾阴，肾虚则水无所主而妄行，故出现水肿；肾虚于下，真阴暗耗，则精气营血俱不足，不能上承，故见头昏；肾开窍于耳，肾亏则耳鸣；腰为肾之府，肾虚则腰酸；湿热未解故见小便热而涩，口苦，苔黄腻；当滋补肾阴为主，兼利水湿，用育阴利水法，但滋阴不宜过于凉腻，以防匡助水邪，伤害阳气。舌黯，舌尖有瘀点，是因水停致瘀，但秦家泰并没有加活血化瘀，而仍用六三汤，是因水行瘀自消，故六三汤用之效果确切。最后火炎虽平，气阴仍亏，下元不固，精微下泄，故以六味地黄汤加大量参芪，佐以枸杞、益智仁，以补益气阴，固涩下焦，气阴得复，肾之封藏得守，故调理月余而愈。

3 不 育

葛某，男，32岁，1984年7月22日就诊。1981年结婚后4年不育，结婚前开始经常头昏眼花，腰痛，小便时黄，不热不痛，大便时尿道则有白色分泌物溢出，有时尿后段有乳糜样混浊(白浊)，右侧少腹常有痛胀感，睡醒后口干而苦，舌质红，舌面前端无苔，根黄腻，脉细弱。精液检查：精量少在1~1.5mL之间，50%为死精，活动力差，液化时间大于1h。秦家泰据症诊为：不育(阴阳两虚兼下焦湿热)，治宜先育阴清热利湿，继以补肾治本。方先用六三汤，再大补元煎加减。药用：生地12g，山药12g，山茱萸9g，丹皮9g，泽泻9g，茯苓9g，薏苡仁30g，黄柏9g，牛膝12g。每日1剂水煎分3次内服。8月12日2诊：服上方20剂，病有好转，大便时尿道未见白色分泌物，醒后口不干苦，但小便仍黄，头仍昏，舌淡红，剥苔渐生，舌根黄腻苔渐化，脉仍细弱，验精子死精约30%~40%，活动差。效不更方，生地改熟地12g，10剂，每日水煎分3次内服。8月22日3诊：服上方后，病情好转，已20多天未见小便白浊，但仍头昏，小便清，舌红，原来舌前面的剥苔已渐生，根黄腻少许，脉左细弱，验精子数已基本正常，活率提高至正常值。仅有部分精虫原地打转。湿热已去，当补肾固本，药用：熟地12g，山药12g，山茱萸9g，枸杞12g，菟丝子12g，黄芪15g，党参12g，阳起石15g，淫羊藿12g。10剂，每日水煎分3次内服。9月2日4诊：诸症除，精液检查基本正常。2个月后来告知爱人已怀孕1个月多。

按 此先下焦感湿邪，湿郁化热，湿热不解，留注下焦，热伤肾阴，即而导致肾精亏虚，肾精不足，精少不足致孕，故不育；肾气虚不固，因此每当大便动作用力之时，气虚更甚，虚而不摄则精随小便而出。肾虚于下，真阴暗耗，则精气营血俱不足，不能上承，故见头昏眼花；腰为肾之府，肾虚则腰痛；湿热未解故见小便时黄，右侧少腹常有痛感，醒后口干而苦，根黄腻；舌质红，前无苔，示肾阴伤；致此劳累过度，肾阴久虚，下焦又湿热所致，先育阴清热利湿，继以补肾治本。肾阴先伤，阴损及阳，肾阳虚衰，固摄无权，脂液下流，故见尿浊日久不愈；头昏眼花，腰痛，舌质红，前无苔，示肾阴伤；小便时黄，醒后口干而苦，舌根苔黄腻，示下焦湿热未解；《丹溪心法·赤白浊》篇明确指出："浊主湿热，有痰有虚"。《赤水玄珠·白浊门》指出治浊初起"不可先用补剂及止涩之药，盖此症始未有不因于湿热下流者，补涩太早，反闭其邪，浊愈甚矣"，又说："久浊不愈者，多阴虚，而渗利在所当忌。"先用六三汤育阴清热利湿，渗利而不伤阴。补益而不涩滞。二诊时小便时未见白色分泌物，醒后口不干苦，火炎之势不甚，故生地改熟地；三诊时阴虚症状已好转，用大补元煎顾其本，大补精神气血。秦家泰还指出，六味地黄汤合三妙散治疗性交不射精的不育症也有效。

4 阳 痿

莫某，男，35岁，1979年5月27日初诊。1964年在部队时因尿频、尿急、尿痛，当时诊为尿道炎，用抗生素药物治疗，病情得到控制。但以后常由劳累而尿频、尿急、尿痛反复发作不愈。伴有头昏眼花耳鸣腰酸腿软等症。1974年下半年起渐见阳痿，小便常涩痛，因不便就医而疾病迁延至今。近日病情加重，来诊时见精神不振，睡眠欠佳，多梦易醒，咽干而不欲饮，动则易汗出。腰膝酸软，房后尤甚。舌红苔黄腻,脉细弱。秦家泰据证诊为阳痿(脾肾两虚兼下焦湿热),治宜先育阴清热利湿,再补精神气血。方先用六三汤,再大补元煎加减。药用:生地15g,山药12g,山茱萸9g,丹皮9g,茯苓12g,泽泻9g,牛膝15g,薏苡仁30g,黄柏9g。20剂,每日水煎分3次内服。7月16日2诊,服上方20剂,诸症大减,除腰微痛,小便时黄外,别无所苦,小便无热痛,阳痿明显好转,舌红,苔根微黄腻,脉细弱。7月26日三诊,又服上方10剂,小便不热不痛,湿热已尽,处方:熟地15g,山药12g,吴茱萸9g,枸杞9g,牛膝12g,党参12g,黄芪15g,淫羊藿12g,巴戟天12g。10剂,每日水煎分3次内服。10日后来复诊,阳痿已愈,随访半年,无复发。

按 此热淋反复不愈,下焦湿热不解,伤及肾阴,肾阴亏损,虚火炽盛,灼伤先天肾精,导致阴精耗损,宗筋失养而成阳痿;肾虚于下,真阴暗耗,则精气营血俱不足,不能上承,故见头昏眼花;不能充养肌肤则膝软;腰为肾之府,精气亏乏,肾虚则腰酸、精神不振;肾开窍于耳,肾亏则耳鸣;肾阴不足,阴虚生内热,心神为热所扰,所以睡眠欠佳,多梦易醒;阴虚则咽干而不欲饮;气虚表卫不固,故动则易汗出;房后虚更甚,故症状加重;脾肾两虚,故脉弱。湿热未解,故见小便涩痛、苔黄腻。华岫云在《临证指南医案·阳痿》的按语中说:"……盖因阳气既伤,真阴必损,若纯乎刚热燥涩之补,必有偏胜之害"。故先滋阴清热利湿,后补精神气血。一诊时用六三汤滋阴清热利湿,去其邪气,因患者脾胃素弱,二诊时小便不热不痛,湿热已尽,用大补元煎顾其本,补其精神气血。初诊时,患者阴虚内热,三诊时,脾肾虚为主要表现,故生地改熟地;熟地生精补髓。(张兰英 施学丽 黄家诏)

邱全验方选

【名老中医简介】邱全 主任医师,教授,硕士生导师。1982年毕业于广西中医学院医疗系。广西中医学院一附院中医内科主任医师。广西康复医学会常务理事,广西中医心脑病专业委员会常务委员,广西中西医结合神经科专业委员会常务委员。广西自治区名中医。从事中医临床、教学、科研工作25年,擅长中医及中西医结合治疗急性脑血管病(中风病)、头痛、失眠、眩晕、抑郁症等危急重疑难病症。发表论文20余篇。

芎蛭逐瘀汤

方药:川芎15g,水蛭10g,丹参20g,白芷10g,藁本10g,柴胡10g,蔓荆子10g。

功效:调气行血,逐瘀通络,祛风化痰止痛。

主治:偏头痛。

用法:每日1剂,水煎服,分2~3次服用;10天为一疗程,可用1~2个疗程。

加减:伴头晕者加菊花、天麻各10g,以平肝熄风、清热通络;胸闷、呕吐者加白术、法半夏各10g,陈皮、竹茹各6g,以健脾祛湿、化痰止呕;头痛剧烈者加全蝎3~5g,地龙12g以逐瘀通络。

方解:偏头痛属中医"头痛"范畴,其病位在头,涉及脾、肝、肾等脏,风、火、痰、瘀为主要的致病因素。据邱全临床观察,偏头痛临床上以瘀血内停、痰瘀痹阻脑络为多见。头痛有不同程度的颅内动脉痉挛、血液流变学异常改变,符合中医学"瘀血证"、"瘀阻"、"痰阻"等症。治疗当从"瘀"、"痰"、"风"着手。前人治头痛仅"祛风"或"祛瘀"是为不足。根据中医传统理论,结合多年临床观察和治疗经验,采用自拟芎蛭逐瘀汤随证加减治之,行气活血、逐瘀化痰、祛风通络并治。方中川芎入少阳、厥阴经,活血行气以止痛,上行头目,为血中之气药。水蛭善于入络,破血逐瘀、通经化痰。现代药理研究表明川芎、水蛭能扩张血管,减少血管阻力,增加脑血流量,抑制血小板聚集,降低血液黏稠度,改善微循环;尤其川芎还能通过血脑屏障,更适合解除脑动脉痉挛,从而有利于改善局部脑血流量减少。川芎、水蛭具调气行血止痛,逐瘀通经化痰,为方中君药;丹参祛瘀生新,通络止痛,现代药理研究表明其能改善微循环,抑制血小板聚集,降低血液黏稠度,为臣药;白芷、藁本、柴胡、蔓荆子等药调理气机、祛风通络,为方中佐使药。诸药配伍,共奏调气行血、逐瘀通络、祛风化痰止痛之功。更酌配菊花、天麻等平肝熄风、清热通络之品;白术、陈皮、半夏健脾祛湿化痰;全蝎、地龙等虫类药逐瘀通经搜风,以达治疗不同表现的偏头痛之目的。(邱 全)

邱志楠临床经验

【名老中医简介】邱志楠(1938～)广东省南海人。教授,主任医师。1965年毕业于广州中医学院。曾任广州医学院中医学教研室主任、第一附属医院中医科主任。广东省中医呼吸病学会副主任委员、肿瘤学会常委等。广东省名中医。擅长治疗呼吸系统疾病,对顽咳、慢性支气管炎、哮喘等病有独特的疗法。

顽咳

1 病因病机

顽咳,实指慢性咳嗽,多见于慢性支气管炎、小儿反复呼吸道感染、肺炎、支气管扩张、肺结核、肺脓疡、胸膜炎及咳嗽变异型哮喘等疾病。顽咳起病初期多有外感症状,但这类患者大多久治不效,咳嗽难止,病程长达3～10周。其临床表现不是单纯实证或虚证,多表现为虚实夹杂证或寒热错杂证。邱志楠认为,广东省地处亚热带,加上高热量、高脂肪、高蛋白的饮食结构,及快节奏,精神高度紧张的生活习惯,导致广东人普遍内热偏盛,稍有感触,邪从热化,表现为偏热证的病机状态;加上误治失治,形成热证夹杂或虚证兼夹之顽咳。因此,邱志楠认为顽咳亦分外感咳嗽和内伤咳嗽,但应注意外感咳嗽之虚,内伤咳嗽之实的病机特点,并创立了天龙茶治疗顽咳的经验方

2 治疗经验

2.1 天龙茶组方与辨证加减

天龙茶为邱志楠多年的经验方,为袋泡茶剂型,其方由青天葵、黄芩、百部、龙利叶、款冬花、巴戟天等组成(由院科技实验厂生产,每小包含生药17g)。用法:成人每天3次,每次1～3包;6～14岁,每次1～2包,每天2次。6岁以下,每天1次,每次1小包。本方重在扶正祛邪,适用于急性支气管炎中后期或慢支急性发作者,对顽咳有佳效。如兼见痰白清稀、畏寒肢冷、喉痒等偏寒证者,用熟附子6g,干姜4g,细辛3g同煎服;若兼见痰黄粘稠、咽痛、发热、口渴等偏热证者,用黄芩25g,岗梅根、鱼腥草各30g,紫花地丁15g同煎服;若伴见气短神疲、汗多纳呆、心悸寐少等偏虚证者,用党参、五味子、山茱萸、白术各10g同煎服;若伴见气粗痰鸣、喘息不能平卧,胸闷恶心等偏实证者,用大黄10g,桑白皮、葶苈子各15g同煎服。

2.2 妙用熟附子

熟附子性大热味辛甘,有毒,入心肾脾经,为回阳补火、散寒除湿要药,临床上一般需炮制用,且中病即止,不宜长期服用。邱志楠平时甚少用药性峻烈的中药,但顽咳甚者,选用熟附子,其量不以年龄大小为准,而视湿痰阻肺证候的轻重而定,有时3岁小童亦可用10g,往往起到画龙点睛作用。

2.3 重用虫类药

邱志楠善用白僵蚕、全蝎、地龙、乌梢蛇等虫类药,并主张药味少、药量大。如小儿顽咳,证见日夜呛咳,或夜咳甚时,当用全蝎3～6g或乌梢蛇10～15g,以搜风走窜肺络,使肺气通降为顺。以全蝎、地龙主治咳嗽变异型哮喘,常伍青天葵、莱菔子、白芥子、紫苏子、苍耳子,认为本病多以风邪为主要病因,虽初期有外风因素,但后期常伴有内风因素,表现为咳嗽较剧,常有咳嗽遗尿,咽痒,对各种异味气体、烟味等敏感,选用虫类药全蝎、地龙等祛风化痰,活络止咳,每获良效。

3 病案举隅

陈某,男,67岁,1998年8月12日住院,住院号:135668:咳嗽咯痰气促10年,肺癌术后1年。1月前无明显诱因出现咳嗽咯痰,咳剧时伴气促,发热,曾在市某医院就诊,诊断为“肺部感染”,予抗炎治疗,症状无明显改善。诊见:咳嗽较甚,咯痰色白,量多粘稠难咯,气促胸闷,纳呆寐差,神疲乏力,少气懒言,面色㿠白,四肢乏力,二便尚调,无发热恶寒,无咳吐粉红色泡沫痰,舌红、苔黄,脉细数。住院期间查血WBC11.4×10^9/L;胸部x线摄片左下肺部感染;肺功能检查示:阻塞性气道通气障碍;血气分析提示:呼吸性酸中毒。西医诊断:慢性支气管炎急性发作,右下肺癌术后;中医珍断:顽咳、肺胀,证属痰热蕴肺,脾肺气虚。处方:青天葵、炙甘草、车前子各10g,黄芩、葶苈子、白芥子、款冬花、紫苏子、蒲公英、淫羊藿各15g,乌梢蛇、莱菔子各30g,每天1剂,水煎服,另加入天龙茶4小包同煎。服用6剂后,呼吸困难诸症明显减轻,顽咳消失,惟舌苔仍黄,再进10剂调理,痊愈出院。(潘俊辉)

治痰

1 对痰的独到认识

中医理论认为痰为肺、脾、肾、三焦等脏器功能失调,导致水液代谢异常而产生的一种病理产物,有无形

及有形之分。邱志楠认为“有形之痰症易见,无形之痰多怪异”,有形之痰多积于肺或气道,可咳唾而出。无形之痰作祟怪异,多隐匿,多变化,多夹风,或与气血相搏,流注经络,而成瘀结;或伏于脏腑,顽而不化,谓之“顽痰”。临床难治的胸痹心痛、慢性咳嗽、哮病、喘病等多由顽痰伏宿机体,外邪或内伤引动而发。

2 对痰的独特治疗

2.1 调理脏腑治痰

中医认为脾失健运易聚湿生痰,肾失气化易水泛为痰,脾胃之痰上渍于肺而为病。清·李梃《医学入门》曰:“痰源于肾,动于脾,客于肺,水火升降,脾胃调和,痰从何生。”明·张景岳《景岳全书》提出“治痰者,必当温脾强肾,治痰之本,使根本渐充,则痰将不治而自去。”邱志楠对此颇有研究,并加以发挥,提出治痰以清肺为要,强脾温肾为本的观点。清肺化痰,实为肃痰之器,复其宣发肃降,气道畅顺,应用青天葵、黄芩、葶苈子等药。临床中发现岭南名药青天葵具有清肺心热、润肺止咳、散瘀稍肿、止血止痛等作用,既能泻肺中壅塞之气,复宣发肃降之机,又能化解膈上胶固之痰,系同治痰瘀热三证之品,有消痰解毒化瘀又不伤阴血耗气的特性,并体会到其祛痰之力大于贝母。葶苈子泻肺祛痰,降气利水,破坚逐邪,通利水道。强脾以杜痰之源,则好用干姜、神曲温脾暖胃,助脾胃阳气,复健脾之运化,水湿运化正常,痰无所生。温肾以固本,当用淫羊藿补肾阳,温通三焦,强筋骨,祛风湿,纳气平喘,对于慢性咳喘病尤为适用。

2.2 蛇类搜风逐痰

顽痰平素藏于脏腑,匿于经络,伏留不动,或郁久化热生风,痰借风势,风夹痰行,而变化百端。邱志楠惯用乌梢蛇搜风通络祛痰,其药力外达皮肤,内走脏腑,疏通经络,透骨搜风,以运藏于皮里膜外、腹腔脏器之痰。如支气管哮喘的重要机理是伏痰内留,遇邪而发,处方重用蛇类药往能奏效。

2.3 辛散活血化痰

痰邪不论外感或内伤所化生,其性属阴,且重浊黏滞,不易除去,以致病程缠绵反复。久病必虚,久病及肾,肾虚而致冷痰泛上。《医学入门》亦有“若阳虚肾寒,不能收摄邪水,冷痰上泛……”之说,同时痰易阻气机,气机不畅,血脉不利而成瘀,血瘀则痰难化,痰滞日久,又致血瘀,痰瘀互夹为病。邱志楠临床喜用三子养亲汤,温通透散,降气消痰,重用辛散而入肺、肾经的细辛,辛散温行,振奋人体阳气,而消阴痰,正是“痰为阴邪,非温不化”之理。痰病临证,不论有无面色晦暗,唇舌青紫等血瘀兼证,均加桃仁或大黄以活血祛瘀,血行则痰易消,痰消则气顺。

总之,治痰之法,贵在“扶正祛邪,调平阴阳”,正盛邪去,阴平阳秘,疾病而愈。痰之为病,其证怪异,病之深,疾之重,非常法、常药而能为。寒热并用,攻补兼施,攻之可搜,量亦宜大,便能屡起沉疴,消顽痰。重用细辛(10g),葶苈子(30g)辛开苦降,通利三焦,气顺痰消,往能奏效。补之宜温,可防攻伐太过,并复肾之阳以助正气。

3 病案举隅

李某,男,56岁,1999年1月8日初诊。反复咳嗽15年,气喘加重1周,近1周来,由于天气变化而气喘,胸闷,痰多色白质稠,难于咳出,动则喘甚,下肢软而无力,行走需搀扶,口渴不欲饮,大便干结,小便频数,舌红,苔黄,脉沉滑。检查可闻双肺少量干罗音。X线检查:肺气肿,肺纹理增粗。肺功能测定:提示肺中度混合性通气功能损害。中医诊断:咳嗽(肾虚夹痰热)。本病是因痰热阻滞于肺,肾虚而不纳气,治以清肺化痰,温肾平喘。处方:青天葵10g,黄芩15g,葶苈子30g,桃仁10g,苏子10g,白芥子10g,莱菔子12g,细辛10g,甘草10g,干姜6g,神曲15g,乌梢蛇20g,水煎,连服4天。2诊:患者诉服药后咳痰较多,咳嗽、气喘症状明显减轻,并可平地行走,但不能远走,痰出渐少,仍有胸闷,大便通,小便同前,舌红,苔白,脉沉。患者痰热情况改善,而以肾虚为主,在上方加五味子6g,淫阳藿20g,再服20天。临床诸症消失。嘱坚持服天龙喘咳灵,每次2粒,每天3次,追踪观察1年,未见复发。(喻清和)

饶旺福临床经验

【名老中医简介】饶旺福(1953~)主任医师,教授,硕士生导师。1983年中国中医研究院硕士研究生毕业。江西中医学院附属医院心脑血管科主任。中国中西结合神经科专业委员会委员。江西省名中医。从事临床、教学与科研工作20余年,擅长心脑血管疾病的诊治。

重症肌无力

1 病因病机

重症肌无力主要表现为眼睑下垂、复视、声音嘶哑、吞咽困难、咀嚼无力、抬头困难、四肢肌肉无力，呼吸气短等症状。饶旺福认为其主要病机是肺脾肾虚，气虚下陷，挟风挟痰。因为眼睑在眼科五轮部位中定为“肉轮”，属脾胃，脾胃气虚致下垂不举。脾主四肢肌肉，脾气虚弱则肌肉瘦削、软弱无力甚至痿软不用，正如《灵枢·本神》所说：“脾气虚则四肢不用”。重症肌无力的特点是病在肌肉，症在无力，与脾的病理、生理特点相吻合。同时由于肺为气之主，主一身之气，司呼吸。肾为先天之本，气之根，主纳气，肾藏精，瞳神为水轮，属肾，依赖肾之精气所注，目得精血而能视，呼吸与吞咽乃肺肾经脉所布，故脾胃气虚日久，积虚成损，损及肺肾，而出现歧视、声音低嘶、吞咽咀嚼无力、呼吸气短等症。又由于肺脾肾虚，卫外失固，湿浊内生而致外感风邪，内伤痰湿，内外合攻，加重病情。

2 辨证论治

2.1 祛邪为先，勿忘安正

重症肌无力大多始于内伤虚损，出现因虚致风，复感外邪；或脾虚生痰湿，形成本虚标实之证。此时，当以祛邪为首务，兼扶正气。主要分型证治如下：

2.1.1 风邪外袭，肺脾两虚

证见眼睑下垂，劳累或午后加重，四肢无力，语言低怯，吞咽困难，易疲劳，纳差，怕风，鼻塞流涕，咳嗽痰少色白，甚或低热，二便正常，舌淡、苔薄白，脉浮重按无力。治以疏风解表，益气扶正。药用：苏叶、防风、杏仁、桔梗各10g，生黄芪20g，党参15g，陈皮10g，茯苓15g，前胡10g，神曲15g。

2.1.2 痰湿中阻，脾胃气虚

证见眼睑下垂，复视，少气懒言，咀嚼无力，四肢无力，咳痰多，胸脘痞闷，口淡口粘，纳呆，便溏，舌淡、苔白腻或白黄腻以白为主，脉细滑。治以化痰除湿，益气健脾。药用：生黄芪、党参各30g，苍术、白术各10g，生薏苡仁30g，厚朴、白蔻仁、法半夏、陈皮、杏仁各10g，茯苓、神曲各15g，砂仁6g，干姜10g。

2.2 扶正当益肺脾肾

重症肌无力多有语言、吞咽无力，动则气喘，呼吸困难，中医认为，语言之发出，饮食之吞咽均由咽、喉、舌、面肌等辅助完成，而呼吸无力，语言困难，吞咽不畅由其无力而发，由于脾胃亏虚，气血生化乏源，肌肉筋脉失养，则宗筋弛纵。病虚日久，积虚成损，损及肺肾，肺不主气，肾失摄纳，气不归根，甚则大气下陷，而出现肌无力危象。因此，脾胃虚弱贯穿于重症肌无力整个过程，补肺健脾益肾在重症肌无力治疗上具有重要意义。主要分型证治如下：

2.2.1 肺脾两虚

①偏阴虚。证见语声低怯，气短乏力，动则气喘，胸闷，吞咽不畅，面红，汗多或盗汗，口干便结，纳差，手心热，舌红苔少，脉细数。治以补肺健脾，药用：生黄芪50g，西洋参10g，麦门冬12g，五味子6g，淮山药15g，浮小麦30g，莲子肉10g，扁豆15g，葛根、百合、北沙参各30g，黄精、神曲各15g。

②偏阳虚。证见语声低怯，面色㿠白，动则气喘汗出，吞咽不畅，咀嚼无力，怯寒，纳差，大便溏，易感冒，面部虚浮但无肢肿，舌淡、苔薄白，脉细弱。治以补肺健脾佐以固表，药用：生黄芪50g，百合15g，党参30g，炒白术15g，防风10g，桂枝10g，茯苓15g，炒薏苡仁30g，白蔻仁、陈皮各10g，神曲15g。

2.2.2 脾肾两虚，气阴不足

证见眼睑下垂，气短乏力，多活动则气喘，语声低弱，吞咽不畅，咀嚼无力，纳差，口干，大便结，易口舌糜烂，舌红、苔少，脉沉细。治以培补脾肾，益气养阴。药用：生黄芪50g，西洋参10g，山茱萸12g，淮山药15g，桑椹子20g，扁豆15g，葛根30g，麦门冬、玄参、生地各15g，龟胶10g，墨旱莲、女贞子各12g。

2.2.3 脾肾阳虚，温运失职

证见腰酸腿软，乏力，咀嚼无力，语言费力，胸闷气短，动则气喘，面部虚浮，恶寒，夜尿多，舌淡、苔白，脉沉细弱。治以温补脾肾。药用：生黄芪、党参各30g，桂枝10g，菟丝子30g，淫羊藿15g，补骨脂、炒白术各10g，茯苓15g，砂仁6g，陈皮10g，鹿角霜、神曲各15g。

3 病案举隅

侯某，男，72岁，退休干部，2006年1月1日初诊。患者缘于2004年10月份无明显诱因出现复视，但肢体活动无障碍。12月份至某医院对症治疗，复视无明显改善。2005年8月患者出现左眼睑下垂，两目闭不紧，伴吞咽困难，讲话费力，四肢活动后无力。12月5日于江西某西医院求治，新斯的明试验阳性，胸部CT示：胸腺未见明显异常；肌电图示：左右面神经运动神经传导速度延长，波幅明显降低。诊断为重症肌无力（中度全身型）。予强的松、免疫球蛋白、溴吡斯的明营养神经等治疗。上症稍有改善，但不明显，且在治疗过程中患者喉中痰多，不易咯出，胸闷气喘不能平卧。故转来我院治疗。入院证见：复视，左眼睑下垂，吞咽困难，言语欠清晰，四肢乏力，不能久行，痰多色白不易咯出，胸闷气喘不能平卧，纳呆，大便干结，3～4日一次，小便正常，舌红、体胖大，苔白腻中间微黄，脉弦细。证属脾胃气虚，痰湿不运。治宜益气健脾，除湿化痰。方用补中益气汤合温胆汤加减：生黄芪 50g，太子参 30g，法夏 10g，陈皮 10g，茯苓 15g，枳实 10g，竹茹 10g，苍白术各 10g，生薏仁 30g，砂仁 6g，白蔻仁 12g，神曲 15g，火麻仁 30g，苦杏仁 10g，槟榔 10g，当归 10g，葛根 30g，黄柏 10g。水煎服，日 2 次，嘱其继服强的松、溴吡斯的明，待中药起效后，逐渐减量，上方随证加减治疗 4 个月，病情明显好转，复视明显改善，偶见眼睑下垂，言语清晰，吞咽顺畅，四肢活动正常，活动耐量明显提高，可独立行走 1000 米亦无疲劳感，喉中无痰，纳可，二便平。强的松已停服，溴吡斯的明量减半出院，出院后定期门诊，现生活基本无大碍。

4 体 会

重症肌无力属中医"睑废"、"歧视"、"痿症"等范畴。饶旺福认为其根本在于"虚"，在扶正过程中，尤其注重"气虚"，补气贯穿于各种重症肌无力治疗之始终，且剂量宜大，生黄芪可用 50～100g，但也应防补气太过，因"气有余便是火"，而致阴虚内热，故常在复方中加入黄柏、玄参、知母等药。对于虚证要定位清楚，分清脏腑气血阴阳，偏阴虚者配西洋参或太子参；偏阳虚者配红参或党参加桂枝；虚中挟实者，应在补虚基础上祛邪；兼有表证的应疏风散表，邪去正安；兼挟湿痰者，一定要化湿祛痰，以免碍脾阻胃，补之无效。（黄春华 赵丽群 胡连根）

任南新验方选

【名老中医简介】任南新（1949～）江苏省宜兴人。主任医师。1975 年毕业于南京中医药大学。现任镇江市中医院院长，南京中医药大学兼职教授，江苏省中医药学会常务理事，江苏省中医药学会脾胃病专业委员会副主任委员，镇江市中医药学会常务理事。江苏省名中医。擅长治疗内科疾病，对消化系统疾病造诣尤深。参编《常见病用常用药》、《中国药茶谱》等著作。

肠愈 11 号

方药：党参 15g，黄芪 15g，炒白术 10g，炒白芍 10g，茯苓 12g，陈皮 6g，木香 6g，生苡仁 20g，仙鹤草 20g，肉豆蔻 10g，败酱草 15g，煨葛根 20g，诃子 10g，羌活 10g，防风 10g，制大黄 10g，制附片 10g，甘草 4g。

功效：健脾化湿，清肠通瘀。

主治：慢性溃疡性结肠炎正虚邪恋期。

用法：1 剂/d，水煎，2 次分服。

方解：慢性溃疡性结肠炎属中医学"泄泻"、"肠癖"等范畴，病机主要以脾虚为本、湿热邪毒为标，气血不畅、湿热蕴结、脉络不和致病，故健脾扶正、清肠化湿是治疗之关键。方中党参、黄芪、炒白术、炒白芍、茯苓、生苡仁健脾化湿；制附片健脾温阳；败酱草、仙鹤草清肠解毒，且前者兼有活血行瘀之功，后者兼有收敛止血之效；肉豆蔻、煨葛根、诃子涩肠止泻；羌活、防风祛风化湿；制大黄活血化瘀；陈皮、木香理气和中。全方共奏健脾化湿、清肠通瘀之效。现代医学认为感染因素与免疫缺陷为本病发病的主要原因。药理研究表明，黄芪能提高非特异性免疫和细胞功能；白术有促进细胞免疫功能，提高机体抗病能力，促进胃肠消化分泌的作用；白芍对肠道平滑肌有解痉、抑制肠管收缩及镇痛作用。诸药相伍，临床用于慢性溃疡性结肠炎（正虚邪恋期）治疗，疗效尤佳。

任世玉临床经验

【名老中医简介】任世玉 副主任医师。1964 年毕业于甘肃省中医学校。现任职于陇南市第一人民医院。甘肃省名中医。善治疑难杂症，尤其擅长胃肠疾病的治疗。

1 治胃缓证重用炒枳壳、炒枳实

胃下垂患者，临床多表现为形体消瘦，面色萎黄，纳少神疲，脘腹胀满，下腹坠胀，劳倦久立其状更甚，大便溏软或便意频频而不畅，腹诊见腹壁松弛，触之柔软，按之可触及脊柱，舌质淡边有齿痕，脉沉弱无力。此类患者多因长期饮食失调或七情劳倦内伤，损伤中气，升降失和所致。《灵枢 · 本藏篇》云："脾应肉，肉䐃坚大者，胃厚；肉䐃么者，胃薄；肉䐃小而么者，胃不坚，肉䐃不称身者，胃下，胃下者，下管约不利；肉䐃不坚者，胃缓。"说明此病之病理特征是肌肉不坚，故治当健脾胃，坚肌肉为主。方用补中益气汤加减，治疗时重用炒枳壳、炒枳实。现代药理研究证实，此药对胃肠道平滑肌有兴奋作用，可使其蠕动增强，从而达到消痞胀，坚肌肉的作用。同时患者平素应加强腹部肌肉的锻炼，多做仰卧起坐，餐后不宜剧烈劳作，静卧半小时并自行按摩上腹部，配合药力，以达到坚肌肉之效。

案1 王某，女，46岁，农民。近3年来时感脘部坠胀，食后劳累后尤甚，形体消瘦，纳少懒言，不耐劳作，便溏数日一行，腹壁弛软，舌淡，脉沉弱无力。上消化道钡餐透视提示：胃小弯在髂嵴线下12cm。治以健脾胃，坚肌肉。方用补中益气汤加减，并配合上述辅助治疗。处方：炙红芪24g，白术20g，当归10g，陈皮10g，柴胡6g，升麻6g，焦神曲15g，焦麦芽15g，焦山楂15g，炒枳实15g，炒枳壳24g，桔梗8g，红枣4枚，生姜3片，当归12g，炙甘草6g。上方加减用药约3个月，诸症消失，疾病告愈，经钡餐检查示，胃小弯在髂嵴线水平位置。

2 治胃脘痛巧妙增损防传变

慢性胃炎临床多见，属中医“胃脘痛”之列，此病的发生多因寒冷伤食、气郁脾伤等致，因脾气主升，胃气主降，肝主疏泄，升降失常，气机逆乱，为本病的基本病理。而临床见证中，肝胃不和、脾胃虚弱最多见。故任世玉常用温胆汤、柴胡疏肝散、六君子汤三方化裁使用，并对胃痛明显而兼瘀阻者，加蒲黄、五灵脂、延胡索、白芍；胃脘灼痛者加黄连、炒栀子、吴茱萸；反酸者加瓦楞子、乌贼骨；合并溃疡者加乌贼骨、白及、浙贝母；病检结果发生肠化生现象者，加龙葵、白花蛇舌草、重楼之类，以防癌变，促其逆转。此为“见肝之病，知肝传病”的具体体现。

案2 王某，男，54岁，1986年9月21日就诊。胃脘胀痛4年，时轻时重，屡发不已，面色不华，形瘦神疲，舌淡苔白腻，脉细小弦。胃镜检查及病检报告示：胃体中度慢性萎缩性胃炎，伴重度肠腺化生；胃窦中度慢性浅表性胃炎，局部腺体减少。证属脾胃虚弱，升降失和。治当健脾和胃。方用六君子汤合温胆汤加减：党参12g，炒白术15g，茯苓12g，陈皮15g，蒲黄10g，五灵脂10g，枳壳15g，焦神曲20g，焦麦芽20g，焦山楂20g，白花蛇舌草30g，龙葵10g，延胡索15g，当归10g，法半夏10g，炙甘草4g，大枣4枚。上方服用月余，脘痛减轻，精神转佳，面色转润，改汤剂为丸药，缓缓图之。3个月后胃镜检查示：慢性萎缩性胃炎，浅表性胃炎，中度肠腺化生，轻度典型增生。原方出入加减续服，以期更大功效。

3 治头痛擅用虫药取效

对临床常见头痛反复发作，或左或右，走窜不定，经年不愈，多项检查均未发现器质性病变者，任世玉擅用地龙、全蝎、蜈蚣等虫类药物搜风止痛治之而取效。

案3 患者，女，38岁，2007年12月6日就诊。患者偏头痛10余年，每因情志不遂、感寒受凉而发，头昏头胀，恶心欲吐，多方治疗效果不显，舌淡暗，舌底脉络纡曲，苔白腻，脉沉弦。治以行气活血，解痉止痛。药用：桃仁10g，川芎12g，赤芍12g，白芍12g，当归12g，茯苓15g，钩藤15g，全蝎3g，蜈蚣3条，桂枝12g，连用2周，痛势大减，后予丸剂，缓缓图功而愈。

4 治产后感冒身痛逐瘀汤见长

孕产之妇，10月怀胎，全赖精血充养，娩后之初，百骸空虚，护理不当，易招虚邪贼风之袭，而感全身酸痛不适，汗出连连。此当为气血亏虚，卫外不固，病邪侵袭肌表，留着经络所致。当益气血固其本，祛病邪治其标。方用身痛逐瘀汤加减。

案4 患者，女，26岁，1997年11月21日诊。患者产后月余，诊前1周因晾晒尿布而受凉，自觉全身酸痛不适，汗出恶风，舌淡脉虚浮，曾服数剂中药不效。今予补益气血，调和营卫。药用身痛逐瘀汤合桂枝汤加减：生黄芪20g，羌活、独活各6g，秦艽10g，香附12g，当归12g，川芎8g，白芍10g，桂枝10g，千年健15g，生姜2片，枣4枚。3剂而愈。（李 春 魏 雄 冯 旭）

任琢珊临床经验

【名老中医简介】任琢珊（1935～）教授，主任医师。河北省职工医学院附属医院中西医科主任医师。保定市中西医结合学会理事长。第二、三批全国老中医药专家学术经验继承工作指导老师。从医40年，擅长中西医结合治疗心、脑血管病。主编全国中等卫校教材《中医学》《中西医结合内科学》，主审《现代实用脑血管学》，撰写论文多篇。

临床经验

脑梗死及其后遗症

1 病机认识及经验组方

任琢珊根据其40年的临床经验,潜心研究缺血性中风的发展基础是本虚标实,认为正气内虚以气虚、肝肾阴虚最常见,标实以痰瘀互结、脑络阻滞和腑实不通最常见。所以总结出中风发生前,尤其是出现中风先兆期以虚为主。中风发作患者一般为中老年居多,表现机能衰退,"气为血之帅",气虚则运血无力,久而成瘀,或脾虚运化不及,湿浊内生,聚而成痰,痰浊阻滞脉道、脑脉不通。肝肾阴虚,久而阳亢化风,上扰清窍,而致脑窍不通。中风前期或先兆期以益气为主,兼以祛瘀化痰。急性期以湿痰、血瘀、腑实等为主,而恢复期为虚实夹杂、虚多实少。其治当根据各期不同特点辨证施治,常用益气、活血、豁痰、通腑治疗。

方用益气聪明汤合补阳还五汤加减:黄芪30~120g,太子参或党参15g,粉葛根30g,蔓荆子、杭芍、地龙、川芎各15g,桃仁、当归各12g,红花、炒黄柏各10g,炙升麻6g,炙甘草3g。急性期不用补阳还五汤,用豁痰通腑大黄、胆星、瓜蒌、郁金、石菖蒲;对于肢体麻木、痉挛、疼痛者,用全蝎6g,僵蚕12g,蜈蚣2条,见草30g,海风藤、地鳖虫、络石藤各15g,蚤休10g,苏木10g;伴头晕目眩加半夏12g,天麻、白术各10g,泽泻20g;体弱者,加女贞子、旱莲草、杜仲、怀牛膝、菟丝子、桑寄生各15g,枸杞30g。上药煎3次混匀后分两次口服,14d为1疗程。

2 用药特点

黄芪、党参配伍加强益气,葛根、升麻升举阳气,以利空虚之脑窍,黄芪用量30~120g不等,一般在恢复期用大剂量益气加小剂量活血的原则,以免重用活血日久更伤其气。合并肢体疼痛、痉挛者益气活血并重,加舒筋活络、祛风解痉作用的药物,虫类药又有祛瘀生新的作用,用之得当可救沉疴顽疾。朱丹溪又云:"半身不遂,大帅有痰",急性期存在脑细胞水肿,表现湿浊壅塞,治疗过程中常加瓜蒌、胆星、郁金、石菖蒲、天竺黄以化痰开窍。此种患者常有习惯性便秘,使肠中毒素吸收增加,而使浊邪蒙蔽脑窍加重病情,通腑降逆是其治法又一特点,具有推陈出新作用。

3 典型病案

案1 罗某,女,54,中学老师。主因右侧肢体瘫痪、失语半年。当时CT提示:右侧额叶脑梗死。现诊右侧肢体肌力Ⅲ级。情绪不稳,哭笑无常,头晕目眩,眠差,二便调,纳可,舌淡暗苔薄黄腻,脉沉细。中医诊断:中风(气虚血瘀、痰蒙清窍、脉络不畅)。治则:益气活血通络、豁痰开窍除眩。拟方益气聪明汤合补阳还五汤加减:黄芪、太子参、粉葛根各30g,地龙、石菖蒲、川芎、蔓荆子、杭芍各15g,炒黄柏、红花各10g,桃仁、天竺黄、僵蚕、当归各12g,炙甘草3g,生大黄4g。上方服14d诸证好转,原方去大黄加半夏12g,天麻及白术10g,泽泻20g,炒枣仁15g,夜交藤30g。继服14d,右侧肢体肌力Ⅴ级,生活基本自理。

案2 张某,男,55岁,工人。主因左侧肢体活动不利半年来诊,伴头晕,纳差,大便不爽。既往体健。查体:BP 120/70mmHg,神志清楚,神情淡漠,默默不语,查体合作。近两个月来精神抑郁,懒于功能锻炼。心肺正常。肝脾未触及。左侧肢体肌力Ⅲ级,右侧肌力Ⅴ级,左巴氏征阳性,余病理征未引出。舌质暗淡、苔薄白,脉沉细无力。头颅CT示:右基底节区脑梗死。中医辨证:中风(气虚血瘀、络脉不畅)。治则:益气、活血、通络。拟方:黄芪60g,党参15g,粉葛根30g,地龙15g,当归30g,赤芍15g,红花6g,桃仁10g,大黄4g,甘草6g,柴胡9g,香附子15g,石菖蒲15g,5剂,水煎服。患者精神明显好转,肌力有所恢复,遵上方去大黄,继服10剂,左侧肢体肌力达Ⅳ级,家人扶持行走,信心倍增,积极进行功能锻炼。嘱其原方继服1疗程以增强疗效。(魏风菊 宋书江 王新平)

中风

1 补肾固本

任琢珊认为,中风为病,多有肾虚。无论在未发之先,还是在既病之后,均有肾虚不足的表现,中风以肾虚为本。特别在中风恢复期,病程已过数月,偏瘫恢复迟缓,且尤以灵巧精细动作恢复较差,伴有头重脚轻,行走蹒跚,眩晕,耳鸣耳聋,健忘,腰膝酸软,四肢无力,语言不利,脉弦细。证系肝肾不足,下元虚损,筋骨失养。《素问·灵兰秘典论》曰:"肾者,作强之官,伎巧出焉。"肾虚不能作强,筋骨失于充养,伎能失于精巧,故肢体瘫痪,精细动作恢复较差。治以滋肾填下,通窍活络,以扶其正,固其本,使肾气得充,肾水得荣,脑髓得滋,经络得通。并强调补肾之法,贵在中和,即偏阳虚者,取阴中求阳法;偏阴虚者,取阳中求阴法。方常选用地黄饮子加减:熟地黄、山茱萸、麦门冬、五味子、石菖蒲,远志、桂枝、牛膝、桑寄生、巴戟天、肉苁蓉等。

在具体应用时应注意:①滋肾填精勿忘通络,寓动于静,恐熟地黄、山茱萸之类阴柔呆滞,窒塞气机,故于方中加少量桂枝、石菖蒲、牛膝等流动之品,使下元充而根本固,肾阳振而手足动。任琢珊并尤善用地龙，认为其兼具通络化瘀，祛痰息风，泻热降压诸效，对治疗中风效果尤佳；②治瘫莫求近功，丸剂缓图。偏瘫下损，汤药急切难以取效时，可改投丸剂，一方面恐久药败胃，另一方面为收徐图之功，常可起废疾。

2 平肝疏肝

李东垣曰："中风者，非外来风邪，乃本气自病也。"所谓本气者，是指肝气内变而言。中风之成或由肝肾阴亏，肝阳失敛，或久病体衰，肝气自戕，复临内有所伤，外因所激，情自中感；或误药而起，造成肝失疏泄，阳气亢极，内动痰火，风火相煽，风痰上扰，蒙蔽清窍，流窜经络而成。治宜平肝清降，化痰开窍。任琢珊常选用天麻钩藤饮、羚羊钩藤汤加减应用，以清肝火、平肝阳。

任琢珊认为，中风病起病急骤，突发偏瘫失语，患者在心理上没有一个逐渐适应的过程，且急性期过后，多留有后遗症，生活上难以自理，或恐惧病情复发，或思想负担过重，多忧郁、绝望、心情不畅，肝气不达，而表现急躁易怒，或多愁善感，抑郁不乐，头痛眩晕，失眠多梦，口苦咽干，食少纳呆等。故任琢珊强调对中风的治疗要注重调肝，选择疏肝调气、养阴活络之药同用，常用郁金、柴胡、白芍药、枳壳、香附等。并开导患者，树立战胜疾病的信心，保持愉快的心情。

3 化痰涤浊

痰浊胶腻，或阻塞气道，或留恋经络，或蒙蔽清窍，影响气机升降，气血运行，以致口中痰涎泛溢，喉间痰声漉漉，胸膈窒闷，肢体不遂，麻木日久，脑目不清，脉滑苔腻。任琢珊主张化痰涤浊，疏利气机。临床上常用淡竹沥、半夏、石菖蒲、远志、竹茹、陈皮、云茯苓、瓜蒌等。并强调遣药时，一辨寒热，寒痰加白芥子、生姜、薤白；热痰加桑白皮、瓜蒌等；二辨部位，蒙蔽清窍加白僵蚕、天竺黄、郁金；痰壅胸膈合瓜蒌、薤白、旋复花、枳实；痰留经髓伍海藻、老鹳草、牛膝、桑枝。组方时主张化痰勿忘理气，要审标本，明生痰之源。在化痰药中稍增理气之品，气行则痰浊易消，可收事半功倍之效，所谓"善治痰者，不治痰而治气"。痰之成因颇多，既能引起中风，也可变见于病程之中，致痰之因为本，痰浊为患是标，治痰不求其本则痰不易清除。理其因则痰自蠲，乃正本清源之治。当痰浊阻塞窍络而正气不虚时不妨化痰涤浊、破关开塞，对于促使复苏、疏气通络均有助益。化痰首推竹沥，因其祛痰开窍、善透经络，性寒而滑，润燥除热，如《本草经疏》谓："性滑流利，走窍逐痰，故为中风之要药……能偏走经络，搜剔一切痰结。"若正虚邪实，标本俱急，又必须虚实兼顾，非单纯攻邪夺实可效。另外，痰浊与瘀血、风火往往互为因果，交结为患，形成痰瘀互结、风痰阻滞、痰热内闭等病理类型，故临床上应用祛痰药物时，当视其不同的病理表现合用化瘀、息风、清热降火、开窍之品，疗效更著。

4 益气活血

中风多存在气虚，气虚则腠理不密，卫外不固，易于招致外来风邪的入侵，使气血痹阻，肌肤筋脉失养；气虚则脾运失职，聚湿生痰，痰郁化热，痰阻经络，蒙闭清窍；气虚不能行血，脉络瘀阻，瘀血内停，皆可导致肌肤麻木、口眼㖞斜、言语不利、不省人事之中风。故临床上，任琢珊强调益气药物的应用。另外，他认为"治风先治血，血行风自灭"，主张活血化瘀。中风病虽有缺血、出血之别，但二者有共同的病理基础，皆有瘀血的存在。"风"代表疾病的过程，"痰火"是该病的表现，而血瘀才是中风的本质，活血化瘀是治疗中风的根本大法。当然，每个具体的患者，血瘀的表现形式不一定相同。必须在辨证的基础上分别采用理气活血、益气活血、滋阴活血等不同的方法。

尤其强调在中风的恢复期，以气虚、血瘀为重，倡导王清任所谓"元气即虚，必不能达于血管，血虚无气，必留而瘀"的气虚血瘀论观点。治疗时非只补其虚，更为紧要的是活其血，因气虚血必凝，不活血无以拨其机，善用补阳还五汤加减。药用大量黄芪补气，辅以桃仁、红花、当归尾、地龙、赤芍药以开通血脉而不伤气，川芎适量以借行气活血之功，领诸药上达巅顶，下行丹田，旁通四肢，通达表里，调和营卫，使得阴阳贯通，经气通畅。而避免用破气峻烈之品，如乳香、没药、三棱、莪术，以防耗气燥血，伤阴升阳之弊。（成秀梅 张宏伟）

医案验案

脑出血验案

案1 杨某，男，68岁，农民。2004年11月8日初诊。晚餐后突然出现头痛、呕吐，继则昏仆不醒人事，左侧偏瘫，尿失禁。既往有高血压病病史10年，未规律服降压药，血压波动在26.7～20.0/16.0～14.7 kPa(200～150/120～110 mm Hg)。刻诊：体温36.9℃，呼吸90次/min，呼吸24次/min，血压28.0/16.0 kPa(210/120 mm Hg)。呈浅昏迷状态，压眶反应存在，双瞳孔正大、等圆，双肺呼吸音清，心率90次/min，律齐，腹部正常，左侧肢体肌力0级，右侧肢体有自主活动，左侧巴氏征阳性，余病理反射未引出。头颅 CT 示:右侧基底节区脑出血。中医诊断:中风(中脏腑)。经及时给予脱水、降颅压等对症及支持治疗 1 周后,病情逐渐稳定,意识转清,血压高,精神差,纳差,表情淡漠,时烦躁,左侧肢体肌力无明显恢复,肢体软瘫,便秘,舌质红,苔黄厚腻,脉弦滑。证属痰热蕴结,肝风内动。治宜平肝熄风,化痰通腑,醒神开窍。予镇肝熄风汤加减。药物组成:赤芍药 15 g,玄参 15 g,龟版 30 g,茵陈 10 g,代赭石 30 g,菊花 15 g,桑枝 30 g,牛膝 20 g,甘草 6 g,钩藤 20 g,大黄(后下)10 g,胆南星 10 g,石菖蒲 15 g,当归 10 g,川芎 10 g。日 1 剂,水煎服。3 剂后,血压 21.3/12.0 kPa(160/90 mm Hg),精神好转,腑气已通,舌苔白略厚,脉弦,较前缓和。6 剂后,左下肢肌力Ⅲ级。上方加桃仁 6 g、红花 6 g,再进 5 剂,左下肢肌力Ⅲ+级,上肢肌力Ⅱ级,血压 20.0/10.7 kPa(150/80 mm Hg),患者精神明显好转,复查头颅 CT 血肿明显吸收,住院 3 周出院。后以上方加减再服 1 个月,未服其他降压药血压基本正常,已能扶杖行走。

按 本例为基底节区脑出血,经抢救治疗病情渐稳定,但血压仍高,便秘,精神状态差。辨证属痰热蕴结,肝风内动。治宜镇肝熄风,化痰通腑,活血化瘀。用赤芍药、牛膝、红花、桃仁等促进瘀血吸收;大黄、玄参通腑泄热,且二者有活血祛瘀的作用;龟版、钩藤、代赭石、菊花、桑枝有平肝熄风降压作用,胆南星、石菖蒲化痰醒脑。

案 2 张某,男,60 岁。脑出血后 4 周来诊。表情淡漠,精神差,左侧肢体偏瘫,肌张力减低,进食量少,不配合功能锻炼,少气懒言,思睡多寐,否认既往高血压病、糖尿病病史。查体:血压 16.0~10.7 kPa(120/80 mm Hg)。神志清楚,查体合作,构音正常,双瞳孔正大、等圆,对光反射灵敏,左侧鼻唇沟变浅,伸舌左偏,心肺正常,腹部正常,左侧肢体肌力 0 级,肌张力减退,腱反射减弱,右侧正常。检查未见病理体征。头颅 CT:右侧基底节区脑软化灶。舌质黯红有瘀斑,舌苔薄白,脉沉细。西医诊断:脑出血(恢复期)伴精神抑郁。中医诊断:中风(气虚血瘀型)。治宜补气活血。予补阳还五汤加减。药物组成:黄芪 40 g,当归 20 g,川芎 20 g,桃仁 10 g,红花 6 g,地龙 15 g,枸杞子 20 g,生地黄 10 g,川楝子 10 g,石菖蒲 15 g,柴胡 12 g。日 1 剂,水煎服。3 剂后,精神好转,上方再进 5 剂,左下肢肌力Ⅱ级,精神已明显好转,脉弱。上方去生地黄、川楝子、柴胡,加黄芪至 60 g、桑枝 30 g、鸡血藤 20 g,再进 10 剂,左下肢肌力Ⅲ+级,上肢肌力Ⅱ+级,肌张力增强,嘱其加强功能锻炼,上方加减服 20 余剂,能扶杖行走,生活基本能够自理。

按 本例以气虚血瘀为主要表现,因其合并脑血管病后精神抑郁,影响其功能恢复,可通过精神疏导提高其战胜疾病的信心,补阳还五汤补气活血,并加入石菖蒲、川楝子、柴胡疏肝理气之品以改善精神状态,并加入桑枝等促进肢体功能恢复收到较好疗效。(魏凤菊)

单镇中药炮制歌诀

【名老中医简介】单镇(1929~)天津宝坻县人。主任药师。毕业于北京中医学院中药系。原十三冶金建设公司医院药械科主任。山西省药学会委员,山西省中医药高级职称晋升委员会委员,北京光明中药函授学院山西分院副院长,《山西中医》编委会委员,太原中药学会副理事长等。第一、三批全国老中医药专家学术经验继承工作指导老师。主编《山西中药炮制规范》《中药人员晋升复习题解》《实用处方手册》《中药商品手册》。发表论文 20 余篇。

1 切药

饮片切得好,分档别大小,粗细要分条,方法有技巧。药材须纯净,少泡而多润。药透水要尽,关键看水性,质地软或硬,类别细区分,掌握吃水量,全在经验中。饮片有厚薄,功夫在切技,根茎厚薄片,还有块和咀,全草切成段,皮类要切丝。

黄芩切薄片,开水煮或焯,止血宜用炭,酒炒清上焦。白芍与赤芍,根须皮去掉,水头掌握牢,片薄药效高。黄芪质疏松,水润切厚片,生芪走肌表,蜜炙补益煎。当归切饮片,身尾全细分,补破和有别,酒制活血用。白术质地硬,浸软再加工,炒焦健脾胃,燥湿宜生用。

2 炒药

中药炒得好,火候很重要,文中和武火,适度掌握牢。饮片要纯净,药性质地明,大小分档次,火候要分清,不及固无功,太过则损性,炒黄不能焦,炒焦不成炭,炒炭要存性,成灰不能用。逢子必要炒,投药都得捣,为的是药效,煎出成分高。王不留行炒,先用水洗好,炒至爆白花,入药奏奇效。大枣先去核，斑鳖其中藏，然后上锅炒，解毒方法良。地榆炒成炭，武火是关键，火星要灭尽，炒技功夫见。蒲黄质轻松，炒炭要下功，一定灭火星，止血效果灵。阿胶炒有术，蛤粉先炒熟，烫至其形鼓，筛粉留胶珠。杜仲要炒炭，明火把丝断，火星全灭掉，质量方过关。鲜姜能发汗，干姜须切片，炮姜切成段，止血要炒炭。麸皮炒白术，首先炒麦麸，炒到白烟冒，白术锅里倒，表面色变深，筛麸凉白术。

3 炙药

黄柏丝先炒，酒炙走头窍，盐炙趋下焦，利湿固肾腰。元胡醋炙好，止痛疗效高，先拌醋吸尽，随后上锅炒。乳香和没药，炒至黑烟冒，表面显油亮，醋炙瘀肿消。穿山甲要炮，甲片分大小，油砂炒鼓起，醋淬再晒好。龟版鳖甲泡，烂肉要去掉，砸块油砂妙，醋淬很重要。炼蜜炙甘草，药先上锅妙，然后喷洒蜜，顺序莫颠倒。蜜炙麻黄草，平喘润肺妙，拌蜜要吸尽，然后上锅炒。蜜炙款冬花，拌蜜要润透，适度须把握，炒至不粘手。姜片熬成汁，肉桂切成丝，姜汁炙肉桂，温肾又暖脾。淫羊藿要炙，羊脂炼成汁，藿叶拌汁炒，壮阳功效奇。

4 蒸药

乌头毒性大，炮制用胆巴，去毒制附片，回阳疗效佳。川乌和草乌，两药都有毒，生品不能用，制品长时煮。九蒸生大黄，蒸晒功夫忙，最善清血热，泻火又润肠。珍珠去污垢，豆腐同锅煮，研磨成细粉，丸散或外敷。

5 燀药

杏仁有小毒，须用开水焯，搓后皮易去，解毒又增效。

6 煅药

锻矾不能搅，火候掌握好，酥脆蜂窝状，美观质量高。人发扣锅缎，中间不能看，一次要锻透，火力要足够，白米或纸验，火候自可见。

7 制霜

巴豆有大毒，去油榨成霜，峻药宜轻投，逐水消肿胀。

8 复制

明矾制半夏，反复用水发，毒去舌微麻，止咳化痰佳。

单会府舌病验案

【名老中医简介】单会府（1941～）江苏赣榆人。主任医师。1962年毕业于徐州中医专科学校。江苏省中医学会脾胃专业委员会委员、内经研究会委员，连运港市中医学会理事。江苏省名中医。享受政府特殊津贴。擅长脾胃病、心病、血症的诊治。专著《中医药研究与临床论文集》；参编《中医名言大辞典》《魏以纲医论医案选》《原上草》等，发表论文50余篇。

1 舌麻

盛某，男，50岁，1996年11月28日诊。舌下腺炎伴肿块术后致舌麻且痒月余，有蚁行感，证见舌右前下方有一缝合口，略硬；舌体活动受限，言语謇涩，无流涎，吞咽正常。舌胖色淡红，苔薄黄，脉弦细涩。辨属气血不足，瘀血阻络，不荣舌体，治益气养血，荣舌通络，方用四君子汤合当归补血汤加减，药用：党参12g，焦白术15g，黄芪18g，当归10g，赤芍12g，白芍12g，大贝母10g，佩兰10g，天花粉10g，竹叶10g、刘寄奴6g，苏木10g，连翘10g，菊花10g，莲子肉15g，3剂，1日1剂，水煎服药后舌麻感减轻，蚁行痒感已消其大半。上方黄芪增到24g，党参减为10g，加海浮石8g，再进3剂，舌麻痒感全失，活动良好。

按 单会府认为，心开窍于舌，主血脉；脾主运化以生气血，且舌体为肌肉，应为脾所主。本例系术后气血不足，舌体失养，瘀血阻络，不能荣运舌体，则舌生麻痒，活动不灵。方取四君子汤合当归补血汤补气血，加刘寄奴、苏木等活血通络以开荣舌之路；海浮石、大贝母能散结柔舌；天花粉、竹叶、连翘清热生津；菊花轻清上行；莲子肉、连翘等入心经，以引药入舌，诸药配伍，刚气血生，舌体荣，诸症悉平。

2 舌凉

朱某，男，60岁，1997年3月12日诊。唇舌发凉年余，如冷水漱口，下午尤甚，伴畏寒，腰冷膝软，体倦乏力，尻冷如坐冰上，得棉垫方觉舒适；头晕目眩，舌弄下唇则口出冷水，不可下咽，以吐出为快；脘部得暖则舒；嗳气，无泛酸，大便溏薄，小便清长。舌淡红，苔薄滑，脉沉迟。辨属阳虚寒凝，气失温煦。治以温脾肾，启心阳，益气荣舌。方用苓桂术甘汤加味，药用茯苓15g，桂枝8g，焦白术15g，甘草6g，补骨脂10g，吴茱萸4g，益智仁10g，仙灵脾10g，良姜10g，陈皮10g，附子（先煎半小时）12g，小茴香10g。服药

3剂，唇舌冷感减轻，后改桂枝为肉桂8g，加佩兰10g，再服3剂，诸症消失，唇舌如常。

按 单会府认为，舌冷固与心肾有关，但脾开窍于口，舌处口中，所以舌冷与脾阳不足亦密切相关；且此例病人表现口出冷水，尻冷如冰。故辨为心脾肾阳虚，阴寒凝滞，气失于温煦所致。方取桂枝温心阳通血脉，益智仁、补骨脂、吴萸、仙灵脾、良姜、附子、小茴香补脾肾之阳，助命火；茯苓、焦白术、甘草、陈皮、佩兰醒脾以振奋脾之气机，鼓血上行而荣舌。诸药相伍，阳气得振，寒邪得散，则诸症消失。

3 舌疮

赵某，女，38岁，1997年4月16日初诊。患者舌面生疮且破溃2年，反复发作，服西药未效，来院求冶。诊见舌疮糜烂4处，如绿豆大，疼痛，夜寐不安，食少纳差，舌质红、苔薄黄，脉弦细数。证属气阴两伤，心火上炎。治宜益气养阴，生肌解毒。药用海浮石（先煎）10g，木通10g，生地15g，白及12g，黄芪15g，佩兰10g，知母10g，盐水炒黄柏10g，茯苓15g，淡竹叶10g，天花粉10g，女贞子15g，甘草6g。3剂，1日1剂，水煎服。服后舌上溃疡消失，余症皆愈。

按 单会府认为，本例系气阴两伤，心火上炎，脾不生肌，故破溃久不收口。方取白及、黄芪、甘草益气健脾生肌；木通、淡竹叶、黄柏使热邪从下而解；配知母、天花粉、生地、女贞子滋阴清热，上治心火，又能防止伤阴之弊。药证合拍，故舌疮溃疡得以速愈。（单胜春）

单秋华针灸临床经验

【名老中医简介】单秋华 女。教授，主任医师，硕士生导师。1974年毕业于山东医学院中医系。现任山东中医药大学附属医院主任医师。中国针灸学会理事，中国针灸学会耳穴诊治专业委员会常务委员，山东针灸学会常务理事，山东针灸学会耳穴诊治专业委员会主任委员、腧穴专业委员会副主任委员。山东省名中医药专家。擅长针灸治疗中风偏瘫、老年血管性痴呆、不完全性截瘫、面瘫、头痛、三叉神经痛、失眠、抑郁症、颈腰椎病、及慢性胆囊炎、胃炎、肠易激综合征等慢性胃肠病和痛经、更年期综合征、排卵功能障碍等妇科疾患。主持承担科研课题6项，国家级2项，省级1项，厅级3项。发表论文20余篇，主编著作6部，参编4部。

临床经验

小儿弱智

1 方法

单秋华认为小儿弱智当以醒脑开窍、补髓填精为治疗大法。针刺头部特定穴，以“三神穴”－四神聪、神庭、本神（双）为主，辅以百会。平刺，行捻转手法，留针60min，每10 min行针1次，配合针刺风池、风府、大椎，强刺激。不留针，再随症配穴，并根据患儿年龄及承受能力选择不留针或留针。

2 典型病例

马某，女，4岁。2004年12月16日初诊。刻诊：面容呆板，神情淡漠，目光呆滞，言语不清，反应迟钝，行走活动欠稳。颅脑MBI检查示：胼胝体发育不全。西医诊断：精神发育迟滞。治疗：针刺百会、三神穴［四神聪、神庭、本神（双）］、言语一区、平衡区。平刺，行捻转手法，留针60 min；针刺风府、风池、大椎、曲池、合谷、足三里、三阴交、太冲（双）。强刺激不留针。每日1次，10日为1个疗程。2个疗程后，家长述患儿反应较前灵敏，走路也较稳，因患者家住外地，未予继续治疗。2005年7月再诊，继按上法治疗1个月后，患儿行走灵活，言语较清晰，能与人进行日常交谈，反应能力及理解能力均有很大提高。

3 讨论

小儿弱智属中医学痴呆范畴。《灵枢·海论》曰：“脑为髓之海，其输上在于其盖。”《素问·骨空论》曰：“督脉者……交巅上络脑。”《灵枢·经脉篇》曰：“膀胱足太阳之脉……其直者，从巅入络脑。”胆主决断，为中正之官，《素问·六节藏象论》曰：“凡十一脏，取决于胆也。”故从经络脏腑角度分析，小儿弱智与督脉、膀胱经、胆经密切相关。百会、神庭均属督脉，神庭又为脑内元神所藏之处，刺之能通达督脉之气，调整脑府经气。本神为足少阳胆经脉气所发，是诸神之本，故名为“本神”。四神聪为经外奇穴，首见于《银海精微》，具有醒脑益智功效。“三神穴”前人均称之为“神”，即是以其治疗特长命名，故此三穴配伍提高智力疗效确切。另外，《淮南子·精神训》有“神者，智之渊也”的论述，可见智力本身就是神的重要组成部分，其根在神。现代研究表明，大脑额叶是情感智力中枢所在，神庭、本神位于大脑额叶表面的头皮层，针刺可主治情感、智力障碍等疾病。由此可见，古代文献及现代研究均为应用“三神穴”治疗小儿弱智提供了理论依据。颈项部风池、风府、大椎分别属于胆经、督脉，与大脑、脏腑和经络有着密切联系，针刺可直接调整与之相关的脏腑功能。现代医学认为，颈部腧穴位于头颈交界处，其深部为延髓、椎基底动脉。刺之能调整椎基底动脉的收缩及自主神经纤维的功能，增加大脑血液灌注量，改善脑部的缺血缺氧状态，有利于各种脑血管、神志疾病的恢复，因此强刺激三神穴可以醒脑开窍，益智安神。另外，根据不同症状配伍应用相应腧穴，如言语障碍配言语一区，走路不稳配平衡区，肢体活动障碍针刺曲池、内关、合谷、足三里、三阴交、太溪以疏通四肢经脉气血等。单秋华以“三神穴”为主配合其他相应头针及体针强刺激治疗小儿弱智，疗效较明显，为弱智儿童的智能康复提供了一条新的途径。但此方法尚缺乏大量深入的临床观察，今后应设立对照组，结合相关先进指标，更加科学、合理的予以评价。（韩 晶）

医案验案

1 抑郁症

女，33 岁，2005 年 3 月初诊。患者 3 月前因生气致郁郁寡欢，精神抑郁，表情淡漠，懒言，不思饮食，二便尚可。舌质淡红，苔白，脉弦。曾服抗抑郁药百忧解，因药物不良反应大且效果不佳而停用。西医诊断：抑郁症。中医诊断：郁证。治以疏肝理气，养心安神。处方：①颈七针、心俞、肝俞、脾俞（双）；②三神穴、百会、印堂、合谷、神门、足三里、太冲（双）。毫针刺法，平补平泻，每次每组穴位留针 30 min，百会、印堂接电针，疏密波，以患者能耐受为度，TDP 照射，日 1 次，6 次为 1 疗程。配合耳穴贴压：神门、交感、皮质下、内分泌、心、肝、脾，每周 2 次，左右耳交替贴压。治疗期间未服用任何药物，治疗 4 疗程，患者心情舒畅，精力充沛，善言语，目光有神，饮食睡眠均正常。

按 抑郁发作以心境低落为主，从闷闷不乐到悲痛欲绝，严重者可出现幻觉、妄想等精神症状。属中医学郁证、癫证等范畴，本例证属“肝郁气滞”。单秋华考虑到该患者发病前曾与家人生气，致肝失疏泄，脾失化运，心神失常，脏腑阴阳气血失调。其中脑神受损尤为重要，认为治疗当以疏肝理气、健脾益气、醒脑宁神、养心安神为要。故取颈七针、三神穴、百会、印堂、神门开郁醒脑、镇静安神、宁心定志；取合谷、太冲两穴可调心神，启窍闭，疏肝解郁，两穴配合可达开“四关”之效；足三里益气养血、益气健脾；背腧穴心俞、肝俞、脾俞共同调节脏腑功能。单秋华认为耳穴贴压对于精神、神经系统疾病及调节自主神经等有很好效果，本例患者配合耳穴贴压可以调节脏腑，增强免疫功能，加强针灸疗效。

2 视神经萎缩

男，14 岁，2004 年 9 月初诊。患者半年来出现两目视物模糊，视野逐渐缩小，自认为是近视，配戴眼镜后视力仍减退，视物仅及 5 米远，伴乏力懒言，舌质淡苔薄，脉弦细。眼底检查可见视神经乳头色淡，边界模糊，视野检查中心暗点。西医诊断：视神经萎缩。中医诊断：青盲。治以开窍明目，活血通络。处方：①玉枕、头针视区、颈七针、肝俞、肾俞，双取；②睛明、球后，双取、交替针刺，太阳、合谷、太冲、三阴交，双取。毫针刺法，平补平泻，先俯卧位针刺第 1 组穴位，玉枕、视区接电针，疏密波；再仰卧位针刺第 2 组穴位。日 1 次，每次每组穴位留针 30 min，6 次为一疗程，间隔 1 天继续下一疗程治疗。2 个疗程后，患者视物明显清楚，可及 10 米，回当地医院按原方继续针灸治疗，后随访治疗 2 个月，视力明显提高，视野基本达到正常水平。

按 视神经萎缩属中医学青盲、视瞻昏渺范畴。本例症脉合参，证属“气血亏虚，肝肾不足”。两目在正常情况下受肾藏之精、肝藏之血共荣发挥明目之功，《内经》云：“肝开窍于目”，“肝受血而能视”，“肝肾同源”。单秋华认为本例应从“虚”着手，虚者，精血不足，脉络空虚，不能上荣目系，可见视乳头色泽变淡或苍白，血管变细，视野缩小，视力下降。治疗主要注重肝、肾，以睛明、球后、太阳疏通局部气血、祛风明目为主穴。单老师强调睛明、球后穴力求取穴准确，针刺到位，采用压针缓进深刺，针后不提插，避免疼痛与眶内出血，针刺深度 2.5～3.5cm，使患者感到麻、胀的感觉。颈七针、电针玉枕和视区以醒脑开窍、活血化瘀、疏通经络；随症选用肝俞、肾俞补益肝肾。合谷、太冲为远道取穴，疏肝解郁，清风明目，为治眼要穴；三阴交滋补肝肾之阴以养目。另外，她诊治本病多例，认为针刺治疗该病，其疗效好坏与致病原因以及患者的年龄、病程、体质等方面有关，其中外伤、视神经炎所致者疗效佳，病程短、疗程长、患者年龄小者疗效佳，反之疗效较差，临床应充分考虑患者的情况，尽量对预后做出大致的判断，以免延误病情。（韩 晶 念金波）

邵铭熙推拿经验

【名老中医简介】邵铭熙(1939～)主任医师，教授，博士生导师。全国推拿学会副主任委员，全国小儿推拿学会主任委员，全国推拿中小专家委员会委员，江苏省推拿专业委员会名誉主任委员。江苏省名中医。享受国务院特殊津贴。从事推拿临床、教学和科研40余年，是江苏省中医院推拿科的创始人之一。

腰椎间盘突出症

1 中西医认识

邵铭熙在临床实践中，衷中参西，应用现代医学的生理、病理、解剖、生物力学等理论知识，辨证与辨病相结合。从中西医两个方面正确认识，分析疾病，取得较好的临床疗效。

1.1 中医学认识

邵铭熙认为，腰突症早期以风、寒、湿、气滞、血瘀等邪实为主；中期邪实伤正，引起不同程度的气、血、阴、阳的虚损；后期邪实渐祛，正气未复。从中医学之风、寒、湿、痰、瘀、肾亏、血虚等方面加以分析，骨伤病证常从风寒湿痹阻、气血瘀滞、痰瘀阻络、肝肾亏虚、气血不足等加以辨证。在此基础上确立了六大推拿治法，①重视整体，上病下治，左右同治；②经筋为病，以痛为腧；③气血为病，治法迥异；④急则缓之，以柔克刚，缓则重之；⑤合而围之，分而治之；⑥因人、因时、因病、因部位制宜。运用中医推拿辨证施治，确立了以舒筋通络、活血止痛、松解粘连为主的治疗原则。

1.2 西医学认识

人到青年以后，纤维环发育终止，变形开始，弹性与韧性均降低，腰部的慢性劳损加剧腰椎间盘退变。因此，邵铭熙认为，腰椎间盘退变是腰突症发生的内在因素，腰部的急性损伤、劳累、受凉等是腰突症发生的诱因。临床治疗时，应充分认识到软组织损伤、纤维化、骨质增生、椎间盘突出等造成的无菌性炎症、水肿、粘连、神经根刺激、受压等病理变化的客观存在。通过推拿手法治疗，改善局部血供，促进炎症、水肿的吸收，松解粘连，使脊柱排列有序化，改善突出之椎间盘与神经根、脊髓的内在环境，减除神经根、脊髓的刺激和受压，从而改善或消除症状。

2 推拿治疗中央型腰突症

2.1 临床表现

患者腰骶部疼痛，活动受限，牵及双侧臀部及下肢疼痛，或左右交替性疼痛，马鞍区麻木。部分患者大便干结，排出困难，或便意频数，小便淋沥不尽，个别患者可出现阳痿。查体：腰骶部两侧棘旁压痛明显，伴下肢放射痛，直腿抬高及加强试验(+)，拇趾背伸、跖屈肌力减弱，马鞍区浅感觉减退，提肛放射、提睾放射减退或消失。腰椎CT、MRI提示椎间盘向后突出，突出物较大，压迫脊髓和马尾神经。

2.2 推拿方法

患者俯卧位，医者站于患侧，施四指推法于腰臀部及下肢，左右交替，重点在腰骶部；点按肾俞、命门、秩边、环跳、承扶、委中、阳陵泉、绝骨、昆仑、阿是穴等；弹拨腰骶部肌肉和臀部梨状肌，手法沉稳，力度以患者耐受为度；施腰椎后扳拔伸法，左右各1次；掌揉腰骶部，掌振腰骶部，擦下肢。

2.3 体会

现代医学一贯认为中央型腰突症为推拿治疗禁区。邵铭熙从中西医两个方面来认识，分析其病因病理，突破传统，充分发挥中医推拿祛风寒、化痰湿、通气血、补肝肾的作用。推拿治疗时辨病与辨证相结合，运用柔和深透的四指推流派手法治疗中央型腰突症。手法复位使突出物回纳之可能甚微，但松解粘连，改变神经根受压，即从中医学理论考虑，通则不痛，还是可以探讨的。邵铭熙在临证中提倡机触于外，巧生于内，法从手出，手随心转，使患者不知其苦。邵铭熙认为，中央型椎间盘突出症在治疗上确有一定难度，推拿手法施之得当，亦非为禁区。当辨证与辨病相结合，根据病因、症状和不同部位辨证施治。手法操作时宜轻柔，尤在急性发作时，必要时可回避其病变部位，可采取上病下取、左病右治之原则，在恢复阶段或慢性期，手法可适当重取，但以患者耐受为度。

中央型腰突症以痛为主诉，根据经筋为病，以痛为腧的原则，在阿是穴处由轻到重施以点按手法，切忌粗暴，或用芒针刺之，亦验效。治疗从活血化瘀、宣痹通络、补益肝肾3个方面，分主次入手。通则不痛，以通为先，处理好松、顺、动之关系，尤以松为先，松则顺，顺则动，动则通。

3 对抗牵引下后扳拔伸法是治疗腰突症的关键手法

3.1 作用机制

对抗牵引下后扳拔伸法是对抗牵引、后扳、拔伸的复合手法,通过对抗牵引以松解痉挛或紧张的腰部肌肉、韧带,拉宽椎间隙和椎间小关节间隙,然后通过后扳拔伸以整复错位的腰椎小关节,解除滑膜嵌顿;同时轻微改变上、下椎体各相邻部位间的位置,改变神经根与其他组织的位置关系,以减轻或消除神经根的受压,是治疗腰突症的关键手法。

3.2 操作方法

患者双手紧握床沿,1 名助手站立于患者健侧上端,双手掌托住患者双腋下,做向前拉势,以固定患者上半身;另 1 名助手站立于床另一端,双手分别握住患侧踝部,做向后拉势。上、下方同时做对抗用力,持续牵引 1min。术者立于患者患侧,以 1 只手大拇指指腹为附着点,按压棘旁压痛点或其小关节错位的棘突旁,并用力向健侧顶推;另 1 只手的前臂环抱健侧下肢,使膝部附着于施术者之肘内侧,并向后上方徐徐牵引,同时缓缓用力向后上方扳动,至患者耐受为限,再向后上方稍用力突然扳动。此时术者大拇指下和患者腰部同时感到"咯吱"声,以示达到目的。

3.3 适用范围及注意事项

对抗牵引下后扳拔伸法是一种力量较大、应用范围广泛的独特手法。临床适用于因腰部软组织损伤和骨关节病变所引起的疾患,包括腰部急慢性损伤、腰椎退行性脊柱炎、腰突症及腰椎管狭窄症等。施以腰部的对抗牵引力当适宜,过大则易伤正常肌筋,增加患者痛苦,过小则不能达到治疗目的。其用力大小及方式应根据患者年龄、性别、体型、体质和病程而定。一般来说,年轻体健者,牵引力宜大,年老体虚者,用力宜小;男性患者,牵引力大,女性患者,用力宜小;体壮肥胖者,牵引力大,体形瘦小者,用力宜小些;病程短者,牵引力宜大些,病程长者,牵引力量应逐渐加大,最后牵引力可稍大。总之,牵引力量的大小应掌握患者能忍受为佳,以达到拉宽椎间隙为度。(张仕年)

痛证

1 芒针透刺的运用

芒针,即长针,《九针·十二原》曰:"长针……长七寸,其针身薄而锋其末,另可以取深邪远痹"。故长针具有宣通气血,解痉止痛之功效。

芒针具体操作如下:在明确诊断,查清病位,找准阳性反应点(即压痛点)之后,常规消毒患者皮肤及医者手指,选用 5~7 寸长针,左手拇、食二指绷紧痛点的皮肤,右手拇、食二指捏持长针之下 1/3 针体进针(要求针体与肌肤呈约 30°夹角,针体与肌肉行走方向一致),然后进行小幅度提插和快速振颤,同时嘱患者全身放松,用力咳嗽数次。开始时,针下有沉紧滞涩感,施术 10~20 秒后渐觉针下松软,如入棉絮,即可将芒针快速退出。

案 1 张某,男,38 岁,干部,于 2006 年 8 月 22 日初诊。患者 3 个月前,因抬重物不慎后即感右侧臀部疼痛,且向右侧下肢放射,口服止痛药及热敷处理,疼痛有所好转,未引起注意,近两周来,疼痛加剧,行走欠利,下蹲尤剧。查体:右侧臀部及梨状肌部位有一条索节结,直腿抬高试验 60°以下疼痛明显,大于 60°后疼痛减轻。诊断:梨状肌综合征。采用上法治疗 1 次后疼痛即明显减轻,巩固 2 次后,诸症消失。

2 阳陵泉穴的妙用

阳陵泉穴位于腓骨前下方凹陷中,为八会穴之一,筋会阳陵泉,经筋为病,常取此穴。针刺阳陵泉穴,具有行气通络、活血止痛之功。邵铭熙常针推并用,做到"法之所施,使患者不知其苦"。具体操作:一侧为病,常取对侧阳陵泉穴,取 3 寸毫针向斜下方针刺此穴,得气后,反复提插捻转,同时嘱患者作身体被动运动,酸胀以患者能忍耐为度。

案 2 蔡某,女,34 岁,教师,于 2006 年 7 月 18 日初诊,患者于前一天上午,因晨练不慎,扭伤腰部,致腰部酸胀疼痛,活动受限,遂来我科诊治。查体:两侧腰肌紧张,以右侧为甚,腰 4、5 棘突右旁开 1cm 处压痛(+),直腿抬高试验左右均(-),"4"字试验左右均(-),腰部活动因疼痛剧烈未查。诊断:急性腰肌损伤。采用上法,取左侧阳陵泉穴,予以针刺,一边行针、一边嘱患者作咳嗽,同时作腰部运动。取针后,患者即感诸症缓解。最后,行常规手法于腰部,使肌肉进一步放松。隔日电话随访,患者腰痛已止。

3 对抗牵引下的后扳拔伸法在临床中的应用

经临床观察,此法临床应用广泛,无副作用,成功率高,疗效显著,尤其对腰椎小关节紊乱、腰椎间盘突出症等具有独特的疗效。

具体操作:①患者俯卧于牵引床上,固定上身(跟正常牵引体位相反),自然放松,在施术中不宜屏气或与医者对抗。②两助手站立于患侧足端,双手握住患侧踝部,作对抗牵引床的牵引力。③在电脑牵引床上设定牵引力的大小(一般为患者体重的 40%)开始牵引,当达到设定牵引力时,持续时间约 30 秒。④术者站立于患者腰部患侧,在上方的手的大拇指指腹顶压在患者棘突旁(一般取阿是穴),当感觉到椎间隙因牵引而拉宽时,在下方的手前臂环抱健侧下肢,使患者膝部附着于术者的肘内侧,并向后上方徐徐牵引,同时慢慢用力向上方扳动,扳动角度为内上方45°。⑤当健肢运动到最大生理角度时,术者拇指和另一手同时突然用力扳动腰椎,此时可听到"咯哒"声或术者拇指感到明显移位感,示复位成功。⑥术毕,嘱患者先俯卧休息10分钟后,再回病房仰卧休息2小时。如复位未成功,可隔日再行复位。

案3 李某,男,48岁,记者,于2006年10月26日初诊。半月前,患者因室外采访,露风受凉后,渐感腰部酸胀不适,经卧床休息后,腰痛未减,且疼痛向左下肢放射,时有麻胀不适,活动欠利,遂来医院治疗,作腰椎MRI示:腰4、5椎间盘向左后方突出。为求进一步治疗住入推拿科病房。查体:腰椎生理弧度平坦,左侧腰肌紧张,腰4、5棘突左旁开0.5cm处有压痛,且向左下肢放射,左环跳穴、委中穴、承山穴处压痛(+),直腿抬高试验左30°(+)、右90°(-),加强试验左(+)、右(-),拇趾背伸肌力及跖屈肌力左右正常。腰部活动度为前屈30°,后伸15°,左右旋转均为10°,双下肢肌肉无萎缩。诊断:腰椎间盘突出症(L4~5)。采用上法治疗,先用常规推拿手法治疗,以达放松腰及下肢肌肉,再行对抗牵引下的后扳拔伸法,术后,患者顿感轻松,腰及下肢疼痛减轻,示复位成功。(于 建)

邵祖燕脾胃病临床经验

【名老中医简介】邵祖燕(1939~)教授,主任医师。1963年毕业于天津中医学院。现任天津中医学院第二附属医院业务副院长。中国中医药学会理事,全国老年医学会常务委员,天津老年医学会副理事长,国际华夏医学会副理事长等职务。享受国务院政府特殊津贴。第二批全国老中医药专家学术经验继承工作指导老师。从事内科临床、教学及科研工作30余年,擅长诊治脾胃病和老年病。发表论文40余篇,主编《中药毒性药临床应用指南》等专著3部。

1 生理特性,脾升胃降,升降有序

升降出入是人体气机的基本形式,脾胃同居中焦,是升降运动的枢纽,脾主升清,胃主降浊,"升清"是指水谷精微等营养物质的吸收和正常输布。"降浊"是指食物入胃,经胃的腐熟,下行小肠,经小肠的分清泌浊,将浊者由大肠传导而出。故脾升、胃降,两者概括了整个机体对饮食物的消化吸收,输布和排泄的全过程,共为后天之本,气血生化之源。

1.1 胃主通降,以降为和

《灵枢·平人绝谷》曰"胃满则肠虚,肠满则胃虚,更虚更满,故气得上下,五脏安定,血脉和利,精神乃居。"《素问·五脏别论》亦有"胃实而肠虚","肠实而胃虚"之说,这种虚与满或实的更替变化特点,即体现了胃腑的从上而下,以降为顺的运动过程。"六腑传化物而不藏",以通为用,只有胃气和降,才能保持腑道通畅,传导正常。故《温热经纬》曰"盖胃以通降为顺"。通降体现了胃气的生理特点。

1.2 脾主运化,以升为健

运即转运、输送,化即消化吸收。脾主运化,具有将水谷化为精微并转输至全身的生理功能,《素问·厥论》有"脾主为胃行其津液者也。"《素问·经脉别论》亦曰"饮入于胃,游溢精气,上输于脾,脾气散精,上归于肺",脾气升,则水谷精微得以正常吸收并上归心肺,通过心肺的作用,化生气血,以营养周身。故升是脾气的运动特点,升清是脾运化的结果。

脾升胃降协调平衡是脾胃运化功能正常发挥的重要环节,胃之通降赖脾之运化,脾之运化升清又赖胃之受纳和降,升降有序,气机调畅,则水谷精微得以输布,水谷之糟粕得以下行,从而维持"清阳出上窍,浊阴出下窍"之正常生理功能。故叶天士《临证指南医案》曰"脾宜升则健,胃宜降则和。"

2 病理关键,气机不调,升降失常

脾胃互为表里,胃主受纳,脾主运化,胃气主降,脾气主升,胃喜润恶燥,脾喜燥恶湿,两者相反相成,维持着气机升降出入之协调平衡。若因四时气伤,起居失常,情志失调及饮食劳倦等损伤脾胃,或脾胃本虚均可致脾胃枢机不利,气机不调,升降失常。在胃则气机郁滞,通降失职;在脾则运化失健,清气不升。脾胃运化失常,升降失序,传导障碍,出入不利而出现种种病证。

2.1 胃气郁滞,通降失职

胃为水谷之腑,喜通利而恶壅滞,降浊是受纳的前提,胃气和降则胃肠纳化传导正常,出入平衡。若胃腑受邪,气机郁滞,通降失职,则传化物异常,出入失衡病患由生。胃失通降其具体表现主要有胃气不降和不降反逆两种情况。胃气不降在上则为噎膈不通，纳食不进；胃气郁于中则为脘腹部胀满疼痛，胃气滞于下则为便秘、腹胀、少矢气等症。若胃气上逆则可见恶心、呕吐、嗳气、呃逆、泛酸、呕苦、口臭及反胃等症。故《素问·阴阳应象大论》曰“浊气在上，则生(月真)胀”，《灵枢·胀论》曰“胃胀者，腹满，胃脘痛，鼻闻焦臭，妨于食，大便难。”

2.2 脾运失职，清气不升

脾胃生理相连，病理相关，脾脏受邪或胃病及脾，皆能影响脾之运化和升清，使脾运失健，升清障碍。一方面因胃失和降累及于脾则水谷不化精微，致湿浊内生，清浊相混，浊气不降，而清气不升；另一方面，湿邪困脾，脾运失职，又可影响胃之通降，致纳化失常，升清乏源。同时，清气不升，日久脾气失养则可出现脾气不升反陷之证。脾不升清在上则为眩晕、神疲；清气不升，浊气不降于中则为脘痞堵闷、腹满；清浊相混并走于下则便溏、腹泄；若脾气下陷则可见滑脱不禁、久泻脱肛、或内脏下垂等症。

临床上胃病脾病每多互传，胃气不降则有碍脾之运化、升清，脾运失职亦可影响胃之通降、受纳，终至脾胃同病为临床多见。脾胃升降失调，纳化失常，燥湿失济，日久谷反为滞，水反为湿，湿积成痰化饮，久病入络及血，导致“食积”、“湿滞”、“痰饮”、“瘀血”等病理产物丛生，从而加重病情，使升降之机更为逆乱。

3 治疗核心，调升降为纲，贯穿始终

脾胃之病，寒热虚实，宜燥宜润，宜补宜泻，宜升宜降故当详辨，而其中“升降”最为关键，升降之枢得复，气机通畅，则纳化常，出入调，清气升，浊气降，生化有源，邪有出路，脾胃运化功能恢复正常，而诸症可瘥。

临证治疗，又当细察升降失调之主次，在脾在胃之偏重，或脾胃分治，或脾胃合治，或以降为主，或以升为重，或升降并调。立法用意皆在于以降助运，以升复降，升降相因祛邪愈疾。同时宜注意治胃不忘运脾助化，治脾不忘开胃消导，脾胃同调，升清降浊。

3.1 调胃以理气通降为主

适用于胃气不降，气机郁滞，腑气失通及胃气上逆等证。具体应用又有不同，如兼肝气郁滞者，则宜疏肝理气通降；食积停滞者，则消食化积通降；湿浊中阻者，则燥湿和胃通降；腑气壅滞者，则泻腑导滞通降；血瘀阻络者，则祛瘀活血通降；郁热者，则清热散郁通降；寒滞者，则温中散寒通降；阳虚者，温阳益气通降；阴虚者，滋阴益胃通降等等，总以顺应胃之生理特性“宜降”、“以通为用”、“以通为补”为宗旨。

3.2 调脾以助运升清为宜

适用于脾失运化，清气不升或脾气下陷之证。脾气不升，浊气不降，湿浊内阻者，治宜健脾助运，化湿升清；脾气不升，清气在下者，则宜健脾助运，固涩升清；脾气下陷，久泻滑脱者，则宜温中助运，固摄升提等等。用药总以辛通流动为主，不滥用滋腻呆补，以免壅脾滞气碍运，处处顺应脾之“喜燥恶湿”、“喜温恶凉”、“以升为健”、“以运为补”之特征，脾得健运，清气升，生化有源，不补而自补矣。

3.3 脾胃同调，升清降浊

适用于脾胃合病，升降逆乱，清浊相混，虚实夹杂之证，治宜健脾和胃，升清降浊，以平为安。

4 擅用五磨饮子，疏理气机，双向调节

五磨饮子由木香、沉香、乌药、枳实、槟榔5药组成，原方主治气厥(《医便》)，后世医家多用来治胀除满。方中木香调气、沉香降气、乌药顺气，3药气味辛通，入脾胃肠经，行郁调气，畅达气机。枳实专主降气，长于破滞气，行痰湿，消积结，除痞满，为脾胃气分药；槟榔味厚而沉，体重而实，沉实主降，专坠诸药，导中、下焦结滞之气。5药合用降气破滞除逆，能使滞气消，逆气降，浊气除。

邵祖燕临床擅用本方作为理气机、调升降的基础方，认为本方不仅善降逆气，适用于胃气不降之气滞、气逆证，而且经过适当的配伍与炮制，可用于升降失调及脾气不升之虚实夹杂证。

邵祖燕认为本方双向调升降的关键在于枳实、槟榔2味，临床若用于胃失通降之实证，则槟榔、枳实生用，专主降气破滞；若用于脾胃失和、升降失序者，则槟榔宜炒焦用，枳实改用枳壳，以缓和其破气之性，而具消导之功，以平调气机之升降；若用于脾不升清，运化无权，脾气不升之虚实夹杂，或以虚为主者，则槟榔宜炒炭用，旨在消其破滞之力，而增其收敛之功，枳壳炒用，更增其和缓升提之性。故本方经适当配伍及炮制，可改变药性，适用于脾胃升降失调所致诸证。临床具体运用，可根据病情之变化、虚实寒热等兼证之不同，随证配伍。如以胃气上逆为主者，则应加强镇逆下降之力，可加赭石、旋覆花、丁香、柿蒂等；若脾气下陷，滑脱不禁者，则宜加固摄升提之药，如益智仁、诃子、肉豆蔻、补骨脂，甚则赤石脂、罂粟壳等。若兼气郁重者，加郁金、青皮、紫苏梗或金铃子散；食滞者，加鸡内金、生炒麦芽或保和丸；湿阻者，加藿香、半夏、砂仁或平胃散；血瘀轻者可加丹参饮，重者加失笑散及降香、血竭等；郁热者加小陷胸汤；寒滞者加良附丸；阳虚者加附子、干姜、桂枝；阴虚者加石斛、麦冬、沙参；血虚者加黄芪、当归；气虚者加太子参、西洋参等等。临床上述兼证常夹杂出现，或相互转化，治疗总以调升降为纲，配合扶正祛邪，灵活运用，切中病机，提高疗效。（丁慧芬）

沈力治癌经验

【名老中医简介】沈力　主任医师。现任职于浙江宁波市第二医院中医科。宁波市癌症康复协会副会长。浙江省名中医。从医40年来，擅长中医药治疗恶性肿瘤，并对癌症术后、放化疗后及各种晚期肿瘤的诊治更具特色。发表论文近20篇，著作《名医谈中风》。

肿　瘤

1 扶正祛邪不可偏废

肿瘤在中医中属于“积聚”等范畴，认为是正气亏虚、邪毒内侵而成，因此肿瘤患者存在正虚与邪实两方面，早期以邪实为主，中晚期患者存在明显的虚象。邪毒主要指血瘀、湿聚、寒凝、痰浊等，痰瘀互结终至形成癌毒，一旦肆虐，毒力极大，破坏力极强，变证蜂起，此为“标实”；由于机体营养物质大量消耗，阴阳气血俱虚，脏腑功能衰竭，此为正虚，所以本虚标实是恶性肿瘤的基本情况，扶正祛邪是其治疗法则。沈力强调扶正或祛邪宜相互兼顾，不可偏废，但大部分患者肿瘤已被手术切除，或已放疗、化疗、或正在放化疗中，机体损受较大，此时应以扶正为主，佐以祛除手术所致的气滞血瘀、湿阻热郁之症，调摄全身气血阴阳，兼顾祛邪抗癌。如体质较差，正气较衰，患者难以耐受攻邪之品，则以全身治疗为主，扶正补虚，辅以消瘤抑癌，以提高患者的生存质量，延缓病情的发展。总之要掌握好扶正与祛邪的分寸，结合病情，相互兼顾，方能取得满意疗效。

2 治疗肿瘤不忘顾护脾胃之气

沈力的学术思想，主要渊源《内经》、《脾胃论》、《伤寒杂病论》，《脾胃论》指出：“百病皆由脾胃衰而生”、“若脾胃之本弱，饮食自倍，既而元气也不能充，而诸病之所由生也”，可见肿瘤的发生与脾胃功能失调有着极其密切的关系。脾胃功能失调导致肿瘤的发生主要在于先天禀赋不足，或后天失调，饮食不当损伤脾胃，使其功能失职。沈力认为脾为后天之本，肾为先天之根，先天禀赋非药物所能，后天之本当常需顾护。脾胃为气血生化之源，后天脾胃旺盛，可以弥补先天不足。经云：有胃气则生，无胃气则死，胃为水谷之海，五脏六腑之大原，其气血皆由谷气生化而来，脾胃健旺，泉源不竭，病安何来？若五脏虚损而及与胃者，必从胃治，胃气有权，脏虚皆可弥补，脾胃关系一身之重也。

3 善用归芍异功散

沈力根据肿瘤患者气血俱虚、正气大伤的病机特点，结合患者多数病久不愈，脾胃功能减退，进一步损伤正气，在治疗方面，根据内经“正之不存，邪将焉去”之说，认为必须重视正气的调养，使正气得充而驱邪有力，一方面肿瘤病邪伏结于内，不易速去，另一方面肿瘤患者手术、放化疗后造成局部和全面气血受损，出现骨髓抑制、肝肾功能损伤，此时邪气虽衰而正气已大伤，治疗极为棘手，需精心调护，遣方得当，方能扶助无形之气，临证常用归芍异功散加减扶正，使整体功能得以调整，局部组织修复，症状改善而延长生存期。

归芍异功散由《小儿药证直诀》中的异功散加当归、白芍而来，由四君子汤为基础，参、术、苓、甘甘温益脾，有健运之功，能健脾、燥湿、运化复常、资生气血。《成方便读》云：“一切补气诸方，皆由四君化出”，当归补血养肝，白芍养血柔肝，二味为补血之正药，然血虚多滞，补血与补气药同伍，能养血而行血中之气，以流动之；沈力常易陈皮而配佛手，防陈皮太过香燥，用佛手既可利气，又不过于温散耗阴，有灵动气血之功，每每伍入方中，常收桴鼓之效，该方尤其是化疗过程中，出现呕吐、脘腹胀满、嗳气纳呆等，使用十分有效。

当然，肿瘤病机极其复杂，沈力主张肿瘤患者应在辨证论治的原则指导下，决不可拘于一方一法，以免流弊。

4 遣方用药贵在灵活

沈力治疗肿瘤，重在调护脾胃，但并不一味拘于补益脾胃，常以辨病与辨证相结合，灵活运用。恶性肿瘤几乎可以发生在全身任何脏腑，加之以不同的病变阶段、病情千变万化、患者体质、心理等个体差异，正气虚衰，日久生变，致生痰、瘀、湿等形成新的致病因子,所以对肿瘤患者,他强调要辨证与辨病相结合。①辨证施治是祖国医学精髓,从脾胃论治也要审证求因,如脾胃虚弱,气血不足应以补益气血,健脾养胃为主,若久病体虚,痰浊困阻脾胃致清阳不升,浊阴不降,宜升清降浊同施,放化疗日久致肺胃津伤,主张甘平、甘凉以润,以养胃阴,由津液自复。②各种不同的恶性肿瘤因邪毒不同、病位不同、发展不同,要根据病变的不同选择药物,除主方外还常选用补益气血阴液的沙参、麦冬、花粉、石斛、黄芪、生苡薏仁、龟版、鳖甲、杞子等药物,另又常选用丹参、三棱、莪术、赤芍、红花、姜半夏、海藻、昆布、象贝、夏枯草、半枝莲、白花蛇舌草、藤梨根、蚤休、银花、连翘、绞股兰、猫人参、穿山甲片、藿香、佩兰等被认为既有增强机体免疫功能、又有抑制癌细胞作用的清热解毒、软坚散结、活血化瘀、祛痰化湿的药物才能获效。(余 静)

肿瘤放化疗不良反应

1 肿瘤化疗后的中医证治

肿瘤患者在化疗中随着化疗药物在体内累积量的增加,其骨髓抑制也逐渐加重,主要病机表现为气血虚损,脾胃功能失调及肝肾亏损。出现面色晄白或萎黄、头晕目眩、心悸怔忡、疲倦乏力、四肢酸软、纳差、失眠等症状,舌质暗或淡红,舌苔薄或光,脉象虚细,同时可以出现各种不同的的如挟湿、挟瘀、挟痰等兼挟症状。在临床中,沈力作如下分型进行辨证治疗。

1.1 脾胃虚衰型

主证:神疲乏力、少气懒言、纳呆、食后腹胀、大便溏薄、头晕目眩、舌质淡、苔薄白、脉虚弱。治疗以健脾益气和中。方用归芍异功散,可加黄芪、绞股兰、山药、苡薏仁、杞子、焦山楂等。

1.2 心脾两虚型

主证:心悸气短、疲乏无力、头晕目眩、面色无华、失眠多梦、舌质淡、苔薄白、脉细弱。治则以健脾益气、养血安神,方选归脾汤加减,可酌加阿胶、制首乌、白芍、龟版胶、杞子、女贞子、夜交藤、五味子、绞股兰、麦芽、山楂、山药等。

1.3 肝肾阴虚型

主证:头晕目眩、腰膝酸软、手足心热、失眠多梦、潮热盗汗、舌质偏红、少苔、脉细数。治以滋补肝肾,方选归芍地黄汤或知柏地黄汤,可加入龟版、鳖甲、杞子、旱莲草、女贞子、杜仲、菟丝子、五味子、酸枣仁、黄精、玉竹、太子参等。

1.4 脾肾阳虚型

主证:神疲乏力、面色苍白、畏寒肢冷、纳差便溏、腰膝酸软、舌淡胖、苔薄白、脉沉细。治以温补脾肾,益气填精,方选右归饮,可加入补骨脂、仙茅、仙灵脾、菟丝子、党参、黄芪、白术等。

1.5 气虚血瘀型

主证:头晕乏力、纳差便溏、面色黯黑、身有瘀斑、痛有定处,甚则肌肤甲错,舌质紫暗、脉沉细涩。治以健脾益气,活血祛瘀,方选四君子汤合失笑散,可加入丹参、鸡血藤、当归、赤白芍、川芎、参三七、阿胶、莪术、三棱、全蝎、蜈蚣、何首乌等。

1.6 气滞痰阻型

主证:心悸乏力、神疲腰酸、纳差腹胀、胁肋胀痛,兼见恶心、呕吐痰涎、形体消瘦、舌苔黄腻或白腻、脉弦滑或见弦细。治拟理气化痰,方选小半夏汤,可加入柴胡、郁金、川象贝、海藻、昆布、白芥子、鸡内金、苍术、香附、木香、枳壳等。

1.7 气阴大伤、余毒未清型

证见:头晕目眩、神疲肢软、面色少华、纳呆腹胀、恶心呕吐、咳嗽多痰、失眠多梦、发脱、便坚或便后不爽、口干而饮水不多、苔白少津、或苔花剥或光剥无苔、脉细软无力或沉细而数,部分患者自汗盗汗不止,或有出血倾向,选方可用异功散合生脉饮,可选加川贝、象贝、当归、白芍、姜半夏、竹茹、杞子、黄芪、山药、绞股兰、半枝莲、白花蛇舌草、藤梨根、银花、连翘、龟版、鳖甲、酸枣仁、夜交藤、焦山栀、制首乌、旱莲草、女贞子、石斛、花粉、南北沙参、麦冬、仙鹤草、大腹皮、柏子仁、广木香等,此型临床较为常见,且症情较重,在辨证基础上当另外选加对症治疗的药物

2 放疗所致副反应的中医病理机制

放射线属于中医学“热邪”范畴,常表现出热毒火邪的特点,以热象偏重,热毒伤阴,热邪伤气耗血为主;由于放射线抑制骨髓功能,出现血白细胞下降,其病机特点主要是阴虚内热、气血不足、肝肾不足等。经放射治疗的患者,可出现毒邪外袭内蕴化热伤阴,耗血动血病机,随着射线剂量的增加和身体承受能力的减弱,正气受损日见明显,可表现热胜化火犯肺灼津,甚至肾阴暗耗,证见潮热、盗汗、口干、肌肤干枯、五心烦热、面色苍白、疲乏无力、气短懒言、纳差、舌红少津、脉细数,甚则咽喉肿痛,直至溃烂,更甚者因热胜肉腐,肺肾燥热津亏,出现咳嗽、气急、痰多、发热重、恶寒轻,舌体胖大边有齿印等脾肾两虚诸证。

3 放疗副反应的中医辨治

由于放射治疗投照的不同部位、不同时期,临床出现的症候特点也各不相同。

3.1 头颈部

靠近头颈部的放疗患者多见口干舌燥、肌肤干枯、咽喉溃烂疼痛、多痰涎、且不易咳出,舌红少津或光剥无苔,脉细数无力,治疗以养阴清热、生津润燥为主,药以升脉散加味,其中可参用西洋参或南北沙参,再加女贞子、旱莲草、木蝴蝶、石斛、花粉、银花、连翘、象贝、丹皮、赤白芍、蛇舌草、半枝莲等。

3.2 胸肺部

照射胸肺部患者多见咳嗽较剧、或干咳少痰、或痰多黏稠不易咳出、气短或气促,神疲懒言、纳差、便坚等,甚则出现放射性肺炎,常用清热解毒为主,辅以活血化瘀理气,可以百合固金汤加紫菀、冬花、杏仁、南北沙参、银花、三叶青、黄芩、鱼腥草、大腹皮、柏子仁、当归、赤白芍、广木香、佛手等。

3.3 躯体下部

靠近躯体下部放疗者易出现消化道胃肠功能失调,如纳呆、腹胀、恶心、肠鸣腹泻,治以健脾理气、降逆止呕。药用归芍异功散加半夏、象贝、竹茹、木香、神曲、焦山栀等消导剂。

3.4 全身

放射治疗的全身反应,常常有头晕乏力、白细胞减少、面色皖白、神疲困倦、纳差,治以健脾益气养血,方选补中益气汤,加入女贞子、旱莲草、杞子、白芍、菟丝子、补骨脂、象贝、仙鹤草、焦山栀等。(余 静)

沈炳章验方选

【名老中医简介】沈炳章(1943～)主任医师,副教授。1962年毕业于太仓卫校。曾任太仓市中医院门诊部主任,中华中医药学会会员,江苏省中医药学会脾胃病专业委员会常务委员,苏州市中医药学会脾胃病专业委员会副主任委员。江苏省名中医。擅长内科杂症的治疗。发表论文10余篇。

清胆和胃汤

方药:黄连6g,黄芩10g,陈皮6g,茯苓15g,党参12g,半夏10g,香附10g,枳壳10g,白芍10g,甘草5g,吴茱萸3g。

功效:清胆泄热,和胃降逆。

主治:胆汁返流性胃炎。

用法:水煎服,每日1剂,早晚各1次,饭后温服。

方解:胆汁返流性胃炎是由于各种原因引起贲门功能不全,胆汁异常返流入胃,胆汁中的胆盐、溶血卵磷脂、胆汁酸等成分破坏了胃黏膜屏障,导致胃黏膜充血、水肿、糜烂等炎症改变。祖国医学认为其病机为肝胃失和,湿热中阻,胆胃相悖,气机紊乱,升降失常,导致胆液上逆于胃。治以清胆泄热,和胃降逆。方中连、芩苦寒,清胆泄热;陈皮、半夏和胃降逆;香附、枳壳行气消积,以减少胆汁返流;佐以党参、茯苓健脾渗湿;白芍、甘草酸甘化阴,解痉止痛;参入少量吴茱萸,则防苦寒太过伤胃,且与黄连,为"左金"之义,能增强降逆和胃之功。诸药合用,胃得顺降、湿热下行,则返逆亦平。切中病机,故获良效。

加减:疼痛甚者,加川楝子、延胡索各10g;上腹部饱胀者,加苏梗、木香各10g;泛酸甚者,加煅瓦楞、代赭石(先煎)15g;恶心呕吐甚者,加旋复花、姜竹茹各10g;伴有食管炎者,加蛇舌草、蒲公英各18g;胃黏膜糜烂出血者,加乌贼骨、象贝母各12g、三七粉(冲服)5g;大便干结者加大黄、槟榔各10g。

沈绍功妇科经验

【名老中医简介】沈绍功(1939～)主任医师,教授,博士生导师。现任中国中医研究院基础研究所胸痹急症研究室主任、国家中医药管理局医政司胸痹急症协作组组长。享受国务院政府特殊津贴。第三批全国老中医药专家学术经验继承工作指导老师。上海沈氏女科第十九代传人。从事医疗、科研、教学及管理工作40余年,擅长治疗妇科经、孕、产、乳、不孕不育症、冠心病、高血压、肿瘤、糖尿病、脑血管等疾病。

不孕症

沈绍功在不孕症诊治中,强调调经种子的重要作用,提出调经三步序贯法(经前调气、经期调血、经后缓图),配合家传五法,内外同治,"三疗"综合,收到种子即在调经之中的满意疗效。

1 调经三步序贯法

沈绍功认为：女子的经带胎产无不以血为主，而肝藏血，故女子以肝为本。月经不调是不孕症的重要原因，故调经也是治疗不孕症的重要途径之一。根据月经的不同时期特点提出：

1.1 经前调气

有反应始，如胀、烦、肿、痛者作为经前期。因反应不同而分为三类：

①气滞者：乳胀胁满，少腹引痛，烦怒不安，舌苔薄黄，脉弦细。宜疏肝行气。因妇人多郁善怒，情志变化最显，气结则血亦结，经前气滞最多见，故有调经不理气，非其治也。投用加味逍遥散。选用柴胡、白术、赤白芍、当归、鸡血藤、石菖蒲、郁金、益母草、蒲公英、川楝子、丹皮、栀子，再加调整内分泌的泽兰、茜草、龟版、鳖甲、川断、女贞子。

②气虚者：纳差便溏，面浮肢肿，气短乏力，舌淡，苔白，脉细无力，宜补中益气。投补中益气汤，选用生黄芪、党参、白术、黄精、仙鹤草、太子参、淮山药、扁豆衣、大枣、升麻、柴胡，再加调整内分泌的丹参、川断、郁金、石菖蒲。此法着重调理脾胃，据“脾胃为生化之源”，脾气一旺，胃气自兴，精微敷布，新血化生，月经自调。

③宫寒：腹凉下坠，隐痛筋掣，形寒乏力，苔薄白，舌质淡，脉沉细迟。宜暖宫，投温经汤。选用党参、阿胶、当归、白芍、桂枝、炮姜、炒橘核、乌药，再加调整内分泌的枸杞子、蛇床子、菟丝子、仙灵脾、河车粉、鹿角霜、补骨脂。

1.2 经期调血

见红时便进入经期。有“三则”、“四类”、“五加味”。

①三个治则：问量定法，量多者补气摄血，药用生黄芪、仙鹤草、杜仲炭；量少者活血通经，药用红花、泽兰、血丁。温凉定性，凉者温之，选用炮姜、桂枝、鹿角霜；热者寒之，选用丹皮、栀子、赤芍。注意调肝，因女子以肝为本，根据情况不同，选用疏肝（柴胡、郁金、香附），柔肝（当归、生白芍、枸杞子），温肝（乌药、炮姜、肉桂、花椒）等调肝之品。

②四症举例：如量多腹凉，方用胶艾四物汤，药用熟地 15g，当归、白芍各 10g，阿胶 15g（烊化），艾炭、肉桂炭各 10g，生黄芪 15g，党参 10g，炒橘核、赤石脂各 15g，生牡蛎 30g，荆芥炭 10g。量多腹热，方用栀芩四物汤，药用生地、当归、生栀子、黄芩炭各 10g，薄荷炭、茜草、地榆各 10g，乌贼骨 15g，藕节炭、乌梅炭、香附、丹皮各 10g。量少腹凉，方用八珍汤，药用生黄芪 15g，当归、党参、桂枝、川芎各 10g，牛膝 15g，柴胡、炮姜各 10g，鸡血藤 15g，云南白药 1g（冲）。量少腹不凉，方用桃红四物汤，生地黄、归尾、赤芍、川芎各 10g，丹参 30g，桃仁、红花、泽兰、香附、茺蔚子各 10g，三七粉 3g（冲）。

③五个随证加味：腹痛可选玄胡、郁金、蚕沙、五灵脂、地龙、益母草；便溏可选生龙牡、炒白术、山药、煨葛根、余禹粮、补骨脂、金樱子、五倍子；浮肿可选防己、桑白皮、生黄芪、泽泻、冬瓜皮、云苓、车前草；腰酸可选鸡血藤、老鹳草、狗脊、桑寄生、川断；烦热可选知母、黄柏、生地、丹皮、川断。

1.3 经后缓图

经净后至反应前属经后阶段。根据偏肾虚、偏脾虚及偏寒偏热不同，选用丸药缓服，避免煎药之苦是沈绍功的一大特点，深得患者喜爱。利用肾的阴阳互根，脾为气血之源的原则，偏肾虚的补肾为主，选用杞菊地黄胶囊合女金丹，偏脾虚以健脾为主，选用香砂六君丸合乌鸡白凤丸，再根据偏寒的配用艾附暖宫丸，偏热的配用加味逍遥丸。

适当加味：各证型可选加调肾种子药蛇床子、菟丝子、金樱子、肉苁蓉、黄柏、川楝子、龟版、泽兰。止带药，女子经带生理上相关，病理上相连，所以根据带下情况选用止带三子：散风的炒苍耳子，祛寒的蛇床子，化湿的地肤子；或根据舌苔情况选用家传止带效方：苔薄者地黄汤化裁（生地、黄精、泽泻、云苓、蛇床子、仙鹤草、生杜仲、扁豆衣、鹿角霜）；苔腻者温胆汤加减（竹茹、枳壳、云苓、陈皮、生苡仁、生牡蛎、生龙骨、海蛤壳、莱菔子、海藻、泽兰）。结合现代医学选调整皮质中枢的石菖蒲、郁金及调整内分泌功能的蛇床子、女贞子、菟丝子、川断、龟版、肉苁蓉、茺蔚子、五味子。

2 家传五法

2.1 调肾法

适用于腰酸形寒，性欲冷淡，苔薄白，舌质淡，脉沉细，药用蛇床子、金樱子、菟丝子、女贞子、枸杞子、川楝子、伸筋草子各 10g，五味子 5g，车前子 30g。

2.2 和营法

用于月经不调，闭经痛经，苔薄黄，舌质紫暗，脉细涩，选用生地、当归、白芍、泽兰、桂枝、川断、女贞子、鸡血藤、伸筋草各 10g，龟版、香附各 15g，三七粉 3g（冲）。

2.3 止带法

用于带下有味，外阴瘙痒，小便不畅，苔薄黄腻，脉象细滑，药用炒苍术、生苡仁、川萆薢、野菊花各10g，黄柏、川牛膝、土茯苓各15g，蝉衣5g，车前草30g，肉桂3g。

2.4 开郁法

用于恼怒忧郁，乳房有块作痛或子宫肌瘤，经前反应重，经后情绪差，苔薄白，脉弦细。药用柴胡梢、橘叶、公英、红花、石菖蒲、郁金、桂枝、路路通、山慈姑各10g，夏枯草、云苓各15g，三七粉3g（冲）。

2.5 化痰法

用于经量渐少，形体发胖，面有黑斑，纳谷不香，苔薄腻，脉细滑，药用竹茹、枳壳、云苓、炒苍术、法半夏、蛇床子、泽兰、莱菔子各10g，陈皮、川断各15g，丹参、全瓜蒌各30g。

3 内外同治

内服是治疗不孕症的重要途径，但配合外治可以大大提高不孕症的成功率。外治可用有效内服方加花椒20粒再煎坐浴；或选用蛇床子、菟丝子、补骨脂、川楝子各10g，女贞子、香附各15g，煎水以熏洗、内灌、浸泡。并配合针刺艾灸，分清寒热辨证取穴：关元、气海、足三里、三阴交、子宫、百会、命门。

4“三疗”综合

药疗有内服外治不同，仅靠药疗还不够，应配合“三疗”即意疗、体疗、食疗方可相得益彰。

①意疗：即通过以情胜性及以理移情方法使患者精神放松，有利于大脑皮质的调节，从而使丘脑－垂体－性腺轴分泌功能正常。

②体疗：即通过健身炼志及转移稳态法，使患者身体强壮，抵抗力增加，气血流通，精神爽快，放松紧张情绪，有利于药效提高。

③食疗辅助，即忌口：香菜、芹菜、油菜、棉子油不食；多食韭菜、虾、蘑菇、木耳、花生、蚕蛹。（杨大坚）

子宫肌瘤

子宫肌瘤属中医癥瘕、崩漏范畴，为临床多发病，常法均按俞嘉言所云：“不外水裹气结血瘀”而疏通治之，大多投王清任之逐瘀汤类。沈绍功临证以调肾立法，佐以活血化瘀，软坚散结。肾为先天之本，元气之根，主藏精气，在五脏六腑中惟独肾脏既阴又阳，既水又火，是人体生命活动的原动力。调肾者必调阴阳。由于阴阳互根，阳衰可及阴，阴损可及阳，故当遵循景岳之训：“善补阳者必于阴中求阳，则阳得阴助而生化无穷；善补阴者必于阳中求阴，则阴得阳升而泉源不竭。”即在温补肾阳时，稍配滋阴之品，如枸杞子、女贞子、旱莲草、杜仲、寄生辈。在滋补肾阴时，稍佐温阳之品，如蛇床子、仙灵脾、菟丝子、肉苁蓉、巴戟天类。临证时应用“调肾法”，一般以杞菊地黄汤为基本方，再佐以1～2味温阳之品。其中生地滋肾阴为君，以黄精易山萸肉伍枸杞子滋肝肾之阴，且兼补脾气，系气阴双顾，山药滋脾肾之阴为臣，4味相得益彰，肝、脾、肾阴俱滋；泽泻、云苓，淡渗利湿，滋而不滞为佐；丹皮、菊花，清泄虚火，温而不炎为使；伍1～2味温阳之品，常用蛇床子、仙灵脾以阳中求阴。然后再随证和随病加味，成为有效的调肾基本方。

子宫肌瘤与内分泌紊乱有关，沈绍功还多用经验方“二仙汤”化裁。方用仙灵脾、蛇床子（因仙茅温燥有小毒，故以蛇床子代之）、知母、黄柏、当归、巴戟天各10g。临证加味：如行气活血透窍，调整大脑皮层功能加石菖蒲、郁金各10g；调肾阴阳加生杜仲、桑寄生各10g；调理冲任加泽兰、鸡血藤各10g；升清降浊加川芎、川牛膝各10g；宁心安神加炒枣仁15g，夜交藤30g；补而不滞加茯苓、陈皮各10g。瘀血闭阻，郁久成癥，沈绍功常用“桂枝茯苓丸”加减。桂枝、茯苓、赤芍、丹皮、桃仁、香附、当归、鸡血藤各10g，红花5g，丹参30g。“桂枝茯苓丸”有成药，其服法为经期汤剂每日2次送服成药，平时汤剂每剂煎2次，分2个晚上服，上、下午各服成药。软坚散结可用夏枯草、海藻各15g，山慈姑、浙贝母各10g，生牡蛎30g。以上诸药随证选加，与调肾法配合可大大提高消癥的疗效。

案1 徐某某，37岁，近半年来经潮如崩，近旬方尽，经行腹凉且痛，腰酸下坠，五心烦热。经后神疲乏力，形寒怕风，纳便尚调，夜寐亦酣。检查诊断为“多发性子宫肌瘤”，如怀孕6周大小，西医动员手术切除，因恐惧而服中药百消丹等成药，活血化瘀汤剂，经量不减，肌瘤不小而来诊。检查：苔薄黄，质较红，脉沉细，尺部弱。辨证：舌红脉细尺弱虚证之象。肾司天癸，肾阳不振，形寒腹凉，烦热经崩，肾亏则腰下坠，神疲乏力。其病在肾，证属阴阳失调，水火俱亏。诊断：肾阴阳俱亏证，子宫肌瘤。治法：调肾阴阳，宗《医级》“杞菊地黄汤”出入。枸杞子、白菊花、生地、蛇床子、黄精、丹皮、当归、仙灵脾、桂枝、茯苓、白芍、仙鹤草各10g，川断15g，三七粉3g。上方每日1剂，水煎分2次服。服药1剂，月经来潮，共服7剂，经行已尽，经量明显减少，烦热腰酸均有缓解。嘱服杞菊地黄胶囊和益母草膏，至下月经临再服原方，坚持调理，3个月后复诊，月经已正常，症状亦消失，苔薄黄，脉弦细。B超复查，子宫肌瘤数量明显减少，体积缩减，现仅存3个，最大1.8cm。上方加生杜仲、桑寄生、山药、山慈姑各10g,5剂。共研细末,装入1号胶囊,每日3次,每次5粒。坚持服药半年,带病友门诊,告之B超检查子宫肌瘤完全消失。

按 本案无气滞血瘀证候可辨,反以肾亏阴阳失调所见,症脉均显,故不能绳之以疏通,以免更伤其正。用"杞菊地黄汤"佐"阳中求阴"而调肾之阴阳,兼以柔肝。滋阴者生地、黄精、枸杞子;温阳者仙灵脾、蛇床子、川断;双补者杜仲、寄生;柔肝用当归、白芍、白菊花;丹皮清肝止血又定痛,仙鹤草补气止血又健脾,三七和血止血又疗痛。再投"桂枝茯苓丸"专治子宫肌瘤的两味主药,桂枝温中调经,阳中求阴,云苓健脾宁神配山药脾肾同治。全方突出调肾,兼顾肝脾,配伍全面,相得益彰,故收桴鼓之效。(沈 宁)

沈舒文临床经验

【名老中医简介】沈舒文(1950~)主任医师,教授,硕士生导师。毕业于陕西中医学院医疗系。现任陕西中医学院中医系主任,中医内科导师组组长。陕西省中医药学会脾胃病专业委员会副主任委员,全国中医高等教育学会理事。从事临床教学科研近30年,擅长治疗消化系统疾病,如萎缩性胃炎、消化道溃疡、结肠炎、肝硬化、结石病、风湿病、糖尿病等。主编《中医内科病症治法》《内科难治病辨治思路》等论著5部,发表学术论文30余篇。

胃癌前病变

1 毒瘀交阻损胃络,治实谨守毒瘀

沈舒文认为PLGC虽为本虚标实,但病变过程中具有因邪致虚,因虚致邪的转化特点。其邪实是导致其虚,乃至损伤胃黏膜致肠上皮化生的直接病理因素,邪实的病理特征是毒瘀交阻,毒乃是滋存于胃的幽门螺杆菌(HP)。有报道,HP感染发生肠上皮化生是非感染的9.7倍,胃黏膜异型增生HP检出率高达89.5%。毒的属性多以湿热为表现,湿热是否显露于临床,取决于中气的虚实,所谓"中气实则病在阳明",湿热易现;"中气虚则病在太阴"(《薛生白外感温热篇》),湿显而热隐。瘀是在感染毒邪之后滞气进而凝血,所谓"凡气既久阻,血亦应病,循行之络自痹"(《临证指南医案》),即叶天士所谓:"病初气结在经,病久血伤入络"是也,毒与瘀交阻胃络,从而导致胃黏膜腺体萎缩,肠化增生。有研究报道,慢性胃炎伴肠上皮化生或胃黏膜异型增生其中舌有瘀象者占64.9%。实验报道,萎缩性胃炎胃黏膜血流为正常53.9%,进展性胃癌的微循环灌注已处于血供不良期,表明胃络瘀血的存在。沈舒文认为,本病虽有气阴虚的一面,但气阴虚往往是因毒、瘀、气致虚,邪实虽有气滞、湿阻、食积的存在,但诸邪之中毒与瘀最为关键,故而,他治疗本病,不论病程中正邪如何变化,始终抓住毒与瘀这个根本性病理治疗,扶正兼治毒瘀,祛邪更围绕毒瘀。

2 毒瘀滞气调气机,降逆和胃化毒瘀

胃主纳降,脾主升运,气机的升降是脾胃的重要功能。当HP滋存于胃,邪毒蕴郁,先伤胃气,壅胃碍脾,继伤胃络,瘀凝胃络。不论是阳明旺邪从热化以嘈杂,烧心,口苦,苔黄,湿热易见,还是太阴虚邪从湿化以脘腹胀满、纳差、苔腻为候,一般都有饱满、嗳气、呃逆等胃气郁滞,失于和降的证候表现,即使有胁肋胀,肝气郁或腹胀满,脾气虚都会影响到胃气的和降。故而沈舒文在毒瘀滞气证候中,清化湿热毒邪,化除胃络凝瘀的同时尤注意降胃气。清化湿热常用黄连、黄芩、半枝莲、蒲公英等具有解毒作用的清湿热药;化胃络凝瘀常用朱砂七、丹参、黄药子、三七、刺猬皮;降胃气常用枸橘、佛手、苏梗、甘松之属。

案1 刘某,女,58岁,凤翔县城关镇人。2003年5月10日以胃脘胀满,疼痛4年,加重伴嘈杂1月为主诉就诊。患者自诉4年前因饮食不慎出现胃脘胀满,疼痛,食后尤甚,嗳气后减轻,经服多种中西药效不佳。近1月上述症状加重且出现胃脘嘈杂不适。查胃镜示:1.慢性萎缩性胃炎;2.胆汁返流;病理报告:中度不典型增生(胃窦),HP(++)。现证:胃脘胀满疼痛,烧心,嘈杂,空腹时尤甚,食后减轻,纳差,二便调,舌红、苔薄黄,脉沉细弦数。辨证:毒瘀交阻,胃气郁结。"三联"(阿莫西林、克拉霉素、奥美拉唑三药联用)治疗10d后,以具有解毒化瘀,行气散结功效的金果胃康胶囊(由半枝莲、枸橘、朱砂七等组成)口服,每次6粒,每日2次,饭前半小时温水送服,连续服用6月,其间因乏力加服参芪冲剂1月。12月6日复诊,胃痛,饱胀,烧心消失,偶有嗳气。查胃镜示:慢性萎缩性胃炎(轻度),病理未报告有肠化生及不典型增生。

3 气阴两虚养胃阴,兼顾其标化毒瘀

如前所述,HP是PLGC的主要致病因素,感染

HP,“阳旺之躯,胃湿恒多”,疾病以湿热为表现。热为阳邪易伤阴,湿为阴邪易伤气,湿热久蕴于胃,耗伤胃阴,伐残胃气,导致气阴两伤。气虚运血乏力,阴虚津不濡络,尤其津不濡胃络致胃络瘀滞,血运不畅,瘀凝胃络,从而更因虚致实,形成气阴两虚为本,毒瘀交阻损络的病理状态。在 PLGC 中,气阴虚与毒瘀实彼此波动消退动变于多数病例的进程中。沈舒文以为,其气阴两虚,阴虚重于气虚,临床中口干、舌红、乏力、纳差等为佐证,这是湿热致虚的病理特性所决定的。而毒与瘀之中,早期疾病,毒重于瘀,中后期瘀重于毒,具毒瘀交阻,与气相结,也可兼湿阻,兼食滞。故补虚治本,养胃阴要在补胃气之上,常用太子参、西洋参、百合、黄精甘平之品,气阴双补,尤常用麦冬、石斛配半夏,刚柔相济,养阴和胃。毒瘀之治,早期重用苦寒清热燥湿,兼化毒瘀;中后期以化瘀通络为重,稍用苦寒。沈舒文认为中后期 HP 多无强阳性,邪毒已成强弩之末,胃黏膜损伤的主因是瘀阻气结,所以补虚化瘀散结当在解毒之上。

案 2 王某,男,62 岁,长安县高桥人。2003 年 12 月 16 日初诊,以反复发作性胃脘疼痛 5 年为主诉,5 年前无明显诱因出现胃脘疼痛,经服多种中西药效果不明显,症状时轻时重。2 月前查胃镜示:慢性萎缩性胃炎伴胃黏膜糜烂。病理示:中度不典型增生伴肠化生。现证:胃脘疼痛,夜晚及空腹时尤甚,饭后减轻,伴反酸,烧心,嗳气,口干,乏力,大便稍干,舌淡红少津苔薄黄,脉弦细数。辨证:气阴两虚,毒瘀交阻,胃失和降;用药:太子参、丹参各 20g,石斛、焦栀子各 12g,麦冬、半夏、苏梗、佛手、刺猬皮各 10g,吴茱萸 6g,黄连 5g,三七粉(冲)、甘草各 4g。服用 12 剂后,口服金果胃康胶囊,每次 6 粒,每日 2 次,饭前半小时温水送服,连用 6 月。2004 年 6 月复诊,胃痛,反酸,烧心,口干,嗳气消失,偶有乏力。查胃镜示:慢性萎缩性胃炎(轻度),病理报告未示肠化生及异型增生。

4 脾虚温运化寒湿,行气化瘀重散结

阳明胃腑虽阳气隆盛,但在慢性萎缩性胃炎发展为 PLGC 的较长病程中,每用寒冷残伤胃阳或胃病久延,脾气受损,致胃纳脾运失常,水谷不能化精微,脾气渐虚,纳差,乏力日显,同时胃脘隐痛,饱胀,嗳气,呃逆,稀便日作,则酿成脾胃虚寒为本,气滞络瘀为标的证候类型。此证的毒多以寒湿为临床特征,脘胀而纳差苔白腻,治本在温补运脾,沈舒文常以理中丸补运脾气;隐痛而苔薄黄面色少华,以黄芪建中汤温建中宫之气;解毒每从寒湿治,用煨姜、厚朴与枸橘、九香虫配伍;化瘀每用丹参饮、三七粉;行气化瘀尤重散结,每用枸橘、山慈姑、黄药子。

案 3 吴某,男,46 岁,西安市某厂职工。2004 年 5 月 12 日初诊,以胃脘隐痛 3 年为主诉,诉 3 年前因饮食生冷后出现胃脘隐痛,间断治疗服药,症状时轻时重,12d 前查胃镜示:慢性萎缩性胃炎,病理示:中度肠上皮化生。现证:胃脘隐痛,喜温喜按,腹胀食后尤甚,纳差,呃逆,稀便,舌暗、苔白腻,脉沉细弦。辨证为脾胃虚寒,湿阻气滞,胃络血瘀;用方:炙黄芪、丹参各 20g,党参 15g,白术、厚朴、枸橘、檀香、山慈姑各 10g,干姜 12g,九香虫各 6g,砂仁 5g(后下),炙甘草 4g。服用 10 剂后,口服金果胃康胶囊,每次 6 粒,每日 2 次,连用 6 月,其间因大便稀加服氟哌酸 7d。2005 年 2 月复诊,胃脘隐痛,腹胀,纳差消失,偶有稀便,呃逆,胃镜示:慢性浅表性胃炎。(宇文亚)

溃疡性结肠炎

1 病因病机

沈舒文强调脾胃虚弱是发病的基础,脾胃虚弱为本,湿热、寒湿、瘀毒为标。或因感受外邪;或因饮食不慎;或因忧思恼怒,引起大肠传导失司,气机不畅,通降不利。湿热、寒湿、瘀毒结于肠道,损伤肠膜脉络而病。此三邪中,尤当强调湿邪为患。因脾胃虚弱,运化功能减退,不能化水谷为精微,反聚为湿。而脾喜燥恶湿,脾虚与湿邪互为因果,相互影响。且湿邪重浊粘腻,难于速去,故病多缓慢,反复迁延难愈。

2 临证心得

2.1 发作期首分湿热与寒湿

结肠炎患者体质胃阳旺者以湿热证多见,脾阳虚者以寒湿证为主。

湿热证可见腹痛,腹泻,黏液脓血便,大便涩滞不爽或里急后重,身热,下腹坠胀疼痛,口苦,小便短赤,舌苔黄腻,脉滑数。治宜清化湿热,理气导滞。方药如下:太子参 20g,黄连、黄柏各 8g,秦皮、槐花、酒制大黄各 10g,白芍 30g,木香 6g,炙甘草 5g。便中脓血多加白头翁、地榆各 20g。

寒湿证见下腹冷痛,赤白黏冻便,白多赤少,或纯为白冻,大便滞涩或腹泻,口淡乏味,胃脘痞闷,不渴,小便清长,舌质淡苔白腻,脉濡缓。治宜温运中阳,化湿行气。方药如下:人参、防风各 8g,煨姜、茯苓各 12g,白术、枳实各 10g,炙甘草、黄连、吴茱萸、砂仁、木香、炒升麻各 6g,赤石脂 30g。

此期以湿热证为多,但寒湿证亦非鲜见。治疗上以调气活血祛湿,通因通用为大法,沈舒文临床常将清化肠热药配对使用，如先用白头翁配黄柏，继用黄连配秦皮，或蒲公英配马齿苋；血便槐花配地榆，或槐花配仙鹤草，可适当避免耐药性。寒湿证者，温化寒湿同时可适当加用风药如：升麻、防风、柴胡等，因风药气清性燥，多能燥湿，且能鼓舞脾阳，宣升肺气，清升则浊降，泄泻乃愈。

2.2 迁延期标本兼治

迁延期多见下腹隐痛，大便稀溏，赤白黏液便或有或无，经久不愈，食少纳差，乏力，舌淡苔白，脉虚弱无力。系脾肾阳虚，寒湿滞肠。治宜健脾温肾，化寒湿而导滞肠。药用：党参、白术各15g，干姜、陈皮、补骨脂、肉豆蔻各10g，白芍30g，吴茱萸8g，炙甘草5g，黄连、防风各6g。若下腹隐痛，大便不稀，偶有黏液，乏力，口干，舌红少苔，脉细数者，系阴血亏虚，宜滋养阴血，化瘀生肌。方药如下：黄连6g，当归、干姜、枳壳各10g，白芍、生首乌各15g，乳香、没药各8g，炙甘草5g。

沈舒文认为泄泻日久，脾虚湿困，气机阻滞，虽有虚象，仍不能一味蛮补而壅滞气机，当动静结合。注意活血药和理气药的恰当应用。可适当选木香、厚朴、陈皮、枳壳、佛手、莱菔子等，使气顺则湿化，并可避免滋补药呆滞所致腹胀的产生。活血药可加速局部血液循环，有利于局部水肿炎症的消退，可选川芎、赤芍、当归、丹参、乳香、没药、三七等。他认为生肌促愈合黄芪、乳香不可少，黄芪要重用30g以上。

2.3 缓解期补益脾肾

本病具有易控制，易复发的特点，如何有效的防止复发成为治疗的难点。沈舒文认为脾气虚弱是疾病缓解期的基本病理特征，因而应把益气健脾放在重要位置。脾主肌肉，脾气健，则能促进病损肠黏膜修复。方选七味白术散加味，药用人参、白术、当归各10g，茯苓、黄芪、葛根、丹参各15g，乳香、木香、炙甘草各6g。或长期服用六君子丸。

此期重点在于提高免疫力，改善易感基因，防止疾病复发。用药以益气健脾为主，少佐补血活血之品，同时嘱患者坚持服药，并避免饮食辛辣刺激及过于油腻肥甘之品，避免情志不畅或紧张，减少诱发因素。

2.4 便稀与滞涩，涩通温清并用

若临床见大便溏不成形，但又涩滞不爽，沈舒文常将枳实、槟榔、莱菔子等消导药与赤石脂、乌梅、石榴皮等收涩药并用；肉豆蔻、炮姜、附子、补骨脂等温补药与黄连、黄芩、秦皮、白头翁、马齿苋等清利药同用，使清利之品以温运药助之，既可祛邪，又可扶正。

2.5 结合结肠镜表现用药

若镜下见肠黏膜充血，色红者为热，加用黄连、黄柏；若肠黏膜充血糜烂者为热甚，加黄连、银花、连翘；若肠黏膜水肿，色白者为寒，加藿香、干姜；若肠黏膜松弛者为气陷，加黄芪、升麻、柴胡；若肠黏膜广泛苍白者，为气血虚，加黄芪、当归；若肠黏膜附着黏液较多者为湿热，加黄连、薏苡仁。

3 典型病案

雷某，男，43岁，农民，咸阳礼泉人。2005年3月25日初诊，以腹痛，黏液脓血便2月为主诉求治。证见腹痛腹泻，便质稀，夹赤白黏液脓血，量不多。便时肛门灼热，无明显里急后重。乏困纳差，舌红苔黄腻，脉滑数。查结肠镜示：溃疡性结肠炎。诊断为溃疡性结肠炎。辨证属湿热滞肠，气血凝滞。治宜清化湿热，凉血导滞。方药：白头翁、蒲公英各20g，地榆炭12g，黄柏8g，秦皮、槐花、枳壳、槟榔各10g，白芍15g，黄连、木香各6g，党参15g，马齿苋30g。6剂水煎分早晚服。4月1日二诊：腹痛及大便脓血黏液均明显减少，每日排便3~4次。舌淡红、苔黄厚，脉滑数。守法治疗，效不更方。原方继用6剂。服法同前。4月8日三诊：大便脓血消失，偶有黏液，便前腹痛，便后痛减，每日4次左右，便质稀，无灼热感。舌淡红、苔白，脉滑。湿热有所清泄，脾虚湿盛尚存。在清热利湿基础上，佐以健脾益气。前方去白头翁、地榆炭、马齿苋，加薏苡仁30g，乳香、陈皮各10g，白术15g，防风6g。6剂水煎服。4月15日四诊：大便黏液消失，腹痛不明显，唯觉困倦乏力，大便日2次，糊状，舌淡红、苔白，脉沉滑。转以益气健脾，理气化湿出方，前方加黄芪20g，茯苓、乌梅各15g。6剂水煎服。4月22日五诊：大便基本正常，腹不痛，无明显乏困。4月15日方去黄连加丹参15g。10剂水煎服，隔d1剂。5月10日患者来诉药将服完，无不适，大便正常。嘱患者坚持口服六君子丸3月。至今未复发。（樊振 李恒 颜莉芳）

肠易激综合征

1 抑木扶土法

肠易激综合征是以胃肠道生理功能紊乱为突出表现的功能性疾病，虽然发病机制不明，但多数学者认为与肠道动力学改变、结肠分泌和吸收功能异常以及肠道菌群失调有关，且往往因情志波动如焦虑、愤怒、精神紧张、抑郁、恐惧等而激发，即精神刺激、情绪波动是导致胃肠道功能紊乱形成本病的内动因素。沈舒文认为，肝禀春木之性，主疏泄，脾为湿土之脏，主运化，脾之运化有赖肝之疏达。若情志伤肝,肝失柔和,郁抑之气横逆所指,脾土受伐,以致脾失健运,升降失常,泄泻乃作,所谓“肝为起病之源,脾为传病之所”,当属肝旺脾虚之证,同时指出此类证型乃本病最为多见之证。正如张景岳等人所说:“凡遇怒气而作泄泻者……此肝脾二脏之病也。盖以肝木克土,脾气受伤而然”。由于本病初期的主要病机是肝旺乘脾,肝郁脾虚,故治宜抑木扶土,泻肝健脾,主张以痛泻要方合百合汤为基础方加减。药物组成:白芍、白术、陈皮、防风、百合、乌药、青皮、木香、枳壳、葛根、炙甘草。

沈舒文认为,抑肝泻肝在于阴柔,泻木而不在于辛散疏木,若变柔为疏,疏之可助木性生动,使“肝愈强而脾愈虚”,故常用酸柔之白芍柔和肝体,缓肝之急,抑制肝阳变动之性,且用量随脾气渐复而递减,才能做到柔肝不碍脾的作用,与白术相配,土中泻木。脾虚不散津,津凝变为湿,湿滞肠道,故治脾宜用甘苦微燥之党参、白术健脾运中,且健脾不忘升阳化湿,不宜妄投温燥,以免温燥致肝愈强而伐戕中州。陈皮、木香行脾胃之气而化湿;青皮、乌药疏达肝气而止痛;枳壳破泄滞气,消食导滞;葛根、防风升阳荡风,解肝郁,疏肝气;百合滋胃养心,解除焦虑心烦,安抚神志;炙甘草缓急止痛,调和药性。诸药合用,木气得泻而柔顺畅达,不复乘土;脾气得健而中旺湿化,不惧木犯,且化湿行气,故诸症可除,疾病告愈。

2 升阳导滞,荡风化湿法

若患者表现以便溏腹泻、便次增多且大便不爽为主症,兼以腹坠肠鸣者,则多为湿滞大肠气机的典型临床特征,以结肠运动障碍为主。沈舒文认为,湿滞气机虽湿滞在肠胃,但关乎脾不升清阳。脾与胃纳运相助,升降有序是维护胃肠功能正常进行的基本条件,所谓“清阳升则谷精运,谷粕降则腑气通”。若脾不升清,则谷不为精反成湿滞,谷浊下流便发溏泄,即《内经》所云:“清气在下,则生飧泄”。又因湿性粘滞,易阻滞气机,湿滞于肠,肠道气滞,传导不利,便下不爽,故便溏与便滞交替出现。治宜升阳导滞,荡风化湿,常用升阳导滞汤加减。药物组成:党参、白术、茯苓、葛根、炒升麻、木香、枳壳、槟榔、防风、白蔻仁、肉豆蔻、炙甘草。其中党参、白术、茯苓、炙甘草补益脾气;葛根、炒升麻升发脾胃清阳,共济则益气升阳;木香疏利气机;枳壳、槟榔行气导滞,通降腑气;白蔻仁化湿和胃;肉豆蔻温涩止泻。而加防风其意何在?沈舒文在对本病的长期诊疗实践中深刻认识到:本病若健脾无功,宜配合升阳荡风之剂,所谓荡风者,用升浮之药如防风、升麻、白芷之属,鼓荡脾胃气机升浮,展气流湿之谓也。人常以风药散外湿,殊不知风药荡风化肠湿确有卓效,正如《医宗金鉴·泄泻》所说:“如地上淖泽,风之即干”。临床实践证明,风药防风、升麻之属鼓风荡湿,用于本病泻后便意未尽,下腹有坠胀感者,有桴鼓之效。该方将导滞化湿植于补脾升阳之内,使清升浊降,湿化滞通,腹泻便滞得除。

3 分离水湿,涩肠止泻法

本病患者多有慢性腹泻,复因情致因素或饮食不慎而激发暴泻。若以腹泻清稀,甚如水样为主症,伴脐周不适,阵发腹痛,肠鸣漉漉,此为肠内水湿过盛,内迫下注为患,当以小肠功能障碍为主要病理基础。沈舒文认为,水湿内聚缘于脾失健运,健脾固能运湿,但只适宜于脾虚而湿微者,今水湿内盛,湿困中州,独进甘补温运犹如杯水车薪,水湿难以疏利。此时最宜分利水湿,疏利三焦水道,开通“支河”以流湿,即利小肠而实大肠也,正如《医宗必读·卷七·泄泻》所云:“使湿从小便而去,如农人治涝,导其下流,虽处卑隘,不忧巨浸”。利小肠(亦即利小便)固然能实大肠而止泻,但水泻急暴,不固涩肠腑不足以挽狂澜,故治宜分利水湿与固涩肠腑相兼顾,常以胃苓汤合四神丸加减。药物组成:茯苓、猪苓、泽泻、白术、人参、补骨脂、肉豆蔻、吴茱萸、五味子、厚朴、陈皮。其中茯苓、猪苓、泽泻渗利水湿,疏利三焦,开通“支河”以流湿;人参、白术补益脾气,输转脾津;厚朴行气消胀;陈皮行气和胃,使气行则湿随气化;补骨脂温助肾阳,助火暖土而止泻;肉豆蔻温脾暖肾,涩肠止泻;吴茱萸温暖肝胃,散肠道阴寒之邪;五味子固肾益气,涩精止泻。全方共奏益气健脾,渗利水湿与涩肠止泻之功,纵擒有序,使湿去肠固而泻止。沈舒文特别提示,医者在组方用药时要注意纵擒有度,水样泻小便少,以纵而利水为主;大便溏薄,便次多,病程较长者,以擒而涩肠为主。另外,由于本病病性多寒,故用药时多注意温运,可用乌药、干姜、丁香之属,重者也可用熟附片。

4 健脾助运,化湿调中法

肠易激综合征患者有时表现为腹泻与便秘不规则交替出现,或大便先干后稀,兼腹部不适,饱胀,恶心等,多为结肠运动障碍与分泌功能障碍的混合型。沈舒文认为,当属脾虚乏运,湿阻气滞,胃肠功能失调所致。盖脾以运为健,禀土性,为生湿之源,脾虚湿盛则泻,脾呆气滞则结,故腹泻与便秘相交替;又因脾虚中州运化无力,中气不能斡旋升运,谷不为精反为滞,滞壅肠道则见大便先干结,同时水谷不能转精微，谷精不得正化则聚为湿浊，湿濡肠道，故大便随后而稀。治宜补健脾胃助运化而调气机，调整胃肠功能，以参苓白术散加减。药物组成：人参、白术、茯苓、甘草、山药、白扁豆、莲子肉、薏苡仁、砂仁、陈皮、枳实、炒莱菔子、炒麦芽。其中人参、白术、茯苓、甘草鼓舞脾胃运化之机；山药、莲子肉助人参健脾益气，兼能止泻；白扁豆、薏苡仁助白术、茯苓健脾利湿而实大便；砂仁、陈皮行气和胃，疏利气机；枳实、炒莱菔子消食导滞，通降腑气；炒麦芽消谷进食。诸药合用，益气健脾，化湿和胃调中，使脾运复而湿化滞通，大便自调。

5 温肾暖脾法

脾主运化水谷精微，为后天之本，肾主藏精，内寄真阴、真阳，为先天之本，先、后天相互资生、密切相关。虽然肾阳也需脾阳之资助补充，但由于肾阳为一身阳气之根，对各脏腑、组织、器官起着温煦、激发、推动作用，脾阳更赖肾阳之温煦，即所谓“釜内之热在灶薪，脾阳根基在命门”、“火能生土”。而本病病程较长，以腹泻为主要表现，发展到后期，常由于久泻不愈，先伤脾阳，继伤肾阳，最终形成脾肾阳虚型泄泻，即“久泻无火，脾损及肾”。肾阳衰微而釜底失陷，脾土失于温煦，致清阳不升，谷不为精，下走大肠，遂成泄泻。治宜温肾暖脾为主，治在本，兼以固涩止泻，治在标，标本同治，双管齐下，以收全功。沈舒文常以附子理中汤合四神丸加减。药物组成：附子、人参、白术、干姜、炙甘草、补骨脂、肉豆蔻、吴茱萸、五味子、莲子肉、诃子、陈皮。方中附子、补骨脂温补肾阳，激发命门之火，补骨脂又可温脾固涩止泻，两药相伍，使肾阳振复，命火上蒸脾土，“脾得温则谷精运”；人参、白术、炙甘草益气健脾，与干姜、吴茱萸相配，运脾土，振中阳，中阳振复，升发运转，可使清升浊降，肠胃整复；五味子益肾涩精止泻，与补骨脂合用可固摄精气，禁固肾关以止泻；莲子肉补脾固涩，与肉豆蔻相伍可固摄脾津，涩肠止泻；诃子温肠止泻；陈皮疏理胃肠气机。诸药合用，温肾暖脾，补中寓涩，对脾肾阳虚型久泻最为适宜。

沈舒文告诫：本病慢性腹泻可积年累月不愈，用药多有效，停药即复发，治疗的关键在于巩固疗效，即使慢性激发阶段也一定要恒守基本治法不变。否则，将使已巩固的疗效前功尽弃。（张翠月 高 征）

沈自尹学术经验

【名老中医简介】沈自尹（1928～）浙江镇海人。教授，博士生导师。中国科学院院士。1952年毕业于上海医学院医学系。原上海医科大学中西医结合研究所所长，华山医院中医教研室主任，校、医院学位和学术委员会委员。国务院学位委员会第二届学科评议组成员，上海市中医学会副理事长，卫生部中药审评委员会主任委员，中国中西医结合学会副理事长，上海市中西医结合学会理事长，全国中西医结合虚证与老年病专业委员会主任委员，上海市卫生技术高级职务资格评审委员会委员，国家自然科学基金评审委员，中国中西医结合杂志副总编。上海市名中医。主要从事中西医结合思路和方法的开拓，肾本质理论研究和传统老年医学研究。发表论文100余篇，主编《肾的研究》《肾的研究续集》《中医治疗法则概论》《中医治则研究》《中医理论现代研究》《虚证研究》。

1 辨病与辨证灵活结合

1.1 取中西医学理论体系之长

沈自尹认为，证不只是一个症状或一个综合征，而是对产生疾病的各方面因素和条件的概括。这些因素结合着不同体质而表现出各种不同的证。中医的辨证既探求了产生症状的病因（病因辨证），分析疾病的性质（八纲辨证），判断疾病的部位（脏腑辨证）等等，最终归纳成比症状更接近于疾病本质的“证”。“证”是病理生理的反应状态，一种证型可见于不同疾病的某个阶段，辨证就是认识疾病发展过程中某个阶段的具体规律，有别于见痰治痰，见血治血，见热治热的对症治疗。中医也有病名，如痢疾、消渴、黄疸等，但这都是在辨证的基础上而作出的诊断，因此中医识病基本从“辨证”入手，这是中医之长；而辨病是西医通过分析症状、体格检查、实验室检测及辅助检查等手段，然后作出诊断，其包括病理以及病理生理上的认识，因此“辨病”是西医之长。沈自尹总结分析两者的长处，寻找结合点，提出取西医辨病之长与中医辨证之长相结合，指出结合点在于中、西医病理生理观点上融会贯通，立足点在中医理论的指导下解释证候及分析用药规律，而并非中、西医病名的凑合，也非中、西药的简单相加，更不是形而上学的中药西用，如胃的癌性溃疡与良性溃疡，其症状往往差异不明显，在这种情况下用中医辨证难以区别病理变化，西医通过胃镜检查、病理检查可加以区分，明确病理变化对中医辨证论治上针对性的治疗有很大的帮助，这是取西医辨病之长。再如上呼吸道感染疾病，西医抗感染或抗病毒，但收效缓慢，而中医通过审证求因辨别风热、风寒证型感冒，对证下药往往能取得速效，这是取中医辨证之长。同时提出在临床上辨病与辨证的具体步骤应先辨病，后辨证为妥，有利于提高诊治水平。

1.2 舍病从证、舍证从病与病证互参

沈自尹认为，对于某一个病种或某一个病人，在深入了解其病因、病理、生理、生化的特殊变化以及疾病发展中的证型演变，从中、西医两个方面高度辨别剖析，必须在各自的理论指导下进行，区分现象与本质，从病与证处找结合点，或舍病从证、或舍证从病，或病证互参。

1.2.1 舍病从证

舍病从证是取中医之长，就是侧重以中医理论指导下结合，中医理论高度概括，容易接触到事物的共性，并着重以运动的观点，从整体上认识人和疾病的关系，这些都是中医理论的长处。如无黄疸型迁延性肝炎或慢性肝病是内科常见病，多见病毒感染后肝细胞炎性肿胀以致肝内血流不畅，肝脾肿大等病理变化，目前西医尚无有效的治疗方法，只能采用保肝姑息疗法，许多患者因得不到有效的治疗而发展为肝硬化，中医认为肝病是由湿热内蕴，或肝郁气滞致气血运行不畅，久之可入络形成癥瘕积聚。沈自尹认为，肝病多由湿热蕴结肝胆引发，湿热之邪又易耗气阴，气阴受损使肝病愈加缠绵难愈，久则癥瘕积聚形成。湿热之邪不去，患者难以康复，针对这种情况，沈自尹根据中医治病求本的原则，舍病从证，确立清热利湿、益气养阴活血化瘀法则，辨证用药。若迁延性肝炎或慢性肝病兼有活动性变化，ALT 升高者，临证以湿热多见，当先清热利湿，用龙胆泻肝汤或丹栀逍遥丸加垂盆草、板蓝根、菌陈、虎杖、广藿香等，待 ALT 降至正常，湿热化解后再选用补气的党参、黄芪，养阴的鳖甲，补血活血的当归、丹参，清热燥湿的苍术、陈皮。如 B 超提示肝内光点增粗密，或有肝硬化，或有脂肪浸润趋势，取《金匮要略》下瘀血汤之意，或选桃红四物汤，加软坚的鳖甲、炮山甲、牡蛎等药调治。现代药理研究已证实活血化瘀药具有抗纤维化作用，按上法进行治疗病情往往能得以有效控制，有部分患者还能在短时间内恢复肝功能。再如上消化道出血是内科常见的急诊，西医采用止血方法，由于陈旧血液停留，大便隐血转阴时同长，吸收热较多，往往有轻度氮质潴留，西医一般不用泻药以去除陈血，更不会用逐瘀法止血，唯恐激动胃肠溃疡引起再度出血。中医辨证则不然，认为黑便是瘀血内留所致，呕血是胃火上逆所致，瘀血不去则胃中之热不散，仍可上逆，故出血不止或康复延迟。针对这种情况，沈自尹还是舍病从证，拟止血逐瘀法，选生大黄既能止血不留瘀，又可清热泻火，配以止血消肿生肌的白芨，两药碾粉吞服，达到迅速有效止血目的，及时排除了瘀血病因，使大便隐血转阴时间明显缩短，同时减少瘀血所致的吸收热和氮质潴留，平均治愈天数比西药止血短且成本低。

1.2.2 舍证从病

舍证从病是取西医之所长，即侧重西医理论指导下结合，西医理论起源于形态学的观察，对疾病发生发展有比较深刻的认识，治疗措施针对性强，这是西医理论的长处。如肾炎与肾病综合征的增殖型、混合型，在中医辨证归属肝、脾、肾三脏功能失调为多见，但按此证论治，在消除蛋白尿、改善肾功能的效果方面收获甚微。西医对其病理的认识是，由于长期炎症（免疫复合物）浸润导致肾小球血管内皮细胞增殖以致管腔狭窄，并有纤维蛋白栓子的阻塞，同时肾局部组织增生纤维化，疤痕形成，使机体内清除废物能力下降，有害毒素不能有效排出，进一步损害组织等变化。虽然其临床并无明显瘀证的表现，但从其病理机制来分析，有瘀证的本质，在这种情况下，必须舍证从病，或用活血化瘀兼以清热凉血法，或用活血化瘀合补肾法，或用活血化瘀兼补气法等治疗，在肾功能得以改善的同时，尿蛋白流失也得到有效控制。

1.2.3 病证互参

病证互参是按中、西医理论有机相结合，中医、西医互补的一种形式，可以是诊断或治则治法上结合，也可以是病理生理上结合；可以是在疾病发展不同阶段的结合，也可以是制订中医处方用药的结合。如哮喘一病，中医认为哮喘发作期是由于外邪犯肺，肺失清肃，痰恋于肺，肺气闭合，气机阻滞之故，这与西医认为哮喘是一种气道慢性炎症性疾病，由于气道黏膜上皮组织中大量炎性细胞浸润，上皮纤毛细胞受损、坏死，或基底免疫球蛋白沉积增厚形成伪层，或大量炎性渗出造成气道黏膜水肿，充血及渗出物形成黏膜栓，或黏液下腺体增生等形态改变的原因，导致气道痉挛，影响通气功能的病因病机有相类同，对于治疗，中医采用宣肺化痰平喘之法；西医采用抗炎抗菌解痉之法。沈自尹认为，哮喘主要发病环节在“气道不畅”，痰液需要排出，而解决气道通气功能是治喘关键所在，因此提出，其治疗原则以通为顺，肺宜开，方能降。用疏通方法－开肺气（宣肺），开肺气包含二方面的含义：一则调节平滑肌收缩与舒张、增强呼吸肌的收舒功能，从而改善气道通气效应；另则清除管道障碍物，控制炎症细胞浸润，消除水肿，引流痰液，保持管道畅通。因此，沈自尹临证时常用麻黄、枳实、前胡等药宣肺，调节平滑肌功能，使邪气及痰液外达不致收闭于内，再进清热消炎鱼腥草、开金锁、四季青等药清除管道障碍物，从而改善气道通气功能，达到平喘的效果。再如在上消化道疾病中较常见的上腹胀满、灼热痛、纳呆、嗳气、返酸等症状，中医认为多由饮食所伤，湿热扰胃，致胃失和降；西医认为是由于螺旋杆菌（HP）破坏胃粘膜，引起胃动力障碍所致。沈自尹运用中医邪热导致胃失和降及西医炎症导致胃动力障碍相似的概念，从病因病机到药的配伍相结合，由此提出治胃三则：一、清热消炎，清除HP。常用清热解毒药如蒲公英、蛇舌草，红藤、黄连，广藿香等药；二，降逆理气，加强胃动力。许多研究资料表明理气药具有促进胃肠蠕动及加强平滑肌收缩功能。对于理气药的应用，根据腹胀程度、病情轻重及药物功效又可分三个层次：①轻者，如遇食不下之感，嗳气，腹稍胀，选用旋复花、陈皮、佛手、苏梗、陈香、橼皮等；②如经上药调治，疗效不显或腹胀满较甚，食入加剧者，则选用枳实、青皮等；③严重者见胃滞感（胃轻瘫症），可选用莪术、槟榔等药。三、和胃，保护胃黏膜。用药时常配以白芨、甘草，现代医学报道甘草含有甘草次酸、甘草甜素，前者有保护肝细胞，后者保护胃粘膜屏障；白芨质粘而涩，为止血生肌之良药，且有局部抑菌作用，服后在胃黏膜表面形成保护膜，有利于修复溃疡创面。对于返酸者则增添海螵蛸或煅瓦楞子以中和胃酸；如胃酸分泌不足的萎缩性胃炎患者须加用酸性类药物如木瓜、乌梅、山楂等开胃助消化。沈自尹从病理、生理到治则治法，直到组方用药均坚持中西医有机结合的观点，常可获得事半功倍之效。

沈自尹以西医的“病”为经，中医的“证”为纬，在经纬交叉处找到中西医结合点，提出辨病和辨证灵活结合的学术思想，取两种医学理论体系之长，或舍症从证，或舍证从病，或病证互参，一方面改变中、西医简单相加局面，更重要的是弥补中、西医对疾病认识的片面性，有效的提高中医识病与治病水平，同时为发展中医，开创中西医结合道路及形成中西医结合理论奠定了基础。

2 宏观辨证与微观辨证有机结合

宏观辨证是指临床上通过望、闻、问、切四诊进行直观的辨证诊断方法；在收集辨证素材时引进现代科学、现代医学的先进微观技术识别“证”的客观指标（检验指标）方法称之微观辨证。

中医辨证着重于功能方面来认识，沈自尹认为，任何功能改变必然以形态、代谢改变为基础，“证”亦必有其微观的表现和物质基础，功能与形态代谢是统一的，如何从功能改变证实形态、代谢改变，从而阐明“证”的物质基础？在临床上收集辨证素材的过程中，沈自尹主张要引进现代科学，特别是现代医学先进技术，微观地认识机体的形态、代谢变化和功能特点，更完整、更准确、更本质地阐明“证”的物质基础。在中医的宏观辨证基础上用微观指标认识与辨别“证”，综合多方面微观辨证的信息，从而有效地指导临床实践。如在防治支气管哮喘临床研究中，沈自尹发现肾阳虚证的哮喘患者尿17羟类固醇含量低下，即使无肾阳虚证临床表现的哮喘患者的尿L7羟水平也处于低下状态，其肾上腺皮质有类似肾阳虚隐潜性变化，故其本质仍属肾阳虚范畴。再以方药测证，采用温补肾阳方法，对不论有无肾阳虚证每年有季节性发作的哮喘患者进行治疗，均取得明显防治效果，表明温补肾阳药能预防哮喘的季节性发作，其作用机理可能在于改善下丘脑－垂体－靶腺轴的功能紊乱。再如红细胞增多症病，临床表现为头晕或头痛、面红、口干、心烦、失眠、唇紫舌下静脉充盈等阴虚火旺、瘀血内阻征象，实验指标提示血黏度处于高凝状态。沈自尹认为红细胞增多症发生主要由于相火偏旺，血受热煎熬，使血黏度增加，致瘀血内阻，热结为本，血瘀为标，治当滋阴降火，引火下行，配以改善血黏度的活血化瘀之品，常用知柏地黄丸合桃红四物汤，根据血黏度波动的情况，加广地龙，或配水蛭、地鳖虫等药进行治疗，患者可在临床症状改善的同时血黏度指标也得以纠正，从而提示了血黏度增高可能为血瘀“证”的物质基础。

上述列举表明，微观辨证介入中医领域，不仅弥补宏观辨证之不足，也是治病求因、治病求本更为具体化的一种有效措施，而且对中医辨证向科学化，客观化纵深发展起到积极推动作用。为“证”本质的研究提供新思路与方法。沈自尹的宏观辨证与微观辨证有机结合学术观点，是在辨病与辨证相结合认识上的一次飞跃和突破，其丰富辨证论治内涵，使辨证论治提高到了一个新的水平。（王兴娟）

盛丽先儿科学术经验

【名老中医简介】盛丽先(1944 ~)女,浙江杭州市人。教授,主任医师,硕士生导师。1967 年毕业于浙江中医学院中医本科。全国中医药学会儿科分会理事,高等中医教育学会儿科分会副理事长,全国中医外治学会委员,浙江省中医、中西医结合肾脏病学会委员。浙江省名中医。从事中医临床、教学、科研40余年,擅长治疗小儿呼吸、消化及泌尿系统疾病,尤擅长治疗小儿咳嗽、哮喘及肾脏疾病。完成并承担省部级课题10余项,获奖5项。发表论文40余篇,出版《中医儿科学》《小儿病中医保健》等著作7部。

学术思想

1 善用风药,辛散轻扬,轻可去实

盛丽先临床善用风药治疗儿科疾病。风药辛散或温或凉,非大苦大寒、大热大燥之品,诸如荆芥、防风、桑叶、菊花、薄荷、蝉蜕、僵蚕、辛夷等,辛散轻扬,不仅能开皮毛、疏腠理、宣肺气,达到解除表邪的目的,而且在解表的同时可以调整营卫之气,疏通血脉而增强自身抗病能力。小儿肺常不足,感冒是最常见的疾病之一,用辛温、辛凉之风药疏风解表、宣畅肺气是其正治之法,即“祛邪而安正”之理。咽炎、喉炎、扁桃体炎、支气管炎等只要有咽痒即咳均为感受风邪,当配以风药疏风宣肺因势利导。对婴幼儿腹泻水样便、色青夹泡沫、肠鸣者,常配伍防风、羌活等祛风燥湿之风药。对流行性腮腺炎患儿常以薄荷、蝉蜕、僵蚕等风药与柴胡、黄芩配伍,宣透泄热、疏通少阳,既无邪热化燥之弊,亦无冰伏其中之虑。对过敏性紫癜因湿热之邪内伏血分,夹感时令风邪而复发者,常用荆芥、防风、蝉蜕、淡豆豉等风药配伍藿香、白豆蔻、黄芩、紫草、碧玉散等,以宣透达邪、凉血泄热之法获效。小儿肾病综合征常因感染而使病情反复或复发,致使蛋白尿反弹或迁延,是治疗中十分棘手的问题。盛丽先认为蛋白尿的产生除了脾失升清、肾失封藏之病机外,与肺之宣降功能也十分密切。尤其在感受外邪之时,肺首当其冲,肺气壅滞则宣降失司,无以通调三焦,无力布散气血津液于周身。水谷精微不得行其常道,清浊不分,径走膀胱,膀胱失约而导致蛋白尿。此时用风药,从风论治,既能疏表达邪,又能胜湿,“疏其气血令其调达”,在辨证基础上选用荆芥、防风、蝉蜕、羌活、徐长卿、豨莶草等,每多获效。因风药多入肺经,肺主气,司呼吸,肺气宣畅,脾复升清,肾得封藏,则三焦通调,水谷精液归其正道,实为正本清源之法。

盛丽先指出,风药质轻味薄,轻可去实,味薄又无碍胃气,尤适合小儿“脏气轻灵”、“随拨随应”之特性。

2 顾护中州,润燥相济,悦脾和胃

脾胃为中州之土、后天之本、生化之源,故盛丽先认为,无论保健和治疗均应以呵护脾胃为要旨。尤其是小儿脾常不足,更宜护不宜伐。临床常见面色萎黄、形体消瘦、生长发育迟缓之患儿,多为脾胃本脏虚弱,治脾是正法。常以黄芪、党参、太子参、白术、茯苓、甘草等甘味补益中州、健运脾胃,中土斡旋、生化有源则生长发育恢复其常。对感冒咳嗽不断、肺炎迁延难愈、哮喘反复发作之患儿,她也常从脾胃论治。选用异功散、六君子汤、二陈汤等加减培土以生金。对肾炎、肾病综合征、遗尿等泌尿系统疾患,常以补土制水、健脾燥湿、益脾升清、温中化湿等法从脾以治肾,常用实脾饮、平胃散、补中益气汤、理中汤治疗。

在顾护中州临床具体治疗中,盛丽先牢牢把握燥湿相济、刚柔相伍为原则调理脾胃。脾为阴土,得阳气温煦始能运化无穷,故脾阳当健;胃为阳土,得阴津滋润方可受纳不断,故胃阴当润。正如叶天士所云:“太阴脾土得阳始运,阳明燥土得阴自安。”脾喜燥恶湿,用药忌柔用刚,常选党参、白术、苍术、砂仁、白豆蔻等;胃喜润恶燥,用药忌刚用柔,常用山药、白芍、玉竹、石斛等。以白术配白芍健脾阳而不燥胃津;乌梅配甘草酸甘化阴而不助脾湿。此外在调理脾胃中十分注意气机之升降,“脾宜升则健,胃宜降则和”。说明脾胃之健运全赖以升降,处方中常配以柴胡、枳壳、升麻、旋覆花、枇杷叶、陈皮、佛手片等行气药,调畅气机,以复脾胃升降出入之常。达到气机畅和、先天得养、后天得济、精足神旺、扶正以达邪之目的。

3 稚阴稚阳,以平为期,以和为贵

小儿脏腑娇嫩,形气未充,阴阳两气均属不足。感邪后易寒易热,易虚易实,且往往寒热虚实相互转化或同时并存,故盛丽先认为临床治疗采用和解之法最为合拍,通过调和疏解,使患儿表里寒热虚实的

复杂证候、脏腑阴阳气血的偏盛偏衰归于平和。和法用药平和，不涉及大寒大热、大攻大补，适合小儿稚阴稚阳之体，故往往一药即愈。具体治疗中采用温凉并施、表里双解、扶正祛邪、调和肝脾等法，视病情体质而辨证选择。

3.1 温凉并用

治疗外感初起干咳少痰，以疏宣七味汤为基础方。用辛微温之荆芥、防风与辛微凉之蝉蜕、薄荷配伍，佐以桔梗、甘草、僵蚕。全方微温微凉，不寒不热，药性平和，能疏风宣肺、散结利咽，无论风寒、风热转化与并存，均可祛邪外达而无闭门留寇之弊。

3.2 表里双解

小儿感冒高热，常见外寒内热合证，用羌活配石膏、柴胡配黄芩、葛根配白芷，宗柴葛解肌汤法以辛温配辛寒，开通玄府、清透蕴热、表里双解、和解少阳、引热外泄，使邪去热退。

3.3 扶正祛邪

复感儿急性感染控制后或哮喘缓解期咳嗽迁延、多汗、时有低热等，常以柴胡桂枝汤扶正祛邪。此方为小柴胡汤和桂枝汤的合方，用太子参、甘草、大枣补益中焦脾土、化生气血、培土生金，以为胜邪之本；合柴胡、黄芩、半夏、生姜，从少阳之枢达太阳之气，逐在外之邪；桂枝汤，“外证得之解肌和营血，内证得之化气调阴阳”。两方合二为一，扶正祛邪，契合此时气虚邪恋病机，临床也常配合玉屏风汤。

3.4 调和肝脾

对临床常见的小儿消化系统病证，常以小柴胡汤加减。如急性胃炎、呕吐，去人参、大枣，合温胆汤；厌食患儿苔白腻者，去人参、大枣，合二陈汤加白豆蔻；苔少者去人参、半夏、黄芩，加乌梅、芍药、石斛；肠痉挛腹痛者加白芍、甘草、乌梅、延胡索；胃、十二指肠溃疡疼痛者合小建中汤等而获效。

4 辨证有理，处方有法，继承创新

盛丽先常言，处方用药要符合治疗原则，治法有赖于辨证理论的指导，所以尽可能达到理、法、方、药丝丝入扣，形成辨证论治的精密体系。即临证所开药方既符合辨证立法的要求，有经方、古方、时方或前人有效方剂的借鉴，又根据自己的实践经验，按照方剂配伍原则组成处方。一病一证以一方为主，随证、随体质、随病情而加减。如患儿感冒，辨证为风寒型，立法是疏风散寒，选方是荆防败毒散。处方时若患儿发热不甚，但鼻塞较重且前额疼痛，则可去羌活、独活、柴胡，加辛夷、白芷；若患儿咳嗽较甚，则可去羌活、独活、川芎、柴胡，加紫苏叶、杏仁、姜半夏、陈皮；若患儿舌苔白厚腻，胃纳不思，则可去川芎、独活，加白豆蔻、鸡内金；若患儿便溏，可去川芎、独活、枳壳，加姜半夏、干姜。加减虽多，但总的处方原则没有离开疏风散寒立法的要求。复诊时，应耐心听取服药后的信息，有疗效不满意者，都要反复琢磨辨证是否正确，处方是否合法，努力达到辨证有理、处方有法，使临床疗效不断提高。

盛丽先在继承前人经验的基础上不断创新，及时将现代科学对中医中药研究的丰硕成果运用于临床，提高临床疗效。临床处方时，结合中医辨证选择运用，多获良好效果。马莲湘教授常以黄芪、山药、薏苡仁、玉米须等治疗蛋白尿，以淡豆豉、地骨皮、紫草等治疗血尿，盛丽先在继承马莲湘经验的基础上，结合辨病辨舌及患儿体质，不断创新。如对急性肾炎浮肿期的蛋白尿用玉米须配泽泻，浮肿消退后的蛋白尿迁延配白术、太子参，素体脾虚湿困患儿配干姜、苍术，阴虚内热者配乌梅、白芍、鳖甲等，血尿急性期配生地黄、赤芍、栀子等，血尿迁延玉米须与白茅根同用，甘平益气，清润养阴。肾病综合征激素至间日1mg/kg时，用黄芪配绞股兰、五味子、补骨脂、枸杞子、菟丝子，预防蛋白尿反弹；若苔白腻加白豆蔻、苍术、豨莶草、羌活燥湿祛风。（胡芳 王艳 白月双）

临床经验

小儿非特异性慢性咳嗽

1 辨证论治

小儿非特异性慢性咳嗽以咳嗽为主要症状，故中医当以咳嗽辨治。盛丽先认为其病位主要在肺，也可涉及脾、胃、肝、肾，正如《内经》曰：“五脏六腑皆令人咳，非独肺也。”小儿常以肺、脾、胃为主。其病性有寒热虚实的不同，常表现为寒热错杂，虚实夹杂，小儿以气虚、阴虚之虚，热痰、湿痰之实为多。

1.1 肺虚失固，风邪久恋

辨证要点：清晨发作性咳嗽，鼻塞流涕或鼻痒多喷嚏，平时多汗，遇风遇寒则咳嗽加剧，舌质偏淡或如常，苔薄腻，脉细滑。临床多见于学龄前后儿童，以过敏体质为多，如过敏性咳嗽、上气道咳嗽综合征等。治则：益肺固表，疏风宣窍。药用生黄芪、防风、炒白术、苍耳子、辛夷、北细辛、香白芷、桂枝、柴胡、白芍等。本方为玉屏风散合苍耳子散加减，其中玉屏风益气固表以扶助肺气，苍耳子、辛夷、香白芷、细辛、桂枝等辛温疏风，宣通肺窍。若流清涕如水，酌加干姜、五味子；鼻流黄稠涕则去细辛、桂枝，加黄芩、鱼腥草。

1.2 风燥伤肺，咽失濡养

辨证要点：咽喉干燥不舒或有异物感，单声干咳或清喉声，常咽痒即咳，入睡后不咳，遇感冒则咳嗽加剧，舌质偏红或如常，舌苔薄净或花剥，脉细弦或无明显异常。临床多见于5岁以上儿童，常见病有过敏性咳嗽、感染后咳嗽、上气道咳嗽综合征等。治则：祛风润燥，养阴濡咽。药用生地黄、玄参、麦冬、白芍、甘草、蝉蜕、僵蚕、浙贝母、薄荷等。该方从养阴清肺汤化裁而来，方中寓增液汤润肺又滋肾，使金水相生，泉源不竭；又寓芍药甘草汤滋养脾阴，使脾气散精上归于肺，洒陈于咽；咽喉得津液濡养则不燥。此外蝉蜕、僵蚕、薄荷、浙贝母疏风散结，辛散而不燥。全方祛风润燥，切中病机，不治咳而咳自愈。若因外感而咳嗽加重，去增液汤加桔梗，偏风寒再加荆芥、防风，偏风热加牛蒡子、连翘，苔白腻夹湿者酌加藿香、姜半夏。

1.3 热痰恋肺，肺失清肃

辨证要点：咳嗽昼夜均有，痰多质稠不易咯，咽红，大便偏干，舌质偏红，苔白腻或黄腻，脉弦滑。临床多见于热性体质患儿，常见病有感染后咳嗽、咳嗽变异性哮喘等，遇感冒则咳嗽加剧。治则：清热化痰，肃肺止咳。药用黄芩、桑白皮、浙贝母、杏仁、竹沥半夏、紫苏子、葶苈子、莱菔子、枳壳等。本方为清气化痰汤合桑白皮汤加减而成。热痰恋肺，肺气不畅，痰随气逆而咳，故只有除痰降气才能治痰恋的久咳。方中除清化热痰外，紫苏子、桑白皮、葶苈子、莱菔子均能通过降气而除痰，痰清肺气通畅则咳嗽自止。

1.4 湿痰阻肺，脾失健运

辨证要点：咳嗽痰多或喉中痰声辘辘，胃纳欠振或大便溏薄，舌质正常或偏淡，苔白腻，脉细滑。临床多见于素体脾虚患儿，常见病有感染后咳嗽、咳嗽变异性哮喘等。治则：健脾化痰，肃肺止咳。药用姜半夏、茯苓、陈皮、甘草、紫菀、百部、桔梗、白前、紫苏子、杏仁等。本方为二陈汤合止嗽散加减，其中二陈汤健脾燥湿化痰为治痰之本。止嗽散去辛温宣肺之荆芥，加紫苏子、杏仁，则无须表散，而加强肃肺止咳之功；佐桔梗辛温宣畅肺气，以达降中有升。若舌淡便溏者以二陈汤合三子养亲汤、苓桂术甘汤健脾温肺化痰为主；若平素多汗易感，咳嗽痰多虽日久而咳不甚者，宜玉屏风合六君子汤益肺固表，健脾化痰。

1.5 痰食互滞，胃失和降

辨证要点：咳嗽以前半夜为甚，痰多稠，睡眠不宁，喜踢被褥或伴低热、手足心热，喜露棉被之外，兼见胃纳欠振或喜食肥甘，大便干燥或臭秽，舌质偏红，苔白腻或黄腻，脉弦滑。临床多见于长期饮食失节或喜食肥甘厚味患儿，常见病有感染后咳嗽、胃食管返流性咳嗽等。治则：消积导滞，理气化痰。药用莱菔子、神曲、山楂、姜半夏、陈皮、茯苓、甘草、紫苏子、浙贝母、杏仁等。本方为保和丸加减，用莱菔子、山楂等消积导滞，二陈汤健脾化痰以治本；合紫苏子、浙贝母、杏仁等止咳以治标。若热象明显则加柴胡、黄芩，宗小柴胡汤意，斡旋少阳枢机以复升降出入之常；咳则呕吐酌加旋覆花、枇杷叶；湿痰者加白芥子；大便秘结酌加槟榔、大黄；苔厚腻者酌加白豆蔻。

根据中医辨证论治原则，小儿非特异性慢性咳嗽可见于不同疾病，只要其临床证候相同，则可“异病同治”；反之同一疾病过程中出现不同证候表现，则可“同病异治”，故盛丽先认为临床诊断为非特异性慢性咳嗽的小儿，中医治疗关键还是要正确辨别其证型，才能收到较好的治疗效果。

2 验案举隅

案1 杨某，男，6岁，2007年2月1日初诊。咳嗽反复1年余，干咳少痰，咽喉干燥不舒，咽痒即咳，清晨为甚，入睡为安，经多种抗生素、化痰药、抗过敏药治疗后仍咳嗽不断，纳便正常，舌红少苔中剥，脉细弦。处方：生地黄9g，麦冬6g，玄参9g，白芍12g，生甘草6g，桔梗6g，薄荷（后下）4.5g，蝉蜕6g，僵蚕6g，浙贝母9g，杏仁9g，淮山药15g。服用7剂后咳嗽好转。

按 该患儿反复干咳1年余，西医诊断为过敏性咳嗽，中医病机为风燥伤津液，咽喉失濡养。故拟养阴清肺，祛风利咽。选用生地黄、玄参、麦冬润肺滋肾，使金水相生，泉源不竭；白芍、甘草、山药滋养脾阴，使脾气散精，上归于肺，洒陈于咽；咽喉得津液濡养则不燥；蝉蜕、僵蚕、薄荷疏风散结化痰；桔梗、杏仁、浙贝母宣肺利咽化痰。全方仿养阴清肺加减而获效。

案2 倪某，男，1周岁，2006年11月23日初诊。患儿1月前患喘息性支气管炎，经西医治疗后喘息缓解，但咳嗽一月未净，伴喉中痰鸣，胃纳不思，稀水便，每日2~3次，舌淡，苔白腻，指纹淡紫。处方：姜半夏6g，茯苓6g，陈皮3g，生甘草3g，桂枝3g，干姜3g，白术9g，苍术6g，炒谷芽9g，炒紫苏子6g，炒葶苈子（包煎）6g，白芥子3g。服用3剂后复诊：痰鸣明显减少，咳嗽未净，胃纳渐启，大便成形，每日1次，舌苔白腻，指纹淡紫。处方：姜半夏6g，茯苓6g，陈皮

3g，生甘草3g，炒紫苏子6g，炒葶苈子(包煎)6g，白芥子3g，浙贝母6g，杏仁6g，白术9g。服用5剂后咳嗽缓解，即以调理脾胃巩固治疗，以杜生痰之源。

按　此患儿平素脾阳不振，喘息性支气管炎后咳嗽未净、喉中痰鸣，中医辨证为湿痰阻肺，脾失健运，故治疗以温运为主。处方选用苓桂术甘汤合三子养亲汤健脾温肺化痰；胃纳不思、大便稀溏为脾虚湿盛所致，药用炮姜、苍术、炒谷芽、炒白术等温阳健脾化痰。复诊时痰鸣减而咳嗽未净，予二陈汤合紫苏子、葶苈子、浙贝母、杏仁、白术肃肺健脾化痰收功。(胡岐芳　胡　芳)

遣方用药

小儿呼吸系统疾病

盛丽先以三拗汤为主方加味治疗感冒、咳嗽、支气管炎等呼吸道疾病取得了较好的临床疗效。

1 风寒感冒

张某，男，6岁，2005年12月6日初诊。发热2 d，伴咳嗽，咳痰不爽，鼻塞流清涕，喷嚏，无汗，体温38.5℃，口不渴，咽不红，舌淡红，苔薄腻，脉浮紧。治拟疏风散寒，宣肺解表。处方：麻黄6g，苦杏仁9g，生甘草6g，荆芥6g，防风6g、紫苏叶9g，桔梗6g，辛夷9g，前胡6g。2剂，每日1剂，水煎分4～5次口服。2剂后汗出热退而愈。

按　患儿发热无汗，鼻塞流清涕，为风寒外束之象。咳嗽不爽为肺气失宣，兼见咽不红，口不渴，舌淡红，苔薄腻，辨证为风寒闭肺，故以三拗汤疏表宣肺为主方，合荆芥、防风、苏叶以增强辛温发散之力，加桔梗、前胡、辛夷以宣肺化痰通窍。药后腠理开泄，汗出风寒得解，肺气得宣而热退咳止。正如《景岳全书·小儿则》所云："其脏气清灵，随拨随应，但能确得其本而撮取之，则一药可愈。"

2 哮喘

刘某，男，5岁，2006年3月22日初诊。咳嗽气急3 d。现证见恶风阵咳，夜间晨起为甚，咳痰不爽，气喘痰稠，色黄或绿，咽红，乳蛾红肿，舌边色红，苔薄黄，脉弦滑数，两肺听诊满布哮鸣音及痰鸣音。治拟散寒宣肺解表，清热化痰平喘。处方：炙麻黄6g，苦杏仁9g，生甘草6g，炒紫苏子9g，炒葶苈子(包煎)9g，款冬花9g，桑白皮9g，浙贝母9g，竹沥半夏9g、黄芩6g、白果6g。3剂，每日1剂，水煎分2次服。药后咳止喘平，诸症均安。

按　此为哮喘寒包痰火之证，内有胶固之热痰，外有非时之寒邪。寒邪束表，阳气内郁，不得泄越，蕴而膈热，遂致痰热阻塞，喘则发作。故以三拗汤加桑白皮辛甘发散，泻肺而解表。方中麻黄既可发散风寒，又可宣肺平喘止咳，麻黄每用必炙，意在削其发汗之力而存其宣肺之功；杏仁"主咳逆上气雷鸣"，降肺气中兼有宣肺之功，为止咳要药；配合甘草祛痰解毒，调和药性；款冬花温润以止咳化痰；白果收涩以敛气定喘；紫苏子降气；葶苈子化痰平喘；黄芩清热润肺；浙贝母、竹沥半夏清肺热化痰浊。全方配伍合理，药性平和，温清并用，对于寒包痰火的哮喘，确为良剂。

3 咳喘迁延

黄某，女，2岁，2006年4月17日初诊。咳嗽半月余。患儿半月前因发热、咽痛、咳嗽诊为支气管肺炎收住某院，经治好转出院。现证见恶寒发热，咳嗽不爽，痰多黏稠，甚时伴气促，面色苍白，胃纳不佳，大便溏薄，舌淡胖边有齿痕，苔白腻，脉浮滑。听诊右下肺仍可闻及喘鸣音。治拟散寒宣肺，健脾化痰。处方：炙麻黄6g，苦杏仁9g，生甘草6g，姜半夏9g，茯苓9g，陈皮6g，浙贝母9g，炒紫苏子9g，前胡6g，桔梗6g，炒白术9g。3剂，每日1剂，水煎分2次服。药后热退身凉，咳嗽好转，胃纳转佳。

按　本案肺脾两虚、痰湿内生而致肺炎迁延不愈，又感风寒，咳嗽加剧。"脾为生痰之源，肺为贮痰之器"，其病本为肺脾气虚，病标为风寒外束，乃标本均急之候，故用三拗汤散寒宣肺止咳，辅以二陈汤健脾化痰以杜生痰之源，前胡、桔梗助三拗汤解表，紫苏子、浙贝母助二陈汤降气化痰，白术健脾燥湿，合二陈汤能收理气渗湿、培土生金之功。全方配伍表里同治，标本兼顾。

4 急性喉炎

陈某，男，9岁，2006年9月3日初诊。患儿发热、声哑、犬吠样咳嗽1周，西医诊断为小儿急性喉炎，曾肌注青霉素、口服强的松，疗效不佳。来门诊时，仍发热、声音嘶哑、犬吠样咳嗽。检查：体温39℃，咽后壁充血，扁桃体不大，无充血，无呼吸困难，脉浮滑数，舌红苔薄黄腻。胸透(－)，血常规无异常。治拟解表宣肺祛邪，清热化痰利咽。处方：麻黄6g，杏仁9g，甘草6g，桔梗6g，射干6g，黄芩6g，大青叶9g，瓜蒌9g，天竺黄9g，蝉蜕6g，僵蚕6g，浙贝母9g。3剂，水煎服，每日1剂，分3次服。药后患儿热退，犬吠样咳嗽消失。

按　本案为急性喉炎初期，乃风热邪毒侵犯咽喉，内犯肺胃，风火热毒蕴结于喉所致。病程虽已1周，然外邪仍郁闭肺经，故投三拗汤宣肺祛邪；黄芩、大青叶清热解毒；加瓜蒌、天竺黄、浙贝母化痰利咽；蝉蜕、僵蚕、射干开音疗哑；桔梗载药上行直达病所。全方合用，宣肺散邪，清热解毒，化痰利咽，收效满意。

中医治病之精髓是辨证论治，治证不治病，有是证即用是药，上述之病虽不同，但均呈现出"邪郁肺经"之病机，取三拗汤投之，随兼证以加味，均收效满意，此即"异病同治"之理。（白月双 胡 芳）

盛玉凤妇科学术经验

【名老中医简介】盛玉凤 女，主任医师，教授，研究生导师。1965年毕业于浙江中医学院（本科）。现为浙江省中医院、浙江中医药大学附属第一医院主任中医师，浙江中医药大学兼职教授，浙江省中医研究院研究员。浙江省中医药学会妇科专业委员会主任委员。浙江省名中医，第三批全国老中医药专家学术经验继承工作指导老师。从事中医妇科临床、教学和科研工作近40年。擅长治疗闭经、多囊卵巢综合征、痛经、子宫内膜异位症、功能失调性子宫出血、习惯性流产、不孕症和更年期综合征等。著有《痛经》《中国现代百名中医临床家丛书·盛玉凤》两书，合著《实用中医妇科手册》，发表论文30余篇。

学术思想

1 坚持中医特色

盛玉凤对妇科疾病的诊治，注重突出中医特色，发挥中医优势。以诊法运用为例，问诊时根据妇科病的发病特点，重视询问情志情况，因妇女多愁善感，易于恚怒抑郁，故七情所伤在发病学上有着极为重要的意义，诸如痛经、闭经、崩漏、不孕症、脏躁等病症，情怀抑郁等常是主要的病因；在望诊中，盛玉凤尤重察舌，如治一崩漏患者，病史已年余，阴道出血量少色暗，绵延不止，伴头晕腰酸，精神疲乏不堪，脉来弦细。乍一分析，颇似"气虚肾衰"所致，但查看舌苔，舌质紫暗且有瘀斑，显然是瘀血内阻之象，遂舍证从舌，诊断为瘀阻冲任，血不循经所致，投以活血化瘀为主的方药，痼疾乃愈。治疗时，她始终坚持辨证论治是中医精髓这个原则。曾治疗一例绝经后阴道出血的患者，年52岁，证见阴道不规则出血，量多色淡红，已十余天，伴头晕乏力，腰脊酸楚，脉细无力，舌淡红苔薄，血化验白细胞和中性偏高，经妇科检查诊断为"子宫内膜炎"。凭症参脉，辨证为脾气虚弱，统血无权，肾气不足，冲任不固，遂投以归脾汤加补肾固冲之品，佐以清热止血药物，不数剂，即获痊愈。本例若只看西医的诊断，囿于"炎症"，而不加辨证地偏重于"清热消炎"，势必舍本求末，病难向愈。由此可见，辨证论治绝不能丢，否则中医就失去存在的价值。再者，中医治病，强调因人、因时、因地制宜，因此在临证中，十分注意患者的体质，如对围绝经期综合征的治疗，若患者为阴虚体质，每于方药中参用滋阴清火之品，兼顾其体质；若为痰湿体质，则加入化痰祛湿之属。这种结合体质而治（因人制宜），常能提高临床疗效，相比之下，西医于此则较为忽视，这也是中医之所长。

2 重视调理肝脾肾三脏

盛玉凤在妇科病的治疗上，特别重视调理肝、脾、肾三脏。盖肝为藏血之脏，又主疏泄，与气血的运行和调节有着极其密切的关系，加之妇人情怀多郁，恚怒易生，每致肝气郁结，使藏血和疏泄功能失司，引起经、带、胎、产多种疾患，危害可谓大矣。前贤有谓"妇女肝为先天"，即是说明肝脏在生理和病理上的重要性。她在临证中十分注重从肝论治，并积累了不少治肝的经验方，如金铃四物汤（当归、熟地、延胡索、川楝子、生山楂、小青皮、赤芍、川芎、白芍、木香），立方的主旨是调整肝脏的功能，既养肝血，又疏肝活血，对气滞血瘀，虚实兼夹的痛经、闭经、月经过多等病症，疗效显著；又如业师裘笑梅的经验方蒺麦散（白蒺藜、八月札、大麦芽、青皮、橘核、橘络、蒲公英），功能疏肝理气消结，常用于治疗乳癖、闭经、痛经、不孕症等病症，屡获良效。肾与妇女生理、病理的关系尤为密切，冲任两脉皆隶属于肾，"胞络者系于肾"，故肾脏功能失调，经、带、胎、产诸疾丛生。因此，在治疗闭经、崩漏、不孕症、滑胎等病症时，常把调整肾脏功能放在重要位置，如经验方巴仙汤（巴戟、仙灵脾、仙茅、苁蓉、菟丝子、牡丹皮、紫石英、当归）治肾阳虚型崩漏、不孕症等，二至龙牡汤（旱莲草、女贞子、生地黄、生白芍、龙骨、牡蛎、山萸肉、仙鹤草、冬桑叶、马齿苋、党参）治肾阴亏虚型崩漏、月经过多等，所用药物，均着重补肾调冲，常能收到满意的疗效。脾乃气血生化之源，后天之本，其与妇女生理、病理的密切关系，自不待言。在临床中，对经、带、胎、产诸多疾患，治疗从调理脾胃着手者，屡屡可见，特别是对于疾病的恢复期，恒以健脾益气善后，治验良多。如治一例闭经患者，年方三十，已停经年余，曾经中西医多方治疗罔效，观其面色萎黄，询之食少便软，切得脉象濡缓，纵有腰酸、足跟疼痛等症，但病变重心在于脾胃，乃中气不足，化源不充使然，遂改前医补肾益精之法，疏补中益气汤加味，以开营血化生之源，服药月余，血海渐臻充盈，水到渠成，月经复来，厥疾乃瘳。

3 药食同源，重视食疗

食疗是饮食疗法的简称，为祖国医学宝库中富有特色的疗法之一。其种类有汤、羹、酒、粥、馄饨、糕、膏等。最大特点是取材方便，制作简易，一般家庭大都能自办自制，既防病治病，又可食用，所以患者乐于接受。只要辨证正确，投剂恰当，其疗效一般不逊于非食品类药物，甚至会更好。例如甘麦大枣汤，方中红枣、小麦，看似寻常食品，但经过仲景巧妙的配合，其养心安神，和中缓急的功效十分显著。盛玉凤常以本方治疗心脾两虚，神志不宁的癔病，或围绝经期综合征，屡获良效，较之归脾丸、天王补心丹等时方效验尤佳。又如临床上以鲤鱼为主药治胎水肿满；用黄芪炖鸡或猪蹄煮通草补虚通乳；用麦芽回乳，等等，常能应手取效。由是观之，“验”（即效果好）亦是食疗毋容置疑的优点之一。再者，多数食疗方，常取材于家庭常备的葱、韭、蒜、姜、酒、醋、粳米等食品。如葱白粥之治产妇伤风；艾叶姜糖饮（艾叶、生姜、红糖）之治经行受凉腹痛；山楂煎（山楂、红糖）之治瘀滞痛经等等，药虽平常，效却颇佳。

盛玉凤认为胎产疾病，最宜食疗。妊娠期间，由于人体生理机能的特殊变化，此时处方用药，往往特别审慎，唯恐损伤胎元，造成不良反应。现已证实不少西药，诸如抗惊厥药、止痛药、降压药、激素及抗肿瘤药、抗菌素类药等等，对孕妇和胎儿多有不同程度的毒副作用。同样，某些中药，诸如活血化瘀、通里攻下、软坚消积、行气消导等药物，亦会给孕妇和胎儿造成不利影响，甚至引起严重后果。因此，对某些妊娠疾病，采取饮食疗法，显然是比较恰当的。如业师裘笑梅自拟鲤鱼萝卜饮治疗胎水肿满，效验卓著。其方由鲤鱼一条（约重 500g，去鳞及内脏）、萝卜 120g（或冬瓜去皮挖瓤 120g）组成，加水适量煮熟，取汁代茶饮，萝卜和鱼亦可食。日服 1 剂，连服一周。她曾治一胡姓患者，妊娠四个半月，腹围增大与停经月份不符，超声波检查提示为“羊水过多”。自觉腹部胀闷，纳差，尿少。初用五皮饮加味，尿量增多，腹围略减；继用鲤鱼萝卜饮合三豆饮（赤小豆、绿豆、黑大豆），服后症状很快消失，检查子宫增大符合妊娠月份，后足月顺产，婴儿无畸形。

产后疾病，有多虚多瘀的病理特点，此时用药，去瘀有恐伤正，补虚亦虑留瘀，投剂常感棘手。若对症采取饮食疗法，可免此忧。如治疗产后肾虚夹瘀的腰痛，恶露淋漓不尽，盛玉凤常用胡桃、鸡蛋、山楂、红糖，水酒煮服。方中胡桃、鸡蛋补虚益肾；山楂、红糖、黄酒有行血祛瘀之力，五物纯属食品，患者乐于服用，效果亦佳，更无副作用。要而言之，胎产疾病，宜于食疗者，当尽量用之，这不仅因为是取材、制作和服用方便，更重要的，还可避免药物对胎儿的不良影响，有利于优生优育。

临床经验

产后病

1 产后病的病理特点

1.1 产后多虚证

由于分娩时带来的产创和出血，以及产妇的努气等，损耗了不少气血，脏腑功能因之减弱，“百节空虚”，所以临床以虚证为多。对此，《傅青主女科》有详尽的论述。傅氏认为“凡病起于血气之衰，脾胃之虚，而产后尤甚。”如论正产血晕不语曰：“产妇有子方下地，即昏晕不语，此气血两脱也。”“盖产妇昏晕，全是血室空虚，无以养心，以致昏晕。”论产后少腹疼曰：“妇人产后，少腹疼痛，按之即止，人亦以为儿枕之疼也，谁知是血虚而然乎。”傅氏对产后乳汁不下、气短似喘、妄言妄见、类疟、类伤寒二阳证、类伤寒三阴证、类中风、类痉、出汗、口渴兼小便不利等病证的病因，也多归咎于气虚血衰所致。据笔者临床所见，产后病确以虚证居多。如产后乳汁缺乏，尽管有属肝郁气滞、乳汁闭阻所致者，但毕竟以气血虚衰，或脾胃虚弱为常见原因。其它如产后血崩、产后气喘、产后浮肿、产后泄泻、产后便秘等，亦以虚证为主。可见产后亡血伤津，元气亏损，是发病的最重要原因，也是产后病的主要病理特点。

1.2 产后常留瘀

盖新产或因产创，或因外寒侵人，脉道涩滞，或因产时元气大伤，无力送胞，以致恶血或胎盘组织不能及时排除，瘀阻为患，引起产后发热、产后出血、产后少腹痛、恶露不下等证。傅青主对产后恶血内留的危害性颇多阐发，尝谓“恶露凝块日久不散，则虚证百出，或身热骨蒸，食少羸瘦，或五心烦热，月水不行，其块在两胁，动则雷鸣，嘈杂晕眩，发热似疟，时作时止。”盛玉凤认为，“血瘀”与产后病的发病有很大的关系，以产后发热为例，有些患者由于接生不慎，产道损伤，瘀积不散，或因恶露不下，瘀血留滞胞宫，为病菌的侵入创造了有利条件。内外合邪，瘀热相搏，从而引起发热等症候。又如产后血晕，临床固然以气血暴脱为其主要原因，但瘀血为害亦不鲜见，这是因为败血可以冲心，干扰神明，从而引起昏厥；又瘀血阻滞胞脉，新血不得归经，反出血不止，无以养心，以致昏晕。由是观之，瘀血留滞，亦是产后病的主要病理特点之一，所以古人在诊治产后病时，很重视审察瘀血之有无。《傅青主女科》在论述产后腹痛时强调提出："先问有块无块"；又在《产后总论》中告诫说："大抵新产后，先问恶露如何。"傅氏之所以注重询问产后有块无块，以及恶露如何，其道理就不难理解了。

1.3 产后易受邪

《内经》云："邪之所凑，其气必虚。"由于产后气血耗损，脏腑虚衰，抗病力弱，故外易感受六淫之邪，内易伤于七情饮食，足以变生诸症。盛玉凤在临床上亦观察到产后不少病证与感邪有关，如产后发热，多因产后腠理不密，卫阳不固，使外邪乘虚而入，邪正相争，而致发热；也有因伤于饮食，宿食停滞而致发热者。《医宗金鉴》说："产后发热之故，非止一端，如饮食太过，呕吐恶食者，则为伤食发热；若早起感受风寒，则为外感发热……。"说明产后体虚，易于感邪，或内伤饮食，是引起发热的主要原因。

2 治疗原则和用药特点

2.1 补养气血，最为重要

朱丹溪说："产后无得令虚，大补气血为先，虽有杂症，以末治之。"傅青主赞同丹溪之论，谓："斯言尽治产之大旨。若能扩充立方，则治产可无过矣。傅氏治疗产后病，每以补养气血为主，而补气尤重于养血，认为"血为有形之物，难以速生，气乃无形之物，易于迅发，补气以生血，尤易于补血以生血耳。"又说："血非气不生，是补气即以生血。"试观所用方药，如治产后恶寒身颤的十全大补汤、治产后血崩的救败求生汤、治产后乳汁不下的通乳丹等等，都是养血与益气并用且补气药用量常较养血药为重，如救败求生汤中人参多至二两，通乳丹中参、芪各用一两，两收汤中白术重用至二两。笔者治疗产后虚证，最常用的方剂是八珍汤。盖本方以四君补气，四物养血，用药纯正，其中当归、川芎两药，补中寓通，兼有养血活血的双重作用，对产后多虚多瘀的病理特点尤为熨贴。此外，产后虚证亦有属肝肾不足、奇经空虚者，则宜补养肝肾，以益冲任。又脾胃为气血生化之源，产后往往脾胃虚弱，以致化源不充，所以调理脾胃实是开发气血生化之源的重要方法，诸如四君、六君、补中益气之类方剂，临床屡用不鲜。

2.2 活血消瘀，毋容忽视

如上所述，新产每多留瘀，瘀血不去，为害非浅，所以治疗上应注意活血祛瘀。如《澹寮方》指出产后当"化其恶血"。傅青主对此发挥尤多，特别对生化汤推崇备至，认为是方行中有补，化旧生新，系血块之圣药，凡产后瘀血未消而变生诸疾者，多以此方为基本方，随证加减。盛玉凤遵傅氏的经验，对产后血瘀诸证，每用生化汤加减，如治疗产后恶露不下，或恶露不绝，善用生化汤合桃红四物汤化裁，屡获良效。近年有不少文献报道生化汤及其加减方剂，对产后子宫复旧不良、胎盘残留、产后调理等有良好的作用，特别表现在预防产褥感染与促进泌乳机能等方面。此外，如失笑散、佛手散、清魂散、独圣散等，亦可随证选用。

2.3 祛邪之法，不可偏废

产后病多虚证而宜于补养，但体虚夹感，或伤于饮食者，亦复不少。此等虚中夹实，或偏重邪实之证，未便一味补养，祛邪之法，不可摒弃。张景岳说得很中肯："产后气血俱去，诚多虚证，然有虚者，有不虚者，有全实者。凡此三者，但当随症随人，辨其虚实，以常法治疗，不得有成心概行大补，以致助邪。"试观《金匮》治疗产后病，有用承气汤、下瘀血汤攻逐里实，有用竹叶汤固阳解表，有用白头翁加甘草阿胶汤养阴清热，凡此均为产后实证或虚中夹实之证而设。傅青主虽把补养气血作为产后病治法之大旨，但亦有用三消丸（黄连、莱菔子、川芎、桃仁、山栀、青皮、三棱、莪术、山楂、香附）治"妇人死血食积痰三等症"，即是一首以攻逐病邪为主的方剂。要之，临床不能固执产后宜补之说，应根据邪正双方的消长情况，采取相应的治疗方法，补偏救弊，达到愈病的目的。盛玉凤经验方酱军散（败酱草 18g，制军 10g，炒当归 12g，生蒲黄 15g，炒赤芍 15g，炒川芎 9g，忍冬藤 30g，马齿苋 15g，贯众 15g，生山楂 15g，小青皮 15g），主治产后恶露不绝、人工流产后阴道出血不止，伴有发热，中医辨证属热毒挟瘀血内滞胞宫者，即是一首祛邪为主的方剂。盖方中败酱草、制军功擅清热解毒、祛瘀生新，故用为主药；辅以忍冬藤以加强清热解毒之效，当归、蒲黄、赤芍、川芎、山楂以增进活血化瘀之功；复加贯众既能解毒又善止血；青皮理气行血；更入马齿苋一药，现代药理研究证实本品能促使子宫收缩，以利瘀血排除。合之而成清热解毒、祛瘀生新之剂，故对热毒挟瘀内滞胞宫引起的上述诸证，堪称药证相符，切中肯綮，是以疗效显著。

2.4 用药大法，贵在平和

前贤对产后用药，一般主张宜平和之剂，凡峻剂克伐，当忌用或慎用。如《傅青主女科·产后总论》指出："夫产后忧惊劳倦，气血暴虚，诸症乘虚易入，如有气毋专耗散，有食毋专消导，热不可用芩连，寒不可用桂附，寒则血块停滞，热则新血崩流。"又说："一应耗气破血之剂，汗吐宣下之法，只可施诸实体，岂宜用于胎产。"并专列产后用药十误，以引人警觉。中医治病强调从整体出发，因人、因时、因地制宜。根据产后的体质特点，审慎应用峻烈药物，以防正气进一步损伤，这是因人而施的具体体现。在运用药物时，注意开郁无过耗伤，消导必兼扶脾，寒不宜过用温燥，热不宜过用寒凉，这是十分必要的。但并不意味着一切汗、吐、下诸法不宜使用，临床还须遵循"辨证施治"的原则，辨清寒热虚实属性，分别采取寒者温之，热者清之，虚者补之，实者泻之的治疗大法，所谓"有是证即用是药"，如上述傅氏治"妇人死血食积痰三等症"的三消丸即是其例。总的原则是，既要照顾产后的体质情况，又不能姑息养奸，留邪为害。

3 病案举隅

案1 王某，28岁。1999年4月8日初诊。产后20天，恶露已净，自觉头晕目眩，动辄汗出，面色不华，腰脊酸疼，食欲不馨，乳汁缺乏，经血化验：血色素8g/dl。诊得脉象濡细，苔黄，舌淡红。证属产后气血两虚，肝肾不足。治宜补益气血，滋养肝肾，方用八珍汤加味：黄芪15g，炒党参15g，炒川芎6g，炒白芍15g，熟地黄15g，砂仁6g(后下)、白通草6g，炒白术12g，茯苓12g，陈皮6g，枸杞子15g，鹿角霜15g，炒杜仲15g，炙甘草6g。服7剂后，眩晕显减，食欲增进，乳汁增多，面色较前红润，腰酸未轻，脉较前有力，舌仍淡红，前方既效，无事更张，拟原方减砂仁，加川断15g，制狗脊12g。服7剂后，诸恙均瘥，嘱以饮食调养，以巩固疗效。

按 产后多虚证，本例凭症参脉，诊断为气血两虚，肝肾不足，故方用八珍汤双补气血，复入杞子、鹿角霜、杜仲、川断等补养肝肾，药证相符，遂获良效。值得指出的是，脾胃为气血生化之源，患者初诊时食欲不馨，故用药兼顾悦脾醒胃，方中砂仁、陈皮即为此而设。

案2 乌某，25岁。2002年8月14日初诊。人流术后，阴道出血月余未净，量不多，血色紫夹有血块，小腹胀痛。脉来细涩，苔薄舌质泛紫。此乃产伤瘀血留滞胞宫，瘀血不去，好血难安，是以恶露绵延不绝。治宜理气活血祛瘀为法，药用当归12g，炒赤芍9g，炒川芎4.5g，生蒲黄9g，益母草12g，制香附9g，小青皮9g，贯仲9g，忍冬藤9g。服药5剂后，阴道出血已净，余无不适，治宜调理，以善其后，处方：大熟地12g，炒白芍9g，太子参15g，茯苓9g，山药9g，制狗脊12g，制川断12g，当归12g，木贼草9g，炒贯仲15g。

按 产后恶露不绝，由瘀血内阻胞宫引起者，较为常见，诚如《胎产心法》所说："恶血不尽，则好血难安，相并而下，日久不止。"《医学心悟·恶露不绝》也说："若瘀血停积，阻碍新血，不得归经者，其症腹痛拒按，宜用归芎汤，送下失笑丸，先去其瘀，后补其新，则血归经矣。"本例即循此而治。

案3 李某，32岁。1977年5月18日初诊。产后18天，恶露量少色暗伴有秽臭，前天开始头痛发热，鼻塞流涕，浑身酸疼，咽喉赤痛，口干欲饮，大便干结，微咳痰黄，脉象浮数，舌苔痰黄。此乃产后体虚夹痰，风热乘虚而入，肺卫受伤。治宜辛凉解表，宣肺化痰，兼以活血祛瘀，方用：荆芥10g，柴胡6g，薄荷6g(后下)，连翘12g，大力子12g，南北沙参各15g，当归12g，炒川芎9g，丹参15g，银花12g，桔梗6g，炙枇杷叶12g，炙前胡9g，鱼腥草20g(后下)，生甘草6g。服药3剂后，发热已减，余症均瘥，恶露已止，大便已通畅，舌苔薄白，脉来濡缓。再拟原法更小其制，继服3剂而愈。

按 产后外感风热，肺卫受伤，属卫分证，惟夹瘀血为患，故遵叶天士"在卫汗之可也"，方用银翘散化裁，佐以当归、川芎、丹参活血祛瘀，使瘀热不相搏结，病易解也。

案4 余某，26岁。1985年5月12日初诊。患者剖宫产后5个月，恶露淋漓未净，量少，色紫挟块，伴下腹痛胀痛，腰酸，头晕乏力，大便偏燥，口干欲饮，寐劣。脉象细涩，舌紫边有瘀点，苔薄黄。B超提示：子宫前壁回声欠均匀，双附件无异。中医辨证系瘀血羁留胞宫，兼挟热毒为患，病属产后恶露不绝。治宜活血祛瘀生新，兼以清热解毒，方用酱军散加味：败酱草18g，忍冬藤20g，制军10g，生蒲黄15g(包)，炒赤芍15g，牡丹皮12g，川芎8g，马齿苋15g，贯仲15g，银花炭15g，生山楂15g，炒当归12g，小青皮9g。服药7剂后，恶露已净，诸恙悉减，脉舌如前。再从原法加入补肾健脾之品以善其后：原方加杜仲15g，萸肉12g，太子参15g。

按 产后病有多虚多瘀、易感外邪的病理特点，因此产后恶露不绝，人工流产后阴道出血不止等病证，临床辨证属热毒挟瘀内滞胞宫者并不鲜见。对于这类病证，盛玉凤认为，需着力清除宫腔内的瘀血，以利于子宫复旧；另一方面瘀血得去，则邪毒无所依附，自能促使疾病向愈。酱军散即是根据上述认识而制订的，临床证实疗效显著，较之古方生化汤有所变革和改进，其疗效可见一斑。（盛玉凤）

施赛珠医案

【名老中医简介】施赛珠（1937～）女，浙江宁波人。主任医师，教授，硕士生导师。曾任华山医院中医科副主任、主任，上海医科大学中医教研室主任。中国中西医结合血液专业委员会委员，上海市中医糖尿病学会副主任委员，上海市名老中医诊疗所专家。第二批全国老中医药专家学术经验继承工作指导老师。

糖尿病并发症验案三则

案1 马某某，男，76岁。干部门诊2413。1990年5月17日初诊：四肢麻木冷痛4月，尤以下肢为甚，膝关节以下麻木，二足不温，行走15～20分钟需停歇，呈间歇性步行；并有足背肿胀。患者原有糖尿病史8年，最高血糖（空腹）16.77mmol/L，现经饮食控制、降糖药、补肾养阴等中药治疗后空腹血糖基本控制在7.2mmol/L以下，下肢血管多普勒检查示：右足背动脉血流减少，右腘动脉有阻塞可能或狭窄，左股动脉有阻塞可能或狭窄。患者平时腰酸乏力，胃纳控制、大便调、夜寐可，舌红苔少脉弦。处方：黄芪、黄精各30g，牛膝、生地各12g，丹参、石斛、赤芍各15g，桂枝6g，广地龙20g，木瓜、红花各5g，当归10g，乘14帖。药后肢冷痛有所改善，仍以原方继服。7月12日二诊：下肢冷痛消失，麻木减半，原方加蜣螂虫10g，继服。10月11日三诊：下肢冷痛、麻木消失，平时连续行走30分钟以上亦无肢麻、肢痛出现。

按 糖尿病常为气阴两虚是因，而气滞血瘀是果，再加老年者原本肾气衰弱，营液久耗，易致气血不畅，失于温养，故有四肢冷痛麻木之症。方中重用黄芪补气，并配以黄精益气养阴；生地、赤芍、川石斛养阴清热，丹参、当归、红花、川牛膝、木瓜、桂枝等活血通络、祛瘀舒筋；另外加用虫类药以增强方中活血化瘀之效，如此攻补兼施，使患者肾气得复、营阴得增，瘀血去而经脉无阻，气血通则四肢肌筋重得温养，麻木冷痛得除。

案2 汪某某，女，73岁。1990年6月7日初诊。慢性泄泻多年，甚则一日二余次。原有Ⅱ型糖尿病史26年，长期接受胰岛素治疗。近一月患者自感肠鸣漉漉，稀便一日十余解，口干甚，双目干涩，头昏无力，舌质干，苔薄黄，脉沉细。处方：党参、禹余粮、黄芪各15g，淮山药、煅龙牡、葛根各30g，白术、附子、补骨脂、益智仁、赤石脂、石莲肉、金樱子各10g，五味子6g，红枣7枚。乘14贴。服药后大便次数明显减少。原方更进，乘14贴。药后泄泻止，告瘥。

按 糖尿病素体阴亏，日久中气下陷，脾阻肾火不能营运精微，故有久泄不固之候。处以益气温中，佐以提升固涩，寻因施药、固其根本。糖尿病所致肠道植物神经功能紊乱，治疗理应健脾止泻，然急则治其标，兼以重镇固涩之品，对激惹的肠功能紊乱有良好的镇静作用。

案3 汪某某，男，54岁。1987年8月8日入院。患者有Ⅱ型糖尿病史2年，近来头晕眼花，半身麻木，神疲无力。空腹血糖15.83mmol/L，尿糖（＋＋＋＋）。住院后发现尿蛋白（＋），血压25/15kpa，伴高脂血症。舌胖、苔薄、脉细。临床除用D860治疗及饮食控制外，加用中药治疗。处方：党参、肉苁蓉各15g，黄芪、黄精各30g，首乌12g，制军9g，丹参30g，益母草12g，乘14帖。服药后半身麻木、神疲乏力有所好转，视物较以前清晰，空腹血糖降至10mmol/L，尿糖（＋＋～＋＋＋）。前方更进，乘14帖。上药服完后自觉症状基本消失，空腹血糖降至6.94mmol/L，尿糖及蛋白均转为阴性，血压恢复正常（18/11.5kPa）。出院后门诊随访三年余，血糖、血压、血脂均稳定，精神充沛，尿蛋白阴性。患者除能正常工作外，还常加班超负荷工作。

按 消渴病，以肝肾阴亏为主要病机，日久阴阳气血俱病，而致变证百出，此方重在补肾，兼以活血，方中首乌、制军且有降低血脂、润肠通便作用，所谓“虚则补之、瘀则通之”使阴阳归其位，气血循其道，则百病瘥矣。

糖尿病以“三多一少”为主症，日久可并发诸如血管、神经、内脏多方面病变。病初以肝肾虚为主，日久可引起诸多虚证及瘀证。现代医学发现糖尿病的主要并发症与大血管或微血管病变有关，用中西医结合的方法治疗糖尿病及其并发症注重补肾、益气的原则，但须重视气虚能致血瘀、气滞亦能致血瘀，重用黄芪、黄精、丹参，对防治糖尿病血管病变可发挥一定的成效。施赛珠注重用活血化瘀药，还善用虫类药以加强活血化瘀作用。（吴克永）

施梓桥临床经验

【名老中医简介】施梓桥(1921～)　浙江长兴人。主任医师。原上海市静安区中心医院中医科主任。中华全国中医学会上海市分会委员，上海市中医文献馆馆员。上海市名中医。擅长治疗皮肤和外科疾病。发表论文40余篇。

临证特色

1 急性化脓性乳腺炎

施梓桥认为，乳痈之治，贵在内消，其关键是掌握“通”和“清”两大法则。通法包括两层含义，一是疏泄壅积，通行乳络，乳痈为乳汁壅滞凝结而成，“不通则痛”，故当以推动为主，动则乳行，通而肿消，此乃局部之通；二是清泄肠胃，疏通气机。每见乳痈以肠胃热结，便秘者居多，通泄肠胃，是开门逐盗，给邪以出路，此乃整体之通。而清法，则是针对热邪而设，临床应用，权在变通。热邪在体表，投清热解表，使邪从汗解，是为化热之途；胃肠实热，用苦寒泻热，导热下行，是为釜底抽薪；气郁化热，解郁清热，是为杜绝生热之源。此二法运用适时，可使酿脓之乳痈消散，对已成脓之乳痈大多亦可内消，即使刀溃，也可使其全身症状缓和，乳痈根脚收束，脓腔移深居浅，防其传囊之变，从而减少病痛，缩短疗程。为此，施梓桥自拟经验方“通络饮”，经多年临床实践证明，疗效卓著。鉴于“通”、“清”两法是以祛邪为主，但病机的进退，取决于正邪相争结果。故再三强调，辨证时必当要衡量整体与局部，正气与病邪之间的轻重与主次，既要注重祛邪，亦不可无视扶正，临症当随机应变，务求其本为上。

2 甲状腺瘤

本病属中医“瘿瘤”范畴，临床多采用化痰消瘿之法。施梓桥独辟蹊径，从气论治，佐以化痰消瘿，临床主分三法。

2.1 舒气解郁法

针对此病好发于40岁左右之女性，施梓桥认为，此乃根于妇女经、孕、产、乳之生理特性，常易导致气血不足，若遇思虑烦愁，内郁于肝，气血津液失之畅达，凝结于颈前而成斯症。治当舒气条达，以杜绝其根，方药常选四逆散或逍遥散化裁。

2.2 行气化痰法

施梓桥认为，化痰消瘿固为常治之法，但究其痰之形成，系由气之不通，津液难以输布，而致湿聚内蕴，郁结成痰，痰气交阻，结于颈部而生疾患，故早期以舒肝解郁为法，但痰凝日久，已由气郁不舒而成气滞气壅之候。故他认为，凝聚于颈部之痰湿，其性当属“阴津”之范畴，由于痰气郁结久而化火，火热肆虐消耗阴津，阴虚阳亢，过旺之火热渐化壮火，壮火食气，从而导致对气机的克伐和耗伤，如此恶性循环，最终导致气阴两伤，阴阳互损而成难治之症。

2.3 益气滋阴法

在补气药中，尤善用黄芪，其缘由乃黄芪能“助气壮筋骨，长肉补血，破癥瘕，治瘰疬瘿赘”(《日华子本草》)。鉴于人过四十，阴气半衰之理，在临床上无论有无气虚之证，均酌量投用黄芪，辨证与辨病相结合，扶正抗邪并举，运用得当，确能起到除顽疾起沉疴的作用。

3 发 热

施梓桥认为，发热症产生，是由于多种因素造成人体正气不足，外邪乘虚而人，导致机体阴阳失去平衡，是体内邪正斗争的反映。临床上针对不同疾病引起的发热，分别采取不同的辨证法，运用相应的治疗手段而获满意的疗效，例如对急性粒细胞缺乏症的高热，施梓桥根据其发病急骤，热象偏盛且易化燥伤阴的特点，参照卫气营血辨证，同时结合脏腑辨证，注重心胃之火，并着眼于人体正气，治疗时尤重卫护津液。发病初期，热高邪盛，治疗重在祛邪；病至后期，正虚邪恋，治疗偏重扶正，酌情应用解表、除湿、清气、凉营、扶正、养阴等方法，达到邪祛热清，保气安津之目的。

对外科手术后感染性发热，施梓桥本着有“热必有邪”观点，认为由于术后皮肉既伤，卫气走泄，为病邪外袭提供了条件。病邪留于体内，加之术后机体阴阳失衡邪由内生，正气奋起抗邪而致。故发热特点是热象较高，这与一般外感发热热势高，内伤发热热象缓有别。辨证中多见湿、热、瘀、虚等病理变化，临床主分肝胆湿热、肠胃热结、脾胃湿热和气阴两虚等四型。其病位大都在腑。施老根据“六腑以通为用”之旨意，在清热法中或通其大便，或利其小便，给病邪以出路。具体方法有清热通便，清利湿热，疏理气机和清热利胆等等。治疗上若正气尚强，施梓桥常单用祛邪法使高热退去，从而防止正气的进一步损耗；若有正虚见症，常以祛邪和扶正法并用，使正盛而邪自却。

临床经验

慢性湿疹

1 内虚是慢性湿疹发病的基础

中医文献中有许多病名指的是湿疹，常包括在疮、癣、风之中，如浸淫疮、旋耳疮、绣球风、四弯风等皆属本病范围。《素问·玉机真藏论篇》中就有"复脉太过则令人生热而肤痛，为浸淫"的论述。《金匮要略·疮痈肠痈浸淫病脉证并治》中有症状和治法的记载，如"浸淫疮，黄连粉主之。"

一般认为，慢性湿疹多因血虚风燥，湿热蕴积所致。施梓桥在继承前人经验的基础上有所发挥，认为慢性湿疹总由禀赋不足、正气不固、复因风湿热之邪客于肌肤而成，因而其本在虚。若先天不足，肝肾亏虚，加之后天失养，脾胃运化失调，气血生化乏源，致卫外不固，肤腠不密，遇风、湿、热、火、毒等邪乘虚内侵，内外相感，相互搏结，外达肌肤则可发为湿疹；或者素为过敏体质，复因饮食失节，过食鱼、虾、蟹、牛羊肉等腥发动风之物，伤及脾胃，致气血不足，肌肤失养，或直接接触花粉、灰尘、羊毛、动物羽毛等过敏源，而虚体无力耐受所发；亦可由于七情内伤，或过度劳累致湿热之邪内蕴，在外界因素下发于肌表而成。总之，慢性湿疹常以"内虚"为发病基础的先决条件，即通常所说的免疫力差。外来因素，是通过内在有关脏腑虚弱而发病的。患者由于湿疹反复发作，长期不愈，剧烈瘙痒而致夜寐不安，胃纳不振，饮食减退，可进一步使体虚更为加重。

施梓桥在临床上注意本病体虚为本，风、湿、热、毒诸邪为标的发病机制，在辨证时还常根据患者不同的具体症状表现，给予辨证立法，如皮肤干燥、粗糙、肥厚、脱屑者，认为是阴血亏损，生风生燥，肤失所养所致；发于胸腹阴部者，与肝经湿热有关；发于下肢，见青筋暴露，患处皮肤色素沉着者，与湿热内蕴，气滞血瘀有关；出现营养异常，代谢障碍的表现，则与脾虚湿热蕴阻有关。

2 善用益气养阴法初探

由于慢性湿疹多迁延日久，必然耗气伤阴，故施梓桥治疗本病，十分注意益气养阴，常以此法贯穿于整个治疗过程。对慢性湿疹急性发作，主张以清热利湿为主，辅以养阴，此取治未病之意。而对慢性期的治疗则以补法为主，临床以益气养阴法兼以祛风、清热、化湿、凉血、解毒、脱敏止痒等法每取良效。在用益气药时，他喜以大剂量黄芪和白术配伍。黄芪的一般用量为15～24g，虚象较重的患者可加大到40～60g；白术的一般用量为12～15g，与黄芪配伍可加大到24g。施梓桥指出，本病病机的根本乃"内虚"，病位主要在脾、肺二脏，因脾为后天之本，脾虚则水谷精微运化失司，气血生化乏源；肺主皮毛，具有宣发卫气，输精于皮毛的功能，肺气虚则卫表不固，皮毛憔悴枯槁。黄芪、白术均为补气药，然黄芪最善补肺，白术最善补脾，二者合用，既可健脾补中，又能补肺益气，无论脾气虚、肺气弱或脾肺气弱之证，均可应用。此外，黄芪、白术皆有托毒排脓之功，对于虚寒性的痈肿不溃或溃久不愈之证，也可选用，但应取二药之生品配伍入药为佳。久病必致耗血伤阴，津液亏耗，无力滋养肌肤，故治疗慢性湿疹养阴药亦不可少。施梓桥最喜用者为沙参，常南北沙参同用。南北沙参功用相似，都具有养阴清热、生津润燥的作用，前人有"沙参补五脏之阴"之论，慢性湿疹病势较甚时两者同用可加强养阴力，如与麦冬配伍更可肺胃同治。

3 病案举隅

王某，男，12岁。1995年1月21日初诊。慢性湿疹起于孩提之时，目前全身泛发点状红斑及粟粒大小的丘疹和丘疱疹，部分渗滋结痂，以双肩、上背部和上臂、小腿伸侧为剧，双肩部和小腿伸侧皮肤肥厚粗糙，抓痕明显。患处瘙痒剧烈。素易外感，面色不华，夜间盗汗，大便干结，乏力，舌质红少苔，脉数。证属气阴两虚，湿热炽盛，治以益气养阴，清热利湿。药用：生黄芪15g，太子参20g，麦冬、天冬各9g，北沙参、生白术、芍各10g，女贞子12g，龟版15g，乌梢蛇12g，丹皮、川黄柏、知母、蒲公英各10g，忍冬藤20g，谷麦芽、焦楂曲各15g，生甘草3g。14剂。外洗方：苦参、蛇床子、黄芩、柏各15g，梅片3g（后下）、葎草30g。7剂。二诊：药后肩背湿疹已退，两上臂屈侧搔痒尚甚，皮疹发出仍较多，大便仍较干，舌质红苔黄，脉数。治守原法，略参平肝熄风之品。药用：生黄芪15g，生白术10g，太子参20g，生地、玄参各9g，乌梢蛇15g，土茯苓、地肤子、白鲜皮各9g，连翘15g，忍冬藤20g，羚羊角粉0.6g（分吞），珍珠母20g，葎草15g，生甘草3g。14剂。三诊：湿疹渐退，未见新起，肩背及小腿伸侧皮肤干燥粗糙，大便通利，舌质由红转淡红，苔薄黄，夜出寝汗。治以养阴益气，祛湿解毒。药用：南北沙参、生地、玄参、麦冬各10g，太子参15g，生白术10g，乌梢蛇15g，丹皮10g，葎草15g，忍冬藤20g，连翘15g，生甘草4g，薏苡仁20g，土茯苓12g，地肤子9g，白鲜皮10g。14剂。四诊：湿疹大部已退，舌质淡红，苔薄白，脉小数。予益气阴、清余热、散瘀血以善后。药用：生黄芪15g，北沙参、麦冬各10g，太子参15g，白术、芍、女贞子各10g，枸杞子12g，生甘草3g，金银花、连翘、葎草各10g，川芎7g，赤芍、桃仁各9g，谷麦芽、焦楂曲各15g，乌梢蛇12g。

按 本证为慢性湿疹急性发作，初诊时湿热之毒虽盛，气虚阴伤亦明，故方中用黄芪、太子参补气；白术、芍合用，一则益脾气助脾阳以运之，一则养肝血敛肝阴以藏之，刚柔相济，具有柔肝安脾之功，再辅以天麦冬、北沙参、女贞子、龟版取养阴之效，此二组药均为扶助正气、补虚培本之用。同时，以丹皮、知母、蒲公英、忍冬藤、黄柏清热利湿；乌梢蛇祛风通络又能润泽肌肤，佐谷麦芽、焦楂曲消导，顾护脾胃以助药力。外洗方以清热和燥湿为治则，使药直接作用于皮肤。二诊方中仍以芪、术、参益气，辅以生地配玄参，二者同入血分，可使清热凉血解毒作用增强，又有较强的养阴生津作用；伍土茯苓、连翘、葎草、地肤子、白鲜皮、珍珠母清热祛湿，另佐羚羊角粉加强熄风通络之力；四诊则在益气养阴，佐以清热的基础上加入和营活血药以改善血液循环，起到祛除色素的作用。（余恒先）

乳 疾

1 疏木柔刚克乳癖

“乳癖”之名最早见于华佗《中藏经》，女子多惟患之。明·陈实功对此病论述颇详，此类似现代医学的乳房小叶增生、乳腺囊性增生等病。施梓桥认为：按经络走向及分布，乳房为阳明经所过，故乳房属胃；乳头乃厥阴之气所贯，故乳头属肝。究肝为刚脏，性喜条达而恶抑郁。兹因女子喜虑忧愁，幽幽寡欢，隐事曲折，难以排遣。郁怒伤肝，木失条达，肝气所乘，肆虐侮脾。脾为阴土，思虑伤脾，又被木克，以致运化失职，水湿内困，聚而成痰。古云：“痰挟瘀血逐成巢囊”。日深月久，气滞、血瘀、水湿、痰凝互相胶结，遂成乳癖。治当从肝入手，赵养葵称之：“一方（指逍遥散）治其木郁，诸郁皆因而愈。”叶天士又谓治肝病：“法当辛酸两体合用”。他宗赵、叶之说，以逍遥散为基本方灵活变通，主取绿萼梅、柴胡、青皮、白蒺藜、香附、当归、白芍等味辛质轻性平灵巧之药，“辛而润之”，使肝木得以柔抚。又取半夏、陈皮、白芥子等化痰散结药参机为伍，清其瘀血痰凝之巢穴。

案1 张某，女，左乳部上方结核多枚，形如豆粒，边缘不清，其质中等，常作胀痛，遇怒尤甚，舌质偏紫，脉细弦。思其平素性情急燥，夜寐梦扰，经行量少。缘由肝血阴亏，刚木失养，气郁血瘀，滞于阳明而为乳癖，当以柔木疏肝为治。遂投柴胡、当归、丹参、赤白芍、青陈皮、桔叶、桔络、枣仁、枸杞子养肝血、理气机、消肿核。7天后复诊：乳癖胀痛已和，夜寐较安。再诊：胀痛已陈，乳核消小近半。原方化裁继进，年余之疫，两月告瘥。

2 填精补肾疗乳疬

男子乳房疾病，临床较为少见。但施梓桥诊治男子乳疾者亦为数不少。男子乳疾，发生于乳晕部，状如围棋子，或一侧与双侧称为“乳疬”。病名最早出自《疮疡经验全书》，为乳中结核之一种，系良性肿块。究其病因，薛立斋曰：“乳房……，男子伤于肝肾，女子损于脾肝”。盖女子以肝为先，男子以肾为本，女子乳房属肝脾，男子属肝肾，此病常因男子房劳恚怒，以致肾精虚怯，肝失所养，或因年老体衰，肾气不足，启动无力，以致气血相乘，或因阴精不足，虚火上炎，灼熬津液，炼聚成痰，乳络被塞而致凝块。治疗当宗“精不足者，补之以味”之旨，以补肾益精、化痰散结为法，投以六味地黄汤为主方进行化裁。施梓桥常用鹿角片入肾补肝，取其咸温软坚，温阳通经散邪之效，肉苁蓉则为必投之药，《本草汇言》谓其：“养命门，滋肾气，补肾血之药也”。“凡癥瘕积块，得此而坚即消”（《本草求真》）若兼见阴虚者，则酌加大熟地、龟版、枸杞子等以济肾阴，使气血和谐，阴阳相秘。此乃经云：“结者消之，坚者软之，壅者通之”之旨的临床变用。

案2 谢某某，男，年逾花甲，于右乳晕部生一结核已3月，因服西药未奏效而转中医治疗。查之结块边缘清晰，可移动，大小约2×2cm，除偶感结块有轻微胀痛外，余无不适之处。舌暗苔糙、脉细。此为乳癖，乃因男子八八，天癸枯竭，精气衰少所致，法当培元固本。药用：肉苁蓉、巴戟肉、菟丝子、大熟地补肾气，益精髓；佐以丹参、当归、桃仁活血；桔络、青皮、陈皮、白芥子理气通络消痰。服之仅半月，乳癖已消其九。遂以原方出入，调治向愈。（郑雪君）

医方验方

通络饮

方药：路路通12g，留行子12g，丝瓜络10g，漏芦10g。

主治：乳痈初起尚未成脓之阶段。

方解：治疗乳痈关键在于早期发现，及早治疗，“以消为贵”。方中路路通具通利之性，既能行气宽中，又可活血通络；留行子行而不住，走而不守，有行血通乳之功；丝瓜络通经络，行血脉，清络热；漏芦清热解毒，通乳消痈，四药相须，共具行气活血、清热通络之功用。

运理汤

方药：枳壳9g，陈皮9g，茯苓12g，半夏9g，莱菔子9g。

主治：脾胃失和，运化失司，内生水湿、痰浊之邪而见胸闷胁痛，脘腹胀满，咳嗽气逆，局部结核、痰湿肿块等症。

方解：此方药味简洁，结构严密，施治面宽，效用卓著，经临床验证，具理气、化湿、祛痰、辟浊之功能，不论寒热虚实诸类病证，但见气机不利，水湿痰浊内聚者，皆可酌情投治。

石印玉学术经验

【名老中医简介】石印玉（1942～）江苏无锡人。教授，主任医师。中华中医药学会骨伤科专业委员会副会长兼秘书长，上海市中医药学会常务理事，上海市中医药学会骨伤科分会主任委员，上海市中西医结合学会骨伤科分会副主任委员，上海市中医药研究院骨伤科研究所所长，上海中医药大学附属曙光医院院长。上海市名中医。享受政府特殊津贴。上海石氏伤科第四代传人。主要从事骨关节病、骨质疏松症、颈腰椎病等骨与关节疾病和骨与关节损伤的临床与基础研究工作。先后负责各级科研项目10余项，并多次获奖。主编、副主编及参编《石筱山、石幼山治伤经验及验方选》《中国中医骨伤科百家方剂精华》《中国医药百科全书》等10余部著作，发表学术论文60余篇。

学术思想

"以气为主，以血为先"辨治思想

1 气血兼顾是石氏理伤的核心内容

气血是构成人体和维持人体生命活动的基本物质，亦是阴阳的物质基础。生理上气血是相互依附、互生互用的，外而充养皮肉筋骨，内而灌溉五脏六腑，气血调和则阳气温煦，阴精滋养；病理状态下，若气血运行失度，或气血虚损，便会百病丛生，无所不及。伤科诸疾无论病在皮肉、筋骨、脏腑、经络，皆离不开气血阴阳平衡失调之变故。更因气血为病可互为相及，气血同病恒为常见，区别仅仅在于或偏于气、或偏于血而已。

有鉴于此，石氏伤科宿以为，气血病机是伤科疾病之核心病理，气血辨证是伤科辨证论治之总纲，气血兼顾是内治法则之准绳。然而气血以其功能各有所司，其为病亦不尽相同。临床既有气伤及血，亦有血伤及气，大多先痛而后肿为气伤形，先肿而后痛为形伤气，气血两伤多肿痛并见。此盖中医气血辨证之重要依据。石氏复以为，形体之抗拒外力，百节能以屈伸活动，气之充也；血之化液濡筋，成髓养骨，也有赖于气化。因此。"气血兼顾"宜"以气为主"；倘若积瘀阻络，妨碍气行，又当祛瘀，则应"以血为先"。由于气血之病病机复杂，症情变化多端，临证之时须当随机应变，根据"在气"、"在血"或"气血同病"的具体情况，做到准确地治气、治血或气血兼治。

1.1 气血并病与"气血兼治"

在气血的病理关系上，气结则血凝，气虚则血脱，气迫则血走；反之，血凝则气滞，血虚则气虚，血脱则气亡。因此，伤气者，每多兼有血瘀，而血伤瘀凝，必阻碍气机流通，终致气血俱病之患。肢体损伤诸症，多伤及气血，伤气则气滞，伤血则血凝。气滞每致血凝，血凝则碍气行，以致气血两伤、肿痛并见之气滞血瘀证。气血滞于肌表则为青紫肿痛，阻于营卫则郁而生热，积于胸胁则为痞满胀闷，结于脏腑则为癥瘕积聚。对于气血两伤肿痛并见之证，治须理气活血同时并进。石氏代表方有和营理气丸等。

1.2 损伤及气与"以气为主"

人体之气，外布于肌表，内行于脏腑，升降出入，周流全身，气顺则平，气逆或气滞则病。外伤及气多系卒然而至，倘因过度负重用力，或屏气举重呼吸失调，或暴力跌仆闪挫，或击撞胸胁，均可致气机运行失常，出现气滞或气结于内的病理现象。气本无形，故郁滞则气聚，聚则似有形而实无质，气机不通之处，即伤病所在之处，必出现胀痛、闷痛或窜痛。其特点为外无肿形，自觉疼痛范围较广，痛无定处，体表无明显压痛点。气滞在伤科中多见于胸胁损伤，如胸胁迸伤、挫伤后，则出现胸胁部闷胀作痛，呼吸、咳嗽，或转侧时均可牵掣作痛或肋间隐痛等。气滞之治当宗"疏其血气，令其条达，而致和平"（《素问·至真要大论》）的原则。由于气机郁滞相关脏腑之异，病情兼夹之殊，故在具体组方时尚需注意配伍活血化瘀、顺气肃肺、祛痰除湿、散寒或清热诸法。综观石印玉理气诸方，每多注重损伤部位之用药，如头部内伤常用柴胡细辛汤，胸胁内伤常用胸胁内伤方，腹部内伤常用复元活血汤或小柴胡汤，会阴部内伤常用柴胡桔梗汤等。

1.3 损伤及血与“以血为先”

血之在身，随气而行，常无停积，倘因跌打坠堕、辗轧挤压、拳击挫撞，以及各种机械冲击伤及经络血脉，以致损伤出血，或瘀血停积，便会出现血瘀之证。血有形，形伤肿，瘀血阻滞，不通则痛，故血瘀会出现局部刺痛，痛有定处，伤处胀满。血瘀之证的治疗总以祛瘀生新为原则。综观石氏伤科理瘀之方，可归纳为以下诸法。

①理气化瘀法：多用于损伤初期气滞血瘀证，石氏代表方有理气止痛丸、和营理气丸等；

②清热化瘀法：用于瘀血化热、郁热互结之瘀热证，石氏代表方有鲜金斛汤、地龙汤等；

③通利泻瘀法：多用于损伤初期恶血留内、腹胀便秘证，石氏代表方有麒麟散等；

④痰瘀兼治法：多用于损伤后期气血失和、痰瘀相兼为患之证，石氏代表方有牛蒡子汤等；

⑤扶正化瘀法：多用于气虚血瘀证，或血虚血瘀证，石氏代表方有腰背和营汤、调中保元汤等；

⑥祛风化瘀法：多用于损伤后期局部卫阳不固、风寒湿邪乘袭之证，或血虚生风证，石氏代表方有活血舒筋丹等。

2 “以气为主，以血为先”与“十三科一理贯之”

石氏伤科“以气为主，以血为先”的重要思想语意概括，内涵丰富。不能简单地理解成“以气为主，以血为次”或“以血为先，以气为后”，而应理解成“以气血为主，以气血为先”，即“气血兼顾”或“气血并重”之意。文中对于气与血皆言“主”与“先”，意在把气与血放在同等重要的地位。言气而确及血。举血而实赅气，语词避复而互备焉。

从历史渊源而言，石氏伤科“气血并重而不可偏废”的理伤原则实继承于传统中医学基础理论之精髓，其中“十三科一理贯之”之论盖启发于明代薛己的《正体类要·序》。其云：“肢体损于外，则气血伤于内，营卫有所不贯，脏腑由之不和……太史公有言：‘人之所病，病疾多；医之所病，病道少。’吾以为患在不能贯而通之耳。”薛氏所谓“不能贯而通之”实喻指“气血”耳。在此基础上，石氏伤科正式提出“十三科一理贯之”的学术思想。此“一理”实指“气血之理”。因此，“十三科一理贯之”实际上是“以气血为主，以气血为先”的另一简要提法，同样在于强调理伤须“气血兼顾”。

从临床意义上讲，石氏伤科“以气为主，以血为先”论不仅是对“跌打损伤之证，专从血论”（《医宗金鉴·正骨心法要旨》）和“损伤一证，专从血论”（《玉机微义·损伤门·论损伤宜下》）的补充与修正，而且是对“若专从血论，乃一偏之说也”（《伤科汇纂·治血》）的继承与发展。

关于“以气为主，以血为先”的临床运用，即气血辨治的基本原则，石印玉在传承先辈有关理论与实践的基础上，对其多有阐发。其最要者可归结为以下几点。

①损伤轻重有别论：石印玉以为，对于一般新近内伤，发作较缓，治多“以气为主”而予以通气、利气；倘为骨折、伤筋、脱臼等严重外伤，其病态立现，其治就须“以血为先”而予以活血祛瘀。

②常法与变法论：石印玉以为，“以气为主”是“常法”，“以血为先”是“变法”。有关常法与变法的立论依据与使用原则，石氏历代传人皆未明言之。石印玉以为，“以气为主”是基于气之属阳、主动的生理特点。从“气为血之帅”中隐喻“气血兼顾”，故恒为理伤之“常法”。诚如李中梓《医宗必读·医论图说》所云：“气血俱要，而补气在补血之先；阴阳并需，而养阳在滋阴之上。”《温病条辨·治血论》亦云：“故善治血者，不求之有形之血，而求之无形之气。”血属阴，主静，“以血为先”盖单指祛瘀之法，是从属于常法的变法。该原则尚可从石印玉诸多理伤处方中多种补气药（如黄芪、党参、白术）与理气药（如柴胡、青皮、木香）的君药地位得以求证。

③治标之法与图本之计论：石熙伯先生有言：“气血兼顾，以血为先是临床常用的治标之法，以气为主的气血兼顾为刻刻留意的图本之计。”对此石印玉以为，肢体损伤早期，瘀血内阻，其证属实，治以祛瘀为法，当属“急则治其标”；损伤中后期，多为气血并病，虚实夹杂，治当气血兼顾，以活血理气或益气活血法，故为“缓则治其本”的图本之计。

④分期论治论：石氏伤科对于骨折、脱位及伤筋的分期内治，无论在早期、中期或晚期，都贯穿着“气为主而血为先”的原则。一般而言，损伤早期宜活血化瘀，佐以理气；中期宜调和气血；后期则宜益气养血，调补肝肾。

⑤损伤部位有别论：损伤瘀血有在经在络、在脏在腑之别，其为治亦当有殊。石印玉以为，在经络者主气，在脏腑者多血，以之治脏，多血中之气药；以之治经，多气分之药。是故四肢的损伤多主血瘀，治宜活血化瘀为主，稍佐理气药物；躯干损伤则往往气血兼顾。由此可见，“气血兼顾”是为石氏伤科理伤的基本原则，在此原则的指导下，进一步确立或以气为主，或以血为先，或气血兼治的具体治法。然而石氏

临证之时仍须依据损伤病证之标本、症情之缓急、损伤部位之异同,以及症状出现与发展之先后而有所侧重,做到原则性与灵活性的高度统一。(黄仕荣　詹红生　石　瑛)

临床经验

瘀血腰痛

瘀血腰痛之临床辨证总以腰痛如刺,痛有定处,日轻夜重,痛处拒按最为常见。本文所论之"瘀血腰痛"即指外伤瘀血所致之腰部一侧,或两侧,或腰脊当中出现以刺痛为主要临床症状之腰痛病。

1 审证求因,重辨口渴与问便

清·王清任《医林改错·气血合脉说》有云:"若血瘀,有血瘀之症可查。"瘀血诸证每因血瘀部位的差别、量的多寡与时间的新久而表现为种种不同的症状和体征。诸如痛有定处且拒按、腹满感、热象、口渴、出血、心悸、怔忡、癥积、肌肤甲错、舌青、脉沉弦而紧等,皆为常见血瘀之征,是为临床认识血瘀诸证病因病机的重要途径。由于血瘀凝滞,损伤筋脉,是故瘀血腰痛轻者俯仰不便,重则不能转侧,甚则采取弓背或侧弯体位。此症即如明·秦景明《症因脉治·内伤腰痛》所言:"内伤腰痛之症,日轻夜重,痛定一处,不能转侧,此沥血停蓄之症。"此外,石印玉在辨治瘀血腰痛时,尚重视问口渴与问便。瘀血腰痛由于瘀血内阻,津不上承,故口干不欲饮水。此症即如近人唐宗海《血证论·瘀血》所云:"瘀血在里则口渴,所以然者,血与气本不相离,内有瘀血,故气不得通,不能载水津上升,是以发渴,名曰血渴。"清·林佩琴《类证治裁·血症总论》亦云:"更有瘀血在里,漱水不欲咽,小腹满,身黄便黑。"血瘀津乏,或瘀久化热者,除证见"血渴",尚可见大便秘结,小便热赤等。此诚如明·戴思恭《证治要决·诸痛门·腰痛》所云:"腰痛如锥刀所刺,大便黑,小便赤黄或黑,由血滞腰间,名沥血腰痛。"由此观之,结合病史、患者腰部功能的检查,结合问口渴与问便,即可大致明辨瘀血腰痛致病之由。

2 谨据病机,分期论治

2.1 急性腰痛本"痛随利减"

急性腰痛因于跌扑闪挫者,中医或称之为"暨腰"。语出隋·巢元方《诸病源侯论·腰背病诸痛侯·腰痛侯》:"凡腰痛有五,……四曰暨腰,坠堕伤腰,是以痛……"中医古籍亦称之为"折腰"、"伤损腰痛"、"打坠腰痛"或"闪挫腰痛"者。因其病起突然,总属晋·葛洪《肘后备急方》所谓"卒腰痛"之范畴。复因腰部是为人体重力的支柱,活动的枢纽,最易遭受跌打损伤,或举重负力、旋转扭闪等外力伤及腰部经络血脉,血不得循经流注,阻于经遂之中,或溢于经络之外而致瘀血凝痛。此即如宋·王怀隐《太平圣惠方·治暨腰诸方》(卷四十四)所言:"夫暨腰者,谓卒然伤损于腰而致痛也。此由虚损血搏于腰脊而然。"清·尤怡《金匮翼·腰痛》亦云:"腰者,一身之要,屈伸俯仰无不由之。若一有损伤,则血脉凝涩,经络壅滞,令人卒痛。"因该证病起突然,大多症状较重,其证属实,常见腰痛剧烈,局部肿胀,不能转侧,腹胀便秘,烦躁不安,至夜发热,形神紧张,口干舌焦,脉沉实等。石印玉谓此乃跌打损伤,瘀血停滞,瘀热互结,化为脉实,腑气不通,是以故痛也。此证之治自当活血化瘀,理气止痛。然临证之时,石印玉常谓左右云:"此证当宗'血实宜决之'(《素问·阴阳应象大论》),若非破血下瘀,通利经脉,引热下行而无以致之焉。"遣方用药虽援引传统之桃核承气汤或身痛逐瘀汤加减,但尤重用大黄、生白术等通利下焦之品,以收药后"微利"之效。籍此俾经脉通,蓄血去,瘀热清,诸证悉平。此法当即如《素问·缪刺论》所云:"人有所堕坠,恶血留内,腹中满胀,不得前后,先饮利药。"亦即《医门法律》与《医学发明》所谓"痛随利减"之法。然则该法作用峻猛,惟临证之时仍须谨据病机,但见跌扑腰痛损伤之早期,瘀血较重,疼痛难忍,不能转侧,且二便秘涩,形体壮实者,方可用之,且宜中病即止,不可过剂,以免戕伐元气耳。

2.2 慢性腰痛祛瘀兼以顾肾

瘀血不去则新血不生,顽固性瘀血腰痛日久未愈,血阻于络,则常致阴血不生,筋脉失养之变故。其证可见腰痛犹如触电,或如针刺,腰脊俯仰不利,甚或卧床呻吟,不能履地行走,长期低热,渴而不欲饮,舌质红或有裂纹,苔花剥或有紫斑,脉细涩。此乃虚中挟实之证,治当标本兼顾,攻补同施,理应化瘀通络以治其标,滋阴养血以培下元之根蒂。对此,石印玉临证之时,每多选用王清任之身痛逐瘀汤合大补阴丸以治之。俾宿瘀去,新血生,阴津复,虚热清,络脉得通,气血自行,筋脉得养而功能自复,病虽日久,取效亦捷。中医学认为,"病久入络"、"久病多虚"。慢性损伤性瘀血腰痛,迁延不愈,反复发作,正虚邪恋,气血瘀滞,尚可变生血瘀痰浊,痹阻经络,则见腰痛时轻时重,腰脊及腿膝强直,疼痛剧烈,痛有定处,屈伸不利,甚或腰部僵硬变形,或兼见下肢疼痛麻木,关节肿大,舌质紫,或有瘀斑,苔白腻,脉细涩等。治宜标本兼顾,在化痰祛瘀、活血通络的同时，或兼温补肾元，以开太阳之气化。对此临床诸家每多遣用《类证治裁》之桃红饮加服小活络丹，或选择朱良春经验方益肾蠲痹丸化裁以治之。惟本证痰湿浊瘀胶固互结，经络闭阻不通，病邪已深入筋髓骨骱，气血凝聚不行，自非草木之常品所能宣达，必籍虫蚁之类搜剔窜透，方能令浊去凝开，经络通畅，邪蠲正复焉。是故，石印玉每多选用石氏伤科"健腰定痛汤"、"固腰补肾汤"、"固腰汤"、"地龙汤"等以治之。诸方妙在常用地黄、杜仲、当归、续断、狗脊、肉桂、附子、桑寄生、牛膝、独活、麻黄、八角茴香等以温肾壮督，搜剔逐邪，且每每佐益地龙、全蝎、蜈蚣、露蜂房、蕲蛇、乌梢蛇、地鳖虫、穿山甲、鳖甲、僵蚕等虫蛇之品，籍以加强搜风剔络，散瘀涤痰，消肿通经之功，或加白芥子、胆南星等以助祛痰散结，祛风息痛。

2.3 宿伤难挽，治重兼邪

跌损瘀血腰痛如若失治，或经治未瘳，或经治"疾平而遗患尚存"，经久之后则常致瘀留脉络，病根暗伏，偶遇气交之变，寒温失宜，或将养不慎，役用伤肾，而致风寒湿邪乘凌，或遇阴雨天而复动者，则每见腰部酸痛，热缓寒重，转侧不便，或牵掣腿膝，或兼见关节拘挛，或见筋块，或麻痹不仁，或有身热，舌质淡，苔白，脉象弦紧等宿伤瘀血腰痛之症，此盖《临证指南医案》所谓之"劳伤"是也，俗称"老伤"。石氏伤科或谓之"陈伤"。《中藏经·劳伤论》有云："劳者，劳于神气也；伤者，伤于形容也。"《正体类要·序》复亦云："肢体损于外，则气血伤于内，营卫有所不贯，脏腑由之不和。"是故该变证临床辨证仍以气血为纲，惟该变证病程既久，瘀血内阻，新血不复，辨证属虚，或虚中夹实。石印玉以为，对于瘀血腰痛处于损伤后期劳伤阶段者，其疼痛症状往往并不明显，原则上应先调理脾胃，后壮肝肾；或先壮肝肾，后调脾胃，合宜而施。其治常选用石氏伤科调中保元汤，或补中益气汤以治之。石印玉理伤之核心思想在于"以气为主，以血为先"，主张"气血兼顾"，同时也非常重视"兼邪"的治疗。石氏伤科所谓兼邪亦谓之"损伤变证"。《医宗金鉴》或谓之"损伤挟表"。石印玉认为，该证或由损伤起因，或因积劳引发，"凡非本病，其发生不论前后，而有一个时期与本病同时存在的，都叫兼邪"。慢性瘀血腰痛既愈之后偶遇外邪而复作者，此诚"劳伤"之变证耳。诚如近人唐宗海在《血证论·跌打血》中所言："跌打损伤既愈之后，有遇节候，或逢阴雨，或逢湿热，伤处每作疼痛，甚作寒作热，此乃瘀血着而未去，留伏经络之间，不遇天气节候，其身中运行之气，习惯而不相惊，一遇天气节候蒸动，则不能安然内伏，故作痛也。"是故《诸病源候论》认为"兼邪者，类同痹证"。其病机关键在于损伤日久，气血不畅，津液运行受阻；或因气血先亏于内，复因风寒湿邪乘隙入络，终致内外交困，浊瘀与痰湿凝冱，其症状多种多样，变态百出，而每以疼痛为主。此证治宜活血舒筋，祛邪通络。石印玉常遴选石氏伤科之"固腰补肾汤"或"地龙汤"佐助三七、全蝎、蜈蚣、地鳖虫等虫类活血之品以治之，并强调尚应依据所缨风寒湿邪之偏盛而灵活酌加或重用羌活、独活、秦艽、防风、防己、苍术、草乌、刘寄奴、威灵仙等祛风湿，利关节，活络止痛等对应之味。对于劳伤瘀血腰痛，如若外邪偏盛，阴天加重，伤处隐痛，或关节牵掣作痛者，可先以"五积散"或"麻桂温经汤"之属驱邪为主，兼以活血通络。另外，石印玉尚常明示从学之徒，劳伤腰痛之证临床常见，辨证非难，惟俾其疾速瘳不易，故常以丸散之剂缓图之，并常告知患者将身之宜忌。

3 辨证用药，匠心独具

3.1 化瘀为主，兼治痰湿

传统中医学认为血水同源，血(指恶血)有余便是水，损伤积瘀，瘀凝气滞则易成痰聚湿。诚如清·沙书壬《医原记略·湿病证治》所云："凡病之有形者，非痰则血，亦由湿瘀也。"近人唐宗海《血证论·瘀血》亦云："血积既久，亦能化为痰水。"复又云："又有瘀血流注，亦发肿胀者，乃血变成水之证。……血既变水，即从水治之。"(《血证论·肿胀》)由此观之，则知外伤瘀血腰痛常常伴有"津聚水停"之变故。因而石氏伤科认为，外伤瘀血腰痛只有治瘀兼以治湿，俾欲积之津不遂，已聚之水遽消，方可望水利津布，脉道润滑，血流畅利，若此则湿化则血行，更有利于瘀血的及时消散。可见，石氏伤科既往深受丹溪学术思想之润泽，在理伤中非但重视气血，也非常注重"痰湿"对损伤性疾病的影响，认为痰瘀胶冱易使顽疾不去，故理伤常用蠲痰化瘀之法，则每使新伤速瘳，沉疴复起，而收事半功倍之效，后学者不可不细察焉。石印玉常谓左右云："辨证准确，尚须用药精当，方可收克期制痛之遽效。"关于治瘀兼以治湿，治湿以治瘀，他在总结经验的基础上，提出相关药物有《金匮要略》桂枝茯苓丸之"茯苓"、少林伤方中之"泽泻"与当归泽兰汤中之"泽兰"三味。其他如猪苓、木通、水蛭、薏苡仁、赤小豆等数味亦常见诸同类处方之列。尤其值得一提者，石印玉医治损伤早期之瘀血腰痛，每多遣用"南星"之一味。他谓：

“对于损伤腰痛，瘀血冱结不散，或坚结成块者，或痰瘀互阻，漫肿疼痛之证，加用南星，较之单用活血化瘀药或活血化痰利湿药，散结消肿更为迅速有效。”对于瘀血腰痛损伤日久，气血津液失畅，终致痰结湿滞之患，或兼有风寒湿之邪入络者，石氏伤科创立了牛蒡子汤。该方具有祛风、豁痰、通络之功。石印玉常援之以治损伤瘀血腰痛，迁延日久未愈，遇劳即发，或每遇外邪侵袭而加重者。

3.2 祛瘀诸品，独擅虫蛇

石氏伤科深谙传统医学之精髓，尤善伤科内治之法，对于瘀血腰痛之辨治亦强调审证求因，辨证论治。历经数代的传承、总结与提高，逐步创立了“损腰汤”、“固腰汤”、“腰背和营汤”、“地龙汤”等多首祛瘀治腰之良剂，施之临床，多获灵验。值得关注者，石氏理伤在灵活遣用多首祛瘀之剂的基础上，每多依据兼挟症状之多寡、病情之轻重与病性之寒温而相应增益全蝎、蜈蚣、地鳖虫、水蛭、虻虫、地龙、僵蚕、乌梢蛇等虫蛇之药。石印玉以为，此类药物性润喜窜，走而不守，功可穿筋透骨，搜风攻毒，消癥破坚，清热活血，涤痰通经。是故大凡瘀血凝痛之所，外而皮肤、经络，内而脏腑、筋骨，皆能开之，运用得体，便可加强祛瘀消肿，活血定痛，搜风剔络之功，以提高活血息痛之剂的临床疗效。另外，大多虫蛇之药专入血分，破瘀血而不伤新血，故尚可导引诸药直趋病所，兼作引经之使。由于该类药物大多不易溶解于水，入煎剂疗效较差且浪费资源，临床使用时，石印玉多主张焙干研末，以作丸、散之剂吞服。再则虫类药物有较强的走窜之性，部分药物尚有燥血、动血之弊，在具体运用上，石印玉多以小剂量开始，逐次递增，毋使过之。

3.3 重视引经，偏好“重权”

药物归经理论滥觞于《内经》时代，完善于金元时期。石印玉在诊治伤科骨伤诸疾时也非常注重引经药的临床应用。惟综观古今诸家治腰之方，大多喜用牛膝之一味，盖取其味甘苦酸，入肝肾之经，其性走而能补，尤善下行，疏通经络。诚如近人张锡纯在《医学衷中参西录·牛膝解》中所云：“牛膝，……原为补益之品，而善引气血下注，是以用药欲其下行者，恒以之为引经。故善治肾虚腰疼腿疼，或膝疼不能屈伸，或腿痿不能任地……”石印玉在临床实践中擅用此物，并且认为腰部多为膀胱和督脉循行分布之所，因此，除牛膝之外，狗脊、续断、杜仲与桑寄生等亦具引经报使之功，多见其治腰诸方之列。另外，腰为肾之府，隶属下焦，有着病变部位的特殊性，反应在治疗用药上亦当有别。《素问·至真要大论》有云：“气有高下，病有远近，证有中外，治有轻重，适其至所为故也。…… 补下治下制以急，急则气味厚。……远而奇偶，制其大服也。”受传统中医学理论的影响，石印玉在治疗瘀血腰痛遣方用药时每每采用“重权之法”，用药剂量皆重。如理气祛瘀常用之品黄芪、丹参、当归等，其用量常在30g以上，其他如水蛭、三棱、莪术等破血逐瘀利水之品亦皆重于常用剂量，从而体现清·吴瑭《温病条辨·治病法论》所云“治下焦如权，非重不沉”的用药原则，可谓匠心独具。虽然如此，他亦常告诫左右，临证之时仍须辨证论治，针对患者的具体病情与兼挟症状，明辨特定患者的病机特点而灵活掌握。如若瘀血腰痛兼挟风寒湿邪外感者，则应遴选驱风散寒除湿，活血化瘀，轻而平淡之品，以期在上者小发其汗，在下者微利而解。若一味误取重权下沉之品，势必引邪入宅，以致沉疴难挽之虞。由此观之，理应灵活对待治腰重权之法，关键在于认证之确切，不在药量之盲重。

4 结 语

中医辨证论治总须“必伏其所主，而先其所因”。瘀血腰痛总因瘀血作祟，气血之变为其病机变化之核心，是故理伤也多从气血论治，祛瘀理隧，畅气通络为其正治。然则瘀血留伏机体，若不遽消，其病机每每多生变故，具体表现为病情有轻重缓急之分，病位有在经在络、在气在血之殊，病程有长短久暂之别，病性有寒热虚实之异，加之病家素体禀赋之差，经治与未治之悬。有鉴于此，石印玉常告诫左右，须当临证不惑，正确掌握瘀血腰痛发病较急、病情较重、病机变化较多且迅速之特点，详辨细察腰痛之主症与相关兼症，做到“有者求之，无者求之”(《素问·至真要大论》)，以同中求异、异中求同、异同互证，从而确认瘀血腰痛特定病情阶段的病机特点，并对腰痛的病变部位、疾病性质与病机演变特点有所了解，然后“谨守病机，各司其属”，做到审时度势，辨证论治，使药证合契，丝丝入扣，如此方可加强治疗的针对性，以收如鼓应桴，药到病瘥之灵验。(黄仕荣 詹红生 石 瑛)

骨质疏松症

1 补益肝肾是中医治疗骨质疏松症的首要方法

骨质疏松症多由肝肾不足，精血不能濡养筋骨而致，治疗上多用补肝肾的方法，达到强壮筋骨的目的。石印玉认为骨质疏松症就松而言是“痿”，若以痛而言属“痹”，其根本为本痿标痹。补益肝肾等中药可以达到维持或轻度增加骨重效果，与除二膦酸盐以外的大部分西药疗效相近，在改善全身症状方面的效果比西药为优。他常用补肾填精方药治疗骨质疏松症，如用淫羊藿、肉苁蓉、补骨脂补肾阳益精血，何首乌、石斛补肝肾之阴，牡蛎归肝肾之经。考虑骨质疏松症的治疗疗程较长，石印玉认为在中医各种治疗方法与药物剂型中，胶囊服法较为方便，如可以用密骨胶囊或仙灵骨葆胶囊治疗。密骨胶囊是石师常用的制剂，由何首乌、淫羊藿、骨碎补等7味中药组成，具有补肾益精、强筋壮骨的功效；仙灵骨葆是常用成药，由黔岭藿、续断、补骨脂、地黄、丹参、知母等药物组成，黔岭藿是贵州产的淫羊藿，温阳补肾之功较强，因此仙灵骨葆药性偏温，在临证时根据患者的体质加以选用。

2 健脾与适度锻炼对骨质疏松症有明显的治疗效果

传统中医理论中有补肾不若补脾之说，盖补肾药较多滋腻之品，如用之不当，则难以长期服用；而补脾药多益于胃纳摄食，适宜长期服用。因此，石印玉用山药、陈皮等制成的健脾方咀嚼片，临床上对骨质疏松症的治疗效果与密骨胶囊等药物相近。在药物治疗骨质疏松症的同时，也应辅以适当的锻炼，常鼓励患者增加活动量，认为通过适度的锻炼来促进气机流通有利于经脉濡养功能的改善。适度运动如太极拳等有预防骨质疏松症发生的作用。

3 正确处理骨质疏松症“痛”与“松”的关系

石印玉在临证时常告诫左右，骨质疏松症在治疗上要把握“痛”与“松”的关系：患者因“痛”而来，若医者仅从“松”而治，则效果多难理想。骨质疏松症也被称为没有痛苦的疾病，只是在生活中发现某些老人有些驼背或身高变矮。近来骨质疏松症引起广泛关注，但大多由骨密度检查与筛选而得骨质疏松的结果，就其症状而言多为轻微腰背痛，仔细追问则有一些不甚严重的肾虚相关症状。若患者因疼痛而就诊，经检查认为属骨质疏松症者，一般肾虚为其次而瘀阻为其主，因此治疗宜先用活血清热药。同时，石印玉认为骨质疏松症的疗效标准应基于临床症状改善，而非骨量变化，先当用辨证所定汤剂荡其症，后用补益肝肾健脾诸法缓图根本。

4 典型病案

案1 徐某，女性，72岁，退休。因“腰痛不能俯仰2天”于2004年9月23日初诊。患者以往长期有腰背部酸痛史。2天前坐长途汽车，因车辆颠簸后出现腰背部疼痛加重，转侧不利，腹胀，大便二日未解，口干。查体见腰背部压痛，11棘突处有压痛及叩痛，腰部活动不利，X线摄片提示骨质疏松，11压缩性骨折，压缩约1/3。舌淡红，边尖偏暗，苔薄白腻，脉细弦。证属肝肾不足，气血瘀滞，督脉受损，腑气不和，治拟活血理气，接筋续骨，佐以通腑。方用：柴胡6g，枳实6g，黄芪12g，当归9g，川芎12g，生大黄9g，生白术30g，白芍12g，骨碎补15g，狗脊15g，杜仲15g，延胡索9g，红花5g，续断9g，炙甘草9g，桃仁9g，何首乌9g，地龙9g，每日1剂，先予7剂，另予以中药膏药(膜中膏)外敷。1周后复诊见少腹部胀痛渐平，大便正常，腰背部仍有酸痛，活动不利，舌淡红，苔薄白腻，脉细弦，继以原法加减治之。方用：黄芪12g，当归9g，丹参9g，川芎12g，白术12g，白芍12g，骨碎补15g，狗脊15g，杜仲15g，青皮9g，陈皮9g，延胡索9g，何首乌9g，桃仁9g，红花5g，续断9g，炙甘草9g，地龙9g，每日一剂，续服14剂，仍以中药膏药(膜中膏)外敷。2周后复诊见腰背部酸痛大减，腰部活动好转，但不耐久坐久站，伴口干。舌淡，苔薄白，脉细。治拟补益肝肾，活血通络。方用：炙黄芪18g，当归9g，川芎9g，续断12g，狗脊12g，骨碎补15g，杜仲12g，黄精12g，何首乌9g，川牛膝15g，石斛12g，黄柏9g，熟地黄9g，鹿角9g，茯苓15g，枸杞子12g，炙甘草9g，菊花3g，再进14剂，2周后腰背酸痛诸症皆平，嘱继续服用密骨胶囊以资巩固，随访半年诸症未作。

按 患者女性，年逾七旬。肝肾已亏，无以生化气血，无以充养骨髓，精亏髓空而百骸萎废，形成骨质疏松，为其根本。因此，患者受到轻微的外力作用即出现骨折表现。“人有所坠，恶血留内，腹中满胀”，临床上往往腰椎有压缩性骨折的患者会出现腹胀便秘，故治疗初期，在运用活血化瘀、通络止痛的同时，加入大黄、桃仁等药物，通利泻瘀。由于患者年事已高，肝肾精气亦亏，因而在骨折治疗的早期即加入补益肝肾的药物，并随着病程的发展，加重补肾药物的用量。至骨折基本愈合后，患者骨质疏松的表现成为主要矛盾。所以在以后的治疗中偏重对骨质疏松的中医中药治疗。而该患者“阳不足，阴亦亏”，因此在补益肾精的药物中除了运用鹿角、骨碎补、杜仲等温补肾阳的药物外，还加用何首乌、石斛、枸杞子、黄精、黄柏、菊花等养阴为主的药物。平补阴阳，共获奇功。

案2 房某，女，70岁，因“双侧髋关节及大腿疼痛半年”于2003年8月18日初诊。患者就诊时诉双髋关节及大腿前内侧疼痛半年，疲劳无力，整天卧床，无腰痛及下肢麻木放射痛，并伴有肩背疼痛。舌质红，舌苔薄，脉细。检查示：脊柱活动好，无压痛及叩击痛，双侧直腿抬高试验阴性，左下肢滚动试验阳性，“4”字试验阳性。骨盆X线摄片（双髋关节）示退行性变。腰椎X线摄片示：骨质疏松，14和15似有变形。骨密度检查示骨质疏松。石师辨证分析为脾肾虚弱，精血亏虚，骨骼脆弱无力，而发本症。中医诊断为痹症，西医诊断为骨质疏松症。治疗以补肾，调和阴阳为法，辅以对症治疗。处方用：熟地黄30g，半夏12g，陈皮10g，苍术10g，炙鸡内金5g，知母12g，黄柏12g，仙灵脾15g，延胡索15g，金银花15g，黄芪30g，丹皮6g，泽泻15g，竹三七15 g，先予以10剂。2003年8月28日复诊，自诉髋部、大腿、肩背处痛楚较前好转，时觉肋弓疼痛。舌苔腻，脉弦。原法有效，加味再进。方用：熟地黄30g，半夏12g，陈皮10g，山药15g，山萸肉10g，附片9g，知母12g，黄柏12g，生白术30g，肉苁蓉15g，延胡索15g，鸡内金5g，远志15g，莪术20g，黄芪30g，竹三七12g，全蝎粉1g（冲）、蜈蚣粉1g（冲），续服30剂。4周后随访，症情显著改善，大腿痛基本未作，未用其它药物。

按　根据“肾主骨”的理论，肾虚是骨质疏松的发病关键，故治疗宜补肾壮骨，若肾精充足，则筋骨坚硬有力。脾虚则肾精亏虚，骨骼失养，骨骼脆弱无力，以致发生骨质疏松症。故治疗宜兼补气活血，健脾调肝。（沈卫东　石　瑛）

史济柱临床经验

【名老中医简介】史济柱（1918～）主任医师。上海市闸北区中医医院名誉院长，上海市中医学会理事兼外科学会副主任，理事会顾问，上海市卫生局高级技术职称评审委员，《上海中医药杂志》《中医年鉴》编委，上海市中医医院专家顾问委员会委员。上海市名中医。享受国务院特殊津贴。上海市继承老中医专家学术经验指导老师。

骨关节结核

骨关节结核是发生于骨与关节间的结核性化脓性疾病，因其成脓之后，可流窜到病变附近或较远的空隙处形成脓肿，破损后脓液稀薄如痰，夹有豆腐花样物质，形成漏管后，迁延不愈，易损坏筋骨，轻者致残，重则危及生命，而且治愈率低，预后较差。此病中医称为流痰。流痰的发生一方面是由于肾亏髓空，儿童多为先天不足，骨髓不充；成人则多由后天失调，肾精亏损，以至骨骼空虚。另一方面是由于痰浊凝聚，风寒侵袭而致血脉被阻，痨毒阴邪深入关节之间而成。史济柱治疗骨关节结核病主要从以下四个方面着手。

1. 扶正药物的运用

1.1 补肾药物的运用

流痰的生成最根本的原因是肾亏髓空。肾主骨生髓，肾藏精，精生髓，髓养骨，骨的生长、发育、修复均有赖于肾脏精气的滋养和肾阳的温煦、推动。所以史济柱在治疗骨关节结核时，最注重补益肝肾，以促进骨髓的充盛和骨质的修复。常用药有熟地、川断、补骨脂、骨碎补、牛膝、鹿角类药、杜仲、功劳叶、龟版，其中最常用的为鹿角类药、补骨脂、骨碎补。流痰的形成是外因风寒湿邪乘隙而入，寒痰阻于筋骨关节之间而成。此几味药均为大温之药，都具有温补肾阳之功，常用于虚寒疮疡之症。如患者舌质偏红，则不用鹿角类药物，以免伤阴。肾阳虚者常用鹿角类药、肉桂、菟丝子、桂枝、补骨脂、骨碎补。如出现阴虚火旺之症，史济柱常选用熟地、山萸肉、天麦冬、龟版、鳖甲之类药物。

1.2 补益气血药物的应用

“邪之所凑，其气必虚”，流痰生成的病因之一即气血不和，而使风寒湿痰之邪乘隙而入。因此，气血旺盛则不易受邪致病，而且疮疡也易于起发，破溃，易于生肌长肉，促进愈合。况且此病为慢性消耗性疾病，日久耗伤气血，脓血泄后，气血更伤。所以说：“气血是疮疡之本”。史济柱在治疗流痰溃后很注意气血的调养，给予大剂量的黄芪、党参、当归、黄精等补养气血。由于长期服用中药，他特别注意顾护胃气，在处方中酌情的给予健脾和胃药，如：白术、茯苓、佛手、陈皮，使病人在治疗的过程中食欲旺盛，口味正常，有充足的食物营养全身，促进伤口愈合。

2. 清热解毒药的应用

此病的形成，现代医学认为是结核杆菌侵犯骨关节间所致，而中医认为是感受外邪所致。因此，史济柱在治疗流痰的过程中，始终有葎草和泽漆两味药。他认为此两味药物有抗结核作用。其中葎草性味苦寒，有清热解毒，清虚热利尿的作用。现代医学药理报道葎草对结核杆菌有较强的抗菌作用。泽漆性微寒，有清热利尿，化痰散结之功，常用于瘰疬结核与肺结核的治疗，将此药引申到流痰的治疗，两味药的用量均为30g。

3. 祛痰化湿药的应用

由于本病的形成原因之一是寒痰注于筋骨关节之间，因此化湿祛痰药的应用是必不可少的。史济柱常选用白芥子、白芷、胆星、白僵蚕、米仁、茯苓等。其中最常用的是白芷和白芥子。白芷性温，有消肿排脓，化湿止痛之功，白芷治疗疮疡，初起能消散，溃后能排脓，是外科的一味常用药。白芥子性温，具有祛痰散结消肿之功，治疗痰注肢体、流注、阴疽等症，两药均为辛温之药，对于寒痰具有良功。

4. 外用药物的使用

因前来就诊的患者，多是脓肿已溃，并已形成漏管，所以均给予白降丹化痰拔毒，轻者用红升丹或黄升丹祛腐，或做成药线插入漏管，再根据不同情况，分别应用五五丹、七三丹、八二丹等抹疮口以拔毒生肌，待脓将尽时用生肌散外抹或玉红膏外搽，以生肌敛口。

5. 典型病例

黄某某，男，54岁。1994年6月23日初诊。患者两髋关节先后出现酸痛，继之活动障碍1年。患者在一年前先出现左髋关节酸痛，继之活动障碍，不久右髋关节也出现类似症状，以后逐渐出现两髋关节肿胀，不红不热，在外院反复就诊，经X线摄片，诊断为两髋关节结核。初诊时，左臀部冷脓肿破溃，疮内流稀脓，创面约有3×4cm，疮口凹陷，周围皮色灰暗，右腹股沟处冷脓肿形成，大如小文旦，形体消瘦畏寒，精神萎软，面色无华，低热起伏，舌淡红，苔薄白，脉细。史老辨证为肾虚髓空，寒痰内阻，治当补肾养骨、益脾托毒。处方：鹿角霜15g，大熟地30g，生黄芪30g，潞党参15g，炒白术15g，补骨脂15g，骨碎补15g，白芥子10g，川牛膝15g，川断20g，生米仁30g，败酱草15g，红枣15g，生甘草10g。并先后用五五丹、八二丹、玉红膏换药，用药约2个月，左侧疮口脓出转稠，逐渐新肉生长，疮口开始闭合。左侧腹股沟处脓肿破溃，用八二丹药线插入疮口引流，外敷青蛤膏，内服汤药以上方随证加减，前后用药1年余，两髋关节疮口逐渐闭合，X线复查两髋关节部分已骨性愈合。（徐倍倍）

筋骨痹

史济柱治疗筋骨痹，早期宜宣痹通络为主，中后期须兼补养气血。反复发作、历久不愈者，当加活血化瘀药和祛风搜邪的虫类药物。

1 湿兼风寒型

治宜健脾燥湿，祛风散寒。常用方药为：炒白术9g，炒茅术9g，羌独活各9g，川桂枝4.5g，川乌6g，防风6g。以白术佐以苍术健脾燥湿，所谓土强可以胜湿；羌独活、防风祛在表之风湿；桂枝配白术祛表里之湿；川乌去寒湿。如麻木多汗加黄芪、白芍，并重用桂枝调和营卫，或用除湿蠲痹汤加减。

2 湿兼风热型

治宜清热利湿，活血祛风。常用方药为：生石膏30g，黄芩9g，知母9g，生苡仁15g，木防己9g，全当归9g，生甘草9g，络石藤15g，茵陈9g。本方以石膏、知母清热；黄芩清热燥湿；甘草、苡仁清热除湿止痛；当归活血；防己、茵陈清热利湿退肿。红肿甚者加紫草、忍冬藤；肤色发紫加红花、当归；肢节拘挛加山羊角、僵蚕。

3 加减

3.1 以上两型中后期气血渐虚，脾胃失运，出现神疲乏力、面色㿠白、胃纳少、脉濡弱等。治当补益气血，健脾祛痹。常用方为：党参9g，黄芪9g，当归9g，白芍9g，川芎6g，白术9g，秦艽9g，地龙9g，老鹳草30g，蜂房15g，牛膝9g，红枣15g。

本方以参芪归芍补养气血，川芎行血，白术健脾燥湿，秦艽、老鹳草祛风湿，地龙、蜂房清热止痛解拘挛，川断、牛膝益肝、肾，强筋骨，红枣调和诸药。痛甚加虎骨，偏于寒者加附桂，偏于热者加黄芩，拘挛强直加虫类药。也可用小续命汤或三痹汤加减。如疼痛较广泛，营卫俱虚，肿痛重点又在下肢，出现足肿如脱、头晕短气、泛恶等，可用桂枝芍药知母汤，效果良好。

3.2 以上两型中后期畸形日甚，体力虚弱，肝、肾两亏，出现头目眩晕，腰腿酸软等，治当补养肝、肾，强骨舒筋祛痹。常用方药为：熟地30g，狗脊15g，川断15g，功劳叶15g，怀牛膝9g，桂枝4.5g，白芍药9g，细辛3g，茅术9g，络石藤15g，巨蚕砂30g，苡仁15g，蜈蚣1条（研吞）。

本方以熟地、狗脊、川断、功劳叶、牛膝补肝、肾，强筋骨；桂枝、芍药和营祛风寒；细辛能发肾中之表；茅术燥湿健脾，与熟地配合，可使燥湿不伤阴，熟地补而不腻；络石藤祛风热，活血通络；蚕砂、苡仁、蜈蚣祛风湿，缓痉挛。肾阳虚者可加鹿角霜、附块。

畸形拘挛明显，酸痛较甚，病情缠绵者，以上方与祛风搜邪、解痉定痛方配合应用。白花蛇（或乌梢蛇)30g,木鳖子4.5g,露蜂房30g,地鳖虫30g,蚕砂60g,花蜘蛛20只(去头足,共研细末,每次1.5g,吞服)。另外,可在以上各方内酌加下列药:①祛风湿药:豨莶草、威灵仙、宣木瓜、五加皮、虎杖、梧桐、钻地风、海桐皮、石楠叶。②祛寒药:制草乌、熟附块、麻黄。③祛风搜邪解痉药:蕲蛇、蜈蚣、全蝎、地鳖虫。④活血通络药:红花、路路通、白毛藤、伸筋草、桃仁、桑枝、乳香、没药、鸡血藤。

4 典型病案

患者,男,44岁。1960年起患腰背酸痛,曾诊断为"类风湿性脊柱炎",以后逐步发展至项背腰关节均强直,不能转动,胸腰部前屈,硬如弓状,仰卧床上需3个枕头垫头,右膝关节强直不活动,左膝关节僵硬如板状,两腿活动受限;X线摄片示骨有类风湿性改变,血沉42mm/小时;脉濡,舌质淡。辨证筋骨痹晚期,筋骨俱伤,肝肾受损,气血并衰。治以补养气血,强骨舒筋祛痹。应用以上方剂,随症加减。治疗年余,局部疼痛完全消失,颈项活动自如,仰卧只需1个枕头,髋关节强直亦改善,血沉12mm/小时,扶杖步行出院。

脊髓空洞症

史济柱认为,脊髓空洞症的中医治疗首重辨病与辨证相结合。《经》曰:"谨守病机,各司其属,有者求之,无者求之。"识其机要,方能效如桴鼓。就该病部分症状而言,似与中医学"痿证""痹证"关连,探求现代医学,对病因病理,症状诊断描述甚详,但临床尚无满意疗效报道。故史济柱认为识病可借助现代诊断技术,而治疗可在中医整体观念指导下辨证论治。中医藏象说有肾主藏精,在体为骨,主骨生髓,肝主藏血,在体合筋,脾主运化,在体合肌肉,主四肢之述,他以此为指导,集临床辨证、治疗之心得,不断实践探索,认为脊髓空洞症之病因病机与肝、脾、肾三脏关系较为密切。肝肾不足,髓海空虚,筋骨失养,脾虚源乏,生化无主,后天失调属病之本;气不畅达,血不盈脉,瘀血内停,痰瘀胶结,经络阻隔,气血失和为病之标。治疗宜急则治标,以行气活血、化瘀通络为主;缓宜治本,以益肾填精、养肝健中为主,或标本兼顾。史济柱强调:投药之际,辨证为本,因人制宜,临证化裁,孰轻孰重,随"机"应变,以求确实疗效。

史济柱临证用药,既选用大熟地、炙龟版、鹿角片、补骨脂、潼蒺藜、甘杞子、陈萸肉、杭白芍等益肾填精,滋阴补阳、涵木养肝之品;又有全当归、紫丹参,参三七粉、络石藤、地龙干、蜈蚣粉、宣木瓜、骨碎补等养血活血,逐瘀通络,强壮筋骨之剂;兼备潞党参、炒白术、云茯苓、老苏梗、春砂仁、大红枣等健脾养胃之辈,并常重用陈胆星,认为能除久病顽痰,具温化痰瘀之功。

案1 沈某,男,55岁,教师。1991年9月1日初诊。因两上肢间歇性不遂12年而就诊。患者12年前始有两上肢间歇性不遂症状,持续时间约半天至2天,尤以右上肢发作频繁,曾在本市数家医院诊治,先后诊断为桡神经麻痹,桡尺神经麻痹。后因症状加剧,两上肢不遂时间延长,发作频繁,而住某医院神经内科治疗。经作脊髓椎管造影及CT检查,诊断为脊髓空洞症。历经理疗、体疗、放疗及药物治疗,症状未轻缓。出院后数年内反复发作,逐渐加剧,由每年发作1~2次增至9~10次,持续时间约1~2周。现觉两上肢活动不利,右上肢为甚,并自觉力量较前逐渐减弱。两上肢肤表遇热及疼痛刺激反应麻木,纳食欠香,大便溏薄,无外伤史,检查示:两上臂、前臂肌肉萎缩,两上肢活动受限,肌力减退,右侧较甚,表皮热觉迟钝,痛觉不明显,触觉存在,两下肢无异常。舌质暗红,苔薄微腻,脉软滑。辨证属肝肾两亏,脾虚运弱,髓海空虚,筋骨失养,瘀滞阻络,气血失和。治宜补肾养肝,健脾助运,调和气血。治本为主,标本兼顾。处方:炙龟版、大熟地、紫丹参、络石藤各30g,补骨脂、潼蒺藜、潞党参、炒白术、全当归、嫩桑枝、骨碎补、宣木瓜各15g,甘杞子、陈萸肉、陈胆星、木防己、生甘草各10g,春砂仁3g。7剂。水煎,分两次服。二诊:药后患者两上肢活动渐利,右上肢仍活动受限,但较前好转。胃纳小振,寐安,便溏。舌质偏暗,苔薄腻,脉软滑。治予原法进步。前方中去络石藤、木防己,加老苏梗10g、鹿角片15g。续服14剂。三诊:两上肢渐能自主活动,但觉力量仍弱,纳食渐香,寐安便调。舌质暗红,苔薄腻,脉软滑。效不更方,再予14剂。患者经治疗月余,两上肢活动基本正常。经中药调治三年来,病情未再反复。目前患者临床体征部分好转,CT复查示脊髓空洞缩小,能坚持上班授课。

案2 董某,男,60岁,干部。1994年2月28日初诊。患者因两侧肩、臂、胸胁部疼痛,右侧尤甚5年余而来诊。自1988年9月起,觉右肩、臂及右胸胁部疼痛反复发作而去某医院诊治,诊断为胆石症,同年11月行胆囊摘除手术。术后右肩、臂、胸胁部疼痛依旧,转至他院诊治,经核磁共振诊断仪检查确诊为脊髓空洞症。又先后在多家医院门诊与住院治疗,症状未能控制,渐觉两侧肩、臂、胸胁部疼痛加剧，反复发作，右侧尤甚。1990年11月因突发头痛，逐渐剧烈，额部麻木，在某医院接受“小脑矫正”手术，术后头痛减轻。近半年来，自觉两侧肩、臂、胸胁部疼痛逐渐剧烈，右侧为甚，疼痛呈针刺样，昼夜均然，入睡后无感觉。两上肢肤表遇热及疼痛刺激反应不明显，胃纳欠馨，大便日行2~3次，成形。无外伤史。检查示两上臂、前臂肌肉萎缩，表皮热觉迟钝，痛觉不明显，触觉正常。右上肢活动受限，力量较减。舌质暗红裂，苔薄腻前剥，脉弦滑。辨证属肾督两亏，肝阴不足，精血虚少，后天失调，筋骨肌肉无以充养，痰瘀胶结，经络阻隔，气血失和，不通则痛。治先宜活血化瘀，通络止痛；徐图益肾养督，补肝健中。处方：炙龟版、大熟地、炒白术、晚蚕砂各30g、鹿角片、川楝子、粉葛根、骨碎补、全当归、杭白芍、陈胆星、红枣各15g，白僵蚕、地龙干各10g，参三七粉（分吞）6g，蜈蚣粉（分吞）3g。7剂。水煎，分两次服。再诊：药后两肩、臂、胸胁部疼痛虽减未除，仍以右侧较甚，胃纳小振，大便日行1~2次，成形，两膝间有酸痛。舌质暗红裂，苔薄腻布不匀，脉软滑。治予原法进步。前方去骨碎补、粉葛根，加川牛膝、潞党参、云茯苓各15g。续服14剂。三诊：两肩、臂、胸胁部疼痛明显好转，右臂间有刺痛感，纳馨寐安，二便正常。舌质暗红，苔薄腻前剥，脉弦细。效不更方，再予14剂。患者经上方加减治疗两月余，症情逐渐好转。再经调治十月余，两侧肩、臂、胸胁都疼痛未再复发，两上肢活动基本正常。临床体征部分好转，CT复查示脊髓空洞缩小。（周大成）

胸椎结核合并截瘫

1 病因病机

胸椎结核合并截瘫，是全身性疾患在脊髓神经系统的表现，祖国医学称之为痿躄。《内经·痿论篇》云：“肺主身之皮毛，心主身之血脉，肝主身之筋膜，脾主身之肌肉，肾主身之骨髓，故肺热叶焦，则皮毛虚弱急薄，著则生痿躄也。”并提出治痿“独取阳明”之法则。史济柱认为，本病多因劳倦过度，七情内伤，或禀赋不足，房事不节，肾气亏耗，正气不足，阴寒之邪挟痰入侵，凝聚于骨缝隧道之间，以致气血耗损，久则伤及肝肾，经脉失其温煦濡养，发为痿躄。现代医学认为，由于椎体结核之脓肿渗入硬膜外腔，压迫脊髓或因硬膜外腔被结核肉芽组织所浸润、包围，以致脊髓受压迫，由于局部供血不足导致脊髓软化等而致截瘫。

2 临床表现

胸椎结核合并截瘫可分为完全性和不完全性两种。完全性截瘫临床表现为两下肢随意运动功能丧失，脊髓损害平面以下皮肤浅、深感觉消失，大小便潴留或失禁。不完全性截瘫临床表现为两下肢痿软不能站立，步履及活动受限，脊髓损害平面以下皮肤痛觉消失或迟钝，排尿费力或尿潴留，便秘。全身症状常伴有不同程度的低热、盗汗、消瘦、乏力、胃纳不振等。

3 治疗方法

《赤水玄珠》谓：“治筋痿宜养其肝，脉痿宜益其心，骨痿宜滋其肾。”史济柱认为，胸椎结核合并截瘫应责之于肝肾二脏。盖肾主骨生髓，髓居于骨中，骨赖髓以养，肝主筋，人身之筋膜有赖于肝血的滋养。若肾气充足，则骨髓充盈，骨骼强健，肝血充盈则筋膜无恙。故他自拟补养肝肾为主的“骨痨起瘫汤”随证应用。

骨痨起瘫汤组成：大熟地30g，淮牛膝、川续断、菟丝子各16g，苁蓉、知母、黄柏各10g，宣木瓜15g，晚蚕砂30g（包煎），广地龙10g，葎草、泽漆各30g。先将上药用水浸泡30分钟，再煎煮30分钟，每剂煎2次，每日1剂，早晚各服1次。若两下肢时有痉挛抽搐者，上方加全蝎8只，螟蚣2条，羚羊角粉2g（分吞）。小溲癃闭者，加肉桂3g。胃纳不振者，加潞党参15g，炒白术10g，砂仁3g（后下）。倘椎旁有冷脓肿则加皂角刺100g。

4 病案举隅

案1 赵某某，女，49岁。门诊号8041。患颈、胸椎结核8载余，于1983年8月开始下半身不知痛痒，两下肢随意运动功能丧失，痉挛，抽搐频作，大小便失禁，寝寐不安。伴有低热、消瘦、乏力。经西药雷米封等抗痨药治疗半载罔效，遂求治于史济柱。经X线颈、胸椎摄片示：第3~4颈椎及6~7胸椎椎体破坏、缺损，椎间隙消失，6~7胸椎旁有脓肿。实验室检查：血色素9.7g/%，血沉80mm/小时。诊为胸椎结核合并截瘫。脉象沉细，舌苔薄腻、质偏淡。投骨痨起瘫汤加全蝎8只，蜈蚣2条，羚羊角粉2g（分吞），皂角刺100g。水煎，日服1剂。进药百余剂后低热消退，两下肢痉挛、抽搐显著好转。效不更法，原方去全蝎、蜈蚣、羚羊角粉继服。前后服药18个月后，两下肢完全恢复知觉，并能下地扶墙行走。X线颈、胸椎摄片示：原病灶巳稳定，6~7椎旁脓肿消失。实验室查：血色素11g/%，血沉15mm/小时。随访2年一切良好。

案2 钟某某，女，46岁。住院号97370。罹患胸椎结核10余年，腰脊酸痛加剧2月，伴午后低热，两下肢无力，步履艰难，渐至不能站立，两下肢肌肤不知痛痒，小溲艰涩不畅，大便困难，需要灌肠或用手挖出。经多方医治罔效，遂求治于史济柱，于 1984 年 6 月收入病房。检查：体温 37.8℃，心率 88 次/分，律齐，两肺呼吸音清晰，血压 21/12KPa。两下肢自主运动完全消失，皮肤感觉迟钝。X 线胸椎摄片示：第 6 ~ 7 胸椎骨质破坏，椎间隙狭窄，伴椎旁脓肿。实验室检查：血色素 10g/%，血沉 68mm/小时。脉濡滑，舌苔薄白腻。诊断：胸椎结核合并不完全性截瘫。予骨痨起瘫汤加皂角刺 100g。水煎，日服 1 剂。进药 30 余剂后体温恢复正常，小溲渐畅，惟纳谷不馨，原方加潞党参 15g，炒白术 10g，砂仁 3g（后下）。前后服药 10 个月后能下床行走，大小便通调。复查血沉降至 8mm/小时。X 线胸椎摄片示：原病灶稳定，椎旁脓肿消失。出院 8 年后随访康复如常人。

5 结 语

胸椎结核所致截瘫机理复杂，临床治疗颇为棘手，然探本求源，虚为其本，痿躄乃其标。史济柱临床以骨痨起瘫汤调治，屡收良效。骨痨起瘫汤组方精当，具补肝于益肾，填精生髓、强壮筋骨之功。方中葎草、泽漆解毒化痰，现代医学证明，有抑制结核杆菌作用。用于治疗骨关节结核颇为应手，常用量为 30g。凡深部冷脓肿，则以皂角刺消之，轻则 100g，重则 150g，与骨痨起瘫场配伍应用，能使深部冷脓肿自行消散吸收。若脓疡已腐熟欲溃，则皂角刺用量宜轻不宜重，一般以 10g 为度，以托毒外出，俾脓出毒泄。治疗期间患者须卧硬板床，病除后尚须服骨痨起瘫汤 6 月以巩固。（蔡金伟）

帅涛临床经验

【名老中医简介】帅涛 主任医师。现任职于云南省中医院内科。云南省名中医，云南省首批名老中医药专家师带徒指导老师。擅长主治内科消化系统、泌尿生殖系统疾病、咳嗽及妇科疾病。

临证特色

气机升降出入理论应用

气机升降出入是中医认识人体生命活动的理论之一，也是人体脏腑功能和生命活动的基本形式之一，是人体进行新陈代谢、维持生命活动的根本。《素问·六微旨大论》："非出入，则无以生长壮老已；非升降，则无以生长化收藏。""升降出入，无器不有。"气机的不断运动维持着人体正常生命活动。若人体感受六淫之邪气，或内伤七情，皆会引起气机升降失调，进而使脏腑功能紊乱而病变丛生。清·周学海《读医随笔》有："内伤之病，多于升降，以升降主里也；外感之病，多于出入，以出入主外也……升降之病极，则亦累及出入矣；出入之病极，也累及升降矣。"《素问·阴阳应象大论》："清气在下，则生飧泄，浊气在上，则生嗔胀。"均指明了气机升降出入失常是产生疾病的主要原因。帅涛认为：从气机升降失常的角度认识和调理疾病，临证中将大大提高疗效。

1 脏腑气机运动的特点

帅涛认为人体脏腑气机的正常运行是维持人体外环境及体内各脏腑之间阴阳平衡的重要因素，脏腑气机之升降可归纳为：肝、脾、肾主升；心、肺、胃、胆、大小肠、三焦、膀胱主降。肝气升则疏达气机，调节血量；肺气降则"通调水道，下输膀胱"；脾气升由"脾气散精，上归于肺"；心火下降则下济肾水，肾水上升则上济心火。出属肺；纳归肾。升降出入协调，维持相对的动态平衡，人体安康。

2 脏腑气机的临床运用

各种致病因素引起的脏腑气机紊乱，其病理表现虽复杂，但气机升降失调归纳起来可分为升降不及、升降太过及升降反作三种类型。帅涛认为：根据这些变化类型拟定正确治则，熟悉药物性味，选方加减，祛除病邪，可达到事半功倍之效。

2.1 肺脏气机的调整

肺为娇脏，外合皮毛，喜清肃而恶寒热，最易受邪气侵袭，故有"形寒饮冷则伤肺""温邪上受，首先犯肺"之说。肺主气，病邪闭阻肺络，肺气闭而不宣，则肃降失职，而出现咳嗽、喘逆等症状。《内经》病机有"诸气（月贲）郁，皆属于肺"的记载。六淫邪气侵袭皮毛，闭束腠理，影响肺气宣发和肃降，病机为宣散失常（升不及），此时重在宣发。帅涛常选用有宣降作用的对药加入方中来调整，如麻黄（或苏叶）与杏仁、桔梗与枳实（或厚朴）、荆芥（或薄荷）与苏子、僵蚕与射干等，皆为一宣一降搭配，以解表宣散为主，用量上，宣散药剂量大于肃降药，麻黄剂量大于杏仁，荆芥剂量大于苏子……外邪兼痰湿内盛常壅塞肺气，影响气机出入，除考虑宣降外，还应调整好散与收这对矛盾。常选细辛、五味子相配，邪盛（表寒或寒痰重）正未虚时细辛量应大于五味子；邪不盛而正未衰时，细辛、五味子可等量；邪气减而正已衰者五味子量可大于细辛。伴喘逆者加入沉香(5～10g)以纳气归肾(此药还有交通心肾，升脾阳，降肺胃等作用，为调气佳品)。这种双相调节，升强于降的配合，可增强升散作用，较之单一宣散更胜一筹。

内伤咳嗽以痰湿或痰热壅肺最为多见，重在祛痰降肺气。湿重者以二陈汤化湿，加杏仁、苏梗、厚朴、苍术、前胡、白前、款冬花、远志；湿轻热重者，加黄芩、桑白皮、葶苈子、天竺黄、瓜蒌，重在降，但方中应少佐桔梗调之，多能见效。

咳嗽日久，肺肾气阴多虚，失于摄纳(升降出入不及)，常见咳嗽兼喘，治疗之要在补、收、降三法，忌发散再伤其正，否则气逆难平。气虚者以人参、黄芪、山药、苏子(或杏仁)、川贝母、五味子(或乌梅)、罂粟壳、枳实、沉香、款冬花、甘草；阴虚以阿胶、麦冬、沙参、川贝母、五味子(或乌梅)、罂粟壳、枳实、沉香、百部、甘草为治。无沉香时常以磁石代之，但平喘效果较逊。对年迈之人大便秘结不下者，常因气血不足，大肠失于滋润，再加肺胃之气不降(降不及)，投人参、黄芪、甘草益气，当归、白芍补血润肠，枳实或厚朴、沉香、大黄(3～5g)降气为主，桔梗(小量)开提肺气，取吴鞠通"欲降先升"之意，即可见效，勿需使用大量润肠药。

妇女产后小便不利甚至癃闭，肾炎肾病型中的高度浮肿常利而不效，也常兼有肺气不降，可于五苓散中加黄柏、知母(含通关丸之意及寒温并用之法)、沉香、桔梗。即在一般利尿药中佐入少量桔梗，上窍通则下窍泄，不增利药而尿自多。妇女产育过多，气血耗伤所致子宫脱垂者，帅涛认为主要是由于气虚气陷、无力升举脏腑，常选补中益气汤加减治疗，在大队补气升举药中佐入一味枳实(壳)，屡获佳效，有"病在下而取之于上"之意。

2.2 脾胃气机的应用

脾胃居中焦，乃人体气体升降之枢纽，后天之本。脾气升，方能运化水谷精微以灌溉四旁；胃气降才能受纳、腐熟水谷，传送糟粕于体外。脾气上行则肝气随之上升，胃气下行则胆火、大小肠之气亦随之下降。脾升胃降正常、出入有序，才能维持升清降浊、营养全身与排泄糟粕的功能。帅涛临床中对五脏或六腑多个脏腑同时受病及难治之证，也多取治于中，气机顺则诸症自除，所以他认为调气机是治中焦的关键，脾之清阳不升甚至中气下陷可致眩晕、眼花、耳鸣、耳聋、四肢困倦无力、食少、腹泻、浮肿、内脏下垂、崩漏、带下……等病证，其中又可分虚实两端，实证主要缘于湿邪(含湿热)困脾，壅遏气机致脾气(阳)不升。遵东垣之旨治当祛(化利)湿邪，辅以调理肝脾及升阳之品，以藿香、厚朴、半夏、陈皮、茯苓作基础，加柴胡、黄芩(含小柴胡汤取少阳为枢之意，透邪外出，令肝不克土，脾之功能方能快速恢复)、白蔻仁(配藿香芳香化湿宣上焦气机)、砂仁、桂枝(调中下二焦气机)、葛根(升脾阳)；兼表湿加防风、羌活、独活(即可使湿从汗而解又有升阳作用)；损及脾肾阳气用干姜、沉香；湿热者去桂枝加滑石。全方肝脾(胃)并调，升清降浊，益火生土，三焦气机调畅，湿气自化。此时不可妄投人参，以免气机壅滞，变症蜂起。虚证因脾气或脾阳不足，运化无力不能升举甚至中气下陷，摄纳无力，本东垣之法治予益气健脾，辅以升举。方用四君子汤加黄芪、柴胡、葛根(既能升阳举陷又可解肌发表，使补而无滞邪之弊)，杭芍及青皮(含逍遥疏肝柔肝之意)，损及脾肾者加沉香。其临床加减为：因脾虚致眩加荷顶、蔓荆子；湿蒙清窍致耳聋耳鸣，上方加远志、石菖蒲、夏枯草；湿困四肢疲乏无力，加羌活、独活、防风，使经络之湿去而力出；脾虚肌肉无力者重用白术、山药、扁豆。因湿致泻可加猪苓、泽泻、车前子分利小便；因脾虚致泻重用白术、山药、芡实之类；腹胀痛发于湿困者加入大腹皮、木香、枳实之类升降并调；脾虚致胀，重用白术少佐枳实调之。脾虚摄纳无力致崩漏不止，上方去青皮加二至丸、续断(30g，固冲脉)、生三七(3～5g，分3次冲服祛瘀止血)，并重用人参、黄芪摄血；脾虚下陷，子宫、肛门脱垂，上方去青皮、白芍加枳实(10～15g，调节、增强肌肉韧带的张力)，重用人参、黄芪以补益提携中气；湿困脾胃，胃气不降致呕吐者，上除湿方去葛根、桂枝加竹茹、代赭石多能见效；顽固呕吐者改投半夏泻心或生姜泻心汤寒温升降并用。

若因过食辛辣，或烦劳郁怒及热病伤及阴津，胃阴不足，气化失调致食少，脘腹疼痛者，治当遵叶天士养胃阴悦胃法，治予润降，以沙参麦冬饮加竹茹、枳实(降胃气)、荷顶、淡豆豉(悦胃升清)，调气之药选择避开辛香升燥之品，以免再窃其阴。

3 心肾阴阳水火升降的应用

帅涛认为：正常心之阳下降交于肾水，肾之阴又须上升以济心之阳，谓之"水火既济，心肾交通"。阴阳失调，阴虚则阳亢而上浮；阳虚则阴寒湿邪弥漫；阴阳两虚，虚火上浮，都会影响心肾相交导致气化失常，而出现失眠、耳聋耳鸣、咽痛、消渴、尿频或尿不畅、牙痛或牙齿松动、口腔溃疡、绝经期诸症、头痛、眩晕等。

阴虚致心肾不交者，以左归饮为基础方加减：失眠者合交泰丸，清上温下，妙在阴中有阳（肉桂温肾水，黄连清心火，黄连用量大于肉桂）；耳鸣、耳聋加细辛、磁石、石菖蒲、炙远志，滋养之中配以通散（细辛温经，磁石潜降，石菖蒲通窍，远志交通心肾），令阴可上濡；咽痛加桔梗、细辛（以细辛温肾经，桔梗利咽喉，载药上浮）；消渴加人参、黄芪、黄连、官桂（官桂温肾水令其上承，黄连清上热而保津，人参、黄芪益气健中）令生化不息，津液上承予濡润关窍；尿频尿不畅者加知母、黄柏、官桂（知柏清相火令阴不伤，官桂温肾水调膀胱气化）；牙痛、牙齿松动加知母、黄柏、砂仁、官桂（知柏清相火而坚阴，砂仁、官桂引虚火归源）；口腔溃疡加黄连、细辛（黄连清心火，细辛温少阴，使水能升）；经绝期诸症加二至丸、五味子（甘酸化阴）、龙骨、牡蛎（收敛外浮之阳），官桂（温肾水令其上升）；头痛加吴萸、细辛、藁本（温经祛邪）。眩晕加仙茅、淫羊藿、肉桂（阴中有阳，升降复常）。若阴阳俱虚，虚火上越，致心肾不交，于上述加减中再加小量附子、肉桂（引火归原）。

帅涛认为：脏腑疾病的形成和演变，均与气机升降出入运动的障碍或失调相关，故气机运动失常是脏腑病变的病理表现，也是脏腑疾病辨证的重要依据，药物的升降浮沉既是中药理论的重要组成部分，同样是指导医生临床处方用药的基本法则之一，运用药物升降浮沉之性，调治病理升降失常之偏，或升提、或沉降、或发散、或收敛、或升降并用、或浮沉共施，达到临床治愈的最终目的。（龙 渊）

泄泻七法

1 治疗方法

帅涛认为，该病的主病之脏在脾，并涉及到胃、大小肠、肝、肾等。病邪与“湿”有关，所谓“无湿不作泻，治泻不治湿，非其治也”。内因则是“脾虚”。因湿盛而致脾病者，多为急性腹泻（暴泻）；因脾虚而后湿邪壅滞者，多为慢性腹泻。多以病位，病性综合调治，根据泄泻要点，归纳出论治七法。

1.1 分利法

适用于急性腹泻，利小便而实大便。证见泻下清稀，甚则如水样，小便短少，腹痛肠鸣，脘闷纳少，口淡不渴，但无里急后重和脓血便，舌苔白或白腻，脉濡或细。帅涛认为此类泄泻病位主要在脾与小肠，因脾主运化，小肠主受盛和化物，泌别清浊。若脾运受损，水谷不化，小肠分清别浊功能失常，传导失司，水液不能下出膀胱而直趋大肠，出现腹泻，故予以分利，“在下者引而竭之是也”。利小便使水分走前阴，兼燥湿健脾则泄泻可除，方用胃苓汤加车前子、苡仁等，若兼有表邪，恶寒头痛，肢体困重，骨节酸楚，脉浮者加藿香、白芷、防风、葛根、神曲等；腹痛者加川楝子、元胡。

1.2 清热化湿法

适用于湿热泻。证见腹痛即泻，泻下急迫，或泻而不爽，大便时有肛门灼热感，粪色深黄而臭，小便黄赤短少，舌质红，舌苔黄腻，脉数或滑数。此为暑湿时邪伤及肠胃，运化失常，发生泄泻。帅涛认为肠中有热，热邪类火，火性急迫，故见泻下急迫，肛门灼热，所谓“暴注下迫，皆属于热”是也。“热者清之”，故治以清热化湿，方用葛根芩连汤合六一散化裁，加上木香、茯苓、泽泻、猪苓、白头翁等。

1.3 清导法

适用于肠道内有陈旧性未消化，未排泄干净的食物，积滞或粪块。证见腹痛肠鸣，泻下粪便臭如败卵，泻后痛减，或泻而不畅，大便常混杂不消化食物，脘腹痞闷，嗳腐恶食，舌苔厚腻或垢浊，脉滑。帅涛认为，对于这些积滞必须排除掉，胃肠功能才能恢复正常，大小便也才能按时排出。经亦云：“实者泻之”，“通因通用”是也。选二陈汤合平胃散加神曲、鸡金、山楂、莱菔子、槟榔、谷麦芽之类。

1.4 平肝法

适用于肝木乘脾土之痛泻。证见肠鸣腹痛，泄泻发作常与情绪波动有关，每于抑郁、恼怒或精神紧张之时即发作，腹痛即泻，泻后痛减，嗳气频作，平素可见胸胁胀满，嗳气食少，舌质淡红，舌苔白，脉弦。帅涛认为郁怒伤肝，木横乘土，忧思气结，脾运蹇滞，均致水谷不归正化，下趋肠道而为泻，如明·张介宾云：“凡遇怒气而作泻者，……肝木克土，脾气受伤会然。”常选刘草窗之痛泻要方或柴芍六君汤加减。

1.5 调中法

适于腹泻次数多者。证见大便时溏时泻，反复发作，病程较长，稍有饮食不慎或多进油腻食物后大便次数即增多，杂有未消化的食物，或带黏液，饮食减少，或纳后脘闷，腹胀不舒，或脘腹隐隐冷痛，面色萎黄无华，肢体倦怠乏力，舌淡苔白，脉缓而弱。帅涛认为脾虚运化失常为慢性腹泻的原因；脾不散精，水湿内生，因而致泻。所谓“虚则补之”，以脾虚运化失司为主者选香砂六君汤；气虚下陷者用补中益气汤；阳虚中寒者理中汤合小建中汤；寒热混杂者连理汤等，出入运用。

1.6 温肾法

适于大便溏泄或大便清稀，五更泻。证见病程日久，泄泻多在黎明前后，先是脐下隐痛，继则肠鸣而泻，完谷不化，泻后则安，腹部喜暖，时或作胀，食欲不振，伴有腰膝软，形寒畏冷，舌质淡，舌苔白，脉沉细。帅涛认为久病伤及下焦肾阳，或年老肾阳衰微，釜底无薪，下焦无火以温煦中焦脾胃，腐熟水谷而致脾运失调，脾肾虚寒，水谷下趋肠道作泻。“寒者温之”，选方理中汤合四神丸；久病致使虚实寒热混杂如大便夹有黏液等，可用乌梅丸来辛散脏寒、苦降泄热，酸敛涩肠。

1.7 固涩法

适用于泄泻日久，肠气下脱之腹泻。证见大便不能禁止，肛门下坠或有脱肛，虚坐努责，舌质淡，苔白，脉沉细弱。“滑者涩之”，选用桃花汤、乌梅、黑固脂、肉豆蔻、粟壳、炙柯子之类。

帅涛辨治泄泻七法，临床运用收效颇佳。在应用中并非一证一法孤立使用，而是一证使用多法，一法用于多证，融多法为一炉。如明·李士材曰：“治泻之大法，至于先后缓急之权，岂能预设，须临证之倾，圆机灵变尔。”比如将平肝法与其它法结合，因帅涛认为肝与脾关系密切，肝木最易克土，尤其是脾虚时更为显著。使用固涩法时很注意患者的体质，要在邪少虚多的情况下，即肛门不灼热，大便不酸臭、舌苔不厚腻、脉象不弦滑等才不致邪气留恋。同时注意各种理化检查，以便明确诊断，必要时作细菌培养、肠镜检查等。治疗中还特意嘱咐患者注意饮食有节，禁食生冷油腻之品，以利提高疗效。（龙 渊 朱 志）

遣方用药

逍遥散治验

1 慢性胃炎

黄某，女，36 岁，工人，2001 年 4 月 10 日初诊。患者胃脘痛反复发作 8a，加重 10d。伴情志抑郁，两胁胀痛，善叹息，嗳气，纳食减少，面色萎黄，神疲乏力，舌质淡红，苔白，脉细弦。胃镜报告：浅表性胃炎。常服胃必治、雷尼替丁及香砂养胃丸，病情时好时坏。帅涛认为其系肝郁日久，横逆犯脾，脾失健运，气血不足所致，治宜疏肝解郁，健脾养血，方用逍遥散加减，药用柴胡 10g，当归 10g，茯苓 15g，白术 10g，苏梗 10g，香附 10g，砂仁 10g，延胡 10g，川楝子 10g，潞党参 10g，白芍 10g，炙甘草 10g，厚朴 15g。连服 3 剂后胃脘痛明显好转，纳食增加，两胁胀痛消失。效不更方，续服上方加藿香 10g，丹参 10g，连服 6 剂后诸症消失。

按 胃主受纳、腐熟水谷，以通为用，以降为顺。肝主疏泄，能调畅气机，协助脾胃升清降浊。肝气郁结横逆克伐脾胃，致胃气上逆嗳气、叹息；中焦气壅胃脘疼痛连及两胁；另见纳少，面色萎黄，疲乏无力等脾虚见症均系肝郁日久所产生的后果，若仅以健脾之剂治之，则效罔，而投以疏肝解郁之逍遥散加减则病愈。

2 心悸、失眠

张某，女，38 岁，已婚，干部，2001 年 1 月 16 日初诊。自诉近 1 月来因工作繁忙，常伏案工作后感心悸，夜间难以入睡，多梦，晨起头晕乏力，口干苦，以致难以坚持工作。曾自服养血安神片、天王补心丹、谷维素、安定片等，症状时好时坏，并渐感烦躁，胸闷不畅，欲与他人争吵而不能自持。近日失眠加重而前来就诊。察其舌边尖红，苔薄白，脉细弦而弱。帅涛诊后认为证属心血不足，肝郁化热。治宜养血安神，疏肝清热，方用逍遥散合酸枣仁汤加减。处方：柴胡 10g，当归 15g，白芍 20g，茯神 30g，莲子 10g，炒酸枣仁 20g，麦冬 10g，龙骨 30g，知母 10g，五味子 10g，黄连 5g，青皮 10g，香附 15g，炙甘草 10g。连服 3 剂后，患者欣喜来诊，述服药后，当夜即可安然入睡，但晨起仍感心悸，乏力，口干。诊其舌质淡红，苔薄白，脉细。效不更方，续服原方 6 剂而愈。

按 心主血脉，肝藏血，二脏均需血之濡养。“气为血之帅，血为气之母”。若肝气调达，气机通畅，血之循行正常，心得血养，心神自安。若思虑烦劳过度，心血暗耗，心失所养，心无所主，神无所依则发为惊悸，不寐。逍遥散方中当归、白芍养血，柴胡、香附、青皮疏肝解郁，加上黄连、知母清上焦之热，麦冬滋心阴，莲子、酸枣仁、龙骨、五味子养心安神，莲子、茯神、炙甘草健脾助生化之源。药证贴切，故能收效。

3 前列腺炎

王某，男，46 岁，已婚，2000 年 10 月 17 日初诊。自诉患前列腺炎 3a 余，曾服用多种中西药物，均无明显效果。现症：会阴及少腹坠痛，小便频数，量少而黄，尿道有灼热感，纳可，大便干燥难解，数日一行，舌边尖红，苔薄黄中后部微腻，脉沉细而弦。证属：肝郁气滞，湿热下注。治宜疏肝理气，清热利湿，方用逍遥散加减。处方：当归 15g，白芍 20g，柴胡 10g，茯苓 20g，苍术 10g，薄荷 5g，白花蛇舌草 30g，萆薢 30g，黄柏 10g，滑石 10g，苡仁 20g，淮牛膝 15g，生甘草 10g。连服 7 剂后尿频急明显好转，但仍感会阴部坠痛，上方加三棱 10g，莪术 10g，败酱草 10g，再服

7剂后,已无尿急感,会阴部坠痛减轻。药已中病,守方再服7剂,诸证尽失。嘱其禁酒,少食辛辣厚味。随访至今未复发。

按 临床上帅涛用疏肝理气,清热利湿,活血化瘀之法治之,方用逍遥散随证加减,其效佳。如湿热偏重而见尿频,尿急,舌红苔黄腻者加虎杖、白花蛇舌草、萆薢,其中萆薢常用至50g,取其气平下降之性,以驱湿浊之邪,止茎中痛;会阴部及精索坠胀痛者加三棱、莪术、淮牛膝、败酱草、王不留行等解毒化瘀,牛膝引药下行,直达病所,活血化瘀药能改善局部血液循环,利于药物渗透至病所,故贯穿于治疗始终;若阳虚,性功能减退者加仙茅、淫羊藿、巴戟天。此外,他常结合外治法,嘱患者将所服用的药渣加水煎后坐浴,以提高疗效。

4 黄褐斑

吴某,女,26岁,未婚,工人,2000年9月4日初诊。患者因面部色素沉着3a而就诊。患者两颧部可见对称分布,边缘清楚,大小约3cm×3cm的褐色斑块,月经周期正常,经量少,经期3d,色红无血块,经前腰酸乏力,烦躁易怒,胸胁胀痛,白带量多色白,无异臭,面色萎黄,纳可,大便先干后溏,舌质淡红,苔薄白,脉沉细弦。证属:肝郁脾虚,气血不足,肌肤失养。治宜疏肝健脾,益气养血,活血通络,方以逍遥散加减。处方柴胡10g,茯苓15g,苍术10g,当归10g,赤白芍各15g,丹参15g,香附10g,苡仁30g,生黄芪20g,益母草15,白芷10g,防风10g,白僵蚕10g,川芎10g,山药20g,炙甘草10g。连服7剂后,褐斑明显变浅,经前症状减轻,白带减少,大便正常。守上方续服14剂而愈。

按 黄褐斑俗称肝斑。肝藏血,主疏泄,其性主动、主升,肝气不舒则气血不调,因此导致气血虚弱,不能营养面部。临床上帅涛多以健脾舒肝,养血活血,佐以祛风之法治之。若伴经前腰酸者加杜仲、桑寄生、川断、菟丝子、益母草;乳房胀痛者加香附、青皮、乌药、川楝子等;治疗全过程均加入白僵蚕、白芷、防风等祛风祛斑之品。(张 梅 朱 志)

宋康呼吸病临床经验

【名老中医简介】宋康 教授,主任医师,博士生导师。中华中医药学会第四届理事,中华中医药学会内科学会常务理事,中国中医内科学会常务委员,浙江中西医结合学会呼吸病专业委员会主任委员,浙江中医学会中医内科委员会主任委员。浙江省名中医。长期从事呼吸系统疾病的临床和科研工作,主持省部级课题10余项,并多次获奖。发表论文50余篇。

临床经验

特发性肺纤维化

1 病因病理

特发性肺纤维化的病因目前不清,是易感个体由于多种危险因素触发所致,其中包括吸烟、感染、粉尘、烟雾等。在上述未知抗原的作用下,肺组织发生了非特异的免疫反应,引起肺泡炎症。由于炎症细胞和炎症因子的介导,导致肺泡上皮损伤。损伤的肺泡上皮由于过度的修复,引起肺间质胶原纤维的沉积和肺间质纤维化形成。由于病程延续,新老病灶同时出现在肺组织中,出现了肺泡炎、肺泡损伤、胶原纤维沉积、肺间质纤维化四个病理阶段的共存,形成了"四代同堂"的病理特点。

2 辨证论治

中医关于肺间质纤维化病名归属于"肺痿"、"肺痹"、"喘证"、"痰饮"、"咳嗽"等范畴。中医认为本病病机为痰热、瘀血阻滞肺络,肺失清肃。病之初以邪实为主,后期则以正虚为关键。治疗多采用活血化瘀、补肺益气养阴之法。常用药物有丹参、川芎、汉防已、黄芪等。宋康根据肺纤维化的发病机制,结合传统医学对该病的认识,提出了热毒为该病的发病源头,治疗时应当以清热解毒之法为主,辅以活血化瘀、益气健脾养阴。肺为"娇藏",赖鼻孔与天气相通,主气,司呼吸,外合皮毛,内为五脏华盖;邪袭于肺,郁而化热,炼津为痰,痰热内蕴,肺失宣降,气失所主;气滞则血瘀,瘀阻脉络,痰瘀互结。均表明肺的生理平衡状态一旦被打破,主气、行血、布津功能即出现明显障碍。津液失于敷布,血流涩滞于络脉,从而导致肺组织自身严重的病理损害,从而发生肺纤维化改变;疾病迁延不愈,由肺及肾,肾不纳气,发为气喘。《金匮要略·肺痿肺痈咳嗽上气病脉证治》说"热在上焦,因咳为肺痿"。其中热毒为发病的始动因素,而痰热和瘀血皆为其病理产物。后期由于热毒耗气伤阴,导致肺肾两伤,形成本虚标实之证。清热化痰、活血化瘀、益气养阴虽能缓解临床上的诸多症状,但均未切中该病的发病源头,因而不能从根本上缓解其疾病的进程,而导致肺组织的持续性的炎症和成纤维化的过程。基于此,宋康提出以清热解毒之法,正本澄源,从根本上阻断后期痰热和瘀血的形成,同时也能防止气阴的耗伤。又因临床上就诊的患者往往有多年的病史,正虚邪实并存,热毒、痰浊、瘀血互结,使病情更为复杂。因此,要在清热解毒的基础上辅以清热化痰、活血化瘀、益气养阴等法,标本并治。宋康经过多年的临床摸索,总结出了行之有效的经验方:重用虎杖30g为君药,该药清热解毒之力大,同时兼有活血化瘀的功效;鱼腥草、佛耳草、云雾草、七叶一枝花、黄芩、败酱草加强清热解毒之效;丹参、紫草、茜草凉血活血;天竺黄、生竹茹、竹沥半夏等清化热痰;白术、扁豆、陈皮、茯苓、谷麦芽健脾和胃;南北沙参、鲜芦根、鲜石斛益气养阴;并根据患者的具体情况辨证加减。

病案举隅:患者李某,男,60岁,工人。初诊日期2005年10月。患者咳嗽、咳痰、进行性气急加重4年。于外院诊断为特发性肺纤维化。予强的松1天20mg口服治疗,但每天仍有咳嗽、气急等症状,胃纳欠佳,舌暗红,苔白腻,脉滑。两肺听诊呼吸音低,两下肺可闻及细湿罗音。肺功能检查为中度限制性通气功能障碍,弥散功能重度减退。辨证为热毒郁肺、肺有痰热瘀血、气阴两伤。拟清热解毒、化痰活血、益气养阴。方用:虎杖、鱼腥草、佛耳草、云雾草各30g,七叶一枝花、黄芩、紫草、茜草、天竺黄、生竹茹、前胡、苏子、杏仁、枇杷叶、蝉衣各10g,鲜芦根30g,生甘草3g。服药2周后患者咳嗽气急好转,胃纳仍欠佳,舌淡苔白,脉滑。听诊两下肺细湿罗音。前方去黄芩,加白术、扁豆、陈皮、茯苓、谷芽、麦芽各10g以益气健脾,并将强的松用量减至1天15mg。三诊患者咳嗽已平,劳作后仍有气急,胃纳渐佳。前方去枇杷叶、蝉衣加南北沙参各10g以养肺阴。4个月后患者强的松用量减至1天10mg,并长期加服中药,生活质量明显改善。(李柏颖)

遣方用药

咳嗽变异性哮喘对药配伍

1 宣肃肺气司其升降对药

咳嗽变异性哮喘虽以咳嗽为主要症状,但其病机既有肺气上逆之咳嗽的特点,又有哮喘气道反应性增高的特征,因此在治疗主张宣肃并用,以复肺之宣肃功能,常用的对药如下:

①麻黄配杏仁:麻黄发散风寒,宣肺平喘利水;杏仁下气止咳平喘,二药一宣一降,使肺气得调。②前胡配白前:前胡宣散风热,清化痰热,肃降肺气;白前降气消痰,肃肺气,二药宣降清化,降中有宣疏,痰化气降,咳嗽可止。③前胡配桔梗宣降肺气,疏泄气滞,二药一宣一降,合用相得益彰,以成宣降肺气之功。④桔梗配杏仁:桔梗开提肺气、祛痰;杏仁苦泄宣滞,降气止咳,二药合用宣降得宜,使咳止痰除,肺气得调。

2 疏肝理脾调畅气机对药

肝脾气机升降失调是导致咳嗽变异性哮喘的一个关键,因此除宣肺、肃肺之外,还要疏肝、理脾。另外,肺与大肠相表里,肺失肃降,则大肠传导失职,反之腑气不通,肺气亦势必壅滞而使咳嗽加重。因此,调畅肝、脾胃、肠腑气机是治疗咳嗽变异性哮喘的关键所在。常用的对药如下:

①淮小麦配佛手:淮小麦味甘性平,养肝血、调心神;佛手疏肝理气而无伤阴之弊,二药合用,养肝血,调肝气,养血疏肝,而不损肝阴。②枳壳配瓜蒌:枳壳味辛苦性温,辛散苦降,下气开胸,调肠胃气滞,理气而不燥,更无伤阴之弊;瓜蒌味甘微苦性寒,能荡涤胸中的郁热,散肺经痰结,清上焦之火,且能润肠通便,二药伍用,升降协调,肺与大肠气机通畅。③桔梗配枳壳:桔梗辛散,宣通肺气,前人有"载药上行"之说;枳壳味辛苦性温,辛散苦降,下气开胸,二药参合,一上一下,一升一降,具有行气消胀之功。

3 酸甘缓急祛风止痉对药

咳嗽变异性哮喘存在着气道高反应性,并多有较明确的家族过敏史,或过敏性鼻炎、湿疹等过敏性疾病史。临证中,此类患者多有在接触花粉、尘螨、药物等过敏源后发作,发作有一定的季节性,并以春秋季节居多,其临床表现又以阵发性、突发性、反复性为特点。本病多由外感失治,邪郁于肺,肺气失宣,肺管不利,气道挛急所致,病因以风邪为主。

临床治疗常选用地肤子配蝉衣、枇杷叶配蝉衣等祛风解痉之品,通过祛风,可使风邪外达,肺气得以宣发,清肃之令得行,气道通利,则咳嗽自解。对于咳严重者,常加白芍、甘草,白芍味酸,养血敛阴,柔肝缓急;甘草味甘,润肺缓急,二药合用,酸甘化合,滋养肺津,收敛肺气,并有缓解支气管痉挛的作用。

4 运脾祛痰绝病之源对药

咳嗽不论有痰与否,都应当化痰,化痰可以止咳。另外久咳可以伤气,脾肺气虚则易生痰。痰饮产生之后,必然要蕴积气道,使呼吸气机不利,造成咳嗽,甚则胸闷、喘促。故治痰是必不可少的,而治痰之要,首先是恢复脾胃的运化功能,"脾为生痰之源,肺为贮痰之器",脾胃运化复健则痰无从生,痰除则咳喘自愈。运脾之妙还在于脾胃为后天之本,气血生化之源，脾胃健则水谷精微化生有源而元气旺盛，从而增强机体抗病能力，并能驱邪外出。

4.1 祛痰、化痰之对药

①姜半夏配橘皮：半夏燥湿化痰，消痞散结；橘皮理气健脾，和胃化痰，二者均入脾经，合用脾可健，湿可去，痰自化，偏用于治湿痰。②浙贝母配天竺黄：浙贝母味苦性寒，开泄力大，长于宣肺化痰止咳；天竺黄味甘性寒，功专清热豁痰，二药伍用，相互促进，清热化痰力量增强，偏用于热痰。

4.2 健脾祛湿之对药

①白术配茯苓，白术味甘性温，健脾燥湿；茯苓甘淡渗利，健脾渗湿，二药伍用，一健一渗，脾健湿除。②薏苡仁配扁豆，薏苡仁甘淡渗利，清肺热除脾湿；扁豆甘温，化湿健脾，二药合用健脾祛湿，以绝生痰之源。

痰随气而升降，气壅则痰聚，气顺则痰消，"善治痰者，不治痰而治气，气顺则一身津液亦随气而顺亦"，故组方时常加陈皮并与上述调肝理脾之理气药同用，从而达到理气化痰之疗效，使气道畅通，痰浊容易排出，而咳嗽之症自愈。

5 清热解毒养阴润肺对药

咳嗽变异性哮喘是哮喘的一种特殊形态，其本质仍然是气道变应性炎症，因此宋康认为治疗本病常适当加用清热解毒之品以抗炎。然清热解毒药多味苦性寒，易耗气败胃，故临床喜用鱼腥草配佛耳草、云雾草、七叶一枝花，这三味药均属甘寒清热之品，以防苦寒败胃。又因肺为清肃之脏，不耐寒热，喜润而恶燥，而久咳又极易伤损肺阴、耗伤肺气，因此在遣方选药时，要辨病与辨证相结合，随症加减，并根据患病的季节不同，患者的体质差异而加减，这也符合仲景"观其脉症，知犯何逆，随证治之"的原则。因此临证中，肺热者，取泻白散意，加黄芩、桑白皮清泻肺热；伤阴耗气者，取沙参麦冬汤意，加沙参、麦冬、鲜芦根等益气养阴润肺；夏季湿热重，患者食欲不振，舌苔厚腻者加藿香、佩兰、六一散、炒谷麦芽等芳香化湿、消食开胃。另外临证中，宋康非常重视本病的调护，常嘱患者注意饮食起居，避免感冒，禁食生冷粘腻油炸食品，禁烟酒等，以利于疾病的治疗和康复。（夏永良）

医案验案

肺系病验案

1 咳嗽案（胃食管反流性咳嗽）

陈某，女，42岁，2006年1月17日初诊。患者咳嗽、咳痰，时感烧心、反酸，胃脘不适、闷胀，病证反复发作已有5年余。近3年来咳嗽少痰，日渐加重，睡卧尤显，伴胃脘部嘈杂不适，烧心，纳食一般，二便尚正常。舌色淡红，苔薄白稍腻，脉弦细。曾查胸片示两肺纹理增多，肺功能示轻度阻塞性通气功能障碍。既往有慢性浅表性胃炎、反流性食管炎史8年。证属肝胃气机失调，升降失司，肺失清肃。拟和胃降逆，宣降肺气，止咳化痰法。处方：杏仁10g，枇杷叶10g，蝉衣6g，天竺黄10g，淡竹茹10g，竹沥半夏10g，前胡10g，苏子10g，川连6g，吴萸3g，蒲公英30g，旋复花9g（包煎），代赭石15g（后下），海螵蛸15g（先煎），甘草5g。并嘱患者不宜进食生冷、燥热、油炸、煎烤食物，避免烟酒茶等的刺激。7剂后，诸症状稍好转。续服20余剂，始见酸少咳止。随访半年咳无复发。

按 宋康认为，此种咳嗽，先有胃肠疾患，后生咳嗽，既无表证，当求内因，所谓诸脏先伤，后传于肺，标见于肺，而其本在胃也。现代医学亦认为，胃食管反流性咳嗽（GERC），是因胃酸或其他胃内容物反流进入食管，刺激气管黏膜而引发炎症和痉挛，导致以咳嗽为突出的临床表现。其典型反流症状表现为胸骨后烧灼感、反酸、嗳气、胸闷等症状。故治疗上，当以肺为标，胃为本；止咳为标，降逆为本；胃气降则肺气亦降，肺气降而咳嗽自止，即所谓降肝胃而寓宁肺。治疗时应当以和胃降逆为大法，辅以宣降肺气、止咳化痰之品。方选川连、淡吴萸、海螵蛸和胃止酸，旋复花、代赭石重镇降逆，蒲公英清胃热，枇杷叶和胃下气，杏仁、蝉衣、前胡、苏子宣降肺气，天竺黄、淡竹茹、竹沥、半夏等清化胃中痰热，甘草调和诸药，共奏和胃降逆、化痰止咳之功。经中药及饮食的调治，获效颇著。

2 哮证案（支气管哮喘）

李某，女，48岁，2005年11月12日初诊。有哮喘病史十余年，常因冷空气、刺激性气味接触后发作。1月前因感冒后痰鸣咳喘又作，痰多粘而色黄，排吐不利，胸闷气急，鼻塞流涕，喷嚏频作，咽痒则咳喘作，两肺听诊可闻及哮鸣音，舌色暗红，苔淡黄而厚腻，脉弦细。此乃痰浊壅肺，肺失宣降所致。治拟宣肺化痰，降气平喘法。处方：炙麻黄、杏仁、姜半夏、陈皮、茯苓、前胡、苏子、莱菔子、白芥子、枳壳各10g，野荞麦根30g，紫草、茜草、地肤子、苍耳子、辛夷各10g，甘草5g。嘱其避免烟尘异味，海货发物，饮食宜清淡为主。7剂后，咳喘、流涕及喷嚏明显好转。续服14剂，哮喘一直未发，咳嗽减轻，痰亦不多。效不更方，再服28剂，未再发，嘱其平时可服六味地黄丸合二陈汤。随访至今咳喘未再反复。

按《内经》无哮证病名，但似有哮证记载，如《素问·阴阳别论》"……起则熏肺，使人喘鸣。"《金匮·肺痿肺痈咳嗽上气病脉证并治》："咳而上气，喉中水鸣声，射干麻黄汤主之。"指出了哮证发作的特征和治疗。哮证之治，后世多宗朱丹溪"未发以扶正为主，既发以攻邪为急"之论，以此为要则，各臻细密。宋康认为，哮喘病屡发屡止的因素，是由于宿痰内伏于肺，复加外感、饮食、情志、劳倦等因素，引动宿痰，痰随气升，气因痰阻，相互搏结，壅塞气道，肺气宣降功能失常所致。在治疗上，强调治喘先治痰，治痰宜调气，方选名医焦树德自创方麻杏二三汤（麻黄、杏仁、姜半夏、陈皮、茯苓、苏子、莱菔子、白芥子、甘草）祛痰平喘，再合紫草、茜草、地肤子凉血祛风而抗过敏，苍耳子、辛夷祛风通窍。全方切准哮喘急性发作期的病机本质，使喘能平、痰能化，迅速控制症状，缓解患者的痛苦。是故病有三层，治有三法，层层护卫，法法兼到。

3 肺间质纤维化（肺痿）

刘某某，男，65岁，退休工人，2005年11月初诊。患者反复咳嗽、咳痰8年，动则气急3年，再发伴加重3月，于外院诊断为特发性肺间质纤维化，平素服用强的松（20mg，日1次），但每日仍有咳嗽、气急等症状。本次因受凉后致上症加重，并出现胸闷，乏力，纳差，更衣不爽，舌色暗红，苔淡黄稍腻，脉滑。听诊：两肺呼吸音低，可闻及Velcro罗音。肺功能检查示限制性通气功能障碍伴弥散量减少。胸片示两肺间质纤维化改变。此为痰热瘀毒相互绞结于肺也，故治拟清热解毒、化痰止咳、活血化瘀法。方用：虎杖、鱼腥草、鲜芦根、薏苡仁各30g，肺形草15g，黄芩、蚤休、紫草、茜草、天竺黄、淡竹茹、前胡、苏子、杏仁、枇杷叶、丹参各10g，蝉衣6g，甘草5g。7剂后，咳嗽减少、痰易咳出、气急好转，但胃纳仍欠佳，乏力。故于原方去黄芩，加用扁豆、白术、陈皮、谷麦芽等健脾和胃之药。三诊：患者诉偶有咳嗽，气急明显好转，胃纳改善。根据患者的具体情况予以上方加减，服用至今，患者生活质量大为改善。

按 中医古代文献中无"肺纤维化"病名，但根据此病的临床表现特点，可以归属于咳嗽、喘证、痰饮、肺痿、肺痹、肺胀等病范畴，其病机复杂，病情亦复杂，常有热毒、痰浊、瘀血、正虚相互勾结，而致本虚标实，治疗上当标本并治，在清热解毒的基础上，辅以清热化痰、活血化瘀、益气养阴等。方中重用虎杖为君药，取其清热解毒、活血化瘀、祛痰止咳之意，加用鱼腥草、鲜芦根、薏苡仁、肺形草、黄芩、蚤休等以助清热解毒之力，天竺黄、淡竹茹等清热化痰，紫草、茜草、丹参等凉血活血，前胡、苏子、杏仁、枇杷叶、蝉衣等降气止咳平喘，在疾病缓解期根据患者不同症状，在辨证施治的同时，加大益气固本之力，方能恰到好处，邪去正安。另外在临证中，需重视对本病的预防和调护，嘱患者注意饮食起居，适当锻炼，饮食宜甘淡，忌食生冷油腻煎炸食品，戒烟酒，减少对呼吸道的刺激，以利于疾病的治疗和康复。

4 肺痈案（肺脓肿）

刘某，女，42岁，2007年3月17日初诊。患者感受风寒后突发寒热，无汗，咳嗽、咳吐黄色脓臭痰，胸闷气急，胸胁刺痛，以咳嗽及呼吸动作幅度大时明显，纳食欠佳，夜寐一般，舌质红、苔黄厚腻，脉滑数。虽经抗生素等对症支持治疗后，畏寒发热等症状稍好转，但咳嗽、咳痰仍较明显。两肺听诊可及湿罗音，查血常规示：WBC15 $\times 10^9$/L、NE占88%，肺部X线及CT检查提示肺脓肿。宋康认为此乃外感风寒，邪热壅肺，肺失清肃，痰热内生，蕴蒸化脓，蕴酿成痈也。治疗以清热解毒、祛痰排脓为大法，予以千金苇茎汤化裁。处方：鲜芦根30g，冬瓜仁10g，生苡仁30g，桃仁10g，黄芩10g，前胡10g，苏子10g，杏仁10g，枇杷叶10g，天竺黄10g，生竹茹10g，竹沥半夏10g，桔梗6g，鱼腥草30g，佛耳草30g，云雾草30g，败酱草30g，七叶一枝花10g，甘草3g。常法煎服服药7剂后，诸症好转；续服20余剂，喘平嗽轻，痰基本无臭味。嘱再服14剂，以巩固疗效。随访半年情况良好。

按 宋康认为，本病的病因常为感受外邪，内犯于肺，或痰热素盛，以致热伤肺气，蒸液成痰，热壅血瘀，肉腐血败，成痈化脓，而致咳吐大量腥臭脓痰。尤其值得注意的是，痈脓溃时其蕴结之脓毒仍盛，邪气仍实，故决不能忽视脓毒的清除，需加强解毒排脓之功，脓毒去则正自易复。倘若病情迁延难愈转为慢性，有手术指征者，可请外科会诊。宋康治疗此病，喜用鲜芦根、冬瓜仁、桃仁、桔梗等化浊行瘀，散结排脓；黄芩、鱼腥草、佛耳草、云雾草、七叶一枝花、败酱草、生米仁等清热解毒消痈；前胡、苏子、杏仁、枇杷叶化痰降气止咳；天竺黄、生竹茹、竹沥半夏等加强清化痰热之功，诸药合用，共奏清热解毒、化痰消痈之功。另外临证需重视对本病的预防与调护，嘱患者注意饮食起居，适当锻炼，饮食宜清淡，忌食生冷油腻煎炸食品，戒烟酒，减少对呼吸道的刺激，以利于疾病的治疗与康复。

5 肺胀（肺性脑病）

王某某，男，71岁，2004年11月12日初诊。患者有慢性支气管炎病史20余年，每年冬季发作，本次因外感风寒诸症再发，加重10天，咳嗽咳痰、喘息气短，伴烦躁不安、表情淡漠或嗜睡，渐至神识朦胧，肢体震颤，昏睡等。查体可见眼球突出，结膜充血，视乳头水肿；血气分析示：PaO245mmHg，PaC0295mmHg。诊断为慢性阻塞性肺病、肺源性心脏病、Ⅱ型呼衰、肺性脑病。予以吸氧、抗菌消炎、平喘、利尿、纠正电解质紊乱、脑细胞活化剂等对症治疗后，呼吸道症状稍缓解，但仍神识不清，烦躁不安，谵语，咳喘，喉中痰鸣，呼吸困难，口唇紫绀，双下肢浮肿，小便可，大便5日未行。舌质暗、苔黄厚腻，脉滑。辨证属痰瘀腑实，蒙闭心窍。予以涤痰祛瘀、通腑开窍。处方：石菖蒲10g，广郁金10g，制胆星10g，陈皮10g，茯苓10g，钩藤12g，黄芩10g，枳壳10g，瓜蒌仁10g，丹参10g，黄芩10g，淡竹叶10g，生竹茹10g，猴枣散1支，别直参6g。煎汤灌服。于次日解稀便1次，神识渐转清，烦躁稍好转，咳嗽咳痰、呼吸困难、口唇紫绀亦好转。原方续服5剂，又解数次稀便，神识转清，呼吸道症状明显缓解，血气示：PaO270mmHg、PaCO265mmHg。此后一直坚持服用宋康所开中药，至今已2年8月余。目前患者一般情况良好，各项检查指标正常，可从事简单的家务劳动。

按 肺性脑病（简称肺脑）是由呼吸衰竭发展到严重阶段，即发生严重的二氧化碳潴留和缺氧所引起的以中枢神经系统障碍为主要表现的一种临床综合征，是多种肺系疾病的严重并发症之一，亦是常见的内科急症。临床可表现为精神恍惚，嗜睡，兴奋，或有发热，尿赤便秘，进而谵妄、躁动、迟钝，重者则昏迷、抽搐，甚至死亡。中医文献中无“肺脑”病名，一般可将其归属于“肺胀”、“瘀证”、“昏迷”、“厥脱”等范畴。宋康认为，治疗上除应用抗感染、氧疗、呼吸兴奋剂、纠正酸碱失衡与电解质紊乱等常规西医治疗外，还需根据病情辨证施治。患者多年迈体虚，患病日久，肺脾气虚，无力排痰，痰浊（热）壅肺；气虚无力推动血行，血脉痹阻，痰瘀互结，郁久化热；气虚无力推动大便，故腑气不通，痰热腑结。其病机复杂，病情亦复杂，常有痰浊、瘀血、燥屎、正虚等相互勾结，而致本虚标实。治疗当标本并治，以涤痰祛瘀、通腑开窍为大法。方选菖蒲郁金汤合涤痰汤加通腑药化裁，同时配合西药治疗，往往可使患者转危为安。宋康强调，因肺与大肠相表里，肺气不宣则腑气不通；反之，大肠积热，腑气不降，亦可影响肺之肃降，使痰热蕴结不去，然选药不可过猛，谨防劫夺阴津，痰咳不爽。故通便不宜峻攻，但以理气宽中为务。药可选枳壳、瓜蒌仁等，并不专恃硝黄之猛烈。肺脑病因病机虽复杂，但抓住疾病的本质进行辨证论治，往往可收奇效。（陈素珍 夏永良 孙咏梅 喻 婷）

宋健民临床经验

【名老中医简介】宋健民（1922～）山东省乳山县人。主任医师。曾任职于山东省中医药学校。山东省名中医药专家。从事中医内科、妇科及伤寒、温病的研究与医疗教学工作。发表数篇论文。

妇科病

1 不孕症

于某，女，31岁，1986年6月13日初诊。患者婚后四年不孕，曾经妇科检查确诊为“子宫发育不良”，屡服中西药物近三年无效。月经周期29天，每次行经3～4天，量少色红，夹有小血块，经前乳房稍胀，恶心，头身困重，多梦，精神抑郁不舒，带下量多色白，舌淡，双脉沉细。辨证为脾虚湿阻，肝气不舒。治法分两步，平时化湿止带为主，完带汤加减：党参15g，白术10g，苍术10g，陈皮10g，山药30g，柴胡10g，荆芥穗10g，车前子15g（包），生龙牡各30g，茜草30g，乌贼骨30g。水煎服，日1剂。氤氲期及经期服自拟舒肝助孕汤：柴胡9g，赤白芍各9g，苏木9g，女贞子19g，金樱子6g，紫石英30g，红花9g，坤草12g，蒲黄12g，牛膝10g，川断15g。氤氲期（月经过后13天）、经期各服3剂。7月15日二诊：带下经净，经潮时量较前稍多，余症均减。遂停完带汤，续服舒肝助孕汤，服法同前。三个月后停经，妇科检查为初孕，后足月顺产一女婴。

按 宋健民认为，不孕之治，重在调经，若伴带下，当先治带，因湿遏胞宫，影响冲任，湿邪不除，则调经无益。此患者病位重在肝脾二经，故先以完带汤化湿止带，以调冲任。舒肝助孕汤具有舒肝理气，活血化瘀，养阴益肾功效，在服药方法上，氤氲期服用取其条达肝气，促其排卵。经期服用，则有舒气和血，温肾益精，调畅冲任胞宫之效。俟湿去瘀除，冲任通畅，胞宫得养，则自能摄精成孕。

2 崩 漏

高某，女，21岁，未婚，1990年10月6日初诊。患者一月前阴道大出血，某医院诊为“青春期功能性子宫出血”，经用黄体酮、激素等药物治疗后，已控制大出血，但仍淋漓不断，月余未尽，曾服西药及中药归脾汤等乏效。刻诊：面色无华，精神不振，自觉周身困乏，小腹胀满隐痛，失眠多梦，大便干稀不调，经血淋漓不绝，色暗红，舌淡，脉弦细。辨证为气血郁滞，冲任虚损。治拟调气活血，疏补兼施。方用《证治准绳》绀珠正气天香散加减：苏叶6g，陈皮10g，香附10g，乌药10g，蒲黄15g，广三七2g（冲），党参30g，黄芪30g，白芍15g，阿胶10g（烊化），酸枣仁20g，柏子仁30g，甘草6g，水煎服。服药期间，忌生冷辛辣刺激之品。服药6剂，出血基本停止，守方续服10剂获愈，遂嘱其饮食调养善后，随访一年未发。

按 崩漏一证，古人有塞流、澄源、复旧三大治法。宋健民认为，此三法中，尤以澄源为要。本例患者经血淋漓月余，伤血耗气，其虚必然，但气血郁滞仍为主因，倘若一味补益塞流，而气血失调之本未复，恐于病无益。治当调气活血，配以补益之品，兼及它症，可为万全之策。方中苏叶、陈皮、香附、乌药调气以畅血行，蒲黄、广三七化瘀止血，党参、黄芪益气固冲，白芍、阿胶敛阴养血，酸枣仁、柏子仁润燥宁心，甘草缓急调药。全方疏补兼施，扶正固冲与祛邪并举，使冲任畅通，气血得养而收全功。

3 痛经

陈某，女，19岁，1989年4月20日初诊。患者15岁月经初潮，经期先后不定，近两年来，经前小腹胀痛难忍，遇寒则剧，按之益甚，每疼痛发作时伴恶心，小腹下坠，月经色紫有块，舌暗，脉弦。经妇科检查诊为“膜样痛经”，经多方治疗，虽时有缓解但终未根除。辨证为气滞血瘀，经脉不畅。治拟行气逐瘀，调经止痛。方用自拟痛经宁：三棱10g，乌药10g，熟地15g，赤芍15g，莪术10g，当归10g，刘寄奴15g，丹皮6g，肉桂6g，元胡15g，黑豆20g，香附10g，灵脂10g，生姜1片，水煎服。每于经前腹痛时，连服6剂。共服三个周期，痛止病愈，临床观察一年，月经周期正常，未再发作。

按 痛经的发生，因素诸多，但总不离气血之变。本例患者为典型气滞血瘀证，宋健民认为，此病反复发作多年，当重在化瘀通经，畅通冲任，以绝其病根，鉴于此证型在痛经中为多见，故据证自拟痛经宁。方中三棱、莪术、灵脂、刘寄奴、赤芍、丹皮破血逐瘀，通畅血脉。其中刘寄奴一味，具有“破血下胀”（《新修本草》）之功，尤为重要。乌药、元胡、香附理气以助血行。经云：“血气者，喜温而恶寒”。病本血瘀，寒则凝滞更甚，故少佐肉桂、生姜以温之。熟地、黑豆补肾益阴养血，以防破血伤正。诸药合用，共奏行气活血，破瘀通经，调经止痛功效，对气滞血瘀之痛经者，收效显著。（宋传荣）

医方验方

特效感冒宁

方药：苏叶10g，薄荷10g，藿香10g，防风10g，荆芥10g，双花12g，苍术10g，黄芪10g，甘草3g。

功效：解邪固表。

主治：感冒时邪，鼻流清涕，咽痛，咳嗽，或伴见恶心、大便稀，或有发热恶寒，舌苔白薄或微黄腻，脉多浮缓。

用法：上药为1剂煎2次，第1次用清水约200mL，浸药半小时，煎100mL左右，第2次用水约120mL，煎80mL左右，去渣，两次药汁混合后，早、午、晚分3次温服。一般3剂即愈。否则可继服3剂。若遇集体感冒者，可按比例同煎，分给每个病人服用即可。小儿用量酌减。

加减：咽喉痛者，加桔梗10g、僵蚕6g；咳嗽痰多稠者加浙贝10g，清稀者加半夏6g、陈皮9g；头痛者加白芷9g、川芎9g；夏季感冒恶寒无汗加香薷6g；口渴汗出小便短赤者加滑石15g、石膏20g、荷叶10g。

方解：本方是法取九味羌活汤的方义而组成，九味羌活汤是按六经而用药，本方是依六淫（风、寒、暑、湿、燥、火）外邪而立方。感冒虽系小病，治不如法，外邪郁而不散，常常反复发作，遗留后患，亦即古称：“伤风不醒便作劳也。”风为外邪之首，故先用防风、荆芥以祛风，再用苏叶以散风寒，薄荷以解风热，苍术、藿香以化湿邪，双花以清暑火，甘草润燥而和诸药，黄芪以固表，使邪去不复发也。

宋一亭临床经验

【名老中医简介】宋一亭（1942～）呼和浩特市人。主任医师。曾任内蒙古自治区中蒙医院副院长。中华中医学会急诊分会委员，中国康复医学会中西医结合学会委员，中医学会内蒙古分会常务理事兼中医内科学会主任。全国老中医专家学术经验继承工作指导老师。享受政府特殊津贴专家。内蒙古自治区名中医。擅长中医治疗心脑血管病、老年病、皮肤病、癌症、肾病等。

心脑血管病

1 心血管病

1.1 冠心病

宋一亭临床研究表明,冠心病患者气阳虚兼血瘀型较多,因此在治疗时以"益气活血"为原则,再结合具体证侯的偏盛情况灵活加减用药。他认为,既注意了疾病的普通性又照顾了疾病的特殊性;既保持了处方的相对稳定性,便于观察总结,又发挥了中医的灵活性,体现了辨证论治的特点。基本方为黄芪、川芎,他说:"黄芪能补益心肺脾脏之气,温而不伤阴,补而不腻滞。川芎性温,活血消瘀,通络止痛。两药合伍,既能补气养血,活血化瘀,疏通经脉,起到'以补为通'的作用,又治血而不伤血,促进化瘀生新,达到'以通为补'的目的"。若患者偏于气虚,选加太子参、党参、白术、补骨脂;偏于阴虚选加首乌、黄精、玉竹、麦冬、五味子、生地、白芍、生龙牡;偏于寒凝选加附子、干姜、细辛、桂心;偏于痰阻选加瓜蒌、薤白、半夏、远志、石菖蒲;偏于气滞选加梗实、香附、青陈皮、木香;偏于血瘀选加丹参、赤芍、桃仁、红花、苏木、坤草。宋一亭用药重点突出,主药剂量较大,疗效较好。

1.2 慢性充血性心力衰竭(CHF)

CHF是临床急待解决的课题之一,尽管治疗药物较多,但仍有相当数量的病例难取得满意效果。尤其对于心脏明显扩大、左心收缩功能明显减退的患者,常规治疗多难奏效,成为临床难点之一。宋一亭20余年潜心研究的"抗心衰I号胶囊",对改善症状,增强体力和促进康复具有明显效果,且对强心甙药物中毒及难治性心衰都有良好疗效,且无毒副作用。他认为CHF的病因病机为"本虚"、"血瘀"、"水饮滞留"。"本虚"主要表现为心肾阳虚和肺脾气虚;"血瘀"是因阳气不足,无力运血,血行迟缓甚至停滞而成;"水饮滞留"是阳气衰微,阳不制阴,阴邪泛滥,气不化水,痰涎横生。故临床上多表现为少气无力,虚喘多汗,痰饮呕恶,腹满纳呆、口唇颜面青紫,四肢不温,心肝扩大等。故拟"益气活血利水"原则组方,药用黄芪、川芎等广泛用于冠心病、风心病、肺心病等引起的CHF取得显著效果。分析取效原因是抗心衰I号胶囊可能对交感神经异常兴奋,组织耗氧量过度增高,心脏做功效率降低等的不协调状态起到调节的作用,从而发挥了纠正CHF的效果。

2 高血压病

2.1 专方加减

宋一亭在治疗高血压时,根据中医传统辨证论治的原则,紧密参照现代医药学的理论,提出治疗高血压病的组方原则:即滋阴潜阳。组成:葛根、丹参、钩藤、石决明、坤草、白蒺藜、苦丁茶、白芍。若因肝阳上亢加珍珠母、生牡蛎、生龙骨;阳亢化风加天麻、白僵蚕;肝火上炎加龙胆草、菊花、夏枯草;痰湿较轻加半夏、白术、炒莱菔子、陈皮、竹茹;痰湿较重加胆南星、橘红、天竺黄、竹沥;气虚加太子参、黄芪;血虚加何首乌、当归、熟地;阴虚加女贞子、旱莲草、龟版、山萸肉、枸杞子;阳虚加炮附子、肉桂、鹿角、沙苑子;瘀血重加桃仁、红花。

2.2 随证加减

宋一亭治疗高血压病灵活多变,除采用专方随证候变化加减用药外,常根据患者的症状加减药物,特别在某些症状突出时随证用药。头痛明显加川芎、蔓荆子、藁本;手抖加全虫、地龙、蝉蜕;失眠多梦加炒枣仁、夜交藤、合欢皮;视力模糊加沙苑子、枸杞子、密蒙花;肢体麻木加豨莶草、乌蛇、地龙;大便秘结加草决明、火麻仁、当归;大便不通加大黄、番泻叶、肉苁蓉;胸闷痛加瓜蒌、薤白;手足冷加附子、肉桂;腰痛加桑寄生、炒杜仲、川断;头重脚轻明显加山萸肉、灵磁石、杜仲、川牛膝、代赭石;盗汗加地骨皮、青蒿、秦艽、知母、丹皮、银柴胡、胡黄连、鳖甲、龟版;自汗多汗加黄芪、浮小麦。

2.3 随病加减

老年人患高血压病,临床大多不是单种疾病或单一脏器的病变,而是多种疾病同时存在。如高血压病伴脑动脉硬化症、高粘滞血症、高脂血症、冠心病、糖尿病、肥胖病、肺心病、慢性支气管炎、脑血管意外症等。而这些病又不宜速去,复杂多变。宋一亭认为由于老年人生理机能的低下,气血津液皆趋于不足,从而进一步影响机体内脏的功能活动,使之紊乱或功能降减,形成不良的循环。如中医的气,它具有防御、推动、温煦、气化、固涩等作用,有心肺脾肝肾等多脏器参与。一旦某脏损害或虚弱,他脏必然受累。故老年人患高血压病具有体虚多病的特点,治疗时也要随病加减。宋一亭的经验是以专方为基础通络降压,若高血压并脑动脉硬化症加茺蔚子、何首乌、蒲黄、黄芪软化血管;并高粘滞血症加川芎、茜草、红花以稀释血液。并高脂血症加生山楂、生麦芽、茵陈、泽泻、草决明降血脂;并冠心病心绞痛加瓜蒌、薤白、丹参、蒲黄、五灵脂、川芎以扩冠止痛;并糖尿病加元参、花粉、葛根;肥胖症加大黄、炒莱菔子、红花以化痰减肥；并慢性支气管炎加杏仁、橘仁、马兜铃、白果、百合、贝母、远志化痰止咳平喘；并有脑病随症治之，另有专论，此处不再赘述。

2.4 辨证使用成药

宋一亭治疗高血压病据“急则治其标，缓则治其本”的原则，常常辨证与辨病相结合使用成药。成药具有使用方便，易于保存，携带简单等优点，临床只要能够正确地辨证论治，谨守病机，各司其属，选用与病情相互贴切的成药，临床多能得到满意效果。他认为高血压病在缓慢进展中，宗“缓则治其本”原则，取“丸者缓也”之意，采用丸药缓慢收功。病属肝火旺盛者用龙胆泻肝丸；肝阳亢盛者用牛黄降压丸；肝肾阳虚者用杞菊地黄丸；阴虚阳亢用全天麻胶囊、杜仲胶囊；肝气郁结用逍遥丸；阳亢化风者用中风回春丸；中风引起的肢体麻木用强力天麻杜仲胶囊。

此外，宋一亭治疗高血压病，特别对Ⅰ、Ⅱ期高血压，当标实明显，遵“急则治其标”原则，取具有速效之西药治之，以解燃眉之急。他临床喜用心痛定、卡托普利、地巴唑等，择其一种配合他药治疗。伴心律快加用心得安；动脉硬化加松龄血脉康、醋柳黄酮片；血脂高加地奥脂必妥；心绞痛用复方丹参滴丸、速效救心丸；高粘脂血症者加用小剂量阿司匹林片或潘生丁片。临床观察不但对高血压病、脑动脉硬化有显著效果，对冠心病也有明显效果。宋一亭使用成药将理法方药一气贯通，辨证与辨病有机地结合起来进行治疗，既体现了传统中医辨证论治的特点，又突出了辨病论治的新观点，确实将中西医药有机地结合，各取所长，临床治疗，屡屡获效。

2.5 配伍对药

①地龙与龙胆草配伍，共奏清热平肝、利水降压作用。地龙具有清热平肝、息风镇痉、平喘利尿的功能，现代药理研究有利尿降压的药效，降压的机理虽然尚不明确，但利尿的作用主要物质是含有琥珀酸的缘故。而龙胆草具有清肝胆、利湿热的功能，《本草新编》谓“功专于利水消湿”。现代药理证实该药有降压作用。两药合伍，对肝阳、肝火之高血压既能平肝、清肝，又可利水降压，治疗头痛眩晕等证。此外，类似药还有黄芩与夏枯草配伍，或菊花与夏枯草配伍，利水降压而不失钾，对肝火、肝阳之高血压致头痛眩晕尤为适用。

②泽泻与车前子配伍，共奏利水降压作用。泽泻具有清热利水渗湿的功效，《名医别录》谓：“还膀胱三焦停水”。李时珍谓：“泽泻有治头旋，聪明耳目之功”。现代药理研究有利尿降压降脂的作用，因其含钾量高达147.5mg%，故利尿而不会丢失钾。车前子具有利水渗湿，清热明目的功效。《药性论》谓“能去肝中风热”。现代药理研究表明车前子可降血压。两药合伍，对脾湿壅滞，痰湿阻滞经络之高血压眩晕尤为适用，既利水降压，而又保钾降脂，为增加药效，宋一亭常配伍汉防己。

③益母草与白茅根配伍，共奏活血利尿降压作用。益母草具有活血化瘀、调经利水的功效。《本草纲目》记载“活血破血，调经解毒”。《本术真》谓“清水行血，去瘀生新”。现代药理研究有利尿降压、改善微循环的作用。白茅根具有清热利尿，活血凉血止血的功效，现代药理研究具有利尿作用，富含钾与钙、利尿保钾。两药合用，可活血行血，改善微循环，又可利水消肿而降低血压。对高血压并有脑动脉硬化、血液粘滞性增高者尤为适用。类似配伍还有水蛭与泽兰叶等。

④太子参与黄芪配伍，共奏补气利尿降压功效。参芪现代药理学证实具有提高肌体抵抗力、耐疲劳、加强机体适应性、降血压、扩张血管、降血糖的药效。黄芪还有活血利尿及使钠排出量增加而达利水消肿效果，并且持续时间较长。两药合用，既可补气，又可利水消肿而降压。临床对气虚血瘀所致高血压病有较好的效果。宋一亭用这一对药，剂量偏大，一般情况太子参为30g，而黄芪用量一般在30～120g之间，临床每多获效。他还以该对药治疗慢性充血性心力衰竭而获效。

⑤桑寄生与川牛膝配伍，共奏补肾利尿降压功效。桑寄生入肝肾经，具有补肝肾、强筋骨、祛风湿、安胎功效。现代药理表明有降压、镇静、利尿作用，其原理在于其镇静作用和降低了交感神经及血管运动中枢的兴奋性。还有人认为是作用于内感受器，引起降压反射的结果。川牛膝性善下行，通利小便，通瘀通经。现代药理表明有利尿降压的药效。两药合伍，具有明显的降压利尿作用，并有扩张外周血管及舒张冠状血管的作用。临床对肝肾阳虚，肝阳上亢之眩晕头痛尤为适用。宋一亭临床用量较大，一般皆在30～40g之间。此外，类似对药还有杜仲与菟丝子等。

⑥大黄与草决明配伍，共奏通大便利小便，降血压功效。大黄具有攻积导滞、泻火凉血、活血化瘀、利胆退黄等功效。《日华子本草》谓：“调血脉、泄壅滞、水气，利大小便。”现代药理证实有降低血压和胆固醇的药效。草决明清肝明目、利水通便。现代药理研究表明有利尿，降低血压和明显降低胆固醇的

药效。因其性质缓和,无论男女老年人尤为适用。两药合伍通利大便而降压,对伴有便秘的高血压,体质不虚,病情偏实者,大黄用量稍比草决明多。若年老体弱,病情偏虚者,大黄用量应小于草决明,调整剂量,灵活变通。

⑦豨莶草有祛风湿、通经络、利关节,利毒等功效。现代药理研究证实有降血压和舒张血管的药效。宋一亭十分推崇该药,他认为高血压病不论中医辨证为哪种证型,只要有手麻症状者,多为肝风内动之征兆,治疗时要慎用风药。因风药可耗散阴血,使阴血亏损更甚,从而加重风兆出现,此时使用该药既不伤阴,每多获效。他的临床经验是豨莶草与黄芪合伍,气血互生,阴阳协调,阴血化生。宋一亭说:"该药是否有养阴补血的作用,还须进一步实验证明。"高血压患者血虚生风者该药与鸡血藤配伍,效果较理想,值得注意的是鸡血藤用量要大,一般不少于30g或50g。

3 脑血管病康复

脑血管病是危害人类健康的一种疑难病,其病死率占自然死亡率的第一位。其发病因素,宋一亭认为不外乎"正虚"与"邪郁"这两方面。正虚为肝肾阴虚,血虚生风,肺虚生痰;邪郁为肝郁气滞,瘀血内阻,痰浊闭阻。脑血管病急性期之后,意识大多恢复,遗留各种功能障碍,进入康复期,康复早期各种功能障碍常有自然康复倾向,正气来复,邪气渐退,此期是康复的有利时机。他认为要以多种措施扶正祛邪,其中首推汤药,汤剂药力雄厚,可随证加减。宋一亭善用生白芍、生地、生龙牡、石决明、生麦芽、天麻、钩藤之类以养肝肾之阴而息风;用胆南星、半夏、白芥子、天竺黄、橘红、枳实、竹茹、瓜蒌之类以健脾祛痰通络;用桃仁、红花、赤芍、坤草、川芎、三棱、莪术、丹参之类以活血化瘀。患者出现大便秘结,舌苔黄厚,脉象沉弦滑,常用枳实、大黄、莱菔子、槟榔之类以通脏泄浊。康复后期则以中成药平调阴阳气血,重在让患者加强功能锻炼。

宋一亭对脑血管意外后遗症辨证为气虚血瘀者,常用补阳还五汤,但药剂均偏大,并且随证加减。经20余年的临床实践,总结出一经验方:药用钩藤、石决明、代赭石、石菖蒲、珍珠母、竹沥、菊花、天竺黄、郁金、牛膝、陈皮、清半夏,水煎服,15天为1疗程。患者躁动不安加龙胆草;抽搐加全虫、蜈蚣、白僵蚕;便秘加大黄。该方至今在临床上常用。他还用此方广泛地治疗高血压病获得满意效果。老年高血压常伴高脂血症,临床加山楂、莱菔子、坤草;伴动脉粥样硬化时加丹参、苏木、桃仁、红花;糖尿病加生地、花粉、麦冬;血压很高时加寄生、炒杜仲、葛根;血粘高时加茺蔚子、坤草,临床每多获效。(刘春甫 苗艳君 苏 涛)

肺 癌

1 治疗方法

1.1 基本方

白花蛇舌草、海藻、生薏米、败酱草各30g,夏枯草、半枝莲各20g,蚤休、山慈菇、猪苓各15g,炮甲珠、石见穿各12g,水煎服,每日1剂,日服2次。

1.2 加减变化

阴虚加黄精、玉竹各15g,生地、沙参各30g;阳虚加附子、菟丝子、沙苑子各10g;气虚加黄芪30g,白术12g;气阴两虚加太子参30g,西洋参、麦冬各15g;痰浊加半夏15g,橘红20g;痰热加鱼腥草30g,胆南星12g,马兜铃15g;瘀血加桃仁、红花、丹参各15g;咯血加侧柏炭、白茅根各30g,花蕊石15g,三七粉3g(冲服);胸水加桑白皮、汉防己各15g,葶苈子30g;胸痛加瓜蒌30g,丝瓜络、元胡各15g。

2 典型病案

哈某,女,66岁,蒙古族,乌盟集宁市人。1996年10月初诊,因咳嗽、咯痰赴内蒙古医学院一附院诊治,经胸部正侧位拍片示:右肺占位性病变,肺癌不除外;CT摄片检查报告:中心性肺癌,右上叶转移灶,胸膜转移;病理学报告:胸水血性,混浊,有癌细胞,"腺癌",经抽胸水2次,每次3500mL,并对症治疗,患者仍咳嗽,胸憋闷,气喘,咯痰,痰色黄白相兼,质粘,量中度,气短,多汗,舌质暗,舌下静脉迂曲,变粗,脉沉弦。查体:精神不振,面色不华,颧部可见蟹爪纹,粗细不均,呈紫红色,形体消瘦,心界不大,心脏各瓣膜听诊区未闻及病理性杂音,心律整齐,胸部右侧隆起,语颤减弱,右肺活动度减少,叩诊胸水在第4肋间,右肺可闻及支气管呼吸音,肝脾肋下未触及。据症、脉、舌象综合分析,此为热毒壅肺,水邪潴留之"肺积",以清热解毒、抗癌扶正、泻肺利水法治之。药用白花蛇舌草、败酱草、葶苈子、黄芪、生薏米、太子参各30g,半枝莲20g,虎杖、猪苓、海藻各15g,车前子(包煎)、泽泻、炙桑皮、浙贝母、山慈菇各12g,水煎服25剂,咳嗽平,气喘减轻,痰液变稀,量少,精神明显好转,胸憋闷减轻。效不更方,原方加瓜蒌30g,炮甲珠10g,蛤粉12g,继服30剂,症状明显减轻,有时失眠,胸水已消,但口渴明显,舌苔薄白,中心花剥,脉沉细,此乃利水津伤之兆,上方加花粉12g,芦根、沙参各30g,水煎服20剂,症状缓解,病情平稳,上方调治半年余,1997 年 11 月 26 日追访,病情稳定。

3 体 会

肺癌的治疗是当今现代医学中一大难题,临床以中晚期患者居多,大多失去了早期手术机会,故只能以放疗、化疗为主进行治疗。但此两种治疗方法副反应大,不少患者不能顺利完成疗程。相当数量的患者即使坚持完成了疗程,身体状况也十分疲惫,致使远期疗效不佳。

宋一亭应用中药治疗取得较好效果,他认为癌瘤乃邪毒过盛之征兆,癌瘤生长过程中又耗伤人体正气,所以癌瘤的根本原因在于邪实正虚。其治疗原则应以祛邪为主,扶正为本。他说:"治疗肺癌应先攻其邪,邪气祛除则正气自能恢复,予未补之中寓有补意。祛邪应以清热解毒、消肿散结、抗癌为法则。"基本方中以白花蛇舌草、败酱草、半枝莲、蚤休、石见穿清热解毒;以海藻、夏枯草、薏米、山慈菇、甲珠、猪苓消肿散结抗癌;现代医学实验证明清热解毒药具有抑制病毒、微生物感染的效力,并能提高机体的非特异性免疫力,有抑制瘤体生长的作用。

临床观察,肺癌的复发或转移与患者内在的防御机能低下有关。因此提高机体抗病能力,保持平衡稳定的内环境,才能有效地防止转移;然而,许多患者由于劳累、精神创伤、外感时邪或内分泌失调等引起机体抗病能力下降,免疫功能降低,使潜伏的癌细胞乘虚而起,引起扩散。此正是中医"正气存内,邪不可干"、"邪之所凑,其气必虚"之理。

宋一亭在治疗过程中据病理变化随证加减,变换治法,正气不足时,常用大剂量黄芪、太子参或人参以扶正气。他认为参芪可提高机体细胞免疫、体液免疫以及非特异性免疫的功能,提高机体的抗病能力,从而抑制癌瘤的扩散与癌细胞的转移。(刘春甫 戴军)

苏藩眼病临床经验

【名老中医简介】苏藩(1937~)主任医师,教授。云南省中医医院眼科学术顾问。云南省首批老中医药专家师带徒指导老师,云南省荣誉名中医。擅长诊治眼底血证、眼底疾病、角膜病及变性性疾病等眼科疑难重症。

视网膜中央静脉阻塞

1 辨证分型

1.1 初期(出血期)

发病在 2~3 周以内,此期视乳头充血、水肿,边缘模糊,沿视乳头为中心视网膜上见放射状出血,量多色红,视网膜水肿,出血波及黄斑区,静脉高度怒张迂曲。治以凉血通络,化瘀明目。处方(Ⅰ号方):生地 15g,当归 10g,川芎 10g,赤芍 10g,丹皮 10g,生蒲黄 12g,荆芥炭 10g,怀牛膝 10g,丹参 20g,葛根 20g。

1.2 中期(瘀血期)

发病 3 周以后,眼底存留大量暗红瘀血,视乳头充血、水肿减轻,静脉怒张缓解。治以活血祛瘀,通络明目。处方(Ⅱ号方):当归 10g,川芎 10g,赤芍 10g,丹参 20g,生蒲黄 12g,怀牛膝 10g,茯苓 15g,葛根 20g,桃仁 10g,红花 6g。

1.3 后期(恢复期)

发病 2 个月后,此期眼底出血已大部分吸收,微有陈旧渗出物,视乳头边缘逐渐清晰。治以扶正祛瘀,活血益气,消滞明目。处方(Ⅲ号方):当归 10g,川芎 10g,丹参 20g,茯苓 15g,葛根 20g,黄芪 20g,海藻 12g,昆布 12g,枸杞子 15g,菟丝子 15g。

以上方药水煎服,每日 1 剂,每日 3 次,10d 为 1 疗程。

2 典型病案

杨某,男,65 岁,因右眼视力骤降,眼前黑影遮挡 1 周,于 2000 年 12 月底来我院就诊,当时检查右眼视力为 0.06,左眼 1.0,右眼视乳头充血、水肿,边缘模糊,沿视乳头旁及视网膜四周见大量火焰状出血,色泽鲜红,静脉怒张迂曲,呈节段状,时隐时现,视网膜水肿明显,见黄白色渗出病灶,出血波及黄斑区,黄斑中心反光消失,伴口干,纳食不香,舌质暗红,苔薄白,脉弦细。中医诊断:"暴盲"。西医诊断:右眼视网膜中央静脉阻塞。治疗先凉血通络,化瘀明目,给予Ⅰ号方煎服,加用复方光明胶囊,4 粒/次,3 次/日。2 疗程后,患者自感右眼视物较前清晰,查右眼视力为 0.1,眼底检查:视乳头充血、水肿减轻,视网膜上未见新鲜出血,余同前。继给予Ⅱ号方煎服,仍加用复方光明胶囊。经治疗 3 疗程后,患者自感右眼视力明显改善,查右眼视力为 0.3,眼底检查:视乳头充血、水肿明显减轻,视网膜上出血部分吸收,静脉怒张迂曲改善，黄白色渗出病灶变淡，黄斑区出血消散。继给予Ⅲ号方煎服，仍加用复方光明胶囊。经治疗2疗程后，患者自感右眼视物清晰，眼前黑影变淡，查右眼视力为0.4，眼底检查：视乳头充血、水肿消除，边缘欠清，视网膜上遗留瘀血斑及黄白色病灶，黄斑区出血大部分吸收，黄斑中心反光暗，伴随症状消除；继用Ⅲ号方加减及复方光明胶囊，巩固疗效。治疗2月余复诊，患者右眼视力达0.5，眼底检查达临床治愈标准。

按 视网膜中央静脉阻塞，是眼科常见致盲性眼底急重病症。属于典型的眼底血证。中医把视网膜中央静脉阻塞归属于“暴盲”范畴。本病与暴怒伤肝，肝郁气滞，郁久化热，脉络闭阻有关。《审视瑶函》指出：本病的发生多因七情、饮食、劳累、热病、痰火而引起。中医理论认为：眼与脏腑、气血、经络等关系密切。“气为血帅，血为气母，气赖血载，血随气行，气行则血行，气滞则血瘀，气虚血亏，血虚气弱”，气虚则无力推动血流，血流滞缓瘀滞，形成血栓，造成血管阻塞。气虚则摄血无力，血不循经而溢于脉外，造成视网膜出血。临床上以肝经郁热、气滞血瘀、气虚血瘀而多见。现代医学认为：血栓形成是产生视网膜中央静脉阻塞的主要原因。因此在诊治视网膜中央静脉阻塞时，以活血化瘀、通络明目等方法，贯穿于治疗的始终。苏藩认为，本病初期多因肝郁化热，热邪灼伤脉络，血不循经，溢于脉外，瘀于视衣，故见视网膜水肿、出血，静脉迂曲怒张，治疗以凉血通络，化瘀明目为主。故用生地、丹皮、赤芍、生蒲黄、荆芥炭、葛根、怀牛膝等凉血通络，归尾、川芎、丹参等活血化瘀明目；中期血已止，瘀血阻络为主，以活血祛瘀、通络化瘀、利湿、消肿明目；后期多以气虚、瘀滞不散为主，故方中酌加黄芪、海藻、昆布、枸杞子、菟丝子等以益气化瘀，软坚散结，养肝明目为主。3期均加服苏藩研制的活血化瘀、祛瘀而生新的纯中药制剂复方光明胶囊，以达到活血、养血、祛瘀明目之目的。活血化瘀方药不可久用，久用攻伐太过，可伤阴耗损气血，以免引起不良后果。尤其对于年老体弱气虚而反复出血者，更应慎重。（吴永春）

聚星障

1 辨证分型及论治

1.1 肝胆火炽，风热上犯型（Ⅰ型）

主证：角膜猝起星点状星翳或呈树枝状、地图状，色灰白，抱轮微红，或红赤显著。畏光流泪，灼热，碜痛，视物模糊或伴鼻塞，头痛，咽痛，口干苦，舌红，苔黄，脉浮数或弦数。

治则：清肝胆实火，疏风清热。

方药：龙胆泻毒散（Ⅰ号方）：龙胆草10g，栀子10g，黄芩10g，生地15g，蝉蜕10g，蒲公英10g，泽泻10g，木通10g，银花15g，连翘15g，红花6g。

1.2 湿热蕴结，热毒炽盛型（Ⅱ型）

主证：角膜起星翳，色灰白，反复发作，缠绵不愈，头重胸闷，视物模糊，溲黄便结，口粘腻，舌红，苔黄腻，脉滑数。

治则：清热利湿，解毒退翳。

方药：三仁解毒散（Ⅱ号方）：杏仁10g，薏仁30g，白豆蔻10g，黄芩10g，木通10g，荆芥10g，黄柏10g，蝉蜕10g，银花15g，茵陈10g。

1.3 肝肾阴虚，虚火犯目型（Ⅲ型）

主证：角膜星翳不散，抱轮红赤，干涩，视物不清，口咽干燥，便秘溲赤，舌红，苔薄黄少津，脉细数。

治则：滋阴降火，清热祛翳。

方药：知柏益坎散（Ⅲ号方）：生地15g，牡丹皮10g，山茱萸15g，泽泻10g，茯苓15g，知母10g，黄柏10g，蝉蜕10g，红花6g。

1.4 正虚邪留，星翳不敛型（Ⅳ型）

主证：星翳不敛，抱轮微红，干涩，视物模糊，常易外感，以致病变反复，时好时坏，神疲乏力，舌淡苔薄白，脉细。

治则：扶正固本，祛邪退翳。

方药：扶正祛翳散（Ⅳ号方）：生黄芪30g，白术10g，归尾10g，川芎10g，防风10g，薏仁30g，豆蔻10g，红花6g，蝉蜕10g。

2 治疗方法

苏藩把聚星障患者，根据舌脉症辨证分为上述四型论治，以上四型药物采用统配制，统一剂量，均由院制剂室配制提供的专病专方。用法：每剂120g，用纱布包煎，煎煮20min，取汁300mL，温服3次/日。疗程：上皮层溃疡者（星点状树枝状者）服用10～15d。浅层型或中实质层溃疡者（地图状者）服用16～25d，同时滴用银胆眼液（院制剂室提供），3次/日。其功效为祛风清热，退翳明目。

3 典型病案

李某，男，38岁，病历号：53641。因左眼红痛，畏光流泪，视物模糊1周，即来求治。患者平素喜食辛辣之品，1周前因感冒后而发病，查：右眼视力：1.0，左眼视力：0.6，右眼检无异常。左眼畏光流泪，结膜混合充血（++），角膜上见广泛性星点状混浊，荧光素染色阳性，kp（-），房水（-），余（-），伴口干苦，胁痛，大便干，小便黄赤，舌质红，苔黄腻，脉弦数。

中医诊断:左眼聚星障。辨证为肝胆火炽,风热上犯。西医诊断:左眼病毒性角膜炎。治则:清肝胆实火,疏风清热。方药:龙胆泻肝散煎服。每日1剂,3次/日。滴用银胆眼液3次/日。上方煎服7剂后,患者自感左眼畏光、流泪、红痛症状缓解,视物较前清晰。查:左眼视力:0.8,结膜充血(+),角膜上星点状混浊变淡,荧光素染色(+),大便通畅,口干苦症状减轻,继服上方6剂,患者自感左眼无明显疼痛,微感怕光,查视力:左眼:1.0,结膜(-),角膜上星点状混浊明显变淡,荧光素染色(-),kp(-),伴随症状消除,左眼病情达到临床治愈。

按　聚星障类似于单纯疱疹性角膜炎。因感染单纯疱疹病毒Ⅰ型所致,为眼科常见致盲眼疾之一。本病多因外感风热毒邪,风火相搏或湿热蕴结,或肝经湿热,外感风热毒邪上攻于黑睛而致。常分为初、中、后期论治。初期:多因肝胆火炽,复感风热毒邪上攻于黑睛而致翳障,故辨证为Ⅰ型,治以清肝胆实火,疏风清热,给予Ⅰ号方煎服,方中龙胆草、栀子、黄芩,清肝胆实火;银花、连翘、蒲公英、蝉蜕,疏风清热,解毒退翳;泽泻、木通,清热利湿,使热从小便而解;生地,清热凉血、养阴,以防苦寒之剂伤津;红花,化瘀退翳;全方共奏清肝胆实火,疏风清热退翳明目之功。中期:多因湿热内蕴,复感风热毒邪,湿热互结上攻于黑睛而致。故辨证为Ⅱ型,治以清热利湿,祛风解毒退翳明目,给予Ⅱ号方煎服。方中:杏仁、薏仁、白豆蔻、黄柏、茵陈、木通,清热利湿;荆芥、银花、黄芩、蝉蜕,祛风清热消翳;全方共奏清热除湿,疏风解毒消翳明目之功。后期:多因肝肾不足,阴虚内热,外感风热毒邪或正气不足,正虚邪留,风热毒邪乘虚上犯黑睛而致。故分别辨证为Ⅲ型和Ⅳ型,投以Ⅲ号方和Ⅳ号方煎服。Ⅲ号方中生地、丹皮、山茱萸、泽泻、茯苓、知母、黄柏,养阴清热;银花、蝉蜕、红花,疏风清热、化瘀退翳明目;Ⅳ号方中以黄芪、白术、防风为主,以固表祛风;薏仁、白豆蔻,加强健脾益气固本之功;归尾、川芎、红花、蝉蜕以活血化瘀祛风退翳,全方合用共奏扶正固本,祛邪退翳明目之功。

病变初、中期多以Ⅰ~Ⅱ型常见,中后期以Ⅲ~Ⅳ型常见,病愈后期均可服用Ⅳ号方10~20d以扶正祛邪,巩固疗效调整机体免疫力,减少复发,并应注意整体与局部并重的关系,要辨证求因,审因论治,辨病与辨证相结合,重视全身与局部并重,把握病机,辨证治之,即突出了中医"同病异治"的特色,最终使机体恢复阴平阳秘的生理状态,从而达到治病求本的目的。(吴永春)

单疱病毒性角膜炎

1 辨证分型

1.1 外感风热毒邪型

主症:此型多见于病变初期,眼部见角膜表面点状、线状、或星状、树枝状白色混浊,或混浊融合成片,睫状充血或混合充血,患眼畏光,流泪,异物感,发热恶寒,咽痛。舌苔薄黄,脉浮数。

治则:疏风清热,解毒明目。

方药:蒲银汤。由蒲公英、银花、桑叶、杭菊、谷精草、炒荆芥、黄芩、蝉蜕、刺蒺藜、甘草组成。

1.2 肝胆实热型

主症:此型多见于病变初、中期,眼部见角膜表面点状、线状、或星状、树枝状白色混浊,或混浊融合成片,角膜基质层片状白色混浊,或形成地图状溃疡,患眼畏光,流泪,异物感,视力下降,口干口苦,溲黄,或伴鼻塞,咽痛。舌红,苔黄,脉弦数或脉浮数。

治则:清泻肝胆,解毒明目。

方药:龙胆泻毒汤。由龙胆草、栀子、黄芩、生地、蒲公英、银花、连翘、泽泻、蝉蜕、红花组成。

1.3 湿热内蕴型

主症:此型多见于病变的中期,眼部见角膜水肿,角膜基质层片状白色混浊,或形成地图状溃疡,自觉患眼畏光,流泪,异物感,视物模糊,反复发作,缠绵难愈,头重胸闷,溲黄便溏,口粘。舌红苔黄腻,脉滑。

治则:化湿清热,退翳明目。

方药:三仁解毒汤。由杏仁、苡仁、波寇、萆薢、黄芩、茵陈、黄柏、荆芥、银花、蝉蜕组成。

1.4 肝肾阴虚型

主症:此型多见于病变的中、晚期,眼部见基质层片状白色混浊,或形成地图状溃疡,睫状或混合充血轻微,自觉患眼畏光流泪轻微,异物感,干涩,视物模糊。舌红少津,脉细数。

治则:滋养肝肾,清热明目。

方药:知柏益坎汤。由知母、黄柏、生地、丹皮、枣皮、泽泻、茯苓、银花、红花、蝉蜕组成。

1.5 正虚邪留型

主症:此型多见于病变的晚期,眼部见角膜片状白色混浊久不消退,或地图状溃疡久陷不起,睫状或混合充血轻微,自觉患眼畏光流泪轻微,异物感,干涩,视物模糊,常易外感,以致病变反复时好时坏,神疲乏力。舌淡,苔薄,脉细。

治则:扶正祛邪,退翳明目。

方药:扶正祛翳汤。由生黄芪、当归、白术、防风、川芎、苡仁、波寇、银花、蝉蜕、红花组成。

2 体会

单疱病毒性角膜炎常发生于感冒、急性扁桃体炎、上呼吸道感染或疟疾等热病后，当机体抵抗力下降、感冒发热、外界日光刺激、创伤等复发。而从中医理论的角度，单疱病毒性角膜炎的病因多为外感风热毒邪，上犯于目，或肝经伏热，复感风邪，风火相搏，上攻于目，或过食炙搏五辛，肥甘厚味等致湿热内蕴，上扰目系，或阴虚内热，虚火上攻薰灼于目。在临床中初期多表现为热证、表证，治疗以疏风解表，清热解毒为主，后期因热病伤阴而致阴虚或本体属阴虚者，或久病正气虚损，故治疗以养阴或益气固本为主，辅以清热解毒。（孙丽平）

苏涟肝病学术经验

【名老中医简介】苏涟（1927～）云南昆明市人。教授，主任医师。1955年毕业于云南大学医学院。云南中医学院教授。云南省荣誉名中医。享受国务院政府特殊津贴。2001年获中国中西医结合贡献奖。从事传染病、感染性疾病医疗、教学、科研工作50余年，主治肝病、感染性疾病以及内、儿等科疑难病。发表论著50余篇。

学术思想

1 慢性肝炎（含乙、丙型肝炎）的中医证治

苏涟认为，该病的中医病理常表现为失调性变化和虚损性变化。前者主要表现为气血失调而后者表现为脾胃气虚或气阴两虚、肝肾阴虚、脾肾阳虚等，二者为相互关联的动态性变化。据此提出治疗慢性乙、丙型肝炎的基本治则：健脾、活血、柔肝。基础方为自拟之“健脾软肝汤”。组成：柴胡、白术、赤芍、白芍、薏苡仁、丹参、甘草、山药。方中白术、薏苡仁、山药健脾利湿、培土荣木；白芍养血柔肝；赤芍、丹参活血化瘀；柴胡舒肝、调血、解毒；甘草补中健脾、调和诸药。诸药合用，脾土得健、湿浊得化，热毒得清、瘀血得解。综观是方，又重在调和肝脾，使湿热之邪无法残存，也不致内生，而收本固标去、正复邪除之效。肝属木，脾属土，肝气旺盛，首乘脾土，所以《金匮要略》云：“见肝之病，知肝传脾，当先实脾。”苏涟通过长期临床实践体会到：肝炎病邪，最易伤脾，导致肝郁脾虚之证，故立调和肝脾之法，创制本方。临证时又因人而异，随证加减。如兼有湿热、血清学病毒指标阳性者，加清热解毒药如白花蛇舌草、银花等；肝郁气滞者加郁金、枳壳、佛手等；气虚者酌加黄芪、太子参；血热者加丹皮、生地、紫草；脾肾阳虚者酌加附片、干姜；血瘀肝脾肿大，质地尚不坚硬者加生三七粉（兑服）、三棱、莪术、鳖甲等，以增强活血破瘀软坚之作用。苏涟在应用中药治疗慢性肝炎中总结出五条经验，即：疏法不过散、健运不过补、除湿不过燥、清热不过寒、祛瘀不过破。

2 对“乙肝”所致肝硬化（代偿期）的中医证治

西医病理解剖学对肝硬化形成的认识不断加深，认为各种病因引起的慢性肝病都具有肝细胞坏死、炎症及纤维化的病理特征，而肝纤维化则是慢性肝病的基本特征，也是肝硬化形成的病理基础。肝纤维化进而使肝小叶结构改建，假小叶及结节形成，乃至发展成肝硬化，引起门脉高压症及肝功能衰竭等不良后果，有的还会形成原发性肝癌。当损伤的肝组织获得修复机会时，肝细胞的再生和间质胶原细胞的增生往往是并进的，治疗的目的则是抑制纤维组织增生而促进肝细胞再生，从而有利于组织修复并形成正常结构。而中药中之柔肝养阴药，被证实具有抑制胶原生成的作用。苏涟认为：肝硬化其病理状态是瘀血郁结，体质状态是脾胃气虚。其特点是病实体虚、虚实互间。故确定健脾、活血、柔肝为其治疗原则。苏涟自上世纪60年代即开始用三七、丹参等治疗慢性肝炎、肝硬化，取得了较好疗效，并积累了丰富经验。他认为活血化瘀的中药能扩张微血管、降低血液黏度，减少血液阻力，增加肝血流灌注量，改善肝细胞缺氧状态，从而逐渐使肝、脾变软回缩。其机理与促进胶原纤维的降解和吸收有关。苏涟筛选出确有疗效之中药三七、黄芪、太子参、三棱、莪术等制成“福尔肝6号”制剂，用以治疗肝硬化取得明显疗效。

3 对肝炎、肝硬化腹水的证治

肝性腹水西医往往无长期有效之法，且须住院治疗，费用昂贵。苏涟采用中药治疗肝性腹水，临证时辨清虚实，治疗上攻补兼施。由于腹水患者在临床上邪、正、虚、实是错综复杂的，故治疗上犹需根据情况，具体对待，虚者先补后攻、实者先攻后补，虚中夹实、实中兼虚者则攻补兼施。苏涟以四苓汤（茯苓、猪苓、白术、泽泻）为基础方，以平淡而出奇。对

腹水明显者，以四苓汤加车前子、薏苡仁、大腹皮、山药、黄芪，健脾利水。腹水减轻后，则以“健脾软肝汤”为基础方，重用三七、莪术、三棱等活血化瘀药。若体质较差，气虚者加黄芪、太子参；腹胀加木香、枳壳、陈皮。阴虚加熟地，阳虚加附片，大便秘结加“三仁”或生大黄，小便不利加泽泻、泽兰、车前子。苏涟在清利腹水时，辨证正确、用药得度，虚则补之，实则泻之、热者清之、寒者温之，抓住主要矛盾，有的放矢，故多获得较好效果。

4 对中西医结合模式的探索

苏涟具备系统的中、西医理论知识，进行中西医结合肝病临床实践40余年，逐渐形成了自己的独特思路。即在诊断和判定疗效时，依靠现代科学实验手段，侧重于从微观和结构改变方面去认识肝病。而在应用中药治疗肝病时，侧重于从整体、宏观和功能去解释中医范畴中的肝病。即慢性肝炎的中医治疗是在西医确实诊断及分型的基础上进行辨证论治。先西医辨病，再在中医基础理论的指导下，从纷繁杂乱的临床表现中明辨主证、次证，准确分析病机以确定治疗原则和方药的构成。而判定疗效时，除患者的主观感觉和脉舌证外，还要依据西医的肝功化验、乙肝血清标志物的测定、B超、肝活检等的检查。即在肝病证治上的中西医结合模式为西医辨病与中医辨证相结合，西医的诊断和中药治疗相结合。

5 中医组方治疗“乙肝”总则和三个用药重点

5.1 扶正和祛邪是中医的两大治则

苏涟认为慢性肝炎患者由于年龄、感染途径、程度、病程及机体免疫功能的差异，可有不同的临床表现及预后。其发生发展从总体上看是邪正相争及其盛衰问题，又因疾病的不同发展阶段而表现不同。“乙肝”急性期多为正盛邪实，慢性期多为正虚邪恋，因此，苏涟确定了祛邪与扶正相结合为治疗“乙肝”之总则，根据不同阶段灵活应用。

5.2 三个用药重点

①祛邪以凉血解毒药为重点。苏涟认为慢性肝炎之病邪的性质是热毒，往往为邪深伏于血分。因此祛邪要从血分清其热解其毒，多选用甘寒解毒之品，如白花蛇舌草、蒲公英、土茯苓、紫草等，而少用苦寒之品。

②健脾补肾药为治疗“乙肝”的用药重点。慢性肝炎往往有胃肠功能紊乱的表现，属于中医的脾胃虚弱。且实验证明健脾法可提高机体的免疫功能。而中医认为乙癸同源，肝病日久必累及肾，临床上慢性肝炎患者多有神倦、腰酸、形寒、肢冷、遗精或五心烦热、潮热盗汗骨蒸等肾阳或肾阴虚表现。且多有报道云补肝肾药有免疫功能促进作用，故苏涟确定健脾补肝肾为治疗“乙肝”的用药重点之二。

③凉血活血药为调理气血的用药重点。慢性乙肝辨证多有气滞血瘀，苏涟认为病邪深伏血分，日久必结瘀，而热瘀互结又再为致病因素。故调理气血要以凉血活血药为重点，定为用药重点之三。（苏天聪）

临床经验

黄疸型肝炎

1 病因病机

各种原因引起肝炎均可出现黄疸，临床表现有急性、慢性或瘀胆，黄疸的成因多为湿热或寒湿所致。以湿为主，同时，情志、饮食、嗜酒等因素对其有重要影响。脏腑涉及肝胆、脾胃。湿热或寒湿之邪可导致脾胃运化失常，升降失司，影响肝胆疏泄条达，以致胆汁不能循常道运行，溢于肌肤，出现黄疸，日久影响气血运行，形成气滞血瘀。湿与瘀互为因果，互相转化，胶着难解，而致黄疸日久不退。同时，邪正斗争的结果，必将出现肝郁脾虚，肝胃不和，肝肾阴虚等脏腑功能的失调或损伤的正虚一面。

2 辨证论治

苏涟临证以中西医理论为指导，以辨病与辨证相结合，宏观辨证与微观辨证相结合为原则，指出对黄疸进行辨治，首先查找病因，明确诊断，然后，按中医阳黄、阴黄进行辨证。一般无论什么原因引起的肝炎，瘀胆型肝炎，重证肝炎出现黄疸急性期、早期，病程较短者多为阳黄表现，阳黄者色泽鲜明如桔色，以湿热为主，慢性肝炎、瘀胆型肝炎、胆汁性肝硬化、肝癌晚期等若长期黄疸不退，可表现阴黄，阴黄者色泽晦暗或如烟熏，以寒湿为多。临床以阳黄多见，然阳黄中有许多表现不典型者，黄色亦可表现晦暗不鲜泽，此多为湿重于热，或夹瘀程度较重。苏涟强调临证须综合考虑患者的体质或正损程度，病程的长短，瘀血的程度以及各种伴见症，尤其是舌脉的表现来辨证黄疸，区分湿、热、瘀的多少，寒的有无，正损的程度。此外，辨别黄疸的有无，除以全身皮肤出现黄染，小便色深如浓茶为辨证依据外，还应结合血清生化检测胆红素，肝功能等微观辨证；有些皮肤黄染表现不显，但胆红素已升高，也应重视微观检查按黄疸论治。通过长期大量临床实践，苏涟总结出一套黄疸型肝炎辨治规律，临床获得较为满意的疗效。他指出阳黄湿重于热者当以淡渗利湿，健脾活血为主；热重于湿者以清热利湿解毒，凉血活血为主；阴黄治以温阳化湿解毒，兼以活血化瘀。无论阳黄、阴黄均注意配合疏肝、健脾、软肝之法。以此为原则，苏涟常分三型进行治疗。

2.1 阳黄湿重于热

证见：身黄、目黄色泽鲜明如桔色，或色泽不鲜，小便短赤如浓茶，胸脘痞胀，口苦而渴或渴不多饮，大便不爽，体倦身困，苔腻，脉弦。治法：清热利湿。方药加味茵陈四苓汤：茵陈、茯苓、猪苓、白术、苡仁、泽泻、青皮、赤芍、藿香、甘草。苏涟认为治疗黄疸除考虑清热利湿外，要让湿热有外出之路，而小便正是湿热外出的重要通道，故治黄疸以淡渗利湿为主，用张仲景五苓散，去桂枝辛温之性，免其燥热之弊，加清热利湿退黄之茵陈，用青皮疏肝理气，赤芍凉血活血，藿香芳香化湿，健脾行气而通阳组成本方。本方在临床运用最广。加减：恶心欲呕加法夏、陈皮；食滞脘闷，纳呆加枳壳、焦山楂、麦芽等；热重于湿见腹满，便秘，舌苔黄腻质红，加枳实、车前草、黄芩、生大黄；病毒性肝炎酌加清热解毒之品如板蓝根、苦参、银花、地丁、蒲公英等。

2.2 热毒炽盛型

见于重证肝炎早期表现阳黄。证见：黄疸迅速加深，胸腹胀满，烦躁不宁，皮肤瘀斑，或吐血、便血，甚则神昏，谵语，舌红绛苔焦黄裂，脉弦数。治法：清热解毒，凉血活血，佐以芳香开窍。方药：加味犀角地黄汤：水牛角、茵陈、丹皮、生地、赤芍、玄参、丹参、栀子、黄连、紫草、菖蒲、茯苓、甘草。方中：水牛角、丹皮、紫草凉血解毒，玄参、生地养阴清热，赤芍、丹参活血散瘀，茯苓淡渗利湿，健脾宁心，茵陈清热利湿退黄，菖蒲芳香开窍，栀子、黄连清热解毒。加减：胸腹胀满，小便不利加茯苓、猪苓、白术、苡仁、车前子；皮肤瘀斑，或吐血加生三七粉 1～2g 日 2 次，或云南白药 1g 日 2 次；神昏，谵语加安宫牛黄丸或羚羊角粉，或清开灵注射液；气虚血脱用独参或生脉饮以急救。

2.3 寒湿型

证见：身目俱黄，晦暗无泽或如烟熏，身重怕冷。四肢不温，腹胀便溏，口淡不渴，舌苔白滑或白腻质淡，脉沉无力。治法：湿阳化湿。方法：加味茵陈术附汤：茵陈、附片、干姜、白术、茯苓、苡仁、甘草。本方适用于素体中阳不足，或过用寒凉，或脾湿太盛，黄疸日久湿热寒化，寒湿互结而成阴黄之征。苏涟强调对于病程较长之黄疸，有时与阳黄湿盛于热较难鉴别，除注意舌脉外，观察小便利与不利甚为重要，湿热者多有小便不利，寒湿者小便自利清长且有形寒肢冷等，多为阴黄。加减：腹胀便溏或完谷不化加淮山药、砂仁；面色晦暗舌质夹青加养血活血之剂如当归、丹参、白芍、川芎；皮肤瘙痒加白鲜皮、防风等。

3 辨治要点

3.1 正确处理邪正关系

黄疸出现早期以正盛邪实为主，治疗法当祛邪兼顾正损。苏涟指出此时的正损多以脏腑功能失调为主，表现肝郁，气滞，脾不健运，故适当辅以疏肝、理气、解郁、健运之法，如柴胡、枳壳、青皮、佛手、茯苓、白芍、白术等有利于祛邪，加速退黄；黄疸渐退，湿热渐解，此时多表现脏腑功能的虚损，出现肝郁脾虚，脾胃气虚，肝肾阴虚等不同证型表现，故要以扶正善后，采用健脾疏肝，健脾益气，补养肝肾等法，方选柴胡疏肝汤、四君子汤、二至丸等加减。对于黄疸日久不退，病程较长邪实正虚者，当攻补兼施，不能单纯利湿退黄，犯“虚虚实实”之弊，使病情迁延。

3.2 坚持辨病与辨证相结合，宏观辨证与微观辨证相结合

苏涟长期致力于发展中西医结合事业，结合现代科技发展，加深疾病的认识，并充分应用各项检测技术，明确疾病诊断，在此基础上以中医学理论为指导，进行中医宏观辨证，与微观辨证相结合，不断提高诊治水平。

3.3 注意配合活血法

苏涟认为肝炎病程中常有气滞血瘀。现代研究证实：在肝炎病变的整个过程，肝微循环均有不同程度的障碍。因此，他强调黄疸的治疗注意加用活血化瘀药，一般黄疸早期多用凉血活血之品，中后期用养血活血之品。

3.4 用药选择

对于黄疸型肝炎的用药，苏涟强调随着中草药药理及毒理学的开展，证明无论西药或中草药中的某些药物存在一定肝毒性，临证用药注意避免选择这一类药。此外，对于清热解毒药运用，他认为甘寒药作用不如苦寒药明显，故临床用药应掌握病机，热毒盛者当即用之，但要注意“不可过用，恐其损伤脾阳”；湿盛者多选择甘寒利湿药，做到“利湿不伤阴”；湿热未尽者，滋补药不宜早用，注意“滋阴不助湿”。（陈文慧　王　丽　苏　平）

慢性乙型肝炎

1 辨治思路

慢性乙型肝炎病机比较复杂，该病是由于机体

感受湿热邪毒，蕴结不解，日久伤及脏腑气血，而引起的失调性变化及衰退性变化。正虚邪恋，病势缠绵，病情反复波动致正气亏损，气血失调，肝脾肾功能损害是最基本的病机，在整个病变过程中湿热、气滞、瘀血成为重要病理因素。因而，苏涟认为辨证时应辨正气受损程度和涉及的脏腑气血，辨湿热多少和偏重（结合血清学病毒标志，大三阳则湿热重，谁多谁少则要结合舌象变化，还要辨别有无气滞和血瘀，是在气或是在血）结合患者体质、临床症状、肝功能等，从病机着手，分清主次抓住本质辨证施治，遣方用药方可收效。针对以上特点，他提出祛邪与扶正相结合为治疗慢性乙肝的总则，强调扶正重在调整气血阴阳脏腑功能，以健脾、活血、柔肝为主，同时，注意祛邪。慢性乙型肝炎分为以下证型进行辨治：

1.1 肝郁气滞

证候：右胁或两胁胀痛，胸闷腹胀，易发脾气或时时叹息，或咽部似有异物感，舌稍红，苔薄或薄黄（或苔黄腻），脉弦数。治则：疏肝解郁。方药：柴胡疏肝散。①身目发黄，小便黄或如浓茶加茵陈四苓汤；②肝郁化火见口苦咽干加炒黄芩、玄参、川楝子、竹茹等；③酌加疏肝理气药，如炒柴胡、青皮、郁金、延胡索、香附、佛手等1~2味。

1.2 肝郁脾虚

证候：胸胁胀闷，窜痛，易怒，食少，腹胀，便溏，舌淡，苔白或白腻，脉弦缓。治则：健脾疏肝。方药：健脾疏肝汤（柴胡、赤白芍、茯苓、白术、北沙参、青皮），①脾虚便溏，食少明显加薏苡仁、山药、焦山楂、炒麦芽等；②恶心或呃逆，胃脘胀闷加白豆蔻、藿香、苏梗、陈皮；③气虚明显舌苔不腻加黄芪、太子参；④酌加活血之品如丹参、赤芍、玄参、丹皮。

1.3 肝气犯胃

证候：胁肋胀闷而痛，胃脘不适或胀闷或闷痛，嗳气频繁，每因情志因素而痛作，舌淡，苔白或白腻，脉弦缓。治则：舒肝和胃，方药：柴平汤（柴胡、陈皮、茯苓、山楂、炒麦芽、枳壳），嗳气频加木香、白豆蔻、砂仁、生姜或竹茹。

1.4 脾胃气虚

证候：倦怠，乏力，纳呆，嗳气吞酸，脘腹胀闷，便溏，舌淡，苔白或白腻，或舌胖嫩边有齿痕，脉缓无力。治则：健脾益气和胃，方药：健脾益气汤加味（黄芪、北沙参、陈皮、茯苓、山楂、炒麦芽、枳壳），①恶心厌食加北豆蔻、神曲、生姜或竹茹；②便溏加薏苡仁、山药、炮姜；③呃逆，嗳气频加柿蒂、香附；若泛吐酸水加高良姜、吴茱萸、瓦楞子；④饮食停滞加神曲、山楂、炒麦芽；⑤胃阴亏虚，口燥咽干，舌红少津，加沙参、麦冬、石斛、白芍。

1.5 肝肾阴虚

证候：头晕目眩，耳鸣健忘，失眠多梦，口燥咽干，腰膝酸软，胁痛，五心烦热，男子遗精，女子经少，舌红少苔，脉细数。治则：滋养肝肾。方药：健脾养阴汤加味（玄参、旱莲草、女贞子、丹皮、茯苓、白术、黄芪），①腰膝酸软加桑寄生、怀牛膝、山茱萸、杜仲；②两目干涩加菊花、枸杞子、石决明、密蒙花；③失眠多梦，五心烦热加夜交藤、合欢皮、远志、酸枣仁。

1.6 脾肾阳虚

证候：形寒肢冷，腰膝酸软，少腹冷痛，食少便溏，或腹部作痛，肠鸣即泻，并多发生在黎明前，舌淡胖，脉沉细无力。治则：温肾健脾。方药：四神丸加减。①腹胀加大腹皮、陈皮、厚朴；②腰膝酸软加桑寄生、枸杞子、续断、淫羊藿、肉苁蓉；③大便稀水份多加薏苡仁、车前子、泽泻。

1.7 瘀血阻络

证候：胁肋刺痛，肝脾肿大质硬，面色晦滞，舌暗红或有瘀点。治则：理气活血化瘀方药：软肝汤加味（丹参、赤芍、青皮、当归、香附）。①肝脾肿大质硬加三棱、莪术，或龟版、鳖甲，或生三七，或桃仁、茜草；②酌加防止肝细胞变性之品如白花蛇舌草、半枝莲、土茯苓；③本证型可单独出现，或兼夹上述各型中，临证须根据血瘀程度及病变性质特征加用活血化瘀药，一般在慢性肝炎（早期轻中度阶段）多加凉血活血药如生地黄、丹皮、白茅根、藕节、赤芍、玄参、水牛角等，在中后期中重度阶段加养血活血药如丹参、白芍、当归、益母草、泽兰等。

2 辨治中应注意的问题

①由于患者的体质差异及诱因、病程阶段不同，因此，临床中辨证的原则不能丢，要注意各证型间的联系，证型之间的转化或相兼。故苏涟强调每临证时都须坚持辨证，尤其是治疗后，病情或轻或重或出现新的临床症状，舌脉等亦会有所变化，要由现象看本质，首先确定证型有无转化，即使基本证型未变，随病性变化，用药亦应有所变化加减。

②苏涟认为慢性肝炎临床表现错综复杂，从病理入手，由现象看本质，分清矛盾主次，邪正虚实，遣方用药才能有的放矢。辨证时应据证型辨清主次偏盛用药，如肝郁脾虚证须辨明是肝郁为主，还是脾虚为主，治疗重在疏肝或健脾。

③一般慢性肝炎轻中度表现以脏腑功能失调为

主，证型以肝郁气滞，肝郁脾虚，肝气犯胃为多见兼湿热较多，血瘀程度稍轻；中重度表现以脏腑功能衰退为主，证型以脾气虚、肝肾阴虚、脾肾阳虚多见兼湿热或多或少，血瘀程度重。因此，轻中度慢性肝炎的治疗以健脾益气疏肝为主，中重度以养阴柔肝活血软肝为主。

④体质较弱或老年患者，在应用活血化瘀之品时，适当加用益气药如黄芪、太子参等，否则瘀血不去，正气更虚，肝功能恢复慢。

⑤湿热是导致慢性肝炎病程发展的最根本原因，在整个治疗过程中清热利湿解毒是不可忽视的一面，无论哪一证型均应根据湿热的多少、偏重及体质差异，加用清热利湿解毒药如虎杖、紫草、紫花地丁、苦参、蒲公英、野菊花等。

⑥苏涟认为由于湿热较为顽固，故临证应注意：湿热未净，不能妄用滋补，应先清利湿热；湿热和阴虚同时并见时，治疗上既要利湿，又要养阴。在选方用药上祛湿宜多用薏苡仁、茯苓、泽泻、木通等淡渗利湿药，养阴多用麦冬、沙参、玄参、玉竹等甘寒药物，力求利湿不伤阴，养阴不能助湿。（张玉峰 陈 涛 指导：陈文慧）

脂肪肝

1 学术思想

1.1 辨证与辨病、宏观与微观相结合的诊疗原则

苏涟一贯主张中西医结合，相互学习，取长补短，融会贯通，因此，在临床上倡导辨证与辨病相结合，宏观与微观相结合的诊疗原则。他认为坚持辨证诊治是中医治疗脂肪肝的一个基本原则，同时，根据现代医学的诊断标准，明确诊断，有利于把握疾病的本质，辨证与辨病相结合，既体现了中医理、法、方、药的一致性，又提高了临床诊断和治疗的针对性。脂肪肝作为一代谢性疾病，可以是一个独立的原发疾病，但更多的是某一种全身性疾病的肝脏表现。因此，临证时在中医整体观，异病同治，气血阴阳平衡等理论的指导下，在辨证论治的基础上，病证结合有针对性选择用药，从而提高疗效是他治疗脂肪性肝病的一大临床特点。苏涟认为望、闻、问、切是中医的诊断方法，是辨证的依据，运用中医四诊获得的临床资料是疾病在体表的反映，属于宏观的范畴；但因其缺乏特异性或部分患者无证可辨，只能作为一般依据。而现代医学对脂肪肝的各项检测是诊断的重要依据，弥补了宏观辨证的不足，并有助于辨证论治的深化。通过现代医学的客观检查所获得的肝功能、血脂、血糖、病理组织学及B超检查等资料，则从深层次反映了病程、病理、生化等方面的内在变化，揭示本质，属微观的范畴，其对脂肪肝的诊断及疗效评定有着决定性的意义。因此，必须从宏观和微观两方面去认识，揭示肝病的发生发展规律，准确把握病变的本质，才能得出比较客观的结论。

1.2 健脾、活血、柔肝的治则

苏涟认为脂肪肝多因长期过食肥甘厚腻，伤及脾胃；或久坐久卧，脾失健运，湿痰内聚；或肝失疏泄，气机不畅，气血失调，气滞血瘀，痰瘀互结所致。他认为“见肝之病，知肝传脾，当先实脾”乃医圣治疗肝病之古训，从病机上看脾虚与血瘀是脂肪肝的基本病理，认为脂肪肝虽是痰瘀互结所致，脂肪肝致病因素较多，其病机有一个阶段性的演变过程，但一般包括脾虚、血瘀、痰瘀互结三个基本的病理阶段，由于津血同源，痰湿、瘀血可互化，三者又是相互关联的动态性变化过程，在上世纪80年代，苏涟等以中医基础理论为指导，结合临床科研实践，在国内率先提出了肝脏的微循环障碍(血瘀)是肝病的病理基础之一的学术观点。主张脂肪肝从痰湿血瘀论治。但见痰休治痰，辨证朔本源，治痰当健脾、治痰当活血，对此确立了健脾、活血、柔肝是脂肪肝三大治则。治疗上以健脾、活血为基础，柔肝为用的组方用药特点。

1.3 重脾胃

对脂肪肝的治疗临床特点集中体现在重脾胃，学东垣，承古而不泥古；善辨证，兼辨病，病证结合；在治疗时非常注重调理脾胃功能，如在治疗脂肪肝时健脾益气，使湿浊之邪不能留滞，肝气调达，肝脾功能协调而促进病愈。苏涟临床上常借鉴古时名家的经验，其中首推《内经》：“上工治未病，先安未受邪之地，见肝之病，知肝传脾，当先实脾，四季脾旺不受邪”，以及李东垣《脾胃论》云“元气之充足，皆由脾胃之气无所伤，而后能滋养元气”，“百病皆由脾胃而生也”这里的“百病”包括消化系各脏器疾病，故在治疗中遵从《脾胃论》：“善治病者，惟在治脾”，临证时多采用太子参、兰花参、淮山药等补脾胃、升清阳，以正根本。在注重前辈经验的基础上，又不拘泥，在升发脾气治疗脂肪肝的同时，去湿与护肝并重。选药注重润不助湿、燥不伤津、有升有降、有走有守、有动有静，以达到通不伤正，补不滞邪。并在治疗慢性脂肪肝病时常佐用通络行瘀之品，补充了前人之经验，使疗效得以提高。如临床健脾疏肝、活血、利湿治疗脂肪性肝病。这即体现了苏涟在治疗脂肪性肝病时重视脾胃，但又不惟脾胃论治的学术思想。

2 临证经验

苏涟从整体观出发，认为脂肪肝多以肝郁、脾虚、血瘀、湿浊痰瘀交结为主要病理特点，脂肪肝的病因多因饮食不节，久坐少动，精神压力，过度肥胖。这些病因可通过所述病机，形成脂肪肝。①精神受压，心情郁闷，肝失疏泄，气机不畅，因肝气郁结导致瘀血阻滞肝络而致病。②食伤脾胃、或肝气侮脾、或久坐气消，致脾气虚弱、健运不利，不能输布水谷精微，清阳不升，浊阴不降，湿邪内生，湿聚成痰，痰浊内蕴，痰气交结；或湿郁化热，湿热内蕴。痰湿或湿热稽留，客于肝络所致。治以健脾软肝、活血化瘀。并从中药中筛选药物组成“去脂软肝汤”，治疗脂肪肝取得满意的疗效。实验研究结果表明：去脂软肝汤具有促进载脂蛋白生成和抑制内源性甘油三酯、胆固醇的合成及外源性胆固醇吸收的作用，同时还能保护肝细胞和具有降脂减肥软肝的作用。去脂软肝汤治疗脂肪肝时主以调整气血阴阳脏腑功能，以消积化滞、理气和中的茯苓、淮山药、葛根、三七、白芍、莪术、山楂、荷顶等组成基本方。据以上病机，现将脂肪肝在临床的常见证型及随证加减归纳如下：

2.1 肝郁气滞型

此型患者临床最常见。主要表现有：肝区不适，胁肋胀痛，时有嗳气，纳差，口苦，胸闷，善太息，腹胀，或大便不规则，妇女经期乳房胀痛或月经不调，抑郁或心烦易怒，常因情绪不佳而加重，舌淡，苔薄或腻，脉弦或弦细。治以疏肝理气。酌加柴胡、白术、薄荷、白芍、当归等。

2.2 肝郁脾虚型

胸胁胀痛，抑郁不舒，倦怠乏力，腹胀纳差，便秘或便溏，舌质淡或暗，舌苔薄白，脉细弦，弦滑或濡缓。治以疏肝健脾理气。酌加：黄芪、北沙参、陈皮、茯苓、炒麦芽、枳壳。恶心厌食加神曲、生姜或竹茹；便溏加薏苡仁、山药、炮姜；呃逆，嗳气频加柿蒂、香附；若泛吐酸水加高良姜、吴茱萸、瓦楞子；饮食停滞加神曲、炒麦芽；胃阴亏虚，口燥咽干，舌红少津，加沙参、麦冬、石斛、白芍。

2.3 痰湿内阻型

体质肥胖，头晕，两胁隐痛，胸脘胀满，腹胀，呕恶纳差，周身困重，倦怠乏力，大便黏滞不爽，舌质淡，舌苔薄白腻，脉沉滑。治以健脾益气，化痰祛湿。酌加半夏、陈皮、茯苓、泽泻、莱菔子、藿香等。

2.4 湿热内蕴型

素体肥胖，腹胀，胁痛，口渴不欲饮，厌油纳呆，尿黄，大便黏滞不爽，周身困重，烦热，舌质红，苔薄黄，苔心腻，脉弦滑微数。治以清热利湿。酌加茵陈蒿、栀子、茯苓、酒军、车前草、厚朴、淡竹叶、虎杖、苍术等。

2.5 痰瘀内结型

形体肥胖，肢体沉重，面色晦暗，纳呆口渴，恶心厌油，咳吐痰涎，脘腹痞闷，便溏不爽，妇女经闭或夹有血块，舌体胖大边有齿痕，或舌质暗有瘀斑，脉弦滑或沉涩。治以活血化瘀，祛瘀散结。酌加：丹参、赤芍、当归、香附、青皮、佛手。肝脾肿大质硬加三棱、莪术，或龟版、鳖甲，或生三七，或桃仁、茜草；酌加防止肝细胞变性之品如白花蛇舌草、半枝莲、土茯苓；临证需根据血瘀程度及病变性质特征加用活血化瘀药，一般情况早期轻、中度阶段多加凉血活血药如生地黄、牡丹皮、白茅根、藕节、赤芍、玄参、水牛角等，在中、后期中重度阶段配伍养血活血药如丹参、白芍、当归、益母草、泽兰等。

2.6 肝肾亏损型

肝区不适，胁肋隐痛，干呕，纳呆，腹胀，可见头晕目眩，男子梦遗滑精，女子经少闭经，腰背酸软，神疲乏力，舌淡或红，苔薄或少津，脉弦细。治以补益肝肾。酌加生地、山萸肉、山药、茯苓、泽兰、牡丹皮、当归、元胡、川芎、枳壳等。

2.7 无症状型

无特殊临床症状和体征者。因人而异结合平素体质及整体情况进行加减用药。目前在门诊的脂肪肝患者绝大多数人是在做B超时偶然检出前来医治的，很多情况下是合并其他疾病一同出现，其中以合并高血脂症为最多。若单纯脂肪肝患者则常常自述症状并无特殊不适，为临床常见无症状型，故在临诊时必须既辨病又辨证。对脂肪肝在治疗时应辨正气受损程度和涉及的脏腑气血，辨湿热多少和偏重，结合B超、血脂、血浆蛋白、胆红素、酶类等，结合舌象、脉象，还要辨别有无气滞和血瘀（是在气或是在血）结合患者体质、临床症状等，从病机着手，分清主次抓住本质辨证施治，遣方用药方可收效。

3 饮食调整和运动治疗

饮食调整的目标是达到理想的体重范围，要求坚持合理的饮食习惯，饮食应以清淡为主，少吃油腻及煎炸辛辣等刺激性食品，在总热能一定的情况下，采用高蛋白、低脂肪与适量糖类的饮食，并注意增加含纤维与纤维生素丰富的饮食。强调用药的同时忌酒以及低脂、低糖、低胆固醇、高蛋白饮食疗法，并要在身体条件允许的前提下进行适当的体育锻炼，在治疗已病的阶段即开始防止疾病进一步恶化的治未病过程。对于饮食禁忌,首先脂肪宜低,脂肪在肝内沉着后,会妨碍肝糖元的合成,并使肝功能减退。若遇同时有其他肝病时,胆汁合成和分泌减少,致使脂肪的消化和吸收受到障碍,因此脂肪的摄入量应当限制,最好摄入植物油;低胆固醇即要少食动物内脏,低糖,要禁食单糖和双糖的食品,如高糖糕点、干枣和糖果等;增加蛋白质摄入量,豆类及豆制品等植物蛋白生物利用率低,应以富含必需氨基酸的动物蛋白为主,如鱼类、瘦肉、鸡蛋清、鸡、鸭、飞禽等。同时还建议患者做适宜的运动,例如:慢跑,骑自行车,爬楼梯,跳绳,游泳等,运动方式应是持之以恒的,低中等强度,较长时间的有氧运动,能促进机体对氧的利用,改善器官的生理功能。

4 结 语

苏涟在治疗脂肪肝的治法可归纳为两个方面,即"扶正与祛邪"。因本病在具体的治疗过程中,患者的服药过程相对较长,故健脾在治疗当中尤为重要,但须注意健脾不宜妄投补药，同时疏泄不宜太过，化湿不宜太燥，清热不宜过寒，祛瘀不宜太破。总之，要结合患者病情、体质具体情况加减用药。此外,随着中草药药理学，毒理学的研究，证明无论西药还是中草药，其中某些药物确实存在肝毒性,临证用药应注意避免使用这一类的药。任何类型、任何阶段的脂肪肝严格的讲都应治疗，但因为中药汤剂煎服的不便利,无症状单纯性的脂肪肝患者更是难以坚持服药,一般的患者在坚持服用2~3周药物之后,胁痛的证状得以缓解,但要达到临床治愈,则需3个月或更长的时间,故在脂肪肝的治疗当中加强患者的依从性也至关重要。(石倩玮 指导:张超)

苏稼夫针灸医案

【名老中医简介】苏稼夫(1950~)主任医师,教授,硕士生导师。1977年毕业于福建医科大学中医系。现任泉州市中医院针灸科主任。中国针灸学会文献专业委员会委员、福建省针灸学会常委理事、泉州市科协委员、泉州市针灸学会会长。第四批全国老中医药专家学术经验继承工作指导老师。从医30年,擅长针灸手法治疗常见病及部分疑难疾病,如顽固性头痛、周围性面瘫、中风后遗症、胆结石、久年胃痛、小儿脑瘫,男性不射精症、带状疱疹等。

1 灯芯灸治疗三叉神经痛

苏某某,女,67岁,南安丰州人,2000年7月11日初诊。主诉右面颊部肌肉掣痛14月。14月前因悲伤过度引发右面颊部肌肉拘紧痹痛,进食后疼痛加剧,曾前往北京某医院行"伽玛刀"及注射干扰素等治疗,又于北大附属某医院行"封闭"治疗未获全功。长期服用"鲁米那钠"及"大仑丁"等安定镇静药,效果不彰。就诊时见:右面颊部肌肉掣痛,以上下颔及右上唇处最明显,轻触即可诱发,疼痛时伴面肌抽搐,面红,流泪,洗脸、刷牙、说话、咀嚼等常诱发并加剧,每次发作时间持续约20min,伴右颈项拘紧,口干,小便灼热感,大便干结,纳食困难,寐欠安,舌偏红苔薄黄,脉沉细。既往有高血压病史。苏稼夫认为本证为肝郁化火,宜疏肝解郁清火,即以常用的灯芯灸在最痛点施行灸法,每周2次,4周为1个疗程,取右合谷、颧髎、右下关等穴用毫针行泻法,留针30min,日1次,15次为1个疗程。针灸1个疗程后,二便通调,纳可寐安,面痛减轻,发作次数减少,持续时间缩短为2 s~2min,可耐受,轻触扳机点无诱发。因虑灯芯灸有碍美容,停止灸法,面痛复作并加剧,继予上法治疗,配合芍药甘草汤加味调治1个月后,面痛减轻,无再加剧,日常饮食、起居生活自如。随访2个月,症状基本得到控制。

按 三叉神经痛属中医"面痛"范畴,本证虽属"肝郁化火属热",但苏稼夫认为热证亦可灸,以灯心灸为主进行治疗收到明显疗效。

2 大椎穴斑痕灸治疗类风湿性关节炎

郭某某,女,49岁,惠安东园人,2000年8月14日初诊。主诉四肢小关节游走性酸痛1a。初起觉右足底痛,足跖趾关节酸痛,渐发展为双手足各小关节游走性疼痛,晨僵,至泉州某医院就诊,查RF:1272 U/ml,SO:(-),ESR:28mm/h,给予大量"激素"及其它口服药内服(具体不详),症状无明显改善,经人介绍,求诊于苏稼夫。诊时证见:四肢小关节游走性酸痛、拘紧,双下肢行走不适,手足各小关节无明显肿胀、畸形,口淡不渴,纳寐正常,舌红苔微黄,脉弦滑,形体偏胖。苏稼夫用艾柱直接灸大椎穴,3壮,后逐次增加至5壮、7壮、9壮、11壮,以灸疮焦痂脱落为度,再从3壮灸起,日1次。针以平补平泻法,取穴为:曲池、手三里、足三里、三阴交。中等量刺激强度，留针30min，日1次，15次为1个疗程。配合中医辨证用四藤汤为主调理1周后，小关节酸痛减轻，继续治疗1个月后，关节无明显酸痛，随访数月，已明显改善。

按 类风湿性关节炎属中医“尪痹”范畴，现代医学认为是一种病因不明的自身免疫性疾病，斑痕灸大椎穴能增强机体自身的免疫能力，使病情明显改善。

3 梅花针叩刺治疗眼睑下垂

吴某某，女，73岁，印尼华侨，2000年7月31日初诊。主诉右眼睑下垂伴头晕欲呕月余。月余前出现头晕头痛，恶心欲呕，右眼睑下垂，睑裂距仅0.1cm。求治于苏稼夫，查颅脑CT未见异常，MRI提示：①右颞叶脑梗塞，部分软化；②右侧放射冠区及右侧半卵圆中心多发性脑腔梗。辰下症：右眼睑下垂，并有头晕头痛，恶心欲呕，舌红苔薄黄，脉细。证为气虚血滞，宜补气通经活血，用梅花针轻叩上眼睑等以活血祛瘀，每周2次；配合阳白、鱼腰、攒竹等针刺，用平补平泻法。经20次治疗后症状明显改善，其后用益气通络的补中益气汤调后，随访半月，基本恢复正常，睑裂距为1.0cm。

按 眼睑下垂属中医“痿证”范畴，是疑难病证之一，采用梅花针以通络，配合中药以调补中气，甚效。（陈淑珍）

随建屏治咳五法

【名老中医简介】随建屏（1923～）江苏南京人。主任医师。原任职于南京市中医院。江苏省中医学会儿科分会常务理事，南京市中医学会副主任委员。南京市名中医，江苏省名中医。从事中医诊疗、教学工作40余年，善于治疗中医内、儿科疑难病，尤擅长治疗脾胃慢性疾病。发表论文10多篇。

1 疏宣化痰法

本法用于小儿咳嗽之初，风邪或风寒之邪初犯肺系，尚未化热，风邪束肺，肺气升宣受阻，气逆而咳，气不布津，留滞成痰。治宜疏散风邪，宣肺化痰。常用苏梗、杏仁、前胡、桔梗、牛蒡子、大贝等药，偏于风寒者加苏叶，有发热者用荆芥，痰湿偏多者加陈皮、法半夏等。

案1 陈某某，男，2岁，1992年1月14日初诊。咳嗽频作，入晚尤甚，咳时喉间有痰鸣声，咯吐黏白痰，流涕打嚏，肌肤灼热，舌淡红，苔薄白腻，证系风寒犯肺，痰由内生，治拟疏宣化痰法。药用苏叶、荆芥各6g，防风、杏仁、牛蒡子、大贝、前胡各9g，苏子、陈皮各6g。药用4剂，诸症得除。

按 本案病为初起，邪未深入，用药非轻灵透达不能散其邪，方中苏叶、荆芥、防风辛温解表退热，杏仁、牛蒡子、大贝宣散风痰，加用苏子、陈皮以增化痰之功，使风寒外达，痰湿得化。

2 肃化和胃法

多用于风痰未去，痰湿蕴肺之证日渐显著，或脾胃失运，痰湿滋生，上渍于肺，肺失肃降之咳嗽，治以肃肺化痰，和胃胜湿。常用杏仁、苏子、陈皮、法半夏、茯苓、紫菀、枳壳、大贝、莱菔子等药，痰湿重浊者加白芥子、葶苈子、白前，顽痰难去者加菖蒲、制南星，脾虚生湿者加苍术、白术等。

案2 蔡某，男，9个月，1992年3月18日就诊。患儿因咳嗽、气喘1月，服用多种中、西药乏效而求治，证见咳嗽频作，痰多鸣响于喉，气喘息粗，无热有涕，咳甚呕吐黏白痰液，纳食不香，舌质略淡，苔白腻，辨证属肺失肃降，痰湿壅盛，脾胃失运，治肃肺降气，逐痰胜湿，和胃运脾。药用杏仁、苏子、菖蒲、大贝各6g，陈皮、白术、枳壳、制南星、甘草各5g。服药3剂后患儿喘平咳减，咳声中稍挟痰音，继投肃肺化痰药3剂，咳止。

按 本案痰湿蕴肺，咳喘颇重，屡治乏效，随建屏认为用常药恐难见功，故以菖蒲、制南星加强逐痰肃肺之力。脾为生痰之源，肺为贮痰之器，用白术、陈皮、枳壳健脾和胃、化痰理气，故获立竿见影之效。

3 宣化清肺法

该法多用于风邪化热，或风热之邪犯于肺系，肺失清宣，热邪炼痰之咳嗽，治应宣肺清热，化痰达邪，常用桑叶、银花、连翘、杏仁、牛蒡子、大贝、前胡、白前等药；发热者加薄荷酌情反佐荆芥，咽痛明显者加桔梗、甘草，咳嗽痰热明显者加枇杷叶等。

案3 马某某，女，4岁，1992年1月15日初诊。咳时喉中痰鸣，其声不扬，呛咳出少量黏黄痰，咽干痛，涕浊鼻塞，溲赤便干，舌偏红，苔淡黄腻，脉数而浮，证乃风邪化热，肺失清宣，咽喉不利，热炼成痰，治拟宣化清肺法。药用桑叶、连翘各9g，荆芥、桔梗、甘草各6g,杏仁、牛蒡子、大贝、前胡、紫菀、枇杷叶各9g。服药4天,热退咳减。继服3剂,得收全功。

按 本方选用荆芥辛温发汗,解表退热,乃随建屏根据患儿病程、节气、风邪化热的程度,以及患儿体质而用,枇杷叶乃降气清肺药,患儿咳嗽作呛,乃肺气失宣,痰热内生,气道失于清肃,气机升降失常,用枇杷叶与宣肺药同用,取其升宣降气,令气机升降有序之效。

4 清金化痰法

用于风热化火,灼津成痰,或肝热、心火素蕴,炼液为痰所致痰热蕴肺,逆乘于里,肺失清肃之咳嗽,治宜清肺肃化法,常用桑皮、杏仁、瓜蒌皮、大贝、黄芩、枇杷叶、紫菀、苏子、菖蒲等药,有便秘热结者加大黄,痰黄黏脓者加桃仁、芦根,喉有痰鸣,呕吐稠痰者加海浮石等。

案4 程某,女,6岁,1992年1月11日就诊。患儿因咳嗽半月,用抗菌素乏效而求治。证见阵咳时作,其声重浊,咯吐痰多,色黄质稠,口渴纳呆,胸觉痞胀,精神不振,溲黄便干,舌红苔黄腻,脉数滑,辨证为痰热蕴肺,肺失清肃,热邪伤津,治用清金化痰法。药用黄芩6g,桑皮、桃仁、冬瓜仁、生薏苡仁各9g,芦根15g,瓜蒌皮、大贝、紫菀、冬花各9g,陈皮6g。服药5剂,霍然而愈。

按 本案为痰热型咳嗽,用药除清热之力较强的黄芩、桑皮外,其余冬瓜仁、薏苡仁、瓜蒌皮、大贝、紫菀等体现了一个“化”字,随建屏认为化痰力宏,则病理产物易于涤除,痰去则邪热岂能独存。

5 益肺肃化法

此法用于咳嗽较久,正气耗损,肺之气阴两伤,失于肃化,痰滞未清之咳嗽,治当标本兼顾,益气护阴,肃肺化痰。常用南北沙参、生薏苡仁,冬瓜仁、杏仁、百部、大贝、紫菀、冬花、枇杷叶等,脾虚便溏者以太子参、白术、茯苓等代南沙参、冬瓜仁,阴虚苔少舌红者用川贝等。

案5 王某某,男,7岁,因咳嗽2月,迁延难愈而求治,证见咳声不爽,每日数发,反复不愈,痰少质黏,口干欲饮,舌尖偏红,苔薄腻,脉濡,证系痰热未尽,肺失清肃,阴津未复,治当益肺护阴,肃肺化痰。药用南沙参、杏仁、冬瓜仁、生薏苡仁、大贝、苏子、陈皮、紫菀、冬花、枇杷叶各9g。连服7剂而愈。

按 此患儿病咳2月迁延不愈,药用南沙参、杏仁、冬瓜仁、生薏苡仁、大贝等清肺生津化痰,使肺热渐去,津液自复,痰滞易化。随建屏常以此数味药与陈皮、法半夏联用,有化痰快不伤阴津之效,痰除津生,肺清肃之令得行,则咳易止。

随建屏治咳有以下特点:①治咳不忘脾胃,重视肺与脾胃生理、病理上的密切关系,注重整体观念,治标必求其本,以利于把握病理枢机,正本清源。②五法中都强调一个“化”字,始终把化痰作为祛除病理产物的基本方法,是其它治疗方法的立足点。他认为无论咳之长短、虚实如何,肺喜清灵空虚,有病理实邪必欲去之而后快,应用时又应考虑肺为娇脏,当慎用攻下涤逐之法,化痰当以柔化为好。③辨证用药从临床实际出发,抓住主证,识别复杂的兼证,用药巧妙,不以偏概全,明辨病邪深浅,寒热错杂,虚实多少等病情,用药或宣降互佐,或清温并举,或轻重有别,或补泻相参,实事求是,不泥一格,实用有效。(施亦农)

孙浩儿科经验

【名老中医简介】孙浩(1928~)江苏省仪征市人。主任医师,教授。曾先后任仪征市人民医院、中医院院长。江苏省卫生厅医学科学技术委员会委员,江苏省中医药学会副会长,江苏省中医药学会儿科专业委员会主任委员。享受国务院政府特殊津贴。江苏省名中医。擅治儿科疾病。

“直肠给药”治验

1 给药方法

先将药物(除“先煎”、“后下”者外)浸泡于温水500mL中约30分钟,若有“先煎”药,则将先煎药加水先煎约15分钟,然后把所泡的药投入同煎约20分钟,若有“后下”药,则再投入后下药煎煮5分钟,滤出药汁约100mL。使用时,将药汁吸入“开塞露”空瓶中(约20mL),患儿取俯卧位,将瓶颈涂以润滑油后插入肛门内,注进药汁。每隔1小时注药一次。药液温度以接近体温为宜(注:一般给药3~4次后,患儿于30分钟左右排便,再用药则可保留至次日随大便排出)。

2 治验举隅

2.1 乳蛾(急性扁桃体炎)

冯某,男,3岁。1996年7月8日初诊。发热1周,溽暑之令,感时气而发热,鼻流清涕,咽喉疼痛,呛咳干呕。诊前曾肌注青霉素，内服银黄口服液等治疗无效，入夜加重。查：肛温39.2℃，汗闭不出，烦躁不宁，颧红。两目微赤，四末欠温，涕流黄浊。咽部充血，扁桃体Ⅰ度肿大。上布点状白膜，渴欲冷饮，小溲短赤，舌苔黄厚。听诊：心率34次/分。律齐，无杂音；两肺呼吸音粗，未闻及干、湿性啰音。腹胀，肝、脾均未触及。神经系统无病理反射引出。指纹曲紫，达于气关。血象检查：白细胞总数4.0×10^9/L，中性粒细胞0.82，淋巴细胞0.17。证属暑热闭肺、伤喉，腑气不利。法当宣肺利咽，通腑泻热。药用：生石膏（先煎）30g，一见喜、黄芩、板蓝根各5g，薄荷（后入）、桔梗、生山栀、生大黄（后入）各3g。1剂，直肠给药，如上法。二诊：药后汗出热退，咽部红肿尽消，大便畅行。原方去生大黄，再1剂如上法而愈。

按　暑热之邪，外灼肌肤，内伤肺胃，必耗气伤阴，小儿为“稚阴稚阳”之体，尤畏火热。孙浩认为暑热之邪中人，病已数日，肺闭腑结，气阴必伤，非通腑不能泻其热，非泻热不能护其阴，肺与大腑相表里，通腑即以肃肺。方中以桔梗、生石膏、薄荷清宣肺热，一见喜、黄芩、生大黄、板蓝根、山栀解毒泻火。邪热去，则诸证自愈。

2.2 滞下（细菌性痢疾）

姚某，男，2岁。1995年8月23日初诊。腹泻1天来诊。因饮食不洁而发热、腹泻。诊前曾肌注庆大霉素，口服黄连素等无效。证见：痢下赤白，里急后重，不欲食，小便短赤。查：肛温39.4℃，神疲，面色萎黄，唇干失润，舌偏红，苔黄厚而腻，脘腹胀满，叩之如鼓，肝、脾均未触及，肠鸣音稍亢进。指纹曲紫，达于气关。粪检：稀水便，粘液（++），脓细胞（+++），红细胞（+）。证属湿热下注，气血失和。治以泻热除湿，调和气血。药用：一见喜、马齿苋、白头翁、炒黄连、炒黄柏、苦参各6g，秦皮、丹皮、炒山栀各5g，生大黄（后入）3g。2剂。直肠给药，法如前。复诊：治疗两天后，便次减少，发热渐退，精神好转，已欲纳食，再以上方2剂直肠给药，热退、便实而愈。

按　明·张景岳指出：“凡里急后重者，病在广肠最下之处。”小儿病痢，由湿热疫毒与宿食并结肠间者居多，孙浩强调：“痢疾初期，当以导滞逐邪为先，以求一泻为快，不可姑息养奸而遗后患。”药用生大黄通腑导滞，一见喜、马齿苋、黄连、黄柏、苦参燥湿泻热，白头翁、秦皮、丹皮、山栀凉血解毒。施以导法，使湿热积滞立除，气血得以调和，其痢自止。

2.3 咳喘（喘息型支气管炎）

王某，女，1岁1个月，1996年3月12日初诊。咳喘8天伴发热。来诊前曾口服无味红霉素、小儿速效伤风冲剂、蛇胆川贝液及肌注病毒唑、小诺霉素等未效。证见：有汗而发热（肛温38.4℃）不解，呼吸迫促，口周轻度紫绀，喉间痰鸣，声如曳锯，“三凹征”明显，烦躁不安，不思饮食，时作干呕。察其咽部陈旧性充血，扁桃体不肿大，舌偏红，苔淡黄厚腻。小便黄，大便3日未行。听诊：心率138次/分，律齐，各瓣膜区未闻及杂音，两肺呼吸音粗糙，满布哮鸣音伴痰鸣音。腹胀，叩之如鼓，肝肋下0.5cm，质软边锐，脾未触及，神经系统无病理反射引出。指纹曲紫而滞，达于气关。血象检查：白细胞总数11.2×10^9/L，中性粒细胞0.46，淋巴细胞0.53。证属痰热壅肺、腑气内结。治以降痰下气，泻肺通腑。药用：一见喜、黄芩、炙桑皮各10g，桔梗、防风、诃子各6g，生大黄（后入）3g，2剂，直肠给药，法如前。药后，便通热退，喘咳平，诸症消失。

按“夫肺气清虚，不容一物，若痰饮水气上乘于肺，则气道壅塞而为喘。”（《病机汇论》）孙浩认为：“肺气降，赖腑气以通，腑气通，亦赖肺气以降，上下相应，其气自和。若痰热胶结于肺，壅塞气道，则当以通为主，通则痰浊下行，肺气随之宣畅。”方中生大黄、防风、桔梗宣通上下，一见喜、黄芩、桑白皮苦寒清肺，诃子下气消痰，腑通肺肃，则喘逆自平。

3 体 会

“直肠给药”属中医“导法”，孙浩临床用此法治疗小儿疾病，疗效满意。在临床运用中，他非常注意肺与大肠的相互关系，而强调宣通上下，调和升降。对于实邪在下者则导而祛之，肺闭腑结者则宣而通之。故常用生大黄通腑以祛其邪。直腑给药与口服给药途径虽殊，但其理则一。此即吴师机谓：“外治之理，即内治之理，外治之药，亦即内治之药，所异者法耳。”（秦晓菲）

热病

1 丹痧（猩红热）

邬某，男，7岁，1994年5月4日初诊。患儿发热憎寒，咽喉疼痛，肌肤丹痧隐现，诊前曾运用青霉素加地塞米松静脉滴注2天，并口服麦白霉素、板蓝根冲剂、维生素C、维生素B、扑热息痛等药均未效，肌注安乃近时热稍平，旋又高热。诊见患儿壮热，烦渴饮冷，头痛，唇红干裂。查体温39.8℃（口温），咽部充血，扁桃体Ⅲ°肿大，上布脓膜，上颚伴有散在性出血点，舌红肿，状如杨梅，唇周苍白，全身见猩红色弥漫性丹痧，压之退色，脉数有力。血象检查：WBC

23.1×10^9/L,N 0.81,L 0.19。证属瘀毒入于气营,法当清气凉营,清火解毒。处方:金银花20g,生石膏(先煎)60g,连翘10g,肥知母10g,麦冬10g,天花粉10g,黄芩10g,蚤休10g,紫草5g,射干5g,甘草节5g。2剂,水煎分服。药后壮热已平,咽部红肿见消,脓斑已退大半,丹痧渐退。血象复查:WBC5.0$\times10^9$/L,N 0.54,L 0.46。上方去生石膏、黄芩、知母、甘草,加细生地10g,元参10g,人中黄10g,地骨皮10g。连进3剂,诸症悉解。

按 本案为时行丹痧疫毒入气窜营,非清气凉营、清火解毒不可。方中重用生石膏、知母、连翘清气分之热;蚤休等凉营解毒;射干、甘草清咽利喉,消肿止痛;天花粉、麦冬养阴生津。二诊则以养阴清热败毒为主,方药对证,故疗效甚捷。

2 风温(流行性感冒)

徐某,男,6个月,1991年5月17日初诊。患儿2天前始见鼻流清涕,喷嚏频频,次日晨发热,家长给服小儿感冒冲剂后,症状稍缓,入夜又热,咳嗽气粗,唇干口渴,小溲短赤,今晨来诊。查肛温40.3℃,咽部充血,扁桃体Ⅰ°红肿,舌中心露屉,苔薄黄而燥,颈软,听诊:心率154次/分,各瓣膜区未闻及杂音;两肺呼吸音粗糙,未闻及干、湿性啰音;腹平软,肝右肋下1cm,质软,边锐,脾未触及,神经系统无病理反射引出。指纹曲紫达于气关。血象检查:WBC 22.1$\times10^9$/L,N 0.30,L 0.70,EOS 22$\times10^9$/L。小儿为纯阳之体,热变最速,治当清气泄热。处方:生石膏(先煎)30g,银花5g,连翘5g,天花粉5g,大贝母5g,枇杷叶(布包)5g,薄荷(后下)3g,牛蒡子3g,淡竹叶3g,甘草2g。2剂,水煎分服。药后发热尽退,血象复查正常,遂停药。

按 温热之邪,易传阳明,必须宣泄并举,固护气阴,方中生石膏、银花、连翘、牛蒡子、薄荷清宣肺气;枇杷叶止咳消痰;天花粉、大贝母、甘草散肿解毒。共奏宣散风热、清解热毒之效。

3 秋燥(秋季上呼吸道感染)

王某,女,2岁。1991年9月29日初诊。时值秋令天气燥热之际,患儿发热2天,咳嗽少痰,时作干呕,曾服银黄口服液、小儿感冒冲剂无效,故来诊。查肛温39.5℃,神清,颧红目赤,唇干,咽部充血,扁桃体不肿大,听诊:心率136次/分,律整无杂音;两肺呼吸音粗糙,未闻及干、湿性啰音,腹胀,肝脾均未触及,神经系统无病理反射,大便3日未解,小便短赤,舌红,苔黄而糙,指纹曲紫达于气关。血象检查:WBC 15.6$\times10^9$/L,N 0.58,L 0.38,M 0.04。证属秋令燥气病邪客于肺卫,肠腑传导失司。治以辛凉甘润。处方:桑叶10g,南沙参10g,全瓜蒌10g,大贝母10g,杏仁泥5g,炒黄芩5g,生栀皮3g。2剂,水煎分服。次日复诊:其父诉发热已退,并解大便1次,今晨纳食大增。原方去山栀、黄芩,加麦冬10g,六一散(布包)15g,再进2剂而愈。

按 秋令燥邪伤肺,津液受损,肠腑传导失司,理应清宣肺气,泄热通腑,肺与大肠互为表里,肺气肃则腑气亦通。今治法两全,故其效亦相得益彰。(秦晓菲)

孙敏临床经验

【名老中医简介】孙敏(1945~)山东蓬莱人。主任医师。1969年毕业于山东中医药大学医疗系。山东中医药大学兼职教授,烟台市中医药学会副理事长,糖尿病专业委员会主任委员。第三批全国老中医药专家学术经验继承工作指导老师。从医36年,获山东省医学科技进步奖3项。擅长治疗内分泌系统、神经系统和脾胃肝胆消化系统疾病。发表论文20余篇,著作4部。

临床经验

肝胆胰病急症

1 柔肝缓急、利胆通腑治疗胆石症急性发作

胆石症急性发作属祖国医学急性"胆胀"范畴,《灵枢·胀论》云:"胆胀者,胁下痛胀,口中苦,善太息"。急性胆胀,病位在胆腑,但与肝胃关系密切,病性以里热沙石内结,胆道阻塞,胆汁淤滞为主。故治疗常遵"六腑以通为用"、"胆气以降为顺"之则,然而胆石症胆总管阻塞者若一味通降利胆(胆道内压力过高),恐生变证。孙敏认为,肝胆属木,性喜条达而恶抑郁,肝气主升,胆气主降,一升一降,共主疏泄。升降适度,胆肝无恙,若升之太过,降之不足,气机郁滞,胆泄不畅,久郁蕴热,煎熬胆汁,聚而为石,沙石盘踞于胆道,进一步阻塞胆腑气机,胆络淤积不通,甚至完全闭阻,便成胆胀重症。临床可见右上腹胀满疼痛,如掣如绞,甚或胁腑拘挛,手不可近,面目深黄如橘,发热便秘或大便如陶土色等急重症表现,并见舌质红、舌苔多黄腻而少津或舌边少苔。他认

为，一方面，湿热毒邪最易伤阴，肝脏体阴用阳，喜柔恶燥，最怕伤阴，故治疗时宜养护肝阴；另一方面，足厥阴肝经之脉夹胃属肝络胆，行经胁腹，胁腹拘挛，为肝脉拘急之象。故孙敏认为，治疗本病时，养阴柔肝、缓急止痛为第一要务，同时注重疏肝理气、通腑利胆。常以大剂量芍药甘草汤合疏肝利胆和胃通腑之剂而收奇功。常用方药为白芍30～60g，甘草15～30g，金钱草30～45g，延胡索15～30g，威灵仙15～24g，芒硝3～9g（冲服），柴胡9～15g，郁金12～15g，黄芩9～12g，姜半夏9g，陈皮9g，徐长卿15～24g，枳壳9～15g。若胆胃同病，恶心呕吐较重，暂时不能服药者，也可以此方合大承气汤重用芒硝保留灌肠，腑气一通，恶心即可大减，再予口服药物，一般服药后1～2h胁腹痛则明显减轻。其后，可根据气滞、湿热、瘀毒、正虚等的偏重及兼证的不同而灵活辨证加减。

案1 患者宋某，男，56岁，住院号41098。因剑突下及右上腹疼痛反复发作10余年，加重2d初诊。现病史：10余年前因剑突下及右上腹疼痛去某市级医院经B超、肝功等检查诊为肝内胆管、胆囊及胆总管结石症，自述曾用偏方经霜之干无花果水煎服而排出结石2枚，近年无严重急性发作，于2年半以前因肺癌行根治术，化疗4周期，3d前因食排骨汤后3h，突然出现剑突下及右上腹钝痛，阵发性绞痛，自行服用抗生素及以前之偏方无效，渐出现巩膜皮肤黄染，腹痛加剧，小便浓茶色，是日下午2:00许来我院急诊。证见心下胁腹闷痛，阵发性加剧，巩膜深黄，小便红赤，伴发热，恶心，厌食油腻，口干口苦，大便干结。查体温37.8℃，剑突下及右上腹压痛，莫非氏征阳性，B超示胆总管下段结石，约14mm×11mm大小，胆总管扩张，内径约14cm，胆囊体积增大，其内见多个结石影，血象示：白细胞14.5×10^9/L，肝功示：总胆红素178μmol/L，直接胆红素116μmol/L，谷丙转氨酶、碱性磷酸酶等轻度升高，肝炎病毒学指标阴性，舌质红，苔黄而干，脉象弦紧。西医诊断为胆道结石症急性发作并胆系感染；中医诊断为急性胆胀，辨证属湿热沙石内结肝胆，暗耗肝阴，肝气不畅，胆腑淤滞。治疗当柔肝缓急，通腑利胆。方药：白芍30g，甘草15g，金钱草45g，延胡索30g，威灵仙24g，芒硝9g（冲服），柴胡15g，郁金15g，黄芩12g，姜半夏9g，陈皮9g，徐长卿15g，枳实9g，大黄9g（后下）。水煎服。同时以西药抗炎、补液、支持治疗，患者服药1h后即排出黏滞大便，胁腹痛明显减轻，晚上10:00又解大便1次，至第2日腹绞痛未再发作。服药3d后，自行从大便中淘出1枚如小软木瓶塞形状的结石，用力捏之可变形，大小与B超所见相同，巩膜皮肤黄染明显减轻。继以疏肝利胆、和胃、健脾消导之剂治疗1周，诸症皆除，复查肝功各项指标恢复正常，B超示胆总管下段结石消失。

2 化瘀利胆、扶脾疏肝治疗急性戊型病毒性肝炎

急性戊型病毒性肝炎属于祖国医学“黄疸”范畴，《素问·平人气象论》日：“溺黄赤安卧者，……目黄者曰黄疸。”急性黄疸，病位在肝胆，但与脾胃关系密切。其病性以湿热互结、肝胆经络瘀阻为主，脾胃不足常见，故其治疗初期常遵“实则泻之”之则，清热化湿、化瘀泻毒为法。然而急性戊型病毒性肝炎以中老年人常见，就诊时往往已迁延数日，其黄疸虚实夹杂者多见。孙敏认为，肝胆与脾胃同居中焦，其位相邻，经脉相系，腑道相通。因此，肝胆与脾胃之间，如脾胃功能正常，饮食能纳能化，则营血生化有源，肝体得养，疏泄有能，营血能藏能调；中焦气机调畅，又有利于肝气之疏调、胆汁之储利，而无肝郁胆滞之弊，肝能藏血调血，脾主生化气血，脾又能统血，相互为助，则血脉畅利。若脾胃虚弱，食物中之湿热毒邪易损伤脾胃，阻滞中焦气机，从而有碍肝气之条达，影响肝胆的疏泄；另一方面，肝经经脉夹胃属肝络胆，若脾胃虚弱，不能与邪气抗争，脾胃之湿热邪气极易循经入侵肝胆，直接伤肝滞胆，阻碍气机，壅塞脉络，导致肝脏水肿，气血淤滞，胆腑阻塞，胆汁失利，瘀结肝胆，胆汁不循常道，泛溢肌肤，从而出现周身目黄染，胁部疼痛，脘腹胀满，大便色泽变浅，甚或发白等重度黄疸表现，并见舌质晦暗、舌苔多白腻或微黄厚腻、脉象弦缓或细弦。故孙敏认为，治疗本证当化瘀利胆为先，注重扶脾疏肝。常用方药为丹参30g，郁金15～30g，三七片6～10g，茵陈30g，金钱草15～30g，虎杖15～30g，紫苏梗12g，党参15g，白术15～30g，茯苓15～24g，黄芪15～30g，滑石12g，甘草3g，山楂15～30g。临床可根据湿阻、气滞、脾虚、瘀结等的偏重辨证加减治疗。孙敏用此方治疗急性戊型病毒性肝炎，往往效若桴鼓。

案2 张某，男，56岁，医院职工。因上腹胀闷不适10余日，大便灰白2d，于2004年6月12日来诊。现病史：患者于10多日前始感上腹部胀闷不适，食欲减退，周身乏力。大便质稀，自以为工作劳累所致，并未在意。2d前发现大便灰白色，巩膜皮肤出现黄染，方来医院诊治。门诊查血ALT 3978u/L，AST2356u/L，TBIL 287mol/L，DBIL 165mol/L，ALB

37.5g/L,GLB 37.8g/L。HAV - IgM 阴性。HBsAg 阴性,抗 HCV 阴性,HEV - IgM 阳性;B 超示肝脏形态饱满,胆胰脾未见明显异常。证见厌食油腻,纳呆食少,脘腹痞满,周身乏力,巩膜皮肤深黄,大便偏稀,日行 2 次,小便浓茶色,舌质暗红,舌苔微黄腻,脉象弦缓。查体:肝脏肋下刚触及,质较软,轻度触痛,肝区扣痛阳性。西医诊为急性戊型病毒性肝炎;中医诊断为黄疸。辨证属素体脾胃虚弱,感受湿热疫毒,阻滞中焦气机,伤肝滞胆,肝胆疏泄失职,气血淤滞,胆泄不利。治疗当化瘀利胆,扶脾疏肝,调气和胃。方药:丹参 30g,郁金 15g,三七片 10g,茵陈 30g,金钱草 30g,虎杖 30g,紫苏梗 12g,党参 15g,白术 15 ~ 30g,茯苓 24g,黄芪 30g,陈皮 12g,车前草 30g,炒山楂 30g,垂盆草 30g。西医以保肝支持对症治疗为主。患者服药 2d 大便即转黄,纳呆腹胀等症均有所减轻,继续服药 5d 后复查,肝功能各项指标均明显改善,腹胀基本消除,厌食纳呆减轻,黄疸衰其大半,大便恢复正常。继服此方 2 周,病情基本痊愈。

3 清热攻下、行气消瘀治疗急性胰腺炎

急性胰腺炎属祖国医学急性"脾心痛"范畴,《灵枢·厥论》曰:"痛如椎针刺其心,心痛甚者,脾心痛也";《圣济总录·卷第五十五·脾心痛》云:"脾者中州,……脾气盛则四脏皆得所养,今脾虚受伤,气上乘心,故其为痛特甚,……或绕脐绞痛,汗出,……或痛则胀痛",所论与本病相似。脾心者,散膏也,《难经汇注》认为"散膏者,为胰"。本病病位在散膏(胰腺),与脾胃肝胆及小肠关系密切,病性为湿热火毒浸及胰腺,气滞不畅,津血内结,瘀阻脉络。治疗常以清热解毒、化瘀散结为基本大法,孙敏认为,急性脾心痛的发生,多因胆胰气化不足,饮食不节,酗酒无度,情志失调,或蛔虫内扰,或沙石阻聚等造成气机壅滞,湿热蕴结,火毒内迫营血,逆陷胰腺腠理,毒血相互瘀结,造成胰腺肿胀,甚则热盛肉腐为患,其病机关键为经络气机不利,血行不畅,胰液外泻受阻。临床可见上腹部持续剧烈的胀满疼痛,其痛如椎刺刀割,或钝痛、绞痛,甚则难以忍受,或波及全腹,多伴恶心、呕吐,矢气不通,大便不下,脘腹胀闷,病重者腹部膨满拒按,按之痛剧,甚或鼓胀形成,舌质红,苔多黄腻或黄燥。脉象弦紧或弦数。故孙敏认为,治疗本病,当清热攻下、行气化瘀为主,腑气一通,清气上升,中焦气机枢纽之功能复常。则胰腺经络气血畅利,胰液排泄通畅,诸恙随之可除。常用方药为大黄 10 ~ 30g(后下),芒硝 10 ~ 20g(冲服),白芍 20 ~ 30g,枳实 10 ~ 20g,丹参 20 ~ 30g,乌药 12 ~ 20g,黄芩 10 ~ 15g。临证可根据气滞、湿热、瘀阻等的偏重辨证加减。若恶心呕吐较重,亦可以上方高位灌肠,每日 2 ~ 4 次,至大便通畅为度。

案 3 患者王某,男,65 岁,工人。因上腹剧痛、恶心呕吐 6h 于 2005 年 2 月 12 日初诊。现病史:6h 前因饮酒暴食后出现上腹部刀割样疼痛,并呕吐大量胃内容物,腹部胀满,无排便排气,急查血淀粉酶 1344u/L,血糖 7.6mmol/L,血脂轻度异常,血 Ca—1.76g/L,B 超及 CT 示胰腺肿大,胰周脂肪间隙消失。周围渗出,少量腹水。刻下证见腹痛如绞,痛及腰背,恶心欲呕,腹部膨满,腹壁拘急,痛处拒按,发热烦渴。大便 2d 未解。舌质暗红,舌苔黄腻,脉象弦紧。西医诊为急性胰腺炎;中医诊断为急性脾心痛,辨证属酒食无度,湿热蕴结,热毒内迫,逆陷胰腺,气机壅滞,血行不畅,湿热瘀血相互胶结。治疗当清热攻下,行气消瘀。先以大黄 40g 水煎 10min,再冲入芒硝 60g,取汁 300mL,诱导灌肠,1h 后排大便 1 次,继以下方水煎服:大黄 15g(后下),芒硝 15g(冲服),白芍 20g,厚朴 15g,枳实 20g,丹参 30g,当归尾 15g,乌药 15g,延胡索 30g,黄芩 15g,甘草 10g,车前子 15g。西药以支持对症治疗为主。患者服药 2h 后又解大便 1 次,量较多,即感腹胀痛有所缓解,继服上方(每日 1 剂)5d 后,腹部胀痛明显减轻,大便日行 2 ~ 3 次,质稀、量中等。腹痛范围仅限于脐上中腹部,原方去乌药,改大黄 9g,芒硝 6g,厚朴 9g,枳实 12g,嘱可进少量清淡流质饮食,又服 5 剂,诸症大减。上方去芒硝、车前子、厚朴,合二陈汤继服 5 剂,诸症基本消除。复查实验室检查各项指标均恢复正常,病情痊愈。(侯爱画 杜积慧 邵宏敏)

遣方用药

鲜小蓟治疗血证

1 临证经验

小蓟,俗称刺儿菜,全国大部分地区皆盛产,春、夏、秋季均可采集,但以夏、秋为宜,此药田间、地头、路旁随处可见,因而药源广泛,效佳价廉。孙敏常用一味鲜小蓟治疗血证(如咳血、呕血、便血、尿血等),每获良效。小蓟甘、微苦,凉,主归心、肝经,主要功效为凉血止血,散瘀消肿解毒。《食疗本草》曰"取菜煮食之,除风热,根主崩中,又女子月候伤过……金疮不止,……夏月热,烦闷不止";《本草拾遗》云:"破宿血,止新血,暴下血,血痢……合金疮及蜘蛛蛇蝎毒";《日华子本草》又曰:"根,治热毒风并胸膈烦闷,开胃下气,退热,补虚损。"说明小蓟无毒,主要功效是凉血止血、活血化瘀、清热解毒，尚有补虚损、开胸顺气、开胃降气的作用。因而孙敏认为，小蓟对热证、实证出血及虚证出血皆可应用。《医学衷中参西录》更具体论述小蓟“最清血分热，凡咳血、吐血、衄血，二便下血之因热者，服之莫不立愈”。说明小蓟凉血止血效颇佳，而且治疗血证适宜范围广泛。小蓟单用捣汁服或干品研末服及水煎服、捣汁外敷等多种用法皆可奏效。用量一般为30～300g，无明显毒性。

2 病案举隅

2.1 顽固性胃溃疡呕血

田某，男，65岁，退休工人。因肺癌术后2年，胃体溃疡1年零8个月，呕血1h于2005年5月6日入院。患者于2年前行肺癌根治术，术后在黑龙江当地医院化疗4周期，自述化疗时胃痛及恶心呕吐反应很重，从第1周期化疗开始至第4周期化疗结束，胃痛一直未缓解，化疗停止2周后作胃镜检查发现：胃体巨大溃疡3cm×4cm，长期口服质子泵抑制剂及胃黏膜保护剂治疗，分别于1年前、半年前及1月前复查胃镜示溃疡一直未缩小。1h前因骑摩托车去市场买菜，下车后即感上腹痛重，继而呕血约60mL，患者随即骑摩托车来我院入住，入院后呕吐暗红色液约300mL，急予建立静脉通道后，急诊胃镜检查发现：胃内大量暗红至深咖啡样液，胃体后壁大弯侧见一3cm×4.5cm巨大溃疡，周边呈较硬堤状，基底见以溃疡中心点向四周放射状撕裂，裂口深长而渗血，无法行局部注射止血，遂以去甲肾上腺素冰盐水局部喷洒止血，常规静脉应用洛赛克、善得定、立止血、止血敏、维生素K1等，口服凝血酶、去甲肾上腺素冰盐水等，当时查血红蛋白71g/L，肝肾功能、血小板及凝血功能正常，又予输浓缩红细胞2u。至第2日、第3日后患者出血未止，又呕吐暗红色液200～300mL，伴头晕，心慌乏力，胃痛阵作，心情烦躁，口舌干燥，面色萎黄，低热37.6℃，血压尚正常，复查血红蛋白69g/L，察舌淡边尖红，苔薄黄，脉细带数。孙敏认为，患者溃疡病因为化疗毒邪损伤脾胃，湿热内生，阻滞中焦，气机不畅，瘀血阻络，瘀久化热，热盛肉腐，而成溃疡。此次出血，一为瘀血阻络，血不循经；二为瘀热迫血妄行所致。建议停用凝血酶和去甲肾上腺素冰盐水，改用鲜小蓟每日以适量洗后捣汁200mL，分4次饮用。患者连续饮用3d，未再出现呕血，胃痛亦减轻，给予少量清淡流质饮食，继续饮药3d，病情稳定，又以健脾益血、化瘀止血治疗2周，好转出院。

按 本案患者为典型的瘀血阻络、瘀热内结出血案，继续应用去甲肾上腺素冰盐水可使溃疡局部血管收缩，进一步加重瘀血症状，使出血不易止住。张锡纯在《医学衷中参西录》中总结小蓟“不但能凉血止血，兼能活血解毒”，用于此病，恰中病机，故能收良效。

2.2 乳腺癌肺转移咳血

田某，女，66岁，退休工人。因乳腺癌术后5年，胸膜及肺转移1年，反复咳血4月，于2004年4月22日来诊。患者于5年前行左乳腺癌根治手术，于1年前出现左侧胸膜及肺转移，经中西医结合治疗，胸水明显减少，肺部病灶缩小并稳定，但于2个多月前始出现咳血，每日1～3次，每次0.5～1mL，或痰中带血，血色暗红为主，有时鲜红。经常规应用抗生素、氨甲环酸、立止血、安络血及云南白药、血宁胶囊等治疗均无效，咳血量及次数未见明显减少，请孙敏诊视。证见阵发性呛咳，晨起及活动后易作，咳痰带血或咳出纯血，量少色暗红，轻度胸闷心慌，略感头晕乏力，心情烦躁，纳可，二便调。实验室检查凝血功能正常，血红蛋白105g/L，血小板正常。查舌暗红有瘀斑，苔黄腻，脉弦细滑。辨证为痰瘀互结，阻滞肺络，血不循经，痰瘀郁而化热，灼伤肺络，而使咳血反复频作。以清热化痰、凉血止血、化瘀止血、收敛止血等治疗1周效不显，仍时有咳出少量暗红色血或血块或痰中带血，遂改为单用鲜小蓟治疗，每日以鲜小蓟洗后捣汁空腹饮用，每次40mL，每日3次。服药3d咳血量即明显减少，咳嗽亦略有减轻，1周后仅见咳痰带血或血丝，继服1周后痰带血量稍减，嘱小蓟汁减量为每次30mL。继服2周后，痰血明显减少，仅见痰带血丝，其后患者改为鲜小蓟每日3餐食用，1周后痰血完全消失，而且数月来诊时黄腻苔也基本消除。继用1周巩固疗效。1年后痰血仍未再出现。

按 历代医家治咳血较少以小蓟为主药，然张锡纯早言“凡咳血、吐血、衄血……服之莫不立愈”；“善治肺病结核，无论何期用之皆益，即单用亦可奏效。”可见小蓟治疗肺部疾病效亦佳。小蓟治咳血鲜用或炒炭皆可。

2.3 肾癌尿血

沈某，女，64岁，退休工人，因右肾癌（局部晚期）二次肾动脉栓塞化疗术后2个月，持续尿血腰痛于2003年9月15日来诊。患者因腰痛及间断尿血逐渐加重诊断为右肾癌局部晚期，分别于4月前和2月前行2次肾动脉栓塞化疗术，术后以干扰素按疗程皮下注射，腰痛稍减，但尿血无缓解，持续尿潜血阳性，尿红细胞（+～+++），频繁肉眼血尿，以立止血、安络血、氨甲环酸、云南白药、抗感染等治疗，尿血稍减。刻下：尿色暗红，右侧腰痛，腰腹部可触及包块，固定不移，伴腰膝酸软，动则汗出，口干不欲多饮，胃纳尚可，大便偏干，查舌暗红，苔薄黄，脉弦细。孙敏认为，患者内因年老肾虚，外因湿热下注，阻滞气血，气虚气滞血瘀，瘀阻肾络，血不循经，渗于胸中而尿血。瘀久化热伤阴，造成气阴两虚。治疗仍以单味鲜小蓟化瘀解毒、凉血止血，予鲜小蓟洗后捣汁，每次50mL，每日3次，空腹口服。另配以浮小麦30g水煎服，以益气养阴清热、固表实卫止汗。患者服药1周，尿血、汗出明显减少，大便通畅，改以鲜小蓟汁每次30mL，每日3次空腹口服。2周后肉眼血尿基本消失，化验尿常规潜血及红细胞均阴性。继以中药补肾益气、化瘀解毒等抗肿瘤治疗。2年后仍健在，病情稳定，无肉眼血尿。

按 孙敏认为，小蓟饮子是治疗尿血的常用有效方剂，单味小蓟治尿血效亦佳。

2.4 胆管癌姑息术后放疗后便血

郑某，男性，70岁，干部。因胆管癌姑息术后放疗后反复黑便于2004年1月26日入院。患者因黄疸10余日，查CA199明显升高，肝左叶胆管扩张，于2003年11月至北京某医院行胆管癌姑息性左半肝、部分右肝管切除术，术后局部放疗1疗程，1月后开始反复出现黑便，大便潜血阳性，伴腹渐涨大。B超示中量腹水；胃镜示胃体胃窦黏膜弥漫性毛细血管扩张，点片状糜烂出血，胃窦小弯侧黏膜见一1cm×1.5cm活动性溃疡，少量渗血。胃镜诊断：放射性胃黏膜损伤伴出血，放疗相关性胃溃疡伴出血。以香菇多糖静脉及腹腔注射抗肿瘤，洛赛克、立止血、云南白药止血为主，间断口服中药煎剂健脾益气、养血止血、凉血化瘀等治疗2月，黑便次数及量减少1/3；继续治疗1月，未再好转，间断输血，血红蛋白维持在30g/L左右。复查B超、CT未见新病灶，腹水量少。血CA199稳定。胃镜示胃角溃疡愈合，黏膜弥漫性毛细血管扩张，点片状糜烂出血无明显变化。请孙敏诊治，证见反复黑便量不甚多，大便潜血持续阳性，面色萎黄无华，神疲消瘦乏力，间断低热，口和寐可，纳食减少，大便2～3日一行。查舌淡暗，苔薄白，脉细弦。孙敏认为，患者经历大手术后元气大伤，脾气虚弱，气虚血瘀，复因放疗热毒损伤胃络，瘀毒互结，阻滞胃络，血不循经，而致出血，营虚耗损，造成气血两虚，瘀毒内滞。治疗仍以鲜小蓟凉血止血、化瘀解毒，复方阿胶浆健脾益气养血。鲜小蓟汁每次50～80mL，每日3次空腹服后卧床半小时以上，西药对症治疗继用，服药3d后大便即每日一行，黑便量减少，1周后明显减少。继以前法服用2月，服药期间偶见少量黑便，平时大便潜血保持在弱阳性或阴性。停药2周后，黑便量及次数明显增加，大便潜血频繁阳性，又继续服用鲜小蓟汁半年余，服药期间黑便逐渐消失，大便潜血阴性或弱阳性。抗肿瘤治疗仍以香菇多糖静脉及腹腔注射为主，复查胃镜示胃黏膜弥漫性毛细血管扩张如前，点片状糜烂明显减少。输血量及次数已减大半，仅偶尔输血，血红蛋白稳定在80g/L左右，时近冬令，小蓟汁减量间断服用，至冬季停用，病情稳定。患者至今健在，已停止输血半年，饮食及体重均略有增加。仍以香菇多糖、艾迪注射液为主治疗。

按 孙敏认为，本例患者为典型脾虚瘀热型，长期应用大剂量鲜小蓟治疗并未见脾虚症状加重，证明前人所云小蓟“养精保血、补虚开胃”之说言而有据，确实可用于体虚出血之患者。（侯爱画 阎雪洁 谭 松）

孙广生验方选

【名老中医简介】孙广生（1946～2004）　湖南新邵人。主任医师。湖南邵阳正骨医院创始人。孙氏正骨术第二代传人。湖南省名中医。享受国务院政府特殊津贴。第三批全国老中医药专家学术经验继承工作指导老师。发表论文20余篇。

孙氏葛芍汤

方药：葛根30 g，白芍20 g，秦艽12 g，威灵仙10 g，香附8 g，续断15 g，乌药6 g，补骨脂8 g，枸杞10 g，当归8 g，牛膝8 g，延胡索8 g，黄芪10 g。

主治：各种颈椎病。

加减：寒凝加羌活10 g，防风10 g，川芎10 g，桂枝8 g，细辛3 g；痰湿加地龙10 g，菖蒲8 g，白芥子8 g，茯苓10 g，川贝母8 g；淤滞加水蛭6 g，川芎10 g，地龙8 g，苏木10 g；肝肾亏虚重用枸杞为20 g，加龟版15 g,熟地黄15 g,何首乌15 g,鸡血藤20 g。

用法:每日1剂,水煎两次,分2次服;药渣趁热以布包之,热敷颈项部15～30 min。

方解:方中葛根升阳解肌、宣通督脉经气,善治项背经腧不利。威灵仙、秦艽、豨莶草祛风湿通经络,威灵仙尚能有软坚散结、软化骨质作用。芍药、甘草缓急舒筋止痛,调和营卫。补骨脂、续断、骨碎补、枸杞补肝肾、益精、生髓、充骨;黄芪、当归补益气血。当归、牛膝、延胡索活血化瘀,与软坚散结药合用可加强软坚散结作用,与补血药相伍则祛瘀生新,与祛风湿药合用又加强祛风湿作用。黄芪补气升阳,与葛根相合,可加强宣通督脉之功;芍药与甘草配伍,酸甘化阴,养血柔肝舒筋。延胡索尚能止痛,香附、乌药理气止痛,合用则加强止痛作用。牛膝引血下行、通督脉,与葛根、黄芪相伍则升降相济,增强通络舒经之功。现代研究表明,白芍、延胡索、甘草有缓解肌肉痉挛作用。活血化瘀药能促进水肿消失与组织渗出的吸收,改善血液循环,松解粘连,抑制异常细胞增殖、组织增生、钙化、纤维化等,可有效地控制局部炎症性病变,解除压迫。诸药合用,升降并举、阴阳共调、补散相兼、标本同治,能消除和减轻骨刺部位的炎症性变化、解除压迫、改善血液循环、改善骨与关节营养、促进骨与关节新陈代谢,从而促进骨关节病损组织修复等。

孙金章眼科经验

【名老中医简介】孙金章(1941～)江苏省兴化市人。主任医师。泰州市眼科中心名誉主任。南京医药大学兼职教授,江苏省中医药会中医眼科专业委员会副主任委员,江苏省防盲专家指导组成员,江苏省劳动和社会保障厅聘为职业技能鉴定专家委员会委员。江苏省名中医。从事眼科临床医疗工作40多年,善治疑难急重眼病,对角膜病、视神经病及眼内血管病的治疗经验颇丰。发表论文34篇。

内障眼病

玄府,别称元府,本指汗孔气门。至金代名医刘河间则阐发《内经》奥旨,认为玄府乃真气出入升降之道路门户,无物不有,人之脏腑、皮毛、肌肉、筋膜、骨髓、爪牙,至于世之万物尽皆有之。《素问·六微旨大论》云:“升降出入,无器不有。故器者,生化之宇,器散则分之,生化息矣。”器,概指世间万物及其功能单位,其中阴阳化生和气之升降出入,运行于相应之道路孔窍。惟其如此,才得化生有序,平秘有常,故有器之用。器之道路孔窍,有形亦或无形,度阴阳气血而运生化,河间统名之谓玄府。此论颇得后世医家赞同。刘氏认为:“人之眼耳舌身意,神识能为用者,皆由升降出入之通利也。有所闭塞者,不能为用也。若目无所见,耳无所闻,鼻不闻香,舌不知味,筋痿骨痹,齿腐,毛发脱落,皮肤不仁,肠不能渗泄者,悉由热气怫郁,玄府闭密而气液血脉、荣卫精神不能升降出入故也。”玄府通利,则器之气血阴阳化生有序,体阴用阳运化不息。反之则阴阳失衡,甚而阴阳离决。临证辨治,若六经八纲难验,从玄府试之,或许柳暗花明矣。

目,精明之器,其可视之用,亦赖以玄府通利。《灵枢·大惑论》云:“五脏六府之精气,皆上注于目而为之精。”且《灵枢·五津液别》也云:“五脏六府之精液,尽上渗于目。”玄府通利,脏腑之气可上达而濡目,则目能视;若玄府郁塞,脏腑之气不能上达,目失滋养则目病。而且玄府通利,则目之浊气能降,而无浊气内停致生化无常之虞。所以自河间始,玄府说辨治目疾之医者甚众。

内障眼病,素来难治。孙金章以河间玄府说求其病因,探其病机,立法裁方,每获良效。《灵枢·百病始生》认为,积“著于输之脉者,闭塞不通,津液不下,孔窍干壅。”据此,他以为玄府闭塞缘于积,且受《灵枢》论积之启发,以为目器玄府塞病机有四:肝经气火阻于玄府,凝血蕴里壅湿玄府,津液凝涩痰结玄府,脏腑精气虚弱,玄府失于滋养而致玄府渐闭。目以肝气为用,若肝气郁滞日久化火,或肝阴不足,阴不制阳而生虚火,皆可致气火循经上阻玄府。无论虚实,先治其标,宜急泻肝胆之火热;肝又主藏血,若肝失条达,则致气滞血瘀壅阻于玄府,活血化瘀为治本,亦须加意调肝。脾为后天,且是升降之枢纽,故痰结玄府和玄府失养致玄府渐闭,皆可归于脾脏,治脾一脏即可。凡此种种,他立足玄府,立论周详,堪能启人心智,现详述如次。

1 泻肝以清利玄府

肝为风木之脏,开窍于目,且肝胆互为表里,胆之精气涵养瞳神,故《审视瑶函》以为“从肝胆发源,内有脉道孔窍，上通于目，而为光明”。肝气郁结，久则化火，气火阻于玄府，玄府渐闭，致珠内气血津液生化无常，神水瘀积，则目昏不爽，视力骤降，肝火素盛，复感风湿之邪，火与风湿相结，壅遏玄府；肝经风热或肝胆之实火上攻目系，或致玄府闭塞，或邪热灼伤黄仁，黄仁展而不缩，灼伤神水，神水渐变混浊，或火炼水液而阴精耗涩，瞳神失于濡养，则瞳神紧小，瞳神干缺。总之，气火循经上扰则诸证蜂起，宜泻肝胆之火热。《审视瑶函》云：“今之治者，不达此理，俱执一偏之论，惟言肝肾之虚，止以补肝肾之剂投之，其肝胆脉道之邪气，一得其补，愈盛愈蔽，至目日昏，药之无效，良由通光脉道之瘀塞耳。……倘正气虚而邪气有余，必先驱其邪气，而后补其正气，斯无助邪害正之弊，则内障虽云难治，亦可以少尽病情矣。”折肝胆之火热，当推龙胆泻肝汤；若血少不能养肝，致肝火郁于本脏，虚火炎上，宜逍遥散；正气虚者，宜明目地黄丸。肝经风热者可伍木贼草、谷精草、蔓荆子疏散风热；肝风上炎者可配石决明平肝潜阳；火热独旺者可以生大黄之苦寒清热泻火；肝肾阴虚者，以女贞子、沙苑子滋补肝肾。肝胆火热灭熄，则目器免烧灼之苦，玄府旋得通利，精明用矣。

2 活血以通达玄府

“气上逆则六输不通，温气不行，凝血蕴里而不散。”《灵枢·百病始生》。成积而阻玄府，玄府不畅致气血骤断，发为暴盲；或珠内气血回流不畅，瘀血阻络，津液不行，泛溢络外，致云雾移睛、暴盲等疾。《灵枢·脉度》认为“肝气通于目，肝和则目能辨五色矣”。即目器以肝气为用，诸气以肝气为先，肝又主藏血，故临床除外邪或外伤者，多情志不舒，肝失条达，致气滞血瘀，壅遏玄府，复致神光不得上越。临证辨治，固应重视活血化瘀，然解肝木之郁亦未可轻。盖肝木之气上行则顺，下行则郁，经云“木郁则达之”，佐郁金、柴胡之属；肝气乘脾致脾胃不展，配绿萼梅、香橼之品，取培土以升木之意。活血化瘀者，选血府逐瘀汤为佳，盖此方化自四物汤，四物汤自古乃治血虚之方。且桔梗辛以升发，载药上行，直达目器；牛膝引血下行，具逐瘀生新之功；更有柴胡、枳壳帅血布散，活血养血，化瘀生新，靡不应手取效。瘀久不散者，酌加三棱、莪术以破血散结；瘀久化热者，佐夏枯草、青葙子、茺蔚子以清热；瘀久伤正者，配菟丝子、枸杞子、覆盆子以扶正；瘀血致水液潴留者，伍车前子、五味子以消肿。随证加减，以活血化瘀开启玄府为主，惟此法易耗伤正气，中病即止，不宜久用。

3 健脾以开启玄府

脾为制水之脏，若脾气虚弱，则湿从内生，日久化痰，积痰壅阻玄府，珠内气血津液郁滞不行，生化无常，致神水瘀积，白睛混浊，瞳神散大不收，发为绿风内障。故以健脾丸化裁，醒脾以运化水湿，涤痰以开通玄府。脾湿积痰，易生痰热，且易引动肝郁化火，痰因火动，火盛风生，肝风挟痰火流窜玄府，玄府顿阻或渐闭，致目窍失养且目器浊气不得下行，神光衰竭，发为暴盲或青盲。宜佐以决明子、密蒙花清热降火，或白僵蚕、明天麻平肝熄风，共奏涤积痰开玄府之功。脾虚则气滞运血不利，或气滞血瘀，或气不摄血，或热入血分灼伤络脉，致血溢脉外。故宜配伍活血止血凉血之品，如生蒲黄、茺蔚子、生大黄之属。痰久积玄府，则胶结难化，纯以斡旋枢机恐难奏效，宜加牛膝、地龙之类以通络开窍；脾喜燥厌湿，得燥则不滞，故调治脾胃宜补脾阳，忌苦寒之品，然脾之阴阳相随，亦须顾护脾阴，投药宜燥湿相得，刚柔互济，以复健运之常。

4 升清以温养玄府

《灵枢·太惑论》云：“目者，五脏六府之精也。”脏腑之气上注，过玄府而贯目器，目器得精气濡养，才有精明之用；若脏腑精气不足，玄府虽通，清阳不升，晶珠失养，渐变混浊，则视物昏渺，易生圆翳内障，甚则神光衰竭；或五脏六腑之浊气，上泛目窍，神膏不清，易发为云雾移睛而视物昏朦；日久则玄府渐闭，神光遂没。《兰室秘藏》以为“夫五藏六府之精气，皆禀受于脾而上贯于目，脾者诸阴之首也，目者血脉之宗也，故脾虚则五脏之精气皆失所司，不能归明于目矣。”可见五脏六腑之精皆归于脾，脾为升降枢纽。若脾失于升降，则清阳之气易下陷，浊阴之气易上逆。凡五脏六腑精气衰弱，惟调治脾一脏即可。补中土，举清气，非补中益气汤莫属。李杲以“损者益之”之经义制方，以甘温之品补其不足，升提脾阳，率诸脏腑之精气，上濡目器，目得温养，玄府畅达，可以司视。（赵瑾瑶）

医方验方

消星饮

方药：柴胡 6g，草决明 10g，防风 8g，蝉衣 6g，桑叶 10g，菊花 10g，甘草 3g。

功能：疏风清肝，退翳明目。

主治：因邪热留恋所致聚星障、目涩痛，证见天行赤眼后期眼红大多消退，黑睛星翳聚生，磨痛畏光，干涩不爽，视物模糊。

用法：每日 1 剂，分 2 次煎，早晚食后服。再用药渣煎水，趁热熏眼，待冷却后取澄清液浴眼，日3次。

加减：若遇热偏重者加炒黄芩、秦皮，肝虚血少者加当归、白芍、首乌。

方解：本方为天行赤眼后，风热未尽，留恋肝经，变生黑睛聚星而设。柴胡、决明子舒解肝经郁热；翳从风生，用防风、蝉衣祛风退翳，佐以桑叶、菊花增加疏风清热退翳之力；甘草解毒，调和诸药。

孙兰军心血管病临床经验

【名老中医简介】孙兰军（1945～）女，教授，主任医师，博士生导师。天津中医药大学第二临床医院心内科二病房主任、中西医结合心血管首席专家。中国中西医结合学会心血管学会专业委员会主任委员，天津市中西医结合心血管专业委员会副主任委员。第四批全国老中医药专家学术经验继承工作指导老师。享受国务院特殊津贴。擅长心血管内科、冠心病、高血压病的治疗。先后完成国家"八五"、"九五"攻关课题各1项，国家中医药管理局课题2项，天津市科委课题2项，天津市卫生局课题2项，天津市教委课题1项，天津市科委重大课题1项，天津市重中之重课题1项，国家自然基金课题1项。

临证特色

冠心病

1 理论来源

中医经典中并无"冠心病""心绞痛"等病名。冠心病属于中医的"胸痹""心痛""真心痛"的范畴。《灵枢·经脉》云：脾经"其支者复从胃，别上膈注心中。"《素问·平人气象论》云"胃之大络日虚，贯膈络肺，注于心前。"《素问·经脉别论》云："食气入胃，散精于肝，淫气于筋；食气入胃，浊气归心，淫精于脉"。《素问·至真要大论》云："寒厥入胃，则内生心痛。"《灵枢·杂病篇》云："心痛，腹胀，啬啬然，大便不利，取足太阴。"以上是《内经》论述脾胃与心的关系。《金匮要略·胸痹心痛短气篇脉证并治篇》云："胸痹，心中痞气，气结在胸，胸满，胁下逆抢心……人参汤亦主之"。这是补脾以治胸痹的治法。"《备急千金要方》云："心劳病者，补脾以益之，脾王则感于心矣"提出补脾益心的原则。《脾胃论·安养心神调治脾胃论》云："善治斯疾者，惟在调和脾胃。使心无凝滞……改胃中元气得舒伸故也。"提出养心安神，必须调理脾胃。由此可见，从脾胃论治冠心病是有理论依据的。

2 病因病机

孙兰军认为脾胃发生病变主要从以下几个方面来影响心脉的功能：感受寒邪、饮食不当、情志失调、脏腑不和。寒邪直犯脾胃，脾胃阳虚上犯心脉，久而久之，心中阳气亦虚，阳气不展，血行不畅，继而发为胸痹心痛。饮食不节，日久脾胃受伤，运化失司，聚湿成痰，痰瘀交阻阻滞气机，气血运行不畅，心脉不通，发为胸痹心痛。情志不和，忧思伤脾，导致脾虚气结，运化功能失调，津液不得输布，聚而为痰，痰瘀相合，气血不畅，导致本病的发作。脏腑不和导致脾胃气机不利，进而影响气血的运行，亦可导致本病的发生。这些方面当中，饮食失调是导致本病发生的关键因素。脾胃受伤，一则脾胃之化生气血津液不足，导致中气不足，进而心气不足，不能推动血脉，导致血行不畅，常导致心悸怔忡。气虚日久亦可致心阳不足，心阳推动无力，久则脉络瘀阻。一则脾胃受伤，运化无力，痰浊内生，痰瘀交阻，阻滞脉络，闭阻心脉，遂而胸痛，胸闷，气短乃作。胸痹心痛，正虚为本，邪实为标。正虚责之于气血阴阳不足，邪实责之于湿邪痰浊，湿邪痰浊其实亦因脾胃之气血阴阳不足所生的病理产物。所以胸痹、心痛的治疗，化瘀固然重要，更重要的是治病求本，未病先防。孙兰军认为对脾胃功能的调理在治疗胸痹、心痛方面起着关键作用，有"痰""瘀"者活血化痰治其标，未形成痰瘀者则调理脾胃阴阳不足治其本。

3 临床经验

3.1 温中散寒法

主要用于脾胃虚寒的患者，脾胃虚寒常上逆犯心，致心阳亦虚，临床常见症状：喜暖恶寒，不欲冷食，或见胃痛时作，或见大便溏薄，心悸，胸闷气短，心前区疼痛常因吃冷食而发作，常见舌质淡暗，苔薄白。治以温中散寒，理气止痛，临床上用理中汤或人参汤加减。善后常用小建中汤调理。

3.2 益气养阴法

主要用于心脾气阴两虚的患者。脾气虚弱，气血生化不足，心脉失养，致心之气阴不足。临床常见症状：心前区隐痛，心悸，头晕，目眩，面色萎黄，神疲乏力，舌质常淡暗或淡红，苔薄白，脉细弱。治以补养气血，健运脾胃，临床上用归脾汤加减。善后常用自拟的经验方。

3.3 活血化瘀法

主要用于胸中血瘀或者胃腑有瘀血的患者，证见心前区疼痛或者胃脘部疼痛，如针刺，痛有定处，或者痛处拒按，舌质紫暗或有瘀斑、苔薄、脉结代等。治以活血化瘀，通脉止痛。临床上用血府逐瘀汤合失笑散加减。活血方中多破血之品，久用易耗气破血，故应中病即止。

3.4 温阳化饮法

主要用于脾阳不足，水饮内停，上凌心肺的患者。素体脾阳不足常致心阳不足，寒饮内生，上凌于心，闭阻心阳，症状常表现为心悸或怔忡，头晕目眩，恶心，常表现为水滑舌，脉弦紧。治以温中化饮之法。临床上用苓桂术甘汤加减。善后常用香砂六君子汤加减。

3.5 理气化痰法

用于素食肥甘厚味、痰湿内盛的患者。证见胸闷、胸痛、气短，面白体胖，肢体倦怠，头目眩晕，纳差，口中无味，舌淡，苔白腻，脉滑或弦滑。治以理气化痰，方用温胆汤加减。以四君子汤善后。

4 预 防

患有冠心病的患者，预防很重要。而预防中以调理脾胃尤为关键。《易经》云“至哉坤元，万物滋生”。万物皆生于土，心之阴阳气血也依赖于脾胃化生的气血精微来充养，所以脾胃功能调畅，气血生化有源，心之阴阳气血亦足。因此调理脾胃在冠心病的预防中起到重要的作用。

孙兰军预防冠心病发作常用经验方：土炒白术15g，酒炒白芍12g、木香9g，五灵脂6g，炙甘草3g，焦三仙各10g。偏于气虚者加黄芪18g，党参15g，太子参30g；偏于血瘀者加桃仁15g，红花15g，川芎10g，郁金15g；偏于气滞者加醋香附15g，醋柴胡12g，广陈皮10g；偏于痰浊者，加瓜蒌20g，半夏12g；偏于血虚者，加当归15g，阿胶20g（烊化），何首乌20g；偏于阴虚者，加生地黄10g，炙甘草15g，麦冬10g；大便干者，加何首乌30g，大黄10g。临床具体应用时应根据具体病情随证加减用药。（寇子祥 孙兰军 赵英强）

临床经验

慢性心力衰竭

1 突出因虚致瘀，虚瘀夹杂的病机特点

慢性心力衰竭主要归属于中医“心悸”、“水肿”、“喘证”等病证范畴，多因久病迁延，年老体衰；外邪侵袭，情志所伤，劳倦过度等诱发，病情进行性加重。病位在心，与多脏腑生理病理密切相关。主要表现为脏腑、阴阳、气血虚损基础上瘀血、水湿等病理产物的瘀积，临床常见乏力、气短和血瘀、水肿两大方面证候群。初期心气虚损，可兼肺气虚弱，肺朝会百脉失司，气虚血瘀；中期脾阳受损，脾虚失运，复加肺气亏虚，水道失其通调，瘀血、水湿内停；后期肾阳虚衰，膀胱气化不利，水饮泛滥，甚至水气凌心射肺。从“虚”、“瘀”角度突出慢性心力衰竭的中医病机特点，因虚致瘀、虚瘀夹杂贯穿于病理机制全过程。

2 强调病证结合，补虚化瘀的治疗原则

现代西医学认为，从器官生理水平上理解，心力衰竭是心脏泵功能受损导致血流动力学障碍，具体表现为肺循环瘀血和体循环瘀血；从其生化和物理过程上为心脏收缩和舒张功能障碍。现代分子生物学模式与以往器官生理和细胞生化模式综合，心力衰竭是各种心脏疾患引起的心脏结构、功能异常，损害心室充盈和/或射血功能，导致心排出量降低、静脉压增高，并伴有衰竭心脏进行性恶化和心肌细胞过早死亡的分子异常的临床综合征。因此，孙兰军认为，对心力衰竭的认识，不仅应重视心脏泵功能受损和心肌收缩功能降低，还要强调导致心力衰竭患者生存期缩短的代谢、细胞、分子异常。慢性心力衰竭的诊治应注重病证结合，辨病辨证结合。药物干预不仅要求减轻心脏泵功能受损引起的临床表现、血流动力学异常，还必须认识对决定预后的代谢、细胞、分子异常的影响。在证候学认识上，应以中医理论为指导，以望、闻、问、切四诊手段为基础，同时结合现代医学对慢性心力衰竭病理生理的研究进展，使辨证、辨病更趋于合理、规范，体现中西医优势互补。治疗上紧扣中医病机、理、法、方、药，结合现代中药药理学研究成果，病证结合，理效结合，知常达变，常变有度。

慢性心力衰竭患者临床常表现为心慌、气短、乏力，多伴胸闷胸痛，失眠多梦，舌质黯或见瘀斑瘀点、苔薄白，脉细涩而数等瘀血内阻之证。孙兰军认为，基于对慢性心力衰竭心脏泵功能受损、血液动力学障碍、代谢及细胞分子水平上异常的认识，针对其因虚致瘀、虚瘀夹杂的病机特点，确立补虚化瘀利水治疗原则，临证常用强心冲剂（西洋参、丹参、桂枝、汉防己等）治疗。临床结果显示，强心冲剂可增加单位时间心排血量和单位组织毛细血管血流灌注量，改善心、脑、肾等重要脏器及周围组织缺氧状态；增加心肌收缩力；减低心脏前后负荷，降低心肌耗氧量，缓解心肌细胞能量饥饿状态；扩张血管；有利尿，减低肺水肿作用；从而改善患者血流动力学和心功能状态。心脏神经内分泌激活是慢性心力衰竭循环加重的重要因素。强心冲剂对血浆心钠素（ANP）、血管紧张素Ⅱ（Ang－Ⅱ）有双向调节作用，ANP下降可能由于Ang－Ⅱ水平降低，心力衰竭状态改善后心房肌细胞主动分泌减少的积极反应。所以，强心冲剂立法严谨，疗效全面，符合慢性心力衰竭复杂病理变化的治疗。瘀血既是慢性心力衰竭的病理产物，又是病程进展的病理基础，孙兰军注重运用活血化瘀之法，主张活血化瘀应贯穿于药物治疗的始终。运用汤剂时，亦常随证加味活血化瘀之品，如当归20g，川芎15g，三七粉3g，丹参、水蛭12g等，每获良效。据国内学者研究，活血化瘀法与扩张血管有异曲同工之妙，可降低心脏前后负荷，增加冠脉血流量，改善心肺肝瘀血，为治疗慢性心力衰竭的有效方法。

3 重视基础研究，阐明药物的作用靶点

孙兰军认为，建立成熟、稳定的动物模型至关重要。采用改良大鼠腹主动脉缩窄法，测定血液动力学指标，以确定制作慢性心力衰竭模型成功。肾素－血管紧张素－醛固酮系统激活，在心力衰竭早期对心功能起积极代偿作用，但持久激活使心脏负荷过重，导致心功能恶化。内皮素和其前体"大内皮素"水平是慢性心力衰竭患者病死率主要的独立预后因素圈，可加重心脏负担，降低心输出量；对心肌有直接毒性，参与缺血再灌注损伤；诱发、加重心肌缺血；促使心肌肥厚、心室重塑；促发心律失常。心室重塑是心力衰竭发生发展的分子生物学基础，心肌细胞凋亡是心室功能减退的重要因素，是产生进行性心力衰竭的一个基本过程。孙兰军等进行动物实验表明，强心冲剂能抑制心力衰竭大鼠肾素－血管紧张素活性，降低血内皮素水平，抑制心肌细胞凋亡，从而改善心力衰竭症状、体征，延缓病程进展，降低病死率。从基础研究角度，阐明慢性心力衰竭的病理机制和中药多靶点作用机制。

4 注重衷中参西，全面干预的治疗理念

随着分子生物学、医学生物工程学的迅猛发展，介入性诊疗技术日趋成熟，心血管疾病的病因和发病机制得以进一步阐明，医学模式发生了根本性变革，心血管疾病诊治水平有了很大提高。孙兰军认为，心力衰竭是心血管致残死亡事件链的重要病理阶段，应树立全面干预心血管致残死亡事件链的理念。阻断危险因素，包括戒烟、合理饮食、增加体力活动，控制高血压、高血脂、糖尿病、肥胖等。预防或延缓内皮功能损害、微血管病变，动脉硬化、心肌肥厚，冠心病、心肌梗死，心室重塑，心力衰竭这一病程进展；适时选择使用介入、外科治疗手段，合理应用血管紧张素转换酶抑制剂（ACEI）、他汀类药物、β受体阻滞剂和细胞因子及基因水平的药物治疗等方法。（任志强 孙兰军）

高血压病

1 病因病机

孙兰军认为，高血压病的病机随着病程的进展有所变化。在高血压病的初期，以肝脾气郁，痰浊上犯为病机关键。无论是情志失和，还是饮食不节，最后都会影响到肝的疏泄功能。肝失疏泄，气机运行失常，脏腑器官的功能活动亦随之减弱。其中尤以脾胃功能的正常发挥与肝脏疏泄功能关系密切。若肝脏疏泄功能异常，脾气不升，则水谷不能运化，气血生化无源，则可出现头晕目眩、神疲乏力等症。脾失健运，水液不能布散而聚于体内，则生湿生痰，痰湿蒙蔽清窍，则发为眩晕。随着病情的进展，气郁、痰阻日久必然伤及血脉，血行不畅，出现血瘀证的各种表现。肝肾乃子母之脏，脾肾乃相克之脏，肝、脾气血不和，病久必损及肾中阴阳，造成阴阳失衡，肾阴虚则肝阳上亢，肾阳虚则脾阳不振。因此在高血压病的后期，肝肾阴虚及脾肾阳虚为病机之本，风、火、痰、瘀纠结错杂为病机之标。

2 辨证论治

孙兰军在辨证论治的原则上结合高血压病的轻、中、重分级及病程的长短，立足肝、脾、肾三脏的调理。疏肝理气，健脾化痰用于肝脾气郁、痰浊上扰证，以半夏白术天麻汤合逍遥散为基本方，此证多见于病程较短的轻、中度高血压患者及青中年高血压患者；滋补肝肾，益气健脾，用于肝肾阴虚，脾肾阳虚证，以天麻钩藤饮合二至丸加用党参、黄精为基本方，此证多见于高血压病程后期及老年高血压患者。在上述辨证基础上根据临床表现随证加减：如伴有口苦、咽干、情绪急躁易怒、苔黄、脉弦数等心肝火旺表现者，加用黄芩、磁石、生地等凉肝泻火；伴有胸闷不舒、心悸、舌黯苔白、脉弦等心脉不畅者，加用丹参、川芎、桃仁、红花等活血化瘀；伴有头痛、肢麻甚则行走不稳、四肢颤动等肝风内动者，加用生龙牡、琥珀粉、钩藤等平肝熄风；伴有夜寐不安、精神恍惚等心神失养者，加用百合、酸枣仁、远志、夜交藤等养血安神；伴有明显腹胀、纳差、苔腻、脉滑等胃肠气滞者，加用焦三仙、砂仁等理气化滞。此外，他认为高血压病在血脉，脉道不利是其主要病理改变，因此通脉活血、理气化瘀应贯彻治疗的始终，即便没有明显的血脉瘀滞征象，也应该加用通脉活血之品。在用中药治疗的基础上，孙兰军还重视中西药的联合应用。对于肝火上炎或阴虚阳亢者，联合应用倍他乐克一类的药物，在降压的同时减慢心率；对于痰湿壅盛者多联合应用拜拳同、复代文及他汀类药物，以调节血容量，改善血液流变学指标。

3 典型病案

王某，女，71岁，2008年2月18日初诊。头晕、头痛反复发作2年。伴有耳鸣，胸闷不舒，不思饮食，动则气喘，夜寐欠佳。舌质黯红、苔白腻微黄，脉细数。孙兰军辨证为阴虚阳亢，兼有气血瘀滞。予天麻钩藤饮合二至丸加减。药用：生龙牡、磁石各30g，钩藤（后下）、丹参、葛根、益母草各20g，天麻、川芎、菊花、决明子、黄芩、郁金各15g，女贞子、旱莲草、地龙、石菖蒲各12g。7剂，每日1剂，水煎服。2月25日二诊：头痛、耳鸣症状好转，时有眩晕，胸闷，舌红、苔白，脉细。于上方去磁石、黄芩，加用黄芪、黄精各20g，白术、首乌、枸杞子各15g，以益肾健脾，滋阴潜阳。7剂。3月3日三诊：患者眩晕头痛症状大减，胸闷症状消失，睡眠仍欠安，于上方加酸枣仁30g，远志15g。7剂。后患者自述恢复良好，诸症消失，继续以上方守方调理。（沙洁津 指导：孙兰军）

孙玉信临床经验

【名老中医简介】孙玉信（1963～）主任医师，硕士生导师。河南中医学院第三附属医院内科主任医师。河南省名中医。从事中医临床、科研及带教工作，承担国家十五攻关项目1项，先后获省科技进步三等奖1项，省中管理局一等奖2项。出版著作10余部，发表论文30余篇。

临证特色

从脾论治腰痛

临床腰痛等腰椎疾病发病率较高，在腰痛的诸多证型中，除肾虚、瘀血腰痛较常见之外，还有一种证型与脾有关，应该引起临床上的重视。中医认为脾为“后天之本”，“气血生化之源”，主运化、升清和统摄血液，脾主肌肉与四肢。人“以胃气为本”，中医治则治法强调“治病求本，务滋化源”，并认为“血虚者，多因脾气衰弱，不能生血，皆当调补脾胃之气”。“久坐伤肉”（脾主肌肉），“思虑伤脾”，均可影响脾的生理功能，进而可导致腰痛等腰椎疾病的发生……

1 脾主运化与腰痛的关系

脾主运化对于气血的生成和维持正常生理活动起着重要的作用，故称为气血生化之源。脾主运化，包括运化水谷和运化水液的功能。通过脾气的推动、激发，食物在胃和小肠中消化，并分为清、浊两部分。其精微部分通过脾气的转输作用输送到全身以滋养各脏腑组织器官。如运化水谷的功能失常，则腰椎及其周围组织所维持正常活动的营养物质就会缺乏，腰部经脉失养，从而导致腰椎间盘等组织器官产生老化、退变。《素问·痹论》曰：“痹久入深，营卫之行涩，经络时疏”。临床实践证明，脾胃虚弱导致的气血亏虚，经脉失养是引起腰痛的一大病因。如运化水液的功能失常，又会导致痰浊内生，进而阻滞腰部经脉的正常运行，经脉不通则痛。脾为后天之本，通过健脾也可使先天之肾得到资养，耗损之气得到复原。张元素提出“调治以气为主，宜温补脾胃”。孙玉信认为陈伤或劳损之类多有阳气虚衰不足，卫阳不固，故腠理窄疏，易遭受风、寒、湿三气杂至而为痹。临床遣方用药，辨证选穴均应注重涵养脾胃，遵循“以胃气为本”之大法。常用补中益气汤、四君子汤等作为治疗腰痛等腰椎疾病的基本方，在针灸常规选穴的基础上可配用脾俞、足三里等，达到益气养血的目的，从而使气充血足，肝有所藏，气血流通，邪无留处。

2 脾主肌肉与腰痛的关系

脾主肌肉、四肢。全身的肌肉均要依靠脾胃所运化的水谷精微滋养，一般人如果营养供应良好则肌肉壮实，四肢活动有力，不易形成劳损；即使损伤也容易痊愈，反之，若肌肉瘦削，四肢疲惫，软弱无力，则易于劳损，损伤后也不易恢复。《灵枢·决气》曰：“谷入气满，淖泽注于骨，骨属屈伸泄泽，补益脑髓，皮肤润泽”，《灵枢·痈疽》记载：“肠胃受谷，上焦出气，以温分肉，而养骨节，通腠理。”均说明脾胃的功能正常可以使皮肉筋骨得到温养灌注。或者，由于久坐，疏于活动，“久坐伤肉”（脾主肌肉），又可直接损伤腰部肌肉，形成腰痛，进而影响脾充养肌肉的功能，加重临床症状。腰痛疾病还可形成腰椎动力平衡失调，动力平衡主要指腰、背部肌肉的活动和调节，是腰椎运动的原始动力，为外源性稳定因素。腰部外伤或慢性劳损导致腰部肌肉损伤，是引起腰椎失稳，从而进一步发生退变的始动因素。因此防止腰部肌肉损伤和劳损，以及通过补益脾胃的方法，加速已损伤肌肉的修复应当是治疗腰痛疾病不可忽视的重要环节。在腰痛（如腰椎间盘突出症）出现局部肌肉肌力下降、肌肉萎缩等症状时，用药选穴应遵循"治痿独取阳明"的治则，并可采取艾灸、热敷等疗法。因其痿虽在四末，病实发于中焦，治疗宜扶脾益胃以振奋后天之源，气充血足，滋养有源，则可治愈。

3 脾治中央与腰痛的关系

腰椎间盘突出症、腰脊椎小关节错位是临床常见的腰痛疾病，从总体上说，椎间盘的病变系脊柱的病变，《素问·金匮真言论》云："中央为土，病在脾，俞在脊。"俞者，脏腑经脉气血输注的部位，亦为感应之部位。这是说中央土病在脾，而其反应却在脊柱。王冰注曰："以脊应土，言居中尔。"涵义有二：其一，因为脊柱居于人体中央，恰与土位中央相应，以所居之位相当，故言脊应土也，此亦《素问·太阴阳明论》所云："脾者土也，治中央，"也；其二，脊为骨属，骨合肾，《素问·五藏生成篇》云："肾之合骨也，其荣发也，其主脾也。"故脊之主者，亦为脾也。故脊柱功能的正常与否在很大程度上是由脾来决定的。脊柱骨系的病变之所以与脾土关系密切，是因为脊柱的病变种类繁多，如常见的腰脊椎小关节错位、腰椎间盘突出症等，但是，它们都有一个共性特点，就是生理位置的偏离，如腰椎生理位置的偏离，即为腰部脊柱小关节错位综合征，腰椎间盘髓核生理位置的偏离，则为腰椎间盘突出症。其位在中央则不病，偏离中央则病，此为脊柱疾病的共同特征，与"治中央"的机制失调有关。因此，不论现代医学如何认识，无论何因所致之"偏离"，在中医看来，都与脾相关，都与土相关，都与"治中央"之机制相关。

另外，《素问·痿论》云："阳明者，五藏六府之海，主润宗筋，宗筋主束骨而利机关也。"宗筋的润养有赖太阴阳明，有赖脾胃。同理，宗筋的束骨功能亦有赖于脾胃。"宗筋束骨"即指宗筋对骨属系统的约束。上述的这个脊柱骨属系统发生病变，发生小关节错位和椎间盘突出，其实质是失去了宗筋的约束，从另一个角度证实脾胃与上述疾病之间的关系。因此，腰椎间盘突出症以及其他腰椎小关节错位性的脊柱病变的共同病机都与脾胃关系十分密切。故从脾胃的角度，从土的角度，从一切影响脾胃的因素来认识腰椎间盘突出症及其他相关腰痛疾病，进而从调理脾胃入手防治腰痛等腰椎疾病，有非常重要的临床意义。

4 典型病案

姚某，女，43 岁，腰痛 1a 余。1a 前逐渐发作腰痛，有久坐工作病史，初起间断发作，劳累加重，卧位休息可减，以后渐为持续腰部酸困疼痛，不能久坐，坐位约 20min 即加重，床上翻身困难，痛可迁延至两下肢后部，下肢发凉，外贴膏药疗效不佳。纳差，面色少华，动则乏力，口不干，大便溏，舌质淡红，苔薄白，脉细无力。证属脾胃虚弱，生化乏源，肌肉失养。治以健脾益气，温养肌肉。方用补中益气汤加减。药用：黄芪 15g，党参 10g，白术 10g，当归 10g，陈皮 6g，升麻 6g，柴胡 10g，川牛膝 20g，砂仁 3g，炙甘草 6g。5 剂，水煎服，日 1 剂，早晚分服。针刺选用脾俞、肾俞、大肠俞、次髎、委中、足三里，其中脾俞、足三里针用补法，日 1 次，每次留针 40min。二诊，服 5 剂后腰痛症状减轻，活动觉腰部较前有力，纳食好转，下肢仍有发凉，舌质淡红，苔薄白，脉细。于上方中加入山药 10g，继用 5 剂。针刺治疗同前。三诊：腰痛大减，纳食好转，乏力改善，下肢发凉有减轻，上方中加入枸杞子 10g，杜仲 10g，继服以巩固疗效，又服 5 剂，同时停止针刺，改为艾灸足三里，每周 3 次，每次 30min，治疗 2 周。腰痛渐愈。（胡 斌 马巧琳）

遣方用药

三仁汤

1 汗 证

汗证是由于阴阳失调，腠理不固，而致汗液外泄失常的病证，分自汗、盗汗两类，临床多见气虚自汗、阴虚盗汗，但也有湿热内蒸，津液外泄之汗证，此类患者多见口苦、舌苔黄腻，孙师常用三仁汤加减治疗。

案 1 患者，男，30 岁，2006 年 8 月 30 日初诊。患者平素嗜酒，1 年来自汗出，稍动则大汗淋漓，心烦、口苦，腰背酸麻，二便正常，舌质黯红，苔黄腻，脉沉弦。证属湿热内蕴脾胃，外郁肌肤，迫津外泄。治以宣上畅中利下、分利湿热。方用三仁汤加减。药用：杏仁 10g，生薏苡仁 30g，白豆蔻（后下）10g，厚朴 10g，通草 6g，半夏 10g，滑石 30g，冬瓜仁 30g，桃仁 10g，桑叶 15g，萆薢 15g，芦根 30g。3 剂，水煎服，每日 1 剂，早晚分服。药后汗出大减，继以上方加减，连服 20 剂，汗止病愈。

按 本例患者长期饮酒，内生湿热，蕴于脾胃，郁滞于里，上扰于心，出现口苦心烦；湿热弥漫，阻滞气机，郁于肌肤，腠理开合失度，则自汗；舌质红、苔黄腻乃湿热之象。以三仁汤宣上畅中利下，加桑叶、芦根宣肺清肺，使肌肤郁热消散，腠理开合有度；革薢分清泌浊，利下焦膀胱，引湿邪外出；冬瓜仁涤浊化痰，推陈致新。全方宣通上下、化湿清热之功，不止汗而汗自止。

2 黄疸

黄疸以身黄、目黄、小便黄为主症，其病机关键是湿，《金匮要略·黄疸病》指出："黄家所得，从湿得之。"湿阻中焦，依病体阴阳偏盛之不同，寒化者发为阴黄，热化者发为阳黄，夹毒者发为急黄。对临床湿郁化热、蕴结肝胆、弥漫三焦之证，孙师多用三仁汤宣畅气机、分利湿热。

案2 患者，男，44 岁，2006 年 9 月 30 日初诊。患慢性乙型病毒性肝炎 3 年。证见目黄，小便黄，口干口苦，右胁痛胀，昼重夜轻，乏力，纳差，食后腹胀欲呕，大便溏，每日 2～3 次，舌质红，苔腻，脉细。肝功能：谷丙转氨酶（ALT）210u/L，谷草转氨酶（AsT）186U/L，总胆红素（T－BIL）67.5μmol/L，直接胆红素（D－BIL）39.6μmol/L，总蛋白（TP）75g/L，白蛋白（ALB）40g/L。诊断为黄疸，证属湿热蕴结肝胆脾胃，弥漫三焦。治以清热利湿、通利三焦。方用三仁汤加减。药用：杏仁 10g，生薏苡仁 30g，白豆蔻（后下）10g，厚朴 10g，通草 6g，半夏 10g，苍术 10g，茵陈 30g，茯苓 30g，猪苓 15g，陈皮 15g，甘草 6g。水煎服，每日 1 剂。5 剂后，呕恶、纳差好转，上方加减，再进 30 剂，黄疸渐退。肝功能复查示：ALT 62u/L，AST 47U/L，T－BIL 19.4μmol/L，D－BIL 9.6μmol/L，TP 69g/L，ALB 42g/L。

按 本案患者感受湿热疫毒之邪，由表入里，内阻中焦，脾胃运化失常，湿热交蒸于肝胆，不得通利而弥漫三焦，出现目黄、小便黄、口干口苦、右胁痛胀。若以苦寒清利湿热之法，易伤脾败胃，致纳差、腹胀、便溏加重；以苦温燥湿，则助热伤肝。故以三仁汤化湿清热、通利三焦为主，加苍术、陈皮、甘草以燥湿和中；加茵陈、猪苓、茯苓以利湿退黄。诸药配合，可使三焦宣畅、湿热得泄、黄疸得除，诸症获愈。

3 眩晕

眩晕的发病原因及其治疗历代医籍论述颇多。《丹溪心法·头眩》有"无痰不作眩"的主张，指出"治痰为先"；《景岳全书·眩晕》强调"无虚不能作眩"，在治疗上认为"当以治虚"为主。尽管本病临床常见肝阳上亢、气血亏虚、肾精不足、痰浊中阻 4 类证型，但在物质生活比较丰富的当今社会，湿浊郁阻型眩晕则更多见。

案3 患者，女，36 岁，2006 年 6 月 12 日以反复眩晕 1 年余初诊。证见头重如蒙，手足心汗出，不思饮食，心烦，身燥热，舌质淡黯，苔黄腻，脉滑。中医辨证：湿浊郁阻，上蒙清窍。治以化湿涤浊。方用三仁汤加味。药用：杏仁 10g，生薏苡仁 30g，白豆蔻（后下）10g，厚朴 10g，半夏 10g，通草 6g，滑石 30g，竹叶 6g，郁金 10g，桃仁 10g，冬瓜仁 30g，甘草 6g。水煎服，每日 1 剂，分早晚服。3 剂后复诊，眩晕明显好转，上方加荷叶 30g，再服 5 剂，眩晕愈。

按 本例属湿浊郁阻，遏而化热，上蒙清窍则头晕，中阻脾胃则不思饮食，热扰心神则心烦、手足心汗出。湿浊与痰浊相似，但其病性不尽相同，治疗方法也有区别。针对湿浊郁阻之眩晕，应以三仁汤加桃仁、冬瓜仁等，芳香苦辛，轻宣淡渗，化湿涤浊，清气得升，浊邪得除，则眩晕可愈。

4 咳嗽

咳嗽是临床常见病、多发病，分外感和内伤两类，二者均可见湿浊壅肺证。前者多因外邪干肺，肺失宣降，通调失职，津液失布，聚湿生痰生浊，阻塞气道出现咳嗽，吐痰粘稠不爽；后者多因肺脾虚弱，久咳不愈，或饮食不节，损伤脾胃，脾失健运，酿湿生痰生浊，壅遏肺气，肺气不利而咳嗽。

案4 患者，女，57 岁，2006 年 6 月 15 日初诊。1 个月前因天气变化，患者出现咳嗽、咳痰，屡用中西药物未效。证见：咳声重浊，痰多色白兼黄，胸闷脘痞，口干，纳少，大便溏，每日 2～3 次，舌淡红，苔白腻微黄，脉滑。中医辨证：湿浊蕴肺，郁而化热。治以宣肺止咳、涤浊化痰。用三仁汤加减。药用：杏仁 10g，生薏苡仁 30g，白豆蔻（后下）10g，半夏 10g，厚朴 10g，通草 6g，桑白皮 10g，桔梗 15，函冬瓜仁 30g，麻黄 6g，甘草 6g。水煎，每日 1 剂，分早晚服。6 剂后即愈。

按 该例为感受外邪，肺病及脾，水津失布失运，生湿生痰生浊，痰湿浊邪蕴于肺脾，郁而化热，出现咳嗽，吐痰粘稠不爽，胸闷脘痞，苔白腻微黄。治以三仁汤涤浊化痰、宣肺醒脾。方中加麻黄、桔梗宣肺化痰；桑白皮清泻肺热。诸药配合，使痰湿浊热上清、下泻、中化，则咳嗽可愈。临证湿浊咳嗽，若兼见中焦和（或）下焦湿热之证者，选用三仁汤更为适宜。

5 遗精

遗精总由肾气不能固摄，而导致肾气不固的原因颇多，其中由于醇酒厚味，湿浊内生，蕴而生热，扰动精室者甚为多见。明代龚信《古今医鉴·遗精》说："夫梦遗滑精者，世人多作肾虚治……殊不知，此证多属脾胃,饮食厚味,痰火湿热之人多有之。孙师认为,湿热下注之遗精,病位虽在下焦,但病之根本在中焦脾胃,故多用三仁汤加减。

案5 患者,男,29岁,2006年8月25日初诊。患者平素嗜酒,3年来遗精频作,每2~3日即遗精1次,咽干,脘痞,口中多涎,小便频,大便干,2日一行,舌质红,苔白腻,脉弦细。证属湿热下注,扰动精室。治以化湿清热、涩精止遗。方用三仁汤加减。药用:杏仁10g,生薏苡仁20g,白豆蔻(后下)10g,半夏12g,通草6g,竹叶6g,滑石15g,厚朴花10g,金樱子10g,芡实15g,白果6g,生龙牡各18g,甘草6g。水煎,每日1剂,分早晚服。6剂后,尿频、遗精减轻。上方加葛根15g、枳椇子15g,连服20余剂,诸证悉除。

按 本例遗精由于长期饮酒,损伤脾胃,湿浊内生,蕴而生热,流注于下,扰动精室而致。久遗损伤肾气,湿热浊邪在中下二焦,故用三仁汤清热利湿,加金樱子、芡实、白果、生龙牡固护肾气、涩精止遗。全方合用,使湿浊得化、热邪得清、肾气得固,病情痊愈。

6 便 秘

便秘为消化系统常见症状之一。多由素体阳盛,肠胃积热;或情志失和,气机郁滞;或气血不足,下元亏损;或阳虚体弱,阴寒内生等引起。随着社会的发展,人们多以冷饮解渴或常以水果代餐,或长期在低温空调下工作,易致湿邪伤阳,损害脾胃,使脾胃运化升降失常,大肠传导阻滞而便秘,此类便秘之病机关键是湿滞。

案6 患者,女,31岁,2006年3月15日初诊。患者近半年来排便困难,常觉腹胀隐痛,频有便意,便时努挣,大便溏垢,每日2~3次,曾服中西药物,但疗效欠佳。证见口干口苦,纳差,舌淡红,舌体胖大,苔白厚腻、根部稍黄,脉缓。证属脾虚湿滞。治以健脾化湿、行气通便。药用杏仁10g,生薏苡仁30g,白豆蔻(后下)10g,半夏10g,厚朴10g,芦根30g,桔梗10g,生山药30g,太子参15g。水煎,每日1剂,分早晚服。上方加减连服15剂,大便通畅,诸证愈。

按 本例为脾虚生湿,湿滞肠腑,大肠传导阻滞而便秘,其病机为脾虚湿滞,故治以健脾化湿、宣畅气机通便为法。用三仁汤化湿并宣畅三焦气机。方中芦根易滑石、通草、竹叶,以防利水过甚,使便干难下,并增强生津润肠之功;加桔梗配杏仁增强轻展上焦气机,润肠通便之力;山药助生薏苡仁健脾渗湿;太子参补脾肺之气,以增健运水湿、传导之功。诸药配合,使脾气健运、肺气宣展、清肃下降,大肠传导得以恢复,则大便畅通。

7 结 语

孙玉信遵总结临证应用三仁汤关键把握3点:①病邪为湿浊。随着人们生活水平不断提高,恣食肥甘厚味、辛辣之品越来越多,体内容易生湿生浊,进一步影响脏腑功能,使脏腑功能失调,诸病丛生,属湿浊之证者居多。②病位较弥散,两焦同病,或上中下三焦俱病,或表里内外俱病。因湿浊为患,内可损害五脏六腑,外可浸淫四肢百骸,均能阻滞气机,瘀阻经络,故非化湿涤浊不能使气机调达、经脉通畅。三仁汤乃宣上畅中利下、化湿涤浊之良方,若能灵活加减,取效桴鼓。③舌质淡红或红,苔白腻或黄腻。舌苔腻是湿浊证的重要指征,偏寒偏热,兼虚夹实,应注意兼证。临床凡具备上述特点者,以三仁汤加减治疗,多获良效。(刘建平 李援娥)

麻杏苡甘汤

1 风湿咳嗽

外感咳嗽为临床常见病,一般分为风寒、风热、风燥三型,但部分病例不能归属于以上三型,乃因风湿袭表,循经入里,郁闭肺脏,阻滞气机,使肺气被束,宣肃失常,出现咽痒,呛咳频作,咳嗽咯痰,咳而不爽,痰白黏腻,咳而不止,咳声嘶哑,胸闷气急,常伴鼻塞流涕,头痛,身困酸楚,舌苔白腻,脉细,定名为风湿咳嗽。其中舌苔腻为必有之见证。仲景之麻黄杏仁薏苡甘草汤虽为治疗风湿痹证而设,但因风湿咳嗽与风湿痹证同属风湿袭表之证,故可选用。方中麻黄解表发汗,宣肺止咳,以宣散肌表的风邪,杏仁宣利肺气,为麻黄之佐;薏苡仁甘淡微寒,既可渗利除湿,又制约麻黄之温性,以免其助热化燥之势,甘草既能润肺止咳,又能调和诸药。四药相配,共奏疏风祛湿,宣肺止咳之功。临床常加苍耳子以散风祛湿,宣通鼻窍;荆芥、蝉衣疏风解表;桔梗、前胡、白前等宣降肺气,以化痰浊。若风湿郁而化热,证见咯痰色黄,舌质红,苔黄者可加黄芩、桑白皮、地骨皮等以清肺热;久咳不愈,风湿外邪蛰伏较深,可加僵蚕、蜈蚣等虫类药物以搜风剔邪。

案1 患者,男,19岁,于2006年5月19日以咳嗽2月为主诉初诊。2月前因天气变化出现咳嗽发热,体温达38℃,咽痒,咽干痛,经静脉点滴抗生素1周,发热咽痛愈,仍咳嗽,咽痒,咯吐少量白色黏痰,纳食如常,大小便正常,舌质红,苔薄白腻,脉细缓。证属风湿郁肺,治以解表祛湿,宣肺止咳为法。予麻黄杏仁薏苡甘草汤加味。药用:麻黄6g,杏仁10g,薏苡仁30g,桔梗15g,前胡10g,荆芥10g,蝉衣6g,僵蚕 10g,冬瓜仁 30g,甘草 6g。每日 1 剂水煎服,7 剂而愈。

按 临床所见风湿咳嗽多不引起人们的注意,单用疏风宣肺之法,风去湿留,久咳难愈,只有疏风祛湿并用,风湿俱去,咳嗽乃平。孙玉信运用麻黄杏仁薏苡甘草汤治疗风湿咳嗽,为临床难治性外感咳嗽拓展了思路,值得学习推广。

2 秋季便秘

便秘为临床常见病、多发病,根据寒热虚实的不同一般分为热秘、冷秘、气秘、虚秘四型。有部分便秘患者具有明显的时令性,如于每年秋季则便秘,而冬春夏季则正常。究其因,乃病体肺气偏虚,肺气易被郁闭,秋主收敛,肺金当令,肺失宣肃,通调失职,水液不能濡润大肠,出现大便干结,常伴见胸闷,口干咽干,甚而咳嗽等症。麻黄杏仁薏苡甘草汤不仅解表除湿,且能开宣肺气,提壶揭盖,复其通调水道之职。方中麻黄宣畅肺气;杏仁归肺与大肠经,助麻黄宣肺,又能濡润大肠;薏苡仁甘淡渗湿,使湿郁得除,水液归于正常道路,下润大肠;甘草性甘润,不仅调和诸药,且收益气润肺之功。诸药相配,则肺气得宣,水道通调,大肠得濡,则便秘可愈。故麻黄杏仁薏苡甘草汤可用治秋季便秘,临证时可适当配伍理气、润肠之剂。

案 2 患者,女,47 岁,于 2007 年 11 月 8 日以秋季便秘 4a 为主诉初诊。4a 来每于秋季出现便秘,过季则缓解。今年入秋以来,上症再发,已持续月余,大便每日 1 行,坚如羊屎,排便顺畅,并口干,凌晨发作胸闷,多次查心电图无异常,舌质红,苔白,脉弦细。辨证属肺失宣肃,大肠失濡。治以宣肺行水,润肠通便为法,予麻黄杏仁薏苡甘草汤加味。药用:麻黄 6g,杏仁 10g,薏苡仁 30g,枳壳 10g,桔梗 10g,陈皮 10g,厚朴 10g,全瓜蒌 15g,黄芩 10g,甘草 6g。每日 1 剂,水煎服,共进 6 剂而愈。

按 该案之便秘因其具有明显的季节性,孙玉信从肺论治,从气机与水液代谢的关系辨证,抓病机,活用经方,异病同治,收到了良好的效果。

3 风湿喘证

喘证分实喘、虚喘两大类,风湿喘证属实喘范畴。由于风邪挟湿,袭表入肺,壅阻肺气,肺气不宣,故喘咳气逆,胸部闷胀,或兼鼻塞流涕;湿阻气机,湿性黏滞,故咳而不爽,咯痰黏腻;湿阻气机,气不布津,故口干不渴;湿郁肌表,络脉失和,故身困酸楚;舌苔白厚,脉濡细均为湿盛之征。辨证要点是:喘咳气逆,咳而不爽,痰黏难咯,舌苔白厚,脉濡细。治疗以麻黄杏仁薏苡甘草汤为主,方中麻黄解表宣肺,既解肌表风邪,又为平喘之要药;杏仁、甘草利气止咳;薏苡仁渗利祛湿。四药相配,可收祛风除湿,平喘止咳之功。临床常加射干、苍术、白术、羌活等以加强利气祛湿之力。

案 3 患者,男,50 岁,慢性支气管炎病 15a,以喘促胸闷 7d 为主诉,于 2005 年 10 月 11 日初诊。患者于 7d 前淋雨后出现喘促,胸部胀闷,咳嗽声嘶,咯吐少量白色黏痰,口干不渴,鼻塞流涕,身困酸楚,舌质淡暗,舌苔白厚,脉细。辨证属风湿喘证,治以解表祛湿,平喘止咳为法。方用麻黄杏仁薏苡甘草汤加味,药用:麻黄 6g,杏仁 15g,薏苡仁 30g,射干 10g,苍术 15g,辛夷 6g,前胡 10g,白前 10g,羌活 15g,甘草 6g。水煎服,每日 1 剂,3 剂后复诊,喘促渐平,上方加茯苓 30g,白术 15g,共服 15 剂,喘咳愈。

按 本案喘证具湿邪见证,从风湿辨证,以麻黄杏仁薏苡甘草汤宣肺化湿平喘,加射干降气利咽,羌活、苍术加强祛风除湿之力,前胡、白前化痰止咳,辛夷宣通鼻窍。诸药相配,使风去湿散,肺气得以宣肃,喘咳乃愈。(刘建平)

孙自学男科经验

【名老中医简介】孙自学(1964 ~)主任医师,教授,硕士生导师。河南省中医院男科主任。中国中西医结合男科专业委员会委员,河南省中西医结合男科专业委员会主任,河南省男科专业委员会委员。河南省名中医。长期致力于泌尿男科及不孕症的研究,尤其对前列腺病、不育症、不孕症、性功能障碍及泌尿系各种感染性疾病的治疗更有独到之处。

男性不育

1 对病因病机的认识

孙自学认为,导致男性不育的病因病机较为复杂,男性生育功能的正常维持,有赖于脏腑、气血和经络等功能的正常,以及它们之间相互关系的协调。肾藏精,主生殖;脾主运化,气血生化之源,以滋养先天之精;肝藏血,主疏泄,精血互生;心主神志,主血脉,为正常生殖活动之统帅。故脏腑之中,与不育关系密切的为肝、脾、心、肾,其中肾尤为重要。湿热、痰浊、瘀血、毒邪是其主要病理因素。或因先天不足、恣情纵欲而致肾精不足而不育;或因手淫无度、房事不节导致肾的阴阳虚衰而致不育;或因忧思恼怒,肝郁气滞,疏泄失职,气血失调而致不育;或因嗜食辛辣,蕴湿生热,湿热下注宗筋,瘀阻精窍而致不育;或因思虑过度,劳伤心脾,气血两虚,精不化生而致不育。

2 治疗原则

对不育症的治疗,孙自学倡导"中西汇通,病证结合,夫妻同治,指导受孕"的新理念。临证时师古而不泥古,既吸取古代医籍之精华,又结合现代科技之成果。对不育夫妇双方都进行系统检查,排除女方病变后,有针对性地治疗男性不育。首先,明确病因,如常见的内分泌功能紊乱、精索静脉曲张、免疫功能异常、生殖系感染等原因;然后,再运用中医学理论确定治疗原则,其中补肾填精是重要治则。注重调理肾之阴阳,补充肾之精气,疏通肾之精道,同时兼顾调理心、肝、脾。本病往往虚实夹杂,本虚标实,所以应攻补兼施,祛邪的同时要适当补肾,补肾同时还要活血化瘀、清热利湿、疏肝解郁等。

3 辨证分型

孙自学认为,专科体检当属辨体论治,尤要慎重。现代科技之检验,当属望诊之延伸,亦不可少。临床将不育症分为肾精亏虚、肾阳虚衰、肾阴亏虚、气血两虚、湿热下注、肝郁气滞、瘀阻脉络等证型。常用方剂有五子衍宗丸、六味地黄丸、十全大补汤、程氏萆薢分清饮、逍遥散、血府逐瘀汤等。常用药物有菟丝子、枸杞子、熟地黄、山药、山茱萸、黄精、巴戟天、红参、车前子、白花蛇舌草、炒穿山甲、路路通等。孙自学认为,以上证型有时单独出现,但常见二证或二证以上相兼为病,如肾虚湿热、肾虚肝郁、肾虚湿热兼瘀等,而又以肾虚湿热兼瘀证最为常见。临证当谨守病机,灵活掌握,因人而异,辨证施治。

4 用药特点

4.1 常用对药

孙自学用药思路独特,讲究疗效,常用对药。如滋补肾阴用枸杞子配菟丝子,壮水之主,以制阳光;温补肾阳用仙茅合淫羊藿,使益火之源,以消阴翳;调气血多用黄芪与丹参,气得充,血得行,则周流全身;清利湿热以萆薢伍车前子,使清浊自分浊者自去,湿热得平;固精止遗用金樱子和芡实,涩精止遗,精得闭藏;精液不液化用乌梅和生麦芽等。

4.2 善用血肉有情之品

孙自学临证,善用血肉有情之品。温肾助阳用鹿角胶、黄狗肾,滋补肾阴用龟甲,助勃起痿用蜈蚣、地龙,活血通络用穿山甲等。

4.3 巧用引经药

引经即引导药力直达病所,或引药上升、下降、达表、入里。如慢性前列腺炎引起的不育,用川牛膝引药下行,用穿山甲引诸药直达腺体内部;阴虚火旺之证,滋阴时,稍加肉桂引火归元,又可阳中求阴;湿热兼瘀致小便不利用灯芯草,引诸药达尿道。

4.4 妙用栓剂

用栓剂经直肠给药治疗疾病的方法源于汉代,《伤寒论》中有蜜煎导塞入肛门治疗便秘的记载,并详细记述了制作及使用方法。《理瀹骈文》亦云:"外治之理即内治之理,外治之药即内治之药。"孙自学精选中药,合理配伍,研制出经直肠给药的前列栓(由金银花、大黄、丹参、赤芍、生薏苡仁、川楝子、穿山甲等组成),对于湿热兼瘀型的慢性前列腺炎、精液不液化引起的不育及免疫性不育,效果良好。

5 辅助疗法

孙自学在辨证用药的同时,辅以心理疏导、饮食疗法等。不育夫妇往往有来自社会及家庭的压力和精神负担,心理疏导能使患者建立自信,减轻压力,有助于疾病的康复。另外,嘱患者每天吃两个苹果,这对于不育患者来讲,能起到积极的辅助治疗作用。因为苹果中含有较多的维生素C及微量元素锌。维生素C能起到抗氧化作用,消除体内自由基,改善精子的功能。微量元素锌对合并慢性前列腺炎的不育患者非常有益。

6 典型病案

患者,男,29岁,2005年3月11日初诊。主诉:婚后3年未育。女方经系统检查未发现不孕因素,夫妻性生活正常,未采取任何避孕措施。患者全身无明显不适症状,时感会阴部、睾丸疼痛,阴囊潮湿,舌质偏红、有瘀点,苔黄腻,脉濡数。专科体检:外生殖器发育正常,阴毛成男性分布,双睾丸、附睾、精索未见异常。查精液常规示:量3mL,乳白色,pH 7.4,60min不完全液化,密度为1600万/mE,活率40%,活力为a级8.6%、b级15.6%、C级15.8%,白细胞计数20个/HP,果糖为(+)。性激素系列检查正常。抗精子抗体(-)。西医诊断:男性不育症,白细胞精子症,少弱精症,精液液化不良。中医诊断为不育,辨证为湿热兼瘀型。治法:清热利湿、活血化瘀、补肾填精。方用程氏萆薢分清饮合血府逐瘀汤加减化裁。药用：萆薢15g，龙胆草10g，滑石15g，车前子（包煎）15g，金银花15g，当归15g，桃仁10g，路路通20g，王不留行15g，枸杞子15g，菟丝子15g，黄精15g，川牛膝15g，穿山甲6g，荔枝核12g。水煎服，每日1剂，早晚分服。同时用前列栓塞肛，每日1次，睡前使用，并嘱患者禁食辛辣刺激食物，每天吃两个苹果，兼辅以心理疏导。患者夫妻双方信心大增。治疗1个月后，复查精液常规示：60min完全液化，密度为2200万/mL，活率52%，活力为a级18%、b级22%、C级12%，白细胞计数10个/HP。会阴部、睾丸痛及阴囊潮湿亦缓解。上方去龙胆草、滑石、荔枝核，加熟地黄20g，陈皮12g，巴戟天15g，服20剂后其妻月经该至未至，查早孕试验（+），已受孕。（王希兰 吴宏东）

谭敬书耳鼻喉科经验

【名老中医简介】谭敬书（1931～2008）　湖南省湘潭市人。教授、主任医师、硕士生导师。曾任湖南中医学院第二附属医院耳鼻咽喉科教研室主任。中国中西医结合研究会耳鼻咽喉科专业委员会委员，中华全国中医学会耳鼻咽喉科专业委员会和湖南省中医药学会耳鼻咽喉口腔科学会顾问，湖南省中西医结合学会耳鼻咽喉科专业委员会主任委员，卫生部药品审评委员会第二、三、四届审评委员。享受政府特殊津贴专家。湖南省名中医。从事中医和中西医结合耳鼻咽喉科教学、临床和科研40年，在学术上提出了“官窍脏腑相关学说”、“清窍清阳相关学说”等学术观点。主编《中医耳鼻喉科学》，参编《中医耳鼻喉科学》《中医耳鼻咽喉口腔科学》《中医耳鼻咽喉口腔科学》等。发表论文70余篇。

耳科饮病

1 饮停中耳（分泌性中耳炎）

中耳之鼓室为一含气空腔，借咽鼓管与鼻咽部沟通，如咽鼓管阻塞，通气引流不畅，可致中耳积液，临床可有耳内胀满阻塞感，听力减退，自声增强诸表现。据中医理论，本病当因肺失宣肃，脾失健运，肾阳不足，温化无力，清阳不升，浊阴不降，以致邪聚耳窍，饮停鼓室。巢氏《诸病源候论 · 卷三 · 虚劳病诸侯上 虚劳耳聋候之》云：“若膀胱有停水，浸渍于肾，则耳聋而气满也”，当指此而言。临证施治，谭敬书投以石菖通气散合泽泻汤。石菖通气散由古方通气散（香附、柴胡、川芎）加石菖蒲而成，通气散可行气通窍开闭，石菖蒲味辛性温，通九窍而祛痰湿，此正合于《严氏济生方》论治饮证“不若顺气为先，分导次之，气顺则津液流通”之说。通气顺气，旨在使咽鼓管开放，饮积自得下泄。泽泻汤中白术健脾燥湿，泽泻蠲除水饮。二方合用，宣壅化湿，饮邪消退，耳窍自得健旺。如饮邪久积化热，耳痛头痛，可加黄芩、龙胆草，伴鼻塞流涕，加苍耳子、辛荑花；中耳分泌物稠浊，此乃饮凝为痰，可合二陈汤；数剂之内药不应病，则可加茯苓、猪苓、桂枝，含五苓散之意，加强利水之力，使水湿散于无形。治疗中若能中西医结合，如配合鼓膜穿刺抽液，处中药内服以截其源，穿刺抽液而竭其泽，则收效更为迅捷。

案1 章某某，男，63岁，退休教师，1988年3月月9日初诊。右耳胀闭疼痛近1月，自声增强，听力稍差，头昏沉，近月余无伤风感冒鼻塞史。查其右耳鼓膜内陷，光锥消失，近鼓脐处可见一液平面如发丝，随头位改变而变动，捏鼻鼓气试验双侧咽鼓管均不通。舌稍红、苔薄黄，脉缓滑。诊为右分泌性中耳炎，证属饮停中耳。处方：猪苓、银花、石菖蒲各10g，茯苓、白术、泽泻各15g，桂枝3g，黄芩12g。5剂。28日二诊：诉右耳仍闭，卧下则减轻，余症及检查同前，捏鼻鼓气试验示右咽鼓管不通。处方：柴胡、香附、川芎、陈皮、石菖蒲各10g，白术12g，龙胆草3g，茯苓、泽泻、黄芩各5g，炙甘草5g。5剂。同时行右鼓膜穿刺术，抽吸出淡黄色液体0.5mL。4月21日来院复查，谓服药3剂后诸症已停。查右鼓膜浑浊稍陷，光锥缩短，捏鼻鼓气试验示双侧咽鼓管通畅。

2 饮停内耳（美尼尔氏病）

美尼尔氏病是以膜迷路积水为病理学特征的内耳疾病。可产生眩晕、听力减退、耳鸣等一系列症状。本病中医称眩晕，可由水液为患，古代中医已有一定认识。张仲景《金匮要略》云：“心下有支饮，其人苦冒眩”。《普济方 · 卷四十七 · 风头眩附论》亦云：“七情所感，遂使脏气不平，郁抑涎结而为饮，随气上逆，令人眩晕。”饮为阴邪，阴邪上犯，乘于清阳之位，故致昏冒眩瞑。《普济方》之“脏气不平”者，责当在脾肾，肾为主水之脏，其窍为耳，故尤与肾阳亏虚，水液不化，凌犯耳窍关系密切。其治当以温脾暖肾为要,此即《金匮要略》"病痰饮者,当以温药和之"之意。谭敬书拟以温化止眩汤:熟附片、茯苓、白术、生姜、泽泻、桂枝、陈皮、白芍、法半夏、炙甘草。方以熟附片温壮肾阳,益火之源,以消阴翳,白术健脾燥湿,生姜温散水气,桂枝通阳化气,法半夏燥温祛痰,茯苓、泽泻通调水道,下输膀胱,陈皮理气燥湿,白芍养阴和阳,以防附、术、姜之温燥过度,甘草调和诸药。饮邪属阴,得温则化,饮化眩止,故以温化止眩名之。此方乃由真武汤及五苓散化裁,脾肾同治,其温阳利水化湿,与现代医学之以脱水剂治疗本病有异曲同工之妙,而前者更有标本兼顾之长。

案2 张某某,男,34岁,工人,1987年3月14日初诊。两天前突发眩晕,转动头颈眩晕加剧,耳鸣重听,起则欲倒,恶心,呕吐,渴不欲饮,小便不利,大便溏,腰痠肢冷。检查可诱发水平样眼震,音叉检查示右耳轻度感音性聋。舌淡胖、苔白滑润,脉沉弦。诊为美尼尔氏病,证属脾肾阳虚,饮停内耳。处以温化止眩汤:熟附片、陈皮、法半夏、白芍各10g,白术15g,茯苓、泽泻各20g,桂枝、炙甘草各5g,生姜5片。服药4剂后,眩晕大减,可起床活动,转颈时仍有不适,原方去法半夏加葛根10g,续服8剂告愈。(徐绍勤)

突发性耳聋

1 厥气上扰,宜平肝降逆,活血通窍

耳鸣耳聋暴发,多为气机逆乱,厥气上扰,壅闭清窍,临床上以肝火上逆最为多见。证见突发耳鸣、耳聋,多兼头晕目眩,口苦咽干,烦躁易怒,舌红苔黄,脉弦数或弦滑。谭敬书治此,多以龙胆泻肝汤、天麻钩藤饮、镇肝熄风汤之类加减。

案1 程某,女,50岁。1987年4月15日初诊。耳科验案139号。诉自今年2月17日突发双耳聋鸣,伴眩晕脑胀,外院电测听检查,左耳听力下降20~50分贝,右耳下降40~70分贝,均以高频为主。经西医治疗后,左耳已恢复正常,但右耳仍聋鸣如故。现右耳听音不清,耳鸣轰轰,持续不歇,时有头晕脑胀,眼睛干涩作胀,右耳部麻木感,颈软乏力,口苦咽干,睡眠不宁,大便调,小便黄,舌红,苔黄腻偏干,脉弦滑。证属肝火上逆,兼阴血不足之象,治以龙胆泻肝汤加减:胆草、栀子、柴胡、木通、甘草各10g,黄芩、泽泻、归尾各15g,生地、牡蛎各30g,丹参、葛根各20g。服12剂。4月29日三诊,自觉右耳听力明显提高,诸症显著减轻,心情舒畅,仍有眼睛干涩,晚上耳鸣、咽干,有时头晕,舌质仍偏红干有细裂纹,苔微黄腻少津,脉弦滑。此属阴液不足,肝阳上扰之证,宜拟育阴潜阳,活血通窍,治拟镇肝熄风汤加减:生地、牡蛎各30g,玄参、丹参、葛根各20g,白芍、归尾各15g,枸杞子、牛膝、川楝子、天麻、黄芩、茵陈各10g。以此方略有出入调理20剂诸症平复,听力恢复满意(未作电测复查)。

按 肝气上逆者,或缘肝经实热,化火上逆,或缘肝血不足,阴虚阳亢、病机虽有不同,均可各自产生暴聋耳鸣,亦可为同一病变之先后阶段。本案初诊,以肝经实火为甚,兼阴血不足之象,放用龙胆泻肝汤清肝泻火,去车前之渗利太过,重用生地以养阴血,当归改归尾,并加丹参以助活血祛瘀,葛根生用破血,且能生津,牡蛎平肝潜阳。三诊之后,实火渐消,阴虚阳亢仍存,故以镇肝熄风汤加减以育阴潜阳,仍加归尾、丹参、葛根之类活血祛瘀,佐天麻定晕,治切病机,收效亦佳。

2 经脉失调,宜行气活血,化瘀通络

因气血失调,经脉不畅,以致气滞血瘀,窍络痹阻而耳鸣耳聋,不论新久,凡聋鸣持续无明显波动,外无表证,内无里证,或脉弦,舌见瘀象者,皆宜从本法辨治。谭敬书治此,多以桃红四物汤、补阳还五汤之类加减化裁。

案2 梁某,男,59岁。1987年9月5日初诊。耳科验案171号。诉1周前右耳突聋耳鸣尖细,日轻夜重,原因不明,纳可,睡眠可,大便调,舌暗红欠润,苔微黄,脉弦缓尺弱。右耳骨导、气导尚存(音叉验查),听不到秒表。塞住左耳,在近距对话困难。从经脉失调,气滞血瘀辨治,用补阳还五汤加减:黄芪30g,归尾、川芎各15g,桃仁、干地龙、莪术、青皮、黄柏各10g,红花5g。5剂药后耳鸣消失,自觉"听力已好转80%",已能听到手表声。音叉检查,右耳气导>骨导,骨导=正常人,WT试验音响居中,舌淡红,中心有细裂,苔微黄,脉弦缓,尺脉仍弱。拟上方黄芪减半,加生地20g,骨碎补12g。续服5剂,痊愈。

按 经脉失调,气滞血瘀,窍络痹阻不通而耳鸣耳聋者,病变主要在经络气血。以血瘀有形,病邪未祛,故聋鸣持继,无明显波动,以及脉弦,舌见瘀象为其特征。其全身有明显证候可辨,当结合全身辨证,无明显证候可辨,或仅有某些不足以立证的症状,则从经脉失调,气滞血瘀辨证。本证往往有某些兼证,如肝郁、肝火、气虚、血虚等。本案从年龄考虑,多有气血不足,用补阳还五汤,重黄芪以助益气活血,加莪术、青皮行气破瘀,黄柏乃坚阴之用。复诊时舌有裂纹,属阴液不足之象,故减黄芪之甘温,加生地之育阴,以尺脉仍弱属肾虚,加骨碎补补肾聪

耳。治法始终以活血祛瘀为主，略兼补益，攻补得宜，又以新病，窍络瘀阻未甚，故疗程短，病愈速。

3 肾元亏虚，宜补肾扶元，活血通窍

突发性耳聋若久治不愈，多转为虚证，临床所见以肾阴亏虚居多，盖肾开窍于耳故也。肾虚精血不足，耳失所养，窍络空虚闭阻不通，故聋鸣或久治难愈。证见耳鸣耳聋，或兼有头晕，并见腰脊或腰膝疼痛，酸软无力，脱发，牙齿松动，小便余沥，或女子月经不调，男子梦遗、滑精、精血，脉沉。治疗选用诸地黄丸加减。

案3 高某，男，61 岁。1987 年 12 月 5 日初诊，耳科验案 183 号。诉右耳突聋 10 余天，伴右耳鸣，有时眩晕，与体位无关。用 ATP、扩血管药治无效。刻诊：乏力，腰背痛，尿余沥，夜尿 3～5 次，食纳一般，大便或溏或结，舌偏红胖有瘀点，苔黄欠润，脉沉细，两尺弱，音叉检查右耳感音神经性聋，证属脾肾两亏，清阳不升，治拟补肾扶脾，益气升清，活血通窍。用耳聋左慈丸加减：熟地、丹参、黄芪、磁石各 30g，葛根、淮山药各 20g，枣皮、泽泻、茯苓、丹皮、柴胡、石菖蒲各 10g，五味子 6g。7 剂。12 月 12 日二诊：诸症稍有好转，大便已调，舌淡红胖嫩，苔薄，脉沉细，上方去丹皮、柴胡、五味、磁石、加地龙、神曲、菟丝子、天麻各 10g。连服 21 剂，听力恢复如病前，耳鸣、眩晕消失。

按 暴聋耳鸣亦有虚者，此案临床所见，肾虚为主，故用耳聋左慈丸补肾聪耳，以大便不调，舌质较胖，故加黄芪、葛根、柴胡等扶脾升清，助以丹参活血祛瘀。方药基本对证，疗效尚可。复诊中，从舌胖嫩、脉沉细不数，知阴虚内热不显，故丹皮之凉血、五味之酸敛，磁石之潜降可去，亦舍柴胡，而加菟丝补肾，地龙活血通络，天麻平肝定晕，守方而治，终获痊愈。

案4 李某，女，36 岁。1986 年 1 月 4 日初诊，耳科验案 45 号。诉右耳于 1984 年 9 月突聋，原因不明，闻有耳鸣，经中西医治疗无效。现左耳呈中度感音神经性聋，脱发，月经量多延期，睡眠不宁，余尚可。舌淡胖带暗，苔薄白，脉沉细弱。证属肾虚，精血不足，阳气亏损，窍络瘀阻，治拟养血填精补肾，温阳益气活血，本可用左归丸加减，考虑到气血与阴阳皆见不足，肾亏与血瘀虚实互见，且按治法，信手拈药：熟地、炙黄芪、丹参各 20g，黄精 15g，首乌、枸杞子各 12g，磁石、牡蛎各 30g，附片、炙草各 5g。5 剂。1 月 16 日二诊，症如前，无明显变化，遵上方，加干地龙 10g 助活血通络，5 剂。1 月 27 日三诊，脱发现象减，耳鸣减，听力无改善，舌淡红胖，苔薄，脉沉细。二诊方上去牡蛎，加当归尾、鸡血藤各 15g，以增养血活血之力。在二个半月内，照服此方 20 剂后去附片，加菟丝子 10g，再服 30 剂，诸症平复，听力恢复正常。

按 突发性耳鸣耳聋，其新痛，实证尚可谓易治（有时不治自愈），其久病，虚证最难为力。其所难者，谭敬书认为，一是久病虚损，乃冰冻三尺，非一日之寒，故补虚疗损，非朝夕之功；二是肾虚耳鸣耳聋证，往往兼有肝脾心等脏腑失调，甚或痰浊、湿热内郁，与瘀血互结，痹阻窍络，所以然者，肾主藏精，为水火之宅，元阴元阳之腑，若精亏不能化气生血以荣肝木，阳虚不能温脾暖土以助中气，水枯不能上行以济心火，故也；三是本病多有耳窍脉络气血不畅，甚或瘀血痹阻，瘀痹不除，病终难愈。若学而不专，专而不精，拘方应证，不知变通，或急躁、冒进，不图固守，是以终难获效。本案属肾虚而非纯为肾虚，谭敬书据证立法，执法用药，不拘于方，且认定辨证无误，稍患者配合，适当守方，终不负匠心独运之劳。

4 中气不足，宜益气升清，活血通窍

突发性耳聋亦有久治不愈，为中气不足，清阳不升，气血难荣予上，窍络空虚痹阻者，证见耳聋耳鸣、头晕等症时轻时重，或蹲位起立时加重，并见面色不华，倦怠乏力，食纳不佳，大便不调，舌质偏淡，脉缓弱。一般用补中益气汤或益气聪明汤加减。

案5 阳某，女，47 岁。1986 年 5 月 29 日初诊。耳科验案 79 号。诉于 1984 年 2 月突发双耳“气闭耳聋”，无耳鸣，经中西医治疗，病情反复不稳定，左右听力交替性时轻对重，受凉后容易加重。近两年月经不调，今年春节食甜酒后月经转正常，初发病时右耳聋重，现左耳聋重，时有头晕，蹲位起立时易发，两耳闭塞感时作。平时倦怠乏力，纳一般，二便调，舌淡，苔薄白，脉缓弱，寸部沉弱。外院电测听检查为双耳感音性聋。鼓膜无明显异常。证属中气不足，以补中益气汤加减：黄芪、葛根、丹参各 20g，党参、归尾各 15g，白芍 12g，炙草、茯苓、白术、石菖蒲各 10g，升麻、柴胡各 6g。6 月 14 日二诊，上方服 10 剂，服药期间耳聋及诸症好转，停药则有反复。并谓近两年来上腹部时有疼痛，若腹痛时则有耳聋闭塞减轻，否则耳症加重。舌脉同前。上方加天麻、枳实各 10g。嘱连服不间。至 7 月 2 日服 15 剂，去枳实加陈皮 6g，再续服 20 剂，耳内闭塞、眩晕诸症消失，听力明显改善、稳定。嘱以补中益气丸、复方丹参片再调治 1 月。

按 本案中气不足之证比较典型，故始终以补中益气汤为主(首诊方中无陈皮，可能是写病案时遗漏之故)，加丹参助归尾以养血活血，加葛根、石菖蒲以助升清开窍。二诊以后，考虑到腹痛与耳症有关，乃以枳实代陈皮，使全方更具升清降浊之力。(李凡成)

慢性咽炎

痰有无形之痰与有形之痰，有形之痰即咳之即出或自口中吐出；无形之痰即痰随气流窜于某处而为患，痰聚则成质软之肿块。慢性咽炎患者常有痰黏感，或吐黏痰，检查见咽后壁有分泌物附着，咽部肌膜多肿胀，喉底颗粒常增生，此为有痰之症；又患者多久病不愈，局部检查黏膜颜色暗红，咽侧索肥厚增生，常有固定不移之刺痛；血液流变学检查，血液里浓、粘、凝、聚状态，此乃血瘀之征。若痰瘀不去，阻滞气机，津液不能输布于咽，故患者常咽干而欲嗽水而不欲咽，对其治疗应首重化痰消瘀，痰瘀俱去，津液得以辅布，诸症自愈，此乃寻源之法，非养阴生津所能为也。

谭敬书临证之时遇本病久治不愈，喉中有痰，舌质偏暗有津液者往往从痰瘀着手，治以化痰消瘀之法，然必佐以益气养血之品，处方多宗二陈汤，苓桂术甘汤，血府逐瘀汤等。用药独喜乳香、没药、黄芪、当归4味。他认为乳香、没药不但祛瘀止痛，且能流通气血以杜绝痰瘀之源，当归则养血活血，使瘀去而正不伤，黄芪益气升清，取其益气之功，使祛邪不伤正。现代药理研究表明，且有提高机体免疫能力，所以对治疗本病局部免疫功能低下有良效，取其升清之力，使津液上承以濡养咽喉。

陈某某，男，29岁，研究生，初诊日期：1994年5月12日。晨起咽痛1年，欲吐痰，口干不欲饮，舌质暗红，苔白，脉缓。已在他处服药(药名不详)，2～3个月无明显好转而来谭敬书处求治。查：咽后黏膜色暗红，喉底散在淋巴滤泡融合成块。西医：慢性咽炎；中医：慢喉痹。痰瘀互结，治宜化痰消瘀，处方：党参10g，白术15g，陈皮10g，桂枝3g，法夏10g，云苓10g，炙甘草5g，当归15g，乳香10g，没药10g，延胡索10g，黄芪20g。7剂后疼痛明显减轻，微觉左咽牵引左耳疼痛至颈后，舌质稍暗红，苔薄白，脉缓。辨证仍属痰瘀为患，且药已见效，遂以原方加葛根30g，柴胡10g，7剂后诸证痊愈。(朱梅菊)

汤承祖学术经验

【名老中医简介】汤承祖(1907～1995)　江苏南通人。主任医师。曾任南通中医院副院长，江苏省省中医学会理事。江苏省名中医，全国老中医专家学术经验继承工作指导老师。擅长肾病、肝病、血液病的治疗。

学术经验

1 学术思想

1.1“阳虚火炎”论

阴阳学说是祖国医学的精髓，人体阴阳的相互依存、相互制约，维持生理上的动态平衡，这一平衡一旦被破坏，乃生疾病。汤承祖常言：为医者，当详细审证，明辨虚实，终使阴平阳秘。他十分重视调整人体的阴阳平衡，在实践中运用并发展了中医阴阳学说。火之为病，当分内外；内火之中，又别虚实，虚火一证，以“阴虚火旺”为常见。

汤承祖认为，不独阴虚可以致火，阳虚致虚火者亦不为少见。肾阴、肾阳是人体阴液和阳气之根本，犹如水火内寄于肾，故有“肾为水火之宅”之说。当其出现阴阳平衡失调之时，或表现为肾气不足、或肾精亏耗、或肾阴虚损、或肾阳虚衰，并可由于阴损及阳或阳损及阴而成阴阳两虚之证。就肾阳虚衰而言，一方面因温煦和生化功能不足，出现精神疲惫、腰膝酸痛，形寒肢冷，小便不利或频数，大便溏泄或秘结，男子阳痿早泄，女子宫冷不孕等症；另一方面，由于肾阳不足，阴寒内盛，逼无根之虚火浮越于上，无可归源，便成“阳虚火炎”。“阳虚火炎”的症状，除见上述肾之阳气不足的表现外，必然有“虚火”的表现。虚火浮越所至之处，即症状出现之所在：上犯于脑，而为眩晕、耳鸣；内舍于心，则成心悸、失眠；簇聚于口，乃生疳疱；于咽发为咽疾，“面红如醉、如妆”亦是其特点之一。

阳虚之火与阴虚之火在临床上不难区别：后者可有口干舌燥、渴喜冷饮、烦渴盗汗、脉细带数等症，而绝无阳气不足之征；前者虽口干而不敢饮，伴见畏寒、足冷等下元不足之象，脉常沉细。论其治疗，总不离乎温补肾阳，潜降虚火，使真阳返其宅。“交泰丸”(黄连、肉桂)即是为引火归元而设。汤承祖常用温阳助阳之附子、肉桂温其下元，补骨脂、骨碎补、仙灵脾、菟丝子温补肾阳，共治其本；并少佐地黄、五味子，意在阴中求阳；重镇降逆之灵磁石、珍珠母等升类潜降虚火以治其标。标本同治，使肾之元阳振奋，阴霾之气消散，浮游之火返宅。

1.2 “肝气虚、肝阳虚”说

五脏皆有阴阳，然肝之气阳不足，虽古人早有论述，如《灵枢·本神篇》云“肝气虚则恐”，但后世论之者极少。汤承祖从古典医籍和临证实践中，总结出了肝气虚、肝阳虚的证治规律。肝气虚、肝阳虚的症状主要表现在：①气阳不足：气虚的症状如气短、乏力、精神不振等；阳虚乃气虚之渐，阳虚则外寒，或四肢不温、或身背恶寒、或昼夜畏冷、或入夜畏寒渐增，有些患者虽无明显畏寒，但衣著明显多于常人。②肝虚则胆怯：或回声而惊，或无端而感大祸将临，如人将捕之，或日间不敢独自居家或夜间不敢一人独卧，或不敢过桥，或不敢行无分岔之路，或独惧刀具，见菜刀、剪刀则恐，或独惧某人，虽平素无怨无仇，相见而急急避之。此外，尚有情志不舒、幻听幻视等症，如闻步履、耳语，视物旋转、摇摆、地面波动、异形尾随等。舌质淡或紫暗，苔薄，脉细无力。治疗以温肝之气阳为法，选补肝气之黄芪、当归，温肝阳之附子、肉桂、吴萸、小茴香等药，并可随证加入健脾运中之异功散，燥湿化痰之二陈汤、温补肾阳之肾气丸等。

肝气虚、肝阳虚证有胆怯、惊恐、幻觉等精神异常表现，但患者思维清楚、逻辑正常，亦无意识障碍，其病不在心而在肝，与“癫、狂”有异。此外，尚不能与郁证混为一谈。郁证一般不畏冷，善惊易恐极少见，起病急，病程短，有明显情志诱因，而肝气虚、肝阳虚则起病缓慢而隐袭，病程较长，与七情无关。

1.3 提倡中西医结合

汤承祖认为，中国医药学是一个伟大的宝库，对于人民健康必不可少。许多疾病和症状，中医确有独特的疗效，必须继承下来，并有所发展和创新。他还认为，要振兴中医，必须使中医现代化，把古老的中医理论和现代科学、包括西医学紧密结合，加强横向联系，用科学手段使中医理论定性、定量化，但决不是套用西医理论。并且，根据疾病的发生、演变规律，寻求一种或一系列治疗某种疾病的高效、特效药物或方剂，使中医真正走向世界，造福人类。

2 临床特点

2.1 脾胃病

①胃脘痛（慢性萎缩性胃炎）：慢性萎缩性胃炎的主要症状是食欲不振、胃脘胀痛、或伴嗳气、大便溏软等证。辨证多属脾胃虚弱，脾阳不振、或肝脾不和，而阴虚火旺者极为少见，其治常以益气温中、温阳调气，在异功散的基础上组成胃安汤（党参、茯苓、炒白术、陈皮、甘草、制附子、补骨脂、白芍、乌梅、绿萼梅）。异功散具有益气运中、健脾化湿之功，为主方，脾阳不振常致运化乏力，而肾阳又是五脏之元阳。因此振奋脾肾之阳即有健脾运中之功效，使食少、纳呆、脘腹胀满、嗳气、便溏诸症悉减，脾虚所致之水湿运化不利亦能温化，无湿象者加入白芍、乌梅，前者有调和肝脾、缓急止痛之功；后者取其酸甘化阴，冀以“阴中求阳”，并制前药辛燥太过。少佐理气之品能调达气机。中药治疗本病大多能使症状很快缓解，但内镜下胃黏膜的改善常需较长时间，需要患者坚持服药和注意饮食调摄。

②泄泻（慢性结肠炎）：以反复发作的腹泻稀便中脓血粘液便，伴腹痛，或里急后重等为主要临床表现，并见有食少纳呆、精神疲乏，或畏冷等症状。本病虚实夹杂，虚者为脾胃气弱，以及久泄损伤脾肾之阳而致脾肾阳虚；实者为湿邪蕴结肠道，上述因素而使运化失常即发病，病情缠绵、反复，治疗颇为棘手。汤承祖常用健脾运中，温阳解毒标本同治，选用异功散合薏苡附子败酱散。薏苡附子败酱散为《金匮》治疗肠痈之方，具排脓消肿、振奋阳气之功，方中薏苡仁利湿健脾，败酱清肠化湿兼以活血，少佐附子振奋阳气，配合异功散健脾运中燥湿，能调节免疫功能、消除局部充血、水肿，控制炎症，清除炎性渗出及坏死物，改善供血，促使溃疡愈合。

对于脾肾阳虚，运化、传导功能不良，证见食少腹胀、大便不实，或五更泄泻，面色无华、畏寒，脉缓无力尺弱、舌淡苔白无腻象着，汤承祖常用自拟之“异功二神汤”（党参、炒白术、陈皮、茯苓、甘草、补骨脂、肉豆蔻），每获良效。

③阴结（习惯性便秘）：起居失常、饮食不节、寒热虚实皆可导致大便秘结。寒因之秘，多为肾阳之虚，不能温煦脾阳，传导乏力所致，是谓阴结。阴结之证，除大便秘结，数日一行之外，尚可见有畏寒足冷、舌淡苔白、脉缓或沉细无力等一派阳虚之象。治以润肠通便，只能暂效。当以温润通便为法，取大温补肾阳之品，如补骨脂、制附子、覆盆子、甜苁蓉等，更当归、地黄以养血润肠，少佐枳壳理气，以助推动。全方寓通于补，效若桴鼓。

2.2 血液病

血液病中常见的缺铁性贫血、再生障碍性贫血、原发性或继发性血小板减少性紫癜，均可归于中医“虚劳”、“血证”范畴。概由素体不足，禀赋怯弱，或后天失养，或邪毒入里等因素所致。由于血液生长于骨髓之中，肾主骨、生髓，乃元阴元阳之根本；脾主运化，为后天之本，化水谷为精微，因此，疾病的发生，与脾肾的关系最为密切，尤其是肾。肾精亏损则骨髓不充，髓虚则精血不能复生；脾气不健则运化乏力，水谷无以化生精微。另一方面，血虚气弱，气虚血不行而成瘀，脾不统血、气不摄血、瘀血、血热等各种原因，使血液不循常道，则为出血之征。急性再障和血小板减少性紫癜急性型，临床少见，属“急劳”之变，多为阴虚火旺，或热入营血，起病急骤，来势凶险，采用中西医结合治疗。中药以滋阴清热凉血为法，一般选用左归饮合犀角地黄汤之类。缺铁性贫血、慢性再障等，以气血不足，气阳两虚或阴阳两虚为主，而以后者为多见。根据辨证分别选用益气养血（归脾汤）、益气温阳（四君子汤合右归饮）、平补阴阳（左归、右归合方）。汤承祖使用研制的系列成药“再障口服液”、“再生甲丸”、或“再生乙丸”（均为院制剂室自制）。对于血小板减少性紫癜或再障伴见出血者，在上述治疗基础上加强或加用健脾统血（归脾汤）、益气和血（补中益气汤、当归补血汤）、活血化瘀（四物汤加减），或凉血止血（犀角地黄汤、茜根散）等，休见血止血，切忌浪投以凉血止血之剂，反使病情加重。在治疗中，尚须注意“阴阳互根”，“阴中求阳，阳中求阴”，方能取得满意疗效。

2.3 老年病

①脊椎增生性疾病：脊椎（颈、胸、腰椎）增生性疾病，是中老年好发的一种骨与关节的退行性病变，其症状有头昏、眩晕、疼痛、麻木和功能受限，因增生部位不同而表现有异，类似于祖国医学“痹证”。汤承祖认为，肾者主骨，肾气充盈则筋骨强健；反之肾气虚衰则筋骨解惰、不坚，而风、寒、湿邪及外伤跌仆等，仅作为诱因存在，因此，徒从祛风散寒利湿治疗，往往疗效不著。他根据上述理论组成“益肾坚骨汤”（骨碎补、补骨脂、黄芪、当归、菟丝子、地黄、白芍、川芎），以益肾坚骨，益气活血。颈椎病者加枸杞子、葛根；腰椎病者加续断、狗脊。疗程多在1～2月，症状消失，且较少复发。

②老年人口干症：老年人口腔干燥症相当顽固，单纯采用养阴生津方法治疗，难以获效。对此，汤承祖常采用温阳益气。口干乃因肾阳不足，阳虚于下，气不化津，津不上承，而并非体内阴液不足，所以单纯养阴生津则如扬汤止沸。本病的特点是口干夜间为著，舌上无津，甚则舌体活动困难，并伴形寒畏冷，两足不温。以温补肾阳之制附子、补骨脂，益气健脾之黄芪、四君子之类，并稍佐养阴之品，口干诸证即可明显改善。若见舌质偏红亦用之无妨，随着口干减轻，舌红亦趋正常，可见口干、舌红非单纯阴虚也。（高 想 汤醇康 王陆军）

临床经验

再生障碍性贫血

1 研究思路

慢性再生障碍性贫血（简称慢性再障），患者临床表现体质虚弱，血少以及出血，属中医虚劳，血虚，血证等范畴。有关血的生成，气、血、津液之生理，血与五脏六腑功能之关系，乃至虚劳的治疗大法等，早在《黄帝内经》中就有较详的论述。血行脉中，由心所主，藏于肝，统于脾，肺朝百脉。气生血，精化血，肾藏精。慢性再障这种顽固性的虚劳血虚疾病，根据其临床表现的规律来看，因气少精亏而导致血虚，血少又反过来导致气弱精亏。

慢性再障的病机分析应归于脏腑功能的异常，脏与腑相表里。就五脏而言，脾与肾的功能状态对本病的发生发展与预后等整个病程影响最大，其机理不难言喻：一为后天之本，五脏六腑乃至整个机体有赖营养物质的濡养；一为先天之本，元阴元阳生命之根本寄寓其中，因此本病的诊断治疗无论如何要重视脏腑功能异常的分析。何脏功能不良？哪几脏功能不良？功能异常的几个脏病变程度又孰轻孰重？这几个脏的病变性质是什么？气血阴阳的不足与这几个脏分别有什么关系？何种邪气影响了何脏，其程度如何？脏与腑之间的病理协同关系如何？这就是说，临床辨证要细致入微，必须强调脾与肾在本病的发生发展和预后过程中的重要作用，以及二者之间的协同作用。对脾与肾关系的处理原则是强调肾在本病病程中的根本作用，不可忽视脾对本病的重要影响。具体做法，一是自始至终要将补脾益肾放在首位，其内容包括处方用药选择适宜的药，斟酌其用量。二是密切观察脾的功能状态，分析脾与肾的病变状态与关系，根据不同情况采用脾肾并调还是调补某脏兼顾某脏。必要时以调脾重于调肾，作为本病病程中之阶段性措施，这与治疗本病总原则治肾应重于治脾是不矛盾的。气与血的关系也要重视，气能生血，但过于补气则易生火，重于补血则血不易补，且有滋腻碍脾之弊。精能化血，补肾就是为了益髓生精化血。

2 辨证探微

慢性再障是顽症痼疾，加强对这一类疾病的客观认识固然重要，更为要紧的就是要对每个具体患者作细致的微观分析。对患者作微观分析的主要内容有：辨别患者病重之程度，在病程中之阶段，更为重要的是分析患者病情的特殊性，即反映患者病情的个体表现。这种特殊性的分析，相当于扩大化了的辨证分型，比辨证分型涉及的内容要多得多，除了包括通常的辨证分型之外，尚对患者的精神状态，情绪，营养，饮食，起居，嗜好，环境，家庭等诸多因素给予综合、归纳、分析，其目的是全方位对患者进行治疗和引导，利于患者休息养病的则要坚持和鼓励，不利的要改善和劝导，只要有可能，有关的一切都要给予指导性意见。

从辨证治疗来讲，慢性再障临床表现有其特殊性，本病的阴虚型证候常不典型，阴虚之证常有低热、颧红，舌红，口干、唇红、脉细数等。慢性再障患者特别是严重贫血者，面色苍白或萎黄，口唇色淡，舌不红，低热等症状不一定出现，无颧红，仅有脉细数及口干，如兼有手心热、心胸烦热等则有助于确诊阴虚型。关于慢性再障阳虚型，面色苍白或舌质淡等在诊断本型时意义不大，因这类患者因贫血所致几乎个个面色苍白或萎黄，因此畏冷、脉缓对于诊断阳虚型就特别重要。虽不畏冷，但四肢常不温，或衣着较常人为多，或较之常人不耐风寒，也是阳气不足之征象。本病诊治之困难常因证型分辨不当所造成，各类顽症痼疾的辨证常常有特殊的规律，只有长期深入研究才能有深刻的体会。

3 用药体会

虚证要辨气血阴阳的不足。补益脾肾之气可用黄芪、党参、山药、黄精、大枣、甘草。黄芪味甘性微温，有益气，壮筋骨，长肉，补血之功效，因其有升发之性，偏走阳分，因而配以性平味甘补益元气而性润的党参，共起振奋元气之功而无燥升之弊。山药与黄精均味甘性平，气厚味浓益肾补气填髓。大枣味甘性温，补五脏治虚损。甘草味甘性平，炙用补气益血，坚筋骨，利血脉，倍气力。大枣之温，甘草和之。三组对药共起补气益脾肾填精之功效。常用量，黄芪 30～60g，党参 30～60g，山药 20～30g，黄精 20～30g，大枣 20～30g，炙甘草 6～12g。治阴虚型，可用熟地、桑椹，二者既有补肾阴又有补血除热填精之功效。熟地用量 20～40g，桑椹 20～30g，补肾阳可用补骨脂、覆盆子、菟丝子、骨碎补及山茱萸，温补肾阳药用量常在 12～30g。脾虚有湿者，用炒苍术 12～18g，白蔻壳 5～8g（后下）；食不消者投焦谷芽 20～30g，炙鸡内金 10～15g，口淡食欲不振，中焦虚寒者，用肉豆蔻 10～20g，吴茱萸 2～5g；脾虚腹胀则投广木香 5～10g（后下），广藿梗 10～15g。（汤醇康）

医方验方

肾除蒸汤

方药：①生地 18g，熟地 18g，杞子 15g，炒白芍 12g，肉苁蓉 12g，嫩白薇 12g，炙百部 12g，糯稻根 30g，炙鳖甲 30g，粉丹皮 9g，煅人中白 9g。水煎服，10 剂。

②生地 300g，熟地 300g，炒白芍 300g，肉苁蓉 300g，桑椹子 300g，淮山药 300g，生牡蛎 360g，煅牡蛎 360g，山萸肉 150g，五味子 75g，糯稻根 750g，煅人中白 480g，地骨皮 240g，杞子 240g，白薇 240g，炙甘草 60g，夜交藤 600g，金樱子 360g，阿胶（另烊）360g，龟版胶（另烊）120g。

上药水浸一宿，煎 3 次，取汁去渣入阿胶、龟版胶，以白蜜 1.5kg、白糖 1kg 同收膏。1 日 3 次，每次一匙，约 50 天服完。另用海狗肾 90g 切片微焙后研细粉，每天 3 次，每次 9g，开水冲服。

功效：滋阴补肾，清热除蒸。

主治：肾结核。

扶正祛邪汤

方药：党参 15g，黄芪 15g，苍术 10g，广木香 6g，肉豆蔻 10g，制附子 6g，骨碎补 9g，荜拨 5g，败酱草 15g，白花蛇舌草 15g。

用法：水煎服，1 日 1 剂，分 2 次口服。

功效：益气健脾，温肾清肠。

主治：慢性结肠炎，久泻虚实夹杂者。

方解：党参补中益气，善理脾胃诸疾；黄芪补气升阳，为扶正之佳品；苍术燥湿健脾，且有强壮之效；木香行气止痛，为疗肠胃气滞之要药，功专温里止泻；肉豆蔻性涩，以温中涩肠为主效，用于久泻；制附子功能温中止痛，性纯属阳，走而不守，内则温中焦暖下元；骨碎补温肾阳；荜拨温中止痛，且能温肾；败酱草活血散瘀，解毒，为消炎排脓之要药；白花蛇舌草为清肠之品。诸药合奏益气、健脾、温肾、清肠之功，以达正扶邪祛之效。

汤建光消化病临床经验

【名老中医简介】汤建光（1959～）山东省阳谷县人。主任医师，教授，硕士生导师。1982 年毕业于河南中医学院。河南中医学院教授。现任安阳市中医院业务副院长。河南省中医内科脾胃病专业委员会副主任委员,《中国消化病学杂志》编委,安阳市医学会消化病专业委员会常务副主任委员。河南省名中医。从事中医之医、教、研工作20余年,擅长诊治食管病、胃病、肝硬化、肝癌、胰腺炎、炎型肠病。主持完成的科研课题分别获河南省药监局科技进步二等奖和河南省中医药管理局科技成果三等奖。发表论文20余篇,出版专著2部。

临床经验

消化系统疾病

1 自创食管安颗粒方活瘀化痰,理气降逆治疗反流性食管炎

汤建光认为食管自咽至胃,为饮食之通道,属胃所主,胃为水谷之海,与脾互为表里,一升一降,共司受纳运化和输布功能。情志不畅、饮食失调、劳累过度、久病伤脾或平素多喜食肥甘厚味,甚则嗜酒无度,均可致脾胃损伤,脾失运化,水湿内停,湿聚生痰;加之情志不畅,或病情反复,迁延不愈,脾胃功能长期失调,致使中气亏损,气虚推动无力,终致痰、瘀互结于食管,胃失和降,胃气上逆,而见反酸、嗳气、胸骨后痛伴烧灼感、恶心、呕吐等症,甚则食入反出。本病病性属本虚标实,虚实夹杂,病机关键为瘀血痰浊内阻,胃气失降,故创食管安颗粒,由半夏、苏梗、陈皮、土茯苓、旋覆花、代赭石、桃仁、赤芍、香附、黄连、吴茱萸、乌贼骨、大贝、甘草等组成,该方具有活瘀化痰、和胃降逆的功用,正是针对病本进行治疗。

2 善用丹参饮加减治疗消化性溃疡

消化性溃疡疼痛长期不止,病势缠绵,血络痹阻则瘀血内生,成为消化性溃疡病的病理产物,且瘀血这一病理产物一旦形成又可作为致病因子,反过来加重气机郁滞及脾胃虚弱等证候引起种种兼变证。若脾胃虚弱,无以化生气血易致气虚血瘀或情志不遂,肝气不舒,气滞血瘀。或脾胃阳虚,阴寒内生,寒凝血瘀。瘀血存留,妨碍血之化生,黏膜缺乏气血之供养,抗邪能力下降,或瘀血直接损伤膜络而致溃疡复发。所以,瘀血是本病复发的"宿根",此"宿根"不除,瘀血不祛,则溃疡难以完全愈合,复发在所难免。丹参饮由丹参、檀香、砂仁三味药组成,具有活血祛瘀,行气止痛之功。汤建光临床治疗消化性溃疡中以丹参饮为基础,结合消化性溃疡的现代病因病理加用乌贼骨、大贝、瓦楞子、香橼、佛手、陈皮等药,标本兼治,临床收到满意疗效。

3 桂枝茯苓丸加减治疗手术后腹痛

汤建光认为手术后腹痛多为腹部手术致血络受伤,腹中瘀血,脏腑气机不利,经脉失养,"不通则痛",故而腹痛。治疗方选桂枝茯苓丸加减,该方是《金匮要略》中的明方,由桂枝、茯苓、牡丹皮、赤芍、桃仁5味药物组成,具有活血化瘀、消除瘕块的作用,汤建光临床中常加败酱草、当归、元胡、鸡血藤、广木香、川楝子等药以理气止痛。如此针对病机给予活血化瘀理气,则瘀血化气机通腹痛止,即"通则不痛"。

4 讨 论

反流性食管炎及消化性溃疡内镜下可见食管黏膜、胃黏膜充血、水肿、糜烂、溃疡秽浊苔和分泌物,与中医瘀血所致病症相似。1991年,Tamawski等率先提出食管胃黏膜下血管网减少、微血管结构紊乱等明显的组织学和超微结构的异常,进而影响了细胞氧气的输送、能量的供给及黏膜的防御功能,从而成为复发的基础。现代医学研究表明,本病复发的一个关键因素是由于局部微循环障碍,这就为采用活血化瘀法防治本病复发提供了客观依据。现代药理研究证实,活血化瘀药桃仁、赤芍、丹参、红花、当归、元胡等可以增加黏膜组织的循环灌注,扩张微血管,解除平滑肌痉挛,促进其能量代谢,保证黏膜上皮及溃疡底部和边缘腺体迅速再生及保持黏膜微环境的酸碱平衡,从而促进食管黏膜水肿的消退和加速胃黏膜溃疡的愈合。术后腹痛多由术后肠粘连所致,桂枝茯苓丸通过改善肠黏膜微循环,促进炎症的吸收,改善症状。(安 丽 杨淑娟 宋俊建 汤建光)

反流性食管炎经验

1 病因病机

汤建光认为,尽管中医学中无反流性食管炎病名,根据其临床表现可归属于"吐酸"、"呃逆"、"胃痞"、"胸痹"、"噎嗝"等范畴。从解剖学来看,食管与胃天然相通,以膜相连,故应归属于胃,为受纳饮食的通道,因此本病的发生与脾胃运化功能失调密切相关;而情志不畅、饮食失调、劳累过度、久病伤脾或平素多喜食肥甘厚味,甚则嗜酒无度,均可致脾胃损伤,脾失运化,水湿内停,湿聚生痰;加之情志不畅,或病情反复,迁延不愈,脾胃功能长期失调,致使中气亏损,气虚推动无力,终致痰、瘀互结于食管,胃失和降,胃气上逆,而见反酸、嗳气、胸骨后痛伴烧灼感、恶心、呕吐等症,甚则食入反出。所以汤建光认为,本病属本虚标实,虚实夹杂,正虚在脾胃虚弱,正气亏虚,邪实为痰浊瘀血互结于食管,该病根本所在、病机关键是痰、瘀内结,胃气上逆。

2 辨证用药

汤建光教导中医的精髓在于辨证施治,本病虽

然病机复杂，症状多变，但临床辨证时，只要抓住痰浊、瘀血的病机关键，随证加减就能获得满意疗效。他根据多年的临床经验立化痰活瘀法并拟降逆化痰活瘀方治疗 RE，取得较好疗效。降逆化痰活瘀方由半夏、苏梗、陈皮、土茯苓、旋覆花、代赭石、桃仁、赤芍、香附、黄连、吴茱萸、乌贼骨、大贝、甘草等组成。半夏祛痰散结，降逆和胃；苏梗、陈皮通降胃气，苏梗入胃行气宽中，和胃通降；陈皮理气和胃化湿，疏利气机，两药配伍半夏共达祛痰散结，和胃降逆之效；土茯苓清热解毒燥湿，以防痰瘀化热；旋覆花降气化痰降逆止呕；代赭石重镇降逆，可降上逆之胃气而止呕止呃，桃仁、赤芍、香附疏肝行气，活血化瘀，使气机通瘀血化，肝脾功能复常；黄连、吴茱萸为左金丸，辛开苦降、降逆止呕；乌贼骨、大贝抑制胃酸，甘草调和诸药，全方配伍严谨、力专效宏，共奏化痰化瘀、和胃降逆之功效。

3 病案举隅

张某某，男，42 岁。以烧心、泛酸、嗳气 2 年余。主诉于 2005 年 8 月求诊于我院。患者于 2 年前始现上腹部不适，烧心、泛酸、嗳气，时有胃脘胀痛或痞满、胸膈刺痛、泛吐黏痰、大便秘结。经胃镜检查示：点状或条状发红、糜烂≥2 处，HP（+），诊断：反流性食管炎（Ⅱ级）。患者平素喜食肥甘厚味，偶饮酒，舌质黯，苔厚腻，脉弦滑。辨证：痰瘀互结证，治宜化痰活瘀，和胃降逆，方用降逆化痰活血汤。药用旋覆花 10g，代赭石 15g，黄连 6g，吴茱萸 6g，川厚朴 10g，甘草 6g，土茯苓 10g，苏梗 12g，陈皮 15g，桃仁 6g，赤芍 15g，香附 10g，乌贼骨 15g，大贝 10g。用法：每日 1 剂，文火煎煮 30min，取药汁 400mL，分 2 次口服，服药 6 剂后，烧心、泛酸症状明显好转，继服 4 剂后胃脘痞满、胸膈刺痛减轻。复诊时诸症大减，舌淡红略黯，苔稍腻，脉弦滑，按前方继服 7 剂。1 月后来诊，诉烧心、泛酸、嗳气症状基本消失，食纳明显好转，大便通畅，舌淡红，苔白，脉弦。停药后 1 周复查胃镜示：食管黏膜正常，HP（－）；诊断：反流性食管炎（0 级）。随访 12 周未见复发。

4 讨 论

反流性食管炎是由于食管下端括约肌功能失调或幽门括约肌的关闭功能不全，胃和十二指肠内容物反流入食管，引起食管黏膜充血水肿，甚至糜烂性炎性改变以及食管功能障碍的疾病，好发于 40～60 岁人群，它的主要症状为烧心、反酸及胸痛等，近年有许多文献报道反流性食管炎发病率有增高的趋势。汤建光根据多年的临床经验，立化痰活瘀治法和拟降逆化痰活瘀方治疗 RE，RE 内镜下可见到食管黏膜充血水肿、糜烂、溃疡、甚者斑痕狭窄，有的 RE 黏膜创面上秽浊苔和分泌物，与中医所述的瘀血所致的病症相似，通过活血化瘀、化痰理气治疗，食管黏膜上述症状消失，事实证明该治法科学合理；该方组方严谨科学，能针对食管炎发病机制的各种因素进行治疗，现代药理研究证明：半夏有显著抑制胃液分泌的作用，陈皮有明显抑制胃溃疡发生和胃液分泌、增强利胆的作用；苏梗、陈皮能抗菌、抗炎，对急慢性炎症有抑制作用，从而减轻食管黏膜病理组织损害；乌贼骨、大贝抑酸和胃，可中和胃酸，改变胃内的 PH 值，降低胃蛋白酶活性，有利于食管黏膜的修复和溃疡面的愈合；桃仁、赤芍、香附能改善食管黏膜血流、扩张小动脉、改善微循环、消除黏膜充血水肿，加速食管炎症的愈合；黄连具有抑制胃酸分泌，抗溃疡作用；吴茱萸具有抑制胃及十二指肠内容物反流作用；旋覆花、代赭石对中枢具有调节作用，能抑制延髓呕吐中枢化学感受器而起镇吐作用，从而抑制胃食管的反流；土茯苓具有镇痛、抗炎、抗癌、免疫抑制等作用。由此可以看出，降逆化痰活瘀汤的组方符合现代药理研究，组方药物能从不同的方面促使食管黏膜的修复和炎症的改善、提高 LES 的张力、减少胃酸反流，达到治愈 RE 之目的，这证明降逆化痰活瘀汤组方具有现代药理基础。（宋俊建 汤建光）

汤金土临床经验

【名老中医简介】汤金土（1942～）教授，主任医师，博士生导师。1965 年毕业于浙江中医学院。国家药品监督管理局药品审评专家。浙江省名中医。从事中医教学、临床 30 余年，对中医药治疗血液病，特别是急慢性再生障碍性贫血、白血病、血小板减少症等均有丰富的临床治疗经验。参编《医宗金鉴 · 杂病心法白话解》《实用中医内科学》《金匮要略校注》，主编《张山雷医籍》《近代名医张山雷遗著研究》。

再生障碍性贫血

1 病因病机

人体的气血来源于脾胃水谷精微和肾中精气。脾虚生化无权，则血源不充；肾虚精气亏损，则精不充;脾肾两亏,复感病邪(包括毒邪、放射性物质、药物等),继则影响其他脏腑,精髓进一步亏虚,血行无力,导致血瘀。急性再障多属真元衰竭。而元阴、元阳是人体各种机能活动的物质基础,有相当一部分再障患者虽然发病之初仅表现为面色苍白、舌白唇淡、神疲乏力、纳差、四肢酸楚、汗出、畏寒、气短懒言,或少量的齿衄、肌衄等脾肾阳虚、气血亏虚的症状,但由于其根本是元阴、元阳衰竭,因此,可在较短时间内就发生不同程度的感染和发热,使病情迅速加重,病势急转直下,出现气不摄血或火热熏灼所引起的各种严重出血、高热等症状。慢性再障起病较慢,病理基础主要是脾肾阳虚。血的生成与脾肾两脏密切相关。若因先天禀赋不足或后天诸因,往往可致脾肾亏虚,而脾肾亏虚中,又以脾肾阳虚为发病的主要环节。因肾阳为人体阳气的根本,肾阳虚不能振奋脾阳而致脾阳亦虚,脾阳虚不能化营生血以充养先天而致肾气更虚,两者互为因果,功能日趋衰竭,结果造成脏腑经络、气血阴阳亏耗而发生本病。汤金土治疗再障常分以下类型。

2 辨证施治

2.1 肺胃郁热

症状:面色苍白或潮红,烦热口渴,咽喉疼痛,口舌糜烂,口臭便干,头晕心悸,齿衄或有鼻衄,皮肤大片瘀点,舌红而干,苔黄,脉滑数。治以清火解毒,养阴止血。方宜玉女煎加减。药用:鲜生地、麦冬、生石膏、知母、金银花、连翘、鲜芦根、鲜石斛、龟版、鳖甲、墨旱莲、白茅根、三七粉等。

2.2 心脾两虚

症状:面色萎黄,头晕心悸,少寐多梦,纳少,乏力,齿衄、皮肤瘀点,妇女月经过多,舌淡红,脉虚细。治以补益心脾,益气养血。方宜归脾汤加减。药用:党参、炙黄芪、白术、制首乌、炒枣仁、灵芝、炙当归、阿胶、紫河车粉、仙鹤草等。

2.3 肝肾阴虚

症状:面色不华,头昏目眩,耳鸣心悸,心烦易怒,手足心热,夜有盗汗,腰酸梦遗,鼻齿衄血,皮肤紫癜,甚或尿血,舌红苔薄黄,脉弦细数。治以滋养肝肾,凉血止血。方宜左归饮合二至丸加减。药用:生熟地、山茱萸、枸杞子、女贞子、墨旱莲、芡实、仙鹤草、茜草、知母、龟版、菟丝子、紫河车等。

2.4 脾肾阳虚

症状:面色苍白,形寒肢冷,唇甲苍白,乏力气短,头晕耳鸣,心悸,腰酸膝软,遗精阳痿,食少便溏,皮肤紫癜,舌淡胖,脉芤。治以温补脾肾,益气养血。方宜二仙温肾汤加减。药用:仙茅、淫羊藿、巴戟天、煨补骨脂、葫芦巴、鹿角胶、北五味子、制首乌、党参、炙黄芪、甘草、红枣等。本型是再障最常见的证型,可与归脾汤交替使用。

2.5 肾阴阳两虚

症状:面色不华,头昏目眩,腰膝酸软,短气乏力,畏寒,自汗盗汗,手足心热,遗精阳痿。口渴不欲饮,夜寐不安,齿衄或和鼻衄,皮肤紫癜。舌淡红少苔,脉沉细无力。治以阴阳并补。方宜七宝美髯丹加减。药用:制首乌、茯苓、川牛膝、当归、枸杞子、菟丝子、补骨脂、巴戟天、生熟地、山茱萸、黄精、女贞子、墨旱莲、龟版、鹿角胶等。

2.6 真元衰竭(急性再障)

症状:面色苍白,头昏头痛,烦躁不安,发热,神识不清,鼻齿衄血,尿血便血,皮肤紫癜。舌光燥,脉大而数。治以助阳摄血。方宜生脉散合参附汤加减。药用:别直参、附子、麦冬、北五味子、女贞子、墨旱莲、补骨脂、炙黄芪、阿胶珠。神昏用神犀丹。

汤金土认为,再障患者日久,尤其用刺激造血功能药物后出现面色沉滞晦黯,舌质淡紫,脉沉涩等瘀血征象者,加用鸡血藤、丹参、三七粉等可提高疗效,这可能与造血微环境损伤有关;再障伴大出血,可用生脉散合花蕊石散加减,药用:别直参、花蕊石、麦冬、五味子、炒阿胶珠、三七粉(吞);再障伴高热,可用犀角地黄汤合白虎汤加减,药用:水牛角片、鲜生地、丹皮炭、赤芍、生石膏、知母、连翘、麦冬、鲜石斛、鲜芦根、别直参。

汤金土认为,在辨证时应注意几点:① 再障患者,一般疗程长。无论中西药,一般疗程至少在3个月以上,所以,一旦辨证正确,不要轻易改方。② 如挟感冒,一般发热在38℃以下,不要停药,另服抗感冒中成药,否则影响疗效,如发热高达38℃以上,则应停药。③出血不是一般止血药所能奏效的,大出血时加用别直参。④月经问题:一般再障有月经量多,但用刺激造血功能药物后停经,若经量多,应在行经前加重补气药,经行即用止血药,如蒲黄炭、小蓟炭、炒阿胶珠等,一般不会影响行经。⑤关于输血问题:输血不是治疗手段,如贫血症状能耐受,血红蛋白在40g/L以上,一般不必输血。

3 病案举隅

张某,女,17岁。初诊:2000年12月10日。因月经过多,时时昏厥,至当地医院检查而发现本病。当时BRT:WBC:1.3×10^9/L,HGB:38g/L,PLT:3×10^9/L;骨髓片:无骨髓小粒,巨核细胞全片未见,当地医生建议住院并用激素治疗，因医疗费用及药物的副反应，而转来汤金土处就诊。刻下：面色苍白，头晕耳鸣，心悸，神疲乏力，畏寒肢冷，夜尿频多，经行量多，经色淡红，8天干净，面色苍白，遍体乌青，舌淡，苔薄，脉芤。拟温补脾肾，益气养血。药用：仙茅、淫羊藿、炒巴戟、葫芦巴各15g。淡苁蓉12g，菟丝子、鹿角片各15g，女贞子20g，制首乌30g，鸡血藤、灵芝各20g，炒枣仁15g，山茱萸12g，炙黄芪50g，川朴花、防风各10g，太子参20g，炙甘草10g。二诊：病情好转。血象上升，WBC：2.9×10^9/L，HGB：54g/L，PLT：21×10^9/L，诸症稍减，药后未发生昏厥现象。夜尿2次，腰酸乏力，下肢仍有乌青，舌淡，苔薄，脉虚大，治守原法。药用：仙茅、葫芦巴、巴戟天、淫羊藿各15g，枸杞子20g，补骨脂15g，山茱萸12g，制黄精、白芍各15g，菟丝子、女贞子各20g，炙黄芪30g，人参叶20g，制首乌30g，鸡血藤20g，益智仁15g，炙草10g。三诊：病情稳定，皮肤乌青已除，胃纳一般，信事5天干净。耳鸣仍存，腰酸乏力，夜尿1次，WBC：3.1×10^9/L，HGB：60g/L，PLT：51×10^9/L，舌淡，苔薄。脉虚大，治守原法。药用：仙茅、葫芦巴、巴戟各15g，菟丝子、枸杞子、鹿角片、女贞子各20g，淡苁蓉15g，山茱萸10g，绞股兰30g，太子参20g，首乌30g，炙黄芪50g，防风、炙甘草、厚朴花各10g。用以上各方反复服用2年余，并且未服用任何西药，症状基本消失，血象基本恢复正常，信事正常，为维持疗效，仍服用中药至今。2004年3月25日来诊时，BRT：WBC：4.7×10^9/L，HGB：113g/L，PLT：96×10^9/L，无腹胀，纳香，苔白，脉小数。药用：炒党参20g，炙黄芪、制首乌各30g，枸杞子、菟丝子、女贞子、桑椹子各20g，淫羊藿15g，薏米仁30g，葫芦巴、巴戟天、鹿角片各15g，丹参、鸡血藤各20g，青皮10g，生甘草6g。嘱继续服用中药，3个月后复诊。

4 体会

汤金土认为，本病的发生主要在脾肾，因脾主运化，一身营卫气血均由脾胃而资生。"中焦受气取汁，变化而赤是谓血"，肾主骨生髓，五脏之阳又赖于肾阳的振发而活动，肾阳充盛则振奋脾阳，使脾的生化功能正常，则能化生气血而输布营养全身。而肾阳衰微，则可使脾阳亦虚，则生化无力，气血不生，而导致本病的发生。故治疗宜温补脾肾，益气养血为主，先人有"善补阳者，必阴中求阳，阳得阴助，生化无穷"之至理明言，故处方中不但有温补肾阳之品，亦有滋养元阴之属。本病疗程较长，在临床时一般在中药治疗的基础上，适当辅以激素类药物（如康力龙、十一酸睾酮）以加快疗效，以使患者早日康复。（叶 凤）

医案验案

郁证治验

案1 朱某某，女，36岁，1998年10月10日就诊。诉其子前年死于白血病后情志一直抑郁。先则少腹不舒，胸胁胀痛，并伴随经期超前量少；继则腹胀如有鼓鸣，午后尤甚。于去年3月间在当地医院检查发现子宫肌瘤。证见大便闭塞，小便黄赤艰涩，纳谷不香，喜食酸咸，入夜难以入眠。观其面色黄中略带浮红，精神恍惚，神色不安，未言先自叹息。苔薄质暗，脉细弦。病属郁证，郁于肝经，致使胸胁胀痛；久则气滞血瘀，冲任失和，瘀积胞宫，聚生癥瘕。治拟舒肝理气，活血化瘀。处方：柴胡9g，郁金9g，制香附10g，佛手10g，丹参30g，川芎15g，赤芍、白芍各15g，紫苏梗15g，厚朴花9g，茯苓9g，青皮、陈皮各6g，沉香9g，丝瓜络15g，生甘草6g，6剂。二诊：药后胸胁胀痛有所改善，大便燥结减轻。入寐所需时间仍长，但能每日睡4小时左右。月事也已按期来潮，经量较多，有黯红色血块。惟觉精神欠佳，口干欲饮水。仍拟原法出入，加重活血通络之品。处方：柴胡9g，郁金9g，制香附10g，佛手10g，丹参30g，炙桂枝6g，炮穿山甲20g，醋莪术9g，生蒲黄12g，炙鸡内金6g，赤芍9g，砂仁6g，6剂。三诊：药后诸证皆除，偶因情绪激动而发胸闷，神倦，苔薄，脉细。原法佐以清心安神治之。处方：丹参30g，炮穿山甲20g，醋莪术9g，生蒲黄9g，郁金9g，玫瑰花12g，炒僵蚕9g，乌药6g，石斛15g，茯苓9g，红枣20g，甘草3g，6剂。四诊：药后病未再犯，偶有疲乏无力，两腿酸软，舌苔薄白，脉细。拟养心调血，以图巩固。处方：太子参9g，白术6g，茯苓12g，当归9g，生地黄6g，川芎12g，白芍9g，陈皮6g，炙甘草9g。

按 患者病起情志不遂，致使肝气郁结，心气不舒，进一步发展导致脏腑气血阴阳的失调。两胁为肝之分野，肝气不舒则胀满作痛。气机阻滞于胸则胸闷气短。气机不畅则血行不利，血行迟缓无力而形成血瘀，甚至滞于脉络结成瘀血。冲为血海，任主胞胎，现气滞血瘀，两脉气血不足，胞宫失去濡养，故经期超前，经量偏多，积于胞中又成癥瘕。血为气之母，气为血之帅，当此时疏肝理气固是当务之急，但活血祛瘀亦为不可偏废之法。故除在使用理气解郁药的同时，重用如丹参、穿山甲、醋莪术、生蒲黄、赤芍之属，俾气行则血行，血行则瘀血自消。

案2 赵某某，男，32岁，1998年10月就诊。患者因单位效益欠佳,精神焦虑,自觉时时心中烦恼,情绪易激动。然冲动之后,右胁胀闷,行走时自觉腹中如有水瓶中晃水之声。身疲无力,甚则心悸气短。入冬以后渐发展至头晕目眩,严重时恶心欲呕,手足微麻,卧床不能起立,历半小时方可缓解;纳呆,大便溏薄,口不欲饮,舌滑,脉虚濡。病属郁证,由于七情内伤,气机运化受阻,致中焦功能失调,水液代谢障碍,水津停滞而为痰饮。治宜理气解郁,温化痰饮。处方:猪苓9g,泽泻18g,茯苓20g,白术9g,桂枝6g,防己12g,黄芪15g,柴胡9g,香附6g,枳壳9g,川芎9g,当归12g,白芍5g,陈皮6g,甘草6g,3剂。二诊:药后心悸气短有所减轻,纳食略增,精神萎靡,苔薄腻,脉虚。仍拟原法出入。处方:半夏9g,茯苓15g,川芎6g,远志12g,胆南星8g,桑寄生15g,生龙齿20g,白术9g,党参12g,甘草6g,6剂。三诊:药后病情大有好转,自述饭量较前多一倍以上,便溏亦改善,右胁胀满、头目眩晕等症状消失,心悸气短少见,苔白,脉细。拟健脾益气、温阳利气以善其后。处方:白术9g,炒党参12g,茯苓15g,川芎6g,甘草3g,陈皮9g,炒扁豆6g,炒薏苡仁30g,炒山药9g,砂仁6g,米炒苍术6g。1月后随访,右胁胀满、头目眩晕等症状未再复发。纳便正常,诸症消失而愈。

按　该患者病起七情内伤,忧虑耗伤气机,致使脏腑气机不利,肝失疏泄。肝气郁滞则右胁胀满,情志不宁易怒。而气化失职,又使水津停滞聚生痰饮。脾为生痰之源,肺为贮痰之器。在脾则痰湿交结,阻遏中焦运化,故纳谷不香,便溏,甚则内中如有水瓶样声。上扰清阳,则头晕目眩,甚则卧床不起。水饮留胃,胃不和则卧不安,所以睡眠欠佳。此处在疏肝理气之余,必须健脾化痰,去饮安神才是治本之道。在治疗中始终贯彻“病痰饮者当以温药和之”的原则,故选用五苓散、苓桂术甘汤、黄芪防己汤等温化痰饮,更加四君子汤、参苓白术散等健脾去湿,以杜生痰之源,俾痰清气畅,则诸症自蠲。

案3　金某,男,37岁,1997年9月15日初诊。自述久苦胸闷、气短,善太息,前额胀痛,咽中不利,如有物贴之,咳之不出,咽之不下,紧急不舒,病已两月余。经某医院检查未发现器质性病变,咽拭纸试验阴性。怀疑为“慢性咽炎”,并给以抗生素治疗,但无效。眠食尚可,咳呛少痰,口苦干不欲饮,二便调畅,舌苔灰白厚腻,脉沉细缓滑。诊为郁证之梅核气,此是痰气凝结,肺气不宣,胃失和降之证。处方:姜半夏9g,厚朴6g,茯苓12g,生甘草3g,紫苏梗9g,陈皮6g,桔梗6g,炒白术9g,灯心草3g,天冬9g,炒枳壳6g,7剂。二诊:药后咽中哽阻有所减轻,但胸闷前额胀痛依旧,咳痰增多,质稀色白,仍拟原法出入。处方:紫苏叶6g,半夏9g,厚朴9g,茯苓12g,炒枳实9g,炙枇杷叶6g,旋覆花6g,生甘草3g,赭石15g,炒苏子5g,莱菔子3g,甘草6g,5剂。药后咽中痞塞已解,胸闷、太息、前额胀痛等症已消失。

按　中医认为,梅核气是一种情志不舒,气郁不伸引起的郁证。《金匮要略心典》指出“此凝痰结气,阻塞咽嗌之间。《千金方》所谓“咽中帖帖,如有炙肉吞不下,吐不出是也!”因此在半夏厚朴汤的基础上配合行气药治之。上述3案,初起均以肝郁气滞、心神失养为主要表现,但随着病情的发展,伤及脏腑气血阴阳,或夹瘀血,或夹痰饮,或与外邪相搏,胆胃失和。所以经治之法在疏肝理气总则之外,须根据病情的轻重缓急,酌加活血、理气、化痰、清热之品,方为合拍。此时若一味用香燥理气药物,恐重伤肝阴,必须配合滋阴、轻宣的药物,以免犯虚虚实实之戒。(张　霆)

汤坤标临证特色

【名老中医简介】汤坤标(1937～)福建龙岩人。主任医师。1963年毕业于上海中医学院医疗系本科。临沂市中医药学会名誉理事长。山东省老中医药专家学术经验继承工作指导老师。从事外科临床工作40余年,擅长治疗周围血管病、乳房疾病,中西医结合治疗急腹症。参与完成课题获省科技进步三等奖。主编参编专著2部,主审1部。

股肿五法

1 辨治五法

1.1 清热活血法

本法适用于病之急性期,血瘀阻滞,蕴而化热之证。证见患肢肿胀,焮热,剧烈疼痛,发热,烦躁,口渴,白细胞总数升高,舌紫暗、苔黄,脉滑数等。治疗时选用寒性活血化瘀药物,如赤芍、丹皮、丹参、地龙、茜草、土元、虻虫等,同时配合清热解毒药物如双花、连翘、蒲公英、地丁、黄芩、黄柏等。汤坤标常以自拟经验方妙消栓汤(丹参、红花、当归、水蛭、元参、双花、牛膝、苍术、黄柏、甘草)加连翘、公英、黄芩等治疗。

1.2 利湿活血法

本法适用于病之急性期或亚急性期，血瘀湿阻，湿瘀互结之证。证见患肢肿胀明显，沉重重着，按之凹陷，皮肤光亮，舌质红，苔白厚或白腻，脉弦滑等。消瘀通脉，从根本上便于利湿消肿，利湿后肢体肿胀消退，有利于消瘀通脉，恢复肢体血液循环。因此，治疗时活血化瘀药常配合利湿药物，如苍术、黄柏、薏苡仁、萆薢、泽泻、茯苓、木瓜、赤小豆等应用。汤坤标常用妙消栓汤加萆薢、泽泻、茯苓等治疗，每能应手而效。

1.3 通下治血法

本法适用于病之急性期，患肢肿胀明显，皮肤光亮，紫暗，按之凹陷，疼痛剧烈，发热，大便燥结，舌质红，苔黄厚，脉弦滑数，身体壮实者。主要以大黄、芒硝配合活血化瘀药物应用。汤坤标多用妙消栓汤合调胃承气汤加减化裁，收效良好。

1.4 活血破瘀法

本法多适用于疾病亚急性期或慢性期，瘀血凝结，瘀阻严重，日久难消之证。证见患肢肿胀沉重，固定性疼痛，皮肤色素沉着呈暗褐色，舌暗红有瘀点，脉细缓而涩等。常用的活血破瘀药物如三棱、莪术、桃仁、红花、乳香、没药、血竭、土元、水蛭、虻虫等。代表方如大黄蛰虫丸、抵当汤。汤坤标常以自拟经验方活血舒脉汤（丹参、赤芍、当归尾、土元、水蛭、夏枯草、生牡蛎、地龙、玄参、黄芪）加减化裁，经缓缓调理，收效满意。

1.5 补虚活血法

本法适用于慢性期或恢复期，瘀血阻滞而兼气血阴阳亏虚之证。患肢肿胀久不消退，按之不硬而无明显凹陷，沉重麻木，皮肤发凉，颜色发白，青筋暴露，倦怠乏力，舌淡肿大有瘀斑，苔薄白或白腻，脉濡缓者。治宜益气活血，温阳利水之法，汤坤标用自拟经验方益气通脉汤（黄芪、党参、丹参、当归、桃仁、红花、地龙、川牛膝、鸡血藤、甘草）化裁收效良好。腰酸腿软者加菟丝子、川断、杜仲；肢冷麻木者，加桂枝等；血虚体弱者，加白芍、阿胶、熟地黄等，而一些活血化瘀药物同时兼有养血作用，如丹参、赤芍、当归、鸡血藤等；阴亏者加生地黄、元参、龟版、鳖甲；兼有虚热者加银柴胡、地骨皮、知母等。汤坤标认为，活血化瘀与补气法合用，能使气旺则血行，改善血液循环，并能增强机体免疫功能，提高活血化瘀法的疗效。在重用或久用活血化瘀药物时，配合应用补气药可使祛瘀而不伤正气。

另外，汤坤标主张，本病急性期在内服中药的同时可配合静脉点滴中药针剂，如丹参注射液、脉络宁注射液、蝮蛇抗栓酶等，实践证明能提高祛瘀抗凝、消栓通络作用；药渣煎汤外洗患肢具有减轻肢体瘀血肿胀，缓解疼痛和促进侧支循环作用。

以上所述活血祛瘀五法，基本包括了中医中药治疗股肿的内治法则，一般可单独使用，但临床上通常是数法合用。股肿早期以瘀血兼湿热者为多，故清热利湿活血法用之较多；中期瘀热内蕴、热毒炽盛者，活血化瘀常与清热解毒，通下热结法合用；瘀肿疼痛难消者，常需活血破瘀、攻坚散结；疾病后期瘀血常与气血亏虚之症并见，又当活血祛瘀配合补气养血，温肾助阳。又因气血关系密切，投活血药每与行气药同用以增强疗效。

2 诊治思路

2.1 活血化瘀，兼以益气行气

气与血关系密切，就血液的运行来说，气的推动和温煦作用是血液循行的动力；气的固摄作用是血液正常循行的重要因素。在病理情况下，“气塞不通，血塞不流”，“气虚而血滞”。故《血证论》曰：气为血之帅，血随之而运行；血为气之守，气得之而静谧；气结则血凝，气虚则血脱，气迫则血走。”其治疗方法《内经》主张“疏其气血，令其条达”；《景岳全书》认为“气虚而血滞 、气弱血不行”，重视调气、益气。汤坤标治疗下肢深静脉血栓形成一病，在活血化瘀的同时，常重用黄芪补气祛瘀以助血行，用延胡索活血行气以利血行。实践证明，治疗该病加用黄芪，一方面可增强活血化瘀之功，另一方面可增强机体的抗病能力，在重用或久用活血化瘀药时，使其祛瘀而不伤正。延胡索为血中气药，可明显缓解因瘀血而致的肿痛，并使之补而不滞。《本草纲目》云：“延胡索能行血中气滞，气中血滞，故主治一身上下诸痛，用之中的，妙不可言。”《中华药海》引《本草疏证》曰：“黄芪，直入中土而行三焦，故能补中气……浚三焦之根，利营卫之气，故凡营卫间阻滞，无不尽通，所以源情流自洁也。”现代药理研究证明，黄芪有降低血管阻力、扩张周围血管、抑制血小板凝集作用，并能提高机体免疫功能，还可利尿；延胡索有改善循环和镇静止痛作用。

2.2 破血逐瘀，善于运用三虫

《内经》云：“结者散之，留者攻之”。《景岳全书》指出：“血有蓄而结者，宜破之逐之”；“血有涩者，宜利之”。根据以上理论，对于下肢深静脉血栓形成瘀血阻滞严重而见肢体青紫肿胀，固定性剧烈疼痛者，汤坤标常采取破血逐瘀法，善用三虫，即水蛭、虻虫、土鳖虫，将其研末冲服或入汤剂，常获满意效果。三味均能破血逐瘀，水蛭潜水而居，虻虫居陆地能飞行，均入肝经血分，同为破血逐瘀要药，二者皆为吸血之物，一飞一潜，其性更猛；土鳖虫性善走窜,能逐瘀血、通经络。三药相伍,在上之瘀飞者抵之,在下之瘀潜者挡之,治血结上下俱病者功效尤彰。三味虫药的抗凝作用已被现代药理研究证实,且水蛭尚有溶栓作用。值得注意的是,三虫皆为有毒之品,攻逐力强,易伤正气,故用之宜慎。

2.3 血瘀湿阻,祛瘀勿忘利湿

瘀血阻于阴脉,血液回流受阻,易使水津外溢,导致血瘀湿阻,证见下肢粗肿沉重、按之凹陷、皮肤光亮等症。汤坤标治用活血祛瘀,利湿消肿并举。祛瘀消栓通脉,可从根本上益于利湿消肿,湿祛则肢体肿胀消退,肿消又有利于祛瘀消栓通脉,恢复肢体血运,两者相辅相成。临证时常用其经验方活血利湿汤(丹参、红花、当归、水蛭、延胡索、玄参、黄芪、金银花、苍术、黄柏、牛膝、泽泻、土茯苓、赤小豆)化裁治之,收效满意。若湿瘀化热,湿热之象明显者,则重用金银花、黄柏,加蒲公英、连翘、虎杖等药。

2.4 血瘀血虚,重用当归、黄芪、丹参

下肢静脉血栓形成血瘀日久易致血虚,或血虚体弱而患病者,皆当活血养血、祛瘀通脉。《景岳全书》曰:"血有虚而滞者,宜补之活之 ";《血证论》指出:"不补血而祛瘀,瘀又安能尽去哉"。汤坤标认为,瘀血不祛,新血难生,血虚体弱,血流迟缓,不利于瘀血的祛除,且更易致瘀,故治宜活血养血并举。《中华药海》谓"丹参活血祛瘀,补血益气,有阴中阳药之称";《妇人明理论》曰:"一味丹参散,功同四物汤"。当归养血活血,补中有动,行中有补,《本草正》谓其"诚血中之气药,亦血中之圣药也",与补气之黄芪相伍为当归补血汤,意在补气生血,乃"有形之血不能自生,生于无形之气故也"。因此,下肢深静脉血栓形成血瘀血虚之证,他每重用以上三味,无不应手而效。

另外,据临床观察和药理研究,活血化瘀药物的治疗作用与其用量大小有一定关系。如苏木一般用量是活血药,若增加到1 5g以上就有破血作用;红花用10g常作破血药,小剂量应用则只有活血作用,治股肿时用到20g则效果显著,无不良反应。因此,用活血化瘀法治疗本病,应从整体观念出发,严格辨证论治,合理、准确选用药物和剂量,以提高治疗效果。

3 病案举例

患者赵某,男,60岁,农民。1995年8月26日初诊。主诉:左下肢肿胀、疼痛3个月。病史:3个月前因田间劳作过度而致左小腿肿胀、疼痛,1周后渐延及膝上至股部。到某市立医院诊为"左下肢深静脉血栓形成(混合型)",住院40d,经蝮蛇抗栓酶、脉络宁及中药汤剂等综合治疗症状好转出院。患者为求根治,又易手数医,用过低分子右旋糖酐、丹参注射液及中药汤剂等,仍收效甚微,慕名请汤坤标诊治。患者诉半月来左下肢肿胀又有加重之势,沉重胀痛,活动后加重,平卧休息后减轻。倦怠乏力,懒动思睡,脘痞泛恶,纳差,口中粘腻,时有头晕、心悸。大便粘滞不爽。检查:身高体胖,面目虚浮,眶周晦暗,左下肢自踝至大腿根部肿胀,浅静脉扩张,大、小腿周径(大腿为髌骨上缘18cm点平面周长,小腿为胫骨粗隆以下10cm点平面周长)左 > 右3.0cm。舌淡胖、边有齿痕、苔白厚腻,脉细稍滑。脉症合参诊为痰瘀股肿。分析病情:患者年老,肥胖痰湿之体,又过劳、病久多卧,使正气更伤。气虚运血无力,血流迟缓而致血瘀;脾弱水湿运化失常,湿聚而使痰生,痰与瘀血胶着凝结,阻于下肢阴脉而致下肢肿胀;困于中焦而见脘痞泛恶等症;犯胸膈、清窍,则见心悸、头晕之症。外院之治均刻意于活血化瘀,忽视了祛痰之法,故效不满意。治宜利湿化痰,活血祛瘀,予祛痰浚血汤原方加瓦楞子30g,陈皮10g,每日1剂,水煎服,药渣再煎汤熏洗、热敷患肢,每日1次,每次30min。连用10d 。二诊:服药平妥,诸症减轻,饮食增进,苔转薄腻,守方10剂。三诊:诸症明显好转,体力渐增,脘痞泛恶等症消失,饮食基本复常,脉转濡缓,两腿周径相差2.0cm。此后守方加减调治1月,嘱自配舒脉酒(黄芪、丹参、当归各等份,用上等白酒配成含生药10%的药酒,浸泡1月以上)备用。1995年10月26日再诊,左下肢肿胀基本消退,他症平悉,双腿周径相差 <1.0cm 停服中药汤剂。嘱服舒脉酒每次20mL,每日2次;二米赤豆稀饭(糯米、薏米、赤小豆各30g)每日或隔日1次,健脾利湿消肿,活血祛瘀通脉以固疗效。1月后左下肢肿张消退而告痊愈。随访半年未复发。(张学颖)

唐辰龙肝癌经验

【名老中医简介】唐辰龙(1940~)女,江苏常州人。主任医师,教授。1963年南京医科大学医学系毕业,1974年上海中医药大学第五届西医脱产学习中医班结业。原复旦大学医学院(原上海医科大学)

附属中山医院中医科主任。中华医学会肿瘤学会中国中西医结合研究会委员,《临床》杂志编委。主要从事肿瘤的中西医结合临床研究工作。1985 年参加了“小肝癌的诊断与治疗”研究工作,获国家科技进步一等奖。参编《原发性肝癌》《中医治疗疑难杂病秘要》等多本专著,主编《中医学》教材,发表论文 20 余篇。

原发性肝癌

1 肝癌治疗应“软治”

肝癌属中医“癥瘕”、“积聚”范畴。本病病因病机复杂,多由情志抑郁,气滞血瘀,痰湿凝滞,瘀毒胶结日久而成,治疗不可急功近利,穷攻猛伐。唐辰龙常喜引用《石室秘录·软治》所言“痞有坚劲而不肯轻易散者,当用软治”来说明中医治疗肝癌应采用“软治”(姑且将西医之手术切除、放化疗等治法名曰“硬治”)。她将“软治”释为“以柔克刚”,这与“肝体阴而用阳,忌刚喜柔”之性甚符。柔为用药阴柔,指滋阴养血健脾和胃平正之品。肝为藏血之脏,病则阴血常不足,即《张氏医通》所言“里虚而痛者,阴不足也”。且肝气瘀滞则血滞,肝病初起在气分,久则入血耗血引起血虚、血瘀。血属阴,毒邪必先伤其阴,先耗肝体,继损肝用,晚期患者多气阴两虚。肝癌中晚期,瘀毒阻于肝胆,耗伤肝之阴血;或肝郁久化火、耗伤阴津,出现胁肋隐痛,消瘦,低热,盗汗,头晕目眩,失眠健忘,舌红苔少或剥,脉细弦数等症。唐辰龙认为,此时应酸甘化阴,滋养肝阴,应遵《内经》“肝欲酸,急食酸以补之”,如乌梅、五味子、白芍、山茱萸等;同时配以甘润生津之品,如生地黄、太子参、女贞子、旱莲草、沙参、枸杞子等,即“肝苦急,急食甘以缓之”之意。肝癌患者性格多急躁易怒,为多气少血之体质。平日易失眠多梦,这与肝性暴急,体阴用阳,多见气火有余、阴血不足的生理特性相符。应顺肝之生理特性,用柔肝缓急之品以敛肝疏木,如白芍、乌梅、酸枣仁、诃子等,活血补血常用当归、黄芪、丹参、赤芍、鸡血藤等,其中当归补血汤为几乎必用之方。柔为活法柔和,缓攻缓补,而非大剂量刚猛药物急攻猛伐。唐辰龙认为,中医再峻猛攻伐之品效果也不如西医介入化疗直接将药物打入肝内快捷。攻伐之药还未经胃肠吸收,就伤胃气了,故中医要缓攻;缓补是为了防止滋腻碍胃,常用太子参、沙参、白扁豆、薏苡仁、茯苓、白术等,很少用熟地黄、何首乌及动物胶类。中医应治人而非治瘤,若丢掉中医整体调整辨证的优势,一味追求肿瘤的缩小,便是舍己之长,就人之短。肝癌患者经放、化疗后,往往出现恶心呕吐、不思饮食、黄疸、腹水等剧烈反应,此时更要缓攻缓补,养阴生津,柔肝滋肝,清热降火,益气健脾之剂能大大减轻放化疗副反应,且能减少骨髓抑制和肝功能损害,而且对稳定患者内环境平衡有良好作用。

2 扶正祛邪重正气

唐辰龙注重辨证论治,反对用大量清热解毒抗肿瘤药堆砌成方。在她治疗肝癌的 1000 余张病案处方中,随机抽取 100 张处方,以益气健脾化湿、滋阴养血、活血化瘀、清热解毒四类药为主。经统计表明:补益药与祛邪药之比约为 3:1,体现了唐辰龙扶正祛邪并施但更强调扶助正气的用药原则。这 100 张处方中,扶正药用药频次前 5 位为:白术、茯苓、薏苡仁、太子参、生黄芪;祛邪药用药频次前 5 位为:白花蛇舌草、土茯苓、半枝莲、白英、石见穿。

治疗肝癌的众多方法总不外乎攻、补两个方面。唐辰龙认为西医长于攻法,如手术切除、放疗、介入化疗、瘤内无水酒精注射等;中医则善于扶正祛邪并施,综合调理,通过调节人体阴阳、气血、脏腑等的功能状态,使之达到整体水平的平衡与协调,从而使疾病向愈。而肝为刚脏,“宜补肝,不宜伐肝”。养肝则肝气平而血有所归,伐之则肝虚不能藏血,而致肝血虚、肝血瘀,故当顺其性而治之。《难经》曰:“损其肝者缓其中”;《卫生宝鉴》说:“凡人脾胃虚弱,……易致成积聚肿块”。脾胃虚弱不能散精于肝,而致肝体虚。故唐辰龙在扶正的具体运用中,尤重补益脾胃,常用药如白术、薏苡仁、茯苓、太子参、山药、白扁豆等。又重视“久病以寝食为要,不必汲汲论病”。故临证时往往加鸡内金、焦山楂、神曲、谷芽、麦芽等消导之剂。特别认为鸡内金是消癥积之要药,健脾胃之妙品。

3 舌象变化断病情

望闻、问、切是正确辨证论治的基础,唐辰龙尤重望诊中的舌诊,如观舌色可判断正气的虚实;看舌苔可辨别邪气之深浅;结合舌体之润燥,可验津液之盈亏。观察舌象的变化能较为准确地估计疾病的严重程度,有助于选择适当的治疗方法和指导辨证用药,以及推测疾病的预后。舌淡胖、边有齿痕属脾气虚;舌暗红为内有瘀热;舌红或绛、少苔或光剥为阴虚火旺;青紫舌或有瘀斑瘀点为肝血瘀阻;腻苔为湿浊不化等等。

唐辰龙曾分析 100 例肝癌患者中医舌象与临床有关因素的联系,发现舌质正常以Ⅰ期患者相对较多,肝功能状况相对较好,病理类型以单个结节型较多,合并肝硬化者程度较轻或无,手术后生存期较长，预后较好。而舌色红兼有瘀斑者与前者相反，预后较差。有的患者虽然癌瘤未去，但舌润有苔，脉缓，往往病情相对稳定。反之，若舌红绛无苔或舌青紫有瘀斑、面色晦暗，虽形体较壮实，此为肝阴枯竭之危象。青紫舌在Ⅱ期肝癌患者中多见，大多肝功能异常程度较大，合并中度以上肝硬化者较多，推测肝癌青紫舌的成因可能与门静脉瘀血、血浆粘度增高及微循环瘀滞有关。放疗、化疗后患者常表现出舌色暗红、少苔有瘀斑或白腻苔，此为阴血受损，伤及脾胃之气，而致气阴两虚夹瘀夹湿。肝癌患者晚期多见舌质红绛、无苔或少苔、裂纹或芒刺之舌象。养阴生津、柔肝滋肝之品的应用甚为重要，如太子参、沙参、麦冬、女贞子、旱莲草等，切忌辛燥之品。

4 病案举隅

沈某，女，49岁。1995年3月19日B超发现肝右前叶实质占位。4月1日CT示：肝右前叶2.8cm×2.8cm×2.5cm实质占位，伴少量腹水。AFP 680μg/L。诊为原发性肝癌。患者有先天性心脏病病史，1968年曾行房缺修补术。近查右房右室增大伴三尖瓣重度返流，中度肺动脉高压，故不能进行手术切除。同年7月13日行剖腹探查术，发现肝右后叶有约2.5cm×2.5cm 2个肿瘤，左外叶有约3cm×3cm 1个肿瘤，肿瘤穿刺病理证实为肝细胞肝癌。肝固有动脉插管结扎术后行5疗程小剂量化疗，化疗方案为CDDP40mg + 5 - FU500mg; CDDP20mg + MMC10mg; MMC10mg + 碘化油10mL；化疗后反应甚剧，严重贫血，胸水，腹水，患者不能耐受继续化疗，乃到唐辰龙处服中药治疗。患者一般状况尚好，面色萎黄，神疲乏力，胃纳差，胸闷，心慌心烦，右上腹胀，下肢浮肿，少尿，失眠多梦，盗汗，舌淡暗有瘀斑边有齿痕、苔薄白腻，脉细弦。治以健脾益气，滋阴养血，佐以活血清热。处方：太子参18g，炒白术、生薏苡仁、熟薏苡仁、白花蛇舌草、生黄芪、煅瓦楞子各30g，当归、佛手、赤芍、白芍各12g，地鳖虫10g，炙鸡内金、鸡血藤、茯苓、炙鳖甲、仙鹤草、菟丝子各15g。随症加减淫羊藿、补骨脂、土茯苓、酸枣仁、平地木、马鞭草、田基黄、石见穿、泽泻、芡实、厚朴、山茱萸、郁金、焦山楂曲等。坚持服中药，已存活5年多，一般状况良好。1999年7月5日B超复查示：肝脏瘀血，少量腹水，35mm×35mm液性暗区。2000年12月B超复查未发现实质性占位，腹水(-)。

(李永健 桑久华 邸若虹 马 骏)

唐福安咳喘辨治特色

【名老中医简介】唐福安(1917~2006) 杭州人。主任医师。杭州市中医院中医内科专家。曾担任浙江省中医学会理事兼内科学会副主任委员。浙江省名中医，首批全国老中医药专家学术经验继承工作指导老师。享受国务院政府特殊津贴。临证擅治咳嗽、哮喘、内科疑难杂症以及儿科、妇科疾病。参编《浙江省药用植物志》《中华人民共和国药典》(浙江部分)《浙江省药品标准》《浙江省中草药炮制标准》的总审定稿工作；编制的"唐福安咳嗽电脑专家系统"课题软件获浙江省医药卫生科技进步奖。

治喘八法

1 辨证分型及治疗

1.1 风寒袭肺型

主证：形寒，喘促，咳嗽，痰稀薄，口不渴，苔薄白，脉浮；次证：头痛，身痛，无汗；病机：风寒袭肺，肺失宣肃。治则：散寒平喘，宣肺化痰。药物：炙麻黄6g，杏仁9g，生甘草5g，桔梗9g，前胡12g，炙百部9g，象贝9g，炙紫苑10g，陈皮3g，车前子(包)12g。

1.2 痰热蕴肺型

主证：喘促，咳嗽，痰黄，咯痰不松，舌红，苔黄，脉滑数；次证：畏寒，发热，口渴喜凉饮。病机：痰热蕴肺，肺失清肃。治则：清肺平喘、化痰安嗽。药物：炙麻黄6g，生石膏(先煎)30g，杏仁9g，生甘草5g，桔梗9g，前胡12g，炙百部6g，象贝10g，炙紫苑10g，黄芩6g。

1.3 痰食互结型

主证：喘促，气短，咳嗽，痰白粘，咯痰不松，纳钝，苔厚腻、脉弦滑。次证：胸闷，大便不畅或秘结。病机：痰食互结，肺失肃降。治则：平喘化痰，消食开胃。药物：焦建曲10g，全瓜蒌12g，桔梗9g，前胡12g，炙百部6g，象贝10g，杏仁9g，炙麻黄6g，生甘草3g。

1.4 饮邪恋肺型

主证：喘促，甚则不能平卧，咳嗽，痰白清稀，形寒，苔白滑，脉细弦；次证：口不渴或渴喜热饮。病机：饮邪恋肺，肺失宣肃。治则：温肺化饮，平喘安嗽。药物：炙麻黄3g，川桂枝3g，细辛3g，干姜3g，白芍3g，五味子3g，姜半夏12g，生甘草3g。

1.5 心肺两虚型

主证：喘促，气短，时有心悸，神疲乏力，自汗，苔薄，脉细；次证：畏风，体虚易患感冒，咳声低弱，言语无力。病机：心肺两虚，卫外不固。治则：益肺养心，固表定喘。药物：生黄芪12g，炒白术10g，防风6g，浮海石12g，甜葶苈10g，佛耳草12g，桑白皮10g，山海螺15g，远志5g，炙甘草5g，红枣5枚。

1.6 肺脾两虚型

主证：喘促，气短，面色少华，食欲不振，神疲乏力，大便偏软，舌胖，苔薄腻，脉细濡；次证：脘腹痞闷。病机：肺脾两虚，肺气失降。治则：益肺健脾，下气平喘。药物：炒党参10g，炒白术10g，炙甘草5g，炙黄芪12g，佛耳草12g，浮海石12g，炒米仁15g，炒陈皮3g，炒二芽各15g，车前子（包）12g。

1.7 肺肾两虚型

主证：喘促，呼长吸短，动则更甚，腰酸，尿多，舌光红，脉细；次证：形瘦，神惫，气不得续，汗出。病机：肺肾两虚，气失摄纳。治则：益肺补肾，纳气平喘。药物：平地木15g，南北沙参各10g，代赭石（先煎）15g，淮山药12g，五味子3g，佛耳草12g，桑白皮10g，熟地炭10g，萸肉6g，广地龙6g，炙甘草5g。

1.8 哮喘宿痰，风邪引发型

主证：哮喘宿疾，每年皆发，多因食腥味或感邪后及接触花粉等诱发，气喘，痰少，皮肤瘙痒，胸闷，苔薄，脉数。次证：严重时张口抬肩，难以平卧，伴咳嗽，咯痰不松。病机：哮喘宿痰，风邪引发。治则：祛风平喘，下气化痰。药物：炙麻黄6g，杏仁9g，生甘草5g，地肤子12g，白鲜皮12g，浮海石12g，佛耳草12g，桔梗9g，前胡12g，炙紫苑10g，车前子（包）12g。临床加减：阴虚者加南北沙参、山海螺、天麦冬、花粉、鲜芦根；痰多加陈皮、姜半夏、陈胆星或竹沥达痰丸、清气化痰丸分吞或包煎；咽痒痛加黛蛤散、一枝黄花，板蓝根；肺热重（白细胞较高）加鹿含草、野乔麦根、鱼腥草或虎杖；伴恶寒发热加焦山栀、黄芩、薄荷；便秘加全瓜蒌、玄明粉或番泻叶。

2 病案举隅

蒋某，女，65岁，1983年8月初诊。喘证，咳嗽气急，声低息短，动则更甚，大便偏软，小腹作胀，舌光红，脉濡数；西医诊断：慢性支气管炎，慢性阻塞性肺气肿，慢性肺源性心脏病。证属肺、脾、肾三脏俱虚，治宜益肺健脾，滋肾平喘。处方：北沙参、平地木、代赭石（先煎）各15g，淮山药、熟地炭、茯苓各12g，冬术、白芍、麦冬、桑白皮各10g，甘草、五味子、炙苏子各5g，陈皮3g。服上方5剂，气急较平，咳嗽未至，便下仍软，脘腹不舒，舌光红，脉如前，再宗前法，上方去平地木、北沙参、冬术、熟地炭、茯苓、炙苏子，加沉香、青皮各3g，党参、生熟地各10g，车前子（包）12g，共服二十余剂，咳喘基本控制。

喘证的发生，不外邪实和正虚。唐福安治实喘重在治肺，对各型实喘均伍以止嗽散化裁，在平喘基础上，加强宣肺化痰之力，使咳嗽松爽，痰得外排，肺气肃降顺达，以求咳止痰少喘平之目的。虚喘通常指肺肾气虚，重在治肺肾，以培补摄纳为要。他常用四君子汤合五屏风散疗肺脾两虚之咳喘症，使土旺金生，母壮子健。对虚实错杂的本虚标实证，从标本缓急立法，讲究发病治标，平时治本。唐福安治实喘擅用炙麻黄，颇为灵验，儿童3～5g，成人视病情而定，常用量6～12g。凡高血压患者，则配伍平肝潜阳之品。治清喘多用代赭石，此药能镇胃气冲逆，开胸肺，坠痰涎，用之得当，诚有捷效。以参赭镇气汤治肺肾两虚之虚喘，也寓其意。此外，肺热之喘合浮海石，肾虚之喘加鹅管石，为取前者清肺热，化顽痰之力，用后者温肺壮阳，入肾降逆之功。肺与大肠相表里，唐福安治喘时还注意询问排便情况，认为：大便通畅则肺热有泄降之途。临诊上通常以全瓜蒌、制军、玄明粉等疗便下不畅，合并痰多色黄者，加竹沥达痰丸或清气化痰丸包煎或吞服，常获良效。凡支气管哮喘患者，在辨证基础上加地肤子、白鲜皮、地龙、天虫等脱敏及舒张支气管平滑肌药物，以祛风化痉平喘。（陈智新 整理）

热咳证

1 热者居多

咳嗽有外感和内伤之分，又有虚实寒热之别。唐福安认为，杭州地区咳嗽患者以热者居多，或风热咳嗽，或痰热咳嗽，或肝火咳嗽。为何咳嗽患者中热者居多？唐福安曰：天地人使之然也。一是杭州位居江南，温暖潮湿，所以风热犯肺致咳；肺热内郁，蒸液成痰，痰热壅阻肺气，肺失清肃作咳；既使是风寒咳嗽，一般一周以上不愈，也可化热乘肺，肺失宣肃而咳。二是现代人生活水平提高，大多过食肥甘或补品，脾失健运，痰浊内生，痰可郁而化火，壅阻肺气而咳嗽痰多；或嗜酒好烟，熏灼肺胃致咳。上述诸因，又可伤及津液，导致体质偏热，肝火偏旺，木火刑金而咳。故而，临床上咳嗽以热者居多。

2 治疗精要

2.1 以清主之

唐福安认为，热咳证的本质是热，所以，治疗首先是清热为主，辨证论治。

①风热咳嗽，治宜疏风散热、宣肺化痰；药用蝉

衣、桔梗、牛蒡、桑叶、前胡、象贝、薄荷、炙紫菀、竹沥夏、生甘草。②肺热或痰热咳嗽,治宜清热化痰宣肺。药用桑白皮、黄芩、生石膏、鲜芦根、冬瓜子、鱼腥草、野樵麦根、炙百部、炙紫菀、生甘草。肺热为主者加鹿含草、虎杖;痰盛者加陈胆星、竹沥夏;痰鸣者加炙麻黄、杏仁、佛耳草。③肝火犯肺者,治宜平肝泄热、泻肺化痰;药用黛蛤散、旋复花、代赭石、桑白皮、桔梗、前胡、象贝、石决明、焦山栀、甘草。

2.2 以泻助清

唐福安认为,对于实热较甚的患者,单以清热宣肺法还不够,如果出现痰多色黄,咳痰不松,甚至便秘不通者,在清、宣的基础上,应酌情使用泻法 。一般的患者可用瓜蒌仁、杏仁、生军。重者给予礞石滚痰丸。礞石滚痰丸系《丹溪心法附余》引王隐君方。方由大黄、片姜黄、硝煅礞石、沉香所组成。功用为泻火逐痰,主治实热老痰。《医宗金鉴·删补名医方论》吴谦等曰:“治痰者,以清火为主, 实者利之。”他根据肺与大肠相表里的关系,引用礞石滚痰丸,以黄芩泻肺热,大黄泻肠胃实火,以礞石除湿热,以沉香利气化痰,从而使大便通畅,肺热得以泄降。

2.3 病案举隅

案1 徐某,男,4岁。本市人。1991年4月8日初诊。咳嗽半月余,痰鸣,咳痰不松,痰黄黏稠,大便干秘不通,二天未解,舌红脉数。证属痰热咳嗽。给予化痰清热、宣肺润下:桑白皮、黄芩、鲜芦根、冬瓜子、鱼腥草、野荞麦根、炙百部、炙紫菀、陈胆星、竹沥夏、鹿含草,7剂。同时,予以礞石滚痰丸,20丸,每日二次。服药二天后大便通畅、痰鸣消失,咳痰转松。第三天起改为每日10丸。连服七天,诸症消失而愈。

案2 顾某,女,56岁,职工。于1991年5月9日初诊。咳嗽阵作一月,咳痰不松,痰多,伴咽痒,胸胁疼痛,大便干结,舌红,脉弦数,证属肝旺肺热,治拟清热平肝、泄火化痰。黛蛤散、石决明、桔梗、前胡、甘草、桑白皮、象贝、野菊花、丝瓜络、炙紫菀、陈胆星、鱼腥草。7剂同时,给予礞石滚痰丸30丸,每日两次口服。服药5天后,咳嗽明显好转,咳痰转松,大便通畅,7天后基本康复。

3 药食结合

唐福安治咳非常注意了解患者的生活习惯,饮食等,十分强调药疗与食疗相结合。因此,在临诊中不厌其烦地向患者交待有关注意事项。如水果类,他提倡热咳者吃白梨,因为白梨清凉润肺止咳,有利于热咳的恢复,但不能吃桔子等水果,因为桔子性温,不利于热咳的治疗。在饮食方面,除传统的不能吃鱼虾烟酒外,他还认为不能吃糖类食品及油炸食物,用药也不能过甜,如枇把膏、雪梨膏及某些单验方或冰糖蒸白梨、冰糖蒸川贝,因为糖性热甜食易导致热咳加剧,咳痰不松,不利于热咳的好转。

4 小 结

《景岳全书·咳嗽》篇说:咳证虽多,无非肺病。唐福安治咳证,重在治肺。尤在治热咳证中,更重视清热化痰宣肺,以祛邪为主。治疗方药以止嗽散加减,审证求因,辨证论治,或疏风散热,宣肺化痰;或清热化痰,宣肺安嗽;或平肝泄热、泻肝化痰。强调治咳不能见咳止咳,热咳初起及痰多者更不能过早地使用镇咳力强的药物。在用药上,还常用荆芥、鹿含草、虎杖。他认为荆芥有脱敏作用,故常用之;鹿含草、虎杖有较强的抗炎作用,故在治疗肺热或痰热咳嗽较甚者时常用之, 黛蛤散清肝化痰, 亦常用之。同时,唐福安治热咳证又不局限于治肺,善巧用泻法, 以泻助清,泻表安里,常常事半功倍。礞石滚痰丸的应用便是一例。至于强调的药疗与食疗相结合,深入了解患者的生活习惯,饮食情况,工作环境和精神状态,并给予正确指导,因人而宜,因证而治,则充分体现了中医的整体观念和辨证论治的特点,在临床上往往收到单纯药物治疗所不能达到的疗效。(黄 进)

唐玉秀针灸经验

【名老中医简介】唐玉秀(1935~)教授,主任医师,硕士生导师。1964年毕业于北京中医药大学。北京中医药大学针灸学院主任。中国国际针灸考试委员会委员,北京中医药大学学位及教材委员会委员和全国高等中医药院校针灸教育研究会副理事长。第二批全国老中医药专家学术经验继承工作指导老师。擅长中医、针灸治疗中风后遗症、各种痛证、过敏性疾患、颅脑损伤后遗症等。发表20余篇论文。主编《针灸学》《针灸治疗学》《针灸学》《当代针灸治疗学》等多部著作。

针刺特殊穴位经验

1 针刺天突穴治疗晚期食管癌吞咽困难

1.1 取穴及针刺方法

取穴：天突穴（在颈部，当前正中线上，胸骨上窝中央）。唐玉秀实际取穴在常规天突穴上 1～2 分。针刺方法：让患者平卧，去枕头。常规消毒后，在天突穴上 1～2 分处进针，先直刺 2 分，然后将针尖转向下方，紧靠胸骨的后缘，于气管的前方缓慢刺入 3 寸左右，得气后行捻转补泻法，使针感向下传导。一般 1 天 1 次，7 天为 1 个疗程。此法还可以治疗顽固性呃逆、咽痒等病证。在辨证的基础上可以加上列缺、照海、足三里等穴。

1.2 典型病案

杨某，男，门诊病例，66 岁，2004 年 9 月 17 日初诊。诊断为食管中段低分化鳞癌。患者精神一般，胸膈疼痛吞咽梗阻，进半流饮食，大便偏硬，量少，舌红、苔薄黄，脉细涩。证属气滞血瘀型。先针刺天突如上法，患者当日即感吞咽明显顺畅，进食量增加。后方用通幽汤，水煎服，每天 1 剂。服 16 剂后，患者胸膈疼痛明显减轻，二便正常，患者治疗已达 1 年，现仍在门诊治疗中。

按 食管癌类似“噎膈”，其成因，《内经》认为与精神因素有关，正如《素问·通评虚实论篇》说：“膈塞闭绝，上下不通，则暴忧之病也。”《景岳全书》指出：“噎膈之证，必以忧愁思虑，积劳积郁，或酒色过度损伤而成”。由此可见，中医学对食管癌已有了深刻的认识。天突穴隶属任脉与阴维脉之会，唐玉秀认为针刺之有类似旋覆代赭汤样的作用，功擅降逆止呕，解痉止痛，化痰开结，似可使食管蠕动增强，内径增宽，并可促使痰液等分泌物顺利排出，故而不失为晚期食管癌的有效姑息疗法，值得推广。但针刺时须严格掌握针刺的角度和深度，以防刺伤肺和动、静脉，造成气胸等并发症。

2 针刺养老穴治疗急性腰痛

2.1 取穴及针刺方法

取穴：养老穴（手心向下体位，在尺骨小头高点当手心向胸前时，转手则骨开处取穴）。针刺方法：患者取直立体位，双手以掌向胸位。选 40mm 毫针快速刺入皮下，针尖朝向肘部，行提插捻转泻法，引针约 3min，留针 30 min，每隔 10 min 行针 1 次。在行针和留针过程中要求患者配合腰部前屈、侧弯及左右旋转等功能活动。初始先小范围的活动，在行针同时不断加大活动幅度，直至正常范围。每日针刺 1 次。个别 2 次治疗未痊愈者加用局部刺络放血或拔罐。在辨证的基础上可加上攒竹、秩边、肾俞、腰阳关、委中等穴。一般 1 次即可取得良好效果。

2.2 典型病案

某某，男，门诊病例，62 岁，2005 年 9 月 6 日初诊。1 日前因搬运重物突感腰痛，休息后疼痛未好转，服止痛药及外敷膏药亦无效。现患者腰背疼痛，不能直立，行走困难，久坐起立时腰骶酸沉，呼吸咳嗽及翻身时疼痛加重。食眠、二便如常，局部无红肿。辨证为气滞血瘀腰痛，治以活血化瘀，行气止痛。患者在家属搀扶下站立，取双侧养老穴，如上法治疗。在行针的同时患者活动腰部且活动范围不断加大，至起针时患者疼痛消失，功能活动至正常范围。为巩固疗效，续针 1 次，患者痊愈。

按《灵枢·经脉篇》记载：“膀胱足太阳之脉??挟脊抵腰中”，故腰部为足太阳膀胱经分野，养老为手太阳小肠经穴，手足太阳经相交于目内眦，又有同气相求之意。所以手太阳之养老穴亦能治疗足太阳循引部位之病变，且养老又为郄穴，即手太阳之气深聚的部位，调理气血作用较强，多用之治疗急性病证，泻之可通调太阳之经气，经络通调，气血畅达则腰痛可止。（何庆勇）

唐祖宣临床经验

【名老中医简介】唐祖宣（1942～）河南邓州人。主任医师。河南省邓州市中医院院长，邓州市中医药管理局局长。全国第七届、九届、十届、十一届人大代表。中华中医药学会血栓病分会副主任委员，中华全国张仲景研究会常务理事，中国中西医结合学会周围血管病专业委员会理事，中华中医药学会河南分会常务理事。河南省名老中医，全国老中医药专家学术经验继承工作指导老师。国家级有突出贡献专家。从医 50 余年，擅治周围血管病，尤其是对血栓闭塞性脉管炎（脱疽）、深静脉血栓、静脉炎的辨证和治疗。研究成果曾获河南省科技进步一等奖 1 项，重大科技成果奖 1 项，河南省卫生厅科技进步二等奖 1 项，南阳地区科技进步奖 6 项。发表论文 200 余篇，编著《唐祖宣医学文集》《唐祖宣医学六书》等 14 部著作。

周围血管病

1 血栓闭塞性脉管炎（阳虚型）

唐祖宣认为本病多由于阳虚，不能鼓动气血运行，导致气滞血瘀，每当寒邪内侵，则肾阳式微，寒凝之象相继出现，经络闭塞，气血不能，而诸症丛生，治疗主张以温阳益气、散寒活血复脉之法，常用白芍、白术、茯苓、炮附子、桂枝、潞参、黄芪各30g，红花、水蛭、乳香、没药各10g，疼痛甚加麻黄15g，湿重加苍术15g，苡米30g，病在下肢加牛膝30g。此法此方治疗血栓闭塞性脉管炎患者，多能取效。

案1 刘某，男，38岁，1996年12月10日诊治。1996年春因涉水受寒诱发左下肢发凉、麻木，继而跛行、疼痛、色变暗紫，赴多处诊治，均确认为血栓闭塞性脉管炎，因中西药效果不佳，经介绍求治于唐祖宣。证见：形体消瘦，面色黧黑，表情痛苦，自觉右下肢发凉、麻木、疼痛，入夜尤甚，夜难入眠，痛时发凉，暖则稍减，右下肢色呈潮红，抬高苍白，下重暗紫，肌肉萎缩，汗毛脱落，肌肤苦槁，左腿肚30.5cm，左腿肚33cm，左足背、胫后、腘动脉均消失，股动脉搏动微弱，舌质淡，苔薄白，脉沉细迟，甲皱微循环检查：甲皱微血管轮廓模糊，管袢总数11根，畸形7根，管袢周围有渗出，袢顶有瘀血，血色暗红，流速缓慢，证属阳虚寒凝，脉络瘀阻。治宜：温阳益气，散寒解凝，活血化瘀。以上述基本方加川牛膝，每日1剂，日服3次，上方服5剂后疼痛减轻，25剂后疼痛基本消失，可下床活动，共服105剂，疼痛消失，温度恢复正常，趾甲汗毛开始生长，肌肉明显恢复，右腿肚33cm，左32cm，可连续行走300m无不适感，动脉恢复搏动，甲皱微循环检查，微循环障碍较治疗前有明显改善。

2 栓塞性坏疽

此类患者，既往多有风湿性心脏病、心房纤颤、二尖瓣狭窄和心肌梗塞等病史，多由卫阳不固，寒湿内侵，导致阳气不足，气血运行无力，瘀阻血脉而得。其病变多于下肢大动脉血管，发病急，进展快，病情重，此病当以温阳益气、活血化瘀为主，且治疗应及时，常用方药为：茯苓、炮附片、白芍、丹参、潞参、白术、赤芍、苏木、红花、甘草等。

案2 孙某，男，61岁，1997年2月21日诊治。患者主诉后下肢发凉，疼痛7天，右踝关节以下皮肤暗已3天。一周前突发右足背剧烈疼痛，活动受限，在本地卫生院诊断不详，输低分子右旋糖酐及口服消炎止痛药物无效，患者自述既往曾有前壁心肌梗塞、心绞痛每月发作一至二次，此次患病前曾有短时心绞痛发作。证见：形体消瘦，面色黧黑，右下肢发凉麻木，踝关节以下紫暗，剧烈疼痛，抱地而坐，夜难入眠，精神疲惫，心悸气短，右足背、胫后、腘动脉搏均消失，皮肤枯槁，舌淡苔白，脉促。查血白细胞8200/立方毫米，中性74%，淋巴23%，单核2%，酸性1%，血红蛋白11.5g%，血红细胞440万/立方毫米，血小板9.4万/立方毫米，血沉4毫米/小时末，心电图提示陈旧性前壁心肌梗塞。血液流变检查：全血比黏度，血浆黏度，红细胞压积，红细胞聚积指数，纤维蛋白原均高于正常值。证属寒凝脉络，瘀阻不通，治宜温阳益气，活血通络。方用：茯苓、白芍、丹参、潞参各30g，白术、赤芍、苏木、炮附片各15g，红花、甘草各10g，右足用三黄酊外敷，消毒干纱布包扎以防溃破。服上方10剂，疼痛减轻，夜能安睡3～5小时，上方加水蛭15g，服25剂，肢体转温，继服30剂后，静止痛消失，右足黑色渐退，心绞痛也未发作，上方共服78剂，肢体转温，肤色红润，复查除心电图外，血常规、血沉、血小板等均在正常范围，血液流变检查各项指标同前有明显改善。

3 雷诺氏病

本病之病机为营卫失调，阳气不达四肢，寒凝脉络，经络不通所致，治疗宜采用温阳益气，活血通络之法，常用方药为：炮附片、桂枝、当归、白芍、细辛、甘草、水蛭、红花、黄芪、干姜、赤芍等。

案3 秦某，女，18岁，1997年12月7日诊治。患者自述双手发凉，麻木、变色已二年，初次发作为二年前受寒冷刺激双手手指突变苍白，继而变为青紫，初期在指尖部，逐渐发展至手掌，患肢发凉，麻木，冬季尤甚。证见：双手发凉，右手食尖已结黑痂，冷水试验后，出现了苍白，继而青紫，潮红症状，双手麻木，僵硬，并有针刺感，舌质淡苔白、脉沉细无力；甲皱微循环检查：管袢模糊不清，动脉管袢口径小，血流缓慢，血流量明显减少。证属营卫失调，寒凝脉络，气血阻滞；治宜：温阳益气、活瘀通络。方用：桂枝、炮附片、水蛭各15g，干姜、红花各10g，当归、白芍、赤芍各20g，细辛、甘草各6g，黄芪45g。服方6剂，患者自述双手麻木，发凉减轻，苍白、潮红次数减少，上方共服36剂，患肢右手食指尖退去一层黑痂，凉水试验症状已不发作，甲皱微循环检查各项指标较前均有明显好转，临床治愈。

4 讨 论

血栓闭塞性脉管炎，是周围（四肢）血管炎症和闭塞，临床表现为患肢疼痛，夜间较重，麻木，间歇性跛行，发凉肢体动脉搏动减弱或消失。肢体动脉栓塞性坏疽是由于各种血栓堵塞了肢体动脉，肢体出现疼痛，皮肤苍白、麻木、厥冷、运动障碍及动脉搏动减弱或消失。由于障碍而产生坏疽。雷诺氏病是血管神经功能紊乱所引起的肢端小动脉痉挛性疾病，以阵发性四肢肢端(主要是上肢手指)对称性、间歇性发白与紫绀为特点。常因情绪波动及受寒而发作。上述三种不同疾病其产生的机理相同,符合中医之阳虚气弱、寒邪凝带、瘀血阻络。且临床症状表现相同或相似。因此治则应是温阳益气、散寒和营、活血化瘀。这就是中医之“异病同治”的原则。唐祖宣应用附子、桂枝温阳,黄芪、党参益气,桂枝、芍药调和营卫,水蛭、红花活血化瘀,根据患者的病情,对药物加减变化,灵活变通,因此能取得较好的疗效。(许保华 唐 丽)

陶筱娟临床经验

【名老中医简介】陶筱娟(1951~)女。主任医师,教授,硕士生导师。1977年毕业于浙江中医学院。杭州市红十字会医院科主任。杭州市中医学会副会长,全国中西医结合肾病专业委员会委员,浙江省中西医结合肾脏病专业委员会副主任委员,浙江省中医肾脏病专业委员会副主任委员,浙江省医学会肾脏病分会委员。浙江省名中医。擅长中西医结合分析治疗系统性红斑狼疮、干燥综合征、多发性肌炎、系统性血管炎、类风湿关节炎、强直性脊柱炎等风湿病和各种原发性与继发性肾脏病。

临床经验

系统性红斑狼疮

1 从肺论治,贯穿始终

系统性红斑狼疮(SLE)病机关键在于本虚标实,阴虚热盛,瘀血内阻,因肺为“娇脏”,不耐寒热,易受邪侵,喜润恶燥,热毒内盛,极易伤肺,加之肾水不足,金水不能相互资生,而致肺气阴耗伤。SLE治疗过程中糖皮质激素和免疫抑制剂的应用,更易消伐正气,使肺卫难以固密。因此,外邪袭入,首先犯肺,故只有肺气健旺,宣发肃降正常,才能保证腠理固密,使虚邪贼风不易入侵。因此,在治疗过程中从肺论治贯穿始终,活动期以清肺、宣肺为主,缓解期以润肺、固卫为主。

2 辨明病机,分期论治

陶筱娟提出,SLE的发病以肺肾亏虚为本,在肺责之气阴耗伤,于肾多见真阴亏损,肾亏决定了患者遗传易感性,肺虚则决定了患者对外界诱发因素的易感性;热瘀互结为标,正虚邪恋而使病情发展缠绵不愈。针对以上病机,她提出分期论治。

2.1 活动期

此期主要呈现热毒炽盛、气营两燔,或阴虚内热。热毒炽盛证见:壮热烦渴,面部或肢体红色斑疹,口舌生疮,关节肌肉酸痛,脱发多汗,大便秘结,小便短赤,舌质红绛、苔黄燥,脉洪数或弦数。治以清热解毒、泻火凉血,方以犀角地黄汤加减,药用:水牛角、生地黄、赤芍、牡丹皮、生石膏、知母、玄参、黄芩、藤梨根、半边莲、半枝莲等。阴虚内热证见:中度发热或低热,时高时低,斑疹暗红或时隐时现,口干唇燥,手足心热,自汗盗汗,心烦无力,关节酸楚,腰酸,脱发,舌质红,或舌光剥,脉细数。治以清热解毒、凉血滋阴,方以青蒿鳖甲汤加减,药用:青蒿、鳖甲、生地黄、知母、牡丹皮、地骨皮、赤芍、银柴胡,常合用狼疮Ⅰ号协定方:玄参、知母、桑白皮、地骨皮、青蒿、甘草、白芍。此期热毒内盛是主要矛盾,热邪深伏血分,胶结难除,急则治其标,以清肺凉血解毒为法。方中以玄参、知母为君药,清热凉血解毒;桑白皮、地骨皮宣达肺气,青蒿轻清透邪,乃秉承叶天士“入营犹可透热转气”之意,共为臣;佐以甘草、白芍酸甘化阴以补肺阴。此期常可内伤脏器:犯心则见心悸怔忡,自汗气短,胸闷胸痛;犯肺则见咳嗽咯痰,胸满气急;心肺受损重则见面晦唇紫,大汗淋漓,四肢厥冷,喘促不宁,脉微欲绝;伤脾肾则可见尿少或尿闭,面浮肢肿,腰酸腰痛;伤肝则见腹胀胁痛,恶心呕吐,肝脾肿大,月经不调;燔炽血分,可见吐血、衄血、便血、咯血;热伤经络,可见关节肿胀疼痛、活动不利。因此,当根据受累不同而治之:累及心肺者,治以益气宣肺利水,加黄芪、桑白皮、茯苓、葶苈子、桔梗、瓜蒌等;累及脾肾者,治以健脾滋肾利水,加白术、山药、茯苓、泽泻、山茱萸等;累及肝者,治以理气养肝通络,加女贞子、墨旱莲、枸杞子、柴胡、丹参等;热盛动血治以清热凉血,加仙鹤草、白茅根、槐花、地榆炭等;累及关节,治以祛风通络和营,加忍冬藤、薏苡仁、川牛膝、桑寄生等。

2.2 缓解期

此期肺肾两虚,可夹脉络瘀阻及湿毒之邪。肺肾两虚证见:神疲乏力,腰膝酸软,关节酸楚,口燥咽干,时有干咳,活动后气短,易感冒,大便偏干,舌质偏淡、苔薄或腻,脉细。治以养阴润肺、益气补肾,方以玉屏风散合六味地黄丸加减,药用:黄芪、防风、山药、白术、茯苓、牡丹皮、泽泻等,并合用狼疮Ⅱ号协定方：百合、天冬、麦冬、白芍、当归、玄参、浙贝母、桔梗、甘草、淡竹叶。此期邪已大去，正气受伤，肺阴耗损，缓则治其本，以养阴润肺为法，辅以凉血解毒以清余邪。方中以百合、天冬、麦冬养阴润肺为君药；白芍、当归滋阴养血为臣药；佐以玄参、浙贝母、桔梗宣肺清热。若偏于肾阴亏虚，证见不发热或偶有低热，局部斑疹暗褐，腰酸腿痛，月经不调或闭经，头晕目眩，耳鸣，口燥咽干，大便偏干，小便黄，舌质红少津、苔薄黄，脉细数。治以补肾益阴，方以知柏地黄丸合二至丸加减，药用生地黄、山茱萸、山药、牡丹皮、茯苓、女贞子、墨旱莲、枸杞子、知母等。夹脉络瘀阻加用丹参、当归、虎杖、莪术、川芎、泽兰，或加用虫类以搜剔络中之邪，常用地龙、全蝎、水蛭。若夹湿毒之邪留恋，加用祛湿解毒之品，常用半夏、黄连、竹茹、六月雪、藤梨根、积雪草等。

3 验案举隅

陈某，女，19岁，2007年5月23日初诊。8个月前出现反复发热，四肢关节游走性疼痛，7个月前出现双手手指末端皮肤红斑，诊断为“SLE”，予强的松、羟氯喹、帕夫林等治疗，病情好转，上述症状基本消失，强的松渐减量。4个月前出现面部红斑，伴明显脱发，经甲基强的松龙冲击治疗，面部红斑明显好转。6天前出现咽痛，发热，体温39.0℃，同时面部红斑加重，经抗感染治疗后体温正常，但出现口腔溃疡疼痛，面部红斑范围扩大，色暗红，上有水疱，臀部出现红斑。证见：咽痛难忍，口腔溃疡，张口困难，颜面大片皮肤红斑，色暗红，上有水疱，无发热，夜寐差，舌质红绛干、苔白，脉数。证属热毒炽盛、气营两燔，拟清营解毒利咽。处方：青蒿50g，玄参30g，麦冬15g，生地黄10g，天花粉15g，桔梗15g，枳壳6g，淡竹叶10g，6剂，水煎服，面部红斑疱疹用芒硝外敷。药后面部红斑略有消退，水疱干燥结痂，咽痛、口腔溃疡消失，无发热，感口干，舌脉同前。处方：青蒿50g，鳖甲15g，地骨皮15g，牡丹皮12g，天花粉15g，知母10g，玄参15g，山药15g，淡竹叶10g，柴胡6g，7剂，水煎服。服药后面部红斑消退，结痂水疱已剥脱，剥脱处皮肤嫩红，感口干，时乏力，胃脘时有反酸，舌脉同前。证属阴虚内热，拟养阴清热。处方：白芍15g，玄参15g，天花粉15g，柴胡6g，知母10g，牡丹皮10g，薏苡仁30g，黄精15g，山药30g，白及5g，制首乌30g，淡竹叶10g，地骨皮15g，鳖甲15g，青蒿30g，14剂。药后面部留有片状色素沉着，多汗，乏力，口干，舌质偏红、苔薄白，脉细。处方：生黄芪15g，当归30g，柴胡6g，白及5g，通草5g，牡丹皮15g，地骨皮15g，白鲜皮15g，地肤子15g，薏苡仁30g，鳖甲30g，青蒿50g，淡竹叶10g，14剂，水煎服。药后面部色素已减轻，多汗、乏力、口干减轻，舌质偏红、苔薄白，脉细。处方：当归15g，南沙参、北沙参各15g，知母10g，桔梗15g，天花粉15g，柴胡6g，玉竹15g，麦冬10g，浙贝母15g，淡竹叶10g，牡丹皮10g，地骨皮15g，鳖甲30g，青蒿30g，百合30g。守方调理2个月后面部色素完全消退。

按　此例患者以皮肤红斑为主要表现，且病情反复活动，此次因上呼吸道感染后面部红斑加重，表现为大疱样皮肤红斑。高热，面部红斑，上有水疱，咽痛，口腔溃疡，舌质红绛、苔白，脉数，为热邪深入营血。营分受热，则血液受劫，血络受伤而发为红斑；心神受扰则夜寐差；邪留肺卫，肺气失宣，有咽痛难忍。此时以清营解毒为急，一诊以玄参、生地黄清营分之热，滋阴降火，麦冬、天花粉清热养阴生津，青蒿清伏热，桔梗宣肺气。二诊以红斑水疱为主，无邪在肺卫之象，故清营解毒凉血，方中鳖甲直入阴分，育阴退热，配青蒿透邪而出，牡丹皮辛苦而凉，清血中之热，玄参、地骨皮、知母清热养阴，山药健脾利湿。三诊后，皮肤红斑、水疱已消退，表现为热病后阴液亏虚之象，故治以养阴生津，并清虚热为法。在治疗过程中，陶筱娟始终贯穿清肺、养肺的原则，一诊、二诊以玄参、知母、天花粉清肺；三诊后邪已去，又以白芍、当归、南北沙参、百合滋阴养血以养肺，体现了“从肺论治”的辨治观点。（张　雯）

慢性肾衰竭

1 辨清病因病机，正虚邪实，五脏受累

慢性肾衰竭（CRF）属于中医的“关格”、“水肿”、“虚劳”、“腰痛”、“癃闭”等范畴，其特点是病程长，易反复，难治愈。陶筱娟认为CRF的病机是正虚邪实，五脏受累。《金匮要略·虚劳病》篇提出，五脏虚损，尤重脾肾。因肾为先天之根，主水，司开阖，“久病及肾”、“久病多虚”，则肾阳虚衰，气不化水，阳不化浊，而湿浊潴留；脾为后天之本，主运化，若肾阳亏虚，亦不能温煦脾阳，故脾阳虚则健运失司，升清降浊的功能紊乱，导致湿浊内生，久必化为浊毒；气血周行不利日久，即“久病入络”、“久病多瘀”，故瘀血停滞。可见，CRF的正虚是脾肾之气（阳）虚，邪实是湿浊毒邪潴留，瘀血蓄积内停。正虚邪实，三焦决渎失司，日久可致气机逆乱，而发生浊阴上逆或肝阳上亢之证。肾为先天之本、五脏之根，肾与他脏在生理上密切相关，肾病日久，必累及他脏，最终而致五脏受累。病久犯胃则见呕吐频作，出现下关上格证；入血伤络则见出血，攻心则多表现为心动悸、嗜睡、喃喃自语、躁动、谵妄，甚则昏迷；射肺则喘息难以平卧，侮肝动风则抽搐。CRF 正虚的演变一般遵循气虚→血虚→阳虚→阴虚→气血阴阳俱虚的规律，其表现既有正气的虚损，又有实邪的蕴阻，可因虚致实，或因实致虚，虚实夹杂。而实邪湿浊、瘀血蕴结日久可化热，而生湿热痰浊中阻之证，寒热交错，变生诸症。

2 确定治疗法则，分型分期，扶正祛邪

CRF 的病程长，病势缠绵。陶筱娟根据其病因病机以及不同阶段正邪主次不同，分期、分型诊治。

2.1 虚损期

此期以正虚为主，或夹有湿、瘀之邪。分为以下三型：①脾肾气（阳）虚型：倦怠乏力，气短懒言，易患感冒，纳呆腹胀，腰膝酸痛，口淡无味，大便溏薄，夜尿清长，或有形寒肢冷，舌质淡或淡胖，边尖有齿痕，舌苔薄白或腻，脉沉弱；治宜健脾补肾，方选参苓白术散合右归丸加减。脾肾阳虚型，治宜温补脾肾，方选真武汤加减。②气阴两虚型：腰膝酸软、倦怠乏力、气短懒言、口干舌燥、舌红少津、脉细弱；治宜益气养阴，方选参芪地黄汤加减。③肝肾阴虚型：头晕耳鸣，面红目赤，视物昏花，失眠多梦，舌质红，脉弦数。此型患者多有血压升高的表现。治拟滋水涵木，方选六味地黄丸合二至丸加减。

2.2 关格期

此期正虚邪实，寒热交错，气机逆乱。分为以下三型：①脾肾虚弱，湿浊中阻型：神疲体倦，四肢乏力，肢肿尿少，腹胀纳呆，恶心，便秘或溏，口干黏腻，舌红或淡、体胖，苔厚腻，脉细滑；治拟健脾降逆、温肾化浊，方选温脾汤合吴茱萸汤加减。若湿邪化热，则为湿热中阻证，见恶心呕吐、纳呆腹胀、口苦口干、心烦失眠，或痰多便秘、舌质红、边尖有齿痕、舌苔厚腻干燥、脉弦数或弦滑；治宜清热化湿、和胃降浊，方选黄连温胆汤加减。②正虚邪盛，肝风内动型：眩晕急剧，泛泛欲呕，手足抽搐、麻木、震颤，心悸失眠，腰酸遗精，步履飘浮无力，肢肿尿少，口干便秘，舌质红、干，苔少，脉沉细弱；治以滋补肝肾、平肝熄风法，以杞菊地黄丸合羚羊钩藤汤加减。③阴阳两虚，浊阴上逆型：呕吐频繁，口有尿味，尿少甚则尿闭，面浮肢肿，胸腹胀满，畏寒肢冷，手足心热，口干欲饮，精神萎软，大便溏薄，或心悸气喘，舌淡，苔白腻，脉弦细或沉细；治拟阴阳双补、解毒降浊，方以济生肾气丸合涤痰汤加减。在此期，陶筱娟还擅用灌肠法，采用结肠透析法治疗。结肠透析通过结肠途径在肠腔内建立有效的治疗系统，充分利用结肠的清除和吸收功能，排除肠腔和肠黏膜上的病原体及其产生的毒素，有毒物质，体内代谢残余产物，吸收对机体有用的物质。其自拟结肠透析方（六月雪、煅牡蛎、生大黄、木香等组成）可清热解毒、利尿降压，促进肠蠕动，荡涤污浊，使二便通畅，体内有毒物质得以排除，而达到邪去正安的目的。在 CRF 的病程中，患者常伴面色黧黑，肌肤甲错，口唇爪甲青紫，舌质紫暗，有瘀点、瘀斑，舌下络脉怒张等血瘀之象。此乃"久病必瘀"、因虚致瘀，故常配合祛瘀法，活血化瘀法贯穿于治疗的始终；常选用丹参、丹皮、莪术、川芎、泽兰、地龙、全蝎、水蛭等。

3 重视可逆因素，辨清原因，对证施治

CRF 的进展中，往往有一些因素会推动肾功能的恶化，陶筱娟在临证中注重纠正这些可逆因素，延缓肾衰竭的进展。肾功能减退的进程与高血压是互为因果的，目前降压药的应用能使血压得到有效的控制，但是有一些患者在应用多种降压药后血压仍控制不理想，此时配合中医辨证往往可起到好的效果。早期肝肾阴虚，肝阳上亢，治宜滋肾柔肝、平肝潜阳，方用天麻钩藤饮、镇肝熄风汤化裁；药用：天麻、钩藤、天冬、白芍药、玄参、代赭石、生龟版、生龙牡、生石决明、丹参、杜仲、牛膝、生麦芽。中晚期肾气亏损，阴阳失调，久病入络，瘀血阻滞，故治疗宜温补肾气、调节阴阳，并予活血通络、虫蚁搜剔之法；药用：仙茅、仙灵脾、当归、巴戟天、知母、黄柏、大黄、丹参、益母草、地龙、桃仁、水蛭、杜仲、生牡蛎。各种原因引起的患者有效血容量不足均会使肾小球滤过率下降，导致肾功能急剧恶化，并可加重恶心、呕吐，引起更多的细胞外液丢失，形成恶性循环。因此一旦出现血容量不足，应积极有效地给予纠正。血容量不足应属中医"急性伤阴"，如证见唇干咽燥、口渴引饮、皮肤干燥、小便黄赤或短少、舌干、少津、脉细数，为肺胃津伤，治以滋养肺胃、甘寒生津，方用沙参麦冬汤加味；药用：北沙参、麦冬、天花粉、石斛、玉竹、桑叶、生甘草、扁豆。便秘加生地黄、玄参。证见口干反不欲饮、精神昏愦、心中震震、舌绛无苔，甚则舌卷神昏、脉虚细或结代，为肝肾阴伤，治以滋养肝肾、咸寒滋阴，方用加减复脉汤化裁；药用：炙甘草、生地、白芍药、麦冬、阿胶、火麻仁。手足蠕动加龟版、鳖甲、生牡蛎。

4 病案举隅

李某，女性，26 岁，2000 年 2 月初诊。3 年前发现血压升高 160/110 mmHg，尿常规：蛋白（+ ~ +

+），红细胞（+），曾在当地诊治为急性肾盂肾炎。2000年2月28日来诊，证见：头晕，面色无华，全身乏力，纳差，恶心呕吐，视物模糊，肢肿尿少，每日尿量600～700 mL，夜尿增多，4～5次/晚，舌淡、体胖，苔腻，脉细滑。查血红蛋白85 g/L，血肌酐（Scr）663.9 μmol/L，内生肌酐清除值（Ccr）10.17 mL/min，B超双肾缩小。予结肠透析，并以健脾清肝化浊。处方：党参15g，白术12g，黄芩12g，制半夏10g，菊花12g，决明子15g，茯苓15g，枸杞子12g，川芎15g，姜黄连5g，枣仁10g，生大黄（后下）10g。7剂，水煎服。药后恶心、呕吐好转，胃纳改善，视物模糊减轻，尿量增多1000 mL/d，仍肢肿、面色不华、胸闷乏力、夜尿增多、舌淡胖、苔白、脉细；上方去制半夏、菊花、川芎，加柴胡12g、沙参15g、青箱子12g、木香10g。14剂，水煎服。药后无恶心呕吐，纳改善，视物清晰，尿量1000 mL/d，下肢轻度浮肿，胃脘隐痛，大便干（隔日1行），舌淡胖，苔白，脉细。治以健脾化浊，处方：党参15g，白及30 g，茯苓15g，怀山药15g，桂枝10g，黄芪15g，决明子12g，葶苈子12 g，大腹皮12g，白芍15g，桃仁12g，红花5g，麻仁12 g，茯苓15g，生大黄（后下）15g，大腹皮15 g。14剂，水煎服。服药后自觉尚好，可工作，继以上法调治，并坚持结肠透析，肾功能Ccr 16.8 mL/min左右，Scr 315～370μmol/L。至2004年4月9日就诊，自行停中药3周，查Scr694.9 μmol/L，Ccr 10.43 mL/min，感口干、乏力、手足心热、时有恶心欲吐、大便干日1行、舌淡红、苔白腻、脉细；治以益阴升阳化浊。处方：元参30g，麦冬15 g，五味子15 g，升麻2g，熟地50g，白术15g，柴胡2g，桔梗10g，天花粉15g，制半夏15g，制大黄10g，白术10g，肉桂1g，黄芪30g。7剂，水煎服。药后口干明显好转，无恶心，大便正常，舌淡红、苔白腻、脉细。治以益阴升阳化浊，上方去桔梗、制半夏，改白术15g，加茯苓50g、淡黄芩12g、丹皮10 g。按上法药至2004年5月18日，查Scr 414.5 μmol/L，Ccr 15.55mL/min，自觉无口干，无恶心，纳可，大便正常。而后继续结肠透析，继上法调治。

按　此例属CRF关格期的诊治，处于尿毒症期，中医保守治疗并非易事。结肠透析法是通过弥散及超滤作用，清除血中中分子物质，是通腑泄浊疗法的一个具体体现，可在一定程度上替代肾脏的滤过和重吸收功能，以维持体内的水、电解质和酸碱平衡。中药治以扶正祛邪，平衡阴阳。其诊治可分为两个阶段：①就诊初期，脾虚湿浊内盛、肝胃不和，以党参、白术、茯苓、生大黄健脾利湿化浊，以黄芩、黄连、半夏辛开苦降以和胃；佐以决明子、菊花清肝经虚热。上法使邪去正安，病情稳定。②诊治后期，阳损及阴，阴阳两虚，故以益阴升阳化浊为法，麦冬、五味子、熟地滋补阴液，黄芪、白术健脾益气，肉桂补命门火衰，升麻、柴胡升发阳气，茯苓利水渗湿，生大黄通腑泻浊以祛邪，诸药使阴阳两补，扶正祛邪。（张雯）

IgA肾病

1 正虚为本，重视脾肾

IgA肾病起病年龄往往在青少年时期，因先天不足、饮食失常、七情内伤等多种因素耗伤正气，以致机体免疫功能失调，每遇外邪内袭，即以反复尿血为主证。属中医的“血证”范畴，当以《血证论》中“惟气惟火耳”为其治疗的理论依据。虽然无论气实、气虚，实火、虚火皆可灼破血络而致尿血，但临证中患者或失治误治，或过用激素及免疫抑制剂，而以脾肾气阴两虚表现为最多。因此陶筱娟认为：IgA肾病其病本在肾，肾主司二便，主藏精，而气血同源，肾虚失其封藏之职，或阴虚火旺，灼破血络，血从小便而出；脾主统血，脾虚统摄无权，血随气陷，故以脾肾气阴两虚型多见。其临床表现为神疲乏力，腰膝酸软而痛，咽干，尿红赤或淡黄，大便或干或溏，自汗或盗汗，手足心热，舌淡胖或红瘦，苔白或薄黄，脉沉细弱。因此在治疗时，陶筱娟采用益气滋肾、滋补肾阴、补益脾气为主法。常用生黄芪、白术、山药、女贞子、生地、旱莲草、小蓟、枸杞子、补骨脂、菟丝子等，其中黄芪、生地、补骨脂、菟丝子等具有益气与补肾同用、肾气与肾精同补之功效。临证时，还应权衡气阴两虚的程度，将益气与滋阴控制在一个适当的比例，择用人参、西洋参、党参、太子参等药物，以提高疗效。她在临床常重用黄芪（30～60g），现代实验证明：黄芪有强心利尿降压、扩张血管作用及改善肾血流量、降低尿素氮、调整免疫平衡，减轻免疫复合物对肾小球基底膜的损伤。

2 风热为因，急则治标

陶筱娟在临证中发现：IgA肾病患者素体不足，气阴两虚，风热毒邪乘虚入侵，而成为IgA肾病发病的诱因或加重因素，导致血尿加重。其主要是因为肺卫风热毒邪壅盛，下迫肾与膀胱，而迫血下行，其临床表现为寒热咳嗽，咽喉肿痛，尿赤而热，大便干、舌边尖红，苔薄黄，脉浮数或滑数。虽患者病本在脾肾，然“急则治标”。此期为IgA肾病血尿急性发作期，治疗目的在于迅速截断病变过程，祛邪以安正。陶筱娟对于此肺卫风热毒邪壅盛，迫血下行证，治以疏散风热，解毒利咽，凉血止血。常选银翘散、五味消毒饮加生地、白茅根、小蓟等凉血止血之品，或与小蓟饮子合方化裁，并重用半边莲、半枝莲。陶筱娟认为半枝莲、半边莲可以清热解毒，又可活血散瘀、利湿。常在 IgA 肾病的整个治疗过程都辨病加用二药，取得了较好的疗效。现代研究也证明：半枝莲中含有丰富的人体必需的微量元素 Fe、Cu、Zn、Mn、Mg 等，在提高与调节机体免疫方面有积极意义；半边莲能使内皮细胞、内皮素合成及释放减少，并可促进内皮源一氧化氮合成酶的合成，缓解血管内皮的损伤。

3 瘀血为变，酌以活血

气阴两虚为本，是 IgA 肾病发生的根本原因、始动因子，但由此造成的湿热、瘀血病理不但在发病过程中起作用，更是形成病情变化、恶化的主要病理因素。可谓因虚致病、因邪恶化。病程日久不愈的 IgA 肾病患者，特别是持续血尿不愈者，瘀血见证更加明显，如舌紫暗有瘀斑瘀点，面色晦暗，唇色青紫或暗，肢体麻木，痛经，闭经，经行不畅，经色暗红或有血块，脉细涩等。由于出血必有瘀滞，加之久病正虚，以及湿热诸邪，均可阻滞气机导致瘀血。因此陶筱娟临床上主张在治疗中应重视瘀血，"离经之血便为瘀"，对于血尿，不可见血止血，在辨证的基础上酌加化瘀止血之品，如益母草、三七粉、丹参、当归、丹皮、虎杖等。现代医学认为，IgA 肾病与免疫平衡失调有关，其病理变化常有免疫复合物沉积，系膜增生或有局灶性肾小球硬化，部分病例化验检查血黏度增高。药理研究证实，活血化瘀中药，可改善微循环及高凝血状态，减轻血小板凝集，有助于免疫复合物的清除及病变组织的修复。不过在临证中陶筱娟也常常指出：肾病血尿的产生机制，与肾小球毛细血管基底膜断裂有关，活血化瘀中药用之不当，反可加重出血。因此在临证当用凉润而不可过用辛燥破血之品；在止血的基础上，宗古人之"止血不留瘀"，而用少量散血、和血之品，如丹参、当归、丹皮之类；活血化瘀应贯穿疾病的始终。坚持长期中医药治疗能改善患者体质状态，控制诱发因素，减少肉眼血尿的反复发作，阻断病程的迁延发展，从而控制病情，有利于保护肾功能，改善患者的预后。（程军 张 雯 陶筱娟）

田文临床经验

【名老中医简介】田文（1933～）山东省荣成市人。主任医师，教授。1954 年毕业于山东医学院。烟台市中西医结合研究所所长。中国时间生物学医学会副理事长，山东省卫生厅技术委员会委员，烟台市科协副主席，《山东医学》《山东中医杂志》编委等。享受国务院特殊津贴。第三批全国继承老中医药专家学术经验继承工作指导老师，山东省中医药专家。从事中西医结合临床 40 余年，擅长诊治中老年心、脑血病、慢性胃炎、胃溃疡、皮肤病、过敏性疾病、妇科等疑难病症。获省、厅、市级科研奖多项。发表论文 30 余篇，专著和主编《烟台地区中医药手册》《肿瘤答疑》《田文临床经验学术研究》《伤寒论症状各论》《保健养生度百年》《中国医院院长手册》等。

糖尿病

1 病因病机

糖尿病的发病与过食、肥胖有直接关系。"饮食自倍，肠胃乃伤"、"过食伤脾"。长期饮食不节，过食肥甘、醇酒厚味，致脾胃运化失职故而发病。《素问·奇病论》有脾瘅之论，"夫无味入口，藏于胃，脾为之行其精气……此肥美之所发，此人必数食甘美而多肥也，肥者令人内热，甘者令人中满，故其气上溢，转为消渴"即论及此意。胃主受纳腐熟水谷，脾主运化升清，糖尿病患者能食而怠惰嗜卧，四肢不健，为脾虚不能健运使然。脾虚则痰湿内生，气机阻滞，升降失常而发病；糖尿病主要表现为糖、脂肪、蛋白质三大代谢的紊乱，有的医者根据病理变化中所出现的痰浊、瘀血征象，认为高血糖、高血脂属于痰浊、瘀血或浊脂，其实不然。田文指出，血中糖分及脂质是由饮食水谷所化，血中之物，为"营"的成分，属于精微物质的范畴。机体内的精微物质是在不断地化生、转运和代谢的，这一切均离不开脾的运化和升清。《素问·经脉别论》曰"饮入于胃，游溢精气，上输于脾，脾气散精"，这一散精的功能发挥不及，使过多的血糖、血脂不能更进一步地传化故而发生糖尿病。不良的饮食习惯损伤脾的运化功能容易促发此病。因此，脾虚散化功能不足是糖尿病的重要病机。

2 治法及药物配伍

针对糖尿病脾虚湿盛这一病机，田文以健脾化湿为治则，疗效显著。其经验方基本药物组成如下：苍术 25～30 g，黄芪 20 g，党参 20g，葛根 15～20g，黄连 6g，泽泻 15g，茯苓 20 g。方中以苍术健脾燥湿为君；党参健脾益气，黄芪补气升阳，两者共为臣药；葛根能升清，同时有活血之意；泽泻、茯苓健脾渗湿；佐黄连以泻阴火。该方深得脾喜燥恶湿之性。现代药理研究也证实苍术、黄芪、黄精、黄连等均有降血糖作用。

3 辨证论治随症加减

田文认为，对湿浊明显者可遵《内经》"治之以兰，除陈气也"之法，重用苍术，加芳香醒脾之藿香、佩兰，或加厚朴、半夏；脾阳虚明显者可加炮姜；脾虚运化失司可致后天失养、阴精不足，加之五味偏嗜、膏粱厚味、饮酒过多，蕴热化燥可伤阴。若有阴虚郁热者则上方加入山药、黄精、天花粉。另外，据"脾苦湿，急食苦以燥之"的特性，嘱患者适当进食苦瓜对病情有利。经上述中药治疗10余剂即可使血糖降低，症状改善，继续治疗则可使病情稳定，甚至得到治愈。田文指出，脾虚可以及肾，痰湿久可成瘀，故糖尿病日久可导致阴阳两虚、瘀血阻络，病变涉及诸脏，而使病情深重不愈，故要抓住早期脾虚湿胜病机，以健脾温中化湿法治之。

4 病案举隅

女，51岁，2002年11月2日初诊。有糖尿病史5年，感口干，纳差，体倦乏力，心烦，尿浊，阴痒。舌淡苔白腻，脉沉缓。实验室检查空腹血糖10.33 mmol/L。证属脾虚夹湿，以健脾化湿为治则。处方：苍术30g，黄芪30g，党参20g，葛根20g，天花粉18g，茯苓15g，黄连8g，泽泻10g，肉桂6g。水煎服，日1剂。服上方10剂后诸症减轻，血糖降至7.01 mmol/L，舌少苔。二诊减苍术15g，天花粉12g，加黄精15g，枸杞子10g，再服10剂，复查血糖6.35 mmol/L。停服中药后化验血糖仍稳定在正常范围。（顾友谊 邹 勇）

甲状腺机能亢进症

田文认为，甲亢多肝郁气结，火盛阳亢，为忧思恼怒；肝失条达气郁、失疏泄、犯脾生湿，聚痰化火而成。其病机：① 病位在颈前，与心肝脾相关；② 病性为素体阳盛，心肝火旺；久病或阴虚而致心肝阴虚形成火旺证，以阴虚气虚为主，渐成虚实夹杂；③ 病理为气痰瘀火互结于颈前。

1 治 则

平肝熄风、滋阴凉血、化痰解毒。

2 基本方

黄药子、夏枯草、黄精、生地、赤芍、白茅根、丹皮、栀子、郁金、桔梗。黄药子，苦平，入肝胃心肺经，解毒软坚，凉血止血，此药苦平偏凉，方书谓能"凉血降火，消瘿解毒"，治"恶肿疮瘘"，近年用于治疗甲状腺肿，有一定疗效，但对肝脏有一定损害，脾虚便溏者慎用；夏枯草，苦辛寒入肝胆经，清火散结，宣泄肝胆之郁火；黄精、生地，前者可滋阴又能补中益气，后者滋阴清热，又能凉血生津止血；赤芍、白茅根，二药均为清热凉血药，前者活血化瘀清肝，后者生津利尿消肿；丹皮、栀子，前者清热凉血、活血消瘀，后者泻火除烦，泄热凉血利湿；郁金，疏肝理气；桔梗，宣肺祛痰、排脓消痈，为引经药。气虚加党参，补中益气、养血生津；阴虚加女贞子、生地、黄精；血虚者，以四物汤为主，加黄药子、夏枯草、白茅根等；伴心悸者加珍珠母，平肝潜阳、镇心定惊。甲亢心率快，有危象者，黄药子可增量18～20g（15g为中等量），最多服10剂即减量。佐以维生素C、肌苷以保肝。

3 病案举隅

王某，女，40岁。患甲亢病史10余年，就诊时，心悸不宁，心烦失眠，眼干目眩，出汗多，舌红少苔，脉细数。查FT3 22pmol/L，FT4 18pmol/L，TSH 0.15IU/ml。辨证属心肝阴虚，肝郁气结，火盛阳亢，气痰瘀火互结。药用黄药子20g，夏枯草20g，黄精20g，生地20g，赤芍20g，白茅根30g，丹皮10g，栀子10g，珍珠母30g，桔梗12g，郁金10g，甘草6g。二诊：各种症状明显减轻，舌淡红，舌体略胖，脉细数，原方改黄药子15g，加党参20g，继用6剂。三诊：症状基本消失，FT3、FT4、TSH恢复正常，继服6剂巩固。（邹 勇 顾友谊）

慢性胃炎

1 明确病因，抓住病机根本

慢性胃炎多属中医"胃脘痛"范畴，为临床常见病、多发病。西医对其病因认识尚不明确。可能与饮食刺激、胆汁返流、幽门螺杆菌（HP）感染、免疫因素等有关。中医认为与寒邪客胃、饮食所伤、脾胃虚弱、肝气犯胃等有关，临床辨证分型很多。田文认为，脾胃虚寒是病机根本。因为：①慢性胃炎多迁延多年反复不愈，早期尚见实症，久病多虚，故以虚证为多。临床观察患者多表现胃脘时痛，不耐生冷饮食，喜温喜按，食欲不振，乏力，腹胀，舌质淡，脉缓等脾胃虚寒征象；②随着物质生活改善，社会竞争激烈。因饮食不节、劳倦过度、情志不调原因所致脾胃损伤、脾阳不足、中焦虚寒的患者增多，另外，痰湿、瘀血等病理产物也可损伤脾阳；③慢性胃炎以中老年患者为多，与老年脏器虚衰、功能下降，尤其脾气虚、脾阳不足有主要关系，人体的脾胃系统一般在40岁时已出现明显的自衰征象，表现食量渐减，对于难腐熟的食物稍过量即脘腹胀满，嗳气、矢气增多。进入老年后，消化液分泌功能降低，如胃酸即是随年龄增长而降低，常伴胃黏膜萎缩，另外，一些慢性全身疾病及体质虚弱的人往往胃纳减少，脘腹胀满，容易罹患胃炎，表明因虚即可致病；④总结大量临床报道可以看出，慢性胃炎分型中也以脾胃虚寒、脾气虚为多。总之，田文强调脾胃虚寒是慢性胃炎的关键。治疗时决不仅仅拘泥于胃，而应补虚扶正调理阴阳，以调整全身功能状态为目的，才不失为上工治病。他认为，近年来，广泛研究的 HP 虽与慢性胃炎有关，但 HP 未必是病因，可能只是结果。西药根治了 HP 只是一时之效，并不能根治慢性胃炎。提高脾胃功能，增强胃的保护因子作用才是治本之治。

2 治疗经验

西医治疗慢性胃炎有抑酸、促胃动力、根除 HP、局部黏膜保护、解痉止痛等措施，均为对症治疗，往往停药后即复发。田文深得李东垣脾胃学说精髓，抓住慢性胃炎脾胃虚寒之根本，以黄芪建中汤为主，同时结合现代医学胃镜、病理检查及中药药理研究，辨证加减治疗，见效快，疗效稳固，体现了高层次的中西医结合治疗。常用方药如下：黄芪、桂枝、白芍、炮姜、黄连、吴茱萸、炒蒲黄、海螵蛸、蒲公英、草蔻。该方黄芪益气建中为君。常用量 25～30g；桂枝、白芍温阳益阴并为臣药，佐以炮姜、吴萸、川连。其中桂枝通阳行血，倍白芍以破阴结、通脾络。白芍常用至 30g，该药含白芍总甙，药理研究有良好的解痉、止痛、抗炎、抗菌、免疫调节作用。日本学者分析（伤寒论）中含白芍的方剂多以止痛为主；炮姜入脾胃肺经，温而不燥，有温中燥湿之功；川连、吴萸和胃降逆，治疗呕吐吞酸效果很好，应根据寒热轻重调整用量，一般均为 6～8g；炒蒲黄（包煎）有活血消瘀止痛止血、修复黏膜的作用（久病入络，用之相宜）；海蛸含碳酸钙，为制酸剂，有除湿、止血、敛疮作用，对有黏膜糜烂、出血者适宜；草蔻理气、止痛、醒脾；蒲公英有清热解毒、燥湿散结作用，现代药理证实，有较好的杀菌作用。田文指出：治脾胃病要寒凉并用、升降相应。注重舌质，若舌质淡白或淡暗、舌体大。则多属阳虚，虽见舌苔黄腻亦不可多用苦寒之剂，以免伤伐阳气。若见舌苔厚腻痰湿中阻之征，当先予平胃散加藿香、佩兰、苡仁、半夏等化湿之品，待舌苔褪后再予补虚。田文以上述黄芪建中汤加减的经验方治疗慢性胃炎，立意深远，疗效显著，便于掌握。

3 病案举隅

王某，女，53 岁。胃脘时痛，进食后不舒，不耐生冷油腻等食物，频频呃气，体倦乏力。舌质淡苔薄白，脉缓。曾作胃镜检查示慢性萎缩性胃炎，服多种西药治疗无效，他医予中药柴胡疏肝散加减以理气和胃治疗，初服几剂症状稍减轻，再服无效而转投田文处。辨证属脾胃虚寒，处方如下：黄芪 25g，桂枝 10g，白芍 30g，黄连 6g，吴茱萸 8g，海螵蛸 30g，蒲公英 30g，蒲黄（包煎）10g，草蔻 10g，炮姜 8g，甘草 6g，大枣 5 个。服上方 7 剂。胃痛症状减轻，仍进食后胃脘不适。二诊：上方改黄芪 30g，以加强益气建中之功，再服 7 剂。三诊：上方法去海蛸、公英、草蔻，加白术 12g，再服 10 剂，感脘腹舒适，能进凉、甜、油腻食物。（顾友谊 邹 勇）

田代华内科临证经验

【名老中医简介】田代华（1942～）教授，博士生导师。1968 年毕业于山东中医学院中医医疗系。全国中医文献学研究会副理事长，山东省中西医结合学会副秘书长。从事中医临床、教学和中医文献整理研究工作，参加了《中华本草》《针灸甲乙经》《素问校释》等大型中医著作的编写和文献整理工作。发表论文 40 余篇，出版著作 20 余部，主编 5 部，副主编 3 部，主校著作 10 余部，并获多项科技进步奖。

1 倡导病因、病位、体质一体化辨证论治方法

由于中医的辨证方法较多，有八纲、病因、脏腑、气血津液、六经、卫气营血、三焦辨证等，令初学者无所适从，亦不便于临床医生快速、准确地辨证疾病。田代华总结自己多年的理论教学及临证经验，又辅以现代系统论、控制论的方法，进行创新性思维，提炼出“病因、病位、体质”一体化的辨证论治方法，使中医的辨证方法统一起来。病因、病位、体质一体化即从患者的症状、体征分析，归纳出病因（原始病因及继发病因）、病位及体质的辨证特征，并加以综合分析，辨识出证候，然后再从这三方面加以施治。这种“分－合－分”的方法，如果用现代控制论的术语来言，即是从病因、病位、体质三要素这三个方面加以“分散化控制”，然后再加以“迭加”或“积分求和”，以达到“最优控制”，即准确地辨证及辨证的快速。下面将分别论述辨证的三要素。

1.1 辨证第一要素－病因

辨证三要素中的病因要素是通过运用类比的方法，把人体病理变化与致病因素进行比较、分析，找出共通性，提炼出9种因素形成的。即：①风（含内风）；②寒（含内寒）；③湿（含内湿）；④燥（含内燥）；⑤热（含内火、内热）；⑥痰浊；⑦血瘀；⑧食积；⑨气滞。仔细分析这9种因素，可发现病因要素可体现出八纲中的六纲（阴阳、寒热、虚实），若加上表里二纲（病位）即为八纲，“病因、病位”辨证的可行性及科学性由此可见一斑。现举例加以说明。如病因为风寒，则病性为阴证，寒实证（若不考虑体质的从化）；若病因为肝肾阴虚，阳亢风动，则病性为阳证，本虚标实证。总之，知病因、证候及治法即可确定大概，若再知病位及体质，辨证论治即可全面了。

1.2 辨证第二要素－病位

病位总的来说不外表、里。表有肌表、经络之别；里有五脏、六腑、奇恒之腑、营卫气血、津液之分；另表里之间又有半表半里之位。此外，表里还有相对性，这是病位的复杂性所在。但辨证时，可不必考虑表里的相对性。各种辨证方法，着眼点各有侧重，如脏腑辨证、气血津液辨证、六经辨证的辨证着眼点分别在于脏腑、气血津液、六经。“病因、病位、体质”一体化辨证方法根据中医脏象学说以脏腑系统统气血津液、肢体官窍等，把辨证的着眼点即病位定为肌表、经络五脏腑系统。其中肌表、经络主要针对外感病而设，脏腑系统主要针对内伤杂病而设。病位可在“经络”与“脏腑”，这可从现代系统论认为的中医学中“经络”、“脏腑”均是人体功能子系统的观点中找到科学解释。用“脏腑”对内伤杂病进行定位、定向、定性，这与医圣张仲景用“六经”定位、定向、定性外感病是有相通之处的。它们分别有利于分析“脏腑”或“六经”之间及其子系统内部的关系，进而有利于进行横向、纵向的分析、比较、综合，从而达到整体最佳化的论治。由此亦可见，病因、病位、体质一体化辨证方法，把病位定义为“脏腑”系统，与仲景的“六经”辨证方法把病位定义为“六经”一样，是一种科学且有价值的研究方法。

1.3 辨证第三要素－体质

“病因、病位”辨证似乎已完美了，为何还需“体质”因素呢？这是因为体质往往影响着机体对某些致病因素的易感性及发病类型的倾向性，若对辨证方法来说则为体质因素对病因因素、病位因素的辨识均存在着影响。对病因的影响：有的体质可使病因均随之从化，治疗不可只据理论分析，只图消除起始病因之功。如同为感冒，有的人可无论何季节，感受何邪，均仅有自己特有的症状、体征、发热（如阳热质）或从不发热（指气虚或阳虚质），此时治疗时体质因素占了主导地位，病因因素则不怎么重要了。对病位的影响，体质往往影响着某些部位的易感性。如有人素体肺有郁热，肌表易外感风寒，且感受后一、两天往往会邪入肺系，使肺宣降及通调水道的功能失常，形成痰热郁肺的证候。若早辅以清润化痰之品，可缩短病程；或平时注意调理体质（润肺清热），则可预防或减少疾病的发生。这些单靠“病因、病位”辨证均是做不到的。田代华认为体质有十二型：阴虚质、阴寒质、阳虚质、阳热质、气虚质、气滞质、血虚质、血瘀质、津亏质、痰湿质、动风质、蕴毒质。分别情以滋阴、温化、助阳、清热、益气、理气、养血、活血、生津、化痰、潜阳与清毒。这些方法辨证论治时随证应用或平时进行体质调理，均可收到殊功。疾病的发生，在于致病因素作用于不同体质的人体的不同部位，破坏了人体的生理功能，使机体产生了病理变化，表现出的症状、体征，即为得病。尽管疾病千变万化，症状、体征表现各异，但辨证时只要掌握了病因、病位、体质三要素，对三方面进行综合分析，无所偏执，便可执简驭繁，做到正确辨证施治。

2 重视辨病与辨证相结合

辨证论治是中医学两个基本特点之一，但是中医学在形成、发展之初并不是不重视辨病的，早在《内经》时期，就已有颈痈、鼓胀等病名，《金匮要略》中亦有水气病等病名，只是随着辨证论治体系的逐步完善，辨病论治的发展受到忽视，中医学至今未提炼出病的概念，常以症状名病，很不规范，因而往往会在一定程度上影响疾病的治疗。田代华主张凡病人应诊，医者必先用现代手段明确病名诊断，然后再用辨证三要素进行辨证论治，以防止贻误病情。应诊首先要辨明疾病。他曾举例说：如患者以胃脘部疼痛的症状来诊，某大夫仅以主诉及兼症：食欲不振，倦怠乏力，面色萎黄，苔薄白，脉沉迟，诊断为胃脘痛－脾胃虚寒证。治以健脾温中益气，方用附子理中汤与香砂六君子汤加减，服用多剂无明显疗效。后来患者经现代医学手段检查出为胃癌，且已错过了手术时机，贻误了疾病的治疗，为医者当引此为憾事。明确疾病后，再据病因、病位、体质三要素进行辨证论治。因为疾病发展过程中，在初、中、末等阶段证候往往差别很大，且患者还有体质、年龄差异等因素,因而还应辨证论治,疗效才佳。如田代华曾谈及某些西学中大夫往往用西医理论指导中医用药,有时效果未必好,甚至会适得其反。如治慢性胃炎,有的西学中大夫一见便使用大量清热解毒之品进行消炎,偶有病例可得暂时症状缓解,长期疗效则未必尽然,且大多数病例疗效不明显或症状反加重。这是因为慢性胃炎,中医辨证有脾胃虚寒、肝脾不调、脾胃湿热等型,单用清热解毒之品疗效当然欠佳,只有辨证论治才可收到良效。

3 强调基本方的作用

田代华带教多年,为便于学生掌握及有利于找出疾病治疗的规律,对一些"病因、病位"较固定的病,主张一病一基本方,或一型一基本方,然后再随症及体质加减,这亦体现了辨病与辨证相结合。如中风后遗症,无论软瘫、硬瘫均有语言蹇涩、口眼㖞斜、半身不遂,两类型用两个基本方即可。硬瘫用:天麻钩藤饮合镇肝熄风汤加减;软瘫用:补阳还五汤加减。又如瘿病,其中甲亢、甲状腺瘤两型可分为三个基本方,甲状腺瘤用:海藻玉壶汤;甲亢(肝火旺盛型)用:栀子清肝汤合藻药散加减;甲亢(心肝阴虚型)用:天王补心丹合一贯煎。再如痢疾一病,可用芍药汤为基本方加减。(金　丽)

田德禄临床经验

【名老中医简介】田德禄(1938～)主任医师,教授,博士生导师。1963年北京中医药大学中医学学士学位毕业。现任北京中医药大学内科教研室主任、消化研究室主任。享受国务院特殊津贴。卫生部新药评审委员,国家中药品种保护评审委员会委员,北京中西医结合学会脾胃病专业委员会副主任委员。第四批全国老中医药专家学术经验继承工作指导老师。擅长治疗酒精性肝病、慢性胃炎、消化性溃疡、胃癌前期病变、慢性结肠炎等疾病。先后主持国家"七五"、"八五""中医药治疗慢性萎缩性胃炎临床及实验研究"。攻关课题获重大科技成果奖。发表论文80余篇。

酒精性肝病

1 分期阐述病机演变

酒精性肝病包括西医学的酒精性肝炎、酒精性脂肪肝、酒精性肝纤维化及肝硬化。这些虽然是现代医学的病名,但古代中医文献中对因长期过量饮酒而引起的这种疾病,已经有较为丰富的记载。田德禄指出,根据酒精性肝病的临床表现,可归属于中医"胁痛","酒疸","酒积","酒癖","酒臌"范畴。对于酒精性肝病的病机演变,将其分为三个阶段。病变之初,因过量饮酒,湿热酒毒之邪首先蕴结中焦,脾胃运化功能失调,升降失常,致脾土壅滞,土壅木郁,形成肝脾同病或肝胃同病。肝脾同病表现为肝气郁结见症和脾失健运,湿邪中阻见症,临床表现为胸膈痞满,胁肋胀闷不舒,呕吐涎沫等。肝胃同病表现为胁肋脘腹胀满,纳呆食少,食欲不振,呕恶吐酸等肝胃气滞湿阻见症。肝气郁结日久,气滞血瘀,形成瘀血。气滞、血瘀、痰湿互结于胁下,形成积块,此时积块尚柔软,舌质紫暗或有瘀斑,脉弦或滑。此时虽邪结胁下,但正气尚未大伤,病变以标实为主,证属肝脾胃同病,气滞、血瘀、湿阻互结。病变日久,酒毒湿热之邪留滞中焦,聚而为痰,阻滞气机,最终形成气、血、痰、湿、热相互搏结,形成癖块,停于胁下,而为酒癖。证见胁下积块明显增大,质地坚硬,胁胀而痛,或肋下弦急疼痛,饮食减少,面色萎黄,形体逐渐消瘦,女子月事不以时而下,舌质紫暗,脉沉而细涩。证属肝脾不调,气结、血瘀、痰阻。随着病程的延长,依然纵酒,则气滞、血瘀、痰结愈甚,正气渐耗,肝、脾、肾三脏功能失调,肝失调达,脾失健运,肾失蒸腾,三焦气化不利,水液潴留,气、血、痰、水搏结于腹部,终致腹部胀大形成"酒臌"之病。证见腹大胀满,如囊裹水,胁下积块,按之坚硬,青筋暴露,甚则脐心突起,面色萎黄或黧黑,四肢明显消瘦等。本期为本虚标实之证,标实有气滞、血瘀、痰湿、水停的侧重,正虚有脾气虚、气阴两虚、脾肾阳虚、肝肾阴虚的不同。以正虚为主,证属肝脾肾同病,气、血、痰、水互结,为酒精性肝病晚期。从以上对酒精性肝病病机演变的阐释,可以使我们从中医理论的角度清晰地认识到酒精性肝病的发生、发展和结局,与西医学酒精性肝炎、酒精性肝纤维化、酒精性肝硬化(腹水)相呼应,能更好的指导临床。

2 分期治疗,重视调肝理脾

如上所述,酒精性肝病的病机演变分为三期。因此,在治疗方面田德禄亦分三期论治。初期以气滞、血瘀、湿阻为患,治疗以行气、活血、化湿为主,可用木香顺气散或柴胡疏肝散加减；中期常以气结、血瘀、痰阻为主，可用柴胡疏肝散和膈下逐瘀汤加减；晚期常见邪盛正衰，治疗以扶正祛邪、攻补兼施为法，可用八珍汤合酒积丸化裁。若属肝肾阴虚者，方药可选用滋水清肝饮合化积丸加减。若属脾肾阳虚，腹水症状突出者，又可选用真武汤温阳化气利水。在酒精性肝病的病机演变过程中，肝脾两脏有着重要的作用。肝体阴而用阳，肝之体阴为血，肝之用阳为气，肝藏血，主疏泄、性喜条达；脾属土，主运化，为气血生化之源。肝木与脾土生理上互相联系，病理上相互影响。对脾而言，木不疏土或木旺克土，均可影响脾之运化；对肝而言，土壅木郁，可致肝之疏泄失司。酒性湿热，最易助热生火，聚湿成痰。若酒食不节，嗜酒成癖，则脾胃受伤，或脾滞失运，或酒邪伤正，运化乏力，而致湿邪内蕴。郁久化热，湿热相搏；或酒食之热，炼湿为痰，痰湿阻滞气机，由脾及肝，土壅木郁，使肝失疏泄，气失调畅。由于气为血帅，气滞则血瘀。瘀血阻滞肝经，致气行不畅。如此反复不已，终至气血痰湿相互搏结，停于胁下，形成积块（酒癖）。在酒精性肝病的发展过程中，肝脾失调的病理状态始终存在，气滞、血瘀、痰（湿）都是在此状态下产生的病理产物，因此，田德禄强调在酒精性肝病的治疗过程中肝脾同治。又酒精性肝病成因为长期饮酒，在治疗上就要重视针对病因用药，可选用有解酒作用的中药如葛花、枳椇子等，加入相应方中辅助治疗。田德禄提出了调肝理脾加解酒药物治疗本病的法则。调肝，即根据肝体阴而用阳特性，既重视补肝柔肝护其体，又要疏肝理气调其用。理脾也包含了补脾气和健脾运两个方面，补脾气，可扶助正气，增强抗病能力；健脾运，可使水湿、痰浊运化，邪实自退。他制定了调肝理脾方（柴胡、白芍、益母草、土茯苓、黄芪等药物组成）。在临床中，调理肝气多用柴胡、香附、青皮、陈皮、川楝子、郁金等；活血化瘀多用桃仁、红花、三棱、莪术、当归、王不留行、丹参、益母草、虎杖、鳖甲等；化痰湿多用茯苓、薏苡仁、陈皮、半夏等；解酒毒多用栀子、葛花、枳椇子、黄芩、黄连等；补虚多用黄芪、白术、茯苓、仙茅、西洋参、党参、沙参等。

3 重视心理治疗

田德禄指出由于酒精性肝病病程较长，病情逐渐加重，患者生存质量下降。加之戒酒的困难性，患者多存在心理疾病，表现为情志抑郁或焦虑，忧虑，情绪低落，不愿与人交流，自我孤立等性格改变。单纯的药物治疗作用有限，适当的心理疏导尤为重要。中医理论认为肝主疏泄，调畅人体气机，又主调畅情志，情志不畅可使肝失调达，气机郁滞，气滞血瘀，加重病情。在药物治疗的同时，对患者进行心理疏导，劝其增加体育锻炼，培养个人爱好，多与他人交流，改变不良生活方式，逐步减少饮酒量，以心理治疗配合药物治疗，往往能提高疗效。

4 典型病案

李某某，男，39 岁，2005 年 6 月 13 日就诊。患者自诉右胁下有不适感，时有疼痛隐隐，偶有针刺感，脘腹胀满，食欲较差，知饥不食，大便偏稀不成形，小便淡黄。观其面色略暗发青，情绪易低落，近坐则闻及酒精味，舌胖大有齿痕，色暗，苔白腻，脉弦无力。问知患者自 18 岁开始饮酒，每日平均半斤。半年前诊断为酒精性肝硬化后，饮酒减少，但不能戒除，每日仍饮 2～3 两。此次查 B 超示：肝回声增粗增强，分布不均匀，诊断为酒精性肝硬化。肝功能示：ALT69IU/L，AST150 IU/L。辨证为肝郁脾虚，土虚木克，气滞血瘀湿阻，治以疏肝健脾化湿，行气活血。以调肝理脾方加减：柴胡 12g，白芍 10 g，当归 10g，土茯苓 10g，益母草 30g，山药 15g，葛花 10g，枳椇子 10 g，桃仁 10g，红花 6g，党参 10g，炒白术 10g。14 付，水煎服，日 1 付。并进行心理疏导，劝其减少饮酒，增加锻炼，保持乐观积极心态。6 月 21 日二诊，患者诉服药后胁下及脘腹胀满减轻，食欲有所增加，大便成形，查舌色淡红，胖大齿痕，苔白略厚，脉弦缓。复查肝功能示：ALT42 IU/L，AST63IU/L，患者治疗信心增加。前方稍事加减，续服 14 付后，复查肝功能正常。处以成药逍遥丸善后，半年后复查肝功能正常，B 超示：肝回声稍增强，分布欠均匀。（马卫国 张 良 叶永安）

胃病辨治

1 治胃三法，和降为先

胃病病位在胃，治应以胃为本。胃为阳明燥土、多气多血，生理上以和降为顺，病理上以胃气壅滞为主。田德禄治胃以清、润、降三法括之，而三法之中，尤重和降。胃病之由或因外感六淫、或因七情内伤、或因饮食劳倦，必影响胃的和降功能乃为病也。诚如《景岳全书》所言："多有因食、因寒、因气不顺者，然因食、因寒，亦无不皆关于气，"和降胃气则利于胃腑功能的恢复，即"六腑以通为用"、"胃气以通为补"之意。他探得《医学三字经》的"三气病，香苏专"之旨，多以香苏散出入，因紫苏理气和胃通降之力稍逊而有偏燥之嫌，而以苏梗易之，并加荷梗一味，一升一降，寓降于升之中。夏月则用苏、藿梗，又多加焦三仙以助胃受纳腐熟功用的恢复，并据感邪之不同随证加减。《丹溪心法》言："六郁则蒸热，热久必生火……"古方中多以山栀子为热药之向导，则邪易伏，病易退，正易复而病安。打破了治胃之法多以温散的格局，胃病从热论治至此明矣。

田德禄指出，胃病具有鲜明的时代特点。在上世纪六、七十年代以虚寒为主，而步入八十年代以来则以热证居多。不仅六郁皆从火化，久病非寒，而邪毒在胃病的发生及病机转化中亦具重要意义。近代关于幽门螺杆菌与慢性胃炎、消化性溃疡、胃癌的关系研究，便是更好的说明。胃为多气多血之府，清之则须辨在气在血，清气白虎汤加蒲公英，清胃而不损胃；清血以泻心汤合失笑散，血热得清而不留瘀，然热盛则伤阴，瘀久则新血不生，有悖胃恶燥之性，治又当润之。田德禄指出，情以前论胃阴不足者少，仅刘完素援引仲景承气救胃气，讨论脾胃虚实补胃时有所阐发，至叶天士承其余绪，强调脾胃体用各异，云"太阳脾土得阳始运，阳明燥土，得阴自安。以脾喜则燥，胃喜柔润也。"自此脾胃分治有途，养胃阴之法别立，补充了东垣脾阴论之偏弊。故田德禄养阴润胃多崇叶氏，每以益胃汤、百合乌药汤出入。但清、润之中勿忘和降，多与香苏散合之。

2 肝脾并调，重在气血

田德禄指出，胃病在胃而与肝脾二脏最为密切。脾胃同居中土，一主腐熟，一主运化，共司后天，燮理气机。肝与脾胃为一对先天矛盾，"见肝之病知肝传脾"，亦应知肝传胃。叶天士"肝为起病之源，胃为传病之所"之言更为中的。故胃病日久，多及肝脾，而胃病之由亦可因于肝脾。此时不仅治胃，还当调理肝脾。或从肝论治，或从脾论治，或肝胃同治，或脾胃同治，或肝脾胃同治。而调理肝脾重在气血二字。经云"实在阳明，虚在太阴。"故胃病多实，脾病多虚，脾病或责之中气不足，或责之中气下陷，或责之脾阳不振，故治之多健脾、升阳、温中，而不离乎气。健脾益气多以香砂六君子汤为主，或加黄芪、黄精以助治本，或加炒陈皮、制香附以助治标。升阳则宗东垣，以补中益气汤治之，且枳实须重用至30g才能获益气升阳之目的。温中之法宗仲景，轻者黄芪建中汤，重者大建中汤主之。治脾在于燮理焦气机，补而勿滞乃治法之要，此亦丹溪"痛无补法"之意所在，非言不能补也。故施补之法慎之又慎，一须审确有虚处，二须补而勿滞。脾胃同病则以虚实相兼、寒热并见为多，常见清浊相混、相逆征象。治当脾胃并调，寒热并施，选方多以半夏泻心汤加减，或合香苏散和胃降逆，或加《统旨方》之补气运脾汤健脾益气。治肝在于安胃，而治肝之法须体用兼顾，刚柔相济。轻则用四逆散，重则用柴胡疏肝散。常加青蒿、绿萼梅、八月札、薄荷等具有散肝之功之药，但无伤阴之弊之品；又多兼顾于胃，合香苏散化裁。因肝胃同病仍以实证、热证居多，故失治误治后有化热、伤阴、致瘀之变，临证当知常达变，并用清法、润法或消法，于气血之中求治。胃病日久多肝、脾、胃三者俱病，证见胃有蕴热、脾有虚寒而肝血不足，滞气于中之象。田德禄治之，肝脾胃并调，妙用乌梅丸。他认为该方用黄连、黄柏苦寒泄热，干姜、桂枝辛热散寒，人参甘温补中似与半夏泻心汤异曲同工，而妙在乌梅、当归补肝，使其不乘脾胃之虚而强克之。其师古不泥古之精神可窥斑。

3 微观辨证，用药精当

辨证论治是中医治疗学的核心。田德禄指出，辨证的核心在于通过传统和现代的诊查手段，收集尽可能多的资料，宏观辨证与微观辨证相结合，综合分析，以辨明病因、病位、病性和病机的转化。胃镜下对病灶的直视实为中医望诊之延伸，且更能直观、客观地反映出其全貌，对其以中医理论加以分析，不仅促进对胃病本质的认识，对指导临床用药更具意义。自上世纪80年代田德禄即对胃镜下胃黏膜相的辨证进行了观察研究，临床用药渐成体系。如胃黏膜相见黏膜充血、肿胀、糜烂，则加蒲公英、连翘、虎杖以清热解毒；若伴分泌物较多，质地粘稠，则选用具有燥湿之功的黄芩、黄莲、大黄等清热解毒药；如胃、十二指肠黏膜有溃疡形成，则加血竭、锡类散以祛腐生肌敛疮；若胃黏膜相见片状苍白区，或红白相间，血管网清晰可见，分泌物减少，则加百合乌药汤、黄精、天麦冬养阴益气；如胃黏膜相见黏膜红白相间、树枝样血管透见，黏膜颗粒样或结节样增生等形成改变，病理活检揭示肠化生和不典型增生，则加三棱、莪术、路路通、贝母以化痰逐瘀通络；如见胆汁返流、胆汁淤积则予柴芩温胆汤以清胆和胃；如胃黏膜相见出血或渗血，则视病及血分，并据"离经之血便为瘀血"之理，加失笑散、赤芍、三七粉以止血不留瘀。田德禄这一宏观辨证与微观辨证相结合的理论，使临床用药更为精当，使症效、证效、病效三者有机地结和为一体。

4 辨病治疗，同中求异

田德禄指出，现代中医治疗学应注意辨证施治与专方专药相结合，徐灵胎曾言："一病必有一专方，一方必有一主药。"这就告诉人们，每一种疾病必有其主要病机,治法用药应紧扣于此。慢性浅表性胃炎与慢性萎缩性胃炎均以胃脘胀满痞闷,时或疼痛为主证,属中医“痞证”范畴,但一实一虚、一在胃,及脾,前者治以和胃通降,以香苏散化裁,基本方为:苏梗、荷梗、制香附、炒陈皮、焦三仙、大腹皮及子、连翘、蒲公英、土贝母;后者则视轻、中、重不同,分别治以甘寒益胃、甘平养胃、甘温健胃。甘寒益胃,以益胃汤化裁。基本方为沙参、丹参、麦冬、玉竹、生白芍、佛手、香橼皮、生甘草;甘平养胃以百合乌药汤加味。基本方为:炙百合、乌药、太子参、黄精、茯苓、生白术、砂仁、山楂;甘温健胃以香砂六君子合当归补血汤化裁,基本方为:党参、炙黄芪、茯苓、炒白术、砂仁、木香、酒当归、鸡内金。胃溃疡和十二指肠溃疡均为邪毒与气血搏结于胃府,化腐成疡,治之均需“清”、“消”并用,即清热解毒与活血化瘀并施。从宏观辨证而言,胃溃疡活动期以实证、热证多见,与肝、胃关系密切。愈合期、疤痕期则以脾虚湿阻为主,而十二指肠溃疡活动期多有脾虚之征,多为本虚标实之证;愈合期、疤痕期则以脾阳不振为主,二者同中有异。对此,田德禄治疗胃溃疡活动期多在和胃降逆的基础上加强清化湿热及活血之力,甚者化浊逐瘀并施,多以香苏散合失笑散加蒲公英、黄连、大黄或虎杖治之。静止期则多以香砂六君子健脾化湿。治疗十二指肠溃疡活动期则补泻兼施,以益气活血解毒法治之。多予自拟愈疡灵加减。方中失笑散合三七粉为“消”法,黄连、蒲公英、赤芍为“清”法;而生黄芪一味用意良苦,不唯益气,更在托毒生肌,融内外科治法于一体;静止期则以黄芪健中汤为主温运脾阳。(毛效军)

功能性消化不良

1 病因病机

功能性消化不良(FD)临床上较为常见,多表现为上腹部或胸骨后胀满、疼痛不适、纳呆、饱闷、反酸、恶心呕吐、大便异常等,并通过内窥镜及实验室和影像学检查排除胃、肝、胆、胰及肠道的器质性病变,除外消化性溃疡、肿瘤、反流性食管炎、肝胆胰疾病、肠易激综合征及其它系统疾病的一组临床证候群。田德禄认为,本病属中医学“胃脘痛”、“痞满”、“嘈杂”、“呃逆”、“反胃”等病的范畴,其发生与情志不畅、外邪内积、脾胃虚弱有关。病因病机不离肝、脾、胃三脏,脾虚是发病的基础,肝郁是致病的条件,胃气不降是引发症状的原因。就脾虚而论,《素问·调经论》曰:“有所劳倦,形气衰少,谷气不盛,上焦不行,下脘不通……”即论述了虚而有滞的病机。由于脾气虚弱,运化失司,则水反为湿,谷反为滞,气滞、湿阻、痰结、火郁、食积相因为患。就肝而言,厥阴肝经之脉,夹胃属肝,脾胃属土,必赖肝气条达,土得木而达,这是生理;木郁则土滞,此是病理;若情志不遂,肝气郁结,脾胃无有不受其戕伐,此即《金匮要略》“见肝之病,知肝传脾”之要义。《血证论》云:“木之性主于疏泄,食气入胃,全赖肝木之气以疏泄之,而水谷乃化”。所以,肝主疏泄的功能正常,气机方能调畅,脾胃才能更好的发挥升降枢纽的作用,正如《读医随笔》说:“凡脏腑十二经之气化,皆必藉肝胆之气以鼓舞之,始能调畅而不病”。就胃而言,胃为六腑之一,胃腑以通降为顺,胃满则肠虚,肠满则胃虚,更虚更满,故气得上下;胃气不降则变生诸症,如嗳气、吞酸、痞满、恶心呕吐、反胃等消化不良症状。正如《四圣心源》曰:“中气健旺则胃降喜纳,脾升而喜磨,水谷腐熟,精气滋生”。归纳FD的基本病机为木郁克土,胃失和降,脾运无权。其病机核心为胃失通降,气机阻滞贯穿疾病始终。病位在胃,与肝脾密切相关。病性属本虚标实之证,脾虚为本,气滞、血瘀、食积、痰湿为标;病初以邪实为主,久则虚实夹杂,寒热错杂。

2 治疗大法

田德禄根据FD的病机特点,通过对大量临床资料进行总结分析,提出“理气和胃”是治疗FD的基本大法。他认为,理气和胃包括多方面的含义:一方面是调理脾胃之气。《医门棒喝》说:“升降之机者,在乎脾胃之健运。”当脾不升清、胃不降浊,则出现诸多病症。脾胃升降失调是病之关键,脾主运化升清,胃主受纳腐熟,以通降为顺,脾升胃降这个基本形式是整个人体气机升降之枢纽,因此调理脾胃之气机,使其升降相因,才能使脾胃受纳腐熟和转输运化功能恢复正常,则诸症皆去;另一方面是疏畅肝气。叶天士说“肝为起病之源,胃为传病之所。”本病病变部位虽在脾胃,但与肝密切相关,脾胃同居中焦,为后天之本,胃主受纳,脾主运化,吸收水谷之精微,并顺降于肠,其间有赖于肝的疏泄条达,三者功能失调可致气机郁滞,升降失职,出现水谷不腐之痞满证。临床上肝郁脾虚、肝胃不和、肝胃郁热都是比较常见的。因此治疗上,和胃必先调肝,理肝即以安胃。田德禄指出,肝与脾胃功能失调可互为因果,如肝失疏泄,气机郁滞,横逆犯胃,胃失和降,为木强乘土,可出现胃脘饱胀、嗳气、呕吐等症状,属实;脾胃虚弱,运化失常,肝气乘脾,脾土受伐,为土虚木乘,亦可出现上述症状,属虚。临床辨证时,虽症状、病位相同,但其病理性质有虚实之分，治疗前者当以抑木为主，后者当以培土为先。在强调肝与本病的密切关系时，田德禄还指出，部分患者尤其是老年患者，可表现为肺脾两虚、脾肾两虚。肺为脾之子，脾胃之纳化，依赖于肺之宣发肃降，如《素问·经脉别论》云：“脾气散津，上归于肺”，肺主气，肺气不足，治节不利，使脾胃运化功能失调；《素问·至真要大论》云：“太阴不收，肺气焦满”，可见宣肺气，伸治节，也是调理脾胃升降枢纽的重要方面。老年人肾气自虚，日久气虚及阳，由于肾中真阳乃奉生化之主，脾之纳化赖此火以助之，神机鼓动，纳化正常，若火衰而温煦无权，则纳化失常在。故治疗时当以兼顾肺、肾两脏。另外，在强调气机升降的同时，也不可忽略瘀血这一重要病机，由于本病部分患者病程长，病情常反复，久病必有瘀，久病入络，瘀阻胃络，胃气郁滞，气机不畅，和降失常，且二者可因果互因，故治疗时应根据病情，在调理气机时酌加活血化瘀之品，以助病情恢复。

3 施治原则及用药经验

3.1 斡调气机升降

脾胃气机升降失调乃本病之关键，故调理气机、宣畅三焦为治疗大法。脾胃乃气机升降之枢纽，升降相宜。脾气不升可引起胃气不降，同样胃失和降亦可影响脾气升清，所以，在注意和降胃气时根据病情酌加升提脾气之品，如柴胡、升麻、荷叶、白术等，方可取得事半功倍的效果。田德禄临床上遵循“治中焦如衡”，在选择和降胃气之品时，主张药性较为平和的药物如苏梗子、青陈皮、厚朴花、佛手、香橼、旋覆花等，代赭石等重镇降逆之品当收效即止。用药讲究轻灵快捷，轻可去实，慎用重剂以免加重脾胃负担。再者，肝与气机升降关系密切，故本病多见肝胃不和、肝胃郁热、肝郁脾虚等。治当疏肝以调理中焦气机之升降，法宗柴胡疏肝散加减：柴胡为君药，主散能升，长于扭转气机，疏解郁结；用枳壳行气导滞，与柴胡相配，一升一降，疏肝胃，导壅滞；柴胡配柔肝缓急之芍药，刚柔相济，芍药配甘草，缓急止痛和中；再配陈皮、川芎、香附增强行气疏肝、活血止痛之效。如患者出现恶心呕吐，加半夏和胃降逆止呕；如出现胸骨后有灼热、疼痛，可加用白及、煅乌贼骨止痛；如果兼有肝胃郁热，可配黄连、吴茱萸清胃中郁热；如果肝郁日久，化火伤阴，可配沙参、麦冬、生地养阴和胃，取一贯煎之意；兼有脾虚，可配太子参、白术、茯苓等。田德禄调理气机升降亦重视肺的作用，常加入宣肺的桔梗、枇杷叶，宣通肺气，以降上逆之胃气，此也寓“升”之意，如此降中有升，升降相因，则逆气可降。

3.2 益气健脾和胃

阳明中土，万物所归，脾胃互为表里，为后天之本，生化之源，是水谷进行消化吸收的主要场所。功能性消化不良病程长，易反复，日久损伤脾胃，并且老年患者中气自虚，脾胃虚弱，谷气不消，运化失常，常见胃脘胀满、早饱、食欲不振等症。《诸病源侯论·脾胃病诸侯》谈到：“胃受谷而脾磨之，二气平调，则谷化而能食，若虚实不等，水谷不消，故令腹内虚胀而泄，不能饮食。故健脾益气和胃亦是其治疗的原则之一，选方可在六君子汤的基础上加以化裁。临床上田德禄以党参代替人参，与炒白术、茯苓、甘草益气健脾；陈皮、半夏和胃止呕；配薏苡仁增强健脾之效；配佛手、香橼皮、香附起行气和胃之功。诸药奏效，其症可去。他经常强调，补益脾胃需遵循“脾以运为健，胃以通为补”，主张平补、运补，不能峻补、壅补，治当甘平助运，脾得健运而气行，胃得通而能和降，而味甘腻峻补，反碍气机。

3.3 行气活血止痛

田德禄认为，在强调气机升降失调时，不可忽略瘀血这一重要病理机制，其表现为反复胃脘疼痛、夜间较甚、饱胀、嗳气等。并且瘀血内停与气机不畅可互为因果，在治疗时应当根据其病程的长短及临床表现，在调理气机时适当加以活血药，故可在原方的基础上酌加丹参、当归、九香虫、三七粉、赤芍等药行气活血止痛。另外，气虚亦可导致血瘀，在使用活血药时勿忘益气活血之法，不可单投活血化瘀之品。田德禄治疗 FD，以健脾、疏肝、和胃为法，务以气机调畅为度，佐以活血化瘀，同时兼顾肺肾。补脾药少量轻，贵在通补；和胃降胃药多量大，务使滞除；疏肝每方必用，已成定则。治有侧重，圆机活法。由于本病与情志失调关系甚为密切，在临床诊治时，田德禄尤其强调心理疏导的重要性，对患者循循诱导，对其临床症状的缓解亦有良效。（李丰衣 孙劲晖）

田玉美临床经验

【名老中医简介】田玉美（1928～）湖北省仙桃市人。主任医师，教授，硕士生导师。湖北省高等学校教师职称评审委员会医学科学审议组成员。湖北省委保健委员会中医保健专家组成员。湖北省名中医，第一批、第二批全国老中医药专家学术经验继承工作指导老师。

临床经验

急性胆囊炎

1 对病位病因病机的认识

田玉美指出，急性胆囊炎以突发性胁痛、恶心、呕吐、恶冷、发热为常见症状，甚时呈现黄疸，其中以胁痛为主证。其病应属中医学肝胆病“胁痛”、“黄疸”范畴。指出病位主要在肝胆，尤重在胆腑。肝在胁下，胆附于中，肝之藏血，主疏泄条达，使气机循行有常，其性升发；胆藏精汁，主决断，助脾胃之消化，使之纳运有序，其性通降。肝之与胆，经脉络属，一脏一腑，相互表里。生理上一升一降，相互依存为用，病理上升降失司，相互影响传变。肝之疏泄失司，可致胆汁通降不利，胆之精汁失泻，亦可逆滞肝脏，致其疏泄条达失职。故肝胆之病均可有胁痛、黄疸等病证。肝胆病证，缘病因不同，受邪先后主次有别，其表现同中有异。责之肝脏之胁痛，多因情志不遂诱发或加剧，为无形之气郁，故痛多呈发作性，隐隐胀痛，或灼痛、钝痛，情绪舒畅缓解或减轻，责之胆腑之胁痛，多因饮食不慎或虫积、结石阻滞而发病，为有形之邪阻滞，故痛之持续，剧烈胀痛，或钝痛、绞痛。甚时胆汁受阻，不循常道，外溢肌肤而病黄疸。又因胆滞胃逆，消化功能失调，病中每见恶心、呕吐、腹胀纳呆；湿热内蕴，气机失畅，故恶冷、发热，待其胆腑泻下通畅，病证方能缓解。认识急性胆囊炎临床特征，中医责之肝胆，而尤重在胆腑，符合中医生理病理。分析病因，或因饮食不节嗜食肥甘，土壅木郁；或因起居不慎，外邪入侵，传入少阳；或因情志失调伤及肝胆；或因结石、虫积阻滞等。认识病机则一，即肝脏失疏，胆腑失通，气机郁滞，湿热内蕴，不通则痛。气机郁滞，胆腑失通是发病关键。因胆藏精汁，内寓相火，性喜清降，藏泻动态有常而恶抑郁。胆腑因气机郁滞而失通降，湿热内蕴因胆汁内滞而滋生。胆腑失通因素体阳旺或胆腑素有结石阻滞者，尤易发生。

2 治则方药应用

2.1 疏肝利胆

田玉美指出，本病发病机理是肝郁胆滞，关键是胆腑失通。由于肝胆生理病理密切相当，胆之通降有赖肝之疏泄。因此，疏肝理气、通降利胆应是基本治则。方以大柴胡汤加味，药用：柴胡、黄芩、枳实、赤芍、法半夏、大黄、川楝子、广木香、郁金、延胡索。方中柴胡、黄芩同用清解少阳邪热；大黄、枳实同施清泻阳明胃肠实热，诸药同用，共奏外解少阳、内泻阳明邪热之功。实际上大黄、枳实因行经肝胆，能通降利胆，临床每用，颇有捷验，急性胆囊炎故选用此方。伍用川楝、木香、郁金、延胡索意在加强行气解郁，利胆通腑，阻止病邪深入。同时，活血止痛，减轻痛苦。因进食油腻之品发病，加焦山楂；素有胆囊结石，加金钱草、鸡内金；虫扰加槟榔、乌梅；大便闭结加芒硝；气滞重加厚朴。

2.2 利湿清热

田玉美指出，胆为少阳，少阳为热，内藏胆汁，最畏气滞，特别是素体阳盛，或胆囊内有结石者，尤其如此。一有气滞，易从热化，演生湿热内蕴。是以湿热内蕴在胆腑病变时，累见不鲜。急性胆囊炎每兼见此证，利湿清热法则亦时用之。方以大柴胡汤加金银花、连翘、蒲公英、金钱草、薏苡仁、茯苓。所加药物甘淡不甚苦寒，善舒肝利湿，清热解毒，不易伤脾碍胃，为此病证必不可少之用药，且用量宜大，不必顾虑，取其重剂迅速清除湿热，堵截变生黄疸。兼黄疸者，加大剂茵陈，加强舒肝利胆退黄；热甚酌选红蚤休、紫花地丁、龙胆草、虎杖、败酱草等清热解毒、凉血散热之品，警防耗血动血于未然。湿甚加藿香、猪苓、滑石，取其芳化淡渗、分消湿浊。

2.3 行血活血

田玉美指出，气行血行，气滞则血瘀。有气滞必有血瘀。急性胆囊炎气血辨证，每兼血瘀。行血活血化瘀法则时亦佐用之。药如川芎、丹参、赤芍、桃仁、鸡血藤之属。川芎、丹参现分别制剂成川芎嗪注射液、丹参注射液，临床最好选用此类药物，取其药物能直接从静脉内入脏腑，直达病所，行血活血化瘀，尽快使瘀消气畅，肝胆康健；亦可在大柴胡汤中同时伍用上述活血之品。（熊家平 刘 青）

疑难杂证

1 脏腑失调，气血阴阳虚实交错为基本病机

田玉美认为，人体患病，因病因、体质、性格、性别、年龄、生活环境、职业、季节等不同，及治疗时间、方法等诸因素影响，病证表现复杂，不少疾病往往寒热错杂，虚实同现，似热非热，似寒非寒，似实而虚，似虚而实，构成了人们常说的疑难病证。疑难病证的病机错综复杂，多端变化，但基本病机是脏腑失调，气血阴阳虚实交错。脏腑是人体生命活动的核心，脏腑功能失调是疾病发生、演变的基础。疑难病证的发生、发展变化无一不是脏腑功能失调所致。不同于常见病往往是多脏腑同病，如肺脾同病，或心肝肾同病等，并因各脏腑生理病理各异，病症呈多向

性演变，使病证层出不穷、千头万绪。但万变不离脏腑，都是脏腑生理功能的失调。气血阴阳是脏腑功能活动的物质基础，又是功能活动的产物。脏腑功能失调，其实质是气血阴阳失调，通过气血阴阳失调的虚实演变而表现。疑难病证气血阴阳虚实演变，不同常见病证，单纯表现为气虚、气滞、气逆、气陷、血虚、出血、血瘀或阴虚、阳虚、阴盛、阳盛。往往是气血同病，虚实同存，阴阳各偏，相互交错演变发展。大赢有实证，体壮气血亏在疑难病证中累见不鲜。疑难病证发生发展演变的多病位，多方位纵横交错性，使辩识难于常见病证。对病证"审其阴阳"、"定其血气"、"有者求之"、"无者求之"、"盛者责之，虚者补之，必先五脏"。是千头万绪，抓纲携领，识表象，认清本质的关键。

2 治重在调，多法联用补虚祛邪乃以平为期

田玉美指出，疑难病证不同外感病证。因热者，清透即解，因寒者，温散而安。亦不同内伤杂病，实者一泻病除，虚者一补脏安。必须以"调"治病，平为期。

2.1 多法联用调气血阴阳

所谓多法联用，即指施治同一病证，同时使用三种以上的治疗方法（或法则）。如内服药物、外用药物与非药物疗法同施，补益法、温里法与活血化瘀法同用等。田玉美指出，多法联用优势在于整体调治，全方位治疗，有利于纠偏补虚祛邪，非常适合疑难病证的病机，此方法屡用收效甚验。

案1 糖尿病皮肤感染：张某，男，40岁。初诊1997年5月16日。素患糖尿病10余年，半年前因腿部外伤，治疗不当，形成溃疡，多方医治无效。口干、多饮、尿频量多、腰膝酸软、头昏、耳鸣、舌红、少苔，脉细数。左下肢可见一3cm×3cm大小溃疡面，有脓性分泌物。田玉美治则：滋补肝肾，益气养血；内服药处方：生地、枸杞、茯苓、石斛各15g，丹皮、泽泻、山萸肉各10g，天花粉、山药各20g每日1剂。外用药：金黄散外敷，并嘱饮食加强营养。调治1月溃疡愈合。

案2 复合性口腔溃疡：王某，女，60岁。初诊1997年6月14日。反复口腔多发溃疡10余年，近年加重，每月复发2～3次，中西药多方无效，又发3d，口腔多处溃疡，疼痛难忍，口干、口苦，大便干结，小便黄，舌红、苔黄、脉细数。田玉美治则：清胃泻热，滋阴降火。内服药处方：生石膏30g，生地、麦冬、银花、怀牛膝各15g，连翘、花粉各20g，熟大黄、知母、丹皮各10g，黄连6g，升麻、生甘草各6g。每日1剂，局部用冰硼散吹擦患处，清热解毒止痛。并嘱忌食辛辣煎焠之品。7剂口腔溃疡愈合，停用冰硼散，内服药减少生石膏用量，去黄连苦寒伤胃，加山药15g，益脾胃，续药14剂停药。随访半年病证未发。

2.2 重视调脾肾，佐以调肝

田玉美指出，肾为先天之本，藏真阴元阳，五脏六腑之阴，非肾阴滋润不能充，五脏六腑之阳非肾阳温煦而不能旺。《类经附翼·求正寻》："水亏其源则阴虚叠生、火衰其源则阳虚之证叠生。"脾胃为后天之本，气血生化之源泉，"五脏六腑皆赖以受气。"五脏六腑之气血非此无以充沛。是以前人有："凡病颠倒难明，必从脾胃调整"之言。疑难病证气血阴阳失调，从生理病理看，都与脾肾相关联，调治脾肾是治本固本之法。疑难病证调治脾肾，有两层意义：一是脾肾未病时"能安未受邪之地"，阻断和防止病证扩大和传变，把病变尽可能控制在较小范围内，并使所病脏腑，源源不断获得脾肾气血阴阳滋助补充，利于疾病康复；二是脾肾患病时，适时调治，有利于使失调脏腑功能，早日恢复。此方法田玉美施治疑难病证，丝丝入扣，衔接多法联用的深入步骤，其收效如捋击鼓，捷验每现。

案3 支气管扩张并咯血：陈某，女，38岁，初诊1997年7月10日。患支气管扩张并咯血反复发病16年。近3年频发，因感冒诱发，又易感冒，病无愈期。咳嗽迁延难愈咯血兼作，时大声喜笑或急行走亦见咯血，多方治疗无效，寻田玉美诊治，舌淡、苔薄黄，脉弦细数。初治拟清肺化痰，止咳止血。泻白散化裁，处方：桑白皮、地骨皮各12g，白茅根30g，百部各15g，川贝母、紫菀、冬花、黄芩各10 g，上药7剂，咯血止，仍咯吐少许白痰，少气懒言，胸闷，咽喉干燥，头昏、舌红、苔薄白，脉弦细。结合平素易感冒，治拟调补脾肾，益气固表。处方：生地、山药、茯苓、泽泻、黄芪、党参、百部、炒白术各15g，丹皮、山萸肉、陈皮、法夏、紫苑、冬花各10g，防风6g。上药随后酌加调整，治疗1月，诸症悉除，为固疗效，守方1月停药。随访1年，患者精力充沛，感冒鲜作，偶病咳嗽，亦无咯血。

注重调脾胃补肾气同时，田玉美每佐以调肝，他认为，肝主疏泄，条达全身之气机，能保持人体脏腑经络气血流畅，"气血冲和"万病不生。疑难病证佐以调肝，一是防因病致郁，或已郁致郁，二是通过调肝，以助脾胃健运，旺盛气血，有利病情康复。

案4 肠功能紊乱：闰某，女，58岁，初诊1997年7月24日。腹泻2年，每日2～3次，稀便，多为不消

化食物，腹泻前每见腹痛，便后痛减，口淡乏味，纳食不香，曾行结肠镜检查未发现异常，服黄连素，痢特灵有效，停药即发，多方治疗无效，舌淡、苔薄白，脉弦细。初诊治拟健脾和胃，佐以调肝。处方：党参、炒白术、茯苓、白芍、莲肉、诃子肉各15g，炙甘草、防风各6g，陈皮、法半夏各10g，炒二芽各20g。服药7剂，大便成形，仍为不消化食物，上方加补骨脂15g温补脾肾，进服14剂，诸症悉除，随访1年未发。

3 师古不泥，灵活应变古方今用重辨证论治

田玉美认为，古方乃前人治疗经验精华之总结，是今人防治疾病的捷径，应当重视师用。然时代变迁，致病因素，病机转化较之往常，常中有变，且患者体质各异，病程不同，症状又有轻重缓急难易等之别。方药应用应师古不泥，灵活应变。特别是疑难病证，尤需如此。田玉美以此思路，施治病证，灵验叠现。

案5 顽固心律失常：郭某，女，43岁。初诊1997年10月6日。诉持续心慌半年，伴头昏，胸闷。初病多方治疗无效，后住院确诊"植物神经功能紊乱"予以倍他乐克等药治疗，虽获疗效，但不能停药。遂寻田玉美治疗。证见：心慌、气短、胸闷、叹息则舒，失眠多梦，纳可、二便调，苔薄白，脉细数。治拟益气养血安神，佐以通阳解郁。归脾汤化裁，处方：黄芪15g，茯神、炒白术、阿胶、丹参各15g，杏仁、炙草、远志、薤白各6g，炒枣仁、枳壳、全瓜蒌各10g，三七5g。上药7剂，症状大减，稍感心慌，停用倍他乐克等药物，单守上方治疗。又服7剂，病证脱然。身健神怡，效不更方，续进10剂停药，随访半年未发。

案6 久病胃痛：潘某，女性，39岁，初诊1997年2月7日。胃痛5年，多方治疗无效。胃脘持续胀痛，饥饿加剧，纳食痛减，但胀气加重，喜按喜温，二便调，苔薄白，脉弦细。胃镜检查提示：隆起糜烂性胃炎，十二指肠球炎，食道炎，HP（+++）。治拟温中健脾，行气活血，化瘀止痛。香砂六君子汤化裁，处方：党参15g，炒白术、元胡、丹参、鹿角霜、茯苓各15g，陈皮、法半夏、枳壳、广木香各10g，炒二芽各20g。上药7剂，疼痛明显减轻，饮食稍有不慎，则胃脘隐痛。守上方去丹参、枳壳、鹿角霜。余药续用20剂。病证除，复查胃镜：慢性浅表性胃炎。（熊家平　刘青　梅柏松）

医案验案

验案三则

1 肝癌并上消化道出血

叶某，男，53岁，2004年10月11日诊。6月份因右胸胁痛、黄疸在同济医院做磁共振，提示肝门占位性病变，伴胆道播散。现在省中医院住院治疗。近4天来黑便，大便潜血试验（++++），肝功能总胆红素178.3μmoL/L，谷丙转氨酶20IU/L，谷草转氨酶197U/L，血红蛋白50 L，血小板63×10^9/L。虽经输血、止血护肝、保胃制酸等措施后，黑便量反而增多。证见精神极度萎靡，嗜睡，语声低微，皮肤黄染湿冷，纳呆，泛恶欲呕，口渴，右胸胁痛，腹胀痛，大便色黑量多，日5～6次，尿黄，舌质淡、苔腻黄，脉微，右胁下扪及约6×5cm积块。BP8.5/5.3kPa（64/40mmHg）。辨为湿毒痰瘀壅结，脾虚，血脱，阳气虚脱。治以大补元气，回阳救阴，固脱摄血。药用野山参15g，麦冬10g，五味子10g，炒干姜10g，炒白术30g，生地20g，甘草8g，急煎频频饮服。服1剂后精神大振，皮肤温和，大便色黑量少，日1～2次，大便潜血试验（++），余症同前。治以温中健脾，利湿毒化痰瘀。药用生晒参10g，炒白术30g，炒干姜10g，甘草9g，鹿角霜10g，生地20g，茵陈20g，薏苡仁30g，白芍15g，香附15g，砂仁10g（后下），厚朴9g，法半夏10g，三七粉6g（冲服），乌贼骨15g，垂盆草20g，白及30g，炒麦芽15g。日1剂，水煎服。服3剂后精神转佳，纳增，大便色黄，日1～2次，大便潜血试验（－），守上方加减再服3剂。

按　肝癌晚期，脾虚不能统摄血液，血溢脉外。湿毒痰瘀壅结，气血不通，络破血溢而出现上消化道出血。气随血耗，阳气虚脱。田玉美急用生脉散加干姜大补元阳，回阳救阴固脱，生地配理中汤温中健脾养血固摄止血。癌症晚期，胃气将绝，故重用炒白术健脾益气。复诊续用理中汤加生地、鹿角霜温中健脾益气养血摄血，垂盆草、茵陈、薏苡仁清热利湿解毒、退黄降酶，白芍、香附、半夏、三七养血疏肝、化痰瘀止血，乌贼骨、白及收敛止血，砂仁、厚朴、炒麦芽、法半夏理气和胃。诸药合用，则出血即止。

2 糜烂性胃炎、结肠炎

张某，女，37岁，2004年11月17日就诊。胃脘痛、腹痛、腹泻半年，在多家医院治疗效果不佳。胃脘灼热胀痛，腹痛，喜温按，喜热饮，呕恶，纳呆，肠鸣，大便溏泄，日2～3次，色黄，每遇情绪紧张不畅时，诸症加重，尿黄，舌质红苔腻微黄，脉细缓稍弱。B超示肝胆脾胰均正常，胃镜示糜烂性胃窦炎，结肠镜示部分结肠有点状充血糜烂。辨为寒热错杂，肝郁气滞。治以温中清热，疏肝宁神。药用法半夏10g，黄芩10g，黄连8g，炒干姜9g，甘草6g，党参6g，大枣3枚，白豆蔻10g（后下），厚朴10g，茯神15g，茯

苓15g，陈皮10g，白芍15g，防风6g，苍术10g，吴茱萸6g，焦山楂30g，合欢花15g，乌贼骨10g，日1剂，水煎服。服7剂后胃脘灼热胀痛、腹痛明显减轻，呕恶已除，纳增，大便日1～2次、质软，舌质红苔薄腻微黄，脉细缓稍弱。上方去吴茱萸、苍术，黄连减至6g，加鹿角霜6g，炒白术10g。服7剂后胃脘灼热、腹痛已除，食后胃中不适，睡眠欠佳，大便日1～2次、质软。二诊方去防风、陈皮，加柴胡10g，酸枣仁15g。随症加减共服2月，胃镜示浅表性胃炎，结肠镜示结肠未见异常。病得康复。

按 本病病机为饮食不节，久病失治，肝气横逆犯脾，脾胃虚寒，水湿不运，蕴久化热，致寒热错杂，升降失司，兼肝郁气滞，横逆犯脾。半夏泻心汤合左金丸加白豆蔻、厚朴、茯苓寒温并投，辛开苦降；痛泻要方加合欢花、茯神、吴茱萸舒肝健脾宁神。二、三诊湿热渐去，中阳未复，营血不足，故去吴茱萸、苍术、防风、陈皮，减黄连等辛燥苦寒之品，加鹿角霜，炒白术、柴胡、酸枣仁等温中健脾舒肝养血宁神之品。如此则邪去正安，病得痊愈。

3 过敏性鼻炎

李某，女，46岁，2004年12月17日初诊。清晨鼻塞流涕30年，涕清稀色白，起床活动1h后，鼻道通畅无涕，每天定时发作，从不间断，形体肥胖，纳少肢冷，舌质淡红苔白腻，脉弦细缓。多年来四处求医，疗效甚微。辨为痰饮伏于肺窍，肺脾肾阳气虚。治以温阳化饮，开通肺窍。药用干姜10g，桂枝10g，麻黄9g，白芍10g，甘草6g，细辛5g，法半夏10g，五味子6g，茯苓30g，补骨脂15g，杏仁10g，陈皮10g，白芥子10g，川芎10g，当归9g，日1剂，水煎服。服7剂后清晨鼻塞流涕明显好转，余症同前。守上方麻黄减至6g，增五味子至8g，续服7剂。服药后清晨已无鼻塞流涕，纳少，形寒肢冷，余无不适，舌质淡红苔薄白，脉细缓。治以健脾温肾，益肺固表。药用黄芪15g，桂枝10g，陈皮10g，白芍15g，甘草8g，干姜5g，黑附片6g（先煎1～2h），茯苓15g，砂仁10g（后下），炒白术10g，细辛5g，大枣7枚，补骨脂15g，山茱萸15g，炙鸡内金10g，川芎10g，当归10g。守方加减共服3月，随访未复发。

按 本病为肺气虚，卫外不固，外邪袭肺，津液停聚所致。《诸病源候论》说：“夫津液涕唾，得热即干燥，得冷则流溢，不能自收肺气通于鼻，其藏有冷，冷随气入乘于鼻，故津液不能自收。”脾为肺母，肺气赖脾气充养，脾虚则肺虚，肺脾两亏、肾失资生之源而亏虚。因此，鼻鼽不仅肺虚，而且脾肾亏虚。肺脾肾阳气虚，卫外不固，外邪袭肺，气不布津，津液停聚，日久而成痰饮，伏于肺窍。夜间入睡后，阳由动转静，则津停饮聚加剧，肺气失宣，故清晨鼻塞流涕；活动后阳由静转动，津布饮散，故鼻窍通畅。田玉美首用小青龙汤加味温肺化饮、宣肺开窍，麻黄、杏仁宣肃布津，茯苓、补骨脂健脾温肾布津，加白芥子、川芎、当归化痰活血通络。症状缓解后用黄芪桂枝汤加味温肾健脾、益肺固表，以资巩固。如此顽疾，得以康复。（龚卯君）

遣方用药

1 经方活用有奇效

金某，男，53岁。2005年4月20日就诊。患者全身游走性疼痛数月，难以忍受，服用西药双氯灭痛等虽能止痛，但副作用大，难以坚持，食欲尚可，大便稀，舌质淡红，苔薄白而腻。诊为痹证（风寒湿阻型）。治以祛风除湿、散寒通络。药用桂枝芍药知母汤加减：桂枝10g，芍药20g，知母6g，金银花15g，寻骨风10g，连翘15g，薏苡仁30g，威灵仙15g，怀牛膝15g，海桐皮15g，鸡血藤20g，制川乌10g，炒白术15g。每日1剂，水煎服，每日3次。服7剂疼痛明显缓解。

按 桂枝芍药甘草汤为《金匮》中治疗风湿历节病的主方。本案为痹证，用桂枝芍药甘草汤加减治疗。“风寒湿三气杂至，合而为痹。”痹塞不通则疼痛，风性善行数变，疼痛呈游走性，风湿挟寒疼痛尤胜。方中威灵仙、寻骨风、海桐皮祛风湿，舒筋活络止痛；鸡血藤活血通络；用乌头易附子，温经散寒、除湿止痛作用更强（患者大便质稀，故用量不宜大）；用金银花、连翘易麻黄、生姜、防风，略减辛散之性，防其伤阴；薏苡仁助白术健脾化湿；怀牛膝补肝肾。田玉美用此经方之变法，使风祛湿除，寒散络通，痹痛得解。

2 时方对证治顽疾

吴某，女，66岁。2005年4月27日就诊。身目及小便渐黄、纳差半年，头晕1周。患者半年来，身目及小便逐渐发黄，纳食不佳，无明显呕恶感，无发热，无明显身痒。曾用中西药治疗，效不显。近一周觉头晕，精神稍差，大便调。查体：神清，消瘦，肝病面容，巩膜深度黄染。化验检查：肝功能ALT 80U/L，AST1118U/L，A/G1.3，TBiL 112μmol/L，DBiL 34μmol/L，ALP 1017U/L，GGT 223U/L。超声提示：肝内多发胆管结石。诊为湿热型黄疸，法取清热利湿退黄，兼以健脾补肾、养肝柔肝。药用：茵陈30g，垂盆草30g，金银花15g，连翘15g，诃子肉15g，苦参

15g，山茱萸10g，五味子6g，炒白术15g，炒鸡内金20g，海金砂20g，香附15g，焦三仙15g。每日1剂，水煎服，每日3次。

按 本病属黄疸，历时半年，形成虚实挟杂之证。湿热熏蒸发黄者，用茵陈、垂盆草、金银花、连翘、苦参、海金砂清热解毒，利湿退黄；湿热困脾，而见纳差，用炒白术、鸡内金、焦三仙健脾以化湿，且可防苦寒之品损伤脾胃；用香附疏肝，使肝气条达，既益于白术健脾，又利于茵陈利湿退黄。病久肝肾亦显不足，证见头晕、精神欠佳者，可选诃子肉、五味子、山茱萸以滋补肝肾。诸药同用，攻补兼施，恰与病机相合，故而效佳。

3 合方妙用解疑难

陈某，男，58岁，2005年4月27日就诊。患者胃脘时觉灼痛，呕恶感，口干，尿频、尿急、尿痛，舌红，苔黄腻，脉弦数。诊为湿热下注、膀胱不利，治以清热利湿。方用黄连温胆汤合导赤散加减：枳实10g，竹茹10g，法夏10g，陈皮10g，茯苓15g，生地15g，通草10g，生甘草6g，竹叶10g，黄连6g。每日1剂，水煎服，日3次。

按 患者内有蕴热，热与痰合，胆气不舒，胃脘时觉灼痛，有呕恶感，口干；热与湿合，下注膀胱，则见尿频、尿急、尿痛。舌红、苔黄腻、脉弦数，均为邪热内伏之象。若只清胃热胆火，则膀胱湿热难除；若只导膀胱之湿热，则胃胆之火难除。田玉美妙用黄连温胆汤与导赤散合方，故可解此之疑难也。（盛国光）

屠金城临床经验

【名老中医简介】屠金城（1923～）北京市通州人。主任医师，教授。1944年毕业于北京国医学院。现任北京中医药大学附属护国寺中医医院名誉院长。北京市高级职称评审委员会委员、北京市中医药大学研究生评审委员，中国中医药促进委员会常务理事。擅长治疗肝胆、脾胃、温热病、湿热病。发表论文100余篇，主要著作有《孔伯华医集》《全国名老中医汇编》《奇方妙术》《当代中医名家丛书》《屠金城临床经验》等。

肝 病

屠金城认为，肝病的产生并不是单一性的，季节气候的影响、冷暖寒温的不适，精神情志的变化，嗜酒肥甘的无度等等，皆可造成肝病。从人体五行生克制化角度来看，心火焚肝木；肺金不制肝；土虚而木摇，水不涵肝木。从六腑运化来析，胆气盛实可直接影响肝之疏泄，胃气困顿又会造成肝气之失调，三焦通路之闭又可导致肝气之失畅……所以，在治肝病的同时，一定要谨遵“伏其所主，先其所因”之旨，不可见肝治肝。《金匮要略》云：“见肝之病，当先实脾 。”也即指此意。说明了治疗肝之疾，一定要观乎其它脏腑，掌握兼病合病并病的关系，明辨致发本病的主要矛盾。如此治疗，才有方寸。屠金城正是基于这一临床治疗规律，并根据肝脏本身的生理功能：主藏血，主筋膜、开窍于目，在志为魂，罢极之本、权主疏泄条达，其性体阴用阳的特点，故在临证时主要以补偏救弊，释缚肝脏之累，恢复肝脏之能。在治疗方法上，他主张“不可拘泥，当须活着”。

案1 阎某，男，52岁。主诉：3个月来，右胁部隐痛，腹胀纳呆，口苦口干，恶心厌油，睡眠欠佳，大便稍溏，小便赤短。曾于2月前在某医院检查：肝肿大，肝功能化验，谷丙转氨酶较高5334μmol/L，1周前复查为9335μmol/L，两目微黄、面色稍黄，刻下：症状同前，心烦易怒，疲乏少力，舌质红苔黄腻，脉弦细数。西医诊为：无黄疸型急性传染性肝炎。中医诊为：肝胆湿热。辨证：脾胃失调，湿热内蕴，肝失疏泄。立法：理脾和胃，清热利湿，疏调肝胆。药用：绵茵陈15g，二苓各12g，生薏米30g，滑石块15g，白通草6g，广郁金9g，大豆黄卷12g，焦栀子9g，生麦芽30g，大腹皮、川厚朴、枳实各9g，川石斛12g。二诊：7剂药后食欲好转，口苦腹胀减轻，大便成形，小便仍黄，舌质红稍退，苔薄白稍见黄腻，脉象转弦缓。上方减大腹皮、川厚朴加广陈皮、青竹茹各9g，7剂。三诊：药后病情稳定，食欲增强，二便尚调，舌质正常，舌苔见退，脉象弦缓。上方继服14剂，并检测转氨酶观察。四诊：药后饮食二便恢复正常，稍有疲乏感，口苦及腹胀已蠲，转氨酶降至1667μmol/L，舌质正常，苔薄白滑，脉象缓而有力，左关微弦数。继以调肝胆和脾胃，以资巩固。药用：太子参、野于术各9g，茯苓12g，莲子心6g，莲子肉12g，生薏仁15g，川石斛12g，炙鸡金、生稻、谷麦芽各9g，7剂。五诊：药后睡眠饮食均可，无任何不适之意，舌脉同前，加减再进30余剂，恢复如初，转氨酶降至正常。

按 屠金城认为，此案系属祖国医学“湿热”的范畴，乃为脾胃失健，温热内蕴，肝胆疏泄失职，三焦不利而成。故抓住致酿湿热的根本在脾胃这一主要矛盾，始终以调脾胃，疏肝胆，利三焦，清湿热之法治之而收到满意的疗效。

案2 朱某，女，36岁。于1989年5月18日就诊。患者自1986年2月突患急性黄疸型肝炎，在某医院住院3个月，基本治愈出院。又于1989年元月复发，再次住院4个月。期间谷丙转氨酶持续不降，高达8335μmol/L。经查：肝大肋下3cm，脾未触及。来诊前1周肝功检查：谷丙转氨酶7668μmol/L、麝浊16U，麝絮（＋＋＋）、黄疸指数正常。确诊为：慢性肝炎活动期。刻下：两胁作胀且痛，口苦纳呆，食后腹胀，恶心呕吐，神疲乏力，大便不调，小便短赤，手足心热，心烦易怒，素善叹息，舌红苔白腻，脉弦滑数。遂辨：肝胆郁热，胃气失和。治宜疏肝解郁，清热和胃。药用：醋柴胡9g，枳实10g，绵茵陈30g，板蓝根20g，广郁金9g，杭白芍10g，青连翘12g，藿香梗10g，合欢皮12g，生麦芽30g，滑石块、建神曲各15g，生甘草6g。7剂。二诊：药后诸证悉减，舌脉同前，上方继服14剂。三诊：药后症状继减，唯手脚心发热，口干不欲饮，舌质红苔薄黄，脉弦细数，此乃热入阴分，阴虚火旺。上方减柴胡加粉丹皮12g，地骨皮、润元参、大生地各15g。又进14剂。四诊：药后自感症状大减，无任何不适之感。查肝功：谷丙转氨酶降至3334μmol/L，麝浊7U、麝絮（＋），又进20余剂，复查肝功已全部恢复正常。

按 此案患者乃属肝郁不舒，郁而化火，火热犯胃，胃气失和。其症结关键在于肝郁，故有“气有余便是火”、“木郁达之”，只有舒肝解郁，使木气得舒，气机得畅，郁火得清，胃气自然和利，疾病得蠲。

案3 王某，男，25岁。于1990年3月中旬来诊。患者1986年曾患急性病毒性肝炎，在某传染病院住院治疗5个月，症状肝功好转出院。但出院后时感肝区隐隐作痛，劳累后加重。后于1989年9月开始自感左季肋部（脾区）也有疼痛，至1990年春节过后两胁疼痛加重，到某医院检查：一般情况尚可，肝上界在第五肋间，下界锁骨中线肋缘下1.5cm，质软，有压痛，脾可触及1 cm，轻度触痛；B超：肝正常，脾大待查。患者颈部可见明显蜘蛛痣。化验：肝功能：澳抗正常，血小板11.5×10^9/L。症状：精神不振，两胁疼痛，四肢无力，食欲不振，手足心热，大便稍溏，逢稍劳生气则感两胁刺痛，舌质淡黯苔白，脉象沉滑。辨证：脾虚肝郁，气血瘀滞，湿热留恋。立法：舒肝健脾，理气化瘀，清热利湿。药用：合欢皮12g，青陈皮各6g，香佛手10g，制香附9g，大当归、赤白芍各12g，生牡蛎30g（先煎），泽兰叶、生山楂各15g，桃仁、王不留行各12g，太子参9g，生白术12g，绵茵陈15g，藿香梗9g，滑石块15g。二诊：服药7剂后，胁痛稍有减轻，但感胀闷，余症同前，上方再进14剂。三诊：药后疼痛且胀，时有针刺感，口苦纳呆，仍感乏力，午后低热，舌脉同前，脉较数。屠金城认为此病似属癥瘕范畴。当理气活血，清热散结。药用：生牡蛎（先煎）、夏枯草各30g，制鳖甲12g，西红花1.5g（另兑），盐桔核12g，炙鸡金10g，生山楂30g，青陈皮各6g，川楝子、延胡索各9g，紫丹参15g，川黄连6g，泽兰叶、生稻谷、麦芽各12g，7剂。四诊：药后疼胀大减，口苦稍轻，仍感乏力气短，大便仍溏，色黑量多，上方加太子参12g，炙黄精、生白术各9g，14剂。五诊：药后疼痛不显，气力较强，口不苦，渐有食欲，但食量不多，大便仍溏，舌质淡稍暗苔薄，脉沉滑。上方又进40余剂，另配参苓白术丸1/3袋，日服2次。经治近3个月，肝脾区疼痛基本已蠲。复查肝功未见异常。查体：肝脾未及。B超：大致正常。后以丸药服用，以善其后。

按 此案患者肝脾肿大，肝功检查正常。其症状推测乃属“癥瘕”之范畴。一般“初治在气，久病入血”，虽然患者虚弱，但虚中挟实。先以扶中祛邪，健脾理气，活血化淤为治，效果不显。此为祛邪攻逐之力不强，后改先攻再图缓补，而见其功。对于癥积之治，非用软坚散结，化癥消积，活血化淤之品而不除，故施以上述之药而收功。

案4 丁某，男，44岁。于1991年4月初诊。患慢性肝炎已6年余，2年前曾发现HAA为阳性，近1年来转阴，患者肝区时痛，头晕目眩，神疲乏力，体内丰肥，面色暗红，口干口苦，心烦少寐，两目干涩，耳鸣失聪，便干溲赤，舌红苔薄黄且腻，脉象弦细数。查：肝大肋下一横指（1cm），质中等。化验肝功：谷丙转氨酶10000 μmol/L以上，麝絮（＋＋）、HAA（－）、AFP（－）。诊为迁延性肝炎。遂辨：肝肾阴虚，热中夹湿。立法：补益肝肾，滋阴清热，佐以除湿。药用：净蝉衣6g，绵茵陈20g，白蒺藜9g，何首乌藤各15g，粉丹皮10g，大生地15g，白芍12g，大当归12g，盐知柏各9g，朱寸冬15g，朱茯苓12g，滑石块15g，焦栀子9g，火麻仁30g，7剂。二诊：药后，头晕、耳鸣、口苦、心烦好转，唯肝区痛不减，上方加川楝子、延胡索各9g。三诊：7剂药后，疼痛稍轻，诸证悉减，唯大便干结，几日一行，饮食不香，舌红苔薄脉弦细稍数，右尺脉稍大。上方减白蒺藜、蝉衣、茵陈，加大瓜蒌、肉苁蓉各30g，元明粉6g（冲）。四诊：大便快然，诸证大减，加减又进 30 余剂，转氨酶降至 3000μmol/L，并嘱其少饮酒，少进肥甘，节欲保精，心情愉快。另配知柏地黄 1 丸，日服 2 次，又过 1 个月，肝功复查全部恢复正常。

按 此案乃属虚中挟实，虚为阴虚，实乃湿邪。故治采以扶本养阴为主，兼以利湿为辅，以期达到"正胜邪祛"之目的。（金宇安 屠莲茹）

医案验案

再生障碍性贫血症

王某某，女，32 岁，已婚，1985 年 3 月 14 日初诊。患者于半月前患泄泻，每日 4 次左右，便稀色黑，经治疗后好转，但此后自觉周身疲乏，头昏心慌，食欲减退，四肢乏力，病情日益加重，而于 1987 年 2 月入某医院治疗，被诊断为"再生障碍性贫血"。经输血及激素治疗，三个月后病情稳定出院。去年一年，上述症状再度出现，再次住入该院。住院两个多月，约每 5～7 日输血 300mL，共输血 3800mL，并服强的松治疗。现出血现象已好转，仍然头晕乏力，心悸气短，出现满月脸，毛发增多，性格改变，患者希望中医治疗，故转来本院。检查所见：体型肥胖，满月脸，面色萎黄，红细胞 2.24×10^9/L，血红蛋白 70g/L，白细胞 4.9×10^9/L，网织红细胞 0.3%，血小板 34×10^9/L。诊断为再生障碍性贫血。现患者仍每日服强的松 15mg，嘱在以中药治疗时不宜骤停，继续服用并逐步减少剂量，乃至停服。证见：患者面无华色，形瘦神疲，纳食甚少，月经色淡量少，经期延长。舌质淡有瘀点，脉细弦。根据脉证，辨为脾肾两虚，阴虚血亏，瘀毒未尽，障碍气血发生之证。治法益气养阴补血，从脾肾着手，佐以化瘀止血。

处方：生龙牡各 12g（先煎），朱茯苓 12g，菟丝子 9g，太子参 9g，朱麦冬 9g，何首乌 15g，当归身 9g，鹿角胶 9g，干石斛 12g，研砂仁 6g（后下），杭白芍 12g，稻麦芽 30g，黄精 12g，白术 5g，山药 9g，仙茅 9g，仙鹤草 15g，三剂。3 月 17 日以后，以上方加减（去生龙牡、黄精，加黄芪 9g），服至 3 月 31 日。4 月 1 日二诊：头晕乏力，心悸短气，形体消瘦，胃纳不振。舌苔薄质淡，脉沉细。治拟健脾温肾，益气补血。处方：鹿角胶 12g，黄芪 15g，熟地 12g，山药 9g，巴戟天 15g，当归 9g，白芍 9g，红参 6g，仙鹤草 9g，炙草 6g，白术 9g，砂仁 6g，云苓 12g，5 剂。以后按上方加减，有时加藿梗、神曲、山楂等化湿开胃。服至 30 剂左右，化验血红蛋白 95g/L，红细胞 3.09×10^9/L，网织红细胞 0.6～1.5%，白细胞 5.8×10^9/L，血小板 120×10^9/L，骨髓象正常，病情稳定。

按 本案所出现的症状，主要表现面白无华，全身乏力，食欲减退，月经量少，形成贫血现象。祖国医学认为，血液来源于水谷精微通过脾胃的生化输布，上奉于心，化而为血，注之于脉，营养全身，如血虚气衰，不能上荣于面，周流于内外，故面无华色，全身乏力。肝主藏血，脾主统血，肝脾藏统失职，可见衄血、便血、皮下出血、妇人崩漏等症。《灵枢·百病始生篇》说："起居不节，用力过度，则络脉伤，阳络伤则血外溢，血外溢则衄血（衄血包括鼻血、齿血、皮下出血等）；阴络伤则血内溢，血内溢则后血（后血包括大小便出血、月经过多等）。"本病由于肝脾内伤，藏统失职，故治法以健脾温肾，益气补血为主。进而对肾阳肾阴俱衰之证，从根本上采用补阳生阴之法，取阳生阴长之意，因而取得了较好的效果。（杨思雯 屠连茹）

急重症

1 大叶性肺炎并发肺脓疡

崔某某，男，27 岁，工人。1990 年 8 月 27 日来诊。因高热咳嗽胸痛一周，查：WBC 13.2×10^9/L，中性 0.87，X 线拍片报告：右上肺大片密度阴影，肺尖部有透明区及液体。诊为大叶性肺炎并发肺脓疡。刻下：咳嗽剧烈，咳痰不爽，痰色深黄如脓且臭，口干口渴喜冷饮，身热头痛，心烦易怒，纳呆便秘，胸部刺痛，体温一直持续在 39～40.2℃ 之间。舌质红赤，苔黄厚腻，脉象弦滑数。辨证：邪热蕴肺，腐败成脓。立法：清热解毒、祛痰排脓，化瘀出咳。处方：鲜芦根 30g，生藕节 30g，苦桔梗 12g，鱼腥草 30g，大瓜蒌 30g，冬瓜仁 30g，生薏仁 30g，铁树叶 12g，蒲公英 30g，败酱草 30g，黄芩 10g，金银花 20g，生甘草 9g，桃仁 12g，浙贝母 12g，枳实 10g，葶苈子 9g。二诊：3 剂药后，诸症减轻，体温降至 37.8℃，继服 7 剂。三诊：咳嗽胸痛大减，痰量减少色稍黄，但不臭，唯口干口渴不减，午后身有微热，手脚心发烫，大便快然，小便短赤，舌质红苔少而干，脉象弦滑数，两尺细弱。辨证：余热未尽，津液已伤。立法：清解余邪，益阴生津。上方减铁树叶、蒲公英、葶苈子、大瓜蒌，加润元参 15g，天花粉 30g，野百合 12g，地骨皮 20g，麦门冬 12g，再进 14 剂后，体温恢复正常。X 线复查：右上肺炎性浸润明显吸收，液平消失，唯空洞尚未完全闭合。之后又服 20 余剂，以资巩固。

2 急性胃溃疡出血

李某某，男，47 岁，工人。1991 年 3 月中旬来诊。主诉：胃溃疡 10 余年，近两周因暴怒饮酒而胃痛大作，并伴黑便 5 日。急查：T38.2℃，心率 105

次/分，呼吸25次，血压85/56mmHg（11/8.8KP a）。实验室检查：白细胞总数12.4×10^9/L，中性0.78，红细胞320万/mm^3，血红蛋白6.2g。大便潜血（＋＋＋），神清、行动迟缓、面色萎黄，两目少神、言微语低、头身汗出，患者要求门诊治疗。现症：恶心频作，呕吐胃内容物为咖啡色，且伴吞酸烧心，胃痛且胀牵及两胁，上腹部压痛反跳痛均为（＋），口苦纳呆，食后腹胀较明显，精神萎靡，大便干色黑，小便如常，舌质淡暗，苔黄厚腻，脉象沉弦滑，右关脉软弱少力。证属肝郁犯胃，脾不统血。立法：舒肝和胃，健脾摄血。方药：醋柴胡9g，川楝子9g，元胡索9g，炒黄连6g，土炒白术12g，云苓块15g，海螵蛸12g，梭罗子9g，煅瓦楞12g，伏龙肝10g，三七面3g（冲），白芨9g，枳实9g，太子参18g，4剂，水煎温服日两次，另平肝舒络丸，日两次，每次1丸。二诊：药后胃痛胁胀好转，恶心吞酸已除，唯口苦纳呆，食后腹胀，大便干黑仍作，舌苔黄厚腻，脉象沉弦，右关沉弱且滞。上方减川楝子、梭罗子、煅瓦楞，加阳春砂6g（后入），台乌药9g，川厚朴9g，炙鸡金6g，藿香梗9g，焦三仙30g，4剂，另云南白药1/3瓶，人参归脾丸1盒，日两次。三诊：药后胃痛已除，饮食渐进，腹胀好转，大便色黄稍黑，唯心中懊憹，口苦不减。上方加青竹茹9g，焦栀子9g，7剂，症状悉减，再进14剂。随访未再复发，血红蛋白升至10.8g%。

3 功能性子宫出血

王某某，女，27岁，未婚。1991年4月16日来诊。患者16岁月经初潮，经期尚准，每值经血来潮小腹隐痛。近两年来，头目眩晕，时伴头面轰热，口干口苦，心急易怒，腰酸肢软。现症：经来暴崩，已有八日，色红且稠，量多如冲，腰痛头晕，两侧太阳穴处疼胀，目视昏花，心悸气短，心中烦急，两胁胀痛，夜寐不实，口干纳呆，大便干结，舌质红赤，苔薄黄腻而干，脉象两关独盛弦大而数。实由肝郁化火，下迫冲任，热扰血室，逼血外溢。急用清肝泄热，调气和血、安固冲任。方药：生石决明30g（先煎），沙白蒺藜各9g，煅龙牡30g（先煎），龙胆草9g，枯黄芩9g，焦山栀9g，醋柴胡6g，粉丹皮10g，杭白芍15g，生阿胶12g（烊化），生藕节30g，荷叶炭15g，川楝子9g，3剂。二诊：崩漏好转，头疼胁痛亦轻，唯心烦不寐仍作，脉数略弦。屠金城认为：阳亢未平，水不济火。上方加莲子芯6g，大生地15g，又进3剂。三诊：崩血已止，偶有少量漏红，自感头晕较著，目视不清，四肢沉困无力，心悸少寐，食欲不振，上方去柴胡、黄芩、荷叶炭、生藕节，加砂仁5g（后入），炒枣仁9g，莲子肉9g，女贞子12g，生稻谷麦芽各10g，再进7剂，诸证均除。

4 急性阑尾炎

姜某某，男，37岁。1991年4月22日诊。患者慢性阑尾炎五年余。因食后打羽毛球而突感右下腹疼痛且胀，身冷发热，T38.7℃，恶心欲吐，疼痛难忍，面色苍白，大汗漓淋，弯腰捧腹来诊。查：右下腹拒按、压痛、反跳痛（＋），大便三日未解，小便黄赤。血象：WBC17$\times10^9$/L，中性0.82，患者要求保守治疗。刻下：呃逆频作，面白汗出，痛苦面容，肩垂腹曲，身冷恶寒，右下腹疼痛热胀，舌淡苔黄厚腻，脉象弦滑。辨证：气食交滞，寒热互结。立法：寒热并举，消食导滞，理气止痛。方药：败酱草30g，生薏仁30g，炮附子9g（先煎），熟大黄9g，粉丹皮9g，台乌药9g，蒲公英30g，川厚朴10g，枳实10g，盐桔核10g，广木香9g，赤芍12g，焦三仙30g，炙鸡金9g，炒黄连6g，3剂。二诊，药后疼痛大减，大便先硬后溏且伴黄赤色黏液，身冷发热已消，恶心已止。惟不思饮食，腹胀口淡。上方加莲子肉15g，缩砂仁6g（后下），生山楂15g，继服4付。另配阑尾炎丸，日服两次，每次1/3袋，以善其后，随访未见复发。（金宇安　屠莲茹）

汪朋梅学术经验

【名老中医简介】汪朋梅（1923～）江苏江阴人。主任医师。1957年7月毕业于江苏省中医学校医科师资班。无锡市第三人民医院中医科主任、中西医结合消化科负责人。江苏省中医学会第五、六届常务理事，无锡市中医学会副理事长、顾问，无锡市中西医结合学会理事，《江苏中医杂志》第四届编委。首批全国老中医药专家学术经验继承工作指导老师，江苏省名中医。擅长治疗脾胃肝胆疾病。发表多篇论文，参编《中医学概论》《黄帝内经素问译释》《中医外科学简编》。

学术经验

1 精研务实，师古创新

汪朋梅师古不泥古，务求实效。尝谓：“能愈难病者，方是良医。”正因于斯，五十余载精研《内经》、《伤寒》之旨，参悟东垣、丹溪、景岳及温病诸家之籍而不辍。悉心探微融会贯通，知常达变，临证颇有发挥创新。

1.1 创方“更年乐”,治更年期综合征

男女更年期常现头晕目眩、耳鸣心悸、慌烦失眠、多疑善感,躁热多汗、咽喉哽介、腰膝酸软、胸胁胀痛等诸多症状,治疗不易奏功,且多反复。汪朋梅据《内经》“女子七七天癸竭”“丈夫八八天癸尽”之论,结合临证实践经验,认为主要病机为肾元虚衰,奇经不调,阴阳失衡,痰气郁结,心神失养。遂巧意精思制方“更年乐”(方不录),是方早于10多年前给无锡中药厂投产,产品十分畅销,誉之为该厂的拳头产品,足见其临床效用之佳。

1.2 制“五畜汤”疗骨痹

骨质增生、骨退行性变或椎间盘突出诸症属“骨痹”范畴,为中老年人多发病,常有骨节疼痛、畸形,肢体活动受限等症状。汪朋梅据《素问·逆调论》“肾者水也而生于骨,肾不生则髓不能满,故寒甚至骨也,……病名曰骨痹”;《灵枢·阴阳二十五人篇》“血气皆少,感于寒湿,则善痹骨痛”的经旨,结合临床经验,认为肾虚髓亏、营血瘀滞为病本,风寒湿痹阻骨节为标;治当温肾填髓,养血祛风,散寒除湿。拟订“五畜汤”,方中淫羊藿(羊)辛甘温,功能补肾壮阳益精,强筋骨,祛风除湿,通百脉,温中有散,为蠲痹通络佳品;鹿含草(鹿)苦平,祛风益肾,疗风湿痹痛;川、怀牛膝(牛)酸甘微苦平,补肝肾,强筋骨,活血通络,祛风除湿,利关节,蠲痹痛;肉苁蓉(猪)甘咸温,补肾阳,益精血,散寒凝;鸡血藤(鸡)苦微甘温,补血活血,疏经活络,治风湿痹痛;生地甘苦寒,功能滋阴,逐血瘀,填骨髓;熟地甘微苦微温,为补血滋阴补肾、生精封填骨髓要药。是方药简意赅,随证加减运用。如颈椎病加葛根,腰脊痛加川断、狗脊等;气虚增黄芪、党参;血虚加当归之类;风湿甚加羌、独活之类;寒湿甚加川乌、草乌、附子辈,临证运用颇多效机。

汪朋梅订的“胆囊炎方”(柴胡、黄芩、白芍 大黄、茵陈、广郁金、制半夏、木香、全瓜蒌、紫花地丁、草河车)治疗急慢性胆囊炎,曾作为省中医中药治疗急慢性胆囊炎协作组协定处方,临床疗效肯定。创大黄、元明粉用麻沸汤泡法治急性胆、胰感染亦多效验。选“和胃通气汤”(《金匮》大黄甘草汤)用于外科腹部手术后患者,使之能早期排气、排便,促使术后早期恢复,并收减少术后并发症之效。此类制方具简、便、廉、验的优点,易被推广应用。创“骨痨流痰大龟丸”治骨、关节结核或伴脓肿已溃未溃者多有卓效。

2 四诊合参,尤其舌脉

汪朋梅临床辨证,力主四诊合参。然因寒热有真假,虚实有疑似,脉无遁情;津液之荣枯,病情之进退,舌为明镜,故尤重脉舌。自能审证入微,不弃纤毫,舍从自如,善捕独处藏奸之症,故能屡起沉疴。

如病员杨某,患胆道休克,血压(9.3/5.3KPa),未用升压药,而用大黄、芒硝、芩、连、银花、地丁、龙胆草、山栀之类,在大便畅行,痛减热退之后,血压自升。此乃汪朋梅根据舌红苔黄,弦滑数,确认休克由肝胆火毒所致,而大胆用泻火解毒、通腑泄热治疗休克,是遵“治病必求其本”的原则。

又如许某,女,29岁,妊娠7月多,胎动消失,妇产辨诊为胎死腹中,用催产素3天,服脱花煎加桃仁、丹参之类毫无动静,面色苍白,小腹冷痛,口气臭秽异常,精神疲倦,纳呆。诊得舌淡,边有青紫气,苔白,脉虚涩。竟予补中益气汤。药用红参15g(另煎兑服),另党参30g,炙黄芪15g,白术10g,炙甘草15g,春柴胡3g,升麻5g,当归10g,陈皮5g,红枣3枚,生姜2片。下午4时服药,6时始有宫缩,9时娩出死胎。本例汪朋梅抓住舌淡脉虚,面色苍白,神倦纳呆之一派脾虚气弱之征,认定胎死既为母体极虚,胎元失养所致,死胎不下亦为中气升降失常,无力推运胞脉促胎外出。补中益气重加人参竣补中气,乃塞因塞用之意,不用一味遂瘀下胎之品,迅即自行娩出死胎。此亦四诊合参,重视舌脉,抓主症,临疑难而老马识途者也

3 辨证结合辨病,专病择用专药

汪朋梅临证强调辨证论治,亦不否定专病有专药,认为辨证与辨病,辨证论治与专病专药不容偏废,适事为度,比较辨证地对待两者之关系。

如治痨瘵,认为痨虫感染是病因,正虚是患病之基础,“两虚相得”为致病之机,基于此则施治自宜补虚以培其本,杀虫以杜其源,补虚与杀虫并举。每于辨证方药中用百部、夏枯草,屡获佳效。百部、夏枯草治痨瘵乃从月华丸和夏枯草膏套出,《日华本草》云:百部治传尸骨蒸劳热。薛立斋治瘰疬、马刀,不问已溃未溃,或日久成精者,单用夏枯草煎汤或熬膏服,并以膏涂患处。可见不但对痨瘵有效,对瘰疬、肠结核、骨关节结核等肺外结核同样有效。

治消化系统疾病,凡腑气不通里实之证,诸脏腑火毒热证,瘀血证,肝胆火热、胃热伤络之上消化道出血证,湿热黄疸,胃热气滞,胃失和降之呕哕证,均在辨证论治的基础上广用大黄一味,收效殊佳。

又如肾虚夜尿颇多,汪朋梅常用桑螵蛸、海螵蛸

补肾固摄缩尿之味；治诸类淋证喜用瞿麦、萹蓄通淋利湿之品于辨证方中；治上消化道出血视瘀热证和脾虚证的不同，分别用黄芨散（大黄、白芨）和乌芨散（乌贼骨、白芨）等专病专药，在临床应用确多效机。能于专病刻意应用专药，亦是其治病独到之处。

4 内伤杂病，侧重脾肾

肾藏精，寓高元阴元阳，为先天之本；脾主运化，为气血生化之源，是后天之本。汪朋梅在内伤杂病、慢性痼疾的调治上，于整体辨证论治原则下，多侧重于调补脾肾二脏。

临证辨治，凡与脾胃有直接、间接关系者，皆于调治脾胃着手。脾胃位中焦，为气机升降之枢纽，脾胃失常则诸脏皆可受病，诸脏之病亦可损及脾胃，而变证丛生，脾胃有权则诸脏病损能复。汪朋梅调治脾胃既宗东垣温补升阳健脾之法，又效叶氏清养胃阴之旨，取两者之长，按证而论，择善而从。治脾常择姜、桂以温阳，参、芪、术、山药、扁豆益气，升麻、柴胡、葛根以升清，半夏、茯苓、苡仁以化湿，木香、陈皮、大腹皮、砂仁、蔻仁以运脾。治胃常择北沙参、麦冬、石斛、生地等以清养胃阴，川楝子、制香附等以理气和胃。调治脾胃常用补中益气汤、六君子汤、升阳益胃汤、黄芪建中汤、一贯煎、沙参麦冬汤、金匮麦门冬汤等等。

肾为水火之脏，既抱肾阳又涵真阴，受五脏六腑之精而藏之。肾气足，则百病不生，肾气虚则诸症蜂起，且久病体气亏虚，必然损及肾中阴阳，所谓“穷必及肾”。故诸多内伤杂病与肾阴肾阳亏损有关。而培补肾元，常可获良效。培补肾元有滋养肾阴，温补肾阳，调燮阴阳之不同。滋养肾阴常择生地、熟地、山萸肉、龟版、熟女贞等。因乙癸同源，肾阴虚常兼见肝阴虚，故滋养肾阴每兼滋养肝阴，于滋养肾阴药中复入杞子、制首乌、潼沙苑之类。温补肾阳常择温润填精之味如仙灵脾、肉苁蓉、巴戟天、补骨脂、鹿角胶（霜）、紫河车、核桃肉等，少用桂、附辛热刚燥劫阴之品，若必须应用则先轻后重，中病即止。肾阴阳两虚则肾阴肾阳并调。或取滋阴为主，温阳为辅；或温阳为主，辅以滋阴；或并重调燮。滋养肾阴常取方六味地黄丸、左归饮、左归丸、一贯煎、二至丸之类加减，阴虚火旺常用知柏地黄丸或加地骨皮之类，温肾阳辄用金匮肾气丸、右归饮、右归丸、二仙汤诸方化裁。临证若遇脾与肾两虚者，则予脾肾并调，他常喜用补中益气汤复合补肾之方或还少丹加减，每每奏效。（周奚钟）

遣方用药

大黄治疗消化系统疾病

1 把握功效，有的放矢

1.1 通里攻下

据六腑“泻而不藏”、“以通为用”的原理，凡里实可下之证则“实者泻之”。汪朋梅常用大承气汤、大陷胸汤、三物备急丸、黄龙汤治疗肠梗阻；茵陈蒿汤、胆道排石汤治胆系感染、胆石症（每简化成大黄、元明粉泡服）；已椒苈黄汤治幽门梗阻；大柴胡汤治急性胰腺炎；大黄牡丹皮汤、阑尾炎方（大黄、白花蛇舌草、野菊花、川楝子）治急性阑尾炎。汪朋梅认为凡六腑通降功能障碍，痞满实痛的病证，应以大黄为主药。取其“走而不守”、“荡涤肠胃”、“通利水谷”、开门逐贼，着眼于“下有形积滞”，目的是“通”。通则“痛随利减”，胀满自消。“腑气通则脏气安”。又如用芍药汤、木香槟榔丸、枳实导滞丸“通因通用”，治急性菌痢、肠炎；泻心汤治急慢性胃炎，脾约麻仁丸治尿多肠燥的便秘，同样是取大黄之“通”。

1.2 泻火解毒

汪朋梅用大柴胡汤泻急性胰腺炎及溃疡穿孔后少阳阳明之毒热，内疏黄连汤、凉膈散泻脓疡结于膈下膈上之毒热；泻心汤泻胃热；阑尾炎方泻肠道毒热。认为腹胀、便结、神烦、谵语之里实热证，往往一泻之下，热退神清。大黄不但“下有形积滞”，且能“泻无形火毒”、“泻血分实热”，可治“诸火疮”。热者寒之，目的在“清”，且通过清热泻火以“釜底抽薪”保津存阴，对于火毒伤津之证，远胜于滋阴养液。

1.3 活血化瘀

汪朋梅据“六腑不和，则留结为痈”、“营气不从，逆于肉里，乃生痈肿”、“气伤则痛，形伤则肿”的论点。认为凡瘀结成块、瘀滞作痛的病证，都可以用“逐瘀痛经”、“消肿蚀脓”的治法，以达“消”的目的。常用复元活血汤治慢性胆囊炎脘胁痛，肝脓疡及胸胁留瘀剧痛；桃仁承气汤、黄龙汤治肠粘连、粘连性肠梗阻及腹腔脓肿；大黄牡丹皮汤、阑尾炎方治阑尾脓肿，鳖甲煎丸治肝脾肿大、慢性肝炎胁痛，或用大黄末外敷包块，都是取大黄“下瘀血”、“破癥瘕积聚”，“蚀脓”、“推陈致新”即活血化瘀之功。

1.4 凉血止血

汪朋梅用黄芨散（大黄 1.5g、白芨 3g），泻心汤治胃热伤络或肝火灼伤胃络的上消化道出血，疗效满意，是取其“泻血分实热”。使动于脉中而尚未溢于脉外之血，安于脉中，不妄行于脉外；亦取其“下瘀血”,使溢于脉外之瘀,不致停凝不化,为“清”和“消”的结合。即凉血,又行血,推陈致新,止血而不留瘀。因大便利,宿瘀去则胃热解、胃气降,胃热解则血不妄行,胃气降则血不上逆,不止血而血自止。此外,他亦仿十灰散,用大黄炭加入汤剂中止血,乃取其导热下行,和血化瘀,收涩止血。再则,门脉高压症胃底、食道静脉曲张破裂大出血血止之后,往往继而出现黑便日行多次,里急后重,身热,甚则神糊谵语等肠道感染及氮质血症。汪朋梅认为热毒深陷厥阴,积瘀留蓄阳明,相当于《伤寒论·厥阴篇》之“热利下重”。而失血过多,必然血弱阴虚,又与《金匮》之产后“下利虚极”有相似之处,身热神糊,为瘀浊上蒸。用白头翁加甘草阿胶汤再加大黄,以清热平肝,养血滋阴,并取大黄因势利导,行瘀泄浊。不但黑便、后重、身热很快消除,且有利于肝昏迷的防治,此方亦用于出血性小肠炎等下消化道下利纯血重症。

1.5 利湿退黄

据“瘀热在里,身必发黄”,用大黄治黄疸是取清血分湿热,着眼于热,目的在“清”,用茵陈蒿汤治黄疸型传染性肝炎,清胆汤、胆道排石汤治胆系感染、胆石症、胆道蛔虫病的黄疸,疗效颇好。

1.6 和胃降逆

汪朋梅认为此乃“通”与“清”双重作用的结合,胃宜降则和。积热郁滞,腑气不畅,致胃失和降呕吐呃哕者可用。取其苦泄通降则胃气和,《金匮玉函》有“食已作吐,胸中有火也,大黄一两,甘草二钱半,水二升,煮半升,温服”的记载;《医学衷中参西录》有“其性能降胃热,并能行胃气下行”之说。说明大黄有“平胃下气”之功。胆、腹疾患,嗳气呕吐者,予大黄,往往能嗳平吐止。又如消化道术后呕吐呃逆,用大黄麻沸汤泡,每隔5~10分钟半汤匙,徐徐含咽,每能矢气早通,瘀浊早下,呕呃随之而安。同样说明可用大黄和胃降逆。

2 有胆有识,善发功效

汪朋梅用大黄治消化系统疾病,范围广,功效大,作用多。《本草正》“欲速者生用,泡汤便吞;欲缓者熟用,和药煎服;气虚同以人参,名黄龙汤;血虚同以当归,名玉烛散,佐以甘草、桔梗,可缓其行;佐以芒硝、厚朴,益助其锐,用之多寡,酌人实虚,假实误用,与鸩相类。”如何较好地发挥其功效,以下几点值得重视。

2.1 正确辨证

观其有无当用之证,再酌情用作主药还是辅佐,用多或用少。如患者杨某,患胆道休克。血压9.33/5.33Kpa,未用升压药,而用硝、黄、芩、连、银花、龙胆草、山栀之类,在大便畅行,痛减热退后,血压自升。汪朋梅据舌红苔黄、脉弦滑数,确认系实热火毒后,而大胆用大黄治休克,是遵“治病必求其本”的原则。

2.2 讲究配伍

汪朋梅用大黄配伍精当,如配枳、朴行气宽中;配芒硝荡积攻坚;配麻仁、瓜蒌润燥滑肠;配山楂、莱菔子消积导滞;配芩、连清热燥湿;配银、翘泻火解毒;配茵陈利湿退黄;配龙、荟泻肝利胆;配丹、栀凉血散瘀;配犀、地清营止血;配木通导赤通淋;配己、苈涤痰蠲饮;配芫、遂逐水消膨;配礞石峻逐顽痰;配桃、红活血化瘀;配虻虫搜剔瘀血;配棱、莪磨积消症;配使君驱虫消疳;配荆、防表里双解;配参、芪益气助运;配归、芍和营缓急;配姜、附温行寒积。这样均可一定程度地增强或改变其作用,避免或抑制其副作用,更好地发挥其预期的作用。

如患者李某,73岁,患慢支、肺气肿、肺心病、复合性溃疡,曾行阑尾切除术,因粘连性肠梗阻,失水性酸中毒入院。右下腹阵发绞痛,恶心呕吐15小时,二便不通,矢气不转,腹膨拒按,见肠型,肠鸣音低,有气过水声,腹透见左腹肠腔充气伴液平,并咳喘痰稠,舌红干裂,苔腻淡黄,脉细滑数,予大承气汤加莱菔子、参、芪、升、柴,当夜大便六次,呕胀腹痛止,梗阻解除,此例体虚肠结,之所以收敛较速,固然借助于枳、朴、硝、菔之峻锐,更主要的是得力于参、芪、升、柴的益气升清,调整了脾运,复其升降之常,充分发挥了大黄通下之长,避免了伤中耗气之短,体现了讲究配伍的重要性。

2.3 掌握法度

炮制和剂型:通里攻下、泻火解毒、利湿退黄、和胃降逆都用生大黄;凉血止血主要是生大黄,偶而用炭;活血化瘀用酒制。张山雷云:“生用者,其力全,迅如走丸,一过不留,除邪而不伤正气。”汪朋梅认为,欲速者生用,熟大黄是无荡涤肠胃,斩关夺门之力的。剂型一般用汤剂和粉剂,汤剂收效较速,但久煎通下作用全失,故应后下,开水泡服作用更好,所谓“泡汤便吞”,泡服亦不宜浸泡过久,要5~10分钟内弃渣取汁,否则影响通下作用。用治上消化道出血,粉剂比汤剂好,有利于出血面的凝固和血管的收缩。剂量与服法:常用6~10g,粉剂1.5~3g,多者日用15~30g,个别达60g,汪朋梅言:只要看得准,就可攻得准，病重药轻是无济于事的，正如《医学衷中参西录》所谓："大黄之力虽猛，然有病则病当之，恒有多用不妨者"，服法上有暂用久用之别，一般只暂用，适可而止。但如胆石症等湿热缠绵的证候，久服无妨，给药途径主要为口服，有时行鼻饲、灌肠、外敷。部分患者本就恶心呕吐，对策是边吐边服，先予少量，在药力稍行后，渐次递增，鼻饲管点滴可使药液持续地缓缓地流经出血灶，逐步止血。汪朋梅在实践中发现急性溃疡病穿孔往往于第二、三天出现身热苔黄等热象，因而在腹痛缓解（闭孔）6 小时左右，即从胃管灌入复方大柴胡汤（先注 30mL，从未引起剧烈腹痛），治热于未热之先，收到减少并发症之效，灌肠的作用不容忽视，如苏某，在急性梗阻性化脓性胆管炎休克、昏迷、胆道出血的极端危重情况下，服药即吐，改为保留灌肠，发挥了大黄和其它泻火解毒药的作用而抢救成功。他指出大黄用于通下，要求空腹服。《本草图解》"欲取通利者，须与谷气相远，下后不得骤进谷气，大黄得谷气便不能通利耳。"这也是抽空胃内容物后灌大黄，通下效果较好的原理，据此又反证大黄用于"清"而不欲其通利时，可以食后服，以减轻泻下及胃中不适等反应。

2.4 扩大范围

历代文献对大黄的应用，设下较多限制，汪朋梅说："诚然大黄苦则伤气，寒则伤阳，下则伤阴，有其克伐之猛，无当用之证，不应诛伐无过，但确有当用之证，则不必受其束缚。"他临床运用有三个体会，一当权衡轻重缓急，当用则用。如多例妊振阑尾炎，孕期三、五、七个月不等，都用阑尾炎方治愈，后来她们都按期分娩，婴儿亦均无异常。故认为胎前不必都禁用大黄。二可借助于配伍减少其副作用，如黄龙汤、玉烛散、增液承气汤都是很好的例子。三有补液等支持，在体虚情况下仍可酌用，不致造成虚脱。据此认为可适当扩大大黄应用范围。但指出，年老体弱、病深气竭者仍应慎用；胎前产后、经期要慎用；授乳期用大黄要嘱其停止授乳，否则可引起乳儿吐泻，总之应辨证对待。（周奚钟）

汪新象学术经验

【名老中医简介】汪新象（1923～）四川古蔺人。教授。结业于南京中医学院。曾任泸州医学院中医系主任，院学术评委会委员，《泸医学报》《四川中医》编委，全国唯象中医研究会常务理事，四川省中医学会理事，泸州市中医学会理事长。首批全国老中医药专家学术经验继承工作指导老师，泸州市十大名中医。擅长中医内、妇、儿科。主编《草药治疗常见病手册》《中医防病与养生》《泸州市名老医经验选编》等书，发表论文 50 余篇。

学术思想

1 注重整体，善抓主证

在临床中，突出中医"整体观念、辨证施治"之特色，辨证上强调人体的整体性，认为任何局部都不能离开整体而孤立存在，局部可影响整体，而整体可直接表现于局部。如疮痈是体表的局部病变，若失治或误治，往往可导致气血双虚的整体病变，故有消、托、补三法之治，就是从整体去处理局部病变而设的。同时重视人体与自然环境、社会环境的统一性，因此，辨证不仅要辨准疾病的证候，还要辨别患者所处的社会环境因素和心理因素及发病季节；此外，他认为辨证论治是以脏腑病变为基础，"无论外感、内伤都是脏腑功能失常的病变反映，临床上无论采用什么辨证方法，最终目的都要落实到脏腑病变上，才能更好地指导临床实践。"

论治必须以照顾脾胃为关键。"脾为后天之本"、"胃为水谷之海"，任何祛邪或补益药都要靠脾胃的吸收运化，才能发挥其作用。"人以胃气为本"、"胃气"乃脾胃功能之概括，病后和慢性病要顾护"胃气"，而急性热病在攻邪时更应注意顾护"胃气"。脾胃为气血生化之源，位居中焦，为气机升降出入之枢纽，升降失常则累及五脏，百病从生，胃气有权，虽脏损而易复，且祛邪有力。因此，汪新象认为：调理脾胃是治疗五脏虚弱之关键，补脾土可生肺金，益脾气可生心血；补后天之脾可养先天之肾，健脾既可抵肝之乘又可益肝之血。所以，善治脾胃，食欲增强，五脏得滋，正气旺盛，乃扶正祛邪之上法。

辨证施治善抓主证。在治病过程中，处方选药能否有针对性而得心应手，往往在于能否抓得住主证施治，"一个病出现许多证候，必须从主证入手，先明主证，然后用药，捣其中坚，余证悉除。许多疑难杂病常从三焦辨治，调理肺脾肾和三焦功能，使人体气血、水火、升降出入正常而取效。如地方性氟骨病，认为其病机乃氟毒内侵导致肺脾肾三脏功能失职，而提出上宣肺，中运脾、下补肝肾利膀胱等综合治疗原则，创立了“骨痹通天丸”。经科研临床观察疗效颇佳。

2 善用姜、辛、味治咳喘痰

治咳喘痰，常宗仲景之法，“认为姜、辛、味三药一走一守，一表一里，一收一散，能使肺气开阖有度，使邪气去而咳喘平，在临床中视姜、辛、味三药为治疗各种喘痰之要药。如见其邪郁少阳，导致三焦气机郁遏、肺气失宣者，症为夜咳甚或昼夜阵咳，吐泡沫痰或清稀痰，苔薄白或薄黄而润，舌正或偏红，脉弦细或弦数者，自拟解郁宣肺止咳汤（柴胡、黄芩、法夏、细辛、五味、生姜或干姜、杏仁、枳壳、甘草），以解郁散邪宣肺止咳，对脾肾阳虚喘咳证，证见长期喘咳、秋冬发作、喘息动时明显，咳嗽痰多清稀，畏寒四肢不温或重痛或浮肿，小便不利或清长，口干不欲饮，苔白润舌胖嫩，脉弦滑或沉细者，自拟温阳补肾平喘汤（熟附片、白芍、茯苓、白术、细辛、五味、生姜、桂枝、杏仁、甘草），以温补肾阳，平喘止咳。对痰湿犯肺证，证见咳喘痰多、清稀色白易咯，胸闷脘痞，口干不渴或喜热饮，或恶心欲吐，头眩心悸、苔白（黄）厚腻、舌胖嫩，脉弦滑者，自拟健脾燥湿涤饮汤（麻黄、杏仁、茯苓、半夏、陈皮、细辛、五味、生姜、枳实、瓜蒌、甘草），以健脾燥湿、温肺涤饮。仅以上自拟方治咳喘痰中，均运用了姜辛味三药，其三药虽分属温里、解表、收敛，但性味皆辛温，归肺、脾、肾经。虽主治功效不尽相同各有其偏重，但都有温肺化饮、敛肺止咳平喘之功。常从肺、脾、肾、肝胆、三焦等辨治，变通运用姜辛味，以抓住寒饮伏肺之病理特点，在临床辨治咳喘痰中善用姜辛味而收效。

3 处方用药，轻灵纯正

处方用药遵古法而不泥古方，选方遣药，法度严谨，善用经方、时方、自拟方或数个小方合为一方治疗，在临床上积累了丰富的经验，药味加减灵活，形成了一套独特的体系，有针对多种病症而自拟的“四合汤”系列，在诊治中发挥了立杆见影、药到病除之效。如胡某某，男，46岁，1991年元月5日就诊，自述脘痛反复发作已三月余，发作时或偏左或偏右、或延及背部，脘部灼热心烦，时有恶心，苔白腻舌尖红、脉弦数。辨为肝胃不和，拟四逆散、丹参饮、良附丸、左金丸组成四合汤，药只十一味，嘱服3～5剂，复诊见脘痛及背痛大减，食纳增精神好睡眠佳，仅脘部偏右微痛，舌胖苔薄白脉弦，拟四逆散、丹参饮、理中汤、香连丸组成四合汤治疗即告痊愈。又如治瘀核肿块则以四逆、二陈，活络效灵丹、消瘰丸组成四合汤也屡收良效等。

其用药不繁不杂，配伍精密、轻灵而纯正，丝丝入扣，常在十二味左右，剂量中等。常言道：“要善抓证的主要矛盾，用药必须精一不要杂乱”。“药用得适宜，量小也效高”。“临床用药应针对病情和体质而定，不能滥用大剂量，徒伤正气，病反不除”。“在组方配伍上除掌握其君、臣、佐、使外，还应重视疾病变化之虚实、寒热的参杂，针对病情注意相反相成的散与收、攻与补、温与清、升与降、动与静五个关系，使其互相渗透、紧密相联。以协调寒温、平衡阴阳，保持阴阳和治其疾病之阴阳偏盛。形成了轻剂重证，小方治大病，药味少剂量轻疗效好的优良医技。

4 补不扼邪，攻不伤正

临床辨治中，据“补其不足，损其有余”的原则，特别强调重视“补不扼邪、攻不伤正”这一思维方法。在邪未尽时切勿峻补，以恐其炉中烟火未尽而邪气复盛，新旧交感疾病难愈。在众多的补虚治法中，常以补虚而不留邪。如证见脾虚湿困的头昏、身软肢倦、眼涩嗜睡，脘痞纳呆、口腻无味甚或腰胀痛、白带多、大便溏，舌淡苔白腻者，常用升阳除湿防风汤（苍术、白术、白芍、茯苓、防风）加党参、黄芪、苡仁、泽泻等治疗，以补益之中兼除却湿邪。再如中气下陷证常在补中益气汤中加枳壳、厚朴、乌药、川楝等药，以体现补益之中兼祛邪的治法。攻不伤正即在正气不虚而邪气盛时，宜急于祛邪外出，但不可克伐太过而损伤正气。如外感温热病的邪入气分热灼胸膈证，常急于凉膈散清泄膈热。在攻邪时，强调中病即止。以使邪去正安，有利于正气的保存和恢复，药到病所即已，不可过攻，恐克伐太过而耗伤正气，反助邪气。总之，注重强调以扶正而不留邪，攻邪而不伤正为法。

5 不泥西医病名，重视西医诊断

在中医和中医、中医与西医之间无门户之见，重视中医各家学说，取各家之长补己之短，兼收并蓄。精于内科而擅长温病，熟悉中医经典著作，善用仲景方治病，在讲授《温病学》时对《伤寒论》无偏见之言，撰《温病条辨羽翼伤寒论》阐明伤寒是温病的基础，温病是伤寒的发展的观点。提倡和支持走中西医结合道路以发展中医学。学术上毫不保守，既深研医易学说之奥秘，又学习现代医学的有关知识。在诊治疾病时，重视西医诊断，不泥西医病名，辨病与辨证结合，不管西医诊断为何病，总按传统的中医理、法、方、药辨证施治，常更收满意疗效。如一宿有久咳患者杨某，女，57岁，因外感而咳嗽加重，胸片双肺纹影增多增粗，血常规 WBC12.5×10^9/L，N 0.82，西医诊断为慢支炎伴感染、肺气肿、肺心病。予青、庆等抗感染并服清热解毒中药症状未减而求治于汪新象。证见咳喘阵作，痰多稠黏脘痞腹胀、纳差便溏、体倦、舌胖嫩苔白腻，脉弦滑。诊毕据"脾为生痰之源、肺为贮痰之器"辨之为脾失健运、痰湿阻肺。拟用六君子汤加瓜蒌、贝母以益气健脾化痰，桔梗、鱼腥草宣肺清热，数剂而咳嗽大减，食纳倍增，经复查胸片明显吸收好转，血象正常。又如一慢性肾炎患者唐某，女，37岁，经治疗临床症状已消失。但长期尿中查见蛋白(++)而求治于汪新象，辨之为气不摄精(把蛋白归为精之范畴)随尿溢出，拟用补中益气汤加淫羊藿、复盆子、山茱萸等药十余剂而尿中蛋白完全消失。此证中医无证可辨，若不重视西医诊断检查就无从论治。所以，不泥西医病名，重视西医检查诊断是其临床思维的一大特色。(汪 付)

遣方用药

四合汤治疗胃病

1 疏越四合汤

疏越四合汤：柴胡、香附、栀子、苍术、厚朴、紫苏叶各12g，白芍、神曲各15g，枳壳、川芎、陈皮各10g，甘草6g。主治肝郁气滞型急慢性胃炎，脘痞胁胀，有时作痛，胸闷嗳气，心烦欲吐，口干腻而不欲饮，大便或干或不成型，苔白或薄白，脉弦或细弦。该汤由柴胡疏肝散、越鞠丸、平胃散，香苏散4方组成。柴胡疏肝散以柴胡、白芍、枳壳、香附、川芎疏肝解郁，陈皮、甘草理气和中。越鞠丸由苍术、香附、川芎、栀子、神曲组成，以行气解郁为主，为治六郁之剂。气、血、火三郁多责之于肝，湿、痰、食三郁多责之于脾。香附行气，栀子清热除烦，苍术燥湿健脾，神曲消食和中，川芎活血行气。平胃散由苍术、厚朴、陈皮、甘草组成。以燥湿健脾、行气和胃。香苏散由香附、紫苏叶、陈皮、甘草组成。疏散风寒、理气和中。4方合用有疏肝解郁，健脾燥湿，理气和中，疏透表邪之功。

2 丹乌四合汤

丹乌四合汤：丹参、乌贼骨、白芍、白芨各15g，檀香、砂仁、甘草各6g，浙贝母20g，柴胡12g，枳壳10g，主治气滞血瘀型、久治难愈慢性胃炎、胃黏膜糜烂出血、胃十二指肠球部溃疡等。证见胃脘疼痛反复发作，气滞血瘀阻滞经络，痛有定处而拒按，时见呕血便黑，胃痛泛酸，或曾用其他胃药而效不佳者，舌暗、苔薄白，脉涩。丹乌四合汤以丹参饮、马贝散、四逆散、独胜散组合而成。丹参饮由丹参、檀香、砂仁组成。是治心胸、胃脘疼痛的有效良方。丹参活血化瘀、通络止痛，檀香辛温理气，利胸膈、调脾胃，砂仁辛温，行气调中和胃醒脾。乌贝散由乌贼骨、浙贝母组成，乌贼骨收敛止血、制酸止痛，浙贝母苦、寒，清热散结以治痈疮。四逆散由柴胡、白芍、枳壳、甘草组成。疏肝理气，和胃止痛。独胜散即白及一味，为血瘀阻络胃出血之主药。4方合用共奏活血化瘀，化痰散结，透解郁热，疏肝和胃，缓急止痛之功。

3 理萸四合汤

理萸四合汤：党参、白芍、白术各15g，干姜、枳壳各10g，吴茱萸、黄连、甘草各6g，高良姜、香附、柴胡各15g。主治肝郁虚寒型急慢性胃炎，证见脘胀胁痛，呕吐吞酸，或胃脘喜暖，痛处喜按而不能重按，或四肢欠温，舌苔薄白，脉沉细。理萸四合汤由理中汤、左金丸、良附丸、四逆散组合而成。理中汤治太阴脾胃虚寒，是温中祛寒、补气健脾的名方，其中党参甘温补益中气，干姜辛热温中而扶阳，白术燥湿健脾，甘草和中。左金丸主治肝郁化火犯胃。黄连苦寒泻肝胃之火而止呕，吴茱萸辛热开肝郁而治胁痛，辛开苦降，清热疏肝。良附丸由高良姜、香附各等分组成。高良姜辛热温胃散寒，香附理气行滞、利三焦、解六郁。二药合用善治寒凝气滞胃痛。四逆散疏肝和胃治肝郁气滞胃脘胀痛。4方合用共奏补气和中，协调寒热，疏肝降逆之功。

4 平仁四合汤

平仁四合汤：苍术15g，厚朴、苦杏仁、法半夏、藿香各12g，陈皮、通草、竹叶各10g，滑石、薏苡仁各30g，白豆蔻、甘草各6g。主治湿热中阻型慢性胃炎。证见脘痞嗳气，恶心欲吐，不思饮食，口苦腻淡无味，嗜睡体倦，小便黄，苔白腻或黄腻，脉弦细或濡缓。平仁四合汤由平胃散、三仁汤、不换金正气散、六一散合方组成。平胃散中苍术燥湿健脾，厚朴行气化湿、除满消胀，陈皮理气化滞。平胃散加藿香、半夏即不换金正气散，和胃祛痰化湿。三仁汤宣上畅中渗下，苦杏仁轻开肺气，白豆蔻温胃化湿，薏苡仁渗利湿热，半夏、厚朴行气散满，除湿消痞，滑石、竹叶、通草渗利湿热。六一散滑石配以甘草渗利湿热由小便而去。4方合用共奏芳香化湿、苦温燥湿、淡渗利湿之功。

5 百益四合汤

百益四合汤：百合30g，乌药12g，沙参、麦冬、玉竹、枸杞子各15g，当归、川楝子各10g，生地黄20g，延胡索19g，冰糖20g。主治肝胃阴虚型胃炎。证见胃脘灼热疼痛，咽干口燥，虚烦失眠，嗳气吞酸，口干少饮，舌红、少苔，脉弦数或细弱。百益四合汤由百合散、益胃汤、一贯煎、金铃子散4方组成。百合散即百合、乌药二味，百合甘寒、清心除烦，乌药疏通气机。益胃汤中沙参、麦冬、玉竹、生地黄、冰糖甘寒养阴生津。一贯煎中生地黄滋阴养血补肝肾，沙参、麦冬、当归、枸杞子益阴柔肝，川楝子疏泄肝气。金铃子散中川楝子、延胡索疏肝泄热，行气止痛。在此4方中，虽乌药辛温、川楝子苦燥，但配入大剂甘寒养阴药中则不嫌其伤津，反能疏肝理气为佐使药。

6 建功四合汤

建功四合汤：黄芪、饴糖各30g，白芍20g，桂枝、陈皮、大枣各10g，党参、白术各15g，茯苓、干姜各12g，炙甘草6g。主治脾胃虚寒型慢性胃炎，证见胃脘时痛，喜温喜按，面色少华，头昏疲乏，短气困倦，汗出，纳差或吐利，舌淡嫩、苔薄白，脉沉细。建功四合汤由黄芪建中汤、异功散、理中汤、保元汤4方组成。黄芪建中汤由黄芪、桂枝、白芍、大枣、生姜、甘草加饴糖而成。其中饴糖甘温入脾，温中补虚，和里缓急，黄芪补气以助阳，桂枝温阳气，白芍养阴血缓急止痛，干姜、大枣调和营卫。理中汤中党参、白术、干姜、甘草补中温阳。异功散中党参、茯苓、白术、陈皮、甘草健脾益气。保元汤中党参、黄芪、桂枝、甘草保养元气。4方合用建中温阳，补脾益气，调和营卫，保养元气。

7 病案举隅

成某，男，55岁，2000年1月11日初诊。患慢性胃炎多年，曾因糜烂性胃炎住院治疗。诊见：脘痞隐痛，腹胀嗳气，纳差，心烦易怒，微恶寒，苔白润，脉弦数。证属肝郁气滞型，方用疏越四合汤。处方：柴胡、苍术、栀子、香附、紫苏叶、厚朴各12g，白芍、神曲各15g，枳壳、川芎、陈皮各10g，甘草6g。7剂，每天1剂，水煎服。1月18日二诊：脘腹胀痛大减，嗳气已除，唯纳少寐差，大便2天1次，时有腹胀。守方去苍术、紫苏叶，加酸枣仁15g，知母10g，茯苓12g。7剂，2天服1剂。2月16日三诊：症状已基本消除，唯时有体倦，食纳欠香，舌脉正常，拟四逆、异功合方加当归、黄芪、广木香、砂仁、神曲以疏肝理脾，调和胃气善后。随访半年未复发。（汪世强 周伯娅）

医方验方

解郁宣肺止咳方

方药：柴胡、黄芩各12g，半夏10g，细辛6g，五味子、生姜（或干姜）、杏仁、枳壳各10g，甘草6g。

功效：解郁散邪，宣肺止咳。

主治：外感咳嗽，证见夜间咳甚或昼夜阵咳，吐泡沫痰，或清稀痰，苔薄白或薄黄而润，舌质正常或偏红，脉弦细、弦数或弦。病程一周以上，伴有“少阳病，但见一证”的患者其效颇佳。

加减：春加荆芥、薄荷、防风；夏加香薷、厚朴、陈皮；秋加苏叶、前胡、桔梗；冬加麻黄、桂枝；久咳不已加罂粟壳、丹参、桃仁；咳而遗溺者加黄芪、益智仁；喉痒者加牛蒡子、蝉衣。

用法：水煎服，每日1剂，日服3次。

方解：本方适应证以咳嗽，病程较长，夜咳为甚，吐清稀泡沫痰，苔薄白（黄）而稠，脉弦等为主要证候的患者，其病机乃邪郁少阳、导致三焦气机郁遏、肺气失宣，故法当疏畅三焦气机，解郁散邪，宣肺止咳为治。方用柴胡、黄芩、枳壳和解少阳，疏畅气机，解郁散火；半夏、生姜、细辛、五味子温肺散寒，化痰止咳；杏仁降肺气平喘咳；甘草和中。全方意在解郁、宣肺、止咳。气郁解而邪散，外邪散则肺气宣而咳嗽自止。肺主宣降，肝主疏泄，三焦乃气机水火的升降，而肺的宣降靠肝的疏泄和三焦遏降调节。肝胆互为表里，胆与三焦同属少阳而司相火，其气机郁遏，相火不得泄越，化为邪火上逆于肺，则咳嗽作矣。故有“久咳不已，三焦受之”，“夜咳三焦火”之说，故当以清解三焦郁火，温肺散寒为法。本证属外感咳嗽，故“小柴胡汤”去参、枣之外，加枳壳助柴芩以宣畅气机而清解郁火，加杏仁降肺气，配柴胡降浊升清。清稀泡沫痰属肺通水道功能失调的表现，故加细辛，配姜、夏既能温化清稀泡沫之寒痰，又助通调水道之功；再加五味子之酸敛以防姜、辛之辛散，且姜、辛、味同用，收散并举，相反相成，发挥温肺化痰，敛肺止咳之作用。

王俭治晕经验

【名老中医简介】王俭(1930～)甘肃临潭人。教授、主任医师。毕业于中国医科大学。曾任职甘肃中医学院中西医结合内科教研室主任。中国中西医结合甘肃分会常务理事。甘肃省名中医。发表论文20余篇。

1 典型病案

李某,女,36岁,2001年4月5日晨起后突然感到天旋地转,如坐舟车,不敢睁眼,伴有恶心、呕吐、耳鸣,头不能左右转动,甚至不能站立、走动,闭眼静卧后症状减轻。经2天静休后症状仍不能缓解,故在家人的陪同下就诊,否认既往有类似情况。检查:神志清楚,眩晕不敢睁眼,恶心,耳鸣,听力正常,双眼球有水平震颤,心、肺、血压均正常。诊断:美尼尔氏病。中医诊断:眩晕。处方:茯苓15g,白术12g,桂枝12g,泽泻12g,猪苓15g,生姜10g,半夏12g,郁金15g,钩藤15g。服药3剂后症状明显减轻,共服7剂后自觉症状与客观症状完全消失,随访3年未复发。

高某,男,38岁,2000年6月8日前来就诊,患者头痛,头晕,恶心,耳鸣,视物昏花,颈部旋转时突然眼发黑、腿发软而摔倒,其家属搀扶而来。检查:神清,头痛,恶心感,头晕,尤以转动颈部为甚。颈椎X线片显示生理弧度消失,钩椎关节增生;彩色多谱勒检查左侧椎动脉血流受阻。诊断:颈椎病(椎动脉型)。治疗:茯苓15g,白术12g,桂枝12g,泽泻12g,猪苓15g,生姜10g,半夏12g,郁金15g,钩藤15g,丹参20g,川芎10g,菊花10g。服药5剂后症状减轻,继服10剂后症状完全消失,随访1年未复发。

2 讨 论

《素问·至真要大论》有"诸风掉眩,皆属于肝"之论,《素问玄机原病式·五运主病》:"风火皆属阳,多为兼化,阳主乎动,两动相搏,则为之旋转。"《丹溪心法·头眩》:"无痰则不作眩。"《景岳全书·眩运》:"眩运一证,虚者居其八九,而兼火,兼痰者不过十中之一二耳。"这些理论从不同角度阐发和丰富了眩晕的病因病机:而头晕且眩、耳鸣则与痰浊、肝风、虚损有关。脾主运化,输布水津,升清降浊。若饮食不节,劳倦过度,思虑不解,或久病,过服寒凉之品,俱能伤中,使脾运不健而水湿内停,聚湿生痰,阻遏清阳,阳气不升,浊阴不降,脑窍受蒙发为眩晕:先天禀赋不足,或年迈肾精亏耗,或房室过度,阴精亏损,或阴虚火旺,遗精频频,或肾气不足,滑泄无度,精伤肾亏,不能生髓,髓海不足,上下俱虚而为眩晕;素体阳盛,肝阳上亢,或因长期忧郁恼怒,气郁化火,使肝阴暗耗,风阳升动,上扰清空,发为眩晕。总的归纳起来有肝阳上亢,气血亏虚,肾精不足,痰湿中阻;但病情是变化的,往往彼此影响相互转化。

现代医学的美尼尔氏综合征、颈性眩晕等均包括在中医眩晕的范畴。美尼尔氏综合征引起的眩晕,是因内耳膜迷路内淋巴水肿引起的植物神经系统功能紊乱,交感神经过度兴奋所致。椎动脉型颈椎病的眩晕,是由于骨刺、血管变异等,造成反射性脑血管痉挛,脑部缺血而引发。五苓散治疗本病的作用可能是因其有利尿脱水,降逆止呕及镇静安神作用,对血管运动中枢有一定的兴奋作用,可促进血液循环,调整植物神经功能,解除血管痉挛。祖国医学认为,美尼尔氏综合征的眩晕,多为痰湿阻滞清窍所致,而椎动脉型颈椎病的眩晕,多为肝肾两虚,肝阳上亢,上扰清空,精髓不足,不能上充于脑。《金匮要略》:"假令瘦人脐下有悸,吐涎沫而颠眩,此水也,五苓散主之。"《证治汇补》:"以肝上连目系而应于风,故眩为肝风。"本方能温阳利水,祛痰逐浊,平肝潜阳,使肝风平息,痰浊得除,清窍得开,眩晕则止。本方既能起治疗作用又能起预防作用,对反复发作病例服本方仍然有效。(王立群)

王炯临床经验

【名老中医简介】王炯(1937～)陕西省蒲城人。主任医师。甘肃省中西医结合学会理事。第二批、第三批全国名老中医药专家学术经验继承工作指导老师。从医40余年,擅长治疗内科杂症。

临床经验

失 眠

1 从肝论治,安神宁心

肝主疏泄,性喜条达,主谋虑,藏血而舍魂,心主血,藏神。凡七情过激,情志所伤,或忧思恼怒,致肝的疏泄功能失常,或疏泄不及,或疏泄太过,藏血功能异常,神魂不安均可导致失眠。

1.1 肝肾阴虚,肝阳上扰,神魂不安,治当滋阴补肾,凉肝安神

肝肾阴虚,肝阳上亢,上扰神明而见失眠、头晕耳鸣、心烦易怒,舌质红或舌质正常,苔薄白,脉弦细或细数,一般以钩藤汤(即羚羊钩藤汤去羚羊角)加减治疗。

吕某,女,58岁,2000年3月26日初诊。自述失眠半年,每日仅睡2~3小时,头晕、耳鸣、心烦易怒、双目干涩,胸中烦闷,痰黄,舌质稍黄,脉弦细稍数。病已3个月,服用中西药治疗无效,处方钩藤汤加减:钩藤18g,白芍12g,桑叶10g,菊花10g,茯神15g,生地黄18g,酸枣仁18g,夜交藤30g,浙贝6g,竹茹30g,甘草6g,5剂。二诊,服药后能睡4~5小时,耳鸣减轻明显,心胸烦闷基本消除。上方加减调服20余剂,睡眠基本正常,临床症状基本消除,嘱其常服杞菊地黄丸。

按 患者由于素体肝肾不足,肝阳挟痰热上扰,神魂不安出现失眠,用钩藤汤凉肝滋阴,加酸枣仁、夜交藤养肝宁心安神。王炯认为痰热内扰之失眠、心胸烦闷,竹茹非用大剂不可,否则效减。谓其能清热化瘀,除烦外,尚有安神作用。

1.2 肝郁气结,内扰神明,治当解郁安神

肝郁气结,内抗神明多由于忧思恼怒,情志不遂而发,成年妇人多见。证见:失眠,两胁作胀,头痛目眩,喜叹息,乳房胀痛,脉弦等。治以疏肝解郁,养血安神。一般用逍遥散之类加减。

陈某,女,38岁,1999年6月8日初诊:1月前因与人吵架,正值经期,出现失眠,胸闷,乳房胀痛,口苦,心烦易怒,逐渐发展至整夜不能入眠,月经逾30余天,淋漓不尽,舌质红,苔稍黄,脉弦。先后服用补血安神、凉血止血之剂,少效。处方:丹栀逍遥散加减:牡丹皮10g,焦栀10g,柴胡10g,茯苓10g,白术10g,当归10g,白芍12g,茜草10g,海螵蛸15g,酸枣仁15g,棕榈炭7g,夜交藤30g,甘草6g,5剂。二诊,服上方5剂,经血已止,能睡3~4小时,仍口苦、心烦、多梦,上方去海螵蛸、茜草、棕榈炭,加远志10g,5剂,并疏导其情志。后以他病来诊,服完药后,睡眠已正常。

按 此案患者,因恼怒正值经期,肝郁化火,热扰神魂而失眠,热迫血行致月经淋漓不尽,前医未抓住病机,故治疗少效。王炯紧扣病机,清肝解郁,调经安神而获效。

1.3 肝郁心虚,神失所养,治当养心缓肝,宁心安神

由于情志不舒,思虑过度,肝郁化火,或病后,心阴心气耗伤,证见失眠、悲伤喜哭、心慌气短、哈欠频作、疲乏无力、或汗多。此方多根据具体情况配伍应用。

赵某,男,36岁,2001年7月15日初诊。因用脑过度,加之劳累,出现失眠、心悸、头晕、纳差1月余,未作治疗,又因感冒发汗过多,整夜不眠,口干思饮、呕恶、气短乏力,血压90/50 mmHg。心电图检查提示:频发性室性早搏。经住院治疗半月,早搏次数减少,但余症同前,故心情郁闷烦躁。方用甘麦大枣汤合竹叶石膏汤加减:竹叶6g,生石膏20g,党参30g,麦冬15g,半夏10g,浮小麦30g,大枣10枚,炙甘草12g,酸枣仁12g,远志10g,5剂。二诊,药后能入睡4~6小时,头晕心悸、疲乏无力症状减轻,纳差。上方加焦三仙各10g,5剂。随访睡眠正常,症状消失,早搏亦消失。

按 患者思虑过度,劳伤心神,发汗过多,伤及气阴,肝气郁结,治疗以竹叶石膏汤益气养阴生津,甘麦大枣汤缓肝宁心安神收效。

1.4 少阳枢机不利,相火上扰,神明不安,治当调理少阳枢机,通阳泻热安神

此类患者多顽固性失眠,见于多种疾病中。证见:失眠、心烦胸闷、惊恐或梦中易惊、头痛、头晕、便干、口苦,或往来寒热。方用柴胡加龙骨牡蛎汤加减。

吕某,女,44岁,2000年4月8日初诊。患高血压病5年,近3月来失眠,每晚仅睡1小时,多梦,时寐时醒,寐中易惊,头晕、浮肿、心烦易怒,胸中烦热,口苦,便干,呕恶,舌质红,苔白腻,脉弦细。测血压175/110 mmHg,长期服用降压药。方用柴胡龙骨牡蛎汤加减:柴胡10g,生龙骨18g,生牡蛎18g,半夏10g,桂枝6g,黄芩10g,茯苓15g,酸枣仁15g,夜交藤30g,远志10g,白芍10g 苍术15 g,3剂。二诊:能睡3~4小时,易醒,腻苔已退,上方去苍术,加竹茹30g,5剂。三诊,服后入睡6小时,胸中烦热、呕恶已除,头晕及浮肿减轻, 血压130/90 mmHg,上方配散剂巩固。

按 患者所表现的证候为少阳枢机不利，胆火上炎，心神被扰而失眠，故以柴胡加龙骨牡蛎汤加减治疗获效。此方于和解中寓有通阳和表、泻热清里、重镇安神之义。对顽固性失眠及顽固性高血压病血压难降者有较好的疗效。

2 肾阴不足，阴不敛阳，虚阳上扰，神明不安，当滋阴补肾，引火归原，收敛浮阳以安神

患者女性多见，特别是更年期患者，失眠、眩晕耳鸣、烘热汗出、心慌、烦躁易怒、潮热等。常以六味地黄汤加减治疗。

张某，女，2001年5月12日初诊：停经1年余，失眠，头晕，烘热汗出，心急烦躁不能自制，头晕耳鸣已2年多，烘热以头面部为重，夜间烦热难眠，多方治疗，先后服滋阴补肾、清热泻火、养血安神之剂无效。方用六味地黄汤加减：生熟地黄各12g，牡丹皮10g，山药15g，茯苓10g，泽泻10g，生龙牡各18g，菊花12g，桑叶10g，肉桂3g（后下），浮小麦30g，酸枣仁12 g，3剂。二诊，服药当晚即感烘热减轻，能睡3小时。仍感背部发热，上方加巴戟天10g，麻黄根15 g，5剂。三诊，背部发热已除，能睡6个多小时，汗减少，头晕耳鸣减轻，上方配丸剂以巩固。

按 患者正值更年期阴不维阳，虚阳上越，出现头面部及全身烘热、汗出、心急烦躁而难以入眠，以六味地黄汤滋补肾阴，肉桂引火归原，生龙牡收敛浮阳，桑叶、菊花凉肝，浮小麦缓肝，合酸枣仁养心安神。后加巴戟天调和阴阳，并取其阳中求阴之意。

3 瘀血内阻，神不安舍，当活血化瘀安神

此类患者由于失眠日久，瘀血阻络，或脑外伤后遗症致失眠，方用血府逐瘀汤、桃红四物汤加减。

马某，男，36岁，2001年5月10日初诊。2个月前因车祸致脑挫裂伤，颅内血肿，昏迷8天，清醒半月后出现失眠，每日睡3个小时，梦多易惊。现自觉头痛，昏重如蒙，健忘，言语不利，舌质稍红，脉细涩。方用血府逐瘀汤加减：当归10g，生地黄12g，桃仁10g，红花10g，赤芍10g，柴胡10g，川芎15g，淮牛膝10g，枳壳10g，桔梗6g，水蛭3g，酸枣仁18g，夜交藤30g，6剂。二诊：能入睡5个小时，头痛减轻，心烦易惊，身体沉重，活动不便，口苦便干、呕恶、浮肿，午后寒热往来。方用桃红四物汤合柴胡加龙骨牡蛎汤加减：桃仁10g，红花10g，当归10g，白芍10g，川芎15g，柴胡10g，黄芩10g，半夏10g，桂枝6g，茯苓15g，生龙牡各18g，大黄6g，酸枣仁18g，远志10g，水蛭3 g，6剂。三诊：能睡5～7小时，午后寒热、呕恶、口苦已除，大便已通，仍头痛昏重，言语不利，上方去半夏，加菖蒲6g，6剂。后以上方加减调服40余剂，诸症消失。

按 患者由于脑外伤，瘀血内阻，故以血府逐瘀汤加味，活血化瘀安神，稍效。因瘀血内阻，邪陷少阳，相火上炎，神明被扰，少阳枢机不利，阳气内郁不得宣达于外，后以桃红四物汤合柴胡加龙骨牡蛎汤加减。以桃红四物汤活血化瘀，柴胡加龙骨牡蛎汤和解少阳，通阳泻热，重镇安神而效。（赵国庆）

遣方用药

柴胡类经方

1 小柴胡汤治疗眩晕

张某，女，50岁，1999年5月10日就诊。素有眩晕病史3年。每年发作2～3次，西医诊断为“美尼尔氏综合征”。患者自述3天前晨起突发眩晕，视物旋转，闭目畏光，耳鸣，听力减退，伴寒热交作，口苦咽干，呕吐痰涎。查患者形体肥胖，舌质淡，苔白，脉弦滑。证属邪郁少阳，痰浊上犯，清阳受阻。治以疏解少阳风热，健脾燥湿化痰。方用小柴胡汤加减。处方：柴胡、黄芩、半夏、白术各10g，陈皮、生姜各6g，泽泻30g，茯苓15g，钩藤12g，服药3剂，眩晕减轻，再服5剂，诸症皆除。随访1年，眩晕未作。

按《内经》曰：“诸风掉眩，皆属于肝。”朱丹溪谓：“无痰不作眩。”王炯认为本病的病机为本虚标实，在标以肝阳化风、风热上扰清窍为主；在本以脾虚健运失司、水谷不化精微，聚湿以生痰、痰浊内阻、清阳不升、浊阴不降为主。在治疗上以小柴胡汤疏解少阳风热治标，合二陈泽泻汤健脾燥湿，化痰除饮治本，标本同治，取效迅捷。

2 柴胡龙牡汤治疗郁证

李某，女，15岁，1998年1月3日就诊。患者4天前因夜间偶受惊吓导致心悸失眠，恐惧不安，时有语言错乱，伴口苦厌食，大便3日未行。查舌质暗红，苔薄黄，脉弦数。证属情志内伤，气机逆乱，肝郁化火，痰热内扰，心神不安。治以疏肝清热，降逆化痰，安神定志。方用柴胡龙牡汤化裁。处方：柴胡、黄芩、半夏各10g，枣仁、合欢皮、生龙骨、牡蛎各15g，石菖蒲、郁金、茯苓、大黄各8g。服上方3剂后，诸症明显减轻，大便通畅。上方去大黄继服7剂病愈。

按《丹溪心法·六郁》中提出：“气血冲和，百病不生，一有怫郁，诸病生焉。”可见情志失常为郁证的主要发病原因。故疏肝解郁为郁证总的治则。柴胡龙牡汤具有疏肝化痰、镇惊安神、交通心肾的作用，王炯常以本方加减治疗各种精神疾病。本案患者因惊吓导致气机逆乱，肝郁化火，痰热内扰，神明不安。

王炯以柴胡龙牡汤清泄郁热,镇肝安魂;加养心安神、化痰解郁之品,恰中病机,疗效满意

3 柴胡桂枝汤治疗发热

陈某,男,27 岁,2000 年 9 月 7 日就诊。发热 20 天,体温持续在 38.2～39.3℃之间。患者 20 天前外出途中自觉周身不适,至夜间出现发热,自购感冒药服后汗出热退。第二天又出现恶寒发热,如此反复发作。在各医院多次检查未发现异常,患者仍发热不退而来寻求中医治疗。现症:恶寒发热,肢节痛楚,全身汗出,口苦咽干,食欲不振。查体温 39.2℃,舌苔黄,脉数。证属外邪未解,入里化热,邪热内盛。治以疏邪达表,调和营卫,清泄里热。方用柴胡桂枝汤加味。处方:桂枝、黄芩、白芍、半夏各 10g,柴胡、党参各 15g,生石膏 30g,栀子 12g,生姜 6g,甘草 8g,大枣 4 枚。服上方 3 剂,体温下降至 37.8℃,恶寒及自汗消失,肢节痛处减轻。上方续服 3 剂,药后体温降至正常,发热未作。惟觉口干,困乏无力,舌质淡,苔红,脉细数。以竹叶石膏汤益气养阴善后。随访 3 月,未再复发。

按 发热有外感、内伤之别。本案病例,经辨证属太少合病而兼阳明里热之证。以柴胡桂枝汤加生石膏、栀子外解太阳,内和少阳兼清阳明经热,汗、和、清三法并用,药仅 6 剂,发热即退。热退后复以竹叶石膏汤益气养阴以防死灰复燃。

4 柴胡桂枝干姜汤治疗胸痹

高某,女,57 岁,1997 年 10 月 12 日就诊。患者 1 年前因胸闷、胸痛被诊断为"冠心病",常口服"地奥心血康"。1 月前因情志不畅导致病情加重,心胸痞塞不舒,心悸气短,胸胁窜痛,食欲不振,口微渴,二便尚调。舌质红,苔白厚稍黄,脉弦。心电图发现 ST 段下移,T 波倒置。提示:心肌缺血。证属肝郁气滞,痰湿内蕴,络脉不通。治以疏肝解郁,温化痰湿,活血通络。方用柴胡桂枝干姜汤加减。处方:柴胡、枳壳、香附、当归、郁金各 10g,黄芩、干姜、桂枝各 6g,花粉、牡蛎各 12g,炙甘草 8g。药服 5 剂,胸痛减轻,仍觉神疲纳差,上方加黄芪 20g、焦山楂 10g,连服 10 剂,诸症悉除。复查心电图正常,随访 1 年未见复发。

按 王炯认为胸痹的临床表现多虚实夹杂。实为气滞、痰阻、血瘀、寒凝痹阻胸阳;虚为气血阴阳两虚,心失所养。柴胡桂枝干姜汤可以针对胸痹的病机特点进行治疗。方中桂枝、干姜振奋胸阳;花粉、牡蛎、黄芩养阴清热化痰;柴胡疏肝解郁。若气虚明显者加黄芪、党参;瘀血重者加丹参、三七;气滞为主者加枳壳、郁金、香附;痰湿重者加瓜蒌、半夏。药症相合,故能取得满意的临床疗效。(吕 健)

妇科病

1 经行抽搐

王某,女,30 岁,1999 年 10 月 12 日初诊。患者 2 年来每逢经至则头晕目眩,腰膝酸软,四肢麻木不仁。近 5 个月来经量偏少,色深红,经期尚准,每次经期手足抽搐不能自主。每天发作约 4～5 次,每次持续约 20 分钟,痛苦不堪,但神志清楚,经停则抽搐止。曾在某医院神经科检查,未发现任何器质性病变。目前正值经期,抽搐发作。察其舌质红,苔少,脉细数无力。诊断:行经抽搐。证属肝肾不足,虚风内动。治宜滋补肝肾,熄风定痉。方用六味地黄丸加味。处方:熟地、生鳖甲、生牡蛎、丹参各 15g,山药、山茱萸、茯苓、丹皮、泽泻、僵蚕各 10g,全蝎(冲服)3g,钩藤 12g,7 剂。11 月 15 日复诊:本次经潮,抽搐减轻,每天发作 1～2 次,每次约 5 分钟,仍手足麻木,腰酸困无力。上方加当归 10g、白芍 15g,继服 7 剂。12 月 17 日 3 诊,经行时抽搐未作,偶有手足麻木,面色红润,经量中等,色红。守上方续服 10 剂,以巩固疗效。随访 1 年,病未复发。

按《内经》曰:"诸风掉眩,皆属于肝"。患者平素肝肾不足,经行时血虚更甚,肝木失养,血虚生风,以致虚风内动,故手足抽搐不止。治疗以滋补肝肾为主。肾水既足,滋养肝木,肝木柔顺调畅,抽搐可除。方用六味地黄丸滋补肝肾:生牡蛎、生鳖甲潜阳,合僵蚕、全蝎、钩藤入肝熄风止痉为辅;佐以丹参养血活血以调冲。二诊时加当归、白芍养血柔肝,以达到血气充沛,血行无阻而抽搐自止之目的。

2 崩 漏

赵某,女,17 岁,2000 年 3 月 5 日初诊。患者 14 岁初潮,现月经周期为 30～60 天,月经量多,色淡质稀,行经 8～11 天,已 1 年有余。经妇科检查诊断为"青春期功血",治疗 3 个月未效。此次行经已半月未净,伴腰膝酸软,烦热口干,前来就诊。视其形体略瘦,面色淡黄,舌质淡,苔薄黄,脉细数。诊断:崩漏。证属肝肾阴虚,冲任不固,封藏失职。治宜滋补肝肾,固冲止血。方用六味地黄丸加味。处方:生熟地、地榆炭、桑寄生各 15g,山药、山茱萸、丹皮、茯苓、泽泻、茜草、阿胶(烊化)、生蒲黄、槐米各 10 g,5 剂。上方连服 5 剂后,经血已止,精神好转,用此方加减调理半月余,诸症悉平,月经正常。

按《内经》曰:"肾者主蛰,封藏之本"。患者禀赋不足,肝肾阴虚,冲任不固,血海不宁,下血不止。

故以六味地黄丸加桑寄生滋补肝肾，合地榆炭、茜草、生蒲黄、阿胶、槐米凉血活血，养血固冲。药症相合，其病遂愈。

3 阴 痒

李某，女，57岁，2001年4月7日初诊。外阴瘙痒，局部干涩不适已1年余，入夜尤甚，难以入寐。伴头晕耳鸣，腰膝酸软，五心烦热。妇检：大小阴唇皮肤均呈白色粗糙样改变，皮肤角化色白。诊断为"外阴白斑"，曾经中西药治疗3个月余未效。观其舌上少苔而干，脉细涩。诊断为：阴痒。证属肝肾阴虚，精血不足，阴部失养。治宜滋补肝肾，养血活血。方用六味地黄丸加减。处方：熟地、当归、炒酸枣仁、白蒺藜、丹参各15g，丹皮、茯苓、赤芍、地肤子、枸杞子、白鲜皮、龟版胶（烊化）、山药、山茱萸各10g，5剂。服上方5剂后，阴痒减轻，夜能安寐，守上方续服20剂阴痒消除。以上方配制成丸药连服1个月，诸症悉愈。妇检外阴白斑基本消失。

按 中医认为阴痒的发病原因乃由湿热下注，虫蚀阴中所致。如《女科经纶》云："妇人阴痒多由虫蚀所为，始因湿热不已。"此例患者年近六旬，肝肾阴虚，冲任虚衰，精血不足。肾主二阴，肝肾阴虚，二阴失养，故见外阴瘙痒、局部干涩。治疗以六味地黄丸去泽泻之宣泄，加枸杞子、龟版胶滋补肝肾精血；当归、赤芍、丹参养血活血，改善局部血液循环；酸枣仁养心安神；白蒺藜、地肤子、白鲜皮清热驱风止痒，遂使症状得以迅速缓解。以复方制丸，缓调善后，终使顽疾得除。

4 更年期综合征

尚某，女，50岁，2001年9月7日初诊。头晕目眩，阵发性烘热汗出，烦躁易怒，心悸少寐，腰膝酸软，月经先期量少已2年余。西医诊断为更年期综合征，曾用雌激素治疗，疗效不显，故前来寻求中医治疗。舌质红，苔薄白，脉细弦而数。中医诊断为绝经前后诸症。证属肝肾阴虚，虚阳内扰，心血不足。治宜滋肾平肝，养心安神。方用六味地黄丸加味。处方：熟地、女贞子、旱莲草各12g，夜交藤、桑寄生、炒酸枣仁、生龙骨、牡蛎各15g，山药、山茱萸、丹皮、茯苓、泽泻、钩藤各12g，6剂。服上方6剂后，烘热汗出、烦躁减轻，夜能安寐，守上方加减调理月余，诸症消失。嘱服用六味地黄丸巩固疗效。半年后随访，月经已断绝，无明显不适症状。

按 妇女年届七七，由于肾气渐衰，天癸竭绝，冲任二脉亏损，精血日趋不足。肾为先天之本，主藏精，肝体阴而用阳，主藏血。若肝肾精血不足，阴不制阳则阴虚阳亢，脏腑功能紊乱而出现如阵发性烘热，烦躁汗出，头晕目眩，心悸少寐等症状。王炯在治疗本病时，针对其发病原因，常用六味地黄丸合二至丸、桑寄生补肝肾，调冲任，加生龙牡、钩藤平肝潜阳，夜交藤、酸枣仁养心安神。证之临床，屡获效验。（吕 健）

王宁临床经验

【名老中医简介】王宁（1931～）山西省太原市人。主任医师，教授。1955年毕业于山西医学院医疗系。现任山西省中医药研究院肝病研究所名誉所长。卫生部药品审评委员会委员，山西省药品审评委员会副主任委员，山西省中西医结合学会副理事长，中华全国中医学会内科学会委员、脾胃专业委员会委员。山西省名中医。享受国务院政府特殊津贴。从事中医临床、教学、科研工作40年，擅长消化系统疾病的诊治。

临床经验

慢性肝炎

1 清热利湿以祛余邪

慢性肝炎属中医胁痛、郁证、癥积等范畴。其病因虽然复杂，但王宁认为与湿热之邪未尽有密切关系。本病在急性发作时，由于治疗不当、失治、误治或在恢复阶段，饮食、营养、休息等调护失宜，或继发它病等，以致湿热之邪未能彻底清除，余邪留恋，寄于肝胆或蕴积脾胃，日久使肝炎转为慢性。慢性活动性肝炎，湿热未清征象仍很明显，即"湿热久罨，其病乃成"。证见：口苦口黏，四肢酸困，溲黄短赤，大便溏臭不爽，两胁胀痛，舌红而胖、苔黄腻，脉滑数等。王宁认为：清热利湿，以祛余邪，乃为治疗慢性肝炎的首要大法。常用茵陈蒿汤加减。药用：茵陈、栀子、大黄、连翘、秦艽、泽泻、车前子等。热毒盛者，加白花蛇舌草、板蓝根、半枝莲、连翘、蒲公英等清热解毒。湿毒明显者，重用土茯苓、半枝莲利湿解毒。热胜伤阴者加沙参、麦冬、生地、女贞子养阴清热。湿困脾土、脾失健运者，加藿香、苍术、川朴、陈皮燥湿健脾。上焦湿热，口苦而黏，头闷不清，加杏仁、薄荷、菊花、黄芩清热化湿。中焦湿热，脘腹痞满，呕恶厌食,加竹茹、佩兰、黄连、白蔻仁清热燥湿。下焦湿热,小便赤涩,加黄柏、滑石、车前子清热利湿。湿热弥漫三焦,常用三仁汤加减。

王宁认为,清热利湿的关键在于辨湿热之多寡,根据湿热多寡,灵活加减用药。如热重者侧重清热,湿盛者重在利湿。若用药恰当,湿热尽去,肝炎可较快痊愈。反之,湿盛重用久用苦寒,必损伤脾阳,影响食欲,更致腹胀便溏。热盛过用香燥,助热灼津,使湿热未去而津液受伤,均可导致肝功能长期不正常,肝炎迁延不愈。

2 活血化瘀以治其标

肝主疏泄,为藏血之脏。肝病初在气,久则气病及血而出现气血瘀滞。慢性肝炎,由于病程日久,湿热搏结,壅遏气血,或肝气郁结,血行不畅,均可致肝血瘀滞。即所谓"久病入络","病在百脉"。证见:面色青黑不华或黧黑,右胁刺痛,夜间为甚,肝脾肿大,或有腹部血缕、蜘蛛痣、肝掌,大便色黑,或皮肤粗糙,甚则肌肤甲错,入暮发热,妇女月经不调或闭经,舌暗红、有瘀点,舌下静脉曲张或充盈,脉弦涩。王宁认为:肝血瘀滞,既为慢性肝炎的病理产物,又为慢性肝炎迁延不愈的原因所在,尤其慢性持续性肝炎、早期肝硬化较为突出。所以活血化瘀乃为治疗慢性肝炎的又一大法。方以膈下逐瘀汤化裁。常用药物:当归、赤芍、川芎、丹参、泽兰、茜草、桃仁、红花、片姜黄等。肝气郁结,两胁胀痛,喜太息,加柴胡、青皮、枳壳疏肝解郁。气滞血瘀明显,重用香附、郁金、元胡、川楝子。肝气横逆犯胃,见胃脘痞满、嗳气、恶心,加佛手、旋覆花、代代花、薄荷疏肝和胃。肝郁犯脾,脾不健运,便溏腹胀,加白术、茯苓、陈皮、大腹皮扶土抑木。肝经郁火,口苦尿黄,加栀子、丹皮、川楝子、龙胆草清肝泻火。瘀血化热,血热搏结,见发热、蜘蛛痣、肝掌,加丹皮、泽兰、生地、赤芍凉血活血;衄血者,加白茅根、大小蓟、三七参、仙鹤草活血止血。肝血瘀滞,癥积内阻,三焦不利,水道不通而见腹水或下肢浮肿者,重用益母草、泽兰、水红花子活血利水。肝脾肿大,加鳖甲、牡蛎、炮甲珠、鸡内金软坚散结,并重用赤芍、丹参。痰瘀阻滞,用郁金、白矾、橘络、山楂活血化痰。瘀血内停,兼热毒者,加大黄、板蓝根、蒲公英、连翘活血解毒。寒凝血瘀者加干姜、艾叶、桂枝。气虚血瘀,用四物汤配党参、黄芪、白术补气活血。瘀血不去,新血不生而致血瘀血虚者,重用丹参、当归,加熟地、枸杞子、制首乌活血补血。

王宁临证,再三嘱咐要特别注意攻邪而勿伤正。应用活血化瘀药的同时,要适当加用扶正益气药,尤其是年老体衰的患者更属必要。不然会使患者瘀血未去而正气愈虚,肝功能损害更难得到恢复。

3 扶助正气以固根本

慢性肝炎,由于病程日久,邪正交争,必损正气。如饮食不调,劳倦过度,损伤脾胃,或肝气郁结,横逆犯脾,均可导致脾阳虚衰;先天不足,后天失济,而致脾肾两虚;热邪久羁肝胆,灼伤肝阴,肝肾同源,终致肝肾两虚。故慢性肝炎以肝、脾、肾、气血虚损为主。其临床表现:脾虚者,纳呆,面色萎黄,全身乏力,气短自汗,大便溏泻,舌淡苔白,脉虚而缓;肾虚者,精神萎靡,腰背酸困,双膝酸软,面色晦暗,目眶黧黑,脉沉;肝肾阴虚者,头晕眼花,两胁空痛,口咽干燥,失眠多梦,或手足心发热,舌红、苔少,脉弦细;气血不足者,头晕目眩,少气懒言,唇甲淡白;气阴两虚者,全身乏力,目涩咽干等。扶助正气,特别是健脾补肾乃为治疗慢性肝炎有虚损表现的必用之法。只有扶正,才能进一步驱邪外出,巩固根本,促进痊愈。

3.1 健脾益气

多用四君子汤化裁。常用药物:黄芪、党参、白术、茯苓、陈皮。气虚甚者,重用黄芪、党参、大枣;脾胃虚弱,纳呆,用炒谷麦芽、砂仁;脾虚食滞,用鸡内金、焦三仙、炒莱菔子;脾虚不运,水湿内停,下肢沉重,浮肿,重用白术、茯苓、黄芪,且加防己、苍术、川朴;脾阳虚,口泛清涎,四肢发凉,腹痛隐隐加炒白术、干姜。气血两虚,重用黄芪、当归。气阴两虚,用太子参、麦冬、山药、黄精。

3.2 滋养肝肾

多以一贯煎加减。常用药物:熟地、沙参、枸杞子、石斛、当归、女贞子、旱莲草、制首乌。阴虚阳亢,眩晕头痛,目赤易怒,加地骨皮、牡蛎、鳖甲、菊花;阴虚火旺,口苦耳鸣,两胁灼痛,加龙胆草、黄芩、栀子、赤芍。

3.3 温补肾气

以右归丸出入。常用药物:熟地、山萸肉、山药、枸杞子、菟丝子。腰背酸困甚者加狗脊、川断、桑寄生;下肢酸软,足膝无力明显,重用淫羊藿、川断、枸杞子、巴戟天。脾肾两虚,大便溏泻者,重用白术、茯苓、扁豆、肉豆蔻。

4 中西结合提高疗效

慢性肝炎,中医认为多由湿热毒邪未清,壅遏气血,损伤正气而致。西医认为是由于机体免疫功能低下,不能有效地清除病因,使病毒在体内持续存在,不断损害肝脏,以致病情迁延不愈。王宁主张结合中西医两种理论学说指导临床实践，探索临床诊治规律。病证合参，中西并举，辨证与辨病相结合，研究病与证之间的关系，才能相得益彰，开拓治病思路，更有效地调整机体免疫功能及改善肝内微循环与其代谢功能，抑制或清除肝内病毒，对抗肝损伤，延缓肝硬化。因此拟定清热利湿、活血化瘀、扶正固本、保肝解毒的基本治疗法则。常用的经验方：丹参、板蓝根各10～30g，郁金10～15g，泽兰、茯苓、茵陈、秦艽、陈皮各12g，白术10g，半枝莲24～30g，山药15g。丙氨酸氨基转移酶增高，常用半枝莲、连翘、板蓝根、蒲公英。麝浊增高、麝絮阳性者，除调理脾胃外，常用滋补肝肾药，如枸杞子、制首乌、女贞子、山萸肉、菟丝子、沙菀子、熟地等。胆红素增高时，可加茵陈、金钱草。乙型肝炎表面抗原阳性者，多选用半枝莲、土茯苓、白花蛇舌草、秦艽、贯众、大黄。白蛋白降低，球蛋白升高、白球蛋白比例降低或倒置者，重用山药、黄精、枸杞子、制首乌、黄芪、白术，间断输注白蛋白及血浆。血浆球蛋白明显增高可加穿山甲、龟版、鳖甲、牡蛎、川牛膝等。血小板减少，出血严重者，用大小蓟、旱莲草、三七参、仙鹤草、茜草根。有肝硬化者，多用丹参、皂刺、桃仁，配合大黄蛰虫丸。若有腹水，或下肢浮肿甚者，重用茯苓及茯苓皮、防己、椒目、葶苈子、大腹皮、黄芪、车前子。脾功能亢进者，重用鳖甲、牡蛎、熟地、制首乌、黄精等。血脂增高者，多用葛根、郁金、泽泻、山楂、枳实、海浮石。（成荣生 武月平）

医方验方

胃舒灵

方药：黄芪30g，白芍15g，甘草10g，灵脂12g，元胡10g，乌贼骨15g。

功效：益胃补虚，制酸止痛，活血化瘀，祛腐生肌。

主治：消化性溃疡。

方解：本方以黄芪建中汤为基础加减，方中黄芪性味甘温，功能补气健脾，益胃补虚，托疮生肌为君，白芍味酸益阴，合甘草缓急止痛为臣；五灵脂、元胡活血祛瘀，理气止痛，乌贼骨制酸止血。现代医学研究证明，黄芪能扩张血管，使坏死组织细胞恢复活力，可治疗慢性溃疡。从甘草中提出的甘草次酸为中间体，可合成一种促进溃疡愈合新药名为生胃酮，治疗溃疡病，国内外早有报道，疗效较肯定。

王沛肿瘤临床经验

【名老中医简介】王沛（1933～）河北省唐山人。教授，主任医师，博士生导师。现任北京中医药大学中医系中医外科教研室主任。中国中医药学会外科学会理事兼秘书长。享受国务院政府特殊津贴。第四批全国老中医药专家学术经验继承工作指导老师。擅长中医药治疗恶性肿瘤，肝癌、食道癌、胰腺癌、结肠癌等实体瘤，以及妇科肿瘤，对术后抑制复发和转移，癌性疼痛、减轻放化疗毒性等有独到的研究。出版著作10余部。

肿瘤

1 扶正培本法

肿瘤属慢性消耗性疾病，多为虚证。用扶正培本法，扶助人体正气，协调阴阳偏盛偏衰。补益人体虚弱状态，调整机体内环境，提高免疫功能，增强抵御和祛除病邪的能力，抑制癌细胞的生长，为进一步治疗创造条件。正如古代医家所言“养正积自除。”当然，在临床中扶正的同时应注意扶正与祛邪的辨证关系。扶正培本的方法很多，如补肺益气，健脾和胃，补肾益精，养阴生津等。常用中药：天冬、麦冬、沙参、生地、龟版、鳖甲、天花粉、知母、旱莲草、女贞子、鸡血藤、当归、阿胶、熟地、黄芪、党参、人参、黄精、白术、淮山药、附子、仙灵脾、补骨脂、紫河车等。

根据现代研究证明，扶正培本治癌的作用是多方面的：①提高机体细胞体液免疫功能和适应原样作用。② 调整机体cAMP和cGMP比值，提高cAMP相对值而抑制肿瘤细胞的生长，有利于保护骨髓，增强放、化疗疗效，控制复发而达到抗癌和抑癌的效应。③增强激素调节功能，促进垂体的肾上腺皮质功能 。④促进单核巨噬细胞系统的吞噬功能，改善机体免疫状态；诱导肝脏药酶，增强机体解毒能力。⑤直接抑瘤作用，肿瘤发病的最基本的病理特点为－正虚邪实，因此，扶正培本法在肿瘤防治中具有重要的意义，可以说它贯穿了肿瘤治疗的全程。临床运用时，首先应辨清阴阳气血盛衰，然后辨别五脏虚损及脏腑间相互关系，采用五脏分补法。扶正培本并非十全大补，在应用时，必须通过多方辨证弄清虚在何脏何腑，属阴属阳，及其性质。然后根据病情早晚、病程长短、体虚程度、性别年龄等情况分别进行调治。如《内经》云:“形不足者温之以气,精不足者补之以味。”不同情况下运用不同治疗,才能真正发挥补益作用。扶正培本的目的在于增强人体正气而增加抗病能力,达到“正胜则邪却”的目的。肿瘤病中,扶正培本的正确使用,要以辨证为依据,首重脾胃,要依据病情选择适当的补益法。在运用补益剂时,要处处照顾脾胃,重视“胃气”的恢复,所谓“有胃气则生,无胃气则死。”癌症患者,其病情发展多表现为一系列慢性衰弱状态,所以应用补益剂时,宜缓补而少峻补,有些正气衰竭患者甚至“虚不受补”,宜平补而慎用温补;临床中除药补外,还应结合食补,选择与身体需要相应的补益食物,起到扶正抗癌,增强体质的作用。祖国医学一向强调饮食疗法。在放疗期间,由于热灼伤阴,在饮食上可多补充些清凉滋阴,甘寒生津的食物,如芦笋、甘蔗汁、蜂蜜、荠汁、白木耳、鳖肉等。化疗期间易出现骨髓抑制,在饮食上可以多补充足量的造血原料,如含铁的食物菠菜、动物肝及健脾食物薏米粥,芡实粥等。在药补的基础上结合食补,注意精神的调摄,对身体的恢复十分有利。

2 疏肝理气法

祖国医学认为肿瘤的发生与气机运行失调关系极为密切。《医宗金鉴》曰:“乳癌由肝脾两伤,气郁凝结而成。”《丹溪心法》亦云:“厥阴之气不行,故窍不得通而不得出,以生乳癌。”气机不畅则津液和血运行障碍,积而成块以生肿瘤。气滞是肿瘤最基本的病理变化之一,因此,理气药在肿瘤治疗中十分重要。现代药理研究证明,理气药既能治癌,又能改善由癌细胞影响机体造成的多种紊乱状态,如:乌药对小白鼠肉瘤 180 株抑癌率为 44.8% 。日本人对抗癌剂有强耐药性的宫颈癌患者 JTC－26 细胞株筛选 800 种中药,发现抑瘤率达 90% 以上的有:大茴香、枳实、沉香、厚朴、木香、丁香等。目前临床常用的理气药有:八月札、橘叶、橘皮、枳壳、香附、郁金、川楝子、大腹皮、佛手、青皮、玫瑰花、九香虫、绿萼梅、厚朴、旋覆花等。

在临床应用中,往往根据病情的兼夹不同予以适当的配伍。如气滞兼血瘀,在使用理气药时,应配合丹参、赤芍、桃仁、红花、三棱、莪术等活血化瘀药一起应用;气滞兼痰凝应配伍半夏、南星、昆布、海藻、象贝等化痰软坚药;气滞兼湿阻,则配伍苍术、白术、薏米、猪苓、茯苓等化湿利湿药;气虚兼气滞,应与黄芪、党参、甘草、扁豆等药合用。诚然,理气药大多辛香而燥,重用久用或运用不当,会有化燥伤津助火之弊。但只要配伍运用得当,即可防止上述不良反应的发生。

3 活血化瘀法

肿瘤多有形。历代医家多认为积、石瘕、痞癖及肚腹结块等皆与瘀血有关。《医林改错》曰:“肚腹结块,必有形之血。”说明腹内有形的包块肿物多由瘀血所致。临床观察证明:几乎所有肿瘤患者普遍存在有瘀血见症。如:体内或体表肿块经久不消,坚硬如石或凹凸不平;唇舌青紫或舌体、舌边及舌下有青紫点或静脉粗张;皮肤黯黑、有斑块、粗糙、肌肤甲错;局部疼痛,痛有定处,日轻夜重,脉涩等。瘀血是肿瘤的病因之一。针对瘀血而采用的活血化瘀法是肿瘤临床常用治法。活血化瘀法不但能祛邪消瘤治疗肿瘤,亦可配伍它法对瘀血引起的发热,瘀血阻络引起的出血,血瘀经络所致的疼痛等证起到一定效果。临床上对肿瘤患者施用活血化瘀法,可以起到多方面作用。常用的活血化瘀药物:丹参、赤芍、红花、郁金、延胡索、乳香、没药、五灵脂、王不留行、水蛭、全蝎、蜈蚣、斑蝥、水红花子、石见穿、血竭等。实验证明:活血化瘀类中药抗肿瘤的作用主要表现在以下几方面:①对抗肿瘤治疗的增效作用。如:丹参、鸡血藤等活血化瘀药与喜树碱合并用药,治疗小鼠白血病 165 瘤株实验,生存期延长 60%,这样相对地降低了喜树碱的毒性,是由于改善了血液循环,增加血流量,充分发挥了喜树碱杀灭白血病细胞的作用。②调整机体免疫功能。③调整神经和内分泌功能。④预防放射性纤维化,减少不良反应。⑤对肿瘤细胞的直接破坏作用等。据动物实验筛选及临床实验证实:活血化瘀药中具有杀灭癌细胞作用和抑癌作用的有:三棱、莪术、三七、川芎、当归、丹参、喜树、降香、延胡索、乳香、没药、穿山甲、土大黄、全蝎、蜈蚣、僵蚕、丹皮、石见穿、五灵脂等。莪术不仅对癌细胞有直接抑制和破坏作用,而且提高机体免疫力,使肿瘤消退。⑥对抗肿瘤细胞引起的血小板聚集及瘤栓的形成。如桂枝、丹皮、赤芍、桃仁、红花在体外均有较强的抑制血小板聚集作用,减少血栓对瘤细胞的保护,有利于免疫系统对癌细胞的清除。

临床中,应用活血化瘀法,使用活血化瘀类药物时应根据辨证与辨病相结合的原则,同时参考实验研究结果,分别肿瘤性质和部位选择适当的药物。如消化道肿瘤,一般常用穿山甲、地鳖虫、郁金、延胡索、平地木等;食管癌选用王不留行、急性子;胃、结肠癌选用丹参、乳香、没药、水红花子、凌霄花等;肝癌选用丹皮、五灵脂、姜黄等;胰腺癌选用红花、赤芍等；呼吸系统恶性肿瘤选用桃仁、红花、丹参、赤芍、泽兰、石见穿；骨肿瘤选用自然铜、红梅梢、虎杖、牛膝、地鳖虫等；乳房、子宫及卵巢肿瘤选用丹参、益母草、月季花、凌霄花、姜黄、泽兰、红花等；软组织肿瘤选用三棱、莪术、穿山甲、水蛭等；淋巴系统恶性肿瘤选用丹皮、桃仁、皂角刺等；鳞状细胞癌选用王不留行、急性子、石见穿、丹皮等；腺癌选用丹参、赤芍、穿山甲、地鳖虫；分化不良（或未分化）癌选用桃仁、红花、凌霄花、水蛭等；单发原发灶：穿山甲、地鳖虫、石见穿、王不留行、急性子；转移灶或伴有转移灶者：丹参、赤芍、桃仁、三棱、红花、莪术、水蛭等。

活血化瘀药的应用中，往往应注意活血化瘀药的剂量，正确掌握其剂量是使用活血化瘀药物发挥最大效用而避免或减少其不良反应的一个重要手段。一般而言，活血化瘀药常用剂量的使用通常针对初次接受中药治疗的恶性肿瘤患者。活血化瘀类药物大剂量使用时，有以下几个指征：①恶性肿瘤增大迅速，其他方法缺乏效果，不能抑制其发展者。②晚期肿瘤患者疼痛剧烈，用其他止痛药无效者。③转移灶不能稳定而迅速增大者。④肿瘤虽然未在极短时间内迅速增大，但经长时间中药或中西医治疗，病情不能控制者。⑤考虑中西医结合治疗，期望化疗杀伤（控制）肿瘤的效果更好者。活血化瘀药小剂量应用指征：①有明显出血倾向或已有出血者。②对某些活血化瘀药物不能耐受者。③多种活血化瘀药配合应用时。④小剂量化瘀药物入复方能起作用者。

当然，临床应用活血化瘀法治疗肿瘤时，亦非单独使用，通常依辨证，结合其他法则，如健脾益气、软坚散结等共同发挥协同作用。此外，在应用活血化瘀药物的同时，涉及到是否能促进血行转移的问题，其结论不一，在临床中应引起注意，但也不能因噎废食而放弃应用活血化瘀药。只要恰当用药，合理配伍，还是能够避免的。

4 清热解毒法

热毒是恶性肿瘤的主要病因病理之一。恶性肿瘤，特别是中、晚期患者，在病情不断发展时，临床常有发热、疼痛、肿块增大、局部灼热疼痛、口渴、便秘、苔黄、脉数等证。即毒热内蕴或邪热瘀毒表现，故应以清热解毒为大法治疗。清热解毒药能控制和清除肿瘤周围的炎症和感染，所以能减轻症状，在恶性肿瘤某一阶段起到一定程度的控制发展的作用。同时清热解毒药又具有较强的抗肿瘤活性，所以清热解毒法是恶性肿瘤治疗中较常用的治疗法则之一。

常用的清热解毒药物：金银花、连翘、白花蛇舌草、半枝莲、半边莲、龙葵、七叶一枝花、山豆根、板蓝根、虎杖、紫草、紫花地丁、蒲公英、鱼腥草、夏枯草、败酱草、穿心莲、黄芩、黄柏、苦参、龙胆草、石上柏、土茯苓、大青叶、马齿苋、鸦胆子等。近几年来关于清热解毒药物抗肿瘤的药理研究报道很多，综合起来其药理作用主要有以下几个方面：①直接抑制肿瘤的作用。经抗癌活性筛选，清热解毒药的抗癌活性最强。如白花蛇舌草、半枝莲、龙葵、穿心莲、白英、冬凌草、臭牡丹、青黛等均有不同程度的抑瘤作用。冬凌草煎剂和醇剂口服或注射对动物移植瘤S180、V14、W256均有一定抑制作用。②调整机体免疫力。许多清热解毒药如白花蛇舌草、山豆根、穿心莲、黄连等能促进淋巴细胞转化，激发或增强淋巴细胞的细胞毒作用，增强或调整巨噬细胞吞噬作用，提高骨髓造血功能。③抗炎排毒。清热解毒药如白头翁、鱼腥草、黄连、穿心莲、大青叶等均有一定抑菌作用，并能对抗多种微生物毒素及其他毒素，抑制炎性渗出或增生，从而控制或消除肿块及其周围的炎症和水肿，缓解症状。④调节内分泌功能。白花蛇舌草、山豆根等能增强肾上腺皮质的功能，影响肿瘤的发生和发展。⑤ 阻断致癌和反突变的作用。某些清热解毒药对诱发小鼠胃鳞状上皮癌前病变及癌变具有明显的抑制作用。如夏枯草、山豆根、白藓皮等。红藤、菝契、野葡萄根、漏芦等能阻断细胞在致癌物质作用下发生的突变。

清热解毒法为防治肿瘤的常用治法，属“攻邪”的范畴。临床应用时，应根据疾病的性质，辨清正邪之盛衰，与其他法则和药物相结合运用，每每收到事半功倍的效果。另外还应根据毒热蕴结的不同部位和不同表现，分别选用作用于不同部位的清热解毒药，如黄芩清上焦肺热，黄连清胃热，黄柏清下焦热，龙胆草清肝胆热，栀子清三焦热等。同时，清热法又常与利湿法，解毒法又常与化瘀散结法等一起使用。所以，临床中应结合病情，辨证地应用清热解毒药，使其发挥更好的作用。

5 软坚散结法

肿瘤古称石瘕、石疽、岩等，多为有形之物，坚硬如石。《内经》中早已指出：“坚者削之……结者散之……客者除之。”所以对于肿瘤多用软坚散结法治疗。凡能使肿块软化、消散的药物称软坚散结药。根据中医理论及经验，一般认为味咸中药能够软化坚块，如鳖甲的咸平，龟版的甘咸，海螵蛸的咸涩，海浮石的咸寒等都有软坚作用。散结则常通过治疗产生聚结的病因而达到散结的目的，如清热散结药治热结；理气散结药治气结；化瘀散结药治瘀结等。软坚散结法在肿瘤临床中应用很久，但单独作为主要治法进行观察者很少，通常配合其他治疗肿瘤的法则和方药使用，共图消除肿块之目的。

临床中常用的软坚散结类药物：龟版、鳖甲、牡蛎、海浮石、海藻、地龙、瓦楞子、昆布、海蛤壳、夏枯草、莪术、半夏、胆星、瓜蒌等。根据现代药理研究：软坚散结药物抗肿瘤的机理在于直接杀伤癌细胞。如僵蚕对S180有抑制作用，并在体外可抑制人体肝癌细胞的呼吸。牡蛎及海藻提取物对肿瘤细胞有抑制作用。夏枯草对S180有抑制作用。活血散结的水蛭，其注射液体外伊红法可抑制肿瘤细胞，且对小鼠肝癌生长亦有一定抑制作用。总之软坚散结药与其他攻邪药合用，可增强治疗肿瘤效果。

6 化痰除湿法

痰湿为机体的病理产物，又是致病因素，痰湿凝聚是肿瘤发病的基本病理之一。朱丹溪曾曰："凡人身上中下，有块物者，多属痰症。"因此，对于肿瘤的治疗，化痰除湿法占有一定的位置。化痰除湿不仅可以减轻症状，而且可使有些肿瘤得以控制。现代实验研究表明：有些化痰、祛湿药物本身就有抗肿瘤作用。如对S180有抑制作用。除湿药生薏仁对艾氏腹水癌有明显抑制作用，汉防己对W256有明显抑制作用等。临床中常用化痰除湿药物：瓜蒌、皂角刺、半夏、山慈菇、象贝母、葶苈子、青礞石、海浮石、前胡、马兜铃、杏仁、苍术、厚朴、茯苓、藿香、佩兰、生薏仁、独活、秦艽、威灵仙、徐长卿、荜拨、海风藤、络石藤、猪苓、泽泻、车前子、防己等。在临床中，化痰除湿法并非单独应用，往往结合病情，根据辨证论治的原则配以其他治疗方法。化痰法与理气法合用即理气化痰，用于气郁痰凝者；与清热药合用即清热化痰法，用于痰火互结或热灼痰结者；与健脾药合用即健脾化痰法，用于脾虚痰凝者；与活血药合用即活血化痰法，用于血瘀痰结者等。湿有内外之分，外湿犯人，每与风邪、寒邪相兼，治疗采用祛风除湿；内湿治当除湿利水。同时，根据湿聚部位不同分别采取芳香化湿、淡渗利湿、健脾除湿、温化水湿等法治之。

7 以毒攻毒法

瘤之所成，不论是由于气滞血瘀或痰凝湿聚或热毒内蕴或正气亏虚，久之均能淤积成毒，毒结体内是肿瘤的根本病因之一。由于肿瘤形成缓慢，毒邪深居，非攻不克，所以临床常用有毒之品，性峻力猛，即所谓"以毒攻毒"法。临床常用的以毒攻毒药：蜈蚣、斑蝥、蜂房、全蝎、守宫、蟾酥、土鳖虫、狼毒、硫黄、藤黄、蜣螂、常山、生半夏、马钱子、巴豆、干漆、乌头、生附子、雄黄、砒石、轻粉等。实验研究表明，这些药物大多对癌细胞有直接的细胞毒作用。如：斑蝥的有效成分斑蝥素或斑蝥酸钠，或斑蝥的水、醇及丙酮提取物，对小鼠移植性肿瘤有明显抑制作用。全蟾酥提取物在体外能抑制人的卵巢腺癌、下颌未分化癌、间皮瘤等多种瘤细胞的呼吸。藤黄酸、别藤黄酸腹腔给药，对S180、S537实体瘤的抑制率较显著，抑制率或生命延长率在35.6%~80%之间。

肿瘤是正虚邪毒结于内，大多表现为阴毒内结，所以在应用攻毒法时，多采用辛温大热有毒之品，以开拔毒结。临床中使用该法时，一定要依据中医理论，结合病情及患者体质等因素，掌握好毒药的剂量。因为许多毒性药的中毒剂量与治疗剂量相近，故应慎重，适可而止。正如《素问·无常政大论》曰："大毒治病，十去其六；常毒治病，十去其七；小毒治病，十去其八；无毒治病，十去其九。""无使过之，伤其正也。"在使用攻毒药的同时应照顾正气，合理配伍且注意药物的合理炮制，选择适宜剂型，这样既可发挥其治癌作用，又可以减少其不良反应。总之，以毒攻毒作为肿瘤治疗中的常用治法，临床中每宜依据辨证，结合其他治法，共奏抗癌之功。（乔占兵 尹婷 李 忠）

肺癌术后复发转移

1 肺癌术后复发转移的机理

1.1 肺阴不足和肺气虚

肺为娇脏，位华盖，朝百脉，喜润而恶燥，主输布精微至四肢百骸，主卫外；故六气太过，五志过极，皆可化火灼阴，损伤肺阴；肺阴不足则肺气虚，肺气虚则精微不布，痰浊内生，脉络壅滞，聚而成积。

1.2 痰毒流窜

王沛认为，癌毒为痰毒，可夹瘀、夹热、夹湿等。《丹溪心法》云："凡人身上中下，有块物者，多属痰症。"《杂病源流犀烛》言："痰之为物，流动不测。故其为害，上至巅顶，下至涌泉，随气升降，周身内外皆到，五脏六腑具有。"临床上，癌毒为块，早中期多无红、肿、热、痛，另癌毒转移可广泛播散至肝、脑、锁骨上淋巴结、骨、肾上腺、皮下等等，这也与痰邪为患的特点相符。

2 肺癌术后复发转移的治疗

王沛治肺癌术后复发转移经验方以养阴益气、化痰解毒为原则，主要药物为沙参、天冬、麦冬、五味子、生黄芪、浙贝母、生半夏、干蟾皮、猪苓、茯苓、丹参、三七粉等。沙参、天冬、麦冬能够养阴清肺，增强机体免疫功能；肺为娇脏，喜润而恶燥，肿瘤总属内伤虚损之证，故治以养阴清肺为先。五味子甘酸、温，有敛肺滋肾、益气生津、止咳、养心敛汗之功。《本草纲目》曰："酸咸入肝而补肾，辛苦入心而补肺，甘入中宫益脾胃"，"五味子为咳嗽要药"。现代研究证实，五味子有兴奋中枢神经系统、心血管系统及呼吸系统的作用，并可保肝、抗衰老、抑菌，动物实验证实有抗癌作用。黄芪益气托毒，《珍珠囊》曰："黄芪甘温纯阳，其用有五：补诸虚不足，一也；益元气，二也；壮脾胃，三也；去肌热，四也；排脓止痛，活血生血，内托阴疽，为疮家圣药，五也。"生半夏为王沛特色用药之一，该药有毒，需先煎，有化痰散结消肿之功。《药性论》言："有大毒，汤淋十遍出涎方尽……能消痰涎，开胃健脾，止呕吐，去胸中痰满，下肺气，主咳结。新生者摩痈肿不消，能除瘤瘿。气虚而有痰气，加而用之"。现代研究证实，生半夏有中枢性镇吐、镇咳及祛痰、抗菌作用，动物实验证实有抗癌作用。王沛每用10g～12g，先煎20min～30min，长期服用，未见毒副反应。干蟾皮甘、辛、温，有毒，功能为解毒、消肿、止痛，为外科常用药，用治一切痈疽、疮疡、无名肿毒。王沛认为，肿瘤应属阴疽范畴，故临床常选此类药抗肿瘤。猪苓、茯苓健脾利水渗湿，现代研究比较多，具有明显提高机体免疫功能和抗肿瘤作用，且药性平和，适于长期服用。浙贝母苦寒，归肺、心经，功能为清热化痰，开郁散结。《本经逢原》曰："治疝瘕，喉痹，乳痈，金疮风痉，一切痈疡。"丹参、三七粉活血、养血、止血、消肿，有助于术后恢复。以上诸药配合，作为协定处方，并随证加减，近10年来一直应用于临床，取得较好疗效，部分患者可明显改善症状，延长带瘤生存时间。

3 典型病案

某女，62岁，1999年11月因发烧、咳嗽，拍片检查发现左肺门占位约4×7cm，伴阻塞性肺炎。1999年12月8日行左肺全切术，术后病理为左肺中分化鳞癌，侵及上叶支气管周围，阻塞上叶支气管，累及下叶支气管及局部脏层胸膜，切缘净，淋巴结转移2/10，肺门淋巴结1/3，肺动脉旁1/1，下肺静脉旁0/1，主动脉窗0/3，隆突下0/2。术后患者出现心功能不全，1个月于左侧抽出血性胸水2000mL，术后2月患者乏力、胸闷、气短，阵发性咳嗽，心悸，左胸包裹性积液，体重53kg，KPS60分。此后一直坚持服用王沛所开中药至今，已5年8个月。现一般情况良好，各项检查指标正常，无复发转移指征，KPS90分，可从事简单的家务劳动。（何秀兰 胡凯文 肖 俐）

肝癌

1 对肝癌病因病机的认识

王沛认为，肝癌属本虚标实之证，本虚主要为脾气不足，肝阴亏损；标实即指邪毒内蕴，气血瘀滞，痰湿蕴结。本病发病之初多为肝郁脾虚，气滞血瘀，肝之阴阳失去平衡；然中医认为肝乃体阴而用阳，而阳常有余阴常不足，故日久则气郁化火，湿热内生，瘀毒互结，肝阴亏损，临床则见消瘦、积块、黄疸、臌胀、疼痛等症；晚期由于邪毒耗气伤阴，正气大损，致肝肾阴虚，气虚不摄，血动窍门，临床见消化道出血、肝昏迷等症。他认为，气滞、毒聚、阴虚是肝癌的基本病变，而木旺必克脾土，故肝脾同病为其主要病机，气滞瘀毒互结，耗损肝阴，脾气亏虚，正虚邪实互为因果，恶性循环，贯穿肝癌全过程。因此，肝癌的基本病理特点在于肝之体用失调，以及瘀、湿、邪毒的蕴结。

2 辨证分型与常用方剂

王沛一般将肝癌分为四型论治：①肝郁脾虚型，常用疏肝解郁、益气健脾宽中为治，方用逍遥散、异功散、参苓白术散等加减；②气血瘀滞型，以活血化瘀、理气散结为治，方用血府逐瘀汤、桂枝茯苓丸等加减；③湿热蕴结型，常以清热解毒、利湿消肿为治，方用茵陈蒿汤、五苓散、五皮饮等加减；④气阴两虚型，治以益气养阴补肾，方为一贯煎、大补阴丸、生脉散、六味地黄丸等加减。

3 对治则治法的探讨

3.1 以滋阴柔肝为主的治疗原则

王沛认为，在肝癌治疗当中柔肝应与健脾并重，为其治疗肝癌的学术思想所在。肝体阴而用阳，而阳常有余阴常不足，故肝阴易亏，肝阳易亢，肝火易旺；观临床肝病者性情躁怒、忧虑者为多，故治肝宜柔，以滋阴柔肝为主，使肝阳得潜，肝气得疏。治肝癌柔肝阴、理肝气、益脾气并重，常用药物青蒿、鳖甲、杭白芍等。

3.2 健脾应贯穿肝癌治疗的始终

本原则一方面表现为组方选用益气健脾之品，另一方面在其他药物应用上要避免损伤脾胃之品。

3.3 健脾调理气机为先的治疗方法

肝主疏泄，调人体一身之气机，脾乃中土，为气机升降之枢纽，故治肝癌调理气机为先。王沛指出调气机为先，气行则血行，气行则湿化。

3.4 补肾以益肝

肝肾同源，肝阴虚日久必损及肾阴虚，肾阴虚水不涵木，则肝阳愈亢肝阴愈虚，补肾滋水以涵木。

3.5 佐以消导的治疗手段

王沛对此认识深刻，并提出肝癌脾虚、脾虚食滞的病机，指出消食导滞，胃口得开，乃为进一步治疗的基础，方中加神曲、麦芽、生山楂等。

4 用药特色

王沛在几十年的临床探索中，积累了宝贵的经验，形成其独特的用药经验。① 统计他近10年来治肝癌处方，90% 的处方中使用了鳖甲、青蒿、夏枯草。王沛认为鳖甲咸寒，专归肝经，即长于滋阴潜阳，又有软坚散结、祛瘀消肿之功，每予炙用15g～60g。《神农本草经》载鳖甲"味咸，平，主心腹癥瘕坚积、寒热、去痞……恶肉。"现代研究表明，鳖甲含多种氨基酸及微量元素，有报道它可缓解肝硬化引起的脾大；青蒿，苦寒芳香，入肝胆经，长于清肝胆及血分之热，可使阴分伏热透出阳分，而不伤脾胃，每予15g。《神农本草经》示"味苦寒，主疥瘙痂痒，恶疮"。现代研究证实，青蒿酸及其衍生物或青蒿酯钠对体外肿瘤有较明显的抑制作用，青蒿酯钠在体内也有抑瘤作用，并有诱导细胞凋亡作用，而青蒿素又有免疫调节作用；夏枯草，苦、辛，性凉，归肝胆经，有清肝明目、散结消肿之功，每用15g～30g。《神农本草经》曰："破癥，散瘿结气，脚肿湿痹，轻身。"现代研究有抗肿瘤、免疫调节、利尿等作用。此外，常用滋阴柔肝药物有白芍、女贞子、枸杞子、五味子等。②100% 的处方中有健脾补气药，如黄芪、党参、白术、太子参、猪茯苓、山药、炙甘草等；黄芪多生用30g～40g，党参或太子参可用到10g～15g，白术炒用30g～40g。③治肝癌专科用药。王沛喜用干蟾皮、守宫、白花蛇舌草、生半夏。干蟾皮每用8g，守宫4g，白花蛇舌草30g～40g，生半夏需先煎，一般用在8g以上。④补肾药常用女贞子、生首乌、生熟地、补骨脂等。⑤理气药常用郁金、川芎，血中之气药，或予柴胡、香附、枳壳、青陈皮、大腹皮等。⑥对肝区疼痛者，常用蜈蚣、白花蛇、川椒，并重用杭芍30g。⑦对肝癌有腹水者，赤小豆、猪茯苓、泽泻、抽葫芦。⑧有衄血、呕血者加白及粉、仙鹤草珠、三七粉、大黄炭、荷叶炭等。⑨对气滞腹胀，酌用木香、大腹皮、四磨汤等。⑩对黄疸兼见瘀阻之象，则在茵陈蒿汤基础上酌加紫草、蚤休。⑩肝癌发热，以青蒿鳖甲汤为主加减，阴虚发热重者加水牛角、胆南星，甚或羚羊角粉。⑩王沛认为脾胃乃后天之本，应脾胃并重，而健胃以导为治，常用药物莱菔子、砂仁、焦三仙、鸡内金等。（何秀兰　周而复　袁尚华　肖　俐）

王旭肛肠病临床经验

【名老中医简介】王旭（1935～）主任医师，教授。1960年毕业于河南中医学院。原河南中医学院一附院大外科主任。中国中西医结合学会疡科分会委员。第三批全国老中医药专家学术经验继承工作指导老师。擅长治疗溃疡性结肠炎、肠癌、血管病，非手术治疗痔漏和小儿肛肠病。

顽固性溃疡性结肠炎

1 辨证施治

1.1 固肾除病

1.1.1 温阳固本法

主证：形体畏寒，面色苍白，口淡不渴，蜷卧嗜睡，四肢发凉，喜热自汗，大便溏或脓血便，少腹疼痛，舌质淡，苔白，脉微无力。处方（相火汤）：制附子10g，肉桂6g，怀地黄10g，山茱萸10g，女贞子15g，山药15g，牡丹皮10g，玉竹15g。水煎服，早晚各1次。

1.1.2 滋阴固本法

主证：形体消瘦，骨蒸潮热，腰膝酸软，梦遗滑精，或月经量少，耳聋耳鸣，口燥咽干，心烦盗汗，舌红少苔，脉象细数。处方（滋阴降火汤）：生地黄10～20g，山茱萸10g，山药15g，玉竹15g，女贞子15g，牡丹皮10g。水煎服，早晚各1次。

1.2 益脾胃除病

1.1.2 健脾和胃法

主证：脾胃不和，身困乏力，饮食减少，腹胀膨满，呕吐恶心，舌苔白腻，脉象沉弱。处方（健脾和胃饮）：白术10g，厚朴10g，陈皮6g，山药10g，砂仁6g，神曲12g，麦芽15g，鸡内金12g。水煎服，早晚各1次。

1.2.2 温脾暖胃法

主证：四肢不温，畏寒喜暖，口不渴，呕吐食少，腹痛便溏，小便清长，苔白或白滑，脉沉迟。处方（温中汤）：吴茱萸3～10g，白术10～15g，干姜3～6g，甘草6～10g。水煎服，早晚各1次。

1.3 调理肺肠

1.3.1 调肺固肠法

主证：素体虚弱，易患外感，便秘与腹泻交替，伴脓血样分泌物，脉沉弱无力，舌质暗红，苔白腐。处方(调肺固肠汤):黄芪15~30g,防风10~25g,白术10~40g,荷叶15~30g,乌梅10~30g,甘草10~30g。水煎服,早晚各1次。

1.3.2 固肠理肺法

主证:精神不振,形体消瘦,少气懒言,大便泄泻,脉象细微,舌淡苔白。处方(固肠理肺饮):人参6~15g,黄芪15~30g,白术6~15g,陈皮6~15g,木香6~12g,升麻6~15g,柴胡6~15g,肉桂3~6g,补骨脂10~25g,甘草15~30g。水煎服,早晚各1次。

2 病案举隅

患者,男,64岁。主诉:大便带血,反复发作3年。现病史:3年前大便时发现便中带血,色鲜红,量多,大便成形,无黏液,伴有腹痛,1 d 1次。2002年6月在某院做电子结肠镜检查,诊断为:溃疡性结肠炎。服用药物"艾迪莎"10 d后症状减轻,遇天气干燥转凉时,症状加重,反复发作。2003年在某院服用中药治疗,症状减轻,后遇季节变化,病情又复发。2005年1月在某院再次做电子结肠镜检查,仍然为溃疡性结肠炎。后停服中药,仍服"艾迪莎"。每到冬季病情加重,连续服用"艾迪莎""地塞米松"10个月。检查:触诊上腹部正中有1条索状物,叩击左少腹呈鼓音,无明显压痛,舌质紫暗,苔白厚腻,脉弦。电子结肠镜示:直肠黏膜充血水肿呈颗粒状,黏膜有片状糜烂,融合全周,伴有浅表溃疡,表面有脓性分泌物附着,边界不清。诊断:溃疡性结肠炎。活检病理诊断:直肠黏膜慢性化脓炎症。大便细菌培养:无致病菌生长。大便常规检查:棕色、软、血液(++),镜检:WBC 0~3/wp、RBC(++)/wp。治则:补气健脾、固肠止血。处方:黄芪30g,党参30g,丹参30g,山药30g,茯苓30g,仙鹤草30g,茜草15g,金樱子20g,石榴皮20g,荆芥炭30g,赤石脂30g,炙甘草10g,吴茱萸6g,木香10g,高良姜4g。水煎服。经上方加减治疗1个月后,便血消失,3个月后临床症状全部消失,又巩固治疗1个月,经电子结肠镜检查:结肠镜顺利插至乙状结肠,乙状结肠、直肠黏膜呈橘红色、光滑湿润、有光泽。黏膜血管纹理呈树枝状,清晰可见,未见溃疡、糜烂等异常。镜下诊断:结肠未见异常。后停服中药。

值得注意的是,王旭经数十年临床经验总结认为,症状消失并不代表结肠炎就痊愈,若此时停药,则容易复发,只有经电子结肠镜检查结肠无异常后,停药才不易复发。(王超凡)

非特异性慢性结肠炎并心脑血管疾病

王旭结合临床辨证论治,将慢性结肠炎分为"慢结炎"和"溃结炎"两类,并提出分类的六大含义:一是两者均属非特异性和慢性。其二,病因病理基本相同。其三,前者临床表现主要为大便次数增多、大便稀溏、黏液便、或腹泻、腹痛、或下坠、腹胀、食欲减少等;后者除有以上症状外,常伴便血或黏液血便,或伴发热、消瘦等。其四,"慢结炎"肠镜检查以肠管充血、水肿、颗粒、黏液为主要表现;"溃结炎"除具有前者肠管表现外,主要为糜烂、溃疡、出血等。其五,有利于临床辨证论治。其六,"慢结炎"与"溃结炎"可以互相转化,临床两者又均可与心脑病并发,使病情更加复杂。

目前对"慢结炎"的治疗确实存在一定难度,尤其是发生出血、糜烂、溃疡的"溃结炎"患者更属难治。该病不仅是大肠局部性的病变,而是以大肠炎为主的同时,亦伤害其他组织、器官、脏腑等不同部位,出现肠外症状和病理损害,尤如"一石激起千层浪"。溃结患者血循环往往呈一种高凝状态,其血小板计数及血浆因子Ⅴ、Ⅷ同纤维蛋白原水平增高(可解释本病有血栓栓塞现象的增加),可引起突发性脑卒中(右额顶尾梗死)、四肢末梢神经炎、反复性眩晕,血流变学提示血液黏度稠度增高、血液学呈高凝状态等。

1 病因与病机

本病病因及机制未完全阐明,溃结炎的发病原因及发病机制,目前较公认的观点倾向于在遗传的基础上,由于环境饮食等因素的诱发,导致体内免疫异常所引起,发病与复发为一种综合多种因素共同作用的结果。王旭根据40余年临床经验对病因病理提出别具一格的见解:肾脏本虚,情志内伤,饮食不节(洁),毒邪内侵,下焦肠腑失和,或气机不畅,经脉失养,血脉凝泣,伤及上焦心神(脑),使病证更加复杂多变。

2 辨病证诊断

非特异性慢性结肠炎并发心脑血管病,从临床来看,慢性结肠炎当分辨是"慢结炎"还是"溃结炎";心病可先分胸痹、心痛、心悸;脑病当分头痛、眩晕、神志等。所谓心脑血管疾病,见于临床心肌缺血、心肌梗死、心律不齐和高血压、脑血管痉挛、脑梗死、脑中风后遗症等。下面将"慢结炎"的临床辨病证诊断法分述于后。

2.1 经维生息查诊

经维生息检查法是王旭继承其祖父王瑞麟60年临床实践经验,运用有关"慢结炎"和心血管病的经穴区域可触及阳性反应点的特性,如条索、结节及酸、胀、痛、麻等异常感觉,为临床提供诊断参考依据。如"慢结炎":天枢、大肠俞、足三里;心病:膻中、心俞,第1～4胸椎,内关;脑病:百会、太阳、头维、天柱、风池等。

2.2 内窥肠镜检查

除发现低位病症外,最常见为肠黏膜充血、水肿、颗粒、出血、糜烂、花斑、溃疡、肿瘤、息肉等。而慢性结肠炎的发病特点,又是从直肠向上连续发展。由于本病所侵犯的部位不同,命名有直肠炎、乙状结肠炎、全结肠炎等。溃结指检后,指套上都附有血迹和黏液便等。临床约有80%大肠肿瘤发生在指诊可触及到的部位,所以直肠指诊检查,具有重要意义。

2.3 相关检查

心电图、脑电图和相关生化检查,对提供心脑血管病诊断有重要参考价值。

3 辨证论治

3.1 心脾肠虚证

主证:身困乏力,形体虚弱,食少纳差,大便稀溏,或腹泻,或黏液多,带血少,或小腹隐痛,腹胀,或下坠,伴心悸,眩晕,失眠,健忘。脉沉弱无力,或涩,或结,舌质淡红,苔薄白,或微黄。治则:健脾理湿,安神补脑。方剂:健脾安神汤。药物:黄芪12～30g,丹参10～35g,白术6～15g,山药10～30g,薏苡仁15～30g,茯神10～30g,车前子15～30g,桂枝6～15g,玉竹6～15g,吴茱萸6～10g,炒山楂10～20g,炙甘草6～15g。

加减:阳虚,加制附片、肉桂、干姜、鹿茸;血虚,加龙眼肉、阿胶、当归、熟地黄;温中止吐,加姜竹茹、良姜、丁香、吴茱萸;中气不足下坠,加党参、柴胡、升麻、枳壳,重用黄芪;大便稀溏,加冬瓜子、赤石脂、禹余粮;大便带血,加仙鹤草、地榆炭、石榴皮、五倍子、槐花炭、地榆炭、侧柏叶炭;失眠多梦,加夜交藤、酸枣仁、龙骨;机体免疫力降低,加益寿乐胶囊,每次2～4粒,日3次服。

用法:水煎早晚各服1次;或用消治露1号,每次2支,每日2次,加温后保留灌肠。

注意事项:①勿食辛辣刺激和肥腻食物。②切忌苦寒伤胃伐肠加重病情。(3)保持良好心态,避免情绪波动,否则易使心脑肠病加重。

3.2 心肾肠虚证

主证:精神不振,面色晦暗,或苍白,心悸不安,失眠多梦,食少喜热饮,腹痛或胀满,喜暖喜按。大便多晨泻,或稀溏兼便干,或带黏液血便,大便次数多。脉沉或细数,或结代,舌淡苔白。治则:补心肾,益肠腑。方剂:补脏养肠汤。药物:黄芪15～30g,人参10～15g,苦参6～15g,丹参15～30g,菟丝子10～20g,枸杞子10～30g,白术6～15g,山药10～30g,桂枝4～10g,五味子6～15g,孩儿茶6～10g,甘草6～30g。

加减:抗心律失常,加钩藤、莲子心、黄连、山豆根、虎杖、木防己;大便秘结,加肉苁蓉、柏子仁;腹胀,加厚朴、枳壳、大腹皮、莱菔子。

用法:同心脾两虚证治法。

注意事项:久病、慢性病易伤肾,当随其不足而补益之。

3.3 肝肾阴虚证

主证:大便溏或黏液血便,腹部隐痛,眩晕或头痛,心烦易怒,潮热盗汗,腰膝酸软,或梦遗滑精,或月经量少,舌红少苔,脉象细数等。治则:滋阴益肠。

方剂:滋阴益肠汤。药物:秦艽10～15g,炙鳖甲10～20g,银柴胡10～15g,地骨皮10～15g,白术10～15g,山萸肉10～30g,山药15～30g,茯神15～30g,玉竹15g,益母草15～30g,仙鹤草15～30g,甘草6～10g。

加减:头痛,加羌活、川芎、白芷、蒿本、枸杞子、菊花。潮热,加青蒿、黄柏、知母;盗汗,加麻黄根、冬桑叶、生牡蛎;腰膝酸软,加川续断、桑寄生、狗脊;滋阴,加沙参、天门冬、麦门冬、百合、石斛;抗痨,加百部、黄芩、黄连等;胸痹加栝楼、薤白。

用法:水煎早晚各服1次。或用消治露2号,每日2次,每次2支,加温后保留灌肠。

注意事项:阴虚、阳亢不可用辛温燥烈之品,故有"桂枝下咽,阳盛则毙"的名言。

3.4 气滞血瘀证

主证:精神不振,面色晦暗,腹痛时作,或黏液血便,或颜色紫暗,或肛门坠胀,大便不利。心病则心悸,心痛,胸闷,气短,善太息。脑病为头痛、头晕、颈项强痛,脉虚数或涩,或结代,舌质淡,或紫暗,或有瘀点等。治则:通脉复肠。方剂:通脉复肠汤。药物:黄芪15～30g,丹参15～30g,白术6～15g,三七参粉3～5g(冲),川芎6～15g,仙鹤草15～20g,生山楂10～15g,白及10～25g,赤石脂15～30g,椿根白皮炭15～30g,甘草6～10g。

加减:活血化瘀,加红花、桃仁、水蛭;胸腹痛,加五灵脂、蒲黄、川楝子、制乳香、制没药、延胡索、檀香;黏液血便或大便次数增多,加乌梅、石榴皮、地榆炭;下痢纯血,加生地、玄参、鸦胆子;血虚,加黄精、当归、阿胶、旱莲草;气虚重用黄芪,加党参、茯苓、山药；头项强痛，加葛根、天麻、白芷；调血脂，加首乌、蒲黄、大黄、山楂、灵芝、虎杖、决明子、泽泻、月见草子等；阳虚，加骨碎补、补骨脂、淫羊藿、鹿茸；阴虚，加西洋参、生地、地骨皮、白薇；降压，加槐米、鬼针草、杜仲、怀牛膝；抗心肌缺血，加川芎、三七、红花、益母草、银杏叶、葛根、延胡索、麝香，重用丹参；安神醒脑，加麝香、冰片、苏合香、牛黄、玳瑁、安息香，也可选用安宫牛黄丸、至宝丹、牛黄清心丸等。

用法：水煎，早晚各服1次。或用消治露，每日2次，每次2支，加温后保留灌肠。便血加三七粉，云南白药等。

注意事项：①本型常与热毒夹湿型兼见，使病情加重自当兼施；②出血量多，当补血补气，止血，必要时配合输血。

3.5 毒惹湿盛证

主证：发热或发热恶寒，汗出，饮食减少，腹痛，大便脓血，里急后重，便次增多。伴心神不宁，头晕时痛，脉数或滑数，或芤、或迟、或结，舌质红，苔薄黄或黄腻。白细胞增多，中性增高。治则：解毒祛湿，清心安神。方剂：清毒宁心汤。药物：西洋参（另煎）10～15g，柴胡10～15g，黄芩15～30g，葛根15～30g，金银花20～30g，连翘10～20g，白头翁20～30g，黄连6～15g，玉竹10～15g，山楂10～25g，山药15～30g，甘草6～12g。

加减：寒热往来，重用柴胡、黄芩；高热口渴，加生石膏、知母；湿热内盛，加马齿苋、薏苡仁、车前子、败酱草、白头翁；凉血解毒，加生地、丹皮、栀子、玄参；益气养血，加黄芪、人参、白术、阿胶、当归、鹿角胶；里急后重，加炒山楂、大黄、木香、槟榔；心腹痛，加檀香、五灵脂、蒲黄、白芍、延胡索、木香。

用法：水煎早晚服，或频服；或用消治露，每日2次，每次2支，加温后保留灌肠；亦可加血竭粉、三七粉等保留灌肠。

注意事项：①本型热毒盛，治疗解毒清热，因势利导，切忌固涩，郁毒为患。②本型热毒内盛，郁久热盛肉腐，呈现溃烂出血，故应与血瘀出血型相兼为治。③急性重症时，不宜做清洁灌肠检查或X光贝透，以免加重病情和造成不良结果。④热毒内盛时，特别是溃结合并心脑血管疾病时，毒邪易于侵入营血，内传心包伤神，因此始终要防心、护脑、清心神。

3.6 脾肾阳虚证

主证：精神不振，面色晦暗，食少喜热饮，腹痛或腹满，喜暖喜按。大便多晨泻，心悸头晕眩或胸闷疼痛伴气短。脉沉或细数，迟涩结代，舌淡苔白滑。治则：温阳，通脉，养血。方剂：补阳还五汤。药物：鹿茸1～2g（另煎），丹参15～30g，苦参10～15g，补骨脂10～20g，骨碎补10～20g，制附子6～15g，肉桂3～10g，细辛6～15g，甘草3～6g。

加减：益气健脾，加黄芪、党参、白术、山药、黄精；补脾渗湿，加茯苓、薏苡仁、车前子、赤小豆；活血通脉，加桃仁、川芎、益母草、泽兰、红花、炮穿山甲、水蛭、自然铜；养阴，加女贞子、玉竹、炙鳖甲、桑寄生、麦冬；补阳，加淫羊藿、菟丝子、冬虫夏草、杜仲、紫河车、益智仁；涩肠止血，加肉豆蔻、石榴皮、五倍子；补血，加当归、熟地黄、鸡血藤、阿胶、何首乌、龙眼肉；大便秘结，重用白芍、白术，或加草决明、泽泻、郁李仁。

用法：水煎早晚服，或频服，也可配用保留灌肠。

注意事项：①久病、慢性病易损脾伤肾，当随其虚而益之。②补阳勿忘补阴，补阴勿忘补阳。③心脑血管病的用药，当随其变而宜之。如血虚宜补，血滞宜活，血瘀宜通等。

以上六证，在实际临床工作中，可单独出现，也可相兼发生，因此必须根据病人实际情况，抓住主证和相兼证灵活辨证，这样可使一法变成多法，故能适应疾病的复杂多变，而取得更好的效果。（王超凡）

慢性非特异性结肠炎（脾虚湿盛证）

1 重部位，知详情，树整体观

慢性结肠炎，虽然发病的部位在大肠，由于患者的正气盛衰，病邪毒力大小，伤害的范围、深浅程度以及就医用药，甚至手术或并发、合并病等不同，临床表现各异，因此在辨证论治时不仅要注意局部，而且要详知病情，认真检查，树整体观。

2 识表现，抓特征，分类诊断

脾虚湿盛证，多见于慢性结肠炎早期和慢性结肠炎从急性转入慢性期。可以根据临床表现和肠镜检查视之局部特征，并结合腹诊等，而为临床提供更准确的依据。王旭将慢性结肠炎分为慢结炎和溃结炎两类。前者主要表现：形体虚弱，身困乏力，大便次数增多、大便稀溏、黏液便，或腹泻、腹痛、或下坠，腹胀，食欲减少等。后者除有以上症状外，必见大便出血如脓血样（黏液血便）大便、或伴发热、消瘦等。肠镜检查：慢结炎以肠管充血、水肿、颗粒、黏液为主要表现。溃结炎除具有前者表现且症状较重外，必见糜烂，或溃疡，出血等。

3 明病因，析病机，全为辨证

王旭根据实践经验认为，本病是正气不足（遗传、基因、免疫），情志内伤，饮食不节（洁），毒邪内侵,伤及下焦肠腑,涉及中焦脾胃、影响肝胆疏泄,致气机不畅,邪注下焦而发。《内经》曰:“饮食不节,起居不时者,阴受之,阳受之则入六腑,阴受之则入五脏……入五脏则(月真)满闭塞,下为飧泄,久为肠癖”。慢性结肠炎病位在大肠,并涉及相关脏腑。

4 辨病证,论治法,加减变通

本病虽然病发于大肠,而与脾胃、肝胆相关,涉及上中下三焦,使水谷精微和体液代谢不能正常输布和排泄,故证见身困乏力,形体虚弱,食少纳差、面黄或郁胀,腹泻、腹胀,小腹隐痛,甚则黏液血便,下弱无力,舌质淡红,苔薄白或微黄,属脾虚湿盛证,治当健脾祛湿,王旭用经验方健脾复肠饮。药物及常用量:党参 10~25g,黄芪 12~15g,当归 6~15g,白术 6~15g,山药 10~15g,薏苡仁 15~30g,茯苓 10~20g,赤石脂 12~25g,车前子 15~35g,吴茱萸 6~10g,甘草 3~6g。水煎浓缩,早晚各服 1 次。加减:血虚加龙眼肉、阿胶、熟地黄;中寒呕吐加姜竹茹、良姜、丁香;中气不足加柴胡、升麻、枳壳;失眠多梦,大便带血,配服归脾丸;黏液血便加椿根白皮炭、仙鹤草、血余炭等;增强机体抗病能力加益寿乐胶囊,每次服 2~4 粒,每日 3 次;也可配用消治露保留灌肠,每次 2 支,每日 2 次,加温后使用;若腹痛,便溏,大便带血,可单服或配服清松乐口服液,每次 1~2 支,每日 3 次,生姜水送服。注意:本证用药最忌苦寒伤胃、伐肠,加重病情,不可不知。

5 病例举隅

患者,男,52 岁,农民,2000 年 5 月 30 日初诊。1998 年 6 月,因饮食不洁,发生痢疾,未加重视,一直大便脓血,2 个月后做纤维内窥结肠镜检查,所见:直肠、乙状结肠、降结肠、横结肠、升结肠呈弥漫性充血、水肿,大片状浅表溃疡约 0.5~1.0 cm 大小,边缘锐利,附着脓性苔,肠管扩张度尚可。窥镜诊断:溃疡性结肠炎。病理诊断:慢性溃疡性结肠炎。医生给服思密达、磺胺吡啶、甲硝唑治疗后,症状减轻,至 2000 年 3 月,又因过于劳累诸症加重,大便脓血,最多每日 12 次(多集中在早晨 4 点和下午 2 点两个时段),伴腹部刺痛,时轻时重,便时急迫,不及入厕。身困乏力,饮食减少,腹痛加重,每日脓血样便 6~8 次,每次含血量约 10 mL。检查:精神困倦,面色晦暗,脉沉细弱微数,舌苔淡红,苔白。上腹上 1/3 处可触及一条索阳性反应状物,叩击呈鼓音。肛内指诊:未触及肿物,指套上有紫红色血迹。直肠镜顺利进入 14 cm,见肠粘膜重度充血,水肿,糜烂,溃疡,出血。2000 年 5 月 30 日大便检验结果:褐红色稀便,潜血阳性,镜检红细胞 + + + +/HP。病理涂片(直肠)检查结果:涂片未见癌细胞。大便细菌培养检验结果:大肠埃布氏杆菌生长。临床诊断:重度溃疡性结肠炎,伴胃炎。属脾虚湿盛与血瘀出血相兼证。治宜健脾祛湿与化瘀止血相结合。方用健脾复肠饮和瘀化宽肠汤加减:黄芪 30g,党参 20g,薏苡仁 30g,山药 30g,旱莲草 30g,仙鹤草 30g,砂仁 10g,佛手 15g,棕榈炭 30g,椿根白皮 20g,三七粉 3g(冲),赤石脂 20g,茯苓 20g,川楝子 10g,小茴香 15g,白矾 2g,甘草 10g。水煎浓缩,早晚各服 1 次。配服益寿乐胶囊,每次 4 粒,每日 3 次。配用消治露 1 号,每次 2 支,每日分 2 次加温后保留灌肠。6 月 3 日复诊:自诉大便出血减少明显,腹痛显著减轻,大便次数减少为每日 5 次,便质转稠,但有时成形有时稀,饮食正常。脉沉有力,舌质紫暗,苔白滑。5 月 31 日大便细菌培养检验结果:大肠埃布氏杆菌生。治疗同上,内服药守上方加白头翁 15g。煎服用法与前相同。再做大便细菌培养。6 月 10 日复诊:感觉精神好,大便每天 5~6 次,不成形,腹胀于便后消失,大便出血减少约 90%,饮食增加,但梦多。舌质紫暗,白滑苔好转。内服药守上方加生牡蛎 30g,藕节 30g。10 剂,煎服用法同上。6 月 20 日复诊:自觉精神饮食正常,大便每日 5 次,已不出血,少腹微痛和下坠,脉象有力,舌苔淡红,苔薄白。患者经 3 次复诊,病情隐定之后,遵照健脾祛湿与化瘀止血相结合的治疗原则,温里加炮姜炭、制附片、艾叶、吴茱萸。腹痛加延胡索、木香、川楝子、小茴香。又复诊 8 次,精神康复,饮食正常,腹痛消失,大便成形,无便血。给予巩固用药:黄芪 30g,党参 30g,白术 15g,薏苡仁 30g,延胡索 15g,远志 10g,吴茱萸 3g,炒山楂 20g,牡蛎 25g,仙鹤草 25g,茜草 15g,赤石脂 15g,艾叶 6g,甘草 10。7 剂,巩固治疗效果。2003 年 6 月 24 日患者告知痊愈。(王超凡)

王左学术经验

【名老中医简介】王左(1939~)教授,主任医师,博士生导师。1965 年毕业于上海中医学院。上海中医药大学附属曙光医院首席医疗官、名中医诊疗中心主任、急诊科督导。上海中医药大学专家委员会委员，中华中医药学会急症医学分会副主任委员，中华医学会急诊分会危重病专家委员会全国常委，华东地区危重病急救医药专业协作委员会常委，上海市中医药学会急症专业委员会主任委员，上海市中医药学会内科分会常委，上海市医学会危重病专科委员会顾问。国家中医药学会全国急症医疗协作中心主任。享受国务院特殊津贴。上海市首届名中医。长期从事中医急症工作，以热、痛、血、哮、厥脱、中风证为主，而主攻厥脱、中风及呼吸系急症。主持的科研项目多次获奖。主编《乡村常见急症抢救》，副主编全国高等院校规划教材《中医急诊学》，发表论文30余篇。

学术思想

1 治病之要领，贵在扶正气

"正气存内，邪不可干"，就此而言，人之所以患病，皆因正气虚而致，所以为医者治病用药必须重视正气。王左认为疾病之产生虽多由邪盛正虚所致，然正虚乃病之根本所在。在治疗急症时，从整体观出发，以扶正为治疗之根本大法。同时急症中存在邪盛病急之时，宜在汗、吐、下、解毒等祛邪法基础上，合理地、适时地运用扶正方药，寓攻于补，寓补于攻，将补益正气贯彻大部分治疗的始终，方可使病情转急为缓、转危为安，为疾病的转归起关键的作用。①在对中风病的在长期的临床实践基础上，王左认为其发病以正虚为本，其中以肝肾阴虚为主，并影响着病情的发展和转归。肝肾阴虚，则肝阳上亢，阳生风动，变生它邪，阻滞经脉而致卒中。而实邪壅盛，阻滞经络，败坏脏腑，进一步损伤真阴，使病情恶化。且气阴相互滋生，相互为病。因此，治疗以益气养阴扶正为治疗之大法。益气养阴之品，常选用黄芪、生地黄、玄参、石斛、沙参、人参叶等。王左研制出的还元注射液（黄芪、生地黄、川芎等）、生地注射液均依据于以上对出血性中风病机的认识，应用能提高临床疗效，显著降低病死率。②厥脱是阳气闭阻或真阳欲脱的急危重症，应以益气回阳扶正为主，兼治热毒、痰饮、瘀滞等厥脱之因，方可转危急为和缓。王左研究出的以人参、附子、青皮等药物组成的参附青方注射液治疗厥脱证效果明显优于对照组。实验证明这些扶正药不仅有明显的抗炎能力，而且具有强心、升压、改善微循环、激活RES系统、兴奋垂体－肾上腺皮质功能、提高抗应激水平等作用。③肺系疾病又是王左治疗扶正祛邪法的一个体现。他认为治疗肺炎时应在祛邪的同时不忘顾护正气，其自拟方"五二清肺饮"，药用：桑白皮、地骨皮、浙贝母、知母、桑叶、枇杷叶、冬瓜仁、生薏苡仁、芦根、茅根，从泻白散、二母汤、千金苇茎汤化裁而成，临床应用疗效较好。其充分体现了"留得一分津液，便有一分生机"和温病"始终以救阴精为主"的奥旨。支气管哮喘发作时不要被"未发以扶正气为主，即发以攻邪气为急"的治则所束缚，当顾护气津，兼清痰热，以免喘脱。宜宣肺、肃肺、泻肺、清肺、温肺，擅用二三汤（即二陈汤、三拗汤合三子养亲汤）加减治之；缓者以扶正为主，肺肾同治，用药多加入黄芪、太子参、玉竹、生地、熟地、山茱萸、冬虫夏草、补骨脂、五味子之类。同时王左十分重视气血同治，强调哮喘各期必调气活血，调和气血即是扶正。每于平喘化痰之剂中辅以柴胡、枳壳、郁金、青皮疏理气机，佐以丹参、桃仁、川芎、三七等活血化瘀。

2 扶正调气血，生命长久安

在许多疾病中证见气血阴阳亏虚之象，学者多尽以扶正补虚，而忽视调畅气血。王左临证无论急症杂病都极重视气血失常之病机，常以气畅血和为治病之目的。他认为调畅气血具有重要的扶助正气作用：其一、气血调畅本身是脏腑组织得以濡养的基本条件，其二、补益之中兼以予调气和血，可助气血之生发、运行，阴阳之顺接。王左于参附中加青皮制成参附青注射液用于厥脱之救治，亦据此之卓识。其三，气血调畅，正气得安，可以有利于祛邪。此所谓"气畅血和，精神乃治；气滞血瘀，百病由生；益气补血阴阳乃平，调气活血生命长安"。治法应遵从《素问·至真要大论篇》"疏其气血，令其调达，而致平和"的原则。

临证分为两步：其一：病初气滞血瘀，治当调气活血，调气重在疏肝，药如郁金、青皮、川芎、桃仁、丹参之类；其二，病久气虚血亏，治当益气补血。若养脾不应，必求之于肾，或脾肾兼顾，但求勿过急，宜缓而图之。常阴阳并补，善用血肉有情之品，阴中求阳，阳中求阴，气以生血，血以养气，以冀气血并补。多用党参、黄芪、熟地、当归、阿胶、肉苁蓉、首乌之类，益气不忘行气，佐加陈皮、砂仁，补血切记活血，少佐桃仁、三七。"女补血，男补气，中年调气血"。王左将调气和血灵活应用，体现在各系统疾病的诊疗中。例如曾治一患胃窦炎老妇人，怕冷，自觉身热不寒4个月，曾经多种检查，未发现异常，舌偏红黯，苔薄，脉小滑。王左诊断为营卫不和，气郁血不畅，拟调和营卫，调畅气血治疗，方选逍遥散、桂枝汤合丹参饮化裁，药用：川桂枝6g，赤芍12g，白芍12g，当归12g，柴胡10g，白术10g，丹参12g，郁金10g，生地

10g,甘草6g,川连6g。方中调理气血之品占半数之多,患者服药后明显怕冷症状减轻,后原方加用调理肠胃之品而愈。

3 祛邪勿忘毒正气乃得复

在扶助正气的同时,应勿忘毒邪对人体的危害。王左认为:毒邪是六淫侵袭,正若胜邪的产物,其最常见的发生形式为肝郁化火,火盛生毒。毒一俟成,外损经络,内败脏腑,上扰元神之殿,下乱性命之根,灼津液而痰生,阻血脉而瘀现,耗竭真阴,闭阻元阳,使正气虚之又虚,危急重症应之旋起。因此当重视毒邪,解毒即是扶正,毒邪去则正气安,急症得愈。

临证分为三法:其一初始态将成之毒,当"上工治未病",清之。药如金银花、夏枯草、山栀、知母、黄连、黄柏之类清热泻火以消毒源,佐以郁金、川厚朴、桃仁、三七之品行气活血以和正气。其二中生态已成之毒,病情较重,病势酷烈、病变迅速、部位广泛,常兼挟瘀血、痰浊,解之。解毒药以蚤休、半边莲、半枝莲、金银花、连翘、野菊花为主,酌情加用枳壳、川厚朴、川楝子、路路通、桃仁、丹参、胆南星、法半夏、海藻等行气活血化痰之品。其三极致态极盛之毒,病情更重,常脏腑败坏,经络不通,通之。又可分为通腑泻毒,药如大黄、茵陈、金钱草、海金沙、牵牛子之辈;通络活血,药如红花、丹参、川芎、地龙、全蝎、水蛭之属。此外,王左认为解毒还有许多方法,如排毒、拔毒、托毒等,汗法、导尿法、吐法均能给毒邪以出路,使邪毒得解而出,正气得复,急症而愈。

4 师古不泥古衷中亦参西

王左在继承中医传统诊病思路上,结合多年的行医经验,形成了自己独特的诊病特色,其总结为诊病十决:审其因,辨其证,归其舌,察其脉,参其检,判其邪,辨其位,定其性,知其变,求其平。他对现代医学的诊断手段给予科学的评价,并将之应用于临床,指导用药,主张通过参其检(即西医化验、检查及体检)辨其病,与中医辨证相结合。他认为:对于证,中医证具有模糊性、交错性,而且目前对于证实质的研究有进入误区之势。而对于辨病,不是辨中医的病,中医的病是个类概念,是辨西医的病。因为疾病与证候之间存在辨证的相互关系,疾病是一纵向的时空综合体,证候则是疾病某一时相的横断面。疾病从根本上规定着证的变动和表现形式,而证仅代表疾病某一阶段的主要矛盾。所以对于一个患者,首先应该明确他的病,这有助于了解疾病的长期发展趋势,对于医患双方都有重大意义。在明了疾病长期走势及疾病西医病理改变的基础上,运用中西医贯通思想,进行辨证用药治疗。如对于脑出血急症之患者,目前西医常规治疗有脱水降低颅内压、早期止血、预防应激性溃疡、补充电解质、预防感染等治疗,王左认为西医治病,这就相当于一个复方制剂。中医治病也是复方,而且应该可以借鉴其中先进知识。在根据患者具体辨证论治的基础上,在急性期可以加点淡渗利湿之剂以脱水、预防性的给予一些清热解毒之剂以防感染,根据病变位置,应激性溃疡发生率高的给予乌贼骨、煅瓦楞等制酸。另外,王左对于目前有效的中成药制剂成分、药理了解于胸,如脉络宁注射液系由中药玄参、金银花、石斛、牛膝经化学提取后制成的复方注射剂,善于清热养阴、活血化瘀。所以对于有此证候的动脉硬化性闭塞症、脑血栓形成及后遗症患者,加用这四种中药,则效如桴鼓。

辨证运用西药又是王左多年思考的一个问题。从临床上看,西药在有些情况下运用于按照中医辨证论治中一定的辨证分型疾病才有较好的疗效,不良反应较少。西医在治疗急症中有优势,可以拿来使用,但使用西药,不是机械的使用,而将西药赋予中医思想,用中医去观察、解释相应的西药药理效应,使以中医宏观为主的理论与以西医微观为主的理论相互参照、互补长短,如此才能在临床上提高疗效,避免不良反应。例如:王左在临床上发现对于中医辨证为寒证心衰的患者多巴酚丁胺效果较好,不良反应发生较少。因此,运用中医整体辨治西药常能收到减少不良反应、增加疗效的目的,西药使用中的中医药学思考,促进了中医急症的药物扩展。(张瑞 许红峰 张宗奇)

临床经验

脑出血急性期

1 对病因病机的认识

王左认为脑出血应属于中医"中风"范畴,多因患者平素即有气阴不足,肝脾肾三脏功能失调,遇情志刺激、饮食、劳倦、外感等诱因而发病,如《河间六书·素问玄机原病式·火类》所说"斯由平日衣食,安处动止,精魂神志,性情好恶,不循其宜而失其常,久则气变兴衰而为病也。或心火暴甚,而肾水衰弱不能制之,热气弗郁,心神昏冒,筋骨不用而卒倒无知也"。病位在肝脾肾,病机以气阴不足,脑窍闭塞为主,病机特点为本虚标实,本在气阴不足,标为风、火、痰、瘀、毒、气滞(逆)。

2 治疗特色

2.1 益气养阴、醒脑开窍为总治法

2.1.1 益气养阴以治本 脑出血患者发病多在40岁以上，平素即有饮食不节，嗜食辛甘厚味，或思虑烦劳过度，或肝阳素旺，横逆犯脾，均可损伤中气，致中气亏虚，脾失健运，聚湿生痰，痰郁化热伤津耗液，或因五志过极而化火伤阴，日久致肝肾阴液不足。许多患者患有高血压病、糖尿病、高血脂等疾病，病情迁延，病程较长，存在耗气伤阴的基础，《东垣十书·溯洄集·中风辨》中云风者，非外来风邪，乃本气自病也，凡人年愈四旬，气衰之际，或因忧喜愤怒伤其气者多有此疾"，"年四十，阴气自半"。因此，气阴不足是脑出血发病的基础，是本。治病求本，应益气养阴，常选用《内外伤辨惑论》之生脉散（人参、麦冬、五味子）加味，临床常用生脉注射液静脉点滴取代口服。

2.1.2 醒脑开窍以治标 在气阴不足的基础上，风、火、痰、瘀、毒、气滞六者，既可单独又可相兼，侵袭经络，闭塞脑窍，致气血运行受阻，肌肤筋脉失于濡养而为病，或阴亏于下，肝阳暴张，气血上逆，挟痰挟火，横窜经络，蒙蔽清窍。发病因素不一，最终的结果都是引起络破血溢，脑窍闭塞，这一结果可直接危及患者的生命。按标本论治此属标，急则治其标，应醒脑开窍为治。引起窍闭的原因不同，开窍也有着不同的含义，如痰阻经络所致者，祛痰即是开窍，瘀血阻络引起的，化瘀即可以开窍，瘀热引起的，凉血化瘀即以开窍，等等，而具有上述多种功效的方剂，当首选《温病条辨》之安宫牛黄丸（牛黄、郁金、犀角、黄连、黄芩、山栀、朱砂、麝香、珍珠），温开水送服或鼻饲，临床常用其水溶制剂醒脑静注射液静脉点滴。

2.2 风、火、痰、瘀、毒、气滞（逆）治有侧重

2.2.1 活血化瘀法 中医学有"离经之血便为瘀血"，"瘀血不去，新血难生"的理论，脑出血时络破外溢之血便为离经之血，该离经之血既是脑出血的病理产物，又是新的致病因素，导致脑的进一步损伤。《金匮要略》中有"血不利则为水"，《血证论》中有"血病不离乎水，水病不离乎血"的论断，脑出血时水病和血瘀同时存在，致水瘀互结，这是脑出血急性期的主要病理特点。王左根据这一理论，倡脑出血急性期如辨证有血瘀证，即可应用活血化瘀法，并适当配伍利水之品。常选用《医林改错》之血府逐瘀汤加减（桃仁、红花、当归、生地黄、川芎、赤芍、牛膝、水蛭、三棱、莪术、三七粉、蒲黄炭、生大黄、黄芩、泽泻、泽兰、茵陈），酌情配用平肝熄风之品，如玄参、钩藤、天麻、菊花等，临床亦可选用复方丹参注射液、脉络宁注射液等活血化瘀之品静脉注射。

2.2.2 通腑泻热法 脑出血发病前，约半数患者有不同程度的腹胀、便秘等腑气不通的表现，腑气不通表明脾胃升降的气机不畅。脾主升，胃主降，脾不能升清则脑失所养，脑络空虚而易受邪气所扰而发为中风；胃气不降，可致食痰瘀内阻，甚则郁而化热，热盛动风，或风痰挟瘀热上行，蒙蔽清窍而中风。因此治当通腑泻热，引热下行。常进涤痰活血汤加减（栝楼、胆星、天竺黄、川军、葶苈子、枳实、丹参、石菖蒲、丹皮、陈皮、半夏），亦可用大承气汤灌肠，临床可选用清开灵注射液静脉点滴。通腑泻热，调整气机升降的枢纽，使全身气机通畅，对于维持血液、水液的正常运行，及早清除瘀血，防止痰饮的形成，截断病情的发展，都具有重要的意义。

2.2.3 平肝熄风法 脑出血患者多因平素饮食不节，劳倦内伤，或肝阳素旺，横逆伐脾，脾运失司，内生痰浊，痰瘀化热，肝火挟痰火，横窜经络，蒙蔽清窍而发病，或素体阴虚，水不涵木，复因情志所伤，肝阳暴动，引动心火，风火相煽，气热郁逆，气血并走于上而发病。辨证属实热者，应凉肝熄风，选用《通俗伤寒论》之羚角钩藤汤加减（羚羊角、钩藤、菊花、桑叶、浙贝、白芍、茯神、丹参、毛冬青、竹茹、生地、僵蚕、郁金、天麻、地龙），酌情配伍凉血止血之品如丹皮、赤芍等；如辨证属虚热者，应滋阴熄风，选用《杂病证治新义》之天麻钩藤饮加减（天麻、钩藤、石决明、丹参、川牛膝、栀子、杜仲、黄芩、白芍、枸杞、桑寄生、天冬、甘草）。

2.3 中西医结合，突出中医药治疗

脑出血是临床急症、危症，要注意把握治疗时机，尽可能早诊早治。中西医结合应突出中医特色，为此，王左主张中医治疗既要体现辨证论治，采取多种治则治法的联合，如醒脑开窍益气养阴，活血化瘀佐以平肝熄风等，又强调治疗手段的多样化，如口服、灌胃、灌肠、静脉注射等，临床往往收到较好的治疗效果。

3 典型病案

王某，男，78岁，退休工人。2000年3月20日就诊。主诉：右侧肢体活动不利4小时。现病史：患者于凌晨2时许起床如厕时发现下颌部不适，早晨7点钟发现右侧肢体活动不利，发病过程中无喷射性呕吐，无四肢抽搐，神志始终清楚，门诊CT初步报告示左侧脑室出血，即收入观察室观察治疗。既往有高血压病史20余年，间断服用降压药，药名及剂量均不详。查体：T 38℃，P 84次/分，R 18次/分，BP

21.28/13.3Kpa。神志清，言语謇涩，双瞳孔等大等圆，Φ0.35cm，光反射存在，眼球活动无受限，鼻唇沟对称，伸舌不偏，面部痛觉对称，右上肢肌力Ⅲ°、右下肢肌力Ⅲ°，右侧痛觉减退，右侧巴氏征(+)，双肺(-)，HR 84次/分，律齐，腹软，无压痛，双下肢无水肿，舌淡胖少苔，脉细弱。西医诊断：脑出血，高血压病(Ⅲ期)。中医诊断：中风(中经络)。治疗：醒脑静以醒脑开窍，甘油果糖脱水降颅压，泰胃美制酸以防止应激性溃疡，以及其他对症治疗措施。患者当天晚上7点钟，病情一度加重，出现高热T39.6℃，烦躁，血压升高至25.3/16Kpa。王左查房后分析病性，认为患者发病到现在，时间不超过24小时，病情加重，有再发脑出血的可能。中医辨证属气阴两虚，因此在醒脑开窍的基础上，合以益气养阴，给予生脉注射液100mL加入500mL液体中静脉点滴。同时加用冰袋头敷，地塞米松静脉点滴，甘露醇加强脱水，以加强对症治疗。治疗7天后体温降至正常，停用冰袋及地塞米松，并给予络活喜5mg，每日1次，治疗两周后病情稳定，血压维持在18.7/12Kpa左右，头颅CT示脑内血肿呈吸收过程，遂带药出院。(马承泰)

中风病

王左认为，“正气亏虚”是中风病的基本病因，而“痰瘀交阻”贯穿于中风病各发展阶段的始终，故将“中风”病的病因病机归纳为“虚、瘀、痰”三字，执简以御繁。

1 四旬气衰，补虚为治之根本

中风的发生随年龄的增加呈指数上升，以40岁以上为好发人群。《素问·阴阳应象大论》云：“年四十而阴气自半”。李东垣在《医学发明·中风有三》中云：“《内经》曰：人之气，以天气之疾风名之。故中风者，非外来风邪，乃本气病也。凡人年逾四旬，气衰者多有此疾。壮岁之际，无有也。若肥盛，则间有之，亦形盛气衰”。张景岳也提出“年逾四旬气衰”之说。王左在古代医家的认识基础上，认为今世之人，处于快节奏、高压力、竞争激烈的社会环境之中，食多膏粱厚味，长期精神紧张，伤心、动肝、碍脾，暗耗气血阴精；罹患高血压、糖尿病等疾，久病不复，必损阴耗气；加之年长肾精亏虚，伐之根本，中风因势而作。一旦有了某种诱因，如内外劳伤，复有所触，以损一时之元气，或以年迈力衰，内伤积损，正气虚弱，五脏精血亏损而致阴阳失衡，气血逆乱，或夹瘀，或夹痰，或夹火，或夹风，遂成卒中。与诸多中风病医家不同的是，王左在中风急性期尤其强调“治病求本”，善用补益扶正的治法。

论治中风之虚，王左以阴阳为纲，气阴为目，擅用益气养阴之法，临证多效法景岳“阴中求阳，阳中求阴”，益气养阴常常并举，依证而有所偏倚取舍。益气多选黄芪、人参叶、西洋参、珠儿参；养阴多选生地黄、麦冬、玄参、石斛；补血多用熟地黄、当归、何首乌；滋阴益肾多选山茱萸、枸杞子；柔肝常以赤芍、白芍为先；温补肾阳多用龟版、肉苁蓉、杜仲、桑寄生等，其中尤喜用黄芪、生地黄，二味合用，益气无虑助火伤阴，养阴无碍益气化痰，谓其补益元气阴精、补虚扶正之上品。

2 瘀阻脑络，活血为治疗大法

中风病之发病机制，瘀血阻滞脑络为其病理之关键环节。如以虚而言，精虚则精血不充、血少而行迟为瘀；嗜食肥甘，恣好酒烟，脾失健运，湿热内生，湿生痰，痰滞脉络，而致痰瘀交夹；或痰生热，热生风，以致风助火热，燔灼津血而为瘀；或肝肾阴虚，肝阳上亢而生风生火而致瘀，终而导致中风。瘀阻脑络，致脑乏清阳之助、津血之濡，则为缺血中风；瘀阻甚者，则络破血溢，离经之血压抑脑髓而为出血中风。临床上瘀血之病理伴随其所成之量变因素而贯穿中风病变之始终。因此，活血化瘀、疏通脉络是治疗中风病的重要法则。

张锡纯治疗“脑充血症”，指出“宜于引血下行药中加破血之药以治之”，“对脑充血症，其身体脉象壮实者，补服建瓴汤一、二剂时，可酌加大黄数钱；其形体脉象不甚壮实者，若桃、红、丹参诸药，亦可酌加于建瓴汤中也”。亦说明在中风病的治疗中，活血逐瘀通络占有极重要位置。当代学者李赓韶、周慎对中医药治疗中风病的用药及组方规律进行了探讨，发现无论是用药味数还是使用频率，皆以活血通络药物居于首位。

王左认为，对缺血性中风患者，用活血破瘀之品亦须适度，因为病损部位的脑血管，由于缺血缺氧，已处于极度扩张状态，若过用破瘀之品，亦有络破血溢之虞，且过用破瘀之品有耗气伤阴之弊。故常选用作用温和的养血活血通络之品，如丹参、川芎、赤芍、桃仁、红花、地龙、牛膝等，临床还常用丹参注射液、川芎嗪注射液静脉滴注治疗。出血中风，宜用化瘀止血的方法，药如参三七、花蕊石、蒲黄、茜草、藕节等加入辨证方中。出血中风在急性发作期，用活血化瘀药并不会导致再次出血而加重病情，而因“瘀血祛，新血生”，有利于疾病康复。中风恢复期后遗半身不遂，多为气滞血瘀，络脉痹阻，风痰流窜经络，气血不能营养肢体所致，若使用一般活血化瘀药物治疗，往往病重药轻，无济于事，多选用破血、逐瘀、通络之水蛭、地龙、䗪虫等虫类药，以达破血逐瘀、行走攻窜、通经达络、疏逐搜剔之功。

在诸多活血药物中，王左尤善用川牛膝，引血引水下行，于高龄肾虚患者尤为适用。怀牛膝性味甘苦酸，《医学衷中参西录》谓："牛膝，原为补益之品，而善引气血下注，是以用药欲其下行者，恒以之为引经。故善治肾虚腰疼腿疼，或膝疼不能屈伸，或腰疼不能任地"。

3 痰阻经隧，治疗勿忘化痰

中风病理有风、火、痰、瘀、气等，痰乃之中的关键因素，所谓"无痰不中风"；朱丹溪云："中风大率主血虚，治痰为先"，"半身不遂，大率多痰"，"湿土生痰，痰生热，热生风也"。尤在泾谓："或因风而动痰，或因痰而致风，或邪风多附顽痰，或痰病有如风病，是以掉摇，眩晕倒仆，昏迷等证"。中风患者多年迈体弱，脏腑功能下降，气血阴津不足，即所谓的"阴气衰半"。气虚，无力推动津血运行，则津聚成痰，血滞成瘀；阴虚，则脉失濡润，血泣不行，阳亢化火，灼津成痰。痰阻血瘀，则经脉痹阻，气血运行不通，致清窍百骸四肢失养，遂生㖞僻不遂诸症。故化痰之法，贯穿在整个治疗过程中，曾有"痰一化，窍自开，络自通，风自灭"之说。如姜礼在《四大证全书》中指出："痰迷心窍，舌强不语，当涤痰为先"。近贤冉雪峰先生云："中风脑部病变，痰邪最易壅滞，痰不去，则窍不宣……故除痰为宣窍透络捷法"。张山雷认为："卒中之证，肝阳上扰，气升火升，无不夹其胸中痰浊，陡然泛溢，壅塞气道，以致性灵蒙蔽，昏瞀无知，盖火气上承尚属无形，而痰浊之盘踞是其实证焉"。清代医家张璐还明确指出："凡瘫痪瘛疭、半身不遂等症，皆伏痰留滞而然……不祛痰邪，病何由愈"。

王左在继承前人的经验上，灵活地应用治痰之法于中风病之急性期、稳定期及后遗症期。中脏腑急性期，痰涎壅盛者，常用陈胆南星、竹沥半夏、川贝母、远志、竹茹、僵蚕、石菖蒲、矾水郁金等药煎汤灌服或鼻饲，同时还可加用竹沥水、猴枣散以加强化痰之功，或选用安宫牛黄丸（散）、苏合香丸等。若痰热炽盛，用大黄通腑泄热，尝谓"撤热有釜底抽薪之功，降火有导龙入海之力，入血直能凉血止血，散瘀醒脑，与芳香开窍有异曲同工之妙"。中经络和中脏腑后期遗有半身不遂、手足活动不利者，常用指迷茯苓丸化痰通络，言语謇涩、吞咽困难者，为痰阻舌本，选用石菖蒲、远志、郁金、桔梗等化痰利窍。常用清化热痰以通经之药有羚羊角、广郁金、夏枯草、天竺黄、胆南星、竹沥、竹茹、全瓜蒌、海浮石、山豆根、川贝母等；燥化湿痰之药如半夏、陈皮、茯苓、杏仁、枳实、旋复花、石菖蒲等；温化寒痰之药如白附子、全蝎、僵蚕、蜈蚣、细辛、白芥子、紫苏子、薤白等。肢体麻木为甚者，短期难除，须重用通络逐痰之品，如威灵仙、鸡血藤、僵蚕、地龙、郁金、半夏等。

在诸多化痰药物中，王左尤善用石菖蒲，谓"石菖蒲禀天地清气而生，有怡心情、舒肝气、化脾浊、宁脑神之功，为治邪蒙清窍所致神昏、健忘等症要药"；又多用白芥子，是取其"利气豁痰"之作用，因为中风之痰，大抵属于顽痰，"痰在胁下及皮里膜外者，非此不行"。（赵超蓉）

疑难重症

1 中风病早期注重扶正固本观

中风病情危急、病机复杂，故治疗上百家争鸣，各有所主，或清热、或化痰、或通腑、或解毒。各医家从病机的不同角度和层面阐发对中风的认识。然目前尚无公认有效的治疗方法，王左认为急危重症之发生，大多以脏腑正气内虚为本，一则机体失去真阴元阳的温煦濡养；二则脏腑阴、阳气机升降失控而逆乱，气血津液气化、调节失司，以致邪实内生，实邪壅盛，痹阻经络，败坏脏腑，损伤真阴元阳，使机体正虚内涵由质之偏差迅速向量之耗竭转变，使正气虚之复虚。故中风之发生、发展、演变也正反映了正气亏虚的演变过程。正虚是决定卒中发生、演变、向愈之关键，故既病损正，强调早期扶正，予扶正治疗，能有利于控制病情，从根本出发，以冀能提高中风治愈率，降低病死率、致残率和复发率。促进中风康复，故提出固本培元、调畅气血之扶正法治疗急性期中风，他强调在祛邪的同时更注重扶正法，即固本培元、调畅气血之扶正疗法。不仅指补益气血阴阳，而是既包括补益阴阳，也包括调理气血两层含义，重视调理气血，可截断邪实之发生，古人所云"血行则风自灭，顺气则痰自除"。故调理气血，恢复正常升降功能是中风急性期扭转病情的重要环节，也是扶正法的重要内容。又在调理气血的基础上固本培元、补益气血阴阳，则将补有所得，不致变生它邪。因此，固本培元、调畅气血两者有机结合，相辅相成，可控制中风急性期的演变，降低病死率；增补亏损之元气，以维持正常生理功能，促进患者恢复；在固本培元、调畅气血的扶正思想指导下，王左在多年临床经验方—还元方的基础上，研制还元注射液用于中风急性期治疗。还元方以生地为君药，佐以黄芪、牛膝等，生地滋补肝肾之阴，又能清热凉血，故血行风自灭；黄芪培补元气，健脾益气化痰，此乃顺气则痰自除；牛膝具有补肝肾、活血化瘀、引血下行之效。全方从中风患者正虚之根本出发，以固本培元、调畅气血为立意之本。具有养阴益气扶正还元、引血下行之功。故针对标实之证，须在扶正的前提下配合应用适当的祛邪方法，则有利于机体的恢复，又有利于邪之出入，实践结果显示还元注射液能明显提高中风急性期治愈率，降低病死率和致残率，取得满意疗效。因此，运用扶正疗法治疗中风急性期不失为现之疗法的有益补充。故须扶正基础上佐以通腑治疗。余清热、化痰、祛瘀等法亦同，皆须在运用扶正疗法的基础上配合应用。左右逢源，方能圆机活法。

2 急危重症重视内生毒邪观

内生之毒是在疾病发展演变过程中，由脏腑功能失调，风、火、痰、瘀等多种病理因素所酿生，常见的如风毒、火毒、湿毒、水毒、痰毒、瘀毒等。即内生之邪可转化为毒邪，由此而产生的毒邪与原来的内生之邪存在着一定的联系，也即是具有原有邪气的某些特征。内生毒邪属内生邪气范畴，和其它内生邪气是相对于外感病邪而提出的一样，是相对于外感毒邪而言，因而和其它内生邪气具有外感邪气的某些特性一样，也就具有外感毒邪的某些特性，但因其属内生之邪又必然有其自身的本质特征。既然提出内生毒邪这一概念，那么必然不同于内风、内火、内寒、内湿、内燥及病理产物痰浊、瘀血等内生之邪，应当与其有着质的区别，内生毒邪致病的广泛性：人体是一个有机整体，毒邪一旦产生常常波及多个脏腑组织，临床表现复杂，变证多端。其性暴烈、致病凶险：毒邪多在疾病的极期阶段产生或终末阶段盛极，每致气机气化失常进一步加重，使病情恶化；或毒邪一旦产生即导致气化气机的严重紊乱，致病凶险。毒邪多损伤脑髓，侵犯心神，每致神昏窍闭。

内生毒邪病因病机的复杂性及其多样性和各自的特质性，决定其治疗方法的复杂和多样性。在辨证论治时既要注重毒邪的共性又要注重其不同的特质性，既注重产生毒邪所涉及的脏腑，又注重毒邪所害之处。总的治疗原则是根据标本理论灵活运用，或治标为急或治本为先或标本兼顾并且重视邪之出路，使邪毒得解得出，勿使进一步加重气机气化运动失常及耗损正气，排毒即是扶正；重视补益之法，使正气得复，气机气化得以进行，以绝毒生之源，扶正即是解毒。

根据祛毒的方式途径可分为：1）化解毒邪法：针对毒邪产生的病因病机及其不同性质采用相应的治法。2）排毒解毒法：为毒邪寻找出路，使邪毒得以向外排泄。临床常用的具体治法：① 通腑法、解毒法、补益法、活血法、化痰法、清热解毒法等，使邪毒由内消解。② 汗法：使内生毒邪从表而出。如关格病给予汤液浸浴，使尿毒从皮肤排出等；病情紧急情况下的导尿法，人工呼吸法或机械通气等均属于排毒之法。

“内生毒邪”理论应结合现代医学，探讨中医药治疗各种疑难危重病的机理以及利用现代医学的检测手段及时发现内毒的产生，以达到明确预后和指导中医药的治疗；也可利用现代医学技术如呼吸机、透析技术，提高中医药疗效并提供药物治疗的时机。提升中医药在危急重症及疑难杂症方面的临床疗效。

3 肺心病急性期的治疗虚实并重观

王左认为，肺心病属中医学“咳喘”、“痰饮”、“肺胀”等范畴，多由慢性咳喘反复，迁延不愈逐渐发展而致。本病虚实夹杂，虚在肺脾心肾，实则痰瘀水饮。盖由病久损伤肺气，肺病及脾，子盗母气，脾失健运，气不化津，反聚成痰，上渍于肺；太阴肺脾病久累及少阴心肾，病及心则心脉受阻，心阳不振；病及肾则水气不化，合而形成痰浊、血瘀、水饮错杂之患。临床可见面色晦暗，唇甲紫绀，喘咳痰涌，胸腹胀满，肢体浮肿，舌质紫黯或有瘀斑，脉象弦滑促数等。治疗遵“必伏其所主，而先其所因”之旨，以泻肺祛痰、逐瘀利水为要，王左拟方的复方葶苈注射液。该注射液由葶苈子、川芎为主组成，其中葶苈子泻肺祛痰、利水消肿，以急泻肺中水气见长；药理研究表明，葶苈子醇提取物有洋地黄样强心作用，可增加衰竭心脏的心输出量，降低静脉压，并有利尿作用。川芎为血中气药，有行气活血、通上达下之效，其主要成分川芎嗪具有扩张肺动脉、抑制血小板聚集、改善血液流变性的作用。二药寒温并用，共奏泻肺祛痰、活血行气之功。他曾以复方葶苈注射液治疗肺心病急性加重期100例，发现其对缺氧性肺动脉高压的缓解总有效率达88%，与酚妥拉明作用相近，这一成果荣获上海市科技进步二等奖。若患者本虚标实俱显，王左主张肺脾心肾同治，痰瘀水饮共除。治肺脾之虚常用黄芪、人参；温心肺之阳多以人参配干姜、细辛；振心肾之阳善用参、附加桂枝、鹿角霜。治痰瘀水饮则结合脏腑病理用药，如治痰重在理脾化痰降肺气，痰饮清稀用紫苏子、白芥子、制半夏温化痰湿；痰脓黄稠则加鱼腥草、四季青、野荞麦根、黄芩清化痰热；治瘀重在通畅心脉，以丹参、川芎、桃仁、三七活血通脉；治水则在疏利三焦，用车前子、葶苈子、茯苓、白茅根利水消肿。其标本兼治，疗效甚捷。

4 冠心病病位在心，虚在脾肾，实在痰瘀观

王左认为，冠心病病位在心。其发生在于心之气血阴阳失调，导致痰瘀在心为患。然冠心病乃老年常见病，老年体衰，五脏功能始减退，抵御外邪能力下降。冠心病的形成与体内的这种衰退是分不开的，所谓“正气存内，邪不可干”。邪之所凑，其气必虚故其病根在于脾肾两脏的虚损，而症状表现于心。肾为先天，脾为后天，脾肾两脏在冠心病的发生发展中有重要作用。脾气不足，运化失司，水谷不能化生气血而使气血乏源，心脉失于濡养导致心气虚或心血虚，甚至气血两虚；运化不健可使水湿失运，湿聚而成痰，痰浊随气上下，壅塞于心脉。肾阴不足，不能上滋心阴，则心阴不足；肾阴不足则肝阴易亏，阴亏阳亢，上扰于心，使心阴内耗。肾阳不足则心阳失于温煦，寒从中生，凝滞血脉；肾为水脏，命门火衰，水不自制，泛为痰饮上凌于心而致心脉不畅。王左还认为，五脏功能的正常发挥，赖于彼此之间的相互协调。它脏功能失常可影响心，使之发病。如肺主一身之气，水谷精气要和肺吸入的自然精气相结合方成为宗气。若肺气虚则宗气生成不足，无以贯心脉行气血，故而心血瘀阻于心脉。肺为五藏之华盖，肺气不足，寒邪入袭，阴寒内乘于心阳之位，使心脉痹阻而病。或寒遏胸阳，水津不运，集为痰饮而阻心脉畅通，故而王左认为冠心病之治应详细审证求因，从五脏之相生相克出发，分清患者虚在何脏，气血阴阳之轻重，痰瘀何者为先，权衡药物之轻重，灵活施治，可更好提高临床疗效。（张文立 贾小红）

王宝亮临床经验

【名老中医简介】王宝亮（1959～）主任医师，教授，硕士生导师。1983 年毕业于河南中医学院。现任河南中医学院第一附属医院脑病医院院长。中华全国中医脑病学术委员会常务委员，河南省中医药学会脑病专业委员会副主任委员，河南省神经内科学术委员会委员，郑州市中医脑病学术委员会主任委员，《河南实用神经疾病杂志》编委。河南省名中医。从事中医脑病临床、教学、科研工作 20 余年，擅长治疗脑出血、脑梗塞、中风后失语、震颤麻痹、痴呆、癫痫、肌无力及各种头痛、眩晕、失眠等。主持参与 10 项科研项目，5 项获省科技进步奖，完成国家“十五”科技攻关项目 1 项，参与国家科技部“十一五”科技支撑项目 1 项。出版 6 部专著，发表论文 40 余篇。

临床经验

三叉神经痛

1 临床表现

三叉神经痛典型症状为：突然的阵发性剧烈疼痛，如闪电样、刀割样、钻刺样、火灼样、撕裂样，患者极难忍受，严重者常伴有同侧面部肌肉的反射性抽搐，口角牵向一侧并有面部潮红，眼结膜充血、流泪或流涎等症状。每次疼痛时间很短，持续数秒或数分钟后突然停止，但连续在数小时或数日内反复发作。不痛时间短可几日，长可数年，周期不定。疼痛可因洗脸、呵欠、吹风、说话等刺激触及某一“扳机点”，如口角、舌侧缘、牙齿、牙槽骨等而引起发作。“扳机点”又称“敏感点”“痛点”，刺激该点即可引起疼痛发作，这是本病发病的最大特点，也是与其他疾病的鉴别之处。部分患者呈慢性过程，很少自愈，大多发作越来越剧烈，缓解期越来越短，以致于终日不止，病程可达数月或数十年。

2 辨 证

王宝亮在历代医家对三叉神经痛认识的基础上，总结认为三叉神经痛与祖国医学的面痛颇有相似之处。如清代《张氏医通》曾有这样的记载：“许学士治鼻额间痛，或麻痹不认，如是数年，忽一日连口唇、颊车、发际皆痛，不能开口言语，饮食皆妨，在额与颊上常如糊，手触之则痛，此足阳明经络受风毒，传入经络，血凝滞而不行，故有此症”。他在总结前人论述基础上，结合多年临床观察、分析、验证，提出三叉神经痛是三阳经筋受邪，其病因亦分内因和外因。外因多为卫气不固，风寒或风热侵袭，内挟风痰，气滞血瘀，阻遏脉络，上犯清空而起病；内因则与情志因素、肝肾亏虚、虚火上炎、肝胃火旺、气血逆乱密切相关。正如《证治汇补》载：“头为天象，六腑清阳之气，五脏精华之血皆会与此，唯经气上逆，干犯清道，不得运行，则壅遏为痛”。又如：“自外入者，风寒暑湿之邪，自内发者，气血痰郁之异，或蔽覆其清明，或瘀塞其经络，与其相搏脉满而痛”。因头面为“诸阳之会”“清阳之府”，脏腑气血皆上会于头面，故不论外感内伤的病症，都可通过经络、气血直接或

间接影响头面部而发生疼痛。或感受风寒风热等外邪侵袭手足三阳之络，闭阻经络，气血郁滞，不通则痛，遂致面痛。或情志郁结，肝气失调，肝郁化火，火性炎上，循经上扰于面部而致面痛。或饮食不节，食积生热，胃火循阳明经脉上冲面部而致面痛。王宝亮根据多年临床经验，若面痛反复发作，多年不愈，必致气血亏损，脉络瘀滞而作痛，病机多为气血亏虚，外邪客于络脉，经络阻滞，气滞血瘀。

3 施治

王宝亮强调面痛一证，一般来说，发病时间短，病势较剧而无休止的，多因外邪致病，当辨风寒、风热。发病时间长，病势较缓而时作时止的，多因内伤所致，瘀血阻络引起的，多以活血逐瘀通络为主。在治疗中可以根据发病原因不同，分别侧重应用药物辨证治疗。他认为，在急性期应采用驱邪活血通络止痛的中药以尽快解决疼痛，同时配以调胃平肝解郁等中药以治其本，而在间隔期则应根据患者的不同情况，给予疏解郁结，调理气血，疏通脉络，以改善患者身体状态，这样才能从根本上治疗本病。基本药物组成：柴胡12g，白芍30g，白芷20 g，川芎20g，细辛6g，黄芩20g，全蝎10g，延胡索10g，半夏30g，白术15g，甘草10g。方中川芎气轻力薄，非重用不能取效，剂量可达30g，其性善疏通，上行头目，旁达肌腠，能祛风邪，调气血，止疼痛，引诸药直达病所，正如《东垣医集》谓川芎："味辛性阳，气善走窜而无阴凝黏滞之态，虽入血分，又能祛一切风，调一切气。"白芷、细辛味辛走窜，有祛散风邪，活血止痛之力。柴胡、半夏调理肝胆脾胃气机。白芍平抑肝阳，补血养血。黄芩、全蝎活血通络，清热泻火，解毒止痛。延胡索活血行气止痛。白术健脾化痰，和胃降浊。甘草调和诸药。根据现代药理研究，川芎对中枢神经系统有镇静作用，且具有抗痉、降压作用；细辛含挥发油，挥发油中主要有甲基丁香油酚等物质，具有局部麻醉，解热镇痛，降压的作用；全蝎含蝎毒，有抗惊厥，镇静降压等作用；白芍所含芍药甙有解痉作用，兼有一定的镇静、镇痛、抗惊厥、降压及扩血管作用；柴胡及其有效成分柴胡甙有抗炎作用，亦具有安定、镇静、镇痛、解热之功效，特别是与黄芩配伍，更有相互协同之功。王宝亮常言，临床诊治疾病应辨证施治，随证加减。就本病而言，兼有风寒者，加荆芥、防风；兼有风热者，加薄荷、蝉蜕；胃热炽盛、大便干结者，加芒硝、生地黄、牡丹皮；肝火上炎、胁肋胀痛者，加龙胆草、夏枯草、钩藤；化热伤阴、口渴欲饮者，加生地黄、玄参、知母；胸闷脘胀、口干不欲饮者，加竹茹、枳壳；络脉瘀阻、痛如锥刺者，加桃仁、红花、僵蚕。三叉神经痛多属实证，亦可见虚中夹实者，初病实证易愈，久病缠绵者难治。

4 病案举隅

患者，男，38 岁，2004 年 8 月 21 日初诊。左侧面颊及下颌部痛，痛势剧烈如刀割样并烧灼样，时发时止，痛不可忍，手触及此处即可诱发剧痛，并向同侧颜面头部放射，严重时，每日发 10 余次。西医诊断为三叉神经痛，经服用卡马西平，并做理疗等效果不佳，历久不愈。脉弦滑，舌质暗，苔厚腻。中医辨证为风痰阻络，治以祛风化痰、通络止痛，处方：柴胡12g，全蝎 10g，半夏 20g，白术 15g，胆南星 9g，川芎20g，防风 12g，白芷 25g，白附子 12g，细辛 6g，延胡索10g，茯苓 30g，甘草 6g。每天 1 剂，水煎服。服药 5剂后，疼痛程度明显减轻，发作次数减少，嘱其停用卡马西平，以上方为基础方稍作加减，继服 14 剂，面部疼痛消失，病愈。随访 1 年未复发。（杨 晶）

遣方用药

温胆汤治疗神经系统疾病

1 血管性头痛

患者，男，21 岁，2006 年 6 月 5 日初诊。发作性偏头痛 3 年。最近 1 W 头痛加重，多因精神紧张诱发，发作时，头一侧跳痛，心烦易怒，口苦，不欲食，眠差，体型偏胖。观其舌象，舌质红，苔黄厚，脉滑数。诊断为血管性头痛。王宝亮结合其体质、病史、症状及舌脉，中医辨证为肝胆郁热、痰热上扰证，给予温胆汤加减：陈皮 15g，半夏 15g，茯苓 15g，白术 15g，枳实 15g，川芎 15g，丹参 12g，白芍 20g，柴胡 12g，地龙9g，厚朴 12g。1 W 后复诊，疼痛缓解，续服 2 W，未再发作，做丸续服 1 个月，未再复诊。

按 血管性头痛是由于颅内外血管舒缩功能障碍及某些体液物质暂时性改变所引起的反复发作性头痛。发作特征为单侧或由一侧转向另一侧，可伴恶心呕吐、视觉异常等先兆，间歇期如常人。根据临床表现，中医称之为偏头痛或偏头风，认为六经病皆可致头痛，但以痰浊居多。工作压力大，长期精神紧张、压抑，致肝气郁结，木郁不达，胃气不和；若再喜好辛、甜、油腻饮食更易阻碍胃气，进而化热生痰，痰热郁阻，上蒙清窍，清阳不展，引发疼痛。温胆汤加减清热化痰，通络止痛，切合痰热郁阻病机，使浊清窍通，头痛自止。

2 顽固性失眠

患者，男，47 岁，2004 年 8 月 12 日初诊。精神紧张后，失眠 6 个月。持续加重渐至彻夜不寐，服西药镇静药效果不佳,白天头昏脑胀,记忆力差,烦躁易怒,食少,乏力,舌质红,苔黄腻,脉滑,诊断为不寐之痰火扰心证。给予温胆汤加减:陈皮15g,半夏15g,茯神20g,枳壳12g,龙齿10g,石菖蒲15g,天南星15g,郁金15g,酸枣仁20g,合欢皮20g,夜交藤15g,黄连12g,炙甘草6g。服6剂后,能入睡,续服6剂,每晚能睡6h,后恢复工作。

按 患者因精神紧张,气郁不舒化火,煎津成痰,痰火内扰,神不归舍,故令不寐,理气化痰清热为治疗本病的"第一要义",以上方燥湿化痰、清心安神。

3 椎基底动脉供血不足所致的眩晕

患者,女,65岁,2005.12 05初诊。发作性眩晕5年。已有3次发作史,此次发作已4 d,视物旋转,恶心呕吐,动则尤甚,耳闷,大便不爽,纳呆,口干不欲饮,曾做头颅CT示:未见异常。颈部x线示:颈椎退行性改变。观其体胖,面色不华,舌暗淡,苔黄腻,脉滑数。王师分析此病例,胖人体虚易生痰湿,痰阻气机清浊不分,清气不升则眩晕,浊阴不降则恶心呕吐,痰郁化火则苔黄,治宜化痰泄热、健脾和胃、泌别清浊。给予温胆汤加减:半夏12g,茯苓12g,陈皮12g,枳实12g,竹茹20g,黄芩10g,石菖蒲12g,天麻12g,郁金12g,甘草6g。5剂而愈。

4 抑郁症

患者,女,29岁,2006年9月21日初诊。1年前,因工作压力大,出现心胸胀闷不舒,心烦易怒,情绪低落,沮丧,紧张。近2个月易哭,害怕,纳差,失眠。观其舌象,舌淡苔黄厚,脉弦滑。诊断为郁证之痰热扰神、心胆气虚证,治宜清胆化痰安神兼补心胆。以温胆汤加减:半夏12g,茯苓12g,陈皮12g,枳实12g,竹茹20g,黄连6g,郁金10g,五味子10g,太子参15g,珍珠母20g,浮小麦20g。10剂而愈。

按 患者情志内伤,气郁化火,炼津为痰,上扰清窍,除出现精神活动的异常外,还可见到舌质红、舌苔黄厚腻,此时主要病机为痰热交阻、蒙弊清窍,故治疗宜清热祛痰开窍为主,兼以疏肝宁心除烦,选用黄连温胆汤为基础方,清热祛痰、开窍宁心。(刘 洁)

王必舜临床经验

【名老中医简介】王必舜(1938~)河南新乡人。主任医师,教授。1965年毕业于北京中医学院。现任甘肃省中医药学会常务理事,省新药审批委员会委员,省中医中西医结合学术委员会委员,兰州中医药学会名誉会长,《甘肃中医》杂志编委。全国500名名老中医药专家之一。擅长治疗各种内科疑难杂症,如消化系统疾病,慢性疲劳综合征、气血紊乱综合征、多脏腑功能障碍综合症、神经衰弱综合症、哮喘、腰腿痛风湿病痛、增生性疾病、妇科病等。参与多项科研,获省卫生厅、科委、教委科技进步一、二、三等奖。发表论文30余篇。

临床经验

颈椎病

1 分型

1.1 寒湿痹阻型

主证:颈项僵硬,活动受限,头颈肩背寒痛,痛有定处,得温痛减,两颞及眉棱恶风挛痛,肢体沉重,手指麻木,胸闷纳呆,舌苔白,脉沉迟。本型包括西医诊断神经根型颈椎病、颈肩综合征。X线拍片可见颈椎骨质增生,椎间隙变窄,生理曲线消失。《素问·痹证》篇曰:"风寒湿三气杂至,合而为痹,其风气胜者为行痹,寒气胜者为痛痹,湿气胜者为着痹。"《济生方》曰:"痹症皆因体虚腠理空虚感受风寒成痹也。"素体虚弱腠理疏松卫阳不固风寒湿邪由大椎而入,留而不去,气血运行受阻,经脉痹闭不通则痛,血不养筋则麻,阳虚不能卫外则恶风寒。

1.2 气滞血瘀型

主证:头颈肩背疼痛,枕部刺痛,痛处固定不移,指端麻木,甲床色紫,指甲凹陷,胸闷心悸,情绪不畅,喜叹息,女子月经不调,经行头痛,项强症状加重,多可问及外伤劳损病史,舌色暗或有瘀斑,脉弦细或涩。本型包括西医交感型、混合型颈椎病。X线拍片可有颈椎骨质增生,颈韧带钙化,生理曲线变直。《素问·调经论》指出:"五脏之道,皆出于经隧以行血气,血气不和百病变化乃生。"《医林改错》指出:"元气即虚,必不能达于血管,血管无气,必停留成瘀。"外伤劳损或肝气郁结均可导致气机阻滞,血流不畅,经隧不利,瘀血停留而有头颈刺痛不移,血不养筋则肢麻甲暗、甲陷,舌有斑点,气滞血瘀则月经不调,经行头痛。

1.3 痰瘀交阻型

主证:头颈肩肘疼痛麻木,眩晕目昏,耳聋耳鸣,恶心呕吐,甚则头颈不能转侧,转侧昏扑跌倒。颈项部可触及核块、条索,压痛明显,或喉间痰核,咳之不出，吞之不下，舌体胖大，脉象滑数。该型包括西医诊断颈动脉型、混合型颈椎病。辅助检查提示：颈椎骨质增生，椎间孔变窄，椎动脉受压，脑基底动脉供血不足。朱丹溪云："痰挟瘀血遂成窠囊，无痰不作眩，无虚不作眩"血停为瘀，湿聚为痰，痰和瘀虽为不同致病因素，但二者有其内在联系，瘀血阻络则津液不布，聚而为痰浊，痰浊留滞又可使血运不畅而成瘀血，痰瘀互结，上扰脑窍神明而发头晕目眩，跌扑昏倒。

1.4 肝肾亏虚型

主证：年事偏高，头枕部闷痛，颈项牵强，鱼际肌肉萎缩，舌僵语謇，肢体沉重，活动不便，步态蹒跚，二便失禁，卧床不起，舌淡脉细。包括西医诊断脊髓型、交感神经型颈椎病。拍片可见颈椎骨质增生明显或椎体间骨桥形成，颈椎生理曲线消失变直。物理检查可引出病理性神经反射。《灵枢·海论》篇云："脑为髓之海，其输上在于其盖，下在于风府，髓海有余则轻劲多力，自过其度，髓海空虚则脑转耳鸣，胫酸眩冒，目无所见，懈怠安卧。"先天禀赋不足，后天房室不节，劳碌一生，精血耗损均可引起肝肾亏虚，脑窍筋骨失养而头痛缠绵，肢体麻木颤抖，肌肉萎缩，二便失禁。

2 治法

2.1 治疗原则

颈椎病本虚标实，治疗宜标本兼治，治标以通为主，重在通络止痛，治本防重于治，去除病因，预防劳损，纠正看书写字睡觉姿势，预防外感。药物治疗主要通经络、补气血、祛瘀血、除痰湿、益肝肾。

2.2 颈椎方组成

葛根、鸡血藤、首乌藤、桂枝、片姜黄、川芎、丹参、赤芍、蜈蚣。

2.3 加减

寒湿痹阻型加细辛、制川乌、白芷、淫羊藿。气滞血瘀型加柴胡、枳壳、当归。痰湿交阻型加半夏、天麻、白术、白芥子。肝肾亏虚型加山药、山茱萸、熟地、菟丝子。痛甚加威灵仙、白药、甘草、细辛。麻甚加生黄芪、当归、全蝎。晕甚加石决明、草决明、生龙牡。呕吐加制半夏、生姜、竹茹。头摇手抖加勾藤、姜蚕、地龙，纳呆加石菖蒲、鸡内金。

颈椎病往往各型交错，单一类型者少见，表现为征候群即混合型。王必舜辨病辨证相结合，以症归类分型，整体调治合理科学，自成体系。自拟颈椎方各型一方通治，是由于颈椎病有其共性，症状不外痛、麻、眩。病机不外筋脉失养、痹阻不通，气滞血瘀为患。故活血化瘀、祛风通络为主，佐以对症加减，即可一方通治。方中葛根升阳解肌，止痛散寒，现代研究表明葛根可明显改善脑血流，对头痛项强、耳鸣、肢麻疗效较好，为本方君药。桂枝温经通络散寒，加强葛根解肌止痛作用；姜黄活血行气止痛，善治肩臂之痹痛。蜈蚣通络止痛，熄风止痉，对顽固性头部抽掣疼痛有特效。鸡血藤补血行血舒筋活络，治气血虚弱、手足麻木、血不养筋而经络不通者尤宜。丹参、川芎、赤芍活血行气，祛瘀止痛，除烦安神。首乌藤养心安神、通络祛风。方中诸药各司其功，相得益彰，可谓配伍周详，其中川芎、丹参、赤芍、鸡血藤、姜黄活血化瘀各显其长，葛根、桂枝、蜈蚣通络止痛各有其异，因人因病因症加减变化，辨证正确，均可获良效。(时吉萍)

遣方用药

疏肝和胃理脾汤

疏肝和胃理脾汤系王必舜根据中医脾胃与肝胆的密切关系，应用少阳枢机之剂小柴胡汤和消补兼施之荆枳术汤化裁而来。集寒热、消补、升障融为一体，旨在和解、疏理气机，应用于慢性胃炎、胃及十二指肠溃疡、慢性胆囊炎、慢性胰腺炎等引起的胃脘痛证的肝胃不和型和肝郁脾虚(或脾虚肝郁)型者。

1 立论依据

根据"木土相关"理论，病证大致可出现虚实两端。实证则木旺乘土，见证胆病及胃、胆胃同病，或见肝病及脾和胃，而现肝脾不调，或肝胃不和，或肝郁化火，薰于中土致肝胃郁热；虚证则木不疏土或土虚木乘，而见证脾虚肝郁或肝郁脾虚，故总以肝胆、脾胃同病主论。可见寒热错杂、虚实挟杂、升降失司引致的诸多症状。又据肝随脾升，胆随胃降之理论而创疏肝和胃理脾汤。

2 方药组成及加减运用

基本方组成：柴胡10g，黄芩10g，半夏10g，枳壳12g，白术12g，莱菔子20g。柴胡疏肝升发，黄芩清热苦降，半夏辛开和胃，白术补虚理脾助升清，枳壳行气助降浊，莱菔子降气消食润肠以通降为顺。全方疏肝和胃理脾，辛开苦降，调理肝胆脾胃之气机，使气血冲和而诸症可消。痛加延胡索、白芍、甘草；胀加香橼、香附；纳呆加生熟山楂、砂仁；泛酸合左金丸；嗳气呕逆加丁香、柿蒂；便秘加玄明粉、玉竹；便溏加党参、茯苓。

3 典型病案

案1 郭某，女，58岁，工人，1998年元月3日就诊。因家务琐事呕气，情志不畅，脘腹胀痛连及两胁,呕逆反酸,善太息,口淡舌木不思饮食。查:舌质淡红,苔白厚,脉沉弦。上消化道钡透提示:十二指肠球部溃疡。中医辨证:胃脘痛肝气犯胃型。予疏肝和胃理脾汤加减:柴胡 10g,延胡索 10g,枳壳 15g,黄芩 10g,炒麦芽 30g,鸡内金 10g,郁金 18g,白芍 20g,桂枝 10g,石菖蒲 10 g,香附 10g,炮良姜各 6g,水煎服,每日 1 剂,6 剂治愈。

按 患者因生气致胃胀痛,连及两胁,呃逆反酸。肝气郁结,横逆犯胃,胃本不呕,肝气贼之则呕,治宜疏肝调气和胃止痛。疏肝和胃理脾汤去白术加郁金、延胡索、香附增强疏肝行气止痛之效。加桂枝倍芍药益阴平肝缓急止痛。桂枝一味外证得之解肌和营卫,内证得之化气调阴阳,辛能开郁散结,具有深意。加鸡内金、炒麦芽开胃消食,口淡舌木之症乃肝郁脾虚,肝风内生之先兆,加菖蒲芳香化浊豁达舌窍。

案 2 张某,男,46 岁,农民,1998 年 2 月 10 日初诊。主诉:胃脘胀满,嘈杂反酸,口干口苦,急躁易怒,饥不思食,胁痛便秘 2 年有余。查:舌质淡暗,苔薄黄,脉弦细。上消化道气钡造影报告:慢性胃炎。腹部 B 超报告慢性胆囊炎。中医辨证:胃脘痛肝胃郁热型。予疏肝和胃理脾汤加味。柴胡、延胡索、黄芩、黄连、乌药、砂仁、焦槟榔各 10g,白术、枳壳、制半夏、煅瓦楞各 15g,白芍 18g,香附、甘草各 6g,水煎服,每日 1 剂,10 剂告愈。

按 患者胃脘痛,口干苦、嘈杂反酸、急躁易怒,病史 2 年之久。肝气郁结久而化火伤胃,致胃气上逆反酸,肝火及胆则胆热游溢致口干苦,嘈杂。嘈杂一症,胃中灼热似饥非饥,似痛非痛,莫可名状,胸膈懊憹。急躁易怒乃肝气不疏,情志不畅之征候。方加黄连助黄芩清肝胃之虚火,焦槟榔行气导滞降胃腑之郁滞,白芍、甘草养阴平肝缓急止痛,共奏疏肝清热,和胃止痛之效。

案 3 王某,女,37 岁,干部,1998 年 2 月 2 目初诊。主诉:胃脘痛 2 年余,伴两胁胀痛,乏力、气短、眼睑重坠,喜热食。舌质淡青、苔白、脉细弱。胃镜检查报告:慢性萎缩性胃炎。病理报告:胃黏膜轻度不典型增生,肠上皮化生。中医辨证:胃脘痛肝郁脾虚型,予疏肝和胃理脾汤加减:柴胡、延胡索、制半夏、桂枝、石菖蒲各 10g,枳壳、白术各 15g,黄芪 30g,白芍 20g,党、丹参各 24g,炮良姜各 6g,香附、白芷各 12g。水煎服每日 1 剂,服 4 剂后于 2 月 10 日复诊,胃脘及两胁胀痛减轻,守方 6 剂告愈。

按 患者胃脘胀痛、两胁胀满属肝气不疏之象,乏力气短,眼睑重坠喜热饮,舌淡脉缓又兼脾胃气虚之候。投疏肝和胃理脾汤调和肝胃。加黄芪、党参补益中气,桂枝、炮良姜、白芷、石菖蒲振奋脾阳,使气血化生有源。久病致瘀,舌质淡青,胃黏膜萎缩性病变加丹参以活血化瘀。全方疏肝和胃,治肝实脾,其病自除。

4 体 会

肝为风木之脏,主疏泄,主情志,喜条达而恶抑郁;胃属燥土之腑,与脾互为表里,胃主受纳,脾主运化,脾升胃降共同完成水谷消化吸收输布。饮食入胃有赖肝气正常疏泄,脾胃腐熟运化才能化生气血。肝气郁结,横逆犯胃,脾失健运,胃失和降,脘腹疼痛,恶心呕吐。胃脘痛虽有气痛、血痛、冷痛、热痛、食痛、瘀痛、虚痛种种,但肝气犯胃、肝胃郁热、肝郁脾虚引起者最为常见。胃脘痛病标在胃,本在肝,或病在胆,逆在胃,其治亦在肝胆。王必舜临证特别强调七情致病的重要性,认为饮食致病主要是脾胃受累,七情致病可累及五脏六腑,现代医学模式也认为社会 - 生理 - 心理是一个统一整体,精神情绪与人体疾病密切相关。《素问 · 调经论》云:“血气不和,百病乃生”,“百病皆生于气”,“肝志怒,怒则气上,脾志思,思则气结”。气机逆乱肝胃失和导致胃脘痛,临床所见胃脘痛包括现代医学诊断胃痉挛、胃炎、胃十二指肠溃疡、胆囊炎、胰腺炎等,由情志因素诱发者十居六七。故治胃必先调肝,肝胃同治或肝脾同治,胆胃同治是一大法门。脾胃在生理病理方面与其他脏腑相互制约,互相影响,与肝胆关系最为密切,肝随脾升、胆随胃降,肝木疏土助其运化之功,脾土营木成其疏泄之用。肝郁气滞首先侮脾犯胃致胃脘痛,临证肝胃不和之胃脘痛分为 3 个类型,即肝气犯胃、肝胃郁热、肝郁脾虚或脾虚肝郁型。前二型多属热属实,后者多属寒属虚。组方用药前贤同道均善一型一方,肝气犯胃用柴胡疏肝散,肝胃郁热用化肝煎,肝郁脾虚用逍遥散。王必舜删其庞杂,精选一方,统用于三型胃脘痛,名冠疏肝和胃理脾汤,突出了“和为贵”的学术思想,寒热并用谓之和,消补兼施谓之和,升降相因谓之和,组方于平淡无奇之中,平衡冲和而起沉疴,随证加减灵活应用,疗效彰著。(时吉萍)

止咳方

1 止咳方

1.1 组 成

柴胡 10g,前胡 10g,杏仁泥 10g,炙百部 15g,款冬花 15g,炙桑叶 10g,炙桑皮 10g,桔梗 6 ~ 10g,甘草

6~10g。其中桔梗在痰少或仅用其引经入肺用6g，若咽痛、痰多则用10g。甘草一般用6g，咳嗽重时用10g。纵观全方，取止嗽散之百部、桔梗、甘草理肺止咳，加性偏温的润肺降气之款冬花，杏仁配伍性偏寒凉清热宣肺之柴胡、前胡、桑叶、桑皮，各药均较平和，寒热并用，宣中有降，使气机调畅，宣清有权，咳嗽自止，故临床应用广泛。

1.2 加 减

风寒重，去桑叶、桑皮，加荆芥、麻黄；风热重，考虑有细菌或病毒感染者，加金银花、鱼腥草、大青叶、黄芩；咽痛或痒者加牛蒡子、蝉蜕、山豆根、芦根、白茅根、射干；痰多色黄质黏稠或大便干燥者加莱菔子、瓜蒌、天竺黄；痰色白清稀合二陈汤或加紫菀；气喘者白前易前胡，加苏子、五味子；兼喘有热者配麻杏石甘汤；高热加石膏、荆芥、薄荷；咯血或痰中带血加白及、仙鹤草、侧柏叶；低热加沙参、元参、知母、黄芩、青蒿、麦冬、五味子；气虚加党参或太子参、黄芪、当归、百合；气阴两虚加沙参、麦冬、五味子；易反复感冒者加党参、黄芪；气虚、阳虚加桂枝汤或黄芪桂枝五物汤；久咳或老年人需扶正，尚需加入活血化瘀之品，如黄芪、桃仁、当归、丹参；扶正一般用四君子补气，当归补血汤益气补血，山药健脾益肾；久病及肾还需加补肾之品，偏阳虚加仙灵脾、肉桂、补骨脂；有喘用蛤蚧；偏阴虚加生熟地、黄精、何首乌；理肺气常用枳壳、苏梗。以上加减药物，处方时只选一至二味即可，善后主要从金水相生入手，用百合固金、六味地黄之类以固本。

2 病案举隅

案1 刘某，女，4岁半，1997年11月4日初诊。患儿咳嗽1周，色黄质黏稠，无发热恶寒等证，二便正常，舌苔薄黄质红，脉数。证属热邪犯肺咳嗽，方用"止咳方"加减：柴胡10g，前胡10g，杏泥10g，炙百部15g，鱼腥草15g，款冬花15g，金银花20g，桔梗6g，甘草6g，取4剂，水煎早晚分服。11月28日二诊。药后咳嗽明显减轻，夜间已不咳，仅白天有轻微咳嗽，咳痰明显减少。舌苔薄白质淡红，脉细弱，病已3周，伤及气阴，上法参以扶正。生黄芪15g，当归6g，百合15g，炙枇杷叶15g，鱼腥草20g，桔梗6g，甘草6g。取4剂，每日1剂，水煎早晚分服。5天后追访患儿病痊愈。

按 病已1周，热壅于肺，故无表证而现肺热失于清肃，肺气上逆之咳嗽，痰多色黄质黏说明肺系有热，舌脉之象亦为热象，故此为热邪犯肺之咳嗽无疑，方用止咳方化痰止咳，增鱼腥草、金银花清热解毒，因辨证准确，用药精当，故药到病除，疗效显著。但因该患体质较弱，常易外感，加之病已3周，热伤气阴，故以原方合扶正之生黄芪、当归、百合以增其抗病能力，卫气充实，祛邪之力增强自然易愈。

案2 刘某，男，60岁，1997年7月8日初诊。咳嗽2周，咯白色黏痰，晨起痰多，伴咽痒，不发热，无胸痛，大小便正常，纳食尚可，查咽部无红肿，舌苔薄黄质红，脉稍数。证属风寒束肺化热。方用止咳方加减：柴胡10g，前胡10g，桃仁10g，杏仁10g，炙桑皮12g，炙百部15g，款冬花15g，金银花24g，鱼腥草30g，炙枇杷叶15g，车前草15g，黄芩10g，桔梗6g，甘草10g。取5剂，水煎服，每日1剂，早晚分服。7月15日二诊：服上方后咳嗽咯痰均缓，唯咽部不适，发痒，咳少量痰，舌苔薄黄质红、脉数。方守原法调整，去柴胡、桃仁、车前草，加紫菀10g，半夏12g，取4剂水煎分服。三诊咽痒缓解，有轻微咳嗽，咯少量痰，舌质暗红苔薄白，脉稍数。仍选止咳方参以活血扶正之品：生黄芪30g，当归15g，百合30g，沙参24g，丹参24g，前胡10g，桃仁10g，杏仁10g，赤芍15g，炙百部15g，款冬花15g，炙桑皮10g，鱼腥草30g，桔梗6g，甘草6g。取6剂，每日1剂，水煎分服。后经随访咳愈。

按 本病服药15剂而愈。咳嗽前为感冒，后虽表证不明显但热邪客肺无疑。故治以清热理肺，降气止咳，药用止咳方中理肺止咳之品，加鱼腥草、黄芩、金银花合原方柴胡、桑叶清透肺之热邪从外而解，车前草导热下行。二诊服药诸证均有减轻，故去柴胡、桃仁、车前草，再加紫菀、半夏增其降肺止咳之功能。三诊时诸证渐愈，唯舌质暗红，脉数不去，虑其气阴两伤，加之年事已高，故去金银花、半夏、黄芩等加黄芪、百合、沙参、丹参、当归等，在治咳的基础上兼以活血扶正之法以善后。

3 体 会

王必舜在治疗咳嗽证中有以下特点：①强调辨证论治和整体观念，注意标本缓急，既寻求主症主因，又不忽视兼证，因为正是兼证，才反映了"五脏六腑皆令人咳"之理。②防重于治，三分治疗七分养，预防为主，重在防治感冒，临床发现感冒是诸多咳嗽病的诱因。③注重食疗，可起预防和增强疗效作用，如山药、百合、梨与贝母同煮；杏仁、核桃仁等均可起到补益肺、脾、肾的功效，所以他在论治中常数法并举，药物治疗、心理治疗、饮食治疗和预防方法同进。④治外感咳嗽以祛邪为主，治内伤咳嗽要注意补肺健脾益肾。⑤强调病理产物的清除，如痰湿、血瘀、

气滞等，因为这些病理产物又可影响于肺，造成恶性循环。（易竞雄）

王朝宏临床经验

【名老中医简介】王朝宏（1921～）主任医师，研究生导师。陕西中医学院教授。享受国务院政府特殊津贴。全国名老中医药专家学术经验继承工作指导老师。长期从事中西医结合教学、医疗、科研工作，擅长心脑血管疾病的诊治。表论文50余篇。

临床经验

心肌病

1 病因病机

中医古籍中虽无“心肌病”一词，但类似上述表现者.则如《素问·逆调论》曰：“夫不得卧，卧则喘者，是水气之客也。”“水病，下为胕胕肿大腹，上为喘呼不得卧者，标本俱病。”（《素问·水热穴论》）。这里提到下肢水肿，气喘，不能平卧等，与心肌病出现充血性心力衰竭的表现相近似，并且明确指出是“水气之客也。”水邪性寒属阴，肾为水脏，藏命门真火温化水湿。肾阳虚衰，不能化气行水，则水气内生，上逆而凌心犯肺。由于水气为阴寒之邪，易伤阳气，使心气心阳受损而出现上述表现。又心主血脉，赖心气推动，血才能通行五脏六腑、四肢百骸。推动乏力，血脉失养，则见头晕、乏力、气短、脉结、代等。这与本病心输出量下降，组织灌注不足所引起的表现是相似的。有研究表明，这些心气虚的主症与患者心指数、心输出量降低呈正相关。即心气的盛衰能反映心脏的泵血功能。心气暴脱，脉痹不通，则如《素问·痹论篇》所云：“心痹者，脉不通，烦则心下鼓，暴上气而喘。”“心胀者，烦心短气卧不安。”（《灵枢·胀论》），指出病位在心，其气不通，则突发心烦、气短、气喘，不能平卧等类似本病左心衰竭时的表现。可见心肾阳气亏虚，是本病发生的根本所在。正是所谓“邪之所凑，其气必虚。”

另外，《金匮要略》云：“心水者，其身重而少气，不得卧，烦而躁，其人阴肿。”“心下坚，大如盘，边如旋盘，水饮所作。”“喘逆倚息，短气，不得卧，其形如肿，谓之支饮。”等都描述了水饮之邪，凌心犯肺的表现，有乏力、身重、气短、烦躁、气喘、端坐呼吸、头面四肢水肿、心下癥积（肝脏肿大）等。说明心肾阳气亏虚日久，伤及脾气，使脾虚不能运化水湿，外溢肌肤则见头面、四肢水肿。心气虚不能推动血在脉中正常运行，血行瘀滞，积于心下则为癥积（肝脏肿大），痹阻心脉则见胸痛，心脉失养则心烦、心悸，瘀血阻遏水道，水道不利，反过来又加重水肿，形成恶性循环。

综上所述，本病的基本病因病机是心肾阳气亏虚，不能化气行水，水饮内生，上凌心肺，发为气喘，不能平卧；外溢肌肤，出现头面、四肢水肿；推动无力，血脉失养，则见头晕、气短、乏力、心悸、胸痛、脉结、代等；血脉瘀滞则见紫绀、癥积等。系标本俱病。主要以心肾阳气亏虚为本，血瘀水泛，上凌心肺，外溢肌肤为标。

2 治疗

2.1 治则治法

心肌病的总病机为心肾阳气亏虚为本，血瘀水泛，上凌心肺，外溢肌肤为标的本虚标实证。治则自然应为扶正祛邪，标本兼顾；治法则宜益气温阳，活血化瘀，泻肺平喘，和水消肿。

2.2 辨证论治

2.2.1 心气阴虚证证见心悸，少寐，胸闷，气促，动则喘息不宁，自汗、盗汗，神疲倦怠，头晕，口干，舌质红，苔厚，脉细弱或细数或结、代。治法为益气养阴。方药用生脉散加减。西洋参10g（另兑），麦门冬10g，五味子5～10g，黄芪30g，生地10g，当归10g，山萸肉10g，炒枣仁15g。若心动悸甚者，可改用炙甘草汤加减，重用麦冬、生地。

2.2.2 阳虚水泛证证见肢体浮肿，或伴胸水，腹水，脘痞腹胀，便溏，尿少，心悸，气喘，胸闷，畏寒肢冷，唇甲青紫，舌质淡胖或淡紫，脉沉细无力。治法为温阳利水。方药为真武汤加减。制附片10～15g（先煎），茯苓10～15g，白芍10g，白术10g，猪苓10g，桂枝10g，黄芪30g，防已15g，葶苈子10～15g。

2.2.3 气虚血瘀证证见心慌，气短，动则气急，胸胁满闷，胁下癥块，面色晦暗，颈脉怒张，爪甲青紫，舌质紫暗或有瘀斑，脉沉涩或结、代。治法为益气活血。方药用保元汤加膈下逐瘀汤加减。人参10g（另煎，兑入），黄芪30g，肉桂5g，炙甘草5g，丹参30g，当归10g，川芎10g，赤芍10g，香附10g，红花10g，元胡10g，枳壳10g，地龙10g。突发中风，半身不遂者，可用补阳还五汤加减。

2.2.4 心阳衰竭证证见心悸，怔忡，胸闷，气促，难以平卧,动则喘甚,或喘促不宁,咯白色泡沫样痰,汗出,肢冷,舌质淡胖,紫暗,脉微细欲绝或细数不清。治法为急救回阳,大补元气。方药用四逆加人参汤加味。红人参10~15g(另煎,兑入),制附片(先煎)10~15g,干姜10g,炙甘草10g,五味子10g。或用参附注射液10mL加50% 葡萄糖20mL静脉注射;或用20~40mL加入10% 葡萄糖250mL中静脉点滴。亦可改用生脉注射液或参脉注射液,用法和用量同参附注射液,以应急需。出现晕厥时可辨证使用芳香开窍之剂。温开用苏合香丸,凉开用至宝丹、紫雪丹等。

2.3 经验方

2.3.1 温阳活血汤 组成:黄芪、丹参、车前草、夏枯草各30g,党参、当归、猪苓、柏子仁、炒枣仁各15g,桂枝、茯苓、泽泻各10g,生姜6g。热象明显加桑白皮、葶苈子各15g,寒象明显加麻黄6~10g,增桂枝至15g。

2.3.2 补心汤 组成:人参10g,黄芪30g,附片6g,丹参20g,川芎10g,麦冬10g,五味子10g。气虚甚者,加党参,将人参改为红参,并重用参、芪;血瘀者加郁金10g,赤芍10g,重用丹参;水肿者加猪苓10g,茯苓10g。

2.3.3 心复康 组成:黄芪30g,丹参20g,制附子(先煎)10g,川芎25g,淫羊藿15g等。(曹贵民)

遣方用药

慢性风湿性关节炎

1 内外合邪,寒热分证

众所周知,"所谓痹者,各以其时,重感于风寒湿之气也""不与风寒湿气合,故不为痹"(《素问·痹沦》)。指出了外邪在痹证发生中的重要地位,然而外邪发病的条件,同居一处者,或病或不病。其病者,邪之所凑,其气必虚是也。其不病,正气存内,邪不可干也。在痹证的发生中,除了外邪作用外,更重要的是由于正气不足,卫外不固,腠理疏松,才使外邪得以乘虚而入,正如《济生方·痹》篇所言:"皆因体虚,腠理空疏,受湿气而成痹也。"现代医学认为风湿病是一种变态反应性疾病,同体质因素密切相关,与中医理论不谋而合。这一点在探讨慢性风湿性关节炎(痹症)的发生、衍变、预后转归及处方用药当中,必须引起我们极大地重视,才能把握住防治本病的关键所在。

慢性风湿性关节炎反复发作,经年累月,多数表现为关节疼痛,游走不定,甚或痛如锥刺,或者重着麻木,这些当属风寒湿痹之列。每遇风湿活动,除了上症之外,还可兼见发热、汗出,关节红肿,舌红苔黄,脉数,甚至有的伴有环形红斑(隐疹)、风湿结节等,当属热痹。热痹的发生,一般与下列因素有关:①素体阳盛,内有蕴热,或阴虚阳亢,感受外邪时则易从阳化热,正如《素问·痹论》所言"阳气多,阴气少,病气胜,阳遭阴,故为痹热"。②痹证缠绵不愈,外邪郁久化热而成。此即《类证治裁·痛风》所言:"寒湿风郁痹阴分,久则化热攻痛"是也。③由于慢性风湿性关节炎缠绵难愈,病程中重复感受热邪或者风热、湿热之邪,均可使病情加剧而成。如叶天士《临证指南》中"由于暑热外加之湿热,著于经络"之言便是。总之,对慢性风湿性关节炎可按寒热分证,以执简驭繁。虽前贤论痹,多侧重于寒而少于热,但是正如清·吴鞠通氏在《温病条辨·中焦湿温》所言"因于寒者固多,痹之兼乎热者亦复不少。"指出了以往的不足。

2 强调健脾胜湿,灵活辨证用药

慢性风湿性关节炎可按寒热分证论治:当用寒者温之,热者清之。至于寒证,前贤颇多论述,不赘。关于热证,多表现为关节疼痛,局部潮红,灼热、肿胀拒按,活动障碍,兼有身热汗出,咽红口渴,舌红苔黄,脉滑数,有的还兼有风湿结节、环形红斑等。多投以清热通络之剂。常用方有白虎加桂枝汤、犀角汤合白虎汤、桂枝芍药知母汤、桂枝二越婢一汤等,都有一定疗效,但亦屡有不尽满意之忧。尤其是单用寒凉之剂后,每多迁延难愈,王朝宏认为,热邪来去皆速,为何本病缠绵难愈,分明夹有湿邪为患。尤其当热证明显时,即使无苔腻、脉濡等表现,但多有关节肿胀,甚或如囊水之状,此其候也。故采用清热通络,疏风胜湿之法。选用越婢加术汤为主方:越婢汤发表行水,表里两清,加白术健脾化湿,以祛肌表湿邪,尤为对证。临证加减运用,尚感满意。其加减变化,正如《济生方》言:"肿满如脱者为湿多,汗出者为风多"凡见汗多、关节游走疼痛者为兼风邪,可加用防风、细辛、羌活以祛风。肿甚、苔腻者为挟湿邪较重,可加用薏苡仁、萆薢、五加皮、木通、泽泻以增强祛湿之力。病变偏于上者,加用桑枝、羌活、威灵仙、姜黄、川芎以治上;偏于下者加用独活、牛膝、木瓜以治下;咽痛甚者加用桔梗、连翘、射干或六神丸等;有环形红斑、风湿结节者为兼瘀血,可加用川芎、姜黄、元胡、桃仁、红花等。久病正虚者酌增扶正之品,以上各证均须加入秦艽、木防已、忍冬藤,以增强清热祛风胜湿之力。此三味药经现代研究证实具有解热、镇痛、抗菌、消炎和兴奋脑垂体－肾上腺皮质功能,用于风湿活动甚为对症。以上各种变化,可临证结合患者具体情况,灵活化裁。

3 重视客观检查,疗程一定要足

经过治疗后,关节红肿多为首先消退。继之疼痛消除。至此患者多误以为病已痊愈。医者若不及时向患者解释病情,便会中断治疗。是造成本病治疗不彻底,反复发作,迁延不愈的常见原因之一。要知道,慢性风湿性关节炎是一种非常顽固的疾病,本病的体征除了关节红肿以外,较重要的有环形红斑和风湿结节,前者呈边缘略隆起的淡红色环状或半环状皮疹,时隐时显,多出现在躯干和四肢关节附近的内侧面。后者呈黄豆大小的硬结,多出现在四肢关节的隆突部位的皮下,不与皮肤粘连,无触疼。二者的发生,系由于热毒湿邪过盛,壅遏经络,血行瘀滞或湿热之邪与气血胶结不解,痹阻经络,留着不去所致。尤其是风湿结节的出现,常表示病情较重,极易内含脏腑。早在《素问·痹论》就有"脉痹不已,复感于邪,内舍于心"等论述。并且风湿结节的数量多少,存在时间的长短都与病情转归密切相关,有时甚至疼痛已止,而风湿结节仍在。切不可认为疼痛消失就是病愈。如过早停止治疗,除邪未尽,就会有残灯复明,留邪复炽,前功尽弃的危险,一定要在其好发部位认真检查,并且要告诉患者彻底治疗的重要性,使其能主动坚持足够疗程的治疗。其它还要参考抗溶血性链球菌素,血沉及心电图等辅助检查。在一切检查都恢复正常之后,最好坚持用扶正固本之剂(加防已黄芪汤)或成药(如参苓白术散等)一段时间,以收全功。

4 瘥后调养,培正固本

《素问·痹论》曰:"饮食居处,为其病本也"。鉴于本病易于反复发作,发病又与正气不足,卫外不固有关,所以病愈之后,要强调让患者自觉形成有规律的生活习惯,劳逸适度,并坚持体育锻炼,增强体质,饮食要富有营养,保证足量蛋白质的供应。忌肥甘厚味及辛辣之品。逐渐使正气旺盛,营卫固秘,以防外邪侵袭。注意防寒保暖。居处保持通风透光,常晒被褥,保持室内干燥。"虚邪贼风,避之有时"。切勿卒冒风寒,涉水淋雨,"不与风寒湿热之邪相合,便不为痹矣。"

5 病案举隅

何某某,女,26 岁,农民。反复发作性关节疼痛四年,加重伴发热一周。一周前劳动中卒逢暴雨。遂发热、恶寒、汗出、咽痛(既往常咽痛),右踝关节肿胀疼痛,行动不便,翌日两膝关节红肿疼痛,手不可按,步履不能。食欲不佳。曾在某医院查 T39.℃ ,给"青霉素"、"感冒药"治疗,咽痛碱,余症不减。查 T38.1℃ ,咽充血,扁桃体Ⅱ°肿大。心界不扩大,心率 96 次/min。律齐,心音可,心尖可闻及Ⅱ/Ⅳ级收缩期吹风样杂音,柔和,两肺(-),双膝及右踝关节潮红、灼热、肿胀,舌红苔黄微腻,脉滑数。白细胞 0.9×10^9/L,中性 0.78,血沉 43mm/h,抗"O" 840 ,心电图未见异常。诊断为慢性风湿性关节炎风湿活动期。证属热痹挟湿。治法清热通络,疏风胜湿。用越婢加术汤加味。药用麻黄 10g(捣),生石膏 30g,白术 12g,木防己 10g,秦艽 20g,忍冬 20g,连翘 15g,桔梗 12g,独活 10g,木瓜 10g,牛膝 12g,苡仁 5g,甘草 5g,生姜 6g,水煎服。日 1 剂,6 剂后疼痛稍减,咽痛消失。右膝关节隆突部位可触及绿豆大结节 3 个。余症如前。前方去桔梗、连翘加元胡、桃仁各 12g,6 剂后疼痛明显减轻,关节不红不灼。但右膝关节隆突部位亦可触及小结节一个。方药未改,继用 12 剂后肿退。仍感关疼痛,但不剧。可以下地活动。舌转淡红,苔薄微黄,脉略数。遂减石膏量到 20g,再用 6 剂后疼痛消失。唯上述结节仍未消退,复查抗"O" 500U,血沉 23mm/h,再守方 10 剂后,结节消失。复查抗"O"400U 以下,血沉 13mm/h,痊愈出院。嘱服参苓白术散以善其后。调养如前法,1 年后随访,未见复发。(曹贵民)

王成荣妇科经验

【名老中医简介】王成荣(1928 ~)四川都江堰人。研究员,主任医师,博士生导师。1954 年毕业于四川医学院。现任四川省中医药研究院中医研究所、中医医院妇科研究员。享受国务院政府特殊津贴。四川省名中医。擅长于治疗月经病、不孕症、性功能障碍及男性不育症。发表论文 20 余篇。主编、参编《中医妇科学》《实用中西医结合妇产科学》《实用中医妇科学》《中医疾病诊疗纂要》《老年养生保健必读》等医著。

1 崩 漏

崩漏既是妇科常见病,亦是疑难重症。所谓"崩"者,月经量多而势急;"漏"者,月经量少而势缓。崩久可形成漏,漏久亦可致崩,且二者常交替出现,故称"崩漏"。王成荣认为,此证虽属常见,但可见于功能失调性子宫出血,子宫肌瘤尤其是粘膜下肌瘤、子宫颈癌、子宫内膜癌、不全流产、滋养细胞疾病、前置胎盘、显性出血型胎盘早期剥离、产后出血等多种妇产科疾病和再生障碍性贫血、血小板减少性紫癜、白血病等血液病。因此,必须在辨证论治前,进行西医鉴别诊断清楚后,采取最佳治疗方案。只要出血过多或出血时间过久,都应在明确西医诊断的同时,积极止血或减少血量。他根据五十年的临床经验,认为崩漏治法,中医古籍每详崩而略漏,虽然在理论上可以采取初起"塞流"以治标,继当"澄源"求因而治本,最后"复旧"固本而善后,但在临床实践中,往往需要"澄源"才能止血,或"塞流"与"澄源"同时并举。通常崩宜清热凉血化瘀或兼益气;漏宜养血下或去瘀;并应根据不同年龄阶段灵活掌握"止血－调经－促排卵"才能全功。

案1患者,女,47岁。2003年10月10日初诊。月经持续22天不净,伴小腹痛。月经12(3～4/28)Lmp2003年9月18日,无痛经史,放环10年。既往月经正常,9月18日月经来潮,前5天一直最多,自服宫血宁(用量不详)后,出血量有所减少,但至今淋漓不净,伴小腹绵绵作痛,烦热口渴,舌淡苔薄白,脉沉。拟诊:崩漏(阴虚内热),治则:养阴调经。处方:生地、白芍、香附各15g,女贞子、旱莲草、海螵蛸各20g,茜草、茺蔚子各10g,6剂,每日1剂,水煎分3次服。10月17日二诊:服药后阴道未再出血,现头痛,夜寐欠安,考虑阴血耗伤,髓海空虚,心脉失养所致,随予生脉散加味以善其后。

按 王成荣对阴虚崩漏最善使用二至丸合四乌鲗骨－藘茹丸,且二至丸等量配伍,常各用20g,以滋补肝肾之阴。《医方集解》谓二至丸:补肾,补腰膝,壮筋骨,强肾阴,乌髭发。价廉而功大;《普济方》:治肝肾不足,头目昏花,须发早白,腰背酸痛,下肢痿软等症;《中医方剂大辞典》:女贞丹《扶寿精方》,[异名]二至丸(《医便》卷一),益肝肾,壮筋骨,乌发,止血;《中国药典》:补益肝肾,滋阴止血。用于肝肾阴虚,眩晕耳鸣,咽干鼻燥,腰膝疼痛,月经量多。现代药理研究,女贞子、旱莲草均有抗炎、抑菌、保肝及促进免疫功能的作用,墨旱莲有止血、女贞子有抗癌等作用。古人亦曾提出女贞子有止血作用,如《本草正》:"养阴气,平阴火,解烦热骨蒸,止虚汗,消渴及淋浊,崩漏,便血尿血,阴疮,痔漏疼痛"。对于"四乌鲗－藘茹丸",王成荣并未采取《黄帝内经·素问·腹中论》的配伍原则,而是以二乌鲗骨－藘茹(茜草)合入二至加味使用,且疗效良好。《玉楸药解》:"乌鲗鱼骨,善能敛新血而破瘀血,《素问》治女子血枯,先唾血,四肢清,目眩,时时前后血,以乌鲗骨、藘茹为末,丸以雀卵。血枯必由夫血脱,血脱之原,缘瘀滞不流,经脉莫容。乌贼骨行瘀固脱,兼擅其长,故能著奇功"。《日华子本草)言茜草"止鼻洪、带下、产后血运、乳结、月经不止,肠风、痔瘘、排脓、治疮疖,泄精,尿血,扑损瘀血"。由此可见,四药相伍,补肝益肾而不滋腻,凉血止血而无伤阴之弊,止血而寓通经活血之功。

2 闭 经

闭经一证,除了先天性生殖器官发育异常或后天器质性损伤以及生理性闭经之外,中医将其病因病机分为虚、实两类,包括肝肾不足、胃弱脾虚,气郁血瘀以及痰湿等等所致冲任虚衰或瘀滞。王成荣对本证不仅要求审证求因,还强调辅助检查,明确闭经的西医学诊断与分类。在明确西医诊断基础上,合理选用中药、西药或中西医结合治疗。但一般多首选中药行气活血的通经方剂,不效才根据诊断结合辨证作进一步处理。他认为,本着"腑以通为顺"的理论,"脉为血之腑"也当以通为顺。只有经脉通顺,冲任的气血营养才会旺盛,月经方能趋于正常。正可谓"气血畅,血气平,五脏安,六经宁"。

案2患者,女,29岁。2003年9月19日首诊。闭经4月,伴头痛。月经12(7/30)Lmp2003年5月24日,用纸10张。G1P1。近5年来反复停经,现已闭经4月,时感头痛,乳胀,易怒,夜寐欠安,舌淡,苔薄白,脉沉弦。妇科检查(－)。查血:PRL 14.3ng/mL,FSH 7.36mTu/mL,LH 4.25mTu/mL,E 217.8Pg/mL,P 3.14ng/mL,T 48.42ng/dl。BBT单相。拟诊:下丘脑功能性闭经。中医辨证:肝郁气滞。治则:舒肝理气活血调经,辅以温阳补肾。处方:香附、仙茅、仙灵脾各15g,枳壳、川红花各12g,川牛膝30g,川芎、当归、桃仁各10g,6剂,每日1剂,水煎分3次服。舒乐安定片1mg×10片,1mg,睡前必要时服。9月26日二诊,服药3剂,月经来潮,量少,坚持将所剩3剂药服完,至今阴道仍有少量出血,无特殊不适。药用生地、白芍、当归、川芎、香附各15g,桃仁、茺蔚子各10g,川红花12g,6剂,每日1剂,水煎分3次服,以善其后。

按 王成荣治疗闭经、月经过少、月经后期或经前漏下等证,常用经验处方"三川汤"加减。对于临床检验生殖激素正常或水平偏低而中医辨证属肾气不足者常加“二仙”。“二仙”合用,具有补肾壮阳,散寒益精之功。近年来,常根据其功效用治围绝经期综合征及其他慢性疾病。血虚挟瘀者加鸡血藤,《饮片新参》谓鸡血藤:“去瘀血,生新血,流利经脉。”《本草纲目拾遗》谓其:“治老人气血虚弱,手足麻木瘫痪等症;男子虚损,不能生育及遗精白浊……妇人经血不调,赤白带下;妇人干血痨及子宫虚冷不受胎”。现代药理研究,认为鸡血藤具有改善循环,增强子宫的能量代谢及合成代谢作用。小剂量能增强子宫节律性收缩,较大剂量收缩更显著。(郝齐敏　郝磊)

王春生临床经验

【名老中医简介】王春生(1947~)江西波阳人。主任医师。1987年毕业于江西中医学院。原江西省鄱阳县中医院副院长。江西省名中医,江西省第二批省级师承指导老师。长期致力于中医内科临床、带教、科研工作,擅长于治疗内、妇、儿科疑难杂症,尤其对消化内科的疑难病症有较深入的临床研究。发表论文60余篇。

临床经验

1 益气增液排石治尿石症

1.1 立法依据

泌尿系结石的病机为“肾虚膀胱热”。肾虚包括气虚和阴虚。气虚则尿液运行障碍或涩滞,清浊泌别失司,尿浊得以沉积为石;阴液不足则尿液浓缩,运行滞缓,尿浊淤聚亦致成石。临床常见尿石患者,平时往往仅有腰痛乏力、头昏肢软、小溲余沥不尽等症,脉舌少有湿热之证,只在其绞痛发作或尿路感染时才见有尿频、尿急、尿痛、尿血等下焦湿热之证。故尿石的形成根本在于气虚、津液亏少,湿热蕴结只是成石的条件。且邪蕴日久,转伤气阴。平时使用本法益气增液,诚治本之举措,感染作用时,则当灵活施治。

1.2 处方用药

本方重用黄芪以补气,北沙参、麦冬、生地、玄参、白芍以养阴增液,合成甘寒补气法。夫欲通亡,必先充之。气足则推动有力;津液盈满则水深舟自浮。增液药能清能润能通,常可及时控制感染,使尿路炎症减轻以致消失,还可舒缓肾、输尿管的痉挛,缓解疼痛,助排石而无(或少)痛苦。辅以金钱草、石韦、海金沙、猪苓、鸡内金等通淋化石排石。“欲降必先升之”,故佐以天麻,继以牛膝、冬葵子引之下行,加速结石推移;使以甘草和诸药,并协同白芍缓急止痛,共奏益气化石排石之功。若气虚甚有蛋白尿者可加党参、茯苓、怀山药;尿路感染者可加扁蓄、瞿麦、滑石、车前子、蒲公英等;血尿者可加小蓟、白茅根、仙鹤草、旱莲草等。

1.3 临床运用时应以增液药为基础,益气药不可过多。“气化原由阴以育”,善补气者,当育阴以化气。故方用大队养阴生津补液之品,而仅用一味黄芪补气以鼓荡斡旋。

2 退黄毋忘治肺

王春生认为,辨治黄疸时,经清热利湿、疏肝利胆、活血化瘀、温中健脾等常规治疗效果不明显时,退黄毋忘治肺。黄疸以目黄、身黄、小便黄为主要症状,其中尤以目黄为确诊的重要依据,唯“目黄者,曰黄疸”(《素问·平人气象论》)。目虽为肝之窍,然而与肺的关系极其密切。《灵枢·口问》说:“目者,宗脉之所聚也。”宗脉为百脉之宗,肺朝百脉,所以宗脉当为肺所主,宗脉上荣于目,亦当以肺为本。肺主气,若肺气虚衰则目失其养,而视物不明,故《灵枢·决气》有“气脱者,目不明”之说。从十二经脉流注次序来看,“气从太阴出,注于阳明,”依次传至足厥阴肝经,“复从肝别贯膈,上注肺”,首尾相贯,如五无端。可见肺与肝经脉相接,气血相通。从眼科五轮学说来看,血睛属气轮,内应于肺。黄疸病之目黄,系指白睛(巩膜)黄染,即是肺在目之辖区。五行之中,金克木,肺气肃降,气机畅通,可抑肝气之上逆、肝阳之上亢;若肺失消肃,则肝无所制,亢而为害。肝火上炎则肺金受灼,白睛为之赤痛;肝胆湿热,上逆犯肺,循经络上熏于目,使白睛发黄而形成黄疸。可见,肺在黄疸病机中有着极为重要的作用和地位。临床为加速黄疸的消退,缩短疗程,当从肺论治。肺主治节,“肝欲散,急食辛以散之”。《临床证指南医案·疸》蒋式玉接语:“阳黄之作,湿从火化,瘀热在里,胆热液泄,与胃之浊气共并,上不得越,下不得泄,熏蒸遏郁,侵于肺则身目俱黄”。清金制木,清肃肺气以治节二便,清泄湿热以退黄疸。常于辨证方中加入杏蔻桔橘与莱菔子,理肺以调气机,气化则湿热分解;清肃之令下行则二便通畅,邪毒得以从二便排出，疸随泄退。若黄疸兼有表证者可宣肺疏表退黄；热重者可配合清肺泄热之品。治阳黄如此，治阴黄亦不可忽视治肺一招。黄疸迁延日久，正伤邪恋，或余毒未尽，湿热邪毒流连，治宜补肺益气祛湿退黄，利用肺的“相傅”职能，治节脾胃肝胆，协调平衡其功能，是迅速消除黄疸的有力措施。

3 调肠逆挽法治疗溃疡性结肠炎

王春生治疗疑难症不囿常规，另辟蹊径，独具特色。鉴于目前对溃疡性结肠炎的治疗尚无大的突破性进展，临床潜心于逆挽法的应用，扶正达邪败毒，总结制订出调肠逆挽汤，能有效地恢复大肠传化功能，有利于溃疡性结肠炎的治疗和康复。

3.1 病机关键在于太阴气虚、肠腑湿毒流连

溃疡性结肠炎在临床上以肠道症状为主，有腹痛欲便（左下腹坠榨痛）→排便（粘液脓血便）→缓解（暂时性）的特点，归属于中医的“痢疾”、“泄泻”、“便血”等范畴，其病变部位在大肠。溃疡性结肠炎之为病，多由湿热蕴积成毒，流连胶滞，与气血相搏，邪伤肠络，化腐成脓，湿瘀交阻而成。或起因外感时邪，或伤自食饮不节/不洁，或临床疏于除邪务尽，未作彻底治疗，或迁延日久，失治误治等等，湿瘀入络伤及肠壁黏膜血管，导致大肠传导失畅，升降失调，变化失司，出现黏膜充血、水肿、糜烂、溃疡等病理变化。其形成与肺、脾、肝、肾的病变有着密切关系。肺与大肠为表里关系，肺主一身之气，脏腑气机的调摄受制于肺，肺气的肃降有利于大肠的传导运动。肺气虚则大肠失控而传导失司，导致固摄和气化障碍；脾统六腑为生气之源，主运化，胃肠的腐熟、消化吸收、排泄均有赖于脾气的转输，大肠传导功能直接受控于脾气，脾虚则气下陷，水湿运化吸收不利，燥化不及，湿聚下流而为泻；肝之疏泄、条达活泼之性，有助于大肠的推进传导，木性动荡轩举，土得木则达。疏泄不及则大肠的传导推进作用迟缓，排便减少，疏泄太过则大肠的传导推进运动增快、增强、排便增多；肾为胃之关，主二便，大肠的传导与肾气（阳）的温煦关系密切，且久病及肾，溃疡性结肠炎病久常出现肾命火衰的“五更泻”。由此可见，两太阴气虚，生气之源匮乏、主气之力不足，厥阴疏泄失司，少阳升发之气下陷，肠道气机升降出入不利，致使大肠湿毒久羁不得消除，而泻痢反复不已。慢性溃疡性结肠炎之所以缠绵不已、易于复发，迭治不愈，究其病理，既有肺脾气虚的一面，又有大肠湿热瘀毒之邪流连的客观存在，更有肝（胆）之气始终斡旋于病变之中。

3.2 治疗重在益气、疏肝、调肠，逆挽少阳下陷之清气

溃疡性结肠炎病机关键在于肺脾气虚，少阳生发之气下陷，治疗应以补益肺脾之气，疏泄肝胆之用，逆挽少阳下陷之清气为主，兼以清肃大肠湿瘀之毒，王春生临证，但遵喻嘉言逆挽之大法，不拘泥于败毒散之方药，通过大量的临床实践，总结制定出经验方“调肠逆挽汤”，方由柴胡、炒白芍、炒枳壳、桔梗、川芎、炒苍术、茯苓、西党参、甘草、败酱草、炒防风、黄连、广木香等组成。功能补脾益气，利肺调肠，升阳化湿。临床辨证运用，每获良效。

4 典型病案

4.1 胃下垂

陈某，男，46岁，1997年3月12日初诊。脘腹胀痛5年余。经胃镜检查为糜烂性胃炎（以胃窦部为主），X线钡餐摄片提示：慢性胃窦炎、胃下垂（胃小弯角切迹低于髂嵴连线下4.5cm）；B超示：胃腔充盈后，下移入盆腔内，肝脾未见异常；肝功能正常、二对半全阴。经中西医多方治疗未获满意效果。刻诊：上腹饱胀，餐后尤甚，脐下隐痛，绵绵不休，嗳气频频，时有泛酸，嘈杂似饥，肠鸣便溏，形体消瘦，倦怠乏力，躺卧较舒，背心冷感，纳少易饱。平素嗜酒，舌苔白而腻，脉濡缓。证属水湿浸渍，胃缓不运。治宜燥湿化饮，“崇土以慎科白”。遵许学士神术散之意，拟平胃散合枳术汤（金匮）化裁。药用：炒苍术30g，陈皮15g，炒川朴20g，甘草3g，广木香15g，西砂仁6g，炒枳实、鸡内金各10g，法半夏15g，茯苓20g，大腹皮15g，石菖蒲10g。5剂并嘱戒酒。二诊：药后胀痛大减，饮食增进，精神振作，遵原方加神曲以化食解酒。10剂。三诊：诸症均除，X线钡餐检查为慢性胃炎，未见下垂。遂改服香砂养胃丸。随访2年未见复发，胃纳如常，形体渐胖。

按 水湿停聚胃脘，升降痞阻，运化失常，清气下陷，浊气上逆，为脾胃病理之一。朱丹溪谓：“湿气内停，遂成胀满。”由于水湿长期浸渍胃脘，致使胃肌（包括胃韧带）、腹肌的松弛，而形成胃下垂。本案由于胃湿素重，又嗜啤酒，湿淫于内，湿困脾胃，出现脘腹胀满，食少易饱，脐下隐痛，嗳气泛酸，肠鸣便溏，形瘦倦怠，背冷乏力等，湿土太过，清阳不升，浊阴不降，升降痞阻的症状。《金匮》曰：“其人素盛今瘦，水走肠间，漉漉有声，谓之痰饮”。宋许叔微称之为“癖囊”（饮停胃脘或胃潴留）。所以治遵许学士“燥脾以胜湿，崇土以慎科白”之法。主以炒苍术燥湿健脾；湿阻则气滞，所以用厚朴、木香、枳实、大腹皮等行气助运，气行湿亦行；茯苓、半夏、陈皮、甘草为二

陈汤，燥湿化痰，理气和中；复以石菖蒲宣气消胀，且与砂仁、苍术、神曲合用以解酒化饮。诸药共奏调气暖胃、化宿食、消痰饮之功。湿去则升降复常，而下垂之胃体得以上升。

4.2 妊娠恶阻

李某某，女，24岁，1981年5月2日初诊。停经54天，脘腹满闷，恶心欲吐，神疲肢软，头晕思睡，不欲饮食，小溲频，已10日。近4天来，口涎增多，喜唾，呕吐日渐加剧，食入则吐，有时饮水亦作恶，口苦，咽喉干燥，心烦多虑，夜寐不安，脉弦细而滑，舌苔薄黄。尿妊娠试验阳性。诊断：妊娠恶阻。治宜疏肝理气，补中益胃，降逆止呕。方宗小柴胡汤加味。处方：柴胡5g，黄芩10g，法半夏12g，炙甘草3g，白参10g（另煎汁兑服），红枣5枚，生姜3片，花粉15g，竹茹15g。服3剂后，呕吐止，胃可纳谷。

按 妊娠恶阻是因胎而致病。受孕后，冲脉之气上逆，夹肝气横侮中土，胃虚失于和降，随冲气上逆而呕恶。由于中虚运化失司，水湿每易停聚为痰饮，所以又多夹痰浊之证。病机在于肝郁犯胃，胃虚气逆。小柴胡汤有人参、红枣、炙甘草补中益气；半夏、生姜和胃化痰，降逆止呕；柴胡疏肝解郁；黄芩清热安胎。小柴胡汤虽为少阳病邪在半表半里之主方，但一经药量配伍的比例调整后，则又变为疏肝和胃补中之剂。全方辛开苦降，调和胎气。用以治疗妊娠恶阻，确是切中病机，药证合拍。所以药后"上焦得通，津液得下，胃气因和"而胎安逆降，恶阻痊愈。

4.3 小儿厌食症

张某，男，3岁，独生子。2000年4月20日初诊。食欲不振持续年余，近3个月来厌食、拒食，每日勉强进食不到100g，强食之则呕恶。曾经外地儿童医院检查：WBC 8.9×10^9/L（N 0.70，L 0.27，M 0.03），RBC 4.38×10^{12}/L，Hb 118 g/L，1gG 6.18 g/L，1gA 0.6 g/L，1gM 1.26 g/L。血清锌118.5μmol/L，血清钙2.7 mmol/L，血清铁16.1μmol/L。大小便常规正常，二对半之抗HBs +，抗HBc -。诊断为小儿厌食症。经服用锌制剂、多酶片、健胃消食片等药物及捏脊疗法，收效甚微。察小儿形体消瘦、面色不华略见白斑，神情不稳定，肚腹松软。大便溏或夹食物残渣，舌质淡、边有花剥苔，脉细弱。其母提示：小孩酷嗜酸乳、甜腻寒食，平常容易感冒。患儿胃虚不主受纳，气困不司磨运，是以不食。治宜养胃气、促胃运。方拟爵床胃喜汤加减：爵床草20g，太子参15g，炒苍术10g，胡黄连4.5 g，萆薢10g，使君子肉10g，炒五谷虫4.5g，北黄芪15g，乌梅6g，生山楂10g，葛根10g，鸡内金10g，炒谷芽15g，陈皮6g。水煎服，日3次，饭前1小时服用。并嘱减少酸乳、禁食零食冷饮，食糜粥以候胃气来复。服药1周后，患儿能主动觅食，中餐可进食100g，继进上方7剂，患儿纳食增加，食量已与同龄孩相等，面色红润而痊愈。3个月后随访，患儿体重增加已达15kg。

按 小儿脏腑娇嫩，形气未充，脾（胃）常不足，胃肠道发育尚未完善，酶系统不健全，常易出现胃纳呆滞，更不耐杂食乱投。胃困则胃的分泌与蠕动功能不全，纳运不健。"脾（胃）和则口能知五谷"。厌食症患儿不思纳谷，食而无味，其病当责之于胃。"胃以喜为补"，爵床胃喜汤功在强胃体之运磨，促胃液之分泌，醒脾气之困顿，启胃家之食欲。方中爵床草为王春生家传"疳积散"之主药，饶州地方称之为"疳积草"或"六方疳积草"，性凉味微苦，功专醒胃化食，增强食欲；胃湿则易困，胃无津液则食停不化，既当燥又当润。用苍术健脾安胃，萆薢除阳明之湿，用其燥以振奋中气，唤醒胃府之困顿；太子参、怀山药补胃气、生胃津，鸡内金、生山楂含胃激素以消食积，取其润以促进胃液分泌及酸度增加，阳明阳土得阴自安；使君子肉、胡黄连合用以防胃虚积滞生虫；木香行胃肠滞气，陈皮调中，加强胃的运动机能，使排空加速，胃宜降则和，使全方补而不滞，果有异功。

医方验方

调肠逆挽汤

方药：柴胡、桔梗、川芎、木香各10g，炒白芍、炒枳壳、炒苍术、茯苓各15g，黄连、炒防风各6g，败酱草30g，党参20g，甘草3g。每天1剂，水煎3次，取汁分2～3次口服。

主治：慢性非特异性溃疡性结肠炎，经常泄泻，时轻时重，时作时止。发则腹痛、腹胀，大便溏薄夹黏液，间见脓血，反复发作，久治不愈者。

加减：如急性发作时，湿热较剧，腹痛、腹泻黏液血便伴里急后重、肛门灼热、脉弦数者，宜加强清热燥湿导滞之品，合白头翁汤、葛根芩连汤等；如腹痛重，痛有定处，左下腹可触及变硬的肠管，压痛明显，舌质暗或有瘀斑、苔少，脉弦涩，宜配合活血化瘀之品或合用少腹逐瘀汤加减；如气虚下陷较甚者则加黄芪、升麻；如久病及肾，脾肾阳虚，出现五更泄泻，肠鸣则泻，遇寒加重，形寒肢冷，腰膝酸软，舌淡、苔白，脉沉细无力者，当配合温补肾阳，加用四神丸，寒甚则加附子、肉桂、干姜等；如湿邪较盛，肠鸣泻下水样便者，宜加猪苓、泽泻、车前子等分消其湿；如滑泄失禁者，可加罂粟壳、乌梅、赤石脂等以涩肠止泄；便血者，加仙鹤草或加炭药；纳谷不馨者，加神曲、炒谷芽、炒麦芽、鸡内金以导滞助运；如泻痢日久，伤及阴血，腹中隐痛，便下脓血，午后低热，失眠，盗汗，头昏，舌红、少苔，脉细数者，宜合生脉散加阿胶、知母、黄柏等。

注意：服药同时，尚须注意调其饮食适其寒温，避免精神刺激，养成良好的生活规律，加强体育活动，增强体质。尤其要减少或杜绝对肠道有不良刺激的饮食，补充足够的营养，注意饮食卫生，防止病从口入，提高机体免疫力，加速溃疡的愈合。

爵床胃喜汤

方药：爵床草10～30g，胡黄连3～6g，萆薢6～15g，炒苍术5～15g，使君子肉5～15g，太子参10～20g，山药10～20g，炙甘草3～5g，木香3～10g，陈皮6～15g，鸡内金6～15g，生山楂6～15g。水煎服，每日1剂，分3次饭前1小时服，7日为一个疗程。

主治：小儿厌食症。

加减：脾胃气虚，纳运不健，患儿厌食，面色萎黄，神疲倦怠，少言懒动，大便溏薄，舌淡、苔薄，脉弱，指纹淡滞，宜加茯苓、炒扁豆、薏苡仁、砂仁等健脾和胃、益气渗湿；腹胀甚者，去甘草，加槟榔；舌苔腻者，加藿香；泄泻者，加葛根；有寒者，加炮干姜；寒甚者，加吴茱萸、熟黑附片。食滞胃脘、胃困纳呆者，脘腹饱胀，脉滑有力，舌苔厚腻，指纹紫滞，加大消食导滞、醒胃助运之力，并加炒莱菔子、炒枳实、神曲、麦芽等；腹胀甚者，加槟榔或大腹皮；大便秘结者，加大黄。脾胃阴虚、胃液匮乏者，不思饮食，口干唇燥，舌红少津，脉细，指纹色淡，宜养胃生津，促进胃液分泌而增强食欲，加入北沙参、麦冬、乌梅等；腹痛者，加炒白芍；大便干结者，加玄参、生地、火麻仁；渴饮者，加天花粉、石斛。（王 波 王 漪）

王德光临床经验

【名老中医简介】王德光（1924～）主任医师，教授。牡丹江市中医院终身名誉院长。黑龙江中医药大学、牡丹江医学院兼职教授。黑龙江省名老中医。首批全国名老中医药专家学术经验继承工作指导老师。主编《中医内科学》，主译《中医大辞典》日文版。从医60余年，擅长内、妇、儿各科疑难病症，如心脑血管、呼吸系统、消化系统、泌尿系统、神经系统及内分泌、免疫、肿瘤等。

临床经验

休克

案1 患者陶某，女，80岁。该患以发热咳嗽10余日，肢冷自汗，少尿12小时入院。入院时表情淡漠不能回答问题，面色青紫，口唇发绀，四肢冷凉，舌质红暗，舌光无苔，脉虚数。血压8.0/4.0Kpa，心音低，节律不整，心率86次/分。两肺可闻及喘鸣音，两肺底可闻细小湿罗音。腹软、肝脾未触及，腹水征（－），肠鸣音存在，生理反射存在，病理反射（－），心电：窦性心律，频发房早，ST－T无明显变化。BCN 13.66mmol/L，CO2HCP：24mmol/L，尿常规：Pr ±，G（+++）；血常规：WBC 18.0 × 10^9/L，S 0.08，110.16，血糖：14mmol/L，离子：K 3.4，Na 130，C 198，Ca2.3mmol/L。诊断；感染休克（肺内感热），糖尿病。入院后经抗炎、扩容、纠酸等及升压药多巴胺、间羟胺治疗3天，在升压药维持下血压一直在10.7～6.7/16.7～4.0Kpa之间波动。邀请王德光诊治。刻见：神识昏蒙，时而烦燥不宁，肢冷自汗，少尿，口干，颜面口唇紫暗，舌光红无苔，脉虚数。诊为厥脱证，气阴耗伤，兼瘀兼热，以参附生脉散为主加减，处方如下：红参50g，附子20g，寸冬20g，丹参35g，桃仁20g，红花10g，白花舌草30g，鱼腥草30g。一剂急煎成200mL，频频饮，于2小时内服完，药后1.5小时，该患神识转清，四肢温，汗出止，无燥动不安，并排尿1次约250mL，血压12～13.3/9～8.0Kpa。又与原方1剂，频频饮之。血压回升稳定而无回落之势，后以生脉散出入为方，病情好转痊愈出院。

案2 患者袁某，男，64岁。该患因感冒发烧二天在我院门诊静点洁霉素1.8g，地塞米松10mg。静点中突然出现心难受而翻倒在地，出现胸闷，喉紧气短，四肢厥冷，冷汗出，面色黑晦无华，血压下降，门诊以过敏休克急收入院。查体：BP8.0/ 6.7Kpa，P100次/分，R22次/ 分，T 36℃，双肺呼吸音正常，心音低钝，腹部（－）。辅检：血常规11.8 × 10^9/L，S 80，心电等项检查正常。诊断：过敏性休克（洁霉素过敏）。立即吸氧、脱敏、扩容等治疗，升压药用多巴胺、间羟胺，血压始终不稳，从9至18点一直用升压药维持血压，静点滴速稍一缓慢血压即下降不易稳定。鉴于上述情况而请王德光诊治。他根据其四肢逆冷，表情淡漠，脉微欲绝情况，诊为厥脱证，阳气暴脱。急书参附汤加味：附子 60g，红参 30g，青皮 25g。水煎顿服，服药后 1 小时患者四肢温，脉搏有力，血压回升，且稳定在正常范围内，逐渐停用升压药而血压持续平稳，后经中西治疗 3 天后痊愈出院。

案 3 患者张某，男，60 岁。该患以频发胸骨后疼痛，胸憋闷 2 天，以冠心病心绞痛收入院。入院后第 2 天，突然出现持续性胸骨后压榨痛，大汗出，动则心悸气短，急查心电：$V_1 - V_5$ST 段抬高弓背向上，病理性 Q 波，诊断：广泛前壁心梗。立即予镇静、止痛、吸氧、溶栓、扩血管、极化液等药物治疗，后又出现高侧、下壁、后壁梗塞，呼吸困难，烦躁不安，血压 10.0/7.5Kpa，心率 120 次/分。诊斯：心梗、心衰、心源休克。在原治疗上又加用升压药物以多巴胺，间羟胺静脉滴注以维持血压正常水平，连续用药 3 天，且血压只能维持在较低水平。请王德光诊治，见患者四肢不温，面色㿠白无华，口唇发紫，舌淡，苔滑，脉细促无力。诊为厥脱证，气阴耗伤兼血瘀。治以益气养阴活血固脱。处方如下：红参 50g，附子 15g，五味子 15g，寸冬 20g，桂枝 30g，桃仁 15g，红花 10g，丹参 30g，水煎服频频饮之。服上药后约 2 小时，患者自觉胸闷减轻，气促明显好转，四肢皮肤转温，血压升至 13.3/10.7Kpa，12 小时后继服 1 剂，血压稳定，厥脱证恢复。此后基本以上方出入调治 15 日，病情稳定。继以红参为主的生脉散治疗约半年时间，现仍健在。

案 4 患者李某，女，36 岁。诊治经过：该患高热，寒战，咳嗽，咳吐黄痰，右侧胸痛，面晦暗。肢冷，表情淡漠时而烦躁 1 天，急诊入院。查体：血压 10.7/6.7Kpa，脉搏 110 次/分，体温 35.5℃，呼吸 24 次/分。急性重病容，面色晦暗无华，精神萎靡，肢冷烦躁心音低，律整，110 次/分，右下肺呼吸音减弱，腹部软，肝脾（－）。辅检：血常规 WBC46 $\times 10^9$/L。S 88。胸透：右下肺可见大片状模糊边缘不清阴影。诊断：休克肺炎。经抗炎、纠酸、扩容，升压药治疗 2 天，病情未见明显好转，血压波动在 10.7～9.3/8.0～5.3Kpa，后请王德光诊治。刻见：四肢欠温，口干，汗出，微咳声低，大便 5 日未行，舌淡苔腻而干，脉细数无力。诊为厥脱，气阴耗伤，热毒内陷结于肠胃。用参附加承气汤出入为方：红参 30g，附子 15g，寸冬 20g，大黄 15g，枳实 30g，杏仁 20g，鱼腥草 30g，公英 30g，川朴 20g，水煎服，药后 3 小时腹部不适，4 小时左右便下粪块许多，过后四肢转温，汗出、烦躁均止，血压回升 12.0/8.0Kpa。后经中西结合治疗，中药以生脉散为主方加减治而愈。

王德光认为：辨治休克的关键在分别证型和用药上，他习惯把休克分气阴耗伤、阳气暴脱两型。他认为此两型即可概括休克一切见症，在治疗上，认为不论何种证型休克，人参、附子必不可少，只是在用量和其它药物的配伍上依据病情而增减。如案 1 辨为气阴耗伤兼热兼瘀，用大量人参补气滋阴，用小量附子回阳救逆，佐清热，化瘀之品；按 2 过敏休克，来势迅猛，属阳气暴脱，故用大量附子回阳救逆而获效；按 3 冠心病心梗，心源性休克，虽辨为气阴耗伤，而兼证心气不足十分突出，故用大量人参煎汤频饮，考虑阴阳互根，阴损及阳故用附子以助肾阳；案 4 属热毒内陷后伤及气阴，正气不足无力祛邪外出故出现厥，所谓“热深厥深，当先治厥”，改用参附治本治虚，小承气通腑泄热以祛实邪。王德光认为治疗休克的二大法是：回阳，补气救阴。附子回阳补火走而不守，走窜十二经脉，为回阳要药。人参大补元气，益气生津，两药配合回阳补气救阴正合救治休克之旨。他还认为：在现今的条件下，中医治疗休克更应予以重视。并应不断发掘整理先贤的治疗经验，丰富中医抢救休克的方法和范围，以便更多地挽救患者生命。（张淑英 杨桂森 高鸿冀 田 雨 杨桂柱）

医案验案

胆汁性肝硬化验案

高某，女，31 岁，1970 年 4 月 5 日初诊。双目及皮肤黄染，伴腹胀大、下肢浮肿 3 个月。该患者于年初曾因巩膜及皮肤黄染、腹胀、下肢浮肿就诊于某市级医院，诊断为肝硬化失代偿期。治疗 2 个月无效，腹水明显增加，黄疸日渐加重，病势恶化，乃转上级医院。经会诊，确诊为继发性胆汁性肝硬化，告之预后不良。因治疗无效，除静脉滴注葡萄糖及维生素 C 外，停用一切药物，出院回家调养，抱一线希望延请王德光诊治。

患者身体虚弱，卧榻不起，语声低微，但神识清晰。全身黯黄如烟熏，腹部胀大如蛙腹，足跗浮肿按之没指，虽口干渴欲饮，但漱水而不欲咽，尿量甚少，色黄而浊，大便已 7、8 日未行。两胁疼痛，心悸气短，头晕呕恶，不欲饮食，昼夜不能入睡；舌质紫，苔白厚腻、中心罩黄，脉弦滑而细。腹部冲击触诊，脾在肋下 10 cm，肝于肋下 5 cm，质硬，肝脾区均有触痛。实验室检查：血胆红素 8 mg/dl（136.8 mol/L），麝香草酚浊度 12U/L（正常 0 U/L），硫酸锌浊度 20U/L（正常 2～12U/L），谷氨酸氨基转移酶 300 U/

L,总蛋白40g/L,白蛋白15g/L,球蛋白25g/L,尿素氮28.6 mmol/L。

王德光综合脉症,诊为阴黄、臌胀。此因脾肾阳虚,寒湿阻遏,瘀结水停,毒热内蕴所致。治宜温肾健脾,行气利湿,软坚化瘀,清热解毒。处方:茵陈30g,附子15g,干姜15g,白术15g,茯苓15g,䗪虫10g,鳖甲35g,清半夏15g,泽泻20g,桂枝15g,红参15g,生姜15g。2剂。每日1剂,加水煎至400mL,早晚分服。二诊(4月7日):药后诸症无明显改善。因呕逆药液难以下咽,故前方改清半夏为生半夏30g,生姜加至25g。2剂。三诊(4月9日):呕逆稍缓,药液已能下咽,但诸症仍无明显改善。他认为,寒湿久遏,瘀血久积,可蕴积热毒,故寒热并投,攻补兼施。处方:黄芪20g,太子参20g,白术20g,败酱草30g,茵陈30g,黄柏15g,郁金30g,泽泻20g,鳖甲50g,木香15g,茯苓25g,车前子(包煎)25 g,大枣7枚,生姜20g,白芍药40g,延胡索20g,生半夏40g,用大腹皮100g煎汤代水煎诸药。1剂2煎,共煎400mL,于1日内分多次温服。四诊(4月11日):前方2剂后大便通下,尿量增多,腹胀胁痛减轻,口干已能饮水,饮后呕逆不甚,下肢浮肿如故,舌苔稍化,脉象同前。继服原方3剂,用法同前。五诊(4月14日):继服上方3剂后诸症明显好转,尿量24 h可达2000mL,全身皮肤由暗褐色转为淡黄而明亮,此乃阴黄转为阳黄之势。但大便溏,1日23次,量不多,此乃寒凉伤脾之故。于前方中加附子20g,山药40g,仍用大腹皮100g煎汤代水,共煎药汁500mL,少量频服,每日1剂。六诊(4月20日):5剂后腹泻止,腹水明显消退,下肢肿消,黄疸已退大半,食量增加,已能坐起。效不更方,原方再服5剂。七诊(4月26日):黄疸尽消,巩膜已无黄染。腹部松软,臌胀已除。触诊:肝在肋下1.5 cm,脾在肋下3.5 cm,触压痛消失,胁痛缓解,舌质已由紫转红,苔尚未退尽。再服原方7剂。八诊(5月5日):患者精神转佳,已能下床行走,头晕明显减轻,夜已能寐,但胃纳仍差。王德光认为邪已衰其大半,当以扶正为主,兼祛余邪。处方:黄芪35g,太子参20g,白术20g,山药20g,附子15g,败酱草30g,茵陈20g,板蓝根20g,郁金20g,鳖甲30g,白蔻仁25g,薏苡仁30g,莱菔子15g,白芍药35g,延胡索15g,生半夏20g,茯苓20g。九诊(5月20日):上方连服14剂,复诊除肝脾肿大未继续缩小外,余症皆无,肝功能、肾功能检查各项指标也恢复正常。前方生半夏改为清半夏,制成丸剂,连服2个月以巩固疗效。该患者服丸剂后,疗效巩固,月经亦在闭经半年之后复潮,身体状态转佳。于1978年接受脾脏切除术。追访18载之久,健康状况一直很好。

按 本案为正虚邪盛,患者正气衰竭,实邪内结,标本转化,寒热相掩,故给辨证论治带来一定困难。王德光初诊时用茵陈术附汤合附子理中汤加减,以健脾温肾、散寒化湿,兼以活血化瘀,但历二诊而效不显。他重新细审此证,详察病机,寒湿阻遏,瘀血内积,日久多有化热趋势,临床虽无明显热象,但结合实验室检查等辨病可知,内已热毒蕴结。热毒不解,气机不转,则诸邪难除,故三诊后寒热并投,攻补兼施。王德光认为,扶正可提高机体的免疫功能,清解热毒、软坚化瘀、温阳利水并重以顿挫病势,服药4剂即出现明显转机,大便通,小便利,黄疸由阴转阳。此后遵此法随症加减,依标本缓急、邪正虚实之变化,扶正祛邪时有侧重,终于转危疾而起沉疴。该患者初诊时,因体内浊气不降,胃气上逆,而有头晕呕逆之症,尤其药液不能下咽,给进一步治疗带来困难。王德光重用生半夏达30~40g来替代清半夏,终于使胃气得降,呕逆症减而药液得以下咽。古今文献皆载生半夏有毒,故临床用之多是经炮制后的清半夏或姜半夏。临床半夏生用者少,其用量如此之大者更为鲜见。王德光在临床中善于应用生半夏燥湿化痰、和胃降逆,积数十年之经验,认为其效果要比制半夏好得多,只要辨证准确,用之得法,尚未见发生中毒者,此即《内经》所言"有故无殒,亦无殒也"。(王克勤 王孝莹)

治呕验案

案1 马某,女,26岁,1982年3月8日来诊。主诉:妊娠2个月,恶心呕吐,经中西医调治月余,反而日趋恶化。初起尚能进少许饮食,至妊娠三个月呕吐加剧,食物入口即吐,饮水片刻亦复吐出。经入院点滴输液,脱水及酸中毒症状虽有缓解,但恶心呕吐如故。妇科医生见其过于疲惫,拟中止妊娠,以防意外。诊查:消瘦、倦怠、头晕、气短、口干思饮,饮水即吐,闻到药味亦呕逆欲吐,大便7日未行。脉数而细,舌干红降,苔薄黄。辨证:胃失和降、津液大亏、气阴两虚。治法:急则治标和胃降逆。方药:小半夏汤加味,生半夏20g(捣),代赭石70g(捣),竹茹10g,生姜20g(切),前汤300mL,频频饮之,1日之内服完。二诊:3月10日。呕吐明显减轻,能进粥少许,大便仍未下,舌苔薄黄,原方赭石改为150g。三诊:3 月 12 日,前方服药 1 剂,大便通下羊便状三四枚,将赭石改为 50g。四诊:3 月 27 日,前方连服 15 剂后,饮食增加,大便正常,呕止而愈。

按 本案属妊娠恶阻急重症,虽出现气阴两虚津液大亏之象,但并未用滋阴补气生津之品,而取急则治标,治呕为要,况久吐胃气大伤,众多滋补之品岂能耐受,待其呕吐一止,气津必当自然而复,此虽治其标,实则治其本。本方药少精炼,气味平淡,亦是取效之关键,若其方气味辛苦浓厚,已伤之胃定不受纳,反徒增其呕吐之势。但恶阻程度不甚严重者宜适当辨证用药与本案不同。

呕吐之证其服药方法亦宜讲究,因呕吐重患本有格拒之势,若按常规用法,往往咽下即吐,此时可少量频饮,一般多能服尽而不呕出,因口腔舌下均能吸收少量药液之故,格拒上冲之势缓解,则无味少量之药液自然能下咽矣。

此案恶阻便秘乃因呕吐津伤无水行舟所致,此时只能使其呕止津复缓缓图之,故仿张锡纯氏用赭石降逆通便之法于小半夏之中,使其通便而不伤胎。《衷中参西录》谓赭石“能生血兼能凉血,其质重坠,又善镇逆气,降痰涎,止呕吐,通燥结,用之得当,能建奇效。”

案 2 向某,52 岁,1991 年 12 月 2 日来诊。1991 年 11 月 15 日因胸闷 1 个月,下肢浮肿 1 周,恶心呕吐 3 天而入院治疗。入院前 1 个月无何诱因出现胸闷不适,时而及背,入院前 1 周下肢浮肿、发热、体温在 37 ~ 38℃,在院门诊治疗,服中药 3 剂而热退肿消,但胸闷痛不适依旧并有加剧之感,每次发作可长达 2 ~ 3 小时,并出现心烦喜呕,恶闻人声,胸不任物等证,于是入院。入院后各项检查如下:血常规 WBC:5.1×10^9/L,S 64%,尿常规:Pr(-),沉渣(-);离子正常,肝功正常,BUN 6.0mmol/L,CO2CP 23.6mmol/L,心电:窦性心律,电轴左偏至 -30°,低电压;胸片:两肺纹理增强,心影正常;B 超:双肾炎性变待排除。入院后按感冒治疗,并考虑胸闷痛,恶心呕吐等用药如下:青霉素、病毒唑,能量合剂静点。入院后第 3 天早四点又出现恶心呕吐,胸闷不适,持续 2 ~ 3 小时后缓解。当日下午 3 点心电:窦性心律,低电压,V4、V5、V6、ST 明显上抬在 0.3 ~ 0.2mv,T 波直立。按冠心病变异心绞痛对待,用低右、丹参静点,并口服速效救心丸等药,并以心烦喜呕,不欲食为据开小柴胡汤 3 剂。第 2 天又查心电正常。3 天后胸闷痛减轻,胸可任物,但恶心呕吐,不欲食,恶闻食臭却有增无减,患者很痛苦,遂请王德光来诊。刻见:面白无华,频频作呕状,动则尤甚,恶闻人声,心烦不宁,少食即吐,舌淡苔白滑,脉沉细数无力。辨证:痰浊中阻。治法:温化痰饮,降逆止呕。处方小半夏汤加味:生半夏 50g(捣),生姜 50g(切),枳壳 20g,良姜 30g,太子参 40g,急煎,频频少饮以防复吐。服药后当晚恶心呕吐明显减轻,次日早主动索食,食后未吐,精神大振,痛苦若失。后以中西药调治痊愈出院。

按 本案呕吐属痰饮湿浊之邪阻于中脘而致。半夏、良姜其性本温,半夏降逆止呕化痰,良姜温胃散寒去饮,不离“病痰饮者当以温药和之”之训,枳壳疏理气机,太子参滋阴补气以扶正,使邪去而正不伤,气机顺而饮自消呕吐止,故用之效若桴鼓。

案 3 钟某某,女,72 岁。1992 年 11 月 29 日来诊。诊治经过:该患有慢性喘咳史 20 余年,每遇寒冷刺激而发,7 天前受凉感冒后,咳喘加重,咳逆喘息不得卧,动则尤甚,咯吐黄黏痰,烦躁胸满,溲黄便干,食少口干,舌红、苔黄根腻,脉滑数。胸透:两肺透过度增强,纹理紊乱。血常规:WBC 14.7×10^9/L,S 86%,查体:两肺呼吸音可闻及散在干罗音,心率 100 次/分,律正、无杂音,腹软肝脾触不清,胃区压痛,下肢不肿。按慢性支气管炎,阻塞性肺气肿,肺内感染消炎对证治疗 4 天,咳喘略有好转,但却出现少食则吐,不食亦恶心现象,只好对症补液治疗,呕吐并不好转。患者十分痛苦,邀请王德光来诊。刻见:慢性病容,喘咳,气短动则尤甚,咯吐黄痰,胸脘胀满不适,食入即吐,并时时泛恶状,口干,舌红苔黄根腻。辨证:瘀热阻于肺胃。治法:降逆止呕,清肺化痰。处方:仿小半夏加桑白皮汤之意:生半夏 30g,桑白皮 30g,苏子 20g,杏仁 20g,贝母 20g,鱼腥草 30g,桔梗 20g,黄芩 15g,白花舌草 30g,党参 30g,寸冬 20g。急煎 1 剂,频频饮之。汤药进后 2 小时恶心止,药进 6 小时后时值半夜,患者竟索食少许稀粥而未吐,一夜平稳,次日早又服半碗稀粥未吐,喘咳,吐痰也明显减轻。又经中西药调治半月病情稳定,恢复平素之状。

按 本例属肺胀,痰热阻于肺胃,在肺则气逆不降喘咳,咯吐黄痰,在胃则胃气不降而上逆为呕,故食入即吐,方取生半夏降逆止呕和胃,化痰止咳,鱼腥草、白花舌草、桑皮清化痰热,党参、寸冬补肺气之虚,滋肺胃之阴,并纠半夏之燥性,从而共奏降逆止呕清肺化痰之功。(田 洲 赵景云 陈 岚)

王德林临床经验

【名老中医简介】王德林(1927～)教授，主任医师。第二批全国名老中医药专家学术经验继承工作指导老师，甘肃省名中医。擅长中医喉科、外科及内伤杂病的治疗。

临床经验

1 喉科病

王德林认为咽喉是人体的重要器官。咽主纳食，下系于胃而连六腑，喉司呼吸，下系于肺而连五脏。咽喉疾病，一般认为是由火毒而引起，但是，虽多火邪为患，不能不分情况骤用苦寒之品以强遏，以致火毒滞凝。在治疗咽喉疾病中，应注意腑气畅通，忌猛攻峻泻，在临证治疗中，他采用内服汤药和局部用药相结合的方法，疗效十分显著，颇受患者好评。

内服药主方为喉科六味汤。其组方为：荆芥、防风、薄荷、僵蚕、桔梗、生甘草。功用为疏风解表，清热解毒，消肿止痛。主要适用于咽喉红肿疼痛或糜烂，喉喑声哑，发热恶寒，鼻塞声重，咳嗽痰黄；舌苔微黄或黄腻，脉浮数或滑数。加减运用：恶寒者加羌活、苏叶、麻黄；发热重者，加金银花、连翘、牛蒡子、淡竹叶，去防风；咳嗽者，加杏仁、前胡、紫菀、白前；痰多而黄者，加川贝母、瓜蒌皮、清半夏；痰多而白者，加橘红、茯苓；咽部充血红肿者，加赤芍、牡丹皮、山豆根、板蓝根等，随证加减，灵活掌握。外用药为吹喉消肿散，组方为：煅硼砂 4.5g，明雄黄 3g，白芷 1g，薄荷 1.5g，生甘草 1.5g，生蒲黄 1.5g，冰片 6g，枯矾 1g，胆南星 1g。共研为极细粉，咽喉红肿疼痛者，以少许吹患处。吹喉药具有直接作用于病变部位，快捷、迅速的特点，内外兼用，疗效显著。

2 皮肤瘙痒症

王德林在多年的临证中，认为皮肤瘙痒是由于湿热蕴于肌肤，不得疏泄所致；另一方面是由于血虚肝阳上亢，以致生风化燥，肌肤失养而成。因此可分为湿热型和血虚型两种。湿热型皮肤瘙痒，一般以年轻者为多，病属新起，如被褥太暖，可以引起发作或使瘙痒加剧，苔黄腻或薄黄腻，脉滑或滑数。治以清热化湿。常用方药为：苍术 10g，黄柏 10g，蒲公英 15g，茵陈 15g，栀子 10g，苦参 10g，茯苓 15g，地肤子 10g，生甘草 8g。血虚型皮肤瘙痒，一般以老年人为多见，且病程较久，如情绪波动，可以引起发作或使瘙痒加剧，舌质红，苔薄，脉细数或弦数。治以养血润燥，祛风止痒。方药为：当归 10g，炒白芍 15g，生地 20g，制首乌 10g，黄精 10g，玉竹 10g，白鲜皮 15g，白蒺藜 15g，生槐花 15g，生甘草 8g。王德林指出，治疗皮肤瘙痒症，主要应辨清病因，抓住主要矛盾，只有这样才能辨证论治组方遣药，并且还要兼顾患者的体质，全面考虑，才能取效。

3 鹅口疮(雪口)

鹅口疮多发于1岁以下的婴儿，尤以未满月的吮乳婴儿更易发生，可发生于口腔任何部位，但以舌体、两颊、上腭、口底为多见，初起时为小的雪白色斑点，状如凝乳，略高于粘膜之上，斑点四周无红晕，白色斑点呈疏松状，容易拭去，1～2 小时后可复生如旧，疼痛轻微，一般无发热。患儿可有常流唾涎，难以吮乳，啼叫不安。王德林认为鹅口疮是由心脾二经积热上蒸所致；或母亲乳头不洁，吮乳后亦可发生此病。治以清泄心脾积热。以导赤散加减组方。方药为：生地 5g，木通 3g，竹叶 4g，黄芩 2g，栀子 2g，金银花 3g，连翘 3g，车前子(包)3g，生甘草 2g。王德林强调小儿为纯阳稚体，又加父母偏爱，多有积热，又加之不知饥饱，常有积食，故以清热消积为主，用药应轻淡，不宜苦寒，则于平淡中取效。

4 胃病

对于胃脘痛的治疗，临床上分型较多，王德林根据数十年的诊疗经验，将其分为肝气犯胃和脾胃虚弱，饮食不化而造成的痞满疼痛。他认为，肝郁气滞，横逆犯胃，则胃失和降，气机阻滞，不通则痛，痛无定处，其特点是痛而兼胀，并伴有胸胁胀满、嗳气等症。临床表现为胃脘胀满攻冲作痛，连及两肋，胸闷痞塞，喜长叹息，食少纳呆，嗳气泛酸，或见呕吐，舌苔薄白或薄黄，脉弦。治疗应以舒肝理气和胃，方用柴胡疏肝散加减。对于脾胃虚弱，饮食不化而成的胃脘疼痛，多由素体气虚或久病脾胃虚弱，中阳不振，寒从内生，胃失温养，则完谷不化，久则痞满疼痛。其疼痛特点为胃痛隐隐，得按则减，绵绵不断，食少纳呆，泛吐清水，喜按喜暖，饥饿时痛甚，得食稍减，遇冷则剧，畏寒肢冷。治疗以健脾养胃，消痞除满为主。方用枳实消痞丸加减。在临床上屡治屡效，无有不验。

5 痹证

痹证是由于人体肌表，经络遭受风、寒、湿、热之邪侵袭,气血经络为病邪闭阻而引起的筋骨、肌肤、骨节等处酸痛、麻木、重着、屈伸不利或关节肿大为其特征的一类疾病。王德林在诊治中,采用当归四逆汤和自拟四藤一仙汤为主方,临证加减。以温阳通痹、祛风通络、活血止痛为治疗原则。组方为:当归、桂枝、炒白芍、细辛、威灵仙、海风藤、青风藤、络石藤、鸡血藤、丹参、制乳香、制没药、炙甘草。在临证时,风湿较重偏上者加羌活,偏下者加独活;对于风湿下半身较重者,加狗脊、川牛膝、木瓜等。临床应用得心应手,疗效颇佳。

6 腰 痛

王德林在临证时,认为腰痛除外伤因素以外,大多是由于腰肌劳损,肾虚腰痛。其症状大多数是腰部一侧或两侧隐隐疼痛,不甚剧烈,常兼腰腿酸软无力,不耐站立过久或行走远路,休息后减轻,遇劳则加重。他以为本证多因房劳过度,或久病失养,耗伤精气,或年老精气衰弱等,致肾气虚衰,导致腰痛,治以温补肾阳,滋阴补肾。在临床上多拟此方:桂枝、干姜、炒白术、茯苓、杜仲、川续断、狗脊、怀山药、炙甘草。每多收到满意的疗效。(李成义)

痹 证

1 风寒湿痹

王德林认为此类痹证乃风寒湿邪乘虚侵袭人体,注于经络、关节,使气血痹阻而致。在病理过程中尤其要注意气血痹阻的产生,此乃治痹有效之关键。他经常使用自拟"当归四藤一仙汤"治疗,临床疗效较佳。当归四藤一仙汤由当归、桂枝、赤芍、细辛、海风藤、青风藤、络石藤、鸡血藤、威灵仙、炙甘草组成。

案1 严某,女,31 岁,干部。1997 年 8 月 7 日初诊。患者 1 个月前感冒后出现反复游走性双膝、双踝关节肿痛,且双下肢出现蚕豆大小红斑结节,有触痛。在某医院查血沉 130 mm/h,类风湿因子(-),诊断为"风湿性关节炎"。肌注青霉素 2 周,口服"芬必得"等药,关节肿痛无明显减轻,故来求治于中医。查:双膝关节至踝关节处各有数枚蚕豆大小硬结,色微红,压痛,双踝关节肿胀,舌淡红,苔薄白,脉沉紧。诊断:风寒湿痹。处方:威灵仙 15g,海风藤 15g,青风藤 15g,络石藤 15g,鸡血藤 15g,木瓜 15 g,桂枝 10g,当归 15g,炒白芍 15g,细辛 10g,独活 15g,川牛膝 10g,制乳没(各)8g,炒白术 15g,炙甘草 8g。服药 3 剂后复诊,疼痛减轻,自觉疲乏、汗多,上方加党参 15g,黄芪 30g,续服 6 剂,风湿结节消退,关节肿痛消失,查血沉 16 mm/h,临床痊愈。

案2 梁某,男,58 岁。1997 年 11 月 4 日初诊 。患类风湿关节炎 10 余年,周身关节疼痛,双手指关节梭形肿大,双手掌指关节尺侧畸形,长期服用"雷公藤多甙片"控制病情,停药后疼痛反复,活动受限,因服药后致胃脘痛、纳差、恶心,求治于中医。嘱其停服雷公藤制剂,处方:威灵仙 18g,海风藤 18g,青风藤 18g,络石藤 18g,鸡血藤 18g,当归 15g,桂枝 15g,炒白芍 15g,细辛 15 g,制乳没(各)10g,羌独活(各)18g,防风 15g,川牛膝 20g,丹参 15g,全蝎 6g,炙甘草 8g。服药 3 剂后关节肿痛有所减轻,续服 6 剂后改为蜜丸,2 个月后随访,患者每日仅服 2 次蜜丸,已停服一切西药,症状控制良好,能从事一般活动。

2 风湿热痹

王德林认为热痹多属风邪,风邪最易化热。素体阳气偏盛,内有蕴热或阴虚阳亢之体,当感受外邪时则发病较急,寒邪入里化热,流注关节经络而表现出一系列热盛证候。经过多年临床实践,他用自拟"五神白虎四藤汤"治疗热痹,取得较好的临床疗效。

案3 刘某,女,65 岁。1998 年 2 月 18 日初诊。因周身关节疼痛 30 余年,加重 1 周前来求治。患者类风湿性关节炎 30 多年,呈发作与缓解的交替过程。此次发作于 1 周前,患者突然双膝关节红肿疼痛,不能行走,在住区诊所静滴青霉素 5 天后前来求治。查:双手指关节梭形肿大,尺侧偏斜,双膝关节红肿灼热痛,屈伸困难,口干口苦,发热心烦,舌苔黄腻,脉滑数。诊断:风湿热痹。处方:萆薢 15g,忍冬藤 15g,茯苓 15g,地丁 15g,牛膝 15g,生薏苡仁 30g,生石膏 30g,知母 15g,青风藤 15g,海风藤 15g,络石藤 15 g,鸡血藤 15g,制乳没(各)8g,生甘草 8g。服药 6 剂,膝关节红肿明显减轻,因纳差、恶心去乳没加全蝎 6g,续服 6 剂,双膝关节红肿基本消退,能下床活动,遂改服自制蜜丸。

案4 李某,男,45 岁。1998 年 4 月 7 日初诊。患者有痛风病史,化验血尿酸偏高,常因聚餐或饮酒后诱发足部关节红肿疼痛,服 "秋水仙碱"或"痛风利仙"有效。刻诊:右足拇指关节红肿剧痛,局部焮红肿痛,不能着地。诊断:风湿热痹(痛风)。处方:萆薢 15g,金银花 15g,地丁 15g,茯苓 15g,生薏苡仁 30g,牛膝 15 g,生石膏 30g,知母 15g,鸡血藤 15g,络石藤 15g,青风藤 15g,海风藤 15 g,全蝎 6g。服药 3 剂红肿疼痛俱消,行走如常人,续服 3 剂巩固疗效,并嘱其忌食肥甘厚味及辛辣之品。

3 讨 论

痹证是风寒湿热等外邪侵袭人体,使气血痹阻,久则血瘀于关节形成结节或肿胀。通过总结王德林治痹经验,发现其治痹当立足于通经络行气血,兼以祛邪,这样临床症状缓解较快。两方均主用海风藤、青风藤、制乳没等药,抓住了痹证之病机。他告诫弟子,病在上者,风寒风热,病在中者,气郁火郁;病在下者,寒湿湿火。然既成痹者,则经络痹阻是为关键,故治痹以通经络、行气血为法,通过临床运用两方治疗痹证疗效俱佳。(赵晓薇)

血证

1 鼻出血

案1 王某,女,20岁,学生。1998年2月20日就诊。患者近1年来反复流鼻血,常不能自止需到医院填充压迫止血,曾多次作血象检查未见明显异常。患者头晕,精神欠佳,面色苍白无华,形体消瘦,纳差,二便调,舌质淡,苔薄白,脉滑。治则:清热泻火、凉血止血。清瘟败毒饮:生地30g,丹皮15g,赤芍15g,黄芩10g,黄连10g,黄柏10g,栀子10g,生石膏30g,知母10g,仙鹤草15g,蒲黄炭15g,藕节15g,阿胶(烊化)10g,白茅根15g,甘草8g。3剂而愈。

案2 张某,男,10岁,学生。1997年4月19日就诊。患者3个月前无明显原因经常流鼻血,天气热则发生次数增多。就诊时患者精神欠佳,面色无华,鼻腔检查有炎症表现,舌淡,苔薄白,脉弱。治则:清热泻火,凉血止血。清瘟败毒饮:生地15g,丹皮10g,赤芍10g,黄连8g,黄芩10g,黄柏10g,栀子10g,生石膏30g,知母10g,仙鹤草10g,藕节10g,生甘草10g,三七粉(冲)8g。3剂而愈。

2 血小板减少性紫癜

案3 高某,女,7岁,1997年9月6日初诊。主诉:反复出现皮下紫斑,流鼻血1年。患者1年前因发热、怕冷、咽痛去医院就诊,当时按感冒治疗而上述症状消失,2周后搔皮肤后皮下即出现出血点,渐成紫斑,并流鼻血。诊见:神疲乏力,面色苍白无华,双下肢分布大小不等、颜色不一的紫斑。舌淡、苔白、脉弦细。血象:血小板 30×10^9/L,血小板寿命降低。治则:清热泻火,凉血止血。清瘟败毒饮:生地20g,丹皮10g,赤芍15g,黄连10g,黄柏10g,黄芩10g,栀子10g,生石膏20g,知母10g,紫草10g,仙鹤草15g,藕节15g,阿胶(烊化)10g,三七粉(冲)8g,生甘草8g。3剂,水煎分服。二诊:流鼻血已止,续予下方:生地30g,丹皮15g,赤芍15g,黄连10g,黄柏10g,黄芩10g,栀子10g,生石膏30g,知母15g,紫草10g,仙鹤草15g,藕节15g,阿胶10g,三七粉8g,当归15g,炙黄芪40g,生甘草8g。15剂而愈。

3 再生障碍性贫血

案4 张某,女,19岁,学生。1997年5月20日就诊。主诉:疲乏,头晕,半年来月经次数增多,每次量多,去某医院就诊,查血象 Hb 4.7g/L,WBC 2.5×10^9/,血小板 62×10^9/L,经骨髓检查诊断为"慢性再障"。治则:清热泻火,以治其标。清瘟败毒饮:生地30g,丹皮15g,赤芍15g,黄连10g,黄芩10g,黄柏10g,栀子10g,生石膏30g,知母15g,仙鹤草15g,藕节15g,生甘草8g。6剂,水煎分服,服后出血明显减轻。

4 体会

血证原因较多,历代医家认为其病理为火热薰灼,迫血妄行及气虚不摄,血溢脉外。火热之中有实火虚火之分,气虚之中又有虚损及阳、气虚之别,其辨证应分清出血部位及脏腑病位,其次应辨清证候虚实,分清实热,阴虚和气虚的不同。王德林在临床上治疗血证则执简驭繁,强调以治火治血为主导,常用自拟"清瘟败毒饮"而收效。尤其是四诊合参辨证为气血虚的患者,也以本方治疗而无出血加重,疗效亦佳,未见患者出现腹泻等寒凉药太过的副作用。"清瘟败毒饮"对不同病名,不同证型的血证均有较好的治疗作用,尤其对慢性再障也有较好止血作用,值得进一步总结并深入研究。(赵晓薇)

王德祖验方选

【名老中医简介】王德祖 主任医师。江西中医学院兼职教授。江西省名中医,第四批全国老中医药专家学术经验继承工作指导老师。擅长治疗各种肾病、前列腺病、胆囊炎、胆结石、脂肪肝、病毒性心肌炎、高脂血症等。

紫草乌蕨汤

方药:紫珠草15~30g,乌蕨30~50g,车前草15~30g,白花蛇舌草30~50g,白茅根30~50g,莪术10g。

功效:清热利湿解毒、活血化瘀。

主治:肾盂肾炎。

方解:方中紫珠草对金黄色葡萄球菌、溶血性链球菌具有较强的抵制作用,对福氏痢疾杆菌、伤寒杆菌、绿脓杆菌等多种细菌有抑制作用。《本草拾遗》中说有"解诸毒物、痈肿、喉痹、飞尸蛊毒、毒肿下瘘"

等作用。乌蕨又名小叶野鸡尾，为“万能解毒药”，其性味苦寒无毒，清利湿热，但又不伤人正气；白花蛇舌草苦、甘，性寒，有清热解毒、利湿之功效，体外实验证明其抗菌作用不很显著，但在体内能通过刺激网状内皮系统增生，促进抗体形成，使网状细胞、白细胞的吞噬能力增强，达到抗菌消炎的目的；白茅根味甘性寒，凉血止血，清热利尿；车前草甘寒，清热利水；莪术辛、苦，性温，有行气止痛、破血祛瘀之功效，为气中之血药。诸药合用，共奏清热利湿解毒、活血化瘀之功效。

加减：下焦湿热盛，并见恶寒发热、脉浮数、舌苔薄黄者，加柴胡 18～30g，蒲公英、紫花地丁各 30g；腰痛、尿频、尿急不甚显著，且无恶寒发热，而兼见少气困倦、头晕乏力、脉细软、舌淡或正常者，加太子参、黄芪或党参等；尿频、尿急不显著，伴有手足心热，口不渴或微渴，心烦不寐，脉细数，舌正常，或嫩红、苔薄白或薄黄，酌加生地、丹皮、女贞、龟版、泽泻等药，此症多见于慢性患者；若腰痛绵绵，尿频尿急不甚，小便淡黄或清，面浮白，或见下肢浮肿、按之凹陷有指痕，精神困倦，食欲不振，舌淡，脉沉细者，该汤可用原 1/3 剂量，或 1/2 量，另加菟丝子、仙灵脾、枸杞、白术、淮山、桑寄生等药；合并结石者，加鸡内金、威灵仙、乌药、金钱草、海金沙、琥珀等。

注意：经上述方药治疗后，临床痊愈者，为防其复发，应除恶务净，仍须用药巩固疗效。一般可以这样来进行：第 1 个月，隔日服 1 剂；第 2 个月，隔 3～4d 服 1 剂；第 3 个月，隔 7～10d 服 1 剂，至此停止服药。（邱灿亮）

王福仁临床经验

【名老中医简介】王福仁（1939～）杭州萧山人。主任医师。浙江省名中医研究院研究员。省中医学会理事，省中医肾病专业委员会副主任。浙江省名中医，省名中医学术经验指导老师。擅长治疗慢性肾病、慢性萎缩性胃炎、溃疡性结肠炎、乙肝肝纤维化等。参编《萧山竹林寺女科》。发表论文 30 余篇。

临床经验

水肿

1 治心衰水肿，重用黄芪，活用“三法”

充血性心力衰竭水肿，为多种心血管疾病末期的表现，常于劳累、受寒后加重，往往有肺部感染，充血性肝肿大，高度水肿。临证见于怔忡、心悸、咳喘、水肿等范畴，为本虚标实之证，标实责之于水、饮、痰、瘀，本虚以气虚阳虚为主，着重心、脾、肾，心气源于脾气，脾阳根于肾阳。故王福仁以消水汤合真武汤化裁，适当应用“治水三法”，达到通阳化气行水的目的。消水汤由黄芪、桂枝、茯苓、川椒目组成，方中重用黄芪，能益气健脾，通阳利水。《本经疏证》曰：“黄芪直入中土而行三焦，故能内补中气，中行营气，下行卫气，故凡营卫间阻滞，无不尽通，所谓源清流自洁也。”而“治水三法”中“开鬼门”不在外发汗祛水邪，而在于解表、宣肺、肃肺，肺气得宣，痰湿开豁，上焦得通，水道得利；“洁净府”则是针对患者高度水肿，选用利尿药如车前子、防己，迅速消除水肿，利于阳气恢复；“去菀陈莝”即寓有活血化瘀、活血利水之功。

案 1 倪某，女，68 岁，农民。素有咳喘病史 20 余年，间有周身浮肿，近半个月复因外感加重，呼多吸少，胸闷气促，动则尤甚，咳嗽痰多，心悸，唇显紫绀，舌胖淡暗，苔白滑，脉虚滑。胸部摄片示心影增大，考虑肺心病。四诊合参，王福仁之见，该病病位在心，涉及肺、脾、肾，盖肺主治节，脾主运化，肾司开合，心主血脉，皆为常度，则小便自利，肿可消矣，若失其常度，则发为水肿。治宜补脾益肾，通阳利水，方以消水汤合真武汤加减。处方：炒白术 9g，桂枝 5g，生黄芪 30g，川椒目 9g，山海螺 30g，黄芩 12g，制附片（先煎）6g，赤芍 10g，生姜 3 片，鱼腥草 30g，桔梗 9g，生甘草 5g，炙葶苈子 15g，猪苓 12g，茯苓 12g。7 剂后咳嗽咳痰大减，气急减轻，但仍感胸闷，原方去鱼腥草、桔梗、黄芩、山海螺，复加瓜蒌皮 15g，肉桂（后下）3g，续进 7 剂。

按 本案属脾肾阳虚之水肿，肾阳衰微，肾不化气，气不化水，水湿内停，泛溢肌肤，上逆心肺，故以消水汤合真武汤加减，以温补脾肾，通阳利水，使阳气得复，阴水得化，加鱼腥草、桔梗、甘草、黄芩、山海螺以清热解毒，祛痰止咳，使肺气得以宣降，水道得以通利，水肿消退，喘息平缓。

2 治肝病水肿，分期论治，后期重视养阴

肝硬化腹水属中医“臌胀”范畴，因湿热疫毒引起肝、脾、肾三脏受损，气、血、水等运行失调，瘀积于腹内，以至腹部日渐胀大而成臌胀，容易反复发作，为难治之证。王福仁认为肝硬化腹水治法虽多，但归纳起来不外消、攻、补三法。分初期、中期、后期论治，初期宜疏肝、行气、活血、消胀，中期可逐水、攻下、破瘀，后期着重补益脾肾，滋养肝肾。三法先后参杂或同时兼用，用方如中满分消丸、调营饮、二至丸加消水汤加味。由于湿热毒邪，久留伤阴耗血，加之腹水反复出现，屡用利尿药和渗利之中药，后期常易形成阴虚腹水，故需重视滋养肝肾，养阴利水。

案2 赵某，男，58岁，腹胀、乏力、少尿4个月。患者既往有乙肝史18 a，在当地给予利尿、补充白蛋白及护肝支持治疗2个多月，因腹水不消前来就诊。查体：形体消瘦，面色晦滞，巩膜不黄，颈、胸蜘蛛痣和肝掌明显，腹部膨隆，肝脾触诊不满意，移动性浊音（+），双下肢凹陷性水肿，舌质红，苔薄黄干，脉弦细。肝功能检查示：ALT 67U/L，TP 57g/L，ALB 25g/L，ALG 32g/L，AFP（－）。B超示：肝硬化，脾肿大，腹水。西医诊断：肝炎肝硬化失代偿期，腹水，脾肿大。证属肝肾阴虚，水湿内停。治宜健脾利水，滋养肝肾。处方：猪茯苓各15g，桂枝5g，生黄芪30g，川椒目10g，红枣30g，炙葶苈子15g，白英15g，川芎15g，泽兰15g，木瓜10g，莪术15g，砂仁（后下）5g，石斛（另包）10g，炒白术10g，当归10g，炙鳖甲（先煎）10g，制黄精30g，山茱萸6g，片姜黄9g，枸杞15g。停输白蛋白，服药20剂后，腹胀明显减轻，下肢浮肿消失，小便增加，上方去砂仁、片姜黄，加制大黄2g，佛手10g。复进20剂，纳食增加，体力恢复，复查肝功能示：ALT 28 U/L，TP 60g/L，ALB 29g/L，ALG 31g/L，再以补养肝肾善后。

按 本案患者罹患腹水，给予消（利尿）补（白蛋白）治疗2个月未效。观舌质红，苔薄黄干，脉细，乃肝肾阴虚、水湿停滞之证，一味消利，反而伤阴，故宜滋养肝肾，养阴利水。方中以炙鳖甲、山茱萸、制黄精、石斛、枸杞等滋养肝肾；佐加泽兰、当归活血利水；炙葶苈子泻肺利水。

3 治肾病水肿，多用温补，重视活血解毒

水肿是肾脏疾病的最常见症状，常因外感饮食不洁或劳累过度而加重，病机总属本虚标实，治法有发汗、利水、攻下、健脾、温肾、活血等。《景岳全书》云："宜温脾补肾，此正法也。"王福仁认为，由于肾病多属慢性疾病，久病必虚，以脾肾亏虚多，后期脾肾阳虚，水湿泛滥，浊阴上逆，治宜温补脾肾，化浊降逆，常以大黄附子汤和消水汤为主。"水结亦病血"，"血不利则为水"，故顽固性水肿，常合用活血利水之品，如泽兰、益母草、丹参等。

案3 李某，女，54岁，农民。患者有慢性肾炎10余年，反复浮肿，1周前复因疲劳受凉再发浮肿，伴恶心呕吐，腰酸乏力，头胀尿少，面色苍白，形寒肢冷，舌淡苔白胖，脉沉细。BP 24.0/13.3 kPa。尿常规：WBC 0～2个/HP，BLD（++），PRO（++）。肾功能：BUN 18.35/μmol/L，CRE 295/μmol/L。西医诊断：慢性肾小球肾炎，慢性肾功能衰竭，尿毒症期。中医诊断：阴水（脾肾阳虚，水湿泛滥）。处方：淡附片（先煎）12g，制大黄10g，生甘草5g，党参30g，黄芪30g，吴茱萸3g，川黄连5g，六月雪30g，当归10g，刘寄奴15g，石韦12g，川椒目10g，桂枝5g，白茅根30g，白花蛇舌草15g，益母草15g，生大黄（后下）5g，猪茯苓各15g。服药10剂，尿量增加，24 h达1000～1500 mL，水肿明显消退，头胀、恶心、呕吐消失，复查尿常规示：BLD（－），PRO（±）。原方去生大黄、白茅根、石韦，加积雪草30g，淫羊藿12g，凤尾草15g。续服20余剂，浮肿消退，尿蛋白消失，复查肾功能示：BUN 9.1/μmol/L，CRE 201mol/L。

按 慢性肾炎多属阴水，久病及肾，脾肾阳虚，水湿泛滥，浊阴上逆，给予大黄附子甘草汤合消水汤以温补脾肾，化浊降逆；益母草活血化瘀；白茅根、石韦以清利，使温中有清，补中有利，相互制约，更好发挥疗效。（罗文纪 陈 波）

溃疡性结肠炎

1 病因病机

溃疡性结肠炎（UC）的病因虽然有外感、饮食、情志的不同。临证有寒、热、虚、实之别，但始终存在脾气亏虚、湿热留恋、气血壅滞的病机变化。《景岳全书·泄泻》曰："泄泻之本，无不由于脾胃，脾胃受伤，则水反为湿，谷反为滞，而泻痢作矣。"脾胃居中焦，主运化，升清降浊。凡感受外邪，饮食不节，或精神抑郁，过度劳累，或气滞、血瘀、痰饮，皆可损伤脾胃，脾失健运，升降失职，湿浊内阻，下注大肠，以致腑气不利，出现腹痛腹泻，故脾气亏虚为发病之本。湿为阴邪，其性粘滞，湿滞日久，或从热化，或从寒化，从热化则湿热蕴结，壅滞肠间，气血壅滞，日久化热，灼伤肠络，内腐成疡，便下脓血，湿偏胜者为白冻黏液便。利下日久导致脾气虚弱或脾阳不振或肾阳虚衰，同时肠中湿热留恋，以致大便红白粘冻不止。故临床多表现为本虚标实、上寒下热之象，整体的正虚和局部的邪实并存，病程一般较长。治疗以健脾温中治本，清肠除湿治标，和血行气化滞，标本兼顾，内服灌肠并用，效果明显。

2 方药运用

2.1 内服方

自拟溃结方：炒白术 10g，炒赤芍 10g，炮姜 5g，苦参 12g，白头翁 12g，炒山楂 12g，炒防风 9g，薤白 10g，制大黄 3～5g，生甘草 5g。湿热盛加黄连 3g，黄芩 12g；血便多加三七粉（冲）3g，生地榆 15g；寒凝腹痛加炒白芍 15g，制附片 10g；便粘连白冻加石榴花 15～30g；里急后重加枳壳 10g，炒槟榔 10g；滑脱不禁加乌梅炭 10 g，罂粟壳 15g；五更泄加吴茱萸 5～10g，肉桂（后下）4～5g。

2.2 灌肠方

用枯矾 5g，五倍子 15g，地榆 15g，苦参子 5g，水煎成 100 mL，加锡类散 0.3g×2 支，浓煎保留灌肠。

2.3 方 解

溃结方中白术、甘草健脾益气；炮姜温中散寒，振奋脾阳以治本；苦参、白头翁清肠除湿；赤芍和血清热；防风、薤白行气化滞，且有升举清阳的作用，正如刘河间所云："调气则后重自除，行血则便脓自愈"。气能行湿，调畅气机则湿邪易除，活血则能促使瘀血腐肉清除，利于新生。现代医学认为，活血化瘀药能直接改善组织循环，杀菌消炎，促进损伤组织修复，促进代谢等，有助于溃疡愈合。山楂、制大黄消积助运，清热化瘀，意在消导，使邪不留滞，更有利于瘀毒的排出。诸药合用，共奏健脾温中清肠、和血行气化滞的功效。

溃疡性结肠炎病变以结肠局部的炎症、溃疡为特征，最常发生的部位是直肠和结肠，内服中药可发挥整体调节功能，而局部灌肠可使药物直达病所，局部药物浓度高，起效快，可以加快病灶局部水肿、糜烂的消除，促进肠黏膜炎症的吸收和病灶的修复。因此在辨证用药的基础上，对一些难治性病例常结合局部用药。灌肠方中，枯明矾、五倍子能收敛止泻；地榆清热解毒止血；苦参子，据《医学衷中参西录》记载："为凉血解毒之要药，善治热性赤痢，二便因热下血，最能清血分之热及肠中之热，防腐生肌，诚有奇效"。锡类散由西瓜霜、生硼砂、生寒水石、青黛、冰片、珍珠、牛黄等组成，有解毒消肿、生肌止痛、收敛创面的作用。

3 补与通的应用

脾为后天之本，张仲景提出："四季脾旺不受邪。"脾气充盛，则运化司职，化源充足，气血旺盛，外则邪不可干，内则病不能传。所以健脾为治本之法。但对于本虚的治疗，王福仁遵循的是"脾不在补而在运"。脾的主要功能是传输运化，脾健运则湿化，湿去则致病的根本因素去除，因此方中不用黄芪、党参补脾，而只用白术、炮姜温中健脾，消除 UC 内在的发病因素。"腑以通为用"，食物受纳入胃，小肠分清泌浊，大肠传导，全赖于六腑的"传化物而不藏"，若饮食不化，壅滞肠胃，则积湿化热，如舌苔厚腻，中脘胀满，少腹隐痛，甚者还有口臭，便下赤白黏冻，如不通腑泄浊必将迁延难治。故常配山楂、制大黄助运消积化瘀，尤其小剂量的制大黄，是治疗久痢的妙药。《本草纲目》记载："下痢赤白，里急腹痛"，在辨证施治过程中，选用中小剂量制大黄灵活变通，通因通用，小剂量 2～5g，在于健胃消导化浊，使腑气通，浊气消，口臭之类症状顿除，清阳得以升发。若腑实证比较明显，则用中剂量 5～10 g 泄浊，疗效也很满意。现代医学研究，大黄内含大黄素和鞣酸，制后可破坏大黄素，能够改善局部组织血液循环，利于溃疡组织炎症的吸收，并有明显的止血作用。

4 病案举隅

来某，男，57 岁，农民，于 2004 年 10 月初诊。患者腹痛腹泻伴黏液便 3 a 余，大便日 3～4 次，多者达 7～8 次，时挟黏液血便，肠鸣腹痛。曾经肠镜检查确诊为结肠炎，服用过柳氮磺吡啶及消炎、止泻、激素等药治疗，病情控制不佳。现腹痛、黏液便，大便日 4～5 次，乏力，纳谷不香，舌质淡红，苔黄腻，脉细弦。证属脾虚湿热，虚实夹杂。药用：炒白术 10g，炒赤芍 12g，炮姜 5g，苦参 12g，白头翁 12g，炒山楂 12g，薤白 10g，制大黄 3g，生甘草 5 g，黄连 3g，生地榆 15g，马齿苋 30g，炒枳壳 10g。水煎服，并用灌肠方浓煎保留灌肠，每晚 1 次。半月后复诊，大便次数减少，肠鸣腹痛减轻，精神转佳，唯胃纳差，舌质淡红，苔薄黄，脉细弦。证治同前，并加强收涩消导作用，上方加鸡内金 10g，香谷芽 30g，水煎服。1 个月后，患者无腹痛肠鸣，大便日 1～2 次，成形，黏液消失，精神振作，纳可，舌质淡红，苔薄，脉细。原方去制大黄、生地榆、白头翁、马齿苋，停止灌肠。经治疗 3 个月后，患者临床症状消失，肠镜检查发现肠道无炎症改变，随访半年无复发。（罗文纪 陈 波）

医方验方

萎胃汤

方药：沙参、麦冬、石斛、乌梅、莪术、赤芍、丹参、鸡血藤、砂仁、佛手、生甘草。

功效：滋养胃阴、行气活血祛瘀。

主治：慢性萎缩性胃炎。

加减：兼湿热加蒲公英、厚朴，兼气虚加太子参、怀山药，兼气滞加绿梅花、玫瑰花。

方解：慢性萎缩性胃炎病因为饮食失节、外邪客胃、情志失调、脾胃虚弱导致脾胃升降失调、纳化失司、气机紊乱。老年患者因五脏亏枯、血液损耗，导致胃阴不足，故有不同程度的阴虚之证。情志抑郁、肝气郁结，可致脾胃升降失调，久之则气滞血瘀。久病气虚怯于内，影响气血运行，亦可因虚致瘀。胃镜显示胃黏膜呈灰白，可见黏膜下血管、局部黏膜充血肿胀，黏膜粗糙，胃酸分泌量少，胃镜下活检多伴肠上皮化生和异型增生。从中医宏观角度来分析胃镜所见皆为胃阴不足之象，而肠化和异型增生者乃血瘀阻络所致。因此，本病的治疗应滋阴活血，配合疏肝理气、健脾和中。萎胃汤方用沙参、麦冬、石斛、乌梅益阴生津，润燥滋胃。前三药取之于《温病条辨》的益胃汤，为养阴益胃的名方。石斛补胃阴、清胃热，《本草纲目拾遗》谓"清胃，除虚热；生津，已劳损"。现代药理分析有促进胃酸分泌，促进肠蠕动的作用。赤芍、鸡血藤、丹参活血化瘀通络，现代药理研究证实赤芍、丹参、鸡血藤均能改善血液循环及营养状况，有助于萎缩细胞及病变黏膜的修复。因本病的血瘀多由气机郁滞所致，故用莪术行气祛瘀，《日华子本草》谓其"治一切气，开胃消食"。现代药理研究表明，莪术油能兴奋胃肠道平滑肌，有抗溃疡及增强免疫的作用，莪术水提液可显著抑制血小板聚集，抑制血栓而成，改善微循环。绿梅花、佛手疏肝理气和胃，砂仁理气健脾且防滋阴太过，甘草调和诸药并与乌梅、白芍合用酸甘化阴。诸药合用，共奏滋养胃阴、行气活血祛瘀之功。全方虚实兼顾，气血同治、刚柔相济、动静结合，为治疗慢性萎缩性胃炎有效方剂。

病案：何某，女，57 岁，于 2001 年 4 月 12 日就诊。胃病史 10 余年，胃脘隐痛、刺痛，嘈杂痞闷，口干纳差，大便干结，舌质红绛有瘀斑、苔薄，脉细弦。胃镜检查慢性萎缩性胃炎，轻度肠上皮化生伴异型增生。中医诊断为胃脘痛，证属胃阴亏虚，胃络瘀阻。治拟滋养胃阴，行气活血。用萎胃汤：沙参、石斛、莪术、丹参、鸡血藤各 15g，麦冬、赤芍、白芍各 12g，乌梅、佛手、绿梅花各 10g，砂仁（后下）5g。先后加减服用近 10 个月，症状基本缓解，胃镜复查提示慢性浅表性胃炎，病理未见肠上皮化生和不典型增生。（陈 波 罗文纪 王福仁）

王宏坤骨科经验

【名老中医简介】王宏坤（1937 ~）河南省内黄县人。主任医师，教授。1963 年毕业于河南省洛阳平乐正骨学院（白马寺）。原河南省中医院骨科主任。河南省颈肩腰腿病研究会名誉会长。第二批全国老中医药专家学术经验继承指导老师。从事中医正骨临床、教学、科研 47 年。擅长治疗颈椎病、腰椎间盘突出、整脊、风湿和类风湿关节炎、骨坏死、强直性脊椎炎等骨科杂病。

骨伤手法

1 手摸心会，掌握病情

王宏坤对《医宗金鉴》"手摸心会"的理论推崇备至。他认为，骨伤科疾病病种繁杂，损伤程度、性质、部位有别。在治疗前除一般的望、闻、问、切之外，必须对损伤部位作细致的摸诊，以便于全面掌握病情。他临证时，总是反复触摸病变部位，用手来感知损伤的细微差别，以分清损伤的性质、程度、移位情况，以及有无肿块、条索、结节等，并仔细观察患者对触摸按压的反应，询问检查时患者的特殊感觉，由此来确定病源所在，分清主次关系，制定手法治疗方案。正如《四诊抉微·问诊》所云："使其受病本末，胸中洞然，而后或攻或补，何愁不中乎"。

2 辨证施治，稳巧灵活

《医宗金鉴·正骨心法要旨》云："一推一拿，视其虚实酌而用之，则有宣通补泻之法，所以患者无不愈也"。"必索知其体相，识其部位，一旦临证，机触于外，巧生于内，手随心转，法从手出。"王宏坤运用手法，讲究辨证施法，往往因病而异，因人而异。针对不同的病情、体质，选择的手法也不尽相同，且多以简单轻灵的手法达到矫偏纠错的目的。如在治疗软组织损伤、痉挛等证时，常强调用沉稳持久、缓和有力的按摩、弹拨手法，来达到解除痉挛、缓解疼痛之目的。对骨伤脱位，则强调手法要稳巧灵活而不生硬。根据病损的变异情况，选择复位的途径和方法，以"四两拨千斤"的巧力，严谨准确的动作，达到复位目的。治疗颈肩腰腿疼等痹证，则手法宜由轻渐重，由浅入深，随病情深浅、部位的不同，随时变换不同的手法，法随手出，简捷自然，灵活有序。王宏坤认为，手法治疗一忌盲目施法，无的放矢；二忌蛮力粗暴，强拉硬扳，造成新的损伤。

3 随证取穴，通经补泻

《灵枢·本藏篇》云："经脉者，所以行气血而营阴阳，濡筋骨利关节者也"。骨伤诸证多与经络受阻,气血运行不畅有关。王宏坤认为,人体气血、阴阳的平衡失凋,可以通过经络反映于体表的某些部位;外界的风寒温邪侵袭人体,可以在某些局部形成病变,同时也可通过经络影响内在的脏腑功能。而按摩点穴疗法既可通过通经活络,调整阴阳气血以达到对整体的治疗作用;又可通过局部的治疗,使患处的痉挛、粘连得以松解。因此,临床上非常重视疏通经络,把点穴作为按摩推拿的一个重要环节,将循经取穴、患部周围取穴和以痛为俞的取穴方法相互结合,要求取穴要精,选穴要准,点穴要透,补泻要明。认为顺经为补,逆经为泻;顺转为补,逆转为泻;点穴方向向心为补,离心为泻;刺激强度缓摩轻揉为补,急摩重按为泻。如对颈椎病急性期颈部活动受限者,可重点天宗,逆推夹脊,反揉风池,急拿肩井;病久体弱之人,则应缓揉颈后及夹脊,轻点风池与天宗,缓拿肩井,并选配合谷、三里等强壮穴,以鼓舞正气,驱邪外出。

4 筋骨并重,矫偏纠错

王宏坤认为,筋主束骨而利关节,骨之功能离不开筋之运动,无论骨折、脱位等急性损伤,还是退变、劳损等慢性损伤,多先伤其筋后伤其骨。而手法所施,不外筋骨皮肉,施治目的除舒筋活络之外,还应使筋骨复常,就是对骨错缝、筋出槽、组织粘连等解剖位置异常,而影响功能者,施以特殊手法,使之复位,恢复功能。如胸椎小关节错位,采用俯卧位,双手逆向推按的复位手法;颈椎扭伤,采用颈部旋转法;腰椎关节错位,采用侧卧斜扳法;腰骶关节错位,采用坐位转腰法;骶髂关节错位,采用过伸扳法;肱二头长头肌腱滑脱,采用旋臂推按法。这些复位手法配合理筋、弹筋等手法,常能使患者的痛苦迅速得到解除。

5 放松精神,医患配合

手法治疗时医生与患者的精神状态是王宏坤临床上强调的又一重要方面。他要求医生首先要放松自己,调匀呼吸,仪态端庄,谐和自然;切不可闭气屏息,急于求成,最忌不顾患者痛苦,强力施治。患者治疗前每因紧张、疼痛刺激或对施治方法缺乏了解而产生恐惧,以致肌肉痉挛,姿势僵硬,在此状态下进行治疗,不仅不易成功,且易造成损伤。因此,消除患者的紧张心理,避免其不自觉地对抗治疗就显得十分重要。对于因痛甚不能配合者,适当给予点穴止痛,改变其被动或强迫状态体位,为治疗创造条件。对于紧张、恐惧的患者,可采用转移注意力的方法,如问答法、呼吸法,在分散患者注意力的同时,轻灵施法,临床上每用每效,很受患者好评。(邓素玲)

胸部屏伤(胸椎小关节紊乱症)

王宏坤采用“调气”与“逆向推按”相结合的方法治疗此症,每每手到病除,确有其独到之处。

1 治疗方法

1.1 体 位

患者俯卧于硬板床上,两上肢平放于体侧,头偏向一侧,术者立于患侧。

1.2 准备手法

沿脊柱两侧膀胱经循行部位按摩 3～5 遍,以疏通经络、调畅气机、解除痉挛。

1.3 治疗手法

术者将双手平行放于胸椎疼点的两侧,掌根分置疼点上下,指尖分别朝向头足两侧,嘱患者深呼气,医者双手掌根同时用力向相反方向推按,听到“咯达”声,表示已复位。

2 典型病案

患者,女,72 岁,退休干部。一周前为其一岁孙子整衣时,被幼儿蹬及左胸部,遂感左胸疼痛、胸闷,呼吸不畅,咳嗽、说话时均感疼痛加重,夜寐不安,动则疼甚,曾作心电图检查,摄胸部平片及胸椎正侧位片,均未发现异常,观患者体质瘦弱,言语无力,行走时以手捂胸,表情痛苦,查胸前部无压痛及瘀斑,胸椎 6、7 间隙左侧压痛明显,局部呈条索状。胸椎 X 光片示:椎体前后缘有轻度增生改变,余无异常。诊断为胸椎小关节紊乱,即采用调气推按法进行复位,闻及弹响后,压痛点及胸部闷痛消失,行动时无不适。

3 体 会

胸椎小关节错位,多发于胸椎上段。胸椎位于躯干中上段,相对于颈、腰椎来讲,运动、旋转幅度较小,因此,在没有防备的情况下受到扭转外力,超出胸椎关节的运动限度,则易造成胸部气机紊乱、停滞不行,以致经络受阻,引起疼痛。其发病主要与气机阻滞有关。同时,正是由于胸椎旋转幅度小,出现小关节紊乱时,不易施行复位手法,亦无法运用类似颈椎腰椎部的旋转手法。而此处前为胸腔,手法轻重应当适度,过轻不易复位,过重刚易造成新的损伤,王宏坤在临床实践中根据此病的发病部位和特点,自创逆向推按法。将水平的“推力”与向下的“按压力”相结合,形成一个与椎体上下小关节相对应的推按合力,同时,重视“调理气机”在治疗本病中的作用,将手法与调气配合应用,在呼气末胸腔缩小,小关节周围的韧带相对松弛时,运用手法双手逆向施力,使小关节之间的错位或嵌顿得到解除,气机紊乱得以纠正,痉挛缓解,疼痛消失。

“逆向推按”符合力学原理,使术者避免用力过猛,而疏于稳巧。“调气”既可加强手法的效果,又可避免患者紧张、憋气造成的损伤。此二法的结合,符合胸椎部生理、病理特点的需要,使本病的治疗变得简单、安全,故能起到手到病除的效果。(邓素玲)

王焕禄治喘经验

【名老中医简介】王焕禄(1936～)主任医师。原任职于北京西城区展览路医院。第四批全国老中医药专家学术经验继承工作指导老师。从医近50年,擅长治疗内科、妇科、儿科疑难杂病,及关节病、痤疮湿疹等。

哮喘发作期

1 常用药物

1.1 麻黄、杏仁

麻黄一般多用炙品,取其宣肺平喘之功效,为治疗哮喘病之要药,适用于各种类型的哮喘病。现代药理学认为,麻黄有缓解支气管平滑肌痉挛的作用。一般用量为3～10g。但素有高血压病、心脏病患者应酌情减量,以不超过3g为宜。杏仁止咳平喘,一般与麻黄同用可加强宣肺止哮平喘之功。

1.2 葶苈子、生桑白皮

二药均为祛痰、逐饮的主要药物,且寒、热哮中均可使用,可用于改善哮喘患者喘息不得平卧的症状。生桑白皮一般用量为15～30g,葶苈子用量为10～15g。

1.3 地龙、僵蚕

二药合用有解痉平喘化痰的作用,特别对哮喘患者喉中痰鸣有声有很好的治疗效果。现代药理学研究认为,地龙具有显著的舒张支气管作用,能使气道舒畅,故有解痉平喘之效。一般用量为10～15g,个别患者用后有过敏现象,应禁用。

1.4 甘草

主要取其甘平缓急之意,一般要从常用量逐渐加至30g。现代药理研究提示:甘草有类似肾上腺皮质激素样作用,可抗炎及抗过敏。甘草还有明显的镇咳祛痰作用,可用于平喘止哮。但大量使用有导致水肿的副作用,可加茯苓15～30g佐之。

1.5 猪苓、茯苓

二药均有淡渗利水作用,有助于祛痰化饮,对寒哮或寒热互结哮中的稀泡沫状痰有很好的疗效,又可防止因大量应用甘草而引起的水肿。

因支气管哮喘与过敏性鼻炎同属变态反应疾病,故多数哮喘患者并发过敏性鼻炎。故在审证时应注意询问患者鼻道是否通畅,若兼有鼻塞流涕可加苍耳子、辛夷、鹅不食草等宣通鼻窍。

2 典型病案

案1 患者,女,24岁,1995年12月10日初诊。主诉:咳喘频作,喉中嘶鸣半年余。患者半年前因感冒而出现咳嗽喘息,初始痰量不多,渐则咯吐白色稀痰泡沫状,晚间加重,不得平卧。曾服用氨茶碱、可的松,并用平喘气雾剂等效果不佳。用过小青龙汤加减方仍未获效。刻下症:咳嗽喘息,喉中嘶鸣,不得平卧,痰白质稀泡沫状,舌红苔白,脉沉数。诊断:寒哮(以内饮为主);辨证:寒饮伏肺,肺失宣降;治则:温肺化饮,平喘止哮;方选:射干麻黄汤加减。拟方:射干10g,炙麻黄6g,炮姜10g,紫菀10g,款冬花10g,清半夏10g,杏仁10g,炙甘草10g,葶苈子15g,生桑白皮15g,猪苓15g,茯苓15g,地龙15g,僵蚕10g,地骨皮15g。服药3剂,哮喘痰鸣大减,再服6剂,病近痊愈。追访患者,几年来哮喘病未见复发。

按 患者哮喘频作半年,证属饮邪伏肺无可置疑,但前投之小青龙汤为何不效?思之:小青龙汤治疗饮邪,其温化效果显著,但其驱逐饮邪之力尚感稍逊,故选用射干麻黄汤为主方加减,意在宣肺逐饮、祛痰平喘。方中炙麻黄宣肺平喘;射干祛痰利咽而止哮;炮姜温肺化饮而又不过于辛散;紫菀、款冬花、清半夏、杏仁止咳平喘、降气化痰;葶苈子、生桑白皮、猪苓、茯苓泻肺逐饮;地龙、僵蚕、甘草解痉平喘。因患者舌红脉数,示已化热伤阴,因此加地骨皮与桑白皮相配,取“泻白”方意,可防止病情化热动血之变。组方仍为小青龙汤变化而成,通过合理的化裁,疗效显著。

案2 患者,男,5岁,1997年1月10日初诊。主诉:喘息哮鸣反复发作4年余,3个月前加重。患者1993年因接种“百日咳”疫苗后,咳喘反复发作,近3个月来喘息暴作不止,鼻煽唇紫,张口抬肩,不能平卧。经抗生素及激素治疗后稍好转,但仍喘息咳嗽,故来求诊中医。刻下症:喘憋咳嗽,喉中嘶鸣,平卧加重,咯吐白稠痰而逐渐变黄,大便秘结,小便黄赤,舌红苔黄稍腻,脉滑数。诊断:热哮(痰热哮);辨证:

痰热壅肺；治则：清热宣肺，化痰平哮；方选：麻杏石甘汤合小陷胸汤加减。拟方：炙麻黄3g，杏仁8g，生石膏20g，生甘草10g，清半夏8g，瓜蒌15g，黄芩8g，金银花15g，炙枇杷叶15g，川贝母4g，生桑白皮10g，葶苈子8g，僵蚕10g，地龙10g，麦门冬8g。服上方加减（药物如沙参、五味子）30剂，喘嗽大减。为巩固效果又配丸药方：炙麻黄30g，杏仁60g，生石膏30g，甘草30g，黄芩30g，瓜蒌60g，清半夏30g，沙参30g，麦门冬30g，五味子30g，葶苈子30g，生桑白皮30g，川贝母30g，炙枇杷叶30g，金银花30g，僵蚕30g。上药共为细末，蜜制为丸6g重，每服1丸，日服2次。追访得知，配制丸药服完后病已愈。至今未见复发。

按 患者系小儿，为"纯阳之体"，阳热偏盛又哮喘日久。素有"伏痰藏肺病"，痰从热化，壅阻气道，肺失肃降，故方选麻杏石甘汤合小陷胸汤加减，清热化痰、宣肺平喘。方中黄芩药性走上焦，清肺热可代替黄连。患者久病必伤阴分，故加麦门冬、沙参滋养肺阴，收效较为理想。病情平稳，又配丸剂善后，加用五味子补肾敛气，终获痊愈。

3 小 结

王焕禄通过几十年的临床观察体会总结认为：哮喘患者大多数在急性发作时才来求医治疗，而缓解期能够坚持治疗者为数不多，因此能在其发作期正确地分清风寒、风热、暑热、痰热、燥火等病邪的致病特点及临床表现，观其所逆，辨证施治，选方用药精当，方可事半功倍。在治疗方面，如元·朱丹溪在《丹溪心法》中所说："凡久喘之证未发，宜扶正气为主，已发，攻邪为主。"概言之，哮喘的总治则为：平时治本，发时治标；发时治肺，平时治肾。（李 滨 刘淑珍）

王会仍学术经验

【名老中医简介】王会仍（1938～）海南人。主任医师。1965年毕业于浙江中医学院。现任职于浙江省中医院。浙江省中医学会理事，浙江省中西医结合学会理事及浙江省第六七届政协委员。浙江省名中医，第二批全国老中医药专家学术经验继承工作指导老师。擅长中西医结合防治慢性阻塞性肺病等呼吸系疾病。发表论文50多篇，参编《实用中医内科手册》《中西医结合内科研究》。

学术思想

1 强调辨证、治病求本

王会仍认为临床疗效的好坏与辨证论治有着密切的联系，而"治病求本"即是寻求引起疾病的原因，针对病因病机从根本上治疗疾病，因此，在临证时十分强调辨证施治和治病求本。他认为在审因辨证时，应善于从纷繁复杂的征象中，审理出病变的本质与疾病的根由，并予以灵活辨证用药。如对于肺脓疡，他认为外邪犯肺是发病的主要原因，正气虚弱或痰热素盛、嗜酒不节、恣食辛热厚味等致使湿热内蕴，是易使机体感邪发病的内在因素。由于风热之邪袭肺，或风寒郁而化热，蕴结于肺，肺受邪热熏灼，清肃失司，气机壅滞，阻滞肺络，致使热结血瘀不化而成痈；继而热毒亢盛，血败肉腐而成脓。肺脓疡主要病机为邪热郁肺、肺气壅滞、痰热瘀阻，在治疗时应特别重视清热、排脓与化瘀，尤其是清热之法，是治疗肺脓疡的核心所在，应贯穿于整个治疗过程；在恢复期，往往存在气阴两虚，此时需扶正祛邪兼顾。王会仍认为治病不只是对症治疗，还应通过临床复杂的征象，分析疾病形成的机理和征候的内在联系，把握疾病的发生、发展和演变规律，针对病因病机从根本上治疗疾病，从而贯彻治病求本的治疗原则。

2 善辨表里寒热、明辨标本虚实

由于疾病表现的多样性、复杂性和易变性，在临床诊断的过程中往往会出现真象假象交纵错杂、虚象实象夹杂存在的现象，给正确制订治疗方案带来困难。王会仍在40余年的临床实践中积累了丰富的临证经验，面对复杂的症候群，通过现象看到本质，抓住辨证的纲领和关键的症候，详细准确地辨别病症的属性，制订相应的治疗方案，取得了很好的临床疗效。如慢性支气管炎的治疗，此病多见于老年人，病程较长，常由外邪侵袭及肺、脾、肾三脏功能低下所致，临床症状以反复发作的咳嗽咳痰或伴气急为特征。王会仍在辨证的过程中认为，急性发作期初始阶段常常伴有外感表症，多属实症，应注意宣肺解表，重在祛邪，以治标为主，但需明辨寒热，风寒者宜疏风散寒，风热者宜疏风清热，在此基础上酌加化痰止咳之品。他强调辨寒痰热痰不能光凭痰色来确定，黄痰固为有热，白痰未必有寒，尚要根据痰的性状、全身伴随症状及舌脉来辨证，对痰白量多的患者不轻易用温药，如此辨证屡屡获效。慢性支气管炎的缓解期则以本虚为主，虽临床表现仍有少量咳嗽咳痰,但此时的治疗当以扶正固本为主。由于慢性支气管炎夏季处于相对缓解阶段,王会仍遵循“春夏养阳”的古训,采用“冬病夏治”的方法,给予温补脾肾、益气扶正之品,佐以化痰,达到“正安”“邪清”的目的,从而减少了慢性支气管患者在冬季的发作次数和程度,提高了患者的生存质量。

3 用药灵活、注意配伍

在临诊过程中,王会仍不仅非常熟悉中药的性能,根据中药的四气五味、升降沉浮及归经合理用药,而且在长期实践的过程中积累了丰富的灵活用药和配伍经验。如对痰的治疗,他根据痰的不同性质,用药各异。湿痰燥之,药用苍术、白术、半夏、茯苓、胆南星等;热痰清之,药用黄芩、大青叶、鱼腥草、桑白皮、羊乳、野荞麦根等;寒者温之,予小青龙汤、二陈汤;风痰散之,药用胆南星、白附子、天麻、防风、僵蚕、蜈蚣、猪牙皂等;老痰软之,药用浮海石、瓜蒌、五倍子、香附、半夏等;郁痰开之,药用僵蚕、杏仁、瓜蒌、贝母、香附等;食积痰消之,药用神曲、麦芽、山楂、瓜蒌、滑石等。又如治疗肺脓疡,王会仍认为清热法是主法,然清热之法有清宣和清泄 2 种。清宣法主要应用于肺脓疡初期阶段,此时用药不宜过于寒凉,以防肺气郁遏,邪热伏闭,表散不易而迁延不解,因此常用银翘散或桑菊饮为基本方,适当加用清热解毒之品如鱼腥草、败酱草、牡丹皮、红藤、三叶青、黄芩等,以散邪防痈,尽早促使邪热从表而解,不致郁结成脓。清泄法主要用于肺脓疡成脓期和溃脓期的热毒壅盛阶段,此时择用效大力专的泄热降火、消痈散邪之品,有利于炎症的控制和痈脓的消散,常以千金苇茎汤和黄连解毒汤为主,同时加用金荞麦、红藤、败酱草、石膏、知母、竹叶等加强清泄邪热、痰热之效,对于脾胃虚弱者,佐以护胃之品以保中气。在治疗过程中排脓法亦是常用的方法,排脓之法包括透脓、清脓、托脓。透脓用于脓毒壅盛、排脓效果不理想者,药用皂角刺、穿山甲、土鳖虫、桔梗、金荞麦;清脓是肺脓疡排脓的常规治法,多选用薏苡仁、冬瓜仁、桃仁、桔梗、瓜蒌仁、牡丹皮、赤芍、鱼腥草;托脓主要用于溃脓期、气虚无力排脓外出者,常用药物有黄芪、党参、太子参、绞股兰等。中药因具有良好的疗效、较小的毒副作用而受到广大患者的欢迎,但是人们往往忽视其毒副作用。王会仍告诫弟子临诊时必须警惕重要的毒副作用,必须熟悉所用药物的毒性反应,以防发生不良后果。如黄芩、山慈菇、山豆根可导致肺间质性病变;山慈菇、山豆根、川楝子、苦杏仁等长期使用可导致药物性肝损害;木通、雷公藤、斑蝥、鱼胆、芦荟、蜈蚣、草乌、细辛等多种中药可导致肾损害。他还指出在中西药合用时,必须注意配伍禁忌,如麻黄若与洋地黄合用,可增加洋地黄的毒性;甘草与利尿剂合用,可能导致低血钾。

4 辨证结合辨病、宏观结合微观

中医的“病”与“证”是两个不同的概念。证是反映其本质属性的一系列特征;病是证的综合和临床反映。在临床上可出现“同病异证”和“异病同证”,并采用相应的“同病异治”和“异病同治”的治则。如治疗咳嗽,有属肺气失宣的感冒咳嗽,有痰热壅盛的肺胀咳嗽,在治疗上是各不相同的。但两种疾病的咳嗽所属证型相同亦可采用同一种治疗方法。王会仍在辨证与辨病方面,主张采用二者结合的方法,并强调不应局限于中医的辨证辨病结合,更应与现代医学的辨病治疗相结合,以使辨证治疗更具全面性和科学性。如以咳嗽为主症的变异性哮喘,按现代医学的观点是气道炎症性疾病,患者常常是过敏体质,故他在常规的中医辨证施治前提之下,适当加入祛风抗过敏的药,如蝉衣、白鲜皮、苍耳子、地肤子、僵蚕、地龙等,常获佳效。中医认识疾病通过直接观察,从整体和全面考虑,辨证的观点是系统、整体的,故属宏观辨证;现代医学除了观察临床症状外,尚需进行各种局部的检查以及现代医疗仪器的检测,这些肉眼观察不到的诊察属微观辨证。他认为传统的中医理论需要结合高速发展的科技信息促进自身的提高和发展,仅仅运用望闻问切四诊方法来诊断疾病是不够的,应该结合微观辨证,这样才能使辨证更具准确性和全面性。他在临床辨证施治的过程中常常宏观结合微观,如治疗小气道轻度阻塞的患者,虽无明显的临床症状,但肺功能已有改变,此时应用中医宣肺理气、益气活血、化痰通络的方法,可以改善肺功能,防止疾病进一步发展。

5 重视预防康复、提倡保健养生

古人有言“正气存内,邪不可干”,又云“邪之所凑,其气必虚”,明确指出了疾病的发生与体质和抗病能力的强弱有密切的关系,故而提出了“不治已病治未病”的观点。王会仍临诊时亦非常重视康复、预防、保健、养生治疗,认为应以“虚者补之”“损者益之”为原则,补养人体气血阴阳之不足。他认为不仅要对处于疾病恢复期或缓解期的患者进行治疗,而且要对亚健康人群尤其是老年人进行养生调摄,这样才能使人体阴阳平衡、气血流畅,从而提高机体的抗病能力,延缓衰老、益寿延年。他除了对处于疾病中或疾病缓解期的患者注意补虚外,还非常推崇冬季服用膏方，他认为膏方药味适口、服用方便、药效持久、副作用小，利用膏滋药徐徐培本固元，是中医调补的上品。在应用时，他强调以“调”为先、用药轻灵，切忌壅补，冬至前后每日服用，达到调整阴阳、补益气血、通其血脉的目的。

6 力倡中西医优化选择

王会仍在临诊中十分重视中西医的优化选择，以充分发挥中、西医各自的优势。他认为治疗呼吸系疾病尤其要善于发挥其各自的治疗优势，做到扬长避短，以利于提高临床的治疗效果。在治疗慢性支气管炎、支气管扩张和支气管哮喘等呼吸系疾病时，根据不同病情、病期而有侧重。在急性发作期和重症阶段，由于西药抗感染、平喘、止血等作用奏效较快，故先以西药治疗为主，辅以中药如清肺化痰止咳等；随着病情控制，逐渐加强中药治疗力度，以祛邪扶正，为尽早撤离西药做好准备；在缓解期则重用中药扶正固本、增强机体防御能力以预防复发，并根据慢性支气管炎、支气管扩张和哮喘的不同病理特点灵活辨证施治。又如治疗支气管哮喘，在急性发作期，特别是重危阶段，认为西药占有较大的优势。β肾上腺素受体激动药、茶碱、肾上腺皮质激素等作用往往迅速而有效，根据病情的轻、中、重度，进行分级治疗。然而β受体激动剂可引起心率增快、心律失常、低敏感现象等副作用；茶碱类药物可导致胃肠道反应、心律失常、惊厥等症状，甚至呼吸、心跳停止；胆碱能受体拮抗剂气雾吸入常可引起口干、恶心症状；长期使用糖皮质激素可出现柯兴氏综合征、骨质疏松、糖尿病、精神症状，甚则因抗病能力受损而导致双重感染或发生激素依赖等。中药如麻黄、细辛、甘草、姜半夏等均能抑制过敏介质释放，降低IgE水平及增加CAMP的含量，从而舒张支气管平滑肌而达到平喘的效果，虽其平喘作用不如西药迅速，但无明显毒副作用。故他主张在西药阶梯治疗方案基础上，同时运用中药宣肺化痰、降气平喘，从而提高疗效，并使西药尽快降级治疗，缩短西药使用时间及减少其副作用。王会仍认为哮喘发作是由于伏痰遇感引触，痰随气升，气因痰阻，相互搏击气道所致。痰气交阻是发病的关键，故在治疗中强调调气治痰，痰、气同治，气顺则痰自化，而痰去则气亦顺。热哮患者予麻黄、白果、黄芩、杏仁、紫苏子、重楼、老鹳草、佛耳草、地龙等以清泄肺热、豁痰下气；寒哮患者予麻黄、细辛、甘草、款冬花、紫苏子、莱菔子、白芥子、杏仁等。在辨证施治的同时，佐以祛风通窍、镇痉、活血化瘀之品。对于短程大剂量运用激素的重症哮喘患者，他在中药中增入滋阴或滋阴泻火药物如生地黄、黄柏、知母等；若长期中小剂量使用激素或激素减停时，选用益气药如人参、甘草、绞股兰、灵芝、刺五加等，或用温肾药附子、肉苁蓉、淫羊藿、补骨脂、菟丝子等，使既能继续发挥激素的止喘抗炎效果，又能去除其不良反应，为顺利撤除激素创造条件。哮喘病情迁延难愈，肺、脾、肾三脏俱虚与痰瘀内伏并存于缓解期，此时，中医药的优势明显胜于现代医学，中药的扶正固本治疗显然占了主导地位。王会仍以“健脾益肾、益气活血”为大法，喜用金匮肾气丸以及淫羊藿、补骨脂、地龙、党参、黄芪、当归、赤芍、丹参等药物以调节肾上腺皮质功能，改善机体的免疫状态，在扶正固本同时，佐以清肺、化痰、宣透等祛邪之品，以清宿根伏邪。（骆仙芳 蔡宛如）

临床经验

支气管哮喘

1 调气治痰

丹溪认为，哮喘“专主于痰”。《症因脉治·哮病》亦指出：“哮病之因，痰饮留伏，结成窠臼，潜伏于内，偶有七情之犯，饮食之伤，或外有时令之风寒束其肌表，则哮喘之症作矣。”哮喘发病的主要病机为伏痰遇外邪引触，痰随气升，气因痰阻，相互搏击气道而致喉中哮鸣，气息喘促诸症。痰气交阻是本病发病的关键，故治疗必须以祛痰化痰、调畅气机为先。“人之气道贵乎顺……气顺则痰自化矣”，而痰去则气亦顺，顺气与治痰两者有机结合运用，哮喘自平矣。哮证发作期有寒哮、热哮之分，寒哮为寒痰阻肺，肺气上逆所致，治宜温肺化痰、降气平喘，方以小青龙汤、射干麻黄汤、三拗汤等化裁，常用药物：麻黄、射干、细辛、五味子、姜半夏、炙苏子、杏仁、生甘草等。麻黄宣泄气机，专疏肺郁，为平喘要药；细辛辛散温通，温肺化痰；射干开痰结，降肺气；苏子降气消痰，止咳平喘，开郁利膈；杏仁降气祛痰，宣肺平喘。诸药相合，宣降得法，利肺气、化痰饮而喘逆平；伍以半夏、生甘草健脾化痰，五味子敛肺，效用尤强。药理实验证明，麻黄、细辛、杏仁、甘草、姜半夏等能抑制过敏介质释放，降低IgE水平及增加CAMP含量，从而舒张支气管平滑肌达到平喘效果。

热哮为痰热壅肺，气机升降失司而致，治宜清热泄肺，豁痰下气，方以定喘汤加减，常用药物：白果、麻黄、黄芩、桑白皮、炙款冬、杏仁、七叶一枝花、老鹳草、羊乳、丹皮等。王会仍认为白果敛肺定喘，麻黄宣肺平喘，一开一收，可制止哮喘发作。伍以黄芩、桑白皮、七叶一枝花、羊乳、炙款冬、杏仁、老鹳草、丹皮等药,一则清泄肺热,化痰平喘,二则可制麻黄燥热之性。其中黄芩药量须在12g以上。有高血压、快速型心律失常或年高体弱者,麻黄可改用黄荆子12g,黄荆子能行气祛风,降痰平喘,有类似麻黄之作用,而无麻黄之弊端。药理研究表明,黄芩、丹皮、老鹳草、七叶一枝花等能抑制过敏介质的释放,对肺炎球菌、链球菌等多种细菌及流感病毒均有明显抑制作用,故诸药相合,既可平喘,又能抗菌消炎,颇具效验。

2 活血化瘀

宿痰内伏,壅于气道,气壅而血瘀,即"有痰必有瘀";哮喘反复发作,日久肺气必虚,气虚无力推动血液,而致气虚血瘀,亦即"有虚必有瘀"、"久病必瘀"。因此,无论在哮喘发作期,或是缓解期,王会仍都力倡加入活血化瘀之品,主张气、痰、瘀同治。常用黄芪、党参、甘草、白术、陈皮、降香、香橼皮等益气、理气之品,并与当归、川芎、丹参、赤芍等养血、活血药物进行配伍,达到益气活血或行气活血之目的,这对提高和巩固哮喘的治疗效果很有裨益。实验研究亦证明,活血化瘀类药物能够拮抗血小板激活因子(PAF),降低IgE水平,改善微循环,舒张支气管平滑肌,具有明显的平喘作用。

3 祛风通窍

肺主气,外合皮毛,开窍于鼻。外邪从表自上而入,内合于肺而诱发哮喘,此时鼻窍、皮毛首当其冲,出现鼻塞、鼻中作痒、鼻流清涕、喷嚏等先兆症状。临床上所见支气管哮喘患者多伴有过敏性鼻炎,吸入花粉、烟尘、油漆味等即出现鼻塞流涕等症状,即使无明确的过敏原,亦常伴有上述症状。因此,适当加入一些祛风通窍之品,如辛夷、苍耳子、防风等,常能收到令人鼓舞的效果。

4 祛风镇痉

支气管哮喘是由肥大细胞、嗜酸细胞等许多细胞参与的慢性气道炎症性病变,具有气道高反应性和可逆性气道阻塞之特征,存在着平滑肌收缩和支气管痉挛。一些虫类药物如广地龙、蝉衣、僵蚕、蜈蚣等,能祛风镇痉,有助于加强疏通气道壅塞及血脉痹阻,抗过敏,缓解支气管痉挛,从而达到平喘目的。故可在辨证施治基础上,酌情配伍应用,但本类药物中僵蚕、蜈蚣有燥血伤阴之弊,宜中病即止,不可久用。

5 标本同治

无论是哮喘发作期,还是缓解期,王会仍都自始至终坚持"治标不离本"、"治本不离标"的治疗原则,将治标、治本有机地结合在一起。哮喘为一沉痼顽疾,其病迁延,正气亏虚,发作时多表现为虚实错杂之候。诚然,哮喘发作时以祛邪为急,但治疗时若一味投以宣肺化痰、降气平喘之剂,虽症状暂时可除,但药力过后,诸症复萌,疗效不易巩固。因此,必须在祛邪同时酌加扶正之品,如黄芪、太子参、广地龙、仙灵脾等,以促进病情尽快恢复。其中黄芪用量15~24g,太子参18~30g,仙灵脾9~15g,广地龙15g。其中黄芪与太子参合用,补肺健脾作用更强,从而能鼓舞正气,祛邪外出;广地龙性寒,味咸属阴,仙灵脾性温,味辛甘属阳,两者相伍,既可避免地龙之助寒伤阳,又可防止仙灵脾之助火伤阴,一阴一阳,燮理阴阳,对于哮喘长期反复发作兼有性功能减退的中老年患者尤为合适。在哮喘急性期缓解后,由于宿根伏邪留恋,应在扶正固本的同时,适当加用宣肺、清肺、化痰等祛邪药物,如桑白皮、银花、七叶一枝花、云雾草等,以奏"邪去正安"之效。

6 脏腑同治

"肺与大脑相表里",肺主宣发、肃降,大肠主传导、排泄,肺气肃降有序,则大肠传导正常。王会仍根据脏病治腑、脏腑兼顾的治疗原则,治疗哮喘时不忘保持腑气的通畅。尤其是痰热壅肺而腑气不通的实症哮喘,适当加入通腑泄热或润肠通便之药,如瓜蒌仁、桃仁、大黄、枳壳等药,能使腑气通而肺气降,从而更快地达到平喘的目的。在运用通腑药物时,还应注意患者的体质强弱及正气盛衰,如药后出现腹痛等症状,当减轻剂量;若腹泻严重,甚至有阴竭阳脱之征兆,应及时停药,以防发生变证。

7 因时制宜

哮喘反复发作,迁延日久,阴阳俱虚,春夏季节,气候由温转热,阳盛阴衰,阴液愈耗,此时应慎用辛热之品,以防助热伤阴,治疗以清肺平喘为主;秋冬季节,气候由凉转寒,阴盛阳衰,人体腠理致密,阳气敛藏于内,致使哮喘患者阳气愈虚,不能卫外,一旦风寒之邪乘虚入侵即引起哮喘发作,此时应慎用苦寒之品以防伤阳,治疗以温阳平喘为主,这样方能顺乎自然,切中病机

8 因人制宜

人之先天禀赋和后天调养各异,临诊时需善于抓住各自的体质特点而酌情施治。对于女性,特别是经期前后发作的患者,因其以血为本的生理特点,治疗时应配伍一些养血活血之品,如当归、赤芍等,尤其是当归,本身具有止咳逆上气之功效,用之甚妙。老年哮喘患者机体适应能力、防御能力均低下,肾阳必虚,故用药上多偏于温补,可酌情选择仙灵脾、补骨脂、紫河车等。对于一些反复发作,并伴有

胸胁苦满、少寐的哮喘患者，系由于情怀不遂，忧思气结，肺气痹阻或郁怒伤肝，肝气上逆于肺，肺气不得肃降，气逆而发。因肝是通畅全身气机的枢纽，运用一些疏肝解郁、安神定志的药物，如柴胡、白蒺藜、远志、合欢皮、石菖蒲、夜交藤等，往往能使之神定气顺，止喘于顷刻之间。（骆仙芳 蔡宛如）

慢性咳嗽

1 咳嗽变异性哮喘

本病表现为气道高反应性，多数以顽固性咳嗽为主要症状，其咳嗽易在就寝时、深夜或早晨发作或加剧；上呼吸道感染、冷空气和运动等都可成为咳嗽症状加重的诱因，尤其多见于特应性体质者；而其肺部听诊、X线胸部摄片及肺功能检查均无明显异常。其基本病因病机为风邪犯肺，肺失宣降，邪阻肺络，气道痉挛。近年在临床诊疗中，王会仍大都采用小青龙汤及射干麻黄汤为主方进行加减，酌加地龙、僵蚕、蝉衣、木蝴蝶等祛风解痉的虫类药，使风邪外达，宣降肺气，解痉止咳，获得较为满意的效果。

案1 李某某，女，30岁。2007年11月3日初诊。患者咳嗽3月，早晚加重，少痰，上呼吸道感染和冷空气刺激后症状加重，咽痒，失眠。查体：双肺呼吸音清，未闻及明显干湿罗音。胸片示两肺纹理稍增粗，肺功能无明显异常。曾在当地医院予静滴抗生素，口服止咳药后，咳嗽无明显缓解。舌淡红、苔薄白，脉细。证属痰阻肺络，肺气失宣。治宜宣肺化痰、利咽止咳，处方：麻黄、蝉衣各9g，杏仁、川朴各10g，地肤子、白芍、当归、炙紫菀、黄芩各12g，炙枇杷叶、前胡、太子参、金银花、三叶青各15g，合欢皮20g，野荞麦根30g，射干、甘草各6g。服药半月后症状明显减轻，后随证加减，续服3月后病情基本稳定。

按 方中麻黄、杏仁、川朴、甘草、前胡、炙枇杷叶、炙紫菀止咳平喘、降气化痰；射干、金银花、野荞麦根、三叶青、黄芩清热解毒、清肺化痰；蝉衣、地肤子利咽解痉；辅以太子参、当归、白芍、合欢皮益气养阴之品以防化燥伤阴。王会仍认为，咳嗽变异性哮喘属内伤咳嗽之证，故治疗时须“标本兼顾”，在清肺止咳、利咽解痉的同时，必须益气扶正，方能获得较为满意的疗效。

2 胃食道反流症

本病系因胃内容物反流入食道而出现胸部烧灼感、胸痛、咳嗽等症状的疾病。在欧美胃食道反流症是引起慢性咳嗽的主要病因之一，以往我国的发生率较低，但近年来随饮食等生活方式的西化，喜喝咖啡及油炸食物等致酸食物的人群日渐增加，致使本病的患病率也不断增加。胃食道反流症性咳嗽持续的时间为数周到数年，常发生于清醒和卧位时，部分患者可有进食后咳嗽加重。中医的治法是理气和胃、降逆止咳。王会仍在临诊中一般采用旋覆代赭汤合左金丸加减，适当配伍一些清肺利咽止咳类中药如桑白皮、浙贝、麻黄、黄芩、野荞麦根、金银花、鱼腥草、蝉衣、木蝴蝶等，效果堪称满意。其实，历代医家早就应用本方对咳逆上气进行治疗，此方对肺胃同病者颇具效验。除药物治疗外，还要劝告患者控制体重，膳食宜高蛋白低脂食物，睡时头部抬高，并要戒烟、戒酒、禁咖啡、浓茶及巧克力等，其治疗效果才能更好。

案2 段某某，女，54岁。2008年1月25日初诊。患者咳嗽、泛酸、烧心4月余，咳嗽以白天为剧，进食后加重，痰少色白，咽痒汗出，偶有胸闷气急，有慢性胃炎史十余年。查体：咽部无充血，双肺呼吸音清，未闻及明显干湿罗音。胸片示两肺心膈正常，肺功能无明显异常。胃镜示反流性食管炎、慢性胃炎。舌淡红、苔黄腻，脉弦。证属肝胃不和，肺失清肃。治宜理气和胃、降逆止咳，处方：旋覆花、蝉衣各9g，煅代赭石、炙枇杷叶、党参、三叶青、金银花、老鹳草各15g，杏仁、制半夏、川朴各10g，黄芩、地肤子各12g，浮小麦、野荞麦根各30g，麻黄根、甘草各6g。服药7剂后，咳嗽、泛酸、烧心、咽痒汗出等症状明显减轻，去浮小麦、蝉衣、金银花、老鹳草，加用绿梅花、木蝴蝶各9g，蒲公英30g，佛耳草15g。继续治疗两个月，病情趋于稳定。

按 本例患者为胃食道反流引起的咳嗽，《内经》有“五脏六腑皆令人咳”之说，对这类慢性咳嗽患者，王会仍喜用旋覆代赭汤并配伍清肺化痰、利咽止咳类药进行治疗。方中旋覆花、煅代赭石、制半夏、党参、杏仁、炙枇杷叶、川朴、甘草降逆化痰、和胃止呕；野荞麦根、三叶青、金银花、黄芩、老鹳草、麻黄根清肺化痰、止咳平喘；蝉衣、地肤子、浮小麦利咽止汗固表。诸药配伍，而收佳效。

3 鼻后滴漏综合征

本病又称上气道咳嗽综合征，是致慢性咳嗽发生率最高的疾病之一，占20～87%。中医治疗鼻后滴漏综合征，主要予清肺利咽、祛风通窍等药物。王会仍在临诊中，常以麻杏石甘汤合辛夷散或苍耳子散等为主方进行化裁。多选用南沙参、北沙参、杏仁、甘草、桔梗、桑白皮、浙贝母、麻黄、黄芩、野荞麦根、金银花、鱼腥草等清肺或宣肺化痰类药；并适当配伍辛夷、苍耳子、地肤子、白芷、蔓荆子、川芎、防风、蝉衣、僵蚕、地龙、射干等祛风解痉、利咽通窍类药。对于鼻后滴漏综合征，中医药的效果是令人鼓舞的，但需长期治疗。其发病与环境因素、气候变化关系密切，如不注意保养，一旦停药极易复发。

按 陈某某，女，12岁。2008年2月5日初诊。患者咳嗽、咳痰、流脓涕2月余，咽痒痰黄，易汗多涕，受凉尤甚，无明显气急，曾用西药抗炎治疗病情未见明显好转。有慢性鼻窦炎病史2年。查体：咽部充血，双肺呼吸音粗，未闻及明显干湿罗音。胸片示两肺心膈正常。舌质红、苔厚黄腻，脉滑数。证属痰热郁肺，宣肃失司。治宜清肺利咽、化痰通窍。处方：麻黄根、甘草各5g，黄芩、地肤子、金银花、三叶青、杏仁各10g，浙贝母、肺形草、炙枇杷叶、前胡各12g，炙紫菀15g，蝉衣6g，桑叶、辛夷各9g。野荞麦根30g。服药7剂后，咳嗽、咳痰减轻，脓涕减少，去金银花、前胡、炙紫菀、黄芩，加用当归10g，北沙参、太子参、板蓝根、穞豆衣各12g，续服1月后症状基本消失。

按 方中麻黄根、杏仁、甘草、前胡、炙枇杷叶、炙紫菀、浙贝母止咳平喘、降气化痰；肺形草、桑叶、野荞麦根、三叶青、黄芩、金银花清肺化痰；蝉衣、辛夷、地肤子清肺止咳、利咽通窍，病情稳定后加北沙参、太子参、当归、穞豆衣益气养阴止汗以固本。祖国医学认为"肺开窍于鼻"，肺鼻易于同病，因此对这类患者既要治肺，又要治鼻，才能达到治疗的目的。（何神地　骆仙芳）

特发性肺纤维化

1 对病因病机的认识

祖国医学虽无肺纤维化之说，但近年来，随着有关研究的不断深入，在总结吸收前人经验的基础上，根据多年的临床观察，王会仍提出特发性肺纤维化按中医"肺痿"论治。认为其病因系由致病因子粉尘、烟雾、真菌、曲菌、病毒、毒性气体、有毒农药、除草剂、某些药物等从鼻、皮毛、口而入，留滞于肺内，损伤肺脏而致发病。他突破古人"肺痿无实证"的观点，提出本病属本虚标实、虚实错杂之证。认为其病机为致病因子侵入人体，损伤正气，正虚邪乘，痰瘀内生，郁久化热，进一步加重正气损伤，造成恶性循环；加上患者长期使用激素和免疫抑制剂，机体御邪能力低下，易致外邪侵犯，损伤正气尤甚，从而形成本虚标实的局面。本虚为气阴两虚，标实为燥热内结、痰瘀互阻。本病初起在肺，日久累及脾肾，造成肺脾肾俱虚。肺失宣发肃降，气机壅滞上逆而为频咳；脾虚生化乏源，不能转输水谷之精微而不能布津；肾气不足，不能摄纳肺吸入之气以致呼吸浮浅，动辄加剧；肾精不足，无以涵阳，阴虚阳亢，灼伤肺津，故燥咳不止；而外邪内犯，肺失宣发肃降致使痰、瘀阻塞肺道，引起呼吸困难。

2 立法用药特色

王会仍认为，对本病的治疗应以益气养阴、清热润燥、化痰活血为主，根据患者不同体质、不同病情程度而有所侧重。病变后期由肺及脾及肾，因此健脾以旺生化之源，补肾以纳气平喘则必不可少。在具体立法选药时，尤应注意以下几点。

2.1 宜清肺不宜燥肺

根据特发性肺纤维化的临床特点，中医在其治疗大法的基础上，宜选用知母、石膏、竹叶、桑叶、连翘、牛蒡子、鱼腥草、银花、地骨皮、野荞麦等清肺热药，不宜选用或过用细辛、生姜、桂枝、藁本等辛温发散之品以防伤阴损肺、耗气伤津，这类药物对本病的康复有害无益。既使患有外感风寒者，需用辛温发散之药，也应减量或短期使用，此完全符合"有故无殒也无殒"之理。

2.2 宜甘寒不宜苦寒

对清热润肺药的选用，王会仍认为宜选甘寒之品，有宜用苦寒之品。因苦寒之味易化燥伤阴，而肺为娇脏，喜润恶燥，加以肺痿患者本已肺失所养，更忌苦寒化燥之品，以免阴液更亏。甘寒之品常用银花、云雾草、桑白皮、人参叶、鱼腥草、佛耳草、老鹳草、地骨皮、芦根、天花粉、野荞麦、百合。这些药物既有清热作用，又具有平喘化痰止咳作用，用之甚宜；而不宜用黄芩、黄连、山栀、山豆根等。尤其是黄芩，虽属清肺要药，但易伤脾胃，导致生化之源受损，不能上输于肺以布津液。近年日本学者研究认为，黄芩中所含的黄芩甙有致纤维化的作用，因此在特发性肺纤维化的治程中，更应慎用，即使需用，用量也不宜过大，应中病即止。

2.3 宜滋阴不宜助阳

《医门法律》云："凡肺痿多不渴。以其不渴，漫然不用生津之药，任其肺日枯燥，医之罪也。以其不渴，恣用燥热之药，势必煸煸不救，罪加等也"。故治疗时宜选滋阴生津之品，不宜用辛热温阳之品。养阴药物，王会仍喜用南北沙参、天冬、麦冬、五味子、知母、生地、怀山药、石斛、芦根、玉竹、百合、黄精等。不宜选取肉桂、附子、仙灵脾等大温大热之品，而对疾病晚期出现阴阳俱衰或出现脱证的呼吸衰竭患者，则另当别论，但也应中病即止，不宜久用。

2.4 宜补气不宜破气

"肺主气，司呼吸"，肺虚失于宣降，则咳嗽、气短；卫外不固则反复感受外邪；津液失于输布，则内聚为痰；宣肃失职，气机不畅，则内生瘀血。故肺气虚为本病最根本的病理基础，治疗时始终应抓住"气虚"这一根本点，以补气扶正为基础，再根据寒热虚实或佐以活血、化瘀、清热、祛痰之品，不可惑于标实之证，一味地用破气之药，使气虚更甚。益气药，王会仍常用西洋参、太子参、党参、黄芪、绞股蓝、怀山药、茯苓、甘草等。

2.5 宜降气不宜升气

患者肺气上逆，而见咳嗽、气短不续，治疗时宜选降气之品，尽可能避免应用葛根、柴胡等升提之品。同时中医历来有"柴胡劫肝阴"、"葛根劫胃阴"之说，因此，在本病的治疗中，也应注意其"伤阴劫液"之弊。王会仍喜用佛耳草、老鹳草、广地龙、苏子、莱菔子、款冬花、炙紫菀、前胡、代赭石等降气之品。合并外感引起肺气上逆者，常用苏子、杏仁、前胡；痰浊内壅致肺气上逆、气急喘满者，则选苏子、莱菔子、旋覆花、瓜蒌仁、竹沥半夏等。（殷莉波 徐婷贞）

医案验案

肺系疑难病验案三则

1 肺结节病

潘某某，女，44岁，已婚。初诊：1999年8月4日。病史简介：反复咳嗽、咯痰、气急、胸闷3年。3年前出现咳嗽，咯痰，痰多，色白而清稀，伴有气急、胸闷，神倦乏力，查血ACE为66.5IU/mL，经CT及病理证实为肺结节病，服用强的松7月后，肺结节曾消失。半年前病情复发，症状性质同前，血ACE又高达60IU/ml，服用强的松后肺结节与症状都未见明显改善，遂自停服激素。诊查：心肺听诊无殊，面色㿠白，舌淡胖，边有瘀点，苔薄，脉涩。辨证：脾虚痰湿阻络、气虚血瘀痰凝。治法：健脾益气、祛湿化痰、活血软坚。处方：太子参30g，黄芪30g，制苍白术各10g，姜半夏10g，茯苓15g，川朴10g，生甘草6g，桔梗10g，瓜蒌皮15g，浮海石15g，丹参30g，广郁金15g，炙鳖甲10g，老鹳草15g。二诊：8月11日。服药7剂后咳嗽、气急、胸闷有所减轻，痰量减少，大便偏烂，舌淡胖，苔薄，脉弦细。治以前方增入：太子参30g，黄芪30g，制苍白术各10g，姜半夏10g，茯苓15g，川朴10g，生甘草6g，桔梗10g，瓜蒌皮15g，浮海石15g，丹参30g，广郁金15g，炙鳖甲10g，灵芝15g，生苡仁30g，老鹳草15g，葛根30g，玫瑰花6g。以后在原方基础上随症加减，2个月后咳嗽、咳痰、气急、胸闷诸症明显减轻，坚持一直服用半年余，病情稳定，血ACE降为30IU/mL，肺结节病变改善显著。

按 结节病是一种非干酪性类上皮细胞肉芽肿性疾病，是一种病因不明的慢性疾病，可累及多脏器，症状随受累脏器不同而异。其中，以肺结节病最为常见。肺结节病主要表现为：咳嗽、咯痰、胸闷、或咯血，往往伴有神倦乏力、气短、纳差等症状。胸片示双侧肺门及纵膈对称性淋巴结肿大，伴有或不伴有肺内网状、结节状、片状阴影、Kveim氏试验阳性，SACE活性升高，结核菌素试验阴性或弱阳性反应。中医对此无特定病名，王会仍根据肺结节病症状特点，认为属于"痰核"、"咳嗽"、"胸痹"等范畴，其病因主要为肺脾气虚或肺阴不足。肺为贮痰之器，脾为湿脏，脾虚不能健运水湿，水湿凝聚而成痰；肺阴不足，阴虚火旺，火灼津而成痰，两者均致痰气凝滞，痰结不散，郁结于肺，日久血运受阻而产生瘀滞，痰、气、瘀交结、壅塞而渐成结节状。本案患者由于脾失运化，痰湿上聚于肺，肺失肃降，肺气上逆，则出现咳嗽、咳痰量多、气急；痰气阻络，气机不畅，则出现胸闷；神倦乏力、面色㿠白、舌淡胖为脾虚之象；舌有瘀点，脉涩，为血瘀之候。病情迁延，日久气滞、痰阻、血瘀交结、壅塞而渐成肺结节。方以太子参、黄芪健脾益气；姜半夏、茯苓、苍白术、甘草、川朴健脾祛湿，理气化痰；丹参、郁金活血化瘀；鳖甲软坚散结；加瓜蒌皮、浮海石、桔梗、老鹳草增强化痰之力。诸药相伍，以达到健脾益气、祛湿化痰、活血软坚的作用，从而使肺结节的治疗获得较为满意的效果。

2 弥漫性泛细支气管炎

周某某，男，42岁，已婚。初诊：1997年4月1日。病史简介：反复频繁咳嗽，咯痰，气急4年，咳嗽频繁，咯痰，色黄量多，动则气急，伴有鼻塞，流浊涕，曾在上海某医院就诊，经胸片、CT、肺功能等一系列检查，确诊为弥漫性泛细支气管炎，予以红霉素、激素等治疗，诸症仍反复发作不愈而无法正常上班。诊查：气促貌，心率96次/分，律齐，两肺可闻及散在性哮鸣音，两中、下肺可闻及少量湿罗音。舌偏红，有瘀点，苔薄黄腻，脉细滑。辨证：此属痰热蕴肺，毒瘀内阻。治法：清肺化痰，解毒活血。桑白皮12g，淡子芩15g，银花30g，鱼腥草30g，七叶一枝花15g，羊乳30g，云雾草15g，竹半夏12g，桔梗12g，苦杏仁10g，苍耳子12g，甘草6g，瓜蒌皮15g，广地龙15g，丹参18g，太子参30g。初期在运用中药的同时服用罗红霉素，2周后咳嗽、咯痰、气急等症状改善，肺部哮鸣音与湿罗音明显减轻。嗣后，在急性发作期适当并用罗力得等大环内酯类药及时尔平、阿斯美等平喘药；在缓解期，选用太子参、黄芪、麦冬、甘草、桑白皮、广地龙、仙灵脾、丹参、灵芝、半夏、杏仁、川朴等药组方进行治疗。追踪观察至今已4年余，肺部罗音基本消失，病情稳定，已能如常上班工作。

按 弥漫性泛细支气管炎是一种不同于慢性支气管炎、肺气肿、支气管扩张的独立性疾病。它以弥漫存在于两肺呼吸性细支气管区域的慢性炎症为特征，可导致严重呼吸功能障碍。病死率较高，多数预后不良，目前国内对本病尚少报道。弥漫性泛细支气管炎主要临床表现为持续性咳嗽、咯痰及活动时气短，听诊时两下肺可闻及断续性湿罗音，胸片可示两肺弥漫性散在性颗粒状、结节状阴影，常伴有原灶性肺炎，胸部CT示：小叶中心性颗粒状阴影。肺功能检查FEV1 < 70%，病情进展时可伴有肺活量下降，残气量增加，血气分析示动脉血氧下降，后期二氧化碳分压升高，血液检查：冷凝集效价增高164倍以上。此类患者往往合并有慢性副鼻窦炎史、慢性咽喉炎史。早期咳痰色白，随着病情进展，痰量增多，并转为黄脓痰，往往易并发绿脓杆菌感染，治疗尤为棘手。既往通常采用类固醇激素及抗生素治疗，目前多主张应用红霉素或罗红霉素。虽然用红霉素有一定疗效，且能使病死率下降，但终究不能长期使用，尤其是胃肠道功能不良患者无法忍受长期服用红霉素。本病在中医学中当属于“喘证”范畴，主要病机在于痰热蕴肺，胶痰与热邪胶固不解，肺气壅滞，瘀浊内阻，气道阻塞。因本病痰、热、瘀、虚并存，故治疗时运用大剂量的清肺化痰解毒之品如金银花、黄芩、败酱草、鱼腥草、七叶一枝花、羊乳、制胆星、竹半夏等，以使热毒清，痰热解，清除慢性气道炎症，解除气道阻塞，改善肺的通气功能。在运用足量的清肺化痰解毒之剂的同时适当加入广地龙、当归、太子参等益气活血之品，使血液、津液运行通畅，从而痰无所依附，达到瘀去痰消目的。本病临床控制后，按中医“损者益之”、“虚者补之”的治疗原则，继投以具有益气补肾、活血化瘀方药扶正固本，目的在于“正气内存”，以抵抗病邪再犯，故疗效颇为理想。

3 肺淀粉样变性病

封某某，女，47岁，已婚。初诊：1999年11月20日。病史简介：反复咳嗽、咯痰、气急、胸闷、声音嘶哑半年，曾在杭州某院就诊，经CT摄片、纤维支气管内窥镜检查及组织活检确诊为肺淀粉样变性病，予以肾上腺皮质激素治疗后，症状有所减轻，遂减量至每日口服强的松20mg以维持，但上述症状又复加重，不能坚持工作而提前退休。诊查：呼吸稍促，口唇无紫绀，语言嘎哑，心率98次/分，律齐，两肺可闻及散在性干性罗音，脉弦细带数，苔薄，质红。辨证：痰热阻肺，上郁咽喉，肺气不利，宣肃失司。治法：清肺化痰，降气平喘，利咽开痹。炙麻黄9g，杏仁10g，黄芩12g，甘草6g，炙桑白皮15g，前胡12g，浙贝20g，竹半夏10g，广地龙15g，蝉衣9g，木蝴蝶9g，炙苏子12g，鱼腥草30g，七叶一枝花15g，白花蛇舌草30g，鲜石斛30g。1周后复诊，咳嗽、气急稍平，痰量减少，声音嘎哑改善，听诊肺部仍有少量干罗音，再以上方去鲜石斛、前胡，加南北沙参各15g、瓜蒌仁15g，继服半月后，咳嗽、气急、胸闷、声嘶诸症渐趋平缓，听诊肺部干罗音消失。2月后改以炙麻黄6g，黄芩12g，杏仁10g，浙贝15g，甘草6g，炙桑白皮15g，蝉衣9g，木蝴蝶9g，南北沙参各15g，麦冬12g，太子参20g，三棱10g，莪术10g，七叶一枝花15g，白花蛇舌草30g，野荞麦30g为主，标本兼治。追踪观察至今，除其间偶有发作外，咳嗽、气急、嘎哑症状明显减轻外，CT摄片复查，病变基本稳定，强的松已减至5mg/日。

按 淀粉样变性是一种少见的全身性疾病，因纤维丝样糖蛋白在细胞外沉积所致，可累及各实质脏器而引起功能障碍。一般而言，肺淀粉样变性非常罕见，其临床症状，轻则咳嗽、呼吸困难、口唇紫绀、声音嘎哑；重则可导致呼吸衰竭、肺心病，甚则因咯血而致死。本病病因不明，推测可能与自身免疫机制有关，生前常难确诊，且预后较差。近年，随着医疗技术的不断创新，采用CT、MRI及纤维支气管镜进行组织活检，使其确诊成为可能。在治疗上，除应用激素、马法兰、秋水仙碱及二甲亚枫有助于改善症状外，尚无特效药物。根据本病的临床表现，应属于中医学“咳喘”、“咯血”、“失音”及“胸痹”范畴。主要病机为气虚血瘀，痰浊内阻，郁久化热，滞留肺络，结于咽喉，致使气道失畅，吐故纳新受阻，故出现咳而气急；热郁喉道，损伤津液，咽喉失润，故声音嘎哑不扬，方中麻黄、杏仁、甘草、桑白皮、浙贝、半夏、广地龙、苏子、黄芩等清肺化痰，降气平喘；蝉衣、木蝴蝶、鲜石斛生津润喉、开音通滞；复加七叶一枝花、鱼腥草、白花蛇舌草等清热解毒药不仅能清肺除邪，还能发挥止咳、平喘、利咽等作用。病情稳定之后，则在益气养阴的基础上酌加三棱、莪术等活血化瘀、消癥散结的药物，冀以达到满意的效果。（骆仙芳 蔡宛如）

医方验方

保肺定喘汤

方药：黄芪、党参各30g，丹参、熟地、地龙各

15g，麦冬、当归各12g，桔梗、仙灵脾各10g，甘草6g。

功效：益气活血、清热化痰、止咳平喘。

主治：慢性阻塞性肺疾病迁延期和缓解期。

方解：方中黄芪、党参补益肺气，当归、丹参活血化瘀，四药共奏益气活血之功；熟地、麦冬滋阴养肺，阴滋则血运；地龙清热化痰平喘，仙灵脾补肾平喘，两者一阴一阳，燮理阴阳；桔梗、甘草相伍，开宣肺气、清热祛痰、润肺止咳。故诸药相合，能扶正祛邪，益气活血、宣通气血、清热化痰、止咳平喘，直中慢性阻塞性肺疾病的病理环节。

王惠兰临证经验

【名老中医简介】王惠兰（1940～）女，主任医师。现任兰州医学院第一附属医院中医学教研室主任。中国中西医结合学会甘肃省分会常务理事。甘肃省名中医，第三批全国老中医药专家学术经验继承工作指导老师。擅治内儿科疾病、老年病、妇科病及疑难杂症。编著《甘肃省农村常见疾病防治》一书。

前列腺增生

1 病因病机

前列腺增生是老年男性常见病，近年虽有多种物理疗法进行治疗，但疗效均不理想，有些疗法还有一定副作用，甚至给患者造成新的痛苦。王惠兰对于不适宜手术或不愿手术的患者用补肾化瘀散结法为主进行治疗，临床结果证明不失为一种有效疗法。前列腺增生的发病原因尚不清楚，目前比较公认的看法是可能与性激素的平衡失调有关。她认为补肾有可能改善内分泌性激素的平衡失调，从而对前列腺增生发挥治疗作用。从临床表现看，本病多发生于50岁以上患者。根据中医理论，50岁后肾气渐衰，主要症状有尿频、夜尿增多、尿后滴沥不尽、排尿费力、射程缩短而无力，严重时排尿呈点滴状或发生尿潴留、尿失禁，这些排尿异常的表现与肾虚有关，肾为水之下源，与膀胱相表里，尿液的生成、排泄与肾中精气的蒸腾气化直接相关，因肾虚气化功能失常，故发生一系列的排尿异常，是补肾法治疗的理论依据。从病理变化看，增生的早期前列腺充血，属中医的血瘀范畴。继而结缔组织和平滑肌增生，前列腺肥大使膀胱颈部发生梗阻，膀胱为克服颈部阻力而加强收缩导致逼尿肌发生代偿性肥厚增生，颈部梗阻随之加重，这属于中医癥积的范畴。由久病入络所致的瘀阻引起，是临床上相继出现尿频、排尿费力、尿后滴沥不尽、尿线变细、射程缩短无力、甚则发生尿潴留或尿失禁的病理基础，也是化瘀散结治法的理论依据。

2 治疗方法

综上所述，前列腺增生以肾虚为本，气滞血瘀为标。本虚标实与标本兼治、补肾化瘀散结的治法相吻合。王惠兰认为，这类患者往往伴有肺脾气虚而加重了排尿异常。治疗中宜兼顾补气，气足脾健才能推动水液的运化。基础方为：淫羊藿、枸杞子、车前子各12g，菟丝子、王不留行、怀牛膝各15g，黄芪、丹参各20g，炙穿山甲、枳壳各10g。该方补肾化瘀散结为主，兼顾益气利水行气，攻补兼施，性质平和，适合老年人长期服用。肾阳虚明显者，证见畏寒、小便频数、排尿无力，舌淡白，则加肉桂5g；肾阴虚小便滴沥不畅，五心烦热，舌红、苔少者，去淫羊藿、黄芪，加生地黄20g，牡丹皮10g；伴前列腺炎症，表现尿急、尿频、尿痛、尿道烧灼感，舌苔黄腻者，去黄芪、淫羊藿，加黄柏、木通各10g，败酱草15g；排尿或小便终末尿道口有乳白色分泌物滴出者，乃前列腺腺管松弛，前列腺液遗漏引起，当属湿浊的表现，除加革薢、乌药、益智仁外，加党参并增大黄芪用量，以补气摄纳。

此外由于老年人常合并呼吸系统疾病而影响肺的宣发和通调水道的功能，尤其是肺部感染，由于肺气壅滞，不能通调水道，在前列腺增生的老年人往往加重排尿困难，甚则发生癃闭，此时当急则治其标，一般采取宣肺清肺、调理肺气升降法为主，辅以利尿，待肺气宣通，小便自通。而前列腺增生的早期，临床症状不明显时即可间断服用前方，可起到预防前列腺增生加重的作用。

3 病案举隅

李某，70岁，1998年12月17日就诊。咳嗽气短、排尿困难2天。患者既往有慢性支气管炎病史，6年前曾诊断为前列腺增生。3天前因受凉感冒出现咳嗽、咯黄痰，伴气短。2天前突然排不出尿，小腹胀满难忍而放置导尿管。查见舌尖边红、质略暗、苔黄微腻，脉弦滑。诊为咳嗽（肺热壅滞）、癃闭（膀胱湿热），予宣肺疏风、清泻肺热、通利水道法，方用麻杏石甘汤合清肺饮加减。处方：麻黄、苦杏仁、桔梗、枳壳、木通各10g，生石膏30g，黄芩12g，桑白皮20g，瓜蒌、车前子各15g，甘草6g。每天1剂，水煎服。服药2剂,咳嗽、气短明显减轻,黄痰变淡变稀,拔出导尿管,小便即畅通。肺部感染控制后,即以治疗前列腺增生的基础方为主加减,连续服用2个月,之后间断服用,随访排尿一直通畅。(王一庆)

冠心病

1 运用温阳益气活血法的理论基础

冠心病属中医"胸痹"、"心痛"等范畴,多发生于中老年。其病因病机正如《金匮·胸痹心痛短气篇》说:"阳微阴弦,即胸痹而痛,所以然者,责其极虚也"。虚,主要指阳气虚少。中医理论认为心为阳脏,为"阳中之太阳",心的主要生理功能是主血脉、主阳气。血液能在脉中正常运行靠的是脉道通利,脉中血液充盈,阳气推动。冠心病血虚血少不能充盈血脉的少见。主要病理变化在气血淤滞,脉道不利和阳气推动乏力。因此活血化瘀就成为主要的治标之法。阳气虚少,寒邪气盛,寒则血凝,气虚推动无力是致血瘀的主因。故温阳益气就成为主要的治本之法。心阳心气根于肾阳肾气,又赖脾胃之气不断化生,所以脾肾虚又是心之阳气虚少的根本内因。中老年人正气渐虚,脾肾功能损伤,脾气虚弱,运化失常,致使膏粱厚味变生痰浊脂液,阻塞脉道;肾阳不足,寒邪客脉,血寒则凝,均可成为胸痹的成因。治疗冠心病在温阳益气活血的同时兼顾脾肾就成为治本的重要补充。

2 衷中参西证病结合

冠心病的本质是本虚标实,本虚为脾肾不足、心阳虚少,标实为风寒痰饮客于心脉所产生的病理改变。气虚血瘀,阳气不足,是冠心病各证型的共同病理基础。温阳益气活血是主要治法,以此为基础兼补脾肾。结合现代医学的观点,制定基础方:黄芪30g,丹参30g,川芎15g,三七4.5 g,桂枝12g,仙灵脾12g,菟丝子15g,生山楂20g,何首乌15g,枳壳10g。方中黄芪既补心气,又补肺脾肾之气;丹参、川芎、三七益气活血通脉;桂枝通心阳温运血脉;仙灵脾、菟丝子甘温柔润补肾阳而不燥,据现代药理研究二者具有抗心肌缺血、提高心肌耐缺氧能力的作用;何首乌补血益肾降血脂;生山楂化瘀消导降血脂,枳壳宽胸理气助血行,二者又有助于滋补而不碍胃。全方固本攻邪,标本兼治,共奏温阳益气、活血通脉、兼益脾肾之功,使气旺血行脉通痛止,是治疗本症的主方,应贯穿始末。如脾虚便溏则去何首乌加白术;气虚明显加党参;兼心阴虚加麦冬;痰浊加瓜蒌、半夏。由于冠心病病程冗长,甚至需终身治疗,一般可间断服药,3月为一疗程,间歇2~3月,根据病情间歇期可适当配合硝酸脂类西药。王惠兰认为中药以治本为主,西药以治标为主,而中药治疗又分标本。如此标本兼治,有利于降低硝酸类药物的耐药性。中药治疗可整体调整机体的生理机能,长期坚持有望逆转病变血管的病理改变。

3 验案

患者李某,男,62岁。时有胸闷气憋2月,于1999年5月20日就诊。患者于10年前查体时发现血脂高,心电图异常:S-T段略低,T波低平。因无自觉症状,未引起重视。近2月以来夜间时有胸闷气憋,坐起即好转,且发作渐频,数夜不宁,方来就诊。平时纳少便溏,不耐劳累,无明显腰膝酸软。查体:心率60次/分,律齐,血压100/70mmHg,静息心电图T波广泛低平,心脏负荷试验阳性,下壁与广泛前壁心肌缺血。实验室检查:血胆固醇5.60mmol/L,甘油三脂1.65 mmol/L,高密度脂蛋白0.70 mmol/L,低密度脂蛋白4.57mmol/L;舌淡红,边有齿痕,苔薄白,脉沉细缓。西医诊断:冠心病、高脂血症。中医诊断:胸痹。证属气虚血瘀,兼脾肾两虚。治予温阳益气活血,兼补脾肾。方用:黄芪30g,党参15g,白术20g,丹参30g,川芎15g,三七粉4.5g,桂枝12g,菟丝子15g,仙灵脾12g,生山楂20g,枳壳10g。水煎服,每日1剂,同时每晚服用血脂康2粒。连续治疗3月后,夜间发作性胸闷憋气明显减少,继续服药3月,复查心电图T波完全恢复正常,复查血胆固醇4.06 mmol/L,甘油三脂2.21mmol/L,高密度脂蛋白1.05mmol/L,低密度脂蛋白2.57mmol/L。此后将上方研成散剂,每次煮散10g,日服3次。每服3月间歇2~3月。间歇期服丽珠欣乐1mg,日3次。至今1年余,复查血胆固醇4.06 mmol/L,甘油三脂2.21 mmol/L,高密度脂蛋白1.05mmol/L,低密度脂蛋白2.57 mmoL/L。诸症无复发。(蓝寿梅)

慢性脾胃病

1 脾胃病发病的根本原因是脾胃虚弱

中医理论认为任何疾病的发生、发展,其原因虽然错综复杂,但是根本原因是人体的正气和邪气。并认为正气不足是疾病发生的内在根据,即所谓"正气存内,邪不可干""邪之所凑,其气必虚"。说明正虚是疾病发生的主要矛盾方面,因此脾胃虚弱是慢性脾胃病发生的根本内因。且慢性脾胃病病程长,"久病必虚",由于脾胃虚弱,运化无力,气机运化失调,而产生气滞、食滞等。同时脾失健运,湿从内生,积滞和湿瘀均可阻滞中焦,影响气机的升降,日久则气滞血瘀。郁久化热,又可产生湿热。食滞、湿瘀、气滞、血瘀反过来又会损伤脾胃,加重脾胃虚弱,从而形成恶性循环。气虚之甚即阳虚,脾胃虚弱进一步发展为脾胃虚寒。因此脾胃虚弱是慢性脾胃病之根本。

2 脾胃虚弱是慢性脾胃病的基本证型

慢性脾胃病常见食少纳呆，大便不调，神疲乏力，喜热畏寒等，均属脾胃虚弱或虚寒。由于脾胃虚弱，纳运失常，稍有不慎就容易伤食，产生积滞和/或湿从内生。表现胃脘胀满，不思饮食，大便不调，舌苔变腻，继而化热。积滞、湿邪阻滞中焦，造成脾胃气机升降失调，同时土壅木郁，肝失疏泄，反过来又加重脾胃气机紊乱。久病入络，气滞日久则致血瘀。故王惠兰认为慢性脾胃病，基本证型是脾胃虚弱（含虚寒），主要兼证是气滞、血瘀、食滞、湿阻。这些实证是脾胃虚弱的后果，食滞又是气滞的主要原因，日久这些"滞"不消，又可化热。当然各种证的形成是多因素作用的结果，如一个人的身体素质、机体的反应性及复杂的病理变化等。有时兼证亦可上升为主要矛盾。但脾胃虚弱的本质大多始终存在。

3 以健脾为主治疗慢性脾胃病

王惠兰最常用四君子汤健脾，四君子汤源于《太平惠民和剂局方》，是补气的基本方。主要功用是益气健脾，主治脾胃气虚。气虚者补之以甘，党参（原方为人参）健脾益胃，白术健脾燥湿，茯苓淡渗脾湿，增强白术的健脾除湿之功，甘草调中，共奏甘温培中、健脾益胃助运之功。其特点是性质平和，非峻补之剂，使虚弱之脾胃易于接受。通过缓慢滋补使脾健胃强，起到治本的作用。良附丸虽偏于治胃寒气滞疼痛，但合入四君子汤，亦不会有耗气之弊。根据寒的程度还可选用炮姜、肉桂等或用黄芪建中汤。西北地区气候寒冷，慢性脾胃病属虚寒者居多，治疗多用甘温健脾之法。但阴阳互根，胃喜润，要注意在阳刚之药中适当地加入卫护胃阴之药，如麦冬、白芍、百合等，要避免滋腻碍胃之品。同时注意防治以下兼证，当这些兼证不明显时，可减少药味和药量，作到未病先防。

①食滞：脾胃虚弱不堪重负，容易伤食引起食滞，常在健脾方四君子汤中加用莱菔子、麦芽、焦山楂等消导药。如大便秘结或不畅，王惠兰认为慢性胃病，脾胃虚弱，多不能耐受大黄，服后往往表现胃痛、腹痛，常加枳实和莱菔子，二药合用，行气缓下通便效果确切，适宜脾虚便结，可使腑气通、浊气降，脘腹胀满，纳呆即刻缓解。枳实配四君子汤中的白术，为枳术丸，原本即治饮食停滞，胃脘痞满，不思饮食等证，用之甚为对证。②气滞：慢性脾胃病，胃脘胀满，胸闷脘痞，嗳气则舒甚为常见。其根本原因在于脾虚运化无力，气机不能畅达。食滞、湿阻、肝气横逆进一步阻碍气机，此时多合用四逆散或柴胡疏肝散，常用香附、木香、枳实（壳）、砂仁、甘松、佛手片等。③兼湿：临床观察湿和食有密切关系，脾虚者，稍一多食即易生湿，表现为胃胀、痞塞、口中黏腻、大便不畅、苔腻。因为脾虚是湿产生的基础，一般用健脾祛湿佐以消导，湿困中焦多用化湿法，包括芳香化湿或苦温燥湿，于健脾方中合入藿朴夏苓汤或平胃散、三仁汤加减。常喜用藿香、佩兰叶、半夏、薏苡仁、草豆蔻、厚朴等，有化热表现常加用黄芩、蒲公英。④血瘀：慢性脾胃病，符合中医"久病入络"、"病久必瘀"的观点。观察临床表现刺痛的虽不多，但气滞证多见，气滞日久则血瘀。消化性溃疡多疼痛部位固定，反复发作，胃镜下溃疡底部及周围的血管可见血管壁纤维性增厚、管腔变窄、局部血循环障碍，萎缩性胃炎的胃黏膜萎缩变薄苍白，血循环障碍，或颗粒状增生等，这些改变都为中医久病入络、久病必瘀的理论提供了科学依据。中医同时认为"久病必虚"，慢性脾胃病的虚和瘀结合，即气虚血瘀。因此在健脾的基础上，加活血化瘀药是常规治法，常用丹参、延胡索、三七、失笑散。

有时兼证可能上升为主要矛盾，多见于慢性胃炎伴有活动性病变，或消化性溃疡活动期，临床可能表现出气滞血瘀兼湿热证，可暂时采用急则治标法。（王一庆）

王嘉麟医案验案选

【名老中医简介】王嘉麟（1925～）北京人。主任医师。现任北京中医医院肛肠科学术带头人。第三批全国老中医药专家学术经验继承工作指导老师。擅长治疗慢性结肠炎、直肠脱垂、直肠前突、复杂肛瘘、耳前瘘管等疑难杂症。

1 慢性溃疡结肠炎

陈某某，男，75岁。2002年4月8日初诊。主诉：间歇性脓血便4～5年，2002年4月初行结肠镜检查诊为"慢性溃疡结肠炎"，曾住院治疗，症状时轻时重，目前脓血便日5～6次，伴小腹坠痛，肠鸣，周身乏力，自感虚弱，行走需家人搀扶。诊查：年迈体弱，痛苦面容，面色㿠白，舌苔白厚腻，舌质淡，边有齿痕，脉弦细无力。大便常规：黏液（++），WBC 20~30，RBC 10~20。结肠镜检查：直肠内黏膜水肿，可见散在糜烂、溃疡。辨证：脾肾两虚、湿毒内蕴、气滞血瘀、络伤肉腐。治法：健脾益肾、利湿解毒、理气活血。处方：太子参30g，生芪20g，二芍各10g，丹参20g，吴茱萸3g，川连10g，木香3g，焦榔10g，炒二术各10g，土茯苓20g，焦山楂10g，厚朴6g，地榆炭10g，白头翁10g，秦皮10g，甘草3g。14剂，每日1剂，每剂一、二煎内服，第三煎浓煎100mL保留灌肠，每日1次。

4月22日二诊。服药后大便次数逐渐减少，现日便2~3次，为半成型便，仍有肠鸣，脓血便不明显，腹坠痛见缓，精神体力有所恢复，舌、脉同前。处方：太子参30g，生芪15g，吴茱萸3g，川连10g，木香3g，焦榔10g，土茯苓20g，焦山楂10g，厚朴6g，白头翁10g，秦皮10g，大腹皮10g，香附10g，炮姜炭6g，焦薏米20g，甘草3g。14剂，服法、灌肠同前。

5月6日三诊：服药后大便日1~2次，基本成型，未有脓血，偶有肠鸣，精神好，舌苔薄白微腻，舌质淡，边有齿痕，脉同前。处方：太子参30g，生芪15g，川连10g，木香3g，焦榔10g，焦山楂10g，炮姜炭10g，升麻10g，葛根6g，柴胡6g，山药15g，茯苓15g，肉果10g，小茴香10g，补骨脂10g，炒二术各10g，甘草3g。14剂，服法、灌肠同前。

5月20日四诊：药后大便日1次，软便成型，精神体力好。每日独自散步2小时左右。结肠镜检查：部分黏膜轻度水肿，未见溃疡。继服前方14剂，以巩固疗效。汤剂服完后，改服固本益肠片，每次8片，每日3次，连服1月。3月后随访未言复发。

按　患者为高龄老人，且病程迁延数年，加之有形湿滞瘀阻中道，使运化不能，脏腑失濡，抗邪无力，病久难愈，日久化毒，络伤腐肉，故便脓血。治以健脾益气为主，利湿解毒、理气活血、温里固肾为辅。补益之品太子参、生芪始终贯穿于治疗中，目的是扶助正气，一、二诊中化滞（焦榔、木香）、祛湿（川连、秦皮）、清热解毒（白头翁、土茯苓）并用；二、三诊中向温中健脾（炮姜炭、焦薏米）转化，进而三、四诊用温肾固涩品（肉果、小茴香、补骨脂）巩固疗效。整个治疗过程是前半程重在驱邪，后半程加重补益，邪去正复则病愈。

2 耳仓瘘

陈某某，女，52岁。2002年5月4日初诊。主诉：病程有50年，主要症状为：左耳前反复发作肿痛、流脓水，常到西医院以切开排脓及内服抗菌素治疗，症状缓解后于前耳切口处遗有一针尖状小孔，不定时原位复发，屡犯屡治，迁延数十年，近年发作频繁，伴有左侧偏头痛、头晕，影响正常工作和生活。诊查：左耳前耳轮根部有3个疮孔，内蓄脓水，周围焮肿。舌苔薄白腻，质淡，边有齿痕，脉弦滑。辨证：毒热淤滞、腐肉成脓。治法：清热解毒、活血透脓、化腐生肌。局部扩疮。处方：双花20g，连翘10g，公英15g，栀子6g，胆草6g，花粉10g，白芷6g，皂刺6g，桔梗10g，甘草3g，柴胡6g，陈皮10g，川芎6g，浙贝10g，7剂，每日1剂，水煎服，早晚各1次。

5月11日二诊：药后耳前焮肿明显消退，遂局麻下切开耳前瘘管，修剪四周皮瓣，刮去腐烂组织，用中药提毒散、红粉纱条每日换药，两周后痊愈。患者高兴不已。4个月后电话随访，患者未诉局部异常。

按　耳仓瘘为先天发育不良，耳部形成畸形仓管，因而仓毒淤滞，阻塞经络，日久腐肉成脓，引起耳前脓肿，虽经切开引流，未达根治，故缠绵数十年不愈。瘘管迂回，脓毒旁串，逐渐加重。正当焮肿之时，先以清热解毒、活血透脓之剂以消肿止痛，双花、花粉、白芷、皂刺、浙贝、陈皮取“仙方活命饮”（《外科发挥》）之意，桔梗、甘草为“桔梗汤”（《金匮要略》）之用，待红肿消退局部扩疮用中药提毒散、红粉纱条上药以化腐生肌，直至痊愈。

3 肛旁脓肿继发肛瘘

孙某某，男，2个月。2002年8月26日初诊。主诉：家长诉患儿一周来肛门左侧红肿，伴有发热，日夜啼哭。曾到某医院儿外科以抗炎治疗，症状不减，遂来中医院就诊。诊查：发育中等肥胖，痛苦病容，声声啼哭，舌苔薄白腻，舌尖红，脉滑数。肛门局部左侧红肿，似核桃大小，成脓未溃。辨证：银花3g，连翘2g，公英3g，赤芍2g，浙贝2g，皂刺1.5g，桔梗3g，甘草1.5g，5剂，每日1剂，水煎服，早晚各一。外治法：急性脓肿切开引流，每日用红纱条换药，外敷化毒散膏。

9月2日二诊：药后肛门红肿消退。遂局麻下行肛瘘挂线术，3天后皮线自行脱落，一周后伤口愈合而治愈。

按　婴幼儿肛旁脓肿中医认为“胎毒”所致，孕妇过于进补，内热蕴毒传于胎儿，导致气血凝滞，经络阻隔，肉腐成脓。以清热解毒、活血透脓之剂内服，红肿很快消失，急行切开为引毒外出，欲根治非手术不能，挂线术已有千年历史，尤其适用肛瘘，特别是小儿，损伤组织少，痛苦小，愈合快。

4 Ⅲ期内痔便血致严重贫血

刘某某,男,82岁。2002年3月18日初诊。主诉:患内外痔20余年,排便时痔自肛内脱出,便后须卧床休息且用手送还,症状逐渐加重,近二月便血频繁,常感头晕,全身乏力,大便秘结,在外院输血800mL,仍便血不止,查血色素5g,遂来中医院诊治。诊查:患者精神不振,眼睑苍白,舌质淡,脉细缓。局部检查,内痔四组,其中一组有明显出血点。诊断为三期内痔,继发贫血。辨证:气血不足,中气下陷。治法:益气养血,止血消痔。①急治其标,找到内痔出血点,用"消痔灵"与1%利多卡因配成1:2之低浓度注射液10mL,行内痔注射,使内痔萎缩,奏立竿见影之效,达到止血的目的。②拟益气养血、清热润肠之剂。处方:西洋参12g,生芪20g,当归20g,生熟地各12g,全瓜蒌30g,双花20g,连翘10g,陈皮10g,甘草3g,三七粉3g(分冲)。14剂。

4月1日二诊:注射及服药后,未再出现便血,体力逐渐恢复,查血色素8g,遂将其余内痔分别行"消痔灵"注射,达到不脱出的目的。患者十分满意,5个月后电话随访,言血色素10g,无便血及脱出。

按 患者为82岁高龄老人,患痔多年,年老体衰,中气下陷,则肛内肿物脱出;脾运无力则便秘;脾失统摄,加之便秘用力,则便下鲜血,八旬老者,本已气血俱不足,又便血二月余,故血虚现贫血状,虽经输血,然出血不止,补亦无功。治当先行止血,"消痔灵"是以中药为主要成分的硬化型注射剂,能使内痔萎缩,虽然不能达到根除的目的,但能起到止血固脱作用,对于高龄老人来讲,行痔的根除手术难以承受,缓解症状提高生活质量最为重要,"消痔灵"注射法符合这一要求。临床上一般"消痔灵"注射内痔用2:1或1:1浓度,此患者年高体弱,故用1:2之低浓度,保证最大安全。血止后,若单靠患者自身回复短期不能奏效,所以配合益气养血之剂,促其身体尽快康复。(许山鹰)

王景彦验方选

【名老中医简介】王景彦(1950～)　山东寿光人。教授,主任医师,硕士生导师。1976年毕业于潍坊医学院。山东省特色专科A级中医骨伤科学术带头人,潍坊市中医院骨科主任。山东中医骨科学会副主任委员,《中国中医骨伤科杂志》编委。山东省名中医药专家。从事骨伤30多年,发表论文20余篇,有4项科研项目获山东省科技进步奖,8项获市科技进步奖。

骨科外伤1号方

方药:当归12g,赤芍12g,桃仁12g,红花9g,天花粉12g,土鳖虫9g,鸡血藤12g,川芎9g,苏木10g,延胡索9g,牛膝9g,甘草6g。水煎服,日1剂。

功效:活血祛瘀,理气止痛。

骨宁丸

方药:威灵仙12g,乌梢蛇12g,透骨草12g,金毛狗脊15g,当归15g,僵蚕12g,没药12g,土鳖虫12g,白芍12g,木瓜12g,葛根20g,山楂12g,琥珀12g,川芎12g,鹿茸12g,桂枝12g,鹿角片12g,降香12g,太子参12g,黄芪20g。

用法:共为细末,水泛为丸,每瓶60g。每次6g,日3次。

功效:补益肝肾,强筋健骨,健脾利湿,搜风通络,通督活血,逐瘀消肿,软坚散结,温经散寒,和营益气,养血舒筋,理气镇痛。

逐瘀汤加减

方药:当归15g,桃仁10g,地龙15g,红花10g,秦艽10g,牛膝10g,五灵脂10g,泽泻30g,乳香10g,没药10g,香附10g,延胡索20g,甘草10g。水煎服,日1剂。

主治:腰椎间盘突出症。

加减:疼痛剧烈,寒邪偏盛去秦艽,加制川乌、草乌各9g;如患肢麻木,痉挛,不能伸直加蕲蛇15g,木瓜30g;如病程缠绵日久伴腰膝酸软乏力,去乳香、没药、五灵脂,加山茱萸20g,熟地黄20g,鹿角胶20g。

王莒生临床经验

【名老中医简介】王莒生(1932～)女,云南西双版纳人。主任医师,教授,研究生导师。首都医科大学附属北京中医医院院长、北京市中医研究所所长。中华中医药学会内科学会常务理事,中医学会医院管理委员会常务理事，北京中医学会副会长，北京中西医结合学会会长。第四批全国老中医药专家学术经验继承工作指导老师。擅长治疗干燥综合征、白癜风等皮科、内科疾病。

干燥综合征

1 病因病机

中医学认为，“燥胜则干”，“诸涉枯涸，干劲皴揭，皆属于燥”。据此，王莒生认为，本病起病于“燥”，其常见病因有①先天不足：或素体阴虚，津液亏少；或素体阳虚，不能化水，津液不得上承均可导致阴津亏虚，清窍失养而发为本病。②后天因素：或为情志所伤，劳倦过度；或为久病失养，精血内夺；或为年高之人天癸将竭；或为误治、失治，如误用汗、吐、下法；或过服辛温升散之剂；或亡血失精等皆可导致阴津不足，正气耗损而发为本病。③六淫外邪，消灼津液而发为本病。王莒生认为，先天不足为发病的先决条件，后天因素导致痰瘀阻络、脏腑失调是发病的关键。所谓“正气存内，邪不可干”；“邪之所凑，其气必虚。”本病发病由表及里，由浅入深，临床辨证当辨其表里虚实。早期感受外邪致病者，多属表实，起病急，病程短。而先天禀赋不足，年老体弱，失治误治，久病入里者，耗伤肺、肾、肝、脾、胃之阴液，致阴虚津亏者，属里属虚，起病缓慢，病程较长。本病病情缠绵，早期若病情未得到控制，迁延日久，必损及五脏六腑，病情由表入里，由实转虚，影响脏腑功能，津液不布，致痰瘀闭阻经脉，病情演变为虚实夹杂。

此外，王莒生还特别重视肝脏功能失调与本病的关系。本病以女性多见。妇人以血为本，经、孕、产、乳均以血为用。气为血之帅，血为气之母，故血病及气，气病又可及血。肝藏血，主疏泄，七情内伤最易导致肝的功能失常和气血失调而发病。《景岳全书·妇人规》云：“妇人之病不易治也……此其情之使然也。”本病尤其多发于40岁以上的女性。此年龄段的女性生理机能开始衰退，正如《内经》所云：女子“六七三阳脉衰于上，面皆焦，发始白；七七任脉虚，太冲脉衰少，天癸竭……无子也”。这本是女性正常的生理衰退变化，但是有一部分女性，由于体质因素，肾虚天癸衰竭的过程加剧或加深，或工作和生活的不同境遇，以及来自外界的刺激等影响。难以适应这一阶段的过渡，使阴阳失去平衡，脏腑气血功能不相协调，出现肝气逆乱、肝气郁结、肝郁火旺等病证。气病及血，阴血暗耗，肝脉气血痹阻，从而发为本病。因此，王莒生认为，探求病机、辨清表里虚实是治病的基础。只有弄清楚病机，辨清表里虚实，才能有的放矢，对症下药。在探求病机时，她尤其重视肝脏的作用，认为本病的发生、发展多与肝脏的功能失调密切相关。因此，临证常从“肝”论治，收效显著。

2 常用治法

2.1 从肝论治

本病病痛日久常常表现出肝气郁结、郁而化热、肝阳上亢之证，如心烦易怒、善叹息等，故对于伴有肝经症状者，王莒生常常运用清泻肝火、平抑肝阳、疏肝解郁、养血柔肝之法进行治疗。肝主筋，肾主骨。肝肾亏虚，筋骨失荣，不荣则痛；阳虚失于温煦而见肢冷不温；阴虚火旺，消灼津液而见五心烦热、口燥咽干等，故滋补肝肾之法常用于本病的治疗。

①清泻肝火：常用药物如青黛、野菊花、蝉蜕、钩藤、紫贝齿、龙胆草、夏枯草、羚羊角等。

②平抑肝阳：常用药物如桑叶、钩藤、柴胡、生龙骨、珍珠母、石决明、生牡蛎、紫贝齿、代赭石、羚羊角等。

③疏肝解郁：常用药物如柴胡、香附、玫瑰花、郁金等。常用方剂：柴胡疏肝散加减。处方：川芎、夏枯草、香附、枳壳、全虫、龙胆草、甘草10g，郁金、当归、柴胡、玫瑰花、黄芩各15g，鸡血藤20g，黄芪、沙参、钩藤、生龙骨、生牡蛎、紫石英、紫贝齿、白芍各30g。

④养血柔肝：王莒生常常重用白芍以养血柔肝，与熟地、当归等同用，用于肝血亏虚者；配柴胡、当归等用于血虚肝郁者；若肝阴血虚，筋脉失养而致手足挛急作痛。常配甘草缓急止痛。

⑤滋补肝肾：常用药物如巴戟天、杜仲、续断、肉苁蓉、补骨脂、菟丝子、沙苑子、冬虫夏草、枸杞子、女贞子、墨旱莲、山药等。常用方剂：一贯煎合左归饮加减。处方：枸杞子、生地、旱莲草、木瓜、石斛、当归、熟地各10g，玉竹15g，山茱萸、山药各20g，沙参、麦冬、首乌、白芍、菊花、黄芪各30g。

2.2 其他治法

①益气养阴：益气养阴贯穿于疾病治疗始终，为本病的基本法则。本病久治不愈，迁延日久。易致气阴两虚之证；或年老体弱、饮食失调日久、素体气阴两虚而感受风寒湿邪，常用药物如黄芪、沙参、麦冬、石斛、玉竹、黄精、党参等。

②清热解毒：外邪侵袭，消灼津液，易于化火生热而成热毒内盛之证。因此，清热解毒作为本病的常用治法，多用于疾病早期。常用的清热解毒药如黄芩、紫草、双花、连翘、白花蛇舌草、蒲公英、夏枯

草、芦根、茅根、生地、丹皮、赤芍、竹茹、竹叶、栀子等。

③清肺润燥：燥邪犯肺是指外感燥邪或感受风热化燥伤阴，以致肺津耗伤。清肺润燥法常与清热解毒法一起用于疾病的早期治疗。常用药物如桑叶、枇杷叶、沙参、麦冬、杏仁等。常用方剂：清燥救肺汤加减。处方：阿胶、生甘草、麻仁、当归、川芎各10g，党参、玉竹各15g，石膏、生地、杏仁、枇杷叶、花粉各20g，桑叶、麦冬、百合、沙参各30g。

④祛痰化瘀：本病大多为慢性进行性，疾病既久则病邪由表入里，由轻而重，导致脏腑功能失调，从而产生痰浊与瘀血。痰瘀既成，闭阻经络，诸症可见。因此，祛痰化瘀亦为本病的常用治法。常用药物如当归、郁金、川芎、姜黄、鸡血藤、桃仁、红花、穿山甲、丹参、乳香、没药、元胡等。常用方剂为桃红四物汤加减。处方：山甲珠、川芎各6g，牛膝、甘草、白僵蚕、白芥子、赤芍、益母草、夏枯草、秦艽、当归各10g，生地、桃仁、红花、郁金各15g，白芍、鸡血藤、丹参、黄芪各30g。

⑤祛风除湿通络：六淫外邪是本病的外因。风寒湿邪，闭阻经络、关节使气血运行不畅，日久消灼津液，引起本病。因此，对于伴有关节疼痛、肢体不舒者需佐以祛风除湿之药。常用药物如羌活、独活、威灵仙、木瓜、秦艽、防己、桑枝、穿山甲、丝瓜络、全虫、白僵蚕、首乌藤、路路通等。并佐以通阳之品。阳气通达，气机调畅，津液输布，诸症自消。常用药物如桂枝、附子、细辛等。

然而，临证中往往证候复杂，变化多端，只有多种治法综合运用才能取得疗效。多种治法的综合运用并不是各种治法的叠加，而是要有所侧重，抓住主要矛盾进行治疗。结合患者的实际情况斟酌用药。通过调动人体自我修复能力，使人体的气血阴阳调和，从而达到阴平阳秘的状态。

3 病案举隅

张某，女，55岁。口眼干燥5年。近1年来口干、眼干症状加重，于协和医院查：Schirmer 试验（+），角膜染色（+），唇腺活检：下唇腺病理示3个灶性淋巴细胞浸润，SSA、SSB（+），抗双链DNA（-），RF（+），诊为原发性干燥综合征。2006年9月20日来门诊就诊，证见每日需使用人工泪液数次。进干食困难，心烦易怒，少动懒言，手足发凉，纳差，眠差，精神差，二便调。舌暗红少苔，裂纹，脉弦细。诊为干燥综合征，中医辨证属气阴两虚、肝气不舒、瘀血阻络；治以益气养阴，疏肝解郁，活血化瘀。处方：白术6g，麦冬、五味子、女贞子、桂枝、茯苓、甘草、香附、夏枯草、石斛各10g，玫瑰花、玉竹、郁金各15g，生地25g，黄芪、鸡血藤、紫石英、紫贝齿、生龙骨、生牡蛎、仙鹤草、百合、丹参、元参、白芍各30g。每日1剂，水煎内服，日两次。2007年1月3日二诊：口眼干燥较前明显减轻，纳可，眠可，精神尚可，二便调。舌暗红少苔，裂纹，脉细。治疗仍以益气养阴、活血化瘀为主。处方：麦冬、五味子、当归、黄精、通草、女贞子、甘草各10g，石斛、郁金各15g，丝瓜络20g，生地、天花粉各25g，元参、丹参、鸡血藤、生龙骨、生牡蛎、黄芪、沙参、白芍各30g。服药后症状较前减轻，长期坚持服用。此后随诊一般状况良好，实验室检查各项免疫指标基本恢复正常。

按　患者为中老年女性，年近6旬。“任脉虚，太冲脉衰少，天癸竭”，气阴两虚，故初诊时证见口眼干燥、少动懒言。患者平素急躁易怒，加之长期遭受病痛折磨，肝气不舒，瘀血阻络，气、血、津、液输布不畅，故见口眼干燥症状加重，兼有心烦、手足发凉等症。观之舌脉皆属气阴两虚、瘀血阻络之表现。方中以黄芪、女贞子、百合、生地、元参、麦冬、玉竹、石斛、仙鹤草、五味子等相伍，益气养阴；鸡血藤、丹参、郁金、玫瑰花活血化瘀；郁金、玫瑰花、香附疏肝解郁，清泻肝火；白芍柔肝敛阴；桂枝通阳；茯苓、白术健脾；因眠差且心烦易怒，故在养阴的基础上加紫石英、紫贝齿、生龙骨、生牡蛎等潜阳安神之品，以助睡眠。复诊时症大减，纳眠及精神均好转，故前方去健脾之茯苓、白术；去紫石英、紫贝齿略减潜阳之力；加丝瓜络以疏通经络；加当归以加强活血之功，余益气养阴之药基本相同。因紧扣病机，辨证准确，用药得当，故疗效迅速而明显。（杨梅玉　李　萍　谢幼红）

王坤根临床经验

【名老中医简介】王坤根　教授，主任医师，硕士生导师。原浙江中医学院副院长，浙江省中医院院长、党委书记。浙江省中医药学会副会长，浙江省中西医结合学会副会长。浙江省名中医。从事中医临床、科研、教学和管理工作近40年，擅长治疗内科脾胃病、心血管疾病等常见病、多发病、疑难杂症。出版《张山雷医集》《现代中医保健丛书》等。

情志病

1 顺天守时,四气调神

《灵枢·四时气》言:“四时之气,各不同形,百病之起,皆有所生”。诚如《春秋繁露》谓“喜怒哀乐之至其时而欲发,……皆天气然也”,“人之喜怒,化天之寒暑”。四时气候的变化,使万物形成了春发陈、夏蕃秀、秋容平、冬闭藏的生长规律,人的生活起居与情志活动应当与四时的变化相适应,才能保持其精神内守的状态,“阴阳四时者,……从之则苛疾不起”。一旦人的情志活动违背了四时节气的变化规律,就会“逆之则灾害生”,脏腑经络、形体情志皆可为病。在情志病的预防与治疗上,王坤根重视顺天守时、四气调神的必要性。譬如,南方时令,立秋之时,岁为湿土,病多见胸闷脘痞、纳谷不馨、肢困神倦,用藿香、佩兰、厚朴之类药物燥湿运脾、芳香醒神;至秋分后,燥邪为甚,肃杀之季,万物萧条,人易生悲忧情怀,当多方诱说,役其心神,忘其秋思,用药当慎用芳香温燥,需兼顾肺胃,培土生津,甘柔滋润,可用清燥救肺汤等,有“春夏养阳,秋冬养阴”之意。

2 饮食有节,调治脾胃

五脏藏五志,七情分属五脏,脏腑与情志为病关系密切,尤以心肝脾三脏为要。肝主情志,肝实之病,最易传脾,脾虚则易受传,王坤根认为应关注脾胃与情志的紧密联系,在情志病的治疗上要重视脾胃这个后天之本。李东垣言:“百病皆由脾胃衰而生”。脾胃虚衰,五谷不磨则生食郁,水湿不运则生湿郁,聚湿为痰则生痰郁。反之,情志因素也对脾胃影响巨大。《脾胃论·脾胃虚实传变论》“饮食失节,寒温不适,脾胃乃伤,此因喜怒忧恐耗伤元气,资助心火,火与元气不两立,火胜则乘其土位,此所以病也”;《类经》“脾志为思,过则伤脾”。《脾胃论·安养心神调治脾胃论》说到“善治斯疾者,惟在调和脾胃,使心无凝滞,或生欢忻”。故在治疗情志病时,王坤根注重调和脾胃,处方时辨证地予以健脾运脾、和中养胃,脾气旺盛,则不受传;此外,若情志病的用药妨碍脾胃功能,则尽可能少用、慎用此类药,选用砂仁、薄荷或以玫瑰花、绿梅花等调肝以免过多耗气,或加健脾助运、顾护胃气之药。在予患者处方后,常叮嘱患者做到三餐有时、食量有制、不可多食辛辣腌制之物。

3 转移心意,以情胜情

张介宾言“以情病者,非情不解”。面对情志病患者,王坤根多设法与其交流,寻找病结,而后通过自己的语言、表情、姿势、行为等手段感染病患的心境志意,以求释其思、祛其病根。他善用转移心意法和以情胜情法。转移心意就是要转移和分散患者的注意力,从而消除病理性精神刺激。王坤根经常建议患者从事适当的工作,参加一定的社会活动,或是进行适宜的锻炼,鼓励患者从对自身的关注中走出来,使患者达到“血脉和利,精神乃居”的心境。《内经》最早提出了“以情胜情”治疗情志病的原则。有的患者终日思虑、郁郁不得解,王坤根劝其平日处事当怒则怒,不应事事忍让、处处受气,此为“以怒胜思”之用。处方常有十副或一十二副的,要求服五天停服两天或服六天停一天,这种假日疗法的用意在于潜移默化地影响患者,他们并非真有非吃药不可的病。

4 病案举隅

案1 俞某,女,25岁,2006年10月就诊,近一年来出现不寐证,夜间入睡困难,眠浅梦多,醒后再难入睡,白昼头目胀痛,体倦乏力但无睡意,舌红苔薄黄,脉细弦。西医诊断失眠症,头颅CT、脑电图检查均未见异常,服用米氮平已有时日,初时有效,渐次效减。思其平日郁怒,肝失疏泄,郁久化火,耗伤肝阴,肝阳失敛而上亢,邪火上扰心神而致不寐,清窍受伤、脉络失养而致头目胀痛,治宜平肝潜阳、安神解郁。处方:淮小麦、煅青礞石、决明子、酸枣仁各30g,甘草、合欢皮、合欢花、白菊花、桑叶、当归各10g,大枣、蔓荆子、夏枯草、青葙子各15g。共7剂,1天1剂,水煎服。7天后复诊,头目胀痛明显好转,睡眠时间有所延长,梦境体验减少。遂原法再进7剂。

按 方用甘麦大枣汤养心安神;合欢花皮安神解郁;青礞石祛痰平肝;桑叶、菊花、决明子平肝;蔓荆子、夏枯草、青葙子清肝;当归养血调肝;枣仁养心益肝。全方以其柔肝之用而养肝,肝血足则肝阳得敛,心神乃安。

案2 吴某,男,67岁,2006年9月初诊,患者述脐部及周围间歇性疼痛已有5年,胃纳不振,更衣日行2次,更衣时无腹痛,辗转已在多位专家处就医,不见疗效。查体:腹部未见明显异常,但见形体消瘦,面色萎黄,言语气短,舌质淡红,苔薄腻,脉弦滑。详问病史发现,患者对各种农作物和中药中残留农药非常害怕,坚持认为自己的病况完全是因为曾吃含有残留农药的食物和医生所开的药所致。分析患者的精神表现,当考虑强迫症或疑病症。中医诊断为郁病,病机属肝郁脾虚,治宜疏肝健脾。处方:党参12g,茯苓、白芍、葛根、大枣各15g,白术、甘草、合欢皮各10g，淮小麦30g，乌药5g，柴胡3g。1天1剂，服5剂后停药2天；辅以心理疏导。复诊时，诸症已减，予原法再进。

按 方用四君子汤健脾益气；甘麦大枣汤养心安神、和中缓急；葛根及少许柴胡升脾胃之清阳；乌药运胃肠之气；白芍养血平肝止痛；合欢皮安神解郁。全方动静结合，健运脾气，脾气充实，则清阳得升、心神得养，杂念可除。（王志锋）

王力宁儿科临床经验

【名老中医简介】王力宁 女，教授，主任医师，硕士生导师。1982年毕业于广西中医学院。现任广西中医学院中医儿科学科带头人、儿科教研室主任、医院科技部主任。广西中医儿科学会主任委员，中华中医药学会儿科专业委员会常务委员，中国中医药高等教育学会儿科分会常务理事，广西中医药学会常务理事，广西围产医学会常务委员，《广西中医药》《广西中医学院学报》编委。广西自治区名中医。长期从事儿科临床、教学与科研工作，擅长治疗小儿哮喘、慢性咳嗽、反复呼吸道感染、感染后脾虚综合征、紫癜性肾炎等疾病。主持省、部级科研课题4项，厅级科研课题2项。参编全国高等中医专业及中西医结合专业教材2部，发表论文20余篇。

小儿反复呼吸道感染

1 从体质论治

小儿反复呼吸道感染是指小儿在一年内发生感冒、咳嗽、乳蛾、哮喘、肺炎喘嗽等肺系疾病次数频繁，超出正常范围。反复呼吸道感染的发生与小儿体质有关。体质是个体生命过程中，在先天遗传和后天获得的基础上，表现出的形态结构、生理机能以及心理状态等方面综合的、相对稳定的特质。这种特质决定着人体对某种致病因子的易感性及其病变类型的倾向性。王力宁认为小儿体质大致可分为正常质、气虚质、痰湿质、气阴两虚质、内热质五种。不同体质的小儿反复呼吸道感染的发生、发展、演变过程均有不同特点。

1.1 正常质

正常质小儿因先天禀赋较好或后天调理得宜，营养及发育良好，对外界环境适应能力强，平素患病较少。临床上可见形体适中，面色红润，活泼强健，饮食、二便、睡眠均可，舌淡红，苔薄白。但因小儿生理特点是"脏腑娇嫩、形气未充"，故正常质小儿仍易因感受外邪及饮食所伤而患病。治疗时可根据风寒风热病因的不同，去除病因，适当调整脏腑功能。

1.2 气虚质

气虚质小儿多因先天禀赋不足或后天失养或久病大病之后，体质虚弱，卫表不固，易致呼吸道反复感染，临床见形质较弱，面色苍白或萎黄，少气懒言，食少纳呆，大便溏烂或便秘，多汗易汗，舌淡苔少，脉细弱，病后易迁延不愈。治疗需注意始终宜扶正补虚，益气助阳。可用玉屏风散合四君子汤加减以健脾益气，强壮御邪，提高免疫力。平素应适当锻炼身体，多食营养又易于消化之品，不使脾胃负担过重。

1.3 气阴两虚质

气阴两虚质多因先天禀赋不足或病后气阴两伤所致。该体质小儿易受外感，且感邪之后，最易入里，或直中内陷，形成表里相兼、虚实夹杂，以致阴阳两虚，病情往往严重。临床可见小儿形质瘦弱气怯，面色苍白，纳少，口干，睡眠不宁，大便干结，舌红少苔或苔花剥，脉细数。根据虚者补之的原则，可用生脉散合四君子汤加减，以益气养阴。平素也应加强身体锻炼，注意饮食调理。

1.4 痰湿质

南方天气湿热，故两广地区人们嗜饮冰饮凉茶，寒能伤阳，助湿困脾，痰浊内生，故临床上常可见到痰湿质患儿，此种体质的患儿对梅雨季节及湿环境适应能力差，易由寒湿所侵和饮食所伤，诱发痰饮咳嗽、哮喘、吐泻、肿胀等疾病。痰湿质小儿常可见形体偏胖，肌肉松软，面色苍白或少华，下睑浮黑，喉中常有痰鸣，食欲较差，易作腹胀，大便多溏，易患感冒咳嗽，痰多，或素有哮喘，苔多滑腻，脉细濡。治宜温阳化气、健脾化湿，可用健脾化湿之剂，结合病证特点辅以宣肺、化痰、降逆、利水等。平素应注意顾护脾胃，少食生痰之品。

1.5 内热质

内热质小儿多因先天胎热，或后天饮食失节而较易内外合邪患感冒发热。正如《诸病源候论·杂病诸候》所说："小儿食不可过饱，饱则伤脾"，此类小儿犯此则易成食积，积滞内蕴，造成内热蕴伏，常可见大肠传导失司，大便偏干难解等情况。内热质小儿形体多瘦，脾气急躁好动，精神亢奋，口干口渴，食少便结，或食多易汗，睡眠不宁，手足心热，口中气臭，好发温热类疾病，感冒发热时，热势往往较高，或见高热惊厥，舌质偏红，苔黄燥，脉数。治宜清化内热，消积导滞，使肠胃调畅通利。但不宜过于苦寒，而致化燥或败胃。饮食方面宜清淡，多吃蔬菜，少食肥甘，保持大便通畅。

以上五种体质是较为常见的。虽然体质是相对稳定的个性特征，客观上与先天禀赋及后天调理有关，一般以单一出现为主，但也有相兼而见的，即有的小儿可同时兼见两种类型的体质特点，而且体质并不是一成不变的，在某种条件下可以互相转化。正常质的小儿，由于疾病、用药过量或饮食等调节失宜，也可转化为其他型体质；不正常质儿经过正确辨证，合理用药，合理饮食等适当的调理后，亦可转化成阴平阳秘、阴阳平和的正常质儿。

在治疗上，王力宁从小儿生理病理特点入手，结合小儿体质特点，按照中医辨证论治的原则并结合多年的临床经验研制成系列抗复感合剂。根据辨证，临床上最常见的为肺脾气虚型和肺脾阴虚两种证型。但应指出，临床中见到小儿不论何种体质患外感病后都可化热伤阴，即使是感受风寒也易致挟食外感形成外寒内热之候。这是由于，一方面现代小儿饮食偏嗜肥甘，如《素问·奇病论》所言："肥者令人内热，甘者令人中满"；另一方面现代小儿早知人事，且较之古代倍受宠溺，很多小儿稍有所愿不遂则肝气易郁，郁久易于化火。故感受各种外邪后，不论何种体质，都易于内外合邪而从火化。故临床上也时可见脾虚肝旺型。辨证属肺脾气虚型用抗复感合剂1号，由党参、黄芪、白术、陈皮等组成，具有健脾益气之功；肺脾阴虚型用抗复感合剂2号，由太子参、黄芪、麦冬、桑椹子等组成，擅长养阴益胃；脾虚肝旺型用抗复感合剂3号，由党参、白术、白芍、柴胡等组成，功能健脾平肝。系列抗复感合剂用于临床防治小儿反复呼吸道感染，疗效确切。

2 病案举隅

患儿，男，4岁，2006年9月11日初诊。患儿因流涕3天，咳嗽2天就诊。三天前受凉后开始流清涕，咳嗽，以晨起咳为主，痰多，无发热，不喘，纳差，二便调。既往体质欠佳，每月均有呼吸道感染1～2次，近一年来曾患支气管炎2次，肺炎1次及喘息性支气管炎2次。有白霉素过敏史。查体：一般情况可，面色少华，下睑浮黑，呼吸平顺，咽充血，扁桃体不大，双肺呼吸音粗糙，可闻及干性罗音，心脏听诊未闻异常，舌质红，苔薄白腻，脉浮数。中医诊断：咳嗽，证属外感风热，体质属痰湿质。西医诊断：小儿反复呼吸道感染；支气管炎。治以疏风解表，化痰止咳。方选麻杏二陈汤加减：炙麻黄5g，杏仁8g，细辛2g，茯苓8g，陈皮4g，莱菔子8g，僵蚕6g，射干8g，甘草6g，丹参8g，鱼腥草10g，瓜蒌壳8g。4剂，每日1剂，水煎服。二诊：服药后咳嗽减轻，痰减少，纳食较前好转，二天前大便3次，偏稀，而近一日来未解，汗多。查体：一般情况可，面色少华，下睑浮黑，呼吸平顺，咽不红，扁桃体不大，双肺未闻及干湿性罗音，心脏未闻异常，舌质红，苔薄白腻，脉濡细。中医诊断：咳嗽余证，辨证属肺脾气虚。治以健脾益气，化痰止咳。处方：白术8g，茯苓8g，法半夏8g，陈皮4g，甘草6g，黄芪10g，射干8g，浮小麦15g，炒莱菔子8g。3剂，每日1剂，水煎服。三诊：已不咳，流清涕，无痰，纳食一般，二便调，汗多。予抗复感合剂1号调理，1个月后痊愈。随访半年，患儿呼吸道感染次数明显减少。

按 患儿自幼体弱，面色少华，下睑浮黑，易患感冒咳嗽，痰多，平素食欲较差，大便多溏，故考虑患儿有素体痰湿内蕴之质。初诊见有外感风热，故先疏风解表，兼化痰止咳；二诊表证已解，故以玉屏风散合二陈汤治其本；三诊患儿就诊时虽病证诸候已消，盖因素蕴痰湿之体，有易复感之虞，调整体质不仅可改变体质状态，亦可以防止疾病发生，故以抗复感合剂1号继续调理其体质一段时期而获全功。（齐 翼）

痰湿质患儿外感咳嗽

1 治疗特点

1.1 首崇体质，因质论治

王力宁认为临床用药不仅要辨证论治，还需要辨质论治。体质因素在发病中占有重要地位，关系着疾病的发生与变化，往往影响着疾病的症状和证型，同时重视依据小儿体质辨治疾病也是中医整体观念的具体体现。故诊治儿科外感疾病，既要重视不同致病因素对机体的影响，又要重视患儿的体质特征，按辨证论治的原则予以补偏救弊。痰湿质患儿外感咳嗽以夜间或清晨发作性阵咳为主要表现，临床特征常表现为形体虚胖，大便易溏，舌体胖、苔腻，常易发湿疹、哮喘、水肿、泄泻等疾病。且既往多有婴儿湿疹或家族中有哮喘、过敏性鼻炎等素体痰湿内盛体质因素。她认为此类体质患儿咳嗽多因正虚痰伏，若饮食生冷、外感寒热之邪触遇诱因，则引动伏痰，以致痰升气逆而咳嗽连绵不已。

1.2 顺应肺性，宣畅气机

王力宁认为外感咳嗽的病机多为肺气不清，失于宣肃。正如《素问·脏气法时论》曰："肺苦气上逆。"《医学三字经·咳嗽》亦言："肺为脏腑之华盖，呼之则虚，吸之则满，只受得本脏之正气，受不得外来之客气，客气干之，则呛而咳矣。”外感咳嗽，不论风寒、风热、风燥侵袭，皆因邪束肺卫，肺失宣降，气机不利，呼吸不畅而咳嗽，以肺失宣降为主要病机。肺的宣发和肃降在生理上相互制约，病理上相互影响。基于上述特点，王力宁在咳嗽的治疗中，非常重视顺应肺脏的生理特点，调理肺的宣发肃降功能，使宣降相因，气机调畅，则咳嗽自止。本方中以炙麻黄、杏仁宣降肺气，一宣一降，以适应肺气的开合，杏仁还可防炙麻黄引动伏痰之弊，且炙麻黄宜重在止咳平喘且发汗作用和缓，可防发汗太过，甚合小儿肺常不足的生理特点。

1.3 谨守根本，注重化痰

痰湿质患儿存在正虚痰伏的特点，此种体质的患儿一旦感邪，引动伏痰，则咳嗽连绵不已，究其原因，实在于“痰伏”二字。因此在临证论治上，王力宁重视从痰论治，围绕治痰惯用“从气论治”“从脾论治”二法。

1.3.1 从气论治　王力宁认为，小儿咳嗽多为痰作祟，而治咳莫若治痰，痰扰则肺气上逆，气不降则痰不下，痰不下则咳不止。除痰当顾脾胃，调畅中焦气机。脾肺为母子之脏，若中焦枢纽壅滞则不利于气的周身遍流，同样不利于肺气宣畅，故治咳必须注重脾胃的调畅。《内经》把咳嗽的病机高度概括为“此皆聚于胃关于肺”。若脾胃受损，水津失运，停聚于胃则为痰为饮，上逆于肺而发咳嗽。陈修园于《医学三字经》中亦云：“盖胃中水谷之气不能如雾上蒸于肺而输诸藏，只是留积于胃中，随热气而化为痰，随寒气而化为饮。胃中既为痰饮所滞，输肺之气亦必不清而为诸咳之患矣。”王力宁临床善用莱菔子、瓜蒌仁、陈皮等理气消痰之品。莱菔子消食和胃、降气化痰；瓜蒌仁化痰散结、理气通腑；陈皮理气健脾、燥湿化痰。三药合用，散降相因，既可化痰，又防引动伏痰，还可给痰邪以出路，使体内壅滞之痰饮由前后二阴分消走泻，痰化饮去则咳自止，此三药合用，则理脾、祛痰、降气皆可概全，甚是妙用。正如《万氏家传幼科指南心法 · 咳嗽》中云：“大凡咳嗽治法必须清化痰涎，化痰顺气为最先，气顺则痰行咳减。”庞安常曰：“善治痰者，不治痰而治气，气顺则一身之津液亦随气而顺矣。”

1.3.2 从脾论治　王力宁认为此类体质患儿咳嗽连绵多因伏痰内蕴，“痰”作为重要病理因素常存在于本病中，有时虽无明显的“痰证”表现，但无形之痰阻滞肺络也是导致咳嗽长期不愈的主要机理。痰为阴邪，其性缠绵，因此治痰甚为重要。她认为该体质患儿痰湿内盛，多存在脾肺功能失调因素。脾为生痰之源，肺为贮痰之器，痰湿阻滞，津液不行，如遇外邪引动伏痰犯肺，致咳嗽痰多。因此治此类咳嗽需先治脾，脾健则痰无由生。正如“治嗽而不化痰，虽可稍缓一时，而痰留肺窍，痰鸣不息则久咳难已”。方中法半夏燥湿化痰，又能降逆和胃；陈皮既助半夏化痰，又可理气，使气顺痰消。痰由湿生，湿自脾来，加茯苓，渗利水湿，祛湿则可祛痰，又兼益气，运化水湿之力更甚。处方精良，功效显著。

1.4 处方轻灵，随证加减

痰湿质患儿外感咳嗽有其共同体质特征，但邪有多种，故仍需辨证论治，随证加减。兼热者，宜酌加黄芩、鱼腥草等清热药；兼燥者，宜酌加沙参、麦冬等润肺养阴生津药；兼咳嗽咽痒者，宜投蝉蜕、僵蚕、地龙等虫类祛风药，以加强解痉止咳功效；兼咳嗽痰多，在清宣止咳药中宜酌加理气化痰药如枳壳，调理脾肺气机，使肺气宣畅达通，脾气健运。“久病入络”，咳嗽日久兼瘀者，可酌加丹参等活血化瘀之品，在活血的同时，推动气机运行，即《血证论》中之“运血者即是气”也。王力宁亦常言“血不利则为水”。使肺脏恢复宣发肃降之功，从而达到标本兼治的效果。久咳伤及肺之气阴，宗生脉饮之意，宜用党参、麦冬、五味子，使肺阴得养，其失常之功能得以恢复，宣发肃降有权，咳嗽自止；咳久及肾者，兼顾调补肺肾，或咳愈后以调补肺肾善后，宜用金水六君煎化裁。

2 病案举隅

农某，男，7 岁，2007 年 11 月 7 日初诊。患儿于半月前开始咳嗽，咳嗽以夜间及晨起多见，白天活动后加重，用过多种抗生素治疗无效。证见咳嗽夜重，晨起痰多致咳，咳甚时伴呕吐痰涎，伴喷嚏、鼻塞、流浊涕，纳差，二便尚调，夜寐欠佳。既往有婴儿湿疹病史，其父亲有过敏性鼻炎史。查体：神清，精神好，咽红，双扁桃体Ⅱ度肿大，舌质红、苔白厚腻。胸部 X 线摄片示：两肺纹理稍粗，未见实变影。王力宁认为：结合患儿既往病史及家族史，考虑患儿为痰湿体质，现兼外感风热证。活动后引动伏痰，致痰随气升，气因痰阻，气道不利，是以咳嗽加重。舌质红、舌苔厚腻为痰湿内蕴兼外感风热的表现。治以健脾燥湿，化痰止咳，兼疏风清热。方选麻杏二陈汤加减。药用：炙麻黄 5g，杏仁、茯苓、射干、莱菔子、瓜蒌壳各 8g，细辛 2g，陈皮 4g，鱼腥草 10g，法半夏、僵蚕、黄芩、甘草各 6g。3 剂，水煎服，每日 1 剂。二诊时咳嗽明显减轻，痰量亦减少，外感表证亦除。药已中的，上方去黄芩、鱼腥草，续进3剂。三诊时患儿偶有咳嗽，主要表现为干咳，舌质偏红、少苔，余证无殊。上方去瓜蒌壳、茯苓，加玉竹8g、麦冬6g，3剂后咳嗽消失。嘱家长注意饮食调理，经随访3月未见复发。

3 体 会

治疗痰湿质咳嗽，临床治疗中应注意以下几点。①本病内因是正虚痰伏，故治疗上在祛痰同时，更要注意对机体功能紊乱和代谢失调的调节，以从根本上纠正体质偏向，平衡阴阳。②咳嗽是机体驱邪外达的一种生理反应，治疗时应顺应肺脏的生理特性，注重宣降气机，尤其在治痰同时应注意中上二焦气机调畅，使气顺则痰消，理脾则痰无由生。③外邪类型多变，为寒为热，证型各异，同时体质因素又至关重要，应注意辨证论治与辨质论治相结合。（张 磊）

王立琴临床经验

【名老中医简介】王立琴（1954～）　女，山东乳山人。主任医师。1985年毕业于潍坊医学院。现任潍坊市中医院副院长，山东中医药大学硕士研究生导师。中华中医药学会第二届甲状腺病专业委员会委员，山东省中医药学会糖尿病专业委员会副主任委员，潍坊医学会内分泌学会副主任委员。山东省名中医药专家。擅长中西医结合治疗甲状腺疾病、糖尿病等内分泌疾病。发表论文20余篇，主持及参加的科研课题多次获奖。参编《中风病防治》《实用中医辨证论治学基础》。

临床经验

甲亢

1 首重情志调理，强调疏肝解郁

王立琴认为情志因素在甲亢的发生、发展、转归、预后等方面具有重要的作用。因肝主疏泄，主情志，性喜调达。七情内伤而致肝失疏泄，木失调达，气机郁滞，津凝为痰，灼液为瘀，或气郁化火，炼液为痰，痰气瘀阻，壅结颈前，形成瘿病。剧烈的精神创伤可致甲亢加重、复发。因而她临床十分注重患者情志的调理，每于用药之先嘱患者"节喜怒"、"减思虑"，树立正确对待生活和疾病的态度，保持情志调畅，使气血流通，以利病情的控制和康复。治疗上，王立琴强调疏理肝郁，注重气机的调畅，常加用柴胡、白芍、香附等疏肝理气之药，如柴胡常用3～6g，既可疏肝理气，又可引经入肝，尚可免去劫肝阴之弊。她认为疏肝可以疏畅人体气机，解郁可以舒缓情志，皆利于气血流通、痰瘀消散。

2 把握基本病机，重在随证施治

经过多年的临床，王立琴在临床辨证的基础上随证论治甲亢，收效颇良。如患者颈前肿块或大或小，消瘦，乏力倦怠，手抖，腹胀，腹泻，大便溏薄、日数次，舌淡白，苔腻，脉滑。辨证以脾虚失运为主。治以健脾益气，行气除湿，常用党参、白术、茯苓、薏苡仁、莲子肉、枸杞、黄芪等。颈前肿块或大或小，质软光滑，心悸不宁，目眩手颤，纳亢消瘦，口咽干燥，舌红苔薄黄，脉细数。辨证以心肝阴虚为主。治以滋阴柔肝。常用天冬、麦冬、玄参、丹参、茯苓、远志、桔梗、当归、生地黄、白芍、钩藤等。颈前肿大，目眩手颤，口干目涩，心悸，女子月经不调或闭经，男子阳痿，腰膝酸软无力，舌红少苔，脉沉细数。辨证以心肾阴虚为主。治以益肾补心，滋阴填精。常用熟地黄、山药、阿胶、山茱萸、茯苓、黄连、何首乌、川牛膝、桑寄生等。颈前肿大，急躁易怒，口咽干燥，消瘦，五心烦热，头晕，失眠，面红口苦，或兼急躁手颤抖，女子月经不调或闭经，男子阳痿，舌偏红苔薄黄，脉沉细。辨证为肝肾阴虚，治以柔肝滋肾。常用熟地黄、北沙参、枸杞、当归、麦冬、生地、山药、阿胶、香附、白芍、甘草等。随症增损，疗效较著。

由于甲亢病程长，缠绵难愈，受情志波动、过劳诱发，久病耗气伤阴，气血滞涩，痰瘀互阻，本虚标实，王立琴治以益气养阴清热，化痰祛瘀散结为主，从多年临床实践中总结出甲宁方（黄芪、生地黄、黄芩、夏枯草、浙贝母、丹参等）为主治疗甲亢。内热较重者加黑山栀、知母，瘿肿而痛者加全栝蒌、莪术，口干较甚者加玄参、玉竹，心慌不安者加龙齿、远志，失眠较重者加炒枣仁、柏子仁。根据甲亢的特点及病因病机，将甲亢的发展分为早、中、后三期，并分别施治。早期以肝气郁滞为主，兼有痰浊为患，临床表现为颈前轻度肿大，伴胸胁胀满默默不欲饮食。用疏肝行气、祛痰散结的中药方甲瘤2号（柴胡、黄芩、赤芍、连翘、浙贝、半枝莲、夏枯草、皂刺、莪术、生牡蛎、丹参、甘草）。中期以瘀血为主，兼有气滞痰浊。临床表现为颈前肿大坚硬，目突，舌暗苔黄腻，脉涩。用破血活血、行气散结的中药方甲瘤1号（当归、赤芍、党参、夏枯草、浙贝、连翘、山慈菇、皂刺、瓦楞子、三棱、莪术、丹参、红花、甘草）。后期病情日久，正气渐虚，以气阴两虚为主，兼有气滞痰阻血瘀。临床表现颈前肿大，目突，口干，形体消瘦，乏力，舌红，苔薄黄或少苔或无苔，脉细数。用益气养阴、活血行气散结的甲瘤3号（黄芪、党参、当归、枸杞、玄参、夏枯草、浙贝、山慈菇、连翘、香附、陈皮、丹参、红花、甘草）。

3 结合中西医学，意在扬长避短

中医药治疗甲亢具有疗效好、副作用小的特点，对心悸，心慌，食欲亢进，疲倦等症状改善优良，能有效减缓心率，增加体重，明显改善甲状腺肿征。可以减少大剂量抗甲状腺西药引起的白细胞减少、肝损伤、药疹、药物性甲减等不良反应。中药可调整自身免疫，调整交感神经对甲状腺的作用，调整甲状腺功能。西药抗甲状腺药控制甲亢症状迅速，疗效确切，但复发率高，不良反应及副作用多。王立琴主张中西医结合取长补短，增效减毒。她常用黄芪加入服用西药的甲亢患者对证方中以发挥补虚益气之用，取其强心保肝，调节免疫等作用，即使气虚兼症不明显的甲亢患者，也投以黄芪，其疗效也是肯定的。她还习用地黄滋阴益肾养肝，取其滋水涵木之功，现代研究也证实地黄可改善下丘脑－垂体－靶腺功能，有利于甲亢的治疗。

甲亢的治疗应从短疗程向长疗程转变，停药指征应从监测甲状腺功能向监测免疫抗体转变，以降低复发率。控制期用药应从大剂量向小剂量转变，控制甲亢症状向积极防治突眼、甲状腺肿大转变，以减轻突眼和甲状腺肿大，选择药物还是同位素治疗甲亢，不能一概而论，应具体病情具体对待，强调个体化。通过治疗，甲状腺功能正常也应坚持用药。每3～6个月小剂量服用抗甲状腺药物或甲宁胶囊1个月，以减少复发率。关于含碘中药的应用，治疗后甲亢病情稳定，以甲状腺肿大为主要表现者，可以短期使用含碘较多中药如昆布等，以软坚散结化痰，消除甲状腺肿大。避免和防治甲亢性肝损伤及白细胞减少症，治疗中应密切观测患者肝脏功能及白细胞情况，使用对证方药时酌加黄芪、生地等以防治肝损伤及白细胞减少。或配合西药保肝，升白细胞。

4 典型病案

付某，男，62岁，因“颈肿、心慌、汗出伴吞咽困难5个月”于2007年2月20日初诊。心慌，汗出多，身体消瘦，口干，易饥，乏力，吞咽困难，大便日4次以上，睡眠差，舌红苔薄黄，脉弦数。查手颤（＋＋），甲状腺Ⅰ度肿大、质韧、无压痛，可闻及血管杂音。双肺听诊无异常，心率100次/min，律齐、无杂音。甲状腺功能示hTSH＜0.005mLU/L，FT4＞100.0pmol/L，FT3＞50.0pmol/L。血常规WBC3.5×10^9/L。中医诊断为瘿病。辨证为气阴两虚。西医诊断为甲亢。治疗用黄芪30g，当归12g，白芍12g，生地20g，枸杞12g，玄参20g，陈皮12g，鸡血藤15g，黄精12g，生牡蛎30g，柴胡6g，甘草6g。7剂，水煎服，日1剂。西药予丙基硫氧嘧啶50mg，心得安10mg，利血生20mg及维生素B4 20mg，各1天3次，口服。治疗后心慌汗出明显减轻，乏力好转，大便日4次以上，偏稀，手颤（＋），感口干，吞咽困难减轻，甲状腺无明显减小。甲状腺功能示hTSH＜0.005mIU/L，FT4 96.0pmol/L，FT3 47.0pmol/L。血常规WBC 4.0×10^9/L。继服上方加玉竹20g，薏苡仁20g，厚朴12g。西药治疗不变。服药后仍感心慌，已无明显汗出，乏力好转，吞咽困难明显减轻，大便每日2次，睡眠可，小便调，hTSH＜0.005mLU/L，FT4 66.0pmol/L，FT3 32pmol/L。血常规WBC5.2×10^9/L。查肝功能无异常。上方加莪术12g，山慈菇12g。利血生及维生素B4再服半月后停用。无明显不适症状，心率76次/min，hTSH 0.28mIU/L，FT4 18.8pmol/L，FT3 6.3pmol/L。给予甲宁胶囊5粒，1天3次；丙基硫氧嘧啶1片，1天2次，依法继续调理，定期复查。（孙超 张永杰 曹莹 韩佳琳）

医方验方

消渴通络方

方药：生黄芪30g，生地黄20g，黄连12g，葛根12g，黄精15g，山茱萸12g，玄参12g，当归12g，丹参20g，桑枝15g，水蛭6g。

功效：益气养阴，活血通络。

主治：糖尿病周围神经病变。

清热消瘿方

方药：柴胡10g，黄芩12g，连翘12g，香附12g，夏枯草12g，半枝莲12g，玄参12g，浙贝母12g，山慈菇12g，三棱12g，丹参20g，生牡蛎30g，甘草6g。

功效：疏肝理气清热，化痰祛瘀散结。

主治：亚急性甲状腺炎。

王立忠脑病临床经验

【名老中医简介】王立忠（1940～）河南省太康人。主任医师、教授。河南省脑病治疗疑难中心学术顾问，中华中医药学会河南省分会内科委员会委员。第四批全国老中医药专家导师学术经验继承工作指导老师。从医40余年，擅长诊治脑病，如中风、头痛、眩晕、神经衰弱、癫痫等。

临床经验

失眠症

1 脾胃不和，痰热内扰型

《素问·逆调论》载有“胃不和则卧不安”，后世医家延伸为凡脾胃不和，痰湿、食滞内扰，以致寐寝不安者，皆属于此。饮食不节，宿食停滞，脾胃受损，酿生痰热，壅遏于中，胃气失和，阳气浮越于外而卧寐不安，如《张氏医通·不得卧》云：“脉滑数有力不得卧者，中有宿滞痰火，此为胃不和则卧不安也。”

案1 患者，男，36岁，2008年9月2日初诊。主诉入睡困难2个月余。证见：心烦不眠，伴胸闷、嗳气、口干口苦，头部昏沉，记忆力减退，平均每晚睡眠不足4h。纳食差，二便可，舌红苔厚腻微黄，脉弦滑。西医诊断为神经衰弱，服用镇静及抗神经衰弱药物疗效不佳，前来求治。辨证为脾胃不和，痰热内扰，治以清热化痰，和中安神。方用黄连温胆汤合栀子豉汤：竹茹10g，枳实10g，陈皮10g，法半夏12g，茯苓15g，黄连6g，龙齿15g，淡豆豉10g，栀子10g，茯神20g，酸枣仁30g，生龙骨、生牡蛎各20g，甘草6g。日1剂，水煎服。服上药7剂，2008年9月8日复诊，患者诉睡眠较前明显好转，平均每晚睡眠可达6h左右，但仍有嗳气、胃脘胀满。守原方加炒莱菔子12g，继服7剂，患者诸症均已消失。嘱患者平素注意饮食清淡，忌食肥甘厚腻以调养脾胃。

按 本案属脾胃运化失常，酿生痰浊，痰火扰心所致之失眠。方中黄连温胆汤清热化痰和胃，栀子豉汤清心泻火除烦，龙齿、茯神、酸枣仁、生龙骨、生牡蛎等重镇养心安神，共奏清热化痰，和中安神之功。

2 肝气失和，心肾阴虚型

情志不遂，肝气郁结，肝郁化火，邪火扰动心神，神不安而不寐。或肝肾阴虚，肝阳偏亢，火盛神动，心神失交而神志不宁。如《景岳全书·不寐》所说：“真阴精血不足，阴阳不交，而神有不安其室耳。”亦有因心虚胆怯，暴受惊恐，神魂不安，以致夜不能寐或寐而不酣。

案2 患者，女，48岁，2008年9月14日初诊。主诉：多梦易醒，醒后难以入睡3个月。证见：心烦多梦，睡后易醒，咽干口燥，心悸不安，胆怯易惊，情绪易波动。纳食正常，大便干结。西医诊为植物神经功能紊乱，给予营养神经药物治疗，效果欠佳。遂求治于中医。王教授辨证为肝气失和，心阴受损。治以滋阴柔肝，养心安神。采用甘麦大枣汤加味：甘草15g，生地黄12g，枸杞子12g，生白芍15g，竹茹10g，茯神20g，桑椹20g，黑芝麻20g，合欢皮20g，酸枣仁30g，百合30g，陈小麦30g，大枣8枚。日1剂，水煎服。服药7剂，2008年9月21日复诊，患者心烦多梦、睡后易醒、大便干结等症状均减轻，自觉情绪较前愉快，仍有口干、心悸易怯。守原方加麦冬12g，生龙骨、生牡蛎各20g，继服7剂，诸症均基本消失，继服逍遥丸合六味地黄丸以调理善后。

按 肝气不和，阴血不足，临床常见：不寐多梦，多伴有头晕头胀，目赤耳鸣，或伴心悸不安，胆怯易惊，或口干津少，五心烦热，情绪易波动，或急躁易怒，或常悲伤欲哭，舌红苔少，脉弦或细数。甘麦大枣汤为仲景《金匮要略》中治妇人脏躁之方，甘润缓急，恰合本证之症状表现，加入生地黄、生白芍柔肝敛阴，桑椹、黑芝麻、枸杞子滋阴补肾，茯神、酸枣仁养心安神，百合、竹茹、合欢皮清心除烦。复诊加以养阴重镇之品，共奏奇效。

医方验方

定眩丸

方药：党参60 g、山茱萸(制)80 g、竹茹48 g、枳实(炒)40 g、陈皮40 g、清半夏60 g、薏苡仁(生)120 g、葶苈子80 g、茯苓120 g、泽泻120 g、白术(炒)48 g、甘草40 g、川牛膝48 g、白芍60 g。

功效：祛痰健脾、补肾利湿。

主治：眩晕症。

制法：取以上14味药，粉碎成细粉，过筛，混匀。每100 g粉末加炼蜜120g～130g，制成大蜜丸，每丸重9 g。

用法：每日2次，每次1丸，10天为一个疗程，观察一疗程，服药期间停用其他中西药物。

方解：根据金元名家朱丹溪“无痰不作眩”立论制方，方中茯苓、泽泻、葶苈子、薏苡仁祛痰利湿为主药，党参、白术、甘草益气健脾为辅药，佐以山茱萸、牛膝、白芍滋补肝肾。重用茯苓、泽泻、薏苡仁，加强祛痰利湿作用，竹茹、枳实、陈皮、半夏均具有化痰、燥湿的功效，共奏益气健脾、祛痰、补肾利湿之功效。

王孟庸临床经验

【名老中医简介】王孟庸 女，主任医师，现任职于深圳市中医院，中华中医药学会肾病指导委员会委员。广东省名中医，第二批全国老中医药专家学术经验继承工作指导老师。擅长治疗难治性肾病综合征、肾结石、肾功能不全、泌尿系感染、老年性尿道炎等，及糖尿肾、痛风肾、狼疮肾等。

肾性水肿治法

1 掌握活血破血的应用时机

肾性水肿是指由于肾病综合征、急慢性肾炎、急慢性肾功能不全等肾脏疾病引起的水肿。其中又以肾病综合征引起的水肿最为常见，而且肿势严重。肾病综合征初期证见突然颜面浮肿，甚则一身尽肿，按之没指，恶心欲吐，纳呆，临床典型表现为三高（高胆固醇、高血压、高度水肿），一低（低蛋白血症）。中医辨证为水肿（水湿浸渍型）。按常规治疗，此时应选用健脾化湿、通阳利水的五皮饮合胃苓汤治疗，而王孟庸此时选用具有活血破血功效的抵当汤加减。她认为，肾病综合征早期患者水肿是由于水湿泛滥，停聚于肌肤、体内阻滞脉络，使血流受阻，血与水互结，使水肿难消。若选用发汗、利尿消肿的方法是只治其标，而不治其本。此时趁患者初起，正气尚足，用活血破血药使血水互结之瘀消除，则血流畅快，血脉通利，水湿归返入络而从小便排出，水肿自消。使用活血破血药时，若尿中管型增多，往往是药到病除，药起效果之佳兆。因管型属代谢废物，若停于肾中，阻塞肾小管，影响肾脏功能的正常发挥。管型增多，说明瘀浊得以排除，而使肾脏清洁，尿液已得排出，则水肿消退。然活血破血药一般使用3~5剂，药中即止，不可妄用，免伤正气。

案1 钟某，男，42岁，2000年4月7日就诊。20天前曾患急性扁桃体炎，经治疗痊愈。4月1日晨起发现眼睑、面部浮肿，几天后双下肢浮肿，某医院确诊为“肾病综合征”。求治于王孟庸，诊见：颜面、下肢浮肿，按之凹陷不起，少尿，每日尿量约700mL左右，胃纳差，体重72.5kg。尿蛋白（++++），颗粒管型0~1/HP。BP 150/90mmHg，胆固醇7.32mmol/L。处方：熟大黄10g，桃仁15g，土鳖虫15g，泽兰15g，王不留行15g，三棱10g，3剂。3天后复诊，查尿蛋白（+++），颗粒管型（+++）。王老师嘱药已起效，效不改方继用3剂。再诊：患者从服药第4剂起尿量逐日增多，现每日尿量约2000mL，面部浮肿已明显消退，体重减轻3kg，尿蛋白（++++），管型（-），此时药中即止，不可再用活血破血。用强的松50mg，每日1次，五皮饮辨证加减治疗。1月后查尿蛋白（-），BP 135/80mmHg，水肿已全部消退，精神佳，信心倍增。以后每半月复诊1次，治疗顺利，病情未见反复。

2 宣肺解表法贯穿治疗的整个过程

宣肺解表法是外感表证的治疗原则，王孟庸在治疗肾性水肿时经常使用宣肺解表剂，不论是急性肾炎引起的水肿，还是肾病综合征引起的水肿以及慢性肾功能不全各期引起的水肿均用。常用方剂有麻黄连翘赤小豆汤、银翘散。因肺合皮毛，主通调水道，宣肺则水道畅顺，解表则使水邪从皮毛而出。在慢性肾功能衰竭引起的水肿或在尚未出现水肿时均可间断使用解表剂，解表不仅能消肿，而且利于毒素从表排出。解表法使用得当，既不伤正气，又可降低肌酐、尿素氮。益气解表法同样在肾病水肿的治疗全程中都可使用，代表方剂是玉屏风散。因为无论何种肾性水肿，感冒都是其发病的初始原因及病情复发的最常见诱因。玉屏风散可提高患者的卫外功能，从而减少感冒的发生，防止疾病复发，巩固治疗效果。

3 利水渗湿药的选择应用

王孟庸在治疗肾性水肿时，不主张使用西药利尿剂，一则肾性水肿多由低蛋白血症引起，低蛋白血症得不到有效纠正，单纯使用利尿剂往往难以奏效。二则西药利尿剂容易引起电解质紊乱，使本已复杂的病情变得更为复杂。对于中药利水渗湿药，她常用茯苓、猪苓、赤小豆3种药物。肾性水肿患者多数在饮食上要忌盐，忌盐后患者胃纳不佳，加之脾主运化水湿，水肿虽由肾病引起，然与脾的运化功能息息相关，茯苓既健脾胃又利水祛湿消肿，故常用。若水肿较重者，可加用茯苓皮30g。猪苓，利水渗湿，适用于发病日久，用激素时间较长而出现水肿并阴虚证者，方选猪苓汤，重用猪苓30~60g，配阿胶，既利水渗湿又不耗伤阴津。赤小豆，利水消肿解毒，适用于肾性水肿的各个阶段，特别是初期或复发的患者，因为此类患者多有链球菌感染，赤小豆解毒功能可抑制链球菌生长，对咽炎、扁桃体炎、疔疖都有良效，在肾性水肿中使用赤小豆既可消肿治标,又可解毒治本。其它利水渗湿药如木通、泽泻,王孟庸很少使用,木通、泽泻均为寒性,寒则伤阳,阳虚则不利于祛除水湿和消退水肿。且据报道,木通对肾功能有不利的影响,大量使用可致急性肾功能衰竭。

4 妙用温通法

肾性水肿多由不同病因引起的肾失开阖,膀胱气化不利,水液代谢受阻,停于体内,泛溢于肌肤所致。水湿为阴邪,最易伤阳阻碍气机。因此在治疗过程中除宣肺、健脾、补肾外,温通法也是常用之法。温以化水,通则水道通畅,水湿才有出路。因此,王孟庸在治疗肾性水肿时常在方剂中加用温通之品以提高疗效。常用药物有乌药、肉桂。乌药、肉桂味辛、性温热,味辛走窜能通达气机,性温热可化水,即"益火之源,以消阴翳"之意。乌药常用量为10g,肉桂常用量3g,,越南肉桂为上品。(赵恒侠 张江海)

医方验方

涤浊降酸汤

方药:黄芪30g、桃仁10g、苍术10g、石菖蒲10g、熟大黄8g、荷叶10g。

主治:高尿酸血症。

加减:关节疼痛者加豨莶草30g、海风藤30g;合并泌尿系结石者加金钱草30g、海金沙30g;合并周身重浊、肥胖者加大腹皮30g、决明子30g。

方解:黄芪益气健脾以治本虚,桃仁活血化瘀,苍术,石菖蒲祛湿化痰,荷叶升发清阳利湿,熟大黄荡涤体内浊毒排出体外,使邪有出路。黄芪有补气作用,可以加快水液代谢,水液代谢通畅,则津液不得停滞为痰。桃仁有活血化瘀作用,可促进血液循环,血液运行通畅,则瘀血不生,痰湿瘀浊已生者得以消除,未生者不得生,故痰、湿瘀、浊综合征可消于无形,从而控制高尿酸血症及其并发症对人体的危害。

王敏淑临床经验

【名老中医简介】王敏淑(1937~)女,河北省清苑县人。主任医师。1963年毕业于北京中医学院中医专业,现任职于保定市中医院(糖尿病医院),保定市中医学会副理事长。第三批国家老中医药专家学术经验继承工作指导老师。从事中医内科临床工作45年,擅长中西医结合治疗糖尿病及并发症、头晕、汗症、胃脘痛、胸痹、失眠、带状疱疹等内科疑难杂症。参编著作4部,发表论文20篇。

临床经验

糖尿病性便秘

1 病因病机

《兰室秘藏·大便结燥门》曰:"若饥饱失节,劳役过度,损伤胃气,及食辛热味厚之物,而助火邪,伏于血中,耗散真阴,津液亏少,故大便秘结。"糖尿病属中医学消渴范畴。消渴病机为阴虚燥热,阴虚为本,燥热为标。消渴迁延日久,阴损及阳,可见气阴两虚或气血阴阳俱虚。王敏淑认为气虚则大肠传导无力,糟粕内停化燥;血虚则津枯不能滋润大肠;阴虚则大肠干涩,肠道失润;阳虚则大肠失于温煦而传送无力。阴虚内热,耗津灼液为瘀,或阴损及阳,阳虚则寒凝致瘀,气虚血运无力也可致瘀。瘀血阻络,影响周身气血津液的运行,脏腑失养,功能减退,肠道失润,使便秘发生。总之,糖尿病性便秘以气血阴阳俱虚,重在气阴两虚为本,燥热、瘀血内结为标,属本虚标实之证。

2 治疗方法

王敏淑依据"腑病以通为用,腑疾以通为补"及"秘而不通,通而不秘"的原则,结合糖尿病性便秘的病机特点,治以益气养阴、养血活血、润肠通便之法。药用:生黄芪15~20g,当归10~12g,火麻仁10~15g,桃仁10g,肉苁蓉10~20 g,牛膝15g,郁李仁10g,白芍药10~12g,丹参15~20g,生何首乌20g。津伤重加生地黄、玄参、麦门冬各10g;肾阳虚酌加肉桂6g。

按《兰室秘藏·大便结燥门》曰:"大抵治病必究其源,不可一概用巴豆、牵牛之类下之,损其津液,燥结愈甚,复下复结,极则以至引导于下而不通,遂成不救。"王敏淑认为对于糖尿病性便秘,治疗应以扶正为先,缓缓图之。组方中生黄芪补气健脾益肺,中气足二便如常。现代药理学研究表明,其可调节机体免疫功能,具有双向调节血糖,并促进血液循环,改善微循环的作用;当归补血活血润肠,合生黄芪益气生血;白芍药养阴和营;牛膝入肾经,散瘀血,疗脐下坚结;肉苁蓉入肾、大肠经,补肾益精,润燥滑肠,治血枯便秘,《神农本草经》载其"主五劳七情,补中养五脏,强阴,益精气";制何首乌补血益精,润肠通便,治精血不足,肠燥便秘,不寒、不燥、不腻;桃仁入肝、大肠经,破血行瘀,润燥滑肠,主治血燥便秘;

火麻仁、郁李仁通气行津液，润肠通便以治标；丹参既活血祛瘀，又能养血；生地黄、玄参、麦门冬滋阴生津，润肠通便；肉桂温补命门之火，益阳消阴。诸药合用，益气养阴，活血养血，以达润肠通便之功。全方寓通于补，以补治秘，治本达标。

3 典型病案

李某，女，69岁。2006年8月21日来诊。糖尿病病史22年，顽固性便秘6年。靠口服通便药（具体不详）维持排便通畅。近6个月来大便3~10日一行，便干如栗，痛苦异常。刻下：便干难下，脘胀纳呆，胸闷，气短，舌黯红，苔薄黄少津，脉弦滑。治宜益气宽胸，润肠通便。药用：生黄芪20g，瓜蒌15g，薤白10g，丹参20g，降香10g，赤芍药10g，川芎10g，红花10g，当归10g，桃仁10g，肉苁蓉10g，葛根12g，枳壳10g，白及10g，半夏6g，茵陈15g，三七粉（冲服）4g，3剂。二诊：服后当日便通，脘胀减，纳食增加，仍胸闷肢麻，舌脉同前。上方加白芍药、延胡索各10g，生龙骨、生牡蛎各15g，覆盆子12g，菟丝子15g，再进5剂。三诊：脘胀、纳呆、胸闷、气短、肢麻等均减轻，予原方4剂巩固疗效。

4 体 会

临床上大多数糖尿病性便秘患者靠长期或间断服用泻药维持排便通畅。但泻药多有依赖性，且治标不治本。一些泻药，如大黄制剂，久用可使腹丛神经节细胞变性，使便秘加重，同时苦寒之剂损伤脾胃；寒还可致血凝，久之可使血流不畅。王敏淑根据糖尿病性便秘的病因、病机，结合多年来的临床实践，总结出临床验方，是辨证论治在治疗糖尿病性便秘的特殊表现形式，也体现了专方专药辨病论治的特点。临证加减应用，并应注意药量变化，此外糖尿病性便秘，通常是间歇性的，有时与腹泻交替出现，治疗时还要注意选择恰当的时机。生黄芪为必用之药，且为治疗糖尿病性便秘的要药，大补脾肺之气，脾气足，清气上升，浊气下降，则腑气通；肺气足，则大肠传送有力。糖尿病性便秘，与血糖控制情况有关。临床上还应综合治疗，积极控制血糖，尽可能使血糖达到理想范围。增加体力活动，加强腹肌锻炼，避免久坐少动，合理饮食，适当多食富含纤维的食物，避免辛辣之品，养成定时排便的习惯，提高生活质量。（王改仙 毕曙光 王凤霞）

遣方用药

生黄芪经验

1 黄芪、仙茅合用改善乏力

乏力，见于多种疾病中，在糖尿病中尤为常见。王敏淑在治疗乏力时，常在中医辨证基础上，加生黄芪、仙茅，疗效满意。对虚寒者尤为显著。

案1 郭某某，女，55岁。糖尿病8年，现无明显烦渴多饮，唯觉乏力、善饥，时有头痛，舌淡红、苔白，脉细。辨证为脾胃气阴两虚，脉络瘀阻。治以益气养阴，活血补肾。药用：生黄芪20g，生地黄、熟地黄各15g，山药20g，仙茅10g，白芷8g，延胡索10g，丹参20g，炒白术10g，太子参10g，覆盆子12g，续断12g，炒杜仲10g，3剂。二诊：乏力明显减轻，头痛消失，效不更方，继服4剂，乏力消失。

按 乏力常见于气虚或脾气虚。脾气健运，则四肢的营养充足，活动亦轻劲有力；若脾失健运，清阳不升，布散无力，则四肢营养不足，可见倦怠乏力，甚或萎弱不用。仙茅味辛，性热，归肾经，能补肾阳强筋骨、祛寒湿而暖腰膝；生黄芪味甘，性热，归脾、肺经，能健脾益气补中，脾气充则肌丰有力。故脾肾同治，则周身乏力可除。

2 黄芪、白及、三七粉治疗胃脘痛

临床上多数胃脘痛患者，轻时往往不予重视及诊治，日久症状加重，影响生活、工作时才来就诊，故虚证居多，或虚实错杂。王敏淑根据这一病机特点，治疗胃脘痛时，在辨证论治基础上加生黄芪、白及、三七粉，常能取得较好疗效。

案2 刘某，男，70岁。因胃脘痛1月，黑便1天来诊。患者10年前患胃脘痛，此后常于秋冬之季复发，一直未系统诊治。1月前受凉后复出现胃脘痛，夜间胀痛连胁，喜温喜按，伴胀满不适，背寒，烧心、反酸、恶心、嗳气，近1天大便色黑。自服“摩罗丹”疗效不明显。查：面色正常，舌暗红、苔白，脉弦。据胃脘痛日久，夜间痛，喜温按，辨证为脾胃虚寒，瘀血阻络。治以温胃散寒，化瘀止痛。药用：香附10g，高良姜6g，木香6g，白芷6g，白芍12g，生黄芪20g，白及10g，乌贼骨15g，煅瓦楞子10g，枳壳10g，厚朴10g，延胡索10g，罂粟壳4g，白豆蔻3g，半夏5g，焦三仙30g，甘草6g，三七粉2g（另装胶囊服），4剂。二诊：药后胃脘痛缓解，再服5剂后愈。

按 该患者年老久病，脾胃虚寒，中气不足，统血无力，血溢肠内，随大便而下。中虚有寒，寒凝气滞，健运失司，则胃脘痛。黄芪益气通阳生肌。《珍珠囊》：“黄芪甘温纯阳，其用有五：补诸虚不足，一也；益元气，二也；壮脾胃，三也；去肌热，四也；排脓止痛，活血止血，内托阴疽，为疮家圣药，五也。”白及收敛止血，消肿生肌，长于治胃出血。三七粉化瘀止血，活血定痛，止血不留瘀。三药合用，益气活血，止血生肌。

3 黄芪、防风治疗荨麻疹

案3 黄某某，男，51岁。因皮疹1月，于2003年10月3日就诊。患者1月前因糖尿病口服美吡达1天后皮肤出现风团样皮疹，时隐时现，受热加重。先后口服息斯敏、扑尔敏，重时静脉点注氟美松、10%葡萄糖酸钙等，皮疹反复出现，持续约1月余。查：周身皮肤散在风团样皮疹，高出皮肤，瘙痒异常，面红，舌红、苔白，脉浮。辨证为气虚受风，营卫不和，兼夹血热。治宜益气祛风，凉血活血止痒。处方：生黄芪20g，防风10g，白鲜皮10g，浮萍10g，地肤子10g，蛇床子10g，蝉蜕8g，赤芍10g，牡丹皮10g，川芎10g，生地黄10g，玄参10g，当归尾10g，紫草10g，连翘10g，服7剂愈。

按 荨麻疹多属中医瘾疹范畴。体质素虚，营卫不固，加之外邪乘袭，饮食不当，是导致本病的病因病机。该患者糖尿病日久，气虚卫外不固，进食药物后，邪毒内生，逗留肌肤，发为瘾疹。治以益气托毒，发散止痒。生黄芪益气托毒外出，防风发散毒邪止痒。生黄芪、防风治表虚不固之瘾疹，一补一散，固表而不留寇，散风而又扶正。

4 黄芪、丹参治疗胸痹

胸痹是指胸部闷痛，甚则胸痛彻背、短气、喘息不得卧为主症的一种疾病。《金匮要略·胸痹心痛短气病脉证治》："胸痹之病，喘息咳唾，胸背痛，短气，寸口脉沉而迟，关上小紧数，瓜蒌薤白白酒汤主之。"其病机为"阳微阴弦"，治以宣痹通阳、豁痰利气之瓜蒌薤白白酒汤。王敏淑结合自己的经验，在辨证基础上加生黄芪20g，丹参20g，意在益气通阳，活血通络，疗效显著。

案4 魏某某，女，68岁。因阵发性胸闷发憋2月，于2004年2月4日就诊。患者2月前出现胸闷发憋，平卧后加重，夜间憋醒2次，曾住院半月，症状稍减出院。刻下证见：活动后胸闷、发憋，伴喘息，喜半卧位，纳呆，大便调，舌淡暗、苔白，脉沉。既往糖尿病史8年（现口服消渴丸），阵发性房颤史4年，高血压病史20年（现口服卡托普利）。血压140/80mmHg。辨证为气虚血瘀，痰浊壅盛之胸痹。治以宣痹通阳，豁痰利气。药用：黄芪20g，丹参20g，全瓜蒌15g，薤白10g，半夏6g，川芎10g，赤芍、白芍各10g，红花10g，太子参10g，麦冬12g，葛根12g，茯苓20g，五味子6g，苏木10g，三棱10g，莪术10g，泽泻12g，降香10g，3剂。二诊：药后胸闷发憋、纳呆明显减轻，效不更方，3剂。三诊：胸闷等症状消失，乏力改善，共服30剂，胸闷未再发作。

按 患者年老久病，心气虚弱，鼓动血脉无力，心脉瘀阻，则胸闷发憋；动则耗气，故动则加剧。心气阳衰，肺失通调水道，宣发肃降无权，津液失其输布，水液不化，心胸痰浊壅塞气机，则喘息、不能平卧。治以益气活血，宣痹通阳，豁痰利气。其中黄芪益气通阳，使气足血行，丹参活血安神。

5 黄芪、当归、桃仁、肉苁蓉治疗消渴病便秘

消渴病大多有便秘，有的形成顽固性便秘，粪块干结如栗，数日一行。其病机，一是阴液亏虚，肠失濡润；二是消渴日久，肺脾亏虚，肺气虚大肠传导无力，糟粕内停化燥而致便秘。王敏淑认为，本病主要是气阴两虚，肠燥便秘。治以益气养阴，润肠通便。在辨证处方中加生黄芪、当归、桃仁、肉苁蓉，取效显著。

案5 代某某，女，69岁。糖尿病病史22年，顽固性便秘6年，靠口服通便药排便。大便3～10日一行，便干如栗，痛苦异常。刻下证见：便干难下，脘胀纳呆，胸闷，气短，舌暗红、苔薄黄少津，脉弦滑。治以益气宽胸，润肠通便。处方：生黄芪20g，瓜蒌15g，薤白12g，丹参20g，降香10g，赤芍10g，川芎10g，红花10g，当归10g，肉苁蓉10g，火麻仁10g，白及10g，葛根12g，枳壳10g，半夏6g，茵陈15g，三七粉4g（冲服），3剂。二诊：服后当日便通，脘胀减，纳食增加，仍胸闷肢麻，舌脉同前。上方加白芍10g，延胡索10g，生龙骨、牡蛎各15g，覆盆子12g，菟丝子15g，5剂。三诊：大便每日一行，胸闷、气短、脘胀肢麻、纳呆等均减轻，原方4剂巩固。

按 黄芪入肺经，能补肺气，肺主一身之气。配以当归补气生血、润燥滑肠。肉苁蓉归肾、大肠经，补肾助阳益精血，润肠通便。诸药合用，益气养血，润肠通便。

6 黄芪、益母草擅利尿治水肿

水肿是指体内水液潴留，泛滥肌肤甚至全身浮肿，严重者还可伴有胸水、腹水等。其病理变化主要在肺脾肾三脏，其中以肾为本。正如《景岳全书·肿胀》指出："凡水肿等证，乃肺脾肾三脏相干之病，盖水为至阴，故其本在肾；水化于气，故其标在肺；水唯畏土，故其制在脾。今肺虚则气不化精而化水，脾虚则土不制水而反克，肾虚则水无所主而妄行。"其中以肾为本，以肺为标，以脾为制水之脏。治疗发汗、利尿、攻逐、健脾、温肾等法。王敏淑治疗水肿，在辨证基础上加生黄芪20g，益母草15g，疗效确切。

案6 李某某，女，58岁。因反复水肿1年于

2004年1月2日就诊。患者既往糖尿病10年，先后服消渴丸等药。1年前出现双下肢水肿，尿蛋白阳性，同时发现高血压，改胰岛素控制血糖，间断服利尿剂退肿，为进一步诊治来我院。刻下证见：烦渴多饮，多尿，多食不明显，惟双下肢肿甚，按之凹陷不起，大便干，舌暗红、苔白，脉沉弦。血压170/100mmHg，尿蛋白（++～+++），血尿素氮（BUN）7.48mmol/L，血肌酐（Cr）222.3μmol/L。辨证为脾肾两虚，水瘀互结之水肿。治以健脾补肾，化瘀泄浊利水。处方：生黄芪20g，益母草15g，猪苓15g，茯苓20g，车前子15g，川牛膝10g，白术10g，菟丝子10g，女贞子12g，丹参20g，桃仁、红花各10g，川芎10g，泽泻12g，冬葵子10g，当归10g，延胡索10g，3剂。继续予短效胰岛素（RI）控制血糖；口服卡托普利25mg，每日3次。二诊：双下肢水肿明显消退，血压160/90mmHg，原方7剂。三诊：双下肢水肿消退，大便通畅，上方共服半个月，停药1个月，双下肢水肿未复发，化验BUN、Cr均正常，尿蛋白（++）。因血压仍偏高，改用依那普利10mg，每日2次，其后血压波动于130～140/80～90mmHg。

按 本案系消渴患者，脾肾两虚，脾虚不能制水，肾虚其蒸腾气化功能减退，则水液代谢障碍而发生水肿。治以健脾补肾，化瘀泄浊利水。方中生黄芪，甘、微温，入脾经，能益气通阳利水退肿。益母草，辛、苦，微寒，入膀胱经，能活血去瘀，利尿退肿。（王改仙 丁凤 陈旭梅）

王翘楚学术经验

【名老中医简介】王翘楚（1927～）主任医师，教授。上海市中医医院王翘楚老中医工作室主任，上海市中西医结合学会常务理事，全国针麻研究会副理事长，中国中西医结合学会管理专业委员会理事，中国民间医药研究协会理事，上海市综合性医院等级评审工作委员会委员，上海市中医院等级评审委员会副主任委员，上海市卫生局高级职称评审委员会中医专业组成员。上海市名中医，第二批全国老中医药专家学术经验继承工作指导老师。享受国务院政府特殊津贴。从事临床、科研工作47年。擅长失眠症、小儿夜啼、抑郁症及血管头痛。

学术思想

1 天人相应，昼开夜合

睡眠要占人的整个生命时间的三分之一。王翘楚从多年的临床实践中悟到，治失眠症要以中医天人相应和阴阳消长理论为指导，即人“日落而寐，日出而寤”的生活作息规律要顺乎自然界阴阳消长规律。《素问·生气通天论》：“夫自古通天者，生之本，本于阴阳。天地之间，六合之内，……皆通乎天气，……此寿命之本。”他同时在观察中发现，有镇静安眠作用的中草药植物，部分植物有昼开夜合的特性，由此联想到昼开夜合的植物与人的睡眠功能有一定的相关性。从而对昼开夜合的花叶，如：萱草花、花生枝叶、合欢花叶等作了科学实验研究，证实了这类植物含有促睡眠物质存在，能促进人睡眠。因此“天人相应、昼开夜合”的学术思想，是王翘楚治不寐的理论依据。

案1 郭某，男，75岁。初诊：1997年4月9日。主诉：失眠30多年，加重半月。病史：头晕、目眩引起紧张后始失眠，睡眠时好时差，服佳静安定1片qn，常第一夜安睡，第二夜寐差，第三夜甚至通宵不寐，纳呆，眼底常出血，大便秘结，心慌，心烦，耳鸣，时有升火。舌苔微黄腻，质暗红，脉细弦。有高血压及肾结石病史，刻下BP：140/90mmHg，溲血而腰不酸。诊断：不寐；高血压病。证属肝阳上亢，瘀阻脑络。治拟平肝潜阳，活血安神。处方：桑菊各15g，天麻10g，钩藤15g（后下），葛根15g，川芎15g，柴胡10g，生龙牡各30g（先煎），灵磁石30g（先煎），郁金10g，菖蒲10g，生地10g，知母10g，地骨皮10g，赤白芍各15g，丹参30g，生麦芽30g，夜交藤30g，合欢皮30g，枣仁30g，茯神30g，14剂。另：落花叶合剂5盒，1支qm，2支qn。二诊（4月23日）：药后情绪平静，服佳静安定1片，能睡6～7小时，纳差。原方加党参15g，白术10g，鸡内金6g，焦山楂10g，黄精10g，7剂。三诊（4月30日）：服安定半片，能夜睡6～7小时，但欠酣，纳可，便调。BP：140/80mmHg。守方7剂。四诊（5月28日）：随访，上药服后，夜眠能睡6～7小时，精神渐振，纳谷尚调，停服佳静安定已2周，单服落花合剂，一般情况尚可。故再予以守方。

按 落花安神合剂对老年性脑血管功能改善有较好作用，动物实验证实：落花安神合剂有改善微血管循环功能，能增强老年大鼠学习能力。本人体会，跟师学习主要学方法、思路，肱三折而成良医，病史记录要详细，有利于辨证、切事。

2 五脏皆有不寐，以肝为主

随着社会的进步，经济的发展，人类的疾病谱也发生着变化。失眠病理不单纯累及一脏，从临床治疗看，以失眠为主证来求诊者，其病种多样，中老年以心脑血管疾病为多见。中青年以消化道疾病，尤其以胃病为多见，单纯的失眠却是少数，大概仅占三分之一。按中医理论，五行配五脏，相生相克，相互制约，必须整体辨证。《素问·五藏别论》曰："凡治病，必察其下，适其脉，观其志意，与其病也。"其中的志意，就是人的情志，五脏配七情，而肝主疏泄，调气机，其功能活动正常，则人的精神情志活动保持正常，人体气血运行畅达，反之，则气血运行逆乱，情志活动异常。

案2 李×，男，59岁。初诊：1997年12月15日。主诉：失眠抑郁1月。病史：患者去年曾脑梗塞一次，未留下后遗症。今年11月上旬又复发，住院治疗1个月。头颅MRI示：右侧基底节一半卵圆区脑梗塞。本次复发后出现言语欠利，左侧肢体活动受限，失眠加重，心烦不安，情绪低落，兴趣减退。仅睡3小时，大便干结。苔微黄腻、舌质暗红，脉微弦。BP：140/100mmHg。Holter示：窦性心律伴房性早搏，个别伴室内差异传导，ST段改变与速率有关。患者素有高血压病史，常服洛活喜、抵克立得等。诊断：郁证、不寐；脑梗塞后抑郁证。证属肝阳偏亢，瘀阻脑脉。治拟平肝潜阳、活血通络。处方；桑菊各15g，天麻10g，钩藤（后下）、葛根、川芎、郁金、菖蒲、焦山栀、赤白芍各15g，柴胡10g，龙牡（先煎）、丹参、夜交藤、合欢皮、怀牛膝各30g，远志10g，净蝉衣6g，辰灯芯3g，羚羊角粉（吞）0.6g，14剂。二诊（12月22日）：药后心情平静，能睡4～5小时，大便转软，日行1次，心烦减轻，左手活动尚不利，BP：130/100mmHg。药症相符，再进原方14剂。三诊（12月29日）：服上药后第4天，因做高压氧舱，心情紧张，又烦躁不安，紧张时会发抖，BP：140/100mmHg。予原方去羚羊角粉，加淮小麦30g，甘草10g，白僵蚕10g。灵磁石30g（先煎）。14剂。此后患者每周随访。1月后BP：115/90mmHg。心情平静、夜睡6小时。2月后，左手活动渐利。嘱每日肢体功能锻炼，立春后可针药同治，巩固疗效。4月初时随访，患者心情平静、睡眠平稳，肢体活动进一步康复，生活恢复正常。

按 脑卒中后抑郁，分属于祖国医学"中风"和"郁证"范畴。中风病因病机有风、火、痰、瘀、虚之分。其发病与肝风内动密切相关。而郁证又与肝郁相连，从临证分析，王翘楚认为肝郁瘀阻最切中病机。西医对脑卒中的抑郁，其治疗往往仅针对抗抑郁治疗，疗效单一，也存在着较多不良反应。而中药平肝活血，既能治疗中风，也能改善中风后抑郁状态。两者兼顾。协定方中，桑菊、天麻、钩藤，平肝熄风安神；葛根、川芎、赤白芍、丹参，柔肝活血安神；柴胡、龙牡，疏肝镇惊安神；郁金、菖蒲，开窍解郁安神，诸药合用，共奏平肝解郁，活血安神之效，尤其对风邪挟瘀阻络的语謇有一定疗效。故平肝活血法对中风后遗症以及抑郁状态有满意的疗效。

3 平肝解郁，活血安神

肝主志，主疏泄，调畅气机，谋虑出焉，是人脑活动的部分表现。肝为五脏之一，体阴而用阳，其性刚，主动、主升。王翘楚对临床多变的失眠症从八症三型而分治。八症即肝木偏旺、肝阳上亢、肝郁瘀阻、肝胃不和、肝气横逆、肝郁化火、肝肾两亏、胆气虚怯。其中肝木偏旺为失眠症的发病基础，而肝郁瘀阻是其病理转归。三型即虚型、实型、虚实夹杂型，必须分清而论治。因临床上以肝郁瘀阻最多见，"木郁则达之"，故治则需着重于平肝解郁、活血安神，其基本方为：柴胡、龙牡、天麻、钩藤、郁金、菖蒲、葛根、川芎、桑叶、菊花等。辨证与辨病相结合，中药性味归经，与现代医学研究相结合，溶炉于一体，相得益彰，桴鼓相应。

案3 王某，女，56岁。初诊：1997年11月1日主诉：失眠3年，加重2个月。病史：3年前，无精神因素，仅服西洋参后，突然出现失眠，曾通宵不眠，服舒乐安定2片，效果不显。现服氟安定2片，能睡7小时。近2月来，失眠有所加重，白昼头晕、心慌、胸闷。EKG示：心律失常，偶发室性早搏。纳便尚可。BP：120/90mmHg。苔薄，舌质暗红，脉微弦迟。诊断：不寐。证属肝郁瘀阻。治拟平肝解郁，活血安神。处方：桑叶15g，菊花15g，天麻10g，钩藤15g（后下），柴胡10g，龙牡各30g，葛根、川芎、郁金、菖蒲、赤白芍各15g，丹参、夜交藤、合欢皮、枣仁各30g，远志肉10g，辰灯芯3g，蝉衣6g，7剂。另：落花安神合剂，1支qm、2支qn。二诊（3月8日）：服药后4天，心情平静，睡眠好转，能睡6小时。前天因晕车后睡眠又反复，再服氟安定2片，多虑平1片，能入睡至天明，但白天头晕、心慌、心烦、口苦，苔微腻、舌质暗红，脉细微弦。再续前方14剂。三诊（3月22日）：睡眠时好时差，一般能睡5～6小时，有时卧床难眠，偶服多虑平等，口苦，再续前方出入。原方加焦山栀15g，茯神30g，14剂。四诊（4月5日）：已停服西药。

能睡5～6小时，精神尚可。1月后，精神进一步好转，仅服落花安神合剂，能睡6小时。2月后，随访一切如常。

按 服西洋参后导致失眠，这种现象较少见，其原因，尚须深入研究。但就这种现象，说明该类患者气质较敏感，易过敏。导致焦虑、担心、失眠。平肝活血能纠正其气血混乱，达到平衡目的。一般传统养血法无法起到该作用，落花叶安神合剂能纠正其心脑血管气血混乱。纵观病案，患者持续服药2个月后，3年来的失眠得到根治。平肝活血法是治不寐的根本大法。（许 良）

临床经验

眩晕不寐案

1 肝郁瘀阻

陈某，女，68岁，会计。初诊：1997年6月25日。主诉：失眠3年余，加重1月。病史：患者失眠反复3年余，常服琥珀片、五味子糖浆方能入睡，不服则难以入睡。偶服安定等，通常一夜仅睡3～4h，时伴心烦、头晕、目眩、口干，纳便尚可。有高血压病史20余年。刻下，Bp 20/11kPa，舌质暗红、苔微黄，脉细弦。诊断：眩晕不寐；高血压病。证属：肝郁瘀阻。治拟：平肝活血，宁心安神。处方：桑叶、菊花、葛根、川芎、钩藤（后下）、郁金、菖蒲、赤白芍各15g，天麻、柴胡各10g，煅龙牡、丹参、夜交藤、合欢皮各30g，远志、蝉衣各10g，14剂。另：落花叶安神合剂20盒，晨服1支，晚服2支。药后3周，心情较平静，夜眠6～8h。二诊：仅服落花叶安神合剂，夜睡5～6h，能午睡30min，白昼头晕目眩减轻。三诊：服上药2月，基本上能睡6h以上。本月因外孙生病，心情不悦，时头晕目眩，夜眠早醒，多思多虑，时伴恶梦，又加服安定。时下又有纳呆、胃胀、口干苦等，Bp 20/12kPa。证属肝郁阳亢，需平肝活血中药调治，故原方加八月札、生麦芽各30g，焦山栀15g，辰灯芯3g，以加强平肝理气和胃安神之功效。服上药半月，病情转稳，能睡6～7h。3月后随访，心情继续保持平静，睡眠明显好转，无头晕目眩。现单服落花叶安神合剂，即能睡6～7h。

按 本案为高血压病与失眠症同伴，经5个月随访治疗，主要口服落花叶安神合剂，疗效显著。落花叶安神合剂为自制浸膏口服药，经动物实验证实，其能改善微循环，能提高老年大鼠学习记忆能力，有改善心脑血管微循环和宁心安神作用。故该药对失眠和眩晕有一定疗效。

2 肝木偏旺，气虚血瘀

戚某，女，55岁，教师。初诊：1998年3月7日。主诉：失眠1年。病史：去年1月份无诱发因素而致失眠。时头晕，每月头痛1次，当时两家市级医院均诊断为：更年期综合征。此后，常服舒乐安定及中药等，起始有效，后无效。现服舒乐安定1/2～1粒，能睡3～4h，时耳鸣、头晕、胃胀，下肢怕冷。脑超示：脑动脉硬化，椎基底动脉供血不足。现患者血压不稳，服开搏通每日1粒，刻下Bp 17/12kPa，面色欠华，苔薄、舌质淡暗红，脉细微弦。诊断：眩晕不寐；高血压病。证属：肝木偏旺，气虚血瘀。治拟：平肝活血、益气和胃。处方：柴胡、天麻各10g，龙牡（先煎）、丹参、夜交藤、枣仁各30g，钩藤（后下）、郁金、菖蒲、葛根、川芎、赤白芍、党参、焦白术、枳壳各15g，桂枝、蝉衣各6g，辰灯芯3g，14剂。另：落花叶安神合剂10盒，1支qn。二诊：药后心情平静，因服药第2天，大便日行3次，自停服中药，继服落花叶安神合剂，大便日行1次，头晕、头痛减轻，纳可，夜眠6～7h。1月后再诊，患者1贴中药已分2天服，大便正常，心情睡眠均明显好转，服开搏通每日半粒，Bp 18/11kPa，再服上方巩固。2月后随访，患者头晕、目眩已基本消除，心情睡眠均告平稳，再以落花叶安神合剂巩固疗效。

按 本案眩晕不寐，其躯体疾病为高血压病，常以西药维持。经服中药3周，有好转稳定趋势。因王翘楚基本方以平肝活血为基础，切中病机，适合于当今肝木偏旺的眩晕、头痛证。但用药除辨证外，还需因人而异，患者服药后虽有效，可大便次数增多，故须治疗量要慎重，注意健脾，方能舒服有效。

3 肝阳上亢，瘀阻脑脉

蔡某，女，51岁，病休。初诊：1997年9月8日。主诉：头晕失眠10年。患者素有高血压病10余年，时失眠、头晕、目眩。1995年底因高血压引起眼底出血。此后常服阿斯匹林、开搏通、倍他乐克，或加服硝苯啶1粒。近来夜睡3h，头胀头痛，手麻，面色潮红，大便尚调，苔薄、舌质暗红，脉弦紧，刻下Bp 33/15kPa。辨证：肝阳上亢，瘀阻脑脉。治拟：平肝潜阳，熄风活血安神。处方：羚羊角粉（吞）0.6g，蝉衣6g，天麻、白僵蚕、柴胡各10g，钩藤（后下）、桑叶、菊花、葛根、川芎、灵磁石（先煎）、生龙牡（先煎）、赤白芍、宣木瓜各15g，怀牛膝、丹参、夜交藤、合欢皮、炒枣仁、茯神各30g，7剂。另：落花叶安神合剂5盒，1支Bid。医嘱：建议住院治疗或急诊留观，刻下需舌下含服硝苯啶，观察30min。二诊（11月23日）：患者已住院2月，经扩血管、利水等中西药物降压治疗,病情渐稳而出院,现来门诊随访,刻下 Bp 20/12kPa,目前服开搏通 25mg Bid,拜心痛 10mg qd。要求再续前方巩固,再守原方 14 剂。三诊(12 月 8 日):因天气转冷,咽痛、鼻塞流涕,头痛又作,夜眠仅睡 3h,Bp 23/13kPa,宜原方加荆芥、防风各 10g,板蓝根、焦山栀各 15g 以疏风宣肺,清热利咽,服上药 1 周,感冒止,夜眠渐安,头痛目眩减轻,患者持续服药,至 1998 年 3 月 23 日随访,夜能眠 5 ~6h,头晕基本已除,遇雷雪雨雹百年罕见气候,病情未反复。清明后随访,患者开搏通已减至 12.5mg,Bid,偶加服拜心痛 mg qd,Bp 21/13kPa,心情平静,睡眠安稳。

按:本案为顽固性高血压病,来诊时已处于高血压危象。方中羚羊角粉、蝉衣、白僵蚕平肝熄风安神,为治眩晕头痛首选良药;柴胡、龙牡等平肝潜阳安神。诸药协同,共奏平肝解郁、活血安神之效。《丹溪心法·头眩》:“此证属痰证多……”又曰:“又或七情,郁而生痰动火……”。从而立“无痰不作眩”之说,后代皆从之。值得注意的是,元、明、清时代某些医家已掌握了眩晕与头痛、中风等诸证之间同肝风有一定的内在联系。华岫云在《临证指南医案·眩晕门》按语中指出:“此证之原,本之肝风”。王翘楚继承前人论述,结合自已数十年临诊、科研经验,提出眩晕不寐等内科杂病从肝论治,平肝活血辨治取得显效,值得学生推究。(许 良)

王三虎治癌经验

【名老中医简介】王三虎 主任医师,教授,硕士生导师。毕业于南京中医学院伤寒专,业硕士学位。现任柳州市中医肿瘤研究所所长,柳州市中医院肿瘤科主任医师,第四军医大学肿瘤研究所教授,中华医学会医史学会常委副主任委员,《陕西中医药研究》杂志编委。广西自治区中医药专家学术经验继承工作指导老师。擅长肺癌食道癌等恶性肿瘤的中医治疗,3 次获得军队科技进步奖,发表论文 140 篇,主编参编著作 10 部。

白血病

1 病因病机、治则治法的认识

王三虎认为,白血病相当于中医的“急劳”、“虚劳”、“血证”等范畴。急劳(相当于急性白血病)出自《太平圣惠方·卷二十七》:“夫急劳者,是血气俱盛,积热在内,干于心肺,脏腑壅滞,热毒不除之所致也。其候,恒多燥热,颊赤头痛,烦渴口干,饮食无味,心神惊悸,睡卧不安,骨节酸痛,夜多盗汗,面色萎黄,形体羸瘦,毒热之气,传于脏腑,即难拯疗,故名急劳也。”虚劳(相当于慢性白血病)出自《金匮要略·血痹虚劳病脉证治》。虽然还有不少医籍对“急劳”、“虚劳”、“血证”等有一定描述和治疗经验,但无疑在诊断上还缺乏特异性。因此,在中医尚不能概括其病症特征的前提下,应直接采用白血病的病名和西医诊断方法。白血病属于正虚邪实均臻极致的疑难重症。从病因上来说,先天不足,禀赋薄弱者有之;房事不节,殚精竭虑者有之;大病久病,重大变故精神崩溃者更为多见。这些均可导致血气耗伤,精枯髓减,成为正虚的内因。而恣食辛辣厚味,嗜好烟酒,导致热毒内生,或感受外界邪毒,或感染时行疫毒直入血分,诸因相合,酿成大患。病机上以精血先虚,热毒乘机入侵,或毒邪入髓,耗血动血,因实致虚,虚实夹杂,精气俱亏,损阴伤阳,终致阴阳离绝为特点。所以,白血病总的治则是扶正祛邪、标本兼顾。扶正以大补精血为大法,祛邪以凉血解毒为大法。但在临床实际中,由于体质和病程的不同,往往表现为血热毒盛和精血大亏两大证型。一般地说,急性期多为血热毒盛,慢性期多为精血大亏,而血热毒盛和精血大亏兼而有之的也不少见。从临床观察可见,低增生性白血病以精血大亏为主要证型,甚至贯穿始终。

2 选方用药经验

对血热毒盛证,王三虎以犀角地黄汤、六神丸清热解毒,凉血止血为主方。正如叶天士所谓:“入血就恐耗血动血,直须凉血散血。”擅用药有败酱草、紫草、白花蛇舌草、雄黄、青黛、龙葵、大青叶等。用败酱草治疗白血病是王三虎在中医抗癌的临床实践中,受《药性论》谓败酱草“主破多年凝血,能化脓血为水”的启发,认为白血病中白细胞异常增多,与化脓性疾病中白细胞增多类似,故在临床运用大剂量(30 ~60g)败酱草治疗白细胞过高的白血病,效果良好 。后又发现业已证明有抗白血病作用的雄黄在《证类本草》、《本草纲目》中也有“化血为水”的记载,说明古代医家的认识值得重视。紫草凉血活血,清热解毒,对胃癌、食管癌、肺癌、乳腺癌、皮肤癌等癌细胞有抑制作用,虽然迄今尚未见到抗白血病细胞的药理研究报道,但却非常符合白血病血热毒盛证的病机。白花蛇舌草清热解毒,体外实验发现其对多种白血病癌细胞有抑制作用。青黛、雄黄9:1组成的青黄散,是治疗白血病疗效可靠的成方。龙葵、大青叶清热解毒,凉血,都是白血病血热毒盛证的常用药物。龙葵用量为15~30g,大量久服可引起腹痛腹泻等毒副作用。这类药在应用时,常配伍生姜,以防苦寒伤胃。对精血大亏证,以独参汤、六味地黄汤、当归补血汤补气血、益肝肾、生精髓为主方。常用的药有人参、紫河车、鱼鳔、龟版、黄芪、当归、熟地黄、龙眼肉等。王三虎认为,人参大补元气,以生精血,功力雄厚,是值得重视的君药,尤其适用于低增生性白血病的精血大亏证,常能"挽狂澜于即倒,扶困危于仁寿"。《本草汇言》谓人参"补气生血,助精养神之药。"《现代中经学大辞典》记载:"人参中提取物20(R)-人参皂苷Rh在体外能明显抑制人单幼粒细胞白血病HL-60瘤株。"药理实验也证明,人参可增加外周血红细胞、白细胞和血红蛋白量,在外周血细胞减少或骨髓受到抑制时尤为明显。临床应用人参制剂结合化疗或放疗治疗癌症,能使白细胞上升、肝功能好转,增强淋巴细胞转化能力,改善症状,延长生存时间。紫河车、鱼鳔、龟版均为血肉有情之品,能填精补血,黄芪、当归、熟地黄、龙眼肉则能补气生血,取精血互化,气血同源之意。此类药在应用时,常配伍陈皮或砂仁,以防滋腻碍脾。同时,考虑到阴阳互根,阳生阴长之理,还酌情配合枸杞子、菟丝子、鹿角胶等补肾助阳之品。此外,根据现代药理研究成果,王三虎常选一些具有抗白血病作用的药物,如苏木、半枝莲、天门冬、鹿衔草等。在辨病用药的基础上,还可结合症状及病机,如气滞疼痛用苏木,热毒用半枝莲,阴虚发热用天门冬,肾虚或关节痛用鹿衔草等。另外,对于具有相同或相近药理作用的药物,用药一段时间后,主动调换用药,不仅能充分发挥不同药物的潜在作用而提高疗效,对于长期需要服药的患者,还有防止产生耐药性的作用。

3 典型病案

患者,男,71岁,广西柳州市人。2004年10月21日初诊,以头痛、胸闷、乏力3月为主诉。患者形体衰弱,精神欠佳,表情淡漠,皮肤松弛,皮肤粘膜未见出血点,无发热,体表淋巴结无肿大,胸骨有压痛,肝脾未及。白细胞计数为1.2×10^9/L,血红蛋白80g/L,血小板34×10^9/L,柳州市工人医院骨髓细胞学检查:低增生性急性淋巴细胞白血病(ALL-12)。肝胆B超:胆囊结石。前列腺B超:前列腺增生。头颅CT:轻度脑萎缩。西医诊断:①低增生性急性淋巴细胞白血病(ALL-12);②胆石症;③前列腺增生症;④轻度脑萎缩。因患者拒绝化疗,要求中医治疗。证见:面色萎黄,头痛头晕,胸闷气短,疲软乏力,四肢不温,舌淡脉弱。辨证为精血大亏证,以自拟通补三升汤为主方加减,处方:红参10g,熟地黄20g,穿山甲10g,黄芪40g,灵芝10g,山茱萸15g,当归12g,茜草30g,鸡内金10g,黄精12g,鹿角胶10g,沙参12g,玉竹10g,天花粉10g,枸杞子10g,菟丝子12g。每日1剂,水煎服。2004年11月23日,第3次复诊,诸症均减,夜尿频,口渴,腿困,舌淡红苔薄,脉细。白细胞为1.8×10^9/L,血红蛋白80g/L,血小板34×10^9/L,未见幼稚细胞,效不更方。2005年2月27日,第12次复诊,患者自觉短气缓解,精神增加,夜尿频数,手冷畏寒,舌淡脉弱。辨证为精血大亏证,阴损及阳,更方为:红参20g,炙黄芪40g,当归12g,肉桂8g,益智仁12g,金樱子12g,桑螵蛸12g,菟丝子12g,枸杞子12g,沙苑子12g,鹿角胶(烊化)12g,蛤蚧1对,熟地黄30g,肉苁蓉15g,山茱萸15g,淫羊藿15g,附片(先煎半小时)10g,覆盆子12g,紫河车10g。2005年6月19日第24诊时,头痛、胸闷、乏力、尿频、腿软亦偶有反复,但总体情况尚可。考虑患者病情趋于稳定,服药时间长,原方中药量偏大,将药量减少,配合益气生血的中成药(益血生)予之服用。方用:台乌药10g,益智仁10g,覆盆子12g,沙苑子12g,当归10g,炙黄芪30g,肉桂5g,天花粉12g。2005年7月13日.第26次复诊,白细胞为1.0×10^9/L,血红蛋白62g/L,血小板15×10^9/L,精神状态亦不如前。系病重药轻,病情反复。结果表明,白血病势必不是普通病,患者病情顽固,病重药轻则难以控制疾病发展,导致病情反复,反证大量的血肉有情之品是必需的。继用2004年10月21日方。服药后病情稳定,生活质量尚好。2005年12月22日因感冒,咳嗽住院6天,住院期间因停用上方。结果病情又见反复,面色无华,少气懒言,食欲不振,白细胞1.08×10^9/L几,血红蛋白80g/L,血小板20×10^9/L。只能继服2004年10月21日方,改红参为20g,加紫河车10g,鹿茸2g。2006年4月26日复诊59次,患者精神可,自述耳聋,下肢浮肿,舌红苔薄,脉弱。辨证为:气血两虚,耳窍不通,肾亏水停。方用:红参20g,紫河车10g,灵芝10g,鹿茸2g,黄芪60g,当归12g,牛膝12g,知母12g,骨碎补30g,防己12g,猪苓20g,茯苓60g,泽兰12g,白术12g,熟地黄20g,泽泻20g。2006年5月14日复诊61次,患者精神可，声如洪钟，耳聋依然，下肢浮肿略减，舌红苔薄，脉弱。复查：白细胞为 2.2×10^9/L，红细胞 1.71 $\times10^9$/L，血红蛋白 65g/L。年老肾衰，九窍不利，气血虽有改善，耳聋却难复，勉尽人力，上方加：王不留行 15g，石菖蒲 10g，葛根 15g。2006 年 7 月 11 日复诊 68 次，患者单独用中药治疗近 2 年，病情稳定，生活质量尚好。继用上方。此后，一则年老体衰，行动不便，再则家人事忙，疏于用药，只能间断服用上方，勉强维持至 2007 年 3 月，消耗殆尽而终。（范先基 石 彧 李 俊 王志祥）

食管癌

1 病机认识与创新

食管癌属中医学"噎膈"的范畴。时至今日，中医治疗噎膈的总体疗效并不尽如人意，究其原因，王三虎认为，主要是对本病的病机缺乏全面准确的把握。现代中医对本病病机分为忧思郁怒、饮食所伤、寒温失宜、房劳伤肾，并分为痰气交阻、津亏热结、痰瘀内结、气虚阳微等 4 型。王三虎认为，这种分型论治尽管有利于教学，但在临床上却很难对号入座。事实上食道癌虽然病因病机复杂，但有一个基本病机贯穿始终，这就是：癌毒胶固，阴衰阳结，痰气血瘀，燥湿相混，上下不通，本虚标实。癌毒胶固与阴衰阳结，上下不通互为因果，形成恶性循环，难分难解。只有抓住这个基本病机才能执简驭繁，把握全局，避免见寒治寒、见热治热、见痰治痰、见瘀治瘀的被动和片面做法。

2 组方用药独出心裁

王三虎正是根据对于食管癌病机的新见解，认识到癌毒才是噎膈顽固难愈的本质，因而造成治疗时补阴不利于阳结，通阳又碍于阴伤，寒热有失偏颇，补泻均非所宜的症结所在。只有既针对癌毒又针对阴衰阳结，痰气血瘀，燥湿相混，上下不通的复杂病机，才能找出解决问题的方法，并结合多年的临床经验，拟订了治疗食管癌的主方—全通汤：石见穿 30g，冬凌草 30g，威灵仙 12g，人参 6g，肉苁蓉 15g，当归 12g，栀子 10g，生姜 6g，枇杷叶 12g，降香 12g，赭石 20g，瓜蒌 12g，竹茹 12g。方以石见穿、冬凌草解毒抗癌为君药，威灵仙解除拘挛为臣药，人参、肉苁蓉、当归益气补阳，活血润肠，栀子、生姜寒热并用为佐药，枇杷叶、降香、赭石、瓜蒌、竹茹和胃化痰为使药。全方体现了辨病与辨证结合的组方特色。在临床上面对实际情况，王三虎的用药既顾及治疗食管癌本身的特殊用药，如壁虎、硇砂、硼砂、姜石、鹅管石、藤梨根，又针对具体病机用药，如麦冬与半夏、猪苓与阿胶、苍术与玄参等对药，使化痰而不致燥，去湿而不伤阴。再如黄连、干姜寒热并用，辛开苦降；和降胃气用柿蒂、旋覆花；散寒止痛的徐长卿等药。尤其是他从治疗噎膈古方启膈丸中的杵头糠深入研究而大力提倡的食疗药—米油，经济实用，简便易行，依据充分，疗效确实，颇具特色，值得提倡。

3 典型病案

雷某某，女，67 岁。2000 年 8 月确诊为食管癌，后进行放疗、化疗，至 2001 年 6 月，病检病灶处已无癌性病变，但纵隔淋巴结肿大。2002 年 9 月复发，见一 1.8cm × 0.6cm 大小肿块，后又放疗。2003 年 6 月复查，食管距门齿约 28cm 处可见一大小 1.2cm × 1.2cm 黏膜粗糙面，病检为中分化鳞癌。7 月开始进行 X 刀治疗，但患处仍灼痛，症状不断加重。2003 年 11 月 27 日，患者慕名找到王三虎，当时患者痛苦貌，面色暗黄，身体消瘦，患处疼痛难忍，左背部近日作痛，干咳，头晕，食欲差，梦多，口水多，不能食凉，舌红苔少黄，脉弦。王三虎认为，当前以疼痛为主要症状，在基本病机的基础上以阴虚为主，顾及气虚。处方：沙参 10g，麦冬 10g，玉竹 10g，徐长卿 20g，半夏 15g，姜石 20g，枇杷叶 12g，生姜 8g，冬凌草 30g，延胡索 20g，白芍 20g，甘草 10g，人参 10g，白及 20g，栀子 10g，干姜 6g，水煎服，每日 1 剂。瘤康痛贴 1 盒，外用。复诊时，症状已有所缓解，但咽干，项强，胸背痛，舌红苔染，脉弦数。于是上方去干姜，缓解项强加葛根 20g，加行气活血止痛抗癌的夏天无 12g，郁金 12g，血竭 4g（冲）。嘱常服米油。经过半年多时间调理，病情慢慢缓解，症状则似有若无。至 2004 年 4 月 30 日来诊时，患者精神较好，面色稍黄，仅谓食醋则胸前不适，下肢拘挛，舌苔薄，脉弦。处方：沙参 10g，麦冬 10g，玉竹 10g，徐长卿 20g，半夏 15g，姜石 20g，枇杷叶 12g，生姜 8g，冬凌草 20g，延胡索 20g，白芍 15g，炙甘草 10g，白及 12g，栀子 10g，干姜 6g，水煎服，每日 1 剂。此后病症虽减，仍不能掉以轻心，谨防死灰复燃，希冀长治久安。（邢晓娟）

遣方用药

妇科肿瘤

1 理论阐发

当归贝母苦参丸出自张仲景《金匮要略·妇人妊娠病脉证第二十》："妊娠小便难，饮食如故，当归贝母苦参丸主之。"由于方义深奥，叙证简略，历代用之不多。《医宗金鉴》甚至认为方证不合，必有脱简，一些医家则认为"小便难"是大便难之误。本方现代用之亦甚少。王三虎认为，本方选药精炼，是润燥并用的典范，适用于燥湿并见的病机特点。当归养血润燥，贝母滋水上源，与苦参清热燥湿相对，使润而不腻，燥不伤阴，相反相成，对于妊娠下焦阴虚而水不利之小便难非常适合。近年来，王三虎在治疗恶性肿瘤的长期临床实践中，提出"燥湿相混是贯穿某些癌症始终的主要病机"。由于妇科和泌尿系统肿瘤与当归贝母苦参丸证病机上相似，病位上相同，所以将当归贝母苦参丸作为治疗妇科和泌尿系统肿瘤的基本方。考《神农本草经》谓：当归主"妇人漏下，绝子，诸恶疮疡金疮"，《药性论》谓：当归主"女子沥血腰痛"，《日华子本草》谓：当归"破恶血，养新血及主癥癖"。现代药理研究也证明，"当归多糖对小鼠多种移植性肿瘤有较好的抑瘤作用，并与某些化学药联用可呈现协同作用，且降低副作用"。贝母，《神农本草经》谓：主"淋沥邪气，疝瘕"，《名医别录》谓：贝母疗"腹中结实"，《药品化义》谓：贝母疗"肺痿、肺痈、瘿瘤痰核、痈疽疮毒"，《增订治疗备要》谓：贝母"用敷恶疮，敛疮口"。苦参，《神农本草经》谓：主"心腹结气，癥瘕积聚，黄疸，溺有余沥，逐水，除痈肿"，《药笼小品》谓：苦参"清下焦血热"。现代药理研究表明，"苦参总碱、苦参碱、脱氢苦参碱、氧化苦参碱对小鼠实体瘤 S180，均有不同程度的抑制作用。"可见当归贝母苦参丸治疗妇科和泌尿系统肿瘤是有充分的理论和实验依据的，临床上也取得了良好的效果。

2 验案举隅

案 1 韦某某，女，72 岁，2004 年 7 月 28 日初诊。外阴癌术后 10 年，外阴胀烧灼感痒痛 2 年。证见外阴溃烂红肿硬痛，涉及整个会阴乃至大腿根部，小便急，舌质红、苔黄腻有裂纹，脉弦细。辨证为肝肾阴虚日久、湿热成毒下注。治以当归贝母苦参丸加味。处方：当归 10g，土贝母 10g，浙贝母 10g，苦参 15g，土茯苓 30g，生地黄 30g，黄芩 12g，乌梅 10g ，玄参 12g，地肤子 30g，黄柏 12g，薏苡仁 40g，拳参 20g，水杨梅 30g，青黛 4g（冲服），生姜 6g，3 剂，每日 1 剂，水煎服。服药 3 月后，患者会阴部渗出减少，瘙痒烧灼感减轻，创面有收敛迹象，舌苔转薄，脉沉。继续以当归贝母苦参丸加味治疗 2 个月，病情进一步好转。

案 2 林某某，女，43 岁。2003 年 11 月因宫颈癌行子宫及双侧输卵管全切术，术后规范放疗、化疗。2004 年 6 月阴道残端肿瘤复发，并侵犯直肠与膀胱。2004 年 10 月 1 日再次住院时大小便均带血，并阴道大量流出黄水，尿道口疼痛，口干甚，纳呆寐差，舌质红，舌两侧苔黄厚腻，舌中无苔，脉沉弦。针对患者燥湿相混，以当归贝母苦参丸加味。处方：当归 12g，浙贝母 12g，苦参 10g，黄芩 12g，天花粉 12g，生地黄 30g，黄精 12g，玉竹 12g，石斛 12g，乌贼骨 10g，龟甲 12g，栀子 12g，白芷 12g，陈皮 6g，槐花 12g，地龙 10g，白芍 12g，仙鹤草 50g。服用 3 剂后，患者尿道口疼痛明显减轻，出血及阴道流水减少，口干好转，舌质仍红、黄腻苔已去，脉沉细，继服该方以巩固。

3 体 会

王三虎在运用经方治疗肿瘤方面有丰富的临床经验及独到见解。尤其强调辨病论治，以前人优秀的精炼方剂为基础制定专病专方。他认为辨病论治的关键就是把握疾病的基本病机，当归贝母苦参丸加味治疗妇科和泌尿系统肿瘤就是抓住了妇科和泌尿系统肿瘤"燥湿相混"这一主要病机。所举两例，病虽不同，但均属病程日久，血虚津液大伤，同时湿热成毒流于下焦，为典型的"燥湿相混"。故均以当归贝母苦参丸加味，利湿润燥药同用，趋利避弊，终获较好效果。（石 彧 范先基）

医案验案

胃癌术后验案 3 则

案 1 张某 ，男，60 岁，陕西西安人。自小罹患胃病，1980 年左右逐步加重，1991 年出现呕吐不止、背部疼痛，经胃镜检查诊断为糜烂性胃炎。2001 年因病情加重，经胃镜并活检确诊为胃癌。行胃次全切术后进行化疗 3 次。因体弱不支而停止化疗。2002 年 2 月初诊：腹胀腹泻，体弱乏力，胃部不适，食入不化，按压、热敷胃脘部稍有缓解，舌质偏红，脉弱。辨证为寒热胶结胃肠，以乌梅丸化裁。服药 1 年余，寒热之象渐解，脾之气阴两虚出现，2003 年 8 月 20 日处方如下：党参 15g，白术 12g，云茯苓 12g，甘草 6g，山药 15g，扁豆 15g，川厚朴 15g，木蝴蝶 10g，黄精 12g，八月札 12g，焦三仙各 10g，石打穿 20g。经过 21 个月中药治疗，第 29 诊时，患者精神体力大为好转，独自前来，面色萎黄，自述胃脘、少腹隐痛，腰骶困痛，食欲好，但食后消化较慢，胃寒，舌红苔薄，脉细弱。辨证为寒热胶结减轻，脾肾阴阳两虚。当以扶先后天之本为主。理中汤加味：干姜 8g，人参 6g，白术 12g，云茯苓 12g，甘草 6g，苍术 10g，山药 20g，芡实 20g，补骨脂 10g，淫羊藿 20g，石打穿 15g，蒲公英 20g，延胡索 12g，小茴香 6g。水煎服，每日 1 剂。2005 年 6 月 3 日就诊：服中药治疗 3 年有余，癌症未见复发，形体大胜从前，此次以陪同所介绍的患者来诊为主要目的。仍诉畏寒，不能食凉，但小便黄、尿痛，舌红，苔薄黄，脉弱。辨证为脾虚已久，肾阳不足，治应脾肾双补：半夏12g，黄连6g，黄芩12g，红参12g，律草12g，白芍15g，甘草10g，补骨脂12g。冀扶正培本又长治久安。2006年5月3日就诊：患者几近康复，惟形体瘦弱，自述偶有春心萌动。拟平补脾胃之六君子汤善后。2006年8月7日就诊：自述低热，自汗，脚麻，胃脱不适，目涩，喝水则身颤，舌淡苔白脉弱。证属气血不足，阴虚风动。黄芪桂枝五物汤加味：黄芪20g，桂枝10g，白芍10g，生姜6g，大枣10g，炙甘草6g，党参10g，天麻12g，灵芝10g，五味子10g，枸杞子10g，菊花10g，石斛10g，防风10g，细辛3g，牛膝10g。水煎服，每日1剂。2007年7月4日就诊：5年来基本上每月来诊，胃癌虽未复发，体质改善却难。刻诊：畏寒，自汗，手颤，遇寒则前额肿痛，偶头晕，恶心，腹痛腹泻，舌淡红，苔白厚，脉弱。阳虚神失所养，桂枝龙骨牡蛎汤加味：桂枝12g，白芍12g，生姜6g，大枣10g，炙甘草8g，生龙骨30g，生牡砺30g，黄芪30g，党参12g，半夏12g，当归12g，柏子仁12g，丹参15g，鸡内金12g，防风6g。水煎服，每日1剂。8月6日就诊：近几天腹泻肠鸣又发，形体消瘦，少气懒言。舌淡红，苔薄白，脉弱。辨证为寒热胶结胃肠，予乌梅丸化裁。

案2 黄某，女，44岁，广西柳州人，2004年9月18日初诊。主诉：胃癌切除术后5年，腹胀痛4年。腹胀，食后尤甚，偶有疼痛，大便2日1次，有脓性黏液，前额头痛，舌淡苔薄，脉弱。胃镜示：残胃炎。既往史：1999年7月行胃癌切除术，病理检查为低分化腺癌，未行化疗。病属痞证，证属中气亏虚，升降失常。法当补中益气，消痞除胀，升清降浊，方选积术汤、补中益气汤、金铃子散加减：积实30g，白术15g，炙黄芪20g，陈皮6g，升麻5g，柴胡5g，党参12g，炙甘草6g，当归10g，白芷10g，蔓荆子12g，延胡索20g，川楝子10g，蒲公英30g，鸡内金12g。5剂，水煎服，每日1剂。复诊加黄连5g，木香10g，小茵香5g。第3诊，患者诉用药有效，腹胀、头痛减轻，大便不爽，舌根有少许厚苔，脉沉。上方加大黄4g，川厚朴20g。水煎服，每日1剂。2004年10月18日第4诊：腹胀，睡眠可，大便2日1次，头已不痛，舌暗红，脉弦。痞满不除，当考虑寒热错杂，腑气不通，当以半夏泻心汤和小承气汤为主方：半夏20g，黄连8g，干姜10g，黄芩12g，党参15g，大黄6g，川朴20g，枳实30g，白术12g，槟榔12g，延胡索12g，丹参12g，檀香10g，砂仁6g。4剂，水煎服，每日1剂。2005年1月17日第10诊：服上方25剂，症状基本消失。近1周来少腹隐痛，大便黏液，食欲不振，手心红、多汗，口鼻干，腰痛，舌红，脉弦。证属湿热阻滞，气机不畅，方用香连化滞丸加减：木香10g，黄连8g，白芍15g，炙甘草10g，槟榔10g，大黄5g，当归12g，延胡索12g，黄芩12g，党参12g，麦冬10g，白头翁15g，5剂，水煎服，每日1剂。药后获效，来诊3次，服上方15剂。2005年11月25日第14诊：胃胀、食少1周，大便2日1次，手足心汗多，腰胀，口干，睡眠欠佳，舌红苔薄，脉弦细。复查胸片、肝胆肾B超、肝功能、癌胚抗原均正常。证属气机不畅，胃失和降，方用四逆散加减：柴胡10g，枳实15g，甘草6g，白芍15g，黄芩10g，半夏12g，大黄6g，黄精12g，延胡索12g。3剂，水煎服，每日1剂。2006年1月12日第16诊：上述症状减轻，仍食少，腰痛，鼻干，舌淡红，苔薄，脉弱。证属脾胃虚弱，方用六君子汤加味：党参12g，白术12g，云茯苓12g，炙甘草6g，半夏12g，陈皮10g，石见穿20g，生麦芽12g。3剂，水煎服，每日1剂。2006年4月25日第20诊，服药后症状消失，近日胃又胀，面稍黄，舌淡红，苔薄，脉弱。上方5剂，水煎服，每日1剂。

案3 聂某，男，46岁，广西柳州人，2005年12月12日初诊。因吐血3月，于2005年9月12日在某矿医院行胃癌切除术，病检示胃小弯低分化腺癌，浸润浆肌层；胃网膜淋巴结2/9转移。后行2次化疗，因不能耐受而改求中医。刻诊：面黄肌瘦，精神可，呃逆，易上火牙痛，咽有异物感，大便粘滞不爽，睡眠每晚仅3小时，舌红苔黄腻，脉弱。辨证：胃阴亏虚，痰热未尽。治法：滋养胃阴，清热化痰。处方：石见穿30g，石斛12g，红参10g，麦冬15g，半夏12g，薏苡仁30g 茯苓12g，海浮石15g，代褚石15g，八月札12g，木蝴蝶12g，延胡索12g，丹参12g，仙鹤草30g，藕节12g。每日1剂，水煎服。2006年3月23日第3诊：服用上方后呃逆明显减轻，牙不痛，体重增加1kg，大便黏滞不爽，睡眠少，小便黄，喉中有异物感，舌红苔薄，脉弱。病属癌毒未尽，拟上方加蟾皮6g，枳实10g。每日1剂，水煎服。2006年4月16日第7诊：近日大便溏，喉中有异物感，舌红苔薄黄，脉弱。寒热胶结之象已现，方用半夏泻心汤加味。处方：半夏12g，黄连6g，黄芩12g，红参10g，干姜8g，大枣10g，甘草6g，木香6g，厚朴10g，木蝴蝶10g，苏叶10g，石解10g，麦冬10g。每日1剂，水煎服。2006年5月11日第12诊：昨日清晨鼻涕中带血丝，舌红苔黄，脉滑。证属血热伤络，方用犀角地黄汤加味。处方：水牛角30g，生地黄30g，牡丹皮12g，赤芍12g，仙鹤草40g，白茅根30g，槐花12g，黄芩12g，石见穿

30g,地榆30g,藕节炭12g,代赭石30g。每日1剂,水煎服。2006年5月30日第14诊:鼻血消失,复查血常规、肝功能、B超等均未见异常。大便稀,舌红苔薄,脉弦数。以2006年4月16日方去干姜,加山药20g,苍术12g。每日1剂,水煎服。2006年11月17日第25诊:病情好转。近日胃镜示:吻合口炎。用进口磷酸铝凝胶等治疗,效果不佳。睡眠差,心烦,反胃,不泛酸,口苦,嗳气,大便不成形,喜食凉物,不喜食硬物,舌有齿痕,中有裂纹,舌质暗红,脉细。证属寒热胶结,方用2006年4月16日方加夏枯草30g,栀子10g,蒲公英30g,当归10g,桂枝10g。每日1剂,水煎服。2007年1月9日第32诊:上述症状逐步消失。近日以失眠为主,大便稀,舌红少苔,脉数。证属心肾不交,方用黄连阿胶汤加味。处方:黄连8g,阿胶10g,白芍12g,黄芩12g,葛根15g,肉桂6g,夜交藤30g,柏子仁12g,酸枣仁30g,党参12g。每日1剂,水煎服。2007年1月30日第37诊:睡眠逐渐好转,自觉热气升,鼻衄,咽不舒,舌红苔薄,脉弦。上方加生地黄30g,黄柏12g,知母12g,牛蒡子12g,甘草6g。每日1剂,水煎服。2007年2月16日第40诊:近日检查胃镜并活检示吻合口炎。仍反胃,大便不成形,睡眠差,舌红苔薄,脉细弦。证属寒热胶结,胃不和则卧不安。仍以半夏泻心汤加味。处方:半夏20g,黄连8g,黄芩12g,生姜6g,干姜6g,蒲公英30g,连翘15g,益智仁12g,当归12g,灵芝12g,酸枣仁18g,柏子仁12g,葛根20g,砂仁6g,党参15g,丹参15g,竹茹12g。每日1剂,水煎服。2007年4月24日第48诊:服用上方后精神气色佳,反胃减,睡眠好转,牙痛,咽干,舌红苔薄黄,脉数。上方加生石膏30g,玄参12g,木蝴蝶12g。每日1剂,水煎服。2007年8月11日第50诊:因无明显不适,停药回老家修养3月。近日在我院复查胃镜示残胃炎。B超示:肝、胆、脾、胰、左肾未见异常,右肾小结石。CEA:0.7ng/mL,CAI199:2.76μ/mL。易上火,牙痛,舌红苔薄黄,脉弦。停药既久,死灰复燃,仍用上方。每日1剂,水煎服。(杨子玉)

王生义学术经验

【名老中医简介】王生义(1939~)主任医师,教授。曾任职于内蒙古中蒙医院。第二批全国老中医药专家学术经验继承工作指导老师。从事中医内科临床工作多年,擅长治疗风湿类疾病、消化类疾病。发表论文20余篇。

学术思想

1 重视问诊

问诊,是中医四诊之一,辨证的关键,是了解疾病病因病机及演变规律最可靠的手段。王生义在问诊中既不主张停留在西医诊断上,也不主张停留在教科书所限定的中医辨证分型的框架上,而是运用娴熟的中医理论,结合地理、生活、社会环境综合问诊,找出疾病的病因病机并动态地把握其变化规律,这是他问诊的目的和特点。在问诊中,王生义认为首先应明辨寒热,只有明辨寒热,才能明辨阴阳,把握病机实质,用药才能得当。为了明辨寒热,他十分重视问口渴、喜饮、二便。既注重整体问诊,把握病因病机,又注意重点询问关键症状及疾病演变过程,以掌握疾病的实质。

2 整体观念

整体观念是中医学诊治疾病的突出特点之一,王生义将整体观的思想融会贯通于诊断和辨证论治的全过程。他认为自然气候、地理、生活、社会环境、性格等与疾病的发生、发展和转归有相当密切的关系。比如,他认为目前北方气候偏温、干燥.而且北方人多恣食肥甘,或嗜烟酒,因此肺病多以肺燥阴伤为本,燥热内生为标,主张治肺病多以滋阴润燥与清热并用,而善用清燥救肺汤加味治疗。又如,王生义认为由于气候和饮食结构因素,一般人多处于阳热之体,加之今人色欲过度易于耗伤肾阴,因此肾虚多以肾阴虚或阴虚火旺为主,肾阳虚少见,主张治肾疾以滋补肾阴为法,而善用六味地黄汤加味治疗。

3 通调气机

气机理论是中医体系独具特色的理论之,古人云:"百病皆生于气 "又云"百病皆主乎气 "说明气机在疾病的发生和治疗上意义重大。人身内外上下无不存在着气机活动,表现为升降出入四种形式。气血盈虚失常,升降失调以致病;七情内郁,六淫外伤,饮食劳倦,亦可致气机逆乱。一旦气机失调,则气、火、痰、湿、瘀又可相因为患,所谓盛则郁,虚亦滞,逆为病,顺则平。因此王生义将调理气机的理论应用而贯穿于分析和治疗各种疾病的全过程。比如宣降肺气常用杏仁、苏子、桑叶、桔梗,方用苏子降气汤;升提脾气常用柴胡、升麻、黄芪,方用补中益气汤;通降胃气常用旋覆花、代赭石、枳壳、苏梗,方用旋覆代赭汤;疏理肝气常用柴胡、川楝子、郁金、青皮,方用逍遥散;宣通腑气常用大黄、槟榔、枳实、木香,方用大承气汤。

4 顾护胃气

王生义认为脾胃之病,必及他脏;他脏受病,必累脾胃。中医理论认为"人以胃气为本","五脏六腑皆禀气于胃"。因此,王生义在治疗疾病时非常注意顾护脾胃,并提出新病乍起,防伤脾胃;久病绵延,先理脾胃的学术思想。他不主张一见热象,就轻易用黄芩、黄连、石膏、大黄等大剂苦寒伐胃之品,也不主张一见阴血不足,不考虑脾胃的接受能力就随便应用熟地、阿胶等滋腻碍胃之品,以防影响脾胃运化功能,多主张佐用诸如砂仁、白术、茯苓之类健脾益胃之品。

5 治病求本

治病必求其本,坚持辨证论治的系统观。王生义强调辨证求本,首先要处理好局部与整体的关系。人是统一的有机体,任何疾病的局部症状都与整体密切相关,不能片面地只注意局部而忽视整体。其次要掌握内因和外因的关系,"正气内存,邪不可干"、"邪之所凑,其气必虚。"王生义认为正气不能存内不仅是疾病发生的根本原因,而且疾病的发展变化,也多决定于正气的盛衰存亡。主张未病先防,提高体质;有病驱邪,但毋伤正。再者要分析标与本的关系,一般认为病因为本,症状为标;正气为本,邪气为标;急则治标,缓则治本;最后应区别外感与内伤的辨证要点。他认为急性外感疾病,重点是分清表里寒热,伤寒在表为寒,温病在里属热,瘟疫多寒热错杂;治寒宜辛温,治温宜辛凉,治疫宜苦辛寒。慢性内伤疾病或大实似虚,不可一概从虚而论,同时内伤之寒热,如阳虚则寒,阴虚则热,与外感之疾病之寒热不同,不可一概而论。(耿 刚)

临床经验

痹 证

1 治痹首当补虚

王生义认为肝主筋,肾主骨,筋骨依赖气血之濡养,气血不足则筋脉失养,骨髓失充,外邪趁虚侵袭发为痹证。而且临床中痹证多发生于成年人及产后肝肾不足,气血亏虚之体,气血旺盛之少儿则少见。故他认为肝肾不足,气血亏虚是痹证发生之内因,风寒湿邪痹阻是外因。治疗上应以益肝肾、补气血为先,反对只重于祛邪徒用攻法,处方多用具有祛风湿、止痹痛、益肝肾、补气血之独活寄生汤加减治疗,意在扶正与驱邪并施。在补虚药的应用上王生义也十分考究,如气虚用黄芪、党参、白术;血虚用当归、枸杞子、川芎、丹参;阴虚用生地、麦冬、鳖甲、女贞子、旱莲草;阳虚用淫羊藿、仙灵脾、炮附子、补骨脂;肾虚用川断、狗脊、杜仲、怀牛膝、桑寄生;心虚用丹参、枣仁、柏子仁、五味子;脾虚用山药、白术、扁豆、党参。

2 祛邪轻重有别

《内经》曰:"风寒湿三气杂至合而为痹."又曰:"其风气胜者,为行痹;寒气胜者,为痛痹;湿气胜者,为着痹。"结合临床,王生义认为在痹证初期风、寒、湿三气很难截然分开,只是偏胜而已。当感受热邪或实邪化热时分清寒热成为辨证的关键。痹证日久,络脉不通,血液、津液运行不畅,痰瘀互结可出现关节肿大变形,此时又要考虑痰瘀辨证。因此,王生义认为痹证特别是病程较久之证往往兼夹存着多种病邪的综合病因,因此治疗上应根据邪之轻重缓急,在用药的剂量和种类上有所偏重。祛邪药的应用特点为,祛风用防风、桂枝、细辛、羌活、独活、秦艽;祛寒用制川乌、制草乌、桂枝、细辛;祛湿用木瓜、防己、苍术、薏苡仁、白术;清热用连翘、石膏、知母、黄柏、栀子;祛痰用白芥子、姜半夏、制南星、陈皮;祛瘀用没药、元胡、丹参、桃仁、红花、鸡血藤、三七粉;通络用细辛、丝瓜络、橘络、桂枝、桑枝。

3 用药应分上下

痹证之部位有上下之偏,药物的作用部位也各有不同,故临证中,王生义常按部位辨证用药,如颈项部用葛根、羌活、独活;上肢部用羌活、桂枝、桑枝、防风、松节;肩部用羌活、桂枝、桑枝、片姜黄;腰背部用狗脊、杜仲、川断;下肢部用独活、川牛膝、木瓜、伸筋草。王生义还认为藤类药物多有舒筋通络之功,可引药直达肢节远端,因此四肢末梢和远端关节之痹痛,多选用藤类药,如海风藤、青风藤、络石藤、忍冬藤、鸡血藤。

4 顽痹不忘虫药

痹证疼痛剧烈或久痹病发顽固为风寒湿热痰瘀之邪留伏骨关节所致,此时王生义多用透骨搜络之虫类药,而且取效甚捷,这正符合叶天士"久痛入络"之说。常用药有全蝎、蜈蚣、僵蚕、地龙、乌蛇、炒土元、穿山甲。(耿 刚 葛丽玲 段迎喜)

泄 泻

1 治疗方法

王生义应用参苓白术散加减治疗泄泻,取得很好疗效。方为:党参 20g,云苓 15g,白术 15g,白扁豆

30g,山药15g,莲肉30g,砂仁10g,薏苡仁30g,柴胡15g,白芍15g,荔核15g,橘核15g,甘草5g。加减:西医诊断肠道易激综合征者加葛根、百合、合欢花、防风;身热便脓血黏液较重者,加连翘、黄连、蒲公英、虎杖;腹痛较甚者加葛根、丹参、元胡、枳壳;腹冷痛者加炮附子、肉桂、吴茱萸;水泻无度者加大腹皮、苏梗、神曲。

2 典型病案

患者,男,48岁,农民,就诊日期1998年4月15日,因慢性腹痛,脓血便反复发作3年,曾口服庆大、氟哌酸、利福平和强的松好转,每遇劳累及过食辛辣则复发,此次就诊证见:腹痛、脓血便,日5次,量少,伴有全身疲乏无力,面色萎黄,小便黄,舌质红,苔黄腻,脉虚数。肠镜检查确诊为慢性溃疡性结肠炎。王生义认为,久泄责之于脾虚清阳不升,缠绵不愈者归于湿热留恋,故宜健脾升清,清热燥湿。处方:党参20g、云苓20g、白术15g、白扁豆30g、山药15g、莲肉30g、薏米30g、葛根15g、黄连10g、虎杖10g、吴茱萸10g、五味子10g、白芍15g、升麻6g、柴胡10g、甘草6g,4剂,水煎服。服药后腹痛明显减轻,脓血便减,大便次数减少,纳食增加,精神好转,继服上方4剂。大便基本正常,化验有少量红、白血球,故上方加桃仁12g,冬瓜仁20g、连翘10g、败酱草20g以祛瘀排脓,连服30余剂,诸症消失,化验大便正常,随访1年未发。

3 体 会

王生义以健脾升清止泄为主,药用党参、白术、葛根、怀山药、升麻、柴胡,治疗脾虚“湿盛则濡泄”,和“清气在下,则生飧泄”之病。久泄脾虚,湿热留恋,蕴结大肠,致使腹痛脓血便,加蒲公英、败酱草、虎杖、冬瓜仁、薏米、连翘、桃仁以清热祛瘀排脓以解除固疾。谨遵清代程杏轩“补虚不可纯用甘温,太甘则生泄,清热不可过用苦寒,太苦则伤脾;涩不可太早,恐余邪留滞,淡渗不可太多,恐津枯阳陷。”故在组方时,集健脾升清,除湿排脓止泄,合理配伍加减。并善用荔核、橘核止下焦腹痛。(段迎喜 耿刚)

王淑玲临床经验

【名老中医简介】王淑玲 女,主任医师。1966年毕业于北京中医学院,现任石家庄市中医院神经内科名誉主任。河北省第一、二批老中医专家学术经验继承工作指导老师,第四批全国老中医药专家学术经验继承工作指导老师。从事医教研工作40余年擅长脑血管病、眩晕、头痛、更年期综合征、失眠、郁证、发热及疑难杂症的治疗。

临床经验

中 风

1 依靠现代仪器辨别中风性质

王淑玲认为,随着现代医学的发展和高科技产品的产生,应尽量让先进的检查手段为中医服务,使辨病与辨证相结合。以头颅CT为依据,脑出血为出血性中风,腑梗死为缺血性中风。对出血性中风急性期,她视病情西医予脱水降颅压,维持水、电解质平衡及预防感染等对症治疗,中药予桃红四物汤加味:桃仁、红花、水蛭各9g,当归、川芎各15g,赤芍药、生地黄各10g。头痛甚加石决明30g、夏枯草10g;呕吐加旋覆花、代赭石各15g;便秘加大黄10g、瓜蒌30g;烦躁加黄芩10g、栀子12g、珍珠母30~60g;气短乏力加黄芪20g。综合历代医家文献,王淑玲认为该病由脏腑功能失调、素体阳亢、痰热内蕴或气血素虚,加之劳倦内伤、忧思恼怒、不慎喜怒、饮酒饱食而致阳亢风动、风火相煽、气血上逆于脑,或因外伤跌仆等损伤头颅,导致腑脉破损,血溢脑脉之外,闭阻脑神而为病。中医学认为,离经之血即为瘀血,“盖瘀败之血,势无复返于经之理,不去则留蓄为患,故不论人之虚实强弱,必去无疑”,她抓住瘀血这一主要病机,以桃红四物汤为基本方养血活血、祛瘀通络,临床效良。

2 中风成因以元气虚为本,痰、瘀、风、火为标

元代沈金鳌提出:“元气虚为中风之根。”王清任也特别重视元气虚在中风病机中的核心地位,对虚、痰、瘀、火、风的关系,《杂病源流犀烛·卷十二·中风源流》有精辟分析:“向来惟东垣主虚,而河间则主火,丹溪则主痰,似乎各异,不知惟虚也,故无根之火发焉。惟虚也,故逆上之痰生焉,特东垣举其本。河间、丹溪各举其标耳,未有痰与火之发,不由于虚者也。且即河间主火,而其论曰:中风瘫痪,非外中风邪,亦非肝风独盛,由将息失宜,心火暴盛,肾水虚衰,不能制之,则阴虚阳盛,而热气怫郁,心神昏冒,筋骨不用,卒倒无所知。丹溪主痰,而其论曰:……

东南气温多湿，有风病者非风病也，皆湿土生痰，痰生热，热生风也。夫人身之气，根于脾，主于肺，苟脾气充盛，自能健运，内因之湿何自生，外来之湿何自感，痰即不能为患矣。然则痰之壅逆，非由气之虚弱不能健运乎，亦可知曰火曰痰，总由于虚，虚固为中风之根也。”故王淑玲认为中风成因应以元气虚为本，以痰、瘀、风、火为标，在治疗时强调急则治其标，缓则治其本。

3 中风急性期多见痰浊蒙蔽，治重豁痰醒神

临床观察中风急性期乃至恢复期，常见舌苔腻或黄腻，形体肥胖，多伴头重如蒙，胸脘痞满或纳呆，脉弦滑或滑。王淑玲常以温胆汤化裁：竹茹、天竺黄、水蛭、枳实、陈皮、石菖蒲、胆南星各10g，茯苓10～15g，郁金10～15g，远志6～10g。方中竹茹、天竺黄、胆南星清热祛痰；水蛭活血通络；枳实消积泻痰；茯苓健脾渗湿；陈皮理气祛痰，以截“生痰之源”；石菖蒲开窍化湿；郁金行气活血；远志醒神宁心。全方豁痰醒神，待痰去而为益气或滋阴补虚治本创造条件。

4 恢复期辨虚，重在辨气虚、阴虚

王淑玲认为，中风恢复期及后遗症期应以“本”为治，辨明气虚还是阴虚。气虚为主者，多伴见疲倦乏力、面色㿠白、头晕目眩，舌质淡，苔白，脉沉细弱；阴虚为主者，多伴见腰膝酸软、精神萎顿、五心烦热，舌体瘦小，舌质偏红，脉多细而数。气虚者，王淑玲善以补阳还五汤化裁：黄芪20～80g，地龙10g，桃仁、红花、赤芍药各10g，川芎10～20g，当归12g。病程久、瘀血重加穿山甲、丹参；肢体拘急不舒加伸筋草、鸡血藤；下肢无力加牛膝、桑寄生；语言不利加郁金、远志、全蝎；冬季或遇寒肢体活动障碍加重加桂枝、乌梢蛇。阴虚者，她多以地黄饮子化裁：熟地黄、石斛各15～20g，山茱萸、肉苁蓉各15～20g，麦门冬、石菖蒲各10g，五味子、巴戟天、远志各6～10g，茯苓10～15g，酌加丹参、川芎、水蛭等活血化瘀之品。

5 通腑化瘀贯穿治疗始终

王淑玲认为，中风多见便干或便秘，尤其是急性期，而腑实便秘又是中风病情恶化的重要诱因，因此将通腑法作为提高中风疗效的重要措施。阴虚燥热予增液承气汤；痰热腑实予星蒌承气汤；气虚便秘加生白术20～40g、火麻仁10～15g、当归20g、秦艽20g。临床中，常见患者舌下静脉青紫而粗，即将活血化瘀法亦作为提高疗效的措施，常用丹参、川芎、桃仁、红花、水蛭、穿山甲等活血化瘀药。

6 上工治未病，预防为先

中风未发之前，多有先兆症状，《斟诠》：“其人中虚已久，则必有先机，为之睽兆。”眩晕和麻木为常见先兆。朱丹溪曰：“眩晕者，中风之渐也。”元·罗天益曰：“凡大指、次指麻木或不用者，三年中有中风之患。”王清任《医林改错》记录了34种中风前驱症状：“有偶尔一阵头晕者，有耳内无故一阵风响者，有无故一阵眼前发直者，有睡卧口流涎沫者，有平素聪明忽然无记性者，有两手长战者，有胳膊无故发麻者，有肌肉无故跳动者，有腿无故抽筋者……”王淑玲在临床中每遇这些患者，必讲明病情，使患者了解中风知识，并要求做到慎起居、节饮食、调情志，依个人体质加强体育锻炼，使气机调和，血脉流畅，关节疏利。正如《证治汇补》：“平人手指麻木，不时眩晕，乃中风先兆，须预防之，宜慎起居，节饮食，远房帏，调情志。”治疗上辨证施治，中成药选择上，肝肾阴虚予六味地黄丸（熟地黄、山药、山茱萸、茯苓、牡丹皮、泽泻）8粒，每日2次口服；肝风偏亢予全天麻胶囊（天麻）3粒，每日3次口服，或神农羚羊丸（羚羊角、玳瑁、天麻、生地黄、玄参、黄芩、川芎、延胡索，由院制剂室研制）6g，每日2次口服；舌下静脉青紫予复方水蛭胶囊（水蛭、黄芪、丹参、穿山甲、蜈蚣、血竭、川芎、三棱、莪术、五灵脂、山茱萸，由院制剂室研制，每粒含生药0.3 g）4～6粒，每日2次口服，或水蛭研粉2g，每日2次口服，或山楂适量泡水服。（王玉虹）

失眠

1 病机分析

综观历代对失眠的病因病机分析，大体以心脾两虚、阴虚火旺、心肾不交、肝郁血虚、心虚胆怯、痰热内扰、胃气不和等证型给予治疗。王淑玲认为目前失眠症发病因素复杂，与体质、精神心理、疾病、环境、药物因素有关，其中体质是基础，精神心理因素是失眠的主要原因。肝为藏血之脏，其体为阴，性喜条达，主升主动，其用为阳，故肝为体用阴阳合一之脏，肝体阴用阳概括了肝生理病理的主要特征。肝体柔和，肝血条达是维持肝脏正常生理功能的基本条件，而在病理上肝阳、肝气具有易亢、易逆、易郁特点，肝阴、肝血易亏、易虚，故朱丹溪提出“肝阴肝血常不足，肝阳肝气常有余”。中医学认为人的正常精神情志活动是以气机调畅，气血平和为基本条件，“气血冲和，万病不生”，肝主疏泄，调畅气血，对保持心情舒畅起着重要作用，若肝失疏泄之机、条达之性则气血失和，病即由之而生，内伤杂病，七情居首，郁

生百病，肝当其冲，故情志为病，多源于肝。《血证论·卧寐》曰“肝病不寐者，肝藏魂，人寤则魂游于目，寐则魂返于肝，若阳浮于外，魂不入肝，则不寐”，许叔微《普济本事方》曰：“平人肝不受邪，故卧则魂归于肝，神静而寤，今肝有邪，魂不得归，是以卧则魂扬又离体也”，可见“肝藏魂”功能的正常与否，与睡眠有着直接的影响。

2 治法方药

王淑玲综合失眠患者的征候特点，发现年龄跨度越来越大，因精神因素合并躯体疾病者越来越多，气血旺盛者多，纯虚者少，中医辨证实多虚少，因此治疗失眠多从肝论治，而兼顾他脏。从肝治疗常用以下7法。

2.1 疏肝法

证见：失眠，抑郁，胸闷善叹息，胁肋胀痛，嗳气，不思饮食，大便不爽，舌质淡红，苔薄或薄腻，脉弦。方选：柴胡疏肝散加减。药用：柴胡、香附、枳壳、合欢花、节菖蒲、远志、白芍、白术各10g，（大便干可用生白术20～40g，便溏者用炒白术10g，或另加防风20g）旋复花10～12g，炒枣仁30g，丹参20g，川芎10～20g。

2.2 散肝法

证见：失眠，抑郁或焦虑，情绪不宁，头痛，女子月经不调，舌质淡红，苔薄，脉弦。“木郁则达之”方选：逍遥散加减。药用：当归、白芍、柴胡、白术、节菖蒲、远志各10g，郁金、茯苓各10～15g，白芍12g，薄荷6g，八月札20g，炒枣仁30g，龙骨30～60g。

2.3 清肝法

证见：失眠，心烦，平素性情急躁，舌质偏红，苔薄黄，脉弦或弦数。方选：丹栀逍遥散加减，药用：丹皮10～15g，栀子、当归、白芍、柴胡、茯苓、甘草各10g，薄荷6g，夜交藤15～30g，龙骨、珍珠母、炒枣仁各30g。

2.4 泻肝法

证见：失眠，急躁易怒，口干口苦，目赤，头痛，便秘，尿赤，舌红苔黄厚腻，脉弦数。方选：龙胆泻肝汤加减。药用：龙胆草6～10g，栀子、郁金、黄芩各10g，当归、生地各10～15g，车前子、泽泻各15～20g，青礞石、八月札20g，龙骨、珍珠母各30g，甘草6g。

2.5 补肝法

证见：失眠，头晕，视物模糊，耳鸣，夜间盗汗，五心烦热，口干，舌质红，苔少，脉弦细或细数。肾为肝之母，补肝及子，方选：六味地黄丸类加减。药用：熟地、山药、山萸肉各15～20g，泽泻、茯苓、丹皮、菊花、黄连各10g，黄柏6g，肉桂3g，夜交藤15～30g，炒枣仁30g。

2.6 益肝法

证见：失眠，多梦易惊，心中扰乱郁郁不宁，舌质偏红，苔薄黄，脉弦或细数。“虚劳虚烦不得眠，酸枣仁汤主之”，方选：酸枣仁汤加减。药用：炒枣仁30g，川芎15～20g，知母、茯苓、炙甘草各10g，郁金、淡豆豉、炒栀子、柴胡各10g，龙齿30～60g。

2.7 平肝法

证见：失眠伴头晕，头痛，脑鸣，心烦，面赤，口苦，苔薄黄，脉弦或脉弦细。方选：羚羊钩藤汤加减。药用：羚羊角粉1～2g（冲服），钩藤20g，浙贝母6～10g，生地、茯神各10～15g，甘草6g，竹茹、菊花、栀子各10g，白芍10～12g，龙骨30～60g，珍珠母、炒枣仁各30g。

临证时，兼顾他脏，如舌质偏暗，或舌下脉络青紫者，或病久不愈者配合活血化瘀药物：莪术6～10g，川芎10～20g，桃仁、红花各10g，丹参12～20g，也可加入对药：清半夏、夏枯草各10g。王淑玲特别强调需识别引起失眠的心理因素即郁证的失眠，主张通过认知疗法、行为矫正疗法等配合心理治疗来帮助患者认识疾病，消除顾虑，合理安排工作、学习和生活，排除心理压力，使患者愉悦开怀，移情易性，忘忧无忧，养成良好的睡眠习惯，以达到失眠痊愈的疗效。（王玉虹 徐良洲）

王顺道临床经验

【名老中医简介】王顺道（1943～）河北省巨鹿县人。主任医师。1966年毕业于河北医学院。原邢台市人民医院副院长，河北省中医药学会理事，河北省中西医结合学会常务理事，国家中医药管理局脑病急症学术委员会顾问，享受国务院政府特殊津贴，河北省首届十二大名中医，第一批河北省中医药专家学术经验继承工作指导老师。

临床经验

颅脑损伤后持续性植物状态

1 病因病机

持续性植物状态系指出现醒样—睡眠周期，保持自主呼吸、血压，可有无目的性眼球跟踪运动，但无认知功能，不能理解或表达语言，不能执行指令，从发病起到意识障碍持续3个月以上的病证。其致病原因中以颅脑损伤较多见。王顺道认为，颅脑损伤引起脑脉血瘀，或经手术清除大部分血肿，使元神大体得复，或脑脉损伤较轻，而能保留大部分元神，使睡眠觉醒周期、自主呼吸、血压、自动睁眼等功能得以保存。但无论是离经之残血或络脉内凝血，均属瘀血。瘀血致血与津液相互转化造成障碍，则形成痰涎。一方面血瘀塞流，水津外渗，津不化血则成痰。正如王节斋所言："津液者，血之余，行乎脉外，流通一身，如天之清露，若血浊气浊则凝聚而成痰，痰乃津液之变。"另一方面血瘀内留，影响血气化生津液而成痰。张景岳指出："痰涎本皆血气，若化失其正，则脏腑病，津液败而血气即成痰涎。"总之，他认为脑脉血瘀，痰证内生，痰瘀蒙闭清窍，元神失养，神机不运，为本病之基本病机，其中以"瘀"为根本。痰瘀互结，结于颅内，扰乱神机，则表现意识障碍诸症，且变症丛生。临证常见痰瘀日久化热，痰热内扰之发热、咳喘、咯痰、痰鸣漉漉等症；血运失畅，不得下行藏肝，肝阴不足则致阳亢动风之抽搐阵作。

2 辨证施治

王顺道认为，治病必求其本，强调以活血祛痰为治疗大法。又主张辨病与辨证相结合，详辨兼杂变证，灵活用药，配伍得当，方可收功。据此，自拟启神汤为基本方，以治疗颅脑损伤后持续性植物状态。其方如下：穿山甲珠10g，川芎12g，丹参12g，赤芍12g，瓜蒌24g，胆南星10g，浙贝母15g，石菖蒲15g，皂角刺6g，生龙骨30g，生牡蛎30g，鲜竹沥30mL，枯矾0.5g。此方以穿山甲珠、川芎、丹参、赤芍等活血化瘀，以瓜蒌、胆南星、浙贝母、鲜竹沥、石菖蒲、枯矾等豁痰开窍，且皂角刺药力锐利，直达病所，祛痰利窍，川芎善上行而载诸药至巅，自上而下，活一身之血。临证时，据病之兼杂变证，灵活化裁；对伴有痰热者，加黄芩、黄连、炒杏仁、芦根等清热化痰；对伴有肝风内动者，加钩藤、全蝎、僵蚕、蝉蜕、地龙等熄风止痉；对于久病伤阴者，用生牡蛎、石斛、天冬、山茱萸等滋阴补髓。

3 典型病案

案1 杨某，女，21岁。住院号379240，河北省南和县农民。患者主因脑挫裂伤术后意识不清，四肢瘫痪3月余。于1998年6月4日入院。患者于入院前3个月骑摩托车时摔伤，伤后即昏迷呕吐，无耳鼻出血，急送某县医院，诊为：右颞脑挫裂伤及脑内血肿。行右颞开颅血肿清除去骨瓣减压术，术后行气管切开，术后一直处于昏迷状态，四肢瘫痪，时有抽搐。遂来我院作头颅CT示：右颞脑挫裂伤术后脑萎缩。门诊以"右颞脑挫裂伤术后"收入院。入院查体：意识不清，头右颞侧弧形皮切口，愈合良好，减压区有轻度膨隆，双侧瞳孔正大等圆，对光反射迟钝，有无目的性眼球跟踪运动，颈抵抗，气管套管通畅，双肺可闻及细小湿性罗音，心腹未见异常，四肢肌力0级，肌张力高，双巴氏征(+)。中医四诊所见：神志昏愦，面色晦暗，口唇暗红，气粗息重，痰鸣漉漉，牙关紧闭，四肢拘急，时有抽搐，大便秘结，小便黄赤，脉弦滑。王顺道认为患者系颅脑损伤术后持续性植物状态，中医辨证为痰瘀蒙神证。治以启神汤加炒杏仁10g，黄芩15g，地龙15g，钩藤15g，全蝎10g，僵蚕10g，蝉蜕12g。治疗10余日，患者意识转清。效不更方；用药20余日，能理解他人简单语言，并完成简单指令动作；继用药10余日，患者神清语利出院。

案2 高某，女，35岁。住院号404222。河北省隆尧县农民。患者主因头部外伤后意识不清4个月。于2000年3月23日住院。患者于入院前4个月头部外伤，左颞着力，当即昏迷，喷射性呕吐数次胃内容物，阵发性抽搐，无口鼻及外耳道出血，小便失禁。急来我院急诊科，测血压为0，做头颅CT示：①蛛网膜下腔出血，②颅压增高。收入我院脑外科，临床诊断为"弥漫性轴索损伤，脑疝，休克"，给予紧急抢救，持续吸氧，间断吸痰，降颅压，气管切开，抗感染，支持治疗及脑细胞营养剂等治疗，住院4个月，生命体征逐渐稳定，遂转入我科治疗。接收时查体：意识不清，失语，右侧眼睑下垂，右瞳孔放大，右眼球处于外展位，颈部气管插管，双肺呼吸音粗，未闻及罗音，心率96次/分，律齐，心脏各瓣膜听诊区未闻及杂音，左上肢无自主活动，四肢肌张力稍高，双膝腱反射对称(++)，双侧巴氏征(+)。中医四诊：神志不清，烦躁不安，面赤口臭，气粗痰壅，四肢拘急瘫痪，大便秘结，舌暗红，苔黄腻，脉滑数。王顺道认为患者系颅脑损伤后持续性植物状态，中医辨证为瘀血阻络，痰热蒙神证，治以启神汤加黄芩10g，黄连10g，炒杏仁10g，芦根10g，地龙10g。患者用药

月余,意识明显好转,可发出含糊不清语言,再用药10余日,神志清楚,语言流利。(田胜利 贾滋欣)

遣方用药

小陷胸汤

1 辨证要点

1.1 痰热互结

痰与热结较轻浅,证见舌红或舌淡红,舌苔黄或淡黄而腻,脉滑或浮滑或滑数。

1.2 病位在心下

证见上腹部或胸骨后疼痛,有按压痛,无肌紧张、反跳痛。食管、胃、十二指肠,从脏腑归属与功能上属于胃,其病变应属"心下"。

2 验案举例

2.1 食管裂孔疝、反流性食管炎

张某,男,32岁,工人。1998年2月20日初诊。1年前酗酒后发生恶心、呕吐、嗳气、泛酸,服用盖胃平、甲氰咪胍等药物治疗,症状好转,但遗留胸骨后烧灼样疼痛,卧位及饮酒、饮食不节后症状加重,胸骨后呈持续性灼痛,阵发性加重。近20日进水和食物时咽下困难,时轻时重,伴有胸闷,脘腹胀满、恶心欲吐、烧心吐酸。上消化道钡餐造影诊断为滑动型食管裂孔疝,胃镜检查诊断为反流性食管炎。查舌体胖大,舌质淡红,舌苔黄厚而腻,脉弦滑。中医辨证为痰热结于心下,予小陷胸汤加减治疗。处方:黄连10g,半夏10g,瓜蒌仁15g,白芍药15g,海螵蛸24g,甘草3g。水煎服,每日1剂。服上方6剂后,疼痛消失,进食顺畅,唯感胸腹满闷,食欲尚差。查舌苔淡黄微腻,脉滑。上方减白芍药、甘草,加茯苓12g,继服12剂后,诸症皆消。

按 中医学脏腑中无食管之称,解剖位置上讲,食管是胃腑受传食饮之具体所在;从功能上讲,食管与胃气合降才是完成消化过程的开始。所以,食管属于胃,食管的病变如食管炎、食管憩室等可按胃病辨证施治。滑动性食管裂孔疝和反流性食管炎可互为因果,前者由于腹、胸压力差的影响,以及正常的食管、胃交接锐角变为钝角,LES的防反流机制被破坏,故引起反流性食管炎的发生,而食管炎又可导致食管纵肌的收缩,从而牵引食管成牵引性食管裂孔疝。本案患者胃失和降、胃酸上逆、食管痉挛致胸骨后灼痛,食下不顺,嗳气吞酸,故而用小陷胸汤辛开苦降而开结。方中加用白芍药、甘草缓痉止痛;海螵蛸中和胃酸,共奏良效。

2.2 胃扭转

孙某,男,干部。3日前因饮食不节突发胃脘痛,呈持续性疼痛,阵发性加剧,按之痛甚,恶心呕吐,食后即吐,吐出物为胃内容物,脘腹胀满,便干溲赤。上消化道造影诊断为胃扭转180。,曾在外科就诊,行手法和提胃复位无效,建议手术治疗。查舌质红,舌苔黄腻,脉滑数。辨证为痰热结于心下,予小陷胸汤加味治疗。处方:川黄连10g,半夏10g,瓜蒌实15g,枳壳15g,广木香12g,大黄10g(后下)。服上方6h后,自觉胃脘部豁然开结,疼痛消失,大便2次,为黏滞黑便。嘱其进小米粥等半流食,食后未吐,仍诉脘腹满闷,嗳气吞酸,复查上消化道造影胃扭转已复位。上方减大黄,加煅瓦楞子15g以善后。其后又复发胃扭转2次,证候同上,均服用上方1~3剂得复。

按 胃为水谷之海,主受纳腐熟,以和降为顺,胃扭转后,贲门和幽门位置扭转,上不能顺利受纳,下不能顺利排出,故食后则吐,不通则痛。该患者单用小陷胸汤开结,其力不足,故加用广木香行滞理气,枳壳对胃肠有兴奋作用,使胃肠蠕动收缩节律而有力,使胃恢复生理位置。患者长期大量饮酒,素有瘀热,痛后舌红脉数,便干溲赤,热象明显,热结较甚,故加用大黄通腑泄热,活血散瘀。

2.3 胃黏膜脱垂症

刘某,女,56岁。于1998年6月4日初诊。1年前因情志不畅发生胃脘痛,伴烧心吐酸,曾做胃镜检查诊断为胃窦炎、十二指肠壶腹炎。不规则服用盖胃平、甲氰咪胍等药物治疗,症状时轻时重。3个月来胃脘痛加重,多食后发作,呈阵发性,服用碱性药物不能缓解,伴有上腹胀满、嗳气、恶心呕吐,有时吐隔顿食物。行上消化道造影诊断为胃黏膜脱垂症。查右上腹有压痛,舌体胖大,有齿印,舌质淡红,舌苔黄腻,脉沉滑。证属痰热结于心下。予小陷胸汤加味治疗。处方 黄连10g,半夏10g,瓜蒌仁10g,白扁豆15g(打),柴胡9g,枳壳10g,水煎服,每日1剂,并嘱患者进食后左侧卧30 min,服上方6剂症状明显减轻,食后无呕吐,黄腻苔已退,上方减白扁豆,加黄芪12g,白术10g,继服21剂,诸症皆消,复查上消化道造影检查,无异常表现。

按 脾主升,胃主降,同为后天之本,仓廪之官,生理上相互配合,病理上常二者同病,互相影响。本案病起于肝郁,肝气失调,横逆犯胃乘脾,郁久而化热,致痰热结于心下。脾气不升,则黏膜脱垂。初诊之时,虽有脾虚,但痰热之象明显,故选用白扁豆扶脾胃正气,温能化湿,补而不腻,俗有"扁豆一味能胜四君子"之说;配柴胡疏肝解郁,升举阳气;热象除后,改用黄芪、白术意在加大益气升阳、健脾和中之力而收效。(王晓贞 王建华)

王素芝治痹经验

【名老中医简介】王素芝 女,主任医师。1966年毕业于辽宁中医学院。西安市第五医院中医科技术顾问,中华中医药学会风湿病分会常委,陕西省中医药学会风湿病专业委员会主任委员,《中国中医风湿病学杂志》编委。陕西省老中医专家学术经验继承工作指导老师。从事风湿病临床科研和诊治工作,研制成痹症系列药和化瘀消痹片取得良好效果。

1 病因病机

外因方面,六淫(风寒湿热为主)杂感,复合入侵,每多先形成肢体痹。外邪内舍脏腑,病情由轻转重,缠绵难愈。内因方面,正气虚衰(肝、脾、肾、气、血虚弱)不仅是其发病的重要因素,且在整个发病过程中,对病情的演变和转归起着重要作用;久病生痰多瘀,痰浊瘀血又致脏腑功能失调。其病理机制外邪阻于经络,气血凝滞,痰瘀互结,搏结关节,侵入骨骼,内舍脏腑,经久难愈,痼结根深。虽肝肾亏虚为本,但血瘀痰阻贯穿整个病变过程,三者之间密切相关,错综复杂。

2 辨证治疗

王素芝认为,本病病痼日久,非草木之品所能奏效,须参与血肉有情之物及虫类药,这样,能外达肌肤,内走脏腑,达到搜剔逐痰之功效。治疗原则以活血化瘀,搜剔逐痰为主结合临床辨证。常用的虫类药,如蜜虫、地龙、蜈蚣、全蝎、白花蛇、穿山甲、蜂房、水蛭等;活血化瘀药,如丹参、川芎、红花、泽兰、益母草、鸡血藤、牛膝、虎杖根、乳香、没药、皂角刺、郁金、姜黄、五灵脂等;化痰消肿药,如白芥子;益肾壮骨药,如熟地、鹿角胶、骨碎补、淫羊藿、仙茅、狗脊、桑寄生等。

2.1 湿热阻络

证见肌肉关节红肿热痛,四肢沉重酸麻感,舌质红苔黄,脉滑数。治以清热除湿,消肿止痛。药用:防风、防已、地龙、苍术、川牛膝、连翘、桑枝、豨莶草、鸡血藤、秦艽、黄芪、红花各10g,威灵仙15g,忍冬藤20g等。防风、防已祛风胜湿,解痉止痛;忍冬藤、连翘通经活络;清热解毒为主药;威灵仙、秦艽祛风除湿,通络止痛,强筋骨、除虚热;苍术祛风燥湿;地龙清热解痉,通络利水共为辅药;黄芪、鸡血藤、红花益气补血,活血通经,消散瘀血为佐药;桑枝祛风通络,通利关节善走上肢引药上行;川牛膝活血祛瘀通经,补肝肾强筋骨善走下肢,引药下行,二药又为使药。诸药合用,湿祛热清,经络宣通,湿热痹症自除。

2.2 寒热错杂

证见肌肉关节肿痛,全身热象而局部表现为寒象,或全身有寒象而关节局部又见红肿热痛的热象。治以散寒清热,和营定痛。药用:桂枝、白芍、知母、制附片、防风、秦艽、黄芪、红花、骨碎补、狗脊、木瓜、生地各10g,地龙20g,桑寄生15g等。桂枝、防风祛风胜湿,温经缓痛;制附片温经回阳,开痹止痛;白芍、知母、生地清热养阴,柔肝止痛;秦艽祛风湿清虚热;黄芪、红花二药相配益气活血,散瘀通经;骨碎补、桑寄生、狗脊、木瓜补益肝肾、强筋壮骨。诸药合用,寒祛热清,经络畅通,扶正祛邪,寒热痹自除。

2.3 瘀血痹阻

证见肌肉关节疼痛剧烈、肿胀明显、红斑结节,多呈刺痛或麻木,屈伸不利,久痛不已,僵硬强直等,舌质紫黯,脉弦细。治以活血化瘀,搜剔逐邪,消肿止痛。药用:青风藤30g,蜜虫、五灵脂各15g,秦艽、川芎、白芍、木瓜各10g,地龙、鸡血藤、骨碎补、虎杖、片姜黄、黄芪各20g,蜈蚣1条等。青风藤祛风除湿,通络止痛为主药;蜜虫破血逐瘀,消散结,善疗瘀痛,二药配合祛风除湿,活血化瘀,消散结肿,通络止痛为主药;五灵脂散瘀止痛,通利血脉,治疗血滞诸痛之要药;川芎活血行气,祛风止痛,辅助主药活血化瘀,行气止痛的作用;地龙祛风通络,清热解痉。蜈蚣祛风通络,解痉止痛,二药合用祛风化痰,搜剔逐邪,解痉止痛亦为辅药;虎杖活血通络,清热解毒;秦艽祛风湿除虚热,用于风湿痹痛,肢体酸痛,挛急不遂,二药辅助主药活血化瘀,清热解毒,祛风除湿,缓急止痛;鸡血藤补血行血,舒筋活络;黄芪益气补血与活血药配合使用益气活血,以防伤正;骨碎补能补肾兼活血,以疗骨伤;白芍养血敛阴,柔肝止痛,以防伤阴太过,四味共为佐药;片姜黄活血止痛走上,主治风湿臂痛;木瓜舒筋活络,和胃化湿走下,用于湿痹膝痛,二药共为使药。

2.4 肝肾亏虚

证见肌肉关节疼痛,局部肿大,僵硬畸形,屈伸不利,肌肉萎缩,腰膝酸软等,舌质淡苔薄白,脉弱无力。治以补肝肾强筋骨,祛风湿通经络,补气血散瘀血。药用:生地、熟地、制附片、骨碎补、补骨脂、桑寄生、狗脊、威灵仙、鸡血藤、红花各10g,黄芪15g等。生熟地补血滋阴,益髓生精,补益肝肾;附片辛温有毒,走而不收,性烈力雄,有补火回阳,通经散结之功,善治一切沉寒痼冷之证,二药合用阴阳双补;地黄得附子之走而不腻,附子得地黄则辛烈走窜之性减缓,二药相得益彰;再配淫羊藿、补骨脂温肾助阳,以祛寒湿,通痹止痛;桑寄生、狗脊、骨碎补补肝肾、强筋骨、祛风湿,上述药物共为主药,补肝肾强筋骨,以治其本;独活、威灵仙祛风除湿,通经止痛为辅药,以治其标;鸡血藤、红花、黄芪三药配合使用有益气活血、散瘀通痹之功,为佐使药。全方以治本为主,标本兼顾。

3 病案举隅

徐某,女,47岁。以"关节肿痛1年,加重3月"主诉,1999年10月26日入院,证见双手近指关节、腕、肘、膝、踝关节肿胀疼痛,活动受限,晨僵约3h,局部皮色微红,触之灼热,口干不欲饮,纳差,汗多,舌淡苔腻,脉弦滑。理化检查:ESR:105mm/h,抗"O"阳性,RF1:80,X片示:双手近指关节骨质疏松,间隙狭窄,软组织肿胀。西医诊断:关节炎(RA),中医诊断:尪痹,证属湿热阻络型,治以清热祛湿,通经活络,方用化瘀消痹汤合用痹证1号,待热除肿消后服用痹证5号补肝肾壮筋骨,同时青霉素静脉点滴。经过76d治疗,关节肿消痛减,复查:ESR:28mm/h,抗"O"阴性,RF1:20,临床治愈出院,继服痹证5号补肝肾以巩固治疗。(张 静 牛臻洁)

王文春学术经验

【名老中医简介】王文春(1926~)河北滦县人。教授,主任医师。1952年毕业于山西医学院,曾任职于甘肃中医学院,全国肛肠学会理事,《中国肛肠杂志》编委,甘肃省肛肠分会副理事长。第二批全国老中医专家学术经验继承工作指导老师。从事医疗、科研、教学工作50余年,擅长中医治疗肛肠病、皮肤病,发表论文多篇。

学术思想

王文春在皮肤病的治疗中十分强调调理脾胃的重要性。即以脾胃的生理功能为纲,阐述其发生病变时与皮肤病的病因、病机、诊断、治疗、预后的关系。

1 脾主湿而恶湿

皮肤病因于湿邪为患者甚多。凡禀赋素弱,劳倦过度,饮食失宜,均能使脾失健运,水湿内停,酿成内湿,浸淫肌肤,走窜四肢而外发皮肤病。若多饮茶酒,可生茶湿、酒湿;过餐鱼腥海味、油腻荤腥、五辛发物,可成湿热;恣食生冷瓜果,可损伤脾阳,亦可使运化不利,酿成湿邪。凡此种种皆是内湿成因。若地居卑湿、坐卧湿地、水湿浸渍、雨后湿蒸等,亦可致湿邪自外入内。湿邪虽有内外之分,而内湿尤关紧要。王文春认为凡属湿邪为患者,轻则起水疱、丘疱疹,搔破溢水,局限一处;重则浸淫四窜,脂水频流,泛发全身,或起大疱,浸渍糜烂,瘙痒不止;若湿热相结,则皮肤燎浆起疱;湿热俱盛,则大片发红浸淫,流水黄黏腥臭。湿为阴邪,其性重浊滞腻,不易速去。凡脾湿为患者,多是缠绵不已。湿性下趋,伤于湿者下先受之,所以临床常见有脚湿气、湿臁疮等;唯湿热熏蒸亦能浸淫上腾而发为旋耳疮、羊胡疮等;若是血热内湿,浸淫肌肤可发为浸淫疮(包括急性湿疹、脂溢性湿疹及慢性湿疹急性发作),其皮损多是红斑水疱,黄水淋漓,味腥而黏,或结痂、糜烂、蜕皮,瘙痒难忍。浸淫疮因湿热者居多,而单纯脾湿为患者亦为数不少。

王文春认为临床上西医诊断为泛发性湿疹,中医诊断为浸淫疮。病由脾阳不足,水湿内生,走窜肌肤,故浸淫成疮,治宜温阳健脾。他擅用芳香化湿之法,常用除湿胃苓汤加减化裁。服药后,不仅皮损痊愈,且腹痛已止,大便成形,胃纳见馨,几如常人。经过多年的实践,他认为湿热之邪浸淫肌肤而发为大疱性皮肤损害者,中医统称天疱疮,包括西医所称各型天疱疮、类天疱疮、家族良性天疱疮、疱疹样皮炎、新生儿脓疱病等,常常有用清理脾胃湿热之法收效者。其它如带状疱疹、外阴溃疡、下肢溃疡等病,单纯以脾湿为患者,亦可见到。

2 脾主化生气血,转输津液

王文春认为脾胃为气血化生之源,饮食入口,全赖胃腑受纳腐熟,其间精微,又靠脾脏吸收输布。后天化源不竭,则营血充足,毛发乌黑,皮肤润泽。若后天化源不足,脾燥津亏,或胃强脾弱,则气血化生受碍,津液敷布无权,亦可变生皮肤诸病。

2.1 化源竭乏,中土无以敷布

王文春认为,小儿皮肤病患者常常因为禀赋不足,偏嗜五味,营养不良,或久病失养,皆能使后天化源竭乏，内不能和调于五脏六腑，外不能洒陈于荣卫经脉，使肌肤失养而发病。《素问·五脏生成论》就有"多食苦，则皮槁而毛拔……多食酸，则肉胝胎而唇揭"的记载。王文春认为此类皮损在临床上多是干燥粗糙，在躯干、四肢伸侧及颈后有毛囊角化性丘疹，毛发枯槁易折，触之多有蟾皮感；指甲多凹陷变脆，角膜干燥；口角糜烂裂隙，下唇干燥脱屑，舌体有对称红斑及萎缩，可包括西医所称的核黄素缺乏症、维生素A缺乏症、症状性脱发等病。王文春在治疗方面擅长应用补益脾气，加强饮食调养，总结为俾后天化源充足，中土自有敷布，庶可有振愈之望。

2.2 脾燥津亏，不能为胃行津

王文春认为，凡禀赋素弱，恣食辛辣，热病伤阴，亡血失精；或临床妄用汗、吐、下法，皆可使气血内伤，从而脾燥津亏。临床证见皮肤憔悴、毛发枯焦、口唇燥裂，爪甲脆折或毛囊角化、红斑鳞屑。《素问·病机气宜保命集·病机论》云："渚涩枯涸，干劲皴揭，皆属于燥。涩枯者，水液气血不荣于皮肉。气不通利，故皮肤皴揭而涩。"脾阴不足，则胃燥独行其令；脾气不濡，则胃气乃厚。王文春认为西医所称的毛发红糠疹、寻常型鱼鳞病、掌跖角化病、汗管角化症、毛囊角化症等，都有因脾燥津亏而成者，可选苍术膏治疗。王文春善用大量苍术，配以当归、白藓皮浓煎取汁，并加入蜂蜜熬膏，频频呷服，可有养血润燥、消风止痒之功。倘脾阴得生，自能为胃行其津液，皮损痊愈，自不待言。

2.3 胃强脾弱，失其转输之能

王文春认为，有禀赋不足、胃强脾弱、不能转输津液使肌肤失荣者，皮损多呈枯燥脱屑，肥厚增生，常可使用健脾助运法而获愈。有些患儿出生两月后即患湿疹，颜面时起红斑丘疹，常感腹胀便溏，食量虽大，但完谷不化。仔细诊其患者形体消瘦，面色㿠白，头皮、颜面、腹部、两腿均有成片丘疱疹，呈淡褐色，渗出不多；皮肤枯燥脱屑，呈苔藓化改变，触之如革；舌淡苔白，脉细而滑。西医诊断为婴儿湿疹，中医诊断为奶癣。王文春认为证属胃强脾弱，湿困脾土，失其转输之职。故治以健脾助运，兼化湿理邪。王文春善用化湿汤、参苓白术散加减，治疗后不仅皮损消退，且夜能安寐，大便成形。他认为患儿禀赋不足，胃强则多食而量大，脾弱则完谷不化。清阳不升则浊阴不降，故腹胀飧泄。中土敷布无权则津液不达肌腠，是以湿困于内而燥现于外。今健运中土，则脾气转强，水谷得化，内湿消除，则输津于肤，外燥自解。

3 脾为生痰之源

王文春认为脾胃为仓廪之官，功主受纳腐熟，吸收输布。若劳倦过度、饥饱不节、思虑忧愁、过食肥肉等，皆能损伤中土，使液难于上输下归而酿成痰邪。痰之为物，流动莫测。他认为临床上因痰邪为患的皮肤病，屡见不鲜。《外科正宗·卷二》云："痰疬者，饮食冷热不调，饥饱喜怒不常，多致脾气不能转运，遂成痰结。初起如梅如李，生及遍身。"痰核为病，所发甚广，上迄头颈胸背，下至腰腹两腿，可单发或多发，小如粟粒黄豆，大若梅李鸡卵。形状可呈半球形、椭圆形、圆形等不一。皮色不变，触之质软而有弹性，无压痛，可移动，表面光滑，境界清晰。《仙传外科集验方·服药变通》称本病"在皮肉之间，如鸡卵浮于水中，可移动，软活不硬，破之亦无脓血。"王文春认为临床上西医所称的表皮样囊肿、皮肤猪囊虫、脂肪瘤、多发性皮脂腺囊肿等病，均可属中医痰核范畴。王文春根据"治痰不理脾胃，非其治也"，临床实践中擅长应用化痰软坚、健脾利湿法治疗痰核为患，常常用海藻玉壶汤、顺气归脾丸等方剂加减。

4 脾主统摄血液

王文春认为，脾气有统摄血液运行之功，故《妇人良方·卷二》按："血者，水谷之精气也，和调五脏，洒陈六腑。在男子化为精，在妇人上为乳汁，下为血海。故虽心主血、肝藏血，亦皆统于脾。"若饮食不节，寒温不适，劳倦过度，皆能损伤脾气，致使血失统摄，外溢成斑。临床常见患紫斑病者，皮损多发于小腿伸侧，呈针尖至榆钱大小瘀斑，中心紫黯平塌，压之不退色，边缘淡红微肿。甚者可延及躯干或上肢，病程长久，反复不已。全身症状可有面色萎黄、倦怠乏力、腹痛便溏、舌淡脉细等。王文春根据多年的经验认为治当益气摄血，引血归脾，他擅长采用归脾汤化裁收功。西医所称的过敏性紫癜、毛细血管扩张性环状紫癜、进行性含铁血黄素沉着症、色素性紫癜性苔藓样皮炎等病症，临证中虽因血热外溢者居多，然由脾不统血者亦非罕见。由此可见王文春对《脾胃论·脾胃盛衰论》："夫脾胃不足，皆为血病"确是深得其理。

5 脾主身之肌肉

人身肌肉全赖中气化生的水谷精微濡养。故《内经》称"脾主身之肌肉"、"阳明主肉"。王文春认为胃强则容纳五谷，脾健则化生精微。中气盛则善食而不伤，过时不馁，肌肉壮满；中气虚则食少而易滞，逾刻则饥，羸瘦无力。故肌肉之病变，多与脾胃相关。他认为临床上如肌痹(类似皮肌炎)一病,早期多属阳明实热,晚期多因太阴寒湿。正如《素问·长刺节论》云:"病在肌肤,肌肤尽痛,名曰肌痹。"凡饮食不节、饥饱失常或冷热不调,均能损伤脾胃。胃为阳土,多气多血,喜润恶燥,若素禀阳盛之体者,胃热恒多。肌痹早期多属阳明实热羁留,熏灼肌肉,发病多急,其治自当以清泄阳明为先着,王文春在临床实际中轻者常用白虎,重则常用承气皆能奏效。若邪热久羁不除,壮火散气,常用过服寒凉克伐,或久病耗伤正气等,则可按"实则阳明,虚则太阴"的规律自阳明实热转成太阴寒湿。王文春认为脾虚则肌肉无以滋荣,故多酸痛无力,手指及肘关节多有萎缩斑片。晚期肌肉消瘦无力或萎缩,甚者挛缩畸形,全身症状可伴腹痛便溏,短气乏力,舌淡脉细等。似此脾虚患者,非大剂参芪则不能痊其病,断不可妄投寒凉,再行诛伐无过。由是观之,同一肌痹,王文春认为因于阳明者多实多热,因于太阴者多虚多寒。《素问·太阴阳明论》所谓"阳道实,阴道虚"亦即此理。五脏藏精气而不泄,其病多虚;六腑传化物而不藏,其病多实。王文春融会贯通仲景急下存阴,其治在胃;东垣大升阳气,其治在脾。能明辨脾虚胃实之理,则于脾胃学说可思过半矣。

6 脾主四肢,开窍于口

王文春认为脾贵健运不息,胃贵下行不滞。脾升则摩荡善运,谷消而不泄;胃降则空虚善纳,食下而不呕。气血化源充沛则四肢健强,轻劲多力,故曰"脾主四肢"。他认为发于四肢的皮肤病,常可与脾胃病变相关联,如四弯风(异位性皮炎)一病,多发于四肢屈侧,尤以肘、蝈为甚,皮损对称分布,呈苔藓样改变,常因于禀赋不足,脾失健运,酿成内湿,浸淫四肢成疮。王文春在临床常用化湿汤以健脾化湿而收效。他认为其它如瘑疮(手、足背湿疹)、湿臁疮(小腿湿疹)、蚂蚁窝(汗疱症)、皲裂疮(手足皲裂),以及西医所称的掌跖角化病、掌跖脓疱病等,都有用调理脾胃法而治愈的机会。

脾开窍于口,其华在唇,足阳明胃经"环唇夹口,下交承浆"。中气健旺则口唇红润光泽,食甘其味;脾胃失常,则可发为口唇周围病变。剥脱性唇炎,王文春诊为唇风,证属脾胃湿热,久郁化火,伤阴化燥。他擅长清热润燥、养阴益胃法,常用甘露消毒丹化裁每每收效。凡遇口唇周围皮肤疾患,皆应首先考虑脾胃失常,如热疮(单纯疱疹)、羊胡疮(须疮)、鹅口疮等病,多由脾胃积热或湿热上蒸所致。

7 调养脾胃,重视忌口

王文春认为损伤脾胃成因虽多,然由饮食不节、寒温不适者最为常见。故《难经·十四难》云:"损其脾者,调其饮食,适其寒温"。可见调理饮食对保护脾胃、预防发病在皮肤科中尤关重要。王文春认为许多皮肤病都是由于禀赋不足,食禁所发,如湿疹、皮炎、过敏性紫癜、荨麻疹等,均可因食入腥发动风、油腻酒酪之品而作。无怪乎《外科正宗·卷二》强调:"凡病虽在于用药调理,而又要关于杂禁之法……鸡、鹅、羊肉、蚌、蛤、河豚、虾、蟹、海腥之属,并能动风发痒……不减口味,后必疮痒无度。大疮须忌半年,小疮当禁百日",始能根除,亦"三分治疗,七分调养"之谓也。由此可见,王文春强调调理脾胃,重视忌口,亦体现了中医"治未病"的思想。这对治疗和预防皮肤病,尤其对某些食物过敏而发病者,至关紧要。(沈敏娟 左 进 张延昌)

临床经验

肛肠疾病

1 病因病机

王文春认为肛肠疾病是由于各种致病因素作用于机体,破坏了人体正常的生理平衡状态而发生各种疾病。致病因素大致有风、湿、热、燥、气虚、血虚等六个方面,各种致病因素可以单独致病,但往往是几种因素同时致病。在临床诊疗中应该全面地分析病情,认真地进行病因辨证,才能正确地认识疾病的本质,做到"有的放矢"地治疗各种肛肠疾病。他认为经络阻塞、气血淤滞、血肉腐败及脏腑功能失调是总的发病机理,脏腑功能正常与否及气血盛衰状况对肛肠疾病的发病及预后有重要的意义。诊断及辨治肛肠疾病,必须坚持"有诸于内必形诸于外"及"治外必本诸内"的原则。诊治时即要注意局部病理变化又要考虑全身因素。

2 辨证要点

2.1 辨便血

实证:风热肠燥,便色红,口渴,便秘,尿赤,舌红,脉数。属湿热下注便血者,证见肛门坠胀,下血色如烟尘,舌红,脉滑数,苔黄腻。虚证:血色淡,伴有面色失华,心悸,神疲乏力,舌质淡,脉沉细,证属血虚肠燥便血。

2.2 辨肿痛

实证:肿胀高突,疼痛剧烈,发热,胸闷腹胀,体倦身重,食欲不振,脉濡数,苔黄腻等症,常见于肛门周围皮下脓肿,肛后间隙脓肿,坐骨直肠窝脓肿,外痔发炎等。虚证:微肿微痛,发热不高,兼有神疲无力,头晕心悸,便溏或结,舌质淡红,苔黄或腻,脉濡细等症，应考虑为结核性肛门直肠周围脓肿。若患部兼有湿热下注，此为虚中挟实之证。肿胀软绵重坠，深则肌肉按之凹陷不起，浅则皮肤光亮或起水疱，常伴有食欲不振，胸闷腹胀，体倦身重，大便溏，小便混浊，苔腻，脉濡等，属于湿。

2.3 辨脱垂

便时脱出，属Ⅱ期内痔，如小指端大小，便后站起自行还纳。直肠息肉带蒂者，也可在排便时脱出，如玉米粒大小，便后自行还纳或用手托固。经常脱出；为Ⅲ期内痔，可见痔块全部脱出，便后不能自行还纳，需手托或卧床休息后慢慢自行还纳。严重的Ⅲ期内痔，在劳动时，或步行过久，或因咳嗽也可脱于肛外。内痔嵌顿：发作迅速，痔块全部或大部分脱出于肛外，肿痛明显，不能自行还纳，此为湿热下注所致。脱出之痔呈紫红色，痔表面有时糜烂坏死，有分泌物渗出。全身多有寒热，口干喜饮，大便秘结，小便短赤，舌质红，苔黄或腻，脉弦数等。

2.4 辨流脓

脓黄稠而臭者，系湿热所致。全身症状有口苦，纳呆，小便赤，身乏等，苔黄或腻，脉弦或数，见于实证的急性肛门直肠周围脓肿溃破的脓液。脓黄微臭，疮色暗，疮口周围有空腔，兼有低热，面色无华，神疲纳呆，自汗、盗汗等，舌质淡红，脉濡细，此属虚中挟实，见于结核性肛门直肠周围脓肿溃破后的脓液。

2.5 辨便秘

实证：胃肠积热，腑气不通的实热证，可见腹满胀痛、拒按，热结肠燥，大便秘结者，并有面赤，口臭，身热，心烦，小便短赤，舌质红，苔黄燥，脉数实等症。虚证：血虚肠燥便秘，可见腹胀不痛，喜按，便结。并有面色苍白，头晕心悸，神疲乏力，舌质淡，脉细无力等症。气虚便秘，虽有便意，但临厕努挣难出或便而不畅，伴肛门坠胀，头晕，气短，疲倦乏力，舌淡，脉虚无力等。如伴午后潮热，盗汗，口燥咽干，咳嗽咯血，舌红少苔，脉细数，为阴虚火旺之疮痨。

2.6 辨分泌物

内痔嵌顿时有分泌物，量较多，疼痛肿胀，系湿热下注所致。Ⅰ期～Ⅱ期内痔和直肠脱垂、脱出，有分泌物，量少。肛乳头肥大伴有脱出，也有分泌物自肛门溢出。内盲瘘发病后也有分泌物自肛门溢出。渗流脂水多为湿热下注所致，常见于直肠脱垂，内痔脱出，肛门疼痛等。脂水清稀，伴有肿胀坠等，为湿偏盛。脂水黏稠伴有肿胀焮红灼热，为热偏盛。

2.7 辨部位(截石位)

内痔好发于齿线上3、7、11点，赘皮外痔好发于6、12点肛缘处；环状结缔组织外痔多见于妇女；血栓性外痔好发于3、9点肛缘处；肛裂多发于6点。

王文春检查肛瘘时重视用手指从肛瘘外口沿瘘管走行触诊，用手指插入触摸肛内及齿线处，如肛窦处有一小陷凹，质地较硬，即考虑此为内口。同时还借助辅助诊断以确定是单纯性肛瘘还是复杂肛瘘。在中医肛肠辨证方面除辨疮肿形色，脓血稀稠，痛痒如何，以及有无酸麻等外，还要辨舌脉，而后才能判定其阴阳，表里，虚实，寒热，顺逆等。在辨证时，还要将局部辨证与整体辨证密切结合起来。

3 治疗

肛肠病之治疗方法有外治法和内治法两种，而王文春认为以内外兼施为治疗方法并要因病制宜、因人制宜、因时制宜、辨证论治才能用到好处。

3.1 内治法

主要适用于Ⅰ期内痔及一切肛门炎症初期阶段；或Ⅱ、Ⅲ期内痔兼有其他的严重疾病不能用手术治疗者。常用的内治法如下。①清热祛风凉血：适用于体实患有风热肠燥便血的Ⅰ、Ⅱ期内痔和血栓性外痔初起。拟痔康丸1号：生地12g，槐花12g，侧柏叶12g，赤芍9g，苦参10g，小蓟12g，陈皮9g，甘草9g。痔康丸2号(又名养血痔得安丸)：炙黄芪15g，党参12g，当归9g，白术9g，升麻9g，诃子12g，槐花炭12g，地榆炭12g，陈皮9g，甘草9g。主治：体虚患有内痔反复脱出，并有便血者，治以益气养血、升提固涩、止血。②清热解毒利湿：适用于肛周脓肿及外痔发炎初起之实证者，自拟清热利湿汤主治。方药：生地12g，黄柏10g，苍术10g，赤芍12g，泽泻10g，陈皮12g，川楝子10g，甘草10g。临症加减：热重者加丹皮、黄连；大便燥结者加元明粉(冲)、大黄以通里。肛痛酿脓阶段：如体实者内服透脓散(黄芪、当归、穿山甲、川芎、皂角刺)并应掌握早期切开排脓。体虚者内服托里消毒散(炙黄芪、党参、白术、茯苓、当归、川芎、白芍、金银花、桔梗、甘草)，服药后肛痛不散者也应早日切开排脓。③养血补血：体质素虚及久病血虚者服四物汤，八珍汤。多为术后服用。④生津润燥：血虚津乏便秘者。自拟经验方为：生熟地、肉苁蓉、当归、火麻仁、枳壳、陈皮、炙甘草，效果也佳。⑤补中益气：患有直肠脱垂，内痔脱出配合治疗，方用补中益气汤。

3.2 外治法

王文春在外治方面，有其独特的经验，如内痔便血，确诊为血管肿型内痔(Ⅰ～Ⅱ期)则采用4%明矾液注射方法，每个痔核内注入4%明矾液0.3mL，隔5～7天注射1次，一般内痔便血注射1次即可，治疗的内痔不仅便血停止，痔核也随之萎缩变小。对Ⅱ期内痔或混合痔的手术治疗是在继承的基础上加以改进的。其方法是：在肛门局麻下（或骶麻）用弯血管钳将被结扎的内痔根部挟紧，再用剪刀将被结扎的内痔根部靠近齿线侧剪开0.3cm，用10号消毒粗丝线，在血管钳下面将内痔根部一次扎紧，打外科结，这样可以缩短疗程。对混合痔的手术方法是将外痔部分剥离，内痔部分进行结扎，剥离的外痔部分在结扎内痔后可以剪掉，术后每日换药。这种改进的方法，内痔治愈时间平均为12天，混合痔平均治愈时间为18天。在手术治疗肛瘘方面，对低位单纯肛瘘采用切开的方法，对高位复杂性肛瘘则采取低位部分管道切开，瘘管走行穿过肛门外括约肌深部以上的管道，采取切开结合挂线方法，这样可避免术后造成肛门失禁的弊端，在施术前利用触诊、探针、美兰液注入、肛门指诊及碘油造影等方法以准确的寻找肛瘘的内口和了解管道走行情况。因为手术治疗的关键是正确的处理内口，否则必会造成术后创口假性愈合。对单纯性肛瘘，手术处理得当，一次即可治愈，平均疗程15～20天，对高位复杂性肛瘘，平均疗程为40天。手术治疗复杂肛瘘要注意不要将支管遗漏，术后要细致换药，防止假性愈合。在治疗急性肛门周围脓肿方面，以往采取分期治疗，即脓肿先切开引流，待2个月后，脓肿形成瘘管之后，再手术治疗瘘管，王文春治疗急性肛周脓肿，有其独特的方法，采取一次切开结合挂线方法治疗肛门直肠周围脓肿。其方法是在脓肿切开排脓之后，正确寻找内口，低位脓肿一次切开即可，术后换药至痊愈，高位脓肿则采取切开结合挂线方法治疗。

除手术以外，常用的外治法还有熏洗法和敷药法。熏洗法具有活血消肿，止痛收敛的作用，如内痔嵌顿，外痔发炎，血栓外痔时熏洗。王文春常用自拟熏洗药方：马齿苋30g，五倍子30g，黄柏30g，朴硝30g。收敛用五倍子散，配方为五倍子60g，黄柏30g，煅石膏40g，研细外敷。（沈敏娟）

王文正肝病临床经验

【名老中医简介】王文正（1932～）山东省肥城人。主任医师教授，硕士生导师。任职于山东省中医院消化内科。山东省名中医药专家。擅长治疗各型肝炎、肝硬化、胆石症、溃疡病、胃肠疾病。

肝病

1 化湿畅中法

湿浊中阻，滋病多端，可见纳呆食少，脘痞呕恶，头重欲卧，便清尿少，苔白厚腻，脉细滑缓。常见于现代医学脂肪肝、肝硬变腹水、神经性呕吐等病。

案1 某男，30岁。罹慢性胃炎10余年，近查B超示轻度脂肪肝。述脘闷不饥，食后更甚，晨起泛恶，渴不欲饮，大便微溏黏滞不爽，日行2～3次，舌淡胖苔白厚，脉细滑。湿浊中阻，升降乖违，宜化湿畅中、开达气机。处方：苍术15g，茯苓15g，冬瓜仁15g，炒杏仁9g，生苡仁15g，白蔻6g，砂仁9g，半夏15g，陈皮9g，海蛤粉12g，土三七9g，大贝母12g。水煎服。共服10余剂症状均消。

按 对湿浊中阻之患，王文正善融燥湿、淡渗、芳化于一炉，常佐宣肺化痰、健脾温化诸法，取三仁汤、陈平汤出入化裁。谓“脾为柔脏，非刚不克”，凡湿浊弥漫者可温燥径投。俾湿化气畅、升降得宜则病自向愈。方中杏仁宣肺启上、开膈助食，土三七功擅燥湿，对脂肪肝引为必资；海蛤粉、大贝母亦寓化痰消癥之意。另湿盛多伴脾虚，故每化湿健脾并举。

2 健脾利水法

凡脾虚湿盛、水湿内停之际，务必健脾利水两顾，不可偏废。对慢性肝病、慢性胃炎均可择用斯法。证见食欲不振，脘腹胀满，肢倦神固，面色萎黄，或见眼睑、腹部、肢体水肿，舌淡苔薄白，脉沉细、濡、迟、涩。

案2 某男，50岁。患“慢活肝”10年余，现右胁隐痛，脘痞不饥，腹胀乏力，头晕心悸，下肢水肿，舌淡尖边淤点，苔薄白，脉细缓。病属脾虚湿盛，健脾化湿为先，利水消淤为辅，香砂六君子汤加味：党参30g，白术12g，茯苓15g，半夏15g，陈皮12g，木香6g，砂仁12g，马鞭草15g，泽兰12g，莪术12g，甘草6g，水煎服。服药后痛渐止、水肿消，食欲转佳。

按 对老年肝病脾气亏虚者，王文正多以香砂六君子汤为主方。其中党参量大效方显，30g为宜。且“脾主营血”，故脾气亏虚者每易化瘀生水，需选水红花子、赤小豆、泽兰及马鞭草以活血利水。尤以马鞭草善利血中之水。而桃红类辛香走窜之品当于慎用。

3 逐水行气法

肝硬变重度腹水,每见水阻气结关症。水邪聚结不行,三焦气机失畅,发为腹大如箕,脐突喘逆,食不得入,反作呕吐,尿少便艰,脉息沉涩。此时亟宜逐水行气之品,但需中病即止,防邪去正伤。

案3 一肝硬化患者,近日出现重度腹水,轻度黄疸,腹胀气急,小便不利, 大便干结,胸腹壁静脉曲张,脉沉。处方:熟大黄 6g,黑白丑各 9g,大腹皮 30g,黄芪 15g,仙人头 15g,莱菔子 15g,陈皮 9g,砂仁 12g,车前子 15g,荷梗 12g,甘草 6g。水煎服。药后小便得利,腹水渐消,余症遂减。后以香砂六君子汤善后。

按 水聚气结为病,正气多已戕伤,可呈"大实有羸状,至虚有盛候"之态, 虚实错综。用药攻补颇难决断。治宜消散气结、化湿利水并举。王文正多用平胃散合灯草莱菔汤。或宗《景岳全书》舟车丸及《济生方》疏凿饮子,以峻逐湿浊、分消实邪,适于肿势较剧者。也可配伍扶正健脾之品而为攻补兼施、峻剂缓用之方。本案于逐水行气之外,复用黄芪益气,荷梗升清,深得"被通北风,先开南牖"之妙。

4 养阴利水法

阴虚水泛之肝病腹水,多因久用利水之药或过投温燥之剂,也可初起即见阴虚水聚之症。其证以水肿同时伴有口渴思饮、饮不解渴、咽噎干燥、便结尿少、五心烦热、舌质嫩红或虹绛,少苔或无苔而呈镜面舌为特征。

案4 某男,60 岁。患肝硬化,现皮肤黄染,重度腹水,腹壁静脉曲张,纳呆食少,腹皮胀急,自觉腹中板硬,大便 10 日未行,小便滴沥不畅,舌质光红无苔, 脉沉细弱。证属阴虚水阻,宜养阴利水。处方:猪苓 45g,泽泻 15g,阿胶 9g(烊化),滑石 15g,仙人头 30g,车前草 15g,楮实子 30g,沙参 15g,大腹皮 30g,路路通 15g,砂仁 12g,甘草 6g。水煎服。进 6 剂后小便已畅,腹水渐消。

按 阴虚水聚之证,不利则水无从祛,利之又易伤阴,治疗颇感棘手。王文正善以养阴利水并投,推崇《伤寒论》猪苓汤。方中猪苓、泽泻均利水而不伤阴,阿胶滋补阴精,楮实子养阴兼可利水,佐大腹皮行气,气行则水利。药后可令阴充气行,水湿自利。另外,凡腹水与黄疸并见者,车前草为必用之品,因其可寓退黄利水两端。

5 化瘀清症法

血瘀络阻所致血臌症积,化瘀消症是为正途。

案5 某男,45 岁。肝硬变史 6 年余,胁痛纳呆,腹胀厌油,大便溏薄,舌尖边瘀点,脉弦涩。证见面色黯黑, 巩膜黄染, 胸颈均见蜘蛛痣, 肝于右肋下 2cm 、剑下可及 3cm,质韧略硬。处方:血府逐淤汤去生地,加瓦楞子 15g,内金 12g,鳖甲 15g,三七粉 1g(冲服),白蔻 9g。水煎服。共 10 余诊症状均减,肝脏回缩。

按 血瘀症积当径直化瘀消症,惟顾护脾胃莫可忘也。故方取血府逐瘀汤化瘀破积为主,去生地以防其阴柔碍胃,复以白蔻、内金消食健中,瓦楞子、鳖甲软坚散结。对症积、水肿并见者,亦常取水红花汤收功,因水红花子活血利水均效,药理研究证实其有疏通门脉、降低门脉高压作用。但凡用水红花子必需配以大枣,以顾护脾胃。

6 疏肝健脾法

肝病中肝郁脾虚证颇为常见,故张仲景有"见肝之病,知肝传脾,当先实脾" 之说。王文正参以已见认为:肝郁为主,脾虚次之用逍遥散,脾虚为主者则宜柴芍六君子汤,失眠多梦较著者投合欢解郁汤。

按 某乙型肝炎患者,右胁痛半年余,纳呆食少,脘腹胀满,舌淡苔薄黄,脉弦细弱。脾虚肝郁,以柴芍六君子汤合苏叶黄连汤加减:柴胡 12g, 炒白芍 15g, 党参 12g,白术 12g,茯苓 12g,半夏 15g,陈皮 12g,白蔻 9g,苏叶 9g,黄连 9g,甘草 3g。水煎服。服药后痛减胀消,食欲大振。

按 应用该法要在分清肝郁与脾虚孰轻孰重而分别投方。用药切勿辛散太过, 以免耗伤肝体阴血,必要时可配伍酸甘化阴之品。苏叶配黄连系辛开苦降之轻剂, 为畅达中气、消除痞满之常用药对。

7 清利温热法

肝胆湿热者,多黄疸较著,口苦而干,急躁易怒,胁肋疼痛,尿黄便粘,舌红苔黄厚腻,脉弦滑。

案7 某男,50 岁。B 超示:①弥漫性肝病;②胆囊胆管炎症;③轻度脾大。1 个月来黄疸急剧加重,头沉身困,心烦口苦,尿如浓茶,大便干结,舌胖暗红, 苔黄厚腻,脉滑弦。茵陈蒿汤加味:茵陈 60g,大青根 30g,生栀子 9g,生大黄 9g,半枝莲 15g,半边莲 15g,白蔻 9g。水煎服。服药后小便渐清,黄疸大减,诸症缓解。

按 湿热蕴阻肝胆,营血易被其扰。对重度黄疸者欲取茵陈清利退黄,重用为获效之关键,否则药虽应证亦犹杯水车薪而难以截断病势。但应寒而毋凝,可以白蔻、砂仁等以监制其苦寒。半枝莲、半边莲一清气分、一清营热,对急重之黄疸常相辅互佐。龙胆泻肝汤亦为肝胆湿热要方,龙胆草为必用之品,湿热壅盛者用大量(15~24g),湿热不甚者用中量(6~9g),

湿热轻微者只需小量(1.5～3g),以苦味健胃。

8 滋肾疏肝法

肝病日久,穷必及肾。一般肝郁在前,肾虚在后,并见或有。肾虚而失其濡养之职,致水不涵木则肾虚肝郁之状随起,证见胁痛隐隐,劳则加重,头晕目眩,耳鸣腰酸,咽干神疲,形体瘦削,或作水肿,舌暗淡苔薄白或燥,脉弦沉细。

案8 某男,26岁。患"慢活肝"。述右胁隐痛,纳呆腹胀,低热乏力,午后加重,五心烦热,头晕耳鸣,腰痛酸软,尿黄便艰,舌嫩红少苔,脉沉细。诊见面部血管扩张,牙龈肿出血,肝于肋下可及1cm,质韧,触痛不显,辨属肾虚肝郁,血不循经。处方:熟地15g,当归9g,白芍12g,枸杞子15g,五味子9g,楮实子12g,柴胡12g,丹皮9g,佛手9g,生麦芽15g,木蝴蝶9g,白蔻6g,三七参粉1.5g(冲服)。水煎服。上方进3剂后牙龈出血即止,共6诊诸症悉解,肝功检验恢复正常。

按 明·张景岳已倡补了启中以疗臌胀,谓"峻补其下,以疏启其中,则下虚自实,中满自除",因"治水者必先治气,惟下焦真气得行能转化,惟下焦真水得位,始能分消"。对肾虚肝郁证,王文正近两年创补肾清肝方,明五脏生克制化之理,上清下补为主,予滋肾、疏肝,健脾合法,以解肾虚,肝郁、脾弱之势,屡起沉痔。(苏衍卿)

遣方用药

肝胆病常用药对

1 茵陈与赤小豆

茵陈味苦性寒,气香主散,外达皮毛散郁热,内泄湿热而荡浊致新,能清肝胆、泻脾胃、消壅滞、调气机、利水湿、去瘀热,为除湿退黄之要药;赤小豆味甘微酸,性平,能除水湿、通小便、消肿满,兼有益脾胃之力,还兼入血分,行血中瘀滞,清血中热毒,为补利兼施之渗湿品。两药相配,共奏利水湿、退黄疸之功,对各型病毒性肝炎,肝功能失常,ALT升高,无论有无黄疸,均可大量应用。

2 鸡内金与山药

鸡内金为鸡之脾胃,居中焦以升降气化,为消食磨积、健补脾胃之妙品;山药味甘性平,气阴双补,能补脾胃、益肺肾。二者相配,一运一健,一消一补,内金磨积,山药健脾,消补兼施,用于慢性肝病肝脾肿大、脾功能亢进、肝胆结石及肝源性糖尿病的治疗,尤其是小儿肝脾肿大,疗效尤佳。

3 泽兰与黄芪

泽兰辛散微温,善入肝脾,能和气血、利水湿、破宿血、消癥瘕,通肝脾之血,利营卫之气,行而不竣,与补气升阳、健脾磨积的黄芪相配,则消中有补,不损正气。用于肝硬化腹水证属血臌及慢性肝病肝脾肿大的治疗,往往再酌情配以水红花子、仙人头、土鳖虫及马鞭草等药,其效更著。

4 龙胆草与败酱草

龙胆草大苦大寒,气味厚重,走上彻下,主守行内,能清肝火、泻胆热、除胃热,清肝利胆之功胜于芩连,燥湿之力不逊于黄柏;败酱草辛散苦降,能解毒、排脓、祛瘀。两药相伍,相得益彰,有很好的保肝降酶作用,现代研究证实能消除肝细胞炎症,防止肝细胞坏死,促进肝细胞修复,用于慢活肝、肝脓肿及肝癌,ALT升高,湿热毒邪蕴结者,另外对乙肝病毒携带者,e抗原阳性,病毒高复制者亦有殊效。

5 牡蛎与皂刺

牡蛎咸寒,能软坚积、消痞块、化痰结、散壅滞,配皂刺直达病所,有很好的溶石排石之效。用于肝内胆管结石、胆结石等结石病的治疗,另外对肝脾肿大也有一定疗效。

6 明矾与薏苡仁

明矾味酸气寒,有燥湿解毒、祛痰杀虫之功,配薏苡仁一能增其祛湿解毒之力,二能减少明矾对胃肠道的刺激。二药相配,能抑制HBV复制,促使乙肝表面抗原及e抗原转阴有殊功。但注意明矾入煎剂用量不宜过大,一般为0.1～0.3g,也可配入丸散剂,用于乙肝病毒携带者的转阴治疗方药中。

7 荷梗与藿梗

荷梗味苦气平,能升清降浊;藿梗辛散温通,醒脾快胃,芳香化湿,二者配合,用于肝胆消化疾患,表现为恶心、纳差、头晕及暑湿外感等,均有良效。

8 土茯苓与蝉衣

土茯苓气薄味浓,走表达里,善升提搜毒外泄,渗湿利导以攻毒邪;蝉衣清轻升散,具解表、祛风、明目退翳之功,另外还有利水消胀之力。两药相伍,用治急慢性肝炎、肝硬化腹水,ALT升高,关节肌肉酸痛、两目干涩等症,对HBV也有良好的抑制作用,用于HBV感染的转阴治疗。

9 枳实与防风

枳实辛散苦泄,性勇剽悍,走而不守,能破气滞以行痰湿,消积滞以通痞塞;防风气味俱轻,辛能散肝,香能舒脾,风能胜湿,为理脾引经药,风药中之润剂。两药相配,枳实降胃气,防风鼓动肝阳,一升一降,调理气机之升降,用治肝胆疾患中,对肝胃不和、胃肠积滞、脘腹痞满胀痛等症有奇效。

10 苏叶、黄连与白蔻

紫苏叶味辛性温，芳香气烈，与苦寒之黄连同用，一温一凉，一升一降，辛开苦降，再配白蔻醒脾化湿、清爽开胃，共奏燥湿解毒、理气和中之功，对急慢性肝炎、脂肪肝、胆囊炎及急慢性胃炎，在病程中表现为腹胀、纳呆、厌油、恶心呕吐、苔厚腻，证属湿热蕴结中焦者用之更宜。

此外，王文正还有不少常用的药对，如金银花与升麻，贯众与重楼，水红花子与大枣，柴胡与甘草，佛手与青皮，蝉衣与草果，楮实子与威灵仙，瓦楞子与射干，薏苡仁、山药与白扁豆等，临床上均有指导意义。（张文海）

王希知临床经验

【名老中医简介】王希知（1915～）武汉市人。主任医师。曾任职于重庆市中医研究所，市科协副主席。首批全国老中医药专家学术经验继承工作指导老师，重庆市名中医。擅长治疗消化、肾病，及妇儿疾病，出版多部专著。

临床经验

肝炎

王希知认为肝炎病位在肝，发病机理也不离乎肝及脏腑间生理病理的相互影响及传遍规律。其标为湿热邪毒或瘀阻，其本为气血失和或脏腑亏损。肝炎证候虽复杂，但若能抓住主证，辨证则可执简驭繁。他临床主要抓住黄疸、胁痛，消化道症状三大主证，按黄疸型肝炎以黄疸为主证，非黄疸型肝炎以胁痛、腹胀、食欲不振为主证辨证为因。以辨湿与热之轻重或邪伤脏腑的气血或阴阳来衡量正邪之盛衰。治疗上，他认为扶正固本乃防治肝炎之要，即使是实证，用药也当以顾脾胃，护肝阴为原则。他强调治肝脾之病以平药和之，实脾为先。故主施调气为主随证配伍调肝和脾，升降协调。脾胃自和，则畅气生血，柔肝活脉，去积化湿。

1 辨证施治

1.1 黄疸型肝炎

主证为黄疸。以身热口渴，便干尿热，舌红苔黄厚腻，脉濡数为特点者，治以清热为主，选茵陈蒿汤加减。急性期加板蓝根、蒲公英、猪苓、滑石、黄芩连翘等加强清热解毒利尿作用，便溏者去大黄。以四肢困倦，胸闷口粘，腹胀便溏，苔白腻，脉濡数为特点者，治以化湿为主，选不换金正气散或茵陈平胃散合方化裁，常用药如，茯苓、苡仁、杏仁、白蔻、广藿香，茵陈、厚朴、青陈皮，蒲公英、苍术、白术等。以身重困倦，大便不爽，胸闷口臭，舌红苔淡黄厚腻润，脉濡数或弦数为特点者，治以清热化湿并重，方如甘露消毒丹。常用药如，栀子、茵陈、广藿香、白蔻、石菖蒲、滑石、郁金、蒲公英等。临证可随证配伍宣化之品如紫苏、厚朴，陈皮等，悦脾醒胃，宣畅三焦气机，使湿热从表里上下外达。

1.2 无黄疸型肝炎

1.2.1 胁肋痛

主证为胁痛。治宜辨在气在血。病在气，证属实，治宜疏肝理气，代表方为柴胡疏肝散。临床酌加佛手疏肝解郁，台乌暖胃行气，助温化水湿，紫苏，厚朴宽中理气，疏肝醒脾降胃，砂仁、白蔻、陈皮运脾和胃调中，疼痛甚加金铃子散。病在血，分虚实。气滞血淤，证属实，治宜活血化瘀，方用血府逐瘀汤。临床多 丹参易红花，赤白芍相配，凉缓散敛，无伤阴之虑。便溏去桃仁加白术，出血明显加丹皮、三七粉等止血之品。肝肾阴虚，证属虚，方用一贯煎或归芍杞菊地黄汤化裁。选药宜甘平凉润，养阴护肝兼滋水益胃，养而不腻，防微杜渐，稍佐疏通，补而不滞也无恋邪碍湿之弊。

1.2.2 虚胀

主证为腹胀，治宜辨虚实。实胀者，治宜化湿行气，方用解肝煎。虚胀者，治宜培土抑木，方用柴芍异功散加减。

1.2.3 食欲不振

主证为纳差。治分虚实。虚证者，治宜健脾益气，方用香砂六君汤与枳术丸、四逆散化裁。实证者，治宜消食和胃，方如保和丸与四逆散、左金丸合方化裁。

2 病案举隅

案1 张某，男，47岁，1991年6月10日初诊。患者10年前患黄疸型肝炎，经治黄疸消退，但一直肝功检查不正常，最近1年发现慢性活动性肝炎。近期肝功示：谷丙转氨酶80，黄疸指数19；B超示：门静脉增宽，肝肿大。主诉：胁痛，眼目发黄2周加重3日，伴脘闷口苦，便溏乏力。诊见：目睛黄，舌红、苔白黄厚腻，脉弦滑数。辨证：肝胆湿热。治以清热化湿并重。处方：茵陈10g，栀子10g，蒲公英30g，滑石

30g，茯苓 30g，板蓝根 20g，紫苏 15g，厚朴 15g，柴胡 10g，白芍 20g，枳壳 12g，白术 15g，延胡 15g，川楝子 9g，甘草 10g。服药 7 剂后觉诸症减轻，黄疸渐退，于 6 月 18 日二诊。查其目睛略黄，舌苔白淡黄，中部厚腻，脉弦滑。原方去延胡、川楝子，加丹参 15g，当归 10g，服 7 剂后黄疸消退，继续以茵陈四逆散加减 5 剂巩固疗效。

案 2 陈某，28 岁，1991 年 2 月 15 日初诊。患者 2 年前体检时发现乙型肝炎，常有右胁隐痛及疲乏感，近半年疲乏加重，伴腰酸目干，便溏乏力，肝功复查示：谷丙转氨酶 50，核心抗体阳性，表面抗原阳性。诊见：舌质红苔洁，脉弦细数。辨证：肝肾阴亏。治以滋养肝肾。处方：生地 10g，当归 10g，北沙参 20g，太子参 20g，白芍 20g，川楝子 9g，石斛 15g，枸杞 15g，枣皮 15g，五味子 10g，淮山 15g，甘草 10g。服 5 剂后症状明显减轻，原方去北沙参，加扁豆 20g，白术 15g，砂仁 10g，莲米 30g，继续服 5 剂疲乏感消失，大便成形。（王永兵）

遣方用药

温胆汤

王希知认为杂病多系内伤，其治重在调理，脏腑生克失常，每致杂证丛生。五脏之疾肝病最多，其证候杂而多变化，因肝喜柔而用刚，善逆易郁，凡饮食起居，六淫寒暑，情志变化等，无一不易郁扰肝阳，肝怒则诸阳皆动。故曰百病皆起于郁。古代医家周学海氏云："医者善于调肝，乃善治百病"。因肝对全身阴阳气血有重要的调节作用，脏腑功能活动的升降出入，十二经之气化皆必籍少阳之气以鼓舞之，始能调畅而不病"（《读医随笔》）。肝胆同司少阳主气，"肝和则生气，发育万物，为诸脏之生化，若衰与亢，则能为诸脏之残贼"（《杂病源流·犀烛》）。因此，王希知认为杂病从肝论治或注意治肝，不仅能制其刚克，防止疾病的演变，且有助于疏通升降之道，斡旋枢机气化，使阴阳互济，气血通调，从而达到从根本上调整机体阴阳失调之目的。

1 主治与病机

温胆汤，首见于《备急千金要方》主治"大病后虚烦不眠"。《医方集解》中治"胆虚痰热不眠，虚烦惊悸，口苦呕涎"。《六因条辨》治"身热不壮，汗出不解，苔黄腻，烦闷欲呕，黄连温胆汤主之。"考原方所治，王希知认为乃病后亏损，痰热内扰之候，古称"痰涎沃胆"。痰为疾病过程中水液的输布与运化失常的病理产物，由饮聚热灼津液而成。热由邪郁，如情志之郁，外邪郁热，或病后余热等。痰与热常为杂病兼见之症。痰热久郁不解，邪伤少阳和气，肝失条达疏泄之职，胆失宁谧温和之常。胆为少阳枢机，性降而升清气，"胆气春升则余脏从之"（李东垣），故"十一脏取决于胆"。胆失生发之令，脏腑皆乏始萌之机，故见清阳之气不展，气机不畅，升降失常。胃浊不降则生涎化火，耗气伤津，阴亏肝旺，挟痰内扰，上乱神明，下扰精室，阻闭清窍，神虚胆怯等变化无穷诸证。他认为治疗的关键取决于胆，尤其是虚实寒热错杂证侯，认为尤以"得阴阳和则愈，得胃气和亦愈。"而温胆汤药性平和，能和胆胃，降逆气，清化肝胆之痰热，方中二陈汤祛痰，竹茹清热，枳实破逆，痰热得清，烦扰去除，胆复清静温和之常，自能出谋虑，思决断，助君火以司神明；启枢机，主中正，调平阴阳之偏颇。故治疗杂病见痰热内扰之象，以不眠，胸闷口苦，心悸眩晕为主证者疗效佳良，对有类似西医内分泌失调或植物神经功能紊乱等中医认为是脏腑功耗、阴阳气血失调之证候，尤可收全局调整之功。

2 临床运用与相减

王希知临床常随证情灵活加减广泛用治痰证或杂病具痰热内扰病机者。所治疾病如：神经衰弱、神经官能症、癔病、精神分裂症、更年期综合征、美尼尔氏综合征、高血压病、冠心病、脑溢血、甲亢、肺炎、胸膜炎、前列腺炎等，中医证候如：不寐、郁证、惊悸 虚劳、眩晕、脏躁、中风、癫狂、痫证、消渴、痰饮、淋浊等。临床运用常配甘麦大枣汤和营敛阴调中以助正气，加远卷、石菖蒲而为加味温胆汤。一般烦热甚加黄连、莲心；心神不安加龙牡、珍珠母或琥珀粉；失眠多梦加酸枣仁、茯神；心中懊憹加栀子豉汤，心悸加丹参、炙甘草；痰热重或兼咳加浙贝、海蛤粉；汗出伤津加生脉散或百合知母汤；眩晕加菊花、夏枯草、白芍；胸痛加郁金、瓜壳；遗精加芡实、益智仁或柴胡龙牡汤；咽中有物梗阻加半夏厚朴汤等等，无穷之应变全在临证权衡用药。

3 病案举隅

案 1 间质性肺炎 杨某，女，57 岁，1993 年 3 月 18 日初诊。患者于 30 年前曾患慢性乙型肝炎，经治疗后病情稳定，7 年前患结膜炎，眼睛干涩疼痛，经久不愈，经常要滴氯霉素眼药水。5 月前患感冒，咳嗽胸痛经治不解而到西南医院就诊，X 光检查示间质性肺炎，建议住院治疗，患者遂住其单位卫生所，输洁霉素 22 天，后又注射庆大霉素 14 天，同时口服抗生素及止咳类药物，咳嗽胸痛仍然未减，咳痰量多色白质稠，胸痛呼吸、活动加重，入夜尤甚，伴全身疲乏感。王希知诊其舌质偏红，苔中薄，边白厚腻，脉滑数。辨为痰热内蕴,治以黄连加味温胆汤与小陷胸汤化裁。药用:黄连6g,瓜蒌壳仁各20g,京夏12g,茯苓30g,枳壳、陈皮、柴胡各12g,石菖蒲8g,郁金6g,赤白芍、黄芩各15g,杏仁、百部、甘草各10g。服药10剂后,于3月28日二诊。咳嗽已基本平息,仅时有痰少许,说话过多时可感轻微胸痛,但多年眼病豁然得愈。拟方:黄连6g,半夏10g,瓜蒌壳仁、南北沙参各20g,陈皮12g,麦冬15g,五味子、知母各10g,石菖蒲8g,郁金8g,甘草10g。服药7剂,咳嗽胸痛止,复诊前1日还参加了运动会跑步,胸痛亦未发作。继以培土生金法调理5剂,X光复查炎症已吸收,病痊愈。

案2 腹泻 吴某,男,35岁,1993年3月13日初诊。患者主诉腹胀肠鸣、腹泻稀便2年余,大便每日2~3次,时有腹痛,无黏液脓血。经常胃脘隐痛,尤其近3月症状明显加重,睡眠差,神疲乏力,记忆力减退,喉间痰鸣,似有物梗阻,服中西药不效,求王希知医治。诊见舌质红,苔白黄厚腻,脉弦数。辨证为痰湿中阻,治以黄连加味温胆汤。药用:黄连6g,半夏10g,枳壳12g,陈皮15g,竹茹9g,茯苓、苡米仁各30g,藿香15g,石菖蒲8g,柴胡、防风、紫苏、厚朴各15g,甘草10g。3月19日二诊。服药5剂后大便已基本成形,时有嗳气肠鸣。拟方:半夏10g,枳壳12g,茯苓神、苡仁各30g,白蔻、广藿香、柴胡、陈皮各15g,白芍20g,甘草10g,紫苏、厚朴、佛手、台乌各15g。服5剂后大便正常,睡眠好,继以加味四逆散调理4剂病痊愈。

案3 高血压病 李某,男,74岁。1993年8月22日初诊。患者有肝硬化史14年。前列腺肥大史10年。高血压、失眠史10余年。近年来检查肝功尚较稳定,但经常头昏耳鸣,尿频。服有前列康、降压片及多种安眠药物,因常虑其血压过高而整夜失眠。近半年来尤感体力不支,头眩乏力日重,走路需拄拐杖还要人搀扶,来诊前一夜因血压高,服了4种类别的安眠药物共8粒,仍彻夜未眠。诊见其精神疲惫,舌质红,苔白黄厚腻,脉弦滑数,BP24.0/12.0kPa。辨证为痰火扰心,阴虚阳亢,治以黄连加味温胆汤。药用:黄连6g,京夏15g,茯苓神、珍珠母各30g,麦冬15g,五味子10g,陈皮15g,枳壳12g,竹茹9g,远志6g,石菖蒲8g,龙牡各30g。二诊于3月28日,睡眠达5小时,仅于诊后2日服颅痛定各2片,口微干,血压为18.7/11.3kPa。拟方:半夏10g,茯神30g,竹茹9g,远志6g,石菖蒲8g,鲜茅根、鲜芦根各30g,鲜石斛25g,广藿香15g,猪苓25g。服药5剂后三诊,睡眠达8小时,已停服各种安眠药,丢弃了拐杖,面红神爽,血压正常,自述还参加了舞会。继以养阴生津法作善后调理。

案4 冠心病 陈某,男,47岁,1992年4月8日初诊。患者素有失眠史20余年。近年来常感胸闷心悸,心前区疼痛。疼痛每次发作持续数秒或1~2分钟不等。2年前因心绞痛发作频繁并向左肩背放射在重庆某医院住院2月,诊为冠心病,心绞痛,高血脂症。心电图示:高侧壁异常Q波,ST段多导联降低,血液黏稠度增高。出院后仍服用多种药物,如阿斯匹林,消心痛,硫氮䓬酮,地奥心血康,舒乐安定等,但仍常有心绞痛发作。尤苦于入睡困难,甚则整夜不眠,常感头昏乏力,胸闷心悸,精神疲倦,记忆力差。诊查见舌质红,苔淡黄厚腻,脉弦滑数。辨证为痰火扰心,神不守舍,治以黄连加味温胆汤。药用:黄连6g,京夏10g,茯苓、神各30g,枳壳12g,竹茹9g,远志6g,石菖蒲8g,龙牡各30g,琥珀粉10g,酸枣仁20g,浮小麦30g,大枣15g,甘草10g。服药6剂后,于5月3日二诊,睡眠达4~5小时,诸证均明显减轻。于原方去黄连、琥珀粉加丹参15g,珍珠母30g。服药6剂,三诊睡眠达6小时,已停服各种安眠药,于上方加当归10g,白芍20g,五味子10g。1周后来诊心电图复查异常Q波消失。继以养血活血作善后调理,半年后随访,心绞痛一直未发。(王永兵)

医案验案

急症验案三则

1 高热神昏案

张某,女,32岁。1990年8月12日初诊。患者高热神昏谵语半天,其夫代述:患者2天前感天热,烦渴甚,喉间干燥,仍照常操持家务及在练铁炉旁协助制作铁器。虽见其精神不振,但未发现有其他情况,今日黎明忽闻其谵语,呼之不应,视之面红汗出,扪其额及皮肤灼手,夜间曾解小便3次,乃急求治于王希知,刻诊:腋温39.8C,全身汗出,唇面红赤,用开口器开口,见舌红苔黄燥,靠近根部舌边有糜烂点3个,咽红,脉数。辨证:火热炽盛,扰及心神并移热于小肠。治宜清热泻火。处方:①安宫牛黄丸每服1粒,日3次,暂服1日;② 牛黄上清丸每服9g,日3次,暂服2日。③生地15g,黄连9g,木通8g,甘草8g,鲜竹叶心30g,栀子10g,连翘心30g,玄参30g,银花20g,24小时内急服2剂。3剂后,体温降至37.5℃ ,神志已清,小便时呻吟,诉尿道热痛,小腹胀,腰痛。急查尿常规:脓细胞(++),红细胞(+),蛋白少许,停服牛黄上清丸,于原方汤剂中加滑石25g,

黄柏 12g，麦冬 15g，继进 3 剂而愈。

按　本案发病时值酷暑，又劳作于火炉旁，经云“火热受邪，心病生焉”，《望诊遵经》谓“舌者心之外候也，是以而可测其脏腑经络寒热虚实也”。纵观本案症情，阳热内盛而高热，火热内扰心神而神昏谵语，心火上炎则舌红糜烂，心移热于小肠则尿频、尿痛，求得其病因病机后，准确用药，方药虽不奇而同样能起急重之症。

2 咯血案

邢某，男，35 岁。1990 年 1 0 月 24 日初诊。患者于 1 月前开始咯鲜红色血，咯血量少时日仅数口，多则每次小半杯，不咳嗽，不呕吐。曾作胸透、胸片以及查痰与血检均无异常发现，经用青、链霉素治疗约 10 余日未获效，每于午后精神不振，自感面部微热，手足心热，食欲不振。结婚 4 年无育，常梦遗，心烦失眠，形体瘦弱，唇舌红，无苔，脉弦细小数。辨证劳伤肾阴，虚火上炎，伤及肺络。治宜滋阴潜阳，宁络止血。处方：女贞子 25g，旱莲草 25g，百合 30g，盐生地 12g，玄参 20g，麦冬 15g，白芍 12g，川贝粉 6g（冲服），甘草 9g，龟版 30g（先煎），知母 9g，盐黄柏 9g。3 剂后咯血止，余症亦减。后以左归饮合参苓白术散、叶氏养胃汤化裁，予滋肾益脾养胃方，调理 3 周，诸症消失，精神食欲佳而停药，随访未再复发。

按　丹溪谓“阴常不足、阳常有余”，王汝言发丹溪之说，倡“补左制右”之法。补左者，滋肾水也；制右者，补水以制命门之火也。本案患者，婚后 4 年未育，常患梦遗，真阴暗耗，阴虚不能制阳，相火妄动，虚火上炎，伤及肺络而咯血。治宜滋阴潜阳，宁络止血。血止后治以益脾养胃者，乃宗“上下交病，治取其中”之旨，即“脾为太阴，乃三阴之长，故治阴虚者，当以滋脾为主，脾阴足，自能灌溉诸脏腑之意耳。

3 喘咳、水肿案

陈某，男，59 岁 1990 年 3 月 21 日初诊。因喘咳复发已 3 月，加重 10 天，水肿 1 周来门诊求治。患者有咳嗽病史约 10 余年，咳而喘约 5 年，常于冬春季节发作。近 10 天来咳嗽咯白黄稠痰，量多，气喘，1 周来，全身出现水肿，尿少。刻诊：呼吸气促，喉间痰声漉漉，不能平卧，唇舌暗红微紫，苔白微黄而厚腻，脉濡滑小数，下肢膝以下凹陷性水肿。辨证肺气失宣，痰水壅肺，继发水肿。治宜宣肺涤饮行水，方选越婢加半夏汤合葶苈大枣泻肺汤加味。处方：麻黄 9g，石膏 30g，法半夏 12g，甘草 9g，生姜 6g，大枣 12g，葶苈子 12g，白术 12g，杏仁 9g，茯苓 30g，陈皮 10g，桑白皮 9g。3 剂后喘咳平，水肿全消。后用人参胡桃汤合香砂六君子汤调理半月，诸症悉退，精神饮食均佳。

按　本案证治，即“病始于上而盛于下者，先治其上”之意。肺主气，主敷布水液，通调水道。肺受邪则失于宣降，气逆而为喘咳；津液不布，水道不利而发为水肿。越婢者，乃治肺气不宣水肿之方，合以葶苈大枣泻肺汤则奏宣肺行水之功，故而咳喘水肿自去矣。（黄德芬）

王晞星治癌经验

【名老中医简介】王晞星（1959～）主任医师，教授，博士生导师。山西省中医药研究院（山西省中医院）院长，国家中医药管理局肠道灌疗重点研究室主任，山西省人民政府学位委员会委员，中国老年学学会老年肿瘤专业委员会执行委员，中华中医药学会第五届理事会理事，中国抗癌协会山西分会传统医学专业委员会副主任委员/内科专业委员会副主任委员，山西省中医药学会内科专业委员会副主任委员，山西省中医药学会副理事长，山西省医学会副理事长，《山西中医》杂志主编。第四批全国老中医药专家学术经验继承工作指导老师。享受国务院政府特殊津贴。从事临床和科研工作 20 余年，擅长中西医结合治疗肺癌、胃癌、食管癌、结直肠癌、肾癌等实体肿瘤及相关并发症，先后主持承担国家和省部级重大科研课题 10 余项，获山西省科技进步奖 2 项，申请技术专利 1 项，主编著作 1 部，发表论文 30 余篇。

遣方用药

二仙汤治疗肾癌

1 理论阐发

二仙汤是张伯讷教授 20 世纪 50 年代针对更年期综合征、更年期高血压患者多见肾精不足、相火偏旺病机，在临床上反复筛选验证而最终研制出的方剂，该方载入多部中医方剂学著作，并得到了国内外中医界的认可。二仙汤君臣佐使明确，全方由六味中药组成：仙茅、淫羊藿为君，巴戟天为臣，黄柏、知母为佐，当归为使。方中辛温与苦寒共用，壮阳与滋阴并举，温补与寒泻同施，尤以温肾阳、补肾精、泻相火、滋肾阴、调理冲任、平衡阴阳等见长。使阴得阳助而泉源不竭，阳得阴助而生化无穷，终达阴阳调和之效，则诸证自除。

肾癌是最常见的肾脏实质恶性肿瘤，典型的肾癌“三联征”为尿血、腰痛和肿块，其他症状有发热、乏力、消瘦、纳呆、贫血，以及咳嗽、咳血等远地转移的表现，根据其临床特点，可归属于中医学“血尿”、“溺血”、“溲血”、“腰痛”、“癥积”范畴。在多年的临床实践中，王晞星根据中医理论，再结合肾癌的病位和临床表现，认为肾为水火之脏，主司阴阳。脾肾阳虚，气化失司，水湿停聚，日久化为热毒，耗伤肾之阴精，痰湿瘀毒缠绵不化，邪毒蕴蓄水道，结于腰府，形成肾癌。故肾癌病位在肾，与脾相关。肾虚是发病之根本，脾肾阳虚，肾阴不足，阴阳失调，湿热毒蕴为病机之关键，治疗当调理脾肾，温补肾阳，滋补肾阴，平衡阴阳，抗癌解毒。其中尤以平衡肾中阴阳为治疗的基础。二仙汤平补肾中阴阳，其功在于既温而又不燥，既寒而又不凝滞，既补而又不温热，强肾无燥热之偏，益精无凝滞之嫌，故可作为治疗肾癌的基本方。在此基础上，偏肾阳虚则酌加补肾阳之品，如补骨脂、益智仁、杜仲等；偏肾阴虚则酌加补肾阴之品，如女贞子、旱莲草、枸杞子等；兼有脾虚则酌加健脾、补脾之品，如党参、白术、茯苓等；有痰凝、血瘀、毒结则酌加化痰、活血、清热解毒之品，如瓜蒌、穿山甲、三棱、莪术等。考《本草通玄》谓：“知母苦寒，其位俱厚，沉而下降，为肾经本药。”《本草汇》谓：“巴戟天，为肾经血分之药。”《本草求真》谓：“巴戟天，据书称为补肾要剂，能治五劳七伤，强阴益精，以其体润故耳。然气味辛温，又能祛风除湿，故凡腰膝疼痛，风气脚气水肿等症，服之更益。”《生草药性备要》谓仙茅“补肾，止痛，治白浊，理痰火”。《珍珠囊》谓黄柏“治肾水，膀胱不足，诸萎厥，腰膝无力”。《本经》谓淫羊藿“利小便，益气力，强志”，《别录》谓：“消瘰疬，赤痈”。现代药理研究亦证明，二仙汤方中诸药均有调节免疫、抗肿瘤作用。结合现代医学观点，肾癌的生物免疫治疗与中医学燮理阴阳理念也有许多相似之处。温补肾阳和滋补肾阴中药具有良好的免疫促进和免疫调节作用，能提高肿瘤患者的免疫功能，促进和诱导内生性干扰素、白细胞介素等免疫因子的释放，通过辅助正气，平衡癌变机体内环境，增强机体内在的抗癌防御能力，抑制肿瘤细胞的生长与转移。可见二仙汤治疗肾癌具有充分的理论依据，在临床上应用也取得了满意的效果。

2 验案举例

案1 患者，女，45岁。2004年4月初因乏力、腰痛，CT检查确诊为右肾癌，行手术治疗。病理：透明细胞癌。术后行干扰素、白细胞介素－Ⅱ生物免疫治疗，毒副反应不能耐受，故求助于中医治疗。2004年5月16日首诊。患者乏力消瘦，面色少华，纳呆食少，腰困膝软，下肢麻木，舌淡红偏胖，苔薄白，脉沉细。中医辨证属脾肾两虚，治则健脾补肾，以二仙汤为主，酌加健脾之品。方药：仙灵脾30g，仙茅15g，巴戟天10g，当归10g，知母15g，黄柏10g，山茱萸30g，川牛膝15g，党参15g，白术15g，茯苓10g，生薏苡仁18g，砂仁6g（后下），甘草6g。7剂，每日1剂，水煎服。5月23日二诊。诉精神状况良好，食纳明显改善，肢体麻木减轻，活动后仍有腰膝酸困，舌质淡红，苔薄白，脉沉细。脾虚症状缓解，肾虚表现仍较突出，治疗重在补肾，上方去党参、白术等健脾之味，加木瓜、独活各30g。服药14剂，诸症悉除。此后以二仙汤为主，病症结合，随症化裁，坚持服药近4年，多次复查均未见复发转移征象，患者工作、生活如常。

案2 患者，男，58岁。2007年6月因右上肢疼痛行X线检查发现右肱骨中段破坏，同时发现双肺占位性病变。随后行胸腹CT检查，考虑为左肾癌，双肺转移；ECT怀疑右肱骨中段转移；经皮肺穿刺病理检查证实为透明细胞癌。曾在外院接受右肱骨局部放疗、白细胞介素－Ⅱ、NDV修饰自体肿瘤疫苗治疗3个月，复查肺部病灶增多增大，病情进展。患者无条件行靶向治疗。2007年10月首诊，症状为右上肢疼痛，咳嗽，气短，影响睡眠，腰困，间断血尿，舌质暗红，苔黄，脉沉细。中医辨证属肺肾两虚，痰瘀热结。治则补益肺肾、清热化痰、活血化瘀。以二仙汤为主，酌加补肺、清热化痰、活血止痛之品。方药：仙灵脾30g，仙茅15g，巴戟天10g，知母15g，黄柏10g，山茱萸30g，独活30g，仙鹤草30g，浙贝母30g，紫菀30g，蜈蚣6g，蚯蚓15g，元胡30g，甘草6g。水煎服，每日1剂。同时口服舒尔芬每日2次，每次1片。2周后复诊，咳嗽气短好转，腰困减轻，血尿消失，但右上肢疼痛仍较明显，舌质暗红，苔薄黄燥，脉沉细。辨证同前，鉴于出现阴伤趋势，且疼痛表现突出，上方去巴戟天、仙鹤草、浙贝母，加木瓜30g，白芍30g，蜈蚣3条，徐长卿30g。配合静点双膦酸盐。坚持服药1个月，舒尔芬逐渐减量至停服，疼痛控制良好，咳嗽、腰困缓解，夜眠佳。效不更方，二仙汤为主随症加减服药2个月。2008年2月复查胸腹及头颅CT、右肱骨X线片，原有病灶稳定。继续服药巩固至今，患者一般状况良好。

3 体 会

肿瘤之为病与正气虚弱密切相关,古人认为"壮人无积,虚人则有之"。王晞星在多年治疗肿瘤的实践中也主张"因虚致瘤说",即正气虚损是形成肿瘤的基本病机,因此治疗肿瘤补虚是关键。针对肾癌,结合其病位、病症,他认为肾虚是其发病的基础,故补肾即治疗肾癌的关键。而二仙汤集寒热补泻于一方,温而不燥,凉而不寒,双调肾之阴阳,加减用于治疗本病最为精当。所举两例肾癌,一为术后、一为晚期病患,病症、病情不同,辨证虽有脾肺亏虚,或夹有痰、瘀、热、毒等不同,但基本病机均不离肾虚,治病求本,故均以平补肾中阴阳的二仙汤为主加减治疗,终获较好效果。不但能预防肾癌术后复发转移,而且能稳定晚期肾癌患者的病情,提高其生活质量。(汪欣文 李宜放 指导:刘丽坤)

升阳益胃汤治疗肿瘤术后

1 肺癌术后

马某,男,46 岁。2006 年 6 月 11 日就诊。5 年前因肺癌手术,术后化疗 6 个周期。4 年前开始坚持门诊中药治疗,定期复查病情平稳无进展。刻诊:肩背困痛,麝香壮骨膏外敷效果一般,大便稀,日 1~2 次,眠差梦多,舌胖边有齿痕,苔薄白,脉细弦。辨证为脾虚清阳不升。治宜升阳益胃。方用升阳益胃汤化裁:生黄芪 30g,太子参 30g,白术 15g,茯苓 15g,半夏 10g,陈皮 10g,羌活 30g,防风 10g,独活 30g,柴胡 10g,升麻 6g,白芍药 18g,壁虎 10g,牡丹皮 30g,石上柏 30g,石见穿 30g,灵芝 30g,猪苓 30g,甘草 6g。水煎服,日 1 剂。7 剂后肩背困痛消失,大便、睡眠均有改善。

按 痰结于肺是肺癌的病理基础,无痰,则无以生肺积。脾为生痰之源,肺为贮痰之器,肺癌的脏腑病机与肺、脾二脏密切相关,贯穿于肺癌由原发到转移的整个病程。病久肺气虚弱,子病及母,脾虚清气不升,浊阴不降,湿浊内生,在上则为肩背困痛,在下则为泄泻。用升阳风药使下陷的清阳之气上升。黄芪、太子参、白术、茯苓、半夏、陈皮益气健脾,佐用羌活、防风、独活、柴胡、升麻,取其轻扬升散之性,引提升发之气,以利脾土清阳之气升发、敷布,恢复脾胃升清降浊。脾气健则生痰无源,正气足则邪气无所干。清·叶天士在解释猪苓的功效时论述"猪苓味甘益脾,脾统血,血旺故而耐去。辛甘益肺,肺主气,气和故身轻也",从而达到扶正祛邪的目的。现代药理研究表明,猪苓的主要成分是多糖类的葡聚糖,有一定的扶正抗癌作用 。壁虎、石上柏、石见穿有抗肿瘤作用。本例肺癌术后之本在脾,其标在肺,故治以补脾升阳化湿为主,兼以补肺。免疫机能的提高,机体的抗病能力增强,延长了患者寿命,从而达到防病治病的目的。

2 乳腺癌术后

刘某,女,60 岁。2005 年 5 月 30 日就诊。乳腺癌术后行化疗。近 2 个月常感冒,伴肩背困痛,大便稀,日 2~3 次。舌胖大,边有齿痕,苔黄厚,脉弦滑。治宜升阳益胃。方用升阳益胃汤化裁:生黄芪 30g,党参 10g,白术 15g,茯苓 15g,半夏 10g,陈皮 10g,泽泻 10g,黄连 10g,柴胡 10g,白芍药 18g,羌活 10g,防风 10g,独活 15g,甘草 6g。水煎服,日 1 剂。7 剂后肩背困痛缓解,坚持服用上方 1 个月,肩背困痛消失,自诉无明显感冒症状,随访 6 个月未复发。

按 乳腺癌属中医学乳岩范畴。《外科正宗》曰:"乳岩由于忧思郁结,所愿不遂,肝脾气逆,以致经络阻塞,结积成核。"因妇女乳头属肝经,乳房属胃经,脾胃互为表里,忧思郁怒则肝脾两伤,肝失疏泄,气郁化火,脾失健运,痰浊内生,以致痰热搏结,经络痞塞,阻滞日久,结滞乳中,或气机郁久化火成毒,以致热毒壅盛,瘀毒内结而成本病。"邪之所凑,其气必虚",加之患者系术后、化疗后,正气虚弱,脾胃受损,脾虚清阳不升,浊阴上扰。方中生黄芪、党参、白术、甘草甘温补益元气;伍以羌活、独活、柴胡、防风等升散之品,举清阳之气,而搜百节之湿,既辛散升阳,又祛湿止痛;半夏、陈皮、泽泻降泄浊阴,浊阴降则清阳自升;茯苓淡渗健脾;白芍药酸收,制风药辛散之性,防其伤及阴津,且白芍药能和营血,散肝舒脾,于土中泻木;又用黄连之苦寒,泻火燥湿,以除湿郁之热。全方补中有散,发中有收,健脾益胃,升清降浊,补气固表,祛湿镇痛。

3 结肠癌术后

马某,男,50 岁。2005 年 4 月 26 日就诊。结肠癌术后患者,化疗加中药治疗 1 年,病情平稳。近日出现纳差,大便稀,日 1~2 次,舌胖大,苔薄,脉细。辨证属脾虚清阳不升。治宜健脾益气,升阳益胃。方用升阳益胃汤化裁。处方:生黄芪 30g,太子参 30g,白术 15g,茯苓 15g,半夏 10g,陈皮 10g,羌活 10g,防风 10g,独活 30g,柴胡 10g,白芍药 18g,牡丹皮 30g,猪苓 30g,甘草 6g。水煎服,日 1 剂。7 剂后诸症皆除,继以扶正祛邪之品以延长生存期,提高生活质量。

按 结肠癌病位在大肠,但离不开脾虚这一基本病机,加之化疗亦可引起脾胃受损。脾胃气虚,清阳不升即可出现上述诸症。遵李东垣"诸风药皆是风能胜湿",又"如飧泄及泄不止,以风药升阳"之理论,予升阳益胃汤。方中羌活、独活、防风、柴胡为祛风升阳之品，性温或平，味辛或兼苦，外能达表解肌，内可上行升清，鼓舞脾胃，虽常用治外感病，亦适于内伤脾胃病。白芍药酸收，制风药辛散之性，防其伤及阴津。正如吴昆《医方考》所言："古人用辛散，必用酸收，所以防其峻厉，犹兵家之节制也。"防风与白芍药合用，既可祛风，又可柔肝。升阳药旨在升举脾胃清气，使清气得升则浊气得降，促使脾胃功能恢复。据现代药理研究证实，多数祛风药具有抗炎、抗菌及兴奋迷走神经作用，可调节肠管的蠕动与分泌。白术、茯苓、半夏、陈皮益胃以化湿，湿去而阳气升发。黄芪、太子参、甘草以健脾益气。牡丹皮活血化瘀，具有抗凝抑瘤、改善微循环及抗转移作用。丹皮酚还对非特异性免疫、细胞免疫和体液免疫功能有一定的正面影响。猪苓扶正祛邪。诸药合用，共奏健脾益气、升阳益胃之效。

4 小 结

肿瘤是一类病因复杂，可以在人体全身各系统各部位发病的严重疾病，症状变化多端，表现不一。根据其病情演变和临床表现，认为其发病总以正虚和邪实。治疗上须从整体观念出发，采用或先攻后补，或先补后攻，或攻补兼施的方法，不求急功，缓而图之。用药切忌太过峻猛，以免进一步损伤正气，造成不良后果。脾胃居中焦，与其他脏腑关系密切，脾胃有病很容易影响到其他脏腑，《慎斋遗书》曰："脾胃一伤，四脏皆无生气。"因此，在肿瘤治疗过程中，要充分考虑脾胃虚弱、清阳不升、湿浊内盛、浊阴上扰这一基本病机，只有辨证准确，才能收到一举两得、事半功倍之效。（郝淑兰 王惠源 杨丽芳）

医案验案

疑难病验案

1 放射性食管炎

张某，男，50 岁，2008 年 6 月 13 日初诊。食管癌放化疗后咽干、咽痛 10 天。2008 年 4 月底，患者因进食不畅，在某院行胃镜检查，诊断为食管中上段鳞癌，遂行放疗 6 000 cGy，半月后行紫杉醇加耐达铂化疗，化疗中因咽干、咽痛，难以进食而终止化疗，经喉镜检查示喉部溃疡。现症：咽干、咽痛，进食时疼痛难忍，右胁下疼痛，纳差，口干，二便调，舌黯红、苔黄厚，脉弦。诊断：放射性食管炎。辨证：肝胃阴虚，热壅咽喉。治法：益胃养阴柔肝，清热解毒利咽，药用：沙参、瓜蒌、片姜黄、白及、元参、八月扎各 30g，柴胡、当归、半枝莲、枳实、生地、麦冬、川楝子、郁金各 10g，白芍 18g，元胡 60g，甘草 6g。7 剂，每日 1 剂，水煎服。药后症状明显减轻，仍感咽干、咽痛，进食时咽部略疼痛，舌黯红、苔薄白，脉弦。上方加浙贝母 30g，继服 14 剂后，诸症悉除，现已接受第 2 次化疗。

按 放射性食管炎是胸部肿瘤放射治疗过程中常见的并发症。严重者不仅给患者带来很大的痛苦，而且会导致被迫终止放射治疗，从而影响对肿瘤的控制。中医学认为，放射线照射，所产生的不良反应具有六淫中之火邪致病的特点，火性炎上，消灼津液，常使机体耗伤气阴，脾胃受损，土虚木乘，胃气上逆，故临证可见热毒伤阴之咽干、咽痛，吞咽不利或吞咽时疼痛。王晞星用一贯煎合四逆散养阴清热，疏肝和胃，加浙贝母、半枝莲清热解毒散结，抗肿瘤；白及去腐生肌，收敛止血，所含白及胶能促进创面肉芽生长及愈合，保护黏膜；半夏、瓜蒌化痰散结。

2 恶性胸腔积液

高某，男，67 岁，2004 年 6 月 29 日初诊。左肺癌术后 1 月余，胸憋气喘半月。2004 年 5 月 30 日于某肿瘤医院行左肺癌切除术，病理类型：细支气管肺泡癌，巨块型。术后半月因胸憋、气喘于该医院行 CT 检查发现左胸腔中量积液，遂行胸腔积液闭式引流 1400mL，患者因经济原因放弃放化疗。现症：胸憋，气喘，乏力，左胸痛，纳差，口干，大便 3 日未行，舌淡胖、苔黄厚，脉弦细滑。中医诊为悬饮；辨证：肺脾气虚，水饮内停。治则：健脾益肺、化痰利水。药用：黄芪、太子参、桑皮、山萸肉、猪苓、葶苈子、生苡仁、浙贝母、莪术、地龙各 30g，生地、紫菀各 15g，麦冬、五味子各 10g，守宫、甘草各 6g。7 剂，每日 1 剂，水煎服。药后症状明显减轻，继服 7 剂后，胸憋、气喘症状消失，大便稀，1 日 3 次，余无明显不适。续用参苓白术散加减，服 14 剂后，患者大便正常，1 日 1 次。复拍胸片示：左肺底少量积液。遂坚持门诊中药调理至今，无明显不适，病情稳定。

按 恶性胸腔积液是指恶性肿瘤引起的液体积聚在胸膜间隙里，为晚期肺癌的常见并发症之一。《金匮要略·痰饮咳嗽病脉证并治》第 2 条曰："饮后水流胁下，咳唾引痛，谓之悬饮"。指出悬饮的概念是饮邪潴留于胁下，循经上逆射肺，致肝气不升，肺气不降，气机逆乱而产生咳嗽并牵引胁下作痛，相似于胸腔积液临床表现。患者行肺癌切除术，损伤机体，致肺脾气虚，出现乏力、气喘等症状，痰饮留滞胸胁，症状加重。方药以补肺汤健脾补肺益气为基础，加桑白皮、猪苓、生薏苡仁、葶苈子清肺化痰利水；浙贝母、天龙、地龙、莪术散结抗肿瘤；辨证与辨病相结合，临床效果满意。

3 水肿

李某，女，34岁，2008年5月20日初诊。眼睑、下肢肿胀17年。1998年曾在某医院诊断为特发性水肿，检查血、尿常规，生化指标，肝胆胰脾肾彩超均无异常。口服消炎、利尿药症状减轻，但常反复。现证：眼睑肿胀晨甚，下肢及手肿胀，劳累后明显，乏力，烦躁易怒，大便干3日一行，痛经，舌质红、舌体胖、有裂纹、苔薄黄，脉细弦。中医诊断：水肿。辨证：肝郁脾虚，水湿内停。治法：疏肝健脾，利水消肿。药用：丹皮、猪苓、车前子、泽泻、香附、乌药各30g，栀子、当归、柴胡、苍术、川芎各10g，白芍18g，云苓15g，甘草6g。7剂，每日1剂，水煎服。5月27日二诊：药后水肿、行经腹痛减轻，二便调，舌象脉象若前。上方减栀子、泽泻，加生地、麦冬、川楝子、生薏苡仁、元胡各15g，香附减为15g。14剂，每日1剂，水煎服。服药7剂后，痛经偶发，眼睑、手、下肢肿胀消失。随访半年，水肿未复发。

按 特发性水肿是因内分泌、血管、神经等诸多系统失调，而导致的一种水盐代谢紊乱综合征。该病多见于20～50岁生育期肥胖女性，以水肿与月经周期及体重增加密切相关为主要临床特征。水肿的中医辨证分型一般为脾肾两虚型、气滞血瘀型、痰湿阻滞型与湿热壅盛型。王晞星据患者临床表现辨为肝郁脾虚型，故用逍遥散加行气利水之品而收全功。其辨证论治，既遵中医理法，又不墨守陈规，特别是使用生地、麦冬滋阴清热，起到了利水而不伤阴的效果，使患者多年顽疾获愈。（王贝贝）

王锡夫验方选

【名老中医简介】王锡夫 主任医师。原诸城市中医院眼科主任，诸城市眼科研究所所长。山东省名中医药专家。擅长中西医结合治疗疑难眼病及眼底病。出版著作《眼底病中西医诊疗对策》。

黄斑复原汤

方药：柴胡10g，胆草10g，决明子10g，川芎10g，红花10g，丹参15g，坤草15g，泽泻15g，车前子15g，炒枣仁15g，茯苓10g。

功效：疏肝解郁，健脾渗湿，活血化瘀。

主治：中心性浆液性视网膜脉络膜病变。

用法：每日1剂，水煎400mL，早晚两次分服。5～10剂复诊1次，服药期间忌食辛辣及饮酒。

方解：方中柴胡、胆草、决明子疏肝解郁明目；泽泻、茯苓、车前子、坤草健脾利湿消肿；川芎、红花、丹参活血化瘀；酸枣仁有定志安神之效；柴胡更有引诸药入肝经之能。现代医学研究证明，活血化瘀之药物可明显改善微循环，对炎症水肿有明显抑制作用，能参与免疫的多个环节，并有明显的抗感染作用。有资料证明，柴胡、坤草也具有较强的活血化瘀作用。

王羲明治癌经验

【名老中医简介】王羲明（1930～）上海人。主任医师，教授，博士生导师。1949年毕业于上海中医学院，1957年毕业于北京医科大学。原上海市中医医院肿瘤科主任，上海市中医药学会理事，肿瘤学会副主任委员，甲状腺病协作组顾问，内科学会肺病学组副组长，中国中西医结合影像学会委员，上海市中西医结合学会肿瘤专业委员会顾问委员。上海市名老中医。享受国务院政府特殊津贴。从医50余年，擅长肺、乳、胃肠肝胰癌的中西医结合治疗。主编和合编《中医治疗疑难杂病秘要》《实用消化病学》《实用消化系肿瘤学》《中西医结合肿瘤学》《肝胆证治广纂》《中医治癌秘诀》等10余部。撰写论文百余篇。

临床经验

治癌经验

1 扶正养阴法治疗支气管肺癌

支气管肺癌病变广泛而丧失手术或放射治疗机会者，或经剖胸探查病灶已无法切腺者，或手术后又出现转移病灶的晚期患者，临床表现常见有咳嗽、痰血、发热、口干唇燥、神疲乏力、气短声嘶、纳差或疼痛等，辨证多属“正气虚弱，阴液亏损”的类型，应用扶正养阴汤为主治疗，方用生熟地、天麦冬、元参、生黄芪、党参、漏芦、土茯苓、鱼腥草、升麻。口渴甚者加知母、石斛、天花粉、制首乌；脾虚甚者加云茯苓、苡仁、山药、黄精；咳嗽痰多者加蒸百部、马兜铃、射干、佛耳草；热盛痰血者加芙蓉叶、野荞麦根、七叶一枝花、花蕊石；气滞血瘀者加八月扎、元胡、两面针、露蜂房。

2 益气滋阴法为主在恶性肿瘤手术、放疗后的应用

手术和放疗是恶性肿瘤的重要治疗手段，但手术或放疗创伤可造成机体虚弱，从而引起一系列后遗症。如手术后的精神疲惫、四肢无力、头晕耳鸣、胃纳不振、疤痕疼痛、内脏粘连等，放疗后的口干无津、吞咽困难、两耳失聪、头痛面麻及白细胞减少等。而机体处于虚弱状态，也易导致肿瘤复发或转移。此类见症常为元气损伤、阴液亏损的体现。治宜益气健脾、滋阴补肾。其中又可分为正虚邪衰型和正虚邪盛型，前者治以扶正为主，阴虚者用六味地黄汤合增液汤加味，气虚者用参苓白术散合补中益气汤加减；后者治以扶正与祛邪结合，根据辨证，在益气健脾、滋阴补肾的同时，加入清热解毒、消肿软坚、活血化瘀等药。（陆杏清）

医方验方

扶正养阴汤

方药：生地12g，熟地12g，天冬12g，麦冬12g，云苓12g，黄芪15g，党参15g，土茯苓30g，漏芦30g，升麻30g，鱼腥草30g。

主治：肺、支气管癌

功效：益气养阴、清热解毒。

主治：原发性肺癌、支气管癌。

加减：口干甚者加知母12g，天花粉30g，制首乌12g；脾虚加茯苓15g，淮山药12g，黄精12g；咳嗽痰盛者加蒸百部15g，射干15g，佛耳草30g；热盛血痰加白花蛇舌草30g，七叶一枝花30g，花蕊石30g；气滞血淤加八月扎12g、延胡索15g、露蜂房30g。

王霞芳儿科经验

【名老中医简介】王霞芳（1937～）女，教授，主任医师。上海市中医医院儿科主任医师。享受国务院政府特殊津贴。第三批全国老中医药专家学术经验继承工作指导老师。擅长治疗小儿热病、厌食、久咳、哮喘、腹泻、癫痫、婴儿吐乳症等。课题"董廷瑶老中医诊治婴儿吐乳专长的临床研究及机理探讨"获国家中医药管理局科技三等奖、上海市科委科技三等奖；主编《董廷瑶幼科撷要》获上海市卫生局科技进步三等奖。主编著作3部，参编著作13部，发表论文30余篇。

临床经验

小儿哮喘

1 中医辨证分期论治哮喘

1.1 发作期

发作期以哮鸣咳痰气促为主要特征。王霞芳认为，导致哮喘的诸多病因中，风邪致病应引起足够的重视。《素问·骨空论》曰："风者百病之始也……"，《素问·风论》又云："风性善行而数变"，四时皆可风动，肺主气，司呼吸，开窍于鼻，外合皮毛，司腠理开合，肺气充足则皮肤腠理开合正常，外邪不易侵入，当人体正气不足之时，腠理疏松易受其害。外感引动伏痰，肺气壅闭，宣降失常，郁而化热，发为哮喘。因此，王霞芳妙用祛风通络，宣肺化痰平喘之法，自拟了一系列的治疗之方，随证加减，应用于临床。其中宣肺通络平喘汤极具代表性。

宣肺通络平喘汤为王霞芳经验方，由炙麻黄、杏仁、甘草、苏子、半夏、黄芩、款冬、紫苑、僵蚕、地龙、辛夷、蝉衣、炙百部组成。本方应用于哮喘发作期，药用三拗汤加味辛温透邪，宣肺止咳；辛夷、蝉衣疏风散邪，宣肺通窍，以祛除外风为先；地龙、僵蚕等虫类药有清热息风，通络平喘的作用，以平息内风为主；苏子、半夏、紫苑、款冬化痰降逆，止咳平喘；百部其性温润，入肺经而化痰止咳，宣降并施、疏利肺气；黄芩兼清肺热。方中诸药相伍，集祛风、宣肺、化痰、通络诸多功效于一身，主治以寒包痰热咳喘为主。西医学认为，小儿哮喘与感染和过敏等因素有关，发作时，气管处于高敏痉挛状态，因此，常规应用抗炎、解痉、脱敏等对症疗法。实验证明，本方所选药物也在不同程度上具有此类作用。现代药理研究发现，辛夷、蝉蜕具有良好的抗炎、抗过敏作用，并可抑制抗体产生，降低机体免疫反应；地龙、僵蚕均含有丰富的蛋白质，具有类似肾上腺皮质激素样的作用，可抗炎、解痉、舒张气道，对咳喘有较好疗效；百部能促进气管分泌，稀释痰液，有祛痰作用，还能抑制呼吸中枢，起到镇咳作用。实践中，王霞芳同时应用宣肺通络平喘汤治疗过敏性咳嗽即咳嗽变异性哮喘，临

床证明亦有显著疗效。

其他证型如水寒相搏，痰饮阻肺，形寒无汗，四肢不温，宜用小青龙汤加减；咳喘哮鸣，痰稠色黄，发热咽红等证属痰热壅肺型，治以麻杏甘石汤或大青龙汤加减。

1.2 缓解期

哮喘发作治疗获效后，多进入缓解期。此期哮喘虽平，但内痰未尽，仍可有咳嗽痰多等症。王霞芳指出，此期的病理变化与肺脾肾三脏有着密切的关系，“痰之本源于肾，痰之动主于脾，痰之成贮于肺”，治哮喘虽不离于肺，但不单只治肺。小儿尤以肺脾两虚为主。如咳嗽痰多，纳呆便溏，为肺脾阳弱，痰饮内生，痰浊壅盛，以通阳扶脾为主，使脾运得健，杜绝生痰之源，常用方为苓桂术甘汤，可合二陈汤或六君子汤、星附六君子汤（制胆星、竹节、白附子）等应用于临床，疗效颇丰。虚痰之本源于肾，肾气虚则闭藏失职，上见饮泛为痰，动则气促，方用金水六君煎加味，即二陈汤加当归、熟地，肺脾肾三经合治，每获药到病除之效。

1.3 稳定期

哮喘患儿往往存在肺脾肾脏腑功能失调，所以，在稳定期应扶正固本，以益气扶脾补肾，培土生金为主，调理脏腑功能，杜绝生痰之源病因，以翼减轻和制止发作，达到治本目的。拟玉屏风散益气固表，六君子汤健脾化痰，酌加菟丝子、补骨脂、五味子补肾纳气。小儿哮喘诊治不难，难在根治，王霞芳认为，稳定期为防哮除根的关键，故必须重视稳定期之调治。

1.4 病案举隅

案 1 薛某，男，4 岁。2007 年 11 月 2 日首诊 3。患儿哮喘史 2 年，咳嗽 3 周。入深秋则感冒，午夜阵咳有痰，难以咯出，盗汗，鼻塞涕阻，面色苍白，山根、目下睑青筋显现，胃纳尚可，二便尚调，舌红，苔薄白，脉小滑。体检：咽红充血，二肺闻及少量哮鸣音。证属外感风寒，内蕴痰热。拟以宣肺通络平喘汤加减：炙麻黄 3g，杏仁 9g，甘草 3g，苏子、半夏各 10g，黄芩 6g，款冬 10g，紫菀 6g，僵蚕 10g，地龙 6g，辛夷 10g，蝉衣 6g，炙百部、麻黄根各 10g，服 7 剂。二诊：2007 年 11 月 30 日。3 剂后，咳喘已和，夜静不咳，白昼偶咳，有痰难咯，鼻塞涕阻，纳可便调，舌苔白腻。再拟化痰止咳通窍，以二陈汤加味：橘皮、橘络各 6g，姜半夏 10g，甘草 3g，桔梗 5g，蝉衣、杏仁各 6g，辛夷、射干各 10g，苍耳子 9g，炙百部、太沙参各 10g，服 7 剂。三诊：2007 年 12 月 7 日。药后痰减，偶有单咳，盗汗，口有异味，胃纳尚佳，大便臭秽。舌质淡红，舌苔薄润。再拟健脾化痰，培土生金。方拟六君子汤加炒莱菔子、连翘、全瓜蒌各 10g，川朴、制胆星各 6g，再服 7 剂而安。

按　该患儿素有痰饮内伏，又复感外邪，肺失宣肃引发咳喘，先以宣肺通络平喘汤加味宣肺化痰，止咳平喘。3 剂后，哮喘即平，但喉痰未尽，仍可有咳嗽痰多等症，再诊时，以二陈汤燥湿化痰，理气和中，以使湿去脾健，痰不再生。张景岳曰：”善治痰者，惟能使之不生，方是补天之手。”便是此意。哮喘迁延不愈，致使脾虚肺弱，所以健脾者，亦即补肺，促其化源，肺金自安，其痰自消，故三诊方用六君子汤健脾安中，补脾益肺，而痰浊渐次得化，其药症相对，无不有效。

案 2 许某，女，5 岁。首诊：2007 年 12 月 14 日。发热咳喘 5 d。外院已用抗生素及平喘药静滴治疗 3 d。刻下：体温 38 ℃，咳嗽阵作，痰多气喘，喉中水鸡声，夜间尤甚，乳蛾肿痛，口渴引饮，大便干结，盗汗淋漓，动则汗出，舌质红赤，舌苔薄白，脉滑数。证属痰热壅肺，治以宣肺清热，化痰通络平喘。方拟麻杏石甘汤加味：炙麻黄 5g，杏仁 6g，甘草 3g，生石膏 30g，炙苏子、葶苈子、僵蚕、半夏各 10g，炙紫菀 6g，炙百部 10g，广地龙 6g，全瓜蒌、炒莱菔子各 10g，服 6 剂。复诊：2007 年 12 月 21 日。服上方发热即平，哮喘已和，尚有微咳，喉中有痰，乳蛾稍肿，胃纳欠佳，大便偏干，间日一次，夜被太厚，盗汗较多，舌质偏红，舌苔薄白，脉浮滑。再拟健脾化痰，清热通腑，方用六君子汤加味：橘皮络 5 g，姜半夏、太子参、茯苓、白术各 10 g，甘草 3 g，桔梗 5 g，炒牛蒡子 10 g，甜杏仁 6 g，瓜蒌仁 10 g，炒枳实壳 6 g，服 6 剂，服后诸症均和。

按　本证属风热袭肺，痰热壅肺而致咳喘。初诊方用麻杏甘石汤加味，清泄肺热，止咳平喘。药后热喘均平，微咳有痰，纳少便干，故再诊先以六君子汤培土生金，健脾化痰，以杜绝生痰之源。又因肺与大肠相表里关系，六腑以降为顺，以通为用，王霞芳以”以泻代清”的思路，临床应用通下法治疗咳喘，故药用杏仁、蒌仁、牛蒡子、炒枳实等通腑泄热以达到化痰目的。

2 分时论治

2.1 夏季穴位敷贴

哮喘发作常有明显的季节性，近年来，“冬病夏治”防治哮喘发作取得明显进展。认为哮喘冬季易发，夏季缓解，又根据“天人相应”原理，在病情缓解时，荣卫通达，便于药物吸收的夏季“三伏”天，采用中药穴位敷贴、穴位注射等法可起到“缓则治其本”，以减少哮喘发作次数或减轻发作时的症状，达到“不治已病治未病”预防目的。由于哮喘在冬季多发，所以采用冬病夏治方法以预防为主，王霞芳以白芥子、细辛、白芷、川椒等制成敷贴膏，分别敷贴天突、足三里、大椎、膏肓、丰隆、肺腧、肾腧、涌泉等穴，并分阶段选穴分别重点治疗肺脾肾三经，可预防冬春季节哮喘的发作，应用于临床，可明显改善患儿体质，提高机体的免疫力。

2.2 冬令进补膏方

元代朱丹溪对哮喘的辨症治疗提出了“未发以扶正为主，既发以攻邪气为急”的理论。哮喘患儿在稳定期间，由于脏腑虚弱，气血不足，阴阳失衡的体质需要调整。中医药以扶脾益肾，培土生金，调其脏腑功能，补其气血津液不足，平衡阴阳，通过驱逐患儿体内“宿痰伏饮”来调节机体，提高患儿御邪能力，减轻和制止哮喘的发作，逐步达到根治的目的，而冬令膏方是调整机体很好的方法之一。中医认为，冬季是滋补的好季节，是人体吸收营养，贮存精华，增进健康的最佳时间，针对每个小儿的不同体质，综合既往病史和身体现状，经过详细辨证，立方遣药，君臣佐使合理配伍，处以数十味中药，构成一剂全面考虑体内气血阴阳变化的调理处方。因此，王霞芳在冬季稳定期针对不同哮喘患儿一人一方，采用肺脾肾三经同调，制成膏方服用以扶羸补虚、增强体质、治病祛邪以达到根除哮喘目的。（李 华 王霞芳）

小儿咳嗽

三仁汤乃清代著名医家吴鞠通首创主治湿温病的名方。原方以宣畅三焦气化功能而解除湿热为特点，配伍用药巧合“宣上，畅中，渗下”三法，使湿邪从三焦分消。王霞芳深受其学术思想的影响，提倡在治疗小儿咳喘中亦可遵循“宣上、畅中、渗下”三法，经过长期探索，总结出治疗小儿咳嗽的一条新思路。

1 宣 上

外感咳嗽以疏散外邪、宣通肺气为基本原则，小儿外感咳嗽之初其病机往往比较单纯，大多为外邪袭肺，导致肺的宣发肃降功能失常。肺主一身之气而司呼吸，宣肃失司则肺气不利而咳。王霞芳在长期临床诊疗过程中发现新感咳嗽患儿发病之初多见呼气不畅、鼻塞、涕阻等肺气不宣表现，甚则出现胸闷、咽中如窒等肺气郁闭表现。而肺气上逆症状的出现往往晚于上述症状。从而总结出外邪袭肺之初（时）对于肺的宣发功能的影响要远远先于或大于对肺的肃降功能的影响。因为肺的宣发和肃降是相反相成的矛盾运动。在生理情况相互制约，在病理情况下则又常常相互影响，所以没有正常的宣发也就没有顺畅的肃降。故她认为宣发功能的失常在先为因，肃降功能的失常在后为果。基于这种观点，王霞芳对于新感咳嗽患儿喜用，麻黄、杏仁、桔梗、桑叶、荆芥等宣发之品，而少用或忌用旋覆花、枇杷叶一类降逆之药。认为肺气一宣则窜逆自止，咳喘自平矣。

2 畅 中

理肺当顾脾胃，重视中焦的调畅。脾主升清，胃主降浊。若升降得当则气机调畅，阴平阳秘。倘若中焦枢纽壅滞则不利于气的周身遍流，同样也不利于肺的宣发。故治咳必须注重中焦的调畅。《内经》把咳嗽的病机高度概括为：此皆聚于胃关于肺。胃为水谷之海，气血生化之源，若胃弱则化源不足，脏腑失于充养，正气不足，易感外邪而病咳；胃主受纳，脾主运化。若脾胃受损，水津失运，停聚于胃则为痰为饮，上逆于肺而发咳嗽。正如陈修园于《医学三字经》中云：“盖胃中水谷之气不能如雾上蒸于肺而输诸藏，只是留积于胃中，随热气而化为痰，随寒气而化为饮。胃中既为痰饮所滞输肺之气亦必不清而为诸咳之患矣。”又肺络起于中焦，下络大肠，环循胃口，故胃独自受邪或接受五脏六腑内传于胃的邪气均可循经脉上传于肺而咳，可见理肺当顾脾胃的重要性。关于咳嗽的诱因与中焦的关系在《内经》中也有经典描述。《素问·咳论》云：“其寒饮入胃，从肺脉上至于肺，则肺寒，肺寒则外内合邪，因而客之则为肺咳。”指出内有寒饮停聚，因肺脉起于中焦，寒饮入胃则循肺脉上至于肺，内外之寒合并伤肺，致使肺气失调，宣降失职，上逆而为咳。运用现代医学理论同样可以解释这一现象。解剖上支气管与食道紧相连，由于冰冷食物进入食道后，使得食道内的温度急剧下降，反应性地刺激支气管引起咳嗽。这就是许多小儿贪食冷饮后继发咳嗽的原因之一。鉴于这一理论，王霞芳在治疗小儿咳嗽时每每顾及中焦，或酌加枳壳、紫苏梗、郁金理气，或配以川贝母、竹沥、半夏化痰，或用参品健脾，或引大枣护胃，对于小儿咳嗽阵作、咳剧呕吐者或手法指压“火丁”降逆，或饮食忌口，常获良效。

3 渗 下

《素问·五藏别论》中云：“所谓五藏者，藏精气而不泻也，故满而不能实；六府者传化物而不藏，故实而不能满。”原文指五脏精气宜盈满但不能壅实不行；六腑水谷与糟粕宜暂时充实，但不能滞满不行。

说明脏腑藏泻是一种互相依赖、协同作用的关系。脏中浊气由腑气输泻而出；腑中精气亦需输于脏而藏之。王霞芳由此得到启发，应用“泻腑以清脏实”的思路，联合肺与大肠相表里关系，临床并用“渗下”法治疗咳嗽。另外取“围兵必缺”之意，给邪以出路，使体内壅滞之痰饮由前后二阴分消走泻，痰化饮去则咳自止。正如《万氏家传幼科指南心法·咳嗽》中云：“大凡咳嗽治法必须清化痰涎，化痰顺气为最先，气顺则痰行咳减。”具体用药时，王霞芳对于咳嗽痰白量多者予以茯苓、薏苡仁；咳嗽兼痰涎壅滞、腑气不通者予以炒莱菔子、瓜蒌仁；热偏重者予以车前子、车前草等。

4 病案举隅

张某，女，4 岁，2006 年 10 月 6 日初诊。患儿于 2 d 前感受风邪，经某医院静滴阿奇霉素、口服美林后热已退净。刻诊：鼻塞、喷嚏、流涕、咳嗽时作、呛咳明显、痰色白、咽红痛痒、胸闷、食纳尚可、大便偏干（1～2 d 一行），舌质红、苔薄白腻、脉细小滑。诊断为咳嗽，证属风热袭肺。治宜疏风清热、宣肺止咳化痰。处方：二陈汤加辛夷 9g，厚朴 9g，杏仁 6g，薏苡仁 30g，桔梗 5g，炒牛蒡子 9g，紫苏梗 12g，瓜蒌 12g，炒枳实 9g。7 剂，并嘱停用西药。10 月 13 日二诊：咳嗽大减，仅晨起偶作 1～2 声，无胸闷、流涕、发热，二便调，食纳欠佳，盗汗明显，舌质红，苔薄白，脉细。乃脾肺虚弱，卫气不固。治以益气健脾固表。处方：六君子汤加辛夷 10g，黄芪 10g，防风 6g，麻黄根 10g，蝉蜕 6g，7 剂以调理善后。

按 本例患儿在口服、静滴西药热退之后，仍有咳嗽、鼻塞、咽红痛痒等表现。因此外邪（风热）袭肺致使肺气失宣为主要矛盾。小儿肺脏娇嫩，脾常不足，故感邪之后易于夹痰夹滞。表现为咳痰多、大便干等。治疗上效仿三仁汤法，合“宣上、畅中、渗下”三法为一方。以辛夷宣通鼻窍，杏仁、桔梗宣通肺气，炒牛蒡子疏风利咽，紫苏梗解表，此乃“宣上”；橘络、厚朴、枳实、紫苏梗、瓜蒌理气宽中，此曰“畅中”；薏苡仁、茯苓淡渗利湿，牛蒡子、杏仁、瓜蒌滑利肠道而泻热，此称“渗下”。此外半夏、瓜蒌、橘络等化痰，厚朴、枳实等行滞。诸药相合，环环相扣，故二诊时患儿咳嗽大减，针对症状继以六君子汤合玉屏风散加味，巩固调理而获愈。（侍鑫杰）

遣方用药

儿科疾病对药

1 太子参配伍莱菔子，益气健脾化痰通腑

历来医家都认为人参不宜与萝卜同用。但王霞芳认为太子参能益气生津，补脾润肺；莱菔子可消食化痰兼通腑气，炒用后并不破气。二者合用非但不会抵消太子参益气补虚之力，且能化痰消食而收健脾助运之效，达到相辅相成的作用。正如张锡纯云：“莱菔子乃化气之品，非破气之品。其性能下气，气顺则食消。”两药配伍善治脾气不足、运化无力之痰食积滞证，表现为食少或纳呆，肢倦疲乏，痰多气滞，脘腹胀满不舒，便干或便秘等。特别对于肺系疾患初愈患儿出现上述脾虚生痰症状者尤为合适。

案 1 蒋某，男，4 岁，2006 年 2 月 3 日初诊。发热 3 日。3 日前感邪发热，经西药治疗后热未退，转求诊中医。刻下体温 38.7℃，恶寒发热无汗，鼻塞喷嚏，纳减便烂，苔薄白，脉细数。查体：咽红，扁桃体肿大Ⅱo，双肺无殊。证属外邪袭表，兼有里热。治拟和解退热。处方：柴胡 6g，黄芩 9g，半夏 9g，辛夷 6g，白芷 9g，苍耳子 10g，太子参 10g，苏梗 10g，荆芥 6g，神曲 10g，炒谷芽 15g，生姜 3 片，红枣 5 只。3 剂。并嘱停服西药。2 月 6 日二诊：药后汗出，热已退净，仍有喷嚏，肢体倦怠，纳少，便秘 3 日，昨起咳嗽，有痰未咯出，舌红，苔薄白腻，脉细弦滑。乃表邪虽解，脾气尚弱，痰湿壅滞。治则益气健脾、化痰通腑。处方：温胆汤加辛夷 6g，苍耳子 10g，连翘 10g，南沙参 10g，炒莱菔子 10g，太子参 10g，百部 10g。5 剂。2 月 11 日三诊：咳减痰少，纳增胃开，大便日行偏干，神振寐安，苔化薄润，两脉细滑。处方：温胆汤加太子参 10g，南沙参 10g，炒莱菔子 10g，蝉衣 9g，苍耳子 9g，连翘 10g，陈胆星 6g。7 剂。

按 患儿初诊予小柴胡汤加味，热退后出现肢倦，纳减便秘，咳嗽痰阻，苔腻脉细弦滑。为邪正交争后脾气受损，痰浊壅滞。古云：“脾为生痰之源，肺为贮痰之器。”脾气运化无力，则水湿积聚成痰，上壅于肺，出现咳嗽痰多，便秘，治以温胆汤清热燥湿，理气化痰，加太子参配伍炒莱菔子，益气健脾，化痰通腑。三诊时诸症好转，说明上方消运兼施，扶正驱邪，药证合拍，再以原法进退而获愈。

2 麻黄配伍麻黄根，宣肺泄邪平喘敛汗

小儿哮喘病因分内外。内因责于肺脾肾不足，水湿难以运化，导致痰饮伏留，为哮喘夙根。外因责于感受外邪，接触异物、异味等。故哮喘发作期治当宣肺化痰，散邪平喘。王霞芳擅用麻黄宣肺平喘，《本草正义》云：“麻黄轻清上浮，专疏肺郁。宣泄气机……虽曰解表，实为开肺，虽曰散寒，实为泄邪。”哮喘患儿常三脏不足，腠理疏松而易汗。然麻黄发汗力宏，尚虑其发散太过，耗伤患儿正气，甚至引起汗多气脱等症，故常配以麻黄根。麻黄根善走表入卫分，收敛肺气，固腠理而敛汗，两药配伍，一宣一收。既可加强宣肺平喘作用，又可防止汗泄过多，正伤邪侵，而使病情加重或复发之弊。

案2 侯某，女，4岁。2005年11月5日初诊：哮喘发作2日。患儿有支气管哮喘史1年，前日游园后嚏涕频作，当夜引发哮喘，喘逆不能平卧。刻下自汗盗汗，胃纳欠佳，二便尚可。两肺可及哮鸣音，舌苔薄白，脉细小弦。证属外邪束表，肺失宣肃。治拟宣肺泄邪、止咳平喘。处方：炙麻黄6g，麻黄根10g，杏仁9g，蝉衣9g，苍耳子9g，苏子12g，僵蚕10g，半夏10g，甘草3g，紫菀6g，百部9g，款冬9g，黄芩6g。4剂。11月12日复诊：患儿母述服药2剂后，咳喘转平，至今未发（中药治疗期间，未用任何西药）。

按 患儿原有哮喘夙根，本次接触过敏源后出现喷嚏咳嗽等过敏症状后引发哮喘。方中以麻黄、麻黄根、杏仁、苏子宣畅肺气，化痰平喘；而以半夏、紫菀、百部解痉止咳，温化痰饮祛夙根；特选蝉衣、苍耳子、僵蚕祛风散邪，通络抗过敏。诸药配合有宣有收，有升有降，相辅相成直攻病巢所在，故能在2日内即控制哮喘急性发作。

3 胡黄连配伍炒五谷虫，清热除疳消导化滞

厌食症是婴幼儿期最常见的消化道疾病，王霞芳常采取针刺四缝穴对小儿厌食、疳证进行诊治，并且根据针刺结果进行辨证。若四缝穴液出清稀量多，色透明，则考虑偏于湿浊中阻，脾运不健，治以化湿醒脾，常用藿香、砂仁、蔻仁之类芳香化湿药。若四缝穴液出量不多，色偏黄，质黏稠者，则认为湿邪郁久化热，湿热并重，又应以清热消疳为主，药用胡黄连、炒五谷虫等苦寒之品来清热化疳。此乃王霞芳临床治疗小儿厌食、疳证疗效显著原因之一。

案3 孙某，女，5岁，2005年9月6日初诊。厌食3年。患儿厌食日久，形体消瘦，汗出淋多，面黄少华，腹软，大便间日一行，偏干。舌质红，苔薄黄腻，脉濡。针刺四缝穴四指液多，色偏黄，质黏稠。诊为：厌食症（营卫不和，湿热里滞型）。治则调和营卫、清热化滞。处方：桂枝3g，炒芍药6g，甘草3g，生姜3片，红枣5枚，胡黄连3g，炒五谷虫10g，枳壳9g，炒莱菔子10g，生谷芽、生麦芽（各）15g，煨莪术6g，煨三棱6g。7剂。9月13日二诊：药后纳增不多而食爽，汗出减少，大便转调，苔化白腻，脉濡。针刺四缝穴一指尚有液。治以拟芳香化湿、消食助运。处方：藿香10g，苍术10g，半夏9g，青皮、陈皮（各）5g，胡黄连3g，炒五谷虫10g，枳壳9g，炙鸡内金10g，炒谷芽、炒麦芽（各）15g。7剂后，纳可，面色转润。随访：经数月调理，母诉患儿体质增强，体重渐增。

按 目前小儿饮食中多高蛋白、高糖、高脂肪等肥甘厚腻之品，超越其脾胃运化之能，积滞于中，阻碍运化，损伤脾胃，为厌食高发原因。正如《内经》所言："饮食自倍，肠胃乃伤。"本患儿形体消瘦，汗出，面黄无华，腹软，脉濡。方用桂枝汤调营卫，加胡黄连、配炒五谷虫以清热除疳、消导化滞；枳壳、炒莱菔子理气通腑；莪术、三棱活血化瘀消疳。辨证辨病相结合疗效更佳。

4 珠儿参配伍川石斛，清热生津益气养阴

王霞芳临床对厌食属胃阴不足者，常宗叶天士"养胃汤"之意，喜用珠儿参合川石斛。《本草纲目拾遗》云："石斛，清胃除虚热，生津已劳损。"珠儿参又名雪三七，味苦甘寒，入胃经，具益气养阴、清肺降火、散瘀止血功效。《本草从新》云："珠儿参，味厚体重，其性大约与西洋人参相同，不过清热之功甚；热去则火不刑金而肺脏受益，非真能补也。"对于气阴亏虚，胃阴内耗，不饥不纳，体质虚弱，容易反复呼吸道感染的患儿，王霞芳常用此药对组合，取两药益气生津之力，补胃阴，助纳运；两药兼清肺金之热，达培土生金、脾肺同治之效。

案4 沈某，男，8岁，2005年9月17日初诊。厌食5年。平素饮食不节，饥饱无度，喜食辛辣厚味之品，挑食，体质下降，容易反复呼吸道感染。刻下：形瘦，渴引饮，不知饥，大便干，舌质红，苔花剥，脉细小。针刺四缝穴无液。证属胃阴不足，肺气虚弱。治以滋养胃阴、清热生津。处方：珠儿参10g，川石斛10g，天花粉10g，炙鸡内金10g，乌梅6g，谷芽15g，山楂10g，枳壳10g，麻仁10g，太子参6g。7剂。9月25日复诊：纳食稍加，二便转调，口渴饮冷，舌质红，苔脉如前。原方减麻仁，加玉竹10g。14剂。10月8日复诊：纳增胃开，体重增加，舌苔见薄。

按 患儿素体阴虚，加之饥饱失度，嗜食辛辣厚味食品，日久损伤脾胃，加重胃阴亏耗，不饥不纳则厌食挑食；阴津亏耗日久，则形瘦面萎，肠燥液亏则便干。胃阴亏虚，针刺四缝穴无液正所谓疳者"干"也。土不运则金不健，故患儿反复出现呼吸道感染。处方以珠儿参，川石斛为君，清热养阴，益气生津；佐以太子参，天花粉以助其力；再加鸡内金、谷芽、山楂，消食导滞；枳壳、麻仁利气润肠；乌梅酸甘化阴，生津开胃，共奏其效。

5 竹叶配伍龙齿，清心除烦平肝宁神

中医认为小儿抽动秽语综合征属于精神神志疾

病。王霞芳把其因归为先天禀赋不足和后天失养两方面，对其进行分型治疗。若属肝风痰火内扰、心神失养者，当先豁痰泻心宁神，兼以平肝熄风，半夏泻心汤或黄连温胆汤加竹叶、龙齿主之。待火降痰蠲后，改百合地黄或甘麦大枣汤调理。龙齿性凉，质重沉降主入心肝经，镇惊安神治烦热，《名医别录》谓其“疗心腹烦热，四肢痿枯，汗出，夜卧自惊……养精神，定魂魄，安五藏”；又《药性赋》言其“逐邪气，安心神……”。竹叶，甘寒入心，清热除烦。《药品化义》曰：“竹叶，清香透心，微苦凉热，气味俱清，经曰：治温以清，专清心气，味淡利窍，使心经热血分解。”两味相配，善治小儿烦躁多动，心神不安，梦多惊哭，惊痫抽风等。

案5 王某，女，13岁，2005年12月17日初诊。摇头怪叫抽动1年，加剧半月。近半月旧疾复发，摇头怪叫，四肢抽动加剧。咽痛口炎，渴欲多饮，体壮面红，纳佳便干，舌质红赤，苔白腻，脉弦滑。诊断为抽动秽语综合征。证属心肝火旺，痰热上扰心神。治以清心泻火豁痰、平肝宁神。方药：川黄连3g，半夏10g，黄芩9g，白蒺藜10g，石决明（先）30g，九节菖蒲10g，百合15g，远志6g，生地黄15g，竹叶10g，龙齿（先）30g，赤芍药12g，莱菔子10g，连翘10g。7剂。12月24日二诊：咽痛虽减，抽动未缓，怪叫响亮，不能上课，大便偏干，舌红，苔薄白润，脉细弦滑。治拟平肝熄风、清心安神。处方：白蒺藜10g，珍珠母（先）30g，石决明（先）30g，川黄连5g，半夏10g，知母10g，竹叶10g，龙齿（先）30g，赤芍药15g，生地黄10g，天花粉10g。14剂。1月9日三诊：病情好转，偶有怪叫肢搐，点头眨眼，便调，舌红，苔薄白，脉细弦。方药：竹叶10g，龙齿（先）30g，生石膏（先）30g，白蒺藜10g，珍珠母（先）30g，生地黄12g，九节菖蒲10g，远志6g，半夏10g，胆南星6g，川牛膝10g，北沙参10g，赤芍药10g，白芍药10g。14剂。1月13日四诊：症情逐缓，怪叫声停，肢搐眨眼减少，面红，舌红，苔薄白脉弦。宗前法，原方加天麻9g，甘草5g，牡蛎（先）30g。14剂。随访：病情缓解，已能坚持上课。

按 本患儿初诊时一派心火亢盛表现。处方选取黄连泻心汤直折心火；白蒺藜、石决明平肝熄风；菖蒲、远志化痰通窍；百合、生地黄滋养心阴；竹叶、龙齿清心除烦，平肝宁神。二诊时虽无见效，但王霞芳认为此病辨证正确，再加知母、花粉加强清热之力。三诊时药已起效，加用胆南星，乘胜追击，苦寒直折心火。此患儿抽动症严重，两月见效实属不易。（侍鑫杰）

王新志脑病临床经验

【名老中医简介】王新志 教授，博士生导师。1983年毕业于河南中医学院。现任河南中医学院脑病学科学术带头人，第一附属医院脑病医院院长，中华中医药学会脑病分会副主任委员，河南省中医药学会脑病专业委员会主任委员，河南省脑血管病防治研究办公室专家组委员，卫生部全国脑防办指定颅内血肿微创清除术指导专家。河南省名中医。长期从事医疗、教学、科研工作，擅长中西医治疗脑血管病，先后主持、参与承担了7项科研课题，获成果奖5项，主编《中华实用中风病大全》《中风脑病诊疗全书》等5部著作，发表论文60余篇。

临床经验

急性期中风

1 平肝通腑法

适用于素体肝旺、情志过极而致肝阳暴亢或心火暴盛，风火相煽，上冲犯脑而导致中风者。临床表现为神识清或神识恍惚，半身不遂，偏身麻木，舌强语謇或失语，或口舌歪斜，眩晕头痛，面红目赤，口苦咽干，心烦易怒，尿赤、便干或便秘，舌质红或红绛、苔薄黄，脉弦有力。治宜平肝通腑，泻火潜阳。方用调胃承气汤合天麻钩藤饮加减：大黄、芒硝、天麻、钩藤、石决明、川牛膝、黄芩、栀子、夏枯草、甘草、丹皮、赤芍、菊花等。若神昏，可配合安宫牛黄丸或牛黄清心丸。

案1 姚某，男，56岁，2000年11月6日急诊入院。患者于4 h前因情绪激动，随即昏倒在地，神志不清，右侧肢体瘫痪，口眼歪斜，面红目赤，小便失禁，随即大便秘结，舌质红、苔薄黄，脉弦有力。查体：血压29.3/17.3 kPa，意识不清，双瞳孔等大、对光反射略迟钝，颈有抵抗，右上下肢肌力均为0，右侧巴氏征（+）。头颅CT示左侧基底节区血肿。中医辨证为中风中脏腑，肝阳暴亢，风火上扰清窍。治宜平肝通腑，泻火潜阳，开窍醒神。方用调胃承气汤合天麻钩藤饮加减。药用：生大黄30g，芒硝10g（冲服），天麻10g，钩藤20g，石决明20g，川牛膝15g，黄芩10g，栀子10g，夏枯草10g，丹皮10g，赤芍10g，甘草6g。每日1剂，浓煎鼻饲，同时鼻饲安宫牛黄丸1丸，每日2次，服至神志清醒。服用2剂，解大便6次，腑气通畅，亢阳下潜，而神志转清，测血压24.0/13.8 kPa。服药1周后，血压稳定在21.3/12.0 kPa，右上肢肌力Ⅰ级、右下肢肌力Ⅱ级，后改用滋补肝肾、活血化瘀通络法治疗1月余，肌力基本正常而出院。

2 化痰通腑法

此法临床上运用最多。适用于平素过食肥甘醇酒，脾失健运，痰湿不化或素体肝旺，气机郁结，克伐脾土，痰湿内生，痰湿夹风横窜经络，甚则蒙闭心神者；或肝郁化火，烁津成痰，或痰湿郁久化热，痰热夹风横窜经络，甚则内闭清窍者。临床具体运用，又可分为二法。

2.1 清热化痰通腑

适用于痰热夹风横窜经络，甚则内闭清窍者。临床多表现为起病急骤，神识清或昏愦，半身不遂，口舌歪斜，言语謇涩或失语，鼻鼾痰鸣，肢体强痉拘急，腹胀，便干或便秘，面赤气粗，口臭身热，躁扰不宁，甚则手足厥冷，频繁抽搐，舌质暗红或红绛、苔黄腻或干腻，脉弦滑。方用星蒌承气汤合羚羊角汤加减，神昏者配合灌服安宫牛黄丸。药用大黄、芒硝、瓜蒌、胆南星、羚羊角、菊花、夏枯草、石决明、珍珠母、丹皮、竹茹、天竺黄、石菖蒲、远志等。热甚者加黄芩、栀子；抽搐频繁加全蝎、蜈蚣、僵蚕。

2.2 温阳化痰通腑

适用于痰湿夹风横窜经络，甚则蒙闭心神者。临床多表现为素体阳虚，湿痰内蕴，发病时神清或神昏，半身不遂，瘫软不温，甚则四肢逆冷，面白唇暗，痰涎壅盛，脘腹胀痛，大便闭或溏而不爽，舌质暗淡、边有齿痕、苔白腻，脉沉滑或沉缓。方用温脾汤(《本尊方》)合涤痰汤加减，神昏者配合灌服苏合香丸。药用大黄、附子、干姜、桂枝、甘草、厚朴、陈皮、茯苓、白术、法半夏、胆南星、竹茹、石菖蒲、天麻、钩藤等。

案2 陈某，男，65岁，1999年10月28日入院。患者于3 h前下床欲解大便时突然昏仆，不省人事，右侧肢体偏瘫，肢体松懈，四肢逆冷，面白唇暗，喉中痰鸣，腹部胀满，呕恶时作，小便失禁，大便闭，舌质暗淡、苔白腻，脉沉缓。查体：血压26.7/16.0 kPa，神志不清，左侧瞳孔缩小，对光反射迟钝，颈强直，右侧肢体肌力0，双侧巴氏征(+)。头颅CT示左侧内囊出血。中医辨证为中风中脏腑，痰湿蒙闭心神。治宜温阳化痰通腑，醒神开窍。方用温脾汤合涤痰汤加减。药用：生大黄20g，制附子10g，干姜6g，桂枝10g，厚朴10g，法半夏15g，陈皮6g，茯苓15g，胆南星10g，竹茹10g，炒白术15g，石菖蒲10g，郁金15g。每日1剂，水煎服。同时鼻饲苏合香丸1丸，每日2次，服至神志清醒。连服3剂，解大便8次，为秽浊稀水便，腑气通畅，痰浊得排，则腹满减轻，呕恶不作，神志转清，双瞳孔等大，血压22.7/13.3 kPa。用药7天。右上肢肌力Ⅰ级，右下肢肌力Ⅲ级。改用补阳还五汤化裁治疗2个月，右上肢肌力Ⅲ级，右下肢肌力Ⅴ级，好转出院。

3 化瘀通腑法

适用于七情失调，气机郁滞，血行不畅，或气候变化，冬令骤然变冷，寒邪入侵，血行不畅，或暴怒血郁于上，气滞血瘀，瘀阻脑府，使脑髓壅滞，元神被困，五脏失和，六腑气闭，肢体失统而发为中风者。临床表现为神识清或神昏或昏愦，半身不遂，口舌歪斜，言语謇涩或失调，偏身麻木，眩晕头痛，或有身热、口干不欲饮，或有胸闷心悸，或有脘腹作痛，便干便秘，或大便色黑，或伴呕血，舌质暗红或有瘀点瘀斑，脉弦或弦数。治宜化瘀通腑，熄风通络。方用桃仁承气汤加味：酒大黄、芒硝、桃仁、当归、赤芍、丹参、川芎、川牛膝、红花、水蛭、鸡血藤、地龙等。大便色黑或呕血者加三七、蒲黄、白及以化瘀止血；伴肝阳上亢者加天麻、钩藤；夹热上扰者加胆南星、瓜蒌、竹茹。

案3 王某，男，64岁，1999年11月23日初诊。患者于6 h前因情志刺激后突感头痛剧烈，遂出现神志不清，右半身不遂，伴呕吐咖啡样物，烦躁不安，面赤气粗，大小便闭，舌质暗红有瘀斑、苔薄黄，脉弦数。既往有高血压病史。查体：血压28.6/18.0 kPa，神志不清，双侧瞳孔等大，双眼向左凝视，颈强直，右上下肢肌力0。右侧巴氏征(+)。头颅CT示左侧丘脑出血。呕吐物潜血(++)。中医辨证为中风中脏腑。肝阳暴亢，瘀血阻脑。治宜平肝化瘀通腑，醒神开窍。方用桃仁承气汤合天麻钩藤饮加减。药用：酒大黄15g，芒硝10g，桃仁10g，当归10g，赤芍15g，黄芩10g，黄连6g，川牛膝15g，天麻10g，钩藤20g，水蛭15g，三七粉4g，蒲黄10g。每日1剂，水煎服。同时鼻饲安宫牛黄丸1粒，每日2次，服至神志清醒。服1剂后，当晚解恶臭大便3次，未再呕吐咖啡样物。3剂后神志转清，诸症改善，血压22.7/13.3 kPa。原方去三七、蒲黄，加地龙10g，鸡血藤20g，续服3剂。6天后诸症进一步改善，血压稳定在正常范围，右侧肢体肌力略有恢复。急性期过后，用补阳还五汤加味善后，乃好转出院。

4 滋阴通腑法

适用于年老体衰，精血不足，肝肾阴虚，水不涵木，阴不制阳，阳化风动，气血上冲，心神昏冒，发为中风者。此即《临证指南医案·中风》："肝血肾液内枯，阳扰风旋乘窍"之说。阴液亏虚，肠失滋润，故便干便秘。腑气不通，则亢阳、虚火不得下潜而加重病情，可携痰浊或瘀血上扰清窍。临床表现为半身不遂，口舌歪斜，言语謇涩或失语，偏身麻木，眩晕耳鸣，烦躁失眠，手足心热，便干或便秘，舌质红绛或暗红、少苔或无苔，脉细弦或细数。治宜滋阴通腑，潜阳熄风。方用增液承气汤合镇肝熄风汤加减：大黄、芒硝、玄参、生地黄、麦冬、天冬、龟版、白芍、山茱萸、牛膝、代赭石、钩藤、肉苁蓉等。夹痰热者，加天竺黄、鲜竹沥、川贝母；心烦失眠者，加黄芩、栀子、夜交藤；舌质有瘀点瘀斑者，加丹参、川芎、当归等。

案4 曹某，男，69岁，2000年5月2日初诊。因右半身不遂伴舌强语謇3天入院。患者原有脑动脉硬化病史5年。入院时证见右半身不遂伴麻木，舌强语謇，眩晕耳鸣，烦躁失眠，手足心热，大便秘结，舌质红绛、少苔，脉细弦。查体：血压21.3/12.7kPa，神志清，双瞳孔等大等圆，对光反射灵敏，颈软，伸舌偏右，右上下肢肌力均为I级，右侧巴氏征(+)。头颅CT示左侧基底节区脑梗塞。中医辨证为中风中经络，肝肾阴虚，风阳上扰。治宜滋阴通腑，潜阳熄风。方用增液承气汤合镇肝熄风汤加减：大黄15g，芒硝6g(冲服)，玄参30g，麦冬15g，生地黄30g，龟版20g，天冬15g，牛膝30g，白芍15g，代赭石20g，地龙10g，钩藤20g，夜交藤20g。每日1剂，水煎分2次服。3剂尽，解大便5次。服药1周后，语言转清，眩晕、失眠消失。患肢肌力明显好转。后改用六味地黄汤合补阳还五汤化裁，治疗1月余而好转出院。

中风病急性期是在脏腑经络功能失调，阴阳气血偏盛偏衰的基础上，产生火、痰、瘀、虚，导致内风、腑实、窍闭证的发生。"风"指病势而言，而火、痰、瘀、虚为生风之源，也是引起腑实、窍闭的主要原因。腑气不通，则火热、痰浊、瘀血之邪无下走之路，使实邪肆虐更甚，骤然出现大壅大实之象；或原有阴虚，因腑气不通，而火热之邪进一步耗竭真阴，从而加重病情。王新志认为通腑攻下法可作为中风治疗之常规大法。通腑法治疗中风病急性期有如下几方面作用：①借硝、黄通降阳明胃腑之势，引气血下行，直折肝阳暴亢，令亢阳下潜而"气复返"；②借硝、黄通腑，达泻火泄热之目的，即釜底抽薪，使火热之邪从下而出；③清除阻滞于胃肠的痰热积秽，祛瘀通络，敷布气血，使瘀热之邪从下而除，不得上扰神明；④急下存阴，使受火热煎灼将竭之真阴得以保存，以防阴劫于内，阳脱于外。因此在中风病急性期治疗中，如未见厥脱极虚之象，无论大便是否秘结，均强调及早辨证运用通腑法治疗。腑气通畅，邪有出路，疾病才有转机。尽管如此，王新志认为，通腑泻下虽为中风急性期治疗的重要治则，但不可一味下之，必须辨证选用通腑法，才可取得理想的效果。临床运用时，可一法为主，多法联用，硝、黄的用量可根据病情灵活掌握。(赵　敏)

缺血性中风

1 中风急证痰热腑实，当通腑化痰，升清降浊为首务

中风病多因肝肾阴虚、肝阳上亢、内风旋动导致火升痰动，气血上逆，使脑脉痹阻或血溢脑脉之外，蒙蔽脑窍所致，为本虚标实之证。中风急性期标实为主，表现为风火痰瘀互见。肝风内动是中风发病最主要的病因，但在脑脉闭阻发生之后，风邪之象渐减，而痰瘀热之象渐显。痰热重者阻于中焦，浊气不降，腑气不通，木横土衰，致脾胃升降失常，中焦运化功能失司，糟粕内停，且中风急性期阳火亢盛使痰火互结，火热内炙，消灼津液，胃肠燥结，腑气不通，而成痰热腑实证。所以正确掌握和运用通腑化痰法是治疗本证的关键。通腑泻下，一可通畅腑气，祛瘀达络，敷布气血，使半身不遂等症状进一步好转；二可清除阻滞于胃肠的痰热积滞，使浊邪不得上扰神明，气血逆乱得以纠正，达到防闭防脱之目的；三可急下存阴，以防阴劫于内，阳脱于外。对于中风急重症，只要患者不是极虚欲脱，通腑攻下皆可应用，且宜早不宜迟。腹胀便秘、脉实更是必用之征，故王新志提倡通腑攻下法可作为中风急性期治疗之常规大法。

王新志在查阅历代有关通腑法治疗中风病方剂的基础上，结合现代医学关于中风病病因病理的最新研究成果，经反复观察、研究和药物筛选，研制出治疗急性缺血性中风的纯中药复方制剂：国家级新药中风星蒌通腑胶囊。该处方充分体现了他对于缺血性中风急性期风痰血瘀、痰热腑实病因病机的认识，该药由大黄、胆南星、瓜蒌、枳实、丹参等组成。方中大黄，胆南星为君药。大黄性味苦寒，有通腑泻热、解毒、活血祛瘀之功。内服能清热解毒，并借其泻下通便作用，使热毒下泄。现代药理研究表明：大黄具有促进结肠运动，抑制肠内水分吸收而致泻下作用，还能降低血脂与血液黏度，改善微循环，抑制血小板聚集，清除活性氧，抗脂质过氧化。胆南星对中枢神经系统有抑制作用而镇静、抗惊厥。瓜蒌有

致泻与降血脂抑制血小板聚集作用。枳实，可使胃肠收缩节律增加，脑血流量增加，并有抑制血栓形成的作用。丹参可降低沙土鼠和大鼠缺血性脑卒中的发生率和死亡率，减轻缺血引起的脑水肿。丹参对脑缺血导致内皮素 ET－1 基因表达发挥抑制作用，并部分抑制缺血后脑组织 c－fos 基因的表达，拮抗缺血后脑组织兴奋性氨基酸的异常变化，从而发挥减轻神经细胞损害和保护神经细胞的作用。并能提高纤溶酶活性，促进纤维蛋白溶解，有抗血栓形成作用。虽正确运用通腑泻下是抢救中风危证的重要手段，但如能正确运用辨证通腑疗效更好，王新志临证多分型运用通腑法：如清热通腑、化痰通腑、平肝通腑、通腑开窍、滋阴通腑、利水通腑、化瘀通腑、泻心通腑等法，辨证通腑，圆机灵活，临床疗效明显。

2 中风急性期痰瘀胶结，祛瘀化痰勿忘调气

王新志认为，中风病急性期由于脏腑功能失调，中焦气机紊乱，痰热互结，消灼津液，而出现便丁便秘症状。若腑气不通，浊邪上犯，蒙闭清窍则可见神识昏蒙，使病情加重。同时他认为，由于膏粱厚味的饮食习惯，好逸少劳的生活方式，长期紧张的精神状态，致使脾胃受伤，痰浊内生，痰湿体质明显增多；或五志过极，肝郁化火，烁津成痰，窜扰经脉，导致中风的发生。总之，中风病的发生发展过程与痰这一病理因素密切相关。临床所见中风患者言语蹇涩、神昏痰鸣、咯痰或痰多、体胖臃肿、苔腻舌胖大、脉滑等均是痰湿的表现，元·朱丹溪曾谓："半身不遂，大率多痰"。脏腑功能失常首先影响气的正常升降出入，引起气机失畅。气行则血行，气运则津布，气机郁滞则津血停聚，形成痰浊、瘀血。另外，心肝火旺，灼血为瘀，炼津成痰；或肺失宣肃通调水道之职，脾失健运、升清之能致痰浊内生；或肾气亏虚，津血运行无力，停滞为痰为瘀。痰浊、瘀血之间相互促进，反复加重，每每相兼为患，如《医宗粹言》谓："先因伤血，血逆则气滞，气滞则生痰，痰与血相聚，名曰瘀血夹痰……若素有郁痰所积，后因伤血，故血随蓄滞，与痰相聚、名曰痰夹瘀血"。《本草新编》谓："中风未有不成痰瘀者也。"痰、瘀二者既是病理产物，又是致病因素，互相胶结，壅阻脉络，成为毒邪，形成中风发病的重要病理因素。王新志强调，祛瘀化痰，痰瘀同治，在治疗上注意：痰瘀同治时，痰瘀胶结，互相影响仅去其一，病难根除，因痰瘀病久，湿性黏滞，故治当缓图，难求速效。故祛痰化瘀中常配行气之品，除用胆星、皂角、川贝之外，往往黄芪党参配伍使用，体现："治痰者行气为先，不治痰而治气"，"气行血亦行"的思想，研制开发中风皂贝化痰胶囊运用于临床，疗效显著。

3 中风急性期毒损脑络，解毒通络，善用虫类

王新志认为，中风之发病形成神昏闭厥的病理状态，是由于毒邪损伤脑络，络脉破损，或络脉拘挛瘀闭，气血失常，致脑神失养，神机失守所致。毒之来源，因于脏腑虚损，阴阳失衡，内风时起，风火上扰，鼓动气血，气逆血乱，上冲于脑，或风火夹内生瘀血，痰浊上犯与脑，胶结阻于脑络等，终致营卫失和而壅滞，则毒邪内生。毒邪，作为一种致病因素，包括来自外界及体内自生之毒。中风的发病虽与外界毒邪无明显关系，但其发病后所形成的内生之毒却直接影响着疾病病理变化、预后和转归。因此内毒在中风病中的作用是不容忽视的。毒系脏腑功能和气血运行失常使体内的生理或病理产物不能及时排出，蕴积体内过多而生成。中风后，可产生瘀毒、热毒、痰毒等，毒邪可破坏形体，损伤脑络。中风急性期所产生的病理产物，参与了细胞损伤链的过程，是有毒的物质。解毒通络法正是针对这些毒邪而设立的一种重要治法。他认为，通过解毒以祛除毒性损伤因素，通络以改善微灌流，畅行气血，恢复脑神的营养。解毒通络使失常的营卫调和，创造良好的再生微环境，既可疏散深聚之毒邪，恢复正常之递质代谢，杜绝火毒之再生，又营养脑神，促进神经元机能的可塑性变化，重建损伤之神机。因此解毒通络法既可抑制脑缺血级链反应的损伤，又调动机体自身的恢复能力，作用与中风病的早期和恢复期的多个环节。临证用药除及时运用解毒通络药，重用丹参，有活血化瘀，凉血消痈及安神之功，亦即栀子天麻等药，而且更善用虫类，虫类通络药具有斩关夺碍，搜剔络中之邪，取虫蚁有四：意谓飞者升，走者降，灵动迅速，追拔沉混气血之邪。盖散之不解，邪气不在表，攻之不驱，邪非在里；补正驱邪，正邪并树无益。故圣人另辟手眼，以搜剔络脉混处之邪，临床可在方中适当加入全蝎、地龙、蜈蚣、水蛭、土鳖虫、蝉壳之类，治经千百，历有明验。

4 中风病瘀水互结，注重活血利水

对于中风瘀水互结脑窍也是急性中风的主要病理过程，其进退直接影响着本病的转归，中风发病后脑脉瘀血进而导致脑窍瘀水的病理变化，津血同源，津渗脉于与血同流，相济周流，若血脉瘀阻可致津液循行障碍，化为水饮之邪，"血不利则为水"（张仲景）"血积既久也可化为痰水"（唐容川），故中风发病后，脑脉血瘀，营津不行，外渗而瘀积，瘀血与水饮

互结与脑内神机失运则诸症丛生，其规律是脑脉瘀血愈重，脑窍瘀水愈重，病情愈危。采用活血利水法，王新志研制中风芪红利水胶囊，重用黄芪，以补为通，气行则血行，使血脉通利，丹参、红花、当归活血养血，通行血脉，泽泻、泽兰活血利水化瘀利水以通脉，车前子利水排浊而消水饮；瘀水消除，脑脉通畅，则中风诸症随之好转，实验研究表明：该药有效改善中风后缺血半暗带区水肿的作用。

5 中风病滋阴填精，未病先防，慎温燥太过

脑梗塞治疗本着虚者补之，实者泻之，急者治标，缓者治本的原则，针对中风病本虚标实，肾为先天之本，元气之根，水火之宅，五脏之阴非此不能滋，五脏之阳非此不能发，肾脏精气充沛，故可延年，脑缺血的发生根于元气亏损，其防治必须补肾固本，因精气互生，阴阳互根，补肾气有别他脏，勿忘填精滋阴，慎急于求成温燥太过，损阴致阳亢动风，必须阴中求阳之法，药物选用，龟版、鳖甲、怀牛膝、枸杞子、生地、熟地、菟丝子、旱莲草之属。常重用枸杞子、怀牛膝滋补肝肾，通行血脉，引血下行，以充沛肾气，滋其化源，防止阴不敛阳，而致孤阳上越之变。对于气虚不化津而致痰浊者常采用温肾阳之品，淫羊藿、肉苁蓉充分体现张仲景治痰饮者当以温药和之的学术思想。为此，王新志又研制开发中风七虫益髓胶囊有效防治中风病的发生。

6 中风病后遗症期，调理气血，重用藤类

中风病后多数患者留有偏瘫失语痴呆等后遗症，此为精气亏虚，清灵之俯为痰瘀阻滞，脑脉失养。对此肢体偏瘫者，病变发生或左或右，或上或下，当循左气右血，上阳下阴之原则，病在左，属阳，当加补气行气之品，如人参、黄芪、川芎等，病在右属阴，当以养血活血为主，如阿胶、当归、赤芍、五灵脂等，病在上肢属阳，上肢选用桑枝、桂枝；病在下肢为阴，加入木瓜、防己、川牛膝、地龙，余则依经络辨证遣药。王新志临床上使用活血化瘀药物常与通经活络药物结合运用，但据证用药则各有侧重。活血化瘀类药兼有补益行气、推陈致新的作用，其药多具芳香气味。而通经活络之法则以疏通经络、舒展筋脉、通利关节为其主要作用，能使瘀滞的经络得以疏通，拘挛的筋脉得以舒展，屈伸不利的关节得以通利。祛风通络法善用虫类，重用藤类，其用药大都是能够通经祛瘀、舒筋活络的藤类之品，如络石藤、鸡血藤、海风藤，石楠藤。中风日久肌肉萎废不用，久病入络，则按络病论治，善用虫类通络药，地龙、蜈蚣、全蝎、水蛭等。（张文立 顾连杰）

医案验案

疑难杂症验案

1 顽固性失眠

王某，女，54 岁，患者因“间断性失眠 6 年余，加重 3 月”于 2003 年 2 月 4 日到我院就诊。6 年前患者无明显诱因出现失眠多梦，在多家医院求治，反复行多种检查后排除了内脏器质性病变，曾先后口服氯硝安定、路优泰等药，效果欠佳。3 月前因夫妻失和而致症状加重，患者经多方求医后慕名而来，现证见：失眠多梦，每晚仅能入寐 2～3 h，白天萎靡不振，心烦意乱，急躁易怒，伴见心悸胸闷，倦怠，食欲不振，二便尚可，舌红口干，苔薄黄，脉弦滑，测血压 135/85 mmHg。王新志细研病史以及以前诊治用药的情况后，详辨脉症，诊断：不寐，辨证属肝郁化火型。治宜疏肝解郁，清泻心火。方用丹栀逍遥散加味：茯神 20g，茯苓 20g，远志 15g，生龙骨 30g，郁金 15g，白芍 15g，黄芩 12g，栀子 10g，柴胡 12g，枳壳 12g，厚朴 6g，合欢皮 30g，夜交藤 30g，莱菔子 15g，砂仁 3g，甘草 6g。煎服 7 剂后患者症状略有好转，胸闷减轻，入夜略有睡意，精神、纳食好转。于前方改黄芩为 10g，加当归 12g，麦冬 12g，生地黄 10g，枸杞子 15g，阿胶 10g，琥珀粉 3g（冲服），再进 5 剂后，心悸胸闷症状消失，夜卧能眠，每晚能入寐 6～8 h，精神体力明显好转，又连服 1 月后失眠症状消失。

按 本案患者系中年女性，因夫妻失和，怒郁胸中，不能外散，肝气郁结，失于条达疏泄，气机不畅，郁久化火，火灼真阴，阴虚阳越，心神失藏，神不守舍而致失眠。而患者病久不愈，肝气郁结，横逆犯脾，故见食欲不振，倦怠。《古今医法大全 · 不寐候》中详细分析了失眠的病因病机之一为“有脾倦火郁，夜卧遂不疏散，每至五更随气上升而发燥，便不成寐，此宜扶脾发郁，清痰抑火之法也。”患者之心烦意乱，情绪易急，舌红口干，苔薄黄等，此一切体征及舌脉之象均为“肝郁化火之征”无疑，故可大胆投以疏肝解郁，清泻心火，佐以养心安神之剂，故而药到病除。

2 血管神经性头痛

张某，女，35 岁，教师，2001 年 5 月 17 日初诊。患者右侧头痛反复发作近 12 a，以右侧颞枕部为主，甚及眼眶，呈跳痛、刺痛，伴呕吐，头痛无明显先兆症状，常因劳累、情绪变化、热环境而诱发。每月至少发作 4 次，每次头痛持续 2～3d，经某医院神经内科检查后诊断为“血管神经性头痛”，给予口服西比灵、散利痛、苯噻定等药后无明显好转。证见面色苍白，神疲乏力，时有头晕，情绪烦躁易怒，口干，舌质暗，

舌下静脉变暗、微有曲张，苔薄白，脉细弱，月经量少不畅、色暗，伴有血块。王新志详细诊视后辨证为久病气血两亏，气滞血瘀，阻于脉络。治宜益气养血，祛瘀通络。重点改善瘀、虚证象，方用：当归12g，茯苓12g，川芎15g，赤白芍各15g，白芷12g，藁本12g，柴胡6g. 党参15g，黄芪15g，白术12g，山药15g，升麻6g，姜半夏6g，陈皮6g，甘草3g。上方碾末。每次6g，tid，茶水冲服。如遇头感不适，头痛欲发之际。以浓茶水冲服；若有恶心感加生姜汤冲服。患者服用该药方2月后。诸症尽消，欣然而归。常规回访，2002年2月15日来信告知，头痛至今未发。

按 本案患者为一年轻女性，辨证为久病成瘀、成虚之头痛范畴。明·徐春甫《古今医法大全·头痛大法分内外之因》总结说："头痛自内而致者，气血痰饮，五脏气郁之病，东垣论气虚、血虚、痰厥之类是也王新志。"而王新志认为：从患者病程上考虑，久病必成瘀，久病必成虚；瘀者气血瘀阻不通，导致偏头痛反复发作而使患者体质更虚；虚者气血推动无力，则偏头痛更易复发而加重瘀，故瘀和虚为偏头痛的主要病理基础，瘀证和虚证也是其主要临床表现，故而治瘀和治虚并重乃为治疗之关键所在。以自拟方随证运用，旨在益气养血，祛瘀通络，使瘀血除而脉络畅，气血充而脑髓荣，取得了满意的疗效。

3 抑郁症

李某，女，30岁，因故致心情抑郁不舒，后一直独处，渐渐地沉默寡言，精神恍惚，不能与他人交往，遂于2001年9月来我院求治。患者刻下证见：精神抑郁，情绪不宁，心悸健忘，失眠多梦，神疲乏力，胸部满闷，嗳气，善太息，纳呆，恶心呕吐，大便不调，舌红少津，苔薄腻，脉弦滑，询问月经不调，经前有腹胀乳痛。在某医院诊断为抑郁症，给予多虑平、丙咪嗪等药治疗，效果不佳。王新志辨证为肝气郁结，抑脾犯胃，心神失养综合发为郁病，而非单纯证型。治宜疏肝理气，健脾和胃，养心安神。方用：石菖蒲15g，郁金15g，柴胡15g，枳壳10g，香附12g，陈皮10g，半夏15g，远志15g，合欢皮30g，夜交藤30g，茯神30g，川芎10g，白芍10g，百合15g，炒枣仁15g，甘草6g。7剂，水煎服，同时停用多虑平、丙咪嗪等药物。复诊时症状已减，继续服原方21剂而愈。

按 抑郁一证，起病多与心理、社会因素有关。从古籍之"五脏之病，肝主居多，而妇人尤甚，治病能治肝主，思过半矣"论述可见，肝郁在抑郁症中占据极其重要的地位。《血证论》有"木之性主乎疏泄，食气入胃，全赖肝木之气以疏泄之，则水谷乃化；设肝木能疏泄水谷，渗湿中满之证在所不免"之论。患者情志失调，使肝气郁结，气机不畅，升降失常，抑脾犯胃，由气及血，由实及虚。病损及心，心神失养，则变生如上之抑郁诸症。故治之不但要治肝、心，更应治脾。投之以疏肝健脾，养心安神之剂，则肝气舒而脾气健，心神得养而愈。

4 眩晕

田某，男，55岁，患者因"阵发性头晕20年，加重10年"于2002年9月17日来我院门诊求治。患者曾在当地某医院做TCD检查示：大脑右中、右前动脉血管轻度供血不足，其余检查均无明显异常。口服西比灵、眩晕停等药物治疗，效果不佳，经多方询问，请王新志诊治。现证见：阵发性眩晕，耳鸣，视物旋转，呕吐痰涎，舌质暗，苔白腻，脉弦滑，测血压为120/75 mmHg。王新志详查病史，四诊合参，明辨病证及舌脉后，认为是痰浊内蕴型。查看以前所用中药，虽然也用了燥湿祛痰之品，然健脾利湿之力不足，给予半夏白术天麻汤加减：陈皮15g，半夏15g，茯苓20g，白术20g，天麻15g，蔓荆子15g，藿香10g，石菖蒲10g，郁金10g，代赭石12g，竹茹12g，甘草6g。5剂服尽，症状俱消。

按 元代朱丹溪倡导"痰火致眩"学说，提出"无痰不作眩。痰因火动，又有湿痰者，有火痰者。"王新志询问病史后，指出该患者嗜酒肥甘，痰湿中阻，则清阳不升，浊阴不降，引起眩晕。故脾脏健运与否乃治疗之关键。查以前诊治之中药皆为燥湿祛痰之剂，而疏忽于脾之运化水湿之机要。患者嗜酒肥甘，久而势伤脾之运化，故治之不但要治痰邪，更应治脾；投之以芳香化湿，健脾利水之剂，则脾气健而湿浊化，痰消而眩晕自愈。且现代药理证明，半夏白术天麻汤能增加脑血流量，降低脑血管阻力，提高机体抗缺血缺氧能力。（周红霞）

王秀云妇科经验

【名老中医简介】王秀云（1950～）女，山东招远人。教授，主任医师，硕士生导师。1975年毕业于辽宁中医学院，原辽宁中医学院附属医院妇产科主任，中国中医药学会妇科专业委员会委员，辽宁省中医药学会第四届理事会理事，辽宁省中医妇产科专家，辽宁省中医药学会理事，辽宁中医药学会中医妇科委员会副主任委员。辽宁省名中医。从事妇科临床、教学、科研工作近30载，擅长治疗妇科各种疑难病症。

卵巢早衰

1 明确病因，抓住病机根本

王秀云认为，卵巢早衰病的病机主要为肾虚肝郁。《素问·上古通天论》云："女子七岁肾气盛，齿更发长，二七而天癸至，任脉通，太冲脉盛，月事以时下……七七任脉虚，太冲脉衰少，天癸竭，地道不通，故形坏而无子也。"说明肾在妇女生殖生理中的重要性。中医理论认为，"肾藏精，主生殖，为先天之本。"肾精是天癸的物质基础，肾阳是其生长与排出的动力，只有通过肾阳的鼓动，天癸才能至，任脉才能通，太冲脉才能盛，月事才能以时下。若肾阳亏虚，则天癸不能发育成熟，且不能作为内在的动力鼓动其释放，精血不足，冲任亏虚，可致本病。《医学正传·妇人科》言："月经全靠肾水施化，肾水既乏，则经血日以干涸，……渐而至于闭塞不通。"中医认为，"年四十而阴气自半也。起居衰矣。"肾阴不足，天癸缺乏物质基础而不能成熟，导致卵巢功能衰退。肝肾同源，肝藏血，主升发、疏泄，性喜条达而恶抑郁。脏腑之协调，气机之升降，七情之变化，经血之藏泻，冲任之通盛都与肝有密切关系。若肝气郁结，不得宣达，疏泄功能失常，以致血行不利，胞脉受阻，经水不得下行，亦致本病。

2 治疗经验

在长期的临床实践中，王秀云自拟补肾调冲汤，辨证加减治疗本病，每收可喜疗效。补肾调冲汤，是以传统方剂二仙汤为基础，加减变化而来的。药物组成：菟丝子、仙茅、仙灵脾、枸杞子、熟地、当归、香附、鸡血藤、牛膝。方中菟丝子辛、甘、平。补肾益精髓，为补肾之要药，益阴而能固阳，守而能走，《药性论》："治女子虚冷，添精益髓，口服延年，驻悦颜色。"与二仙汤中的仙茅、仙灵脾合用，共奏补肾壮阳之效，为君药；枸杞子甘酸化阴能补肾阴；熟地善滋肾阴而养血；当归补血活血，三药共用，滋阴养血，为臣药；鸡血藤味苦，微甘。性温，养血活血；香附既能行气解郁，又为血中之气药，能引血药至气分而生血，故称妇人要药也，共为佐药；牛膝补肾通经，走而能补，且能引诸药下行，为使药。全方共奏补肾益精，疏肝养血之效；肾气充，肾精足，肝气疏，气血充盈，冲任得养，经水有源，则月经自复。现代研究表明，服用补肾中药后，能促进卵巢卵泡的发育，并能改善卵巢和子宫的血供。温补肾阳药能增加正常雌性大鼠垂体前叶、卵巢、子宫重量。

3 病案举隅

孙某，女，34岁已婚。2002年8月19日初诊。以"月经停闭一年余"而就诊。平时月经规律，末次月经：2001年7月2日，无明显诱因月经至初诊时一直未潮。初诊时，感觉头晕，耳鸣，腰微酸，烦躁易怒，胸胁胀闷，烘热汗出，性欲下降，阴道干涩，舌淡暗，苔薄黄，脉弦细。既往史：健康。月经史：14(5～6)/(28～30)天型，量中等，色红，白带无异常。婚产史：24岁结婚，孕1产1。发病后多处求治无效，曾两次作血液生殖激素水平测定，结果相似，E2：35pmol/L，FSH：70.12IU/L，LH：51.52IU/L。提示：卵巢早衰。中医诊断为：继发性闭经，辨证为肾虚肝郁。药用仙茅、仙灵脾、菟丝子、枸杞子、当归、熟地、川芎、柴胡、郁金各15g，牛膝10g。10剂水煎服。二诊：服药后患者头晕，烦躁易怒等症状减轻，月经仍未来潮，但觉腹胀。遂加桃仁、红花。又服半个月后，诸症消失，月经正常来潮。又连服2个月，此后月经每月按时来潮，复查激素：E2：125pmol/L，FSH：7.96IU/L，LH：5.52IU/L。(李艳石　王　禹)

多囊卵巢综合征

1 审证求因，尤重肾虚

多囊卵巢综合征(PCOS)是一种常见的妇科内分泌疾病，以持续不排卵和高雄激素为最根本的特征，常见临床表现有月经不调、不孕、多毛、肥胖，发病率约10%，占不排卵性不孕的50%～70%。根据临床表现，属中医"月经后期"、"经量过少"、"闭经"、"不孕"等范畴。王秀云根据多年临床经验，认为肾虚是其发病的根本原因。肾为先天之本，主藏精，肾精通过经脉滋养冲任。精血同源，精可化生为血，精充则血盛，而血为月经的物质基础。《傅青主女科》云："经原非血，乃天一之水，出自肾中。"可见月经的产生与肾密切相关。肾气旺盛，肾中真阴不断得到充实，天癸逐渐成熟。因此，她认为，肾虚是本，是疾病的核心病机，或兼有脾虚、痰湿、肝郁或血瘀等。临床上可呈现本虚标实、虚实夹杂的脏腑功能失常和气血失调的病证。

2 辨证施治，补肾为主

王秀云根据多年临床经验，总结出一套独特的方法，以归肾丸酌加补肾助阳之药为基础方，分为月经经后期和经前期2个时期，采取补通2步疗法，取得了良好的临床疗效。月经经后期用补法。药用如下：当归15g，熟地黄20g，枸杞子15g，仙茅15g，淫羊藿15g，川芎15g，甘草15g，补肾调经。方中当归补血活血，熟地黄滋肾填阴而养血，枸杞子滋补肾阴，三药共用，滋补肾阴，为君药；仙茅、淫羊藿补肾壮阳，为臣药；川芎养血活血调经，入血分理血中之气，为佐药；甘草调和诸药，为使药。全方以补肾为主。脾虚酌加党参、黄芪；痰湿酌加半夏、茯苓；肝郁酌加柴胡、香附；血瘀酌加桃仁、红花等。经前期在上方的基础之上因势利导，酌加养血活血之品，如泽兰、蒲黄等药物，使冲任充盈通畅，月经按时来潮。获效颇佳。现代药理研究证实，补肾中药能改善机体内分泌状态，使卵巢恢复排卵，最终达到月经来潮及妊娠的目的。

3 验案举隅

郭某，女，27岁，已婚，2004年2月12日初诊。以"月经停闭9月余"而就诊。该患者平时月经规律，末次月经2003年5月4日，无明显诱因月经至初诊时一直未来潮，初诊时，感觉腰微酸，烦躁易怒，多毛，体重较以前明显增加，舌暗淡，苔黄，脉弦细。发病后多处治疗无明显效果，测激素水平，血LH/FSH＞2～3，E2水平相当于卵泡期水平。超声下卵巢体积增大，卵泡(≥10个，直径4～10mm)。中医诊断为继发性闭经，辨证为肾虚肝郁。药用当归15g，熟地黄20g，枸杞子15g，仙茅15g，淫羊藿15g，川芎15g，甘草15g，柴胡15g，香附15g。6剂水煎服。服药后腰酸，烦躁易怒明显减轻，月经仍未来潮，但觉腹胀。遂加桃仁、红花、泽兰各15g。又服3剂后，月经来潮。按此周期疗法又连服3个月后，诸症消失，月经正常。停药3个月复查激素水平正常，超声下卵巢正常。(李艳石 张丝微)

王雪峰儿科经验

【名老中医简介】王雪峰(1957～)女，主任医师，教授，博士生导师。现为辽宁中医药大学附属医院儿科主任，国家中医药管理局重点学科和重点专科学科带头人，三级实验室病毒室主任，中医药高等教育学会儿科分会常务副理事长，中医药高等教育学会儿科教学研究会副理事长，中华中医药学会儿科分会常务委员，中国中西医结合学会儿科专业委员会委员，辽宁中医药学会常务理事，国家自然科学基金项目评审专家，国家中医医师资格考试命审题专家，中华中医药学会科学技术奖评审专家，《中国实用儿科杂志》《中国当代儿科杂志》《小儿急救医学》《中国临床康复杂志》编委。辽宁省名中医。从事临床工作20余年，主持并完成国家级课题5项，省部级课题5项，获辽宁省科技进步二等奖2项和三等奖1项，发表论文50余篇，出版专著(含教材)3部。

临床经验

小儿心律失常

1 对慢性期及后遗症期心律失常的认识

病毒性心肌炎是由病毒感染引起的以心肌细胞变性、坏死和间质炎细胞浸润及纤维渗出为特征的心肌炎性疾病，属于中医的风温、心悸、怔忡、胸痹等范畴。它是扩张性心肌病、心律失常、猝死的重要病因，严重危害少年儿童的健康。急性期后，后遗症心律失常发生率高，5%留有心肌疤痕，5%可发展成心肌病，影响终身健康，近年来发病有上升趋势，病程长，缠绵难愈。王雪峰认为正气不足，热毒侵心是其致病之因，由外感温热邪毒诱发，如感冒、麻疹、痄腮、泄泻等。叶天士曰："温邪上受，首先犯肺，逆传心包。"小儿为纯阳之体，邪入易化热化火，多为热证。《婴童百问·慢惊》："小儿体性多热，若感风邪则风热搏于娇脏，其气郁质，内乘于心，令儿神志不定，故发为惊，若惊甚不已，则悸动不定，是为惊悸之病。"小儿脏腑娇嫩，形气未充，卫表不固，易为外邪乘袭而致病。且病后"寒热易变、阴阳易伤"。温热邪毒易耗气伤阴，阴虚则心失所养，气虚则鼓动无力，故气阴不足是发病的主要病理基础。慢性期或后遗症期的心律失常，常因劳累、外感等因素反复发作或加重，病程迁延日久，难以治愈，临床表现为"肺脾气虚证"。《素问·痹论篇》云："脉痹不已，复感于邪，内舍于心。"小儿为稚阴稚阳之体，"肺常不足，脾常不足"。正气卫外能力本来较弱，易受邪侵，一旦感受温热之邪，正气更虚，则邪气由表进一步深入，侵犯心脏，易伤正气。如感邪较重，热邪灼津耗气，加之心气素亏，虽经及时施治，风热毒邪祛而气阴两伤气虚不能鼓动心血，阴津不足不能滋润心神，而出现心气虚的临床表现，所以治疗本病必须以扶正为主，兼顾祛邪。严重心律失常属中医心悸、怔忡的范畴，多由于素体阳虚或因治疗不及时，胸阳不振，以致心阳不振、鼓动无力，表现为脉结代(即多源、多型频发早搏、Ⅱ度～Ⅲ度房室传导阻滞）；阳虚则血行不畅、水湿不化而致血液瘀阻心脉，从而阴阳之气运行失常、气机逆乱，表现为脉细促（即阵发性室速）等。

2 足三里穴的调节免疫作用

病毒性心肌炎的发病机理十分复杂，目前仍未阐明，但其中细胞免疫参与发病机理过程已得到大多数学者的公认。不少学者从不同角度对针灸调节免疫功能进行了研究。中医学将人体能维持正常的生理活动及抗御消除各种有害因素归之为正气，即正气具有维持机体正常机能和抗御病邪的能力，这种能力包括现代医学的免疫功能在内。慢性期或后遗症期的心律失常，常因反复上呼吸道感染而复发或加重，正气不足是主要原因，所谓“正气存内，邪不可干”。“四季脾旺不受邪”，脾与免疫系统关系十分密切。脾气健旺，脏腑功能才能正常，一旦脾胃功能出现生理性或病理性减退，无以化生气血，不仅本脏功能失常，也影响到其它脏腑，最终使机体免疫力和抗病能力下降，不足以抗御病邪的侵袭，引发疾病，这也即所谓“百病皆由脾胃衰而生也”。中医学认为“脾胃为后天之本，气血生化之源”。小儿脾常不足，邪毒侵犯心脉，容易累及脾胃，脾胃虚弱。气血生化之源不足，无以养心。《伤寒明理论·悸》云：“其气虚者，由阳气内弱，心下空虚，不能温养心脉，故心悸不安”。又有脾为心之子，子病及母，故健运脾胃是治疗本病的主要方法之一。胃络通心，胃的气化功能要得到心血的濡养和心神的主宰，若心气逆乱，胃气不降，气机不畅，波及于心，心失所养，则出现心胃同病的症状。除出现心经郁热、心气虚的证候外，还常常表现为肺胃郁热，脾气不足的症状。这与现代医学认为的小儿病毒性心肌炎多由感冒和肠道病毒直接侵犯心肌相符，因此治疗以心胃同治为法。足三里为足阳明胃经之合穴，历来就被推崇为健脾补虚培元之要穴。阳明经乃“两阳合照、阳气最盛”之经，阳明经气血通畅，则正气旺盛，血脉充盈，“经能统穴”而“合治内腑”，脾与胃互为表里，温针灸足三里穴，可以调补脾胃，脾胃健运，气血生化有源，则气血调和，阴阳平衡，营卫通达，经络疏利。所谓“三里有白术之强，桂附之热，参茸之功，硝黄之功”，从而达到扶正固本培元，提高和保护免疫功能，预防感冒的作用。

3 内关穴的双向调节作用

心包络是心脏外面的包膜，乃心之外围，具有保护心脏的作用。当外邪侵犯心脏时，首先使包络受病。内关为手厥阴心包经络穴，又是八脉交会穴之一，通阴维脉；其经脉循行起于胸中，出属心包络，从胸至腹依次联络上、中、下三焦。针刺该穴，以疏通经气，恢复调节人体脏腑气血的功能，起到治疗作用。《针灸甲乙经》曰：“心澹澹而善惊恐，心悲，内关主之”，结合王雪峰治疗心律失常的经验，故选取内关穴。《内经》曰：“阴维为病苦心痛”，内关穴施以温针灸法可达温阳通脉、活血化瘀、祛湿逐痰之目的。临床小儿心律失常表现为心动过速或心动过缓。针刺内关对脉率具有双向调节作用，故对心动过速和心动过缓者均有一定的疗效。

4 温针灸的作用

温针灸始见于张仲景《伤寒论》。明·杨继洲的《针灸大成》，对此叙述较详细：“其法针穴上，以香白芷作圆饼，套针上，以艾灸之，多以取效……或有效，只是温针通气而已。”以后，历代都有沿用。此法至今仍在民间广为流传应用。温针灸，又称烧针灸、传热灸、针柄灸。是针刺与艾灸结合使用的一种方法，具有针和灸的双重作用，适用于既需要留针又需要艾灸的各种寒证、虚证、痛证等。具有温通经脉，行气活血的作用。王雪峰将其应用于治疗小儿病毒性心肌炎慢性期及后遗症期的心律失常，无论是“肺脾气虚证”或者是素体阳虚等，都是中医的虚证，适合应用此法，通过腑穴作用于经络、脏腑。“通其经脉，调其血气”，鼓舞机体正气，使阴阳调和，阴平阳秘，达到治疗的目的。（谢 彬）

小儿泄泻

1 病因病机

王雪峰治疗上重点把握“夫泄泻之本，无不由于脾胃”、“无湿不成泻”的基本规律。认为引起泄泻的原因，主要以湿盛和脾虚为主，“湿盛则濡泻。”急性泄泻以湿盛为多，慢性泄泻以脾虚为多。湿盛和脾虚二者互为因果，导致湿盛和脾虚主要有3个方面的因素，一为感受风、寒、暑、湿外邪；二为饮食所伤；三为先天禀赋不足或后天失养所致脾胃虚弱。若素体虚弱，利下过度，热甚伤津，则气阴两伤，阴伤及阳可导致阴竭阳脱。根据病因可将泄泻辨证分型为寒湿泻、湿热泻、伤食泻、脾虚泻、气阴两虚泻、阴竭阳脱泻6型。

2 辨证治疗

2.1 操作时介质

鲜姜汁，略加热。小儿肌肤薄嫩，在行推拿治疗时使用介质可避免损伤患儿皮肤，且姜汁性温可助温中散寒。

2.2 辨证治疗

①湿热型。症状为大便急迫，便色黄赤，水分较多，或如水注，肛周红赤，口渴欲饮，舌苔黄腻。分阴阳，清大肠，清小肠（分利止泻），运土入水，补脾，掐十指节，推上三关，退六腑，摩腹，捏脊。当热重于湿时，清大肠为主，清小肠为次；当湿重于热时，以清小肠为主，清大肠为次。②寒湿型。症状为下利清稀，大便酸臭，四肢冷，肛周青黑，舌苔白腻。分阴阳，清大肠，清小肠（分利止泻），运土入水，补脾，掐十指节，摩腹，按揉止泻穴，揉龟尾，推上七节骨，捏脊，针刺左足三里、右三阴交，隔日交替。③伤食型。大便稀烂夹食物残渣，味酸臭，腹痛拒按，呕吐。舌淡红苔厚腻。分阴阳，清大肠，清小肠（分利止泻），运土入水，补脾，掐十指节，揉龟尾，揉左足三里、右三阴交，隔日交替，推上七节骨，捏脊。④脾虚型。症状为大便色淡，完谷不化，食后作泻，形体消瘦，舌淡苔白。分阴阳，补大肠，清小肠（分利止泻）。运土入水，补脾，揉板门，掐十指节，摩腹，针刺止泻穴（耻骨联合与神阙连线中点），揉龟尾，推上七节骨，捏脊，灸左足三里、右三阴交，隔日交替。⑤气阴两虚、阴竭阳脱两型不宜单纯应用中医外治法治疗，应积极配合中西医结合治疗。

3 讨 论

王雪峰的“针推治疗婴幼儿腹泻技术”施术于病儿体表，由表及里地使经络通畅，营卫调和，气血周流如常，保持阴阳相对平衡，促进和增强机体的自然抗病能力，以恢复脾胃功能而达到止泻的目的。“外治之理，即内治之理”，临床辨证，应分清寒热虚实，“其实者，散而泻之”，“虚者补之”。寒湿泻和脾虚泻采用补法以健脾利湿，温中止泻；湿热泻和伤食泻采用清补兼施以清热利湿，消食导滞。但《景岳全书》云“泄泻之本无不由于脾胃”，故各型皆选用补脾经的手法，健脾利湿，以期脾胃功能的恢复。《小儿推拿方脉活婴秘旨全书》又云：“大肠有病泄泻多，大肠推抹待如何”，因此，辨证加减手法均取用大肠穴。“治湿不利小便，非其治也。”在“针推治疗婴幼儿腹泻技术”中，清小肠即利小便为治泻必用之法。脊柱为人体督脉之循行部位，总诸阳经之所汇，布有脾、胃、肾、大肠等重要腧穴。运捏此处，促进脏腑经气振奋，共奏疏通经络，和调气血，化滞消食，抵御邪毒，阴阳平衡，宽中止泻之效。因此，王雪峰在各型泄泻的推拿手法中皆重用捏脊手法。对于每个穴位推拿次数的多少、时间的长短，应根据患儿的大小、病情的轻重适当加减，正如徐谦光《推拿三字经》所云：“大三万、小三千、婴三百、加减量”。操作次数，每日1次，3日为1疗程，连续操作2个疗程。（滕旭）

医案验案

发作性睡病验案

案1 张某，男，12岁。2003年3月来诊。因贪睡半年就诊。患儿半年前无明显诱因出现多睡，初始每日3～4次，渐发展为10余次，睡眠可发作于任何时间，多发于上课中、行走时及饭后，每次睡眠时间10～30min，睡眠时多梦，醒后不能记住梦境，每次发作后可振作1～3h。曾服用过氯酯醒、哌醋甲酯等，未见明显疗效。体格检查：患儿体胖，多睡，对答切题。心肺无异常、肝脾不大、四肢脊柱及神经系统检查均未见异常。舌淡，苔白腻，脉缓。相关理化检查：未见异常。西医诊断：发作性睡病。中医诊断：多寐（气虚痰阻）。治则：健脾益气，化痰醒神。针刺：双侧足三里、三阴交、丰隆、内关、神门及百会，同时灸双侧足三里，留针15～20min，期间醒针1次，灸10～15min。每日1次。连续3天时，睡眠次数明显减少，连续10天基本治愈，随访2月余，未复发。

案2 肖某，女，15岁，2003年10月来诊。主诉为昏昏欲睡2个月，加重15天。患儿2个月前与同学口角后出现睡意频发，多发于课堂上，似睡似醒，每日3～7次不等，睡眠时间5～15min。伴有善太息，心烦易怒。半个月前无明显诱因症状加重，任何时候均可入睡，睡眠频率及每次睡眠时间都有加重，且患儿自觉时有胸闷耳鸣发生，未经系统治疗来诊。体格检查：患儿神清合作，呼平，心肺未见异常，肝脾不大，神经系统检查未见异常。舌暗红，苔白，脉弦略数。相关理化检查：未见异常。西医诊断：发作性睡病。中医诊断：多寐（肝气郁结）。治则：疏肝理气，清泄肝火，醒神。针刺：风池、太冲、内关、神门、阳陵泉、膻中，留针15～20min，期间醒针1次。每日1次。连续7天时，睡眠次数明显减少，连续14天基本治愈，随访至今，未复发。

按《灵枢·寒热病》云：阴跷、阳跷，阴阳相交。阳入阴，阴出阳，交于目锐眦。阳气盛则瞋目，阴气盛则瞑目。提示本病主要病机为阳虚阴盛所致。阳主动，阴主静，阴盛则多寐。阴盛原因多为痰湿内困。案1为素体脾虚，脾失健运，痰浊内生。故以健脾为主，脾健则痰自消。取穴以脾胃经为主，佐以心经及心包经，体现中医心主神明的理论。另外，督脉总督诸阳，为阳脉之海，取督脉百汇穴以平衡阴阳。而案2为肝气郁结，气郁生痰。治以疏肝理气为主，肝气舒则气机调和,郁痰自消。取穴以肝胆经为主。佐以心经及心包经。并配以膻中,其为心包经募穴及气会,调节一身之气机。共奏疏肝理气之功。两案比较得出,痰为本病主要的病理产物,但病因病机各有不同,治疗时应审证求因,同时,应充分理解并应用中医心主神明的理论治疗本病,即可获得较满意的疗效。(周 丽)

王耀峰验方选

【名老中医简介】王耀峰(1944～)副主任医师。现任职于江苏省常州市武进中医院儿科,江苏省省中西医结合学会儿科分会常务委员。江苏省名中医。从事中医儿科工作40余年,擅长:婴幼儿泄泻、哮喘、咳嗽等病,发表论文10余篇。

钩蝉通灯汤

方药:钩藤(后入)10g,蝉衣5g,木通5g,灯心草2g。

功效:清热止痉、安神宁心。

主治:婴儿夜啼。

加减:若腹痛者加乌药5g,白芍5g;烦躁面赤者加生地10g,甘草梢5g;惊惕不安者加朱砂0.1g,拌灯心草2g,黄连1.5g ,每日1剂,水煎分服。

方解:方中钩藤平肝熄风,清热镇惊;蝉衣疏散风热,熄风止痉;木通、灯心草清心降火,利水通淋。四药同用,共奏清热止痉、安神宁心之功。治疗婴儿病后余热未清、体弱未复、时烦不寐之夜啼症,尤以心热、惊恐之夜啼为宜。但对脾寒者慎用。

病案:金某,男,4个月,1996年5月13日初诊。祖母代诉:因饮食失慎导致腹胀便泄(其母喜炙(火専)之物,脾气急躁),烦躁不安,经补液、抗感染、止泻,一直未恢复正常,1周后,患儿阵发性啼叫不宁,不能入睡。夜间急诊用镇静剂,回家后入睡。第2天白天一切正常,入夜又啼叫不宁,连续数夜。刻诊:哭声响,面赤唇红,身腹俱暖,大便干,小便赤,苔黄,舌红,指纹红紫。处方:钩藤(后入)10 g,蝉衣5g,木通5g,朱砂0.1g,拌灯心草2g,生地10g,甘草梢5g ,3剂。每日1剂,水煎分数次服。药后啼哭大减,能入睡。再进原方2剂,以资巩固。随访2月,未再复发。并嘱其母勿吃辛辣炙(火専)之物,保持室内安静。

王耀廷妇科经验

【名老中医简介】王耀廷(1940～) 吉林省九台市人。教授,主任医师,硕士生导师。1965年毕业于长春中医学院。原吉林省卫生厅副厅长、吉林省中医药管理局局长。现任国家新药审批委员会委员,中国中西结合学会常务理事,吉林省中医学会名誉理事长。吉林省名中医,享受国务院政府特殊津贴。擅长治疗男女不育不孕症、前列腺炎、子宫肌瘤、闭经溢乳、乳腺疾病等。出版专著50余部,发表论文50余篇。

临床经验

不孕四法

1 妊娠与月经生理的关系

胎孕的形成,双方须具备一定的条件。《女科正宗·广嗣总论》说:“男精壮而女精调,有子之道也。”其中女经调是指月经期,而受孕须有一定的时机。《女科准绳·胎前门》引袁之凡之言:“天地生物,必有絪缊之时,万物化生,必有乐育之时,……凡妇人一月经行一度,必有一日絪缊之候,于一时辰间,……此的候也。……顺而施之,则成胎矣。”妊娠以后,由于胎儿生长发育的需要,母体发生了一系列适应性的变化。临床上有其特殊的生理现象,首先是月经不潮。《素问·阴阳别论》说:“阴搏阳别,渭之有子。”正常的月经和妊娠,是以反映妇女身体的健康,子宫发育的良好和其他有关性生殖功能的协调配合,妇女的性生殖轴,可用下列公式示意:

肾气(盛)→天癸(至)→任脉(通)→太冲脉(盛)→子宫(月经、妊娠)

2 月经病与不孕症的关系

月经病是指月经的周期、经期、经量、经色、经质的异常,或伴随月经周期出现的症状为特征的疾病,月经病是妇科最常见的疾病。月经的异常往往是机体受病的反映,月经病的病因病机,主要是七情所伤或外感六淫，或先天肾气不足，多产房劳，劳倦过多，使脏气受损，肝脾肾功能失常，气血失调，致冲任二脉损伤发为月经病。不孕症是指育龄妇女结婚后，或末次妊娠后，夫妇同居，性生活正常，男方生殖功能正常，未避孕两年而未受孕者，前者称“原发性不孕”，后者称“继发性不孕”。《山海经》称“无子”。历代医家对不孕症的论述，散见于“种子”、“求嗣”。肾主生殖，不孕与肾的关系密切，并与天癸、冲任、子宫的功能失调，或脏腑气血不和，影响胞脉胞络功能有关。临床常见的有肾虚胞寒、肝郁气结、痰湿阻滞、血瘀气滞等。张景岳认为妇女必须注重冲任、脾肾、阴血。因妇女以血为主，其生理特点，则以月经为重点，月经调与不调，可反映出身体健康情况，故妇科疾病，首重调经。《经脉诸脏病因》说：“女人以血为主，血旺则经调而子嗣，……故治妇人之病，当以经血为先。”由此可见，月经病与不孕症之间是相互联系的，引起不孕症的因素很多，月经病只是其中的一方面因素。

3 调经治疗不孕

月经病的治疗原则重在调经。调经之法，应遵循《内经》“谨守病机”及“谨察阴阳所在而调之，以平为期”的宗旨。调经的具体原则有调理气血，补肾，扶脾，疏肝之异。调理气血，首先辨清在气在血。病在气者，当以治气为主，佐以养血活血；病在血者，则以活血为主，佐以补气行气。“经水出诸肾”，故调经之本在肾，补肾以填补精血为主，并佐以助阳之品，即“滋水更当养火”之意，便以肾中阴平阳秘、经血俱旺，则月经自调。扶脾在于益血之源，以健脾升阳为主，健脾豁痰之中佐以补肾化痰之品。疏肝以条达肝气为主，意在调其疏泄之功，但不宜过用辛香燥烈之品，又常以补肾扶脾为要。《景岳全书·妇人规》说：“故调经之要，贵在补脾胃，以资血之源，养肾气以安血之室，知斯二者，则尽善矣。”

4 常用调经种子治法

王耀延治疗不孕有4法，温肾暖宫，重用紫石英、鹿角；疏肝解郁，慎用辛香燥烈；行气化瘀，虫类搜剔可依；健脾豁痰，勿忘温肾化瘀。

4.1 温肾暖宫，重用紫石英、鹿角

补肾暖宫，调摄冲任。常以紫石英、鹿角霜为主以组方。紫石英入胞宫，祛冷风暖子宫，以利孕育；鹿角霜温督脉，可以壮肾阳，以赞 化育。

案1 霍某，26岁，工人。经期错后7年余，结婚3年未孕，平素常感腰膝酸软，手足凉感，下肢畏寒，婚后月经3/40～50天，量色如前，白带不多，大便时溏，小便正常。前月曾在某医院妇科检查诊为“子宫发育不全、原发性不孕”，诊见：形体中等，面色清白，口唇色黯，舌质淡红，舌苔薄白，脉沉细无力。子宫前位稍小，可动。此为肾气不足，胞宫失煦，不能摄精以成孕。药用：当归25g，紫石英50g，鹿角霜50g，桂枝15g，香附15g，白芍25g，巴戟天25g，补骨脂15g，菟丝子30g，核桃肉30g，石菖蒲15g，上方连服24剂而孕，届期足月分娩一女婴，甚壮。

4.2 疏肝解郁，慎用辛香燥烈

疏肝解郁，佐以养血清热之品，白薇、丹皮、天冬、麦冬皆可选用。切不可过用辛香燥烈之品，以防耗气伤阴。气郁生痰者，更当佐以消痰散结之属。

案2 孙某，28岁，工人。结婚3年余未孕育。婚后月事愆期，每次经行5～7天，经量时多时少，行而不畅，每经前7～14天即觉乳房胀痛，胸闷不舒，两胁少腹胀痛，烦躁多怒，经后诸症皆缓。诊见形体中等，精神抑郁，舌质黯红，舌心隐青，苔白，脉沉弦细。子宫后位稍小，可动，附件（－）。中医诊断：肝郁痛经，不孕。药用：当归25g，白芍25g，郁金20g，茯苓25g，柴胡15g，白芥子15g，夏枯草25g，紫石英50g，王不留行50g，路路通10g，天花粉20g。嘱患者自觉乳胀痛即开始服药至经行停药，经后予逍遥丸调理，连服3个月经周期，诸症悉除。2月后妊娠，足月分娩一女婴。

4.3 行气化瘀，虫类搜剔可依

输卵管阻塞性不孕，多属气滞血瘀证，对血瘀不孕，王耀延喜在方中加蜈蚣、䗪虫、水蛭、山甲、鼠妇之类，取其善行走窜，搜剔络中瘀血，且无燥烈之弊。

案3 刘某，32岁，工人。结婚8载，5年前患宫外孕，在某医院住院服药保守治愈。其后一直未孕。月经周期错后，15～17/30～40天，月经量多，色紫黯，有瘀块。经期腰酸腹痛，胸闷乳胀。1个月前曾在某医院作子宫输卵管造影，证实双输卵管堵塞不通。诊见：面色苍黄，精神不振，舌质黯红，边有瘀点，苔白，脉沉弦。子宫后位，正常大，普硬，活动性欠佳，左侧附件增厚，右侧附件区可扪及鸡卵大小实质性不整形肿块，活动不良，压痛明显。中医诊断：气滞血瘀型痛经，不孕，癥瘕。治宜行气化瘀，兼以扶正。药用：生黄芪15g，白术15g，知母15g，天花粉20g，三棱15g，莪术20g，桂枝10g，细辛5g，赤芍25g，丹参25g，穿山甲15g，䗪虫15g，路路通15g，嘱经前14天开始服药，经期亦照常服用，经净后服七制香附丸或大黄䗪虫丸，治疗3个月，上方汤剂共30剂，七制香附丸46丸，大黄䗪虫丸50丸，经事正常，诸症消失而停药。1个月后妊娠，届期足月顺产一女婴。

4.4 健脾豁痰，勿忘温肾化瘀

形体肥胖，痰湿过盛，常伴有月经不调，带下而不孕，故燥湿化痰为治标，健脾补肾为求本。

案4 齐某，27岁，技术员。经期延后6年，结婚4载未孕。月经16岁初潮，6～7/40～60天，量多，色淡，质黏，经血常夹有黏液。结婚已4年余未曾孕育，配偶健康。近一年来，形体日渐肥胖，常觉纳呆泛恶，头晕心悸，口中淡腻，胸闷痰多，大便溏薄，小便清长，带下量多，似涕如唾，绵绵不断。诊见形体肥胖，面色浮白，呼吸气促，舌质淡胖，舌苔白腻，脉沉滑。证属痰湿内阻之月经不调，不孕症。治宜行气豁痰，温肾健脾。药用：苍术20g，香附15g，陈皮15g，茯苓20g，胆南星10g，桂枝10g，鹿角霜50g，紫石英50g，川牛膝15g。上方进3剂而孕，届期举一男。（郭梅英）

医案验案

妇科医案

1 毓麟Ⅰ号治疗肾虚不孕

肾虚不孕分为肾阴虚和肾阳虚两种证型。肾阳亏虚以月经迟发，或月经后推，或经闭，经色淡黯，性欲淡漠，小腹冷，带下量多，清稀如水；或子宫发育不良，头晕耳鸣，腰膝酸软，夜尿多；眼眶黯，面部黯斑，或环唇黯，舌质淡黯，苔白，脉沉细，尺脉弱等为主证。肾阴亏虚以月经常提前，经量过少或闭经，经色较鲜红；或经期延长甚则崩漏不止；形体消瘦，头晕耳鸣，腰膝酸软，五心烦热，失眠多梦，眼花心悸，肌肤失润，阴中干涩，舌质稍红略干，苔少，脉细略数。毓麟Ⅰ号方专为肾阳亏虚证所设。处方：紫石英（先煎）30～50g，鹿角霜（先煎）20～30g，巴戟天20～30g，淫羊藿15g，仙茅15g，菟丝子15g，枸杞子15～20g，当归10～15g，川芎10～15g，白芍15～20g，每日1剂，水煎分早午晚3次服。加减：腰骶酸楚者加熟地、山药；便秘者加肉苁蓉、紫菀、何首乌；少腹畏冷，四肢不温者加桂枝、小茴香；心烦抑郁者加贝母、郁金、柴胡；经来腹痛甚者加延胡索、川楝子；经血色黯，血下不爽者加莪术、三棱。

案1 王某，32岁，初诊日期：2005年7月8日。结婚12年未曾孕育。16岁月经初潮，周期2～3天/1～6个月次，量少，色黯，质稀。无痛经史，平素常感腰酸小腹冷，手足不温。曾在多家省级医院检查诊为“子宫发育不良”，“排卵功能障碍，原发性不孕”。来诊时月经已4个月未行，诊见：舌红，苔薄白，脉沉弦细。妇检：子宫小，约如正常2/3大，活动可，附件（－），乳房发育欠佳。诊断：月经不调，原发性不孕（排卵功能障碍）。证属肾气不足，冲任亏虚，胞宫失煦，不能摄精成孕。治宜补肾暖胞，调摄冲任，兼以养血行血，疏肝解郁。处方：紫石英（先煎）50g，鹿角霜（先煎）30g，巴戟天30g，淫羊藿15g，仙茅15g，川芎15g，川贝母10g，水煎早午晚分3次服。上方连进14剂后改用原方磨细粉，每次5g，每日早午晚各服1次。12月15日复诊：服上药1个月后月经来潮，量较多，以后基本按月行经，经量较前明显增多，现停经50天，一周前开始恶心，厌食，有时呕吐，脉滑利。化验尿妊娠试验（＋），诊为早期妊娠（不予投药）。

按《内经》云：“女子七岁肾气盛，二七而天癸至，任脉通，太冲脉盛，月事以时下，故有子”。可见肾气为月经和胎孕之元，肾虚则月经不调，胎孕难成。故《女科医案》有：“求子之道全在男精壮而女经调”。本案月经数月一行，腰酸腹冷，乃肾气虚衰，冲任亏损。方用紫石英、鹿角霜暖胞宫，温督脉，壮肾阳，以赞化育为主药，其余仙茅、淫羊藿、巴戟天补肾阳，益冲任；菟丝子、枸杞子平补肝肾，当归、白芍养血柔肝；川芎行气活血。婚久不孕，求子心切，必有肝气郁结，故治疗各型不孕皆离不开疏肝解郁之品，如贝母《医原》赞其“微辛微苦微凉微润，得土舍之气，禀清肃之令，微辛微润则能通，微凉微苦则能降，得春和之气，寓生发之机，善于畅达气机。”诸药相伍则肾气旺盛，冲任通调。

2 自拟三合汤治疗更年期功血

更年期是人生从成年向老年过渡的时期。此期是人生在心理、身体、工作及事业等方面的重要过渡阶段及转折点。女性由于性腺功能的衰减及身心的变化，一般从41岁进入更年期，到55岁左右结束。在此期间由于肝肾不足，疏泄及封藏功能紊乱，常易发生更年期功能性子宫出血，中医称之为“年老血崩”。治疗时必须根据更年期的生理特点，调情志以养肝，补脾固肾以治本。补脾乃培后天以养先天，固肾则可延缓肾气衰减的进程，疏肝宜佐养血柔肝，不可过用辛香燥烈再伤肝肾之阴，重潜阴、固封藏以冀祛病延年。临证更要结合现代医学检验排除肿瘤和血液系统疾病。王耀廷常用自拟三合止崩汤治疗更年期血崩，每收捷效。处方：黄芪50g，当归10g，乌贼骨40g，茜草10g，生地榆50g。上药加苦酒（食醋）30～50mL，水煎每日服3～4次。加减：出血量多如注者加赤参30～50g，山茱萸30～50g，三七粉（分3次冲服）15g；心悸怔忡，夜寐不安者加生龙骨30～

50g，生牡蛎30～50g，炒枣仁15～20g，龟版30～50g。方中当归、黄芪为当归补血汤，益气健脾，养血柔肝，“有形之血不能速生，无形之气理当急固”，乌贼骨、茜草即《内经》四乌贼骨—芦茹丸治“伤肝之病，时时前后血”之意；地榆、苦酒酸敛止血坚阴。熔当归补血汤、四乌贼骨—芦茹丸、地榆苦酒三方于一炉，有肝、脾、肾同治之妙，故名之日“三合”。

案2 黄某，女，48岁。月经不调年余，或先期而至，或2～3个月一行，量多，色红，无块，伴经期腰酸腹坠。平素心烦易怒，烘汗出，头晕口苦。曾做妇检，未见器质性异常，来诊时为经行第5天，量多如注，血色由黯红变浅淡，质稀无块，小腹空坠，腰膝酸软。诊见：面色㿠白，口唇眼睑指甲苍白，舌淡红，苔薄白，脉象虚大而数（110次/min）。化验血常规：白细胞5×10^9/L，红细胞$2.8\times X10^9$/L，血红蛋白60g/L，血小板110×10^9/L。投自拟三合止崩汤。生黄芪50g，当归10g，赤参50g，山茱萸30g，乌贼骨40g，茜草10g，生地榆50g，生龙骨（先煎）50g，生牡蛎（先煎）50g，三七粉（分3次冲服）15g，加食醋30mL，水煎，每日分早午晚各服1次。患者服药2剂后，血量即明显减少，又进2剂血止。后用人参归脾丸合六味地黄丸以善其后。

按 上方中三合止崩汤补脾养肝固肾，加赤参大补元气。合黄芪补气摄血之力尤宏；山茱萸酸敛益肝肾，张春甫赞其能峻补精血，配伍龙牡，既可收敛将散之阳，又能固摄下脱之阴；三七乃止血圣药，止血而不瘀。傅山用当归补血汤加三七根末及桑叶治老年血崩，临床用之亦有佳效。

3 *寿胎丸加减医滑胎*

金某，女，30岁，朝鲜族，哈尔滨市人。2000年6月15日专程来诊。患者曾3次流产均为孕2个月左右，即发生腰痛如折，小腹下坠，而虽经中西医保胎治疗，皆罔效。每次流产后夫妻则抱头痛哭。刻下又孕2个月，阴道流血，腰酸腹坠，惟恐再堕而精神高度紧张。诊见面色㿠白，精神忧郁，舌淡苔白少，脉细滑尺弱。患者屡孕屡堕，证属滑胎无疑。“胎气系于肾”，“肾乃精血之源头”。胎之安者，全凭“气以护之，血以养之，肾以系之，脾以载之”。故选固肾健脾，养血安神之法。拟方：熟地20g，山药20g，山萸肉20，黄芪50g，当归10g，桑寄生15g，菟丝子15g，杜仲15g，川续断15g，阿胶15g（烊化服），生龙骨50g，蚕丝灰10g（分2次冲服），水煎日3次。6月24日来电话告知，服药后血止，腰酸腹坠均明显减轻，睡眠安稳，食欲正常。嘱依前方再进10剂以巩固疗效。其后每月来电话一二次介绍情况，均觉良好，至2001年春节后来电告知足月顺产男婴，体重3.2kg，甚健壮。

按 滑胎多属肾虚，治用寿胎丸加减，可谓常规常法，本案连续流产3次，患者精神惊恐，更加重肾虚，且面白腹坠显系兼有脾虚之证，方用寿胎丸和当归补血汤、千金保孕丸（杜仲、川续断）是脾肾双补。有的学者认为当归走而不守，有活血之嫌，在《中医妇科学》也主张有流血者“减去当归”。但王耀廷认为古代医著中治疗流产多有用当归者，且本案有5倍量之黄芪与当归共用，既能补气升提又可养血安胎，更加生龙骨镇静安神，且有固涩止血之功；加用蚕丝灰乃先祖常用治疗流产症屡用不爽的经验：认为蚕丝、蚕茧、蚕蛹都有补肾作用，蚕丝烧灰乃补肾止血；方中山萸肉既能固补肾阴，又能敛摄肾阳。全方补肾健脾，益气养血，安神固摄，此其所以效也。（王 丹）

王毅刚针灸学术经验

【名老中医简介】王毅刚（1948～）主任医师，教授。现任重庆市中医研究院主任中医师，重庆市针灸学会副会长，重庆市中西医结合学会神经病学专委会顾问，重庆市康复医学会理事，重庆市中医针灸学术带头人。重庆市名中医，第四批全国名老中医药专家学术经验继承工作指导老师。从事针灸临床和科研35年，擅长瘫痪、痿症、脑动脉硬化症、脑萎缩、各种痛证的中医治疗与康复。著有《常见百病针灸点按穴法图解》《瘫痿证家庭康复治疗与护理》《神奇的非药物疗法》等专著；发表论文50余篇。

学术思想

针灸穴法学术经验与技法特点

1 研读经典，慧于独识

王毅刚认为，一个称职的中医临床工作者必须熟读经典与研习临床并举。指导期间，他开出的针灸经典著述有《针灸甲乙经》、《灵枢经》、《扁鹊神应针灸玉龙经》、《针灸大成》、《针灸聚英》等古典医著。通过研习经典，整理现存十余部著作的学术经验，认为针灸穴法流派是宋元以来兴起的一个重要的针灸临床学派。所谓穴法，并非单指取穴法，而是针对某病在取穴、配穴处方及针刺技法三个方面一起加以解决的方法，亦即是一种针灸临床思维的方法。这一观点补充了教科书上认为穴法只是如何取穴的方法认识上的不足，丰富了针灸治疗学的临床经验。“穴法”的经验比较集中地反映在元代王国瑞撰写的《扁鹊神应针灸玉龙经》一书中，其著名的针灸“玉龙歌”和“穴法歌”、“穴法相应”流传千百年不衰，比较完整地体现了穴法流派的经验。“玉龙歌”云：“穴法深浅在指中，治病须臾显妙功。劝君要治诸般疾，何不当初记玉龙。”“玉龙歌”介绍120个常用俞穴的主治病证、针刺方法和穴位配方，就是“玉龙歌”的“穴法歌”，即穴法相应三十七穴，实际为临床至今常用，且临床效验的37个穴对。针灸穴法主要的学术技术特点表现在针灸取穴、处方和技术操作方面崇尚简约，注重实效。穴法派将对病证治疗的配穴处方、取穴、技法三个关键环节放在同一个平台来考量，使得医生在处理疾病时，得穴即已得法，唱吟即已得技，按穴施术必得效验。其学术特点真正体现了针灸治疗简、便、验、廉的特点。

2 注重临床，勤于体认

王毅刚从医30多年来，理论联系实践，勤于体认，勤于临床，积累了丰富的针灸穴法经验。1996年撰写的《针灸点按穴法图解》专著问世，并多次重印，发行于海内外达数万册，深受同行欢迎。2004年又再次修定出版。该书以临床治疗为中心，虽未过多地介绍深奥复杂的针灸经络的理论，但其独特针灸穴法的学术思想和经验已充分展现其中。本书注重穴法的具体运用，于各病穴法治疗后，专门列有“临床治疗要领一节”，提示医生如何在一法未效之时，采用新招；如何在病势复杂之中变通常法或数法并施；尤其在病势紧急之时，按照针灸基本理论如何将针刺、点按、艾灸、甚则烟蒂、陶片相互借助，以应急时之需。

3 重视得气，针法执简，喜用平补平泻

《内经》谓“针刺贵在得神取气”。针刺务使得气，是针灸临床的基本技能与基本要求。1993年王毅刚在《上海针灸杂志》发表“论金明时代复式针刺手法的争鸣”一文，较全面地分析了针灸学史上一直存在的有关针刺操作技术的争议。该文介绍控制针刺得气的四种临床技术方法，引起较大反响。后来此文被日本东洋医学日文季刊《中医临床》翻译转载，并加有编者按语，高度评价本文的学术观点和经验。这四种针法的技术操作十分简单实用，包括：倒针朝病，即今针尖朝向法；按压法，既今押手前后法；左右捻转法，即在针刺得气基础上，以向左或向右捻转针来促使针感传导；循切导气，在针刺得气后，从穴位处向病变部位方向施以爪切指循。穴法派与讲究行针补泻的复式手法派比较，穴法派推崇单式手法技巧和平补平泻的程式、“平补平泻”的操作程式与技术要领及“平补平泻”的补泻观。《神应经》补诀直说，首先认为“凡人有疾，皆邪气所凑，虽病人瘦弱，不可专行补法”。对“明见其为邪热的”可专行泻法。进而提出，“其余诸疾，只宜平补平泻”。具体手法即补泻直诀中的操作程式，并说此乃先师要传之秘诀也。平补平泻观的核心在于强调得气和维持得气状态。

4 创立“动留针术”，注重动静结合

王毅刚认为针灸治疗以解除经络气血阻滞，是针灸治疗的基本原理。在治疗过程保证安全的前提下，配合针刺作一些躯体关节的运动，如深呼吸、咳嗽、吞咽等可以明显提高治疗效果。具体操作有：肢体功能障碍配合肢体关节运动法；咽喉疾病和胸、肺部病用咳气吞咽法；脘腹和肠胃病用深呼吸法；小腹和前后阴疾病用提肛法。这些辅助的运动方法看似简单，可以较好地增强针刺的调节作用。另一方面，针灸理论认为针刺取效必须达到气至病所，由于在针刺调节的同时又施以能促进局部组织器官功能活动的方法，故能较明显地提高疗效，甚至达到立竿见影的效果。（敖　虹）

临床经验

动留针术

凡针刺入穴，“静以久留，以气至为故，如待贵宾，不知日暮”的留针方法是“静留钟术”，留针期间，有目的地配合躯体某部的主动或被动运动的方法，则谓“动留针”术。动留针术，应用得当，常可以明显提高疗效。

1 临床七法

1.1 头面疾病用叩齿调气法

在病所近部或远端取穴针刺，得气后留针，让患者意念患部，作慢频率地叩齿或咬牙动作，带动头面、颞颌部以及颞侧肌肉舒缩，以利患部气机的运动。用于牙痛、偏头痛，面瘫、下颌关节紊乱症等症。耳聋、耳鸣可作张口的动作。

案1 黄某，女，47岁。左下颌关节紊乱综合征。一周来左侧面颊疼痛，不敢咀嚼，查左颊轻度隆胀，下颌关节压痛，张口动作有下颌关节弹响，口开一指。左乳突部不适。遂针左翳风、右合谷穴，强刺激得气后留针。此时令患者意念患部，轻轻作叩齿、咬牙、张口等动作,动后渐次减轻。20 分钟后,疼痛消失,口可开全,左右颊肌松弛,满意而归。

1.2 胸胁病症用咳气法

针刺取病所近部或远端穴,针刺得气后留针,令患者作如清嗓动作般的下意识咳气,使咳而有声、但不咳出痰,使胸廓呼吸肌产生运动,胸腔内气机为之震动,促进胸胁部气机调畅的方法,用于胸胁岔气、胸胁疼痛诸症。

案 2 何某,男,56 岁,大学教师。因搬书上架,右胁岔气疼痛伴功能活动受限一天求诊。查患者胸背略向右屈曲,转侧不利,不敢出大气,语音低沉压抑,右胁下第 4 ~6 肋压痛,遂针右鱼际,针尖略向上臂倾斜,得气后轻捻转使针感向上传导至腋,留针,令患者留意痛处,轻咳送气,每分钟内约 4 ~5 次,开始不必用力,渐次加重咳的力量。随咳捻针,约 5 分钟后,患者感疼痛明显缓解,试作上半身转侧及伸展。10 余分钟,活动自如,呼吸均匀,痊愈而归。

1.3 咽喉病症用吞津利咽法

在病所近部或远端取穴针刺,得气后留针,令患者吞咽,口腔内有唾液者咽唾液,无唾液者则咽气。让唾液或气徐徐经过喉咽病所而下,使咽喉部顺畅。本法适用于咽喉部疾患,如扁桃体炎、咽炎、喉炎及梅核气等。

案 3 李某,男,30 岁,吹奏乐师。慢性咽炎,每因感冒或作业后咽痛复发,来诊时,声音嘶哑,咽中疼痛而干,自觉咽部不顺,查咽部殷红充血,有少许滤泡,遂针两合谷得气后,留针,令患者吞津咽气,气通过咽中阻滞部位。每分钟吞 5 ~6 次,开始患者尚觉咽中若有阻滞,第四、五次时自觉减轻,以后更有缓解,至症状消失而去。每发,皆照此法取效。

1.4 脘腹病症用深呼吸调气法

在病所近部或远端取穴。针刺得气后,留针。令患者作腹式呼吸,逐渐加大幅度。由浅入深,吸气时提高膈肌,呼气时令气下沉丹田,使腹肌产生运动。适用脘腹疼痛诸症。施行本法,以屈膝仰卧位为佳。若患者疼痛明显,深呼吸运动受限可选用摩腹运动法(详见案 6)。

案 4 赵某(住院号 46193),女,47 岁。忽一日腹中急痛,自觉气机胀滞失于流转。受术时,已刺两足三里穴未效。查见患者两腿伸直平卧于床,痛在大腹胃肠,气滞未通,不通则未效,嘱患者屈膝,复针足三里,并慢慢作腹式呼吸,由浅入深。即渐觉腹中气窜,嗳气及矢气后而舒。

1.5 气陷病症用提肛法

针刺得气后,令患者作提肛运动,使腹内脏器随意念上升。其节奏要缓,每三五次均匀呼吸后,提肛一次,适用于脏器下垂诸症。施行本法时亦以平卧屈膝体位为好。

案 5 刘某,女,31 岁,工人。胃下垂,反复发作腹胀、便溏、嗳气、纳差。予针双足三里,百会透前顶,令患者作提肛收腹动作每分钟 6 次,自觉腹内气畅胃升,随嗳矢气而舒,优于平素针刺静留针术法。

1.6 摩腹运动法

即留针过程中,以手法循升结肠、横结肠、降结肠体表位,按摩腹部,促使腹内肠道的被动机械运动,以增强针刺疗效的方法。适于腹痛、腹胀、胃下垂、胆石症、胆囊炎等症。不再赘述病例。

1.7 肢体关节疼痛用伸展运动法

在病所远端取穴针刺,得气后留针,令患者作患部关节主动屈伸或旋转等运动。尤在功能活动受限处稍作停顿努力争取突破受限范围。每分钟 5 ~6 次,适用于肢体关节的各种软组织损伤、退行改变。如扭伤、岔气、劳损等等。

案 7 李某,男,65 岁。左肩关节周围炎。查其左肩关节有明显肌萎缩,肩关节周围疼痛,外展活动受限。遂针第二掌骨侧,上肢点,得气后留针。令患者作左肩关节外展外旋活动,在受限范围处停顿1 ~3 秒,再继续活动,以争取突破受限范围,每分钟约 3 ~5 次。每次活动均可见活动范围加大,患者疼痛亦减轻。以后,取条口透承山,腕踝针上 5、上 6 针刺,留针期间患部活动如常。一周后疼痛消失,功能范围正常。

2 应用要点及注意事项

2.1 关于针刺穴位的选择

为给患部活动带来方便,可采取远离患处的远端配穴法。如胸痛病循经远取内关(手厥阴经)、鱼际(手太阴经);胁痛病症循经远取阳陵泉(足少阳经)足三里(足阳明经);上下对应关节的对应部位取穴法,如腕对踝、膝对肘、肩对髋,各取三阴三阳对应痛点处,各经验取穴法如肩周炎用条口透承山、昆仑或天柱治急性腰扭伤等,耳针、手针、第二掌骨侧诊疗法、腕踝针等,皆可选择。有时,局部或远部取穴也可选用。如上牙痛刺下关、下牙痛刺颊车,腰扭伤、偏头痛取阿是穴等。只要针刺深浅适宜,在局部活动时不影响大小血管和重要脏器,局部取穴并非禁忌。

2.2 关于刺激量

应用动留针法,针刺手法一般中强刺激为佳,尤其运用传统体针，若能在局部得气的基础上，施行一定手法，使有针感传导，则疗效更佳。

2.3 关于运动方法与运动量的掌握

动留针术的运动方法以气机调顺为原则。如咽中阻塞以下行为顺，肝（胆）气横逆、胃肠气逆以通调肠腑使气下行，从魄门排气为顺。肢体运动则务使功能活动范围能突破受限部位恢复正常为顾。运动量勿须求大，而要求适度，万不可因运动而致劳伤，频率要慢，切忌使用暴力；或突然地大幅度动作，以免患者劳累加重病情。

王永钧肾病临床经验

【名老中医简介】王永钧（1935～）浙江杭州人。主任医师，教授，博士生导师。现任浙江中医药大学附属广兴医院（杭州市中医院）顾问，国家中医管理局肾脏病重点专科主任，中国中西医结合学会肾病专业委员会顾问，世界中医药联合会肾脏内科专业委员会学术顾问，中华中医药学会肾病专业委员会副主任委员，浙江省中医药学会副会长，浙江中西医结合学会常务理事，浙江省中西医结合肾病学术委员会主任等。享受国务院政府特殊津贴，第二批全国老中医药专家学术经验继承工作指导老师。擅长肾脏病的诊治，曾主持完成部省级和厅市级科研课题13项，参与或指导国家、省、市科研课题40余项、获各项科研奖励49项，先后荣获中国中西医结合贡献奖，中华中医药传承特殊贡献奖等。发表论文160余篇，主编3部专著，参编著作4部。

慢性肾脏病

1 病因、病机、证候与演变规律

王永钧认为慢性肾脏病的病因、病机及其演变规律可概括为：风湿之邪干预肾主封藏、主水、司开阖的职能（肾风、肾虚）→久病入络、久闭成痹，导致肾络瘀痹及肾微癥积形成（肾痹）→由体及用，肾的各种气化功能进一步衰减和丧失（肾劳）→病证进展，终致溺毒，甚而累及肾外多个系统。可见慢性肾脏病的发生、进展，及其在病程中的证候演变是邪正、体用相互影响的反复过程。若针对某一具体病例的某一时段，则其临床表现可以虚为主，亦可有以邪郁为主者，但更多的是虚实互见。所以其证候类型可单见，亦可虚—瘀—风湿……呈二联、三联，甚或多联证候出现者，处理时宜分析矛盾的主次，针对性的有序治疗，才能获最佳效果。关于虚证，按传统虽有气血阴阳之分，但王永钧从本病的主要临床症状泡沫尿（蛋白尿，或/及多形性红细胞尿）进行剖析，认为至少从被检出开始，便存在着肾气亏虚、封藏不固（气虚）和精微泄漏（阴伤）的病机，而且就临床诊察而言，“气虚”和“阴伤”多数是同时被发现的，所以慢性肾脏病的虚证，其基础只能是气阴（血）两虚，无需再分气虚、阴虚，何况从治疗角度讲“善补阳者，必于阴中求阳，则阳得阴助而生化无穷；善补阴者，必于阳中求阴，则阴得阳升而泉源不竭”，亦提示对本病的虚证兼治气阴（血），更符合“阴阳互根”和“治未病”的原则。王永钧临床上对本病的证候分类，简洁而扼要，应用最多的是“气阴（血）两虚证”、“肾络瘀痹证”、“风湿内扰证”。他强调，在慢性肾脏病的漫长病程中，往往会发生一些导致疾病加速进展的增恶因素，其中又以风、寒、湿、热、瘀痹、肝风，以及药源性肾损害为多见，均宜及时处理。至于本病的治疗时机，认为宜选择在慢性肾脏病（CKD）3期（肾小球滤过率GFR 30～59 mL/min）以及其前，CKD 4期和终末期肾衰竭（GFR≤29 mL/min），非透析/移植的内科治疗难度明显增加。

2 临证常用组方及应用

王永钧临床常用中药组方为：治水肿组方、补虚组方、行瘀消痛组方、祛风湿组方和非创伤性多途径给药组方。

2.1 治水肿组方

慢性肾脏病因兼感外邪（风寒、风热、热毒……），发为水肿者，多是在原有证候的基础上兼挟外邪束肺，使肺气失于宣降，不能通调水道，下输膀胱，发生水液潴留，溢于肌肤所致，证见畏寒、发热、咳嗽、气促，或兼挟疮痍、痄腮、喉痹等。他对其中风寒为主的用麻杏五皮饮，辛开肺气、达膜消肿；水气甚者，仿麻附五皮饮意，更加附子，以温经行水。风热为主的宜疏表清肺、发越水气，用越婢汤、或麻黄连翘赤小豆汤加减；热毒为主的可清热解毒、疏风散邪，用普济消毒饮出入。治脾虚水肿，证见身重、腹胀、食少、便溏，舌淡而腻、脉沉迟或沉细者，多用严氏实脾饮，或理中汤加附子，以温阳健脾、行气利水，在具体应用时多去甘草，选用苍术、茯苓健脾燥湿，配以少量附子以益火生土。王永钧指出其中苍术与附子的剂量配比以3∶1较适宜，因附子剂量过大，就不是实脾而是温肾了。当水肿已消而气虚未复时，可用单味生黄芪30～60g煎汁分服；或生黄芪研粉，每天10g，分3次吞服。治肾虚水肿，益肾是关键。他引《景岳全书》说："所谓气化者，即肾中之气也，即阴中之火也，阴中无阳，则气不能化，所以水道不通，溢而为肿"，所选温肾化气，利水消肿的代表方剂是济生肾气汤，主治腰膝酸软、畏寒、小便不利、口不渴，脉沉、舌淡的水肿。若寒甚而水肿明显的，可先给真武汤壮肾阳以制阴寒，待寒水渐退，再予济生肾气汤。治虚中挟实而需急则治标的水肿，可用攻逐法，常用药有大黄、甘遂、牵牛、巴豆、千金子等，辨证选用1～2味。因水湿泛滥、阻抑气化，此时疏导水湿，亦即伸展阳气，故导水湿之邪从肠道而出，泻后多能使尿量增多。攻逐法的剂型，以丸、散为宜，如巴豆生用，装入胶囊，成人每次0.1g吞服；甘遂研末，每次0.6g吞服；或千金子肉4.5g捣碎，装胶囊，清晨空腹1次吞服。王永钧反复教导：攻逐药属于峻泻剂，只宜暂用，不可久服，对本虚标实者更宜谨慎，须中病即止，才恰到好处。慢性肾脏病发生水肿，不少缘由风湿内扰于肾所致，治法详见祛风湿组方。

2.2 补虚组方

虚证，尤其肾虚，是肾脏病最常见的证候之一。有部分慢性肾脏病患者的主要（甚至是唯一的）临床表现就是尿中含有泡沫，若检测尿常规，则可查出尿蛋白和（或）尿红细胞，王永钧认为这是中医谓之阴血的精微物质随尿泄漏，其病机即为肾气亏乏，封藏失职，下元不固。根据阴阳互根理论，在慢性肾病虚证的治疗上提倡固肾涩精、补益气阴（血）。如：黄芪、当归，即李东垣《内外伤辨惑论》中的当归补血汤，其中黄芪是补气要药，与当归相伍，不仅补血，更能助气之"开、阖、枢"，有气血双补之功效；黄芪四物汤，即黄芪加四物汤（黄芪、当归、地黄、川芎、杭白芍），其中四物汤是补血、养血的经典方剂，且组方中川芎更有"血中气药"之称，故本组方较黄芪、当归组方在补益气血上更胜一筹，尤其此方在益气养血之中，更具较好的活血作用；黄芪二至汤，即黄芪加二至丸（黄芪、女贞子、旱莲草），二至丸补益肝肾，滋阴止血，与黄芪相伍，则有补益肝肾气阴的效果，适用于肝肾气阴亏虚偏胜者；黄芪二仙汤，即黄芪加水陆二仙（黄芪、淮山药、金樱子、芡实），山药健脾补肺、固肾益精，金樱子、芡实酸甘化阴、固肾涩精，三药与黄芪配伍，则肾气得补，精关自固；黄芪二二四汤，即黄芪合四物、二至、二仙（黄芪、当归、地黄、川芎、杭白芍、女贞子、旱莲草、金樱子、芡实、淮山药），该方兼补肾的气血和气阴，且能固肾涩精。

2.3 行瘀消癥组方

慢性肾脏病的许多症状、证候及其病机，都与瘀血相关。按照传统瘀血辨证，肾脏病患者一旦发现面色黧黑、晦暗，肌肤甲错，血尿，腰痛如锥，或舌体有瘀点、瘀斑，舌下筋系瘀紫等，均可确立瘀血诊断。但临床许多肾病患者缺乏传统瘀血辨证的依据，而予现代理化检测则可获瘀血的客观证据，王永钧称之为"潜在的肾内瘀血证"，并指出这类患者若得不到及时积极的治疗，就可能导致疾病的加重。对于瘀血证的治疗，必需先搞清与瘀血相关的证型，不能只认标而不识本，切忌"见血治血"、"见瘀化瘀"，要顾及瘀血的寒热虚实属性及部位，若以瘀血程度而言，可分活血、逐瘀、消癥三个层次进行治疗。常用组方：活血方常用加味桃红四物汤（生黄芪、桃仁、红花、当归、地黄、川芎、杭白芍），该方以益气、养血、活血为主旨，多用于血瘀轻症，以调畅血行，通和络脉。加减药物可选用丹参、蒲黄、五灵脂、虎杖、马鞭草、泽兰等；逐瘀方可用加减下瘀血汤，此方乃由《金匮要略》之下瘀血汤去蛰虫加积雪草组成（积雪草、桃仁、大黄），该方能搜剔死血，使瘀无凝著，多用于血瘀重症，另可加减选用水蛭、地龙等；消癥方有加减调荣汤，以调荣饮（当归、赤芍、川芎、莪术、大黄、元胡、桑白皮、大腹皮、茯苓皮）为基础进行化裁，可选加积雪草、三棱、海藻、鳖甲、炮山甲等，由于久病，虚与瘀互存，故宜消补兼施，补虚消癥并行，用以软坚散积，行瘀消癥，多用于痰瘀互结，日积月累的久病患者；他还自拟复方积雪草方（积雪草、桃仁、制大黄、黄芪、当归），用于肾微癥积（肾纤维化）的治疗，或以该方合四物汤共治之。

2.4 祛风湿组方

"肾主封藏"。当肾气亏乏、失于封藏，致精微下泄，出现泡沫尿时，给固肾涩精、补益气阴（血）方药，自可取效。若更遇风湿之邪内扰于肾，具"开泄"之性的风邪与"缠绵难愈"的湿邪相合，加重了肾失封藏的病理损害程度，致泡沫尿明显增多，尿蛋白往往≥1.0 g/24 h，甚者尚可伴有肉眼血尿，或兼见水肿、腰困重、皮肤湿疹等表现，若仍沿用固肾涩精、补益气阴（血）方药，疗效自然显著削弱，此时宜用祛风除湿主之。常用组方：加减防己黄芪汤，以《金匮》防己黄芪汤加减组成（汉防己、黄芪、白术、茯苓、苡仁、雷公藤、当归、川芎、地黄、白芍），有益气、养血、活血、祛风、胜湿功效，常用加减药物有鬼箭羽、豨签草、穿山龙、火把花根、徐长卿、青风藤等，亦可应用雷公藤、火把花根、青风藤的提取物。但需熟悉此类药对肝酶、性腺，以及血液系统的影响，始能及时检测预以防范。

2.5 非创伤性多途径治疗组方

除以上组方外，王永钧还创制以下组方，通过多途径非创伤性治疗 CKD 3 ~ 4 期的患者，以提高疗效。尿毒净Ⅰ号胶囊口服吸附排浊：主要成分是由核桃壳制成的药用活性炭，系胃肠道吸附剂，具巨大的比表面积，口服后能在胃肠道迅速扩散，使分子量较小的肌酐、尿酸等进入其孔隙，不被机体吸收而排出体外。主要用于慢性肾衰竭的早期患者，可改善症状，对血尿素氮、血肌酐、血磷也有一定的减轻作用。尿毒净Ⅱ号胶囊口服清泄浊毒：其主要成分为生大黄，能通便、利尿、下瘀血、破癥瘕积聚、清湿热浊毒，推陈致新、去陈垢而安五脏，每服胶囊 1 ~ 3 粒。降磷散：主要成分为海螵蛸，传统作为治湿、制酸、止血、敛疮，亦用治血枯、经闭、癥瘕。由于其含有 80% ~85% 碳酸钙、6% ~7% 壳角质、10% ~15% 黏液质，均可作为钙补充剂和磷络合剂以补钙、降磷。中药灌肠及中药全结肠灌洗：灌洗液的主要成分为大黄、槐花，牡蛎等，有助于吸附、排泄浊毒，且对改善肾功能，及肾性水肿有一定作用。露头热水药浴：药浴主要成分有土茯苓、木瓜、大黄等，对活血、祛风、消肿、排毒有一定功效，临床对消除水肿，尤其对缓解尿毒症患者的皮肤搔痒症疗效佳。以上组方，不仅有传统中医理、法、方、药理论的支撑，更有诸多现代药理学的研究证实，对慢性肾脏病有多层面、多环节、多靶点的治疗作用。临床选用，可获较好的疗效，以延缓肾功能的减退。

3 验案举隅

案 1 王某某，男，62 岁。有慢性肾炎病史 5 年，7 年前因手臂外伤，肌肉注射破伤风抗毒素，当即头昏不适，继而尿少尿闭（尿量 <30 mL/d），伴恶心呕吐。入院查体：烦躁，面色萎黄，气促，两肺有湿罗音，下肢水肿，舌淡质胖，苔厚腻，口有尿臭，脉细数。化验：血色素 4g，肌酐 702.78μmol/L，尿素氮 22.72 mmol/L，血钾 6.14 mmol/L；尿比重 1.003，尿蛋白（+ +），尿红细胞少、白细胞（+），尿颗粒管型（+）、腊状管型 0 ~2；心电图提示高钾；眼底示肾性视网膜病变伴动脉硬化Ⅱ° ~ Ⅲ°。中医诊断：溺毒、关格；西医诊断：慢性肾炎、破伤风抗毒素过敏、急性肾衰竭。治疗：入院初始 3 天曾先后应用糖皮质激素、东莨菪碱，以及大剂量速尿静脉滴注，仍无尿，且呕吐不止，腹胀、喘肿、两肺湿罗音增多，血肌酐增至 954.72μmol/L、尿素氮 35.7 mmol/L、血钾 6.52mmol/L，乃停用西药，改用中医药治疗。初诊：肾病 5 年，遇劳则足跗微肿。近因肌肉注射破伤风抗毒素，骤发溺毒、关格急症，虽经激素及襻利尿剂等应用，仍尿闭、喘肿、烦躁，且有水气凌心射肺之兆，宜“急则治标”予通腑泄浊、导大便以利小便，此即“欲得南风，需开北牖”之法。处方：生大黄 30 g（后下），淡附片 10 g（先煎），以上水煎服；另以生巴豆 100mg，去衣、装入胶囊吞服。1 剂。二诊：昨予以大黄附子汤合生巴豆方，从肠道攻逐水湿，先后排出水样便 4000 mL。泻后，呕吐、喘肿、烦躁明显减轻，两肺湿罗音减少，高血钾亦获改善，但感乏力，脉转细滑，苔仍腻，此湿浊之邪虽获下泄之机，但脾肾气血不足之象显现，宜益脾肾、调气血、行瘀痹。处方：生黄芪 30g，红参 6g，淡附片 10g，苡仁 30g，水煎服；另吞参三七粉 3g，3 剂。并加泼尼松 30 mg，晨顿服，3 天。三诊：近 2 天大便未解，但尿量逐日增加，精神续有改善，脉滑，苔薄、微腻。处方：生黄芪 30g，红参 3g，淡附片 6g，苡仁 30g，当归 6g，水煎服；另吞服参三七粉 3g；泼尼松服法及用量同前，3 剂。患者经通腑泄浊、攻逐水湿后，又以参附、芪附、芪米合方，并加参三七，后又增当归，予养营血而行瘀痹，从而遏制病邪、伸展正气，使病情迅速改善。其中糖皮质激素在抗炎、抗过敏方面，亦发挥了有利的作用。予入院 25 d 后，复查血肌酐 114.92μmol/L、尿素氮 7 mmol/L，肾图检查示肾脏指数右 73%、左 53%（正常值 45% 以上），予以出院。

按 此例 A/C 患者是王永钧以中医药为主，先用攻逐，后进补益，并辅以西药，成功抢救的病例。患者是在慢性肾脏病基础上的急性肾衰竭（ARF on CKD，A/C），且为高龄，有证据显示，A/C 是导致 CKD 患者发生终末期肾衰竭的重要原因，CKD 患者若发生 ARF，其病死率可明显增加。因此，临床上及时发现 A/C，早期诊断并找出病因、早期干预，对延缓 CKD 患者的肾功能恶化至关重要。

案 2 汪某某，女，17 岁。12 天前开始眼睑浮肿，继而波及全身，尿量减少。经肌肉注射青霉素、口服双氢克尿噻，浮肿不减而收住入院。水肿发生前 8 天，有咽痛、无发热。现症：畏寒，肢节酸重，全身水肿，纳呆，呕吐频甚。尿量每日仅 100 mL 左右。体检：面白、眼睑肿，苔薄，舌淡胖。咽不充血，两侧扁桃体肿大Ⅱ°，两肺呼吸音清晰，心率 88 次/min，律齐，心尖区有Ⅱ级收缩期吹风样杂音，心界不大，血压160/100 mmHg,脉沉,腹软,肝脾肋下未及,移动性浊音可疑,双肾区叩痛(±),背臀部及双下肢均有凹陷性浮肿。化验:尿蛋白(++++)、尿红细胞(+++),24 h尿蛋白定量16.8 g,血红蛋白118 g/L,血沉85 mm/h,血浆白蛋白21.9 g/L,血胆固醇7.06 mmol/L,血肌酐411.06μmol/L。中医诊断:水肿、关格;西医诊断:肾炎性肾病综合征、急性肾衰竭。初诊:人体水液之输布、运行,有赖于肺、脾、肾、三焦、以及膀胱之气化。今风邪挟水湿,始从上受,由咽喉而及脏腑,致浊邪壅塞三焦,发为水肿、关格,且脉为水格而反沉,舌为湿渍而淡胖,状若正虚,实为邪盛。故先拟攻逐水湿,务使通腑以护脏、祛邪以安正。处方:生大黄30g(后下),川朴10g,枳壳10g,姜半夏10g,陈皮3g,甘遂0.6g(研吞),生巴豆0.1g(装入胶囊吞)。1剂,并嘱低盐、限制水份摄入。二诊:昨日进小承气合二陈、吞甘遂末及生巴豆胶囊通腑以逐水湿,得水样便约1200 mL,呕吐略减,舌脉如前,再拟前法合益气行瘀祛风渗湿之品加减。处方:生黄芪10g,汉防己10g,川椒目10g,车前子15g,车前草15g,生大黄30g(后下),巴豆0.1g(装入胶囊吞)。3剂。另川芎嗪80mg溶于10%葡萄糖水500 mL缓慢静脉滴注,日1次。三诊:近3 d来,大便仍稀水样,日行4~6次,且尿量增加。昨日小便1000 mL,呕吐仅有1次。脉由沉转滑,舌仍淡,苔薄,血压130/70 mmHg。示水肿、关格重症已获转机,停用攻逐药,以益气健脾、行瘀渗湿为主。处方:生黄芪30g,党参12g,白术12g,泽泻10g,半边莲30g,半枝莲30g,益母草30g,丹参30g,大蓟10g,小蓟10g,3剂。仍川芎嗪静脉滴注,日1次。四诊:尿量逐日增加在1200~2000 mL/d左右,呕吐消失,全身浮肿消退。舌淡红,苔薄黄,脉细弦滑。复查血肌酐降至212.16μmol/L。再拟原法出入。处方:生黄芪30g,党参12g,白术12g,泽泻10g,半边莲30g,半枝莲30g,益母草30g,丹参30g,大蓟10g,小蓟10g,参三七1.5 g(吞)。并停用川芎嗪静脉滴注,以后继予原方出入调理。共住院57天,出院时症状消失,精神状态好,血压110/70mmHg,两侧同位素肾图正常。复查血肌酐132.6μmol/L,尿素氮3.46 mmol/L,尿常规蛋白(++)、红细胞(++)、白细胞(+)。随访观察:出院后继续肾病门诊治疗,以口服益肾冲剂为主(主要成分:生黄芪、丹参、半边莲、半枝莲、益母草等),连续半年后停药,尿常规转阴。以后持续尿检阴性。3年后复查:血肌酐95.47μmol/L,24 h内生肌酐清除率75 mL/min,尿常规正常。

按 本案患者风热夹水湿侵袭,由咽喉而及脏腑,使气化功能失衡,水湿浸淫,浊邪壅塞三焦,正气不得升降,已成水肿、关格之重症,且“脉为水格而反沉,舌为湿渍而淡畔”,极易误判为虚证。与案1比较,均为水肿、关格重症,且都用攻下逐水法取效,但由于年龄、病程、有无宿疾等方面存在的差异,所以用药分寸,自有区别。(陈洪宇)

原发性肾病综合征

1 风湿内扰是肾综的病因和中心证候

肾病综合征(简称肾综)以大量蛋白尿、低蛋白血症为特征,常伴有水肿和高脂血症,是临床常见的肾小球疾病。原发性肾综必须在排除继发性肾综后始能诊断。肾综之为病,古代多从肾风、水肿论治,近代医家分析其病因、病机,分别从虚、从瘀、从风、从湿热入手。王永钧通过古籍文献的研究,结合长期临床实践,认为肾综系由风湿内扰于肾,使肾固有的主封藏、司开阖等职能失常所致。正是由于风湿之邪干扰了肾主封藏和司开阖的职能,以致封藏失司、精微下泄,尿有泡沫、内含多量蛋白;或开阖失司、水液潴留、尿少水肿;甚者更可干扰肾的气血运行,以致肾络瘀阻、久闭致痹,形成肾内微型癥积。可见其病因、病机、病位及证候,都是以风湿内扰于肾最为重要,有时伴有虚、瘀等表现。因此,治疗自宜以祛风湿为主要治则,并结合患者个体的临床、病理变化及差异,辨证加减。

2 以祛风胜湿为中心的辨证论治经验

王永钧认为肾综的风湿内扰证兼具“风邪”和“湿邪”的双重特征。一方面因“风性开泄”,干扰肾的封藏职能,使机体的血浆白蛋白等精微物质从尿中大量流失,故尿蛋白多≥3.5g/d,而血白蛋白则≤30g/L;又因其“善行数变”,可产生多种不稳定因素,使困乏、眩晕、水肿等临床症状加重,肾病理亦可出现各种急性活动性改变;同时因与湿邪相合为病,所以又有“水湿肿满”及“湿性凝滞,缠绵难愈”等特征。王永钧应用的祛风湿药,有雷公藤、火把花根、青风藤、汉防己、穿山龙、鬼箭羽、徐长卿等,其中雷公藤、火把花根、青风藤三味,由于安全因素,以及携带、使用方便等因素的综合考虑,目前多用其提取物,如雷公藤多苷片、火把花根片、青藤碱片,而汉防己、鬼箭羽、徐长卿等,则以饮片入煎剂使用。雷公藤多苷与火把花根片,在部分患者中可导致肝损、骨髓抑制及月经紊乱等副反应,因此需每2周定期监测肝功能与血常规等,以策安全。他曾说:“以雷公藤多苷(Tw)为例,其用药剂量、疗程、给药方式的个体化选择，是很值得研究的。"

南京军区总院采用 Tw 双倍剂量(2 mg·kg－1 ·d－1)治疗肾综，连服4周，使诱导缓解率明显提高，继后逐渐撤减 Tw 剂量至1.5 mg·kg－1 ·d－1,1个月后再减至一般所称的常规剂量(1 mg·kg－1 ·d －1)维持；或于Tw 双倍剂量连服4周后，改为服药2周、停药2周的间歇疗法维持，这不仅有利于Tw 的增效减毒，还能减少因撤减 Tw 剂量所带来的病情复发，部分以往曾应用足量激素治疗无效的患者，改用Tw后亦取得了临床缓解，这证实在对Tw进行基础研究的同时，深入开展相关的临床研究实属必要。王永钧用 Tw 治疗肾综，当临床缓解、剂量减至1 mg·kg－1·d－1以下时，仍采用缓慢撤减的方式，直至10 mg/1～2 d始议停药，整个疗程在1年左右。火把花根片与Tw的应用方式基本相似，亦需先取得临床缓解，然后才逐步撤减。由于火把花根与Tw两药的作用机制及副反应十分类同，因此不宜同时应用。

汉防己及其提取物粉防己碱的实验研究，文献报告已较多，但其治风湿及在肾综的应用，与鬼箭羽、徐长卿一样，多数是以传统方式与他药组方，辨证加减使用，至于其最佳剂量及疗程，尚在研究中。青风藤及其提取物盐酸青藤碱片(商品名有正清风痛宁片、喜络明片等)，虽然在王永钧以往的实验中已证实能明显抑制肾间质纤维化造模鼠肾 a－SMA、ICAM－1蛋白与 MCP－1 mRNA 的表达、体外实验表明能显著抑制 1L－β1 刺激下的肾小管上皮细胞转分化标志物 a－SMA、细胞外基质 FN、及致纤维化关键因子 TGF－β1 的基因表达，但对肾病造模鼠的蛋白尿治疗作用有限，而且由于该药是目前所知植物中具有最强的组织胺释放作用，临床常见皮疹、瘙痒等反应，虽可用抗组织胺药拮抗此反应，但毕竟给临床带来影响，故他临床虽在多种免疫介导的肾炎中应用该药，但在大量蛋白尿的肾综时却应用较少。

另一味白芍，虽非祛风胜湿药，但王永钧认为肾综之风湿，系来自内外两途，由内而生者，与肝阴、肝血有关，白芍养血柔肝，医所共知，《本经》又言其能"除血痹，利小便"，《玉楸药解》称其"善治厥阴木郁风动之病"，可知其有利于治内风、通血络、利小便。张锡纯在《医学衷中参西录》中亦称其确有利水消肿之功，现白芍除以饮片入煎剂外，亦可用其提取物(白芍总苷，商品名为帕夫林片)与其他治风湿药或治肾中成药配伍使用。若单独用治肾综，则药力过于单薄。此外，值得注意的是，白芍总苷服后，有部分患者可致腹泻，所以开始用量宜小(0.6/d，分2次口服)，待适应后，再逐渐增大为宜。肾综辨证除风湿内扰之外，尚有兼虚、兼瘀、兼湿热者，王永钧的辨证用药是：风湿内扰兼挟气(阳)虚者，可以雷公藤多苷片＋黄芪防己汤加减(生黄芪、炒党参、炒白术、猪苓、茯苓、仙灵脾、金樱子、芡实、汉防己、徐长卿)，其中阳虚明显者可加桂枝、附子以助气化，兼精血不足者加当归、阿胶补精血，以滋化源；小便短少再加薏苡仁、葶苈子、车前草以渗利水湿；兼挟阴虚者，则用雷公藤多苷片＋大补阴煎加减(生黄芪、干地黄、知母、龟版、阿胶珠、茯苓、淮山药、丹参、丹皮、杜仲、淮牛膝、女贞子、旱莲草)；口苦，咽干明显者加石斛、天冬；腰膝酸软明显者加川断、桑寄生。兼挟气阴两虚者，多用雷公藤多苷片＋黄芪防己汤＋大补阴煎加减(生黄芪、炒党参、炒白术、汉防己、知母、龟版、猪苓、茯苓、金樱子、女贞子、旱莲草、芡实)。风湿内扰兼挟瘀血者，用雷公藤多苷片＋桃红四物汤加减(当归、赤白芍、干地黄、川芎、桃仁、红花、淡海藻、炒莪术、益母草)。但在实际应用时，往往还根据患者瘀血的程度进行增减，如辨证(包括宏观辨证与微观辨证)为脉络不和者，用当归、川芎、赤芍、丹参等，如有死血凝着者，可加制大黄、桃仁、蛋虫、地龙、水蛭等；已有癥积形成者(包括微观肾脏病理形态上的肾小球球黏连、疤痕，细胞外基质积聚等)，则可加三棱、莪术、海藻、昆布、积雪草、鳖甲、穿山甲等。对于肾内微型癥积，王永钧指出治疗的关键是在其早期即使用活血化瘀消癥散积中药。风湿内扰兼挟湿热者，多口服雷公藤多苷片＋大黄泻心合四苓散加减(黄芩、黄连、黄柏、制大黄、茯苓、猪苓、泽泻、白花蛇舌草、白茅根)。肾综的湿热证候多出现在疾病初发阶段，或在漫长的病程中，复因湿热外邪乘虚侵袭肠道、膀胱、皮肤或其他部位所致，亦有在疾病经过中应用了糖皮质激素，使疾病在原有证候基础上，结合激素副反应，如痤疮、口干、脉数等，从而出现类似湿热证的表现，因此湿热证多数是肾综的兼夹证候，而非基本证候。

应用上述辨证论治方案，可显著提高中医药治疗肾综的临床疗效，拓展中药治疗肾综的范围，使之成为治疗中的主力，改变了以往中医药只能配合激素治疗的辅助地位。单独应用上述方案，对肾综的病理改变呈微小病变，及轻度系膜增生性改变者有很好的疗效。若遇病理类型提示为难治性肾综者，或祛风湿中药因某些副作用而无法坚持治疗者，为提高疗效，可选择中西医结合的方法。王永钧认为从一定意义上讲,西药激素及免疫抑制剂,亦是治风湿药的延伸与拓展,他在临床常用的几个诊治方案,按病情轻重有:中医辨证治疗+激素治疗、中药辨证治疗+激素+免疫抑制剂、中药辨证治疗+激素+免疫抑制剂联合序贯治疗。但是在应用中西结合方案时,必须对该西药的药效、药理、毒理、药物相互作用、禁忌、用法与用量等有深刻的了解,才能获得良好的效果。(陈洪宇)

Ⅱ型糖尿病肾损害

1 病因及病机演变

王永钧认为,Ⅱ型糖尿病(DM)不论有无"三消"证,随着疾病的迁延和发展,多数会导致"五脏之伤,穷必及肾"的结果。DM 累及肾的气化,则在其原有病证基础上,出现泡沫尿,并逐渐增多,将泡沫尿进行尿液检查,往往可见不同程度的尿微量白蛋白或尿蛋白;若有大量尿泡沫浮于尿容器表面历久难消,尿蛋白多呈强阳性(++~++++),定量显示≥1.0g/24 h,甚者血中白蛋白会因此而降低。所以,从中医理论而言,此泡沫尿乃肾失封藏、谷气与精微随尿下泄的病理现象。结合肾B超及肾小球滤过率(GFR)的动态观察,还可见肾体(形态)和肾用(功能)两个方面的规律性变化:双肾体积增大→复常→缩小,GFR 增高→复常→降低,所以此"复常"实系一种病理改变的过程。诊断Ⅱ型糖尿病肾损害(DN),应先排除 DM 合并非糖尿病性肾病,因此在诊断困难的病例,应做肾活检以明确之。DN 最常见的中医证候是肾虚证,其演变都循肾阴虚→肾气阴两虚→肾阴阳两虚的经过,但除肾虚证候外,尚可有各种复杂证候,特别需要重视的是风湿、肝风(肝气、肝火),痰瘀和溺毒,而以风湿和肝风尤为关键。风与湿均为六淫外邪,其中风为阳邪,其性开泄,善行数变;湿为阴邪,其性凝滞,缠绵难愈;若风湿合邪,乘虚袭人,循毫毛、腠理而内扰于肾,则不仅加重肾虚亏乏、封藏失职的病机,使尿泡沫增多,并可致病情迁延,难以速愈。肝风缘由内生,是水不涵木,使肝阴虚,肝火旺,肝气横逆,肝风内生,而肝的"疏泄"与风的"开泄"之性,均可干扰肾气的封藏,亦使泡沫尿增多,加重 DN 的病情。关于内、外风的关系,清·王泰林曾在《西溪书屋夜话谈》说:"凡人必先有内风而后招致外风,亦有外风引动内风者,故肝风门中每多夹杂。"王永钧曾引证李文荣、黄坤载、郑钦安等中医前辈的见解。李氏在《论肝气》中说:"人之五脏,唯肝易动而难静……。又或火化为风,眩晕非常;又或上及巅顶,疼痛难忍;又或血不荣肝,液不荣筋,四肢搐搦,周身抽掣;又或疏泄太过,致肾不闭藏,而二便不调……,其变幻莫测,不能尽述;"黄氏在《四圣心源·消渴》说"消渴是厥阴之病也。厥阴风木与少阳相火为表里……凡木之性专欲疏泄……则相火失其蛰藏",又在《素灵微蕴·肖渴解》说"消渴之病则独责肝木,而不责肺气";郑氏在《医学真传·三消病起何因》说"消症生于厥阴风木主气,盖以厥阴下水而上火,风火相煽,故生消渴诸证"。其实在 DN 出现头晕目眩、视物模糊、肢体麻木、或头痛、黑朦、甚而抽搐、血压明显升高,呈厥阴肝木风动者,并非罕见;唯在此之前因风湿或肝气干预肾的封藏职能,初始引发泡沫尿时,却每每因其症状隐匿而被忽视,直至尿泡沫明显增多,导致尿少、水肿、血压增高、肾功能减低、溺毒内留时,始被重视,实属遗憾。至于痰湿,则既有先天禀赋因素,又有后天数食甘美多肥之过,因而此痰湿显然是指"肥人多痰湿"、"无痰不作眩"的无形之痰。其病机《三因极一病证方论》认为是"由荣卫不清,气血败浊,凝结而成也",可见它实际上是一种痰瘀互结的现象。而风湿与痰瘀胶结,则不仅使肾络瘀痹,进而导致肾微癥积形成,而且还会发生心络痹阻等多种肾外并发症,甚至最终可成为 DM 的直接死亡原因。

2 治疗时机的最佳选择

DN 可分为5期。最佳治疗时机宜在早期进行,即持续微量蛋白尿期(AER 20~200/μg/min 或 UAE 30~300mg/24 h)。目前主张采集晨尿样本,测尿白蛋白/肌酐(Alb/Cr)比值,在30~300 mg/Cr 者即为早期 DN。研究已表明,DN 一旦出现持续的蛋白尿,其肾功能将不可遏制地进行性下降,约50%患者在10年内、75%患者在15年内发展为终末期肾衰竭(ESRF),即便采用全方位的综合疗法,亦无法完全阻止其发展;但若在Ⅲ期 DN 及之前进行早期、积极、合理的干预治疗,有望阻止或延缓大量蛋白尿的发生。为此,对 DN 必须做到早诊断、早治疗。若以中医证候而言,在肾阴虚证时便应重视尿液泡沫的观察,以期及时发现肾失封藏的病机变化。DM 患者,大多起病隐匿,所以当患者初治时,就应将双肾大小、GFR、尿微量白蛋白、血压等纳入常规检查之列,并予动态观察;教会患者掌握对泡沫尿的观察和检测。应认识到尿微量白蛋白在初始时可以呈间隙性,或只在运动后发生,继之才逐年加重,演变为持续性微量白蛋白尿,为此要至少连续3次以上尿白蛋白排出量无增加才能排除 DN。

3 DN 的治疗

3.1 "治未病"临床思维

DN由DM病情发展所致,故控制血糖使之尽可能稳定在靶目标(空腹血糖≤6.1 mmol/L,餐后2 h≤8.0 mmol/L,糖化血红蛋白≤6.5%)实为治疗的前提。DN系复杂难治性疾病,因此一定要树立"治未病"的临床思维,既要防止无蛋白尿的早期DN患者发生微量白蛋白尿(1级预防),又要防止微量蛋白尿发展至临床蛋白尿(2级预防),已发生临床蛋白尿的患者则应防止和延缓进入ESRD(3级预防)。DN时的血压增高和脂质代谢紊乱,是蛋白尿之外促使病情进展的两个危险因素。新近研究证实:炎症反应在DN发生发展过程中发挥着极为重要的作用,均需着力纠治,因此积极吸取中西医药之长,使优势互补,才能为患者获取更好疗效。

3.2 合理饮食,适当运动

这在DN早期治疗中占有重要地位。传统中医一贯重视饮食和运动,认为在消渴病早期"能慎此者,虽不服药而自可无他,不知此者,纵有金丹,亦不可救,深思慎之",王焘在《外台秘要》中还提出具体方案,主张"先候腹实,积饥乃食","食欲少而数,不欲顿而多",宜食后"即须行步",不宜"饮食便卧,终日久坐",主张"人欲小劳,但莫劳疲极也",很具积极意义。王永钧认为,饮食与运动疗法的要素有:①根据体质、体重、营养状况、劳动强度及病情,因人而异地规范每日摄入总热量;②饮食结构宜清淡合理,蛋白摄入宜优质(高生物价蛋白为主),低量(DN早期蛋白摄入量0.8 g·kg－1·d－1,可使高滤过状态获得改善,对GFR已经下降的临床期患者,蛋白摄入0.6 g·kg－1·d－1,可延缓肾衰竭进程);③少食多餐,规律进食,品种多样化;④散步,时间以餐后1 h为宜;⑤运动以太极拳为首选;⑥根据反馈,宜及时调整运动的时间、强度、频率。由于DN患者之间个体差异较大,他还主张确诊之后应向有专业知识的营养师、体能教练咨询,定期评估、调整,以期获得实效。

3.3 辨证论治

3.3.1 肾虚证 ①肾阴虚证:头晕目眩,腰酸膝软,有或无"三消"症状,舌红、干、少苔,脉细或细弦、细数。治法:滋肾育阴。方药:干地黄20g,淮山药15g,炒萸肉6～10g,茯苓30g,丹皮10g,知母10g,女贞子10g,旱莲草30g,丹参15g,桑枝30g,丝瓜络6g。阴虚火旺,或有燥热症状者可选加黄连、生石膏、制军。②肾气阴两虚证:腰酸膝软,乏力,自汗、盗汗,有或无"三消"症状,偶见晨间眼睑微肿,舌红、或淡红,苔薄,脉细,或细滑,细数。治法:益气养阴,兼通络脉。方药:生黄芪30g,太子参30g,淮山药15g,天冬10g,麦冬10g,五味子6g,金樱子10～30g,知母10g,元参15g,丹参15g,广地龙10g。气虚明显者,生黄芪加量至45～60g;阴虚明显更增女贞子、旱莲草;兼轻度浮肿时加猪苓、茯苓、苡仁。③肾阴阳两虚证:腰酸膝软,神疲乏力、不耐劳累,夜尿增多,面色少华,晨起眼睑浮肿,傍晚足跗水肿,按之凹陷不起,舌淡而胖,苔薄或腻,脉沉细,按之或弦或滑。治法:滋阴补阳,益肾消癥。方药:生黄芪45g,炒党参10g,淮山药15g,仙灵脾10～15g,女贞子10g,旱莲草30g,当归10g,积雪草30g。阳虚明显者,生黄芪加量至60g,并加冬虫夏草3g、淡附子(先煎)6g。

3.3.2 肝风证 在DN原有的肾虚证基础上,眩晕或头胀痛加重,或面潮红、目赤、口苦、尿现泡沫,或肢体麻木,甚则巅顶头痛难忍,黑朦,血压增高,甚至搐搦,抽掣者有之,舌红,苔薄或微黄,脉弦或细弦、弦滑、弦滑数。治法:育阴潜阳,平肝熄风。方药:生白芍15～30g,干地黄20g,女贞子10g,广地龙10g,桑枝叶各15～30g,汉防已10～15g,双钩藤(后下)15g,杜仲10g,丹参15g,生石决明(先煎)30g。若心烦、少寐梦多加夜交藤、茯神;头痛如掣、眩晕欲仆者加羚羊角粉吞服;兼腑热便秘者,可参考"厥阴不治,责之阳明"治则,加制军、玄明粉。

DN自长效降压药,尤其是血管紧张素转换酶抑制剂(ACEI)与血管紧张素Ⅱ受体拮抗剂(ARB)问世,以及明确DN降压的靶目标(125/75 mmHg)以来,若患者有较好的服药依从性,其肝风证的出现概率已显著减少,可知本病所致的肝风证与血压有很好的相关性。王永钧认为,血压轻度增高,有或无上述证者,予育阴潜阳,平肝熄风方药,结合低盐及调整膳食结构,有较好的降压和改善症状作用,且安全性好。若仍不能控制血压至靶目标,则宜中西医结合治疗,西药可选用或联用ACEI/ARB/CCB等,不仅能较快平息肝风证候,且能控制血压,使尿泡沫(尿蛋白)减少,延缓肾损害的进展。

3.3.3 风湿证 在DN原有肾虚证基础上,出现:①泡沫尿(实验室检查可见尿微量白蛋白增多,甚至尿蛋白定量≥0.5 g/24 h);②有泡沫尿但无肝风证候表现;③泡沫尿虽经益肾或平肝熄风中药治疗,但仍乏疗效;④尿检有致炎症细胞因子,如肿瘤坏死因子(TNF－a),尿单核细胞趋化蛋白(MCP－1)等水平增高;⑤尿找足细胞阳性。其中①为必备条件,再具备②～⑤其中一项,即可诊断。治则:祛风湿,调气阴(血)。方药:汉防己 10~15g,豨莶草 30g,炒苍术 10g,茯苓 30g,生黄芪 30g,当归 10g,女贞子 10g,旱莲草 30g,水煎服。若见口干、舌红、手足心热等肾阴虚症状,可去苍术,加知母;若兼舌淡、肢麻、乏力、头晕、眼睑稍苍白等气血不足症状,可增生黄芪用量,并加鸡血藤、地黄。若在典型的肾阴虚证、肾气阴两虚证或肝风证基础上兼见风湿证者,则可在肾阴虚方、肾气阴两虚方或肝风方基础上,选加祛风湿的中药提取物,如雷公藤多苷片,或盐酸青藤碱缓释片+白芍总苷胶囊。雷公藤多苷片 10 mg/片,10~20 mg/次,3 次/d,口服;病情缓解后逐渐减量维持,或治疗 4 周后改用服 2 周、停 2 周的间歇疗法;治前及治后每 2~4 周,需查血常规、肝功能及观察月经周期等改变以了解可能发生的血白细胞减少、肝酶增高及有关性腺抑制等副反应(发生率约 15% 左右),一旦发生宜及时停药,一般副反应会自行消除。盐酸青藤碱缓释片(商品名为正清风痛宁缓释片),60mg/片,60 mg/次,2 次/d,口服;以后可渐加至 120 mg/次,2 次/d。初服时因组胺释放,可能出现皮疹、瘙痒,或关节痛等反应,但继续服药多数能自行消除;亦宜定期(2~4 周)查血常规及肝功能,但很少发生异常。白芍总苷胶囊(商品名为帕夫林),300 mg (含白芍总苷不少于 104 mg),600 mg/次,2 次/d,口服。但部分病例初始服后有腹泻、腹痛反应,故建议初始量为 300 mg/次,2 次/d,口服。以后逐步增量。其他副反应少见。

3.3.4 痰瘀证 在 DN 肾虚证(尤以肾气阴两虚证为多)的基础上,出现虚胖无力,不耐劳累,头身沉重,肢体麻痛,尿有泡沫,脉细而涩,舌胖,或紫暗,或有瘀斑。痰瘀证患者若予血凝、血脂检查,多数呈高脂血症及高凝血症。治则:消痰脂,行瘀痹。方药:生黄芪 15~30g,姜半夏 10g,陈皮 6g,茯苓 30g,姜竹茹 10g,红曲 10g,丹参 10~15g,川芎 15~30g。痰湿夹热,可仿黄连温胆汤意,更增黄连;若伴血脂增高时,可径用红曲制剂。按红曲《本草纲目》谓其“甘温无毒”,《本草备要》记载“入营而破血,燥胃消食,活血和血”,近代研究红曲具调脂和降低 DN 患者微量白蛋白尿的作用。其提取物市售的有脂必泰胶囊、脂必妥片和血脂康胶囊。

3.3.5 溺毒证 溺即尿液,DN 的溺毒证是指在 DN 肾虚证(尤以肾阴阳两虚证居多)基础上,发生尿毒素潴留为主的一组虚实兼夹、危重复杂证候,但其发展呈渐进性。早中期除肾虚证的症状外,往往缺乏特征性表现,但检测肾功能,可见血肌酐已从正常高限开始逐渐升高,若以肾小球滤过率(GFR)分期则多在 CKD 3 期(GFR 30~59 mL·mim-1·1.73M-2)及之前。至晚期则证见显著疲乏,贫血加重,少尿,夜尿,水肿,厌食,呕吐,胸闷,动则气促,呼吸深长。终末期时上述症状尤为明显,或有呕血,便血,喘促,心悸,甚而昏愦,抽搐。舌淡,苔薄或腻;脉细、弦或细滑、弦滑,常有数象,亦有脉结代者。治则:终末期宜行透析/肾移植,并结合药物治疗;晚期宜中西医结合药物治疗的同时,做好透析/肾移植的相关准备。早中期宜在饮食治疗基础上,予益肾养血、消癥泄浊为主的中西医结合治疗,以延缓其病情进展。方药:①低蛋白饮食(蛋白摄入量 0.6~0.8 g·kg-1·d-1)+复方 a-酮酸片(商品名开同)每天 12 粒,分 3 餐,每餐 4 粒,于进餐中间吞服;②复方积雪草方:积雪草 30g、桃仁 10g、制军 3~10g、生黄芪 30~60g、当归 6~10g,水煎服,每日或间日 1 剂。本方临床及实验均提示能抗肾纤维化、延缓肾功能减退。若患者原系大便溏薄,便次增多者,可去制大黄;③尿毒 1 号胶囊(院内制剂):主要成分为核桃壳制成的药用活性炭。2~4 粒,3 次/d,口服,临床及体外实验均提示能吸附尿毒素;④尿毒 2 号胶囊(院内制剂):主要成分为生大黄,用法与用量需按患者体质,大便次数及性状辨治。一般可在复方积雪草方基础上斟酌使用。若需应用,可每日 1~4 粒,使大便 1~2 次/d 为宜,超过 2 次,可予停服;⑤羟苯磺酸钙胶囊(商品名有导升明)。系一微血管保护剂,对 DM 引起的视网膜病变及肾病有治疗作用,但对血肌酐及尿酸的测定会产生一定干扰。用药后 CKD 3、4 期患者的血肌酐与尿酸水平往往能显著降低,对尿素氮的干扰不显著,停药后多数患者血肌酐与尿酸会复升。所以其实际疗效不能单从血肌酐、尿酸的下降幅度来进行衡量。但对因肾功能损害产生焦虑、抑郁症的患者,是心理治疗的一种理想辅助用药。

3.4 多联证的用药经验

王永钧认为 DN 的证候分型,虽有肾虚、肝风、风湿、痰瘀、溺毒之分,而肾虚又有阴虚、气阴两虚、阴阳两虚之别,但在实践中,临床证候往往有呈二联证、三联证者(2 个证候或 3 个证候联合出现),其中最多见的是肾气阴(血)两虚证、瘀证与风湿证联合出现。为此,他将雷公藤提取物、虫草菌粉、生晒参、女贞子、丹参组成复方雷公藤胶囊(院内制剂),以补益肾的气阴,且有活血行瘀、祛风除湿作用,临床取得很好疗效。1995 年他将此方与苯那普利、糖适平联合用药作为治疗组,而以不用复方雷公藤胶囊者为对照组,进行临床对照,共观察61例(治疗组31例,对照组30例)DN患者,疗程3个月。结果治疗组显效率与总有效率优于对照组($P<0.05$),尿微量白蛋白、Scr均有明显改善($P<0.05$)。更有意义的是,以往认为DN一旦出现持续性临床蛋白尿,病情常难逆转,肾功能多呈进行性减退,但该治疗组中有22例属于临床蛋白尿早期的患者,治后7例24 h尿蛋白定量减少至200 mg以下,14例尿蛋白定量较治前减少50%以上:提示复方雷公藤胶囊与糖适平、苯那普利综合治疗,能获得较以往更好的近期疗效。以后又在对链脲佐菌素诱导的DM大鼠肾损伤模型的实验中证实,复方雷公藤能减轻肾脏高滤过,减少蛋白尿,并显著降低尿内皮素-1(UET-1)及肿瘤坏死因子-a(TNF-a)等的升高幅度,减轻肾病理损害。

雷公藤是免疫抑制剂,治疗免疫介导的肾小球疾病是顺理成章的,但王永钧将其用于治疗DM的肾损害。首先是因为这两种疾病都有泡沫尿及水肿,都存在风湿之邪内扰于肾,导致肾失封藏,和不能正常主宰水液输泌的病因和病机,尤其当时在DN还缺乏有效治疗手段的情况下,促使他自然想起了二者之间是否存在"异病同治"的可能;其次,雷公藤除具有免疫抑制作用外,尚有维持肾小球滤过膜阴电荷屏障完整性,降低肾脏合成血栓素B2水平,减少尿蛋白的作用,而这正是DN发生发展的重要因素之一,何况雷公藤不像糖皮质激素,不会导致糖和脂质的代谢紊乱;第三是在初步的临床实践中使他对雷公藤治疗产生了信心,继后的动物实验更提供了DM肾损害存在着TNF-a等炎症因子的高表达,而雷公藤又对之有确切的疗效 这里所指的炎症是一种长期、慢性的低度炎症状态,而与通常所指的细菌、病毒感染的急性炎症不同,所谓抗炎治疗也与一般抗生素、消炎药使用有别,而是指针对某些炎症因子和细胞因子,如TNF-a、IL-6、MCP-1等及其受体的特异性阻断剂的应用。新近研究还表明:雷公藤的主要有效成分—雷公藤甲素,不仅具有与其免疫抑制作用密不可分的、强大的抗炎作用,可以抑制多种细胞因子和黏附分子的表达,而且对足细胞的损伤具有预防和修复作用 。

4 病案举隅

谢某,男,69岁,2003年10月28日初诊:10月前体检发现血糖升高,自觉仅轻微口渴,以后又发生多饮、多食、多尿症状,诊断为2型DM,先后口服美吡达、糖适平、拜糖平等降糖药,结合饮食管理,曾经使空腹及餐后血糖均控制在正常水平。5年前发现血压增高,最高达160/90 mmHg,后加服洛汀新片控制;1年前发生两眼视物模糊,经专科诊断为白内障,予眼药水滴眼,无明显改善。近半年来,血糖显著增高,餐后2 h在12~19 mmol/L左右,先后换用瑞易宁、诺和龙等,均未奏效,且出现尿泡沫增多,乃来王永钧处治疗。以往不嗜烟酒,父母已故,未问出明确的遗传病史。体检:脉搏80次/min,血压140/70 mmHg,体重62 kg,身高158cm,甲状腺不肿,心肺未见异常,腹平软,无压痛,未及包块,肾无叩痛,下肢不肿,双足背动脉搏动存在。实验室检查:血糖空腹9.6 mmol/L,餐后2 h 20.8 mmol/L,糖化血红蛋白7.5%,Scr 72μmol/L,Alb 43 g/L. TC 5.09 mmol/l,TG 1.63 mmol/L,血空腹C肽3.2 ng/mL,胰岛素11 mU/mL;餐后2 h C肽>7.0 ng/mL,胰岛素61.6 mU/mL。尿常规蛋白阴性,尿蛋白定量620 rag/24 h,尿微量白蛋白164 mg/L,尿α-微球蛋白27.5 mg/L,尿IgG 28.9 mg/L,尿转铁蛋白12.9 mg/L,Ccr 83.4 mL/min,尿渗透压861 mOsm/kg H20。脉弦细,舌淡红,苔薄白。诊断为2型糖尿病,糖尿病肾病Ⅲ~Ⅳ期,糖尿病视网膜病变;高血压2级Ⅲ层。中医辨证为肾气阴两虚,伴脉络瘀痹;拟予益气阴,行瘀痹方。处方:生黄芪30g、干地黄20g,当归10g,女贞子10g,旱莲草30g,生山楂12g,葛根12g,桃仁10g,红花6g,7剂。降糖药改用诺和灵30R皮下注射,早晚各1次,拜糖平口服,继服洛汀新。11月6日二诊:调整降糖药后血糖有下降趋势,尿泡沫仍多,尿微量白蛋白亦明显增高,舌脉如前,提示肾虚之外,更有风湿之邪内扰,使"开泄"之性,致肾失蛰藏之能。拟予益肾、调气阴、和血络、祛风湿方。处方:生黄芪30g,太子参30g,淮山药15g,天麦冬各10g,五味子6g,金樱子10g,元参15g,丹参15g,广地龙10g,女贞子10g,旱莲草30g,14剂,水煎2次,上下午分服;另用雷公藤多苷片30 mg/d,分3次于餐后服,并嘱查血常规、肝功能观察。11月19日三诊:前方药后,精神有好转,尿泡沫减少,日前复查尿蛋白定量190 mg/24 h,尿白蛋白31.6 mg/L,尿α-微球蛋白28 mg/L,尿IgG 7.36 mg/L,尿转铁蛋白2.78 mg/L,空腹血糖6.3~8.8 mmol/L,餐后2 h 7.4~10.8 mmol/L,均较前显著改善,肝肾功能及血常规无异常,前方既效,原方继服。

按 以后患者在继续治疗中,病情稳定,于服药2个月后,改雷公藤多苷片为间歇服用(服2周,停2周),每月查肝功能、血常规、尿蛋白定量,每日自测

血糖,6个月后停用雷公藤多苷片,继续观察18个月,病情稳定。(陈洪宇)

王玉玲儿科经验

【名老中医简介】王玉玲(1905～1998)主任医师。原任职于江苏省姜堰市中医院。江苏省首批名中医,全国老中医药专家学术经验继承工作指导老师。从事临床60余载,擅长治疗儿科疾病。

临床经验

1 小儿高热

刘某,男,5岁。发热两天,有汗不解,口干欲饮,纳差,溲黄,大便调,舌红苔薄腻。体温39.5℃。曾在当地医院用青霉素静滴,复方氨基比林肌注,收效不显,此乃邪热内盛,治以辛凉泄热,方选凉膈散化裁:黄芩10g,连翘10g,焦山栀10g,豆豉10g,生川军10g(后下),薄荷5g(后下),茯苓10g。服1剂后大便共解4次,身热已退,舌红苔少,体温37.2℃,拟原方去生川军加焦山楂、焦神曲各10g,再服1剂而愈。

按 凉膈散原为治疗上中二焦热盛之症而设,王玉玲认为,凡外感风热或感寒化热,内挟积滞但见高热,烦渴,溲黄,便干,苔薄黄等症,均可运用凉膈散治疗。他认为,小儿脏腑娇嫩,形气未充,故原方中去力猛之芒硝,又有蜂蜜性味甘缓,能使药效久留胸膈,以达祛邪泄热之功,而不致通腑过猛,损伤正气。对于大黄的运用,王玉玲云:一可发挥荡涤肠胃,推陈出新之效,亦即釜底抽薪之意,虽大便正常,亦可运用。二是现代药理证实大黄、黄芩等药有较好的广谱抗菌作用,配合运用连翘、山栀、清热解毒,能收事半功倍之效。

2 小儿慢惊风

周某,女,3岁,1989年9月13日初诊。手足瘈疭,四肢冰冷,昏睡露睛,口鼻出气亦冷,时时簇眉,啼声低微,形体消瘦,腹胀,腹泻如注,脉微若有若无。询其因,知幼时缺乳喂养,进食杂乱。证属脾肾阳虚,虚极生风,治用喻氏乌蝎四君汤。炮姜2g,制乌头3g,全蝎3g,党参10g,茯苓10g,炙甘草2g,生姜2片,大枣3枚。二诊:服上方1剂后精神好转,再进1剂瘈疭渐停,3剂后腹泻停止。继用加味理中地黄汤调理脾肾。熟地10g,枸杞子10g,山茱萸5g,白术6g,党参10g,肉桂2g,炮姜2g,补骨脂6g,黄芪10g,炙甘草2g,当归6g,胡桃肉1枚,大枣3枚。三诊:服上方3剂后四肢转暖,口鼻气温,能食稀粥,但见舌边右侧生有豌豆大溃疡一个,遂改用六味地黄汤,茯苓白术散出入,继服10余剂而告痊愈。

按 阎氏小儿方论:“慢惊得于大病之余……脾胃虚损,风邪乘之。”庄在田《福幼编》云:“治风而风无可治,治惊而惊亦无可治。……此脾肾虚寒,孤阳外越,元气无根,阴寒至极。”阐明了“风”与“惊”均为假象,而脾肾虚寒乃为本。王玉玲认为,此患儿因缺乳喂养,进食杂乱,致积滞内停,适值感受夏季暑热,与积滞相混合,遂腹胀便溏。医者一味恣用消导发伐药,不顾其脾虚为本,以致病未除而脾胃先伤,脾伤则食入不化,因而腹胀更显,腹泻更剧,日久脾病及肾,脾肾阳虚,虚极生风,此乃纯阴无阳之慢脾风证,故停用乌蝎四君汤,脾肾同治。后期伴发舌生溃疡一个,此乃佳兆,是病机由阴转阳的表现,亦提示肾阴不足,故用六味地黄汤善后调理。

3 小儿哮喘

赵某,男,1岁。夜间突起气喘,喉中哮鸣,声高息涌,烦燥不安,腹胀,舌红苔薄腻。证属风痰壅肺,气失宣降,治以宣肺疏风,豁痰降气。处方:葶苈子10g,杏仁10g,炙麻黄2g,桑皮10g,生川军5g(后下),皂角1寸(去皮弦)1剂。二诊:药分3次喂服后呕吐涎沫较多,并解黏液大便1次,哮喘遂止;家属要求巩固治疗。处方:法半夏6g,皂角1寸(去皮弦)。3剂,隔2日1剂,随访半年未再复发。

按 患儿因晚间感受风邪,引动内伏之痰饮,痰随气升,气因痰阻,相互搏结,阻塞气道,致发哮喘。药用麻黄、杏仁宣肺疏风,降气平喘;桑白皮、葶苈子泻肺降气,一升一降,使气道通畅;用生川军导滞消胀,使痰浊从下而解。王玉玲喜用皂角除痰,凡病儿服皂角汤后,多吐痰涎,痰去气顺,哮喘得解,亦如尤在泾所说:“皂角味辛入肺,除痰之力最猛。”实为经验所在。(王 林)

医方验方

儿科验方

1 桑杏苈黄汤

小儿暴喘之症,多缘痰滞挟热内壅所致。其来势迅急,无法遏止,俗有“马脾风”之谓。《幼幼集成》谓:“胸膈积热,心火凌肺,热痰壅盛,忽然大喘者,名马脾风。”小儿肺脏娇嫩,易感风热之邪,或寒邪郁而化热,或乳食不节,肥甘蕴热成痰,邪热痰滞壅塞肺络，肺气不得肃降，痰随气逆，致引起暴喘。治此，王玉玲主以泻肺祛痰之法，拟方：桑白皮、杏仁、葶苈子、麻黄、石膏、川军、皂角、半夏、制胆星、甘草。方中麻黄配杏仁，开其肺窍：葶苈配桑皮，泻其肺热；葶苈配杏仁，泄其肺热，如此一升一降，能使肺气通畅，同时又佐以川军下泄热滞，皂角上泄痰涎，俾痰热积滞泄除有径。诸药配伍严谨，功专力宏。凡患儿服用汤剂后，多吐出痰沫，利下黏垢大便，咳喘即从而缓解。

案1 詹某之子，生甫周岁即患哮喘，每逢冬春发作，1962年某日夜间，该儿夙疾又作，喉中痰鸣，声如拽锯，气急多汗，神志萎顿。经注射西药止喘针罔效，遂急至王玉玲处诊治。诊见患儿舌红苔腻，唇绀。证属风热挟痰壅于肺络，阻塞气道所致。方用炙麻黄3g，杏仁10g，桑白皮10g，生石膏（先煎）20g，葶苈子10g，半夏10g，制胆星5g，川军（后入）6g，皂角（去皮弦）1寸。水煎半碗，分3次喂服。药后先吐痰涎甚多，喘促渐平，继解大便2次，哮喘遂止。

2 解痉止咳汤

痉咳初期，多由风寒温热之邪，从口鼻而入，首先犯肺，肺失宣肃，则发咳嗽；久咳不已，肺气虚衰；肺金虚衰，肝木无制，且小儿“肝常有余”易于化火，木火刑金，肺气肃降失职，则痉咳阵阵；肝强脾弱，痰浊内生，上贮于肺则咳吐痰涎；冲脉隶于阳明，肝气犯胃，胃气失降，冲气上逆，上迫于肺，肺气郁闭，则痉咳食痰俱吐，吐衄目赤。故王玉玲认为：小儿痉咳，其病位不独在肺，而与肝、脾、胃、冲脉密切相关，亦即肺、肝、脾、胃、冲脉相干为病，其本在肝，其标在肺，其制在冲，病理因素乃风痰为患。基于此，自拟解痉止咳汤，斯方系从程锺龄《医学心悟》止嗽散化裁而得，它既保持了原方“温润平和”“无攻击过伐之虞，有启风逐贼之势”的优点，结合痉咳又有所发挥。方中紫菀、百部、杏仁止咳化痰，开泄肺气。《本草通玄》谓：“紫菀，辛而不燥，润而不寒，补而不滞”；百部，其性虽微温，然润而不燥，且能开泄降气，尤为久嗽之良药。”三药合用，使肺窍有清凉润泽之功；代赭石具平肝、安冲、降胃、降痰、止衄之功；半夏降气化痰，合橘红、代赭石能平调肝气，降胃安冲，燥湿化痰；蜈蚣搜风剔络，疏肝解痉。

案2 许某某，男，6岁。1986年10月14日初诊。阵发性痉挛性咳嗽20余日，面浮目肿，昼轻夜重，咳时涕泪交迸，面红目赤，吐出痰涎方止。舌质红苔薄，脉弦滑。血检：WBC $1.6\times10^{9}/L$，N 0.24，L 0.76。胸透（－）。证属风痰羁于肺络，肝旺侮金，冲脉气逆，肺失清肃。治以平肝降冲，肃肺化痰，解痉止咳。予解痉止咳汤稍事出入，服6剂而安。

3 牛黄消疳散

疳证属小儿脾胃疾患，疳成于积，其病因多系饮食不节，积滞伤中，酿久生热，脾胃虚弱，运化迟缓所致。王玉玲主张清热消疳杀虫为先，适当加健脾和胃或滋血调气之味，仿集圣丸意制牛黄消疳散，方由干蟾皮、五谷虫、鸡内金、炒建曲、茯苓、胡连、人工牛黄、陈皮组成。方中干蟾皮辛凉微毒，入阳明胃经，退虚热，杀虫，治小儿疳积；辅以五谷虫、胡连泄热消疳；佐以陈皮健脾化湿理气：神曲、鸡金消导食积；牛黄清热解毒。诸药配合，共奏清热消疳杀虫、健脾和胃之功。如兼见疳眼，用苍术、雷丸、使君肉、雄鸡肝等分研末。如系干疳，则予家传肥儿散，药有：淮山药、白术、茯苓、白芍、当归、扁豆、五谷虫、焦山楂、神曲、麦芽、使君肉，陈皮、胡连、甘草。此方用于疳证后期调理，能使患者转弱为强，转瘦为胖。

案3 张某某，男，8月。1976年8月12日初诊。患儿2个月前患痢疾，经治已愈。近10余日腹泻蛋花样便，日行4～5次，挟有黏液，气味酸臭，在当地医院予抗生素治疗少效。刻诊：形体消瘦，面黄神萎，腹部胀大，青筋显露，时有啼闹，大便稀薄，纳食不振，舌红苔白。证属乳食伤脾，积久郁热致成脾疳之证。治以健脾消疳法。疏方：白术6g，茯苓10g，苡仁10g，陈皮6g，麦芽10g。水煎送服牛黄消疳散，日2次，每次2g。服药1周，腹胀渐减乳食增加，精神好转，舌仍红苔白，此疳积渐消，脾胃功能渐复之象，再用牛黄消疳散每日2g，开水调服，连服5天，以肃余邪。

4 商陆麻黄汤

王玉玲认为：小儿急性肾炎，多属阳水实证，归属于“风水”范畴，与肺、脾、肾三脏有关。肺气不宣，通调失职，水湿留于肌表。肾为水脏，又为胃之关，关门不利，即聚水而成本病。宗《内经》“开鬼门，洁净府”及仲景“腰以上肿当发汗，腰以下肿当利小便”之旨；仲景用甘草麻黄汤治里水，用越婢加术汤治风水，用麻黄附子汤治少阴之水；孙思邈用麻豆汤治遍身肿，小便涩。诸方无不用麻黄。考各家本草，麻黄有发汗、定喘、利水的功用。肺为水上之源，疏其源则流自洁，开其上而下自通。鉴于其病之急，治当急消其水，以济生疏凿饮子去燥烈之羌活，入开泄肺气之麻黄，疏在表之水：留商陆入肾利水，使水湿从下而夺；佐茯苓、泽泻、赤小豆健脾利水渗湿，而组成商陆麻黄汤，疏表通里，使水湿从表里分消，诚尽善之法。

案4 朱某某，男，8岁。目窠上浮肿，渐及全身，迄诊已半月余。诊见头面至足，一身尽肿，脐凹，阴囊肿大光亮，小便涩少，日排尿2次，精神萎靡，面色黄晦，食欲不振。舌苔白腻，脉沉细。尿检：蛋白（+++），白细胞（++），红细胞（+++），颗粒管型（+）。血检：WBC9.9×10^9/L，N 0.71。诊断为急性肾炎。药用：生麻黄3g，商陆6g，泽泻6g，茯苓皮10g，赤小豆12g。服4剂后，全身似有微汗，身肿减退，阴囊肿大亦减，小便次数增多，尿红如血，精神饮食好转，舌苔仍腻。药用：生麻黄3g，商陆6g，泽泻6g，茯苓皮10g，木通3g，赤小豆12g。药后肿势渐消，继用茯苓10g，白通草3g，赤小豆12g，苡仁12g，大枣6枚。并配合十枣丸（吞服）1g。4剂后肿消神旺，眠食如常，尿检（-）。再予健脾利湿剂巩固疗效。（姜润林）

医案验案

急症验案两则

1 流行性乙型脑炎案

钱某，女，5岁。1979年7月28日初诊。两日前上午始发热，呕吐，时呼头痛，午后热势渐甚，旋即昏迷、抽搐，当即至某院急诊收住入院，经腰穿脑脊液常规检验，确诊为乙型脑炎。经补液、抗感染、激素、解痉及脱水等治疗，病情未见明显好转，遂邀王玉玲会诊。诊见：神志昏迷，项强，手足抽搐，两目呆视，小便短赤，时而烦躁，舌红绛苔黄腻，脉数。体温39.5℃。证属暑热病毒侵犯气营，逆传心包，肝风妄动，此乃吴鞠通氏所称之“暑痉”险症。治拟清营凉心，开窍熄风。药用安宫牛黄丸1粒，开水化服，分两次1日服完。次日体温降至38.8℃，抽搐已减。继予安宫牛黄丸1粒。药后，抽搐减至一昼夜4次，体温38.3℃，目珠微转动，喉中有痰鸣声，舌红绛苔黄，脉数。证系暑热燔灼，心肝之火仍炽，痰蒙心窍。再予清心熄风、涤痰宁神之剂：龙胆草5g，川连2g，石决明20g（先煎），全蝎6g，石菖蒲、天竺黄、僵蚕、钩藤、竹茹各10g。2剂1日服完。药后热退身凉，体温37.3℃，偶有抽搐，项强亦转和缓，目珠已能转动，大便3日未解，小便短赤。再仿前法继服2剂，药后大便秽垢甚多，痉搐已止，头项转动自如，尿淡黄，饮食渐增，惟两目视力减退。此属高热抽搐时间过久，损伤肝肾之阴所致。治以清滋肝肾，拟杞菊地黄丸方进退，连服旬日，视力尽复。

按 王玉玲认为，本案属“暑痉”之闭证，来势猛，传变快。暑为阳邪，易从火化，火炽生风，心肝之阴被灼，故出现昏迷、痉厥、狂躁、抽搐等气营两燔及痰热内陷心包之危象，急取安宫牛黄丸，解痉醒神以开其闭，继用龙胆泻肝汤除痰熄风，最后用杞菊地黄丸方清滋肝肾，竟收全功。

2 多发性神经根炎案

仲某，男，5岁。1982年6月12日初诊。患儿于初夏患上呼吸道感染，经治而愈。但渐觉下肢无力，继而上肢亦觉无力，遂住某医院治疗。3日后突然呼吸急促，吞咽困难，西医诊断为“急性感染性多发性神经根炎”。病情危急，赖吸氧及输液维持，遂邀王玉玲会诊。诊见：神志昏蒙，呼吸急促，轻咳，喉中痰鸣，吞咽困难，不能进食，四肢痿软无力，上肢尤甚，尿黄，舌红苔薄少，脉细。证系痿证。治以扶正祛邪，予清燥救肺汤加减：西洋参、麦冬、杏仁各10g，生石膏30g（先煎），霜桑叶6g，炙杷叶10g（布包）。浓煎1剂，经鼻饲管频频送服。药后气急减而未平，喉中仍有痰声。治宗前法加川贝母6g，鲜芦根30g。继进2剂，神清气平，停止输氧，渐进稀粥，上肢已能活动。此肺热渐清，阴虚未复，然病已脱险，再于前法加减调理而愈。

按：本案患儿因感受温热之邪，肺热上蒸，失于清肃，致为咽喉痹塞，吞咽困难，呼吸障碍；邪火炼液为痰，故喉中痰鸣；肺热耗伤阴液，以致筋脉失养，四肢痿软无力。诚如《内经·痿论》所谓：“肺热叶焦，则皮毛虚弱薄着，着则生痿躄也”。前哲治痿多从阳明着手，而王玉玲独辟蹊径，用清燥救肺汤者，图其痿证偏重于上故也。全方清肺降气化痰、益气养阴润燥，可迅速恢复肺脏被耗之阴液。肺气降，痰热除，则宣肃有常；气阴复，百脉养，则痿躄自愈。（钱松本）

王曰美肾病临床经验

【名老中医简介】王曰美（1941～）山东省无棣县人。主任医师。毕业于山东中医学院。曾任山东威海市中医院业务院长，中国科协副理事长，中华全国中医学会山东分会理事，中华全国中医学会山东分会肾病专业委员会理事。山东省名中医药专家。擅长治疗急慢性肾炎、肾病综合征、尿毒症等疾病。

主编参编著作9部，发表论文30余篇。

肾病蛋白尿

1 辨证论治

王曰美认为，肾病蛋白尿的病因以脾肾为本，以肺为标，而外邪、湿热、瘀血内停是其加重的因素，治疗宜以辨证施治为主。

1.1 肾精亏虚，精关不固

多因先天肾气不足，加上久病后天失养，使肾虚不能固摄精微，蛋白尿持续不愈。证见：腰膝酸软，眩晕耳鸣，腹胀纳呆，遗精带下，夜尿增多，舌体胖色浊，苔白，脉沉细。尿蛋白持续不消。治法：健脾补肾固精。方药：金锁固精丸或五子衍宗丸加减。主要药物：枸杞子、女贞子、菟丝子、芡实、金樱子、覆盆子、何首乌、黄精、山药、陈皮、党参、煅龙骨、煅牡蛎等。

1.2 脾肾阳虚

多因肾阳不足，命门火衰，脾阳根于肾阳，故脾肾阳俱虚，气化失司，水湿泛滥，精微下泄，形成肢体水肿，蛋白尿。证见：畏寒肢冷，腰部冷痛，纳呆便溏，下肢水肿，夜尿增多，舌体胖润，舌质淡，苔薄，脉沉细。治法：温肾健脾，利水消肿。方药：实脾饮或真武汤加减。主要药物：茯苓、白术、木瓜、木香、草果、干姜、制附子、厚朴、泽泻、车前子等。

1.3 脾气不足，精气下陷

多因脾气亏虚，脾不散精，清气不升，精微下陷，肾失滋养，使蛋白尿加重，或持续不愈。证见：面色苍白，神疲倦怠，纳差乏力，便溏脱肛，舌淡苔白，脉弱。治法：健脾益气。方药：参苓白术散或补中益气汤加减。主要药物：党参、茯苓、白术、白扁豆、陈皮、黄芪、柴胡、升麻、炙甘草，薏苡仁、砂仁、益母草、白茅根等。

1.4 肾阴阳两虚

肾阴阳俱不足，精关失司，精微下泄。证见：畏寒怕热，腰膝酸软，舌体胖色暗，脉沉无力。治法：益肾调补阴阳。方药：济生肾气丸加减治疗3个月以上。

1.5 肝肾阴虚

肾属水，肝属木，肝肾同源，肾精亏虚，水不涵木，使肝阴亦虚。证见：怕热喜冷，面色潮红，腰酸膝软，夜寐不宁，舌红少苔或无苔，脉细致。治法：滋补肝肾。方药：二至丸合六味地黄丸或知柏地黄丸加减。主要药物：女贞子、旱莲草、生地黄、熟地黄、山茱萸、山药、茯苓、泽泻、丹皮、知母、黄柏、枸杞子等。

1.6 气阴两虚

多因病程日久，或过用温阳利湿之品，伤阴耗气所致。证见：少气懒言，手足心热，恶热，尿黄短少，舌质淡红，或有齿痕，少苔，脉沉细或细数。治法：益气养阴。方药：参芪地黄汤加减。主要药物：人参、黄芪、熟地黄、山药、山茱萸、丹皮、茯苓、女贞子等。

1.7 虚实夹杂

素体脾肾亏虚，复受外邪或湿毒所伤。证见：发热，乳蛾红肿，口苦，胸脘痞满，或皮肤生疮，便溏不爽，小便黄而短少，或尿频尿痛，或颜面浮肿，舌红或舌胖嫩红，苔黄腻，脉滑或滑数。尿蛋白阳性。治法：宣肺解毒，健脾益肾。方药：麻黄连翘赤小豆汤合五皮饮，或五味消毒饮合五皮饮加减。

1.8 血分有热，或瘀血为主

由热入血分，或“久病必瘀”所致。证见：发热不恶寒，或午后低热，面色发垢，腰痛固定，漱水不欲咽，皮肤斑疹，小便不利，或尿血，舌质暗红，或有瘀点，舌下络脉迂曲紫暗，脉涩。治法：凉血解毒，祛瘀利湿。方药：犀角地黄汤合五皮饮，或桃红四物汤合五苓散加减。

2 注意事项

2.1 消蛋白不忘利水

肾病蛋白尿患者多数伴有水肿，《景岳全书·肿胀》篇说：“凡水肿等证，乃肺脾肾三脏相干之病。盖水为至阴，故其本在肾；水化于气，故其标在肺；水惟畏土，故其制在脾。”肺为水之上源，肺气不降，则水湿内停；脾为制水之脏，脾不制水，则水湿内壅；肾主水，肾病不主水，则水湿泛滥。肺脾肾三脏受邪均可使水湿内停，引起水肿，加重蛋白尿。因此，治疗中应始终配有健脾渗湿，或宣肺利水，或温肾化湿之品。因湿性粘腻，易化热，所以治疗及巩固时间较其他疾病要长，并可配用清热祛湿之品。

2.2 补肾温阳活血药物的应用

①补肾固涩药的应用：肾病蛋白尿病程较长，久病必虚，肾虚失藏，精关不固，蛋白尿持续不消。病之初期水肿已消，尚无湿热、瘀血等兼证时，可在温补的基础上佐以固涩摄精之品，往往收效较快。②温阳药物的应用：张景岳说：“温补即所以化气，气化而痊愈者，愈出自然。”因此，凡属脾肾阳虚伴有水肿者均可使用制附子、桂枝温阳化气利水。以“大补下焦元阳，使土旺火强，则能制水而不复妄行矣。”（《医方集解》）③活血化瘀药物的应用：久病必瘀，凡蛋白尿久治不愈者，应加用活血化瘀之品，使瘀血祛，经络通，气机畅，肾精才能蒸腾气化输布全身，蛋白尿减轻或消失。（于淑军　于丽霞）

血尿

1 用药经验

1.1 泻火活血止血法

主要治疗急性肾盂肾炎、狼疮性肾炎、紫癜性肾炎等，证见壮热腰痛，或无发热，腰腹疼痛，大便干燥，尿频刺痛，或尿血红赤，皮肤甲错、红斑、瘀血、瘀点，或尿中挟有砂石，舌质红或紫暗，苔黄或黄腻，脉滑数或涩。自拟泻火凉血汤加减：生地 20g，丹皮 9g，赤芍 9g，当归尾 6g，小蓟 25g，蒲黄 9g，藕节 12g，川连 6g，焦栀子 9g，大黄 9g，甘草 6g，滑石 20g。皮肤有瘀血、瘀斑者，加水牛角 30g；尿中挟有砂石者，加石苇 30g，郁金 12g，鸡内金 15g，金钱草 30g，海金沙 30g，槟榔 9g。

1.2 滋阴降火法

主要治疗慢性肾炎、慢性肾盂肾炎，证见咽喉干燥，或咽部干痛，心烦少寐。腰部酸痛，尿少黄赤，或尿血淡红，尿路灼热不适，或尿少涩痛，舌质红或舌尖红，苔少微黄，脉细数。自拟滋阴降火汤：生熟地各 12g，山萸肉 12g，麦冬 15g，五味子 9g，白茅根 30g，竹叶 9g，茯苓 20g，知母 9g，黄柏 9g，甘草 6g。咽干而痛者，加山豆根 15g，桔梗 12g，连翘 15g 以解毒利咽；小便涩痛者，熟地改为生地 20g，加萹蓄 12g，瞿麦 12g，冬葵子 12g 以滋阴清热通淋。

1.3 补气摄血法

治疗慢性肾炎及 IgA 肾病属脾肾气虚证者。证见久病血尿，尿色淡红，或尿频清长，夜尿增多，伴神疲乏力。气怯声低，腰酸腰痛，头晕耳鸣，舌质淡，苔薄白，脉沉细。自拟健脾益肾汤加减：黄芪 20g，党参 15g，升麻 6g，白术 9g，陈皮 6g，当归 9g，熟地 12g，山萸肉 12g，山药 15g，茯苓 12g，五味子 6g，赤石脂 12g，杜仲 12g，菟丝子 12g。

2 典型病案

张某，男，28 岁，患系膜增生型 IgA 肾病（肾脏穿刺病理诊断）1 年半，1996 年 3 月 21 日初诊。证见面色苍白，活动后乏力气促，腰部不适，苔薄白，脉沉细。尿常规：BLD（++）。其他各项检查正常。证属脾肾气虚，方用健脾益肾汤加减：黄芪 30g，党参 20g，白术 9g，陈皮 6g，当归 9g，升麻 9g，熟地 12g，柴胡 9g，山茱萸 12g，山药 15g，泽泻 12g，茯苓 12g，五味子 9g，赤石脂 12g，巴戟天 12g，杜仲 12g。连服 18 剂，尿常规检查正常。继服 20 余剂巩固疗效，随访 3 个月未复发。

3 体 会

王曰美认为，血尿的辨治关键是抓住火、气、血三个主要致病因素。正如《景岳全书·血证》说："凡治血证，须知其要，而动血之由，惟火惟气耳。"火有实火与虚火之分，气乃脾肾气虚，"气伤血无以存"也。血指瘀血，是因"久病必瘀"。或损气者，气滞血瘀。因此，治血之要在于治火、治气、治血。实火宜清热泻火为主，虚火宜滋阴降火为主；治气以补气摄血为主；治血应活血凉血、祛瘀止血为主。对各种兼证应分清标本缓急，急则治其标，缓则治其本。切忌只顾收涩止血，此乃治血尿之误也。（于淑军 于丽霞）

王樟连针灸经验

【名老中医简介】王樟连（1951～）教授，主任医师，硕士生导师。现任浙江省针推医院针灸科主任。中国针灸学会理事，中国针灸文献学会理事，浙江省针灸学会常务理事、副秘书长；浙江省针灸文献研究会主任委员。第四批全国老中医药专家学术经验继承工作指导老师。从事中医针灸教学、科研、临床工作，完成科研课题 6 项，3 项获浙江省科技进步三等奖。擅长穴位注射治疗腹腔慢性妇产支气管炎、哮喘、一项慢性肾炎蛋白尿肾性高血压；针灸抢救治疗失眠心律失常腰椎颈椎骨质增生腰椎间盘突出基础症医疗慢性盆腔炎等引录疾病参编《张山雷医籍选》及《针灸学》教材，发表论文 20 余篇。

1 针药兼施

唐代孙思邈在《备急千金药方》中说："针灸而不药，药而不针灸，尤非良医也……知针知药，固是良医"。王樟连在临床应诊时注重辨证辨病相结合，针药兼施。以"汤药攻其内，针灸攻其外"。如用针刺配合四物汤加减治疗颈椎病、腰突症等具有见效快，疗效稳定的特点；他认为活血通络、祛风利湿的中药配合针灸可迅速消除神经根的缺血和水肿情况，从而缓解疼痛症状。慢性支气管炎发作期先用清热解毒和止咳化痰药消除急性炎症，旋即配合穴位注射卡介苗素以提高疗效，减少发作次数。针灸属物理刺激，直接刺激，不需经过肠胃等途径，因此具有起效明显，无副作用的特点。针灸对机体有双相调节作用即调气，但是在生理范围内的调节，所以有一定的调节限度,有作用不持久的缺点。而药物起效较慢但作用全面而持久。针药结合能取长补短,互相辅佐,提高疗效,缩短疗程,扩大治疗病种。另外结合药物的治疗时机也是值得重视和探讨的问题,杨继洲的《针灸大成》:“有疾在腠理者焉,有疾在血脉者焉,有疾在肠胃者焉。然而疾在肠胃,非药饵不能济,在血脉非针刺不能及,在腠理非熨焫不能达,是针灸药者,医家不可缺一者也。”对脏腑病先药后针,或针药并用,过虚者应先扶正后施针;对经脉病可单用针灸。用药时应注意顾护胃气,方药多用焦山楂、鸡内金、炙甘草等。

案1 陈某,男性,73岁。慢性支气管炎反复发作20余年,每年入冬即发作,近5年都需住院治疗方能缓解,近半月又有咳嗽、晨起较重,痰多、呈黏液性痰、伴胸闷、气喘,舌胖苔微黄腻,脉细弦。胸片示:两中、下肺肺纹理增粗、紊乱。证属:脾肺两虚,痰热壅肺。治拟:清热化痰,理气止咳。方药:板兰根20g,淡子芩10g,鱼腥草20g,浙贝10g,金银花10g,款冬花10g,炙麻黄6g,杏仁10g,桂枝6 g,法半夏10g,广陈皮4g,茯苓10g,桔梗10g,山海螺10g,车前草10g,焦山楂10g,炙鸡内金10g,炙甘草6g。服7剂后复诊诉咳嗽、咳痰好转。佐以补肺益气,加用卡介苗素穴位注射尺泽、孔最、足三里、丰隆。隔日1次,10次为1疗程。1月后症状已基本消失。

按 慢性支气管炎为本虚标实之证,发作期应“急则治其标”,先以清热化痰,理气止咳的汤药来抑制气道的炎症,消除气道的壅塞,降低气道的反应性,迅速缓解症状,免去患者住院之苦。之后又配合穴位注射来缩短疗程。“缓则治其本”,在每年春秋两季穴位注射鱼腥草或卡介苗素来扶正祛邪,提高机体的免疫力,减少发作程度和次数。

2 刺分深浅,各得所宜

王樟连的针刺手法轻柔,刺激强度偏轻,通过多穴位来达到相应的刺激量,患者易接受。另外根据疾病的虚实选择针刺的深浅和迎随补泻。《素问·刺要论>“病有沉浮,刺有浅深,各得其理,无过其道,过之则内伤,不及则外壅,壅则邪从之。”同一疾病不同时期进针的深度亦不尽相同。如面瘫早期15天内由于面神经的水肿和炎症,局部宜轻刺激或不留针,过强的刺激或用电针会造成面肌痉挛。20天后可加强刺激或透刺。《针灸甲乙经·阴阳清浊精气津液血脉第十二》“刺阴者,深而留之,刺阳者,浅而疾取之。”面瘫多系风寒侵袭面部经络,或痰阻经络,致使气血不和,经脉失其滋养纵驰不收所致,此病属阳,故宜浅刺。对腰突症的治疗则根据临床症状来决定针刺的方向和深度的,《标幽赋》“大抵疼痛实泻,痒麻虚补”,痛症多属寒邪内阻,气血凝滞所致。阴寒为病应深刺久留。《难经第七十二难》曰:“经言能知迎随之气,可令调气,调气之方,必在阴阳,何谓也?然:所谓迎随者,知荣卫之流行,经脉之往来。随其迎顺而取之,故口迎随”。《难经经释》“迎者,针锋迎其来处而夺之,故曰泻;随者,针锋其随去处而夺之,故曰补”。故以疼痛为主的针刺时针尖逆着经络的走向,麻木为主的针尖顺着经络走向进针。王樟连 认为迎随补泻是操作简单而有效的补泻方法。

案2 王某,男性,48岁。左腰腿痛2周,牵涉至小腿,不能立坐,平卧略减轻,外院做CT示腰4、腰5椎间盘突出。骨科建议手术治疗。刻诊:面色萎黄,舌胖质暗苔白腻,脉细弦。诊断:腰痛(风湿阻络)。取穴:命门、阳关(针尖方向逆督脉走行方向向下),两肾俞、大肠俞、关元俞、环跳、委中,承山,昆仑针尖方向逆足太阳膀胱经向上)。中等刺激量。方药:赤丹参10g,生地10g,炒白芍10g,炒当归10g,杜仲10g,桑寄生10g,川断10g,威灵仙10g,广木香10g,细辛4g,卧虎杖根30g,车前草10g,猪茯苓各10g,焦山楂10g,炙鸡金10g,炙甘草4g,2次患者即感疼痛减轻,共治疗13次后痊愈。

按 此症为痹证。为风湿之邪流注于足太阳膀胱经,不通则痛。属实证,针法用泻法,针尖逆其经脉的走向,针刺深度达肌层内,中等刺激量。由于选用了恰当的刺激量,虽是常规取穴亦能有效迅速地缓解疼痛。

3 精于穴位注射

王樟连在临床上擅用穴位注射治疗各系统的疾病,针对不同疾病选择相应的注射药物,如鱼腥草注射液或卡介苗素穴位注射治疗慢性支气管炎,当归针穴位注射治疗慢性肾炎高血压,香丹注射液穴位注射慢性盆腔炎,黄芪注射液穴位注射治疗慢性肾小球肾炎等。不仅取得了较好的临床效果,而且有可靠的实验室依据来支持。另外,他认为穴位注射亦有补泻之分;有注射针头的迎随补泻、提插补泻,注射推药速度快慢的补泻、穴注药物药性的补泻、穴注取穴的补泻。选择得当可明显提高治疗效果。因药物多是单一成分,给药途径单一,有特定的作用靶点,具有专一性、针对性的特点。而针灸的作用是全身性的,一个穴位就可以作用多个靶点,具有同时改善中枢神经系统、循环系统、造血系统、内分泌系统和免疫系统。把药物和穴位结合应用可相得益彰。

案3 徐某,女性,50岁。患慢性肾炎病史3年,曾服用中药治疗2年余,尿蛋白仍为(++~+++),尿红细胞(++),血色素100g/L,总蛋白60g/L,白蛋白40g/L,球蛋白20g/L,血压140/75 mmHg。刻诊:面色无华,神疲乏力,腰膝酸软,纳谷不香,舌淡胖苔薄白腻,脉沉细。诊断:慢性肾炎(普通型)。辨证:脾肾阳虚。处方:黄芪注射液穴位注射脾俞、肾俞、气海、足三里,当归注射液穴位注射血海,每穴1mL,隔天1次,10次为1疗程,共治疗2疗程,自觉精神转好,纳馨,查尿常规:尿蛋白(-),尿红细胞(+),血色素115g/L,总蛋白71g/L,白蛋白46g/L,球蛋白25g/L。随访1年未复发。

按 此证为脾肾阳虚,脾气下陷,湿热痰瘀互结,肾精不固所致。黄芪具有补气升阳,托毒生肌,利水退肿之功,扩血管,促进渗出物的排泄,有利于肾脏细胞的恢复。脾俞、足三里有健脾化湿之效;肾俞可益水壮火,祛除水湿。当归具有补血活血之功,血海有调血清血之效。穴药同用,相互协同,治愈率高,复发率低,且无明显副作用。(蔡玉梅 施 茵)

王正雨学术经验

【名老中医简介】王正雨(1920~)安徽濉溪县人。主任医师。原任安徽省新安医学会常务理事,安徽省中医药专家学术经验继承指导委员会委员,安徽省中医医疗事故技术鉴定委员会委员。享受国务院政府特殊津贴。安徽省名中医。行医70年,擅长中医内科、针灸。

学术经验

1 杂病重于治痰

王正雨治疗疑难杂病推崇“百病皆由痰作祟”之说,认为痰之为病,随气升降,无处不到,痰蒙清阳则眩晕,痰阻心窍则神昏,痰滞于脑则头晕眠差,痰水凌心则心悸,痰聚肺部则哮喘,痰浊滞胸则胸痹,痰凝乳房则核起。而痰之产生多由平素恣食肥甘,少劳多逸致脾虚失运,痰湿内生,气机不畅,与湿浊瘀血互结,阻塞脉络。故主张疑难杂病从痰论治。如以半夏白术天麻汤治眩晕,苓桂术甘汤治心悸,加味瓜蒌薤白半夏汤治胸痹,温胆汤治疗心悸、失眠,加味二陈汤治疗哮喘。

案1 邢某,女,50岁,1988年4月19日初诊。自诉哮喘病20余年,受凉感冒易发作,发病时痰鸣漉漉,声如拽锯,痰白黏稠而量多,难以咯出,住院治疗月余症状未减。昼夜气急喘鸣,张口抬肩,形体虚胖,下肢浮肿,面色暗黄,神疲乏力,舌质偏暗,苔黄腻,脉濡数。病属哮证中湿痰内盛之证,治宜燥湿化痰,活血理气,健脾温肾,方用加味二陈汤:胆南星6g,清半夏、白芍、地黄、陈皮、当归、胡桃肉、苏子、甘草各10g,茯苓12g,黄芩15g。5剂服完,哮喘渐平,痰易咯出,能够平卧,行走轻快,知饥思食,胸闷症状亦减。方既有效,又加减续服10剂,以固疗效。

按 王正雨分析,本案患者系病程迁延日久致脾肾两虚,脾虚不能运湿而生痰,治当助脾之健运功能,使痰湿消散;肾虚不能化气,当补肾纳气,使湿邪不致浸淫上下。方中半夏燥化痰湿,陈皮利气导滞,茯苓渗湿安中,甘草缓中益胃,胆南星清化热痰,苏子降逆平喘,黄芩清除肺热,胡桃肉、地黄、当归补肾养血。全方合用,有化痰平喘、补肾养血之效。

2 善用活血化瘀法

王正雨十分推崇活血化瘀法,对血府逐瘀汤、膈下逐瘀汤、少腹逐瘀汤、通窍活血汤、补阳还五汤运用自如。临床上对于疼痛、色素沉着、肌肤甲错、皮下青紫、积症、肿块、心动悸、腹水、舌黯脉涩等诊为血瘀证外,还提出了凡“舌腹面有斑点,舌下静脉青紫怒张者亦属瘀血之象”。在治疗上根据“气行则血行,气滞则血瘀”的理论来指导活血化瘀方的配伍,指出活血方中不能一派血分药,必须配伍气分药,才能更好地发挥作用。因气行则血行,气滞则血瘀,在应用活血化瘀治则时,常酌情配合其他治则。如用①益气活血法治疗消渴病;②活血化瘀法治疗血瘀气滞胸痹;③温经活血法治疗痛经、风湿性关节炎;④清热活血凉血法治疗热毒壅盛的斑疹或血液病、高热证;⑤软坚活血法治疗子宫肌瘤、乳腺增生、甲状腺瘤;⑥理气活血法治疗慢性胃炎、胆囊炎;⑦通窍活血法治疗外伤头痛;⑧清热活血法治疗燥热入血之疮、疖、疹等。

案2 王某,男,36岁,工人,1989年10月15日诊。自诉1月前被木棍击伤头部,右侧头颅肿大疼痛,眼睑瘀血,记忆明显减退,经抢救治疗后,头颅肿胀略好转,但经常头痛头晕,恶心欲呕,记忆、计算能力下降,心烦好怒,某医院诊断为脑震荡后遗症。视其舌质红苔白腻,脉弦数,证属瘀血阻滞,脑络损伤,予活血通窍，平肝降逆，方选自制通络活血汤：当归、僵蚕、甘草、红花各10g，钩藤、葛根、川芎各12g，赤芍、白芍、丹参、狗脊、刺蒺藜各15g，细辛6g，三七粉3g，桑寄生30g，5剂。二诊患者自觉头晕头痛好转，恶心欲呕消失，苔薄腻，脉弦数，原方加菊花30g，加强清热平肝之力，7剂。药后诸症渐消，又续服20剂，头痛头晕全消，记忆、计算能力恢复。

按 王正雨认为，头部外伤后必有瘀血内凝，以致脑络瘀阻，流行失畅。方中当归、赤芍、白芍、丹参、红花、三七粉、川芎均为活血化瘀药，意在疏通脑络。辅以钩藤、僵蚕、刺蒺藜祛风止痛；葛根能升发清阳，对改善头痛、头晕有良好效果；桑寄生、狗脊滋补肝肾，并可制约上药的升发走窜之性过于猛烈，共用之使瘀除络通，肝平阳潜，诸症自消。

3 临证重调脾胃

王正雨十分推崇李东垣“内伤脾胃，百病由生”的论说，临床上特别重视调理脾胃，主张治疗疑难杂病，要注意从脾胃入手，凡能使脾胃健运的各种治法均在此例。他认为健脾运脾、和胃降逆法可消除脾胃本身的病变，使中焦得到气的温煦，血的濡养，恢复其功能。其二，滋其化源，以生气血，既是补虚，待脾胃运转正常，能行药力，又为攻邪创造条件。他常告诫侍诊弟子，脾胃为后天之本，气血生化之源，血之统在脾脏，脾有病易影响他脏腑。治疗中他用纯补药较少，认为补品味甘，甘能壅中作胀，以致中焦阻滞，常以健脾运化、疏肝和胃药为主。如肝胃气滞型选用柴胡疏肝散；脾胃虚弱型善用香砂六君子汤；肝脾不和，选用半夏泻心汤合逍遥散；胃阴虚型善用思食丸、沙参麦冬汤；饮食停滞型选保和丸；湿热中阻型选清中汤加厚朴、砂仁。胃痛多兼有瘀血，可酌加丹参、桃仁、川芎等。

案3 常某，女，48岁，反复胃部隐痛、胀满不舒5年，发时牵引两胁，受寒冷易加重，平素性情急躁好怒，曾2次胃出血。视其面色萎黄，形体消瘦，舌质偏红，苔薄黄，脉细弦；曾在某医院做胃镜提示：胃溃疡。王正雨辨证为肝郁气滞型胃痛，予柴胡疏肝散加味。柴胡10g，陈皮10g，白芍15g，枳壳10g，川芎10g，香附20g，炙甘草10g，川楝子10g，延胡索10g，黄芩10g，炒山栀10g，蒲公英20g，丹参20g，麦芽30g，7剂。二诊，疼痛明显缓解，但口干，手心多汗，原方去黄芩，加丹皮、北沙参各10g，以凉血生津。10剂投之，诸症俱消，知饥思食，体重增加2kg；又续服10剂，巩固疗效。

按 肝属木，为刚脏，性喜条达而主疏泄；胃属土，为多气多血之腑，喜濡润而主受纳。肝胃之间，木土相乘，故肝气郁结，横逆犯胃，致气机痞阻，发为胃痛胃胀，方中柴胡、香附、枳壳、陈皮疏肝理气；不通则痛，予川芎、丹参活血化瘀，加白芍、川楝子、甘草、延胡索缓急止痛。胃疼痛日久必有炎症，加黄芩、蒲公英消炎止痛。因口干、舌质嫩红、脉细数为阴虚内热之象，加山栀、丹皮、北沙参凉血生津；入麦芽消食以顾护胃气。本方从疏肝活血入手，达到和胃止痛的目的。

4 久病虚实兼顾

王正雨在长期的临床中注意到久病虚损多半不是纯粹的虚证，每兼外邪、痰饮、湿浊、气滞瘀血等，年高体弱者更是如此。治疗上必须虚实兼顾，不可偏颇。虚，指形体虚；实，指邪气实。例如喘证、肺胀，久病者单纯痰湿型少见，而气虚痰湿型多见。表现为胸满闷窒，咳嗽咳痰，痰白黏腻，咯吐不利，动则气喘或张口呼吸，神疲乏力，舌质红，苔白腻，脉细弱，治疗上除重视祛痰、平喘、解毒，更应注意补肺纳肾以固其本，他常用三仁汤合补肺汤加减治疗。对某些中风患者，形体肥胖，发病时痰涎上壅，肢体麻木，口眼㖞斜，舌暗红有瘀斑，脉细弱，他辨证为气血不足夹痰瘀型，善用补阳还五汤合温胆汤治疗。对于水肿，滞留体表（慢性肾炎，肾功能不全）或心悸水气凌心型，善用真武汤化裁。王正雨指出，真武汤的治法是温阳化气，凡阳虚气化不及，水液失调，导致津液壅滞、升降紊乱、出入失常之证象均可用本方化裁。如肾系的小便不利，心系的心悸怔忡。

案4 患某，男，68岁，1998年9月诊。中风后遗症，右手不能拿物，右足不能抬起行走，舌根似强，言语蹇涩，脉象尺部沉细，寸关濡滑无力，舌光红，苔白腻，舌下见瘀点，辨证为气血不足夹痰瘀型。予补阳还五汤合温胆汤化裁治疗，炙黄芪20g，白术、桂枝、当归、赤白芍、川芎、清半夏、陈皮各10g，茯苓20g，地龙20g，桃仁、红花、胆南星、葛根、枳实各10g。因手足废用故加木瓜、萆薢养阴除痹，白僵蚕祛风通络。

按 王正雨指出：患者年近七旬，气血两亏，邪中经络，荣卫痹塞不行，故手足活动不利，痰阻舌根，言语涩蹇。中风患者多为中老年人，气虚痰湿兼瘀血者多见，气虚是本，痰、湿、瘀血是标，气虚主要是元气虚、中气虚，因此应重用黄芪、白术以补气虚，辅以活血通络、行气祛痰、健脾除湿之剂，本方虚实兼顾，配伍颇费心机，虽然治疗有难度，但配合针灸推拿运动，治疗半年后，右手能端碗，右足能缓步而行。

5 诊疗中西互参

王正雨在临床实践中体会到：中西医各有所长，亦各有所短，应有机配合，扬长避短，相互补充。中医诊断疾病主要靠看形色、听声音、访病情、诊六脉，凭所得资料综合分析判断，再根据具体情况，找出主要矛盾，做到随时论证，随证论治，临床上往往能收到令人满意的疗效，这是中医学的长处和优点。但对于专靠上述方法难以确诊的，则必须借助于现代医学中的各种仪器来解决。所以学习西医的诊断技术，掌握现代化的检查方法，可以弥补中医学的不足。为此，他较系统地学习了西医基础知识和临床知识，提出西为中用，西为我用。西医诊断明确的疾病，辨病、辨证相结合，予以施治；西医诊断不明的病，则利用中医优势，或辨证用药，或寻求古方、验方、单方治疗。他认为中西药合用，只要能相互协同，增强药效，或中药去西药某些毒副作用，皆宜提倡配合运用。如糖尿病用西药降糖，中药治疗其并发症；长期服用激素的副作用或癌症化疗后的毒副反应，用中药调理治疗有很好的疗效。

案5 金某，女，67岁，会计。1984年3月23日，在某大医院作右颈淋巴结活检，报告为滤泡型恶性淋巴瘤，以大裂细胞为主。4月6日来我院诊治。查见全身淋巴结肿大伴轻度疼痛，低热(37.8℃)，纳差乏力，形瘦面黄，舌光红少苔，脉细数偏强。证属阴虚血热，毒瘀互结，正气亏损。治以滋阴凉血，解毒散结，佐以益气健脾。主方：白花蛇舌草30g，夏枯草、山楂、首乌、鳖甲、丹参、党参各15g，半边莲、半枝莲各30g，苡仁15g，生半夏15g，生南星10g，生地、白芍、女贞子各20g，7剂。药后患者低热退，疼痛止。接着使用西医的化疗方案治疗，同时配合服用中药，若有腹泻，加山药、莲子、马齿苋、黄芪；若舌质红、口干燥，加用麦冬、黄精、白茅根、南北沙参。连服120剂后，全身浅表淋巴结肿痛消失，纳谷知味，面色转红，精神好转。续服主方半年，病情稳定。1987年7月31日在省立医院复查，心肺正常，血常规正常，颈部、腋窝淋巴结未触及，饮食如常人，体重增加。1992年5月追访患者，未再服用任何药，感觉良好，能操持一般家务。

按 王正雨治疗此病10多例，都是采用中西医结合的办法。他认为，中医解毒散结、扶助正气有其特长；而西医的化疗，使全身浅表淋巴结缩小，对控制恶性淋巴瘤的增长起积极作用。当化疗失败或出现严重的副作用时，中药对改善临床症状、恢复脏腑机能有其独到之处。本病虽属癥积范畴，但不可滥用活血化瘀散结之品，以防止正气因攻逐而消耗过度，反不利于毒邪的杀灭和祛除。选药以力专功宏为佳，但处处注意顾护正气为本。

6 善于古方今用

王正雨平素熟背经方，他认为，经方组方严谨，疗效卓著，历经千余年而不衰，确为无数医家临床实践的结晶。许多经方经他化裁后常用于治疗多种疑难杂证，且有出奇制胜的效果，如以柴胡疏肝散加减治疗慢性胃炎、慢性咽炎、慢性食道炎、脑积水、肥胖病等；逍遥散加减治疗妇女更年期综合征、过敏性皮肤病、慢性胃炎、乳腺增生、哮喘、颈淋巴结核等病；温胆汤加减治疗中风、头痛、心悸、眩晕、失眠、癫痫、胸痹等病；血府逐瘀汤加减治疗胸痹、心悸、斑疹、闭经等。

案6 袁某，女，34岁，自来水厂会计，1988年4月11日诊。自诉1986年发现右乳腺增生，即行手术切除，1988年初再发，两侧乳腺增生，有鸡蛋黄大小的硬结块数枚，平日乳房有隐痛，神疲乏力，饮食减少，失眠多梦，烦躁易怒，视其面部有少量色素沉着，口干，舌红苔黄脉细数。辨证为肝郁痰凝，聚结成块，方用逍遥散加味：薄荷、当归、白术、甘草、川芎、浙贝母、陈皮各10g，白芍、柴胡、茯苓、玄参、香附、山栀各12g，煅牡蛎30g丹皮10g，麦芽20g，7剂。药后症状有所减轻，夜能安卧，面部色素渐退，原方去香附、陈皮、川芎，加山慈菇15g，水蛭9g，土鳖虫9g，夏枯草30g，调治6月余。1990年9月15日某医院检查，乳房包块基本消尽，面部色素沉着全消，神爽食增，诸症瘥。

按 王正雨分析，两侧乳房属肝经循行部位，乳腺小叶增生的病理机制以肝脾郁结者多见，治疗善用逍遥散加减，疏肝理脾，加丹皮、山栀、凉血化斑；牡蛎、浙贝母、玄参清热化痰、软坚散结，若加强开结化痞之力，可加用土鳖虫、水蛭、山慈菇；若阴虚症状明显可加沙参、生地、麦冬。诸药合用，使肝郁解，血虚养，脾虚补，乳癖消。王正雨用此方治疗乳腺小叶增生，显效之例甚多。(李中南 整理)

临床经验

辨治盗汗四法

1 对病因病机的认识

盗汗自古多认为阴虚所致，《内经》明确指出汗液为人体津液的一种，与血液密切相关，认为血汗同源，血液耗伤之人，不可再发其汗。《景岳全书·汗证》对汗证作了系统的整理，一般情况下自汗属阳虚，盗汗属阴虚。清代叶天士认为，阳虚自汗，治宜补卫；阴虚盗汗，治宜补阴以营内。病机总属气血阴阳失调，腠理不固。王正雨则认为，盗汗不可拘泥于阴虚之说，他依据病情的变化发展了治疗盗汗的方药，提出了瘀血内阻、肝瘀气滞致盗汗的病机特点。他认为，随着冠心病、高血压、高血脂肥胖等疾病的增多，瘀血内阻、络脉不通的现象增多，如胸痛胸闷，心悸失眠，盗汗。而血属于阴，夜也属阴，汗为心之液，入夜盗汗，则说明心气虚，胸痛心悸则为心脉瘀阻，予益气活血化瘀、敛汗清虚热的药物治疗，是治疗此证型的根本治法。而肝郁气滞型，多与情绪有关。随着现代生活节奏的加快，工作紧张，就业困难、升学压力及女性更年期的症状特点，一些人自我调节能力偏差，出现情绪急躁，动则发怒，潮热盗汗或轰热汗出，此属中医的肝郁气滞型，多因肝失条达，气失疏泄，肝火偏旺，治疗上宜注意疏肝理气，养心安神，收敛止汗。

2 辨证分型论治

2.1 阴虚内热型

证见形体消瘦，夜间盗汗，五心烦热，咽干颧红，口渴，舌红少苔，脉细数。治宜滋阴降火；方用当归六黄汤加减（当归、熟地、生地、黄芩、黄连、黄柏、黄芪、五味子、乌梅），汗多加煅牡蛎、浮小麦，潮热加秦艽、柴胡、东白薇。

2.2 心血不足型

证见盗汗或自汗，心悸少寐，神疲气短，面色不华，舌质淡，脉细弱。治宜养血补心，收敛止汗；方用归脾汤或天王补心丹加减（白术、人参、黄芪、当归、甘草、茯神、远志、酸枣仁、木香、龙眼肉、五味子、浮小麦等）。

2.3 瘀血内阻型

证见夜间发热盗汗，口燥咽干，但不多饮，面色萎黄或晦暗，肢体或躯干部位有固定的痛处，舌质青紫或有瘀点瘀斑，脉弦涩。治宜活血化瘀，安神止汗；方用血府逐瘀汤加味（赤芍、桃仁、当归、生地、甘草、红花、枳壳、柴胡、川芎、怀牛膝、五味子、浮小麦、酸枣仁、茯神）。

2.4 肝瘀气滞型

证见情志抑郁，急躁易怒，胸胁胀满、串痛，善太息，伴纳呆腹胀，舌质红，苔薄白，脉弦细。治宜疏肝健脾，养心安神；方用柴胡疏肝散与丹栀逍遥散加减（丹皮、山栀子、白术、白芍、当归、茯苓、薄荷、柴胡、浮小麦、五味子、酸枣仁、陈皮等）。

3 病案举隅

案1 某男，45岁，原皖安机械厂干部，1988年3月16日初诊。患者每于凌晨4、5点出现盗汗，连续2个月，伴有胸闷心悸，体力下降，舌质红绛，苔白黄，脉弦紧。检查心电图，窦性心动过缓，偶有早搏；血脂TG 2.46mmol/L，TC 7.42mmol/L，病属盗汗，心血瘀阻型，方用血府逐瘀汤加味：赤芍20g，甘草10g，柴胡12g，怀牛膝20g，桃仁10g，红花10g，川芎10g，生地10g，枳壳10g，桔梗10g，沉香5g（后下），五味子10g，牡蛎30g。7剂。3月23日，药后盗汗明显好转，心率增加，体力增强。原方减桔梗，加胆南星10g，太子参20g。继服7剂，以巩固疗效。

按 本案患者正值中年，工作繁忙，曾有高血脂和心动过缓史，2周来反复出现盗汗，考虑既有精神压力因素，又有基础病因素。现代研究认为，高血脂、心动过缓易致动脉硬化，治疗上予理气活血，辅以敛汗，实为标本兼顾之法。用活血化瘀药治其本，养阴敛汗药治其标。

案2 某女，50岁，省政协干部，2005年4月20日初诊。近1月来反复出现盗汗，汗出如细雨，浸湿衣被，每因工作繁忙，情绪紧张，则症状加重，平素精神弱，纳差乏力，性情急躁，舌质偏红，苔白，脉细弦。诊为盗汗，属肝郁脾虚型；予丹栀逍遥散加味：丹皮10g，山栀10g，白术10g，白芍12g，当归10g，茯苓15g，薄荷10g，柴胡10g，柏子仁、酸枣仁各10g，煅龙骨、煅牡蛎各20g，五味子10g，甘草10g，陈皮10g。5剂。二诊，汗出减少，病情好转，原方加浮小麦20g。10剂。巩固疗效。

按 该患者正值更年期，加之工作紧张，情绪波动，出现了盗汗，五心烦热，西医认为与雌激素水平下降相关，导致自主神经功能障碍。中医认为与肝郁气滞，肝失调达，阴血虚肝火旺有关。滋阴血可降妄炎之火，治疗上选疏肝滋阴养血，收敛止汗药调整，使其肝气条达，阴血养润，盗汗得以止。（李中南）

泄泻

1 清利湿热，兼以养阴

李某，男，39岁，1995年7月8日诊。自诉发病前2天饮白酒500mL，又过食油腻不洁之品，夜间突然腹痛腹泻，连续3d，每日排便10余次，泻出为黄色稀水样便，气味臭秽，急查大便常规阴性，大便培养也未找到病原菌，伴有发热（38.5℃）呕吐，小便短赤，色深黄。即予静脉滴注抗生素，腹泻减而未除，低热仍存（37.5℃）。视其形体壮实，口中异味，舌质红，苔厚腻，脉滑数。辨证为湿浊留滞，治宜清利湿热，兼以养阴。方用葛根芩连汤加味：南沙参30g，银花30g，姜半夏、黄芩、黄连、藿香、香薷、竹茹各10g，茯苓、泽泻、滑石、冬瓜仁各20g，川厚朴6g，葛根15g，5剂。药后患者泄泻止，呕恶除，尚觉乏力纳差，原方加太子参10g，麦芽10g，再服3剂，症状全除，体质恢复。

按 本案患者发病于夏季，起病急，病程短，属湿热与湿浊相聚，热化于肠，致脾胃脉络受损，属实证、热证。此当清利湿热为主，养阴健脾为辅。因反复泄泻，有脱水伤阴之象，单用清利湿热法更易伤阴，方用葛根芩连汤苦坚止利，茯苓、泽泻、滑石、冬瓜仁清利湿热；藿香、香薷芳香化湿；半夏燥湿化痰，与竹茹相配，降逆止呕；黄芩、黄连、银花清肠解毒；南沙参、葛根养阴生津，防利湿过重，伤津耗液。合用使湿去津存，泄泻自止，药中病机，故能应手而效。

2 健脾化湿，调和肠胃

李某，女，55岁，寿县农民，1992年6月10日诊。据诉反复腹泻3年多，久治不愈，初时腹泻肠鸣不痛，每日3～4次，大便稀薄，完谷不化，近1年脐腹隐痛，肠中漉漉有声，纳食无味，腹胀，疲乏无力，活动后心慌汗出，排便后夹有黏液，呈间隙发作，面色黄白，形体消瘦，不思饮食，舌体胖嫩，色淡红，苔薄黄微腻，脉细濡数。属脾虚 不运，湿邪滞留，方用六君子汤加味：云茯苓、白术、清半夏、葛根、枳壳各12g，砂仁5g，5剂。药后患者自觉腹痛好转，泄泻次数减少，每日1～2次，饮食增加，有时腹胀，原方加麦芽30g，山楂10g，守方继进10剂。1月后来信云：大便成形，色泽正常，腹胀除，体重增加。予原方又服10剂，以资巩固。

按 本案患者反复腹泻2年，脾胃虚弱，不能健运胜湿，输纳无权，此时当助健运之堤坊，使湿邪消散，不致停积体内，而治湿必先治脾，脾健则湿无以生，治湿需理气，气治则湿易化。方中党参、白术甘温益气，强健脾气；茯苓渗湿健脾；藿香芳香化湿；葛根升提胃气。加用陈皮、枳壳、木香行气和胃，气行则湿行，气治湿易化也，全方共奏益气健脾、和胃渗湿之功。

3 滋阴养血，健脾利湿

戴某，男，35岁，干部。1993年5月8日诊，自诉5年前因患急性肠炎住院治疗，1周后泄止。之后每食油腻之物则病情反复，腹胀，脐周隐疼，大便稀黄，每日4～5次，夹有黏液及不消化食物，多次复查大便常规，大便培养为阴性，形体消瘦，神疲乏力，心烦口干，舌红苔白腻，脉细数。予自拟养阴健脾汤：山药、南沙参、莱菔子各30g，山楂、马齿苋、车前子、冬瓜仁各20g，当归、黄连、阿胶、莲子、乌梅、扁豆各10g，廷胡索15g，甘草6g，炮姜2g，5剂。药后患者隐疼，腹胀好转，腹泻次数减少，知饥思食。药中肯綮，续服10剂，大便中黏液消除，肠鸣音减少，每日排便1～2次，舌质红润，苔薄腻，又以原方加减，续服20剂，病渐愈也。

按 王正雨认为慢性泄泻之所以形成，体质虚弱是重要因素，因至虚之处，便是容邪之所。反复泄泻，总有伤阴耗气之变，胃为燥土，得阴自安。治疗宜滋阴和胃，健脾利湿。方中阿胶补血滋阴之要药，与山药、莲子、扁豆相伍，养阴健脾，化湿止泻，共为主药；和以南沙参、乌梅益胃生津；配以莱菔子消食化积，行气消胀；马齿苋、黄连清热解毒，燥湿止泻；冬瓜仁、车前子清利湿邪；泄泻日久总有瘀血存，入山楂、当归活血祛瘀，消食化积；稍佐炮姜温中阳，使全方共奏祛邪利湿、养阴健脾之功。

4 温肾助阳，健脾利湿

李某，女，65岁，利辛县人，1992年9月诊。自诉1991年7月中旬因食不洁之物致水泻，每日7～8次，当时住院予补液、抗炎对症处理，泻止出院。不到2周泄泻再发，每日排便4～5次，呈稀薄便，泻后肛门坠胀，小腹隐痛，喜温喜按，形寒腰酸肢冷，腹中肠鸣漉漉有声，多次复查大便常规，未见脓球，面色灰褐，形体消瘦，舌淡红，苔厚腻，脉濡细。脉症相参，拟脾肾两虚型，治宜温脾肾，补命火，理气渗湿，方用四神丸加味。肉豆蔻、吴茱萸、党参各10g，茯苓、车前子各15g，补骨脂12g，木香、白术各6g，山药30g，大枣5枚，5剂。药后肠鸣减轻，腹泻次数减至每日2～3次，又续10剂，腰酸缓解，面色润泽，舌质红，苔薄腻，脉细数，以原方加减治疗月余，病渐愈。

按 王正雨认为，泄泻日久，易累及于肾，肾虚不能化湿，滋溢上下，泌别无权，此当温肾阳，俾火旺土暖，肾脏阳回，则湿不妄行，蓄泄有权，湿邪自化。方中补骨脂滋补肾阳，温脾止泻，吴茱萸涩精秘气，党参、白术、山药、大枣养阴补脾，茯苓、车前子渗湿和脾，肉豆寇温中涩肠止泻，木香行气调中，全方合用使肾得温煦，脾得运化，泄泻自可愈也。

5 理脾和胃

陈某，男，6岁，1990年8月20日诊。患儿有慢性腹泻史近2年，每日腹泻4～5次，泻出为黄色稀水样便，夹有不消化食物，面色淡黄，消瘦，纳食少，喜食冷饮，舌质嫩红，苔薄黄，脉细数。证属脾虚湿胜，方用自拟理脾和胃散：山药、生薏苡仁、麦芽各20g，扁豆、建曲、茯苓、山楂、砂仁、陈皮各10g，芡实、莲子、鸡内金各6g，黄连2g，此为1料药，另加炒米250g，共烘干研粉，每次餐后服5～10g，药后纳食增

加，腹泻止，面色红润，1 月后痊愈

按 小儿为稚阴稚阳之体，脏腑娇嫩，形气未充，脾常不足，加之喂养不当，寒热侵袭，食不洁之物，易致脾虚型泄泻。王正雨在组方上重视健脾运脾。方中茯苓、生薏苡仁利水渗湿，健脾和胃为主药，扁豆、山药、芡实补脾气益脾阴，且能止泻祛湿，山楂、麦芽、神曲消食化积，入砂仁、陈皮温中化湿行气，协助主药以运脾，配莲子苦平补益，养心安神，全方在健脾运脾的同时，重视补脾和胃，固其根本。（李中南）

医方验方

小儿理脾和胃散

方药：薏苡仁 20g，山药 25g，扁豆 10g，云茯苓 15g，山楂 15g，神曲 10g，陈皮 10g，芡实 10g，麦芽 20g，莲子 6g，砂仁 5g，黄连 2g，炒米 250g。

功效：健脾和胃，祛湿止泻，安神定惊。

主治：小儿脾虚型肠炎，疳积，脾胃不和型胃痛，呕吐。

用法：上药共烘干，研细末，每餐后服 1 匙（约 10g）。

方解：小儿为稚阴稚阳之体，脏腑娇嫩，形气未充，特别是脾常不足，若加喂养不当，寒热侵袭，易致脾失运化，腹泻、疳证、胃痛、呕吐、纳呆诸症丛生。王正雨在组方上重视健脾运脾，方中选茯苓、薏苡仁利水渗湿，健脾和胃为主药；山药、芡实既补脾气又益脾阴，且能止泻祛湿；山楂、麦芽、神曲消食化积共为辅药；入砂仁、陈皮化湿行气温中，又协助主药以运脾；“胃不和则卧不安”，少佐黄连既去中焦湿熬，又可泻心火；配莲子甘平补益，养心安神。本方意在健脾运脾，恢复脾的运化功能，同时重视补脾益脾，养心安神，以求固本。

风湿镇痛汤

方药：桂枝 10g，当归 10g，白芍 15g，生黄芪 20g，路路通 20g，白术 10g，威灵仙 15g，知母 10g，南沙参 20g，丹皮 10g，丹参 20g，鸡血藤 20g。

加减：湿重加冬瓜仁 30g，苍术 10g；疼痛显著加海风藤 20g，络石藤 20g，桑枝 10g。

功效：清热通络，除湿止痛，益气养阴。

主治：痹证（湿热痹），西医诊断：风湿性关节炎。

用法：水煎，每日 1 剂，分 2 次服用或制成颗粒剂，每日 2 次冲服。

方解：本方适用于湿热邪气痹阻经络关节，气血壅滞不通致肢体麻木、肿胀、疼痛之痹证。方中桂枝温经通脉、除湿止痛为主药，当归、白芍、路路通、丹皮、丹参、鸡血藤养血活血、通络止痛，威灵仙祛风湿通经络，消痰涎，止疼痛，共为辅药。现代药理研究证实威灵仙有良好的止痛作用，与白术合用健脾除湿，白芍与知母又可清热泻火，滋阴润燥。王正雨认为，桂枝、白术治水之阻；知母、白芍活火之阻，与黄芪、南沙参相伍益气养阴以固其本。他指出，老年久病之痹证，虽有实邪，却兼虚证，主张虚实兼顾，在补虚的基础上祛邪通络止痛。

自拟心肌灵方

方药：赤芍、郁金、怀牛膝、瓜蒌皮、薤白、炙黄芪各 20g，桃仁、当归、生地、粉甘草、红花、枳壳、川芎、柴胡各 10g。

加减：心动过速加北沙参、麦冬 10g，苦参 20g；心动过缓加沉香 10g，附片 4g。

功效：活血通络，行气化痰。

主治：痰瘀阻滞型心悸，西医诊断：病毒性心肌炎。

用法：水煎服每日 1 剂，分 3 次服用。

方解：王正雨分析“心主身之血脉”。心是血液运行之主导，若外邪侵扰，气阴耗损，血运涩滞，痰浊壅阻，发为胸部急痛、刺痛、心悸心烦，甚则心慌乱不能自主。随着生活水平的提高，痰浊瘀血致心悸者较为多见，中老年人肥胖者更是如此，他常在活血化瘀的基础上加涤痰开痹之药，如瓜蒌皮、薤白、枳壳、郁金。方中瓜蒌皮开胸化痰散结，薤白通阳宣痹止痛，枳壳、郁金行气理气解郁，配伍活血化瘀药赤芍、桃仁、当归、川芎、红花、牛膝活血通脉，柴胡疏肝解郁，诸药合用，使痰结开，瘀血去，心胸阳气恢复，心悸自然而平。对老年人，久病体虚之人，王正雨特别注意补其心虚之本，善用西洋参、黄芪、麦冬、益气养阴以固其本。对于脉过缓者，常加用沉香、附片。他指出沉香温而不燥，行而不泄，温肾而通心，专于化气纳气，对诸气郁结不伸者，十分适宜，又可扶脾达肾，摄火归源；附片入心肝肾三经，补肾阳、暖脾土，且有一定强心作用，适用于兼有脾肾亏虚、气逆心悸者，心率过快，脉细速者；他善用麦冬、苦参、北沙参清心养心，对心悸怔忡、脉细数者尤为合适。（李中南 整理）

王竹鑫中药鉴别经验

【名老中医简介】王竹鑫(1946~)女，湖南省岳阳市人。主任药师，硕士生导师。1964年毕业于湖南中医学院首届药学专业，湖南中医学院第二附属医院药剂科主任，国际中西医学会会员，中华中医药学会炮制专业委员会委员，湖南省中医药学会第四届理事会理事、中药专业委员会副主任委员，湖南省老中医药专家师承工作指导老师。从事中药工作40年，擅长中药炮制研制开发中药新六类(1)新药1项，主持省级科研课题3项，参编《基本药物手册》，发表论文37篇。

临床经验

动物类中药的快速鉴别

1 金钱白花蛇

鉴别要点：体表白色环纹45~58个，背正中脊鳞扩大呈六角形，尾下鳞单行；蛇头颈部与蛇身无拼接痕迹；白色环纹自然。

市场伪品金钱白花蛇多种，按其充伪方式可分为3类：一类，将正品金钱白花蛇纵剖2条，或将金钱白花蛇切成几段，然后用其他蛇头、躯干安置后盘状冒充；二类，以其他蛇的幼体用退色药水、油漆等将蛇身涂成白色环纹；三类，用其他种幼蛇进行加工混充。但只要抓住了正品金钱白花蛇的鉴别要点，不论市场如何变化，仍可简易快速地加以区分。

2 蛤 蚧

鉴别要点：多为类圆方式扁平状，头颈部及躯干部长9cm~18cm，尾长6cm~12cm；全体密披圆形或多角形微具光泽鳞片，背部斑点或斑纹呈黄白色或灰绿色(进口蛤蚧呈砖红色斑点)；吻部半圆形，吻鳞不切鼻孔，与鼻鳞相连；四足均具5趾，有吸盘；尾部有6~7个明显的银灰色环带。

伪品同属壁虎、多疣壁虎、无蹼壁虎，其吻鳞鼻孔，这是与蛤蚧最明显的区别。鬣蜥科喜山鬣蜥、蜡皮鬣尾均粗长，超过体长，甚至2倍。蝾螈科的中国瘰螈和红瘰疣螈，多呈条状，肉质，体上无鳞片，尾侧扁，可资区别。

3 蕲 蛇

鉴别要点：蛇头呈三角形而扁，口较宽大(龙头虎口)；吻端向上(翘鼻头)；背部有17~25个菱方斑纹(方胜纹)；腹部灰白色，有黑色圆形斑点(念珠斑)；尾部末端有三角形侧扁的角质鳞片一枚(佛指甲)；蕲蛇每条重量200g~300g。

伪品只要掌握了正品蕲蛇的鉴别要点，即可准确无误地区分。市场还出现了蕲蛇的掺伪品：一类，掺入异物，如注入淀粉、插入铁丝铁钉、埋石头，插贴杂蛇肉以增加重量；二类，以死蛇混充；三类，用蕲蛇头尾皮填入其他杂蛇肉冒充，外观特征没有异样，几可乱真。

4 马 宝

鉴别要点：外形生长自然，无制作痕迹；剖面同心层纹清晰，排列有致；口嚼无沙粒感；粉末撒以锡纸上火试迅速聚集于中心。

伪品水泥制成的马宝，外表不光滑，剖面无同心层纹，有制作痕迹。骡宝、驴宝形同马宝，但质轻，断面层纹不明显。

5 蛤蟆油

鉴别要点：水浸泡膨胀可增大10~15倍；为不规则块粒状，弯曲而重叠；气腥，味微甘。

伪品青蛙输卵管形极似正品，但尝之麻舌。蟾蜍输卵管、明太鱼精巢膨胀度小于正品。琼脂、蛋白胨加工晶及马铃薯干、甘薯干有伪造痕迹。水浸亦可定真伪。

6 羚羊角

羚羊角药材极易区分真伪优劣，但市场饮片较多，应注意区分。羚羊角饮片现代加工方法改用锯板钢刀直接干刨成极薄片，多卷曲，全体乳白色，半透明，表面光滑，有光泽，纹丝直而呈现微波状，质柔韧，富弹性。不易拉断，长条片对光可见一侧常具波状的环脊纹。

伪品山羊角刨片，呈不规则长方形薄片，多折曲，淡黄色，略透明，表面具刨痕，一拉易断。蒙古瞪羚羊角、藏羚羊角、绵羊角等刨片，其色都不透明，不具羚羊角片的特征，易于区别。

7 穿山甲

鉴别要点：呈扇形、三角形、菱形或盾形的扁平片状或半折合状，中间较厚，边缘较薄，角质，半透明，坚韧而有弹性，不易折断；火烧有较浓的特异腥气，未烧尽的边缘呈乳白色，质酥脆；水煮5min基本无明显变化。

伪品多由塑料、动物胶质等为原料，用模形压制而成，只要掌握正品鉴别要点，即可简便快速地加以区分。

8 海 马

《中国药典》2005年版收载海马共5种，均有“马头、蛇尾、瓦楞身”的传统经验特点。

海马混伪品目前市场上已较少见，但存在掺伪现象，主要是海马腹中或育儿囊内人为填充鱼粉、石蜡、泥沙、水泥甚至体内插入铁丝，根据经验掂其重量，剖见腹中掺伪物，即可快速鉴别真伪优劣。（陈卫红）

槐花及混伪品的鉴别

槐花为豆科植物槐 Sophora、japonical 的干燥花或花蕾。具有凉血、止血、疏风清热等功效。用于吐、衄、便、痔疮出血、尿血、崩漏、目赤、失音、皮肤风疹等。由于槐花具有明显的药用价值，所以在临床应用中，尤其是痔疮专科，配方、制剂需求量较大。近年来，因药材市场的混乱造成以次充好，以假乱真。验收时曾发现用刺槐花、劣质茉莉花充当槐花。

1 植物形态的特征比较

槐花为豆科植物槐的干燥花朵或花蕾，落叶乔木，单数羽状复叶互生，长达25cm，叶柄基部膨大，小叶7～15，卵状长圆形或卵状披针形，长2.5～5cm，先端尖，基部圆形或阔楔形，全缘，上面绿色，下面伏生白色短毛。小叶柄长2.5cm；托叶镰刀状，早落。圆锥花序顶生，花乳白色，长1.5cm，萼钟形，5浅裂，花冠蝶形，旗瓣阔心形，有短爪；脉徽紫，雄蕊10，分离不等长，子房筒状，有细长毛，花柱弯曲，荚果长2.5～5cm，有节，呈连珠状，无毛，绿色，肉质，不开裂，种子间极细缩，花期7～8月。

刺槐花为豆科植物刺槐的花，又名洋槐、胡藤，落叶乔木或灌木，枝上具针刺，叶互生，单数羽状复叶，叶柄长1～3cm，基部膨大，托叶变化为针刺，小叶7～19枚，椭圆形至长卵形，或长圆状披针形，长2.5～4.5cm，先端圆形或钝头，有时微凹，有小细刺尖，基部圆形或广楔形，全缘，光滑或幼时披短柔毛，叶质薄，鲜绿色。花序腋生，花白色，甚芳香，密生成总状花序，作下垂状，长10～20cm，花轴有毛，花梗长7mm，有密毛，萼钟形，先端不整齐，5裂，稍带唇形而被密毛；花冠蝶形，由旗瓣、翼瓣和龙骨瓣组成，其中旗瓣基部有一黄斑；雄蕊10.2体，子房圆筒状，花柱头状，先端具绒毛。荚果线状矩圆形而扁，10.2体；子房圆筒状，花柱头状，先端具绒毛。荚果线状矩圆形而扁，长8～12cm，熟时赤褐色，内含种子4～10颗，种子肾形，褐色而微小黑斑，花期初夏。

茉莉花为木犀科植物茉莉的花，常绿灌木，单叶对生，阔卵形或椭圆形，有时近倒卵形，长4.5～9cm，宽3.5～5.5cm，先端短尖或钝，基部楔形或心形，全缘，下面脉腋有黄色簇生毛，叶柄长约3～7mm。聚伞花序顶生或腋生，通常有花3朵，总花梗长1～3cm，被柔毛，花柄粗壮，长5～10mm，被柔毛，花白色芳香，花萼管状，裂片8～10，线形，被柔毛或无毛，花冠管细，裂片椭圆形，先端钝；雄蕊2，着生于花冠管内，子房2室，每室有胚珠两颗，花期6～11月。

2 药材性状特征比较

槐花，干燥花朵，花瓣多数散落，完整花呈飞鸟状，直径约1.5cm，花瓣5枚，黄色或淡棕色，皱缩，卷曲。基部萼筒黄绿色，先端5浅裂。雄蕊淡黄色、须状，有时弯曲。子房膨大，质轻，气微，味微苦。

刺槐花，干燥花朵，花瓣多枚散落，完整花呈萼钟形，直径约2cm，花冠蝶形，淡黄色或浅棕色，皱缩，卷曲。2体雄蕊，子房1室，无毛，花柱状。顶端具绒毛，质轻，气弱，味苦，有小毒。

茉莉花，干燥花朵，长1.5～2cm，直径约1cm，呈黄棕色或棕褐色，冠筒基部的颜色略深，未开放的花蕾全体紧密叠合成球形，花萼管状，具细长的裂齿8～10个，外表面有纵行的皱缩条纹，被稀短毛，花瓣片椭圆形，先端短尖或钝，基部联合成管状。气芳香，味淡微涩。

3 薄层鉴别

槐花、刺槐花、茉莉花各约1g，分别加甲醇10mL，密塞，振摇，放置10min，滤过，滤液作为供试品溶液。另取芦丁对照品，加甲醇制成的4mg/mL的溶液作为对照品溶液，照薄层色谱法（《中国药典》95版一部附录VIB）试验，吸取上述4种溶液各10μl，分别点于同一硅胶G薄层板上，以醋酸乙酯：甲酸：水8：1：1展开，取出，晾干。喷以三氯化铝试液，待干后，于紫外灯（365nm）下观察，槐花供试品色谱中，在与对照品色谱相应位置上显黄色荧光斑点。刺槐花和茉莉花供试品色谱中在与对照品色谱相应位置上来见相同斑点。

4 小 结

槐花主含槐花米甲素、乙素、丙素、芸香甙（即芦丁）、鞣质及维生素A类。有清热、凉血止血等功能，用于吐血、衄血、肠风下血、尿血、崩漏、皮肤风疹等疾病。茉莉花鲜品含挥发油,油中主含素馨酮(茉莉花素)、苯甲醇及其酯类,安息香酸芳樟醇酯,其功能为理气开郁,辟秽和中,治下痢腹痛,结膜炎,疮毒。刺槐花有小毒,含刀豆酸、鞣质、黄酮类、蓖麻毒蛋白。其功能主治为"止大肠下血,咯血,又治妇女红崩"(《贵州民间方药集》)。综其所述,两者均不能作槐花使用,应当作伪品处理。(王竹鑫 聂阳生 喻广梅)

王子耀验方选

【名老中医简介】王子耀(1942～)广东省惠州市人。主任医师。1970年毕业于广州中医药大学,原广东省惠州市中心人民医院副院长,中国医院健康教育专业委员会常委,惠州市中西医结合学会理事长,惠州市中医学会副理事长。广东省名中医。擅长治疗肾脏疾病,老年心血管病、高血压等,发表论文30余篇,主持的科研项目多次获奖。

尿毒方

方药:防风10g,枳实10g,益母草20g,赤芍20g,大黄(后下)10g,苏叶10g,蚕沙15g,甘草5g。

主治:慢性肾功能衰竭。

加减:肝肾阴虚者加知柏地黄丸合二至丸加减;脾肾阳虚者合真武汤加菟丝子、淫羊藿;气阴两虚者合大补元煎加减;

注意:其中大黄剂量根据个体差异酌情加减,以每日排软便2～3次,并无明显不适为度。

用法:每日1剂,水煎2次,每次150mL,早晚服用,10月为一个疗程。

方解:大黄具有通腑泄浊利湿的作用,为君药;益母草活血化瘀,利尿消肿,为臣药;赤芍有活血化瘀之功,为臣药;苏叶、防风祛风宣肺,升降气机,体现"下病上取"的治疗方法,为臣药;枳实具有消积化痰作用,为佐药;甘草则可补脾益气,缓和药性,为使药。

王自敏肾病临床经验

【名老中医简介】王自敏 女,主任医师、教授。河南省中医学院一附院肾内科创建人、学科带头人。全国中医肾病专业委员会委员及指导委员会委员,河南省中医肾病专业委员会主任委员。享受国务院政府特殊津贴,第四批全国老中医药专家学术经验继承工作指导老师。从医40余年,擅长治疗各种肾脏疾病,获省科技奖3项,省厅局奖3项,主编、参编著作4部,发表论文20余篇。

临床经验

过敏性紫癜性肾炎

1 病因病机

过敏性紫癜其病因可能与感染、药物、食物并有其他因素如寒冷、植物花粉等过敏引起的变态反应有关,属免疫复合物疾病。王自敏认为过敏性紫癜多因"六淫"之邪侵入机体,逐渐影响到肾脏而致紫癜性肾炎。紫癜性肾炎由于外邪入侵,热毒血瘀,迫血妄行,损伤脉络,血溢脉外而致。日久不愈可耗伤气血,损伤脾肾,脏腑功能失调,易致外感毒热入内,日久成瘀,形成热瘀互阻的证候。所以本病多虚实互见,为本虚标实之证,本虚即脏腑气血亏虚,标实主要是瘀血和热毒。瘀血和热毒耗灼正气,殃及脏腑,是导致本病缠绵不愈的重要因素。

2 治法特点

2.1 谨慎选方用药,时时顾护胃气

《脾胃论·脾胃虚实传变论》曰:"元气之充足,皆脾胃之气所无伤,而后能滋养元气;若胃气之本弱,饮食自倍,则脾胃之气既伤,而元气亦不能充,此诸病之所由生也。"王自敏对此体会颇深,认为凡治病者必须常顾胃气,方可药到病除。她认为紫癜性肾炎的发病与正虚密切相关,且病情缠绵反复,正气损伤尤为严重,所以在整个治疗阶段都应首先考虑到脾胃虚实的问题。脾胃健运,脏腑气血才能充足,选方用药时要注意不伤正气,不碍脾胃。由于紫癜性肾炎的病机特性为毒、瘀、虚,故治疗时常需使用一些苦寒、滋补之品,如黄连、苦参、熟地等,此时应注意苦寒不能败胃,滋补不能碍脾,这样药入于胃,才能真正起到应有的作用。对久病体虚之患者,尤应用药轻灵,最忌克伐过度。故她常用黄芪、党参、生山药、白术等药恢复脾胃之气,兼防苦寒之品伤胃之弊。又用砂仁、白蔻仁、陈皮、半夏等药和降胃气,以防补益之品久服滋腻碍胃,兼能使中焦气机畅达,脾胃和则病自去。

2.2 力倡祛邪扶正,注重活血解毒

紫癜性肾炎邪毒入内,损伤正气,常虚实夹杂,病程缠绵难愈。因此,王自敏力倡祛邪以扶正,旨在通过祛邪,阻断其恶性循环,使正气自复,病情向愈。临床常用祛风清热药,如防风、连翘、地肤子、金银花;益气健脾利湿药如黄芪、党参、白术、茯苓、薏苡仁;健脾益肾填精止血药如黄芪、太子参、生山药、芡实、山萸肉、杞果、菟丝子、茜草、小蓟等。临床观察资料表明,热毒、瘀血是贯穿疾病始终的因素,故王自敏极为重视活血解毒法。临床运用较多的药物有活血化瘀药如丹参、红花、赤芍、当归、益母草、鸡血藤等,滋阴凉血药如生地、丹皮、女贞子、旱莲草等,清热解毒药如金银花、连翘、黄芩、紫草、白花蛇舌草、蒲公英等。

2.3 辨治病证结合,中西协同增效

过敏性紫癜性肾炎病机复杂、症状纷纭、病程绵长、反复发作,故对病情必须要有全面的认识。临床常有无明显症状而化验检查异常者,亦有化验检查趋于正常而临床症状迟迟不见改善者,此时一定要注意病证结合,全面治疗,才能真正控制病情。王自敏认为,西医长于辨病,重视疾病局部的病理变化,但忽略机体整体的状况;而中医长于辨证,通过对整体状况的了解来认识和治疗疾病,但对局部的变化,特别是细微的无临床表现的病理状态认识不足。因此,只有充分发挥各自优势,取长补短,有机结合,才是治疗疾病的有效手段。她主张以中医为主体,取西医之长为用,结合现代医学对紫癜性肾炎的一些新认识进行治疗,比如:现代医学认为紫癜性肾炎多有肾小球内微血栓形成,纤维组织增生,她常在辨证基础上加用一些药理研究证实有改善微循环作用的药物,如冬虫夏草、大黄、积雪草、红花、丹参、川芎等,收效显著。

2.4 防治并举,强调善后调养

王自敏认为本病如平时调养不善,不仅会影响药物治疗效果,即使已治愈者也极易引起复发,故应嘱患者注意休息,劳逸结合,清淡饮食,忌食膏粱厚味,戒烟酒。同时,尽可能寻找病因或致病因素,防止再接触,清除感染灶,驱除肠道寄生虫等。

2.5 明确针对指标,用药合理贴切

在治疗某些病证方面,王自敏重视针对实验室检查指标的治疗,灵活利用辨证用药方法,有独特的用药经验,用之临床,疗效颇佳。尿检红细胞多者,在辨证基础上用地榆、槐花、紫草等;尿检白细胞多者,用黄柏、白花蛇舌草、车前草等;蛋白尿多者,加用山药、黄芪、冬虫夏草、山萸肉等;浮肿明显者,用云苓皮、冬瓜皮、车前草等。

3 病案举隅

患者,女,24岁,2005年3月12日初诊。2月前感冒后出现四肢出血性皮疹,腹痛,颜面及下肢浮肿,尿如茶色反复发作。查体四肢散在红色皮疹,对称分布,压之不褪色,颜面轻度浮肿,口干,咽痛,手足心热,腰困,舌红、苔薄黄,舌底脉络暗红,脉细数。尿常规:蛋白(++),潜血(+++),镜检:红细胞(+++)/HP。西医诊断:过敏性紫癜性肾炎。中医诊断:紫斑(肌衄,尿血)。辨证属热毒内蕴,迫血妄行,阴虚挟瘀。治法:滋阴清热,凉血活血。药用:生地15g,丹皮12g,金银花20g,黄芩10g,小蓟20g,女贞子12g,旱莲草15g,赤芍10g,丹参20g,薏苡仁20g,杜仲10g,陈皮10g,车前子30g(包煎),石韦20g。每日1剂,水煎服,嘱忌食鱼、虾,预防感冒。3月18日二诊:四肢皮疹消退,颜面部浮肿消失,尿色仍黄,余证悉减,舌脉同前。尿常规:蛋白(+),潜血(++),镜检:红细胞:(++)/HP。宗前法,上方加藕节炭15g。3月24日三诊:尿色淡黄,咽干痒不适。复查尿常规:蛋白转阴性,潜血(+),镜检:红细胞(+)/HP。继进上方,去杜仲、车前子,加桔梗10g、麦冬15g。4月10日四诊:服上方15剂,病情稳定。舌淡红、苔薄黄,脉滑数。守法以上方略作加减,服药30余剂,诸症消除,尿检持续阴性而告愈。随访1年无复发。(周硕果 武士锋 王自敏)

慢性肾衰竭

1 病因病机

慢性肾衰竭(CRF)根据临床表现,属于祖国医学"水肿"、"癃闭"、"关格"、"溺毒"、"虚劳"、"哕逆"的范畴。从《素问·藏气法时论》有"肾病者,腹大胫肿,喘咳身重"的论述,《景岳全书·癃闭》论述了本病的症状及严重性,"小水不通是为癃闭,此最危最急证也,水道不通,上侵脾胃而为胀,外侵肌肉则为肿,泛及中焦则为呕,再及上焦则为喘,数日不通则奔迫难堪,必致危殆"。《证治汇补》载有:"关格者……既关且格,必小便不通,旦夕之间,陡增呕恶,因浊邪壅塞,三焦正气不得升降,所以关应下而小便闭,格应上而生呕吐……最为危候。"的论述,这些论述与CRF的症状、体征、预后较为相似。本病形成,王自敏认为存在着“虚、浊、瘀、毒”四大病理机制,其中虚是主要病机,且以肾为中心,而兼及肝、脾、肺,随病情进展,且由于阴损及阳,或阳损及阴,出现肾、脾、肺、肝气阴两虚及脾肾阳气虚衰等。在正虚同时多挟瘀、浊、毒等邪实。本病无论气阴两虚或脾肾阳虚,皆可以导致肾脏阴阳失衡,三焦气化失司,饮食不能化生津液精微,反而转为湿浊,且因升降开合失常,当升不升,当降不降,当藏不藏,当泄不泄,精微不摄而漏出,水浊不泄而滞留,病理产物遂成致病因素。亦可由于病程冗长,久病气机失于流畅,血脉即发生瘀滞,即所谓久病入络而络阻血瘀也。由于肾之泄浊、脾之运化功能障碍,导致水湿停积,湿浊蕴滞,阻遏三焦,水道不利而及血。因虚不胜邪,邪留又可生毒,肾气虚易招外邪侵袭,加重正虚而致邪羁酿毒。总之,本病正虚为本,邪实为标,四大因素互为因果,形成恶性循环。

2 辨证论治

本病总属虚实错杂,本虚标实,以正虚为本,邪实为标,故其辨证首当明辨虚实,本病无论早、中、晚期,均具有正虚,所以应辨阳虚、阴虚、气虚、气阴两虚之各异;在正虚同时,多挟实邪,当辨外感、痰热、水湿、湿浊、湿热、瘀血、风动之偏盛。CRF从氮质血症,直到尿毒症期,病情是一个不断发展的过程,中医辨证分型是为了便于临床治疗而设。由于本病呈动态发展的变化,所以分型不是固定不变的。为了便于临床使用,把分型尝试为以正虚为主,兼夹邪实,且每种正虚皆可兼夹数种邪实。这样处理比较灵活地解决正邪之间变动的矛盾。CRF直至尿毒症期,患者都可有血虚表现,因此分型中血虚可以不单独标明。特别是尿毒症期,以正虚角度来看都是阴阳气血俱虚。

2.1 脾肾气虚

证见:面色无华,少气无力,纳差腹胀,大便偏稀,口粘口淡,不渴或渴不欲饮,腰膝酸痛,手足不温,夜尿频多,舌淡有齿痕,脉象沉弱。辨证:肾为先天之本,脾为后天之本,先后天相互滋养,肾虚日久,亦损及脾,致使肾脾之气俱虚,脾气虚失于健运,水谷精微不能上濡于面则面色无华;脾气虚不能化生水谷精微,气血来源不充,形体失养,故少气乏力,舌淡有齿痕,脉象沉弱;脾失于健运,胃肠的纳谷及传化功能失常,故纳差腹胀,大便偏稀;脾虚易内生湿浊,则可致口粘口淡,不渴,或渴不欲饮;腰为肾之府,肾气虚则腰失濡养故腰膝酸痛;肾气虚不能温煦手足,故手足不温;肾气虚,气化不及,水不化气则夜尿频多。治法:健脾补肾。方药:香砂六君子汤(《和剂局方》)加减。党参、白术、茯苓、炙甘草、陈皮、半夏、木香、砂仁、仙茅、仙灵脾。若纳差腹胀甚者,加川朴、麦芽;腰膝酸痛甚者加炒杜仲、怀牛膝;若气虚及阳,脾阳渐虚,腹痛即泻,手足欠温者,加肉桂、炮姜温中散寒。

2.2 脾肾阳虚

证见:面色苍白或㿠白,神疲乏力,纳差便溏或有水肿,口粘口淡不渴,腰膝酸痛或腰部冷痛或有畏寒肢冷,夜尿频多清长,舌淡嫩胖,齿痕明显,脉象沉弱。辨证:脾阳虚不能化生气血,气血来源不充,形体失养,故面色苍白或㿠白,神疲乏力;脾阳虚不能健运,胃肠的纳谷及转化功能失常,故纳差便溏;脾阳虚不能运化水湿,肾阳虚不能温化水湿,故水湿停留而为湿浊之邪,泛滥于肌肤,则成水肿;水湿停留于体内,则口粘口淡不渴;腰为肾之府,督脉络肾贯膝而督诸阳,肾阳不足,失于温煦,故腰膝酸痛,或腰部冷痛或畏寒肢冷,肾阳不固,气化不及,水不化气,故夜尿频多清长;舌淡嫩胖,齿痕明显,脉象沉弱为脾肾阳虚之候。治则:温阳健脾。方药:真武汤(《伤寒论》)加减。芍药、生姜、白术、炮附子、人参、黄芪。纳差便溏甚者加补骨脂、肉豆蔻;腰部冷痛或有畏寒肢冷甚者加干姜、肉桂;夜尿频多,清长甚者加炒山药、芡实、益智仁;水肿甚者,加茯苓、泽泻、白术、车前子利水消肿。

2.3 肝肾阴虚

证见:面色萎黄,口苦口干喜饮或喜凉饮,目睛干涩,大便干结,腰膝酸痛,手足心热,头晕耳鸣;舌淡红形瘦,无苔或薄黄,脉细或弦细。辨证:肝肾阴虚,不能濡养于面则面色萎黄;肝肾阴虚,阴亏火旺,肝火上炎灼伤津液则口苦口干,喜饮或喜凉饮;目为肝之窍,肝阴亏虚不能上荣于目,故目睛干涩;肝肾阴虚,阴虚肠道失润,故大便干结;腰为肾之府,督脉络肾贯膝而督诸阳,肾阴虚失于濡养则腰膝酸痛;肝阴不足,肝阳偏亢,上扰清空;肾阴不足,髓海亏乏,脑失濡养,二者均可致头晕耳鸣;手足心热为肝肾阴虚之象;脉细或弦细、舌淡红形瘦、无苔或薄苔皆肝肾阴虚之候。治法:滋补肝肾。方药:六味地黄丸(《小儿药证直诀》)合二至丸(《医方集解》)加减。熟地黄、山药、山萸肉、茯苓、泽泻、丹皮、女贞子、旱莲草。目睛干涩甚者加杞果、菊花;头晕耳鸣甚者加怀牛膝、白芍、何首乌;手足心热甚者加地骨皮、龟版。

2.4 气阴两虚

本证见脾肾气虚及肝肾阴虚二证者即可确定。治法：益气养阴。方药：参芪地黄汤（《沈氏尊生书》）加减。人参、黄芪、地黄、山药、山萸肉、丹皮、茯苓、泽泻。

2.5 阴阳两虚

本证见脾肾阳虚及肝肾阴虚二证者即可确定。治法：滋阴温阳。

方药：济生肾气丸（《济生方》）合当归补血汤（《内外伤辨惑论》）。地黄、山药、山茱萸、茯苓、丹皮、泽泻、炮附子、桂枝、牛膝、车前子、黄芪、当归。

另外，以上各型之中，皆可兼夹数种邪实，凡具备以下任何一项症状者，即辨证为兼夹该邪实。①外感：风热或风寒。②痰热：咳痰黄稠，咳痰白粘但舌苔黄腻。③水湿：全身中度以上水肿或胸腹水。④湿浊：呕吐频作，舌苔白腻，口有尿味，口粘不欲饮。⑤湿热：呕吐频作，舌苔黄腻，口有尿味，口干口苦口粘喜凉饮，小便灼热、涩痛、不利。⑥瘀血：面色晦暗，唇暗，腰痛固定或刺痛，肌肤甲错或肢体麻木，舌质紫暗或有瘀点、瘀斑。⑦风动：筋惕肉（目闰），手指蠕动，抽搐疼痛。⑧风燥：皮肤干燥瘙痒。

3 临证心得

3.1 治法六则

CRF的病理机制错综复杂，因此在治疗中颇为棘手，所以必需掌握时机采取一切可以采取的手段，如宏观辨证与微观辨证结合，中医辨证与西医辨病结合，何时扶正为主？何时祛邪为先？何时标本兼顾为法？需认清主要病机，针对主要矛盾而选方遣药，这样才能正中肯綮，取得较好临床效果。

①扶正固本，兼护卫气 在扶正时要重视固表，因CRF是肾脏病长期发展的过程，肾气虚衰是其固有病机，肾气虚衰，虚不胜邪，易致外邪侵袭，而反复外邪侵袭，又是加重肾虚的重要因素，长期则邪羁酿毒，因此治疗时应注意固护卫表，平时可嘱患者多服玉屏风散之类，或者扶正的同时酌加固护卫气之品。

②标本兼固，祛邪在先 CRF的病理机制是本虚标实，在疾病过程中都有不同程度的阴阳偏衰，阴阳失衡的表现，所以在治法中一定要注意调和阴阳，标本兼固，但是CRF到了终末期，邪实较重破坏了脏腑的正常运动机能，便出现各种病态，不解除这种破坏，便不能恢复脏腑经络的正常功能，如张从正说："邪未去，而不可言补，补之则适足以资寇。"故应先祛邪为先，以达到"邪去则正自安"。

③和胃降浊，清化湿热 CRF无论是早、中、晚期，其脾胃症状的轻重与病情的轻重基本成平行关系。湿热缠恋几乎贯穿病程的始终，由于湿热滞留三焦，致使脾胃困遏，中运枢机失调，脾气不升，胃气不降，浊邪上逆而致纳呆、恶心、呕吐。因此畅通枢机，使清气得升，胃气得降，尤为重要。此时采用和胃降浊，清化湿热之法势在必行，常用槐黄温胆汤效果颇佳。

④活血化瘀，通脉解凝 CRF存在高凝状态已是不辩的事实。西医中所说的高凝状态也就是中医所说的瘀血阻滞，运用中医的活血化瘀法却能很好地改善高凝状态。在临床上不少CRF患者有瘀血征象，如舌紫暗、面色晦暗、脉沉涩等，因此应根据情况针对性地采用活血化瘀药如丹参、红花、赤芍等，临床中可采用大剂量的丹参注射液或川芎嗪注射液加入10%葡萄糖注射液250 mL中静脉滴注，1疗程为15天，此法或扩张血管，或抑制解除纤维蛋白在肾脏的沉积，对疏通部分毛细血管，增加肾血流量，解除高凝状态，改善肾组织的血氧供应，增加全身和肾脏的抗病能力，保存残存的肾单位，能起到较好的作用。

⑤选药性平，调和阴阳 在治疗CRF的过程中，如何选择药物亦是很重要的环节，在长期的临床中体会到，由于此疾病机本虚标实，寒热错杂，所以选药不宜大苦、大寒、大燥、大温，而宜性平为佳，调和阴阳。如温补不宜用干姜、附子、肉桂等，此可骤增浊邪；燥湿不用黄连、黄芩、木通等，此可剧伤正气。临床中善用平补平泻，如肝肾阴虚，善用生地、女贞子、旱莲草、怀牛膝；脾肾阳虚善用仙茅、仙灵脾；湿热炽盛善用大黄炭、生槐花等。

⑥内外结合，综合疗法 CRF病情缠绵，病势复杂，不是单一途径给药所能奏效，而是要采用内服、外用，多途径给药、综合优化疗法才能取效。在临床中研制出肾康Ⅰ、Ⅱ、Ⅲ号，以大黄、金银花、蒲公英为主的肾衰灌肠Ⅰ、Ⅱ号方及温阳降浊，化瘀解毒为主的口服制剂救肾胶囊（西洋参、大黄、制附子、丹参等药）。其联合途径给药，既可扶正固本通腑，又可化瘀泄浊解毒，局部与整体有机结合，起到独特之良效。

4.2 养肾四宝

目前关于肾病的治疗，无论采用中医、西医或中西医结合方法，在医生系统、规范、正确治疗的前提下，患者自身生活调理对康复是尤为重要的。王自敏将这种调理法归结为四个字，即防、养、俏、笑。

①防 有病早治，无病要防，定期检查。肾病患者尤其要防止感冒，因为外感之邪的侵袭可使肺的宣降功能失常，不能通调水道，致使水液流溢肌肤，

加重水肿,使病情反复发作。同时要加强自我保健,锻炼身体,增强抗病能力,及时治疗上呼吸道感染,治疗原发病,如糖尿病、系统性红斑狼疮、过敏紫癜性肾炎、高血压等,也要防止药物对肾脏的损害。

②养 主要是指生活饮食调养。肾病患者在治疗中应注意休息,休息对于防止病情加重,使疾病向好的方向转化至关重要。急、慢性肾炎和肾病综合征的患者饮食宜清淡,最好采用低盐优质蛋白饮食。如果患者合并水肿,则每日食盐摄入要限量,一般为3g左右,宜常吃西瓜、冬瓜、丝瓜、萝卜、青菜、赤豆等。伴有蛋白尿患者吃莲子、生山药、杞果、芡实、牛奶、鸡蛋、瘦肉、鲫鱼等。伴有尿少(1天尿量少于400 ml)和血钾升高的患者则要限制含钾类食品,如橘子、橙子、紫菜、蘑菇、百合和菜汤等。若血钾降低,尿量增多就要适当补钾。

③俏 就是要有一个美好向往与追求,保持良好精神状态。要注意个人卫生,勤洗澡,保持皮肤的清洁,如尿毒症时由于免疫功能低下,容易出现感染,尿毒素由于损伤末梢神经可引起皮肤瘙痒。尤其是在春季,各种细菌、病毒极易滋生,出现痈、疖等情况,所以要有一个讲卫生的好习惯,对养病大有好处。

④笑 中医认为"思伤脾、恐伤肾",所以,患了肾病切不可消沉恐惧。乐观向上的情绪能增强机体免疫功能,促进人体气血循环和胃肠消化,反之,长期抑郁等不良情绪刺激可以导致人体气血紊乱,脏腑功能失调,从而加重病情。古人云:笑一笑,十年少。笑口常开,健康常在。

4.3 中西结合

西医认为CRF的治疗是一复杂而系统的医学工程,无论是对证治疗或透析治疗、肾移植,其总原则是延缓病情进展,去除可逆因素,替代功能,延长生存及提高生活质量。王自敏以此并结合中医理论,认为本病为本虚标实,湿热滞留,浊毒壅盛。治疗上注重标本兼治,和胃降浊,清热解毒,每获良效。CRF进入中晚期时出现严重恶心呕吐症状,西医多采用纠酸补钙,或透析治疗,王自敏在临床中除用西药外还应用中药陈皮、清半夏、竹茹、白蔻、制大黄、生槐花、六月雪等可消除症状,降低血肌酐、尿素氮。对于CRF出现顽固性高血压时,除应用西药血管紧张素转换酶抑制剂和(或)钙离子拮抗剂外,应用中药夏枯草、钩藤、川芎嗪或丹参注射液静脉滴注,中西药结合相得益彰。同时注意对患者饮食和生活起居的调养和控制,这样对减轻症状,延缓生命有重要意义。

5 典型病案

祝某某,女,64岁,家庭妇女。1994年前出现过腰痛、尿频,夜尿2~3次,未系统治疗。延至病情加重,继发面黄、恶心呕吐、不能食,极度乏力,行动困难,遂来我院求治。查血肌酐540μmol/L,血尿素氮15 mmol/L,血色素45g/L,尿检:蛋白(+),白细胞2~4个,B超:左肾78mm×40mm×39mm,右肾80mm×38mm×35mm,双肾缩小,呈弥漫性损伤。患者面色萎黄,语言低微,面浮,双下肢无凹陷性浮肿,舌苔薄黄腻,舌质淡,脉沉细无力,血压130/85 mmHg。证属脾肾两虚,胃失和降,湿热浊毒壅盛,治以和胃降浊,清化湿热。主方药用黄槐温胆汤:陈皮10g,清半夏10g,茯苓20g,竹茹10g,制大黄6g,生槐花30g,白花蛇舌草30g,六月雪30g。用灌肠液I号每次125 mL,2次/d,7 d为1疗程,共用2个疗程。另服救肾胶囊(院自制药),3粒/次,2次/d,口服。小苏打片,2片/次,3次/d,口服。随证加减治疗4个月症状减轻,肾功能逐渐恢复,查血肌酐300μmol/L,尿素氮12 mmol/L。于门诊继续观察治疗近9年,病情稳定,生活自理且能照看孙子。2003年5月25日查血肌酐156μmol/L,尿素氮10 mmol/L,血色素120g/L,B超示:左肾102mm×44mm×37mm,右肾99mm×58mm×36mm,双肾实质弥漫性损伤。9年来间服和胃降浊,益气养血治疗原则,配服救肾胶囊,除用小苏片外其他西药从未使用过。(周硕果)

医方验方

黄槐温胆汤

方药:制大黄6g,生槐花5g,半夏10g,陈皮10g,茯苓15g,竹茹10g,白花蛇舌草15g,生姜3片,大枣3枚,甘草6g。

功效:和胃降逆,清热利湿。

主治:慢性肾衰竭(CRF)。

加减:在上方基础上,若乏力甚,加黄芪30g,当归15g;若纳呆、哕逆,加白豆蔻10g,砂仁10g;若腹胀痞满,大便干少,加枳实10g,厚朴10g;若水肿、少尿,加茯苓皮30g,泽泻15g;若心悸喘促,加葶苈子15g,炒杏仁10g;若头晕头痛,血压偏高,加钩藤30g,夏枯草30g;若常感冒,加防风10g,白术10g,黄芪30g;若皮肤瘙痒,加地肤子(另包)30g,蛇床子(另包)30g,徐长卿30g;若鼻衄,加小蓟30g,藕节30g;若腹泻便溏,加薏苡仁30g,诃子肉20g;若尿素氮、血肌酐持续升高,加六月雪30g,蒲公英30g;若舌质淡紫,舌下络脉怒张,脉沉涩,加丹参20g,鸡血藤30g。

注意事项:在运用黄槐温胆汤化裁治疗的同时,

常给予饮食疗法，纠正可逆因素，降压、改善肾性贫血、纠正水电解质紊乱和酸碱失衡等西医治疗。

方解：黄槐温胆汤是以温胆汤去枳实加制大黄、生槐花、白花蛇舌草而成，故名。方中大黄苦寒泻下，通腑泻浊，清热解毒，活血祛瘀；生槐花、白花蛇舌草清热利湿，解毒消肿；半夏燥湿健脾，和胃降逆；陈皮理气燥湿；茯苓健脾渗湿，以杜生痰之源；竹茹清热化痰，止吐除烦；另以甘草、生姜、大枣健脾和胃、调和诸药。现代药理研究表明，大黄除具有传统泻下作用之外，尚有降氮、抑制肾小球系膜细胞的增殖、抑制肾小管高代谢、抗菌、抗凝、降粘、止血以及免疫双相调节等综合效应，是目前治疗 CRF 应用最广泛的中药之一，为黄槐温胆汤治疗 CRF 提供了客观理论依据。

王祖雄临床经验

【名老中医简介】王祖雄（1919～）江苏江阴人。教授。毕业于上海中医学院，贵州省中医药学会名誉会长。贵州省首批老中医药专家学术经验继承工作指导老师，国家级名老中医。擅长治疗内科、妇科各种疑难杂症，尤其精于消化系统慢性疾病。

临床经验

脾胃虚实错杂病证

对于临床上常见的食道炎、上消化道出血症、胃及十二指肠球部溃疡、胰腺炎、胆囊炎合并胆石症、习惯性便秘、便血、多发性肠息肉、消化道癌症等诸多病变，王祖雄认为多属于脾胃病变中虚实错杂的病症，虽然其中的病情十分复杂，但仍应从中医的辨证出发进行论治，不可一概以攻伐为势，对此，他临证积累了较为丰富的治疗经验。

食道炎及食道的其它病变，如以呃逆呕吐、饮食不畅为主，并见舌苔花剥质红少津者，应以健脾益气养阴和胃降逆为治，常用异功散与丁香柿蒂汤合方加石斛、麦冬、玄参、生地等方药治之。若慢性食道炎疼痛绵绵，遇寒则剧，喜热饮者，常温胃散寒、理气化湿、滋阴和胃并用，方用良附丸、平胃散、二陈汤加玄参、麦冬、佛手、香橼、焦三仙、鸡内金治之，一般消除炎症轻快。一般人认为食道炎偏热者为多，但王祖雄以调理脾胃为主，是其特点。若兼夹湿热较重有苔黄腻者，他则以温胆汤合半夏泻心汤加藿香、佩兰、苡仁治之，其用药也不偏寒。

上消化道出血，王祖雄常以仲景的几个泻心汤合藕节、侧柏叶、栀子炭之类加减使用，血止后即以调理脾胃为主进行治疗。

关于慢性胰腺炎，王祖雄认为中医虽有胰的概念，但无胰腺炎或胰腺疾病的名称，辨证时是从肝脾入手，一般多诊为肝脾不调，气滞湿阻，以柴胡疏肝散治之。这类患者常有纳差、大便不调等症，脾气也不足，故除疏肝外还要健脾理气，若有瘀滞，则应活血化瘀，总之，对于慢性胰腺炎要肝脾同治，疏肝健脾理气并行。对于慢性胆囊炎合并胆石症，王祖雄认为胆石症不仅是肝胆问题，按中医辨证多涉及肝胆、胃三个脏腑，应肝胆胃合治，不可概以攻石排石泻下攻伐为务。他用柴胡疏肝散合大柴胡汤，或加用平胃散、金铃子散、茵陈、栀子、郁金、金钱草、鸡内金、枳实、炒莱菔子等药，并注意饮食调养禁忌油腻等，控制症壮较快，近远期疗效均佳。

对于便秘特别是习惯性便秘、老年性便秘，王祖雄有较为丰富的治疗经验，对于脾胃不和导致大便不爽甚至便秘者，常在调和脾胃的香砂六君子汤中加入火麻仁、莱菔子、厚朴、枳实等药以宽中理气为治，或与脾约麻仁丸合方而治，体现治便秘仍要从温补脾胃入手，不忘脾胃为后天之本，益气运脾以治秘。对习惯性便秘常以脾约麻仁丸为主方加增液汤、益胃汤之类合方化裁，或加入玄参、麦冬、连翘、莱菔子、槟榔、腹皮等，有时同五仁丸合方而治，并嘱多食蔬菜水果类食物。他对脾胃患者的饮食宜忌，有大便溏薄者水果不可不忌的独特见解。

王祖雄对多发性直肠息肉的治疗，常辨证为脾虚气滞兼夹湿浊，常用香砂六君子汤加藿朴夏苓汤、焦三仙、鸡内金、川芎、丹参、檀香等治之。舌苔黄厚腻者，则在上方基础上加白花蛇舌草、半枝莲、夏枯草等药，他用上述方法治疗好几例多发性肠息患者（已有早期癌变现象），治疗后肠息肉已基本消失，疗效较好。

对于消化道癌症患者，王祖雄认为一定要扶正与驱邪同用，特别是经过化疗的更应该以扶正为主。曾治一晚期肠癌患者，因广泛性肠息肉癌变后曾经放疗、化疗，有腹部包块发硬，低热倦怠纳差腹胀，大便干结如羊粪状等症，王祖雄从气阴两虚兼夹湿浊论治，方用增液汤生脉散加藿香、佩兰、苡仁、白花蛇舌草、黄药子、夏枯草、连翘、火麻仁治之。虽然其中因住院化疗曾停服中药，但患者情况一直较好，病情稳定，患者生存期(成活时间)延长提高。现择一例多发性直肠息肉病案介绍于下：

案 陈某某，男，51岁。铁道都铁路设计一院二分院技术人员，住外环东路单位宿舍，1993年2月17日初诊。腹痛腹泄大便不调已10年。半年前(1992年7月10日)经省医纤维结肠镜检查，发现降结肠壁上有广泛性粘膜出血溃疡，并有直径在0.5cm×1.3cm息肉多个，明显可见者为10余个，确诊“慢性结肠炎并多发性肠息肉”，并怀疑为早期癌变，患者拒绝手术切除，曾经省医、省电力医院等中西医保守治疗无效，而幕名前来就诊。现症：大便干稀不调或有干结，偶有黏液样便或出血，腹部隐痛，腹胀肠鸣，并有胃脘部胀闷不适，纳差口中发腻，神疲乏力，走路发颤不稳，四末不温喜热饮，睡眠尚可，据述曾患有“萎缩性胃炎”及黑便史，既往有烟酒嗜好，曾外出出差所经地方较广，生活无规律，面部黑瘦，脉濡软，舌淡苔黄腻而湿润，左下腹部有压痛。辨证属脾虚气滞兼夹湿浊瘀阻，治以健脾理气温化湿浊兼化瘀，方用香砂六君子汤、藿朴夏苓汤合方加减：泡参9g，白术9g，茯苓15g，法夏9g，陈皮9g，木香9g，砂仁6g，藿香9g，厚朴9g，苡仁9g，蔻仁6g，杏仁9g，泽泻9g，焦三仙各9g，鸡内金6g，川芎9g，甘草6g。10剂煎水服。二诊后即以上方为基本方连续使用，并加用丹参、桃仁、赤芍、延胡、火麻仁、腹皮、杏仁等，前后共十七诊，服药60余剂，治疗时间历时5月。患者于1993年7月20日在贵医再次作纤维结肠镜检，对比原检查结果，肠息肉已基本消失，仅发现乙状结肠往上30cm降结肠部见0.cm×0.5cm大小息肉两个。大便已完全正常，腹痛腹胀消失，精神饮食俱佳。仍用原方连服20余剂以善后。

按 本案为慢性结肠炎并发多发性直肠息肉，病程较长，症状较重，息肉数目多而分布广，为脾胃病变中典型的虚实兼失病证，经王祖雄以脾虚气滞夹湿浊瘀阻论治，用香砂六君子汤健脾理气，用藿朴夏苓汤化湿浊，以调理脾胃为主，并根据情况加用了活血止痛药物，取得了明显效果，经治半年左右，肠息肉已基本消失，说明他对脾胃虚实病变特别是有各种兼夹情况的治疗经验丰富。(谭学林)

春夏时病

1 春令时病

王祖雄认为，立春以后，气候逐渐变暖，春天是风主令，主升发，风从热化，外感除见风热表证外，还可以引发鼻衄、鼻炎、风疹、头痛、眩晕等病证。根据季节特点，王祖雄对外感风热不咳者，一般常用银翘散类；咳嗽为主或兼有咳嗽者，常用桑菊饮合止嗽散化裁，或桑菊饮加枇杷叶、前胡、全瓜蒌、大贝、牛蒡子等；兼咽病者用桑菊饮合玄麦甘桔汤加射干。春天由于外感引发的乳蛾(急性扁桃体炎)，以发热较高而红肿疼痛为主症，儿童多见，仍属外感时病，常用桑菊饮、银翘散合方化裁加射干、牛蒡子、蝉蜕、马兜铃等治之。

案1 林某某，女，3岁，1994年2月18日初诊。主诉发热已3日，每日下午达40℃，并头痛咳嗽口干，咽喉不利，纳差便干，曾经铁五局医院诊为“急性扁桃体肿大Ⅲ°”，并经输液注射“青霉素”和“PV”，每日温降后旋即发热，现在仍见鼻流清涕，面色微红，扁桃体肿大Ⅱ～Ⅲ°，脉浮数，舌红苔黄。宜疏风清热解毒，利咽消肿。方用桑菊饮、银翘散合方化裁：银花10g，薄荷5g，桑叶、连翘、杏仁、桔梗、荆芥、牛蒡子、射干各6g，竹叶、甘草各3g，2剂煎水频服，日服4次。二诊：服药后发热减退，余证均减，但食欲不振，脉弱舌红。拟保和丸加味：建曲、焦楂、陈皮、藿香、鸡内金各6g，茯苓10g，连翘、炒莱菔子各5g，砂仁、生甘草各3g。2剂。三诊：服药后食欲好转，大便正常，扁桃体肿大已消，未见发热，脉舌已佳，仍以前方善后。

对于成人咽喉肿痛又有咳嗽者，王祖雄常用桑菊饮加泻白散、白茅根、生地、玄参、天冬、怀牛膝治之。上述疾病虽然变化较快，仍居春令时病，王祖雄宗“治上焦如羽，非轻不举”的原则，以桑菊饮作为主方治疗，并根据情况加减，及时处理。

对外感风热咳嗽初期，王祖雄常用宣肺法，或与敛肺法相结合。如痰黏色黄胸痛，夜间尤甚，脉数舌黄者，则从肺阴虚挟痰热伏风论治，用百合固金汤合止嗽散加射干、牛蒡子治之，方中可去熟地。如肺阴虚兼痰浊，则用百合固金汤合生脉散、二陈汤合方化裁，加全瓜蒌、枇杷叶、紫菀、冬花、桑白皮、地骨皮，均属肃肺敛肺的治法。

案2 张某某，女，55岁，1994年3月10日初诊。主诉感冒咳嗽痰多已1月。夜间重，伴痰多黏稠，口干胸痛，每日下午低热(38℃)，手心发热汗出，曾经某医院X线诊为“支气管炎”，经输液注射青霉素无效。脉浮数，舌红苔薄黄。证属痰热阻肺兼阴虚。用百合固金汤、泻白散合方去熟地加味：百合、生地、玄参、麦冬、百部各15g，白芍12g，贝母、桔梗、全瓜蒌、桑白皮、杏仁、地骨皮各9g，当归、甘草各6g。4剂。二诊：药后咳嗽已减，痰已少，但仍有低热。仍以前方进治,4剂。三诊:服药后已基本治愈,近日新增外邪,但咳嗽较轻,夜间不再咳嗽。再以扶正祛邪为治,方用止嗽散、生脉散、二陈汤合方,药后诸症皆愈,再以原方善后。

王祖雄认为肺为娇脏,春天风热易伤肺津,一般生脉散可作为咳嗽的常用方加入,咳嗽兼痰,二陈汤可加入,如嫌陈皮太燥,可用桔络。对于慢性过敏性鼻炎这类反复难愈的患者,春天发作,他一般用生脉散合桑菊饮加辛夷花、苍耳子等药治之,效果亦好。

春天虚人外感不少,特别是老年人,王祖雄对气虚者用补中益气汤、玉屏风散或人参败毒散化裁,阴虚者用加减葳蕤扬、生脉散化裁。他认为春天虽为风主令,气候逐渐变暖,但它是从冬天而来,加之气候反复较大,忽冷忽热,困气候变冷导致的外感风寒,只要辨证准确,败毒散小青龙汤仍在所不忌。春天痰喘病(老慢支肺气肿等)由气候引发,王祖雄仍以苓桂术甘汤、二陈汤、三子养亲汤合方化裁,并据症适当加入紫菀、百部、桑白皮、黄芩等治之。

春天发作的风疹、皮肤瘙痒,王祖雄认为多属血热伏风,用《医宗金鉴》的消风散治之,或用荆芥、防风、桑叶、菊花、丹皮、生地、地龙、蝉蜕、白鲜皮、地肤子、银花、连翘、薄荷等治之,治以疏风清热。肝风内动用天麻钩藤饮加减,痹证用程国彭的蠲痹汤加威灵仙、络石藤、钩藤,胸痹用瓜蒌薤白汤加血府逐瘀汤,气阴两虚的眩晕用益气聪明汤、生脉散、生龙牡、天麻、钩藤等,头风痛用九味羌活汤或川芎茶调散合温胆汤加钩藤、天麻,均系根据季节特点而加减用药。

2 夏令时病

王祖雄认为,气候进入夏季,特别是立夏以后,暑热渐盛,时令疾病又发生了变化,肺部疾患日见减少,由于暑湿的影响,消化道疾病诸如呕吐纳呆、身热不扬、腹胀泄泻等逐渐增多,但由于雨水较多,气候反而阴凉,寒湿较重,暑多夹湿,但其湿并非都是湿热,外感病可兼夹寒湿,而见恶寒身楚、纳呆泛恶、脘胀便溏等症。王祖雄对外寒夹湿偏重者,常用九味羌活汤去细辛加平胃散、藿香、佩兰、蔻仁、苡仁。如因感受外寒或饮食不节,过食生冷引起腹泄、脘痛、恶心、呕吐等症,多用藿香正气散为主方加减进退,一般常加佩兰、苡仁、蔻仁、鸡内金、焦三仙等药,有时也可用香砂六君子汤类化裁,偏湿热者用三仁汤或藿朴夏苓汤加栀子、茵陈、黄芩等治之。

案3 王某某,女,58岁,1992年5月6日初诊。近日因受寒加之饮食不慎,致令腹泄一日数次,并见腹痛恶心呕吐,口渴不欲饮,苔腻脉濡,小便黄少。证属脾虚夹湿。方用藿香正气散、香砂六君子汤合方加减:藿香、白芷、桔梗、白术、法夏、陈皮、腹皮、建曲、泡参各9g,砂仁、木香、佩兰各6g,茯苓、茵陈各15g,生姜3片,3剂。二诊:腹泄已止,纳食正常,仍有腹胀不适。以原方去茵陈、佩兰善后。

夏季的发热时令病多为发热缠绵,经久不退,或身热不扬,汗出而热不退,王祖雄认为多是湿热(湿温)为患,这类病并不少见,不管西医是否确诊为沙门氏菌感染、伤寒之类,均用三仁汤、蒿芩温胆汤化裁,这同春季发热治法大不一样,因湿缠绵,热退较慢,应善于守方为宜。

案4 叶某某,男,60岁,1993年7月23日初诊。每日下午发热已20余天,温度在38℃左右,并有头痛、四肢困倦、全身酸软不适、纳差口腻、便溏、牙龈肿痛等症,西医诊断为"沙门氏菌感染"已1周,经输液服药无效。舌红苔黄腻,脉濡。证属湿热阻遏,治以化湿清热。方用三仁汤、泻白散合方加减:蔻仁、竹叶、甘草各6g,生苡仁、杏仁、滑石各20g,法夏、桑白皮、地骨皮、藿香、佩兰各9g,3剂。二诊:服药后热退,仍感四末发热,倦怠乏力,口干欲饮,纳食尚可,二便正常,但舌苔已退。再以健脾祛湿清热法,方用藿朴夏苓汤加味:藿香、厚朴、杏仁、法夏、泽泻、连翘各9g,苡仁20g,茯苓、猪苓、扁豆各15g,蔻仁、砂仁、甘草各6g,4剂。三诊:药后证减,低烧未再发生,唯倦怠未已,脉弱。再从脾虚湿阻论治,方用香砂六君子汤、平胃散合方加山药、扁豆、焦三仙、鸡内金、佩兰、藿香,连服以善后,后以上方2剂以巩固疗效。

王祖雄对夏至以后因饮食不洁,泻下脓血黏液并有肛门灼痛、里急后重者,用洁古芍药汤、白头翁汤或木香槟榔丸、香连丸化裁。如泻下酱色便,便时不畅并有口苦心烦、苔黄腻脉弦者,用四逆汤、半夏泻心丸、温胆汤合方化裁。夏至以后各消化道时令病,王祖雄常用半夏泻心汤为主方,主要用于因为脾胃湿热或兼夹湿热的疾病。对于此方,黄连、黄芩用量宜轻,干姜改用生姜,不用人参、党参、大枣,改用泡参或太子参。另外常同温胆汤合用,并加入藿香、佩兰、蔻仁、苡仁以除湿,加入茵陈、栀子以清湿热,加入麦冬、玉竹、石斛以益阴,对这一时间的胃脘痛(慢性胃炎)、胁痛、腹泄、黄疸等证,多用此法治疗。

夏季皮肤起疹发痒,王祖雄多从湿热夹风论治,用茵陈、栀子、佩兰、苍术、黄柏、苡仁、连翘、生地、玄参、地肤子、白鲜皮、牛膝等治之,同春季治法又有所不同。诸如痹证,夏季多用当归拈痛汤,口腔溃疡

用导赤散合藿朴夏苓汤加减，膀胱下焦湿热用导赤散合八正散加减，这些均是他夏令用药的经验。（谭学林）

遣方用药

1 论治病证区分先后步骤

王祖雄强调诊治病证要有预见性，在治疗过程中，要区分先后步骤，分阶段进行治疗。如他对咳嗽病的治疗，一般可分三步进行。第一步是宣肺（驱邪）。外感咳嗽或内伤咳嗽初期兼夹外邪时，治疗的第一步就要使病邪宣散出去，不可关门留寇。如他对风寒咳嗽多用杏苏散、三拗汤、止嗽散等方化裁，对风热或燥邪咳嗽多用桑菊饮、桑杏汤、麻杏石甘汤等方化裁，以期祛邪务尽。第二步是肃肺（降肺）。因肺主肃降，肺的生理特点是清肃，咳嗽阻碍气机可以导致肺气逆而不降，影响肺的生理功能，他多用枇杷叶、瓜蒌壳、杏仁、桑白皮之类以肃降肺气。治疗咳嗽的第一二步都要化痰，因外邪犯肺或肺气不降均可导致痰的产生，多用大贝、川贝或法夏、茯苓等药，分别加入风寒咳嗽或风热咳嗽方内。第三步是敛肺（束肺）。咳嗽虽经宣肺肃肺，往往咳嗽还不能即止，故需敛肺，以收耗散之肺气。多用生脉散，并酌加诃子、粟壳之类，以善其后。

王祖雄还认为，治咳的关键还要掌握上述三个阶段的用药变化，如开始经用宣肺法往往会使咳嗽增加，一般是白天用药当晚咳嗽加甚，这是由于宣肺多用辛温散邪之品，如荆芥、苏叶、麻黄等药进行宣散使邪外出，反映了咳嗽更扬之故，自不必置疑其变化。第二步继用肃肺，第三步再用敛肺，问题自然能够解决。但宣肺这一步必须在前，而且一定要注意，肃肺敛肺药不可用之过早，早了会使病邪留在肺内，日后产生胸闷邪阻，咳嗽反而有增无已。特别是敛肺法，一般要无邪无痰，才可使用，否则会发生变证。

对咳嗽要区分先后步骤，分阶段进行治疗，使治疗井然有序，而王祖雄对其他病证的治疗大都是如此。如治疗癌证时，首先扶助正气，一般不用大量抗癌中药，经治疗一段后才扶正驱邪。实践所见，凡经中医诊治的癌肿患者，大部分属于晚期（一般多经西医病理组织切片确诊，而且已经化疗、放疗，手术等治疗），来找中医求治，均属正气已虚。曾见王祖雄治一左胸壁恶性间皮瘤患者，先用百合固金汤加减扶正以养肺阴，后才用白花蛇舌草、半枝莲、黄药子等抗癌攻邪药，病情获得缓解。这就是预见到患者正气已虚的情况，区分先后阶段来治疗的。又如他治小儿纳差不食，也是先考虑到现在的儿童多喜零食、偏食，而致饮食积滞或脾胃虚实夹杂，常先用保和丸加鸡内金、枳实、槟榔、藿香之类进行消食导滞，后用健脾益气之品调理，这也是能根据病证的不同阶段，而拟定先后不同的治疗步骤的治法。

2 善予合用成方注意用量

王祖雄对历代医家所创制的代表方剂，经常使用，并抓住病变的复杂情况，重视方与方之间的综合运用。如他对胃脘痛（慢性胃炎）、泄泻（慢性肠炎）、纳差不食（消化不良）这类疾病，习用香砂六君子汤、参苓白术散、异功散、枳术丸、保和丸之类健脾益气和消导积滞的方子，但这类疾病常常是病程长，易变化，且易虚实夹杂，如兼夹湿热、寒湿、痰饮、食滞等。王祖雄常用香砂六君子汤或参苓白术散、理中汤以推动脾胃的运化功能，同时在此基础上根据邪正虚实兼夹的不同情况和程度，分别加用清湿热、散寒湿、化痰饮、消积滞的方药综合施用。如治泄泻，夹湿热用参苓白术散与葛根芩连汤或连朴饮合方治之，夹寒湿用理中汤与平胃散或胃苓汤合方治之，夹外感用香砂六君子汤与荆防败毒散合方治之，夹食滞用香砂六君子汤与保和丸或枳术丸治之。

对于其他疾病，如肝阳上亢，肝风内动用天麻钩藤饮与镇肝熄风汤合方治之，治慢性鼻炎用生脉散合桑菊钦加辛夷花、苍耳子等治之，治气虚感冒用补中益气汤合玉屏风散治之，治气虚感冒咳嗽用补中益气汤加止嗽散、二陈汤治之等等，这都体现了他对复杂病症综合用方的特点，从中也可看出他治病用方的许多具体经验。

王祖雄还很重视处方中药物的用量，常通过药物用量上的轻重得当，收到满意的疗效，他认为这是用药治病的重要手段。一般他用温补药量不过重，养阴药量不过轻，对某些药物用量还有独特的运用经验，如他治咳方药，紫苑、冬花、百部的用量较重，常用15g以上，但对薄荷、细辛、蝉蜕以及五味子、煨诃子等药又常常在5g以下。他对不少的药物用量总是经过反复权衡推敲才定下来，非常慎重。他认为辨证明确，用方得当，但如药用量不准，不是因人因病而异，也会延缓治疗进程，影响疗效。

3 施用方药侧重照顾脾胃

王祖雄不论治疗任何疾病，都强调要照顾到脾胃的运化和受纳功能，他认为过补则壅中横中，过攻则败土伤气，都可伤及脾胃之运化受纳功能，脾胃受损，施用方药虽然对证，治病亦不会应手而愈。即令需用温补脾胃，也须补而不滞，补而不燥，用方平正，用药甘润轻灵，疗效才会更好，这体现了他治病用药的特色。

王祖雄曾诊治一位36岁的女性患者，患胁肋胀痛，为时已久，时作时止，心烦急躁，每遇情志不遂则胁痛加剧，并有月经提前，纳差口干苦，眼涩发赤，小溲黄少，大便干燥，舌红苔黄腻，脉弦数等症，诊前曾找其他医生诊治，用柴胡疏肝散并加用太子参20g，服用后更觉胁痛加剧，腹胀满而大便艰难。王祖雄认为，此患者为肝气不疏，肝阴不足兼夹湿热，要疏肝养阴，清肝祛湿清热。因要疏肝，柴胡疏肝散固属可用，但因辛燥药过多可伤肝阴，肝阴不足则肝气更加不畅，且方中加用太子参多达20g，量大壅塞中焦，加重了肝气郁结，并有化火象征，而致胁痛加剧，腹满而大便艰难。于是他改用丹栀逍遥散加代代花、绿萼梅、白蒺藜、佛手片、大腹皮、橘络、佩兰等药，而且用量均轻，使其轻柔而不伐肝，和中而不壅塞，此方用后，患者复诊时反映疗效甚佳。

王祖雄用这些花、叶、皮、络之类的清轻柔润之药，取其治肝而不破气伤肝，均是清代叶天士、费伯雄等名医治病用药的宝贵经验。这里也有他根据自己的临床实践经验总结出来的用药方法。从他治肝用药不施过度破气壅中、辛燥伤阴的治法，既治了肝，也照顾了脾胃，这种治法相得益彰，从患者服药后效果良好来看，说明了施用方药应予照顾脾胃的重要性。

王祖雄一再告诫弟子，治病用药要多在辨证和用药方法上下功夫，特别是在施用方药上一般不要过于攻补，过补则壅中横中，过攻则败胃伤气，损害了脾胃后天之本，造成了患者更大的痛苦，其治病等于不治。王祖雄从医多年，临证时处处照顾到脾胃，在长期的实践中，形成了攻不伤正，补而不滞，温而不燥的用药风格，并积累了一定的用药经验，值得后学认真总结。（谭学林）

韦能定验方选

【名老中医简介】韦能定（1951～）重庆市开县人。主任医师。现任职于重庆市开县中医院。重庆市首批中医药专家师带徒指导老师。擅长中西医结合治疗各种疾病。发表论文50篇。

敏咳饮

方药：蝉蜕、苍术、射干各10g，菖蒲、防风、荆芥、枳壳、赤芍各12g，苡仁、芦根各18g，甘草6g。

加减：舌红苔薄黄滑加黄芩、银花各12g；舌淡苔薄白滑加干姜8g、细辛5g；暑天口渴少尿加滑石18g、竹叶10g；喉中痰鸣加僵蚕6g、地龙10g。

用法：以上为成人量，5岁以下用1/2，5～10岁用2/3，10岁以上用成人量。每日1剂，三煎分服。忌醋、酱油及荤腻生冷食物。

病案：曾某某，男，37岁，1991年10月18日诊。咳嗽5天，经用氨苄青霉素静滴，口服螺旋霉素、咳特灵、甘草合剂及参苏饮加减治疗无效。诊见：阵发性呛咳，喉痒即作，夜间为甚，每阵连咳30～50声以上，咯出少许白色泡沫痰后乃停，3～5分钟后复作，咳声高亢不畅，精神稍差，食纳、二便尚可，舌淡苔薄白滑，脉缓弦。血检：白细胞 $6.1\times10^9/L$，中性0.62、淋巴0.32、嗜酸0.06；胸透：双肺纹影增粗。近3年每年类似发作5～8次，呈增加趋势，先后经用多种中西药治疗，每次需20天至1月方逐渐缓解。诊为过敏性咳嗽。敏咳饮加干姜8g，细辛5g，服2剂咳平眠安，食纳稍差，舌淡红，苔薄白润，脉沉缓。改拟六君子合苓甘五味姜辛汤2剂善后。六月后因感冒出现轻微咳嗽，舌红，苔薄黄滑，脉缓滑，拟敏咳饮加黄芩、银花各12g，服2剂咳嗽消失，继服敏咳饮2剂巩固疗效。随访无复发。

方解：过敏性咳嗽属中医风饮搏结，肺气不利，气管挛急之证。敏咳饮用防风、蝉蜕、荆芥祛风开结，苡仁、苍术、芦根除湿化饮，菖蒲、射干、赤芍配防风、蝉蜕、苡仁舒缓挛急，赤芍兼以活血，枳壳利气，共宣挛滞，甘草调药。现代医学认为，过敏性咳嗽为致敏源导致机体产生过敏反应，引起气管平滑肌痉挛，黏膜充血水肿，黏液分泌增加和通过神经反射作用使迷走神经兴奋性增高所致。现代药理研究证明：蝉蜕、防风能降低反射反应和肌紧张度，有神经节阻断作用；石菖蒲、赤芍、苡仁（苡仁油）能弛缓平滑肌痉挛；甘草（甘草甜素）具抗过敏作用。合而用之，恰合过敏性咳嗽的病机，故收效满意。

魏品康治癌特色经验

【名老中医简介】魏品康(1949~)主任医师,教授,博士生导师。1982年毕业于第一军医大学中医系。上海长征医院中医科、中医教研室主任,全军中医学会常务理事,中华中医药学会内科专业委员会常委,中国中西医结合学会消化专业委员会常委,上海市中西医结合学会常务理事,消化专业委员会主任委员,《第二军医大学学报》编委,《武汉大学学报》编委。上海市名中医。擅长中西医结合防治消化道肿瘤。主持或参加科研项目10余项。主编著作3部,参编著作7部,发表论文50余篇。

胃癌四法

魏品康对胃癌的诊治具有独到的见解,他认为,胃癌的病因虽多,无论外邪入侵,还是七情内伤导致脏腑功能失调,但其最基本的病理环节是痰浊内阻。痰浊,是胃癌发生、发展的极其重要的物质基础,在胃癌的产生、发展及转移中起至关重要的作用。因此,消痰散结是治疗胃癌的基本法则,应该贯穿于整个治疗过程之中,是治疗胃癌的核心。

1 舒肝和胃,消痰散结法

肝主疏泄,脾主运化,若肝之疏泄失常,即木郁土壅,脾土气滞,聚而为痰。临床多表现为胃脘胀闷,攻撑作痛,脘痛连胁,嗳气频繁,大便不畅,每因情志因素而痛作,苔薄白,脉沉弦。治拟舒肝和胃,消痰散结。治疗中,魏品康不仅抓住肝气郁结这一“证”而且抓住“痰浊”这一病理环节,既辨证论治,又辨病论治。若仅疏肝理气,则难 他其痰,而消痰散结有涤痰除浊、推陈出新之妙,结合舒肝理气,可谓相得益彰。他喜用柴胡舒肝散加减。

案1 张某,女,61岁。1987年3月16日初诊。1983年7月31日,因上消化道出血由门诊收入病房,经检查诊断为进展期胃癌,于8月31日在硬麻下行胃次全切除术,术后化疗10次,头昏眼花,心情烦躁,恶心欲吐,不思饮食,右胁胀痛,卧床不起,日见消瘦,舌苔厚腻,脉弦滑。拟舒肝理气、健脾和胃类方药治疗,服药数十剂,疗效不显著。魏品康拟疏肝和胃,消痰散结法治之。药用:柴胡10g,炒枳壳、炒枳实、川朴各12g,八月札30g,砂仁6g(后下),炒白芍15g,法半夏、制南星各10g,紫金牛30g,黄药子、炙甘草各6g,大枣5枚。水煎服,每日1剂,服药20余剂,右胁胀痛缓解,食纳大增,精神转佳,能起床散步,继以成药金龙蛇口服液(主要含消痰散结药)治疗至2001年,患者一般情况较好。

2 健脾益肾,消痰散结法

肾为先天之本,脾为后天之本,脾主运化水湿,若肾阳不足,脾失温煦,致脾阳虚衰,水湿积聚而为痰。痰浊结而为块,形成肿瘤,痰为阴邪,耗损阳气,损伤脾胃。患者肢倦乏力,面削形瘦,皮色苍淡,舌质淡胖,苔白腻,脉沉细弱,以健脾益肾,消痰散结为治。既扶助正气,又祛痰辟邪,双管齐下,得效非浅。魏品康喜用党参、黄芪、茯苓、白术以健脾;仙茅、淫羊藿以补肾。责之临床,每每取得良好疗效。

案2 黄某,男,73岁。1994年7月6日就诊。胃脘疼痛30余年,1995年胃脘不适加重,伴消瘦5kg余,在医院胃镜检查提示胃癌,1995年7月底行胃癌根治术,胃空肠吻合术,腹腔DDS泵埋入术,术后半月1次DDS泵内化疗,每月1次全身化疗,1997年9月在中医科行中西医结合治疗,以FM方案行全身化疗,每月1次。自觉头晕乏力,形体消瘦,痰浊上涌,吐之方能饮食,舌淡苔薄,脉细,证属脾肾两亏,治拟健脾益肾,消痰散结,药用:党参、黄芪各30g,茯苓10g,炒白术9g,仙茅、淫羊藿各12g,天龙、制南星、法半夏各15g,黄药子10g,木馒头30g。治疗1月后,黏痰消失,食纳聚增,可服普食。体重增加6kg,继以消痰散结法治疗以善其后。

3 养阴解毒,消痰散结法

胃癌患者,痰毒郁结,日久化火,或放化疗后,热邪化火伤气,煎灼胃阴,炼液为痰,表现为胃脘疼痛,食欲减退,口干唇燥,大便干燥,形体消瘦,手足心热,舌质红绛,苔少,脉细数,拟养阴解毒,消痰散结法治疗。养阴解毒仅治病之标,本为痰浊内阻,痰浊为阴邪,易阻碍气机,又可郁而化热,故治疗首先要考虑消痰散结。痰湿去,则热无所依,随湿而去,消痰散结之剂,多辛香走窜,易化热伤津,故用养阴解毒,既可生津培本,又可解除消痰散结偏温之弊。魏品康喜用沙参麦冬汤加半夏、陈胆星、天龙、全蝎等消痰散结药物。

案3 王某,男,67岁,1998年1月17日初诊。1993年开始,无明显诱因出现中上腹不适,自服猴头菇等药后,证情有所缓解。1997年11月20日,因劳累后突然呕吐约300~400mL暗红色胃内容物,同时排出约 300mL 酱红色大便，在当地医院就诊，胃镜提示“贲门癌”，于 1997 年 12 月 3 日在该院行近端胃癌根治术，病理提示：胃贲门部溃疡型管状腺癌，部分为低分化腺癌，发现转移淋巴结 3 个，术后曾用化疗、白介素 -2 等生物药治疗，不欲进食，口干较甚，明显消瘦，小便赤，大便秘结，二日一行，舌红少津，苔黄腻，脉细数，证属热毒伤阴，痰浊内聚，拟养阴解毒，消痰散结为治。药用：北沙参、大麦冬、鲜石斛、玉竹各 10g，蒲公英 30g，凌霄花 10g，蛇霉、夏枯草各 30g，制大黄 15g，法半夏、陈胆星、天龙各 10g，全蝎 3g，炒麦芽、炒谷芽各 15g，药进 7 剂，胃口开，口干缓，大便通畅，继以消痰散结法调治，3 个月体重增加 4kg，面色红润，精力充沛，食纳、二便正常。完成化疗全过程。

4 活血化瘀，消痰散结法

晚期胃癌患者，久病入络，波及血分，痰瘀互结，临床多表现为胃脘疼痛，痛有定处而拒按，或痛有针刺感，食后痛甚，或见吐血便血，舌质紫黯，脉涩。治疗颇为棘手，魏品康治瘀不忘化痰，治痰不忘化瘀，从本而治，临床根据痰瘀轻重，从容调度用药，可谓匠心独运，圆机活法，临床每每获效。

案 4 刘某，女，72 岁。1998 年 5 月 23 日初诊。2 个月前，出现进食后上腹部不适，查胃镜提示“贲门癌”，于 1998 年 4 月 17 日，在全麻下行胃大部切除，食管胃吻合术。病理提示：贲门腺癌，贲门周围淋巴结阳性，术后予 FM 化疗方案，近来胃脘疼痛，多药多法均不得效，精神负担极重，纳呆，口渴欲饮，面色晦暗，舌黯红有瘀斑，脉弦滑，证属痰瘀互结，治拟活血化瘀，消痰散结。药用：凌霄花、赤芍、当归各 10g，丹参 30g，全竭 6g，蜈蚣 3 条，天龙 10g，地龙 15g，制南星、法半夏各 10g，木馒头 20g，炒麦芽、炒谷芽各 15g，炙甘草 6g，大枣 5 枚。服药 3 剂，顽痛顿减，再拟上方加减治疗半年，胃脘疼痛完全缓解，食欲好转，精神振作，二便通畅。继以消痰散结法治疗至 2001 年。

5 体 会

胃癌是发病率较高，严重威胁人们生命健康的恶性肿瘤之一。通观医学诸家立方用药，目前，中医学者对胃癌的治疗用药法则，可以分为 3 大类。第一类，脏腑辨证派。按照中医脏腑辨证的理论立法用药，如以柴胡舒肝散加减治疗肝气郁结的胃癌，虽可起到舒肝止痛之效果，但远期疗效甚差，又如以四君子汤加减调理脾胃，虽然起到健胃消胀的作用，但抑瘤抗转移之作用尚须探讨；第二类以毒攻毒派。采用以毒攻毒法则，使用药物多具有一定毒性，刺激性与副作用较大，服后引起恶心、呕吐等胃肠道反应，长期服用难以接受，同时由于没有抓住疾病的本质，疗效亦欠佳；第三类标本兼治派。根据胃癌的发病和病因病机，以标本兼治的原则，临床取得了明显疗效，如魏品康以痰浊论为指导的立方用药，以消痰散结为本，根据脏腑辨证，佐以舒肝理气，活血化瘀，清热解毒，健脾益肾等法则，随证加减用药，达到标本兼治之目的。不同的患者，同一患者在不同的发展阶段，其证情千差万别，不可忽视辨证论治，用药如用兵，病变药也变，方可奏效，但万变不离其宗，紧紧抓住消痰散结这个中心环节，就能固守阵地，以不变应万变。

胃癌从痰论治，古代医家多有论述。如元朱丹溪说：诸病多因痰而生，凡人身，上中下有块者多是痰”。清高锦庭也说：“癌瘤者，非阴阳正气所结肿乃五脏瘀血浊气痰滞而成。”《医门法律》指出，“痰饮之患，未有不从胃起者也。”无论肝气郁结、脾胃虚寒、瘀血内结、热毒停胃，其病理的进一步演变则为痰浊，结而为块，形成胃癌。痰性重浊粘滞，缠绵难愈，且易向它处转移，故在整个胃癌的治疗过程中，要始终贯彻消痰散结的原则，根据不同的病理情况，结合它法治疗，一定能受到较好的疗效。在痰未成阶段，消痰散结法能够防止痰的产生，痰已成阶段，能够消痰散结并防止痰之转移。消痰散结药多选用制半夏、制南星、全蝎、蜈蚣、僵蚕、天龙、地龙。据前期的动物实验中发现，该法有明显的抗胃癌增殖和转移的作用，其机理可能通过对细胞粘附分子 E - cad、CD44、CEA、DCC、ICAM - Ⅱ等的作用，及对血管生成因子的影响，肿瘤转移相关因子等的作用而实现的。（王建平 李毅华）

肿瘤术后及放疗后肢体淋巴肿

1 病因与病机

手术或放疗后导致的肢体淋巴肿，在祖国医学文献中并无专门的名称，仅有与其症状类似的“大脚风”和“脚气”之内的记载。在中医外科学和现代医学寄生虫病学中，均有关于“象皮腿”的论述，在论其病因时，大多认为系感染丝虫或丹毒所致。有医家认识到此病与气血运行不利有关，系血化为水所致。魏品康则认为：术后或放疗后所致淋巴肿的机理，既不同于感染丝虫和脚气，也不同于外感风、寒、湿、热，或浸渍水湿雨露，或久病体虚功能失调产生的水肿。它是由于手术和放疗直接损伤了局部络脉，使患者气血运行受阻，津液运行失常，水液潴留于肢体，横溢肌肤而成，故其病机主要在于术后或放疗后耗伤正气，脉络受损，瘀阻水聚，兼之外感邪毒，发为疮疡，更损及气血，故而迁延难愈。

2 治疗方法

魏品康认为此病的病因病机既与其它“象皮肿”不同，因而其治疗也应之有所区别。他认为：对于此病的治疗，应以通络散结，利水消肿为主，并根据不同的临床表现，进行辨证施治。其具体方法如下。疾病初起，皮肤肿胀、麻木、皮色光亮，为水湿内停兼络脉瘀阻。治当利水消肿，通络散结，以五皮饮为主方，除加茯苓、猪苓、车前子、五加皮等利水消肿药物外，还应适当配伍夏枯草、七叶一枝花、炮穿山甲等软坚散结之药。若局部皮色紫暗、疼痛剧烈，夜寐尤甚，为脉络瘀阻，治疗重在活血祛瘀，通络止痛，方选桃红四物汤加味，伍以全蝎、蜈蚣、地龙、壁虎、路路通等活血通络药物；若皮肤红肿疼痛，溃破，或见恶寒发热，须清热凉血解毒，主方以五味消毒饮加大剂丹皮、赤芍、知母、生地等凉血解毒药物；久病感染反复不愈，皮肤粗糙萎黄，患者形体消瘦，神疲乏力，可用八珍汤益气养血，并酌加生黄芪、皂角、炮山甲等扶正托毒治疗。除药物治疗外，在护理方面还须注意尽量保护好病变部位的皮肤，防止因抓挠、碰擦、烫伤等造成患肢皮肤破损。

3 病案举隅

案1 吴某，女性，45岁，工人。家住上海市中原路60弄5号。初诊日期：1999年6月3日。主诉：左上肢肿胀疼痛两月。现病史：1997年5月因患左乳腺癌行根治术，术中发现左腋部淋巴结转移，术后给予锁骨上区及内乳区域淋巴结放射治疗，持续1年，平时服用三苯氧胺。2月前逐渐出现左上肢近端肿胀、疼痛，下垂时加剧，随着时间的推移，肿胀向远端蔓延，皮肤绷急光亮，手指按压后有凹陷性压痕。经多方治疗无效，前来魏品康处求治。刻诊：患者神志清晰，神疲倦怠，面色少华，无发热恶寒，胃纳尚可。左上肢麻木、肿胀，压之凹陷，近端直径较健侧增粗2.5 cm，皮肤温度不高，肤色略深，肩关节尚能活动。大便成形，每日1次，小便自调。舌质暗红，舌苔白，脉弦滑。此为久病正气受损，更加以手术、放疗损伤脉络，血瘀气滞，津停为水，潴留患肢，故见肢体麻木、肿胀。舌质暗红，苔白，脉弦滑，均为血瘀水停之征。治法：先以通络散结，利水消肿。药用：七叶一枝花30g，夏枯草30g，全蝎5g，粉葛根15g，蜈蚣3g，壁虎10g，地龙10g，十大功劳叶15g，路路通10g，茯苓皮15g，五加皮15g。水煎，每剂分2次服，早、晚各服1次。每日服1剂。服药期间，饮食宜清淡，忌辛辣腥膻。1999年7月4日二诊：服前方2周，自觉左上肢水肿明显消退，左上肢近端周径较初诊缩短1.0cm。患者仍感倦怠乏力。予前方加生黄芪60g，炒党参30g以健脾益气，利水消肿，继续服药2月，左上肢肿胀消退，半年后随访，未见复发。

案2 王某，男，52岁，干部，家住上海市长宁路440号。初诊日期：2000年7月12日。主述：左上肢肿胀麻木3年。现病史：患者于6年前行左侧胸大肌纤维瘤胸大肌切除术，术后给予放射治疗，已连续治疗2年，每年放射治疗30次。第3年出现左上肢手背肿涨，麻木怕冷，曾使用弹力绷带包扎，至今已3年，未见好转，前来魏品康处求治。刻诊：患者神志清晰，形体略瘦，面色较暗，无发热恶寒，胃纳欠佳，食后腹胀，大便2日一次，质硬。经测左侧肘部直径，比健侧增粗3cm。皮肤晦暗粗糙，按压有凹陷性压痕，肌肉僵硬，与健侧相比，皮肤温度稍低，关节活动正常。舌质暗红，舌苔薄，脉沉。此为手术、放疗损伤脉络，耗伤精液，正气虚衰，推动无力，瘀滞肌肤。治法：通络散结，益气活血，药用：生黄芪60g，当归15g，全蝎5g，蜈蚣3g，壁虎10g，夏枯草15g，地鳖虫10g，川芎5g，酒桑枝15g。上方水煎，每日1剂，分早晚2次服。饮食宜清淡忌辛辣腥膻。2000年8月11日二诊：服药2周，患肢肿胀明显减轻，余症同前。前方加生山楂30g，生大黄10g（后下），健脾开胃，活血通便。同时去除弹力绷带。服药2周后，大便每日1次，饮食增进。前方去生大黄，续服3月，再复诊时测量患肢肘部周径，较初诊时缩小2cm，病灶肌肉柔软，肿胀麻木感消退，上肢肌力增加，随访1年，未见复发。（张 申 许 玲 施 俊）

预防胃癌复发

1 辨证论治

1.1 消 痰

魏品康根据多年临床经验，认为痰浊是胃癌生成的物质基础，痰浊形成后，容易阻碍气机，致使痰气互结，停滞胃脘，凝聚日久，又可影响血运，致使痰瘀凝结，促进胃癌的生成和加重。而且，胃癌患者实施手术以及药物治疗后，正气受戕，运化失司，水湿停滞，容易促进痰浊的生成，更为胃癌的复发的创造了物质条件。他经多年临床经验发现“尚未凝聚之痰浊易化，已成结块之痰浊难消”，所以，将痰邪消除在尚未形成变证之时，对于防止胃癌复发有着重要的意义，因为不仅可以祛除胃癌生成的物质基础，使之生成无由，自然可以预防复发，而且，将疾病控制在萌芽状态，与祖国医学中的既病防变之旨异曲同工。所以，消痰是防止胃癌复发的基本途径。

临床辨证以胃脘痞闷堵塞，恶心欲呕，肢体困重，舌苔厚腻，脉濡滑或缓。常以导痰汤为主方加减进行治疗，方中南星、半夏可以燥湿化痰，茯苓可以利水渗湿，陈皮行气化痰。但是，在化痰的同时，还应针对痰浊生成的原因和伴随症状进行治疗，以防再生变证。例如，因气结津停而生痰者，可在方中适当加入行气解郁之品，如桔梗、杏仁、枳壳、青陈皮、郁金等；若因热邪炼液生痰者，可适当加入清热化痰之品，如黄芩、山栀、浙贝母、天花粉、全瓜蒌等；若伴有二便不畅者，可以加入炒楂曲、炒谷麦芽、炒莱菔等消导之品以通利大便，茯苓、猪苓、泽泻、西瓜衣、生薏苡仁等以渗利小便，使湿邪从二便而去，湿邪去则痰浊亦去。

1.2 散 结

由于胃癌早期诊断的技术尚不完善，一旦患者确诊为胃癌常常已至中晚期，多数体内已经存在微转移灶，而且手术无法将这些微转移灶彻底清除，便构成胃癌复发的潜在因素。根据中医辨证，属于“伏邪”、“蓄毒”之类，如吴有性云：“若无故自复者，以伏邪未尽”，说明潜伏之结块邪毒是胃癌复发的重要因素。因此，魏品康根据“结者散之，坚者消之”的理论，采用散结的方法，应用解毒、散结的药物进行治疗，使疾病易于得到控制或消除。所以，散结是防止胃癌复发的关键途径。

解毒、散结的药物甚多，临床应用应根据患者的整体情况有选择性的使用，如患者年轻、体质较壮，正气尚充，可以选用全蝎、蜈蚣、干蟾皮、白毛藤、莪术、地鳖虫、天龙、地龙等较峻猛的药物，若患者体质较弱，正气不足，则应当选用菝葜、山慈姑、七叶一枝花、白花蛇舌草、藤梨根、沉香等药性比较平和之品。

1.3 扶 正

中医认为肿瘤是一种全身属虚，局部属邪的病证，肿瘤一旦形成，作为一种毒邪，可以进一步损伤正气，而七情内伤、过度劳作（劳神、劳力、房劳），以及治疗（手术、放疗、化疗）时攻伐太过，均可进一步加重气血亏虚的程度，而导致胃癌的复发。在祛除诱因的前提下，通过扶正的方法，不但可以增强患者体质，提高机体免疫力，增强免疫系统对肿瘤细胞的杀伤力和抑制力，而且还能缓解或消除放疗化疗的毒副作用，并且某些扶正药物还有直接杀伤肿瘤细胞和抑制肿瘤细胞生长的作用，从而起到御邪、抑邪、祛邪的三重功效。因此，扶正固本是预防胃癌复发的重要途径。

补虚扶正药物的应用，应注意通用药物与专用药物相结合。因为胃癌患者实施化疗以后，很多患者出现骨髓抑制、白细胞减少、免疫能力低下等肝肾亏损、精血不足的表现，因此，常常应用血肉有情之品如龟版胶、鹿角胶等填精益髓、大补真元。同时，再结合辨证的结果，有针对性的选择，如气虚者，可以重用炙黄芪、党参、白术、茯苓等以补气，稍佐以枳壳、陈皮等以行气，使之补而不滞；阴虚者，可以重用石斛、沙参、天麦冬、生地等滋阴，辅以生谷麦芽、炒鸡内金、炒楂曲等消导之品，使之滋而不腻。

2 典型病案

吴某，女，56岁，胃体癌术后6个月就诊于魏品康处，患者胸中闷塞，胃脘痞胀，体倦乏力，活动后反觉轻松，喉中有黏痰，不易咯出，大便不爽，舌苔厚腻中间发黄，脉滑，辨证属痰湿中阻，治以利湿、行气、化痰，宗导痰汤加减，处方：制南星15g，制半夏15g，茯苓30g，生薏苡仁15g，西瓜衣30g，厚朴15g，炒楂、曲（各）30g，生谷、麦芽（各）30g，沉香6g，全蝎6g，蜈蚣3条，14剂。二诊，喉中黏痰明显减少，胃脘痞胀、乏力亦明显减轻，黄厚苔已退，但仍有腻象，舌质较淡，改健脾利湿、行气化痰，处方：制南星15g，制半夏15g，黄芪30g，白术15g，茯苓30g，炒扁豆15g，冬瓜子30g，陈皮15g，厚朴10g，炒枳壳15g，枳实15g，沉香6g，全蝎6g，蜈蚣3条，七叶一枝花30g，野葡根15g，炙甘草6g，14剂。三诊，喉中偶有堵塞感，胸脘顺畅，舌苔已正常，劳作后有气短、乏力感，稍怕冷，辨证患者痰湿已退，又现气虚之象，故治以补气为主，佐以散结，处方：黄芪60g，党参30g，炒白术15g，茯苓30g，全蝎6g，蜈蚣3条，沉香6g，七叶一枝花30g，蟾壳6g，炒枳壳15g，枳实15g，炒莱菔子30g，炙甘草6g，大枣5枚，14剂。四诊，患者已无明显不适，故散结扶正并进，既可以提高机体正气，又可以抑制和杀伤肿瘤细胞，共同起到防止复发的作用，以原方为基础加减继服，后患者因化疗出现阴液耗伤的症状，故改为补气益阴散结法进行治疗。随访生存期已逾9年，患者仍健在，且一切状况良好。

3 结 语

防止胃癌复发，理论上可以分为3种方法，在临床的具体应用中，是可分而不可离的。因为虚损可以生痰，痰浊又是结块癌肿形成的基础，癌肿形成以后又可以进一步损伤人体的正气，加重虚损的程度，因此，临床上单纯以痰浊为主或单纯以虚损为重者，可以径用消痰或扶正的治法，但是对于症状兼夹存在的患者，宜根据辨证的结果，扶正与消痰并进，或扶正和散结共施等。（刘 龙 施 俊）

魏子孝糖尿病临床经验

【名老中医简介】魏子孝(1945～)天津市人。主任医师,博士生导师。1970年毕业于北京中医学院。曾任西苑医院门诊内科、内分泌科主任,北京中医药学会糖尿病专业委员会主任委员,北京中西医结合学会糖尿病专业委员会副主任委员,中华中医药学会糖尿病专业委员会常务委员,中国中西医结合学会糖尿病专业委员会委员,中国药膳学会常务理事,第四批全国老中医药专家学术经验继承工作指导老师。擅长中医药治疗糖尿病及其并发症、甲状腺疾病、肥胖等内分泌代谢疾病。主编、参编10余部著作,发表论文10余篇。

糖尿病

1 餐后高糖,必察其便

临床中有许多糖尿病患者经治疗后空腹血糖控制良好,但餐后血糖居高不下,魏子孝临证发现餐后高血糖者,有许多患者伴有大便秘结难解,或3天1次,甚有1周不解者,故常在辨证用药的基础上,据证选配生大黄、火麻仁、瓜蒌子,芒硝、槟榔等,大便得通后,高糖也获控制。少数患者表现为大便稀溏,则据证选用苍术、白术、山药、莲子、补骨脂、肉豆蔻、砂仁等药,或扶土,或补火使大便正常而血糖亦获控制。《素问·阴阳别论》有云“二阳结、谓之消”,《素问·气厥论》又云“大肠移热于胃,善食而瘦人,谓之食亦”。“二阳结”即胃与大肠气结,燥热内盛而致消渴,通腑则泻去胃肠积热,故通便而使餐后高血糖得降。又《灵枢·本脏》云“脾脆则善病消瘅易伤”,糖尿病患者长期服药伤脾,过用滋阴或苦寒之品,脾气虚而湿困则见餐后高血糖伴大便稀溏,解除伤脾因素,脾得健运则湿去,大便正常而血糖可降,且大黄、山药、苍术等现代药理研究证实,均有降血糖作用,辨证选用,病证相合,疗效则彰。

2 空腹高糖,询其夜眠

临床见某些患者平素血糖尚好,可一段时间出现无明显病因的清晨空腹血糖高,无感染、无应激、无用药不足,无夜间低血糖情况,魏子孝详询获知此类患者多有夜间失眠,莫名烦扰。由于本病以阴虚为本,燥热为标,燥热既伤其阴,必伤其血,肝藏血,体阴用阳,肝血不足,魂不内藏,相火内动,故失眠而烦扰。且平日正为肝经主令之时,故治从养肝血安神为主,选药白芍、桑叶各30g,酸枣仁、鸡血藤各15g以养肝血安神,夜眠安而清晨空腹高血糖得降,病证相合而获效。现代药理研究证明,桑叶有降血糖的作用;白芍中的芍药甙亦有明显降血糖的作用。

3 血糖不稳,七情是问

中西医均认为神经精神因素对糖尿病有重大的影响,恼怒、抑郁等不良情绪,即七情不畅,可干扰血糖的控制,使其上升。故魏子孝临证对于血糖控制不稳定者,尤注意其七情变化,给予相应的心理治疗,指导患者修身养性。并针对七情所致的肝郁,予丹鸡逍遥散,即丹栀逍遥散加丹参、鸡血藤以疏肝气、养肝血、泻肝火,使肝的体用和调,木性柔达,血糖得以平稳控制。清·黄元御《素灵微蕴·消渴解》云:“消渴之病,则独责肝木而不责肺经。”强调要重视七情从肝论治消渴。而现代肝实质的研究显示,“肝”与神经-内分泌-免疫网络密切相关。魏子孝用此法治疗糖尿病,既有渊源,又合新论,故临证实效。

4 调控血糖,须重天时

每当长夏时见部分糖尿病老年体弱患者,无论是用胰岛素注射还是口服降糖药治疗,血糖仍不稳或升高,细查之又未见感染,饮食控制不良等困素,而稍增胰岛素或降糖药剂量又出现低血糖反应。魏子孝认为,长夏暑湿当令,加之天气闷热,湿度大,湿邪袭入,阻碍阳气,故见头重、身倦:湿阻气机,津液代谢受阻,故致血糖波动。虽然本病因合并症不同而患者所述主症各异,但均有头重、体倦乏力等症,故予霍香正气软胶囊另服,药后症状消失,血糖亦下降。藿香正气软胶囊能芳香化湿,调畅气机,以使血糖下降,“此不降血糖而血糖自降”正应《内经》“天人相应”、“凡治病必察其时”之理,治疗糖尿病调血糖也不例外。此外,魏子孝在夏季还常以白芍代当归养血活血,太子参代党参以补气,因为夏暑伤气于糖尿病不利,用药宜避燥热之故,学者当举一反三,可提高糖尿病辨治水平。

5 顽固难降,查其体质

临床见有些患者血糖顽固难降,在除外应激、感染、饮食控制不良等诱因后,现代医学常认为系磺脲类继发失效或有胰岛素耐药或抵抗,此类患者多病程长,合并症多,用过多种降糖药或用过胰岛素,不仅血糖高难降,而且血脂等代谢紊乱,魏子孝临证观察发现此类患者体形多瘦,且女性居多,舌质多暗红、苔多白腻难化为其共同的特征,由于糖尿病基本病机为阴虚燥热,《临证指南医案》总括曰:“三消一证，虽有上、中、下之分，其实不越阴亏阳亢，津涸热淫而已”，瘦人多火，从体质上而言，阴不足而阳有余，即易患消渴，再者“久病入络”，瘀血内生，且此类患者，用过多种药物，必致脾气虚损，水津不布而痰瘀内生，致痰瘀交阻经络不畅，气血津液代谢受阻，血糖难降。魏子孝针对此特点立法用药，辨证为阴虚体质，兼有痰瘀脾虚不运，常选用水蛭、莪术、昆布、僵蚕等活血化痰通络；苍术、黄芪健脾，重用生地黄30g补阴。验之临床有较好的疗效。

6 更年不安，血糖紊乱

处于更年期的女性糖尿病患者，常见血糖居高不下，较难控制：现代医学认为系由于卵巢功能减退引起的下丘脑－垂体－性腺轴的紊乱以致引发血糖波动，患者常表现为烘热，汗出，腰酸乏力，心烦不安，月经紊乱或稀发，或绝经。魏子孝认为此病在肾，为肾之水火阴阳失调所致，宜补肾，调和阴阳，方选二仙汤加减，药用仙茅、淫羊藿、黄柏、知母、生地黄、丹参、白芍等，常获较好的疗效。

7 血糖居高，注意感染

糖尿病患者易感染，尤其是老年糖尿病患者更易感染，常是血糖居高不下的重要因素。魏子孝对此尤为注意，临床常见有呼吸道感染及泌尿系感染。呼吸道感染常表现为咳嗽、咯痰、鼻塞等临床症状，对鼻塞为主症者，常在辨证方中加苍耳子宣通肺窍，肺窍通，鼻塞除，血糖也降。盖肺气得宣，津液得以输布之故。且苍耳子经药理研究认为有降血糖的作用。对咯痰不利、咽喉肿痛者，常于辨证方中加入天花粉、僵蚕、瓜蒌等，以清热生津，化痰散结。天花粉为治糖尿病圣药，僵蚕有降血糖的作用。对咽痒即咳者，临床甚为棘手，特易引起血糖升高，魏子孝习用荆芥、防风、五味子、乌梅治之则症状消失，血糖亦降：因糖尿病本为阴虚，虚火易动，风邪外袭，引动虚火上袭肺金，咽喉不利，故气逆、咽痒而咳。以荆芥、防风祛邪，乌梅、五味子酸敛虚火，故能见效。而且五味子、乌梅能生津止渴，五味子药理研究认为有降血糖之功。若为泌尿系感染，如以寒战、高热为突出表现者，魏子孝认为病在肝经，有热毒，方用小柴胡汤加味，并重用柴胡15g配黄芩以清肝解毒而获效。对慢性泌尿系感染表现为尿坠不畅、尿热乏力、排尿困难为主症而湿热症状不显者，他认为此证属气淋，治宜益气通淋法，方选用补中益气汤加减获效，如若表现为小便频数不利且腹中痛者，乃内有瘀滞，常以当归芍药散加减（当归、赤芍、白芍、丹参、柴胡、冬葵子、三棱、桃仁、车前子），其效明显。（王智明）

糖尿病合并皮肤感染

1 疔疮肿毒

疔疮肿毒的病位局限，以红、肿、热、痛、脓为特点，其病包括疖、疔、痈、发、疽。虽病名不同，但治疗大同小异。一般先看有无表证，兼表证者，以牛蒡解肌汤合五味消毒饮加减；无表证者，以仙方活命饮合五味消毒饮加减。中医治疗疮疡，无非消散与排脓两端。早期消散对于遏制糖尿病的恶化非常重要，而消散则必以疏通气血为前提。因此，应着眼于有形之邪，仙方活命饮是其代表方剂。可据证配合祛湿（药如薏苡仁、赤小豆、半边莲等）、化痰（土贝母、海藻、瓜蒌等）、行瘀（牡丹皮、赤芍、桃仁等），达到散结消肿的目的；大便干结者，须通利大便。

2 癣

糖尿病合并皮肤感染中，约有40%属真菌感染，最常见的是白色念珠菌感染。会阴、肛门、腹股沟、乳房下褶襞处及指（趾）间最容易被感染，其它如手足癣、股癣、甲癣等也较常见。中医治疗以外用药为主，常用药物有土槿皮、苦参、白鲜皮、石榴皮、川楝子等。或配制成外用药，或煎汤外洗。若合并细菌感染化脓者，治疗方药类同于下文“继发于瘙痒的皮肤感染”。

3 继发于瘙痒的皮肤感染

皮肤瘙痒与湿疹属于糖尿病反应性皮肤病，其症状随血糖得到控制而减轻。但在瘙痒明显时，搔抓后皮肤破损极易感染。这种情况在治疗时，应兼顾瘙痒与感染。本病大多湿热为患，临床以龙胆泻肝汤加减效果较好；同时，据证可选加养血（何首乌、当归、白芍、鸡血藤、生地黄等）、祛风（荆芥、防风、蝉衣、白蒺藜等）、燥湿（苦参、白鲜皮、黄柏、地肤子等）、凉血（牡丹皮、赤芍、紫草、水牛角等）、解毒（土茯苓、半边莲、赤小豆等）、安神药（夜交藤、生龙牡、酸枣仁等）。只要辨证准确，即使顽固性瘙痒症，亦能取得良效。若合并感染，可合用五味消毒饮及清热解毒燥湿中药外洗方。

4 继发于血管病的皮肤软组织感染

糖尿病性皮肤软组织病变临床表现复杂多变，大多与代谢障碍和血管、神经损害所引起的皮肤、肌肉、脂肪组织营养不良有关。由于微血管病变是其关键环节，故简称继发于血管病的皮肤软组织感染。在这种情况下发生感染得到控制并非易事，治疗亦有其特殊性。治疗时宜抓住两点：① 改善局部组织的营养状况，包括控制血糖、血脂，改善末梢循环；② 控制细菌感染。二者相辅相成。中医治疗，前者以益气养血为主(如当归补血汤加鸡血藤等),再据证合用化瘀通络(如活络效灵丹)、逐湿通络(如桂枝茯苓丸)、温阳通络(如当归四逆汤)等法;后者以清热、解毒、燥湿为主(常选五味消毒饮、四妙丸、四妙勇安汤等方)。针对以上各治法,统筹选药,组方并不困难。但治疗过程中应注意两点:① 不见肢冷、畏寒等阳虚之象时,选择用药可远温近凉。如化瘀选赤芍、牡丹皮、桃仁、穿山甲、没药等,逐湿(伴浮肿者必用)选车前子、防己、冬瓜皮等。②若内外一派寒象,选药又宜远寒近温,如化瘀选川芎、当归、莪术、刘寄奴、红花等;逐湿则当配伍通阳助火之品,仿五苓散或真武汤等方意;解毒则可选土茯苓、赤小豆、全蝎、蜈蚣等;如仅见肢端冷痛、畏凉,也不能据此认定是寒证,若舌红、苔黄腻、脉滑,则应先考虑清热化湿通络。所以然者,肢凉是宿疾,即先病为本,后病为标,此时应急治其标(清热、解毒、燥湿),兼顾其本(益气养血通络)。

另外,清热解毒燥湿中药煎汤外洗效果颇佳,如黄柏、苦参、蒲公英、紫花地丁、败酱草、马齿苋等;配合内服药,特别是对内寒(阳虚)外热(感染部位痛热)的患者,分而治之,可解决内服药的组方矛盾。

5 典型病案

患者,女,63 岁,2003 年 10 月 20 日初诊。患者有糖尿病病史 11 年,2 年前开始逐渐出现双足发凉、麻木,并时有针刺样疼痛,2 周前因行走过多右足小趾出现破皮、发红,但未引起重视,逐渐出现局部流水、流脓,且范围扩大,2 天前开始发热,体温最高达 38.9℃,伴神倦乏力,夜眠差,舌略黯红,苔薄黄微腻,脉弦数。查:T 38℃,BP 130/85 mmHg,P 91 次/min。心、肺、腹部未见明显阳性体征。双下肢膝腱、跟腱反射均减弱,双足皮温凉,痛觉弱,足背动脉搏动微弱,右足小趾外缘破溃流脓。FBS 13.9 mmol/L,PBS 18.7 mmol/L,尿糖(+++),尿酮体(++);血常规:WBC 1.4×10^9/L,N 78%。中医诊断:脱疽。西医诊断:糖尿病足。经过降糖、消酮、抗感染等对症治疗后,血糖、尿酮及体温很快恢复正常,右足破溃处虽经清创处理,但仍无明显好转。魏子孝辨证为湿热内蕴夹血瘀。治以清热解毒、化湿通络。处方:金银花 15g,野菊花 10g,蒲公英 12g,紫花地丁 12g,玄参 10g,土茯苓 30g,王不留行 10g,木瓜 15g,黄柏 12g。每日 1 剂。3 周后,破溃处分泌物消失,可看见新鲜的肉芽组织,患者精神佳,夜眠转安,血糖稳定。仍见双足发凉、麻木、时有针刺样疼痛,舌略黯,苔薄白,脉弦。此时湿热已去,且大量苦寒药恐伤及阴液,故此时治以益气养血、活血通络。处方:生黄芪 15g,鸡血藤 15g,当归 20 g,赤白芍各 15g,桂枝 12g,细辛 3g,生地黄 15g,玄参 12g,桃仁 10g,红花 10g,水蛭 10g,姜黄 10g。每日 1 剂。继续服药 3 个月,伤口逐渐好转,麻木、发凉、刺痛等症状亦明显好转。

按 该患者系继发于血管神经病变的皮肤软组织感染。先治其标,以清热解毒化湿浊;后顾宿疾,以益气养血、温经通脉。(张 燕 邹本良)

糖尿病肾病

1 糖尿病肾病初期

此期患者多无明显的症状、体征,关键要有“治未病”思想,即健脾补肾,常用六味地黄类方,用药多归脾、肾两经,注意性味平和,温而不燥,如杜仲、桑寄生、枸杞、山茱萸、仙灵脾、菟丝子等。

2 糖尿病肾病临床期

此期无论临床症状、体征还是化验检查,表现是复杂多样的,典型特点有水肿、头晕、蛋白尿、多尿等。

2.1 水肿

水肿是糖尿病肾病第 3 期以后常见症状。水肿开始可时轻时重,最后到持续、顽固存在,严重时伴胸水、腹水、心包积液,无论外观可见的水肿还是现代检查诊断的体内体液的蓄积,都可用“水肿”来认识。本病的水肿是本虚标实之证。传统理论认为水肿的发生与肺、脾、肾三脏,膀胱、三焦两腑相关,最重要的是肾气与脾气失于健旺,为本虚的关键,故魏子孝主张治疗自始至终要重视以扶正为主。标实指水湿有形之邪,其与脾肾之气衰微形成恶性循环,《内经》“开鬼门,洁净府”,“去宛陈莝”,基本上概括了祛邪逐水的治法。他指出,祛邪并不局限于水湿,气、血、痰阻碍气机均可引发水肿。在药物选择时,要注意以下四点:符合证候;顾护正气;考虑病位;警惕某些药物的肾毒性。治本:从脾肾入手,仲景治痰饮的法则是以“温药和之”。故其基础方,肾气虚用济生肾气丸加减;脾气虚用春泽汤(五苓散加人参)加减;脾肾两虚用附子汤(真武汤加人参)加减。治标:着眼于水湿,但水湿停聚常夹气滞血瘀,忽视气血调畅则事倍功半。兼气滞者用大橘皮汤(五苓散加陈皮、木香、槟榔、滑石、生姜、甘草)加减;兼血瘀者用当归芍药散加减。

2.2 蛋白尿

魏子孝指出,“蛋白”属于中医的“精微”范畴,宜藏而不宜泄。五脏中统摄精微物质的关键在脾、肾两脏。“脾升清”、“肾藏精”，清气下陷、肾不藏精，则精气下漏，发生蛋白尿。因此脾肾两虚是蛋白尿的主要病因，治疗以益肾健脾立法，选参芪地黄汤为基本方。加减：邪气不重时，扶正为主。偏阳虚，加肉桂、附子；偏阴虚，加麦冬、五味子；脾虚证显，加苍白术、薏苡仁；肾虚证显，加菟丝子、炒杜仲；邪气明显时，如气滞加陈皮、木香，瘀血加泽兰、丹参；有痰加半夏、竹沥；有水气加牛膝、车前子。尿蛋白量多，可加收涩之品，如金樱子、芡实、莲须、五味子、覆盆子、桑螵蛸等，选加一二味；蛋白尿毕竟是清浊不分所致，还应考虑配伍清利之品，如车前子、玉米须、石韦、白茅根、益母草、土茯苓等，选加一二味。急则治标，不拘泥基本方药，如果突然发生蛋白尿或尿蛋白排泄量骤增，则应考虑到实邪（如感染）影响脾肾功能，以呼吸道、泌尿系统感染最多见，应先治其标。

2.3 高血压

魏子孝认为中药治疗高血压不能被阴虚、阳亢的常规思路所囿，而仅依赖滋阴降火。本病虚证多于实证，或为虚中夹实，本病的高血压以气虚、阳虚更常见，同时，肾病的发展规律是渐趋脾肾阳虚，而应注意顾护阳气。如相关症状明显，也要抓主症，如眩晕、耳鸣、头痛、目胀等；症状不明显，则分析病机，整体调治，无非辨阴阳、抓肝肾、察清浊。首辨阴阳，阳证重在肝肾，体瘦者多，据证滋阴、潜阳、调补阴阳，各有侧重；阴证重在脾虚痰浊，体胖者多，健脾化痰，升清降浊，息风通络。但在遣方用药时，要注意糖尿病肾病、肾病综合征的特点，即脾肾气虚、瘀浊互阻而见水肿、蛋白尿。肾气虚，《验方》仙茅汤（仙茅、仙灵脾、当归、巴戟天、黄柏、知母）加减；脾气虚，半夏天麻白术汤加减。随证加减：头晕加枸杞子、菊花、赤白芍，耳鸣加菖蒲、磁石、蝉衣，目胀加夏枯草、茺蔚子，头痛加葛根、川芎、赤白芍，头痛重加僵蚕、全蝎，大便干燥加草决明、大黄，夹瘀加赤芍、川牛膝，痰浊重加胆星、昆布、泽泻等等。治疗肾性高血压，应以镇摄为主，免用苦寒，以杜仲、牛膝、石决明、豨莶草为宜；脉压差小应补其气，用太子参、黄芪。凡降压，黄芪必用30g以上。

3 糖尿病肾病终末期

此期除有临床期的上述表现，同时会伴随其它系统的病变，如消化系统、心血管系统、血液系统及电解质紊乱。临床表现非常复杂而严重，如少尿、呕吐、胸水、腹水等等。中医治疗应根据“癃闭”、“呕吐”、“痰饮”等遣方用药。此时中西医配合治疗更为重要，不能偏执，延误病情。如癃闭，湿热者用己椒苈黄丸加减；虚寒者用真武汤加减；川牛膝、桃仁为常用要药。呕吐，湿热者用黄连温胆汤加减；虚寒用香砂六君子汤加减。常用药物有紫苏、代赭石、半夏、旋覆花、橘皮、佛手、厚朴、檀香、藿香、石菖蒲、草豆蔻、生姜、吴茱萸（与生姜同服效力更强）、沉香、竹茹、灶心土、扁豆、枇杷叶等。支饮用苓桂五味姜辛汤合葶苈大枣泻肺汤加减，悬饮用小青龙汤合葶苈大枣泻肺汤加减。

在糖尿病肾病终末期，症状较重，“邪实”表现更为突出，魏子孝强调此时要“给邪出路”，保持大、小便通畅，这也符合“小大不利治其标”的法则，同时注意解除气滞、血瘀、痰阻。

4 简易疗法

很多中药可以减少尿蛋白，而且没有毒副作用，来源广泛，价格便宜，可以长期代茶饮，患者依从性好还不会增加额外的负担，魏子孝认为这类简便单方平时应注意积累，如玉米须、白茅根、芡实、莲须等。大量的蛋白尿可导致低蛋白血症，从而引发各种病证，而静脉补充人血白蛋白造价昂贵，食疗也可以达到补充蛋白作用，价格更为低廉，他常用《千金方》鲤鱼汤化裁（鲤鱼1斤左右、生姜1两、葱2两、米醋1两，可以加黄芪、白术等补气健脾，椒目、姜皮等利水消肿，不放盐，吃鱼喝汤）给患者服用，每周1~2次，可长期食用。

糖尿病肾病的治疗是长期的，基础治疗如血糖、血压的控制是必须的，西药应用不能中断，同时发挥中医药的优势，两者配合应用，互补不足，可以提高临床疗效。（邹本良 张燕）

温建余验方选

【名老中医简介】温建余 主任医师。现任职于桂林市中医医院。广西自治区名中医。

通窍煎

方药：熟地黄10g，山茱萸10g，泽泻10g，淫羊霍10g，当归尾10g，炮山甲10g（先煎），桃仁10g，茯苓15g，猪苓15g，白术15g，肉桂6g（后下），生大黄6g（后下）。

功效：补肾通淋剂。补养精血，温补肾阳，利膀胱气化，起开关启合。

主治：精癃。经B超或肛门指诊等检查提示的良性前列腺增生者均为此方适应证。主治排尿困难，滴沥不畅，排出无力；或尿频，尿急，夜尿次数增多；或尿如细线；或阻塞不通，小腹胀满隐痛。

服用：上药穿山甲先煎，煎沸10min后将其余药（除后下药外）放入，加水至800～1000mL，浸泡30min后再煎煮，煮沸20min，放入生大黄和肉桂，再煎5min即可，煎成药液约500～600mL，分2次于进食前服用，每日1剂。症状缓解后，每周服2～3剂，可长期服用，以资巩固。服药后忌辛辣及含刺激性食物如烟酒，避免房事及劳累过度。

加减：伴尿路感染、尿道灼痛、发热者加蒲公英15g，鱼腥草30g；湿热较重，茎中痒痛，舌红苔黄腻加薏苡仁30g，黄柏10g；多烦善怒，胁腹胀满，舌红，脉弦者加郁金15g，夏枯草10g；津液亏损口干思饮，舌红少苔加天花粉30g，葛根30g；肺失宣降咳嗽痰喘，胸闷气憋加白芥子15g，地龙10g，川贝母10g；脉络受损出现尿血者加海螵蛸15g，茜根15g，白茅根30g。服药后出现便溏或腹泻，或平素大便溏烂者，生大黄不必后入；或易之加山药20g。方中穿山甲、肉桂及淫羊藿，无论患者所表现症状是虚是实，是寒是热，均可应用，不可随意去之，否则将影响疗效。

方解：精癃之证，中医学辨属肾之患。年过"五八"之后，正气渐衰，阳气虚弱，致膀胱气化失职，州都管辖无能；年老肾阴不足，相火妄动，煎熬津液，血脉不利，瘀血败精积结成块（前列腺体积增大），阻塞于膀胱尿道之间，水道决渎不利及精关不固，形成"精癃"之疾患。肾虚气化不利和瘀结内阻是精癃证的最重要因素。药选熟地黄、山茱萸滋补肾阴，壮水之主；肉桂、淫羊藿益火之源，补水中之火，鼓舞肾气且携泽泻、二苓直走膀胱，化决渎之气，与生大黄、白术分利三焦水道使之分泄，尤以穿山甲走窜之物和当归尾、桃仁有散瘀精通溺窍、利开关、启合之功，使排尿通畅，开合有度，诸证悉除。另外，据实验研究证实，方中肉桂所含苯丙烯酸类化合物，其有较强的生理活性，对前列腺增生有明显的抑制作用，并能增加前列腺组织的血流量，促进局部组织血运的改善。

病案：患者，男，77岁，2002年11月26日就诊。患者于15年前出现排尿无力，滴沥不尽，尿线变细，夜尿次数增多（3～4次/夜）。曾先后服用过保列治，高特灵，前列通瘀胶囊等中西药，症状时轻时重。近半年来排尿困难进一步加重，出现尿等待，尿中断，尿频（16次/d），夜尿约1h一次。B超：前列腺直径5cm×5.2cm×3.2cm。肛门指检：前列腺约鹅蛋大小（Ⅲ度）；尿流率测定：最大尿流率8mL/s。经用通窍煎，1周后排尿困难症状改善，白天小便减至约10次，夜尿约2h一次。服至1个月，排尿满意，白天小便次数7～8次，夜尿2～3次，尿流率测定：最大尿流率达14mL/s。之后改为每周服2～3剂，以资巩固，至今排尿尚好。

文明昌皮科经验

【名老中医简介】文明昌（1954～）主任医师。贵州省黔南州中医院副院长。第四批全国老中医药专家学术经验继承工作指导老师。擅长治疗皮肤病，对中医针灸、穴道疗法颇有独到之处。

银屑病

1 外 治

清热解毒、活血凉血、中草药薰蒸外洗为主。

1.1 药物组成

满月臭100g，野菊花50g，雷公藤100g，虎杖50g，银花藤50g，鸡血藤50g，紫地丁50g，生地50g。

1.2 方 法

采用薰蒸机进行治疗，加水适量，煮沸后开始薰蒸，每天1次，每次10～15分钟，薰后所剩药渣再煎外洗，或单独外洗，每天1～2次。

1.3 注意事项

①多饮水，每次不能超过15分钟以防虚脱；②高血压、低血压、心功能不全，年老体弱及饥饿者禁用或慎用；③用激素治疗者尽量不突然撤停；④脱皮渗液有感染者先常规抗感染；⑤有薰蒸禁忌症者或头部等薰蒸不到的地方以外洗为主。

2 内 治

分型辨证论治为主。

2.1 寒 证

分虚实，实寒多见于初发病例，皮肤红斑色淡，鳞屑色白，冬重夏轻，伴恶寒怕冷，苔薄白，治宜祛风散寒，兼养血润燥，药用麻黄、桂枝、白芷、地肤子等。虚寒鳞屑不多，色灰白，伴腰酸耳鸣，恶寒怯冷，病程迁延，反复发作，治宜温补，兼养血祛风，药用熟地、菟丝子、鹿角霜、仙灵脾等。

2.2 热 证

血分风热证见皮损增多迅速,色鲜红,点状出血,瘙痒。夏季复发加重。大便结,小便赤,舌质红。治宜清热解毒、凉血止痒。药用桑叶、菊花、赤芍、丹皮、水牛角、大青叶、玄参等;毒热炽盛者皮肤成片脱落,基底暗红,灼痛剧痒,或散在簇集小脓疱,伴心烦壮热口渴,舌红绛,苔干,脉弦滑数,治宜清热泻火、解毒止痒,药用黄连、栀子、大黄、竹叶、银花、黄芩、紫草等;湿热型红斑糜烂,浸淫流滋,于阴雨季节加重,伴纳呆脘痞,治宜清热利湿、解毒止痒,药用黄柏、土茯苓、白藓皮、地肤子、泽兰、益母草、苡仁、滑石、萆薢等。

2.3 血 虚

证见皮肤干燥,或有苔藓样变,皮损固定,鳞屑不多,病程较长。伴有头晕。面色无华,舌淡,脉细。治宜养血祛风、润肤止痒,药用生熟地、赤白芍、当归、鸡血藤、玉竹、胡麻仁、乌梢蛇等。

2.4 血 瘀

病程长,反复发作,皮损紫暗或有色素沉着,皮层呈结节状增厚,鳞屑较厚,舌有瘀斑,脉细涩或结代。治宜活血祛瘀、清热止痒,药用归尾、丹参、王不留行、槐花、凌霄花、三棱、莪术、桃仁、红花等。

3 典型病案

陈某,男,70 岁,都匀市某机关退休干部,于 1998 年 4 月 7 日入院,住院号 17287。患者 11 年前夏天外出游玩时头顶部出现一钱币大小红斑,脱屑伴瘙痒,曾到其它医院以“皮炎”治疗,渐发现由双下肢到躯干到肘关节泛发红斑,呈点片状,表面覆盖鳞屑,边界清楚,伴瘙痒,未有效系统治疗,曾反复发作,为求中医治疗,遂求治于文明昌。证证见全身泛起点片状红斑,边界清楚,覆盖多层银白色鳞屑,瘙痒,有抓痕,渗液,皮肤干燥,心烦,口渴不欲饮,小便短少,大便干结,舌质红,苔腻,脉细数。证属血虚风燥,湿热内盛,治宜养血祛风、清热利湿止痒,内服药用当归 12g,生地 15g,丹皮 12g,地骨皮 15g,知母 15g,黄柏 12g,苦参 12g,白藓皮 15g,地肤子 12g,萆薢 15g。每日 1 剂,水煎分三次服。外用方为满月臭 100g,野菊花 50g,雷公藤 100g,虎杖 50g,银花藤 50g,鸡血藤 50g,紫地丁 30g,生地 50g。水煎为 1 盆泡洗,早晚各 1 次。由于患者年龄较大,暂不考虑薰蒸。15 剂后,渗液消失,瘙痒减轻,苔腻渐化,脉象平和,治应祛风止痒,兼以养血,防风 15g,乌梢蛇 15g,当归 15g,黄芪 15g,苦参 15g,地骨皮 12g,鸡血藤 15g,甘草 10g,大枣 15g,水煎服,外用方不变。10 剂后瘙痒脱屑减轻,红斑范围缩小,精神转佳,体质增强,为缩短疗程,将外洗药物配合薰蒸,每天 1 次,每次 10 分钟,先薰后洗,再进 10 剂,瘙痒消失,红斑消退,遗留少许色素沉着,基本治愈出院。此后每于进食鱼虾等觉皮肤瘙痒时均给外洗方外洗,随访 1 年未出现红斑、脱屑现象。(符春平)

翁工清验方选

【名老中医简介】翁工清(1944～)广西博白人。主任医师。1968 年毕业于广西中医学院,原防城港市人民医院中医科副主任,广西自治区名中医。擅于治疗胃肠病、肝病、肾病、前列腺病、糖尿病、心脑血管疾病及风湿痹证。合编《叶天士临证指南医案发挥》,发表论文 20 多篇。

黄精补脑汤

方药:制黄精、首乌、玉竹、沙参各 15g,白芍 6g,当归 3g,郁金 6g,山楂 10g,茯苓 12g,泽泻 10g,大枣 15 枚。

功效:补脑宁心,荣养气血,延年益寿。主治:虚损,证见精神不振、全身乏力、反应迟钝、记忆力减退等。无论何病,若见上述虚损症状者,均可用之。

加减:若血气虚者,加黄芪 15g,红参 3g;阴虚者,加百合、麦冬各 15g,甘菊花 10g;阳虚者,加枸杞子 6g,淫羊藿 15g,或去沙参;欲减肥者,可加荷叶 8g;若血压高者,应重用泽泻(50g 以上)。

用法:水煎服,每日 1 剂,日服 3 次。亦可用浸酒,早晚饮用。效同。

方解:祖国医学虽把神、魂、魄、意、志分别归属于五脏,但实际上人的意识思维活动都统归于脑。正如《颅囟经序》所说:“太乙元真在脑,曰泥丸,总众神也。”《春秋元命苞》有载:“人精在于脑。”所以五脏六腑之虚损皆损及脑,补脑有益于五脏六腑正常功能的恢复。因而立黄精补脑剂主治阴阳气血诸般虚损杂症。方中含九转黄精丹的成分黄精、当归。据《蒲辅周医疗经验》,该方是平补方,久服能促进脑功能恢复;沙参、玉竹能代人参用,补益五脏,滋养气血,宁心安神。《博物志》载:“太阳之草,名曰黄精,饵而食之,可以长生。”说明黄精有推迟衰老之功。

何首乌能养血益肝、固精补肾、乌须发、延年抗衰老。白芍养血保肝，是肝病要药。茯苓补脾渗湿；泽泻利尿降压而不伤阴，与山楂皆能降血脂。山楂合郁金活血脉、消积滞；配大枣甘酸开胃。诸药配伍为用，有补脑宁心、荣养气血、延年益寿之妙用。

生地白术桃花汤

组成：生地黄、白术各30g，枳实、桃花各10g（如缺桃花，可用桃叶或桃皮、桃仁）。

功效：滋肾增液，健脾补气，通调大便。

主治：习惯性便秘。

用法：水煎2次取汁，早晚各1次温服，每日1剂，7日为1个疗程。小儿用药剂量酌减。

方解：方中君药生地黄滋肾阴，增津液，润脾土而"长肌肉"（《神农本草经》），"润皮肤荣泽"（《本经逢原》）。臣药白术健脾补气，"生津（《珍珠囊》），"质滋润"（《神农本草经读》），"所以妙处，在于多脂"；能使干燥坚硬之大便变润变软，容易排出，有良好的通便作用，并不引起腹泻。据现代药理研究，白术有"促进肠胃分泌的作用"，"使胃肠分泌旺盛，蠕动增速"，大剂量应用，作用尤为显著。枳实宽中下气，能使胃肠运动的收缩节律增加，佐生地黄以行气导滞。金·李东垣重用白术配枳实为枳术丸，能健脾胃，消气滞，除痞满。使用桃花性味苦平，缓下消积，导泻行水，对肠壁无刺激性，且不腹痛；又能疏通经络，活血消斑，滋润肌肤，"令人好颜色"（《神农本草经》）。据现代医学研究，桃花所含主要成分有山奈酚、香豆精、三叶豆甙等，能扩张末梢毛细血管，改善血液循环，促进营养和氧供给。一般认为白桃花入药为好。桃叶、橘皮和桃仁皆性味苦平，能润燥滑肠，通调大便，可作为桃花的代用品。惟桃仁活血祛瘀，孕妇忌用。全方四味药物组成，君臣契合，水土和济，增液补气，通调大便，兼具润肤养颜之功。

病案：胡某，男，68岁，1992年4月14日就诊。大便干结，排解困难已6年多，每3～5天甚至1周1次大便。曾叠用大黄、番泻叶、果导片、开塞露、灌肠等中西医方法治疗，只可缓解一时之苦，一停药便每每久蹲半小时至1小时仍不下便，乏力努挣，多半需用手指抠出粪便。来诊时大便已7天未解下，苦不堪言。精神疲乏，腰腿软弱，食欲呆滞。诊见面色少华，唇干，舌淡苔白，脉细无力。此乃年越六旬，肾脾虚亏，阴液干涸，中气不足，大肠传导阻滞而致。诊断：习惯性便秘。治宜滋肾健脾，增液补气，通调大便。处方：生地黄、白术各40g，枳实、白桃花各10g。水煎2次取汁，早晚分2次温服，每日1剂。1剂服完后8小时即排便，便后周身畅爽。连服7剂，大便正常，每天1次。日渐纳增，心宽神怡，腰腿轻便。守原方调理1周收功。随访3年，大便正常。

吴旭学术经验

【名老中医简介】吴旭（1940～）江苏南通人。教授，主任医师。博士生导师。1965年毕业于南京中医学院。现任南京中医药大学教授，江苏省中医院主任医师，中国针灸学会常务理事，江苏省针灸学会副会长。江苏省名中医。享受国务院特殊津贴。

学术思想

1 针灸临床，治"神"为要

神，是人体生命活动的特征。《灵枢·天年》："失神者死，得神者生也。"根据中医学"形神合一"及"形与神俱"的理论，吴旭针灸注重"形与神"而强调以"神"为主。"凡刺之法，必先本于神。"因此他在临床中将治"神"贯穿于诊疗之始终。

《素问·宝命全形论》："凡刺之真，必先治神。"治神就是要求医者在针刺的治疗中掌握和重视患者的精神状态和机体变化。精神因素在针灸临床治疗中与医患双方都密切相关，它对于针刺操作手法要求是否成功，针刺疗效能否提高，都有重要意义。对于医者来说，首先要会望神，是诊病的第一步。"望而知之谓之神"，通过观察人体的神、色、形、态，以推断体内的变化。"有诸内者形诸外"，张介宾说："形者神之体，神者形之用，……故形之肥瘦，营卫血气之盛衰，皆人神之所赖也。"《灵枢·终始》："凡刺之法，必察其形气。"通过望神"知形之肥瘦，则知用针之浅深；知血之盛衰，则知方圆之补泻。能知形之肥瘦，气之盛衰，则针不妄用，而神得养也。"与此同时，吴旭在医患之间创造一个良性心理调节环境，使患者心神定则血脉和，经气易至。施术时手按所针之处，弹而努之，爪而下之以移其神，乘其不备快速进针。

《灵枢·九针十二原》："粗守形，上守神。"守神就是要求医者在针刺治疗中，精神集中，全神贯注，专心致志体会针下感觉和观察患者反应。《针灸甲乙经》中指出："神在秋毫，属意病者……方刺之时，心在悬阳，及于两衡，神属勿去，知病存亡。"说明要以明察秋毫的精确分析，留心患者眼神和面部表情的变化，审察血脉的虚实，才能知道疾病的存留或消亡。吴旭在施术时定心凝神，辨气之变，察其反应，制神行气，做到治病治神，针入神入，当气未至时谨慎地留针候气，一旦气至，持针守气，引导神气直达病所。

总之，吴旭强调在临床中论病因、勘病机、审病情、立治法时都应特别注意患者的精神状态，通过以神养形，以神活形来使医患之间精神互动，密切协作，提高针刺疗效。

2 辨证辨病，标本兼顾

中医诊病首先从症状着手，通过分析症状的原因（病因辨证）、性质（八纲辨证）、部位（脏腑辨证），归纳总结出疾病的本质—证。吴旭在临床中，十分注重辨证论治。辨证是决定治疗的前提和依据，论治是治疗疾病的手段和方法，并应结合针灸特点做到理法方穴的完整性。针灸治病虽然方法独特，但其临床辨证论治同样是反映和体现了中医的治病过程和特点。吴旭每次诊病无不仔细诊脉察色望舌，认真询问检查，严格按中医诊察疾病和辨证的要求，从不草率行事。他经常批评"针家不诊"的头痛医头、脚痛医脚等盲目针灸的不良现象。

单讲辨证而不加辨病地论治，往往对疾病的本质缺乏深刻地了解，对疾病的预后胸中无数，治疗亦难收到满意的效果。吴旭提倡辨证与辨病相结合。辨病是西医的特长，西医通过各种检查手段结合症状、体征的分析，不仅明确诊断，还能认识疾病发展过程的规律，了解疾病的病理组织变化，以及相应的生理、生化改变的基础。如眩晕可见于高血压、颈椎病、低血糖等，中医辨证有肝阳上亢、痰浊上蒙、气血两虚、肾精不足等证型。按证论治，虽偶可奏效，但弄不清眩晕的根本原因，疾病得不到相应的从本治疗，临床难以奏效。中、西医是在不同历史条件下发展起来的医学理论体系，是从不同侧面来观察人体的生理与病理变化，难免表现为认识上片面性。吴旭强调，针灸医生不仅要善于运用中医的四诊检查分析，进行辨证论治，而且要配合必要的现代医学的检查方法来帮助诊断，使辨证与辨病结合起来，既可为针灸治疗提供依据，又可启发思路，为针灸治疗创出新路。他治病，不论针灸、用药都十分强调整体观念，做到标本兼顾。急则治标，缓则治本，标本兼顾是中医治疗的基本原则。《素问·标本病传论》："小大不利治其标。小大利治其本。……间者并行，甚者独行。"吴旭在临床中的治疗也体现这一思想，这充分说明了他对疾病本质进行治疗和具体情况具体分析辨证论治的精神。

3 针刺手法，师古不泥

吴旭指出，针刺手法，原则上是虚寒证宜补法，实热证宜泻法。对某些特殊病证应结合采用特殊手法。吴旭的手法融合了历代多种复式手法而自成一体，根据病情采用的补泻及导气手法，摘其精髓，剖解如下。

3.1 形为单手，实不离双

单手持针，以拇、食二指夹持为主，中指为辅，但中指尚有下列作用。①代押手功用，避免进针疼痛，控制针感传导方向。②控制捻转进针深度，便于浮刺、赞刺等点刺手法。③方便盘、摇、努、摆等手法。

3.2 动如太极，力在针锋

动如太极，是指运针时，腕、指关节活动配合，施行提插捻转与盘、摇结合呈圆周运动，可融盘旋、摇头、摆尾于一体；同时用力用意皆在圆外方内。柔和其外，力寓针锋，意达病所。此可谓外圆内方法。

3.3 导气为主，补泻随缘

导气为主，徐进徐出；意在平和，忌急忌猛，避免过强刺激，原因是今时人多不是古人所说的"布衣"之体，补泻之法在此基础施行。

3.4 融和古今，不离宗谱

不离宗谱，是指历代共识的补泻规则，诸如向内按添为补，向外抽提为泻；远随为补，近迎为泻；呼内吸出为补，吸内呼出为泻；以及阖补开泻等。具体操作模式如下。①按诊后处方，令患者选择相应体位，暴露局部，循按定穴，常规消毒。②单手持针法，拇、食指持针，中指指腹抵住针身，露出针尖约一分，快速点触患者皮肤，一刺绝皮，再刺入进肌肉，三刺徐徐进入应到深度，得气置之，按序针毕复酌情行针。③若行补法，紧按慢提寓于外圆内方法中，约行针20～30 s，纯补则结束于紧按时再按豆许，顺势伴之于飞法可加强内纳。阳中隐阴者则行针结束于慢提时，再提豆许，以加强泄力。④欲行泻法，紧提慢按寓于外圆内方法中，约行针20～30 s，纯泻结束于紧提时再提豆许，中指努几下，强化泄力。阴中隐阳者，行针结束于慢按时，再紧按豆许，以加强内纳。⑤以上行针在留针期间可重复1～2次，留针时间20～30min。⑥出针时，补法在拇指前转顺势下按豆许，徐徐退针，中指随按针孔；泻法在拇指后转，同时顺势退针，不按针孔。⑦对明显表现麻痹、厥冷、陷下、针下空虚或感觉迟钝等现象，拇指反复向前搓按，令患者知酸知麻或酸似麻似辣明显者，再按豆许静置。⑧发热、红肿、疼痛者，局部阿是穴可刺血拔罐，其他穴位可以拇指反复后转提抽。痰、瘀、气滞、硬结者可以拇指反复前转搓按，针感明显后再直插深层，复提回原处静置。

4 综合激荡，掌握分寸

重视综合治疗，是吴旭从医几十年的宝贵经验，也是其临床思维的一大重要内容。他认为针灸能治疗许多病症，但其作用有一定的限度，不是万能的。有的疾病可单独用针灸治疗，而对有的疾病针灸只能对其某些症状或在疾病过程中的某一阶段起到治疗作用。因此必须与其他治法紧密配合，才能更好地发挥作用，尤其对复杂多变的病症，更应注意用综合的治法来处理。

吴旭认为各种治疗方法是外部涨落的手段，这些涨落要有足够的幅度，以求达到系统的状态改变，从疾病的一种定态跃变到健康的一种定态。而每种治疗方法对机体造成的涨落是有一定范围的。因此，对症治法，或综合治法，就是给振荡以适当的、足够的涨落。

综合激荡方法大约有如下几种。①精神上的综合激荡，这在“针灸临床治‘神’为要”中已述及。②针灸和药物的综合激荡，吴旭认为，针灸与中西药配合，更有广阔的前途。即所谓汤药治其内，针灸攻其外，内外合治，加强疗效。他特别强调对于病情复杂或严重病症都应采用综合方法为宜。③针灸与其他治法配合激荡，吴旭认为只要主攻方向一致，目的相同，这不仅没有矛盾，而且能相得益彰。例如针灸配合推拿对于许多关节痛、神经痛等可明显提高疗效。针灸配合牵引治疗腰椎间盘突出症可以加速疾病的好转。④针灸的综合激荡，各种针灸的方法均各有其独特的作用和适应的病症。但如能根据其作用，有选择性把它们有机地结合起来，使它们之间起协同作用，就能提高疗效。例如针法与灸法同用，对许多慢性病的治疗比单独用针或灸效果好；体针与腕踝针配合治疗痛症，止痛效果好。⑤针刺手法的综合激荡，吴旭的手法融合历代多种复式手法自成一体，既有一定的规范模式，同时指力运针的“自由度”广及三维空间，几呈球形。这种手法造成的涨落参数，其量是非常大的。《素问·异法方宜》中载：“杂合以治，各得其所宜。”他强调综合激荡，正是基于对这一理论的深刻理解，并加以灵活运用和发挥的体现。（王 磊 叶万丽）

临床经验

顽固性面瘫

1 擅取远道穴调治标本

一般的面瘫患者，局部取穴常规针刺疗法即可获效，而顽固性面瘫往往时间长，缠绵难愈，非常规疗法所能获愈。吴旭认为此病常由患者自身正气不足，经脉气血运行迟滞，病情严重等原因引起，针刺治疗时常酌情配合选取远道穴来协调阴阳，补益气血，标本兼顾。他在临床上常用的远道穴如曲池、合谷、足三里、阳陵泉、三阴交、太冲以及一些相应的背俞等穴配伍来行气益气，和血活血，激发经气，提高全身免疫功能。具体操作为针刺上述穴位，手法平补平泻，可加用电针（连续波），留针半小时，每天或隔天1次，10次为1疗程。临床实践证明远道穴处方能调益气血，鼓舞阳明经气，对调补局部气血，濡养舒缓面部筋脉有着促进作用。

2 擅用艾炷灸疏经活络

吴旭在治疗这类患者时，常喜用灸法来获取疗效，其具体做法是：或远部温针灸，或近部隔姜艾炷灸，或麦粒直接灸，每次根据病情选取3～4个穴位，若艾炷、麦粒灸者每穴5～7炷即可；另外，他也常先在病变局部先点刺以不出血或轻微出血为度，然后再在这些部位行艾条悬灸。其机理是鼓舞振奋局部经脉之气，使局部行气化滞，活血和血。本法常用于面部板滞麻木不适，而仍不见功能活动征兆的患者，是所谓“针所不为，灸之所宜”的临床应用。

3 掌握针刺健侧与患侧的时机

面瘫患者的治疗，目前临床上极大多数以取患侧为主，且已取得一致意见，而对针刺健侧的问题则各家说法不一，只笼统含糊地讲到疗效不佳或病程较长时可考虑针刺健侧，而没有明确的具体操作和临床指证。吴旭在针灸治疗这类顽疾时，根据多年的观察与摸索，明确指出针刺健侧的时机问题，即在针刺治疗顽固性面瘫时，要每诊必问患者患侧面部有没有抽动或挛缩的情况发现，同时每诊必嘱患者作多种面部表情动作，如偶尔发现时，则相应的局部需减针或停针，视必要在远部或对侧加针；若观察到患者病变部位出现挛缩或痉挛现象时，这时就绝对不能再针患侧病变部位，而应改针健侧的相应穴位或反应点，否则会加剧患部的挛缩，导致面瘫后遗病如面肌痉挛、口眼连动症的加速或加剧出现。当局部的挛缩或痉挛停止，与此同时，健侧刺激量要稍大。稳定后才可酌情针刺患侧，并注意刺激量要轻，吴旭认为通过针刺健侧的经穴经气，从而来抑制患侧经脉的亢奋之气，以求协调经脉的阴阳平衡。

4 重视神经解剖位置附近穴位的针刺

根据面神经的走行与分布特点，吴旭认为针刺面神经解剖位置附近的穴位有利于改善面神经的局部血液微循环，消除面神经的水肿，减轻面神经的受压，加快面神经细胞传导功能的恢复。在临床上常取耳后的翳风、完骨、安眠、风池等穴位（任选一二穴，可加用电针以加强刺激），认为这些穴位除了有改善面神经的作用外，还有熄风镇静止痉的作用，对防止面瘫后遗症的发生有着非常积极的治疗作用。

当面瘫初起时，一般难以判断其预后是难是易，应取常规辨证施治方法治疗。常用穴为患侧攒竹、太阳、颧髎、牵正、颊车、地仓、禾髎、承浆、翳风、双合谷等穴，每天1次，10次1疗程，疗程间休息3～5天。经过一段时间的治疗，效果如不明显时，可果断让其休息7～10天，让其面神经有一个自然调整恢复的时期，然后酌情观察再按顽固性面瘫来针灸处理。当患侧面肌开始恢复功能时，这时就应减少或停止局部刺激，而采用远道穴或背俞穴来调治标本。吴旭认为针灸具有量的累积效应，这时若过多的再针刺患侧，往往会引起患侧面肌的挛动，产生倒错现象。经过一段时间全身气血阴阳的调治，结合观察患侧面肌的恢复情况，再酌情针刺患侧面部穴位，时间可隔日1次或1周2次，在这一阶段特别注意观察患者面部病情的变化（每次诊治时都要患者做扬眉、皱眉、搐鼻、鼓腮、示齿等表情动作），若出现患侧面肌挛缩、僵化现象，则可在局部迅速点刺出血后加拨罐，以期能起到祛瘀导滞，活血和血之效；当患侧出现肌纤维抽动或偶有面肌痉挛时，则取健侧面部相对应的穴位，配合翳风、风池、完骨等穴，加以电针持久刺激来抑制患侧面肌的兴奋。经过以上耐心细致的治疗，大多数患者都能取得满意效果。另外在治疗期间，吴旭常嘱患者力戒情绪激动、紧张，保持松弛愉悦的心情，同时鼓励患者此病有痊愈的希望，让其充满信心，能持之以恒地配合治疗，这二点也很重要。此外患者平时应多注意休息，劳逸结合，避风寒，忌食辛辣海鲜发物等。

5 典型病案

王某某，男，74岁，2003年1月15日初诊。主诉：右侧面瘫50余日，在某医院诊为“周围性面神经麻痹”给予中西药及针灸治疗，效果不明显来求诊，时诊左侧额纹消失未复，左眼睑闭合不全，眼裂4mm，左鼻唇沟浅表，口角明显右歪，耳后疼痛，寐欠安，纳可，二便调，苔厚腻，脉滑乏力，既往有中风史。拟舒筋和络缓缓调治。处方：左攒竹、迎香、颧髎、颊车、地仓、承浆、完骨、双合谷。操作：颊车、承浆；完骨、左合谷加电针，其余穴位平补平泻，留针30min，每天1次，10次1疗程。二诊（2003年2月3日）：患者左侧额纹浅显，左眼仍闭合不全，耳后疼痛缓解，拟益气活血为主治之。处方：①左攒竹、鱼腰、颧髎、颊车、地仓、丝竹空；②双曲池、合谷、足三里、阳陵泉、三阴交、太冲。操作：第一组处方先在眼眶周围及地仓穴、颧髎穴等处点刺、扫刺然后再行隔姜灸。第二组处方曲池、合谷；足三里、阳陵泉加电针，余穴平补平泻。二组穴位交替使用，每日或隔日1次，10次为1疗程。五诊（2003年3月28日）：患者左侧额纹恢复，眼已能闭，仅留面颊及眼外眦处挛缩麻木不舒，左唇收缩无力，治以协调阴阳为主。处方：左听官，完骨、禾髎、地仓、承浆、合谷；右地仓、颧髎、合谷。操作：左听官、完骨；右地仓、颧髎加电针，左地仓、禾髎、承浆浅刺，留针30min，1周2～3次，10次1疗程。经过四个多月的治疗，该患者面瘫顽疾基本痊愈。

按 吴旭分析此病认为患者年老体虚，正气不足加之此前有中风病史，是此面瘫难治的重要原因，在治疗上除了针刺局部穴位以舒缓局部筋脉外，调气益气，养血和血，协调阴阳，是收效获愈的关键。（徐一新）

吴光烈临床经验

【名老中医简介】吴光烈（1925～）主任医师。福建省南安市人。现任南安市中医院名誉院长，南安市中医药学会名誉理事长，南安市计生协会顾问，泉州市中医药学会名誉副会长。福建省名中医。首批全国老中医药专家学术经验继承工作指导老师。享受国务院政府特殊津贴。1994年国家人事部、卫生部、中医药管理局为其颁发培养中医药人才做出贡献的荣誉证书。

临床经验

急腹症

1 急性阑尾炎

江某某，女，28岁，农民。1988年3月20日初诊。患者首胎妊娠已5个月,病前无明显诱因,昨突然右侧下腹部呈持续性剧痛伴发热恶寒、恶心呕吐,经当地治疗未见明显好转而入院。体温38.8℃,脉搏95次/分,呼吸25次/分,呈急腹症病容,精神萎靡,腹肌紧张,右下腹压痛明显和反跳痛,肝脾未触及,血常规:白细胞 16×10^9/L,中性88%、淋巴12%。西医诊断为急性阑尾炎,决定手术治疗。患者及其家属考虑怀孕恐影响胎儿而不同意,当晚转请吴光烈用中药治疗。诊见除上述症状外,大便秘结已3日不通,舌质黯红,苔厚黄,脉弦数。此乃热结大肠、气滞血瘀之故,当以攻下清热,调气去瘀,助以安胎为治。方用大黄牡丹皮汤加味。处方:大黄(后下)、冬瓜仁、败酱草、元明粉(冲)、生地、虎杖各15g,银花、连翘、丹皮、桃仁、木香、白术,黄芩各9g。药服1剂,大便泻下数次,腹痛明显减轻。唯体温持续不降,按上方银花、连翘各加至15g,继服2剂,腹痛基本消失,体温降至37.2℃,血常规检查正常。再守上方去大黄、元明粉加当归、白芍各9g,续服3剂,诸症痊愈。嘱注意饮食调理;后经追访,足月顺产1男婴,母子皆安。

按 本案以大黄牡丹皮汤攻下逐瘀,加银花、连翘、虎杖、败酱草、生地凉血泄热,木香调气止痛,白术、黄芩安胎等药物治之,取得了良好的疗效,可谓慎思明辨,发《内经》:"有故无殒,亦无殒也。"之要旨。吴光烈认为,大黄、元明粉为通里逐秽治疗腑实证之要药,凡毒热炽盛,瘀结腑实伴有高热,急腹症之疼痛,用之皆效,但用量要高于平常,若杯水车薪,无济于事。

2 急性肠梗阻

林某某,男,42岁,工人。1988年5月25日初诊。患者于2年前行胆道手术。近3天来便秘、腹胀、腹痛伴恶心呕吐,腹部高度胀气,肠鸣音亢进,有气过水声,舌红少津,苔厚黄,脉滑数。腹部透视提示:肠管高度充气,见梯状液平。西医诊断为急性肠梗阻。吴光烈辨证为瘀热内结,腑气不通,应予通里攻下,理气化瘀。处方:大黄(后下)、元明粉(冲)各15g,枳实、炒菔子、桃仁、川朴各12 g,赤芍10 g。服1剂后,大便通畅,腹满痛明显好转,效不更法,守上方去元明粉,大黄减至10g,再进1剂,腹痛,呕吐均消失,继以健脾理气之香砂六君子汤调治3剂,一切如常。

按 肠梗阻临床表现以痛、胀、呕、闭四大症为特征,类似祖国医学的"肠结"、"关格"。吴光烈认为本病多因饮食不节,湿浊内阻或气滞血瘀而致胃气失降,大肠传导失职,而产生大便秘结,呕吐,腹痛等症。根据六腑为"传化之腑",其功能"泻而不藏"、"降而不升",以通降下行为顺的生理特点。治以理气化瘀,通里攻下为基本大法,方中重用大黄、元明粉,意在急下泻热,通腑开结,他强调病机既明,治疗宜速战速决,不可迁延失误。本方为泻实之剂,久服能伤正气,泻下痛止,说明急流挽舟已成,应予转舵,改用香砂六君子汤善后,而收全功。

3 急性囊腺炎

陈某某,男,35岁,炊事员。1988年8月5日初诊。患者因饮酒过度,突发上腹部阵发性剧痛并反射到肩背伴有发热恶寒,恶心呕吐,口苦,大便秘结,舌质红,苔厚黄,脉弦滑。检查:尿淀粉酶1024单位,血象:白细胞 23×10^9/L,中性85%,淋巴15%。体检:体温38℃,巩膜无黄疸,心肺无异常发现。肝脾未触及,腹部稍饱满,左上腹部压痛明显,西医诊断为急性胰腺炎。中医辨证为肝郁气滞,湿热内蕴,治宜疏肝理气,清热通下。处方:大黄(后下)、元明粉(冲)、生地、白芍各15g,柴胡、枳壳各9g,丹皮、元胡、木香各12g。服1剂后,大便泻下3次,腹痛明显减轻,药已中病,守上方去元明粉,继服3剂,诸症悉除。复查血象和尿淀粉酶均正常。

按 吴光烈认为本病多由肝郁气滞、湿热内蕴中焦,涉及胰腺为主要病机,以疏肝理气,清热通下为法,方中以大黄、元明粉荡涤阳明实热积滞,急下以止痛,合丹皮、生地、白芍既可养阴扶正又能通过大黄推陈出新之作用,防止热毒炽盛而产生留瘀之弊。柴胡、枳壳、元胡、木香疏肝解郁,调气理痛,尤其是木香、元胡为理气止痛要药,用量要大于他药。

4 胆囊炎、胆石症

黄某某,男,45岁,农民。1988年8月12日初诊。自诉:右上腹部阵发性疼痛反复发作已有8年病史。今早起床突发右上腹绞痛并向右肩背放射,口中苦,善太息,恶心呕吐伴有脘腹胀闷、大便秘结,小便黄赤,巩膜黄染,舌质红,苔薄黄,脉弦,体检:体温37.5℃,右上腹明显压痛,肝脾未触及,B超提示为胆囊炎,胆石症,中医辨证为肝胆湿热,气滞瘀结,治宜清热利湿,理气化瘀,通下排石。处方:柴胡、蒲黄、五灵脂、金钱草、大黄(后下)、茵陈、元明粉(冲)、王不留行各15g,桃仁、赤芍、川楝、青皮、胆草、黄芩各9g,枳壳、木香各12g,甘草6g,服药6剂,天天泻下,患者自觉症状明显好转,守上方继服6剂,诸症消失,B超复查胆囊炎已除,未见阳性结石存在,为巩固疗效,嘱患者用金钱草30g,王不留行

30g，黄芪15g，党参15g，大枣10粒，水煎代茶连服半个月。1年后，再行复查，未见复发。

按 吴光烈通过长期的临床实践，认为结石乃湿浊内生，久经煎熬而成。胆性刚，喜疏泄，六腑以通为用，治以清热利湿，理气化瘀，既可泻热排石，又可疏肝理气，调和木土，但中病则止，以免伤正。本病反复发作已8年，本虚标实，故善后用党参、黄芪、大枣以扶正，金钱草清热利湿，王不留行性走而不守以利排石。煎代茶服，既可增强体质，又可防止胆石症之复发。

5 宫外孕

陈某某，女，31岁，工人。1989年4月15日初诊。自诉：停经已42天，昨天突然右下腹部呈持续性剧痛伴有呕吐腹泻，阴道流血淋漓，经当地医生诊断为蛔虫痛，给服驱虫药及止痛药未见排出蛔虫，腹痛症状仍未改善。检查：贫血外观，体温37.4℃，血压：16.0/9.33kPa，右下腹部有压痛及反跳痛。妇科检查：外阴已产式子宫颈糜烂（Ⅱ°），色紫，宫体后位，右侧宫房有一肿物约4 cm×4 cm，质硬，移动性差，有压痛感，后穹隆部穿刺，抽出黯红色血液3 mL，不凝固，妇产科诊断为陈旧性宫外孕。经用抗感染药物结合对症治疗，症状仍未改善，当即邀请吴光烈会诊，决定用中药保守治疗。诊见脉弦数，舌质黯红，舌苔厚黄，证属气机不运，瘀血内结。根据“痛则不通，通则不痛”的理论，治宜行气活血，消坚散结，缓急止痛。处方：大黄、当归各15g，生地20g，桃仁、白芍、川芎、香附、丹皮、蒲黄、丹参、五灵脂各9g。服药1剂，大便泻下数次，右下腹部疼痛减轻，阴道流血明显减少，药已中病，原方继服2剂，右下腹部疼痛告止，包块转软，仍守原方去大黄、桃仁加黄芪、党参各15g，大枣6枚，嘱服3剂，诸症消失。后给当归9g，黄芪54g，嘱配血肉有情之牲物炖服，作为善后调理，随访1年，正常参加劳动，一切良好。

按 祖国医学无宫外孕之称，但按其临床表现属于“胎漏”、“癥瘕”之范畴，其病机吴光烈认为主要是瘀血内聚，经脉流行不畅而致宫房包块腹部剧痛，阴道流血淋漓不尽，根据“急则治其标，缓则治其本”的原则，治以破坚散结，缓急止痛，而不急于固涩止血之法，一俟腹痛缓解，阴道流血量减少，说明药中病机，脉络气血运行通畅 即遵《内经》之旨，“大积大聚其可犯也，衰其大半而止”，方中即逐渐减去活血祛瘀之品，而增入补血之剂，达到破中寓补，攻邪而不伤正，是勿犯虚虚实实之戒。（吴盛荣）

医案验案

验案二则

1 鸦胆子治疗粪后便血

吴某，男，55岁，患者素嗜酒辛之物，患粪后血已三年有余，每天大便解出后而血始下，每天2～3次不等，血量多而稠，色暗黑。初并不以为意，近月来感口干、纳呆、干活无力而求治。诊见：面色失泽，神倦懒言，舌淡、苔微黄、脉细。证属：湿热下注大肠，久病营阴受伤。治宜：清热燥湿，健脾养营。方用：鸦胆子去壳，取完仁25粒，用桂圆肉分包，于清晨空腹时一次性以桂肉煎汤送下。疗效：服三天后，每天大便仅一次，血量较少，嘱继服一周，巩固疗效。患者因其它病来诊告曰：粪后血已愈将年，未见复发。

按 粪后血者，系指待大便解后而血始下，《金匮要略》谓：“远血也，指出血部位远离肛门者，多在小肠与胃，故粪便色黯黑”。《素问·阴阳别论》指出，“血色鲜稠宜凉血泻火，血色紫黯宜化湿毒。”本例患者病程已久，肛门出血在粪后，其色黯黑。查其病史，素嗜酒辛之物，此乃湿热下注大肠，损伤阴络之故也。久病多虚，故面色无华，神疲赖言，舌淡，脉细。本案为久病营阴受伤，而湿热未清，为虚实参半之症也。方中鸦胆子入大肠经，清热燥湿；桂圆肉补脾养营；二药合用达到湿去热清，脾健营养，使血能归经而症愈。《中药学》指出：“鸦胆子每次用量宜在七粒左右，过服有败胃”之说，此应引为注意。然吴光烈治疗本病，每日用量为25粒，用桂圆肉包好，一次性于清晨空腹用桂圆肉汤送下，屡试屡验，并未见弊端。他再三强调，鸦胆子腐蚀性强，应用完仁，认真用桂圆肉包好，使直达肠中发挥作用，并可减少刺激。另外，用本方治疗阿米巴痢疾有特效。

2 车前益母汤结合耳后小血管结扎治疗凝脂翳

刘某，女，54岁，家庭妇女。右眼患角膜溃疡已三月有余，经多方治疗未效而求治于吴光烈。诊见：一般精况尚好，左眼正常，右眼充血流泪、羞明、疼痛，视物不清，头痛甚剧，角膜瞳孔区表层见两溃疡点如米粒大小。吴光烈诊断为肝经火盛，上乘于目。治宜：泻肝清火，活血解毒。方用：鲜车前草60g，洗净凉干绞汁，调蜂蜜适量，用益母草30g，煎汤冲服，每日饭后服1剂，并结合耳后上部小血管结扎治疗。结扎法：将患侧耳后的小血管用手指轻轻推揉使其怒张，然后用酒精消毒，再将消毒过的针带线从小血管下穿过进行结扎，待症愈后折线。全病程结扎一次就可。疗效：药服7天，配合小血管结扎而症愈。

按　角膜溃疡，又名凝脂翳，俗称眼生珠，因风热毒邪外侵，肝经实火内炽，交互搏结于上所致。黑睛生翳，色白微黄，状若凝脂，故名曰凝脂翳，其症状为头眼剧痛，目赤羞明，泪热眵稠，吴光烈云：发展迅猛可溃穿黑睛，甚至失明，应当引以为戒，不可不慎。用本方治疗角膜溃疡多收良效。方中益母草辛苦微寒，入心包、肝二经，活血化瘀，清热消炎；蜂蜜入心、肺、脾、胃、大肠五经，清热补中，解毒止痛，车前草甘寒入肝、肾、小肠三经，利水清热，平肝明目，补肾益精。甄权认为：车前草可去风毒，肝中风热，毒风冲眼，赤痛障翳，脑痛泪出。根据吴光烈多年的临床应用，认为车前草确实是治眼疾之圣药，用其鲜汁之义，盖取功效迅速也。再结合患侧耳后上部小血管结扎疗法，乃根据现代医学机理的探讨和临床经验，这种良性刺激具有解毒、消炎、镇痛和增强免疫功能的效应。（吴盛荣）

医方验方

1 胃病四味饮

组方：茴香6g，香附9g，穿山龙（南蛇藤）15g，虎杖15g。

功效：健脾开胃，温中消胀，理气解郁，化瘀止痛。

主治：劳累过度而致脾胃虚弱、气滞血瘀之胃痛。

用法：上药合猪瘦肉或排骨适量炖服，服时加老酒少许，每日1次，连服数次。

方解：本方为治疗由于劳累过度，三餐无法按时就餐而致脾胃虚弱、气滞血瘀。常见症状为脘痛连胁，胀满嗳气或泛酸嘈杂，喜暖喜按，按之则气得稍散，痛亦暂觉减轻。方中小茴香健脾开胃，温中消胀；香附理气解郁，行血止痛；虎杖清热活血，化瘀收敛；穿山龙行气活血，消肿止痛。诸药相伍，共奏健脾开胃，理气解郁，活血化瘀之功。屡用屡效，且药简效验价廉，适合农村推广应用。

2 梨榔清音汤

组方：鲜梨（带皮）1枚，盐橄榄2粒，百合15g，蝉蜕6g，五味子（打碎）6g，生地黄15g，麻黄4.5g，冰糖适量。

功效：补肺滋肾，清热养阴，生津润燥，宣肺扬音。

主治：新久失音，兼治肺虚干咳，咯痰带血。

用法：水煎代茶频服，服至症状消失。

方解：声音不扬，甚至嘶哑不能发出声音称为失音。致病的原因与肺肾有关。因声音出肺系而根于肾，故肾精充沛，肺气旺盛，则声音响亮；如果肺肾有病，皆能导致失音，正如《直指方》谓：“肺为声音之门，肾为声音之根。”若外邪阻塞肺窍或肺肾精气耗损于内，皆可导致声道之病。方中鲜梨清热养阴润燥；盐橄榄滋肾生津；五味子补元气不足，生津止渴；生地黄滋阴养血，生津润燥；百合补肺养阴，润燥止咳；蝉蜕解痉宣肺，扬哑清音；麻黄通九窍调血脉，宣肺气发声音，冰糖补脾润肺又可调味，诸药并奏补肺滋肾，清热养阴，生津润燥，宣肺扬音之效。此方妙在麻黄、蝉蜕宣肺扬音，故新久虚实失音用之均宜。麻黄虽气味辛温，其性轻扬为发汗之药，然方中有甘寒之鲜梨、生地黄、百合，又与酸收之五味子配伍，可免除发汗之虞，又可达到扬音之功，肺虚干咳，痰中带血多因肺肾精气耗伤于内，气失清肃，故用之亦收良效。

3 温肾固摄汤

组方：附子3g，党参6g，肉桂1g，五味子3g，山茱萸6g，金樱肉6g，益智仁6g，补骨脂3g，鸡内金3g，尿纸灰1g（冲服）。

功效：温补肾元，收敛固涩。

主治：遗尿，小儿或成人均可，或老年人小便频数或失禁。

用法：水煎服，每日1剂，可连服数剂。

方解：本方系吴光烈为治疗小儿或成人遗尿而设。睡中遗尿，醒后方知称为睡中遗尿，多见于小儿，历代医家认为遗尿大都因虚，如《诸病源候论》说：“遗尿者，此为膀胱虚寒不能约水故也。”戴恩恭说：“睡着遗尿者，此亦下元冷，小便不禁而然。”吴光烈遵古训谓：睡中尿出者，是其素禀阴气偏盛，阳气偏虚，膀胱与肾气惧冷，而夜卧阳气衰伏不能制阴，阴气独盛，则小便多或不禁遗尿。总之，睡中遗尿皆乃下元亏虚，固摄无权之故。方中山茱萸补肾气，治小便频数；五味子敛肺滋肾，补虚固脱，养五脏补元气不足，收耗散精气；金樱肉固精秘气，治遗尿涩精气；补骨脂温阳补肾；附子、肉桂补下焦虚寒；鸡内金入脾肺治小便频数；益智仁理元气，补肾虚缩小便；党参补中益气；尿纸灰收敛固涩，以气治气（属经验疗法）。诸药合用，具有温补肾阳，收敛固涩，缩泉止遗之功，本方不单用治小儿及成人遗尿，年老人小便频数或失禁用之也屡收良效。

尿纸灰制法：取竹粗纸放置于小儿臀部．俟遗尿浸湿纸张，然后取起晒干，用火燃烧后急用腕或盆盖密勿使炭化。待热气退尽，取出为末，收储备用。吴光烈云：此药单味每用3g，开水冲服，治疗小儿遗尿也有效。

4 雄连收毒散

组方：雄黄30g，川连30g，冰片5g，骨碎补（煅存性）90g，竹茹（煅存性）90g，合为粉末收贮备用。

功能：清热燥湿，解毒止痛。

主治：缠腰火丹，又名火带疮、蛇串疮、蛇丹疮，俗名飞蛇，现代医学称为带状疱疹。

用法：缠腰火丹初起调醋或茶涂抹，干则再抹，1天数次。烂则调鸡蛋清涂抹。

方解：缠腰火丹常发于胸腹腰围及背部，面部也偶有所见，属于病毒性疾病，一般预后良好，经治疗后可迅速痊愈，结痂脱落，不留疤痕。吴光烈认为，此类疾患多由自身皮肤不洁，衣衫失净，汗液浸渍，异物接触或污手摩身而发生。方中雄黄燥湿杀虫，疗疮解毒；黄连清热燥湿，为疮疡解毒要药，冰片消肿止痛；竹茹清热凉血，骨碎补活血止痛、祛湿杀虫，为治飞蛇之效药，以蛇治蛇，乃中医相形取治之义也，确有奇教。二药煅存性促其水疱迅速吸收而愈疮面。本方多年来应用于临床无不奏效，成为定型之方剂，故命名为雄连收毒散，用治缠腰火丹一般1天后痛止，2天后疱疮吸收而痊愈。如果感染严重高热不退，应结合内服清热解毒之药物，以免迁延失治。

5 败脓祛腐散

组方：明矾9g，铜青9g，煅龙眼花9g。合为细末，收贮瓶中备用。

功效：败脓祛腐，收敛生肌。

主治：蝼蛄（俗名软疖、蟮拱头）。

用法：取药粉少许合糯米饭捣涂。

方解：蝼蛄疖，多发于暑天，小儿为多见。生于头部皮肤浅表及发际等处，面部也偶有发生。此脓不早泄，引流不畅或处理不当，以致头皮窜空，屡治不愈，因而形成。败脓祛腐散系吴光烈自拟之方，临床应用50余年屡收全功。方中明矾能医恶疮，铜青能蚀恶肉，凡脓疮久治不愈，脓液久流不清，用之奏效如神；辅以煅龙眼花收敛固涩，以止渗液，促使生肌。（吴盛荣）

6 振阳起痿汤

组方：川蜈蚣3条，肉桂4.5g，西洋参6g，川芎9g，仙茅根15g。

功效：辛温走窜，调畅气血。

主治：男子阳痿证。

加减：腰膝酸软，加杜仲、牛膝；头目眩晕，加山茱萸、枸杞子；夜寐不宁，加酸枣仁、茯神；小便热赤者，加知母、黄柏；四肢不温，加附子、干姜；梦遗失精，加芡实、莲须。

用法：先将蜈蚣、肉桂研末备用；西洋参、仙茅根三药合煎，取汁300毫升左右；合雄鸡炖烂熟；兑入蜈蚣、肉桂拌匀服，每2~3天服1剂，以临卧为佳。

方解：方中蜈蚣辛温走窜之力最为迅速，内而脏腑，外而经络，无所不到，凡气血凝聚之处皆能用，能调畅气血，疏通经络；川芎味薄气雄，性最疏通，走而不守，且能补五劳。壮筋骨；肉桂温通血脉，鼓舞气血，祛除寒滞，川芎、肉桂二药协同蜈蚣发挥更大的走窜作用，更辅以仙茅根益阴填精髓，助房事，为补阳温肾之要药；洋参大补元气，养阴生津，与温热药配伍，可免除伤阴之弊。诸药合用，共奏辛温走窜以调畅气血、补肾填精、养阴生津之功。人身气血充盛，肾精得养，阴茎得荣，从而达到阴茎勃起之疗效。

按：治疗阳痿除服药外，更重要的是常须注意开导工作，以解除患者不必要的思想顾虑，对缩短疗程具有重要的指导意义。另外，对老年天禀赋已尽而阴茎不举者应用此方无效，应谨而慎之。

吴维城男科临床经验

【名老中医简介】吴维城　主任医师。1968年毕业于广州中医学院医疗系。现任广州市中医医院院长，广州中医药研究所所长，广州中医药大学兼职教授，中国中医药学会前列腺专业委员会委员，广东省中医药学会男科学专业委员副主任委员、呼吸专业委员会副主任委员、内科专业委员会副主任委员，广州市中医药学会副理事长、内儿妇急专业委员会主任委员，广州市中医急症工作领导小组副组长。广州市名中医，广东省名中医。擅长中医内科疑难杂症，如男性不育、阳痿、遗精、早泄、不射精、逆行射精及急慢性前列腺炎、精囊和睾丸疾患。

男科病

1 补肾为主，阴阳并补

《素问·上古天真论》曰："丈夫八岁，肾气实，发长齿更；二八，肾气盛，天癸至，精气溢泻，阴阳合，故能有子……七八，肝气衰，筋不能动，天癸竭，精少，肾脏衰，形体皆极。"男性生殖系统发育及功能与肾有密切关系，而天癸是肾中精微物质，生殖之精直接受肾和天癸的控制。男子性功能正常及“有子”是肾精充盈的具体表现。男科病大多与肾有关，或肾病在先，累及他脏，或他脏之病，累及于肾。六淫、七情、房室、外伤均可直接或间接伤及肾，吴维城认为：治疗男科病必须先从调肾入手，可应用滋肾养阴、温肾助阳、固肾填精等方法。

1.1 滋肾养阴，重视护阴

肾为元阴元阳之宅，为水火之脏。凡五志化火、六淫侵袭、脏腑功能失调，均易于损伤阴分，阴不制阳，可出现阴虚内热证候。如一味壮阳，阴伤更重，水火不济，反而容易导致病情加重。且患者初起病时，多自行购买壮阳之品，过服辛热，阴分已伤。尤其因长期手淫、纵欲导致的男科病，病情迁延，病久伤肾，如用大寒大苦之药，久服则会损伤阴液，无以生精；而用大温大补之品，亦会助火伤阴。因此，他临证时常用滋肾养阴法，以“壮水之主，以制阳光。”常用大补阴丸、六味地黄丸、左归丸、二至丸等方加减，选用龟版、知母、女贞子、旱莲草等药。

1.2 温肾助阳，水中补火

寒邪袭内、房劳过度、过食寒凉，损伤阳气，均可造成肾阳亏虚，导致阳痿、遗精、早泄等病。张景岳曰：“善补阳者，必于阴中求阳，则阳得阴助而生化无穷；善补阴者，必于阳中求阴，则阴得阳升而泉源不竭。”故吴维城遣方用药，常于温肾助阳之中加以养阴之品以求阳生阴长。常用药物有沙苑子、淫羊藿、杜仲、巴戟天、续断等。

1.3 填精补肾，固本培元

肾精不足的原因有先天和后天之分。先天禀赋不足，如阴茎短小、无睾丸症等，均为难治；后天不足，如因疾病、营养、药物损伤等，则需填精补肾。男子年至二八，肾气盛，天癸至，精气溢泻。偶尔手淫，不为病态。但如过度纵欲，房事劳伤，久则必伤宗筋，致使肾精亏虚，失其固摄之功，易发为遗精、早泄等病。吴维城治疗时除使用填精补肾之药外，还加用收敛固肾之品，如莲须、金樱子、益智仁、桑螵蛸等加强固摄之力。

2 清淋化浊，固肾化瘀

湿热、瘀浊之邪流注下焦，导致膀胱气化失司，水液代谢障碍，易发生白浊、淋证等；清浊不分，易导致精液不液化；邪郁日久，易损伤肾气，封藏失职，导致遗精、早泄。因此，湿热瘀阻是男科病发病的另一重要病机。吴维城认为，现代人多过食肥甘厚腻，致湿热蕴脾；或起居不慎，外感湿热之毒；或五志化火，灼伤精室。湿热日久，灼伤阴液，败精瘀浊，阻滞脉络，故而发病。治疗时常以清热利湿化浊为法，创清淋化浊汤，临证应用，疗效甚佳。清淋化浊汤由白花蛇舌草、知母、茯苓、车前草、泽泻、萆薢、王不留行、穿山甲、益智仁、菟丝子组成。方中白花蛇舌草、知母、茯苓、车前草清热利湿；泽泻、萆薢化浊通淋；王不留行、穿山甲化瘀通窍；益智仁、菟丝子固肾摄精。诸药同用，清利而不伤正气。如伴有小便涩痛，尿频、尿急明显者，加苍术、黄柏、薏苡仁；会阴坠胀，痛引睾丸、少腹者，加三七、丹参；夜尿频频，腰膝酸软者，加杜仲、沙苑子、淫羊藿等；排尿乏力、失禁或尿后余沥不尽者，加黄芪、山茱萸、金樱子。本方虽是清热为主，但不用栀子、败酱草等苦寒败胃之品，因苦寒易伤阴分，阴虚火旺，反而加重病情。待湿热已除，则加少许固肾养阴之品调护肾脏，阴平阳秘，疾病自除。清淋化浊汤再煎可用于熏洗会阴，能够缓解会阴不适感，熏洗后夜尿明显减少，次日小便明显通畅。本方用于治疗慢性前列腺炎，常获较好疗效。

3 用药特色

3.1 用药平和，不伤正气

吴维城治疗男科病，用药以平和为主。用补肾法治疗男科病时，较少用熟地黄、鹿角胶等滋腻之品，更少用附子、桂枝、仙茅等大温大补或有小毒之品。认为补肾不能操之过急，宜徐徐调治，故用药不宜峻猛。有医家用药，认为非险不能取胜，但他认为，肾为先天之本，一身脏腑之气仰仗于肾，故非险症不用险药。误用猛药，造成病情错综复杂，更加难治。用清热药时亦罕用黄连、龙胆草等大苦大寒之品，偶用黄柏清下焦湿热，用量也多为6g，药到病除即止。

3.2 喜用对药，增强疗效

吴维城在治疗男科病时常用一些对药以加强疗效。常用药对有：①知母配龟版。知母味苦甘，性寒，滋阴清热；龟版味咸，性寒，滋阴潜阳益肾，二者同用可取滋阴降火之效，治疗男科病阴虚火旺之证。②益智仁配金樱子。益智仁味辛，性温，为温脾暖肾缩尿之要药；金樱子味酸、涩，性平，入肾与膀胱，善固精止遗，二者同用可加强固精缩尿止遗之效，治疗肾虚不固所致遗精、早泄等病。③太子参配山药。太子参味甘微苦，性平，能补气生津；山药甘平，健脾益肾，二者同用，益气养阴，脾肾双补，对气阴两虚之气短、纳呆、口干、尿黄者尤为适用。④ 沙参配玉竹。二药均味甘，性微寒，归肺胃经，前者养阴清肺，后者养阴润燥，合用则加强养阴润燥生津之功，对男科病肺胃阴虚兼有口干口渴者尤为适用。⑤丹参配白芍。丹参味苦性微寒，入肝经，善于活血养血；白

芍苦酸甘，性微寒，养肝而补血，两者合用使肝血充盈，血流畅达，助养精气，精血两旺，故能起痿。（邓伟明 嵇玉峰）

阳 痿

1 审因论治，独重补肾

阴茎之勃起有赖于精气神俱备，如因先天不足，命门火衰，或恐惧思虑，肝气郁结，或饮食不节，嗜酒成癖，脾失健运，湿热下注，均可导致阳事不用，阴茎不举。目前中医对阳痿的病机认识主要是命门火衰、心脾受损、肝郁不舒、湿热下注等，因七情所伤导致的阳痿需辅以心理疏导，脏腑虚损者则需加以调治。对于病情反复顽固的病例，还需查找原发病因，了解有无糖尿病、心血管疾病等病史，有无服用致痿药物。《景岳全书·阳痿》曰："火衰者十居七八，火盛者仅有之耳。"指出本病以虚证多见，实证较少。吴维城认为，临证所见，以肾虚者为多，故治疗过程中强调以补肾为法，兼以调肝、健脾、祛湿等法。肾为水火之脏，元阴元阳之宅，既应阴阳并补，更应善于于水中补火，所谓"善补阳者，必于阴中求阳，则阳得阴助而生化无穷；善补阴者，必于阳中求阴，则阴得阳升，而泉源不竭。"常选用滋肾固肾之品，加入助阳之药，取"少火生气"之法，助命门之火。常用滋肾固肾药物有知母、龟版、熟地、菟丝子、桑寄生、山茱萸等，助阳之药常用淫羊藿、关沙苑、杜仲等。

2 辨别虚实，分型而治

吴维城治疗本病以补肾为主，在辨证时注重辨别阴阳虚实。初起多为实证，久则多为虚证，虚证又当辨别阴阳，阳虚者多有畏寒肢冷、舌淡脉缓等表现，阴虚者多有腰酸耳鸣、舌红脉细数等症状。阴虚日久，易伤及阳，阴阳两虚，需辨清阴虚为主还是阳虚为主。以实证为主者，如为湿热，当先清热利湿化浊，祛其实邪；如为肝郁，当先疏肝解郁。如已有虚象，当酌加平补之品而不可过于滋腻。治疗时随证而变，不必拘泥。虽以补肾为主，然肝肾同源，肝主宗根，治疗阳痿时需肝肾同治，临证中常分肾虚火衰、湿热下注、肝肾气郁3型，分而治之。

2.1 肾虚火衰型

表现为阳痿伴精神萎靡，气短乏力，腰膝酸软，下元虚冷，舌淡苔薄，脉细弱。治疗以温补肾阳，养肝起痿为法，方选还少丹合大补元煎加减，药用：鹿角胶、龟版、菟丝子、杜仲、枸杞子、熟地、巴戟天、淫羊藿、党参、当归、山茱萸、怀山药等。

2.2 肝肾气郁型

表现为阳痿兼精神苦闷，欲交不能，胸闷心悸，口苦咽干，舌红苔白，脉沉弦。治疗以舒肝解郁，强肾起痿为法，方选四逆散合六味地黄丸加减，药用：柴胡、白芍、枳实、甘草、香附、素馨花、熟地、山茱萸、丹皮、桑寄生等。

2.3 湿热下注型

表现为阳痿并下肢重坠，口苦咽干，阴囊湿痒，睾丸胀痛，小便短赤，舌红苔黄腻，脉弦滑。治疗以清热利湿，泻肝起痿为法，方选加味四妙散，药用：知母、黄柏、薏苡仁、泽泻、车前草、苍术、牛膝、丹皮、土茯苓等。

3 用药平和，徐徐调治

吴维城认为，患者起病，必多烦忧，四处求医，多方调治，服用药石，正气已虚，故用药不宜峻猛，宜平和之品，引入肾经，徐徐调治，起效之后，不应立即停药，而应继续调理，待肾气已固，阴阳平衡，方能考虑停药。阳痿虽常见于中老年人，但门诊较多见年轻患者，常因手淫、纵欲等原因损伤肾阴，导致阳痿；生育年龄性活动较活跃，阳痿则容易导致患者焦虑、恐惧，常需调肝。他在治疗过程中，用药较为轻灵平和，以免伤及正气，调肝之品常用素馨花、白芍、佛手等药。首次来诊，一般不投重剂，多为3～4剂，以平和为法，调治见效，方取多剂。虽为滋肾养阴，量亦不大，知母常用10g，龟版常用15g，其他补肾之品，也多在10～15g，但疗效较好；即使患者有较明显湿热之象，苦寒之药也不加重，较少用黄连、黄芩、龙胆草、栀子等药，而是用黄柏6g，或用薏苡仁、泽泻、白花蛇舌草15g左右，但3～5剂服之后，患者复诊，湿热之象已除。

4 注重养生，固护肾气

由于阳痿患者常因性知识缺乏而起，或有手淫恶习，或长期纵欲，如仅靠药物，不根除恶习，停药之后，往往病情反复。故前来求诊的患者，吴维城均给予性知识指导，避免患者房劳太过，并且要安心调治，不宜病急乱投医，自行购买一些标榜"壮阳"的保健品，以免延误病情。临证中亦常见一些患者，为求速愈，常借助酒力，醉以入房，以之起痿，殊不知此能重伤肾气，故阳痿患者亦不主张长期服用药酒以行调治。

5 病案举隅

张某，男，41岁，2005年4月7日初诊。主诉：性交时阴茎勃起不硬2年余。证见：阳举无力，早泄，小便频数，腰酸乏力，睾丸胀痛，舌红苔白，脉弦细。证属肾虚肝郁。治法：滋肾助阳，疏肝起痿。药用：知母10g，龟版（先煎）15g，莲须10g，益智仁15g，太子参15g,熟地15g,山茱萸10g,沙参15g,丹参15g,淫羊藿15g,佛手10g,素馨花15g。水煎服,日1剂。服4剂,性欲增强,阴茎勃起稍硬,腰酸及尿频减轻,睾丸无胀痛,舌红苔薄白,脉细。加强固肾,上方去佛手、知母、素馨花、沙参、丹参,加杜仲15g,菟丝子15g,桑寄生15g,川续断15g,白芍15g。连服14剂后,复诊诉阴茎勃起有力,同房可持续3~5min,无不适。随访1年,性生活协调。(邓伟明)

精液不液化症

1 审察病机,湿热为主

正常情况下,精液排出体外15~20min即开始液化,若超过60min仍不能液化者称为精液不液化症。因精液不液化导致男性不育的发生率为2.51%~42.65%。由于精液凝固不化,精子发生凝集或制动,减缓或抑制了精子的正常运动,使其不能通过宫颈而导致不育。现代病因病理研究认为,精液中含有来源于前列腺和尿道球腺的分泌液,这些物质中含有一些酶类,可使精液液化。附属腺的感染,或免疫因素的作用,均可使液化因子分泌异常,影响或破坏酶的分泌,从而导致精液不液化。据统计,90%的精液不液化患者患有前列腺炎,而前列腺炎患者中,精液不液化者约占12%,由此可见,炎症在发病过程中有重要的作用。祖国医学对本病的认识主要责之于肾,肾火旺而精液稠厚,或肾阳虚精室寒冷,凝固不化,或湿热下注,清浊不分而不液化。吴维城认为,现代人应酬较多,嗜酒吸烟,或过食肥甘厚腻,湿热蕴脾,或起居不慎,外感湿热之毒,或五志化火,灼伤精室,精液稠厚,难以液化。湿热日久,灼伤阴液,败精瘀浊,阻滞脉络,不能液化。或因后天失养,久病及肾,或酒后房劳,伤及肾阴,虚火内灼精室,精液不能液化。或因先天肾阳不足,失于温煦,精室虚寒,精液不化。故将本病主要分为湿热下注、肾阴亏虚、肾阳虚衰等证型,审因求治。

2 辨证施治,审因用药

2.1 清淋化浊,通瘀固肾

湿热下注型精液不液化症主要表现为精液粘稠不液化,常伴小便短赤、尿频、尿急、尿痛、小腹拘急、会阴不适,舌质红,苔黄腻或白腻,脉弦滑数。治疗时以清热利湿化浊为主,兼通瘀固肾,自拟“清淋化浊汤”,临证应用,颇多效验。基本方组成为:白花蛇舌草、知母、云苓、车前草、泽泻、川萆薢、王不留行、穿山甲、益智仁、菟丝子。方中白花蛇舌草、知母、云苓、车前草清热利湿;泽泻、川萆薢化浊通淋;王不留行、穿山甲化瘀通窍;益智仁、菟丝子固肾摄精,诸药同用,清利之余,不伤正气。如伴有小便涩痛、尿频尿急明显者,加苍术、黄柏、薏苡仁;会阴坠胀、痛引睾丸少腹者,加田七、丹参。主要应用于湿热内蕴,瘀阻精室,肾气不固之证,临证时需根据标本虚实,加减应用。

2.2 壮水制火,滋阴固肾

肾阴亏虚型精液不液化症表现为精液粘稠不液化,常伴耳鸣、腰膝酸软、腰痛、五心烦热、口干咽燥、失眠,或性欲亢进,相火妄动,舌质红,苔薄或少,脉细数。治宜壮水制火、滋阴固肾,方用大补阴丸加减,药用生熟地、龟版、知母、黄柏、太子参、白芍、茯苓、山茱萸、丹参、杜仲等。如合并有慢性前列腺炎,伴小便短赤、会阴胀痛者,上方去熟地、杜仲、龟版,改地龙干、虎杖、白花蛇舌草。

2.3 温肾壮阳,暖精化气

肾阳虚衰型精液不液化症主要表现为精液粘稠不液化,常伴阳痿早泄、畏寒肢冷、小便清长、夜尿频频、腰膝酸软、头晕耳鸣,舌质淡,苔薄白,脉细弱或细缓。治以温肾壮阳、暖精化气,方用暖肾益精汤,药用淫羊藿、巴戟天、肉苁蓉、杜仲、桑寄生、党参、白术、鹿角胶、龟版、首乌、熟地、益智仁等。如腰酸明显、夜尿频多者,加沙苑子、金樱子;排尿乏力、失禁或尿后余沥不尽者,加黄芪、山茱萸、莲须。

3 典型病案

李某,男,23岁,已婚。于2005年7月11日初诊。主诉:婚后未避孕2年未育。刻诊:早泄,腰酸,会阴隐痛不适,小便黄,尿后余沥不尽,舌红苔薄白,脉细缓。有慢性前列腺炎病史。查精液分析:液化时间>60min,精子密度22×10^9/L,活动率55%,活动力a级11%,b级10%。辨证:湿热下注兼肾虚。治法:清淋化浊固肾。方用:龟版15g(先煎),白花蛇舌草15g,云苓15g,泽泻15g,知母10g,白芍15g,丹参15g,山茱萸10g,淮山15g,杜仲15g,桑寄生15g,菟丝子15g。水煎服,日1剂。连续服用上药2周后复诊,诉无腰酸,会阴不适缓解,仍有尿后余沥,且觉牙龈稍肿痛,舌红苔白,脉细。考虑有阴虚之象,故上方去菟丝子、淮山,加用养阴清热之沙参、玉竹各10g。两周后复诊,诉无牙痛等症,小便通畅,早泄减轻,舌淡红苔薄白,脉缓;复查精液分析:液化时间50min,精子密度71×10^9/L,活动率66%,活动力a级24%,b级17%。后以此方加减治疗2个月,复查精液分析:液化时间20min,精子密度95×10^9/L,活动率77%,活动力a级26%,b级23%;并告知早泄亦治愈。(邓伟明)

吴孝恺临床经验

【名老中医简介】吴孝恺　主任医师。四川省名中医。从事中医内科临床工作40余年，擅长诊治老年性疾病及肾、泌尿等疾病。

肺 胀

1 肺与血的关系

中医学认为肺主气，司呼吸。肺的生理功能表面上是气的功能，是气自始至终在参与，在职司，在支持；实质上，无时无刻不有血在其中，亦就是说肺主气的生理无不与血有关，肺是气肺，同时也是血脏。肺主气司呼吸的功能完成，最后是通过"肺朝百脉"这一生理去实现的。因为在脉之血都要会聚于肺，并通过肺血的定向流动，把气带到人体的五脏六腑、五官七窍、皮毛筋骨。正如《医学真传·气血》说："人之一身，皆气血之所循行。气非血不和，血非气不运。"因此，在生理上，肺既主气，亦主血，既行气，亦主行血。从现代医学角度来看肺为呼吸系的主要器官，是进行气体交换的场所。在呼吸过程中，要借助血液循环来运载体内的气体。当血液经过肺脏获得外界氧的同时排出二氧化碳；当血液流经全身各部组织时，又放出氧和收容组织产生的二氧化碳。可见，现代医学的观点与中医学对肺的功能认识有类似之处。

2 肺胀的主要病理是血瘀

肺胀是多种慢性肺系疾患反复发作迁延不愈导致肺气胀满，不能降敛的一种病证。临床表现为胸部胀满，胀闷如塞，喘咳上气，痰多烦躁，心慌等。其病程缠绵，时轻时重，日久见面色晦暗、唇青紫绀、脘胀腹满、肢体浮肿等，其病理演变复杂，常反复发作，多见于老年患者。吴孝恺认为肺胀之病无论病情轻重、病程长短、标本缓急，各个时期均存在不同程度的瘀血阻滞，气血失调。正如王清任所言："无论外感内伤，要知初病伤人何物，不能伤脏腑，不能伤筋骨，不能伤皮肉，所伤者无非气血。"认为气血在人身，是各有分工的，"气管行气，气行则动；血管盛血，静而不动"，但"气管与血管相连，……气无形，不能结块，结块者必有形之血也"。又如《丹溪心法·咳嗽》篇说："肺胀而咳，或左或右不得眠，此痰挟瘀血碍气而病。"说明肺胀的病理因素主要是痰挟瘀，阻碍气机所致痰的产生。病初由肺气郁滞，脾失健运，津液不归正化而成，渐因肺虚不能化津，脾虚不能转输，肾虚不能蒸化，痰浊愈益潴留。痰浊蕴肺，病久势深，肺气郁滞，不能治理调节心血的循环，心脉失畅则血郁为瘀，但一般肺胀早期以痰浊为主，渐而瘀痰并见，终致瘀、痰、水饮错杂为患，虚实并见。其预后较差，难期根治。从西医角度来看，肺胀相当于肺气肿、肺心病。由于长期缺氧，从而刺激肾脏球旁细胞生成促红细胞生成因子，促使骨髓生血细胞及幼稚红细胞成熟释放，导致继发性红细胞增多，红细胞压积显著升高，血浆减少，全血黏度因之增加，血液阻力增大，血流缓慢，从而加重了肺循环阻力，促进肺动脉高压。另外肺胀患者纤维蛋白原升高，可使红细胞聚集增强。由此可见，肺胀患者的血液浓、黏、凝、聚的改变十分明显。由于血液黏度增高，毛细血管阻力增大，肺微循环障碍及其本身存在的通气障碍，造成通气血流比例失调。由于存在浓、黏、凝、聚的"质"的改变，势必影响气体的交换，故临床上通过抗炎、解痉治疗后虽可解决部分肺泡的通气功能，但呼吸困难等症仍无大的改善。所以改善肺胀患者血瘀亦即改善其血液"质"的状况，将有助于迅速缓解肺胀患者的病情。

3 治肺胀重活血

3.1 活血化瘀可使早期肺胀在短期内控制并减少复发

肺胀是临床常见的老年慢性疾病，多因久病肺虚，痰浊血瘀互为影响所致，多属本虚标实，但有偏实、偏虚的不同，且多以标实为急。感邪则偏于邪实，平时偏于本虚。早期多属气虚，气阴两虚，由肺及脾肾。气虚则血运无力，易致血瘀，正如王清任所谓："元气既虚，必不能达于血管，血管无气，必停留而瘀。"因此，"能使周身之气通而不滞，血活而不瘀，气通血活，何患不除。"故综前贤之见，吴孝恺在临床上对肺胀早期，感邪则以祛邪配益气活血之品，而使邪去，气血调畅，病归康复，尔后以补益肺脾肾之气并活血化瘀之品以巩固，俾肺气通调，血运流畅，则正气充实，不致发病，减少复发。痰浊塞肺、肺郁血滞宜化痰降气、活血化瘀、健脾益肺，如苏子降气汤加用丹参、川芎等增强清热活血之功。以上二型以痰为主，用药虽侧重化痰，但因本病痰瘀互患，而加用活血化瘀之品以取良效。

3.2 活血化瘀有助于肺胀后期减轻病势

肺胀晚期气虚及阳，以肺、肾、心阳亏虚为主，或阴阳两虚，每因感邪使病情恶化，但因正气衰竭，无力抗邪，正邪交争之象可不显著，病情多危重，血瘀更著，往往出现痰浊血瘀水饮错杂为患，在治疗过程中尤应重视活血化瘀。痰蒙神窍，瘀血内阻宜涤痰开窍、活血熄风为则，如涤痰汤加丹参、红花、桃仁、丹皮等。肺肾气虚，肺失治节气不帅血，气滞血瘀则宜补肺纳肾、化痰平喘，如平喘固本汤加当归、丹参、苏木活血通脉；阳虚水泛、血行不畅则宜温肾健脾、化瘀行水，如真武汤加泽兰、红花、北五加皮等。

4 典型病案

患者杜某，男，89岁，退休工人。于1998年5月30日初诊。反复咳嗽、气紧、胸闷咯痰10年，复发加重半月。此次因受凉后咳嗽、气紧加重，咯白色泡沫痰伴心悸，动则气紧、心悸等症加重，不能平卧，双下肢无水肿，舌暗淡，唇青紫，脉沉细。X线胸片示：慢支炎、肺气肿，余无特殊。诊断：肺胀，证属肺肾气虚，气滞血阻。治法：补肺纳肾，降气行瘀。方用平喘固本汤合血府逐瘀汤加减：党参、枳壳各15g，五味子、苏子、桃仁、红花、赤芍、陈皮各12g，款冬花、茯苓各18g，法夏9g，沉香6g，当归10g，丹参30g，甘草6g。水煎服2剂。二诊自觉咳嗽、气紧咯痰等症有所减轻。予加强益气之品，上方加黄芪24g，继服3剂。三诊，病情平稳，咳嗽、气紧、咯痰及心悸等症明显减轻，可平卧，双下肢无水肿，精神状况好转，继上方去桃仁、红花、当归再服5剂以巩固疗效，并嘱常服补肾防喘片以固其本。（周瑞君）

吴允耀验方选

【名老中医简介】吴允耀　主任医师。曾任福鼎市中医院业务副院长。中华中医药学会内科学会首届消渴病专业委员会委员，省中医药学会第三届、四届理事，省脾胃学说专业委员会委员，省陈修园学说专业委员会委员，宁德市中医药学会副会长，福鼎市中医药学会会长。第四批全国老中医药专家学术经验继承工作指导老师。擅长治疗哮喘、慢性胃炎、肝病、结石症、难治性肾病、心脑血管病、糖尿病、甲状腺疾病、风湿病等。主编、合编多部著作。发表论文50余篇。

除痹益肾通经汤

组成：牛膝、续断、独活、革薢、葛根、秦艽、桑寄生、木爪、骨碎补、威灵仙、老鹳草、垂穗石松。

功效：祛风除湿、通络止痛、补肝肾、强筋骨。

主治：急慢性腰腿痛，中医辨证属肝肾虚损、风湿痹痛。

用法：清水煎，温分2服，每日1剂。

加减：病邪入络，气滞血瘀加活血通络药丹参、川芎；寒湿重者重用独活加桂枝；湿热重者加薏仁、防已、络石藤；气血不足者加黄芪、当归。

方解：桑寄生入肝肾经，祛风除湿，舒通筋络，补肝肾，强筋骨，适用于风湿痛的痛症，本品擅长补肝肾强筋骨，故尤适宜于风湿痹痛属日久不治的肝肾不足型。桑寄生为补益肝肾的要药，适用于年老体弱，肝肾不足，腰膝疼痛，筋骨痿弱的病症。《本草备要》云：桑寄生补筋骨，散风湿，坚肾，助筋骨。《本经逢原》云：寄生得桑之余气而生，性专祛风遂湿，通调血脉。独活：《本草求真》言：独活专入肾，以故两足湿痹不能动履，非此莫痊。秦艽入肾肝胆经，祛风除湿，舒筋络，药性润而不燥，风湿痹痛无问新久，或偏热偏寒，均可配伍应用。《本草备要》云：养血荣筋，风药中润剂，散药中补剂，治风寒湿痹，通身挛急，血不荣筋。《本经》云：若久痛虚羸，血气不能营养肢体而痛及下体虚寒，疼酸枯瘦等病，非秦艽不可。牛膝：《本草求真》言：牛膝专入肝肾，强健筋骨，凡是足痿筋挛，治皆有效。革薢利湿通淋，祛风除湿，用于风湿痹痛，既能祛风湿，又能舒通经络，适用于风湿痹痛，腰膝酸痛，关节不利。李时珍言：革薢厥阴主筋属风，阳明主肉属湿，革解之功长于祛风湿，所以能治缓弱痿痹。《本草蒙筌》云：治痹尽风寒湿，腰背冷痛止，筋挚痛除，补水脏益精，遂关节久结老血。《本经》云：主腰脊痛，强骨节，除风寒湿周痹。续断：《本草求真》言：续断专入肝肾，其性温能入肾经以补肾，又其味幸，能入肝经以补筋，幸能散风，风除而筋活，味兼甘，又入中州以补虚。久服能气力倍增，血气不滞。葛根：《本草》云：主诸痹，止痛。另据现代医学研究，葛根所含有的黄酮类物质，被有关中医专家们赞誉为维生素增效剂，有清除体内垃圾的功能，经常食用葛根的人，能起到强筋壮骨、美容健体、延年益寿的功效，看来此物是多服无殃。木爪性入肝脾经，祛湿舒筋，和胃消食，本品有较好的舒通筋脉的作用，又能祛除湿邪，适用于风湿痹痛。《本草》云：治脚气湿痹，益肾去湿。《衍义》云：木爪得木之正，故入筋，此物入肝，故益筋与血。病腰肾脚膝无力，此物不可缺也。《本草备要》云：气滞能和，调营卫，利筋骨，去湿消水。威灵仙：《本草备要》云，其性善走，能宣疏五脏通行十二经络。治中风痛风，头风顽痹。孔伯华爱用威灵仙治腰腿痛，创方"灵仙寄生汤"就是以威灵仙为主药。骨碎补：《本草蒙筌》云，疗风血积疼。《本草备要》云，骨碎补温补肾，肾主骨。老鹳草能祛风湿，通经络。用于风湿痹痛，麻木拘挛，筋骨酸痛。垂穗石松能祛风湿，舒筋活血。

按 本方是吴允耀多年用在治疗腰椎骨质增生、腰椎间盘突出症、急慢性腰肌劳损等腰腿痛，收到良好效果。中医对腰腿痛早有记载，对其病因的认识也很深刻，认为"腰为肾之府"。肾藏有先天之精，为脏腑之本、生命之源。肾藏精，精生髓，髓养骨。人体骨骼的支撑、运动强度和耐久力的维持，主要决定于肾，"肾者……其充在骨"。若肾精不足，骨髓空虚，便会出现腰痛膝软胫酸足跟痛，甚至腰脊不举、足不由身等症。另一方面，肝藏血而血养筋，附着于关节周围的筋膜、肌腱、韧带、关节囊、神经等组织的一切运动部离不开血液的供给。只有肝藏血功能正常，肝血充足，人的运动才能灵活自如、健全有力，既不会收缩过度而发生痉挛拘急，也不会弛软无力而导致痿软迟钝。若肝血虚，则筋脉不得濡养，遂产生腰腿疼痛或下肢筋脉痉挛麻木。另外，人体气血亏虚，阳气不振，腠理空疏，卫阳不固时，风寒湿邪易乘虚侵袭向发生腰腿痛，综上所述，肝肾不足是本，风寒湿为标，除痹益肾通经汤可起到标本兼治，祛风除湿、补肝肾、通络止痛。

奚肇庆肺病经验

【名老中医简介】奚肇庆（1949～）主任医师、教授，博士生导师。江苏省中医院、南京中医药大学附属医院国家中医药管理局急诊临床基地主任，国家自然科学基金、江苏省自然科学基金评审专家，江苏省突发公共卫生事件专家咨询委员会医疗救治组成员，江苏省中医药学会第九届理事会常务理事，江苏省中医药学会急诊分会主任委员，世界中医药联合会呼吸专业委员会常务理事。《世界感染杂志》编委、《中国中医急症杂志》编委、《中国中西医结合临床杂志》学术委员。江苏省名中医。从事医疗、科研、教学工作34年，擅长诊治内科肺系疾病如慢性支气管炎、哮喘、肺气肿、肺心病、呼吸衰竭等急危重症及亚健康调理。主持国家、省级课题18项，编撰、参编著作13部，发表论文74篇。

临床经验

肺系疾病

1 病在肺，连与脾肾

肺系疾病包括上呼吸道及肺部疾病，奚肇庆认为，肺系疾病的病位在肺，而与脾肾关系尤为密切。首先，肺居胸中，处于五脏之高位，故有"肺为华盖"之说。其功能主气、司呼吸，开窍于鼻，外合皮毛，又主宣发肃降，通调水道，故其主要病机变化外为邪气犯肺，内为气机的升降运动失常及水液代谢障碍。肺气的宣发和肃降是肺生理功能相辅相成的两个方面，二者相互依存、相互配合、相互制约，在病理情况下则相互影响。没有正常的宣发，就没有正常的肃降；没有正常的肃降，也就不可能有正常的宣发。因此，"肺气失宣"、"肺失肃降"，常可见胸闷、咳嗽、喘息等病症。其次，从脏腑之间的关系而言，肺主气、司呼吸以及通调水道功能，这些均与脾肾二脏关联密切。肾主纳气又主水，开窍于前后二阴；脾为气血生化之源，又主散精，使水津四布。肺脾肾三脏在气机升降和水液代谢二方面相互协调，人体正常的生理功能才得以维系。肺系病证可分为虚、实两类，实证多由外感，或寒闭、或热壅、或痰阻形成邪实之候；虚证则为素体虚弱，久病内伤正气日衰，或肺气亏虚、或肺阴耗伤而成。临床所见病证多虚实夹杂，尤宜详辨虚实之比例：以虚为主，则重点补虚；邪实为主，则重点祛邪。

2 常用六法

2.1 宣肺法

宣肺法即疏散肺卫之表邪，适应症：风邪入侵，卫表不和。证见：恶寒发热，头疼，鼻塞流涕，咽痛，咳嗽等。苔薄，脉浮。临床又需分辨风寒与风热之不同。病在上焦者，宜宣肺法治之，即疏散肺卫之表邪，故宣肺以辛甘平为宜；药用：麻黄、荆芥、紫苏、薄荷、竹叶、金银花、桑叶等，选方为麻黄汤、荆防败毒散、银翘散。肺为娇脏，清虚而处高位，选方多宜清轻，不宜重浊，如吴鞠通谓"治上焦如羽，非轻不举"。肺主气，味宜辛，《内经》有"辛生肺"、"用辛泻之"之论，此泻乃驱散表邪之意。祛邪之所以安正，起助肺作用，是谓之"生肺"。

2.2 肃肺法

肃肺即清除肺中之痰火,适应症:多用于外感风之邪内舍于肺,或因脏腑功能失调导致痰热蕴结于肺,肺失清肃之令。证见:咳嗽气急,吐黄痰,胸中烦闷,面赤身热,口干欲饮,便秘。舌红,苔薄黄腻,脉滑数。治宜清肺化痰止咳,药用:石膏、知母、川贝母、瓜蒌、桔梗、杏仁、前胡、紫菀等。方选清金化痰汤加减,此类药物多微寒,味苦或平,用之痰热清,肺脏清肃之令自行。

2.3 清肺法

清肺即清泻肺中之实热。适应症:风热之邪客肺,肺中热毒炽盛所导致的高热,咳嗽气急,痰黄浊或有腥味,胸痛,口干咽燥,面赤唇红而干。舌质红,苔黄,脉数。宜清泻肺热,药用:黄芩、栀子、桑白皮、鱼腥草、金银花、连翘、石膏、知母、瓜蒌、桔梗、杏仁等。方用桑白皮汤、定喘汤加减。此类药物多苦寒,清热解毒泻火辅以化痰止咳之品,达清泻肺热之效,用于肺实热证。

2.4 温肺法

温肺即温化肺中之寒饮,适应症:受寒饮冷或阳虚不运,饮邪留伏,上逆迫肺,肺气不降而咳逆喘满不得卧,吐白沫样痰量多,甚则面浮肢肿,背寒腰痛。舌苔白滑或白腻,脉弦紧。治宜温肺化饮,药用:生姜、细辛、桂枝、半夏、干姜、茯苓、猪苓、黄芪、橘皮等。方选小青龙汤、苓甘五味姜辛汤;若饮邪壅实,可配合泻肺,用葶苈大枣泻肺汤以泻肺逐饮。待痰饮去除,再以温肺化饮之法调之,用四君子汤加黄芪、细辛、干姜、橘皮、肉桂等。此即"病痰饮者,当以温药和之"之意。

2.5 补肺法

①补肺即甘温益其肺气,适应症:久咳伤耗肺气,或劳伤过度致肺主气功能减弱,出现咳嗽短气,倦怠懒言,声音低怯,面色少华,形寒怕冷,自汗。舌淡苔薄白,脉虚弱。治宜补益肺气,药用黄芪、党参、人参、茯苓、白术、炙甘草、五味子等。方选补肺汤随证加减。②补肺即甘凉养其肺阴,适应症:温热之邪或久咳伤肺,或痨虫袭肺,伤及肺阴,以致肺阴不足,虚热内生,耗灼肺金,而致干咳无痰,呛咳气逆,口干咽燥,手足心热,或午后颧红,潮热盗汗,形体消瘦。舌红少苔,脉细数。治宜滋阴润肺,药用:天门冬、麦门冬、玉竹、沙参、玄参、桑叶、梨皮、白芍、生地等。方选养阴清肺汤、沙参麦冬汤、百合固金汤。若肺肾阴亏则选都气丸、生脉饮治之。选方用药多为甘寒养阴之品,因肺为娇脏,不耐寒热,且肺恶燥,燥则气上逆而咳喘,而甘润可使肺气自降,清肃之令得行。

2.6 泻肺法

泻肺即泻肺中痰火与水饮,适应症:适用于肺气壅实,饮留胸胁,痰涎壅盛之咳喘痰多或痰涌,气息急促,或喉中痰鸣,倚息不得卧,胸胁胀满,头面浮肿,小便不利。舌红苔黄腻,脉滑数。轻者治宜燥湿化痰蠲饮,药用:半夏、橘皮、茯苓、白术、薏苡仁、苏子、贝母、防己、麻黄等。方选二陈汤、三子养亲汤加减;若咳喘痰涌宜泻肺逐饮,药用:葶苈子、大黄、地龙、鱼腥草、桔梗、桑白皮、苏子、白芥子、冬瓜子等。方选葶苈大枣泻肺汤、控涎丹之类。此类药物多苦寒,泻肺平喘,利水消肿。

3 病案举隅

案1 张某,女,68岁,2006年1月13日初诊。浮肿、咳嗽3月余。曾在外院诊断为慢性支气管炎、肺气肿,经治疗1个月无效。证见:形体消瘦,颜面浮肿,干咳少痰,甚则呛咳,大便干结,四五日一行,小便少而频数,舌质红、无苔,脉细数。中医诊断:咳嗽,证属肺肾不足,气阴两虚。治以润肺止咳,益肾化气。药用:南沙参、北沙参、生地、麦冬、太子参、紫菀、款冬花、百部、山药、牛蒡子、鱼腥草、菟丝子、淫羊藿、姜半夏、蒲公英。服药7剂,咳嗽明显减轻,颜面仍浮肿,舌质红,苔薄白,脉细。继以上方加茯苓、白茅根,又7剂,诸症好转。以上方为基础加减再服5剂,诸症消失,复查血生化等各项指标均正常,随访病情无复发。

按 本案患者年高、久病、体弱,长期使用抗生素,菌群失调,抵抗力下降,非但咳嗽不愈,又添浮肿,是肺病及肾。辨证属肺肾不足,气阴两虚。治以润肺止咳、益肾化气。方中南北沙参、生地、麦冬、太子参益气养阴润肺;紫菀、冬花、百部开合肺气,润肺止咳;牛蒡子、鱼腥草清化热痰;山药、菟丝子、淫羊藿平补肾之阴阳;姜半夏、蒲公英升清降浊,补脾土而生肺金;茯苓渗湿健脾,白茅根凉血利尿而不伤阴。诸药合施,标本兼治,正复邪去,故疾病痊愈。

案2 汪某,男,70岁。2006年4月12日急诊。咳嗽、咯痰、喘息反复发作30年,加重2天。自服抗生素、氨茶碱,喷雾吸入喘康速、普米克,症状加重,证见咳嗽喘促,动则为甚,胸胁满闷,喉间痰鸣,痰黄白相兼,不易咯出,心悸汗出,不思纳谷,下肢浮肿,舌质淡紫、苔白腻,脉弦数。检查:体温38.5℃,呼吸22次/min,轮椅推入,端坐呼吸,口唇紫绀,颈静脉充盈,桶状胸,两肺可闻及痰鸣音,心尖搏动在剑突下,心率90次/min,律齐,肝颈逆流征(+),下肢浮肿。治疗予吸氧，静滴头孢他啶2g，每日2次，静滴氨茶碱0.25g，后因心率增快至116次/min，停用氨茶碱。中医治拟通阳泄浊，化痰散结，佐以辛甘养阳。药用：薤白12g，全瓜蒌12g，枳实10g，厚朴6g，桂枝6g，党参10g，白术10g，半夏5g，甘草5g，1日2剂。药后，痰量增多，易咯，胸闷渐宽，喘悸症减，下肢肿消。继服5剂，喘促显减，已能下床活动，心悸、汗出消失。

按 本案选方出自《金匮要略》，“胸痹心中痞气，气结在胸，胸满，胁下逆抢心，枳实薤白桂枝汤主之，人参汤亦主之”。与瓜蒌薤白半夏汤证比较，除喘息、咳嗽咯痰外，又出现心中痞气，气留胸间，胸胁胀满等慢性支气管炎、肺气肿、肺心病急性发作的症状和体征。其病位由肺及脾，由上及中，气痹邪恋，上逆心胸，形成虚实错杂之证。方中薤白、瓜蒌通阳化痰，厚朴、桂枝辛开展气，枳实消痞除满，半夏化痰降逆，佐以党参、白术、甘草，辅以桂枝、干姜甘辛养阳，以防喘脱。（藕二祥）

医案验案

肺系急症验案

1 高 热

陈某，女，31岁，职员。2000年6月7日9时初诊。患者2日前，因工作劳累，不慎受凉，觉恶寒发热、咽痛、鼻塞，未予重视，自服百服宁、银黄含片。今晨突发寒颤、高热，口干口苦，烦躁，遂由家人送至医院急诊。查体温39.8℃，脉搏96次/分，血压120/70 mmHg，高热病容，精神萎，咽红，扁桃体不肿大，两肺呼吸音粗，未闻及干湿性罗音，腹平软，压痛（-），墨菲氏征（-）。舌质红、苔薄黄腻，少津，脉数紧。血常规：WBC13.2×10^9/L，N 0.82，L 0.13；全胸片示：两肺纹理稍增粗。拟诊为上感，因病情较重，遂收入观察室留观。治予头孢噻肟钠、清开灵、鱼腥草注射液静滴。2小时后体温不降，又加入地塞米松10mg静滴。患者体温降后，又复升至40.2℃，予以物理降温。观察2天后，高热不退，咳嗽，烦躁不眠，脘痞不食。治拟清热泻火，除烦安神。处方：黄连6g，生大黄（后下）6g，山栀10g，淡豆豉10g，黄芩10g，郁金10g，石膏30g，西洋参（另煎）5g。水煎服，日2剂。服1剂后体温渐降，入夜降至38.2℃，次晨降至正常36.8℃，精神转佳，语言清晰，复查血常规：WBC 5.5×10^9/L，N 0.65，L 0.27。

按 患者因繁忙劳累，暑热之邪趁虚而入，内陷心包，而致高热烦躁，故用大黄黄连泻心汤、栀子豉汤出入。二方均出自《伤寒论》。前者治“伤寒大下后，复发汗，心下痞，按之濡”，乃内陷之邪，与无形之气搏结，聚而不散，君火上亢。后方治“发汗吐下后，虚烦不得眠，反复颠倒，心中懊憹者”。方中黄连、大黄为君药，直折其火；山栀清三焦之火，引火下行；配豆豉清热除烦；加黄芩清肺热；石膏清气分之热；郁金开窍安神；佐西洋参清热养阴生津，并制连、芩、大黄之苦寒。

2 风 温

曹某，男，68岁，退休工程师。2000年7月14日初诊。1周前因发热、咳嗽、胸痛，曾在院外诊疗。全胸片示：左下肺炎。予头孢呋辛静滴，次日体温下降，但仍咳嗽，胸痛，咯唾黄黏痰，间隔1日后，体温又起，达39.2℃。血培养阴性，痰培养为不动杆菌，体温时降时升，遂来院急诊。查体温37.2℃，消瘦，左下肺可闻及细湿罗音，血常规示：WBC 8.7×10^9/L、N 0。80、L 0.17，全胸片示：左下肺炎，痰找抗酸杆菌（-），血糖12.4 mmol/L，收治入急诊病区。7月15日不恶寒但发热，测体温达39℃，口渴，舌红津少，脉弦数。予柴胡加栝蒌根汤出入。处方：柴胡8g，黄芩10g，栝蒌根10g，制半夏10g，栝蒌皮12g，南北沙参（各）12g，知母10g，大贝母10g，甘草6g。1日2剂。2天后，体温不再复升，原方予以巩固。观察1周，体温正常，咳嗽胸痛消失，咯痰量少，复查X线全胸片示：左下肺片状影吸收，左肋膈角胸膜增厚。原方加牡蛎15g而收功。

按 肺炎属中医学“风温”范畴。患者除咳嗽、胸痛、咯痰、发热等风温证外，其体温时降时升，隔日而起，类似疟证。故宗《伤寒论》小柴胡去半夏加栝蒌根汤化裁。方中柴胡、黄芩清肺除热；栝蒌皮、制半夏、大贝母清热化痰；南北沙参、栝蒌根、知母育阴清热，以滋肺津。

3 肺 痈

孙某，男，34岁，农民。1999年5月9日初诊。1周前因高热、胸痛、咳嗽在当地医院拟诊为“结核性渗出性胸膜炎”。经抗痨治疗，胸腔穿刺4次，抽出胸水1600mL，胸痛缓解，但仍午后发热，咳嗽，咯唾大量腥臭脓痰120mL/日，喘息不能平卧，遂来院急诊。查：体温38.9℃，脉搏88次/分，呼吸20次/分，浅表淋巴结未及，右肺呼吸音低，语颤消失，叩诊呈浊音，左肺可闻及痰鸣音。血查WBC16.8×10^9/L，N 0.86，X线全胸片示右侧胸腔积液。为进一步治疗而收入急诊病区。予抗痨、抗感染、微孔胸腔闭塞引流术引出500mL脓性分泌物，体温下降，但仍喘促不能平卧，咯唾大量腥臭脓痰。拟方葶苈大枣泻肺汤、桔梗汤出入。处方：葶苈子 15g，苏子 10g，桑白皮 10g，合欢皮 10g，桔梗 10g，生甘草 8g。颗粒剂，1 日 2 剂冲服。药后当夜，喘息渐平，已能高枕而卧，痰量减少。次日中午竟能平卧，痰色转白，无腥臭味。复查血常规 WBC9.6 × 10^9/L，N 0.66。

按《金匮要略》肺痈篇云："肺痈，喘不得卧，葶苈大枣泻肺汤主之"、"咳而胸满，振寒脉数……久久吐脓如米粥者，桔梗汤主之"。患者罹胸膜炎后因反复胸腔穿刺，合并脓胸，出现发热、喘息不得卧、咯唾大量脓腥臭痰。方中葶苈子泻肺平喘治肺痈；佐以苏子、桑白皮化痰泻热；桔梗开其肺气，载药上行，排脓涤痰；甘草清热解毒。二方合之，泻肺平喘，排脓涤痰。

4 哮 证

孙某，女，20 岁，学生。1999 年 10 月 22 日急诊。幼年罹哮，近 3 年每值秋冬气候变化之际易发作。半月前突然咳嗽喘促，喉间痰鸣，胸满息高，端坐不得卧，胸胁胀满，心悸，即入住某院。经静滴氨茶碱、抗生素、激素，口服美喘清、强的松、中药麻杏石甘汤等治疗，病情稍缓，夜间虽然高枕而卧，但凌晨仍喘迫起坐 2 ~ 3 小时，胸闷如窒，咯唾黏痰，脘痞纳呆，遂转院急诊留观。查：口唇紫绀（+），颈 V 不怒张，两肺满布哮鸣音（+++），心率 92 次/分，血嗜酸球绝对计算（EOS）0.11 × 10^9/L，血清免疫球蛋白 E（IgE）732Iμ/mL，肺功能 PEFR（峰值呼气流量）72L/min，第一秒肺活量（FEV1.0）1.2L/s，一秒率 L FEV1.0/FVC）37%，舌质淡红、苔中黄腻，脉滑数。治拟宽胸涤痰、辛开苦泄，佐以清热。予复方薤白胶囊 5 粒（0.35g/粒），1 日 3 次，临卧时加服 5 粒。2 天后，入夜喘憋显著减轻，只需起坐半小时胸闷气喘可缓，两肺哮鸣音（+）。1 周后，咳喘告平，痰量减少，查：紫绀（-），两肺呼吸音清，未闻及哮鸣音，血 EOS 0.044 × 10^9/L，血清 IgE144Iμ/mL，PEFR180L/min，FEV1.0 2.2L/s，FEV1.0/FVC 75%。

按 复方薤白胶囊由薤白、栝蒌、半夏、黄连等组成，源于《金匮要略》栝蒌薤白半夏汤和《伤寒论》小陷胸汤。前方治胸痹喘息不得卧，后方治痰热结胸，证在心下所致气喘胸闷脘痞。患者罹哮而不能平卧，时延日久，痰热互结，胸中阳气不得舒展，故将二方合之，先通阳气，后清痰结，则喘迫缓解。哮证辨证，多从伏痰辨治，治疗大多宣肺平喘，化痰止咳。痰浊素盛，缠绵日久，可成痰结胸痹，或痰热结胸，故不从哮证一般辨证，参照胸痹结胸治法，融汇变通。

5 肺 岩

钱某，男，65 岁，高级工程师。1998 年 4 月 9 日急诊。因咳嗽、胸背痛、反复咯血 5 天，由院外拟为"支气管肺癌胸椎转移、肝转移"，因无手术之征，遂来院就诊。咯血量约 30 ~ 40mL/日，色暗红，胸背疼痛难忍，不能转侧，舌质淡紫、苔薄，脉弦滑。X 线全胸片及胸部 CT 检查：右下肺见一 2cm × 4cm 肿块，血癌胚抗原（CEA）156 ng/mL。急则治其标，先予散结止痛、和络止血为法。处方：薏苡仁 20g，熟附片 6g，制川草乌（各）6g，川椒目 6g，炮姜炭 6g，赤石脂 15g，浓煎 100mL，分 2 次灌服。是夜咯血渐止，疼痛减少，已能减少杜冷丁注射用药。二诊再加白花蛇舌草 15g，补骨脂 10g，续服 1 周，咯血不复，胸背痛显著减轻，已能转侧或平卧而睡，血 CEA74ng/mL。

按 肺癌胸背疼痛，咯唾痰血，甚则疼痛急迫欲绝。本案按《金匮要略》胸痹心痛病辨治。方中薏苡仁、附子、川椒目除痹止痛；乌头溃坚祛腐止痛；炮姜炭、赤石脂止血。取薏苡附子散合乌头赤石脂丸镇痛止血，虽不能尽愈痼疾，却能缓解疼痛，减少镇痛剂的使用，提高患者生活质量。（奚肇庆）

夏时金临床经验

【名老中医简介】夏时金 主任医师。毕业于成都中医药大学。任职于四川省金堂县第三人民医院中医内科。成都市名中医，四川省名中医。擅长治疗慢性支气管炎、肺气肿、急慢性肝炎、泌尿系结石、高血压等多种疾病。

慢性乙肝

1 论病因，湿热疫毒为主因

疫毒是指较六淫病邪致病更重，具有传染性的一类病邪，在中医文献中，又有"戾气"、"异气"、"杂气"、"乖戾之气"等名称，祖国医学还认识到，疫毒并非一种，而是一"气"一病，如吴又可在《温疫论》中指出"为病种种，是知气之不一也"。这种一"气"自成一病的观点，与现代医学认为每种传染病必有其特异的病原体极为相似。因此，疫毒的实质就是现今引起各种传染病的特异因子，乙肝是由乙肝抗毒（HBV）经传染而发病，乙肝病邪具有疫毒特性和致病特点，即传染性、流行性、症状相似。疫邪常与时令六淫病邪相兼为病，湿为阴邪，其性粘滞，湿与疫邪相合，侵入人体，如油入面，难解难分，乙肝病程长，缠绵难愈，符合中医湿邪病性特点，故乙肝的病因为湿热疫毒。乙肝病毒感染人体后，不但引起人体脏腑功能失调，导致其发病，还蛰伏于体内，通过饮食、肌肤或密切接触传染他人，致使他人发病。因此，湿热疫毒感染应是导致乙型肝炎的主要发病因素，治疗也应同中医治疗其他传染病一样，重视对病邪的消除。

将乙肝发病原因界定为湿热疫毒，既与现代医学认为乙肝发病原因是感染乙肝病毒一致，更重要的是为运用清热解毒利湿祛邪药物治疗乙肝提供了理论依据，有利于提高中医治疗乙肝的疗效。

2 释病机为正虚邪恋，治疗总则为扶正祛邪

乙肝的发病，有外在因素，也有内在因素，外因为感染湿热疫毒，内因为人体脏腑功能失调，正气亏虚，如有的人感染了乙肝病毒，能通过自身抗病能力彻底消除，并产生抗体。笔者曾对32对长期生活在一起乙肝患者夫妇进行调查，夫妻同病者不足60%，这就是《内经》所说“正气存内，邪不可干”；而有的人感染了病毒，则成为病毒携带者或发病，并缠绵难愈或逐渐发展成肝硬化乃至肝癌，究其原因，乃是由于机体免疫功能低下，抗病力弱，即《内经》所说“邪之所凑，其气必虚”。肝主疏泄，体阴而用阳，喜条达而恶抑郁，肝木疏土，助脾运化，则脾土健运，脾土荣木，利其疏泄，则肝气条达，导致乙肝的湿热疫毒，具有嗜肝特性，湿热疫毒无论从血液入肝，还是从消化道侵入肝脏，导致肝郁气滞，乘犯脾胃，影响脾胃运化功能，水谷津液不归正化，变生内湿。因此，乙肝患者除有胁肋胀痛，性情变化等肝郁不舒症状外，每易出现脘腹胀闷，厌食油腻，恶心呕吐，便溏苔腻等脾虚湿盛症状，疫毒湿热之邪日久不愈，或内困脾胃，气血生化之源不足，或郁久而从火化，耗伤阴津，肝阴既亏，乙癸同源，肾阴亦虚，且肝脾受损，日久不愈，穷必及肾，亦会导致肾阴肾气不足，脾肾为先后天之本，性命之根，脾肾功能失常，正气亏虚，无力驱邪外出，湿热疫毒余邪难以清除，致缠绵难愈。久病入络，毒、瘀阻滞肝脉，便使病情复杂化、严重化，故正虚邪恋，是乙肝缠绵难愈的主要环节，而扶正祛邪则是治疗乙肝的基本大法。

3 辨证分型及方药运用

夏时金根据慢性乙肝临床表现，肝功能检测，病人体质等不同，常将乙肝分为湿热中阻、肝郁脾虚、气虚邪恋、阴虚邪恋四种证型，并将化瘀通络贯穿乙肝治疗始终。

3.1 湿热中阻

多见于慢活肝，临床表现为：身目发黄，脘闷纳呆，恶心厌油，肢体困倦，舌红苔黄腻，脉滑数。治以清热解毒利湿，调理脾胃，方用：茵陈蒿汤加味，湿偏重者合胃苓汤，热偏重者合黄连解毒汤。

3.2 肝郁脾虚

多属慢迁肝，临床表现为：胁肋胀痛，纳差，脘腹胀闷，四肢倦怠，苔白脉弦或缓。治以疏肝解郁健脾和胃，方用：逍遥散合四君子汤加味（当归、柴胡、白术、白芍、党参、茯苓、猪苓、麦芽、丹参、郁金、叶下珠、甘草）。

3.3 气虚邪恋型

多见于无症状乙肝患者，化验e抗原，HBV－DNA阳性，但肝功能基本正常，全身无不适感，此型相当于乙肝免疫耐受期，抗病毒治疗效果差，治疗当以健脾益肾，清化余邪，方用：四君子汤、何人饮加味（党参、白术、茯苓、何首乌、当归、黄芪、丹参、叶下珠、五味子、柴胡等），用以调整人体免疫功能，增强抗病能力，达到修复肝细胞，抗肝纤维化，制止病情发展之目的。

3.4 阴虚邪恋型

多见于慢迁肝，表现为胁下隐隐作痛，头晕目涩，腰膝酸软，失眠多梦，舌红口干，脉细数，治以滋肾养肝，除湿通络，方用：一贯煎或滋水清肝饮加味（沙参、麦冬、生地、川楝子、当归、枸杞、女贞子、何首乌、鳖甲、丹参、叶下珠、五味子、甘草、麦芽等）。

在药物选择上，由于乙肝的病变部位在肝脾肾，正虚邪恋是其基本病机，扶正祛邪是主要治疗原则。扶正主要是健脾益肾，养肝柔肝，常选用党参、黄芪、白术、桑寄生、枸杞子、女贞子、何首乌、生熟地、紫河车、冬虫夏草；驱邪主要是清热解毒利湿，通络化瘀，清热解毒常选用七叶一枝花、白花蛇舌草、田基黄、肝炎草、水飞蓟、鸡骨草、叶下珠、升麻、贯众、蒲公英、败酱草等，利湿常用茯苓、猪苓、泽泻、通草、滑石、茵陈，化瘀常用丹参、赤芍、泽兰、三七，也常结合现代医学检查和现代药理研究成果用药，如退黄用茵陈、田基黄、白鲜皮、秦艽，降酶用五味子、败酱草、大黄，化瘀消癥用文术、鳖甲、土鳖虫等。对肝功能不正常，转氨酶升高，也酌情择用拉米夫定等抗病毒药。（夏时荣 陈玉）

夏永潮中风临床经验

【名老中医简介】夏永潮(1934～)辽宁盖县人。主任医师。1959年毕业于北京医学院医疗系。曾任甘肃省中医院心脑科主任,全国中医内科学会首届脑病专业委员会委员、中风协作组组长,中华中医药学会老年医学会脑病学组中风组副组长,甘肃省中西医结合研究会理事及常务理事。享受国务院政府特殊津贴。甘肃省名中医。从事内科临床工作40余年,擅长诊治心脑疾病。科研课题多次获奖。

1 病因病机,虚中夹实

中风病是一种常见病、多发病,病势急,变化快,病死率高,后遗症重。夏永潮认为中风病主症,即昏仆不遂,口歪语謇,皆与脑脉瘀血,经络阻滞有关。《素问·生气通天论》云:"阳气者,大怒则形气绝,而血菀于上,使人薄厥。"楼英《医学纲目·风证辨异》云:"中风皆因脉道不利,气血闭塞也。"中风之发生,病理虽较复杂,但可用虚(阴虚、气虚)、火(肝火、心火)、风(肝风、外风)、痰(风痰、湿痰)、气(气逆)、血(血瘀)六端概之,而其中又以肝肾阴虚为其根本。本病多因情志不遂、忧思恼怒,或饮食不节,或劳思房伤,或外邪侵袭等因素,导致阴阳失调,脏腑偏盛或偏虚,气血错乱而发。但无论何因素占主导,其基本的病理转归都将导致瘀血形成,闭阻脑脉,而出现中风诸症。缺血性中风为血阻脉络而瘀塞,出血性中风则为血溢脉外,滞留成瘀。中风属本虚标实之证,在本为肝肾不足,气血衰少,在标为风火相煽,痰湿壅盛,气血郁阻。中风临床表现往往标本同病,虚实并见,多呈本虚标实,上盛下虚之候,标实者谓风、火、隅、痰,本虚多为气虚、阴虚。急则治其标,缓则治其本。中脏腑闭证初期(出血性中风急性期)以风痰火(热)为主,恢复期或中经络(缺血性中风)以风痰、血瘀为主。

2 辨病与辨证论治结合阳痿.化瘀通络为主

夏永潮认为辨证论治应当从初始证开始,辨病与辨证相结合,采用四诊合参,舍从得当,辨清证类,确定治法方药。近年来随着对中风病病因病机的深入研究,瘀血机制在发病中的作用更得到进一步的认识和肯定,活血化瘀法治疗在临床中得到进一步广泛应用。他根据中医"治风先治血,血行风自灭"的理论,在准确辨证论治的基础上突出重用岷当归的作用,取其养血活血化瘀、疏通经络之性而重用之。岷当归为甘肃之特产,又为地道之药材故而重用为主药。岷当归在正虚邪不太实证类中,均可用量为60～90g;在邪实证类中,以驱邪为先,岷当归用量应相应减少。佛手散(当归、川芎)又名芎归散,见于《太平圣惠方》中,以当归、川芎二味用来治疗难产死胎。本方在《普济方》中,用于安胎、血上冲心、产前产后体热败血腹痛。《医宗金鉴》中谓,用此方治胎前产后诸病,且其效如"佛手"之神妙。《血证论》中谓佛手散治经络脏腑诸瘀。夏永潮在临床中以"佛手散 为基础,自拟"佛手汤系列"用来治疗中风病,有独特的疗效。现代医学研究证明,活血化瘀药物有增加血流量,改善徽循环,抑制血小板聚集反应,增强纤维蛋白酶活性等作用,能削弱脑血栓的形成。临床上常将中风分为风中经络和中脏腑两大类。他认为风中经络和中脏腑的区别在于神识之清浊;闭证与脱证在于症情之高亢与低衰;阴闭与阳闭之异在于痰与热;脉象缺血性疾病以沉、涩、细为主,出血性疾病以弦、滑、数大为主。《中风》篇66条云:"邪在于络,肌肤不仁;邪入于经,即重不胜;邪入于府,即不识人;邪入于脏,口即难言,口吐涎。"在治疗上,夏永潮认为在扶正祛邪两个方面,着重于扶正,"以扶正为主,以祛邪为标",并根据临床经验突出重用岷当归的用药特点,在临床中屡获奇效。

3 分型治疗,临证权变

夏永潮认为本病应辨病与辨证相结合,整体辨证与局部辨证相结合,只有这样才能使辨证论治更加准确。由于本病病程较长,治疗用药必须要有恒心和毅力,患者应积极配合。根据中风病的发病特点,常将其分为5个证型进行治疗。

3.1 气虚血瘀型

证为半身不遂,偏身麻木,口眼歪斜,言语謇涩,口流涎,自汗出,气短乏力,心悸便溏,手足肿胀,舌质暗,舌苔薄白或白腻,脉沉细或弦细,治当益气活血。方用自拟"佛手益气活血汤":岷当归30～90g,川芎7～15g,黄芪15～30g,丹参12g,赤芍、水蛭各9g,甘草5g,加减法:若汗出多者加煅龙牡各15g或浮小麦30g,便溏者加山药30g。

3.2 阴虚风动型

证为半身不遂,偏身麻木,口眼歪斜,言语謇涩,烦躁失眠,眩晕耳鸣,手足心热,舌质红绛或暗红,少苔或无苔，脉细弦或细弦数。治当育阴熄风，方用自拟“佛手育阴汤”：岷当归 30g，川芎 7～9g，熟地 12g，白芍 9～15g，麦冬 12～15g，玄参 12～15g，菊花、钩藤各 9g，麻仁 15g，甘草 5g。加减法：大便干不解者可加郁李仁 30g，心烦不寐者加黄连 7g。

3.3 风痰瘀血，痹阻脉络型

证为半身不遂，偏身麻木，口眼歪斜，言语謇涩，头晕脑晕，舌质暗淡，舌苔薄白或白腻，脉弦滑。治当平肝熄风，化痰通络。方用自拟“佛手二陈汤”：岷当归 30g，川芎 7～9g，半夏 7～12g，茯苓、陈皮、南花、钩藤、红花各 9g，甘草 5g。加减法：若语言不清者加菖蒲 15g，头晕重且颈僵者加葛根 12g。

3.4 痰热腑实，风痰上扰型

证为半身不遂，偏身麻木，口眼歪斜，言语謇涩，头晕脑晕，便干便秘，咯痰较多，舌质暗红或暗紫，苔黄或黄腻，脉弦滑或弦滑而大。治当通腑化痰，方用自拟“佛手通腑化痰汤”：岷当归 30g，川芎 7～9g，半夏 9～12g，茯苓、陈皮各 9g，竹沥 30g（调服），大黄 5g，芒硝 6g，桃仁 6～9g，甘草 5g。加减法：若头晕目胀者加茺蔚子 10g，身热苔黄褐者加黄芩 9g。

3.5 风火上扰清窍型

证为平素多有眩晕麻木之症，情志相激，病势突变，神志障碍多是朦胧嗜睡，偏瘫肢体强痉拘急，便干便秘，舌质红绛，舌苔黄腻而干，脉弦滑大数。治当平肝熄风，方用自拟“佛手熄风汤”：岷当归 15g，川芎 9g，羚羊角（冲服）5g，菊花 9g，白芍 12g，怀牛膝 20～30g，代赭石 20～30g，生地 15g，钩藤 9g，连翘 9～12g，菖蒲 9g，桑叶 9g，生石决明 15g，甘草 5g，加减法：痰浊盛者加竹沥 30g（调服）；肝火引动心火，心烦舌糜烂者加黄连、连翘各 9g。

通过临床治疗对照，对气虚血瘀型中风证，用王清任之补阳还五汤益气活血，通络化瘀，采用黄芪为主，取其“气为血之帅，气行则血行”之意，其效果较自拟“佛手益气活血汤”，采用岷当归为主，取其“活血化瘀，疏通经络”之意，疗效要差一些，对于有出血者禁用，对于 BP > 160mmHg 者则应用降压药将 BP 降至 160mmHg 以下后再服用药物。

4 病案举隅

宋某，男，66 岁，1987 年 5 月 14 日初诊，主诉：左侧肢体不遂，口眼歪斜，讲话欠利 2 月余。时感神疲乏力，动则汗出，肢软无力，面色萎黄，纳差，夜寐欠佳，舌淡苔薄白质暗，脉沉细。曾在兰州某大医院做 CT 检查提示：“左侧脑梗死”。检查眼底两侧乳头清楚，动脉反射较强。神经系统检查：左侧肢体瘫痪，肌力Ⅱ～Ⅲ级，左侧腱反射亢进，霍夫曼试验阳性，左踝轻度痉挛。西医诊断：脑梗塞，中医证属中风（气虚血瘀）。治当益气活血，方用“佛手益气活血汤”：岷当归 30g，川芎 7g，黄芪 15g，赤芍、水蛭各 9g，丹参 12g，甘草 5g。水煎分 2 次温服，每日 1 剂，取 5 剂。5 月 20 日二诊：患者服药后左侧肢体不遂、口眼歪斜有所减轻，但讲话仍欠利，舌脉同前。上方调整：岷当归 50g，川芎 12g，黄芪 20g，赤芍、水蛭各 9g，丹参、牛膝各 15g，甘草 10g，桑寄生、石菖蒲、远志各 20g，水煎分 2 次温服，每日 1 剂，取 5 剂。5 月 28 日三诊：左侧肢体不遂、口眼歪斜较前减轻，讲话较前为清楚，双下肢较前有力，肌力Ⅲ级，可持拐行走，舌脉同前。继服上方 10 剂，同时嘱患者注意饮食营养，坚持功能锻炼。6 月 8 日四诊：患者口眼歪斜接近正常，在他人的监护下可自己行走但不太稳，胃纳可，夜寐可。上方调整：岷当归 60g，川芎 15g，黄芪 25g，赤芍 12g，丹参 18g，水蛭 9g，甘草 10g，牛膝 15g，桑寄生、石菖蒲、远志各 25g。水煎分 2 次温服，每日 1 剂，取 10 剂。6 月 20 日五诊：口眼歪斜消失，讲话流利，双下肢可自行行走，肌力Ⅳ级，神疲乏力消失。上方调整：岷当归 70g，川芎 15g，黄芪 30g，赤芍、牛膝各 15g，丹参 18g，水蛭 9g，甘草 10g，桑寄生、远志、石菖蒲各 30g。水煎分 2 次温服，每日 1 剂，取 10 剂。6 月 30 日六诊：双下肢行走自如，肌力Ⅴ级，其他诸症均消失。上方调整：岷当归 80g，川芎、赤芍各 15g，水蛭 9g，甘草 10g，牛膝 15g，黄芪、远志、石菖蒲各 30g。水煎分 2 次温服，每日 1 剂，取 10 剂。7 月 10 日七诊：左侧肢体活动自如，行走正常，肌力Ⅴ级，诸症全部消失。（李文福）

肖承悰妇科经验

【名老中医简介】肖承悰（1940～）女，北京市人。教授，主任医师，博士生导师。北京中医药大学东直门医院资深专家，中华中医药学会妇科委员会主任委员，《中华中医妇科杂志》编委会主任，教育部全国学位与研究生教育发展中心评审专家，全国中医标准化技术委员会委员，国家食品药品监督管理局药品审评专家，国家医疗保险咨询专家，中华医学会医疗事故技术鉴定专家，中华中医药学会科学技术奖评审专家。享受国务院政府特殊津贴。第四批全国老中医药专家学术经验继承工作指导老师。从事医疗、教学、科研工作40余年，擅长中医药治疗子宫肌瘤、卵巢囊肿、慢性盆腔炎、更年期综合征、月经不调、及多种妇科疑难杂症。2007年10月被中华中医药学会授予全国15名中医妇科名专家之一。

子宫肌瘤

1 气虚痰瘀互结是主要病机

子宫肌瘤属祖国医学“癥瘕”范围，与《灵枢·水胀篇》记载的“石瘕”相似。肖承悰认为，子宫肌瘤的形成为气虚及痰瘀互结所致，其发生有以下三个方面原因。

1.1 血瘀

本病多由于新产、经行不慎，或寒邪凝注不行，或气滞日久，由气及血，致腹中之血积结成块，逐日增大变硬而成。如《妇人良方大全》云：“妇人腹中瘀血者，由月经闭积，或产后余血未尽，或风寒凝瘀，久而不消，则为积聚癥瘕矣。”

1.2 痰瘀互结

饮食不节或肝郁犯脾，以致运化失职，遂生痰湿，痰停气滞，血亦受阻，痰湿与气血搏结，积结而有形，变生癥瘕。

1.3 气虚

血瘀本病多病程较长，出血多，气随血耗，导致气虚；也有因忧思劳倦伤脾，脾虚气血生化无源致气虚，气虚血行迟缓而成瘀滞。反之，失血过多致血虚气弱，亦可造成血瘀。最终致气虚血瘀者为多。

2 益气祛瘀化痰为治疗大法

针对子宫肌瘤患者以气虚血瘀为多，故肖承悰提出了“补消结合”的治疗原则，于经期“补”与“消”各有偏重。非经期以消瘤为主，根据《素问·至真要大论》所提出的“坚者削之”、“结者散之”而立法，着重于削之中。若月经量多或淋漓不断者，月经期当以摄血为主，着重于补，寓消于补之中。非经期治疗以活血化瘀，软坚消癥，兼以益气。她根据多年的临床用药经验，自拟肌瘤内消丸，药物组成为：党参、生何首乌、牛膝、鬼箭羽、急性子、夏枯草、制鳖甲、生牡蛎等。方中生何首乌、牛膝、鬼箭羽、急性子等化瘀消癥而不峻猛，肖承悰强调不宜采用大剂量的或峻猛的活血化瘀之品，恐引起阴道出血过多而加重贫血之弊。痰瘀互结为本病发生的重要环节，遵《济阴纲目》“血癥之内未尝无痰……故消积之中，当兼行气消痰消瘀之药为是”之旨，她在治疗本病时，以软坚消痰之夏枯草、制鳖甲、生牡蛎为主，加以补气之党参，此乃治疗本病特点之所在。诸药组合，达益气活血、化瘀消癥之目的。经期治疗以益气缩宫，祛瘀止血，兼以软坚消癥。肖承悰自拟缩宫宁，药物组成：党参、太子参、南沙参、白术、枳壳、益母草、花蕊石、煅龙骨等，方中党参补益中气摄血；太子参平补气血；南沙参益气又滋阴；三药配合，拟名为“小西洋参汤”，可代替西洋参的作用。益气养阴，补而不燥，此乃本方精华所在。白术补中健脾，枳壳破气消积，化痰消痞，与白术配合约束胞宫，增强子宫的收缩，促使瘀血排出，以使血止，是该方的另一特点。再配以益母草、花蕊石、煅龙骨等补瘀止血、化痰软坚之品，共奏益气缩宫、祛瘀止血消癥之功。

3 典型病案

王某，女，38岁，1998年10月21日初诊。患者既往月经规律，月经量中等，近1年来月经周期缩短，每隔20天左右1次，且月经量多。末次月经1998年10月9日，量多似崩，色黯红，有血块，伴腹痛腰酸，头晕乏力，颜面浮肿，胃纳欠佳，月经持续7天干净。舌胖有齿痕，舌质沉暗，苔薄腻，脉细弦。妇科检查：子宫如孕8周大，于左前壁可触及一4.5cm×4.0cm×3.8cm大小肿块，表面凹凸不平，质地坚硬，活动受限。B超示：子宫前位7.9cm×6.8cm×6.5cm大小，左前壁见4.0cm×3.9cm低回声，边界清楚，提示：浆膜下子宫肌瘤。查血色素为70.1g/L，证属气虚痰瘀。非经期以活血化瘀、软坚消癥兼以补气为法，予肌瘤内消丸，每次9g，每日2次；经期以益气缩宫、祛瘀止血，兼以软坚消癥为法，予缩宫宁，每次9g，每日3次。2个月后，月经周期正常，经量减半，头晕腰酸减轻，胃纳增加。先后共服药6个月，1999年4月28日复查B超及行妇科检查，均示子宫肌瘤消失，子宫恢复正常大，血色素升至10.5g/L。诸症消失，病告痊愈。（李乃荣）

慢性盆腔炎

1 病因病机

目前，医家对慢性盆腔炎的病因病机多从寒、湿、热、瘀考虑，治疗多以清热利湿活血为法，取得一定疗效，而对有些病例则疗效欠佳，尤其一些重度、顽固的病例。肖承悰以中医理论和女性独特的生理病理特点为基础，通过临床实践，认为肝郁肾虚是慢性盆腔炎的主要病因病机，并提出相应的治疗方法。肾与女性的生理病理关系极为密切。肾藏精，精化气，肾气寓元阴元阳，是维持人体阴阳的本源。《景岳全书·命门余义》言:“五脏之阴非此不能滋,五脏之阳非此不能发。”肾为天癸之源,冲任之本。同时肾气主胞宫胞络。《素问·奇病论》云:“胞络者,系于肾”。慢性盆腔炎患者病情缠绵不愈,病久及肾,或疾病早期过用祛邪药物而伤肾,或治疗延误而伤肾。其中,因为患者大多曾连续或间断服用清热解毒药,尤其重度患者反复单纯抗生素疗效不佳后,选用清热解毒中药攻逐祛邪,从而导致肾气日虚,正气不足。临床也发现,患者病情缠绵,多在劳累、经期失血后复发或加重,绝大多数患者面色晦暗、体倦乏力、腰膝酸软、舌淡脉细,大多并伴有腹痛缠绵,带下量多,色或白或淡黄,质地或稀或稠等症状。这也提示了肾气虚弱在本病病机中的重要作用,也是本病迁延不愈的根本原因。女子以血为本,以肝为先天,肝藏血,主疏泄,体阴而用阳,性喜条达而恶抑郁;肝经循少腹,络阴器,与冲脉血海及带脉均有密切关系,对脏腑、气血、冲任起着重要的调节作用。所以,慢性盆腔炎的发生与肝关系密切。妇人多郁,肝气郁结,疏泄失常,或湿邪未尽留滞病所,使肝经受损而疏泄失常,再加上病情迁延反复发作,以致精神抑郁,即“久病致郁”,气郁血亦瘀,气血阻滞脉络。肝郁乘脾,脾失健运,湿从内生,湿郁化热,湿热之邪蕴结胞中,阻滞气血并与气血相搏,使胞脉血行不畅,不通则痛;瘀积日久成癥瘕包块,或湿热瘀结阻滞冲任,冲任不畅,形成包块。所以肝气郁结,冲任失调是慢性盆腔炎的重要致病因素。冲任隶于肝肾,腰骶属肾,少腹属肝,而慢性盆腔炎的主要症状为少腹疼痛,腰酸及腰骶疼痛,此乃肝郁肾虚之征。综上所述,肝郁肾虚是慢性盆腔炎的主要病因病机。

2 治疗大法及用药特点

治疗上,相应的治法为补肾疏肝为主,兼以清热活血散结。主要药物为:续断、牛膝、郁金、夏枯草、败酱草、赤芍、丹皮等。续断性苦微温,入肝、肾经,补肝肾,畅血脉,调冲任,续筋骨。《本草经疏》云:续断“入足厥阴、少阴,为续绝伤、补不足、理腰肾之要药也。”《本草汇言》认为续断“补续血脉之药也。……补而不滞,行而不泄”。牛膝和郁金皆能活血。牛膝并能补肝肾,引药下行,利水通淋;郁金和夏枯草疏肝解郁。夏枯草性味苦、辛,寒,有清肝泄火、化痰散结、消肿的功效。《本草图解》认为:“夏枯草苦辛微寒,独入厥阴,……散结气。此草补养厥阴血脉,又能疏通结气,皆系肝证,故建神功。”据现代药理研究,夏枯草能增强肾上腺皮质及巨噬细胞吞噬功能和增加溶菌酶含量,有抗炎作用。肾上腺皮质功能旺盛有利于抗炎、抗感染,这是其“祛痰消脓”、“破癥”、“散瘿结气”的药理基础,同时对炎症反应抑制作用较显著。败酱草清热解毒、消痈利脓、祛瘀止痛,赤芍、丹皮清热凉血、活血化瘀。诸药相配,标本同治,补肝肾治其本,清热利湿活血顾其标。临床发现,以补肾疏肝兼清热活血散结为法治疗慢性盆腔炎疗效显著,尤其对一些迁延日久、顽固的病例疗效更为满意,值得进一步研究以推广应用。

3 临证加减用药

慢性盆腔炎兼症较多,往往兼夹出现。若腰痛如折,腰骶酸痛明显者加杜仲以补益肝肾。杜仲性甘温,归肝、肾经,补肝肾,强筋骨,镇痛抗菌,具有细胞免疫双向调节作用。《本草汇言》认为:“凡下焦之虚,非杜仲不补;下焦之湿,非杜仲不利;……补肝益肾,诚为要药。”腰酸为主又兼便秘者加肉苁蓉,补肾润便。若少腹隐隐作痛,时轻时重,久久不去者加柴胡,加强疏肝透邪作用。带下量多、色白或淡黄、质稠者加生薏米、茯苓健脾祛湿。若小腹冷痛,喜温者加乌药、官桂,以暖宫祛寒。若输卵管积水及输卵管卵巢囊肿加茯苓、泽兰、马鞭草、皂角刺以利水活血消肿。若输卵管阻塞或通而不畅加地龙、路路通、王不留行、枳实以活血通络祛痰。若疲乏无力,精神不振加党参、白术以振奋脾阳。

4 病案举隅

案1 刘某,女,31岁,2002年5月31日初诊。1年多前因人流术后1周少腹疼痛明显,带下量多、色黄,发热等,诊为急性盆腔炎,在当地医院住院治疗,症状好转出院。以后劳累或者心情不舒、同房后少腹明显疼痛,腰骶酸痛,带下量增多影响日常生活,遂来就诊。诊时患者左少腹隐痛,腰酸,神疲乏力,带下量多,色淡黄,无异味,月经周期正常。食纳可,二便调。舌暗,边有齿痕,苔淡黄薄腻,脉细滑略弦。妇科内诊:子宫正常大小,左附件增厚、压痛(++),右附件(-)。B超提示:子宫6.1cm×5.0cm×4.4cm,子宫内膜厚1.0cm(经前期),左附件区增厚,子宫直肠窝处可见液性暗区2.8cm×1.4cm,右附件(-)。中医诊断:①妇人腹痛。② 带下病。证属肝郁肾虚、冲任胞脉受损。西医诊断:①盆腔炎。② 盆腔积液。治法:补肾疏肝为主,兼以清热活血。处方:夏枯草15g,郁金15g,柴胡15g,赤芍15g,丹皮15g,续断15g,生杜仲15g,泽兰15g,生薏米30g,牛膝15g,败酱草15g等。每日1剂,水煎服,早、晚温服。上方加减约服2月,左少腹隐痛明显好转,带下正常,腰骶酸痛消失。B超示:双附件未见明显异常。

案2 杨某，女，35岁，2002年9月17日初诊。患盆腔炎3年，在北京某医院行B超：右附件区见3.6cm×3.5cm×3.3cm的无回声。提示：右附件囊性占位。刻下：下腹疼痛隐隐，久久不止，时觉坠胀，腰骶酸痛。于经期加重，带下量较多，色淡黄，质略稠，无异味。自觉胸闷憋气。纳可，眠差，二便调。妇科检查：外阴阴道（-），宫颈轻度糜烂，子宫后位，大小正常，质可，活动一般，右附件可触及索条状物，触痛（+），左附件触及一约3.5cm×3.5cm包块，表面光滑，有囊性感，活动。中医诊断：①妇人腹痛。②带下病。③癥瘕。证属肝郁肾虚，瘀血成癥。西医诊断：①右附件炎。②左卵巢囊肿。治法：疏肝补肾为主，兼以活血散结利水。处方：夏枯草15g，郁金15g，元胡15g，赤芍15g，丹皮15g，败酱草15g，皂角刺15g，台乌药15g，茯苓15g，泽兰15g，马鞭草15g等。每日1剂，水煎服。上方加减治疗约服3个月，患者经行腹痛较前明显减轻，小腹疼痛及腰酸基本消失，B超检查：盆腔未见异常。（权宁子）

肖继芳针灸临床经验

【名老中医简介】肖继芳（1937～）广西昭平县人。教授，主任医师，硕士生导师。1963年毕业于广西中医学院。原广西中医学院第一附属医院针灸科主任。广西针灸学会秘书长、副会长。广西自治区名中医。从事针灸临床、教学和科研工作40多年，擅长针灸治疗痛证、中风瘫痪、失眠、眼疾等。

临床经验

缺盆穴临床应用

1 治疗方法

1.1 取 穴

缺盆定位在锁骨上窝中央，距前正中线4寸。并根据各病症的不同，随证配穴。

1.2 针 法

选取0.25 mm×40 mm一次性针灸针。采取仰卧位，穴位定位一定要准确。如果太靠内侧，针尖可刺中肺尖，引起气胸。如果太靠近锁骨，可刺中锁骨下动、静脉，或腋动、静脉，引起出血。针刺方向可向背后方直刺，该方向针刺较安全，无引起危险的重要结构。也可向下外方（≥45°）针刺，该方向也较安全，但针刺过深，也有刺中肺的可能性。一般针刺深度为15～30 mm，根据患者个体差异决定深浅，38.34mm是平均的危险深度，如果是瘦小之人和小儿，其危险深度还要小，中等胖瘦之人向下直刺控制在26.83 mm之内是较安全的深度。手法采用小幅度提插捻转，使患者有触电感麻到手指或肩背部麻胀感，不留针。配穴施以常规针刺。

2 病案举隅

2.1 颈项强痛

患者，女，43岁。颈项部疼痛反复发作5年，加重10天。患者因长期伏案工作致双侧颈项部僵硬疼痛，痛引项臂不能上举后伸，梳头不能，劳累加重，每遇天气寒湿必发，曾经烫疗、推拿等治疗有所缓解，但一直未能治愈。来诊时舌质淡苔白，脉沉细无力。诊断为寒痹。治拟温经散寒，通痹止痛。查体见手太阴肺经和足阳明胃经同病。取双侧缺盆、鱼际、足三里，施以补法，缺盆穴针刺向背后方直刺，要求针感到达颈项，每日1次。连续治疗5次而愈。

2.2 手 麻

患者，女，45岁。晨起手麻半年余，加重1月。患者半年前开始出现双侧手指并前臂外侧麻木不仁，到中午逐渐自行缓解，至下午症状完全消失，但次日晨起复现前日诸症，平日常觉咽喉干痒并有长期便秘史。来诊时舌质红苔黄腻，脉滑数。诊断为热痹。治拟通腑泻热，疏经通络。查体见手太阴肺经和手阳明大肠经同病，故针刺双侧缺盆并在少商、商阳放血。治疗1疗程诸症消失。

2.3 咽喉肿痛

患者，女，38岁。咽喉部反复疼痛1年余，加重7天。患者喜食辛辣之物，但食后觉咽喉部疼痛，声音嘶哑，有异物感，吞之不下，吐之不出。曾服用多种清热药疗效不显著，患者有月经后期反复发作病史。来诊时舌质红嫩苔白腻，脉沉弦。诊断为梅核气。治拟疏肝解郁，理气和胃。查体病变位于足阳明胃经和足厥阴肝经。针刺双侧缺盆、足三里、太冲、三阴交。治疗3次后咽痛明显缓解，继续治疗10次喉中异物感消失，治疗20次时，患者诉月经如期而至。

2.4 胁 痛

患者，男，52岁。右侧胁肋部疼痛3天。因3天前走在路上遇到熟人打招呼而忽然转身所致，疼痛范围遍及整个右胁肋，痛无定所，不能转侧俯仰，深呼吸及咳嗽时加剧。查体疼痛部位为足少阳胆经所过处，针刺双侧缺盆穴配丘墟穴。针毕痛大减，次日来诊活动如常。

2.5 咳 嗽

患者,女,32岁。咳嗽反复发作3月余。患者3个月前感冒后引起咳嗽,咳嗽声重,痰白清稀,咳引胸痛,夜间、遇冷尤甚,伴胸闷气短,胸部X线示双侧肺纹理增粗,余(－)。曾经西医治疗效差。诊断为咳嗽。治拟疏风散寒,健脾化痰。查体病变在手太阴肺经和足阳明胃经,即取双侧缺盆、列缺、足三里、丰隆。连续治疗8天而愈。

2.6 耳 鸣

患者,男,28岁。耳鸣1月余。患者与朋友聚餐后隔天即觉双侧耳中轰鸣如雷,听力下降,并伴两侧太阳穴部位隐痛,睡眠差,舌质红苔黄,脉数。查体病变位于手少阳三焦经,遂取双侧缺盆、外关、耳门针刺,并配以关冲放血。治疗1次症状明显改善,继续针3次,诸症消失。

3 体 会

肖继芳运用缺盆穴治疗疾病有以下特点:① 辨证、辨病准确,有是病,用是穴,故能准确、灵活应用穴位,选择最合适的刺法和手法。② 谙熟缺盆穴局部经络循行及解剖结构,对本穴的针刺方向、深度研究至深,如此才能运针如庖丁解牛,游刃有余。③ 手法轻巧灵动,细致入微。进针及运针,讲究缓慢进针,边捻边进,小幅度的提插捻转,注重患者的自觉针感和针感的循经传导。他特别告诫,缺盆位置特殊,是一个易引起意外的危险穴位。《素问·刺禁论》:“刺缺盆中内陷,气泄,令人喘咳逆。”由此可见,古人已知针刺缺盆穴太深,会致肺气泄,可使人喘息咳逆,引起危险。现代解剖学发现其深层有腋动脉和腋静脉、壁胸膜、肺尖,容易发生危险,故应在熟悉其局部解剖的基础上进行针刺治疗,审慎进针,避免伤及动静脉、肺,以防造成事故。(刘冠麟 邓柏颖 张 毅 梁 柳 苏 莉)

医案验案

1 攒竹穴主治肛病术后疼痛

操作:用80号1寸毫针朝鱼腰穴方向斜刺,得气后留针20～30分钟,每隔5～10分钟捻针一次,出针后改用揿针留针24小时。

案1 黄某某,20岁,南宁市自来水厂工人。住院号30324,1988年元月16日因便后肛门肿物脱出,伴滴血4年而入院,诊为多发性混合痔于元月18日在局麻下行“剥扎术”,术后肛门疼痛难忍,经服止痛片未能止痛,遂给予针刺左侧攒竹穴,留针30分钟,疼痛停止。出针后在原处刺入揿针,剪一小块胶而固定,保留24小时,疼痛未再发作。

按《甲乙经》云:“痔痛攒竹主之”。《普济方》曰:“治五痔痛,穴攒竹。”攒竹穴为足太阳膀胱经之穴,为“足太阳脉气所发”。足太阳膀胱经别行的经脉络于肛门,针刺攒竹穴可直达病所,攒竹穴位于眉头,在鼻针的肺区之内,肺与大肠相表里,肺藏魄,肛门即魄门,故攒竹穴可用于肛门术后疼痛的止痛。不但止痛效果好,而且还可以减少术后尿潴留的现象。

2 少商穴治鼻衄

操作:取单侧或双侧少商穴点刺放血,先从上臂内侧往少商穴处推按,使局部充血,常规消毒后用三棱针或其它针具(毫针或注射针),点刺少商穴约0.1寸左右,出针后立即挤压穴位两旁,一压一放,挤出3～4滴血即可。

案2 李某某,女,17岁,某中学学生。患者某日乘火加前往桂林,与肖继芳同一车厢,在车上突然左侧鼻孔流血不止,当时投带任何针具,只好用胸部佩戴之像章的别针点刺双侧少商穴,每侧放血3滴,鼻血即刻停止,末再复发。

按 肺开窍于鼻。少商穴属手磁阴肺经之井穴,有泄热开窍之功,用于治疗肺胃热盛而致之鼻衄均可迅速止血。

3 风池穴注治眩晕

操作:用维生素B^{12} 1支(规格不限),以5号小注射针头,在穴位常规消毒后,直接注入一侧风池穴内,注射时不必找针感,注射后令患者静卧或静坐休息5～10分钟左右即可。

案3 宾某某,女,27岁,南宁市某工厂工会干部。1989年5月18日上午因头晕欲吐三天由其爱人扶着来诊。经四诊合参,诊为气郁型眩晕,遂以250微克的维生素B 12 1支,按法注射右侧风池穴,休息5分钟,眩晕大减,可自己步行回家。次日,患者已能骑自行车来诊,按原方法再性射一次,作巩固治疗,眩晕未再发作。

按 风池穴主治眩晕为诸书所载,有熄风止晕及清头目的作用,运用维生素B^{12}作穴位注射,每日一次,治疗5例女性患者,有的立即见效,最多2～3次后症状消失,收效极快,并具有安全、方便的特点。

4 合谷治晕厥、晕针与喉痛症

操作:治晕厥.晕针施用指针,方法是拇食指置于虎口对应之掌内与合谷穴相对处,上下手指同时按压合谷,一压一放,不断进行,直至患者神志清醒为止。治疗喉痛用水针,方法是用生理盐水或注射用水2mL,以5号针头常规消毒后,注入一侧合谷穴,操作时先回抽无血后才可注射,不必找针感。

案4 高某某,男,46岁,援助尼日尔农业组翻译。1984年2月4日晚,在驻尼日尔使馆观看招待录相时突然昏倒,神志不清,二便失禁,当时没有医疗条件。在紧急的情况下,即给予指压双侧合谷,一压一放,约3分钟左右,患者神志即清醒。

案5 刘某某,女,26岁,某厂工人。患者因喉痛、声嘶伴发烧一天,于1989年12月29日上午来诊,查见喉部充血,扁桃体轻度肿大,舌苔薄白,脉浮数,证属风热外感型喉痛。依法取2mL注射用水在右侧合谷进行注射,次日来诊时,喉痛消失,热退,声音正常。

按《疮科纲要》载合谷穴治以"猝厥暴死昏不知人,皆能应手出声,立刻清醒。"张山雷说:"水沟、合谷等穴之针刺,以回知觉。"肖继芳以合谷穴治晕厥、晕针常以指代针,均可使患者数分钟之内清醒。合谷穴治疗晕厥不但有文献依据,而且有临床实践,危急之时,用之得当,是能显效的。合谷为大肠经之原穴,上接肺经,下达胃经,有清肺胃之热及外感风热之喉痛,1~2次穴位注射即可痊愈。(肖继芳)

谢晶日临床经验

【名老中医简介】谢晶日(1955~)教授,主任医师,博士生导师。现为黑龙江中医药大学附属第一医院消化、内分泌科科主任,中华医学中医内科脾胃病委员会委员,中国中西医结合学会消化系统疾病专业委员会委员,黑龙江省中西医结合医药学会消化专业委员会主任委员,黑龙江省省级重点学科中医内科(消化)学术带头人,黑龙江省中医肝胆病重点专科带头人。黑龙江省名中医。擅长治疗消化系统疾病、内科疑难杂病。参与科研成果6项,并多次获奖。发表论文56篇,著作6部。

慢性溃疡性结肠炎

1 明辨病证之根本

慢性溃疡性结肠炎(UC)是一种病因尚未明确的,以侵犯大肠黏膜与黏膜下层为主的炎症性病变。临床上本病以腹泻、黏液脓血便与腹痛等为主要症状,常反复发作,缠绵难愈。现代医学认为其与人体的免疫功能减退、遗传及细菌或病毒感染、饮食失调、精神因素有关。谢晶日通过对该病发病特点、临床表现、病因及病理机制的分析,认为该病属中医"肠澼"、"久泻"、"休息痢"等范畴。在本病诸多病因病机中,肝脾功能失调、湿浊壅滞、气血凝滞尤为重要,而肝脾又以脾为之关键。张景岳云:"凡遇怒气便作泻者,必先以怒时挟食,致伤脾胃,故但有所犯,即随触而发,此肝脾二脏之病也。"脾胃居中焦,禀转输、运化之职,更具升清降浊之功。肝之功能既能疏泄无形之气,又能储藏有形之血,维系着生命所赖以维持的基础—气血运行。多因脾胃虚弱、寒温不调、饮食失节和情志不畅而致脾胃受损,肝失疏泄,大肠传导失司,水湿下注大肠,清浊不分,湿热蕴结,气机阻滞,脉络失和,血败肉腐而致本病。临证当中,审因论治,认清本病病理性质,探求疾病根本所在,将会对治疗和遣方用药产生重要的指导作用。

2 健脾祛湿浊为治疗主线

脾失健运、升清降浊失司的病机可贯穿在溃疡性结肠炎的各个病理阶段。正如《素问·脏气法时论》曰:"脾病者,虚则腹满肠鸣、飧泄、食不化。"《景岳全书·泄泻》曰:"泄泻之本,无不由脾胃。"湿浊之邪是本病主要的致病因素,其中尤以湿热最为常见。《内经》、《难经》有言,湿盛则濡泄,湿盛成五泄。湿浊壅滞肠道,腑气不通,气血郁滞,损伤血络,化为脓血而下痢赤白。针对该病脾失健运、湿浊壅滞的主要病机,谢晶日以健脾祛湿浊为治疗主线,标本兼治,健脾益气升清以恢复脾胃运化。疾病早期,脾胃虚弱较轻者,可用异功散加减;脾胃气虚,久泻不止者,可用参苓白术散加减,其中年老体虚、久泻而致中气下陷者,用补中益气汤加减;脾肾阳虚而见五更泻者,以四神丸合真人养脏汤加减。祛湿浊包括渗湿、清热利湿、燥湿解毒,其中湿盛溏泻,大便清稀不成形以黏液为主者,宜燥湿、渗湿,以胃苓汤加减;湿热下注,大便黏稠不成形,粪便分析有脓细胞,伴舌苔腻或黄腻,脉滑数或濡数者,以葛根芩连汤或芍药汤加减;热毒泻痢,粪便分析有红细胞、脓细胞者,常以白头翁汤加减。他强调贯穿应用健脾祛湿浊这一治疗主线时,要根据患者发病过程中邪正盛衰以及气血调畅的程度适时作出调整。补脾之剂,一则不宜壅补,以防阻碍气机,使病邪留恋;二则不可骤补,宜徐徐缓图,冀正气恢复,病可渐愈。慢性溃疡性结肠炎虽有同为湿浊之邪致病,然有寒化和温化之别,应细察其证而区分之。临床用药中,苦寒燥湿之黄连、黄芩、黄柏等,苦温燥湿之苍术、草果、厚朴以及淡渗利湿之车前子、通草等,这些药久用均有伤阴之虞,长期应用当配合养阴生津之品,如沙参、石斛、麦冬等药。另外,清热利湿药物的应用,多考虑脾虚因素的存在,禁忌大剂量苦寒药物,以免损伤脾胃阳气。

3 从肝论治以助脾运

肝主疏泄,脾主运化,而脾的运化水谷、化生精微之功有赖于肝的疏泄条达之职。肝之疏泄正常,则脾运始能健旺,肝之疏泄失职,必致肝脾不调,影响脾之运化。谢晶日认为情志不畅,日久导致肝气郁结,横逆犯脾,脾失运化而成泄泻;气机失和,大肠传导失司,日久又致气血交阻,酿化脓血而成下痢。本病临床上所表现出来的情志不遂诱发或加重病情,精神抑郁、大便时干时稀、少腹胀痛等症状,均为肝失条达、脏腑失和所致。因此,治疗该病除调补脾胃外,还应着手从肝论治,调畅气机,恢复肝脏疏泄功能,以助脾之运化和升清,从而达到止泻痢的作用。治肝之法包括疏肝理气,常用枳壳、青皮、佛手等药;柔肝敛阴,常用白芍、甘草、乌梅等药;疏肝活血,常用郁金、当归、香附等药。

4 调气行血

慢性溃疡性结肠炎的治疗中,谢晶日认为还应以调气行血为要。该病肠黏膜溃疡久久难以愈合,除与机体的免疫功能减退有关外,还与肠黏膜、肉芽组织的血供不足,微循环障碍密切相关。中医认为这种病理变化的原因是邪浊滞肠,进而与气血搏结,肠胃脉络瘀阻。若瘀血不去,会使气机更加不畅,气滞血瘀互为因果,交相为病,且瘀血内留,脾胃运化受阻,气虚更甚,瘀血愈聚。刘河间曾经提出“调气则后重自除,行血则便脓自愈”,应用调气行血之法,使得血随气行,瘀血祛除,新血化生,脉络充养,内疮得以愈合。大量的临床病例观察发现活血行气类中药,尤其是丹参、红花、炙乳没、三七、血竭等对改善肠黏膜的微循环,增加肉芽组织血供,促进溃疡面的愈合具有良好的作用。慢性溃疡性结肠炎选用调气行血治则是中医“久病入络”理论的具体应用。

5 通涩结合

本病之腹泻下痢不仅有脾胃、脾肾虚弱,中气失于固摄,还有实邪留滞,故临床论治时应注重通涩结合。疾病早期初得之时,元气未虚,而又挟滞者,必推荡之,此即与喻昌之“新感而实者,可以通因通用”之说暗合,故治宜祛邪通滞为法,随证予以运化去湿、消积导滞之枳实、槟榔、大黄、大腹皮等药物。通过泻滞通腑,使积滞脓血随大便而祛除,恢复肠胃之正常通降功能。虽言此,但对年高体弱,或素体虚羸,通法仍需慎用,中病即止,以防元气虚陷。久泻久痢后期,纯虚无邪或少邪,中气不固,滑脱不敛者,急当收敛固涩,防止水谷精微进一步脱失,此即“久病而虚者,可以塞因塞用”。治宜收敛固涩为法,随证给予芡实、石榴皮、莲子、秦皮、诃子等药物。但非到滑脱不禁时不可轻投收敛固涩之品,若施之不当而早用涩肠止泻法有“闭门留寇”之虞。因此,虚实通塞的揆度应用,实须灵动。对虚实夹杂证可先祛邪后安正。或以剿扶兼施,冀其邪去正复。

6 内病外治

在以内服汤药调节脏腑功能,祛除实邪,使气结消,血瘀散,病体趋于康复的同时,谢晶日还配以局部灌肠法。内病外治,针对性地予以清热解毒、去腐排脓、生肌敛疮中药局部灌肠,使药物直接作用于病位,加速炎症吸收,起到促进溃疡愈合的作用。灌肠方药多为苦参、黄芩、黄连、黄柏、白及粉、罂粟壳等,并随证作以调整。方中黄芩、黄连、黄柏清热解毒,凉血止血,为治慢性溃疡性结肠炎的要药,罂粟壳涩肠止泻,苦参清热燥湿,白及粉收敛止血,消肿生肌,能有效地促进溃疡面的愈合。诸药合用,直达病所,止泻痢。(任公平 那 辉)

脂肪肝

1 治肝之病当顺肝之性,助肝之用

肝为风木之脏,其气春,性喜条达而恶抑郁。其功能主疏泄,主筋膜,主藏血,主藏魂,主爪甲。肝体阴而用阳。具刚柔曲直之性,能敷布一身之阴阳气血。故《素问·五常政大论》说:“木得周行阳舒阴布,五化宣平……”,若因饮食、情志、酒毒所伤,致肝气内变,津液不能正常敷布,化为脂膏沉积于肝。《素问·五运行大论》说:“在气为柔,在脏为肝,其性为暄,其德为和,其用为动……”,故治肝之病当顺其喜动、性暄,喜条达之性。同时应运脾、调肝生血以助肝之用。柴胡、白芍合用一宣散、一收一敛、有开有合,符合气机运动的特点,故可疏肝、畅达气机,可顺肝之性。炙何首乌、当归合用可养肝血、补肝体、助肝之用。焦槟榔、陈皮、生大黄合用可行气泄浊,助肝疏泄。在临床上,谢晶日常选用上述对药,辨证用之。

2 以肝为主,脾肾兼治

谢晶日认为凡肝之病妄补、妄泄、妄疏均是不恰当的。必须认清肝与脾、肝与肾的关系而辨证论治。“见肝之病,知肝传脾,当先实脾”。脾的运化有赖于肝的疏泄,肝的疏泄功能正常,则脾能将水谷化为精微,疏布全身,升清降浊。若肝失疏泄,脾失健运,则水谷不能归于正化,精微不布,化为脂膏、痰浊沉积于肝。肝与肾乙癸同源,肝与肾所藏之精血不但可互化,肝气与肾气之间亦存在着密切的关系。肾阳鼓动肾阴,肾阴之精得阳气之煦化生为气,气微动而生少火。少火是人体生理活动的原动力,少火助肝疏泄。肾阳是气之根,若肾阳不足,不能助肝疏泄,津液不布而生脂膏、痰浊。故健脾泄浊,补肾升阳可助肝行使疏泄之职。何首乌(黑豆制)、菟丝子,二者一阴一阳,不燥不腻,可补肝肾生少火,运脾可用苍术配茯苓。湿邪偏盛者可选用缩砂仁。泄浊可用车前子、泽泻。

3 专病用专药与辨证相结合

中药药理学的研究表明,一些中药具有保肝、降脂的作用。如生山楂片、何首乌、虎杖、泽泻、丹参等。但应用上述诸药时,必须与辨证论治相结合,从中医理论的角度出发,才能得到较好的疗效。如纳呆、腹胀、不思饮食者可选用生山楂片;体质较胖,嗜睡易疲劳而偏于湿热者常选苍术、茯苓、滑石;偏于气虚则选黄芪、防己、焦白术;偏于血瘀者加丹参、三七;偏于肾气不足者则选菟丝子、巴戟天。

4 活血化瘀,防止传变

肝病既久,可以入络。络脉不和,肝失疏泄而生气滞之候。日久肝乘脾,脾失健运,水湿内停。若失治、误治,水湿痰饮不去,土壅而侮木,肝瘀更甚。因肝为藏血之脏,故可累及于血而生血瘀。久病入肾,则肝脾肾三脏功能失调,气滞、瘀血、水饮互结于腹中转为鼓胀之候。故当本病证见胁下痞块,胁痛引背,入夜加剧,舌暗有瘀点等血瘀之征象者,当行气活血,化瘀消积。谢晶日常喜用复元活血汤加味。同时在运用活血化瘀法治疗本病时,他认为应该注意以下几个方面的问题:①活血化瘀药多辛香走窜,用量过大易伤阴耗血,可适当配伍地黄、当归、白芍等。②气虚血瘀、气滞血瘀宜分别对待。气虚血瘀时益气药量宜大,活血药量宜小,取气行血行之效。气滞血瘀时宜理气活血,活血药量常应大于理气药量,以调理气机于轻灵之中。③瘀血征象较明显,是有顽血阻隔经络,可适当加破血之品,如三棱、莪术之属,但应注意其破血耗气之副作用。

5 验案举隅

赵某某,男,42岁,于2002年10月16日初诊。因反复肝区胀痛不适半年余,近1个月加重而来诊。患者肝区胀痛,时轻时重。自服"护肝片"、"维生素C片"不缓解,伴有倦怠乏力,纳呆,溺黄。既往有嗜酒史。查患者形体肥胖,腹部隆起,肝脾未触及。生化检查:谷丙转氨酶74U,余在正常范围内。血脂:总胆固醇9.1mmol/L,甘油三酯2.5mmol/L。B超检查示:肝脏肿大,肝区光点亮点增强,出波衰减。B超诊断:脂肪肝。肝炎系列检查示:未见异常。中医舌脉:舌红、苔黄腻、脉弦滑。西医诊断:脂肪肝。中医诊断:胁痛(湿热蕴结)。治法:清热化湿,理气通络。方药:龙胆草、栀子、夏枯草清肝火,泄热;柴胡、郁金、大腹皮舒肝理气止痛;通草、车前子、泽泻清利湿热;生地黄、当归养血清热益肝;枳椇子、葛花解酒毒。服药1周后症状缓解,疼痛减轻。经辨证论治3个月后,已完全好转。B超复查示:肝脏未见异常,血脂亦在正常范围内。嘱其饮食忌膏粱厚味、戒酒,定期观察,停服中药。随访3个月,未再复发。(宋清武)

从肝脾论治疑难杂证

1 健脾疏肝益气养阴治糖尿病

女,60岁,2006年4月22日来诊。患糖尿病合并高血脂已数年,时口干口渴欲饮,易饥而食后脘胀,大便干,面色萎黄,肌肤甲错,头晕头沉,舌质暗红,少许黄腻苔,脉弦滑。血糖15.1 mmol/L,尿糖(+++),甘油三酯3.74 mmol/L。治拟健脾疏肝益气养阴法。药用柴胡15 g,黄芩15g,黄连15g,西洋参15g,黄芪20g,沙参20g,佛手20g,砂仁15g,山药15 g,茯苓20 g,白术15 g,厚朴15 g,槟榔15 g,甘草10 g。1剂/天,2次加水煎服。连服7剂后,口渴欲饮已平,食后腹胀亦减,惟头晕头沉,肌肤甲错,脉象弦滑,谢师谓此乃燥热伤津基本缓解,肝脾仍虚,"久病及肾,久病必淤",再拟健脾益气补肾,佐以活血化瘀以渐杜其根。柴胡15g,黄芩15g,黄连15g,黄芪20g,沙参20g,佛手20g,砂仁15g,山药15g,山萸肉15g,炒杜仲25 g,茯苓20g,白术15g,甘草10g,陈皮15g,莱菔子10g,川芎15g,当归15g,天花粉25g。是方随证加减,连服30剂,诸症悉除,复查血糖、尿糖、血脂均属正常。

按 糖尿病中医历来认为阴津亏损、燥热偏胜为其主要病机。其病因多与素体阴虚、劳欲过度、饮食不节、情志失调等有关。病变主要部位在肺、脾、肾,故有上、中、下三消之称。在治疗上,大多结合"三消"之辨证,施以滋阴降火、益气生津等常法。谢晶日认为本病之病机与脾胃功能失调最为密切。因脾主运化,输布精微,升清降浊,开窍于口,体内精微物质代谢紊乱,造成病理性产物,为内生之邪。血糖乃饮食之所化,高血糖、高血脂与脾失健运、肝失疏泄、甘浊内滞有关。甘味既可生湿又能助湿,湿邪既可作为新的致病因素而困遏脾胃,又可化热伤津,进而累及五脏，致精血阴阳俱衰，变生多种兼证，以致迁延难愈。立法遣药应着重健运脾土，疏肝降浊，斡旋中焦。脾胃强健，纳运健旺，疏泄如常，斡旋得利，诸症自消。

2 和胃通腑辛开苦降治失眠

男，52岁，2006年2月25日来诊。2005年3月患失眠证，屡用养心安神，交通心肾之品，但日渐加重，至2006年2月竟烦躁不思饮食，昼夜辗转。初时服用安眠镇静之西药还可勉强入睡，久之百药无效，并心烦口干苦，胃脘痞闷，食则易吐，大便干结常几日不行，舌红苔黄，脉弦。此正合《内经》"胃不和则卧不安"之经旨。治拟和胃通腑辛开苦降法。药用制半夏15g，党参15g，甘草10g，黄芩15 g，大黄10g(后下)，枳壳15g，干姜10g，黄连各15g。1剂/d，2次加水煎服。4剂后患者复诊云：服上方3剂后，痞满烦躁大减，觉通体舒泰而安卧，是方随证加减，连服15剂，诸症悉除，不寐告愈。

按 半夏泻心汤乃张仲景为脾虚夹痰之"痰气痞"而设，《伤寒论》第149条有言："伤寒五六日，呕而发热者，……但满而不痛者，此为痞，……宜半夏泻心汤。"谢晶日认为，此患者主诉虽为不寐，但其胃脘之痞才是真正病机。盖脾胃居中州之地，斡旋全身气机，若脾胃不和则升降失司，枢纽废驰，百病自生矣。痞为相隔不通之义，"满而不通谓之痞"胃腑不降，浊气壅遏于中，易化痰生热上扰清窍，神明被扰故不寐而烦，此正应《素问·逆调论》之所言："……胃者六腑之海，其气亦下行，阳明逆不得从其道，故不得卧也。下经曰：'胃不和则卧不安'此之谓也。"方用半夏泻心汤为主，取其辛开苦降，蠲痰消痞之效，再微加通腑泄浊之品，更能承胃气下行，以增和胃降逆，开结除痞之功。痞得化，胃得和，痰热无源，不扰清窍，不寐自愈。

3 健脾调肝治闭经

女，40岁，2006年5月12日来诊。患者于2004年开始经量逐渐减少并经期延长，渐致闭经。经多次治疗效果不佳，诊时神疲肢倦，食欲不振，脘腹胀满，大便溏薄，面色萎黄，舌淡胖有齿痕，苔白腻，脉缓弱。谢晶日谓此乃脾虚生化乏源，冲任气血不足，经血不能满溢，治拟疏肝健脾补血益气法。药用黄芪25g，白术15g，佛手15g，砂仁15g，白扁豆25g，莲子心15g，薏仁20g，白芍15g，川芎20g，当归20g，牛膝15g，土虫10g，益母草30g，山药15g，茯苓15g，甘草10g。1剂/d，2次加水煎服。是方随证加减20剂，月经应期而至，唯量少色淡。故去薏仁、白扁豆加制首乌25g，炒杜仲15g，鸡血藤15g等补血生血之药，又续服数剂后，月经逐渐恢复正常。

按 谢晶日认为，闭经的病因错综复杂，但发病机理主要是冲任气血失调，有虚实两个方面。据李东垣"脾胃内伤，百病由生"之说，治闭经多从脾胃入手，盖脾胃同居中州，为一身气机之枢纽，敷布精微于全身，脾升则健，胃降则和，五脏六腑的气机升降就有动力来源。又"肝藏血""脾统血"无论哪种闭经均与肝脾有密切关系，故治闭经重在健脾同时还应调肝，使得脾有所养，肝有所藏，水谷得纳，气血得生，气机疏利，冲任得和，血有所主，经血自调。

4 健脾益气疏风散寒治顽固性荨麻疹

女，45岁，于2006年6月4日来诊。近3年常皮肤阵发性瘙痒，抓后起片状红斑，凸于皮肤，扪之灼热，时起时落，尤以阴天下雨为重。曾多方求治，内服过皮质激素及各种抗组胺药物，均无显效。平素易患感冒，畏寒恶风，乏力纳少，面色苍白，饮食睡眠欠佳，小便尚可，大便质稀，舌质暗体胖，边有齿痕，苔薄白，脉细弱。治拟健脾益气，疏风散寒法。药用黄芪15g，党参15g，茯苓15g，白术15g，山药15g，当归15g，丹参15g，牛膝15g，土虫10g，桂枝10g，紫苏15g，白芍15g，防风15g，羌活15g，独活15g，焦三仙各15g，1剂/d，2次加水煎服。药进7剂，患者述其服药期间皮疹出现频率明显减少，再予是方随证加减共服药二十余剂，疹未再现。

按 谢晶日认为脾胃为气血生化之源。方中黄芪、党参、茯苓、白术、山药、白芍、焦三仙益气健脾养胃，从而化生气血，以治病本；丹参、当归、牛膝、土虫养血活血，并佐以二活祛风，达到"治风先治血，血行风自灭"的目的。现代药理研究发现，丹参可降低毛细血管通透性并有抗组胺作用。他所用传统中医理论亦得到现代科学的有力佐证。桂枝、紫苏、防风疏风散寒以治其标。诸药共奏健脾益气、疏风散寒之目的，用药直中病机且配伍严谨，故收佳效。(刘 磊)

谢兆丰临床经验

【名老中医简介】谢兆丰(1924～)江苏省姜堰市人。主任医师。毕业于江苏省中医学校。曾任职于江苏省姜堰市中医院中医内科，南京中医药大学兼职教授。江苏省名老中医，第四批全国老中医药专家学术经验继承工作指导老师。从事中医医疗、教学、科研工作已近60载。擅长于内、妇科杂病，并致力于肝胆系统疾患的研究，对胆囊炎、胆结石、肝炎、肝硬化、脾肿大等病症的治疗有独到见解。发表论文章100余篇。

临床经验

五脏郁证

1 心郁

心为君主之官，藏神。人的精神意识和思维活动，虽分属于五脏，但总统予心，心气充足，则气机流畅，思维敏捷，精力充沛。若所愿不遂，心神抑郁，忧愁悲哀，则损伤心气，血行受阻而发为心郁。临床以心情郁闷，胸膺疼痛，心悸气短，神疲乏力，舌淡苔白，脉虚细为主要表现。治疗常予舒心宽胸，理气解郁之法。方用舒心解郁汤之类。若情志过极，思虑过度致心阴耗伤，心失所养而致心悸健忘，失眠多梦，五心烦热，盗汗，舌红少津，脉细数者，则予滋阴养血、补心安神之剂，如天王补心丹、二阴煎之属。若见神志恍惚，心神不宁，多疑易惊，悲忧喜哭，多系心神惑乱之证，《金匮》谓之脏躁，治予甘润缓急、养心安神之法，甘麦大枣汤加味。此外，心脏气郁化火，气虚血瘀常易兼挟，用药可酌加清心泻火、活血化瘀之品。

案1 王某，女，47岁。1989年3月6日诊。3月来因事不遂，常感胸部发闷，隐隐作痛，心悸气短，多疑善恐，记忆减退，神疲乏力。舌淡苔白，脉细。心电图检查正常。治以舒心解郁，理气宽胸。处方：檀香10g，郁金10g，远志10g，桔梗10g，瓜蒌皮10g，太子参10g。服药3剂，疼痛减轻，精神好转，续服10剂，诸证悉除。

2 肝郁

肝为刚脏，主疏泄，喜条达。精神乐观，心情舒畅，则疏泄功能正常，气血流通畅达。若精神抑郁，情志失调，致肝气郁结不伸，发为气郁之证。临床常见：胸胁苦满，肋胁胀痛脘闷纳呆，嗳气泛呕，苔白，脉弦等。治疗常以疏肝解郁为主，方用逍遥散或柴胡疏肝散之类。若气郁化火，加丹皮、山栀以清泄肝火；肝郁兼寒，予丁香、肉桂、玄胡、吴茱萸、橘叶等理气暖肝；肝气阻络，用路路通、丝瓜络、橘红、姜黄疏肝通络；肝虚气郁者，用当归、枸杞、麦芽、甘草、大枣等养肝缓急：肝郁日久不解者，治宜宣理肺肝，药宜紫菀、杏仁、桔梗、陈皮、代赭石之属。谢兆丰强调：凡治肝郁之品，多具轻宣疏利作用，故药物配伍应注意药物的升降之性，如柴胡合枳壳治肝郁气滞，桑叶合左金治肝郁化热等，以复肝之升降之能。

案2 李某，男，40岁。1990年5月7日初诊。患者情怀不畅，忧虑起病，已病休半年余。刻下头晕，胸脘闷胀，嗳气则舒，精神呆滞，频吐白色黏痰，纳谷不振。苔白，脉弦。查肝功能正常。治以疏肝解郁。处方：柴胡、青皮、陈皮、香附、白芍、绿萼梅、郁金、茯苓、藿香、苏梗。每日1剂，连服半月后，恢复正常上班。

3 脾郁

脾主运化，其气主升，脾气健运，则升降有常。如忧郁思虑，精神紧张，或长期伏案作业，以致脾气郁结，或肝气郁结横逆乘脾，均可导致脾失健运，使脾的消磨水谷及运化水湿的功能失常。若脾不能消磨水谷，必致食积不消，而成“食郁”；若不能运化水湿，水湿内停，而成“湿郁”。前者见胃脘胀满，嗳气口腻，便溏腹泻；后者见脘腹胀满，嗳气口腻，身重如围。若久郁伤脾，饮食减少，气血生化乏源，则可导致心脾两虚，证见心悸、失眠、健忘、头晕、纳呆、舌淡苔白、脉细。谢兆丰拟醒脾开郁法理其实，养心健脾法益其虚，方用六郁、归脾之类。实者辨痰、湿、食之偏重，虚者分心脾之主次，多获良效。

案3 方某，男，45岁。1994年7月8日诊。长期从事文秘工作，忧思伤脾，性情急躁，近日来胸膈痞闷，脘腹胀痛，吞酸泛恶，大便稀溏，甚则完谷不化。苔腻，脉弦缓。治以醒脾开郁。处方：炒苍术10g，神曲15g，制半夏10g，陈皮10g，白蔻仁（后下）4g，枳壳10g。嘱其少食油腻之品，上药随证加减，连服2周而愈。

4 肺郁

肺主气，主宣发肃降，肺气宜通不宜郁，宜降不宜升。若外邪犯肺，则宣肃失职，肺气郁闭，气机失常，发为肺郁之证。临床常表现：咳嗽，呼吸不利，胸痛鼻塞，或恶寒发热，苔薄白，脉浮等。邪气所乘而为郁者，此即明代所论外感之郁。如虞抟《医学正传》云：“或七情之抑遏，或寒热之交错，故为九气拂郁之候。”治当祛邪为先，予疏风驱邪，宣肺解郁之法。如系风寒所乘，用杏苏散疏风散寒；风热所乘，用桑菊饮、银翘散疏风清热：风燥所乘，用桑杏汤疏风润燥。亦郁而不因所乘而本气自郁者。经云：“诸气膹郁，皆属于肺。”此见于肺胀本虚或他脏及肺，如肺虚气郁，气虚（肺）血瘀（心），肺脾郁滞等，当明辨症状，治从调达气机入手。故不可见郁皆责之肝，偏执一端而贻误病情。

案4 陈某,男,26岁。1993年8月4日诊。时值深秋,衣著不慎,恶寒无汗,头痛咳嗽,呼吸不利,鼻塞痰稀。苔白,脉弦。体温37.4℃。胸部透视:两肺纹理增粗增多。治以疏风散寒,宣肺解郁。处方:杏仁10g,苏子10g,前胡10g,制半夏10g,炒枳壳10g,橘皮10g,甘草6g,服药3剂而愈,原方续服3剂,以巩固疗效。

5 肾郁

肾藏精,主骨,肾精充足,不但精神抖擞,敏捷多智,而且筋骨强劲,动作有力,生殖发育健旺。若肾虚精亏,或寒湿、湿热、瘀血阻肾,致肾气郁滞、经气运行不畅,而成肾郁之证。临床常表现:腰背酸楚,骨弱无力,头昏健忘,水肿腹胀,泄泻或少腹拘急,小便异常,舌淡苔白,脉细等。治以益肾祛邪解郁,若肾阳虚者用金匮肾气汤,肾阴虚者用六味地黄汤;若寒湿或湿热阻滞,肾之开阖不利,致二便不通,或通而不畅,此治重在利湿,膀胱气化不利,小便不通者用五苓散,方中猪茯苓、泽泻通调水道,泻湿利水;白术燥湿利水,官桂以助膀胱气化功能,用之多能收效。若小便淋涩不利,溺管闭塞,多用寒通汤加减,知母、黄柏清下焦湿热,利下窍通淋,滑石、芍药利水渗湿,和血止痛,共奏清化湿热,利水通淋之功。亦可用八正、石苇之类,清热利湿,化气解郁,湿化气复,其郁自解。

案5 卜某,男,72岁。1993年10月24日就诊。患者3年来小便不畅,排出无力,少腹拘急,腰膝酸软,头昏健忘,畏寒肢冷,面色苍白。舌淡苔白,脉沉细。证系肾阳亏虚,肾气郁滞。治以温肾解郁,处方:熟附片10g,桂枝10g,熟地20g,山药15g,山萸肉10g,仙灵脾10g,杜仲10g,茯苓10g,泽泻10g,服药1周,小便较前通畅,但仍排出无力,形寒肢冷。原方续服15剂,病情明显好转,后服金匮肾气丸,以资巩固。(王世宏)

肝硬化

1 治疗方法

化瘀消癥汤由炙鳖甲、生牡蛎各30g(先煎),丹参、赤白芍各20g,红花、蜜虫各15g,三棱、莪术、炮山甲、玄胡、佛手各10g组成,每日1剂,水煎2次,分服。

主治:早、中期肝硬化,适应症为:①有慢性肝炎、肝脾肿大病史,或有血吸虫感染史,或长期嗜酒等。②B超提示有肝硬化。③有肝硬化的临床体征,肝功能障碍,门脉高压,腹水不重,舌质红,或淡红有紫点、紫斑,脉息弦细或细涩等。

本方连续服用40~60剂后,复查B超、肝功能。亦可用于慢性迁延性或活动性肝炎,肝脾肿大质中者。对子宫肌瘤、腹腔其他积聚肿瘤亦可加减使用。

临床兼气虚者加党参、黄芪各20g益气扶正;乙肝病毒阳性者加大青叶、白花蛇舌草、半枝莲等清热解毒;食欲不振者加麦芽、焦楂曲消食开胃;谷丙转氨酶增高者加五味子降酶;形寒畏冷,四肢厥逆者加仙灵脾、紫河车温补肾阳,提高免疫功能。若肝硬化伴有腹水者加用大腹皮子、茯苓、猪苓、泽泻各10g行气利水;若腹水严重,腹部胀急,腹大如瓮,利水不应,形体尚壮实者加黑白丑、商陆各10g,或用大戟、芫花、甘遂、沉香各等分,焙干研末,每服2g,日服2次,隔日服之,以开泄大肠逐水,胀松、腹水减少辄停服。如伴有齿、鼻衄血较多者,酌减蜜虫、红花、三棱、莪术用量,加用凉血化淤止血之品如茜草、三七粉等。

2 方药分析

化瘀消癥汤用力专效宏、善消疟母之鳖甲,化痰软坚之牡蛎为主,入肝散结消症,配伍三棱、莪术、炮山甲、蜜虫、红花、丹参、赤白芍、玄胡行气破血,祛淤通络,佐以佛手调气以助血运,共奏疏肝行气,破血祛瘀,软缩肝脾,消症散结之功。陈士铎《石室秘录》云:“血鼓之证,其由来渐矣。……饮食入胃,不变精血,反去助邪,久则胀。胀则成鼓矣。倘以治水法逐之,则证犯非水,徒伤元气;倘以治气法治之,而证犯非气,徒增饱满,是愈治而愈胀矣,宜消淤荡秽汤。……故血去而病即安也”。

3 验案举隅

陈某,男,42岁,1995年3月27日诊。两胁疼痛按有肿块3月余,夙患慢性乙型肝炎,性情急躁忧虑,刻下两胁疼痛,有时刺痛,固定不移,痛处拒按,嗳气时作,有时恶心,纳食减少,小便短赤。查肝肋下2cm,质硬,脾肋下4cm。舌淡红边紫,脉弦有力。B超示肝硬化,肝功能:ALT68u,余项尚正常。此由肝气郁久,气滞血瘀,瘀血停聚成症。治以化瘀消癥汤行气祛瘀,消癥散结。处方:炙鳖甲、生牡蛎各30g(先煎),丹参、赤白芍各20g,蜜虫15g,红花、炮山甲、三棱、莪术、炒玄胡、佛手各10g,垂盆草20g,焦楂曲各15g,水煎2次,上、下午分服。守方加减,先后服药60余剂,患者胁痛、症块消失,复查B超、肝功能(-),病情向愈,随访未复发。(季炳琦)

妇科杂病

1 乳衄

张某，女，32岁，2007年8月15日初诊。患者近3月来，因婆媳争吵，自觉左乳胀痛，痛及腋下，经来尤甚。多次检查未发现明显异常。间断服用疏肝理气类中药，症状依然。近旬又增乳头渗血。刻诊乳房胀痛，触之痛甚，扪之灼热，伴心烦口干，月经先期量多色红。舌红苔黄，脉弦。证属肝郁化火，迫血外溢。治以疏肝解郁，清热凉血。处方：柴胡8g，金铃子10g，丹皮10g，山栀10g，赤白芍各10g，青皮10g，夏枯草10g，侧柏叶10g，蒲公英15g，6剂。药后，乳头渗血渐少，乳房胀痛亦减。守原方继进12剂，诸症消失而愈。

按 乳衄一证，临床少见。《疡医大全》认为，此病或由忧思过度，肝脾受损，肝不藏血，脾不统血所致，或由肝火炽盛，迫血外溢所致。本患起因争吵，情怀不畅，肝气郁结，久郁不解，化热灼伤血络。故治当疏肝解郁，清热凉血。方证相合，果获良效。

2 产后小便不通

毛某，女，30岁，2007年5月11日诊。患者足月分娩，产程偏长，产后三天，自觉排尿乏力，渐至小便涓滴而下，甚则不通，需用导尿，虽局部热敷、针灸，亦未奏效。诊时见患者小腹膨隆，内急不安，排尿困难，汗出面白，神疲乏力，胃纳欠佳，舌红苔白，脉虚无力。证属生产用力，耗气伤正，气化不力，无以行水。治以补气升阳，化气行水。投升陷汤加味：黄芪30g，升麻15g，柴胡10g，桔梗10g，香附10g，白术15g，乌药10g，肉桂5g，甘草8g，红枣10枚，5剂。药后感气力增加，尿已成线，但感不畅。继用原方又进5剂，排尿遂恢复正常。随访半年有余，未见异常。

按 本案患者，分娩用力过度，正气受损，气化失利，致尿闭不通。升陷汤出自张锡纯《医学衷中参西录》，功能益气健脾，升阳举陷。谢老依"中气不足，溲便为之变"立论，以升陷汤为主方，酌加肉桂，以期恢复膀胱气化，如此小便畅矣？

3 子宫下垂

钱某，女，31岁，2006年9月25日诊。产后不及三月，过早劳作负重，子宫下垂至阴道口外。平卧休息、局部热敷，尚能回缩。久站或久行，症状加重。刻下见其体质虚弱，神疲乏力，头昏目花，纳谷不振，舌淡苔薄白，脉细弱。证属中气不足，升提乏力，治当益气升提。处方：党参30g，黄芪30g，升麻15g，柴胡10g，甘草6g，炒白术15g，当归15g，枳壳15g，6剂。药后患者自觉气力有增，精神转振。守方继服20剂，站立行走未见子宫脱垂。嘱以补中益气丸9g，日服2次，暂缓过劳。随访一年，痊愈如初，劳作正常。

按 子宫脱垂，临床多见。本例系生产正虚，复又努力过重，致中气受戕，升提无力，而成胞宫下垂。谢兆丰宗《内经》"陷下则举之"之旨，立法提举清阳，补而升之。投益气升清之方，酌加当归兼理血分，前后治疗不及一月，竟奏全功。

4 更年期乳溢

赵某，女，51岁，2006年10月9日诊。诉近半年来两乳发胀，且有乳汁溢出，质稀，曾作多项检查，未发现明显异常。刻诊见患者神倦乏力，头昏气短，寐差梦多，面色萎黄，纳谷不馨，大便溏薄，带下清稀，舌苔薄白，脉象细弱。证属脾胃虚弱，气血不足。治以健脾益气，佐以回乳。用参苓白术散合归脾汤加减：黄芪30g，党参20g，白术15g，茯苓15g，山药15g，砂仁3g（后下）、薏苡仁20g，当归10g，酸枣仁15g，木香10g，陈皮6g，炒麦芽60、红枣10枚。服5剂后告之，溢乳症状有减，遂守方服药32剂，病告愈。随访半年，一切如常。

按 乳房属胃，脾胃为后天之本，脾胃虚弱，气失统摄，故致乳溢。乳汁又为气血所化，乳溢过多，更损气血。故治用参苓白术散合归脾汤补脾胃、益气血，并佐以麦芽回乳，其病遂愈。

5 梦交

沈某，女，41岁，2004年9月14日就诊。患者病起于受惊，近3月来，每每入睡，即梦与男子交媾，惊醒不敢思睡，终日胆怯心惊，精神萎靡，头晕眼花，食欲不振，白带增多质稀，大便不调，舌淡、苔白，脉沉细。此乃阴阳失谐所致。治宜安神定志，调其阴阳。方用孔圣枕中丹合桂枝龙骨牡蛎汤加减：石菖蒲10g，远志10g，龟版20g（先煎）、龙骨30g（先煎）、桂枝10g，白芍15g，牡蛎30g（先煎），五味子10g，夜交藤15g，生姜5g，甘草3g，5剂。药后症状减轻，继服10剂，梦交未作，精神转振。嘱续柏子养心丸2周善后。随访一年，病未见复作。

按 梦交一症，《金匮要略·血痹虚劳病脉证并治》认为病由阴阳两虚、心肾不交所致。并出桂枝龙骨牡蛎汤，用桂枝汤调和阴阳，龙骨、牡蛎潜镇摄纳。谢兆丰合用孔圣枕中丹，旨在增加镇静安神、宁心益智、补肾健脑之功，如是阳得阴养，阴得阳摄，阴阳和谐，神能归舍，故病退矣。（黄晨昕）

医方验方

五花解郁汤

方药：旋覆花10g（布包），玳玳花10g，绿梅花

10g,厚朴花10g,佛手花10g,生姜3片,大枣10枚。

功效:疏肝理气,解郁化痰。

主治:情志不畅,肝气挟痰所引起的梅核气。证见精神抑郁,喉中似有梅核梗阻,咯之不出,咽之不下,胸中窒闷,嗳气,胁痛,舌苔白腻,脉弦滑等。

用法:水煎服,每日1剂,或用开水泡浸代茶。

方解:五花解郁汤是治疗梅核气的有效方剂。五花质轻,轻扬升散,功能开郁理气,宽胸化痰。方中厚朴花通利气机而化痰湿;玳玳花理气解闷;佛手花理气化痰;绿梅花疏肝解郁,和胃化痰;旋覆花降气消痰。综观全方,性味和平、清淡,具有理气而不伤阴,宣通而不滋腻,清火而不伤中的特点,对梅核气患者,颇为适宜。

注意事项:梅核气多因情志所伤,临证时,除上述药治外,医者当善为劝导,使病人思想开朗,心情舒畅,精神愉快,方有助于疗效的提高。(谢兆丰)

谢震强临床经验

【名老中医简介】谢震强(1935~)主任医师。原任职于广东河源市中医院。广东省名中医。享受国务院政府特殊津贴。发表论文近百篇,主编《中国当代民族医药集成》《疑难病症治验》。

童便断红饮治验

童便断红饮由童便半碗,大黄、白芨各10g组成。此方治疗多种大出血,累试累效。

1 肺痨咳血

刘某,男,39岁,1983年4月12日诊。患者有肺结核病史7年,偶尔痰中带血。本次因盛怒而陡然大口咯血,量多色红,头昏心悸,胸胁隐痛,呛咳气促,前医已用止血抗痨西药3天,咳血依然,舌质红,脉细数。证属肝郁气逆,木火刑金,损伤肺络,血随气上。方用童便断红饮合清肝化痰止血之黛蛤散15g调服,日进2剂。第2天复诊,咳血已止,余症尚存,后以本方去大黄兑服百合固金汤,调治1月,随访近10年未见咳血。

2 溃疡病出血

曾某,男,56岁,1989年8月诊。患者有十二指肠球部溃疡已6年,于3天前吃栗干而胃脘胀痛难忍,大便呈紫褐色,隐血试验(++++),面色萎黄,体倦乏力,舌淡苔白,脉弱而芤。证属久病脾胃素虚,复因过食硬物,致胃络大伤而出血。仍以童便断红饮合海蛸象贝散(海蛸、象皮、贝母各等分研末为散)15g调匀徐徐吞服,以加速收敛止血。日服2剂。3天后血止,大便转黄,隐血试验阴性。后以归脾丸方调理1周而康复。

3 鼻衄

黎某,男,62岁,右侧大量鼻衄4天,伴有高血压,已行两侧前后鼻孔填塞并服中西药,血仍未止。证见面红目赤,口臭难闻,腹中痞胀,便秘1周,苔黄而干,脉象弦数。证属阳明郁火上逆肺窍。故予童便断红饮重用大黄粉15g兑服仙翁汤(仙鹤草、白头翁、水牛角各30g,煎取200mL药液),冷却后服,当晚解下大量黑色宿粪,患者顿觉轻松,鼻衄亦止。

4 跌伤吐血昏死

邻居张某,男,17岁,1986年5月12日诊。患者不慎从栏杆跌落楼下,昏迷不省,口吐鲜血。遵《世医得效方》治"堕压死者,急安好处,先以热小便饮之,利去瘀血"和《救伤秘旨》治伤后"如出血不止,饮人尿五升即止"之明训,急安放好伤者,先灌童便1碗,不到5分钟,伤者逐渐苏醒,然后让伤者缓缓饮下童便断红饮,当天血止,仅言头部昏痛,第2天再以童便断红饮兑服天麻钩藤饮,连服5天而愈。1年后参军入伍,无任何后遗症。

5 体会

咳吐衄血,多因七情过极,五志亢甚,气火上逆,迫血妄行所致,根据"上者抑之"之意和唐容川关于"吐衄暴作,当以猛降之药折其冲逆之势"的主张,于童便断红饮以解燃眉。考童便性味咸寒无毒,归心肝肾经,入血分。《本草纲目》认为"小便与血同类,其性咸而走血,治诸血病"。用于止血,是取其咸寒滋阴之性,凉血止血之功,引火归原,导血下行,使瘀祛热清,沸腾之血涌自平,故《血证论》云:"吐血咯血者饮童便",极称童便之神效。童便与大黄相伍,推陈致新,性雄力猛,使气逆得降,血溢得止,既有"猛降"之势,又无留瘀之弊,诚为吐衄暴作之首选圣药。此方还妙在大黄巧配白芨,两者一散一敛,大黄走而不守,白芨守而不走;大黄主散瘀,白芨主敛血,走守相配,散敛相承,则虽散而不至耗血,虽敛而不致积瘀。边散边敛,血止前有相制之用,无暴溢之患;边敛边散,血止时有相济之动,无后顾之忧。综观全方兼具止血、祛瘀、守血、养血四大特点,是治疗吐衄咳血之良方,为临床实热大出血所必备。

熊磊临床经验

【名老中医简介】熊磊　女。教授，主任医师，硕士生导师。云南中医学院副院长。中华中医药学会儿科分会副主任委员，全国中医药高等教育学会儿科分会副理事长。云南省名中医。承担过省厅级项目10余项，院级项目5项。主编(副主编)、参编并出版著作、教材10余部，发表学术论文96篇。

临床经验

小儿咳嗽

1 治疗方法

1.1 宣肺散寒

此法适用于风寒之邪侵袭肺卫，闭塞肺络之中，致使肺失宣降，证见：咳嗽频作，干咳或咳痰清稀色白，咽痒，鼻塞流清涕，或时有喷嚏，舌淡苔白，脉浮紧，咽不红。多用麻杏二陈汤、伤风咳嗽汤加减。常用药：麻绒、杏仁、法半夏、陈皮、茯苓、桔梗、苏叶、紫菀、百部、前胡、荆芥、蝉蜕、苍耳子、刺蒺藜等。

1.2 疏风清热

此法适用于风热犯肺，肺失清肃或寒郁化热，肺气郁闭，气逆作咳。证见：咳嗽不爽，痰黏稠色黄，不易咯出，咽痛，鼻塞流浊涕，目赤，舌红苔薄黄或黄腻，咽红，脉浮数。轻者常用桑菊饮加味。药用：桑叶、菊花、杏仁、连翘、薄荷、桔梗、芦根、黄芩、紫菀、百部、前胡、射干、蝉蜕、厚朴等。重者常用麻杏蒌贝汤加味。药用：麻绒、杏仁、瓜蒌壳、生石膏、桔梗、竹茹、黄芩、枳壳、紫菀、百部、前胡、芦根、蝉蜕、牛蒡子、浙贝母等。

1.3 涤痰清肺

此法多用于痰湿素盛，肺络有热，痰热搏结，壅滞肺络，肺失宣肃，肺气上逆而成咳嗽者。证见：咳嗽声重，痰多色黄，稠黏难咯，喉中痰鸣，甚则气息喘粗，大便干结，舌红苔黄或黄腻，脉滑数。多用麻杏石甘汤合千金苇茎汤。常用药：麻绒、杏仁、石膏、京半夏、化红、黄芩、枳实、厚朴、茯苓、薏苡仁、冬瓜仁、芦根、桔梗、紫菀、百部等。

1.4 涤痰通腑

此法适用于实热内闭，腑气不通，升降受限，气机不利，证见：咳嗽气逆，烦躁不安，大便秘结，腹部胀满，舌质红苔腻或黄腻，脉滑数。此乃肺胃热盛，运用此法确有上病下取，釜底抽薪，通下腑实使肺之壅塞减轻。方用小承气汤加味。常用药：法半夏、陈皮、茯苓、枳实、厚朴、郁李仁、莱菔子、薏苡仁、全瓜蒌、杏仁、黄芩、紫菀、百部、前胡、桔梗等。

1.5 清燥利咽

此法适用于外感温燥之邪，伤于肺卫。小儿肺脏娇嫩，且肺喜润恶燥，燥邪伤络，耗津灼液，肺失滋润，则清肃失司。证见：干咳无痰或痰少而黏，身热不甚，口渴，鼻燥咽干，咽红，舌红苔薄而干，脉浮数。常用桑杏汤化裁。常用药：桑叶、杏仁、陈皮、茯苓、芦根、天花粉、黄芩、沙参、蝉蜕、浙贝母、紫菀、百部、前胡、桔梗等。

1.6 清热泻肺

此法适用于伏火郁热，郁结于肺，气逆不降而咳。证见：咳嗽日哺尤甚，皮肤蒸热，舌红苔黄，脉细数。方用泻白散、泻白二陈加味。常用药：桑白皮、地骨皮、杏仁、桔梗、法半夏、陈皮、茯苓、黄芩、紫菀、百部、前胡、芦根、浙贝母等。

1.7 养阴清燥

此法适用于久咳或咳嗽后期，肺胃阴伤，阴虚火旺，或余热迁延未清，灼液为痰，使肺宣降失常。证见：干咳无痰，或痰少而黏，不易咯，咽干喉痒，声音嘶哑，午后潮热，舌红苔少而干。方用沙参麦冬汤、沙麦二陈汤。常用药：沙参、麦冬、玉竹、天花粉、扁豆、芦根、蝉蜕、法半夏、陈皮、茯苓、黄芩、紫菀、百部、前胡、知母等。

1.8 益气健脾

此法适用于肺虚腠理不密，卫外不固，脾虚不足，酿液成痰，肺失宣降。证见：咳嗽反复不已，痰白清稀，自汗畏寒，气短懒言，纳谷不香，舌淡嫩，边有齿痕，脉微细。方用玉屏生脉二陈汤加味。常用药：黄芪、白术、防风、太子参、麦冬、五味子、法半夏、陈皮、茯苓、紫菀、百部、前胡、枇杷叶、诃子等。

2 病案举隅

案1 刘某，男，6岁，咳嗽2天，因受凉起病。咳嗽痰白清稀，鼻塞流清涕，发热(38.9℃)、畏寒，肢体困倦，饮食减少，不思水饮，舌质淡苔薄白微腻，此乃风寒外感，表邪郁遏，肺气不宣。治宜宣肺化痰，方用麻杏二陈汤加味治之。处方：麻绒、百部、陈皮各6g，法半夏、茯苓、桔梗、苏叶、前胡、苍耳子、杏仁、紫菀各10g，蝉蜕、甘草各5g。煎服法：开水浸泡20min，煮沸15min，煎煮3次取汁150mL，日服5次，每次30mL，每日1剂，连服3剂并温覆而卧，随得微汗而表解热退，咳涕止，病愈。

案2 杨某，男，3岁，2003年8月16日初诊。半月前发热咳嗽，经抗菌镇咳后，体温正常，现干咳频作，夜间尤甚，痰少而黏，难咯，咽干喉痒，音哑，大便偏干，查：舌红少津，苔薄黄而干，咽部少量充血。此证属于热病后期，久咳伤及肺之气阴。治宜养阴清燥，方用沙参麦冬汤加味。处方：沙参、麦冬、玉竹、天花粉、黄芩、紫菀、百部、前胡、桑白皮、地骨皮各10g，芦根15g，蝉蜕、甘草各5g。3剂，煎服法：冷水浸泡20min，煮沸15min，煎煮3次取汁150mL，日服5次，每次30mL，每日1剂。8月20日复诊：上方服完后，咳嗽明显减轻，微有咽干喉痒，余症已无，查舌质微红稍偏干，苔薄白。效不更方，继进3剂而愈。

3 体 会

咳嗽是小儿呼吸系统常见病，引起咳嗽的原因很多。大体分为外感和内伤两大类，外感咳嗽为外邪侵袭伤及肺卫，肺失宣降，清肃之令失常，气道不利，肺气上逆而咳嗽。临床上以风、寒、暑、湿、燥、火等六淫之气致咳。内伤咳嗽多由脾失健运，或肺之气阴不足，致痰湿内生，壅塞气道，使肺宣降失常而为咳。熊磊在治疗外感咳嗽时以解表疏散外邪为先。风寒用荆芥、苏梗、香薷、麻黄等以温肺散寒，风热用菊花、桑叶、薄荷、蝉蜕等以辛凉解表，而不可用苦降之剂凉遏肺气，以致不能透表而解。若表邪已解，但肺气尚未宣通，痰湿壅滞气道或咳嗽仍不清宁用麻绒、桔梗、杏仁、瓜蒌壳、前胡、冬瓜仁等宣肺祛痰之剂，忌用诃子、五味子、枇杷叶等收涩镇咳之剂，以免闭门留寇。内伤咳嗽以健脾理气化痰为主。熊磊常教导善治痰者，治其生痰之源，以达治病求本之意，张介宾曾说："善治痰者，惟能使之不生，方是补天之手"。小儿"脾常不足"且"脾为生痰之源，肺为贮痰之器"。当用二陈汤、薏苡仁、白扁豆等调理脾胃，脾强胃健，随食随化，皆成气血，焉得留痰。同时不忘"治痰先治气，气顺痰自消"。《三因极·病证方论》曰："善治痰者，不治痰而治气，气顺则一身之津液亦随气而顺"。常用枳实、厚朴、陈皮、莱菔子等以理气化痰。又因小儿乃纯阳之体，阳盛则化火，痰随火而升降，火引痰而变生诸证，故多选用黄芩、生石膏、芦根等以降其火。此外，熊磊认为，不论是外感或内伤咳嗽，有相当一部分患者的咳嗽与咽喉有关。因肺主气，咽喉为肺之门户，手太阴肺经上连咽喉，咽喉受邪，经气不利，亦可致肺气上逆而发生咳嗽，故多用蝉蜕、僵蚕、射干、马勃、牛蒡子等以达疏风利咽止咳之效。（高东祥 李荣秀）

遣方用药

小儿发热常用药对

1 栀子、淡豆豉

适应证：外感风热证。证见发热恶寒，心烦，夜卧不宁，口渴引饮，面红目赤，舌红苔薄黄等。

配伍析义：《伤寒论》云："发汗吐下后，虚烦不得眠，若剧者，必反复颠倒，心中懊憹，栀子豉汤主之。""盖栀子苦寒能下泄，以清在里之郁热，香豉甘能发散，启阴液为微汗，以散在外之身热"，一清降一宣散，使热邪分别从里从表而解，邪去则神自安。临证用焦栀，即可减其苦寒之性，又可起到入血分凉血清心之效。

2 桑叶、荆芥

适应证：寒热错杂之感冒发热。证见发热恶寒，无汗或有汗，鼻塞，喷嚏，流清涕，微咳，目赤眵多，咽微红或不红，苔薄白或薄黄，脉浮。

配伍析义："感者触也，冒其罩乎"，是指在气候突变，坐卧当风，沐浴受冷时感受外邪，触罩肌表全身，使腠理开合失司，故见恶寒发热，无汗或汗出；肺气失宣，则见鼻阻，流涕，喷嚏或微咳嗽。小儿为"纯阳之体"，感受风寒之邪，易入里化热化火，临床常见外寒未解，而里有热象之寒包火证，若仅用辛凉之品，往往汗出不透，表寒不得外散，若单用辛温之品，则汗出而热不解，临证常寒温并用，使外寒散内热清。选用桑叶味甘苦，性寒，质轻升散，苦寒清疏肺经及在表的风热，以开宣肺气，又可清肝明目，起到疏风散热平肝之效。配荆芥味辛，性微温，辛散气香，长于发表散风，且微温不烈，药性和缓，表寒表热皆可用之，其清扬透散，能发汗解表，散风寒而清头目。两药相配辛凉辛温并用，药性平和，轻清宣散，透表解热。

3 藿香、柴胡

适应证：湿热郁蒸所致发热。证见发热不退或身热不扬，汗出不畅，不思饮食，困倦思睡，呕吐，便秘或泄泻，舌质红苔白腻或黄腻。

配伍析义：小儿"脾常不足"，每因外感寒湿之邪或内伤食滞而损伤脾胃运化功能，脾失健运则湿浊内生，加之小儿发病容易，传变迅速，寒湿之邪易于化热，形成湿热困阻脾胃之证。湿热郁蒸而致发热，湿性黏着，故此类发热，热势不高，缠绵难退。湿热之邪困阻脾胃，必会影响到少阳清气的转枢，致使少阳清气抑郁不疏。藿香味辛而芳香，性温而不燥，芳香而醒脾化湿，脾健则湿浊自化。味香辛又能发表透肌，引湿邪从肌表而走。配柴胡味辛可发散，性凉能清热，疏达升发少阳清气以调和经气，使少阳清气疏达升发，恢复转枢作用，则湿热之邪从外透而解，并使得木土相安，胃气和顺。两药相配具有疏表退热化湿之功，使湿热之邪透达转枢于肌表而解，退热迅速而持久少有反弹现象。

4 神曲、连翘

适应证：小儿食滞内热。证见脘腹痞满胀痛，发热以夜暮为甚，手足心热及肚腹热明显，夜卧不安，恶食呕吐，嗳腐吞酸，便秘或便溏酸臭，舌苔厚腻，脉滑数。

配伍析义：小儿脾常不足，每因喂养不当或乳食不节，嗜食酸、冷、油、腥而致乳食停滞中焦，聚积不化而发热。食滞中焦，阻碍气机升降出入，故见脘腹痞满胀痛，嗳腐吞酸；积滞化热，“胃不和则卧不安”故发热以入夜尤甚，夜卧不宁；热扰心神则见心烦不安。神曲味甘苦辛温，可消食健脾和中，善化酒食陈腐之积。配连翘味苦辛，微寒，清热而散积滞，其味苦入心而清心火，且清中有透，可散风热，使食滞化，内热除，则心神宁。两药相配消食健脾，清热除滞。

5 青黛、马勃

适应证：小儿急性乳蛾。证见高热不退，咽喉疼痛，吞咽食物时疼痛明显，目赤多眵，唇红，体检时见咽喉、扁桃体充血红肿明显，或见扁桃体有脓性分泌物附着。

配伍析义：小儿寒暖不能自调，邪从口鼻而入侵袭肺胃二经，病之初起，邪束于表，正邪分争而见壮热骤起，咽喉为肺胃之门户，咽通于胃，喉通于肺，热毒内侵，咽喉首当其冲，邪毒炽盛熏灼咽喉，而见咽部红肿糜烂。故选用青黛味咸，性寒，咸而入血凉血散肿，寒而清热解毒，针对咽部病灶直折其火。配马勃味辛，性平，加强清热利咽作用，不仅可辛散风热，使邪热从肌表而散，又防青黛过于咸寒入里而耗伤正气。两药配伍一清降一宣散，起到凉血散肿，清热利咽的作用。

6 白薇、青蒿

适应证：邪入营分之阴虚发热。证见身热经久不退，午后热盛或夜热早凉，五心烦热，夜卧不安，盗汗，咽干口渴，大便干结，舌质红绛无苔少津，脉细数。

配伍析义：小儿体属纯阳，热病居多，温热之邪侵袭肌卫，邪热嚣张迅速入营，加之“稚阴未长”，故易形成阴伤阳亢，阴虚火旺的证候。营行脉中，内通于心，邪热入营，灼伤营阴，阴虚则身热经久不退，夜热早凉：热扰心神则见五心烦热，夜卧不宁。舌质红绛无苔少津，脉细数均为邪热入营，营阴劫伤之征象。选用白薇味苦咸，性寒，苦咸入血分，清解血分郁热，既能清实热，又能退虚热。配青蒿味苦辛，性寒，苦寒清热，辛香透达，清透内伏之邪热，使得邪热从阴分透出阳分，而虚热自退。两药相配有清热凉血，退虚热之功。

7 石膏、知母

适应证：阳明气分实热证。证见壮热面赤，大汗，口渴饮冷，舌红苔黄，脉洪大有力。

配伍析义：温邪或疫疠之气致病往往表现为起病急，以发热为主症，热象偏重，易化燥伤阴，病程发展有明显阶段性，温邪由表及里，由浅入深，导致卫气营血及三焦所属脏腑的功能失调。邪之初袭，病变多在卫分，但其转变较快，迅速化热侵入阳明气分，阳明为十二经脉之海，多气多血，抗邪力强，阳明燥热炽盛，邪热充斥体表，则见全身壮热面赤；里热亢盛，迫其津液外泄而多汗；热炽津伤则口渴喜凉饮。选用生石膏味辛甘，性大寒，大寒可专清泻肺胃实热，辛能散肌表之热，使热邪由里达表，其味甘能生津止渴。配知母味苦，性寒，有清热滋阴润燥的作用，既可助石膏清肺、胃、肾之火热，又可滋肺、胃、肾已伤之阴液。正如《伤寒来苏集》中言“石膏大寒，寒能胜热，味甘归脾，性沉而主降，已备秋金之体，色白通肺，质重而含津，已具生水之用。知母气寒主降，味辛能润，泄肺火而润肾燥，滋肺金生水之源……”。故两药相配可清燥热，救阴液，使邪热去，而津液复。

8 柴胡、黄芩

适应证：伤寒少阳证。证见寒热往来，胸胁苦满，不欲饮食，心烦喜呕，口苦咽干，舌苔薄白，脉弦。

配伍析义：小儿感受外邪，若延误治疗，则邪气入里，此时表证未解，邪已入里侵犯到半表半里的少阳经，邪正斗争，互有进退，处于拉锯状态，故见寒热往来；邪热壅滞于少阳，枢机不利则见胸胁苦满；胆热犯胃，胃失和降则见默默不欲饮食及喜呕；胆火上炎，热忧心神则见心烦。选用柴胡味苦，性微寒，有泻肝火及疏邪透表的作用，为少阳经专药；配黄芩味苦性寒，苦寒以泻肝胆之火而清里热，与柴胡相配使邪热大部分外达，一部分下泄。《伤寒论后条辨》中言“以柴胡疏木，使半表半里之邪得以外宣，黄芩清火，使半里之邪得以内彻……”，治疗少阳半表半里证时，不可发汗，不可泻下，不可涌吐，只可用和解一法来表里同治，故柴胡配黄芩起到清透同用，和解少阳之功。

9 柴胡、葛根

适应证：太阳、阳明合并之风热表证。证见发热，微恶风，微汗，头痛鼻干，项背强痛，脉浮紧。

配伍析义：《伤寒论条辨》言“太阳者……，乃六经之首，主皮肤而统营卫，所以受病之始也”。小儿腠理疏松，风寒侵袭卫表，出现太阳中风表寒证，故见微恶风；寒邪入侵太阳经，以致经气不舒，津液运行受阻，经脉失于濡养，则见项背拘急，转侧不得自如；由于治疗中发汗不彻，不仅表证未解，反而入里化热，转属阳明经，出现发热，头痛鼻干等症。选用葛根味辛甘，性凉，辛能发散风邪，以解肌表之邪热，又可舒解项背痉挛的肌肉，其甘凉而清热生津。配柴胡味苦辛，性微寒，和解表里，解肌退热。两药相配轻清宣散，使邪热从里转肌表而透，并能升发清阳，鼓舞正气驱邪外出。

10 柴胡、前胡

适应证：小儿外感风热证。证见恶寒发热，喷嚏，鼻流清涕，咳嗽痰多，头昏痛等。

配伍析义：小儿腠理疏松，卫外功能不固，六淫之邪，风为百病之长，常兼夹时令邪气从口鼻、皮毛而入，使营卫失调，则见恶寒发热、喷嚏、鼻流清涕；风邪袭肺脏使肺气不利，则见咳嗽咯痰。柴胡味苦辛，性微寒，有和解表里，退肌热的作用。前胡味辛苦，性微寒，辛可散邪，苦能降泄，有宣散风热，清肺化痰，降逆止咳之功。两药相配具有疏风解表而解肌退热之功，配前胡又可降逆化痰止咳。

熊磊认为治疗小儿发热，首先要区别外感与内伤，有无表证是外感发热和内伤发热的分界线。内伤发热与“脾常不足”的生理特点密切相关，所谓“饮食自倍，肠胃乃伤”，或因湿自内生，形成湿热郁蒸发热或食滞内热。其次要分清虚实，小儿为“稚阴稚阳”之体，发病容易，传变迅速，邪正之间，寒热虚实之间，易消长转化，反应出易寒易热，易虚易实的病理表现。一般出现潮热，盗汗，五心烦热，夜寐不宁等症，多属虚热；而面色红赤，肌肤发热，多为实热。故临证治疗外感发热常辛凉并用，治疗内伤发热在解肌清热的同时重视健脾和胃。

综上所述，熊磊治疗小儿发热总以宣透清解为主，故方中常用柴胡，意在将邪热之气从肌表疏散，并配合其他相须药物，以加强药力而治热专一，用药味少而精，药性平和，抓住病之根本在治疗上简化而专一，正如张景岳所言：“其脏气清灵，随拔随应，但能确得其本而撮取之，则一药可愈。”此为导师用药独到之处。（赵毅涛 何 雯 李小珊）

熊曼琪学术经验

【名老中医简介】熊曼琪(1938～)女，湖南长沙人。教授，博士生导师。1962年毕业于广州中医学院医疗专业。广州中医药大学教授，国家中医药管理局伤寒重点学科，广东省伤寒重点学科学术带头人，中华中医药学会理事，中华中医药学会仲景学说专业委员会副主任委员、消渴病(糖尿病)专业委员会副主任委员，广东省中医医疗事故技术鉴定委员会委员。享受国务院政府特殊津贴。广东省名中医。擅长诊治消渴病、胃肠病及风湿病等。主编、协编高等中医药院校教材及教学参考丛书等20余部，发表论文40余篇。

学术经验

1 弘扬仲景学说

1.1 力倡“实用伤寒学”

熊曼琪认为，《伤寒论》熔理法方药于一炉，堪称众法之首、群方之祖：以方证为基础的六经辨证体系为百病立法。今天研究《伤寒论》的一个重要任务，就是创新应用，必须从临床需要出发，把六经辨证体系和有效方药恰如其分地运用于临床。因此，她以继承与创新、理论与实践相结合，突出临证实用为宗旨，主编了《临证实用伤寒学》一书，其中上篇“六经方证的运用”，论述90个主要方证的证候特点、方药药理和运用经验；下篇“常见病的六经辨证”，总结并创新运用了《伤寒论》理法方药辨治常见的内、外、妇、五官及传染病等25个病证的方法和经验；附篇介绍了伤寒论研究论文20篇。她还率先倡导开展六经辨证的现代化研究，力倡辨病分证是仲景学说的灵魂及《伤寒论》是中医临床课，并在工作中具体实践了上述观点，受到同行的瞩目和响应。

1.2 善于活用经方

熊曼琪认为用经方贵在辨证识病准确、活用，如用麻黄连翘赤小豆汤、茵陈蒿汤、栀子柏皮汤三方化裁治疗湿热黄疸，上宣下通，畅利气机，使邪有出路；凡腹胀满属虚者，常用厚朴生姜半夏甘草人参汤加减而取效；用四逆散加味治疗肝胃气痛及慢性结肠炎等均有明显疗效。并在临证中总结出“抓主证”、“扣病机”和根据“脏腑功能特点”、“经络循行部位”、“方药功效”及“现代科研成果”等扩大活用经方的思维方法。“寒温并用、攻补兼施”是仲景制方之妙，她对此有独到的见解。

如治患者黎某某，男，64岁，住院号：35333。因脑血栓形成入院，复因阴囊壁嵌顿性斜疝而行疝修补术，术后自汗出，夜间盗汗甚多，伴轻咳、头晕痛，舌质淡黯、苔黄厚腻，脉弦滑。曾用温胆汤、桂枝汤等治疗20天不效。其时天气炎热，患者却用毛巾裹身而卧，面色㿠白。熊曼琪认为，此中风后复经手术创伤，正气受损，表阳不固；而黄厚腻苔乃胃中蕴热之象。若清其热则恐益损其阳，温其阳又虑助其热，故用寒温并用的附子泻心汤。处方：炮附片（先煎）、茵陈各15g，大黄6g，黄连3g，黄芩9g，滑石18g，煅龙骨、煅牡蛎（均先煎）各30g，茯苓24g。服药3剂，汗出减少；再进3剂自汗止。后以补气活血通络方药调治。

2 强调辨证论治

2.1 动态辨证

熊曼琪认为，动态辨证是仲景辨证方法的精髓，掌握了动态辨证方法，就能应临床无穷之变。曾治一男性患者，诉昨起发热恶寒、头痛无汗，今晨汗出连绵而发热更甚，且口干多饮、恶热，舌苔黄，患者素来健壮，嗜食辛辣之品，遂予白虎汤加味2剂后发热全退。此即是在恶寒自罢，无汗转为“汗出濈濈然”中作出病由太阳伤寒转为阳明热证的动态辨证。此外还重视舌脉及证型的动态变化，如舌苔的厚薄润燥、脉搏的快慢强弱浮沉，表证入里、寒证转热、实证转虚等，做到证变法亦变，随证转方，不失机宜。

2.2 辨证治本

治病求本是辨证论治的基本原则，临证必须克服片面性和表面性，从复杂的证候中透过现象看本质，以探求何脏何腑或病理变化在病变中起着主导作用，为治病求本提供先决条件。曾治一咳喘宿疾患者，病史已20多年，本次因受寒而复作，咳吐稀痰，气喘不能平卧，恶寒、背部尤甚，头痛，微热无汗，心悸而眼睑浮肿，胸闷纳少，时欲呕吐，苔白，脉弦紧而数，熊曼琪予小青龙汤2剂。1周后患者复诊，诉2剂汗出后，发热头痛悉除，咳喘明显减轻，遂在当地医院转方5剂，服第3剂时咳喘加重，咳咯大量泡沫稀痰，且汗出多，恶寒转甚，得衣被而不减，眼睑浮肿及心悸等均加重。诊其脉沉弦而数，她认为此证先以风寒外束、寒饮阻肺为主，用小青龙汤后伤寒表证已除，继服则过汗益损脾肾之阳，故寒饮之证加重，寒饮虽在膈上，其源实由脾肾阳虚，不能化气布津而聚饮所致，治当温之。乃予真武汤加味：炮附片、白术各15g，茯苓24g，白芍、生姜、法半夏各12g，炮姜、细辛、五味子各6g。5剂后诸症悉减，乃嘱常服肾气丸以固其本。

3 Ⅱ型糖尿病证治发微

非胰岛素依赖型糖尿病（Ⅰ型糖尿病）已成为严重危害健康的疾病之一。熊曼琪在仲景学说指导下，结合现代研究成果及临证经验，在中西医结合治疗的基础上，以桃核承气汤加味治疗本病取得较好疗效。

3.1 气阴两虚、瘀热互结是Ⅱ型糖尿病的病机特点

熊曼琪经过大量临床研究发现，该病患者多以疲倦乏力、口干、腰膝痠软、形体丰腴、舌质偏红或淡胖、脉细等气阴两虚之证为突出；而在病程早期或高血糖未控制时，又常有多饮、多食、多尿及便干便秘等症，此多为胃热肠燥所致；而且本病无论早、中、晚期都有潜在或明显的瘀血证存在，又可酿成多种慢性并发症的发生或发展。气阴两虚、胃热肠燥与瘀血三者间常互为影响，如胃热肠燥之证不除，不仅可导致瘀血形成，且能深入与瘀血相互搏结；而瘀阻日久亦能化热、加重阴虚燥热之证，于是形成气阴两虚、瘀热互结的病机特点。治当以益气养阴、泻热逐瘀为法，方用桃核承气汤加味。处方：黄芪30～50g，淮山药18g，生地、熟地各15～24g，玄参15g，麦冬、桃仁各12g，桂枝、大黄各6～12g，玄明粉3～6g。若便秘严重者，大黄、玄明粉后下；大便正常或便稀者，大黄同煎并去玄明粉；气虚甚者重用黄芪，加白参另炖兑服，脾虚者加苍术、黄精；肾阳虚者改桂枝为肉桂，加附片；尿多加山茱萸、金樱子；兼高血压者加钩藤、葛根，冠心病者加栝蒌、丹参，肾病者加益母草，眼底出血者去桂枝加丹皮、赤芍；肤痒者加白藓皮、地肤子；失眠去泻热逐瘀之品，合酸枣仁汤，加生龙骨、生牡蛎（均先煎）；若高血糖不降且燥热炽盛者，合白虎加人参汤或葛根芩连汤。经系列研究表明，

该方治疗Ⅱ型糖尿病有较好的疗效，有明显改善症状、辅助降糖及延缓血管并发症的作用。

3.2 内治与外治相结合治疗糖尿病周围神经病变及糖尿病足

糖尿病足是在糖尿病周围神经病变基础上的更严重的慢性并发症，肢端麻木疼痛而沉重是二者共同的症状，糖尿病足则以肢体溃疡、坏疽为临床特点。熊曼琪认为二者轻重不同，但基本病机都是气阴两虚、血脉瘀塞、肢端失养，气虚血瘀、阳气不达为其病机关键，总属本虚标实之证，故强调标本同治、内治与外治相结合，以补气养阴、活血通脉为法，自拟芪桃汤为内治基本方：黄芪 30～60g，熟地、玄参、牛膝各 15g，桂枝 6～12g，桃仁、当归、白芍、虎杖、知母各 12g。外治则先别阴阳，凡患肢发凉不温、皮色苍白或紫暗；每晚用桂枝、川草乌、干姜、花椒、乳香、没药等煎水趁热外洗，然后用阳和膏外敷足背及腘窝动脉搏动处；若患肢灼热红紫或坏死发黑者，每晚用五味消毒饮加赤芍、黄柏等煎水熏洗患处，并用双柏散水蜜外敷下肢未溃疡处；足坏疽者待微循环改善后作清创处理。她认为本病治疗，既要补气滋阴治其本，又要不忘活血通脉治其标，切忌不顾因虚致瘀的病机特点而一味破血祛瘀；辨证施以外治，既可收到通脉止痛之功，又能避免温通之剂伤阴耗液、苦寒之品败胃损正及寒滞血脉之弊。

3.3 通阳化气法治疗糖尿病性神经原膀胱

本病症也是糖尿病慢性并发症之一，临床以小便困难、无力排尿、尿后滴沥不禁或失禁、甚则尿潴留为特点，并常伴有尿路感染而见尿频尿急等症。熊曼琪认为此乃消渴日久，气虚及阳，气化失职，水蓄膀胱所致，治当益气通阳、化气利尿，常用五苓散加黄芪 30g 而取效。（朱童志）

遣方用药

糖尿病

1 白虎加人参汤

白虎加人参汤，《伤寒论》用于治疗阳明胃热炽盛，津气两伤之证。本证可见发热，口渴，汗出，舌红苔黄，脉滑数等症。其中以口渴引饮为辨证要点。《伤寒论》中有“大渴，舌上干燥而烦，欲饮水数升”的论述。《金匮要略》消渴病篇亦有：“渴欲饮水，口干舌燥者，白虎加人参汤主之” 的明文。糖尿病初起之际或血糖控制不良时，患者常出现烦渴多饮，多食易饥，口干舌燥，舌红苔黄等症，此为阳明胃腑燥热炽盛，热盛伤津耗气所致。熊曼琪每用白虎加人参汤清热泻火润燥，益气生津止渴。方中石膏、知母，清泄胃热为主药，粳米一药，常用淮山药代之，人参多用太子参或西洋参，并合玉泉散之意，常加天花粉、葛根、生地、玄参等药，疗效甚佳。饥饿感甚者，胃火炽盛，加黄连与生地、玄参相配，仿清胃散法，既清胃火，又不滋腻碍胃，则消谷善饥自除，口渴甚者，上焦燥热，灼伤肺阴，加黄芩配石膏、知母，清泻肺热，使热清肺宣津布而烦渴自止。

2 桃核承气汤

桃核承气汤是《伤寒论》中泻热逐瘀的代表方剂，用于治疗血热互结的蓄血证。熊曼琪根据《内经》“二阳结谓之消”，《金匮要略》消渴篇“趺阳脉浮而数，浮即为气，数即消谷而大坚，气盛则溲数，溲数则坚，坚数相搏，即为消渴”，以及“病人胸满，唇痿舌青，但欲漱水不欲咽，无寒热，脉微大来迟，腹不满，其人言我满，为有瘀血”等论述，并通过临床观察，Ⅱ型糖尿病患者早期或高血糖未控制时，常有多饮、多食、多尿，大便干燥，便秘等症状，认为本证的病机为胃热肠燥所致，而且胃肠燥热，灼伤阴血，血脉涩滞不行，络脉瘀阻，以致瘀血燥热相互搏结。瘀血即是糖尿病病理产物，又是其致病因素。因此，熊曼琪认为“瘀热互结”是Ⅱ型糖尿病主要病机之一。临床见三多之症，便干便秘，以及口唇紫暗，舌质暗红，边有瘀斑，舌下静脉青紫，脉沉而涩等症，即辨为瘀热互结，治用桃核承气汤，方中桃仁活血化瘀，桂枝通经活血，大黄、芒硝、甘草，即调胃承气汤，攻下阳明燥热内结，全方配伍，共奏泻热通下，逐瘀活血之功。便秘严重者，大黄、芒硝后下，便秘较轻者，大黄同煎，并去芒硝。然胃肠燥热，每易灼伤阴津，加之消渴之病，阴虚为本，燥热为标，故临证仿增液汤之意，常加养阴清热之生地、玄参兼顾其阴虚之本，既可除“三多”之症及便秘之苦，又可正对阴虚燥热之病机。Ⅱ型糖尿病中晚期，如血糖控制较好，其“三多”症状不明显，但神疲乏力表现突出，伴大便困难，多为气阴两虚，瘀热互结所致，可在上方基础上重用黄芪再加麦冬，以益气养阴。

3 真武汤

《伤寒论》真武汤，仲景用其治疗少阴肾阳虚衰，水气泛滥之证。本证可见形寒肢冷，神疲乏力，腰膝酸软，全身浮肿，头眩心悸，小便不利，舌淡苔白或白滑，脉沉迟弱，但以全身浮肿，小便不利，舌淡苔白，脉沉迟弱为辨证要点。糖尿病肾病是糖尿病常见的微血管并发症，起病隐匿。一旦患者出现相应的症状，则疾病已进入临床的中晚期。其症状的主要表现为下肢或全身浮肿，故糖尿病肾病属中医“水肿”

范畴，正如《杂病源流犀烛》所说："有消渴后身肿者，有消渴面目足膝肿，小便少者。"熊曼琪认为糖尿病肾病乃糖尿病日久，阴损及阳，导致肾阳虚衰，不能温蒸化气行水，水饮内停，泛滥周身，也就是《圣济总录》所说："消渴病久，肾气受伤，肾主水，肾气虚衰，气化失常，开阖不利。"水液聚于体内而出现水肿。临证遇此病证，她主以真武汤，温阳化气行水。方中炮附子温肾助阳以消阴翳，使水有所主，白术燥湿健脾，使水有所制。生姜宣散，佐白术健脾，于制水之中有利水之用，芍药活血脉，利小便，又可敛阴和营，以制姜附刚燥之性。糖尿病肾病为慢性终身疾病，久病多瘀，加之阳虚不能推动血行，水饮内停阻滞脉道，所以糖尿病肾病中医辨证往往兼有瘀血阻滞。熊曼琪常在真武汤中加丹参、益母草、桂枝通阳活血。若气虚明显，证见神疲倦怠，四肢乏力，肢体酸软者，重加黄芪，再加白参另炖兑服。糖尿病肾病合并高血压者，加钩藤、天麻平肝熄风。若下焦阳虚，水饮内停，又兼有上焦燥热津伤者，应宗《金匮要略》消渴病篇："小便不利，有水气，其人若渴，栝蒌瞿麦丸主之。"方中栝蒌根、淮山药生津润燥，瞿麦，茯苓淡渗利水，炮附子温阳化气，共奏温阳化气利水，生津润燥止渴之功。

4 肾气丸

肾气丸是温补肾阳的代表方剂。仲景用其治疗消渴、虚劳、痰饮、妇人转胞等病证。《金匮要略》消渴病篇说："男子消渴，小便反多，以饮一斗，小便一斗，肾气丸主之"。熊曼琪认为消渴之病，以口渴多饮、多食易饥为主症者，属上消中消之证，其病多因肺胃燥热，阴液亏虚。然以多尿为主症的下消有寒热之分。肾为水火之脏，内寓真阴真阳，消渴病日久，病入下焦，阴损及阳，导致肾阳虚衰，肾气丸所治消渴正是下消阳虚之证。肾阳虚衰，既不能蒸腾津液以上润，又不能化气以摄水，故口渴，小便反多，以饮一斗，小便一斗。因为肾阳虚衰，患者常有神疲倦怠，少气懒言，语声低微，四肢乏力、腰酸膝软，舌淡苔白，脉沉而弱等症，熊曼琪每用肾气丸温补肾阳，疗效卓著。方中地黄滋阴补肾，山萸、淮山药补益肝脾，茯苓、丹皮、泽泻协调肝脾。附子、桂枝温阳暖肾，意在微微生火，以鼓舞肾气，取"少火生气"之义。诸药合用，有温补肾阳之效，本方补阳养阴并用，正如张景岳所说："善补阳者，必于阴中求阳，阳得阴助而生化无穷。"肾阳虚明显者，用肉桂易桂枝，以增温阳之功。小便多者，仿水陆二仙丹意，加金樱子、芡实，气虚甚者，重加黄芪益气。如合并高血压者，则用黄芪配伍性善下行之淮牛膝，以监制黄芪之升。如有下肢轻度浮肿，加牛膝、车前草，仿济生肾气丸意，温肾活血利水。

5 五苓散

五苓散，仲景用于治疗水饮内停下焦，膀胱气化失司之证。本证可见小便不利、少腹胀满、渴欲饮水、呕吐，舌淡苔白，脉浮等症，其中以小便不利，少腹胀满为辨证要点。《伤寒论》太阳篇及《金匮要略》消渴病篇均有"若脉浮，小便不利，微热消渴者，五苓散主之"的论述。糖尿病性植物神经病变，影响支配膀胱的骶髓副交感神经及胸髓腰髓交感神经，导致膀胱功能异常。本病早期，偶在生气着急时出现排尿间隔延长，中期可出现尿流变弱，排尿费力，排尿时间延长，多次排尿后仍余沥不尽，甚则小便失禁，晚期可完全不排尿，导致尿潴留或尿路感染。本病称之为糖尿病性神经原膀胱。这类患者多有数年或十几年以上的糖尿病史。熊曼琪认为，膀胱者，州都之官，主化气行水，本证的关键在于消渴日久，气虚及阳，气化失职，水蓄膀胱所致。治当益气通阳，化气行水，应及早使用五苓散加黄芪。方中黄芪可用至每剂30g～60g，往往数剂即可取效。有的患者于数日或数年之后反复出现此证，照方再服，均能再次取效。消渴病日久，必有阴虚存在，故桂枝不可多用，应按仲景原意，只宜少量，取其辛温助阳，化气行水，每剂用量一般6g即可，多用则耗伤阴津，反而有害。

6 黄芪桂枝五物汤

黄芪桂枝五物汤，《金匮要略》用来治疗血痹。血痹之病，乃阳气不足，阴血凝滞，血脉痹阻所致。本证以肌肤麻木不仁，脉微而涩为辨证要点。正如《金匮要略》所说："血痹阴阳俱微，寸口关上微，尺中小紧，外证身体不仁，如风痹状，黄芪桂枝五物汤主之"。本方有益气温阳，和营通痹之功。糖尿病性周围神经病变，患者常出现肢体麻木疼痛，多呈对称性发作，尤以下肢为甚，由麻木、触电感、蚁爬感，继而刺痛，甚则可呈放射性，或牵扯性，或痉挛性作痛，多以夜间疼痛较剧。熊曼琪认为，本病病机是糖尿病日久不愈，气阴两虚，血脉瘀阻，肢端失养，气虚血瘀，阳气不达所致，属本虚标实之证，治应标本同治，内治与外治相互结合。仿黄芪桂枝五物汤法，重用黄芪，自拟芪桃汤，益气养阴、活血通痹。药用黄芪、桂枝、白芍、熟地、玄参、牛膝、桃仁、当归、虎杖、知母。外洗之剂，应以温阳和络，活血通脉为法，药用桂枝、乳香、没药、苏木、红花、毛冬青，煎水置温浸泡外洗。她认为本病治疗,既要补气滋阴治其本,又要不忘活血通脉治其标。切忌不顾因虚致瘀的病机特点而一味破血祛瘀。辨证施以外治,既要收到通脉止痛之功,又可避免温通之剂内服伤阴耗液之弊。(汪栋材 朱章志 蔡文就)

熊墨年治癌经验

【名老中医简介】熊墨年 主任医师,教授,硕士生导师。江西省中医药研究院副院长。中华中医药学会理事,江西省中医药学会副会长兼秘书长,中国抗癌协会肿瘤流行病学专业委员会委员,中华中医药学会肿瘤分会委员及养生康复分会委员,江西省中医药学会肿瘤分会主任及内科分会常务副主任,江西省抗癌协会中医药专业委员会主任及癌症康复专业委员会主任,中华中医药学会科学技术奖评审委员会委员等。江西省名中医。主要从事肺癌、肝癌、胃肠癌、鼻咽癌的中医、中西医结合治疗和中医内科疑难病的治疗。主持多项科研课题并获奖,编撰医著4部,发表论文50余篇。

1 宜早不宜迟

患者章某,男性,50岁,江西省铜鼓县某机关干部,就诊于1995年3月。因患鼻咽癌行放射治疗后,出现咽干口燥、大渴欲饮、神疲乏力而行中医药治疗。药用清燥救肺汤加增液汤等,服药50余剂后口渴欲饮大有好转,神疲乏力之症渐除。继用中医扶正抑癌治疗,药用四君子汤加黄芪30g、绞股蓝30g,辛夷10g,苍耳12g,麦冬30g,半枝莲30g,白花蛇舌草30g,石上柏30g,期间随病情、身体状况以及季节变化加减用药,治疗3年身体完全康复。期间有多位与该患者同时住院治疗的患者相继复发,但其疗效一直稳定,已健康生存10余年,生活正常。

按 一般认为,中医扶正抑癌应在西医治疗无效、身体虚衰、缺乏其他有效治疗手段之后进行。其实不然,由于肿瘤是一种消耗性疾病,在发病过程中始终存在“邪之所凑、其气必虚”的病理基础,只是在不同阶段表现的突出或不甚突出而已。中医的扶正抑癌治疗不仅可以纠正身体的虚弱状况,而且可以调节机体的免疫功能,提高自身免疫机制对癌细胞的杀灭能力。所以既能在初期辅助手术或放化疗,提高其治疗效果;又可在患者不能耐受放化疗的情况下,发挥扶正祛邪、抑瘤延年的作用。在临床中,熊墨年曾经治疗一些患者,早期虚象并不明显,但是只要没有明显的火热之象,仍根据辨证与辨病相结合的原则,使用中医扶正抑癌治疗。方用四君子汤为基础,加用黄芪、绞股蓝、当归、半枝莲、白花蛇舌草等,并视肿瘤病种不同和患者阴阳气血及脏腑虚损之所在,加减用药,效果显著。尤其是配合放化疗使用,与单纯放化疗相比,具有消瘤效果好、放化疗副作用小、身体康复快、生活质量高的特点。

2 治瘤不拘瘤

严某,男性,64岁,南昌市某电子仪器厂工程师,就诊于2004年5月。因患肺癌行化疗7个疗程后,体重减轻6.5kg,神疲乏力,纳食乏味,咳嗽气喘,胸水频发,难以控制,每月需抽胸水1~2次,身体更为虚弱。就诊时形瘦神疲、面色㿠白、胸闷气短、咳嗽痰少、纳呆肢软,语声低微,急欲抽出胸水而后快。即予葶苈大枣汤合四君子汤,加半枝莲30g,白花蛇舌草30g,黄芪30g,鸡血藤15g,厚朴10g、猪苓30g等,10剂后症状大减,继续服药20剂未抽胸水而胸水渐消。服中药2个月后,精神、食欲大增,胸闷、咳嗽、胸水基本消失,能独自骑自行车前来就诊,上六楼亦不喘气,生活逐渐恢复正常。2年后在外地复发而不治。

按 由于肿瘤疾病的特殊性,有时中医治疗往往会受到放化疗治法的影响,见瘤治瘤,使用大剂量的解毒散结、甚至以毒攻毒之品,如干蟾皮、山慈菇、黄药子、滕黄、马钱子、蜈蚣、全蝎等,希望把癌细胞统统杀灭。这些药虽然有一定的抗癌作用,但剂量太少则杯水车薪,剂量太大则风险骤增。况且晚期肿瘤主要矛盾在虚,正不胜邪,重剂攻伐,不仅无益其虚,反而徒增其害。熊墨年治疗晚期肿瘤患者,往往是治瘤不拘瘤,抓住“正气存内、邪不可干”,仍重在扶正,尤其是对晚期肿瘤患者,往往根据辨证虚实之所在,以扶正为主,佐以祛邪,而不用攻伐制品。如纳呆便溏加淮山、扁豆、砂仁;发热加黄连、地骨皮、秦艽;胸水加葶苈子、龙葵等,往往取得较好的疗效。

3 宜通不宜壅

患者姚某,男,61岁,南昌市某公司退休工人,就诊于2002年6月。患肺癌术后化疗后1年,因神疲、畏寒、四肢不温、纳呆到某省级医院中医科治疗,医以红参、黄芪、白术、枸杞等益气、健脾、温中药治之，畏寒未除，又出现低热、口苦、自汗出，诊时舌苔黄腻，脉象细软。此乃前证虚中夹湿，一味温中健脾而忽略理气、化湿、消导，以致湿邪壅滞，郁而化热，气虚于内，湿蒸于外。乃以六君子汤加黄连6g，苍术6g，茵陈20g，佩兰10g、厚朴10g。服药7剂，热退身轻，纳食增加。服药15剂后诸症悉退。再以扶正抑癌治疗，药用四君子汤加味，连续服药3个月后，精神、食欲如常，每天参加康复晨练，行走数里亦不觉累，已健康生存6年。

按 扶正太过往往易产生壅滞之弊端，以致出现腹胀、纳呆、胸闷，甚至低热、汗出等现象。有的患者内夹湿热，外见阴虚，低热、腹胀，医者稍不加注意，轻用寒凉滋阴之剂，不仅"阴虚"低热之象未除，畏寒肢冷又起：还有的患者虽气短神疲，虚象显见，但又见腹胀纳呆，大便不畅，如一味补气，则气滞之症更加严重。因此，肿瘤患者的扶正抑癌治疗应时时注意不忘疏通。在扶正抑癌之中，经常酌加陈皮、砂仁、厚朴或白蔻仁、木香、藿香等，这些药品在气滞剂中可以行气导滞，健胃消食：在寒凉剂中可以香燥健脾、温寒减腻：在补益剂中可以消导行药，以防壅滞。（熊墨年）

徐迪华临床经验

【名老中医简介】徐迪华（1924～）江苏省常州人。主任医师，教授。曾任职于常州市中医院。首批全国老中医药专家学术经验继承工作指导老师，江苏省名中医，享受国务院政府特殊津贴。从医58年，擅长治疗内科、咳喘、胃肠病、老年病等。主编的《中医量化诊断》。发表论文30余篇。

临床经验

肺 胀

肺胀以咳、喘、痰、肿为主要特征，多见于现代医学的阻塞性肺气肿、肺心病等疾病。徐迪华认为，其病因病机约之有二：一则以肺气虚或脾肾阳虚为始发病因，常易感受外邪引发咳喘，久则痰饮阻肺而致肺胀，属本虚标实证，一则以久嗜烟酒或外感失治为咽，咳嗽久延，痰热内蕴，肺络瘀阻而致肺胀，多以实证为主，久则由实致虚。主张临证之际，概分四型论治。

1 阴虚寒凝，饮聚络阻（脾肾阳虚）

症状：咳痰清稀如沫，喘促心悸，不能平卧，动则加剧，面肢浮肿，甚则一身悉肿，口干不欲饮，胸中痞结，畏寒神怯。舌淡胖质黯、苔白滑腻，脉沉细弦。治则：温阳蠲饮，化痰祛瘀。方药：温阳化痰汤加减。红参须6g，制附片8g，西麻黄4g，桂枝6g，桃仁、杏仁各10g，胆星9g，川贝末5g（分2次吞），炙苏子12g，当归10g，泽泻15g，猪苓、茯苓各10g，益母草20g。

2 痰热久蕴，肺络瘀阻（或兼肺肾阴虚）

症状：咳嗽痰黄黏滞难咯，喘急胀满，胸闷心烦，手足心热，动则气促，面色滞暗，或面目浮肿，或时见发热不恶寒。舌红或暗红、苔黄或黄腻，脉弦滑或弦数。治则：清热化痰，化瘀通络。方药：清气化痰汤加减。西麻黄4g，炒子芩15g，桃仁、杏仁各10g，桑皮、蒌皮各15g，陈胆星10g，大贝母15g，苏子12g，赤芍20g，干地龙10g，北沙参20g。兼见阴伤症者，原方加南沙参30g。

3 痰浊久阻，气闭血瘀（或兼肺脾气虚）

症状：咳嗽痰多，色白黏浊，胸闷纳呆，气短易感，或可见语声低怯，动则气喘，面肢浮肿，面唇黯淡等症。舌淡或暗淡，苔腻或浊腻，脉滑或细滑。治则：泄浊平喘，通肺遂瘀。方药：理气泄浊汤加减。西麻黄4g，川朴、桃仁、杏仁、旋复花（包）、姜半夏、茯苓、广陈皮、苏子各10g，莱菔子15g，白芥子、川芎各10g。兼肺脾气虚者，加炒党参15g，炒白术10g，或加用虫草丸内服。

4 痰瘀互阻，肾不纳气（肺脾肾虚）

症状：咳痰量小，声低息微，喘急心悸，动则尤甚，面色滞暗，唇甲紫绀，或面肢浮肿。舌嫩红或黯红、边有瘀斑，苔少或薄腻，脉细数或促急。治则：益肾纳气，消痰化瘀，兼补肺脾。方药：温肾导痰汤加减：制附片9g，肉桂2g，仙灵脾15g，川贝末5g（分2次吞），淮山药、熟地各15g，炙苏子、桃仁、川芎、五味子各10g。此外，酌情配用西药：若遇感染较重或症情顽固者，加抗生素治疗，并根据临床症状选用一些止咳、平喘药。（申春悌）

慢性胃炎证治六法

1 疏肝和胃法

本法是治疗由于肝郁乘克脾胃，胃气失和导致慢性胃炎之常法，临床见胃脘痞闷疼痛，胁肋不舒，嗳气，善太息，苔薄黄腻，脉弦细数等。徐迪华临床常选用柴胡疏肝散化裁变通，通用方为：醋柴胡6～12g，赤白芍各10～15g，枳壳3～6g，广木香6～12g，茯苓9～12g，佛手片5～10g，生甘草3～6g。恶心呕吐有热象者加川连5g，苏叶梗各10g；胃脘痛甚者加玄胡10～15g，乌药10～15g；胁肋痛者加郁金15g；吞酸者加瓦楞子20g；痞闷重者加川连5g，全瓜蒌20g。针对目前临床医师滥用香燥，一味疏肝理气，他指出："应恰当配伍，切勿过用，以免耗伤胃阴，病情加剧。"

案1 林某某，女，41岁，门诊号；9031。诉：胃脘胀闷疼痛，食后尤甚，胸闷，口干，心烦，头晕乏力，纳寐均差，咽喉多痰，大便日行，小溲黄赤，舌微红，苔薄黄腻，脉弦细数，诊断：慢性浅表性胃炎。曾以疏肝理气剂治疗罔效，转请徐迪华诊治。辨为肝气郁结，内生痰热。处方：醋柴胡8g，郁金10g，川连3g，竹沥半夏10g，黑栀10g，枳实10g，大贝12g，茯神10g，全瓜蒌20g，生甘草5g。药用6剂，胀闷疼痛减轻，守方继进，前后诊4次，服药25剂闷痛除，余症消失，半年后随访未复发。

2 泻肝和胃法

本法适用于由肝气郁结化火或胆热上扰，燔灼胃阴的慢性胃炎急发期。证见：胃脘胀闷疼痛，按之痛甚，纳差，食则痛加，口干口苦，泛恶酸苦，舌赤绛，苔黄腻。徐迪华临床常首选龙胆泻肝汤合化肝煎化裁变通。通用方为：龙胆草8～10g，柴胡6～10g，黑栀9～12g，炒川楝子10～12g，川百合30g，生白芍15g，生地15g，生甘草6g。呕吐加竹沥半夏10g，苔腻甚而胸脘痞闷者加苏梗、藿梗各15g，舌光红者加石斛或南沙参10～15g，便溏者去龙胆草改用川连5g，便秘者加大黄6～8g，湿重者加六一散（包）15～20g。

案2 屈某，男，29岁，门诊号80091。自诉有胃痛史3年，现复发3月，胃脘胀闷疼痛，有焦灼感，痛引右胁，纳差，嗳气，口干苦，呕吐酸水食物，溲热赤，大便实，舌肿赤，苔黄腻，脉弦，按之胃脘部板滞疼痛。内窥镜检为慢性浅表性胃炎，胃窦部弥漫性出血。B超示胆囊壁粗糙。西医确诊为胃窦炎，胆囊炎，服丙谷胺、硫糖铝片、胃复安等药乏效。徐迪华辨为胆热犯胃，气滞湿蕴，用泻肝通腑法。处方：龙胆草10g，黑栀10g，苏叶藿香各15g，川连6g，蒲公英30g，生大黄6g，赤白芍各15g，六一散（包）20g，6剂。6日后复诊脘痛大减，大便畅行，胸胁转舒，胃脘胀硬压痛明显减轻。鉴于腑气已通，阴络损伤去大黄，加生地15g，茜草根20g，6剂，另服乌贝散，日3次，每次10g。诊治6次，服药三十余剂，症状消失，两月后胄镜复查，胃窦部弥慢性出血消退，黏膜充血亦明显减轻。

3 宣泻湿热法

此法为徐迪华独创的治法。湿热之生可由嗜酒或偏嗜膏粱之物而起，亦可由肝气久郁湿热内生而致，湿热蕴结中州，气机升降受阻，痞满由此而作，此类病证多见胃脘痞闷或胀痛，口发粘腻，啖食乏味，食后不舒，舌赤，苔腻黄等，西医系统检查多见急性浅表性或浅表萎缩性胃炎。他认为治疗本病既要芳开，又要苦泻，宜用藿朴夏苓汤合黄连泻心汤化裁变通，通用方为：苏合香15～20g，川朴8～10g，姜半夏10～12g，川连5g，黄芩10～15g，茯苓8～10g，广木香10～12g，乌药12～15g，六一散（包）15g。其中六一散是徐迪华治疗湿热蕴结型胃炎的必用药。如情志不畅，嗳气太息，脉弦者加柴胡8～10g，郁金10g，痞闷甚呕恶者加蔻仁10g，降香8～10g。

4 清化湿热法

此法适用于湿热久蕴，热郁血瘀所致迁延不愈的慢性胃炎，证见胃脘胀痛，痛有定处而拒按，口干苦，便坚溲赤，甚则呕血便黑，舌色紫暗，苔黄腻，徐迪华临床常选用失笑散合黄连泻心汤化裁变通。通用方为：失笑散（包）10～15g，川连4～6g，制大黄8g，柴胡10g，广木香12g，黑栀9～10g，赤芍15g，蒲公英25～30g；湿重者加六一散（包）15～20g；出血不止者加三七10g，白芨10g，有潜血者加茜草根20g，明伤者加南沙参20g，石斛12g。

案3 顾某，男，48岁，门诊号3231。诉有胃痛史5载，时轻时重，刻下胃胀痛月余，食后痛增，呕恶酸苦，舌暗赤，苔淡黄，脉弦实，大便褐色，隐血：（＋＋＋），胃镜查，胃黏膜充血，窦部见数处糜烂出血点。徐迪华辨为湿热久蕴，热郁血瘀，络脉损伤证。处方：川连7g，制大黄8g，黑栀9g，柴胡10g，蒲公英30g，生地15g，川百合30g，赤白芍各12g，茜草根20g，茯苓10g，六一散（包）20g，失笑散（包）10g，5剂后痛减，大便转黄，隐血消失，续用前方加减，另投以锡类散口服，日3次，每次2支。治二十余日症状消失。

5 护养胃阴法

本法适用于慢性胃炎胃阴受损期。肝胃之热或胆火久燔，必伤胃阴。胃阴损伤，多见胃病缠绵，或为隐痛，或为刺痛，且多见胃脘灼热，嘈杂似饥，口干欲饮，食后腹胀，舌光红或微有黄苔，脉细弦数等。西医系统检查诊为慢性萎缩—浅表性胃炎。徐迪华常以两种方法护养胃阴：其一是酸甘化阴合苦泻法，此法适用于阴伤而兼有热郁的患者，常用方为，南沙参15～20g，麦冬15g，生地10g，生白芍10～15g，炙乌梅10g,川连5g或炒川楝10~12g,生熟山楂各10g,生甘草3~6g;另一方法为酸甘化阴合调气法,适用于胃阴伤,胃阳无以为用,胃胀闷感严重的患者,用上方化裁加广木香12g,乌药15g,用之疗效亦佳。

案4 周某,女,36岁,门诊号:23791。诉胃脘痛10余年,近来兼胀痛,隐痛,焦灼痛,不思饮食,口干欲饮,大便坚结,消瘦无力,面色不华,五心烦热,舌光绛无津,脉细滑。曾查内窥镜示:慢性萎缩性胃炎,肠上皮化生。徐迪华诊为:脾肾阴伤,中津亏乏,胃阳无以为用,当育阴调气。处方:南沙参20g,生熟地各10g,麦冬15g,石斛9g,赤白芍各10g,知母8g,川百合20g,炙乌梅10g,生甘草3g,乌药15g,荜拨3g,炒谷麦芽各6g。药后6剂痛减,饮食增,口中有津,大便润通。二诊去生地、知母,加生山楂15g,内金6g,服8剂,病情续有好转。患者先后诊12次,服药九十余剂,胃镜复查,病理变化亦明显改善。

6 益肾补脾法

本法适用于脾气虚,运化失司,气血生化乏源所致的慢性萎缩性胃炎,证见精神萎靡,不思饮食,食则腹胀,舌体淡白苔腻,脉濡细等。徐迪华治疗本证时,轻者建中益气法,常用黄芪建中汤合参苓白术散化裁变通,常用方为:黄芪15~20g,党参10g,炒白术6~10g,白芍10g,川桂技5~6g,茯苓10~12g,广皮10g,生熟山楂各10g,生姜3片,大枣5枚,炙草3~6g。对于临床所见不思食,面黄肌瘦,形寒喜暖的患者,他认为当用益火生土法在前方基础上用仙灵脾10g,附片8~6g,建功较速。

案5 王某,女,46岁,门诊号:9981。诉:胃脘痛十余年,近两年来隐痛持续不愈,有胀闷感,食欲极差,食后不舒,无吞酸,口干,欲热饮,体倦神疲,舌淡苔白,脉细。内窥镜查示:慢性萎缩性胃炎,胃黏膜萎缩,肠上皮化生。曾服补中益气汤、参苓白术散、生胃酮等中西药物效不显,转请徐迪华诊治。辨为脾肾阳虚,火不暖土。处方:黄芪20g,党参10g,附片5g,仙灵脾20g,白术芍各10g,内金8g,荜拨5g,乌梅10g,生姜3片,大枣5枚。另紫河车、肉桂、甘草研粉,日3次,每次3g,服药20天后,患者精神好转,食欲大增,原方出入七十余剂,胃痛除,食欲复常。8月后胃镜复查,病理状态明显改善,肠上化生皮基本消失。(夏正明)

医方验方

豆芪汤

方药:刀豆子30g,黄芪30~50g,人参、麦冬各10g,猪苓15g,白术10g,肉桂3g,巴戟肉、锁阳各15g,掌叶半夏、制南星各10g,莪术15g。

主治:各种晚期胃癌。

用法:每日1剂,煎2汁,早晚分服。

加减:上腹疼痛加玄胡索30g、香附10g;呕吐加旋复花10g、代赭石30g;腹胀加枳壳10g、炒莱菔子30g;黑便加棕榈炭15g;舌苔厚腻加砂仁5g、川朴华10g;舌有瘀斑加丹参30g、参三七5g。服药期间停止使用其它疗法。

方解:胃癌为本虚标实之证,本虚乃脾肾不足,标实为癌毒侵袭;脾肾不足表现为先天肾元亏虚,御癌能力低下;后天脾胃气虚,食积痰滞,易遭癌毒所凑。故本病的治疗一方面必须扶正,用肉桂、巴戟肉、锁阳温煦肾元,用黄芪、人参、白术、猪苓健脾和中益气,用刀豆子温中降逆、补肾。癌毒之性彪悍燥烈,易伤津耗气,故气阴两亏为晚期胃癌恶液质的显著特征,洽当补气生津,用人参、麦冬相伍。癌毒侵入胃脘,阻滞气血津液的正常运行和输布,必致湿炼成痰、血凝成瘀,终致毒、瘀、痰三邪集结胃府。故治疗的另一方面又当攻逐邪实,用掌叶半夏、制南星以毒攻毒,化痰散结;用莪术行气破血,消积止痛。

案例:张某,男,68岁,农民。就诊日期:1989年6月10日。患者出现上腹部饱胀隐痛不适,间断性发作,伴时有呕吐食物,被当地医院诊为"胃病",经用中西药物治疗,症情时轻时重,并逐渐出现形体消瘦、咽下困难等症。胃镜检查为:胃底贲门癌。病理报告:腺癌,癌组织侵犯肌层。"B超"提示:胃癌广泛转移。遂要求服中药维持。诊时证见:食欲不进,咽下困难,时恶心,脘部胀满疼痛,神疲乏力,口渴不欲饮,面色萎黄,形体消瘦。舌暗红苔微腻,脉弦细。徐迪华认为患者长期劳累,年老体衰,脾肾功能不足,且癌毒侵袭胃体,日久耗伤气阴。治用化痰通膈,益气补肾之法。方用豆芪汤加减:刀豆子、黄芪各30g,红参须10g,猪苓15g,生白术10g,巴戟肉、锁阳各15g,掌叶半夏、制南星各10g,莪术15g,枳壳、川朴花各10g。嘱煎浓汁,少少与之。1日5次。10天后患者症情见松,恶心、咽下困难有减,腹胀亦松。嘱加参三七粉3g调服。又10日,症状又见松动。嘱原方去巴戟肉,加炒元胡10g、南北沙参各30g续服。约半年后,患者能自行来院就诊,然形体消瘦。嘱其坚持服药,后因患者经济困难未能持续用药,存活至1991年3月21日。

生脉保元汤

方药:太子参15g、麦冬10g、五味子10g、黄芪

15g、甘草10g、肉桂2g、炒白芍15g，水煎服。7剂为1疗程。

功效：益阴敛阳，补血益气。

主治：适用平素血虚气弱，复因产后失血过多，以致营阴下夺，气随血脱而致的产后郁冒证（产褥中暑）。

加减：下红逾半月不尽加茜根炭15g；失眠者加柏子仁10g、枣仁10g；心悸，筋脉拘挛者加煅龙骨15g；便秘者加全瓜蒌15g；纳差、苔白腻者加炒白术10g；病程较长，贫血重者加黄精15g、当归10g。

徐经世学术经验

【名老中医简介】徐经世（1933～）安徽省巢湖人。主任医师，教授。曾任职于安徽中医学院第一附属医院内科。中华中医药学会诊断专业委员会内科肝胆病专业委员会委员，安徽省中医药学会顾问，肝胆疾病专业委员会主任委员，老年医学专业委员会主任委员，第二批全国老中医药专家学术经验继承工作指导老师。从医40余年，擅长治疗胆胃病和外感高热、内伤发热等急症及疑难杂症。首届"中医药传承特别贡献奖"获得者。著作有《徐恕甫》《中医临床诊疗规范》《实用中医老年内科学》等。

学术经验

1 调治中州胆胃必施以理脾

徐经世注重理脾。脾脏位居中州，为气血生化之源，脏腑经络之根，又濡灌五脏六腑、四肢百骸之用，在五行中属土，与胃相表里。脾为阴脏，喜燥恶湿，主运化升清；胃为阳腑，喜润恶燥，主受纳降浊。他经过长期临床实践，在总结前人经验的基础上，又提出理脾应遵守的4个原则，即补不得峻猛，温燥要适度，益脾注理气，养胃用甘平。临证做到护脾而不碍脾，补脾而不滞脾，泄脾而不耗脾，这样才能使理脾真正起到应有的作用。如胃脘痛有湿浊中阻、郁热内蕴等证型，其治疗用药各有侧重，但理脾和胃则为原则。而用药需注意燥中有润，润中有燥，理气又当寓于此中。又如脾虚不升、中气下陷的眩晕或女子崩漏（功能性子宫出血）等症，此切合补中益气，取方加减可收到益气升提、填冲摄血之效。再如脾虚内伤咳嗽或痰喘为病，当宗东垣治痰理脾之旨而首推六君，治在于本。又如慢性结肠炎，从症分析既似中医的脾虚泄泻，又合里急后重的痢疾表现，其证属脾虚湿滞、腑气失利的虚实夹杂证。治不宜偏，既要健脾和胃，收敛止泻，又要化湿导滞，清理肠垢。若偏于收敛则邪留于内，导滞过极又伤脾胃，所以治需掌握适中，切勿滥用苦寒坠下之品，以伤胃损脾。就此徐经世曾自拟葛枳二仁汤等方，每收捷效。

2 常喜分列药组

徐经世临证取药平和，巧用双向，每以少胜多而应效。今按其常选用的药物及剂量，分8类归纳如下。

2.1 益气健脾药

生黄芪15～30g，太子参15～30g，苍术、白术各15g，茯神20g，茯苓15～20g，山药20g，炒扁豆30g，莲子15g，薏苡仁30～50g。

2.2 醒脾和胃药

煨葛根15～40g，绿梅花20g，藿香10g，佩兰梗10g，砂仁10～12g，扁豆花30g，竹茹10g。

2.3 理气调中药

陈皮10g，法半夏12g，枳壳12～15g，制香附15g，郁金10g，佛手15g，木香6g，厚朴花10g，沉香9g，山萘5～10g，白蔻仁10g，檀香6g，八月扎15g，木蝴蝶10g，代赭石12g，延胡索10g，柴胡10g。

2.4 养阴益胃药

北沙参18～20g，石斛15～30g，白芍20～30g，百合10g，鲜生地15～20g。

2.5 消食化瘀药

建曲12g，山楂15g，沉香曲10g，鸡内金10g，熔五谷虫10～15g，谷芽、麦芽各15～30g，丹参15g，桃仁10g，五灵脂10～15g，田三七5g。

2.6 清化湿热药

蒲公英30g，茵陈15g，炒黄连3g，车前草15g，通草5g，竹茹10g。

2.7 抑木止酸药

乌贼骨15g，瓦楞子20g，红豆蔻10g，川楝子10g，白芍20～30g。

2.8 温中散寒药

熟附片6～9g，肉桂3～6g，桂枝5～10g，吴茱萸5g，乌药10g，高良姜6g，煨姜3～5g。

3 用药取清灵

徐经世临证治疗胆、胃病取效明显，除辨证准确外，尚能灵活地选用和配伍一些特定药物。

3.1 葛根

为徐经世擅用药物之一。葛根原本为发散风热药，性味甘、辛、凉，归脾、胃经，有解肌退热、透发麻疹、生津止渴、升阳止泻之功。徐经世认为，葛根还具醒脾和胃、除烦止呕、蠲痹止痛，调节内环境、平衡升降之效，已将此药广泛用于胆心综合征、颈椎病、痉挛性斜颈病、糖尿病、高血压、冠心病、神经性头痛、重症肌无力、慢性结肠炎、上呼吸道感染、痢疾等病症。现代药理研究也证明，葛根具有扩冠、抗凝、扩血管、降压、解痉、解热和降血糖等作用。临证使用凡病症兼有胃酸过多和脾胃虚寒证，如需用之（煨葛根），应加炒黄连5g，煨姜5g，以反佐即可，无伤于胃，亦别无其他副反应。对煨葛根的临床使用，他每剂用量最大为30～50g，超过教科书常用量的2～3倍，未见任何不良反应。葛根轻浮，生用壮阳生津，煨用鼓舞胃气。徐经世在遇到面肌痉挛、头晕、胸闷、头昏（额部痛）、泻痢等症时，必撷取煨葛根，是取煨用壮阳止泻、解肌之效。另外，常把葛根配以代赭石用治胆汁反流性胃炎，取其一升一降，俾使脾胃健而御肝乘，肝不乘而诸病愈。有云"升清可以降浊，欲降必先升之"，此言甚是。

3.2 代赭石

也为徐经世所妙用。代赭石味苦，入肝胃心经，具有平肝潜阳、重镇降逆、凉血止血之功。临床虽主治实证，若遇兼虚者，佐以人参，亦可起疴。如《虚劳咳嗽篇》下有云：证见咳嗽上逆，常佐以代赭石之压力，可使参之补益之力下行直至涌泉，而上焦逆气浮火，皆随之顺流而下，更可使下焦真元之气，得人参之峻补而顿旺，自能吸引上焦之逆气浮火下行，以达到补虚止咳、平衡阴阳之功。又如胆汁反流性胃炎，中医虽无此病名，按其病机则早有认识，如《内经》有云：邪在胆，逆在胃。胆为六腑之一，宜通宜降，其通全借肝之疏泄，其降依胃气之下行，带动胆汁顺势下降。若胃气上逆，胆则无下行之路，湿重胃气更逆，愈阻胆经降路，胆邪上犯于胃而引起胃病。药取代赭石镇逆胃气，使胆汁顺势而下，转为常态。可见临床诸证，病因虽有不同，治疗需以代赭石为主者，只要随证制宜，佐以他药，以降取升，无不应效。代赭石为药，宜打碎先煎，用于降逆平肝，生用；用于凉血止血，煅用。因其含有微量砷元素，故孕妇慎用，他病也不宜久用。

3.3 黄 芪

亦为徐经世常选，且多生用。黄芪药性微温味甘，归脾、肺二经，它具有补气升阳、以阳求阴，补土生金、以养化源的作用。其补气之功应用甚广，非它药所能替代。如今人们生活普遍提高，膏粱厚味已属日常生活，故常有伤脾之运化，湿邪内生，阻滞于中，热化多见，致使气血瘀阻，又伤及胃阴。所以在见气虚证时，当取用黄芪，且宜生用，不宜炙取。因补而不滞，补中有消，炙则滞之，有碍于脾，故临床以生用为好，诸多病例也得以验证。这也是他临床多以生用的原因所在。常用剂量在15～30g之间。临证见低血压、贫血、颈椎病、神经衰弱等引起的眩晕和慢性胃炎、胃下垂、白细胞减少症、类风湿性关节炎、脱肛、内脏下垂等病以气虚为主，或清阳不升，或中气下陷，或气虚血亏，或气不摄血，或气虚血滞不行，或气虚水湿失运，或气虚卫表不固，或气虚中寒等原因引起者，黄芪皆可应用。但对高血压引起的眩晕，用黄芪须审辨虚实。徐经世认为，高血压所致眩晕因属功能失调，下虚上实，临床属于肝阳上越、痰浊上蒙为多见，而黄芪虽具有升降之功，对高血压要取而慎之。因其为甘温之品，有助于热，用之有弊，易使肝风更为鸱张，痰火越加上壅，有致血压居高不下之势，反倒加重病情。故凡属表实邪盛、内有积滞、阴虚阳亢、疮疡阳证等，黄芪均不宜选用。

3.4 竹 茹

徐经世运用竹茹灵活自如，不假思索。竹茹异名竹皮，其性微寒而味甘，既入胆胃二腑，又归心肺两脏，为上中二焦之要药。善开胃郁，降逆胃气，具有止呕和胃、清肺祛痰、通利三焦之功。其性虽寒，而滑能利窍，可无郁遏客邪之虑。徐经世认为，古方有云"竹茹性寒，虚寒忌用"，有属偏见，如脾胃虚寒，兼有他疾，用以姜炙则无碍于脾，反可起到和胃健脾、使胃受纳之效，药半功倍。按其轻可去实，引药入胃，凉用去热，和胃降逆，且有清化痰热之力，他认为竹茹实为宁神开郁最佳之品，不可不选。今以中医药治疗疾病，入药途径单一，如用药味重，很难受纳，更有伤于胃，所以要取之有效，首先要使胃受纳，在药中配竹茹之别意也在于此，它既能调和诸药，功过甘草，又可起到治疗性作用，可谓有益无弊，一举双得。当今社会，膏粱厚味流行，一旦为病，多为湿邪化热，郁蕴于内，亦正合竹茹之证。

4 研制专方

4.1 徐氏消化复宁汤

药物组成：竹茹10g，苍术15g，柴胡10g，黄芩9g，枳壳12g，郁金10g，延胡索12g，白芍20g，山楂15g，蒲公英20g，车前草15g，谷芽、麦芽各15g。功效：宽中理气，疏肝利胆，健脾和胃，平衡升降。主治：以胆腑气机通降功能失常为主的胆胃病，相当于西医学的胆囊炎、胆石症、慢性胃炎、胆汁反流性胃炎等疾病。临床证见脘胁痛胀，善太息，口苦纳呆，嗳气腹胀，大便干稀不一，小溲偏黄，苔薄或滑腻或质红少苔，脉细弦等。服药方法：每日1剂，水煎2次，共取汁400mL左右，分3～4次服下。

加减：湿浊不化，阻滞中焦，脘闷纳呆，去白芍、黄芩，加厚朴花10g，绿梅花20g，建曲12g，以化湿健脾，理气和胃；湿邪热化，胃脘饱闷，大便不通，去白芍、山楂，加大黄6g，蒲公英30g，以清热导滞，通腑畅中；肝气犯胃，嗳气吞酸较甚，去车前草、黄芩、山楂，加法半夏12g，乌贼骨15g，代赭石9g，以降逆止酸；胆汁反流而致口泛苦水，去柴胡、黄芩、山楂，加葛根15g，代赭石12g，黄连3g，以镇逆和胃，顺气利胆；出现黄疸，加茵陈15g，以淡渗利湿，利胆退黄；舌红少苔，重用石斛30g，以益胃养阴，护救化源；有结石可加沉香9g，玄明粉10g，以利胆排石。本病在用药治疗的同时，应充分注意调护，嘱患者做到劳逸结合，主动适应寒温变化，避免情志刺激和不舒，勿使过度劳累，保持大便通畅，寐时多取左侧卧位，禁食油腻肥厚之品，少进辛辣煎炸生冷之食，配合药疗，常可起到事半功倍的作用。

方解：本方诊治的此类胆胃病临床常见，其发病多与肝胆气郁、疏泄失利、脾失健运、胃气不和、湿浊中蕴有关。消化复宁汤正是针对此病机组方用药的。方中柴胡、黄芩、枳壳、郁金、延胡索、白芍组合，调和肝胆，理气止痛。现代药理亦证明，以上这些药物具有利胆、镇痛等作用，可使药达病所；山楂、谷芽、麦芽合为二仙，功在消积，调理胃肠；车前草清热利窍，引热下行；苍术、竹茹则健脾燥湿，清热和胃，燥中有润，使胃受纳；蒲公英清热利胆，消炎健胃。全方合力，利胆调腑，消炎止痛，健脾和胃，具有调中有利、通调结合的作用，为阴阳转枢之剂，共奏修复消化之功。

4.2 其他常用方

徐经世临证胆胃注重专方应用，但并不拘泥专方，相反还常常兼收并蓄，为我所用。如常用方还有：① 舒肝和胃煎，治胁痛属肝气犯胃证。组方药物有竹茹10g，代赭石12g，白芍20g，黄芪10g，白术15g，砂仁10g，香附15g，木蝴蝶10g，绿梅花20g，厚朴花10g，枳壳12g，谷芽20g；② 黄连温胆汤化裁，用治胃痛属湿热内阻证。常选用竹茹10g，蒲公英30g，法半夏10g，佩兰10g，薏苡仁30g，厚朴10g，陈皮10g，枳壳10g，绿梅花20g，谷芽20g；③ 清胆催眠方，治胆热痰火内扰引起的失眠症。用药有竹茹10g，桔络20g，法半夏12g，合欢皮30g，远志20g，茯神20g，酸枣仁25g，代赭石10g，青龙齿30g，朱麦冬15g，甘草6g；④理郁方，用治郁症属肝郁脾虚证，药用竹茹10g，煨葛根15g，绿梅花20g，合欢皮30g，郁金10g，远志10g，酸枣仁20g，谷芽30g，白芍20g，山药20g。（王化猛）

医案验案

疑难杂病验案

1 唇疔（败血症）

朱某某，男，42岁。1991年8月16日初诊。主诉：口唇生疮，局部肿痛，突发高烧，咳嗽胸痛，痰涎稠黄。急诊住入某医院治疗。诊查：口唇左上角红肿，外形小而根深坚硬，疼痛不已，持续高热达39℃，心率120次/分，血压100/60mmHg，白细胞计数18×10^9/L，中性粒细胞80%，血培养为金黄葡萄球菌，诊为败血症。经用高度敏感抗菌剂，旬余高热不退，精神萎靡，舌红苔薄，脉象急数。辨证：此热毒过甚未得外透，侵犯太阴，心经火炽，证属疔毒走黄。治法：清热解毒，凉血护营。处方：金银花30g，连翘15g，黄芩15g，野菊花20g，蒲公英20g，紫花地丁20g，干生地15g，牛蒡子15g，川连5g，人中黄10g，鲜芦根30g。6剂(1日2剂)。二诊：药进3日，体温逐渐下降至38℃以下，白细胞总数略高正常，局部红肿见好，精神转佳，惟咳嗽痰稠未减，X线摄片提示肺脓疡。此乃热伤于肺，痰浊上壅，并发肺痈（初期），热久阴伤。宜予养阴清热，清肺化痰。处方：北沙参20g，杭麦冬12g，生石膏15g，黄芩10g，杏仁10g，冬瓜仁30g，瓜蒌皮15g，牛蒡子10g，桔梗10g，芦根30g，车前草20g，竹茹10g，甘草5g。5剂。三诊：药进5剂，身热得解，血象正常，局部病灶基本消退，咳痰减少，余无他变，故按上方加减继服7剂。旬余后复查各项正常，痊愈出院。

按 其病乃疔毒走黄，徐经世按其热毒之证，予以清热解毒，托里外泄，药进数剂，有效地控制病灶，使毒邪得以外透。但由于热毒内炽，火势燎原，侵犯于肺，并发肺痈（肺脓疡），故按症情拟用养阴清热，清肺化痰之剂，服后数日肺症消失。本病皆由“火毒”而生，并就病发部位不同而取名有异，如常见“人中疔、“唇疔”、“蛇头疔”等。但其治疗原则，初期在非溃脓期，以清热解毒为主，溃脓期当以清热解毒、托里排脓。对于疔毒走黄应按温病卫、营、血的传变辨证立法。本案以服中药治疗，日夜进服2剂，以扩血溶量，提高疗效，亦为重要一环。清·魏之琇曾治高热神昏一妇人，呼吸微促，四肢厥冷，脉若蛛丝，急服生脉散合理中汤，日夜进药而得效，当为今日临床所借鉴。

2 热厥（恶性组织增生症）

高某，女，29岁。1979年8月16日初诊。病史：身孕时持续发热十天，经治未解，现产后仍高热不退。住省某医院检查拟诊为恶性组织增生症，采用多种方药，病情日趋加重，未及多日则出现神昏谵语，小便失禁，经抢救罔效，拟动员出院。诊查：舌红少津（用勺器打开口腔），脉象细数有力。辨证：热久入营，证属热厥。治法：芳香开窍，透邪外达。方药：急投安宫牛黄丸。二诊（8月17日）：患者昨夜连服安宫牛黄丸2丸，今晨热减神清，小便自主；上午自动出院，来门诊复诊。嘱其继服安宫牛黄丸2丸。并拟予益气养阴，清心护营之剂。处方：西洋参5g，嫩青篙15g，醋鳖甲15g，杭麦冬10g，炒黄芩10g，炒丹皮10g，鲜生地15g，生石膏20g，鲜芦根30g，竹叶卷心20g，生甘草6g。服数剂后，热解病除，饮食新增，恢复正常。

按 本证属热厥，由高热日久，传入营分，故出现昏迷不语，神志不清，小便失禁等危象。病重如斯，急当凉开，药投安宫牛黄丸2丸，以挽其势。本方具有醒脑开窍，清热解毒，芳香开郁，透邪外达之功。其药组非常精炼，全方以12味药组成，方中多半为清肝泄热、醒脑开窍之品，用麝香、冰片以取走而不守之力，协同诸药，共达病所。本例所属病症，中西观点有异，但据其临床表现当为热厥，选方用药切当，由危转安，预后良好。

3 风温（大叶性肺炎）

夏某，男，62岁。1976年3月10日初诊。主诉：畏寒高热，咳嗽胸痛，咯铁锈色痰，病延5日急诊入院。伴呼吸急促，口渴喜饮，饮食少进。诊查：体温39.2℃，心率83次/分，血压130/82mmHg。心音低微，右肺下叩浊偏低，呼吸逐渐减弱，可闻及少许湿性罗音，左侧未闻异常，伴有轻度脱水。胸透：右肺见有大片均匀致密影。实验室检查：白细胞31.3×10^9/L，中性粒细胞80%。舌苔黄滑且腻，脉象虚浮而数。辨证：温邪伤肺，热伤津气，本虚标实，化源告竭，证为风温（大叶性肺炎）。治法：辛凉宣泄，清肺化痰，佐以益气养阴，防治虚脱。处方：西洋参5g，南沙参12g，川贝母10g，瓜蒌皮15g，杏仁10g，炙麻黄5g，生石膏25g，黄芩10g，冬瓜仁20g，鱼腥草10g，鲜芦根20g，生甘草6g。5剂。二诊：药进数剂，佐以补液（不加抗菌素类药），3天后体温降至37℃，咳嗽减轻，但后陡见自汗不止，血压降至78/60mmHg以下，波动不定，呈虚脱之象。嘱加用独参汤频饮，病情好转，自汗渐止，继以益气养阴，清化痰浊。处方：西洋参5g，杭麦冬12g，川贝母10g，炒杏仁10g，炙桔梗10g，瓜蒌皮12g，化橘红10g，鱼腥草10g，冬瓜仁15g，鲜芦根20g，甘草6g。5剂。药后咳嗽减少，舌苔消退，每餐能进粥米碗许，二便正常，脉来虚缓，治以益气健脾，濡养肺胃汤方，半月后病愈出院。

按 高年脾虚，湿邪内生，新感温邪，痰浊热化，上壅于肺，宣通失司，而致高热不解，咳嗽锈痰，当投麻杏石甘汤加减，以急治其标。但本例表现本虚标实，化源告竭之危象又立见在目，故当注意防脱，在治标之时，佐以益气养阴，使邪祛正安，庶免告竭。方中所取麻黄须剂小炙用，以宣发肺气，用石膏甘寒解热，两药同伍，直达病所以清痰热。并以瓜蒌、杏仁、冬瓜仁，更助化痰之力，使肺得肃降；而鱼腥草之味苦辛，故有苦通辛降之力，清热解毒更寓于其中；芦根则清热养阴，濡养化源；黄芩取其清上，直泻肺热，所以全方合力，收效迅速。本例系"风温"之重症，所谓化源告竭，是指肺不生气，生气之源衰竭的病变过程，因而在治疗中重用人参固气，使阳能生阴，则为挽救化源欲绝的重要法则。可见危急重症，只要审证准确，施治得当，亦可化险为夷。

4 黄疸（阻塞性黄疸）

林某，女，42岁。1995年4月20日初诊。主诉：始因胆结石，先后行2次手术，后不久又感脘胁疼痛，全身搔痒不已，痛苦难忍，口苦少饮，溲黄，便溏日行数次，入寐盗汗，精神疲惫。诊查：巩膜及全身黄染，舌红苔黄，脉象细弦。B超提示肝内胆管结石。辨证：湿邪阻滞，郁热内蕴，脾受木侮，阴液受伤。治法：醒脾和胃，清化湿热。处方：煨葛根30g，石斛15g，竹茹10g，扁豆花30g，蝉蜕8g，杭菊花15g，绿梅花20g，黄芩10g，茵陈20g，生苡米30g，碧桃干30g，车前草20g。二诊：上方连服10剂，症状悉减，惟大便仍溏，小溲黄短。上方去蝉蜕、黄芩，加焦山楂15g，蒲公英15g。三诊：经诊2次，药进20余剂，黄疸退除，饮食增加，惟气阴两虚，舌红苔少，口苦少饮，入夜盗汗，拟方调理。处方：煨葛根25g，北沙参20g，竹茹10g，石斛15g，绿梅花20g，酸枣仁25g，淮小麦50g，碧桃干30g，焦山楂15g，炒川连3g，西滑石15g（包），车前草15g。10剂。迭诊3次，药进30余剂，症状已除，后以柔肝和胃，通顺腑气之剂，调治3月，身体康复，正常工作。

按 本案患者曾因胆结石先后2次手术，不久又见复起，检查提示，肝内胆管结石，并发黄疸（阻塞性黄疸）。此证属肝郁脾虚，湿热内蕴，郁久伤阴，津液失布，所取治法用药，既要注意病位，又要考虑整体，方可有效。徐经世认为胆之为病，多与肝胃不和，脾失健运，湿邪内蕴和疏泄失利有关。胆既属于六腑亦为奇恒之腑，宜通宜降，而其通顺全赖肝气疏泄，其降则又有赖胃气下行，一旦气机逆乱，通降失职则发病。治疗用药，当顺行其道，纠其逆转。针对本案特点，他用自拟消化复宁汤，以醒脾和胃，清化郁热，淡渗利湿，养阴生津，药进月余则黄疸消退，舌转有津，饮食增强，大便转调，后继以调治，临床痊愈。随访数年，未见复发。

5 不孕（卵巢囊肿）

江某，女，36岁。1970年10月6日初诊。主诉：婚后多年未孕，曾检查两侧卵巢均有囊肿，不久已手术切除一侧卵巢，月经不调，先后不一，经前腹痛，血紫量多，平时腰酸感冷，口干少饮，饮食一般。诊查：视其面容偏瘦，舌红苔薄，脉象细弦。辨证：证属肝肾同病，肝失条达，乃虚实互见，寒热错杂为患。治法：益肾调冲，畅达未郁。处方（自拟益经调冲汤）：小红参50g，白术150g，当归150g，阿胶200g，香附200g，生地150g，贯众150g，丹皮100g，紫石英300g，桂枝50g，杭白芍200g，将上诸药研粉。取麦冬200g，益母草200g，白酒560g，用水适量熬汁，再化阿胶，与诸药末混和，炼蜜为丸。每服20g，1日3次，温开水送下。二诊：药丸月余服完，月经来时腹痛缓解，血量有减，余无变化，遂遵原方继服1料。药尽，月水正常。复查卵巢囊肿缩小，未及一年受孕顺产。

按　女子不孕，首责于肾，求子之法，必先调经，此乃常法。但本案冲任失调，胞宫残缺，所见之症为虚实互见，寒热错杂，治宜先益经调冲，修复功能，故自拟益经调冲汤为丸。方中选用参、术益气健脾，扶土达木；取归、地、芍三物重在调经；阿胶及人参收补血之功，补血当补气，理之所在；然香附属女科要药，所以配之则有助于益气养血之力；丹皮清热凉血，搜泄血热；桂枝味辛色赤，有温经通阳之功，配白芍则起到调营和卫，平衡阴阳的作用；紫石英性温质坚，直入胞宫，确有助孕之能；贯众为收敛止血药，但有散结除瘀，收缩子宫之用，取之意在调冲；益母草有祛瘀生新，整复子宫之功，今取与麦冬、白酒和水熬汁加蜜为丸，以达到补中有调，调中有补，温中有寒，寒中有温之协调和制约双向作用，使虚实互见，寒热错杂之病证得到修复，并取顺种子。（王化猛）

徐蔚霖儿科经验

【名老中医简介】徐蔚霖（1919～）主任医师。1940年毕业于中国医学院。原上海市儿童医院中医科主任。上海市儿科学会名誉主任委员，全国遗传学会会员，上海市药材总公司咨询委员会委员，上海市食疗研究会理事。享受国务院政府特殊津贴。上海市名中医。擅长治疗小儿呼吸道感染、消化系统疾病、急慢性肾炎、遗尿、性早熟等。主审、参编《中医儿科临床实用手册》《中西医临床实用手册》等著作，发表论文10余篇。

1 儿童性早熟—病在冲任，源在肝肾，治分虚实

徐蔚霖认为，患儿有乳房发育临床表现者可按“乳疠”论治，若有月经提前来潮者亦可按“月经先期”论治。儿童性发育的基础是肾气盛，儿童性早熟之源在于肝肾阴阳失衡，在于冲脉任脉气血失调，肾为先天之本，主一身之元阴元阳。小儿由于其独特的生理特点表现为肝常有余而肾常虚，易致肝肾阴阳失衡，肾阴不足无以制阳则相火偏亢，使月事非时早致或乳房早现，导致儿童性早熟。他认为治法应取“滋阴壮水、清肝泻火”。辨证分虚实，治疗先疏肝，用药以入肝经药为先，治疗重在肝、肾二脏及冲任二脉，临床可从虚、实来辨证，虚者为肾阴不足，实者为肝郁气滞，因以疏肝解郁、清利湿热为治则。常用的经验方组成为：柴胡、黄芩、八月札、天花粉、丹皮、丹参、知母、生牡蛎、潼蒺藜、白蒺藜、郁金、鬼箭羽。其中用柴胡、八月札以疏肝理气；知母、丹皮、生地以清热凉血、活血；丹参、当归以养血活血；生牡蛎、潼蒺藜、白蒺藜、郁金、鬼箭羽以软坚散结。此方适用于肾阴亏虚、相火旺盛、冲任失调的儿童性早熟。常与逍遥丸、六味地黄丸、甘露消毒丹、归脾丸等中成药联合使用，疗效显著。

2 小儿反复呼吸道感染—补脾益肺，实后天之本；调和营卫，固御敌之藩篱

徐蔚霖从为，小儿呼吸道感染主要是患儿自身护卫功能不足，防御外邪侵袭的功能薄弱所致。“脾虚肺弱、生化乏源、营虚卫弱、卫外不固”是小儿反复呼吸道感染发病之原因所在。肺虚脾弱、痰邪留伏是疾病反复发作的病理基础。因为肺气虚弱，因此在上呼吸道感染后，极易使肺失宣肃、气机不利，肺中津液布散失常，则凝聚为痰；而在下呼吸道感染

后,由于肺气虚弱,则又极易出现肺气郁闭之病机。"脾为生痰之源,肺为贮痰之器",脾虚之痰,可上贮于肺,从而影响肺的正常功能,使呼吸道感染病程延长、症状加重。在正确分析病因病机的基础上,他拟定的治疗法则是"补脾益肺,调和营卫"。"脾为营之源,胃为卫之本"。脾气足则水谷精微得以化生气血,气血充足才能保证营充卫足,发挥"温分肉实腠理"的卫外防护功能。徐蔚霖的经验方是:党参、沙参、白术、白芍、当归、丹参、豆蔻、炙远志、五味子、仙鹤草、功劳叶、生牡蛎、炙甘草。方中的党参、沙参以益气扶正固表,兼顾养阴润肺,有利于脾气的运化、肺卫的巩固;配以白术、豆蔻健脾养胃,五味子补肺气调营卫,生牡蛎固表止汗,等等。全方的功能为健脾益气、和营敛汗、开肺化痰。此方温而不燥,补而不腻,起到缓则治其本的作用,临床上屡试屡效。有5岁患儿反复呼吸道感染4年,从9个月大时得肺炎后,每年至少患2~3次肺炎,冬春季几乎每月都患一次感冒,后经徐蔚霖辨证施治后得以痊愈,随访体健,很少患呼吸道感染。

3 小儿遗尿—肺脾肾三脏气虚为本,膀胱不约为标

对于小儿遗尿的病机,徐蔚霖认为尿液的生成与排泄,与气化、水道和膀胱有关,病机根本在于肺脾肾三脏气虚。《诸病源候论·遗尿候》指出:"遗尿者以膀胱虚冷,不能约于水故也。"他认为三脏之气盛衰与否,直接影响尿的排泄是否正常,三脏气虚的结果是膀胱虚冷,故脾肺肾三脏气虚是"本",膀胱不约是"标"。遗尿的根本在于虚,故治疗以补虚为第一要务,强调温肾益脾、镇摄止遗为治疗大法。《景岳全书》曾指出:"凡治小便不禁者,古方多用固涩,此固宜然,然固涩之剂,不过固其门户,此亦治标之意,而非塞源之道也。"徐蔚霖主张脾肾双补,固涩塞源,双管齐下。固涩即约束膀胱,塞源是肾脾同治。他常用的方药是:黄芪、黄精、党参、沙参、丹皮、丹参、白术、白芍、豆蔻、五味子、炙远志、菖蒲、功劳叶、台乌药、覆盆子、何首乌、金樱子、生牡蛎等。其中黄芪、黄精、党参、白术、豆蔻补脾益胃,五味子、炙远志、菖蒲、何首乌、功劳叶、仙鹤草、沙参以益肾肃肺,使下元充、中气足、清阳升、水道通,升降有常,固摄有权,塞源止遗。台乌药温散下焦虚冷以助膀胱气化,金樱子、覆盆子、五味子、生牡蛎以固涩止遗。常配合六味地黄丸、归脾丸等联合使用,效果良好。

4 儿童厌食—气血阴阳虚实明辨

厌食是指小儿较长时期内见食不贪、食欲不振,甚至拒食的一种常见病证。徐蔚霖认为其病位在脾胃,病机有气血阴阳虚实之分。由于小儿具有"脏腑娇嫩"、"稚阴稚阳"、"脾常虚"的生理特点,本病病机每虚多实少或虚实夹杂。病初多为气虚气滞,病久则气血双亏,且可能合并气滞血瘀。他拟定的治法治则是:运脾养胃、慎用攻伐。"脾不和则食不化、胃不和则不思食,脾胃不和则不思而且不化。"所以徐蔚霖强调运脾养胃是治疗小儿厌食的第一要务,而且一定要重视对病因的辨证,临证要详问病史、注意细节。小儿素禀不足(如早产儿、低体重儿)或大病久病之后,易致脾胃虚弱;小儿过量进食高热量、高脂肪食物或进食多量甜食、生冷食物造成食滞胃肠,因此要细辨气血阴阳虚实。他的经验方是:党参、沙参、白芍、当归、白术、扁豆、豆蔻、五味子、芦根、谷芽、麦芽、焦三仙、鸡内金、伏苓、炙甘草。方中党参、沙参配合具有补益脾肺、益气生津的作用;白术、伏苓、白芍、当归合用可气血双补、甘缓养阴;扁豆、豆蔻、炙甘草则和中理气、化湿温胃;谷芽、麦芽、焦三仙、鸡内金以消食和中。全方具有健脾养胃、补益气血、消食和中的功效,对小儿厌食症的治疗有独特的效果。(张建中)

徐锡山中药鉴别经验

【名老中医简介】徐锡山(1929~)主任中药师。浙江省中医院国家级中药师。第二批全国老中医药专家学术经验继承工作指导老师。从事中药工作50余年,擅长中药材和贵重药品的商品规格和质量鉴别,熟悉几百种中药材的产地和产地加工、加工炮制、贮藏保管、功能与主治、有毒无毒及配伍禁忌等。

中药直观鉴别经验

1 学习经典是中药直观鉴别的基础

徐锡山分析了历代中医药发展沿革,认为后世著名医药家在理论和实践方面都是在前人基础上得到发展和创新。如《淮南子·修务训》记载:"神农……尝百草之滋味,水泉之甘苦,令民知所避就。当此之时,一日而遇七十毒。"《史记·补三皇本记》也有"神农……始尝百草、始有医药"的记载。这生动地反映了我国劳动人民在实践中发现药物的艰苦情景。这些医药实践知识开始只能师承口授,后来有

了文字，便逐渐被记录下来，这是本草的萌芽。后经不断积累、发展，编出了本草著作。最早的《神农本草经》就是在此基础上编写而成。并在序录中记载，药"有毒无毒，阴干暴干，采造时月，生、熟、土地所出，真伪陈新，并各有法。"这对药物的产地、采集时间、方法以及辨别药物形态真伪的重要性，有一些原则性的概括。通过不断地尝试，实践，逐渐认识了药物的特征，并学会运用眼、耳、鼻、舌、身等这些感觉器官来识别自然界的植物、动物和矿物的形、色、气、味，从而能鉴别出每一种药物的特点。梁代陶弘景以《神农本草经》和《名医别录》为基础编成《本草经集注》，比以前的本草又更进一步。如对"术"的鉴别，认为术有两种，"白术叶大有毛而作丫，根甜而少膏……，赤术叶细无丫，根小，苦而多膏。"又如朱砂以"光色如云可拆者良。"这些宝贵的经验和鉴别中药材丰富史料，是祖国药学的财富。所以，他在几十年的工作中，孜孜不倦，认真学习，深刻领会，并做了大量的笔记。不惜财力，收集各个时期的本草经典，吸其精华，去其糟粕，为我所用，为鉴别中药材打下了坚实的理论基础。徐锡山还谆谆教诲弟子，祖国医药是个宝库，要认真学习，发掘，整理并加以提高，为中药材的鉴别标准化、科学化、规范化，更好地为病人服务做一点贡献。

2 多实践是中药直观鉴定的必由之路

明·林鸿曾有诗说："古人既已死，古道存遗书。一语不能践，万卷徒空虚。"徐锡山认为学习经典的目的，就是要通过读书获得间接经验，再通过实践获得直接经验。直观鉴别的实践就是靠眼看、手摸、鼻闻、口尝、水试、火烧等办法来达到鉴别目的。如木香、独活、当归、书上描述断面皆有一环状的形成层，有芳香的油点散在，香气浓郁。没有经过实践体验，是较难将它们区分开。只有通过不断地实践，在实践中体验，体验中找到它们的不同点：当归形成层环呈黄棕色，散在的油点呈棕色，有浓郁的清香气；独活形成层环呈灰褐色，散在的油点呈淡棕色，有特异的浊香气；木香形成层环呈棕色，散在油点褐色，清香气较浓。

没有通过实践，试图想看看书就掌握中药的直观鉴定是比较困难的。中药鉴定的书籍似乎很容易看得懂，当中的词汇看起来并不深奥，有的还很形象化。但其中术语的内含与外延与日常人们体会的有很大的区别。如质地轻泡，实重，纤维性，粉性，皮薄与厚，味浊与淡，气微等，都有很大的相对性。只以字面上去理解是远远不够的。非通过自己去实践，亲身体会不可。又如防风，"蚯蚓头，菊花心，风眼生，"这是对防风质量较好的一种描述，只有亲身去体会防风的蚯蚓头，菊花心，风眼生在实物上是怎样体现的，才能加深理解，增强记忆，区别直假好坏。尤其是一些混淆品，大多具有与正品相似的特征，或在形态，或在质地上存有点点差别，更应通过实践，才能掌握要点。如栀子与水栀子，两种基本相似，唯有水栀子个体稍大，翅状纵棱较高，且多卷折，顶端宿萼较大，果皮较厚。因此，多实践是中药直观鉴别趋向成功的必由之路。不断地实践，深刻地领会，才能掌握各药物的特征。他就是在50余年的工作中、边学习，边搜集名家的经验，边实践，日积月累，把前人的经验变为自己的本领。

3 收集标本是中药直观鉴定的重要一环

徐锡山在工作中，自始至终抱着"能者为师，做到老，学到老"的宗旨，广泛结交医药同行，了解信息，交流经验，收集标本。在50余年的工作中，收集了约500余种标本。有常用的，有不常用；有贵重的，有便宜的，有正品，也有劣品和伪品。其主要目的是便于比较，使一时难下定论的，通过比较得出定论。如有些药材由于受种植、产地、采收季节、加工炮制等因素的影响，使原有的某些特性有所变异。如有一药材，初看是洋金花，又像闹羊花，一时难已确定。其主要特征是：花冠漏斗状，长6～7cm，上端5裂，下部联合成管状，棕黄色或黄棕色，花柱1枚，雄蕊4枚，呈二强型，个字着药，气微香。与标本核对比较，不属洋金花，也不符闹羊花，由于有标本相比较，才能下此结论，最后得出是属于紫威科植物凌霄花。因此，标本的收集、保管、核对比较在中药直观鉴别中是较重要的一环，是一门科学，它解决了中药直观鉴别的一些疑难问题，也是中药直观鉴别不可少的一部分。

4 勤奋总结，对比分析是提高中药直观鉴定水平的有效手段

徐锡山平时碰到什么问题，或有新发现，总是及时记录下来，而后查找资料，进行核实，论证，直至问题解决。滴水成河这个道理，在徐老身上得到了淋漓尽致的体现。除了勤奋实践外，还要不断地进行总结，对比分析，得出其相同点，不同点，这样便于区别。如将具有相似外观的中药饮片山药、粉萆薢，天花粉对比可见：粉萆薢边缘不整齐（表皮皱缩）与其它二味不同；以断面上看，天花粉有棕色导管；从质地上看，山药和天花粉较实重，粉性较足，但山药断面颗粒性，故断面不平坦。粉萆薢的粉性较前二者

而不及(粉性呈粉尘样),具弹性感、质坚。除天花粉外,其它均能折断;从颜色上看,山药洁白(最白),粉萆薢类白色(次之),天花粉微白(再次之)。通过总结对比,3味药材各自的特征和它们之间的区别便容易掌握。所以,勤奋总结,对比分析是对提高鉴别水平的一种有效手段。

5 依靠现代科学方法是提高中药直观鉴定正确率唯一的方法

徐锡山认为,中药直观鉴定的理论、经验,虽然来于实践,但亦非与现代科学格格不入。有的只有用现代的植物分类学、饮片的显微鉴定、理化鉴定等手段,来提高直观鉴定的正确率。如对于一种即使是完全未知的植物药物,用直观鉴别难以定论,而用植物分类学的方法对其分析和描述,可以确定其是高等植物还是低等植物,是裸子植物还是被子植物,是根还是根茎;再根据各种特征是属于那个科、属、种。如川朴断面在放大镜下可见多数发亮的细小结晶(厚朴酚结晶),丹皮在放大镜下可见白色结晶(系针状、片状或柱状的牡丹酚结晶)。大黄在紫外光灯下,呈棕色至棕红色荧光等。通过这些现代科学手段的鉴定,无疑能提高中药鉴定的正确率。(钱松祥)

白术鉴别

白术,为菊科植物白术 Atracty10des macrocphala Koidz 的干燥根茎。因其根干枝叶之形像篆文"术"字故名。主产浙江嵊州、东阳、盘安、昌化、仙居;安徽歙县、黄山、宁国;湖南平江、德阳和湖北、江西、四川等省。以浙江产量最大,是"浙八味"之一。而"浙江术"由于产地不同又可分为於术、杭术、扣子术(金线术)、白术(大山货、小山货)等。徐锡山根据多年积累的经验,认为"浙术"以於术为上品,杭术、扣子术为中品,白术为下品。

1 於术

产于浙江临安的於潜、昌化、天目山一带。其形细瘦,呈拳状团块,上部留有一段地上茎,弯曲如鹤腿,俗称"鹤形野术",外皮红润光泽,有瘤状突起及断续的纵皱及沟纹,下部两侧膨大俗称"云头",断面黄白色,有放射状纹理,并有"朱砂点"。气清香,甜味强而辣味少,嚼之有粘性。属白术之最,该商品基本已绝迹。现有少量看到的,是将新昌的白术种子播种在於潜、昌化、天目山一带的栽培品。但断面"朱砂点"较少,质量不如原有於术。

2 杭术

主产于浙江余杭一带。形如於术而略大,皮红肉白,断面"朱砂点"较少,味甘微辛,嚼之略有粘性。质量略次于於术,产量也很少。

3 白术

3.1 小山货

产于浙江嵊州一带。根茎呈不规则的拳状团块,长2~7cm,直径2 ~4cm。表面灰棕色或棕黄色,有瘤状突起。下面两侧膨大似如意头,俗称"云头",向上侧渐细,有的留有一段木质地上茎,俗称"白术腿"。质坚硬不易折断,断面不平坦或有裂隙,外圈黄白色,中间较深,略有"菊花纹"及"朱砂点"。气清香,微甘微辛。形体较瘦小。

3.2 大山货

产于浙江东阳、盘安一带。形状如小山货,但形体较大,长3~13cm,直径2~7cm。大山货、小山货是目前浙江的主流产品,产量较大,约占浙江白术产量的90%以上。

4 扣子术

产于浙江龙泉一带。形如白术,但细小,象扣子。长约2~5cm,直径1~3cm,其根茎保留一段细长茎,如"金线吊葫芦",俗称"金线术"。因当初加工者为仙居人,也称"仙居术"。品质较优。

白术的主要成分:含挥发油1.4%,成分为苍术酮、苍术醇、白术内脂A、白术内脂B。尚含维生素A等。用现代科技手段与传统经验相结合,取长补短,可提高白术的优质品率。(钱松洋)

徐宜厚皮肤病经验

【名老中医简介】徐宜厚(1940~)湖北省武汉市人。主任医师,教授。1963年毕业于原武汉中医学院中医本科。新加坡中华医学会学术顾问。第二批全国老中医药专家学术经验继承工作指导老师。享受国务院政府特殊津贴。擅长治疗各种皮肤病。著有《皮肤病中医诊疗学》、《徐宜厚皮肤病临床经验辑要》《中医皮肤病临床手册》《结缔组织病中医治疗学》《皮肤病针灸治疗学》等12本专著。

系统性红斑狼疮

1 剖析病因,重在脏腑

系统性红斑狼疮证候纷杂,究其发病原因多由先天禀赋不足,情志内伤,病后失调,复受六淫侵袭,特别是风、暑、火、燥四淫阳邪的外袭,导致阴阳气血失于平衡,气血运行不畅,气滞血瘀,阻于经络和脏腑而致病。然而,在证候变化多端之中,徐宜厚认为脏腑失调是其内因,外邪则是致病条件。病之初,常为热邪、火毒等阳邪侵犯肌肤,进而导致气血失和,热毒燔灼,逼血外溢,病位在皮肤、筋脉、关节;病之久,火毒之邪灼伤阴液,病邪则深入脏腑,致使毒邪攻心,或肝阴被灼,或肝脾失和,肾阴亏损,病位在腑在脏,重点在心、脾、肾三脏。

2 主证以扶正为先

鉴于系统性红斑狼疮其证候缓解与恶化交替出现,徐宜厚在临证中,既主张病证结合,又偏重扶正为先,并贯穿于治疗的始终。

2.1 活动期

证见高热、烦躁口渴、周身软弱、脉数等,乃气血两燔所致。本着“火为元气之贼”(《东垣十书》)的道理,治宜清气凉营、生液保津,选用甘寒清凉类的方药,常用人参白虎汤或清瘟败毒饮加减:生石膏、炒知母、绿豆衣、玄参、炒牡丹皮、甘草、连翘、炒白芍、金银花炭、琥珀、竹叶、生地黄炭等。

2.2 缓解期

依据五脏主证而分别施治,如心虚为主者,证见虚烦心悸、夜难入寐、梦多或惊惕不安、健忘、多疑善惑,治宜养心宁神,选用三子养阴汤加减:女贞子、沙苑子、茯神、酸枣仁、枸杞子、生地黄、菊花、黄连等。如肺虚为主者,证见潮热、咳嗽、胸闷、盗汗、虚烦、咳血等,治宜养肺保阴,常用百合固金汤加减:生地黄、熟地黄、麦冬、五味子、炒白芍、玄参、川贝母、桔梗、百合、当归等。如脾虚为主者,证见短气懒言、乏力、食欲减退、便溏等,治宜益气健脾,常用小建中汤加味:黄芪、茯苓、白术、白芍、木香、党参、炙甘草、大腹皮、炮姜、山药、陈皮等。如肝虚为主者,证见两胁胀、口苦、食欲减退,治宜养血柔肝,常用一贯煎加减:川楝子、北沙参、菊花、干地黄、山茱萸、沙苑子等。如肾阴虚为主者,证见低热、或午后烦热、咽干口燥、苔少或无苔,治宜甘润壮水,常用河车大造丸或麦味地黄丸加减:干地黄、山药、山茱萸、麦冬、五味子、桑椹子、枸杞子、沙苑子、茯神、炒牡丹皮、炒白芍等。如脾肾阳虚者,证见尿频、下肢水肿、腰部空痛等,治宜补肾助阳,常用拯阳理劳汤加减:黄芪、党参、肉桂、炒白术、陈皮、茯苓皮、制附子、桑寄生、徐长卿、炙甘草、鸡内金、姜半夏、葫芦巴、山药、大腹皮等。如阴阳两虚为主者,证见形体消瘦、神疲倦怠、头昏目眩、口干、厌食、下肢浮肿、小便频短,治宜阴阳两补,常用还少丹加减:熟地黄、山药、山茱萸、茯神、炒杜仲、远志、炒牡丹皮、怀牛膝、巴戟天、肉苁蓉、青蒿、何首乌等。

3 兼证分期分证治疗

3.1 狼疮性肾炎

①初期:证见眼睑浮肿、肢节酸楚或烦痛、小便短少,兼有发热、恶寒、恶风、脉浮数,治宜祛风宣肺行水。常用越婢加术汤加减:麻黄、生石膏、甘草、土炒白术、鲜茅根、杏仁、桔梗、连翘、赤小豆、生姜、大枣。②活动期:证见面色灰暗、浮肿、腰下部位的浮肿明显按之凹陷 、小便量小、腰痛或酸、四肢厥冷、脉沉细,治宜温补命火、化气利水。常用真武汤加减:制附子、土炒白术、茯苓、炒白芍、葫芦巴、巴戟天、肉桂、汉防己、黄芪、赤小豆、猪苓。③肾功能不全早期:证见浮肿、小便短少、纳呆、气短乏力、恶心、呕吐、腹胀、脉细濡,治宜扶脾燥湿、降逆和胃。常用小半夏加茯苓汤加减:姜半夏、茯苓、厚朴、土炒白术、泽泻、猪苓、薏苡仁、竹茹、茅根、陈皮、伏龙肝。④尿毒症高血压:证见眩晕、头重脚轻、神志恍惚、头痛(以额前区为重)、口苦且干、急躁易怒、少寐多梦、尿少、脉弦数,治宜滋阴潜阳。常用建瓴汤加减:生赭石、石决明、珍珠母、生白芍、首乌藤、夏枯草、钩藤、炒酸枣仁、琥珀、泽泻。

3.2 狼疮性脑病

①初期:证见面红目赤、壮热不退、兴奋多话、手足好动、情绪容易激动、夜难入睡、大便秘结、小便短赤、脉沉细,治宜清心降火。常用清心汤加减:防风、连翘、炒栀子、黄芩、桔梗、大黄、芒硝、炒黄连、生地黄、白芍、琥珀、川芎、甘草。②中期:证见身热时高时低、突然昏迷不语,时有癫痫发作,或者肢体僵直、脉滑数,治宜涤痰开窍。常用清心温胆汤加减:法半夏、陈皮、炒枳实、白术、白芍、姜汁制黄连、川芎、麦冬。③终末期:证见手足蠕动、甚者全身性,时有不自主的心悸或怔忡、心神不安、神疲乏力、脉虚细、舌质绛,治宜滋阴固脱、潜阳熄风。常用大定风珠加减:生白芍、阿胶、生龟甲、干地黄、麻仁、五味子、牡蛎、麦冬(连心)、炙甘草、鸡子黄、生鳖甲。④缓解期:证见性情抑郁、沉默少言、纳食少、失眠多梦、头痛时轻时重、脉弦细,治宜疏肝解郁、清心泻火。常用逍遥散加减:醋柴胡、当归、白芍、白术、陈皮、茯神、远志、川芎、琥珀、甘草、谷芽。

3.3 狼疮性脂膜炎

又名深在性红斑狼疮,较为少见,徐宜厚遵循前人辨证论治的原则分两证治之。①气滞血瘀证:证见皮下结块，小如蚕虫、大如樱桃乃至更大，偶尔有数个结节融合的趋势、肤色正常或者暗红、时有压痛、肢端青紫冰冷、脉沉细，治宜理气活血、通络散结。常用桃红四物汤加减：桃仁、苏木、炙地龙、制香附、当归、赤芍、泽兰、青皮、丹参、川牛膝、酒大黄、生地黄。②气虚痰凝证：证见皮下结节数个相互融合，肤色正常、略有压痛，伴有体倦乏力、头晕、轻微咳嗽、脉虚细重按无力，治宜健脾益气化痰散结。常用健脾温中丸加减：党参、土炒白术、姜半夏、当归身、炮姜、制附子、橘红、僵蚕、土贝母、茯苓。

4 用药贵精，善于化裁

系统性红斑狼疮侵犯全身多个组织器官，临床表现多种多样，有发热、皮疹、脱发、血管炎、关节炎、胸膜炎、心包炎、贫血，心、肾、脑组织损害。徐师认为用药要精，善于化裁，对改善症状颇有裨益。临证中，徐宜厚根据症状的不同，结合自己的经验进行加减，常得良效。如高热者，加生石膏、炒知母，配以金银花炭、生地黄炭，旨在清气凉营。如低热者，加南沙参、北沙参、石斛、玄参、青蒿、地骨皮、银柴胡，旨在养阴清热。如蝶形红斑者，加红花、凌霄花、金银花、鸡冠花。如皮下瘀斑者，加阿胶、仙鹤草、藕节炭。如关节、肌肉酸痛者，加桂枝、伸筋草、制川乌、制草乌、羌活、独活、细辛。如肢端酸痛者，加豨莶草、炒杜仲、川续断。如肢软乏力者，加人参、黄芪、太子参。如心悸、怔忡者，加龙眼肉、石莲子、玉竹、紫石英。如头昏目涩者加沙苑子、枸杞子、菊花。如胸闷不适或积液者，加苏梗、姜半夏、瓜蒌、葶苈子、大枣。如食后腹胀、呕吐嗳气者，加法半夏、刀豆子、麦芽、谷芽、砂仁、陈皮、白术、沉香、厚朴。如湿热蕴蒸而成黄疸者，加茵陈、栀子、茅根、大蓟、小蓟。如虚烦难寐或失眠者，加合欢皮、酸枣仁、夜交藤、柏子仁。如自汗或盗汗者，加黄芪、糯米根、煅龙骨、煅牡蛎。如咳嗽痰中带血者，加沙参、百合、藕节炭、川贝母。如手足抽搐、昏谵者，加安宫牛黄丸。如尿毒症恶心、呕吐，重用姜半夏30～60g，灶心土煎汁代水再熬群药。如低血浆白蛋白性水肿者，加阿胶、高丽参、鹿角胶、紫河车。如浮肿以颜面甚者，加麻黄。如下肢水肿明显者，加茅根、赤小豆、车前子。如蛋白尿长期不消失者加金樱子、山茱萸、芡实、莲须、菟丝子、地肤子，且重用黄芪、人参、乌梅炭。如尿中有红细胞者，加忍冬藤、马鞭草、败酱草、大蓟、小蓟、茅根、鱼腥草。如尿中出现管型者，重用白薇。如外感引发的水肿，加金银花、大青叶。如面色、爪甲苍白，血红细胞减少者，加何首乌、枸杞子、龟甲、高丽参、天冬、麦冬。如血白细胞减少者，加熟地黄、山茱萸、鹿角胶、高丽参。如头痛、前额胀痛，高血压者，加杜仲、苦丁茶、蔓荆子、生龙骨、生牡蛎、草决明、石决明、夏枯草。如经前腰酸、白带清稀者，加益智仁、楮实子、覆盆子、菟丝子、补骨脂等。

5 典型病案

余某，女，16岁。1970年12月27日初诊。病起1970年夏季，发病以来，头昏目眩，耳鸣乏力，眼睑、下肢浮肿，月经未潮，面颊蝶形红斑，覆有薄白鳞屑。检查：精神委靡，面色萎黄少华，声音低微，面颊有3.5cm×3.5cm的蝶形红斑各1块，头发枯槁、稀少，尿少，双下肢浮肿，表皮光亮，指压凹陷。腹部移动性浊音明显。舌质淡红、苔薄白，脉象细数、尺部尤弱。体温36.2℃。X线胸透：两胸腔积液，左侧腋平线相当于第6肋高度，右侧相当于第7肋下缘，心脏左心室较饱满。窦性心律，心电图正常。血液：红细胞3.1×10^{12}/L，白细胞16.5×10^{9}/L，血红蛋白103g/L，血沉33mm/h。尿检：尿蛋白（+++），红细胞（++），脓细胞（+），透明管型少许，颗粒管型（+）。肝功能正常。B型超声波检查：有腹水。诊断为亚急性系统性红斑狼疮合并肾病综合征。证属脾肾阴阳两虚，肾阳不振尤为突出。治用温补脾肾。处方：熟地黄15g，肉桂4.5g，熟附子6g，山茱萸12g，山药12g，泽泻15g，茯苓15g，大腹皮12g，五加皮12g。服药2周后，面颊红斑见退，下肢浮肿基本消失，鉴于胸水未消，改用标本兼治，方用葶苈大枣泻肺汤加味。处方：葶苈子10g，大枣5枚，甘草6g，天冬、麦冬各12g，枸杞子12g，熟地黄12g，绿豆衣10g，桔梗6g。服药1周后，X线胸透报告：胸腔积液消失。尿中蛋白、颗粒管型等诸项未见改善，再用补肾之方，拟用金刚丸加减调理之。处方：炒杜仲10g，枸杞子12g，菟丝子30g，萆薢12g，黄芪15g，龟甲胶（烊化）12g，鹿角胶12g（烊化）。连续服药1月余，病情显著好转，皮损、腹水消失，精神振作，食欲增进，尿中蛋白（+），颗粒管型少许；体温37.1℃；血红细胞3.18×10^{12}/L，血白细胞6.8×10^{9}/L，血红蛋白99g/L，血沉10mm/h。与此同时，强的松开始剂量为20mg/d，2月后降为10mg/d，4月后保持在5mg/d，病情显著缓解而出院，共住院250天。

6 体会

本病是本虚标实，尤以脏腑虚损为本，且以脾肾两虚为主。故而，徐宜厚对本病以补虚为基础，扶脾益肾为其治疗要点。然而，在具体运用中，当脾虚时，补之于脾；肾虚时，补肾顾脾；两者俱虚时，宜脾肾并补，而重在脾。其道理正如古人所说“后天之本绝，较甚先天之根绝”。如狼疮性肾炎的治疗，他用药重点和顺序为：健脾、益肾，佐以调气活血。常用的健脾药为黄芪、党参、山药、茯苓、白术、青皮；常用的益肾药为干地黄、山茱萸、炒杜仲、菟丝子、五加皮、桑寄生、制附子。除此之外，还应当掌握好病情的进展和脏腑间的传变关系，注意因症制宜的灵活用药，如在温阳益气的前提下，将护阴、养阴、补阴之品，寓寄其中。温补肾阳常佐干地黄、山药、枸杞子、楮实子等，重点在养精补血，精足则形充。在滋阴方中，适当扶阳，如熟地与人参（或党参）配伍同用。其他如白芍配甘草，柴胡配黄芩等，都有互相彰益的涵义。同时，徐宜厚还特别强调应当保护好脾胃的阳气、元气和生发之气。正如《理虚元鉴》中指出：“阳虚之症，虽有夺精、奇火、奇气之不一，而以中气不宁为最险。故阳虚之治，虽有填精、益气、补火之各别，而以急救中气为最先”。徐宜厚主张通过建中来治本病的阳虚，实为本病调治的重要法则。

《素问》云：“阴平阳秘，精神乃治；阴阳离决，精气乃绝。”说明人体阴阳平衡，百病不生。本病的病势演变，初期以阴虚证为主；病程迁延，则以阳虚证居多；久而久之，由于阴阳互根的原理，则出现阴虚损阳，或阳虚损阴，导致阴阳两虚证。徐宜厚对本病首先审察阴阳的盛衰，然后以药补偏救弊，调节阴阳。如喻嘉言《寓意草》说：“夫人身之阴阳，相抱而不脱。故阳欲上脱，阴下吸之，不能脱也；阴欲下脱，阳上吸之，不能脱也。但治分新久，药贵引用，新病者，阴阳相乖，补偏救弊，宜用其偏；久病者，阴阳渐入，扶元养正，宜用其平。引用之法，上脱者，用七分阳药，三分阴药而夜服，从阴以引其阳；下脱者，用七分阴药，三分阳药而昼服，从阳而引其阴。”徐宜厚指出掌握喻氏之说，将有助于提高本病的疗效。

由于本病是一种全身性疾病，病变往往是加重与缓解交替出现，徐宜厚针对病情的不同阶段，灵活用药。如急性阶段，主要症状为高热、关节痛、颜面蝶形红斑、脉数等，常拟甘寒清凉之品：生石膏、知母、大青叶、玄参、竹叶、羚羊角粉等。若是长期低热不退，则用滋补培本法，他根据脏腑用药的认识并结合自己的经验认为：心热用水牛角、牛黄、绿豆衣；肺热用桑白皮、地骨皮；脾热用黄芩、黄连；肝热用龙胆草、栀子；肾热用知母、玄参；骨蒸用鳖甲、胡黄连；血热用地黄、水牛角等。诚如《景岳全书》云：“治病用药，本贵精转，尤宜勇敢”，这样才能尽快控制发热症状，使之平稳转入缓解阶段。针对缓解阶段出现多种证候群，在施治中灵活采用虚则补之、实则泻之的方法。在补法的运用上，徐宜厚以“甘润平和”之剂为上。正如《本草求真》云：“欲补气而于血有损，补血而于气有窒，补上而于下有碍，补下而于上有亏，其证似虚非虚，似实非实，则不得不择甘润和平之剂。”他常用方剂有五福饮、金刚丸等，剖析两方药物性味功效，多为调理冲任（杜仲、熟地黄、枸杞子等）和益气健脾（黄芪、党参、茯苓等），正如《医宗摘要》云“治虚劳，当以脾肾两脏为要”。（刘长清）

银屑病

1 内治法

1.1 风热型

皮疹常在夏季加重，或者感受外邪后恶化，证见脉浮数，舌质红，舌苔薄黄。治法：清热消风，凉血退斑，用消风散加减。生地黄 10g，丹皮 10g，牛蒡子 10g，黄芩 10g，红花 15g，凌霄花 15g，苦参 6g，知母 6g，荆芥 6g，防风 6g，蝉衣 6g。

1.2 风寒型

皮疹往往在冬季加重，或进一步发展，见脉紧，舌质淡红、舌苔薄白。治法：疏风散寒，活血调营，用桂枝汤加减。当归 12g，赤芍 12g，白鲜皮 12g，川芎 6g，麻黄 6g，杏仁 6g，桂枝 3g，防风 3g，羌活 3g，甘草 3g。

1.3 湿热型

皮疹是因为擦药后，刺激或激惹而成，时有渗液或夹有脓疱，脉濡数，舌质红、舌苔薄黄微腻。治法：渗湿清热，用萆薢渗湿汤加减。土茯苓 30g，忍冬藤 30g，蒲公英 30g，生苡仁 15g，丹参 15g，萆薢 15g，苍术 10g，黄柏 10g，泽兰 10g，猪苓 10g，路路通 4.5g，川牛膝 4.5g，青皮 4.5g。

1.4 血热型

皮疹色红融合成片，或呈地图状或呈红皮状，脉数，舌红、舌苔少。治法：清营凉血，解毒退斑，用清热地黄汤（原犀角地黄汤）加减。水牛角 15g（代替犀角），生地黄 30g，银花炭 15g，生地榆 15g，生石膏 15g，寒水石 15g，炒丹皮 10g，赤芍 10g，紫草 10g，红花 10g，玄参 10g，沙参 10g，麦冬 10g。

1.5 血燥型

皮疹淡红，鳞屑较少，舌淡红、舌苔少，脉细数，病情呈缓解期。治法：滋阴润燥，养血活血，用养血润肤饮加减。生地黄 15g，熟地黄 15g，沙参 12g，花粉 12g，石斛 12g，炒白芍 12g，当归 10g，天冬 10g，麦冬 10g，玄参 10g，何首乌 10g，钩藤 10g。

1.6 热毒型

皮疹遍布全身，或者皮疹泛发，同时伴有发热、口干喜饮，便秘溲赤，舌红苔少，脉细数。治法：清热解毒，用黄连解毒汤与五味消毒饮化裁。蒲公英15g，金银花15g，地丁15g，生地黄10g，赤芍10g，黄连6g，黄芩6g，黄柏6g，焦栀子6g。

1.7 脓毒型

皮疹以大小不等的脓疱为主，舌红苔黄微燥，脉洪大。治法：清热解毒，托里排脓，用龙胆泻肝汤加减。金银花30g，绿豆衣30g，生苡仁12g，白鲜皮12g，当归12g，赤芍12g，生地黄10g，连翘10g，蒲公英10g，野菊花10g，黄芪10g，黄连6g，黄芩6g，甘草6g。

1.8 血瘀型

皮疹黯红，顽固难退，冬夏均无好转倾向，舌质黯红、舌苔少，脉沉涩。治法：祛风和血，理气通络，用桃红四物加减。丹参15g，炒槐花15g，益母草15g，桑白皮15g，牡蛎各15g，生地黄12g，赤芍12g，当归12g，桃仁6g，红花6g，川芎6g，苍耳子6g。

1.9 肝肾不足型

患者以老年人为主，或者出现关节疼痛，日久难愈。舌质淡红，苔薄白，脉虚细。治法：滋养肝肾，通痹止痛，用麦味地黄丸加减。伸筋草15g，千年健15g，鬼箭羽15g，金毛狗脊15g，钩藤15g，当归12g，丹皮12g，生地黄10g，熟地黄10g，炒白芍10g，麦冬10g，五味子4.5g，茯苓4.5g，泽泻4.5g。

1.10 冲任不调型

多见与男女冲任不调，如痛经、不孕，阳痿、性生活后皮损加重等。舌质淡红或微黯红，舌苔少，脉沉细。治法：调补冲任，壮阳和血，用二仙汤加减。何首乌15g，丹参15g，仙灵脾12g，当归12g，巴戟天12g，肉苁蓉12g，茯苓10g，菟丝子10g，仙茅6g，炒知母6g，炒黄柏6g，炒丹皮6g。

加减：对久病者，应用“男子治肾，女子治肝”的经验，女性患者酌加平肝之品如紫贝齿、代赭石、夜交藤、合欢皮、合欢花等；男性患者酌加温肾之药如鹿角胶、龟甲胶、枸杞子、补骨脂等。对因感染而反复发作者，予大青叶、金银花、公英、玄参各等分，每次6g沸水泡饮，每周2次以达预防作用。皮损以头面为重者，加用白附子、桑叶、杭白菊、泽泻；以躯干为重者，加用郁金、栀子、柴胡、黄芩；以腰骶部为重者，加用：川牛膝、豨莶草、杜仲；以四肢为重者，加用木瓜、桂枝、片姜黄、钩藤。关节炎型加老鹳草、制川草乌、木防己；脓疱病证加白花蛇舌草、七叶一枝花，酌服犀黄丸；红皮证加羚羊角、玳瑁、重用沙参、玄参、石斛。

徐宜厚认为对寻常型银屑病而言，可用一方统领，随症加减治之。主方：金银花15g，虎杖15g，丹参15g，鸡血藤15g，生地黄12g，归尾12g，赤芍12g，槐花12g，大青叶9g。

加减：皮损以红斑为主加丹皮9g，紫草各9g；皮损在头部加何首乌15g，山楂15g；皮损在腰骶、肘膝部加炒杜仲9g，熟大黄6g；有慢性咽炎者加沙参9g，山豆根9g。

2 外治法

紫草膏：紫草120g，生地黄120g，黄柏90g，当归60g，红花30g，白芷30g，生大黄30g，冰片9g，上药研细粉，兑黄蜡240g，麻油1000g搅为膏。外擦患处，每日1～2次。

润肌膏：当归15g，紫草3g，上药研细粉，兑黄蜡15g，麻油120g。外擦患处，每日1～2次。

若皮损为局限性，鳞屑较多时，可先用桃叶30g，金钱草15～30g，萹蓄15～30g，五倍子15g，水煎外洗后再用上述药膏。

白癜风

1 辨证分型

1.1 风燥证

白斑光亮，多发于上半身或者泛发全身，发病快，病情进展亦快，患者以青壮年居多，舌质红，苔少，脉洪数。治宜疏风润燥。方选二至丸加减。女贞子、旱莲草各12g，桑椹子、刺蒺藜各15g，丹参、防风、浮萍各10g，白附子、甘草各6g。黑芝麻30g。

1.2 湿热证

白斑呈淡褐色或粉红色，多发生在颜面七窍周围或颈项区域，并有夏秋进展快，冬春不扩展的趋势，日晒或遇热，肤痒尤重，患者多为中青年人，老年人次之，舌质淡红，苔薄黄或微腻，脉濡数。治宜除湿清热。方用胡麻丸加减。大胡麻15g，苦参、防风、石菖蒲各10g，白附子、苍术、重楼、红花、蛇蜕各6g，豨莶草15g。

1.3 寒凝证

白斑晦暗，病变多在下半身和四肢末端，病情进展缓慢，常为多年以至终身不愈；患者以中、老年居多，舌质淡红，苔薄白，脉沉细。治宜散寒通络。方用神应消风散加减。党参、白芷、苍术各10g，何首乌、鸡血藤、夜交藤、丹参各15g，红花、路路通、麻黄各6g，全蝎1～2个。

1.4 肝郁证

白斑淡红，多数局限于某一处或者泛发全身，病情的进展，常与思虑过度、精神抑郁有关，患者以女性为主，伴有月经不通等病史，舌质暗红，苔少，脉弦数。治宜疏肝解郁，活血增色。方用逍遥散加减。当归、炒白芍、茯苓、干地黄各10g，郁金6g，八月扎，益母草各15～30g，苍耳子12～15g，灵磁石（或自然铜）30g。

1.5 肾虚证

白斑如白瓷器，分布无一定规律，病情的进展与劳累、房劳等密切相关，患者以男性为主，常伴有阳痿、头昏、肢倦等，舌质淡红，苔少，脉细弱。治宜滋补肝肾。方选五子慫宗丸加减。沙苑子、蛇床子、覆盆子各12g，枸杞子、车前子、生熟地黄、赤芍各10g.当归、何首乌、刺蒺藜各15g，黑芝麻10～15g。

加减法：心情急躁易怒加牡丹皮、蚤休、焦山栀；乳房胀痛，甚则结块加远志、延胡索、王不留行；皮疹以头面部为主加羌活、升麻、桔梗、藁本；胸部加瓜蒌皮、薤白；腹部加木香、乌药、香附；下肢加川牛膝、木瓜、蚕砂、革薜；上肢加桑枝、姜黄；皮疹泛发加蝉衣、豨莶草、佩兰、浮萍、葱白；偏于风加秦艽；偏于寒加桂枝；偏于湿加藿香、佩兰；偏于血瘀加泽兰、川芎；皮疹顽固加檀香、沉香、麝香；偏血虚加阿胶、桑椹子；跌仆损伤而发加乳香、没药、苏木；气不足加黄芪；女性崩漏加阿胶；男性遗精加生龙牡；伴有家族病史加服六味地黄丸。

2 外治法

上述各型均可配合外治法，分别选用黄灵粉、增色散、补骨脂酊、密陀僧散等。此外，还可用：①白附子、硫黄各9g，研细末，姜汁调匀，搽患处；②细辛6g、雄黄、白芷各3g，研细末，醋调搽；③荆芥穗、防风、羌活、归尾、透骨草、雄黄、枯矾各3g，地肤子9g，研细末，猪大肠打烂和匀药粉，夏布包裹搽患处；④白及（晒干）9g，密陀僧、雄黄各6g，雌黄、白附子（晒干）各15g，麝香0.9g，梅片0.6g，硫黄、朱砂各4.5g，研细末，醋凋或鲜茄子切片蘸药粉，外搽患处。皮疹泛发则酌情选用25%菟丝子酊，或25%山栀酊，或用蛇黄散、白斑酊等。

徐有玲临床经验

【名老中医简介】徐有玲（1919～）主任医师。曾任职于重庆市中医研究所。重庆市名中医。首批全国老中医药专家学术经验继承工作指导老师。

临床经验

慢性肾功能衰竭

1 正虚为本，扶正补肾为先

徐有玲认为，多种慢性肾脏疾病发展到肾功能衰竭，以正气内虚为本，浊邪阻滞为标。肾虚或脾肾两虚，虚甚致损。肾虚失于封藏、固摄，脾虚失于统摄，故蛋白、红细胞等精微从尿液流失；而肾虚膀胱气化失司、开阖不利，或兼脾虚失于运化水湿使湿浊难出，秽浊不去，尿中白细胞、血中升高的肌酐、尿素氮等也会加重肾脏损害，加重精微流失。“虚则补之”。因慢性肾衰以正虚为本，故其治以补虚扶正为要，补虚即所谓扶正。因本虚而标实，故宜扶正以治本虚，泄浊以治标实。他认为慢性肾衰以肾气虚、肾阴虚多见，故治以益肾气、滋肾阴为主。多以五子衍宗丸、六味地黄丸及沈金鳌“菟丝子丸”为基本方加入芡实、莲须、金樱子、覆盆子、菟丝子、玉米须、益母草、大小蓟、茅根等固肾涩精、养阴凉血止血药，使肾虚得补，肾气得固，精微得存。对因肾阳虚水泛而形寒、肢冷、身肿者，则在益肾的基础上温阳化气、利湿泄浊，或温阳化气、利湿泄浊基础上佐以益肾；对于肾衰面白唇淡、气短神疲的血虚者多在益肾的基础上加入黄芪、当归等益气养血之品。

2 邪实为标，祛邪通腑为法

慢性肾衰因肾气日衰，胃气趋败，脾失升清降浊，肾失化气布津，水液无主，泛滥无治，蕴藏于脏腑、肌肤而为浊邪。因肾失开阖，不能藏精泄浊。失于泄浊则肌酐、尿素氮等浊邪难除而堆积。浊邪犯中则恶心、呕逆；浊邪泛溢肌肤则见水肿。至此，泄浊当为急务。泄浊当以通腑为法。通州都（膀胱）之腑利湿泄浊，使浊邪从小便而去。多用大剂淡渗利湿、清热解毒药如苡仁、猪苓、茯苓、泽泻，玉米须、益母草、车前草等。通大肠清泄肠腑，使浊邪从大便而出，徐有玲首选大黄。据现代药理研究，大黄的清热解毒、泻下作用能使血中氮质潴留得以改善。但慢性肾衰胃气趋败，甚至肾衰胃败。存得一分胃气便存得一分生机。而泄浊非一日之功，生大黄之苦寒清热解毒、泻下作用久用易损脾伐胃，且生大黄多使患者腹痛不适，久用又有使大便滞下之弊。故他之泄肾浊，多用熟大黄。其用量以不伤胃气为度，使大便稀而不水泻，每日解大便以两次为宜，多用熟大黄6～15g取效。偶有无效者，方用生大黄，使便稀即改用熟大黄。对浊邪犯中而恶心、呕逆者，他多用藿香、砂仁、黄连、白蔻仁等以芳化苦燥、和胃降逆。在泄浊的同时多加入党参、黄芪、茯苓、白术、炒三仙、鸡内金等益气健脾消食药，以时时顾护胃气，防泄浊而损脾伤胃。

3 紧守上关防邪入

根据临床观察，慢性肾衰患者由于正气虚衰，多易感受外邪。首先表现为咽喉不适、咽充血、疼痛等邪犯上窍症，继而病情出现反复，蛋白尿、血尿、水肿等加重，血肌酐、尿素氮、尿酸等升高。故徐有玲诊慢性肾衰者，必问有无咽痛不适；必查有无咽喉充血。凡有上症者，必于方中加入银花、蝉衣等疏风清热，解毒利咽之品，谓之"紧守上关，祛邪于外，勿使深入"。

4 活血化瘀治络伤

慢性肾衰病情缠绵，久病入络，久虚必瘀。不论气虚运血无力致瘀；阴虚灼血为瘀；阳虚寒凝血瘀，总使肾络瘀阻而络伤。络伤血溢故尿血。而多种肾脏疾病如肾盂肾炎和肾小球肾炎在发展到慢性肾衰之前即有镜下血尿或肉眼血尿。既出血必有凝止，离经之血便是瘀，此亦络伤血瘀之谓。既有瘀血，必得活血以化瘀。现代医学所指肾脏疾病中肾小球弥漫性增生、纤维化改变，肾盂肾脏的炎性增生、斑痕狭窄、肾实质纤维增生也必得活血化瘀以平之。故他在慢性肾衰的治疗中除用大黄以清热解毒、活血化瘀外，还加入丹参、川芎、当归、益母草等活血化瘀药。

5 融通中西增疗效，谨守病机起沉疴

徐有玲在慢性肾衰的治疗中，对肾损严重，血中肌酐、尿素氮、尿酸特别高或尿蛋白多的患者有时在中药煎剂的基础上，配用西药或中成药如爱西特、保肾康、火把花根等短期内服，常能更快地使氮质血症得到改善，尿中白细胞减少，然后以中药煎剂长期治疗。徐有玲积数十年的临床经验，对各种疾病都有经验方或经验用药配伍。临床辨证立法准确，处方用药精妙，多用基本方加上经验用药而立竿见影。对沉疴痼疾的治疗则守法守方，循序渐进，缓缓图之。对慢性肾衰的治疗，他强调必须谨守"肾虚浊阻"的病机及"益肾泄浊"之大法。补肾扶正以固本，祛邪泄浊以减轻肾脏损害。祛邪时不忘时时顾护胃气，并配合益气健脾药，既护胃又助后天以养先天，同时把活血化瘀贯穿于慢性肾衰治疗的始终。见效后原方原药甚至原剂量也不轻易改变，守法守方，徐徐建功。经长期临床观察，对改善或消除氮质血症，保护和改善肾功能，留存胃气，提高患者的生存质量，延长生命确有显著疗效。（吴中柱）

糖尿病

徐有玲治疗糖尿病谨守滋肾养阴，生津润燥之法度，喜用六味地黄丸加味，虽属古法古方，临证每能推陈出新，屡获良效。常用方药有生地、山萸肉、山药、茯苓、泽泻、丹皮、人参叶、黄芪、枸杞、地骨皮、葛根、黄连、花粉、苍术、玄参。六味地黄丸功能滋肾水、益肝血，补脾阴、泻肾浊，所谓壮水之土，以养真阴，而使津液自充。人参叶生津液、降虚火，黄芪益气生津，枸杞滋补肝肾兼能润肺，地骨皮泻虚热、止烦渴，葛根长于生津止渴，黄连善于清心火、泻胃热，花粉善于清热生津；石斛既能滋肾阴、清虚热，又能养胃阴、生津液；苍术虽味辛性温，却有敛脾精、止漏浊之效验；玄参色黑入肾，能滋肾阴，善治无根之火。他还善用药对，如人参叶、黄芪配伍善治气虚津亏之消渴，葛根、黄连相合长于生津止渴，枸杞配地骨皮擅于治疗消渴之多尿，花粉伍石斛既能生津液又能涩精微，而黄芪配山药、苍术合玄参有降低血糖之良效。现录验案1例于下。

陈某：女，63岁，于1998年8月4日就诊。双下肢麻木不仁近半年，数医按风湿治疗无效，遂到某院检查，诊为Ⅱ型糖尿病，求治于徐有玲。初诊见精神萎靡，口渴喜饮，时发潮热，皮肤瘙痒，纳少善饥，腰酸胀，双脚麻木不仁，尿频量多，夜尿尤甚，舌质红，苔薄黄，脉细数，血糖15.9mmol/L。辨为肾阴亏耗，虚火内燔，络脉淤阻。治以滋阴生津，清热润燥，兼以通络。药用生地、茯苓、黄芪、枸杞、花粉、石斛、葛根、人参叶、地骨皮、海风藤、鸡血藤各30g，山药、泽泻各20g，山萸肉、白蒺藜各25g，丹皮、僵蚕、蝉衣各15g，黄连6g。每日1剂，水煎，分3次服。服10剂后皮肤瘙痒已止，口渴稍减，夜尿次数减少，余症无明显变化，舌红、苔薄微黄，脉细数。前方去僵蚕、蝉衣、白蒺藜，加丹参30g，继服20剂后，查血糖为12.3mmol/L，口渴、潮热、腰酸、下肢麻木诸症明显减轻，夜尿每晚4～5次，舌质红，苔薄黄，脉细。原方去海风藤、鸡血藤，加玄参25g，苍术12g，再服20剂后临床症状消失，复查血糖基本正常，嘱注意饮食保养，并服六味地黄丸调理。

按　本案属阴津不足，而前医按风湿论治，用药辛温燥烈，阴津损伤更甚，乃至病情加重。口渴、腰酸、尿频诸症皆为肾阴不足之征，阴虚燥热、虚火灼营则见皮肤瘙痒，病久脉络闭滞则双脚麻木不仁。法当滋肾阴、生津液、清虚热、通经络，故于基础方中加海风藤、鸡血藤通络，配僵蚕、蝉衣、白蒺藜止痒，因恐苍术辛燥伤阴，故初诊弃之不用。治疗过程谨守病机，不

离滋阴生津，证治明晰，故疗效甚佳。（张 彪）

医方验方

十一味温胆汤

方药：清半夏、陈皮各9g，茯苓15g，甘草、枳实各6g，竹茹12g，黄连、炙远志各6g，石菖蒲9g，夜交藤、珍珠母各30g。

主治：痰热内扰、胃失和降所致失眠，或胆虚不寐。证见失眠、眩晕、惊悸、胸闷、口苦、苔腻、脉滑数等。适用于神经衰弱、癔病、精神分裂症、更年期综合征、癫痫及冠心病等，凡符合痰热内扰、胆气虚弱、胃失和降之病机，皆可选用。对于植物神经功能紊乱，本方疗效亦佳。

用法：水煎服，每日1剂，日服2次。

功效：化痰清热、和胃安神。

方解：本方由《千金方》温胆汤化裁而成。方中以温胆汤加黄连化痰清热为主，辅以远志祛痰安神；菖蒲化浊逐痰，并有抗惊厥作用；佐以夜交藤养血宁心；珍珠母平肝潜阳。综观全方，有一定的镇静、催眠作用，尤长于调整胃肠机能，故为和胃安神之剂。此外尚有抗惊、祛痰、止咳等作用。

许帼光学术经验

【名老中医简介】许帼光（1938～）女，浙江湖州市人。主任医师，教授。1963年毕业于上海中医药大学医疗系，上海市第六人民医院针灸科学科带头人，从事中医、针灸38年之久。中国针灸学会理事，上海针灸学会理事长，上海针灸杂志编委副主任，上海中医药杂志编委，上海市中医药咨询委员会委员，上海市中医药成人教育委员会委员，上海市医疗卫生科技进步奖评审委员会委员。享受国务院政府特殊津贴。上海市名中医。擅长治疗冠心病、病毒性心肌炎、慢支、哮喘、面瘫、男子性功能障碍、各种综合征、肩周炎、腰腿痛、腰突症等。出版《针刺治疗冠心病》，参编多部著作，发表论文20余篇。

1 辨证论治，强调理法方穴

许帼光认为任何疾病的发生发展总是要通过症状体征的疾病现象而表现出来，人们也总是通过疾病的现象去认识疾病的本质。所谓辨证论治就是将望问闻切四诊所收集的资料，症状和体征，通过分析综合，辨清疾病的原因、性质、部位以及邪正之间的关系，概括判断为某种性质的证，然后确定其相应的治疗原则和方法。辨证是决定治疗的前提和依据，论治是治疗疾病的手段和方法。辨证和论治是诊治疾病过程中相互联系不可分割的两个环节，是理法方药或理法方穴在临床上的具体运用。针灸作为外治法的一种形式，既能用于经络病的防治，也能用于脏腑病的治疗，因此在取穴上如同药物处方，一般也要强调配伍与禁忌，做到辨证用穴。如肩关节周围炎虽为常见病，治法上却很有讲究。在取肩内陵、肩贞、肩髎、曲池、条口等基本穴之基础上，外感风寒型当祛风散寒，温经止痛，加用外关、合谷等穴；气滞血瘀型当活血化瘀，通络止痛，加取血海、膈俞等穴；气血亏虚型当补益气血，和络止痛，加取手三里、足三里、三阴交等穴，如此辨证论治，精当取穴，临床才能取得明显疗效。

针对现今针灸临床在诊治过程中普遍存在忽视四诊合参及整体观的现象，许帼光强调并坚持望问闻切四诊及其整体观在中医临床实践中的地位和重要性，她常言要辨证论治，离开四诊合参，不讲整体观就无从做起，作为针灸医师光会取穴扎针不够，要学会整体思索，善于辨证论治，掌握四诊合参，尤其是对舌诊脉诊的观察。如阴虚火旺见苔少或剥苔而舌红脉弦细数者，应加用太溪、太冲等穴；痰湿蕴阻见苔腻舌质偏淡脉濡细者，应加用丰隆、公孙等穴；气血两虚见舌胖质淡红有齿印而脉虚细者，当取气海、关元等穴并加用灸法。

2 防病治病，善用特定穴位

在长期的针灸临床实践中，许帼光摸索出了一整套科学精炼的取穴方法，尤其是对特定穴的研究，更是达到了相当高的水平，无论防病治病，还是强身健体，都十分见效。

2.1 五脏病取输穴

《素问·咳论》篇曰："治脏者，治其输"。故肺病可取太渊，肝病可取太冲，脾病可取太白，肾病可取太溪，心病可取神门、大陵等穴。

2.2 六腑病取合穴

《素问·咳论》篇曰："治腑者，治其合"。故胃病可取足三里，胆病可取阳陵泉，肠痈痢疾泄泻等肠病可取上巨虚、下巨虚，膀胱三焦气化失常而引起的癃闭遗尿等证可取委中、委阳等穴。

2.3 经络病取输穴

《灵枢·邪气脏腑病形》篇曰："输治外经"。故肩胛部疼痛可取手太阳小肠经之前谷、后溪穴;目赤头顶疼痛,胸胁少腹胀满,下肢内侧中线麻木或有生殖病变等可取足厥阴肝经之行间、太冲等穴。

2.4 本经子母补泻

因"虚则补其母,实则泻其子",故取母穴施补法可治本经虚证,取子穴施泻法可治本经实证。如久病咳嗽,动则气喘,声低多汗,脉细无力为肺经虚证,可取太渊用补法;骤发咳嗽,气急声粗,心悸胸闷,不能平卧,脉滑有力多为肺经实证,可取尺泽用泻法。

2.5 他经子母补泻

肝属木,心属火,脾属土,肺属金,肾属水。故肺经虚证,可取脾经太白以补之;肝经实证,可取心经少府以泻之。

2.6 俞募原络相配

如胃脘痛可取中脘和胃俞穴,肝病可取期门和肝俞穴。肺经咳嗽气喘胸闷等,可取本经原穴太渊配大肠经之络穴偏历;反之,大肠经齿肿咽喉疼痛等症,又可取本经原穴合谷配合肺经之络穴列缺。

此外对郄穴八会穴和八脉交会穴,许帼光也同样得心应手。曾有一女性患者,上腹剧痛,拒按,经药物治疗无效而由家人搀扶来诊。痛苦面容,形体消瘦,直立不能,苔薄,舌暗淡,脉沉细弦。气阴两虚之体,湿瘀交蕴脾胃,急则治其标,拟止痛为先,理气活血,再检查病因,明确诊断。即取双侧梁丘,内关和公孙穴,前者为胃经郄穴主急性痛证,后两者为八脉交会穴治胃心胸病。进针后提插捻转,行泻法强刺激并留针半小时,期间运针 3 次各 3 分钟,针后疼痛缓解,步行回家。隔日医院检查,确诊为胰头癌,住院手术。又有一食指近节完全断离 3 小时之患者,因切割面整齐,血管神经无严重损伤而迅即手术,进行断指再植。由于创伤疼痛,患者局部血管神经处于严重休克状态,血管接好后,食指近端血流不能通达远端,已接好的断食指皮肤,指甲苍白无血运无弹性,如不能改善,术后将造成缺血坏死。于是术中即针刺温溜、会宗两穴,采用提插捻转平补平泻法,连续行针 10 分钟,血液迅速射向远端,即见手指饱满充盈,指甲皮肤红润,血管痉挛解除。(吴耀持)

许鸿照临床经验

【名老中医简介】许鸿照(1938～)河南人。主任医师,教授,硕士研究生导师。1965 年毕业于河南平乐正骨学院,江西中医学院附属医院主任医师,中国中医骨伤科外固定学会常务理事,中华中医药学会骨伤科学会理事,江西中医药学会理事及骨伤学会主任委员,江西省骨伤学会常务理事。江西省首批名中医。从事骨伤专业临床、教学、科研 34 年,擅长诊治骨折、脱位、骨病、腰腿痛、颈椎病、痛风性关节炎、髌骨软化症等。发表论文 50 余篇。

临床经验

"治血重治水"治创伤肿胀

1 理论依据

许鸿照在临床中观察到,创伤肿胀严重患者其患肢除了有肿胀瘀斑及肢端紫暗等瘀血症状外,常伴有皮肤清亮、张力水泡、按之凹陷等水泛肌肤之症,此时一味活血化瘀治疗,有时疗效缓慢,严重者可贻误病情,究其原因,是对创伤肿胀的病机认识有所不足。早在《灵枢》中有"中焦受气取汁,变化而赤是谓血"、"肝受血而能视,足受血而能步"、"津液和调,变化而赤为血"、"以温肌肉,充皮肤,为其津"等论述,这些论述阐明了津和血的共同生理功能及其同源性和可转化性,正是由于津血这一特殊而密切的生理关系,使得其病理产物水肿和瘀血在临床上常常形如孪生兄弟,相伴出现,相互影响,正如张仲景在《金匮》中所论"血不利则为水",由此可见瘀血可引起水肿,水肿可加重血瘀。

不仅中医传统理论阐述了血水关系,西医病理学也证实,损伤肿胀是受伤局部组织器官微血管或血管破裂痉挛,血液外渗及无菌炎性渗出和组织充血水肿共同形成。如果损伤局部组织水肿过甚,出血和渗出液过多,可造成局部组织间压力增高,加剧血管压迫,导致局部循环障碍加重,代谢产物淤积,又进一步刺激炎性渗出,加重水肿,形成病理上的恶性循环。由此可见,病理上瘀血和水肿互为因果。

据上所述,创伤肿胀的主要病理是"血水同病",许鸿照倡用"治血重治水"的治法抓住了损伤肿胀这一主要病理,双管齐下,故而临证每获佳效。

2 疗效基础

许鸿照提出"治血重治水"不是简单地将活血祛瘀方加入几味利水药,而应根据创伤肿胀或血肿的部位和病程长短不同,辨证分析,抓准病机,灵活采用侧重不同的治疗方法。一般来说,损伤初期肿胀的主要病机是络破血溢，血水泛阻肌肤或脏腑，其要点在血水泛出，瘀积组织，出血和郁积共存，治宜凉通，即凉血止血扼其源（出血），通利活血清其体（瘀血和积水）；损伤中晚期肿胀的主要病机是血水积滞，壅阻络道，要点在积滞，治宜温通，即温阳利水通其滞，活血逐瘀散其积。此外，根据损伤部位不同，在活血祛瘀治血的同时，可选择不同的治水方法，一般伤在四肢多宜利，通利小便消水肿；伤在胸腹则多用逐，通导大便而逐水；利和逐是快速清除水肿和积水的2种方法，瘀血在胸腹有时可利逐同用，不必拘泥使用一法。

3 典型病案

案1 王某，男，42岁，工人。车祸致右胫骨粉碎性骨折8h，患肢肿胀剧痛，皮色清亮，多处米粒大小张力水泡，皮下多处淡红或青紫瘀斑，皮紧轻按如鼓，重按凹陷如泥，足背肿甚，趺阳脉弱，趾末不温。治投凉血散瘀，利水消肿剂。处方：川芎10g，当归15g，赤芍10g，丹皮10g，川牛膝10g，生地15g，田七末3g（分冲），木通15g，白茅根15g，泽泻10g。服药1剂，肿胀渐消，皮微软，痛稍减；服药5剂后肿痛基本消除，趺阳脉转强，趾末转温，此后改用活血续损、补肾壮骨中药调治3个月而病愈。

案2 张某，男，31岁，农民。右前臂双骨折8天。伤时即往私人诊所正骨、敷药及夹板紧缚固定，此后肢肿渐重，疼痛逐剧，不敢拆除敷药及夹板，最终导致手臂漫肿，手背肿如馒头，手指色暗，胀麻不温，活动欠灵。诊时解除夹板及敷药，见患臂多处破溃张力水泡，创面溃烂，脓血混杂，味腥色晦见绿，脉沉细而微。诸医会诊甚感棘手，吾师力排众虑，在对患者使用抗生素治疗的同时，重用益气通阳、活血利水药。处方：黄芪30g，川芎15g，归尾15g，赤药10g，地龙10g，桂枝15g，木通10g，桑白皮10g，丹参10g，通草10g。服上方3剂后肿胀稍减，疼痛减轻，指末转温；守方5剂，肿胀明显减轻，皮肤创面转干燥，脉弦，手指色泽红润，活动灵活。此后改投健脾益气、活血舒筋及补益肝肾之剂调治月余而病愈。

案3 李某，男，27岁，农民。左胸多肋骨折并发轻度血胸2天余，胸闷腹胀，呼吸欠利，大便闭阻，小便不畅，西医已行输氧，并用止血、抗菌药治疗。吾师认为此属血水阻胸闭肺，胃肠腑气不通，指示停用止血剂，投小承气汤加味。处方：大黄20g（后下），川厚朴12g，枳实12g，甘草6g，槟榔12g，生姜2片。服1剂后大便水泻，小便通利，肠中频频矢气，胸闷腹胀豁解，此后改投复元活血汤去黄酒加桑白皮、大腹皮调治1周，复查胸片胸腔积血吸收。（胡立敏　许素梅）

遣方用药

创伤并发症

1 脑损伤并发肺炎案

曹某，女，15岁，学生，1997年12月6日晚10时住院。因车祸伤及头颅和左肩部5h而就医，患者已行头皮清创缝合术，伤时曾短暂昏迷，醒后头昏头痛，在送医院途中呕吐胃内容物1次，经脑CT检查提示“左额叶部少量血肿”，拍X线片示“左锁骨骨折”。入院后立即给予抗炎和脑脱水用药，于12月8日头痛恶心减轻，但出现发热咳嗽、鼻流清涕诸症，傍晚体温高达41℃，胸闷喘促，两肺听诊闻及湿罗音，胸片示“肺门片状阴影”，急查血象白细胞总数为10.2×10^9/L，中性白细胞为0.84。许鸿照会诊见患者高热却不恶寒，咳喘且口中烘热，舌苔黄厚略干，脉浮短而数，辨证为邪热迫肺，治投麻杏石甘汤加味，处方：麻黄10g，生石膏30g（先煎），杏仁10g，甘草6g，桔梗10g，荆芥6g。1剂，当晚煎煮饮服。次日复诊：患者发热顿减，体温38℃，胸闷咳喘渐平，头仍晕痛，脉浮带数，续原方加川芎10g，增强疏风达邪止痛功效。2剂。12月11日三诊：热退身凉，胸中舒坦，偶有咳嗽，倦怠乏力，不思饮食，苔黄略腻，投参苓白术散加味调理1周。1周后复查胸片及脑CT示：肺门阴影及黯血肿消失，血象检查也复正常。

按 麻杏石甘汤为仲景治“汗出而喘，无大热者”而设，本患者却是无汗高热而喘、两者仅有“喘”字相吻，余症皆不相同。许鸿照认为对麻杏石甘汤的运用不拘于热度和汗出的多少，而应抓住“邪热迫肺”这一主病机，且石膏为解肌发汗、退热之圣药，用之得当，每获奇效，而根据患者发热体温的高低调整石膏用量的多少是很值得临证探索的问题。

2 多肋骨折并发血胸案

李某，男，27岁，农民。1997年12月15日住院。因被树木砸伤左侧胸背而出现胸闷疼痛，呼吸不利10余小时，而求医于许鸿照处。经拍X线片提示“左肩胛骨及第3～7肋多肋骨折并发轻度血胸”，查血象示白细胞总数11.0×10^9/L，中性白细胞为0.72，入院后立即给予持续低流量输氧和静脉输注止血剂和抗生素，胸闷稍觉缓解。12月17日解除输氧后胸闷不除，反增腹胀，大便闭阻，3d不通，许鸿照辨证为瘀血阻胸闭肺，胃肠腑气不通，指示停用止血剂，投服小承气汤加味以通腑泻肺，处方：大黄20g（后下）、川厚朴12g，枳实12g，甘草6 g，槟榔12g，生姜3片。1剂。12月18日二诊：患者服上方头煎数小时后腹中气转，大便通泻，腹胀顿解，继服二煎汤液后，频频矢气，胸闷豁解，此属胃腑已通肺气降顺，改服复元活血汤加减调理，服药1周后，复查胸片提示胸腔积血吸收，患者于12月26日出院。

按 许鸿照认为仲景承气之方虽为阳明腑实证而设，而其临床运用十分广泛。该患者由于肋骨骨折刺伤胸壁或肺络，导致有形瘀血闭积胸肺，肺气郁闭故而胸闷，呼吸不利，且肺与大肠相表里，肺气闭而不降，继则肠腑失通，腹胀，大便闭阻诸症变生。其主要病机在肺气郁闭，且肺喜肃降，根据"实则泻之"治则泻肺开闭为其要，欲泻其肺必通其腑，腑通气利，气利则血行，胸肺瘀血则易散。方中加入生姜配合大黄辛开苦泄加强通腑开闭之功，加槟榔以增行气导滞之力。由此可见，临证不可受西医识病治病观念影响，完全落入其见血止血的常规治疗之中。

3 小腿切开减张术后发热腹胀案

万某，男，47岁，工人，1998年元月7日入院。因车祸致左小腿肿胀疼痛，不能站立10余小时而就诊，证见左小腿高度肿胀，剧烈疼痛，满布张力性血性水泡，足趾苍白冰凉，皮肤麻木，不能触及足背动脉搏动，拍X线片示"左胫骨平台粉碎性骨折"，诊断为"左胫骨平台骨折并小腿筋膜间隔区综合征"，急行手术切开筋膜减张，术后给予静脉输抗生素及脱水利尿药。次日下午，患者发热，体温达38.5℃，头昏口苦，腹胀不便，时有泛恶，舌偏红、苔根黄腻，脉弦微数。许鸿照认为此证属少阳、阳明合病，治投大柴胡汤方：柴胡15g，黄芩10g，芍药10g，半夏10g，枳实10g，生姜3片，生大黄15g(后下)。2剂。服上方头煎药液后，大便解下甚多，腹胀顿减，服药2剂后诸症消除，胸腹甚坦。

按 患者小腿切开减张术后，正气受损，外邪直扰少阳、阳明，故有发热头昏、腹胀不大便、口苦泛恶诸症。许鸿照认为该患者虽有发热，却无寒热往来少阳主症，似难确认有少阳病证，但患者却伴有口苦泛恶、腹胀不大便之邪扰少阳胆经和阳明胃肠之症，根据"有柴胡证，但见一证便是"之说，故投大柴胡汤和解少阳，通下腑实。由于辨证准确，故效如桴鼓。

4 小腹及肾挫伤案

王某，男，23岁，1998年9月11日门诊。自诉昨夜被他人乱拳杂腿击伤腰腹，伤后小腹隐胀掣痛，腰痛转侧不利，夜间心烦难寐，小便短数不畅，今晨见小便赤黄，特来求医。察其表情痛苦，双手撑腰，小腹胀紧，右肾区叩击痛，舌偏红、苔薄黄，脉弦有力，急查小便常规示：红细胞(＋＋＋＋)。许鸿照辨为肾络伤损，膀胱气化失利，治投五苓散，处方：白术10g，泽泻20g，猪苓10g，茯苓10g，桂枝6g，甘草6g。3剂。二诊：药后小便通畅，小腹胀痛明显减轻，仍感腰微酸胀，复查尿常规红细胞(＋)，拟上方再进3剂。3天后再诊，诸症皆除，尿常规正常，仅感腹微酸。瞩其内服六味地黄丸调理善后。

按 五苓散为仲景治疗太阳蓄水证主方。患者腰腹受伤，腰为肾府，小腹为膀胱之所居，肾与膀胱相表里，肾络损伤，血不归经下注膀胱，致使膀胱气化不利，且血水同源，"血不利则化为水"，肾络之血化作赤尿，故有腰腹胀痛、小便短赤不畅诸症。本案见血不治血，用药始终不见止血之品，而是抓住膀胱气化不利这一主病机，正确处理好病机和病症、血和水之间的关系，执简驭繁，仅采用通阳化气、清利小便之五苓散方，竟获佳效。(胡立敏)

医案验案

腰腿痛验案

1 瘀血内停证

万某某，男，31岁，工人，1998年9月13日初诊。3天前不慎从3 m高处跌下，当即感腰部疼痛，不能活动，痛引双下肢，无昏迷、呕吐，自觉腹部胀痛较甚，大便3天未行，小便通畅，舌质紫暗、苔薄黄，脉弦。查体；行走困难，腰肌紧张，腰1棘突压痛明显。X线片示：腰1椎体呈楔形变，压缩约1/2，无明显移位。诊断为腰1压缩性骨折。辨证为瘀血阻于下焦，治当以通下为要，遂投以大将逐瘀汤(平乐正骨经验方)加味：大黄30g(后下)，槟榔15g，田七粉3g(冲服)，焦杜仲15g，桑寄生15g，狗脊15g，甘草3g，鲜生姜30g。服药3剂后，大便通畅，腹胀消失，腰部疼痛减轻，改用活血通络祛瘀止痛之失笑散加味：五灵脂15g，炒蒲黄10g(布包)，徐长卿30g，十大功劳30g，田七3g，汉防己10g，焦杜仲15g，桑寄生15g，甘草3g。服7剂后，腰部疼痛明显碱轻。继服本方的基础上，积极指导患者进行腰背肌功能锻炼，最后以补肝肾法调理收功。

按 许鸿照认为本证应"急则治标"，故先采用大将逐瘀汤通腑以利下焦，以利为度，再改用失笑散活血去瘀，通络止痛，同时加焦杜仲、桑寄生之类培补肝肾，而达到标本兼治的目的。方中大黄荡涤瘀血，配合槟榔破气通下为君；田七活血止痛，合焦杜仲、桑寄生、狗脊补益肝肾，强壮筋骨为臣，鲜生姜温胃防大黄过寒伤胃，甘草则调和诸药为佐使，诸药合用有通下祛瘀之功。在大便通畅、腹胀解除后，改为活血通络为主，五灵脂、蒲黄相须为用，通利血脉，祛瘀止痛为君，辅以汉防己、徐长卿祛风利水；焦杜仲、桑寄生，十大功劳补肾壮腰；田七活血止痛。诸药合用，标本兼治，活血而不伤正。

2 寒温内停证

邓某某，女，42 岁，干部，1998 年 7 月 20 日初诊。证见腰部冷痛，转侧不利伴双下肢沉重感半年余，阴雨天加重，喜温喜按，形寒肢冷，得衣被而不减，精神萎靡，大便稀，小便清长，舌质淡、苔白，脉沉迟。查体：腰部肌肉略紧，其余未见明显异常。诊断为痹证。辨证为寒湿停于经脉，治以散寒祛湿，温经通络，用麻桂温经汤加减：麻黄 10g，肉桂 10g，细辛 3g，汉防己 12g，金狗脊 15g，白芷 10g，秦艽 10g，生地 10g。服 7 剂后，患者自诉双下肢行走较前轻快，腰部冷痛也明显减轻，精神好转。原方改麻黄 6g，肉桂 6g，生地 15g，继服 15 剂后，症状消失。

按 寒性收引，湿性凝滞，寒湿之邪侵入关节，郁结于经脉，壅遏气机，痹阻经络，不通则痛。鉴于患者全身寒湿症状明显，虽时值盛夏，仍采用麻黄、肉桂之类温化寒湿，待寒湿症状减轻，再将其减量，本方调度得当，用生地以防温燥伤阴，故取效良好。

3 肾精亏虚证

杜某，女，60 岁，退休工人，1998 年 6 月 10 日初诊。自诉腰腿酸痛，反复发作 3 年余，不能久坐久立，行走无力，遇劳更甚，畏寒怕冷，四肢欠温，大便稀，小便清长，舌质淡，脉沉细。查体：腰部肌肉略紧，无明显压痛点，X 线片示：腰椎退行性变，诊断为痹证。辨证为肾阳亏虚，治当温补肾阳，选用金匮肾气丸加减；熟地 15g，淮山 15g，山萸肉 15g，泽泻 10g，丹皮 12g，肉桂 6g，附片 10g，淫羊藿 12g，续断 16g，甘草 3g。服 10 剂后，腰部酸痛明显减轻，行走时自觉轻松，畏寒怕冷消失，四肢复温。效不更方，将附片改为 6g，加寄生 10g，同时嘱患者适当休息，避免劳累，并作腰臀肌锻炼，继服 15 剂症状消失。

按 腰腿痛常见原因是由于腰椎退行性改变，广泛骨质增生压迫脊髓或神经根而引起，《素问 · 脉要精散论》曰：“腰者，肾之府。”故腰腿痛常涉及肾。《素问 · 四时刺逆从论》中有“肾主身之骨髓”的记载。年老体衰，肾精渐亏，肾阳亏虚，命门火衰，不能温煦四肢肌筋，故而出现腰腿酸痛绵绵、四肢欠温、畏寒怕冷等症。本方在六味地黄丸滋补肝肾的基础上，加入附子、肉桂、淫羊藿等药温补肾中之阳，益火之源以消阴翳，诸药合用有温肾壮腰之功。

4 风寒湿痹肝肾两亏证

刘某某，女，58 岁，农民，1998 年 10 月 12 日初诊。10 天前出现双膝游走性疼痛经治疗后腰腿痛消失。3 个月前因冒雨涉水而致病情复发，证见双膝窜痛，屈伸不利，时有麻木感，伴腰部酸痛，行走困难，神疲乏力，形寒肢冷，舌质淡、苔白，脉沉细。查体：双侧膝关节略肿，压痛不明显，局部肤温不高，X 线片示：双膝关节骨质疏松。化验：WBC 8.6×10^9/L，NU 0.75，ESR 76mm/h，诊断为风湿性关节炎。辨证为风寒湿痹，肝肾两亏。治当祛风湿，止痹痛，益肝肾。方 以独活寄生汤加减：独活 10g，寄生 15g，秦艽 15g，细辛 3g，当归 15 g，制首乌 15g，全虫 2g，蜈蚣 2 条，甘草 3g，服 7 剂后，腰部酸痛、畏寒等症明显减轻，双膝仍疼痛，活动不利，守上方，加狗脊 15g，并嘱患者卧床休息，继服 10 剂后，症状消失。复查 ESR 5mm/h。

按《素问 · 痹论》曰：“痹在于骨则重，在于脉则血凝而不流，在于筋则屈不伸，在于肉则不仁。”本证邪气深伏，正气已虚，在治疗上以扶正祛邪为要。方中独活理伏风，善祛下焦与筋骨间之风寒湿邪为君，伍细辛发散阴经风寒，搜剔筋骨之邪止痛，秦艽除风温舒筋，寄生祛风湿补肝肾，当归、首乌活血养血，狗脊温肾壮阳，全蝎、蜈蚣祛风通络止痛，甘草调和诸药，综合全方，扶正祛邪，标本兼顾，可使血气足而风湿除，肝肾强而痹痛愈。（李华南 江 涛）

许建中学术经验

【名老中医简介】许建中（1930 ~ ）北京人。主任医师、教授。1954 年山西医学院（本科）毕业。现任中国中医科学院西苑医院主任医师，中国中医科学院中西医结合博士，硕士学位评审委员会委员，中国中西医结合学会呼吸专业委员会主任委员。第二批全国老中医药专家学术经验继承工作指导老师。擅长中西医结合呼吸病的防治。发表论文 80 余篇。主编及参加专著 12 部。

学术思想

1 辨病与辨证相结合

哮喘急性发作一般病势比较急重，因此，许建中认为，哮喘的急性期必须要辨病与辨证相结合。

辨病治疗：此阶段适当配合西医方法，如解痉、抗感染、糖皮质激素等，比单纯用中医治疗见效快、疗效好。

辨证治疗：许建中强调，根据患者痰的色度、粘稠度、气味，结合舌脉以及整体状态，按急者治其标、缓者治其本的原则治之。急性期辨证分别采取温化寒痰法和清肺利痰法、燥湿化痰法、养阴润燥法，并结合降逆平喘，均能起到较好的疗效。缓解期则根据证型分别采取益气固表法和健脾益气法、补肾纳气法，扶正固本法，防止哮喘复发或延长复发时间，可以避免某些患者长期依赖激素，甚至可以不再使用激素。中西药取长补短，相得益彰，使病情得到控制，从而提高生活质量。

2 标本兼治

许建中认为，对于慢性反复发作的哮喘应坚持标本兼治的原则。由于支气管哮喘的病因为宿痰内伏于肺，复感外邪，加之饮食不当，冷暖失宜，情绪不畅等诱因引发，使痰随气升，气因痰阻，互相搏结，壅塞气道，肺失宣降而出现喘促哮鸣。宿痰的成因与先天禀赋不足、脏腑功能失调有关，古代文献中广泛提到，本病与肺、脾、肾三脏有密切关系。患者多表现有不同程度的肺脾肾三脏亏损不足，尤其是慢性反复发作性哮喘患者更为明显。患者大多虚实挟杂、本虚标实，以宿痰、外感等因素为标，以肺脾肾三脏虚损为本。在这种前提下，对于反复发作缠绵难愈的患者，应标本兼治、肺肾同治或肺脾同治，益气养阴、攻补兼施。他认为，标本兼治是从中医整体观点出发，结合现代医学研究总结出的原则。现代医学研究认为，治以清肺（温肺）化痰平喘，可以取得缓解支气管痉挛的效果，而治以益气养阴、补肺健脾、固肾纳气，则可提高肾上腺皮质轴功能，促进肾上腺皮质激素分泌，影响变态反应和非变态反应的主要环节，抑制炎性细胞、炎性介质释放，能控制炎症、降低气道反应性，从而缓解哮喘发作。

3 治病必求其本

《景岳全书.喘促》说："喘有夙根，遇寒即发或遇劳即发，亦名哮喘"。所谓"夙根"，是指内伏于肺的宿痰。中医认为，哮证的病理因素以痰为主，痰之产生责之于肺不能布散津液，脾不能运输精微，肾不能蒸化水液，以致津液凝聚成痰，伏藏于肺，成为"夙根"。随着现代医学的不断发展，人们认识到支气管哮喘的发病机理与气道变应性炎症及气道高反应密切相关。因此，如何从不同角度改善气道高反应以及抗御某些炎性介质的释放和侵犯，是防治本病的关键所在。许建中认为，从中西医结合的角度分析，气道变应性炎症、气道高反应就是中医所说"夙根"的内涵，也是哮喘病的病机根本。因此我们必须抓住这一根本，不仅在急性发作期要"温肺化痰、清肺化痰"，缓解期更应抓住这一环节，或健脾以化痰，或补肺以助其输布津液而化痰，或补肾以助其气化水液而化痰。目前西医治疗气道变应性炎症、气道高反应性，用药首推糖皮质激素，但长期使用糖皮质激素会出现严重的副作用。他认为从中医的角度出发，抓住"宿痰"这一"夙根"，同样能起到控制气道变应性炎症和气道高反应性，而且可以避免长期使用激素的副作用，从而达到了平喘和恢复体质的目的。"喘有夙根治病必求于本"的观点充分发挥了中西医结合治疗哮喘的优势，应引起我们的重视。

4 中西医结合

许建中认为，通过现代免疫学药理技术进行单味和成方的研究是防治哮喘的又一有效途径。目前已进行的免疫学药理研究已证实中药对哮喘的疗效是肯定的。如：降低哮喘患者体内 IgE 的中药有甘草、柴胡、生地等；成方有小青龙汤、麻杏石甘汤、柴朴汤、小柴胡合半夏厚朴汤等。抑制呼吸道炎症细胞粘附和趋化作用的中药，有从柴胡中提取的柴胡皂甙，可抑制炎症细胞向炎区的粘附。抑制炎症细胞释放炎症介质的中药有黄芩、麻黄、辛夷、细辛、郁金、五味子等；成方有麻杏石甘汤、小青龙汤、柴朴汤、清肺汤等，均能抑制肥大细胞增殖分化和释放性介质。可拮抗炎症介质的中药有银杏叶，可拮抗白细胞三烯的中药有甘草、细辛、五味子、小青龙汤，可拮抗组织胺的中药有细辛、五味子、干姜、莪术、苍术和小青龙汤等。由此可见，从免疫学的角度研究中医中药大有可为，但还有更多工作有待进一步研究和发掘，从而达到彻底治愈哮喘的目的。（冯德华 许建中）

临床经验

燥咳

许建中认为燥咳的病因病机与天行燥烈、久晴少雨、空气干燥有关，燥邪由此而生，燥邪犯肺，灼伤肺津，肺气失宣；或因燥热之邪退去，肺胃津伤未复，肺胃失于濡润，肺气不宣；或肺肾阴亏，金水不得相生，肺系失却滋润与清肃。因此，临床上可以分为燥邪犯肺、肺胃阴伤及肺肾阴亏型。

1 祛风解表，润燥止咳

本法适用于燥咳初期之燥邪犯肺型。肺气壅遏不宣，宣肃失司则出现咳嗽不已，燥邪易伤津，故咳嗽以干咳无痰或少痰为特征。咳势较甚，影响睡眠，或咳嗽时缓时剧，经久不愈，每遇风感寒而加剧或伴有恶寒发热，口干，舌淡红、苔薄白少津，脉浮。治宜疏风解表，润燥生津，宣肺止咳。常用药：荆芥、防风、薄荷、菊花、桔梗、生甘草、沙参、麦冬、麻黄、苦杏仁、枇杷叶、前胡等。随证加减：表证明显者，加紫苏叶、桑叶等；病毒感染者，加金银花、板蓝根、大青叶；咳嗽剧者加紫菀、款冬花、川贝母、地龙、蝉蜕等。方中以荆芥、防风、紫苏叶、桑叶、薄荷等解表透邪，佐以沙参、麦冬等养阴润燥，从而达到邪去津复咳止目的。对于顽固性干咳者，可适当加入一些抗过敏药物。如地龙、蝉蜕等以增强止咳效果。

案1 杨某，女，55岁。近日感冒后咽干痒，偶有咽痛，阵发性咳嗽逐渐加重，无痰，影响睡眠，口渴欲饮，无恶寒发热，舌淡红、苔薄白而干，脉浮。自服头孢氨苄、川贝清肺糖浆未能获效。证属燥邪犯肺伤津。治宜解表宣肺，润燥止咳。处方：防风、沙参、前胡、枇杷叶各15g，荆芥、薄荷（后下）、麦冬、苦杏仁、川贝母、蝉蜕、生甘草、桔梗各12g，麻黄10g，生石膏、金银花各20g。每天1剂，水煎服。6剂后病告痊愈。

2 润肺降逆，宣肺止咳

本法适用于燥咳中期之肺胃阴伤型。因外感后或内伤导致肺胃阴津亏损者，致肺系失于滋润，肺气不宣，出现鼻干咽燥、干咳少痰等症。该型咳嗽的特点：咳势渐缓，但咳嗽较长时间不止。病程一般超过2周，伴见口干欲饮，咽燥，舌质红、苔干燥，脉细。治宜润肺降逆，宣肺止咳。常用药：生地黄、玄参、沙参、玉竹、苦杏仁、生甘草、桔梗、前胡、紫菀、枇杷叶等。随证加减：口渴甚，大便偏干者，加生石膏、知母、瓜蒌；干咳久恋不去，加诃子、地龙。

案2 司某，女，31岁。咳嗽无痰1月余，时而咽痒，干咳阵作，口渴较明显，饮水多，舌红、苔干燥，脉细。证属肺胃津伤。治宜甘寒生津，润肺降逆为主。处方：生地黄、玄参、苦杏仁、生甘草、桔梗、炙百部各12g，沙参、玉竹、前胡、紫菀、枇杷叶、地龙各15g，生石膏、金银花各20g。每天1剂，水煎服。服6剂后症状明显改善，继服6剂病除。

3 滋肾润肺，宣肺止咳

本法适用于一些燥咳证后期之肺肾阴亏型。由于肺肾阴亏，金水不得相生，肺系失却滋润与清肃，肺气失宣，证见咳嗽无痰，或咯极少量白黏痰，咽干鼻燥，口渴欲饮，手心发热，盗汗，颧红颊赤，或伴有其它肾阴虚症状，舌红、苔少而燥，脉细数。治宜滋肾润肺，宣肺止咳。代表方为知柏地黄汤加减。常用药：生地黄、熟地黄、山茱萸、黄柏、知母、天冬、麦冬等。随证加减：阴虚潮热明显者，加炙鳖甲、龟版；夹肝火者，加牡丹皮、栀子、白芍，或黛蛤散；咯痰带血丝者，加白及、三七粉等；盗汗者，加浮小麦、龙骨、牡蛎等。

案3 胡某，女，57岁。3个多月前开始咳嗽，咯极少量白黏痰，痰不易咯出，迁延至今未愈，偶有痰带血丝，自感五心烦热，盗汗，舌红、少苔，脉细数。自服急支糖浆未能获效。证属肺肾阴亏，肺气失宣。治以滋阴清热，宣肺止咳。处方：知母、黄柏、生地黄、熟地黄、天冬、麦冬、山茱萸、山药、牡丹皮、炙鳖甲、川贝母各12g，炙枇杷叶、白及各15g。每天1剂，水煎服。服药6剂后诸症减半，后继服18剂诸症皆消。

许建中在燥咳的辨治过程中，非常注重观察舌苔的润燥来辨别阴津损伤的程度，视津液损伤的轻重来决定使用养阴药味数的多寡。舌苔轻度少津者，用1～2味养阴药；舌苔中度少津者，用3～4味养阴药；舌苔重度少津者，用5～6味养阴药。常用养阴生津药物有生地黄、天冬、麦冬、沙参、玉竹、石斛、知母、川贝母等，既养阴生津，又兼清虚热，用之可以收到津复气和咳止效果。（唐玲华）

慢性阻塞性肺病

1 重视辨病、辨证相结合

慢性阻塞性肺疾病（COPD）在急性发作期，患者常咳嗽痰多、憋闷、气喘，或伴有发热等，一旦误诊或治疗贻误，常常导致呼吸衰竭的发生，若不及时治疗会引起多脏器功能衰竭而危及生命，急性期常需辨病与辨证相结合。辨病治疗：此阶段适当配合西医治疗，给予抗感染、解痉平喘，快速控制病情，以防发生变证。辨证治疗：许建中强调，根据患者痰的色度、黏稠度、气味，结合舌脉以及整体状态，按“急者治其标、缓者治其本”的原则治之。急性期辨证分别采取温化寒痰法、清肺利痰法、燥湿化痰法、养阴润燥法，并结合降逆平喘，均能起到较好的疗效。

缓解期证见咳喘已减或去大半，气短乏力，自汗出，胃脘胀满、不思饮食、腹胀肠鸣、脉弦缓，舌质淡、苔白腻，这时强调治病求本辨证治疗，根据证型分别采取益气固表法、健脾益气法、补肾纳气法，扶正固本，防止慢性阻塞性肺病急性发作。中西药取长补短，相得益彰，使病情得到控制，从而提高生活质量。

2 辨四痰，即寒痰、热痰、湿痰、燥痰

痰的生成责之于脏腑功能失调，津液输布障碍。

脏腑功能失调主要由于肺脾肾三脏。如肺主宣发肃降,通调水道,肺失宣降,通调水道功能减退,津液输布失常,停聚为痰;脾主运化,脾失运化,痰浊内生,上干于肺,即是“脾为生痰之源,肺为贮痰之器”;肾主水,久病至肾阳虚弱,不能温化水湿,聚而为痰。

许建中认为临床辨证须区别四痰,寒痰多为慢性阻塞性肺病急性期感受风寒或寒湿之邪,寒痰阻肺,肺气郁闭不宣所发,其临床多表现为咳嗽,咯痰,痰性状为白色泡沫或稀痰,常较易咳出,舌质薄白或腻,脉弦紧,多伴有恶寒、发热、流清涕,口不渴,尿清长。治疗多采取温化寒痰法如小青龙汤化裁。寒痰多因于阳虚,还应注意患者有无阳虚证候。热痰多见于急性发作期痰热蕴肺,肺失宣降,多表现为咳嗽痰多,质粘厚或黄稠,常不易咯出,或面赤身热,大便干,小便黄,脉弦数,舌红、苔薄黄或黄腻者,治疗当用清肺利痰法,常选用麻杏石甘汤合定喘汤、止嗽散方加减化裁;湿痰多为感受寒湿之邪或久病脾虚,脾为生痰之源,脾喜燥而恶湿,脾为湿困,痰浊内生而成湿痰,多表现为咳嗽反复发作,咳嗽重浊,痰多,因痰而嗽,痰出咳平,痰黏腻或稠厚成块,色白或带灰色,每于早晨或食后咳甚痰多,进甘甜油腻食物加重,胸闷,脘痞,呕恶,食少,体倦,大便时溏,舌苔白腻,脉濡滑,治以燥湿化痰法,二陈汤加减;燥痰:久病伤阴耗液,或热邪伤或湿邪化燥,或风燥伤肺可致燥痰表现为咳嗽痰少而粘连成丝,不易咳出,或痰中带有血丝,伴有口干咽燥等症,治以养阴润燥法,如百合固金汤。在辨四痰基础上并结合降逆平喘之法,临床上常均能起到较好的疗效。

3 分期论证

依据病程长短,标本兼治。急性期,患者外感风热和风寒(病毒、细菌或非典型病原体)之邪是本病急性发作的诱因,辨证急则治其标,多采用辛凉解表或辛温解表剂。许建中认为,当前随着社会经济的发展,人民生活水平提高,加之冬季供暖保障,大多以风热为主,且寒痰、湿痰易于化热,故多采用辛凉解表剂,使表邪散尽,方能奏效。如本病感受风寒或寒湿之邪,寒痰阻肺,肺气郁闭,咳嗽,咯痰,痰稀,伴有恶寒、发热、流清涕,辨四痰多属寒痰,治疗多采取温化寒痰法,如小青龙汤化裁。如痰湿壅肺,久郁化热,表现为大便干,小便黄,脉弦数,舌红、苔薄黄或黄腻者,辨四痰属热痰,多予以清肺利痰、宣肺定喘法,常选用麻杏石甘汤合定喘汤、止嗽散方加减化裁。如果表证示风热者,咳嗽,痰多,质粘厚或黄稠,舌红、苔薄黄或黄腻者,属于热痰,麻杏石甘汤合定喘汤加银翘散、桑菊饮化裁;热甚者,加用清热解毒之品,如板蓝根等;如热甚阴伤者,见口干咽燥而欲饮,咳嗽痰少而黏连成丝,质粘不易咳出,是为燥痰,应加用养阴润燥之剂,如生地、百合、麦冬、北沙参等。

缓解期,分为脾肺两虚和肾肺两虚。脾肺两虚,咳嗽不甚,但素日易受外感者,证见咳喘已减或去大半,气短乏力,自汗出,胃脘胀满、不思饮食、腹胀肠鸣、脉弦缓,舌质淡、苔白腻,选用麻杏石甘汤加玉屏风散、木香、砂仁等药化裁。肾肺虚喘甚者,肺气虚衰,肾不纳气,咳嗽咯痰已轻,仍动则喘甚,呼多吸少,气不得续,四肢欠温,腰酸背痛,阳痿早泄,食纳欠佳,脉沉细或沉弦无力,舌淡胖、苔薄白,经治咳喘已轻,可服用益气固表、补肾纳气之品。如玉屏风、六味之品。但补肾阳时,须遵从古训“善补阳者,当从阴中求之”,即在滋肾阴基础上加入补肾阳之剂。晚期,病情已发展至肺心病阶段。咳喘,张口抬肩,不能平卧,憋闷,紫绀,血氧分压明显下降,舌紫暗,脉沉涩,病情危重。对痰浊闭窍、神昏者,冲服安宫牛黄丸、紫雪丹等;神清但全身水肿,用苓桂术甘汤或五苓散等。可重用车前子,用量可至60g,但忌用峻泻剂(大戟、芫花、甘遂等),水肿严重者可适当加用西药利尿剂。同时持续低流量给氧,若仍不能改善者,应加用无创持续正压机械通气。分期辨证中,若遇病情危重者,应及时结合西医综合治疗,如抗感染、激素等。

案:张某某,男,70岁,中央民族大学。患者反复咳嗽30余年,符合COPD诊断,于2006年10月13日天气变化受凉后咳嗽加重,证见:咳嗽频作,咳痰,量多,色黄,稠厚质粘,略喘,口干咽痛,伴有发热37.8℃,舌红苔薄黄,脉浮滑数。处方:银花20g,连翘12g,牛蒡子12g,桑叶15g,菊花15g,麻黄10g,杏仁12g,生石膏30g,百部12g,紫菀15g,冬花15g,川贝10g,浙贝20g,板蓝根20g,丹参15g。6剂,加用牛黄蛇胆川贝液、消咳喘、百夜星。2007年10月20日复诊,热退,咳减,油烟刺激后咳嗽,咳痰量少,易于咳出,喘好转,舌淡红少津,脉细滑。处方:百合15g,生地15g,元参15g,南北沙参各10g,黄芩10g,麻黄10g,杏仁12g,生石膏30g,前胡15g,紫菀15g,冬花15g,射干12g,白果12g,板蓝根20g,枇杷叶15g。6剂,加用养阴清肺膏、克拉霉素。2007年10月27日,三诊,咳嗽基本缓解,舌淡红,质干,脉细滑,生地15g,百合12g,玉竹12g,元参、生黄芪各20g,防风15g,炒白术15g,麻黄10g,杏仁12g,生石膏20g,白果12g,紫菀15g,冬花15g，丹参20g。6剂。

4 久咳必伤阴，故常得固护阴液

肺为水之上源，肾为主水之脏。肺肾为金水相生之脏，其阴液又可标本资生，肺阴肃降，阴液下输，滋养于肾，肾阴为人体阴液之根本，对各脏腑组织具有滋润濡养的作用。肾阴充盛，循经上润于肺，则能保证肺气清宁，宣降正常。故有"肺气之衰旺，全持肾水充养，不使虚火炼金，则长保清宁之体。"之说。慢性阻塞性肺病患者病情反复发作，致肺气阴两伤，肺阴受伤，久必下劫肾阴；或邪热久恋，灼伤阴液，或肝郁日久，化火伤阴，终致肾阴亏虚，阴虚火旺，虚火上灼肺阴，肺失清润，久病两脏阴液互损，最终形成肺肾阴虚。表现为咳嗽，痰少或粘，口干咽干，舌质干而少津。许建中临证多选用养阴清肺之品，如百合固金汤之类。临床屡屡见效。

5 善补阳者，当从阴中求之

慢性阻塞性肺病患者反复咳喘，迁延时日，晚期伤及阳气，肾阳虚衰，多表现畏寒肢冷，喘满难忍，动则喘甚，不能平卧，活动后见张口抬肩，面青唇紫，腰酸背痛，阳痿早泄，食纳欠佳，舌淡白，脉微细无力。且邪不盛或经治咳嗽已减轻者，可应用补肾纳气之品，但补肾阳时，须遵从古训"善补阳者，当从阴中求之"，即在滋肾阴基础上加入补肾阳之剂。切勿补阳过度，以免耗伤阴液，肺为娇脏，不耐寒热，津液耗伤，燥热内生伤肺，咳喘加重。许建中临证多以六味基础，加化痰平喘及较平和的补阳之品，如胡桃肉、紫河车，很少应用鹿茸、桂附之类。

6 整体辨治

了解患者其它疾病，特别是老年患者，脏腑功能低下，常存在多种疾病，临证必须权衡照顾，整体辨治，延长患者寿命。如心脑血管病情况，血压、血脂、血糖控制情况，等等。

7 戒 烟

慢性阻塞性肺病患者大多有吸烟史，首先得力劝患者戒烟，现代生理学研究报道，30岁以下的健康人，由于年龄关系FEV1每年下降30mL，而吸烟者每年下降60mL，本病患者下降更多。许建中门诊常花大量时间劝说患者戒烟，若患者戒烟其疾病即去其大半，并且可以预防肿瘤、心脑血管疾病，减少其并发症，减少患者病痛及经济支出。(骞 芳)

许占民临床经验

【名老中医简介】许占民(1939~)教授，主任医师。河北医科大学中医学院中医内科专家，中华中医药学会中成药分会副主任委员，第二批全国老中医药专家学术经验继承工作指导老师。善治心脑血管、消化系病。

临床经验

心 悸

许占民认为心悸病虽复杂，但临床以心气不足，阴虚火动，气阴两虚及心阳不通4型最为多见，其病机为本虚标实。本虚主要是脏腑气血阴阳的亏损；标实多为痰饮、瘀血所致。故在治疗上强调4个原则。

1 心气不足，重在治脾

心气不足，往往出现心悸气短，脉象沉细而弱，或出现结、代脉。此型患者多见于窦性心动过速或过缓、心房纤维颤动、各种期前收缩等，亦可伴有心脏功能不全。治疗上重在健脾。《素问·平人气象论》载："胃之大络，名曰虚里，贯鬲络肺，出左乳下，其动应衣，脉宗气也。"宗气，乃总合水谷精微之气与吸入之气而成，积于胸中而贯注心脉。宗气盛则心气足，而宗气有赖于脾所化生精微的充养。故健运脾气，使宗气贯注心脉是治疗心气不足的重要环节。天津名医董晓初指出："心气虚，当以温运中气为要。若中气不足，则心气不用，犹如釜底无薪也。"许占民常选用《济生方》的归脾汤去木香、生姜。加丹参、川芎、鸡血藤等进行治疗。方中重用黄芪、红参、白术、炙甘草补中气而益心气；辅以当归、川芎、丹参、鸡血藤养血并通心脉；酸枣仁、茯神、龙眼肉、红枣养心安神。诸药共用，脾气得健，气血得生，心气得充，心神得养，心悸可安。

2 阴虚火动，重在治肾

阴虚火动，常有心中憺大动，舌红少苔，脉象细数，或出现促、代脉。此型患者多见于阵发性室上性心动过速，伴有快心率的各种期前收缩等。治疗上重在滋肾。因心与肾并主少阴，若久病伤阴，肾水不足则心肾失交，水不济火则心火浮动，心神被扰。故心中动悸不宁，脉象细促，古人形容此病犹如"游鱼之失水而腾跃也"。许占民常用《温病条辨》的三甲复脉汤加黄连、苦参等药进行治疗。方中重用牡蛎、龟版、鳖甲、阿胶等药滋补肾水，以育阴潜阳；加黄连、苦参清泻心火，以交通心肾。此外，方中白芍改作赤芍，配以炙甘草、生地黄、麦门冬共奏活血通脉之效。若再酌加丹参、川芎活血之品，则疗效更佳。

3 气阴两虚，重在治心

气阴两虚，可见心悸乏力，口渴欲饮，舌红少津，脉象虚大，或出现结、代脉。此型患者多见于心动过速或过缓，各种期前收缩等。治疗上重在养心复脉。因心主血脉，阳气不足则无以畅血脉；阴血不足则无以养心神。若气阴两虚，心失所养，可致心动悸；气阴虚衰，鼓动无力，脉气不相接续，失其常度，又可致脉结、代。因此，气阴两虚所致心悸，应重在治心。许占民常选用《伤寒论》的炙甘草汤加丹参、赤芍等药进行治疗。方中生地黄、麦门冬、大枣、麻仁、阿胶滋阴养血；人参、桂枝、炙甘草、生姜、清酒益气通阳；再加入丹参、赤芍等活血通心脉。诸药合用，滋阴补血以养心体，益气温阳以复心用，活血通经以畅心脉，终使气阴双补而养心复脉。

4 心阳不通，重在痰瘀并治

心阳不通，往往夹有痰瘀阻滞，可呈现心悸不舒，心胸闷痛，日久不愈，舌质暗红，脉象沉弦细，或出现结、代脉。患者多见于窦性心动过缓、房室传导阻滞、束支传导阻滞、病窦综合征、各种期前收缩等，且常伴有冠状动脉供血不足。在治疗上，不仅要温通心阳，还要重用祛痰化瘀之品，重在痰瘀并治。因人体津液精血均赖阳气的推动而行于周身，若阳气不足，津液凝滞则为痰浊；血液凝聚则为瘀滞；痰瘀相搏，更致心阳不通，痼结难消。唐容川曾在《血证论》中指出：心病怔忡，若不属虚证，则“多夹痰瘀”为患。故治疗心悸属痰瘀痹阻、心阳不通者，在温通心阳的同时，必须痰瘀并治，方可奏效，许占民临床常选用《伤寒论》的桂枝汤、《三因方》的温胆汤及《医林改错》的血府逐瘀汤等三方加减运用，疗效颇为满意。

以上为心悸的一般治疗原则，对于心悸患者又出现心阳虚脱，心悸怔仲，喘促不得平卧，汗出肢冷，脉微细欲绝时，许占民常用参附龙牡汤合生脉散加山萸肉，以回阳固脱。待病情缓解后，再按上述原则辨证施治。他发现脉象与心电图之间存在着一定的内在联系：如迟脉的心电图，多见于窦性心动过缓、房室传导阻滞、病态窦房结综合征等；数脉的心电图，多见于窦性心动过速（如高热、甲亢、心肌炎、心衰等）；促脉的心电图，多见于心动过速伴有早搏的患者（如冠心病、风心病等）；结脉的心电图，多见于窦性心律不齐、偶发或多发性期前收缩、房室传导阻滞等；代脉的心电图，多见于成律性早搏、二度房室传导阻滞等；涩脉的心电图，多见于束支传导阻滞及心肌梗塞患者；散脉的心电图，多见于室颤及急性心肌梗塞临终前等。他指出，临床应将脉诊与心电图诊断有机结合，以进一步提高辨治心悸的效果。因为脉诊虽然反映了心脏搏动的情况，但反映并不充分、不完全，而心电图对心律的反映更直观、更全面，故常将心电图诊断作为脉诊的延伸，为中医辨治心悸服务。（张会珍 赵志国 张一昕）

慢性胃病

1 理气通降

此法主要适用于肝气郁结，横逆犯胃，胃失和降，证见胃脘胀痛，攻撑胸胁，或伴嗳气吞酸者。此时治疗宜疏肝理气，和胃通降，许占民善用柴胡疏肝散加减治疗，药用柴胡、香附入肝，疏肝解郁，理气止痛；陈皮理气和胃，为脾胃宣通疏利之要药，具有能散、能燥、能和之功，合补药则补，伍泻药则泻，配升药则升，佐降药则降，与柴胡、香附为伍，既能调和胃气，又能疏肝止痛；枳壳破气消积，利膈宽胸，能消胃脘胀满而起通降作用；芍药、甘草酸甘益阴而柔肝；川芎乃血中气药，可疏肝气而行血。诸药配合，可使肝气条达，胃气和降，则诸症自消。临床可酌情加用香橼、青皮、川楝子、郁金等。

2 辛开苦降

此法适用于寒热互结中焦，气机升降失和，证见胃脘痞满，或灼热疼痛，嘈杂吞酸，嗳气，肠鸣下利，舌苔黄白相间者。此时治疗，若纯清热，则胃热未除而中寒更甚，一味温补，则寒邪未散而胃火更炽，故宜寒温并用以和阴阳，苦辛并进以调升降。方以半夏泻心汤加减，药用黄芩、黄连苦寒降泄除其热，干姜、半夏辛温开结散其寒，党参、大枣、甘草甘温益气补其虚。可酌加白术、扁豆健脾止泻，乌贼骨、瓦楞子制酸，陈皮、枳壳理气和胃。

3 泄热通腑

此法适用于胃中积热，口干口渴，胃脘灼痛，或痞满不适，大便干结，舌质红，苔黄厚者，方以承气汤等加减治疗。因苦寒之品具沉降之性，故常用黄芩、黄连、酒大黄，此三药乃苦寒之代表，用之既可清泄胃热，又可通腑降逆，配枳壳下气散结，消痞除满，竹茹清热降胃等。因慢性胃病本已正虚，热盛更伤阴液，故常配用石斛滋养胃阴，甘草和中益胃，并防苦寒伤胃。

4 降胃导滞

本法适用于胃失和降，腐熟失司、食积阻滞，证见胃脘痞满，或堵闷疼痛，拒按，嗳腐呕恶，舌苔厚腻者。方用保和丸或枳实消痞丸加减，常用焦三仙、莱菔子消食和胃，枳实、厚朴行气导滞，消痞除满，陈皮、半夏理气散结，黄连苦寒通降，并清食积之热。慢性胃病中气已弱，故多配用白术、茯苓、党参等，扶助运化以助消导积滞。

5 凉润通降

此法主要适用于胃阴不足，胃失濡润，证见胃脘隐隐灼痛，口干便燥，舌红少苔或剥苔者。胃喜润恶燥，若阴津虚少，胃失濡养，则和降失常。华岫云"若脾阳不亏，胃有燥火，则当遵叶氏养胃阴之法。……所谓胃宜降则和者，非用辛开苦降，亦非苦寒下夺，以损胃气，不过甘平或甘凉濡润以养胃阴，则津液来复，使之通降而已矣。"许占民喜用沙参麦冬汤加减治疗，药用沙参、麦冬、石斛滋阴益胃，清热生津，白芍、乌梅、甘草酸甘益阴，少佐木香、香橼既可理气和胃，又防养阴滋腻。诸药合用，使阴液来复，胃得濡润，通降自可和顺。

许占民认为通降胃气虽是治疗慢性胃病的主要原则，但不是唯一原则，其他如健脾益胃、滋阴养胃等原则，可以根据患者的具体情况灵活应用，以期达到最佳的治疗效果。（张会珍 张一昕 余延芬）

医案验案

1 化痰消瘀治疗冠状动脉粥样硬化性心脏病心绞痛

张某，女，70 岁。1997 年 3 月 7 日初诊。胸骨后和胃脘部闷痛 3 年余。每于劳累后发作，牵及左侧肩背部不适，经服用消心痛、心痛定等西药，症状仍未缓解。同时伴有心悸、气短、失眠等症。舌质黯红，苔白腻，脉弦。心电图示：Ⅰ、Ⅱ、Ⅲ、aVL、V1 ~ V5T 波普遍低平，S－T 段下移，aVF T 波倒置。中医辨证为痰瘀互结，阻滞心脉。西医诊断为冠状动脉粥样硬化性心脏病心绞痛。治宜消痰化瘀，宽胸利气。予自拟化瘀消痰汤：全瓜蒌 15g，半夏 10g，白芥子 10g，旋覆花 10g，枳壳 10g，生黄芪 15g，川芎 10g，赤芍药 10g，丹参 15g，三七粉（冲）3g，加炒酸枣仁 30g。水煎服，日 1 剂。14 剂。另服冠心苏合胶囊，每次 2 粒，每日 2 次。1997 年 3 月 21 日复诊：服上药后胸骨后及胃脘部疼痛未作，仅劳累后自觉胸脘憋闷，睡眠转好。但近日来又见口干咽燥，舌黯红，苔白而少津，脉沉弦。上方加太子参 30g、麦门冬 10g、五味子 10g。1997 年 4 月 11 日三诊：症状基本消失，胸脘部不觉憋闷，心悸气短消失，精神渐觉舒畅，舌质黯红，苔薄白，脉沉弦。心电图示：各导联 S－T 段上移，V5T 波耸起，aVF T 波由倒置转为低平。予 1997 年 3 月 21 方加川厚朴 10g，桂枝 10g，薤白 10g。1997 年 5 月 6 日四诊：病情转愈，舌脉同前，无不适。查心电图：V1 — V5 T 波高耸，前壁缺血已转愈。予 1997 年 4 月 11 日方改为蜜丸，每丸重 10g，每次 1 丸，每日 2 次。连续服用 3 个月，以巩固疗效。

按 许占民认为冠状动脉粥样硬化性心脏病心绞痛属中医胸痹、厥心痛范畴，为痰瘀互结、心脉瘀阻、胸阳不振所致。证见：心胸闷痛，心悸气短，舌黯红，苔白腻，脉弦。治宜痰瘀兼顾，兼以行气通阳。初诊化瘀消痰汤方中瓜蒌、半夏、白芥子、旋覆花、枳壳行气祛痰而消胸中痰结；丹参、川芎、赤芍药、三七活血化瘀而通血脉；黄芪益气通阳，以利痰瘀的运除。二诊时有气阴两虚的表现，故与生脉散合用。三诊时为增强宽胸理气之效，又加入枳实薤白桂枝汤。临床辨证施治，故收佳效。

2 益气养阴治疗慢性浅表性胃炎

冯某，男，60 岁。2001 年 2 月 6 日初诊。上腹部饱胀不适 1 年余。每于进食后加剧，甚则胃脘疼痛，并伴有食欲不振，腹部胀满。刻诊：上腹部轻度压痛，舌淡红，苔薄白少津，脉沉弦细。纤维胃镜示：胃窦部黏膜充血、水肿。中医辨证为脾气虚衰，胃阴不足，运化无力。西医诊断为慢性浅表性胃炎。治宜益气养阴，行气除痞。予三参养胃汤：沙参 15g，丹参 10g，党参 10g，白术 10g，陈皮 10g，丁香 10g，黄连 3g，白芍药 15g，甘草 10g。水煎服，日 1 剂。21 剂。2001 年 2 月 27 日二诊：症状显著减轻，但胃脘部仍痞满，嗳腐，已无泛酸、胃痛、食欲不振，舌淡红，苔薄白，脉弦。予上方加藿香 10g，川厚朴 10g，肉豆蔻 10g，白豆蔻（后下）5g，生麦芽 15g。7 剂。2001 年 3 月 6 日三诊：服上药后胀满减轻，但仍胃脘不适，口干便燥，舌红，苔薄白少津，脉弦。予 2001 年 2 月 27 日方去川厚朴、肉豆蔻、白豆蔻，加沙参 10g，麦门冬 10g，干地黄 10g，当归 10g。14 剂。2001 年 3 月 20 日四诊：服上方后胃脘痞满、口干便燥等症消失，但仍有胃脘嘈杂不适，舌淡红，苔薄白，脉弦。予 2001 年 2 月 6 日方加茯苓 10g，紫苏 10g，白豆蔻（后下）5g，山药 15g。服药 14 剂后，症状消失。胃镜检查：胃窦部黏膜充血、水肿消失，无其他异常发现。病已基本痊愈。随访 6 个月未复发。

按 脾胃同居中焦，阴阳脏腑相济，共司受纳运化、腐熟泄浊之职。若脾阳不运，或肝胃不和，或久则化热，或久伤胃阴，均可影响胃肠气血之运行，使其通降功能失常，而致脘腹痞满之症。本例初诊三参养胃汤方中沙参、白芍药、甘草养阴柔肝；党参、白术健脾养胃；丹参、陈皮调畅胃中气血；黄连、丁香通降胃气。该方不仅气阴双补，且能通降胃气。二诊时痞满症状较为突出，故又合用丁沉透膈汤(《和剂局方》)以增健脾养胃、行气散结之功。三诊时有肝阴不足、肝气犯胃的表现，故合一贯煎(《柳州医话》)以养阴柔肝。四诊时脾气虚损未复，故又合胃爱丸(《外科正宗》)以补养脾胃，作为后期调养。

3 养阴清热治疗复发性口腔溃疡

王某，女，60岁。2000年9月7日初诊。口舌唇颊等处溃疡8个月，此起彼伏，反复发作，局部灼热疼痛，尤以食酸、辣、咸、热等食物疼痛为甚。刻诊：上颚、唇舌、两颊及舌下黏膜溃疡如黄豆或豌豆大小，甚者溃烂成疮，舌红少苔，脉沉细数。西医诊断为复发性口腔溃疡。中医辨证为阴虚火旺，虚火上炎。治宜滋阴益肾，清心泻火。处方：熟地黄15g，山茱萸15g，山药15g，泽泻10g，茯苓10g，牡丹皮10g，肉桂5g，木通5g，竹叶10g，甘草15g，玄参15g，麦门冬10g。水煎服，日1剂。10剂。2000年9月17日诊：经治疗后，下唇内侧溃疡减轻，舌体两侧及下部各有溃疡一处，溃疡周围红肿，舌淡红，苔薄白，脉沉细。予上方加蒲黄(包)10g，西洋参30g。14剂。2000年10月12日三诊：服药2周后溃疡消失，停服1周后又复发，小便黄，舌淡红，苔薄白，脉沉缓。2000年9月7日方加太子参15g，生地黄10g。7剂。2000年10月19日四诊：溃疡转愈，舌淡红，苔薄白，脉沉缓。予2000年9月7日方继服2周，以巩固疗效。随访1年未复发。

按 复发性口腔溃疡属中医口疮范畴。其病程迁延，此愈彼起，影响患者的饮食、工作和生活。许占民根据多年的临床经验，认为复发性口腔溃疡主要由于阴虚火旺，“心脾有热，气冲上焦，重发于舌”，久病及肾，肾阴不足，水不能制火，则虚火上炎，熏蒸于口，而致口疮。故初诊选用加减八味丸(《审视瑶函》)合二阴煎(《景岳全书》)以养阴清心泻火。方中熟地黄、山茱萸、山药滋肾填精；泽泻、牡丹皮、茯苓、木通、竹叶、甘草清热泻火；生地黄、麦门冬、玄参可增强养阴清热的功效；方中加入少量肉桂，以引火归源。二诊时有充血的表现，故加蒲黄以活血散结。三诊时加太子参、生地黄，以增补气养阴扶正之力。服药1个月后，溃疡痊愈。

4 酸甘化阴治疗不安腿综合征

李某，女，69岁。2000年11月7日初诊。双侧小腿酸胀不适10余年。夜间卧床时症状尤甚，白天活动后稍缓解。肌电图无异常发现。刻诊：舌质黯红，苔薄白，脉弦。西医诊断为不安腿综合征。中医辨证为阴血不足，肌肉失养，经脉不畅。治宜酸甘化阴，调和气血，疏通经脉。处方：白芍药15g，甘草10g，木瓜10g，乌梅10g，生黄芪15 g，桂枝10g，威灵仙15g，透骨草15g，伸筋草15g。水煎服，日1剂。6剂。2000年11月13日二诊：症状明显好转，夜间仍略有腰腿酸胀，口干咽燥，舌质黯红，苔薄白，脉弦。予上方加天花粉10g。7剂。2000年11月20日三诊：服上药后症状消失，舌脉同前。继服2000年11月7日方7剂，以巩固疗效。随访10个月未复发。

按：腿酸胀属现代医学不安腿综合征。一般认为腿酸胀多因气血不和，血虚失于濡润，肌肉筋脉失荣所致。肝主筋脉，为“罢极之本”，全身筋腱关节的运动功能，均依赖肝的精气滋养，肝气衰则筋脉不舒，而出现小腿酸胀不适。故初诊以芍药甘草汤合黄芪桂枝五物汤加减，方中白芍药、甘草、木瓜、乌梅酸甘化阴，养血柔肝，缓急止痛；黄芪、桂枝、威灵仙、透骨草、伸筋草补气活血，舒筋活络。二诊时有阴虚口干咽燥的表现，故加天花粉以清热生津。《长沙药解》谓天花粉能“舒痉病之挛急”，故用其治疗腿酸胀亦为合拍。(张江华)

薛芳临床经验

【名老中医简介】薛芳(1938～)河北省保定市人。教授，主任医师。1962年毕业于河北中医学院。原河北中医学院方剂学教研室主任，河北省中医药学会常务理事，内科学会副主任。享受国务院政府特殊津贴。第二批全国老中医药专家学术经验传承工作指导老师，河北省首届十二大名中医。擅长治疗高血压病、冠心病、心律失常、心肌病、慢性肺源性心脏病、心力衰竭等疾病。科研课题分别获得河北省科技进步三等奖2项，获河北省卫生厅甲级、二等、三等成果奖4项。主编《中国药物大全·中药卷》等著作3部。发表论文50篇。

病毒性心肌炎

1 急性期务须分辨邪正虚实

病毒性心肌炎急性期大约7～15天，起病急，变化多。由于病毒侵害心肌,除有发热恶寒、头痛、咽红咽痛,肌肉酸痛等全身症状外,还有胸部灼热疼痛或心前区闷痛,心悸、气急、脉象或数、或迟、或结、或代等心肌受损的热毒侵心表现。病变范围较大者,可迅速出现心功能不全、肺水肿、心源性休克、阿—斯氏综合征等正气不足,心阳虚衰的证情。邪毒亢盛者属热、属实,治疗应以清热解毒、滋阴凉血为主;正气不足者属寒、属虚,治疗以扶助正气、振奋心阳为法。若治不及时或治疗错误,每因衰竭而死亡,治疗得当,护理周到,病情缓解或稳定而转入慢性期。临床实践证明,清解热毒或扶助正气有对抗病毒、改善心肌病变、维护心肌功能、防治心功能不全的作用。

1.1 热毒侵心

多有发热恶寒,或不恶风寒,头痛,有汗或无汗,咳嗽少痰或咽喉红肿干痛,全身酸痛,心悸不安,胸部或心前区闷痛,身倦乏力,舌质红绛、苔白而干,脉象浮数或结代。心电图检查多表现为窦性心动过速,S-T 段或 T 波异常,或出现期前收缩。病变除有全身中毒的症状外,病变以心肌损害和心律失常为主,很少出现心脏扩大或心力衰竭。治疗应以清热解毒、保护心肌为主。及时治疗可以控制病变发展,改善症状,纠正心律失常,治不及时或治疗错误、护理不周,可转入慢性期。

案 林某,女,12 岁,1975 年 8 月 4 日诊治,患者 10 天前感冒发热(T38.6℃),头痛、咳嗽、咽疼,用解热镇痛治疗无效。近 3 天来出现精神不振、身倦乏力、面红、心悸、胸痛,脉搏 120~140 次,时有时歇,心电图示窦性心动过速,S-T 段Ⅱ、Ⅲ 、V5 水平下降,T 波广泛低平,Ⅱ、Ⅲ、V5 有宽大畸型的 QRS 波群,舌质红舌尖绛,苔白黄而干,脉浮数结代。邪毒炽盛,卫营合邪。清解热毒,滋阴凉营。银花 30g,连翘 18g,大青叶 18g,板蓝根 30g,芦根 18g,生地 18g,丹皮 12g,麦冬 18g,玄参 12g。水煎成汁 600mL,分 4 次空腹口服。服药 7 剂,病情好转,脉搏间歇消除,心电图检查示窦性心律,心房率、心室率 86 次,S-T 段恢复正常,室性早搏消失,T 波仍然低平。继用上方加玉竹 12g、沙参 g 调治,以维护心肌功能。

1.2 心阳不振

起病急骤,病情危重,常有显著的心悸、胸闷、胸痛、气促、头晕、自汗、四肢欠温,活动时明显加重,脉沉细虚弱、或迟、或数、或结代等心气不足、心阳不振表现,治疗则应补益心气、振奋心阳,以改善、加强心肌功能,若救治不当,往往出现呼吸困难,唇面紫青,咳吐泡沫稀痰、喘促不宁等肺水肿表现,或突然出现面色苍白、冷汗大出、四肢厥冷、皮肤冷凉,脉微细欲绝,血压下降或测不出等心源性休克的危急病证,再延误失治,每因衰竭而死亡。

案 魏某,男,20 岁,1982 年 4 月 3 日诊治。患者于 1982 年 1 月中旬感冒发热,头痛,嗣后又患肠炎腹泻腹痛,对症处理均有好转,2 月分起出现心悸气短、胸部憋闷,未引起注意。近 4 天来发现脉博跳动缓慢不齐,40~50 次/分,心率 50 次/分,心律不整,心音低钝,心尖区可闻Ⅱ级收缩期杂音,胸透心脏不大。心电图示窦性心动过缓,Ⅱ度Ⅰ型房室传导阻滞,交界性逸搏心律。诊断为病毒性心肌炎、Ⅱ度Ⅰ型房室传导阻滞。心悸气短、胸部憋闷疼痛,活动或劳累时显著加重,伴面色苍白、自汗畏风、精神不振、身倦乏力、手足冷凉(手冷过肘、足冷过膝)等症状,舌质淡嫩,苔白,脉沉迟无力而结。心气不足,心阳不振。温通心阳,补益心气。茯苓 6g,肉桂 6g,白术 6g,炙甘草 6g,党参 9g,莲子肉 6g。服药 6 剂,心悸气短、胸闷自汗等症减轻,手足转温,脉搏增至 60 次/分。复查心电图,窦性心律,心房率、心室率 60 次/分,与治前心电图比较,Ⅱ度Ⅰ型房室传导阻滞消失。继服 8 剂,期间复查心电图 2 次,均属正常。其它证情亦有好转。嘱其避免重体力活动,预防感冒,调摄饮食,巩固疗效。

2 慢性期务须分辨阴阳胜衰

慢性期多由急性期转变而来,在急性期未接受治疗,或治不彻底,或治疗无效,或护理失宜,有不少病例转入慢性期。此时病变虽较稳定,有的却属重型患者应坚持治疗,防止病情恶化。

临床观察证明,慢性期患者,虚多邪少,但有阴虚和阳虚之分。属心气不足、心阳不振者可用四君、苓桂术甘、参苓白术散(丸)等方药补益心气、振奋心阳;属心阴不足、心神不宁者可用知柏地黄、天王补心丹等方药滋养心阴、养心安神。治疗的机理并非直接对抗病毒,而是通过调理阴阳气血之胜衰,阳虚者温阳,气虚者益气,阴虚者养阴,心神不宁者安神,使虚弱之心气得以补益,不振之心阳得以振奋,受损之心阴得以滋养,紊乱之心神得以安宁,缓慢而持久地增强或改善心脏功能,减低心肌耗氧量,纠正心律失常,扶正以祛邪,正复则邪退,可收到较好疗效。

2.1 心气不足,心阳不振

表现为面色苍白或萎黄、心悸怔忡、胸闷气短、自汗,活动或劳累时明显加重,头晕或昏厥,身倦乏力、精神不振、四肢欠温或四肢冷凉,两下肢浮肿、小便不利,舌质淡嫩,舌苔白滑,脉象沉细迟弱或结代,心电图多表现为窦性心动过缓，难以纠正的Ⅰ、Ⅱ、Ⅲ度房室传导阻滞，S－T段或T波异常，期前收缩；X线检查心脏扩大等。治宜补益心气，振奋心阳，有改善心肌功能，预防或纠正心衰的作用。

①Ⅰ度房室传导阻滞案 李某，男，14岁，1977年4月30日诊。1973年8月患病毒性心肌炎，经住院治疗，病情好转，遗留Ⅰ度房室传导阻滞，已持续3年6个月未愈，心电图：P－R单间期0.20秒（儿童正常值不超过0.18秒）。虽经多次、反复、系统应用肌苷、三磷酸腺苷、辅酶A、维生素等治疗，亦末改善。证见心悸气短、胸闷自汗，劳累时显著加重，面色苍白、头晕目眩、身倦乏力、食欲不振、精神不佳。治宜补益心气，振奋心阳。党参、莲子肉各9g，白术、茯苓、肉桂、炙甘草、五味子各6g。服40剂，病情好转。2次复查心电图；P－R间期0.17秒，Ⅰ度房室传导阻滞消失。

②心脏扩大案 易某，男，17岁。1977年5月31日就诊。8个月前患感冒发热（T38.6℃）后出现心悸、气促、头晕、周身不适、倦怠乏力等症，活动时显著加重。查X线胸部平片报告心脏增大。心电图示窦性心律。TⅢ负正双相，AVF、V5低平，左室高电压RV5＋SV1＞4.0mv。诊断为病毒性心肌炎。用强的松、马磷双胍，201注射液等治疗8个月效果不显，病情日渐加重，改用中药治疗。除有上述症状外，面色萎黄、精神不振、食欲欠佳，舌质胖嫩苔白腻，脉沉细缓弱。证属心气不足，心阳不振。补益心气、振奋心阳。党参9g，白术9g，茯苓9g，炙甘草6g，莲子肉12g，肉桂6g，服药96剂（4个月），病情显著改善。其间复查心电图4次。除RV5＋SV1＞4.0mv外，T波已恢复正常直立。X线胸部平片报告心脏较治前缩小。又继续服药48剂（2个月），病情大有进步。复查心电图2次均为窦性心律，未见异常改变，RV5＋SV1＜4.0mv。再摄X线胸部平片心脏面积已恢复正常范围。嘱其常服参苓白术散（丸），以巩固疗效。远期随访6年，恢复工作，疗效巩固。

③窦房结病变综合征·窦性心动过缓案 李某，男，16岁，1974年6月3日诊治。患者于2月前参加运动长跑3000公尺时冒雨着凉，当日夜间发热（T38℃），翌日腮腺肿胀疼痛，按腮腺炎对症处理，3天后出现心悸、气短、胸部憋闷不适，同时发现脉博缓慢，有时40次/分，曾晕厥过一次，住院诊治22天，查白细胞计数7000，中性68%，淋巴32%，中性粒细胞有中毒颗粒，抗链“O”正常，血沉11mm，X线胸部透视心肺未见著变，心电图检查3次为窦性心律，心房率、心室率40～43次/分，T波广泛低平倒置，阿托品试验，注射硫酸阿托品1mg，心率仅增至50次/分，诊断为病毒性心肌炎，早期窦房结病变综合征，经用阿托品、强的松、三磷酸腺苷、诊断为病毒性心肌炎，早期窦房结病变综合征，经用阿托品、强的松、三磷酸腺苷、辅酶A、201注射液等药治疗效果不显，改为中医中药治疗观察。舌质胖嫩、舌苔白滑，脉象沉迟无力。药用党参15g，白术、茯苓、五味子、莲子肉各9g，炙甘草6g。治疗四周，病情改善，虽增加体力活动亦无不适，脉搏较前增快，维持在60～70次/分，7月6日复查心电图为窦性心律，心房率、心室率70次，T波变为正常直立。仍用原方继续治疗8周，症状明显改善，其间复查心电图4次，均未见异常，治疗痊愈。停药观察2年亦未反复。

④Ⅱ度房室传导阻滞案 郭某，女34岁，农民。患者于1975年1月26日因病毒性心肌炎、Ⅱ度房室传导阻滞住院治疗。心悸、气短、自汗，活动时显著加重，四肢欠温、脉搏迟慢，多为40～42次/分，心电图为窦性心律，心房率84次，心室率42次，P波按顺序现出，P波后有QRS波脱落，呈2:1传导，T波广泛低平倒置。舌苔白，脉沉迟而弱。先用四君子汤加味治疗，药用党参15g，茯苓、白术、炙甘草、五味子各9g，莲子肉12g，后依炙甘草汤化裁服用，炙甘草15g，党参15g，桂枝9g，麦冬24g，麻仁9g，生地15g，大枣5枚，阿胶9g。服上二方32剂，心悸、气短、自汗现象显著好转，脉象和缓，复查心电图为窦性心律，心房率、心室率63次，与治疗前心电图比较，Ⅱ度房室传导阻滞（呈2:1传导）消失。

2.2 心阴不足，心神不宁

表现为心悸阵发，胸闷胸痛，尤以精神情绪激动时加重，烦躁易怒、失眠多梦、五心烦热、盗汗，舌尖红、舌苔薄黄，或舌红少苔，脉细数或结代，心电图多表现为窦性心动过速，难以控制的期前收缩，同时有S－T段，T波异常改变。少数患者亦可有Ⅰ度房室传导阻滞。治宜滋阴降火、养心安神，有纠正心律失常，改善心肌损害，保护心肌的作用。

①Ⅰ度房室传导阻滞、P波异常案 马某，男，26岁，1983年1月20日诊。1977年5月因心悸、胸闷住院，确诊为病毒性心肌炎，经治疗，病情有所好转，遗留Ⅰ度房室传导阻滞、P波异常、窦性心动过速，至今已持续5年，其间曾系统应用潘生丁、慢心律、安定、心得安等治疗无效。分析现存15次心电图资料，Ⅰ度房室传导阻滞（P－R间期：0. 22～0.24秒）；P波Ⅱ、Ⅲ、V1负正双相，AVF倒置；窦性心动

过速(心率100~120次/分)。证见心悸气短、胸闷痛、头晕目眩、烦躁易怒、五心烦热、失眠健忘多梦、夜寐盗汗、口唇嫩红、精神不振,舌尖红,脉细数。证属心阴不足、阴虚火旺、心神不宁。治宜滋阴降火、养心安神,生地、丹皮、龙眼肉、地骨皮、合欢花皮各12g,黄连6g,麦冬、玄参、玉竹、枣仁各9g,夜交藤、珍珠母各16g。服22剂,心悸怔忡减轻,夜寐转安,烦热盗汗消失,头晕好转,惟劳累时仍有胸闷胸痛,舌质淡红,脉象细数。复查心电图,Ⅰ度房室传导阻滞消失(P-R间期为0.18秒);P波按顺序出现,Ⅱ、Ⅲ、AVF、V1正常直立;窦性心动过速好转(心房率、心室率90次/分)。继服18剂,病情显著改善,再查心电图,P-R间期:0.14秒,疗效满意。

②室性早搏二联律案 王某,男,24岁,1986年1月9日诊治。患病毒性心肌炎2年余。复习现存12次心电图资料,均示窦性心动过速,室性早搏形成二、三联律,S-T段斜坡样下移,左室高电压,RV5+SV1=5.0毫伏。经用病毒灵、三磷酸腺苷、辅酶A、肌苷,慢心律,复方丹参治疗,效果不显,改用中药。心悸不安,尤以精神情绪激动时显著加重,脉搏频繁间歇,烦躁易怒、失眠健忘多梦、盗汗、唇红、五心烦热,舌红苔薄白,脉细数结代。心阴不足、心神不宁。滋养心阴,养心安神。生地12g,丹皮12g,知母9g,黄柏6g,黄连3g,麦冬12g,玉竹12g,龙眼肉12g,莲子肉12g,地骨皮12g,枣仁9g,夜交藤15g,珍珠母15g。服药6剂,脉搏间歇减少;再服24剂,脉搏齐整,很少间歇。其间复查心电图3次,与治前比较,室性早博消失,S-T段斜坡样下移恢复正常,仍有左室高电压RV5+SV1=4.5毫伏,病情好转,继续服药治疗观察。

闫清海胃肠病临床经验

【名老中医简介】闫清海(1959~)河北邯郸人。主任医师,教授,硕士生导师。湖北中医学院硕士生毕业,原河南省安阳市中医院院长,河南省中医药学会常务理事,河南省医学会消化分会委员,安阳市医院管理学会副会长,安阳医学会消化内科委员会主任委员,河南省学术技术带头人。河南省名中医。从事中医临床20余载,擅长诊治胃肠病。主编著作3部,发表论文30余篇。

1 溃疡型结肠炎

王某,男,45岁。于2005年10月19日初诊。主诉反复左下腹疼痛,伴脓血黏液便5年,加重半年。患者5年前无明显诱因出现症状,予多方中西医治疗,效果不显。近半年来因工作辛劳症状加重。证见大便不实,日二三行,腹痛欲便,便色鲜红夹黏液,里急后重,伴消瘦乏力,纳差,面色萎黄,舌质淡苔薄根腻,脉细弦。电子结肠镜示:结肠多处黏膜充血水肿,有小出血点,触之易出血,并见多处小溃疡。病理活检示:结肠黏膜炎性肉芽组织增生,弥漫性炎性细胞浸润,符合慢性溃疡性结肠炎。闫清海辨证为脾胃虚弱,湿热蕴结,治宜化湿健脾、清热解毒。药用党参15g,炒扁豆20g,生薏苡仁30g,陈皮15g,山药15g,莲子10g,砂仁5g,三七粉1.5g(冲服),炒白术10g,茯苓15g,赤芍10g,广木香6g,赤石脂30g,干姜6g,黄柏10g,白头翁15g。2次水煎至250mL,早晚分次服用。饮食清淡易消化,避免辛辣食物,忌油腻,禁酒。治疗2周后,病情明显好转,便血消失,大便成形,每日1次,门诊调服3个月,诸症消失。复查肠镜:肠黏膜充血水肿溃疡灶基本消失,停药随访1年未复发。

按 闫清海认为,溃疡型结肠炎属于祖国医学“肠澼”、“肠风”等范畴,为消化系疑难病之一,常反复发作、迁延难愈,因其病因复杂,医者常无从下手,患者久病难耐,痛苦非常。主张顺应病势,着眼辨证,标本兼治,借药力以起沉疴。他认为,本病的关键在于脾、胃、肠三脏纳运失司,湿热蕴毒,蓄积血分,邪正搏结,虚实错杂,使肠道传道失司,脉络损伤,气血凝滞。因病久伤及中阳,所以在临床上多出现寒热错杂,虚实相兼,本虚标实之症。其本虚以脾虚、脾肾阳虚为主。标实多为湿热、瘀血、肝郁等症候。闫清海认为,该病急性期治当驱邪固本,一旦标症去除则转固本为主,方能使疗效巩固。临证用参苓白术散补气、健脾、渗湿和胃,合桃花汤加黄柏,温中涩肠,清热解毒以去余邪,扶正气,三七止血,散瘀,定痛,化瘀生新,治疗腹痛,兼治标,从而达到了标本兼顾的治疗效果。

2 肠易激综合征

刘某某,男,58岁。腹痛隐隐,大便溏薄7年,加重3个月。患者平素胃肠功能低下,每遇受凉饮冷,进食刺激食道,情绪紧张,而致腹部隐痛,大便溏泻。于3个月前因饮酒后再次出现大便溏薄,每日5次以上，曾服用各种中西药物及输液治疗均未见好转。主症：大便溏薄，日6～7次，轻微下坠，胃脘隐痛，饭后尤甚，神疲乏力，小便频，舌质淡，苔薄白，脉滑，血尿粪常规及肝功能检查均未见异常，电子肠镜检查：结肠黏膜微有充血，无糜烂及溃疡。治宜健脾益气、涩肠止泄为法，方用参苓白术散加减。药用党参18g，茯苓15g，炒白术20g，炒山药25g，炒薏苡仁25g，砂仁6g，炒扁豆20g，白头翁15g，煨诃子15g，粟壳10g，炒白术15g，桔梗10g，薄荷10g，黄连6g，炒泽泻10g，干姜6g，破故脂15g。水煎服，日1剂，服5剂后，腹泻次数明显缓解，大便次数2～3次，下坠消失。上方去粟壳、薏苡仁减量继服。共服15剂后诸症消失。继续用参苓白术散巩固疗效，随访半年，未再复发。

按 闫清海认为，肠易激综合征是现代文明病之一，证候复杂，变化无端，主症应属于中医学腹痛、腹泻范畴，多因暴饮暴食及情致刺激导致脾胃或伤、或滞、或虚，升降失常，运化失司。中医多辨证为脾胃虚弱证、肝郁脾虚证、气滞血瘀证、脾虚食积证、寒热错杂症等证型。而临床又以脾胃虚弱证最为多见。病机特点为本虚标实，本虚为脾胃虚弱，标实为气、血、痰、湿、食等郁滞中焦，气机不通，治疗以健脾和胃，调畅气机为主。参苓白术散出自《太平惠民和剂局方》具有益气健脾、渗湿止泄的功用。该方以四君平补脾胃之气为主，配以扁豆、薏苡仁、山药之甘淡，莲子之甘涩，辅助白术，既可健脾，又能渗湿而止泄。加砂仁之辛温芳香醒脾，佐四君更能促中州运化，使上下气机贯通。桔梗为手太阴肺经引经药，配入本方，如舟楫载药上行，达于上焦以益肺。

闫清海临症数十载，辨证缜密，在脾胃杂病方面造诣尤深，诊治脾胃病尤重扶正以祛邪，补脾胃以正中焦，升清降浊，以通为用，攻补兼施，中焦得安，诸症自除。他认为，胃司纳谷，脾主运化，对饮食具有受纳、腐熟、消化、吸收、转输等重要功能。饮食不节，感受外邪，情志失调，劳倦内伤，久病缠绵均可导致脾胃损伤，不能纳运水谷，运化精微，导致水反成湿，谷反成滞，湿滞混杂而下，形成泄泻。其中脾胃虚弱为其本，湿浊内困为其标。肠易激综合症、溃疡型结肠炎多病情反复，缠绵难愈，脾胃虚弱为其因，为病本，治疗用参苓白术散化裁加减，每能抓住主因，曲径通幽，起柳暗花明之效。另，脾病每易传肾导致脾肾受伤，反之命火衰微不能温养脾土，也可致脾虚不能健运，故临证常需脾肾兼顾。证见脾虚延久不愈者虽无明显阳虚征候也当稍增添柴薪，则灶釜沸腾，收效益宏。（谢文松 张运希）

严冰临床经验

【名老中医简介】严冰（1937～）江苏淮阴人。主任医师。任职于江苏省淮安市中医院，淮安市中医药学会会长。江苏省名中医。擅治内科疑难病。

遣方用药

血府逐瘀汤验案

1 喉痹

赵某某，男，55岁，2005年9月26日初诊。患者有慢性咽炎史3年余，咽痛咽干反复发作，每因气郁或劳累而加重，迭用抗菌药物及中药养阴润燥之味，初用每见小效，继用则无效。更有医者用苦寒降火之味症反加重，望之舌质紫黯、苔薄黄，咽壁暗红夹有血丝，成点成线，脉细弦。患者年逾半百，气阴不足，病久夹瘀，瘀血阻络。治以活血通络为主，佐益气滋阴之味，方用血府逐瘀汤化裁。药用：赤芍、生地、南沙参、北沙参各12g，桃仁、桔梗、川芎、当归、牛膝、玄参各10g，红花8g，柴胡5g，甘草3g。每日1剂，水煎分两次服，服时口含慢咽。药进3剂，症减。连服9剂，症去其半。后以此方为主服6剂而痊愈。

按 咽喉素有关隘之称，饮食气息皆行其中，五脏六腑经脉循于壁。六淫闭伏，七情不遂，劳累伤气伤阴均可导致郁火内生，久致火伤咽络，继致络脉瘀阻。故初用清法，每可见效。继因络伤瘀阻，津不上承，故用滋阴亦可见效。但因病期渐延，病久入络，病久夹瘀，苦寒清热反使其症加重者，乃过用苦寒，生燥伤阴之故。所以非活血化瘀病根难解，方用血府逐瘀汤即宗此意，行血分之瘀，解气分之滞，佐沙参、玄参、甘草、桔梗等益气生津，标本兼治，与病机合拍，故效如桴鼓。

2 面斑

张某某，女，28岁，2003年7月22日初诊。3年先后人流4次，面部渐生灰斑，初起于眼周，渐而面部、额头、唇周，且斑色逐渐加深，伴经来血块增多，少腹胀痛。望之舌质紫黯边有瘀点、苔薄黄，脉弦细。治拟活血化斑为法。方用血府逐瘀汤加味。药用：桃仁、红花、川芎、泽兰、怀牛膝、桔梗、枳壳、桑叶各10g，当归、赤芍、玄参各12g，生地15g，柴胡6g，生甘草3g。每日1剂,水煎分两次服。服药7剂,面颊见光泽,面斑色转淡。再进7剂,面斑渐消散,经来血块几无,小腹疼痛亦减,先后服药30余剂,月经正常,斑退几无。

按 心主血脉,其华在面。肝藏血,主疏泄。故治以活血化瘀为宗,兼通肝络为辅,络通则血流畅,血畅则五脏六腑之精华得以上承,而面得其养,故月经正常,其斑自去。考“头为诸阳之会”,故加桑叶轻清上浮,推波助澜,使药直达病所。诸药合用,恰合病机,故收效满意。

3 痞满

靳某,男,50岁,2003年11月21日初诊。胃脘作胀反复3年,时轻时重,受凉易发,夜间为甚,少食、多食均胀。舌质紫、苔水滑,脉沉涩,剑突下按之柔软,压之不痛,望无胀形。上消化道钡餐造影提示慢性胃炎,B超检查肝胆胰脾未见明显异常,检查肝功能正常。证属寒凝血瘀,痹阻络脉,气机失畅。予血府逐瘀汤加减治疗,药用:柴胡、当归、桃仁、红花、枳壳、炒赤芍、生山楂各10g,桂枝6g,川芎5g,木香3g。每日1剂,水煎分两次温服。连进3剂,初获小效。上方续服5剂,腹胀消之大半。方中桂枝加至15g,先后服用20余剂,腹胀全消,病告痊愈。

按《金匮要略》谓:“腹不满,病家言我满,此瘀血也”。《内经》亦云:“寒独留则血凝泣,凝则脉不通”。再结合患者病史,每遇寒、夜间则腹胀加重,故辨证为寒凝血滞,络脉痹阻,然病已3年,病久入络,唯大剂温通逐瘀方可奏效。宗“气血者,喜温而恶寒,寒则泣不能流,温则消去之”之理,方用血府逐瘀汤祛瘀以通其络,用重剂桂枝以散其寒,故效佳。

4 遗尿

张某,男,42岁,2004年2月16日初诊。因膀胱结石而于2003年10月行手术治疗,术后一切良好,但渐有小便淋漓之症,3个月后成遗尿之疾,几无虚夜,从肾虚肾气不固治疗,投肾气丸、金锁固精丸等,配合中药补肾益气、固涩缩尿之味20剂之多,亦未见效。结合病史,从手术伤络,络伤瘀阻,厥少之气不畅,膀胱气化失司论治,用血府逐瘀汤化裁。药用:当归、赤芍、生地、天花粉各12g,桃仁泥、川芎、地鳖虫、枳壳、桔梗、远志各10g,柴胡、升麻、桂枝各6g,甘草5g。每日1剂,水煎两次分服。服药3剂,未遗尿。此方继进5剂,未见反复。先后服药15剂,以巩固疗效。

按 遗尿多见于儿童,成人则少见。考肾司二便,膀胱主约束,遗尿之疾前人多谓其与肾与膀胱相关。考足厥阴肝经绕阴器,足少阴肾经抵少腹,肾与膀胱相表里,互相为用,下元之病,亦与肝脉肾脉相关。术后络脉瘀阻,肝肾二经气血失畅,绕阴络脉失养,以致膀胱失约而病遗尿。经用血府逐瘀汤,则瘀散络通,俾肾得其血而功能复常,肝得其血而疏泄正常,肝肾同源,相得益彰,膀胱之络,得其血养,则气化正常,故不用益肾固涩而尿遗自止。(严晓枫)

医方验方

慢性腹泻方

方药:防风30g,槟榔30g,生大黄10g,干姜10g。水煎分2次服。

主治:慢性泄泻、慢性痢疾(证见腹部时阵痛、肠鸣、大便夹有泡沫者疗效尤佳)。

方解:防风辛、甘,微温,常用于感冒风寒、风寒湿痹、风湿瘙痒等症,亦用于牙关紧闭、抽搐痉挛等症,病如感冒、咳嗽、头痛、身痛、牛皮癣、破伤风等。笔者常用于泄泻(肠炎)、慢性痢疾。临床上凡需祛风时必用。防风配槟榔轻泻,配大黄峻泻,加干姜缓泻。治慢性泄泻、慢性痢疾,初用大便皆泻下如酱色或夹粘冻,勿惧,继则大便转黄色,为正常。

严继林临床经验

【名老中医简介】严继林(1938～)教授。云南建水人。1962年毕业于云南中医学院中医专业。曾任云南中医学院金匮教研室主任,金匮学科学术带头人,第二届全国中医诊断专业委员会委员。云南省首批名中医。擅长内、妇、儿科及疑难杂症。参加整理出版的《戴丽三医疗经验选》,获省级和厅级奖励。发表论文38篇。

临床经验

昆明地区感冒

感冒是内科常见病,昆明地区尤为突出,据有关资料表明,85%的人平均每年要得3次感冒。昆明属高原地区,四季变化虽不大,但一天之中温差较大,常达10℃以上,早晚有风,气温偏低,加之气候多变,素有“四季无寒暑,一雨便成冬”的说法,故感冒较为普遍，且病症类型复杂。严继林经长期的观察和探索，对治疗昆明地区的感冒积累了一定经验。

1 对感冒的认识问题

从患者的角度而言，感冒常被看作是一个小病，拖一拖也就会好，未能引起足够的重视。岂知感冒治不及时，会引起中耳炎、气管炎、肺炎，严重者甚至成为心肌炎、肾炎的诱因。从医生的角度而言，对感冒的治疗也不甚重视。岂知医圣张仲景所写《伤寒论》以“太阳病”开篇，首论“太阳之为病……”可见其对外感病的重视。因为对感冒的辨证，直接关系到中医之卫气营血辨证、六经辨证、脏腑辨证等。一个感冒，在不同个体，或同一个体的不同时期，不同季节，表现得千差万别，或寒或热，或虚或实，以及不同的传变。对感冒的治疗，充分体现着中医学“天人相应”的观点，体现着中医思辨之灵活性。对其寒热虚实、邪正关系的把握是否准确，用药是否合理精当，充分体现一个中医临床者的水平。所以，严继林一直强调要重视感冒，要从对感冒的治疗中学习更深入的东西。

2 对昆明地区六淫邪气的认识

风、寒、暑、湿、燥、火称为“六气”，为自然界的正常气候。若六气反常，则称为“六淫”。当人体正气不足时，就可伤人致病。一般而言，一年之中，春季风邪偏盛，夏季暑邪较盛，秋季燥邪当令，冬季寒邪较盛。但对昆明地区而言，因早晚温差较大，即使夏季，早晚也有淅淅凉风，一旦下雨，则天气变冷，故而一年之中，风寒之邪四季都可侵袭人体。而又因高原气候风高物燥，人们又喜食辛辣之品，故燥邪为患也不可小视。

3 感冒的辨证

辨证是否准确，直接关系到预后。辨证准，用药精，可使病程缩短，早日康复。严继林临证时，常遵戴丽三“寒热是万病本质”的教诲，注意分清寒热。风寒者：恶寒重，发热轻，头痛，身痛，鼻塞，流清涕，舌质淡，苔薄白，脉浮紧等。风热者：发热重，恶寒轻，口渴，多兼咳嗽，舌边尖红赤，苔薄黄，脉浮数等，甚者口燥，目赤，咽痛，鼻衄。另外，由于生活水平的提高，喜食辛辣厚味者偏多，故感冒后挟内热者并不鲜见。其辨别要点为：口渴喜饮，小便黄赤为热在气分；口不渴，但思冷饮为热盛兼湿；呼吸及口腔有腐臭味，为热在胃；大便秘结或溏而恶臭，为热在胃肠。诊脉要点：右脉洪大盛于左手，为内热盛于表邪。

4 感冒的治则

严继林治疗感冒，常遵循如下原则：①《内经》“发表不远热”之旨，其意为发表不必忌讳热药（温邪所致者除外），用药不可过于寒凉，以免冰伏病邪，所谓“凉而毋凝”。②《温病条辨》“治外感如将”的经验。“将”者，将帅也，意为将帅用兵，重在抵御外侮，兵贵神速，攻邪迅猛，去邪务尽。邪气入侵，正气尚能抗御，体不虚者，治当祛邪为主。③重视感冒病因。感冒病因大部分是病毒感染或细菌为害。治感冒方中，许多药物都有抗病毒及抗菌消炎作用。辛温的如麻黄、桂枝、苏叶、荆芥、防风等；辛凉的如薄荷、桑叶、菊花、牛蒡子、柴胡等；清热的如金银花、连翘、大青叶、板蓝根、蒲公英、鱼腥草、黄芩、黄连等。在辨治处方中，适当选加上述药物，很有必要。④注意扶正和顾护脾胃。脾胃乃后天之本，气血生化之源，直接关系到正气来复以及药物的吸收。一味清凉疏散或过用滋腻之品，易使脾胃损伤。对体质虚者、老年人及婴幼儿感冒，则应着重扶正，兼用祛邪之品，如常用玉屏风散、补中益气汤作基本方，加用疏散之品。对于脾胃虚寒、消化功能差的患者，在感冒时，用药更要谨慎，常予四君子汤合香苏饮加味。善后调理，更要以健运脾胃为主，使生化有源，则易于康复。

5 注意事项

俗话说：“三分吃药，七分护养。”感冒除正确使用方药外，注意事项也非常重要。①要注意休息和睡眠。民间流传的“伤风要累”的说法是错误的。认为劳累出汗，感冒就会好。殊不知过度劳累和睡眠不足，可使人体免疫力大大下降，病毒和细菌会更加活跃，使病加重。反之，则有利于免疫力的增强，使病早日康复。②多饮开水，有利于致病毒素的排出。③忌口，感冒期间饮食宜清淡，不吃辛辣油腻和烧烤食物，这些食物可助湿，生痰，化热，引发其它疾病。生冷饮食伤及脾胃阳气，也应忌食。最好吃一二天稀饭、菜粥，有利于疾病的康复。

6 常用经验方

严继林治疗感冒常用方剂较多，现选5首反复验证有效者介绍如下：

①风寒者，用加味麻桂各半汤（戴丽三经验方）。组成：麻绒6g，杏仁、桂枝、白芍、紫苏叶、防风、独活、白芷各10g，甘草6g，大枣3枚，生姜3片。主治：外感风寒，畏寒发热，头痛身痛，鼻阻微咳，舌润苔薄腻，脉浮缓或浮紧。加减：头痛甚者，加川芎10g；咳嗽较重者，加陈皮、前胡、苏子各10g；汗多者，去麻

绒,重用白芍至15g;咽痛(无舌红、口渴等热象)者,加桔梗、僵蚕。

②风热者,用羌蒡蒲薄汤(《中医方剂临床手册》)。组成:羌活、牛蒡子各10g,蒲公英30g,薄荷6g。主治:外感风热。可用于流感、上呼吸道感染、急性扁桃腺炎、腮腺炎等。加减:咳嗽者,加杏仁、前胡、桔梗各10g;咽痛者,加板蓝根30g,玄参10g,马勃6g;胸闷,纳呆,苔腻者,加枳壳、厚朴、法半夏各10g。

③寒热混杂者,用复方葛芷黄汤(《千家妙方·上册》)。组成:葛根12~15g,白芷、辛黄花、浙贝母各9~12g,板蓝根30g。主治:寒热混杂型感冒,见表寒里热者尤宜。可随病情轻重增减药量。加减:无汗者,加荆芥12g;咳而咽干者,浙贝母改为川贝母6~9g(冲服);感冒夹湿者,加重白芷为15g,加车前草12~15g;体弱者,加北沙参18~24g;治流感,加佩兰12~15g(能加强板蓝根抑制病毒的作用)。

④感冒夹食者,用加减藿薷汤(戴慧芬经验方)。组成:藿香10~12g,神曲、焦山楂、茯苓、炒扁豆各15g,香薷、厚朴、法半夏、陈皮、苏叶、白芷各10g,枳壳、白豆蔻(捣碎)各6g,甘草3g,大枣3枚,生姜3片。主治:外感风寒,内伤饮食,证见头痛身痛,寒热,胸闷,恶心或吐泻,舌润苔白腻等。加减:无胸闷者,去枳壳;腹泻次数较多者,去枳壳,加苍术、炒白术各10~12g;呕吐明显者,加黄连3g。

按 昆明常年气候寒热不均,群众喜吃生冷酸辣,肠胃型感冒较为多见,此方针对性强,有一定疗效。

⑤麻黄附子细辛汤(《伤寒论》)。组成:制附子(开水先煨3h)30~60g,麻黄6~10g,细辛3~6g。主治:太阳少阴两感证。证见脉沉细、沉弱,欲寐无神,怕冷,手足逆冷,或有头痛者,可放胆用之。惟方中附子须久煎去毒,以防意外。加减:头痛加羌活6~10g,生姜3片;喉痛加桔梗10g,甘草6g,生姜3片;痰多加二陈汤。

按 昆明四季不明显,天阴下雨则冷,四季都有虚寒性感冒,故此方四季均可用。(胡亚光 严 园)

遣方用药

当归芍药散治验

1 水 肿

尹某,女,57岁,1993年6月12日初诊。患者双下肢肿胀2天,伴头昏乏力,纳少,舌质淡,边有瘀点,苔根白腻,脉弦缓。患者素有高血压病史,一直服用降压西药,既往双下肢肿胀逢夏必发。查体见双下肢浮肿以足踝部为甚,漫肿,按之凹陷难复,皮色如常,测血压为21.3/14.7kPa。中医辨证属血虚肝郁,脾虚湿胜,治以养血疏肝,健脾利湿消肿,方选当归芍药散合五皮饮加味。处方:当归15g,白芍12g,川芎10g,白术15g,茯苓15g,泽泻15g,陈皮10g,大腹皮10g,茯苓皮15g,生姜皮10g,车前子20g(包煎),丹参20g。水煎服,日1剂。6月15日复诊:服上方后浮肿消退,继予当归芍药散加杜仲、桑寄生、天麻、钩藤善后。

按《素问·至真要大论篇》指出:“诸湿肿满,皆属于脾。”本案患者足腑肿逢夏即发具有周期性,与西医特发性水肿相类似,严继林根据辨证求因,审因论治的原则,结合病史,认为该患者素有高血压病,属脾肾两亏,肝血不足,肝阳上亢之体,肝气横逆犯脾,脾失健运,水湿内停。夏为暑湿主气,脾虚湿侵,内外合邪,遂发为水肿。故治以当归芍药散为主方,当归、白芍养血疏肝,茯苓、白术、泽泻健脾利湿,川芎、丹参活血行血以祛瘀,复以五皮饮合车前子加强利尿消肿之功,诸药合用,效专力宏,药后肝疏脾运,诸症霍然。

2 淋 证

聂某,女,28岁,1994年4月17日初诊。患者尿频急灼痛伴发热2天。患者4月15日经净,不慎着凉,随即恶寒发热,经输液治疗后热退。现证:头昏痛,小便频急灼痛,尿色黄伴腰酸,少腹坠胀,大便稀,日一行,舌边尖红苔薄黄腻,脉弦数。查尿常规示:尿蛋白(+~++),白细胞(+++),红细胞(+),西医诊为急性膀胱炎。中医辨证属肝脾不调,湿热下注,治以疏肝健脾,清热利湿,方选当归芍药散加味。处方:当归、白芍、白术、茯苓各15g,川芎6g,泽泻18g,台乌10g,猪棕草15g,车前子20g,桑寄生、续断各15g。水煎服,日服1剂。4月19日复诊:服药2剂后诸症大减,复查尿常规已正常,现时有小便不爽,下阴坠痛,腰酸。原方合四逆散继服2剂而愈。

按 该案患者素体脾虚,水湿内停,大便常稀。月经甫净,血海空虚,外邪乘虚侵袭,经气不舒,邪郁化热,与内停之水湿互结,湿热下注膀胱,诸症蜂起。因此使用当归芍药散以当归、白芍、川芎养血疏肝,台乌缓急理气,白术、茯苓健脾助运,重用泽泻加猪棕草、车前子清热利尿,用药丝丝入扣,切中病机,应手而效。

3 带下病

吴某，女，36 岁，1994 年 12 月 3 日初诊。患者白带色白量多有异味，伴外阴痒一月。曾查白带常规未发现滴虫、霉菌。现感下肢酸痛，头昏乏力，大便溏薄，舌淡苔薄白腻，脉沉缓，近几月来月经后期，量少。证属肝血虚滞，脾失健运，治以疏肝健脾，利湿止带，方选当归芍药散加味。处方：当归、白芍、川芎各 12g，白术、泽泻、茯苓各 15g，薏苡仁、萆薢、刺蒺藜各 15g，黄柏 10g，车前子 20g，砂仁 6g，水煎服，日服 1 剂。12 月 6 日：服上方 3 剂后，带下显著减少，已无阴痒，腻苔已退，效不更方，原方继进 3 剂。12 月 10 日：带下已止，唯时觉头昏，以补中益气汤调理善后。

按 诚如傅青主所言："白带乃湿盛而火衰，肝郁而气弱，则脾土受伤，湿土之气下陷，是以脾精不守，不能化荣血以为经水，反变成白滑之物由阴门直下。"严继林认为久病不愈，带下腥臭，外阴痒等肝经湿热之象已现，故治疗用药除了以当归芍药散健脾疏肝外，须加入清肝利湿止带之品，标本兼治，充分体现了他辨证用药的准确性、灵活性，正所谓："病千变，药亦千变矣。"

4 崩 漏

陈某，女，14 岁，1994 年 4 月 24 日初诊。患者阴道持续不规则流血 47 天。患者素有"青春期功血"病史，本次月经 3 月 7 日来潮，至今未净，曾服"宫血宁"等止血药不效，现经量已少，色淡褐，伴头昏眠差纳少，大便尚可，舌淡边齿印，苔薄白，脉细。证属脾虚不摄，冲任不固，治以益气健脾，固冲调经，以当归芍药散加味。处方：当归 12g，泽泻 10g，白术、茯苓、白芍各 15g，山药 30g，薏苡仁 20g。水煎服，日服 1 剂。4 月 27 日复诊：经血已止，尚觉头昏乏力，眠差，继以归芍六君汤调理。

按：本案患者脾气亏虚，既失统血之职，又乏转输水谷精微之力，致肝不藏血，疏泄失常，冲任失养，致月经非时暴下，淋沥不净，故以当归芍药散疏肝养血，健脾利湿为主方，加怀山药、薏苡仁增强健脾利湿之功，全方无一味止血药，不止血而血自止，正所谓治本之治也。

5 体 会

以上 4 例病案，病情虽异，但病机均为肝郁血虚，脾虚湿胜，严继林根据异病同治的原则均采用当归芍药散为主方进行治疗，取得了很好的疗效。当归芍药散一方出自《金匮要略·妇人病篇》，原为"妇人怀妊，腹中痛"，"妇人腹中诸疾痛"而设。严继林深研经典，认为肝虚气郁则血滞，脾虚气弱则湿胜，当归芍药散一方以芍药敛肝和营，养血止痛为主药，当归、川芎养血调肝，白术健脾燥湿，茯苓、泽泻淡渗利湿以复健运，诸药合用共收养血疏肝，健脾利湿之功。因此，根据中医辨证求因，审因论治的原则，临床上凡属肝郁血虚，脾虚湿胜所致各种病证如淋证、带下、水肿、妇人腹痛、胎动不安等皆可以此方为主进行治疗。据现代研究证实，当归芍药散能改善血液流变学及微循环的异常状态，具有内分泌调节，免疫调节，利尿，解痉，镇静等作用。（王志梅）

严仲庆临床经验

【名老中医简介】严仲庆（1951～）主任医师。浙江中医学院毕业。现任职于浙江绍兴市第二医院中医科。中国性学会、中医性学专业委员会委员，浙江省中医中西医结合肾脏病学会理事。浙江省名中医。擅长于治疗肾脏病、男性病。

临床经验

多脏器功能衰竭案

钟某某，女，49 岁。因畏寒发热 3 天，反复晕厥 2 天，于 2006 年 2 月 27 日下午 2 时入院。患者 3 天前无明显诱因出现畏寒发热，无鼻塞流涕，无咳嗽胸痛，大便次数增多，日 3～4 次，为稀烂便，无黏液脓血，量不多。自服退热药及氟哌酸胶囊无效。2 天前突然晕厥，无四肢抽搐、无口吐白沫、无牙关紧闭，有短暂意识障碍。发作频繁，日 10 余次。即时心电图检查示：Ⅲ度房室传导阻滞，交界性逸搏心律。以异丙肾上腺素静脉滴注维持，送入心内科病房。既往史：平素体健，否认心血管、呼吸、消化、泌尿、生殖及神经系统疾病，否认药物、食物过敏史，否认输血及外伤、中毒史。体格检查：体温 35.8℃，脉搏 30 次/分，呼吸 22 次/分，血压 130/70mmHg。神志清楚，发育正常，营养中等。全身皮肤未见出血斑点，浅表淋巴结不肿大，无皮下结节，无水肿。巩膜无黄染。颈软，气管居中，甲状腺不大，无颈静脉怒张。胸廓对称，两肺呼吸音清晰。心浊音界不大，心率 30 次/

分,心律规则,心音中等,可闻及大炮音。腹部平坦,肝、脾肋下未触及。肠鸣音5次/分,移动性浊音阴性。双肾区无叩击痛。脊柱及四肢关节无畸形,四肢肌力正常,神经反射无异常。实验室检查①血常规:白细胞14.05×10^9/L,中性0.896,红细胞3.34×10^{12}/L,血红蛋白87g/L,血小板49×10^9/L。②尿常规:比重1.020,隐血(+++),蛋白(+),红细胞(+)。③大便常规:潜血弱阳性。④生化:丙氨酸氨基转移酶(ALT)395U/L,门冬氨酸氨基转移酶(AST)40ZU/L,碱性磷酸酶(ALP)121U/L,γ-谷氨酰转移酶口(γ-GT)104U/L,肌酸激酶(CK)435U/L,肌酸激酶-MB同工酶(CK-MB)98U/L,乳酸脱氢酶同工酶(LDH)394lU/L,α-羟丁酸脱氢酶(HBDH)1341U/L,胆红素正常,白蛋白3.99/L,球蛋白25.69/L,血糖14.46mmol/L,尿素氮19.17mmol/L,肌酐219μmol/L,尿酸1002μmol/L,血脂正常。⑤电介质:钠133.5mmol/L,钾5.61mmol/L,氯99mmol/L,钙1.92mmol/L。⑥血气分析:校正pH 7.175,校正二氧化碳分压(pCO2)30.50mmHg,校正氧分压(PO2)43mmHg,实际碳酸氢[HCO3(act)]11.10mmol/L,剩余碱(BE)17.50mmol/L。⑦凝血谱:凝血酶原时间28.7秒,纤维蛋白原1.81g/L,凝血酶时间28.7秒,部分凝血活酶时间45.5秒,D-二聚体4.2mg/L。X线胸片无异常。

治疗经过:患者于入院当日下午4时安装永久性心脏起搏器,第2天心率60次/分,心律规则,偶见室性加速逸搏心律,血压稳定,但尿量减少,仅为280mL/日。第3天黄疸显现,并出现咳嗽,气急。肺部可闻及湿罗音,血压170/100mmHg,腹部胀大,下肢浮肿。实验室检查:ALT 1288U/L,AST 1064U/L,总胆红素33.2μmol/L,直接胆红素16.2μmol/L,白蛋白27g/L,球蛋白29g/L,尿素氮45μmol/L,肌酐654μmol/L。B超提示双肾轻度肿大,弥漫性病变,输尿管、膀胱无异常,腹腔积液。诊断:病毒性心肌炎,心律失常,Ⅲ度房室传导阻滞,阿-斯综合征,肺部感染,多脏器功能衰竭。入院后先后给予阿乐欣、头孢哌酮、菌必治抗感染,拜新同降压,硝酸甘油20mg/日微泵静脉滴注,潘立苏静脉滴注,以及护肝、扩容支持治疗。同时以速尿利尿。从2月27日至3月7日,9天共使用速尿4580mg,间以小剂量多巴胺20mg/日微泵静脉滴注,小便仍不见增多,于3月8日血液透析(血透),至3月17日转中医病房共透析4次,10天中使用速尿1000mg,丁尿胺1支,心功能改善,肺部感染基本控制,肝功能好转,但肾功能未见明显改善,贫血加重。血常规:红细胞3.06×10^{12}/L,血红蛋白83g/L。尿常规:白细胞(++),隐血(+++),蛋白(++)。24小时尿蛋白定量1.29,尿素氮23.53mmol/L,肌酐514μmol/L。患者面色萎黄,神疲力乏,气短声怯,面部浮肿,胸闷咳嗽,纳食不振,腹胀膨隆,下肢浮肿明显。舌淡、苔薄微黄腻,脉沉细弱而数。患者要求中医治疗。经会诊于3月17日下午转入中医病房,次日停止血透,举行病例讨论。

2 病案讨论

主任中医师严某认为,关于诊断,目前还存在着几个不够明确的地方,首先是肾功能衰竭究竟是急性肾功能衰竭(ARF)还是慢性肾功能衰竭(CRF),或者说在慢性基础上的急性加剧;其次,若是ARF,则尚须明确是肾前性ARF还是肾性ARF;关于治疗,首要的问题是血透能不能停;其次是中医治疗方案。

住院医师沈某认为,患者的肾功能衰竭,倾向于慢性,或者是在慢性基础上的急性加剧。理由如下:患者有贫血、高血压又伴有蛋白尿,这些都是慢性肾炎的常见症状,虽然患者无慢性肾炎病史,但从近来收治的一些慢性肾衰患者有不少并无肾炎病史,说明其发生、发展可以非常隐匿,在发生慢性肾功能衰竭之前的很长时间里可以无自觉症状,但是一旦出现各种严重感染、心力衰竭、休克、创伤时可以导致肾脏血流灌注严重不足而引起功能性肾衰竭,致病情迅速加重。因此,最好能继续维持血透一段时间,但可以适当延长透析间隔时间,同时辅以中医治疗。

副主任中医师张某认为,仅凭蛋白尿、贫血、高血压3项而排除急性肾衰竭的理由不够充分,因为在肾小球性和肾血管性急性肾功能衰竭中也可以出现上述表现。目前尚无条件做甲、发的肌酐测定,但从B超检查的情况看,肾脏轻度肿大,提示急性肾功能衰竭的可能性大。如果条件允许,还可以考虑肾活检,但目前情况不合适。至于是肾前性ARF还是肾性ARF,认为是肾前性ARF可能性大。理由是:①心原性休克可导致肾血流灌注严重不足。②无论病毒还是细菌感染均可以是全身性炎症反应综合征的起始或加重因素,而这正是ARF的最重要原因。③肾前性因素导致的肾功能衰竭也一定会影响到肾实质而出现蛋白尿、贫血、高血压等症状。④患者入院近20天来的表现基本上排除了肾间质性、肾血管性及其它继发性肾脏疾病导致的肾衰竭。虽然患者目前全身情况较差,但生命体征基本稳定,感染也得到了基本控制,尿比重为1.020,提示肾小管损害情况并不严重,是否可以暂停血透,这样既有利于肾血流灌注,也为中医中药的治疗争取到时间。根据以往经验,中医中药的早期介入有利于疾病的恢复。具体方法是中药口服与中药保留灌肠同时并进。患者目前的辨证是心肾俱虚,气阴不足,伴有水湿瘀毒互积,三焦水道失司。建议以生脉散合六味地黄丸再加温胆汤化裁内服,补心肾,益气阴,和中泄浊。另以常规之尿毒1号灌肠方保留灌肠,重在泄浊排毒。

严仲庆认为:通过以上分析,虽然尚不能完全排除肾实质病变引起的肾功能衰竭,但有一点是不容置疑的,即患者目前的主要矛盾是急性肾前性肾功能衰竭。从这个基本判断出发,同意张医师意见,暂停血透。也原则上同意张医师的处方大法。但要补充的是患者目前三焦同病,心肺、脾胃、肝肾俱损,治疗的重点是否先从脾胃入手。一是考虑到患者入院后纳食不振,说明脾胃之气受损较重。若骤进补益,或许会出现虚不受补;若重剂解毒,则更伤脾胃之气。二是三焦俱病,多从中焦斡旋,这是历代医家的宝贵经验。若先以十味温胆汤加减,和中醒脾,辅以益气养心,一俟脾启纳健,中气得复,上下三焦得畅,而后再酌情调度。另有利尿散一方,系得之于朱良春老中医,应用于慢性肾炎、肾功能不全而表现为少尿的患者效果不错。

3 治疗结果

患者自3月18日开始服中药。处方:太子参12g,石解10g,五味子6g,麦冬10g,姜竹茹10g,姜半夏10g,茯苓15g,陈皮10g,枳壳10g,泽泻15g,少量频服。7天后逐渐加入补骨脂、枸杞子、生黄芪、水蛭等补肾益气活血之品。同时,以尿毒1号保留灌肠,处方:淡附子15g(先煎),生大黄15g(后下),土茯苓30g,生牡蛎30g,羌活10g,海藻30g,煎成150~200mL,每天1次,保留灌肠,共10天。另以利尿散:蟋蟀20g,琥珀粉20g,沉香8g,冰片2g,研细末装入胶囊,每天服3次,分6天服完。保留降压药物拜新同60mg/日,潘立苏40mg/日。从第3天起,尿量逐渐增加,从300mL/日到1800mL/日。10天后进入多尿期,每日3000mL左右。15天后浮肿、腹胀消退。4月14日出院,随访至5月10日,除血压略高外,肝肾功能正常,贫血亦纠正。

4 体 会

多脏器功能衰竭的发病机制尚未完全明了,目前认为全身性炎症反应综合征可能是其最重要的发病机制,而且随着衰竭脏器数目的增加病死率累积性增高。在合并肾衰竭时透析疗法应列为首选。特别是在存有高分解代谢,严重高血钾和代谢性酸中毒时,透析疗法更应尽早加入。但是这也容易引起低血压及导致各脏器低灌注和缺血再灌注。因此,一般要求血流量、超滤量宜少。但这样又不利于浮肿、腹水的消退。本病例在透析时仍需频繁使用速尿正是这种矛盾情况下的无奈选择。中医疗法的介入,不但避免了这种矛盾,而且还能根据患者的全身情况,抓住主要矛盾,予以针对性的处理和全面整体的调节,故疗效十分明显。因此,倘若中医疗法能更早地加入其治疗过程中,或许能更有效地防止肾功能衰竭的发生、发展。(严仲庆 张著 沈伟刚整理)

医案验案

急症验案二则

1 肝脓疡

骆某,女,52岁,1987年2月5日就诊。诉心下痞塞疼痛,泛恶欲吐,伴畏寒发热3天,周身疲乏,不思饮食,食入即吐,所吐为胃内容物和痰涎。大便秘结,3日未下。舌红,苔黄而厚腻。脉沉细而微弦。按心下痞满,稍有抵抗,连及右胁下,重按则痛,肝右肋下触及,压痛阳性,体温38.6℃。白血球:16×10^9/L,中性粒细胞:0.84。拟诊:肝脓疡。建议作B型超声波检查。然患者带钱不多,乃先按中医辨证为大柴胡汤证。柴胡24g,黄芩24g,枳实15g,白芍12g,姜半夏12g,茵陈30g,生大黄10g(后下),生姜6g,红枣12g,2剂。嘱2天后复诊。7日再诊:大便已下,但欠畅快,疼痛稍减,仍有畏寒发热,心下痞满不除,口干苦,纳呆。B超检查示:肝右叶见54×73mm之脓疡液平。劝其住院,奈患者经济困难,且因病势见挫,要求续服中药。遂于原方中去姜、枣,加芒硝10g(冲),虎杖30g。3剂。疼痛缓解,但心下仍有痞塞感,压痛仍存,微寒乍热,大便仍欠畅快,苔白腻。又于原方中加冬瓜子30g,米仁30g,败酱草30g,皂角刺12g,4剂后,寒热均除,腹痛未作,复以上方增损共服30余剂。至3月16日复诊,诸症平复,超声波复查示:肝右叶脓疡液平基本吸收。以六君子汤善后。

按 肝脓疡是农村的常见病,多发病,势急。近年来随着医疗条件的改善和抗生素的应用,单纯以中医中药治疗的病例日趋减少。本例仅以大柴胡汤加味煎服,二诊即使病情得于控制,说明中医中药治疗急症仍有待继承和发扬,

2 胆石症、胆蛔症并发急性胰腺炎

肖某,女,26岁1984年3月16日入院。患者因

食粽子后上腹部持续性疼痛，阵发性加剧伴恶心呕吐6小时入院。入院后腹痛不止，呕吐频作。所吐物先为食物，继则为黄色酸苦水，畏寒发热，大便未下。体温38.5℃。巩膜黄染不明显，上腹部痞满拒按，按之疼痛加剧，舌质红，苔黄腻，脉滑数。化验室检查示：白血球11.5×10^9/L，中性粒细胞0.81，尿淀粉酶1024°。B型超声波检查示胆总管内小结石伴蛔虫，急性胰腺炎。中医辨证为大柴胡汤证。即疏方：柴胡15g，黄芩15g，枳实15g，白芍15g，生大黄30g（后下），姜半夏12g，生姜10g，红枣12g。1剂。煎服后不到半小时呕吐，乃以上药第二次煎汁加生大黄30g再煎3分钟后服，药后大约一时许再次呕吐，并吐出蛔虫1条。此时上腹痞满疼痛均有所减轻，然大便仍未下，乃又给生大黄30g煎5分钟后服。至晚大便畅下，排出成团蛔虫10余条，呕吐停止，腹痛顿减，次日仍以大柴胡汤小剂而服。3天后腹痛痞满全消，血象、尿淀粉酶均恢复正常，B超复查，胆系未见结石、蛔虫症象而出院。

按　该病案起病急，来势凶。曾有人提议应加用抗生素。然从其呕吐后腹痛得减，因悟催吐亦祛邪之一法，乃不避苦寒，1日内3进生大黄共计90g，催吐，攻下，荡涤实邪。其收效之速，远在抗生素之上。

阎小萍治痹经验

【名老中医简介】阎小萍（1945～）主任医师，教授，博士生导师。卫生部中日友好医院中医风湿科主任。现任中华中医药学会风湿病专业委员会常务委员，中国中西医结合会风湿病专业委员会委员，北京中医药学会风湿病专业委员会副主任委员，北京中西医结合会风湿病专业委员会主任委员。第四批全国老中医药专家学术经验继承工作指导老师。擅长治疗风湿类疾病。主编著作2部，参编著作4部；发表论文50余篇。

临床经验

强直性脊柱炎

1 补肾壮骨，治病求本

大量的临床观察表明，在强直性脊柱炎早期即出现了明显的骨质疏松。阎小萍认为，肾虚风寒湿热之邪深侵入肾，致肾之阴阳愈加亏虚，且督阳受损，骨损脊强而发为强直性脊柱炎。根据肾主骨的理论，肾的阴阳不足则骨失温煦润养，生长乏力而致骨松脆易折。故在强直性脊柱炎早期就要注重补肾壮骨，并贯穿本病治疗的始终，如《内经》所说"治病必求于本"及"知标本者万事万当，不知标本，是谓妄行"。临床常选用骨碎补、补骨脂、寄生、川断、淫羊藿、龟版、鳖甲等辛平柔润之品。

2 活血通络，重视兼证

在既往的长期临床与实验研究中，阎小萍发现强直性脊柱炎患者存在微循环障碍，血液呈高凝状态。从中医学的角度上说，强直性脊柱炎肾督阳虚，阳虚生内寒，复感外寒均可致寒凝血瘀络阻；阳虚气少血涩，亦可致涩滞血瘀络阻；在肾虚、湿热之邪蕴结肾督的证候中，热炼津血，亦可致血凝血瘀络阻，故临床上血瘀证是强直性脊柱炎的常见兼证，不可忽视。临床常选用骨碎补、赤芍、白芍、土鳖虫、牛膝、炙穿山甲、片姜黄等通络活血之药。

3 循经辨证，针对性强

在临床上，风湿病主要表现为四肢、躯干诸筋肉关节的疼痛、肿胀、功能障碍，甚至变形。而人体各部位均可归属于十二经脉中，故根据痹痛出现之部位，循经辨证，指导用药，使药到病所，可明显提高痹证治疗效果。如强直性脊柱炎临床上又多见髋关节病变，表现胸胁疼痛、腹股沟、大转子、臀部深处的疼痛，此部位系肝胆经循行所过之处，阎小萍常选用潼白蒺藜、炒川楝子等药；本病病理特点为附着端炎症，表现在胸胁部位则选用入肝经的香附、郁金等药；在足跟部位则选用入肾经的淫羊藿、牛膝、川断、桑寄生等；在脊背督脉、膀胱经的则选用鹿角片、葛根、狗脊、防风、羌活、独活等药。循经辨证，针对性强，可大大提高临床疗效。

4 调和营卫，知常达变

4.1 直接调和营卫

《类证治裁·痹证》中云："诸痹？良由营卫先虚，腠理不密，风寒湿乘虚内袭，正气为邪所阻，不能宣行，因而留滞，气血凝滞，久而成痹。"通过长期的临床实践，强直性脊柱炎的诸种证候中多见汗出、恶风寒、肢酸、身痛等营卫不和的证候，故在诊治强直性脊柱炎时，阎小萍特别注重用桂枝、芍药调和营卫，使机体能抵御外邪，又不使津液外泄，气血调和，肌肉筋骨得以荣养，从而有利于驱邪扶正，疾病向愈。

4.2 顾护脾胃，调和营卫

《灵枢·营卫生会篇》曰："人受气于谷，谷入于胃，以传于肺，五脏六腑，皆以受气，其清者为营，浊者为卫，营在脉中，卫在脉外，营周不休，五十而复大会。"可见营卫之气源于脾胃。痹证用药，攻者多燥烈，补者多滋腻，均于胃气不利。况强直性脊柱炎实属缠绵难愈的难治之证，故需长期服药，脾胃易损。阎小萍在临床上多嘱患者于早晚餐后1h左右服用中药；并在具体的药物配伍中加入焦三仙、鸡内金、砂仁、焦白术、千年健、陈皮、生炒薏苡仁等健脾和胃之品。

4.3 补肾，调和营卫

"卫出于下焦"、"肾为卫之本"。强直性脊柱炎发病的病因病机是以肾虚为前提条件的，肾虚日久，病变必累及于脾，即肾之阴阳不足久则必致脾之阴阳两虚而产生纳呆、腹胀、便溏、消瘦、倦怠乏力等脾虚之证候。脾虚则营卫化源不足而致营卫失和。故阎小萍在临证时常将砂仁、生山药等配伍加入，引药归肾可达补肾以调和营卫之作用。临床常见身体瘦弱易感冒的强直性脊柱炎患者经补肾治疗而身体强壮而不易感冒了，从而控制了病情的反复。

5 喜用对药、藤类药，疗效突出

5.1 对药

在七情配伍原则指导下，选择相对固定的两药同时使用，扬长避短，充分发挥两者的疗效，达到治疗错综复杂，疑难疾病的目的，称这两味药物为对药，或称药对。如骨碎补、补骨脂相配，均性温，补肝肾，强筋骨，不同处骨碎补兼活血而补骨脂暖丹田温中州以止泻；桑寄生配川断均入肾经血分，而桑寄生偏养血，川断通利血脉；泽兰配泽泻，泽兰微温活血化瘀兼利水消肿，泽泻淡寒入肾长于利湿泄热，两药水血同治、相得相助，对关节肢体之肿胀疼痛，尤其痹久邪有化热之嫌者屡获佳效；片姜黄配防风，一血一气，均入肝脾经，防风兼入膀胱经，姜黄擅治风痹臂痛，活血行气，相互引领，祛风疗痹止痛效佳；仙灵脾配玄参，仙灵脾性温，入肝肾，补肾壮阳，祛风除湿，强壮筋骨，玄参亦入肾，清热养阴，可制约仙灵脾之辛燥太过，两药补阳益阴，刚柔相济，而扬主药之长。

5.2 藤类药

《本草汇言》云："凡藤蔓之属，皆可通经入络。"藤类药善走经络，有舒筋通络之功，临床配合使用，药力可达四肢病所，增强疗效。阎小萍取其藤蔓达肢节之意，临床上常用青风藤、海风藤等祛风通络止痛；偏热者用忍冬藤、络石藤等清热通络止痛；偏于肝肾不足、筋骨失养者用鸡血藤养血活血、舒筋止痛；石楠藤为治风痹肾弱之要药，能补肝肾、强筋骨、通痹止痛。

6 五环相扣，强化治疗

强直性脊柱炎乃顽疾，反复发作，缠绵难愈，甚至关节变形、致残。阎小萍在临床上强调健康教育，体育医疗，中药为主，内外兼治，中西合璧五环相扣，系统治疗，综合治疗，强化治疗以缩短病程，提高疗效。常鼓励患者坚持正规治疗，要医患配合，树立战胜疾病的信心、恒心、耐心，不能操之过急，昨方今改，更不能乱投医、乱用药；病情急重者，为患者加上系统的西药治疗方案，作为中药起效的桥梁，提高患者服中药的依从性；为了在短期内迅速获得高效，在中药内服为主的基础上，常配以中药热敷加离子导入、中药蒸汽加手法按摩、激光、针灸、拔罐、穴位敷贴等外治法，使邪气分消于内外，强化治疗；再授以自创之强直性脊柱炎医疗体操以求最大程度保护患者关节功能，提高生活质量、降低病残率。（高积粮）

遣方用药

风湿病"对药"

1 相协为用、增强药效以治病求本

风湿病属中医"痹病"范畴，病因病机多为阳气素虚，肝肾亏虚，筋骨软弱复感风寒湿热等邪所致，病久邪气深入筋骨，甚或兼及脏腑，而致正虚邪恋。故临证必当治病求本，以温阳补肾壮骨荣筋强督为先。

1.1 骨碎补配补骨脂

骨碎补性温味苦，主入肝肾，坚肾壮骨，行血补伤，止痛消肿。《本草述》曰："止腰痛行痹"。补骨脂苦辛大温，入脾肾之经，气味香浓，补命门，纳肾气，益肾温阳尤有显效，温能祛寒，辛能散结，润能起枯，温通益损之功颇宏。两药相协，既益肝肾精血，又温化肾阳，而达壮骨强督之用。凡见筋肉关节疼痛、酸软、僵硬，无论病位在大小关节、病程早晚，均可选用。

1.2 桑寄生配川断

桑寄生苦甘微温、气平和，既能补肝肾、强筋骨，又可祛风湿、调血脉，如《日华子本草》云"助筋骨，益血脉"。川断苦辛甘微温，可补肝肾、强腰膝，为"疏利气血筋骨第一药"，"补而不滞，行而不泄"。两药相须配对，使补肾壮腰、强筋健骨之力大增，兼可驱邪通脉，无论病之急性期或缓解期均可常用，尤以腰、脊背、髋、膝等大关节更为适合。

1.3 熟地黄配鹿角胶

熟地黄甘而微温，入肝肾经，补肾填精、滋阴养血。鹿角胶味甘咸性温，益肾生精、壮督强腰。两药并用，阴阳双补，益肾养肝荣筋，对久痹骨损筋挛肉削，屈伸不利，关节畸变者最适合。若病久化热或偏虚热者，可以生地黄易熟地黄，鹿角胶变鹿角霜，性更平和，不寒不热，补不碍邪。临证还可依据具体病情不同而加用金狗脊、威灵仙等，以助温阳之力。

2 相互制约、拓展其长而邪正兼顾

风湿痹病日久，机体气血不畅，营卫失和，脉络瘀阻，痰湿凝滞，表现出肢体关节疼痛、肿胀、屈伸不利甚至畸变，及全身畏寒、局部肿热等寒热错杂虚实兼见之证。治疗宜补泻、寒热、散收、升降同用，才能适合繁杂的病证表现。

2.1 桂枝配芍药

桂枝辛甘而温，气薄升浮，可解肌表、通阳气，主入卫气驱邪。芍药味酸寒、性收涩，敛阴液、养营血而入里。两药相合，一气一血，一散一收，一动一静，开阖相济，外可解肌驱邪，内可化气血调阴阳。营卫畅则郁闭之风寒湿邪可解，气血阴阳足则汗源充，脾胃不伤，中州得护。风湿痹病初起，常可见发热、汗出、关节肿痛甚至周身酸楚，治疗必祛邪外出，首当调和营卫，而桂芍相配也是遵仲景先师之旨。此外，慢性风湿病伴见多汗或局部汗出，深究其病机亦为邪气日久营卫失和所致，故使用桂、芍调营卫，时时保持营卫通畅使邪有出路是治疗风湿病的重要环节。

2.2 制附片配知母

制附片辛温大热，主入心肾脾经，补肾助阳、逐风寒湿，并治脊强拘挛，宣痹止痛。知母苦甘而寒，归肺胃肾经，清热滋阴润燥。两药配用，制附片辛燥性刚，虽温阳散邪力强，但易伤阴，与润肾之知母相伍，既以其寒制约附子辛温大热，又滋阴而润附子之燥，驱邪不伤正，相制为用，而展主药之长。疼痛是顽痹最主要的症状，温阳宣痹止痛当首选制附片，病久或过服温燥之品易伤及阴液，故配知母相制相协，使制附片温而不燥，又可解内热伤津而见的口渴、心烦等症。

2.3 泽兰配泽泻

泽兰苦辛微温，为肝脾经之药，功能活血祛瘀，辛散通经，行水消肿，力缓不峻。《本经》曰“主骨节中水”；《日华子本草》云“通九窍，利关节，养血气”。泽泻甘淡寒，归肾膀胱经，淡则利水渗湿，寒则清泻相火。两药为对，一以活血化瘀通经利关节为长，一以淡渗水湿入肾为长，水血同治，相得相助。关节肿胀红热是风湿病各期均较多见的症状，常反复发作，久不消散，此药对善入肾肝脾走骨行关节，利水湿，化瘀血，兼可清解郁热，以达活血消肿止痛之功，临证多能很快取效。热邪较重时可加寒水石助药力，病在腰间、下肢者可配牛膝合泽兰加强其去顽痰死血之功。

2.4 络石藤配鸡血藤

络石藤苦微寒，归心肝肾经，有祛风通络，凉血消肿之功。《要药别剂》曰：“络石之功，专于疏筋活络，凡病人筋脉拘挛，不易伸屈者，服之无不获效，不可忽之也”；《名医别录》曰：“除邪气，养肾，主腰髋痛，坚筋骨，利关节”。鸡血藤性苦微甘而温，归肝肾经，功能补血行血，疏筋活络。《本草纲目拾遗》言其“壮筋骨，已酸痛……手足麻木瘫痪等证”。两藤相用寒热同施，疏通经络之功大增，并能养血益肝柔筋。治疗顽痹，无论病势急缓，凡关节筋骨肌肉挛缩屈伸不利者，皆可用之。热邪不甚者，减络石藤用量；若有肌肉萎缩者可加大鸡血藤用量，或加黄芪、白术、熟地黄等。

2.5 仙灵脾配玄参

仙灵脾性温而味辛甘，入肝肾经，补肾壮阳，祛风除湿，兼有强筋骨，行血脉的作用。《日华子本草》曰其“治一切风冷劳气，补腰膝”。玄参苦甘咸寒，色黑主入肾及肺胃经，清热养阴，解毒散结。两药均入肾，性寒质润的玄参，可使仙灵脾虽辛温而燥但不致太过，并滋阴津，使刚柔相济，补阳而顾阴，但扬主药之强。并可针对性治疗久痹之人多见的咽干燥痛、口舌生疮等虚火上炎之证。

2.6 葛根配防风

葛根性凉味甘辛，归脾胃，又兼入膀胱经，功能发表解肌，清热生津，兼以升阳。《本草经疏》曰：“葛根……发散而升，风药之性也，故主诸痹”。防风辛甘微温，入膀胱肝脾经，功效祛风胜湿、解痉止痛，善治脊背僵痛。《本草汇言》曰：“防风散风寒湿之药也，故主诸风周身不遂，骨节酸痛，四肢挛急，痿痹痫痉等证。”而《景岳全书》则曰“此风药之润剂”。两药合用，沟通引导，升散清阳，直入太阳督背，祛风除湿，解颈项脊背之僵硬疼痛，屈伸不利，当为首选。并且凉温相配，虽为风药之对，却无伤阴之弊，是祛邪外出的佳药。若加用片姜黄活血化瘀可增强疗效，对病位在颈、肩、脊背者更适宜。

3 两药合用，另取新效适气血缓急

风湿痹病病程多冗长，治疗时不能臆想取速效，当明辨标本缓急从长计议。疼痛是风湿病的主要症状，而中医学认为“不通则痛，痛则不通”，血瘀气滞应当是贯穿风湿痹病始终的病机，故气血分同调，化瘀通络药物的选择尤为重要，既不能峻而伤正又不可药不中病。其次根据病变疼痛部位循经辨证取药，往往可获意外之效。另则治疗痹证服药时间多较长，调护脾胃尤显重要，同时培补后天脾胃之本又可达归复先天之目的。

3.1 地鳖虫配炙穿山甲

地鳖虫性寒味咸，主入肝经，功专活血逐瘀，续筋接骨。正如《本草经疏》所云"咸寒能入血软坚……血和而营以通畅，寒热自除经脉调匀。"炙穿山甲性微寒味咸，善窜专能行散，具有活血化瘀通络之功，又治风湿痹痛，筋骨拘挛。两药相辅，使化瘀通络、宣痹止痛之力倍增，穿山甲还可引药直达病所。凡见关节痛甚、畸变、肿胀、屈伸不利及功能受限者，用之都可获显效。若兼风邪可加祛风解痉止痛的白僵蚕、秦艽，兼湿邪者加淡渗利湿舒筋的薏苡仁。

3.2 炒川楝配制元胡

川楝子性寒味苦，炒用则性缓，入肝胃膀胱小肠经，可疏肝行气、降逆止痛，兼理胃气。制元胡辛苦温，归心肝脾经，活血行气止痛。《本草纲目》云"能行血中气滞，气中血滞，故专治一身上下诸痛，用之中的，妙不可言。"因此《素问》将两药合方，称为金铃子散，用于气滞血瘀之脘腹胸胁诸痛。虽非专为风湿病而设，但在治痹时凡见髋关节、鼠蹊部、胸胁及肢体等部位之疼痛，病属肝肾两经循行区域，即取两药直达肝经，且川楝又行膀胱走脊背，相协同用，气血并行，通络止痛。痛甚时还可以活血化瘀的郁金助元胡，理气舒肝的香附助川楝，以加强止痛之力。

3.3 姜黄配枳壳

姜黄性味辛散、苦泄、温通，为肝脾经之药，既入血分活血祛瘀，又入气分行散滞气，重在血分善活血通痹止痛。枳壳味苦性微寒而缓，为利气要药，气行则痞胀消，气通则痛自止，重在气分。二药相伍深寓"推气散"之意，气血并治，功能调和肝经气血、化瘀解郁、疏散肝风，是治肝肺气血郁滞而胁痛的有效药物，对于痹证之胸肋、胁肋胀痛效极佳。与利湿舒筋之薏苡仁、祛风散邪走太阳经的羌活相合，又可解脊背腰部之僵痛、困重不适。若胸部闷痛重者还可加苏梗、藿香梗、香附开宣胸肺，利气活血止痛加强疗效。

3.4 潼蒺藜配白蒺藜

潼蒺藜味甘涩性温，入肝肾经，具有补肾固精、养肝明目之用，《本草纲目》曰其"补肾，治腰痛泻精，虚损劳乏"。白蒺藜苦辛平入肝经，清阳疏宣，舒理肝气，又善祛风散结，肝肾同治，水木兼顾，既补肝肾精血之虚，又祛肝肾经留滞之邪，补泻兼施，通经络而止痹痛，并能标本兼顾。此药对并非治痹之药，但相合同用，药性平和，邪正兼顾，对双髋、臀、鼠溪部及坐骨结节的反复交替疼痛，病属肝胆经部位病变者均可加用。

3.5 徐长卿配千年健

徐长卿性温味辛散，主入肝胃经，功效祛风止痛，用于各种风湿痹痛兼疗跌打损伤。千年健味苦辛性温，主入肝肾经，有祛风湿，健筋骨之效，治疗顽痹腰膝冷痛、下肢拘挛麻木等症。《本草纲目拾遗》曰其"壮筋骨，浸酒；止胃痛"。两药相协配用，既加强了祛风湿、止痹痛之功，又壮筋骨补虚弱，尤其对顽痹兼脾胃受损，或老年、脾胃素虚之人，或需久服药物者尤为适合，是药性和缓，邪正兼顾的佳配。

3.6 焦白术配砂仁

焦白术味苦甘性温，具有补气健脾、燥湿利水之功。《本草逢源》曰"白术生用除湿益燥，消痰利水。制熟则有和中补气，止渴生津，止汗除烦，进饮食。"砂仁性味辛温芳香，归脾胃经，色黑入肾，可行气化湿健脾，温中止泻。二药相辅相成，使脾阳得以升清，胃浊得以通降，湿化气调，中州固守，兼以益肾。虽不专治风湿病，但临证不可或缺，无论是素体脾胃不足，还是邪伤正气亦或药用日久所致的脘痞胀满，纳呆，湿滞便溏均能配用。白术配附子、桂枝等通阳之品兼可祛湿宣痹，利水消肿，取白术附子汤之意；湿盛者还可加苍术，气滞重者加陈皮。（董秋梅）

颜文明临床经验

【名老中医简介】颜文明　湖南省名老中医。承担"气虚证研究"及国家"七·五"攻关课题"望、闻、切三诊析测方法的研究"等课题。取得院级成果奖4项，省科委成果鉴定3项，省科学技术进步奖2项。著有《传染性肝炎防治手册》《中医简易疗法》《气的研究》等，发表论文30余篇。

临床经验

类风湿性关节炎

1 早期治脾，祛风除湿

颜文明认为，类风湿性关节炎是脾失健运，寒湿内停为患。脾主运化水湿,脾气不足,水湿不运,寒湿停聚,阻滞经络。本病开始多有几周甚至几月的疲乏无力,手足麻木、刺痛,胃纳不佳。或某一关节疼痛僵硬病史。治以健脾祛湿为主。脾虚土亏必致肾精不足,故在健脾同时必配益肾药,方能取效。

案1 喻某,男,39岁。双上肢麻木,指关节及右膝关节刺痛3个多月。近日来,左中、食指关节疼痛加剧,晨起尤甚,僵硬,活动受限,伴乏力,纳少,便溏,舌淡苔白润,脉细缓。查ESR35mm/h。综观脉症,证属脾虚寒湿不运,凝滞关节经络,治宜健脾利湿,散寒止痛。予薏苡仁汤合乌头汤化裁。处方:苍术、桂技、川芎、乌梢蛇各10g,苡仁、独活、牛膝、木瓜、桑枝、制首乌、豨莶草各15g,黄芪20g,丹参30g,制川乌6g(先煎)。每日1剂,分2次煎服。21剂后诸症减轻。继服原方去苍术.加茯苓10g,枸杞于、鸡血藤各15g 24剂后,诸症消失。查ERS16mm/h。1年后随访无复发。

2 中晚期补肾,益气温阳

肾主骨藏精,肝主筋藏血,肝肾同源,肾虚不能生髓填精充骨,势必导致水不涵木,此系本病中、晚期软骨表面肉芽组织纤维化,或骨化形成关节僵硬、畸形的主要病机。对此,颜文明常治以滋肾养肝为主。他认为,肾内寄元阴元阳,病久必致阴阳俱虚,瘀血内生,阻滞经络。故方中常配养阴温阳,活血化瘀之品。

案2 杨某,女,56岁。四肢关节疼痛反复发作近8年,左小指僵硬变形年余,双手指及膝关节肿胀疼痛月余,活动受限。伴腰膝酸软,咽干少饮,目朦,形寒,大便干,舌尖偏红苔白薄,脉细弦。查ESR 28mm/h,Hb108g/L。X线摄片:左小指及双手无名指第2指间关节间隙明显变窄,关节肿胀,关节面毛糙。此乃肝肾亏虚,筋脉失养,瘀血阻络,留滞关节之证。治以补肾养肝为主,用独活寄生汤加减。处方:熟地、寄生、枸杞子、桑枝各15g,太子参、独活、秦艽、苍术、仙茅,淫羊藿、乌梢蛇各10g,丹参30g,鸡血藤20g,乳没、炙甘草各6g。每日1剂,分2次煎服,药渣酒炒后包敷患处,20剂后复诊:咽干、目朦消失,关节肿胀减轻,活动稍灵活,舌、脉同前,继服原方,白术易苍术,加蜈蚣1条。16剂后再诊,双手指肿胀基本消失,疼痛减轻。查ESR 19mm/h,Hb100g/L。瞩患者继服上方去蜈蚣月余,诸症悉除。追踪年余,未见复发。

3 急性发作期清热解毒

“邪之所凄,其气必虚”。素有肝肾亏虚,使养筋、生髓、充骨功能减弱,一遇湿热、寒湿或风寒外侵,必内外相因,发为本病。故颜文明认为,本病急性炎变期出现关节红肿热痛甚的主要病机是肝肾不足,复感外邪。外感寒湿或湿热均痹阻气血,寒郁化热,热毒又复壅滞气血,互为因果。或因久患本病服较多温阳伤阴之品,致内生虚热。故肿胀热痛俱甚,但皮色不变。治疗常以攻补兼施,清内热解湿毒为主。

案3 杨某,男,60岁。既往有关节痛史。月余前出现双指及双膝关节红肿热痛甚,晨僵,关节活动受限,并进行性加重。曾服中药数十剂,罔效。而求诊颜文明。刻诊:取中指关节,左食指及左膝关节肿胀,扪之发热,按之疼痛,皮色不变,腰痛,乏力,倦怠,心烦发热,渴而少饮,便干2~3日1行,舌红苔薄,脉细数。实验室查:ASO 800U,ESR 75mm/h,RF阳性。观其脉证,患者肝肾素虚,内生虚热,复感风邪,素蕴之热与风邪合化,升腾流窜关节,发为本证。其时若用苦寒之品则伤阳更助热,若用温燥之辈,助热风更甚。故宜大剂清肝凉营,化热泄风之品方能平其火热。仿《千金》羚羊散意与三妙散加减。处方:羚羊角3g(蒸兑),丹皮、赤芍、连翘、蒲公英、黄柏、知母、秦艽、桑技、乌梢蛇各10g,大黄、制川乌(先煎)、制乳没各6g,鸡血藤20g,熟地15g,罂粟壳3g(另包)。Prednisoni 10mg/日,2次分服,上午8时7.5mg,下午6时2.5mg。嘱痛止肿消后强的松每天减前量20%至5mg维持1个月后停药,痛势减则速停罂粟壳。14剂后复诊,疼痛肿胀均减轻,无发热口渴,大便每日1次。继服前方去罂粟壳、大黄,加丹参30g,狗脊20g。20剂后再诊,关节肿胀基本消失,仍微痛。查ESR28mm/h,抗“O”500U。仍守方去羚羊角、制川乌,加鹿衔草10g,雷公藤6g,1月后病情稳定。

4 平衡阴阳,协调脏腑

脾失健运,热毒壅滞,肝肾亏虚是致本病关节肿痛的主要病机。然而人是一个有机整体,既与外界息息相通,又与内在五脏六腑保持协调统一,任何破坏这一统一的因素,均可致脾、肾功能失调,阴阳失衡而引发本病。故审因论治,平衡阴阳,协调脏腑是治疗疾病之关键。临床常见部分女性患者,其病情发作与七情抑郁有关。情志刺激,肝气郁结,木乘土位,横逆犯脾,脾失健运,湿浊流注关节,致屈伸不利,肿胀疼痛。

案4 黄某,女,44岁。患类风湿性关节炎4年,1周前,因家庭纠纷,怄气抑郁而发病。刻诊:胸胁、胃脘胀满不适,双腕、双手指关节疼痛,伴头昏,乏力,纳少,心烦,月经衍期,带下色黄,少腹胀,舌淡苔白黄相兼,脉弦细。颜文明认为,情志抑郁,气结于里,经气不畅,气血运行不利。治以疏肝健脾,祛湿通络。选逍遥散合薏苡仁汤加减。处方:柴胡、白芍、当归、苍术、天台乌药、木瓜、秦艽、泽泻、地龙、乌梢蛇各10g,牛膝、鸡血藤、豨莶草各15g,制乳没、制川乌各6g。14剂后,胃脘及胸胁不适消失,关节痛略减。守方白术易苍术,去台乌、泽泻、制川乌,加川芎、羌活、制首乌各10g,雷公藤6g。20剂后,诸症消失。(艾英)

医方验方

银花双黄解毒汤

方药:生石膏60g、金银花12g、鲜芦根60g、大青叶15g、胆草6g、黄芩9g、黄柏9g、栀子9g、连翘1g、板蓝根9g、薄荷叶3g,水煎服。婴儿用量酌减。

功效:清热保津,解毒逐秽。

主治:流行性脑脊髓膜炎。

加减:表未解者加荆芥、防风、葱白、麻黄;里热盛者加大黄、芒硝;呕吐者加竹茹、赭石;抽搐者加全蝎、蜈蚣;昏迷者加牛黄丸、紫雪丹、犀角;舌赤绛干者加生地、丹皮、赤芍、玄参。

方解:本方重用石膏退热;大枣、胆草、黄芩、黄柏、桅子、连翘、板蓝根清热解毒;薄荷透解。对于热体温甚高者最为相宜。临床对付各期当注意参照辨证加减为是。

晏友君临床经验

【名老中医简介】晏友君(1956~)四川省眉山人。主任医师。四川省彭山县中医院门诊部主任。四川省名中医。擅长诊治内科肝胆脾胃及消化道疾病,心肾疾病、妇科经孕产乳疾病、男女不孕不育等。发表论文50余篇。

临床经验

不孕不育症

1 肝阳虚气机失调而致不孕不育

肝阳气虚,女子则经不应月,愆行甚则停闭痛经。阴寒凝聚,胞脉受阻冲任督带无阳以温,八脉失约,寒水、痰瘀、气滞、气虚相互充斥,肾中命门真火无阳温煦而不孕。男精不应日则阳事不举而阳痿、早泄、无精、死精、少精、精冷之症在所难免,肝阳不充而气机不畅,后天生化匮乏,三焦气化和卫气营血输布交阻,精血不能交换,从而导致不育。治疗本证应畅气机而通肝阳,以柴胡、升麻、葛根、桂枝、香附、防己为基础方,名曰:“升阳的候汤”。

2 肝阳虚三焦气化失司而致不孕不育

肝主疏泄,调畅气机升降出入,具有调节水液代谢的功能。若脏腑功能异常,影响肝之阳气发动,可致三焦气化不利,精、气、血精液生化迟缓;病理产物水液蓄积,清阳不升浊阴不降,中焦隔拒,上下焦开渎失职,水浸及脏腑皮内膜外,命门火衰,寒水凝聚下焦,泌别精、卵受阻而致不孕不育。另一方面,脾失肝助,则中土不能疏泄,运化失司,痰饮食湿阻遏,而致形体肥胖,身软乏力,不欲房事,水饮、浊液、痰湿、瘀血阻滞生殖之道,而无子。治疗当以温通三焦,以升、运、调肝为法,经验方:补阳氤氲汤,药用:桔梗、杏仁、白豆蔻、苍术、白术、巴戟天、泽泻为基础方,随症加减。

3 肝阳虚奇经失常而致不孕不育

临床肝阳虚证是脏腑虚证中不可偏废的一大类型,具有特异的病机演变规律。肝阳犹如脏腑活动的启动枢纽,后天生化的动力来源。肝阳鼓动无力则泌别精气衰少,奇经失常,任脉不能妊养,督脉失于维系,生殖机能减退,肝肾阴阳虚弱而不育,此当温补肝阳,用温肝种玉汤:胡芦巴、熟地黄、肉苁蓉、锁阳、柴胡、香附、山药等。

4 肝阳虚心肾不交而致不孕不育

心肾相交,水火既济,阳施阴化,胎孕乃成:若肝阳虚,不能调剂水火升降,水火无济,心阳不能下降温暖肾水,肾中命门火衰,精寒血瘀而不孕不育,可见女子月经不调,五色带下,眩晕不寐;男子多梦滑精,梦遗精冷少精,甚则死精或无精,腰膝酸软无力,耳鸣,记忆力减退,主以调和肝肾阴阳,交通心肾为法,用温精汤:淡竹叶、生甘草、莲子心、丹参、附子、荔枝核、桔梗、牛膝、淫羊藿。

5 肝阳虚脾肾虚衰而致不孕不育

肝为先天后天生化之枢,若阳虚肝气衰弱,后天不养先天,先天不充填后天,中焦无源充养,精血不能化生,而无子。宜调畅气机,促先后天互补资生,以阴中求阳,胎孕乃成。方用生精丸:太子参、茯苓、枸杞子、胡椒、小茴香、韭子、甘草等。

6 结 语

肝之阳虚与不孕不育有密切的联系,直接影响着机体的生长发育和生殖规律。肝之阳虚则三焦气机不利,水不涵木,精血生化不足,因此,治疗不孕不育证应求得阴阳平衡，阳施阴化，从而气机畅，八脉和，男则应日，女则应月，精卵融合而胎孕即成。尤为重要的是阴中求阳，阳中求阴，启动肝阳，才能充分发挥肝阳在生殖功能上的生理效应，正确认识肝肾之阳与五脏阳气的关系以及肝在其中的生理地位及其内在联系，对不孕不育的治疗，有着重要的临床意义。（雷 敏 杨若愚）

医方验方

化癥方

方药：附片（先煎）20g，肉桂（后下）10g，赤芍12g，玄胡5g，枳实12g，香附15g，川芎15g，当归15g等组成。

功效：温阳散结、化瘀消癥

主治：卵巢巧克力囊肿（表现为月经紊乱、痛经、闭经和不孕，其疼痛呈阵发性加剧，经期前后或经期均可发生，伴见白带增多，时或行经并流不尽，小腹绞痛或虫行感胀痛等。）

用法：水煎或细末为散，或水泛为丸。煎至2000～2500mL，日服2次，次服30～50mL；若为丸散每次服3～5g，日服2次，开水或以白酒为引。

注意：经期、孕妇、产后气血虚弱者慎用。

加减：兼见带证加椿根皮、白芷；月经先后无定期加柴胡、艾叶等。

方解：妇女附件炎所致的巧克力囊肿，是疑难疾病之一，属中医妇科之虚、寒、瘀、滞的癥瘕之疾，运用温阳散结、化瘀消癥之法治疗本病具有较好的疗效。化癥方具有药力专宏、温经活血化瘀、消痞散、调冲任、煦胞宫、暖督带之效，其中桂附温经暖宫，使冲脉通任脉盛，改善微循环，增强免疫生殖再生功能；当归、川芎、赤芍活血化瘀，使邪去而正安、癥散；玄胡、枳实、香附行气止痛，推动气血之运行，使药效直达病所，从而使瘀化、癥消、肿通、囊散，八脉而煦癥瘕可除，月事调通则胎孕则成。实验证明：本方法可消炎、散结、化瘀、止痛、调经、促进子宫内膜脱落及黄体生成、恢复排卵、刺激雌激素分泌，对卵巢巧克力囊肿所致之不孕、痛经更具特效。

杨进临床经验

【名老中医简介】杨进（1944～）教授，博士生导师。南京中医药大学温病研究所所长，中华中医药学会感染病分会主任委员，享受国务院政府特殊津贴。江苏省名中医。长期从事科研工作，先后主持承担了8项国家及部省级课题，作为主要成员参加了10余项科研课题，并先后获奖。出版专著42部。

慢性肝炎

1 清化以利肝，化瘀以通络

肝炎患者许多是在不知不觉中被传染的，常因各种体检如婚检、升学体检、健康体检等时发现，患者一般无明显症状，临床上称无症状性肝炎，或乙肝病毒携带者，只有详细询问病史时可能会发现有轻微的全身乏力、体力下降、食欲减退或肝区不适，对于这一类患者，难在无证可辨。杨进认为此类患者虽然缺乏临床表现，难以辨证，但其根本病因是感染湿热邪毒，类似于温病的感而未发的“伏邪”，潜伏的邪毒可以通过现代医学手段查出，因此治疗湿热邪毒当以清化湿热为主，宗吴又可法，常重用大黄以清热泄毒，使“一窍通诸窍皆通，大关通而百关皆通”，便实者用生大黄，便溏者用焦大黄，处方时杨进喜欢结合现代药理研究成果，选用具有抗乙肝病毒作用的白花蛇舌草、田基黄、土茯苓、虎杖等，加强抗炎、利胆和调节免疫的作用。另外湿热邪毒及其治疗方药易于耗精伤阴，所以在治疗的过程中应注意顾护阴液，处方时适当使用养阴清热而不助湿碍邪的药物，如女贞子、白芍、枸杞子、菊花等。对于久病不愈的慢性肝炎患者，经常没有明显症状，实验室检查见“小三阳“、”大三阳”或肝功异常，或B超见肝区光点密集，提示早期肝纤维化、肝硬化，中医学早有“久病多瘀“之说，清代名医叶天士明确指出：“初气结在经，久则血伤入络。”由于本病是慢性疾患，久病入络，临床虽没有明显的血瘀见症，如局部刺痛或胀满，扪及结块，口渴但漱水而不欲饮等，但常可见面色晦暗、舌质青紫或有瘀点瘀斑、舌下静脉曲张、脉涩等。杨进本着叶天士“久病入络”和其师孟澍江提出的“温病在其发展过程中往往有不同程度的血液瘀滞，或原存在的瘀血与热毒结合形成热毒血瘀”的理论，认为本病患者都有不同程度的热瘀，久病瘀血停积，内蕴化热，或与本病之湿热邪毒相合，致热瘀互结，邪毒深伏，稽留不退，瘀血久踞不散，可出现明显里热征象，如烘热、烦热、潮热、面赤，舌质红，甚至红绛，脉细数，终致瘀热搏结，壅遏伤络，形成出血，鼻衄，齿衄，皮肤瘀斑等。但大多数患者由于病情发展缓慢，初期常没有明显的自觉症状，据此常用既可清热又可祛瘀的药物，或清热药与化瘀药联合使用，常能取得较好的疗效，如生地、玄参、连翘、丹皮、赤芍、郁金、蒲公英、板蓝根等，这些药在古代本草文献中即被认为足可以治疗血行瘀滞之病，如《神农本草经》认为生地有"通血痹"的作用，《本草纲目》说连翘有使"一切血络气滞无不条达而通畅"的功用等。杨进曾通过实验发现生地、连翘虽非活血化瘀药，但它们对血小板聚集抑制率却强于赤芍、丹皮、丹参、郁金等传统的活血化瘀药，这对临床用药有很大的指导意义。

案1 张某，男，36岁，1999年5月11日诊。体检时发现HBsAg(+)，抗HBs(-)，HBeAg(+)，抗HBe(-)，抗HBc(-)。双手掌发红，有倦怠感，余无明显自觉症状，实验室检查均正常，纳食及二便均正常，舌红苔薄白，脉细略数。证属邪毒内盛，治以清化之法。处方：白花蛇舌草20g，虎杖10g，丹皮参(各)8g，蒲公英10g，平地木12g，制军9g，连翘10g，板蓝根12g，鸡骨草12g，炙黄芪18g，苦参8g，土茯苓10g，生甘草3g。上方加减治疗10余天，复查"二对半"，除HBsAg阳性外，余均为阴性，且精力较前旺盛，工作后无疲劳感。

2 理气以疏肝，健脾以保本

中医认为肝的最主要的功能是"主疏泄"，即舒畅情志，条达气机。肝炎一病，病位在肝，常致疏泄失常，气机郁滞，而出现焦虑、情绪不稳，甚则失眠，害怕与人交往，讳疾忌医等情况。慢性肝炎患者一般热象不显，且常见气滞与湿阻、痰凝、血瘀等并存，形成毒、痰、湿、瘀交阻的病机，这更加重了病情，不利于病情的改善。根据《内经》"厥阴不治，求之阴阳"及治厥阴应"调其中气，使之平和"的理论，杨进喜重用理气药调节阴阳，调和情志、舒畅气机，改善各种原因所致的局部胀痛症状。他常用荔枝核、橘核、三棱、莪术、香附等入方，三棱、莪术既可疏肝理气，又可散结止痛，改善肝脏的供血，防止肝脂肪变、肝纤维化和肝硬化；荔枝核、橘核不仅可理气化痰，又具有较好的抗病毒作用，都是他常用的经验药对。

《金匮要略》有言："见肝之病，知肝传脾，当先实脾"，故慢性肝炎久病后又可及脾，其脾气必虚，导致升降失常，甚则肝郁脾陷，出现腹胀胁痛，大便稀溏，苔薄白而腻。在妇女可见月经不调、带下频多等，故治疗时应补脾升阳，治肝保脾，因此兼顾脾胃在慢性肝炎的治疗中有着重要的作用。杨进在辨证基础上常酌用藿香、佩兰、白蔻、陈皮、苍术等芳化湿浊，醒脾助运；或用黄芪、党参、白术、山药、扁豆、云苓、苡仁等补气健脾，尤其喜用黄芪、党参、白术，因其均能提高机体的免疫功能，改善机体蛋白代谢，对提高血浆白蛋白较为有效。对于任何阶段的无症状性肝炎和慢性肝炎晚期病凡都可使用。

案 朱某，男，60岁，2001年2月20日首诊。近来自觉腹胀，检查后发现HBsAg(-)、抗HBs(-)、HBeAg(+)、抗HBe(-)、抗HBc(+)，ALT100IU/L，B超检查示肝硬化伴腹水，平时有齿衄，未发现蜘蛛痣，脉细弦，舌稍红，苔薄。证属肝郁脾虚，水湿内停，治以健脾理气法。处方：大腹皮子(各)10g，制大黄6g，醉地鳖虫8g，青陈皮(各)8g，白茅根15g，郁金9g，赤芍10g，莪术10g，三棱10g，猪茯苓(各)10g，泽泻1 0g，怀山药10g，生甘草3g。复诊：药后齿衄见减，腹胀亦消，大便量多，日行三四次，胃纳佳，苔薄腻，脉细弦，仍予前法继进：大腹皮子(各)10g，潞党参10g，制大黄5g，醉地鳖虫5g，青陈皮(各)5g，炒苍白术(各)10g，猪茯苓(各)10g，白茅根20g，泽泻15g. 莪术10g，白芍12g，怀山药12g，木香6g，生甘草3g。经过1月左右的调整用药，患者腹水消失，自觉症状明显改善，无腹胀，无齿衄，查肝功能正常，但"二对半"和B超检查肝硬化无改变。

3 随证加减 法度严谨

慢性肝炎患者，临床表现除了肝脏方面的症状外，常伴有大量肝外症状，杨进认为临证时应详细辨证，随证加减，不可孟浪，否则药物反而会加重肝脏的负担。现将常见加减方法分析如下，以供参考：

3.1 伴腹胀、食欲减退、泛酸、口淡、舌苔厚腻者

加藿香、佩兰、沉香、檀香、煅瓦楞子、淡吴萸等理气调肝、醒脾和中，症状改善后加重补脾，以培土涵木。

3.2 伴肝硬化倾向，或白蛋白低下，甚至见腹水者

慢性肝炎患者，由于长期得不到及时治疗或失治、误治，常常会导致肝硬化，如果肝脏失去代偿后，出现体内蛋白、电解质紊乱，最终会出现腹水而成为臌胀。据此临床检查发现肝脏有光点密集变化时，应加用炙鳖甲、桃仁、炮甲片、醉地鳖虫、生地、制乳没、大腹皮等药活血化瘀，提高蛋白，利水消肿。

3.3 伴足跟痛

中医学认为"肝主筋"，筋包括肌肉、韧带肌腱等与关节相关的组织。足跟痛者是指跟骨周围组织的疼痛，根据中医学理论，它与肝肾亏虚有关，故处方时常加入细辛、女贞子、旱莲草、鹿衔草等补益肝肾之品。

3.4 伴关节疼痛者

《素问 · 五脏生成》说:“诸筋者,皆属于节。”也就是说身体的关节活动都在于“筋”。现代医学认为,肝病患者的关节疼痛与肌体的免疫复合物的沉积有关,结合中医理论和临床实际,认为这与风、寒、湿、虚等有关,因此常加入羌活、独活、葛根、补骨脂。木防已、黄芪等。

3.5 伴胆区不适,或胆囊炎、胆石症者

肝病患者常伴有胆囊的疾患,正如中医认为的“肝胆互为表里”,疾病相伴而生,中医认为这与胆汁排泄不畅,情志不舒,肝气郁结有关,处方常加入郁金、柴胡、赤芍、金钱草、鸡内金、炒延胡、炒川楝子等疏肝理气、活血止痛。

3.6 口干与口苦的辨别

此二者为辨别肝病之阳太过与阴不足的主要指标。前者当以酸甘养阴法,药用白芍、甘草、乌梅、麦冬、沙参等为主;后者当以酸苦清泄,药用知母、黄柏、柴胡、川楝子等为主。

3.7 伴失眠多梦者

“肝藏魂”,肝病气阴不足,魂无所舍,必然出现失眠、多梦、记忆力减退,甚至恐怖、多疑等精神症状,处方常加入苦参、菖蒲、夜交藤、合欢皮、酸枣仁、远志、百合等养心安神之品,甚者加入煅龙骨、煅牡蛎、磁石、珍珠母等重镇安神之品。(刘荣喜)

疑难杂病

1 顽固性头痛

丁某,女,49 岁,2005 年 9 月 10 日初诊。患者自诉头痛多年,时常发作,伴两眼胀痛,痛时呈搏动性跳痛,甚则欲吐。曾经头颅 CT、脑电图、脑血流图等检查,均未见异常。西医神经内科诊治,神经系统检查无异常,服用过扩血管药、抗抑郁药等,但临床效果不佳。近 1 周来头痛频发并逐渐加重,服去痛片可暂时缓解,但不久又会发作。刻诊:头眼胀痛,以前额为主。右胁不适,时有气上窜于胸部或喉部,脉细弦,苔薄白,证属脾虚肝郁,络脉不和,治以健脾疏肝,活血通络。处方:川芎 15g,葛根 15g,甘菊花 10g,枸杞子 10g,炒白术 10g,夏枯草 12g,石决明(先煎)20g,细辛 3g,白芷 4g,白芥子 3g,炒柴胡 5g,炒枳壳 10g,郁金 9g,生甘草 3g。水煎服,每日 1 剂,分 2 次早晚服。9 月 16 日二诊:服用 7 剂后头痛减轻,只发作 1 次,以前额为主,涉及后头,胃脘作胀,苔脉如前。上方去炒白术、白芥子、细辛,加白芍 12g,当归 10g,炒延胡索 10g。10 月 19 日三诊:续服 7 剂后,头痛止,其他诸证亦消。因事务缠身,20 余天未能服药。近日来右胁又有不适,胀满,偶有头痛,夜寐较差,苔脉如前。再予上法主之。处方:炒柴胡 6g,炒枳壳 10g,明天麻 8g,白芍 12g,珍珠母(先煎)30g,白芷 6g,青葙子 10g,白蒺藜 15g,当归 10g,郁金 10g,青皮 6g,陈皮 6g,制香附 10g,生甘草 3g。四诊:服 7 剂后,头痛已减,目胀不甚,月经 25 日来潮,量少色暗,稍有头痛,肝区胀痛,腰骶痛,左下腹有刺痛感,脉沉细小弦,苔薄舌润,乃予疏肝理气,活血调经,佐以健脾。上方去珍珠母、白芷、青葙子、白蒺藜,加苏梗 15g,川芎 10g,桃仁 10g,红花 10g,橘核 12g,木香 6g,狗脊 10g,炒延胡索 10g,焦山楂 15g。续服 7 剂后头痛未作,胁痛亦解。后加减调治半月余而愈。

按 头痛一症,究其病因,有痰热壅阻、风阳上逆、血络不和、寒邪外客,气血不足等不同。在以头痛为主诉就医的女性中,肝郁头痛型为最多,现代高强度、快节奏的工作和生活对女性的精神压力很大,肝郁气滞,致血行不畅,而出现头痛。本型头痛杨进认为部位以头顶为主,多呈跳痛或胀痛,多伴有经行不畅。此案患者为一房产公司经理,工作繁忙且压力较大,头痛虽由过度劳累而起,反复发作,迁延日久,长期治疗,病情难以缓解,但病本仍以肝气不舒为主,同时又兼有痰浊阻络,故方用四逆散疏理肝气,其中以枳壳易枳实。白术健脾;川芎、细辛疏风走窜和络;枸杞子、菊花清肝明目;夏枯草、青葙子清肝火;天麻、石决明平肝熄风以潜阳;白芥子祛顽痰,综合疏肝健脾、清肝、化痰、通络以收全效之功。他认为头痛呈间歇性发作,且久延不愈者,往往不易根治,治疗上绝非一方一药所能奏全效,临证常需视病情加减,如呕逆甚者,加川黄连 3g,姜半夏 9g,辛开苦降以平逆;兼眩晕者,可加白蒺藜 15g,珍珠母 30g 平肝熄风;经期更需佐活血调经之法等。治疗时应多做心理疏导,把病情讲清楚,解除其思想顾虑,并告知不能期望服一、两剂药就能使顽固性头痛治愈,鼓励其坚持服药以断其根。

2 乳腺增生

刘某,女,32 岁,2005 年 3 月 5 日初诊。患者乳房胀痛 2 月,有时呈针刺样,行经前加重,有时胸闷胁痛,左侧为甚,查 B 超示:“左侧乳腺增生”。纳可,二便如常。舌质淡红,边有齿痕,苔白微腻,脉细弦。拟予疏肝解郁,通络化痰,佐以清补。处方:炒柴胡 6g,炒枳壳 10g,白芍 12g,八月扎 12g,蒲公英 12g,青皮 12g,制香附 10g,皂角刺 10g,全瓜蒌 15g,鹿角霜 10g,当归 10g,生甘草 3g。服 7 剂后胸闷胁痛消失,针刺感亦无,仅有经前乳胀明显。守方继进 7 剂后,诸症消失,查B超亦显示正常。

按 乳腺增生属祖国医学“乳癖”范畴,为青年女性多发病。症状常与情绪及月经周期密切相关,多伴经前乳房、胁肋胀痛。根据肝经循行部位,乳腺增生症病机为肝郁气滞,痰瘀蕴阻,日久积块形成。杨进多运用逍遥散疏理肝气,气行则血行。此案患者情绪尚可,肝气郁结也不甚,故用药宜轻。方用柴胡疏肝饮解郁,枳壳、香附、青皮增强行气疏肝之功,全瓜蒌、皂角刺加强宽胸散结之力,当归、白芍养血柔肝,八月扎、蒲公英清肝热,鹿角霜温肾阳,以使阴霾消散。另外重者加丹参、三棱、莪术、牡蛎活血化瘀,软坚消积。阳虚寒凝者另加仙灵脾补肾阳,同时可调节冲任二脉。

3 冠心病

艾某,女,56岁,2003年7月8日初诊。患者自诉时发胸闷胸痛,甚则气逆而发生一过性昏厥。刻诊:双眉紧蹙,两眼窝深陷,脸部五官呈“苦”字型,时时叹息。面色不华,胸闷胸痛,牵及左侧后背,左臂不能上抬,微上举则痛不可当。夜间憋闷较重,甚则端坐呼吸。查ECG:右房肥大,窦性心动过缓伴不齐。脉缓,舌淡紫,倦怠乏力,时嗳气,证属肝郁脾虚,痰瘀痹阻。治宜疏肝解郁,宽胸散结。处方:全瓜蒌18g,薤白头8g,炒柴胡6g,炒枳实9g,制香附10g,夏枯草9g,郁金10g,丹参20g,桃仁10g,仙灵脾10g,潞党参10g,檀香4g,炒延胡索10g,细辛3g,炙甘草3g。7剂,患者称服1剂药后有不知如何是好之感,药3剂后始觉胸闷胸痛减轻,后继服14剂,诸症若失。

按 情志郁怒可致血运不畅,痹遏胸阳,阻滞心脉,出现胸闷、胸痛而发病。患者因其夫脾气暴躁,且酗酒成性,终年受气,肝郁日久,乘脾犯胃,脾失健运,痰浊内生,上犯心胸;痰浊久留,痰瘀互结,均可致心脉痹阻,胸阳不展而发生冠心病。故由情志因素所诱发的冠心病,其病理变化以肝郁气滞为主,同时可兼见血瘀痰阻的临床表现,证见胸闷、胸痛、烦躁、胁胀不舒、精神抑郁,善太息,胸痞嗳气,舌暗红甚则有紫气,苔腻,脉弦。治疗上应疏理肝气,同时配合开胸散结、活血化痰之品,使气机调畅,瘀祛痰清。杨进临床上多采用柴胡疏肝散合瓜蒌薤白半夏汤加减治疗。刺痛明显者加延胡索、郁金以活血止痛;胸闷甚者重用瓜蒌,酌加厚朴以宽胸散结;肝郁化火者酌加清肝之品;肝气乘脾犯胃者加白术、茯苓、半夏、代赭石。另细辛辛温通窍止痛,冠心病心率缓慢者适用,具有明确的正性肌力、正性频率及改善冠状动脉血流作用,但久用、多用增加心肌耗氧量,使用时宜注意。

4 高血压病

王某,女,45岁,2004年12月9日初诊。患者自诉因1月前体检,查血压偏高,后在西医院确诊为高血压,并服西药治疗。服药后自觉头晕,头胀痛难以忍受,遂延杨进诊治。证见患者形体消瘦,面容憔悴,表情焦虑,头痛时常发作,血压偏高(时测血压为155/95 mmHg),查ECG(-)。时心悸,头晕。夜寐较差,口时干苦,脉沉细,舌红苔薄,易倦怠,证属肝肾不足,肝阳上亢,治以滋养肝肾,平肝潜阳之法。枸杞子10g,菊花10g,明天麻9g,钩藤(后下)15g,珍珠母(先煎)30g,茯苓10g,泽泻15g,丹皮6g,石决明(先煎)20g,川黄连3g,淮牛膝10g,丹参10g,煅代赭石(先煎)30g,7剂。并嘱患者在工作中切勿急躁,放慢节拍,经调治半月余,血压渐恢复正常。

按 精神因素是高血压病发病的重要原因。此案患者是一名教师,性情急躁,责任心强,常因班上琐事烦恼。肝气郁结,化火伤阴,阴不敛阳,肝阳上亢;又兼素体阴虚、肝阳偏亢,复因情志因素,致亢阳上扰清窍而病,应以平肝潜阳为主,配合滋养肝肾、疏肝泻火之品治疗,方选天麻钩藤饮加减。对于气郁化火者酌加黄芩、大黄;气滞血瘀者选加丹参、红花、当归等。他还强调此类患者往往心火很旺,处方时要佐以清心泻火之品,同时应配合心理疏导,调畅情志之法,则药物治疗的效果更显著。(周晓平)

杨宝元临床经验

【名老中医简介】杨宝元(1955~)主任医师,教授,硕士生导师。现任唐山市中医医院副院长,中医心血管科主任,河北省中医药学会理事,唐山市中医药学会理事长。河北省名中医。从事中医临床、教学、科研工作30余年,获河北省科技进步奖6项。发表论文30余篇,出版著作2部。擅长中医诊治心血管疾病。

冠状动脉粥样硬化性心脏病

1 病因病机

1.1 气虚血瘀是冠状动脉粥样硬化形成的基本

病理

冠心病指冠状动脉粥样硬化使血管狭窄或阻塞,导致心肌缺血、缺氧而引起的心脏病。冠心病属中医学胸痹、心痛等范畴,病机复杂,总属本虚标实。实为寒凝、气滞、血瘀、痰浊阻滞心脉;虚为阴阳气血亏虚,心脉失养。而杨宝元认为气虚血瘀是冠状动脉粥样硬化形成的基本病理。中医学认为,气血既是构成人体的最基本物质,又是维持人体生命活动的基本物质。气属阳而主动,血属阴而主静,气为主导,气旺则血运有力,气虚则血瘀。清代王清任在《医林改错》中提出气虚血瘀论,他认为“元气既虚,必不能达于血管,血管无气,必停留而瘀”。提出气虚导致血瘀而相兼为病的学术思想。心气不足,更易引起血行不畅,血液初起流动缓慢,继而瘀滞成块,形成虚中夹实的气虚血瘀证。在临床上,杨宝元根据中医气血运行理论,结合临床实践,对冠状动脉粥样硬化的中医病机进行了探讨,认为在冠状动脉粥样硬化形成过程中,气虚运血无力,血行缓慢而瘀滞;血瘀脉络日损,导致动脉粥样硬化的形成,气虚血瘀贯穿于冠状动脉粥样硬化发生发展的全过程。

1.2 胸阳不振是冠心病心绞痛发作的基本病机

《素问·调经论》云:“寒气积于胸中而不泻,不泻则温气去,寒独留,则血凝泣,凝则脉不通,其脉盛大以涩,故中寒。”说明血液在脉管中循行通畅,需要有足够的动力以推动和温煦,而推动和温煦的作用正是阳气的功能,阳气气化则热,温煦全身,以抵御寒冷;寒性凝滞,阴寒之邪偏盛,气血为之痹阻则发胸痹。《金匮要略·胸痹心痛短气病脉证并治第九》云:“夫脉当取太过不及,阳微阴弦,即胸痹而痛,所以然者,责其极虚也。今阳虚知在上焦,所以胸痹、心痛者,以其阴弦故也。”说明胸阳不振,阴邪干犯,气血阻滞是其发病的机制。心居阳位,心脏的正常运行全赖于强大旺盛的阳气为动力才能推动气血在人体各脏腑经脉中运行,所以心胸最需阳气的贯注。心胸阳气充足则心脏功能正常,血脉通畅,血行有力,心有所养,则不发病;反之,心气不足或心阳不振致胸阳不展,寒凝于胸中,阳气失于斡旋,气血运行不畅,瘀血阻滞,则痹阻心脉,胸痹心痛之证遂作。临床证明,冠心病患者出现胸闷胸痛、舌黯等寒凝血瘀症状者,乃病情发作的先兆,温振通阳法有利于缓解病情,此法为治疗胸痹之大法。

2 治疗原则及选方用药

2.1 补气为先,温阳为上

杨宝元注重阳气的作用。心主阳气,心为“阳中之阳”,主全身之阳气,在五行属火。杨宝元在治疗中特别强调“有一分阳气,便有一分生机”的观点。阳气充沛,布达周身,客于体内之邪即散去,乃“离照当空,阴霾自化”之义,常选以附子为主的方剂治疗冠心病心绞痛发作,多有良效。附子禀雄壮之质,有退阴回阳之力,有起死回生之功,能通行十二经脉,振奋阳气,祛逐阴邪,为回阳救逆第一药。用药多以如附子、肉桂、细辛、荜茇、干姜、白芥子等,以期温阳通痹之功。凡见胸膺痞闷,或心痛彻背,甚则背部恶寒,舌淡苔白而润者,遵《内经》“心病宜食薤”及“辛走气,多食之,令人洞心”之旨,法宗张仲景,以瓜蒌、薤白通阳为主,选加半夏、郁金、枳壳、陈皮、檀香、降香等。半夏常以生用,以加强化饮散结之力。杨宝元在治疗时不忘“阳中求阴,阴中求阳”之理,在补阳同时,认识到阳气的生成是需要物质基础的,切忌无根之木,无源之水,所以往往在方中加入鹿角胶血肉有情补阴之品,大补精血,与附子辛热气雄之药合用,能补阴阳之本,证见自汗、惊悸怔忡、肢体倦怠常二药合用。

2.2 气血兼治,贵在化瘀

杨宝元特别重视气血兼治,尤其倡导扶阳益阴的观点,以补气引导补血,以温阳催化滋阴,扶阳益阴的思想贯穿治疗的全过程。补气药既能生津,又能推动血行。“气为血帅”,气为血行之动力,气虚导致血瘀。冠心病患者多为久病,久病入络,久病致瘀,宜采用益气化瘀配合活血通络药物,如应用桃仁、红花、丹参、川芎、鸡血藤以使血脉通畅。遵“百病皆生于气”及“气行则血行”之理,用药注意调理气机,常用益气行气降气之药,如人参、党参、黄芪、枳壳、郁金、陈皮等。

2.3 善用虫药,化瘀通络

虫类走窜,剔邪搜络。《素问·调经论》指出“病在血,调之络”;《医林改错》尝言“久病入络为瘀”,均强调了络病与瘀血相关。络病瘀结,初病尚可用草木之类药物理气活血,病久位深,久则入络,除之非破血逐瘀之重剂难以奏效。而冠心病病程长、病史缠绵、易于反复发作,选用虫类药物深入隧络,攻剔痼结之瘀滞,旋转阳动之气,往往可获奇效。虫蚁之类,无血者走气,有血者走血,飞者升,走者降,灵动迅速,使血无凝滞,气可宣通。常用水蛭、地龙、全蝎、地鳖虫、蜈蚣、白僵蚕之品。

2.4 养心安神,顾护脾胃

《内经》云:“心者,君主之官,神明出焉。”中医学认为,心主神志,为五脏六腑之大主。人的精神意识、思维活动均离不开心血之奉养。冠心病患者心脉痹阻,心血虚少,心神失养,故易见惊悸、失眠多梦等症状。杨宝元治疗时喜用酸枣仁汤加远志、茯神、龙齿、磁石之类,以图对患者安神定志,对冠心病治疗起到辅助作用。杨宝元重视脾胃学说,强调脾胃为后天之本,气血化生之源,而通络药多为虫类药,镇惊药多为矿石之类,这些药服后多易损伤脾胃之气,易出现伤胃现象,故于治疗中加入养护脾胃之品,可制虫矿类药物峻猛伤胃之弊。故喜用炒谷芽、炒麦芽、山药来顾护脾胃。

2.5 妙用黄连,方贵灵动

杨宝元认为,阳主动,凡动皆属于火,阳热太过则易伤体内津液,于大量温补之品中加入少量清热药,可以佐制温阳之品太过,使温中有清。清热寒凉之品多可清心火,以制约温阳之品导致的心火太过。用药喜用黄连、栀子。令组方上温清并用,清补结合,方中有补有泄,使方开合有度,方贵灵动。

3 典型病案

刘某,男,55岁。2007年10月9日初诊。胸闷痛15日。15日以来每于体力活动或劳累后出现胸部闷痛,休息后可缓解,心前区压抑感,畏寒,心悸,夜寐欠安,易惊,舌黯淡有瘀斑,苔白腻,脉弦数。心电图示前壁心肌缺血。西医诊断为冠心病(稳定型劳力性心绞痛)。中医诊断为胸痹心痛。证属胸阳不振,瘀血阻滞。治宜温振胸阳,活血通脉。予瓜蒌薤白桂枝汤加减。药物组成:瓜蒌30 g,薤白15 g,半夏10 g,桂枝10 g,细辛5 g,白芥子10 g,鹿角胶15 g,檀香10 g,降香10 g,郁金10 g,川芎15 g,丹参15 g,远志15 g,炒酸枣仁30 g,五味子6 g,龙齿30 g,太子参30 g,黄连5 g。7剂,每日1剂,水煎分3次服。10月16日二诊:胸闷痛明显减轻,劳累后偶有发作,舌淡黯,苔白腻。嘱患者勿劳累及情绪稳定,前方加黄芪45 g,7剂。10月23日三诊:胸闷痛消失,精神好转,嘱患者守前方继服15日巩固疗效。

按 本例药用瓜蒌、薤白、桂枝、半夏温通心阳,宣痹散结,为主药;配以细辛、白芥子振奋胸阳,更用鹿角胶阴中求阳;远志交通心肾而安神;炒酸枣仁、五味子甘酸敛神;龙齿重镇安神;太子参补益心脾;丹参、川芎活血化瘀,行气通络;因瘀久化热,佐以少量黄连兼清郁热,同时佐制诸药辛温之性以防劫阴之弊。二诊时胸闷痛明显减轻,劳累后偶有发作,活血化瘀急用可缓解一时,久则反损心气,故加用黄芪45 g益心气,使心气得补,心神得安,心痛缓解,心脉转复,而获良效。(杨万胜 陈凯 杜红瑶)

杨秉秀妇科经验

【名老中医简介】杨秉秀(1936~)女。湖南邵东人。主任医师,硕士生导师。1962年毕业于广州中医学院。曾任湖南中医学院妇科教研室副主任、附属第一医院妇科副主任。湖南省中医药学会妇科专业委员会委员。湖南省名中医,第四批全国老中医药专家学术经验继承工作指导老师。擅长治疗妇科疾病,尤其对男女不育不孕症、妇科肿瘤有独特见解。发表论文10余篇,参编著作1部。

1 不孕症(输卵管阻塞)

杨秉秀认为,其病因病机为正气不足、肝气郁结或寒湿阻滞、胞脉瘀阻,采用益气健脾、疏肝理气、活血化瘀、温经通络、软坚散结等法,自拟输通汤:生黄芪30g,太子参15g,紫丹参15g,赤芍药15g,桃仁10g,路路通10g,皂角刺10g,王不留行10g,刘寄奴15g,荔枝核30g等。随证加减:肝气郁结者,加柴胡、郁金、香附;肾虚腰痛者加杜仲、川断、桑寄生;兼夹热毒症者,加红藤、败酱草、黄芩;兼有寒湿症者,加桂枝、乌药、干姜;夹有血瘀证者加莪术、水蛭、红花;输卵管不通有积水者,加白芥子、茯苓、车前子。治疗方法:采取一方三用,即上述自拟输通汤,每日1剂,水煎3次,第一次煎浓液100mL,保温备用,于每晚睡前保留灌肠,灌肠前嘱患者先排便,用中号导尿管插入肛门内约15~20cm处,用注射器吸药液后,徐徐注入直肠,每晚1次(月经期停灌)。拔出导尿管后,患者需呈俯卧位月20分钟,以便延长药液停留时间,增加药液功效。第2、3次所煎药液,分2次内服。经3次煎后所留药渣,再加入艾叶30g,透骨草30g,用水煮透,趁热装袋,作为敷小腹用,为保持药温,加强功效,可在上面覆盖热水袋,每次需敷30分钟以上。

案1 张某某,女,31岁,2000年5月27日初诊。自诉:结婚8年,曾孕4次,人流4次,未避孕5年而未受孕,男方精液检查正常。经期乳房胀痛,心烦,小腹胀痛,经色暗红,量不多,有瘀块,舌苔白薄,脉弦细。妇科检查:外阴阴道正常,宫颈轻度糜烂,宫体后位、大小、质地、活动度正常,左侧附件条索状增粗,轻度压痛,右侧(-)。输卵管通水试验提示:左侧输卵管不通,右侧通而不畅。西医诊断:左侧输卵管阻塞,右侧输卵管部分阻塞,左侧附件炎,继发性不孕。中医辨证为肝气郁结、气滞血瘀。治宜疏肝理气、活血通络。用上述自拟输通汤加减方法治疗,先后共用药35剂。复做输卵管通水试验示双侧输卵管通畅,继用补肾填精,调冲助孕法,至2000年9月2日复诊,患者自诉停经40天(Lmp7月24日),BBT高相26天脉弦而滑,妊免试验阳性,身已受孕,并于次年6月产一男婴。

2 子宫肌瘤

杨秉秀认为,本病的病机要点为正虚、气滞、血瘀、痰结、湿热;其病位在胞宫(子宫);病理性质为本虚标实。本虚主要表现为气血亏损虚,标实主要为气滞、血瘀、痰湿。在三大病理因素中,强调瘀血是本病的病机关键,中医有"无瘀不成癥"之论;因瘀血内阻胞宫,新血不得归经,则冲任不固或瘀血内结、郁而化火,迫血妄行,致崩致漏;瘀血内结,化火化热,使阴血亏耗,相火偏亢或湿热下注,封藏不固,致带下异常;瘀血内停,积结日久,形成块物、坚硬不移(即为肌瘤);瘀血阻滞,胞脉不通,故经期下腹疼痛,腰骶坠胀;胞宫胞脉,瘀阻不畅,两精不能相聚,则无以成孕。因此,治疗子宫肌瘤当遵循攻补兼施,气血兼顾之原则。宜采取益气行气、活血破瘀、化痰软坚、清热利湿、散结消癥之法。①自拟方消癥汤,方药组成:生黄芪、太子参、赤芍、石见穿、红藤、败酱草、神曲各15g,丹参20g,牡蛎30g,桃仁、三棱、莪术、丹皮、枳壳、夏枯草各10g,鳖甲12g,桂枝、血竭各6g。加减:肝气郁结明显者加柴胡、郁金、香附;瘀滞重者加水蛭、王不留行、田七;兼夹热毒证者加黄芩、银花、蒲公英;兼夹见寒湿证者加吴茱、小茴香;有湿热下注者,加山慈菇、苡仁、赤小豆;肾虚腰痛者加杜仲、川断、桑寄生;经期出血量过多者,可去三棱、莪术加五灵脂、炒蒲黄;经行腹痛者加延胡、葛根;脾胃虚弱、正气不足者加党参、茯苓。服法及疗程:常规水煎服(鳖甲、牡蛎布包先煎),每日1剂,水煎2次分2次服;3个月为1疗程,可连服2个疗程。②自拟消癥丸,方药组成:大黄150g,芒硝200g,桃仁200g,石见穿150g,茯苓150g,桂枝、小茴香各50g,上药用布袋包好放于锅内,锅内放入100颗粒核桃仁,同时煎煮,待水沸点后30~40分钟,将核桃仁捞起烘干。服法及疗程:每天早晚服食2颗核桃仁,3个月为1疗程,连服2个疗程。

案2 尹某,女,38岁,2000年5月20日初诊。自诉经量多,色黯红,夹有大血块,末次月经5月8日~5月12日,月经周期尚规律,28~30日一行。每值行经即伴小腹痛,经前乳房胀痛,平时常有腹部隐痛,精神抑郁,胸闷不舒,面色晦黯,大便干燥,舌质暗红,有瘀斑,脉沉弦。B超检查示;子宫后位,大小50.3mm×47.3mm×53.9mm,宫颈与宫位之间可见一39.4mm×36.7mm×31mm,低回声结节,轮廓清晰,形态尚规则,有包膜。西医诊断:子宫肌瘤。中医辨证:肝郁郁结,气滞血瘀,血不归经。治宜行气活血化瘀,用消癥汤加香附12g,郁金10g。另嘱患者按上法制作消癥丸,每日将上述消癥汤与消癥丸配合服。连服4周后,6月18日复诊,患者诉月经昨日来潮,经前乳房胀、小腹疼痛减轻,经血量仍多,有小血块,大便正常。因经血量多,于前方去三棱、莪术加五灵脂10g,炒蒲黄10g,玄胡10g,葛根30g。用药5剂后复诊,再用消癥汤加香附10g,郁金10g,刘寄奴15g,王不留行15g,以加强行气散结、活血化瘀之功,再继服4周,诸症减轻,经量适中,血块减少,舌质红、苔白,脉细弦。2000年7月10日复查,B超提示;子宫肌瘤20mm×18mm×15mm,较前明显缩小,患者信心大增,守方加减,调治3个月后,症状基本消失,于2000年10月23日再作B超复查,子宫肌瘤已全消失,月经正常,随访2年末见异常。

3 男性不育症

杨秉秀认为男性不育症,虽然病因病机复杂,然归纳之,不外虚实二因,辨证分为肾虚亏损和下焦湿热两型。

3.1 虚证(肾虚亏损)

肾精亏虚,生殖无能而不育,治以补肾填精,益气培元。基本处方:熟地黄、淮山药、制首乌、桑椹子、生黄芪各15g,车前子、菟丝子、枸杞子、覆盆子各12g,山萸肉6g。加减;偏阳虚者加仙灵脾、仙茅、巴戟、大云、鹿胶或鹿角霜;偏阴虚加女贞、旱莲、龟版;少精症加龟鹿二胶(烊化)各5g,每晨加蜜糖冲鸡蛋服;精子畸形偏多者,加西党、丹参、益智仁;遗精者加桑螵蛸、芡实、金樱子、泽泻、黄柏;精子活动力差者加党参、当归、阿胶、黄芪。

案3 曹某某,男,32岁。2007年5月初诊,结婚7年未育,时感腰腿软,头昏耳鸣,多梦盗汗,精神疲乏,易感冒,大便干结,小便频数,舌质红苔少,脉细无力。精液常规检查:乳白色量少(1mL),活动率10%,精子计数1千万/mL,EBCO-4/HP,脉证结合化验结果,辨证为肾虚亏损所致婚久不育,拟上述肾虚亏损型基本方,选加仙灵脾、仙茅、生芪、西党、补骨脂及龟鹿二胶等,并配合服全鹿丸,坚持服药120余剂,全鹿丸10瓶。上述症状逐渐消失,于同年11月作精髓常规检查,精液量达2mL,精子计数每mL逾1亿,活动力达40%,为巩固疗效,续服前方加减,至2009年元月其妻已孕。

3.2 实证(下焦湿热型)

因气化失司、湿热蕴结,蕴结宗筋而不育,治以清热解毒、利湿化浊。基本处方:生地黄、虎杖、金银花各15g,瞿麦、萹蓄、车前子各12g,川草薢、黄柏、木桶各10g,生甘草5g。加减:证见心烦、夜寐不宁,有虚热者加栀子、夜交藤、合欢皮;有脓精症者加蒲公英、土茯苓;排尿余沥不尽者加益母草、通草;精液液化不良者加丹皮、石菖蒲、赤芍;同房不射精者加甲珠、蜂房(烧灰存性冲兑服)、生麻黄、路路通。

案4 熊某某,男,28岁,2007年8月初诊,自诉婚后2年不孕,头昏乏力,口渴喜饮,不耐劳累,时有会阴部胀痛,牵引小腹,时感左侧睾丸胀痛,常有梦遗尿多,小便频数。前列腺液检查:卵磷脂小体(+ + ~ + + + +),RBC -4,WBC(+ ~ + +),PC(0 ~5)或成堆,死精子2 ~6/HP,精液量3mL,计数:每mL精子3千万个,活动率50%,畸形20%;精液液化欠佳。舌质红,苔黄腻,脉弦滑。中医辨证:下焦湿热,治以清热解毒,利湿化浊。方用上述湿热型基本方,选加合欢皮、白茅根、小蓟、生芪、益母草、蒲公英等,先后服药110余剂而愈,其爱人受孕后于2008年12月顺产一男婴,母子健康。(乔 江)

杨春波临床经验

【名老中医简介】杨春波(1934 ~)主任医师,硕士生导师。福建省第二人民医院名誉院长,省脾胃病专科学术带头人,全国中医脾胃病委员会委员,福建省中医药学会副会长,福建省中医脾胃学说研究会主任委员,福建省中西医结合消化病委员会主任委员。福建省名老中医,第二批全国老中医药专家学术经验继承工作指导老师。擅长治疗内科急、慢性疑难病,如消化系统和发热性疾病,并获得多项成果嘉奖。主编和编写著作12部,发表论文68篇。

临床经验

脾胃湿热证

1 脾胃湿热证是临床常见的脾胃实证

1.1 杨春波认为,脾胃理论是祖国医学脏象学说中的一个重要内容。由于脾胃在人体生理上的重要作用,古人有"脾为后天之本"之说。许多疾病按"脾"的理论进行防治,有助于疗效的提高。

1.2 脾胃湿热证是中医脾胃理论的重要内容,也是临床常见的脾胃实证。杨春波早在1992年就正式立项,开展对湿热证的临床研究,包括证候与各系统疾病关系的调查、重点病的多指标实验等(设脾胃气虚证和正常人作对照)。研究结果是:① 脾胃湿热证是一种病理现象,具有广泛的临床基础,与炎症性疾病关系密切,特别是与活动性炎症相关性明显;② 脾胃湿热是幽门螺杆菌(Hp)赖以生存的体内环境,目前发现Hp产毒菌占优势;③ 脾胃湿热证是胃肠慢性炎症性病变潜在癌变的信号;④ 脾胃湿热证是机体对病因应答呈亢进性、失调性的综合病理反应;⑤ 脾胃湿热证的主要症状有4种,而黄腻苔是判断的主要依据。

2 脾胃湿热证须清化舒络

杨春波认为湿热具有阴阳二性,具有隐匿、渐进、缠绵、反复的病理特征。脾胃湿热盘居中焦,可熏上、下注、旁达、着络,其临床常见症状为历代医家所重视。对因湿热中阻,气机郁滞,证见食欲不振,大便溏黏或呈黏液样便,舌苔黄腻的胃痞、胃痛者,杨春波用清化饮等系列方剂予以理脾清化,调气舒络,常收到良好的临床效果 。

3 慢性胃炎脾胃湿热证的临床特点

脾胃湿热证是慢性胃炎最常见的实证,针对它具有难以速愈、反复发作的特点,杨春波在创制清化饮治疗慢性胃炎脾胃湿热证的同时,揭示了脾胃湿热证的临床特点。

3.1 脾胃湿热证是慢性胃炎常见的实证

在临床治疗399例慢性胃炎中,属脾胃湿热证209例(占52.38%)。近年来,国内学者多从慢性胃病入手,对脾胃湿热证进行研究,也证明了这一点。

3.2 黄腻苔是脾胃湿热证最重要的体征

中医学认为舌苔是散布在舌体上面的一层苔垢,由脾蒸胃气上凝于舌面所生。清·章虚谷云:"脾胃为中土,邪入胃则生苔。"脾胃同居中焦,一脏一腑,胃为水谷之海而主受纳,脾为胃行其津液而主运化。脾气主升,升则运化;胃气主降,降则受纳。

外感湿热邪气,或内伤酒食不节,肥甘厚腻,酿成湿热,内蕴脾胃,湿热阻滞,影响脾胃的正常功能,湿热熏蒸上达,致舌苔黄腻。

3.3 清化饮治疗慢性胃炎脾胃湿热证具有良好的疗效

清化饮由茵陈蒿、黄连、厚朴、薏苡仁、赤芍等组成。方中茵陈蒿性苦微寒,以其善能清热利湿为君药;辅以苦寒之黄连清热燥湿;配以辛温之厚朴,化湿理气除满;薏苡仁利水渗湿而健脾;佐以赤芍以清热凉血,散瘀止痛。全方药性平和,药味少,药量轻,寒温并用,共奏清热化湿、理气活血之功。与甘露消毒饮主治湿热并重之证对比研究,结果显示清化饮治疗慢性胃炎脾胃湿热证临床疗效显著,具有显著性差异。黄腻苔的治疗前后比较,及治疗后与对照组比较,有显著性差异。

4 治疗脾胃湿热证的特点

4.1 实行病与证、整体与局部、宏观与微观、功能与组织、机体与环境结合,进行综合审视,强调全面了解病证,分明主次,形成总观,决定从治。

4.2 在重点治疗脾胃的同时,特别强调整体观念,注重脾胃与其他脏腑的相互关系。因为脾胃湿热证病位虽在脾胃,但与肝、胆、肠的关系最为密切,与心、肺、肾、膀胱、女子胞也有一定的关系。

4.3 湿热证为实证,当用泻法。兼见气虚、血虚、阳虚、阴虚者,或因脾虚失运,导致湿阻热生者,应分清主次缓急,而立先泻、先补,或补泻间用、或补泻兼施。

4.4 清热祛湿是治疗脾胃湿热证的总则,但临床有湿热并重、湿重于热和热重于湿的不同,故临证要根据湿热的偏颇,有偏重的予以施治。

4.5 结合现代技术手段,对微观、局部的病理变化,用中医传统理论进行进一步的认识,然后结合宏观、整体的辨证,确定治法和用药。

4.6 对于脾胃病湿热证属湿热并重者,在自拟清化饮的基础上,因证制宜,兼以理脾清化,调气舒络,散瘀安神,加减治疗。

5 病案举隅

案1 薛某,男,28岁,2005年1月3日初诊。患者大便溏稀2年多,便血15天。长年累月以此为苦,饮食稍有不适则腹泻加剧。大便溏夹黏液血便,欠畅,2~4次/日,腹胀痛,肠鸣,矢气,口不干苦,知饥纳好,四肢乏力,小便淡黄,舌淡红偏暗,苔黄根浊腻,脉细弦缓。查血常规:白细胞5.4×10^9/L,中性粒细胞46.3%,淋巴细胞43%,血红蛋白168 g/L。血沉2 mm/h。癌胚抗原0.48。免疫球蛋白G、A、M正常,补体C3 0.82、C4 240。CT:双肺(-)。B超:肝右叶血管瘤。肠镜:回盲瓣溃疡1cm×1.5 cm。察其舌质淡白,苔薄黄根腻,脉细弦缓。诊为久泻(慢性溃疡性结肠炎)。此为湿热蕴肠,气滞络伤。治以清热化浊,调气理血。方选清化肠饮加减:茵陈蒿10 g,苍术9 g,黄连4.5 g,厚朴9 g,草果4.5 g,槟榔6 g,仙鹤草20 g,地榆炭10g,赤芍10 g,白芍10 g,槐花10 g,薏苡仁30 g,当归6 g,浙贝母6 g。10剂,水煎服,每日1剂。加肠胃康胶囊3盒,每次2粒,每日3次,餐前30 min,温开水送服。二诊:大便成形,每次1~2次,末段较软,伴肠鸣,多矢气,口不干苦,知饥纳好,四肢疲乏,小便淡黄,舌质淡红,苔薄黄根腻,脉细弦。湿浊见化,热减血止,脾气虚显。治以健脾益气,清化舒络,佐以清敛。处方:党参10g,白扁豆12g,黄连3g,仙鹤草20g,地榆炭10g,僵蚕9g,赤芍10g,丹参10 g,佩兰10g,厚朴9g,白豆蔻4.5g,薏苡仁30g,苍术6g,茵陈蒿10 g。10剂,水煎服,每日1剂。后因饮食不节,伤食再发,均以上方加减调理21剂而收全功。

按 清化肠饮具有开达化浊、清热祛湿之效。方中茵陈蒿清热化湿;草果、槟榔行气化浊;黄连清热燥湿;苍术燥湿健脾;厚朴行气;薏苡仁渗湿,另加仙鹤草、地榆炭、炒槐花,凉血止泻;选当归、赤芍,活血通络止血;浙贝母化痰散结,诸药配伍,共奏清热化湿、调气理血之功。迨湿热化,血热减,便血止,则脾弱正虚之候渐显,故复诊时在化湿的基础上加用健脾益气的药物,选用清化饮、四君子汤加减以善后。肠镜复查:直肠炎(黏膜慢性炎症)。随访半年,病未复发。杨春波对慢性溃疡性结肠炎久泻不愈者,从腹泻论治,以清热化湿、理脾调气为法。运用杨氏清化肠饮疗效显著。

案2 江某,女,40岁,2002年5月15日初诊。胃脘部闷胀,时痛引右胁,不知饥,纳差,嗳气频作,口苦干喜温饮,寐差多梦,性急易怒,小便淡黄,大便偏软,月经正常,舌尖红,质淡红暗,苔黄腻。脉细弦缓。胃镜:慢性浅表性胃炎。病理:胃窦大弯活动性,重度,Hp(+)。中医诊断:胃痞。西医诊断:慢性浅表性胃炎。证属湿热肝郁,胃失和降,上扰心神。治以清热祛湿,舒肝和胃,佐以安神。方用杨氏清化胃饮合四逆散加减:茵陈蒿10g,佩兰10g,半夏10g,柴胡6g,赤芍10g,白扁豆10g,茯苓15g,合欢皮10g,麦芽15g,谷芽15g,薏苡仁15g,厚朴6g,琥珀4.5g,白豆蔻4.5g,黄连3g。每日1剂,水煎服,配服保和丸6 g,每日2次,餐前温开水送服。7剂。二诊:

药后胃脘仅纳后闷胀，嗳气已平，知饥欲食，寐好时梦，小便淡黄，大便成形，舌质淡红，苔薄黄腻，脉细弦缓。守上方，去半夏、麦芽、谷芽、合欢皮，琥珀改为3g，茯苓10g，保和丸易胃乐宁1片，每日3次，餐前温开水送服。14剂。三诊：因伤冷食，胃脘胀痛，嗳气又作，知饥纳可，寐安，苔见黄腻，脉细弦缓。方以清化胃饮加味：茵陈蒿9g，半夏9g，藿香9g，厚朴9g，赤芍9g，黄连3g，白豆蔻4.5 g，薏苡仁12g。胃乐宁续药。10剂。四诊：诸症悉除，知饥纳可，舌质淡红，苔转薄黄根少腻，脉细缓。胃镜复查：轻度浅表性胃炎，Hp(－)。改以健脾清化，理气舒络为法，选参苓白术散加减调理善后。

按 慢性浅表性胃炎伴Hp感染，呈脾胃湿热、肝郁气逆为主证。杨春波以理脾清化、疏肝和胃为主论治。用杨氏清化胃饮加减。方中：茵陈蒿、白扁豆、黄连、薏苡仁、白豆蔻、佩兰清热祛湿；柴胡、厚朴、赤芍疏肝理气舒络；继以健脾清热为主善后。共治45日，病显轻，症悉除。本案证属湿热肝郁，胃失和降，上扰心神。用杨氏清化饮为主加减治疗，历经4月而获愈。

此外，脾胃湿热证或兼外感时，脾胃湿热证患者常见咽痛、咽痒或咽红。杨春波认为咽为胃之外窍，二者常相互影响，因此非常重视对咽炎的治疗。口服清热解毒药虽能治疗咽炎，但此类药性味多苦寒，易伤脾碍胃，故常用外治法局部治疗，予新癀片每日5片，溶于200mL凉开水中漱咽。以清热解毒利咽而不伤脾胃，临床效果显著，体现了他整体治疗的理念。在临证中，杨春波还有应用瓜蒌汤合温胆汤、达原饮化裁治疗湿热内聚之房颤；达原饮加减治疗热蕴湿伏之高热：湿阻化热之胃溃疡：二妙散合萆薢分清饮治疗湿热血瘀之糖尿病；以及清痰化瘀法治疗肠痈；益肾潜阳法治疗更年期综合症等。均具临床特色而效如桴鼓。（吴宽裕 刘 宏 乐云丰）

肝脓肿

案1 王某某，男，64岁，患者以上腹部疼痛，畏冷发热10天为主诉入院。10天前无明显诱因突发上腹部疼痛，呈闷痛，无反射痛，继之畏冷、发热，T 38.5℃～41.5℃，夜热较甚，汗出热退而余热未净，呕吐，呕吐物为胃内容物，无腹泻、黄疸，无尿频、尿急等。经当地医院体检示肝肿大，肝区叩痛明显。B超示：肝脓疡，给予氨苄青霉素、先锋霉素抗感染及输液支持，腹痛减，但持续发热，T 38.5℃左右，故转诊我院。刻诊：T36.4℃ P 84次/min，R 18次/min，BP 18/11 kPa，巩膜黄染，心肺(－)，腹部膨隆，全腹软，无肌紧张、压痛和反跳痛，肝肋下3cm，质偏硬，脾肋下未触及，肝区叩击痛(±)。B超示：①右肝内脓肿4.6 cm×3.8cm，②肝脂肪沉积。血常规示：WBC 14.4×10^9/L，N 0.91，L 0.09。入院后先予先锋5号、甲硝唑静滴9天，后改用氯霉素、卡那霉素、甲硝唑静滴6天，病情缓解后，予氟哌酸、灭滴灵口服。中医以辨证论治为主。一诊：胃脘及右胁闷痛，畏冷发热时作，纳呆，口苦，溲黄，便溏，舌质暗尖红，苔灰黄腻，脉弦滑数。治以清热解毒，凉血活血，祛湿化痰。方药：金银花30g，败酱草15g，紫花地丁30g，黄连6g，生山栀9g，北柴胡8g，赤芍15g，丹皮12g，薏苡仁30g，炮山甲10g，浙贝6g，甘草4.5g。腹胀加厚朴、枳壳；恶心呕吐加半夏；排黑便加仙鹤草、侧柏叶。以上方为主加减，每日1剂，连服19剂。二诊；诸症已减，舌质偏暗，苔黄腻较厚，脉细弦稍数。治以益气活血，清热化湿，佐以消导。处方：太子参15g，生扁豆15g，薏苡仁30g，冬瓜仁30g，桃仁6g，败酱草15g，黄连6g，赤芍15g，焦山楂15g，神曲15g，金银花30g，厚朴9g，3剂。三诊：B超复查示右肝可见2个腔，分别为1.1cm×0.8 cm和1.0cm×1.0cm。治以益气清热除湿。方药：党参15g，生黄芪15g，苍术9g，生栀10g，黄柏6g，茵陈12g，厚朴9g，蚕砂(布包)9g，丹参15g，败酱草15g，薏苡仁30g，谷芽15g，炮山甲10g，17剂。四诊：重上方去黄柏、蚕砂，厚朴，加黄精15g，赤芍9g，3剂。五诊：B超复查右肝脓腔消失，苔薄黄腻，舌质淡暗，脉细缓，予带药出院。处方：党参15g，黄芪15g，白术9g，黄芩9g，浙贝6g，丹参15g，败酱草15g，茵陈12 g，薏苡仁30g，谷芽15g，炮山甲12g，黄精15g，甘草3g。随访8a，患者于1999年死于肝癌。

案2 谢某某，男，71岁。患者以右中上腹闷胀，疼痛20天为主诉入院。缘于20天前无明显诱因出现右中上腹疼痛，伴高热，体温最高40.3℃，无寒战，无呕吐、腹泻、黄疸等。住外院期间，X线胸片示：两肺纹理增粗，右横膈抬高，右肋膈角略钝，心影呈主动脉型。肝脏B超及CT均提示肝脓肿。先后予先锋霉素、青霉素、甲硝唑等治疗，热退，疼痛缓解，转我院继续治疗。既往有高血压史及胆囊切除术史。刻诊：T 36.5℃，P 80次/min，R 18次/min，BP 22/12 kPa，一般情况可，心肺无特殊，腹平软，右上腹可见两处长约10～15 cm的手术疤痕，全腹无压痛、肌卫和反跳痛，肝、脾肋下未触及，肝区叩击痛(－)，余无特殊。血常规：WBC4.5×10^9/L，N 0.5，L 0.5。B超示：右肝前叶肝脓肿6.0 cm×4.9 cm。胃镜示：①胃大弯前壁息肉；②幽门管憩室；③慢性浅表－萎缩性胃炎。入院后西药先予氟嗪酸 0.2g，每日 2 次，7 d，后改用土霉素 0.5 g，每日 4 次，10 d，及保肝、降压等治疗。中医辨证论治。一诊：右上腹闷胀，偶有刺痛，口微干苦，纳可，小便淡黄，大便尚调，舌淡暗红，苔薄黄偏干，脉细弦。治以健脾益肾，疏肝理气，化瘀清热。处方：黄精 15g，炙黄芪 10g，白木 9g，牡蛎 30g，柴胡 9g，炮山甲 10g，败酱草 15g，黄连 3g，丹参 15g，王不留行 12g，浙贝 6g，当归尾 9g，甘草 4.5g。上方为主适当加减，每日 1 剂，连续服 36 剂。B 超复查：①肝脓肿呈吸收钙化趋势，2.9 cm×2.2cm；②左肝内小结石。二诊：舌暗红，苔薄黄稍腻，脉细弦。方药：黄精 15g，薏苡仁 15g，炒鳖甲 30g，黄连 3g，生黄芪 30g，枸杞 15g，牡蛎 30g，莪术 10g，炮山甲 10g，丹参 15g，甘草 4.5g，湿热较甚，加茵陈、佩兰、泽泻；痛甚加王不留行、白芍等，每日 1 剂，共 49 剂。三诊：诉双膝乏力，舌淡红偏暗，苔薄黄腻，脉细弦兼涩，治以益肾化瘀，疏肝清热。处方：黄精 15g，白术 10g，枳壳 9g，茵陈 12 g，丹参 15g，黄连 3g，金钱草 30g，北柴胡 6g，郁金 9g，枸杞 15g，莪术 10g，砂仁 4.5g，炙甘草 4.5g，14 剂。B 超复查：①肝脓肿基本吸收钙化，2.1cm×1.7cm，②左肝内小结石。四诊：伤食后胃脘闷痛，不知饥，纳呆，嗳气，二便尚调，苔薄黄腻。予健脾益肾，化瘀清热，佐以消导。方药：党参 15g，白术 9g，炙黄芪 10g，麦谷芽各 15g，焦山楂 15g，白芍 9g，神曲 15g，黄连 3g，莪术 10g，枳壳 9g，北柴胡 6g，仙灵脾 12g，砂仁 4.5g，炙甘草 4.5g，调理 14 剂后出院。随访近 8 年，未再复发，目前身体状况良好。

按　采用内消法治疗不必多次肝穿刺引流，患者容易接受，但有以下情况；① 高热及右上腹疼痛剧烈者；②脓肿直径大于 10cm 者，需要配合引流治疗。此 2 倒患者在院外已应用多种抗生素治疗，脓毒血症已得到控制，且脓肿直径较小，因此适合采用内消法治疗。采用内消法，急性期以清热解毒为主，配合祛湿消痰，化瘀软坚，有利于清除感染引起的毒血症状，改善炎症部位的血循环，促进炎性物的消散和吸收；恢复期给予益气健脾，清热化湿，从而对脓肿的愈合起到了重要的作用。（黄恒青）

遣方用药

1“补”、“健”、“运”扶正分三端

中医临证中多数医家，将运脾和健脾混为一谈，或混而称之曰“健运脾胃”，而杨春波认为胃为六腑之一，“以通为降，以通为补”，临证中执此一端，万仞易解，但脾却不同，需要详审细辨，补脾、运脾、健脾不能混为一谈。一般来讲，补脾是针对脾气虚，脾气的升发之力受到限制，《素问·经脉别篇》言：“夫饮入于胃，游溢精气，上输于脾，脾气散精，上归于肺，通调水道，下输膀胱，五经并行。”也就是说，“脾气散精，上归于肺”的功能受到影响，因而治疗也要针对这一特点来处方用药。处方中由中焦到上焦的药物就要为君，如黄芪，《本草问对》曰“其引中焦之气达肺表”，故而玉屏风散用该药，补中固表，实际是利用黄芪引中焦气达肺表，也就是《内经》所讲的“脾气散精，上归于肺”。这一点李东垣的补中益气汤是典范，该方是治疗脾虚诸疾的代表方，现代常常用来治疗胃下垂而属于脾虚者。方中就是以黄芪为主药，而且加入了升麻来辅助脾的升清。杨春波临证中常配荷叶，尤是夏季，用之更多，既升亦清。对于健脾，则属于脾气虚的轻证，其虚尚未达到影响输布精微至肺的程度，故而不需要黄芪一类的药物，因为脾恶湿喜燥，故而处方用药需要随“性”选药，临证中常选白术、茯苓等健脾燥湿药物。对于运脾，杨春波则认为，针对的病证脾气并不虚，而是脾气不畅，气机不调，其引起的原因有食滞、湿阻、血瘀，还有肝侮，所以临证中针对不同病因选用谷芽、麦芽、茵陈、佩兰、赤芍、柴胡等药。

2“芳”、“清”、“渗”逐湿不同路

杨春波认为，福州地处祖国东南沿海，气候湿润，加之饮食因素，临床中湿热患者亦多，临证处方注重荡邪为先，攘外为先，而后安内，十分重视祛除湿热邪气。临证中，对湿热之邪要区分湿热的偏盛。湿重，必须温开，非草果、槟榔、厚朴不可开启郁闭之邪；湿浊轻则需用轻灵之品，如扁豆花、厚朴花之类。其次要注意三焦的部位，湿邪蒸上焦，宜芳香化湿，如茵陈、藿香；湿邪阻中焦，当温燥化湿，如白豆蔻、草果等；湿邪注下焦，当淡渗化湿，如薏苡仁、通草等。另外，还要鉴别寒热之不同，寒湿偏盛时用藿香、厚朴，湿热偏胜则需加黄连、黄芩。

3 动静相合显灵动

杨春波临证处方犹如大将点兵，前有先行探路，后有后卫断尾，中军主力从容不迫，处方中常常注重药物相配的整体情况，用药强调主配结合、动静互动，例如在补脾为主的处方中必然加入行气的药物，如黄芪、茯苓、白术常同厚朴、枳壳等相配，在化湿的用药中注意开门祛闭，迫邪逐寇，如茵陈、白豆蔻、佩兰与厚朴花、枳壳相合。

4 升降互配畅三焦

《素问·阴阳应象大论》曰：“清气在下则生飧泄，浊气在上则生䐜胀”。在治疗脾胃病时特别注意

气机的升降,若有湿热中阻则下用薏苡仁、泽泻以利,上用藿香、佩兰、白豆蔻以宣;若是湿热阻滞而使头晕脑蒙者,则用薏苡仁、通草、泽泻、枳壳行气化湿于下,荷叶、薄荷轻清开窍于上,使邪从下退,精从上生。更有湿热扰心而至心烦失眠者,常选重镇之琥珀、龙骨、牡蛎,配合轻清之合欢皮、茯神。另外,常常注意到阴阳的升降调达,临证中对于年届知命,特别是更年期妇女尤为常见。七七之年,任冲亏虚,天癸将竭,肝肾亏虚,此时虚阳极易上浮,面目潮红,双颧朱赤,烘热汗出,皆为其征,选桑椹、黄精滋其阴,以菟丝子、淫羊藿温其肾,用牛膝、龙骨、牡蛎潜其阳,使阴阳得调,升降得配。

5 活用方药显匠心

活用方药亦是杨春波的用药特点,例如巧用新癀片治咽炎。认为咽为胃之外窍,二者常互为影响。所以在治疗胃病的同时,也非常重视咽炎的治疗。口服清热解毒利咽药虽能治疗咽炎,但这类药性味多苦寒,易伤脾碍胃。故常用外治法,每日取新癀片5片,溶于200 mL凉开水中,漱咽,每日3~4次,清热解毒利咽而不伤脾胃,疗效显著。妙用痔疮膏治血精,临证曾遇一血精久治不愈者,杨春波认为血精与痔疮病机相似,用药相关,故取化瘀止血之痔疮膏,肛门给药继而治愈血精,可谓巧妙之至。(骆云丰 陈锦团 黄恒青 陈寿菲 付肖岩 柯晓)

杨扶国学术经验

【名老中医简介】杨扶国(1936~)江西省吉安县人。教授,主任医师。1962年毕业于广州中医学院。曾任江西中医学院院长,江西中医药学会副会长。江西省首批名中医,享受国务院政府特殊津贴。长期从事临床、教学及管理工作,擅长中医内科,对脾、胃、肝、胆、消化系统疾病以及糖尿病、血瘀证、内伤发热等病证有较深的研究及较丰富的治疗经验。

学术经验

1 潜心研究《金匮》,着重理论联系实际

杨扶国对《金匮》研究颇深,学习《金匮》持之以恒,每有心得即作笔记,发表有关论文10余篇,洞察要旨,见解独到,在中医界颇有影响。他强调:就《金匮》与《伤寒论》而言,《金匮》以脏腑为其理论基础,为辨证纲领,疾病传变规律是实刚相克而传,虚则相生而传,并举肝病实脾加以阐述;在治则治法方面,提出治未病,以及表里同病、新旧同病的治法,通篇还体现了异病同治、同病异治的特点;《金匮》方剂同《伤寒论》一样,精而有序,能以少胜多,并在伤寒方的基础上,变化出黄芪桂枝五物汤和桂枝加黄芪汤、桂枝加龙骨牡蛎汤、小青龙加石膏汤、麻黄加术汤及茵陈五苓散等,拓宽了原方的适用范围,提高了疗效,有变平淡为神奇之功。在药物运用上,《金匮》用黄芪以治杂病之气虚,用乌头以治沉寒痼冷之痹痛疝气,此均为《伤寒论》之所无。《金匮》用当归方几为《伤寒论》之4倍,炮附子入方为生附子之9倍,充分体现了仲景在杂病方面的用药特点 但在温药运用上,两书又都比较重视,杨扶国总结出《金匮》温法共有温散表邪、温化饮邪、温健脾胃、温阳蠲痛、温阳固摄、温降冲逆、温补气血、温补肾阳、温下寒积和温消癥瘕等治法。

杨扶国还着力研究《金匮》对某些疾病的治疗,如根据其对水气分为水分、气分和血分,及"血不利则为水"之说,归纳《金匮》治疗水气病分为水气治水、水气治气和水气治血3法,同时也概括了目前临床治疗水肿的全部方法。又如在全面阐述《金匮》瘀血和活血化瘀内容的基础上着重指出:"瘀血和虚劳在病因与治疗上密切相关",《金匮》用大黄蛋虫丸治干血痨便为其证。还指出《金匮》瘀血症状,如肌肤甲错、两目黯黑、唇痿舌青、胸满腹满、口燥但欲漱水不欲咽等,既是经典性的,又有临床指导意义。《金匮》活血化瘀方剂的组成手法,也值得后人借鉴。其虫类药的入方,开后世虫类药活血化瘀之先河。再如辨析《金匮》男子黄治用小建中汤之黄疸,当为虚黄而非萎黄,并以溶血型黄疸治验病例加以论证,澄清了对此问题的模糊认识。更如将《金匮》治肝方法概括为培土抑木、解郁化痰、养脏润燥、温肝补血、清利湿热、理气和血、补肝止血、填窍熄风等,丰富了肝病治法。杨扶国对《金匮》方与类方的运用多有研究,可贵之处在于,虽循规前哲,但师古不泥,尤重理论与实践之结合。如黄芪建中汤治疗虚劳诸证及虚寒胃痛,提出其辨证要点:一为久病体虚乏力,二为痛而喜按喜温,三为舌质淡白不厚,四为尿清便软或便溏,五为脉虚软迟缓、肢末不温。但若见舌苔厚腻、脘腹闷胀、恶心呕吐或嗳气频频、泛酸或口冒清水等症,又属于寒盛气滞或肝寒犯胃,当改用丁蔻理中汤或吴茱萸汤。又如桂枝加龙牡汤,《金匮》用治遗精梦交。还可用治其他不少病证，其辨证要点，除《金匮》所述外，杨扶国提出还有时轻时重、原因不明的失眠；盗汗或自汗，汗后怕冷，体虚不耐风寒，容易感冒；肢体或关节疼痛酸楚；有的还会出现忽冷忽热，或低热不退，或寒热往来，临床遗精、失眠、自汗、盗汗、低热和心悸诸病症，只要出现以上营卫不和、阴阳失调、阳虚不固、心神不宁的症状，便可放胆使用本方，并可随证加味。

2 关心临床进展，及时提出综述评论

长期以来，杨扶国随时注意学术发展新动态，他广集资料、撷取英华、总结整理、综述评论。其中，有关活血化瘀和内伤发热的综述介绍在全国都是较早的，对中医药界这两方面的研究起了推波助澜的作用。此外，他还就糖尿病、耳源性眩晕的研究进展及温胆汤、当归四逆汤、小柴胡汤、血府逐瘀汤等的临床运用作了综述评论。早在1975年，杨扶国就敏锐地捕捉住瘀血学说正在被应用与研究之苗头，采摘丰富而又分散的古代文献与现代报道，精心辑录，汇集成章，构划出中医瘀血学说古今研究之框架，内容翔实、可靠、实用。现略陈其梗概：①瘀血的临床表现，从望、问、切诊3方面归类。②瘀血的治法，归为15种，即活血化瘀、破血逐瘀、凉血化瘀、温经活血、理气活血、散瘀止痛、活血通络、软坚散瘀、补血化瘀、补气活血、活血解毒、化瘀逐水、活血渗利、活血温阳、化瘀止血。③活血化瘀法的临床应用，总结了其用于休克、弥漫性血管内凝血、免疫性疾病、冠心病、脑血管意外、精神病、慢性肾炎、慢性肝炎、肝硬化、痛证、急腹证、血栓闭塞性脉管炎、宫外孕、肿瘤等疾病的治疗概况，这是国内瘀血学说的第一篇综述评论。此后，其研究与报道日益增多，逐渐形成了高潮。临床病症最常见者莫过于发热，而发热又有外感与内伤之别。杨扶国在上世纪70年代将10余年间有关内伤发热和低热的资料进行综述评论。特别对内伤气虚发热之病因病机提出了自己的见解，认为《内经》“阳气者，烦劳则张”，实指因过度疲劳，中气中阳损伤，虚则不内敛而外越，因而出现发热；张景岳所言“阳气不足，则寒从中生，寒从中生，则阳无所存而浮越于外”，不仅是指下焦阳气，也包括中焦阳气。至于虚阳外越何以能用升提药，这要从脾和肾的不同生理特点来解释：脾主升发，故太阴阳气虚浮之发热，治当益气升阳；肾主封藏，故少阴虚阳外越之发热，治当温阳潜降。他还特别指出，长期发热不退，要重视湿邪为患，要重视扶正祛邪和调理气机，不可滥用苦寒药和抗生素，这对纠正时弊，无疑是很有针对性的。1979年，杨扶国把内伤发热写进了全国中医院校中医内科教材，填补了该教材的一项空白。当归四逆汤出自《伤寒论》351条，为厥阴病主方之一，也是临床常用之经方。他综合分析了1964～1980年的期刊资料，结论为：本方适应证，除虚寒之外，尚须注意病与肝经血分有关，可用于肝经虚寒证，故温肝散寒养血之法不可废，所谓“肝无温法”、“肝无补法”之说不可信。

3 精研中医理论，力促中医学术发展

杨扶国重视中医理论，主张医道与医术并重，主张治学不分门户与派别，不执着一家之说，当博采众家之长，精研、深研中医理论，使之有所发展、有所突破。1962年，待出茅庐的他便总结了脾胃的特点与性能，指出“脾胃学说是中国医学理论重要的一环，是贯穿在理论到临床各方面的一条线索”。该文其一论脾胃与燥湿的关系：脾体虽为阴，但其用为阳；脾以阳气用事，脾阳健则能运，故喜温燥而忌阴湿。胃体虽属阳，但其用为阴；胃主受纳，胃阴充才能纳，故性喜柔润而忌燥烈。故脾胃之喜恶，乃由其本身机能所决定，也就是脾阳与胃阴的作用问题。其二论脾胃的升降枢机：指出人体阴阳清浊之升降中，清阳之升，实乃脾气升发；浊阴之降，实乃胃气下降。凡体气血之运行，也由脾胃气机斡旋于其间，如肝气宜升，胆火宜降，而肝气之升依赖于脾气之升，故肝郁不升者，有时须治以升补脾气；胆火之降依赖于胃气之降，故降胆当降胃，清胆当清胃，温胆汤之用药便重在清胃降逆，胃气下行，胆火也随之下降。其三论虚实机转：阳明为市，胃主受纳，且阳明多气多血，故饮食停留则为实为满；脾为胃化水谷行津液，健运只恐不及，难有太过，故为病常为虚为损。前人所云实则阳明，虚则太阴，确为精辟之论，而虚实之间又互为因果，不可不知。几十年后之今天，观脾胃研究之广泛与深入，当年杨扶国的论证及其观点，仍觉甚为确切。古贤王旭高云：“肝病最杂，而治法最广。”自《内经》提出辛散、甘缓、酸泻3法后，《金匮》治肝法不下10种。以后，代有发挥，至清《西溪书屋夜话录》则对肝病治法设有专论，达30余种。近贤秦伯未、岳美中等，也都对肝病治法加以归纳并发挥。惜以上所述，不少含义不清、界线不明，以及重复之处，杨扶国由博返约，将历代肝病之治法归为12法，即疏肝、清肝、泻肝、敛肝、镇肝、平肝、搜肝、柔肝、养肝、温肝、缓肝与理肝。万友生评价道：“从古到今，周详地评述了肝病治法，尤其是最后通过自己的综合归纳，精简为治肝12法，更切临床实用，颇有指导意义。”同样的方法，他还对湿邪为病究其病因，析其病机，而后概其治疗为13法，即解表散湿、芳香化湿、苦寒燥湿、苦温燥湿、淡渗利湿、清热利湿、理气化湿、益气化湿、温阳祛湿、升阳除湿、苦辛泄湿、燥湿化浊、解毒燥湿。以上诸法，皆含义明确，执简驭繁，便于掌握与运用。

从医学模式的变化来研究中医药学的特点及发展方向，是一个重要命题，杨扶国认为，西方医学模式发展到今天，形成了社会心理生物医学模式，而在中医学中，历来就强调不良生活方式会促进疾病的发生和加重；强调气候条件对人体的影响；强调要顺应四时环境养生防病；尤重心理因素在病因中的作用。可见，中医药学虽然古老，但它包含有现代医学模式的丰富内容。从疾病谱的发展趋势来看，脑血管病、心脏病、恶性肿瘤等中医传统的以内科为主的杂病，其发生率和死亡率将越来越多，而主要包括在中医热病中的传染病将越来越少，因而对今后中医药应该如何调整发展方向，充实我国的医学模式提出了自己的具体意见。

清代名医张锡纯的大气论、气机升降论颇为精彩。他进一步阐明其观点：天气与宗气密切相关，难以截然划分，但大气包括了肺心两脏之阳气，范围较大，宗气则主要指心阳和心气。大气之功能是升举心肺，撑持全身；大气一陷，升举失常，则全身随之病变丛生，甚则危及生命，从理论上完善了大气的实质与内涵。

4 注重辨证论治和经方运用，积极提高临床疗效

杨扶国既重理论又重实践，其临床经验丰富。辨证论治严谨，善用大法大方，治疗沉疴疑难之疾，多有建树。他治疗哮喘，宗“发时治肺，平时治肾；治肺分寒热，用射干麻黄汤和定喘汤；治肾分阴阳，用七味都气丸和肾气丸”之法。治疗“乙肝”，用一贯煎治阴虚证，逍遥散治肝郁证，柴芍六君治肝郁脾虚证，并适当加用养肝护肝之丹参、山茱萸、枸杞子、五味子，各证再酌用清热化湿解毒之牡丹皮、忍冬藤、虎杖、土茯苓等，均取得了较好疗效。

杨扶国临证应用最多的仍为经方，如用白虎加人参汤，再加天花粉等治疗糖尿病；妇女经期发热，用当归芍药散合小柴胡汤取效；根据红斑狼疮“面色斑斑如锦纹”，提出治用升麻鳖甲汤加减；用百合地黄汤合甘麦大枣汤治疗神经官能症及更年期综合征；用当归四逆汤治疗痹证、妇女痛经等；用小青龙加石膏汤治疗寒咳痰喘；用四逆散加味治疗肝胆胃疾病所致之胃痛、胁痛以及腹痛等；用栝蒌薤白半夏汤合薏苡附子散治疗阳虚寒湿阻滞之冠心病；用乌梅丸治疗胃痛以及厥热往来症，等等，往往能奏效于短期之内。

在其他成方运用方面，如用补阳还五汤及补中益气汤，治疗进行性肌营养不良症；补中益气汤还广泛用于气虚寸脉沉的血尿、乳糜尿、泄泻、虚劳，以及胃肾下垂等病证；还喜用温胆汤合小陷胸汤等治疗胆胃不和、痰热和湿热内蕴之胃痛、胁痛、呕吐、眩晕诸症；至于用十味温胆汤治失眠心悸，又是温胆汤的进一步发挥应用。（齐 南）

遣方用药

小陷胸汤

1 肝脏疾病

肝脏疾病的临床表现多虚实夹杂，寒热交错，杨扶国在治疗肝脏疾病时，多遵仲景《金匮》“见肝之病，知肝传脾，当先实脾”之宗旨，常用的是柴芍六君汤，但对那些虚实夹杂、肝郁犯脾，或寒、痰 热互结所致的胸胁、胃脘痛者，每用小陷胸汤治之取效。

案1 刘某某，男，41岁，已婚，机械检验师。初诊于1993年6月23日，患者1992年7月因胁痛腹胀而抽血检查，发现肝功能不正常，经多项理化检查诊为：①慢性迁延型肝炎；②肝硬化。现症：两胁及右背疼痛、麻木、胃脘部阻塞感，纳呆，稍食腹胀，口中时泛清水，大便时干时稀，小便多，夜寐差，舌胖、质紫暗、苔白，脉沉细弦。辨证为肝郁脾虚，痰饮水湿互结，治法拟疏肝理气，运脾和胃，涤痰开结。以小陷胸汤合温胆肠加减：瓜蒌皮10g，黄连3g，法半夏12g，竹茹10g，枳壳10g，广陈皮8g，茯苓15g，柴胡8g，郁金10g，赤、白芍各10g。5剂。二诊（6月30日）：服药后大便转为正常，精神较前清爽，纳食稍增，睡眠转佳；两胁及右背部疼痛、麻木及胃脘阻塞感症稍有减轻，但未尽除，舌质紫暗、苔白，脉弦。处方：仍守上方去柴胡、白芍，加厚朴10g、香附10g，6剂。三诊（7月7日）：药后胃脘阻塞、两胁及右背部疼痛、麻木诸症尽除，精神大为好转，纳食增进，大便每日1至2次，舌尖红、苔薄黄，脉沉细弦。改拟养肝柔肝，健脾和血法。以一贯煎化裁：生地15g，丹参15g，枸杞子12g，北沙参15g，赤小豆15g，赤白芍各10g，田三七粉3g（冲服），焦山楂15g。7剂。此后年余，胃脘阻塞、右背疼痛、麻木证未再发。

案2 何某某，男，61岁，已婚，干部。初诊于1994年6月1日。自诉：1994年3月份，因患“胆囊炎”、“胆绞痛”，发烧症状控制后，内科建议其做手术切除

胆囊，复转入外科住院。外科术前检查肝功能，发现肝功能诸项指标不正常，复诊为"慢性迁延型肝炎"，而以保守疗法治疗1周出院。现证：常感右胁疼痛，伴脘腹胀闷，食后尤甚，以中、下脘正中部位疼痛较剧，少有嗳气、矢气。纳差，因畏胀痛而不敢多食，偶有口干，舌质紫暗、苔黄、中部微腻，脉弦。辨证为中焦气滞，挟有湿热互结，治拟理气消胀，清热散结。小陷胸汤合柴胡疏肝散加减：瓜蒌皮10g，黄连5g，法半夏10g，柴胡10g，枳壳10g，槟榔10g，麦芽15g，焦山楂15g，虎杖12g，生甘草8g。6剂。二诊（6月8日）：服药后胃脘胀痛明显减轻，饭后亦不太胀。近两日觉双目发胀，眼睑浮肿，耳鸣，口淡乏味，四肢软，寐可，自觉精神较服药前好，舌苔黄白相兼、中根部微腻，脉弦缓。守上方去槟榔，加车前子12g，6剂。三诊（6月15日）：服药后右胁疼痛、耳鸣、眼睑浮肿等症消失，纳食增进，胃脘微胀，容易疲劳，舌苔薄黄，脉弦缓。守6月1日方去槟榔、麦芽，加大腹皮10g，郁金10g，6剂。四诊（6月22日）：晚饭后胃脘微胀，晨起偶有头晕，不耐疲劳，舌苔白，脉弦缓。处方：柴胡10g，白芍10g，枳壳10g，瓜蒌皮10g，黄连3g，法半夏10g，青、陈皮各8g，茯苓15g，郁金10g，山楂15g，虎杖15g，甘草g 6剂。五诊（6月29日）：服上药后胃脘胀及头晕等症全部消失，精神转佳，纳食增多，舌苔薄白，脉弦缓。守6月22日方，6剂，以巩固疗效。

2 胆囊疾患

胆囊疾患中以慢性胆囊炎和胆囊结石为多见。两者的临床症状均为上腹部经常闷胀，或右上腹隐痛不适，进食油腻或不易消化食物后症状加剧，并伴有胃脘部灼热和嗳气、大便秘结等症。中医临证治疗多用疏肝利胆、清热解毒、排石止痛等法，而杨扶国在临证辨治中，运用小陷胸汤亦取捷效。

案3 蔡某某，女，36岁，已婚，农民。初诊于1986年6月25日。10天前开始感右上腹疼痛，连及腰背部，两胁胀痛，伴有泛恶欲吐，口不渴，纳减，小便黄，大便干，舌尖红、苔白，脉弦。1986年6月16日B超检查诊为：①胆管结石，胆囊肿大。②右肾区有一1.5cm×1.5crn的结石，左肾区有一1.3cm×1.3cm的结石。辨证为胆胃不和，热郁气滞。法拟理气清热，和胃利胆。方以温胆汤合小陷胸汤化裁：瓜蒌皮15g，黄连5g，法半夏10g，陈皮8g，枳壳10g，竹茹8g，云茯苓15g，郁金10g，山楂15g，7剂。1993年12月24日，时隔8年半，患者丈夫带另一结石患者来诊，并称赞杨扶国方药真灵，其妻服上药7剂以后，症状全部消失，8年多来，从未复发过，经B超复查，胆管结石不复存在，胆囊大小正常，双肾结石经手术摘除，现健康状况良好。

案4 徐某某，男，78岁，已婚，退休工人。初诊于1995年5月3日。1年前起出现右胁掣痛，在当地做B超检查诊为：胆囊结石。现常有右胁掣痛，舌苔薄黄，脉弦。辨证为郁热内阻，胆气不和，治拟清热利胆，开郁排石。方小陷胸汤加味：瓜蒌皮12g，黄连5g，法半夏10g，枳壳10g，竹茹10g，青、陈皮各8g，云茯苓12g，郁金10g，香附10g，虎杖15g，金钱草15g。6剂。二诊（5月10日）：服药后右胁掣痛大为减轻，纳食增进，近日稍咳，舌苔白，脉弦。守上方加焦山楂15g。7剂。三诊（5月17日）：近1周右胁掣痛未发作，嗳气，舌苔薄，脉弦，仍守5月10日方7剂。

3 胃肠疾患

杨扶国用小陷胸汤治疗胃肠疾患，多见于慢性浅表性胃炎、十二指肠炎、慢性胃窦炎、慢性结肠炎、直肠癌等辨证属痰热互结、气机不畅者。

案5 徐某某，男，57岁，已婚，干部，初诊于1995年9月10日。胃脘腹部胀痛年余，以胀为甚。胃镜检查诊为：①慢性浅表性胃；②十二指肠炎。现证：不欲进食米饭和菜肴，近半年来以食方便面为主消瘦，时有反酸，口不渴，大便干结，舌苔黄，中部微腻，脉细弦滑。辨证为胃中积热，夹有瘀血。治拟清热和胃，佐以理气化瘀。方以小陷胸汤加味：全瓜蒌10g，黄连6g，法半夏8g，北沙参12g，川楝子8g，黄芩8g，石斛12g，桃仁8g，乌贼骨12g。6剂。二诊（9月17日）：服药后胃脘及腹部胀痛明显减轻，已无反酸，大便干，舌苔黄、中部微腻，脉细弦。守上方去乌贼骨，桃仁用10g，加佛手片10g、淮山药12 g。6剂。三诊（5月24日）：胃脘、腹部已不胀痛，午餐能食小半碗米饭，并能吃点蔬菜，大便干，口不渴，舌苔薄黄，脉细弦。处方：全瓜蒌12g，黄连3g，法半夏6g，北沙参10g，石斛10g，党参6g，佛手片10g，淮山药12g，桃仁10g。7剂。

案6 李某，男，24岁，未婚，工人。初诊于1995年3月8日。1周前曾连续几天大量饮酒，近两三日感冒，脘胀痛连及后背，午后及入夜痛甚，进食1～2小时内觉舒，多食即痛；大便色黑量少而干，舌红、苔薄黄，脉弦滑。辨证为胃中积热，中焦气滞，治拟清热和胃，理气止痛。方以小陷胸汤加味：黄连5g，全瓜蒌12g，法半夏8g，黄芩12g，白芍15g，木瓜15g，山栀8g，枳壳10g，九香虫8g，石斛12g，桃仁8g。6剂。二诊（3月15日）：服药后胃脘胀痛诸症已全部消失，患者已能正常上班，由其兄来门诊要求处方调理。守上方去九香虫、山栀、枳壳，加玉竹 10g，麦冬 10g，天花粉 12g。5 剂。

案 7 许某某，男，67 岁，已婚，退休教师，初诊于 1995 年 5 月 10 日。1991 年开始出现大便出血、疼痛等症而做直肠镜检查及病理活检，诊为直肠癌，1992 年和 1994 年曾两次做手术切除患病直肠。现精神、食欲、睡眠均好，但少腹时时胀气，大便时干时稀，舌质红、苔黄腻，脉弦细滑。辨证为瘀热内结，气机失畅。治法拟清热开结，活血、理气、化瘀。方以小陷胸汤加味：全瓜蒌 10g，黄连 5g，法半夏 10g，茯苓 12g，莪术 10g，半边莲 12g，厚朴 8g，白术 10g，白花蛇舌草 12g，生甘草 8g。7 剂。二诊（5 月 17 日）：服药后少腹胀气明显减轻，唯仍大便不调，舌苔黄腻，脉弦滑。守上方加苡仁 15g，7 剂。三诊（5 月 24 日）：少腹胀气已除，大便渐趋正常，精神、食欲、睡眠均好，苔薄黄，脉细弦。守 5 月 17 日方，7 剂。

4 其他疾病

案 8 赵某某，女，33 岁，已婚，职员。初诊于 1995 年 6 月 21 日。近四五天觉胸闷、善太息，偶有胸部胸痛，头重，右上臂沉重感，头晕目眩（经 X 线摄片等西医检查诊为颈椎增生、神经性头痛），欲寐，神疲肢软，纳减，口淡，口唇麻木如食盐；月经量少，周期正常；大便干，数日一行，无规律，口微渴，舌尖红、苔薄黄，脉沉细。辨证为痰气互结，胸阳不振，气机不畅。治拟涤痰理气，开胸散结、解郁。方以小陷胸汤合瓜蒌薤白半夏汤化裁：全瓜蒌 15g，黄连 5g，法半夏 10g，薤白 10g，郁金 10g. 桔梗 8g，合欢皮 10g，苏梗 6g，厚朴 10g，薄荷 3g（后下）。6 剂。二诊（6 月 28 日）：胸闷、头晕目眩诸症减轻，口唇麻木如食盐感已消失，饮食增进，精神好转，能寐，近日感动则气短，大便干，数日一行，舌苔薄黄，脉沉细。守前方去厚朴、薄荷，加生黄芪 15g 绿萼梅 10g，6 剂。三诊（7 月 5 日）：胸闷、头晕目眩，气短诸症均除，精神、食欲转佳，大便日 1 次，质干，舌苔薄黄，脉细。守 6 月 28 日方，6 剂。

案 9 刘某某，女，63 岁，农民。初诊于 1995 年 6 月 21 日。自农历 3 月始，感觉心胸痞闷，脘腹作胀，食后尤甚，头晕，神疲肢软，腰酸腰痛如折，腰部畏寒，睡眠时好时差，大便干，每日 1 次，舌淡苔薄白，脉沉细重按少力。辨证为胸阳不振，肝气郁结，兼气虚肝肾不足。法拟开胸散结，益气补肝肾。方以小陷胸汤合瓜蒌薤白半夏汤加味：瓜蒌皮 12g，黄连 5g，法半夏 10g，薤白 8g，枳壳 10g，川续断 12g，党参 15g，丹参 15g，山楂 15g，淮牛膝 10g，6 剂。二诊（7 月 5 日）：心胸痞闷，脘腹作胀，腰痛腰酸减轻，苔薄黄，脉沉细，守上方 7 剂。三诊（7 月 12 日）：心胸痞闷、脘腹作胀等症除，苔薄黄，脉沉细。改拟补益肝肾法调理善后：枸杞子 15g，山茰肉 10g，淮山药 15g，生地 10g，茯苓 15g，川续断 12g，淮牛膝 15g，党参 15g，山楂 15g。6 剂。

按 小陷胸汤是《伤寒论》中主太阳病表邪入里或表证误下，邪热内陷，与心（胃脘部）痰饮相结而成小结胸证。其组方只有黄连、半夏、瓜蒌实 3 味药。其中黄连性味大苦大寒，功善清热燥湿，泻火解毒，能泻心肝胆胃之实火，燥肠胃积滞之湿热，为清心除烦、消痞、止痢，治疗湿火郁结之主药；法半夏功善燥湿化痰，和胃止呕，消痞散结；瓜蒌甘寒清润，功善清肺润燥，涤痰导滞，散结宽胸，清热化痰，利气通便等。三物合用，共奏清热涤痰、开结散郁之功。据现代药理实验研究证明，此 3 味均有不同程度的抗炎、抗毒和抗肿瘤等作用，故用于内脏实质性炎证、热证时，能获得良好效果。（刘春援）

杨关林临床经验

【名老中医简介】杨关林（1962～）教授，主任医师，博士生导师。现任辽宁中医药大学副校长，辽宁中医药大学附属医院院长，辽宁省中医医疗集团董事长。中华中医药学会老年学会主任委员，中华中医药学会心血管专业主任委员，中华医学会医院管理委员会副主任委员，中国康复医学会副会长，辽宁省医学会副会长。享受国务院特殊津贴，辽宁省名中医。擅长动脉粥样硬化性心脑血管疾病的防治。

胸 痹

1 病因病机

冠心病心绞痛中医属于“胸痹”范畴，中医认为胸痹与寒邪内侵、饮食失调、情志失节、老迈体虚等因素相关，其病机有虚实两方面，杨关林提出了现代人患本病的病机可多从气虚痰瘀而论。一是“年四十而阳气半”，胸阳不足，阴寒之气乘虚侵袭，寒凝气滞，气不行血，津液内停，生成痰浊、瘀血，痹阻胸阳，而成胸痹；一是饮食不节，过食肥甘厚味，久而脾胃损伤，运化失健，聚湿生痰，痰随气血运行，内而脏腑，外而经脉。由于痰浊的性质黏滞，影响气血的运行，导致血流不畅，而致血瘀。脾虚气血生化乏源，而致气虚血瘀、血虚血瘀；一是情志失节，忧思伤脾，脾失健运，津聚为痰，郁怒伤肝，肝失疏泄，肝郁气滞，气滞生痰浊，血行不畅，脉络不利，而致痰瘀交阻。以上诸因素相合致病，在病理上形成正气虚于内，痰瘀阻于中的正虚邪实病机，即正虚（气虚）是本病内因，此为本；痰瘀是继发因素，此为标，气虚、痰浊、血瘀构成了本病病机的3个主要环节。

2 辨证治疗和用药特点

杨关林尊李东垣内伤从脾胃论治的学术思想，结合了以血瘀（陈可冀）和痰浊（沈绍功）为核心的胸痹辨证论治体系，针对气虚痰瘀的病机，以益气化痰、活血通络为法，确定其基础方为：绞股蓝20g，党参15g，黄芪15g，鸡血藤10g，郁金10g，丹参10g，川芎10g，地龙10g，茯苓10g，半夏10g，石菖蒲10g，桔梗10g，甘草6g。经他多年的临床实践证明，消法和补法是治疗本病不可分割的两个部分。消即活血化瘀、化痰祛湿等法，补即补益脾肺之气，再按本虚标实，痰浊、瘀血、寒热的偏重、缓急在临床出现的不同证型及其病机酌情加减，临证时或以消为补，或消补兼施，可以配以温中散寒或清营凉血之法。方中绞股蓝味甘，性苦寒，归肺、脾经，益气健脾，化痰止咳，为君药。党参、黄芪皆味甘，党参长于益气，黄芪又可升阳，两者合用，辅助君药，增强益气健脾之力，共用为臣药。川芎、丹参、郁金、鸡血藤、地龙活血止痛，化瘀通络；茯苓健脾渗湿，利水消肿，渗下焦之水，半夏健脾燥湿，燥中焦之湿，石菖蒲开窍醒神，化湿和胃，泄上焦之痰；郁金行气解郁；桔梗开宣肺气，载药上行，共用为佐药。甘草调和诸药，是为使药。诸药合用，共奏“补中寓消，以消为补，消不损正”之意。本方的配伍特点：多种活血化痰法并举。

①补气活血法 中医认为“气为血之帅”，血液运行于脉中，全凭气的推动，如气虚推动乏力，将导致血行不畅。正如《医林改错》所载“元气既虚，必不能达于血管，血管无气，必停留而瘀”；《读医随笔·承制生化论》云“气虚不足以推血，则血必有瘀”。同时心脾相关，中焦脾气不足，则心气无以为充。《临床中药词典》说胶股蓝“健脾理气，益气活血”；《本经逢原》说黄芪“能通调血脉，流行经络”；《本草刚义》说党参“力能补脾胃，健运中气，本与人参不甚相远……而无刚躁之弊”；《本草正》说甘草“助参芪成气虚之功”，《名医别录》说甘草“温中下气，通经脉，利气血”。绞股蓝、黄芪、党参、甘草四药合用，健脾益气，再配伍活血化瘀药，此为中医“补气活血法”，亦是体现心脾同治之意。

②调气活血法 气能行血，气的推动是血液循行的动力。《寿世保元》云“气有一息之不运，则血有一息之不行”。气有郁滞，血亦随之停积而为瘀血，故运用活血化瘀法时也要结合调气行气。气行则血行，气机通畅有利于瘀血等阴邪的消除。《本草汇言》言郁金“散瘀血之药也”；川芎“中开郁结，血中气药，气善走窜，遂入血分，又能去一切风，调一切气”。本方在活血化瘀基础方上加郁金以疏肝理气，血中之气药川芎以行气止痛，使气机通畅，瘀血之邪自消。

③补血活血法 胸痹患者，瘀血日久，瘀血不去，新血不生，血虚自现。《本草纲目拾遗》称鸡血藤“其藤最活血。”饮片新参数说鸡血藤“去瘀血，生新血，流利经脉”。本方选用补血活血药鸡血藤，此为“补血活血法”。

④凉血活血法 血瘀之证，日久化热，耗气伤阴；此外，温阳活血化瘀药物如川芎等多为温燥之品，久用伤阴。《重庆堂随笔》说丹参“血热而滞者宜之。”因此本方用丹参、郁金以凉血活血，一是防止血瘀日久化热，一是佐制温燥的药物，以防日久伤阴。

⑤搜剔通络法《直指方·血滞》云：“人之一身不离乎气血，凡病经多日，疗治不全，须当为之调血，以次先利其宿瘀”。胸痹日久，久病入络，脉络瘀阻，故而治疗中常加入通络之品。本方用鸡血藤补血活血，舒筋活络；虫类通络药地龙性走窜，善于通行经络，长于通络止痛，适用于多种原因引起的经络阻滞，血脉不畅。二者合用，配伍活血化瘀药物，搜剔络脉中之瘀血实邪。

⑥宣肺化痰法 肺主一身之气机，主行水，肺气的宣发和肃降运动对体内津液的输布、运行和排泄有疏通和调节作用。肺气行水功能失常导致脾转输到肺的水液不能正常布散，聚而为痰饮水湿，即“肺为贮痰之器”。《珍珠囊药性赋》说桔梗“为诸药之舟楫，为肺部之引经”。方中用桔梗开宣肺气，祛痰利气，使肺气宣通，津液输布，痰浊自消。

⑦健脾益气化痰法 饮食不节，或七情内伤，损伤脾胃，运化失权，津液停聚则为痰浊，故有“脾为生痰之源”之说。《中草药通讯》言绞股蓝“清炎解毒，止咳化痰。”方中用绞股蓝理脾化痰，配以黄芪、党参、甘草以健脾益气，使脾气健运，痰浊得消。

⑧疏肝理气化痰法 人体气机，贵乎流通、畅达。

气行则津液布达,气滞则津液停滞而生痰。所以严用和在《济生方》中言:“人之气道贵乎顺,顺则津液流通,决无痰饮之患。若调摄失宜,气道闭塞,水饮停于胸中,结而成痰。”肝主疏泄,调畅气机,由于忧思恼怒等七情内伤,肝失调达,心肝之气郁滞,津液运行失常,郁而化痰。朱丹溪说:“善治痰者不治痰而治气,气顺则一身津液亦随之而顺矣。”李用粹也指出:“痰随气升者,导痰先顺气;积痰阻气者,顺气先须逐痰,理气而痰自顺。”两位医家都强调化痰必须理气。故方中用郁金疏肝理气,气行则津液布达,气顺则痰消。

⑨清热化痰法 痰湿之邪在体内郁结日久必然化热,热邪又会灼津成痰,导致痰热互结。此外,温阳燥湿化痰药物如半夏、石菖蒲等多为温燥之品,久用伤阴。故本方用桔梗、绞股蓝清热化痰,一是防止痰浊日久化热,一是佐制温燥的药物,以防日久伤阴。

此外,杨关林特别注意胸痹患者的预防调护,嘱患者调摄精神,避免情绪波动,保持心情平静、愉快;注意生活起居,寒温适宜;饮食调节宜清淡低盐,食勿过饱,多吃水果及富含维生素食物,保持大便通畅,禁烟酒等。他在此基础上配合扩冠、抗血小板聚集、调脂、减少心肌耗氧、缓解冠脉痉挛等治疗,每每获得较好的疗效。

3 病案举隅

赵某,男,48 岁。形盛体胖,间断胸部憋闷、心前区疼痛 5 年,现因劳累复发加重。证见:心前区刺痛,痛有定处,胸闷如窒,咳嗽痰多、色黄,脘腹痞满,纳呆恶心,气短乏力,心悸失眠,多梦,舌质紫黯、有瘀点,舌苔黄腻,脉沉滑。该患含硝酸甘油片无显著效果,查心电图示 V2~6 及 I、avL 导联 ST 段下移 0.1~0.3mV,查血清酶无显著升高。诊断为:冠心病、不稳定性心绞痛。中医辨证为气虚血瘀、痰热阻滞心络之胸痹。治疗上在给予西医常规治疗的同时,选用益气活血、清热化痰的中药。药用:绞股蓝 20g,党参 15g,郁金 10g,丹参 10g,川芎 8g,茯苓 10g,半夏 8g,石菖蒲 8g,桔梗 10g,甘草 6g。上方服 5 剂后,胸闷、咳痰好转,但疼痛改变不大,查舌质淡黯,苔薄白,脉沉涩,瘀象明显,将前方去石菖蒲,半夏,加地龙 10g,鸡血藤 10g,续进 5 剂,胸闷、心前区憋闷疼痛基本消失,余症亦减,查心电图 ST 段下移较前好转。遂以益气健脾、活血化痰之剂巩固疗效。

按 本案形盛体胖乃多痰之质,复见咳嗽、咳痰、色黄,苔黄腻、脉滑,是为痰热之象,心前区疼痛、舌质紫黯则是瘀血阻滞心络之证,故以桔梗、绞股蓝等清热化痰,郁金、川芎、丹参等活血化瘀、通络止痛。5 剂后痰热渐化,而瘀血阻络未通,疼痛不减,故二诊时去石菖蒲、半夏,加地龙、鸡血藤,旨在加强化瘀通络止痛之力,由于痰瘀同治,故收效甚速。(张 森)

杨积茂临床经验

【名老中医简介】杨积茂(1935~)甘肃省庆阳县人。副主任医师。现任职于庆阳市庆城县岐伯中医医院。甘肃省名中医。擅长中医内、妇科病症。

痹 证

1 证治概要

痹证虽由风寒湿邪侵袭而发病,但由于患者体质的不同,或感邪有偏胜,因此,在临床表现上也极不一致,如风邪偏胜者则其关节疼痛,游走不定,称为行痹或风痹;寒邪偏胜者则疼痛较重,痛处固定,称为痛痹或寒痹;湿邪偏胜者则痛虽不甚,但肢体重着,活动不灵,称为着痹或湿痹;平素阴虚阳盛,或素有内热,复感风寒湿邪,郁而化热,表现为关节红肿热痛的,则称为热痹。但由于风寒湿三气往往混合致病,故临床上以风寒痹。风湿痹及热痹较为多见。风湿痹证初起多属实证,治应祛除外邪,疏通经络。根据受邪的偏胜,多采用祛风散寒、除湿清热等法。若病久痰瘀互结,则需化痰行瘀;年老体衰,肝肾亏损者,当配合补益肝肾之品,标本同治。

2 病案举隅

2.1 行 痹

王某某,男,36 岁,2003 年 3 月 18 日初诊。患者全身关节疼痛 1 月,加重 8 天,疼痛游走不定。曾服西药芬必得等药,痛虽暂缓,但停药则病复发,查体质一般,关节无肿胀。舌淡苔薄白,脉浮稍紧;证属行痹。治宜祛风散寒,通络止痛,方用桂枝汤加味:桂枝 10g,赤芍 10g,生姜 10g,炙甘草 10g,羌活 10g,防风 10g,当归 10g,川芎 9g,威灵仙 15g,大枣 5 枚。服上方 6 剂后关节疼痛缓解。二诊守上方 12 剂其症基本治愈。

2.2 痛 痹

张某某,男,44 岁,于 2003 年 10 月 13 日初诊。患者周身关节疼痛难忍,喜热怕冷 20 多天。舌淡苔薄白，脉弦紧，证属痛痹。治宜温经散寒，宣痹通络。方用桂枝芍药知母汤加味：桂枝10g，白芍10g，生姜10g，白术10g，知母7g，制附片5g，防风10g，麻黄5g，炙甘草6g，羌活10g，独活10g，细辛6g。服用6剂后关节疼痛减轻，效不更方，原方再进6剂，症状大为好转，继给原方加黄芪24g，千年健10g，威灵仙15g，调治月余而愈。

2.3 着 痹

章某某，女，54岁，2003年9月12日初诊，患者四肢关节酸麻胀痛1月余，尤以双肩及膝关节为著，屈伸不利，活动艰难，小便多，舌淡苔白厚，脉沉缓，血沉36mm/小时，证属着痹。治宜除湿通络，祛风散寒，方用薏苡仁汤加减：薏苡仁30g，当归10g，川芎9g，麻黄5g，桂技10g，羌活11g，独活10g，防风10g，苍术11g，炙甘草6g，生姜6g，萆薢15g，川牛膝10g，木瓜12g，土元7g。服上方12剂后关节痛减，活动灵活，服用20剂后，疼痛大减，行动基本自如，复查血沉10mm/小时，守原方加党参、黄芪各15g，服至30剂痊愈。后随访未复发。

2.4 热 痹

梁某某，男，28岁，2004年5月10日初诊。双下肢关节疼痛，红肿，灼热12天，得凉则舒，活动困难。口渴喜饮，小便发黄，大便偏干，查体见关节局部灼热，体温38℃。血沉42mm/小时，舌质红苔黄燥，脉弦滑而数，证属热痹。治宜清热通络，祛风除湿，方用白虎汤合二妙汤加味：生石膏30g，知母10g，粳米15g，生甘草9g，苍术10g，黄柏8g，川牛膝10g，忍冬藤20g，土茯苓30g，木瓜12g，赤芍15g，独活10g，秦艽10g，防风10g。服药7剂痛稍减，再服上方20剂，体温正常，肿消痛止，血沉12mm/小时，一切如常。

2.5 骨 痹

安某某，男，51岁，2004年10月7日初诊。主诉受凉后颈部活动不灵，左肩臂疼痛5月余，加重1月，患臂不能抬举，动则疼痛难忍，舌淡苔薄白，脉沉弦，经X线拍片诊断为"颈椎病"，证属风湿邪袭经络，深入筋骨之骨痹。治宜温经散寒，通络止痛，方用蠲痹汤加味：黄芪24g，当归10g，赤芍10g，羌活10g，防风10g，片姜黄12g，炙甘草6g，桂枝10g，土元7g，葛根15g，生姜6g。服药10剂后疼痛渐缓，继服20剂，症状大为减轻，左臂活动自如，再服6剂而愈。

3 经验用药

杨积茂在上述治疗法则的基础上，根据临证出现的不同症状，常灵活辨证加减用药。若风邪偏盛者加防风10g，羌活10g，海风藤10g；若寒邪偏盛者加麻黄6g，桂枝10g，细辛6g，制附片6g（先煎）；若热邪偏盛者加知母9g，黄柏7g，生石膏20g，秦艽10g；若湿邪偏盛者加苍术10g，生薏仁30g，萆薢15g；若阳虚者加仙茅10g，仙灵脾10g；若阴虚者加女贞子12g，旱莲草12g；若颈项肩胛痛甚者加葛根18g，羌活10g，片姜黄12g，桂枝10g；若上肢痛甚者加片姜黄15g，威灵仙15g；若下肢痛甚者加川牛膝10g，五加皮10g，木瓜12g，千年健10g；若腰痛甚者加炒杜仲10g，续断10g，桑寄生12g，狗脊12g，土元8g；关节刺痛者加炙全虫3g（研冲），乳香8g，没药8g；若筋骨酸痛者加白芍15g，甘草7g，木瓜12g；若皮肤紫暗刺痛者加丹参18g，桃仁10g，红花9g，没药9g；若皮肤红斑或结节明显者加丹皮10g，赤芍15g，生地12g；若四肢麻木者加桂枝10g，鸡血藤18g，黄芪24g，当归10g，桃仁10g，红花9g，川牛膝10g；若久痹骨节肿大变形，曲伸不利者加甲珠8g，全虫5g，乌稍蛇15g，蜈蚣5条、白芥子8g，伸筋草15g，骨碎补12g；若血沉快者加忍冬藤20g，土茯苓15g，防已10g，紫草9g。

4 临床体会

痹证是一种常见病，多发病，相当于现代医学的风湿、类风湿性关节炎、风湿热、退行性骨关节病等。杨积茂认为风湿痹证发病多因素体正气不足，卫外不固，营卫气血失和，外邪入侵经络关节而发病。凡人体肌表经络遭受外部侵袭，使气血运行不畅，引起筋骨肌肉等处疼痛，酸楚、重着、麻木、关节肿胀变形或屈伸不利的疾患，称之为"痹证"，从临证来看，单一风、寒，湿症并不多见，往往兼杂合病。正如《素问·痹论》曰："风寒湿三气杂至，合而为痹也"。一般临证分行痹、寒痹、着痹、热痹等，提示人们辨证治疗时，要有所侧重，只有这样才能证治（药）相符，方能收到显著效果。

另外，杨积茂认为，对患痹证日久，年老体弱者，祛风散寒，燥湿药物用之过久，疼痛非但不止，反而加重时，在痹证辨治的基础上就应重视调整内在环境，如风寒湿邪的偏胜，气血之盛衰，阴阳的盈亏等症情，同时给予补气、养血、滋阴、祛瘀、通阳兼以通经活络，则能缓解病情，减轻疼痛。总之，治病必求于本，辨证施治，方能获效。（侯世文）

疑难杂症

1 精神分裂证

刘某，女，38岁，工人，1998年8月8日初诊。患者有癫痫病史4年余，经常反复发作；曾在某精神病院治疗，诊断为精神分裂症。7天前因与他人争吵，致宿疾又犯，胡言乱语，哭笑无常，连续1周未能入睡，虽经口服、肌注氯丙嗪、安度利可等药仍未见效，家人送来就诊。诊见患者躁扰不安，喜笑不休，语无伦次，双目红赤，额红面赤，恶食嗳气，大便数日未解，舌质红，苔黄厚腻，脉沉滑有力。拟清热涤痰，开结通腑法治之。用温胆汤合调味承气汤加减：半夏10g，陈皮9g，茯苓10g，枳实10g，竹茹15g，黄连6g，大黄（后下）15g，栀子10g，芒硝（烊化）20g，甘草5g。服上方2剂后，得泻5~6次，臭秽异常，狂态顿减，神志稍清；黄薄腻苔减轻，脉弦滑，原方大黄、芒硝减为10g继服，服30余剂后，患者神识正常，夜寐安定，纳食如故，舌淡红，苔薄白，脉弦。嘱其注意调养情志，节制饮食。随访2年，病情控制，未见复发

按　癫狂是属于情志失常的一种疾病。其因大多以七情所伤为首要。《证治要诀》云："癫狂由七情所郁。"杨积茂认为此案因恼怒气郁，不得宣泄，郁而化火，肝胆气逆，木火乘胃，病在肝胆胃经，三阳并而上升，火炽熬津，结为痰火，痰火上扰心神，心窍为之闭塞，于是神志错乱，癫狂复作，故用温胆汤加黄连、栀子清肝胆郁火，佐以大黄、芒硝通腑实，清痰火。

2 陈旧性胃溃疡

张某，女，42岁，农民。主因胃脘部疼痛4年，反复发作，久治不愈。近1周因饮食不当后疼痛加重，并牵及两胁，时有嗳气泛酸，脘闷腹胀，进食后疼痛加重，食纳减少，舌质红，苔薄黄，脉弦滑有力。大便潜血（++），HP（+），上消化道内窥镜提示：胃底部可见0.8 cm×1.0 cm大小之溃疡并出血。治以疏肝理气，和胃止痛，佐清热解毒为法治之。方药：醋柴胡10g，醋白芍9g，郁金、延胡索各9g，木香、川芎、陈皮各8g，蒲公英12g，黄连、甘草各6g。每日1剂，水煎2次，取汁300mL，分3次口服。连服12剂后疼痛减轻，复查大便潜血阴性。效不更方，继以原方去川芎，加乌贼骨30g，白及30g，贝母6g，神曲10g，共为极细末，过120目筛后，装瓶，嘱每日3次，每次3g，口服，连服2月，患者症状消失，饮食恢复正常。复查HP（-），胃镜报告：胃底溃疡愈合。2年后随访，未见复发。

按　胃溃疡属中医"胃脘痛"范畴。杨积茂认为大凡暴饮暴食，情志不畅，感受寒湿浊邪，虫积，久病体虚，以及精神刺激等因素，均可造成脾胃运化功能失调，致气机阻滞，胃失和降而发生胃痛一证。本案缘因恼怒伤肝，肝木不调，横逆犯胃，胃失和降，气机阻遏，不通则痛，其郁久化火，热灼胃腑，出现胃热诸证，故用柴胡、白芍、木香、郁金、川芎、陈皮、延胡索疏肝解郁，行气止痛；佐蒲公英、黄连，清热解毒；后加乌贼骨、贝母、白及，以生肌敛疮止痛。改汤剂为散剂，使药物直达病所，有利于溃疡愈合。

3 美尼尔氏综合征

黄某，女，36岁，1996年5月6日就诊。患者6天前突发头晕目眩，卧床不起，视物转动，呕恶不食，伴左耳耳鸣，听力减弱，胃脘胀满，形瘦，大便干。曾在某医院五官科检查诊断为"美尼尔氏综合征"，经对症治疗效差。观其舌红苔薄黄稍腻，脉略弦。证属痰热壅遏，蒙闭清阳。治以清化痰热，平肝熄风。处方：半夏、陈皮、菊花、神曲各9g，茯苓、竹茹、泽泻、葛根、钩藤、炒莱菔子各12g，甘草6g，枳实7g，生龙骨、牡蛎各30g。每日1剂，分3次口服。患者服药2剂后，病去大半，再进5剂，眩晕已平，呕恶腹胀消失，大便通畅，饮食较前增加，能下床活动，嘱调理饮食，后随访再未犯病。

按　五脏六腑之精气，皆上注于脑，脑为元神之府，神明出焉，今痰热壅遏，上扰清窍，清气不升，浊气不降，则头晕目眩，耳鸣耳聋：痰热中阻，气机不利，则呕恶不食，脘腹胀满；大便干，舌脉均为痰热内蕴之象。故治宜清热化痰，平肝熄风。方以温胆汤清热化痰和中，加钩藤、菊花、生龙牡平肝熄风；葛根、泽泻具有消除水肿之功，诸药合用，清热化痰，清升浊降，眩晕乃止。

4 肾病综合征

蒲某，男，43岁。患肾病综合征，经大剂量强的松（120mg/d）口服等中西药治疗4年，现眼睑浮肿，腰痛，食少纳呆，疲倦无力，时有下肢浮肿，活动后加重，舌淡苔白，脉沉细。查血尿素氮9 mmol/L，肌酐201μmol/L，白蛋白26g/L，尿蛋白（+++）。证属脾肺亏虚，肾不固摄。治则健脾补肾，益气固精。方选芡实合剂：芡实30g，白术30g，茯苓12g，怀山药15g，菟丝子24g，金樱子24g，黄精24g，百合18g，枇杷叶9g，党参9g，黄芪30g，杜仲、益母草各10g。水煎服，每日1剂。服上方12剂后，诸症改善，复查尿蛋白（++）。继以原方随症加减，服50余剂后，症状消除，复查白蛋白、肌酐、尿素氮恢复正常，尿蛋白（-）。随访1年，未复发。

按　肺主一身之气，主治节，通调水道，下输膀胱；脾主运化，布散水精；肾司开阖，蒸化水液，通利小便，脾肺肾三脏功能正常，方可保证水液的正常代谢。今脾肺肾三脏亏虚，水液不循常道，水湿泛溢，发为水肿。脾失统摄，肾不固藏，精微下泄，则出现大量蛋白尿。舌淡苔白，脉沉细为肺脾肾亏虚之象。

杨积茂以健脾、补肾、益气、固精为法治之。方中白术、茯苓、党参 山药、黄芪甘温益气，健脾利水，促运化；芡实、金樱子、菟丝子、杜仲补肾气，温肾助阳，强摄纳：百合、黄精入肺、脾、肾三脏，补真阴，养正气；枇杷叶宣肃肺气，通利水道；益母草化瘀通络。诸药合用，使脾肺健旺，肾气固摄，三焦调和，则诸症可愈。他认为慢性肾炎、肾病综合征出现大量蛋白尿，治疗较为棘手。临证必须强调二点，一是效不更方，坚持服药；二是病程稍长，注意调摄。（董永军）

胃脘痛

1 辨证以寒热虚实为纲

胃脘痛应首先分别寒热、虚实、气滞、血瘀的不同。一般而言，凡病程长，脘部冷痛，饮食喜温，泛吐清水者，多属寒证；凡病程较短，脘部灼痛，饮食喜凉，泛吐酸水者，多属热证。凡病程长，痛处喜按，饥时痛著，食后痛减者，多属虚证；凡病程短，痛处拒按，饥时痛轻，食后痛增者，多属实证。凡病程较短，痛呈阵发窜动，胀痛者，多属气滞；凡病程较长，疼痛持续，固定不移，刺痛者，多属血瘀。杨积茂在运用以上规律的基础上，将其总结为拒按为实，喜按为虚；胀痛不通为实，隐痛通顺为虚；饱则痛者为实，饥则痛者为虚；急性疼痛为实，慢性疼痛为虚。每用之临床，确能执简驭繁，便于临证掌握记忆。

2 注重调理气机，用药长温补脾胃

杨积茂治疗中注重调理气机，或以疏肝解郁，或以抑肝扶脾，或以调理胃肠为要。其药善用川芎、郁金、木香等。川芎辛温，归肝胆二经，辛散温通，味精气雄，能开郁结，行气血，疏肝郁，止疼痛，其行气而辛香善窜，无阴凝黏滞之弊，现代药理研究，川芎能改变胃黏膜血循环，促进胃黏膜修复。郁金辛苦寒，能理气解郁，化瘀止痛，凉血清心，疏利肝胆，其辛开苦降，轻扬善窜，所含挥发油具有健胃、镇痛、利尿、抗菌及利胆作用。此二药为血中之气药，杨积茂常配伍木香、陈皮等，广泛用于胃肠道疾病，能明显改善疼痛，提高临床治愈率。

杨积茂通过长期的临床观察，认为胃脘痛多具有冬春发生或加重的特点，加之陇东地处西北，气候寒冷，其病多虚多寒，治宜温补脾胃，喜用良附丸、理中汤、建中汤，甚则吴茱萸汤，旨在温胃散寒，理气止痛。同时又强调体质因素，注重温燥之品易于耗气伤津的特点，常选用黄连、蒲公英、白芍药等苦寒之药以反佐之。

3 中西互参，强调辨病辨证相结合

杨积茂强调要充分利用现代医学先进的检测方法，诸如纤维胃镜、活检等，以明确诊断，然后采用辨病、辨证，辨兼证的方法以提高疗效，减少治疗失误。对发病急骤，疼痛剧烈，病情变化迅速，或兼恶寒、发热、头痛、头晕、恶心、呕吐、腹痛、腹泻，甚则呕血黑便，出现疼痛剧烈，胃部穿孔，梗阻，或上消化道大出血等危急证候，应采取中西医结合方法及时抢救。治疗时，在辨证论治的基础上，结合现代医学检查结果，采取针对性用药，如为胆汁反流性胃炎，酌加疏肝利胆，降逆止呕之柴胡、郁金、法半夏、鲜生姜；如合并胆囊炎、胆石症者，加利胆排石之金钱草、海金沙、鸡内金；如消化道溃疡，酌加生肌敛疮止痛之乌贼骨、贝母、白及；如上消化道出血，酌加大黄炭、白及粉、三七以化瘀止血；若胃酸减少者，酌加乌梅肉、木瓜、生山楂，以酸甘化阴；若胃酸过多者，酌加乌贼骨、贝母、煅瓦楞子以敛酸止痛；若合并肠上皮化生，酌加丹参、益母草、白花蛇舌草以化瘀通络；若幽门螺旋杆菌阳性，则加黄连、蒲公英、呋喃唑酮，以清热解毒，抑制幽门螺旋杆菌。

案 患者，中年女性，因胃脘部疼痛4年，反复发作，久治不愈。近1周因饮酒后疼痛加重，并牵及两胁，时有嗳气泛酸，脘闷腹胀，进食后疼痛加重，被迫饮食减少。诊见：舌质红，苔薄黄，脉弦滑有力，查大便潜血（++），HP（+）。上消化道内窥镜提示：胃底部可见0.8cm×1.0 cm大小溃疡并出血。杨积茂以疏肝理气，和胃止痛，清热解毒为法治之。方药：醋柴胡10g，醋白芍9g，木香8g，郁金9g，川芎8g，陈皮8g，延胡索9g，蒲公英12g，黄连6g，甘草6g。每日1剂，水煎2次，取汁300mL，分3次口服。连服12剂后疼痛减轻，复查大便潜血阴性。效不更方，继以原方去川芎，加乌贼骨30g，贝母6g，白及30g，神曲10g，共为极细末，过120目筛后，装瓶。嘱每日3次，每次3g，口服2个月，患者症状消失，饮食恢复正常，复查HP（-）。胃镜报告：胃底溃疡愈合。2年后随访，未见复发。（董永军 杨德祥）

杨积武临床经验

【名老中医简介】杨积武 主任医师，教授，博士生导师。辽宁中医药大学附属医院心内科主任。辽宁省名中医。擅长治疗各种心血管疾病。

不稳定型心绞痛

1 病因病机

胸痹属本虚标实证，病在心肺，但与五脏相关，上焦心肺机能不足是发病的基础。在内虚的基础上，或外感时邪，或内伤情志，或饮食失节，导致气血、痰浊瘀阻心胸，脉络阻滞而为胸痹。胸痹虽为本虚标实之证，但初起正虚往往不太明显，而是以邪实为主，病起于七情内伤者，以气滞心胸为主要见证，以胸闷气短为主，可偶发心痛。若多食膏粱厚味，形体肥胖，或气郁日久，多成为痰浊瘀阻之证。此时虽胸脘满闷，咳吐痰浊，但心痛也常发作。若痰浊瘀阻，血行不畅，日久遂成心血瘀阻之证，此时患者以心胸疼痛为主，且发作较频，兼有舌黯或瘀斑点，脉细涩。在心脉瘀阻的基础上，或感于寒邪或因于劳累，心阳益损，则可发生寒凝心脉，此为标实之重证。上证若调治得当合理，病情可好转，若失治与误治，由实证转为虚证，常发生心阳暴脱。胸痹之虚证，一是久病失养，脏气亏虚而得，一是由实证转化而成，二者演变规律不尽相同。由实变虚者，就气与阳而论，往往先见气虚，后成为阳虚；就阴血而论，先有血虚，再及阴精。从五脏而论，一般由心及脾，再到肝肾。其中病在心肺者较轻，病及肝肾者往往难以治之。由久病失养，他脏先病而后及于心者，则以脾病及心或肝肾阴虚及心较为常见。其发病先后，取决于原病之脏，而无一定规律可循。本病多发于中老年人，皆因脏腑亏损，阴阳失调，气血失和所致，故气虚则常为气滞血瘀的病因病理重要环节。现代医学研究证实，老年冠心病不稳定型心绞痛高危患者，左心室大范围心肌缺血，射血分数降低，左心室功能低下，是冠心病“心气虚、心阳虚”的实质。所以老年不稳定型心绞痛患者临床上除心绞痛症状外，大多不同程度地伴有心悸、气短、疲乏无力、头晕、体力下降等症。

2 辨证论治

杨积武认为临证辨清“标本”十分关键，所谓“知标本者，万举万当；不知标本，是为妄行”。扶正和祛邪是治疗本病的两大法则，而辨该病之虚实多少，在阴在阳，病涉及何脏，是至关重要的。初病及年轻体壮者“以通为补”，久病及年老体弱者“以补为通”，寓通于补，以补为通，补则着重于阳气，通当从痰、从瘀着手，通补结合，痰瘀同治，标本兼顾。他用药温而不燥，活而不破，补而不滞，滋而不腻，以调和气血，畅达血脉，恢复脏腑功能，祛除病因，解除病痛。主要治疗方法有以下几种。

2.1 益气活血法

心主血脉，血瘀阻络，或挟寒凝，或挟痰浊，不通则痛，而发胸痹。本病多发老年人，且久病伤及气血，故以本虚为主，临床以气虚血瘀证为多。气虚主要表现在元气亏虚和宗气不足。“气为血之帅”，气虚则无以温养血脉及推动血液在脉管内正常运行，致使瘀阻血脉。故而益气固本，活血通脉为主要治疗大法。然本病之治，最讲中庸之道，忌用大攻大补，益气与活血要恰到好处，以扶正而不助邪，攻邪而不伤正为原则。益气以人参、黄芪为主。人参，《本草纲目》谓之有补气宁神，益智养心作用，尚可通血脉。黄芪，可补诸虚不足，亦为补气之要药。参芪配伍，补气作用尤强。辅以川芎、当归、丹参、红花等活血化瘀之品，使得心气旺盛，心脉疏通，则痹痛可止。若血瘀明显，可血府逐瘀汤活血化瘀为主以治标，但因活血化瘀之剂久服损伤正气，又因本病以虚为本，故待标证缓解后，再以益气以固本。若兼血虚，加养血活血药，如丹参、当归、熟地、芍药、鸡血藤；若兼痰浊闭阻，则以豁痰开结，加瓜蒌、薤白；若兼有热象，加丹皮、赤芍、黄连；若兼寒象，加肉桂、桂枝；若病久耗气伤阴，则气阴并补，以生脉散加减；气损及阳，则以红参易人参，与芪相伍，加强补气助阳之力。因本病存在“标实”之证，即痰浊瘀血阻塞心脉，故不论本病病程长久，病势缓急，活血药为必用药。

2.2 疏肝养肝法

“气行则血行，气滞则血瘀”。气滞与血瘀常互为因果，同时并见，仅为程度轻重不同而已，故在活血药中加以行气药，寓行气于化瘀之中。杨积武尤其注重肝气之疏通。明代薛已《薛氏医案》指出：“肝气通则心气和，肝气滞则心气乏。”肝为藏血之脏，性喜条达，能调节血量、血流及经脉之舒缩。若因情志不畅，肝失疏泄，经脉舒缩障碍，心之络脉挛急而发胸痹心痛。临床因情志不遂而发病者亦多见，中医证属肝郁气滞，多用枳壳、川楝子、乌药、元胡以疏肝理气止痛。围绝经期妇女常合并植物神经功能失调症，加益母草、郁金、香附、白芍以养血柔肝。或见肝阴亏虚，无以敛阳，肝阳上亢，甚至肝风内动者，当加天麻、钩藤、石决明。

2.3 健脾养心法

病之初期，常由心及脾，证见心胸部隐隐作痛，时发时止，心悸气短，失眠头晕，倦怠乏力，纳呆食少。脾胃失调，升降失司，浊气上逆，则阻于胸中而发心病；脾胃虚弱，气血生化乏源，营血亏虚，血少不运而致脉道滞涩不通发为胸痹。治疗上当注意预防，晚饭宜少，适量运动，减轻体重，以免损伤脾胃。若系湿浊为患，阻碍气机者选用党参、白术、茯苓、枳壳、厚朴；若见心神不宁，则选用枣仁、远志、珍珠母、磁石、夜交藤。

2.4 补肾固本法

肾之阴阳是五脏阴阳的根本，即“五脏之阴非此不能滋，五脏之阳非此不能发”，冠心病的发病与老年肾衰而心失温养濡润有密切关系。肾阳不足，不能鼓舞心阳，则心阳不振；或致阴寒内生，或致痰湿内生，均可发为心痛；肾阴亏虚，不能上济心阴；或阴虚火旺，灼津为痰，均可为心痛之因。而从临床表现上看，多数冠心病不稳定型心绞痛患者都兼有。肾虚症状，如常见短气乏力，头晕耳鸣，记忆力减退，腰膝酸软，小便频数，听力减退，女性绝经等；肾阳衰微者常见畏寒肢冷，精神倦怠，自汗，浮肿，舌淡体胖，脉沉迟细弱或结代；肾阴不足者，多伴五心烦热，口干盗汗，面红，小便短赤，大便秘结，舌红少苔，脉细数或促。然肾为水火之脏，肾阳寓于肾阴之中，故当阴阳互补，不可偏颇，常用菟丝子、五味子等。菟丝子能补肾养肝，温脾助胃，但补而不峻，温而不燥，故入肾经，虚可以补，实可以利，寒可以温，热可以凉，湿可以燥，燥可以润。五味子五味皆备，而酸独胜，酸敛生津，保固元气，入肾有固精养髓之功，常合麦冬生津益血，配人参乃取生脉之意。

3 小 结

杨积武认为，不稳定型心绞痛病机复杂，变化多端，不可拘泥于一方一药，对于稳定型心绞痛和心肌梗死者，亦可运用上法，详细辨证，随证加减。本病属急症重症，如果不加以积极控制，可发展成为ST段抬高或非抬高型心肌梗死，然中药的弱点是药物作用的特异性差，在应急时不能发挥立竿见影的效果，故宜采用中西医相结合的综合治疗方法，以达到更好更快的疗效。若病势较缓，病症较轻，可合并口服硝酸酯类药物，小剂量阿司匹林，β受体阻滞剂，钙离子桔抗剂等。若病势紧急，病情危重，当静脉使用硝酸酯类，中药针剂，以及低分子肝素，必要时考虑介入治疗。另外需严格控制冠心病危险因素，如高血压病、血脂异常、糖尿病以及不良生活习惯，包括吸烟、酗酒等。（周 绮）

心肌病心衰

1 中医分型及治疗

杨积武认为，扩张型心肌病心力衰竭（下称“心肌病心衰”）的病因可为先天不足或病后失调、久病、情志内伤、年老体衰，其常见证型如下。

1.1 心肺气虚

心肺同居上焦，心主血，肺主气，气血相贯，心肺密切相关。咳嗽日久，肺气受损，以致心气不足，血脉不畅，而致心悸，气短，唇紫；心气虚衰，血脉不畅，则肺失肃降，津液不布，聚而为痰，痰湿阻肺，则呼吸喘促，憋闷气短，咳吐泡沫痰。肺气不宣则水道不通，津液蓄积而为水饮，外溢肌肤，发为浮肿，甚者可出现虚脱，冷汗淋漓等危重征候。

1.2 心脾肾阳（气）虚

肾为先天之本，内寓元阳元阴，心本乎肾，“心气根于肾气，心阳赖肾阳之温煦”。心主火，肾主水，阳阴互根，水火既济，二脏互相影响；脾为后天之本，气血生化之源，心肾阳气虚，不能温煦脾胃，而致运化失权，湿浊内蕴，营血不足；脾胃亏虚，气血不足，使心失濡养，心肾阳气虚衰更甚。脾肾阳虚，阴寒内生，则畏寒肢冷；心阳不振，则心悸乏力；肾虚不化则尿少水肿，甚则凌心射肺，而见心悸怔忡，咳逆倚息不得卧，咳吐泡沫痰。

1.3 气阴两虚

气虚日久，阴津生成减少；或长期治疗过程中过用温燥、渗利之品损及阴津，形成气阴两虚或阴阳并损的证候，见心悸气短，口干舌燥，五心烦热。

1.4 血瘀水停

心主血脉，血脉运行全赖心中阳气之推动，诚如《医学入门》所说：“血随气行，气行而行，气止则止，气湿则滑，气寒则凝。”心肾阳（气）虚，鼓动无力，血行不畅，而致血脉瘀阻。瘀血阻于肺则见咳喘；瘀阻于肝则见右胁下癥块；瘀阻于脾见纳呆；瘀阻于心见心悸气短。“气者水之母也，水之行止，听命于气”。阳（气）虚不能化水，从而出现水饮停积。上则水气凌心射肺，致咳逆喘促、心悸怔仲；下则水湿泛滥，出现水肿尿少。瘀血、水饮又进一步损伤阳气，影响心肺脾肾功能而导致心肾阳虚不断加重。

综上所述，杨积武认为本病的基本病机是心肾阳（气）虚衰、血瘀水停。病性为本虚标实，以心肾阳（气）虚衰为本，血瘀水停为标。心脏阳（气）亏虚是心衰的内因，是心衰发病及转归预后的决定因素，标实则由本虚发展而来。辨证必须分清标本主次，本病病位在心，与肺脾肾密切相关。

2 治疗原则

杨积武认为中医治疗理应标本兼治，治疗上以益气温阳，活血利水为主。益气温阳是治本的重要法则，益气是指补益心肺之气，能从根本上加强心肺的帅血功能；而温阳是指温通脾肾之阳，改善脾之运化，肾之温煦的功能，从根本上消除水饮内生的根源，利水是治标的有利措施，它能有效地减轻体内水湿潴留，从而减轻心脏负担。活血是标本同治的重要环节，因瘀血既是心衰的病理产物，又是进一步郁遏心阳加重心衰的病理基础，它应贯穿始终。

杨积武集几十年临床经验，藉丰富的中医理论以益气温阳、活血化瘀的治疗原则，研制了强心宁煎剂，并在临床观察中取得了令人满意的疗效。本方选用补元气之人参、黄芪，温肾助阳之附子，活血化瘀之丹参，利水消肿之泽泻、北五加，共奏温阳益气，化瘀利水之功效。现代药理学研究证明，人参含有人参皂甙与黄芪含有的黄芪皂甙都具有增加心肌收缩力和心输出量，减慢心率，从而降低心肌耗氧量的作用，并且二者还都有抗脂质过氧化和消除自由基的作用。附子中含有去甲乌头碱，具有加强心肌收缩力，降低外周阻力作用。北五加含北五加甙具有强心作用，并能减慢心率；泽泻有利尿作用。丹参有清除自由基，抑制自由基代谢产物生成作用等。临床动物实验及现代药理实验研究均证明：强心宁具有加强心肌收缩力，增加心输出量，提高心脏指数和射血分数，减慢心率，降低心肌耗氧量以及利尿作用。提高体内SOD活性，抑制脂质过氧化反应。降低血中心钠素（ANP）和内皮素水平（ET），从心脏内分泌角度显示强心宁是治疗心衰比较理想的药物。增加冠脉流量，改善微循环，提高心肌抗缺氧能力，保护缺血心肌。改善心肌细胞超微结构，使肌排列由紊乱趋于整齐，各带较明显，线粒体排列规则，肿胀减轻，形态较正常，内嵴排列规则。心肌超微结构的改变恢复必然有助于功能的恢复，这可能是强心宁治疗心衰的根本机制。杨积武除了以强心宁煎剂口服治疗心衰外，还以静点血栓通来增强抗心衰的作用。血栓通注射液中的主要成分三七能活血化瘀，药理研究表明，具活血功效的中药能扩张血管，抑制凝血；考虑其治疗DCM是通过扩张冠状动脉，提高心肌抗缺氧能力，扩张外周血管改善微循环，抑制凝血，减慢心率，从而使患者心功能及微循环得到改善。血栓通注射液（主要成分三七）12mL，用生理盐水或5% GS 250mL稀释后静脉滴注，治疗后症状、体征较治疗前均有改善，每搏输出量及射血分数都大为提高。（赵云清）

杨礼淑临床经验

【名老中医简介】杨礼淑 女，主任医师，教授。四川省中医骨科专委会委员。享受国务院政府特殊津贴。四川省名中医，第三批全国老中医药专家学术经验继承工作指导老师。从事中医骨伤、运动创伤临床、科研、教学工作40余年。擅长运用中医理论系统治疗骨伤、运动创伤疾病。

骨折

1 骨折的辨证诊断

杨礼淑认为，中医骨伤科和其它各门学科一样，它的辨证诊断也是在祖国传统医学诊断学的理论指导下进行的，即通过望、闻、问、切四诊结合影像学和实验室检查，将所收集的临床资料作为依据，并以脏腑、经络、气血、津液及皮肉筋骨等理论为基础，根据他们的内在联系，加以综合分析做出诊断。对于中医骨伤科来讲，在辨证过程中既要求有整体观念，重视全面检查，还要注意结合骨伤科的特点，进行细致的问诊和局部检查，才能全面系统的了解病情，做出正确的判断，尽量避免漏、误诊。

1.1 注意四诊、辨受伤原因

骨伤科疾病发生的原因不外乎内因、外因两个方面。骨伤科损伤性疾患是由外伤性暴力所致，常见的骨折暴力有跌仆、坠堕、打撞、错闪、扭捩。跌仆、坠堕为间接暴力，是最多的原因；打撞为直接暴力，可引起严重的软组织损伤或粉碎性骨折，严重的可伴有神经、血管和（或）内脏损伤等；错闪、扭捩还伴有自身机理的原因，可引起近关节内骨折或软组织损伤。杨礼淑在平时的教学中常常指导弟子注意：进行病因辨证，主要就是通过详细询问病史、原因及受伤过程，了解致伤暴力的大小、方向、方式、物体质量、软硬、大小及受伤姿势等，再结合其它检查作出正确的诊断，配合相应的治疗。尤其对高能量损伤，更应作详细的病因询问，认真仔细地进行全身检查，不能满足于检查出一处损伤而忽视其它多处损伤，也不能完全依靠仪器检查，而是一定结合临床症状全面判断。特别是儿童患者，更可能由于惧怕就医不愿指认或叙述不清，而出现漏诊情况；其次，出现伴发症状时应充分考虑其原因，即使一些物理检查不能明确损伤性质或原因，也不能过分依赖检查，随便放过一些阳性体征而致漏诊。

1.2 辨骨折部位的解剖特点

杨礼淑还认为，骨折移位与所发生的部位有关系，都有其一定的特点，整复时了解了这些特点可达到事半功倍的效果。如肱骨内上髁骨折，因为肱骨内上髁是前臂屈肌的附着点，故其骨折块移位是由于前臂屈肌群收缩牵拉所致，故在整复Ⅱ°肱骨内上髁骨折时应将前臂旋前，腕关节掌屈后再整复。在桡骨上1/3骨折中，骨折发生在旋前圆肌止点以上，多为近端旋后，远端旋前。故可在旋后位牵引下整复，以放松肱二头肌及旋后肌群。而对股骨下1/3骨折，如果远折端受腓肠肌的牵拉发生后移。可在屈膝20°~30°位整复，以放松小腿三头肌，会有更好的整复效果。这些都是杨礼淑在长期的医疗实践中总结出来的经验，在临床中加以应用，取得了较好的效果。

1.3 辨损伤部位和骨折类型

在对损伤部位和骨折类型的辨证中，杨礼淑认为，不同的暴力可导致不同的骨折，而由于受伤时的体位不同，相同的暴力也可造成不同类型的骨折，故处理方法也各有不同。例如肱骨外科颈骨折，外展型骨折是上肢外展位受伤所致，向前内侧突出成角、移位，骨折远端外展；内收型骨折则是骨折远端处于内收，向外侧突出成角、移位。由于受伤姿势不同及骨折端移位方向不同，牵引姿势要各异，外展型骨折先在外展位牵引，待重叠矫正后，配合术者矫正内移位时，再内收肱骨干，并固定在内收位；内收型骨折先在内收位牵引，待重叠矫正后，配合术者矫正外移、外成角时，再外展肱骨干，并固定在外展位。

1.4 从X线上辨骨折的移位程度、方向及骨折线的异同

即重视读片。骨折移位包括侧方移位、重叠移位、旋转移位、成角移位、分角移位等，其中旋转移位方向的判断是最为困难的。正常情况下，骨与关节有很多正常解剖标志，骨折后某些解剖标志被骨折破坏，骨折的旋转移位是根据多种解剖标志的变化来进行判断的。杨礼淑在这方面也做了大量的研究工作，特别是对肱骨踝上骨折旋转判断的研究，并据此制定了肱骨髁上骨折旋转移位的分型，极大地提高了临床工作的效率。

2 骨折的辨证治疗

2.1 正确的整复骨折

杨礼淑认为正确的整复骨折主要应包括正确掌握骨折复位时机、对复位标准的认识和正骨手法的临床操作等方面。骨折的复位时机应辨证分析。一般来说，骨折后1~2h内肢体的肿胀还不严重，此时复位较易成功，但在临床上此种情况极少，大多患者会在伤后1~3天，有的甚至几周、几月才来就诊，这时选择复位时机就显得很重要。杨礼淑在平时给弟子传授中特别强调：复位时机的选择应辨证分析。骨折后如果肢体肿胀严重，出现广泛性张力性水泡（特别是肘部或踝部骨折更易出现）时，不可勉强复位，否则，不仅复位难以成功，还会造成新的损伤，更加重肿胀的程度，此时应予牵引或悬吊，以利肿胀消退，并辅以破血活血、行气止痛中药内服，如桃红四物汤加减。但如果是由于骨折严重移位而使肿胀不能消退，则应用适当手法加以矫正骨的畸形，以利消肿。而对一些就诊时间较晚，局部有明显骨痂生长，骨折断端无明显活动感的病例，则不可强求手法复位，此类骨折应选用其它方法治疗，以免造成神经、血管损伤，或造成临近部位的新骨折。复位标准有大家都熟悉的解剖学对位、近解剖学对位以及功能对位。在不加重组织损伤的情况下，应该努力争取达到解剖学或近解剖学对位，但在临床上有时虽经努力，亦不能达到此标准。她常告知弟子，作为一个骨科医生，必须对每个不同部位骨折对位情况的预后有一个正确的认识。例如尺桡骨骨折比锁骨骨折要求高，成人尺桡骨骨折端成角不应超过10°，旋转移位必须完全矫正，否则将影响前臂的旋转功能，但锁骨骨折复位稍差，骨折畸形愈合也不至于对上肢功能影响太大。又如肱骨干骨折有一定的成角（15°左右）和对位1/2左右愈合，对肩、肘功能亦无明显影响。但肱骨干骨折的分离和旋转移位必须完全矫正。儿童肱骨髁上骨折有极轻度的尺侧倾斜或尺侧嵌插都会引起肘关节提携角的改变而出现肘内翻畸形。其次对不同年龄的患者骨折的功能对位也应有正确的认识，老年人比青壮年要求要低，小儿相对来说也要比青壮年要求低。从职业来讲，运动员要求比一般人要高。另外，杨礼淑还十分强调，在整复骨折、关节脱位前，必须认真询问病史，了解受伤原因和受伤机制，仔细阅读X线片，在阅片时应观察的内容，包括摄片部位是否正确，所摄部位是否包括骨折部的上下关节，投照的角度，前后两次X片所摆体位是否相同等，她都要求弟子仔细分析和辨认。如孟氏骨折摄片时中心线未对准肘关节，则不能正确判断桡骨头是否有脱位而易出现漏诊。在骨折整复前还必须再次查体，了解有无神经、血管损伤、局部肿胀程度、患者的全身情况如何等等，最后才确定并着手整复。杨老还告诫我们，骨折整复是集体的协调操作，往往在瞬间完成，因此在整复前必须制定一个

较为成熟的方案，除上面所讲外，还应包括确定骨折类型、确定复位者和助手、选用适当麻醉、确定整复步骤和方法、夹板及压垫的放置方法和固定体位等，这样才能在施术时有条不紊。在整复过程中她要求弟子手法操作要正确，触摸骨折端要准确，即手法复位的稳妥、准确、轻巧，要真正做到手摸心会。杨礼淑还常常给弟子提到《正骨心法要旨》所载“故必素知其体相，识其部位，一旦临证，机触于外，巧生于内，手随心转，法从手出”的精辟论述，教导弟子一定要反复实践，认真触摸，了解正常解剖和异常情况的不同之处。在施行各种正骨手法时，首先要熟悉各种手法的正确操作、应用及注意事项。如拔伸牵引手法是用于矫正因暴力及骨折后肌肉收缩引起的骨折重叠移位，所以拔伸手法必须在骨折本骨进行，牵引时应稳固近端，牵引力持续、平稳、有力，禁止做冲击式或突发式牵引。力量由轻到重，又由重到轻（术者矫正其它方向移位时），多数骨折开始牵引时都为顺势牵引，然后根据骨折类型、移位方向等，配合术者或内收、或外展、或旋转等，牵引力量、时间要足够，尤其对儿童骨骺骨折，在牵引不充分情况下反复折顶可造成骨骺的损伤。另一方面也应避免过度牵引，特别是肱骨下段骨折及胫骨下段骨折，如发生过牵且未能矫正则极易出现骨折迟缓愈合或不愈合。具体落实到每个患者的复位时，杨礼淑还要求具体问题具体分析，对各种骨、关节损伤有针对性地采用相应手法来整复。通常情况下，在整复骨折时，是骨折远端对近端，因近端肢体相对比较固定，而远端肢体是比较活动的，这一骨折远端对近端的整复原则，在临床上绝大多数情况下是行之有效的，但在某些骨折则不能达到复位的目的，因为这些骨折的主要矛盾在近端，单移动远端改变不了近端的移位，只有改变近端的移位才能达到顺利复位的目的。如肱骨髁上屈曲型骨折，除有尺或桡侧移位外，侧位X线片上显示骨折远端向前移位。杨礼淑告诉弟子，因其远折端比较短小，在肘窝前不太好着力，所以复位时着力点应放在近端，术者推远端向后，同时重点提近端向前，着力点主要放在近折端。又如儿童胫骨远端骨骺分离，通常近折端向前移位，远折端向后移位，复位时在两助手拔伸牵引下，术者按压近折端向后才有可能复位。

2.2 合理有效的外固定

在骨折的非手术治疗，即手法治疗中，整复只是治疗的第一步骤，骨折复位后，合理的选择外固定体位及固定器材，对于保持骨折断端的对位，减少局部出血和疼痛，防止并发症，促进骨折愈合具有很重要的意义。临床上，由于外固定体位选择不当、固定器材不合理，引起骨折复位后发生再移位的例子并不少见，也容易引起骨折畸形愈合、不愈合等。在临床工作中。杨礼淑常常告诫弟子，手法整复只是治疗骨折的第一步骤，关键还在于保持整复后的位置。所以合理选择固定体位及固定器材就显得非常重要，总结杨礼淑的经验，主要应注意以下一些原则性的问题：

①根据原始暴力的作用、受伤姿势选择固定体位：原始暴力的作用是骨折发生和骨折断端移位的主要因素，其方向常与断端的移位方面一致，受伤的姿势也可决定骨折断端的移位方向和骨折类型，选择固定体位时应与原始暴力的方向、受伤姿势相反。比如桡骨远端骨折往往是手掌着地，桡骨远端遭受背伸传达暴力，方向从掌心、手背传达至桡骨远端，引起桡骨远端骨折。固定时则应保持腕关节轻度掌屈，防止背伸，既避免原始暴力重复作用于断端，又纠正了受伤姿势。②根据骨骼所附着肌肉、韧带的收缩、牵拉力选择固定体位：骨骼上所附着的肌肉、韧带是骨骼活动的动力，骨折后远、近两折端上肌肉、韧带的力量均衡被破坏而造成骨折移位，甚至痉挛在某一体位，所以骨折复位后固定时不仅要注意使骨折端的肌肉、韧带力量均衡，而且应注意使肌肉放松，有时还要发挥肌肉、韧带的抗拒骨折移位的作用。如屈曲型胸、腰椎压缩性骨折，椎体前部坚强有力的前纵韧带往往保持完整，但发生了皱缩。骨折后行腰部垫枕保持脊柱背伸位固定，使前纵韧带紧张，从而发挥前纵韧带的收缩牵拉作用，逐渐恢复椎体压缩前的外形。又如股骨干下1/3骨折，由于腓肠肌的牵拉，骨折远端向后移位，采用牵引并固定患肢于屈髋、屈膝中立位，主要是放松腓肠肌、紧张股四头肌，以保持断端间良好的对位。如末节指骨基底部骨折，即所谓“垂状指”，应固定在远节指间关节过伸、近节指间关节屈曲，使靠近止点处的伸指肌腱处于松弛状态以利骨折稳定。又如掌骨颈骨折，应使掌指关节及近节指间关节各屈曲90°。此时侧副韧带紧张，有利于维持骨位。③根据骨折端邻近关节对骨折端的影响选择固定体位：骨折部位邻近关节的活动常常引起骨折断端复位后再移位，所以除对关节内骨折要绝对制约在某一体位外，对关节外骨折也要注意超关节固定，或制约某一关节向某一方向的活动。如跟骨撕脱性骨折，除踝关节跖屈位固定外，膝关节也应保持屈膝30°固定，使跟腱放松。

而在前臂双骨折早期，应注意腕、肘关节功能位固定，防止关节的活动引起断端旋转移位。④不同类型的骨折要区别选用适当的外固定器材：各个部位的骨折可区分为稳定骨折与不稳定骨折两大类。裂纹骨折、无移位的嵌插骨折、无移位的骨干中段横形骨折等稳定骨折，在固定时应与斜形、螺旋形、粉碎形及移位的横形等不稳定骨折有所区别。根据杨礼淑传授的经验，稳定骨折固定强度可相对弱一些，可选用木质小夹板甚至纸板，不用或少用纸压垫，扎带捆缚时，在松紧适度的原则下，可稍偏松一些，这样既可达到有效固定的目的，又可最大限度的防止并发症的发生。而不稳定骨折的固定强度则要适当增强，除选用合乎要求的小夹板（夹板的长度、宽窄一定要合适）、纸压垫及扎带固定外，在外面另加用托板（如上肢的钢托、中立板，下肢的钢托、支架），以达到稳妥固定。凡夹板不能保持良好的对位对线者，或肿胀严重有发生血循环障碍可能者，应先作骨牵引或皮牵引，然后用小夹板固定，在有效的牵引下，扎带也可偏松一些，有利于防止血循环障碍。她还特别强调指出，压垫有维持骨位和轻度矫正骨位的作用，但绝不能依赖压垫对骨折端的挤压作用来代替手法复位，否则将引起压迫性溃疡或缺血性肌挛缩等不良后果。⑤固定时的注意事项：骨折一经整复，固定就很重要，杨礼淑在临床带教过程中，时时都会提醒弟子注意这个问题。固定时的注意事项，一是指整复完成后的当时处理，就是说骨折复位成功后，不能松手不管去作固定等工作。此时术者应该用手按压挤捏住骨折复位的应力点作临时固定（指手指固定），以免松手后骨折再行移位。这点应引起医生的重视，如骨折一复位手就立即松开去拿绷带、夹板等，就易导致骨折复位失败。正确的方法应该是待助手将夹板、压垫放置准确后再改变手势，待束带包扎好了才松手。二是指复位后经 X 线检查，已确定复位成功以后的管理问题。不管在门诊或住院部都应引起注意，特别早期要勤于查房，观察伤肢所处位置及压垫、夹板的位置，束带的松紧度，防止骨折再移位或发生不良后果。⑥使用小夹板固定必须严密观察患肢肢端血循环及感觉情况：使用小夹板固定的优点之一，是易于随时调节扎带的松紧度，而要充分、正确地发挥这个优点，则必须进行严密的观察。一般情况下，骨折发生后的 3 ~ 4 天内，肿胀是进行性加重的，因此，该阶段观察时，重点是应该注意扎带是否偏紧，并给予适时的放松调整；骨折后 5 ~ 6 天后肿胀显逐渐消退趋势。扎带渐趋松弛，要每天或隔天注意适当收紧，以防止骨折发生再移位或伤肢循环障碍及神经损伤等不良后果。

2.3 充分认识功能锻炼的重要性

杨礼淑认为，正确的复位手法及骨折的良好对位是恢复关节功能的基础，但只注意骨折的对位，而忽视恢复关节功能的必要治疗也不能达到目的。特别对于肱骨髁上骨折等近关节骨折或关节内骨折，由于多次较大暴力致伤，伤后局部肿胀明显，必然导致关节周围肌肉、肌腱粘连，关节囊挛缩，筋脉拘挛，关节僵硬。功能锻炼的主要作用是预防关节粘连和僵直、促进肿胀消退、促进骨折愈合及减少肌肉萎缩和骨质疏松，任何治疗方法都不能代替具有大自然涵义的自主锻炼活动，而且功能锻炼不只是患者单方面的事情，而是医患合作必不可少的重要措施。她提醒弟子一方面要耐心而认真地指导患者进行功能锻炼，例如上肢的主要功能是手的运用，上肢任何关节的活动，其目的都是为了使手充分发挥功能。由于不重视早期功能锻炼，而出现手活动受限的上肢骨折中，临床上最常见最典型的是伸直型桡骨远端骨折。因为此类骨折易发生在中、老年人，由于年老畏痛，或担心活动会引起骨折移位，而不愿作任何活动，我们应该消除患者的顾虑，告诉他们骨折一经手法复位，麻醉消退即可作手指的伸屈活动，只有尽早做这个活动，肿胀才能早消退，握拳要认真进行，握而不紧，等于不握，伸而不直，效果也差，而且应同时重视肩、肘关节的活动。另一方面，医生和患者都应注意识别不利于骨折恢复的活动，那些可引起骨折断端间的剪力、成角及扭转应力的活动，将影响骨折愈合的顺利进行。这类活动主要是指增加肢体重力的活动和骨干上、下端之间的不一致的旋转，肢体重力对骨折端的影响往往由于不合理的锻炼而加大。如在屈膝位练习主动伸膝活动时，伸膝系统通过胫骨上端的附着点而带起整个小腿和骨折以下部位的全部肢体重力的反作用，在骨折端间形成了可观的剪力或成角应力，此时就有可能引起骨折的不稳定。总之，对于骨折后的功能锻炼首先应认识到它的必要性，并进行耐心、细致、正确的指导，识别不利于骨折恢复的活动，及进行恰当的被动运动。（周 英）

杨廉方脾胃病验案

【名老中医简介】杨廉方(1944～)主任医师。垫江县医学会中医专委会、重庆市中医药学会会员。重庆市名中医。享受国务院政府专家津贴。擅长于用经方诊疗内、妇、儿多种疾病及内科疑难杂症。发表论文30余篇。

1 辛开苦降,寒热并用

老年人因中气虚,外邪乘虚而入,胃肠功能失调,寒热互结,升降失常,气机痞塞。其成因有热结致痞,外寒内热致痞,虚热水气致痞,虚热而呕致痞,误下后胃气受损,虚热益甚致痞。分别用仲景寒攻之大黄黄连泻心汤,温攻之附子泻心汤,散饮之生姜泻心汤,和胃降逆之半夏泻心汤,补胃缓急之甘草泻心汤加减运用可获佳效。

案 彭某,女,61岁。近半月来感胃脘部不适,似有鹅蛋大异物逐渐高起,按之则无,不痛;伴呕吐,肠鸣,便溏;舌胖大,脉滑。辨证属脾胃功能失常,寒热错杂而成。治宜辛开苦降,寒热并用,补气和中。用半夏泻心汤:泡参18g,法夏、黄连各10g,干姜6g,苏梗、大枣各12g,甘草8g。服2剂后胃脘痞满减轻,再服3剂心下胀满消退,饮食如常,半年后随访未发。

2 泄热和胃,开结散痞

邪热直犯中焦,无形之热气阻滞胃脘。患者脘腹胀满,伴心烦口渴,脉按之濡,关脉浮,舌红苔黄。热甚伤络可吐血衄血,遂遵古人"热虽无形,但非苦寒以泄之,不能去也"。用大黄黄连泻心汤泄热和胃,开结散痞。方中大黄泻热下气开结,芩、连消除热痞之药合用,使热去气畅,痞满得除。

案 黄某,男,65岁,1992年3月就诊。感胃脘部有酒杯大包块,按之濡,不痛不硬,伴咽中不适,胸闷灼热,两胁胀满,时吐鲜血,舌苔黄,脉弦滑。辨证属肝火犯胃,胃火上冲,火盛刑金而伤肺络。治以清热泻肺,散结和胃。方用大黄黄连泻心汤化裁:黄连、生大黄各10g,黄芩、桑皮、地骨皮、白蔻仁各15g,半夏、大枣各12g,青黛5g(冲服)。连服3剂而血止,痞满渐消,继去大黄,加当归10g,2剂后痞满消除。

3 清热化痰,和胃消痞

老年人因脾胃虚弱,化生痰饮阻于胸膈胃脘,致气机阻滞,痞满由生。若伴心烦、呃逆口渴,脉滑等症,此乃痰热内扰,当用温胆汤涤痰泄热,和胃消痞。若见胃脘痞满,呕吐痰水,苔白,脉沉滑,证属寒痰致痞,方用苓桂术甘汤健脾渗湿,温化痰饮以消痞。

案 韩某,男,73岁。胸膈胃脘部胀满2年多,胃镜检查无异常,多方诊治,疗效不佳。观其舌红,苔黄而腻,脉滑数。胃部无包块。辨证属痰热结于胃脘致痞。方用温胆汤加味:黄连、竹茹各10g,法夏、枳实、陈皮各12g,瓜蒌15g,云苓24g,胆南星9g。3剂后痞满减轻,继进2剂,痞满疼痛消失。继以香砂六君子汤调理3剂建功。

4 运脾除湿,和中消痞

内外之湿邪侵袭人体,脾胃受邪致气机阻滞而生痞满。若胃脘胀满,伴头重痛、倦怠、苔腻、呕恶,用《太平惠民和剂局方》之六活汤运脾和胃,降湿消胀满,若湿久化热,或外感湿热之邪,伴见身热不扬,苔黄厚腻,用三仁汤运脾除湿以消痞满。若湿困脾胃甚者而热象不显之痞满证,用平胃散疗效最佳。

案 谭某,男,65岁。1年来,胸膈胃脘部痞满,时而隐痛,经久不愈,伴嗳气频频,口淡厌食,头昏头痛,倦怠思睡,便溏,苔白厚腻,脉缓。他医曾以温补中药治疗无效。辨为脾胃湿滞,治宜运脾燥湿,和中降气,方用三仁汤合平胃散化裁:苍术、厚朴各18g,陈皮、杏仁各15g,甘草3g,苡仁、建曲各30g,草蔻、通草各6g,法夏10g。1剂后症状有所减轻,连服4剂,痞满消失,后用香砂六君子汤调理脾胃以巩固疗效。

5 疏肝解郁,理气消痞

七情所伤,气机郁结,或肝郁犯脾,而致胸胁胃脘痞满,伴吞酸嘈杂,嗳气恶心,苔白,脉浮紧等。临床上常用逍遥散合越鞠丸加减治疗。若自觉胃脘部似有物梗阻,烦闷不舒,胸胁苦满等,证属少阳,用小柴胡汤治疗。

案 华某,女,54岁。5年来自觉胸中痞满刺痛,食少,胸胁痞满,腹胀,久治不愈。年前丧夫,情志抑郁,伴呃逆吞酸,苔白腻,脉浮弦。辨证属肝气郁结,导致血、痰、湿、食六郁证。治当疏肝解郁,理气消胀。方用逍遥散和越鞠丸加减。柴胡、白芍、当归各15g,云苓、白术各18g,栀子、苍术、川芎各10g,香附12g,建曲30g。配合开胸理气丸服药5剂,胀满渐消,减开胸理气丸,又连服汤药10余剂收功。

6 补益脾胃,消食除痞

饥饱失常,劳倦过度,脾胃虚弱,或脾胃虚寒,运化乏力致空腹时脘腹痞闷,伴见倦怠乏力,少气懒言,畏寒,喜温喜按。若脾胃气虚,用《脾胃论》枳术丸和建脾丸以补益脾胃,兼消食行气。若属脾胃虚寒，用理中汤治疗。

案 贺某，男，68岁。近几年来，自觉胃脘部痞满不舒，腹胀，饥饿时加重，尤以夜间为甚，伴食少，嗳气，大便溏泻，舌淡脉弱，常服黄连素、痢特灵之类，并多次服中药治疗效果不佳。证属脾虚痞满。用枳术丸和健脾丸加减：枳壳、木香各10g，白术、党参各30g，云苓、建曲、麦芽、山楂各20g，砂仁8g。服10余剂后胃脘痞闷消除，继服香砂六君子汤5剂以巩固疗效。（杨廉方）

杨明胜验案选

【名老中医简介】杨明胜（1950～）甘肃省宕昌县人。副主任医师。1970年毕业于甘肃省中医学校。现任宕昌县中医院党支部书记、副院长。甘肃省第四批老中医药专家学术经验继承工作指导老师。擅长中医内科、妇科、男科诊疗。发表20余篇论文，主编《中医药论文选编杨明胜专辑》。

子宫颈癌治验

许某，女，45岁，农民，1984年5月6日初诊。患者曾于1984年4月，经某医院诊断为：①慢性宫颈炎；②功能性子宫出血，③宫颈Ⅲ°糜烂。刻诊：阴道不规则出血，色紫暗，时下瘀血块，白带绵下，时有黄白赤相夹或五色错杂而下，腥臭难近之。有时脓血样丝串恶物流出，小腹下坠疼痛，行经时加剧，掣引腰腿疼痛，小腹都压痛明显，头晕疲乏，脚手浮肿，形体消瘦，面色㿠白，腰酸腿软，难以行走。舌质暗红，苔黄腻，脉细滑数而无力。活检复查结果：①宫颈Ⅱ°靡烂；②宫颈癌。中医辨证为：湿毒下注、下元虚寒、气虚血瘀型，治宜清热解毒，利湿通淋，补气活血、滋肾养阴之法。基本方药：土茯苓50～100g，白花蛇舌草30～50g，紫草15～30g，薏米仁20～50g，旱莲草10～15g，板蓝根10～15g，熟地10g，蛇床子10～15g，七制香附12～30g，鲜核桃树枝7寸长7根。服54剂后，患者体征基本消失，精神转佳，并能从事一般家务劳动。而后继续服用健脾益气养血调之剂，调治半年，经复查一切如常。1991年12月随访身体健壮。

按 方中土茯苓为君药，具有解毒利湿之功；紫草配白花蛇舌草具有清热解毒利湿、消散痈肿疡毒之力，现代研究证明二药都有抗癌作用，薏米仁利湿，消肿排脓；旱莲草配板蓝根清热解毒，止血治漏，善疗红肿糜烂；蛇床子温肾壮阳，并治寒湿带下，对各类阴道炎症均有奇效；七制香附功效不凡，为专调治妇女崩漏、经带症之要药，经用童便、盐、酒、醋等七道工序炮制后，具有味辛能散、微苦能降、微甘能和、性平不寒、芳香走窜之功，为理气行血调经止带的良药；鲜核桃树枝具有祛湿解毒抗癌作用。上述十药共奏清热解毒、利湿通淋，消散恶疮肿痈之功。临证时可根据患者年龄、体型，症状随证加减化裁。

附“九制香附”炮制方法及工序

①先用童便浸七天；②生姜汁浸七天；③小茴香煎汁浸七天；④益智仁煎汁浸七天；⑤莱菔子煎汁浸七天；⑥丹参煎汁浸七天，每次浸后晒干，再浸；⑦酒炒；⑧醋炒；⑨盐水炒。

杨学信临床经验

【名老中医简介】杨学信（1953～）回族。主任医师，硕士生导师。银川市中医医院内一科主任、内科心血管及脾胃病学科带头人，首批宁夏回族自治区老中医药专家学术经验继承工作指导老师，第四批全国老中医药专家学术经验继承工作指导老师。从事临床、科研及教学工作近30年，擅长治疗冠心病、高血压以及脾胃病。

慢性萎缩性胃炎

1 益气活血健胃

杨学信积累多年经验，采用中医辨证，结合西医辨病，以益气活血健胃法为主治疗，取得明显疗效。慢性萎缩性胃炎是一种比较常见的消化系统疾病，主要以上腹饱胀不适，以进餐后为甚和无规律性隐痛、嗳气或泛酸，烧灼感，食欲不振，恶心呕吐等为主要症状。益气活血健胃法的基本方剂由黄芪、太子参、炒山药、苡薏仁、苍术、内金、焦山楂、青皮、陈皮、枳壳、木香、皂刺、莪术、丹参等组成，其中黄芪、太子参、山药健脾益气以补虚，苍术、苡米除湿清热以和中,内金、焦山楂消食健胃,青陈皮、枳壳、木香以疏肝理气和胃,皂刺、莪术、丹参以活血祛瘀止痛,全方共奏清热健脾,理气和胃,消食导滞,活血化瘀之功。随证加减:口苦,口粘、舌苔黄腻者,加黄连、半夏、生姜以辛开苦降和胃;泛酸明显,胃镜提示有溃疡、糜烂者,加白及、海螵蛸、煅瓦楞以抑酸、修复和促进胃黏膜愈合;若胃痛明显,加白芍、甘草、元胡以理气和胃止痛;腹胀便秘者,则易枳壳为枳实,加莱菔子、玉片、火麻仁以加强理气消胀、润肠通便之功;胃脘隐痛,喜温喜按,舌淡体胖、苔薄白,脉弱者加良姜、干姜、吴茱萸以温中健脾止痛;伴肠化不典型增生者,加山慈姑、牡蛎、王不留行以祛瘀散结,推陈出新,达到改善并逆转肠化及不典型增生的目的。

2 典型病案

某男,67 岁。于 2006 年 3 月 7 日初诊。患者近半年来无明显诱因出现胃脘胀痛,餐后明显伴嗳气,不思饮食,乏力,消瘦,近 2 月来体重下降 5 斤左右,行“胃镜”检查示:慢性萎缩性胃炎,病理检查示:慢性萎缩性胃炎,伴中度肠化,曾多方治疗,效果不佳遂就诊于杨学信处。证见:胃脘胀痛,餐后明显,伴纳食不振,恶心,嗳气,乏力,消瘦,大便略干,两天一1行,小便略黄,舌淡红、边有齿痕、苔薄黄,根部微腻,脉弦细。既往无高血压病,心脏病及糖尿病史,中医诊断:胃痛(脾胃虚弱,湿热中阻),予益气活血健胃法治疗:黄芪、太子参、生苡米、焦楂、山慈姑各 30g,丹参、生牡蛎各 20g,青皮、陈皮、枳壳、内金、皂刺、莪术各 15g,炒山药 12g,苍术、木香、黄连各 10g,生姜 6g。3 剂后,胃脘胀痛明显减轻,恶心,嗳气止,继续以上方调治 2 月,患者诸症悉除,精神、食欲好转。3 月后复查胃镜示:慢性浅表性胃炎,病检示:慢性轻度浅表性胃炎,HP(－),遂告痊愈。

按 萎缩性胃炎属中医“胃痛”、“痞满”范畴。主要病因为寒暖失宜,饮食失调,情志不舒或素体不足等致脾胃受损,气机阻滞,胃失濡养,不通则痛。胃为五脏六腑之大源,乃多气多血之腑,主受纳腐熟水谷,脾为阴土,喜燥恶湿,脾气主升,其病多虚;胃为阳土,喜润恶燥,胃气主降,其病多实。脾与胃相表里,同居中焦,共奏受纳运化之功。胃之受纳,腐熟,赖脾之运化升清,所以胃病常累及脾、脾病常累及胃。脾胃的受纳运化,中焦气机的升降,也有赖于肝之疏泄,胆之通降以及肾之温煦等。杨学信深谙此理,所谓“六腑以通为用,传化物而不藏”。治疗此病,始终体现以通为主旨,寓清热、健脾、理气、和胃、消导、化瘀于一体,贯穿于治疗始终,通补结合,补而不滞。脾胃健则运化调,脾升胃降,气机通达;《景岳全书·心腹痛》篇:“胃脘痛证……治痛之要,皆当以理气为重”,亦即“治胃不理气非其治也”之谓。

3 体 会

本病属慢性病变,具有缠绵难愈,反复发作的特点。久病入络,久痛入络,瘀滞就成了本病的必然结果,肠化与非典型增生正是这一病理状态下的表现,配合活血通络,散结消瘀药物才能使慢性萎缩性胃炎的瘀滞改善,逆转肠化及不典型增生。此外,山药一味亦有妙义:其稠粘留滞之性,药存胃腑,在上能补肺生津,与半夏相伍,不虑其燥;在下能补肾敛冲、则冲气得养,自安其位,用于呕恶尤宜也。(李志明)

杨巽隆临床经验

【名老中医简介】杨巽隆(1940～)甘肃武威人。副主任医师。原甘肃省武威地区中医医院副院长。中华中医学会甘肃省内科学会会员。甘肃省名中医。擅长中医内科,妇科及儿科。发表论文 10 余篇。

临床经验

杂病治验

1 升阳散火治疱疮

陈某,男,35 岁,干部,1993 年 5 月诊。患者口唇周围起疱疮八、九日,曾服消炎药、三黄片、牛黄解毒片等无效,前来求治。诊见口唇周围有疱疮七、八个,若蚕豆、豌豆大不等,灼疼难忍。脉沉有力,苔白厚略黄,此为脾胃郁火所致。酌其前已用过三黄片、牛黄解毒片等清热泻火药不效,不能重蹈复辙,故用升阳散火法治之。处方:葛根 10g,升麻 8g,羌活 10g,独活 10g,党参 10g,白芍 10g,柴胡 10g,防风 10g,黄连 6g,甘草 3g。服药 2 剂,疱疮渐消,灼疼明显减轻,续进药 6 剂而愈。

按 本案病机为脾胃经郁火,其病位在口唇皮肤。用清热泻火法,因火热郁伏不解而不效。故宗《内经》“火郁发之”,“其在皮者,汗而发之”之旨,采用东垣升阳散火汤加黄连施治。本方有升脾胃阳气,散中焦郁火之功,郁火因发散而解,其病自愈。

2 益气升清治口燥

袁某,男,42岁,干部。1994年3月诊。患者口舌干燥三年余,经多方治疗不效,前来就治。诊见口舌干燥,夜晚尤甚,渴喜热饮。体倦神疲,食欲不振,二便如常。脉沉缓,舌淡红,苔白略厚。化验尿糖及血糖均正常。予调中益气汤加枳壳治疗。处方:黄芪18g,太子参15g,升麻8g,柴胡10g,苍术10g,木香3g,枳壳10g,甘草3g,生姜3g,大枣4枚。服药3剂,口舌干燥明显减轻,迭服上方8剂,口舌干燥消除,饮食增而精神振作。

按 口舌干燥证,一般多用清热养阴生津法治疗。而此案病机为脾气虚,正如《内经·太阴阳明论》谓"今脾病,不能为胃行其津液"所致。《内经·阴阳应象大论》又谓"清阳为天,浊阴为地,地气上为云,天气下为雨,故清阳出上窍,浊阴出下窍。"今用益气升清法调治,使脾气健、清阳升,随着清阳的气化与升腾,津液上承而口燥自愈。

3 行气利水治顽痹

冯某,女,37岁,农民,1995年5月诊。患者左膝肿痛一月余,曾在某医院诊为渗出性关节炎,用封闭、穿刺疗法效不显,前来求治。诊见左膝肿大疼痛,屈伸不利,按之有波动感。下肢发凉,有时发木,步履艰难。脉沉涩,苔白厚。处方:木香3g,当归10g,白芍10g,川芎10g,苏梗10g,桔梗10g,枳实10g,台乌10g,茯苓10g,黄芪18g,防风10g,陈皮8g,腹皮10g,泽泻10g,青皮10g,川牛膝10g,甘草3g。服药4剂,左膝肿胀即有消退,疼痛明显减轻。续服上方调理半月,膝关节恢复正常,屈伸自如,步履如常。

按 此为痹证,因风湿阻滞,经隧不利,气机不畅,水湿不化,停聚于关节筋膜之处而致。采用《外科正宗》木香流气饮,理气行痹,气行则水行。亦为《内经》"大气一转,其气乃散"的体现。

4 升降相宜治呕吐

魏某,女,50岁,农民,1996年4月诊。患者有胃疼反复发作史三年余,半月前胃疼加重,且呕吐频作,不能饮食。经行上消化道气钡造影,提示为不全性幽门梗阻。在当地卫生所服西药,输氨基酸等,日趋加重。今患者仍呕吐不止,胃脘胀疼,四日未行大便。精神疲惫,少气无力。脉微细,舌淡白,苔白厚而干。以自拟平中汤加荷叶治之。处方:太子参15g,白术10g,白芍10g,枳实10g,苏梗10g,连翘10g,赭石18g,丹参15g,柴胡10g,甘草6g,荷叶30g。水煎二次,兑在一起,嘱其徐徐频服。1剂药尽,呕吐顿止。三剂后胃疼减轻,能进稀粥,大便通畅。服药10剂后饮食增,精神好转,能自行来医院就诊。

按 脾主升、胃主降,升降相反相成,维持脾胃正常的生理功能。此案例为脾胃久病不愈,脾虚肝郁,寒热中阻,升降失调而致。平中汤宗吴鞠通"中焦如沤,非平不安"之意而拟,具有理虚实,调肝脾,适寒温,主升降的作用。重加荷叶以加强健脾升清之力,而达旋转胃气之功,使胃气和降而呕吐止。因此而体会到,治疗呕吐不能单纯用和胃降逆法,只有辨证求因,升降相宜,才能获显著之效。(杨巽隆)

医方验方

更年灵汤

方药:熟地30g,山萸肉30g,山药30g,枸杞15g,菟丝子15g,知母10g,黄柏10g,夏枯草10g,远志6g,菖蒲10g,磁石20g,朱砂2g(冲),生龙牡各20g,珍珠母10g,神曲10g,甘草5g。

功效:滋肾补阴,养血安神,平肝潜阳,交通心肾。

主治:更年期综合征。

加减:兼有头痛,加天麻10g、石决明20g;兼有盗汗,加地骨皮10g、白薇10g;兼有心悸、气短,加太子参15g、麦冬10g、五味子8g。

用法:水煎服。

病案:王某,女,48岁,2006年6月15日来诊。患者头晕耳鸣,心烦多梦,急躁易怒,面部潮热,盗汗,月经已闭,苔白厚,脉弦数。辨为肾阴亏虚,肝阳上亢,心神不交。治宜滋肾益阴,平肝潜阳,交通心肾。遂用更年灵汤加地骨皮10g,白薇10g,6剂,水煎服,日1剂,分2次服。复诊:上方6剂服后,诸症均明显减轻,续以上方去远志、菖蒲,加夜交藤20g,五味子10g,何首乌15g,泽泻10g,服5剂,诸症消除。

方解:方中熟地、山萸肉、山药、枸杞、菟丝子滋肾补肝;远志、菖蒲、磁石、朱砂,交通心肾,安神定志;知母、黄柏滋阴降火;夏枯草、生龙牡、珍珠母平肝潜阳;神曲顾护脾胃;甘草调和诸药。诸药合用,肾阴、肝阴得以滋补,肝阳上亢得以平潜,心肾得以交通,虚火得以降泻。全方用药、立法切中本病病机,故收效显著。(杨晓南 陈 光)

杨依方针灸经验

【名老中医简介】杨依方(1924~)上海市南汇人。主任医师。原上海市南汇县光明中医院院长。上海中医学会常务理事,上海市针灸学会理事,南汇医学会常务理事,南汇县政协委员,上海市继承老中医专家学术经验指导老师。上海市名中医。著有《针灸治验录》《杨永璇中医针灸经验选》《杨永璇中医针灸经验选》。

1 针药并用,内外同治

从医学发展史来看,古代是医不分科的,《左传》载医缓治晋候疾曰:"疾不可为也,在肓之上、膏之下,攻之不可,达之不及,药不至焉。"这里所说的攻就是灸,达就是针,药就是药物。张仲景著《伤寒杂病论》针药同用者颇多,如"太阳病,初服桂枝汤,反烦不解者,先刺风池,风府,却与桂枝汤则愈。"这是针药相辅为用的最好佐证。医之分科,肇自唐代,但历代医学皆不因分科而偏废针药,即使《针灸大成》编者杨继洲,《针灸聚英》作者高武等众所周知的针灸大家,也均认为"针、灸、药皆医家分内事。"他们报导了很多针药同用的治验病例。杨依方曾说过:"永璇公始创'针灸疯科方脉'就是把针、灸、药三者有机地结合起来,根据病情需要而合理使用,凡病适宜于针灸的,就针灸治之;适宜于药物的,就方药疗之;若需针药同用的,就针灸和药物兼施。针药并用可扬长避短,相互为用,达到提高疗效,解除患者疾苦的目的。这也是杨氏针灸流派的一大特色,务必悉心钻研,全面继承"。他在临床上运用针、灸、中药治病就是因人因病而施,决不千篇一律,根据辨证施治的需求,病种的轻重缓急,病灶部位大小择善而施。

案1 历节风

徐某某,男,51岁,下沙谈弄13队。初诊日期:1993年5月8日。主诉:腕、指、膝、踝肿胀疼痛多年。病史:左手腕、指关节、双膝、踝、趾关节肿胀疼痛,活动欠利、履步作痛、趑趄不前,由儿子背上三楼诊治。曾被上海长宁区某医院类风湿专科诊断为类风湿性关节炎,治疗经年,无明显效果。刻诊:舌苔薄腻、脉细数、腕、指、膝、踝关节肿胀、强直、不能屈伸,伴有发热,精神疲惫,肌肤萎黄。辨证:肝肾两亏,腠理空虚,寒湿乘袭,留而不去,郁久化热,正气阻遏,气血凝涩,故见关节肿胀,发热疼痛。诊断:历节风(类风湿性关节炎)。治法:清热利湿、消肿止痛。针灸取穴:风池1双侧、大椎Φ〇、风门Φ〇双侧、阳池Φ左、八邪Φ左、足三里Φ双侧、阳陵泉Φ双侧、商丘Φ双侧、丘墟Φ双侧、行间Φ双侧、侠溪Φ双侧,均平补平泻法。内服药:焦苍白术各10g,川黄柏10g,焦米仁12g、炒怀膝10g,生侧柏12g,细桑枝20g,粉当归12g,黑山栀12g,连翘壳12g,肥知母10g,飞滑石12g,炒福泽10g,车前炭(包)12g,金银花15g,赤白芍各10g。治疗经过:2、3、4、5诊每星期治疗一次,针灸、中药内服同上加减。6诊:(6月12日)症状渐见好转,关节肿痛逐渐减退,已能自己走上三楼诊治,患者信心大增,喜笑颜开,舌苔薄白、脉细、仍遵前法参治。取穴:同上。中药:焦苍白术各10g,川黄柏10g,焦米仁10g,炒怀膝12g,伸筋草10g,粉丹皮12g,生侧柏12g,桑叶5g,桑枝20g,羌独活各10g,粉当归12g,追地风10g,地龙干10g,制川乌各10g,赤白芍各10g,冬瓜皮10g,7剂。7、8、9诊,每周继续治疗一次,针灸中药同上加减续进。10诊(7月17日):关节肿胀疼痛均退,痹痛基本治愈。舌苔薄白、脉细,仍用上法以巩固疗效。取穴:同上;中药:焦苍白术各10g,川黄柏10g,焦米仁10g,炒怀膝12g,伸筋草10g,粉当归12g,制川乌各10g,地龙干10g,粉丹皮10g,五茄皮10g,粉防已10g,老鹳草10g,威灵仙10g,川桂枝10g,赤白芍各10g,14剂。11~15诊:每隔二周治疗一次,症状稳定,前法续进。16诊(10月9日):自7月17日以来,每二周自已骑自行车来门诊,作巩固治疗,症状稳定,肿痛不作,活动如常,舌苔薄润、脉细,再用前法参以活血养筋。取穴:同上;中药:焦苍白术各10g,川黄柏10g,焦米仁10g,炒怀膝12g,羌独活各10g,千年健10g,鸡血藤12g,川桂枝10g,片姜黄6g,伸筋草10g,粉当归12g,粉防已10g,地龙干10g,木瓜10g,细桑枝15g,14剂。嘱咐上药服完,即可停止治疗,经常联系,随访观察。(1994年4月该队类风湿性关节炎患者张某某来医院门诊治疗,称患者已能骑自行车到处探亲访友)。

按 类风湿性关节炎为较难根治的常见多发病,

如若失治则形成关节强直畸型，带病延年，痛苦不堪，针灸对本病有消炎退肿，活血止痛作用，但需作较长时间的连续治疗，才能稳定症状，逐年见效。其法以病灶局部取穴调整气血、消肿止痛；取风池、大椎、风门祛风疏邪，商丘以调理脾胃、清热化湿、扶正培元，配合中药四妙丸方为主加减，前期重用清热利湿之药，获效后注重祛风退肿之剂，善后期用活血和营、养筋舒络之法，以针药并用，相辅相成，内外同治，相得益彰，本案数年宿疾，两月而愈，疗效尚称满意。

2 刺罐结合，活血化瘀

火罐疗法来自民间，晋唐时期已广泛应用，是一种富有悠久历史的祖国传统医疗方法。《本草纲目拾遗》中提到："罐得火气合于内，即牢不可脱，……肉上起红晕，罐中有气水出，风尽出。"可见拔罐疗法就是利用负压使血液逸出血管，富有"吸邪外出，活血化瘀"之意，具有疏通经络，畅流气血，开豁毛窍，镇痛祛邪的功能，用以配合针刺，则更能起到吸收病邪从腠理外出，排除血瘀脓毒。永璇公为了提高疗效，解除患者痛苦，创造性地运用七星针轻刺重叩微微出血之后拔以火罐，吸出瘀血凝块，达到祛瘀生新、舒经活络的目的，杨依方在秉承家学，继承父业的基础上，又结合了几十年的治疗经验，故能在临床上心领神会，运用自如，通过辨证施治，循经取穴，治愈了不少属于气滞血瘀范畴的顽痹痼疾。

案2 痹症（颈椎综合症，颈椎、胸椎骨质增生）

於某某，男，41岁，南汇环卫所工人。初诊日期：1994年5月12日。主诉：肩颈背胛部疼痛作板。病史：两肩颈背胛部疼痛作板不适多年，在外院治疗无明显效果，病休已半载。目前二臂上举强痛不舒，时而头目昏眩作旋。刻诊：舌苔白腻，脉滑数。摄片示：颈椎3～7骨质增生、唇样变、胸椎上段骨质增生。辨证：环卫工人长期渍水，寒湿久稽络脉，气血运行受阻，络脉壅滞，不通则痛。诊断：痹症（颈椎综合症，颈椎、胸椎骨质增生）。治法：疏通经络，活血化瘀。取穴：针刺后加用七星针多针浅刺加拔罐的杨氏絮刺火罐疗法。取穴：大椎1⑦、椎顶1⑦、身柱1⑦、肩井1⑦双侧、风门1⑦双侧、心俞1⑦双侧、天宗1○双侧、肩髃1○双侧。治疗经过：一周后复诊，疼痛减轻，头目昏眩未作，初见成效，继续上法治疗，取穴同上加新设1⑦双侧、后溪1双侧。3诊：又隔一周，症状续见好转，强痛不作，疼痛亦减，仍用上法治疗，取穴同上。隔二周后，患者到医院外科看病时主动来针灸科诉述，上次针后肩背疼痛作板已愈，并晃动两臂，以示恢复正常。

按 脊椎肥大症属祖国医学"痹症"范畴，《素问·痹》认为"风寒湿三气杂至，合而为痹也。其风气胜者为行痹；寒气胜者为痛痹；湿气胜者为着痹也。"此案患者的致病以水湿为主，故证见疼痛重着，板滞不舒也。在临床上对脊椎肥大症的治疗是比较棘手的，往往成年累月，劳而无功，自采用杨氏针灸科流派特色之一的絮刺火罐疗法，以七星针多针浅刺加拔火罐用"刺卫者调气，刺营者出血"的手法，起到调和阴阳，疏通营卫，运行气血，舒筋活络的作用，可收活血化瘀，祛邪镇痛之功，取得了良好的效果。但一般来说，须治1～2个疗程（每疗程10次）才能奏效，如本案之速效者亦属罕见，这可能与年龄有关，《灵枢·论痛》曰："其身多热者易已；多寒者难已。"说明了青壮年生气旺盛，老年机能衰退，所以治疗效果就有差别。

3 辨证施治，通常达变

在祖国医学理论的一系列论述中，夜尿的常见发病原因不外乎以下几种：① 肾与膀胱俱虚，下元虚冷；② 脾虚不能散精，土失制水之功；③ 肺气不降，治节无权；④三焦失于气化；⑤ 小肠失其传运。所以在临床上针灸治疗夜尿一般采用温补脾肾，益气固摄的治疗原则，取穴以关元、三阴交为主穴，配以痛俞、太溪、气海、中极等穴位，疗效颇佳，但杨依方诊治一夜尿患儿，针刺取穴超越以上常规而获得满意的疗效。

案3 夜 尿

凌某某，女，12岁，医院职工家属。初诊日期：1994年6月16日。主诉：夜尿7～8年。病史：夜尿7～8年，晚上熟睡后不易叫醒，即使唤醒起来亦呈闭眼昏愦状态，东摸西摸，糊里糊涂，甚至起来小便后跑错房间也时有发生。刻诊：舌苔薄润、脉细，患儿营养尚可，发育正常。辨证：肾气不足，下元不能固摄，更兼心肾不济，神明统帅乏力，故见熟睡不醒而致尿床也。诊断：夜尿。治法：益肾固脬，调摄心神为主。取穴：印堂1、百会1、合谷1双侧、手针夜尿点1双侧、三阴交1双侧、足三里1双侧，均平补平泻法（下同）。治疗经过：隔周复诊，夜间无尿床，但须家长协助唤醒，时而仍有昏糊状态。取穴同上，加风池1双侧，人中点刺。又一周后3诊，夜间已能自己醒来小便，继续上法治疗。4诊：二周来无尿床，自己醒来排尿亦已半月，醒后神志清晰。继续上法巩固治疗。症已痊愈，因在暑期中，仍每周一次作巩固治疗直至开学。

按 杨依方认为此案患儿夜尿症当与神志有关，属心肾不济而影响了膀胱司溺作用，所以在治疗中取用百会、风池、印堂、合谷、三阴交加强提神醒脑开窍的作用，后又加针人中点刺，人中穴乃督脉经俞穴，督脉总督一身阳气，人中穴具有开窍醒脑提神升阳之功，足三里起补中益气之效，经治后夜间能自己醒来，且神志清楚，有时整夜不起床小便亦无尿床，说明患儿神明已复统帅自主控制的能力，夜尿症状痊愈。（杨 容）

注：关于本文医案中针灸操作符号说明如下：穴位右上角："1"表示针刺；"Φ"表示温针；"○"表示拔罐；"⑦"表示七星针叩打后拔以火罐。穴位右下角："双侧"表示双侧取穴；"左"表示左侧取穴。

絮刺火罐疗法

1 脊椎肥大症

根据病灶部位不同，先作七星针常规操作（由颈部发际向下，分督脉、侠脊之脉、背俞之脉分线分段叩打。颈椎病自发际向下叩到风门水平，胸椎病自大椎向下叩到胃俞水平，腰椎病自悬枢向下叩到腰俞水平），压痛反应点根据辨证施治原则，虚证用轻叩，每点叩打60～80次，结合拔火罐吸出汁沫稠液；实证用重叩，每次叩打100～120次，结合拔火罐吸出瘀血凝块。每星期1～2次，10次为1个疗程，休息2星期，症状未消失者，继续第2个疗程。临床患者79例，经推拿、牵引、理疗、局封、药物、针灸等方法治疗无效后改用絮刺火罐疗法。临床痊愈49例，好转25例，无效5例，有效率为93.7%。无效者多因患者怕痛不能坚持治疗所致。经随访1～15年，疗效稳定，个别稍有复发，经絮刺火罐疗法治疗1～2次，即可缓解，疗效较满意。

案 患者，女，43岁，素有腰腿痛，近因劳累剧发，疼痛向左腿胫踝放散，麻痛交作，影响睡眠，卧床不起。腰椎管造影示腰5～骶1椎间隙狭窄，椎间盘向左侧突出，伴骨质增生。经骨科牵引、封闭、中西药物治疗，效果不显。检查腰5及左骶髂关节压痛明显，左直腿抬高30°。用絮刺火罐疗法，3次后疼痛减轻，5次后能独自步行来门诊，共治10次痊愈，随访11年未发。

2 顽固性面瘫

面瘫因治疗不及时，或经多种治疗而未愈，迁延日久，一般在2个月以上未愈者，被称为顽固性面瘫。杨依方认为"久病必有瘀"，瘀血阻遏经脉，就应考虑从血分治疗，絮刺火罐疗法就是活血祛瘀通络的有效疗法之一。治疗患者17例，临床痊愈7例，好转6例，无效4例，有效率占76.5%。

案 患者，男，38岁。5个月前骑摩托车摔倒，左额、面部外伤，经外科缝合包扎后感到左侧面部板滞不适，拆线后见口角向右歪斜，以为是外伤所致未作治疗，持续四月症状未愈，乃作针灸治疗近1月，仍未见效，特来杨依方门诊治疗。来时见左侧面部牵强不舒，左额纹不现，左口角向右歪斜，左下额及右眼睑阵阵抽动，致人中有轻度倒错，左目闭合不全。此乃外伤气血妄行，经筋失养，络脉凝涩，日久未愈，瘀血阻遏。针刺人中、承浆、印堂、太阳（双）、颧髎（左）、地仓（双）、颊车（左）、阳白（左）、头维（左），起针后左侧阳白、地仓、颧器、颊车用絮刺火罐疗法。每星期1次，经3个月治疗后左目已能闭合，左额纹显现，仅留左头角因外伤缝合疤痕处额纹较浅，症状基本消失。

3 复发性荨麻疹

杨依方认为此乃病久有瘀之故，瘀血不去，新血不生，络脉为风邪阻遏所致，经用絮刺火罐疗法，每获奇效。临床患者7例，痊愈5例，好转2例，有效率100%。这类患者都因发病日久，经多种治疗无效，痛苦不堪，故在治疗中都能坚持到疗程结束并获得满意的效果。

案 患者，女，39岁。患荨麻疹20多年。1975年剧发，以后经常复发，以腰、颈部为多，近3个月来发作较为频繁，入夜痒甚，影响睡眠，曾服中西药物无效。舌质淡紫，苔薄白，舌尖有瘀点，舌下静脉青紫稍见充盈，脉细涩。证属风邪阻遏经脉，营卫失调，腠理疏松，病久必有瘀，以致反复发作。拟疏风解表，活血化瘀并治。针刺风池（双）、大椎、风门（双）、心俞（双）、膈俞（双）、肝俞（双）、脾俞（双）、曲池（双）、委中（双）、三阴交（双）。大椎、风门、心俞、膈俞、肝俞、脾俞针后用七星针叩打至微微出血，拔以火罐。每星期1次，10次为1个疗程。治疗中曾有发作，但来势较前减缓，有时可10多天无痒疹，1个疗程后嘱休治。2星期后来诊，诉述治后无发作，曾因感冒发烧，痒疹略有发作，稍逝即缓，风团色红，乃作第2个疗程治疗，期间曾食用海鲜食物未见复发，结束第2个疗程治疗，随访至1999年未发。

4 粘连型肩周炎

粘连型肩周炎用絮刺火罐疗法，当有满意的效果。患者19例，痊愈11例，好转7例，无效1例，有效率94.7%。

案 患者，男，59岁。右肩关节周围炎2年，时发时好，近半年来疼痛逐渐加剧并不能上举，肩关节前及三角肌附着处前缘疼痛压痛日夜不休，扪及条索状肿块。经絮刺火罐疗法治疗，5次后夜间疼痛缓解，已能入睡，10次后压痛点基本消失，右肩关节渐能伸举，20次后活动恢复正常，随访15年无复发。

5 股外侧皮神经炎

用絮刺火罐疗法治疗本病患者11例，痊愈6例，好转3例，无效2例，有效率81.8%。

案 患者，男，45岁。剧烈运动出汗后经雨淋，致感冒发热达40.2℃，住院治疗1天后热退身凉，突感右腿股外侧前廉麻木刺痛，灼热如焚。用絮刺火罐疗法，先用七星针沿麻木区周围呈螺旋形叩刺，由外及内一圈一圈向中心区缩小，最后仿齐刺法在麻木中心及上下共3点，重点叩刺至微微出血，拔罐吸出瘀血凝块，隔天1次。麻木区逐渐缩小，烧灼感渐退，4次后基本消除，5次后痊愈。若病久日深或麻木范围较大者可取扬刺法作重点叩打。

絮刺火罐疗法对神经性皮炎、网球肘、急性腰扭伤、落枕等因气滞血瘀形成的疾患亦有较好的疗效。

絮刺是一种多针浅刺的疗法，治疗时通过辨证论治，根据病情分别运用轻重不同手法，轻叩时有“刺浮痹皮肤”的“毛刺”和“浅内而疾发针，无针伤肉，如拔毛状，以取皮气”的“半刺”等浅刺作用，结合火罐拔出汁沫；重叩时有“刺小络之血脉”的“络刺”，“直入直出，数发针而浅之出血”的“赞刺”，“左右前后针之，中脉为故，以取经络之血者”的“豹纹刺”等刺血作用，结合火罐拔出瘀血凝块。（杨 容）

杨友发骨伤经验

【名老中医简介】杨友发（1958～）主任医师。1982年毕业于浙江中医学院。现任浙江省安吉县中医院骨伤科主任，浙江中医药大学兼职教授，浙江省名中医研究院研究员。浙江省名中医。擅长中医骨伤科骨折、脱位的手法整复内调外治、颈肩腰腿痛、损伤内证、骨关节病、痹症及其他疑难杂病的辨证论治。《中药冷敷剂在骨伤中临床应用》获2003年浙江省中医药科技创新二等奖。

颈椎病

1 六经分型及证治

1.1 太阳型颈椎病

颈椎病招致太阳经不能宣发卫外、阳不化气、或水液代谢失调，以致头项强痛连及后枕，或有肩背腰及肢体太阳经所过见症，舌淡红苔薄白，脉浮者，为太阳型颈椎病。脉浮缓者，治宜解肌舒经，桂枝加葛根汤主之；脉浮紧者，治宜散寒舒经，葛根汤主之；脉浮而滑数，苔黄腻者，宜清利通络，越脾汤合葛根芩连汤主之。如兼夹痰者，加二陈汤；见肾阴虚者，加六味地黄辈；肾阳虚者，加肾气辈；气虚者，加党参、黄芪。

案 刘某，女性，45岁。初诊日期：2003年4月22日。病史：项背疼痛板滞，双上肢疼痛麻木3年，每于春夏之交加重。X线片示，颈椎生理屈度改变，颈5～6椎体后缘骨质增生。血常规及血沉正常。曾服芬必得、乙酸哌立松、弥可保。颈复康冲剂配合颈椎牵引及局部封闭等治疗，无明显效果。颈项背部按之板硬，肩胛内上角压痛，左上肢后外廉疼痛。舌淡苔薄白，脉缓而无力。兼有失眠。诊断：颈椎病。证属太阳型颈椎病。治宜解肌舒经、宁神通络。处方：桂枝10g，白芍30g，葛根30g，炙甘草10g，生姜10g，大枣10g，当归15g，炙黄芪30g，全虫5g，珍珠母30g，熟地15g，麻黄3g，制附子5g，细辛3g。七剂。水煎日二次温服。复诊时痛麻及失眠见减，后以上方随证增损共服40剂而愈。

按 太阳与少阴相表里，病久累及太阳之里，舌淡脉缓而无力，故加地、附益肾，使桂枝疏太阳之经生源有继。芪、归益气养血，珍珠母宁神。葛根为治颈椎病要药，升津疏经。重用芍、甘以助疏经解挛之力，全虫以通络。其脉证治符合病人即时客观，故能取效。

1.2 少阳型颈椎病

颈椎病见少阳经所过见症，并具有少阳枢机障碍特点者，称为少阳型颈椎病。少阳主枢，主持调节太阳、阳明的开合。太阳为开指太阳阳气的输布开放，阳明为阖指阳明阳气的收敛下降。开合的作用是由枢机的转动来维系的。所以调节枢机便能调节开合，调节开合便能调节升降出入。故枢机对于人体而言，可触一发而动万机。少阳包括手少阳三焦经及足少阳胆经。“三焦膀胱者，腠理毫毛其应（《灵枢·本脏》）。”若三焦气机调畅，则太阳表气调和。胆之精汁排泄有常，则阳明之气可降，太阴之气可升。其纳运正常。故凡颈椎病，而见颈强项痛连及头则，或胸胁苦满，或口苦，头晕目眩，或干呕，颈肩背及肢体少阳经所过疼痛酸麻，手足温而渴，舌淡红苔薄白，脉弦者，为少阳型颈椎病。治宜和枢利颈。柴胡桂枝汤加葛根主之。随证加减：如兼耳聋如塞者，加《医林改错》之通气散（柴胡、香附、川芎）；兼肢体麻木者，加桑叶、鸡血藤、全虫；头眩目痛者，加石决明、白菊、龙牡等。夹瘀加三棱、莪术等；夹痰加半夏、浙贝等。

案 姚某，女，58岁。初诊日期：2004年3月6日。病史：颈头侧肩背部及双上肢疼痛麻木半月，以右为甚。右耳如塞，上肢可见结节红斑，疼痛较剧。伴有眩晕。无风湿及关节炎病史。血常规及血沉正常。抗O及RF正常。夜寐不安，大便溏。X线片示颈椎3～6勾锥关节骨质增生，生理屈度反弓。舌淡苔薄白。脉弦。诊断：颈椎病。证为少阳型颈椎病。治宜和枢利颈，通络平巽。处方：柴胡10g，桂枝10g，葛根30g，赤白芍各15g，干姜3g，生姜6g，香附10g，川芎10g，白菊10g，全虫5g，酸枣仁10g。服5剂后症状基本消失。尚有肢麻，守方加减共10剂而安。

按 本方以小柴胡加葛根和枢利颈，桂枝汤加干姜全虫等通络平巽，通气散以启少阳耳巧之闭，方随证立，法从机出，是尔有效。

1.3 阳明型颈椎病

颈椎病见阳明经所过见症，并具有阳明阖机障碍特点者，称为阳明型颈椎病。阳明之气收降之谓合。阳明合机障碍主要表现就是阳气不收和失降。阳气不收则热郁，不降则腑气不通。若日久合折则“气无所止息，而萎疾起矣（《灵枢·根结》）”。凡颈椎病，头部沉重感，伴头晕头痛，面赤目疼，或牙疼，胸腹灼热，腹满身重，或颈僵易疲，心烦急躁，或失眠多梦，或易汗出，偏肢或偏体出汗，或肢体废萎不用，以及阳明经所过见证者是谓阳明型颈椎病。若上腹胀痛，恶心，呕吐，口干，口苦，下利或便秘者，大柴胡汤加葛根主之；若肌肉萎缩，肢体沉重，抬举无力，步履困难，眩晕腰酸，舌淡红，脉弦细无力者，宜建中益肾。黄芪建中加熟地、葛根、鹿角片、故纸、肉苁蓉等。若肌肉萎缩，肢体不遂，面色萎黄，或肢体麻木，舌淡紫或有瘀斑，苔白，脉细涩或虚弱。宜益气活血通络。补阳还伍汤加减。

1.4 太阴型颈椎病

颈椎病见太阴经所过见症，并具有太阴开机障碍特点者，为太阴型颈椎病。太阴属土，主养藏。太阴之气开启，阳气内入以温煦脾土，运养诸脏者，是为太阴开机之生理。若阳不暖土，脏失温养，是为太阴开机之障碍。故“太阴之为病，腹满而吐，食不下，自利益甚，时腹自痛。”凡颈椎病，肩背痛而畏寒，时腹自痛，腹胀善噫，食不下或呕，大便溏泄，身体重，或有太阴经所过见症，舌质淡，边有齿痕，脉濡，或缓者，为太阴型颈椎病。治宜温养太阴，疏通经脉。桂枝人参汤加葛根主之。若头项强痛、发热无汗、心下满微痛、小便不利者，桂枝去桂加茯苓白术汤主之。

1.5 少阴型颈椎病

颈椎病见少阴经所过见症，并具有少阴枢机障碍特点者，为少阴型颈椎病。少阴主枢，能调节太阴、厥阴之开阖。太阴开启，阳气涵养于脾，以养四旁者，为太阴之开。厥阴合启，阴尽而阳生发，以启生长收藏者，为厥阴之阖。少阴包括手少阴心与足少阴肾，阳气涵养心肾，水火既济，少阴枢机运转正常，则有利于太阴之开与厥阴之阖。故少阴枢机障碍则火水未济，太阴厥阴之开阖不利，可招致湿水火风诸病。凡颈椎病，肢体沉重，抬举无力，活动牵强，筋惕肉瞤，头身摇。步履不稳，肌肉萎缩，身倦形寒，腰脊酸软，头晕目眩，舌淡苔薄白腻，脉沉细；以及少阴经所过见症者，为少阴型颈椎病。治宜温补心肾、平巽宁神。真武汤加葛根、鹿角膏、故纸、杜仲、半夏、莪术、炙芪、丹参、地龙主之。若伴心悸胸痛，失眠多梦，舌红，脉弦细数者，杞菊地黄合黄连阿胶汤加葛根括楼根主之。夹瘀者加三棱莪术、川芎、丹参、三七等。夹痰者加二陈汤、象贝、南星等。

案 祝某，男，70岁。初诊日期：2004年4月3日。病史：因患颈髓型颈椎病住某院拟手术治疗，术前谈话并已签字，定于次日上午手术，是夜越想越恐，翌日坚决拒绝手术，并签字出院。要求中医治疗。就诊时不能单独行走，由两人扶腋而行，行步不稳，自述头晕目眩，夜寐不安，四肢麻木，二便能自解。查体：双下肢肌力Ⅳ－，踝阵挛阳性，Hoffmann＋，自带MRI示C3～4、C4～5、C5～6间盘后中央突出，身倦形寒，腰脊酸软，舌淡苔薄白腻，脉弦滑。属少阴枢机障碍，火水未济，以致开阖不利，招致痰、瘀、虚、风等。诊断：颈椎病。证属少阴型颈椎病。治宜温补心肾、祛痰化瘀、宁神平巽。真武汤加味主之。处方：制附子6g，白术10g，葛根30g，鹿角片15g，故纸10g，杜仲10g，茯苓10g，半夏10g，莪术10g，炙芪30g，丹参15g，地龙10g，全虫5g。七剂。静点川芎嗪100mL，qd。配用颈椎气囊牵引器并摄生指导。一周后，症状明显改善，并单独步行就诊。守上方出入共21剂而诸证消失。

按 本案以真武疏理少阴，加入祛痰瘀虚风之品，少阴阳气运转，太厥开阖有度，方证相符，故效。

1.6 厥阴型颈椎病

颈椎病见厥阴经所过见症，并具有厥阴阖机障碍特点者，为厥阴型颈椎病。厥阴藏阴而内寄相火，阴尽而阳生者，阴阳之气交接有序，为厥阴之阖机正常。阴尽者，阴之终极也，阴尽而返，则阳始生矣。尽又精粹之意，阴之精粹得充，则生化有源，阳生之基陇。厥阴合机障碍，则阴阳气不相顺接，阳气不顺接，不与阴交则内郁而热，阴气不顺接不与阳交则内凝而寒，常见寒热虚实错杂之证。凡颈椎病，颈项不适连及巅顶，头晕目眩，或眼球震颤，口干夜盛，气上撞心，心中疼热，饥而不欲食，下利，舌质淡，苔薄黄腻。或肢厥怕冷，紫绀肿胀，上肢疼痛麻木，脉细者。以及见厥阴经所过见症者，为厥阴型颈椎病。前者治宜滋阴清热，温阳通降，柔筋通络。乌梅汤加葛根、括蒌根主之。后者治宜养血散寒，温通经脉。当归四逆汤主之。

案 周某，女，41岁。初诊日期：2004年5月9日。病史：患者胸胁痛，脘部不适，觉有气上冲咽喉，口渴引饮，尤以夜间明显，每晚要饮一热水瓶多开水，夜寐不安，时作心悸，眩晕便溏，不欲饮食。心电图正常，胃镜示：胃浅表性胃炎。曾求诊于内科多医，有用竹叶石膏汤者，有用泻心汤者，有用温胆汤者，亦有用栝楼薤白半夏汤者，有配西药施达舒、西比灵等等，共三月不效。经介绍求诊于余，作X片示：颈椎生理屈度改变，C5～6，骨质增生，C3～4，C4～5钩椎关节增生。颈部压痛，颈部旋转时眩晕加剧，舌淡，苔黄腻，脉弦细。诊断：颈椎病。此属厥阴型颈椎病。治宜滋阴清热，温阳通降，柔筋通络。处方：乌梅10g，细辛3g，干姜6g，黄连6g，当归15g，附子5g，蜀椒3g，桂枝10g，党参10g，黄柏10g，葛根30g，天花粉30g。5剂。并用颈椎气囊牵引，每晚1次，1小时。复诊时诸证改善，尤以夜间口渴改善显著，已不感口渴。寐安。但觉气上冲咽，原方加苏梗、厚朴服五剂而解。

按 病在厥阴，寒热错杂，识得真机，方证对应，故而见效。

2 立论依据与体会

2.1 颈部与脏腑经络关系密切

五脏六腑之精气上注者，必经颈部。颈部上撑头颅，下连躯体，为经脉所过之要道，头身气血相贯之要冲。是经络、气血、筋骨肌肉等的综合枢纽。经络是人体内运行气血、沟通表里上下、联系脏腑器官的独特系统。《灵枢·海论》说“夫十二经脉者，内属于藏府，外络于肢节。”《难经·二十二难》曰：“经脉者，行血气，通阴阳，以荣于身者也。”人体气血之所以能够通达全身各部发挥各部作用，全赖于经络的传注。当人体遭受各种因素损伤后，经脉失常，气血运行受阻，机体抵抗力减弱，外邪或疼痛刺激可通过经络传递作用而影响脏腑的功能。如颈椎及其容纳的脊髓等病变，可通过经络作用而影响脏腑等的功能，并可通过经络表现出各种证象。

2.2 颈椎病临床表现复杂，现代医学分型不能指导中医辨证论治

颈椎病是指因颈椎退行性变引起颈椎管或椎间孔变形、狭窄，刺激、压迫颈部脊髓、神经根、交感神经造成其结构或功能性损害所引起的临床综合征候。根据病理变化，颈椎病可分为七型：①颈型；②神经根型；③脊髓型；④椎动脉型；⑤交感神经型；⑥混合型；⑦其他型。颈椎病临床表现涉及面广，上至头部，下至腿脚，浅至皮肤，深至内藏。既有形体异常，又有精神变化。颈椎病相关病证繁多而复杂。西医分型不便指导中医辨证论治。虑颈椎病与经络脏腑关系密切，故用六经分型对颈椎病辨证论治，是运用中医理论以指导颈椎病治疗的一种临床思维方法及辨证工具。

2.3 六经分型辨治颈椎病有执简驭繁的特点

取六经辨证之精髓，结合开阖枢理论，将颈椎病的复杂多变的临床表现，以六经分型论治。这样便于求责归属。对颈椎病要审症查机、求证司屬、守机循证。以使脉证病机方药与颈椎病病人的即时客观相统一，重视个体化治疗。

2.4 坚持中医的临床思维，重视对病患者病情的即时病机的把握，是取效的关键。还需合理地配合牵引、针推、理疗、对患者的摄生指导等可提高疗效。

杨友鹤临床经验

【名老中医简介】杨友鹤(1909～)河南孟津人。教授,主任医师。原任职于河南中医学院第一附属医院。仲景国医大名誉教授。全国老中医药专家学术经验继承工作指导老师。享受国务院政府特殊津贴。从医70余年,擅长胃肠病、糖尿病的中医药治疗。

临床经验

血 证

1 止血之法

1.1 急性出血,当苦寒直折

血得热则妄行,急性出血,多为阳热亢盛之实证。或由于脏腑实热,热盛伤及血络引起,或因气盛化火,气逆上冲,血随气逆所致。丹溪曾谓“血无火不升”。此时必当以苦寒直折其火,火热去则血安。杨友鹤在临证中对急性出血患者多投以犀角地黄汤清热凉血,或以苦寒之黄连、黄芩、大黄,清热解毒、泻火,重剂急投,以泻其火而凉其血。患者在出血时,往往伴有高热,此非外感之热,乃邪热炽盛于里所致,表散而热不能退,当配以重剂之生石膏以清其热。以寒凉重剂既可凉血止血,又有降气泻火之功,往往能使急重之血证转危为安。

1.2 慢性血,以炭类缓涩

慢性出血患者,病程迁延,正气必伤。气虚不摄,血溢于脉外。此时若再用寒凉,更伤正气,则血愈不能归经,若骤然止血,血虽止而瘀于体内,则变证又出。此时最宜炭类缓涩,“血见黑则止”,对此类出血,杨友鹤临床多以生地炭、熟地炭配二花炭以缓涩止血。生熟地本为滋补脾肾之品,制炭用以止血,以前文献中来见到,此乃杨友鹤临床之验。生熟地炭之用,则存其补正之性,去其滋腻之弊,而又平添涩血功效。补先后天之本,兼以涩出血之标,对于妇女久漏等慢性失血辨证加入,确有涩止之功。

2 治本之法

2.1 气血相生,补脾胃之气

血证患者中又常见因虚而出血之患者,因脾虚不能统血而见慢性失血;另有急性出血患者,大出血得以控制后往往转为气血两虚,而见慢性失血不止,此时当补脾胃之水以生血、统血。若脾能健运,中焦气畅,则能化生气血,脾之统摄有权,使血不外溢;倘脾胃虚弱,生化无源,则气血俱虚,脾无统摄之力而失血不止。此类出血的治疗当益气健脾以统其血。杨友鹤常说,气血惧虚之血证,仅以滋养阴血之品难止其血,难生其血,盖阴柔滋腻之品有碍胃之弊,久用则伤及脾阳,使化源愈竭,脾不统血,血愈难止。此类血证的治疗,必重脾胃之气。临证中多以圣愈汤(养血之四物汤加益气药人参、黄芪)加减,取其气血相生。

2.2 活血化瘀,查临床见证

血证急性出血骤然得止后,往往会出现血瘀见证,此时必配以活血化瘀药物,否则,出血虽止将变证丛生。不仅如此,杨友鹤认为,血瘀亦能引致出血,多因久病入络,使血脉瘀阻,血行不畅,血不循经而致。对此等出血必当治其根本,即所谓“宜行血不宜止血”的适应症,止血则血液凝滞,更阻其络,反加重出血,必消其瘀实之本,以治其出血之标。故凡以“瘀斑、甲错、舌紫暗”等血瘀见证为主的出血患者,或大出血骤然得止有瘀血征象者,他用药多配以活血化瘀之品,善用鸡内金消散瘀血。鸡内金治瘀,《医学衷中参西录》中有载:“鸡内金性甚平和,而善消有形之郁积,服之既久,瘀血坚结者,自然融化。”验之临床,卓有良效。

3 病案举隅

3.1 便 血

许某,男,54岁,便血、腹泻一年余。患者一年前无明显诱因出现血便、腹泻,查大便中有大量红细胞、白细胞,作乙状结肠镜及X线钡剂灌肠检查,并排除其它疾患,诊为非特异性溃疡性结肠炎,曾服抗生素、激素、免疫抑制剂及中药治疗,效果不佳,求治于杨友鹤。初诊:便血夹杂黏液,腹泻日2～3次,腹隐痛,伴头晕失眠,神疲乏力,舌质淡红,苔薄白,脉沉弦,重取无力。便血日久,伤及脾胃,脾不统血,更致出血加剧。拟益气养血,佐以缓涩为法。药用:生、熟地炭各15g,二花炭15g,黄芪30g,太子参20g,山药30g,黑山楂30g,茯苓30g,泽泻15g,车前子15g(包煎),黄连9g,木香3g。14剂。二诊:患者腹泻止,便血转轻,精神亦振,胃纳渐佳。药已奏效,以上方去车前子连服二月余,诸症全消。1年后随访,未曾复发。

3.2 吐 血

刘某,男,66岁,1993年7月9日诊。患者3天前因饮食失节,加之外感,上腹部疼痛作胀,呕吐大量咖啡色胃内容物。诊为上消化道出血,经X线拍片为食道静脉曲张,患者拒绝手术,故来求服中药。诊其精神疲乏,口干唇燥,胃脘灼热疼痛,大便秘结,4日未行,小便色黄。舌红,苔黄腻,脉弦数。证属内结饮食，外感风热，互积于里，灼伤血络，迫血妄行，气血上逆而致。宜凉血降火，拟三黄泻心汤加味：大黄12g（后下），黄芩15g，黄连6g，二花炭12g，丝瓜络12g，三七粉3g（冲服）。1剂，急煎顿服。药后矢气频作，下黑色燥屎十余枚，呕血渐止。复诊予沙参麦冬汤合鸡内金、丹参十余剂以养阴和胃、活血化瘀。愈后随访，未再复发。（杨守峰 陈华 杨雪琴）

糖尿病

1 诊治要点

糖尿病是以高血糖为主要特点，久病可引起多系统损害。本病属中医"消渴"范畴，杨友鹤认为本病的病因病机不外两端，一为燥热阴亏，一为脾肾两虚。如嗜食肥甘厚味，烟酒无度，可致脾胃积热，灼伤阴律，或情志失调，五志过极，化火伤津，二者相合，致燥热阴亏，热灼于肺，则渴而多饮；热灼于胃，胃火炽盛则易饥多食。若病延日久，精微下泄，或正气本虚，房劳伤肾，皆可致阴精亏损。肾主精为先天之本，肾虚不能温养脾土，中焦虚弱，生化告竭，而致脾肾两虚，阴阳俱损之候。脾虚肌肤失养，则消瘦乏力；肾虚封藏失职则小便量多，或如膏脂。久病肾虚及肝，阴损及阳，脾肾衰败，加之瘀血阻络，可致内障、雀盲、中风偏废、坏疽、水肿、关格等种种变证。杨友鹤经过长期的临床实践，将本病分为阴、阳两大证型。阳证者以燥热阴亏为主，多见于本病的早期；阴证者以脾肾两虚为主，多见于本病的中晚期；久病入络，兼见瘀血内阻之证。

2 辨治特色

现代医学认为糖尿病是终身疾病，不能根治。但杨友鹤认为，中医学博大精深，正确运用中医药是完全可以治愈糖尿病的，这一点亦为他治愈的众多糖尿病患者所证实。杨友鹤强调，治疗糖尿病要有整体观念，辨证论治，推崇用仲景方，认为仲景方是治疗糖尿病的主方。对燥热阴亏者治以清热生津，佐以健脾疏肝，方用白虎加人参汤合小柴胡汤化裁，药用：人参、生石膏、知母、柴胡、黄芩、天花粉、山药、黄芪、甘草等。对脾肾两虚者治以健脾固肾，阴阳并调，方用金匮肾气丸化裁，药用：黑附子、桂枝、山萸肉、山药、丹皮、泽泻、生熟地、枸杞、白芍、人参、黄芪、天花粉、覆盆子、丹参等。杨友鹤针对糖尿病阴虚燥热、脾肾两虚的病机，创立糖尿病合剂1号。由太子参、知母、柴胡、黄芩、天花粉、黑附子、桂枝、山萸肉、丹皮、熟地、枸杞、黄连、覆盆子、山药14味组成。临床可根据情况灵活加减，随证治之。常加丹参、郁金以活血，苍术、玄参以降血糖，黄芪、山药以降尿糖；皮肤瘙痒合三豆饮（银花、甘草、黄豆、绿豆、黑豆）；胃中嘈杂，加鸡内金、焦三仙；大便干结加大黄，下肢肿大加茯苓皮、冬瓜皮，视物不清加决明子、女贞子、石斛，便溏加炒当归，生熟地炭易生熟地。为求远期疗效，自制抗糖灵胶囊（西洋参、黄连、山萸肉、生石膏、天花粉、黄芪、人参、枸杞、山药等）以清热生津，滋阴补肾作为巩固方。

杨友鹤认为糖尿病的发生是阴阳平衡失调的结果，强调治疗糖尿病不能一味追求"降糖"，而重在"调整"。只有从整体观念出发，辨证施治，治病求本，才能达到阴阳平衡，气血调和，从而使症状消失，血糖恢复正常，最终使疾病痊愈。

3 调护措施

杨友鹤特别重视糖尿病患者的生活调护，指出在饮食上宜粗细粮各半，吃饱吃好，如一味节食，使化源不足，气血亏虚，对疾病恢复 不利。粗粮多用绿豆、黑豆、黄豆、高粱面；细粮选用白面、大水等 少食含糖量高的食物，如玉米、小米、红薯；多食疏菜及含糖量低的水果。第二要保持心情舒畅，切急躁，使患者树立起战胜疾病的信心和勇气。第三勿过劳，节制房事，并适当进行体育锻炼，加速气血运行，加快新陈代谢，促使疾病早日康复。

4 病案举隅

时某某，男，62岁。1981年6月就诊。自述4个月前不明原因出现口渴多饮，小便日数10次，倦怠乏力，在当地某医院诊断为糖尿病，用中西药治疗3个月无效。诊见：神疲乏力，体胖，口渴多饮，胃中嘈杂，易饥，小便日10余次，有泡沫，烦躁，耳鸣，视力减退，大便日1次，面色无华，舌质红，苔薄黄，脉沉细。查血糖16.8mmol/L，尿糖（++）。辨证：热灼阴津，气阴两亏。治法：清热生津，健脾益气。处方：党参30g，生石膏30g，知母10g，柴胡10g，黄芩10g，黄芪30g，茯苓30g，花粉30g，鸡内金10g，桂枝10g，山药30g。并配抗糖灵腔囊每次7粒，1天3次。二诊（7月18日）：上方连用20余剂，口渴已减，嘈杂已除，小便日5～6次，血糖下降为11.76 mmol/L，尿糖降为（+）。上方去生石膏、花粉，加枸杞、山萸肉。三诊：上方连用10余剂，诸症消失，精神好转，血糖5.88 mmol/L，尿糖（-），连查3次，均属正常。嘱服抗糖灵巩固疗效，2a后随访未见复发。（郝现军 王冠民）

医方验方

转舌丹

方药：石菖蒲10g，郁金10g，连翘10g，炒栀子10g，姜半夏10g，茯苓30g，青皮10g，辽细辛1.5g，牙皂1.5g，胆星1.5g，薄荷10g，炒枳实10g，大黄10g。

主治：中风不语，半身不遂。

用法：上药煎成去渣，用竹沥油 20mL，姜汁 10mL，兑入煎液服之。

加减：兼骨节肿痛者可加羌活；大便艰难者倍加大黄；小便短赤涩者加木通、莲子芯。

病案：赵某某，男，50 岁。1983 年 2 月中旬诊。初患病时口眼歪斜，手足不遂，舌强言语不出，纳差。经郑州多家医院检查．确诊为脑血管意外，用中西药及针灸治疗未见效，随来求治。余诊其脉，弦滑无力；观其舌，舌质红，舌尖绛，舌苔白腻，舌体胖大。此为风邪入中，经络闭塞，痰湿内阻，脏腑不和，乃风、火、痰、湿所致病，用此方为基础，根据辩证施治，有斯病用是药，随证加减，以轻剂多服，使其经络通畅。服药 20 余剂之后，则舌由强转活，食入语出，头晕好转，四肢伸屈自如。后以此方为主，调入参、芪之类以扶正祛邪之法而告痊愈。随访几年，患者至今健在，无后遗症。

方解：中风不语、半身不遂多为痰火发越，壅塞关窍，痹阻经络，而痰火之形成又与心肝脾三经关系密切，故本方从心肝脾三经立法用药。方中石菖蒲、郁金开心肝之窍；连翘、栀子泻心肝之火；半夏、茯苓除湿化痰；枳实下气，大黄泻热．青皮行肝木之抑郁，薄荷散上焦之风热，胆星涤痰涎兼能通经脉之郁壅，竹沥、姜汁通行经络。合奏行气泄火，涤痰开窍，解郁通络之效。

杨泽民消化病临床经验

【名老中医简介】杨泽民（1927～）江苏金坛人。主任医师。1946 年毕业于上海中国医学院。现在常州市中医医院消化科名老中医专家门诊室工作，南京中医药大学兼职教授，常州市中西医结合学会副理事长，江苏省中西医结合学会消化病专业委员会委员。首批全国老中医药专家学术经验继承工作指导老师。江苏省名老中医。从医 50 余年，擅长诊疗消化系统疾病。发表论文 30 余篇。

肝功能异常

1 对单项谷丙转氨酶（ALT）长期波动或持续不降者，以疏肝健脾活血为法

肝炎患者的血清谷丙转氨酶下降与否，医生和患者都很重视，部分患者虽服用多种保肝降酶中西药物，谷丙转氨酶长期波动或持续不降的情况时有发生。一般对谷丙转氨酶增高的治疗多倾向于用清化之品，如垂盆草、田基黄、半枝莲、蛇舌草、败酱草、蒲公英等达数十种之多，但片面强调使用这些药物往往无效，反有助湿碍脾之副作用，五味子降酶一度应用过滥，停药后常有反跳之虞，并有报道五味子制剂治疗过程中出现黄疸。杨泽民经长期实践，反复比较认为单项肝功能谷丙转氨酶增高多属慢性迁延性肝炎，肝功能损害相对尚轻，谷丙转氨酶之所以长期不正常，皆由肝脏疏泄功能失职，致湿热余毒没有被及时清除，或肝郁脾虚，机体抗病能力不足，免疫功能紊乱所致。肝郁宜疏，脾土当运，又因肝为藏血之脏，肝郁则血滞，故治疗应以疏肝健脾活血为法，选用逍遥散方加丹参、川芎等活血药物，降酶屡获效验，且疗效稳定，无恋邪反跳之弊。

案 1 丁某，男，33 岁。因患肝炎治疗好转后谷丙转氨酶又反跳，近 3 个多月来持续波动在 100 单位上下，先后用过肝炎灵针，灭澳灵片、苦寒降酶中药等均未奏效。来院就诊时自觉胁肋胀痛，脘闷腹胀，纳谷不香，体倦乏力，脉弦苔薄白，化验肝功能仅谷丙转氨酶 97 单位，余（－），中医辨证肝郁脾虚，予疏肝健脾活血。处方：柴胡 10g，当归 10g，白芍 10g，白术 10g，茯苓 15g，丹参 15g，川芎 10g，郁金 10g，生姜 2 片，薄荷（后下）2g，甘草 2g。约 1 月后症状好转，复查谷丙转氨酶降至正常，又服药月余以资巩固，经随访 1 年，未再复发。

2 对肝功能絮浊试验异常长期不降者，从益气养阴活血入手

肝功能絮浊试验异常是肝脏蛋白质代谢障碍的标志，表示肝脏有实质性损害。杨泽民认为，若肝炎迁延不愈转为慢性，絮浊长期不降，临床常显示正气损害，多表现为胫酸、腹胀、纳呆、乏力等气虚症状，或咽干、口苦、眩晕、失眠等阴虚症状，因肝脾不足，脾运失职升清降浊失调，气血生化之源不足，蛋白合成减少；又因肝体阴用阳，病变时阳常有余阴常不足，病程日久，肝肾阴血常耗伤，如用清热药不宜过于苦寒，祛湿理气药不宜过于香燥，补益药不宜过于辛温，此外，病久必瘀，常有不同程度的瘀血征象存在。据此，他常从益气养阴活血入手，喜用参芪一贯煎酌加活血化瘀之品，降絮效果虽不及降酶满意，但较以往有明显提高。对部分慢性活动性肝炎，若采用激素或免疫抑制剂治疗，则应在严格掌握适应症，注意测定细胞免疫功能和防止发生严重副反应

的同时，配合益气养阴活血中药治疗，将有利于疾病的康复。

案2 戚某，女，40岁。患慢性肝炎、早期肝硬化十多年，每因劳累后发作，证见胁胀痛，眩晕，腰酸，乏力，纳差，口干苦，舌红苔薄白，脉弦细。查面部毛细血管扩张，肝脾肿大质中，化验肝功能絮浊试验持续异常。在外地曾以强的松治疗无效，一般情况较差，伴咳嗽，左侧腰部发带状疱疹，考虑患者因抵抗力差而发生感染，可能与激素应用有关，测定旧结核菌素试验（-），乃逐步撤减强的松，加用抗生素控制感染，然后改用益气养阴活血中药。处方：党参12g，黄芪20g，沙参10g，麦冬10g，当归10g，生地12g，郁金10g，丹参20g，川楝子10g，赤芍10g，甘草3g。症状逐步控制，全身情况和免疫功能均好转，旧结核菌素试验（+），继续守方调养3个月，肝功能恢复正常，病情好转稳定，恢复轻工作。

3 对乙型肝炎表面抗原（HBsAg）持续阳性者，坚持扶正祛邪转阴

HBsAg转阴治疗常令临床医生感到棘手，西医除干扰素似有暂时阻断乙型肝炎病毒在体内复制作用外，尚无肯定的有效方法。中医药治疗实验室的结果和临床效果有时不完全一致，临床常见的HBsAg携带者多无明显症状，给辨证论治也带来一定困难。杨泽民根据HBsAg持续阳性主要与病毒持续感染和机体免疫功能低下有关的论点，认为本病发生发展过程是正气与病邪相互斗争的过程，不管临床表现有多大差别，机体内正虚和邪实始终同时并存。因此，正确采用有利于增加机体免疫功能，清除HBsAg、中止乙型肝炎病毒慢性感染的扶正祛邪法则，对促使HBsAg转阴可能具有积极的意义。他积多年经验，自拟转阴方治疗，由黄芪、当归、虎杖、杞子、丹参、仙灵脾、蛇舌草组成，每周服药5天停药2天，一般坚持治疗3～6个月，定期复查HBsAg（近年来查两对半），据初步统计90例疗效结果，HBsAg转阴率约40～50%，HBsag转阴率达50～60%。

案3 杜某，男，29岁。2年前发现无黄疸型肝炎，当时化验肝功能转氨酶增高，HBsAg阳性，经中西药物治疗，转氨酶已下降正常，HBsAg仍持续阳性，自觉无何不适，查两对半HBsAg、HBeAg均阳性，诊断为乙型肝炎，予扶正祛邪治疗，采用自拟转阴方坚持守方3个月，HBsAg转为阴性，再治1月，HBsAg滴度从1:256降为1:64，又治1月，HBsAg转阴，并出现抗-HBs阳性，经随访半年未再复发。

4 对有合并症肝炎的治疗，掌握各自特殊规律

肝炎患者由于合并症的存在，导致肝功能异常的情况常易被忽略或误诊，临床医生应予以重视，并掌握各自特殊的治疗规律。

4.1 合并脂肪肝

临床上肝炎合并脂肪肝者不在少数，往往由于病后多食甜味和脂肪摄入过多，加之久卧少动所致，有时血清谷丙转氨酶始终偏高，虽积极保肝降酶治疗无效。杨泽民常言：脂肪肝与肝炎病均不离肝脾，但病理因素则有不同，治法也当有别，脂肪肝的治疗宜注重化痰祛湿活血，对远期疗效的巩固更应注意健脾。

案4 徐某，男，30岁。半年前患急性肝炎，经治疗症状好转，但多次复查肝功能谷丙转氨酶一直波动在60～90单位，转院求治。自觉食欲好，乏力，大便不畅，体重增加，苔腻脉弦滑，化验血脂偏高，B超检查证实为脂肪肝。以逍遥散合香砂平胃散随症加减，处方：柴胡10g，郁金10g，木香10g，砂仁2g，苍术10g，川朴10g，丹参20g，当归10g，首乌20g，虎杖15g，甘草3g。约2月后转氨酶下降正常，体重减轻3公斤，复查B超：脂肪肝消失。

4.2 合并胆道感染

有时谷丙转氨酶不下降或反升高的原因是由于肝炎合并了胆道感染，此乃“肝胆同病”。杨泽民认为，“肝气有余则胆热”（《圣惠方》），“肝气热则胆泄”（《素问·痿论》），说明了肝病及胆的病理传变，至今仍有一定的临床指导意义。他强调其治疗必须疏泄和清利合法，尤应注重后者，旨在祛除湿热之邪。在胆道感染控制后，常见肝脾两虚之证，则改以柔肝健脾为主，用归芍六君子汤加减，疗效尚满意。

案5 张某，女，46岁。3月前患急性肝炎，经治疗好转，近日来又感右胁胀痛，放射至右肩背，恶心、厌油、畏寒、发热37.8℃，巩膜轻度黄染，胆囊区压痛，查血：白细胞12400，中性80%，谷丙转氨酶96单位，B超诊断为急性胆囊炎，运用自拟疏肝清胆汤治疗。处方：柴胡10g，黄芩10g，金钱草30g，虎杖15g，郁金10g，延胡索10g，鸡内金6g，香附10g，白芍10g，大黄6g，甘草3g。数日后热度下降，腹痛缓解，二周后谷丙转氨酶恢复正常，再以归芍六君子汤加减善后，终获痊愈。

4.3 合并弥漫性血管内凝血（DIC）

重症肝炎有时可引起DIC，盖由于感受时邪疫毒深重，湿热炽盛化火，传变迅速，内陷营血，血热炽盛，伤络动血，甚则津液阳气骤然暴脱所致，此时肝

功本能损害极为严重，病情十分凶险，死亡率很高。临床表现多见有热盛血瘀征象，严重者兼有亡阴或亡阳危象。杨泽民主张以清热解毒凉血止血为主，佐以活血化瘀，早期应用犀角地黄汤合血府逐瘀汤为好，鉴于本病病情常十分严重，必须同时采取中西医结合抢救措施进行治疗。（洪哲明）

脾胃病

1 补中理气苦泄法治疗十二指肠球部溃疡

“球溃”患者，病程一般较长，饥时胃脘疼痛明显，得食则缓，遇寒、冷食、硬食加重。餐后又多现上腹(月真)胀、嗳气。且又常见胃脘嘈灼、泛酸。舌质淡红，苔薄白或淡黄，脉细或弦。杨泽民认为，此病机属中焦脾胃虚寒，气机阻滞，且兼夹郁热。治疗以黄芪建中汤为主方，温补脾胃中阳；加砂仁、姜半夏、延胡索以理气行滞止痛；加煅瓦楞以制酸；再合吴萸、川连、薄荷以泄热。他认为，胃中郁热的轻重，与炎症轻重、胃酸高低有关，与幽门螺杆菌感染程度有关。故根据患者的临床症状，并结合幽门螺杆菌检测的强弱，来调节泄热、制酸之品的用量，疗效更显。泄热之品，杨泽民十分推崇薄荷，认为其具有辛凉透热、理气、化湿之功，对于胃有郁热、口中粘腻、嗳气不畅者，疗效确实明显。“球溃”患者，一般连续治疗2月左右告愈。部分患者服药第二、三天即痛平、嘈杂止。少数服雷尼替丁、洛赛克无效的病患，经他诊治后，亦取得了明显疗效。溃疡愈后，杨泽民继以中药汤剂或丸散剂巩固治疗2～4个月，并从饮食、情志、起居调摄等方面对患者作详尽指导，明显降低了复发率。经对30例患者随访观察1年，复发率仅为13.3%。

案1 王某，女，48岁，工人。1997年7月9日初诊。胃脘疼痛、嘈杂半年，饥时明显，得食稍缓，餐后作胀，嗳气、矢气好转，受凉、进冷食加重，近10天症情尤重。舌淡红，苔薄黄，脉弦。胃脘部压痛明显。胃镜检查：十二指肠球部溃疡(D＝0.5cm)，浅表性胃炎。诊为胃脘痛，病机为中焦虚寒，气机阻滞。治拟温补中阳，理气行滞，佐以苦泄。处方：黄芪20g，桂枝10g，白芍10g，姜半夏10g，淡干姜2g，砂仁3g，薄荷5g，延胡15g，煅瓦楞30g，吴萸1g，川连3g，生草3g。以上方为主，连续服药57剂，经胃镜复查，“球溃”愈合。

2 理气化痰降逆法治疗食管贲门失弛缓症

本病每因情志不遂、饮食不节而诱发，证见进食梗噎不畅，甚则食入即吐，噫气频频，泛吐痰涎，情志抑郁，舌质淡红，苔薄白或腻，脉细或弦。胃镜检查食管贲门无器质性病变。杨泽民认为，本病机理为痰气郁结，食管气机不畅，失于和降。治宜理气化痰，解郁降逆。经验方为：苏梗10g，枳壳10g，姜半夏10g，陈皮10g，砂仁3g(后下)，薄荷5g(后下)，贝母10g，香附10g，郁金10g，生草3g，生姜2片。口苦、舌偏红、苔黄者，加川连3g以苦降；正虚者，加党参10g，黄芪20g，当归10g，以补益气血。

案2 于某，女，45岁，工人。1997年11月8日初诊。因丧子悲泣，半年来进食梗噎不畅，近1周加重，稍进食即感胸中有气上攻，继而呕吐食物及痰涎。在他院服西药、静脉补液无效。见神萎形瘦，面色无华，舌淡红，苔薄白，脉细。胃镜检查排除食管贲门器质性病变。辨证为痰气郁滞，通降失司。治拟理气解郁，化痰降逆，佐以补益气血。处方：苏梗10g，枳壳10g，姜半夏10g，陈皮10g，砂仁3g(后下)，薄荷5g(后下)，贝母10g，郁金10g，香附10g，党参10g，黄芪20g，当归10g，生草3g，生姜2片。服上方5剂，呕吐止，进食梗噎明显减轻，精神、面色好转。继服10剂痊愈。

3 辛开苦泄法治疗食管炎

食管炎的产生，多因进食辛烈、烫、硬饮食不节，或因进食过冷、过酸食物，直接损伤食管，或因胃火上迫，泛吐酸苦，灼伤食管。临床证见胸骨后嘈灼疼痛，影响进食，舌红，苔黄，脉弦。胃镜检查可见不同程度的食管黏膜充血、水肿、糜烂、条索状肥厚增生。杨泽民指出，本证属胸痹范畴，病机为热郁胸膈，治当予辛开苦泄。辛开者，开泄郁结也；苦泄者，降泄火热也。经验方为：吴萸2g，川连4g，薄荷5g(后下)，芦根30g，银花10g，连翘10g，山豆根6g，白芍10g，姜半夏10g，砂仁3g(后下)，瓜蒌皮15g，枳实10g，煅瓦楞30g，生草3g。方中吴萸、薄荷辛开宣泄宽胸，川连、芦根、银花、连翘、山豆根、白芍苦寒清泄，姜半夏、砂仁、瓜蒌皮、枳实理气宽胸、化痰降逆，瓦楞清胃热，止酸，临床应用，疗效明显。

案3 丁某，男，34岁，干部。1997年11月25日初诊。因连续多次进食火锅饮食，饮酒，致胸骨后嘈灼疼痛10余天，进食时疼痛尤甚，口苦，舌质红，苔薄黄，脉弦。胃镜检查示：食管黏膜充血，散在糜烂，诊断为食管炎。予上方口服，7剂后临床症状基本消失，继服10剂后，胃镜复查，食管黏膜充血糜烂消除。

4 温中降逆法治疗呃逆重证

杨泽民认为，呃逆一症，多因寒邪伤中，胃阳被遏，其气上逆所致，治疗当以温中降逆为大法。其加味丁香散，应用于多例呃逆重证的治疗，真可谓效若桴鼓。

案4 姚某，男，41岁，农民。1997年7月10日初诊。由于受凉、饮冷，呃逆频作已持续10天，寝食不安，十分痛苦，西医治疗数日无效，求治于杨泽民。证见舌质淡红，苔薄白腻，脉弦。此乃寒遏中阳，胃气不舒，治拟温中止呃。予加味丁香散：丁香2g，柿蒂10g，桂枝10g，吴萸2g，干姜3g，姜半夏10g，砂仁3g（后下），陈皮10g，生草2g。5剂。5天后复诊，述服前药2剂，呃逆即止。目前食欲尚未完全恢复。继拟香砂六君丸方5剂善后。

5 调肝脾、温清兼施，治疗慢性结肠炎及肠功能紊乱

慢性结肠炎，肠功能紊乱，属中医"泄泻"范畴。临床以腹痛、大便溏薄、次频、色黄、夹有泡沫或赤白黏冻、腹痛即泻、泻后痛止或虽减不止、肠鸣漉漉等为主要症状，舌淡红，苔白腻或黄腻，脉弦或细。腹部压痛可位于下腹部，左腹部、脐周或满腹部。病程迁延日久，每因受凉、进冷食或油腻刺激饮食、精神忧郁、紧张而加重。治疗十分棘手。杨泽民经过多年临床探索总结，归纳其病机为肝脾不调，寒热错杂。病情迁延日久致脾弱而肝旺，久泻脾之阳气虚弱，运化失司且肠中湿蕴化热。治当调肝补脾，温清兼施，以白术芍药散加味，取名"肠Ⅲ号方"，临床疗效显著。观察40例，治愈率78%，总有效率93%。具体组方为：防风10g，白术10g，白芍10g，陈皮10g，桂枝10g，干姜3g，草果6～9g，秦皮30g，生地榆30g，辣蓼30g，生草3g。方中白术健脾，白芍敛肝，防风理肝舒脾散气滞，陈皮理气和中。久泻脾之阳气虚弱，故以桂技、干姜、草果振奋脾阳，运化水湿。肠道兼有湿热蕴结，故以秦皮、地榆、辣蓼清肠中湿热，且兼具收涩止泻之功，虽涩但不恋邪。甘草调和诸药。全方配伍严谨。若湿热盛者，加黄连3～5g，腹痛甚者加延胡15g，泄泻剧者加诃子30g。

案5 严某，男，34岁，工人，1997年3月25日初诊。腹痛、便泄、肠鸣近10年，日排便3～4次，色黄，质稀，夹白色黏冻，腹中冷。遇生冷、油腻饮食加重。舌淡红，苔淡黄腻，脉弦。肠镜检查示慢性结肠炎。服抗生素、整肠生等无效。大便常规检验：黄，稀，黏液（+++），红细胞（+），白细胞（+），隐血试验（++）。大便细菌培养阴性。诊为泄泻，病机为肝脾不调，寒热夹杂。予肠Ⅲ号方5剂，每日1剂，煎2次，混和，分3次口服。服药5剂，腹痛、肠鸣减轻，大便减为每日2次，由稀转烂，黏液减少。查大便常规：黄，烂，粘液（+），红细胞（-），白细胞（-），隐血试验（-）。共服药24剂，病获痊愈，随访至今未见复发。

案6 虞某，男，53岁，干部。1997年8月20日诊。因饮食生冷，且置身于空调房间，致腹痛、腹泻，日泻5～6次，泻后腹痛减，但肠鸣不止，腹部畏寒喜温。舌淡红，苔白腻，脉弦。病程2周，经静滴抗生素、补液等治疗旬日不效，特邀杨泽民会诊。诊为泄泻（肠功能紊乱），肝脾不调，寒湿内阻。予肠Ⅲ号方加熟附片8g，每日1剂。服至3剂即愈。（费建平）

胃下垂

1 治疗方法

采用中药降逆和胃理气剂，基本方：姜半夏、苏梗各15g，陈皮8g，柴胡10g，广郁金12g，枳壳15g，炒白术、茯苓、炒白芍各10g，白花蛇舌草30g，炙甘草4g。每日1剂，水煎2次，取汁300mL，分2次于两餐间温服，30天为1疗程。

随症加减：嘈杂泛酸加煅瓦楞20g；纳呆喜温、舌淡苔白者，加高良姜、荜拨；饱胀拒按、嗳腐酸臭者，加枳实、鸡内金；胃中嘈杂灼热者加川连、吴萸；隐痛日久，形体消瘦，便溏者，去枳壳，加太子参、炙黄芪。

2 病案举隅

徐某，男，21岁，学生。1992年3月17日初诊。胃下垂病史3年余。上消化道X线钡餐检查提示：胃小弯弧线最低点在髂嵴连线以下8cm。刻诊：胃脘隐痛作胀6天，稍食即饱胀并有下坠感，平卧可减轻，嗳气则舒，嘈杂泛酸，口干粘腻。舌质淡红，舌苔薄黄腻，脉弦。证属湿热内蕴，气机阻滞，胃失和降。治拟理气清热，降逆和胃。处方：姜半夏15g，苏梗10g，陈皮8g，柴胡10g，广郁金、枳壳各12g，炒白芍10g，茯苓15g，炙甘草3g，黄连5g，吴萸2g，白花蛇舌草30g。服5剂后，脘胀明显减轻，纳谷增。再按上方加减，共计连续服药30剂，脘痛、食后饱胀均除，饮食增加，随访半年，末再复发。

3 体会

本病多因饮食不节，或多食生冷，致脾胃传化无力，饮食留滞，中满由生，发生胃不耐重而下垂。证见脘胀隐痛，进食尤甚，空腹则胀减，多为胃气停滞所致。治宜降逆和胃理气，使胃气顺通和降，食物顺利传化，则脘胀自除。故杨泽民以降逆顺气导滞清热等药组方，用枳术汤、四逆散、二陈汤等加减化裁。方中以姜半夏、紫苏梗降逆和中理气为主药；辅以柴胡、广郁金、枳壳行气除满消胀。白花蛇舌草甘凉，入胃经，以清胃中郁热；佐以茯苓、白术健脾和中，以祛邪而不伤正。炒白芍益阴和里缓急，与枳壳、柴胡

等同用可疏畅气机而不伤阴液；使以炙甘草和中且调和诸药，并和白芍组成芍药甘草汤缓急止痛。中药药理研究的有关资料证实，枳壳、枳实煎剂可使胃腑平滑肌兴奋性增强，并可使胃腑蠕动规律化，黄连、苏梗、白花蛇舌草等有抗菌消炎作用，与其他中药一起，可改善胃内环境，收到较满意的疗效。杨泽民遣方用药严谨，注重在疾病变化和各个不同阶段，灵活施治。如在治疗初期，重在降逆和中理气，以顺其胃气。待中满渐去，转为健脾理气助运，通过脾胃运化，吸收水谷精微、化生气血，增强体质，使疗效巩固，不再复发。他认为，消化疾病用药，重在服法，主张在两餐间服用，以达除积滞、畅气机以利进食的功效。药物宜文火久煎，药浓汁少，可减轻患者之脘胀症状。（沈镇苍）

杨兆民学术经验

【名老中医简介】杨兆民（1928～）江苏太仓人。教授，研究生导师。1956 年 3 月毕业于江苏省中医进修学校针灸专业。南京中医药大学专家咨询委员会委员，中国针灸学会针法灸法分会、针灸教育专业委员会学术顾问，全国高等医药院校中医药类规划教材编审委员会委员。第二批全国老中医药专家学术经验继承工作指导老师。享受国务院政府特殊津贴。从事针灸临床 60 年，擅长治疗疑难杂症。主编《刺法灸法学》《刺法灸法学导读》，参编《针法灸法学》《专业考试复习参考书·针灸学》等全国教材与教参，专著《实用针灸选穴手册》等。发表论文 50 余篇。

学术思想

针具与刺激量

1 研究针具与刺激量关系的意义

杨兆民认为针刺要有刺激量的量学观念，针刺方法轻重和一系列的操作，主要是以毫针等针具为载体，通过行针（运针）及相应的针刺手法来实现的。无论何种针具，都是一种物体对机体腧穴、经络所进行的物理性刺激，这种刺激用来治病，必须要达到一定的物理量即刺激量，才能产生疏通经络，调和气血等治疗效果。不同的针具，产生刺激量的大小也不同，与之相应，就有不同的针刺效应，因此针具的使用必须从量学的角度进行深入研究，正确把握其刺激量的大小，这样才能根据患者机能状况、体质、年龄、性别、病情、病程、腧穴部位，对针刺的敏感和耐受程度、心理特点等具体情况，有针对性地选择具有不同刺激量的针具，并将针刺术式和手法产生的刺激量通过不同载体（或媒介），有效地作用于人体，特别是将不同载体及经医者术式、手法操作所产生的两方面的刺激量，融合成一种适合于不同疾病及个体的最佳刺激量，能更好地激发经气，调整脏腑、经络、气血的盛衰，补虚泻实，扶正祛邪。

针具载体产生的刺激量，是整个针刺过程中刺激量总体不可分割的一部分，它们共同决定着针刺刺激量的大小、强弱。故针具选择与针刺手法轻重恰当、刺激量大小合适，按照生物学节律同步涨落原理，有利于调动生物体的生理功能和抗病机能，更有效地发挥针刺的调整功能，促进机体恢复正常。所以，针具等载体的量化指标也是决定针刺作用的重要因素之一。

2 针具与刺激量

《灵枢·官针》："凡刺之要，九针最妙。九针之宜，各有所为，长短大小，各有所施也，不得其用，病弗能移"。"病小针大，气泻太甚，疾必为害；病大针小，气不泄泻，亦复为败。失针之宜，大者泻，小者不移。"杨兆民认为《内经》所述，是为包含针具刺量学思想的精辟宏论。它不但言明针具不同，刺量有别，而且指出了针具刺量应用有误，会贻害无穷。针具与刺激量的关系不潜心深研，是难以把握和应用的。他认为，针具之刺量涉及诸多方面。

2.1 针具规格与刺激量

针灸临床所用针具，主要是毫针。毫针的规格，包括毫针的长短、粗细规格。就毫针的粗细规格而言，粗毫针所用指力相对要重，刺激面相对要大，刺激量也相对较大；细毫针所用指力相对较轻，刺激面相对要小，刺激量就相对较小。28 号针为强刺激，30～31 号针为中等刺激，32～36 号针为轻刺激。就其长短而言，长针刺激量大，感应明显，作用持久，对病程较长和病位较深者，用之有祛邪扶正之功；短针刺激量较小，作用较短暂，对于病程短、病情轻，病位表浅者，用之能疏解表邪。长针在泻实时多用之，短针在补泻兼施或补益之时多用之。杨兆民认为，1.5 寸以下的针，属轻刺激，1.5～2 寸的针，属中等刺激，2 寸以上的针，属强刺激。

2.2 针具形状与刺激量

就其针的形状而言，与刺激量关系甚为密切。圆锥形、松针形和麦芒形针尖的针刺激量小，非圆锥形刺激量则大多得。《灵枢・九针论》说："针必筒其身而圆其末，令无得伤肉分"。古代将毫针尖端设计成圆而不锐、尖而不钝之形状，其理即在于此。故针尖带棱角、方形、扁平、钩曲、不规则的（如三棱针、小宽针、小针刀、钩针、刺血针等），它们较之一般的毫针刺激量要大，属强刺激范畴。如三棱针，古称锋针，《内经・九针论》记载："锋其末，令可以泻热出血而痼病竭"，显然其刺激量较大。《内经》中的"九针之名，各不同形"，主要是为针对具体疾病而取相应的刺激量而命其名，设其形。正因为针具形状关乎刺量，若只注意形状而忽略其中的刺量，说明尚未能领悟到针刺的意蕴神机，睹其针具的形状而知其刺量，为求实用的刺量而选择恰当的针具。

2.3 针具质地与刺激量

就金属针的质地而言，每因其金、银、铜、铁、合金及不锈钢等质地的差异，而其刺激量有别。金、银、铜针质地较软，针身难以制成较细的直径（过细则行针易于弯曲），其刺激量一般较大。铁针质地较为粗糙，且缺少韧性、弹性，刺激量亦较大。合金针及不锈钢针取诸种金属针具质地的优点，柔韧性、粗细度均较合适，一般刺激量较小。明、清时代习惯用优质的马口铁来制造针具，这从"质"的角度考虑，冀以获得适当针具刺量，是很有道理的。古人有针具质地与五行属性或阴阳关系方面的论述，如金针属火（阳），银针属水（阴），前者具有补虚之功，后者具有泻实之效。杨兆民认为，针具中此类五行（阴阳）属性及作用因针具质地而异的主要机理之一，乃因为针具质地的不同，造成了刺激量的差异。我们应该研究多种不同质地的针具与疗效的关系，其中从刺激量的途径观察金针、银针究竟是否有别于不锈钢针的特殊疗效，金针、银针之间刺激量及相应的疗效是否有差异，进而研究其质地针具之间刺激量及相应的疗效差异等。

杨兆民关于针具质地与刺激量关系的学术思想，也为针灸临床按照刺激大小之需要，选择不同质地的针具提供了依据，更重要的方面还在于为针具革新和研制提供新的思路。我国古代从原始的针具砭石，经过漫长的历史阶段，针具得到不断发展，到了内经时代，其针具已用金、银、铜、铁等不同材料来制作，即从质地而言，已有了金属针具。随着针具质地的变化，刺激量也相应有了变化，带来了疗效的提高，尤其是带来了针刺手法的产生和逐步完善，证明与刺激量有关的针具质地的变更，在我国针刺发展史上有颇为重要的地位。然而，近代针具基本上已由不锈钢针替代了本来质地繁多的针具，金针、银针国内在临床上几乎绝迹，也就忽略了与刺激量有关的针具质地的研究。

2.4 针具种类与刺激量

随着科学技术的发展，目前在临床上所使用的针具种类日趋繁多，如电针、火针、电热针、磁针、激光针、水针（穴位注射）等等，这些都是将传统的毫针针具与现代物理、或化学的疗法相结合而产生的新一代针具。就针具的种类而言，针刺所用的器材不同，刺激量也迥然有别。将针借助于火力（火针）、药水（水针）、电脉冲（电针）等，其刺激量都各不相同，且一般均较单纯毫针针刺刺激量要大。

临床多种慢性病、顽固性疾病或急性严重疾病，通常需要较大的刺激量才能收效，同时必须使刺激持久，持续刺激时间延长，通过足够持久的刺激量，以保证较为稳定的疗效。为此，杨兆民认为，借助于上述新型针刺器具，将传统的毫针刺激和现代的电、磁、激光、药物等效应同时作用于腧穴，有助于上述目标的实现。通过针具与其它现代疗法的结合运用，可使针刺的刺激量加大，刺激时间延长，对于临床针刺得气也颇为有益，进而可取得满意的疗效。

2.5 针具制法与刺激量

针具不同的制作方法所产生的刺激量有所不同，利用针具特殊的制作方法，可以控制和改变针具的刺激量，为临床和科研服务。杨兆民在研究针具刺激量的过程中，不但研究和总结了古代医家在针具制法与刺激量方面的经验，而且亲自进行针具制法与刺激量方面的研究工作。他在临床发现，现今常用的针具，对于痛症，特别是对于痛点固定、范围较小、病位深里、症情久延的疼痛性疾病，在用电针治疗时，患者反映常规的电针刺法有隔靴搔痒之感，疼痛部位周围组织有较强的麻刺或电啄感，而痛点之处基本上无大的感觉，其疗效也多欠理想。他认为这是由于电针刺激时，电流沿针身向周围播散，未能形成对痛处的定点（痛点）的专一性的刺激，而痛点需有较强的刺激无以祛痛愈疾。要使电针的生物电流直接集中于痛点明显的部位，就必须改革针具。他请教有关专家，辗转于南京的有关高等学校和工厂之间，历经年余，几经反复，终于运用特殊的方法，制成了"屏蔽针"，其原理使电针针身周围电场、磁场屏蔽，而只集中于针尖痛点处，解决了电针治疗痛证刺激量难以针对和集中于痛点的难题。屏蔽针临床应用发现,其对网球肘之肱骨外上髁处的痛点、坐骨神经痛的臀点、腘点、腓点、踝点部位及其某些内脏,绞痛等疼痛性的疾病,虽然电针使用的电流总强度仍与常规治法相同,但由于使电流主要从针尖输出,直接作用于痛点,即调整了电针电流作用的部位。也就是调整了电流的刺激部位的刺激强度,从而提高了疗效。此足见针具制法与刺激量有关。(吴中朝 董 勤)

临床经验

肩周炎

1 移神定痛法

病变初期,外邪入侵,病位浅表,临床表现为肩部疼痛,肩部活动无明显受限,或轻度受限(大多因疼痛受限)。此时杨兆民常采用移神定痛法治疗。根据疼痛的部位确定病位,循经远取,具体方法有远道刺、缪刺法或巨刺法。

1.1 远道刺

根据疼痛部位确定病位、病经,利用经络原理,循经远取本经或相关经脉的经穴治疗。如肩前部疼痛,病在阳明,可取足阳明经之条口透承山;如肩外部疼痛,病在少阳,可取足少阳经之阳陵泉透阴陵泉;如肩胛部疼痛,病在太阳,可取足太阳经之养老或中渚穴治之。

具体操作:患者仰卧,患侧尽量靠床边,便于患肢运动。取28号3寸毫针,常规消毒后,由条口穴向承山穴透刺。得气后以押手按于穴之下方,用捻转泻法诱发经气向上感传,一般可至膝部或膝上,甚则可达肩部,此时令患者活动肩部。此法针后疼痛即可缓解或消失。针阳陵泉透阴陵泉及养老、中渚穴可参照上法操作。

1.2 缪刺法、巨刺法

取健侧穴位,具体穴位及操作方法同上。

案 陈某,女,50岁。1997年8月13日初诊。3天前始觉右肩部疼痛,逐渐加重,影响梳头等日常生活而投医。刻下右肩部疼痛,无颈部及上肢放射痛,肩前部有明显压痛,前臂上举及后伸摸脊困难,压顶及牵拉试验阴性,苔白,脉弦。用同侧条口透承山治疗,针感上达大腿部,在行捻转手法的同时令患肢活动。留针15分钟,每5分钟行针1次,针后即觉肩部疼痛消失,上肢活动自如而愈。1年后因他病求医时告知肩部疼痛未复发。

2 理气通络法

病变早期,邪阻经脉,气血凝滞。证见肩部疼痛或酸重,可向颈部及肩部放射,疼痛昼轻夜重,得热则舒,遇寒加剧。肩部活动轻度受限。此时,杨兆民常采用理气通络法。根据疼痛的情况,确定病位、病性,采用不同的针灸方法,如齐刺法、偶刺法、报刺法等,并配合火针、温针及耳针予以治疗。

2.1 齐刺法

对痛有定处,病位较浅者,可在痛处经穴或阿是穴上先直刺1针,后在其左右或上下再直刺2针,形成3针并行直刺的齐刺法。病位深者用偶刺法。如肱二头肌长头腱鞘炎,可用28号1寸毫针在肩髃穴或附近阿是穴先针刺1针,得气后行提插泻法。后在肱二头肌长头腱鞘走行方向一致的上下再针刺2针,同样得气后行提插泻法。如寒湿盛者加温针3~5壮或艾条温和灸7~10分钟。

2.2 偶刺法

对痛有定处,病位较深者,可在肩前、后的经穴或阿是穴处进针并同时向痛处深刺,形成一前一后透刺的偶刺法。如肩峰下滑囊炎,可用28号2~2.5寸毫针在肩内陵及肩髎穴或附近阿是穴处进针,并向痛上深刺,得气后行提插泻法。如寒湿盛者加温针5~7壮或太乙针灸、雷火针灸5~7壮。

2.3 报刺法

对痛区较广,呈弥散性者,可令患者活动患肢并仔细寻找痛点,一般能找到数点。首先在疼痛较重的点上用28号1.5~2寸毫针针刺,得气后行提插泻法,再将针提至皮下,令患者活动上肢,如疼痛依旧则再如上法针刺,如疼痛减弱,而其他痛点疼痛较重时,则将针留在皮下。然后在其他较重的痛点上按上法治疗。一般每次选2~3个痛点针刺。因本法在同一痛点多次针刺,故名报刺。

2.4 火 针

对寒盛痛剧而部位固定者,一次可选2~3个痛点,用火针治疗1~2次。

2.5 温 针

对寒湿盛者用温针治疗。杨兆民认为寒湿之邪当温化,宜用橄榄大小的艾绒置于针柄上受之,以达温化寒湿、疏通经络的目的。由于艾段置针柄上施灸火力太强反而达不到温化的目的,故而不用。

2.6 耳 针

对夜间痛剧者,为增强止痛效果,可在患侧取耳穴肩、神门、肾上腺穴区埋揿钉型皮内针或王不留行籽耳压,于痛时及睡前按压。

案 陆某,男,45岁。1998年1月21日初诊。半月前因睡卧露肩,晨起始觉右肩部酸痛不舒,未予重视。近1周来,疼痛逐渐加重,影响肩部活动而求医。刻下右肩前部疼痛,并向前臂放射,疼痛以夜间为甚,遇寒加重,得热则舒。肩部活动轻度受限,影响梳头等日常生活。查:肩前部肩髃穴处明显压痛,前臂上举70°,后伸摸脊困难,拇指至第五腰椎。舌苔薄白,脉弦紧。取右侧肩髃、肩内陵、曲池。肩髃穴齐刺法,肩髃、肩内陵行提插泻法,曲池行平补平泻法 留针15分钟,每5分钟行针1次。二诊肩部疼痛明显减轻,活动度有所改善。三诊局部穴加温针灸,每穴以枣核大艾绒灸5壮。先后治疗7次,肩部疼痛消失,上肢功能恢复而愈。

3 化瘀散结法

病变中期,气血凝滞,久痛入络,瘀血内结,或外伤血肿。瘀阻经脉,临床表现为肩部痛剧如刺,痛有定处,夜间为甚,肩部活动明显受限,局部可触及结节或条索状物,舌有紫气或瘀点,脉涩。对此,杨兆民常采用化瘀散结法,以合谷刺或恢刺法并配合刺络拔罐及耳针治之。

3.1 合谷刺

对肩部疼痛伴肩部活动明显受限且能扪及条索状物者,首先用28号1.5~2寸毫针在条索状物的中点直刺,待得气后,行提插泻法。然后将针提至浅层,再沿着条索状物上下斜刺,得气后行提插泻法。

3.2 恢 刺

对肩部疼痛伴肩部活动明显受限且能扪及结节状物者,首先用28号1.5~2寸毫针在结节状物旁刺入,得气后令患者作关节活动,活动范围以痛能忍受为度,同时不断改变针刺方向,以疏通经络,舒筋缓急。

3.3 刺络拔罐

对肩部肿痛血瘀明显而瘀阻浅表者,用皮肤针中、强刺激叩击瘀阻部位,再拔火罐治之;如瘀阻较深且有波动者,用三棱针在瘀阻明显处点刺2~3针,再加拔火罐,使瘀血外出,邪去络通。

案 陆某,女,52岁。1997年9月17日初诊。半年前因交通事故而致左肩部损伤,当时即去医院诊治。X线提示:左肩部无骨折,诊断为左肩挫伤。经中药外敷、理疗、针灸等治疗,症状时轻时重,近1月来,左肩部疼痛逐渐加重,尤以夜间疼痛为甚,肩关节活动受限。查:左肩部轻度肿胀,色紫暗,局部明显压痛,肩关节活动受限,舌有紫气,脉涩。用26号2寸毫针在阿是穴处进针,得气后行多向透刺,出针后加拔火罐,治后疼痛稍有减轻。二诊时用三棱针点刺阿是穴后加拔火罐,出血2~3mL左右,即感到肩部轻松,再取肩髃、肩内陵、肩髎、臂臑、天宗、巨骨、曲池等穴针治,疼痛减轻。先后治疗10次,肩部疼痛消失,活动度恢复而愈。

4 养血生肌法

病变中后期,经络久阻,气血不能上达肩部,肌肉失养而萎缩。临证表现为肩部疼痛有所缓解,但肩部活动严重受限,局部肌肉轻度甚至明显萎缩,舌淡,脉细弱。对此,杨兆民老常采用养血生肌法治之。取患侧肩髃、肩髎、肩内陵、臂臑、天宗、肩贞、曲池及双侧足三里。局部行平补平泻法或提插补法并加温针灸,每穴3~5壮;远道穴行捻转补法。

案 刘某,女,55岁。1997年10月22日初诊。半年前始觉左肩部疼痛,当时未引起重视,后左肩部疼痛逐渐加重,影响工作、生活而诊治。经针灸、理疗、推拿等治疗,症情时好时坏。近1月来肩部疼痛有所减轻,但肩部活动明显受限,肩部肌肉出现轻度萎缩。查:左肩活动受限,上举70°,外展60°,后伸摸脊困难,三角肌轻度萎缩。患者精神萎顿,面色无华,纳呆,舌淡,脉细。取左侧肩髃、肩髎、肩内陵、臂臑、曲池、双侧足三里,肩部穴位行提插补法后,温针每穴5壮,其余穴行捻转补法。并结合推拿治疗,隔日1次。二法交替进行。经针灸、推拿治疗25次,肩部疼痛消失,活动度恢复正常,肩部肌肉恢复而治愈。

5 结 语

肩周炎是针灸科的常见病和多发病,以静止性疼痛为主要特征。病变初期主要表现为肩部疼痛,后期肩关节运动功能减退,肌肉萎缩。运用针灸治疗具有很好的疗效,但必须注意以下几点:①明确诊断:如因肩关节肿瘤、肩关节结核、肩关节脱臼、颈椎病所致的,应进行相应治疗。②针、灸结合:上面介绍了多种针灸方法,临证时根据临床表现灵活运用,可单法,也可多法结合使用,以冀提高疗效。③加强运动:对中、后期患者应加强主动运动,如爬墙运动等。运动强度以患者能忍受为度,正确处理好护痛与运动的关系,必要时可进行被动运动,并结合推拿治疗,这样可避免肩关节运动受限后遗症的发生。④掌握时机:针灸治疗肩周炎,病程越短,疗效越好。提倡早发现,早诊治。⑤注意摄生:局部注意保暖,加强肩关节运动,保持情绪乐观,有利康复。(刘农虞 董 勤)

偏 瘫

1 诊断病证结合

偏瘫临证以脑血管病及脑外伤为多见,针灸主要用于脑出血及脑梗塞的救治。中医将中风分为中脏腑、中经络二类,中脏腑又分为闭证和脱证二型;中经络还分肝阳暴亢、风痰阻络、痰热腑结、气虚血瘀、阴虚风动等型。这样西医微观定位,为病性确认、判断预后、中医辨证、取穴施术提供了病理基础。而中医宏观辨证,为理法方穴、术式选择、调和阴阳、预防复发提供了理论基础。可见中西合参,证病结合,能从微观到宏观更全面客观地反映病情。为针灸理法方穴术的确立提供依据。故杨兆民临证一般先以西医诊断确定病名,明确病性、病势、疗效、预后之后,再对各病种按照中医理论进行辨证分型,根据疾病的发展过程中证型的变化提出具体的治疗原则。

2 辨证强调"五辨"

2.1 首辨病位

针灸治疗中风偏瘫,首当辨清病位。如证见半身不遂、肌肤不仁、口歪舌强者为中经络;如突然昏仆、神志昏昧,并见半身不遂、舌强失语、口角歪斜者为中脏腑。一般中经络者,病位较浅,病情较轻,易治多效,预后较好;而中脏腑者,病位较深,病情较重,难治少效,预后较差。他认为,在临证辨证时尤其要注意的是:中经络与中脏腑之间可相互转化,中脏腑者经及时抢救转危为安可成中经络;中经络者失治误治邪入脏腑而致中脏腑,二者虽同为中经络、中脏腑,但病机各不相同。前者为风痰流窜脑脉的单纯中经络之证,后者是痰瘀蒙蔽脑窍的后遗中经络之症。故治疗时证症有别,前者气病为主,仅取手足阳明经穴为主,辅以太阳、少阳经穴(上肢:肩髃、曲池、手三里、外关、合谷;下肢:环跳、阳陵泉、足三里、解溪、昆仑)以疏通经脉,调和气血;后者血病为主,除取上述经穴以外,还需加取督脉、井穴(人中、百会、内关、涌泉、十二井穴等)以醒脑开窍,祛瘀通络。中脏腑需中西医结合抢救,但前者为初中,后者为复中。初中者,抢救及时,预后较好;复中者,证情复杂,预后较差。

2.2 次辨病性

中风属本虚标实、寒热错杂之证。在本为阴阳失调,气血衰少;在标为风火相煽,痰湿壅盛;在里有心烦易怒,口苦咽干,便秘尿黄,舌红苔黄之火热征象;在表有肢体怕冷,麻木失用之寒冷证侯。根据针灸治则,虚者当补,实者当泻;寒则宜灸留针,热则疾刺慎灸。因中风之病,寒热虚实夹杂,阴阳表里同病,故杨兆民临证针灸并用,补泻兼施,随证灵活施治。早期邪盛之时,以针泻为主;后期正虚之时,以灸补为主;证情复杂则灵活施治。常用原络五输之穴通调脉气,俞募门海之穴调补脏腑。针则清热化痰,平肝潜阳;灸则温壮阳气,散寒通脉。

2.3 三辨病势

中风之病,发病骤然,变证多端,善行数变。诊治时密切注意心率血压、苔脉神态的变化,及时掌握病势,强调急则治标,缓则治本,提出了邪盛表急当速刺暴灸,正衰本虚当缓针久灸。同时重视整体调治,扫除疾病恶化的隐患,为中风的康复创造有利的条件,中风患者常兼有高血压、糖尿病、心脏病等,如在治疗过程中发作,当以降压定悸、稳定血糖为先,待病情稳定后方可调治偏瘫。

2.4 四辨病因

中风偏瘫有风阳痰火之内因,有六淫恼怒之诱因,内因是病变基础,诱因是发病的条件。杨兆民临证强调二因同治,医患结合,提出医者针灸消除内因,言语调畅情绪,患者饮食远离甘肥,起居慎避六淫,加强功能锻炼的防治方法。他认为,中风偏瘫的康复治疗中,患者是主角,医者是配角,鼓励患者树立战胜疾病的信心,发挥患者的主观能动性,医者及时指导,同时针灸帮助祛邪扶正,通调经脉。

2.5 五辨病程

中风有初中、复中之分,病程有长短久暂之别,一般初中短暂之症易治,复中长久之候难疗。杨兆民临证在辨病的基础上,确定疾病处于何期(急性期、痉挛期、相对恢复期和后遗症期),随期辨证选穴施术。急性期闭证属脑脉痹阻之脑缺血者,宜点刺人中、劳官、内关启闭开窍;属血溢于脑之脑出血者,宜点刺井穴局部冷敷,减压止血;脱证重灸神阙、关元回阳救逆。痉挛期巧用头针督穴,醒脑通脉,恢复期补健侧泻患侧,阴阳经穴同取,补血益气通脉;后遗症期长针透刺,通利关节,加强运动。

3 取穴巧用"八法"

3.1 "虚则补健"、"实则泻患"

是针对邪正盛衰的病机而设立的取穴方法,本病属本虚标实之证,早期以风火相煽,痰湿壅盛,气血郁阻之标实为主;中期虚实参半;后期以阴阳失调,气血衰少之本虚为主。偏瘫主要表现为半身不遂、肢体麻木、口角歪斜等症,患指患侧、健指健侧。杨兆民认为患侧邪盛之时,机体感应尚好,故早期单泻患侧阳经腧穴祛邪通络;患侧正虚之时,机体感应迟钝,补患侧难于奏效,故用补健侧经穴,养患侧躯体之法,常能收到事半功倍的效果;中期患者,虚实参半,或见阳虚肢冷无力,无气调畅经脉,或现阴虚筋挛肌萎,无血充养筋肉。故阳虚者加督脉之穴鼓动阳气,如上肢配大椎、肩外俞,下肢配取腰阳关、白环俞；阴虚者添阴经腧穴补益阴血，如肩部可取极泉、肘部可取曲泽、腕部可取大陵、膝部可取曲泉、踝部可取太溪等等。

3.2 “新则疏针”、“丸则密刺”

是针对病程长短而设立的取穴方法。“新久”是指病程长短，起病较短为新，病程较长为久。“疏密”是指选穴数量的多少，疏针就是取穴较少，密刺就是取穴较多，一般病程短者，病位较浅，病情较轻，用三才精少之穴针之；病程较长者，病位较深，病情较重，需阴阳经穴同取治之。病程在1月以内，中经络者，取肩肘腕、臀膝踝各部一穴的天人地三才之穴，如取肩髃、曲池、合谷、环跳、足三里、解溪；中脏腑后遗络症者，则在上法的基础上，再加人中、劳宫、涌泉等醒脑开窍之穴；病程在1月以上者，有不同程度肢冷无力、筋挛肌萎，当阴阳正奇经穴同取，方法见前。并根据中风偏瘫肢体恢复的先下肢后上肢、先膝肘后足手的先后快慢顺序的特点，采用下肢少取，上肢多取；臂肩少取，手足多取方法。如多取四缝、八邪、八风、五输等穴，并要超前施治，方可提高疗效。

3.3 “急则用根”、“缓则用结”

是针对病势急缓而创的取穴方法。“急缓”是指病证发生之态势，病势暴骤凶险者为急，病势徐稳缠绵者为缓。“根结”是指病证所属脏腑经络的根部穴、结部穴。根者源也，是经络之根，阴阳之本在四肢末端的井穴，同时又是阴阳之气交接之所在；结者归也，是经络气血归结于头身的相应部位。中风暴发，气血逆乱，风阳夹痰，上蒙脑窍之危急征象，当速取井穴启闭开窍，通经接气；正虚邪恋，病情缠绵之康复期，宜用俞募门海会穴，扶正祛邪。

3.4 “动则求远”、“静则取近”

是针对病性阴阳动静而设的取穴方法。“动静”是指患者的病态，动者指病情尚在发展、衍变、活动；静者指病情病势处于稳定、沉静。“远近”是指取穴与病位间的距离。远者，指远离患病部位以循经取穴法，用远道穴；近者，指病所局部取穴或邻近取穴法，用局部穴。中风是由于气血逆乱，导致脑脉痹阻或血溢于脑，其病位在脑。故中脏腑或中经络病情恶化者，其病情不稳，尚在活动，当远离脑区取穴。如闭证取人中、劳宫、井穴、太冲、丰隆点刺；脱证取关元、神阙重灸，禁用头针。中经络或中脏腑后遗络症者，其病情稳定，宜多用头针、头穴。如半身不遂常用头针对侧运动区、感觉区、足运感区及头穴百会、四神聪、太阳、风池、脑户、脑空等穴。

“八法”在治疗中风偏瘫的具体用穴时，可根据证型的变化，灵活数法同用。

4 施术倡导“治气”

4.1 用针用灸，重在调气

中风之病为气血逆乱，脑脉痹阻或血溢于脑所致，临证表现有风阳夹痰，蒙蔽脑窍的气闭之证；有正气衰退，阴阳离决的气脱之证；有风痰流窜经络，气血运行阻滞的气滞之证，何证用针，何证用灸，刺激强度如何掌握？杨兆民认为气闭点刺，气脱重灸，气滞刺灸；施术重在调气，刺激强度以气顺即启闭、回阳、脉通为度。

4.2 轻针重灸，鼓动阳气

中风康复期，大多患者表现为肤冷肢寒、萎软无力之阳气不足之象，如此时一味针刺，必伤阳气，使病证难以康复，故杨兆民此时采用轻针重灸之法，即重灸督脉阳经腧穴，鼓动阳气；疏针浅刺诱导阳气下达手足，达到温通经脉的作用。

4.3 补阴泻阳，调补脉气

中风恢复期，大多患者表现为筋挛肌萎之阴血亏虚之象，如此时仍独取阳经腧穴治疗，必损血脉，使经脉枯竭。故杨兆民此时采用补阴泻阳之法，即补患侧阴经腧穴，补气益血，充养脉气；泻患侧阳经腧穴，驱邪扶正，达到经气充盛，血脉和顺的目的。

4.4 疏密深浅，贵在理气

半身不遂肢体恢复一般有先下肢后上肢、先膝肘后足手的康复规律，这是由于血脉粗细，经气盛衰的缘故。如医者临证不注意观察经气盛衰的变化，没有及时地调理血气，最后不少患者手足功能难于恢复正常，后遗终身。杨兆民强调早治，重视手足，采用腕踝以上疏针深刺，手足密针浅刺，调理气血，使手足功能与肢体同步恢复，减少后遗症的发生。

4.5 因人施术，顺应脉气

同为偏瘫，因人而异，有外伤内伤者，有初中复中者，有缺血出血者，有气闭气脱者，有痰阻瘀结者，另兼有高血压者，或兼有糖尿病者等等，临证时应如何施术？杨兆民认为当因人因病因证灵活施术，顺应脉气，调和阴阳。临证强调分清新旧主次标本。新病标急主症先治，旧病本缓次症后治。如中经络者，出现血压波动、血糖升高、急性吐泻等症时，当控制血压，调整血糖，止吐止泻为先，顺应脉气，调和阴阳，使机体处于康复的最佳状态，利于肢体恢复。反之旧病未愈，新病添乱，轻则耗损气血，重则复中恶化。

4.6 医患配合，调动神气

偏瘫顽症，病程少则数月，多则数年，甚至终身，给患者身心造成巨大损害。而身心互为因果，疾病有损心情，情绪不佳影响疾病康复。故治疗偏瘫，调动患者神气至关重要，一是鼓励患者树立战胜疾病的信心；二是注意调摄饮食起居；三是加强肢体功能锻炼，使机体处于最佳的康复状态。杨兆民认为：医者针灸施治为外，患者调动神气为内，内外结合才能调治偏瘫，使疾病早日康复。故临证他善于心理疏导，消除精神隐患，劝戒甘肥烟酒，断绝致病之源，起居远离六淫，隔断致病诱因；鼓励功能锻炼，促进肢体康复。（刘农虞　董　勤　肖　容）

杨宗善治痹经验

【名老中医简介】杨宗善（1934～）陕西千阳县人。主任医师。原任职于解放军451医院中医内科。陕西省名中医。长期从事中医和中西医结合为主的临床和科研、教学工作，擅长治疗疑难危重急症，如肾病、痹症、心血管疾病和各种疑难杂症。荣获部队科技进步四等奖2项，三等奖3项，获省级科研成果鉴定1项。发表论文30余篇，出版专著3部。

类风湿性关节炎

1 治疗方法

1.1 类风湿康胶囊成分

黑蚂蚁、全蝎、制穿山甲、三七、汉防己、白芍、乌梢蛇、土鳖虫、雷公藤、青风藤、老鹳草、威灵仙、鸡血藤、黄芪、穿山龙、甘草。

1.2 药物制备

上方黑蚂蚁、全蝎、制穿山甲、三七、汉防己粉碎成细末备用，其余白芍、乌梢蛇、土鳖虫、雷公藤等13味加水煎煮3次，第1次煮2 h，第2、3次各1.5 h。合并3次煎液浓缩成清膏，与上述细粉混合，搅匀，干燥，粉碎成细粉，装入胶囊，每粒0.5g。制剂由院药剂科中药制剂室制备，制剂号：兰联制字（2001）FP45012号。

1.3 服药剂量及疗程

口服，1次4～5粒，1日3次。疗程3～6个月以上。

1.4 其它

类风湿康胶囊为治疗类风湿通用方剂，在临床应用时也可结合辨证施治配伍或辅以相应的药物或方剂，如阳虚寒胜者以制附子、制川乌各15～30 g文火水煎1 h送服类风湿康或辅以金匮肾气丸等；若脾虚湿胜者以苍术、白术、薏苡仁各30g或辅以羌活胜湿汤等送服；热痹者则以白虎加桂枝汤送服等，以增加临床使用效果。

2 病案举隅

案1 赵某，女，46岁，干部。以指、趾、腕、踝关节肿痛、晨僵2年余，加重伴发热1周于2000年3月住院，半年来有时伴肩肘关节疼痛。查体温37.9℃，近端指节呈梭形肿胀，并部分掌指关节肿胀，发红，脉滑数，舌红，苔黄腻。化验类风湿因子阳性，血沉56 mm/h。曾有短期服用激素史，经常服非甾体类抗炎药，效果不满意。诊为类风湿性关节炎。予口服类风湿康胶囊5粒，1日3次，并以生石膏30g，知母10g，桂枝9g，桑枝12g，穿山龙15g，白术10g，薏苡仁30g，生甘草10g，煎汤送服。1周后关节肿痛开始减轻，半月后明显好转，逐停中药煎剂。3月后病情基本缓解，类风湿因子弱阳性，血沉15 mm/h，减类风湿康胶囊3粒，1日3次，维持服用，病情保持稳定。

案2 王某，女，73岁，家属，以指趾腕踝关节肿痛、晨僵30年余，加重1月于2002年9月住院，平素畏寒，乏力，近端指节呈梭形肿胀变形，手腕强直，脉沉弦细，舌质淡，苔白。化验类风湿因子阳性，血沉90 mm/h，病程中曾使用过多种中西药物效果不明显。予口服类风湿康胶囊5粒，1日3次，并配服金匮肾气丸，1月后关节肿痛、畏寒、乏力减轻，复查血沉70 mm/h，停服金匮肾气丸，仅以类风湿康胶囊维持服用，3月后病情明显稳定，复查血沉20～30 mm/h。以类风湿康胶囊长期维持服用。

案3 晏某，男，37岁，干部。以掌指跖趾腕关节肿痛、晨僵半年，加重伴头重、身困1周于1998年3月住院。查体温37.3℃，部分掌指关节、双腕肿胀，脉沉滑，舌质淡，苔白厚腻。化验类风湿因子阳性，血沉36 mm/h。曾间断服非甾体类抗炎药，效果不满意。诊为类风湿性关节炎。予口服类风湿康胶囊5粒，1日3次，并以苍术30g，白术30 g，薏苡仁30g，羌活10g，独活10g，川芎10g，藁本10g，陈皮10g，防风6g，蔓荆子6g，炙甘草9g，煎汤送服。1周后关节肿痛开始减轻，半月后明显好转，逐停中药煎剂。3月后病情基本缓解，类风湿因子弱阳性，血沉15 mm/h，减类风湿康胶囊3粒，1日3次，半年后类风湿因子阴性，病情维持稳定。

3 讨论

类风湿关节炎属于痹症范围，通常急性发作阶段风热内盛或湿热内蕴属“热痹”、“历节”范围；晚期为寒湿入络,肝肾不足,属“骨痹”、“尪痹”范围。本病属难治性疾病,治疗应强调长疗程长期服药,病情稳定后仍需巩固维持治疗。类风湿康胶囊是杨宗善集 50 年医疗实践,并结合参考众家之长研制而成。但不论病邪从外侵袭或从内生,均有一个正气或体质问题,即“正气存内,邪不可干”、“邪之所凑,其气必虚”。因此治疗应标本兼顾,扶正与祛邪并行。方中蚂蚁现代研究有抗风湿、抗炎、抗癌、抗过敏以及护肝、平喘、镇痛等作用,临床具有祛风除湿、滋补肝肾、强健筋骨等功效,及既有扶正又有祛邪的双重作用;黄芪、白芍扶正益气和营;青风藤、雷公藤、威灵仙、老鹳草、穿山龙、防己祛风除湿;鸡血藤活血补血;三七、穿山龙活血化瘀止痛;乌梢蛇、土鳖虫、全蝎通络活血散寒止痛。近年来被研究较多的还有雷公藤、青风藤、白芍等,单味或复方治疗类风湿关节炎都取得了肯定疗效。综合本方具有益气扶正、搜风散寒、活血化瘀、通络止痛等功效。本方除用于类风湿关节炎外,还对增生性关节炎引起的关节肿胀疼痛、强直性脊柱炎等亦有良好效果,使用中未发现明显毒副作用,患者易于接受,少数脾胃虚弱者可表现有胃肠道不适。但对重症及恶性类风湿的治疗需配合激素及二线慢作用类药物联合治疗,并常能因此而减少后两类药物剂量和疗程,进而减少了该类药物的副作用。(林为民 郭立中)

姚共和临床经验

【名老中医简介】姚共和 湖南省安化人。主任医师,教授,博士生导师。毕业于湖南中医学院。原湖南中医药大学第一附属医院副院长。中国中西医结合学会骨伤科专业委员会委员,湖南省中西医结合骨伤科专业委员会主任委员,省康复医学会脊柱脊髓损伤学会副主任委员,省中医药科学技术专家委员会委员。湖南省名中医。擅长中西结合治疗骨与关节、软组织损伤,主攻脊柱专科,对脊柱骨折脱位、外伤性截瘫、腰椎滑脱症、颈椎病、腰椎间盘突出症、骨质增生症、骨质疏松症等。

老年腰痛

1 对老年腰痛的认识

1.1 病因病机特点

姚共和把腰痛的病机从风寒湿邪、劳伤、气血、经络及脏腑几个方面全面综合,概括为“标本同病,虚实兼夹”,气血不足于内,肝肾已虚于下,为病之本;或夹风夹寒夹湿,或兼瘀兼痰兼滞,为病之标。

1.2 临床特点

姚共和将老年腰痛概括为慢(发病慢)、长(病程长)、绵(病情缠绵复杂时好时坏)、杂(合并症多)四个字。

2 论治原则

根据老年腰痛的病因病机特点及临床特征,确立了以下治疗原则:①辨证与辨病相结合,注意微观;②同病异治、与异病同治相结合,体现辨证;③内治与外治相结合,提高疗效;④非手术疗法与手术疗法相结合,不误病情;⑤扶正与驱邪相结合,权衡轻重。

3 辨证论治

根据多年临症经验及老年腰痛症的特点,姚共和主张从以下几个方面论治:

3.1 风寒袭络

见腰腿疼痛,痉挛不能转侧,走窜不定,或肌肤麻木,小腿及足背外侧麻木、胀痛,恶风畏寒,舌淡苔薄白,脉浮紧。治宜疏风散寒,通络止痛。方用五积散加减。处方:麻黄 5g,白芷 10g,生姜 3 片,葱白 10g,当归 10g,陈皮 10g,羌活 12g,葛根 15g,独活、地龙、川芎、防风各 10g,甘草 3 g。临证加减:风重者加全蝎;胃寒者用生姜汤煨姜;夹气者加吴茱萸;寒甚者加肉桂;兼瘀者加桃仁。

3.2 寒湿阻络

见腰腿冷痛重着,转侧不利,适量活动后稍减,阴雨天疼痛加重,遇寒痛增,得热痛减,头重如裹,膝腿沉重,形寒肢冷,病情缠绵,舌淡苔多津,脉迟或紧。治宜散寒除湿,温经通络。方用独活寄生汤加减。处方:独活、杜仲、白芷、延胡索各 15g,秦艽 10g,当归、川牛膝各 20g,桑寄生、茯苓、木瓜各 30g,防已 12g,肉桂、炙附子各 10g,细辛 3g。根据湿重、寒重调整各药用量或加减应用,寒重者加干姜;湿重者加白术、薏苡仁。

3.3 湿热蕴蒸

见腰痛,痛处伴热感,小腿胀痛,热天或雨天疼痛加重,活动后稍减,体困身热,恶热口渴而不欲饮,小便短少,色黄,舌红、苔黄腻,脉数或弦数。治宜清热利湿,理筋通络。方用加味二妙散。处方:苍术、地龙、赤芍、萹蓄、蚕砂各 15g,泽泻、车前子、伸筋草各 30g,川牛膝、忍冬藤各 20g,黄柏、防已各 12g。口干少苔者加生地、石斛。

3.4 气滞血瘀

见起病急，早期腰腿痛剧，拒按，腰部板硬，俯卧转侧不利，甚者不能下床，夜间痛加重，难以入眠，后期转为钝痛，行走不便，唇舌暗紫，舌质暗或有瘀点瘀斑，苔薄白或薄黄，脉弦或兼数，治宜行气活血，化瘀通络。方用桃红四物汤加减。处方：当归25g，川芎12g，鸡血藤、泽泻、丹参、木瓜各30g，牛膝、制香附各20g，延胡索、赤芍、郁金各15g，全蝎、桃仁各10g，红花6g。临证加减：夹痰者加制南星，或配二陈汤；气滞重者加川楝、丝瓜络等疏肝之品。

3.5 气血两亏

见腰部酸软，轻微疼痛，经久不愈，膝腿无力，不耐用久，休息则疼痛减轻。劳则心慌气短，腿足发麻，神疲纳少，头晕目眩，面色少华，爪甲淡白，舌淡苔少，脉细弱，治宜补益气血，养经通络。方用八珍汤加减。处方：黄芪、茯苓、太子参、何首乌、枸杞子、鸡血藤山药各30g，陈皮12g，炒麦芽15g，川芎12g，生熟地、白芍各20g，当归25g，炙甘草10g。胃纳呆滞者加砂仁。

3.6 脾肾阳虚

见腰酸背痛，腰腿发凉，轻则似冷风吹，重则如坐水中，得温则舒，伴少气懒言，自汗乏力，手足不温，大便清稀，甚则五更泄，遗精滑泄，女子宫冷，舌淡苔白脉微弱。治宜温补脾肾，舒络养经，方用肾气丸加减。处方：山药、杜仲、续断各30g，熟地、菟丝子、鸡血藤、当归、淫羊藿、巴戟天各20g，山茱萸、狗脊各15g，泽泻、丹皮各12g，肉桂、炙附子、甘草各10g。或用煨肾丸加减。

3.7 肝肾阴虚

见腰部酸软疼痛，痛势绵绵，膝腿软弱无力，不耐用久，伴头晕耳鸣，潮热盗汗，五心烦热，口干舌燥，失眠，舌红少苔脉细数。治宜滋补肝肾，柔筋通络。用左归丸加味。处方：当归25g，山药30g，山茱萸、阿胶（烊）、女贞子、旱莲各15g，鹿角胶（烊兑）10g，龟版胶（烊兑）12g，怀牛膝、黄精、白芍、鸡血藤各20g。临证加减：伏热明显者加白薇；失眠多梦者加醋炒枣仁、醋延胡索研末吞服。（王海鸥）

腰椎间盘突出症

1 重在辨病定性，辨证求本

腰椎间盘突出症是骨伤科临床的常见病和多发病。中医将之归属于“腰痛”、“腰腿痛”、“痹症”等病的范畴，中医药治疗有比较好的疗效。姚共和认为腰突症诊断的重点是辨病定性，辨证求本。

1.1 辨病定性

就是确立腰突症的诊断，确定髓核突出的部位和程度。姚共和通过“一问，二查，三阅，四合参”的辨病方法，即询问病史、体格检查、阅读影像学图片以确定诊断，其中需注意“三要与三不要”，即：要重点询问腰腿痛发生、发展演变情况。不要轻视对全身机能状况的询问；要细致检查腰部压痛点、下肢肌力、运动、腱反射等常规项目。不要遗漏病理反射与鞍区的体查；要认真阅读CT、MRI片，不要忽视腰椎X线平片对诊断及鉴别诊断的临床价值。“合参”就是将所收集到的临床资料进行归纳整理，判断甄别，得出诊断，确定髓核突出部位和程度。在腰突症诊断思维过程中需注意：其一，临床许多骨伤科疾病以腰腿痛为主要症状，易被误诊为腰突症，临床上应注意细致鉴别。鉴别诊断可按损伤（如腰椎滑脱症、腰椎急慢性劳损）、炎症（如腰椎结核、强直性脊柱炎）、肿瘤（如腰椎转移肿瘤、椎管内肿瘤）、骨发育异常（如腰骶椎隐裂、移行椎）等疾病性质的顺序进行；也可以按髋部、骶髂关节、椎旁软组织、腰椎骨附件、脊髓、椎间盘的解剖部位层次开展，尤其是要与腰椎转移肿瘤、腰椎滑脱症、股骨头疾患等进行鉴别诊断。其二，应正确评价影像学检查手段，部分临床医师轻视腰骶椎X线平片检查，过分依赖CT、MRI检查，甚至把它作为确立诊断的唯一依据，但腰骶椎X线平片的鉴别诊断作用，是有些CT、MRI检查无法替代的，如移行椎、腰椎滑脱症等腰椎骨骼解剖结构和位置异常的疾患在X线平片上一目了然。姚共和认为如需确诊为腰突症。仍需要与其他临床资料合参，进行综合判断。

1.2 辨证求本

姚共和认为肾虚腰惫、腰络血瘀是腰突症中医病机两个基本因素。肾虚腰惫是腰突症发病的病理基础，正如《直指方·腰痛方论》所云：“腰者肾之外候，一身所持以转移阖辟者也，盖诸经皆贯于肾而络于腰脊。肾气一虚，凡冲风受湿，伤冷蓄热，血沥气滞，水积堕伤，与夫失志劳作，种种腰痛叠见而层出矣。”人身肾气随着年龄增长发生“盛实”、“平均”、“衰竭”等生理变化，作为肾之所充的腰部筋骨也会随之发生“劲强”、“隆盛”、“解堕”等相应的变化。这与西医腰椎的椎间盘、肌肉、韧带、小关节等因增龄而退变的理论是一致的。肾主腰脚，人至中年之后，肾气随增龄由盛至衰，椎间盘、筋肉随之发生退行性变化即腰惫，腰惫复感外邪或遭遇外伤，就可发为腰突症。腰络血瘀是腰突症病理变化的重要环节。劳损外伤所致的腰突症，筋络血瘀多为有形之瘀，“若因伤折，内动经络，血行之道不得宣散，瘀积不散，为肿为痛”（《圣济总录》）。若为感受风寒湿邪诱发的腰突症，则为无形之瘀，《类证治裁》的“风寒湿乘虚内侵，正气为邪所阻，不能宣行，因而流滞，气血凝涩，久而成痹，或肌肉麻顽，或肢节挛急，或半体偏枯,或偏身走注疼痛。”较好地阐述了因感受外邪引起的腰突症的筋络血瘀形成的机理。瘀血停留经络又有化水、生痰、入络之变,加重病情。使病情缠绵难愈,反复发作。

2 治疗依人择法,综合施治

姚共和认为,选择治疗方法不只是一个纯粹的医学问题,而是由医患双方参与的、多因素影响的抉择过程。对一具体的腰突症患者而言,治疗方法应根据医患双方的具体情况而决定,即依人择法,并制定以中医为主、中西医结合的治疗方法。

2.1 依人择法

依人择法包括二层含义。一是将患者的腰椎间盘突出的部位、程度、临床表现等病情与其生理、心理状况、社会经济情况结合起来,进行综合考虑,选择治疗方法。切忌单纯地把腰突症病情作为择法的依据。甚至把 CT、MRI 等影像学资料作为选择治疗方法的唯一依据。二是应根据医者自身的技术能力及其所在医疗机构的医疗条件选择治疗方法。应该选择能发挥最佳效果的治疗方法,而不是试图用自己熟悉的方法去代替其它更有针对性的疗法。

2.2 综合施治

姚共和认为治疗腰突症应发掘和利用中医疗法的特色与优点,吸取和采纳西医新的理论和技术。中西医结合综合施治有利于提高疗效。自然病史研究结果表明,腰突症属于部分自限性疾病。85% 以上的患者可经卧床休息、牵引、手法、针灸、药物内服外用等非手术治疗方法得到缓解或治愈。开展腰突症的非手术疗法应正确处理制动与活动的关系,评价药物与理疗在腰突症治疗中的作用。腰突症的急性期应卧床休息,行走时用腰围保护,制动腰椎;恢复期应合理进行腰部的功能锻炼增强腰部软组织的力量,重建腰椎的稳定性。内外用药应与牵引疗法、推拿手法等物理疗法相结合,可以提高腰突症的临床治疗效果。非手术疗法效果欠理想时应及时寻找原因,作出改进措施,及早改用其他治疗方法,以免耽误患者的治疗时机。对于有明显的手术适应证者,他主张及时施行手术。但应严格掌握手术指征,挑选合适患者的手术减少手术创伤,彻底解除神经根的刺激源、维护腰椎的稳定性。术后合理运用活血化瘀、利水消肿中药,以预防因椎管内瘢痕粘连所引起的腰椎手术失败综合征的发生,提高手术效果。

3 用药补肾为主,祛瘀为要

姚共和认为中药治疗腰突症应补肾为主,祛瘀为要。如前文所述,肾虚腰惫是腰突症的发病基础,腰突症在临床上表现为肾虚、瘀血、寒湿、湿热等不同的证候,但总以肾虚为病理基础。治疗用药当以补肾为主。正如《景岳全书》云:“腰者肾之府,……凡病腰痛者,多由真阴不足,最宜以培补肾气为主。”腰突症筋络血瘀或由劳损外伤所致有形之瘀,或为感受风寒湿邪引起的无形之瘀,可以变生他证,治当祛瘀以通利经络,使气血流通,邪有出路,以免生变。因此,腰突症腰腿痛治疗原则“总以补肾助真元,宣通经络,使气血流通,则痹自已”(《类证治裁》)。他创制治疗腰突症的专方海马全蝎丸,其用药,抓住腰突症肾虚腰惫、筋络血瘀两个基本病理环节,确立补肾壮腰、祛瘀通络的基本治法,直中病理本质,充分体现了姚共和治疗腰突症用药特点:其一,补肾宜用血肉有情之品,腰突症的肾虚腰惫是增龄积累所致。草本类补肾药恐难在较短的时间内起到补益效果,当选用海马、鹿茸等血肉有情之品,补肾的功效更精、更专。其二,祛瘀重用发散走窜之品,腰突症的血瘀证位置深在,尤其是病程较久者,邪气久羁,深入筋骨,瘀血凝滞不行,变生痰湿瘀浊,经络闭塞难通,不是一般活血和营之品所能宣达,必借发散走窜之品,搜剔经络,祛除深伏之邪。舒筋活络、祛风除湿类的秦艽、羌活、独活。虫类药物的土鳖、蜈蚣、全蝎等为常用之品。由于虫类药品多温燥,应配伍养血滋阴之品制其偏性;还应配伍引经之药如牛膝,引药力达到腰腿,提高疗效。(刘向前)

姚克敏妇科学术经验

【名老中医简介】姚克敏(1935～)女,昆明市人。主任医师。原昆明市中医院院长。云南省姚氏医学流派之第六代传人。首批全国老中医药专家学术经验继承工作指导老师。享受国务院政府特殊津贴。从事中医临床50余年,擅长治疗妇科诸疾,对崩漏、不孕、闭经、经断前后诸症及内科肝肺系疾病疗效显著。

学术经验

1 重视妇女生理特长,从整体观念出发正确辨证

人体以脏腑经络为本,以气血为用。妇女的经、带、胎、产都是脏腑经络气血的化生功能作用在胞宫

的表现。以此构成了妇女的生理特点。宗姚氏医学流派的学术思想，“以气血根本出发，首重肝、脾冲任。”姚克敏认为“治疗妇科诸疾，以血为本，以气为动”，在病机方面要充分重视妇女三期脏腑、气血、冲任的变化特点；在病因方面要着意剖析其与妇科生理、病理的特殊联系及其临床表现；在辨证诊断的过程中，十分重视和强调社会环境的变化对妇女身心及疾病的影响。他认为，中医的整体观，是中医医学中的理论思想基础，是全面分析病情，指导妇科临床辨证的重要方法。人体是一个有机的整体，要重视人的机体本质，重视人与生活环境，发病因素之间的密切关系，这就是人与自然环境的统一性。外因和内因的关系，实际上就是正气和邪气的关系，二者互为因果，互相作用，应强调人体正气对妇女疾病的作用。妇女的疾病，不论局部和全身，都会有病理反应。局部可影响全身，全身也可反映于局部，内部的病可表现于外，外部的病也可传变入里。情志变化可影响内脏功能，内脏的病变也可引起情志的改变。临床时既要诊察局部，也要注重全身。

2 辨证与辨病相结合

辨证，是综合患者有关的各种临床表现，以分析并判断其性质。辨病是根据各种疾病的临床特点，来作相应的诊断。可以说，中西医各有其辨证和辨病的方法。中医辨证，建立在中医学整体观的思想体系基础上，强调因时、因地、因人治疗，把病和人密切结合为一个整体，故比较全面，深入和细致。西医对症，是以单个症状为对象，而相同的症状，又常具不同的性质，故有其局限性。中医的辨病，是建立在经验的基础上，几乎完全以临床表现为依据，有与西医对症同样的局限性。西医的辨病是建立在现代自然科学发展的基础上，以病因学、病理学、病理生理学、解剖组织学为基础，以实验室检查及现代化检查手段为依据，故诊断较为确切。姚克敏在患者中有较高的声誉，其精湛的技术特点，就在于能够把辨证与辨病密切地结合起来，各取所长，各弃所短，以正确的诊断，决定了正确的治疗，最后获得良好的疗效。

3 宏观辨证与微观辨证相结合

采取无证从病、无病从证、舍证从病、舍病从证的灵活治疗方法。姚克敏认为，传统方法是从宏观现象出发，通过中医的整体观，将人体与环境、气候、心理情志结合，辨证论治。但在技术高度发展的今天，应重视微观辨证。因为一些医学影像诊断，以及现代检测仪器，可以观察到以往肉眼看不到的病变。其对中医疾病的认识不断深化，是为辨证与辨病相结合的一个发展。临床中，常有病或证不明显，经四诊尚未能确诊。如部分浆膜下子宫肌瘤、卵巢小囊肿等开始往往无自觉症状。或临床化验无结论而四诊可以明确辨证，如阴痒带下，往往白带化验未查出滴虫、霉菌，妇检也无异常。姚克敏采取无证从病，或无病从证的方法。辨证与辨病密切相关，但他诊病善察病证之标本，以定治法之逆从。例如子宫内膜息肉引起的崩漏患者，辨证多属血热、脾虚，而按此疗效不佳，诊刮送检确诊后加以活血化瘀药则疗效甚佳，姚克敏采取的舍证从病。再如未破损型及包裹型宫外孕，西医一般采取手术治疗，而姚克敏自拟处方，采取中药治疗，舍病从证，既使患者免受手术之痛苦，对未生育的年轻患者还保留了完整的输卵管。

4 病案举隅

案1 郑某某，女，28岁，深圳市中兴路湖贝新村居民。就诊日期：1991年3月12日。患者1985年5月大生1胎，顺产，小孩两岁时因病死亡。1986年人工流产1次，次年离婚后再婚至今未再怀孕。月经周期色量尚可，情绪抑郁不畅。近2年腹痛明显，渐有加重，经后腰痛，少腹胀坠，带下色黄，偶有赤带，食少眠差、头昏头痛。末次月经：1991年3月10日。曾在省内检查为“有严重盆腔炎”，久治不愈。脉细弦，舌淡红苔白。妇检：外阴阴道（-），宫颈肥大轻糜，宫体后倾大小坚度正常，附件（-）。此系冲任肾气受损，天癸不足为本，肝郁气滞为标。姚克敏对生育期妇女，以养血调虚，补其损耗为主来治肝肾，方用艾附逍遥散加味。处方：炒柴胡10g，当归10g，薄荷6g，白术10g，茯苓15g，炒杭芍10g，炒艾10g，炙香附10g，寄生10g，续断12g，荷顶3个，莲须10g，千张纸10g，砂仁10g，甘草3g。每日煎服2次，2日1剂，共服5剂。除服药外向患者解释其病情，解除思想顾虑，询问夫妻生活等情况，耐心作咨询及引导。随访患者，服药后次月月经即未来潮，停经40天后感恶心呕吐，检查为早孕。1991年12月中旬顺产一子。

按 本案辨病为继发不孕症，证属冲任受损，血虚气滞，肝脾不调。患者由于产育、人流手术等使冲任受损，加之小孩不幸夭折，忧虑过度，盼子心切，肝郁不舒，久而不孕。辨证同时，姚克敏与现代医学相结合，通过妇检，排外“盆腔炎”，正确辨病，解除患者思想顾虑，重视心理调治。二者结合，准确治疗，诊病用药后即怀孕。

案2 黄某某，女，27岁，市供销社职工。初诊：1992年11月3日。患者结婚5年，婚后第一胎人流，后继发不孕。人流后经乱，数月一行或闭经。末次月经：1992年7月24日，带下量少。诊脉细滑，舌红润苔白。证属冲任气血受损,胞络不疏。方用四物合五子汤。处方:熟地12g,当归15g,川芎10g,杭芍10g,菟丝子10g,女贞子10g,茺蔚子15g,覆盆子15g,车前子10g,炙香附10g,续断12g,鹿角霜15g,甘草3g。每日煎服2次,2日1剂,共服3剂。二诊:1992年11月7日。服药后无异常反应,带下量少。复习检查资料:基础体温在正常范围内,碘油造影示输卵管通畅。脉细弦,舌红润苔薄。冲任气血未调,原方加减。处方:熟地10g,当归15g,川芎10g,杭芍10g,菟丝子15g,女贞子10g,茺蔚子10g,覆盆子15g,车前子10g,寄生10g,续断12g,大芸10g,淮药10g,甘草3g。3剂,服法同前。三诊:1992年12月19日。服药7~8日后流血少量,色鲜红,经肛肠科检查排除肠出血,故此为经血可能性大。感疲倦乏力,带下极少。脉细滑,舌红苔薄白。地道渐润,冲任不足,气血不调,原方加减。处方:熟地12g,当归15g,川芎10g,杭芍10g,菟丝子15g,女贞子15g,茺蔚子15g,覆盆子15g,车前子10g,炙香附10g,寄生10g,续断10g,淮牛膝10g,甘草3g。上方续服十余剂,至1993年元月妇检:外阴阴道(-),宫颈旧裂轻糜,宫体前位稍小,活动质中,附件(-)。服中药同时加服维生素E 100mg,每日1次。四诊:1993年3月2日。服药后天癸渐充,气血通调,于2月25日经行,腰腹疼痛不明显。经量中等,色偏暗。脉沉细弦,舌红润苔白。方用逍遥散加味。处方:炒柴胡10g,当归10g,薄荷6g,白术10g,茯苓15g,炒杭芍10g,炙香附10g,寄生15g,续断12g,藕节15g,益母草10g,大枣11枚,甘草3g。服3剂,每日2次,服药时加入红糖少许。本案证属冲任气血受损,胞络不疏。老师治疗闭经,切忌一味攻破,清凉温燥之重剂,避免伤及精、气、血之本源。而自拟五子汤为主方,补益精血,滋养肝肾,补而不腻。配合四物养血柔肝。且特别强调冲任二脉调畅,加入寄生、续断、杜仲、鹿角霜、牛膝等,使气血冲任渐调,月经按期而至。后以上法调治,1993年9月25日患者告之,经西医检查,尿HCG(+),早孕2月余。

按 在准确辨证随时,姚克敏重视现代医学的检查方法,如测量基础体温、碘油造影。当妇科发现患者子宫稍小,则加服维生素E。辨证与辨病相结合,临床检查与四诊合参,既明确了病因,又加强了治疗效果,使患者早日康复。

案3 熊某某,女,30岁,昆明市中医院主管药师。就诊日期:1988年8月19日。患者14岁月经初潮,1986年11月剖腹产,1988年3月行人工流产术,术后放环。既往月经色量正常。1988年7月28日月经来潮,初行时腹痛剧烈,伴呕吐一次,阴道流血23日未净,量中色红夹块。证见头昏、纳差、咽痛、大便干燥、少腹隐痛。诊脉细弦,舌红润苔薄白。妇科:外阴阴道(-);富颈Ⅱ°糜烂;宫体前位稍大、质中活动,左附件可触及6cm×5cm×4cm包块,质中、不活动;右附件(-)。B超提示:左附件探及6cm×5.2cm×3.8cm实性不均质包块。诊断:陈旧性宫外孕。化验:Hg 11.0g/L, WBC 7.7×10^9/L,中性72%,淋巴28%、BPC 20.5万mm3。证属气血瘀阻、胞络损伤而成癥瘕积聚。治宜理气活血、化瘀消癥。拟方:当归10g,川芎10g,杭芍10g,炙香附10g,炒蒲黄10g,苏木10g,桃仁6g,炒元胡10g,炒川断12g,炒柴胡10g,大枣11枚,甘草3g。煎服,每日1剂,日服2次。服至5剂症状减轻。妇检:左附件包块缩小约4cm×3cm×3cm,再续服2剂,流血停止,无腰腹痛、纳佳二便调。诊脉细弦,舌红润苔薄白。仍以理气活血、止血消癥为治。处方:当归15g,川芎12g,炙香附10g,寄生15g,续断12g,炒蒲黄10g,五灵脂10g,苏木10g,仙鹤草10g,藕节10g,益母草10g,茯苓15g,地榆炭15g,甘草3g。服10剂,左侧附件包块渐缩小至消失,无流血,症状好转。随访月经正常,临床治愈。

按 本案姚克敏辨证与辨病相结合、宏观辨证与微观辨证相结合。充分体现了"女子以血为本"的学术思想。并未沿用教科书上的活血化瘀方,常在活血化瘀同时,配以养血养肝之品,以祛瘀而不耗血,达到祛瘀不伤正的目的。在消瘀活血的同时,加入气分药相配伍,如元胡、香附而达行气消瘀并用,有助于瘀散血行。避免了手术痛苦,患者即得康复。(林 莉 姚克懿 徐 涟)

临床经验

经期杂病

1 经期感冒

许某,女,25岁,工人,1994年7月16日初诊。患者13岁初潮,月经尚可。半年来经期或经期前后常有流涕、喷嚏、鼻塞、寒热不匀、自汗等不适,本次月经1994年7月1日,伴腹痛,上述症状明显。查:脉沉细滑,舌红润苔白。此乃营卫气血不调,肺风不化之证。治以调理气血营卫,兼行疏风理肺,处以四物合葳蕤仁汤:生地15g,当归15g,川芎6g,杭芍10g,葳蕤仁10g,白蒺藜10g,白芷10g,苍耳子10g,绿豆15g,黑豆15g,生甘草3g,荷顶3个,地骨皮10g,制香附10g。上方服用4剂,于经前改用逍遥散合葳蕤仁汤连服3剂,以调理肝脾、调和营卫,8月5日行经,感冒症状减轻,仅时有喷嚏、自汗、手足烘热,再服四物汤加葳蕤仁10g,白蒺藜10g,寄生15g,炒续断12g,茯苓15g,地骨皮10g,浮小麦15g,小枣9

枚,生甘草3g,3剂后余症除。

按 先贤姚贞白先生(云南四大名医之一)曾言:"对经期感冒的认识与治疗,一言以蔽之,'当先别营卫虚实'"。此乃行经之时,机体处于营弱卫强、气血不和状态所出现之"感冒"症状,故治当谨守病机,调和营卫气血,扶正为主。本案用四物汤为基础方调养营血;加用葳蕤仁、白蒺藜清润疏散肺风;再以绿豆、黑豆等增强自身抵抗力而恢复自我平衡。

2 经期肿胀

马某,女,51岁,干部,1991年2月23日初诊。1965年因支气管扩张行右上肺切除术。长期以来,每逢经期感肢体肿胀明显,且月经后期,量多,近两月用"丙睾"治疗后肿胀如前。腰腹胀痛,时尿少、便溏。诊脉沉细滑,舌淡边青,苔白腻,触诊觉指下肌肤紧张、充实,望诊皮薄、浮泽,按之无没指凹陷。此乃气血不足,肝脾失调之证。治以补气益血,调理脾肾。方用姚氏补血汤合四神丸:黄芪30g,当归15g,川芎6g,白术10g,茯苓13g,杭芍10g,补骨脂10g,五味子6g,寄生15g,炒杜仲10g,生甘草3g,泽泻10g,制香附10g。二诊:上方服用5剂,经期肿胀减轻,便溏转干,仍有神疲多梦,续用原方去五味子、泽泻、香附,加益智仁10g、炒荆芥10g、苡仁15g,又进数剂,经期肿胀明显好转。

按 经期肿胀,临床不乏其例,而医籍记载中论述较简,若以治诸水饮之法,行之分利,甚则攻逐,此舍本逐末也。本案患者素日月经后期量多,肿胀发于经期,乃经期营弱,血不助气,气不运行,水津停滞。治当养血助气,增强运化,故用姚氏补血汤以补气养血,辅以四神丸调理脾胃,助运化。全方使气机调而经络通,气化复而三焦利,则经期肿胀自消。

3 经期头痛

李某,女,38岁,1994年9月22日就诊。患者因人流后出现经期头痛近4月。每逢经期或前后则头痛欲呕,伴神疲纳差。曾经检查结果均正常,现为月经中期。诊脉细弦,舌红润,苔白。辨证为血虚经络失养,兼挟风痰不化。以荆防四物汤加味:炒荆芥10g,防风10g,白蒺藜10g,熟地15g,当归15g,川芎10g,杭芍10g,醋半夏10g,陈皮10g,茯苓15g,黑芝麻15g,荷顶3个,藁本10g,生甘草3g。服用3剂,配合心理治疗,次月行经头痛大减,心情舒畅。

按 经期头痛,皆因行经之期经血下注,肝血偏虚,厥阴、督脉失于濡养,使全身阴阳、气血失调所致。本案因人流致冲任受损,气血伤耗,行经之际又经血下注而清空失养、升降失调。故治疗中遵法滋养阴血以柔润经络,祛风化痰辅治兼挟,使阴血得养,经络得润,升降调顺而经期头痛趋愈。(曹晓鸣)

遣方用药

崩漏用药

1 临床分期治疗

1.1 月经期

为阳消阴长之期,血海满溢。治宜因势利导,以通为主,疏和气血,调理冲任。使经气自我调节,经血循轨而行。

所用方剂(以临床使用顺序排列,以下各期同);姚氏新加当归补血药(黄芪、当归、白芍、茯苓、白术、川芎、甘草),逍遥散、四物汤、生地四物汤(生地、丹皮、地骨皮、白芍)、清热固经汤(阿胶、生地、黄芩、丹皮、地骨皮、焦黄柏、藕节、白芍、甘草)、大温经汤。

加药分类:滋养肝肾、调理冲任:寄生、续断、杜仲、千张纸、枸杞、黑豆、葳蕤仁、鹿角霜、黑芝麻、二至丸。益气健脾和胃:太子参、黄芪、莲子、淮药、苡仁、砂仁、波蔻、法夏、陈皮、木香、竹茹、秫米、扁豆、炒麦芽、鸡内金。疏肝理气散结;香附、枳壳、台乌、柴胡、佛手、荔枝核、橘核、昆布。清热凉血:生地、丹皮、地骨皮、黄芩、炒栀子。生津润燥:白元参、麦冬。温暖胞宫:炒艾叶、吴萸、官桂。养心安神:浮小麦、莲子、枣仁、柏子仁、五味子、大枣、小枣。活血固涩:阿胶、千张纸、仙鹤草、藕节、益母草,红糖、莲须、煅海蛸、地榆炭、侧柏炭、乌梅炭、生地炭、焦楂炭、荆芥炭。清宣疏化:荷叶、桑叶、炒荆芥、防风、苏梗、白蒺藜、杏仁、京夏、化红。

观以上方药,皆纯净轻清,灵动透达,流利无滞。能畅达气机,疏通血络,流通三焦,辨、法、治、方相吻合,于行经期疏和气血,调理冲任,以疏导为主治之。

1.2 月经后期、中期(后、中期症状、用药比较接近,一并叙述)

月经后期,经水适净,精血损耗,血海空虚,亟待修复。治以补益肝肾,养血调冲为主,滋补填精,壮肾强健;月经中期,血海之虚渐复,天癸真阴渐盈,乃阴中生阳,由阴转阳之过渡期。除滋阴养血外,加入调助冲任之品以顺应阴消阳长之势。

所用方剂:姚氏新加当归补血汤、四物汤、逍遥散、四物合五子汤(女贞子、菟丝子、茺蔚子、覆盆子、车前子)、生地四物汤、归芍六君汤、八珍汤、归脾养心汤。

加药分类;基本同月经期用药。

上列方、药虽与月期经所用基本相同,但偏重于滋养肝肾,益气健脾,调助冲任。符合月经后期、中期补益肝肾、滋阴养血,调助冲任的治疗大法,以养精蓄锐,充盈气血,疏调经脉。

1.3 月经前期

此时天癸充而冲任盛,为阳气活动的旺盛期。

宜和血理气，疏肝健脾，滋助冲任，以疏导为主约束血海之盈泄。

所用方剂：逍遥散、姚氏新加当归补血汤、四物汤、逍遥散合五子汤、四物汤合五子汤、生地四物汤，逍遥散合二仙汤。

加药分类：基本同月经期用药。

此组方药均遵循月经前期治疗原则，以逍遥散为主，滋助冲任，疏达气机，畅通血脉，使经血能顺应时势，正常运行。根据各证的特点、兼症，加药又有侧重、多少不同。

2 辨证施治

2.1 气血两虚冲任不足统摄失司型

①姚氏新加当归补血汤（月经各期均用）

证见：月经先期，周期较短，经期绵长。出血量多，或崩或漏或暴注，色红或淡，腰酸或腰腹疼痛不明显。伴面色少华，头昏心慌自汗，神疲肢软，眠差纳少，带下不多，血色素偏低，脉沉细或细数或乱，舌淡红、苔薄白。辨证：气血两虚，气不摄血，冲任不固。治则：气血双补，健脾养肝，调固冲任。加减：气虚较甚加太子参，滋助冲任加寄生、续断、千张纸、杜仲、茺蔚子、菟丝子等，养心安神加莲子，兼有郁热加丹皮、炒枯参等，疏理气机加香附、柴胡等，收涩止血加荷顶、莲须，藕节、仙祷草、艾叶等。

②四物汤（月期各期均用）

证见：病程较长，周期不定，崩闭交替或淋漓不断，色红黯，腰酸，少腹隐痛或疼痛不明显。伴头昏心悸，倦怠乏力，或烘热微烦，纳差少寐，带下量少，血色素偏低或正常，脉沉细弦或滑或乱，舌红、苔薄白。辨证：气血不足，冲任失调。治则：滋阴养血，和营养肝，调经安宫。加减：挟郁热者用生地，阴血偏虚者用熟地，血虚挟郁热者生、熟地同用，出血量多用胶艾四物汤以加强养血固涩之效，健脾生血加茯苓、白术、陈皮、莲子、大枣等，强肾助冲任加寄生、续断、千张纸、黑豆等，停滞止血加香附、藕节、仙鹤草、益母草、红糖等，各炭类适当选用，升清提气用荷顶，经期感冒加荆芥、桑叶、防风、苏梗等。

③四物合五子汤（月经前、中、后期多用）

证见：月经周期短，经期长，崩漏交替，淋漓不断。无腰腹痛。行西药人工周期治疗无明显疗效。经净后伴面色少华，头昏，精神不佳，纳差，带下少或无。脉沉细滑，舌红偏淡、苔薄。辨证：肝肾不足，冲任未充，气血失调。治则：滋肝肾，助冲任，和血调经。加减：挟虚热者熟地易生地，加丹皮、地骨皮，助冲任调经气加寄生、续断、枸杞、黑豆；加香附、藕节理气调血，健脾生化安神加茯苓、白术、莲子、陈皮。

2.2 肝郁脾虚，冲任气血不调型

①逍遥散（月经各期均用）

证见：崩漏交替，出血量多，色红块多。或行人流术后月经淋漓不断难止，或经行不畅，或经前点滴出血，或有经间期出血，或兼挟癥瘕。腰腑坠胀或隐痛。经净后仍感腰腹不适或坠胀疼痛。伴情绪不稳，烦躁易怒，经前乳房胀痛，胸胁不舒，或头昏头痛，纳食不佳，带下正常。脉弦滑或沉弦，舌红润、苔白或黄。辨证：肝郁脾虚气滞，冲任受损，气血不调。治则：养肝健脾，解郁调畅冲任气血。加减：兼郁热见口干苦，烘热者加丹皮、栀子，为丹栀逍遥散，或加生地、地骨皮；阴虚咽干咽痛者加元参、麦冬，为元麦逍遥散；脾虚食欲不振者加炙香附、砂仁，为香附逍遥散；偏气虚者加黄芪，为黄芪逍遥散；兼癥瘕者加香附、荔枝核、橘核、昆布等，止血化瘀加益母草、红糖、仙鹤草、藕节、煅海蛸等；健肾助冲加寄生、续断、千张纸。

②逍遥散合五子汤（用于月经前期）

证见：周期紊乱，或到期不至，或经行不畅，量多作崩，经期绵长，腰腹隐痛或痛不明显，带下量少或无。经西医治疗者效果不佳。伴纳差易倦，脉细滑，舌红润、苔薄白。辨证：肝郁脾虚，冲任不足，气血失调。治则：养肝健脾，滋肾精，助冲任，疏调气血。加减：月经到期未至加川芎、续断、香附、疏导气机；经行不畅加寄生、续断、千张纸、香附滋助冲任；增强疏利加柴胡、藕节、佛手等，健脾和胃加陈皮、砂仁、苡仁等。

③逍遥散合二仙扬（用于月经前期）

证见：经断复行，势猛暴崩，腰酸痛如折，腹痛轻微。伴头昏眩晕，心悸烦躁，烘热自汗，眠差，脉细弦，舌红胖，苔薄白。辨证：肝郁脾虚，肾气不足，冲任失调。治则：疏肝健脾，助肾气，调冲任。加减：头昏晕加荷顶、炒荆芥、蒺藜；烦热加浮麦、大枣，莲子；调助肾气冲任加寄生、杜仲。

2.3 阴精不足，冲任不固，兼挟郁热型

①生地四物汤（月经各期均用）

证见：周期紊乱，或月经初潮，先期而行，量多不止，经色鲜红，腰腹疼痛不明显，伴头昏，神疲肢酸，唇红舌燥，口干口苦思饮，咽干痛，或时有鼻衄，烘热烦躁，纳谷不馨，带下一般，脉细数或细滑，舌红，苔黄或黄腻。辨证：阴精不足，冲任不固，兼挟郁热。治则：滋阴养血，清热凉血，调固冲任。加减：育阴清热，滋助冲任加当归、寄生、续断、千张纸、茺蔚子、葳蕤仁、二至丸、黄芩；健脾养心除烦加茯苓、白术、莲子、浮麦、小枣；和血止血加仙鹤草、藕节、乌梅炭、侧柏炭等。

②清热固经汤(用于月经期)

证见:经期绵长不止,崩漏交替,经量较多,色鲜红,少腹短痛,伴唇红口干,头昏心悸,烦躁烘热,疲乏易倦,眠少纳差,脉细弦数或沉细弦,舌红、苔薄白或薄黄。辨证:精血不足,冲任不调,兼挟郁热。治则:滋阴养血,凉血活血,清泄郁热。加减:同生地四物汤。

2.4 寒凝胞宫型

温经汤加减(用于月经期)

常用药:当归、川芎、白芍、吴萸、官桂、丹皮、阿胶、醋夏、续断、香附、藕节、甘草。

证见:经期较长,量多色红黯有块,腰酸痛,小腹冷痛或坠痛,肢酸身痛,脉沉滑而弦,舌淡红、苔白。辨证:肝郁脾虚,宫寒气滞,冲任失调。治则:温经散寒,养血活血,调理冲任。加减:温宫止血加炒艾叶、仙鹤草等;调助冲任加寄生、杜仲、菟丝子等。

2.5 脾肾两虚,统摄失职型

①归芍六君汤(用于月经中,后期)

证见:出血日久量多,腰腹疼痛不明显。血止后面黄唇淡头昏,神疲易倦,纳呆眠差,带下不多。脉沉细滑,舌质偏淡、苔薄。辨证:脾肾两虚,气血不足,冲任不固。治则:健脾益气,养血和营,调理冲任。加减:滋肾调冲加寄生、续断、千张纸、香附;夹郁热加地骨皮、丹皮、乌梅炭;养心健脾加桂圆、莲子、砂仁等。

②八珍汤(用于月经中、后期)

证见:经期绵长,出血量较多,血止后面色少华,神疲肢软,头昏目眩,心慌心悸,纳呆少寐,带下偏少。脉沉细,舌淡红,苔薄白。辨证:气血双亏,冲任受损,气不摄纳。治则:益气养血,健脾调冲任。加减:气虚甚加黄芪,血虚兼挟郁热生熟地同用,滋补肝肾冲任加寄生、续断、千张纸、菟丝子、黑芝麻等;养心安神加莲子、柏子仁等。

③归脾汤(用于月经中、后期)

证见:血崩势猛量多。血止后头昏眩晕,心悸懒言,烘热自汗,纳呆眠差,情绪抑郁,带下偏多。脉沉细,舌淡胖,苔薄白腻。辨证:气血亏损,阴虚热浮,统摄失职。治则:健脾益气,养心安神,调固冲任。加减:眩晕加荷顶、钩藤、黑豆、炒荆芥;烦躁烘热加浮麦、小枣,调固冲任加寄生、续断、千张纸,益气健脾和胃加太子参、砂仁、莲子、秫米、苡仁等。

3 体 会

3.1 注重辨病辨证,察因果析常变

姚克敏在诊断中特别强调问、切二诊,广泛运用各种检测手段,参考理化检测结果,综合辨证,务求其准,形成了以中西两法诊断,中医辨证论治为核心的临床模式。他根据现代医学对功能失调性子宫出血病的认识及鉴别诊断理论,对患者认真观察排卵状况,进行妇科检查以排除它病引起的出血,参考病理检验结果及产育史,寻找与药物等相关的因素,与其它系统引起的出血鉴别等,将诸项所得指标作为临床参考,中医辨证与西医辨病相结合,明确诊断,采取相应的中西医治疗法则。在临床中,姚克敏根据观察到青春期及育龄期无排卵型患者在崩漏期间大多无腰疼经痛,或疼痛不明显,基础体温多呈单相。往往随着病情的好转,行经时即出现疼痛,基础体温亦有波动的趋势。认为,可能因其肾气未充,天癸不足,肾间动气无力鼓舞冲任胞脉正常运行经血。一旦肾气充足、天癸渐盈,冲任渐调,阳气动盛予胞宫之中,经血流动而出现腰腹痛。指出此种疼痛的出现才是正常的生理现象。并将这一“知常达变”的病理反映作为病情转归的指标之一。他又指出,已用西药人工周期治疗者,中药治疗时就不宜多用育养肝肾冲任之品,以防滋助太多,反而导致气血功能紊乱。中药只宜以调理脾胃为主,辅助西药治疗。而更年期妇女月经应绝末绝,崩漏不止时,不能过分止血收涩,以防致生瘀滞隐患。只能以疏导气血,调畅冲任为主治疗。因势利导,顺其自然,离经之血自会干涸。亦不能随意加用激素,否则内分泌状况更趋紊乱,致使更年期过程延长,经期绵绵不绝,增加患者痛苦。月经来潮是妇女生理变化的可见性指标,姚克敏认为治疗则为协助其完成这一由初潮到天癸竭的生理过程,应让患者始终处于自然状态之中,不宜太过或不及。

3.2 处方用药精当,轻灵透达动静协调

本组方药芟繁芟冗,一目了然。集中了具有益气补血,滋养肝肾,健脾疏导,清热和血功效的方剂,以姚氏新加当归补血汤双补气血,健脾柔肝,四物汤滋阴和营,养肝活血;逍遥散调肝健脾,通畅气机,升降上下;生地四物汤滋阴清热,补血柔肝为主要方剂,分别选择用于月经周期各阶段中,达到了维持气血升降,调节脏腑藏池,疏导经脉胞宫的目的,也符台姚克敏制定的各年龄期辨治法则。各型中加用的药物不离滋助肝肾,益气健脾,疏导气机,调理冲任,活血理血的范围。性皆清灵润达,宣疏走散,流通三焦如寄生、续断、千张纸、香附四味常加于一方中,能增强养肝助肾,疏经通络的作用,促进冲任二脉的正常。自拟五子汤滋补阴血,蕴含萌动之气,阴阳皆补不腻不燥,益肾助冲之良剂。多用藕节、丹皮、地骨皮、黄芩等清虚热,降郁火,轻化瘀,无伤阴之虑。荷顶、炒荆芥为姚克敏常用以升清定眩之品,仙鹤草、阿胶、艾叶、益母草等均为活血止血而不滞涩之品。在治疗中灵活运用,精选药物恰到好处。

3.3 掌握服药时间,建立中药人工周期

姚克敏十分注重服药时间,认为这是药物能否发挥最佳效力的重要环节。如:月经前期,天癸充而冲任盛,为阳旺阴泌之时,拟疏肝健脾,调助冲任,活血通络为主要治则。宜于行经前一周服药,至行经始停药,以助脏腑之开泄。行经期,血海满盈,为胞宫宣泄外溢之时,应因势利导,以通为主,疏畅气血,调固经气,于经行时服药,服药期6日左右,以促进自身调节,使经血正常运行。月经后期,精血耗损,血海空虚,为育阴填精之时,拟补益肝肾,养血助冲法。宜经净后3日服药,服药期7~10日,尽快修复损伤之血脉胞宫。月经中期,血海之虚渐复,天癸真阴渐盈,正待阴转阳生之时,拟滋阴养血,调助冲任法。于经行后第12~15天服药,服至经前一周停药。行此服药法,实则建立起完整的中药人工周期,使患者周期调顺,经血畅行。(徐涟 林莉 姚克懿)

姚乃礼学术经验

【名老中医简介】姚乃礼(1944~)主任医师,博士生导师。现任中国中医科学院学术委员会副主任委员,临床专业技术职务高级评审委员会主任委员。国务院学位委员会学科评议组成员,中华中医药学会常务理事、内科学会副主任委员,国家药典委员会委员,国家药品监督管理局药品评审专家,北京中医药学会副会长。第四批全国老中医药专家学术经验继承工作指导老师。擅长中医治疗痹证、脾胃病、肝病、心脑血管病以及内科杂病。出版著作4部。

调和肝脾法

1 辨证经验

1.1 重舌脉,脉症合参

脉象的形成与脏腑气血关系密切,左右寸口脉各有其所主脏腑,诊查各部脉象,结合全身症状等,可知病机所在。临床上左关脉弦,右关脉弱是肝脾不调的典型脉象,但也有其它情况,如《脉诀新编》云:"虚证宜见虚脉,若两手脉弦,谓之双弦。弦乃肝脉,右关见之是肝木乘脾"。脾虚时常伴舌质淡胖,边有齿痕,肝病久可见舌红或暗等化热及入血分的征象。姚乃礼在临床辨证上重视舌脉,特别是对于一些仅有实验室检查指标异常的患者,舌脉则是重要的辨证依据。诊查脉象可以了解疾病的病位、性质和邪正盛衰等,对辨识征候、指导治疗非常重要。特别是脉症反映病的总体变化,邪正虚实的情况。一般而言,临床上诊脉至少要从"位、数、形、势"四个方面,至少要把握"浮、沉、迟、数、虚、实、滑、涩、细、弦"等脉。从脉位上讲,"沉"表明患病时间长,病变在里,或有积滞;"迟数"在临床上能反映寒热属性,是否数脉要结合其平时的脉象,单纯用"数"脉并不能十分准确地表示脏腑功能状态,故又有"小数"、"偏数"等情况;从"形"上来说,正常脉象和缓均匀,有一定的脉形,提示正气充足,弦提示肝气郁滞或肝旺,细而弱提示气血不足,散乱亦提示虚;脉"势"是指脉的态势,如滑、涩、洪,一般反映邪盛,滑象提示气血流畅,或有痰,涩象提示有积滞、瘀血。查脉势一定要结合首诊情况,并根据每次脉象的变化辨别其病势的变化。脉象既能反映脏腑整体功能,又能反映具体变化,临床时一定要仔细考虑,细心体会,同时要注重舌脉合参、脉证合参。

1.2 审病因,溯本求源

现代社会中,精神专注、多坐少动可导致肝气郁结,脾气壅滞;饮食不节、忧愁思虑可伤脾,情志不舒则伤肝,以上病因,影响的脏腑主要在肝脾,形成肝脾不调证。

1.3 析病证,明轻重主次

肝脾不调主要征候包括肝郁及脾虚两方面,兼证较多,无论是其主要征候还是兼证,均有轻重缓急之分,临证用药,必须根据征候的轻重选择用药。如患者纳呆食少,便溏,舌淡而胖,脉细弱,常提示脾胃虚弱明显;如胁腹胃脘胀满疼痛较重,精神抑郁或烦躁,脉弦明显,常提示肝气郁结较甚。

1.4 和肝脾,重调气血

一般认为,肝脾不调多以疏肝健脾的逍遥散为主进行治疗,但逍遥散理气之功较弱,姚乃礼认为,肝除主一身气机的调畅外,还主藏血;气为血之帅,气滞日久,必然影响血分,导致气血失和,因此,调气时亦应重视调血,因此临证时,不管有无明显血瘀,均需加入和血之品,这也是中医"治未病"思想的具体应用。对于调血之剂,可相机使用,一般多用赤芍、当归、丹参,血瘀较重者可选用莪术、延胡索、郁金、川芎、土鳖虫、桃仁、蒲黄、三棱、炒五灵脂、益母草、泽兰、红花等。

1.5 辨兼证,随证加减

从肝脾不调证兼证可见,除基本征候肝郁及脾虚外，肝脾不调证还常兼有热、痰、湿、饮、毒、瘀、食积等病理因素，或兼有阴虚、血虚、阳虚等虚象。肝郁日久，可化火、伤阴、入血分；脾虚不运，可酿生水湿、痰浊；生化无源，可导致血虚；湿浊化热可形成湿热，热盛可成毒。有的病理因素的产生也可能与病因有关，如邪毒侵袭，积聚日久，可形成瘀毒等，另外，从病位来看，肝脾两脏病变日久，可累及肾而形成肾虚，邪扰心神或正虚心神失养，常导致心神不安，出现失眠等症；有的还影响到肺、胃、大肠、小肠等其它脏腑。

2 用药经验

2.1 核心方为主，随证加减

姚乃礼治疗肝脾不和，其核心方为逍遥散。其核心方中除常用赤芍、当归以外，临证时常根据兼证结合病位、病性加减。湿盛者，常用苍术、厚朴、陈皮、法半夏、茯苓等；饮停者，重用茯苓、炒白术，酌加泽泻、大腹皮、车前子等；痰浊明显者常用陈皮、法半夏、厚朴、旋覆花、炒枳实、远志、桔梗、瓜蒌、竹茹、石菖蒲、浙贝母、僵蚕、胆南星等；食积者，常加焦神曲、焦山楂、焦麦芽、焦槟榔、鸡内金、炒莱菔子等；热毒盛者，常加栀子、山豆根、白花蛇舌草、黄连、黄芩、黄柏、大黄、土茯苓、半枝莲、连翘、败酱草等；痰瘀积滞，散结常用牡蛎、莪术、鳖甲、夏枯草，玄参、浙贝母、穿山甲、僵蚕等。

2.2 据轻重主次，相机用药

肝脾不调证，临证用药，必须根据征候的轻重选择用药，如肝气郁滞较甚者，可酌情加入陈皮、炒枳壳、延胡索、制香附、紫苏梗、九香虫、高良姜、厚朴花、薤白、娑罗子、甘松、香橼、佛手、玫瑰花等。脾虚明显者，可加入太子参、山药、薏苡仁、黄精、大枣等，水湿盛者，可加水红花子、佩兰、薏苡仁、茯苓皮、车前子等，在药物用量上可根据证情调整，茯苓、白术等可由一般用量10～15g加至30～60g。

2.3 据病位病势，遴选药物

中焦是气机升降出入的枢纽，脾胃肝胆疾病，常导致气机的疏泄失度，升降失司，病理因素不同，影响的病位各异，所选药物亦应有别，如对于痰浊、气逆之证，针对其病位在上焦、中焦、下焦，或上逆、中阻之势选择药物。肺胃之气上逆，常用旋覆花、赭石、瓜蒌皮等，旋覆花善降肺胃之气，兼能化痰，尤以降肺气为主；赭石性质沉降，量小时偏于降中焦之气，量大则入下焦；瓜蒌皮长于宽胸理气，全瓜蒌则既能理气，又能通便，大便偏干时多用，如有热象，痰浊偏盛，则宜用全瓜蒌。

3 辨证与辨病相结合

姚乃礼认为，辨证论治应同时结合现代医学对疾病局部微观改变、检查指标异常等的认识，它们可看作是中医四诊的延伸。现代医学疗效判定标准，也可作为中医临床治疗的重要依据，但不能完全依靠现代医学的病进行辨证，脱离中医整体观，要"证病"结合。同为肝脾不调证，在治疗慢性胃炎时常用柴胡、茯苓、法半夏、炒白术、陈皮、厚朴、苍术、赤芍、白芍、丹参、炒枳壳、党参、木香、延胡索、甘草等；治疗脂肪肝则常用当归、柴胡、赤芍、白芍、丹参、茯苓、白术、陈皮、半夏、苍术、厚朴、泽泻、党参、莪术、甘草等；肝硬化则多用当归、白芍、赤芍、丹参、柴胡、党参、茯苓、炒白术、莪术、蜜炙黄芪、鳖甲、厚朴、焦槟榔、车前子、甘草等；对于伴有泄泻等表现的肠病患者，结肠镜检查见不同程度的器质性改变，或胃镜下有萎缩、肠化或异型增生，属中医"血瘀"证的范围，常加莪术等药物。

4 病有缓急，治有先后

肝脾不调，多见于慢性久病，治疗应当根据病情缓急，视其标本先后施治。对于一般的患者，可以根据其征候治本为主，但对于一些病情复杂的病例，治疗时需根据病情确定某一时期的目标，一般先解决患者目前最痛苦的症状，然后再针对其根本病变所在治本。

5 以药为主，多法并用

中医治疗以药物为主，但由于病因病机及临床表现各异，在治疗时除针对目前的病机及征候进行调治外，还需结合其它治疗，如调畅情志、节制饮食、气功导引、体育锻炼等。

6 典型病案

杨某某，女，66岁。2006年12月13日初诊。患者主因发现肝硬化1年来诊。1年前因呕血4次，检查发现肝硬化，经住院治疗缓解。近来腹部胀大，满闷不适，食后加重，双下肢凹陷性浮肿，纳差，睡眠可，间断腹泻，小便正常，唇暗，舌质紫暗、舌体胖大、中有裂纹、舌苔薄黄，脉象弦缓。中医诊断：臌胀（肝脾失和，湿浊阻滞）。西医诊断：肝硬化。治以健脾调肝，化湿祛瘀为法，处方：党参15g，白术15g，黄芪20g，茯苓30g，当归15g，赤芍、白芍、法半夏、厚朴各12g，焦槟榔6g，鸡内金、泽泻各10g，车前子30g（包煎），丹参15g，莪术、水红花子各10g，甘草6g。7剂，水煎服，每日1剂，分2次服。12月20日二诊：腹部胀满减轻，双下肢浮肿消失，偶有反酸、腹泻，纳眠可，小便正常，唇暗，舌质紫暗、舌体胖大、中有裂纹、舌苔薄黄，脉弦缓、右弱。治疗仍以前法为主，因水湿势减，恐分利太过，故酌减利水之剂，处方：党参15g，黄芪20g，丹参15g，莪术10g，当归15g，赤芍、白芍各12g，茯苓30g，厚朴12g，法半夏12g，车前子（包煎）、白术各15g，鸡内金10g，甘草6g，紫苏梗10g，苍术12g。2007年1月10日三诊:服上方7剂后,腹胀满缓解,但纳食稍差,偶有胫前轻度凹陷性浮肿,睡眠可,大便调。唇暗,舌质暗、舌体胖大、中有裂纹、舌苔薄黄,脉左弱右弦。治法以健脾利水,活血柔肝,通络散结为主,处方:党参15g,黄芪20g,茯苓30g,白术15g,泽泻12g,车前子12g(包煎),赤芍、白芍、厚朴各12g,莪术10g,炙鳖甲45g(先煎),鸡内金10g,甘草6g,丹参15g,黄连6g。患者以上法治疗用药半年,病情稳定。

按 姚克礼在治疗本患者时,辨证以肝脾不调为中心,治疗旨在调和肝脾,在不同时期,根据标本缓急,分别针对水湿、血瘀及气滞等兼夹征候之轻重适当加减,使肝脾两脏功能得以调和,诸症缓解。(王少丽 张润顺 白宇宁 周雪忠 陈兰羽 刘震 王映辉)

姚希贤临床经验

【名老中医简介】姚希贤(1930~)教授,主任医师,博士生导师。河北医科大学第二医院中西医结合专家,中国中西医结合学会消化专业委员会常务理事,河北省消化病研究所所长。享受国务院政府特殊津贴。第二批全国老中医药专家学术经验继承工作指导老师。河北省首届十二大名中医。从事内科消化系疾病诊治临床、教学及科学研究40余年。擅长治疗肝病、慢性胃病。多项科研课题获省级奖励。著有《病毒性肝炎》《急性消化病学》《最新内科诊疗手册》《疾病诊治大典》《临床消化病学》等6部专著。发表论文100余篇。

慢性胃病

1 抓住关键,注重整体综合辨证

姚希贤对于慢性胃病非常重视辨证,认为中医治疗必须以辨证为基础,只有准确辨证,才能真正抓住疾病的本质,才有可能确定正确的治则、治法及有效的方剂。目前中成药的应用,也已趋向于系列药物的辨证应用,因而取得了更好疗效。他认为在运用中医理论辨证的同时,必须抓住关键,注意整体综合辨证。慢性胃病在病位上与脾、胃、肝、胆等脏器有关,以脾胃病变为主,脾胃实则概括了整个消化系统。按中医辨证,慢性胃病有脾胃虚寒、肝胃不和、肝郁脾虚、中焦湿热、胃阴亏虚、瘀血停滞等证型,其中又以脾胃虚寒、寒热错杂兼瘀为多,因慢性胃病日久,脾胃阳气日渐损耗,必致脾胃虚寒;胃病缠绵难愈,变证百出,又多致虚实夹杂之证;各种慢性病日久不愈,大多兼有瘀滞,所谓“病久必瘀”。辨治慢性胃病,在辨明病位、病性的基础之上,还须注意各脏腑之间的相互关系和影响,以及疾病不同发展阶段的特殊病机特点。早期病变病情单纯,按一般规律辨证施治即可;病情缠绵日久者,患者病情多较复杂,在一般辨证的基础之上,还应注意疏肝及活血化瘀。

2 辨证论治与辨菌论治相结合

姚希贤认为在中医辨证的同时,必须注意有无幽门螺杆菌(Hp)的感染,既要辨证,又要辨菌。Hp已被证实为引起慢性活动性胃炎的最重要病因之一,是十二指肠溃疡、胃溃疡顽固不愈和早期复发的重要病因,与胃癌的发生也有密切关系。临床上发现慢性胃病患者Hp总感染率约50%~60%,而针对Hp的根治可迅速减轻慢性胃病患者的症状,减少复发,尤其可使消化性溃疡的年复发率由过去的70%降至3%左右,还可对防治胃癌的发生有一定作用,故Hp感染的诊断与根治,对慢性胃病的诊治至关重要。近年来研究发现中医药治疗Hp有很好疗效,已筛选出许多抗Hp作用的中药。姚希贤非常重视传统中医理论与现代医学研究的结合,认为治疗疾病既要以传统中医理论为指导,又要结合现代医学理论研究进展,对于慢性胃病,在传统辨证的基础之上,通过辨菌而配合具有抗Hp作用的中药,可取得更好疗效。他经多年实验与临床研究创立了含有较好抗Hp作用中药的“灭Hp胶囊”和“疗胃煎剂”。“灭Hp胶囊”治疗Hp相关性慢性胃病尤其是消化性溃疡,取得较好疗效,曾观察单用西药,如国际标准新三联(达克普隆、阿莫西林、克拉霉素),Hp根治率为92%,而加用“灭Hp胶囊”可使Hp根治率高达96%,且还可明显提高消化性溃疡患者的溃疡愈合质量;“疗胃煎剂”治疗Hp相关性慢性萎缩性胃炎,也取得了良好疗效,可明显增加胃黏膜表面上皮层厚度与黏膜氨基已糖含量,从而增强胃黏膜屏障功能,抑制炎症反应,减轻炎症损伤,对胃黏膜萎缩病变有逆转作用。

3 辨证论治与辨病论治相结合

姚希贤在诊治慢性胃病方面积累了独到而丰富的经验,特别强调在治疗中要辨病与辨证结合应用。在辨证施治的同时,考虑到相同疾病其临床表现、发病机理基本相同,在中医辨证上也就有其共同点,这就为辨证与辨病相结合提供了可能。他还指出,在辨证论治的基础上，根据现代医学理论来阐明病机，指导临床用药，可以减少用药的盲目性。如慢性浅表性胃炎、消化性溃疡患者，临床有不同证型表现，但多具有中焦气滞、脾胃虚弱的特点，故辨明疾病即可在传统辨证的基础上，配合疏肝理气、健脾和胃，常可收到良好效果；胆汁反流性胃炎，乃各种因素导致肝失疏泄，横逆而犯脾胃，气滞日久化热化火之候，脾胃亏虚是病机之本，肝胆郁热上逆是其标，因而以肝胃郁热为病机关键，则应清肝与泻热并用；慢性萎缩性胃炎，多由慢性浅表性胃炎发展而来，病程较长，常有瘀血阻络之患，故传统辨证论治基础上，还须注意活血化瘀；胃肠动力障碍者，辨证有寒热虚实之分，治疗有温清补泻之别，但加用具有促进胃肠蠕动作用的疏肝理气中药，可取得良好疗效。

4 注重中西药物结合应用

姚希贤非常强调中西医结合的重要性，认为中西药物在慢性胃病的治疗方面各有特长，应取二者之长，配合得当，可明显提高疗效，缩短疗程。如治疗消化性溃疡及某些高胃酸分泌的胃炎等，须抑酸治疗，而抑酸效果以质子泵抑制剂如洛赛克等为最好；对慢性胃病的一般症状改善、病变修复、保护胃黏膜及消化功能的恢复等方面，中药独擅其长，中药治疗消化性溃疡还可提高愈合质量，降低复发率，减少西药的毒副作用；在根除 Hp 作用方面，中药作用弱于西药的质子泵抑制剂和抗生素。因此，治疗消化性溃疡可在应用质子泵抑制剂抑酸、西药抗生素根除 Hp 治标的基础上，配合中医辨证施治治本，则可收标本兼治之功，既可以迅速减轻症状，又可增强西药抗 Hp 作用，还可以减轻西药的不良反应。（孙玉凤 赵丽梅）

慢性结肠炎

1 辨证与辨病结合，辨清病因病机

慢性结肠炎病程较长，病情缠绵难愈。中医学理论认为，慢性腹泻病位在大肠，主要病变脏腑包括脾、胃、肾，主要病机为脾肾阳虚，湿浊内盛，虚实夹杂。本病的发生主因外感暑热寒湿，或内伤饮食生冷，损伤脾胃，导致脾胃虚弱，运化失常，水湿内生，传注大肠而成泄泻；湿邪郁而化热，湿热下迫，则有里急后重之症；湿热蕴结肠道，灼伤血络，则大便脓血黏液；“久病必瘀”，本病迁延日久，常有瘀血证候存在，可见腹痛而有定处，舌质黯红或有瘀点、瘀斑，结肠镜检查可见肠黏膜充血水肿，甚至出血糜烂等病理改变，也证实了血液瘀滞的存在；病情迁延日久必损及肾，终至脾肾阳虚，则见五更泄泻。实验室检查大便中可有白细胞，或大便培养有致病菌生长，或大便菌谱分析有肠道菌群失调表现，此与中医之虚、实证候又有一定内在联系，如有细菌感染者，中医辨证多属实证为主，而有菌群失调者，又多以虚证为主。故临床只有辨证与辨病结合，才可真正辨明其疾病的本质，为正确治疗打下良好基础。

2 中药西药结合，做到标本兼治

在辨清病因病机的基础之上，制定一个切合病机的治疗方案，是获得良好疗效的关键。姚希贤针对本病虚实夹杂的病机特点，取中西药之长，制定了如下治疗方案：

第 1 周：氟哌酸 0.3 g，日 3 次；思密达 1 袋，日 3 次；末 3 日加用庆大霉素 8 万单位肌肉注射，日 2 次。第 2 周：肠炎煎剂（陈皮 15g，炒白术 15g，茯苓 10g，黄连 6g，秦皮 10g，马齿苋 15g，赤芍药、白芍药各 10g，诃子 8g，肉桂 10g，木香 10g，厚朴 6g，每剂水煎取汁 300mL，分为 2 袋），每次 1 袋，早晚各 1 次；思密达 1 袋，日 3 次；有菌群失调者加整肠生 0.5 g，日 3 次。以上 2 周为 1 个疗程，间隔 3～5 日可行第 2 个疗程，根据病情可反复 3～5 个疗程。

本方案的制定，旨在发挥中西药物各自的特点和优势，综合运用以收良效。在慢性结肠炎的发生发展过程中，多存在致病菌的感染，且局部病灶又易招致细菌的感染，故在疗程第 1 周先使用有效的抗生素，如氟哌酸、黄连素、庆大霉素等，配合能吸附细菌、毒素及水分的思密达，清除致病因素，以治标为主。而中药能调整肠道功能、促进病变恢复，又有一定的抗菌、消炎作用，且复方使用，不易产生耐药，故第 2 周采用具有理气健脾、燥湿止泻作用的中药制剂肠炎煎剂，方中陈皮理气健脾，茯苓、白术建脾化湿，三者配合以补脾胃运化之不足，以治其本；黄连、秦皮、马齿苋燥湿、解毒、止泻，诃子涩肠止泻，共治其标；赤芍药活血化瘀，白芍药调和气血、缓急止痛，肉桂温补脾肾，又配以木香、厚朴行气导滞。诸药配合，扶正祛邪、标本兼顾，共奏理气健脾、燥湿止泻之效。现代研究证实，陈皮、白术、茯苓能增强单核巨噬细胞系统功能，促进 T 淋巴细胞数量增加，增强机体细胞免疫功能；黄连、秦皮、马齿苋有一定抗菌、消炎作用。赤芍药能提高机体免疫力，抗菌、消炎、镇痛，又可改善病变局部血液循环，从而促进病变恢复。同时顾及到抗生素对肠道正常菌群的影响，配合调整肠道菌群的微生态制剂整肠生，重在治本。整个方案可谓补虚泻实并施，治标治本兼顾。

3 合理安排用药，避免耐药和药物间不良影响

抗生素治疗慢性结肠炎，因用药时间长，容易出现耐药，故临床常见患者开始用药时疗效尚可，久则疗效降低的现象。针对这种情况，采用 2 种抗生素联合使用，如氟哌酸配庆大霉素、黄连素配庆大霉

素、氟哌酸配黄连素等，以减少其耐药的发生。同时，考虑到抗生素对肠道菌群及微生态制剂的不良影响，合理安排，先后使用，既消除了抗生素对肠道菌群的不良影响，又避免了其对微生态制剂的灭活作用。

4 疗程宜足，避免复发

慢性结肠炎病史较长，长期的炎症刺激，导致局部纤维组织增生，甚至可有细菌被包被的情况，从而造成临床疗效不佳、病情反复发作的状况，所以治疗本病宜延长疗程，必要时可连续使用多个疗程，以期彻底消除致病菌，使病变得以完全恢复。个别有细菌被包被的情况，还可先用3～5日激素进行激发，然后再按疗程治疗。

5 注重调适饮食起居

慢性结肠炎患者病情容易受到饮食、气候等影响，故在积极治疗的同时，嘱患者合理安排饮食起居，避免各种不良刺激，有利于病情恢复。如注意选择清淡、易消化食物，避免刺激性及肥腻食物；注意保暖，避免受寒；劳逸结合，避免过度紧张劳累等等。（孙玉凤）

慢性肝炎肝纤维化

1 对肝纤维化病因病机的认识

姚希贤依据肝纤维化临床表现及本病肝脏纤维组织增生的病理特征，认为该病主为湿热停滞，迁延日久，气机郁滞，导致血瘀，中医所谓之“气”一般泛指功能。本病的关键在于气滞血瘀。由于肝脉布于胸胁，肝为血海，所以在临床上则可见胁痛，胁胀，气血瘀结则有肝区刺痛，出现肝脾肿大、舌质晦暗或青紫，有瘀点、瘀斑，甚则出现肝掌、蜘蛛痣、呕血黑便。此与现代医学认为肝纤维化是肝硬化的必经阶段，是肝细胞发生炎症坏死激活肝星状细胞（Hsc）促使其分裂增殖，导致肝脏内以胶原纤维为主的细胞外基质（ECM）弥漫性过度增生、纤维间隔和假小叶形成发展为肝硬变，出现肝血循环障碍门脉高压的病机、病理和临床表现一致，也与姚希贤对本病气滞血瘀和以“瘀血证”的认识一致。

2 辨治规律

2.1 会通中西医理、审因论治

姚希贤研究表明：本病于慢性肝炎早期即有纤维组织增生，随着病情发展，增生加重并向肝硬化过渡。为此治疗慢性肝病、肝纤维化，他强调合理治疗有如“鸡尾酒”疗法，主张对慢性肝炎、肝纤维化应具体包括：抗病毒、调节免疫和早期抗肝纤维化。①抗病毒治疗：系有病毒复制的慢性肝炎、肝纤维化治疗的关键，根据抗病毒疗效当今以现代医学为主，结合中药进行治疗。抗病毒指征分为：HBeAg阳性、HBV－DNA阳性ALT2～5倍增高于正常值者，抗病毒治疗给予干扰素300～500万单位，肌肉注射，每周3次，4～6个月有效者，延长疗程至1年。或拉米夫定（LMV）0.1g，口服每日1次。持续用药达完全应答（HBeAg、抗－Hbe转换）后，继续用药至少半年仍为完全应答者可停药，否则应持续用药，对用药1年乏效或出现YMDD变异耐药、复发者换用阿德福韦（ADV）。HBeAg阴性、HBV－DNA阳性，ALT正常或≤2＊uLN升高但肝组织学示KnodellHAI≥4或≥G2炎症坏死者，予拉米夫定（LMV）0.1g，口服每日1次，或组合干扰素（peg－IFNa）（180ug 1次/周皮下注射）治疗。②慢性丙肝：HCV－RNA阳性者，推荐干扰素（peg－IFN疗效较佳）与大剂量病毒唑（800～1200mg/天）联合治疗。③免疫调节治疗：是慢性乙肝治疗的主要手段之一，目前尚乏特异性治疗法，胸腺肽、胸腺五肽（前者1.6mg，后者1mg皮下注射2/周，26周为1疗程）可提高非特异性免疫功能，不良反应小，对有抗病毒指征但不能耐受或免疫机能差者可配合应用。

2.2 突出中医特色、辨证论治

西医对慢性肝病、肝纤维化的治疗无良法，中医药对慢性肝病、肝纤维化治疗有良好疗效，针对中医对慢性肝病、肝纤维化的分型在文献中既多又不一致，姚希贤据临床经验，将本病分为以下几型。①肝气郁滞型：这是临床最多见的类型。临床表现：胸胁胀满，两胁窜痛或胀痛，疼痛每因情志而诱发或加重，胸闷气短，苔白，脉弦。部分患者兼有口苦呕吐，饮食减少，嗳气频繁。治疗法则：疏肝理气。常用方剂：丹栀逍遥散。②肝脾（胃）不和型：这也是较为常见的类型。临床表现：胸胁胀闷，嗳气食少，呃逆泛酸，饮食不消，大便溏泻，常因抑郁恼怒或情绪紧张而加重，舌苔多白，脉多弦滑。治疗法则：疏肝调气健脾。常用方剂：逍遥散合香砂六君子汤。③脾胃虚弱型：临床表现：食欲不振，腹胀，便溏，疲乏无力，舌质淡，舌苔薄白或腻，脉细无力。治疗法则：健脾理胃。常用方剂香砂六君子汤加减。④气滞血瘀或血瘀型：本型最多见于慢性肝炎，病毒性肝炎越趋于慢性，肝纤维化越明显或加重，血瘀征象也越突出。临床表现：胁痛，肝脾肿大、皮肤瘀斑或蜘蛛痣，舌质青（有瘀点）、苔白或脉弦等。治疗法则：疏肝理气，活血化瘀。常用方剂逍遥散合桃红四物汤加减。⑤肝肾阴虚型：多见于慢性肝炎后期，具有明显肝纤维化或肝硬化患者。临床表现：心烦，口干咽燥，齿鼻出血，手足心热或有低热，两颧微红，舌质红绛无苔少津，脉弦细稍数。有些患者还常有头晕，失眠，目昏涩，爪甲不荣及腰酸痛，腿软肢麻的表现。治疗法则:滋养肝肾。常用方剂:滋水清肝饮加减。两方均为滋养肝肾重要方剂,但以后方为佳。后方中有泽泻、茯苓使补阴而不滞,配丹皮、栀子、柴胡可清泻肝火,用白芍柔肝而不伤阴。⑥肝郁胆热型:多见于慢性肝炎有肝炎活动者,往往伴有胆系感染。临床表现:胁肋疼痛,口苦咽干,烦热,头昏目眩,胸闷纳呆,恶心呕吐,或出现目赤或目黄、身黄,粪燥结,尿黄少、黄赤,舌苔黄腻或脉弦滑数。治疗法则:疏肝解郁,清热利胆。常用方剂龙胆泻肝汤加减。

3 立足现代医学,病证结合

姚希贤认为肝纤维化的病因病机虽复杂,但临床证型初期多为肝郁气滞,肝胆郁热,肝脾不和,中后期可见脾胃虚弱,肝脾血瘀,肝肾阴虚等。但诸症中气滞血瘀最为常见,且常贯穿于疾病的各个阶段,临床上采用活血化瘀,疏肝理气方药治疗慢性肝病、肝纤维化取得了较好的疗效,现代研究表明活血化瘀中药对慢性肝病肝纤维化疗效显著,且乏毒性反应,显示出良好的治疗前景。他对慢性肝病肝纤维化确立了活血化瘀软坚散结为治疗主法则。①血液瘀滞为肝纤维化的主要病机关键,治疗应以活血化瘀为主,重用丹参可获良效。②脾虚血运无力为根本,因此活血化瘀中药配合益气健脾药,如丹参配黄芪活血化瘀益气健脾,二者一行一补恰到好处,实则二者配伍抗肝纤维化作用比单独使用效果更佳。③对肝脾肿大者在活血化瘀基础上应用软坚散结药物,如三棱、莪术、鳖甲、水蛭或穿山甲等具有软肝缩脾之功,肝大用三棱,脾大用鳖甲,剂量视患者情况小量开始逐渐增加。姚希贤运用益肝冲剂(丹参、当归、赤芍等)对324例慢性肝病患者多中心观察发现,本药具有消除症状,改善肝功能作用,84.1%的患者肝脾有不同程度回缩,提示益肝冲剂有较好的保肝,抗肝纤维化的作用。

姚希贤在益肝冲剂投产19年基础上,几经临床、病理、实验与拆方药物筛选(淘汰)研究,对原方修改为活血化瘀、重用丹参为主的新一代组方,改名为益肝康,并对之与强肝胶囊为对照及实验研究,表明①活血化瘀重用丹参为主中药益肝康对慢性肝炎(病)抗肝纤维化具有明显、确切的疗效,对慢性肝炎总有效率82.10%~88.33%,能降酶、恢复肝功能,有效降低肝纤维化指标:82.6%炎症、坏死改善,肝纤维化逆转总有效率92.8%;具有消除肝纤维化与肝脂肪变、炎症、坏死、恢复肝细胞器病变,改善肝功能作用。②同时对丹参等单味药的抗肝纤维化作用进行了实验研究,证实了丹参单体IH764-3能显著降低CCL4大鼠肝纤维化的程度,对大鼠HSC呈剂量和时间依赖性增殖抑制效应,能显著降低肝羟脯氨酸和Ⅰ、Ⅲ型前胶原mRNA含量,降低血清HA、LN水平,改善肝功能,组织学显示具有抗肝纤维化的作用,并可减少肝组织MDA的含量。姚希贤还强调西医首先要明确诊断,中医必诊断要四诊合参;治疗辨证辨病并用,中西医结合,抓主要病机。(杨倩 胡冬菊 冯玉彦)

姚寓晨妇科临床经验

【名老中医简介】姚寓晨(1920~)江苏南通市人。主任医师。1942年毕业于上海中国医学院。首批全国老中医专家学术经验继承工作指导老师。从事中医临床40余年,擅长内、妇科疾病诊治。发表论文40余篇。

临证特色

调心法治疗妇科病

1 崩 漏

妇女因悲哀过度而致心虚神伤,阳气内动发为崩漏。多因"火炎助心,血盛而血下"。其证多见血色鲜红、量多,心悸气短,舌偏红脉细数。姚寓晨诊治该病,细审标本,明辨虚实,认为该证多为本虚标实,既不可妄用大剂泄火,又不可专事补益,当用补心澄源法兼以清营固摄,常用参麦散加味并根据虚实之轻重,伍以三黄(黄芪、黄精、黄芩),甘润与宁络并举,补心与涩流兼施,以澄源固冲,标本同治。

案1 李某,女,30岁。1986年4月5日诊。患者因工作中遭受挫折,遂致心悸不安,健忘恍惚,终日悲哀,以致经来渐少而致经闭不行已3月。此次突然暴下如注,色红无块,眩晕气短,惊悸怔忡尤为显著,殊甚痛苦。经西医检查,排除生殖系统炎症及肿瘤,诊为功能性子宫出血。患者要求中药治疗,诊脉细弦较数,舌红边有齿印,苔薄,责之悲哀日久,心虚神伤,阳气内动,冲任失约,拟予益心气,清营热,固冲任。药用:太子参30g,麦冬15g,北五味9g,青龙齿(先煎)、煅龙骨牡蛎(先煎)、肥玉竹各15g,焦山栀、炒黄芩、荆芥炭各10g,炙黄芪24g。服4剂,营热渐挫,脉数已平,血色转淡,惊悸已减,漏下亦少,惟心气未能全复。治拟补益与固摄并调。药用:潞党参、太子参各30g,炙黄芪15g,制黄精12g,煅五花龙骨（先煎）15g，大熟地 12g，煅紫石英（先煎）15g，莲子芯 10g。8 剂。服 3 剂后出血止，继服 5 剂胸闷气短、惊悸怔忡等症亦告消失。随访 1 年，未再复发。

2 闭 经

闭经一证有虚实两端，女子性情多郁，如遇不遂，七情伤心，暗耗心阴，心气停结而经用。姚寓晨诊治闭经，细审病因，参合理化检查，对于有明显情绪因素，证见忧郁心烦，月经稀发、闭经，舌暗红，脉细涩者，以养心通脉法为主，常选柏子仁丸化裁，不用香燥之品而以甘润养心，心得养则心气通；清润泄火，火能静则血脉和，对于闭经日久多用“三紫（紫石英、紫丹参、紫参）以养心通络，定志安神。

案 2 邹某，女，40 岁。1987 年 8 月 12 日诊。半年前家遭回禄，亲人多病，心怀悒郁，心悸纳少，大便艰结，小溲时有短赤，舌质暗红苔薄，脉细涩，刻下：月经 5 个月未行，结合西医妇科检查诊为继发性闭经，责之心阴不足，心气不得下通，拟予三紫调心汤图治。药用：紫石英 15g，紫丹参 12g，紫参（又名石见穿）15g，琥珀末 5g，柏子仁 15g，怀小麦 30g，广郁金、生卷柏各 12g，麦冬 15g。上方服 15 剂后，月经来潮量少有小血块，心怀觉舒畅，经净后再予上方原药原量 20 剂待下次月经，经潮量中，经色红无块，再继服 20 剂后，月经恢复正常。随访半年，诸症均告痊愈。

3 赤白带

赤白带下，尤其老年妇女，姚寓晨诊治常先通过理化检查，排除恶性病变，认为本病心经火盛可上为心烦神乱，下为赤带绵注，如兼阴蚀痒甚者，多为心火时炽不止，所谓“诸痛痒疮，皆属于心”，治宜清心束带法，选黄连导赤散化裁，下病上取，用药常以咸寒配甘苦：人中白、苦参片同用，少佐凉血散瘀之品，如粉丹皮配血竭以清心泻火，泄热束带。

案 3 殷某，女，48 岁。1988 年 12 月 2 日诊。患者素质阴亏，时值更年期。月经已停半年，心烦易怒，烘热阵作，带下赤白相夹，味腥量多难忍已 3 月，外阴有时瘙痒入夜尤甚，口苦咽干，心悸阵阵，头晕目眩，西医妇检：提示宫颈Ⅱ°糜烂，曾用西药及激光等治疗未能痊愈，刻诊苔薄舌红，脉细稍数，责之阴亏心肾失济，热灼带脉，拟用清心束带煎图治。药用：人中白 10g，细川连 3g，细木通 6g，大生地 15g，苦参片 10g，粉丹皮 12g，玄参 15g，生山栀 10g，黛衣灯蕊 6g。连服 4 剂，心烦、赤白带大减，惟仍感烘热阵阵，腰脊酸软，夜寐不实，再予上方加莲子芯、熟女贞，旱莲草，青龙齿、炙龟版出入调治 1 月，妇检宫颈糜烂已愈，诸症亦告消失，随访半年，赤白带下未再复发。（姚石安）

遣方用药

女科病用药特色

1 动物类药

1.1 固摄奇经止暴崩

《素问 · 阴阳别论》有“阴虚阳搏为之崩”之说，可谓崩漏病机总持，人体阴阳互根，交相维协，若阴分不足，阳邪搏之，血不循经而妄行，每致崩漏，治宜育阴制阳；或阴损及阳，阳衰不能固摄真阴，暴崩脱血，又须温阳摄血，当此之时，草木无情，往往不堪塞流固脱之重任。而动物药寓涩敛于填养，固真元以不泄，味厚力雄，可担斯任。

案 1 唐某，女，35 岁，1981 年 2 月 1 日初诊。月经淋漓不净匝月，今突然暴下，经稀色淡，少腹冷痛，头晕形瘦，腰酸骨楚，寒热时作，面色萎黄，苔薄舌淡，脉细。此冲任虚亏，奇经失约。拟填固奇经法：牛角腮 20g，阿胶 12g（烊冲），炙黄芪 20g，焦白术 20g，桑螵蛸 20g，煅龙牡各 20g，潞党参 20g，炙柴胡、炙升麻各 5g，鹿角片 12g，炙甘草 6g。上方连服 2 剂，崩漏即止，惟仍感寒热阵作，少腹冷痛，腰脊酸软，关节冷疼，再予上方加露蜂房、全当归、大熟地、川桂枝、乌鸡白凤丸出入调治两月。半年来崩漏未再复发，余症均除。

按 本案患者为阳虚冲任不固而致，根据暴崩宜温宜补，当用温补奇经法，塞流澄源并举，方中牛角腮为牛骨内的坚骨，性味苦温，长于温经止血，《神农本草经》谓能“治崩漏赤白带下”，《本草衍义》云“主妇人血崩”，本品对于虚寒崩漏可与鹿角霜同用。阿胶为驴皮熬制的胶块，《本经》谓能“主心腹内崩，女子下血。”《本草纲目》云能“疗崩中带下”，本品甘平，对出血而血虚的证候，既能止血又能补血，有标本兼顾之效，对于暴崩者可与煅龙牡同用。桑螵蛸为螳螂科动物大刀螂等的卵块，补肾助阳而偏于收敛，为崩带虚损要药，它与海螵蛸虽同称为螵蛸，且都有收涩作用，但桑螵蛸以固精缩尿为特长，且有益肾的功效，海螵蛸有止血制酸的特长，而无补益作用。龙骨为古代多种哺乳动物骨骼的化石，煅用功专收敛固涩，《本经》谓“主女子漏下”，对于体虚滑脱崩带诸症而无瘀血者与煅牡蛎同用，颇为适合；鹿角片为梅花鹿或马鹿等各种雄鹿的老角，性味咸温，温补肝肾而强筋健骨，《本经》谓其“主漏下恶血”，《本草纲目》谓其能“益肾补虚”，对虚寒崩漏颇具效验。复诊中用蜂房为胡蜂科昆虫大黄蜂等所造成的窠，能壮阳益肾，祛风止痛，对于血虚寒凝，关节痹痛，常配川桂枝以走四肢而温经脉，乌骨鸡首载《本草纲目》谓能“补虚劳羸弱，益产妇”，以其为主要药料的乌鸡白凤丸为女科调经要药，能滋补肝肾，调益气血。综观上方，选用血肉有情之品，用以填补精血，“以脏补脏”、“以髓补髓”，达到调整阴阳，补益冲任之目的。

1.2 通瘀泄热疏经隧

《金匮要略·妇人杂病》篇云：“妇人之病，因虚，积冷，结气，为诸经水断绝。”虚则为血枯，血海无余而经歇，结则为血滞，冲任瘀阻而不经。就其瘀阻经闭而言，仲景向有大黄蛰虫丸之成法，多取动物药以资畅营和络以疏经隧，临床引援，效若桴鼓。

案2 郑某，女，34 岁，1978 年 3 月 12 日初诊。禀素阴虚之体，曾因“甲亢”行甲状腺切除术，刻下经停 8 个月，少腹胀满，上连及脘，呃逆阵作，口干内热，甚则吐出咖啡色黏液，面色晦滞，夜寐不安，心烦易怒，纳谷不振，苔薄黄，舌质暗红，脉弦细，曾予桃红四物汤等通瘀之剂，胀势稍松，但月信杳然。责之肝郁化火，气滞瘀凝。拟予通泄瘀热，养肝畅营法：当归尾 12g，紫丹参 12g，炮山甲 10g，焦山栀 10g，粉丹皮 10g，炙鸡内金 10g，炒赤白芍各 10g，制香附 10g，炙鳖甲 15g，另大黄蛰虫丸，每日 2 次，每次 10g。上药每日 1 次，连服半月，月经来潮，色紫暗，有瘀块，少腹胀满顿减。再与调营活血法进治，药如生山楂、粉丹皮、益母草、鸡内金、炙龟版、炮甲片、炒赤芍、炙升麻、炙柴胡等，调治月余，诸症均平。

按 本案患者禀素阴虚，复因阴虚气滞，冲任瘀阻而致月信杳然，治法以疏泄瘀热，参以育阴和滞之品，药用归芍以调经，伍以鸡内金以化瘀，正如张锡纯在《医学衷中参西录》，鸡内金条中所云：“治室女月信一吠未见者，尤为要药，盖以其能助归芍以通脉，又能助健补脾胃之药，多进饮食以生血也，盖鸡内金善化瘀血，即能催月信速于下行也。”穿山甲为鳞鲤科动物鳞鲤的鳞片，性寒味咸，《本草纲目》谓其能“通经脉，下乳汁”，《本草从新》谓其“专能行散，通经络，达病所”，女科临床常取其善于走窜之特点，治经闭不通常配归尾，用于乳汁不下而属实证者常配王不留行，属于虚证者常伍炙黄芪，用于子宫肌瘤常配牡蛎。地鳖虫为地鳖的雌虫体，原名为蛰虫，始载于《本经》，性味咸寒，具有通经逐瘀之功效，对于血闭实证常配制川军，惟本品性较峻猛，虚人有瘀，则非所宜。鳖甲为鳖科动物鳖的背甲，《药性本草》谓其能“下斑血”，本品清虚热的作用较强，且能通利血脉，破瘀散结，而用于潮热经闭常配地骨皮，用于子宫肌瘤，卵巢囊肿常与三棱相伍，成药鳖甲煎丸有软坚散结、消瘀除瘕之功，为女科临床所常用。

1.3 益肾固精疗带下

王孟英曰：“带下……湿热下注者为实，精液不守者为虚。”实证带下，清化可愈，虚证带下，尤其是脾肾两虚、任带失约的带下，多系病久精亏火衰，草木无情，不能建功，惟取血肉有情之品，补肾助阳，煦丽奇经，固摄带脉始可奏效。

案3 黄某，女，18 岁，1981 年 5 月 6 日初诊。带下绵注色白已 1 年，每于经行之前加剧，甚则夹有黏液血丝，但无腥臭及黄绿之色，面色㿠白，形瘦神疲，纳谷不振，大便稀溏。责之脾肾两虚，带脉失约。拟温脾益肾，固摄带脉法：炙黄芪 30g，潞党参 15g，焦白术 10g，云茯苓 12g，仙茅 6g，五倍子 10g，海螵蛸 10g，刺猬皮 10g，仙灵脾 12g，香白芷 5g，炙甘草 6g。上药连服 20 剂，带下大减，已不见黏液血丝，惟经少，头晕乏力，神疲腰酸。再予通补奇经法，药如鹿角片、炙龟版、大熟地、阿胶、炙黄芪、山萸肉、炙鸡内金、仙灵脾、菟丝子。调治月余，诸症均平。随访 1 年，带下病未再发，月经已告正常。

按 本案为脾肾虚亏，带脉失约之证，方中用四君以运脾，二仙以温肾，乌贼骨亦名海螵蛸，为软体动物乌贼的骨状内壳，功能收敛止血，固精束带。《本经》云“主女子赤白漏下”，常与白芷同用。刺猬皮为脊椎动物刺猬的外皮，性味苦平，本品收涩之性较强，对于体虚带下具有良好的束带作用，临床常与升麻、柴胡同用以达到升举清阳，固涩止带之功效。五倍子为五倍子蚜虫寄生于植物叶上的虫瘿，性味酸寒，入肾、大肠经，功能固摄下焦，对于带下清稀者，常与紫石英同用，此外，对更年期妇女因冲任虚损，带脉不固致带下量多，清冷，色白如涕或赤白相夹伴腰酸头晕者，可选狗脊、羊肾、鹿角、龙牡等壮阳固涩之品，常收捷效。

1.4 填精补虚治褥劳

《素问·通评虚实论》曰：“邪气盛则实，精气夺则虚。又有“五虚为本，五实为标”之说。女科虚证，尤其是崩余产后，丹溪主张“以大补气血为主”。治虚之道，形亏之体，草木尚堪图功，精馁之质，自非精血滋胶之剂，不足以填八脉之虚，在这方面，动物药确能起到“精不足者补之以味”的卓著疗教。

案4 李某，女，29 岁，1981 年 12 月 7 日初诊。产后半月，寒热往来，自汗阵作，夜寐不安，心悸怔仲，纳谷不振，体倦神疲，腰酸腿软，咳嗽频起，关节酸痛，苔薄舌淡润。责之脾肾虚亏，奇经不足。拟填补奇经而益脾肾之法。冬虫夏草 10g，紫河车 10g，大熟地 10g，海蛤壳 10g，潞党参 20g，焦白术 10g，云茯苓 10g，煅牡蛎 30g（先煎），山萸肉 12g。另用当归 10g，生姜 20g，羊肉 1500g 煮服，上药连服 10 剂，自汗、心悸、寒热顿减，惟仍感关节酸痛，咳嗽甚则作喘，并有缺乳，再予上方加蜂房、蛤蚧、黄精等，并嘱用肥猪蹄8只与王不留行100g同煮。出入调治月余，诸症均除。

按 冬虫夏草为植物冬虫夏草菌寄生于绿蝙蝠蛾幼虫体上的子座与幼虫尸体，本品性味甘温，滋肺胡，补肾阳，为一种平补阴阳的药物，为治产后、褥劳虚损之良药，临床治产后劳嗽常配蛤壳，治虚损寒热常伍萸肉，精气同补，阴阳并顾；紫河车为人体胎盘的干燥制品，乃大补气血之要药，《本草拾遗》"治气血羸瘦，妇人劳损"，《日用本草》"治男女一切虚损劳极，宁心养血，益气补精"，精是构成人体和维持生命活动的基本物质，精亏则血少，精不足者补之以味，血枯经闭常与熟地同用，无情草木与血肉有情之品互为配伍，相得益彰。蛤蚧为守宫科动物蛤蚧除去内脏的尸体，本品长于补肺益肾，尤能吸纳肾气，《本草纲目》云："蛤蚧补肺气，定喘止渴，功同人参；养阴血，助精扶羸功同羊肉。"对产后褥劳、虚喘乏力常与党参同用。

2 花类药

2.1 清营宁络，兼塞流澄源之妙

《济生法》指出："元气不伤，七情未郁，荣卫调平则血无壅决之虞，节宣失宜，必致壅闭，血逆不得循经流注，失其常度，故有妄行之害。"所以女科认为血热、气虚、血瘀是崩漏的主要机理，临证用药，清营而不败真气，化瘀而毋扰血海，清灵燮理，计惟花类。

案1 崩漏 庄某，女，33岁，1977年3月5日诊。禀素阴虚，月经每每先期而至，此次因情志不悦，遂致经事淋漓2旬，量时多时少，夹有小血块，色暗红，脘腹胀满，形体消瘦，头目昏眩，心烦神疲，口干咽燥。西医妇检提示子宫内膜炎。舌红苔薄，脉小弦。此为肝火冲扰，营血不能归经。法当清营热、凉血脉，澄源与塞流并举。药用：蒲黄（包）、阿胶（烊化）、银花炭、槐花炭各10g，鸡冠花15g，芙蓉花、生熟地各12g，芦花、蓬须各6g，煅牡蛎20g（先煎）。服上药后漏下即止，惟仍口干咽燥，心烦而悸，梦寐纷纭，乃血去阴伤之候，予原方增育阴养营之品，如山萸肉、麦门冬、大熟地、京元参、芙蓉花、粉丹皮、焦山栀，菊花等，出入调治半月，诸症均平。嗣后崩漏从未再发。

按 本例患者，阴虚之体，因内郁之火引动，遂致崩漏不止，法当清营与育阴兼顾，凉血与固冲并施。自拟五花汤以治，方中鸡冠花性味甘凉，色红入血，有收敛止血之功，《本草纲目》谓其能治"崩中赤白带下"；蒲黄性味甘平，生用性滑，清血消瘀，炒黑性涩，功专调经止血，能走善守，其开散之力不同于川芎、莪术之辛温活血，其收涩之性又不同于茜草、地榆之性寒凉血，《药性本草》谓其能"止女子崩中"，与养阴益血之阿胶相伍，使补而不腻，化瘀而不伤正。槐花性味苦凉，善治下部出血，《本草纲目》谓其能"疗吐血、衄血、崩中漏下"，在女科常配牛膝治疗倒经，疗漏下常伍牡蛎，均取其入肝经能凉血止血之功。莲须为荷花的花蕊，味甘性平，清心固肾，涩精止血，《本草纲目》谓其能医"女人带下崩中诸血病"，能涩兼补，在花类药中独具一格，临床用于虚损崩带久不愈者，常配以平补阴阳、固冲止带的萸肉；芙蓉花味辛性凉，能凉血解毒、消肿排脓，对于因子宫内膜炎而致出血者常配银花炭，银花甘寒，清热解毒，炒炭尚可凉血止血而治血热经漏；芦花味甘性寒，甘能安胃以治中焦燥热，寒能降火以疗下焦血毒，对瘀热漏下可配丹皮炭，正合"久漏宜清宜通"之意。二诊时血去阴伤，方用增液以滋降，丹栀以清热，加入白菊花者，乃取其善散肝经之热。另有野菊花为苦寒之品，对湿热带下常与椿根皮同用，收效颇捷。综观上方花类药物，虽质轻味薄，但治女科血证若配伍得当，既有塞流之力，更有澄源之功，不容忽视。

2.2 宣达疏散，擅调心理冲之胜

心脉下系于胞宫，肝经环络于阴器，所以女子每以隐曲之情无所畅遂，则心气不能下达，肝气失于条畅，以致闭经之恙积渐而生。郁者宜舒，闭者当宣，刚愎攻逐之剂自有牛刀之谦，当轻清舒散，展布气血，调心气、理肝气、疏冲任、和胞脉，使心肝畅遂，气血冲和则月汛自通，如斯证情，惟花类最宜。

案2 闭经 曹某，女，41岁，1980年5月17日诊。经闭5个月，少腹胀硬而痛，上及于脘，面色晦滞，头晕目眩，心烦易怒，两乳胸胁胀满，口干咽燥，泛恶呕吐，甚则吐出咖啡色黏液，带下黄白相挟，舌边有紫斑，苔薄腻，脉弦。此心肝气郁与冲任瘀血互阻，郁久化热之咎，拟予化瘀泄热而调冲任。药用：凌霄花、炒赤白芍、川红花、焦山栀、粉丹皮各10g，琥珀末5g（分2次吞），槐花、合欢花各6g，川牛膝15g。上药连服4剂，胸腹胀满大减，惟月信杳然，目眩，夜寐不良，苔脉如前。脉络瘀阻，再予泄降通瘀，原方加白残花10g，代赭石30g，玫瑰花6g，鸡血藤30g。出入调治1个月，月信已至，但色紫暗。再予原方随证加减，巩固治疗2个月，经事正常。

按 本案患者系肝郁闭经，日久化火，治宜疏肝泄热、化瘀通络为法。方选凌霄花破瘀通经、凉血祛风，《神农本草经》谓其"主妇人产乳余疾，崩中，癥瘕，血闭，寒热羸瘦"，本品辛寒性猛，临床主要取其辛散之力，用于妇人血室瘀热互阻之闭经常配丹皮，治妇人癥瘕积聚常配地鳖虫，治肝郁壅热之乳痈常配蒲公英；红花活血通经、消散瘀血，《开宝本草》谓"能治产后血晕口禁，腹内恶血不尽绞痛，胎死腹中”,《本草纲目》云其“活血润燥,止痛消肿,通经”,本品辛温,色赤入血,少用则活血生新,多用则破瘀通经,临床配牛膝治血滞经闭,配制大黄治妇人血瘕块痛,配炮姜治瘀血恶露,配肉桂治寒瘀痛经;槐花性味苦平,入肝肺二经,能活血消肿、泻下逐水,《本草汇言》称“破妇人血闭血瘕,血风癫狂”,《唐本草》谓其主“下恶气,消肿满”,临床上用其散瘀活血之力,泻下走泄之功,配琥珀治血实经闭,配莪术治经行癫狂,配山甲治妇人症积;白残花为野蔷薇的花,味苦微寒,除具除热顺气之功外,尚能治上中焦出血,《本草纲目拾遗》谓“治妇人郁结吐血,临床常配代赭石治妇人倒经,配连翘壳治妊娠胃热呕吐;合欢花气微温而性寒,功能理气解郁、安神明目,临床上用治妇人气郁胸闷,经前乳胀,配龙眼肉治心虚失眠;玫瑰花性温,能行气和血、疏肝解郁,《本草纲目拾遗》谓其能“和血、行血、理气”,本品温和气轻,为妇科调经之良药,治血滞经闭常配泽、佩兰,治两胁不适、胸闷嗳气常配白残花。诸药合用,共奏畅气活血、通调奇经之功。

2.3 馥郁升清,秉健脾举陷之性

《女科经纶》引缪仲淳说:“白带多是脾虚,肝气郁则脾受伤,脾伤则湿土之气下陷,是脾经不守,不能输为荣血而下自滑之物。”对脾虚蕴湿的带下,临证选用具醒脾升清束带泄浊专长的花类药伍于四君、二妙等方中,大可鼓舞脾阳,荣瀹中土,令施运有权,湿祛带除。

案3 赤白带下 孔某,女,30岁,1979年11月10初诊。带下绵注已半载,其状如涕,赤白相夹,间有腥臭,月经提前1周而至,每次经后2天即出现带下频注,甚为痛苦,伴纳谷不振,二便不利,肌肉消瘦,肛门坠胀,面浮肢肿,苔薄黄,脉濡。责之脾虚失运,湿热下注,拟予运脾利湿,泄热束带。药用:太子参15g,焦白术、云茯苓、木槿花、墓头回各12g,荠菜花20g,炒知柏各10g,蚕豆花6g,生甘草5g。连服上药2剂后,带下明显好转,惟仍有面浮,肛门坠胀,月经参差不一。再予上方加炙升麻、柴胡、车前子、全当归、月季花出入调治1月余,月经正常,余证均平。

按 本案患者因脾土虚陷,湿热下注于奇经,故带下不止。治宜运脾土、利湿热。方选四君子汤加味。荠菜花性味甘凉,有清热凉血、利湿止血之功,然其束带之力常不为人所注意,它与鸡冠花之区别,在于鸡冠花偏重于治下焦出血,而荠菜花偏重于渗湿束带;木槿花性味苦寒,功能清热解毒,善利下焦湿热,《本草纲目》称能“治赤白带下”,临床药源较少,常以木槿皮代用;蚕豆花性味甘平,功能止血束带,止血常配藕节炭,束带常伍墓头回;月季花乃甘温之品,能活血调经,舒肝解郁,多用于经期参差不一者,常配当归疏养并调,又本品多用或久服,可能引起便溏腹泻,故对脾虚者宜慎用,或酌加健脾之品。

2.4 品质轻灵,具舒肝理气之长

肝体阴用阳,喜条达,司藏血,为女子之先天。情志失遂,肝气郁结,则气机逆乱,血病随之,经带胎产诸恙蜂起。花类药物,本属草木之精英,芬芳舒苏,善解肝郁,使肝木复其生发之机,以奏如春之用。

案4 妊娠恶阻 杭某,女,28岁,1978年3月15日就诊。妊娠2个月,晨起即恶心呕吐痰涎,甚则吐咖啡色血性液体,头眩胸闷,颈项不舒,间作鼻衄,口干咽燥,苔薄黄,脉弦。此肝经郁滞挟胎火随冲气上炎,拟疏降气机,泄肝清络。药用:旋覆花12g(包),代赭石30g(先煎),芋连丸10g(包),炒竹茹10g,绿梅花、春砂花、川朴花、桔红各6 g,生牡蛎30g。上方连服4剂,呕吐已止,鼻、衄减而未平。再予原方加炙枇杷叶、白茅花、麦门冬、石斛、夏枯草出入调治半月,诸证均平。

按 本案患者平素肝火偏胜,孕后胎火随冲气上扰,营络为肝火所激则鼻衄,胃气郁而上逆则呕吐。当以清肝泄火,化痰畅气为法。方中旋覆花苦咸微温,功能降气消痰,常配代赭石用于妊娠恶阻,偏热加芋连丸,偏寒加灶心土;川朴花功能宽中利气,化湿开郁;其辛散下降之力不及川朴,对妊娠恶心呕吐痰涎者配姜半夏,偏热配炒竹茹,春砂花功能行气宽中,和胃安胎,对于因妊娠期出现的脾胃不和,脘腹痞满,呕吐纳呆,轻者可泡水代茶,重者可与茯苓、法夏同用;绿梅花其味较涩,能疏肝解郁,开胃生津,其含苞者力胜,善清胎火,用治妊娠恶阻而属胃热者常配炒竹茹,治梅核气则多伍川朴花。妊娠恶阻属肝胃不和者较为多见,呕吐较重,易伤胃阴,故花类药物一般宜选香而不燥,清而不浊,和而不猛,苦而不泄之品,并注意恢复期应予益气养阴往往收效甚佳。

花类药物一般认为质轻体薄,大都为升浮之品,如升阳的梅花,温散的豆蔻花,但也有些花类药物其性沉降,如槐花,芫花,旋覆花、丁香等。故女科临证当需明辨,至于花类药物气厚色赤,味浓性猛的如凌霄花、红花等,经孕期均应掌握分寸,中病即止或慎用。(姚石安)

叶一萍验案选

【名老中医简介】叶一萍 女。主任医师。浙江省丽水市人民医院中医科主任，浙江省中医学会会员，丽水市中医学会理事。浙江省名中医。擅长中医治疗内、儿科各种杂症。发表论文15篇，主持省医药管理局课题1项。

发热案

1 少阳湿热证

叶某某，女，54岁，务农。2004年4月23日初诊。体若燔炭，肌肤灼热已十余天，无汗，口苦，头目昏蒙，胸闷痞塞，胁肋胀满，不欲饮食，小便短黄。曾作化验，血常规正常，肝功能无殊。脑CT正常，予抗菌消炎黛力新（氟哌噻吨美利曲利辛片）等药，疗效不显。证见面色萎黄，按之尺肤初扪不热，稍久有灼热的感觉。察其舌苔黄厚浊腻，诊其脉数，左弦右滑。方拟蒿芩清胆汤加减治之：青蒿、炒黄芩、竹茹、半夏、草果、丹皮、杏仁、银柴胡、白薇各10g，枳壳、佛手各8g，米仁30g，砂仁（后下）6g。3剂。嘱忌生冷、甜食、酒酪等品。服药后皮肤灼热已明显减轻，苔薄黄，脉滑，继服5剂而治愈。

按 本案病机乃痰浊阻滞三焦气机，少阳胆火不得外越，而致体若燔炭，无汗，胸闷痞塞；浊邪蒙蔽清窍，困于上焦，流注下焦，而头目昏蒙，小便短黄；胆热循经上逆而见口苦。法当宣展气机，分消走泄，清胆利湿，和胃化痰，故取蒿芩清胆汤。方中青蒿苦寒芳香，集宣气、化湿、透邪、清热于一身，对于顽固性发热，因邪气久羁，络道壅遏者，配以黄芩，恒多效验；竹茹、半夏清化痰浊；佛手、枳壳顺气化痰；草果、米仁、砂仁、杏仁宣畅三焦气机，分消上下；银柴胡、白薇、丹皮退骨蒸，除肌热。本方辛则宣湿，苦则泻热，开中有降，则热随湿去；又降中有开，则湿随热去，从而热退病除。

2 阴虚火旺证

刘某某，女，78岁，务农。2003年11月5日初诊。发热，高达39℃，呼吸困难，不能平卧，干咳少痰，口干舌燥，吞咽困难，头晕眼花，小便短赤，大便干燥，察其舌质鲜红、中裂干燥，诊其脉细数。X线提示：两肺纹理增粗、增浓，右中下肺可见絮状阴影。诊断为：支气管肺炎。实验室报告示血常规正常。西医治疗用抗生素、顺尔宁（孟鲁司特钠）、邦备片（盐酸班布特罗）等。仍效不显著。又自述两个月前进补，服别直参半斤。处方：龟版（先煎）、麦门冬、熟地各15g，知母、黄柏、半夏、胆南星、桑白皮、杏仁、地龙各10g，川贝粉3g，甘草5g，北沙参、瓜蒌仁各12g。5剂。嘱忌辛辣。二诊：服药后疗效显著，效不更方，继服前方十余剂，热退，咳嗽除。

按 患者不辨寒热虚实，以别直参大补元气之品，导致阴阳失调，气火有余，蒸腾内外，故见壮热。肺胃阴虚，金失清肃，且耗肾精，故见呼吸困难，口干舌燥，不能平卧，干咳少痰，头晕眼花，舌质鲜红、中裂干燥。法当滋肾润肺，益胃生津。方拟大补阴丸培本清源，又合麦门冬汤润肺益胃生津，加胆南星、地龙、桑白皮降气化痰平喘。本方标本兼顾，治本为主，遂获良效。

3 风温证

陈某某，女，35岁，干部。2005年2月5日初诊。发热，高达39℃，持续五六天不退，微恶寒，咳嗽，痰黄，胸闷，气促，面赤，口渴，手足烦热，大便秘结，察其舌红苔黄燥，诊其脉数，有麻疹病人陪护史。实验室报告为：血常规中性、淋巴细胞偏高；X线提示：两肺纹理增粗、增浓。未见麻疹体征，但拒绝用西药退热药治疗。方拟麻杏石甘汤合升麻葛根汤加减：炙麻黄、连翘各6g，石膏30g，杏仁、银花各10g，蝉衣、升麻各8g，葛根、瓜蒌仁各12g，甘草5g。3剂，服后热退咳减。应患者要求而出院。

按 此乃风温，卫气同病。卫分之邪未解，故微恶寒；邪热壅肺，故咳嗽；温邪传入气分，故发热、面赤、口渴。法当宣肺透热达邪。方中石膏质重气轻，辛能透肌热，寒能胜肺热；葛根清阳明气分之热，透疹于外；银花、连翘清热解毒，轻宣透表；蝉衣、升麻解肌透疹解毒，辛能达表，轻可去实；杏仁、瓜蒌、炙麻黄宣肺平喘、化痰。全方使肺热息息自毛孔透出，故有显效。因不能排除患疹的可能，“疹宜透发”，故避用黄芩、知母苦寒清热药。（叶一萍）

衣元良眼科经验

【名老中医简介】衣元良（1926～2001）山东栖霞县人。主任医师。原山东中医学院附属医院副院长兼眼科主任。山东中医学会理事，山东中医五官科学会主任委员，济南东方中医函授学院名誉院长。首批全国老中医药专家学术经验继承工作指导老师。擅长中药治疗小儿弱视、远视、老年性白内障、视神经炎、视神经萎缩、视网膜脉络膜炎、眼内出血、视网膜色素膜变性、葡萄膜炎、各种角膜炎等眼病。发表论文20余篇。

临床经验

中心性浆液性脉络膜视网膜病变

1 辨证治疗

1.1 肝经湿热型

证见视物昏朦，视瞻有色及视物变形；眼底黄斑区水肿、渗出，中心凹反光滑失，伴头重胸闷，心烦口苦，食少乏力，失眠多梦，小便黄少，舌红，苔白腻或黄腻，脉弦数。治宜清泻肝胆湿热，佐以活血化瘀。药用龙胆草、川芎，陈皮各9g，生地、丹参各20g，黄芩、柴胡、白术、当归、赤芍各12g，菊花、云苓、泽泻、车前子各15g，双花、公英各30g。水肿久不消退加猪苓、苍术、苡米；渗出久不吸收加桃仁、红花、苏木；湿热盛加山栀子、茵陈；寐差加炒枣仁、夜交藤。

1.2 肝郁气滞型

证见眼珠胀痛，视力减退或眼前出现带色阴影，视物变形，眼底黄斑区暗红，小血管弯曲，有水肿、渗出，中心凹反光不见，伴心烦易怒，情志不舒，胸胁胀痛，头晕目眩，口苦咽干，舌红，苔薄黄，脉弦数。治宜舒肝解郁，行气活血，清热明目。药用柴胡、茺蔚子、当归、郁金、白芍、麦冬、丹皮各12g，香附、川芎、陈皮各9g，丹参20g，生地、连翘、云苓各15g，胸胁胀痛加川楝子、元胡；渗出物多加桃仁、红花；水肿重加泽泻、车前子。

1.3 肝肾阴虚型

多见于病久或屡次复发者，自觉目昏干涩，眼前有暗影或视物变形，眼底黄斑区轻度水肿，陈旧渗出物或夹有新的渗出，中心凹反光消失，伴头晕耳鸣，腰膝酸软，五心烦热，夜眠多梦，舌红，苔薄白或无苔，脉细数。治宜滋阴补肾，平肝明目。药用枸杞、白芍、山萸肉、泽泻、丹皮、麦冬、首乌各12g，菊花、生熟地、山药、元参、茯苓、当归各15g，五味子、陈皮各9g。渗出久不吸收加夏枯草、半夏；中心凹反射消失加五灵脂、桃仁、红花；视力恢复甚慢加草决明、珍珠母；易反复发作加党参、黄精；阴虚火旺加知母、黄柏。

1.4 脾肾阳虚型

眼证同上，伴神疲乏力，纳少便溏，形寒肢冷，气短懒言，阳痿滑精，舌淡无华，脉缓迟细弱，治宜健脾益气，补肾升阳。药用炙黄芪、云苓、熟地、山药、菊花各15g，党参、白术、柴胡、当归、白芍各12g，升麻、山萸肉、熟附子、丹皮、菟丝子、甘草各9g。水肿久不消退加肉桂或加大附子用量；渗出久不吸收加郁金、川芎；阳痿滑精加沙苑子、芡实、莲子；水肿渗出基本消退视力仍不提高加首乌、五味子、决明子。

2 体 会

衣元良治疗本病有两个比较突出的特点，一是喜用活血化瘀之品。他认为此类药可改善微循环，能促使水肿消退，渗出吸收以提高视力，如在前两型应用清热利湿与疏肝理气药，均加入行气活血之川芎、丹参，瘀症重者则加入桃仁、红花以加强活血之力；在后两型侧重补虚的同时，均加用既补血又活血的当归，既凉血清热又活血行瘀的丹皮，以使补而不留瘀滞。二是善于合理选用清热降火药，如肝经湿热型多选用双花、菊花、公英等。衣元良认为目为至宝，其位最高易受火热侵犯，双花、菊花、公英皆为轻浮上行之品，清热而不伤阴，降火而不苦寒，菊花尚能清利头目，故既可助龙胆草清热利湿，又能熄火护阴，防止后期阴津亏损。在肝郁气滞型中，则多选加生地、丹皮、柴胡、连翘等凉血清热药，衣元良认为肝为风木之脏，最易因情志内伤、抑郁不畅导致肝郁气滞而从阳化热，使之火热内生，选用上述药物，则既疏肝解郁，又清热泻火。对于肝肾阴虚型，他认为阴虚不能制阳，阳相对偏亢而可出现虚热之象，意即“阴虚生内热”，故方中多选用具有滋阴生津、清热降火作用的元参、麦冬、生地、菊花等以补其源降其火。对于脾肾阳虚型，则选用丹皮、菊花等凉血清热药，以防止附子等辛温之品化火生热而伤阴，由于辨证准确，标本兼顾，用药灵活，故疗效显著，复发率降低，且多数患者的体质增强，在患眼病情好转的同时，健眼视力亦有不同程度的提高。（郑新青 王静波）

视盘血管炎

案1 女，42岁。左眼前出现黑影遮挡3天，伴头晕眼胀、心烦健忘，发病前有情绪波动及感冒史。既往患有鼻窦炎、胆囊炎、心肌炎、风湿性关节炎等多种疾病，视力双眼1.0，左眼底视盘边界尚清晰，视网膜静脉充盈、迂曲，动脉无异常，以视盘为中心呈大片火焰状出血，出血累及黄斑区及周边部视网膜，黄斑中心凹反射尚存在。舌质红，苔黄腻，脉弦数。诊断：左眼视盘血管炎（Ⅱ型），证属肝胆火炽，热邪伤络，血溢脉外。治宜清热泻火、凉血止血，佐以化瘀通络。处方：野菊花、连翘、葛根各20g，金银花、蒲公英、生地、小蓟、白茅根各30g，柴胡、黄芩、丹皮、槐米、大黄炭、车前子、昆布各12g。地龙、甘草各6g。服12剂，左眼前黑影变淡，眼底出血明显吸收，上方去蒲公英、槐米，加当归6g，仙鹤草、蒲黄炭各15g。20剂后，眼前黑影消失。眼底出血基本吸收。上方去大黄炭、黄芩、车前子，加白芍、佩兰各6g。再服12剂，全身不适消失，视力同前。眼底出血全部吸收，停药1年病无反复。

案2 男，37岁。左眼视物模糊，眼前有暗影遮挡2月。曾在外院诊为视网膜中央静脉阻塞。经治疗病情加重，现视障明显，伴心烦失眠、口苦咽干、小便黄赤。视力右1.5，左0.06。左眼底视盘边界不清。高起2D，视网膜静脉充盈、断续，动脉无改变，以视盘为中心见大片火焰状出血，周边视网膜及黄斑区亦受累，黄斑区轻度水肿，中心凹反射消失。舌质红，苔黄腻，脉弦滑。眼底荧光血管造影显示：视盘及视网膜静脉周围渗漏，静脉充盈迟缓。诊断：左眼视盘血管炎Ⅱ型，证属肝经湿热，气血郁滞。治宜清热利湿、凉血止血，佐以益气活血通络。处方：龙胆草、黄芩、赤芍、大黄炭、丹皮、香附、枳壳各12g，柴胡、泽泻、猪苓、车前子各15g，金银花、蒲公英、生地、小蓟、炒枣仁各30g，菊花20g，地骨皮6g，18剂后左眼视力达0.2，眼底水肿明显减轻，出血部分吸收，全身症状亦明显减轻。上方去龙胆草、猪苓、地骨皮，加丹参、黄芪各20g，茺蔚子、女贞子、枸杞子各15g。再服24剂，视力达1.0，眼底水肿消失。出血基本吸收，黄斑区中心反射出现，惟视物变形。上方去大黄炭、小蓟、蒲公英，加葛根20g，郁金、黄精各12g。继服24剂，全身诸症消失，视力达1.5，眼底出血全部吸收。黄斑区仅遗留少许黄白色点状渗出，遂更方制丸以资巩固，处方：生地、熟地、丹皮、当归、白芍、红花、车前子、知母、党参各150g，菊花、黄芩、枸杞子、菟丝子、黄精各200g，郁金、川芎、枳壳各100g。共研细粉，炼蜜为丸，10g为1丸。日3次，每次1丸。服用3个月病情稳定，停药1年病未复发。

案3 男，30岁。左眼雾视，视力下降半年。发病初曾在外院诊为视神经炎。经用激素、维生素等药物治疗无显效，并行CT、腰穿等检查无异常发现，现仍视物模糊，伴头晕、耳鸣、四肢乏力、口干咽燥，视力右1.2，左0.5，左眼底视盘边界不清，高起约4D，视网膜静脉充盈，粗细不均，动脉正常。视盘周围见细条状小片出血及少许机化物。舌红苔薄黄，脉弦细数。视野捡查：左眼生理盲点轻度扩大。诊断：左眼视盘血管炎（Ⅰ型）。证属阴虚火旺，气滞血瘀。治宜滋阴降火、活血化瘀，佐以软坚散结。处方：生地、野菊花各20g，丹皮、知母、枸杞子、玄参、黄芩、车前子各15g，黄柏、香附、当归、夏枯草、党参各12g，龙骨、牡蛎、仙鹤草各30g，陈皮6g。24剂后左眼视物清晰，视力达1.0，眼底水肿减轻，视盘用+1D看清，原出血已全部吸收。更方：生地、熟地、当归、白芍、枸杞子、枳壳各12g，菊花、菟丝子、黄精、丹参、泽泻各15g，桃仁、红花、黄柏各10g，葛根20g。服18剂后诸症皆除，视力达1.2，眼底视网膜仅见少许机化物。改服明目地黄丸以巩固疗效。半年后复查：视力、眼底情况均正常。

按 视盘血管炎的病因不明，目前多认为系视盘内血管的一种非特异性炎症反应，由筛板前睫状动脉炎引起者，以视乳头水肿为主要表现（Ⅰ型），由视网膜中央静脉炎引起者，则表现为视网膜广泛出血而颇似视网膜中央静脉阻塞（Ⅱ型）。其临床特点是好发于青壮年，单眼多见，起病隐晦不明，视障轻微或视力正常，病程长，预后一般良好，但亦可转成缺血性视乳头病变（Ⅰ型）或表现为缺血性视网膜中央静脉闭塞（Ⅱ型）而致失明。

祖国医学多根据本病发病急缓、视力损害的轻重及病程长短，将其归属于暴盲或视瞻昏渺范畴，并认为肝郁化热、热入血分、阴虚火旺、虚火灼伤脉络，肝阳偏亢、上逆致经脉郁滞是其主要的病因病机。衣元良在长期的医疗实践中对本病的治疗积累了丰富的经验，他认为热毒炽盛、热邪上扰及湿热内蕴、气血郁阻亦是致病的主要因素。并将本病分为热毒炽盛、湿热内蕴、阴虚火旺三型进行辨证论治。对热毒炽盛型（如案1），因热象明显，出血量多且新鲜的早期病例，多重用清热解毒、凉血止血药。对热邪未除或痰湿瘀阻而致的湿热内蕴型（如案2），则重用清热利湿、活血化瘀、祛痰利水药；对病程较长，阴虚津亏，虚火上扰所致的阴虚火旺型（如案3），多选用滋阴降火、补益肝肾之品以扶助正气，并酌加活血化瘀、软坚散结药以促进出血、渗出的消散吸收。

另外，衣元良治疗本病突出的特点是在前两型中重用清热解毒药如金银花、野菊花、蒲公英、龙胆草等，各型中均酌加活血化瘀药，如桃仁、红花、当归、赤芍、丹皮、郁金等。他认为热、郁是导致本病发生的主要原因，故应以清热解郁为要，热去郁解则诸症悉除。现代药理研究，清热解毒类中药可降低毛细血管的通透性，从而减少或消除血管的炎性反应；活血化瘀药可解除血管痉挛，减少周围血管的阻力，增加血流量，降低血液粘滞性，有消栓化瘀和促进组织新陈代谢的作用，故有利于眼底出血、水肿、渗出的吸收和视神经、视网膜功能的恢复。因此，中医药治疗本病较之西医的激素、光凝疗法具有变证少、疗程短、无副作用及复发少等优点。（郑新青 王静波）

医案验案

球后视神经炎验案2则

案1 某女，24岁。双眼突然失明3天，兼有头眼胀痛，心烦失眠，恶心，胸胁胀痛，大便干，小便黄。病前有生气、劳累史。发病后曾在外院静滴激素、抗菌素无效。视力：双眼无光感，瞳孔中度散大，对光反应迟钝，眼底正常，眼球转动时疼痛加重。舌质红，有瘀点，苔黄，脉弦数。诊断：双眼急性球后视神经炎。证属肝经风热，肝气上逆，气血郁滞。治则：平肝熄风，清热解毒，佐以理气解郁，滋阴养血。方药：石决明、钩藤、银花、公英、生地各30g，菊花、黄芩、柴胡、蔓荆子、草决明、当归、白芍各12g，黄连、地龙、香附、半夏、陈皮各9g。6剂后诸症减轻，双眼始有光感，9剂后视力右眼数指/30cm，左眼0.1，大便仍干，加元明粉6g。又服3剂，除时有恶心外，余症皆消，双眼视力达0.3，双瞳孔大小正常，对光反应灵敏，上方加砂仁3g。6剂后不再恶心，双眼视力增至0.5，上方去银花，公英，加丹参30g，红花10g。共服30剂后双眼视力达1.5，眼底视乳头颞侧色泽略淡，上方去半夏、黄连、元明粉，加枸杞子、菟丝子，麦冬各12g。继服16剂巩固疗效，停药2年后双眼视力保持在1.0。

按　衣元良认为此患者肝经素有郁热，风邪易侵，风热郁结致肝气上逆，气血郁滞，脉络瘀阻而目窍失养，故发病急，骤然失明，属热属实。方中石决明、钩藤、地龙平肝潜阳，熄风通络；菊花、蔓荆子疏散风热，清利头目；银花、公英、黄芩、黄连、草决明清热解毒，泻火明目；柴胡、香附、半夏、陈皮疏肝解郁，理气降逆；生地、白芍、当归滋阴养血防热邪伤阴和苦寒药化燥耗津。但治疗中应注意病机转化而不固守一方，如随着病情好转，邪热渐消，即酌去清热药而加用活血化瘀之品，以改善眼部的血运。又因郁热之疾多可化火伤阴，病久可致肝肾阴虚，故应适时加用滋补肝肾的药物，从而收到满意疗效。

案2　某女，11岁。左眼视物模糊4月余。兼有眼球、眼眶涩痛不适，头晕神烦，口干舌燥，痛前无明显诱因，在外院诊为“球后视神经炎”，用激素、抗菌素、维生素等治疗数月无效。视力：右1.5，左0.08。左外眼无异常，瞳孔对光反应略迟钝，眼底视乳头颞侧色苍白，眼球压痛。舌质红，无苔，脉细数。诊断：左眼球后视神经炎，继发视神经萎缩。证属肝肾阴亏，虚火上炎。治则：滋肾养肝，降火明目。方药：生熟地、菊花、黄柏、首乌、丹皮各12g，白芍，女贞子、枸杞子、山药、当归、知母、石斛、黄芩、陈皮各9g，石决明20g。服6剂，眼球、眼眶涩痛减轻，眼球压痛阴性，左眼视力0.4。又服6剂左眼视力达0.6，全身症状减轻，寐差，便干，上方加炒枣仁20g，决明子9g。再服6剂，全身诸症皆除。继服原方40剂后，视力达1.5，眼底仍同前。1年后复查视力仍保持1.5。

按　本案患者系学龄期儿童，衣元良指出，小儿脏腑娇嫩，形体不足，气血未充，功能不全，一旦染疾，极易累及脏腑，伤及气血，加之病程较长，且久服激素类药物，使机体阴阳失调，代谢紊乱，必致肝肾阴亏，虚火上炎而伤津耗液，使精血不能上荣于目。故应施以滋养肝肾，降火明目之法。方中熟地、女贞子、枸杞子、首乌、菊花、石斛补肝益肾，滋阴明目；当归、山药、白芍、陈皮调补脾胃，益气养血；生地、知母、黄柏、黄芩、丹皮清热凉血，滋阴降火；石决明镇肝潜阳。衣元良治疗小儿眼病颇注意其生理病理特点，既治疗眼病，又兼顾全身，故疗效颇佳。（郑新青　王静波）

医方验方

祛障明目汤

方药：熟地15g，党参15g，黄精12g，云苓15g，菊花12g，炒山药15g，制首乌12g，川芍9g，红花10g，沙苑子12g，白芍12g，枸杞子12g，当归12g，女贞子12g，制桃仁12g，车前子10g，神曲10g，夏枯草10g，陈皮6g。

功效：滋补肝肾、健脾和胃、活血化瘀、平肝明目。

主治：圆翳内障（老年性白内障初发期）。

用法：水煎，每日1剂，早、晚饭后两次分服。

加减：肾阳虚者加菟丝子、肉苁蓉；脾气虚加黄芪、白术；阴虚重者加玄参、麦冬、石斛；肝胆热甚者加龙胆、栀子；若便秘可加草决明、火麻仁等。

方解：老年性白内障的病因主要是年老体弱，生理功能减退，代谢功能降低，阴阳失调，气血不足，气滞血瘀，精气不能上荣于目，导致晶体混浊而形成白色内障。根据中医脏腑学说分析，其发病与肝、肾、脾亏虚有着密切关系，因肝肾不足，脾气虚弱均可导致气血两虚，精气亏损，清气不得上承于目，则气机不利，气血郁滞，瞳神不明，视物昏花，日久成障。另外，肾精亏损也可导致阴虚火旺、虚火上炎，损伤神膏、神水而发生内障。鉴于上述病因病机，基本方中采用：沙苑子、枸杞子、女贞子、熟地、白芍、当归、制首乌滋补肝肾、育阴养血；党参、黄精、云苓、山药、神曲、陈皮补中益气，健脾和胃，以达精血充足，肝气条达，疏泄畅通，脾运胃纳功能健全，气机升降调畅，水谷精微的化生和输布得利；川芎、红花、制桃仁行气活血、破瘀散结、祛障退翳；菊花、夏枯草、车前子清泄肝胆郁热，畅利气机之运行，升清降浊，平肝明目。全方共奏祛障明目之功效。

尤昭玲妇科临床经验

【名老中医简介】尤昭玲(1949～)女。湖南省湘潭市人。教授,博士生导师。现任湖南中医药大学校长。中国中西医结合学会常务理事,中国中西医结合学会教育工作委员会主任委员,中华中医药学会妇科分会副会长,世中联妇科分会副会长,湖南省中西医结合学会副理事长。享受国务院政府特殊津贴。第四批全国老中医药专家学术经验继承工作指导老师。从事临床、教学、科研工作30余年,擅长诊治妇科血证、不孕症、多囊卵巢综合征、妇科肿瘤等疑难病证。先后承担国家自然科学基金项目2项,部省级重大科研项目7项,获部省级科技进步奖9项。主编专著21部,发表论文70余篇。

临床经验

妇科血证

1 妇科血证之病机特点,不离虚、热、瘀三个方面

血证乃阴阳、气血不相维系为病,《素问·阴阳别论》有"阴虚阳搏谓之崩"之说;《医学原理》谓"血热者,阳气陷入血中,血因而热,随气下流,而为……崩血。"《仁斋直指方》亦云:"血之为患,其妄行则吐衄,其于妇人月事进退,漏下崩中,病犹不一。凡此者,血使之然也。"尤昭玲认为妇科血证之主要病机不外乎以下几个方面。

1.1 气 虚

血之与气,异名同类,总由水谷精微所化,内荣脏腑,外循经络,相随而行,周而复始。妇人以血为本,而经带胎产无不耗伤阴血,流产、上环等均可损伤冲任之脉。冲为血海,任为阴脉之海,冲任不调,阴血亏损,以致机体处于气血相对不足的状态,血虚可导致气虚,气虚无权摄血,而致出血诸症,又可加重血虚,形成因果相干气血两虚的恶性循环。然气虚不摄血又有脾气虚弱、肾气不固之异。

①脾虚失统 脾主气,其气主升,统摄血液。若脾气虚弱,血失统摄,则血溢脉外,而导致出血。正如《景岳全书》曰:"盖脾主统血,脾气虚则不能收摄;脾化血,脾气虚则不能运化,是皆血无所主,因而脱陷妄行。"

②肾气不固 多因先天禀赋不足,肾气稚弱;或届值七七之年,肾气渐虚,阴阳失于平衡;或因多产房劳,久病及肾,肾虚则固摄无权,封藏不固,肾精失守,遂致出血。如《女科经纶》引《女科集略》云"女子肾藏系于胎……若肾气亏损,便不能固摄胎元"。《景岳全书·妇人规》在"妊娠卒然下血"病机中亦有"脾肾气陷,命门不固而脱血"的论述。

1.2 血 热

血得热则行,得寒则凝,故妇科之血证,与热邪为患尤为密切,主要表现为两个方面。

①阳盛血热 平素阳盛之体,郁热内伏;过食燥热之品,或因感受热邪,热伏冲任;或因肝气郁结化火,火伤冲任,损伤血络,迫血妄行,血溢脉外,是妇科血证出血的主要机理。《伤寒明理论》说:"冲之得热,血必妄行。"宋·严用和《济生方》说"夫血之妄行,未有不因血热之所发。"《证治准绳·女科》云"阳太过则先期而至。"唐容川《血证论》亦云:"血证,气盛火旺者,十居八九"。多见于月经过多、崩漏、赤带等病证中。

②阴虚血热 虚热内扰,损及冲任,血海不宁,而致出血。如《血证论》"血热者,以水之不足也,因见行经超前。"《傅青主女科》在月经先期中,以"肾中水火俱旺"、"火旺阴亏"的病机析其虚实证候。多见于月经先期、月经过多、崩漏等病证中。

③湿热内蕴 因湿热之邪,直伤冲任或嗜食辛辣醇酒厚味,资生湿热,迫血妄行,如《医学入门》"有因膏粱厚味以致脾湿下流于肾,与相火合为湿热,迫经下漏"等。

1.3 瘀 阻

妇科出血病证因瘀所致者,临床颇为多见。盖女子以血为本,经、孕、产、乳以血为用,脏腑功能稍有失常,经血癸水稍有不畅和留阻,就将形成瘀证,一旦形成此证,或占居血室,血不归经,致崩中漏下;或瘀阻气滞,化火下扰,而迫血妄行;或瘀结于内,损伤络脉,甚者癥瘕积聚,危害无穷。正如《血证论》所说:"此血在身,不能加于好血,而反阻新血之机化",又如《金匮·妇人杂病脉证并治第二十二》篇中所治妇人出血病,几乎全从化瘀着手。其导致血证之病机主要表现在以下4个方面。

①因瘀滞出血《医学入门》提出:"人知百病生于气,而不知血为百病之始也"。气为血帅,血随气行,气塞不通,血塞不流,使血对气之载运、调节发生障碍,也能导致气滞的发生。"瘀血停留,新血不生","血不生则阴不足以配阳"而成瘀滞,终致胞络受损,冲任不固,出现月经先期量多、崩漏、产后恶露

不绝、流产等诸类疾病。

②因瘀热出血　血虽得温则行，但如血热太甚，煎灼营血，则成瘀热互结之证，故王清任强调“血受热，则煎熬成块”。何廉臣亦指出“因伏火郁蒸血液，血液煎熬成瘀”，然瘀血日久，亦可蕴郁化热。如血府逐瘀汤主治病症就有因血瘀所致的“心里热”(俗名灯笼热)，以及“晚发一阵热”等。瘀热互结，阻于胞宫，迫血妄行，妇人出血病证旋发。现代医学中的陈旧性宫外孕、生殖器结核所致之低热潮热，并致阴道异常出血，大抵与此有关。

③因瘀浊出血　浊者，水湿痰浊。因瘀血阻滞，往往影响脏腑的气化功能，使津液运化障碍，导致水湿痰浊之滋生，张仲景曾谓：“经为血，血不利则为水。”唐容川说：“血积既久，亦能化为痰水。”瘀浊相关，二者均为病理产物，又是致病因素，瘀浊痰湿，壅塞胞脉，冲任受损，亦成崩漏、月事紊乱，而以经漏、经期延长、经间期出血为多见。现代医学中的无排卵功能性子宫出血、排卵期出血、炎症性出血、恶性肿瘤出血，多与此有关。

④因瘀癥出血　瘀血日久，结为癥积。张景岳云：“瘀血留滞作癥，惟妇人有之……总由血动时，余血未净，而一有所逆，则留滞日积，而渐以成癥矣。”瘀积癥结既成，占居血室，好血不得归经，而并见出血之症。张仲景曰：“妇人宿有癥病，经断未及三月，而漏下不止，为癥痼害。……所以血不止者，其癥不去故也，当下其癥。”现代医学中之良性或恶性肿瘤、滋养叶细胞疾病、陈旧性宫外孕、盆腔炎包块等出血，与此关系密切。上述4种病理变化，互为因果，兼夹为患，使妇科出血病证错综复杂，病势缠绵难愈。

当然，在临床中所见之妇科出血诸症，往往由于气虚、血热、瘀结三者相结为患，而形成虚实夹杂，虚瘀热互结之复杂病症。

2 自拟妇科止血灵方，随症加减疗效显著

审因论治，法随证出。血证皆以止血为要，正如《血证论》云：“留得一分血，便保得一分命”。无论血证原因如何，总属冲任损伤，血不归经，故应引血归经，使血止而归其所。尤昭玲立益气清热，化瘀止血为大法，自拟妇科止血灵为主方随证加减，经过多年临床验证，其疗效显著。方药如下：党参12g，黄芪12g，仙鹤草15g，生蒲黄10g，青蒿10g，地榆炭10g，荆芥穗10g，乌梅10g，白术10g，炙龟版10g，陈皮10g，甘草3g。适应证：妇科气虚有瘀，热扰血行之各类妇科疾病引起的出血，如经期延长，月经过多，经间期出血，功能性子宫出血等因虚、瘀、热所致出血证。用法：出血时每日1剂，分两次温服，7d为1疗程。禁忌：产科出血、妊娠期出血者勿用。妇人出血之病机复杂，病因多端，但首因气虚不能摄血，血不归经而妄行，故应以益气摄血为先。党参味甘、微苦、性温，大补元气，兼能养阴，守而不走；黄芪味甘、性温，健脾补肺，补气之中兼能升阳，走而不守，两药相须配对，补气之力倍增，且一走一守，阴阳兼顾，彻里彻外，通补无泻，共伍为君。止血为本病之首务，方中共用仙鹤草、生蒲黄、地榆炭3味止血要品，共奏收涩止血之功，且仙鹤草止血兼能补虚，生蒲黄止血更能化瘀，地榆炭止血而能清热，3药紧扣虚、瘀、热之病机特点，止血而能澄源，共为臣药。《济阴纲目》云：“止涩之中须寓清凉，清凉之中须破瘀解结”；青蒿入肝胆经、带脉，苦寒清热，辛香透散，长于清透，虚实之热，皆可清之；炙龟版清热滋阴，使阴得滋而火可降，血热得清，兼能防热扰血海，再次迫血妄行；以乌梅一味，酸苦收涩，既能使已出之血能归其所，又能防血随热而有再次妄行之患；荆芥穗质轻气香，以辛为用，以散为功，能入血分，既能止血，又能使全方收中有散，而收不恋邪；以白术健脾、陈皮宽肠理气醒脾，共为佐药。甘草既能益中，又能调和诸药为使药。全方配伍严谨，使散收结合，使血止、热清、瘀化，使补虚而不恋邪，止血而不留瘀，标本兼顾，气血同治，温凉同用，通涩得当，阴阳平调，而达到止血能澄源，澄源而能复旧之目的。

3 典型病案

罗某，女，45岁。因月经失调，经期延长约半年余而于2002年5月4日初诊。患者以往月经正常，4~5 d/30 d，经量中等，色暗红，无痛经。近两年来出现月经量增多，色暗红，夹血块，约如平素月经量的两倍。去年9月因大出血6 d，输液止血症减。此后每月经潮1~2次，甚至20d不止。今年3月份因突然阴道大出血而就诊于某附属医院，经病理切片报告为“子宫内膜增殖症”。本次阴道出血10余天未净，淋漓不断，色紫暗，量多，夹小血块，伴少腹部隐痛，腰酸，头晕气短，胸闷纳呆，舌质暗红，舌边有瘀点、苔白，脉细弦。血象检查：血红蛋白70 g/L，余正常。辨证为气不摄血，瘀热夹杂。治以益气清热，化瘀止血。药用党参30g，生黄芪30g，仙鹤草15g，地榆炭10g，生蒲黄10g，女贞子10g，旱莲草10g，乌梅10g，炙龟版10g，青蒿10g，香附6g，甘草3g。服2剂后，阴道流血减少，少腹部隐痛及腰酸减轻，再服上方3剂，阴道流血止，诸症消失。后巩固治疗3月，于每次月经来潮前服5剂告愈。追访2年，病未复发。(尹香花 付灵梅 吕妍儒 王瀚声 赖姿蓉)

子宫肌瘤

1 以调气破血、消食豁痰为中心的“攻邪”论论治子宫肌瘤有一定的局限性

《景岳全书·妇人规》指出“瘀血留滞作瘕,惟妇人有之。其证则或由经期,或由产后,凡内伤生冷,或外受风寒,或恚怒伤肝,气逆而血留,或忧思伤脾,气虚而血滞,或积劳积弱,气弱而不行,总由血运之时,余血未净,而有一所逆,则留滞日积而渐以成痛矣”;张景岳内伤肝脾、外感邪毒致气弱不行、瘀血留滞而成癥瘕的认识,对临床运用扶正、攻邪相结合的方法论治子宫肌瘤具有重要的借鉴和指导意义,也是古代医家对子宫肌瘤等癥瘕病证认识不断深化的具体表现和结果。近年关于子宫肌瘤的研究报告,多本“坚者软之”、“留者攻之”、“菀陈者除之”理论,运用攻逐之法治疗。成方之中运用最多者首推“桂枝茯苓丸”或其加减方。“少腹逐瘀汤”、“活络效灵丹”、“生化汤”“当归芍药散”、“棱莪四物汤”等,也都具肯定效果。自拟方或经验方的报道立法基本仍以软坚散结、活血化瘀或逐瘀为主,消癥汤、宫癥汤、橘荔散结丸、香棱丸等对子宫肌瘤也有一定效果。自拟方多以石见穿、三棱、水红花子、夏枯草、海藻、昆布、山慈菇、橘核、荔核等药物为主组成方剂。总而言之,子宫肌瘤的治疗一般都遵循这样一个原则,即《济阴纲目·积聚癥瘕门》所提出的“善治癥瘕者,调其气而破其血,消其食而豁其痰,衰其大半而止”。这一原则到目前为止,仍是临床治疗子宫肌瘤的习用法则,也成为“攻邪”为主治疗子宫肌瘤的基本理论依据。但在子宫肌瘤病变过程中存在气滞血瘀的认识,有一定的局限性,长期以来,在子宫肌瘤的基础与临床研究和治疗中一直受到传统外感病学外邪入里、清除外邪、邪去正安的观点以及现代医学中手术、激素对抗治疗模式等影响,认为应采取各种攻逐祛邪的方法,以杀伤、消除肌瘤为目的,但这种方法往往损伤正气,难以持久运用,甚至导致月经过多,而加重贫血症状。正如《女科经纶·癥瘕》引东垣语云:“人以胃气为本,治法当主固之气,佐以攻伐之剂,必需之待岁月,若期速效,投以峻剂,反致有误也”。积邪未去,正已先伤,则痼疾难除,在临床上已有很多教训。因此,单独强调攻逐祛瘀法治疗子宫肌瘤是不全面的。

2 子宫肌瘤的病机主要在于气虚血瘀,益气扶正与化瘀攻邪有机结合才能彻底清除病邪

子宫肌瘤作为机体的一种良性肿瘤,具有生长快、多发性等一般肿瘤特性,其最初发生与机体的正气虚弱密不可分。也可以说正气不足是肌瘤发生的最根本、最初始的原因。这一认识与《内经》“邪之所凑,其气必虚”、“正气存内,邪不可干”理论是一致的。气即是人体基本物质之一,气血互生,抗御外邪,固摄阴液,又与脾肾关系密切,脾气虚则失统摄,肾气虚则失封藏,其结果都会导致经血失固,而出现月经过多等症。子宫肌瘤的生长、发展过程,实质也是不断损伤正气的过程,其不断生长所表现的崩漏、月经过多、经期延长等症与中医所认识的脾虚失统、气不摄血理论相吻合,充分反映了子宫肌瘤的发生、发展与气虚有关。归脾汤、补中益气汤、安冲汤、固冲汤以及李东垣健脾升阳法及方(治崩漏诸方如益胃升阳汤、升阳举经汤等)在临床上被广泛运用于子宫肌瘤所致的月经过多等病症的治疗,也说明了子宫肌瘤的病变过程确实有气虚证的存在。血热证也是子宫肌瘤的常见证候,清热凉血止血法也具有肯定疗效,但不规则的长期出血的结果,往往是耗气伤血,无论胞宫急性大失血或者慢性长期出血,在治疗上“有形之血不能速生,无形之气所当速固”理论都具有非常重要的实际意义。清热凉血止血法在临床运用时又往往需要与益气摄血药物相配伍,才能取得较好效果。月经过多只是子宫肌瘤的常见症状之一,运用益气法或凉血法能够控制这一症状,但子宫肌瘤不同于单纯性崩漏和月经过多症,仅仅使用益气法,则收效缓慢,必须佐以化瘀消癥之法,标本兼治,才能缩短疗程,取得较好疗效。《校注妇人良方》云:“妇人腹中瘀血者,由于月经闭积,或产后余血不尽,或风寒滞瘀,久而不消,则为积聚癥瘕矣”,说明子宫肌瘤的发生与血瘀有着密切关系。临床上,子宫肌瘤因雌激素的过度刺激而增大,且伴有子宫内膜增生过长的病理改变,结果使患者月经过多,同时伴有大量血块,经血流出不畅、血色黯红、小腹疼痛等症状,也是子宫肌瘤存在血瘀证的依据。古今大量理论和临床资料证明活血化瘀方药对子宫肌瘤有一定效果,活血化瘀法甚至也一直被认为是治疗子宫肌瘤的通用法则,而化瘀止血法在子宫肌瘤的治疗中也具有重要意义。气行则血行,气虚则血瘀,气的盛衰、气的运动与血的运行密切联系,气虚可致血瘀,血瘀又导致耗气伤血,因此子宫肌瘤的治疗不但要注意益气而且要注重化瘀,益气可以调经止血,改善症状,通过益气以固本培元,提高正气抗邪、固邪的能力,局限病灶,从而有利于清除病邪。化瘀消瘤可以消除癥瘕积聚,益气和化瘀进行有机结合从而达到从根本上治疗的目的。因此益气化瘀法应是治疗子宫肌瘤的有效方法,尤昭玲临床常以自拟尤氏消瘤Ⅰ号(由黄芪、白术、莪术、茜草、山楂、鸡内金等组成)治疗,疗效显著。

另外,益气化瘀法不但是治疗子宫肌瘤的有效方法之一,对其它如:胎儿宫内发育迟缓、盆腔瘀血综合征、子宫内膜异位症、卵巢囊肿、妊娠高血压综合征等经验和/或临床研究表明均有较好效果。益

气化瘀法防治妇产科疾病已经成为我院中西医结合学科的主要研究方向和特色之一。基于子宫肌瘤等疾病的发生、发展都存在正气不足、瘀血阻滞的认识，益气化瘀法之益气，在不同妇科疾病治疗中虽有不同的含义，但其基本内容应包含三个方面，①补正气之不足，鼓舞元气，以御外邪；②固摄、保持正气不继续受到损害，抑制机体向虚方面发展；③固摄、局限病灶，扶正固本以利祛邪。化瘀基本内容也包含三个方面：①改善血流状态，调畅气机，从而防止正气耗损，与益气具有协同作用；②改善病灶局部瘀血状态，有利于机体清除病邪；③治邪为邪找出路，防止闭门留寇，逐邪外出，清除病灶。实际上，不少益气药物也具有化瘀作用，如人参，《名医别录》云："通血脉、破坚积，令人不忘"；白术，"活血利腰，活腰间血"等记载，说明益气与化瘀之间有密不可分的关系。益气化瘀之间的关系其实质是气血关系在治则方面的一个反映。气为血之帅，血为气之母，气行则血行，气滞则血瘀，血虚则气弱，气足则血旺。因此，益气化瘀是相辅相成、标本兼治的有效法则。（王若光 郑其昌）

多囊卵巢综合征

1 肾虚为本，血瘀为标

多囊卵巢综合征（PCOS）是妇科常见病、多发病。主要表现为雄激素过多所造成的闭经、多毛、肥胖及无排卵，合并代谢改变，导致动脉粥样硬化、心脑血管疾病、糖尿病的发生，并存在一定程度的胰岛素抵抗。现代医学认为，多囊卵巢综合征主要是由于卵子发育延迟而不成熟和卵泡壁过度增生不破裂而致卵泡闭锁。本病在中医学古籍中无专门记载，病因病机目前尚无定论，据症状似可归属于月经后期、闭经、崩漏、癥瘕、不孕等范畴。尤昭玲认为，肾虚血瘀是本病的病机根本，肾→天癸→冲任→胞宫功能失调是其发病的主要环节。肾精不足，元阴亏虚，冲任精血乏源，无以下注胞宫，则表现为经水后期或闭经；肾阳虚弱，气化不利，胞宫胞脉精血无以温运，而致瘀阻经脉，精血不能下注胞宫则无排卵。《内经》云："任脉通，太冲脉盛，月事以时下，故有子"，此"任脉通"可理解为"任脉流通"，"太冲脉盛"则为"精血充盈"，任脉流通及精血充盈与否是能否有子的关键，即血瘀与肾虚是有子的重要因素，肾气充盛是任通充盈的基础，而冲任流通，气血畅达，卵子方能顺利排出。经云："肾者主蛰，封藏之本，精之处也"，《傅青主女科》又有"经水出诸肾"之说，卵子乃是生殖之精，其发育成熟与肾精充盛密切相关，卵子的正常排出又有赖于肾阳的鼓动。肾精亏虚使卵子发育缺乏物质基础，难以发育成熟；肾阳亏虚既不能鼓舞肾阴的生化和滋长，更使排卵缺乏原动力，故肾虚是排卵障碍的根本原因。肾气虚无力推动血行，冲任血行迟滞而成瘀，如王清任所云："元气既虚，必不能达于血管，血管无气，必停留而瘀"；或肾阳不足，不能温养血脉，血寒而凝致瘀；或肾阴亏损，虚热内生，伤津灼血，血稠而滞成瘀，故肾虚可致瘀。而瘀阻脉络形成后，又碍肾气的生化，肾阳的鼓动，肾阴的滋养，而加重肾虚。因此，因虚致瘀，因瘀致虚，互为因果，形成恶性循环。现代医学所说的卵巢局部卵泡闭锁、间质增生和卵巢增大等病变，与肾虚基础上进一步引起的血瘀，有相通之处。任主胞胎，足厥阴肝经络阴器循少腹，与冲任二脉互为沟通，肝之疏泄功能正常与否，对卵子排出影响很大。若肝气条达，则气机调畅，冲任二脉得以通畅，卵子则顺利排出。肾虚不能温暖脾土，必致水湿内停，痰浊内生，壅阻冲任胞脉，不仅卵子难以排出，卵巢增大，还导致形体肥胖。如《医宗金鉴·妇科心法要诀》所云："女子不孕之故，由伤其冲任也……或因体盛痰多，脂膜壅塞胞中而不孕"。可见，尤昭玲认定肾虚血瘀的病机，代表了 PCOS 的一种重要的或者是最基础的病理机制，还注意到肝之疏泄与痰湿内停对本病的影响作用。

2 补肾活血为主，佐以利湿疏肝

现代医学认为，PCOS 的病理核心在于卵巢病变，诱发和恢复卵巢排卵，不但能使月经失调和不孕得到治疗，同时内分泌及代谢紊乱及由其引起的并发症等，均能随之解决。西药治疗主要采用达因－35 抗雄激素后，再用克罗米酚促排卵，排卵率虽高，但妊娠率不高，且易发生流产。本病的中医病因病机目前尚不统一，有关 PCOS 中医辨证规范尚处于探索阶段，且无公认的统一证型分类，治疗方法各家意见亦不尽相同，所用方药多种多样。经闭者乃月水不通也，必以通为治。尤昭玲认为，多囊卵巢综合征病因病机错杂，应从各种矛盾中梳理出主要矛盾。针对多囊卵巢综合征复杂病机，以紫石英、覆盆子、熟地黄、菟丝子、山茱萸、地龙、三七、茯苓、白术、泽泻、泽兰、香附等组成基本方。方以紫石英、覆盆子温补肾阳，并重用紫石英；熟地黄、山茱萸补肾阴，菟丝子补阴阳，覆盆子收涩固精，四药合用益阳而固阴，阴阳俱补，如张景岳所云："善补阳者必于阴中求阳，则阳得阴助而生化无穷"；香附疏肝理气；地龙、三七、泽泻、泽兰走冲任而活血利水。诸药共奏调补阴阳，条达气血，通畅冲任功效，使卵子得以顺利排出。临床应用时宜辨证加减：若腰痛甚者，加续断、桑寄生、狗脊；烦躁胁痛者，加柴胡、郁金、延胡索、川楝子；肢体浮肿明显者，加赤小豆、薏苡仁；少腹作痛，带下色黄者，加乌药、红藤、白芷、皂角刺；少腹冷痛，脉沉迟者，加桂枝、吴茱萸等；面部痤疮明显者，加淡竹叶、桑叶等。

3 把握时期，阶段用药

尤昭玲临证还注意分阶段用药。月经后期正值血海空虚，宜酌加滋阴养血之品，如女贞子、旱莲草等；经间排卵期，以通为要，常选用土鳖虫、水蛭等虫类走窜之品；伴不孕者，排卵期过后，则慎用伤精之品；月经前期宜振奋阳气，选用补阳助阳之品，促进周期正常演变，常选巴戟天、淫羊藿等；行经期则胞脉充盛，血海由满而溢，治应理气调血，促进经水顺利排泄，选用当归、川芎等。与此同时，配合测基础体温，指导患者排卵期掌握最佳受孕时机，并疏导患者放下思想包袱，保持良好心态，积极配合治疗。

4 病案举隅

梁某，女，30 岁，2006 年 3 月初诊。结婚 5 年未孕。患者 12 岁初潮，既往月经规律，月经周期为 5/30 天，量中，7 年前无明显诱因出现月经量少、延后，继而月经稀少，约 2 ~ 4 月 1 行，后渐至闭经。曾用克罗米酚及地塞米松治疗，效果不明显，改用中药治疗，收效甚微，转尤昭玲处诊治。诊见：面色萎黄、有痤疮，形体肥胖，近 5 年体重增加约 15kg，现为 72kg，胸闷乏力，腰膝酸软，畏寒肢冷，嗜睡，小便少，大便不成形，舌胖紫暗边有齿印、苔厚白腻，脉沉而滑。妇科检查：外阴正常，阴毛浓密，布及肛周及脐中线，且色素沉着，阴道通畅；宫颈光滑，子宫后位，大小正常，附件未触及异常。双乳发胀，乳晕周围可见多根较长汗毛。血性激素测定：血清促卵泡激素（FSH）9.21U/L，血浆黄体生成素（LH）16.7IU/L，睾酮（T）4.9nmol/L。B 超检查示：双侧卵巢多囊样改变，双卵巢可见多个大小不等卵泡。西医诊断：多囊卵巢综合征。中医诊断：继发性闭经，证属肾阳亏虚，痰湿血瘀阻滞，经血闭绝。处方：紫石英 30g，菟丝子 15g，熟地黄、茯苓、山茱萸各 12g，覆盆子、地龙、白术、泽泻、泽兰、路路通、荔枝核、桔梗各 10g，乌药 7g，三七末（冲服）、水蛭、甘草各 5g。每天 1 剂，水煎服。以此方加减，服药 4 月后，月经来潮，2 月一行，排卵双相体温，痤疮及多毛症状明显减少。继续加减服药半年，月经按月来潮，每个周期体温呈双相。B 超复查示：卵巢恢复正常大小，且见优势卵泡。于 2007 年 4 月 10 日查尿 HCG 阳性，诊为早孕。（刘丹卓 赵新广 李卫红 孙晓峰）

医案验案

妇科病验案

1 多囊卵巢综合征

谌某，女，21 岁，北京某大学学生，于 2008 年 1 月 22 日就诊。患者自诉月经稀发 7 年，停经 2 月。14 岁初潮，7 天/60 天，近 2 年又出现月经延后，注射黄体酮月经方潮，末次月 ~2007 年 11 月 2 日，寐差。B 超：双侧卵巢多囊性改变。有癫痫病史，服药 3 年已愈。中药 14 剂：紫石英 30g，补骨脂 10g，覆盆子 10g，桑寄生 10g，菟丝子 10g，泽泻 10g，泽兰 10g，荔核 10g，桔梗 10g，枸杞子 10g，生鸡内金 10g，山茱萸 10g，土鳖虫 10g，土贝母 10g，合欢皮 10g，甘草 5 g。2 月 26 日复诊，诉月经仍未来潮，余无不适。继以中药加减调理 3 个月。2008 年 6 月 10 日复诊，诉月经 5 月 31 日来潮，6 天干净，量多，色暗红，无痛经，夹有血块，白带正常，纳寐可，二便调，舌质暗，苔白，边有齿痕。中药 14 剂：生熟地各 15g，桑寄生 10g，菟丝子 10g，泽泻 10g，覆盆子 10g，合欢皮 10g，玄参 10g，补骨脂 10g，甘草 5g，紫石英 30g，泽兰 10g，莲心 10g，麦冬 10g，台乌 10g，石斛 10g。8 月 5 日三诊，末次月 ~2008 年 7 月 23 – 27 日，量中色红，夹血块，经行第 1 天下腹痛，无他不适，白带可，纳可，寐欠安，二便调，舌红苔黄。中药 28 剂：生熟地各 15g，桑寄生 10g，菟丝子 10g，牛膝 15g，泽泻 10g，泽兰 10g，合欢皮 10g，补骨脂 10g，覆盆子 10g，荔核 10g，桔梗 10g，莲心 5g，石斛 10g，台乌 10g，甘草 5g。患者至今按月来潮。

按 该案患者属青春期，停经，量少稀发，淋漓，有时类似功血的表现。治宜从脾肾论治，以调经促排卵为主，切勿过用温燥灼津之品。以生熟地、桑寄生、菟丝子、山茱萸、覆盆子、紫石英促进卵泡发育；土鳖虫促使卵泡破膜而出，泽泻、泽兰、土贝母消散痰结瘀滞；生鸡内金通经；荔核、桔梗疏通经络；桑寄生、山茱萸、合欢皮、莲心对抗雄激素；石斛舒肝清火，牛膝引药入经，诸药合用而奏佳效。

2 不孕症

李某，女，29 岁，于 2007 年 12 月 4 日就诊。诉月经先后不定期，量少 3 月，未避孕 2 年未孕，要求怀孕。患者月经 7 天/40 ~ 50 天，量中色红，自今年 9 月起，月经周期 60 多天，PMP11.4，LMP11.30，经行无不适。孕 1 产 0，2004 年人流。有盆腔炎史。舌红苔裂。中药 21 剂：西党参 10g，生黄芪 10g，白术 10g，桑寄生 10g，山茱萸 10g，云茯苓 10g，菟丝子 10g，合欢皮 10g，泽泻 10g，覆盆子 10g，枸杞子 10g，车前子 10g，台乌 10g，鹿衔草 10g，甘草 5 g。2008 年 2 月 19 日二诊，末次月 ~2008 年 2 月 8 日，经行下腹痛，伴腰酸，经前乳胀消失，平素少腹疼痛间断性发作。中药 14 剂：紫石英 30g，覆盆子 10g，桑寄生 10g，山茱萸 10g，生熟地各 15g，泽泻 10g，泽兰 10g，菟丝子 10g，补骨脂 10g，台乌 10g，合欢皮 10g，桔梗 10g，荔核 10g，路路通 10g，甘草

5 g。2008 年 3 月 25 日三诊，病史如前，末次月 ~2008 年 2 月 8 日，诉昨晚同房后下腹胀痛，持续几十分钟后止，平素白带无味，纳寐可，易梦，二便调，舌淡苔白腻。妊娠阴性。中药 14 剂：柴胡 10g，当归 10g，白术 10g，金银花 15g，连翘 15g，夏枯草 15g，土贝母 10g，土茯苓 10g，土鳖虫 10g，合欢皮 10g，川续断 10g，桑寄生 10g，菟丝子 10g，荔核 10g，桔梗 10g，台乌 10g，甘草 5g。中成药盆炎丸 2 盒。2008 年 4 月 1 日四诊，病史如前，末次月 ~2008 年 2 月 8 日，自测尿妊娠弱阳性，下腹两侧及正中间歇性疼痛，伴腰酸，无阴道出血，纳寐可，二便调，舌红苔薄。医院检测尿妊娠阳性。嘱住院安胎。

按 患者为人流术后继发性不孕，肾精亏虚，痰湿瘀阻，输卵管通而不畅。尤教授治疗不孕症以补肾气、益精血、养冲任、调月经为原则。患者人工流产后素有月经先后不定期，月经量少，为肾气亏虚，封藏失职，冲任不调，血海蓄溢失常，又化源不足。以桑寄生、菟丝子、枸杞子、补骨脂、熟地补肾益精，党参、黄芪补气生血，脾肾双补使冲任得养；紫石英温。肾养肝暖胞宫，山茱萸、覆盆子补中有涩，泽泻、泽兰、白术、茯苓利水渗湿，专攻下焦蓄水，使输卵管畅通，路路通通行十二经气血，以通为用；土鳖虫走窜，更彰显疏通之效；荔核、桔梗、夏枯草入肝脉，行气散结，合柴胡、合欢皮舒肝解郁，则气运如常而胞脉畅通。气血充足，冲任调达，月事以时下故有子。

3 围绝经期综合征

张某，女，49 岁。2008 年 5 月 20 日就诊。诉停 23 月，潮热汗出 1 个月，心烦失眠，纳少，入睡困难。中药 21 剂：西党参 10g，生黄芪 10g，桑寄生 10g，菟丝子 10g，山茱萸 10g，桑叶 10g，淡竹叶 10g，莲子心 10g，合欢皮 10g，夜交藤 10g，生龙骨、生牡蛎各 15g，杭菊花 10g，丹皮 10g，栀子 10g，白术 10g，泽泻 10g，甘草 5g。复诊随证加减药物，两月后停药，自诉诸症好转，无复发。

按 妇女进入围绝经期，肾气渐衰，天癸将竭，冲任二脉虚损，精血不足，气血失调，脏腑功能紊乱，肾阴阳失和。该例患者肾阴偏衰，治以滋肾养阴，佐以柔肝潜阳。桑寄生、菟丝子调和肾之阴阳；补肾阴兼益肝涩精，肝肾同源故补肾每兼益肝，伴有阴虚潮热之症，可以加生地、丹皮等滋阴凉营，或加介类潜降之品生龙骨、牡蛎等；夜交藤入心肝，补养阴血，养心安神，合欢皮理气解郁而除烦安神，两药合用引阳入阴而收安神之效，再添加淡竹叶、莲心，效力更佳；党参、黄芪、白术、山茱萸合用，补中有涩，内补气血，而外敛汗出不使消耗过度。诸药合用，阴平阳秘则症除。（周 薇 尤昭玲）

于宝峰肝病临床经验

【名老中医简介】于宝峰（1950 ~）主任医师。1976 年毕业于黑龙江中医药大学。原呼伦贝尔市中蒙医院院长。呼伦贝尔市中医学会会长，内蒙古中医学会常务理事、内科专业委员会副主任委员，《内蒙古中医药》杂志编委。内蒙古自治区名中医。擅长诊治心脑血管、肝病。主持科研成果 7 项，并多次获奖。发表论文 50 余篇。

肝硬化腹水

1 谨守病机，分清主次

于宝峰认为，肝硬化腹水的病位在肝，伤及脾肾，以致气血瘀滞，水湿停积。《医门法律·胀病论》：“胀病亦不外水裹，气结、血瘀。”水、气、血三者往往互为因果，很难单独加以区分，其病因病机或为情志所伤或为饮酒过度，或未感染湿热病毒，或为虫扰积聚等伤及肝脾，日久及肾，以致肝失疏泄、脾失健运、肾失气化、气滞血瘀、脉络失疏、水湿内停、隧道壅塞、腑气不通，而致臌胀。故此，肝硬化腹水的病理基础是脾肾阳虚，肝肾阴虚之“本虚”，气滞、水浊、痰湿、瘀血阻络是其“标实”，本虚标实、虚实错杂、邪实偏盛为本病的病及特点。

2 病证合参，分期论治

2.1 早 期

症状：腹胀不舒，食少纳呆，神倦乏力，舌质淡红，舌苔薄白或黄薄，脉象弦滑或沉弦，叩击腹部移动性浊音，B 超示：肝脾肿大，腹水少量；辨证：多因情志、嗜酒、邪毒等伤及肝系，肝郁侮脾，使肝脾失调，肝气瘀滞，脾失健运所致。治以：疏肝理气、健脾化湿。方药：柴胡、香附、川芎、枳壳、丹参、赤芍、泽兰叶、黄芪、白术、茯苓、山药、泽泻、鳖甲等。

治疗肝病，应多宗古训，即“见肝之病，当先实脾。”肝硬化病机，虽病变在肝，必伤及脾胃，故在疏肝理气的基础上，佐以健脾益气，使肝得疏泄条达，脾得以运化输布，从而达到郁结消、水湿化、气血畅，病乃愈。

2.2 晚 期

症状:腹胀如鼓,腹壁青筋显露,面色晦暗,形体消瘦,纳差,食入即胀,倦怠乏力,便干少尿,或溏泻,舌质紫暗、少苔或厚腻,脉象弦细或沉细,叩击满腹实音,B超示:系由肝硬化久治不愈,邪毒羁留,肝脾失调加重,气滞瘀积,脉络失疏,水湿、痰浊停积而致。治则:疏肝健脾、活血逐瘀、调气利水。方药:黄芪、白术、山药、茯苓、泽泻、柴胡、枳壳、香附、丹参、蜇虫、鳖甲、川芎、莪术、泽兰叶、防已、白茅根、甘草等。

在选用利尿剂时,根据病情,可选用泻水较缓的,如车前子、茯苓、泽泻、半边莲、防已等;泻水较峻的有牵牛子、商陆、大戟、芫花等药。另外,尚有行气利水药,如槨片、大腹皮、桑皮、椒目、葶苈子等药;活血利水药:泽兰叶、益母草、白茅根等。

3 病案举隅

李某某,女,74岁。2004年9月7日初诊。患慢性乙肝多年,经当地市医院诊断为:慢性乙型肝炎、肝硬化腹水。刻诊:患者精神萎靡,面色晦暗,腹胀如鼓,食少纳呆,消瘦乏力,大便干结,舌质暗红,舌苔黄腻,脉象细弱,诊断:臌胀,证属肝郁脾虚、肝失疏泄、脾失健运、气血瘀滞,水湿内停,日久化热,瘀血湿热互结,以致大量水液瘀积腹腔。治以:疏肝解郁、健脾化湿、调气利水。处方:自拟白泽汤。白术30g,泽泻20g,白花蛇草20g,白茅根20g,蜇虫15g,柴胡15g,泽兰叶20g,内金15g,枳壳20g,香附20g,川芎20g,黄芪25g,茯苓30g,防已15g,丹参10g,大黄15g,甘草15g。7剂水煎服。9月14日复诊,腹胀明显减轻,纳食增加,二便通调,精神好转,尚能下地走动,宗前法,继服上方,减去大黄、泽泻、防已、柴胡,蜇虫减至10g,加山药20g,鳖甲10g,7剂水煎服。之后,根据病情变化,随证渐渐治疗,病情逐渐好转,至年底复诊,腹水全消,B超及生化检查,均恢复正常。

按 初诊方中,白术、黄芪、茯苓、泽泻健脾利湿;柴胡、香附、枳壳疏肝行气解郁;蜇虫、川芎、丹参活血化瘀,疏通肝硬化,川芎为血中之气药,走而不守,活血行气,香附为气中之血药,行气活血,两药合之,气帅血行,血推气行,相辅相成,更著行气活血之力;大黄逐瘀通便,涤荡肠道积滞,祛瘀生新;白花蛇草、泽兰叶、白茅根清热凉血利水,防已辛宣苦降,善走下行,消肿利水,甘草调和诸药,全方共奏疏肝健脾、活血化瘀、行气利水之效。(李红云)

于尔辛临床经验

【名老中医简介】于尔辛(1931～)上海市人。教授,博士生导师。1955年上海第一医学院医疗系本科毕业。原上海医科大学附属肿瘤医院主任。中国中西医结合研究会肿瘤专业委员会副主任委员,中国抗癌协会传统医学委员会副主任委员,上海市中西医结合学会理事、肿瘤专业委员会主任委员,上海市中医药学会理事。上海市第二届继承老中医专家学术经验研究班导师。上海市名中医。享受国务院政府特殊津贴。

临床经验

肝 癌

1 扬传统,辨证重于辨病

于尔辛认为,中医治病,重在辨证。辨证的精当与否,直接关系到治疗效果的好坏,对于作为辨证主要依据之一的证候辨析,就显得尤为重要。肝癌患者的证候大致可以分成以下几类:①表现为消化道的症状,如上腹饱胀,胃纳减退、恶心、呕吐、便秘、腹泻等。②与肝癌肿块发展相关的症状,如上腹肿块,肝脏肿大等。③疼痛的症状,包括肝区疼痛,腰背疼痛,右肩部疼痛等。④全身性的症状,如消瘦乏力,恶寒、发热等。据此证候,《内经》云:“有所劳倦,形气衰少,谷气不盛,上焦不行,下脘不通,胃气热,热气薰胸中,故内热。”此论与肝癌证候有所关系。肝癌证可见神疲乏力,形气衰少;谷气不盛,即纳差;上焦不行则见上腹满胀;下脘不通而致便闭;中土失运,而致泄泻;胃气热,热气薰胸中,故致胸腹大热,甚则体温升高,此热非他,胃热也。《内经》所论,实可为肝癌辨证论治之大纲。第一类消化方面的症状和第四类某些全身症状,虽和脾胃虚弱,运化失常有关,然针对肝区肿块,疼痛之证候,又当如何解释?于尔辛谓,此中医辨证之精奥。李东垣《脾胃论》有云:“脾病,当脐有动气,按之牢若痛,动气筑筑然,坚牢如有积而硬,若似痛也,甚则亦大痛,有是,则脾虚病也”,其中“按之牢若痛”、“甚则亦大痛”、“坚牢如有积而硬”等症状,东垣均指为“脾病”,且明确指出为“脾虚病也”。而创健脾理气佐以消导之法治疗肝癌,其实质就是理顺脾胃之纳与化,升与降的正常关系,加强恢复其固有的“原动力”,使之生生不息,以克顽疾。自拟加味四君子汤（人参、白术、茯苓、甘草、黄芪、杞子、八月扎、神曲、麦芽、生山楂）。

案1 陈某，男，51岁。神疲乏力，纳食泛恶，肝区隐痛，肝肿大，B超及CT均示：肝左右两叶占位性病变，甲胎蛋白：大于1000ng/mL。按健脾理气法加味四君子汤治疗半年，神色好转，饮食如常，脉证明显改善，甲胎蛋白：470ng/mL。

2 重理气，辨理气与疏肝

于尔辛认为，肝癌每由肝炎、肝硬化传变而来，肝炎日久，每呈脾虚迹象，盖阳明湿热日久，必损脾胃，而见虚象。肝硬化日久，亦常呈脾虚，此长期患病，损及中土。中土受阻，则水火气血之上下交往失常，可以出现气、血、痰、湿、食、火等各种表现，并可涉及到与之相关脏腑，惟其中“气”的病理变化，常贯串在其他病理变化之中，脾虚则中气运行受阻则气滞，气滞则血不行，湿留中阻而为湿滞；瘀滞交阻而为热证，此所以肝癌常见多变之症状。于尔辛谆谆告之，肝癌位于西医解剖之肝，而非中医所谓之“肝”。理气与疏肝系两个不同概念，在肝癌辨治中尤当明辨。木香、枳实消痞，为理气之品，重在升降而非疏肝之剂可明。疏肝当推柴胡，其气横行，仲景小柴胡汤证，往来寒热，胸胁苦满，心烦喜呕，默默不欲饮食，按病论位，在胸胁而非在腹部也，临证遣药尤当切之。

案2 吴某，男，58岁。肝病史已多年，于2个月前，易怒心烦，腰酸膝软，纳减腹胀，B超及CT均示：肝右叶占位性病变，甲胎蛋白：大于500ng/mL。在加味四君子汤基础上重用枳实15g，厚朴30g，广木香15g，治疗2周后，纳减腹胀症状明显改善，之后前往他院外科手术治疗。

3 阐血证，肝癌不作血瘀辨

肝癌每从肝炎、肝硬化演变而来，从临床体征大多见肝掌，蜘蛛痣，腹壁静脉曲张，毛细血管扩张等，加之腹部形之肿块，归属中医血瘀证无疑。但于尔辛认为，此说大谬也。且不谈其病机、临床表现及东垣综述归属脾虚证等，单就肿块而言，中医理论之论述不惟血瘀一说，临床治法，亦各禀异彩，而非活血化瘀一法。活血化瘀法，近世推重王清任，实则均源自仲景人参鳖甲煎丸及大黄蛰虫丸等。观其组方，如桃仁、杏仁、乌药、丹皮、紫葳；如干漆、赤硝；如鼠妇、蛋虫、蜣螂、蜂房、水蛭、蛴螬；如灶下灰等。近日之活血化瘀方药，莫不出自其中。鳖甲煎丸用法，尤在泾论之曰：“其邪必假血依痰，结为症瘕，僻处胁下，将成负固不服之势，故宜急治。鳖甲煎丸，行气逐血之药颇多，而不嫌其峻，一日三服，而不嫌其急，所谓乘其未集而击之也。”于尔辛指出，观其要点在于“乘其未集。”依会其检查而言，其适应证当为：①甲胎升高而影像诊断中未见癌块。②肝硬化结节凝其将逐个癌变。③手术后，癌肿未消。4.其他治疗后，肝癌已消失，血瘀证明显，当可用之。如果囊肿已明显，则已非“未集”而系“大集”，既使血瘀明显，亦当以别法为之，以防他变。

案3 汤某，男，46岁。原发性肝癌术后半年，复查B超及核磁共振检查均无异常发现，甲胎蛋白：470ng/mL。在加味四君子汤基础上重用鳖甲30g治疗3个月后，甲胎蛋白：小于30ng/mL。

4 囊西医，中西合参克顽症

于尔辛认为，中医用药在于辨证施治，是通过对全身机体的调整，达到抗病强身的目的。在用药过程中，并不需强调单一药物具有某抗癌活性，而是通过辨证所得，按中医理论合理地使用药物，以期达治病目的。于尔辛认为：中药能治肝癌，但不能尽治肝癌。从他诊案中，每每可见中西合参的影子。如肝癌发热，或用白虎汤清阳明经热而不效者，或热虽成而未退尽，崇张锡纯阿斯匹林石膏汤法，予以消炎痛与生石膏汤合服，以收热退汗止之效。如肝癌所致阻塞性黄疸，大便由黄转淡而发白，全身搔痒，此其候，先贤未曾论及，胆汁下引受阻，以阳明发黄之药治之无效，以肝胆之药治之亦无效。治必中西参合之法，或以手术，使胆汁下流有径，或予放疗，使癌肿缩小而胆管得畅；或施以外科引流术，使胆汁外流，黄亦可退，此时中医治法配合而已。再如对肝癌腹水，于尔辛不主张用舟车丸等峻泻之剂，峻泻之后，取快一时，腹水迅速又长，愈泻愈甚，且体质日亏，形瘦骨立，腹大如鼓之坏症日现，宗葛洪《肘后备急方》系虚损大病所致，峻泻则虚其虚之旨，考历代名家医案，得益胃分渗之法，立肝癌腹水健脾分渗之剂，以加味四君、车前之辈，参以理气之木香、腹皮、地枯萝之剂，脾运得健，气道畅通，每能见效。如乏效，急则治其标，佐以西医利尿之剂，标本适度，当可获愈。再乏效，依现代医理，细究之，当属下述情况；一曰门静脉、肝静脉或下腔静脉癌栓，水液循行之途径既窒，自是积液愈甚，致药石失灵也。若患者情况许可，施以手术。二曰癌性腹水，其水液之生成非由循环失道，而由癌肿之不断渗出，癌块未除，水液之生成不已。渗利治之，不效亦明，当以腹腔内用药，以抑制之。三曰肝癌破裂而成血性腹水，或施以急诊手术，或静待其破裂愈合。血腹未清者，再施以生理盐水冲洗腹腔可也。此时也可配合中医药治疗。

医方验方

癌症调理方(1)

方药:太子参30g,白术10g,茯苓15g,生山楂15g,六曲15g,谷芽麦芽各12g,陈皮6g,姜半夏10g,佛手10g,枳壳6g,白花蛇舌草30g。

主治:脾虚气滞,因肝癌、胃癌、肠癌、乳腺癌等各种肿瘤疾病造成的脾胃亏虚,气机阻滞等症状。

方解:肿瘤患者,有很大一部分有脾虚气滞现象,特别是消化系统肿瘤以及在手术,放化疗后的患者,有乏力、纳呆、便溏、胸腹胀痛不适、舌淡苔白、脉弦细等症候,通过本方不仅能改善症状,而且具有一定的抗癌功效。方中太子参益气生津,白术健脾益气,茯苓健脾化湿,陈皮、姜半夏和胃理气,消积软坚,上五味为六君子汤的主要组成部分,谷芽、麦芽、生山楂、六曲消瘀散结,和胃补中,佛手疏肝理气化滞,枳壳调理气机同补气药同用,效果益佳,白花蛇舌草清热解毒抗癌,本方以四君子汤为基础,正如张璐曾言其:"甘温益胃,有健运之功,具冲和之德,若合之二陈,则补中得有消导之意……盖人之一身,以胃气为本,胃气旺,则五脏受荫,胃气亏,则百病丛生,故凡病久不愈,诸药不效者,惟有益胃一途……无论寒热补泻,先培中土,使药气四达,则周身之机运疏通,水谷之精微敷布,何患其药之不效哉?"该方补益、理气、消导、抗癌共俱,又容易服用,若无明显其他不适,则可长服。

癌症调理方(2)

方药:黄芪15g,枸杞子15g,茯苓15g,山药15g,生山楂15g,神曲15g,米仁30g,八月札30g,鳖甲15g,忍冬藤15g,半枝莲30g。

主治:气阴两虚,用于常见肿瘤经治疗后产生的气阴两虚,体质羸弱。

方解:肿瘤患者在经过一系列的西医治疗后,会产生气损阴伤的气阴两亏之症状,有乏力、低热、纳谷不馨、便秘、口干、舌红苔少脉细等症状。方中黄芪补肺脾之气,兼有排毒之功,枸杞子滋补肝肾,两者合用可补"先天之本"和"后天之本"。茯苓、山药健脾益气调中,八月札理气不伤阴,大剂量有抗癌作用,鳖甲滋阴软坚消积,忍冬藤、半支莲清热解毒抗癌,其中忍冬藤尚有通络止痛的功用。生山楂、神曲散瘀开胃消食导滞,米仁健脾化湿和中也有一定的抗肿瘤作用。本方益气不伤阴,兼具消导理气,抗癌肿功效。

护肝方

方药:平地木6g 延胡索9g 川楝子9g 香附6g 茜草9g 红花6g 当归9g 白蒺藜9g 白术9g 漏芦12g 石燕18g 瓦楞子18g。

主治:慢性肝炎、肝硬化、肝癌,亦用于因以上疾病造成的谷丙转氨酶、谷草转氨酶增高。

方解:长期的肝炎、肝硬化、肝癌在中医的辨证中可以理解为"积聚"范畴的一部分,或多或少有气滞血瘀夹湿之虚,临床常见肝功能异常,面色黯黑,胁肋胀痛不适,舌红苔薄带有点瘀斑,脉弦。方中平地木清热利湿,活血化瘀,延胡索,川楝子理气止痛,香附疏肝理气而入血分,茜草、红花、当归活血化瘀止痛兼养血,白蒺藜补益肝肾,白术培土涵木,漏芦消肿散结,瓦楞子、石燕清热利湿,软坚散结,全方重在理气化瘀利湿,逐步改善肝脏组织的微循环以冀恢复肝功能。

于家菊肾病学术经验

【名老中医简介】于家菊(1934~2005)女。辽宁沈阳人。主任医师,教授。原山西省中医药研究院肾病科主任、肾病研究所所长。享受国务院政府特殊津贴。我国著名的中医肾病专家,率先提出了活血化瘀、清热解毒法治疗慢性肾炎,丰富和发展了中医治疗肾病的理论。曾获卫生部科研成果奖1项、山西省科技进步成果奖5项;全国卫生系统先进工作者及山西省卫生系统先进工作者。

临证特色

活血化瘀治疗肾脏病

1 理论基础

于家菊认为,中医学中"血瘀证"的概念十分广泛,从现代医学角度理解,可能包括各种原因引起的全身的局部血液循环障碍,以及由此导致的代谢、营养失调,或机能、结构的改变。肾小球肾炎是一种变态反应性疾病,肾小球肾炎的主要病变在肾小球,除了毛细血管通透性受到损伤外,肾小球毛细血管痉挛、炎细胞浸润,以及毛细血管内凝血与血栓形成等改变,这些损害带来的严重后果是毛细血管腔闭塞,肾血流受阻,肾小球硬化,肾小管萎缩,肾间质纤维化。肾组织的这种病理改变,及其对周身的影响,与中医对血瘀证的阐述"留血"、"内结为血瘀"等病机有许多共同之处;很多肾炎临床表现浮肿、肾区疼痛及尿血、蛋白尿等也与"久病多瘀"、"久病入络为血瘀”有相吻合之处。

肾小球肾炎的病因虽尚未完全阐明,它与某些细菌、病毒感染有关。临床实践中确实发现上呼吸道及皮肤等处的感染与肾炎的发生、复发、迁延不愈有密切关系。为了防止肾小球肾炎的恶化与复发,预防感染或控制感染病灶是很重要的。于家菊认为,抗菌素有耐药或存在副作用不宜长期使用等问题,从中药中选择具有抗感染作用的药物是可取的。中药中的清热解毒药物,能控制细菌性炎症已被大家所公认。活血化瘀、清热解毒中药伍用,常常是在调节机体反应性,改善血液局部循环的基础上直接或间接地达到抗菌目的。活血化瘀与清热解毒这种配伍的独特抗感染作用,对于治疗肾炎这种感染-变态反应性疾病体现了更好的效果。

于家菊在临床实践中进一步观察到,血瘀证贯穿肾炎全过程,但病因不同,病情有别,导致血瘀形成的原因不外虚实两端,因虚致瘀者,常见的证候有气虚血瘀、阳虚血瘀、阴虚血瘀及气阴两虚瘀阻等,因实致瘀者,以湿热血瘀、湿浊血瘀、热毒血瘀、气滞血瘀、湿瘀互阻最常见。以及脏腑功能的偏盛偏衰等均可致瘀。现代医学已证明,肾小球病变过程中,患者普遍存在高凝(血瘀)状态,肾脏局部发生血瘀可导致肾血流量减少,肾小球滤过率下降,引起及加重肾衰竭。基于上述认识,她主张在临床上依据辨证论治的原则,根据不同病因采用活血化瘀的治法,改善血瘀状态,有利于疾病缓解。

2 临床应用

2.1 慢性肾炎

活血化瘀是治疗血瘀证的基本法则,临证时当根据标本虚实,孰轻孰重而予扶正活血或活血祛邪之法。于家菊认为慢性肾炎以虚为主,脾不摄精、肾不藏精是其基本病机,血瘀是重要的致病因素。因此在健脾补肾的基础上,运用活血化瘀法,强调养血活血,以四物汤为基础,常用当归、赤芍、川芎、生地、丹参等。对肾穿刺病理改变以增生、硬化为主的,酌加炮山甲、王不留、三七参、地龙等,少用慎用破血药如三棱、莪术、虻虫等。

2.2 慢性肾盂肾炎

于家菊在临证时,对慢性肾盂肾炎急性发作,表现下焦湿热者,重用清热解毒利湿通淋药,如蒲公英、土茯苓、石韦、车前子等。慢性肾盂肾炎迁延不愈或反复发作多为劳淋,正虚邪恋、虚实夹杂,除按虚证分型论治外,尚需加用活血化瘀、软坚散结药,如当归、赤芍、川芎、红花、丹参、炮山甲、生炙鳖甲、路路通、三七等,可预防和治疗肾间质纤维化、肾小管坏死萎缩。对无症状性菌尿或症状缓解,尿培养尿菌仍为阳性者,结合病史,多为正虚无力祛邪,邪热留恋,宜从气虚论治,以补中益气汤加清热解毒药。尿 Alb、β2 系列增高,与长期用肾毒性药或病变反复损伤肾组织有关,提示肾小管受损,常于辨证方中加用活血软坚药,以减轻肾小管萎缩,促进肾小管间质纤维组织吸收,促进炎症吸收,预防肾萎缩。

于家菊认为,肾盂肾炎反复发作者,其根本原因是正气不足,抗邪无力,主张用补益中药提高患者机体抗病能力和免疫功能。实践证明补益药(补肾益气健脾)和活血化瘀、清热解毒药对体液免疫和细胞免疫均有促进作用。在益气养阴、补肾健脾的基础上加清热解毒,活血化瘀中药既增强体质,提高机体抗病能力,改善病变部位的血液循环,又能清除余邪,促进纤维组织吸收和肾脏病变的修复,可防止肾盂肾炎反复发作,有利于其彻底治疗,预防肾功能进一步损伤。

2.3 紫癜肾

于家菊在总结大量的临床病例后得出:过敏性紫癜性肾炎病机多为素体不足,感受风湿热毒之邪,久郁生湿化热,热毒内蕴,热入营血,迫血亡行,气耗阳伤或湿阴气滞,脉络受阻,络阻血瘀而致。本虚标实是此疾病的病理特点,湿、热、毒、瘀是此病的病机所在。尤其是血瘀阻络,是该病的病理基础,病因多为外邪入侵,如风热湿毒,当禀赋不足或病久正虚时而致瘀。故她将活血化瘀定为治疗本病的基本法则,并应用于全病程中。又该病往往由某些感染而诱发,故在祛邪中尤重视清热解毒。

于家菊治疗过敏性紫癜性肾炎,在中医辨证的基础上,以活血化瘀、清热解毒药物,代表方益肾汤为主。风热湿瘀证以益肾汤为主加荆芥、防风、威灵仙等祛风药,并在主方的基础上去桃仁、红花等酌加连翘、败酱草、黄芩等清热解毒药;热毒血瘀证在益肾汤主方基础上酌加败酱草、黄芩、玄参、蝉蜕等清热解毒之品;湿热瘀阻证在益肾汤原方基础上加车前子、猪苓、茯苓、苍术、白术、薏苡仁、黄柏、川牛膝、黄芪、党参等健脾利水,清热利湿之药;阴虚热瘀证在益肾汤主方基础上加生地、丹皮、女贞子、旱莲草、赤芍、仙鹤草、紫草等滋阴清热止血之剂;气虚湿瘀证在益肾汤主方基础上加黄芪、党参、茯苓、黄精等,去板蓝根、紫花地丁等;脾肾两虚湿热瘀阻在益肾汤主方基础上加黄芪、党参、白术、茯苓、薏苡仁益气健脾,生地、杜仲、猪苓、车前子滋阴补肾利水消肿,原方去板蓝根、紫花地丁。

临床过敏性紫癜性肾炎病情复杂，常常是几种证型兼而有之，于家菊在治疗过敏性紫癜性肾炎时，综合脉症，辨证论治，将清热解毒，活血化瘀大法贯穿始终，并随病情而加减治疗；益肾汤是她治疗该病大法的一个精髓方剂，灵活应用，治愈许多紫癜性肾炎患者，值得同行借鉴。

2.4 糖尿病肾病

糖尿病肾病发生发展过程中，肾血液动力学异常起着关键性作用，其结节性肾小球硬化等病理变化，均与血瘀有关。于家菊认为糖尿病肾病临床表现本虚标实、虚实夹杂，血瘀贯穿疾病全过程。血瘀既是糖尿病肾病进程逐渐形成的一个病理因素，又是一个致病因素。她提出活血化瘀法治疗该病，以益肾汤为基本方，气阴两虚者加黄芪、党参、五味子等益气养阴之品；兼肝肾阴虚者加枸杞子、女贞子、玄参、知母、黄柏等；兼湿热毒加土茯苓、白花蛇舌草、大黄、萆薢等清热解毒；兼水湿加车前子、猪苓、苍术、大腹皮、山药健脾利水。针对病机，标本同治，改善血瘀状态，扭转病势进展，使病情明显改善。

2.5 慢性肾衰竭

慢性肾衰竭常由水肿、淋证、尿血等多种病发展而来，以肾脾虚损为主，为本虚标实之证，故补益肾脾为治疗本病大法。尤其强调脏腑功能虚损导致血瘀，在慢性肾衰竭的发生、发展过程中，始终存在血瘀，与现代医学对本病的认识基本一致。于家菊采用中医宏观辨证，结合现代医学微观病理变化，讨论治则治法，也是她治疗本病的特色。血液流变学异常，肾小球滤过率下降，肾小球硬化、肾间纤维化，而最终肾固缩等病理状态，均与中医对血瘀的认识一致，也为活血化瘀软坚法治疗本病，提供了理论依据。根据中、西医对本病的认识，以益气养阴、活血软坚为大法治疗本病，主要药物组成为西洋参、灵芝草、冬虫夏草菌丝、生(炙)鳖甲、丹参等。热毒内盛加鱼腥草、黄芩、七叶一枝花清热解毒；湿热下注，加败酱草、土茯苓、黄柏清利湿热；气虚血瘀之血尿、血衄、齿衄加太子参、当归、丹皮、三七参肾气止血；脾肾两虚加党参、白术、茯苓皮块、巴戟天、补骨脂健脾补肾、利湿消肿。整体思路为扶正以祛邪，益气养阴、活血化瘀为大法，不仅有助肾气恢复，而且有利清除病邪，减慢了慢性肾衰竭的过程。(刘彤宇　韩履祺)

过敏性紫癜性肾炎

1 病因病机

于家菊根据中医理论热溢肌肤则紫斑，热结膀胱则尿血。其发病之由有内外二因：内因多虚，外因多实而致。又根据《内经》云："百病始生，阳络伤则血外溢，血外溢则衄血，阴络伤则血内溢，血内溢而后血……"《景岳全书》云："血动之由，惟火惟气耳"。在总结大量的临床病例后得出：过敏性紫癜性肾炎病机多为素体不足，感受风湿热毒之邪，久郁生湿化热，热毒内蕴，热入营血，迫血妄行，气耗阳伤或湿阻气滞，脉络受阻，络阻血瘀而致。本虚标实是此疾病的病理特点，湿、热、毒、瘀是此病的病机所在。临床上于家菊在辨证分型中常将过敏性紫癜性肾炎分为以下几型：风热夹瘀型、热毒血瘀型、湿热瘀阻型、阴虚热瘀型、气虚湿瘀型、脾肾两虚湿热瘀阻型。

2 辨证论治

多年的临床实践中，于家菊治疗过敏性紫癜性肾炎，在中医辨证的基础上，以活血化瘀，清热解毒药物治疗为主——代表方益肾汤，组方为当归、赤芍、川芎、红花各15g，丹参15g，桃仁9g，益母草、金银花、白茅根、板蓝根、紫花地丁(或蒲公英)各30g，水煎服。在临证中根据疾病的不同程度及证型的不同，在益肾汤的基础上加减，取得满意的疗效。辨证加减如下：

2.1 风热夹瘀

证候：发热，皮肤紫斑，腹痛，关节痛，舌苔薄黄，舌质偏红，脉滑数。尿检：蛋白、红细胞、管型均可见，肾功能正常。病程较短。治法：祛风清热，解毒活血。方药：益肾汤加减。以益肾汤为主加荆芥、防风、威灵仙等祛风药，并在主方的基础上去桃仁、红花等，酌加连翘、败酱草、黄芩等清热解毒药。

2.2 热毒血瘀

证候：热退后皮肤起紫斑，便血，尿血，或有关节肿痛，小便短赤，蛋白尿和/或血尿，舌红，或有瘀斑，苔薄黄，脉滑数或细数。治法：清热解毒，凉血散瘀。方药：益肾汤加减。在益肾汤主方的基础上酌加败酱草、山豆根、黄芩、玄参、蝉蜕等清热解毒药物。

2.3 湿热瘀阻

证候：皮肤紫斑，或腹痛，关节痛，或有浮肿，或有蛋白尿或有血尿，舌暗红，苔黄腻，脉滑数。肾功能正常。治法：清热利湿，解毒散瘀。方药：益肾汤加减。在益肾汤原方基础上加车前子、猪茯苓、苍白术、薏苡仁、黄柏、川牛膝、黄芪、党参等健脾利湿之药。

2.4 阴虚热瘀

证候：紫癜不明显，口干咽燥，手足心热，伴蛋白尿或血尿,舌红苔少,脉细数或沉细,肾功能正常。治法:滋阴清热,凉血散瘀。方药:益肾汤加减。在益肾汤主方的基础上加生地、丹皮、女贞子、旱莲草、赤芍、仙鹤草、紫草等滋阴清热止血之剂。

2.5 气虚湿瘀

证候:乏力身软,常易感冒,紫癜消减或反复发作,舌红苔薄黄,脉细数或沉细,病程迁延。尿检:蛋白、红细胞均可见,肾功能正常。治法:益气健脾,祛湿化瘀。方药:益肾汤加减。在益肾汤主方基础上加黄芪、党参、茯苓、黄精,原方去板蓝根、紫花地丁等。

2.6 脾肾两虚、湿热瘀阻

证候:神倦乏力,腰膝酸软,或有浮肿,皮肤紫癜消退,纳差便溏,舌体胖,周边有齿痕,苔黄腻,脉细数或沉细,病程迁延。尿检:蛋白、红细胞可见,肾功能有不同程度的受损。治法:健脾补肾,清热利湿,活血化瘀。方药:益肾汤加减。在益肾汤主方基础上加黄芪、党参、白术、茯苓、薏苡仁益气健脾,生地、杜仲、猪苓、车前子滋阴补肾利水消肿,原方去板蓝根、紫花地丁。

3 临床诊疗特点

3.1 祛邪扶正,注重清热解毒,活血化瘀

于家菊综合对过敏性紫癜性肾炎的认识,其共同特点为血瘀证— 瘀血阻络,是该病的病理基础,病因多为外邪入侵,如风热湿毒,当禀赋不足或病久正虚时而致病。治疗多为活血、祛邪、扶正为法。故她将活血化瘀为治疗本病的基本法则,并应用于全病程中。又该病往往由某些感染而诱发,故在祛邪中尤重视清热解毒。清热解毒、活血化瘀中药有控制感染,抑制免疫作用,两者伍用相得益彰。中医理论认为热毒之邪易耗气伤阴,多导致气阴两虚,故在扶正中多用益气养阴、健脾补肾之药。治疗过敏性紫癜性肾炎一般以中药治疗为主,但对肾外症状严重或具典型肾病综合征者,加用皮质激素可控制症状,缓解病情,保护肾功能。

3.2 结合现代医学,阐述治法机制

于家菊认为活血化瘀是中医学治疗“瘀血证”的根本疗法。中医学中“瘀血法”的概念十分广泛,从现代医学角度理解,包括各种原因所致的全身或局部的血液循环障碍而引起的各种疾病,过敏性紫癜性肾炎是全身弥漫性毛细血管炎,肾小球内有不同程度的各种细胞的增殖,小灶状坏死渗出,毛细血管内血栓形成,肾小球玻璃样变,毛细血管阶段性双轨改变,免疫球蛋白 IgG、IgA 以及免疫复合物的沉积,伴或不伴不同程度的新月体形成,肾小球毛细血管血栓形成,同产生“瘀血证”的病机有许多共同之处,于家菊认为过敏性紫癜性肾炎所出现的黏膜出血、尿血等也属于瘀血病证,中医理论认为“离经之血必是瘀”,因此她习于将活血化瘀法应用于过敏性紫癜性肾炎的治疗。

过敏性紫癜性肾炎的病因迄今尚未完全阐明,多数学者认为与某些细菌或病毒感染有关。临床实践中证实,上呼吸道等感染与紫癜性肾炎的发生、复发、迁延不愈有密切关系。为了防止过敏性紫癜性肾炎的恶化与复发,预防感染或控制感染病灶是很重要的。鉴于抗生素长期使用会造成耐药或存在副作用等,因此从中药中选择具有抗感染作用的药物是有必要的。中医学中的清热解毒药物,能控制病毒和细菌感染已被大家所公认,有关实验研究证明许多活血化瘀药伍用,更能加强抑菌和减毒两个方面的作用。此外,由于活血化瘀、清热解毒中药的作用比较广泛,常常是在调节机体反应性,改善局部血液循环的基础上直接或间接的达到抗菌抗病毒的目的,这种独特的抗感染作用,对于治疗过敏性紫癜性肾炎由感染引起的变态反应性疾病,或许更为适宜。基于以上,于家菊认为采取活血化瘀、清热解毒疗法治疗过敏性紫癜性肾炎是一条行之有效地途径。

3.3 病证结合,辨治中西互补

于家菊对于过敏性紫癜性肾炎轻型者多采用益肾汤加减治疗,对病情较重及来院前接受激素治疗者给予泼尼松(1mg · kg –1 · d –1 足量、足疗程,顿服正规使用),有些病例加用环磷酰胺(0.2 静脉滴注,隔日 1 次,疗程 1 ~ 3 个月,用量达 8 ~ 10g)。充分发挥中西医各自的优势,中西有机结合,是她治疗疾病的有效手段。于家菊认为活血化瘀、清热解毒药物能够减轻变态反应性炎症的强度,对肾小球内的损害可能起到重要的影响,活血化瘀药物具有:①解除平滑肌痉挛,减少血管阻力的作用;②扩张血管,增加血流量的作用;③对抗组织缺血和抗缺氧的作用;④抑制血小板凝集,增加纤维蛋白溶解活性的作用。于家菊通过实验研究观察到,活血化瘀,清热解毒药物能够较大幅度地提高健康狗的酚红排泄率。由于酚红排泄率与肾血流量有密切关系,因此,实验结果也间接证明,该方药具有扩张肾脏血管,提高肾脏血流量的作用。因此调整肾血循环,改善肾组织的血氧供应,增强全身和肾脏的抗病及恢复能力是活血化瘀、清热解毒药物治疗过敏性紫癜性肾炎的机制之一。实验研究通过益肾汤对豚鼠膝关节

变态反应性炎症的影响，说明益肾汤可能具有抗变态反应的作用，从而减轻肾脏的变态反应性炎症，降低肾小球毛细血管的通透性。通过益肾汤对大鼠实验性肾脏修复作用的观察，看到益肾汤有促进肾脏病变恢复的作用。通过益肾汤对狗的酚红排泄率的影响，表明益肾汤可能具有改善肾血供应，增强肾小管的排泄功能的作用。可见，于家菊将清热解毒、活血化瘀定为治疗过敏性紫癜性肾炎的治疗大法是有一定理论基础的，并在临床中取得满意疗效。

4 典型病案

案1 患者，女，14岁，1990年3月10日初诊：四肢出血性皮疹，腹痛，颜面及下肢浮肿，尿如茶色反复发作40余日，四肢散在红色皮疹，对称分布，压之不褪色，尿如茶色，口干咽痒，手足心热，腰困，舌红苔薄黄，舌底脉络暗红，脉细数。尿常规：尿蛋白(++)，潜血(+++)，镜检红细胞(+++)/HP，平素易感冒。中医诊断：血证(肌衄，尿血)；西医诊断为：过敏性紫癜性肾炎。辨证属气阴两虚，湿热瘀结。治宜凉血化瘀，清热利湿解毒，滋阴益气止血。方用益肾汤加减，处方：生地15g，当归15g，赤芍15g，丹皮15g，川芎15g，红花15g，益母草20g，桃仁9g，金银花30g，蒲公英30g，白茅根30g，女贞子12g，旱莲草12g，小蓟15g，薏苡仁30g，党参12g，猪茯苓12g，每日1剂，水煎服，嘱忌食鱼虾，预防感冒。二诊(3月17日)服药后四肢皮疹消退，颜面部浮肿消失，尿色仍深黄如淡茶色，余症悉减，舌脉同前。尿常规：蛋白(++)，潜血(++)，镜检RBC(++)/HP)。宗前法，上方加紫草30g。三诊(4月2日)尿色淡黄，咽干痒不适。复查尿常规：蛋白阴性，潜血(+)，镜检RBC+/HP)。继进上方去猪苓，加桔梗10g、麦冬10g。四诊服上方连续20余剂，病情稳定，舌淡红，苔薄黄，脉滑数。宗法以上方略作加减，服药30余剂，诸症消除，尿检持续阴性而告愈，随访1年无复发。

按 本案患者正值青春发育期，本身体质较弱，系“阴常不足，阳常有余”之体，该病情复杂，本虚标实，综观舌脉四诊，本虚为气阴两虚，标实为热、毒、湿、瘀。治宜凉血化瘀，清热解毒利湿，滋阴益气止血为主，益肾汤方中选用生地、丹皮、赤芍、小蓟清热凉血化瘀，当归、川芎、桃仁、红花、益母草活血化瘀解毒，金银花、蒲公英清热解毒，白茅根、薏苡仁、猪苓清热利湿，女贞子、旱莲草、党参、茯苓、生地、丹皮等滋阴清热益气止血。合方以清热解毒，活血化瘀为主，并滋阴益气扶助正气，使邪气得消，病情向愈。

案2 患者，男，15岁，1989年2月8日初诊。患者4年前患过敏性紫癜性肾炎，反复出现蛋白尿、血尿，曾应用中西药物治疗，效果不明显，来诊求治于家菊。证见：颜面浮肿，面色㿠白，四肢消瘦，夜尿多(约1000 mL/夜)，偶有夜间遗尿，常觉手心发烧，偶有腰间痛，双下肢浮肿不明显，大便稍干，食纳尚可，咽部色红，舌淡苔薄，脉沉弦而细。尿检测：蛋白(++)，红细胞(+)，白细胞(++)，上皮细胞少许。现服泼尼松30 mg/d。证属脾肾两虚，湿热瘀阻。处方：党参15g，白术10g，黄芪15g，生地15g，当归15g，赤芍15g，丹皮15g，金银花30g，紫花地丁30g，益母草30g，白茅根30g，猪苓15g，鱼腥草30g，桃仁10g，红花10g，芡实10g，水煎服，每日1剂，并嘱其在1周内减去泼尼松1片。二诊(2月15日)：服上药7剂后诸症俱减，咽痛消失，偶觉手心发热，夜尿减少，每日2~3次，偶有腰困。尿检测：蛋白(+)。继用上方去紫花地丁、金银花，加山药8g，五味子8g，水煎服，每日1剂，在服药期间，减泼尼松用量，每周减1片。三诊(3月5日)：服上药后，诸症消失，化验尿蛋白(+)。病已去十之八九，为巩固疗效，仍宗上法，加重益肾，减轻清利，以培先天之本，药用生熟地黄各9g，山药10g，黄芪30g，猪苓9g，泽泻9g，党参12g，白术12g，黄柏15g，菟丝子12g，怀牛膝9g，益母草30g，桃仁10g，红花10g，水煎服，每日1剂。激素维持在5 mg/d后，继续服2周，以防止复发。四诊：在服药期间，每2周复诊1次，基本宗上方稍事加减，共服药60余剂，停用激素2周，无任何不适，多次化验尿检阴性，即以六味地黄丸巩固疗效。

按 本案系患病日久，损伤正气较重，其表现以脾肾两虚，故治疗自始自终坚持以调补脾肾为主，以治其根本。但湿热余毒，病久必瘀，故湿、热、毒、瘀亦是病机之一侧面，因而标本兼治，扶正祛邪。祛邪以清热解毒，利湿化瘀为主；扶正以益气健脾补肾为主。

案3 患者，男，6岁，1991年12月就诊。因感外邪，又过食鱼虾，即发热、咽痛、头痛、四肢疼痛，继而四肢发现红色斑疹。西医用抗过敏药7d效果不佳，继而血尿，舌红苔黄，脉浮滑数。尿检测：蛋白(±)，红细胞(++++)，白细胞少许。中医诊断：血证(肌衄，尿血)；西医诊断：过敏性紫癜性肾炎。证属风热毒瘀。故清热祛风解毒，化瘀凉血止血为主，益肾汤加减治疗。处方：荆芥12g，防风10g，连翘15g，金银花15g，败酱草15g，黄芩6g，威灵仙12g，当归15g，川芎15g，赤芍15g，红花10g，丹参10g，桃仁

10g，益母草15g，白茅根20 g，水煎服，每日1剂。二诊：一剂而寒热、头痛、四肢疼痛尽解，二剂则小便量多，红色斑疹转为褐色斑疹，是风热毒邪已祛，而离经之血，郁而为瘀，故加之凉血散瘀之品，宗前法清热解毒之剂去荆芥、防风、威灵仙，加三七参粉10g（冲），水煎服，每日1剂，又3剂斑疹消退，诸恙向安，不劳余药。

按 从本案四诊可见患儿表邪尤在，故而解表清热退邪。于家菊认为，小儿稚阴未充，稚阳未长，易实易虚，凉血之药易伤阳，散瘀之剂易伤气，不可妄投，中病即止，益肾汤加减治疗不足10剂告愈。（赵怡蕊 韩履祺）

慢性肾衰竭

1 病因病机

慢性肾衰竭很难用中医的某个病名来概括，中医诊断主要依据其临床表现，根据不同阶段，不同的症状，可归属于祖国医学的关格、虚劳、癃闭等范畴。故在理论认识上，主要是根据其原发病之症状及演变规律来推测、判断其病因、病位、病机。于家菊认为慢性肾衰竭的病因大致有以下三方面：一是外邪侵袭，使病情反复加重，致使肾气亏损，脏腑失衡；二是思虑过度，房事不节，起居无常，摄生不慎所致；三是素有肾脾亏损，复因外邪触发，或劳累过度，或失治误治，或用肾毒药物，使脏腑、阴阳、气血进一步失调，湿热、风、瘀、浊毒等实邪丛生，险象层出不尽。病位以肾、脾为主，进而涉及肝、心、肺及胃肠、膀胱等脏腑。对病机的认识，她认为本病属于正虚邪实之证，病本在肾，虚而生邪，正虚为本，邪实为标。“精气夺则虚”，当肾的精气不足时，相应的病证便接踵而至，尤其是肾脾衰败，气化严重障碍，肾失开阖，脾失运化，三焦气化不利，升降开阖失司，当升不升，当降不降，当藏不藏，当泻不泻。更甚者，浊阴瘀痰积聚成毒，壅滞体内。经云“岁气太过，寒气流行，邪害心火，民病身热烦躁心悸”及“脐下悸，欲作奔豚状”，甚则蒙蔽心窍，均为肾水凌心之候。当肾病传肝，乃见母病及子之证，以水不涵木之肝风内动多见。肾肺为子母之脏，有金水相生之内在联系，肾病及肺，则病必自下而上，肿而气喘。而重症慢性肾衰竭患者，正如《证治汇补·癃闭》所云：“既关且格，必小便不通，旦夕之间，陡增呕恶；此因浊邪壅塞三焦，正气不得升降。所以关应下而小便闭，格应上而生呕吐，阴阳闭绝，一日即死，最为危候”。外邪内犯它脏传肾，或直中肾脏，是促成和加重肾衰竭的重要因素，加之治疗不当，尤其是使用肾毒药物，不但使外邪入里，闭门留寇，耗伤气阴，更使病肾雪上加霜，正气难复，遂成气阴两伤之证。久病脏腑功能虚损，尤其是肾脾衰败，使血行不利，肾络瘀阻，瘀血内停。正虚导致血瘀，实邪加重血瘀。血瘀由脏腑功能失调所致，又常影响气血阴阳的正常运行，使湿热、浊毒之邪壅滞三焦。湿性重着黏滞，最易阻遏气机，而气滞又可加重血瘀，二者互为因果。慢性肾衰竭的发病过程中，始终存在血瘀，与现代医学对本病的认识一致，病理解剖表明，肾小球病普遍有肿胀、增生、纤维化等病理改变，逐渐发展成为肾小球硬化、玻璃样变，最终导致固缩肾，揭示了中医“久病入络为血瘀”，“内结为血瘀”的内涵。

2 辨证论治

慢性肾衰竭病情是一个不断变化的过程，不可能用某一型、某一方治疗贯彻始终。所以分型治疗应灵活地解决正邪之间变动着的矛盾，先治本后治标，或先治标后治本，或标本兼顾。于家菊采用中医的宏观辨证结合现代医学微观的病理变化来探讨治则治法，也是治疗本病的一大特色。血流变学异常，肾小球滤过率下降，肾间质纤维化、肾小球硬化，而最终肾固缩等病理状态，均与中医对血瘀的认识一致，也为活血化瘀软坚法治疗本病，提供了理论依据。

2.1 辨证与辨病相结合分型治疗

①肾脾气虚兼瘀 主证：腰膝酸软，倦怠乏力，浮肿难消，纳呆腹胀；次证：畏寒喜暖，夜尿清长，大便稀溏，面色萎黄无华；舌淡紫、胖大，脉细涩、沉迟。治法：补肾健脾、活血软坚。常用药：冬虫草菌丝1～3g，灵芝草30g，仙灵脾10g，王不留行15g，路路通15g，当归10g，丹参30g，炮山甲10g，赤芍15g，太子参15g，白术10g，茯苓15g，黄芪30g。

②肾肝阴虚兼瘀 主证：腰酸腿软，头晕耳鸣，五心烦热，全身乏力，或有肌肉拘挛；次证：口燥咽干，大便干结，尿少色黄，面色暗滞；舌暗淡或有瘀斑（点），脉沉细或弦涩。治法：滋阴补肾、活血软坚。常用药：生地15g，山萸肉15g，枸杞子15g，女贞子15g，天麦冬各12g，生、炙鳖甲各15g，百合30g，当归10g，丹参30g，赤芍15g，炮山甲10g，王不留行15g，路路通15g，熟地18g。

③气阴两虚兼瘀 主证：少气懒言，神疲体倦，腰膝酸困，面色萎黄、口咽发干，大便或干或稀；次证：身体羸弱，皮肤干燥，纳呆泛恶，心悸气短；舌淡、有

齿痕、瘀斑(点),脉沉涩或细数。治法:益气养阴、活血软坚。常用药:西洋参6~10g,白术10g,陈皮10g,黄芪30g,冬虫夏草1~3g,灵芝草30g,当归10g,麦冬10g,枸杞子15g,女贞子15g,丹参30g,赤芍15g,王不留行10g,路路通10g,炮山甲10g。

2.2 兼证治疗

①湿浊中阻 主证:恶心呕吐,口干口苦,纳呆腹胀,便干尿少,舌苔黄腻或厚干,脉弦滑。治法:和胃降浊。常用药:陈皮10g,茯苓10g,半夏10g,黄连10g,竹茹18g,茵陈30g,泽泻10g,大黄10g,沉香6g,砂仁6g,蔻仁6g。

②湿热下注 主证:小便频数黄赤,或涩痛不利,小腹胀满;舌苔黄腻,脉濡数。治法:清利湿热。常用药:萹蓄15g,瞿麦15g,滑石15g,泽兰11g,黄柏10g,紫花地丁15g,车前草30g,石韦30g,生地10g,赤芍15g,乌药10g。

③热毒内侵 主证:咽干咽痛,烦热口渴,小便短赤,大便秘结;舌红、苔黄,脉数。治法:清热解毒。常用药:鱼腥草30g,黄芩10g,七叶一枝花15g,金银花30g,连翘15g,生地12g,丹皮15g,大黄10g,人工牛黄6g。

3 临证心得

于家菊认为慢性肾衰竭常由水肿、淋证、尿血等多种肾病发展而来,以肾脾虚损为主,为本虚标实之证,故补益肾脾为治疗本病之大法。慢性肾衰竭之一系列病理改变,肾小球硬化、肾间质纤维化等,均与中医对血瘀的认识一致,故在扶正固本同时,活血软坚之法贯穿始终,通过改善肾血流动力学,促进纤维组织吸收、坏损肾单位的修复,减轻肾小球内压力,保护残余肾功能,延缓肾衰竭的进展。慢性肾衰竭早中期是控制疾病发展的重要时期,也是治疗的关键时期,因此在中药补肾健脾、活血软坚的基础上,配合低蛋白饮食,控制高血压、高血脂、纠正水电酸碱失衡,防治感染,注意寻找和发现加重肾衰竭的可逆因素,给予积极治疗,均有助于延缓病程进展。于家菊根据中、西医对本病的认识,辨证与辨病相结合。设制出治疗慢性肾衰竭的系列胶囊。以益肾4号胶囊为主方,益气养阴,活血软坚,主药为西洋参、灵芝草、冬虫草菌丝、鳖甲、丹参等。并发呼吸道感染,表现为热毒内盛者加益肾1号胶囊(甲),清热解毒,主药为鱼腥草、黄芩、七叶一枝花等;并发尿路感染,表现为湿热下注者,加益肾1号胶囊(乙),清利湿热,主药为败酱草、土茯苓、黄柏等。伴有血尿、鼻衄、齿衄、月经量多表现为气虚血瘀者,加益肾2号胶囊,益气活血止血,主药为太子参、当归、丹皮、三七参等;伴有消化道症状或浮肿,表现为脾肾两虚者,加益肾3号胶囊,健脾补肾、祛湿消肿,主药为党参、白术、茯苓皮块、泽兰、半夏、沉香、补骨脂等。浊毒内蕴、证见关格者,加益肾5号胶囊,排毒泻浊,主药为槐花炭、肉苁蓉、大黄等。主方益肾4号胶囊在治疗中贯彻始终,辅方根据病情随证加减,并制定了用药规则:补益药早晚空腹服,泻下药(如胃肠透析药)餐后2 h服,清热解毒药,餐后半小时服。既有利于药物的吸收,又可避免互相减低药效,同时减少苦寒伤胃,以增强疗效。实验研究证实了主方益肾4号胶囊能减轻肾小球全球硬化、节段硬化、球囊黏连,使新月体形成减小,肾小球肥大明显改善;肾小球系膜细胞增殖、基质的积聚明显减轻,可能与通过抑制TGF-β的分泌减少而减轻系膜的增殖和硬化有关。

4 中西汇通、衷中参西

西医对于慢性肾衰竭的治疗原则主要是积极治疗原发病,去除加重肾衰竭的可逆因素,纠正水、电解质、酸碱平衡的紊乱,纠正贫血,积极控制高血压及合理饮食疗法。强调“三级”防治,即对已有的肾脏病要积极、及时治疗,防止慢性肾衰竭的发生,对早、中期慢性肾衰竭一体化治疗,防止尿毒症的发生;对早期尿毒症及时治疗,防止尿毒症并发症的发生。氨基糖苷类等西药具有肾毒性,可发生慢性肾衰竭,已被引起重视。近年来中药中也有一些肾毒性药被认识,如含有马兜铃酸的广防已、关木通等,这些药短期应用也许看不出明显的毒性,但短期大剂量使用或长期使用,便可造成不可逆的肾衰竭。因此不论年龄大小与体质强弱,不论其是否有肾病,肾功能是否正常,一定要慎用此类药物。对终末期肾衰竭,于家菊主张择时选病进行结肠透析、腹膜透析、血液透析,透析液中加扶正、祛邪、活血化瘀的中药,对改善症状,增强疗效,防止感染或血瘘管堵塞都有积极作用。(韩履祺)

慢性肾炎

1 病因病机

于家菊根据中西医结合、衷中参西的思路:认为慢性肾炎在祖国医学中尚无特定的中医病名,医者大多依据其临床表现,确定中医诊断。因其病程较长，临床表现主要为水肿，腰酸痛等症，因此认为慢性肾炎属于中医学的水肿、腰痛等病范畴。肾藏精气，是人体生命活动的根本。肾所藏之精只宜封藏，不宜泄露。若因禀赋薄弱，后天失养，劳倦过度，邪毒犯肾，必使肾的精气耗损，肾气虚弱。由于慢性肾炎病程较长，肾虚日久，当肾的精、气、阴、阳不足时，便会产生多种病证。经云“精气夺则虚”，慢性肾炎所表现的水肿、腰酸、蛋白尿等，都是肾的精气阴阳不足所产生的，肾虚是慢性肾炎发病的主要原因。肾主水，司开阖，脾主运化，若肾脾亏虚则水运失常发为水肿。《丹溪心法》对此做了详尽的阐述“夫人之所以得其命者，水与谷而已。水则肾主之，谷则脾主之，惟肾虚不能行水，惟脾虚不能制水。肾与脾合气，胃为水谷之海，又因虚不能传化焉，故肾水泛滥反得以浸渍脾土，于是三焦停滞，经络壅塞，水渗于皮肤，注于肌肉而发水肿矣。”水肿是慢性肾炎的突出表现，其肾脾俱虚，由此可见一斑。肾阳为一身阳气之根，气血的运行全赖肾阳的温煦与推动。脾为气血生化之源。慢性肾炎以肾脾虚损为主，气行则血行，气虚则血瘀，因虚致瘀为慢性肾炎的又一特点。如叶天士在《读医随笔·虚类补泻论》中谈到“气虚不足以推血，则血必有瘀”。《医林改错》也认为“久病入络为血瘀”。临床观察血瘀存在于慢性肾炎的全过程，血尿、蛋白尿、水肿、高血压等均与血瘀损伤肾络有关，血瘀是诱发和加重本病的重要因素。慢性肾炎久病耗气，肾脾既虚，气虚则无以充达周身抵御外邪，外邪循经入肾，而易外感风寒、风热、湿热，正如薛生白所谓“太阴内伤，湿饮停聚，客邪再至，内外相引，故病湿热，此皆先有内伤，再感客邪。”故慢性肾炎多见内外合邪之湿热证。湿热之邪久必伤及气阴，加之今人恣食肥甘厚味，致中焦湿热积聚，皆可导致或加重气阴两虚。气阴两虚又可使血瘀、湿热交阻不去，相干为病。

2 辨证论治

慢性肾炎是一复杂、多变的疾病，证型变化多端，本着辨证与辨病相结合的原则，大致归纳为以下四型，除辨证用药外，活血化瘀、清热解毒法贯彻始终。

2.1 肾虚兼瘀，夹热毒或湿热

主症：腰膝酸软，疲乏无力，头晕耳鸣，面肢浮肿，腰以下甚，口干、尿黄；偏阴虚者：五心烦热，口燥咽干；偏阳虚：畏寒肢冷，小便清长；舌暗或舌淡、有瘀斑（点），苔黄、或苔白、或无苔，脉沉、细、涩。治法：补肾活血，酌加清热解毒或利湿清热。方药：菟丝子、五味子、仙灵脾、山萸肉、丹参、当归、赤芍、川芎。加减：阴虚加女贞子、旱莲草；阳虚加肉苁蓉、鹿角霜；热毒在上焦用黄芩、鱼腥草、板蓝根，热毒在中焦用黄连、茵陈，热毒在下焦用黄柏、败酱草、石韦。

2.2 脾虚兼瘀，夹湿热或热毒

主症：纳呆腹胀，口苦便干，身体困重，浮肿难消；次症：口唇发暗，面色淡黄；偏气虚：倦怠乏力，少气懒言；偏阳虚：肢体不温，大便溏薄；舌暗淡或有瘀斑（点），苔黄腻或白，脉弱、细、滑。治法：益气健脾，活血清热。方药：人参（太子参）、黄芪、白术、茯苓、砂仁、蔻仁、苡仁、陈皮、丹参、当归、川芎、赤芍、三七参、益母草。加减：清热解毒酌加金银花、连翘、蒲公英、地丁。

2.3 气阴两虚兼瘀，夹热

主症：少气乏力，口干咽燥，手足心热；次症：身体羸弱，易感外邪，咽部暗红，尿黄便干；舌红、苔黄腻，或有瘀斑（点），脉沉细。治法：益气养阴，活血清利湿热。方药：西沙参、太子参、枸杞子、黄芪、黄精、灵芝草、冬虫草、丹参、当归、川芎、赤芍。加减：偏肝阴虚加生地、山萸肉、白芍、生炙鳖甲；易外感加秦艽、防风；湿热加茵陈、黄连。

2.4 湿热瘀阻

主症：口苦口黏，尿黄便干，腰痛固定；次症：纳呆痞满，烦燥潮热等；舌紫暗、苔黄腻，脉弦涩或沉涩。治法：清热解毒利湿，活血化瘀；方药：金银花、连翘、蒲公英、地丁、半边莲、黄连、茵陈、泽兰、白花蛇舌草、当归、赤芍、川芎、丹参、苡仁、白术、茯苓等。

3 临证心得

慢性肾炎的发生与细菌、病毒感染等有关，由此产生一系列免疫反应，造成肾组织损伤，由细胞生物因子参与的免疫反应是引起慢性肾炎的关键。由免疫反应介导的凝血机制障碍，使血液处于高凝状态，纤维组织增生，是慢性肾炎发生发展的重要因素。于家菊在临床上观察到慢性肾炎患者水肿持久难消，长期蛋白尿、血尿及舌暗瘀斑等均与中医的血瘀有关。《金匮要略》云：“血不利则为水”，《内经》“孙络水溢，则有留血”，结合慢性肾炎病理改变，多为血管袢增殖，血管壁及肾小球囊有纤维蛋白质样物质沉积、细胞增殖，足突肿胀变形，肾小球系膜和肾间质纤维组织增生及至肾小球硬化、肾小管萎缩等，均与中医学的“久病入络为血瘀”，“内结为血瘀”等血瘀的认识一致。因而首创用活血化瘀清热、解毒法治疗慢性肾炎，组方益肾汤。我们的实验及很多单位的实验研究均证实，活血化瘀，清热解毒中药有提高机体体液免疫及细胞免疫功能的作用，可去除抗原，抑制变态反应性炎症的进展，可降低肾小球毛细血管通透性，扩张肾血管，提高肾血流量，促进受损的肾单位修复，促进纤维组织吸收。因此在消蛋白尿、消肿、恢复肾功能等方面均比单用补肾健脾等法为好，也比单用激素、环磷酰胺等免疫抑制剂治疗的副作用少，且疗效巩固。活血化瘀是治疗血瘀证的基本法则，临证时当根据标本虚实，孰轻孰重而予扶正活血或活血祛邪之法。于家菊认为慢性肾炎以虚为主，故活血化瘀法的应用，强调养血活血，以四物汤为基础，常用当归、赤芍、川芎、生地、丹参等。对肾穿刺病理改变以增生、硬化为主的，酌加炮山甲、王不留、三七参、地龙等，少用慎用破血药如三棱、莪术、蛮虫等。肾藏精，"精气夺则虚"。她认为，慢性肾炎所表现的水肿、腰酸痛、蛋白尿等，均为久病体虚或劳损伤肾，肾的精气阴阳不足所致，为一派肾虚之证，肾虚是慢性肾炎发病的主要原因。遵循难经"损其肾者，益其精"的原则，治疗上以补肾为主。同时根据肾虚损之阴阳偏胜，或于阴中求阳，或于阳中求阴，灵活辨治。但不论温肾阳，或滋肾阴，均不宜峻补，强调平补。温补药中肉桂、附子辛燥猛烈，对绝大多数慢性肾炎患者绝非所宜，当所避之，常选仙灵脾、菟丝子、肉苁蓉等。而滋补肾阴的熟地之属，滋腻硬胃，临证亦当注意加陈皮、砂仁与其配伍，或多选女贞子、旱莲草。

4 衷中参西

于家菊认为慢性肾炎治疗的主要目标是：防止肾功能恶化，改善或缓解临床症状，防治严重并发症。一般主张采取综合性防治措施，包括饮食蛋白的控制，积极控制高血压，应用血管紧张素转换酶抑制剂，血管紧张素转换酶拮抗剂，钙离子拮抗剂等。应用抗凝或血小板解聚药物。防治能引起和加重肾损害的其他因素，如避免感染，避免使用肾毒性药物及纠治高血脂、高血糖等。特别强调对慢性肾炎表现为蛋白尿 >2g/24 h，或肾功能轻度不正常，但B超双肾大小正常的，可予中西医结合治疗，不排除加用激素或免疫抑制剂。（韩履祺）

于凯成临床经验

【名老中医简介】于凯成（1932～）主任医师，教授，硕士生导师。1958年毕业于中国医科大学。吉林省名中医，第三批全国老中医药专家学术经验继承工作指导老师。享受国务院政府特殊津贴。从事中医医教研工作50余年，擅长中医内科疾病，尤其是心血管内科疾病。主持或参与科研成果13项，其中国家级1项，省级12项；获吉林省科技进步二等奖2项，三等奖2项；培养硕士研究生16名。发表论文30余篇。

心源性休克

1 病因病机

于凯成认为心源性休克的发生是因原有心之重疾，体用俱损，心阳虚衰，不能温运血脉，推动血行，致使心脉瘀阻。阴血同源，血瘀则阴津外渗形成水湿，又致阴伤，造成上有绝阳之络，下有破阴之纽，而上引下竭，阴阳互不维系，五络俱竭。由此可见，心源性休克是因久患心疾，损及心阳及心阴，也可由外之邪毒内犯，耗损心之气阴，进而损及它脏致使气、血、津、液、精、阴、阳脱失，五络俱竭，脏器升降出入无权，而临床表现出一派虚衰危候。他从西医学观点指出：本病的病理主要表现为心肌收缩力减弱，致心排血量减低，临床上则出现灌注不足的表现。心源性休克时，由于心排血量减少，血压下降后肾上腺系统交感神经兴奋，血中儿茶酚胺浓度增多，以致周围小血管收缩，阻力增高，当各器官血流量下降到一定临界点以下则发生休克，大量血液淤滞在微循环内，并渗入组织间隙，造成有效循环血量剧减。心源性休克时，肺部微循环的改变，肺顺应性减低，肺血容量减少，导致肺泡－毛细血管气体交换障碍。

2 治疗经验

于凯成认为本病病机十分复杂，主要为虚实夹杂，以虚为主，阴阳气血亏虚，发展致多脏器同病。治疗必须采取急救措施，争分夺秒。患者宜平卧或半卧位，注意保暖，给予吸氧，首先静滴生脉注射液或参附注射液或参附青注射液等，根据辨证结果灵活运用益气养阴，回阳固脱，育阳潜阳法等法。

2.1 益气养阴法

本法适用于热病伤津耗气，或久病气阴两伤，或心之气阴素亏而合并休克者。证见心烦口渴，尿短赤涩，大便干结，脉细，舌燥等津亏证，兼见神疲乏力，面色苍白，气短息促，自汗热黏或汗出肢冷，脉数无力，甚则神昏肢厥、脉搏散乱等气虚证甚至气脱证。治以益气养阴，方用生脉散加味，药用红参、五味子、麦冬、玄参、黄芪等。

2.2 回阳固脱法

适用于热病寒毒直中少阴，或心肾阳气素亏，突然暴脱而休克，或休克晚期由气阴两脱转为阳脱者。证见神志恍惚或昏昧，唇苍白或清灰，四肢厥冷，冷汗阵作，息促气微，恶寒，体温不升，舌质淡青，脉微欲绝或不能触及；或兼见下利清谷，面红阵作，低热时见，口渴极喜热饮，手足躁动，循衣摸床等。治以回阳固脱，应用参附汤或四逆汤等，药用红参、附子、干姜、青皮、甘草、桂枝、五味子、龙骨、牡蛎、山茱萸和猪胆汁等。

2.3 育阴潜阳法

本法适用于素体心肾阴亏，或热病后期，阴液枯涸，并发休克者。证见神恍惊悸，面色潮红，汗出如油，口渴欲饮，不能多饮，饮不解渴，或兼见身热心烦，或四肢温暖，舌光剥干枯无苔，脉虚数或结代。治以育阴潜阳，方用三甲复脉汤加减，药用牡蛎、鳖甲、龟版、生地、麦冬、山茱萸、五味子和炙甘草。

3 典型病例

刘某，男性，44岁，因心前区疼痛3h，伴大汗，身冷，而急诊入院。当时患者心前区剧痛，大汗，四肢厥冷。查：意识模糊，血压未测及，心音弱，脉搏微弱。立即给予吸氧，参附注射液50mL静注，并静滴参附注射液60mL，5min后患者意识恢复，血压80/50mmHg，但仍四肢不温。给予生脉散合四逆汤口服，患者症状逐渐好转。心电图示V1～V5 S－T段上抬0.2～0.4mV，并有病理性Q波；心肌酶：AST 67u/L，LDH 308u/L，CPK 495u/L。西医诊断：冠心病，急性广泛前壁心肌梗死，心源性休克。中医诊断：真心痛，心源性脱证（气阴两虚夹瘀）。治宜益气养阴，活血化瘀。予生脉散合抗心梗合剂加味：人参10g，麦冬15g，五味子15g，桂枝15g，黄芪25g，丹参25g，川芎15g，桃仁15g，红花15g，当归20g，干姜20g。上方连服10剂，并静滴参附注射液、丹参注射液18d，口服复律保心口服液，症状明显改善，血压120/70mmHg，心肌酶复查正常，心电图S－T明显回落。继服上方7天，痊愈出院。

按 患者为中年男性，发病较急，由于心之气阴两虚，心脉瘀阻，不通则痛，而发为厥心痛之重症“真心痛”，进而导致阴阳俱损，互不维系，出现心源性脱证。故治疗以益气养阴、活血化瘀为法，使气阴充足，瘀血得除，心脉得复。治疗约1个月，心痛消失，血压恢复正常，心电图明显改善，休克纠正而出院。

（郑大为 栾杰男 张 建 赵卫东 孙晓天）

于淑芬临床经验

【名老中医简介】于淑芬（1941～）女。河北博野县人。主任医师，教授，硕士生导师。西安市中医医院消化内科专家。陕西省老中医药专家学术经验继承工作指导老师。享受政府特殊津贴。擅长治疗消化系统疾病。课题先后获西安市科技进步一等奖1项，二等奖1项，省中医药科技成果二等奖1项。出版专著3部，发表论文10余篇。

慢性胃病

1 脾气虚是发病的内在因素，适时应用益气健脾法

消化系疾病证候表现多样，病性虚实夹杂，本虚标实，脾虚是疾病的最根本因素。临证首先要权衡标本缓急轻重，或先祛邪而后补虚，或补泻兼用。脾虚多兼气滞、痰浊、湿阻、食积，如不细查舌苔，急于图本，过用滋腻之品，误用补法，则滋湿恋热，雍气生火，邪不宜除，病反加重。其次，补而不滞，补中有通。方中酌情配伍行气、除湿、消导之品，如陈皮、苏梗、藿香、苡仁、苍术、枳实等，使补而不腻，补中有通，动中有静，以健脾运中，顺脾胃升降之法。

2 七情内伤是发病的重要因素，重视理气疏肝，养血和血

消化系疾病多数为心身疾病，很多患者的发病与情绪有关，或急躁易怒，或抑郁内向，致脏腑气血失调。临证常用四逆散、柴胡疏肝散、逍遥丸。在药物配伍方面，肝胃不和，胃气不降，用白芍配沉香；气郁化火，加丹皮、栀子、黄芩及左金丸；肝郁症状重，加合欢花、佛手；肝郁脾虚配黄芪及四君子汤。对疼痛明显者，配伍香附、元胡、金铃子，其中香附为气病之总司，能通十二经之气分，治诸种气痛；元胡能显著提高痛阈，使肌肉松弛而有解痉作用；柴胡因其有上升之性，对肝胃不和气机上逆者不尽适用。肝脏体阴用阳，不可一味攻伐，在疏肝行气的同时，养血

柔肝不可偏废，常用当归、白芍，其中当归芳香可行气，味甘可缓急，更是肝郁血虚的要药。

3 重视活血化瘀

慢性胃病，久病多瘀；并且脾气虚为内在因素，气虚推动无力致气虚血瘀；七情内伤，致气滞血瘀。患者表现为固定部位的刺痛，口唇及面色晦暗，舌暗有瘀斑，舌下脉络迂曲，脉涩或弦。治疗时，在辨证论治的基础上，加入活血化瘀药，则近期及远期疗效均满意。临证根据瘀血程度的轻重，选用不同的药物配伍。对于轻型，可用当归、丹参、赤勺，在化瘀药中最为平和。对于顽固、严重的瘀血胃痛，可用失笑散、乳香、没药，甚或虫类药。

4 重视寒热并用，辛开苦降

慢性胃病多为寒热错杂，虚实并见，临证苦辛并称。寒热并用，泄中有开，散而能降，使气机畅通，恢复中焦升降功能。常用药对有：黄连配干姜，见于汉代张仲景《伤寒论》的半夏泻心汤，针对脾胃虚弱，客邪乘虚而入，致肠胃不和，脘腹胀痛，呕吐泄泻。用黄连苦寒降泄除其热，干姜辛温开结散寒。黄连配吴萸，见于《丹溪心法》的左金丸，主治肝火犯胃引起的胁肋胀痛，嘈杂反酸等。重用黄连，苦寒泻火为主，少佐吴萸辛热，从热药反佐，以制黄连之寒；且吴萸能入肝降逆，使肝胃调和。若见中焦寒象，可加大吴萸用量。黄连配厚朴，见于《霍乱论》的连朴饮，针对中焦，湿热俱重，见心烦、胸脘痞闷、口渴、呕恶、便溏、舌苔黄腻。厚朴行气化湿，黄连清热燥湿，使气行湿化，湿去热消。黄连配木香，见于《和剂局方》香连丸，针对湿热痢疾，胸膈痞闷。黄连清热泻火燥湿，木香芳香辛散温通，擅长调中宣滞，行气止痛。黄连配半夏，清热泻火，降逆升结，治疗胃热呕吐。

5 重视通降胃气，同时不忘提升脾气

六腑以降为顺，以通为用。降浊是受纳的前提。临证根据病因分别采用不同的通降之法。理气通降法用于肝气郁结，横逆犯胃，用柴胡疏肝散加减。辛开苦降法适用于寒热互结中焦，气机升降失和，选用半夏泻心汤。泻热通腑法适用于胃中积热，痞满燥实，以承气汤化裁。黄连、黄芩、大黄3药为苦寒之代表。降胃导滞法适用于胃失和降，腐熟失司，食积阻滞，用保和丸及枳实消痞丸加减。通降的同时不忘提升。对于清阳不升、清气在下的脏器脱垂，便溏，脘腹下坠，酌加柴胡、黄芪、升麻。（陈晓岩 黄雅慧）

于作盈临床经验

【名老中医简介】于作盈（1940～）主任医师，教授。吉林省名中医。第四批全国老中医药专家学术经验继承工作指导老师。享受国务院政府特殊津贴。擅长中医药诊治心脑血管疾病。主持课题8项。发表论文40余篇，专著2部。

病毒性心肌炎

病毒性心肌炎，属中医心悸、怔忡、胸痹等范畴。近年来，国内外学者的研究表明，心肌细胞的变性坏死和间质炎细胞浸润及纤维渗出为其主要的病理变化。于作盈根据多年的临床经验，反复推敲，对本病的病因病机及治疗都有深刻的认识。他认为本病从中医观点而论，是由于肺虚卫外失职，外感毒邪乘虚侵袭，内舍于心，犯及心脉，心神受扰，则惊悸怔忡乃作。即叶天士所云："温邪上受，首先犯肺，逆传心包"。毒邪内陷，邪热久羁，则耗伤心之气阴，导致心之气阴两虚。心气虚，则鼓动无力，血脉瘀阻；心阴虚，则心脉失养，心神不宁，故出现心动悸、脉结代等症状。病理改变，虚实夹杂。虚为气阴两虚，实为邪毒内陷，瘀血、痰浊阻滞。因此，提出了益气养阴、清热活血、宁心安神为主的治疗原则，从而打破了原来习惯以炙甘草汤治疗的框框。并结合用药心得，创立清心解毒复脉汤治疗该病，疗效显著。该方由黄连、苦参、栀子、金银花、连翘、板蓝根、玄参、党参、麦冬、五味子、丹参、炙甘草、酸枣仁、远志组成。方中黄连、苦参、栀子、金银花、连翘、板蓝根、玄参、丹参清热解毒，透邪外出，并能养心活血散瘀；党参、麦冬、五味子益气养阴，维护心功能；酸枣仁养心宁神，调肝安魂，是治疗虚烦惊悸不眠之良药；远志既能养心安神，又能化痰散郁；炙甘草养心和中而缓心脉。诸药相伍，共奏益气养阴，活血调心，清心宁神之功。细观上方，组方严谨，用药精巧。

该方用于临床，虽每获良效，但于作盈常告诫弟子，不可生搬硬套，要在准确辨证的基础上方能取效。他将该病分为急性期、恢复期、迁延期、慢性期进行辨证治疗。其中，急性期常辨证为邪毒侵心型，在前方加牛蒡子、石菖蒲以开心气，祛邪毒；若在邪毒侵心证基础上突然面色青灰，口唇青紫，呼吸困难，冷汗淋漓，脉微欲绝，此乃心阳虚脱证，宜前方减黄连、栀子、金银花、连翘、板蓝根，加参附龙牡汤，以回阳救逆。于作盈认为，本病急性期属于热毒内侵，只有及早采用清热解毒，透邪于外之法，才能有效地控制病情，防止传变，而且力求祛邪务尽。恢复期常辨证为气阴两亏和心脾两虚型，宜加大生脉散用量，另加黄芪、白术、生地以扶正固本。迁延期多辨为痰热内羁型或气虚血滞型，前者合人半夏泻心汤，后者加入赤芍、生地、牛膝、川芎，减玄参、板蓝根、金银花、连翘、栀子等寒凉之品，以清热除痰，益气化瘀。慢性期常辨证为阳虚水停，宜前方减清热解毒之品，合入真武汤或苓桂术甘汤。由于阳虚血行不畅，瘀血内停，故慢性期用药均须在上述基础上加活血化瘀药。此外，以上各期证型中如早搏频繁，常加生龙骨、生牡蛎、紫石英等；若脉迟缓，心电图示传导阻滞者，加附子、细辛、甘松。（李贵清）

余应生临床经验

【名老中医简介】余应生　主任医师。江西省德安县中医院院长。江西省名老中医。

临床经验

乙肝

1 病因病机及主要治法

乙型肝炎属中医“黄疸”、“胁痛”等范畴，余应生认为中医治疗疾病首要辨证，三因制宜也是不可忽视，赣江之地绝大多数人喜食辛辣，体内湿热之邪较重，正气虚弱之体不能胜邪而发病。乙肝的病因分外因和内因，外因主要论及“毒”与“湿热”，内因为正气不足，体质虚弱，同时还认识到饮食不节，饮酒受害也是发病的诱因。《丹台玉案·黄疸门》云：“黄疸之病证，皆湿热而成。”《金匾要略》云：“黄家所得，从湿得之。”据此辨证以肝胆湿热为标、正气虚弱为本有一定的理论依据。

初期治以清热解毒为主，中期清热解毒、扶正祛邪，后期以补正培本、增强免疫功能为主。乙型肝炎在临床中分型，不外乎肝胆湿热、脾胃湿热、肝郁气滞、气滞血瘀、肝肾阴虚五型的范围。与之相对应的治法就是清热解毒、清热利湿、疏肝解郁、理气活血、扶正祛邪等方法。余应生抓住三因制宜之特点，辨证大多数为肝胆湿热型，治疗早期强调清热解毒，同时有机结合淡渗利湿、疏肝解郁、理气活血、扶正培本，贯穿于整个治疗体系中。自拟乙肝汤为：蛇舌草30g，半枝莲30g，丹参15g，赤芍15g，蒲公英30g，郁金10g，虎杖10g，茯苓12g，麦芽30g。随证加减：湿重加苦参、山豆根；胁痛加白芍、延胡索、川楝子；恶心泛吐加苏梗、霍香；黄疸明显者加茵陈、苡仁、瓜蒌；纳差加山楂、神曲；体质虚弱者加枸杞子、女贞子、灵芝、党参、黄芪、五味子；脾虚大便塘加苍术、泽泻、白术、猪苓。

2 病案举隅

尚某某，女，26岁，2004年1月因慢性乙型肝炎急性发作，在某医院住院2个月，但肝功能仍然异常，求诊于中医。现证：胃脘胀痛灼热，纳差，倦怠乏力，心烦，小便黄，大便可，脉细，舌质红、苔白。肝功能：ALT 188U /L，AST 273U /L，肝纤维四项：HA 175μg/L，LN 158μg/L，Ⅳ－C 63μg/L，PLIIP 101μg/L。证属肝肾阴虚，湿热内生，治宜滋补肝肾，清热解毒，行气活血。处方：蛇舌草20g，半枝莲20g，丹参12g，赤芍10g，丹皮10g，女贞子15g，旱莲草15g，麦芽20g，谷芽30g，枸杞子15g，蒲公英20g，茵陈15g，川楝子10g。5剂，每日1剂，水煎服。二诊，胃脘灼热减轻，纳增，舌脉同前，守上方加黄精12g，15剂，每日1剂，水煎服。三诊，病情稳定，守方加鳖甲15g（先煎），10剂，每日1剂，水煎服。四诊，复查肝功能正常，上方去半枝莲、蛇舌草。五诊，有时右胁隐痛，脉细舌红苔白，处方：生地20g，当归10g，麦芽30g，北沙参30g，川楝子10g，鳖甲30g（先煎），枸杞子12g，香附10g，郁金10g，麦冬12g，玫瑰花10g，丹参15 g，炒茜草10g。10剂，每日1剂，水煎服。六诊，病情稳定，无明显不适，上方去香附、玫瑰花、郁金，加女贞子15g，旱莲草15g，五味子10g，灵芝15g，30剂。每日1剂，水煎服。

按　该案遵循第1阶段清热解毒为主，第2阶段祛邪扶正兼行，第3阶段以扶正培本、养肝阴、软坚散结、行气活血为重点，有机地把病程串联起来，所以取得满意疗效。（傅东方　丁永象　李　林）

遣方用药

活络效灵丹

1 子宫内膜异位症

刘某，女，32岁，自数年前行妇科手术后月经超前，经来腹痛较甚，痛时面色苍白，需用止痛针才能缓解，经色黑、量少，脉细涩，舌淡红、苔薄白。诊断：

子宫内膜异位症。证属瘀血阻滞，肝肾亏损。处方：当归、丹参各20g，乳香、没药、蒲黄、五灵脂、肉桂各6g，杜仲、川断、骨碎补、牛膝、桃仁、红花各10g，甘草10g。经前服3～5剂，连服3～4个月经周期。半年后因其他疾病来院，自诉痛经已痊愈，月经恢复正常。

按 活络效灵丹，《医学衷中参西录》中明载，妇女瘀血腹疼加桃仁、红花、五灵脂。此属于宿瘀内结，血不归经，且肝肾亏损，故治当以活血化瘀，调补肝肾，标本兼治而愈。

2 癌症化疗后疼痛症

邓某某，女，50岁，自数月前患多发性骨髓瘤，化疗后，全身出现疼痛，伴失眠纳差。每天需多次使用止痛针才能缓解，现要求服中药治疗。证见：全身疼痛异常，失眠纳差，精神倦怠，舌质淡、苔薄，脉弦细。证属脾肾两虚，气虚血瘀。予活络效灵丹加减治疗：当归、丹参、山药、川断、骨碎补各20g，乳没各6g，女贞子、旱莲草各12g，蜈蚣2条，延胡索、麦芽、灵芝各15g，夜交藤30g，甘草6g。治疗1个月后症状消失，已停用止痛药。

按：此案癌症治疗后身痛乃气血凝结，脉络不畅而引发剧痛，该方主治一切脏腑积聚经络湮淤。故适应此方证，现代医学研究表明，蜈蚣、灵芝都有一定的抗癌作用，同时中医认为肾主骨，所以在治疗中配合部分补肾之品，以标本同治。

3 腰椎间盘突出症

毛某某，女，65岁，因腰痛1个月伴右下肢放射性疼痛前来就诊。患者1个月前无诱因出现腰痛，自认为系劳累所致，未就诊，3天前出现右下肢放射性疼痛加剧。体检：右下肢直腿抬高(+)。2003年4月1日腰椎CT扫描示：15～S1椎间盘突出约1cm，后纵韧带局部钙化，硬脊膜明显变化，侧隐窝变窄，神经根受压。意见：15～S1椎间盘右后脱出伴局部钙化。临床证见：腰痛向右下肢放射，步行困难，夜间睡眠差，饮食尚可，大小便正常，舌质淡、苔薄，脉弦。处方：当归、丹参各20g，乳没各6g，怀牛膝15g，肉苁蓉30g，黄芪15g，杜仲10g，蜈蚣2条，川断15g，枳壳12g，酸枣仁30g，夜交藤50g。每日1剂。治疗3天后，方中加制川、草乌各10g，千年健20g。原方加减共服药2个月，至2003年8月25日疼痛完全消失。复查腰椎CT示：15～S1椎间盘轻度后突，约0.4 cm，硬脊膜囊无明显变化，双侧隐窝无狭窄，后纵韧带局部钙化，C5～15椎间未见突出征象，硬脊膜囊无变化，侧隐窝无狭窄，13～S1椎体及椎关节密度偏低。CT诊断：15～S1椎间盘轻度后突伴后纵韧带局部钙化。

按 余应生曾用活络效灵丹治愈腰椎间突出症多例，但均加入补肝肾、强腰脊之品，如肉苁蓉、杜仲、骨碎补等药，以期免除患者手术之苦。本案经治疗后腰腿痛症状消失且CT扫描亦有明显好转。（李 林）

余元泰学术经验

【名老中医简介】余元泰（1940～）甘肃天水人。主任医师。1964年兰州医学院医疗系毕业。甘肃省老中医药专家学术经验师承教育指导老师。甘肃省名中医。参编《中西医结合诊治腰腿痛》，发表论文30余篇。

临证特色

1 平衡阴阳，调节整体

阴阳学说是中医理论的核心，是中医学的“辨证法”。《素问》云：“人之有形，不离阴阳”、“阴平阳秘，精神乃治，阴阳离决，精气乃决”。对疾病的治疗正如《素问·至真要大论篇》所云：“谨察阴阳所在而调之，以平为期”。余元泰在诊治疾病时，以平衡阴阳作为诊治疾病的思路和目标。如在诊治消渴病方面，他认为这是一种很典型的气血阴阳失调，脏腑运化机能平衡紊乱的慢性病证，故治以养阴益气，滋阴润肺，养阴增液，活血化瘀等法，旨在恢复脏腑、气血、津液的阴阳平衡。自拟“平糖饮”加减治疗中老年消渴病人，取得良好的效果。又如在诊治高血压病方面，他认为这也是一种典型的由于机体阴阳失调、肝肾阴阳平衡紊乱所致的慢性病证，应治以滋阴潜阳，育阴敛阳，滋水涵木，补肾抑肝，平肝熄风等法。常在左归丸、天麻钩藤饮、镇肝熄风汤等方剂基础上加减化裁，取效甚捷，疗效持久。

案1 田某，男，56岁。口渴、多饮、多尿、消瘦6年，加重伴气短乏力1月，于2000年7月2日就诊。患者3年前经检查诊断为糖尿病，经西药治疗症状时轻时重。查体：面色萎黄，精神欠佳，身体消瘦，舌暗红有瘀点，脉沉细。血糖14.8 mmoL/L，尿糖(+++)。属气阴两虚，脾虚肾亏，气滞血瘀，治宜益气养阴，补肾健脾，活血化瘀。方用平糖饮：人参10g，黄芪12g,生地10g,玄参10g,山药12g,芡实12g,何首乌10g,山茱萸10g,枸杞子8g,丹参12g,丹皮8g,苍术6g,泽泻6g,葛根10g。每日1剂,水煎分3次服。连服10剂后自觉体力恢复,精神好转,口渴减轻,尿量减少,查血糖7.6 mmoL/L,尿糖(±)。继服20剂后,血糖正常,尿糖(-),诸症基本消失。

按 本案消渴病以气阴两虚证为主,是典型的脏腑气血阴阳失调之证。方中人参、黄芪大补元气,生地、玄参养阴生津,均为主药;山药、芡实健脾;何首乌、山茱萸、枸杞子补肾;丹参、丹皮活血祛瘀皆为辅药;苍术燥湿健脾且制玄参之偏;泽泻渗湿泄热又抑肾火内生,为佐;葛根清胃热、升脾阳,生津止渴为使。全方滋而不腻,补而不燥,寒热适中,双向调节,共奏益气养阴、健脾补肾、活血化瘀之功。脏腑得济,气血得养,阴阳得平,消渴自止。

2 调理气血,明察脏腑

注重调理气血是余元泰诊治疾病的又一特色。《血证论》云:"人之一身,不外阴阳,而阴阳二字,即是水火:水火二字,即是气血"。"守方者即是血,运血者即是气",这些都说明血和气一静一动、一阴一阳的相互依存关系。临床上最常见的胸痹心痛(冠心病心绞痛),中风(脑血管病)等病证的辨证论治就离不开调理气血。胸痹心痛最重要的病机就是心脉痹阻,而心脉痹阻的根本病理一是气虚气滞,二是血瘀;病情发展过程中可伴有阳虚、寒凝、痰浊、血虚、气血双亏、阳微阴竭等。余元泰在诊治本病时最常用的方法是益气扶正、活血化瘀、补养心气、温振胸阳、宣痹舒脉、通阳止痛等法。常用天王补心丹、当归四逆汤、血腑逐瘀汤、瓜蒌薤白半夏汤合温胆汤、生脉散合炙甘草汤等方剂加减施治,临床取得显著疗效。他还认为调理气血的治疗大法,几乎可用于所有病证。中风病则更是必须以调理气血为主法进行辨证论治。《东垣十书》云:"中风者,非外来风邪,乃本气自病也,气衰之际,或伤其气者,多有此疾。"《景岳全书》云:"中风麻木不仁等证,因其气血不至,所以不知痛痒,盖气虚则麻、血虚则木"。又云:"气血并走于上,则阴虚于下,而神气无根,是即阴阳相离之候,故致厥脱而暴死"。不论脑脉痹阻或血溢脉外,其治疗原则均要从调理气血入手。如《丹溪心法》云:"中风大都主血虚有痰,治痰为先,次养血行血,或属虚,挟火与湿,又须分气虚血虚"。王清任认为气虚血瘀会导致中风,用补阳还五汤,补气、活血、通络,治疗中风,效果良好,沿用至今。余元泰指出,中风之中经络之轻症,或急性期已过者,多以气血双虚、血瘀络阻证候为主,治疗上应该着重益气养血、化瘀通络。临床常用补阳还五汤、大秦艽汤、益气通脉汤(广东经验方)、天麻钩藤饮以及自拟化瘀通脉饮等方加减化裁治之,效果颇佳。

案2 苟某,男,55岁。头痛、半身不遂,语言不利2天,于1999年10月8日初诊。既往有高血压病史7年,近日因工作劳累,情志不舒,头痛头昏加重,2天前出现口舌歪斜,语言不利,遂来内科求治。经头部CT检查为"脑血栓"。查体:血压20.5/11.5 kPa,神志清楚,面色㿠白,语言蹇涩,口唇歪斜,口角流涎,右半身不遂,手指麻木,气短乏力,舌质紫暗,苔薄白,脉弦滑数。诊断为中风(中经络)。证属气血亏虚,脑脉痹阻。治宜益气养血,化瘀通络。方用化瘀通脉饮:黄芪30g,党参12g,当归12g,丹参15g,鸡血藤15g,川芎6g,桃仁10g,地龙10g,天麻10g,钩藤10g,全蝎5g,胆南星6g,葛根10g。每日1剂,水煎分3次服。连服5剂后,口唇歪斜及半身不遂均有减轻,肢麻消失,精神好转,语言较前流利。效不更方,继服上方10剂。半月后语言流畅,右半身活动恢复,上下肢主动屈伸,诸症基本痊愈。嘱原方配为丸剂,每周1剂,日服2次,连服3周,配合功能训练,巩固疗效。

按 本案患者发病后神识清楚,脑脉受损较轻,故属中经络。面色㿠白,气短乏力,偏瘫肢麻,血压不高,又书气血亏虚,脑脉痹阻型。方中黄芪、党参补益元气;当归、丹参、鸡血藤补血养血活血;川芎、桃仁、地龙行气化瘀通络;天麻、钩藤平肝熄风;全蝎解痉止痛;胆南星清热化瘀;葛根升举清阳,又能扩张脑血管,改善脑部血液循环。本方重在益气养血,标本兼顾,用药精当,故收效甚捷。

3 治病求本,标本兼顾

余元泰在中医诊疗实践中牢记《内经》"治病必求其本"的古训,在复杂多变的病机病证中分清主次,明辨标本。正如《内经》所云"知标本着,万举万当,不知标本,是为妄行"。如治疗慢性萎缩性胃炎。本病以胃脘痛、胀满、痞塞等为主证。虽有脾胃虚寒、肝胃不和、胃阴不足、脾胃湿热、血瘀气滞等证型,但其本当属脾胃气虚、胃络瘀滞。以益气健脾、活血通络为主要治则。他在治疗本病时,还重视西医的病原致病观,将杀灭幽门螺杆菌列为治疗慢性萎缩性胃炎的治标措施。方中适当加入蒲公英、白花蛇舌草、黄连、黄芩等药以抑制、清除幽门螺杆菌。其药味和剂量的多少,则按以下证型秩序由多到少递减:脾胃湿热型、肝胃不和型、胃阴不足型、脾胃虚寒型。余元泰通过大量实践认为，治疗慢性萎缩性胃炎辨证时，愈是湿热患者，愈是幽门螺杆菌感染严重，施治应多用重用杀灭幽门螺杆菌中药；愈是虚寒患者，幽门螺杆菌感染则较轻，施治应多用重用健胃益气和胃中药，这是他治病求本、标本兼顾治疗萎缩性胃炎及其他幽门螺杆菌相关性胃病的经验。

案3 汪某，男，46岁。胃脘痛6年，近2月症状加重，并伴上腹胀满，嗳气，嘈杂，纳呆，生气后疼痛加重，大便干，有时黑便，曾多次中西医诊治乏效，于1998年8月13日来诊。查体：慢性痛苦病容，上腹压痛明显，舌有瘀点，苔薄微黄，脉沉弦。胃镜示：慢性萎缩性胃炎。证属脾胃气虚，血瘀络阻，肝胃郁热。治宜益气健脾，活血祛瘀，清热解毒。方用自拟益气安胃汤加味：黄芪15g，太子参10g，丹参12g，乌贼骨15g，白术10g，延胡索8g，白芍10g，干姜5g，半夏6g，蒲公英15g，白花蛇舌草12g，黄连5g，黄芩6g，柴胡6g，焦三仙各8g，炙甘草3g。每日1剂，水煎分3次服，连服6剂后复诊，胃脘胀痛大减，食欲增加，精神好转，大便通畅，药中病所，原方加减调治2月余，胃镜复查未见异常，随访1年未复发。

按 方中首重益气健脾补虚，如黄芪、太子参、白术、白芍；又以柴胡、延胡索疏肝理气止痛；半夏、干姜辛温化湿降逆；丹参活血祛瘀；乌贼骨收敛止血。尤其是蒲公英、白花蛇舌草、黄连、黄芩，既能苦降泄热，又可杀菌消炎。全方标本兼治，寒热并用，立法周全，效如桴鼓。

4 扶正祛邪，先证而治

《内经》云："正气内存，邪不可干；邪之所凑，其气必虚"，"风雨寒热不得虚，邪不能独伤人"。余元泰在临床实践中最注重运用扶正祛邪的法则，尤其在诊治外感热病，病毒性肝炎，风湿痹痛等为外邪所致的疾病时，都要认真细致地观察分析正邪双方相互消长和各自盛衰情况，根据正邪在病情发展过程中所占的地位，区别扶正与祛邪的主次先后，确立施治的重点。如治疗素体气虚之外感患者宜首重扶正或扶正祛邪。先用黄芪建中汤合参苏饮，甘温建中，健脾益气，调和营卫，待正气转盛，再适当加用解表祛邪之药，方可达正复邪退之目的。这类患者切不可先发汗解表，同时也要慎用辛凉之剂。对滥用输液，过多投用抗菌药所致之久咳不愈者，宜益气温阳，行水化痰。方用真武汤合补肺汤加减，数剂即可痊愈。在治疗各型病毒性肝炎时，他不忘《金匮要略》"见肝之病，知肝传脾，当先实脾"的治法，既用大量的苦寒解毒，清热化湿，治疗肝炎病毒的药；又用多种温中健脾，益气养血，疏肝和胃，实脾护胃之品。这样又能既病防变，又可先证而治，把病证控制在较小范围内。

案4 肖某，女，33岁。发热，头痛，咳嗽，乏困半月，于2000年4月15日初诊。开始因受凉致头昏，头痛，清涕鼻塞，恶寒，全身不适。自服感冒药后则又发热，咳嗽，肢节酸楚。在当地输先锋霉素等大剂量抗生素后体温降至正常，但仍咳嗽频发，痰黏色白，胸脘痞闷，口干，纳呆，乏力。查体：舌红苔薄微黄，脉细数。证属邪袭肺卫，阴亏肺燥，肺失清肃。治当调和营卫，清肃肺热，润肺止咳。处方：太子参10g，黄芪12g，白芍10g，桂枝6g，柴胡8g，黄芩8g，麦冬8g，杏仁10g，知母8g，枇杷叶8g，桑白皮8g，甘草3g。每日1剂，水煎分3次饭后服。服3剂后咳嗽大减，胸脘舒适，精神转佳，继服3剂，诸症告愈。

按 本患者为太阳病不解，邪入少阳之候，治疗失当，致化热化燥，耗伤肺津，肺失宣降而咳嗽。方中白芍、桂枝解肌发表，调和营卫；柴胡、黄芩和解少阳，疏解气机；太子参、黄芪、甘草益气调中，扶正祛邪；麦冬、知母润肺养阴，清热生津；杏仁、桑白皮、枇杷叶宣肺润燥，化痰止咳。诸药合用，达到正复邪祛，营卫调和，肺宁咳止的目的。（蒲朝辉 杨国栋）

老年病

1 平衡阴阳，重调脾胃

人至老年，体内阴阳脏腑、气血、津液及精神等方面逐渐衰退，人体阴阳的相互协调与平衡功能同一般成人相比，呈较低水平，对外界的适应能力亦逐渐减弱。《素问·阴阳应象大论》说："年四十，而阴气自半，起居衰矣。年六十，阴痿，气大衰。"《素问·上古天真论》说："八八（64岁），天癸竭，精少，肾脏衰，形体皆极。"说明人体随着年龄的增高，肾中精气逐渐衰耗。由于肾精的虚衰而损伤元气，发生"形体皆极"的生理变化，从而引发各种疾病。肾为水火之脏，主藏精，寓元阴元阳之本。肾之真阴，为一身阴液之根本，五脏之津液皆本于肾，肾水不足，虚火内炽，上灼心肺，中燔脾胃，则耗津损气，导致肾的阴虚阳盛，阴阳失衡，肾精不足，出现听力减弱、视物模糊、头昏眼花、齿枯发白、二便不利、记忆减退、行动迟缓等一系列生理变化和老年特征。余元泰从《内经》对老年肾气、精血亏耗虚弱的理论阐发中潜心研究总结，根据老年人的体质特点和老年疾病多兼肾虚的病机，指出治疗老年病应以"补虚为主"，尤以调理脾胃和肝肾最为重要。因为脾为后天之本，脾执中央以灌四方。中气运，则上发于心，下通于肾，化源充足，精血复生，五脏得养。所以重心当在健脾。

肾为元阴元阳之所寄，所以调补肾脏，润养真元就可使气血阴阳达到平衡。余元泰指出老年人虽多虚损之证，但细究其因，无论是生理性的衰退，还是病理性的致虚，都以肝肾之精血耗损、脏腑之阴津亏乏为主。《素问·生气通天论》说："凡阴阳之要，阳密乃固。两者不和，若春无秋，若冬无夏，因而和之，是为圣度。故阳强不能密，阴气乃绝；阴平阳秘，精神乃治；阴阳离绝，精气乃绝。"说明老年肝肾阴虚是导致老年慢性疾病的根本原因。因此，调理脾胃、滋养肝肾就显得十分重要。余元泰把调理脾胃、滋养肝肾作为老年病临床常用的一个重要法则来使用，临床用药讲究轻剂温润，善用枸杞子、生地、人参、茯苓、山药、麦冬、丹参、女贞子、黄芪、糯米、黄精、杜仲、牛膝、当归、桑椹、何首乌、莲肉、芡实、肉苁蓉、桑寄生等药平补清补，温补兼施，所用诸药性味甘平或多兼微温，既滋阴又兼清热，作用缓和，且滋而不腻，可调养老人之胃气。峻补法一般不用，若用血肉有情之品，因味厚滋腻，恐滋填壅补而有碍老人脾胃运化，非用不可之时，须多兼顾气血阴阳，顾护胃气，应辅以醒脾健胃理气之品。若见苔厚腻或痰湿之体，均不宜峻补。总之，临床用药应注重辨证施药，慎用温热、燥烈之品。同时应根据疾病传变规律，先安未受邪之地，运用未病先防，既病防变的先哲思想，根据老年人的体质、喜好和食物偏性，辅以食补疗法，以助药效，达到滋补强身祛病的目的。

2 调理气血，培补五脏

老年病临床以慢性病证常见，"五脏皆虚"是致病的基础。五脏虚损，人体抗御病邪的能力明显降低，脏腑功能处于低度的协调状态。脾胃虚衰，供给减少，气血生化乏源，人易衰老，寿命则短，生命就会受到影响。肾气衰则肾精亏乏，精不化水，肾之阴阳受损，脏腑组织得不到濡润滋养和温煦生化，可导致心与小肠、肝与胆、肺与大肠功能的失调，故有肾阳是人体阴液的根本，肾阳是人体阳气的根本之说。《内经》十分强调肾的作用，认为肾的精气衰减是人体衰老的重要原因。根据"五脏之真，唯肾为根"(《医贯》)的理论，余元泰在临床通过补肾调养它脏，疏畅气血，治疗多种老年疾病，旨在加强对人体机能的调养和维持，促进改善脏腑病变，资助气血循行周流，扶正祛邪，增强抗病的能力。"肾气旺盛则不易老"，"脾气旺则不受邪"，肾为先天之根，脾为后天之本，肾与五脏相互资生。脾胃功能健运，气血生化有源，水谷精微物质才能上输心肺，灌注四肢，滋养脏腑组织。所以调养五脏气血，即能达到治肾的目的。他在调养五脏以治肾方面，首重脾胃的调养。脾胃为仓廪之官，水谷之海，后天之本，血气化生之源。补脾即能补肾。余元泰在总结临床经验的基础上，拟定了调养五脏与治肾相结合的法则，如脾肾双补法、补虚养脏法、益肾化痰法、滋肝养肾法、滋水涵木法等，通过健脾补中、扶正固本，使气血生化有源，补其老年人体质虚弱之不足，是治疗并改善"五脏"虚损的有效途径和方法。如老年慢性咳喘疾患，他认为其病机系中焦虚弱，气虚下陷，虚而致喘，治疗应首责肝、脾、肾之不足，力主升清平补，调理脾肾，疏畅气血，补其"五脏"虚损。常用黄芪温升补气，知母寒润滋阴，半夏和胃降逆，芡实健脾补肾，龙骨、牡蛎益阴敛阳、降气化痰，白术、内金运脾补中、健脾利气，茯苓、半夏燥湿化饮，山萸、党参纳气归肾，甘草、天冬润肺补津，山药、玄参养肺止嗽，菊花、黄芩清热平肝，枳壳、枣仁宽胸安神。诸药辨证选用，既可资养先天，又能扶助后天，"伏其所主，先其后天"，达到治后天养先天、调五脏、扶正祛邪除病之目的。其遣方用药，颇具临床治疗特色，可收到事半功倍的显著疗效，值得临床借鉴。

3 治病求本，辨别虚实

余元泰强调指出，老年人多本虚标实，以体虚为本。但从辨证而言，仍有阴虚阳虚体质差异。阴虚体质者宜滋阴柔肝增液；而阳虚体质者宜温阳散寒健脾。其治疗以补肾为治病求本之根本法则，亦须辨清体质阴阳属性，标本虚实。《素问·上古天真论》说："女子七七任脉虚，天癸竭。丈夫八八天癸竭，精少，肾脏衰。"充分说明老年人因生理机能虚衰减退，罹患疾病，多为虚证，或本虚标实。《素问·通评虚实证》说："邪气盛则实，精气夺则虚。"老年病临床以本虚标实，虚中夹实证多见。本虚即脏腑之气的不足，主要是先天肾气的亏损；标实多为六淫、七情、饮食内伤等所致，以及痰饮、瘀血、湿邪、气滞、热邪等。治疗上多以扶助正气为主，兼以祛邪。老年人体质差异较大，用药应因人因病而灵活辨择。注重用药的针对性，根据病情应抓主要矛盾，突出临床重点，强调辨识阴阳的属性。紧抓老年人本身正气不足、卫表不固、气化无力、血行不畅、病邪易聚难散之特点，在扶正祛邪时亦应时刻注意维护脾胃，以调养后天，使气血化源充足，肾精气化闭藏有力，脏腑濡养得以保障。他认为，在临床治疗能否及时有效的改善症状和消除病因，辨识阴阳属性，调理气血，治病求本，平衡阴阳，扶正祛邪，顾护脾胃，对于疾病的转归、预后有着极密切的关系。为此，应注意临床辨证施治:①用药要轻灵,紧抓病机,针对性要强,老年人患病多正气不足,卫表不固,抵抗力差,易形成正不胜邪的局面,治疗上应集中药力,当扶正祛邪并用,或逆转病势,否则会出现变证,对治疗预后造成不利的局面。②注意顾护脾胃,老年人消化功能减弱,药物的吸收利用和代谢相对降低,应考虑选择用药。从人体对药物的利用度而言,传统汤剂、散剂及现代冲剂和口服液在胃内吸收利用较为充分。

总之,老年人用药,久服滋阴药,易碍脾胃,宜加砂仁、枳壳、陈皮;久服补气升阳药。宜加莱菔子;久服温燥散寒之品肉桂、鹿茸等应少加白芍;久服苦寒清热药黄连、黄芩等宜适量佐以温热散寒药干姜等。临床治疗时要从药物的生克制化配伍及顾护脾胃出发。若不注重维护脾胃,用药往往会导致滋补碍气。大寒大热,易损伤脾胃,即使方药再好,也难以奏效,反会致病危急,遗患无穷,实乃医家大忌。

4 扶正祛邪,标本兼顾

余元泰认为老年体虚,脏腑疲惫,肾精渐衰,肝肾不足;或七情所伤,损伤心脾,脾失健运,则不能生化气血;津液凝聚,痰瘀内生,蒙蔽清窍,因气滞、痰浊、瘀血而致病;久病多瘀,久病入络;气行则血行,气虚则运血无力,血流不畅而成瘀,水液不化而成痰。因此,临床治疗应针对老年本虚标实、虚实夹杂的特点,在扶正祛邪时,当益气活血与滋养肝肾同施,扶助正气、平衡正邪双方力量的对比,达到标本兼顾,攻补兼施,既不可大补,又不能妄攻,应补而不滞,祛邪而不伤正。用药时应根据正邪在病情过程中所占的比重,区别扶正与祛邪的主次先后,确立施治的重点,遵循前人"治未病"、先证而治和既病防其传变的重要法则。如他在治疗老年乙肝时,既用苦寒解毒、清热化湿药,又用滋肾柔肝、温中健脾、益气养血化津、疏肝和胃实脾药,组方配药注重阳中求阴、阴中求阳的原则。特别是滋阴益肾与清热柔肝药配伍运用,达益气化津;若虚中夹实者则清中化湿,芳香悦脾。可起到对症治疗、改善临床症状,扶正祛邪、标本兼治,调节增强机体免疫力、改善肝功能,达到扶正固本的作用。

5 典型病案

韩某某,男,65岁,1999年4月13日初诊。主诉:患高血压18年、糖尿病11年、冠心病10年。胸闷、气短、无规律性阵发性心绞痛二周余。发作时口服硝酸甘油、心痛定后可缓解恢复正常,稍劳则心绞痛发作。诊见:面色晦暗,精神欠佳,口干少津,欲饮,纳差,汗少,疲乏无力,左手握力减退,大便秘结,舌暗红,苔薄黄腻,脉弦细无力。BP 20.5/12.3KPa,血糖13.6mmol/L。心电图示:冠状动脉供血不足。辨属:老年肾阴亏虚,胸阳不振,气血失调。治宜滋阴温阳,调理气血。药用黄芪、何首乌、丹参各15g,生地、薤白、女贞子各12g,太子参、赤芍、葛根、当归、川芎、制附片、柴胡、桔梗各10g,水煎服。上方服6剂后,自觉精神好转。继服5剂后,诸症显著改善,心绞痛未发作,血糖可降到10.3mmol/L,血压18.4/12KPa,活动后自感胸闷。继以此方调治半月,身体健康,劳累后再无不适。(杨国栋 蒲朝晖)

俞景茂儿科经验

【名老中医简介】俞景茂(1942~)浙江省平湖人。主任医师,教授,硕士研究生导师。中华中医药学会儿科分会副会长,浙江省中医药学会常务理事。浙江省名中医。从事临床教学科研工作40年,擅长诊治小儿反复呼吸道感染、哮喘、遗尿症、多动症等病。出版专著10余部,发表论文40余篇。

儿童哮喘

1 哮喘复发的病因病机

俞景茂认为哮喘的复发有内外二因,内因与肺、脾、肾三脏功能不足有密切关系,外因与感邪、饮食不当、劳累密不可分。肺为水之上源,若肺气虚衰,治节无权,失于输布,则凝液为痰;脾胃乃水谷之海,脾气虚弱,运化失司,则湿聚为痰;肾主水、主气化,肾气虚衰,失于蒸化,则水泛为痰。痰伏于肺,"伏痰"成为发病的"夙根",《医宗必读·喘》曰:"良由痰火郁于内,风寒束于外",这里的"痰"可以理解为缓解期存在的气道慢性炎症,痰阻气道,气管狭窄,通畅不利,肺气宣降失司;若有外因触动,即痰随气升,气因痰阻,相互搏击,使气道炎症和气道高反应性加剧而哮喘发作。宿痰胶固,伏藏于肺,气机郁滞,升降失常,不仅会导致津液凝聚生痰,同时还会影响血液运行,形成痰瘀交结的局面。可见素体肺、脾、肾三脏不足,痰饮留伏,痰瘀交结是本病发生的主要内在因素,如遇外感、饮食不当、劳累等因素则引动伏痰而发,出现以肺气上逆为标,痰瘀交结为本的证候特点。即所谓"膈有胶固之痰,内有壅塞之气，外感非时之邪”。

2 哮喘缓解期的治疗

哮喘缓解期的治疗应以调补肺、脾、肾三脏功能为主，《景岳全书·喘促》曾指出：“此等证候，当倦倦以元气为念，必使元气渐充，庶可望其渐愈。”即只有通过扶正固本，才能使“元气渐充”，达到根治目的。丹溪也曾说：“未发以扶正气为主，既发以攻邪气为急”。所以俞景茂主张采用“扶正固本，内外合治”的综合疗法治疗。

2.1 冬令膏方调补内治

膏方又称膏滋，是我国传统的滋补、祛除疾病、延年益寿制剂之一。《素问·四气调神论》云“冬三月，此为闭藏”，“此冬气之应，养藏之道也”。《素问·金匮真言论》“夫精者，身之本也，故藏于精者，春不病温”。这些论述为后世之冬令进补调摄提供了理论基础。俞景茂根据哮喘的病因病机辨证施补，膏滋药的基本组成为：太子参105g，天门冬84g，熟地210g，款冬花63g，生黄芪84g，补骨脂63g，丹参63g，椒目31.5g，炙甘草35g，红枣105g，川贝粉21g，阿胶（烊）84g，冰糖（烊）84g，黄酒100mL。依法制成膏剂，每日早晚冲服1～2匙。每料膏滋药大约可服1个冬天（前1年冬至到第2年立春，2个月）。其作用机制主要表现在以下两方面。一是直接的治疗作用：方中诸药，益气健脾，培土生金，填精温阳，补肾纳气，又佐以活血化瘀之丹参，清肺化痰之款冬，使脾气得健，肾精充溢，阳气渐盛，全身气机调畅，使气纳归元，宣降恢复；再者正气内盛，则荡涤浊痰瘀血，消除伏饮宿根，均是针对哮喘的发病机制、病理产物等多个环节的全面治疗。其二是间接的全身调理作用：膏方发挥了调节阴阳平衡、提高体内正气的作用，使脾肾两虚的体质得到了一定程度的纠正，体内正气逐渐旺盛，有了防御疾病的功能，能有效防止哮喘的复发。

2.2 中药穴位敷贴外治

中药穴位敷贴疗法是中医学的组成部分，是结合穴位和药物双重作用创立和发展起来的一种独特的治疗方法。一方面，药物经皮吸收后，发挥调节机体阴阳平衡、改善和增强机体的免疫力作用，降低发病率、缓解症状；另一方面，药物敷贴于特定的穴位，透皮吸收，进入体内，达到脏腑经气失调的病所，发挥药物“归经”的功能效应。两者结合，显示较好的临床疗效。药物取白芥子21g，延胡索21g，甘遂12g，细辛12g，上药共研细末，分成3份，用时取药末1份，加生姜汁调稠如1分钱币大，分别贴在肺俞、心俞、膈俞、膻中穴，贴4～6h揭去。若皮肤发红，局部出现小疱疹，可提前揭去。贴药时间为每年夏天的初伏、中伏、末伏，连用3次为1个疗程。具有温散豁痰、宣肺利气的作用，而肺、心、膈腧属足太阳膀胱经，主治咳嗽、气喘等，并且膈腧为血会（八会穴之一），相合而共奏补益气血、温肺散痰的作用。伏天暑气当令，人体腠理开泄，此时用药，药物之气能更好地渗透皮肤，入经归脏，以达病所而发挥作用。

3 病案举隅

患者，女，9岁，2003年12月16日初诊。哮喘反复发作5年，以冬春为甚，频繁时1～2月发作1次，历经治疗无效。近1周哮喘未作，欲服中药调理而求诊。证见：面色少华，动则气喘，纳差，舌质淡红，苔薄白腻，脉弱。证属肺脾气虚，痰湿内停。治宜补益肺脾，佐以补肾纳气，化痰祛瘀。采用“扶正固本，内外合治”的续贯疗法。药用：太子参105g，天门冬84g，熟地210g，款冬花63g，生黄芪84g，补骨脂63g，丹参63g，椒目31.5g，炙甘草35g，红枣105g，川贝粉21g，阿胶（烊）84g，冰糖（烊）84g，黄酒100mL。依法制成膏剂，每日早晚冲服1～2匙，服用2月。哮喘发作次数减少，发作时症状减轻。续以伏天中药穴位敷贴，分别贴在患者肺俞、心俞、膈俞、膻中穴，贴4～6h揭去。于初伏、中伏、末伏，连用3次为1个疗程。连续敷贴3个疗程。随访3年，未见复发。（陈 健 张 源 李 岚 任 昱）

俞荣青肝病临床经验

【名老中医简介】俞荣青（1924～）主任医师，教授，硕士生导师。南京中医药大学教授，江苏省中医院中西医结合主任医师。江苏省名中西医结合专家。享受国务院特殊津贴。江苏省中医药学会肝胆病专业委员会主任委员。擅长治疗肝病、胆病、胃肠病、内科杂病。出版著作3部，发表论文30余篇。

慢性病毒性肝炎

1 病因病机

中医认为，慢性病毒性肝炎的病机主要是湿热疫毒之邪入侵机体，缠绵羁留，损伤正气，无力达邪外出，致使脏腑、气血、阴阳出现虚损或失调。其病位在肝，常涉及脾肾。病理以湿热、气滞、血瘀为标实，以气血、阴阳、脏腑亏虚为本虚。初病以邪实为主，渐转虚实夹杂，终则正气虚衰为主。临床可出现多种证型，如肝气郁滞、肝胃失和、肝郁脾虚、湿热中阻、瘀血阻络、肝肾阴虚及脾肾阳虚等。但在具体临证时，由于病情错综症复杂，往往不易划分清楚，故处方用药需随证而定。

2 治疗法则

俞荣青认为，病初症情大多尚实，湿热留恋不净，本元受损较浅，立法当以利湿清热为主。若湿胜，重用利湿，兼用清热；若热胜，重用清热，辅以利湿。《伤寒论》曾说"瘀热在里，身必发黄"。有时残留黄疸，肉眼可见，有时黄疸消隐，但验血可知。故他在清利温热的同时，每辅以消瘀活血之味，以利退黄。由于温热阻于中焦，气机升降失司，常佐用理气畅中或和胃降逆之品。病入中期，由于正不胜邪，疫毒入里，肝气受损，脉道不畅，则瘀血内停，肝络受阻，或肝郁化火，耗灼精血。可在疏泄肝气的基础上酌加养血活血之品，恢复肝之所藏，通畅肝经血络。若木旺乘土，使脾胃气虚，则宜益气健运，使后天健运，元气有充沛之机。病情日深，机体久遭病毒肆虐，正气固然耗损，病邪也趋衰退。俞荣青认为此时病机多以气血或阴阳虚损为主，虚则补之，此时祛邪当为次。若肾虚者，法当滋水涵木。若脾湿久遏阳气，命门之火式微，又需温肾益火，以暖脾胃之阳。

3 选方用药

若湿热疫毒入侵早期，可选用茵陈四苓散或茵陈蒿汤出入，药如茵陈、白术、茯苓、猪苓、车前子、泽泻、栀子、大黄等。若舌苔白厚腻，湿困脾胃较重者，选用胃苓汤，以苍术为君，加厚朴、半夏、陈皮、茯苓等。此期虽然黄疸隐现不定，但仍宜随症重用或轻用茵陈、大黄清热利湿。有些患者，病程迁延日久，湿热已渐消隐，常以右胁肝经疼痛为主，他根据疼痛性质，选择用药。若走窜胀痛，以疏肝为主，选用柴胡、香附、枳壳、青皮等。刺痛固定不移，选用玄胡、泽兰、地鳖虫、三七等活血祛瘀止痛。隐痛绵绵不休，选用当归、白芍、丹参等养血柔肝止痛。因当归润肠，若有便溏者不宜使用。白芍合甘草能敛肝止痛 白芍用量可达30g；丹参养血活血，也可用达30g。郁热入于中焦，胃气失于和降，运化失司，常有食滞胃脘之证，俞荣青则取温胆汤之义，用枳实下气消食、竹茹清热止呕、半夏化痰散结、陈皮理气和中，更加白术、茯苓恢复脾气散精之职。若郁火尚盛者，可稍加黄连除胸中之烦。若脾胃衰疲，肝木乘侮，或湿困日久，脾阳不振，应培土抑木。俞荣青常用白术、茯苓、苡仁、山药、木香、柴胡、白芍、党参等，或加少量干姜温中逐寒。也可加黄芪补中益气，除非胸闷、胃满之实证，俞荣青大多重用之。邪热灼伤肝肾之阴或儿童患者稚阳有余，稚阴不足，使疫毒深伏，驱之不净。常选用枸杞子、女贞子、旱莲草、桑椹子等以清肝补肾，或辅以清热解毒利湿之味，搜剔余邪。湿热久困，脾肾阳虚，则用仙灵脾、巴戟天等温肾壮阳，兼用黄芪、党参、白术、茯苓、山药等益气健脾。

4 典型病例

唐某，女，22岁。1997年2月28日初诊。患病已4年，右胁隐痛，纳差，恶心，乏力，尿黄，便溏日2~3次。舌淡紫、苔薄白，脉沉细。皮肤巩膜无黄染，未见肝掌及蜘蛛痣，肝脾未及。两对半和肝功能检查：HBsAg（+），HBeAg（+），HBcAb（+），ALT 88u/L。诊为慢性乙型肝炎（轻型）。证属肝气郁结，肝络瘀阻，脾虚失运，湿热不清。俞荣青予疏肝理气，健脾化湿，养血活血。处方：柴胡10g，枳壳10g，白芍30g，炒白术10g，茯苓10g，甘草3g，砂仁（后下）3g，丹参20g，茵陈10g，白花蛇舌草15g，郁金10g，大腹皮20g，玄胡10g。7剂，水煎服。药后食欲转香，恶心好转，大便由溏转实，肝区隐痛减轻，然仍乏力。守原方续服1月后，乏力渐消失，右胁已无不适。复查肝功能：ALT 23u/L，两对半中HBsAg（+），HBeAb（+），HBcAb（+）。HBeAg已转阴性。（陈 静）

慢性乙型肝炎合并症

1 合并慢性胃炎、消化性溃疡

慢性肝炎常有消化系症状，多表现为湿热残留不净。如合并慢性胃炎、消化性溃疡，则有餐后脘痞、节律性胃痛、便溏，且多有冷餐不适、泛酸、脘痛、压之不舒等症状，脾胃偏虚偏寒。本病可分为肝胃不和、肝脾不和、脾胃虚寒等证型。

1.1 肝胃不和证

证见胁痛、脘痞、泛酸、嗳气，食生冷不适，舌苔薄白或腻，脉弦。治宜疏肝解郁、和胃降逆。方用：姜半夏、陈皮、白芍、枳壳、炒白术、茯苓各10g，干姜3g，柴胡、炙甘草各5g，海螵蛸15g。

1.2 肝脾不和证

证见疲软无力，胁痛、脘痞、脘痛，食生冷加重，腹胀、便溏，脉弦细，舌苔薄白或白腻。治宜疏肝健脾、益气温中。方用：醋柴胡5g，白芍、炒苍术、炒白术、茯苓、山药、姜半夏、陈皮、党参各10g，干姜、炙甘草各3g。

1.3 脾胃虚寒证

证见疲软无力，脘痞、脘痛，遇冷不适或加重，纳呆、腹胀、便溏。治宜益气温中健脾，方用：炙黄芪、党参、大腹皮、山药各15g，炒白术、茯苓、苍术、广木香、陈皮各10g，干姜、砂仁、炙甘草各3g。

2 合并胆囊炎、胆管炎、胆道结石

三病各有其临床特点，与慢性乙型肝炎并存时，以轻型多见，或症状潜隐混淆，需认真辨别。治则应遵"胆腑以通为用"之古训。根据俞荣青经验，临床可分为以下几种证型：

2.1 肝郁气滞证

证见右胁下胀痛，胁痛固定不移，食减厌油，脘腹痞满，舌苔薄白，脉弦，食纳不慎或情绪波动可加重病情。治疗以疏肝解郁、理气活血、轻度通下为主。常用柴胡、黄芩、郁金、枳实（或枳壳）、玄胡、白芍各10g，丹参30g，茵陈、金钱草各15g，生大黄（后下）3g，炙甘草4g。

2.2 肝胆湿热证

饮食不慎诱发，病情较前症为重。证见发热或不发热，右胁下及胃脘部疼痛拒按，口苦、呕恶、大便秘结，小便短黄赤，面目身黄，苔黄腻，脉濡数。治以疏肝利胆、通腑、清利湿热为主。常用茵陈、赤芍、丹参、金钱草各30g，栀子、连翘、郁金、柴胡、玄胡、枳实、姜半夏各10g，大黄5~10g（后下），车前子15g。

2.3 气血瘀阻证

此型多表现为肝炎症状经久不愈，胆系合并症也较沉重，温热郁阻，气滞血瘀，邪气尚盛，渐露衰颓之兆。证见右胁下及胃脘部刺痛或剧痛，右胁下或胃脘部触及肿块，纳呆、泛恶，发热或四肢厥冷，或有黄疸，尿黄赤，舌淡，脉沉弦细。治以疏肝利胆通腑、理气活血为主。常用炒柴胡、郁金、玄胡、枳壳、青皮、泽兰、莪术、姜半夏、黄芩各10g，赤芍、金钱草、丹参、太子参各30g，生姜（后下）3g。

3 合并胰腺炎

乙型肝炎合并胰腺损害的患者并不少见，患重型肝炎者病变多累及胰腺。俞荣青在治肝病的同时，常结合下列病因加减施治：

3.1 气滞证

证见胃脘痛涉及两胁及背心，恶心、纳呆，呕吐、口苦，直腰不适，舌苔薄黄，脉弦紧。治以疏肝理气、清热止痛为主。方用：炒柴胡、青皮、玄胡、郁金、枳实各10g，大黄（后下）、炙甘草各3g，片姜黄5g。丹参、茵陈各15g，白芍30g。

3.2 湿热证

湿热弥漫三焦，证见脘腹胀满疼痛，局部拒按，恶心呕吐，发热，口干，便秘不爽，小便黄短而浊，黄疸鲜明，舌苔黄腻，脉滑数。治以清热利湿、疏肝止痛为主。方用：茵陈30g，栀子、黄柏、郁金、玄胡、枳实、竹茹、佩兰、藿香各10g，生大黄（后下）5~10g，丹参15g。

3.3 热毒证

湿热瘀毒，入于血分，本症病情凶险。证见胃脘剧痛拒按，痛引两胁及背心，壮热，黄疸，便干，小便短黄而浊，呕吐恶心频作，皮肤瘀斑，舌苔黄腻而厚，脉弦数。治以清热解毒、凉血通便为主。方用：生大黄（后下）、黄芩、栀子、丹皮、丹参、生地、赤芍、郁金、枳实各10g，黄连3g，茵陈、连翘、金银花、仙鹤草、水牛角（先煎）各30g。

4 合并糖尿病

慢性肝炎合并糖尿病者，更为难治。俞荣青认为其主要病机是脾被湿困，中州失运，阻滞三焦，湿从热化。多为留热重于湿所引起的变证，与单纯消渴病的热邪伤津不同。

4.1 湿热偏于中上二焦

以多饮善饥为主症，证见胁肋疼痛，乏力、精神不振，舌苔黄腻微燥，脉滑数。治以养阴生津、清热疏利。方用：北沙参、五味子、竹叶、生地、连翘、郁金、天花粉各10g，麦冬、丹参、车前子、茵陈各15g，芦根30g。

4.2 湿热偏于中下二焦

以善饥多尿为主症，证见胁肋疼痛，尿频量多，疲乏无力，便溏或便秘，舌苔薄白或黄，脉沉滑。治以补益脾肾、清热育阴。方用：生黄芪、北沙参、丹参、茵陈、车前子、车前草各15g，白芍30g，玉竹、石斛、仙灵脾、炒山药、五味子、山茱萸各10g。

5 合并贫血

多为气血两虚之证，俞荣青常治以益气养血，以期阳生阴长。

5.1 脾虚不运

证见面唇淡而不华，头晕心悸，纳呆食少，脘腹胀满，舌淡苔白，脉无力。治以健脾补气养血。常用党参、茯苓、炒山药各15g，炒白术、何首乌各10g，炙黄芪30g，炒当归、陈皮、广木香各5g。

5.2 失血过多

证见面唇不华，头晕目眩，心悸、气短，舌谈，脉虚数，治以益气养血止血。常用阿胶、鹿角胶、当归、桑椹、何首乌、生地、熟地、艾叶各10g，黄芪30g，人参5g，砂仁3g，仙鹤草15g。

5.3 瘀血内停，新血不生

证见胁下症块刺痛不移，脘腹胀满，食欲不振，面唇淡而无华，舌淡微紫，脉沉弦或细涩。治以软坚祛瘀生新、补气养血。常用丹参、太子参、生黄芪各30g，炙鳖甲、鸡血藤各15g，何首乌、泽兰叶、赤芍、玄胡、郁金各10g，当归、川芎各5g。

5.4 损气耗血

证见形体疲衰，精神萎靡，面白无华，胁肋疼痛，纳呆运差，舌淡苔白，脉细无力。治以益气健脾养血。常用党参、丹参、仙灵脾各1 5g，炒白术、茯苓、熟地、何首乌、桑椹子、陈皮各10g，黄芪30g，炒当归5g，砂仁3g。

综上所述，乙型肝炎病毒感染是以肝病为主要病位的全身性感染，在治疗合并症时仍应抓住以治肝为主的基本原则进行辨证论治。俞荣青常谆谆嘱咐，既要纵观全局，又要分清现阶段矛盾主次，按缓急程序逐个解决。治疗时应强调辨湿热、分虚实，重养血、顾育阴，肝宜疏、胃宜和。在疾病的不同阶段，或清利湿热，或疏肝理气，或养血活血，或健脾益气，不可拘泥于一方一药。湿热是乙型病毒性肝炎的主要病因，在病程中不论有黄无黄，常有湿热残留，故宜适当清利以除余邪。慢性肝炎大多邪恋正已虚，非扶正不足以御邪，故常重用补气药如黄芪辈以促阳生阴长。瘀血之证虽隐现不一，却又时常存在，俞荣青好用丹参、郁金养血活血、理气疏肝，取“瘀血不去，新血不生”之意，使气行则血行。湿困脾，热伤阴，慢性肝炎病程日久，常有脾气亏虚、肝阴不足，故应注意调脾柔肝。肝性刚强，宜柔不宜伐，用芍药甘草汤敛肝化阴，每获满意结果。湿阻气滞，可致血瘀之水停，治疗时不仅化湿，疏肝理气亦不可少。慢性乙型肝炎湿热残留不净，阴液易致耗损，故他少用辛热重剂，以免出现灼阴助热之弊。在疏肝理气同时，又配合柔肝育阴，以期达到阴平阳秘之旨。（陈 静）

肝硬化腹水

1 气虚型

证见面色㿠白，气短少力，精神萎靡，纳呆，便溏，腹胀，尿少，下肢肿，舌质淡，苔薄白，脉沉细无力。盖肺为水之上源，肺气虚则水道不利，脾主水谷运化，脾气虚则水湿逗留，故气虚臌胀应重用益气药，使水道通调，水谷正常运化，以资化生气血。治宜益气健脾，行气利水，常用黄芪、党参、当归、丹参、赤芍、郁金、虎杖、茵陈、大腹皮、茯苓、鳖甲、白术等药。

案1 马某，男，70岁，1988年8月26日初诊。有肝炎病史20多年。近1～2月来觉腹部作胀，精神不振，头昏，纳差，无力，腹部逐渐胀大，大便时干时溏，尿少不利。查体：面色晦暗，掌红，腹围100cm，肝未及，脾肋下1cm，中等硬，腹部移动性浊音（＋＋＋＋），下肢水肿（＋＋），B超示，肝缩小，脾增大，腹水大量。肝功能试验：谷丙转氯酶80单位，白蛋白29g/L，球蛋白28g/L，血清蛋白电泳分析：γ－球蛋白0.235，甲胎蛋白（－），乙肝表面抗原（＋）。舌质淡，苔薄白，脉象沉细。西医诊断肝硬化失代偿期。中医辨证为气虚血瘀，肝络郁阻，水湿不化而成臌胀。治以益气健脾，活血利水之法。处方：黄芪10g，党参20g，当归10g，丹参20g，赤芍10g，郁金10g，虎杖10g，茵陈15g，大腹皮15g，茯苓10g，鳖甲15g，丹皮10g，白术10g，茜草10g，白花蛇舌草15g。辅以氨苯喋啶200mg/日，双氢克尿塞12.5mg/目，氯化钾3g/日。限每日食盐1g。服药半月，9月11日复诊，患者腹胀减轻，食纳稍增，尿量增加，腹围减到80cm，腹部移动性浊音（＋），下肢水肿（±），鉴于臌胀渐除，气虚显现，前方黄芪增加到30g。1月后，10月11日三诊，腹围70cm，腹部移动性浊音消失，B超复查，腹水（－）。为巩固疗效守方再进。11月12日，查谷丙转氨酶＜40单位，白蛋白34g/L，球蛋白25g/L。血清蛋白电泳抹分析：γ－球蛋白19.7%，乙肝表面抗原1:16。随访3年，迄今患者健康，面色红润，腹水消失。

按 俞荣青认为，该患不能单以治疗臌胀为目的，而应补气健脾，养血活血，并能消除潜在之湿热病因，使肺脾之气重振，肝络血行复畅，因气为血帅，血为气母，气运复常，则气旺血生。方中重用黄芪、党参取其补气扶正而取效。

2 阴虚型

阴虚型腹水难治已为众所周知，乃因素体阴虚，或久病气血耗损，或阳虚及阴，若能及时消除腹水，阴虚可望转变。证见腹部胀满，口干唇红，齿衄，手足心烦热，大便干，尿少赤，舌质多红绛少苔，脉细数。治宜滋阴凉血，健脾利水之法。守已故邹良材老中医经验，取兰豆枫楮汤加味。常用泽兰、黑料豆，路路通、楮实子、生地、赤芍、车前子、枸杞子、丹参、太子参、山药、郁金、茯苓、大腹皮等药。

案2 朱某，男，53岁，曾因臌胀久治不愈，予1990年4月30日来诊，诉右胁不适，腹胀膨隆，腰酸肢软，纳呆，便溏，头昏，牙龈出血，尿黄少。1965年有“肝炎”史。查体巩膜轻度黄染，有肝掌及蜘蛛痣，肝未及，脾肋下2cm，质中等硬，腹水征（＋＋＋），下肢水肿（＋＋），舌质红，苔黄厚，脉细数。乙肝表面抗原1:28，抗HBC(+)，HBeAg(-)，谷丙转氯酶70单位，血清蛋白电泳分析：γ-球蛋白35.5%，诊为肝炎后肝硬化失代偿期，中医辨证为臌胀，属阴虚血热，湿热不清，治以滋阴凉血，调脾利水之法。处方：泽兰10g，黑料豆10g，路路通10g，楮实子10g，当归10g，白茅根15g，车前子10g(包)，枸杞子10g，白术10g，芦根10g，丹参30g，生地炭10g，丹皮10g，大腹皮15g，麦冬10g，茯苓10g，郁金10g。辅以少量西药利尿，限食盐每日1g。一月后复诊，症状明显好转，纳增，牙龈衄血已止，尿量增加，腹水体征转阴，下肢已无浮肿，巩膜黄染退，苔薄白，舌质转淡红，脉细，脾脏大小同前。原方再服2月，诸症续有改善。8月5日复查肝功能试验，乙肝表面抗原(-)，抗HBC阳性，谷丙转氨酶<40单位。血清蛋白电泳分析：γ-球蛋白22.7，原方加减调治，巩固疗效。随访2年，维持良好。

按 本案肝硬化已发展到阴虚阶段，既有阴虚见证，兼有黄疸，苔厚，湿热不清症状。俞荣青既用滋阴凉血治其阴虚，又用清热利湿除其湿热，同时调理脾运，以固其本，做到利水不伤阴，补阴不碍湿，连续服药数月，使顽固性阴虚型肝硬化腹水获效。

3 肝郁血瘀型

证见胁肋胀痛，脘腹痞满胀大，腹壁青筋暴露，面色晦暗，舌质紫暗，苔薄黄，脉弦。肝藏血，主疏泄，若湿热久困，可导致肝络郁阻，气滞血瘀，气血流行不畅，使三焦水道不畅，水湿泛滥。证属肝郁血瘀，水湿内停，宜用活血化瘀，行气利水之法。以下瘀血汤加减。常用大黄、桃仁、红花、蜜虫、丹参、赤芍、鳖甲、五灵脂、当归、丹皮、大腹皮、茯苓、猪苓、泽泻等药。

案3 龚某，男，50岁。有臌胀史已2年，1988年4月3日来诊，诉口干，两胁胀痛，纳呆，胃脘痞胀，尿黄量少。查体：面色晦暗，颈部有蜘蛛痣，肝掌(+)，巩膜皮肤轻度黄染，腹围110cm，腹水征(+++)，肝未及，脾肋下2cm，质中等硬，舌苔黄，舌质紫，脉弦。B超示大量腹水。血清蛋白电泳分析：γ-球蛋白22.8%，白蛋白25g/L，球蛋白30g/L，乙肝病毒抗原抗体五项均阴性。西医诊为门脉性肝硬化失代偿期。中医辨证为气滞血瘀肝郁，属血臌，治以活血化瘀，行气利水。处方：大黄5g，桃仁10g，土鳖虫10g，丹参30g，郁金10g，赤芍20g，鳖甲10g，当归10g，丹皮10g，虎杖10g，大腹皮15g，茯苓10g，猪苓10g，茵陈15g。15剂。辅以小剂量西药利水，限食盐每日1g。4月16日复诊，尿量增加，腹胀，口干、胁肋痛减轻，腹水征(++)，腹围90cm，下肢水肿(±)。舌苔微黄，舌质微红，便溏，此乃脾失健运，气血生化乏源。再从原方增入益气养血育阴之品，桃仁10g，地鳖虫10g，丹参30g，郁金10g，赤芍20g，茜草15g，鳖甲10g，当归10g，丹皮10g，大腹皮15g，黄芪皮10g，茯苓皮10g，茵陈10g，阿胶5g(烊化)。服14剂。5月3日三诊，自觉症状消失，大便正常，腹水全消，下肢浮肿(-)，纳增，舌苔薄白，脉弦。再守原方服3月，复查肝功能谷丙转氨酶<40单位，谷草转氨酶<50单位。血清蛋白电泳：γ-球蛋白21.7%，白蛋白28g/L，球蛋白24g/L。随访半年，病情稳定，未复发。

按 肝郁血瘀臌胀是由于肝失疏泄，气血运行不畅，以致气滞血瘀，三焦决渎不利，水湿逗留，因而治以活血化瘀，行气利水，方中桃仁、茜草、地鳖虫、丹皮、赤芍、当归，活血化瘀，阿胶、鳖甲，养血活血补肝，辅以益气行气利水如黄芪皮、大腹皮、茯苓皮等而获效。

4 湿热型

证见腹大坚满，黄疸，纳呆，口苦，便秘，尿少而赤，舌苔黄厚腻，脉数有力。乃因久病湿热阻郁肝络，留着不去，木郁土壅，水谷失运，气化无权，肾关不利，致腹部胀大，出现臌症。治宜清热利湿，以除病源，攻下逐水，以治其标。方选茵陈蒿汤加味。常用茵陈、栀子、大黄、连翘、蒲公英、板蓝根、垂盆草、茯苓、泽泻、虎杖、郁金、大腹皮等药。

案4 魏某，男，52岁，1989年8月2日初诊。一年前因腹胀纳差在本市血防站作B超诊为血吸虫性肝硬化。近二日感觉乏力腹胀，纳呆加重，尿少而黄，大便干结。1960年曾患血吸虫病。查体：消瘦，巩膜黄染明显，腹部膨隆，腹水征(+++)，肝肋下1cm，质中等硬，脾肋下5cm，压痛，质中硬，下肢水肿(+)，舌苔黄厚腻，脉细数。实验室检查：胆红质定量2.4mg%，谷丙转氨酶98单位。血常规：白细胞2.4×10^9/L，红细胞3.5×10^{12}/L，血小板23×10^9/L，诊为肝硬化失代偿期，伴脾功能亢进。中医辨证为湿热困脾，三焦不利，水湿留著而致臌胀。故治以清热化湿，理气行水调脾。药选茵陈15g，栀子10g，生大黄5g(后下)，连翘15g，白术10g，茯苓10g，蒲公英15g，板蓝根15g，垂盆草15g，丹皮10g，虎杖10g，大腹皮15g，茜草10g，白花蛇舌草15g。服14剂，配合小剂量西药利尿，限食盐每日1g。8月18日复诊，自觉腹胀乏力好转，全身明显轻松，大便稀溏每日1次，腹水征(+)，下肢水肿(-)，巩膜黄染较前显著减轻，舌苔微黄，继服原方14剂。9月2日再诊，腹水消失，大便稀，日行两次。苔薄白，脉沉细无力，巩膜黄染隐约。水湿渐去，正气虚衰，拟增入益气扶正之品，原方去苦寒之大黄、栀子，连翘，加黄芪10g，党参20g，服2个月。10月17日复查肝功能，胆红质定量0.9mg/dL，谷丙转氨酶<40单位，GGT<50单位。血常规：白细胞4.5×10^9/L，红细胞4×10^{12}/L，血小板67×10^9/L，仍以原方黄芪加至30g以巩固疗效。

按　本案早年患血吸虫病，肝病已久，气血均衰，因夏季暑湿当令，湿热之邪入侵，引动旧病复发，出现黄疸、尿少、腹胀、乏力，纳呆等症。病及肝脾肾三脏，三焦气化不利，升降失司，以致水湿内阻，成为臌胀。治以清利湿热以祛其邪，辅以健脾利水以顾其本。气虚，继以党参、黄芪为主，扶正祛邪。药随证转，施治得法，终于获效。（王前山）

玉振熹儿科经验

【名老中医简介】玉振熹　教授，主任医师。1962年毕业于广西中医学院。广西中医学院教授，广西自治区第二批名老中医。从事中医临床和教学工作50余年，擅长治疗儿科疾病。

临床经验

小儿反复呼吸道感染性疾病

1 病因病机

玉振熹强调小儿生理病理特征是该病发病的根本原因，外邪侵袭是该病的最直接诱因；喂养、医护不适当是本病易损而难调的重要原因。各因素相互影响、互为因果、形成恶性循环而终致本病。小儿乃“稚阴稚阳”之体，在小儿阶段，机体阴阳均未完善和成熟，机体正处在生理发育的稚嫩时期，易受到各种致病邪气侵袭而发病，是形成该病且诸病的根源。其中脾、肺、肾三脏的生理病理尤为重要。脾为后天之本，因形质功能均未完全成形、成熟，常显不足，故易伤而难复；肺为机体一身之娇脏，小儿之肺可谓娇中之娇，而其母脏脾本有不足，那么小儿之肺更为脆弱，易伤而难调；“复感”之体多有先天不足，而机体反复受邪，加之后天失养又致先天失养，肾也受损，故曰“肾常虚”。外邪侵袭是最直接的诱发因素，除因小儿易为外邪入侵的正气不足之外，空气和环境的污染日益恶化更加增强了外邪的致病力，这样小儿更易感邪而难复，以致反复迁延形成恶性循环以致本病。调养失当，医护失宜也是本病反复难愈的重要原因，喂养中违背小儿生长发育规律，要么纵食炙（火専）厚味，要么奶食多无节制，以致小儿脾胃损伤。后天生化失职，精血津液乏源导致小儿体质羸弱，易为病邪所伤。平素、病后盲目进补，脾胃不振，湿食痰内生蕴积留邪致病。病后正气未复，卫表不固，此时不适寒温、不避贼邪等调护失当，再者，医护失宜如：医者为求显效肆意攻伐，以致稚体更伤，即病轻而药重者有之；也有疾病稍有好转猝然停药，正气未复，邪气未清，即病长而药短者有之；病本于此而治于彼之失治、误治者也有之。诸因成积，终致本病。

2 治疗

在治疗该病时，玉振熹多根据发病新久、缓急及临床表现将该病分为急性发作期、迁延恢复期、调理巩固期3个阶段指导本病的防治。急性发作期多以咽炎、喉炎、扁桃体炎、支气管炎等肺系急性炎症为主，治疗多以祛邪为主佐以扶正；迁延缓解期则以炎症缓解迁延为特点，此期常以固本攻邪为治；调理巩固期则病后体虚、营养不良为要点，此期多以食疗扶正固元为原则。

2.1 急性发作期

患儿多表现为咳嗽、流涕、鼻塞、发热等呼吸道症状为主，其中“咳嗽”在病程中要么是首发症状，要么以之为主，要么贯穿整个病程，因此玉振熹在此期多以作“咳嗽”论治。他结合南方炎热、风燥、多湿的气候特点，兼顾小儿病理生理特点多从风热、燥热、痰热、痰湿加以辨治。

①风热咳嗽：咳嗽少痰或阵发性呛咳，痰少难咳，全天散见；流涕、鼻塞；咽痒、咽痛；发热或不发热；食少多饮；查体可见：咽部、扁桃体充血、红肿，甚或溃烂，呼吸音增粗，或有、无咽壁滤泡增生，舌淡苔薄白或黄，脉数。方药：利咽止咳汤（经验方）加减。药用：岗梅根10g，一点红10g，桔梗8g，蝉蜕6g，磨盘草10g，浙贝8g，甘草6g。

按　方中岗梅根、一点红、桔梗清热解毒，利咽生津祛痰；浙贝、磨盘草疏风清热，化痰止咳；蝉蜕祛风解痉，消肿止痛；甘草甘平，和中祛痰止咳兼调和诸药。上药合用协同互助，起到清热解毒、利咽生津、消肿止痛、化痰止咳的作用。高热不退或反复加柴胡、扁豆花、青天葵；夜间中等或低热可加银柴胡；痰多加法半夏，汗多加浮小麦；体倦少神合生脉散。本方的运用可以不拘泥于急性期，只要属于"咽源性"咳嗽即可化裁选用。

②燥热咳嗽：干咳无痰或少痰而黏，口燥咽干，或有头痛，低热，唇红舌红，苔薄白而干，脉数。方药：桑杏汤加减（加岗梅根、鱼腥草去栀皮）。

按 燥邪为病不外温凉两端，但不少医者多拘泥于"秋燥"，玉振熹认为燥邪致病四时皆有非独于秋，久晴少雨，风邪偏盛，加之小儿肺叶甚娇，伤及阴津即可致病，故只要见于鼻燥、口咽少津等燥邪伤阴的症状即可作"燥病"论治。桑杏汤是玉振熹最为常用的方剂之一，桑叶用量一般6~8g，但小儿流涕、鼻塞重；自汗、盗汗重；头痛偏于少阳的可加重到12~15g。栀皮常被弃用，他认为栀皮略见苦寒，多与小儿体质不利，如热盛也可考虑少用其量，对于凉燥多选用杏苏散。

③痰食咳嗽：咳嗽声重，痰多，每至五更及食后咳剧，多伴有呕吐痰涎、食臭，或有腹痛，舌淡苔厚腻，脉滑。方药：二陈合三子养亲汤。纳差加神曲、鸡内金；呕甚加法半夏、生姜、槟榔；腹痛加乌药、枳壳。

按 玉振熹认为痰湿咳嗽老人多发，而小儿则多见痰食。小儿脏腑功能未全，平素调养失当，胃屡受伤害，以致食积内痰生，治病求本，运脾消食、胃健痰消则邪去正安。此类患儿，经问诊多有厌食、少食等脾胃失健、运化失职的病史。每见于此，玉振熹多在方药中添加麦芽、山楂、鸡内金等消食健胃之品，以求固护后天。

④痰热咳嗽：咳嗽痰多或黏，色多黄，流浓涕，面赤，口干多饮，大便干结，舌红等痰热之象。方药：泻白散加减。

按 玉振熹在痰热咳嗽多用泻白散加减，对该方的评述多推崇王子接在《绛雪古方选注》的论叙，认为钱氏泻白散即仿小儿肺脏娇嫩，脾脏不足而设，虽谓泻白，实则泻中求补。他常加葶苈子降气化痰，二陈汤燥湿化痰，并且此方多加减运用于咳喘痰涎等肺胃气机上逆、阴虚痰多等症，并多获良效。

2.2 迁延缓解期

通过急性期的治疗或疾病自然转归等各种因素而进入迁延缓解期，此阶段以正虚邪不盛或正虚邪恋为特点。多表现汗证、咳嗽断续、慢性鼻炎、厌食、营养不良等症状，尽管表现多端但病机不离"虚"字，气血阴阳、脾肺诸脏各有偏胜，故玉振熹多以扶正祛邪、扶正为主的治疗原则。

①脾肺气虚：咳嗽迁延难愈，鼻流清涕或鼻塞；汗多体倦乏力，动则气短；纳少，夜睡不安，大便多稀甚则溏，舌淡，脉弱。方药：益气固表汤（玉振熹经验方）。药用：黄芪10g，党参10g，白术8g，防风3g，桂枝3g，麦冬8g，五味子3g，甘草6g，浮小麦15g。

按 本方由玉屏风散和生脉散加甘草、浮小麦而成，多用于脾肺气虚造成的诸多表现，考虑到本病系"肺气虚"、"脾气不足"为主，因此取玉屏风散合生脉散加浮小麦养心安神，敛汗固表，桂枝调匀营卫，益气护卫，经实验证明本方疗效确切。玉振熹对药的剂量、性味较为重视，用药轻、淡是他的又一特点，强调小儿脏腑娇嫩，用药应以轻、清、淡、薄为佳，苦寒、重浊为次。

②营卫不调：汗多，动则尤甚，以头、项背自汗多见或夜间盗汗或兼而有之，面色少华，神倦畏风，偶见咳嗽，脉缓，舌淡。方药：人参黄芪五物汤加减：党参8g，炙黄芪10g，桂枝3g，白芍6g，炙甘草6g，大枣8g，浮小麦15g，煅牡蛎10g。

按 病后偏于营卫不调的患儿突出症状以"汗症"为主要表现（自汗、盗汗或兼而有之），此乃小儿卫阳不足，固护失职，营阴外泄，以致藩篱疏松，营卫俱损。如不加以重视必致正气益虚，不胜诸邪。故方党参、黄芪补气实卫；桂枝、白芍益营养阴；桂枝大枣化阳助卫。方中炙甘草、大枣、浮小麦仿仲景"甘麦大枣汤"之意，生心血而养阴液，补益固护汗源心液。诸药合用调营和卫，益阴护阳。

③气阴两虚：咳嗽少痰或痰黏难咯出亦或痰中带有血丝；气短乏力形体消瘦；少气盗汗，咽干；大便干结，舌红少苔或无苔，脉细数。方药：生脉散合沙参麦冬汤，病后或久咳不愈等气阴两虚多常选用。气虚甚者加黄芪；面白少神加首乌；低热盗汗加银柴胡、地骨皮；纳少加鸡内金、麦芽；躁动不安加百合、酸枣仁。

④脾胃虚弱：咳嗽多痰易呕痰涎宿食；少食、纳差腹胀，口气秽浊或有新齿；大便不调舌淡苔腻，脉细。方药：五味异功散加减，病稍有好转，饮食调理不当或脾胃素虚常致病情加重反复，五味异功散健脾益气以实后天；口气臭秽加荷叶、砂仁醒脾运脾，但砂仁用量2~3g为宜；断齿加乌药、乌梅。对于此类患儿要求少用、慎用熟地等滋腻之品，少食多餐，饭量渐增为宜，以防脾胃更伤。

2.3 调整巩固期

经过前两期的治疗，小儿发病多已基本痊愈，但临床观察发现，如此时停止干预治疗半月或更短间隙之后约有 50% 的患儿将再次发病，因此玉振熹认为病后 2～3 个月的调整治疗亦较关键。在此阶段，通过药食疗法来代替服用中药防治本病是他论治该病的特色之一。尽管食疗处方繁多，但不外固护正气，健脾增食为核心，以达到增强小儿抗病能力，减少相关疾病发作频率和强度。

①怀山肉金粥：怀山药（干品）20g，鸡内金 9g，大米 50g 煲粥。功效：健脾助消化，增食，适应症：病后小儿纳少，少食。

②益气壮骨汤：党参 10g，怀山药（鲜品）500g，大枣 10 枚，鸡内金（鲜品）1 个，猪大骨或排骨 250g，煲汤。功效：补益脾肺、增力壮骨。

③山楂麦芽茶：山楂 10g，炒麦芽 10g，煎水 120mL 当茶饮。功效：消食祛积。

以上处方补益作用各有偏重，常间隔交替使用增强功效，在临床中一般以上 3 处方每周轮换 1 次频率，疗效为佳。

3 病案举隅

李某，男，4 岁半，2004 年 7 月 19 日初诊。近 1 年来反复呼吸道感染，每月 2～3 次，半月前上感未愈，于 2 天前出现发热反复，多在 38.5℃左右，多见于夜间或晨起，并有咽痛，咽痒，阵发性咳嗽，咳痰，困倦，少神烦乱，大便干，小便黄赤。查体：T 38.7℃，咽红 + +，扁桃体肿大Ⅱ°，呼吸音粗，血常规：WBC 12×10^9/L，N 84%。诊断："复感"急性发作期。口服拟：①利咽止咳汤加柴胡 8g，青天葵 10g，浓煎 120mL，日 3 次口服；②青蒿 15g，瓜蒌 10g，发热时煎水外洗；③频饮淡盐水。7 月 22 日复诊，药后当夜热退未再作，咳嗽未清，神乏少气，纳少厌食，夜睡不安，汗多，畏风，咽红 + +，扁桃体Ⅱ°。守上方去柴胡、青天葵，加生脉散，4 剂。7 月 26 日复诊，咳嗽偶见，扁桃体Ⅱ°，但余症未见改变。"复感"迁延缓解期，益气固表汤加鸡内金 8g，麦芽 8g，玄参 8g，丹参 6g。8 月 5 日，症已好转，但见晨起喷嚏，守上方 10 剂。8 月 16 日复诊临床症状已清，嘱益气壮骨汤、山楂麦芽茶，每周各 1 次，坚持 2 个月。2005 年 5 月 3 日外出偶遇，患儿母亲自告半年来小儿身体状况良好，未曾生病。

按 在治疗上呼吸道疾病，辅助治疗是玉振熹的特色，对于外感发热（38℃～39.5℃）的患儿，多用内服中药，外用青蒿、柴胡等解肌发表之品，于发热时煎水外洗，实践证明内服中药加外用洗浴，退热平稳且少反复；淡盐水用于痰多难咯、咳嗽欲呕、咽干、咽痛、发热等，玉振熹认为淡盐水中含有盐，味咸入肾经，有软坚散结、养阴润燥的功用。同时他强调良好的医患关系颇为重要，中医药防治疾病疗效虽然确切，但是中药气味、口感不佳，治疗时间相对较长，影响依从，是其不可忽视的弱点。因此，医生更应耐心、细致争取家长及患儿的配合是赢得疗效的又一重要因素。（赵朝庭）

医方验方

玉氏五花饮

方药：金银花、扁豆花、鸡蛋花、木棉花、厚朴花各 8g，葛根 12g，枳壳 3g。

功效：清热渗湿，醒脾升阳，止泻。

主治：用于治疗婴幼儿湿热、暑湿型腹泻。对于重度脱水并伴有酸碱平衡紊乱、神志异常等危候者，以中西医结合救治为要；而单纯性轻、中度脱水者，只需频频服中药即可，不要盲目使用液体疗法，外入水湿更不利于脾之运化。

用法：每天 1 剂，水煎服。

加减：夹食伤食者加山碴、鸡屎藤消食健脾；发热甚者加土甘草、青天葵清热解毒；若小儿泄泻势急，稍佐收敛之品，但中病即止，以免留邪；若肛门红肿疼痛可用花生油、茶油涂搽肛周。

病案：叶某，女，5 个月，2006 年 9 月 11 日初诊。腹泻 7 天。因食西瓜汁后出现腹泻，每天 2～3 次，无发热、呕吐。经某医院补液、抗菌、口服思密达等治疗效不佳，病症反加重。诊见：患儿面色欠华，轻度脱水状，大便每天 6～7 次，如蛋花状，有少量泡沫和黏液，气味臭，便时吵闹，纳食少，小便调，肛门红、灼热，指纹稍红。诊断：婴儿腹泻，证属湿热兼伤食。处方：玉氏五花饮加神曲 8g。3 剂，每天 1 剂，水煎服。并用花生油涂搽肛周。9 月 14 日二诊：大便每天 2 次、稍稀，肛门红肿减退，纳食增加。守方去神曲，加炒白术 8g，苍术 5g，服 4 剂而愈。

方解：岭南之地多湿、多热，气候和地理因素及小儿稚阴稚阳之体的生理特点等特殊原因，以致湿热、暑湿泄泻在小儿腹泻病证中十居七八。玉氏五花饮中"五花"均有止泻之功效，相须为用、协同增效共为君臣，而五花又各有所长，金银花、鸡蛋花清热解毒而止泻；扁豆花健脾和胃、消暑化湿止泻；厚朴花芳香化湿、行气宽中；木棉花兼有诸药之功效。且诸花药清香，善上浮而有醒脾胜湿之功，合用止泻之功倍增，而无苦寒伤阳克阴之弊。临床可根据偏热、偏湿、偏暑，拟定五花君臣，此乃仿"越鞠疗六郁"之意。佐葛根生津，升脾胃之阳而止泻，枳壳反佐以行气机，两药合用，升中有降，降中有升，正合胃肠以通为补之性。诸药合用，清热化湿，醒脾畅胃，升阳止泻。（赵朝庭 何 舟）

袁家麟妇科经验

【名老中医简介】袁家麟(1940～)教授,主任医师,博士生导师。辽宁中医学院附属医院名誉院长。省中医药学会副理事长、妇科分会主任委员,享受国务院政府特殊津贴。辽宁省名中医。擅长治疗各种妇科疾病。承担国家级课题2项,省级课题7项。获省科技进步二等奖1项,省科技进步三等奖5项。出版专著5部,发表论文多篇。

多囊卵巢综合征(PCOS)

1 病因病机

袁家麟认为,夫本病之所成,肾虚,脾虚,痰湿,肝郁,血瘀为其纲要也,盖以少阴,厥阴,太阴三经不调,肾、肝、脾三脏失衡为本,然则,至要枢机唯恒有肾虚是也;痰湿、血瘀互结于胞宫脉络为其标外之象矣。

1.1 肾、脾、肝三脏失衡为本

①肾虚是其发病的基本病机:西医学认为,女性下丘脑－垂体－卵巢－子宫轴通过调节与反馈,保持着内分泌的动态平衡,使育龄期妇女的生殖器官发生周而复始的周期性变化,出现正常的月经周期,为受精卵着床即维持早期胚胎做好准备。而中医之肾－天癸－冲任－胞宫轴与西医之下丘脑－垂体－卵巢－子宫性腺轴功能极为相似。

袁家麟认为,PCOS以月经失调、不孕为临床典型症状,而月经与胎孕都是女子的特殊生理,二者与肾有着密切联系。因此提出:“其百端之起者,一则在肾:肾为先天之本,肾中蕴藏元阴元阳,肾阳为人体阳气之本,对脏腑起着温煦、推动、生化的作用,维持机体脏腑功能正常运行。肾中之真水施化经血,天癸凝聚胎元,真水盛则脏腑之血广聚胞宫,经水自能盈溢;天癸泌至则氤氲之气凝系于血室,任通冲盛,种子方能得生长。然先天禀赋不足,或后天伤肾,造成肾气失常,则肾之阴阳失衡,生精、化气、化血之功不足,天癸之生成与泌至失调,冲任失养或不畅,均可导致月经失调和不孕,终成本病。”

早在《内经·上古天真论》就已经认识到:“女子七岁,肾气盛,齿更发长;二七而天癸至,任脉通,太冲脉盛,月事以时下,故有子;……七七任脉虚,太冲脉衰少,天癸竭,地道不通,故形坏而无子也”。《傅青主女科》指出:“经水出诸肾”。《医学正传》曰:“月经全借肾水施化,肾水既乏,则经血日以干涸”。《医学衷中参西录》提出:“男女生育,皆赖肾气作强”,故袁氏云:肾气亏虚,真水内损,即肾的功能失调为本病病机之至要关键也。

《内经·上古天真论》不仅阐述了肾气的盛衰主导女子月经与胎孕的自然规律,同时也说明了天癸、冲任在女子月经与胎孕中的重要作用。天癸是月经产生的必不可少的物质基础,而天癸出于肾,其生理活动受肾气盛衰的主宰。《傅青主女科》云:“经原非血,乃天一之水,出自肾中”。“天一之水”即天癸,肾气旺盛,天癸才能泌至,从而促进胞宫经孕产育的生理功能。脏腑之中,肾与胞宫关系最为密切,二者之间有着密切的经络联系和功能上的一致性,在经络上,“胞络者,系于肾”;功能上,《素问·六节脏象论》曰:“肾者主蛰,封藏之本,精之处也”。肾藏精,精血同源,精血互化,经血同为月经与胎孕的物质基础,而胞宫亦是月经与胎孕维持正常所必需的最基本的物质基础,因此,肾与胞宫具有功能上的一致性。冲任二脉的盛衰对于女子的经孕生理及病理也至关重要。陈自明《妇人大全良方》中说:“冲为血海,任主胞胎,二脉流通,则经血渐盈,应时而下”。冲任之本在肾,肾脉与冲脉下行支相并而行,与任脉交于关元穴。冲为血海,广聚脏腑之血,使胞宫满盈;任脉为阴脉之海,使所司精、血、津液充沛。肾气盛,任脉通,太冲脉盛,月事如期,方能有子;肾气虚,天癸竭,任虚冲衰,经断无子。冲任二脉直接关系到月经的潮止,任通冲盛以肾气盛为前提。总之,肾、天癸、冲任、胞宫在女子月经与胎孕生理中起着重要作用,而肾起主导作用。

在女子生长发育的过程中,肾、天癸、冲任、胞宫在女性月经与胎孕生理活动中成为一条主线,形成了肾－天癸－冲任－胞宫轴,而肾是该轴的主导,起决定性作用。先天禀赋不足,或后天伤肾,造成肾的生理功能失常,致使肾的阴阳失衡,生精化气生血功能不足,天癸的产生与泌至失调,冲任失养或不畅,均可导致月经失调和不孕。《景岳全书·妇人规·肾虚经乱》指出:“妇人因情欲房事,以致经脉不调者,其病皆在肾经”。《万氏妇人科·种子篇》写道:“女子无子,多因经候不调,……经水不调,不能成胎,谓之下元虚惫,不能聚血受精”。《圣济总录·妇人门》提到:“妇人所以无子者,冲任不足,肾气虚寒也,……肾气虚寒,不能系胞,故令无子”。肾中精气

亏虚，可影响天癸的泌至与冲任的通盛，精血亏乏，可致闭经、不孕；肾阳不足，命门火衰，虚寒内生，气血、冲任、胞宫失于温煦，导致生殖功能下降，见性欲减退、月经失调、甚至宫寒不孕；肾阴亏损，精血不足，冲任胞宫失养，可致月经后期、月经量少、闭经、不孕。PCOS恰恰是以月经失调和不孕为临床的典型特征，因此，肾虚是该病的主要病因病机。

②脾虚：肾为先天之本，肾中蕴藏元阴元阳，肾阳为人体阳气之本，对脏腑起着温煦、推动、生化的作用，维持机体脏腑功能正常运行。脾为后天之本，气血生化之源。脾主运化，主中气而统血。阳主动主化，脾之生理功能正常运行，全赖脾阳维持。而肾阳亏虚，命门火衰，不能上暖脾土，必然导致脾阳不振，引起运化失职，水液输布失常，停留体内，日久凝聚成痰。肾在脾虚痰湿形成过程中具有决定性作用。

袁家麟认为：本病之因，二则在脾：五脏之病，虽俱能生痰，然无由乎脾肾，盖有“脾主湿，湿动则为痰；肾主水，水泛亦为痰，故痰之化无不在脾，而痰之本无不在肾”之说。脾为后天之本，气血生化之源。脾主运化，主中气而统血。阳主动主化，脾之健运，全赖脾阳维系，而肾阳为命门之火，为一身元阳之原机，故有脾阳根于肾阳，正所谓“脾肾同源，阳和一气”。是以先天肾阳之精气匮乏，命火鼓动失施，而后天之脾阳根本于命门之真阳，故见脾土无以温煦，致使脾阳不振，引起运化失职，水液输布失常，蓄留于体内，日久凝聚成痰。正若李梴《医学入门》中载：“痰源于肾，动于脾”。“痰湿壅滞冲任、胞宫，日久胞络、胞脉凝注闭阻，则经水不畅，胎孕难凝；膏脂充溢，则形胖体重；痰湿气血互结，则癥积聚生，枢机窒碍，氤氲难允”。

明·张景岳《景岳全书·痰饮》指出：“五脏之病，虽具能生痰，然无由乎脾肾，盖脾主湿，湿动则为痰；肾主水，水泛亦为痰。故痰之化无不在脾，而痰之本无不在肾”。由此可见，痰浊的形成主要由脾、肾功能失调所致，肾虚是基本原因，因此可以说肾虚亦生痰。痰湿壅滞冲任、胞宫，出现月经后期、闭经、不孕；痰涎壅盛，膏脂充溢，则见形体肥胖；痰湿气血互结而为瘕积，故卵巢呈多囊性增大；脾虚血失所统，可见月事调和失施。

③肝郁：袁家麟云：本病之因，三则在肝。本病之肝郁是因为肝气不及，为脾气（土气）反侮所致。细悉其原委，盖由五行生克之理可知，肾为水，肝为木，水生木，肾生肝，水为木之母，即肾为肝之母，肾虚即母虚，肝肾同源，肾虚不能滋养肝木，母虚及子则子亦虚，肝气不足，木不克土，被土气（脾）反侮，导致肝郁。另有肝藏血，肾藏精，肝肾同源，精血互生，同为月事与胎孕提供物质基础。肝主疏泄，肾主闭藏，共同协调胞宫，使藏泄有序，经量如常。肝气郁滞常常导致肝之疏泄失常，导致月经失调或不孕。故而肾虚导致肝气郁滞，肝的疏泄功能失常是多囊卵巢综合征的另一重要病机。

现代临床研究报道发现：无排卵性不孕患者均有不同程度的肝郁表现。而卵巢长期持续无排卵正是多囊卵巢综合征的一个显著特点。所以，肝气郁结，疏泄失常，冲任失调，导致月经后期、闭经、不孕等。

1.2 痰湿、血瘀互结于胞宫脉络为标

①血瘀是PCOS发生的病机之一：叶天士《妇人规》云：“女子以肝为先天”，并有“女子以血为主”之论述。肝藏血，主疏泄，故血之为病与肝的功能失调关系密切。袁氏认为：“肾虚肝亦虚，肝虚则脾侮，脾侮则肝郁。肝气郁滞，肝失调达，气机不利，气滞则血行瘀滞。瘀血阻滞，冲任不畅，血海不能如期满溢，月经后期而来；瘀阻冲任，血不得下，则见月经停闭；瘀血内阻，血不归经而妄行，可见崩漏；瘀滞冲任。胞宫、胞脉阻滞不通则不孕。”

②痰湿是PCOS发生的致病因素：痰湿是致病因素作用于机体形成的病理产物，又能直接或间接的影响脏腑、经络、气血，引起疾病的发生和发展，成为致病因素。袁氏认为：“痰的形成主要与脾、肾气化功能失常，津液代谢障碍有关，其中肾在痰湿形成过程中具有决定性作用”。元代朱丹溪在《丹溪心法》中载：“若是肥盛妇人，禀受身厚，……经水不调，不能成孕，以躯脂满溢，痰湿闭塞子宫故也”。痰湿壅滞冲任、胞宫，就会出现月经后期、闭经、不孕。

2 PCOS当从痰湿血瘀入手论治，调和肝脾肾三脏

女性月经胎孕生理功能的正常运行是以肾、天癸、冲任及胞宫的平衡协调关系作为协调枢纽的。在肾－天癸－冲任这个生殖轴中，肾是主宰，是实现排卵的根本。袁家麟根据《医学纲目》曰：“调经之法，必先补肾”之理，提出本病治疗，若要恢复女子正常月经与胎孕，首先要恢复肾－天癸－冲任－胞宫轴的正常生理功能，而要恢复这个生殖轴的正常功能，补肾是关键。本病表现为本虚标实，肾虚是致病之本.涉及肾、肝、脾三脏，以瘀血、痰湿为标。故而根据标本虚实，袁氏对于本病的治疗主张：补肾是治

疗PCOS的基本原则,法以补肾健脾,疏肝解郁,活血祛瘀,化痰通络。采用自拟中药汤剂苍附补肾汤加减治疗本病,收效甚佳。

3 治疗常用方药

3.1 大苍附汤方剂

主要组成:苍术,香附,紫石英,仙灵脾,菟丝子,熟地,当归,白芍,茯苓,陈皮,姜半夏,桃仁,穿山甲,王不留行,郁金,川牛膝等。

方解:紫石英:甘温,入心肝肾经,有温肾助阳,暖宫助孕之功。仙灵脾,辛甘性温,入肝肾经,补肾壮阳,强筋骨。菟丝子,甘,温,入肝肾经,补肾固精,养肝明目,能平补肾阴肾阳。肾中之阴精需要在肾中之阳气的作用下逐渐充盈,补肾不嫌滋腻,三药皆为厚味之品,合用则温肾助阳,补益命门,温暖胞宫。熟地:甘,微温,入肝肾经,补血滋阴,益精填髓。稍佐之,用其滋阴,以防助阳太过,此外,还取其"善补阳者,必阴中求阳,则阳得阴助而生化无穷"之意。四药合用,达到益阴而能固阳,阴阳俱补,益肾填精。以上四药具为君药。当归:甘辛,性温,归肝心脾经,补血活血调经。白芍:味苦、酸、甘,性微寒,归肝脾经,养血调经,平肝止痛,敛阴止汗。当归、白芍与熟地合之,取"三物"之意,补肝养肝,养血调经。又金水相生,养肝即补肾,精血同源,精血互生,肝血充则肾精亦足,以上六味用之,收双补肝肾之功。茯苓:甘、淡,性平,归心、脾经,利水渗湿,健脾安神。陈皮:辛、苦,性温,归于脾肺,理气健脾,燥湿化痰。二药合之,用之健脾,以后天之脾养先天之肾,另外,补土又可以平肝气,防肝气太旺而克脾土。此四药为臣。姜半夏:辛温,归于脾胃肺经,燥湿化痰,降逆止呕。与茯苓、陈皮合用,有"二陈"之意,健脾化痰。川牛膝:苦甘酸性平,归肝肾经,活血通经,补益肝肾,引(火)血下行。桃仁:苦甘平,归心肝大肠经,活血祛瘀。穿山甲:咸寒,归肝肾经,活血消瘕,通经。王不留行:苦平,归肝胃经,活血通经。郁金:辛苦寒,归肝胆心经,具活血行气止痛,解郁清心,凉血疏肝之功,可解肝郁,诸药活血通经,以利通督脉。共为佐药。川牛膝:性善下行,引诸药达于下焦,此为引经之药。综上所述,方中肝脾肾同补,温凉共用,补中有行,活血化痰,标本兼治,甚合本证之肾虚,肝郁气滞,气滞血瘀,脾虚痰阻,本虚标实的病机。

对于PCOS的成因,西医至今尚无明确的定论,究竟起因于下丘脑－垂体－卵巢轴,还是肾上腺皮质轴,尚有争议。有人提出肾上腺皮质功能初现时,肾上腺过度分泌雄激素,可能是本综合征病因;有人提出下丘脑内多巴胺的减少与本综合征病因有关,也有人认为与X型染色体异常相关;还有人认为与胰岛素拮抗有内在的联系,可能是胰岛素作用。扩大LH刺激卵巢间质细胞,分泌大量雄激素等等。但不论为何因所致,临床上均可见下丘脑－垂体－卵巢轴功能亢进,LH/FSH比值增大。雌、雄激素分泌过多,或伴有高泌乳素症,或有高胰岛素,或有类库欣综合征象,卵巢内有闭锁卵泡表现。

应用大苍附汤治疗功能亢进的PCOS患者,结果发现T、E2、PRL值大多恢复正常水平,LH/FSH比值得以纠正,B超显示卵巢正常,从而亦提示大苍附汤能有效调节下丘脑－垂体－卵巢轴功能。

4 病案举隅

案1 陆某某,女,27岁。初诊:2005年6月30日。主诉:月经间断性停闭?年,为避孕而未孕1年。现病史:7年前无诱因月经量少,错后持续至今,每次错后10～20天,月经量少,色暗黏稠,伴体重进行性加重,视其体毛较重,面生痤疮,平素自觉腰酸乏力,胸胁胀满。于当地医院口服倍美力、黄体酮片行激素序贯疗法治疗6个月,效不显,婚后1年为避孕,求子而未孕。为求中医药治疗,今来我院治疗,经内分泌检查:LH/FSH比值≥3,PR121.52;彩超示:双侧卵巢增大,内可见10个以上始基卵泡。BBT监测排卵结果未见体温双向改变,配合B超监测示:无排卵。月经史:17岁初潮3～4/30～35天,量较少,色淡红、无块,经期无不适感,末次月经5月20日至5月23日。婚育史:26岁结婚,未孕(爱人精液常规检查正常)。既往史:否认。舌诊:舌淡暗,舌尖边有瘀点,苔白腻,有齿痕。脉象:沉迟微涩,尺脉濡弱。辨证:证属脾肾两虚,痰阻气滞兼血瘀冲任,血行不畅所致。诊断:经少,不孕。治则:补脾益肾,祛痰化瘀,养血调经。方药:以大苍附汤为主加减:苍术15g,香附25g,紫石英30g,仙灵脾25g,菟丝子25g,熟地20g,当归15g,白芍15g,茯苓30g,陈皮15g,姜半夏15g,桃仁10g,穿山甲10g,王不留行25g,川牛膝20g,鸡血藤25g。医嘱:①上药水煎服,1日2次。每周服3剂,连服20日。②经期勿着凉,忌食生冷食物。③经前10日复诊更方。治疗经过:此方连用20日来诊,自觉乳胀,小腹微不适,带下量转多,遂更方,于前方加:红花15g,茺蔚子25g,通草15g,地龙15g,连服10剂至月经来潮,另于经间期酌加丹参15g,巴戟天25g.益母草25g,川芎10g促进排卵,经2个月治疗,经量增多,月经近正常,排卵期BBT双向改变,白带呈羊齿状,B超下可见成熟卵泡。巩固1个月后，嘱其可同房求子，2个月后来诊告知成功受孕，1年后随诊调查，剖宫产1女性活婴，母子平安。

按 四诊合参，证属脾肾两虚，痰阻气滞兼血瘀冲任，血行不畅所致。故以补脾益肾，祛痰化瘀，养血调经，取大苍附汤为主加减治疗，调节内分泌激素水平异常，改善月经，促进排卵。方中补肾理脾，重化痰湿之邪，补肾中之精，于氤氲之期，鼓动升阳破血之气，以促排卵；于经血满溢之时，行活血化瘀之法，以引经血下行，故患者经行血畅之时真机得蕴，是以病情向愈，终遂愿得子。

案2 阚某，女，35岁。初诊：2007年10月30日。主诉：月经量少错后2年。现病史：2年前无诱因月经错后量少，时有月经二、三个月一潮，平素带下量少，清稀. 自觉腰酸乏力，畏寒肢冷，小溲频数。曾予激素序贯疗法治疗，短期疗效尚可，但仍复发。经内分泌检查：雌二醇（E2）178pmol/L；黄体生成素（LH）31.5U/L；卵泡刺激素（FSH）4.8U/L；催乳素（Pro1）438.3mU/L；孕酮（Prog）3.6nmol/L；睾酮（Testo）1.24nmol/L，LH/FSH比值≥3；彩超示：双侧卵巢增大，内可见10个以上0.5～0.8的小卵泡回声。BBT监测排卵结果未见体温双向改变，配合B超监测示：无排卵。月经史：13岁初潮2～3/35～85天，量较少，色淡红、无块，经期无不适感，末次月经9月10日至9月11日。既往史：否认。舌诊：舌淡红，少苔，舌尖边有瘀点。脉象：沉弱无力，尺脉尤甚。辨证：证属肾阳亏虚，水湿内停成痰，寒凝、痰湿搏结日久成瘀，阻滞冲任。诊断：经迟，经少。治则：温补肾阳，祛痰化瘀，养血调经。方药：以大苍附汤为主加减：苍术15g，香附25g，仙灵脾25g，菟丝子25g，熟地20g，当归15g，菟丝子25g，女贞子15g，茯苓30g，陈皮15g，姜半夏15g，王不留行25g，山药30g，炒杜仲15g，覆盆子15g，紫河车10g。医嘱：①上药水煎服，1日2次。每周服3剂，连服15日。②经期勿着凉，忌食生冷食物。③经前7日复诊更方。治疗经过：此方连用15日来诊，自觉乳胀，小腹微不适，带下量转多，腰酸畏寒缓解，遂更方，于前方加：桃仁10g，红花15g，急性子25g，通草15g，连服7剂至月经来潮，另于经间期之排卵前，酌加丹参15g，巴戟天25g，三棱10g，皂刺10g，柴胡15g，连用7天，促进排卵；排卵期后，服用熟地25g，当归15g，菟丝子25g. 炒杜仲20g，女贞子15g，山药30g，川断15g，覆盆子20g，首乌20g，连用7天调节黄体功能。经2个月治疗，经量增多，月经近正常，排卵期BBT双向改变，白带呈羊齿状，B超下可见成熟卵泡，连续服药4个月后，月经正常，排卵功能恢复。复查内分泌未见异常。此后病情未见复发。

按 多囊卵巢综合征中药之用药过程，应积极遵循月经之阴阳变化过程，并可参考西医激素造人工月经周期的治疗原则。将其应用于中医临证治疗中，指导中药补肾与活血的用药时机的把握，抓住肾虚与血瘀为本病病机关键，采用“滋肾养阴－活血化瘀－温肾助阳－引血通经”周期性治则，于氤氲之前，滋养肾阴之真水，以蓄卵母发育之势；于氤氲之后，鼓动升阳破血之气，以助胎卵冲破包膜，以达到促进卵泡成熟与排卵，调经的目的。（陈 旭）

臧佩林临床经验

【名老中医简介】臧佩林（1941～）辽宁抚顺人。主任医师，教授，博士生导师。1966年毕业于辽宁中医学院。曾任第二届全国中医药高等教育学会临床教育研究会副理事长，中国传统医药国际交流中心疑难病研究部副主任。辽宁省名中医。擅长中医药诊治顽固性失眠、抑郁症、焦虑症、强迫症、紧张症等一系列精神情感以及心理障碍性疾病。

抑郁症

1 精研医理，探求病因

抑郁症属中医学情志病范畴。散见于古代医籍中的癫狂、脏躁、百合病、郁证、惊悸、怔忡、头痛、奔豚气、不寐等病中。早在《灵枢·癫狂》就有：“癫疾始生，先不乐，头重痛……而烦心”类似于抑郁症的抑郁心境和焦虑症状的记载，臧佩林对病因病机认识主要提出以下观点。

1.1 因情而郁，气血失调是病机关键

早在《素问·阴阳应象大论》中就指出：“人有五脏，化五气，以生喜怒悲忧恐”。并指出“思则气结”、“惊则气乱”，首先提出了情志内郁致病的思想。明代张景岳在《类经·论治类》阐述了抑郁多由生活中的突发负性应激事件所引起的强烈情绪变化而致，并突出了肝郁与情志的关系，与现代研究证实的抑郁症发生的应激学说有相似之处。由此臧佩林根据情志致病所见的精神抑郁、悲伤欲哭、烦躁不宁、胸脘痞闷、胁肋胀痛,或咽中如物梗塞等主要临床表现,提出情志所伤是导致抑郁症的主要原因,气血失和是抑郁症发生的病机关键,气机郁滞,运行不畅是基本病机。指出在气郁的基础上可以渐见血郁、火郁、食郁、湿郁、痰郁、脏躁、梅核气等病证,郁病日久,常可累及多个脏腑,从而出现心、脾、肝、肾亏虚,充分认识到因“情”致郁,因郁致病的重要意义。

1.2 因郁而病,五脏受损

人的精神情绪活动与五脏功能密切相关,互为影响,且以心为主宰。郁证的发生,多有脏气本虚之根,正如沈金鳌《杂病源流犀烛·诸郁源流》有:“诸郁,脏气病也,其原本有思虑过深,更兼脏气弱,故六郁之病生焉”之论述。

2 明辨阴阳,善于变通

抑郁症属于心身相关的情志疾病。中医理论认为,情志活动以五脏功能活动为基础,五脏的功能活动又有赖于气机的调畅,故气机郁滞贯穿于抑郁症的整个病理过程。厌恶憎恨、愤懑恼怒等精神因素,均可使肝失条达,气机不畅。肝气郁结,横逆犯脾,而形成肝郁脾虚证。病程迁延日久,气血生化乏源,心失所养则致心脾两虚证。故肝郁脾虚证、心脾两虚证是抑郁症常见证候。在抑郁症病程发展中可表现为不同的证型,反映不同阶段的病理本质,其常见证型如:肝郁气滞、肝郁痰阻、肝郁脾虚、心脾两虚、气滞血瘀型、心阴亏虚型、忧郁伤神型、阳虚寒湿型等。上述诸证型除以精神抑郁为共同表现外,辨证时要注意各自特点,肝郁气滞型以轻抑郁为主,表现为情绪不宁,胸胁不舒,痛无定处,善太息,苔薄腻,脉弦,月经不调多为病变早期,躯体症状明显。肝郁痰阻型见表情呆板,惊恐不安,胸闷如窒,咽中如有物堵塞,沉默寡言,苔腻,脉弦滑,反映病情的发展和复杂性。心脾两虚型多以复发性抑郁为主,见多思善虑,神疲心悸,失眠健忘,纳差,舌淡,脉细,多以失眠为主诉,有呆、懒、忧、虑的特点,多见迁延日久患者,病情较重。肝郁脾虚型为忧愁善虑,悲观厌世,少寐多梦,嗜卧少动,胸胁、乳房或少腹胀痛,乏力,纳差,便溏,舌质淡红或淡白,脉细或弦细。气滞血瘀型多心胸憋闷,寒热往来,自言自语或情绪亢奋,舌质紫或有瘀点,脉弦或涩,可见于妇女经前期躁狂证,易误诊为妇科病。心阴亏虚型见多思善虑,心悸,失眠,健忘,五心烦热,潮热盗汗,大便秘结,舌红、少津,脉细数,多见于更年期或老年期抑郁症,患者年龄段可作为重要的辨证依据。忧郁伤神型见精神忧伤,悲忧善哭,喜怒无常,心神不宁,多疑善惊,舌淡,脉弦,气郁化火者多性情急躁,悲观厌世,心烦躁扰为主,可见入睡困难,或易醒,或早醒后心情抑郁等。另有阳虚寒湿型,见情绪低沉,少动懒言,面白神疲身重,阳痿便溏,见于老年期抑郁症,也见于季节性抑郁症,冬季日照少容易发病。

臧佩林强调抑郁症的发生多由素体本虚加上外邪侵扰(情志过极)合而为患。常以肝气郁结为核心,郁久伤及五脏,累及肝心脾肾,兼有郁火、痰湿、瘀血,日久可致阴伤血虚、气耗阳伤,虚实夹杂,出现五脏气机不和诸证。又因抑郁症多有易于复发、缠绵难愈的特点,故在辨证中多从本虚标实入手,邪正兼顾。

3 立法用药,切中肯綮

臧佩林针对抑郁症的发病特点,认为抑郁的发生多为情志所伤。情志不遂、思虑过度,日久必伤及脏腑气血,而致脏气虚弱。思为脾志,忧思日久必伤脾气,脾伤则气血生化乏源,脏腑失养,故可变生诸多不足之证,所谓“久病必虚”。所以中医辨证多以虚实夹杂为主,治疗本病时除疏肝解郁之外,应兼顾心、脾、肾三脏之虚,根据病情,合用补心、补脾、补肾之品。此外,因气郁化火,气郁生痰,气滞血瘀,故在治疗中除要注意调和气血,解郁安神之外,还当兼顾痰气、痰热、痰瘀互结之病性,适当配伍化痰、清热、祛瘀之品。如《杂病源流犀烛·肝病源流》曰:“痰之为物,流动不测,故其为害,上至颠顶,下至涌泉,随气升降,周身内外皆到,五脏六腑俱有”。臧佩林遵“疏其血气,令其条达,而致和平”之经旨,自拟中药复方保神汤,理气调血,化痰宁神补虚之法,使血气条达,阴阳和调,而奏开郁化痰宁神之效,运用于临床治疗抑郁症,多能得心应手。保神汤方药组成:丹参、川芎、合欢花、炒酸枣仁、郁金、茯苓、枳壳、石菖蒲、柴胡、黄芩、陈皮、青皮、乌药、木香、白术、远志、黄芪、益智仁。本方以补气、调气为本,选用柴胡、木香、青皮、陈皮、枳壳、乌药、郁金,疏肝理气、清心解郁,并可破泄削坚,除痰消痞,均为化痰解郁之要药,合用以达辛开苦降,清扬善窜,行滞气、散肝郁、降逆气、泄壅滞之目的。选质润甘酸之炒酸枣仁,以益肝气,养肝血,醒脾气,除虚烦,安心神。遵张仲景:“见肝之病,知肝传脾,当先实脾”之旨,选用具有良好补气健脾之效的白术、黄芪;肝气郁滞,易致生痰、化火,故选茯苓、石菖蒲豁痰化湿,行气健脾,且石菖蒲与郁金配伍应用,辛开苦降,治痰气互结为患;黄芩清热泻火,柴胡疏肝,并解少阳半表之邪,两药合用,通调表里,和解少阳,清泄少阳之热邪;气病及血,久病入络,选丹参活血凉血、宁心安神;川芎为血中之气药,上行头目,下行血海,两药相伍调畅气血;枳壳行气导滞,使气畅瘀消,而成消补同施,气血并调之方剂;肝郁日久,病邪迁延,必耗伤正气,致阴阳气血亏虚,成虚实夹杂之症,选合欢花解郁安神、安五脏、和心志;远志善交通心肾,使水火相济,能益心气、安心神、止惊悸;益智仁暖肾涩精、温脾止泻,用治本病之肾虚夜尿频多,颇有佳效。诸药合用,共奏疏肝解郁、健脾益肾、养心安神之效,从而达到抗抑郁的目的。

4 移情易性,重在疏导

心理活动与人体的气血循环有密切关系,既可以引起疾病又可治疗疾病。因此,臧佩林在疾病的发生和发展过程中,认为心理因素所起的作用越强,则心理治疗效果也越大。《灵枢 · 本神》即强调:"凡刺之法,先必本于神"。叶天士《临证指南医案》也指出:"郁证全在病者能移情易性",强调了心理治疗对郁证的重要意义。据此,他临证治疗抑郁症,在遣方用药的基础上,常配合心理疗法,重视心理疏导,因而取得了良好的效果。(张 华)

神经性贪食症

某女,22 岁,大学生,未婚。2004 年 2 月 4 日诊。自述多食 4 年。不可控制的强烈摄食欲望。进食无分餐,食品无选择。开始没有注意,后发展至食入即吐,呃逆,腹胀,并因此影响学业。曾于上海各大医院进行全面检查,排除器质性病变,在某心理医院确诊为神经性贪食症。服西药百忧解 3 盒无效(已停服)。刻诊:患者食欲亢进,餐无定数。呕吐,腹胀,大便秘结,心烦,自汗,盗汗,夜寐多梦,手足不温,月经量少,目窠晦黯,舌胖,色淡。苔白腻,微黄,脉弦。自诉体重并未增加。既往有癔病性抽搐病史(已愈)。臧佩林以自拟方保神汤。药用:郁金、丹参、川芎、枣仁等 7 味药,加黄芪、石菖蒲、半夏、火麻仁、厚朴、白芍、当归各 20g,青皮、陈皮各 20g,柴胡、远志、石斛、生地、麦冬、益智仁、乌药各 20g 治疗。1 个月后复诊,患者自述症状有所减轻,虽多食,但无恶心、腹胀,二便正常,夜寐安,舌淡,苔白,脉弦。在原方的基础上去火麻仁、麦冬,嘱其 1 个月后复诊,但患者由于经济原因未来诊而自服上方。2004 年 5 月 12 日电话随访,患者自诉仍多食,每日需 5 ~ 6 餐,但可控制食量,并无心烦。2004 年 6 月 25 日来诊时患者每日只需 3 餐,食量与病前无明显改变,余症状均消失,并申请复学。

按 神经性贪食症是一种罕见的进食障碍性疾病,女性发病率高于男性。其确切的病因及发病机制尚不明确,可能与遗传及 5 - 羟色胺(5 - HT)的功能失调有关。本病以发作性暴食为主要特征,发作频率不等,大多为 1 周内发作数次。暴食发作时食欲大增,吃得多又快,甚至一次食量为常人的数倍,直到难以忍受为止。这种狼吞虎咽常在无人相伴的条件下进行,多伴有情绪改变,如焦虑、抑郁等。同时,这些患者多数过分重视身体外形,常常对自己的外形不满意,为了抵消暴食引起的体重增加,患者常采取多种手段增加排泄,减少吸收或过度运动,如食后呕吐、导泻,服用利尿剂、减肥药等。因此患者一般能控制体重,体重正常或略增加。本病西医至今尚无特效治疗方法。抗抑郁药或许有一定作用,米帕明、去甲米帕明、三唑酮、氟西汀能减少贪食症状,改善焦虑及抑郁心境;另外,小剂量氟哌啶醇对部分患者有效。目前,心理治疗中的认知行为(CBT)被认为是治疗神经性贪食症的最有效方法。但是,由于其花费时间长,费用高,对医师专业水平要求高,故在国内不易推广。本病在中医学中尚无明确记载。臧佩林独具匠心,根据从医 30 余载的经验,运用中医理论,辨证论治,认为该患病位在肝,与脾胃有关。其病机为:肝气郁滞,木不疏土,脾土不能健运水湿;气机不畅,亦能导致郁火内生,火郁日久伤津,形成肝胃郁热。阴亏与脾土寒湿相混杂,导致诸证。故本病为本虚标实,虚实夹杂。治疗上,以疏肝理气,温补脾阳为主,佐以滋阴养胃,经过 4 个多月的治疗。取得了较好的疗效。正如《灵枢 · 本神》云"忧愁者,气闭塞而不行",单纯的用抑制食欲的药是无济于事的。只有疏肝解郁,调理气机,先使腑气畅通,胃能受纳,才能令暴食症状缓解。(胡 楠)

臧郁文验案选

【名老中医简介】臧郁文(1932 ~ 2006)山东昌邑人。教授,主任医师。曾任山东医科大学针灸教研组主任。中国针灸学会常务理事,山东针灸学会会长,山东省中医药科学技术专家委员会副主任委员。山东省文史馆馆员。享受国务院政府特殊津贴。山东省名老中医药专家。

婴幼儿肺炎

张某,女,1岁。

主诉(代诉):发烧10多天,出疹5天。

病史:患儿10天前开始发烧,5天后即出疹,4天前抽风1次,经抢救好转,出疹时流泪流涕,并有泄泻,每天出现呼吸困难4~5次,并已连续发生3天,今天又复加重,咳嗽、声音嘶哑已2天,小便正常。

检查:证见发热,体温38.5℃。咳嗽,咽喉痰塞,呼吸迫急,鼻翼煽动,口唇及指甲青紫(紫组),神志昏迷,哭声音哑,肺部听诊细湿罗音。舌苔白厚而腻,脉象洪数。疹已出透,大热不退,热毒壅遏,凌及肺脏,故发热而喘咳。

诊断:麻疹肺炎。

治则:清肺化痰退热。

取穴:大椎、大抒、肺俞、尺泽、中府、曲池、丰隆、合谷。

治法:采用单刺术,行泻法,每日针刺1次,并用梅花针叩打背部出血,同时配合服用清肺散。治疗后上午体温由38.5℃降至37.1℃。呼吸困难显著减轻,紫绀现象消失。继续针治5次,服药4剂,体温正常,精神好转,食欲增加,肺部细湿罗音消失而痊愈。

曾广盛验方选

【名老中医简介】曾广盛　主任医师。任职于湖南省衡阳市中医院。湖南省名中医。全国老中医药专家学术经验继承工作指导老师。

子宫肌瘤方

方药:党参30g,白术24g,茯苓15g,甘草9g,莪术60g,三棱30g,牛膝15g。

功效:益气健脾,祛瘀通络。

主治:子宫肌瘤,证见脾虚湿阻,瘀血阻滞胞宫。

用法:水煎服,每日1剂,日服2次。

乳腺增生方

方药:当归12g,瓜蒌30g,乳香3g,没药3g,甘草3g,橘核15g,荔核15g。

主治:气血不足,肝气郁结,经脉瘀阻之乳腺增生。

功效:疏肝理气,活血化瘀,软坚散结。

用法:水煎服,每日1剂,日服2次。

曾俊辉脑病临床经验

【名老中医简介】曾俊辉(1946~)主任医师。现任四川省眉山中医癫痫专科医院院长,中华全国中医学会脑病专业委员会委员,四川省中医脑病专科学术和技术带头人。四川省名中医。从事脑病专科50余年,擅长治疗癫痫、中风偏瘫、头痛、眩晕、失眠、健忘、郁病、痴呆、神经衰弱等脑病。

癫痫病

1 病因病机

中医传统认为,癫痫病病因不外风、痰、火、惊、虚五端;现代中医学在传统的基础上虽然认识到脑部外伤是癫痫病病因之一,但对此却无分证论治,其治则多趋于随证立法遣方。曾俊辉认为,癫痫病病因除风、痰、火、惊、虚外,瘀(脑脉瘀滞)、郁(情志抑郁)二因当勿忽视。1988年,他曾随机抽取636份癫痫病病历进行病因分析,其结果是:因受惊恐而发癫痫病的比例为9.2%;因情志抑郁发癫痫病的比例为14.3%;因脑外伤、产伤、颅内感染所致癫痫病的比例为19.8%。从以上统计来看,因情志抑郁所致的癫痫病,远远高于传统认为癫痫病主要责之于惊恐的比例。另一方面来看,脑外伤、产伤、颅内感染所致的比例,几乎占整个癫痫病比例的五分之一;瘀、郁二因加起来占整个癫痫病病例的34.1%。这些情况提示,在传统病因和辨证论治中,有三分之一以上的患者未得到重视,无遣方用药治疗。为此,曾俊辉主张在癫痫病的病因方面,应增加瘀、郁二因,使之更有利于扩展癫痫病的辨证论治范畴,进而提高临床效果。

2 分型论治

曾俊辉将癫痫病的主要病因与主要症候特点相结合,分为风痫、痰痫、热痫、惊痫、虚痫、瘀痫、郁痫七个证型论治。

2.1 风痫

平素头晕,肢体麻木,常由外感或急躁发怒诱发。一般无先兆,突然倒仆,昏不识人,两目上视,肢体强直，或全身或半侧抽搐，口眼相引，或点头痉挛。此证型患者以强直或抽搐症状偏重为主要特征。舌边尖红赤，苔黄，脉弦而浮数。治宜平肝熄风解痉，佐以活血。方用镇肝熄风汤去天冬、川楝子、茵陈、麦芽，加钩藤、僵蚕、全蝎、蜈蚣、当归、丹参等。

2.2 痰痫

平素多痰，常由进食生冷油腻诱发。发作时必有眩仆，不省人事，喉中痰鸣，口吐涎沫，面唇青紫等为主症。发作后都出现长时间昏睡，头痛。舌苔白腻，脉滑或濡。治宜豁痰降逆，开窍定痫。方用五痫丸去乌梢蛇、白附子、雄黄，加川贝母、远志、丹参等。

2.3 热痫

平素大便干燥或口舌生疮，发病前烦躁不安，两目红赤或鼻旁出现红色疹子。发作时突然昏倒，不醒人事，两目上视，口吹粗气或涎沫，肢体抽搐。亦有个别表现为呼叫、奔跑，或妄言、妄行。舌质红干、苔黄，脉滑数或弦数。治宜清肝泻火，佐以镇惊安神，豁痰熄风。方用龙胆泻肝汤去木通、车前子，加生大黄、朱砂、生龙骨、生牡蛎等。

2.4 惊痫

有惊恐史。平素胆小，常因受惊后诱发癫痫发作。发病前有恐惧感、高声惊叫等先兆。病轻者意识朦胧，做无意识的动作，如咀嚼、吞咽、摸口袋、脱衣服，或无目的地走动、转圈；病重者则倒仆，神志丧失，肢体抽搐等。舌边尖红，苔白或微黄，脉弦或沉细。治宜滋养肝肾，镇惊安神。方用大补元煎加煅磁石、朱砂、石菖蒲、远志、法半夏等。

2.5 虚痫

平素面色㿠白或萎黄，头晕目眩或腰膝酸软，失眠多梦或少气懒言，食少纳呆等。发作时神志昏愦，双眼半开半合，四肢颤动，抽搐无力，大小便失禁；或两眼发楞，呆木无知，不语不动，或频频点头举手，瞬间即过。舌质淡、舌边尖有齿痕、苔白或白腻，脉沉细而弱。治宜滋养肝肾，补益心脾。方用左归丸加党参、白术、紫河车等。

2.6 瘀痫

平素头昏痛，常由阴雨天或天气变化，寒冷诱发癫痫病发作。多有脑外伤、产伤、颅内感染、脑肿瘤或脑血管畸形等病史。发作时突然昏倒，不省人事，口吐涎沫，全身（或半侧）肢体抽搐（抽搐形式和部位比较固定）。亦有个别仅表现为剧烈头痛，或局部肢体麻木、抽搐。舌质紫黯或有瘀点，脉偏涩。治宜活血通瘀，熄风解痉，佐以豁痰开窍。方用补阳还五汤加全蝎、蜈蚣、僵蚕、天麻、石菖蒲等。

2.7 郁痫

有忧郁、悲哀、恼怒等病史，常由心情不愉快诱发。发病前突感头昏、头痛或腹痛。发病轻者突然失神，面微赤，呆视，或面部抽动，或双手轻微抖动；重者昏倒，不省人事，四肢抽搐，口吐白沫，发作后头顶及两侧太阳穴昏痛。舌质红，苔薄黄，脉弦数。治宜疏肝解郁，清肝泻火，豁痰开窍。方用丹栀逍遥散加明矾、郁金、胆南星、石菖蒲等。

3 注意夹杂症候

从长期的临床实践中曾俊辉认识到，癫痫病治疗期间，患者的饮食、睡眠、大便、情志对治疗效果的影响非常密切。若发生食少纳呆，或失眠，或大便秘结，或情志不舒，其中任何一个夹杂症候，均可致癫痫病频繁发作、病情加重。为此，在治疗过程中，一旦出现上述夹杂症候，应及时作出以下处理。①食少纳呆，治宜益气健脾，方用四君子汤加麦芽、大枣、山楂等。②失眠神疲，治宜补益心脾、养心安神，方用归脾汤加五味子、柏子仁、龙骨、牡蛎等。③大便秘结，治宜顺气导滞，方用六磨汤去沉香、木香，加厚朴、当归、火麻仁。④情志不舒，治宜疏肝解郁、清肝泻火，方用柴胡疏肝散去川芎、甘草，加佛手、丹皮、栀子。

4 病案举隅

案1 陶某，男，28岁。1997年10月3日初诊。患者于8年前因邻居家被盗，被错疑，甚感委屈、心情非常痛苦，4天后突然昏倒，不省人事，四肢抽搐；发作前常有头昏、心慌。每年发作3~4次，每次3~5分钟。近年来发作频繁，每月4~6次，抽搐时间略有增长。1995年4月曾在某精神病医院作脑电图检查，结果为中~重度异常脑电图，诊断为癫痫病。患者平时多愁善感，易躁易怒，精神不愉快时可立即诱发癫痫发作。舌质红、苔薄黄，脉弦数。辨证为郁痫。治法：疏肝解郁，泻火化痰开窍。方用：柴胡15g，白芍30g，郁金15g，香附12g，胆南星15g，法半夏15g，栀子10g，石菖蒲20g，枳壳15g，甘草10g。水煎服，1剂服2日。服此方16剂后，发作基本控制。嘱患者每月用上方3剂研细末，分为60小包，每日早晚各用温开水服1小包，连服10个月。停药后，随访7年余，未见复发。

案2 杨某，男，37岁，1998年10月16日初诊。患者于3年前因修建工作不慎从3楼上跌下，左额颞先着地，当即昏迷，经某市医院检查，诊断为左额颞粉碎性骨折，重度脑挫裂伤。经抢救7天后患者神志渐清醒，病情日趋好转。但伤后7个月，病者突然昏倒,不省人事,两目上视,四肢抽搐(右侧为甚),口吐涎沫,约10多分钟后神志清醒,每月均有类似发作4~6次。曾经某医学院神经科检查,诊断为外伤性癫痫,用苯妥英钠、安定治疗两年多病情无好转,故来曾俊辉处就诊。患者常因阴雨天或气温下降诱发癫痫发作,舌质紫黯,脉涩。辨证为瘀痫。治法:活血通瘀,定痫止痉。方用:黄芪60g,归尾15g,赤芍12g,川芎15g,桃仁12g,红花12g,水蛭5g,金蝎6g,僵蚕10g,地龙10g,天麻10g,生南星15g,法半夏15g,石菖蒲20g。水煎服,1剂服2日。服上方15剂后,癫痫发作完全控制。嘱按上方3剂共研细末,分为60小包,用丹参30g煎汤,每日早晚各冲服1包,续服8个月。经随访6年多,未见本病复发。(曾国洋)

曾升海临床经验

【名老中医简介】曾升海(1952~)主任医师,教授,硕士生导师。陕西中医学院宝鸡附属医院消化内科主任。中国中西医结合消化病学会委员,陕西省中医药学会理事,第三批全国老中医药专家学术经验继承工作指导老师。陕西省名中医。从事中医内科工作30余年,擅长治疗胃肠病、肝胆病、糖尿病。

临床经验

慢性泄泻

1 治泻重在健脾化湿

《景岳全书·泄泻》云:"泄泻之本,无不由乎脾胃,盖胃为水谷之海,而脾主运化,使脾健胃和,则水谷腐熟而化气化血,以行营卫。若饮食失节,起居不时,以致脾胃受伤,则水反为湿,谷反为滞,精华之气不能输化,致合污下降而泻利作矣。"脾虚则水谷不化,聚而为湿,清阳不升,合污下流,发为泄泻。泻久而脾气更伤,脾虚又更生湿致泻,两者互为因果,乃至在此基础上,变生湿热、血瘀、食滞等诸邪。可见,慢性泄泻必以脾虚生湿,健运无权,或在脾虚的基础上,因肝气乘脾或肾阳不能助脾腐熟水谷所致。因此脾虚有湿为泄泻之本。故曾升海强调,健脾化湿之法,当为治泻第一要旨,不仅应体现在慢性泄泻的不同证型中,亦需贯穿于治疗之始终,因澄原方能清流,诸邪失去了其赖以生存的病理基础则难以为患。在此基础上,他创制了土苓仙草汤,主要药味为炒苡仁30g,炒白术、炒山药各24g,土茯苓、仙鹤草、炒白芍各20g,党参15g,白豆蔻、煨葛根各9g,砂仁、升麻各6g。在此基础上,若兼邪实,则适当佐以疏利、芳化之品,药不宜多,取其一二即可,以免再伤脾胃,而犯虚虚之戒。

2 治泻不忘疏肝

平素脾胃素弱,复因情志影响,忧思恼怒,精神紧张,以致肝气郁结,横逆犯脾,运化失常,而成泄泻。正如《景岳全书·泄泻》所说:"凡遇怒气便作泄泻者,必先以怒时挟食,致伤脾胃,故但有所犯,即随触而发,此肝脾二脏之病也。盖以肝木克土,脾气受伤而然。"临证之患者,主要发病原因为情志失调,肝郁不达,肝气横逆乘脾,导致肝脾不和,引起肠道气机不利,传导失司所致。主要表现为泄泻发作常与情志因素有关,胸胁胀闷,嗳气食少,腹鸣攻痛,腹痛即泻,泻后痛减,矢气频作,舌淡红,脉弦。治疗时在扶脾化湿的基础上,要注意疏肝理气,多加用白芍、陈皮、玫瑰花、木香、乌药等药味,使肝气畅,则脾胃自健。

3 治泻不忘温肾

因泄泻脾虚为本,久必及阳;或年老体衰,阳气不足,或素禀阳亏,脾失温煦,运化失常,均可导致泄泻。《景岳全书·泄泻》指出:"肾为脾关,开窍于二阴,所以二便之开闭,皆肾脏所主,今肾中阳气不足,则命门衰,……阴气极盛之时,则令人洞泄不已"。而临证之患者,多于秋冬季节或夏季过食冷饮、久居空调低温环境,或过用苦寒之品后,症状加重,大便溏薄,多挟白色或黄色黏液,腹痛温熨则舒,畏寒怕冷,舌质淡胖,边有齿痕,脉濡细或沉。虽然在症状变化之初,部分患者还有表现为泻下臭秽、舌苔腻等一派湿重郁而化热之象,然此时若重投清化,一味以霍香、佩兰、黄芩、黄连等,往往收效不显,而仍需求本达源,立法温补,或温脾暖土,或补火生土,俟脾阳振则湿浊化,湿浊化则郁热自除。药用炮姜、附片、肉桂、吴萸、补骨脂、肉豆蔻、益智仁等,并可少予香连丸反佐以制温燥之性。在治疗慢性泄泻过程中,只要不是急性发作,亦可少佐收涩药一、二,如芡实、五味子、乌梅、米壳等,常可收耗散之气以助温补之力。

4 治泻不忘补肺

对于慢性泄泻,尽管中医常法多以脾虚湿盛为治,或佐以疏肝、温肾之法为治,但亦有不应之时。

曾升海则多以从肺论治，另辟蹊径，适当佐以补肺之品，临床上多获良效。他认为脾胃虚弱，土不生金，致肺气虚弱，治节不伸，气化不展，降下无权，致肠道传化失常，加之肺与大肠相表里，主输布津液，肺卫失固，津液不归正道，下渗肠间亦可出现腹泻，因之患者亦多兼有肺脏虚弱之征。临床上多表现有怯风恶寒，饮食不受，腹痛隐隐，喜按喜暖，舌质淡苔薄白，脉沉细者，宜加用益气补肺、固卫祛风之法，治疗上在健脾化湿的同时，加用玉屏风散、补肺汤等，常获良效。

5 治泻不忘调护

疾病三分治疗，七分调养，泄泻尤其如此。患者宜安静卧床休息，不宜过劳及多虑多思，或暴怒抑郁，避免风寒暑湿，尤不可受凉，注意保暖，必要时用热水袋热敷腹部。饮食宜吃富有营养之清淡软食，谷类可吃苡仁粥、粟米粥、白山药粥、白扁豆粥，蔬菜宜吃生姜、大蒜等；肉类如黄雄鸡肉、猪肾、猪肠等；虚寒患者，果类可予大枣、栗子、乌梅、石莲等。饮食当忌粘滑油腻以及硬固不易消化之物。虚寒患者忌食生冷水果等等，如此配合才能达到提高疗效，恢复健康的目的。

6 典型病案

王某，男，56岁。1995年结肠镜诊断为“慢性结肠炎”，10年来反复左腹部及左下腹部疼痛，大便溏薄，挟有少许黏液，1天2～3次，服用中成药或西药可暂时取效，然停药后常因饮食不慎或情绪变化而反复。感觉腰困畏寒，舌淡边有齿痕，脉细濡。辨证属脾虚湿盛，先于健脾化湿，疏肝理气为法。方药：炒苡仁30g，炒白术、炒山药各24g，土茯苓、仙鹤草、炒白芍各20g，党参15g，台乌药12g，煨葛根、白豆蔻各9g、砂仁、升麻各6g。服药1周，腹痛减轻，便次1天1～2次，质偏软，仍感腰困，大便偶有少许白色黏液，食纳差。在上方基础上加以温肾暖脾之制附片9g，炮姜炭6g。服药6剂，诸症消失，效不更方，守方继服半月而愈。（侯铁虎 安卫红）

脂肪肝

1 肝气郁滞、气滞痰浊、瘀血内结是脂肪肝发病的重要病机

曾升海在多年临床实践中，观察到脂肪肝发病后部分患者无自觉症状，但相当一部分患者其症状不仅表现出肝脏肿大、右胁不适或疼痛、压痛，常随情绪而起伏，身乏困，舌紫暗、苔白厚腻，脉弦滑等以肝本脏为主的症状、体征，同时出现胸胁不适、蜘蛛痣、胆石症、胸闷善太息等肝经的病变及肥胖、脘腹胀满、纳差、恶心呕吐、身重乏力、便溏等肝木横克脾（胃）土的表现。因此，肝气郁滞、痰浊内蕴、瘀血内结是脂肪肝发生发展的重要病机。其病位主要在肝，包括其经，涉及脾胃。绝大多数患者表现以邪实为主。肝为五脏之一，位于腹部，横膈之下，右胁之内，为魂之处、血之藏、筋之宗。肝属木，性喜条达，主动、主升。肝以血为体，以气为用，故有“体阴而用阳”之说。其主要生理功能是主疏泄、主藏血。其疏泄功能正常则气机调畅，气的升降出入运动正常，气血和调，经络通利，五脏六腑的活动也就正常和调，脾胃的运化功能也得以正常进行。肝的调节血量是以贮藏血液为前提的，而将藏于肝内之血输布于外周又须依靠肝的疏泄功能，所以《血证论》说：“以肝属木，木气冲和调达，不致遏郁，则血脉通畅。”故气血运行通利，五脏六腑经络功能正常，情志舒畅，血有所藏，魂有所舍，那么痰浊、瘀血等病理产物也就无从生成、不能积聚于肝，脂肪肝之疾亦无从得之。人身之病多由于郁，元·王安道在《医经溯洄集·五郁论》中说：“凡病之起也，多由乎郁，郁者滞而不通之义。”朱丹溪在《丹溪心法·六郁》中说：“气血冲和，万病不生，一有怫郁，诸病生焉，故人身诸病，多生于郁。”正常时肝主疏泄，调畅全身气机和情志，影响脾之运化和胃之受纳，且司藏血和调畅血行之职。若因饮食失节、过食肥甘厚味或饮酒过度，致痰湿酒毒内蕴，或情志失调、肝气郁滞，或年老体衰、病后体弱、正气不足、肝体失养或脾胃失健、土壅木郁，或他病及肝等等原因，均可影响肝的正常生理功能。而肝喜条达疏畅，更忌怫郁，失调则最易肝气郁滞。肝气郁滞则肝脏气血津液皆受其害，其为病繁杂，变证多端，为百病之始，诸郁之首。由于津液的输布代谢，亦有赖于气的升降出入运动，因此，气机的郁结，会导致津液的输布代谢障碍，从而产生痰、水等病理产物，加之肝的疏泄功能正常与舌和脾胃的运化功能密切相关，肝气郁滞，脾失健运，水湿不化，痰浊则生；同时，肝以血为体，以气为用，气郁不达，气病及血，加之痰浊内阻，亦影响气血运行，如此循环往复，形成恶性循环，终致气滞痰阻、血瘀积聚于肝，从而形成脂肪肝。

2 护肝降脂汤治疗脂肪肝的原理和依据

曾升海根据脂肪肝之原因病机，结合临床经验，提出疏肝解郁、燥湿化痰、活血化瘀、消积除满为治疗脂肪肝的基本治疗大法。疏肝解郁即疏通肝（经）气机之郁滞，配合燥湿化痰、活血化瘀法的应用以及针对不同患者特殊病机采取恰当的辨证论治，使得

气郁得解，痰浊得除，瘀血得行，积聚得散，终归肝气条达，疏泄正常，气血津液得以正常输布运行，脏腑、经络、组织、器官的功能得以正常运转，从而达到疾病好转，最终痊愈的目的。

曾升海根据基本理论并结合宝鸡地区特点，创立护肝降脂汤，基本方主要由柴胡12g，红石耳、生山楂、丹参各15g，决明子、黄芪各20g组成，用以治疗肝气郁滞、痰浊内蕴、瘀血内结为主要病机的脂肪肝。临床一般常见肝肿大、胁肋疼痛或不适、恶心纳差、呕吐、困乏、脘腹胀满、大便溏而不爽，舌质紫暗苔、白厚腻，脉弦滑等症状体征。方中柴胡味苦、辛，性微寒，归肝、胆经，善条达肝气而疏肝解郁，是解肝郁、舒肝气要药；红石耳系秦岭太白山特色中草药，味甘淡微苦，性平无毒，有健脾消积、克食利水、宽利胸胁、消胀除满之功，还具有补虚、通二便之作用。两药合而为君，一解肝郁，一解痰浊，共奏疏肝化痰之功。现代药理研究表明，柴胡、红石耳均可降低血浆胆固醇和甘油三酯，纠正脂质代谢紊乱，并有抗肝损伤的作用。决明子甘苦微寒，能清肝通便，使肝郁得解，浊邪从二便去除，山楂归脾、胃、肝经，有消食化积、活血散瘀之功，《随息居饮食谱》谓之能"醒脾气，消肉食，破瘀血，散结消胀，解酒化痰，除疳积，止泻痢"，且山楂之性平和，李东垣《珍珠囊》中指出其"消食积而不伤于刻，行气血而不伤于荡。"丹参，归肝、心经，善治瘀血所致包块，有缩小和软化肝脾作用。现代药理研究发现丹参能减轻肝细胞坏死，促进肝细胞再生，抑制Ⅲ型胶原合成。以上三药共为臣药，既能助君药疏肝解郁、理气化痰，又能加强活血祛瘀之力，且有一定散结止痛之功，诸药合用，君臣相助，药力更加精专。现代药理研究证实，山楂的不同提取部分对不同动物造成的各种高脂模型均有较为肯定的降血脂作用，全药能明显降低血清胆固醇、甘油三酯、低密度脂蛋白和极低密度脂蛋白，并能减少胆固醇及胆固醇脂在动脉壁的沉积，与决明子、泽泻同用，则降低血清胆固醇、载脂蛋白—B作用更为明显。脾胃乃至人体后天之本，气血生化之源，水谷精微转化敷布之枢纽，脾虚则可致痰湿内停、气滞血瘀，故方中又加用黄芪，既能补肝益气升陷，又能温阳健脾利水，与决明子配伍，一升一降，条达肝气，气机条畅则痰、湿、食、郁、瘀亦易消解，是为佐药。现代药理研究证明黄芪可直接减少内源性甘油三酯的形成，黄芪还能保护肝脏，抗肝细胞坏死，防止肝糖元减少；黄芪配伍丹参能起到减轻肝脏损伤，减慢肝脏纤维化进程，提高机体免疫力之作用。全方配伍，相得益彰，相辅相成，配伍精当，并紧紧围绕肝郁、气滞、痰浊、瘀结的病机关键，且药少而力专，直达病所。

临床若遇郁而化热者，可酌加茵陈、虎杖、大黄等以增强清热化湿之力；痰湿较重者加陈皮、法半夏、菖蒲等以增强涤痰化浊之功；肝郁明显可加元胡、川楝子、郁金等有增强行气解郁止痛之力；脾胃虚弱者加茯苓、白术、党参等以增强健脾和胃之功；瘀血重者加莪术、桃仁、红花等以增强活血化瘀之力；肾虚者加杜仲、桑寄生、续断等以增强补肾气、强腰膝之力等。另外，曾升海根据中医辨证论治并结合现代医学的研究成果，对肥胖、血脂较高的患者，要求清淡饮食、加强锻炼、适当减肥等方面进行调理，同时在处方中适当加入有明显降血脂的中药，如绞股蓝、荷叶、泽泻、银杏叶等，或配合一些降血脂的西药。因人而异，因病制宜，辨证论治，则疗效更佳。（侯铁虎）

遣方用药

脾胃病药对

1 白术配苍术

白术甘缓苦燥，气味芳香，功善补气健脾。如陈修园曰："此为脾之正药也。"《本草汇言》云："白术乃扶植脾胃，散湿除痹，消食除痞之要药也。脾虚不健，术能补之；胃虚不纳，术能助之。"苍术辛香燥烈，走而不守，健脾胃以燥湿，除秽浊以悦脾。《药性赋》云："苍术治目盲，燥脾去湿宜用。"《本草纲目》云："治湿痰留饮……及脾湿下注，浊沥带下，滑泄肠风。"二药合用，有补有泻，乃健脾燥湿之常用配伍。曾升海认为，饮食失宜，劳倦过度，情志内伤等等，均可致脾胃受伐，纳运失常，化湿生浊，聚饮生痰，在病理上常既有脾胃受伤虚损之一面，又有湿浊内阻壅盛的一面。临床多见患者纳差，食后腹胀，脘闷呕恶，四肢乏力，舌苔厚腻。此时，治本须补脾，治标当燥湿，而白术偏补，苍术偏燥，两者相伍可达补脾益气以泄湿浊之有余，燥湿运脾以补脾气之不足，临床可依其脾虚与湿盛之偏重而适量运用。

2 青皮配陈皮

青皮苦辛温，入肝胆气分，辛散温通，苦泄下行而奏疏肝理气之功。《本草纲目》云："治胸膈气逆，胸满，小腹疝痛，消乳肿，疏肝胆。"《本草图经》云："主气滞，下食，破积结及膈气。"陈皮辛苦温，辛行温通入肺脾气分，有健脾和中之功。《药性赋》云："橘皮开胃去痰导壅滞之逆气。"《本草纲目》云："疗呕哕反胃嘈杂，时吐清水。"二药伍用青皮行气于左，陈皮理气于右，青皮疏肝，陈皮调中，二者合用乃肝脾同治之常用组合。曾升海认为脾胃居于中焦，通连上下，是升降运动的枢纽，其升上输心肺，降则下归肝肾。然其有赖于肝气的疏泄和条达，即经云"土得木而达"，可见两者关系之密切。如若情志抑郁，肝失疏泄则影响脾之运化，多致木郁土壅；或脾失运化，湿阻气机，进而影响肝之疏泄，而成土壅木郁之势，虽发病之源不同，但临证每见肝脾同病。患者多表现为两胁不舒，胸腹满闷，胃脘胀痛，每遇恼怒或不顺之事则加重，而将两药相合，疏木与和中同施，既可畅肝气，又可调脾胃，其量临床可据发病之源灵活运用。

3 枳实配厚朴

枳实苦辛微寒，气香味厚，性勇猛，善破气除痞，消积导滞，兼以行气化痰。《药品化义》云："枳实专泄胃实，开导坚结，故主中脘以治血分，疗脐腹间实满，消痰癖，祛停水，逐宿食，破结胸，通便闭，非此不能也。"厚朴苦辛温，归脾、胃、肺、大肠经，有燥湿、行气、消积之功，但尤以行气滞、散实满、燥湿浊见长，其既能下有形之实满，又能下有形之湿满。《别录》云："消痰下气，疗霍乱及腹痛胀满。"曾升海认为，枳实破气化痰消痞性偏寒，厚朴祛湿消胀除满性偏温，二药配伍，虽性相反但均能理气而功相似，一寒一温，相得不偏。临证对寒热互结中焦，气机不利郁而痞塞不通所致心下痞满而不痛，或呕吐，肠鸣下利，舌苔腻而微黄者效佳。推其理，郁而痞塞不通非辛不开非苦不降，寒非温不散，热非寒不清，而将二者相合则能宣能开，能泄能降，气机斡旋，寒热并调，运化中州而痞满除。

4 莱菔子配决明子

莱菔子辛甘平，善入脾、胃、肺，能消食除胀，降气化痰。如《滇南本草》谓："下气宽中，消膨胀，攻肠胃积滞，消痞块，单腹痛。"《张锡钝医方精要》中所载一味莱菔子汤其方论有"莱菔子，其力能升能降，……究之无论或生或炒，皆能顺气开布，消胀除满，此乃化气之品"；决明子，甘苦咸，微寒，入肝、肾、大肠经，有润肠通便之功。曾升海认为，《素问·灵兰秘典论》中云："大肠者，传导之官，变化出焉。"说明大肠的主要生理功能是传化糟粕。然其又是胃降浊功能之延续。现今社会变迁，科技发展物质生活极大丰富，但生活节奏却已非昔日之能比。这就出现一面嗜食肥甘，缺乏运动，此多致气机郁滞，积滞内停；另一面精神紧张，思虑过度多致阴血暗耗，肠道失润，而多有便秘之患，临床上患者多见糟粕内停，不得下行，或欲便不出，或出而不畅，或大便干结，便下困难。而将两者合用，莱菔子能使胃气得降，气机调畅，决明子辅以润肠，则大便能按期而下。如对年老气弱者辅以益气之品则下气通便而无伤正之虞，补气培本无壅滞之嫌。临床运用得当，效如桴鼓。

5 大黄配升麻

大黄苦寒，归脾胃大肠经，功能泻下攻积，清热泻火。如《本经》云："下瘀血，血闭寒热，……荡涤肠胃，推陈致新，通利水谷。"《药品化义》："大黄气味重浊，直降下行，走而不守，有斩关夺门之力，故号将军。"升麻辛甘体轻升散，善引清阳之气上升而为升阳举陷之要药。《本草纲目》云："消斑疹，行瘀血，治阳陷眩晕。"《神农本草经读》有："凡物纹如车辐者，皆有升转循环之用。……而升麻更觉空通，所以升转甚捷也。"而两药相伍，虚实同治，升降兼备，相反相成。曾升海认为，脾胃之关系如唇齿之相依，皮毛之相附，密而不可分，如《素问·太阴阳明论》云："脾与胃以膜相连。"故临床中未见脾病而胃不病，胃病而脾不病者，往往兼见同病。经又云："实在阳明，虚在太阴。"《临证指南医案》谓："胃宜降则和，脾宜升则健。"由此即知胃有病多为滞而不降之实，脾有病多为陷而不升之虚，论治须针对中焦脾胃病理特点，升降同调，通补兼施。临床对患者表现为：恶心呕吐，胃脘部痞满，口苦，纳呆，四肢困乏，头晕，舌淡而苔黄腻，大黄取 3 g，升麻取 5 g，能降能升，能泄能补，多能痊愈。（张志刚）

曾学文临床经验

【名老中医简介】曾学文（1936～）江苏盐城人。主任医师。1956 年毕业于南京医士学校。原江苏省盐城市中医院心内科主任。盐城市中医药学会副秘书长，盐城市中西医结合学会副理事长，江苏省中医药学会心血管专业委员会副主任委员，江苏省中西医结合学会理事、心血管专业委员会副主任委员，江苏省名中西医结合专家。第三批全国老中医药专家学术经验继承工作指导老师。主编《心脏病证治》，合编《中医内科学》，编审《心系论》（曾学文学术经验集）等著作 5 部，发表论文 40 多篇。

临床经验

冠心病

1 辨病机,气虚为本,与血、水、厥互为关连

冠心病属祖国医学"胸痹"、"心痹"、"真心痛"等范畴。其病机多为本虚标实、虚实夹杂。曾学文认为本病主要病机以气虚为本,与血、水、厥密切相关,这种病理演变关系早在《内经》中就有论述:"心主身之血脉","心藏血脉之气也","宗气不下,脉中之血,凝而留止"。他指出气血之间的病理改变是冠心病病理变化的一个重要组成部分。《金匮要略》更进一步指出:"血不利则为水",描述了"心水者,其身重而少气,不得卧,烦而躁,其人阴肿"的症状。这些论述,揭示了冠心病由气及血、由血及水,病由浅入深、由轻转重的自然发展过程。因此曾学文认为:冠心病最初阶段都是以"心气虚"为其特征,如心悸少气、胸闷隐痛、乏力自汗等。气行血行、气虚血滞,病至中后期,除心气虚见证外,无不出现心胸憋闷、动则胸痛、唇舌紫绀的"心血瘀"证;"血不利则为水",乃至渐见心慌浮肿、屡发心痛、不得平卧的"心水肿"证,最后导致心乱气微、剧痛难忍、汗出肢冷的"心厥脱"证。通过多年的临床观察和探索研究,曾学文提出冠心病病理、生理改变与临床证候演变普遍存在着一条客观的自然发展规律,即:心气虚—心血瘀—心水肿—心厥脱这个演变规律。若厥脱发生于气虚证或血瘀证之后,谓之"直中"。以示病情之急剧变化。根据人体正气、致病邪气、治疗措施等多种因素,这个规律既可顺传,又可逆转,但气虚贯通于病之始终,好转则气虚逐渐减轻,恶化则气虚愈来愈重。气虚及阳,重则导致气阳厥脱;血瘀随着气虚阳虚而变化,水肿又随着气阳虚和血瘀而变动。

2 论治法,益气为先,兼顾养阴、温阳、活血、利水

在长期的临床实践中,曾学文认为心以气为本,血为标,阴为体,阳为用,对各种类型的冠心病,根据气、血、水、厥的演变规律,进行分型辨治、加减用药,每收良效。

2.1 心气虚证

证见心悸少气,胸闷隐痛,倦怠乏力,神疲自汗,健忘多梦,过劳则重,舌淡脉弱。治拟益气养阴、宽胸安神。自拟益心气方:党参 10g,黄芪 20g,麦冬 10g,玉竹 12g,瓜蒌皮 10g,薤白头 10g,桂枝 5g,当归 10g,炒酸枣仁 10g,柏子仁 10g,五味子 5g。

2.2 心血瘀证

证见心痛憋闷,气短乏力,唇甲紫绀,脘胁胀满,纳呆食少,不耐劳累,舌紫脉涩。治拟益气活血、通络化瘀。自拟活心血方;党参 15g,黄芪 30g,玉竹 10g,桂枝 10g,丹参 30g,川芎 10g,香附 10g,黄玉金 10g,当归 12g,山楂 20g,益母草 30g。

2.3 心水肿证

证见心慌气急,时发胸痛,不得平卧,皮肤青紫,腹大跗肿,小便短少,舌胖脉数。治拟益气温阳、化瘀行水。自拟利心水方:人参 10g,黄芪 40g,玉竹 12g,桂枝 10g,制附片(先煎)10g,当归 10g,川芎 10g,白术 10g,葶苈子(包)30g,猪苓 30g,泽泻 30g。

2.4 心厥脱证

证见心乱气微,卒然心痛,大汗淋漓,四肢厥冷,躁动不安,口唇紫绀,舌青脉微。治拟益气固脱、回阳救逆。自拟救心厥方:人参 15g,黄芪 50g,玉竹 12g,龙骨(先煎)30g,牡蛎(先煎)30g,内桂 10g,制附片(先煎)10g,干姜 10g,当归 15g,熟地 20g,山萸肉 12g。

3 典型病案

陈某,男,58 岁,1988 年 2 月 27 日入院。高血压病史多年。近日由于情绪激动,当晚 6 时许突感胸骨后及两侧绞痛难忍,伴见气急气喘,咳吐白沫样痰,坐卧不安,焦虑恐惧,身出冷汗,四肢发凉。检查:心率 130 次/分,律齐,肺部有湿罗音。心电图提示:急性广泛前间壁心肌梗死。当即服冠心苏合丸 2 粒、硝酸甘油 0.5mg。2 小时后胸痛逐渐缓减,呼吸亦趋于平稳,心率 112 次/分,肺底部湿罗音减少。精神倦息,气短自汗,胸闷作痛,口干肢冷,舌质紫暗、苔白腻,脉细涩。证属气阴两虚、胸阳痹阻、心脉瘀滞。拟方益气养阴、宣痹通阳、活血化瘀。药用:黄芪 30g,太子参 12g,麦冬 12g,元参 15g,五味子 5g,瓜蒌皮 12g,薤白 12g,桂枝 5g,丹参 30g,赤芍 10g,川芎 10g,红花 10g,醋香附 10g。药后次日心绞痛未作,查血压为 19.5/11.5kPa,心率 90 次/分,心律不齐。心电图检查有多源性室性早搏。仍服原方,并配合西药利多卡因 100mg 静脉推注,继以 400mg 加入 10% 葡萄糖液 500mL 静脉滴注,2 日后一般情况较好,再以上方出入加减,住院 2 月,心率 84 次/分,律齐,心电图明显改善。随访 2 年病情稳定未发。

按 经云:"真心痛,手足青至节,心痛甚,旦发夕死,岁发旦死"。患者气阴两虚、胸阳痹阻、虚实夹杂,有阴竭阳脱之虑。本方以生脉散益气复脉,瓜蒌皮、薤白、桂枝通阳化气、温经通脉,丹参、赤芍、川芎、红花活血化瘀疏通血脉。诸药相伍,故起沉疴。(阮宗武)

医方验方

利心水汤

方药：人参10g，黄芪40g，当归10g，川芎10g，玉竹12g，桂枝10g，制附子10g，白术10g，葶苈子30g，猪苓30g，泽泻30g。

功效：益气强心，活血通脉，滋阴安神，温阳利水。

主治：慢性心功能不全“心水证”：心悸气短，动则自汗，劳则喘促，乏力尿少，上腹胀满，不能平卧，唇指青紫，足踝浮肿，舌胖脉数等。

用法：加水适量，小火慢煎，头煎2小时以上，2煎、3煎至1小时，每日服药3次，7至10日为1疗程。可连续服用2～3个疗程。儿童药量酌减，孕妇忌服。

加减：高心病加天麻、菊花、钩藤、夏枯草；冠心病加丹参、赤芍、郁金、延胡；肺心病加杏仁、贝母、桔梗、桑白皮；风心病加防风、防己、羌活、独活；心肌炎加大青叶、银花、连翘、黄芩；心律失常加酸枣仁、柏子仁、茯神、远志。

方解：人参、黄芪益气强心，当归、川芎活血通脉，玉竹滋阴安神，桂枝、制附子温经通阳，白术健脾化湿，葶苈子泻肺去饮，猪苓、泽泻利水消肿。全方药物在其具有益心气、活心血、滋心阴、温心阳、安心神为主的基础之上，适加化湿去饮消肿之品，起到了利心水之功效。用药符合中医心脏病病理生理“心以气为本，血为标，阴为体，阳为用，神为安，水为变”的基本特点。

曾章超儿科经验

【名老中医简介】曾章超（1943～）教授，主任医师，硕士生导师。毕业于福建中医学院。原任福建中医学院附属人民医院儿科主任。中国中医高等教育儿科学会理事长，中国中医儿科学会理事，福建省中医儿科学会主任委员。享受国务院政府特殊津贴。第三批全国老中医药专家学术经验继承工作指导老师。课题荣获省、厅级科技成果奖8项。出版《实用儿科临床手册》《古今中医儿科实用效方》等著作；发表论文近70篇。

学术经验

1 咳 嗽

曾章超注重小儿咳嗽的病机特点和辨证，提出咳嗽的重要病机是肺气失宣。在临床上急性咳嗽多由外感所致，其辨证除风寒咳嗽、风热咳嗽、痰热咳嗽外尚有寒热未明这一过渡证型。该证型在临床上较多见，表现为轻咳少痰、喷嚏、流涕、二便正常、脉浮、舌淡红、苔正常等。治宜疏风宣肺、理气化痰，并自拟辛平轻剂—前杏蝉薄汤加减（前胡、蝉衣、苦杏、薄荷、陈皮、半夏、枳壳、牛蒡子、甘草）。对于慢性咳嗽，尤其是咳嗽变应性哮喘，曾章超认为其类同中医“哮喘”病因病理，并提出其治疗方法可与哮喘一致。采用清热化痰、宣肺通阳，方以小青龙汤或麻杏石甘汤加减。同时在治疗外感咳嗽中曾主任强调不可过早应用敛肺镇咳之品。根据小儿生理病理特点应着重疏风宣肺、化痰、健脾、理气，这是治疗成败的关键。

案1 林某，女，4岁，咳嗽2天，咳不剧，无痰，伴喷嚏，无发热、鼻流涕等，二便自调，舌淡苔薄，脉浮。此为外感初起，风邪袭肺，肺气失宣所致咳嗽，无明显寒象或热象，属寒热未明之咳嗽证，故治宜疏风散邪，轻宣肺气，投以辛平轻剂—前杏蝉薄汤加减。前胡5g，苦杏6g，蝉衣4.5g，薄荷4.5g，枳壳6g，牛蒡子9g，法半夏9g，甘草3g。2剂后，患儿咳嗽明显减轻，但咳时有痰，故守前方加浙贝、桔梗、橘皮化痰，复2剂后诸症悉除。

2 腹 泻

曾章超做到辨证精确，巧用八法。他将腹泻分为寒、热、虚、实四类，并根据病人症状，舌脉，指纹将腹泻辨证为湿热泻、伤寒泻、寒湿泻及脾虚泻等证型。在临床上他紧紧抓住“湿”这一腹泻的重要病机而提倡“分利升提”是治疗腹泻的主要方法，根据腹泻不同证候分别配合疏风清热、消食、导滞、温中、益气健脾、收敛止泻的方法。其治疗腹泻寓消于补，祛邪不忘顾正，常攻补兼施，标本兼顾，临床得心应手，每每显效较快。其中理中汤、五苓散、异功散、葛根芩连汤、七味白术散、参苓白术散、平胃散是他治疗小儿腹泻常用方，而在腹泻的中医治疗中巧妙应用收敛剂、固涩药，可以起到事半功倍的效果，也是曾章超治疗小儿腹泻的一大特色。

案2 刘某，2岁，男，排稀便3天伴发热，腹泻10次/日，为水样便，口渴，喜冷饮，发热体温38.5度左右，小便短赤，舌质红，苔黄腻。中医辨证属湿热泻，予以清热利湿。葛根9g，黄芩3g，黄连3g，车前子10g，茯苓10g，泽泻9g，甘草3g，野麻草10g，煮半夏

9g。服上方2剂，热退泻减轻，加淮山再服2剂泻止。

按 方中葛根、黄芩、黄连能解肌退热燥湿；野麻草能清热解毒；车前子、茯苓、泽泻淡渗利湿，有“利小便，以实大便”之意。此型病例临床多见。只要不是脱水严重，均可采用清热解毒与分利相结合的治疗方法，效果很好。后期多用健脾利湿之剂，而去掉清热解毒之品。

案3 陈某，2岁，男。腹泻2个月，7－8次/日，淡黄色稀糊状，面色苍白，神倦，脉缓，苔白腻。中医辨证属脾虚泻，予以健脾升阳止泻。党参10g，白术10g，茯苓10g，白扁豆10g，草蔻2g，炮姜6g，山药10g，升麻3g，石榴皮9g。服上方10剂，泻减。继进健脾益气之剂，约1个月后痊愈。

按 本方能健脾化湿。党参、白术、茯苓、山药、扁豆补气健脾利湿；草蔻、炮姜温中燥湿止泻；升麻升清脾气；石榴皮止泻兼有清热作用。

3 血尿证

曾章超善于抓住证候特点，理法方药丝丝入扣，相得益彰。他提出从热、瘀、虚来论治血尿。临证尤其重视血尿的病因、病机、病性。热有风热、湿热、热毒；虚有气虚、阴虚、气阴两虚。其对以血尿为主要症状的常见病如IgA肾病、过敏性紫癜性肾炎的中医治疗别具风格，疗效卓著。他将IgA肾病临床分为热毒型、肺脾气虚型、肝肾阴虚型、气阴两虚型。热毒型治以清热解毒，凉血止血，药用银花、连翘、黄芩、牛蒡子、白茅根、紫珠草等；肺脾气虚型治以健脾益气，佐以活血化瘀，药用党参、茯苓、白术、生地、当归、黄芪等；肝肾阴虚治以滋肝补肾，佐以活血化瘀，药用生地、龟版、女贞、旱莲、蒲黄、桑寄生等；气阴两虚治以益气养阴，活血化瘀，药用太子参、山药、白术、女贞、丹皮等。对于IgA肾病中医治疗曾主任强调“泻火安络”是治疗IgA肾病的第一要务；“活血化瘀”要贯穿治疗IgA肾病的始终，而“养阴补气法”是IgA肾病的治本之道。

对于过敏性紫癜性肾炎的诊疗，曾章超更是紧紧抓住热毒、气虚、血瘀的特点，临床将其分为血热妄行、气虚血瘀及风热挟瘀等证型。血热妄行治以凉血止血，以犀角地黄汤加减，常用生地、水牛角、丹皮、赤芍、紫草等；气虚血瘀治以益气摄血，佐以活血化瘀，常用党参、黄芪、白术、当归、白芍、熟地、首乌、丹参、三七等；风热挟瘀治以疏风清热、凉血止血，药用银花、连翘、紫草、荆芥、防风、白茅根、藕片等。临证时可随证灵活加减。

案4 杜某，女，12岁，2004年3月就诊，诉半年前因双下肢出现紫斑甚多，在某医院治疗2周后紫斑消退，但又出现腰痛、肉眼血尿，诊为过敏性紫癜性肾炎。近半年来用中西药治疗，肉眼血尿时有时无，镜下血尿持续存在，今转诊我院。查体：BP 95/70mmHg，精神欠佳，眼睑微肿，手心偏热，舌质红苔黄中腻，脉数。尿常规：RBC＋，镜下106个/Hp，蛋白少许。中医辨证为热毒内扰血分，灼伤血络，迫血忘行之尿血证，治以清热利湿解毒，凉血止血，犀角地黄汤加减。犀角可用水牛角代替。水牛角25g，生地12g，黄芩9g，白茅根30g，六角仙15g，车前草15g，赤芍12g，牡丹皮12g，紫草12g，甘草3g，黑栀9g。服药一周。二诊复查尿常规：RBC少许，镜下60个/Hp。药中病机，守前法前方续治，嘱忌辛热厚腻之品。但2周后，镜下血尿改善不明显，舌边尖微暗苔黄，故考虑有瘀血内阻，改拟小蓟饮子加减，并在方中，加田七粉3g(冲服)、琥珀粉5g，再服二周后，镜下血尿明显减少。大小蓟各15g，生地12g，藕节30g，蒲黄6g，白茅根30g，仙鹤草15g，六角仙15g，当归6g，田七粉3g(冲服)，琥珀粉5g，益母草15g，甘草3g。复以此方续治10余剂后，复查尿常规，镜下血尿完全消失，嘱在门诊再服中药做善后调理，无再复发。

4 小儿频复发性肾病

目前医学界对频复发性肾病的治疗仍以西药为主，虽消除蛋白尿较快，但易复发，同时副作用大；而中医治疗肾病时间长，见效慢，但一经治愈不宜复发，同时能纠正激素副作用。曾章超经临床研究，证明中西医结合治疗小儿频复发性肾病不仅增强疗效，同时可纠正激素副作用，减少肾病复发，且能提高细胞免疫，维持机体免疫稳态。具体方案为：西医治疗即激素大剂量中长程疗法，以强的松2mg/kg/日口服，最大剂量不超过60mg，用足8周后改隔日顿服，并每月减2.5～5mg，当减至隔日晨顿服0.7mg/kg时，维持服用1年以上。在服西药的同时，根据不同证候变化而采用分期辨证施治。根据患者服用激素前后临床表现分为初治期、诱导期、撤减期、持续期、巩固期。初治期以风水症状为主，治宜疏风宣肺，清热利水，麻黄连翘赤小豆汤加减；诱导期以阴虚阳亢之象为主，治以滋阴降火，益气健脾，用清解肾康灵(自制剂)为主；撤减期以阳虚之象为主，治以温肾健脾，用健脾固肾灵(自制剂)治疗；持续期表现为肾虚夹瘀之象，治以补肾固摄，活血化瘀，药用附子、山茱萸、黄芪、金樱子、当归、泽兰、赤芍等；巩固期主要表现为大病之后体虚之症，治疗宜益气固表，防止复发，以参苓白术散合玉屏风散加减。曾章超十分注重消除水肿及蛋白尿。对于水肿其善于采用发汗、燥湿、利尿、理气、宣肺、健脾、温肾之法，以达到直接或间接消除水肿；而蛋白尿的消除，则强调应在补脾肾的同时还应重视清利、固涩及活血化瘀之法的联合应用。经过多年临床实践已经表明，中西医结合治疗儿童频复发性肾病明显优于单用西药，且中药的应用还可起到调节机体阴阳平衡，减少肾病的复发。

案5 陈某，男，13岁，住院号75503。患者患肾病综合征2年，本次为第5次复发，服用激素不规范，其复发有的因自行过早减服激素，有的因感冒后复发，此次复发前服用强的松的量为30mg qod，为减量阶段。1周前复因感冒后突发全身浮肿、尿少、咽痛、头痛神疲、时便溏、纳差、无尿频急、腰痛等，舌淡苔白滑、脉浮、尿常规示Pro + + +。查体：面色苍白，头面部浮肿，库兴氏征明显，心肺无异常，腹软，肝脾肋下未及，有移动性浊音（+），阴囊双下肢均浮肿。查血常规：WBC13.5×10^9/L，N80.3%，119.7%，Hb129g/L，尿常规示Pro + + +，RBC镜下偶见，生化示总蛋白38g/L，白蛋白18g/L，球蛋白21g/L，BUN、Cr正常，血脂胆、胆固醇均升高。已属频复发性肾病，由于患肾病2年，加上频复发，正气已明显虚损，加上反复外感，长期服用激素，以及久病夹瘀必然导致其存在着风邪、湿热、瘀血等标实症候。曾章超采用中西结合治疗，患者病情得到较好的缓解，现详述如下：①首先，患者已处于激素减量服用期，因外感诱发，故中医辨证为肺脾气虚，兼挟风邪的本虚标实之证，肾病综合征患者的复发常因感染引起，故积极驱除诱发因素，对改善病情是至关重要的，中医治宜疏风宣肺利水消肿佐以健脾理气，方选麻黄连翘赤小豆汤合五皮饮加减：生麻黄6g，连翘12g，赤小豆30g，桑白皮9g，陈皮9g，生姜皮9g，大腹皮9g，茯苓15g，白术9g，黄芩10g，车前草15g，煮半夏9g，甘草6g。同时，将激素暂时恢复到减量前的剂量即60mg，隔日晨顿服。②经一周后，水肿基本消退，外感症状消失；患者因恢复激素用量而渐出现口燥咽干，手足心热，易烦躁，舌红苔黄少津，脉细数等阴虚阳亢之征兆，中医治疗改拟滋阴降火，益气健脾，以清解肾康灵（自拟方）加减治之，基本方为：生地12g，知母9g，黄柏9g，太子参15g，茯苓15g，山药15g，绣花针15g，白花蛇舌草15g等。2周后，患者尿蛋白开始减少，并转阴，强的松仍以60mg隔日晨顿服2周，因患者库兴氏征已较明显，故不宜再大剂量服用过长时间的激素，但过早减量会导致复发，故采用60mg隔日晨顿服2周后再逐渐减量。③经过4周治疗后，患者尿蛋白持续转阴，故开始将激素减量方法为每2周减1片，减至0.5mg±0.25mg/Kg后维持口服2～3年。同时可适当加用免疫调节剂如左旋咪唑等口服，在这个阶段由于激素的撤减，患者开始渐呈现为神疲，体倦，少气懒言，面色苍白，舌淡苔白，脉沉细等，表明中医证候从阴虚阳亢转为阳虚，故治疗应改拟为温肾健脾，这样有助于逐渐替代激素，减少机体对激素的依赖，减轻激素及免疫抑制的副作用，方拟健脾固肾灵（自拟方）或金匮肾气丸加减，基本方为：生芪20g，党参15g，白术9g，茯苓15g，山药15g，山萸9g，仙灵脾15g，菟丝子9g，女贞子9g，旱莲草9g等。在这一阶段的治疗中，应注意活血化瘀之法的应用，瘀血做为病理产物可以贯穿肾病的整个过程，尤其是后期，一定要在治疗方中加入归尾、赤芍、益母草、泽兰、桃仁、红化等活血化瘀之品，有利病情进一步缓解。频复发性肾病之所以频复发多由于正气虚所致，正虚为肺、脾、肾三脏虚损，故在缓解期一定要善于益气扶正，只有正气存在，邪气才不可干，这样才能防止复发，巩固疗效，提高机体免疫力，可用玉屏风散或者参苓白术散，该患者应用中西结合规范治疗后，临床病情缓解较快，且病情稳定，半年内尚未再复发。

医方验方

清解肾康灵

方药：生地12g，知母9g，黄柏6g，丹皮9g，黄芪15g，太子参9g，茯苓12g，淮山药12g，绣花针10g，白花蛇舌草15g。

功效：清热解毒，益气滋阴。

主治：小儿频繁复发性肾病综合征。

用法：加水400mL，浓煎200mL，100mL/次，1日2次。

方解：方中黄芪、知母、黄柏、丹皮、茯苓、白花蛇舌草、绣花针清热解毒，利湿消肿，主升主出主开，内可清除湿热瘀毒，外可抵御外邪之入侵，达到祛邪扶正的目的；生地、太子参、淮山药凉血益气养阴，主降主入主合，内可激发正气，驱邪外出，外可益气固表，抵御外邪。全方共奏清热解毒、益气滋阴之功效。现代药理研究认为生地具有激素样作用，但无抑制肾上腺皮质功能的副作用；知母抗炎作用与强的松相近，并具有降低血浆胆固醇的作用；黄芪、太子参、淮山药可以增强网状内皮系统的吞噬功能，提高CD4/CD8的比值，可增强机体免疫力；绣花针、白花蛇舌草具有调整机体免疫的作用。本方可减少激素副作用,提高频繁复发性肾病综合征患儿免疫力,从而减少感染机会,减少复发次数,并对激素的顺利减量起到过渡的作用。

应用:在大剂量激素应用阶段,患儿表现出阴虚阳亢之象,配合清解肾康灵对预防库兴氏综合征,减少激素副作用有较好的效果;在激素减量阶段,患儿表现出阳虚之象,可以加入补肾温阳之品,如仙灵脾9g、菟丝子12g、肉苁蓉9g等,减去黄柏、丹皮、绣花针、白花蛇舌草等;在激素维持阶段,可以去黄柏,加入补阴益阳之品如菟丝子,平调阴阳,使阴平阳秘,机体康复。(董飞侠整理)

翟明义临床经验

【名老中医简介】翟明义(1916～)河南济源市人。研究员,主任医师。河南省中医药研究院学术委员会委员,省新药审评委员会委员,省中医职改高评委委员,省政协委员。首批全国老中医药专家学术经验继承工作指导老师。精于内科疑难杂病,尤长于心血管病、肝胆脾胃消化系统病。科技成果曾获省级三等奖1项,厅级二等及三等奖各1项。著有《中医临床基础》《中药临床基础》《河南省秘验单方集锦》《临床中药学》,发表论文86篇。

临床经验

1 痰湿性眩晕

眼花缭乱谓之眩,天旋地转谓之晕。曾治一痰湿性眩晕患者,表现为眩晕、耳鸣、头沉重、胸闷、恶心食少多寐,舌苔白腻,脉濡缓等一派痰湿中阻之象,治疗当燥湿化痰,健脾和胃,方用半夏白术天麻汤,初用则有效,继用则不佳,弟子认为因病程较长,痰湿不化所致,故加大化痰燥湿药,但疗效仍不佳。翟明义告之,痰湿不化虽责之于脾虚,殊不知脾虚不运,肾气不健,水湿不能渗利,湿聚生痰,痰湿中阻,清阳之气不能上达,蒙蔽清窍,仅以燥湿化痰健脾是不能根除痰湿之邪的。治宜燥湿化痰、健脾补肾。方用六味地黄汤去生地,加葶苈子、车前子利湿,川芎活血化痰,菊花清利头目。本方既可祛湿化痰,又能健脾补肾,从而断除痰湿之源。患者连服10余剂。诸证消失,未再复发。

2 慢性肝炎

慢性肝炎病情缠绵日久,反复发作,难以治愈,临床上多表现为乏力、纳差、腹胀、恶心、呕吐、口苦、舌质红,苔薄黄,脉弦滑。HBsAg、HBeAg阳性,转氨酶升高。医家多以大剂量清热解毒、清肝利胆之品,固能取得一时之效。但对病程较长,反复不愈者很难根除,且长期大量使用苦寒之品易损伤脾胃,湿热之邪更难以清除。翟明义认为湿热之邪蕴结于肝,清热解毒甚是必要,之所以病邪久滞不去,是因为正气虚弱,无力驱邪所致,主张清热解毒需与补气助阳同时并进,方能达到药到病除之效。选用黄芪补气固本,仙灵脾、首乌扶助肾阳,连翘、大青叶、板蓝根、青蒿清热利湿,正气得复,邪气可除。

案1 张某,男,28岁。1993年元月7日初诊,2年前始感乏力、腹胀、右胁隐痛、眼黄、尿黄、恶心纳差、舌质红。苔薄黄,脉弦滑。查肝功能:SGPT 150u/L,SB 23umol/L,HBsAg阳性,HBeAg阳性,抗-HBc阳性。曾先后服用复肝康、肝必复、联苯双脂等药,病情时轻时重,服用清肝利胆之中药,加用葡萄糖、维生素C等药静滴,腹胀、恶心纳差消失,肝功能除SGPT正常外,余同前。证见眼黄,尿黄,轻微乏力,右胁隐痛不适,舌质边尖红,中暗红,苔薄黄,左脉弦滑,右脉沉,肝功能如前。证属肝胆湿热,兼脾肾阳虚。治宜清热利湿,健脾补肾。方用首乌15g,连翘15g,丹皮15g,丹参20g,柴胡12g,茵陈30g,白茅根30g,土茯苓20g,大青叶20g,黄芪20g,仙灵脾15g,仙茅15g,甘草3g。每日1剂,水煎服。继服2月余,诸证消失,肝功能正常。乙肝标志物:HBsAg阴性,HBeAg阴性,抗-HBe阳性,抗-HBc阳性。一周后复查如前,嘱其注射乙肝疫苗,未再复发。

3 头痛

头痛的病因很多,如有外感,有肝阳上亢,有瘀血,有肾精亏虚等。惟有肝肾阴虚,精血亏虚之头痛较为难治,其临证多见头巅顶疼痛,连及眼眶、眉棱骨,常伴有心烦,失眠,大便秘结,舌质淡,苔白,脉缓或沉细。治疗多从滋阴养血,滋补肝肾入手,投入大补元煎或人参养荣场,往往效果不佳。翟明义认为肾为肝之母,肾虚肝失所养,水不涵木,肝气上犯是头痛的主要病机,但阴血亏虚,易生内热,不易察觉,临证细察可见有口苦心烦,鼻塞流黄涕,舌苔薄黄等虚热内扰的征象,他遇此妙在每于滋补之中加以清热开散之品,如牛蒡子、菊花等药以清除虚烦燥热,使精血得养,虚热能除,头痛自愈。

案2 张某某，女，32岁，干部，初诊日期1993年6月5日。半年来每遇经期即感头痛，连及眼眶，同时伴有心烦，少寐，大便干结，舌质淡红，苔薄白，六脉缓，证属阴血不足，虚热内扰，治宜养阴生血，滋补肝肾，兼以清热除烦。药用：肉苁蓉15g，山萸肉15g，当归15g，杞果15g，牛蒡子15g，菊花15g，草决明15g，甘草3g，大黄2g。水煎服3剂。自述服2剂后大便通畅，头痛明显减轻，服用3剂后，诸症消失而愈。（杨小平）

遣方用药

水 蛭

1 慢性肾炎、蛋白尿

陈某，女，42岁，1991年3月28日初诊。患慢性肾炎十余年。十年中双下肢浮肿，腰酸困，睡眠后眼睑下方有卧蚕状浮肿，尿蛋白在（＋＋～＋＋＋＋）之间，面色光白无华，双眼睑下方有轻微浮肿，双下肢凹陷性浮肿，伴有恶心欲呕，尿蛋白（＋＋），舌苔薄白，脉沉细。证属脾肾气虚，气血瘀滞。脾虚水湿不能运化，肾虚气化不行，沟渎不通，湿渗经络而致血瘀浮肿，治以健脾补肾活血，拟用六味地黄汤加味：山药20g，山萸肉15g，熟地15g，丹皮15g，泽泻15g，云苓15g，益母草30g，水蛭15g，白茅根30g，白蔻仁10g，水煎服，每日1剂。共煎服26剂，浮肿全部消失，腰痛愈，饮食增加。复查尿蛋白阴转，此后二个月复查4次尿内均未见异常。

2 下肢股动脉栓塞

鲁某，女，36岁。初诊日期1991年5月2日。原有风湿性心脏病，二狭二闭。在某医院住院治疗心脏病期间，突然右下肢皮肤苍白发凉，继而肿胀，疼痛剧烈，不能忍受，注射杜冷丁等均无效。遂邀翟明义会诊。证见左下肢皮肤苍白无华肿胀，左侧股动脉未触及，精神差，左下肢疼痛剧烈昼夜难眠，舌质暗红，苔白，脉结。诊为风心伴左下肢血栓形成。此乃血瘀不通所致，药用黄芪90g，水蛭30g，川牛膝15g，当归15g，红花110g，香附15g，水煎服，1剂后疼痛减轻，能安睡。二剂又减，第三剂后疼痛消失，皮色转红，股动脉可触及。继服12剂，左下肢肤色如常，无疼痛，但风心如故。

3 风湿结节

刘某，女，46岁。1991年11月28日初诊。初起恶寒发热，全身关节走窜疼痛，红肿，右踝关节处皮下有一肿块结节，大如红枣，行走时疼痛久而不散。证属风湿外袭，郁而化热，痹阻不通，气血凝结而为结节。治宜益气活血，兼清热解毒。方用黄芪防己茯苓汤加味：黄芪30g，防己12g，川牛膝15g，桂枝10g，云苓15g，水蛭15g，忍冬藤30g，蒲公英15g，香附15g，甘草3g，水煎服。连服10剂，肿块消去一半，继服20余剂，肿块全消。

4 讨 论

水蛭，也叫蚂蟥；味咸苦，性平有毒，入肝膀胱经。主要功能是破血逐瘀，通经。翟明义用水蛭甚为得心应手，对各科疑难杂证如脉管炎、深部静脉炎，下肢静脉曲张，心脑血管病，脾脏肿大淋巴管炎等均有良好疗效。据现代药理分析，水蛭主要含有蛋白质，其唾液中含一种抗凝血物质－水蛭素，不受热和乙醇的破坏，能阻止凝血酶对纤维蛋白原之作用，阻滞血液凝固。水蛭还分泌一种组织胺样物质，可扩张毛细血管而增加出血，故有活血逐瘀作用。案1中慢性肾炎蛋白尿，脾肾气虚兼气滞血瘀，在滋补脾肾的同时，兼活血化瘀，用六味地黄汤加水蛭，使脾肾得补，恶血得除，经络通畅，则病自复。案2由于风心继发下肢股动脉栓塞，必须大补元气，峻通经脉，故而胀痛全消。案3证属寒湿内袭，郁而化热，气血郁结，痹阻血脉，用水蛭活血破血，少佐清热解毒之品，使络通热消，气血运行通畅，而诸证消除。由此可见，水蛭虽然有毒，但只要运用得当，还是有较好疗效的。（杨小平）

医方验方

首乌汤

方药：生首乌15g，连翘15g，丹皮15g，大青叶15g，板蓝根15g，半枝莲15g。茜草15g，丹参15g，柴胡12g，茵陈30g，白茅根30g，甘草6g。

功效：清热解毒，清肝利胆，祛湿热，退黄疸。

主治：湿热蕴结型黄疸（阳黄）。对急性乙型黄疸型肝炎乙肝血清标志物抗原三项阳性及转氨酶、总胆红质、黄疸指数升高者有效。以发热或不发热、身黄、目黄、尿黄三大主症为特征。

用法：冷水浸泡连煎2次，加水高出药面1～2寸。用砂锅煎煮沸后约30分钟，滤出药液再加水煮。两次药液加在一起，1日分3次服完。每日1剂，连服50～60剂。

方解：湿热型黄疸（阳黄）是湿热之邪蕴结于里，困遏脾胃，气机转枢受阻，导致肝胆郁滞，疏泄功能失常，郁而不达，久而化热、薰蒸中精之府，热逼液泄，内而脏腑，外而肌肤发为黄疸。五脏六腑之精皆上注于目，故目先于身黄。胆汁溢于血则尿黄；溢于皮肤则身黄、瘙痒。热重于湿者则高热烦渴，大便干结；湿重于热者则湿郁热伏其热不扬，脘腹痞满，肢体痛楚，渴而不欲饮。临床虽表现各有不同，但皆湿热为患，乃孰轻孰重而已。治则均当清热解毒，清肝利胆，祛湿退黄为主。方中生首乌润肠解毒，益肾养肝为主药。连翘、大青叶、板蓝根、茜草、丹皮、半枝莲清热解毒、凉血祛瘀、散结为辅药。丹参活血消瘀，柴胡疏肝解郁为佐药。白茅根清热凉血、利尿，茵陈祛湿热、利胆退黄，甘草清热解毒、调和诸药为使药。诸药配伍协调，使肝肾得养，湿热之邪得清，血瘀得活，肝郁得舒，胆热得清，故对湿热蕴结黄疸证有良效。此外生首乌滑肠缓泻使湿热从大肠排出；茵陈、白茅根祛湿利尿，使湿热从小便排出，给湿热网开一面，以免留邪之嫌。本方对湿热蕴结患者，特别是黄疸、转氨酶升高、乙肝标志物阳性患者疗效较好。但对慢性迁延性乙肝抗原三项阳性者疗效欠佳。

加减：大便干加大黄 10g；关节痛加忍冬藤 30g；皮肤瘙痒加荆芥 15g；阴黄去连翘、大青叶、板蓝根、半枝莲，加黄芪 30g、仙灵脾 15g、焦白术 10g，生首乌改为蒸首乌，丹参加至 30g；热重者加黄连 10g；湿重者加苍术 15g、佩兰 15g。

詹起荪儿科学术经验

【名老中医简介】詹起荪（1919～2009）杭州人。教授，主任医师。1936 年浙江中医专门学校毕业。原浙江中医学院副院长、教务长。浙江省中医药学会顾问，中医儿科分会顾问，浙江省老卫生工作者协会顾问。詹氏儿科第四代传人。浙江省名老中医。首批全国老中医药专家学术经验继承工作指导老师。享受国务院政府特殊津贴。从事中医儿科 60 余年，擅长诊治婴幼儿腹泻、呕吐、胃脘痛、咳嗽、哮喘、厌食、湿困、湿疹、癫痫等疾病。出版《中医儿科手册》等专著，发表论文 10 余篇。

学术经验

1 幼科诸疾，肺脾为要

小儿脏腑娇嫩，形气未充，对疾病的抵抗力较差，加之寒暖不能自调，乳食不知自节，一旦调护失宜则外易为六淫所侵，内易为饮食所伤，故临床肺脾两经病证最为多见。明代著名儿科医家万全提出“肺常不足”“脾常不足”，也就是对小儿所以多见肺脾疾病这一生理病理特点的概括。据此，詹起荪临证将患儿分为肺气虚、脾气虚、肺脾两虚等几种体质类型。如肺虚体质平时多汗，易感外邪，即便风寒感冒也不用荆芥、防风，以免辛散太过而伤肺气，仅用苏梗、藿香、金沸草等微辛微温微汗即可，外邪表散后必以玉屏风散之类益肺固表以扶助肺卫之气。肺脾两虚患儿肺炎后常易迁延、喉间痰鸣难消，肺部罗音久不吸收，他用姜半夏、陈皮、炒白术、茯苓等健脾化痰；炒苏子、枇杷叶、冬瓜子等肃肺降气，肺脾同治，培土生金而获效。此外，对遗尿、肾炎、紫癜、新生儿黄疸、婴儿湿疹等非肺脾两脏病证，常从肺脾论治而获效。如遗尿患儿，虚者以黄芪、升麻、山药、益智仁、白术等补益肺脾，升提中气，下病上治，湿热实邪者用藿香、佩兰、陈皮、厚朴花、车前草等宣上运中，分消清利，每获良效。又如急性肾炎浮肿消退后尿检蛋白为主者以薏苡仁、茯苓、荠菜花、丝瓜络等健脾利湿为主；尿检红细胞久不消者常用桑叶、连翘、蝉蜕、玉蝴蝶、藏青果等宣肺利咽而收功。总之，对于小儿诸疾，詹起荪常从肺脾论治，尤其不忘鼓舞、顾护脾胃之气。肺之治节如常，脾之运化健全，小儿就能生机蓬勃，发育迅速，如旭旦之初升，草木之方萌，蒸蒸日上，欣欣向荣，何病之有？

2 用药轻灵，处方活泼

詹起荪以轻灵活泼之处方用药适应小儿“脏气清灵”、“随拨随应”之特性。临证具体准则有四，其一药质宜轻，其二药味宜薄，其三药量宜小，其四处方宜精。盖质轻之品宣扬透发，以治上焦心肺之证尤为适宜，如桑叶、菊花、连翘壳、薄荷、竹叶等，轻清疏解之品达到轻可去实之目的。味薄之品无碍胃气，重浊易伐生生之气，正如叶天士所云：“用有气无味之药可治无质之病，非若重浊厚味反致恋邪。”如治疗婴幼儿腹泻，詹起荪常选质轻味薄的扁豆衣、扁豆花、玉蝴蝶、荠菜花、藿香等，既可宣化生机、升清降浊、亦可拨动胃气，促进药液之吸收，加速腹泻痊愈；用量宜小者，常用量为 4～6g，重者不过 9g，轻者 2g。如黄芩苦寒，他认为少量有醒胃之功，其性则动，多量有碍胃之弊，其性则呆，故常用量仅 2g。诸如枳壳、蝉蜕、玉蝴蝶、术香等也只用 2g。总之药量过重不但药过病所，亦伤胃气，脾胃受损不能受药，怎可治病？而轻量轻剂因势利导，不伐无辜；方宜精炼者，取药简力专，以免诸药纷杂，性味混乱而致相互牵扯，正如先贤张景岳所言：“但能确得其本而撮取之，则一药可愈”。如小儿风热感冒有发热、咽痛、咳嗽、呕吐、腹泻甚至惊厥等，肺、脾胃、肝的见证，他抓住其外感夹食滞的病机，治以疏宣运滞之法，诸症悉平。又如过敏性紫癜反复发作，抓住湿热胶结夹感风邪，关健又在湿的病机，仿叶天士豆仁汤意，从上中下分消湿热而往愈。

要使处方活泼不呆，詹起荪认为调畅气机十分重要，无论外感内伤，在疏表、清热、豁痰、化湿、消导、补益诸法中无不配以芳香流通之行气药，使气机升降如常，邪去而正安。如治外感咳嗽在疏表宣肺中必佐以化橘红、炒枳壳、厚朴花等气分药，使肺气宣畅，咳嗽转松，痰即随之而除。此乃"肺主一身之气，痰随气动，气滞则痰聚，气顺则痰消"故也。治小儿腹泻常配以玉蝴蝶、陈皮、木香等疏肝理脾行气之品，以复升降出入之常；对脾虚湿蕴引起的消化不良诸疾则常伍以藿香、制香附、大腹皮等香燥流动之品，使气机调畅，中州斡旋，湿亦随之而化；在补虚时更注意佐以八月扎、佛手片等流动之品使处方灵动活泼无碍胃气。总之，詹起荪处方用药以轻灵活泼而独具匠心，不仅疗效显著，而且药液清淡，苦味不甚，小儿易于接受，同时药价低廉，深受患家欢迎。

3 古为今用，不断创新

詹家三世业医，专擅儿科，詹起荪在家父严训下，自幼熟读岐黄，尤其对儿科鼻祖钱乙《小儿药证直诀》及明代著名医家万全《育婴家秘》等深得其要。理论功底坚实，指导着其后的临床实践。但他师古而不泥，善于应变，古为今用，不断创新。如治疗癫痫，创"定痫豁痰汤"，以天麻、地龙、僵蚕、郁金、当归、白芍、胆南星等组成，辅以单方朱砂猪心食疗法，总有效率达90%以上。对新生儿阻塞性黄疸从脾论治，在前人清利湿热的基础上，强调脾胃气机升降，发挥脾之健运功能以治黄疸之本，并适当佐以活血化瘀，使气行则湿化，血行则瘀除。常在茵陈汤中加藿香、香附、大腹皮、厚朴花等行气药及当归、红花、丹参等活血药。对于厌食症，詹起荪从当今营养状况出发，认为并非单纯虚证，多有不同程度夹湿夹滞的病理，则"脾虚湿蕴食滞"型，用藿朴夏苓汤化裁成运脾开胃汤，不仅治疗厌食显效，也可用于外感或腹泻后脾胃功能未复，胃纳不思者，从传统的补脾气进而为运脾阳的治疗方法，充分体现了小儿健脾不在补而贵在运的学术思想。

4 临床经验

4.1 复发性过敏性紫癜从湿热论治

小儿过敏性紫癫是以皮肤紫癫，消化道粘膜出血，关节肿痛和血尿为主要临床表现的综合征，中医学无此病名，可归属于"发斑"、"肌衄"、"血证"等范畴。本病临床易反复发作，詹起荪从湿热论治常获显效。

①湿热胶结是紫癜复发之关键：詹起荪认为小儿过敏性紫癜容易反复发作之病机与湿热胶结，蕴郁中焦，内扰血分密切相关。小儿脾常不足，贪凉饮冷，湿阻中州，日久湿郁化热，湿热内蕴，加之小儿腠理不密，表卫不固，易感外邪。肝常有余，素体阳热，外感之邪每易从阳化热，与内蕴之湿热相搏，伏于血分，灼伤脉络，留于肌肤则发紫癜；湿阻气滞，郁于肠胃则腹痛；留注关节则关节肿痛，下灼膀胱则血尿。湿性粘腻滞，湿邪为病常缠绵难愈。本病之湿又常与风、热之邪胶结，促使病情反复，病程迁延。因此临床所见过敏性紫癜患儿即便缓解后仍有四肢困乏，胸闷纳呆，口苦尿少等湿热内蕴之象。同时，常因外感风邪引起急性发作而兼见发热、咽红、咳嗽等上呼吸道感染症状。说明本病的发生、复发除热邪外，与内蕴之湿，外感之风无不相关。

②湿遏热邪当先化湿，湿去热孤：湿热胶结是湿遏热伏、热处湿中，热以湿为依附，湿不去则热不清，故治当化湿为先，使湿去热孤。由于三焦气化失司是内蕴湿热的病理基础，故治湿又当以调畅三焦气机为首要环节。正如《柳宝诒医案》中指出："湿热两感之病，必先通利气机，俾气水两畅，则湿从水化，热从气化，庶儿湿热无所凝结"。詹起荪仿叶天士轻淡宣通湿热之法，选杏仁、清水豆卷、桑叶、菊花、前胡等药轻开肺气以宣上焦；用藿香、佩兰、石菖蒲芳香化湿及苍术、白术、姜半夏等苦温燥湿以和中焦；用茯苓、薏苡仁、忍冬藤、灯心草等淡渗利湿以通下焦，并适当佐以枳壳、郁金、陈皮、制香附、大腹皮等行气之品，以增强其通阳化湿之功，使三焦气机宣畅，湿热之邪从上中下分消。

③清透血中伏热以防复燃：在分化湿热、宣畅气机的同时，不忘清凉透泄血中伏热达到防治紫癜复发之目的。常配以蝉蜕、僵蚕两味虫类药。盖蝉蜕性微凉，擅解风热，清代温热学家杨栗山氏稚其"轻清灵透，为治血病圣药"；僵蚕味咸辛而性平，具有散风泄热，平肝解毒之功；詹起荪认为蝉蜕伍僵蚕能发散诸热，清透达邪拔毒外出，使湿热胶结壅遏于肌肤内伏于血分之紫癫透而达之，泄而清之。据现代药理研究，蝉蜕与僵蚕均具有类皮质激素样作用，从临床实践证明它们有激素样作用而无激素样副作用，是治疗小儿过敏性紫癫辨病与辩证相结合用药的良好选择。

4.2 哮喘从肺脾论治

小儿哮喘的发病主要由于肺脾常不足，痰饮内伏，易为外感所犯而引发，往往由于小儿肺气不足，卫外不固，为外邪侵袭；更由于小儿脾胃气不足运化功能不健，滋腻厚味助湿酿痰造成发病的基础。“肺为聚痰之器，脾为生痰之源”，故他提出发作时以宣肺豁痰和胃降逆为主，缓解时以益气理脾为治。

①发作时以宣肺豁痰和胃降逆为主：詹起荪认为小儿哮喘发作主要关键在外有邪气侵袭，使肺失清宣肃降之常，内为脾胃气机不利，痰湿蕴郁不化胃失和降；致使痰阻气道，呼吸不畅，咳嗽喘逆不得平卧。故治以清宣肺邪、肃降痰浊。方用旋覆代赭汤加减，药用旋覆花、代赭石、蝉蜕、竹沥半夏、地龙、杏仁、化橘红等宣肺豁痰和胃降逆之品。若风寒为重者加紫苏梗、藿香等辛温宣化；若以风热为重则加连翘、桑叶、菊花等辛凉宣化。

②缓解期以益气固表理脾扶运为治：詹起荪认为小儿脾肺常不足，肺主一身之气，肺气与宗气的生成密切相关，宗气是水谷之精气与肺吸人之气相结合而成，又通过心脉布散于全身，以温煦四肢百骸皮毛肌肉，并维持全身的正常生理功能。脾主运化输布水谷精微，故称为后天之本，气血生化之源。而小儿脾肺常不足、卫外不固、腠理不密易受外邪侵袭，脾胃运化功能未健，水谷精微易酿湿生痰，故在缓解期益气固表理脾扶运实为治疗的根本法则：詹起荪常六君子汤合玉屏风散加减为治。（盛丽先 唐乃俊）

遣方用药

儿科用药

1 指导思想

詹起荪清灵活泼的用药风格，是基于对小儿生理、病理深刻认识的基础上的。一方面，小儿脏腑娇嫩、形气未充，如嫩芽初生，稚阳未充，稚阴未长。发病后易虚易实、易寒易热，用药过重，稍有不当，极易损伤脏腑功能，并可促使病情剧变。故儿科用药应较成人更为精简轻灵，毋事过剂，免伐其方萌之气，而不应企图以重剂、竣猛之药以见奇功。特别是小儿脾常不足，不耐过量重剂，而小儿生长发育全赖脾胃生化之源，百病亦以胃气为本。故詹起荪常告诫弟子应处处顾护脾胃为要，认为量轻味薄，悦脾和中之药，往往能轻清鼓舞、活泼运机，使脾胃受益，促使病愈。另一方面，小儿生机蓬勃、发育迅速，脏气清灵。随拔随应，对药物的反应迅速灵敏，故治疗如能借助生机，因势利导，调动其内在因素，轻轻疏拔，调偏俟正，则用药容易为功。

2 用药风格

2.1 精炼不杂

詹起荪认为，儿科用药力求精炼，方专而药纯，切忌繁复驳杂，否则药力分散，药效互相牵制而失其轻巧灵活之性，影响药物疗效。如《锦囊秘录》所说：“病情虽多，而其原头只在一处，治其一，则百病消，治其余，则头绪愈多，益增百病，既疗其彼，又顾其此，本之不揣，药无精一，如看百家衣，徒为识者笑”。要做到此，必须细致辨证，求病之本。例如小儿风热感冒可有咳嗽、呕吐、泄泻，甚则痰壅抽搐等症同时兼见，詹起荪常抓住其外感夹食滞的病机，治以疏宣运滞之法，诸症悉平。又如治疗小儿外感咳嗽，他不仅注意辨其寒热，而且根据临床表现、病程久暂等将其区分为几个不同的病理阶段，并对各个阶段施以疏表、宣肺、清肺、肃肺、润肺等不同的治则，颇有讲究，强调应用枇杷叶、款冬花、紫苑、冬瓜子、沙参等肃肺、润肺之药，必须掌握好时机，不得用之太早，免有滞邪留痰、延长病程之弊。

2.2 用量轻微

詹起荪临床用药量轻，一般量为4～6g，重则9g，如黄芩、木香、玉蝴蝶、枳壳、蝉衣之类，仅用2g。对泄泻婴儿，更是嘱其要少量频服。因小儿稚阴稚阳，脾胃娇嫩，药量过重，不但易药过病所，亦犯胃气，脾胃受损，致胃不受药，于病不利。而轻剂可因势导邪，不伐无辜，且可顾全胃气，有渐运苏复之功，无滞呆伤克之弊。用量适宜，在于医者精通药性，如詹起荪认为黄芩用量过重则苦寒伤胃，其性变呆，而少量用之反有醒胃之功，当取其长而避其短。

2.3 气味轻薄

詹起荪用药常选择质轻味薄之品，因其既不损伤正气，又能灵气机、醒脾胃。而重浊气味，易伐小儿方生之气，不符合其轻灵娇脏之治。因此治疗时要力避药物性味之偏带来的弊端。如治疗外感病，解表之法虽已为临床所惯用，但他不主张以重剂解表发汗，麻黄、桂枝之类极少选用。即或表寒较著，也只用苏叶、荆芥等轻剂，唯恐汗泄过多，肺卫耗伤，致外感屡受，反复不愈。对风热感冒，亦因其轻而扬之，常用蝉衣、桑叶、甘菊、连翘壳、薄荷等气味俱薄性浮的“轻”药，不轻投苦寒退热之品，以免药过病所，遏邪于里。小儿泄泻是詹起荪擅长治疗的疾病之一，他常常告诉弟子：“用药不可过于猛烈，补虚不宜呆滞，消导不宜太猛，清热不可过凉，渗湿应适可而止。”用药喜择扁豆衣、扁豆花、荠菜花、玉蝴蝶等气味轻薄之品，体现了他处处重视顾及小儿生理、病理特点的学术思想。

2.4 芳香流通

《灵枢·脉度篇》指出:“气之不得无行也,如水之流,如日月之行不休,故阴脉荣其脏,阳脉荣其府,如环之无端,莫知其纪,终而复始,其流溢之气,内溉脏腑,外濡腠理。”充分说明了气是一种不断运动着的具有很强活力的精微物质,气的动静在生命活动中具有重要作用。若气机升降失常、出入无序,则脏腑气血壅滞,诸病蜂起。小儿体属“纯阳”,生机蓬勃,活力充沛,正处在不断生长发育的“动” 态之中,气机的调畅在小儿显得更为重要。詹起荪用药正是注意适应了小儿这种“动”态,借助生机,调以清灵,行气之法运用十分广泛,认为气机畅达,其它方面的障碍,可减轻或消失。在运用疏表、豁痰、化湿、滋补等多种治法时,恰当配伍芳香流通气机之品,能使整个处方活泼灵动,以顺其脏腑之特性及生长发育之机,从而促进疗效的提高。临床上随不同的病证选用不同的行气药,如小儿外感咳嗽,詹起荪认为肺主一身之气,与气密切相关,痰随气运动,气滞则痰聚,气顺则痰除。故方中常佐以化橘红、炒枳壳、川朴花等,以使气道宣畅,咳嗽松爽,痰逆得平而诸症渐缓。治疗小儿泄泻,他喜用煨木香、玉蝴蝶、陈皮等轻清行气之品,以复升降出入之常。对脾虚湿蕴之证,则多选用藿香、佩兰、大腹皮、制香附等芳香流动之品,以鼓舞清阳,振动中气,恢复脾之健运,湿亦随之而化。在补虚之时,更是注意佐以斡旋疏通之品,以防呆滞。

3 病案举隅

案1 沈某,男,6岁。1987年10月14日初诊。肺气素虚,平时汗多,近罹新感,身热汗出,痰鸣咳嗽不爽,胃纳一般,苔中黄腻,脉弦数。拟清疏豁疲之法,处方:连翘壳、橘红各5g,蝉衣、薄荷、炒黄芩各2g,制天虫、杏仁、焦栀、前胡、浙贝母、竹沥、半夏、佩兰各6g。3剂,水煎服。二诊:药后身热已退,咽红渐减,痰鸣咳嗽稍缓,苔中黄腻渐化,惟大便溏薄,量多气秽,拟前方出入:竹沥半夏、浙贝母、制天虫、焦籼、枇杷叶各6g,化橘红、炒白术,前胡各5g,茯苓9g,枳壳2g。4剂,水煎服。三诊:痰鸣咳嗽渐缓,时感喉痒作咳,大便渐成形,气秽,苔薄腻,脉弦细,拟前方出入:桑叶9g,菊花、制天虫、浙贝母、建籼、姜半夏各6g,橘红、前胡各5g,鲜衣、炒黄芩、玉蝴蝶各2g,炒谷芽8g,服3剂后告愈。

案2 陈某,女,7岁。1987年10月10日初诊。患儿食滞不化,面色萎黄,形体较瘦,时有微热,胸闷,脘腹不舒,口淡无味,纳谷不香,大便气秽而干,小便黄,口不渴,苔根白腻,脉濡细。拟宣解化湿运滞之法,处方:清豆卷、陈皮、郁金、川朴花各5g,佩兰、炒苡仁各9g,炒黄芩3g,建籼、大腹皮、山楂炭各6g,玉蝴蝶、炒枳壳各2g。4剂,水煎服。二诊:药后微热渐缓,胸闷、脘腹不舒略减,胃纳稍思,苔薄白,脉濡数。拟前方出入:郁金、佩兰、陈皮、川朴花各5g,炒黄芩、玉蝴蝶各2g,腹皮、建籼,山楂炭、陈蒿根各6g,炒谷芽、炒苡仁各9g。服7剂后诸证消失而愈。(余 勤)

詹学斌临床经验

【名老中医简介】詹学斌(1937~)浙江海门人。主任医师,教授。浙江省中医研究院研究员,温岭市终身科技拔尖人才、温岭市政府医疗技术顾问。浙江省名中医。从事中医临床教学科研工作45年,擅长治疗各种疑难杂病。出版《中医百病疗法大全》等3部著作,发表论文40余篇。

疑难杂症

詹学斌认为,所有疑难杂症特点:病程冗长,病势缠绵难愈。究其因,或病因不明,或失治,或治不当,或正不敌邪所致。“邪之所凑,其气必虚”,邪之不去,其气更虚。这个“气”应理解为维持生命,调节脏腑功能,主司机体气化运行功能之“真气”,即现代医学所指的免疫功能。由于气虚,导致血虚,亦可使血脉运行功能障碍,即谓:“气是血之帅”、“气行血则行”,气虚血也虚,显然运行艰难,久而久之,酿成血瘀。气越虚血更瘀,病情更难向愈。他认为,抓住疑难杂症这个本质性矛盾,遣方用药,效果明显。当然,也要随证变更,对顽痰、浊滞等病因治疗也不可忽视。

1 慢性萎缩性胃炎(CAG)伴肠上皮化生(IM)

CAG伴IM,现代医学的病因较多,其中HP(H·py10ri)感染为主,其他如吸烟、酗酒、高盐饮食、药物刺激、精神因素、免疫因素、遗传因素等,如果长期病因未除,粘膜病变反复发作,久之发展成为CAG

及IM。研究发现:CAG伴IM是胃癌变发生学中称Currea序列中的中间阶段,引起人们关注。如何将 CAG、IM,逆转或阻断继续向异型增生胃癌发展,现代医学除对杀灭 HP 有措施外,其他未发现有效治疗方法。詹学斌从内窥镜、微观发现,CAG 的胃粘膜呈苍白或灰白色,存在微循环障碍的缺血现象和粘膜变薄,凹陷境界不清的病理特点,再根据 I 临床上患者以胃脘痞胀、恶心、嗳气、喜热饮,舌红苔薄或白腻,脉细或细弱,舌边有浅瘀色,呈现一派脾胃虚弱夹湿夹瘀型为多数的依据。佐证了慢性胃炎损伤脾胃,造成运化失职,气滞湿阻。气为血帅,气能生血,气能行血,血能化气,血能载气,二者密不可分,气血失和,百病乃生。气虚导致血瘀,血瘀日久,粘膜血供、氧供愈差,胃粘膜神经营养功能障碍,粘膜变薄。詹学斌抓住了关键病理机制,提出应用益气健脾活血法,自拟益气健脾活血汤治疗 CAG 伴 IM,药用太子参 20g,生白术 20g,茯苓 10g,陈皮 10g,生黄芪 30g,广木香(后下)6g,砂仁(冲)4g,刺猬皮 10g,猫抓草 20g,泽兰 10g,赤芍 10g,莪术 10g,当归 15g,佛手 10g,枳壳 10g,其他如有湿热、虚寒、肝郁、胃阴不足应随证加减。45 天为 1 疗程,70% ~80% 有效。经胃镜及病理切片对照,可使肠化消失,CAG 转为浅表性胃炎(CSG)。

2 2 型糖尿病(2 型 DM)

2 型糖尿病以中老年患者为主,病情轻,病程长而并发症多,詹学斌认为,中医对 DM 的治疗,均以对症治疗为主,上消以清燥救肺饮,中消以石膏知母汤,下消以六味地黄丸治疗,离不开清热滋阴生津之治法,而不能根本上解决糖尿病因胰岛 β 细胞功能之衰退,胰岛细胞之凋亡的根本原因。国际上许多学者认为是人体中节约基因之变化。当节约基因改变时,免疫功能下降,胰岛细胞会出现一种 NO,NO 会促进胰岛细胞表面受体的变性而造成胰岛细胞的凋亡,这一病理生理学变化的提出正与中医认为,DM 的发生是真气不足,气化失常,气机失衡,引起脏腑功能失常,气血津液代谢失常,而致糖、蛋白质、脂肪代谢紊乱。詹学斌提出:应用中药益气活血滋阴生津法,加速胰岛细胞的修复,使胰岛细胞复活,中药益气健脾行瘀法,提高正气功能,调节整个脏腑功能失衡。另外,气虚可产生痰、浊、瘀,也促进细胞凋亡。他认为,这个血瘀病理是胰岛细胞微循环改变,血液营养功能的障碍,故提出活血化瘀治法的理论依据,使痰、瘀、湿、浊去除,NO 减少,防止节约基因的下降,使胰岛 β 细胞恢复,这是治疗糖尿病的根本办法。詹学斌自拟益气活血滋阴生津汤治疗 DM,获得良效。药用生黄芪 30 ~50g,生白术 15g,茯苓 15g,太子参 20g,当归 15g,生白芍 15g,赤芍 10g,泽兰 10g,三七 3g,随症根据三消之偏颇用滋阴生津药。

3 肝硬化腹水(臌胀病)

肝硬化腹水病情较重,属各种肝病之晚期,临床上见面色萎黄,胸前面颈部红丝赤缕,腹部膨隆,青筋外露,纳差便溏,下肢浮肿,肤目黄染(黄疸型),舌红边暗,脉细弦。詹学斌认为这是肝脾失调,气阴两虚,瘀水互结之故。《医镜》曰:“膨胀当起于脾虚气损,治当以大补之剂培其根本。”沈金鰲亦云:“膨胀病根在脾,由脾阴受伤,胃虽纳谷,脾不运化,肝病传脾,脾居中焦,为水湿运化之枢纽,故益气健脾水湿得运。”张介宾指出:“治肿者,必先治水,治水者必先治气。”唐容川进一步指出:“血与水本属一家,治血即治水,治水即治血,血不化则为水,水在血分中当以治血为本,治水为标,斯称合法耳。”同时,活血化瘀药品有破癥瘕积聚,软坚散结之功效,两者合用一举两得。詹学斌还认为益气活血有改善肝内微循环和肝细胞的供氧,加速病灶的吸收和修复,同时还能促进肝纤维的溶解,消除肝胶原纤维。益气健脾药还能改善消化功能,有利蛋白升调和保护肝功能。药用生黄芪、太子参、生白术、茯苓、淮山药、泽兰、生桃仁、益母草、丹参、炮山甲、酥鳖甲、生牡蛎、赤小豆。他认为抓住本质矛盾治之中的,效果易见。其他症状出现如黄疸、肢肿、胁痛应随症化裁。

4 各种结石症

詹学斌在临床中自拟清热利胆益气行瘀排石汤治疗胆石症,三金石韦汤治疗泌尿系结石,二张验方益气活血法贯穿其中,他认为排石必须用益气药来增加排石之推动力,又有不伤正气之弊。结石之形成是湿热久壅,久结势必入络成瘀,湿热与瘀互结成石,因此,在清热化湿药中,必须加入益气活血之药品,大大增加排石疗效,益气药以生黄芪 30 ~40g,生白术 15g,活血化瘀药如留行子、莪术、泽兰、桃仁。胆结石加生大黄,符合“积者行之”,同时发现活血化瘀药有促进平滑肌的收缩,增加肌力,增加胆囊收缩,乏特壶腹括约肌的开放和松解;增加输尿管蠕动,有利结石排出,留行子还有溶石和碎石之功。

5 体 会

詹学斌在临证中非常重视顾护正气,重视后天之本,认为各种疑难病症中都存在气虚及脾胃受损之症象,治疑难症必先扶植正气方可攻邪。又看到气虚血瘀之密切相关病机,故提出益气活血法是疑难病症治疗中的基本大法之见地,并应用在肿瘤、中风、结缔组织病等,屡见佳效。(李彬斐)

张林临床经验

【名老中医简介】张林(1941~)主任医师。原吉林省白城中心医院中医科主任。长春中医学院客座教授,白城激光妇产医院名誉院长。第二批全国老中医药专家学术经验继承工作指导老师。擅长治疗各型肝炎,肝硬化,急慢性肾炎,尿毒症,结石病,结肠炎,男女不育不孕等疑难顽症。主持及参与省市科研5项。主编及参编《简明中医内科手册》《中医基础理论心法》等著作11部;发表论文64篇。

瘙痒病

冬令瘙痒病是因寒冷刺激皮肤,营血失和,风寒邪气袭表犯肺,卫阳之气不得宣通而致皮肤干燥发痒。局限性瘙痒病是指瘙痒发生在某一处或多处的局部组织或器官上,如肛门、阴囊、妇女外阴等处的瘙痒。瘙痒初起皮肤无原发性皮疹及损害,进而出现因瘙痒引起的继发性损害。周身皆可瘙痒,部位不定,此伏彼起,多在夜间发痒,呈阵发性,难以忍受,甚至抓破皮肤或流血,或感痛时方可稍缓,也常因此导致烦躁、失眠、局部烧灼、虫爬、蚁走等不适。重者患处常有抓痕、搓破、渗液、结痂等继发性皮损及色素沉着和苔藓样变。此外,局限性瘙痒病是痒有定处,走窜不明显,其余大致相同。其舌多红暗,苔白腻或黄薄,脉多见浮而有力或弦数,二便正常或便秘。

张林认为本病多因禀赋不足,气血亏虚,或年迈体弱,营卫失和,肌肤失荣,总言为虚。“邪之所凑,其气必虚”,故内因为正虚。其外因多属素嗜烟酒,辛辣肥甘,湿热内蕴;或因异物毒瘀伤营阻络;更有起居不慎,衣着不适,劳汗当风,坐卧潮湿;或感六淫之外邪侵及营血、肌肤。更因肺主皮毛,肌肤受邪,肺气不宣,腠理不密,风血燥热而致其瘙痒。张林概其本病之因机乃为“虚”、“瘀”、“外邪”。据“风者,善行数变。故风者,百病之长也”,“肺主皮毛”,“与大肠相表里”以及“风盛则燥”,“风动则痒”之说,认为本病症虽在肌肤,却与肺及大肠经气不疏,营血失和有关,按“治风先治血,血行风自灭”,“风消痒自除”之理,立以活血和营,宣肺疏风,润燥解毒止痒之法;并本着“异病同治”的原则,以活血疏风汤辨证化裁,组治痒主方而调之。

治痒主方:当归20g,川芎15g,赤芍15g,红花15g,麻黄10g,桂枝15g,荆芥15g,苍术15g,黄芩10g,防风25g,羌活20g,蝉蜕10g,地肤子25g,苦参25g,胡麻仁10g,白鲜皮20g,甘草5g。每日1剂,水煎服。可将药渣用纱布包成数包,趁热擦洗或热敷患处。服药期间忌食辛辣、生冷、鱼虾海鲜、酒类及刺激性较强的食物。

辨证加减:上肢痒重者加浮萍、桑枝;下肢加木瓜、川牛膝;头项加白芷、白蒺藜、独活;胸背腹躯干痒重者加桔梗、葛根;皮肤粗糙脱皮、色素沉着者加丹参、桃仁、蛇蜕;流血渗液痒疮者加金银花、蒲公英;大便秘结者加杏仁、大黄;阴囊、肛门、女阴痒重加蛇床子、土茯苓,重用苦参、地肤子;气血不足者加黄芪、党参、丹参。

案 李某,男,68岁,工人。自述3年前,劳作中出汗受风,继而周身发痒,瘙痒不已,此伏彼起,夜间及冬天痒重有时挠破出血结痂。诊见:体弱,面暗,舌淡苔白腻,脉弦大而数。胸腹及下肢皮肤有散在红瘢结痂,时有便秘。素嗜烟酒,喜食辛辣之物。诊为:泛发性瘙痒病(风痒)。证属瘀热内温,外邪伤营,血风燥热阻络伤肤致痒。治以活血疏风,散瘀和营解毒止痒。投以治痒主方加川牛膝15g,葛根15g,蒲公英15g。每日1剂,水煎服忌食鱼腥、辛辣酒类、肥甘等物。取微汗,避风寒。二诊:服上药7剂,身痒减轻结痂渐消,睡眠渐好,仍有遇凉着风易痒,脉舌同前。按上方再加量苦参、白鲜皮各10g,当归、赤芍、川芎、红花各5g,黄芪25g。益气固表、解毒活血,以加强药力。继服7剂。三诊:痒近消尽,时有窜痒,轻抓即止,面、舌均见常态,脉弦缓。按上方加丹参25g加强养血活血扶正养荣之功,继服7剂。四诊:服上药3周痒症全消,未见明显不舒,诊脉、舌、肌肤未见异常。以上药配制粉剂,装胶囊,每服10粒,每日3次,连服半月巩固疗效。随访1年未见复发。

按 治痒主方之所以奏效,是张林按其本病因机、证型取当归、川芎、赤芍、红花活血养血,和营扶正;取麻黄、桂枝、荆芥、防风、羌活、苍术、黄芩解表疏风,散寒宣肺;以苦参、白鲜皮、蝉蜕、胡麻仁、地肤子解毒散瘀,润燥止痒;以甘草解毒泻火,调和诸药;共奏活血疏风,解毒散瘀,宣肺和营,治其血风燥热之瘙痒病的功效。(刘曙光 张彦秋 陈晓慧)

张焱临床经验

【名老中医简介】张焱(1940～)女。教授，主任医师。毕业于成都中医学院。成都中医药大学教授，中华中医药学会四川省妇科学会委员，四川省儿科学会委员，南充市中医内妇儿专委会主任委员。四川省名中医。从医近40年，擅长内、妇科、眼病的诊治，尤其对脾胃、肝肾病的诊治有独到之处。

胃痛

1 调气和血，解抑消滞

本着郁结者宜解之，此法主要适用于气滞型胃痛证。其痛以灼痛、胀痛为特点。临床上引起胃气阻滞的原因不外有两种：一是胃本身，如饮食冷热不节，饥饱失常。正如《景岳全书·心腹痛》曰：胃脘痛"无不皆关于气，盖食停则气滞，寒留则气凝。所以治痛之要，但察其果属实邪，当以理气为主。"可谓切中本病的病机及治疗要领。二是忧思恼怒，情志怫郁，肝木横逆，犯胃乘脾，脾胃受病，气机壅滞所致。"张焱认为气滞胃痛的关键虽在气，但"气为血之帅"、"气滞血亦滞"，气的功能异常，必然导致血的功能紊乱，因此临证施治通过调气(理气、行气)以达和血之目的，使"气行血亦行"，气血调和，自然滞消痛止。常选用柴胡疏肝散(柴胡、枳壳、陈皮、川芎、白芍、香附)合金铃子散(金铃子、玄胡)加减，若伴胁肋胀痛，口苦泛酸，加郁金、青皮舒肝解郁；如伴腹胀、便秘、腑行不畅者，加全瓜蒌、莱菔子导滞通腑；若伤食生冷，胃寒作痛，加高良姜行气散寒止痛；如顽固腹胀，反复不愈可加大腹皮、焦三仙健胃消胀。

2 调血和气，化瘀通络

瘀积者当行之，本法适用于血瘀型胃痛。以久痛而屡发，痛处不够，脘腹胀满，或吐血便黑为主要特点，即《丹溪心法》所谓"死血留胃脘作痛"。张焱以为胃脘痛缠绵不愈，营血运行不畅，血聚成瘀，瘀结胃络在所必见。诚如《临证指南医案》所说："气既久阻，血亦应病，循行之脉络自痹。"据证立法，当从化瘀通络入手。大量的临床资料表明，瘀血凝滞是导致慢性胃痛病情加重、缠滞难愈的重要原因。结合患者血液流变学及甲皱微循环变化的研究，这类患者均明显存在血液流变异常的微循环障碍。而本病发生瘀血病变，不仅是一种病理产物，同时又是新的致病因素。胃肠道的功能活动、胃肠黏膜的抵抗力都要充分的血液供应，以保护其正常生机。若胃长期处于瘀血状态，造成胃黏膜持续缺氧与营养障碍，必致胃黏膜变性，从而引起胃黏膜慢性炎症，甚至伴见肠腺化生和不典型增生改变(即癌前病变)。这不仅说明了血瘀胃痛发展的危险性，更进一步说明张焱对血瘀型胃痛辨证的准确性。由此可见，调血和气、化瘀通络，是治疗本病的重要方法，即通过调血行气，以达活血化瘀、消胀止痛的目的。方用自拟祛痛灵汤(玄胡、五灵脂、乳香、没药、郁金、甘草)加减，临床收效颇佳。若伴见烧心泛酸者，加吴茱萸、黄连清火解郁行气，入乌贼骨或瓦楞子化瘀制酸；如胃痛喜暖畏寒，加乌药、高良姜、甘松等行气散寒止痛；若心烦喜呕，舌红苔黄，加清夏、竹茹清热除烦。

3 补气温中，和血养阴

禀赋不足之人，饥饱失常，劳碌不休，或思虑太过，或过服消削攻伐之剂，伤及中州，或胃痛久延不愈，由胃及脾，必然由实转虚，成为脾胃虚证。治疗当宜调和气血平衡阴阳着手。若见胃痛隐隐喜暖喜按，腹冷便溏，或呕吐清水，舌淡苔白，脉沉迟，系久病耗气伤阳之脾胃虚寒证。治宜补气以温中，散寒以止痛。张焱常选用当归四逆汤加减(当归、桂枝、细辛、乌药)，使脾胃阴阳平衡，营卫协调，气血通畅，脾运胃健。若证见胃痛隐隐，灼热心烦，口燥咽干，舌红少苔或花剥，脉细数，乃瘀热日久伤阴损津的脾胃虚热证。治宜养阴益胃，和血止痛，张焱常用加味一贯煎(生地、枸杞、沙参、麦冬、花粉、川楝子、白芍、甘草、当归)养阴以益胃，和血止痛。若伴胃胀反复不愈，下坠之感，可加升麻、砂仁取其升补之中又有通降之意。

4 中州气血安和，预防调护为先

胃脘痛的发生发展与情志不遂，饮食失调有关，要使中州气血平和，必须注意精神和饮食方面调摄四要点即，其一，务必精神开朗，情绪乐观，保持愉悦平和的心态，避免恼怒，树立战胜疾病的信心；其二，力求谨和五味、饮食有节、定时定量、冷热适中、不可暴饮暴食和饥饱不均，择选清淡而营养的食物，凡生冷粘滑，肥甘厚腻，辛热炙煿以及酒、饮料等，均应禁忌或慎服；其三，起居有常，均勿过劳，否则劳役过度，脾元受损，病及中州，每引起肠胃失和，从而加重病情；其四，在保证充足睡眠基础上，进行适当的体育锻炼，力求思想集中，动作认真，循序渐进，持之以恒，旨在通利经脉谐调气血，促进中州安和，生机洋溢活跃，这样既有利于胃痛的迅速康复，又可减少该病的复发。

5 病案举隅

案 1 何某，男，57 岁。2003 年 1 月 12 日初诊。自述胃痛反复发作 1 年余，胃脘胀痛，痛引肩背，夜间呈辣痛，每因情绪不畅痛甚，呃逆矢气时作，纳少，食后脘痞不舒，夜寐不安，大便不畅，舌质暗红，苔薄黄，脉弦。胃镜示：慢性浅表性胃炎。辨证：肝胃不和，气机阻滞。柴胡 12g，陈皮 10g，枳壳 10g，白芍 30g，香附 10g，川楝 10g，延胡索 15g，麦芽 30g，谷芽 30g，甘草 6g。服药 3 剂。胃痛减轻，纳食欠佳，倦怠乏力，舌红，苔薄，脉细弦。宗原法，上方加党参 30g，茯苓 20g，服药半月，胃痛止，大便已畅，纳食渐增，乏力减轻，继服 14 剂，诸症消失，随访至今未见复发。

案 2 李某，女，56 岁。2002 年 10 月 12 日初诊。自诉胃脘痛反复发作近 3 年，实发时止，时轻时重，痛处固定不移，按之其痛不减，不烧心，不泛酸，口干，喜饮酸物，大便 2 ~ 3 日 1 次，舌质黯红，少津少苔，脉沉细，曾服甲氰咪胍，果胶铋等药均无效。胃镜示：慢性浅表萎缩性胃炎。辨证：胃阴不足，瘀血阻络。药用：沙参 15g，麦冬 15g，丹参 20g，赤芍 15g，生地 20g，枸杞子 10g，天花粉 15g，山楂 10g，川楝子 10g，白芍 30g，五灵脂 5g，生谷芽 30g，甘草 3g。每日 1 剂，水煎服，1 日 3 次分服，服药 10 剂，胃痛明显减轻，后又以原方为基础随症加减服药 3 个月，诸症尽除，随访 1 年，未见复发。

胃脘痛为临床常见病，其病机不外乎胃络瘀阻不通。祖国医学很早就认识到，通则不痛，气血调和也；痛则不通，气血瘀滞也，胃脘疼痛。归根结底，是气血不通造成。调理气血，养阴温中，化瘀止痛种种方法，实际上就是一种通法。正如高士宗在《医学真传》中指出：“通之之法，各有不同，调气以和血，调血以和气，通也；上逆者使之下行，中结者使之旁达，亦通也；虚者助之使通，寒者温之便通，无非通之之法也”。种种通法，目的是为了达到胃气通降，气血调和，消除疼痛。（何 进）

癌痛

1 癌痛病机，血络瘀阻贯穿始终

癌者，肿瘤也。早在《内经》就已认识到肿瘤与“血涩”、“血脉凝涩”、“乳汁与血相搏，并合凝聚不得散”等瘀血病理之间的关系。张焱认为，癌痛多见于中晚期恶性肿瘤病患者，决非短期形成，属祖国医学“痛证”范畴。其病因有外因（化学、物理、生物等致癌因子，外感六淫邪气及流行疫疠邪毒）和内因（七情太过或不及，脏腑虚亏）之分，作为外因的外邪等致病因素，一定要在体内阴阳不和，气血亏虚和脏腑功能失调等内在虚损的基础上才能致病。其病理机制虽有“虚、瘀、痰、毒”之分，但它们不是孤立存在，而是相互联系，互为因果，如正虚血瘀、痰瘀互结、湿毒瘀阻等，而瘀贯穿癌痛始终。现代研究表明：恶性肿瘤血瘀证与微循环障碍，血液流变学异常关系密切；恶性肿瘤患者多出现外周循环的障碍，与癌组织释放某些活性产物及癌细胞脱落进入血液循环等因素有关，癌症患者外周微循环障碍，并不为肿瘤切除而改变，会一直持续下去。这不仅反映了肿瘤病血瘀证的顽固性，更进一步证明了张焱辨病观点的准确性。

2 运用化瘀止痛法的指征

张焱认为癌痛分虚实，虚者“不荣则痛”，实者“不通则痛”。瘀虽贯穿癌痛始终，但临床病症复杂，常有合并症，辨证需灵活，化瘀止痛法并非适用于每一个癌痛患者。运用化瘀止痛法治疗癌性疼痛，应正确掌握其临床适应证候，选择以疼痛为主症的肝癌、胃癌、乳腺癌患者为宜。本法适应证有如下特点：①符合肝癌、胃癌、乳腺癌诊断标准者；②胸痛、右胁肋疼痛、胃脘疼痛为主症属气滞血瘀型者；③排除合并有其它严重原发性疾病、出血性疾病和出血倾向的患者及急腹症疼痛者。

3 祛痛灵汤加减运用

张焱在外用祖传“五毒酒”（生二乌、大枫子、马钱子、壁虎、蜈蚣等）治疗肿痛、无明肿毒及顽固性皮肤病，自拟祛痛灵汤加减治疗癌性疼痛，临床收效颇佳。祛痛灵汤由炒五灵脂、玄胡、郁金、乳香、没药、甘草六味药组成。方中五灵脂苦泄温通，善入肝脾二经，功善活血散瘀，解毒止痛，散结止血，妙用化瘀之力更甚，现代医学研究表明，本品含维生素 A 类物质及多量树脂等，能缓解平滑肌痉挛，有抗癌、提高人体免疫功能的作用。此为血滞诸痛要药，乃君药。辅 玄胡、郁金疏肝行气以开郁，助五灵脂活血祛瘀，缓急止痛；佐以乳香、没药消肿解毒，祛腐生肌，更助五灵脂活血散结止痛之功；使以甘草调和诸药。全方共奏行气活血，化瘀散结止痛之功。若见正虚血瘀者，酌加黄芪、白术、茯苓补气化瘀，或加肉桂、制附片等温阳化瘀，或加沙参、二冬，生地等补阴化瘀，或加阿胶、当归、龙眼肉等养血化瘀，以扶正祛邪。若因热毒炽盛，毒瘀互结者，加白花蛇舌草、半枝莲、半边莲、舌头一颗草、无花果等解毒化瘀。若见痰凝血瘀者,加法半夏、南星、夏枯草、山慈姑等软坚化痰,祛瘀止痛。若肿瘤包块表浅,表皮无溃破,可辅以五毒酒外搽,内外合用,以毒攻毒,加强化瘀止痛。张焱曾治疗癌性疼痛患者30余例,包括胃癌15例,肝癌9例,乳腺癌6例。多是惧怕阿片类药物副作用,或是已使用止痛药后没有得到满意止痛效果的患者。他采用祛痛灵汤加减化瘀止痛,随证治之,不仅达到了止痛效果,而且令患者不必担心药物的副作用和耐药性,从心理上和生理上减轻了患者的痛苦,提高了生活和生存质量。

4 典型病案

案1 古某某,女,43岁,工人,2000年6月15日就诊。于1年前发现左乳肿块,在川北医学院附院行左乳腺癌根治术,术后未行放疗和化疗。6月前发现右颈部,右腋下淋巴结肿大,行手术切除,病理报告为转移腺癌,进行化疗。就诊时,患者左颈部、双上肢、胸胁胀痛,阵发刺痛,上肢活动痛更甚,心烦不安,夜不能寐,口干口苦,倦怠乏力、少气懒言、纳差,毛发稀疏,舌红,苔薄黄,脉弦细无力。处方:黄芪30g,茯苓20g,炒枣仁、柴胡、郁金、玄胡各15g,炒五灵脂5g,乳香、没药各4g,甘草3g。水煎服。10剂后复诊,颈、双上肢、胸胁疼痛明显好转,遂于原方加阿胶10g(烊化),鸡血藤30g,继服。后随证调之,疗效显著。

按 张焱认为乳腺癌术后患者治疗有三点关键:一是补气生血。健脾益气能提高机体免疫力,改善患者倦怠乏力、少气懒言、纳差等症状,达到气充血生的目的。二是行气。疏肝行气能改善口苦口干、心烦不安、夜不能寐、胸胁胀满等症状。三是化瘀止痛,也是癌症患者最迫切的要求。采用祛痛灵汤化瘀止痛治疗手术、放疗等对局部神经、血管、淋巴管、肌肉损害所致肿胀、麻木、疼痛有很好的疗效,这些症状虽顽固难消,但持之以恒服用,疗效甚好,部分患者服药后,僵硬的肌肉、瘢痕逐渐变软,皮肤渐渐红润。

案2 梁某某,男,48岁,干部。因消瘦、乏力、右胁肋胀痛6个月,CT诊断为肝癌。曾在成都等地大医院检查,确诊为晚期肝癌,未行化疗。1个月前患者右胁肋胀痛难忍,肌注杜冷丁方暂时缓解,但恐其成瘾性和耐药性,于1995年5月来诊。患者右胁肋胀痛,连及后背,彻夜难寐、食纳少,脘腹痞满,双下肢浮肿,舌黯红,苔少,脉弦细。处方:黄芪、白花蛇舌草、隔山撬各30g,生地、花粉各20g,玄胡、郁金、白芍、当归各15g,炒五灵脂、乳香、没药各5g,甘草3g。水煎服。10剂后,自感右胁肋胀痛减轻,夜寐已安,情绪平和。后随证选加半枝莲20g,生谷芽30g,茯苓皮30g,未使用阿片类药,疼痛已明显减轻。

按 肝癌发病急,病情重,死亡快,临床发现多属中晚期,常以胀满痛为主要症状。肝气郁结为其重要诱发因素,气滞血瘀为其主要病机。一旦确诊为肝癌,患者极度绝望,情绪波动极大,尤恐惧临终前的剧烈疼痛,惧怕止痛药的耐药和毒副作用。对此,张焱认为,肝癌病根经久,邪毒深侵,气滞血瘀,正气消残,攻伐太急则复伤正气,邪反固矣。善治者,当攻补兼施,即补虚化瘀止痛。据临床观察,多数患者服药后,在精神转好、纳食渐增的同时,胀满疼痛会缓缓改善,生存的信心亦逐渐增强。但有部分患者,胁肋疼痛,进食困难,汤药难下,可以改革剂型,加大药物剂量,经肛门给药。

案3 黄某某,男,60岁,干部,有胃痛病史10余年,1个月前胃痛加重,作纤维胃镜诊断为胃癌,行胃癌切除术,术后化疗。1年后感胃脘部疼痛,进行性消瘦,于1999年6月就诊。患者胃脘部撑胀不适,隐痛与剧痛呈不规则交替出现,食后胀痛加重,时泛酸,纳少,头晕乏力,形体消瘦,舌质黯淡,苔白,脉沉细。处方:黄芪、半枝莲、苡仁各30g,茯苓、郁金各20g,玄胡15g,草蔻、广香各10g,炒五灵脂、乳香、没药各5g,甘草3g。5剂后,胃痛大减,纳增,乏力减轻。上方加乌贼骨30g,白术15g,继服,后用甘淡实脾等法随证加减服至年余。随访,起居如常。

按 脾胃位居中焦,通连上下,为气机升降之枢纽。脾胃之升降失常,出入无序,则百病变生。张焱认为,胃癌之发病不外乎气虚、血瘀、气滞。气虚推动无力,瘀血内阻,日久成积必致气滞;气滞血瘀,耗气太过则气虚,两者互为因果,同存一体。所以治胃癌必同时调气化瘀,方能收效。尤其是手术后的胃癌患者,因手术伤及脾气,气虚血瘀更甚,补气化瘀缺一不可。以黄芪、白术、茯苓补益脾气,祛痛灵汤行气化瘀止痛,合而用之,使正气得以渐复,邪气难以增长,从而达到满意疗效。(何 进)

张耀临床经验

【名老中医简介】张耀(1951～)主任医师。1975年毕业于绵阳中医药学校。现任职于绵阳市中医院。成都中医药大学兼职教授。四川省名中医。擅长治疗呼吸、消化系统及心脑血管疾病。

喉痹

1 风热侵袭，疏风清热，解毒利咽

外感之邪侵袭人体，首先犯肺，咽喉为肺之门户，感受外邪之后，除个别患者有短暂的鼻部症状外，多直接反映出咽喉的病变，出现咽喉红肿、疼痛，随即出现喉痒、咳嗽、声嘶等症状。《诸病源侯论》云："喉痹者，咽中肿塞闭痛，水浆不得入也。人阴阳之气出于肺。循喉咙而上下也。风毒客于喉间，气结蕴积而生热。故咽肿塞而为痹痛。患者多有发热恶寒等全身症状，舌苔薄白或微黄，脉多浮数。张耀以疏风清热、解毒利咽法治之。自拟方药：连翘30g，银花、大青叶、桔梗各15g，薄荷、僵蚕、牛蒡子各10g，胖大海、木蝴蝶、甘草备6g。方用银花、连翘、薄荷、牛蒡子、大青叶疏风清热解毒，僵蚕、胖大海、木蝴蝶、桔梗、甘草散结利咽，诸药共奏疏风清热，解毒利咽之功。应用上方，可根据病情加减化裁。如热灼津伤出现咽干、口渴者加玄参、麦冬；如中虚便溏者宜去胖大海加青果；咽痒甚者加蝉蜕；如兼发热者加柴胡、青蒿等。

案1 王某，男，8岁，1999年3月24日初诊。主诉咽痛发热1天。喉痒咳嗽，吞咽不适，头昏痛鼻塞，咽部微红肿充血，舌质淡红，苔薄白，脉数。证属外邪侵袭，热结咽喉。治以疏风清热，解毒利咽。处方：连翘15g，银花、大青叶、柴胡、青蒿各10g，薄荷、僵蚕、桔梗、蝉蜕、木蝴蝶、牛蒡子各6g，甘草3g。服药2剂，热退咽痛减。于前方去柴胡、青蒿、牛蒡子加南沙参、白术，续服2剂告愈。

2 湿热喉痹，清热利湿、解毒利咽

湿热蕴结咽喉，主证为咽喉肿痛，咳嗽声多重浊或咯粘稠痰涎。多伴见头身重痛，脘闷纳呆。午后发热，口干不欲饮等症，舌苔黄腻，脉濡数。张耀用清热利湿，解毒利咽法治之。处方：连翘、鱼腥草各30g，藿香、黄芩、板蓝根、桔梗各15g，青果、射干各10g，白蔻、石菖蒲、木蝴蝶各6g，甘草3g。方中藿香、白蔻芳香化湿，石菖蒲除湿通窍，鱼腥草具芳香之气而化湿、其性微寒而清热，黄芩、连翘、板蓝根清热解毒，青果、木蝴蝶、射干、桔梗散结利咽，共奏清热利湿、解毒利咽之功。

案2 吴某某，男，42岁，1998年11月13日初诊。自述咽喉肿痛2天，吞咽困难。咳嗽，咯黄稠痰，脘闷纳呆。查见咽喉部充血，悬壅垂红肿，舌质红，苔黄腻，脉濡数。证属湿热内蕴，热毒结咽。治宜清热利湿，解毒利咽。处方：连翘、鱼腥草各30g，藿香、黄芩、板蓝根、桔梗各15g，青果、射干各10g，白蔻、石菖蒲、木蝴蝶各6g，甘草3g。水煎服，1日4次，每日1剂。服2剂后咽喉肿痛缓解，咳嗽减，但仍脘闷纳呆。于前方去板蓝根加枳壳行气导滞，气行则湿化。续服2剂，咽肿痛消失，吞咽如常，脘闷除，但仍纳差，倦怠乏力，舌淡红苔微黄腻。于上方去射干、青果、木蝴蝶加南沙参、麦芽各30g，神曲20g，白术15g，连服3剂，诸症悉除。

3 肝火灼喉，清肺泻肝，解郁利咽

肝脉布胸胁，上注于肺，肝为将军之官而主升发，肺为相辅之官而主肃降，升降相因，气机调畅。若肝气升发太过，气火上逆，可侮金灼喉而出现咽喉疼痛、声嘶或有异物感，伴见咳吐粘痰，或痰中带血，咯吐不爽，心烦口苦等症，舌质红，苔黄，脉弦数。张耀以清肝泻肺，解郁利咽法治之。药用：连翘30g，黄芩、海浮石各15g，桔梗、薄荷各12g，栀子、青黛、诃子各10g，木蝴蝶、甘草各6g。如火盛阴伤，痰少难咯，咽干者加北沙参、麦冬滋阴润肺。方用栀子、青黛、黄芩、连翘入气分清肝泻肺，入血分凉血止血；诃子、海浮石、木蝴蝶行气散结，化痰利咽；薄荷、桔梗、甘草疏风散邪而宣肺利咽，全方共奏清肝泻肺，解郁利咽之效。

案3 李某某，女，35岁，1998年11月17日初诊。自述咽喉部异物感1周，加重伴干咳少痰3天。1周前因与人争吵后，出现咽部不适，心情郁闷，脘胀纳呆，患者未予重视。3天前上述诸证加重，咽喉干痛，如有物梗塞，喉痒咳嗽，咯少量粘痰，心烦易怒。口苦咽干，胸脘痞闷，大便干燥。小便黄，舌质红，苔薄黄，脉弦数。证属肝郁气滞，气郁化火，肝火灼喉。以疏肝理气，清肝泻火，解郁利咽为治。处方：连翘30g，黄芩、海浮石、桔梗、枳壳、柴胡各15g。栀子、青黛、薄荷、诃子各10g，木蝴蝶6g，甘草3g。水煎服，1日3次，2日1剂。服药2剂后诸症缓解，大便已不干燥，口苦、胸脘痞闷已除，喉痒咳嗽已缓解，但咽喉仍干痛不适，倦怠乏力，纳差。于上方去青黛、海浮石、诃子，加南沙参、川芎、麦芽各30g，麦冬15g，连服3剂，上述诸症悉除。

4 阴虚肺燥，滋阴润燥，散结利咽

阴虚喉痹，其病程长，易被外邪诱发加重而呈虚实夹杂证。张耀认为，本型多为肺肾阴虚，津液不足，虚火上炎，循经上蒸，薰蒸咽喉而成。如《疡医大全》云："肾水不能上潮咽喉，故其病也"。以咽喉干痒灼热疼痛，口鼻干燥，入夜尤甚，多伴见五心烦热，吭咯燥咳等症，舌红少苔，脉细数为辨证要点。张耀以滋阴润燥，散结利咽法治之。药用：熟地、白芍各30g，玄参、麦冬、桔梗各15g，丹皮、薄荷、僵蚕、诃子、木蝴蝶各10g，甘草6g。方中熟地、麦冬、玄参、白芍滋阴润燥；丹皮泻肝降火；薄荷、僵蚕、诃子、木蝴蝶、桔梗、甘草疏风宣肺，散结利咽。诸药共奏滋阴润燥，散结利咽之功。

案4 许某某，女，45岁，1998年10月5日初诊。反复咽喉疼痛1月。患者系小学教师，自9月开学以来，因课时较多，用声过度，常感咽喉部疼痛不适，喉痒干咳，口含金嗓子喉宝后可暂时缓解。口咽干燥，声音略嘶哑，心中烦躁，手足心发热，夜间咽干痛加重，眠差多梦，纳呆食少，大便秘结，小便正常。舌暗红少苔，脉沉细涩。来诊时见咽喉部色黯红，咽后壁淋巴滤泡呈结节状隆起。证属阴虚肺燥，虚火结咽，灼津为痰，痹阻喉咽。以滋阴清热，养血润燥，行气通痹，散结利咽为法。处方：熟地、白芍各30g，玄参、麦冬、桔梗、枳壳、当归各15g，薄荷、诃子、丹皮各10g，木蝴蝶6g，甘草3g。水煎服，1日3次，2日1剂。服药2剂后自觉咽喉干痛、喉痒干痒明显好转，但仍声嘶、纳呆、便秘。于上方去玄参，加蝉蜕、青果各10g，南沙参30g，续服3剂，咽干痛消失，声音恢复正常，大便通畅，但仍纳差食少，咽部轻度充血。于上方去丹皮、白芍、诃子，加麦芽30g，神曲20g，白术15g，续服4剂，巩固疗效。（罗先涛）

肠道易激综合征

1 脾胃虚寒，温中量脾助纳运

张耀认为，本型多由患者饮食不节或过食生冷、或药物戕伐使脾胃损伤所致，其症脘腹冷痛或隐痛，得温痛减，大便稀溏不爽，或大便干燥，便时艰涩无力，伴见倦怠乏力，纳呆食少，舌淡苔薄白，脉细弱。他常用温中健脾法治之，方用理中汤加减。常用党参、白术、甘草、干姜温中健脾，促进胃肠正常运化；葛根升举清气，李杲谓：干葛，其气轻浮，鼓舞胃气上行，生津液，又解肌热，治脾胃虚弱泄泻圣药也，用之以升阳止泻；木香理气止痛，改善肠道功能；仙鹤草理气畅中。诸药协调，共奏温中健脾、行气止痛、解毒益肠之效。若大便干结，则去木香、葛根，重用白术50～60g，加黄精、枳实以益气健脾、理气通便。

案1 唐某，女，32岁，1998年12月7日初诊。反复腹痛、腹泻近1年。大便稀溏，便前脐周疼痛，每日2～3次，纳呆食少，神疲无力，白带清稀量多，月经量少色淡，舌淡苔白，脉细弱。以温中健脾，理气化湿法治之。处方：党参、葛根、仙鹤草、车前子（包煎）各30g，白术、干姜、藿香各15g，木香10g，砂仁、甘草各6g。服药4剂，大便成形，便次正常。原方去木香、葛根，加山楂、当归调治半月，诸症悉除。

2 肝郁脾虚，疏肝健脾畅枢机

本型多由患者性急易怒，使肝气郁结，木不疏土所致。临床以大便稀溏或干结，或时结时溏，夹有粘涎，便前腹痛，便后痛不止，伴见烦躁易怒，短气乏力，食欲不振，腹胀嗳气，舌淡红，苔薄白或薄黄，脉弦细。病情每随情绪波动而加重，张耀用疏肝健脾法治之，常用四逆散、四君子汤、痛泻要方合方加减治疗。方用四逆散疏肝理气，肝气条达则气机通畅；痛泻要方补脾泻肝；四君子汤益气健脾，使土健木疏，枢机通畅。一般加当归养血活血，败酱草解毒清肠，与益气养血药配合，清补并用，相得益彰。诸药合用，使肝气条达，气机通畅，脾气健旺则枢机通利而复常。

案2 林某，女，46岁，1998年10月13日初诊。反复腹痛、腹泻半年，加重1月。1年前，因下岗失业而致心情郁闷，心烦失眠，月经紊乱，经服中药治疗有所好转，但时有反复。半年前，逐渐出现胸闷，烦躁，腹胀嗳气，食欲减退，纳呆食少，倦怠乏力，经常大便稀溏，每日1～2次。近1月腹痛腹泻明显加重，泻下稀涎粘液，腹痛即泻，泻后仍痛，心烦失眠，不思饮食，神疲乏力，舌淡红苔薄白，脉弦细。以疏肝解郁，健脾益肠法治之。处方：党参、败酱草各30g，柴胡、枳壳、白芍、白术、茯苓、当归各15g，陈皮、防风各10g，甘草3g。水煎服，2日1剂。服药4剂，症状改善。续服原方4剂，诸症明显好转，后以逍遥散合四君子汤调治月余而愈。

3 湿热阻滞，清利湿热兼通滞

本型多由饮食过于精细，嗜食肥甘厚味，纤维素摄入不足所致。临床以阵性腹痛，大便稀溏或便秘，泻下臭秽粘滞不畅，肛门灼热等症，舌红苔黄腻，脉滑数为辨证要点。张耀常用清利湿热、理气通滞法治之，常用葛根芩连汤加减。方用黄芩、黄连、黄柏、大蓟、败酱草、槐花清热利湿解毒，赤芍活血，枳壳理气，葛根升发脾胃清阳之气而治下利，甘草扶正缓急，调和诸药。如此则胃肠壅滞之湿热得清，受损之肠络得以修复新生，则病愈可期。

案3 吴某，男，38岁，1999年4月9日初诊。反复腹痛、腹泻及便秘交作3月，加重10天。患者反复腹泻、便秘交作，阵发性腹痛，泻下物臭秽粘腻，便而不爽，时作时止，反复不愈，素体肥胖，喜好烟、酒及肥甘厚味。10天前因与朋友聚会，食火锅及大量饮酒后，出现腹痛腹泻，日泻4～5次，肛门灼热，曾服阿莫西林、氟哌酸，舌红苔黄腻，脉滑数。张耀以清热利湿解毒、活血行气导滞法治之，药用：葛根、大蓟、败酱草各30g，黄芩、赤芍、枳壳各15g，黄柏、槐花各10g，黄连6g，甘草3g，水煎服，2日1剂。服药3剂，症状缓解，但仍大便稀溏，脘胀不思食。原方去黄柏、黄连、槐花之苦寒，加党参、白术、山药益气健脾，藿香芳香化湿，木香理气畅中，续服4剂，诸症消失。（罗先涛）

甲状腺机能亢进症

1 肝郁化火，养阴疏肝解郁热

肝郁化火型甲亢，多见于中青年患者，临床容易诊断。主要表现为急躁易怒、潮热、多汗、多食着饥、失眠多梦。其病势急，症状明显，病机多由情志郁结，化火伤阴所致。张耀以疏肝解郁、养阴清热为主，用丹栀逍遥散加味治疗。一般加夏枯草以清肝散结；善食易饥明显者加石膏、知母；阴虚加玉竹、麦冬。忌食含碘食物如海产品类。

案1 刘某某，女，27岁。1998年3月5日初诊。患者3月前分娩后怕热多汗，心烦易怒，面部灼热，食欲亢进，失眠，大便清（每日4～5次），延医诊治，认为系产后正常现象，未引起重视。刻诊：见甲状腺Ⅱ°肿大，目稍突，手抖，舌质红，苔薄黄，脉弦数。经查T3 5.1nmol/L，T4 321nmol/L。TSH 0.2mu/L。诊断甲亢（肝经郁热）。治以疏肝解郁，养阴清热。方用丹栀逍遥散加减：丹皮、当归、茯神、白术各15g，栀子12g，柴胡10g，白芍、夏枯草、石膏、玉竹各30g。甘草3g。另取西药他巴唑。服药1周，饥饿感明显好转，汗减少。原方去石膏加黄精调治2月，诸症已解。查T3 1。7nmol/L，T4150nmol/L，TSH10mu/L，恢复如常。

2 水不济火，养阴滋肾宁心神

永不济火型甲亢主要表现为心悸、胸闷、腰膝酸软、乏力、烦躁、失眠。多系肾阴匮乏于下，不能上济于心，心火独亢于上，不能下交于肾所致。张耀常用栀子、连翘清心除烦，熟地、枣皮、女贞子、白芍、玉竹滋肾养阴，南沙参、炒枣仁、茯神养心宁神，使心肾交通，疗效颇佳。

案2 陈某某，女，41岁。1997年11月6日初诊。反复头晕、胸闷、心悸不宁10余年。活动后易出汗，伴见潮热、腰膝酸软、口咽干燥、难以入睡，甚则彻夜不眠，食多而身体渐消瘦。多次心电图提示室速。有时房颤，ST－T改变。他医诊为心肌炎，不规则服心得安及营养心肌药，症状时轻时重。查体：消瘦，甲状腺I°肿大，血管杂音（－），心率120次/分，双下肢轻度水肿，舌质红，苔薄黄，脉细数。查血清：T3 4.1nmol/L，T4 312nmol/L，TSH 0.3mu/L。诊为甲亢。张耀以清热养阴、滋肾宁心法治之，处方：熟地、玉竹、南沙参、连翘、炒枣仁各30g，枣皮15g，栀子12g，女贞子、茯神各20g，甘草3g。加服西药他巴唑。2周后症状明显好转，8周后甲状腺机能恢复正常。

3 胃热脾虚，清补并用调中土

胃热脾虚型甲亢，胃热多由肝火或心火移于胃，其热多为虚热，其症口渴善食易饥，脾虚则运化失常，故见反复腹泻。现代医学认为多系甲状腺素刺激胃泌素分泌增多，使肠蠕动加速，食物停留时间短而致腹泻。张耀常用玉竹、天冬、生地等滋阴清热，以四君子汤加山药、赤石脂健脾止泻，疗效颇佳。

案3 张某某，38岁。1997年12月8日初诊。反复腹泻14年，伴易饥消瘦、乏力13年，近2年出现心悸。患者自1983年起腹泻，1日5～6次，甚则日10余次，在省、市多家医院诊为“慢性结肠炎”，经中西药治疗不见好转。来诊时极度消瘦，体重36kg，两眼稍突，貌似炯炯有神，甲状腺肿大，心率110次/分。律齐，腹软无压痛，肠鸣音活跃。嘱查甲状腺功能，血清：T3 5.6nmol/L，T4 412.8nmol/L，TSH 1.0mu/L。诊为甲亢，属于胃热脾虚所致。治以养胃健脾，辅以西药他巴唑治之。处方：玉竹、天冬、山药、赤石脂（包煎）各20g，黄精30g，党参60g，白术、茯苓、白芍各15g，甘草5g。患者服药1周，大便次数明显减少。服药2周后，腹泻停止，大便成形，体重增加，心率105次/分。原方去赤石脂，加连翘30g连续服药半年，甲状腺功能恢复正常，随访未复发。

4 心脾肾虚，调补心脾兼益肾

本型甲亢多见于老年人，其症状不典型，多表现为神疲消瘦，心悸气短，反应迟钝，腰膝无力，失眠便溏，情志不畅，胫前水肿。类似于现代医学之淡漠型甲亢，容易误诊为抑郁症、老年性痴呆。张耀以黄精为主，脾肺心肾同补。再加党参、白术、山药、仙鹤草健脾益气，炒枣仁、合欢皮宁心安神，杜仲、桑寄生、淮牛膝壮腰益肾。

案4 罗某某，女，55岁。1998年4月10日就诊。自诉神疲乏力，自汗心悸，便溏10年，加重1年，伴见腰膝无力，胫前水肿，失眠。诊见形体消瘦，面色萎黄，双目不突，甲状腺不肿大，心率112次/分，律齐无杂音，舌质黯红，少布薄黄苔，脉沉细微数。心电图提示：窦性心动过速，查T3 6.5nmol/L，T4 288.9nmol/L，TSH 0.3mu/L。诊为甲亢。治以补益为主。处方：南沙参、黄精、生牡蛎、莲翘各30g，玉竹、白术、泽泻、炒枣仁、仙鹤草各20g，川牛膝10g，神曲15g。同时服西药他巴唑10mg/日。服药1月，诸症好转，复查T3 3.0nmol/L，T4 185nm0l/L，TSH 0.3mu/L。停服西药，中药仍按上方加减治疗。

5 小 结

张耀认为甲亢在临床较为常见，但很多甲亢患者由于被误诊，治疗效果很差，运用现代检查手段和方法确定病名之后的辨证及分型论治，能提高临床疗效。本病多伴甲状腺肿大（颈前肿块明显），他认为中医诊断属于"瘿证"，其病机多为痰凝气滞，故常在分型的基础上加玄参、浙贝、牡蛎、夏枯草等化痰散结消瘿之品，兼瘀滞者加赤芍、莪术。并强调禁止使用含碘高的昆布、海藻等海产品，以免加重病情。本病属现代医学内分泌系统疾病。其病情变化快，易致甲亢危象，故辅以抗甲状腺素的西药治疗。而中药在症状缓解上比西药见效快，且无副作用，西药（硫脲类）一般不良反应有药毒、呕吐、泄泻，甚则黄疸、肝热病，在治疗过程中可能出现甲低。所以，张耀均采用中西医结合治疗，既能提高疗效，缩短疗程，又能减少西药的毒副作用。（叶海燕）

张柏林临床经验

【名老中医简介】张柏林（1943～）主任医师，硕士生导师。1962年毕业于天津中医学院。现任天津市糖尿病防治指导委员会副主任委员，天津市中医学会常任理事。第二批全国老中医药专家学术经验继承工作指导老师，天津市名中医。享受国务院政府特殊津贴。擅长治疗咳喘、发热、糖尿病及消化疾病。

消化性溃疡

张柏林在临床中执简驭繁，分虚、实两型论治消化性溃疡颇为得心应手。如患者证见胃脘胀、痛、灼热，或脘痛连胁、吐酸、嘈杂、口干、口苦、舌红，苔黄或厚，脉弦或数则诊为实证。多属肝胃郁热，或因肝气横逆，甚则化火，木旺克土，或中土塞滞，木郁不达，病的重点在肝。此型治肝常可以安胃。而如患者证见胃脘胀痛、吐酸清冷、嘈杂、口和不渴、食少、便溏、身倦、舌淡红，苔白润，脉沉无力则诊为虚证。多属脾胃虚寒或气虚饮停。此型治宜补气健脾、温中蠲饮。消化性溃疡无论虚实，多有气滞血瘀，所以疏通气机，使气血调畅，纳运复常，则其疼痛自愈。正如《医学真传·心腹疼》所说："通之之法，各有不同，调气以和血，调血以和气，通也；上逆者使之下行，中结者使之旁达，亦通也；虚者助之以通，寒者温之使通，无非通之之法。若必以下泄为通，则妄矣。"现从以下四个方面做一介绍。

1 实证论治

因此型患者常为肝胃郁热，而肝欲达之，胃欲降之，故以苦寒辛通法为原则，以左金丸为基础方。黄连苦寒，直折肝火，胃热为君，吴茱萸辛通下达，开郁散结为辅。如患者胃热偏盛，伴痞闷、欲呕、口臭者，与温胆汤合用，以清热和胃降逆。如患者肝火偏炽，证见胀痛连胁、口苦、心烦者，与柴胡疏肝散、金玲子散合用。治疗中体现了"胃降不及先由肝升之太过"和"平其气以降其火"的学术思想。

2 虚证论治

此型以中阳虚馁或寒饮停滞为主，治疗用温中散寒、和胃化饮的方法。方选香砂六君子汤或吴茱萸汤加减。香砂六君子汤补气健脾、理气化痰，用于气虚饮停的患者。而吴茱萸汤温中、散寒、降逆，用于胃中虚寒的患者。吴茱萸辛温，为厥阴肝经之主药，且上可温胃寒，下可暖肾寒，一药而三者皆宜，在方中有温中散寒，下气降逆之功。

3 半夏、吴茱萸的应用

张柏林在临床治疗消化性溃疡患者中经常使用半夏、吴茱萸，尤其是吐酸、嘈杂比较突出时。他认为，胃酸是胃内参与消化的液体，在消化性溃疡时，胃酸不能正常布散、流通、排泄而潴留，且其状清静，符合中医"积水成饮"的概念。在疾病中，它作为饮邪而伤害人体。另外在消化性溃疡中，或因肝气横逆，或因土虚木贼，或因土壅木郁，疾病的发生常多与肝相关。因此，胃中之饮从木而酸，成为一种致病因子。即《医家心法·吞酸》所说："凡是吞酸，尽属肝木曲直作酸也。"为此，张柏林用吴茱萸开郁散结，下气降逆，以半夏燥湿化痰除饮，常收较好的效果。有鉴于肝木在吐酸胃痛中的病理影响，以及吴茱萸入肝，开郁散结，黄连泄肝的药理作用，张柏林经常使用黄连、吴茱萸，但不拘于左金丸的方义，而据寒热轻重，决定黄连和吴茱萸的比例。热重而仿左金丸重用黄连，有时还加白芍、木香，加强泄肝缓急之功;寒证时重用吴茱萸,少佐黄连,以示泄肝之意。

4 肝旺太过、肝亦自伤

肝脏体阴而用阳,张柏林推崇“肝旺太过,肝亦自伤”的观点,所谓肝旺者气与火也,所谓伤者阴与液也,所以调肝应不忘养肝。消化性溃疡患者或因五志所伤,阴血暗耗,或因肝胃郁热,日久灼伤胃阴,或因辛温香燥,疏利太过而燥伤胃阴,可出现胃阴不足的征象。如胃脘隐隐灼痛、咽干口渴、便秘、舌红少津等证。张柏林认为此时应遵照“肝宜平,亦宜养……欲平其火,当养其阴”的原则,以一贯煎合芍药甘草汤酌加佛手、香橼、郁金等疏理之品,以滋阴、养血、疏肝,应避免过用香燥。(孙元昭)

张伯礼临床经验

【名老中医简介】张伯礼(1948~)教授,博士生导师。中国中医科学院院长,天津中医药大学校长。中国工程院院士。中国中西医结合学会副会长,中华中医药学会内科分会副主任委员,教育部高等学校中医学教学指导委员会主任委员,世界中医药学会联合会教育指导委员会主任委员。擅长诊治心脑血管病。多年来共获国家科技进步奖5项,省部级科技进步一、二等奖20余项,授权专利20余项,已培养出博士后、博、硕士研究生120余名。主编专著10余部,发表论文200余篇。

心脑血管疾病用药

1 胸痹(冠心病)

1.1 宽胸理气、活血止痛

胸痹首载张仲景《金匮要略》,其病机为阴乘阳位、胸阳痹阻,即上焦阳气不足,下焦阴寒气盛,为本虚标实之证。仲景主张用瓜蒌薤白半夏汤温振胸阳。张伯礼治疗胸痹心痛,其治疗原则与《金匮要略》有异,重视宽胸理气、活血定痛治则。他是基于中医理论“气为血帅,血为气母”、“气行血行,气滞则血凝”立论,注重行气活血法的临床应用。常用中药:降香、灵脂、元胡、丹参、三七粉、郁金、桃仁、苏梗、葛根等。

1.2 活血必兼理气,气行血亦行、气滞则血滞

人身气血贵在充盈和流畅,一旦偏盛偏衰或涩滞不畅则百病萌生。朱丹溪说:“气血冲和,百病不生,一有怫郁,诸病生焉。”张伯礼根据“气行则血行,气滞则血滞”的理论,来指导胸痹的治疗。在临床上注重活血化瘀药的应用。常于活血方中配伍气分药,以更好地发挥去瘀作用。气分药常选用木香、川牛膝、枳壳、降香、川芎、丝瓜络、苏梗、郁金等,起到行气以活血、行气解郁以通络的目的。

1.3 益气活血法

气血是构成人体的两大基本物质,人体赖气血之温热、濡润、滋养以维持生机。胸痹和中风日久,必然会发生气血偏盛偏衰的病理变化。寇宗奭云:“夫人之生,以气血为本,人之病,未有不先伤其气血者。”张伯礼非常重视益气养血活血法的运用,临床常在当归补血汤基础上加减,并善于应用归血分的养血活血中药如丹皮、丹参、川芎等。他常用益气活血法治疗中风气虚络阻和胸痹的气虚血瘀证。俾气盛血活,中风、胸痹症状得以缓解。基本方如下:黄芪30g,当归12g,元参15g,北沙参15g,牛膝15g,麦冬20g,川芎20g,丹参20g,生地20g,党参20g,白术12g,扁豆15g。

1.4 益气养阴法

明清时期,对胸痹的辨证日益细腻,如《玉机微义·心痛》中特别提出本证之属于虚者,曰:“然亦有病久气血虚损及素作劳羸弱之人患心痛者,皆虚痛也。”当代医家李斯炽教授治疗胸痹亦倡导以扶正为主,强调“补阴顾阳,补阳护阴”。心阴亏虚,心失所养,虚火内炽,营阴涸涩,心脉不畅,而心胸灼痛,心悸怔忡。心血管疾病患者出现气阴两虚的症状临床较为常见,张伯礼治以益气养阴法,多用沙参麦门冬汤、二至丸加减治疗。常用中药有生黄芪、生地、沙参、麦冬、元参、党参、知母、黄精、葛根、石斛、栀子、砂仁、女贞子、旱莲草、白术、杜仲、芦根、枸杞子等。目前有学者研究认为,阴虚在瘀血的发病、致病中也起重要的作用。因此,在临床上滋阴活血法对于阴虚瘀血同时存在的胸痹患者或阴虚型的胸痹患者的治疗都具有重要作用。

1.5 活血化瘀通络法

中医理论认为“久病入络”,心脑血管疾病发病与“瘀血阻络”有关,瘀血致使经脉运行不畅,瘀血阻滞脉络,而生中风、胸痹病证。清代医家叶天士曾倡用“通络”法治疗瘀血证。通络法又分“辛温通络”、“辛咸通络”、“辛香通络”、“辛润通络”诸法。叶天士提出“初病气结在经,久病血伤入络”,并指出“络以辛为泄”,用辛药通络可以治疗胸痹证。以往

的研究已经证实，芳香温通中药能够解除冠脉痉挛。如冠心苏合丸及苏冰滴丸是有速效作用的抗心绞痛中药，其速效作用推测与其能解除冠脉痉挛有关。实验研究证实，前者对耐缺氧时间延长，有保护作用，其尚可使冠状静脉窦血流量上升。

张伯礼临床非常擅用活血通络法治疗心绞痛的患者，临床疗效比较明显。常用基本方为：土鳖虫12g，丹参20g，牛膝15g，当归12g，桂枝10g，郁金15g，皂刺12g，片姜黄12g，葛根15～20g，降香15g，灵脂15g，元胡15g，合欢皮15g，益母草15g，透骨草15g，桃仁15g，丝瓜络12g，焦山楂15g，乳香4g，没药4g，川芎15g，红花12g。胸痛严重者可加全蝎10g，蜈蚣2条以加强通络散结的力量。方中桂枝、降香、灵脂等有温通之效。

1.6 清化痰热法

胸痹心痛之由于痰浊闭阻者，临床亦较常见。痰为阴邪，其性粘滞，停注心胸，则室塞阳气，络脉阻滞，发为胸痹。痰浊日久，则可蕴热，痰热郁于肺，见痰稠难咯、大便干结、苔黄腻。应清热化痰、解除痰郁血滞，同时还应配伍行血祛瘀之品。张伯礼对痰热郁肺者，常用清化痰热法，用竹茹12g，橘红20g，黄芩10g，鱼腥草30g，浙贝10g，瓜蒌30g，半夏12g，杏仁15g，紫苑15g，款冬花15g，射干10g，丝瓜络10g，牛子15g，栀子10g等。同时配伍地龙、益母草、泽兰、丹参、丹皮、赤芍等活血化瘀药物。

1.7 温补肾阳法

胸痹常见心肾阳虚，此时为虚阳欲脱的危候，有厥逆、汗出淋漓、脉微细欲绝等症，治疗当以回阳固脱之参附汤或参附龙牡汤加减。对阳虚寒凝偏于肾阳虚的胸痹心痛患者，或合并肾阳虚征象，肾阳虚血瘀的患者，其临床表现较上述为轻，常有腰酸肢冷、疲乏无力、喘促水肿，张伯礼擅用温补肾阳法，常用杜仲、怀牛膝、枸杞子、狗脊、川断各15g，桂枝10g，寄生15g，淫羊藿12g，补骨脂15g，泽泻15g，细辛3g，干姜12g，山萸肉15g，巴戟天6g，桑螵蛸20g，配伍红花、降香、川芎、夏枯草等活血化瘀中药。心痛较明显者，可加入荜茇、五灵脂、元胡、吴茱萸、细辛、良姜、乳香、没药等。

2 高血压病（眩晕）

2.1 平肝熄风法

高血压病多数可参考眩晕辨证。古代医家对眩晕的认识中，自《内经》即指出："诸风掉眩，皆属于肝。"强调阴亏不能养肝，水不涵木，木少滋荣，阴不维阳，肝阳上亢，肝风内动在眩晕致病的重要性。正如《临证指南·眩晕门》华岫云按："经云诸风掉眩，皆属于肝，头为六阳之首，耳目口鼻皆系清空之窍，所患眩晕者，非外来之邪，乃肝胆之风阳上冒耳。"因此在临床上可用平肝潜阳、清火熄风法治疗。张伯礼临床常用天麻钩藤饮加减治疗，药用白芍、杜仲、枸杞子、钩藤、草决明、夏枯草、黄芩、炒山栀、木贼草、天麻、茯苓等。

2.2 疏肝养血、藏魂安神法

高血压患者在眩晕的同时，很多患者有不寐症状，配合该法，能取得良好降压效果。众所周知，血虚则肝失所养，而虚风内动，可导致眩晕的发生；同时肝经有邪、肝热肝魂不藏，则心神不宁，在引起不寐的同时，也可致清窍失养或热扰清窍而导致眩晕，因此可以应用"清肝热、养肝血（阴）、疏肝气"的中药，使肝热得清、肝郁得解、肝魂得藏、心神得宁、清窍得养、脑髓得充则眩晕得解。这就是张伯礼应用疏肝养血、藏魂安神法治疗眩晕（高血压病）的理论依据。他用中药酸枣仁汤加减治疗，常以酸枣仁30g，生牡蛎30g，生龙齿30g，珍珠母30g，夜交藤30g，合欢皮15g，知母15g，远志12g为基础方。并酌情配伍生石决明、双钩藤、青葙子、木贼草、野菊花、槐米等。

2.3 温补脾肾法

明·徐春甫的《古今医统大全·眩晕门》提出阳虚等可引起眩晕，是书云："淫欲过度，肾家不能纳气归元"是导致眩晕的病因之一。张景岳也非常重视因虚致眩，他认为："无虚不能作眩"，"眩晕一证，虚者居其八九，而兼火兼痰者，不过十中一二耳"（《景岳全书·眩晕》）。张伯礼对于高血压病辨证为脾肾气（阳）虚患者，临床常用温补脾肾法治疗，药用野菊花20g，怀牛膝15g，山萸肉15g，泽泻15g，枸杞子15g，淫羊藿20g，狗脊15g，川断10g，杜仲15g，山药30g等为基本方加减治疗，疗效确切。

2.4 活血通络法

在眩晕证（高血压）的发病中，瘀血也是一个不可忽视的因素，明代虞搏提出"血瘀致眩"的论点，其在《医学正传·卷四·眩晕》中说："外有因呕血而眩冒者，胸中有死血迷闭心窍而然"，此处虞氏主要是指跌仆外伤所致的眩晕。实际临床上内有血瘀也同样可导致眩晕，如《景岳全书·妇人规》在论述产后血晕时，指出："血晕之证本由气虚，所以一时昏晕，然而壅痰盛者，亦或有之。如果形气、脉气俱有余，胸腹胀痛上冲，此血逆证也，宜失笑散。"明确提出内有瘀血上冲，也可引起血晕。其病因瘀血阻络，气血不得正常流布，脑失所养而致。可用祛瘀生新、活血通络清经法治疗。张伯礼临床上对于瘀血阻络型的高血压患者，常用土鳖虫12g，乌蛸蛇15g，怀牛膝15g，丹参20g等加减治疗，每获良效。

3 对脑血管疾病擅用活血通络、祛风除湿、祛湿清热、平肝熄风四法

3.1 活血通络法

张伯礼对中风的病机，认为乃由于气虚中络，络脉瘀滞，因此在治疗上用活血通络法，并重视虫类药的应用。中医理论认为："络以为通为用"，他临床常用土鳖虫12g，乌蛇15g，丝瓜络10g，全蝎12g为基本方治疗中风之属于气虚中络，络脉瘀滞者。

3.2 祛风除湿法

张伯礼常用祛风除湿法治疗脑血管病，尤其是用于患者有肢体关节麻木、酸沉疼痛时，他常用牛膝15g，络石藤30g，桑枝30g，丝瓜络12g，杜仲15g，天麻12g，秦艽15g，威灵仙15g，羌活12g，片姜黄12g，伸筋草30g，蔓荆子15g。

3.3 祛湿清热（清热利湿）法、清暑祛热法

张伯礼治疗心脑血管病辨证为湿热蕴结者，常用清热祛湿法（清热利湿法），如是夏秋季节暑湿当令时，则常用清暑去热法。药用藿香15g，佩兰15g，白蔻12g，茵陈20g，苍术12g，萆薢20g，云苓15g，苡仁15g，槐米15g，莲子心15g，黄芩15g，苦参15g，竹茹12g，栀子10g，金钱草15g，龙胆草15g，香薷6g，竹叶3g。

3.4 平肝熄风法

如前所述，张伯礼对于有高血压、头晕、头痛、头胀、头不适、目赤涩、急躁易怒、胁肋胀痛、舌红苔黄、脉弦实有力者，用平肝熄风清热中药，常用羚羊钩藤汤加减：杭菊花15g，野菊花15g，槐米15g，白芍20g，天麻12g，草决明20g，白芷15g，黄芩15g，山栀10g，夏枯草20g，代赭石20g，杜仲15g，钩藤30g，枸杞子15g。（王耀光）

张彩玲验方选

【名老中医简介】张彩玲　女。主任医师。毕业于广西中医学院医疗系。广西自治区名中医。从医36年，擅长中医辨证论治小儿咳嗽、哮喘、外感高热、疳症、泄泻、汗症、遗尿症。发表论文20余篇。

利气化瘀平喘汤

方药：葶苈子8g，苏子8g，炙麻黄5g，桑白皮10g，杏仁8g，槟榔8g，鱼腥草15g，陈皮6g，地龙10g，蝉蜕5g，桃仁6g，丹参10g。

功效：泻肺除壅，涤痰祛瘀平喘。

主治：小儿哮喘。

用法：以上是3～5岁儿童剂量，年龄大或小可酌情加减。每日1剂，复煎混合取100～200mL分3次服。7天为1疗程，1个疗程后观察疗效。治疗期间停用抗生素及止咳平喘类药物。

加减：发热者加黄芩6g，石膏（先煎）20g；喘甚，痰声辘辘，痰黄者加天竺黄6g，细辛2g；痰白者加半夏8g，细辛2g；口周青紫明显者加红花6g。

方解：哮喘之发系肺气壅塞所致，而肺气壅塞又由于"痰瘀伏肺"而成。痰瘀的产生与气机不利互为因果，即肺气不利则不能布津行血，津停血滞即成痰瘀。痰瘀伏肺则益增肺气之阻滞，可见痰瘀气壅是哮喘的主要病理基础。朱丹溪说："善治痰者，不治痰而治气"。治气可使痰消血活。根据《内经》"肺苦气上逆，急食苦以泻之"的理论，选用葶苈子，其性味辛苦寒以泻肺气除壅塞；苏子镇逆降气以祛痰；炙麻黄开宣肺气则痰易出；桑白皮泻肺火，下气行水消痰，与葶苈子同用则泻肺之力愈强；麻黄、杏仁与葶苈子、桑白皮配合有宣有降；一升一降，可使气机升降平衡，气道畅通无阻；葶苈子配杏仁可专泄肺中之满；槟榔辛温，性沉重，下痰降气；鱼腥草清热解表，宣肺散结；陈皮辛苦温，调脾气以杜生痰之源；地龙意在解痉平喘；蝉蜕味甘咸，性寒，入肺肝两经，可疏风泄热宣肺主外风，又可平肝解痉主内风，现代药理研究证明：蝉蜕具有缓解支气管平滑肌痉挛、抗过敏等作用；丹参、桃仁活血化瘀，现代药理研究证明能改善微循环及降低血黏度，解除红细胞聚集，通过活血化瘀阻断了肺循环障碍与换气障碍的恶性循环，改善了缺氧情况，缓解了喘憋。此方以疏利气机药与活血化瘀药同用，使气血畅行，肺络宣达，外邪随之而去，痰瘀随之而下，共奏泻肺除壅、涤痰祛瘀、平喘之功效。

病案：患者，女，11岁。患哮喘3年，每年冬春季多次发病，每次均口服或静脉滴注氨茶碱等药可缓解。1994年10月28日因受冷后发热、咳喘2天收住院。入院时证见：咳嗽气喘，口唇轻度青紫，胸闷憋气，张口抬肩，不能平卧，喉间痰声辘辘，痰粘色黄难

咯，口干，便结，溲黄。查体：T 38.2℃，咽充血（+），双扁桃体Ⅰ度肿大，三凹征阳性，双肺听诊满布哮鸣音，两肺底散在中等水泡音，舌红苔薄黄。X线胸片示：双肺纹理增粗。血常规：白细胞 12.2×10^9/L，中性0.66，淋巴0.24，单核0.02，嗜酸粒细胞0.08。诊断为小儿哮喘（热哮）。急予中药泻肺除壅、涤痰祛瘀、利气平喘。药用：葶苈子12g，苏子9g，炙麻黄8g，桑白皮10g，杏仁8g，槟榔6g，鱼腥草15g，陈皮15g，蝉蜕8g，地龙10g，桃仁8g，丹参12g，黄芩8g，石膏（先煎）30g。每日1剂，复煎混合取200mL分3次服。必要时予吸氧，补液支持。服药1剂后热退，2剂后咳减气喘渐平，能平卧，二便调。3剂后喘息消失，无喉间痰声辘辘，两肺未闻哮鸣音及干湿罗音。复查血常规：白细胞 8.0×10^9/L，中性0.56，淋巴0.42，单核0.01，嗜酸粒细胞0.01。原方去石膏、黄芩，加茯苓15g健脾化痰以巩固疗效。住院5天，临床控制出院。嘱平素避风寒外感，服中药健脾化痰、补肺气固本。随访1年未见复发。（张彩玲）

张成秀验方选

【名老中医简介】张成秀 主任医师。现任职于甘肃省白银市中医医院。第四批甘肃省老中医药专家。

三山消癥汤

方药：山楂12g，穿山甲7g，山慈菇10g，水蛭6g，桃仁10g，赤芍10g，丹皮8g，桂枝8g，茯苓10g，香附9g，枳壳9g。

主治：子宫肌瘤。

加减：腹痛甚者可加延胡索、细辛；经量多者加三七、仙鹤草。

用法：温水煎服，1日1剂，分2次饭后服。每至月经期前5日开始服药至月经干净为止，约10剂，3个月经周期为1疗程，兼有贫血者，月经干净后加服归脾丸以养血补血。

方解：子宫肌瘤属祖国医学“癥瘕”范畴。《校注妇人良方》曰：“妇人腹中瘀血者，由月经闭积或产后余血未尽，或风寒滞瘀，久而不消，则为积聚癥瘕矣”。西医认为子宫肌瘤主要由平滑肌细胞及少量结缔组织构成，与女性激素失调，过高的雌激素长期刺激有关。女子以肝为先天，气有余，血不足，多因六淫七情等因素，引起脏腑功能失调，多产，反复人工流产导致冲任亏损，经血调控乏力，久之形成气滞血瘀，寒凝痰积，结于胞宫，日渐增大而成肌瘤。中年以上妇女发病较多，其病程较长，临床肌瘤小者治疗较易，大者较顽固，因此争取早发现，早治疗为宜。此病病机为瘀血凝滞，故治疗重在活血逐瘀，解郁化痰，方中三山、水蛭行血逐瘀，软坚消癥，化有形之物；桃仁、红花、丹皮活血化瘀；香附、枳壳行气解郁，使气行则血行；茯苓渗湿化痰；桂枝温经通脉，取瘀得热则行之意，本方聚化、逐、消、散为一体，药证合拍，故使癥瘕消，顽疾启。

病案 武某，女，44岁，已婚，育2男1女，1997年9月14日初诊。自述月经先后不定期2年，近半年来经期较前紊乱，经量增多，色紫黯夹有血块，小腹胀痛，经期延长，舌暗红，苔白腻，舌边有瘀点，脉沉细略涩，观患者体壮实，精神尚可，妇科检查：已婚已产，附件（-），宫颈Ⅰ°糜烂，宫体约50天妊娠大小。B超检查子宫前壁有一3.4cm×3.2cm的强回声光团，提示：粘膜下子宫肌瘤。中医辨旺：气滞血瘀，痹阻胞宫。治则：活血化瘀，消癥散结。方用三山消癥汤：山楂12g，水蛭6g，穿山甲7g，山慈菇10g，桃仁10g，赤芍10g，丹皮8g，桂枝8g，茯苓10g，香附9g，枳壳9g。加减化裁3个月经周期后，经期较前缩短，经量较前减少，查B超提示：子宫前壁有一大小为1.5 cm×1.2 cm大小的强回声光团，与治疗前比较，肌瘤明显缩小，效不更方，继用上方调治3月，B超提示子宫肌瘤消失。

消癖散结汤

方药：柴胡12g，赤芍10g，当归10g，浙贝母15g，夏枯草15g，山慈菇15g，穿山甲10g，牡蛎15g，半夏10g，香附10g，昆布10g，海藻10g，天冬10g，青皮10g。

主治：乳癖。

加减：若肿块胀痛甚者加川楝子、元胡；若心烦口苦便干者加栀子、天花粉；若冲任失调，月经后期神疲气短者，加仙茅根、仙灵脾、川芎。

用法：水煎服，1日1剂，2个月为一疗程。

方解：乳癖为妇科常见病之一，现代医学认为本病与卵巢功能失调有关。张成秀认为乳癖发生的原因之一与育龄妇女口服避孕药导致性激素失调有关，即黄体素的分泌减少，雌激素的分泌相对增高。祖国医学认为女子以血为本，尤多七情六郁，气为百病之祟,若情志失调,肝郁脾虚,则冲任失调,痰浊内生。气为无形之火,痰为有形之火,病程日久,炼液痰凝,气病及血,瘀血内生,气滞,痰凝,瘀血,三者合之,积聚闭阻而成本病。《外科医案汇编》曰:“治乳症不出一气字矣。治乳从一气之着手,无论虚实新久,温凉攻补,各方之中夹理气疏络之品,使乳络舒通。气为血之帅,气行则血行……自然壅者易通,郁者达,结者散,坚者易软”。方中柴胡、青皮、川楝子、香附疏肝理气为主药,当归、赤芍养血活血。改善血循环,促进组织修复;夏枯草、半夏、浙贝母、昆布、海藻化痰散结,根据现代医学研究,海藻、昆布有助于黄体生成素的分泌;穿山甲、山慈菇、牡蛎软坚散结,近年研究山慈菇有抗肿瘤、防癌变的作用。穿山甲通经络达病所,凡气聚血瘀皆能散之的作用无药可比,现代医学研究,天冬有很好的抗乳腺增生作用。诸药合用使郁结散,癖块消,气血活达到满意之疗效。

病案:黄某,女,40岁,已婚。育一男,1997年5月4日初诊。自述乳房肿块3年余,加重半年,经前尤甚,伴胸闷胁痛,烦躁易怒。查体:左侧乳房有一扁平肿块,约30 mm×20 mm大小,肿块与周围组织分界不清,质中等硬,推之活动无粘连,触痛明显,乳头轻度内缩,皮肤无改变,腋下淋巴结未触及,I问其月经正常,舌质暗红,苔白腻,脉沉弦,B超诊断为“乳腺增生”。中医证:肝郁气滞,痰凝血瘀。治则:疏肝解郁,活血化瘀,软坚散结。方用:当归尾10g,白芍10g,柴胡12g,浙贝母15g,夏枯草15g,牡蛎15g,穿山甲10g,海藻10g,昆布10g,川楝子10g,青皮10g。共服药12剂,乳房肿块变软缩小,经前疼痛较前减轻,继用原方调治1个月余,经B超检查肿块消失,随访半年未复发。

张赤志辨治肝病经验

【名老中医简介】张赤志(1945~)湖北人。教授,主任医师,博士生导师。湖北中医学院附院肝病研究所学术带头人。第四批全国老中医药专家学术经验继承工作指导老师。从事临床、科研工作40年,擅长各型慢性肝炎、肝硬化、脂肪肝、肝肿瘤、重症肝炎的诊断及中医辨证治疗。获湖北省科技进步二等奖1项、三等奖3项、湖北省医药卫生科技进步二等奖1项。主编《中西医结合肝脏病学》等4部专著。

肝病

1 肝郁脾虚型

王某,男,40岁,2007年10月初诊。自述乙型病毒肝炎病史10余年,多次因腹胀、纳差、恶心等求诊,经中西医治疗后好转,旋即复发。近一月来,又出现上述症状,故求诊于张赤志。证见:纳差,腹胀,乏力,口苦。胁痛连及胃脘,大便溏,舌红,苔微黄,脉沉无力。检查肝功能:谷丙转氨酶150U/L,谷草转氨酶57U/L,胆红素在正常范围;乙肝标志物检查阳性。B超示:慢性肝病声像图。张赤志认为,病属中医“肝着”范畴,为肝病脾虚型。治以疏肝健脾为法,药用:柴胡12g,枳壳9g,白术15g,茯苓15g,党参15g,半夏9g,黄连6g,黄芩9g,甘草6g,炒二芽各30g,白芍15g,当归10g,大枣3枚、生姜3片。每日1剂,水煎分2次服。服药1周后,症状消失,肝功能好转。继予以上方加减调理半月,肝功能恢复正常。

按 依中医五行生克规律,肝属木,脾属土,肝气旺则易克脾土,故《金匮要略》云:“见肝之病,知肝传脾,当先实脾”。肝病患者发病时,也常有腹胀、纳差等症状。因此,治疗时应注意肝脾同治。张赤志认为治疗当遵循“抑木扶土”之法,应在使用柴胡、黄芩疏理肝气的同时,配用党参等健脾和胃,麦芽、谷芽等健脾消导。他认为,中焦运化无权则气血运行受阻,疏泄失职,其气易郁;脾运正常则气血充足,脉络通畅,有助于肝气疏解。因此,要将健脾之法贯穿于肝病治疗的始终。肝病本身多实或虚中夹实,治疗宜疏、宜泄、宜利,但用药要适度,不可久用、过用,以免伤脾伤阴。

2 肝肾阴虚型

邓某,女,42岁,2007年11月初诊。自述乙肝病史20余年,常有纳差、乏力症状,间断予以西药护肝降酶,病情反复。慕名求诊于张赤志。证见:身目轻度黄染,纳差,乏力,头晕,两目干涩胀痛,视物昏花,口干苦,肝区不适,胁肋隐痛,按之痛减,伴有腰膝酸软,小便短黄,大便干,睡眠欠佳(每日只能睡4小时),四肢麻木,舌红,苔薄黄,脉细弦。检查肝功能:谷丙转氨酶105U/L,谷草转氨酶82U/L,胆红素42μmol/L;乙肝标志物检查阳性。B超示:早期肝硬化。张赤志认为,病属中医“肝积”范畴,属肝肾阴虚、肝阳上亢型。治当滋阴补肾、平肝潜阳。药用:生地15g,沙参15g,麦冬15g,当归10g,枸杞子15g,川楝子10g,钩藤6g,天麻10g,石决明10g,酸枣仁

20g，夜交藤20g，柏子仁15g。每日1剂，水煎分2次服。服药半月后症状消失，肝功能基本恢复正常。

按 张赤志所拟方为一贯煎加减而成。肝为藏血之脏，体阴而用阳。慢性肝病或久病体虚，久虚必及于肾，肾水亏乏；或迁延失治，湿热稽留，耗伤肝肾阴血；或久服、过服香燥理气之品，导致肝肾阴虚。肝体失柔润之性，故而上亢为害。张赤志拟方宗叶天士“肝为刚脏，非柔润不能调和”之则，用药多选用生地、麦冬、枸杞子、当归等滋养肝肾；但不主张过早过多使用滋养之品。只有出现肝肾阴虚时，才可以使用，而且要根据症状及舌脉情况，灵活加用解毒活血化湿之品。

3 湿热蕴结型

叶某，女，43岁。2007年11月因“身目尿黄1月”而来求诊。证见：身目发黄，口苦，口渴不欲饮，恶心，腹胀，纳差，乏力，小便短少而黄，大便枯滞不爽，发热，舌质红。苔黄腻，脉滑数。检查肝功能：谷丙转氨酶550U/L，总胆红素60μmol/L；血常规：白细胞15.2G/L。张赤志认为，病属中医“黄疸”范畴，为湿热内蕴型。治当清热利湿退黄，药用：茵陈20g，大黄10g，栀子10g，车前草10g，柴胡10g，虎杖10g，白花蛇舌草15g，金银花30g，连翘15g，陈皮9g，半夏9g，黄芩9g，甘草6g。每日1剂，水煎分2次服。用药5天后，发热退去，于上方中去大黄、金银花、连翘，加党参15g，郁金12g，鸡内金、炒二芽各10g。再服药3周后，症状消失，肝功能恢复正常。

按 本证系湿热蕴结中焦，熏蒸肝胆，胆汁不循常道而外溢，发为黄疸。湿热之邪阻滞中焦气机，脾胃运化无力，则纳差、恶心腹胀、大便粘滞不爽。张赤志药选《伤寒论》中茵陈蒿汤为主进行加减变化。方中茵陈清热利湿退黄；栀子清泄三焦湿热；大黄降泄胃肠瘀热，因“胃实失下”，则热邪内郁，蓄积化火。有可能向急黄转化，故大黄作用不可忽视，要早用，量要大；茵陈配栀子，湿热从小便去；茵陈配大黄，瘀热从大便解。三药合用，共奏清利降泄之功，故每获良效。方用柴胡、黄芩和解少阳，疏肝清热；白花蛇舌草、金银花、连翘清热解毒；虎杖、车前草清热利湿。诸药合用，不仅能清热利湿解毒，而且能调和气机，使湿热之邪消退，肝功能恢复正常。（史华新 指导：陈盛铎）

高胆红素血症

1 病因病机

张赤志认为，人体脏腑与气机关系密切的莫过于肝胆和脾胃两对互为表里的脏腑。肝主厥阴风木之气，具有疏泄条达、调畅气机作用；胆主少阳春生之气，具有升发敷布、推陈出新之用。二者经络互为络属，相互配合，维持人体气机的通畅条达，为人体气机出入的枢纽。脾胃同居中焦，以膜相连，脾主升、胃主降，升降相因、燥湿相济、纳运相协，为人体气机升降之枢纽。若胆郁而不达，不能司陈发新，气机升降失调，水液代谢失常，水湿内停，降而为痰；湿邪郁久化热，湿热痰邪互结，或侵犯脾胃，蕴结肝胆；或弥漫三焦，损伤肝胆，易发为“黄疸”。

2 温胆汤治疗高腮红素血症的中医机制

温胆汤源于唐代孙思邈《备急千金要方》一书，后世医家将其功用不断扩展，衍化为主治胆郁化热、胆胃失和、痰浊中阻之证。张赤志认为，方中半夏为君，其辛温之性可温胆燥湿化痰，和胃止呕，升清降浊，恢复胆升发之性；茯苓渗湿利水；竹茹甘寒入胆胃经，既可清胆和胃，亦可清化痰热，一药而照顾全面。三药合用，湿热痰邪无所遁形。佐以枳实、陈皮等理气良药。陈皮理气燥湿；茯苓健脾利湿。两者相伍，药性平和，能健脾行气，气行则水利，有助祛湿化痰之功。甘草调和诸药。全方寒温并用，能促胆之司陈发新。使气机升降复常，则水液代谢正常，湿邪无从内生，痰邪不可化生，湿热痰邪消退，脏腑功能恢复，则“黄疸”易消退。

3 温胆汤对高胆红素血症的分型治疗

张赤志根据多年的临床观察，认为温胆汤治疗辨证属于肝胆湿热型的本病疗效较优。他认为温胆汤中半夏、竹茹、茯苓三药相伍可有力地清除湿热痰邪，并从根本上去除湿热之邪的产生原因。而陈皮、茯苓等药相佐，则加强了祛湿之功。综合全方，温胆汤能使湿热之邪生邪乏源，从根本上解除湿热痰邪对肝胆的损伤，肝胆功能一旦恢复，则脾胃亦可复常，使气血充足。故本方对肝胆湿热型的本病疗效较优。此方虽在治疗高胆红素血症方面疗效明显，但在降低转氨酶，升高白蛋白方面则不具备明显优势。

4 病案举隅

患者，男，54岁，农民，2007年10月17日初诊。主诉身目尿黄伴乏力纳差半月。患者半月前无明显诱因出现身目尿黄，伴乏力，纳差，夜寐欠安。在当地门诊治疗（具体用药不详），效果不显。上感症加重，遂来张赤志处求治。诊见身目尿黄，黄色鲜明，乏力、纳差、恶心厌油腻，食后脘腹胀满，夜寐欠安，右胁隐痛，大便正常，舌淡苔白腻微黄，脉弦滑。查乙型肝炎病原学指标阴性，戊肝病毒抗体阳性，肝功能：ALT 276U/L，AST 170U/L，TBil 345μmol/L，DBil 256 μmol/L，Alb 379/L。西医诊断为：病毒性肝炎，急性黄疸型，戊型。中医诊断为：黄疸，阳黄，肝胆湿热型。张赤志中西结合，在西药常规护肝降酶（甘利欣，门冬氨酸钾镁等）基础上加用中药温胆汤，拟方：法夏、炒枳实、陈皮、生甘草各 10g，茯苓 15g，竹茹、沙参各 30g，1 剂/d，加水煎至 250mL，分两次口服。守方服用月余，以上诸症大减。继服半月，症状消失，肝功能复常。（柏 涛 黄小玲 李之清 李恒飞）

原发性肝癌

1 病因病机，不离瘀、毒、痰、虚

原发性肝癌属于中医学“积聚”、“肥气”、“痞气”、“鼓胀”、“胁痛”等病的范畴，对其病因可分为内因和外因。《诸病源候论》指出：“癥者，由寒温失节，致脏腑之气弱，而饮食不消，聚结在内，染渐生长，块段盘牢不移动者，是癥也。若积引岁月，人即柴瘦，腹转大，遂致死。”《金匮翼》说“积聚之病，非独痰、食、气血，即风寒外邪。”外因主要是六淫之邪、饮食不节和劳伤等，它们通常导致人体正气亏虚，脏腑功能失调而致病，或直接作用于人体使人发病；内因主要是各种外因引起的内伤和/或人之七情太过或不及，超出人体生理活动所能调节的范围，即可造成人体阴阳气血、脏腑经络功能失调，湿、热、毒互结而导致肿瘤的发生。张赤志认为，原发性肝癌的病因不外瘀、毒、痰、虚，或因肝郁气滞，乘侮脾土；或因气滞血瘀，瘀毒蕴结；或因气滞湿阻，湿毒内蕴，着而不去，日久痰、湿、瘀交合蕴结，损伤正气，导致肝癌的发生。病机在于正虚邪实、虚实夹杂。在临床实践中辨其虚实多为五五之数，即正虚占五分，邪实占五分。

2 辨证论治，攻补兼施

肝癌的治疗原则如益气健脾、清热解毒、软坚散结以及以毒攻毒等，归纳起来不外祛邪与扶正。张赤志认为，前者是针对肝癌邪实的病机，通过活血化瘀、清热解毒、软坚散结、祛湿化痰等法则的具体运用，达到驱除邪实、攻伐癌瘤、消除或控制癌瘤发展的目的。《医林改错》中指出：“肝腹有块，必有形之血”。因此，张赤志特别重视活血化瘀的运用，常以膈下逐瘀汤为主方化裁治疗肝癌，屡收奇效。扶正是基于肝癌是一种标实而本虚的全身性疾病而确立的治疗，通过提高机体抗癌能力、充分调动机体抗癌因素，以补助攻，达到驱除癌瘤的目的。仲景有训：“见肝之病，知肝传脾，当先实脾。”因此肝癌病位虽在肝，其本在脾，治疗肝癌当从调理肝脾入手。张赤志认为这一观点对中医辨证治疗肝癌中有重要指导作用，遂以膈下逐瘀汤合四君子汤加减治之。

3 辨病论治，中西医结合

肝癌属于全身性疾病，表现在局部。古人也有“病在脏腑，针药所不及”之感慨。故肝癌的治疗更应该注重中西医并举，充分发挥西医治疗原发性肝癌的优势。张赤志认为，对于小肝癌和Ⅰ期患者以手术切除或介入局部控制为主，然后采用中西医结合治疗；对于肿瘤大于 5cm 的大肝癌或Ⅱ期患者应采用多手段的综合治疗，尽可能的争取手术切除；对于Ⅲ期患者，主要以中医药治疗为主，以达到延长生命或带瘤生存的目的。同时，张赤志也不排除激光治疗、微波治疗、冷冻治疗、超声微波治疗等方法在原发性肝癌治疗中的作用。在治疗药物的选择上，应该适当的选用现代药理学研究证实确有抑瘤作用的方药，以提高临床疗效。所以，他常用龙葵、蜈蚣、皂荚等现代药理学证实具有抑制肝癌细胞增殖作用的中药。

4 典型病案

胡某，男，56 岁。2005 年 10 月因腹胀满 4 月来诊。患者有 e 抗原阴性慢性乙型肝炎病史 20 余年。2005 年 6 月出现腹胀满，饮食减少。在黄石某医院经 MRI 和多项免疫及生化学检查，MRI 示肝右叶占位性病变（肿块大小为 7 × 8cm），AFP 5689ng/L，AFU 323U/L，肝功能 ALP 378U/L，GGT 346U/L。诊断为原发性肝癌。在该院作肝癌介入治疗 1 次，效果不理想。诊见：精神倦怠，乏力，面色晦暗，肌肤甲错，右胁下有一肿块，质硬有节结，腹胀食少，大便溏，每日 2 次。舌质暗淡边有瘀点，苔薄白，脉弦细。辨证为脾虚痰阻，瘀毒凝结。治拟解毒化瘀，软坚散结，调肝补脾。方用膈下逐瘀汤和四君子汤加减。五灵脂、川芎、桃仁、红花、枳实各 10g，白英 30g，蜈蚣 2 条，龙葵 30g，旋覆花 10g（另包），苡薏米 30g，茯苓 12g，北条参 30g，炙甘草 6g，制鳖甲 20g（先煎），生龙牡 30g（先煎）。水煎分服。治疗半个月后复诊，诉大便稀，乏力加重。遂以上方加黄芪 30g 再服一个月，并嘱患者定量检查肝功能及甲胎球蛋白、B 超等，适当护肝等对症治疗。服中药 1 年余后，患者肋下肝物未见明显肿大，复查 AFP400800ng/L，AFU 100 ~ 200U/L，肝功能基本正常，饮食、二便正常，病情稳定。（黄廷荣 费新应 沈 震）

张春馀用药经验

【名老中医简介】张春馀（1942～）主任医师。1967年毕业于江西中医学院。南昌市洪都中医院内科主任。江西省中医药学会理事、南昌市中医药学会常务理事、秘书长，江西中医学院兼职副教授。从事中医内科工作40余年，擅长心脑血管疾病、肝炎、肝硬化、风湿痹病及老年病。主编《中医内科学》《中医基础问答200题》，参编3部，发表20余篇论文。

1 本事黄芪汤治疗干燥综合征

张某某，女性，58岁。患者自1997年3月起，出现全身关节酸痛，低热乏力，口舌干燥，目干无泪，皮肤干燥，口渴心烦，食欲明显减退等症状。外院经一系列检查诊断为干燥综合征，经给予强的松等药治疗，效果不明显，于2000年5月14日求治于张春馀。当时证见：口舌干燥，咀嚼吞咽困难，口臭，声音嘶哑，目干无泪，眼球涩痛，视物模糊，形体消瘦，关节肿胀疼痛，五心烦热，小便短少，大便干结，阴道干涩不适，舌质光绛而干裂，脉沉细而涩。辨证属阴虚肾燥，津枯热淫，亟宜滋阴润燥，益气养阴。拟本事黄芪汤加减：炙黄芪15g，北沙参30g，生地黄15g，熟地黄12g，麦门冬12g，天门冬12g，白芍12g，忍冬藤15g，玄参12g，全瓜蒌12g，蒲公英15g，甘草6g。服药2剂后，口眼干燥、口臭目干、低热烦躁减轻，大便转顺。继服30剂，关节肿痛、咀嚼吞咽困难已基本消退，皮肤、阴道干涩大减。再以上方加减连服2个月余，症状悉除。随访2年，未见复发。

按 刘完素云："诸涩枯涸，干劲皲揭，皆属于燥。"张春馀认为阴虚肾燥、精血枯涸是本病产生的根源所在，故治疗应以滋阴润燥、益气养阴为大法，选用本事黄芪汤化裁。本事黄芪汤由黄芪、北沙参、生地黄、熟地黄、麦门冬、天门冬、五味子、白芍、甘草、蒲公英组成。若眼、口、舌、皮肤、阴道干燥特甚者，加玄参、知母、石斛；便秘者，加火麻仁、瓜蒌仁、生首乌；关节肿痛者加忍冬藤、威灵仙、木瓜；肢端紫暗、皮肤紫癜者，选加桃仁、红花等。方中黄芪、北沙参益气固本，养阴生津，使阳生阴长，三焦合通，津液输布；生地黄、熟地黄养血滋阴，滋肾补肝，滋其化源以润燥；麦门冬、天门冬养阴增液，滋肾益胃，润肺清心，补水源以清燥热；五味子、白芍、甘草滋液生津，养血柔肝，酸甘相合以化阴；蒲公英清热解毒，凉血解热以润燥。全方合用共奏滋阴润燥，益气养阴，清热解毒，扶正固本，增强机体免疫功能的作用，临床应用每获良效。

2 补肾固本汤治疗肾虚腰痛

陈某某，男性，52岁，干部，2003年3月10日初诊。每因劳累或房事后腰膝酸软加重，痛势绵绵，喜按喜揉，头晕耳鸣，神疲乏力，伴见面色㿠白，四肢不温，夜尿增多，舌质淡苔白，脉沉细。辨证属肾精血亏损，肾阳不振无以濡养经脉而发生腰痛。治宜温补肾阳，补益精血。选用补肾固本汤加减：熟地黄15g，全当归10g，龟胶10 g（另烊化），鹿胶6g（另烊化），制附片6g，肉桂3g，补骨脂12g，淮山药10g，淫羊藿12g，川杜仲10g，怀牛膝10g。上方连续服用30余剂，诸症消失，随访1年疗效巩固。

按《素问·脉要精微论》云："腰者，肾之府，转摇不能，肾将惫矣。"张春馀认为腰痛是精血亏损，无以濡养经脉而发生。正如《景岳全书》中指出："腰痛症凡悠悠戚戚，屡发不已者，肾之虚也。""劳动即痛者，肝肾之衰也。"这些论点已成为后世医者以补肾法治疗肾虚腰痛的重要原则和理论依据。因此，肾虚腰痛无论是肾阴虚，还是肾阳虚或兼有湿热、寒湿、瘀血等证，均可在补肾法则的基础上进行加减治疗。补肾固本汤由熟地黄、全当归、龟胶、鹿胶、山萸肉、菟丝子、甘枸杞、淮山药、川杜仲、怀牛膝10味药组成。偏于肾阳虚者加制附子、肉桂、补骨脂、淫羊藿；偏于肾阴虚者加黄柏、知母、龟版、女贞子；兼有湿热者加苍术、白术、黄柏；兼有寒湿者加独活、苍术、白术、五加皮；兼有瘀血者加桃仁、红花、鸡血藤、田七粉；腰痛特甚者加制川乌、制乳没、夏天无、延胡索。本方以熟地黄滋阴益肾，填补真阴，配以当归养血补肾，补血行血，使之补而不腻；鹿角胶、龟胶为血肉有情之品，填精补髓，滋阴益阳，补肾壮骨，阴阳并补以从本图治；配用肝肾阴阳并补的山萸肉、菟丝子；甘枸杞补益精气，强筋壮骨；淮山药健脾补肺兼养脾阴，达到滋水之上源，以后天养先天的目的；再取温而不燥的川杜仲和强壮筋骨的怀牛膝，使诸药能直达病所。诸药合用，配伍得当，阴阳兼顾，具有滋阴益阳，补益精血，补肾壮腰，培本固源之功效。经临床验证，补肾固本汤是治疗肾虚腰痛的有效方剂。

3 加味下瘀血汤治疗肝硬化腹水

患者彭某某，男性，48岁，工人，因反复腹部膨胀3年，复发加剧1个月，于2002年10月20日求治。患者有慢性乙型肝炎史10余年。3年前出现腹水，经外院一系列检查诊断为"慢性肝炎，肝硬化腹水，脾肿大"。经用西医保肝利尿等治疗，效不明显，病情反复而要求中医药治疗。证见：腹大胀满，按之如囊裹水，脉络怒张，伴下肢浮肿，脘腹痞胀，全身乏力，食欲不振，面色黧黑，形体消瘦，小便短少，舌质暗红，舌边紫斑，舌下青筋迂曲怒张，脉弦涩。查体：慢性肝病面容，形体消瘦，皮肤干枯，贫血貌，颈部、上胸部可见3枚蜘蛛痣。心肺未见异常，腹部膨隆，移动性浊音阳性，肝脾触及不满意，双下肢浮肿。辨证属肝脾血瘀，脾虚气滞，水湿内停。治宜活血化瘀，行气利水，益气健脾。选用加味下瘀血汤：黄芪30g，白术10g，生大黄6g，土鳖虫10g，桃仁10g，炮山甲10g，鳖甲30g，大腹皮10g，槟榔10g，茯苓皮10g，虫笋30g，丹参10g，葫芦皮10g，白茅根10g，枳实10g，黑大豆15g。上方连续服用60剂，诸症消失，随访1年，未见复发。

按 张春馀认为"治病必求其本"，气滞、血瘀、水停在肝硬化腹水中是起决定性作用的，由于肝、脾、肾功能彼此失调，脏腑虚者愈虚，气、血、水壅结腹中，水湿不化，实者愈实，故本虚标实，虚实交错为本病的主要病机特点。故治疗应以活血化瘀、行气利水、益气健脾、攻补兼施为大法。加味下瘀血汤由黄芪、白术、生大黄、土鳖虫、桃仁、炮山甲、鳖甲、大腹皮、槟榔、茯苓皮、虫笋、丹参、葫芦皮、白茅根、枳实、黑大豆组成，其中黄芪、白术、黑大豆益气健脾。他认为黄芪、白术、黑大豆是最理想的益气健脾药，常用大量，少则15g，多则60g，既可增加网状内皮系统吞噬功能，提高机体免疫能力，又可增加人体蛋白质。大腹皮、枳实、槟榔理气，补益与理气同用，体现了补而不滞的原则，使脾胃健运，气血生化有源。土鳖虫、桃仁、炮山甲、鳖甲、丹参具有活血化瘀散结，逐瘀通利的作用，其中土鳖虫入肝经，含有虫类激素，对肝病有一定作用；桃仁提取物有抗凝血、消除血流阻滞的功能，能防止肝脏纤维化；生大黄有清热导泻利水，活血化瘀，止血的作用。现代药理研究证明生大黄能促进骨髓制造血小板，改善毛细血管脆性，缩短血凝时间，提升白细胞，促进新陈代谢的作用。葫芦皮、茯苓皮、虫笋、白茅根利水消肿，在利尿以消除腹水中，张春馀特别推崇白茅根，因其甘凉、甘寒，既能清热利尿，养阴生津，又能凉血止血，且不伤胃。对于高度腹水者，他常嘱家用鲜白萝卜5kg，捣烂取汁，浸洗双足，药液渗透人体，引取腹水下行，与加味下瘀血汤合用，有显著的利尿消水作用。（熊 燕）

张从善用药经验

【名老中医简介】张从善（1920～）河北省平乡县人。主任医师。原任职于河北省邢台市人民医院。河北省名中医。从事中医内科临床60余年擅治内科，兼通杂症。

1 风湿痹病，常用藤类药物

张从善认为，治疗痹病，非舒筋活络不能通利关节，宣痹祛邪。而舒筋活络药物中为藤类药物作用最著。他在长期的临床实践中，从众多治痹药物中筛选出忍冬藤、络石藤、青风藤、海风藤、鸡血藤等五藤，并少佐川乌组成一方，拟名五藤饮。经长期观察应用，疗效甚为满意。是方寒热并用，而辛、苦、甘三味兼备，功能舒筋活络，而又有祛风、除湿、清热、散寒作用。故凡痹症，无论寒热、虚实、新旧皆可应用。近年来，凡在门诊诊断为痹症者，均用本方治疗，有效者，十有八九。

案1 患者甲，1984年5月出诊。患者于1983年春季患急性风湿性关节炎，经用抗风湿药物和激素治疗痊愈。今春4月中旬，关节炎复发，两膝关节，两踝关节游走性疼痛，活动受限，再服以上药物不效。查：关节局部肿胀，压痛明显。右膝关节膑骨上有一风湿结节。抗链"O"：1∶200，血沉35mm/时，舌质红，苔薄腻，脉数，证属热痹。投用五藤饮治疗：忍冬藤、络石藤、青风藤、海风藤、鸡血藤各15g，川乌3g（先煎30分钟），因鲜桑枝30g，水煎服，日1剂。1984年5月16日复诊，服上方8剂，关节肿痛消失，血沉22mm/时，按原方继续服4剂以巩固疗效。随访两年未再复发。

2 肾虚水肿，重用二仙、防己

特发性水肿因原因未明，西药治疗颇感棘手。张从善根据本病多见女性更年期前后，或与月经周期有关，劫夺伴有腰膝无力，两尺脉弱沉等症，认为属肾虚者多。自拟二仙方己黄芪汤：仙茅15g，仙灵脾15g，汉防己24g，黄芪15g，白术10g，党参10g、何首乌10g、车前子10g（包煎），炒枣仁10g，炒山楂10g。本方是在仲景防己黄芪汤的基础上加减组成，而重用二仙温肾助阳，重用防已以利水消肿，有资料报道汉防已小剂量利尿，大剂量则作用相反，张从善认为汉防己善走下行，长于除湿通窍，利道，重用之，利尿作用慢而持久。临床上用治特发性水肿多例，效果满意。并对功能性水肿、肾炎水肿亦有一定疗效。

案2 患者乙，1984年7月1日初诊。患者于1983年12月初，感觉腹胀，食后加重。后颜面，全身浮肿，伴腰痛，腿软，乏力尿少。于两年前绝经。曾服双氢克尿噻等利尿药治疗，服时症减，停药则肿复如故，亦曾服中药治疗罔效。经本院内科检查，排除心、肝、肾病变，考虑为特发性水肿，转中医科治疗。查：面萎黄虚浮，体肥胖臃肿，两下肢明显水肿，按之凹陷不起，血常规，尿常规，肝功能均正常，舌淡，苔白水滑，脉弦数，两尺脉沉细，脉症合参，属脾肾气虚，阴水泛滥，投用二仙防己黄芪汤治疗，进低盐饮食。连服22剂，诸症皆除，随访1年未复发。

3 癃闭不通，善用紫苑、肉桂

张从善治疗癃闭，不论证候虚实寒热，常采用启上开下，提壶挈盖法，在辨证论治的基础上，重用紫苑以宣开肺气，通调水道，而下窍自通。正如《本草通玄》所云："紫苑辛而不燥，润而不寒，补而不滞，然非独有，多用不能速效，小便不通及溺血者，复一两速效。"并根据"膀胱者州都之官，津液藏焉，气化则能出矣"之经旨，立法遣方，又常佐少许肉桂，以助肾之气化，对老年癃闭不通者，每获良效。

案3 患者丙，1988年3月2日初诊，患者有前列腺肥大史4年，常反复发作，半月前小便点滴难出，排尿异常困难和痛苦，致尿潴留，小腹憋胀难受，遂用导尿管排尿，查：体质尚健，表情痛苦，舌苔黄腻，脉象弦滑，证属湿热壅治下焦，三焦气机不利。治宜清利湿热，宣通肺窍，化气消瘀法：白茅根30g，芦根30g，鱼腥草30g，紫苑30g，炒杏仁6g，桑白皮10g，川柏10g，知母10g，肉桂3g，琥珀末1.5g（冲服），日1剂，水煎服，服上方1剂，小便通利，遂去掉导尿管，继服4剂，小便通畅痊愈。

4 暴崩久漏，必用鹿角霜、鸡冠花

妇女更年期崩漏，临床表现往往寒热虚实夹杂，气滞血瘀并见。然本质乃系天癸将竭，肾失封藏，冲任不固所致，张从善根据"本虚"病机，常用仲景温经汤加减治疗。施治遣药，必投用鹿角霜、鸡冠花。鹿角霜咸温，补肾阳，益精血，温而不燥，补而不腻，血肉有情，用其治本，且有活血作用，尚可祛瘀生新，鸡冠花甘凉收涩，功善止血，二药合用，标本兼治，配温经汤治疗更年期暴崩或久漏，疗效甚为满意。

案4 患者丁，1987年1月7日初诊，患者自1986年6月开始，三个月未来月经，但自觉发热耳内呼呼作响，头晕，未作任何处理。于9月3日月经暴来，出血量多，色暗红，带有血块，当时因出血过多而面色苍白，头晕，乏力，腿软。于10月8日去市某医院就诊，进行刮宫手术，兼服中药，出血暂止，一天半后再次出血，连续出血10天自止，于8月15日出院。出院后月经仍不正常，每隔10～15天或20天来一次，这次月经未断，下次又来，经常淋漓不断。经本院妇科内诊，阴道畅通，宫颈粗大，光滑，宫体如孕40天大小，质中等硬度，附件（－），妇科B超未见异常，于1987年1月7日来中医科就诊，舌苔白，舌质淡，脉细弱，脉证合参，属于冲任虚寒，胞宫瘀血内阻，新血不得归径，以致经血淋漓不尽，因离经之血停滞胞宫，故色紫有块，治以温经养血，活血化瘀，方以温经汤加减：党参10g，寸冬10g，吴茱萸1.5g，肉桂1.5g，白芍10g，炒杜仲12g，半夏10g，川芎3g，当归6g，鹿角霜10g，鸡冠花10g，甘草3g，丹皮6g，日1剂，水煎服，服上方8剂，症状基本消失，出血已止，随访1年未再复发。（张惠萍）

张达旭男科经验

【名老中医简介】张达旭（1937～）主任医师。广西壮族自治区人民医院中医专家。广西自治区名中医。第二批全国老中医药专家学术经验继承工作指导老师。从事中医临床工作近40年，擅长中医内科、妇科、男科、儿科常见病及疑难病的诊治编撰《中医妇科临床经验选》《中医优生秘诀》《婴儿食疗食补》等著作，发表学论文25篇。

慢性前列腺炎

1 病因病机

张达旭认为慢性前列腺炎属于中医的"淋证"、

"精浊"、"白浊"、"白淫"等范畴,临床病因及表现症状较复杂,该病多见于青壮年男性,随着生活节奏及生活开放程度的增加,该病有逐渐增多的趋势,多为患急性前列腺炎、急性尿路感染或性病后由于失治或误治而致。通过临床观察,他认为该病都具有不同程度的劳累、饮酒、情志不遂或性事不洁史或手淫、房劳过度等,而且多数病例以不育症或性功能障碍就诊,慢性前列腺炎一旦获愈,则生育能力亦有部分可获恢复。本病属下焦病变,与肝肾及奇经关系密切,病起之初为下焦湿热,由于失治、误治而致下焦湿热之邪交结不解而耗伤阴液,虚火相扰,败精宿于内,阻遏气机,脉络不畅,气血瘀滞,终成虚、湿、热、瘀不同病理之虚实挟杂证。

2 辨证分型

2.1 湿热型

此型多见于慢性前列腺炎初期。患者多嗜酒或有不洁性事史,尿急、尿痛,少腹及会阴部胀痛,口干口苦,诊见舌淡红苔黄腻,脉滑数,体检可见前列腺肿大,压痛明显,尿道口有白色分泌物或膜状分泌物,前列腺液检查见脓细胞或大量白细胞、红细胞。治宜清热祛湿、利尿通淋,常用萆薢分清饮加减:萆薢30g,车前子15g,云苓15g,公英15g,败酱草15g,苡仁30g,黄柏10g。

2.2 瘀阻型

此型常见于慢性前列腺炎长期不愈而炎症不明显时。患者会阴或下腹部疼痛或胀痛明显,可牵涉至睾丸,小便时涩痛,诊见舌紫或舌下脉络瘀黑,脉涩。体检可触及前列腺表面凸凹不平,质地较硬,伴有结节。治宜活血化瘀、软坚散结兼补肾阴,常用复元活血汤加减:王不留行15g,丹参15g,桃仁10g,三棱10g,莪术12g,山甲10g,山萸肉10g,香附12g,益母草30g,地龙15g。

2.3 肾虚型

此型常见于慢性前列腺炎后期或恢复期,患者多伴有性功能障碍或不育症,可有腰痛、梦遗、小便淋漓不尽,五心烦热、寐差,诊见舌红苔少脉细数;前列腺液检查可见卵磷脂小体明显减少。治宜滋阴补肾,常用二至丸合知柏地黄汤加味:女贞子10g,旱莲草12g,丹皮10g,泽泻12g,山萸肉10g,熟地15g,知母20g,黄柏10g,菟丝子10g,杜仲12g,杞子10g。

3 典型病案

李某某,男,34岁,1995年10月9日初诊。患者因婚后不育3年,多方治疗无效而来诊。有嗜酒史,现感会阴及下腹胀痛,尿道口时有滴白,性欲减退,尿黄,口干苦,舌淡红苔黄腻,脉细滑数。肛诊前列腺肿大,压痛明显,前列腺液检查示脓细胞少量,白细胞满视野,卵磷脂小体消失;诊为慢性前列腺炎、不育症(肾虚型)。遂于二至丸合知柏地黄汤,服用45天后予六味地黄丸调理善后,1年半后随访,其妻已顺产一男婴。

4 体会

张达旭认为慢性前列腺炎为男性常见病,亦是不育症之常见病因,其临床上辨证应分清虚实。该病初中期检查前列腺液常有红细胞、白细胞或触诊前列隙有明显压痛肿胀,此时多为实证,治疗上宜清热利湿解毒为主,他喜用蒲公英、败酱草、银花、连翘、土茯苓、苡仁等。后期以养阴补肾为主,喜用二至丸治疗。临床上慎用温阳药,以免灼伤阴液,使病情积重难返。张达旭认为本病病情反复,日久可致前列腺腺管阻塞,脉液分泌不畅,故在该病的治疗过程中可适当加用活血祛瘀通络之品以疏通腺管,尤喜用益母草30~60g、地龙15g,临床证实效果显著;此外该病病程较长,患者多因求子心切而致性情忧郁或急躁,故张达旭在治疗时加用合欢皮或合欢花一味以疏肝解郁或配合心理治疗,使疗效更佳。(俞祝全)

医案验案

男性病验案

1 阳痿

周某某,男,27岁,已婚,阳事不举反复1年,于1997年3月5日初诊。述阳事不举,性欲减退,腰酸,夜尿多,面色㿠白,神志倦怠,舌淡红,苔薄白,脉沉无力。辨证属元阳不足之阳痿证。治宜温补下元,振阳起痿,用药如锁阳10g,仙灵脾12g,杜仲10g,杞子15g,肉苁蓉10g,熟地12g,黄芪15g,党参12g。上方随证加减治疗1个月,性事正常,诸证消失。

按 张达旭认为阳痿一证,临床上有元阳不足、肾精亏损、肝气郁结、肾虚血瘀、心脾两虚、下焦湿热、恐惧伤肾之分。但阳痿一证如果病程较长,终以元阳不足、精气清冷者居多,正如《景岳全书·阳痿篇》"凡男子阳痿不起,多由命门火衰,精气虚冷,或以士情劳损生阳之气,多致此证。"用药中以锁阳、仙灵脾、杜仲、肉苁蓉温补肾阳;杞子、黄精、熟地滋补肾阴,寓阴中求阳之意,也以防温阳而伤精,并非阳虚而全用温阳药;黄芪、党参健脾补气,一是通过补气以培生少火,二是通过补脾以健肾也。

2 早泄

秦某某，男，30岁，已婚，早泄反复半年，于1997年4月5日初诊。自述少年时有手淫史，结婚数年来性事频繁，性欲旺盛，近半年来逐出现同房时未入阴户即泄，心情紧张，伴腰酸、寐差，口干舌质红苔白，脉细数。辨证属肝肾阴虚之早泄。治宜：滋补肝肾，养阴固涩。用药：女贞子12g，旱莲草15g，山萸肉10g，熟地10g，杜仲10g，肉苁蓉12g，金樱子15g，芡实30g，生牡蛎30g，白芍15g，远志3g，炙甘草6g。上方随证加减治疗1个月，性事正常，诸证消失。

按 早泄一证，张达旭认为与肝、肾、阳明关系密切，从临证看虚多实少，尤以肝肾阴虚者多见。纵观当今此类病证，多有手淫及纵欲过度以及有长期服用纯壮阳药史，因而肾精亏耗，阴虚火旺，扰动精室，久则精神紧张，肝郁化火，暗劫肾精，故治疗上着重滋补肝肾，养阴清热固涩为首要之法。本案用药女贞子、旱莲草为张达旭常用补肾阴精方，乃二至丸也，加山萸肉以加强补肾阴效用；杜仲、肉苁蓉略补肾阳，寓阳中求阴之意，使诸药滋而不腻；金樱子、芡实、生牡蛎固肾涩精；白芍柔肝养阴清热，远志宁心安神乃交通心肾之意；炙甘草健脾和中调合诸药。

3 遗精、滑精

畅某某，男，20岁，学生，遗精反复半年，滑精2个月，于1997年4月1日初诊。自述学习紧张，思虑过度，近数月来出现遗精，梦中见遗，每月遗精5～6次，并逐渐加重，至每月7～8次不等，近2个月并时出现看见美色即出现精液自遗，甚为痛苦，严重影响学习，经多方治疗无效。来诊时伴见头晕、耳鸣、腰痛、口干、体瘦、寐差，大便干结，舌淡红，苔白，脉细数。辨证属：肝肾阴虚之滑精证。治宜滋补肝肾，益气固脱。用药：女贞子12g，旱莲草15g，太子参30g，金樱子30g，芡实25g，生牡蛎30g，杜仲12g，白芍12g，炙甘草6g。服上方6剂后遗精减少，随证加减治疗1个月，遗精基本消失，滑精已止。

按 遗精一证，过多则属异常。张达旭认为与心肝肾相关密切，遗精初起多由肝气郁结、化火忧动精室所致，久则阴精亏损严重，精关不固，气随精脱无法固摄而见滑精，正如《类证治裁·遗泄》言“凡脏腑之精患输于肾，而恒忧于火，火动则肾之封藏不固。心为君火，肝肾两相火，君火一动，相火随之而梦泄矣。”故治疗上除滋补肝肾、养阴清热外，还应补气固脱。方中太子参量大补气养阴，女贞子、旱莲草滋补肝肾；金樱子补肾固涩；芡实健脾涩精；生牡蛎固涩止遗；杜仲补肾阳为阳中求阴之意；白芍柔肝养阴清热，炙甘草健脾和中调诸药。

4 不育证

韦某某，男，29岁，已婚，结婚同居4年未育，于1996年10月5日初诊。来诊时伴觉腰酸肢软无力，头晕，寐差梦多，心中烦热，口干，大便干结，性事频繁，舌淡红苔白，脉细数。查精液：精子活力差，死精50%，异形30%，数目6000万/mL，其妻检查均正常。辨证属肝肾阴虚之不育症，治宜滋补肝肾，用药：女贞子12g，旱莲草15g，黄精10g，杞子12g，山萸肉12g，杜仲10g，肉苁蓉12g，仙灵脾12g，锁阳12g，合欢皮12g。上方随证加减治疗3个月，精液检查提示：活力良好，死精10%，异形10%，数目8000万/mL，另加五子衍宗丸并服，再治1个月，其妻已受孕。

按 张达旭认为不育证以肝肾阴虚者多见，盖肾藏精主生殖，为水火之脏，藏真阴而寓元阳，肝主疏泄喜条达生发，肾精之充沛有赖肝之疏泄有常，以及气血之调和，才能生机蓬勃，阴阳密合而能受孕。性情急燥，久郁化火伤阴或纵欲过度，肾精亏损，肝肾阴精亏耗，虚火内浮，冲任伏火内炽，真阴更加耗竭，精子无法生存故不育。故治疗上以滋补肝肾为首要，阴足火自灭，精子则能生存，如鱼与水之关系也。药中女贞子、旱莲草、黄精、杞子滋补肝肾之阴；山萸肉平补肾之阴阳；杜仲、肉苁蓉、仙灵脾、锁阳温补肾阳为阳中求阴，以求阴平阳秘之意；合欢皮疏肝解郁。用药看似简单，却深含奥妙之理。

医方验方

固精方

方药：金樱子30g，桑螵蛸10g，沙苑子10g，莲须10g，莲子10g，龙骨30g（酥炙），牡蛎30g（煅），芡实30g。

功效：固肾涩精。

主治：精室不固。证见：遗精滑泄，腰痠耳鸣，神疲乏力，舌质淡苔白，脉细弱。

用法：每日1剂，水煎服。30天为1个疗程，一般服用2～3个疗程。

加减：腰痛甚加杜仲15g，补骨脂10g。

方解：此方由金锁固精丸（《医方集解》）加味而成。肾虚封藏失司，精关不固，故见遗精滑泄。腰为肾之府，肾开窍于耳，肾虚则腰痠耳鸣；精亏气弱，则神疲乏力；舌质淡、苔白、脉细弱均为肾虚之象。根据“虚则补之”的原则，治以补虚固脱为主。方中沙苑子补肾固脱以止遗为主药；莲子、芡实固肾涩精，益气宁心，辅主药加强固肾涩精之力；龙骨、牡蛎、莲须涩精止遗，收敛固脱。加金樱子酸涩、平，有固精作用，具有治肾虚遗精滑精之效；桑螵蛸甘咸平入肝肾,功能补肾助阳固精,用于治肾阳不足,遗精,早泄。诸药合用,固精涩精。此方不专于治肾,也治心、治肝、治脾;不专于固精,也益精、潜阳、安神;实为标本兼顾之剂。

张代钊学术经验

【名老中医简介】张代钊(1929~)四川自贡人。主任医师,教授,博士生导师。中日友好医院肿瘤科主任医师。国务院学位委员会学科评议组成员,北京中医药大学教授,中国抗癌协会传统医药委员会副主任委员,中国癌症研究基金会常务理事,中国中西医结合学会第二、三、四届理事、兼肿瘤专业委员会副主任委员。第四批全国老中医药专家学术经验继承工作指导老师。享受国务院政府特殊津贴。从事中西医结合防治常见肿瘤研究近50年,擅长治疗各种肿瘤。著有《中西医结合治疗癌症》;主编《中西医结合治疗癌症有效病例选》;发表论文70余篇。

学术思想

1 提倡中西医结合综合治疗肿瘤

张代钊认为,癌瘤的病机本质是本虚邪盛,为虚实夹杂的全身性疾病,治疗应从整体出发调节人体机能,突出中医特色,加强中西医结合治疗肿瘤。根据患者病程、病理类型、临床分期及病情轻重等将肿瘤分为早、中、晚3期论治。早期(Ⅰ、Ⅱ期):全身一般状况较好、病情较轻,肿瘤无转移,以祛邪解毒为主,扶正培本为辅;中期(Ⅲ期):全身一般情况尚佳,但其病情较早期为重,肿瘤较大或已有局部浸润扩散,宜采用攻补兼施、扶正祛邪并举的治疗原则;晚期(Ⅳ期):全身一般情况较差,肿瘤已有远处转移,患者多有气血双亏或有恶液质,应以扶正培本为主,祛邪解毒为辅的治疗原则进行治疗,“养正则积自消”,此期切忌攻伐。如何更好地中西医结合,张代钊主张将中医药始终贯彻在手术、放疗、化疗过程中,对不同的阶段,采用不同的具体治疗方法。对早、中期有条件手术切除肿瘤者,首选手术治疗;术前中药扶正为主,兼以软坚消癥以祛邪,为手术创造条件;术后放化疗期间,予中药健脾和胃,扶助正气,减轻毒副反应;放化疗间期,予以扶正、清热解毒、软坚消癥。总之,对早、中、晚各期的治疗,要随时注意调理患者的脾胃功能,此即《内经》之“得谷者昌,失谷者亡”。张代钊主张在扶助正气的基础上,佐以清热解毒、活血化瘀、软坚散结、化痰利湿等祛邪方法治疗肿瘤。在扶正法中,重点调整气血、阴阳及培补脾肾。健脾补气药用人参、党参、黄芪、白术、茯苓、山药等;补血药用当归、熟地黄、何首乌、大枣等;滋阴药用西洋参、沙参、天冬、麦冬、生地黄等;益肾药用龟版、女贞子、补骨脂、菟丝子、附子、肉桂等。清热解毒药常用夏枯草、黄芩、黄连、蒲公英、山慈菇、白花蛇舌草等;活血化瘀药用桃仁、红花、赤芍、莪术、三棱等;化痰利湿药用半夏、陈皮、瓜蒌、薏苡仁、夏枯草等;软坚散结药用鳖甲、牡蛎、昆布等。另外,他在扶正同时又注意调整脏腑之间的关系,如肝胃不和者,拟疏肝和胃方药;脾胃升降失调者,投协调枢机升降之方药;脾肾转输失职者,调脾肾以利气化等。在具体应用时,则强调因人、因时、因地,注意论治的个体化和阶段性,从而确定治疗大法而分型施治。

2 病届晚期,扶助胃气,挽留生机

张代钊应用中医药治疗中晚期恶性肿瘤,强调随时注意病情的轻重、病情的早晚和患者体质强弱进行辨证论治。治疗中注重整体调节,认为中医药治疗恶性肿瘤可全面调节机体内环境的平衡,达到带瘤生存的目的。晚期肿瘤,瘤毒弥漫,邪气盛而正气衰,全身情况很差,治疗应先扶胃气,脾胃为生化之源,若胃气尚存,则可挽留一息生机。药用人参、党参、太子参、黄芪、白术、茯苓、黄精、焦三仙、大枣,佐以陈皮、枳壳等。一般认为,癌瘤属“阴寒”证,治疗要用温通散寒的药物,但中晚期癌症患者多见阴虚,阴虚则内热,兼邪热内盛,故这类患者常常出现虚热或实热,可见大便干燥、小便黄赤、舌苔黄厚腻、脉象弦、滑、数等热象。此时单纯运用温热药来治疗是缺乏中医辨证的,必须辨证与辨病相结合,在辨证的基础上加用抗癌解毒治疗。在长期的临床实践中,张代钊研制的中成药“清热解毒消瘤胶囊”(主要由人工牛黄、麝香、三七、山慈菇、海藻等组成),具有健脾补肾、消瘀散结解毒功效。临床研究初步表明,该药具有稳定病灶、抗复发转移、改善症状、提高生存质量、延长生存期等作用。

3 中药预防放化疗毒副反应,增强疗效,提高生存质量

张代钊认为，中医药结合现代治疗方法可以提高癌症患者的生存质量、生存期和减轻放化疗毒副反应，疗效明显优于单纯西医和单纯中医的疗法。他根据放化疗中所出现的毒副反应证候群（热毒过盛、津液受损、气血损伤、脾胃失调及肝肾亏损等），按中医的辨证理论总结出治疗癌症活血化瘀、通经活络、化痰利湿、软坚散结、解毒止痛、补气养血、健脾和胃、滋补肝肾八大治疗法则。其中前5条是针对肿瘤局部治疗的，以祛邪解毒为主；后3条为针对癌症患者体质虚弱的，以扶正培本为主。

放疗局部反应中头颈部反应可见口干、咽部充血、咽喉痛等，治宜益气养阴、生津润燥、清热解毒法，药用黄芪、党参、太子参、玄参、金银花、连翘、蒲公英等；胸部反应可见胸闷、气短、胸痛、咳嗽咳痰、胸水等，治宜润肺化痰、健脾和胃、利湿，佐以解毒抗癌，药用苦杏仁、桔梗、川贝母、瓜蒌、夏枯草、丝瓜络、郁金、龙葵、赤芍等；全身反应可见头晕、乏力、食欲不振、精神疲乏、白细胞减少等，治宜健脾和胃、滋补肝肾。张代钊防治放疗副反应常用方：黄芪、党参、白术、茯苓、生地黄、金银花、黄连、麦冬、石斛、陈皮、半夏、茯苓、竹茹、鸡内金、女贞子等。中医药对放疗不仅能减毒，而且有增效作用。用中医药能改善微循环、增加血流量、增强细胞的敏感性，从而提高放疗疗效。常用活血化瘀药有：红花、桃仁、川芎、丹参、当归等。张代钊在健脾益肾、补气养血的基础上，兼用活血化瘀、清热解毒药，创制“扶正增效方”（由黄连、麦冬、陈皮、赤芍、枸杞子等组成）配合放疗，可以提高肺癌治疗效果，同时减轻了放疗毒副反应。

中医学在减轻化疗副反应方面有着独特的优势，如同时配合中医扶正固本，可以明显减轻副反应，又有增效作用，确保化疗疗程的顺利完成。化疗的副反应主要表现为气血两虚、脾肾亏虚的证候，治宜补气养血、滋补肝肾，佐以解毒抗癌。常用于防治化疗副反应的药物有：黄芪、党参、白术、茯苓、半夏、陈皮、鸡内金、焦三仙、女贞子、菟丝子等。张代钊用中医扶正祛邪原则治疗肿瘤，除突出辨证施治、整体观念的特点外，他认为“扶正”能提高机体免疫力，“祛邪”、“活血化瘀”能改善微循环，改变血液高凝状态，增加癌细胞的血灌量和氧含量，从而提高放、化疗敏感性，有的可直接抑癌。“清热解毒”具有抗癌、抗病毒作用，清解癌毒在体内瘀积，纠正久病伤阴，维持体内平衡。“软坚散结”能干扰癌细胞的生存环境和增殖条件，抑制或削弱癌细胞的生长。由张代钊参与研制的“健脾益肾冲剂”（党参、白术、枸杞子、补骨脂、菟丝子等组成）经临床观察，能提高胃癌患者的免疫功能，减轻化疗时消化系统、骨髓造血系统的副反应，提高化疗疗效。

4 动之以情、晓之以理，预防为主

张代钊认为，肿瘤是一种心身疾病，单纯依靠药物还远远不够，临床既要治疗患者生理疾病，又要注重其心理因素。张代钊善于用语言疏导患者，充分尊重患者的人格，理解其需求；努力营造轻松和谐的医患关系，使患者积极主动地配合治疗；动之以情、晓之以理，使患者能在情绪上保持乐观，树立战胜疾病的信心和勇气，从而提高生存质量，延长生存期。因此，防癌应从日常生活做起，立足于做到“动、静、节、律”四个字，即坚持天天运动，以增强体质、预防疾病，心胸开阔、处事冷静，膳食合理、饮食有节，劳逸结合、生活规律。张代钊治疗肿瘤既注重整体调节，又强调根据患者先天禀赋、年龄、病程、病理类型、临床分期等不同所表现出的同病异证现象，在临床上辨证论治，强调扶助正气，在扶正的基础上祛邪；同时还应把握肿瘤的早、中、晚各阶段的不同特点，以及病变局部与整体的关系辨证论治；以脾肾、气血、阴阳兼顾，注重阴阳互根，精气互生，结合心理治疗，预防为主的治疗原则，从整体调节维持机体内环境平衡，从而达到防癌抗癌的目的。事实证明，张代钊总结的综合治疗肿瘤的方法，充分体现了扶正与祛邪、辨证与辨病、局部治疗与整体治疗结合的现代中医治疗模式，显示出中医药综合治疗肿瘤提高恶性肿瘤患者生存质量、延长生存期的优势。

5 病案举隅

袁某，女，42岁。患者1998年6月因发热、咳嗽、胸闷，经CT检查示“胸腺瘤”，11月行开胸探查术，发现瘤体过大14cm×12cm×10cm，且已浸润周围组织，未能切除。病理切片报告：恶性胸腺瘤（混合型）。术后行放疗，总量60Gy，之后又进行3疗程ACF方案的化疗后，出现严重的放化疗反应如全身虚弱、颜面浮肿、呼吸困难等，诊其脉沉细无力，舌淡红胖大有齿痕、苔白厚腻。证属气阴两伤，湿热蕴积。治以益气养阴，佐以健脾利湿、清热解毒、软坚散结。处方：麦冬、五味子、黄芪各12g，瓜蒌、丝瓜络、焦三仙各15g，陈皮、茯苓、鳖甲各9g，山慈菇、薏苡仁各30g。每天1剂，水煎服。西黄解毒丸，每次3粒，每天2次。间断服药5年，症状渐缓解，定期复

查，瘤体缩小、病情稳定。目前一般状况良好，能从事日常工作和生活，带瘤生存已9年。（袁雪莲　王振家）

临床经验

治癌六法

1 清热解毒

毒邪是肿瘤发生的原因，热毒也是肿瘤的病理产物。若无癌毒，单是气滞血瘀、痰凝湿聚，也难以发为癌瘤。痰核、瘿瘤、积聚、癥瘕日久阻滞，既可生热，也可发毒。因此，肿瘤病人往往有发热、自汗、舌紫、苔黄的表现，同时射线也是一种热毒，在治疗过程中往往出现发热症状；或使原有热毒症状加重。致使放疗的消瘤作用减弱，甚至不得已而放弃治疗。故此，清热解毒成为配合放射治疗各种肿瘤的大则之一。常以黄连解毒汤、五味消毒饮为基础方，酌情选用银花、公英、黄芩、野菊花等。

2 养阴生津

热毒之邪可伤阴耗液。气滞血瘀、痰凝湿聚，均可致经络阻滞、阴津疏布失常。同时阴津耗伤又可加剧痰核、积聚的发展，临床上肿瘤病人通常存在咽干、舌燥、体瘦、便干等阴津亏乏的表现，且放疗本身可以加重消耗、减少摄纳，从而加重阴津亏耗，故养阴生津有重要意义。临床常以沙参麦冬汤、百合地黄汤为基础方加减，酌情选用沙参、麦冬、石斛、大生地、百合、玉竹等。

3 凉补气血

脾胃虚弱，肝肾不足，均可致气血亏虚，肿瘤本身也可严重耗伤气血，且放疗中所出现的毒副作用常表现有较重的热象。如发热、咽干、舌红、苔燥。所以在益气补血时以凉为要。常以四君子汤、四物汤为基础，酌情选用生黄芪、鸡血藤、大生地、赤白芍等。

4 健脾和胃

脾胃为后天之本，气血生化之源，脾胃不和既是致癌的原因，也是癌病的病理产物，这一点古代、现代医学都有明确的论述，也是病人生活质量下降、生存期限缩短的重要因素。临床上病人常有腹胀纳差、恶心呕吐、便溏泻泄、脉虚苔腻等表现，放疗常导致或加重这些症状。因此健脾和胃为治疗大则，同时也指在拟方选药上要注意顾护胃气，常以四君子汤为基础，酌情选用木香、砂仁、焦三仙、鸡内金等。

5 滋补肝肾

肿瘤发病多为中老年人，此时肾气渐衰，且邪侵毒聚，皆可损肾伤肝，肝肾不足为肿瘤病人的共性。且肿瘤病人多有腰酸腿软、痛疼不适、舌红苔少脉弱细等表现。所以滋补肝肾为必然，临床常以六味地黄汤、二至丸为基础，酌情选用枸杞子、女贞子、黄精、菟丝子等。

6 活血化瘀

肿瘤病人常有疼痛、咯血、呕血、便血、溺血、舌紫、瘀点、瘀斑等表现，血瘀在肿瘤发病中的意义也为众家论证，活血化瘀成为治瘤常规，许多活血化瘀中药的抗瘤作用也为现代医学所证实。临床常酌情选用莪术、三棱、丹参、桃仁等。

张迪蛟临床经验

【名老中医简介】张迪蛟　主任医师。1996年毕业于浙江省中医学院。现任宁波市中医药学会常务理事，慈溪市中医药学会顾问。浙江省名中医。从医40余年，擅治中医内、妇科等疑难杂症，著作颇丰。

临床经验

头　痛

1 必用引经药

头为诸阳之会，手足三阳经均循头面，厥阴经亦上会巅顶，虽太阴、少阴脉不上头，然太阴中湿亦头痛，少阴中寒亦有头痛连脑及齿。由于脏腑经络受邪之不同，头痛的部位亦异。太阳头痛多在头后部，下连于项背，加羌活、蔓荆子、葛根；阳明头痛多在前额部及眉棱处，加知母，重用白芷；少阳头痛多在头之两侧并连及耳部，加柴胡、黄芩；太阴头痛加半夏；少阴头痛加细辛；厥阴头痛则在巅顶部位或连于目系，加藁本，重用防风。明于此，循经用药，可获事半功倍之效。

2 常用祛风药

风为百病之长，头为至高之处，风性上浮，故头痛之因虽有种种，而大多与风相关，因而前人又称头痛为“头风”，对其治疗在辨明病因而施治的基础上必佐以风药，虚者亦然，正如李东垣所言：“头痛每以风药治者，高巅之上，惟风可到”。故治疗中常加羌活、防风、细辛、菊花、蔓荆子等祛风之品。如病久入络,寻常草木之药难达病所,此际必加用虫类搜剔之品,如全蝎、蜈蚣、僵蚕等,驱散伏邪,以蠲痹痛。

3 兼用化痰、活血、利尿药

本病初起,多为感受风邪,由于治疗不当或不彻底,风邪留恋末去,潜伏机体,遇气候变化或情志刺激而诱发,正所谓"初病在经,久病入络","初病在气,久病入血",所以审证佐以涤痰、化瘀,有助拔病芟根。化痰药常用半夏、陈皮、茯苓。活血药选用丹参、田七、川芎之类,因"一味丹参,功同四物",既养血又活血;田七能祛瘀而不伤正,张锡纯称之为"化瘀而不伤新血,允为理血之妙品"。张迪蛟在治疗各种头痛时必重用川芎,川芎量一般在15~30g,因川芎其味薄气雄,性能疏通,引血中之气,祛血中之风,引诸药上引头目,直达病所,张元素称川芎"上行头目,下行血海,能疏肝经之风,治少阳厥阴经头痛及血虚头痛圣药也",诚所谓"鸟巢高巅,射而取之"是也。至于利尿药的运用,乃是仿照张景岳善用泽泻、陆定圃习用米仁的经验,特别是对一些女性头痛兼有身重、小便量少等症状者,加入利水渗湿药,常可收到佳效。此外,兼有气虚、阳虚、肝火等头痛,当随证参用补气、温阳以及清肝泻火等治疗。

4 病案举例

沈某,男,47岁,建筑工人。2001年3月8日诊。自感头面部阵发性疼痛半年,以左侧面部为剧,呈刀割样灼痛,每日发作10次左右,每次持续1分钟左右,吃饭、刷牙、讲话均可诱发,经多家医院诊断为三叉神经痛,服用卡马西平片及针灸治疗能缓解,但停药后复发,大便秘结。舌质淡红、苔薄黄,脉弦稍数。检查疼痛部位无感觉障碍,颈部淋巴结无肿大,鼻咽部未见肿物,副鼻窦无压痛,无牙周炎,脑电图、头部多普勒、头部CT均未见异常。中医辨证属阳明头痛,治宜疏风通腑,蠲痹止痛,方用小承气汤合芎芷石膏汤加减,生大黄(后下)、姜黄各12g,厚朴、炒枳实、藁本、甘菊花、黄芩各10g,川芎、白芷各15g,生石膏(先煎)30g,全蝎粉(吞)3g,蜈蚣3条。7剂后头痛明显缓解,续服14剂后头痛已除,追访半年未见复发。(张 谈)

医案验案

过敏性疾病

1 过敏性紫癜性肾炎,重在凉血

沈某,男,10岁,2003年3月13日求诊,患儿在1个月前突起腹痛,继则下肢关节疼痛,出现下肢对称性"红斑"。尿检:PRO + + +,BLD + + +,RBC 60个/UL;血常规:WBC 7.8×10^9/L,PLT 18.0×10^9/L,ESR 16 mm/h。住院诊断:过敏性紫癜性肾炎。曾服用抗过敏及激素类药物治疗,疗效不明显,遂来门诊求治。证见:形体肥胖,脸似满月,双侧下肢密集出血点,大小不等,不高出皮肤,神气疲惫,腹胀,大便干燥,舌质红、苔薄黄,脉细数。辨证:热毒蕴结,络脉被灼,迫血外溢,治拟清热解毒,凉血止血佐以通腑。处方:水牛角30g,生地20g,仙鹤草15g,丹皮10g,赤芍12g,白茅根30g,紫草30g,白花蛇舌草30g,大黄(后下)6g,藕节炭10g,银花15g,连翘10g,清甘草3g。服上方10剂后,下肢出血点明显减少,色变浅淡,腹痛顿减,大便通畅,腑气已通,舌尖红、苔薄白脉细数。尿检示:PRO +,BLD + +,RBC 24个/UL。再拟前方去大黄加蒲公英30g,继服10剂。三诊时诸症悉减,舌尖红苔薄脉细滑,尿检:PRo +,BLD +,RBC 6个/UL。病情稳定,遂以上方去银花、连翘加黄芪30g,继服10剂,患者经2个月间歇治疗,尿检正常,而获痊愈。

按 过敏性紫癜性肾炎当属中医"肌衄""尿血"范畴,毒热灼络,迫血外溢是引起上述疾病的主要病机,治疗上以犀角地黄汤(犀角易为水牛角)为基础,重用凉血止血药紫草,因紫草中的紫草素一方面能抑制毛细血管通透性的亢进,另一方面可缓解胃肠道平滑肌的痉挛疼痛,故张迪蛟在治疗上述疾病时必重用紫草,以增加疗效,缩短疗程。

2 过敏性结肠炎,重在调脾

方某,男,49岁,农民,2002年6月25日初诊,中脘部疼痛伴腹泻反复发作二十余年,大便每日4~6次,时成形,时不成形,伴少许粘冻,腹胀肠鸣,胃纳不佳。住院诊断为肠道易激综合征,迭经西药及灌肠等治疗,均无显效,慕名前来求诊。苔薄,脉弦。辨证为肝脾不和。治拟调和肝脾。处方:柴胡10g,炒白芍30g,炒枳壳10g,炒防风10g,炒白术12g,煨木香10g,川连3g,川朴10g,煨诃子12g,石菖蒲10g,清甘草10g。服药1周,大便日2次,粘冻便消失,腹痛改善,仍有腹胀,肠鸣,脘闷,嗳气,于原方加炒党参15g、茯苓12g。续服2周,大便每日1次,诸症均除,以香砂六君子丸善后,随访半年未发。

按 过敏性结肠炎中医属"腹痛""便秘""痢疾""泄泻"等范畴,其本身肠道并没有炎性病变,而且功能紊乱也不限于结肠,在治疗上,不论辨证分型治疗,还是专方加减或验方治疗均多以痛泻要方加减或寓痛泻要方之中,其肝郁乘土,脾虚失运,乃致清阳不升,雷鸣下利,这是本病的一个主要病机。治疗以健脾疏肝为基础，但张迪蛟必加石菖蒲之药，意寓开郁宁神，调整肠道功能之意，方能奏效。

3 过敏性哮喘，重在泻肺

虞某，女，8 岁，1998 年 5 月 23 日求诊，哮喘反复发作 3 年余，近又发作 10 天，患者上幼儿园后出现咳嗽气促，喉间痰鸣，曾多方医治，诊断为过敏性哮喘，常服用酮替芬片、氨茶碱片、强的松片以及舒喘灵喷雾剂治疗，只能暂时缓解，稍冷即哮喘发作。10 天前洗澡后受冷，始感鼻塞，继则咳嗽频作，痰滞不爽，气喘不宁，夜间不能平卧，面色潮红，纳呆，口不干，尿黄，大便偏干，舌质红、苔微黄，脉细滑数。证属痰热阻肺。治拟泻肺平喘止咳。处方：炙麻黄 5g，炙射干 10g，净蝉蜕 10g，桑白皮 12g，黄芩 10g，炙苏子 12g，炙冬花 10g，广地龙 10g，全瓜蒌 20g，桔梗 6g，百部 10g，七叶一枝花 25g，莱菔子 20g，清甘草 2g。服药 5 剂后，气喘渐平，夜哮已止，仍有咳嗽，前方去黄芩加象贝 10g、光杏仁 10g。服药 1 周后，咳喘基本好转，纳欠香，舌红、苔薄白，脉滑偏数。续以健脾养胃，佐以利气宣肺。处方：孩儿参 12 g，炒白术 10g，茯苓 12g，淮山药 25g，黄芪 20g，炙冬花 10g，炙麻黄 5g，炙射干 10g，百合 12g。问歇服药 1 个月后，哮喘未作，纳谷亦香，神气正常，以后有感冒咳嗽，但无哮喘。

按 此病案由射干麻黄汤加减而成，并遵守“气升而降，气逆而调”的原则，加桔梗、甘草、瓜蒌皮、莱菔子宽胸理气止咳，加广地龙，净蝉衣以抗过敏，本着急则治其标、缓则治其本的原则，以泻肺平喘止咳治之。待咳减喘平，续以培土生金，佐泻肺平喘以治其本，依丹溪“哮喘未发以扶正为主，已发以攻邪为主”之宗旨，使顽症得以控制。

4 荨麻疹，重在祛风

张某，男，34 岁，电工，2002 年 12 月 21 日初治。患者每至冬季皮肤发风疹 4 年，初起为局限性风团，瘙痒难忍，继之迅速蔓延全身，得热则减轻，畏风，经皮肤过敏试验示对多种物质过敏。诊断为荨麻疹。曾用多种抗过敏药、钙剂、激素类及软膏、洗剂治疗罔效。苔薄白腻，脉紧，辨证：风寒外袭、蕴积肌肤。治拟祛风散寒止痒。处方：炙麻黄 6g，净蝉衣 10g，地肤子 10g，白癣皮 10g，蛇床子 10g，防风 10g，乌梢蛇 10g，荆芥 10g，白蒺藜 10g，苦参 10g，生甘草 10g。进药 6 剂，欣喜来告，痒疹大减，有时感局部小风疹，守方进退再服 2 周而愈，嗣后时有发作，皆服上药能缓解。

按《诸病源候论 · 风瘙身体瘾疹候》指出：“邪气客于皮肤，复逢风寒相折，则起风瘙瘾疹。”此病属中医瘾疹范畴，俗称风疹块，治疗遵循《三因极一病证方论 · 瘾疹证治》所云：“世医论瘾疹……内则察其脏腑虚实，外则分寒暑风湿，随证调之”，加用经现代药理研究证实有抗过敏作用的药物，如蝉衣、乌梢蛇、白蒺藜等，使疗效更加显著。（张 谈）

胃病验案

1 胆汁反流性胃炎

虞某，男，45 岁。2000 年 3 月 17 日初诊。患者胃脘部灼痛 5 年，加剧 2 月。5 年来胃脘部时轻时重，反复发作。2 月前因饮食不慎感上腹部灼热，疼痛加重，每于餐后为甚，夜间时有恶心呕吐，伴胃内容物，面色不华，形体消瘦，大便干燥，舌质淡薄微黄，脉细弦滑。胃镜示：胆汁反流性胃炎；病理诊断：（胃窦）幽门腺粘膜轻度慢性浅表性胃炎，幽门螺旋杆菌阴性。辨证为土虚木郁，胃失和降，胆失宁谧，胆汁逆流。治宜健脾和胃，清胆降逆。方用温胆汤合旋覆代赭汤加减。处方：赭石（先煎）30g，旋覆花（包）10g，姜半夏 10g，炒枳实 10g，姜竹茹 10g，陈皮 10g，党参 15g，瓜蒌仁 15g，吴茱萸 2g，川连 3g，清甘草 6g，生姜 3 片。日 1 剂，水服 15 剂后，胃脘部胀痛改善，呕吐已止，大便正常，苔薄白，脉细弦。改用香砂六君子汤加味，续服 30 剂，上述症状基本消失，胃镜复查示：胃窦部粘膜潮红，未见胆汁反流。

按 温胆汤用治胆火犯胃，温者和也，养中焦之正。罗正逸认为：“和即温也，温之者实凉之也。”吴昆在《医方考》分析：“胆，甲木也，为阳中之少阳，其性以温为常候，故曰温胆；竹茹之清，所以去热；半夏之辛，所以散逆；枳实所以破实，陈皮所以消滞，生姜所以平呕，甘草所以缓逆。”合代赭石、旋覆花、党参降逆和胃，伍吴茱萸、川连、瓜蒌仁以辛开苦降，清热化痰，俾使胆火清泄，胃气和降，胆胃调和。

2 慢性萎缩性胃炎

蒋某，女，58 岁。2001 年 5 月 22 日初诊：患者上腹部胀痛嘈杂 5 年，每由情志失调和饮食不慎而加剧。2001 年 3 月胃镜示：慢性萎缩性胃炎；病理诊断：慢性萎缩性胃炎，轻度肠化。曾先后服用泰胃美、洛赛克、胃炎干糖浆、猴菇菌片等治疗 2 月后，疗效不佳。1 周前因家庭琐事，引起睡眠不佳，上腹部隐痛痞胀及背，伴有嘈杂，饥不欲食，泛酸嗳气，大便不实，苔薄白腻，脉弦。辨证为肝胃失和，胸阳被阻，升降失司，运化失调。治拟通阳行痹，疏肝和中。处方：瓜蒌皮 10g，薤白头（酒炒）10g，姜半夏 10g，炒枳壳 10g，煨木香 10g，佛手片 10g，九香虫 10g，香附

10g，蒲公英30g，吴茱萸2g，川连3g，甘松6g。15剂，日1剂，水煎服。服上药后，上腹部胀痛大减，食欲渐佳，寐增，时有泛酸，大便不实，苔薄，脉细而弦。再拟前方合四君子汤，服用21剂，诸症皆和。守前方加减续服3月余，2002年7月胃镜复查为慢性浅表性胃炎，予胃复春片善后。

按 瓜蒌薤白半夏汤有通阳行痹、涤痰散结之用，《金匮要略》用以治疗胸痹心痛之证。因胸为阳位，浊痰上壅，则阴乘阳位而胸阳被阻，故可用以治疗肝木犯胃。方中配枳壳、佛手片、甘松、九香虫、香附以增疏肝理气和胃之功，川连配吴茱萸即左金丸，治肝经郁火；配木香为香连丸，清胃肠湿热，使本方具有通阳散结、和中降气、疏启脾胃之气的功用。萎缩性胃炎虽多表现脾胃虚弱为本、气滞血瘀痰阻为标的病理变化，但此案实为中医肝木犯胃，土因木郁之证，在治疗上首宜疏理气机，即如《心典》所谓“去邪之实，即以安正”之法。待症状稳定，应予固本，当以专方、固定方施治，不宜杂药乱投。

3 胃下垂

沈某，女，42岁。1998年6月8日初诊，脘腹坠胀痛1年余，食后加剧，平卧则舒，纳呆，消瘦，大便软，四肢疲乏。查体：慢性病貌，体重45kg，腹软，上腹部轻压痛，腹主动脉搏动明显，肝脾肋下未触及，舌淡红，苔薄白，脉细。X线钡透视示：胃下弯角切迹低于髂嵴连线5cm。西医诊断为：胃下垂，慢性胃窦炎。辨证为中气不足，胃失濡养。治宜益气和胃。方用补中益气汤加味。处方：炙黄芪30g，党参15g，当归12g，陈皮10g，炙升柴（各）10g，炒白术10g，炙甘草6g，炒枳壳30g，香附10g，延胡索12g，川楝子12g。日1剂，水煎服。嘱避免持重，注意休息。服药1月半后，临床症状消失，体重增加2kg。X线钡透视复查示：胃小弯角切迹上升髂嵴连线上2cm。继守前方治疗1个疗程（30天）以巩固疗效。后上述症状复发，常用上方，症状每见好转。

按 胃下垂属中医学“胃缓”范畴，如东垣所云“谷气下陷阴中”；宗《内经》“陷者举之”“损者益之”之法，取升陷扶止，益气升阳之治则，以补中益气汤为主，重用枳壳能消除因虚不受补而出现呕吐、胸闷等症，即取补中有通、补而不滞之意。现代药理研究证实：枳壳含橙皮甙、新橙皮甙及微量胡萝卜素等，对胃肠平滑肌有兴奋作用，促进胃肠有规律地蠕动。临床见腹胀餐后加重，平卧时减轻，但见此症，投之必效。

4 十二指肠溃疡

岑某，男，75岁。2000年3月8日初诊。患者胃脘部疼痛反复发作4年，空腹尤甚，进食后缓解，喜温喜按，泛酸嘈杂，伴有恶心，大便溏，日1次，舌淡、苔薄白，脉沉细弦。半月前胃镜示：十二指肠球部溃疡；病理切片示：幽门腺粘膜慢性炎症。证属脾胃虚寒，运化失健。治拟补中益气，温运脾胃。取黄芪建中汤，处方：炙黄芪50g，桂枝6g，太子参12g，杭白芍12g，炙甘草6g，当归12g，吴茱萸2g，川连3g，香附10g，甘松6g，佛手片10g，煅瓦楞子30g。24剂。日1剂，水煎服。药后，患者胃脘痛好转，有时仍感嘈杂，微嗳气饱胀，舌苔薄白，脉细弦，拟前方去香附加蒲公英30g、石斛30g，隔日1剂，调治2月余后，诸症皆和。胃镜复查：浅表性胃炎；病理切片示：幽门粘膜轻度浅表性炎症。

按 现代药理研究证实，黄芪建中汤有调整胃肠蠕动之功能，可抑制乙酰胆碱所致的胃痉挛现象，并能扩张胃内血管，改善局部微循环，还可不同程度地降低胃泌素水平，有利于炎症的消除和溃疡面的愈合；其中黄芪在治疗消化性溃疡时，用量须大，一般50～80g。本案是脾胃虚寒型，在温运脾胃的基础上，少佐清热药物，防止在服温胃散寒药物中出现“上火”现象。寒热并用，能相反相成，相得益彰，亦是药物配伍中反佐之需。

5 胃神经官能症

王某，女，61岁。2001年6月10日初诊。上腹部胀痛不适伴浑身窜痛1年。常因情志不畅而加剧，并自觉上腹部有气块攻撑作痛，压之能散，放射至背部甚至全身窜痛，喉头异物感，恶心，嗳气则舒，食欲不振，寐不佳，无泛酸，大便正常。曾在多家医院经胃镜、上消化道钡餐、腹部B超和各项化验等检查，无局部和全身器质性病变依据。予服用吗丁啉、百忧解、佳乐安定等治疗，初服有效，逐渐疗效不明显。舌质红、苔薄白，脉细弦。辨证为肝气郁结，横逆犯胃，气机逆乱，升降失调。治宜理气达郁，疏肝安胃。方用半夏厚朴汤加减。处方：苏叶梗10g，姜半夏10g，厚朴10g，合欢花10g，乌拉草10g，佛手片10g，绿萼梅10g，刀豆壳10g，茯苓12g，甘松6g，樟桐子6g，桔梗6g，浮小麦30g，越鞠丸（包）30g。7剂。日1剂，水煎服，同时静注10%葡萄糖酸钙10mL，日1次，连续静脉滴注3日。经过以上治疗后，浑身窜痛大减，上腹部胀痛明显改善，有时仍感嗳气，苔薄白，脉弦。效不更方，前方加紫丁香6g，续服14剂，诸症好转，予六味木香丸善后，嘱节情志，善饮食。

按 胃神经官能症属中医学“痞满”“胃脘痛”范

畴。肝为刚脏，性喜条达，肝失疏泄，则气机郁滞，而体现为胃脘不适。即所谓“肝为起病之源，胃为受病之所”。在治疗上以通调气机为纲，气行则气、血、痰、湿、食之邪皆随之而消散，而在调气方面，不仅需要疏肝气、降胃气，而且还应宣肺气，应在辨证方中加用桔梗、紫菀之类，以宣泄肺气，使其气机上下通顺。（张 谈）

张洪斌临床经验

【名老中医简介】张洪斌（1951～2005）山东龙口人。教授，博士生导师。1974年毕业于山东医学院中医系。原山东中医药大学党委副书记。全国中医药高等教育学会临床教育研究会副理事长，山东省高等医学教育研究会副理事长，山东中医药学会副会长。山东省名中医药专家。擅长神经内科疾病的中西医结合治疗，尤其对中风、癫痫、头痛、眩晕、失眠等疾病有较多研究。主持国家、部（省）、厅级科研课题十余项，并取得较多科研成果。主编《中西医结合神经病学》，参编《当代中医内科难治病中医治疗》《中医内科学》及《全国高等中医药院校7版教材·中医内科学》等著作和教材10余部；发表论文40余篇。

血管性痴呆（VD）

1 瘀阻脑络为血管性痴呆（VD）的基本病机

气血是构成人体和维持人体生命活动的基本物质，是神志活动的物质基础，故有“神为血气之性”之说，气血充盈和通畅，才能神志清晰，精力充沛。《素问·八正神明论》说：“血气者，人之神”。《灵枢·平人绝谷》曰：“血脉和利，精神乃居”。都提出了血气与神志密切相关。张洪斌认为各种疾病的发生均将影响气血的正常循行，出现气血失衡，流通受阻，瘀血停滞。老年人外感与内伤发病的机会比青壮年人多，因而邪阻气滞而生瘀血的途径相应增多。或外邪留恋，情志郁结，积滞内阻；或劳力伤气，劳心伤血；或内寒凝滞，虚热灼炼，都能产生瘀血。再加上老年人喜静好卧少动的特点及久病的影响，更易导致“血脉凝泣”（《素问·至真要大论》）。有人对2251例健康中老年人进行调查，发现34.74%的健康中老年人有血瘀证存在，并随着年龄的增长血瘀证的检出率和血瘀证候积分值均呈递增的变化。另据调查，老年期患有血瘀证者占74.47%，提示老年人有多瘀的生理病理特点。血管性痴呆多发于老年人，并且在临床上，不少患者具有颜面四肢老年斑迭出、巩膜瘀丝累累、肌肤甲错、舌紫或见瘀斑等典型的瘀血体征，予以活血化瘀法，每获良效。另外，VD的基本病理特点是在动脉粥样硬化基础上的血液供应障碍，致脑实质损害，是典型的血瘀状态。因此，VD患者大都存在不同程度的瘀血征象。“瘀”是中医病理概念，其本质是“血行失度”，凡以血脉瘀滞不畅为病理特点的病证均为血瘀证。瘀血停滞，血行不畅，使脏腑得不到正常濡养，生理功能无法正常发挥，气化作用减退；而脏器功能的衰退，又导致瘀血等病理性产物的产生，结果瘀血愈积，脏器愈衰，当超过机体自我调节的限度，使阴平阳秘、协调统一的平衡状态被破坏，则出现一系列的病理性改变。正如《医林绳墨》所说：“夫人身之气血也，精神之所依附者，并行而不悖，循环而无端，以成生生不息之运用尔”。“故血乱而神即失常也”。《证治准绳》云：“瘀血在上，令人健忘”。由此可见，瘀血既是病理产物，又是主要致病因素，血瘀证贯穿本病始终。

经络是气血运行的道路，也是传达脑神的要道。经络是经脉和络脉的简称，“内属于脏腑，外络于肢节”（《灵枢·海论》），遍布全身上下内外，具有“行气血，通阴阳，以荣于身”（《难经·二十二难》）的功能，及“决生死，处百病，调虚实”（《灵枢·经脉》）的重要作用。络脉是经脉支横别出的分支，包括十五别络、孙络、浮络和血络等组成部分。络脉系统是沟通机体内外、保障脏腑气血灌注的功能性网络，也是保持机体内部环境动态平衡的重要结构。络病是以络脉阻滞为特点的一类病证，具有“久、瘀、顽、杂”的临床特征。具体而言，“久”指络病多属久病、慢性病，病程迁延，病位较深，如叶天士所云：“经几年宿病，病必在络”、“初为气结在经，久则血伤入络”。“瘀”指络病多瘀，由于络脉细窄易滞，网络全身，起渗濡灌注作用，故邪气入侵，或络脉受到损伤，极易发生瘀血现象，如叶天士所云：“久病在络，气血皆窒”。“顽”指络病多有病根深伏、病情缠绵、正邪胶着，一般药物难以取效的特点，正如《张聿青医案》所云：“邪既入络，易入难出，势不能脱然无累”。“杂”指络病临床表现多样，多虚实并见，寒热错杂，病机复杂。脑与经络系统的联系非常密切，其中与督脉的联系最为密切，《素问·骨空论》云：“督脉者……

上额交巅上，入络脑。”脑通过经络系统发挥其“元神之府”及统帅全身的功能。但经络受邪也会出现脑部病变。脑髓之络脉是全身络脉的一部分，又有特殊的生理特点，唐代孙思邈《备急千金要方·灸法门》云：“头者，身之元首，人神所注，气口精明，三百六十五络皆上归于头。”故脑部更易病络。血管性痴呆病位在脑，具有病势深、病程长、缠绵难愈、入络入血等络病的临床特点。因此，张洪斌提出瘀阻脑络为血管性痴呆的基本病机，是本病发生、发展的关键环节。瘀血痹阻脑络，致络脉阻滞不通，脑气与脏气不接，清窍失灵，元神失聪，出现难忆前事、不慧失聪、反应迟钝、目光晦黯、言辞颠倒等痴呆表现。

2 肾气虚弱为血管性痴呆的重要发病基础

张洪斌治疗血管性痴呆既强调瘀阻脑络之邪实的一面，亦不忽视老年人存在正虚的病理生理特点。生、长、壮、老过程是人不可抗拒的生命规律，而衰老的内因早在《内经》中就已提出肾起主导作用。《素问·上古天真论》中指出：“女子……五七，阳明脉衰，面始焦，发始堕；六七，三阳脉衰于上，面始焦，发始白；七七，任脉虚，太冲脉衰少，天癸竭，地道不通，故形坏而无子也”；“丈夫……五八，肾气衰，发落齿槁……七八，天癸竭，精少，肾藏衰，形体皆极”。肾虚证的患病率与年龄有非常显著性的正相关性，有研究表明，40岁以上肾虚患者可达70%，60岁以上可达96%，90岁以上则为100%。肾为水火之宅，内寓元阴元阳，是人体一身阴阳之根本，《景岳全书》曰：“五脏之阴气，非此不能滋；五脏之阳气，非此不能发”。由此可见，肾中阴阳充足，五脏调和，气血上荣，脑神得养，则耳聪目明，思维敏捷。血液的化生、营运及贮藏，不仅与脾心肝肺有关，尚需肾之施泄。《景岳全书》曰：“血生化于脾，总统于心，藏受于肝，宣布于肺，施泄于肾。”说明肾能推动血行。心主血脉的功能正常发挥，主要依靠于心气，心气又赖肾之阳气的温煦，如《素问·五脏生成》篇说：“心之合脉也，其荣色也，其主肾也”。故肾为血液运行的原动力，肾气充旺，推动血液运行有力，则气血流畅；肾气虚弱，动力不足，则可血行不畅而致血瘀。张洪斌认为肾与血液运行存在着非常密切的关系，肾气虚弱是血瘀形成的内在根据，是血管性痴呆的重要发病基础。

3 活血化瘀、补肾益智为血管性痴呆的治疗大法

针对瘀阻脑络是基本病机，是VD病情发生、发展过程中的主要矛盾或矛盾的主要方面，张洪斌按“疏其血气，令其调达”及“损有余而益不足”的原则，立活血化瘀、补肾益智之治法，旨在以活血化瘀、疏通脑络为主，补肾益智为辅，通补兼施，以通为主，达到气血调畅，瘀祛新生，气旺血活，使机体恢复“阴平阳秘、精神乃治”的正常状态。临证具体应用需注意以下三点。

3.1 活血化瘀为重点

《灵枢·九针十二原》有“菀陈则除之”的法则。菀者积也，陈者久也；菀陈可以认为是体内日久积蓄的有害物质。《灵枢·小针解》解释曰：“菀陈则除之者，去血脉也”。这里明确提出了对于像瘀血这样的有害物质，必须采用通利血脉的治法，祛瘀以生新。张景岳谓：“瘀血有所留脏，病久至羸，似乎不足，不知病本未除，还当治本。”唐容川在《血证论》中更明确提出：“瘀血踞住……故以祛瘀为治血要法。”“一切不治之证，总由不善去瘀之故。自治血者，必先去瘀为要。”并认为“瘀血不行，则新血断无生理。”强调了祛瘀的重要性。清代医家叶天士创通络学说，对于络实证，叶天士认为“积伤入络，气血皆淤，则流行失司……久病当以缓攻”；对于络虚证，认为以“通补最宜”，用药当取“柔剂通药”。并进一步提出“大凡经脉六腑之病，总以宣通为是”。因此，可以认为“络脉以通为用”、“络病以通为治”。通过祛瘀，可达到“气血和平、关络条畅”的目的。

3.2 补肾益智为辅

血管性痴呆拟补肾益智为辅的治法，用意为：其一，补肾以助血运行。近年来研究发现，补肾法有类似活血化瘀作用，如温肾药淫羊藿“不独益肾壮阳，并能通行经络”(《本草正义》)。现代药理研究证实淫羊藿能扩张冠状血管、周围血管以增加冠脉流量、降低血压，并能抗血小板聚集，促进血小板解聚，降低全血黏度，增强纤溶酶原活性，加快血液循环。亦能佐证本文的观点。其二，针对肾虚为其重要发病基础而设。活血化瘀与补肾相配，补肾有助于血脉的流通，活血又有利于肾气的化生，通补兼施，以通为主，达到“祛实通脉不伤正，逐瘀理滞不留邪”。

3.3 注意气血并调

生理状态下，气血相互依存、相互制约、相互为用，“气为血之帅”，“血为气之母”；病理状态下，气血则相互影响，血病及气，气病及血。故血瘀证时，往往同时存在气滞。因此，瘀阻脑络虽以活血化瘀药物为主，但须配伍行气理气之品，寓行气于活血之中，气行则血行，气分无病，则瘀血易除。(张法荣 管 燕)

张良骥临床经验

【名老中医简介】张良骥(1940～)浙江乐清市人。主任医师。1965年浙江中医学院毕业。原乐清市中医院副院长、市中医学会副会长、名誉会长、顾问,温州市中医药学会常务理事,浙江省中医学会理事。浙江省名中医。从事中医内科医疗、教学40年。擅长中医内科杂症,如肝病、脾胃病、湿热症、慢性支气管炎的治疗,兼治妇人经带、小儿常见病。

临床经验

咳嗽

1 治咳八法

1.1 宣法

即宣发肺气之法,主要用于外感咳嗽,达邪外出。辛温宣散寒邪,选用麻黄、桂枝、细辛、荆芥等。辛凉宣散热邪,选用银桑蝉桔汤(张良骥自拟方):金银花、桑叶、蝉衣、枇杷叶、桔梗、甘草、前胡、浙贝、大力子、杏仁、连翘。肃肺理脾则用半夏、枇杷叶、白前、莱菔子、紫菀、款冬花等。

1.2 化法

即化痰浊,化痰瘀之法,适用于寒痰、热痰、湿痰或湿邪伤脾。采用化痰之要药半夏为主药。配苍术、茯苓治湿痰;配桑白皮、黄芩、鱼腥草治热痰;配瓜蒌、贝母治燥痰;配苏子、白芥子、干姜治寒痰。湿邪伤脾时可用三仁汤加苍术、藿香、佩兰。不论久咳、新咳、内伤或外感咳嗽,均有不同程度的瘀血症状存在。外邪或痰浊,痰饮引起肺失宣达、气机不畅、脉络瘀阻,因此,在辨证用药基础上加用活血化瘀药,如桃仁、赤芍、丹参、侧柏叶等。

1.3 清法

即清肺经邪热,适用风热犯肺,肺热生痰或风寒化热或肝火犯肺,痰黄粘稠,舌红苔黄,脉弦滑;选用黄芩桑蒌止嗽汤(自拟方):黄芩、桑白皮、蒌皮、百部、紫菀、杏仁、前胡、生甘草、苏子、知母。津伤加天花粉、麦冬、芦根;痰多加莱菔子、浙贝、半夏、竹茹;热盛加金银花、鱼腥草、连翘;肝火甚加炒栀、黛蛤散。

1.4 温法

包括温化、温润之法,本法用于痰饮咳喘或咳嗽痰湿偏盛者。温化药能温通气机,逐散痰饮;对于慢性支气管炎外感风寒,咳嗽痰白清稀、胸闷咳喘者选用小青龙汤加苏子、陈皮、杏仁、茯苓或张氏六安煎加苏子等温化之法;如见痰热内阻、气道不利、清肃失灵、寒气外束等外寒里热之证,选用麻杏石甘芩辛汤(自拟方):炙麻黄、生石膏、甘草、杏仁、黄芩、细辛、浙贝、金银花、鱼腥草、桑白皮、全瓜蒌、紫菀等寒温同用之剂;其他代表方剂有桂苓五味甘草汤加白芍、干姜、薏苡、杏仁、以温通太阳治疗下焦真阳不足,少阴寒饮上泛;宁嗽散,温肺散寒、止咳平喘治凉燥;止嗽散疏散风寒治风寒咳嗽;肾气丸去牛膝、肉桂,加沉香、五味子,温补肾阳治疗老年肾阳虚损、水泛化痰阻气的喘咳。

1.5 润肺法

包括辛润理肺、清润止咳、温润止咳、养阴润肺之法。适用于凉燥束肺,急、慢性支气管炎、百日咳、老年喘嗽,邪热伤及肺津或素体肺阴不足,证见咳嗽少痰或无痰,舌红苔燥,脉小弦。代表方剂三拗桂姜汤(自拟方):麻黄、杏仁、炙甘草、桔梗、紫菀、牛蒡子、百合、当归、干姜、前胡、枇杷叶;二冬二母汤加味:天冬、麦冬、知母、浙贝、北沙参、生地、百合、紫菀、枇杷叶;玄妙散:玄参、沙参、麦冬、竹叶、灯芯、柏子仁、合欢花、丹参、茯神、川贝、桔梗。

1.6 敛法

采取酸敛收肺之法,适用于久咳、顽咳、虚咳,常用五味子、百合、白芍、诃子。在辨证中不能单独采用酸收之法,应有散有收,开合有度,方能使邪有出路,气机调畅,病乃告愈。

1.7 补肺法

包括补益肺气,化痰宁嗽,健脾益气,培土生金,温补肾元、脾肾兼顾,代表方剂为:六君子汤,玉屏风散、补肺汤,金匮肾气丸等。在补脾肾时当加枳壳、厚朴、陈皮、半夏、茯苓、苍术、莱菔子等行气理脾药,使中焦脾胃气机升降正常,则补肾之品方能很好吸收,后天方可充养先天,正气足驱邪外出。

1.8 通腑逐痰法

适用于"老年久不更衣,痰气上窒",胸闷,咳喘,痰稠等,方选涤痰丸,其他如凉膈散、大柴胡汤等。

2 病案举隅

患者,男61岁,离休干部。初诊1988年11月18日。时值初冬,天气骤凉,干咳咽痒,咳声急呛,晨咳尤甚,不能安睡。时已5日,始终无痰。自诉怕冷形寒,无发热,喜温饮,纳尚可。自述此症去年发生过,秋季未愈。今春证缓。西医诊断:慢性支气管炎。因无特效疗法，任其迁延，诊其舌净，苔薄，脉弦。治以三拗桔姜汤，5剂。药后病情基本好转。咽喉不痒，咳大减。但仍晨咳发作一阵，有痰，入睡后即平，苔薄白。以原方去炮姜10g，甘草6g，加党参12g，大枣4个，续服7剂。诸症即平。

按 患者原有慢性支气管治病史近20年，深秋较凉，感受外邪，咳而无痰，喉痒，此乃凉燥咳嗽，经辛润理肺之法，诸症大减，随证加减，诸症痊愈。（魏宏峰）

遣方用药

胃痛六方

1 胃痛六方

1.1 乌柴二香和胃汤

由乌药、柴胡、广木香、香附、枳壳、苏梗、陈皮、甘草组成。随证选加荔枝核、甘松等。功用：疏肝和胃止痛。主治：胃脘胀痛、以胀为主，或攻窜两胁、或胃脘痞满，恼怒生气则发作或加重、嗳气得舒、胸闷叹息、纳呆腹胀、排便不畅，舌苔薄白或薄黄，脉弦。叶天士云："肝为起病之源，胃为传病之所"、"凡醒胃必制肝"。此方重在疏肝，因为肝主疏泄、调畅气机、情志，协助脾胃之气升降有常，疏肝法是消除胃痛的最基本方法，是治疗胃病诸法中的一个重要方法。方中以乌药配柴胡、木香配香附为主要药对。临床若见肝郁化火、气火上逆，则兼有头痛胀、目赤口苦、急躁易怒、胁肋灼痛，加丹皮、山栀、左金丸；胀痛甚加元胡、沉香、九香虫；嗳气频作加旋复花、绿梅花、佛手；腹中胀满加厚朴、槟榔；胸中痞闷加佛手、砂仁、蒌皮。

案1 叶某，女，43岁，初诊1999年11月3日，诉右胁脘胀痛半月，伴口微苦，大便结，头痛，夜寐安，无恶心、泛酸，舌红苔薄白，脉弦。查体见剑突下压痛、莫菲征弱阳性，血压正常。胃镜：糜烂性胃炎，慢性浅表性胃炎。B超：慢胆伴多发性结石。证属肝气犯胃、木火上扰。治宜疏肝和胃，兼清郁火。药用柴胡10g，木香10g，炙草6g，枳壳10g，郁金12g，赤芍15g，蒲公英20g，川金钱草20g，黄芩9g，虎杖20g，菊花9g，服5剂。二诊99.11.8药后左上腹胀痛明显减轻，现口苦未除，大便稍结。拟上方加炒栀9g，决明子15g，服5剂。

1.2 蒲红芍甘清胃汤

由蒲公英、红藤、百合、乌药、白芍、甘草、山栀、香附、平地木组成。随症选加黄芩、黄连、川楝子、大黄、青木香等。功用：清胃止痛。主治：胃脘灼痛、甚则痛势急迫、泛酸嘈杂、口干口苦、便秘尿黄，舌红苔黄、脉弦数有力。方中蒲公英配红藤、百合配乌药、白芍配甘草、山栀配香附为主要药对。热痛喜热饮者宜蒲公英配高良姜；吞酸酌加海螵蛸、煅瓦楞子、川连、浙贝、杏仁；消谷善饥加生石膏、黄连；呕恶酌加竹茹、芦根、黄连、半夏；少食加少量黄连、制大黄。

案2 胡某，女，47岁。初诊1999年9月21日，诉反复胃脘部胀痛5年，再发1月。伴有泛酸，胸部痞满，口苦尿黄，舌红苔黄腻，脉弦。上腹按之痛甚。胃镜：十二指肠球部溃疡，糜烂性食道炎，慢性浅表性胃炎。证属胃热疼痛。治宜清肝胃之热，疏肝胃之气。药用蒲公英15g，红藤15g，生白芍15g，炙草6g，百合15g，乌药10g，海螵蛸15g，浙贝15g，法夏10g，炒黄芩9g，杏仁10g，元胡10g，香附10g，徐长卿12g，丹参15g，服五剂。二诊9月26日。胃脘痛，泛酸，胸闷，口苦均有明显减轻。拟上方去杏仁，加黄芪15g以益气活血，促进溃疡愈合，服5剂。三诊10月1日。以上诸症均好转，舌红苔薄白，脉缓有力，胃脘部按之不痛。改用健脾疏肝，兼以制酸清热为主。药用生黄芪15g，太子参15g，丹参15g，海螵蛸20g，浙贝12g，蒲公英15g，生白芍15g，炙草6g，法夏10g，白及12g，柴胡10g，佛手10g，枳壳10g，以后上方出入共服2月。复查胃镜：十二指肠球部溃疡病灶消失，无糜烂性食道炎。

1.3 藿蔻平陈化湿汤

由藿香、蔻仁、陈皮、半夏、茯苓、苍术、厚朴、枳壳组成。功用：燥湿止痛。主治：胃脘痞闷胀痛、泛恶呕吐、嘈杂吞酸、口粘而腻、身重肢倦、大便粘滞不爽、尿黄短少，舌苔白腻或厚腻，脉濡或缓。此方重在化痰湿，用芳香、温燥之藿香、叩仁以化湿为主，加二陈、平胃以行痰湿之滞。此方在临证时不能久用，因香燥难免伤阴，尤其是年老患者。湿热蕴结加车前草、茵陈、黄连；舌苔厚腻以薄荷配蔻仁、苍术、厚朴。

案3 邵某，男，45岁。初诊1999年11月26日，诉脘腹胀痛半月，伴恶心呕吐，痰多，肠鸣便溏，无粘液及脓血便，无发热，舌边红苔微白腻，脉濡滑。治当燥湿化痰、理气止痛。药用藿香10g，蔻仁3g，陈皮6g，法夏10g，茯苓12g，苍术10g，川朴9g，苏梗10g，六神曲10g，炮内金10g，木香9g，车前草12g，服5剂。二诊12月1日。药后效果明显，诸症皆减，要求服中成药，故予香砂六君丸8粒，1日3次。

1.4 良附萸桂温胃汤

高良姜、香附、吴茱萸、桂枝、白芍、甘草、广木香、元胡、乌药。随症选加九香虫、附子、丁香、叩仁。功用：温中缓痛。主治：胃脘冷痛、呕吐清水、畏寒、手足冷、大便稀溏，舌苔白腻、脉沉迟。若脾胃虚寒甚者，合香砂理中汤、黄芪建中汤；泛恶清水加生姜、白叩仁;脘腹冷痛元胡配吴茱萸。

案4 郑某,男,55岁。初诊2000年1月31日,诉上腹胀痛、泛酸反复10余年。胃脘怕冷,难受冷食,饥时嘈杂,嗳气,舌红苔薄白,脉沉迟。胃镜:糜烂性胃炎。病理:粘膜慢性炎伴轻度肠化。证属脾胃虚寒、气滞寒凝。治宜温中止痛。药用高良姜10g,吴茱萸2g,炒党参15g,炙桂枝6g,炒白芍15g,炙草6g,生姜3片、红枣5个、炒白术10g,香附10g,海螵蛸30g,煅瓦楞子20g,白芷6g,莪术12g,法夏10g,服5剂。二诊2月5日。诉服二剂后症状即有减轻,刻下无不适感,故以原方出入,嘱其坚持服药。此患者共服3个月。胃镜复查:无糜烂。病理:未见肠化。

1.5 化解六郁汤

方由木香、厚朴、枳实、槟榔、川芎、半夏、蒌实、苍术、叩仁、茯苓、黄芩、干姜、山楂、神曲、瓦楞子组成。随证选加良附丸、金铃子散、左金丸、失笑散。功用:祛除气、血、痰、火、湿、食六郁。主治:胃脘胀痛,久治不愈,寒热错杂、痰湿内阻、气滞络瘀。肝脾不和,纳化失常,燥湿失济,湿积成痰化饮,久病入络及血,导致“食积”、“湿滞”、“痰饮”、“瘀血”等病理产物丛生,从而加重病情,使升降之机更为逆乱。此时治疗则顺应胃之生理特性“宜降”、“以通为用”、“以通为补”,故方中用木香、槟榔、川芎、半夏、苍术、山楂等。

案5 陈某,男,11岁,初诊1999年11月7日。诉反复脘腹胀痛1年,再发4天,食入即呕,脘腹满痛,胸闷痰多,口苦口腻,大便稀溏,日解3～4次,无粘液及脓血便,小便黄短,无发寒热,舌红苔灰黄厚腻,脉小弦。血常规正常,血、尿淀粉酶正常。证属积滞不化、痰湿内阻,治宜“通因通用法”。药用木香10g,枳壳10g,槟榔12g,乌药9g,炒黄芩6g,法夏10g,蒌实10、山楂10g,六神曲10g,藿香6g,茯苓12g,厚朴9g,蔻仁5g,服5剂。二诊11月12日。诉脘腹胀痛,呕吐、便溏好转,再拟上方出入治疗半月后,脘腹痛除,大便正常。

1.6 参麦百乌养胃汤

北沙参、麦冬、石斛、白芍、百合、乌药、佛手、川楝子、甘草、生麦芽。功用:养胃缓痛。主治:胃脘隐痛或灼痛、饥嘈、嗳气、咽干口燥、大便干结,舌红少津或剥苔少苔、舌面有小裂纹、脉小弦或细数。阴虚呕恶加竹茹、芦根、半夏;胃酸减少加乌梅、木瓜、生山楂;大便艰涩加瓜蒌仁、决明子、槟榔;食少加冬瓜子、生谷芽、绿梅花。

案6 李某,女,36岁,初诊2001年7月31日,诉上腹胀痛5年,再发2月。伴嘈杂,善饥,饥时加重,微恶心、嗳气,便秘、3～5日一解,口干口苦,咽喉不适,舌红、舌心苔剥、两边苔微黄,脉小弦。胃镜:慢性浅表性胃炎。证属阴虚气滞。治宜滋养胃阴、疏通气机。药用北沙参15g,麦冬9g,石斛12g,百合20g,乌药10g,生白芍15g,炙草6g,蒲公英12g,浙贝12g,佛手10g,枳壳10g,竹茹9g,杏仁10g,服5剂。二诊8月5日。上症明显减轻,诉睡眠不安,故上方加知母10g,柏子仁15g以清心安神。三诊腹痛止,睡眠安宁。

2 临床体会

为了提高胃痛辨治的疗效,张良骥针对胃病病因病机的差异性及兼症、挟症的多变性和复杂性,在用药组方上六辨气血寒热虚实,并提出如下几点体会:

2.1 从速纠正脾胃的病理状态,恢复脾胃的生理功能

脾主健运,其性升清,为阴脏,喜燥恶湿,病多从寒化。胃主受纳腐熟,其气主降,为阳腑,喜润恶燥,病多从热化。脾胃受病、升降失司、寒热失调、运化失职,则见湿邪困阻、湿热蕴结、痰食交结,在临床上出现胃脘痛胀、痞满、嘈杂、泛酸等症。治疗目的在于重建脾胃脏腑阴阳相合、升降相因、润燥相济的生理功能。

①消补并用、润燥相宜、动静结合:把握补脾不滞气,如黄芪配陈皮、白术配枳壳、党参配苏梗;养胃不助湿,胃燥脾湿并现则用石斛配藿香、麦冬配半夏、天花粉配米仁、芦根配荷叶等;脾胃已病,运化减弱,重投补剂或重用苦寒温燥之品时易伤及脾胃,因此对药物的剂量也很讲究,如黄芪、党参、熟地、麦冬、黄芩、黄连、苍术、厚朴等药物的剂量随胃气的强弱、胃阴的虚损、饮食的多少、兼挟症状及脉舌的不同而定。同时,在运用辛温香燥药物,要掌握疏肝不忘安胃、理气慎防伤阴。对于虚实相兼、实多虚少,宜用白扁豆、淮山药、太子参等平补之品,实证用消法,也要权衡轻重缓急。

②调整气机升降:如中虚气陷与气滞气逆并见,嗳气呕恶、少腹胀坠、大便溏泄、甚则脱肛,常用升麻配沉香、柴胡配枳实、藿香配半夏、荷叶配茯苓、石菖蒲配厚朴等等。积滞内阻,腑气不下、升降受阻,疼痛加剧、痛处拒按,胃脘畏冷、嗳腐恶心,大便干涩、小便短赤,舌苔黄厚燥或灰黑少津,常用木香槟榔丸、枳实导滞丸、小承气汤、三棱、莪术等。若痰瘀相

杂、盘踞中焦，有形之邪不除，则胃气不复，多见胃脘堵闷、气逆呕痰，口苦口干口臭，大便艰涩，常用柴芩温胆汤、小陷胸汤加枳实或瓜蒌薤白半夏汤。

③兼顾活血和络：胃痛初病多在气，久病入络，此为常理，然而张良骥治胃病在气分者亦加入一、二味血分药物，如丹参、赤芍、川芎、桃仁、红花、当归等。因慢性胃炎的胃粘膜充血、水肿或伴有渗出物、或糜烂出血、胃壁组织缺氧、营养障碍，中医学认为气主煦之，血主濡之，气药少佐血药，有利于改善胃壁血供状况，促进康复。他遵叶天士：“胃痛久病而屡发，必有凝痰聚瘀”，用辛柔和血之法，瘀血甚者，加失笑散、三棱、莪术、乳香、没药等等。

2.2 顾及相关脏腑、不忘整体观念

《内经》云“论心痛，未有不兼五藏为病者”，“病在中，傍取之”，有胃痛者，常法治疗，胃痛不减，须按兼挟症状、病因病机及相关脏腑的联系详尽分析。如有因积劳积损、忧思不遂、心脾郁结，又犯寒气、或饮食不调，胃脘隐痛连绵，经久不愈，按揉、熨后缓解，伴心悸少寐，可用归脾汤加减。似嘈非嘈，心烦懊恼，饥劳更甚，得食稍安，腰痠倦怠，形色青黄，脉缓虚弱，可用甘温养血、补肾培土、和中安胃法，选用熟地、杞子、当归、生杜仲、川断、肉桂等。肝阳上亢兼见眩晕、心悸，心下空悬，加生白芍、酸枣仁、珍珠母、钩藤、白蒺藜等。

2.3 把握虚实病机的变化

辨虚实是治病用药的关键，酌其虚实定攻补之法，才不至于妄乱杂投。张良骥认为《顾松园医镜》提出辨虚实要点至今仍很实用，如胃病可按者多虚，拒按者多实；不胀不闭者多虚，痛而胀闭者多实；饥则甚者多虚，饱则甚者多实；攻而愈剧者多虚，补而不效者多实。因此，他详细询问病史及触腹、切脉后辨证用药，如胃痛按之加重，加瓜蒌、枳实、槟榔；饥则痛加党参、白术、黄芪；痛有空悬感、肝阳扰胃之征，加白芍、钩藤、珍珠母；痛有心悸加酸枣仁、龙骨、牡蛎。同时也要注意脉象的变化，如胃痛者脉浮弦虚大，或右手寸关脉微弱，是脾虚肝乘所致，用党参、白术、茯苓、广木香、白芍、陈皮、柴胡补中益气，柔肝和胃。

2.4 辨证与辨病相结合

胃痛是多种胃病的主要症状，中医辨证与辨病相结合，重视现代研究，才能进一步提高中医药疗效。张良骥治疗糜烂性胃炎，常用自拟蒲红二仁三白汤，方中以黄芪、丹参、白芍益气和血止痛，蒲公英、红藤、白花蛇舌草、生米仁、冬瓜仁、云南白药清热排毒生肌。治返流性食管炎重在疏肝气、降胃气，宣肺气而治，常用四逆散合半夏厚朴汤、温胆汤、小陷胸汤加减。治疗萎缩性胃炎中医很有特色，临症时多见虚实相兼或虚多实少，初期在气，久病见阴虚络瘀或虚寒血瘀。治疗上一要补虚扶正，即提高机体免疫功能，增加胃粘膜细胞保护因子的释放，调整胃肠功能，张景岳说：“人之气血，犹源泉也，盛则流畅，少则壅滞，故气血不虚则不滞，虚则无有不滞者”，药用党参、黄芪、麦冬、当归、菟丝子、杞子等等；二要活血和络，改善胃部血液循环，促进炎症细胞吸收、胃粘膜康复，药用丹参、川芎、赤芍、失笑散；三要清热解毒，防止癌变，对肠腺上皮化生及异型增生者，选用白花蛇舌草、平地木、八月扎、莪术、半枝莲、龙葵、铁树叶。临床观察到脾胃实证者，HP 阳性多见，故多用厚朴、黄连、黄柏、大黄、紫花地丁等经药理研究对 HP 有效药。

2.5 古方与现代研究相结合

张良骥治胃痛的基本方，是将古方通过临床运用精选组合而成的，如疏肝和胃止痛的乌柴二香和胃汤，由古方四逆散、百合乌药汤、香苏饮、双乌四香汤重组而成的，对于由肝胃气滞而引起的胃脘痛效果明显。方中柴胡疏肝解郁，现代药理研究有镇静、镇痛、抗炎作用，还有利胆、促进小肠运动作用；枳壳、枳实、木香、乌药、陈皮、香附药物共同作用缓解胃肠平滑肌痉挛，增强胃肠蠕动，促进胃液分泌，木香、枳壳、陈皮、柴胡、白芍可降低溃疡发病率，使胃酸分泌减少，能显著松驰奥狄氏括约肌和降低胆囊压力的作用。继承前人的经验，又以药理实验结果作为依据，从而提高了中医药疗效。蒲公英是蒲红芍甘清胃汤中的主药，其性味苦、甘、寒，药理研究本品有广谱的抗菌作用，能抑制幽门螺杆菌，通过药物配伍可以治疗各类慢性胃炎。对 HP 感染的治疗，张良骥常酌情选用黄连、黄芩、大黄、厚朴、蒲公英、白花蛇舌草、桂枝、乌梅、土茯苓、山楂等经药理研究是对 HP 有效的药物，在整个发病机制中，胃粘膜的保护和防御因素同样有重要作用，中医认为“正气存内，邪不可干”，“邪之所凑，其气必虚”，通过扶正祛邪，如给予健脾益气的四君子汤加味治疗有调整机体全身和胃粘膜局部的屏障功能，以达到辅助抑杀并改变 HP 寄居的微环境，既能增强机体的保护因子，又能抑杀 HP 以减少或削弱其攻击因子，两者相辅相成，达到治疗 HP 感染的目的，说明辨证施方与现代中药的研究成果相结合，是提高中医疗效的新思路。（张振雷）

医案验案

杂病验案

1 肝硬化

刘某，男，58 岁，已婚。初诊：1996 年 7 月 6 日。主诉：咳嗽、乏力 3 月，脘腹胀满 10 天。3 月来咳嗽、咽干、体重减轻，近 10 天，胃纳减少，脘痞腹胀，尿黄短少，大便量少。原有乙肝病史 5 年。诊查：形体消瘦，面色晦滞，舌红舌边瘀斑，苔薄黄腻，脉弦。两肺未闻及罗音，肝剑突下触及质硬，腹部膨隆，移浊 + +。胸片：右上肺结核。B 超：肝硬化、脾肿大，腹水形成。化验：乙肝大三阳，ALT90u/l，白蛋白球蛋白比例倒置。辨证：肝肾阴亏、湿热蕴结、血瘀水积。治法：养阴软坚化瘀、清热利水解毒。处方：丹参 20g，制鳖甲 15g，炮山甲 15g，地鳖虫 12g，郁金 15g，柴胡 10g，女贞子 15g，楮实子 15g，垂盆草 20g，茜草 12g，虎杖 15g，半枝莲 20g，旱莲草 20g，路路通 12g，生山楂 12g，5 帖。西药予抗痨、利尿、降酶、补充白蛋白等治疗。二诊：7 月 13 日。服药后腹胀减轻，以上药加减治疗 5 个月，于 12 月 6 日复查，CT 未见典型肝硬化征象。

按 肝硬化属中医“积证”范畴，多由慢性乙肝演变而成，正虚邪结是本病形成两个基本方面。虚在肝、脾、肾，实在邪毒、湿热、气滞、血瘀、痰结等。本例患者肝肾阴亏、湿热蕴结、气滞血瘀、肝络阻塞，血病及水，遂成肝硬化腹水，故以补消兼施，气血并用为法。方中鳖甲、龟版、炮山甲为血肉有情之品，立意养血软坚，柴胡、郁金以疏肝健脾，丹参、路路通、茜草活血化瘀、血活积消，地鳖虫为虫药搜剔，增强破积散结之功，因其能走窜攻坚，破血逐瘀、消积散结之力独胜。二至丸为补肾水、益肝阴，垂盆草、半枝莲、虎杖以清热解毒降酶。此方紧扣病机，在临床中观察中发现有降酶、改善肝纤维化等作用。对肝硬化治疗疗程要长，持之以恒，必有良效。

2 急性梗阻性化脓性胆管炎伴有中毒性休克—内闭外脱证

朱某，男，52 岁，已婚。初诊：1978 年 12 月 28 日。主诉：上腹部剧痛伴有发热 4 天，患者 4 天前突然开始心窝部及右上腹部剧烈疼痛，呈持续性、阵发性加剧。疼痛向背部放射，伴畏寒发热、恶心呕吐，吐出为食物残渣与粪水，大便秘结，尿黄短少，血压下降。原有慢性胆囊炎病史 8 年。入院后经抗菌素、升压药等应用未见好转。12 月 26 日上午神志不清，突然出现呼吸心跳停止，经体外心脉按压及注射呼吸兴奋剂，呼吸心跳渐恢复，神志淡漠、尿量极少，脉搏微弱，血压不升，因患者不接受手术治疗，要求服中药，邀中医会诊，见其面色花白、神志淡漠，小便赤色数滴，大便 5 天未解，口燥而渴欲饮水。诊查：急性面容，体温不升，脉搏微弱，血压 40/0mmHg，巩膜轻度黄染，心率 120 次/分，肺（ - ），肝肿肋下 1cm，胆囊区饱满感，莫菲征（ + ）。化验：血色素 8g/dl，白细胞 34600/ul，中性分叶 30%，中性杆状 60%，舌红有裂纹，苔燥根黄腻，脉微弱。辨证：热结阳明，邪毒内陷，津伤气竭，内闭外脱。治法：清热通腑，凉血解毒。处方：水牛角（先煎）60g，羚羊 1.5g，鲜生地 40g，赤芍 10g，丹皮 15g，生大黄（后下）10g，枳壳 6g，桃仁 6g，地龙 10g，车前子（包）15g，鲜茅根 120g，煎汤代茶 1 剂。二诊：12 月 29 日。神志清楚，血压稳定，108 ~ 130/82 - 90mmHg，尿量略增，目微黄，舌红根黄腻转薄，脉搏应指，已有转机。肝功能检查，黄疸指数 16 单位，谷丙转氨酶 500 以上。遵原方增减：水牛角（先煎）30g，羚羊 1.5g，鲜生地 40g，赤芍 10g，丹皮 15g，生大黄（后下）10g，枳壳 6g，川连 5g，鲜石斛 15g，地龙 10g，败酱草 30g，冬瓜仁 30g，鲜茅根 120g，煎代茶一剂。三诊：12 月 30 日。血压稳定，体温 37C，尿量增加，大便通畅，呃逆频作，舌红苔薄黄，脉细数，病情好转，改用清肝利胆和胃法，12 月 31 日，大便量多，小便正常，已服粥食，呃逆未除，再守上法，慎用苦寒，加生姜少许。1 月 3 日，呃逆渐平，继续服中药至 1 月 20 日，肝功能检查正常，2 月 9 日全愈出院，至今胆囊炎未复发。

按 本案胆源性败血症引起中毒性休克，临床表现既有面色花白、肢凉神萎，血压测不到，体温不升，脉细弱的阳气亡脱证，又有大便 5 日未解、小便红赤而短少，口燥而渴，舌红干裂、苔黄燥的实热证，为热毒深伏肝胆，结于肠胃，侵入血分，损及心肾，而致正虚邪陷之内闭外脱。若专投回阳救逆，恐助长邪势，古人曰：“有邪积之人……先论攻其邪，邪去而元气自复也”，急宜攻下热毒，宣通气血，开闭固脱，方用桃核承气汤合犀角地黄汤加鲜茅根等，较快稳定血压、小便量增、脉搏应指。方中大黄、枳壳通泄阳明热结，使火毒下行而解，犀角地黄汤借桃仁活血之力，更能发挥清心凉血解毒作用。白茅根配地龙、车前子治疗热结尿闭。说明泄热通下、凉血解毒对抢救胆源性败血症伴中毒性休克者有较好的疗效。

3 结肠炎

张某，女，40 岁，已婚。初诊：1998 年 12 月 11 日。主诉：8 年前产后受寒大便难、粪便如粒状，日解 5 ~ 7 次，甚则食后即便，肛坠不适，里急后重，近 20 天加盖，腹胀而不痛。诊查:结肠镜:结肠炎。舌边红苔薄白,脉小弦。辨证:脾胃虚寒、通降失司。治法:补中行气。处方:党参15g,生黄芪15g,炒白术10g,升柴各6g,木香6g,厚朴9g,枳壳9g,马齿苋15g,仙鹤草15g,补骨脂12g,诃子9g,煨肉果9g,吴茱萸2g,5剂。二诊:12月15日。服药后大便次数减少,日解约3-5次,上方去枳壳、厚朴、吴茱萸加芡实20g,,炒山楂10g,苏叶6g,7剂。三诊:1999年1月9日。服药后大便日解1次,里急后重消失。5天前因饮食不节,大便日解2次,仍拟上方出入,并嘱服香砂六君丸1月而愈。

按 本案结肠炎缘于产后体虚复感寒凉,伤及脾胃而致。久则气陷肛坠,寒凝则肠道挛急,气机紊乱,肠道蠕动失常,粪如粒状,次数增多,里急后重。拟用补中益气汤益脾升陷,吴茱萸、补骨脂、煨肉果、诃子温肾暖土固肠,木香、厚朴、枳壳调气除后重,马齿苋、仙鹤草清除肠道湿热上学止泻,用药切当,故有较好疗效。

4 慢性胃炎伴糜烂

林某,男,65岁,已婚。初诊:2007年5月20日。主诉:上腹胀痞,嘈杂反复1年,平素少食,大便时溏。诊查:形体瘦弱,面色萎黄,舌边红苔薄白,脉小弦。胃镜检查:慢性胃炎伴糜烂。病理切片:胃粘膜慢性炎伴局部灶性腺瘤样增生、肠上皮轻中度异型增生。辨证:气阴两亏,肝胃不和,胃络瘀滞。治法:益气养胃,调气和络,佐以清热解毒。处方:太子参、淮山药、薏苡仁、茯苓、生白术、木香、陈皮、丹参、莪术、徐长卿、半枝莲、藤梨根、露蜂房、蛇舌草、平地木、炒山楂等随症加减,连续服药8个月左右,12月22日胃镜复查:慢性胃炎、萎缩性胃炎。病理:灶性腺瘤样增生、肠上皮型异型增生消失。

按 本案太子参、淮山药、生米仁、木香、陈皮、丹参、平地木、山楂药补气阴、调气血,取莪术、露蜂房、藤梨根、蛇舌草、半枝莲为针对胃粘膜灶性腺瘤增生和肠上皮异型增生而设,以达到活血解毒、防治癌变的目的。方中莪术辛、苦、温,归肝、脾经,有行气止痛破血祛瘀、抗肿瘤功效。据药理研究本品对癌细胞有直接杀灭的作用。露蜂房辛、平、有毒,归肝、胃经,有祛风止痛,软坚解毒功效,可治食管癌、胃癌、肝癌、肺癌等等。藤梨根甘、酸、寒,归胃、肝、膀胱经,清热解毒、祛风除湿、利尿。与半枝莲、蛇舌草同用可治胃癌、食管癌等。蛇舌草苦、甘、寒,清热解毒利湿,动物实验表明有抗肿瘤作用,可治胃癌、食管癌、直肠癌等多种癌症。半枝莲辛、微苦、凉,归肝、肺、胃经,清热解毒,活血利尿,与露蜂房同用可治胃癌。(张 燕 张振雷 张震炀 魏宏峰)

张良英临床经验

【名老中医简介】张良英(1935~)女。江西南城人。教授,主任医师。1962年毕业于广州中医药大学。原任云南中医学院妇科教研室主任,云南中医学院附属医院妇科副主任。《云南医药杂志》编委会委员,云南中医学会及云南中西医结合妇科专业委员会副主任委员。第二批、第四批全国老中医专家学术经验继承工作指导老师。云南省荣誉名中医。从事医、教、研50余年,擅长诊治妇科疾病。

临证特色

妇科疾病

1 诊治特色

张良英对妇科血证、子宫内膜异位症、不孕症、绝经前后诸证、子宫肌瘤、产后发热等有较深的研究,并积累了丰富的经验。

1.1 妇科血证,强调审证求因

张良英认为,妇科经、带、胎、产、杂病中,均有异常的阴道出血,其量可多可少。多则暴崩如注,乃至气血外脱,危及生命;少则点滴而下,淋沥不止。由于妇科血证,范围较广,病种较多,证情较为复杂,在诊断和治疗上有一定的困难,稍有不慎,极易造成误诊,延误治疗时机。因此张良英在临床应诊时,必须先诊断清楚病种,在此基础上审证求因,切忌"见血止血",一味固涩,以月经异常出血为例,根据辨证采用下列止血方法:①清热麻血止血:热为阳邪,其性亢奋炎上,易伤阴分,烧灼津液,甚或损伤血络,迫血妄行,从而引起月经过多,月经先期、崩漏、经期延长等。治以清热凉血止血,用自拟的清热止血汤(生地、黄芩、栀子、地榆、龟版、丹皮、阿胶、藕节、侧柏炭、甘草);由于失血过多或出血时间延长,以致阴血亏虚而内热者,用保阴煎(《景岳全书》)加阿胶以滋阴清热,养血止血。②祛瘀止血:用于瘀血阻滞,血不循经所致出血,如崩漏、经期延长等,可用生化汤(《傅青主女科》)加川牛膝、红花、蒲黄。但临床上引起瘀血的原因很多,如气滞致瘀、气虚致瘀、寒凝血瘀等，应根据不同的原因，随证加入行气、补气、温通等药物。③益气摄血：用于气虚统摄无权，冲任不固所致的月经过多、月经先期、崩漏等，用自拟的止血Ⅰ号（人参、黄芪、熟地、山药、升麻、芡实、乌贼骨、阿胶、炒贯众、茯苓、炒荆芥、甘草）以补气摄血，引血归经。④补肾固冲止血：用于肾虚，冲任不固，或因肾精亏虚，阳气内动，损伤阴络引起的出血，如崩漏、月经过多、经间期出血等。肾阳虚者用自拟的温肾固冲止血汤（肉桂、熟地、枣皮、菟丝子、鹿胶、杜仲、贯众、阿胶、党参、艾叶炭、甘草）。肾阴虚者用自拟的止血Ⅱ号（熟地、山药、枣皮、女贞子、地榆炭、旱莲草、丹皮、茯苓、枸杞、太子参、茜草、芡实、甘草）。

1.2 妇科癥瘕，强调周期治疗

张良英认为，中医妇科癥瘕，主要包括子宫肌瘤、盆腔炎性包块及卵巢囊肿，其形成主要责之于脏腑经络的功能失调，局部气血阻滞壅塞，病变部位在子宫胞脉冲任，病理性质大多为虚实夹杂。主要症状为腹痛（气滞血瘀，阻滞经脉，不通则痛），肿块（可因气滞、血瘀、痰湿凝滞而形成，其中坚硬固定而不移为癥，聚散无常多为瘕，固定不移，软如囊状多为痰湿癥瘕），月经异常（月经过多、经期延长、痛经等），合并不孕（冲任脉受阻，难以摄精成孕）。由于女性的月经具有周期性，因此治疗妇科癥瘕亦强调周期性。

①益气活血，消癥散结：主要用于经前期及行经期，既可因势利导，促使癥块消散，又不致于失血过多，自拟消瘤Ⅱ号（党参、黄芪、升麻、当归、白术、浙贝母、陈皮、熟地、鸡内金、茯苓、甘草）。

②行气活血，消癥散结：主要用于经后期，以攻邪为主，促使肿块消散，自拟清瘤Ⅰ号（三棱、党参、丹参、桂枝、黄芪、茯苓、浙贝母、当归、鸡内金、荔枝核、桃仁、熟地、甘草）。

③清热除湿，化痰散结：主要针对盆腔炎性包块，自拟止带Ⅱ号（败酱草、苡仁、茵陈、茯苓、黄柏、赤芍、车前子、川楝子、夏枯草、枳壳、延胡索、甘草）。

1.3 产后发热，重在分清外感内伤

张良英认为，产后发热主要是由于产后失血，阴血暴虚，正气虚弱，或感受外邪，邪气内侵，引起阴阳失调，气机不和所致。本病虚多实少，或虚实夹杂，因此治疗重在分清外感内伤。

①解表清热或凉血解毒：主要针对外感发热。一般发病较急，热势较高，伴有恶寒者，治以解毒清热，自拟银翘解毒汤（银花、连翘、淡竹叶、玄参、板蓝根、荆芥、薄荷、淡豆豉）；伴有寒战，小腹痛剧拒按，恶露腐臭难闻者，治以清热凉血解毒，用五味消毒饮加味（银花、蒲公英、紫地丁、生地、丹皮、败酱草、益母草、野菊花）。

②益气养血或养阴清热：主要针对内伤发热。一般起病较缓，病程较长，若见低热不退，气短懒言者，治以益气养血，方用益气养血汤（黄芪、党参、升麻、白术、熟地、当归、丹参、大枣）；若见午后潮热，手足心热者，治以养阴清热，方用青蒿鳖甲汤加味（青蒿、鳖甲、生地、知母、银柴胡、地骨皮、玄参、白芍）；若同时伴恶露不下，或下亦量少，色暗有块，小腹疼痛拒按者，可在养阴清热的基础上加当归、丹参、五灵脂、没药、益母草以活血化瘀。

2 典型病案

张某，女，30 岁，家住吴井路 28 号。1997 年 7 月 2 日首诊。主诉：阴道持续流血 25 天。现病史：患者平素月经正常，末次月经 5 月 30 日，持续 5 天干净，用卫生巾 1 包余。6 月 9 日因劳累过度出现阴道流血，至今未净，量时多时少，色暗红夹血块，曾自服“宫血宁胶囊”未见好转，伴少腹隐痛，心悸气短，神疲乏力，纳食佳，睡眠少，二便调。舌质淡，苔薄白，脉细弱。中医诊断：崩漏（气虚型）。西医：功能失调性子宫出血。治法：补气摄血。方药：止血Ⅰ号。二诊：患者服上方 2 剂后阴道流血量减少，7 月 4 日 B 超示：①宫腔内少量积血；②双附件未见异常。继用止血Ⅰ号 2 剂。三诊：服完上药后阴道流血停止，神疲乏力、心慌心悸明显好转，改用八珍汤加炙黄芪、川断、淮山药，调理善后。（陈林兴 苗晓玲）

癥瘕

1 核心病机是瘀血、痰湿、湿热互结

张良英认为，癥瘕的发生与正气不足，脏腑不和有关，病因主要有 3 个方面。第一，气滞血瘀：导致气滞血瘀可因经期、产后留瘀，或寒邪、湿热入侵、凝滞气血，或情志所伤、肝气郁结，气滞致血瘀，或气虚血迟致瘀等；第二，痰湿瘀结：可因素体脾虚，或饮食劳倦伤脾，脾失健运致痰湿内停，并与瘀血互结；第三，湿热瘀阻：因外感湿热，或湿热内生，湿热与血相结。上述因素导致瘀血、痰湿、湿热互结，日久形成癥瘕。

2 诊断要辨清性质及辨别不同包块性疾病

癥瘕是妇科常见病、多发病，临床指妇女下腹部盆腔内有结块的一类疾病，包括女性生殖系统肿瘤、盆腔炎性包块、子宫内膜异位症等。因而癥瘕在诊断时要注意两个方面。

2.1 辨癥瘕的良、恶性

辨清癥瘕的良恶性在诊断时十分重要，张良英主张结合病史、临床特征和相关检查，及早明确诊断采取相应的治疗措施。良性癥瘕一般生长缓慢，质地较软，边缘清楚，活动良好；恶性癥瘕表现为发展较快，包块迅速增大，质地较硬，边缘不清，并伴消瘦、腹水等症状。

2.2 辨别包块性疾病

①子宫肌瘤 子宫肌瘤是女性生殖器官中最常见的良性肿瘤，多见于30岁～50岁妇女，临床表现为月经不调，以经量多、经期长多见；部分可有下腹疼痛或不适感；有的可出现压迫症状，如尿频或便秘；或有白带增多，贫血等。检查发现子宫增大或表面不平，质硬，或下腹部触及肿块。B超可明确诊断。

②卵巢囊肿 卵巢囊肿可发生于任何年龄，生长缓慢，早期多无症状，往往在妇检时偶然发现。妇检在子宫一侧或双侧触及球形肿块，囊性或实性，表面光滑，与子宫无粘连，蒂长者活动良好，囊肿巨大时在腹部可触及，并可出现压迫症状。卵巢囊肿常见并发症是扭转、破裂及感染，可出现急性腹痛。

③子宫内膜异位症 子宫内膜异位症有明显的继发性渐进性痛经、月经不调、不孕等，检查后穹隆处常触及大小不等的痛性结节，或子宫的一侧及两侧触及囊性包块，与周围组织粘连。

④盆腔炎性包块 盆腔炎性包块常有病史可寻，如盆腔手术史，产后或流产后感染史等。慢性炎性包块一般多无症状，或有下腹部疼痛，月经不调和痛经等；妇检时在子宫旁触及包块，半实质性，与子宫粘连。急性炎性包块压痛明显，伴高热、寒战、腹痛、白细胞升高等，用抗生素治疗后包块可缩小。

⑤卵巢癌 卵巢癌是女性生殖器中的恶性肿瘤，盆腔内可发现生长迅速的实质性包块，表面高低不平，与周围组织粘连，晚期常出现腹胀、腹水、消瘦、严重贫血等。

3 治疗应辨病与求因治本相结合

3.1 子宫肌瘤的治疗

张良英指出，子宫肌瘤多发生于生育年龄段妇女，由于经、孕、产、乳、手术等耗伤气血，气血易虚，气虚则运血无力，气血失和，血瘀成癥；或因其他因素致瘀血留阻胞中，新血不得归经，月经量多或经期长，又致气随血脱，固摄无权，在病机上形成恶性循环。瘀血停积于体内，作为致病因素，影响血的运行，又可致肝、脾、肾等脏腑的功能失调，水湿不化而成痰湿，痰湿与瘀血并存，胶着难分，使子宫肌瘤成为虚实夹杂、病程较长、治疗难奏速效的一个疑难病证。由于子宫肌瘤具有虚实夹杂的特点，因此单纯补虚必致邪恋不去，而单纯祛邪势必进一步损伤正气，正气愈虚，无力祛邪外出，反可致积块日益增大。因此，在治疗时必须正确掌握扶正与祛邪的关系。月经期应以扶正为主，益气固摄，确保气血不再重伤，行经期常用消瘤Ⅱ号方：党参15g，黄芪30g，升麻8g，白芍15g，白术15g，浙贝母12g，陈皮10g，熟地20g，鸡内金15g，茯苓15g，乌贼骨12g，甘草5g。经净后虽可祛邪，但也应加入大剂量的黄芪、党参等益气扶正，使其攻邪不伤正，此外大剂量的益气药还能疏通血脉、破坚积，促使瘀积消散，非经期常用消瘤Ⅰ号方：炙黄芪45g，党参30g，川芎15g，当归15g，赤芍12g，枳壳12g，桂枝15g，茯苓15g，桔梗12g，浙贝母12g，鸡内金15g，荔枝核12g，甘草5g。治疗子宫肌瘤除活血化瘀之外，尚须注重配伍祛痰散结类药物，如浙贝母、鸡内金等，因为痰瘀二者，既是气血运行失常，脏腑功能失调的病理产物，又是一种新的致病因素，若不及时清除，则可使病情进一步加重，或者只注重其中一种，也难以取效。李东垣曰："善治癥瘕者，调其气而破其血，消其食而豁其痰。"祛邪除了活血化瘀与祛痰散结之外，还应注意行气散结，中医认为气行则血行，气滞则血瘀，因此治疗子宫肌瘤，行气药切不可少，尤其川芎之类，既能活血祛瘀，又能行气开郁，前人称之为血中气药，实具通达气血的双重功效，此外尚可配伍行气散结之桔核、荔枝核等，使气血流通，癥结消散。

3.2 子宫内膜异位症的治疗

子宫内膜异位症属中医"癥瘕"的范畴，痛经是其主要症状，痛经的发生，中医认为与经期胞宫冲任气血变化特点有关，经期血海满盈，气盛血旺，胞宫气血由经前充盈到经期泻溢，此时气血变化急骤，加之瘀血阻滞，经血泻而不畅，"不通则痛"。张良英根据多年临床实践认为子宫内膜异位症，尤其是盆腔结节及巧克力囊肿，其形成主要是离经之血蓄积于盆腔而成，其核心是"瘀"和"痛"，因此治疗分两步，经前及经期以理气活血，化瘀止痛为主，方用内异Ⅰ号方：当归15g，川芎10g，白芍15g，丹参15g，台乌10g，枳壳10g，延胡10g，五灵脂10g，血竭6g，小茴香10g，桂枝15g，甘草5g；经后以行气活血，化瘀消癥为主，方用内异Ⅱ号方：炙黄芪30g，三棱10g，莪术10g，当归15g，川芎10g，桃仁10g，枳壳10g，桂枝15g，茯苓15g，夏枯草15g，生牡蛎20g，甘草5g。

3.3 卵巢囊肿的治疗

卵巢囊肿是女性生殖器官中的良性肿瘤，以卵巢浆液性囊腺瘤和黏液性囊腺瘤最常见。张良英指出：其发病虽然不外乎邪气乘经产之虚侵袭胞宫，或因多产房劳，七情所伤，脏腑功能失调，冲任虚损等原因，但病机关键是气、血、津液失调，导致气血凝滞，痰湿互结，痰瘀交着，其核心是气（气滞）、血（血瘀）、痰（痰凝）、湿（湿停）互结为患，聚于盆腔内而形成囊肿。根据气血津液失调导致气血痰湿同病为卵巢囊肿的主要病机特征，治疗的关键在于气血痰湿同治，临床主要以活血行气，燥湿化痰，软坚消癥的治疗原则治之，方用加味三棱丸：三棱12g，莪术12g，当归15g，丹参15g，台乌12g，香附12g，苍术10g，茯苓15g，法夏12g，陈皮10g，鸡内金10g，浙贝母15g，甘草5g。活血行气以三棱、莪术、当归、丹参、台乌、香附等，燥湿化痰用苍术、茯苓、法夏等，并用鸡内金、浙贝母软坚散结。

3.4 盆腔炎性包块的治疗

盆腔炎性包块，究其病因病机主要是由于素有湿热内蕴，流注下焦，阻滞了气血的运行，瘀热互结，血行不畅，日久成癥；或者是经期产后，余血未尽，感受湿热之邪，湿热与瘀血搏结，血行不畅，日久成癥，其核心为“湿”、“热”、“瘀”三者互结。因此，治疗盆腔炎性包块以清热除湿，活血化瘀，散结消癥为主，张良英自拟“除湿化瘀散结方”。处方：炒黄柏15g，三棱10g，薏苡仁20g，赤芍15g，丹参15g，枳壳15g，桃仁10g，桂枝10g，土茯苓15g，浙贝母15g，甘草6g。方中炒黄柏、土茯苓、薏苡仁清热除湿；三棱、赤芍、丹参、桃仁活血化瘀，散结消癥；枳壳理气行滞，使其气行则血行；浙贝母清热化痰，以防湿热瘀血与痰互结；桂枝通阳化气，有助于湿热瘀血的消散；甘草调和诸药。

3.5 卵巢癌的治疗

卵巢癌一旦确诊应及时手术或放化疗。张良英指出，手术或放化疗后正气虚弱，此时应积极配合中药扶正治疗，选用扶正固本，补气养血的中药方剂，酌加白花蛇舌草、半支莲等抗癌中药。验方常用：补血Ⅰ号方：炙黄芪50g，党参30g，地黄20g，川芎15g，当归15g，白芍15g，茯苓15g，白术12g，甘草5g。（苗晓玲）

医方验方

助孕方

1 通畅助孕方

方药：当归15g，川芎10g，枳壳10g，台乌10g，丹参15g，路路通12g，桂枝15g，甲珠10g，丝瓜络10g，木通10g，甘草5g。

主治：输卵管阻塞引起继发性不孕。

功效：调畅气机，活血化瘀，通络助孕。

用法：月经干净后3天，内服通畅助孕方，连服4剂，每3月为1疗程。

加减：若为输卵管炎而导致输卵管阻塞者加苡仁12g，败酱草15g，苍术10g；若为子宫内膜异位症而导致输卵管阻塞者，加三棱10g，莪术10g，桔核12g：若为输卵管结核而导致输卵管阻塞者，加地骨皮10g，银柴胡12g。输卵管阻塞的患者，除少数无特殊不适外，绝大多数患者可伴发月经过少，月经后期，痛经，带下病等。对于无任何不适症状的患者，只需经净后3天服通畅助孕方4剂即可。而伴月经过少，月经后期者，张良英则继续以补肾气，填精血，调冲任为治，自拟补肾助孕方。

2 补肾助孕方

方药：熟地20g，当归15g，女贞子12g，枸杞15g，淮山药15g，菟丝子15g，茯苓10g，枣皮10g等。

加减：若子宫发育不良者，可加巴戟天、淫羊藿各10g，若基础体温不升者，加丹参15g，若神疲乏力明显者，加炙黄芪30g，太子参15g；若伴发痛经者，则以经前2天用温经汤以温经散寒，养血祛瘀为治；若伴发带下病者，则以清热除湿为主，常用药物为败酱草10g，丹皮10g，炒黄柏12g，茵陈10g，车前子12g，茯苓12g，没药8g，苍术10g，炒黄连8g，苡仁10g，连翘10g等，但上述各法需根据患者具体情况，适当加减配伍应用。

方解：方中甲珠咸凉，性善走窜，具有行气活血破瘀，疏通经络，直达病所之功效，为方中之君药；当归、川芎、丹参活血化瘀，促进瘀滞消散，助甲珠疏通经络，枳壳、台乌调畅气机，使气行则血行，共为臣药；丝瓜络、路路通宣通经络直达病所，桂枝、木通通利血脉，共为佐药；甘草调和诸药为使药。由于甲珠价格昂贵，药源受限，因此临床上亦可用地龙代之。

张梅芳眼科临床经验

【名老中医简介】张梅芳 教授，主任医师，博士生导师。广东省中医药学会眼科专业委员会名誉副主任委员，香港中文大学客座教授。广东省名中医，第三批全国老中医药专家学术经验继承工作指导老师。擅长治疗各种眼底出血、早期白内障及眼科疑难杂证。

眼疾

1 对五轮学说理论的诠释

五轮系指肉轮（胞睑）、血轮（两眦）、气轮（白睛）、风轮（黑睛）和水轮（瞳神）。五轮学说也可以称之为眼部的脏象学说。根据文献考证，五轮一词最早出现于晚唐，但是首先论述五轮学说的是宋·王怀隐等编著的《太平圣惠方》，本书系统地介绍了五轮学说，并主张“摄养以预防眼病”。千百年来该论述已成为中医眼科学的精髓。《灵枢·大惑论》曰：“五脏六腑之精气，皆上注于目而为之精。精之窠为眼，骨之精为瞳子，筋之精为黑眼，血之精为络，其窠气之精为白眼，肌肉之精为约束，裹撷筋骨血气之精而与脉并为系，上属于脑，后出于项中。目者，五脏六腑之精也。”古人根据这段经文将眼部分属五脏，配合五行、五色等，从而衍化为五轮学说。五轮分属五脏，五脏有病必表现于五轮。即五轮部位若出现病变，则相应的五脏也必然有病。张梅芳认为五轮属标，五脏属本，轮脏相应；轮之有病，多由脏腑功能失调所致，这是一般的规律。同时眼病可以影响全身，全身的疾病也可以影响到眼。只有认清眼病与脏腑之间的关系，才能准确判断病因病机，从而分析眼病的本质。五轮既和所属脏腑分别相应，故当某脏腑发生病变时，每可在相应的轮位上出现证候。基于这一原理，故观察眼部的各种证候，可以推断脏腑内蕴病变，用于指导临床辨证用药。正如《审视瑶函》五轮不可忽论所说：“轮为眼位，内联五脏，禀于五行，脏为轮之外根源，轮为脏之外候。查轮之证，方知脏腑之病”。故外查五轮，明晰脏腑，尊其纲纪，则诊断有规律可循，治疗有据可考。

2 五轮学说用治眼疾

2.1 肉 轮

五轮中的肉轮系指上下眼睑，在脏属脾，脾主肌肉，故称肉轮。脾与胃相表里，故肉轮病变多与脾胃关系密切。张梅芳在诊治胞睑疾病时主张从脾论治。

案1 李某，75岁，因“左眼上睑无力上举7年”于2003年10月9日在我院住院治疗，证见：左眼上睑下垂，无视物变形变色，无视物重影，无眼红眼痛。纳眠可，二便调，舌淡红，苔薄白，脉细。专科检查：右眼视力0.1，左眼0.1，眼压正常，左眼上睑下垂，提举无力，双眼平视时睑裂约3mm，上睑缘遮盖瞳孔区，右眼睑裂大小正常，双眼眼球各方向运动度可，双角膜透明，前房清，瞳孔对光反射灵敏，晶状体灰白色混浊，眼底视网膜广泛色素紊乱。中医诊断为左眼上胞下垂（肉轮气虚证）。张梅芳认为，患者年老体衰，脏腑阴精不足，脾气虚，中阳不足，脾阳不升，睑肌失养，故见眼睑松弛下垂，从而发为上胞下垂。舌淡红，苔薄白，脉细为气虚之象。胞睑属肉轮，故以益气健脾活血通络为治则。处方：党参20g，茯苓15g，白术15g，淮山12g，桔梗12g，泽泻10g，升麻10g。每日1剂，水煎服，连服7剂。复诊时病情开始好转，平视时左眼睑裂约7mm。舌淡红，苔薄白，脉细，大便稀烂。在上方基础上加北芪20g，薏苡仁30g。续服7剂，左眼睑缘位于瞳孔上缘，患者要求出院，继续门诊治疗。

2.2 气 轮

气轮系指白睛，在脏属肺，肺与大肠相表里，气轮病变多与肺或大肠有关。张教授认为由于白睛疾病以急性发病多见，多由风热外袭所致，临证时常见结膜红、分泌物多，治疗以祛风清热为原则。

案2 黄某，19岁，因“双眼红痛2天”于2003年8月21日在门诊就诊。证见：双眼红痛，眼睑肿胀。二便调，舌红苔黄，脉数。专科检查：双眼睑结膜充血，球结膜充血水肿，分泌物多，角膜透明，前房清。中医诊断为暴风客热（气轮风热证）。张梅芳认为，风轮病变常与风、热、暑、湿等有关，该患者因外感风热之邪，加之时逢长夏时令，暑邪多夹湿，故湿热之邪上蒸头目，出现白睛暴赤，分泌物多；舌红苔黄、脉数均为风热之象。以祛风清热法治疗。处方：桑白皮30g，泽泻10g，茯苓15g，钩藤15g，黄芩10g，毛冬青20g，地骨皮30g，金银花10g，白蒺藜10g，甘草6g。每日1剂，水煎服，连服5剂，病愈。

2.3 风 轮

风轮系指黑睛，在脏属肝，肝与胆相表里，风轮病变多与肝或胆有关。凡角膜病变均属风轮范畴。张教授指出最常见的黑睛疾病为病毒性角膜炎，最常见的病因为肝胆湿热，临证时从肝胆论治。

案3 陈某，46岁，因双眼视力下降伴疼痛、畏光流泪2周，于2005年4月29日住院治疗。证见：双眼红肿、疼痛，伴视朦、畏光流泪。自觉口干口苦，纳眠差，小便色黄，大便正常，舌红，苔黄腻，脉弦数。专科检查：右眼视力0.4，左眼0.2，双眼睫状体充血，双眼角膜弥漫性灰白色点状浸润。中医诊断为聚星障（风轮肝胆火炽证）。张教授认为风轮在脏属肝,肝与胆相表里,风轮病变多与肝胆有关。患者平素喜食辛辣之品,燥热内生,热郁久而化火,加之患者素体内热偏盛,肝胆火热炽盛,肝开窍于目。故见黑睛生翳,状如星点,火邪煎灼津液则口干口苦,舌红、苔黄腻、脉弦数均为热象。治以清肝泻火明目。处方:当归5g,生地15g,柴胡10g,龙胆草15g,黄芩10g,泽泻10g,车前子30g,防风10g,荆芥10g,赤芍10g,甘草5g。每日1剂,水煎服,连服7剂,病愈。

2.4 水轮

水轮系指瞳神,在脏属肾,肾与膀胱相表里,故水轮病变多与肾或膀胱有关。张教授认为中医眼科学的瞳神疾病范围比较广,病种多,疾病的变化也很复杂。临证时应详询病史,详细查体,将全身与眼局部的变化紧密结合起来论治。

案4 张某,73岁,于2004年2月29日门诊就诊,证见:双眼视朦渐重1年,无眼痛,无视物变形变色。伴有腰膝酸软,纳眠可,小便清长,舌红,苔少,脉细。专科检查:右眼视力0.5,左眼0.4。眼压正常。双眼角膜透明,前房中央轴深3CT(角膜厚度),周边1/3CT,瞳孔形圆,对光反射灵敏,晶状体混浊,眼底无异常。中医诊断为圆翳内障(双眼水轮阴虚证)。患者年老体衰,肝肾亏虚,阴精不足,不能上承濡养目窍,晶珠失养而混浊,舌红、苔少、脉细均为阴虚之象。治以滋阴明目之法。处方:枸杞子10g,菊花10g,生地10g,沙参10g,白蒺藜15g,麦冬10g,赤芍15g,菊花10g,山药10g,何首乌10g,党参30g。每日1剂,水煎服,连服7剂。复诊时双眼视力0.8。(邱波 秦霖)

糖尿病视网膜病变

1 病因病机

糖尿病视网膜病变(DR)是糖尿病最常见的微血管并发症,早期无症状,易被疏忽,晚期却又无特效控制方法,成为患者失明的主要原因,已成为影响人类视力健康的重要因素。张梅芳认为,DR的发生取决于糖尿病的病程及血糖的控制。中医学对消渴病早有记载,消渴日久,精亏液少,不能上承目络,目精失养,或肝肾阴虚,虚火上炎,灼伤目络,致视物模糊甚至失明是DR的主要病因。本病以阴虚燥热或脾虚气弱为本。素体阴虚或情志失调、劳伤过度致津伤化热;脾胃素虚,或过食肥甘,或形胖湿盛可致运化失司;久病终必累及肾,水不济火,致气阴两虚,虚火伤络动血,且气虚统摄无权,致血流脉外;运化失司又可致水湿上泛、视网膜水肿、渗出。在发展过程中,常伴气虚血瘀、痰浊互结、虚实夹杂,致变证丛生,形成DR复杂多样的眼底病变。其发展演变是由阴虚内热→气阴两虚→阴阳两虚的病机过程,而血瘀则贯穿本病始终,是本虚标实、虚实夹杂之证。

2 治疗方法

首先应控制高血糖,这是治疗DR的基础。长期稳定的血糖能延缓DR的发展,在积极有效控制血糖的同时,还应治疗患者合并的高血压、高血脂等心血管疾病,力求将血压、血脂控制在正常或接近正常水平。中医辨证治疗多针对早、中期病变,根据全身辨证结合眼底辨病,如早期多见阴虚燥热证,治以养阴生津、清热润燥;伴气虚者则养阴益气;部分阴损及阳致阴阳两虚,尤其是糖尿病肾病又合并DR者,每见阳虚体征,伴有眼底黄斑水肿,治宜温补脾肾。

2.1 非增殖期DR的治疗

此期DR辨治以全身辨证结合眼底病变,根据DR的主要病机特点,以益气养阴、补益肝肾为本,活血止血、祛湿除痰为标,标本兼顾是治疗本病的原则。

案1 郑某,62岁,口渴多饮10年,双眼视力下降3年。平素口干舌燥,腰膝酸软,心烦失眠,舌红、苔薄白,脉细数。空腹血糖11mmol/L,糖化血红蛋白7.6%。检查视力:右眼0.5,左眼0.4。双眼晶状体混浊,双眼眼底见大量微血管瘤、点状出血以及少量黄白色硬性渗出。西医诊断:糖尿病视网膜病变,证属阴虚火旺。治以滋阴降火,润燥化瘀。处方:山茱萸、生地黄、知母、大蓟、小蓟、天花粉各15g,麦冬、天冬各12g,石膏、太子参、仙鹤草各30g,牛膝10g。每天1剂,水煎服。二诊:服10剂,双眼视蒙症状好转,无口干舌燥,睡眠恢复正常,舌淡红、苔薄白。脉细。检查视力:双眼0.6,眼底出血减轻。上方去石膏,加黄芪20g。续服7剂。三诊:双眼视力0.8。

2.2 玻璃体积血的治疗

张梅芳通过长期临床实践观察认为,非增殖期糖尿病视网膜病变,以气阴两虚、肝肾不足、目络瘀阻为主;增殖期糖尿病视网膜病变,则以瘀血阻络、痰浊内生及痰瘀互结致目络损伤为其突出特点;由非增殖期发展到增殖期以玻璃体积血为典型表现。

案2 刘某,因突发性双眼视力丧失2天来诊。既往有糖尿病和高血压病史10年。诊见:胸闷,头晕目眩,肢体麻木,舌暗有瘀斑,脉弦或细涩。眼底检查:双眼视力指数/10cm,双眼眼前段未见到异常改变,双眼玻璃体混浊,眼底呈黑色反光。B超检查示:双眼玻璃体高密度强回声。空腹血糖8.2mmol/

L,糖化血红蛋白6.6%。西医诊断:玻璃体积血,糖尿病Ⅰ型。证属痰瘀互结证,治以正本清源,凉血止血,活血化瘀。处方:黄芪、丹参各30g,山药、生地黄、生蒲黄、大蓟、小蓟各15g,旱莲草、益母草、白茅根各20g,大黄炭、荆芥各10g,三七末(冲服)3g。每天1剂,水煎服。二诊:服10剂后病情好转,舌淡、苔薄白,脉细。双眼视力:0.1,双眼玻璃体混浊减轻,眼底血管隐约可见。上方加何首乌、菟丝子各20g。服7剂。三诊:伴腰酸胀痛、膝软,小便频,舌淡有齿印,脉细。检查:双眼视力0.3,双眼玻璃体积血部分吸收,双眼眼底清晰可见,眼底视网膜广泛出血、渗出、水肿及新生血管。证属脾肾两虚,治以益气健脾,滋补肝肾,活血化瘀。处方:党参、薏苡仁、扁豆各30g,浙贝母、白术各15g,茯苓、砂仁(后下)各10g,甘草6g,山药、当归、三七、昆布、桔梗、莲子、海藻、熟地黄各12g,杜仲、制附子(先煎)、生牡蛎各20g,肉桂(焗)3g。调理善后,诸症均除。

2.3 黄斑水肿的治疗

黄斑水肿是导致糖尿病视网膜病变,尤其是非增生性糖尿病视网膜病变患者视力下降最常见、最重要的原因。张梅芳认为,糖尿病视网膜病变的黄斑水肿以脾虚湿困、瘀血阻络为主要病机,予以健脾除湿、活血化瘀,可改善视网膜微循环、促进黄斑水肿的吸收。他主张在激光治疗糖尿病视网膜病变黄斑水肿的基础上,结合辨证论治以及局部辨病,以提高患者激光术后的视功能。

案3 李某,男,62岁,2005年8月10日初诊。患糖尿病10年,双眼视力下降6年,予胰岛素皮下注射,2天前行视网膜激光光凝术。伴头重头晕,眼蒙目眩,胸闷胀满,肢重纳呆,便溏,舌淡红、苔白腻,脉濡滑。检查视力:双眼0.1,双眼眼底以视网膜黄斑区水肿、渗出为主,可见到视网膜激光光凝斑,出血少。荧光眼底血管造影检查:黄斑区囊样变性、微血管瘤。西医诊断:糖尿病视网膜病变,Ⅱ型糖尿病。证属脾虚湿困,痰浊阻络,治以健脾燥湿,化痰通络。处方:法半夏、浙贝母、枳实、苍术、白术各10g,陈皮、黄芪、茯苓、竹茹各15g,党参、丹参各30g,山药20g,甘草、三七各6g。每天1剂,水煎服。服10剂,病情好转,胸闷胀满、肢重、纳呆等均改善,双眼视物逐渐清晰,检查视力:双眼0.5,眼底视网膜黄斑区水肿减轻,舌淡、薄白,脉细。续服10剂巩固疗效。

2.4 增殖期的治疗

张梅芳认为,增殖期DR应在眼底荧光血管造影基础上结合视网膜激光光凝治疗,一旦眼底出现新生血管,即须考虑行部分或者视网膜激光光凝术治疗,如有高危指征,更应尽快进行。全视网膜光凝范围包括视盘1DD以外至赤道部,距黄斑中心上、下、颞侧2DD以外至赤道部或超过赤道部。对光凝达不到周边部视网膜以及发生新生血管青光眼的患者可采用冷冻疗法。对增殖性玻璃体视网膜病变,以及牵拉性视网膜脱离,采用玻璃体切割术及眼内光凝,对部分增殖改变的患者效果较好。

2.5 晚期DR治疗

针对晚期DR,张梅芳主张在手术治疗基础上,应用益气养阴、补肾活血通络、止血化瘀、软坚散结等法,以减轻出血及增殖性改变,作为全视网膜光凝或玻璃体切割术的辅助治疗。眼底大量出血或玻璃体出血日久不吸收,成团成块,无法看清眼底。治以活血化瘀,行气消滞。处方:黄芪、山药、丹参各30g,苍术、玄参、郁金、当归、川牛膝各15g,泽兰、红花各12g,川芎、枳壳各10g,三七末(冲服)3g。

2.6 增殖机化型治疗

眼底出血不多或已大部分吸收,视网膜前、视网膜下或玻璃体中见纤维增殖膜或机化条索。治以益气扶正,软坚散结。处方:黄芪、鳖甲(先煎)、生牡蛎(先煎)、珍珠母(先煎)各30g,山药25g,苍术、川芎、浙贝母、海蛤粉、昆布、海藻各15g,红花10g。

2.7 局部治疗

①针灸 选取脾俞、睛明、膈俞、足三里、球后等穴为主,兼辨证循经取穴,如多食多饮取肺俞、意舍;多食易饥加胃俞、丰隆等穴。针刺得气后留针15分钟。

②离子导入法 丹参川芎液导入法:丹参川芎液作负极,头枕部作正极。取生理盐水2mL,浸透纱布作为正极放在头枕部,将浸丹参川芎液2mL的纱布作为负极放在眼部,导入电流,进行治疗。(邱 波)

张明昌临床经验

【名老中医简介】张明昌(1931~)河南省许昌人。主任医师。1964年毕业于河南中医学院中医系。许昌市退休专家协会理事。河南省名中医。从事中医内科专业,主攻胃肠病、如食管癌、胃癌,擅长治疗各种胃病、溃疡病、慢性结肠炎、眩晕证、内科疑难杂症。获市级成果奖3项。出版专著3部，发表论文20余篇。

慢性胃炎

1 重在通降，以通为补

胃以通为补，以降为顺，通降是其最基本的生理功能。通降失常则痞满、疼痛、呕恶，张明昌认为，胃之通降相辅相成，又以通调为首要，通是前提，降是结果；不通则胀，不通则痛；不通则无以降，不降则浊气逆于上。影响胃之通降的病因有气郁、寒湿、湿热、瘀阻、食滞及胃气衰败等。临证时一定注意审证求因，辨证论治，方能使之尽快恢复通降功能。不可一见胃脘痞满则以枳、朴、硝、黄之类攻伐，这样若不对证，不仅难于奏效，反增其剧。胃之通降失常因痰湿阻滞者，他常以旋复代赭汤合平胃散治之；湿热中阻者，以黄连温胆汤加蒲公英、黄芩、厚朴花、生薏苡仁等主之；瘀阻胃络者，治以失笑散合丹参饮加九香虫、刺猬皮等；食滞胃脘者，以保和丸加枳术丸加减；由气郁所致者，以越鞠丸或五磨饮子化裁；因胃气虚损所致者，以香砂六君子汤加减。总之要注意审证求因，因证遣方，才能使胃之通降正常、受纳强健，从而进到治愈之目的。

2 补而不滞，攻不伤正

张明昌认为，慢性胃炎属虚中挟实者多，而纯虚纯实者少。其虚则表现为：阴虚、胃气虚、气阴两虚、胃气虚寒或脾胃虚寒，法当补之。但胃为六腑之一，“实而不满”，“饮食自倍，肠胃乃伤。”依据胃的这些生理和病理特点，要特别注意补而不滞，以利气机之宣畅。张明昌在补胃气的方剂中，参、芪多在10g左右，且方中往往加少许陈皮、砂仁、枳壳、木香等理气之品；养胃阴时常用沙参、麦冬、石斛、玉竹、乌梅、木瓜、芦根之属，并佐以半夏、生谷麦芽等，而慎用滋腻滞胃之品；气阴两虚者，以沙参麦冬汤加减，或以养胃舒治之；胃气虚寒者，常以理中汤或温胃舒治之，处处显现他在治疗本病时注意“补而不滞”的用药特点。张明昌认为，胃之受纳，为水谷之海，故极易受邪。凡饮食不洁，寒温失调，饥饱无度，情志不舒则可造成食滞、气滞、寒湿、湿热、瘀阻。法当祛邪，邪去则正安。由于慢性胃炎病程较长，其气阴都有不同程度的损伤，故祛邪时要顾护胃气，做到攻不伤正。本病属食滞者，常用鸡内金、焦三仙、槟榔、莪术、连翘，或加枳术丸，寓补于消；属气滞者，常用香附、生麦芽、白蒺藜、苏梗、绿萼梅、橘叶等，而慎用破气之品；属血瘀胃络者，常用失笑散加延胡索、红花、川芎、丹参、三七粉等，而慎用破血之药；在治疗寒湿、湿热证时，注意慎用燥热劫阴、苦寒伤阳之品，即用亦做到“中病即止”，勿伤胃气。

3 温而勿燥，寒而勿凝

张明昌认为，慢性胃炎有偏寒、偏热者，也有寒热错杂者，按“寒者温之”、“热者寒之”的原则治之，固能奏效，但要做到“温而勿燥，寒而不凝”则不易。温之太过则伤阴，寒之太过则伤阳；补之太过则壅滞，攻之太过则伤胃气。这是导致病情反复，缠绵不愈的重要因素。就治病而言，矫枉不可过正。在正气尚未衰败时，人体是有一定抗病和修复能力的，许多疾病是有自愈倾向的，古今中外许多医家曾有精辟的论述，值得深入研究和借鉴。张明昌在临床实践中十分重视这一点，如他在辨治慢性胃炎属寒证者常以吴茱萸汤合良附丸加减，寒甚则以附子理中汤治之，但中病即止，改用温胃舒以善其后。属实热者，以清胃散加龙胆草、连翘等治之；大便燥结者，加大黄、瓜蒌仁、杏仁，往往数剂而热除，继之以凉润之品而收功。不宜大剂苦寒久服，以防寒凝伤及胃阳。至于寒热互结，心下痞满者，则寒热并用、辛开苦降，以半夏泻心汤加减，屡收良效。张明昌对仲景泻心汤应用娴熟、倍加推崇，认为是治疗胃肠疾病属虚实寒热相兼的典范。

4 调气和血，化瘀通络

张明昌认为，胃为多气多血之腑，其病必有气血之变。慢性胃炎在气之病多为气滞、气逆和气虚。气滞者，以自拟之五香散（木香、香附、沉香、降香、香橼、槟榔）治之；气逆偏热者，以橘皮竹茹汤加减；气逆偏寒者，以旋复代赭汤或丁香柿蒂汤出入；气虚者，以香砂六君子汤加减治之。本病在形成过程中往往有由气及血的发展过程，故先贤有“久痛入络”、“久病入络”之说。本病在临床表现上常有胃脘疼痛，或有黑便或贫血，舌有瘀斑或舌淡。胃镜观察可见胃粘膜充血水肿，有瘀点或出血点；慢性胃缩性胃炎则见胃粘膜红白相兼，以白为主，色泽变淡，呈灰白或灰黄色斑片状分布。前者主要表现为血瘀，后者主要表现为血虚，而血虚是由于胃气虚损，气血生化无源所致。因此，张明昌在治疗慢性萎缩性胃炎时往往以益气养血和血为主，常用黄芪、党参、白术、茯苓、当归、鸡血藤、乌梅等。在治疗慢性浅表性胃炎时，在辨证的基础上往往加入川芎、红花、延胡索、五灵脂、刺猬皮等活血通络之品。这样可使气血调畅，不仅临床症状可迅速消除，而且胃粘膜也得到相应改善。

5 脾胃同治，兼顾肝胆

脾胃互为表里，脾为湿土，胃为燥土；脾主运化，胃主受纳；脾主升清，胃主降浊，同居中焦，为一身气机升降之枢。只有燥湿相济，升降协调，才能完成水谷之运化和津液的正常代谢，反之则杂病横生。如《内经》所说："浊气在上，则生(月真)胀；清气在下，则生飧泄"。临床上常见到某些慢性胃炎患者既有胃脘痞满，嗳气呕恶等症状，又有纳差、便溏、乏困等脾虚之症，此属脾胃升降失调所致。张明昌对此证候则脾胃同治，常以香砂六君子汤合平胃散加减，使脾胃升降协调，燥湿相济，每收良教。他认为，胃之通降与肝胆之条达疏泄也有密切关系。慢性胃炎患者常有胃脘胀痛，两胁胀满，口苦咽干，恶心纳呆，舌苔黄腻，脉弦等表现。此为肝胆湿热，疏泄失常，胆胃不和，胆汁上逆所致。治宜疏肝利胆，清利湿热，和胃降逆。方用越鞠丸合黄连温胆汤加减，多能奏效。偏寒者，可以吴茱萸汤合左金丸加减治之。

6 辨证辨病，综合防治

张明昌积数十年之经验，认为慢性胃炎大体可分为胆胃不和型、寒湿型、湿热型、虚寒型、气阴两虚型和胃络瘀阻型，并摸索出了一系列基本方药，这样有利于总结经验和探寻防治本病的基本规律。但由于病情千变万化，个十体差异很大，分型治疗难以概全。临证时必须具体情况具体分析，也就是要辨证施治。同时他主张利用胃镜等现代科技手段充实中医四诊的内涵，提高临床疗效。他根据现代医学认为慢性胃炎与幽门螺杆菌密切相关的观点，在相应的方剂中加入适量的蒲公英、连翘、黄连、半枝莲等解毒药；对慢性萎缩性胃炎则以益气养血为主，加入乌梅、木瓜、甘草、山楂等酸甘化阴之品；于浅表性胃炎，则在相应方剂中加入活血通络药；有胆汁返流者，则加入疏利肝胆之品，从而提高了疗效，充分体现了他重视辨病与辨证相结合，衷中参西的学术思想。张明昌认为，慢性胃炎的形成与发展与饮食、起居、情志等多种因素有关，应综合防治，不能单纯依赖药物。医生要指导患者注意饮食有节，寒温适中，不饮烈性酒和浓茶，避免服用对胃有刺激性的食物和药物，保持精神乐观，及时治疗急性胃炎等。只有综合防治，才能提高治愈率，降低复发率。(林国裕　宋靖范　林淑芃)

张佩青肾病临床经验

【名老中医简介】张佩青(1953～)女。教授，主任医师，博士生导师。黑龙江省中医研究院副院长、肾病科主任。享受国务院政府特殊津贴。国家中医药十·五中医肾病重点专科学科带头人，黑龙江省中医内科重点学科带头人。中华中医药学会内科分会委员，中华中医药学会内科肾病专业委员会常务委员，黑龙江省中医药学会常务理事，黑龙江省中西医结合学会常务理事，世界中医药联合会肾病分会副会长等。黑龙江省名中医。擅长中医药治疗慢性肾功能衰竭、肾病综合征、过敏性紫癜肾炎、IgA 肾病等。主持或作为主要完成者共承担省部级科研课题 9 项，并多次获奖。论著有《临床家中医张琪》《擅治肾病及疑难重症的张琪》《张琪临床经验辑要》《现代中医肾脏病学》《中西医结合肾脏病》《中医肾脏病诊治学》等。发表论文 20 余篇。

临床经验

伴有扁桃体异常 IgA 肾病

1 理论依据

IgA 肾病是以肾小球系膜区 IgA 免疫复合物沉积为特征的一类肾小球肾炎。是我国常见的肾小球疾病之一，约占原发性肾小球疾病的 1/3，是终末期肾衰竭的最主要原因之一。以反复发作的肾小球性血尿、蛋白尿为主要临床表现。临床观察发现，49.4% 的 IgA 肾病继发于感染之后，其中 41.9% 的感染为呼吸道感染，包括扁桃体炎、咽炎、肺部感染，其中扁桃体炎占 80.1%。扁桃体的主要功能是作为抵抗病毒、细菌和食物抗原进入上呼吸道及消化道的第一道防线。扁桃体与 IgA 肾病密切相关，肾小球系膜区沉积的多聚型 IgA 至少部分是来源于扁桃体。研究表明，IgA 肾病患者在扁桃体激化试验后 3 h 尿检恶化，也证实了扁桃体与 IgA 肾病关系密切。扁桃体摘除能改善尿检异常，维持稳定的肾功能，有益于肾脏的长期存活，以作为 IgA 肾病可能有效的治疗方法。但扁桃体摘除的效果是有限的，适应症又有其局限性，比如扁桃体正处于炎症期或尿异常改变严重时不适于摘除，因此保守治疗就显得非常重要。

2 病机特点

张佩青认为，肾虚既是所有肾病发病的内因，亦是发病的必然结果。IgA 肾病的病机十分复杂，但多以肾脏为中心，旁涉肺脾。病初肾阴虚，发展阶段气阴两虚，病之后期肾之阴阳气血俱虚，火热(实热、虚火)之邪贯穿始终，故本虚标实是本病的主要病机。

同时外邪入侵是本病反复发作、迁延不愈的重要诱因，而咽喉是外邪入侵犯肾的重要途径。《灵枢·经脉别论》云："肾足少阴之脉，起于小指之下……其直者，从肾上贯肝膈，入肺中循喉咙夹舌本……是主肾所生病者，口热舌干，咽肿上气，嗌干及痛。"因此，肾阴虚，虚火循经上传可以引起扁桃体疾病，而扁桃体异常也可以循经下传影响及肾。

3 辨证论治

IgA肾病的病机为标实本虚，临床主要表现为风热蕴结证、肾阴虚证或肾阴虚挟风热蕴结证。风热蕴结者常发生在外感发热之后，患者多出现肉眼或镜下血尿，伴咽喉红肿疼痛，咽干灼热；舌质红、苔薄白，脉浮数。肾阴虚证常见于迁延期，证见腰膝酸软，尿黄或赤，五心烦热，咽喉微痛，咽喉干燥；舌红，脉数。肾阴虚挟风热蕴结证常见于迁延期感受外邪，临床表现除前述肾阴虚症状外，同时伴见咽红肿痛，咽干或灼热，舌质红、苔薄白，脉细数。对于风热蕴结证，张佩青常以清热解毒、疏散风热为治则，组方多选用生地黄、黄芩、金银花、连翘、贯众、赤芍药、白茅根等药物；对于肾阴虚证，主方可选用知柏地黄汤；对于肾阴虚挟风热蕴结证，主方可选用知柏地黄汤（选用生地黄）加黄芩、金银花、连翘、贯众等。

4 加减变化

临床中患者除主证外，还有许多的兼夹之证，故遣方用药时要灵活加减。如伴有鼻塞、流涕等表证，可加用防风、荆芥、牛蒡子、柴胡等以疏解表邪；扁桃体明显肿大，可加用重楼、桔梗：牛蒡子、半枝莲等以消除扁桃体炎症，使肿大的扁桃体缩小；如证见干咳无痰、口渴咽干、五心烦热、舌尖红，此为最常见的肺肾阴虚证，可加用沙参、玄参、麦冬、桑椹子、女贞子、旱莲草以滋补肺肾之阴液；伴有乏力、腰酸痛或劳累后腰痛、时有气短，此为气阴两虚的表现，可加用黄芪、太子参或党参、熟地黄、山茱萸、山药；伴有皮肤斑疹，表明邪热内传营阴，热窜血络，可加用牡丹皮、紫草、水牛角以清营凉血解毒。IgA肾病感受外邪时，最常见及突出的症状为血尿加重，主要因邪热内壅，损伤血络，追血妄行外溢所致。临床证见口干渴、手足心热、尿黄赤，尿中红细胞较以前明显增多，治疗可加用小蓟、地榆、白茅根、侧柏叶、茜草、焦栀子以清热凉血止血。如患者热象不著，只是单纯的镜下血尿加重，则可加用仙鹤草、棕榈炭、血余炭、蒲黄、藕节等性平止血药：如患者既往有顽固性血尿，在辨证加用止血药物之外，可加用孩儿茶及赤石脂以收敛止血，效果甚佳；如患者既往有血尿伴蛋白尿或单纯蛋白尿，感染外邪之后蛋白尿加重，除辨证用药外，可加用穿山龙、青风藤等具有免疫抑制作用的药物，而原来所用的西药激素或免疫抑制剂用量不必调整。此外，临床尚有许多患者既有上呼吸道感染症状，又有尿中白细胞增多，伴或不伴尿路刺激征，如尿白细胞在高倍视野下大于10个，则可加用瞿麦、萹蓄、白花蛇舌草、蒲公英以清利下焦湿热，去除尿中白细胞。

5 病案举隅

患者，男，11岁，2006年3月14日就诊。患者于2005年9月13日感冒发热，体温高达39.4℃，2天后出现肉眼血尿，当时尿检为尿蛋白+++，RBC满视野，变形红细胞>80%。经静脉滴注头孢曲松（2g）7天后，蛋白尿及肉眼血尿消失，但尿检仍有红细胞25~30/HP。9月25日肾活检，诊断为系膜增生性IgA肾病。给予百令胶囊及潘生丁口服，病情无变化，每遇劳累和感冒则尿中RBC增多。此次1周前出现鼻塞流涕、头痛、咽痛，在家服用感冒解毒颗粒；5天后，鼻塞流涕、头痛消失，但咽痛不减、纳差。查体：一般状态可，T36.5℃；咽充血，双侧扁桃体Ⅱ°肿大；双肺呼吸音清，心率88次/分，律齐；腹部未见异常，双下肢无浮肿、无出血点：舌尖红、苔薄白，脉细数。3月13日尿检示：RBC>50个/HP，尿蛋白阴性。辨证为风热内蕴，热伤血络；治以滋阴清热解毒、凉血止血。处方：生地黄20g，黄芩15g，赤芍药20g，金银花30g，连翘30g，贯众20g，紫苏20g，白茅根30g，小蓟30g，藕节20g，白花蛇舌草30g，生地榆20g，甘草15g。10剂，每日1剂，水煎服。二诊：咽痛消失，查咽部无充血，扁桃体Ⅰ°肿大，手心热；舌尖红、苔薄白，脉细数。尿RBC15~20个/HP。患者表证已除大半，主要为肺肾阴虚表现。治以滋补肺肾为主，辅以清热解毒。处方：生地黄20g，知母15g，麦冬15g，沙参15g，女贞子15g，旱莲草15g，黄芩15g，金银花20g，连翘20g，白花蛇舌草25g，白茅根25g，小蓟25g，甘草15g。15剂，每日1剂，水煎服。三诊：已无扁桃体肿大；尿RBC6~9个/HP。继用原方10剂。随访：后以益气养阴法调治3个月余，尿红细胞均<5个/HP。随访半年病情稳定。

6 体 会

6.1 祛邪兼顾扶正

由于伴有扁桃体异常的IgA肾病，其主要矛盾为外邪，故治疗要以清热解毒、疏散风热为主。但本病的病机为本虚标实，本虚证贯穿病变始终，扶正补虚亦不可缺。因此，张佩青主张应以清中有补、补中有清为治疗原则，上以清热，下以补肾。只有二者兼顾才能取得良好的疗效。

6.2 清热解毒药物的应用

IgA 肾病与感染和免疫异常有关。现代药理研究表明，清热解毒药具有清除感染、减少抗原的产生、清除炎性介质、修复病理组织等作用，可提高机体免疫功能，有效抑制免疫异常的产生。故清热解毒药应在感染控制后继续使用一段时间（7～10天），并逐渐减少剂量，增加养阴益气健脾药。如此，则既可彻底清除余邪，又可扶助正气，增强抵抗力，减少再感染的发生机会，有利于巩固疗效。

6.3 辨证与辨病相结合

有些患者除扁桃体红肿、尿检红细胞及蛋白增多外，没有其他的临床表现，这时就应根据患者的客观检验指标，辨病选用药物。如血尿选用清热凉血止血或散瘀止血药；蛋白尿则选用黄芪、大黄、僵蚕等具有减少尿蛋白作用的药物；或用半枝莲、穿山龙、青风藤等具有免疫抑制作用的药物。如果患者有证可辨，用药时除循证外，也可与辨病相结合选用药物，如此则治疗会更全面、具体。

6.4 预防与调护

IgA 肾病呈进行性发展，且预后不良，最终可导致慢性肾功能不全，或急性肾炎综合征，或急性肾衰竭，而反复的扁桃体感染则可加速病情的进展，所以平时的预防与调护就显得尤为重要。张佩青强调，在积极治疗的同时，要注意帮助患者养成良好的生活习惯，增强体质，注意保暖，避免感染和劳累过度，忌食辛辣厚味之品，戒烟酒，忌用肾毒性药物等。实践证明，上述措施对本病的巩固疗效、预防复发有积极的作用。（王丽彦 刘 娜）

肾性蛋白尿

1 对肾性蛋白尿病因病机的认识

蛋白尿属中医学‘膏淋”、“淋浊”范畴。《诸病源候论》曰：“诸淋者，由肾虚而膀胱热故也，”“膏淋者……此肾虚不能制于肥液。”《金匮翼》论曰：“初则热淋、血淋，久则煎熬水液，稠浊如膏……”张佩青宗持此说，并依临证所见所治，论其病因病机为湿毒蕴结，脾肾两虚，虚实错杂，相因为害。蛋白属人体之精微，由脾化生，由肾收藏，若不随血脉周流滋养脏腑而外泄，则成膏淋、淋浊之变，此与脾肾两脏虚损密切相关。盖以蛋白尿求诊张佩青处者，多属久延不愈，湿毒内蕴，或屡经反复，湿毒邪势既衰，而脾肾两伤。脾虚不能升清，谷气下流；脾失固摄，精微下注；肾虚封藏失司，肾气不固，精微下泄；另有湿毒内蕴，郁而生热，熏灼肾络，肾统摄失职，精关开合不利，清浊俱下，而成蛋白尿。蛋白尿日久，精微俱随溲而去，五脏失养，则脾肾虚损益甚；脾虚不能化水谷为精微，反酿湿助邪，弥漫脏腑，阻滞气机；肾虚则水液失主，固摄失司，则蛋白尿迁延不愈。虚实互为因果，恶性循环，病情乃每况愈下，竟至不救。

2 激素与疮毒

张佩青认为激素为阳刚之品，久用必致阳亢而阴伤，相火内动，虚热上炎，出现五心烦热、两颧红赤、潮热盗汗、舌红少津、脉细数等阴虚内热之象。故她临证见素用激素者，辄于方中合用二至丸，滋养肾阴以制其刚燥；若虚火上炎之势已成，多辨证施治或合用知柏地黄丸，俾虚火得消再图其余。蛋白为人体之精微，正气之所在。今病蛋白随尿而出，正气虚弱，卫外不固，且习用激素，耗伤正气，尤易招致毒邪客犯；又湿邪留滞，营卫不和，邪郁化热，肉腐成痈，疮毒内陷，熏灼肾关而固摄失职，常致蛋白尿反复而功亏一篑，故须详察。张佩青每于临证之即佐伍清热解毒之品，常以五味消毒饮加减配合应用。

3 辨证施治

张佩青临证最重辨证论治，又常于微细处见其专精，兹将所得介绍如下：

3.1 气阴两虚，兼夹湿热

证见周身乏力，腰酸腰痛，面色㿠白，头晕心悸，手足心热，口燥咽干，舌红、苔白或黄，脉滑或兼数。治则：益气养阴、清热利湿。方用清心莲子饮加味（黄芪、党参、地骨皮、麦冬、茯苓、柴胡、黄芩、车前子、石莲子、甘草）。《太平惠民和剂局方》谓“本方治小便白浊、夜梦走泄，遗沥涩痛”，“男子五淋气不收敛……清心养神，秘精补虚”。临证时张佩青认为，原方虽以益气养阴立法，但观其遣药特点，大剂量的党参、黄芪，显然更侧重于气虚，辨证属气虚为主时用之尤佳。然过用党参、黄芪补气，易升火伤阴，故服本方后，有口燥咽干，食纳减少，舌尖红者，此将伤阴也，当加滋阴清热之品，并酌减党参、黄芪用量，否则守方不变，反重伤阴，尿蛋白又复增加。

3.2 脾胃虚弱，湿邪留恋

证证见体重倦怠，面色萎黄，饮食无味，肠鸣便溏，尿少，大量蛋白尿，舌淡、苔薄，脉弱。治则：健脾益气、升阳祛湿。方用升阳益胃汤加减（黄芪、党参、白术、黄连、半夏、陈皮、茯苓、泽泻、防风、羌活、独活、白芍药、生姜、大枣、甘草）。该方中健脾祛湿药与祛风药同用，为李东垣“风能胜湿”理论之体现。张佩青认为祛风药合用补脾药最能奏效，俾脾气充足，清阳既升，浊阴乃降，湿邪自去。“邪祛则正安”，共奏胜湿升阳、健脾摄精之效,尿蛋白遂消。然祛风药有耗散元气之弊,方中只作佐伍之品,她常择三四味稍稍用之,亦可适当配以土茯苓、薏苡仁、茯苓等淡渗利湿之品;或草果仁、苍术、陈皮、砂仁等健脾燥湿理气之品,使水湿上下分消,邪有出路,则湿邪可除。

3.3 肾气不固,固摄失司

蛋白尿日久不消,患者腰痛腰酸,倦怠乏力,头晕耳鸣,夜尿频多,小便清长,或遗精滑泄,舌体胖、色淡红,脉沉或无力。治则:补肾益气固精。方用参芪地黄汤加味(熟地黄、山萸肉、山药、茯苓、泽泻、牡丹皮、黄芪、党参、菟丝子、金樱子)。若兼见困倦身重,纳差,脉沉细无力,此乃脾肾两虚兼有湿邪之征,治当补肾健脾、除湿秘精。施以自拟消白汤加减(黄芪、太子参、山药、薏苡仁、土茯苓、怀牛膝、沙参、玄参、白茅根、石韦、枸杞子、金樱子、白花蛇舌草、半枝莲、甘草)。若蛋白尿量大日久,屡治罔效,她则于辨证施治基础之上加用炙龟版、孩儿茶、赤石脂,穿山龙、僵蚕等,常收桴鼓之效。

3.4 湿毒内蕴,精微外泄

患者水肿消退或无水肿,蛋白尿持续不解,证见腰酸腰痛,周身困重,尿浊或黄赤,咽痛,口苦口干,舌红、苔白腻,脉滑数,辨证为湿热毒邪蕴结下焦,精微外泄。治则:清热利湿解毒。方用自拟利湿解毒方(土茯苓、萆薢、白花蛇舌草、萹蓄、竹叶、山药、薏苡仁、滑石、通草、白茅根、连翘、益母草、金樱子)。张佩青时时告诫:肾疾病所致蛋白尿,多先有水肿,脾肾不足为本,即便水湿潴留较甚,须得清利湿热,处方遣药时,苦寒之品也须审慎,以免虚虚实实之弊。本方用药皆淡渗利湿之品,清热不碍脾,利湿不伤阴,更加入一味固涩之金樱子,取通中寓塞之义。病久气虚者可于方中加入黄芪、党参,扶正与祛邪并举;咽痛较甚者可加入桔梗、重楼、牛蒡子、玄参,解毒利咽;病久多兼血瘀,酌加苏木、刘寄奴、赤芍药、丹参、孩儿茶。

4 验案举隅

丛某,女,27岁,2007年12月4日初诊。患者罹患慢性肾小球肾炎4年。曾用多种中西药物治疗,病情时轻时重,尿检示尿蛋白(+ + ~ + + +)。刻诊:自觉困倦乏力,腰酸体重,面有疮疖,咽部疼痛,纳差,舌淡红,苔白,脉沉细。扁桃体Ⅱ度肿大,血压正常,肾功正常,尿蛋白(+ +),RBC 2~3个/HP,BLD(+ + +)。辨证属脾肾两虚,兼有湿邪,治以补肾益气、祛湿解毒,予自拟消白汤加减。方药:黄芪40g,党参20g,山药20g,薏苡仁20g,土茯苓50g,牛膝20g,沙参20g,玄参20g,白茅根30g,桑椹子20g,枸杞20g,菟丝子20g,金樱子20g,白花蛇舌草30g,金银花30g,黄芩15g,穿山龙25g,僵蚕20g。服上方2周后,尿检示尿蛋白(+),BLD(+ +),腰酸舒缓,渐觉有力,咽红而不甚痛,疮疖红肿已退,尿有余沥。上方去枸杞、菟丝子,加连翘、芡实。2周后,尿蛋白(±),BLD(±);自述无明显不适感,效不更方。上方加减治疗1个月,诸症悉除,尿检阴性。

按 患者病久,脾肾亏虚,邪毒侵袭,蕴滞化热,与湿搏结,病机复杂,故尿蛋白日久不消。辨证属脾肾亏虚,湿邪留滞,邪毒侵染,脾肾两虚而肾虚较重,故于双补脾肾之中,尤重补肾以求本。方中白花蛇舌草、金银花、黄芩等清热解毒之品,因邪毒乃属标急,故合用之。(邓予新)

张奇文儿科经验

【名老中医简介】张奇文(1935~)山东寿光市人。主任医师,教授。原山东省卫生厅副厅长。中华中医药学会儿科专业委员会主任委员,山东省医学会会长,山东省中西医结合研究会会长,澳洲全国中医药针灸联合会学术顾问、名誉会长,世界中医药学会联合会儿科专业委员会名誉会长。享受国务院政府特殊津贴。全国著名中医学家。擅长治疗小儿反复上呼吸道感染、慢性扁桃体肿大、癫痫、心肌炎等疾病。出版专著18部,发表论文70余篇。

小儿癫痫

1 重视痰壅脾虚的病机

小儿癫痫,病因多端。先天禀赋不足,胎中受惊,六淫外感,饮食所伤,跌仆损伤等皆可诱发。张奇文认为,其病机变化主要为脏腑气机逆乱,郁而生痰,阻塞经络,蒙蔽清窍,引动肝风所致。而痰浊之生成,又重在脾虚,中焦气机升降失常。治痰之法,虽有上者吐之,里者下之,半表半里者和之诸法,然临床具体运用常分别主以导痰、涤痰、化痰、清痰等。

在治痰诸法中，重在健脾。健脾之用不全在补，而在和胃、消导、助运、醒脾等法中消息之。凡小儿面黄，上下眼睑虚浮，唇舌淡，四肢不温，兼见癫痫诸症发作者，治疗在镇惊熄风，豁痰开窍的同时，一定要重视调理脾胃升降气机，选方用药也应着眼于痰的排除。此是治病的关健，不可忽视。

2 治疗以涤痰与开窍兼施

痰之为病，阻塞经络，经络闭塞，郁久化火化痰，上蒙神明，致癫痫发作。痰本起于脾，而其表现在肝、脑、心三经。治疗癫痫，张奇文认为应抓住生痰之源这个本质，但不能忽视清心开窍这个环节。健脾法的应用，时间宜长宜久，而开窍法的应用则宜暂而不宜久。痰之为患，如胶似漆，滞留于气道，同闭于经络，蒙蔽于清窍，可致人以昏迷，神志不清，五脏失调，六腑不通。治痰，可吐之，下之，而在小儿又易损伤脾胃，故他效法古人，用清心开窍为伍，自拟镇惊散（牛黄1.5g，珍珠3g，僵蚕、全蝎各9g，节菖蒲9g，麝香0.5g，天竺黄4.5g）。共研细末，瓶贮，每服1g，日服3次，既可镇惊开窍，又可清热豁痰，然此方多为贵重药，主药牛黄、麝香二味，张奇文曾以人的胆结石替代牛黄，梅片替代麝香，治愈了2例癫痫患者。

3 注重活血化瘀和巩固治疗

张奇文治疗癫痫患者，凡见有疼痛，无论在发作前或在发作后，且痛有定处不移者，均参以活血化瘀之药，轻则用丹参、桃仁、红花、赤芍之类，重则用虻虫、水蛭、干漆之类，均可视病情而加入。他曾治疗多例目头部受伤而发癫痫患儿，仿王清任通窍活血汤，其见证多在犯病之前，头痛如劈，小儿常抱头自摇，或握拳捶击，且伴有唇舌紫暗，舌下静脉瘀阻。通窍活血汤重用葱、姜、黄酒。使其药力直达巅顶。用原方往往效果不明显，可在原方中加入半夏、天竺黄、天麻、白附子、僵蚕之类，效果更好。可见，痰瘀互结也是小儿癫痫的一个重要病机。腹痛型癫痫，也多痛有定处，除痰瘀之外，多兼夹食积，用药须加通里攻下之药，如牵牛子、巴豆霜、皂角之类，并参以消导理气止痛，药用槟榔、莱菔子、木香、九香虫，焦三仙等。但活血药必用，且重用芍药甘草汤以缓急止痛。张奇文曾治一7岁患儿，因棒击头部致典型瘀血型癫痫，发作长达5年之久，后经用通窍活血化痰开窍法组方治疗而停止发作，并服人胆结石2枚（约5g），至今已30余岁，从未发病。

对于癫痫病的巩固治疗，张奇文喜用紫河车丸或琥珀镇惊散加减化裁，前方出自《证治准绳》，后方乃他早年从师山东儿科名医蒯仰山先生家传方。药用钩藤、茯神、炒枣仁，川贝母、生龙齿各4.5g，连翘、花粉、竹茹、炒栀子、人参、白术、白芍、石菖蒲各3g，焦楂、神曲各6g，珍珠0.3g，羚羊角、朱砂、琥珀各1.5g，生甘草1.5g。共研极细末。6个月至1岁患儿，每次服0.3g；>1~3岁，每次服0.5g；日服3次。（张宝华）

张琼林临床经验

【名老中医简介】张琼林（1930～）主任医师，教授。中国中医学会第二、三届理事，安徽省中医学会副理事长。安徽省名中医，首批全国老中医药专家学术经验继承工作指导老师。从医60余年，擅长治疗内科疑难杂病。著有《临证碎金录》等著作。

临床经验

胃下垂

1 辨证论治

1.1 饮留肠胃，清气不升

主证：食少、形瘦、昏冒、欲呕，站立则剧，平卧则缓，动则脘中有水声荡漾，收腹吸气则肠中漉漉而鸣，舌质偏大或正常，脉细濡。主以温阳化饮，运脾举陷法。方用苓桂升陷汤加味：茯苓30g，桂枝10g，苍白术各20g，炙甘草5g，升麻8g，柴胡8g，白芥子12g，附片10g，干姜10g，生半夏15g。吐酸加煅瓦楞40g（先煎），黄连水炒吴茱萸5g；便泄加赤石脂20g，益智仁12g。常规煎取两遍，共得药汁1200mL。每次服用200mL。1日服3次。2天用1剂。

按 此证为中阳久衰，温运无权，“胃阳不足以消腐，脾气不足以旋运”形成饮留气陷之症。饮为阴邪，最碍脾运，脾困与停饮互为因果，则饮聚而泛滥无制，饮邪不除，气何以升？宗《金匮》之旨：“病痰饮者，当以温药和之”。选用苓桂术甘汤。然饮为阴邪，非温不起，方证比较，尚现温之不足，故加姜、附为佐，借半夏、白芥子之辛散温运，使饮邪宣化于中焦，导利于下焦，决邪有路，饮化而气自升。并注意观察舌、证，而递减姜附。

1.2 脾虚气滞，中运不健

主证：神疲气羸，形体消瘦，脘腹痞胀，饭后加剧，气行串痛，扣之如鼓，或嗳气，或嗳吁，或触摸即嗳，或便秘。舌质淡暗或兰，苔根腻，也可正常，脉细软或虚大或正常。主以健脾行气，疏和升陷法。方用枳术升陷汤加味：枳壳 20g，苍白术各 20g，木香 8g，砂仁 5g，升麻 8g，柴胡 8g，炒莱菔子 15g，打生麦芽 30g。便结加桃仁泥 15g，火麻仁 30g（打碎）；腹痛加炒白芍 25g，炒防风 12g。

按 脾虚气滞，虚实夹杂之证。治以健脾行滞法，标本兼顾，是为正治。然而景岳香砂枳术散加味，治疗胃下垂，或招贬责。按传统观念，脾虚气陷之证，用破气导滞之法，岂不倒行逆施！不过实验研究揭示：枳壳却能收缩内脏平滑肌，甚至达到至痉挛状态，具有一定的升提举陷作用。是一味理想的“胃动力”药。叶橘泉先生用大剂枳壳来治疗子宫脱垂、脱肛等病有奇效。《类证制裁》：“脾以守（术）为补，胃以通（枳）为补”通补并行，动静相济，方可宣达气机，转输运化。正如朱丹溪评价张洁古制方：“易老枳术丸虽曰消导，亦有补意存乎其间”。

1.3 血少气虚，清阳下陷

主证：食纳渐少，形体日瘦，肉脱骨立，心慌气短，昏昏欲脱，或失眠多汗，心烦抑郁，心（胃）下动怵。面色萎黄，或苍淡，舌质偏小，苔薄或正常，脉多沉细微而带数（100 次以内/分）。血压常低（80/60 ~100/60mmHg）。主以补中益气，养荣提陷法。方用加味补中益气汤：炙黄芪 30g，白术 15g，当归 12g，大红参 10g，炙甘草 5g，升麻 8g，柴胡 8g，陈皮 10g，炙黄精 20g，葛根 30g。多汗加煅牡蛎 30g（先下），山萸肉 15g；失眠加朱茯神 30g，柏子仁 15g。

按 上述诸证除食少形瘦外，其他脾胃症状，不甚明显，临床每见误诊，漏诊者多，即使在医学如此发达的今天也是如此。或确诊胃下垂之后，治不如法，患者急于求成，医者治不收法，越陷越虚，越虚越陷，终成顽绵难起之证，非采取多样化的综合治疗措施，不能起痼振颓。方中加黄精、葛根为佐，旨在加强补益胃气，升发脾阳之效。

1.4 胃纳已复，脾运不健

主证：经治而诸证悉平，但见知饥能食，食后不适或作胀，消化迟滞，或嗳、或嘈、或泄、舌脉基本正常。主以调理脾胃，复元举陷法。方用六君升陷散：党参 100g，苍白术各 100g，茯苓 100g，甘草 30g，枳壳 50g，砂仁 50g，升麻 30g，生麦芽 100g。以上共打粗末，25g/日，用水煮两次分服。并与桂附地黄丸（宛西浓缩剂）交替服用。服用方法是用 4 天六君升陷散后，再用 4 天桂附地黄丸（8 粒/次，3 次/日），然后再停 4 天药，继服下一疗程。以善其后。

按 本病恢复期，以调补脾肾为主。丸、散交替服用最为理想。“肾为胃之关”，火为脾之元。温补命门之火，以助脾之运化，是历代脾胃温补学派（薛立斋、张景岳、李东垣等）得意之作。然而赵氏《医贯》单独用桂附地黄丸来治疗消化不良症，不免有所偏见，难以令人信服。

2 辅治方药

①蓖麻仁，20 粒，加樟脑少许，捣为饼敷“百会”穴，以敷料固定，晚敷早去。

②艾条温和灸“百会”每天 1 次，每次 10 分钟。注：一二方交替使用。

③倒卧式：床头略垫高约 20 ~ 30 角度，每天午饭后倒卧 20 ~ 30 分钟，并松开裤带，缓揉腹部。

④带胃托或系两道裤带，上松下紧（带略宽）。

⑤仰卧起坐运动，每天 1 ~ 2 次，每次 10 ~ 20 分钟（锻炼腹肌）。

⑥晨间饮白开水 200 ~ 300mL，继而快步走或慢跑 20 ~ 30 分钟（改善综合体力）。

⑦蹲式进餐，白天尽量少饮水，（晚间饮水，减轻胃肠的下坠）。

⑧尽量常吃高脂质食品，增添皮下脂肪，添充内脏衬里。

⑨太乙药袋（仿太乙神针，加味而成），常熨脘腹。

⑩睡前饮一杯淡牛奶，或吃一盏小米大枣粥（食物中的脑白金）大养脾胃之阴，可以加深睡眠，有利康复。

3 生活宜忌

①立戒烟酒。保持乐观，切忌忧郁愤怒。

②勿暴饮、暴食、零食。严格控制饮宴聚餐，做到定时定量饮食规范化。

③每晨必须坚持按摩上腹部，左右各旋转 50 ~ 100 圈，起床后饮白开水 300 ~ 500mL，继而慢跑或快步走 20 ~ 30 分钟。

④早餐三忌：糖、油、荤。以清淡半流质饮食（米粥、面糊、汤饭等）为主，必要时可略加面包和馒头。

⑤忌饮浓茶，尤其是空腹饮用浓茶；胃酸偏多，脘腹胀甚者忌食糖及薯类，豆类。饭后两小时后再喝水。

⑥忌用汤或茶水泡饭吃，或边吃边喝以及饭后立即参加劳动。

⑦忌食粗纤维的蔬菜如：韭菜、芹菜、竹笋等和

未煮烂的瘦肉、牛、狗、羊肉虾子等。辣椒、年糕、元宵、粽子和所有咸腊货。

⑧宜食细纤维的蔬菜如：冬瓜、罗卜、茄子、菠菜、豆腐、鲜鱼等。

⑨总之饮食要做到五忌：冷、硬、咸、多、快；五宜：热、烂、淡、少、慢。晚餐最宜荤汤面。

⑩注意保暖，重症可配合背俞（肝、胆、脾、胃）拔火罐，4天1次，每次平行两罐，依次循环拔之。

本病必须做到："三分治疗，七分调理"参考上述十条，好生调摄，方可奏效。单纯依靠药物治疗的观点，是错误的。而且病程缠绵，最易反复，很难速愈。必须耐心疗养，才能康复有期。

遣方用药

1 克服"三失"

①失之于多：以问诊"堆药式"处方，常以十几味，几十味组成之大方，可谓医门八法，法法具备；四气五味，味味都有，乱箭齐发，以图幸中。是为"鸟枪技术"，终致有药无方，何病能中？如是者，犯了"治病不知约方之律……医之罪也。"（《医门法律》）

②失之于泛：用药浮泛重叠，没有要领，一言清热，则三黄、石膏，知、麦、连翘齐头并进；一言滋补，则参、苓、术、草、胶、燕、茸、杞，成套搬来，这种"大拼盘"式处方，屡见不鲜。多与泛实际上是因果关系，医者临证，胸无定见；处方用药必然易疏难精、易取难舍、易多难少，而宁多勿少，形成泛泛大方。

③失之于费：多于泛，不仅造成了极大的浪费，更有甚者，由于没有针对性或者针对性不强的处方，大大影响了中医药固有的临床疗效，久之则产生了对中医事业自我怀疑而信心不足，谈起自己的专业即"自惭自卑"，非矢志于国医者，则改弦易辙，弃中就西，而形成"漫学屠龙"。这是当前中医阵地缩小，中医队伍改行或半改行状态的原因之一。以上三失，应当克服。

2 实行三改

改多、泛、费，为少、准、省。少是手段，准是关键，少是学术水平的体现，准是临床疗效的保证。医者只有辨证明确，抓住要领，突出一个"准"字，处方用药才能改多为少，更泛为精，严谨简捷，应手取效。正如徐培元在《药准》中说："……知其要者，多亦不杂；不知其要者，少亦不专。"因此，立法之要、法随证立，拟方之要，方应法定，遣药之要，药随方拟。兼参"主辅佐使，七情和合"，立方遣药之道毕矣。

3 拟用五巧

3.1 变化药用剂量

药用剂量之轻重，直接关系到处方的布局和方组的疗效。经常听说，有的人喜欢用轻，有些人喜欢用重，这种说法欠妥。吴又可说："证有迟速轻重不等，药有多寡缓急之分。"轻和重要根据疾病和方组的主辅、治疗的需要，而不是由喜恶来决定的，否则就失去了治疗意义。据观察我国南方医家用药剂量较轻，北方较重。轻的如麻黄仅敢用3分（1g，而国家药典用9g），桂枝用5分（1.5g）。曾有一名医，医案将要出版，他的学生才发现老师生前葶苈子只敢用14粒（还要用放大镜来检），未免少得太过分了。对这些喜用轻剂的医家，问其故？便答之曰："轻可去实"。这种说法是有一定的局限性。比如"上焦如羽，非轻不举"，一般指发汗解表而言，不能说所有的疾病都可以用"轻可祛实"来解决，所以说不具备普遍意义。

展阅古医籍，重剂者首见《圣惠方》，生铁落用到20余斤（10kg），一次煎成，不拘时服。其次是江笔花石膏用到14斤（7kg）（《笔花医镜》）。张锡纯说，他曾见一医家治阳毒，"大黄十斤，煮汤十碗，放量饮之，数日饮尽，霍然而愈。"（《医学衷中参西录》）。喻嘉言治朱孔阳的痢疾，大黄也用到四两（120g）；陆仲安治胡适的糖尿病，黄芪用到14两（420g），党参用到6两（180g）……。重剂也有重剂的作用，精方重剂，力专任宏，往往能"去邪气于正气未败之先，以免姑息养病而贻患也"（刘鹤一）。临证每见病重药轻，杯水车薪，延误"战机"；病轻药重，药过病所，伤及真元，皆不可取。经常还见到一种处方格式，令人费解。即：4味药×10g×3行，12味药，剂量平均摊。如此制方，未能做到知己知彼，主辅结合，功力不专，自然中病不准，用之也就不能发挥其应有的效能！

总之，用药剂量之巧，应守"三因制宜"的法则，根据患者个体情况，病邪轻重，标本缓急，病程始末，季节时令以及药物的特殊性能，来把握剂量，当轻就轻，当重就重广嗔重处方，以补偏救弊，各适其宜。如此才合乎辨证论治的客观规律。医学评论家日本·杜边熙氏说："汉方之秘，不可告人者，即在剂量。"诚然。例如：桑叶：小剂量（10g）发汗；大剂量（20～30g）止汗。枳实：小剂量（10g）降气；大剂量（20g）升气。鹿茸：小剂量有增强心肌收缩作用；大剂量反而抑制心肌的收缩。黄精：升高血压剂量要大（稳压汤用到30～40g）。玉竹：强心剂量要小（10～20g），过大反而引起期外收缩。川芎：小剂量（5～8g）有活瘀止血作用；大剂量（15～20g）作用相反，可使子宫平滑肌麻痹，停止收缩。黄芪：利尿作用15g左右；

10g以下无利尿作用,30g反而使尿量减少;补益作用20~40g左右,但只限于配对复方(当归补血汤、玉屏风散之类),其它处方12~15g足够。桂枝:3~5g有补血作用(升高血色素);10g有通阳化饮作用(常配茯苓);15g以上有温经通络作用(常配制川乌)。益母草:用作养血,6g左右(童子益母草最好);用作止血,10g左右;用作活血,15g左右;用作抗肾炎、利尿、降压、消肿、消除蛋白尿,鲜品180~240g,干品50~120g左右。三七粉:小剂量(3~5g)止血(云南白药);中剂量(8~10g)活血(三七片);大剂量(10~15g)破血(扩张血管而影响凝血)。鸡血藤:用作补血,10g左右;用作活血,15g左右;用作化瘀、定痛、通经、达痹30g左右。附片:用作温补行经,6g左右。用作温阳涤饮,12g左右;用作祛寒定痛,15g左右。(注:南方有一名医用作回阳救逆100~200g1日量,非一般剂量,不可轻试)。大黄:健胃助纳5g;凉血止血10g;清热通便12~15g;逐痰降火15~20~30g。石菖蒲:量轻(6~8g)宁心通脉(养心);量大(12g以上)反导心气(伤正)。

用药剂量之技巧,范围甚广,还要根据药物本身固有的性能来决定。一般花叶类剂量要轻,介石类剂量要重;芳香类剂量要轻,木实类剂量要重。上述是根据实验提示,临床观察和心得所及,仅举数例,以示一斑。

3.2 选用药效多兼

临证处方,还得注意到适应某种特殊疾病的治疗需要,尽量精选一药多用的药物,针对主证,且顾兼证比较复杂的证候群,也就是说尽一药而取多效之法。如此命药,事半功倍,收到一举数得之效。比如:决明子:清肝明目,泻火通便。主治老年便秘,如果又伴高脂血症、高血压病、冠心病、早期动脉硬化等症,应当首选,可以单味代茶,长年饮用。益母草:近代发现有利尿、降压、消除尿蛋白的作用。肾病综合征、肾病高血压、高血压肾病之浮肿、蛋白尿等用之最为恰当。黑芝麻:补益肝肾,润肺明目,纳气定喘,滑肠通便。为老年病的慢性支气管炎(老慢支)、肺心病、糖尿病、高血脂、高血糖、便秘等身患数疾之翁的佳肴良药(富含亚麻油酸,维生素E)。何首乌:补肾养血、安神通便。对于以上心血管疾病伴失眠便燥者,注意选用。黄精、白及:大补肺阴,生肌止血,安中和胃,抗痨扶正,是肺结核患者标本兼顾的良药。尤其适用于伴有慢性胃炎或久服抗痨(抗结核)药而引起药物性胃炎患者。平地木:强壮,抗痨,止咳化痰,宁嗽定喘。也是肺结核患者标本兼顾之良药。更适用于久用抗痨药而致肝功能损害者(民间常把紫金牛作为肺结核患者的专用保健药)。桑寄生:补肾、安胎、降压。用于妊高征之浮肿,产前子痫,最为理想。车前子:利尿通淋,化痰止嗽,为水气凌心犯肺(肺心心衰)、心包积液、渗出性胸膜炎,下药上用之多功能药物(按《笔花医镜》的用药式则为葶苈子之“裨将”)。佛耳草:和中、止咳、化痰、平喘、降压,本品疗嗽不分寒热虚实。用于老慢支、慢性胃炎、高血压多病缠身的老年病患者最为适合。黛蛤散:价廉、功著、效广。为多种呼吸系统疾病、痰浓带血、咳喘不宁的佳品。

药效多兼的药物,在临床工作中应当注意不断的发现、发展、推广应用。如能再结合“药对”形式的小方组处方,即可做到“精方简药”。

3.3 合理化裁成方

“病无常形,医无常方,药无常品,在善学善用耳。”(《药鉴·跋》)。病变无常,方难执一,善于化裁古方,以切合时用,灵活加减,能扩展成许多类方,所以医家临证运用成方,应根据治疗需要,知常达变,才能变化裕如,应用自得。固守成方不变或滥改滥削有失方义者,均非可取。《寓意草》的评述家胡卣臣先生说:“成诠可袭,活法难通。”能懂得孙思邈的组方之道:反、激、逆、从之妙,化裁成方;自然成竹在胸。

①一方多用:高明的临床医家,在运用成方的过程中,往往用一法以尽多法之妙,用一方以变多方之巧。朱丹溪著《格致余论》仅用一个四物汤应变加减,治疗诸病。薛己的《内科摘要》全书就突出二个方子即:补中益气汤、六味地黄丸。方隅著《医林绳墨》通篇仅围绕一个二陈汤出入化裁。比如二陈汤:加沙参、麦冬,治中焦停湿又兼肺阴不足者(名参麦二陈汤)。加木香、砂仁,治痰湿内阻,气滞脘痞者(名香砂二陈汤)。加吴茱萸、黄连,治湿滞中焦,肝胃不和者(名左金二陈汤)。加炒苍术、厚朴,治湿困脾阳,呕逆苔腻者(名平胃二陈汤,又名陈平汤)。加天麻、白术,治痰浊上涌,耳鸣眩晕者(名麻术二陈汤)。加紫菀、款冬花,治中有痰饮,喘咳难平者(名款菀二陈汤)。加枳壳、桔梗,治湿滞中焦,胸闷食少者(名枳桔二陈汤)。加白芥子、杏仁泥,治内有宿痰,外感风寒者(名六安煎)。加枳实、竹茹,治痰热上扰,虚烦不寐者(名温胆汤)。加枳实、胆南星,治痰涎壅盛,胸痞咳逆者(名导痰汤)。加当归、熟地,治阴血内虚,水泛成痰,咳嗽气急者(名金水六君煎)。加白术、五味子,治五脏受湿,咳痰身重者(《济

生方》)。

桂枝茯苓丸:加红藤、败酱草、苡米等,治急、慢性盆腔炎。加红藤、败酱草、莪术等,治盆腔炎性包块。加丹参、益母草、水蛭胶囊等,治盆腔淤血症。加失笑散、白芥子、海藻、水蛭胶囊等,治盆腔粘连症。加地鳖虫、射干、楮实子等,治子宫肌瘤(血止期,作丸服)。加泽泻、瞿麦、水蛭胶囊等,治输卵管积水及盆腔囊性占位。加炮山甲、冬葵子、楮实子等,治前列腺肥大症(丸剂)。加石韦、虎杖、乌药等,治前列腺炎。加莪术、海藻等,治陈旧性宫外孕。

②多方联用:临证每见病情严重复杂或兼证过多的疾病,围绕主症主方,往往把几个方子联合在一起使用,组成功效协同,作用较广的"大阵",以荡逐病邪或大补气血。余师愚的清温败毒饮、吴鞠通的专翕大生膏,可谓典型代表。譬如固本丸是四君子汤、六君子汤、玉屏风散加胎盘、捕骨脂混合组成。本人常将百合知母汤、甘麦大枣汤、芍药甘草汤、磁朱丸等四个方子联合应用,来治疗癔病性抽搐,加菖蒲、郁金还能解决幻视幻听等症状。金铃子散、失笑散、芍药甘草汤、肝气散(原名青囊丸)联合运用,名八味拈痛汤,治各类痛证,如:肠粘连、痛经、胃肠痉挛性疼痛、肿瘤疼痛等,少数病例,用此药还能以此停用派替啶(杜冷丁)。

不仅处方是这样,用药也可以参考。张琼林常将珍珠母、生铁落、代赭石联合运用,其镇摄宁心之功显著提高;煅龙牡、鹿角霜、乌贼骨联合运用,其收摄下元,敛经止崩作用更强;金荞麦、鱼腥草、羊奶参联合运用,治疗顽固性肺部感染或肺脓肿、脓胸等,收效更快……。必须指出:"重复用药,药乃有力。"这是《千金要方》处理特殊病种,联合重复用药制方的独特格律,与盲目"重叠堆药式"处方有所不同。

③简化成方:有的古方、验方用药过多者,应当分析优选,简化升华,简化后并不影响疗效,有的还能提高疗效,古今中外不乏其例,对于节约药材(经济)具有重要的意义。英国以前有位老太太家藏一张处方,有30多味草药组成,治疗心脏性水肿有特效,有位医家用10年功夫(1865~1875)的时间,从中筛选出洋地黄1味,洋地黄的研究至今尚未结束。苏合香丸是15味药组成,以后筛选为6味药制成冠心苏合丸,再筛选成2味药,名苏冰滴丸;乌梅丸原10味药组成,吾师刘惠卿先生优选压缩成乌梅、川椒2味,名椒梅汤(乌梅30g、川椒10g),胆道蛔虫症服之效捷;艾附暖宫丸由10味药组成,近贤蒲辅周先生以香附、艾叶2味作丸,功效不减;有人根据"欲升先降"得道理,把补中益气汤中陈皮换枳壳治疗胃下垂疗效提高了一步,之后干脆用黄芪40g、枳壳15~20g,2味组成,名小补中益气汤,同样能起到补气举陷之功效。《医门补要》云:"法在乎活,方在乎纯",诚然。

④掌握专方专药:徐灵胎说:"一病必有一主方,一方必有一主药。"临证医家既要熟谙辨证论治,又要掌握专方、专药(即专病专方,专病专药),二者不可偏废,才不失博采众方之训。《和剂局方》虽然收录很杂,然而对于保留和推荐专病专方起了很大作用,如至宝丹、苏合丸、逍遥散等均出自《和剂局方》。专病专方的运用,有借鉴古人之方,有自我建立之方。譬如本人在临证中常遇到一些无证可辨或辨证指征不太明显者,就立即拟用专病专方。红藤六妙饮治疗附件炎、化坚逐痹酒治疗腰椎间盘突出症、复方山鸡粉治疗小儿厌食症、平麦逍遥散用作肝病、肝功能恢复期的善后康复调理剂,艾附暖宫丸加胎盘治疗子宫小于正常的不孕症等,都属于专方专病。至于专药专病,应用范围更广,比如:雷丸逐钩虫、槟榔打绦虫、羊蹄治癣、漏芦通乳、射干开咽、菖蒲宣窍以及大蒜溶液治疗百日咳……,皆属于专药专病类。应用专药专病,不能太滥,有人说:"我最喜欢用什么药。"我认为这种说法欠于客观,应根据疾病治疗须要来决定。否则就变成:张熟地、陈柴胡、王红花、罗茯苓了。可见医家的绰号是有来历的。

3.4 巧用药对组方

根据药物的辅、反、成、制之理,组成针对性较强两味一对的小方组,具有一定的易用性,能令人顺势就熟地根据主症;主病的治疗需要,随时加入处方中,旨在协同而增加功效,制约以防其偏胜,可以加速处方速度,提高临床疗效,为临床医家惯用的手段。这种处方形式,称作"药对"或"对药"。药对最早出自《黄帝内经》,乌贼骨与茜草根(四乌贼骨一藘茹丸)、半夏配秫米(复杯汤)等,至今尚在应用。张机更是运用药对的大师。他在《伤寒论》中常将:桂枝与麻黄、麻黄与杏仁、杏仁与厚朴、厚朴与半夏、半夏与茯苓、茯苓与桂枝……配对应用,演变成许多名方。至于药对的专著如《雷公药对》、《徐之才药对》等可惜已亡佚。近世名医秦伯未先生非常重视"药对"的应用,他在《谦斋医学讲稿》中制药对81则,组合之巧,可法可师。施今墨先生以大方派称著,但很重视精练单捷的"药对"组合。《施今墨药对》的问世,垂惠后世,开导末学,扩大了"药对"的应用范围。

医家掌握药对不在多,而在精。无论是学习前人或自己组合的药对,必须按照传统的法度和现代的认识配伍处方。细致地分析研究是否符合逻辑推理，对预计疗效要有所评估，运用谙熟，自然熟能生巧，巧能应变，随手拈来，头头是道。这便是应用“药对”之巧。

3.5 相须配对

①山萸肉、女贞子（均12～15g）：补益肝肾，养血敛阴，有明显的升高白细胞作用，常加入补中益气汤服之（中医研究院中药研究所）。

②丹参（15～30g）、川芎（12～15g）：辛通活血，行气止痛。为“心梗”、“脑梗”、颅脑外伤及其后遗症、突发性耳聋、椎动脉型颈椎病等常用药对（自拟方）。

③骨碎补（15～25g）、川芎（12～15g）：补肾活血，行气通窍。常用于突发性耳聋及其他耳鸣、耳聋（自拟方）。

④土茯苓（20～30g）、生槐米（20～30g）：除湿败毒，凉血祛风。常用于血热型牛皮癣、湿疹样皮炎、过敏性皮炎等。加甘草名赵氏土槐饮（赵炳南）。

⑤生槐米、连翘（均15～20g）：清热解毒，凉血止血。二味药均富含“芦丁”（维生素PP），有增强毛细血管韧性的作用。常用于血小板减少，过敏性紫癜（自拟方）。

⑥白僵蚕（15～20g）、蝉衣（12～15g）：熄风镇静，解毒散结，具有辛凉泄热（抗过敏）作用。此药对在杨栗山的《伤寒温疫条辨》有名的杨氏15方中，方方均有，其中升降散可为代表。为外感热病、口眼歪斜、肤热风疹、血燥隐疹等皮肤病常用的药对。陆九芝批评其：以僵蚕、蝉衣“不担重任”之品塞入“经方”中，“贪天之功，作为已有”（《世捕斋医书》），这是不公允的。本人认为杨氏论著毕竟对温热病学的发展有所贡献，杨氏15方也确有可取之处。

⑦平地木（20～30g）、楮实子（15～20g）：活血软坚，通络消积。常用于慢性肝炎、早期肝硬化、肝脾肿大或肝病肝区胀痛有瘀者。楮实子除有补肾填精作用以外，其另一功效：消坚化结，有类似水红花子的作用。（自拟方）

⑧葶苈子、车前子（均15～20g）：泻肺平喘、祛痰宁嗽。常用于肺气肿、肺心病、肺水肿、胸腔积液等咳逆倚息之重症（自拟方）。

医方验方

山鸡醒脾粉

方药：怀山药150g，生鸡内金50g（洗刷干净晒干），白蔻20g，生军10g。

主治：小儿厌食症。

功效：振中醒脾，开胃进食。

用法：前药晒干研极细粉，过100目筛，密封勿泄气，每次2～3g，1日2次（午饭之前，晚饭之后），用生麦芽30g（必须从饴糖坊觅购，晒干打碎）煮水（勿久煎）冲服。

方解：方中山药性味甘，能补脾气而益胃阴，清·张锡纯谓：肺、脾、肾三补之品，与鸡内金相伍，创资生汤，列《医方》之首。张氏运用得意，进而筛选成山药、鸡内金一组药对。本方取其健脾助纳，加白蔻辛香醒脾，大黄味苦健胃，生麦芽含有多种具有活力的酶，四味相合，相得益彰，共收醒脾开胃之功。若舌苔厚腻加藿香12g，舌红少津者加北沙参12g，皆与麦芽同煎送药，一周后酌情减去。张老认为本方为小儿厌食症之通用方。运用之际，当杜绝零食，嘱其晨间饮以温开水，早餐食宜清淡无油的稀粥、羹、糊等佐以腐乳，禁吃荤汤、奶蛋及油炸品。

张瑞霞肝病经验

【名老中医简介】张瑞霞（1935～）女。主任医师。陕西省中医药研究院附属医院肝病专家。第二批全国老中医药专家学术经验继承工作指导老师，陕西省名中医。擅长治疗各种肝病。

慢性肝炎

1 慢性肝炎的治疗原则

张瑞霞认为尽管慢性肝炎的病理变化复杂多变，虚实错杂，临床千变万化，但慢性肝炎在其发生发展过程中某一阶段所表现的病理改变无非是邪毒、正虚、气血失调三者相互影响的具体体现，故临床治疗，宜执简驭繁，从祛邪、扶正、调理气血三方面入手。在慢性肝炎的发病过程中，湿热疫毒是致病的外因，机体正气不足是疾病内在因素。慢性肝炎的发生和变化，是邪正斗争的反映，故祛邪与扶正在本病治疗中占有重要地位，治疗的意义在于调整正邪之间的力量对比，使之向有益于疾病痊愈方面转化。气血失调是在正邪斗争基础上，脏腑功能失调，阴阳逆乱的必然结果，调理气血始终贯穿于本病治疗的各个阶段。临床辨证治疗，就是依据慢性肝炎在不同阶段中病邪的病位深浅，正虚的程度和受累脏腑不同，以及气血失调之偏重，选定相应的治疗原则。

2 慢性肝炎的治疗方法

2.1 祛 邪

慢性肝炎病程较长，缠绵不愈，除与机体正气不足有关外，尚与湿性粘滞，湿热胶着不解，邪毒留连，深伏血分有关。祛邪着重要辨别湿热之邪的孰轻孰重和病位的浅深，或化湿解毒，或凉血解毒。祛邪的关键在于给邪以外出之路，使邪祛而正安。如慢性肝炎以湿邪偏重者，多留恋气分，困阻脾胃，阻遏气机，以化湿解毒为主，常用白花蛇舌草、败酱草、蒲公英、土茯苓等甘寒之品，配以利湿之品，如车前子、泽泻、茵陈、萹蓄等。苦寒之品每虑其寒凉伤中而少有选用，利湿之品的配伍应用，不仅使湿热清化，使其热单力孤，而且湿热下行，邪从小便外出。若湿热并重或热重于湿，加重清热之力，常选栀子、田基黄等，佐以攻下导滞之品，尤擅长大黄的应用，张瑞霞认为大黄通导大便，可导滞泄热，排垢逐秽而解毒，湿与热邪毒随大便而出。临床用之得当，收效颇验。若疫毒之邪，探伏血分，则用凉血解毒法，选药以紫花地丁、蚤休、虎杖、板蓝根、贯众为主，配以养阴益营，凉血活血之品，如生地、白茅根、丹皮、郁金、赤芍等，既使血分邪热无隐伏之所，又能防止邪热入血灼伤阴营以致血行滞涩。

2.2 扶 正

扶正补虚，宜辨别虚损之病位，虚损的阴阳属性及程度，予以相应的治疗，尤重视肝脾二脏的调理。张瑞霞认为，慢性肝炎的主要病因是湿热毒邪，致病首发于脾，继而及肝。脾胃运化失司是慢性肝炎病机关键，脾失健运，是易感受外邪的内在因素，湿热反复消长，缠绵不绝的关键。调理脾胃是治疗慢性肝炎的重要环节，着眼于化湿、排浊、和中、消积、导滞、益气诸法运用。湿困脾胃，常选化湿泄浊，和中运脾法，方用平胃散加减，药用藿香、苍术、白蔻、砂仁、厚朴、苡仁、茯苓、鸡内金、生麦芽等，如苔黄腻，酌加黄连；小便黄赤，加茵陈、栀子。如慢性肝炎，邪气留恋，正气已伤，阴阳失调，虚实相混，寒热错杂，常选半夏泻心汤加减，药用清半夏、黄芩、黄连、干姜、党参、藿香、鸡内金、大枣等，以辛开苦降，平调寒热。如属脾胃气虚，用补中益气汤或香砂六君子汤加减，选用党参、黄芪、白术、仙鹤草等，配以通调之品如陈皮、半夏、茯苓、生麦芽等补不滞运；如大便溏泄，加用炒苡仁、泽泻以健脾利湿；如苔白微腻，口淡乏味，加佩兰，白术易苍术。慢性肝炎治疗中过用苦寒，湿从寒化，或湿邪久遏，脾阳虚损，常用理中汤加味，药用党参、白术、干姜、桂枝、甘草、升麻、苡仁、茯苓等，以温中化湿，升清降浊。另外，湿热之邪从阳化热，易致胃阴亏虚，又当养阴开胃，常用石斛、玉竹、芦根、生山药、太子参、木瓜、陈皮、甘草等甘淡甘平，质轻味薄之品，尤推崇石斛的应用，张瑞霞认为其养阴生津兼能清热，开胃进食而不呆运，既善益胃养阴，又善开启阴液之化源。以上诸法之中，随具体情况，配以消食导滞，行气消胀于其中。组方选药，甘淡平和，药性轻灵流通，使补中有通，寓消于补，意在助脾胃纳运，复其升降。反映了张瑞霞在调理脾胃中注重“通”运”的学术思想。

肝脏的调理，重视养肝体以助肝用。肝为藏血之脏，主疏泄，体阴而用阳。慢性肝炎由于病程长，邪伏营血，而致肝血郁热之病理。热为阳邪易灼伤阴津，伤肝体表现为肝阴虚损；同时热邪耗散元气，以致气阴两虚；病久及肾，肝肾阴虚并见。对肝阴不足的治疗，选一贯煎加减，药用山茱萸、白芍、当归、枸杞、生山楂、木瓜，以助肝用；如阴虚有热，伴见五心烦热，口干口苦者，酌用丹皮、栀子、白茅根、生地、赤芍等凉血清热；伴气阴两虚者，加太子参、黄芪。张瑞霞认为太子参甘淡不腻，善气阴双补，无壅滞恋邪之弊，黄芪大补元气而擅升清，对肝体亏虚致肝用不及者最宜。太子参、黄芪二味，配合诸多养阴之品，又具“阳生阴长”之妙。

2.3 调 气

根据气机失调的病位浅深、病情轻重及久暂，用药自当有别。因情志影响而致肝气郁滞者，药用柴胡、郁金、川楝子、佛手、香附等；胃肠气滞之轻症，药用陈皮、砂仁、枳壳、佛手，重症常选枳实、厚朴、木香、大腹皮、玉片等；病日久者，因气病及血，气滞血瘀，用药选入血分之行气药如川芎、郁金、片姜黄、延胡索等。理气之品不宜过多，过于香燥，以免伤阴助热，用药力求和缓，其用亦暂。对肝气郁结证，选用逍遥散、柴芍六君子汤加减，组方选药多于疏肝之品中，辅以健脾和胃及养阴柔肝之品，如《金匮要略》所谓：“见肝之病，知肝传脾”，补肝体无使肝阴耗损。调理肠胃气滞，注意和中益气，寓消于补，用心良苦，无非为了以静制动，以合约开，既使气机调畅，又无耗伤正气之虞。气滞又常在疾病过程中与血瘀、湿困、痰阻、水停、食积、热郁等病理因素相互关联，互为因果，活血、化痰、祛湿、利水、消积、清热等法应用时，需配以理气之法。

2.4 调 血

有凉血活血、养血活血、化瘀散结之不同。邪毒深伏血分，瘀热搏结，则用凉血活血，常选丹皮、丹参、栀子、生地、赤芍、大黄、白茅根等，酌配清热解毒药和养阴和营之品，使血分瘀热得以分离清解。若邪毒已减，阴血亏损，表现为血虚血瘀之象则以养血活血为法，常选当归、白芍、川芎、丹参、桃仁、红花等。血瘀之证，宜活血不宜破血，药性宜和缓不宜峻猛。对瘀血日久，积而成块者，则用化瘀散结之法，用药常选丹参、桃仁、生山楂、郁金、鳖甲、山甲珠、生牡蛎等，配以益气养血扶正之法。张瑞霞认为积证形成非一日之功，而为虚实错杂之候，所谓"壮人无积，虚人则有之"，宜攻补兼施，缓图其功，忌活血纯攻，或峻猛破血，攻坚破瘀孟浪从事。有出血倾向者，化瘀又当审慎，选用活血止血之品，如三七、茜草等。扶正、祛邪、调理气血在临床中不是孤立的。正虚、邪毒、气血失调在慢性肝炎过程中相互关联，不断变化，影响着疾病的发展和变化，以上诸法在具体应用时，应根据疾病在临床上所表现的具体证候，随机配合，灵活变通，或一法为主，或数法并重，方能体现中医治病法随证变，方以法立的组方原则，发挥辨证论治的巨大优势。（薛敬东）

肝炎后脂肪肝

1 病因病机

张瑞霞指出肝炎后脂肪肝见于急性肝炎恢复期和慢性肝炎活动期，这期间由于患者不适当地增加营养和减少活动使脂肪堆积，加之肝脏代谢机能受损，过量脂肪在肝内积聚，若不及时治疗可使急性肝炎病情迁延，慢性肝炎病情加重。本病属中医"胁痛"、"积聚"范围。病位在肝，病因病机为湿热郁滞肝脏，久入血络，阻碍血行，湿热困扰脾胃，脾运失健，湿郁成痰，湿痰瘀三者合为浊邪，出现诸多临床证候。

2 辨证与方药

张瑞霞针对本病特点，提出治疗应标本兼顾，以疏肝解郁，化湿祛痰、健脾益气、活血化积为原则辨证施治，并拟定了用于各型患者的"祛脂复肝冲剂"以加强疗效。

2.1 肝郁湿阻型

主要见于急性肝炎恢复期，表现为胁肋胀痛，并与情志变化有关，脘闷腹胀，不思饮食，舌质淡红、苔黄腻，脉弦。治则：疏肝解郁，化湿祛痰。处方：厚朴、白芍、金钱草、公英各15g，陈皮、苍术、虎杖各12g，柴胡、清半夏、枳壳各10g。方中柴胡、白芍疏肝解郁；陈皮、厚朴、枳壳行气宽中解郁；半夏、苍术燥湿祛痰；虎杖、金钱草、公英化湿祛浊；胁痛甚者酌加青皮10g、郁金12g；不思饮食者加炒麦芽、生山楂各15g，鸡内金12g；口苦、口干用黄芩、龙胆草各10g。

2.2 肝脾不调型

表现为右胁不适，恶心欲呕，纳少腹胀，乏力，大便稀溏，舌质淡红，苔薄，脉沉弦。治则：疏肝健脾，化湿祛浊。处方：党参、白术、茯苓、金钱草各15g，清半夏、白芍各12g，生薏仁30g，柴胡、陈皮各10g。恶心欲呕明显用清半夏30g，干姜10g；腹胀纳少者用厚朴10g，生山楂15g，大便稀溏用泽泻15g，白扁豆30g。本方以柴芍六君子汤为基础方，疏肝健脾。燥湿化痰配合金钱草、生薏仁化湿祛浊。

2.3 气虚血瘀型

表现为右胁积块（肝脏肿大），疼痛，痛处固定，神疲乏力，妇女月经不调，并有蛛砂掌及赤丝血缕（蜘蛛痣），舌质暗，脉细涩。治则：益气活血，化积止痛。处方：白术、黄芪各15g，赤芍、生地、当归各12g，川芎、桃仁、桂枝、红花各10g，本方以桃红四物汤为基础方，活血化瘀。黄芪、白术益气行血；桂枝通络以助祛瘀。肝大明显用鳖甲、穿山甲各10g；胁痛较甚用元胡10g，妇女月经不调用泽兰15g，三七粉3g（冲服）。

祛脂复肝冲剂：（张瑞霞自拟方）丹参、茵陈、黄芩、生山楂等份，研成细粉，每次6g，温水冲服每日3次，30天为1疗程，用于上述各型患者，方中丹参养血活血，生山楂活血化积，合用养血活血化积；茵陈、黄芩清热利湿。全方使湿祛、瘀消、浊化，适合长期服用，方便经济。药理研究说明以上药物有保肝降酶和促进脂肪吸收的作用。除药物治疗外，注意日常生活调理，适当控制饮食。以高蛋白低脂肪少食糖为原则。慢性肝炎患者长期静脉点滴，不宜采用高渗性葡萄糖，以减少糖向脂肪的转化，注意补充维生素。肝炎恢复期参加锻炼，运动量以患者体力能耐受为标准，促进脂肪的代谢。

3 典型病案

案1 赵某，男，36岁。初诊1997年3月12日。以右胁胀痛半月就诊。患者2月前患"急性黄疸性肝炎"，用高渗糖合其它保肝药物静脉点滴1月余，黄疸基本消退，近半月感觉右胁胀痛，烦燥易怒，脘闷纳呆，口苦，舌质红苔薄黄腻，脉弦。查体：巩膜轻度黄染，肝大剑突下2cm，质软，压痛。肝功：TBIL47nmol/L，ALT78u/L，血糖7.8mmol/L，甘油三酯5.8mmol/L，胆固醇7.1mmol/L；甲肝抗体（+）。B超：肝大，肝光点呈细小密集。中医诊断：胁痛（肝郁湿阻、湿郁化热)。西医诊断:急性黄疸性肝炎(恢复期)伴脂肪肝。治则:疏肝解郁,清化湿浊。方药:厚朴、公英各15g,陈皮、郁金、苍术、虎杖各12g,柴胡、清半夏各10g。另配祛脂复肝冲剂每次6g,每日3次温水冲服。注意清淡饮食,适当体育锻炼。服药半月后胁痛减轻,食欲好转,停服中药,继服"祛脂复肝冲剂",一月后复查肝功正常,血脂正常,B超探查:肝脏形态大小及回声未见异常,病情痊愈。

例2 张某,女,40岁。初诊日期1997年4月27日。以右胁下肿块半年求诊。患"乙肝"3年,近半年自觉右胁下有一肿块,月经衍期,伴乏力,纳少,舌质暗有瘀斑,脉沉细。查体;肝脏剑下2.5cm质软,触痛,有肝掌及蜘蛛痣。肝功:TTT12u,ALT56u/L,AST76u/L,血糖6.1mm10/L,甘油三酯5.1mmol/L,胆固醇4.2mmol/L;B超:肝大,回声细小,脾大1.5cm。中医诊断:积聚(气虚血瘀),西医诊断;慢性乙型肝炎伴脂肪肝。治疗以益气活血,祛浊化积。处方:白术、泽兰各15g,生地、当归各12g,桂枝、赤芍、桃仁各10g,红花6g,生黄芪30g。同时合用祛脂复肝冲剂,每次6g,每日3次,温水冲服。服药1月症状减轻,肝脏缩小,血脂、血糖下降,3月后基本恢复,随访1年病情稳定。(薛敬东)

慢性丙型肝炎

1 对慢性丙型肝炎病因病机的认识

丙型肝炎病毒主要经输血传入人体,由于毒邪直接侵入人体营血,缺少一般外邪由气及血的过程,因此正邪交争的程度不剧烈。患者无明显的症状,黄疸较少见,早期不易发现,就诊时往往成为慢性。又由于毒邪深伏血分,毒瘀缠绵难祛,使丙肝易发生慢性化,所以丙肝急性少见,慢性多见。张瑞霞认为丙肝病毒有湿热疫毒之性,较乙肝病毒其性略逊,又由于发病为直中血分,病邪潜伏较深,正邪交争缓和,病势缠绵,邪毒瘀结,耗损正气,易出现脾胃虚损,肝肾受损的临床症状。机体感受毒邪,使脾胃受损,运化失职,湿浊不化,日久化热。或使脾胃生化不足,阳损及阴,导致肝肾不足。或脾虚及肾,脾肾两虚。或邪伏血分,气血运行失常,瘀血内阻。总之,以脾胃虚损,肝肾不足为主要的病理基础,湿邪化热,瘀血内阻为主要病邪因素。治疗以扶正解毒为基本原则。

2 辨证论治

由于慢性丙型肝炎与慢性乙型肝炎临床症状表现近似,辨证分型标准基本一致,一般分为5型。

2.1 湿热中阻型

表现:脘胀不适,纳呆,偶又恶心,厌油腻,口干,口苦或口粘,肢重乏力,大便或溏或干,舌质红或淡红,苔白或黄腻,脉濡或滑。治则:清热利湿,祛邪解毒。方药柴平饮加味:柴胡、黄芩、半夏、厚朴各12g,苍术、陈皮各10g,党参15g,甘草6g。加减:①胃脘部胀满不适,食后更甚者加重厚朴至20g,并加金钱草30g,蒲公英12g,焦山楂20g,以加强清热利湿之力;②恶心、厌油腻明显加代赭石30g,竹茹6g,以和胃降逆止呕;③湿邪较甚,患者表现为纳呆口粘,舌苔白厚腻者,加薏苡仁、茯苓各30g,滑石20g,蒲公英15g,以淡渗利湿,加强祛湿之力;④热邪较甚,表现为口干欲饮、口苦、便干、舌红苔黄腻者加黄连6g,黄芩10g,苦参9g,以清热解毒,加强清热之力;⑤伴右胁痛或肝区不适,或情志不畅者加香附、郁金各12g,青皮10g,以疏肝理气。

2.2 肝郁脾虚型

表现:两胁疼痛,随情绪波动而增减,纳少,口淡无味,身倦乏力,大便溏,舌质淡红苔白或白腻,脉弦细。治则:疏肝健脾,祛邪解毒。方药:柴芍六君子汤或逍遥散加味。1、柴芍六君子汤:柴胡、陈皮各10g,杭芍、半夏、白术、茯苓各12g,党参15g,甘草6g;2、逍遥散:柴胡8g,白术、杭芍、茯苓各12g,当归10g,甘草、薄荷各6g,煨姜3g。加减:①患者肝郁明显,肝区疼痛较甚者,加香附、郁金各12g,丹参30g,以疏肝理气止痛;②伴有胃脘部隐痛不适,纳少明显者,加丹参30g,檀香10g,砂仁9g,以行气和胃止痛;③患者脾虚明显,表现为乏力明显,不思饮食,便溏者加生黄芪40g,生山药30g,以健脾益气,淡渗利湿;④脾虚湿盛,表现为四肢沉重无力,便溏不爽,苔白腻者加生薏苡仁、白扁豆各30g,苍术10g以健脾燥湿。

2.3 肝肾阴虚型

表现胁肋隐痛,悠悠不休,遇劳加重,口干咽燥,心中烦热,头晕目眩,舌红少苔,脉细弦。治则:养阴柔肝,清热。方药:一贯煎或滋水清肝饮加味。1、肝肾阴虚为主,一贯煎加味:麦冬30g,当归、生地各12g,沙参、枸杞子各15g,川楝子10g;2、肝肾阴虚,阴虚火旺者,以滋水清肝饮加味:熟地15g,山药、山萸肉、茯苓、杭芍各12g,泽泻、丹皮、柴胡、栀子各10g,酸枣仁30g。加减:①胁痛明显加郁金、香附各12g,元胡10g,以理气止痛;②头晕目眩,双目干涩加黄精20g,女贞子15g,菊花10g,以清肝柔肝;③腰膝酸软,手足心发热,耳鸣甚者,加牛膝、杜仲各12g,枸杞15g,黄柏10g,以滋阴益肾;④伴有气虚加太子参

20g，生黄芪60g，以益气养阴。

2.4 脾肾阳虚型

表现：少气懒言，腰膝酸软，便溏或五更泄，舌淡苔薄白，脉沉迟。治则：温肾健脾。方药：附子理中汤或《金匮》肾气汤加味。1、脾阳虚为主者，以附子理中汤加味：制附片、干姜各10g，党参15g，炒白30g，炙甘草6g。2、肾阳虚为主者，以《金匮》肾气汤加味：制附片、桂枝、茯苓、泽泻、丹皮各10g，熟地24g，山药、山萸肉各12g。加减：①脘腹不适，遇寒则泻加五味子15g，良姜10g，以温中散寒；②形寒肢冷，面色㿠白，舌淡脉沉迟者加鹿角胶10g，紫河车10g，以温肾助阳；③下利清谷，腰膝酸软加补骨脂15g，五味子12g，吴茱萸6g，以温肾涩肠止泻；④脾气虚甚，倦怠乏力加生黄芪60g，以健脾益气。

2.5 瘀血阻络型

表现胁肋疼痛，痛有定处，入夜更甚，胁肋下或见症块，舌淡或紫暗，脉沉涩。治则：活血祛瘀，通络止痛。方药：血府逐瘀汤加味：桃仁、红花、当归、川芎、枳壳、柴胡、桔梗各10g，生地、牛膝各12g，赤芍15g，甘草6g。加减：①正虚血瘀加党参20g，黄芪30g，以益气活血；②胁下有症块，正虚不明显加三棱、莪术各10g，以破血散结；③疼痛随情绪波动而增减，加香附、郁金各12g，以理气止血；④瘀血日久，瘀久化热者加连翘12g，板蓝根15g，白茅根30g，以清热凉血。

丙型肝炎的辨证论治要注意：①清邪解毒，祛除病因。邪入营血，以清肝凉血泄毒为主，常用药有：虎杖、丹皮、赤芍、大黄、郁金、白花蛇舌草等；②邪盛正伤，互为因果，丙肝病毒难以去除，扶正托毒，使邪去正安，常用药有：黄芪、党参、仙灵脾、仙茅、菟丝子、五味子、女贞子、枸杞子等；③瘀毒阻络，胶结难解，致结成瘀，要重视化瘀活络，常用药有：陈皮、赤芍、香附、厚朴、半夏；另外，血瘀证型慢性丙型肝炎血清肝纤维化指标升高，活血化瘀治疗可防止出现慢性化，阻断肝硬化甚至肝癌的发生。

3 中西医结合治疗

在辨证论治的基础上，联合使用γ-IFN300万u，肌肉注射，隔日一次，3个月为1疗程；不仅可以促进肝功能的恢复，而且可以减轻IFN的毒副作用。（李粉萍）

张圣德临床经验

【名老中医简介】张圣德（1937～）江苏省海门人。主任医师，教授。曾任江苏省中医学会肝胆病专业委员会副主任委员、省中医学会肝胆病研究所特约研究员，镇江市中医学会副会长、镇江市中医院科技学术委员会主任委员。江苏省名中医。擅长中医内科疑难病症，中西医结合治疗肝硬化腹水等肝系疾病。发表论文多篇。

临床经验

肝性胸水

1 治疗方法

方药组成：麻黄3～6g，桔梗10g，生紫菀15g，桑白皮15g，甜葶苈子3～9g，大枣7枚，大腹皮15g，陈败瓢30g，马鞭草30g，车前子30g。

加减：气虚明显者加太子参15g，生黄芪30g；脾虚便溏者加炒山药12g，炒白术15g；肝癌患者加蜀羊泉30g，半枝莲30g，蛇舌草30g，石见穿30g，生薏米30g；苔少质红加炙鳖甲30g，猪苓30g，滑石粉15g；黄疸明显者加炮山甲12g，地鳖虫10g，田基黄15g。

用法：每日1剂，水煎2次，煎取250mL，分2次口服。1个月为1疗程。对伴有重度胸腔积液者，合用双氢克尿噻25mg，氨苯喋啶100mg，氯化钾0.5g，每日3次口服，并加输人血白蛋白10g，每周1次。治疗期间，每1月查B超、摄全胸片1次。

2 典型病案

张某某，男，76岁，农民，安徽省马鞍山市人。初诊日期：1995年6月10日。原有血吸虫肝病合并肝硬化失代偿期5年史，3年前发现胸腔积液，在当地医院经抽水及对症处理，病情不能缓解，转入院一病区住院诊治。刻诊：咳逆上气，动则加剧，胸闷，腹大如鼓，溲少色黄，更衣正常，双下肢浮肿，苔薄质红脉细弦。全胸片：左右胸腔重度积液。B超：肝硬化，脾肿大，腹水。证属肝病及脾，脾失健运，肺失宣肃，水湿积聚。拟方补气健脾，宣肺利水。处方：葶苈子9g，大枣7枚，桑白皮15g，生紫菀15g，桔梗9g，生黄芪30g，车前子（包）30g，大腹皮15g，生白术10g，陈败瓢30g，泽兰10g，泽泻10g，山药12g，淡竹叶6g。日1剂，煎2次，早晚各服1次。连服12天后腹胀大及两下肢肿明显好转，咳嗽消失，胸闷未作。唯纳谷量少，苔薄少，舌质红,脉细弦,此水去阴伤之征兆,原法增入补阴之品。原方去白术、山药、淡竹叶、陈败瓢,加北沙参20g,炙鳖甲15g,阿胶10g,白茅根30g,续进16剂。住院期间配合输人血白蛋白10g,每月2次。1995年7月10日,胸片示:右胸腔积液消失,左胸腔极少量积液。1995年9月18日,胸片示:双侧胸腔未见积液,左侧胸膜炎。B超:腹水消失,病情缓解,予以出院。2002年10月询其病情知胸水已6年未发,腹水2001年又作。

3 体 会

肝性胸水是肝硬化失代偿期由于营养不良,低蛋白血症和门静脉高压及上腔静脉受阻后漏出于胸腔所致。目前治疗手段局限于胸腔抽水、支持疗法和对症处理,疗效欠佳。肺属上焦,为水之上源,通调水道,与主运化水液之中焦脾和蒸化水液、分清泌浊之下焦肾三位一体,协调完成体内水液吸收、运行和排泄过程。张圣德认为,肝性胸水当从中医悬饮、支饮、积饮论治。肝病日久,气病及血,累及肺脾肾三脏,三焦气化功能失调,水液不运,停积为饮。胸水停积于肺,则肺失宣肃。治疗当从肺主治节生理功能着手,取麻黄、紫苑、桔梗宣发肺气,合伍桑白皮、甜葶苈子泻肺利水药通调水道,使水气下达膀胱;配合大腹皮、陈败瓢、车前子、马鞭草等大剂量行气活血利水之品,直达水饮之病所。他指出,运用宣肺利水法,必须建立在辨证施治基础上,即针对肝硬化失代偿期所致之气血阴阳偏盛偏衰,随证加减才可取效。(吴德峰 席 彪)

医方验方

柔肝降酶汤

方药:茵陈12g,生麦芽30g,生甘草6g,生白芍20g,炒黄芩10g,薄荷梗10g,当归10g,山药12g,木瓜12g,连翘10g,败酱草10g。

功效:柔肝降酶。

主治:慢性肝炎。

用法:每日1剂,水煎,分2次服。

方解:本方为养肝之体,遂肝之性,抑肝之用,达成柔肝之意。方中白芍、木瓜味酸补肝,用于肝血虚而肝痛者,最为相宜;“肝苦急,急食甘以缓之”,故用甘草之味甘以调之,且芍草相配,酸甘化阴,可滋肝缓急止痛。麦芽生用有保肝作用,现代医学认为麦芽含麦芽糖,具有保肝作用,其中麦芽、白芍用量宜大,确具独到之处。薄荷辛凉,具疏肝解郁之功,正合《内经》“肝欲散,急食辛以散之”之意,其梗主通,故方用薄荷梗。肝脏藏血,当归有养血活血的功能;《金匮要略》“见肝之病,知肝传脾,当先实脾”,乃用山药补脾气养胃阴。方中黄芩、连翘、茵陈、败酱草之属皆有降酶、降絮功能。诸药融于一炉治疗肝炎,屡投屡效。

张士杰针灸验案

【名老中医简介】张士杰(1931～)北京人。主任医师。北京针灸学会常务理事。第三批全国老中医药专家学术经验继承工作指导老师。从事中医临床工作40余年,擅长针灸治疗各种疑难杂症。

1 白塞氏病

张某,女,30岁。患白塞氏病10余年,虽未间断治疗但不已。怀孕3次非宫外孕即流产。1986年7月来诊。诉:10余年来时发口腔及阴部溃疡,双目亦时而发炎,伴心悸、失眠、腰酸膝痛、四肢乏力、月经不调、腹痛腹泻及食纳呆滞等症。查:脉浮濡,舌淡有痕,苔白微腻。左颊粘膜、舌缘、齿龈及唇之右内侧,可见不规则或圆形溃疡多处,深浅不一,边缘清楚,基底红晕,底面中央有黄色坏死,伴剧痛。阴道及阴唇亦有类似之溃疡数处。眼科表现为复发性虹膜睫状体炎伴前房积液。西医认为此病病因不明,近来虽有人提出此病与免疫异常有关,但尚缺少充分依据,致使病名也难统一,因其累及多器官而出现多种症状,故尚有称之为白塞氏综合征(Behcet′s syn－drome)者。中医典籍亦未见有关此病之详尽记载,只是《金匮要略·百合狐惑阴阳毒证治第三》有如下一段文字:“狐惑之为病,状如伤寒。默默欲眠,目不得闭,卧起不安,蚀于喉为惑,蚀于阴为狐,不欲饮食,恶闻食臭……初得之三四日,目赤如鸠眼。”于是就有人将白塞氏病与之相类。权且不论“目赤如鸠眼”究属狐惑抑或阴阳毒,仅就狐惑之蚀喉而论就和白塞氏病有所差异。白塞氏病之口腔溃疡是见于颊粘膜、舌、齿龈及唇,而非蚀于喉。早在仲景以前之典籍中即有口腔器官之解剖概念,因之仲景绝不会以喉概括口腔中之诸多解剖部位,何况类似蚀于喉之疾病而今也见于临床及文献,如由肠道病毒所致的疱疹性咽峡炎，就只见于咽峡及软腭，也就是《金匮要略》所谓之喉，而不是颊粘膜、舌、齿龈及唇。若将狐惑之"其面目乍赤乍黑乍白，蚀于上部则声喝（一作嗄），……蚀于下部则咽干，……蚀于肛者"等，以及与蚀喉或蚀阴同时发生的"状如伤寒，默默欲眠，目不得闭，卧起不安"等症与白塞氏病两相对照，其差异又何止毫厘。即使如此，中医病症诊断疗效标准还是根据辨证将白塞氏病分为湿热毒结、肝肾阴虚、脾肾阳虚三类，并因之而论治，这也就避免了因牵强附会而致之流弊。治疗取太溪。用因呼纳针（患者呼气时进针），轻而徐入，左旋行九阳数（拇指向前推动九次）乃至老阳数（即未得气可继续行九阳数之意），直至得气有如鱼吞钩饵之沉浮（有电击感及其反应），亦即气调。乃因吸而发针（即于患者吸气时出针），疾闭其孔。隔日1次。未及20次症征皆已。为巩固疗效，防止复发，每周1次，又为之针刺20次，迄今已逾十载，仍未复发。

按 足少阴肾乃先天之本，受五脏六腑之精而藏之，滋肝木复贯中土而上济心肺，假卫气以温分肉，充皮肤，肥腠理而司开阖。肾者主蛰，乃封藏之本，肾失所藏则固密无权，是以感邪而发是病，故为之针刺肾原太溪以调治。现代医学文献，均认为此病当避免注射或针刺，而且将针刺反应阳性列为本病诊断标准之一。此案于针刺初期也的确是于所刺之处出现红色丘疹，甚至脓疱，二三日后方消退，以至不得不时而用肾经之邻近穴位透刺太溪，但针数次后，即不再发生该阳性反应。

2 病毒性脑炎后遗失语及肢体障碍

刘某，男，7岁。1997年11月20日就诊。患儿于1997年10月13日，因病毒性脑炎住院经对症治疗好转。于1997年10月27日出院。遗有语言功能障碍及肢体活动功能障碍，经CT检查为脑萎缩。出院后立即就诊于某中医院，服中药及针刺治疗一个月，肢体障碍有好转，但失语依旧，故前来要求为之诊治。查：脉沉弱，舌淡且轻度萎缩，不能伸至唇外，苔白微腻，面色萎黄，神情呆滞，除哭叫外，不能发出其它声音。右上肢平举、抬高、外展、外旋、背屈皆障碍。肘、腕及五指关节屈曲，嘱其用右手试持物时，前臂及手五指强烈震颤，尤其于接近目标时震颤愈益剧烈，静止时震颤消失。行走时摇动不稳，状似醉态，跨步较大，足着地轻重不等，有向患侧倾跌趋势，两手摇摆不自然，右肘屈曲，动作笨拙而快慢不齐。指鼻试验，右指于闭目时明显误差；翻手试验右手旋转过度，内收拇指朝向下方，右上肢反冲力消失；振子样运动，误指试验呈阳性反应；右肱二头肌张力增高，反射活跃；股四头肌反射有小腿向前后振荡数次之振子样现象；跟膝胫试验由于辨距困难，双下肢动作性震颤强烈，而不时滑向小腿外侧，尤以右下肢为剧；起身试验时臀部躯干联合屈曲，从而两腿明显抬高。治疗：取太溪、足临泣、右腕骨及廉泉穴，用案1之刺法。除廉泉外，皆使之得气有如鱼吞钩，至第4次时，右手虽尚震颤，但已能伸展且能持物，双下肢步态亦好转，舌也可伸出唇外且能发声叫"爸"。第6次后，已能发出部分双音节词，惟极费力且字音含混。第12次后，语言爆发已明显缓解且能复诵多音节词汇，上下肢症状和体征也大为改善。共针40次，语言恢复正常，肢体之症征亦尽皆消失，脑CT复查亦近正常。

按《灵枢·忧恚无言》："咽喉者水谷之道也，喉咙者气之所以上下者也，……舌者音声之机也，悬雍垂者音声之关也，颃颡者分气之所泄也，横骨者神气所使主发舌者也……人卒然无音者，寒气客于厌，则厌不能发，发不能下，至其开阖不致，故无音……足之少阴，上系于舌，络于横骨，终于会厌、两泻其血脉，浊气乃辟，会厌之脉，上络任脉，取之天突，其厌乃发也"。故为之首选双侧肾原太溪及肾之结穴廉泉代天突以治失语。少阴为枢，枢折则脉有所结而不通，少阳属胆，行身之侧，少阳枢折则骨摇而不安于地，故辅足临泣以治少阳枢折之骨摇而不安于地。阳气者，精则养神，柔则养筋。巨阳者诸阳之属也。其脉连于风府，故为诸阳之主气。《灵枢·经脉》："足太阳之脉……是主筋所生病。"《灵枢·终始》："手屈而不伸者，其病在筋……在筋守筋。"手足太阳同气，故又刺手太阳之腕骨，以调肘腕及五指之屈曲。诸穴合用，共奏良效。

3 突发性耳聋

半田某，男，9岁，日本人。1996年7月7日，自觉周身关节疼痛，7月8日高热，继而结膜充血，口唇糜烂，并迅速扩展至全身，遂于7月9日入院，诊为"多形浸生性红斑，流泪，感音性难听"，予对症治疗，10天后热退。住院20天，因左耳失聪及流泪不止而转院，诊为多形糜烂性红斑（Steven's Johnson Syndrome）后遗难听及流泪。住院1个月，其间于8月22日发现血尿，考虑为长期高热及皮肤渗出等因所致水分丧失过度而致肾结石所致，遂予大量输液使结石排出。但耳聋、流泪及腰膝关节疼痛仍无改善，遂出院前往日本某著名耳科专家处治疗，时逾半载，非但左耳听力无改善，右耳听力亦下降，遂来中国沈阳，用针刺及中药治疗半月仍未收效，因而于1997

年7月来京就医。诉:1997年5月12日在日本诊断为"左耳中程度难听,右耳进行中。"现左耳鸣、耳聋,只能用右耳听人讲话,整天流泪不止,腰膝酸软疼痛,懒言嗜卧。查:脉沉弱,舌淡,苔薄白,面色晦暗,语声低微,精神萎靡。治疗穴取太溪。仍用案1之刺法,使之得气有如鱼吞钩,即发针。每日1次,10次后已能用左耳听电话,22次后,双耳听力均已恢复,经纯音听力测定,双耳听力正常。

按 肾者主蛰乃封藏之本,精之处也。肾者主为外,使之远听,视耳好恶,以知其性。《灵枢·口问》:"目者宗脉之所聚也,上液之道也。……液者所以灌精濡空窍者也,故上液之道开则泣。"《素问·解精微论》:"泣下水所由生,水宗者积水也,积水者至阴也,至阴者肾之精也。宗精之水所以不出者,是精持之也,辅之裹之,故水不行也。"肾者主骨生髓乃作强之官。故此案之诸般症征实为肾虚之所致也,故取肾原太溪以治之。

4 小 结

上列3案,当属较为疑难之病症,而张士杰仅用少量穴位且于较短时间内将之治愈,是因为他在临床时,不仅严谨地别异(辨证分析)而且还要比类(归纳综合)以治病必求于本。辨证一词始见于《伤寒杂病论》,仲景为该书以平脉辨证而格物致知,设六经及脏腑等病脉证并治以论疾病,故属撰用了《素问》、《九卷》及《八十一难》等方技,并运用了经络腑腧。但毕竟是侧重方脉之著述,而其辨证论治乃是因证而施药,药又各有其性味及君臣佐使之别。而针刺乃通过经穴调整脏腑经络之气,以治疗疾病,亦即"用针之类,在于调气"(《灵枢·刺节真邪》),"凡刺之道,气调而止"(《灵枢·终始》)。故而不能仅靠辨证,还要援物比类,方可"治之极于一"(《素问·移精变气论》)。(张少杰 刘 冰)

张淑慎临床经验

【名老中医简介】张淑慎(1934~)女。四川营山县人。教授,主任医师。毕业于华西医科大学医疗系。原任职于重庆医科大学附一医院中医科。四川省中西医结合活血化瘀血液病专业委员会副主任委员,重庆市中西医结合学会肿瘤专业委员。重庆市名中医。从医近40年,擅长中西医结合治疗再生障碍性贫血、血小板减少性紫癜、白血病和肿瘤病。

临床经验

再生障碍性贫血

1 明辨阴阳为先

张淑慎认为,治疗再障,必先辨别阴阳。《杂病源流犀烛·虚损痨瘵源流》曰:"阳气阴血,精又为血本,不离气血,不外水火,水火得其正则为精为气,水火失和,为寒为热,此虚损之大概。"尽管再障均以面色不华、乏力头昏等血虚表现为主,但临证尚有脾肾阳虚和肝肾阴虚等水火失和的两大证型,从而其治则、治法及预后均不同。

阴阳二证不同临床表现。脾肾阳虚以乏力、头昏、心悸等血虚证候表现突出而兼畏寒肢冷,舌质淡胖等虚寒象;肝肾阴虚以血虚和出血表现并重,尤以皮肤及牙龈出血多见,并见虚烦不寐,五心烦热,舌淡但舌边尖微红、裂纹舌苔少,脉细数等虚热之象。

阴阳二证决定不同治则。脾肾阳虚治以温肾健脾,益气养血,以二胶巴肉补仙汤加圣愈汤化裁。血色素低于30g/L者,加用红参、紫河车;肝肾阴虚治以清热养阴,凉血止血为主,多用女贞子、旱莲草、生地、丹皮;若阴虚血热明显,出血较重者,以犀角地黄汤加减。

阴阳二证不同预后。张淑慎于1979~1998年间治疗再障151例,总有效率为90%,高于医院同期单用西医治疗82%的总有效率。其中阳虚型共95例,有效率为97%,基本治愈率为35%;阴虚型共56例,有效率为77%,基本治愈率为14%。经统计学处理,脾肾阳虚型与肝肾阴虚型疗效存在极显著差异($P<0.01$),但两型的基本治愈率均较低,尤以白细胞和血小板恢复较难,故均需坚持长期治疗,部分患者可治疗长达10年。

2 补肾填精为本

张淑慎认为,治疗再障,阴阳二型均以补肾填精为根本。肾为先天之本,主骨生髓而藏精化血,为气血化生之根本,故再障的本质是肾虚,肾虚则髓亏。据临证阴阳不同需采取不同补肾之法,阴虚治以平补,阳虚治以温补。如吴谦《医宗金鉴·杂病心法要诀》所言:"后天之治本气血,先天之治法阴阳"及《素问·阴阳应象大论篇》所提"精不足者,补之以味"。张淑慎临证常用鹿胶、阿胶、紫河车等血肉有情之品填精补髓,尤喜用紫河车,取其平补气阴而不碍脾胃。

3 益气理血并重

张淑慎认为,再障以血虚为首,又易出血。气为血帅，能生血运血，统摄血液，故临证益气与理血当并重。益气用黄芪、党参（西洋参）、刺五加、黄精等，古人有“有形之血不能速生，无形之气所当急固”之说；必用健脾益气之品，如白术、茯苓、山药等，如《素问·阴阳应象大论篇》所言“形不足者，温之以气”，概因脾胃为气血生化之源，而阿胶、熟地等又多滋腻碍脾，故健脾益气必不可少。补血用当归、阿胶、熟地、鸡血藤等，止血活血常用三七、当归、丹参等活血止血之品。黄芪、刺五加、党参（西洋参）等对人体免疫功能有良好的双向调节作用，紫河车、阿胶、鹿胶对多种造血干细胞有分裂增殖作用，当归、鸡血藤、丹参对骨髓微循环有改善作用。诸药配伍使用符合现代医学对再障病理的认识。而且此类药物对于人体心、肾等多个器官的功能及神经－体液有调节作用，故能改善患者的全身状况。

4 典型病案

案1 曾某，男，18岁，1998年9月因“皮下大片瘀斑，鼻衄，解黑便2个月”求治。入院前从事皮鞋制作1年。入院后查血常规，RBC $1.13\times10^{12}/L$，HB 42g/L，WBC $2.3\times10^{9}/L$，PLT $33\times10^{9}/L$。查骨髓象，增生（+），红系、粒系少见，巨核细胞未见，血小板未见。诊断为“再障”。给予“康力龙、强的松”治疗，输血400mL，治疗2周仍鼻衄4次，复查血常规无明显变化。后根据其出血重，舌红，有裂纹，中医辨证为肝肾阴虚，治以益气养阴，补肾活血，方选二至地黄汤加减。党参30g，黄芪30g，黄精30g，熟地15g，山茱萸15g，山药15g，茯苓15g，白术15g，女贞子20g，旱莲草30g，丹参15g，鸡血藤20g，阿胶15g，三七粉6g，焦三仙各15g，甘草9g。水煎服，每日1剂。服药3天后出血倾向明显减轻，1周后出血完全停止。继服药1个月复查血常规，RBC $2.4\times10^{12}/L$，HB 88g/L，WBC $4.5\times10^{9}/L$，PLT $54\times10^{9}/L$。3个月后复查血常规，RBC $3.15\times10^{12}/L$，HB 112g/L，WBC $3.5\times10^{9}/L$，PLT $62\times10^{9}/L$，停服汤药，改杞菊地黄丸加胎宝胶囊口服，3个月后完全停药。1年后复查血常规，RBC $4.45\times10^{12}/L$，HB 150g/L，WBC $4.1\times10^{9}/L$，PLT $104\times10^{9}/L$，复查骨髓象为增生（+++），余均正常。

案2 李某，女，21岁。乏力、头昏，面色苍白，无出血倾向，舌瘀淡胖嫩，脉弱。在医院作骨穿后确诊为“慢性再障”。查血常规，RBC $1.53\times10^{12}/L$，HB 59g/L，WBC $3.4\times10^{9}/L$，PLT $33\times10^{9}/L$。辨证为脾肾阳虚，治以温阳补肾活血，方选巴肉二仙汤合圣愈汤。黄芪30g，党参30g，茯苓15g，白术15g，巴戟天15g，仙茅15g，淫羊藿15g，鸡血藤30g，阿胶15g，鹿胶9g，三七粉6g，陈皮15g，焦三仙各15g，甘草9g。水煎服，每日1剂。1个月后症状明显缓解，全身情况改善，已能胜任一般工作，复查血常规RBC $1.93\times10^{12}/L$，HB 72g/L，WBC $3.4\times10^{12}/L$，PLT $42\times10^{9}/L$。自行停药3个月后复查血常规，RBC $2.08\times10^{12}/L$，HB 75g/L，WBC $2.4\times10^{9}/L$，PLT $31\times10^{9}/L$。上方继服1个月，复查血常规RBC $2.41\times10^{9}/L$，HB 94g/L，WBC $3.6\times10^{9}/L$，PLT $83\times10^{9}/L$，改用血宝胶囊加归脾丸，服用达1年半，复查血常规及骨髓象已完全恢复正常。（田 杨）

医方验方

益气化瘀汤

方药：桃仁9g、红花6g、生地12g、白芍9g、川芎9g、当归9g、三七3g、丹参12g、阿胶9g、丹皮9g、黄芪15g、党参12g、甘草3g。

功效：益气活血化瘀。

主治：血管性假血友病。

用法：水煎服。病情稳定后，常服归脾丸以善后调理。

张淑文临床经验

【名老中医简介】张淑文（1940～）主任医师，教授，博士生导师。1965年毕业于首都医科大学医疗系。现任职于北京友谊医院感染暨急救医学内科。中华医学会病理生理学会危重病专业委员会委员，中国中西医结合急救医学会常委，北京中西医结合学会副会长，北京中西医结合急救医学委员会主任委员。享受国务院政府特殊津贴。第三批全国老中医药专家学术经验继承工作指导老师。从医35年来，擅长中西医结合诊治内科急性感染及并发MODS。作为主要完成人先后获部级科研成果4项、市科研成果2项、局级科研成果多项。参编著作5部，发表论文20余篇。

临床经验

急性重症胰腺炎

1 临床诊断

1.1 症 状

①腹痛，突然发作，向左腰放散。② 恶心、呕吐、腹胀。③脏器功能衰竭的症状，如休克、呼吸困

难、少尿或无尿、高度腹胀且无排便和排气等。

1.2 体 征

①中上腹或偏左,或全腹压痛,合并腹膜炎时有反跳痛及肌卫现象。②肠鸣音弱,甚至消失;腹水征。③肋腹皮肤的紫斑(Grey – Turner 征)及脐周皮肤青紫斑(Cullen 征)。④相应的脏器功能衰竭的体征,如收缩压降低、呼吸频率加快等。

1.3 辅助检查

①血淀粉酶测定:血清淀粉酶(AMY) > 500 U (somogyi)。②腹水淀粉酶测定:重型胰腺炎时血中淀粉酶并不一定高,而腹水淀粉酶往往高于正常值,即可确诊。③B 超及 CT 扫描可见胰腺普遍增大,轮廓与边界不清,或见包膜不完整,胰实质密度不均匀等影像学改变。

在缺乏影像学金标准检查结果时,张淑文根据以下三个临床条件作出是否为重症胰腺炎的判断:①具有明确的胰腺炎临床症状、体征。②全腹腹膜炎,出现腹水,多为血性,淀粉酶升高。③继发有多脏器功能损伤或衰竭。除:①要有外,②和③兼有或有一项即可诊断。此方法可为基层无 CT 等检查条件下临床诊治本病提供参考。

2 病因病机

张淑文认为胰腺与肝胆的关系非常密切,其功能属于肝脾两脏,病因可由外邪侵袭,暴饮暴食或肝胆脾发生病变,胆管阻塞,肝气郁积而发病;情志失调,肝失疏泄,肝气横逆犯胃克脾,可使脾胃升降失司,特别是嗜食肥甘醇酒,损伤脾胃,积滞于中,蕴湿化热,邪热食滞互结,而成阳明脏实证。此病主要病理为肝郁气滞,湿热蕴结肝胆。正常情况下,肠道存在大量细菌及内毒素,但由于肠道黏膜的屏障作用和肝脏枯否氏细胞的正常功能,吸收甚微。在重症急性胰腺炎时,由手产生大量带有消化酶的腹水,可造成腹膜炎及血管通透性增加,使体液重新分布,血容量减少,又加之有组织胺等物质释放到肠壁,肠壁缺血,使肠麻痹肠胀气加重,在多种因素共同作用下,胃肠功能严重受损,气机逆乱,腑气不通,粪便毒物滞留体内,肠道菌群过度生长及易位,肠源性内毒素大量吸收,导致内源性的内毒素血症,对机体产生了严重的危害。因此 SAP 为病情凶险的急腹症,可出现各种并发症甚至多脏器功能障碍甚至衰竭,死亡率高。

3 治疗方法

3.1 西医疗法

为减少胰腺分泌,予以禁食、胃肠减压、输液,给与抗胆碱药物及组胺 H2 受体阻滞剂或离子泵抑制剂。同时可给与抑制胰酶活性药物如乌司他丁、善宁、抑肽酶、5 – 氟脲嘧啶、加贝脂等,如系胆源性胰腺炎或并发感染,则需应用抗生素抗感染及利胆药物,必要时外科方法予以引流;疼痛严重者可酌情选用杜冷丁或普鲁卡因;合并脏器功能障碍时可施以纠正酸中毒、抗休克等治疗。

3.2 中医疗法

“禁食不禁中药”已经成为中医药治疗重症 SAP 的原则,具体运用“禁食不禁中药”同时要进行胃肠减压,可采用胃肠减压与鼻饲中药交替进行,通过胃管定时鼻饲中药后夹闭胃管暂停胃肠减压 1 h 左右,使得药液能有时间进入肠道。进入 ICU 的急性重症胰腺炎患者,感邪深重,腑气不通,病情危重。在整个治疗过程中,除了积极治疗原发病,要始终遵循中医“肺与大肠相表里”、“六腑以通为用”、“急下存阴”、“通则不痛”的理论,寻求“邪有去路”,因此主要运用中医的通腑法即“下法”治疗急性胰腺炎,辨证与辨病相结合,应用通里攻下、清热利胆、理气止痛、活血化瘀等法。大黄具有较强的利胆作用,对胰蛋白酶、胰脂肪酶、胰淀粉酶的活性有明显抑制作用,同时具有解热降温、解毒抗感染作用。尽早采用大黄汤或以大黄为主的承气汤类口服及保留灌肠,使患者便通、气排,起到排除肠内积聚、保护肠黏膜屏障、抑制肠道病源菌繁殖、减少肠内毒素吸收的作用,明显减轻腹胀、腹痛等症状,使低氧血症缓解,呼吸困难得以减轻。并且大黄对炎性细胞因子有显著的拮抗作用,能有效阻止炎性介质的扩增和生物学作用的发展,防止炎性介质介导的严重并发症、多脏器功能障碍及衰竭的发生。

① 辨证处方:病初,有腹胀、便秘、苔燥起刺、脉沉有力者,为热盛腑气不通,内伤津液,当苦寒通下,泄热存阴。用大承气汤或大柴胡汤加减,方以大黄为主,药用大黄、柴胡、厚朴、枳实、木香、芒硝、黄芩、虎杖等。中期,有持续高热、脉沉细无力、口燥舌干者,加生地、麦冬、元参等,可达到通里攻下、养阴清热的目的。兼有血瘀时,加用桃仁、红花、丹皮、赤芍等凉血活血。湿遏热伏,聚于肠胃,身热不扬,有汗不解时,加用黄柏、黄连、茵陈等清热燥湿,并可配白术、茯苓、薏苡仁、泽泻、半夏等健脾化湿。②保留灌肠:大黄 30g,水煎成 100mL,每日 2 次,重症者 2 ~ 4h 1 次,保留灌肠 10 ~ 20 min。新斯的明 1mg,足三里封闭。③局部外敷:为了减轻腹部剧痛,可于腹部以中药活血止痛散、如意金黄散、麝香、青黛以蛋清调

如糊状，外敷于剧痛部位，每日换药1次，直至腹痛消失。如出现皮疹则停用。并以通腑散（大黄、芒硝等）用藿香正气水调糊敷脐。腹部痛点外敷中药有明显止痛效果，且有利于炎症的消退。通腑用药的原则为不拘固定方、固定剂量，以达通腑为目的，可每日多次、多途径给药（口服、通过胃肠吸引管灌药、灌肠、足三里穴位注射等）可同时多方并用。

4 病案举隅

患者，女，48岁。2003年9月25日入院，入院前一天晚餐进食油腻食物及饮啤酒5h后出现上腹胀痛，伴恶心、呕吐，发病后未再进食，排不成形稀便5次、量小，无排气，小便量小。查腹部剑突下及左上腹压痛明显，有反跳痛及肌紧张，肠鸣音弱，2次/min。血常规示：WBC 15.9×10^9/L，中性粒细胞0.827，血AMY 3015 U/L。腹部B超示：胰腺肿大，胰头周围液性渗出？胆囊结石，胆囊壁增厚。腹腔穿刺术抽出血性腹水，查腹水淀粉酶>800 U/L。诊断：①急性胆源性出血坏死型胰腺炎。②胆囊炎。③胆石症。中医诊断：脾心痛。给予禁食、胃肠减压、抗感染、抑酶及补液治疗，患者仍腹胀痛，恶心，大便不通，苔腻，脉滑数。中医辨证，患者素食肥甘，致脾胃损伤，脾失健运，湿热内生，蕴蒸肝胆，肝气被郁，失于条达疏泄，日久结砂石，腑气不通而阳明腑实。证属肝胆湿热，拟疏肝理气、清热通里法。处方：柴胡15g，茵陈30g，芒硝冲10g，川厚朴15g，枳实15g，元胡10g，黄芩20g，大黄15g，丹参15g，赤芍10g，炒莱菔子30g。连服5剂后，因出现舌暗有瘀斑，加用活血药红花10g，泽兰10g，再进5剂。并一直用大黄煎汤灌肠，藿香正气水调通腑散糊敷脐。用活血止痛散、麝香、青黛以蛋清调如糊状，外敷于腹痛部位，每日换药1次。治疗7天后诸症消失，血淀粉酶降至正常，停止保留灌肠及外敷药，继续口服中药治疗。（姚 全）

张树本临床经验

【名老中医简介】张树本 主任医师。重庆市首批中医药专家师带徒指导老师。擅长运用中西医结合治疗痛症（颈、腰、腿疾病）、咳喘病、胃肠病、肝胆病、肾病等内科疑难症。发表论文10余篇。

临床经验

急症治验

1 高热惊厥

石某，男，3岁，1993年春就诊。有扁桃炎病史。感冒后高热，T40.5℃，继则惊厥，抽搐，两目上视，查体别无异常。此乃热盛动风。施以针刺十宣，并放血。患儿稍后即苏醒，抽搐停止。后以解表、清热、通腑之剂而愈。其后2年中曾多次发生高热惊厥，均以上法获效。

2 鼻腔异物

朱某，男，2岁，1980年夏就诊。因小孩玩耍不慎，将1粒豌豆塞入鼻腔。几天后鼻部胀痛，家人发现鼻腔有一异物，就诊于外科，强行持钳施术，患儿不合作而未能取出，遂以通关散，用细辛、牙皂少许，焙干研末，吹入鼻腔，即刻异物随嚏而出。

3 尿潴留

吴某，男，76岁，2000年春就诊。有前列腺肥大病史，常小便闭塞，点滴而出，服用五苓散或济生肾气丸之类方药多可缓解。近几月来，曾发生数次小便点滴不出，小腹膨凸如球，必须施以导尿术，甚者还得留置导尿管。昨日又旧疾复发，痛苦不堪，又畏惧术后感染之苦。遂施以外治热熨法，取葱500g、橘叶250g，冰片5g，将葱和橘叶切碎放锅内炒熟，再加入冰片末混匀，盛于大搪瓷碗内，上用2层纱布包裹，扣于小腹上热熨，以不烫伤皮肤为度，冷后炒热再熨，稍后即有便意，小便畅通。连用数日，小便如常，随访半年又复发2次，用上法获效。

4 产后腹痛

王某，女，26岁，1986年春就诊。产后2天，小腹疼痛拒按，恶露不尽，微恶风寒，头身酸楚重困不适，脉弦涩。初虑其产后风寒，气血郁滞。用五积散加减，服1剂后恶寒、头身不适除，而小腹疼痛、恶露不尽同前。此乃产后气血瘀阻。用验方独圣散：山楂60g，童便1小盅、红糖30g。服后半日，下瘀血块甚多，腹痛缓解，续以生化汤加减调理。

5 腰扭伤

赵某，男，65岁，2003年春就诊。腰扭伤数日，转侧屈伸疼痛加重，经内服外用药物治疗效果较差。遂以土鳖虫20g研末，分为6包，每次吞服1包，日3次，2天后疼痛消失。

6 肠梗阻

张某,女,4岁,1999年夏就诊。大便3日未解,伴发热、腹痛、呕吐、肠鸣音高亢,舌红苔黄。先用大柴胡合保和丸加减,服后随即吐出。遂改用调胃承气汤煎液,首次用150mL灌肠,稍后药液泻出,内未见大便,再次用100mL保留灌肠,垫高臀位,0.5h后泻下药液及粪便,诸症皆减,续用解表、和中、通腑之剂而愈。(张树本 张前梅)

医案验案

顽固性呃逆

方某,男性,62岁,1999年5月13日初诊。患者素有肝胃病史,且性情急躁,近年来每逢春夏之交均发生持续呃逆,予疏肝和胃降逆之剂罔效,每发则迁延月余。来诊时已发作数日。刻诊:呃逆之声不断,呃声洪亮,两胁胀满不适,口臭口苦,渴不欲饮,烦躁厌食,溲黄,大便数日未解,舌红少津,苔黄微燥,脉沉弦。辨为肝胃阴虚,胃肠积热,腑气不通,上逆而呃。治拟滋阴疏肝,通腑降逆。方用一贯煎合调胃承气汤加减:北沙参20g,麦冬12g,生地20g,白芍30g,川楝子10g,芒硝15g(冲服),炙甘草10g,大黄6g(后下),枳壳15g,代赭石30g(先煎)。予1剂,水煎取汁分3次服。次日告知大便畅解,呃逆停止。患者因此疾每年复发,遂索要处方以备用。2002年5月7日,患者再次求诊,告知前两年发病时服用上方均能奏效,此次已服2剂仍未缓解。刻诊:呃逆之声较前低沉,患者自觉有一股气从小腹上冲胸咽,发作时痛苦不堪,甚则有欲昏厥之势。细寻其此次发病之诱因,发现患者因家遭劫,突受惊恐,旧疾骤发。此乃惊恐所伤,致肝气郁结,化火上冲。宗仲景奔豚汤证之治,拟投以养血柔肝、平冲降逆。药用鲜李根白皮50g,当归12g,白芍30g,甘草10g,川芎6g,黄芩15g,法半夏15g,麦冬12g,川楝子6g,代赭石50g(先煎),生地20g,北沙参20g,生姜3片。每日1剂,取汁分3次服。服完1剂后,即感上冲之势减弱,呃逆亦随之停止。续用养阴疏肝和胃之剂善后。

按 本案2次发病均为呃逆,其发病之本为肝胃阴虚、气机郁结、上逆动膈而成。但前次为胃肠积热、腑气不通,故在养阴疏肝基础上,配以通腑泻热降逆之品而效;第2次来诊时,系因惊恐之伤、气郁化火而发为呃逆,故于养血柔肝基础上伍以下气降逆之重剂而愈。由此可见,同病异治的关键在于寻因求源,辨证施治,有的放矢,方能显效,而不可囿于验方或方病专方。(张树本 张前梅)

张文泰学术经验

【名老中医简介】张文泰(1939~)主任医师,教授。曾任中国中西医结合学会骨科专业委员会委员,吉林省中医药学会常务理事,吉林省骨科专业委员会主任委员,吉林省中西医学会骨科专业委员会主任委员。第二、三批全国老中医药专家学术经验继承工作指导老师。吉林省名中医。享受国务院政府特殊津贴。从医50年,擅长中医整骨治疗各种骨折,尤以关节内骨折为著,治疗各种骨坏死,骨质疏松症,腰椎间盘突出症,颈椎病,先天性畸形等疾病。主编学术著作10部,发表论文近40篇。

学术经验

1 对肾主骨理论的认识

张文泰认为,肾为人体内重要的脏器之一,为“先天之本”。在中医理论中肾主藏精,而精能生髓,髓既居脑中,又居骨中,在脑者名脑髓,在骨者名骨髓,骨赖髓以充养,骨的生长发育及修复,必须依赖肾脏精气的濡养和推动。而在各类损伤中,临床病理演化与肾脏最为相关。《素问·宣明五气篇第二十三》曰:“肾生骨髓”、“其充在肾”。即肾精充足,骨髓生化有源,则骨骼得到骨髓的滋养而坚固有力。若肾精虚少,骨髓化源不足,不能营养骨骼,便会出现骨骼脆弱,以致骨折、骨病的发生。如儿童发育过程中出现“五迟”、“五软”,便足以说明“肾主骨”的科学性。此外,骨的生长、发育、修复亦依赖肾脏精气的充养。儿童的骨骼发育畸形,可以认为是肾的先天精气不足所致。当人衰老时,肾精亦衰减,不足以养骨,则可出现骨质增生、骨质疏松等症。《素问·痿论篇第四十四》指出:“肾者,水脏也。今水不胜火,则骨枯而髓虚,故足不任身,发为骨痿。”可见,肾气的盛衰与骨骼的生理、病理都有着密切的联系。故张文泰将“肾”的功能概括为以下两个方面:①解剖学意义的肾脏功能,即“肾者水脏,主津液”,肾脏与水及电解质代谢平衡有着极大的关系;②作为广义的综合功能意义上的“肾”还具有“藏精,主生长、发育与生殖”等功能，即包括了生殖系统、内分泌系统乃至神经系统的功能。“肾”的上述两个方面功能均与骨有关。

在西医方面，张文泰认为，肾的实质可能是以下丘脑－垂体－肾上腺系统和下丘脑－垂体－性腺系统为主，包括部分植物神经系统、甲状腺等，并与免疫功能有关。

临床常见的可引起骨病的肾脏病如慢性肾小球肾炎、肾动脉硬化可以引起肾性骨病，柯兴氏综合征会导致骨质疏松，垂体性侏儒症可出现骨骼发育不全。这些都证实了肾与骨的关系，明确了肾病可以导致骨病。究其机理，可能与以下几个方面有关：①肾脏对骨代谢的影响主要表现在肾脏 1α 羟化酶的活性及对钙磷代谢的调控上。②影响钙和磷的代谢，钙磷代谢异常会影响骨骼的生长发育。研究发现，肾脏在维持钙、磷的相对稳定和促进骨的钙化方面有着重要作用。健康人机体钙含量随年龄增长变化规律与祖国医学“肾主骨”理论基本一致。肾虚者骨钙含量明显低于健康者，其骨钙含量与年龄呈正相关。其主要原因是由于肾虚者的肾功能逐渐衰退，引起机体的一系列病理变化，其中主要是钙磷代谢的异常引起的骨量的丢失，从而导致骨质疏松。③通过激素的作用影响骨的代谢。中医学的肾包括甲状腺、甲状旁腺、性腺、肾上腺等生理功能，它们分泌的激素也可促进钙的沉积，促进骨基质的增多和成骨细胞的活跃、干髓的愈合等。实验研究证明，补肾壮骨药含有的微量元素如锌、锰、硼，均与骨骼的生长发育有关。如锌和锰通过影响蛋白质的合成，从而对骨骼的发育产生影响。补肾壮骨作用强的中药如补骨脂、骨碎补、杜仲中的锌、锰含量很高，补肾药通过入肾而对骨产生作用，故肾病及骨，骨病也可及肾，“肾主骨”的作用是双向的。

2 临床诊疗经验

2.1 骨性关节炎

张文泰以补肝固肾为原则，认为脏腑是主持人体生命活动的主要器官，其功能正常可生化气血，通调经络，濡养皮肉筋骨。脏腑不合，经络阻塞，气血凝滞，皮肉筋骨失养，可导致肢体病变。而对骨科来说，其病变与肝肾二脏关系尤为密切。肝主筋，藏血，筋能束骨屈节，肾藏精，生髓充骨，外力作用于人体可使骨断筋伤。年老体衰，肝肾亏乏，筋骨失养，可致筋脉拘急，骨质日渐脆弱，骨骼增生变形，关节退行性改变。故治宜补肝固肾，使肝血充盈，肾精充足，筋劲骨强，此为治本之法。治疗中以金匮肾气丸为主方进行加减，能补肾中真阴真阳，荣肝健脾，使阳乘阴化，肾气充盈，生髓养骨。肝气充足，能使人体筋膜坚韧有力，滑利关节。脾健则人体消化、吸收、运输功能旺盛，营养充足，肌肉丰满。肾、肝、脾三脏功能良好，能阻止或减弱筋骨的退行性变，具有强壮筋骨的功勲。而金匮肾气丸则能加强三脏的功能，进而达到治疗筋骨关节病的目的。

2.2 骨质疏松症

近年来，因骨质疏松症造成腰背痛而就诊的患者日益增多，而多种老年人骨折的发生，在很大程度上都与骨质疏松症有关。张文泰遵循中医学基本理论，根据中老年人的气血变化规律，潜心研究骨质疏松症，确立了补肾益精、充髓壮骨、标本兼治的治疗原则，并在此基础上研制出中药骨痿灵治疗骨质疏松症。方药主要成分有鹿茸、龟版、狗骨、三七、水蛭、砂仁等。主治肾虚兼气血不足所致的中老年骨质疏松症，伴有腰背酸痛、全身骨痛、腰膝酸软、神疲乏力等，疗效颇佳。

骨痿灵在早期的动物实验中，复制出绝经（去势），肾阴、肾阳虚及维甲酸所致骨质疏松大鼠的动物模型，检测上述各型大鼠骨（股骨中 1/3）的力学强度、直径、骨密度等指标均低于正常鼠，以直观的实验数据，量化了“肾主骨”这一理论。通过喂食骨痿灵前后上述各项检测指标的改变，对照，得出了骨痿灵能显著提高骨强度、骨密度及钙含量，以此验证了骨痿灵对药源性骨质疏松，绝经后骨质疏松，肾阴、阳虚各型骨质疏松症的良好治疗效果。

方中君药选用鹿茸甘温，入肾经，补肾阳，强督脉，益精添髓，助阳起痿之要药，龟版甘咸入肾经，补肾阴，强任脉，为滋养肝肾，潜阳之要药。龟版与鹿茸伍用，主要取其龟鹿二仙之方义，阴阳互根，阳为阴主，阴为阳根，滋养元阴元阳，大补肾元，以维护人体的本元，使阴阳平秘，精髓充盈，骨正筋柔，而久疾可廖。臣以狗骨温肾壮骨，祛风除湿，主治风湿关节痛，冷骨风痛，腰腿无力及四肢麻木，有以脏补脏，以骨补骨之意，辅助鹿茸和龟版之功效。佐以三七化瘀行滞，消肿定痛，水蛭活血祛瘀，通络和营，当归补血活血，调经止痛，三者伍用，疏其血气，濡养骨脉，善行血瘀气滞，治疗血痹虚劳等症，以助群臣药，补不滞邪，行不伤正，标本兼顾，相得益彰。使以砂仁健脾和胃，斡旋中州升降之机，以助行药势。方中中药配伍巧妙、严谨，临床疗效确切，经初步临床研究已表明,“骨痿灵”既能改善症状,又能促进骨生成,与西医所循的替代疗法相比较,骨痿灵更注重整体调控,调动内因,突出了鲜明的中医药特色,显示出该药在治疗骨质疏松症上的巨大优越性和广阔的前景。中医认为,骨质疏松属骨痿范畴,以肾虚为本,痰瘀阻脉为其主要病机。骨失所养,脆弱无力或凄弱不用,致骨痿为病,临床虽可见肾气虚、肾阳虚、肾阴虚及肾之阴阳两虚等不同证型,但归根结底责之于肾。张文泰认为,对于骨质疏松症,应当做到未病重防。病后以中医学基本理论为基础,组方遵循“肾主骨”理论,从整体出发,辨证分析,认清病因病机,明确证型,进一步使之与症相合,最大程度地发挥中医药防治本病的优势。在临床遣方用药中,张文泰重用补肾阴肾阳之药,恢复肾的原动力与物质基础,以达到补肾壮骨、添精益髓之功。(张 晔 张 敏 李晓春 李跃飞)

张小萍临床经验

【名老中医简介】张小萍(1944~)女。江苏镇江人。教授,主任医师,博士生导师。1965年7月毕业于江西中医学院。现任江西中医学院中医内科学科组组长,江西省“十五”重点学科学科带头人,中华中医药学会脾胃病分会常务委员。江西省名中医。先后主持省、厅级课题5项,主编专著1部,副主编3部,参编1部,发表论文10余篇。

临床经验

脾胃病

1 擅长从肝论治肠道疾病

张景岳曰:“安五脏即所以调脾胃。”说明脾胃疾病也可以从它脏治疗。因为五脏相生相克,脾胃和它脏的关系非常密切,其它脏腑的阴阳盛衰也会反过来影响脾胃。其中以脾胃和肝脏之间的关系尤为密切。脾土属阴,必得肝木的条达活泼、升散疏泄之性,脾气才不会阴凝板滞,从而纳食得以正常运化,脾胃之气才能升降如常;另一方面,肝气亦需脾气的滋养。肝为刚脏,必赖脾气之柔润濡养,方不致刚强太甚,而遂其条达活泼之性。在木克土证之中,又必须分清主次,肝木乘脾土,一种是由肝及脾;一种是由脾及肝。《素问·五运行大论》云:“气有余,则制己所胜而侮所不胜;其不及,则己所不胜,侮而乘之,己所胜,轻而侮之。”因此,临床上必须分清主次。如果是因肝而影响及脾的,其主要矛盾则在肝;如果是因脾而影响及肝的,其主要矛盾则在脾。这个主次关系不可倒置,否则就影响疗效。如张小萍临证治疗肠易激综合征时就常以痛泄要方加减化裁。她认为肠易激综合征主要由于情志抑郁,肝气郁结不得疏泄,乘脾犯胃,脾胃功能受损,中气不足,胃失和降,以致肠道气机阻滞,升降失常,传导失司。以肝气横逆乘克脾土为主要病机,主症多见腹痛,腹泄,痛则欲便,便则痛减,肠鸣漉漉,与情志因素密切相关等一派肝木克脾土的现象,脾土受害明显,但尚未进入脾虚阶段。一般认为痛泄要方为扶土抑木之剂。但张小萍以为该方以抑木为主。方中防风疏肝,白芍敛肝,陈皮则调理脾胃之气,这三种药物都没有扶土的作用,但肝实乘脾之证,最易导致脾虚,故佐以健脾祛湿的白术。目的之一是先期用药,以防脾虚的发生。《金匮要略》云:“见肝之病,知肝传脾,当先实脾。”若主要病机在脾虚而发生的木克土之证,理当扶土为主,兼以抑木,张小萍常以黄芪建中汤为主方加减化裁治疗。本证矛盾的两个主要方面是肝郁及脾虚,两者可互为因果,即木贼土虚,或土壅木郁,抑肝柔肝以制亢盛,健脾助运以扶其弱,肝平脾健则泄泻自止。

2 注重辨证与辨病相结合

张小萍治疗脾胃病时注重辨证与辨病相结合,既遵循中医辨证论治原则,又充分运用现代医学理论及检测手段,病证结合,中西合参。她认为,治疗疾病关键在于认识疾病的本质,而现代先进检测手段应该是传统“望、闻、问、切”四诊的延伸,如胃镜就是望诊的延伸,这样才能更为科学地病证结合,进而辨证论治。如临床上对胃癌前期病变患者的辨治,胃癌前期病变是指中、重度异型增生和不完全性结肠型化生。中医将其归属于“胃痞”。其发病多因禀赋不足,素体脾胃虚弱;或饮食不节,损伤脾胃,或抑郁恼怒伤肝,横逆脾胃,现代研究表明,无论是素体禀赋不足,或因饮食劳倦,肝气郁结,损伤脾胃而导致的脾胃虚弱,都会引起胃粘膜屏障受损发生木病,在脾胃虚弱的基础上患者易感染幽门螺杆菌,损伤脾胃,毒邪内蕴,脾胃则更虚,气机升降失常,气滞血瘀,胃络瘀阻,从而导致胃痞之证。脾胃虚弱是胃癌前期病变的病理基础，故在治疗胃癌前期病变中，应“治病求本”，补益脾胃之气，张小萍常以健脾益气的参苓白术散、香砂六君子汤等为主方加减治疗。胃络瘀阻在胃粘膜萎缩、肠化、异型增生中起关键作用。所谓“久病必瘀”、“久病入络”，她主张治疗时必重视调气活血，且应脾胃同治，故常配伍丹参饮、制乳没、田七等调气活血之品 。胃癌前期病变与幽门螺杆菌感染密切相关，现代医学研究表明，幽门螺杆菌感染是慢性胃炎、消化性溃疡的最主要病因，是胃癌的一类致癌因子之一，幽门螺杆菌当属于中医“邪气”范畴，且多具有“毒”的性质，脾胃虚弱是幽门螺杆菌感染的病理基础，幽门螺杆菌感染后引起的毒邪内蕴或气滞血瘀等为其主要病理改变。本病既有脾胃虚弱之本虚，又有毒邪内聚及气滞血瘀之标实。三者互相影响，互为因果，终致气血同病，虚实夹杂，缠绵难愈，日久则逐渐形成萎缩、肠化、增生，导致癌变。故张小萍在胃癌前期病变的治疗中不仅要培土健脾固其本，而且需配伍调气活血方药化其瘀，清热解毒之剂祛其邪。常在健脾益气活血的基础伍以白及、黄连、白花蛇舌草、黄芩等根除幽门螺杆菌中药，取得了好的疗效。

3 善用对药

张小萍在治疗脾胃病时，善用对药，常用白及配黄连、苏叶配黄连、牛膝配升麻等行之有效的对药来提高疗效，如她在治疗肝硬化腹水引起的顽固呕吐和顽固性妊娠恶阻时，常用清代王孟英的“连苏饮”取效，其方仅两味药，黄连苦善于清热燥湿，和中止呕；紫苏叶辛温，长于通理肺胃，顺气畅中。两味伍用，寒热相配，相反相成，协同清热和胃，理肺畅中，能调理脾胃之气，使其燥湿相得，则升降如常，气机顺畅而呕吐可止，治疗寒热错杂的顽固性呕吐，最为适宜。煎汁一酒杯，频频呷饮，见效速者甚至有药未尽剂而呕吐即止，可见此药对功力之非凡，但使用时，用量须轻，取“轻可去实”之义。如患者李某，女，29岁，于2002年9月21日就诊。妊娠2月余，呕吐甚至连汤水都不能入，每天靠静脉输液补充营养及使用对症治疗的药物，但仍恶阻不止。来诊时需家人搀扶进诊室，身体虚弱，观其面色尚红润，少气懒言，口干不能饮，舌红少苔，脉细滑。处以连苏饮2剂：苏叶6g，黄连8g，煎浓汁呷服。隔日来诊，能单独一人走进诊室，告之服药1剂后，呕吐即渐止，当晚能进米汤。服第2剂后，呕吐全止，已能进米粥，观其神清气爽，语言较有力，脉滑利显有力。嘱勿再服药，增加营养。又如张小萍在治疗复发性口疮时，常用牛膝配升麻取效，牛膝味苦性平，功擅苦泻下降，能引血下行，以降上炎之火；升麻辛甘微寒，清热解毒，长于引药上行。两味伍用，升降相配，相反相成，使上焦之火得清，治疗复发性口疮最为适宜。

4 重视顾护胃气

脾胃为后天之本，气血津液生化之源。五脏六腑、四肢百骸、五官九窍、十二经脉等皆依赖脾胃而得以滋养。《脾胃论》曰：“内伤脾胃，百病由生。”胃主纳，脾主化，胃的受纳是脾运化的基础，而脾的运化又是使胃能不断受纳的必要条件，二者相互配合，才能完成消化、吸收、输送营养及药物的任务。胃之所以受纳，是依靠胃气的作用，“人以胃气为本”。朱丹溪曰：“夫胃气者，清纯中和之气也。惟以谷、肉、菜、果相宜。盖药石皆偏胜之气也，虽进参芪辈为性亦偏，况攻击之药乎。”因此，张小萍临证常以香砂六君子汤、参苓白术散、补中益气汤为基本方加减治疗各种脾胃病，且避免使用滋腻碍胃、芳香燥热、苦寒伤胃之品，芳香燥热药虽能取得一时之效，但只能作为治标之用，久服易耗损气血，助热损阴，对有的患者易导致出血之变。苦寒之品，更易损害脾胃之阳，胃阳一伤则不能纳食，胃不能纳，则脾无以化，气血生化无源，脏腑百脉皆无以受气，于是身体日见衰弱而变化他病。总之，在治疗脾胃病时，理气多用香附、陈皮，活血常用当归、丹参等药性较为平和之品，以免耗气破血，损伤胃气，力求清润不腻，寓流动之性，甘补不壅。（严小军）

肠易激综合征（IBS）

1 从肝脾论治

中医认为，肝属木，脾属土，肝脾之间具有相克关系。若肝疏泄太过，肝强凌弱，横逆脾土，或疏泄不及，木不疏土，土壅失运，均可致脾失健运，出现脾胃病；脾胃同居中焦，功能各异，素体脾虚，或久病伤脾，或劳倦过度，或饮食所伤，均可损伤脾胃。IBS以慢性腹泻、便秘、腹痛的交替或综合出现及精神神经症状为特点，属于中医脾胃病的范畴，张小萍认为本病的发生与肝脾密切相关。

1.1 腹泻与肝脾的关系

脾胃同居中焦而属土，脾主运，胃主纳，胃之纳降功能正常与脾气之助无不相依。《注解伤寒论》曰：“脾，坤土也，脾助胃气消磨水谷，脾气不转，则胃中水谷不得消磨。”但脾助胃气之纳降，必藉肝气之疏达，才能正常有序。肝之疏泄有度，则水谷精微正常输布全身,糟粕正常下传大肠。《素问·宝命全形论》曰:“土得木而达。”脾气得肝气疏泄,则运化水谷,水湿有常。若肝气失和,脾主运化水湿功能不得肝气之条达,则水湿并走肠道下趋则腹泻。

1.2 便秘与肝脾的关系

便秘,或便秘与腹泻交替,常见于IBS病者。大便正常与否,既与脾气的运化密不可分,又与肝气的条达息息相关。情志不达而伤肝,思虑过度而损脾,伤肝则气机郁滞,损脾则气机梗阻,肝脾为病而气机失常,此时,大肠之气既不得脾气之运,又不得肝气之疏,糟粕内蕴,留而不去则变生便秘证。尤在泾曰:“气内滞则物不行。”除气秘外,尚有阴结、阳结。若肝郁日久化热,灼烁阴津,或肝之阴血素虚,津失输布,大肠失润,以致大便干结而难排;若脾阳虚,肾阳受累,温煦无权,寒自内生,凝滞肠道,亦致排便艰难。

1.3 腹痛与肝脾的关系

《临证指南医案》曰:“太阴湿土得阳始运,阳明燥土得阴自安”。“脾宜升则健,胃宜降则和”。脾胃气机升降正常而行使其功能,必借肝气的条达,才能升清降浊。若肝气郁滞,疏泄不及,则脾胃升降之气也因之壅阻,中气梗塞不通则腹痛。IBS以乙状结肠激惹较多。常伴左下腹痛,中医称为“少腹痛”,少腹为足厥阴肝经所过部位,其痛多与肝有关。《医学求是》曰:“腹中之痛,称为肝气,木郁不达,风木冲击而贼脾土,则痛于脐下。”病为肝木横克脾土,肝木不达,脾土为滞,肝脾不调,气机壅滞,症见腹痛。

2 从肝脾论治的常用方法

基于对IBS发病机理的认识,其根本在肝脾,变化在肝脾失调,表现在脾胃肠。张小萍着重从肝脾论治本病。肝实者宜疏泄肝气,脾虚者宜健脾祛湿,旨在调肝脾之用。

2.1 肝木乘脾

疏泄太过,肝强凌弱,肝脾不和,大便异常。其证候特点为:腹胀腹痛,肠鸣泄泻,痛则欲泻,泻后痛减,每因情绪紧张或精神抑郁恼怒而发病,常伴嗳气食少,舌苔薄白,脉弦。治宜抑肝扶脾,调和气机。方用柴胡疏肝散和痛泻要方加减。嗳气恶心加半夏、代赭石。

2.2 寒湿困脾

外来湿邪,易困阻脾土,以致升降失职,清浊不分,水谷混杂而下发生泄泻。其证候特点为:泄泻清稀,偶有食物残渣,腹痛肠鸣,脘闷食少,苔白腻,脉濡缓。治宜芳香化浊,方用藿香正气散加减。纳食不多加用神曲、鸡内金、麦芽健脾开胃。

2.3 脾胃虚弱

每因饮食不慎,受寒后腹泻,呈稀糊样,解便时左下腹疼痛,伴肠鸣或呕。四肢乏力,面色萎黄,舌质淡红,舌苔白腻,脉细缓或虚缓。治宜健脾养胃,渗湿止泻。选方七味白术散加减。腹痛加延胡索、川楝子。

2.4 肝气不疏

肝郁失疏,木不疏土,土壅失运,大便异常。其证候特点为大便不调,或溏薄,次数多,但量少;或大便干结,排出不爽,有后重感。常伴脘腹胀闷不舒,嗳气太息。舌质淡红,苔薄白,脉弦。治宜疏肝解郁为主,方选四逆散加味。腹泻加藿香、白术、茯苓,以祛湿实大便;便秘加枳实、神曲、麻子仁、郁李仁以降气通大便。

3 病案举隅

案1 熊某,男,28岁,2000年6月1日初诊。患者5年前始每遇饮食不慎,受寒饮酒后则腹泻,呈稀糊样,日行3~4次,无黏液,左下腹疼痛,伴肠鸣,曾服西药治疗,但仍反复发作。舌体胖大,边红,有齿印,苔白微腻,脉沉细。腹部B超正常。纤维结肠镜示未见器质性病变。西医诊断为肠易激综合征。中医诊断为泄泻,辨证属脾胃虚弱,湿滞内生。治以健脾祛湿止泻。处方:葛根、党参、茯苓、鸡内金各15g,木香、黄连、炙甘草各6g,藿香、炒白术、神曲各10g,白及、麦芽各20g,每日1剂,水煎温服。连服7剂,左下腹疼痛缓解,大便成形,日1~2次,精神好转,舌质胖嫩,边有齿印,苔薄黄,脉细弦。继服柴芍六君子汤7剂以调治。

案2 吴某,女,38岁,工人,2000年8月9日初诊。自近两日泄泻大便每日三行,质软,夹有黏液,泻后有不畅感,伴肠鸣,小腹胀痛,泻后痛减、舌苔薄白,脉两关不调,弦而缓。左下腋有广泛压痛,大便常规加隐血均示阴性,X线钡剂灌肠无阳性发现。西医诊断为IBS,中医诊断为泄泻。辨证属肝木乘脾,治以抑肝扶脾。处方:防风、炒白术、陈皮、白头翁各15g,炒白芍24g,延胡索、川楝子、柴胡、枳壳各10g,麦芽、白及各20g,黄连6g。水煎温服。连服5剂。大便每日一行,质软,有黏液,腹痛明显减轻,舌红,苔薄白,脉弦。原方加槟榔10g,木香6g,4剂以调治,诸症悉除。嘱患者畅情志,避寒冷,忌生冷,以消除病因

4 体 会

IBS虽有人称之为黏液性结肠炎，实际上结肠并无明显炎症，仅是结肠动力学及肌电活动易激性异常引起运动和分泌功能失调。现代医学认为其发病与精神因素和植物神经功能紊乱、肠平滑肌反应性异常有关。属中医之"泄泻"、"便秘 等范畴。张小萍认为本病以脾虚肝实所致为多见。脾虚易为肝木侮克，气机壅滞，升降失常。上述4种证型中，以肝木乘脾和脾胃虚弱较多见。根据治病求本的原则，疏肝健脾为治疗关键。特别值得注意的是本病与情绪、饮食起居等关系密切，故治病同时应避免精神过度紧张，注意劳逸结合，禁忌生冷及有刺激性食物。（张雅静）

遣方用药

消化病对药

1 黄连配白及

张小萍认为各种胃肠道炎症疾患在急性期内镜下均可见胃肠黏膜炎症、充血、水肿、糜烂等，验之于舌为舌红而苔厚或白或黄，这符合中医湿热征，而黄连苦寒，能清热燥湿、泻火解毒；白及苦甘涩微寒，能收敛止血、消肿生肌，二药都归胃经，相伍使用能很好地去除湿热之邪，并修复损伤的胃黏膜。《别录》谓黄连能"调胃厚肠"，现代药理研究认为黄连能抗菌抗炎，并有抗胃溃疡及抑制胃肠平滑肌的作用。白及在《本草纲目》中认为有"生肌治疮"的作用，在长期的临床实践中，张小萍发现，二药相合对急性胃炎，尤其是糜烂性损伤的炎症有很好的疗效，并对溃疡面有很好的修复作用，所以它们还可用于消化道溃疡及溃疡性结肠炎。

2 枳壳配杏仁

枳壳行气宽中消胀，以走以泻为主，功类枳实，但性较之平和，而无枳实破气耗气之弊；杏仁苦温，化痰通便，能通降肺气，二药相伍，能通调中上二焦气机郁滞所引起的脘痞、胸满、嗳气等症。张小萍认为，肺主气，能通调全身气机，而脾胃为全身气机之枢纽，枳壳调理中焦气机，能升能降，杏仁协理肺气，二药相伍通调二脏气机，使全身气机升降适度而使气顺胀消。现代药理研究认为枳壳具有很好的胃肠平滑肌双向调节作用，而杏仁也能抑制胃蛋白酶活性。这种组合被广泛应用于各种胃炎、胃肠无力性消化不良、胃下垂、胃扩张等病。但是她在应用时并不反对应用枳实，并认为因临床大多为久病体质相较弱的患者，所以选用枳壳，如果患者体质好，胃气强，枳实就是当选之药，并在评价枳实、枳壳关系时，《张氏医通》所说的"《金匮》治水肿心下如盘，故以汤以荡涤之；东垣治脾不健运，故用丸以缓消之，二方各有深意，不可移易"是可以借鉴的。

3 蒲公英配浙贝母

蒲公英苦甘寒，归肝胃经，能清热解毒利湿，并能消痈散结，《本草新编》指出："蒲公英亦泻胃火之药，但其气甚平，既泻火，又不损土，可以长服久服而无碍，凡系阳明之火起者，俱可大剂服之，火退而胃气自生。"据现代药理研究，它对胃溃疡及胃黏膜损伤都有保护作用，在临床中用于胃炎及消化道溃疡。浙贝母味苦性寒入心肺经，能清热化痰开郁散结。二药配伍，制酸消炎止痛之力加强。广泛用于急慢性胃炎及胃、十二指肠溃疡证见脘痛、烧心、泛酸者。并且张小萍认为，如果胃溃疡伴见幽门不全梗阻，当属湿热中阻，气滞血瘀，此时应用蒲公英配浙贝更佳，并且据一些医家的观察，乌贼骨、瓦楞子、珍珠粉之类制酸时因其成分含钙盐，久服有可能引起结石，而这组药对证无此弊。

4 百合配合欢皮

百合，甘微寒，归心肺经，润肺止咳，清心安神。但《本经》认为其"主邪气腹胀，心痛，利大小便，补中益气。"合欢皮，甘平，归心肝经，安神解郁，活血消肿。《本经》云其"安五脏"，《本草求真》谓其"入脾补阴，入心缓气，而令五脏安和"。二药相伍调补心脾，舒肝解郁，而无香燥之弊。适用于各种胃肠道疾病而有阴液不足，且不适于用腻补之品，伴有肝气不舒畅者。并且张小萍认为，在现代社会，患者情绪不若古时之人安详，心绪纷乱，肝郁见证丛生，化火扰动心神，此时使用百合配合欢皮还能清心解郁安神，解除患者的心烦失眠之症，更有利于病情的恢复。

5 谷芽配麦芽

谷芽、麦芽皆入脾胃二经，麦芽甘平，消食和中具生发之气，助胃气上升；谷芽甘平，健脾开胃，消食和中，《本草纲目》谓："快脾开胃，下气开胃"，二药伍，一升一降，相需为用，既能消食又能宽中，使脾胃气机顺畅。张小萍认为谷芽、麦芽虽同为健脾消导品，但麦芽消食之力较谷芽为强，而谷芽较麦芽养胃之功更著，麦芽消面食，而谷芽消米食。主要用于慢性胃炎、萎缩性胃炎、消化道溃疡，以及各种放疗后胃之气阴受损，出现食欲不振，或不思饮食的情况。

6 三七配白及

三七，甘苦微温，归肝胃经，能化瘀止血，活血定痛。白及苦甘涩微寒，能收敛止血、消肿生肌，三七走而不守，白及守而不走，二药相伍，一走一守，使行瘀止血，生肌止痛之功加强。因其能止血故能广用于各种消化系统疾病的出血，因其能生肌，故能用于消化道的各种黏膜的糜烂、溃疡。三七在现代药理研究中有很好的消肿定痛，松弛平滑肌，保护胃黏膜，促进生长的作用；白及则具有明显的消痈敛疮、祛腐生肌、抗溃疡、抗菌、预防术后肠粘连的作用。所以二药结合能更广泛用于治疗各种溃疡，慢性溃疡性结肠炎，及胃肠炎症的黏膜充血糜烂。

7 栀子配生姜

本药对在《丹溪先生治法心要》中有记载：“胃口有热而作痛者，非栀子不可，须佐以姜汁”。叶天士亦将二药用于治疗胃中嘈热吞酸。张小萍认为，嘈杂吞酸，多为痰火湿热郁于中焦，治宜清胃，佐以降痰，若恣用苦寒，则胃阳败坏，反致它疾丛生，而栀子性味苦寒，归心胃肺三焦经，有泻火除烦，清热利湿，凉血解毒之功，《本经》云其能“主五内邪气，胃中热气”，《丹溪纂要》谓其“解郁热行结气，凉而能散，解郁清热两擅其长”，生姜性味辛温，功能发汗解表，温中止呕，二药相合，一寒一温，寒以除中焦湿热除烦，辛温以通行中焦阳气并化痰为佐，共奏清胃降痰之效，则嘈可愈酸可停，验之临床，确有良效，这组药对也是辛开苦降的变法。现代药理研究也提示，栀子能减少胃酸分泌，抗炎；生姜也有类似作用。二药相合用于胆汁反流性胃炎等出现嘈杂吞酸烧心等症的患者。

8 垂盆草配白茅根

垂盆草甘淡微酸凉，归肝胆小肠经，具有清热解毒，利湿退黄之功；白茅根甘寒，归肺胃膀胱经，能凉血止血。二药相伍，一气分，一血分，能凉血利湿解毒，用于传染性肝炎肝功不良的患者时，随证加入益气、滋阴、温阳、活血的方剂中，有较好的降低血清转氨酶的效果。张小萍认为，对于急慢性传染性肝炎，不管属于哪种证型，只要有肝功不良，都反映有湿热毒邪存在，并且肝体阴而用阳，为藏血之脏，辅以凉血止血之品，以防肝风内动，并且白茅根能利湿热而不伤阴，正符合肝脏特点。

9 泽兰配金钱草

泽兰苦辛温，归肝脾经，横行肝脾之间而通肝脾之血，活血而不伤血，补血而不滞血，同时又能利水消肿，《本经》谓其治“大腹水肿”；金钱草甘淡，能归肝胆经，具有利水除湿，解毒退黄之功。二药相合活血利水，张小萍将其广泛用于各型黄疸、鼓胀等病。她认为肝藏血，无论是黄疸还是鼓胀，不管是何类型是何阶段，都必然伤及血分，并且本着古人所谓血不利则为水的理论，主张在治疗时要用活血利水药，尤其是肝硬化出现腹水、黄疸。如果这时再伍以川芎，效果会更理想，川芎为血中之气药，能理气活血，两调气血。现代药理研究认为泽兰、川芎有很好的抗肝纤化的作用。所以此药对用于黄疸，肝硬化各期均有很好的疗效。

10 木瓜配山楂

木瓜酸温，入肝脾经，能化湿和胃，《本草拾遗》称其能“消食”；山楂酸甘温，归脾胃肝经，能消食化积，活血散瘀。二药相伍，疏肝和胃，消食理脾化湿。张小萍在应用它们时，除了应用以上功用外，并认为二药与甘味药相伍具有酸甘化阴之功，而用于慢性萎缩性胃炎及其它出现胃阴不足，胃脘隐痛，痛及胁肋，舌干、脉细的病症中。她认为胃属燥土，性喜润降，肝为刚脏，体阴用阳，胃阴津不足与肝阴不足相关，即叶氏所谓“夫胃是阳土，以阴为用，木火无制，都系胃汁之枯”。二药味酸，均入肝经，配以甘药如甘草之属，正是肝胃之阴津来复。并且山楂古称独圣散，能活血化瘀，而肝藏血，胃又为多气多血之脏，山楂活血改善二脏血运，二药同用而使胃阴复，胃口开，通降和合，血行痛止。（曾江涛　肖卫云）

张永杰临床经验

【名老中医简介】张永杰　主任医师，教授。海南省中医院党委书记、副院长，广州中医药大学及海南医学院兼职教授，中华中医药学会内科学会委员，海南省中医药学会副会长，国际华夏医药学会副会长。第四批全国老中医药专家学术经验继承工作指导老师。享受国务院政府特殊津贴。擅长中西医结合治疗冠心病、心肌炎、高血压病、糖尿病、风湿性疾病等多种疑难杂证，主持完成省、部级科研立项课题5项，并多次获奖，发表论文50余篇。

临床经验

糖尿病肾病

1 脾虚为糖尿病肾病的病机之本

糖尿病属中医“消渴”范畴，内因为禀赋不足，真气虚弱，气阴两虚。而饮食不节，过食肥甘；精神刺激，情志失调；形体肥胖；外感六淫或伤于邪毒；劳欲过度，损伤阴精等均为外因。基本病机为气阴两虚。气阴虚可化燥生热，燥热甚又可耗气伤阴，互为因果，导致糖尿病诸多症状的发生。但从糖尿病发展至肾病阶段，一般需经过10年左右，且发展至糖尿病肾病时，患者“三多一少”的症状不典型，而疲倦乏力，嗜卧懒动，纳差，腰膝酸软，面色苍白或晦暗等症状，为临床常见。究其原因，张永杰认为：糖尿病阶段，因饮食不节，过食肥甘、醇酒厚味，导致脾胃受损，患者确诊糖尿病后，尽管经过糖尿病教育，饮食控制，加强锻炼及药物等综合治疗，但只能控制，不能根治。随着病程的延长，科学、合理、积极地治疗，只能延缓而不能遏止病情的发展，故脾胃功能将随着病程而持续损害，只是在某阶段减轻，某阶段加重，但总的趋势是逐渐加重，特别是一些微观的病理改变。其次，一部分患者，特别是经过积极合理治疗而血糖控制不满意及自控能力差者，对糖尿病慢性并发症认识不足，认为过分控制饮食降低了自己的生活质量，他们或失去信心，或不遵医嘱，饮食上我行我素，生活上顺其自然，体内长期高血糖状态而产生“高血糖毒性”。另外，随着人们生活水平的提高，衣食住行得到改善，膳食精美，运动减少，成为肥胖及糖尿病发病率逐年增高的直接原因。现代医学提出胰岛素抵抗及胰岛素分泌缺陷是2型糖尿病发病基础。而肥胖是胰岛素抵抗的临床特征之一，中医学将肥胖责之于脾虚，属脂膏聚积体内之痰湿为患。2型糖尿病患者，当诊断明确后，一般首选口服药物治疗，任何种类口服降糖药，都有或多或少胃肠道副作用；同时，糖尿病肾病患者，中年发病者居多，常合并有高血压、冠心病、中风后遗症等，须同时服用多种药物且要长期服用，经口入者，脾胃首当其冲。此为药源性致病因素，常为医者忽视。综合以上因素，张永杰提出脾虚为糖尿病肾病的病机之本。且此脾胃不仅包括解剖学脾胃两脏，更包括现代医学“胰腺”。因为食物中的糖、蛋白质、脂肪以及各种微量元素等营养物质，必须经过胰腺分泌细胞分泌的胰淀粉酶、胰脂肪酶、胰蛋白酶化学消化，才能被机体利用吸收。如果胰腺分泌这些消化酶的作用减弱或功能失常，各种物质消化吸收障碍，机体无法获得足够的营养物质，就会出现气血生化不足的脾虚现象，这和脾主运化生理功能和病理改变相一致。脾为后天之本，气血生化之源，脾虚致渴的论点越来越受到重视。脾虚运化失职，津液不能上承，患者引水以自救，故出现口渴多饮；脾虚其气不升而下降，使水谷精微随小便而排出体外，故糖尿病患者出现尿多浑浊而味甘。随着病程的进展，在上述致病因素作用下，始者耗伤脾气，久者气阴两伤，脾胃阴虚，气虚则致升清降浊的功能障碍，阴虚则无“精”布散。脾虚既包括脾气，亦指脾阴，脾气医者熟知，脾阴常被忽视。脾阴虚病因是多方面的，素体阴虚，或年老液亏，或感受燥热之邪劫夺脾胃之阴，此其一；木火体质，易生内热、烦躁多怒，五志过极，以致阳升火炽，此其二；饮食偏嗜辛热，或饮酒过度，温热化燥而伤阴，此其三；不辨脾胃阴虚之证而误治，如辛散劫阴，燥热助火，此其四。

2 瘀、痰为糖尿病肾病的病理产物

唐容川《血证论》云：“瘀血在里则渴，所以然者，血与气本不相离，内有瘀血，故气不得通，不能载水津以上升，是以为渴，名曰血渴，瘀血去则不渴也。”明确提出瘀血致渴的机制。脾为后天之本，主运化而升清，当各种原因致脾失运化，水谷不能化生精微而酿生痰浊，痰浊内阻，中焦气机升降失常，脾气受损，脾功能障碍加重，而出现脾虚湿盛的本虚标实之证。脾气虚弱，气血生化乏源，气虚则动血无力，血运不畅，血弱则脉络充盈欠佳，血流缓慢，血液中的致病物质沉积于脉络，致病因子损害脉络，则脉络狭窄；二者均可导致瘀血内阻而成血瘀证。而痰湿内盛流注脉管，血液重浊，亦可使血行不利而瘀滞。糖尿病患者常病情缠绵，时轻时重，患者常有精神抑郁，情绪障碍，肝气郁结，疏泄失常，气机阻滞，血液运行不畅，亦致瘀血内停。而瘀血、痰浊不仅是一种病理产物，同时亦可作为一个致病因素，影响该病的发展与转归。现代医学研究认为，糖尿病肾病患者，甲皱微循环的改变明显高于正常人，血液流变学指标中，红细胞聚集指数、全血比粘度、血浆比粘度、纤维蛋白原及血沉均明显增加；血清脂质代谢紊乱，过多的血脂在体内潴积，形成高脂血症；血管内皮细胞损伤，激活凝血系统和血小板，形成微血栓或破坏血管屏障，增加血浆成分的管壁渗透，从而形成微血管病变；血浆内皮素(ET)水平升高，而ET是目前所知最强的缩血管多肽；血栓素及前列环素比例失调，致血管平滑肌增生，血管狭窄；白细胞粘附功能增加等。上述多种机制的研究，既为中医瘀血证找到了客观指标，同时，也为活血化瘀治疗糖尿病肾病找到了客观依据。

3 糖尿病肾病从脾论治

综上所述，脾气(阴)虚为糖尿病肾病的基本病理之一，而瘀痰内阻为病变之标；二者相互影响，导致糖尿病肾病迁延不愈，病变发展，而致终末期肾病，呈现阴阳两衰难治之候。对其治疗，张永杰强调临床应注意如下几点。

3.1 辨证与辨病

辨证就是辨证候、辨体征。只要有脾虚表现，就应从脾论治，抓住疾病的本质。脾的生理功能是运化转输，升清降浊以及主四肢肌肉。若精神压力过大，饮食不节，劳逸不当，或药物的作用，均可损伤脾胃，脾气亏虚，五脏失养或脾不统血，气虚血瘀，络脉阻滞，则可导致五脏失衡，升清降浊的功能障碍，气血乖张而变证丛生。辨病就是结合现代医学对本病的认识，强调早发现、早诊断、早治疗，甚则干预治疗，以期延缓或遏止病情的发展，提高患者的生活质量。现代医学认为糖尿病肾病临床分为Ⅰ～Ⅴ期，而Ⅰ～Ⅲ期是防治的重点。若延缓治疗，病情发展至Ⅴ期即尿毒症期，则肾或血液透析及肾移植为其治疗手段，不但花费昂贵，且预后差，故张永杰强调辨证与辨病，就是结合现代医学检查，采用截断疗法在病变早期积极地干预治疗，以遏止病情的发展。

3.2 主证与兼证

张永杰在治疗上强调从脾论治，以健脾滋阴，活血通络为治疗大法。但本病病机复杂，病情迁延。肾位于下焦，为先天之本，促进人体的发育和生殖，为元阴元阳之脏，主持机体水液代谢，在体内水液的代谢过程中，清者上升，浊者下降，均离不开肾气的蒸腾气化。若肾气(阳)虚，失于蒸腾气化或固摄，便可出现尿中脂膏或小便不畅。正如《仁斋直指方》所言"肾藏真精，为脏腑阴液之根，肾水不竭，安有消渴者"。其虚者临床常见气阴两虚证、阴阳两虚证、阴虚热盛证。兼证为外感证、水(痰)湿证、湿热证、血瘀证、浊毒证。故其治疗，当以辨证论治为前提，灵机活法，随证加减。

3.3 治标与治本

糖尿病肾病本为脾虚，标为痰浊瘀血，本虚标实，在治疗的过程中，应重视健脾益气滋阴这一关键。痰浊瘀血则为疾病过程中的病理产物，为有形之邪，其病理特点为瘀阻脉络，阻碍气机，损伤脏腑，往往在某一阶段可成为该病的主要矛盾，临证要高度重视，但标本治疗不是对立的，而是相辅相成的，根据临床实际，或标本兼治，或标本分治，分清主次，灵活运用。(邱晓堂)

医案验案

失眠验案

案1 唐某，女，30岁，2006年2月10日初诊。主诉：严重失眠10年。患者每天睡眠3小时左右，服安定每次3片，效果仍欠佳。间服中药，失眠改善亦不明显，而失去信心，经介绍求诊张永杰。诊见：失眠，偶有烦躁，但第2天精神尚好，饮食正常，伴便秘，大便呈羊矢状，舌尖红、苔薄黄，脉弦细。证属肝郁血虚，肝脾失调，心神失养，肠道失润。治宜疏肝解郁，健脾和营，养心安神，方用丹栀逍遥散加减。处方：当归、酸枣仁各20g，白芍、泽泻、百合、茯神各15g，薄荷、牡丹皮、焦栀子、知母、柏子仁各12g，远志10g，柴胡、生大黄各8g，甘草4g。3剂，每天1剂，水煎服。二诊：药后睡眠明显改善，每晚能入寐5～6小时，大便每天1次，呈糊状，且白天有困意，舌红、苔薄黄，脉弦细。守方加龙骨、牡蛎各15g，服7剂。三诊：每天睡眠达6小时左右，且易入睡，但易惊醒，大便正常。上方去大黄，加磁石15g，服7剂。四诊：患者每天睡眠6～7小时左右，大便正常而停药。后电话随访，睡眠基本正常。

按 本案因失眠而烦燥，应为常见症状，患者虽无两胁胀痛、乳房发胀、月经不调等肝郁症状，因其失眠已10年，起因为谈恋爱失败，精神受刺激，加之从事证券交易工作，压力大，精神紧张，应为辨证关键。结合舌苔、脉象，辨为肝郁血虚，肝脾失调，心神失养，肠道失润。故以丹栀逍遥散加减，酌加养血安神之品，加大黄乃考虑患者患病年久，治疗失眠短期难取效，但便秘用大黄取效迅速，可增强其治病信心。药证相切，故收显效。

案2 叶某，女，56岁，2005年9月6日初诊。患者患2型糖尿病4年，口服优降糖，血糖控制较理想。近来失眠2周，每晚睡眠1～3小时，伴五心烦热，以手心热明显，晨起头部昏沉，心慌，口干，纳食可，舌淡红、苔薄白少津，脉细。证属心肾阴虚，心神失养。治以补养心肾，养心安神。处方：生地黄、磁石、酸枣仁、山药各20g，山茱萸、茯苓各15g，泽泻、知母、牡丹皮、柏子仁、青蒿各12g，夜交藤30g，远志10g，黄柏8g，黄连6g，甘草4g。5剂，每天1剂，水煎服。二诊：服药后，五心烦热减轻，但失眠无改善，守方加桂枝、五味子各6g，黄芪、淫羊藿各15g，肉桂3g。3剂。三诊：经用温阳药后，失眠症状明显改善，每天能入睡6小时左右，余症消失。守方续服3剂善后。

按 张永杰治疗失眠久治不愈，证属阴虚火旺者，迭进养阴镇静之品无效时，则在滋阴基础上，加用温补镇摄法以补偏救弊，常选加黄芪、淫羊藿、肉桂等，补气温阳，益气养精，用量小，温而不燥，临床屡获佳效。本案患者有2型糖尿病病史，形体消瘦，为气阴两虚体质，根据其症状、舌、脉及病史，辨为心肾阴虚，虚火上炎，心神被扰。治以滋补心肾，养心安神。辩证无误，组方亦合理，但临床乏效时，当知常达变。故二诊加用温补心肾阳气之品，仅服3剂。睡眠明显改善。张永杰认为，究其机理，乃卫气行阳则寤，行阴则寐，但阴阳互根，若卫阳偏衰，失于燮理。又当予温补镇摄法。但无论应用何法，目的使阴阳趋于平衡，因"不寐者，病在阳不交阴也"。

案3 杨某，男，54岁。2004年9月5日初诊。反复失眠2年。患者平素身体健康，失眠严重时彻夜难眠，曾间服中西药物，但失眠时轻时重。近1周无明显诱因失眠加重，每天睡眠3小时左右，伴头部昏沉，纳食一般，口淡无味，时腹胀，舌淡、苔白腻，脉弦。证属食滞中阻，胃中不和。治宜消食和中安神。处方：橘红、莱菔子、竹茹各12g，法半夏、枳实各10g，神曲、合欢皮、茯苓各15g，炒山楂、薏苡仁、酸枣仁、龙骨、牡蛎各20g，甘草4g。5剂，每天1剂，水煎服。二诊：服药后，患者每天睡眠5~6小时左右，纳香，头昏、腹胀消失，舌淡、苔薄白稍腻，脉弦。守方加苍术10g，7剂。三诊：每天睡眠6~7小时，余症消失而停药。

按 本案证见头部昏沉，口淡无味，时有腹胀，舌淡、苔白腻，脉弦，辨证属湿浊中阻，并无热象，但用温胆汤有效。温胆汤出自《备急千金要方》，主治"大病后，虚烦不得眠，此胆寒故也"。胆寒者实为胆虚，胆气不得升，相火郁里，胆的生理功能障碍。中医学认为，腐熟水谷与少阳之气有关，少阳生发之气有助脾胃腐熟水谷的功能。胆为奇恒之腑，清净之腑，中藏清汁，胆的特点既不宜热，亦不宜寒，只有保持常温，少阳之气才能正常升发，帮助脾、胃消化。温胆汤是通过病因治疗恢复胆的温化，使少阳之气正常升发，助脾胃运化，中焦升降之气机顺畅，气顺则痰消。温胆汤所治"胃不和则卧不安"，前提是肝胆少阳之气郁而不升，致脾胃运化吸收不行而产生痰饮，且郁而化热的程度较芪轻。若郁热明显者，可加黄连、柴胡、黄芩，或用丹栀温胆汤。（邱晓堂）

张志发临床经验

【名老中医简介】张志发 主任医师，硕士生导师。山东省临沂市人民医院中医一科主任，临沂市中医药学会副理事长，中西医结合学会常务理事，临沂市中医药学会风湿病专业委员会委员，临沂市骨质疏松专业委员会委员，淮海经济区中西医结合学会男性病专业委员会委员。山东省名中医药专家。擅长诊治泌尿系结石，急、慢性肾炎、肾病、阳痿、不孕不育，肝硬化腹水、疲劳综合征、低血压及肝胆胃肠疑难杂病等。

医案验案

验案四则

1 阳虚泄泻

女，50岁，1年前作直肠癌切除术后出现周身怕冷怕风，畏寒，大便日2~4次，上述症状反复发作，于2005年8月来诊。诊见身穿厚毛衣，面色白，自述非常畏寒怕风，天气炎热都惧怕出门，喜食热饮，大便常稀日2~4次，小便清，舌质淡，苔薄白，脉沉细。中医诊断：泄泻。病机为脾肾阳虚，谷道失司。治则为脾肾双补，健运中焦。方用桂附地黄丸加附子理中丸加减，处方：制附子10g，肉桂10g，熟地黄20g，山药20g，党参15g，焦白术10g，茯苓10g，泽泻10g，山茱萸12g，干姜10g，木香10g，甘草10g，鹿角胶（烊化）10g。上方加减服用30剂，症状明显好转，2月后痊愈。

按《内经》云"七节之旁，有小心。"《医贯》云："小心既命门，故曰五脏之真，唯肾为根。无此，则无以作强，而伎巧不出也；脾胃无此，则不能蒸熟水谷，而五味不出也……余所以谆谆必欲明此论者，欲世之养身者，治病者，的以命门为君主，而加意于火之一字。"可见肾为先天之本，脾胃赖肾脏的温煦，才能腐熟水谷，脾脏运化精微，达于五脏六腑，四肢百骸，营养全身，以温分肉，肥腠理，司开合者也。该病案因术后阳气大亏，肾阳不能温煦周身，脾阳无肾阳温煦，则中焦阳虚，不能运化腐熟水谷，则四肢不温，怕食生冷食品，肾与膀胱相表里，肾阳虚则膀胱不能气化津液，故小便清长，阳虚则不能鼓动脉搏，故见脉沉。方中以附子、肉桂、干姜、鹿角胶温补脾肾，党参、白术益气健脾，熟地黄、山药补阴，使利水而不伤正，茯苓、泽泻利水实大便，木香理气，甘草调和诸药，方以收功。

2 湿热淋证

男，80岁，年轻时下腹部被踢伤，出现小便尿痛，尿频，淋漓不尽，服中药治愈。近几年反复出现上述症状，西医诊断为后尿道炎，一直用西药治疗，症状好转不显著，于2004年10月来诊。患者不能行走，坐于轮椅，不能久坐或久站，精神不振，小便尿痛，尿频，淋漓不尽，少腹坠张，大便正常，舌质暗红，苔黄厚腻，脉沉滑微数。中医诊断：淋证，病机为下焦湿热。治则为清利湿热，佐以扶正。方用八正散加减：黄芪30g，炮穿山甲12g，白芷20g，延胡索15g，香附10g，瞿麦10g，萹蓄10g，车前子15g，当归12g，积壳12g，败酱草20g，蒲公英15g，紫花地丁12g，青皮12g，黄柏10g，桃仁10g，红花10g，蜈蚣3条，白茅根30g，怀牛膝15g，木香10g，白芍10g，甘草10g。上方加减服用45剂，症状基本消失。

按 淋证是指小便尿频、尿急、尿痛、淋沥刺痛、小腹拘急引痛为主的一类病证。此病多因外感湿热、饮食情志失调、劳伤久病等发病。正如《济生方》云：“此由饮酒房劳，或动役冒热，热结下焦，遂成淋闭。”此患者因先有外伤，造成久病不愈，膀脱易感受外邪而发病。此病虚实夹杂，《诸病源候论》云：“诸淋者，由肾虚而膀胱热故也。”本病以肾虚为本，膀胱湿热为标，治则清利湿热，补益脾肾，通补兼施。黄芪、当归、怀牛膝、白芍药补气血，瞿麦、萹蓄、车前子、黄柏、白茅根清利湿热，败酱草、蒲公英、紫花地丁清利解毒，枳壳、木香、延胡索理气止痛，桃仁、红花、蜈蚣、炮穿山甲活血化瘀，软坚散结，通络止痛。佐以甘草之甘缓，共奏清热利湿、活血软坚、通络止痛之功。

3 失眠

女，56岁，因生气后连续半月余每天只能睡2h而于2002年3月来诊。患者自述夜间难以入眠，睡时多梦，白天无精神，五心烦热，口干，盗汗，头晕，易发脾气，小便正常，大便稍干，舌质红，无苔，脉细数。中医诊断：不寐。病机为肝肾阴虚，虚火扰心，心烦而不寐。治则：补益肝肾，清心除烦。方用乌兔汤合二至丸加减：女贞子12g，旱莲草12g，何首乌20g，菟丝子12g，天麻10g，地骨皮30g，冬桑叶10g，栀子10g，枸杞子10g，生龙骨30g，生牡蛎30g，酸枣仁30g，合欢皮20g，菊花10g，炒白芍10g，磁石30g，甘草10g。上方服用7剂，收效明显，每夜睡眠6h以上。

按 不寐指入睡困难，寐而不酣，时寐时醒，以至彻夜不眠的病证。《内经》云：“阴虚故目不瞑。”本病多因饮食、劳逸、情志失调，或体虚所致，总属阴阳偏盛，阴阳不交。因心主神明，神安则寐，今肾精不上承于心，心火不下交于肾，造成心肾不交，水火不济，心神失养，故不寐。《医效秘方》云：“夜以阴为主，阴气盛则目闭而安卧，若阴虚为阳所胜，则终夜烦扰而不眠也。”此患者年事已高，肝肾阴亏，水不涵木，肝火上扰，则易心烦不寐，另肾阴亏虚，不能上承于心，则心神失养，心火独亢，故不眠。此病以肝肾阴虚为本，虚火上扰为标，治则补益肝肾，滋阴泻火兼以安神。方中女贞子、旱莲草、何首乌、菟丝子、枸杞子、炒白芍滋补肾阴，地骨皮、冬桑叶、菊花、栀子清心泻火，酸枣仁、合欢皮养心安神，生龙骨、生牡蛎、磁石镇惊安神，以甘草为佐使，达成滋阴泻火、养心镇惊安神之效。

4 积证

女，42岁。3月前感觉右侧少腹轻微胀痛，未予治疗，近期疼痛加重，伴月经量多来诊，在妇科门诊查体，于右侧少腹触及到一约4 cm ×5 cm的包块，边界清楚，质软，有压痛，彩超检查提示右侧卵巢包块，考虑为卵巢囊肿。因患者拒绝手术而来诊。诊见痛苦貌，双手捂住右侧少腹，走路缓慢，自述右侧少腹疼痛发胀，月经量多，血暗，有血块，白带少，舌质暗，苔薄，脉弦。中医诊断：积证。病机为肝郁气滞日久，血瘀不行，积而发病。治则：活血化瘀，理气导滞，软坚散结止痛。方用少腹逐瘀汤加减：生黄芪30g，炮穿山甲20g，全当归15g，川芎10g，桃仁10g，青皮20g，丹参20g，延胡索15g，三棱10g，益母草30g，香附10g，五灵脂10g，乌药12g，甘草10g，炒白芍12 g，郁金10g。水煎服，日1剂。上方连续服药30余天，复查彩超提示右侧卵巢包块消失。

按 积证是腹腔内部有包块，或胀或痛为主的疾病。《内经》云：“寒气客于小肠膜原之间，络血之中，血泣不得注入大经，血气稽留不得行，故宿昔而成积也。”《张氏医通》云：“盖积之为义，日积月累，匪朝伊夕。”《景岳全书》云：“总其要不过四法，曰攻，曰消，曰散，曰补。”本病初起，正气未虚，气滞血瘀，以邪实为主。积证治法，实证当去邪为先，方中全当归、黄芪、白芍补血活血，川芎、桃仁、丹参、益母草活血行血，青皮、延胡索、三棱、香附、乌药、五灵脂、郁金理气行血止

痛，炮穿山甲软坚散结，甘草调合诸药，共成理气消积、软坚散结的作用。（彭思存 杨 磊）

医方验方

升压汤

方药：人参10g，当归10g，黄芪30g，何首乌10g，鹿角胶（烊化）10g，茯苓10g，附子10g，甘草10g。

功效：益气升阳、健脾补肾、养血滋阴。

主治：气血两虚、脾肾阳虚所致的低血压。

用法：水煎400mL，每天服2次，7天为1个疗程，一般服用1～3个疗程。服药期间每日测血压1次。

方解：方中人参大补元气、健脾益肺、复脉固脱、生津养阴；黄芪、附子温补脾肾、益气升阳；当归、何首乌养血生血；鹿角胶温肾壮阳，补益精血；茯苓、甘草补脾益气。全方补气以生血，助阳以养阴，从而达到升压的目的。

张志浩妇科验案

【名老中医简介】张志浩（1921～）主任医师。第二批全国老中医药专家学术经验继承工作指导老师，辽宁省名中医。从事中医临床、教学、科研工作50余年，擅长中医内科、妇科、针灸科，如脾胃病、痹证、中风、消渴、臌胀、癃闭、外感高热等疑难杂病。著有《针灸讲义》《医案医话》《温病讲义》《针灸配穴精义》等著作，发表论文多篇。

1 崩 漏

崩漏的病机为冲任受损，不能制约经血，故经血自胞宫非时妄行。张志浩认为，本病多因脾虚失摄所致，临床常采用补脾摄血止崩法治之。主症：经血淋漓不断，色淡红，量少，心悸，头晕，面色萎黄，气短神疲，舌淡红，苔白，脉弱无力。为崩漏日久，气血虚弱，心失所养，或因脾虚化源不足，统血无力，冲任失固，心脾两虚，而致崩漏。治以补脾摄血止崩法，方选归脾汤或十全大补场，以资气血之源。若经血过多加炭类药止血，药选地榆炭、小蓟炭、棕榈炭、艾叶炭；心悸甚者加牡蛎粉、龙骨，以镇心安神而固涩。

案1 李某，女，33岁。于1998年9月11日诊。患者于半年前无明显诱因而出现月经淋漓不绝。行经时少腹拘挛作痛，月经量多，曾在妇产科医院诊为子宫内膜异位证，经用西药治疗，疗效不显而就诊。诊见面色不华，神疲乏力，心悸怔忡，食少，夜寐尚可，舌淡，苔薄白，舌边有齿痕。诊断：经漏。为脾虚不能养血而致冲任失固，治以补气养血固冲。处方：生地15g，白芍20g，川芎15g，当归、党参20g，白术15g，云茯苓15g，甘草10g，生黄芪40g，桂枝15g，川续断20g，棕榈炭15g，艾叶炭15g，旱莲草20g，牡蛎粉30g，阿胶15g。二诊：6剂后经血量减少，仍有乏力，动则心悸，腰痛，不欲饮食，上方加砂仁、神曲运脾以资化源。三诊：经2个月余调治，月经已能按期而至，1周即净，面色红润，嘱改服乌鸡白凤丸善其后，复诊未再复发。

按 该患者素来脾虚，生化乏源，统血无力而致崩漏。张志浩治以调脾益气，因脾胃居中，为气机升降之枢纽，若脾胃不健，则气机升降失其常度，气不顺，血不安；况且脾胃为气血生化之源，气充则摄血有权，血液自无下溢之变，经调脾益气养血后，漏止而神安。

案2 王某某，女，24岁。患经漏已3个月。现症：经色淡紫不一，少腹坠痛，面色淡黄，身体瘦消。舌质淡红，苔薄白，脉沉细。前医曾先后予以补中益气汤、胶艾四物汤、十全大补汤等补益之品治疗，症状仍时轻时重。综其脉证，当属经漏。该证的病本，不外乎虚与实两大类。虚者，冲任虚损或脾虚气陷；实者，或热实或瘀实或湿实，致邪阻脉络，瘀血内停，血流遏阻，滞而自溢。该患者脉证虽皆有虚象，但补而无功，可见其病非但于虚，且经色紫暗，少腹坠痛，恐有因虚致瘀之嫌，当另辟温经散寒化瘀之径。方选少腹逐瘀汤：当归15g，川芎10g，赤芍10g，肉桂5g，蒲黄15g，灵脂15g，小茴香10g，没药10g，元胡15g，干姜10g。水煎服。先与半剂服之，后渐增量，连服3剂后，经来已少，6剂乃瘥，调养月余，后未再发。

按 崩漏见有虚象，多以补为主，或补涩兼施。而该病例则以逐瘀汤调之，可谓之颇具胆识，因此有探析的必要。所谓崩中漏下，血离其经故也。虚而不摄可令血下，热而不守亦可使然，瘀滞不通而迫血外出则漏下。《医林改错》的少腹逐瘀汤，实则以温经活血为前提，川芎、当归、赤芍、蒲黄、灵脂，皆有治血行气之功，元胡、没药可通经止痛，茴香、肉桂、干姜可温暖下元，正合所谓通因通用之法。《证治准绳》中有载："吾乡有善医者，每治失血蓄妄，必先以快药下之，或问：失血复下，虚何以当？则曰：血既妄下，迷之故道，不去蓄利瘀，则以妄为常，曷以御之。且去者自去，生者自生，何虚之有？"说的正是这种通瘀治失血的道理。所谓"亡血家不可下"，乃为气随血脱，脉象虚大者，确是应当审慎处之。因此，张志浩指出：医者须知治之常法，但也不可不思其变法，此为医者之大律也。

2 痛 经

张志浩认为，患者多因经期冒雨受寒，或进食生冷，内伤脾胃，而使寒邪客于下焦胞宫，临床治疗多用温经汤调之。予以温中散寒、暖宫止痛，使脾阳复振，寒邪得除，经血通畅，冲任自调。主症：经前或行经时少腹冷痛，喜温喜按，经血成块，舌淡红，苔白，脉沉紧或紧细。若有痛兼腹胀者，可合用乌药散，或加乌药、青皮、荔枝核理气舒肝；若经血成块色紫黑，涩难排出，乃血滞所为，轻者用五灵脂、蒲黄，重者用延胡索、桃仁、红花；若小腹冷痛甚者，加小茴香温散下焦寒气。

案3 程某，女，22岁，初诊于1997年5月21日。患者月经初潮后因深秋游泳引发痛经，行经时小腹剧痛，伴冷汗出，腰酸，腹冷，喜温，喜按，每次经来当天需服止痛片方能缓解，经量少，有血块而色暗，常有乳房胀痛，呕吐，腹泻，舌红，苔白，脉紧细。诊为寒凝胞中，肝气郁滞。治以温经散寒，理气调经。处方：川芎15g，当归20g，白芍20g，甘草10g，党参15g，麦冬15g，半夏15g，丹皮15g，桂枝15g，吴茱萸7.5g，小茴香15g，荔枝核25g，白蒺藜20g，五灵脂15g，白术15g，云茯苓15g，葛根20g。二诊：经来腹痛明显缓解，已能忍受，需服止痛药，乳胀已消，主方加川续断20g，菟丝子20g。三诊：经来腹痛止，改服妇科调经片善后，随访未再发。

按 该患者素来体质较弱，又在深秋游泳，使寒湿之邪伤及下焦，客于胞宫，寒凝血滞，运行不畅，故见经期腹中剧痛，量少，成块；寒湿困遏脾阳，故经期肠鸣腹泻，恶心呕吐，四肢不温，脉紧细。方中桂枝、吴茱萸、小茴香温宫散寒通脉，党参、白术、云茯苓、甘草、葛根健脾益气，荔枝核、乌药、白蒺藜理气行滞，五灵脂活血化瘀止痛，川芎、当归、白芍养血调经，诸药共用，使经调而腹痛自去。

3 不 孕

妇人不孕之病因，常分为肾虚、肝郁、痰湿、血瘀等4种原因，但张志浩认为：胞宫受寒而不孕，居于临床主流。寒湿之邪侵袭经脉，蕴于胞宫而凝滞，以致宫寒不孕；或由真阳不足，不能暖胞摄精，前贤谓之"寒潭无鱼"。临床见腹冷痛、经血成块、脉沉紧或紧细之不孕妇女，常以温经汤温经与祛瘀同用，扶正驱邪并举，用以治疗不孕症，常获良效。

案4 乔某，女，30岁，已婚，初诊于1997年12月8日。婚后6年未孕，月经后期，量少，色紫，兼有血块，腰酸，小腹冷痛，经前常有双乳作胀，心烦，食少，便溏，小溲清长，倦怠无力，白带量多，舌淡红，尖鲜红，脉紧细。妇科检查：右侧输卵管不通，左侧输卵管狭窄，诊为原发性不孕。证属寒凝胞宫，肝郁血滞。治以温经散寒通络。处方：吴茱萸7.5g，党参15g，桂枝15g，阿胶15g，半夏15g，当归15g，川芎15g，白芍15g，甘草10g，乌药15g，丹皮15g，荔枝核25g，穿山甲15g，鸡内金15g，苍术15g，薏苡仁15g，泽兰15g，五灵脂15g，丝瓜络20g，6剂。服用方法：月经来前1周服用，经来即停。二诊：经来如期，双乳已无胀痛，经血色红，血块极少，上方去香附、茴香。三诊：月经50余日未行，尿检妊娠试验阳性。口味喜酸，厌油腻，投以香砂六君子汤，加入枇杷叶和胃调之，10剂后停药。后足月产一健康男婴。

按 该患者因右侧输卵管不通，左侧输卵管狭窄，西医诊为原发性不孕，证属寒凝胞宫，肝郁血滞，经脉瘀涩不通，而见输卵管堵塞或狭窄；冲任虚寒，血凝气滞，故见小腹冷痛，经血成块色紫，白带多，便溏，胞寒以致经血迟来，阴寒内蕴，冲任虚损，故6年不孕。治以温经散寒，理气通经络，药用吴茱萸、桂枝、小茴香温散下焦之寒，兼通血脉；当归、川芎活血祛瘀，养血调经；阿胶、白芍养血益阴；党参、大枣、半夏、生姜、甘草益气和胃，以资生化之源；巴戟天温肾益肾，苍术、薏苡仁燥湿止带，使胞宫得温，精血得养，冲任旺盛，则气血自充，血海得盈；乌药、香附、荔枝核、泽兰、五灵脂等理气活血，疏利经脉。全方共奏温宫养血益肾之功，使气血畅行，冲任通盛，则必能孕育。

4 妊娠胃痛案

案5 丁某，女，26岁。妊娠4个月。近日胃痛，胸闷短气，自觉有气自少腹上冲脘胁，呕吐不食，剧时手足厥冷，昏不知人。收妇科住院后，予以间隔吸氧及止痛药物，治疗1周，仍无效，遂转中医病房。诊时病证同前，痛苦不堪。舌质淡红苔白，脉弦缓无力。脉证分析：此证颇似胎气阻逆，形如子悬或胎上逼心，故有胸膈满闷短气，但有腹痛牵腰，上冲脘胁，又与胞阻相近。究其病机，为孕后胎儿生发于胞宫，母体脏气因之渐成闭阻之势，疏于调达，故冲任之气逆而上冲，随经直抵胸脘以致于胃气升而不降，胸中阳气不展，出现痛、厥、吐不已。治当调和冲任，补气养血。方选紫苏饮加减：当归15g，川芎10g，陈皮15g，苏梗叶15g，人参10g，甘草10g。水煎服。患者服药两剂后，呕止痛减，5剂病愈，调理1周出院。嗣后，足月顺产一健康男婴。

按 紫苏饮出自《医宗金鉴·胎前诸证门》中，为子悬胎上逼心证治的方剂。方中紫苏、陈皮理气宽中，当归、川芎调和血脉，甘草缓和诸药，因其久吐伤正，故加人参补之。诸药合用，乃使气血调和，冲任自安，胃气得降，胸中平和，阴平阳秘，自无阻逆之患，母体胎儿始安。该方运用得效，关键在于抓住了病本在气逆，进而使理气之药用得恰到好处。初用此方时，曾有存疑者，虑及疏散太过。而张志浩则认为，母因胎儿而病于气逆，理顺中焦则上下得通，冲任之气各司其职，虽用理气之药，但无动胎气之患，故放胆用川芎、紫苏而无殒。

5 滑胎案

案6 王某某，女，34岁。患者平素月经先后不定期。婚后曾3次妊娠，均于3~5月而流产。现有孕50余日，求保胎治疗。刻诊：颜面微浮肿，畏寒，时有虚烦，乏力嗜睡，肢体沉重，懒惰，偶有腰酸。舌质淡红，苔白薄，脉沉滑。四诊合参，可诊为滑胎，治当以安胎为主。一般而言，安胎大法多以清热养血，理脾和肝，故白术、香附、黄芩、当归乃为圣药，但该患者反复胎自堕，伴有腰酸，则为肾气不充，气血亏虚，难以养胎；胎堕内伤于经脉，血离经而破出，则必有瘀结内蓄，进一步加重气血闭塞。水湿不运，泛溢肌肤，故胎气难成。治疗之法首当补肾益气，治血祛湿，故投以保产无忧汤化裁：菟丝子20g，艾叶10g，川贝10g，羌活5g，川芎10g，白芍10g，当归20g，荆芥5g，生黄芪15g，枳壳10g，厚朴7.5g，紫苏7.5g，川断15g，甘草10g。水煎服。初时每日服1剂，1月后，仍守原方，每周3剂，至妊娠5个月后，每月服2~3剂。服药时间，患者自觉症状一直良好，始终坚持工作。及至妊娠7个月时停药，直到临盆，足月顺产一女婴。

按 冲为血海，任主胞胎，冲任气血充盛，胎儿方得其养。正如《内经》所说，任脉通，太冲脉盛，月事以时下，故有子。母体怀胎，犹如瓜果结实，若雨露调和，水津上达，滋泽润养，供奉无缺，才能使胎儿长成。肾为元阴元阳之脏，主生殖孕育，而冲任则根于肾，肾气充盛则冲任自调。反之，血少则胎干，热胜则胎焦，寒甚则胎痿，血塞则冲任断绝，水难布达，势必叶枯而果落，胎虽成而不能长。保产无忧汤中当归、川芎、白芍可和血治血，菟丝子、川断、生黄芪可益肾补气，厚朴、枳壳、紫苏以调顺气机，荆芥、艾叶、羌活、川贝可通经散寒，甘草和中。临床屡用该方治疗滑胎，每每收效甚佳，确如其方名保产而无忧。对此，张志浩解释道：保产无忧汤之组方，立意于肾与冲任的冲和之气的调节，故可于平和药物中求得托养胞胎之效，成为保胎良方之一。但临床应用时，仍须坚守辨证施治的原则，切不可呆守一方，以防贻误病情。（陈路明 赵桂华 徐显玲）

张志坚临床经验

【名老中医简介】张志坚 教授，主任医师。江苏省首批名中医，享受国务院政府津贴。行医50余载，擅长治疗各种肾脏病和疑难性疾病。发表论文50余篇。

临床经验

慢性肾炎

1 肇端主因为风邪

张志坚认为：慢性肾炎的病因要考虑素因、主因及诱因三个方面。由于本病的发生多由外邪侵袭，风为百病之长，易伤肺、脾、肾，故肺、脾、肾虚损常为本病的素因；而外感风邪侵袭实为本病的主因或诱因，《素问·水热穴论》提到：“勇而劳甚则肾汗出，肾汗出，逢于风，内不得入于脏腑，外不得越于皮肤，客于玄府，行于皮里，传为胕肿，本之于肾，名曰风水。”《素问·气厥论》提到：“肺移寒于肾为涌水。”《灵枢·邪气脏腑病形篇》指出：“若醉入房，汗出当风，则伤脾。……若入房过度，汗出浴水则伤肾。”以上经文说明了外受风寒与汗出水湿相合，可以伤及肺脾肾。临床所见急性肾小球肾炎，大多与风邪外袭有关；但慢性肾炎急性发作也与风邪密切相关。所以，张志坚认为：慢性肾炎肇端主因是风邪，且病程中始终不离风邪，而风邪蕴伏不解，常使病情反复无常，病程迁延。

2 精泄水浊多肺郁

蛋白尿在中医范畴中尚无恰当的病名。张志坚认为：蛋白为人体的精微物质，来源于人体消化吸收之精微物质，由中焦受气取汁，经脾气升清，上归于肺，通调水道，入肾封藏。由于风邪外袭或蕴伏肺系，风激水浊，肺失宣肃，脏气违度而精微下漏，故小便混浊、尿检出现蛋白。另如脾气下陷，肾气不固，精微物质下泄，尿中亦可出现蛋白。但是，脾、肾二虚所致的蛋白尿常与劳累、活动有关；此外，血瘀、气滞亦可出现蛋白尿。临床上常可见血络受损或肌肤甲错、疼痛，舌有瘀斑、瘀点等表现；但是，风邪外袭、肺气入郁所出现的蛋白尿，常与劳累、活动等无关，而多见外感者，临床当予细察。

3 肾病水肿，常缘风遏

水肿是慢性肾炎的常见症状，水肿的病机虽错综复杂，但不离乎肺脾肾及三焦对水液代谢功能的失调。张志坚认为：无论急、慢性肾炎的水肿都与风邪有关。其急性期为风邪外袭，肺的治节、宣肃失司，风遏水聚，而出现面睑浮肿；慢性期由于风邪蕴伏肺系，肺气膹郁，水道通调失司，乃致面肢浮肿，或加重原本脾肾二虚之程度。如《景岳全书》说："凡水肿等症，乃肺、脾、肾相干之病，盖水为至阴，故其本在肾；水化于气，故其标在肺；水唯畏土，故其制在脾。"故脾肾二虚所致水肿，临床较为多见；三焦气化失常，肝郁、气滞、血瘀等为患亦可引起水肿。但是，慢性肾炎引起的水肿，临床以风邪外袭，上焦壅遏，水道不利所引起最为多见。

4 见症虽杂，先辨虚实

慢性肾炎在病变过程中，常可出现诸多症状。①高血压是慢性肾炎较多出现的症状，临床上肝肾阴虚、肝阳上亢引起的高血压居多；亦可有气阴两虚引起者，但是按滋肾平肝、扶正潜阳的治疗常不见效。张志坚认为：慢性肾炎出现高血压亦可因风邪蕴伏上焦，气机升降失常，血菀于上所致。因此，临证时凡见有鼻塞、喷嚏、咽痒、咽痛、形寒、咳嗽、皮肤痒疹等风邪犯肺之表现，治疗当谨守病机，以宣肺祛风为主，药用桑叶、菊花、葛根、僵蚕、蝉衣、薄荷、钩藤之属，常可收效。若屡进平肝潜阳之品，反而收效甚微。②若患者反复感冒，这是因为肺气虚弱（免疫功能低下），不能御外所致。《灵枢·营卫生会篇》说："卫出于下焦。"卫气是由肾间动气所蒸发，因肺的作用输布全身。肾虚则卫气来源不足，肺弱则输布无权，不能抵御外邪，所以反复感冒而使病情加重。张志坚喜用玉屏风散化裁治疗慢性肾炎，就是着意补气固卫，扶正祛风。现代药理研究证明，玉屏风散有调节人体免疫功能的作用，证之临床，确有效验。

5 宣肺可靖水，散邪不忘正

《素问·阴阳应象大论》云："邪风之至，疾如风雨，故善治者治皮毛，其次治肌肤，其次治筋脉，其次治六腑，其次治五脏。治五腑者，半死半生也。"张志坚遵循古训，自制宣肺靖水饮，治疗急、慢性肾炎，常收较好疗效。现将宣肺靖水饮的组成、功用、主治及加减运用介绍于下：

组成：荆芥10g，连翘15g，僵蚕10g，蝉衣10g，生黄芪15g，防风10g，生白术10g，石韦30g，生甘草3g，生地10g，炙内金5g。

功用：宣肺祛风，扶正洁源。

主治：急慢性肾炎、肾病综合征。证见尿蛋白长期不消失，反复感冒、咽痛、面肢浮肿，舌苔薄，脉细或浮细。

加减运用：以风寒为主，如鼻塞、头痛、恶寒、发热、无汗、咽痒、咳嗽、脉浮紧者，宜加净麻黄、桂枝之属；因风热而致，证见发热有汗，咽红肿痛、脉浮数，当伍银花、冬桑叶、菊花之类；若为湿热蕴毒，如高热、面颊肿胀等，可佐五味消毒饮。神疲乏力较甚，活动后尿蛋白增加，休息后病情好转者，黄芪加至30g，或伍补中益气汤。亦可加入冬虫夏草、水陆二仙丹治疗。患者出现血瘀指征，或伴便秘，则可配合倒换散（大黄、荆芥）、升降散（大黄、姜黄、僵蚕、蝉衣）于一方，加虎杖30g、龙葵30g。如腰脊凉痛，畏寒肢冷，阴天尤甚，经常咳嗽，咯吐白痰，可加阳和汤化裁。病获转机后，再进龟版、鹿角片、紫河车等血肉有情之品，以扶正填督。对于久服激素者，撤减不宜操之过急，切不可刻期定日撤减。当俟病情稳定时，逐渐递减，宜入益肾固本之品，以助少火，可加仙灵脾30g、仙茅15g。

6 肾炎非火热，用药慎苦寒

张志坚认为："肾炎"与邪热虽有联系，但它不等于中医的肾热、肾火，因肾炎是西医学的病名，而非中医学的病因，二者概念不一，名称各异，病理变化迥然有别，证候表现各有特点，切不可等同而言，望文生义，见"炎"即清，迳投苦寒之品，徒伤中阳之气，不但无益，反滋其害。（张福产）

疑难杂症

1 小便失禁

罗某某，男，48岁。住院号：49497。胃脘痛3年余。5天前突然晕倒，小便失禁，先排下大量黑便，后呕血多次，诊断为十二指肠球部溃疡出血，经积极救治，出血虽停，而小便失禁不止，遂请张志坚会诊。证见神萎目呆，面色㿠白，肢体软弱，音低气少，终日默默无语，食欲不振，小便自遗而不觉。舌淡而嫩，脉虚细。辨证：血脱心神失养，气虚水道不约。治法：益气固脱。投以独参汤，用红参15g浓煎频服。连服3天，精神稍振，语音略高，惟小便仍不能自主。考虑为气随血脱，心脾两虚，上病及下，肾气失固。治法：补益心脾为主，固摄肾气为辅。处方：党参15g，黄芪15g，白术10g，炒当归10g，炒白芍10g，炒枳壳10g，桑螵蛸10g，补骨脂10g，炙甘草3g，红枣5枚。上方3剂，尿遗竟止，续进1周，痊愈出院。

按 前贤尤在泾曾说："脾肺气虚，不能约束水道而病为不禁者，《金匮》所谓上虚不能制下者也。"洵属经验之谈。本案因失血过多，气随血脱，气虚无以约束水道，故小便自遗。因此，治疗上未拘泥于益肾固摄缩泉之常法，而是审因求本，着眼于大补元气，升举清阳，以红参补一身之气，党参、黄芪扶中焦之气，佐以当归、白芍、枣仁养血安神，桑螵蛸、补骨脂益肾固摄。使正气振奋，水道得约，诸症自然而愈。

2 肝脓疡

袁某某，男，27岁。住院号：36259。高热寒战3月余，右侧胸胁疼痛加重半月收住院。经检查：B超示肝右叶见4×5cm之囊性肿块。肝穿抽液培养：金黄色葡萄球菌生长。胸片示右侧胸腔少量积液。诊断为：①细菌性肝脓疡；②右侧胸膜炎。顷诊：发热渡动在39～40℃之间，胸胁疼痛，盗汗淋漓，形体虽瘦，精神未衰，口渴欲饮。舌质红、苔黄，脉数。辨证：邪热蕴结肝脉，阴亏虚火逼津，痰饮内停，络脉不通。治法：清热解毒，养阴敛汗为主，佐以泻肝利水，豁痰通络。处方：蒲公英30g，板蓝根30g，败酱草30g，野菊花30g，生鳖甲15g（先煎），生地15g，地骨皮15g，生牡蛎30g（先煎），碧桃干10g，葶苈子18g，白芥子10g，炙山甲片12g。5剂后，热退（T36.7℃）未起，胸痛已平，盗汗显减，皮肤有手掌大灼热感，游移周身，舌红苔薄白，脉数转缓。此证属邪气已衰，血络有热之象。原方去野菊花、碧桃干、地骨皮，加粉丹皮、赤芍、片姜黄，以清热凉血。依法治疗1周，除B超检查仍有少量胸水外，诸症悉瘥，续疏前方出院调养。

按《素问·刺热篇》云："肝热病者，……胁满痛，手足躁，不得安卧。"该病主证当属"胁痛"范畴，病因热毒炽盛，蕴结于肝，热腐成脓，故以蒲公英、板蓝根、败酱草、野菊花清热而解蕴结之毒；粉丹皮、赤芍、片姜黄凉营而散血中之沸；穿山甲取其"消痈肿，排脓血"之功效。因邪热炽盛日久，阴液内耗外逼，故以生地、生鳖甲养阴生津，生牡蛎、碧桃干止汗敛津。由于辨证确切，遣药精当，因而药到病除。张志坚介绍，丹皮一药，辛苦微寒，功能清营凉血行瘀，用于周身移热屡验。

3 肾结石

钱某某，女，42岁。门诊号：25347。腰痛半年，时轻时重。X线摄片检查示：左侧第十二肋下显钙化结石影1枚，直径0.5cm，诊断为左肾结石。刻诊：左腰疼痛剧烈，痛及少腹，腿膝酸楚，尿血，两足浮肿，带下色白量多。舌红有紫气、苔薄黄，脉象濡细。辨证：肾虚湿热蕴结成石。治法：益肾清热渗湿。处方：生熟地（各）15g，川断10g，金狗脊10g，生山药15g，生白术10g，茯苓10g，黄柏10g，金钱草60g，生赤芍10g，泽泻12g，萆薢10g，萹蓄10g。服药15剂，腰腹剧痛即停，小便转为淡黄，未见结石排下，面色萎黄虚浮，午后小腿发胀，神疲乏力，自汗纳差，腹微胀，睡眠欠宁。舌淡红胖嫩，脉濡细。此系气血两虚，脾失健运。改予益气养血，健脾和胃，安神渗湿法。处方：潞党参10g，炙黄芪10g，全当归10g，熟地10g，连皮苓10g，生白术10g，生山药10g，炒谷芽10g，炒神曲10g，夜交藤12g，合欢皮10g。另用金钱草30g，泡茶代饮。服药半月后，经X线摄片复查，左肾结石阴影消失，因头晕、两目干涩，故拟归芍六君子汤加杞子、菊花调理善后。观察3年，来见复发。

按《诸病源候论》云："石淋者，淋而出石也。肾主水，水结则化为石，故肾客沙石，肾虚为热乘，热则成淋。"此案应属"石淋"的范畴。张志坚认为：清热渗湿、化石通淋虽为治疗石淋的一般原则，但临床时必须根据具体情况，灵活应用。本案在腰腿酸楚显著时，以补肾渗湿为法；而当神疲乏力、自汗显著时，又以益气渗湿为法。通过整体的调理，可增强机体的排石能力。治病求本，法随证变，方可收到事半功倍之效。

4 血栓闭塞性脉管炎

施某某，女，36岁。门诊号：65603。右足第四趾疼痛1月余，经外科检查，诊断为血栓闭塞性脉管炎。顷诊：患趾发麻剧痛阵作，局部发凉，颜色紫黯，抬高则肤色转淡，行走则胀痛不便，寤寐不宁，五心烦热，口渴喜饮。舌红边有紫气、苔根黄腻，脉细带数。证属痰热阻络，气血不调。治法：活血化瘀，凉营通络。以四妙勇安汤化裁，处方：当归30g，桃仁

10g，赤芍10g，红花10g，川牛膝10g，炙山甲片10g，银花30g，玄参15g，桂枝3g，生甘草10g。服药半月。疼痛次数减少，程度亦轻。按原方随症加减，服药1月，疼痛消失，患肢大片脱皮，新肤殷红嫩痛。经四月余的调治，足趾色泽正常，且较前温暖，行走胀痛感消失。1年后随访，疼痛未作。

按 该病中医有“脱骨疽”之称。此案从症状看，趾麻发凉，色黯或淡，似乎寒象，但从舌脉看，舌红苔根黄腻，脉细带数，又似热象。张志坚认为：根据口渴喜饮，五心烦热及舌脉诸症。理应舍症从脉，以凉营通络、活血祛瘀为法。处方用桂枝不是用其辛散风邪之功，亦非用其温阳祛寒之效，而是取其通络和营，配合牛膝下行，引诸药直达病所。临床用之，多获良效。（朱雄华）

遣方用药

黄芪

1 补气通络意在逐邪

案1 葛某，女，52岁。1997年以来，自觉双手腕酸楚疼痛，抬举不利，气候变化或遇州霾，其痛尤著。病发1个月后，双手肿胀疼痛而不能持物。自感头昏寐差，舌质红，脉细弦，查血沉98 mm/h。张志坚辨证为气血不足，风寒湿邪闭阻经络，治宜补益气血，祛风除湿，温经活络。处方：黄芪30g，生麻黄10g，生石膏30g（先煎），炒白芥子10g，桑枝10g，桂枝10g，羌独活各10g，白花蛇10g，全蝎5g，制苍术15g，龟版10g，当归10g。上药连服7剂后，手指肿胀感悉除，疼痛减其半，遂于上方去羌独活，加川、草乌各10 g，继服7剂，以资巩固疗效。1个月后复查，病情稳定好转，血沉已属正常。

按《济生方》曰：“皆因体虚，腠理空疏，受风寒湿气而成痹也。”张志坚认为，本证的基本病机由于人体正气不足，卫阳不固，腠理疏豁，风寒湿气乘虚外袭，而正虚不能祛邪，邪气留滞于经络而使气血运行不畅，故本病多虚实并存，以气虚血滞为多见，治当扶正祛邪为主。先贤曰：“黄芪能助气壮筋骨，长肉补血……实皮毛，益胃气，去肌肤热及诸经之痛。”本案患者正气虚馁，风寒湿乘虚而入，今重用黄芪，意在补气强络，鼓动气血，俾使邪气外出。由于辨证确切，用药妥贴，故奏效甚捷。

2 益气止血功在固摄

案2 于某，女，46岁。宿有上消化道出血史，今因操劳过度而便血2周。证见：头昏乏力，面色苍白少华，纳谷欠甘，入夜难寐，脉寸微弦尺沉细。查大便潜血+++，血Hb 70g/L，RBC 2.16×10^{12}/L，自服云南白药及注射止血敏均未效。辨证为气血两虚，脾不统血，急宜补气固摄，祛瘀止血。处方：生黄芪30g，生熟地各15g，炒白术10g，鸡内金5g，白及15g，侧柏炭15g，乌贼骨10g，木香炭10 g，阿胶10g（烊化），大黄5g（后下），大枣5枚，甘草5g。4剂。二诊：药后大便转黄色，隐血试验阴性，以前方去大黄、白及、侧柏炭，加当归10g、白芍10g，并嘱进软食，经治1周后，面色红润，诸症悉平。

按“气主煦之”、“血主濡之”，此案乃困劳倦过度，中气虚衰，脾失统血，胃络受损而为病。古人曰：“劳倦伤气，气泄伤阳，血无所归。”今辨为气血两虚，中气虚馁，所以固本摄血，维护脾气，甚为重要。方中黄芪以益气固摄，以大黄逐瘀生新，以熟地、阿胶补血养血，诸药相配，灵活变化，共奏益气固脱，逐瘀生血之效。

3 攻补兼施重在扶正

案3 王某，女，35岁。患胆结石病史2年余，曾于某医院胆囊造影，发现内有大小结石阴影20余块。近因劳累旧疾复发，右上腹疼痛，甚则放射至背，伴恶心纳差，脉弦小，舌淡嫩。辨证为肝郁气滞，肝胆湿热蕴结，予清热排石兼以扶正祛邪。处方；生黄芪30g，金钱草10g，海金砂15g（包），川牛膝15g，柴胡15g，鸡内金5g，枳壳、枳实各10g，川郁金10g，生军10g（后下），芒硝10g（冲服）。二诊：服药4剂后，陆续从大便中排出10余粒碎石约I1g重，患者自觉上腹部疼痛减轻，食量增加，继以前方去芒硝、生军，加生山楂肉15g，并服金胆片，清利排石，攻补兼施为治，连服10余剂后，自觉症状全消，饮食亦属正常。

按 张志坚认为，“虚者补之，实者泻之”乃治疗疾病之大法。由于疾病的发展变化往往错综复杂，有虚中夹实、寒热错杂、表里兼夹，阴阳互变等不同，治疗时或攻补兼施，或先攻后补，或先表后里，或标本同治等，既要灵活运用，又要掌握分寸，不能固守成方，一成不变。本案患者，湿热内蕴之象确在，本当清和，但病程漫长，反复发作，久病多虚，乃虚中夹实之证，故用攻补兼施之法治之。黄芪善补正气，其性可温可清，可升可降。方中用黄芪取其补正气，清虚热，升降气机之用。况且排石剂多有峻猛之药，用黄芪扶助正气，实有防患于未然之妙。（王琦 殷玉生）

张子俊胃病经验

【名老中医简介】张子俊（1942～）甘肃平凉市人。副主任医师。曾任平凉市中医院院长、党总支书记，平凉市卫生系统工会主席，甘肃省中医学院兼职副教授，中华医学会甘肃分会会员，甘肃省中医学会理事，平凉地区中医学会常务理事，甘肃省第二、第三批老中医药专家学术经验继承学习班指导老师。从业40余年，擅长治疗各种脾胃病。获科技进步奖3项，发表论文13篇。

萎缩性胃炎

张子俊根据脾胃的生理特点和病理特点，认为脾病多虚多寒，胃病多实多热。脾胃有病，可影响其他脏腑，其他脏腑有病也可影响脾胃。胃气和则五脏安，脾升胃降为气机上下之枢纽。脾胃与肝胆在生理和病理上关系密切，肝主疏泄喜条达，若疏泄无权，肝气横逆，气机阻滞不畅，为痛为聚；血行瘀阻，经脉闭塞，为痞为积。胆失疏泄，胸满胁痛，口苦，呕吐。当脾胃虚弱时肝木可趁虚而克土，当肝木升发太过时即可出现木乘土，导致气机横逆犯脾犯胃，肝与胆病变时又有侧重的不同。临床上在胃脘痛的发展演变过程中，有虚实、寒热、夹瘀、气滞等气机升降失常、横逆犯土，并涉及到多个脏腑的病理变化。在治疗上掌握疾病发展中虚实次序的不同而决定用药的侧重点。调理气机，辛开苦降，开结散痞，寒热并用，攻补兼施是张子俊的独特治法。每以六郁汤（苍术、川芎、香附、神曲、山栀、甘草）临床化裁加减，在萎缩性胃炎的治疗上取得了良好的效果。

1 调理气机，活血化瘀

调理气机贯穿整个治疗大法，因脾胃为气机升降之枢，气滞则血瘀，不通则痛。胃为阳土，喜润恶燥，主受纳腐熟水谷，以和降为顺，胃气一伤，初则壅滞，无论外感、食积、情志均可发病。其次是肝胃气滞，即肝气郁结，横逆犯胃所致的气机阻滞，气为血帅，气行则血行，故气郁日久，必致血瘀，也即久病入络之意。张子俊依据胀在气分，痛在血分的病理，在六郁汤的基本方上加入佛手、台乌或香橼，或青陈皮、或柴胡、郁金等。疏理肝气和胃降逆止痛。若伴便秘腑气不通者可加入槟榔、大黄炭等，以导滞通腑。肝气郁结日久化火，邪热犯胃又可致肝胃郁热，出现胃脘胀痛、泛酸、嘈杂，肝热夹胆火上乘出现口苦、口干、舌红、苔黄、脉弦数，张子俊加入丹皮、焦栀、黄连、吴茱萸等。因内热最易伤阴，也可加入香橼，佛手或乌梅、白芍等理气而不伤阴之品，解郁止痛。痛甚加元胡、川楝子、三七等以活血理气止痛。

案1 任某，男，43岁。胃脘胀痛，食后加重，嗳气、烧心、纳差1年余，伴有晨起口苦、口干、恶心。查：舌紫暗、苔薄黄，脉沉小弦。西医诊断为慢性萎缩性胃炎。证属肝郁气滞，肝胃郁热，治以疏肝泄热，活血化瘀。处方：苍术、神曲、生麦芽、生山楂、枳壳、金铃子、佛手各12g，香附、元胡各10g，焦栀、川芎各9g，白豆蔻、甘草各6g，吴茱萸3g，代赭石20g，三七5g（冲服），服12剂后，诸证消失，以原方为基础，配为散剂，每服9g，1日2次，饭后开水冲服，连服1月，临床治愈。

2 辛开苦降 开结散痞

在临床上并不是每一型都表现典型，比如复合型胃病，寒热错杂，虚中有实，实中有虚，张子俊在治疗此类病时，根据侧重点的不同进行治疗，如左金丸热象重者重用黄连，寒象重者重用吴萸，不可教条使用。

案2 罗某，女，40岁。胃脘隐痛2年余，1年前胃镜诊断为“慢性萎缩性胃炎”，此次于2月前生气后病情加重，胃脘隐痛，呃逆、烧心、嘈杂、泛酸、恶心、饥饿时胃痛加重，进食后缓解，食道烧心感明显，面色不华，神疲乏力，食少，大便色黑，苔薄黄腻，脉弦滑。胃镜诊断：慢性萎缩性胃炎，十二指肠球部溃疡。治宜辛开苦降，寒热并用。处方：党参、厚朴、苍术各12g，川芎、黄连各6g，香附、半夏、红豆蔻各9g，茯苓、佛手、生麦芽各15g，吴茱萸3g，代赭石18g，元胡10g。服15剂后诸证见好较稳定，以散剂嘱服40日巩固疗效。

3 寒热并用，攻补兼施

胃痛隐隐、泛吐清水、得食则减，喜温喜按，纳差，神疲乏力，大便溏薄、舌淡、苔白、脉迟缓，此证属脾胃虚寒，中气不足，张子俊仍以六郁汤加左金丸加党参、茯苓、半夏、川朴、肉桂、元胡、炮姜、红豆蔻，或公丁香等，采用寒热并用，攻补兼施之法，中阳得运，则寒邪自散。

案3 陈某，女，48岁。胃脘隐痛3年余，3年前胃镜诊断为:"慢性萎缩性胃炎",HP(+),此次发病1月余,胃脘胀而隐痛,遇寒或饥饿时胃痛加重,得温或进食后减轻,喜温喜按,面色不华,神疲乏力,食少便溏,伴头晕、恶心、气短、舌淡、苔白,脉迟缓。治宜温中健脾,散寒止痛。处方:党参、茯苓各15g,苍术、厚朴、蚤休、台乌各12g,香附、半夏、草豆蔻各9g,公丁香、川芎、吴茱萸、肉桂、甘草各6g,黄连3g,三七5g(冲服),服8剂后症状减轻,以散剂巩固疗效。因其HP(+),故以蚤休易山栀,现代医学研究表明蚤休有抗癌作用。

慢性萎缩性胃炎的病因病机是在脾胃素虚的基础上,内外之邪乘虚而入,使脾胃的阴阳失调,升降失常形成一种虚实相兼,以虚为主,寒热错杂,以及气滞血瘀以不同程度存在于疾病全过程的慢性黏膜性胃病。李中梓所著《医宗必读·卷八》指出胃脘痛并有"或滞、或胀、或呕吐、或不食、或吞酸、或大便难、或泻痢、或面浮而黄。"这些证候提示了慢性萎缩性胃炎可能呈现的大部分症状。张子俊在治疗慢性萎缩性胃炎时,抓住其以胀为主的病机,调理气机,以六郁汤为主方,或加半夏厚朴汤,或左金丸,其吴萸、黄连的量据各种病症的寒热偏重程度而定,虚寒重吴萸用量大,肝胃阴虚症状重,黄连用量大,或用焦栀代黄连,取左金丸之意,或加用"三仙"取保和汤之意,因胃气以通为用。对复合型胃炎,有嘈杂、泛酸,采用红蔻,佐以左金丸,其制酸效果甚佳。另外,方中用桔梗、厚朴,调理气机的升降,以湿困脾为著者,即脾胃的气机运动,香附、枳壳(或青皮及柴胡)以调理横向肝胆与脾胃的气机逆乱。(马兰)

胃痛

1 调气以和血

本法在临证可统揽各型,但主要用于气滞型胃脘痛的治疗。引起胃气阻滞的原因大致有两种:一是由胃本身引起的,诸如饮食冷热不节,饥饱失常,损伤胃气者;二是由于忧思恼怒,情志失调,肝气犯胃影响了胃气和降。张子俊认为:气滞胃痛的关键在气,主症胃胀,但"气为血之帅","气滞血亦滞",气的功能失常,必然会导致血的功能紊乱,所以治疗气滞胃痛,常采取调气以和血的方法,通过调气达到和血的目的,血和则痛止,气通则胀消。调气的方药是多种多样的,张子俊根据长期的临床体会,认为"六郁汤"一方,药少量轻,苍术、川芎、香附、栀子、神曲不燥不腻,不寒不热,既能理气导滞,疏肝解郁,又能利湿消积,较为理想,常合半夏厚朴汤作为治疗气滞胃痛的主方。本方有行气和胃降逆,舒肝止痛的作用,胃气运行功能正常,血的流行也必然畅通无阻。如伴见胁肋胀痛、口苦泛恶、肝郁不舒者可加青皮、佛手、金铃子散等以舒肝解郁;若伴便秘、腹胀、腑气不通者可入槟榔、大黄炭等以导滞通腑;如伤食生冷,胃寒作痛者可加良附丸等品以行气散寒止痛;如食欲不振,脾不健运者可加焦三仙、砂仁等健胃化滞。

案1 滚某,男,33岁。胃胀不适,时伴胃脘隐痛,反复发作,已近1年,食后脘胀尤甚,不思饮食,二便正常,舌质淡、苔薄白,脉小弦。西医诊断为慢性萎缩性胃炎。病系脾虚气滞,胃失和降。治宜益气,健脾和胃,调和气血。处方:党参15g,苍术12g,川芎9g,香附10g,茯苓15g,半夏10g,厚朴12g,砂仁10g,黄连3g,吴茱萸6g,台乌药12g,炮姜9g,延胡索10g,焦三仙各12g,甘草6g。服12剂后,诸症明显减轻,以原方加减配成散剂,每服10g,每日2次,饭后开水冲服,连服1个月,临床治愈。

2 和血以调气

本法主要用于血瘀型的胃痛。气滞日久必然会引起血瘀,出现胃脘又痛又胀,而以痛为主的症状,病之关键在血,但它的发生是由气滞引起的,所以张子俊常采取和血以调气的方法,达到活血止痛,行气宽胀的目的。临床实践中仍以六郁汤为基础方,加金铃子散、汉三七(为末冲服)治疗又痛又胀以痛为主的血瘀型胃痛疗效较好。伴见烧心、吐酸者重用焦栀子,随加左金丸清火解郁,入乌贼骨以制酸。如胃痛喜暖畏寒可入良附丸以行气散寒止痛;痛剧或黑便者每加入汉三七、云南白药等以化瘀止血止痛。

案2 张某,女,50岁。胃脘疼痛5年余,经上消化道造影,诊断为十二指肠球部溃疡。胃脘刺痛反复发作,空腹或夜间为重,痛有定处,伴有烧心、吐酸、便黑,舌质淡苔薄微黄,脉沉小弦。病乃气滞血瘀,郁久化火,血络受伤。治宜活血化瘀,和血调气。处方:苍术12g,川芎9g,香附10g,茯苓15g,半夏10g,厚朴12g,黄连6g,吴茱萸3g,汉三七(冲服)5g,焦栀子6g,延胡索10g,川楝子12g,海螵蛸15g,大黄炭9g,甘草6g,云南白药1瓶。分6次冲服,服6剂,空腹疼痛大减,吐酸亦止,效不更方,原方加减服20余剂后,诸症皆消,配成散剂善后。

3 补气以温中

本法适用于脾胃虚寒证。胃痛久延不愈,由胃及脾,必然由实转虚,成为脾胃虚症,若见胃痛隐隐,喜暖喜按，肢冷便溏，或见泛吐清水，舌淡苔白，脉沉迟，此系久病伤阳的脾胃虚寒证，治当补气以温中，散寒以止痛。以六郁汤为基础方，加党参、炮姜、蔻仁、肉桂等，使脾胃阴阳平调，营卫和，气血得通，脾运胃健。

案3 王某，男，40岁。患溃疡病多年，反复发作。近日胃痛隐隐，喜按喜暖，食少腹胀，时时嗳气，呕吐清水，泛酸，大便溏薄，肢倦乏力，舌淡苔白脉弱。治宜补气以温中，散寒以止痛。处方：党参15g，苏梗12g，苍术12g，川芎6g，香附10g，半夏9g，厚朴12g，红豆蔻10g，炮姜10g，吴茱萸6g，黄连2g，茯苓15g，砂仁10g，乌药10g，肉桂6g，甘草6g。服药6剂后，胃痛明显减轻，但稍遇冷又发，守方继服6剂，临床治愈。此方中，红豆蔻制酸，是张子俊一得也。

祖国医学理论认为，通则不痛，气血调和也；痛则不通，气血瘀滞也。上述所说调气以和血、和血以调气、补气以温中的种种方法，实际上都是一种通法，诚如清·高仕宗在《医学真传》中说的："通之之法，各有不同，调气以和血，调血以和气，通也；上逆者使之下行，中结者使之旁达，亦通也；虚者助之使通，寒者温之使通，无非通之之法也。"治疗胃病采取多种通法，目的是为了使胃气通降，这完全符合胃气主降，胃气以降为和，腑以通为补的原则。（范国华）

嘈杂

张子俊认为，治疗嘈杂首先要分清寒热虚实，主要病变在胃，但与脾、肝、胆关系密切，可单独存在，亦可兼夹转化，临床贵在随机应变，但总以调理为治则。由于脾胃居于中焦，为气机升降之枢纽，宜通、宜降、宜和。通则胃气降，降则气机和，和则纳运正常，纳运和，则嘈杂自除，从用药的技巧上要注意欲降先升，升降并用。重护胃气也是治疗本病的重要一环。如脾胃湿热，肝胃郁热证，需要用黄连、黄芩、焦枝等苦寒清热药时，可用生姜、半夏、吴茱萸类辛温之品，以防苦寒败胃之弊，并注意病邪衰退大半即止。对由于胃阴不足，胆汁逆冲胃腑者，可用苏梗、白芍、枳壳、焦枝、沙参等；若见脾胃虚寒、以气虚为主者，宜益气健脾，和胃降逆，可用砂仁、厚朴、白术、茯苓等；若虚寒者，可用干姜、吴茱萸、苍术等。同时对病程长、体质弱者，应当注意健运脾气，合理调节饮食，宜怡情悦志，清心寡欲，忍怒抑喜，劳逸有节，避寒冷，慎起居，保护其胃气，显得更为重要。

案1 张某，男，40岁，胃脘嘈杂难受6月余，饥饱均作，伴口苦黏腻，恶心纳少，饭后痞满隐痛，大便干结或不畅，舌苔薄黄腻，舌质红，脉滑，证属脾胃湿热。方选半夏黄连泻心汤加减：苏梗10g，苍术12g，桔梗9g，厚朴12g，黄连6g，干姜6g，吴茱萸3g，云苓15g，半夏10g，黄芩10g，大黄炭6g，玉片12g，干草6g，连服9剂，诸证减轻，嘈杂止，后配以散剂，以求远期疗效。

按 本案若单纯着眼于"湿"，予以温化，则嘈杂难除；或侧重于"热"，苦寒清热太过，其症益甚，故宜采用芳香化湿、清热通降之法。

案2 王某，女，38岁。患者病已一年余，胃脘嘈杂似饥，泛吐清水或酸水，食少胃胀，大便稀，喜温喜按，舌质淡，苔薄白，脉细弱。证属脾胃虚寒，方选异功散加味，处方：苏梗10g，党参10g，云苓15g，苍白术各12g，陈皮6g，生姜9g，半夏9g，厚朴12g，吴茱萸6g，黄连3g，红蔻10g，台乌10g，甘草6g，肉桂5g，连服15剂，诸证除，香砂养胃丸以善后。

案 对以气虚为主者，宜益气健脾，和胃降逆，病情发展至虚寒，则宜加入温阳健脾之品，如《景岳全书》曰："脾胃虚寒嘈杂者，多吞酸或恶心，此皆脾虚不能运化，滞浊而然，勿得认为火症，妄用寒凉等药"。

体会 ①嘈杂是上消化道疾病中的一个症状，然有时也可单独存在，此时医患容易忽视，正如《类证治裁》曰："嘈杂日久，渐吞酸停饮，胸脘隐痛"。又如《医学心悟》曰："若治其失宜，可变为噎嗝。"告诫医患此证千万不可认为区区小疾，若失治或误治，可导致噎嗝、反胃等严重后果，不可等闲视之。对久病，尤其中老年患者，经近期治疗症状不减反加重，要及时做上消化道钡透、胃镜检查，力争早期诊断，防止延误治疗机会。②左金丸在治疗嘈杂时为常选方，方中重用苦寒的黄连以泻心火，此即"实则泻其子"之意，为主药；少佐辛温之吴茱萸，既能疏肝解郁，又能降逆之呕，并制黄连之过于寒凉，为佐使药。二药合用，辛开苦降，一寒一热，相反相成，临床每以胁痛吞酸、舌红苔黄、脉弦数为辨证要点，但在临床脾胃虚寒者，可以吴茱萸为主药，少佐以黄连，或吴茱萸、黄连等量，可取事半功倍之效。③嘈杂在临床每多伴有吞酸、恶心，每在辨证用药基础上以红蔻或乌贝散配以左金丸效佳。④对于肝胃阴虚者，行气利气药不宜用之量大，以防化燥伤阴耗气之弊。（范国华）

章逢润学术经验

【名老中医简介】章逢润(1940～)陕西城固人。主任医师，教授。陕西中医药研究院副院长，陕西省政协六、七、八届委员会，中国国际针灸教育委员会委员，陕西省针灸学会副会长，《陕西中医》杂志编委会副主任委员。全国老中医药专家学术经验继承工作指导老师。享受国务院政府特殊津贴。从医40余年，擅长针灸治疗内、外、儿、妇科疾病。主编《中国灸疗学》《针灸辨证治疗学》等24部专著，发表论文50余篇。

学术思想

1 手法量化，补泻有依

针灸临床中，针刺手法与疗效的关系十分密切，故针刺手法的正确应用，在临床上极为重要，历代针灸家对此均十分重视，但由于各人对古籍中所载的针法理解程度和体会有所不同，其对针法的使用习惯与所得经验亦不太相同。针法流传至今给人带来了许多神密与玄妙的感觉，许多人认为针法是明其理而难施其术，得其法而难解其妙。现代有许多人为了简单明了的述其精妙所在，提出了针刺的补泻，即是临床运针时强弱刺激量的不同，认为“补法就是弱刺激，泻法就是强刺激”，此观点在国内曾盛行一时。也有人认为“强刺激为补，弱刺激为泻”。章逢润结合几十年的临床经验，将针刺手法与刺激量强弱的关系进行了系统深入的研讨，提出了自己独到的见解，深得同道称赞，他首先指出针刺补泻手法的正确应用，在临床上极为重要，它直接影响着针灸治疗效果，也是针灸临床辨证论治的重要环节，补虚泻实，益不足泻有余方能达到应有的治疗作用。若针灸无补泻手法的应用，则无辨证论治可言。他提出，针刺手法应用是由人体所处的不同机能状态而决定的，针刺手法的起效，与人体所处的不同机能状态密切相关，针刺补或泻、强或弱的不同刺激量所起的双向调节作用因机体当时所处的不同状态产生了不同的调节效应，有时强刺激含有泻的成份，起的是疏泻病邪的作用，有时弱刺激有“补”的成份，起的是补益不足的作用；但有时强刺激在不同患者身上，则发挥的是一个为补，一个为泻的作用。如临床上所见的虚极神昏脱证以针刺人中、涌泉穴时，就是用强刺激量为补法以达醒脑开窍、回阳救逆的作用；因过怒过郁而产生的失语等实证，也是用强刺激量针廉泉、涌泉穴起到泻实之作用。人体机能状态千差万别，采用或强或弱的刺激量，以求达到或补或泻的目的，都只不过是一个相对的概念而已，故不可一概而论地将针刺的补泻手法与刺激量强弱牵强的划上等号，也就是说不可看作“补法＝弱刺激，泻法＝强刺激”，或者相反。

2 针罐结合，相得益彰

章逢润在三十多年的临床工作中，采用针刺或灸疗治病，是因人因病而宜，能针愈则用针道，可灸疗即选灸疗，针、灸各尽所能，各取所长。他认为在针灸临床工作中，切不可拘泥于：“针而不灸，灸而不针”的说法，也不可只重针法，忽略了灸法应用，提出了针灸并用，不可单打一面“独脚”行医治病的思想。他主编的中国第一部系统的灸疗医学专著《中国灸疗学》，填补了灸疗医学论著上的空白。在近年来医药领域中新药不断出现，且多而繁，副作用日盛，而在简便易行的灸疗法日渐衰落的情况下，章逢润更加重视灸疗的作用，并对灸法防治疾病的原理进行更深入的研究，在有关论文之中阐明了灸法可活跃脏腑功能，促进新陈代谢，对心血管、呼吸、消化、神经、内分泌等系统功能均有明显调节作用，提出了在目前“医药公害”的情况下，灸疗方法是一种少创伤无副作用，且极具前途和希望的防病治病方法之一，它的应用，可有效地调动人体自身的抗病力、自愈力，从而达到防病治病的作用。面瘫病是针灸科的常见病之一，从古至今面瘫病的临床治疗多以针灸为主，或配合中药牵正散治疗，而火罐祛风散寒，通经活络的作用对于因风寒袭络致使的面部经脉阻滞、筋肉失养而引发的面瘫病症，确有良好疗效，但因火罐使用后，在人体皮肤表面出现瘀血紫斑影响美观而难以让人接受，如何有效而不影响人面部美观地使用火罐治疗面瘫病，这是一个长期困扰着针灸临床工作者的难题。章逢润经过长期临床摸索，在前人拔罐闪火法的基础上，创造性的应用“闪罐法”配合针灸治疗面瘫病，既可有效地使用火罐治疗面瘫，又不会使人面部留下难看的瘀斑。这一闪罐疗法，不但具有原火罐治疗的全部功效，再加上了取、拔罐时对面部瘫萎肌肉的机械牵拉、按摩与穴法刺激作用。并在针灸临床中应用，不但为针、灸、罐结合治疗面瘫创出了新路，提高了疗效，又使火罐这一传统的治疗方法增添了新的施术手段。

3 针药配合，殊途同归

章逢润诊病疗疾范围相当广泛，注重针灸，兼通各科。在临床上，他既注重针、灸、罐结合应用，解沉疴于顷刻，又据病情所需，辨证施治，针药结合并用，以求内外同治。当针则针，当灸则灸，或使用中药施治，因人因病而异，决不千篇一律。如撰写的“水肿证治”、“治疗脾肾阳虚水肿临床体会”等论文均记述了他在内科病证治疗上中药、针灸应用的独到经验；他在治疗妇科病上总结出的”腹痛经血不调证治”、“试谈崩漏辨证论治”均结合了大量的临床证治病案，提出了对中医、针灸论治的观点。而对于内科临床久泻不愈的疾患，章逢润总结多年临床施治经验，自拟“固肾止泻汤”一方，对长期慢性腹泻病症极为有效，被称为久泻妙药，引起了广泛的关注和反响。他认为腹泻迁延不愈，一般多责之于脾肾阳气之虚衰，故而补益脾肾，温肾助阳是当为先，用药时当投温补之重剂，方可掘起沉疴。针灸疗法与中药疗法均为祖国医学治疗疾病之手段，能有机而紧密地把二者结合应用，将会极为有效的提高治疗效果。章逢润通过审证求因，辨证论治而把二者在临床上灵活地结合应用，提高了疗效，更好地解除了患者的疾苦，除去了因分科而自立门户，或重针轻药、或重药卑针的片面观点，使针药合一，兼施并重。正应了孙思邈《千金方》言：“若针而不灸，灸而不针，皆非良医也。针灸而不药，药而不针灸尤非良医也……知针知药，固是良医。”（毕宇峰）

临床经验

周围型面瘫

1 紧扣病因，闪罐法运用其始终

闪罐是针灸界人士所共知的方法，它在针灸临床上广为应用。随着针灸学术对外交流的不断扩大，这一疗法亦已传到了国外，而且已被我国编入普通高等中医药教材中，以供中医针灸专业学习。在上世纪60年代初期，章逢润用闪罐法治疗面瘫获得了成功。他撰文《针刺加闪罐法治疗口眼歪斜28例临床初步观察》于1966年在《福建中医药》发表，为这一疗法以后的发展奠定了基础。章逢润强调，闪罐法的操作要做到“稳、准、轻、快”。稳，就是闪罐操作要平稳、妥当、熟练；准，就是细心对准闪罐部位；轻，就是轻巧地按压患部，用力勿重；快，就是闪罐操作时，动作要快速，敏捷顺畅。闪罐法操作时要特别注意两点，一是闪罐用的棉球酒精含量不要太多，以防烧伤皮肤；二是要用止血钳紧紧地挟住燃烧的酒精棉球，快速、准确地投入罐内，勿要烧在罐口边沿以防烧伤患者皮肤。传统的拔罐法会在面部留下“印记”，这虽不伤身，但有失于大雅和体面，而用闪罐法既不担心留下“印记”，又可收到很好的效果，同时还有温和舒适之感，因而患者乐于接受。章逢润改用闪罐法治疗面瘫主要的原因有两个方面，一是由于用这种闪罐法不会在脸上留下“印记”，二是考虑到本病的发病原因多与感受风寒有关。风寒之邪乘虚入袭以致面部气血阻滞，经脉失养，筋肌纵缓而发面瘫。闪罐法具有温经散寒，活血通络，改善面部经络气血运行之功效，使面肌得以充养，以闪罐时的吸着力牵动面部肌群调整神经血管功能，从而加速瘫痪病症恢复，因而用于治疗面瘫甚为相宜，且应将此法用于治疗始终。

2 从早调治是病愈的关键

从早调治，对于面瘫的恢复很为关键。章逢润认为本病治疗越早，取得效果就越好，如失去了最佳治疗时机，往往会使病程延长，甚或收效不良。病在初期，病邪在表，病势轻浅，此时及早应用恰当的治法，其病易愈。现代医学认为面神经处于急性炎症阶段缺血，水肿不宜进行针刺，担心刺激会使面神经受到进一步损害，使炎症水肿加重。其实这种担心是由于对针灸治疗作用的不甚了解所致，也是中西医学两种不同理论体系在认识上的差异而出现看法不一。现代研究表明，针刺具有较好的抗菌、消炎、消肿作用，对周围性神经损伤具有明显的再生修复作用，能消除局部缺血、水肿，因而在面神经处于急性炎症阶段应用针刺治疗，可以控制炎症发展，减轻神经水肿、缺血，这对病情恢复较为有利，因此应该打消不必要的顾虑，尽早从快治疗，冀希早日康复。

3 依病情进程，掌握好适度的刺激量

刺激量是指针刺的强弱、轻重程度及机体对针刺的感应强度。刺激量与治疗效应密切相关。因此掌握好适度的刺激量对于提高治疗效果十分重要。章逢润认为，面瘫早期病邪在表，病气轻浅，刺激要浅、要轻，以浅刺驱邪外出；病在中期邪已入内，宜用中度刺激以激发经气，扶持正气，驱邪外出；病在中后期，病势深入，正气亏损，经络气血功能虚弱，经脉严重失养，刺激或轻或重，要视患者机能状态予以调整。此期就应重用“药姜灸”，加用电疗仪，多法联用使病情恢复。

4 不要低估“药姜灸”作用

对于中后期患者，章逢润创用了“药姜灸”方法，临床应用效果甚为满意。其制法是：黄芪 50g，当归 20g，水煎煮取出药汁，将姜片数片趁热放入药液中泡 4～6h 取出备用，使用时将药姜片放在患处，用 TDP(电磁波)照射。黄芪补益气血，消肿通络，能改善微循环，促进损伤神经恢复；当归补血；生姜性味辛温、走窜，除风散寒，通利经络，加用 TDP 电磁热效应，使药姜效用直透皮肤，起到很好的温经通络，补益气血，调整神经血管功能之效，从而使面瘫得以尽快康复。

5 综合治疗亦是必要

针刺、闪罐、TDP、电疗、中药、穴位点搓按摩等相互配合已成临床治疗面瘫常规方法。章逢润认为凡病综合医治，群效合一，终较单一方法为好，这样可以充分发挥各自疗法的特长和效能，起到较好的协同联动效用。在中药应用方面，疾病的早期，他常用《千金方》小续命汤化裁加减，防风 10g，麻黄 10g，太子参 15g，白芍 10g，桂枝 10g，白附子 10g，杏仁 10g，川芎 10g，防己 10g，全虫 10g，僵蚕 10g，甘草 10g，水煎服，早晚服用。病在中期，病情迁延不愈，久病气血俱虚，虚可致瘀，形成气虚血瘀。虚和瘀成为面瘫中后期病机的关键，在治疗应予以充分考虑。在此期章逢润常用补中益气汤加减化裁，黄芪 30～50g，太子参 15g，当归 10g，白术 10g，熟地 15g，赤芍 10g，陈皮 10g，茯苓 10g，升麻 10g，丹参 30g，红花 10g，川芎 10g，地龙 10g，早晚煎服。章逢润十分重视调理阳明，中医学认为阳明乃多气多血之经，除面部应用阳明经穴外，在四肢常配用合谷、足三里，他认为合谷善于通利经络，活血祛瘀，而足三里重在调理脾胃，壮气血生化之源，以起补益气血功用，因而对于中后期面瘫处于气血虚弱、虚中加瘀的病机状态，用之甚为合拍。(毛 莉)

医案验案

呃 逆

杨某某，男，45 岁，干部。主诉：喉中呃声持续 1 月余。病史：患者月余来喉中呃声持续不已，影响进食，食入即吐，不能安睡。虽经服药及针灸调治，但始终未能见效。因而为病所苦，心胸烦闷，情志焦虑不安。迫于无奈，再次求治针灸。检查：神志清楚，面色润泽，形体中等，行动自如，胸腹未见异常。舌淡苔薄白，脉弦细。诊断：呃逆。治则：疏肝理气，和胃降逆。取穴：天突、内关、膻中、太冲。治法：毫针刺法，手法宜泻，每日 1 次。仅针 1 次，呃逆立即停止；复诊时，患者自诉呃声一直未作，唯有胸闷不舒。为巩固疗效，逐依前法再针 1 次，因而获愈。

赵斌临床经验

【名老中医简介】赵斌 主任医师。甘肃成县人。1980 年甘肃省中医学校毕业，甘肃省成县中医院副院长，甘肃省中医药学会理事，陇南地区中医学会理事，政协成县第六届委员会常委。甘肃省陇南地区跨世纪学术带头人，甘肃省名中医，甘肃省老中医药专家学术经验继承工作指导老师。擅长中医、中西医结合救治急重症。5 项科研成果获省、地、县科技进步奖。合编《医古文注译解析》《中华效方汇海》《中国中医药最新研创大全》《天人合一养生观》等，专著《杏林探幽》，发表论文 60 余篇。

急重症

1 脑出血

案 1 任某，女，58 岁，2004 年 12 月 4 日 14:00 急诊入院。主诉：头晕、头痛伴右侧肢体强直 5 天，加重 1d。入院证见神志不清，浅昏迷，呼吸深长，喉间痰鸣，血压 180/120mmHg，右侧肢体强直，肌力Ⅱ级，舌红，苔黄腻，脉弦滑。查头颅 CT 示左侧基底节区血肿形成并破入脑室系统(出血量约 30mL，有占位效应)；左侧基底节区及右侧脑室体旁脑梗死。西医诊断为：脑出血；脑梗死；原发性高血压(Ⅲ期)。中医诊断为：中风－中脏腑；证属痰热腑实，风痰上扰。西医治疗以脱水、降压、调节水/电解质平衡、对症、支持治疗为主，中医治疗以平肝潜阳、息风开窍为主，用天麻钩藤饮加减。不料患者昏迷加深，烦躁不安，呼吸不稳，并出现右侧肢体反复抽搐，喉间痰鸣音明显，乃于入院第 6 日下病危通知。因家属有放弃治疗之想法，故急请赵斌会诊，查房后嘱曰：同意目前西医诊断及治疗方案，但中医诊断应为脑衄、动证，证属肝风内动，邪入营分，治法当以滋阴潜阳、降痰宁神为主，方以三甲复脉汤合菖蒲郁金汤加减：龟版 15g，鳖甲 15g，牡蛎 30g，麦冬 15g，白芍 15g，麻仁 30g，石菖蒲 10g，郁金 10g，胆南星 15g，竹茹 20g，生地黄 15g，大黄 10g，桑叶 15g。水煎鼻饲，每次 150mL，每日 3 次。另运用赵斌经验降痰宁神协定方 20 粒合痰咳净粉化液覆吸。守用本法加减变化，患者意识障碍逐渐减轻，肢体抽搐发作及喉间痰涎减少；6d 后患者神志完全清醒，呼之能应，便拔除胃管，给进流质饮食，后以补阳还五汤合金匮肾气汤加减，并辅以中药制剂血塞通、黄芪注射液及营养神经药物静滴，住院 18 天好转出院。

按 本患者为重症脑出血合并脑梗死，在中西医结合常规治疗的基础上，赵斌按照自创中风病辨治理论体系，辨证为脑衄、动证，并遵“动者治之以静”之法，遣方用药，配用自创覆吸疗法，使药物从鼻、咽、喉三道持续安全吸入人体，从而起到醒神开窍、安神定志、豁痰顺气、调理阴阳、降逆固本之功。足见精当的辨证施治，合之以多途径给药疗法，在本病的治疗中彰显了殊功。

2 心肌梗死

案 2 张某，男，76 岁，2004 年 3 月 5 日 10:00 由门诊收住入院。主诉：高血压病史 30 余年，脑出血病史 7 年，胸痛、恶心呕吐反复发作 1 天；平素情绪易激动。入院证见神清，精神差，痛苦面容，自诉昨日晨起 9:00 左右开始出现胃脘及腹部阵痛，并伴有恶心、呕吐反复发作，急行彩超诊断，报告为胆囊结石、胆囊炎。入院后结合病史、症状、体征及辅助检查，西医诊断为胆囊结石合并感染；中风后遗症；高血压病（Ⅲ期）。中医诊断为眩晕，胁痛；证属肝肾阴虚及肝胆气滞。初经中西医结合治疗后诸症明显减轻，精神好转；但因于 3 月 9 日夜间进食油腻之品而出现剑突下疼痛，全身大汗淋漓。急查心电图示左房负荷过重，急性下壁、前壁心肌梗死，左前支传导阻滞；诊断为心肌梗死。西医治疗以抗栓、对症、支持治疗为主。中医辨证为胸阳不振、气滞血瘀；治法以温通心阳、活血行气为主，以灯盏细辛注射液 20mL 加入 5% 葡萄糖注射液 250mL 中静滴，每日 1 次，病见好转。但于 3 月 11 日下午突现神志不清，烦躁言多，急请赵斌会诊。中医辨证为痰食阻闭，阴虚阳亢。当以清热化痰、滋阴潜阳为治疗大法。嘱停用西药，纯以中药治疗，首以清开灵 40mL、葛根素 0.2g 分步静滴，每日 1 次；同时给以三甲复脉汤加减：龟版 10g，鳖甲 10g，牡蛎 10g，白芍 6g，麦冬 6g，山茱萸 6g，茯苓 6g，柏子仁 6g，丹参 12g，全瓜蒌 8g，竹茹 15g，芦根 10g，凉水浸煎，每日 1 剂；频频滴服，连用 2 剂。另以安宫牛黄丸化液持续覆吸。2d 后患者由躁扰转为嗜唾，呼之能应，再请赵斌查房，视其心率均匀，脉滑而偏于浮，辨证为痰热蒙窍。治疗以清热利湿、化痰开窍。方以茵陈蒿汤、菖蒲郁金汤、三仁汤三方合一加减，凉水浸煎，连续频饲 2 剂后，神志转清而宁静，后复转以三甲复脉汤加减 10 余剂，精神振作，饮食起居皆复正常，胸部不适全失，复查心电图有所改善，嘱带药出院，再缓图之。

按 本患者由于饮食不慎而诱发心肌梗死，甚至出现神志昏迷，诊断及治疗较为棘手，赵斌大胆停用西药治疗，改用纯中医疗法，且在关键之机充分发挥独创的小剂量速治法，灵活辨证，急病急治，遣方用药，发挥卓越胆识，“治刚以柔”，准确恰当施治，故而取得满意疗效。

3 急性肠梗阻

案 3 何某，女，65 岁，2007 年 3 月 2 日入院。主诉：腹痛、恶心、呕吐反复发作，大便不通 3 天。入院症见神清，痛苦面容，腹胀明显，全腹压痛（+），无反跳痛，肠鸣音减弱，舌红，苔白腻，脉沉弦。腹部透视示全腹可见肠管扩张及液平。诊断为急性肠梗阻。因患者畏惧手术而求保守治疗，乃予西医禁食、持续胃肠减压、抗炎、维持水及电解质平衡、纠正酸中毒、支持治疗为主。中医诊断属腑气闭阻。故自行试用赵斌传倡的中医灌肠突击疗法，以硝黄液 200mL 直肠滴注，每日 1 次。但经治疗 6 天后效果不显，无奈之际再请赵斌会诊，询问病史及前期治疗，观察刻下症情，分析为患者因饮食不慎伤及脾胃，中气不足，寒邪乘虚而入，结于肠胃而出现寒湿阻闭于腑证，前期虽用通下之法，却未行温化，故生加重寒湿之嫌。目前治疗急当峻行温化，以附子理中汤加减：附子 30g，白术 30g，红参 15g，莱菔子 20g，川芎 15g，甘草 10g，凉水浸煎，每次取液 150mL，途径续取深部直肠突击疗法滴注之中医灌肠突击疗法，每日 2 次，依此法应用，患者即感腹痛减轻，次日后大便通利，泻下诸多干结大便，诸症得解，乃行逐步添加饮食，再以附子理中汤加减口服，3 天后痊愈出院。

按 本患者病情在西医诊断属急性肠梗阻，中医辨证在于腑实不通，凡医者多以寒下为治，途径选直肠捷取已为不多，施西医惯用之法间或纯然无力，值此羁绊难解之际，赵斌大显辨证论治之真功，果断加入参附等温阳补气行滞之品，再取肠道捷径，一举而阴霾得消，气化得复，使患者生命在轻巧之间得以挽回，深刻提示不论用何途径治疗，既当选取最妥，更当不忘辨证论治之要诀。（王亚斌 付立平）

脑出血

1 溯源求本,倡“脑衄”说

“脑衄”之名,虽源于《内经》,而正式提出则见于清末唐容川的《血证论》。赵斌在《“脑衄”新识》一文中,详细论述脑衄的出处及其含义的发展变化,明确提出“脑衄”与“鼻衄”不能混为一谈,倡导恢复脑衄的本来面目,发展和丰富中风诊治理论,为临床辨证论治及护理理清了思路。《素问·调经论》有“血之与气,并走于上,则为大厥,厥则暴死,气返则生,不返则死”,“肝阳化风,气血并逆,直冲犯脑”。细思其含义有三:一是病机为气血逆乱;二是病变部位在上,即脑;三是若出现神识不清,不醒人事等症,则预后不佳。可见当时古人已基本认清了中风病的病理本质、病变部位、预后。现《中医内科学》第6版教材已将中风病归于“心脑病证”章节,从而丰富和完善了中风病理论,为临床诊治和科学研究指明了方向,现“脑衄”学说、“中风病病位在脑”已被广大临床工作者、专家、学者认可,同时印证了赵斌在脑出血理论方面研究的正确性和深度。

2 早期善用“三七”化瘀以止血,后期喜用虫类药化瘀以通络

赵斌常强调“离经之血即为瘀血”,脑出血患者应在血压稳定后,脑水肿高峰出现前应用活血化瘀药,即在出血发病后6小时左右用药,且多选用化瘀止血或凉血止血之品。用药首推三七,其性甘味微苦温,归肝、肾经,功能有化瘀止血,活血消肿。为止血活血,祛瘀通络之要药。《医学衷中参西录》称之“善化瘀血,又善止血……化瘀而不伤新血,允为理血要品”,具有止而不滞,活而不乱,以动求静,为血家难得之佳品,又为“云南白药”、“上海白药”之要药,用量6~10g左右,常打粉冲服,或与其它药混匀应用,若适时、适量应用,可有效控制出血,促进血肿吸收,减轻脑水肿,预防或降低脑组织损伤的程度。中风功能恢复期,应在辨证的基础上加用虫类药。但要注意,药味应在1~2味,剂量不宜过大,以免燥伤津液,耗血散血,临床常用全蝎、蜈蚣、地龙等。这恰与王永炎院士提出的“络病说”相吻合,也与“络心通”的组方原则相一致。若能把握好这两个环节,可明显降低致死率、致残率,减少并发症。

3 多途径给药,早期宜通腑降浊,解毒排毒

中风病的病机预后早在《内经》中就有论述,后世诸家论述颇多,如河间主火,丹溪主痰,东垣主气等。近人将脑出血的病因概括为风、火、痰、瘀、虚五端,但痰、瘀、虚多积渐而成,以风火最急,发病之初,就出现神志不清,昏不知人,出现“大实有羸状”,此时治当重以泻实,略兼固脱。泻实重在风火,用药宁凉勿热。赵斌常主张适时通腑降浊,解毒排毒,在辨证的基础上加大黄6~15g,用鼻饲或直肠滴注方法给药,直肠滴注方法给药,其通腑降浊,解毒排毒之功甚佳。若应用得当,可使神志昏迷的患者较快清醒,转危为安。但应注意中病即止,不可伐伤正气,以免损伤脾胃,凝滞气机,加重病情。1980年以后,特别是在王永炎院士、卢尚岭教授相继提出中风病乃痰热腑实,气机逆乱,升降失常的病机学说,并指出通腑的目的在于调畅气机,腑气通畅之后,逆乱之气机,失和之气血,皆可随之调畅;及后来的“毒邪”学说的提出都有力的说明了赵斌经验的正确性。鼻腔前放置芳香开窍化痰之苏合香丸等,亦为临床常用给药方法,现临床常用的中药液雾化吸入及经皮给药方法,均大大提高了中医药治疗急症疗效。

4 顾护脾胃,同时宜顾护肾精肾气

赵斌认为脑出血的治疗,要时刻顾护脾胃,因为脾胃为气血生化之源,脑出血的发病本来就是量变到质变的结果,风、火、痰、瘀、虚等病理因素,不外乎导致脾胃受损,气虚则痰浊内生,气虚则血瘀,痰浊郁而化火暗耗阴血,水不涵木,则风邪内生。另外,脑出血的治疗早期因泄腑降浊,清热解毒,平肝熄风等,用药多苦寒,且介壳类药物易碍胃,故顾护脾胃应贯穿脑出血治疗的始终。但脑出血的发病,由于肾精亏损,肾虚血瘀,肾阴阳两亏者不少,在治疗中应用的苦寒剂、活血化瘀药、脱水剂等,亦可伤及肾精肾气,且肾主精,主骨生髓,脑为髓海,肾精充足,髓海得养,脑的功能才能正常发挥,故顾护肾精、肾气在脑出血的治疗中,尤其在恢复期亦很重要。赵斌临床应用三甲复脉汤加减治疗重度脑出血患者,无论从功能恢复,还是患者生活质量的提高上都具有显著的疗效。

5 针药并用,头置冰袋

古人云:一针,二灸,三吃药。脑出血的治疗亦不例外,赵斌认为脑出血患者,在辨证论治的前提下应用中药的同时,应早期加用针灸治疗,只要取穴准确,针刺手法得当,对脱症患者施以艾灸,可达殊途同归之目的,能显著提高药物治疗的效果。临床实践证明脑出血患者加用针灸治疗,可加强化痰通腑,开通水道,化瘀通络之效,并可有效提高机体的耐受性,减轻脑水肿,有利于机体功能恢复。将天津中医药大学附属医院的“醒脑开窍”法成功的用于脑出血

等急症的救治中,效果显著。头置冰袋不但可达“血得寒则凝”,以凉血止血,而且能有效的降低脑组织代谢,减轻脑组织水肿,具有显著的抗脑组织损伤的作用,亦具有降低体温,抗机体应激的作用。但要把握好时机,一般在脑出血急性期、脑水肿高峰期前可应用,一旦急性期过后,大脑功能开始恢复时,切不可再头置冰袋,否则不利于大脑功能的恢复,同时应防止冻伤耳朵及颈部肌肉。(梁永忠)

赵法文临床经验

【名老中医简介】赵法文(1952～)主任医师。毕业于山东中医药大学。现任昌乐县人民医院中医科主任。山东潍坊医学院、益都卫校兼职教授,山东名医协会会员,山东省疼痛研究会委员,潍坊市中医老年病专业委员会副主任委员。山东省名中医药专家,第四批全国老中医药专家学术经验继承工作指导老师。获国家专利1项,市级科技进步二等奖1项,山东省科协自然科学优秀学术成果奖6项。主编、参编著作6部,发表论文40篇。

临床经验

慢性肾炎

1 病因病机

慢性肾炎的发生以脾肾虚损为基本病机,脾虚不能摄精,脾气不升,清气下陷和肾虚不能藏精,精气下陷而导致蛋白尿的发生。蛋白质是构成人体和维持人体生命活动的基本物质之一,与中医理论中的“精”的概念类似,精宜藏而不宜泻,肾为“封藏之本”,“受五脏六腑之精而藏之”,“脾主升清”。若肾不藏精,或脾不摄精,便可导致精气下泄而出现蛋白尿。导致脾虚功能失调的原因:一是从正虚而言,不外气血阴阳亏损和脏腑功能失调,不论是气血虚弱,还是阴阳不足,均可影响到脾摄精、肾藏精的功能。由于人体是一个有机的整体,脏腑相关,所以其他脏腑的病变亦可影响到脾肾,致使脾不摄精、肾不藏精的发生。《素问·经脉别论篇》有“饮入于胃,游溢精气,上输于脾,脾气散精,上归于肺,通调水道,下输膀胱……”,表明饮食精微的吸收输布与各脏腑相关,若肝失疏泄,则致脾不升清而精下泄,肾不闭藏,精气外泄,肺气膹郁,宣降不利,脾气上输之精气不得归于肺而布散全身,径走膀胱,亦可形成蛋白尿。二为邪实,主要有湿热、风邪、瘀血等。在临床治疗时,有些患者水肿、尿蛋白长期不消除,用调理脏腑,健脾固肾的方法难以取效时,加用清利湿热药物后水肿、蛋白尿可很快消失,说明湿热之邪在慢性肾炎的发病中有重要作用。湿热之邪困于中焦,致使脾不升清而清浊俱下,又可扰乱下焦,致使肾封藏失职而导致蛋白尿、水肿的发生。另外,许多患者常因感冒而病情复发,或因外感而病情加重,说明外感风邪对本病的影响不容忽视。慢性肾炎患者病程都比较长,中医有“久病入络”、“久病必瘀”的理论,故病程中可发生瘀血,瘀血阻滞肾络,精气运行不能畅通,壅而外溢,而致精微下泄成蛋白尿。瘀血形成后,可使蛋白尿顽固难消,治疗时非活血化瘀而难取效。

另外,此类患者常因劳累、精神刺激等,也可使蛋白尿难以消失或复发,对本病的影响也是明显的。《景岳全书》就有“凡劳倦之伤,虽曰在脾,……实兼之五脏矣”的记载,《素问·生气通天论》曰“因而强力,肾气乃伤”,可见无论劳力,抑或劳心,皆可伤及五脏,使其虚损加剧。情志失节使周身气机失调,气血运行逆乱而损伤五脏,如《景岳全书》载有:“盛怒不惟伤肝,肾亦受其害也。”

总之,慢性肾炎的病理是非常复杂的,本病的根本原因在于脾肾不足,但五脏之间的虚实、寒热可以互相转化相移,故治疗时应先区分标本先后,治病求本,或在治本的基础上治标。其病位在脾、肾,其病性属虚,或为气虚、阳虚,或为血虚、阴虚,或为气血两虚、阴阳俱虚同时存在。至于其他兼证,或兼风、兼寒、兼热、兼湿、兼瘀,都是在脾肾不足的基础上发生的,虚而生邪,正虚为本,邪实为标,不能本末倒置。因为气血阴阳的虚损、脏腑功能的失调,病邪的干扰等多种致病因素常常干扰在一起,临证中,应详问病史,仔细查体,结合临床检验的数据,进行综合分析、归纳、辨证,抓住本质,才能取得较好疗效。

2 辨证治疗

慢性肾炎,其脾肾、气血、阴阳虚损是病之本,风、热、火、湿、瘀、毒是病之标。其治疗方法就是侧重于补脾气、滋脾阴,或温肾阳、补肾气,或滋肾阴,或脾肾、气血、阴阳、气阴双补,以扶正补虚作为主要的治疗方法。在具体治疗时,由于五脏相关,在脾肾虚损的同时,还会出现其他脏器的病变,如脾虚肝乘之、肾侮之,故治疗时要同时考虑到疏肝和渗湿的问题。肾虚者,脾乘之、心侮之,在补肾的同时要注意清心和清胃的问题,由于阴阳气血可相互转化,因此要考虑到转化情况而使用药物。慢性肾炎的治疗方法主要有以下几种。

2.1 健脾法

适用于慢性肾炎合并有脾气虚弱症状。见有面色淡黄、纳差、乏力、腹胀痞满、便溏、脉细弱、舌淡苔白者,采用益气健脾法治疗。方用香砂六君子汤加减,兼阳虚者可加理中汤,兼血虚者加当归、白芍,兼阴虚者加用沙参麦冬汤。可同时使用固摄之品如金樱子、芡实、莲子等。

2.2 补肾法

适用于慢性肾炎合并有肾虚症状者,但有偏阴虚和偏阳虚之不同。肾阴虚者见有腰膝酸软或痛、五心烦热、咽干口燥、小便黄少、遗精、舌红少苔、脉细数等,治宜滋阴补肾,方用六味地黄丸加减。肾阳虚者见有腰膝冷痛、畏寒肢冷、小便清长、夜尿频多、舌淡胖苔白、脉细弱等,治宜温肾补阳,方用金匮肾气丸加减。同时可加用水陆二仙丹或桑螵蛸散等。

2.3 祛邪法

适用于慢性肾炎由于外邪侵袭而长期不愈或由于外邪而致复发加重者,属风寒侵袭者,当以祛风散寒为主,方选麻黄汤。风热侵袭者,治以祛风清热为主,方选银翘散加减为主。

2.4 清热利湿法

对于慢性肾炎患者同时有湿热症状者,如胸脘痞闷、口苦口粘、口干不欲多饮、纳呆、便溏不爽、小便黄赤混浊或尿急尿痛者、舌质红苔黄腻、脉象滑等,治宜清热利湿,方用三仁汤加味。

2.5 活血利水法

慢性肾炎病久入络,瘀血和水湿相互交结,而使病情缠绵难愈,出现水肿、小便不利、腰痛、舌质暗红或有瘀斑、瘀点、脉细涩等,方用桂枝茯苓丸加减,以活血利水而病自愈。

治疗过程中,如患者见有肝郁之证,当以疏肝解郁,加用柴胡疏肝散;若见有肝血虚、肝阴不足者,加用一贯煎;见有肝阳上亢证时,宜平肝潜阳,方用羚羊钩藤汤加减。患者大便干结加生大黄;恶心、呕吐加竹茹、黄连;出血者加益母草、白茅根;恶热、喜冷、烦渴者加竹叶、石膏;畏寒、喜热、肢凉者加肉桂、附子;皮肤瘙痒而无热证者加麻黄、桂枝、葛根,有热证者加荆芥穗、防风、地肤子;小便淋漓不利者加黄柏、知母;水肿者加大腹皮、汉防己。在辨证论治的原则下,同时选用一些对慢性肾炎蛋白尿有特殊治疗的药物如黄芪、昆明山海棠、雷公藤、白果、地龙、山楂、冬虫夏草等药,但应在辨证论治的基础上使用。饮食以清淡为主,少食荤腥,低盐饮食,忌食辛辣、油腻、高脂饮食。(陈玉贵 赵法文)

医案验案

验案二则

1 甲状腺瘤

张某,女,30 岁.1998 年 3 月 6 日初诊。颈部正中肿物 2 年,开始如杏核大,近来生长较快。随吞咽上下活动,大小为 3.5cm×2.5cm,质中等硬,结合 B 超诊为甲状腺瘤。遂予姜半夏、云苓各 15g,橘红、玄参各 12g,昆布、夏枯草各 20g,浙贝 30g,水煎服,日 1 剂。同时服消瘿饼(海藻、海带各 30g,海粉、海初子、术通各 10g,青盐 3g,上药共为细末,加面粉 300g,拌匀和面,烙饼 10 个,每日服 1 个)服中药 1 剂,消瘿饼 2 料,3 个月后,颈部肿块消失,B 超复查:甲状腺正常。

按 瘿瘤的发生,多忧思恼怒,气机不畅,脾失健运,聚湿生痰,肺气不调,宣降失司;其部位居肺胃升降之要塞。赵法文经几十年的临床实践,运用软坚化痰理论,治疗单纯性甲状腺肿、甲状腺囊肿、甲状腺瘤,疗效可靠,经得起临床重复验证。对于初发者,可 3~4 周内瘤消。对瘤体较大,病程较长者,也能明显减轻对气管、食道的压迫,程度不同的缩小瘤体。本类药主要含碘化合物,能明显促进病理产物和炎性渗出物的吸收,从而达到消除瘤体的目的。

2 不孕症

王某,女,42 岁,1996 年 4 月 16 日初诊。婚后 18 年未孕,有精神分裂症史。曾多次妇科检查、通液均无异常。男方精液常规正常。十几年来遍服多种药物,均未怀孕。精神分裂症发作时,妄想、幻觉、多疑、恐慌、焦虑不安,常服氯氮平等多种抗精神病药,后渐变至木呆、面具样脸。查舌苔黄腻,脉滑。遂以泻痰下气、养心宁神为法:用青礞石 20g,沉香、黄芩、陈皮、苍术、郁金各 12g,炒枣仁 24g,胆星、半夏、茯苓各 15g 加减。先后共服药 30 剂,精神分裂症未再复发。1 年后 B 超检查已怀孕 5 个月。

按 本案病机为痰壅脂盛,闭塞胞宫而不孕。病属痰迷心窍的精神分裂症,用开窍涤痰药物,切中病机,不仅精神分裂症得愈,而且启闭胞宫而受孕,此异病同治之验也。(赵法文 潘 艳)

赵国岑学术经验

【名老中医简介】赵国岑 主任医师。1964年毕业于河南中医学院。曾任河南中医研究所副所长，中国中医药学会理事，河南省中医药学会常务理事，省名医学术研究会常务理事，省脾胃病专业委员会主任，《中医研究》杂志编委，《中医药研究》杂志编委。第二批全国老中医药专家学术经验继承工作指导老师。擅长治疗脾胃肠道疾病、肝胆疾病、糖尿病、男科病、中医肿瘤及内科杂病等，1997年被河南省卫生厅、河南省中医管理局授予为河南中医事业发展作出显著成绩的特别贡献奖。合编著作6部，参编5部；发表论文40余篇。

脾胃疾病

1 强调辨证，尤重舌脉

赵国岑认为方从法出，要重视结合中医舌脉分析，才能保证辨证施治的正确无误。人体是一个有机的整体，依照阴阳五行学说的理论，五脏六腑在生理上相生相克，共同维持着一个动态平衡，在病理上，它们之间不仅有“母病及子”、“子盗母气”之相生异常，同时又有“相乘”、“相侮”之制约异常。所以临床上处理消化疾病时，不仅要考虑脾胃本身的问题，更重要的是要分析相关脏腑之间的联系，才有可能找出导致疾病的主要矛盾，《内经》所谓“必伏其所主，而先其所因”讲的就是这个道理。要做到这一点，他认为必须重视四诊合参，尤其是不能忽视舌脉诊断，为此他要求弟子平时熟读《濒湖脉诀》等中医脉诊理论，临床扪脉要严肃认真，要熟悉寸关尺三部九候的要领，以望、问诊所得作分析基础，以舌脉表现作佐证，以药物疗效为反馈，反复总结经验教训，才能真正领悟和掌握中医学治病的道理。同是脾胃虚弱性疾病，有脾肺两虚，脾肾阳虚，肝郁脾虚，心脾两虚等等，这些病变往往伴有脉象方面的特征。如脾肺虚弱可见右脉寸关濡弱、虚软无力表现；肝郁脾虚多见右关弦长；心脾两虚可见左寸沉细或难以触及，右关无力等等。有些舌脉特征甚至出现在临床症状之前，因此很好地把握了这些特征，不仅有助于病机的确定、用药的准确，还能有助于对有些疾病未雨绸缪，做到早诊断，早治疗。这也是中医“治未病”思想之精髓所在。

2 胃病湿为主，湿去胃自复

中医脾胃病的范畴很广，可见于现代医学所有消化系统疾病，如反流性胃食管疾病、急慢性胃炎、上消化道溃疡、急慢性胆囊炎、胆石症、胰腺炎、感染性或非感染性肠炎，乃至各种类型的肝炎等，临床表现可有呃逆、嗳气、纳差、心下痞满、胃脘痛、呕恶、泛酸、嘈杂、反胃、腹胀、腹痛、便秘、腹泻等，并由此可归入中医“呃逆”、“胃脘痛”、“腹痛”、“胁痛”、“泄泻”等多种病症。就其病因来讲也是多种多样的：外感有风、寒、暑、湿、温病乃至疠气；内伤有饮食、劳倦等。因此，临床上往往病机错综复杂，令医者难以掌握。赵国岑结合祖国医学理论以及自己多年临床积累，认为脾胃疾病多与湿有关，往往因湿生滞，进一步导致脾胃功能失调而发病。中医学认为脾胃五行属土，主运化，其中脾主升清，即脾能将饮食水谷化为水谷精微，并将之输于全身；胃主降浊，“降浊”就是指胃腑主通降的功能，即胃腑有受纳、传输饮食水谷，并将变化后的浊物下传。升清失司，必致水谷失化而聚生湿浊；降浊失司必致污物失传导，障碍气机。因而总括脾胃疾病之病理特性必为“多湿多滞”。也正是由于中焦湿滞，临证之时，根据具体情况，注意有选择地采取芳香化湿、利水渗湿、健脾除湿、温化水湿等方法，使湿去滞自消，邪去正自安，这对于脾胃升降功能的恢复往往能起到事半功倍的效果。临证中健脾化湿常用苍术、白术、砂仁、茯苓、白豆蔻等，理气导滞常用柴胡、厚朴、枳实、陈皮、木香、香橼、佛手等，兼热则加黄连、黄芩等，消食则加炒麦芽、焦三仙、鸡内金等。总之，抓住脾胃这一生理功能、病理特性，在治疗上强调祛湿的关键作用，如能以此为纲，配合临床四诊八纲辨证来遣药组方，持简达繁，纲举目张，一定能取得满意的疗效。

3 祛湿分虚实，疗虚重行气

脾胃功能异常容易导致水湿内停，临床上常见纳差、腹胀、不思饮食、便不成形等。其中的病理机制也略有差异，赵国岑提出要注意分虚实，虚指气虚、阳虚，实指湿盛邪实。祛湿的方法如上所述有多种，并不是遇到脾胃疾病就不加选择的使用，因为药有偏性，法有专功，使用不当都是不行的，有时不仅不能治病，反而会加重病情，这在古今医疗文献以及临床实践中是屡见不鲜的。他要弟子平时详细收集病史资料，学会从多方面综合分析，一般来讲，久病多虚，新发多实；食后腹胀多虚，持续腹胀多实；喜温喜按多虚，嗳腐拒按多实；舌淡有齿痕多虚，苔厚腻舌色深多实；脉虚软沉取无力多虚，脉弦滑沉实有力多实等等。要充分应用中医学辨证理论，才能准确把握脾虚及湿盛的轻重缓急，或以补得效，或以泻收功。总之，理论不可教条，方法不可呆板。

4 六腑通为用，开路槟牛黄

《内经·五节脏象论》中讲：所谓五脏者，藏精气而不泻也；六腑者，传化物而不藏也。在临床中，赵国岑依据以上理论，非常重视采取通腑导滞的方法。他强调六腑以通为用，以通为补，他常讲"何谓补泻？从其性者为补，逆其性者皆为泻……"故而他在百草之中尤其钟爱槟榔、牵牛子、大黄三味药，他认为槟榔有破积导滞之功效，尤偏气滞痰积；牵牛子能通二便，尤偏虫积；大黄泻下通便，尤善治积聚瘕闭。三药协作，相得益彰，量大时可以通腑止痛，泻下积滞；量小则可以改善胃肠蠕动，推陈出新，改善食欲；只要运用得当，往往能收到较好的效果。

5 临证验案

5.1 消化不良证

患者魏某，男，38 岁，食后腹胀时作 1 月余，于 2001 年 12 月来诊。自诉伴见纳差、嗳气，多能自行缓解，大便不畅。曾经外院 B 超检查提示肝胆胰脾未见异常，胃镜检查提示浅表性胃炎，口服吗丁啉及木香顺气丸无效。查舌质淡胖，边带齿痕，舌苔腻微黄，脉沉弦细。赵国岑认为此病乃中医之消化不良症，多为七情、饮食所伤造成的胃肠功能失调，因而经常规检查往往胃肠无器质性病变，认为此多属胃腑不降，脾胃失和。治疗上强调通降，所谓"通降"即通其壅滞，降其气逆。处方：苏梗 10g，制香附 10g，青皮 10g，陈皮 10g，制半夏 10g，厚朴 10g，炒白术 15g，砂仁 5g，枳实 10g，神曲 10g，内金 10g，炒卜子 10g，红枣 5 枚。水煎分 2 次服，日 1 剂。6 剂症减，2 周症消。

5.2 胆石证

栗某，男，71 岁，因右胁胀痛时作年余、复发 7 天于 2001 年 12 月来诊。自诉既往有明确胆结石病史，此次因进食硬剩食物后发作，先后口服金胆片、消炎利胆片无效，伴见口干口苦、纳差便结，舌淡胖苔厚腻微黄，左脉弦细，右脉弦长。赵国岑认为本病历时较久，病机复杂，为虚实寒热错杂之症，相关三个脏腑：脾虚、胃实、肝郁，盖土虚木乘，纳化失司，致使食积气滞，湿蕴化热。因而治疗上应采取标本兼治，重以治标。法宜通腑止痛，疏肝健脾，佐以清热。方药：大黄 10g，二丑 5g，槟榔 10g，柴胡 15g，白芍 15g，陈皮 15g，白术 15g，焦三仙各 10g，半夏 10g，黄芩 15g，茯苓 15g，甘草 5g。3 剂痛减，6 剂痛消。减大黄、槟榔、二丑，加太子参 20g，山药 30g，砂仁 10g，续服 10 剂，症状完全消失，饮食恢复正常后停药。

5.3 阑尾术后

党某，女，55 岁，因间断右下腹痛 6 年于 2001 年 12 月来诊。自诉 6 年前因患阑尾炎在当地行手术治疗，1 月后出现间断性右下腹痛，伴腹胀、纳差，多方治疗不能控制。2 年前经肠镜检查提示：结肠炎，肠息肉。近来上症有所加重，大便时干时溏，次数不一。日前因白带臭秽量多行妇科检查提示：宫颈糜烂。查体：形体消瘦，面色萎黄，中下腹弥散压痛，以右侧为著，舌质暗红，苔薄白，脉弦细沉缓。赵国岑从四诊分析，认为本病有虚有实，兼有寒象和热象，为寒热虚实错杂之证；从起病来看，早为虚实发病，近期见伴寒热象。因此治疗上应把治疗虚实夹杂放在第一位，而把治疗寒热并存放在第二位，这不仅是因为寒热表现轻微，更重要的是此为内生之寒热，究其原因来自前者，处理好前者，后者必然失去滋生之源，这也是治病求本的道理。患者手术伤络，正虚邪恋，三焦气机不畅，肠胃传导失司，故常见腹胀、腹痛；阳虚生内寒，可见喜温喜按；而"三焦者，决渎之官，水道出焉"，日久必致气滞湿停，蕴而化热，湿热下注，可见白带臭秽量多。故治疗宜益气通络，祛湿清热。立方：黄芪 30g，赤芍 20g，红花 10g，桃仁 10g，香附 15g，乌药 15g，柴胡 10g，枳实 15g，川楝子 10g，车前草 30g，苍术 10g，滑石 20g，甘草 5g。10 剂，水煎分两次服，日 1 剂。复诊自诉诸症减轻，发热缓解。上方去桃仁、红花，加木香、砂仁各 10g，续服半月，白带恢复正常，进食后略有腹胀不适，食欲欠佳。考虑陈瘀渐清，脾气未复，改以中成药健脾丸口服，1 丸/次。2 次/日，半月后症状完全缓解。（徐亚民）

急性胁痛

1 从因论治

急性胁痛的发病，有外因、内因、非内非外因而致，或以此为诱因而使慢性胁痛急性发作。在治疗时要依据病因特点进行治疗。

1.1 外因－外感邪气

因暴感六淫、疫疠邪气，留著肌肤，阻滞脉络，经气不通而发胁痛。通常以风寒、湿热、淫邪致病为多见，症状以两胁痛或一侧痛甚为主，治以驱邪解毒，舒络止痛为法，常用药物有金银花、连翘、公英、柴胡、威灵仙、白芍、甘草等。

1.2 内因－内伤情志

肝主怒，暴怒伤肝，怒则气上，思则气结，肝失疏泄与条达，则肝病及胆，肝胆之气互结，阻塞气机，气滞血瘀，不通则痛；或郁久化火，与湿相合，湿热互结，气机被阻亦发胁痛。偏于气者，常用柴胡、郁金、木香、香附、青皮、小茴、麦芽等。偏于血者，常用当归、赤芍、桃仁、红花、三棱、莪术、穿山甲、龟版、鳖甲、牡蛎等化瘀软坚药物。肝胆湿热者，常用茵陈、大青叶、龙胆草、虎杖、金钱草等。

1.3 非内非外因－伤食跌仆

因饮食不节，起居不慎，可使脏腑功能失调，肝胃不和，气血运行失度，瘀血不通，而发胁痛。常用柴胡、白术、川芎、当归、麦芽、莱菔子、川楝子等。或内挫伤气，跌扑伤血，气血不循其经，而发胁痛者，常用柴胡、香附、红花、苏木、延胡索、乳香、没药、三七等。

2 辨证论治

赵国岑认为：辨证不清，则用药不明。故应首先辨别证型，确立治则，遣方用药，方取良效。将胁痛分为邪气内侵、肝气郁结、肝血瘀阻、肝血亏虚四个证型，治则以“通”立法，即通气、通血、通络、通腑，以达“通则不痛”之目的。

2.1 邪毒内侵型

此型辨证要点是胁肋紧痛、沉痛，可伴有外感的全身症状。治以解毒祛邪止痛为法。方药为自拟柴胡止痛汤：柴胡10g，黄芩10g，白芍30g，川楝子10g，元胡10g，威灵仙30g，芦根30g，板蓝根30g，连翘15g，甘草10g。若外感重者加金银花、防风；湿热盛者加茵陈、土茯苓；热毒重者加公英、野菊花、虎杖、龙胆草；胁痛及胃者加莱菔子、生姜；虫积加乌梅、槟榔。

2.2 肝气郁结型

此型辨证要点是胁肋胀痛，窜痛，左右交替或同时疼痛。常伴有心烦易怒，痛及胃脘等症。治以舒肝理气止痛为法。方药为自拟柴胡芍药汤：柴胡10g，白芍30g，当归10g，郁金10g，青皮10g，陈皮10g，木香10g，香附15g，川楝子10g，炒小茴6g。若肝热加龙胆草、栀子、丹皮；胁肋胀满加炒麦芽、莱菔子、厚朴；胁痛及胃加佛手、甘松。

2.3 肝血瘀阻型

此型辨证要点是胁肋刺痛，痛处不移，舌质暗，或有瘀斑，脉弦涩。或兼见面色青暗。治以活血散瘀止痛。方药为自拟元胡丹参饮：元胡15g，丹参30g，当归15g，川芎10g；赤芍15g，红花10g，三棱10g，莪术10g，香附15g。若痛甚加三七、乳香、没药；右胁痛甚加金钱草、芦根；久病胁痛不止者加姜黄、白芍；肝硬化胁痛加牡蛎、穿山甲、龟版、鳖甲。

2.4 肝血亏虚型

此型辨证要点是两胁隐痛而持久，伴有面黄乏力，纳少等症。治以养血护肝为法。方药为自拟首乌护肝汤：黄芪30g，当归15g，白芍30g，蒸首乌30g，丹参30g，五味子10g，姜黄10g，阿胶10g（烊化），党参15g，白术10g，甘草10g。若脾胃虚弱者加加木香10g，砂仁10g；纳差加焦山楂、炒麦芽、焦神曲、鸡内金；乏力者加仙灵脾、仙茅。

3 体 会

3.1 急性胁痛有发作急骤、疼痛难忍，或慢性疼痛因故突发剧痛等特点。若由内挫伤气，跌扑伤血，外感邪气，阻滞脉络等诸因而患病，治疗得当则病程短，见效快；而瘀血积聚之肿瘤骤发胁痛，则病程长，且止痛慢。

3.2 临床辨治急性胁痛，首先要辨清内伤与外感。凡寒邪在少阳经而病胁痛者，必兼发热恶寒之表证，乃为外感；如无表证，悉属内伤。

3.3 治疗急性胁痛总以气血为主。气行则血行，气滞则血瘀，血旺则流通，血亏则停滞，留滞不行则为痞块。肝主怒，怒伤肝，肝气动则诸经之气皆能动矣。故治疗急性胁痛应以气血为要，即水旺则舟行，血旺则痞消，乃行气活血养血之意。

3.4 应注意调补肝肾。胁痛多为肝胆之患，肝气宜顺而不宜逆，顺则不痛，逆则痛不止。故治疗急性胁痛，当以治肝为先，肝肾同源，应以补肾，肾水足而肝木得养，肝有所养，则胁痛自平。

3.5 避免发病和诱发因素。在临床中，应防治并重，尤重于防，防重于因。（侯勇谋 赵 一 余月娟）

吸收不良综合征

1 脾虚湿盛型

证见胸腹胀闷，四肢倦怠乏力，大便溏泻，苔腻，脉濡缓。治宜益气健脾，渗湿止泻。方用参苓白术散化裁。湿盛者，酌加苍术、泽泻、厚朴等；里寒甚腹痛者，加干姜、肉桂。

案1 许某，男，39岁，职工，2002年9月19日就诊。诉脘腹胀闷，大便溏泻近3年。经检查诊为“吸收不良综合征”，曾服黄连素等药，效差。昨天又因饮食不慎而旧病复发。现证：脘腹闷胀，四肢倦怠乏力，大便溏泻，苔厚腻，质淡体胖，脉濡缓。诊为久病脾虚，运化失常，水湿停留，困扰脾土，运化、传导、吸收功能减弱，属脾虚湿盛。拟参苓白术散和胃苓汤加减。方药：党参15g，茯苓20g，白术10g，山药15g，白扁豆 15g，砂仁 10g，薏苡仁 12g，桔梗 10g，苍术 12g，厚朴 12g，泽泻 15g，大枣 6g。日 1 剂煎服。并嘱生活规律，合理饮食，加强锻炼。患者服药 3 剂，症状明显减轻。又随证加减服药 15 剂，症状消失。

按 脾气主升，升清降浊。脾主运化，运化水湿及水谷之精微。脾虚运化失调，湿邪留滞，更能伤脾，脾更虚，湿更盛，清浊不分，导致本病。故用参苓白术散以益气健脾渗湿，用胃苓汤以助祛湿和胃，健脾与祛湿并行，标本同治，因而可获良效。

2 肝郁气滞型

证见胁肋和脘腹饱、胀、痞、痛，嗳气频繁，大便溏薄，脉沉弦。治宜疏肝健脾，行气解郁，活血止痛。方用柴胡疏肝散加白术、茯苓等。加减：若胁肋痛甚者，酌加郁金、延胡索、当归、青皮、木香等；有郁火者，酌加栀子、川楝子。

按 2 吴某，女，43 岁，干部，2003 年 6 月 8 日就诊。胃痛连及两胁，时轻时重，便溏 8 年余。诊为“吸收不良综合征”。曾服香砂养胃丸、舒肝丸等中药及吗叮啉、三九胃泰、洛赛克等西药，获效但不持久，失去治疗信心。近日又因工作烦恼病情加重。现证：胃脘胀痛连及两胁，痛时心烦不宁，恶心，嗳气频繁，泛酸，纳差食少，大便溏泻，舌苔薄黄，质稍暗，脉弦紧。诊后辨为肝郁气滞，肝胃不和。处方：柴胡 12g，白芍 20g，枳实 10g，川芎 10g，香附 10g，炙甘草 6g，当归 12g，延胡索 10g，白术 12g，茯苓 20g，佛手 10g。日 1 剂水煎服。5 剂后复诊，胁痛大减，恶心嗳气泛酸及便溏症状明显好转。又按上方加减服用 17 剂，胁痛、便溏等症状基本消失。遂改服成药香砂六君子丸合逍遥丸，并嘱调理情志，生活规律，吃清淡而富有营养饮食。3 月后随访，病情未复发。

按 赵国岑认为，肝郁气滞是导致本病的重要原因，脾胃是受害脏腑，因此疏肝理气，健脾和胃是治疗本病相互依附的两个基本治法，同时应用效果更好，缺一则影响疗效。此案治疗汤药成药的组方均寓此义。此外，对本型患者赵国岑尤强调情志因素和饮食调理，这也是取得稳定疗效的重要环节。

3 食滞胃脘型

证见腹痛腹泻，大便稀薄而恶臭，矢气多，时有恶心或呕吐，苔厚腻，脉弦实。治宜消食导滞，健脾和胃。方用保和丸加太子参、鸡内金。加减：若食滞重者，酌加枳实、大黄、泽泻等；脾胃素虚者，酌加白术等；湿盛重用茯苓。

案 3 王某，男，25 岁，工人，2002 年 8 月 12 日就诊。因饮食习惯不好，经常食后即腹痛、泄泻，反复已 3 a 余。本次因食过多饺子而发病，按“胃肠炎”、“吸收不良综合征”等治疗，效差而求治于中医。现证：胃痛，饱胀不欲食，腹痛腹泻，大便日 3～4 次，稀臭伴有不消化食物及少量油脂黏液，恶心欲呕，体瘦，苔厚腻，脉沉弦实。赵国岑按食滞胃脘施药，用保和丸化裁。方药：焦山楂 15g，神曲 20g，莱菔子 15g，陈皮 10g，制半夏 10g，茯苓 25g，连翘 10g，太子参 15g，鸡内金 15g，白术 12g。水煎服，日 1 剂。服 3 剂后复诊，对症效显。又用 5 剂，症消病愈。嘱其饮食规律，减少发病诱因。随访半年未复发。

按 本病病位在（脾）胃、肠，故最易为饮食所伤，脾胃伤则食易停滞，反更伤脾胃，久则脾胃虚弱，食不慎则病发。赵国岑治之既重消导和胃，更不废益气健脾，故每以保和丸为主，加甘温平淡之太子参，消食化积之鸡内金，药虽平常，却有捷效。尤其太子参、鸡内金两味，一平补脾气有益消食化积，一消食化积有益脾旺运化，二者配合，功效卓著。此外，对本型患者要特别嘱其饮食规律，减少诱因。

4 脾胃虚弱型

证见上腹部隐痛和腹泻日久不愈，反复发作，大便如油，神疲乏力，面黄消瘦。治宜健脾益气，行气温中，消食和胃。方用香砂六君子汤加减，可酌加黄芪、干姜、麦芽、谷芽、香橼等，或酌配保和丸。

案 4 张某，女，38 岁，职工，2002 年 11 月 8 日就诊。以脘腹胀闷，早饱，腹泻为主要症状，多方检查排除器质性病变，诊为“吸收不良综合征”，但遍服中西药乏效，迁延 8 年，时轻时重。现证：脘腹胀闷不舒，纳差，嗳气早饱，面黄体瘦，神疲乏力，大便次多，粘滞不利，舌苔薄，质淡，脉沉细无力。赵国岑认为：脾气久虚，运化失调，胃纳不佳，大肠传导失司，故作此证。属脾胃虚弱。拟方：党参 20g，白术 10g，茯苓 20g，炙甘草 10g，陈皮 10g，半夏 10g，木香 10g，砂仁 10g，黄芪 30g，炒山药 30g，炒麦芽 10g，焦山楂 10g，炒神曲 10g。日 1 剂，水煎服。初服 10 剂，症状明显改善。又原方出入 12 剂，除乏力、纳差外，余症基本消失。后改服香砂六君子丸每次 15g，日 3 次；配保和丸，每服 15g，日 3 次，1 周隔日服 3 天，饭前服。时隔 1 月余，患者电话复诊诉症状消失，一切如常。又嘱其继服 1 月以巩固疗效。半年后电话随访，基本康复。

按 脾胃虚弱，贵在平调平补。香砂六君子汤能益气和胃，行气温中，是正治之方。赵国岑认为，本方是中药促进胃肠动力药，其中补气与行气药相配，补而不滞，使脾健胃和，肠道通利，运化有力。症状缓解后，由汤剂改服丸剂，此为治其本。更间断配服保和丸消食和胃，是启动胃肠动力开路先锋，此为治其标，如此标本兼治，巧妙配合，故常药可收非常之效。

5 脾肾阳虚型

证见腹泻日久，倦怠乏力，腰酸神疲，头晕耳鸣，畏寒肢冷，舌淡体胖，脉沉细缓。治宜温肾健脾，涩肠止泻。方用《景岳全书》胃关煎加减。腹泻或肾阳虚衰甚者，酌加补骨脂、肉豆蔻、附子等；脾虚甚者，酌加党参、白术等。

案5 江某，男，66岁，退休职工，2001年5月20日就诊。患慢性腹泻已近10年，经胃肠镜等检查未发现器质性病变，拟诊"吸收不良综合征"，但服药时效时发，迁延不愈。现证：胃脘不舒，四肢乏力，精神倦怠，腰膝酸软，眩晕耳鸣，纳差，大便溏泄，粘腻不爽，日3~4次，肢体浮肿。舌质淡体胖大，苔薄，脉沉细缓，右关尺弱。诊为脾肾阳虚。方药：熟地黄25g，炒白术15g，干姜10g，吴茱萸10g，炒白扁豆15g，炒山药20g，补骨脂10g，煨肉豆蔻10g，党参15g，炙甘草5g。日1剂，水煎服。7剂见效，又加减出入21剂，症状基本消失。改服人参健脾丸和金匮肾气丸1个半月，以善其后。随访半年未复发。

按 本型多见于病程较长的患者，治疗需要医患配合，耐心服药。胃关煎治疗脾肾虚寒泄泻，或久泻腹痛不止之症，赵国岑选作正治之方，切中病机，加用补骨脂、煨豆蔻以助温阳固涩，加参、附之类甘温助阳，所以见功。但要注意，一是脾肾宜同补，分量有侧重；二是应防心急速补骤温而生热生燥；三是以治本为要，开涩要恰当。此外，他认为，本病有"易治易愈易复发"的特点，所以要嘱患者平时注意饮食，调畅情志，锻炼身体，以减少复发。（刘阿新 尚学瑞）

赵国仁临床经验

【名老中医简介】赵国仁（1937~）浙江新昌人。主任医师。1963年毕业于上海中医药大学医疗系。曾任奉化市中医院副院长。中华全国中医学会会员，浙江省中医学会男性分会副主委，宁波市中医学会常务理事。浙江省名中医。擅长中医诊治肾炎、男性病、慢性萎缩性胃炎等。合著《实用中国养生全书》，发表论文60余篇。

临床经验

疑难杂证

1 腹胀腹泻案

葛翁，68岁。1985年3月10日初诊。居高寒之林间，五旬时管理村外水库，花甲之年，家人劝其归舍闲居，颐养天年。该翁执意不返，孚性结庐而居其间，以山水而自娱。平生唯喜杯中之物，或邀朋而酌，或独饮而醉，数十年如一日，从不间断。7年前友人二，猎一山猫，在其处烧煮，彻夜和酒而啖，后和衣而醉卧。时至寅卯，腹大痛，泻后稍安。此后食四足之物，即痛泻不堪，而食禽鸟则安然无恙。如此数年，村人戚友皆以为怪，携其四处就医而其疾不愈。见其肌肉瘦削，面色不华，苔薄而质淡，脉沉迟无力。此乃脾肾虚弱，命门火衰故也。该翁素来嗜酒，酒乃质寒之品，久服必损脾阳，脾虚不能运化水湿；又长期居于水旁，晨岚暮雾，时时侵袭，水湿由外而内，内外合邪湿胜必矣。又年高体弱，肾阳虚衰，且寒气外袭而入于肾，风气相求而成阴寒之体。四足之物，感受地之阴气较两足者为甚，所谓阴气者，六气中唯寒湿二字耳，体内寒湿本甚，又以寒湿之物啖入腹中，雪上加霜也。湿胜则泻，寒胜则痛，此即脾肾为病也。治之之法，当宗李中梓"燥脾"、"温肾"，选方朱丹溪"湿用四苓散加苍术，甚则苍白二术同加，炒用燥湿兼渗泄。"及《内科摘要》中用四神丸温补脾肾，固涩止泻。药用：苍术、白术、猪苓、补骨脂、益智仁、肉豆蔻、五味子各10g，茯苓20g，党参30g，干姜、吴茱萸、炙甘草各6g，生姜5片，大枣10枚。续服21剂，形体渐见壮实，神情也见饱满，家人于其菜肴中暗加猪膏，并无异样，遂事实告知，于是渐进肉类，也不痛泻，饮食渐趋正常。然多年顽疾，非朝夕可收全功，嘱于菜肴中酌加干姜以作佐料，起温补散寒作用，并多服苡仁粥以健脾利湿，至今3年余未再复发。

按 此证之治，全在寒湿二字，居处寒湿，嗜酒内生寒湿，四足感受寒湿，内外合邪，湿胜则泻，寒胜则痛故病作矣。方用健脾燥湿，温肾固涩，而愈其病，也在情理之中。

2 下肢肿痛案

周某，45岁。1993年5月6日初诊。家居四明山腹地，因时发下肢肿痛，多处就医无效，前来赵国仁处。问其状，曰：两下肢时发肿痛，发时两下肢浮肿疼痛，食深毛动物则发，食扁毛动物则无异。深毛者，畜兽也；扁毛者，禽鸟也。畜者四足，禽者二足。观其状，两下肢浮肿，按之如泥，皮色不红，舌淡脉沉迟。尿检、血检均无异常发现，心、肝、肾多项检查均属正常。赵国仁断为寒湿为患，寒湿均为阴邪，或疲劳伤脾，或作强伤肾，则阴气易于伤人。湿胜则肿，寒胜则痛。食用深毛之物，阴邪侵袭，而发肿痛矣。治之之法，当温阳散寒，化气利水方用真武五苓加减：附片、焦白术、炒白芍、桂枝、猪苓、泽泻各10g，茯苓15g，生姜7片。方中附子、生姜温湿散寒止痛，白术健脾燥湿，泽泻、茯苓、猪苓甘淡渗湿、畅利水道，白芍解痉止痛，数药合用，寒湿得祛，肿痛得消。药至13剂，肿痛均消，续服15剂，则诸恙悉除，所有肉类食物均可食用，无异常不适也。

按 寒湿为阴邪，侵袭人之下肢，寒胜则痛，温胜则肿，属中医痹证、水肿范畴。服真武汤、五苓散温阳散寒，化气行水，湿祛寒除，其病自愈。

3 下肢瘙痒案

王某，年五旬，1996年11月21日初诊。傍水而居，以渔为业。近3年，罹怪疾。食猪肉后奇痒难忍，后偶食牛、羊、狗、兔等四足动物之肉，也发如前。但进鸡、鹅、鸭等两足动物之肉则安然无恙。每谈及此，邻里皆引以为怪。四处求医，耗资逾万，未收寸功。赵国仁询其状，云食四足之物，则下肢而上，奇痒难忍，外观无红色疹瘰，停食后近周始得稍安。食用二足之物，则无任何不适。观其形体尚丰，也无他恙征兆，舌质淡，苔微黄腻，切之脉沉而稍见滑数之象。法以温阳散寒，利水燥湿，佐以清热杀虫。方拟椒梅连理合平胃汤出入。药用川椒、干姜各6g，乌梅、附片（先煎）、苍术、白术、姜半夏、陈皮各10g，川连3g，茯苓20g。服7剂，舌质转红，腻苔渐化，脉象和缓。续服7剂，精神见长，步履轻健。日可试服四足之物，以观其效。后遍食四足之物无妨。嘱移居高燥之地，避免涉水业渔。至今3年未见复发。

按 此案以其涉水业渔，感受寒湿定多，且四足之物感受地之阴气多于两足之物，而地之阴气者，六气中唯寒湿两气耳。故“寒湿”为本案之本。又湿郁化热，湿热生虫，虫行肌肤则痒矣，故“热”、“虫”乃本病之标，治宜标本相兼，既攻中坚之敌，又扫外围之寇，击鼓并进，可获全功。附子理中汤散寒，平胃散祛湿，椒、梅、连杀虫，又川连清除郁热，然量宜轻，以防以寒助寒。甘草甘而腻，有碍于湿，故去之也。

4 讨 论

四足之物较二足之物感受地之阴气为多，阴气者寒、湿二字也，赵国仁治疗此疾，始终以寒、湿为纲，此为此类病证证治之方向。患者或处高山，或居水旁，或以渔为业，而未有见于温燥之处者，患者有感受寒湿之外在环境。且患者嗜酒而寒湿内生，或年老体弱阳气不足，而后发病造成内在条件。天人合一，同气相求，内外合邪而致病也。同为寒湿为患，或腹痛腹泻，或下肢肿痛、或下肢瘙痒，应随症选方遣药，不可刻舟求剑，一成不变，如是始可奏效。（唐云忠 周亚萍）

医案验案

1 湿温案

傅某，男，35岁。1966年7月26日诊。高热旬余，晨起稍低，体温午后高达40℃以上。西医诊为“伤寒”，用氯霉素等无效，邀赵国仁会诊。诊见：壮热胸痞，口舌干燥，身重，胃纳极差，小溲短赤，时或谵语，舌苔黄腻、干燥无津，脉滑数。此乃湿热流连气分，郁久伤津，上蒙心窍故也。叶天士云：“若其邪始终在气分流连者，可冀其战汗透邪，法宜益胃，令邪与汗并，热达腠开，邪从汗出。”治宜清解湿热，化痰开窍，佐以养津益胃。药用：川连5g，黄芩、焦山栀、青蒿、白薇、姜半夏、川贝、鲜石菖蒲、瓜蒌皮各10g，鲜芦根、梨汁（冲服）各30g，鲜竹沥一匙（冲服），并嘱频饮西瓜汁。1日2剂，上、下午各服1剂。至晚7时左右，忽见寒战大汗，体温骤降至36℃左右。医护人员以为虚脱，急忙组织抢救。观之脉静身凉，安舒静卧，全无烦躁迹象。此乃战汗佳兆，欲求之而不可多得者也。次日神清志爽，仅微热不清（体温在37.3℃~37.5℃之间），予清化余热，养胃生津。药用：青蒿、连翘、白薇、鲜石斛、川贝、鲜石菖蒲各10g，川连、淡竹叶各5g，鲜芦根、生苡仁、怀山药、梨汁（冲服）各30g，并续服西瓜汁。5天后，热退纳佳，精神好转，痊愈出院。后因饮食失宜，脘腹胀满，大便欠畅，就近更医调治，疏方大承气汤。药入1剂，泻下日数10行，如竹筒倾水。急送某医院抢救，虽经大量输液等治疗，仍洞泄不止，终因病危出院。邀赵国仁再次出诊，见其目直口张，舌卷囊缩，大汗淋漓。告其家人，此乃阴竭阳脱之证，已无回天之术。足适出户，哭声立至。呜呼：湿热久恋，脾胃虚弱，培补中土，犹恐不足。虽有腹胀，本应“塞用塞用”，奈何医者试图一时之快，而犯虚虚之戒，促其死期，良可悲也。水可载舟，也可覆舟，药可救人，也可杀人，此之谓也。

按 湿热在气分流连，可冀战汗而解，法当益胃，此乃正治也。药对其证，其效也速。湿热久困，中土必虚。饮食失节，而作腹胀，本应健脾和胃，“塞因塞用”，奈何医者犯虚虚之戒，妄用攻伐，乃至不起，良可悲也。

2 喘证案

傅某，男，75岁。1992年3月11日诊。素有风痰夙恙，偶感外邪则咳喘并作。近年发作益频，发则喘息不能平卧，口唇青紫，下肢浮肿。求医多家，谓老慢支、肺气肿、肺心病、心衰。用药能解一时窘急，不能久效。5日前忽咳喘复作，至昨晚见上半身发热去被，口渴汗出，痰厚色黄，腰以下畏寒厚覆，两足如冰，肿难着履，僵卧难行。医不敢投药，温之恐增热渴，寒之又碍厥肿，邀诊于赵国仁。诊见舌质红、苔微黄腻，脉轻按浮数、重按无力。赵国仁思之良久，曰得之矣，盖谓上热下寒之证也。此乃肺肾两虚，痰饮胶阻之体，忽感风寒外邪之候也。经曰：气并于阳，血并于阴，此上下相亲之义也。风者，阳邪也。乃亲乎上，直犯其肺。风痰交阻，清肃失司，郁而化热，煎熬伤津，故上热去被，咳喘痰黄，汗出而渴。寒者，阴邪也，直入其肾，寒水相搏，阴霾阻隔于下，阳气不能散发。故下寒厚覆，两足厥肿，僵卧难行。治之之法，上则清宣肺之风热，下则温通肾之阴寒。双管齐下，方可奏效。早属阳，服桑杏汤加黄芩清散风热；暮属阴，服五苓散加附片驱除阴寒，此也取其上下相亲之义也。1日后上热稍解，咳饮热，汗见瘥，两足微温，肿势已减。连服3日，上热去，下寒愈，浑然觉舒，唯咳喘仍见微作。3日6剂，天地阻隔之否已成上下交通之泰，可谓幸矣。然咳喘宿疾，难以尽除。节饮食，适劳逸，避风寒，以防死灰复燃。犹可冀其带病延年耳。

按 此证乃上热下寒之候，辩证用药皆以经义“气并于阳，血并于阴，此上下相亲之义也”为法。理既明，效必速矣。医之临诊，必宗经旨，此之谓也。

3 寒厥案

王某，男，20岁。1979年12月13日诊。恶寒发热5天，后出现皮肤苍白，四肢发冷，皮肤现青紫瘀斑，头晕，血压测之不出，诊断为“中毒性休克”，收住病房。虽经对症、支持疗法，并无显效，发出病危通知，令家属准备后事。父母不忍，邀赵国仁会诊，诊见面赤如妆，大汗淋漓，烦躁不安，四肢厥冷如冰，腹泻日数十次，便血不止，舌红如杨梅，不能伸出口外，脉微细如丝。经各项检查，提示心、脑、肝肾功能均受损害。脉证参合，此乃伤寒少阴病，阴脱于下，戴阳于上也。仲景云：“少阴病下利清谷，里寒外热，手足厥逆，脉微细欲绝，身反不恶寒，其人面色赤……通脉四逆汤治之。”“下利脉沉而迟，其人面少赤，……所以然者，其面戴阳，下虚故也。”“恶寒脉微而复利，利止亡血也，四逆加人参汤主之。”又《素问·至真要大论》曰：“寒淫于内，治以甘热”，此阴竭阳脱之症而现真寒假热之候，治疗稍有差池，将铸成千古之恨，苦寒下咽，其命立毙。急予四逆加人参汤回阳救逆，合白通加猪胆汁汤以取热因寒用、甚者从之之义。药用：附片（先煎半小时）15g，干姜10g，高丽参（另煎冲服）30g，葱白7茎，童便1盅（冲服），鲜猪胆汁1匙（冲服），炙甘草5g。1剂后利、汗均减，血压回升，烦躁稍安。病有转机，原方续服1剂。下利日仅3～4次，下血大减，四肢微温。守方不更，3剂后下利止，便血愈，四肢温，烦躁除。垂危之证，起于霍然。阴竭阳脱，千钧一发，死生易如反掌。药中病机，效如桴鼓，起九死于一生，不亦幸乎。

按 伤寒少阴证，阴竭阳脱，而现真寒假热之候，稍有不慎，苦寒下咽，其命立毙。此真千钧一发之际也！为医者，当恪守古训，择用经方，药症相符，必起沉疴。取四逆加人参汤合白通加猪胆汁汤，3剂起死回生，先贤成方，不亦补乎。

4 痿证案

方某，女，25岁。1992年9月27日诊。产后3月两下肢痿软无力，初尚能扶持而行，后则痿而不用，寸步难移。家属以为产后体亏，甘醇炙（火専）并进，并邀医以参、术、芪、归等甘温之物大补气血。遂至胸闷纳减，身重肢楚，卧床不起。去沪等地各大医院检查，均无阳性发现，辗转回乡，就诊中医。前医宗《素问·痿论》：“治痿独取阳明”之旨，认为妇人产后，气血虚弱，筋脉失于濡养而致痿废，用归脾汤大补气血，三诊三不应，后邀赵国仁诊治。观其形体壮满，两下肢匀称，无萎缩征象。诉胸闷腹胀，饮食不馨，身重不欲转侧，懒于言笑，苔薄腻，脉濡带数。正品茗踌躇，适值天阴将雨，见其居处地面泛潮，观四周环境低矮卑湿，产期又值长夏湿土当令之时。经云：“有渐于湿，以水为事，若有所留，居处相湿，肌肉濡渍，痹而不仁，发为肉痿。”又云：“湿热不攘，大筋软短，小筋弛长，软短为拘，驰长为痿。”产后气血虚弱，腠理空疏，湿邪自外而入。“肥生内热，甘能壅中”，肥甘并进，湿热内生，内外合邪，如火添薪。湿热壅阻，流于下肢，则痿成矣。投以甘温，似投油救火，反增病耳。遂以加味二妙散去当归、龟版，加车前子、泽泻、生米仁以清热渗湿。并嘱清淡素净饮食，居高爽干燥之处。二诊见效，五诊收功。

按 痿之论治，需辨病机。湿热所致，反投甘湿，尤抱薪救火，于事无补，反增病耳。清热渗湿，节饮食，居高处，自可见愈。

5 慢惊风案

谢孩，男，6岁。1岁时即腹泻，日行多次，呈青绿色。而后食少行迟，羸弱不堪。四出求医，耗资无算，总不得效，近3年来，腹泻不止，夜间吵闹，灭灯惊呼，妄言见鬼。秉烛彻夜，方得稍安。稍一交睫，四肢抽搐，频频发作，夜半后更剧，天明始静，倦卧不起。合家惊怖，不知何物作祟。翻阅病例，或曰癫痫，或曰缺钙，各种疗法，未收寸功。求赵国仁一观，则见形瘦肉削，声微气促，四肢厥逆。夜间观之，昏睡露睛，惊怖不已，手足微搐，发作不已。踌躇良久，乃有所得，此乃脾肾两败之慢惊风证也。食少而泻，形瘦肉削，昏睡露睛，声微气促，脾惫之兆，端倪已露。四肢厥冷，夜间惊哭，妄言见鬼，肾阳之败征亦显。《临证指南医案》有云："脱阳者见鬼"，即此候也。搐者，肝风动也。盖腹泻日久，脾胃虚弱，肝水横逆侮土，故粪色青绿。无土之木，易动易摇，故搐搦频作，而其搐也微，此又与实热之肝风有别也。且肝旺于寅卯，故夜半后尤甚。综观此证，乃脾肾两败，肝风内动之慢脾风重证也。蹙额苦思，难得万全。平平之剂，如隔靴搔痒，非大剂急投，鲜克有济。忽忆谢映庐治慢脾风证用大回生汤，且曰："悉用此法，屡验不爽"。遂毅然一投。疏方：人参（另煎冲服）、焦白术、炒枣仁、杞子各10g、炙黄芪、钩藤各15g，附子（先煎）6g，干姜、丁香、白豆蔻（后下）各3g，肉桂、全虫各2g，炙甘草5g。日进2剂，频频进服，使药力充溢全身虚弱之处。时隔3日，其父告曰：服药2日4剂，此儿躁扰不安，头面泛红，搐搦稍平，问可再服否？此乃阴病转阳者也，实属可喜佳兆，岂可半途而废、功败垂成。正如岐伯所言"阴病见阳者生"，其病有望矣。原方5日10剂，泄减厥回，搐搦也止。此脾气来复，肾阳回宅之征也。然小儿乃稚阳之体，其阴未充。且阳脱者未有不损其阴者，故回阳之中，必佐阴药，务使阳潜阴固，庶不致有偏颇之患。于原方中加熟地15g、当归6g，减为日1剂。又5日，其父欣然曰：夜已能寐，不复惊叫，腹泻也止，与旬前判若两人矣。则改其剂，续予调理脾胃，使其虚弱之处，务必充填尽至。数载顽疾，非朝夕可收全功。遂用香砂六君子汤进退，复进半月。见其肌肉已充，四肢温和，夜能安寐，与常儿无异状也。数载痼疾，收功于两旬又半，可谓幸矣。

按 慢脾风证，病情多端。以其惊而用重镇之品，徒伤元气；以其搐而投寒凉之物，则雪上加霜。见症治症，于事无补。其要者，脾肾两败耳。故治之之法，健脾温肾为要务，佐以他药，始为得当。且病久日深，泛泛之剂，难挽狂澜，重剂急投，方克有济。

6 多汗经闭案

方某，23岁。经事或半载一至，或近年始行。经多方医治数年，全数无效。阅其所服之方，益气补血，理气祛瘀，温经散寒，补益肝肾，无不具备。诊见，面赤形瘦，自觉内热难忍。治闭经之法，似已尽施，不效何也。踌躇数日，正无良策，某日晨，朔风凛烈，向阳取暖，适患者就诊。见其额汗沁沁，擦之不干。问其平时多汗否？曰：一年四季，惟汗多最苦，工作时尚且不说，用餐慢步也汗流不止，且有心悸。舌质红、苔薄黄腻，脉弦细数。曰：得之矣。《寓意草》中喻嘉言治杨季登长女汗多内热之经闭，用极苦之龙荟丸而经行，其理一也。前医用温补之品，反助内火。施劫夺之物，徒伤阴血。此等治法，于病无补，而徒增其疾也。今患者心之气津两虚，肝之郁火内扰。以旺盛之郁火，凌驾不足之阴津，焉得不汗。汗为心液，汗血同源。古人曰："夺血者无汗，夺汗者无血"，今汗自皮毛间源源透出，何得经血下行。喻氏用极苦之药，以引其血入内，而下通于冲脉，则热退经行，而汗自止，非补药所能效也。今仿其意而行之。然多汗伤其心液，而致气津两虚。究其因以郁热故也。急则治其标可也。因无龙荟丸成药，遂改为汤剂。处方：龙胆草、焦山栀、黄芩、黄柏各10g，黄连6g，芦荟1g，生甘草、生大黄各5g。此方出入，连服1月，汗少经行。后用生脉饮出入调理半月，以养心增液。复用前方半月，汗止经行正常矣。

按 本案之经闭，盖由血枯而致。所以血枯者，因郁热而致汗故也。止汗实为本案之关键所在。喻氏用极苦之龙荟丸坚阴敛汗，治疗经闭，可谓别树一帜，功在千秋。

7 环腰水肿案

竺某，女，76岁。环腰系带处疼痛6年。近3月来，忽水肿腹大，疼痛难忍，多家医院诊治疑为肝硬化腹水。经肝功能、B超、CT等多项检查未发现任何阳性征象，西药治疗毫无改善，改投中医。诊见腰部系带处环周疼痛，两季肋下及腹部一圈如囊裹水，肿胀外突，皮色光亮，按之如泥，肿处无青筋显露，肝脾触诊无肿块发现，大便不畅。舌边有瘀斑，脉细涩，此水何来，百思不得其解。从部位看，此乃带脉为病，细询其因，知其6年前曾跌扑于地，臀部首当其冲，其状甚惨。因家住农村，未及时就诊，卧床3月，始得活动。于是摄片检查，揭示T1～2及11～4

有陈旧性压缩性骨折，此乃跌扑损伤，累及带脉，瘀血阻滞故常痛不止，久则瘀入于络，血化为水，溢于带脉循行分布之处。腹部为阴，肤肉松软，故肿甚且易见也。治宜活血通络，祛瘀生新，水肿自消。方用膈下逐瘀汤出入：当归、川芎、赤芍、桃仁、红花、山甲片、丹皮、延胡索、五灵脂(包)、枳壳、制大黄各10g，炙甘草6g，3剂后，肿消其半，痛也大减，续用原方进服5剂，肿消痛止，一如常人。

按：此肿于腹，人以为臌胀，每用利水之剂，边利边肿，未得其要也。此乃带脉为病，又以跌扑所致，其肿乃血化为水故也。用膈下逐瘀汤收功，此乃治病求本也。(周亚萍)

赵和平临床经验

【名老中医简介】赵和平(1956～)湖北省郧县人。主任医师，教授，硕士生导师。湖北省十堰市中医医院业务副院长。湖北省中医风湿病学会常务委员，湖北省肾病专业委员会委员，湖北省中医学会常务理事，十堰市中医学会副会长，十堰市中医药适宜技术研究所所长。湖北省知名中医。从事医疗、教学、科研及管理工作30余载，擅长治疗类风湿关节炎、强直性脊柱炎、痛风、肾病综合征及疑难杂症。发表论文20余篇。

痹证

1 治风寒湿痹，突出温补肾阳

《灵枢·百病始生》曰："风雨寒热，不得虚邪，不能独伤人。卒然逢疾风暴雨而不病者，盖无虚故邪不能独伤人。"《素问·评热病论》曰："邪之所凑，其气必虚。"赵和平认为，对于痹证而言，其气必虚主要指卫气虚。脾为卫之主，肾为卫之根，卫气虽源于脾胃，而实根于肾阳。临床见肾阳不足，命门火衰者最易患风寒湿痹。以肢体关节疼痛，遇寒加重，得热痛减，舌质淡，苔白滑，脉沉细为临床特征。温补肾阳乃治本之举，祛风散寒除湿仅为治标。临床常选用自拟经验方二仙蠲痹汤(仙茅、淫羊藿、杜仲、狗脊、制附子、桂枝、羌活、独活、防风、当归、鸡血藤、络石藤、川芎、砂仁、白豆蔻)加减。方中仙茅、淫羊霍、杜仲、狗脊、制附子温壮肾阳，兼以散寒除湿；羌活、独活、防风祛风散寒除湿；络石藤祛风舒筋活络；砂仁、白豆蔻健脾化湿行气；当归、鸡血藤养血活血。赵和平认为治疗风寒湿痹用养血活血药用意有3个方面：①痹者闭也，诸邪痹阻经络，气血运行不畅易致瘀；② 寓有"治风先治血，血行风自灭"之意；③可以制约诸般热药之燥性，以防耗伤阴血。

2 疗风湿热痹，重视清热解毒

赵和平认为，热痹多见于素体阳气偏盛，内有蕴热或阴虚阳亢之体感受外邪，外邪每易从阳化热，或风寒湿邪久滞经脉郁而化热。以关节红肿热痛，痛势剧烈，舌红苔黄腻，脉滑数为临床特征。常见于类风湿关节炎、风湿热及痛风等风湿性疾病的活动期。赵和平多以清热解毒、活血通络止痛为主要治则。选用自拟经验方牛角解毒汤(水牛角、蒲公英、紫花地丁、紫背天葵、地龙、赤芍药、鸡血藤、白僵蚕、薏苡仁、桂枝、生地黄、砂仁、白豆蔻)加减。方中重用水牛角凉血解毒，水牛角乃血肉有情之品，用于治疗以肌肉、筋骨、关节为主要病位的痹证，有同气相求之妙；蒲公英、紫花地丁、紫背天葵清热解毒；地龙、赤芍药、鸡血藤活血通络；白僵蚕、薏苡仁化痰祛湿消肿；砂仁、白豆蔻健脾行气利湿。单用解毒之品，恐有凉遏之弊，恐伤正气，故每以桂枝反佐之，辛温宣散，使热邪易透，湿邪易除。热之所至，其阴易伤，故配以生地黄，《神农本草经》记载其"逐血痹，填骨髓，长肌肉……除痹"。高热甚加生石膏清热泻火；肿甚加防己、泽兰利水除湿，温通活血祛瘀。

3 除顽痹久痹，补肾化痰逐瘀

赵和平认为，顽痹久痹的病机主要是肝肾精血亏虚，痰湿瘀血痹阻经络。临床多见关节肿大变形。他常以滋补肝肾、强筋壮骨之法治其本，化痰逐瘀通络法治其标。常选用经验方河车骨痹汤(紫河车、狗脊、杜仲、骨碎补、炙龟版、山茱萸、石斛、延胡索、全蝎、炮穿山甲、白僵蚕、白芥子、鸡血藤、砂仁、白豆寇、焦白术)加减治疗。方中紫河车为血肉有情之品，能大补精血，其补益作用远胜于他药；狗脊、杜仲、骨碎补温补肾阳；炙龟版、山茱萸、石斛滋补肝肾之阴。充分体现了张景岳"善补阳者，必于阴中求阳，则阳得阴助而生化无穷；善补阴者，必于阳中求阴，则阴得阳升而泉源不竭"的思想。痹证日久，邪气久羁，深入经髓骨骱，痰瘀痹阻，经脉不达，即久病入络，久痹多瘀。轻则痛处不移，重则关节变形。故配用全蝎、炮穿山甲、白僵蚕等虫蚁搜剔之品。赵和平认为其穿筋透骨、通达经络、破瘀消坚之功远非草木之品所能及。白芥子豁痰散寒，通络止痛；鸡血藤补血行血，通经活络；砂仁、白豆蔻、焦白术健脾行气。诸药合用，肝肾得补，痰消瘀祛络通，则诸症自消。颈项强痛可加葛根、羌活；腰痛可加续断、桑寄生；膝关节痛可加牛膝、独活；痛甚可加制乳香、制没药、制川乌头、制附子、细辛；湿热甚可减补肾药物药量，合用四妙散。

4 治诸般痹证，不忘健脾化湿

赵和平治疗痹证非常重视健脾化湿药物的运用。脾为后天之本，气血生化之源，饮食及药物的吸收无不由之。脾胃一败，再好的药物也难以发挥作用。况且许多痹证患者因久服西药或过服寒凉伤胃之中药损伤脾胃，多见腹胀、腹痛、纳呆、嗳气等症状。赵和平在治疗各种痹证中常配伍砂仁、白豆蔻、鸡内金、焦三仙、焦白术等健运脾胃之品，每能提高疗效。他认为湿邪是形成痹证最基本的因素，正如《素问·痹论》云"风寒湿三气杂至，合而为痹也"。如果没有湿邪的参与，就不会有痹证的形成。痹证之所以久治不愈或易反复，究其原因，就是湿邪在作祟。因风邪易散，寒邪易温，热邪易清，而湿性黏腻，不易速除。赵和平认为，脾虚为生湿之源，健脾乃治湿之本。故在痹证的治疗中，健脾化湿药常贯彻始终。他在治疗痹证时，亦很重视外治。常嘱患者用药渣蒸热外敷，或用川乌头、草乌头、伸筋草、透骨草、威灵仙、海桐皮、木瓜等药煎汤加白酒外洗，每能迅速止痛，缩短病程。在治疗时一般先让患者服汤剂，此急则治其标；待疼痛缓解后，常配制丸药令其长期服用，此缓则治其本，常获佳效。（孟　彪）

骨关节炎

1 病因病机

骨关节炎属中医"痹证"、"骨痹"、"腰腿痛"范畴，临床以关节痛、僵硬、肿大伴关节功能障碍为主要表现。对于骨关节炎的病因病机，赵和平认为主要有以下几个方面：

1.1 肾精亏损、肝血不足

肾主骨生髓，肾气盛肾精足则机体骨骼强健。即"肾实则骨有生气"（《外科集验方·服药通变方第一》）。肝主筋而为藏血之脏，肝血充足则筋脉强劲束骨而利关节，静则可以保护诸骨，充养骨髓；动则可以约束诸骨，免致活动过度，损伤关节。

1.2 劳损外伤

身体长期处于某一姿势（如长期伏案工作者易患颈椎增生，长期弯腰工作者易患腰椎骨质增生）或扭伤、跌打损伤导致局部气血不畅，筋骨失去滋养，久而久之，关节发生退变。

1.3 外感内伤，酿生痰湿

患者或久居湿地，或感受风寒湿热等邪气，或脾失健运，均可生湿，湿蕴日久即可化痰。本病多见于形盛气衰的体胖者。

2 辨治要点

2.1 治虚—滋补肝肾，强筋壮骨

赵和平滋补肝肾喜用紫河车，因其为血肉有情之品，能大补精血，其补益作用远胜于它药。其次也常用狗脊、杜仲、石斛、仙灵脾等，这些药物大多入肝肾经，不仅能滋补肝肾，且具有强筋壮骨的作用。如狗脊，《本经》谓"主腰背痛，机关缓急，周痹寒湿膝痛，颇利老人"。杜仲，《本经》谓"主腰背痛，补中益精气，坚筋骨。"石斛主走肾经，甘可补，淡可利湿，咸可坚阴，能"益精强阴，壮筋补虚，健脚膝驱冷痹"（《本草正》）。《日华子本草》更云"石斛，治虚损劣弱，壮筋骨，暖水脏。"可知石斛乃强筋壮骨除痹之妙药。同时赵和平也常遵张景岳"善补阳者，必阴中求阳，则阳得阴助而生化无穷；善补阴者，必于阳中求阴，则阴得阳升而泉源不竭"这一理论，常以补阳药配用炙龟版、山茱萸、白芍等药治疗骨关节炎，往往达到事半功倍的效果。

2.2 治瘀—久痹入络，虫蚁搜剔

《素问·本脏篇》云："血和则经脉流行，营复阴阳，筋骨劲强，关节清利矣。"可见促使"血和"在治疗骨关节炎中具有重要意义。赵和平治疗本病常用活血化瘀之品，如当归、川芎、延胡索及乳香、没药等。他很推崇叶天士"久痹入络"、"久痹多瘀"的观点，治疗多用虫蚁搜剔之品，如炮穿山甲、全蝎、蜈蚣、僵蚕、地龙、蜂房等。因虫蚁之品善于走窜，其穿透筋骨，通达经络，破瘀消坚远非草木之品所能及。合理配用虫蚁搜剔之品常能提高疗效。

2.3 治痰（湿）—调理后天，以绝痰源

赵和平认为：痰之来源主要有三，一为脾失健运，痰湿内生；二为外感寒湿、湿热内郁，日久化为痰；三为瘀血内阻，津液不能正常运行而成痰湿。痰湿与瘀血交结，难解难分，日久容易导致关节肿大变形，常是本病难以速愈的原因所在。他认为治痰（湿）有两个层次，即治标与治本。治标常用薏苡仁、土茯苓、泽泻以祛湿，半夏、南星、白芥子、贝母等以化痰。治本即调理脾胃，常用砂仁、白豆蔻、焦术、鸡内金、焦三仙等健脾和胃理气。在治疗骨关节炎的过程中，应用健脾和胃药每贯彻始终，首先，脾胃强健，自可绝生痰之源；再者，许多患者多依靠非甾体类药物减轻局部疼痛以缓解症状，这些药物应用过久损伤脾胃;第三,营养及药物的吸收都得靠脾胃的运化,脾胃一败,再好的药物也难发挥作用。

3 经验方—河车骨痹汤

赵和平经过30余年的临床观察与研究,创制了治疗骨关节炎的良方—河车骨痹汤。药物组成:紫河车、狗脊、杜仲、骨碎补、炙龟版、山茱萸、金钗、延胡索、全蝎、炮山甲、僵蚕、白芥子、鸡血藤、砂仁、白豆蔻、焦白术。颈椎骨质增生加葛根、羌活;腰椎增生加续断、桑寄生;膝关节增生加牛膝、独活;跟骨增生加土元、木瓜;痛甚加制乳香、没药、制川乌、制附片、细辛;湿热甚可减补肾药量,合用四妙散。此外,赵和平在应用上方治疗骨关节炎的同时,亦不废外治。他常嘱患者用药渣外敷,或用川乌、草乌、伸筋草、透骨草、威灵仙、海桐皮、木瓜等药煎汤加白酒、米醋外洗或外贴自制黑膏药,每能迅速止痛,缩短病程。他治疗本病一般先让患者服汤剂,此急则治其标,待疼痛缓解后,再配制两个月的丸药令服,此缓则治其本,亦“丸亦缓之”之义,常获佳效。

4 典型病例

黄某,女,65岁。患右膝关节痛一年。经某医院拍片诊断为“膝关节骨质增生”,经外院治疗效不显。诊见:膝关节微肿,酸痛,行走则痛甚,上下楼及下蹲则痛如刀割,胃脘胀满,纳呆,舌质淡暗苔白略厚,脉沉滑。诊为肝肾亏虚,痰瘀阻络。治当滋补肝肾,活血通络,化痰止痛。处以河车骨痹汤加减:紫河车、炙龟版、络石藤各15g,狗脊、金钗、鸡血藤、生薏仁各30g,山茱萸、炮山甲、僵蚕、砂仁、白豆蔻、焦白术、怀牛膝各10g,杜仲20g,延胡索5g,全蝎7g。5剂。并嘱把药渣蒸热外敷局部。以上方加减共服药25剂,疼痛基本消失。后以上方稍作加减令其取药10剂配制水泛丸,每次服6g,每日3次,以兹巩固。半年后随访,未见复发。(孟 彪)

赵洪斌验方选

【名老中医简介】赵洪斌(1938~)吉林省榆树县人。主任医师,教授。1965年毕业于长春中医学院医疗系。现为吉林省人民医院中医科主任。吉林省中医学会理事、中华当代医学家学会副会长。吉林省名中医。擅长治疗血液病。出版《心脑血管病中医证治学》《中医心病证治学》等10部著作,发表论文100余篇。

白仙消癜汤

方药:白藓皮50g、血见愁30g、茜草25g、仙鹤草50g、丹皮20g、地榆炭20g、生地炭20g、双花20g、丹参30g、三七20g、羚羊角10g(细末)、紫草20g,水煎服。

功效:凉血,清热,止血。

主治:血小板减少性紫癜。

加减:热毒内蕴型加黄连、虎杖、生石膏、栀子;胃热灼阴型加生石膏、石斛;脾肾虚型加党参、茯苓、山药、白术、枸杞子;鼻衄不止加栀子、白芷、黄柏,重用白藓皮、仙鹤草;紫癜、瘀斑不消者加牛蒡子、蒺藜,重用白藓皮;血瘀者加红花、赤芍。

方解:根据“急则治其标,缓者治其本”的原则,每现出血症急迫时,治以止血为本,扶正固本为辅。方中白藓皮、仙鹤草等药均有凉血,清热治血之功,审因辨证,灵活加减,每取显效,一俟血止标缓,即应扶正以固本,以防标变,但忌用寒凉收涩之品,以防凝蓄成瘀,新血不生变症丛出。白藓皮、仙鹤草等品配伍使用,又能促生血小板,提高血色素,再佐以滋补、健脾之剂,可收全功。

赵建国临床经验

【名老中医简介】赵建国(1952~)天津人。主任医师,教授,博士生导师。毕业于天津医科大学医疗系。中国中西医结合学会神经科专业委员会常委兼秘书,中国康复学会心血管专业委员会委员,中国老年保健协会脑保健专业学术委员会常委,天津市中西医结合学会神经科专业委员会副主任委员。享受国务院政府特殊津贴。第四批全国老中医药专家学术经验继承工作指导老师。擅长中西医结合治疗神经科疾病,脑血管病及内科疑难杂症等。主编《脑梗死》《中风病大讲堂》《中风病防治指南》等12部著作,发表论文110余篇。

面神经炎

1 分期治疗,注重辨证

赵建国认为,本病乃正气不足,络脉空虚,卫外不固,风邪单独或夹它邪乘虚入侵一侧脉络,引起经脉失养,肌肉纵缓不收而发生本病,故早期病位在表,病邪较浅,有风寒、风热之别;久之则外邪内居筋肉,与痰瘀相杂,成痰瘀内阻之证。现临床医生多习惯用牵正散加减治疗,且从发病开始即用,一直到病情完全痊愈。他认为,牵正散专为风痰阻于头面经络而设,牵正散中白附子、白僵蚕祛风化痰、散结止痛;全蝎熄风止痉、通络止痛,并不适用于所有患者。本方偏于温燥,三药力专效著,药效峻猛,且白附子、全蝎均为有毒之品,不宜量大,也不宜久服,尤其发病早期应用,更易引邪内陷,延误病情。临床上,面神经炎大致可分为3个时期:7天内为急性期,8~15天为静止期,15天以上为恢复期。赵建国临证按期用药,注重辨证:①急性期一般辨证为风寒或风热袭表,治以祛风散寒或疏风清热,佐以利水渗湿,方用荆防败毒散或银翘散加减,并加茯苓、竹叶、冬瓜皮等少量利水渗湿药;②静止期一般辨证为痰瘀内阻,治以化瘀祛痰,方用桃红四物汤合二陈汤加减;③恢复期一般辨证为风痰阻络、气血亏虚,治以祛风化痰、补气养血,方用牵正散加黄芪、当归、鸡血藤等。以上仅指临床上多见的证型,具体应用不拘于此,根据辨证灵活变通。

2 掌握时机,针灸勿早

赵建国认为,在急性期过早使用针刺治疗会激惹病变神经,加重神经组织的水肿,延缓水肿的消退,从而影响预后,故主张急性期内不用针灸及其它可能加重水肿的任何手段。急性期过后,大多数患者症状开始改善,为促进神经传导功能的恢复和加强肌肉的收缩,此时可给予瘫痪面肌针灸治疗,并可用电针刺激。赵建国临证用针灸治疗多在两周以后,绝大部分患者不用针灸即完全治愈。他特别强调,医者不能以自己的专业为患者选择治疗手段,而应以根据患者的病情需要,正确提供最佳的医疗措施和建议,始终贯穿在他的临床工作中。

3 中西结合,激素足量

赵建国临证一般按每公斤体重1mg使用强的松,每日晨起顿服,1周后逐渐减量,用药时间约为10天左右;遇有高血压病、糖尿病等可适当减量,并加大原发病治疗药物的药量。早期的激素治疗是基于面神经炎症和水肿的病理改变。在急性期,激素能促进水肿吸收,减轻面神经的压迫,改善缺血状况,达到消炎及稳定神经功能的目的。激素一定要早期、足量应用,临床见到少数患者就是因为激素用量不够或是服用方法不规范而延误了病情。另外,有些患者认为激素有不良反应而不愿服用,因而依从性差,所以一定要做好患者的工作,按时足量用药。

4 典型病例

患者,女,61岁,2006年4月6日初诊。因"右耳后痛2天,口眼歪斜半天"来诊。患者近几天搬家较劳累,于前日开始出现右耳后疼痛,今晨洗脸时突然发现右侧面颊动作不灵、口角歪斜,漱口时右口角漏水,即来院就诊。原有高血压病史15年、糖尿病史6年。查体:T 36.9℃,BP 135/90 mmHg。右侧额纹消失,眼睑不能闭合,鼻唇沟变浅,口角下垂、露齿时口角向左侧偏歪,右侧不能作皱额、蹙眉、闭目、鼓气和噘嘴等动作,右乳突有压痛。神经系统未见其它阳性体征。舌质红,苔薄黄,脉弦。中医诊断:面瘫。西医诊断:面神经炎。予以强的松30mg,每日晨起顿服,连用5天。中药用银翘散加减:金银花25g,连翘25g,牛蒡子9g,荆芥9g,薄荷9g,桔梗9g,芦根25g,黄芩25g,大青叶25g,板蓝根25g,茯苓15g,冬瓜皮12g,甘草6g。水煎服,每日1剂,5剂。嘱注意监测血压、血糖;若较平时升高则将降压、降糖药适当加量。复诊时耳后痛已消失,血压、血糖与平时基本相同。查体:面瘫较初诊时稍重,舌质淡红,苔薄白,脉弦。强的松减量,每日减5mg。中药改桃红四物汤加减:桃仁12g,红花9g,当归12g,熟地黄12g,赤芍12g,川芎9g,泽泻12g,鸡血藤15g,益母草15g,甘草6g。水煎服,每日1剂。5剂后复诊时,患者述症状有所好转,查右侧额纹已有但仍浅,眼睑已能部分闭合,舌质淡红,苔薄白,脉弦。停强的松口服。中药改四物汤加减:当归12g,熟地黄12g,赤芍12g,川芎9g,泽泻12g,鸡血藤15g,益母草15g,黄芪30g,白术12g,甘草6g。水煎服,每日1剂。5剂后复诊时,患者症状又较前减轻,继服前方5剂。再次复诊时患者基本恢复正常。

按:本患者为老年,又患有高血压病及糖尿病,所以,强的松仅用半量且用药5天即减量。因本患者就诊及时,用药效果较好,所以未用针灸治疗即取得了较好的治疗效果。(李亦文)

赵建军临床经验

【名老中医简介】赵建军(1956～))长春市人。主任医师,教授,博士生导师。现任长春中医药大学附属医院脑病科(神经内科)主任。吉林省高等学校学科(专业)建设工程首席教授,中华中医药学会内科脑病专业委员会常委,吉林省中西医结合学会神经科专业委员会主任委员,长春市中医学会理事。吉林省名中医。从事中医内科脑病学教学、科研及临床工作。先后参加"七五"至"十五"攻关课题,获国家科技进步奖2项,省部级科技进步奖5项。

卒中后抑郁

1 辨证论治

卒中后抑郁(PSD)多发生于中风后遗症期,中风后期气血俱虚,而痰瘀贯彻始终,故PSD多为虚实夹杂之证。临床治以疏肝理气,解郁除烦安神,佐以补益气血,活血化瘀之法。以柴胡疏肝散、逍遥散、越鞠丸等为常用方剂,按阴阳寒热,气血虚实辨证施治。常用药物为柴胡、香附、郁金、菖蒲、远志、枳壳等。

1.1 痰火扰神

临床表现:情绪不宁,心烦易怒,胸闷胀痛,气粗口渴,便秘尿黄,痰多色黄,舌质红、苔黄腻,脉滑数。伴有或不伴有肢体不遂等中风后遗症状。治法:清热化痰,解郁除烦。方剂:越鞠丸合三仁汤加减。

1.2 痰蒙心神

临床表现:精神抑郁,表情淡漠,神志痴呆,喃喃独语,举止失常,胸闷呕恶,舌苔白腻,脉滑。伴有或不伴有肢体不遂等中风后遗症状。治法:豁痰开窍,理气安神。方剂:逍遥散合涤痰汤加减。

1.3 气虚血瘀

临床表现:精神抑郁,多思善疑,头晕神疲,气短乏力,心悸失眠,健忘,舌暗淡或有瘀斑、苔薄白或白腻,脉沉细或弦细。伴有或不伴有肢体不遂等中风后遗症状。治法:补益心神,益气活血。方剂:归脾汤合补阳还五汤加减。

1.4 心神惑乱

临床表现精神恍惚,心神不宁,多疑易惊,悲伤欲哭,喜怒无常,时时欠伸或手舞足蹈,骂詈喊叫,舌淡脉弦。伴有或不伴有肢体不遂等中风后遗症状。治法:滋养心血,解郁安神。方剂:甘麦大枣汤合天麻钩藤饮加减。

1.5 虚热内扰

临床表现:情绪不宁,心烦心悸,失眠多梦,午后潮热,盗汗或急躁易怒,头晕耳鸣,视物不清,面红目赤,舌红少苔,脉细数。伴有或不伴有肢体不遂等中风后遗症状。治法:滋养阴血,除烦安神。方剂:天王补心丹或滋水清肝饮合镇肝熄风汤加减。

2 心理康复

由于PSD继发于大脑器质性病变之后,其发病率之高,直接影响了康复计划的进程,因此,PSD的心理康复尤为重要。对其进行必要有效的心理干预,不仅可以预防PSD的发展而且还可以有效的促进整个疾病的康复。这种心理治疗始终贯穿疾病治疗的全过程之中,包括语言的暗示和诱导,或遵循《内经》以情胜情的治疗方法。

3 针 灸

针刺百会、神庭、四神聪、神门等穴,运针后加电针治疗,患者生存质量显著提高。根据老年人中风后期气血虚弱,可采用灸法以温经消瘀,防病保健,激发人体正气,增强抗病能力,有利于PSD的康复。

4 吐 纳

吐纳是古代一种养生方法,即将肺中浊气尽量从口中呼出,再从鼻孔缓缓的吸入清新的空气,使之充满肺部,只有"导养得理"才能形神俱健。

5 太极拳等

中风是由于内伤积损,饮食及情志不节导致阴阳失调,气血逆乱所致,故老年人应重视适量的体育锻炼,如练太极拳等,使气机宣畅,血脉流通,以达到防治PSD的目的。(徐文玉 王 健)

癫 痫

1 辨证注重肝脾在发病中的作用

赵建军认为,痰与癫痫的关系密切,故有无痰不作痫之说,初病实证,多由痰热迷塞心窍所成,久病虚症多由痰湿扰乱神明而致;湿痰则由脾失健运聚湿生痰。虽然积痰内伏是癫痫发病的主要原因,而痰的产生则责之于肝脾。肝主疏泄,性喜条达,忧思郁闷,恼怒等情志刺激,使肝失条达,气机不畅,肝气乘脾,肝脾不和，健运失调，使生化失司，不能化精而化饮化痰。现代社会竞争日益激烈，紧张、压仰、劳累等因素均会导致肝的生理异常，不能正常的疏泄、运化，从而导致各种疾病的发生。因此，调治癫痫，从肝入手，兼顾脾胃，擅长结合现代中药药理学的成果，遣方用药，收到较好的疗效。赵建军认为，人体各脏腑活动皆需要肝胆生发之气的鼓舞，脑也不例外。肝有疏泄气血之功，而肝的藏血充足依赖于脾的运化升清，若脾气不足不能散精于肝，肝失所养，则肝阴不足，血不养肝，肝不荣筋，阴不制阳则阳亢，亢极生风，出现抽搐。反复的癫痫发作，不仅会对大脑产生缺血缺氧性损害，也会对患者心理上产生较大的影响，压抑忧虑，使脾胃受损，精微不布，痰浊内聚，或痰随气上逆，或痰随风而动，蒙闭心神清窍而使癫痫发作。两者相互影响，使病情反复，迁延不愈。

2 治疗注重疏肝健脾化痰，佐以镇痉安神

赵建军认为，正确的理解肝的生理病理特点，对于指导临床，辨证论治具有重要的意义，肝体阴用阳，肝以血为养，治疗上宜维护其阴柔之质，不宜使用峻烈克伐之品，伤及肝之生发之气，应时时顾护其柔润之体。

3 病案举隅

李某，女，10岁，2002年1月6日初诊，发作时表现为头痛，持续约3~5min，影响患儿情绪，每天均有发作。家长因对服用西药有顾虑，而来求治。组方：川芎25g，细辛5g，水牛角30g，柴胡15g，当归15g，白芍15g，白芷15g，香附15g，栀子15g，郁金30g，全蝎5g，僵蚕10g，夜交藤30g，柏子仁30g，炒枣仁30g，琥珀粉7.5g，服药后1个月症状明显减轻，发作次数明显减小，每周发作1~2次，继服上方1月，无头痛发作，经脑电图检查，大致正常。随访一年无发作。

4 小结

肝气调畅，则诸脏腑、经络功能调和，水津、气血敷布正常；若肝气郁滞，影响水津敷布，聚而成痰，气郁为其病机关键，痰浊为其病理产物，因此疏肝健脾尤为重要，结合实际情况，佐以柔肝、平肝、泻肝之品。遣方多选《张氏医通》柴胡疏肝散化裁，方中柴胡、白芍舒肝解郁；枳壳、陈皮助肝气条达；郁金、川芎行气活血，取血行则气行之意；胆南星、珍珠母、石菖蒲、全蝎，豁痰、开窍、止痉以治其标；茯苓、白术健脾燥湿，使痰不再生，甘草调诸药。配党参、白术、茯苓、山药、远志能益气健脾，和胃化湿，前者使后天得以滋养，后者以绝生痰之源。结合现代药理研究也证明，柴胡、芍药具有提高机体对非特异性刺激的抵抗能力，对中枢神经系统具有明显的抑制作用，因此从肝脾论治癫痫，可能与疏肝健脾药具有中枢镇静及抗惊厥作用有关。在临床中，赵建军并不一味反对西药抗癫痫药的应用，在病情相对稳定时，则应以中药为主，西药为辅，逐渐对西药进行减量，直至停用，一般需要坚持服药3~6个月。（黎明全）

赵洛匀选穴经验

【名老中医简介】赵洛匀（1940~）女。浙江上虞人。主任医师。现任职于山东省临沂市中医院。山东省名中医药专家。擅长针灸治疗各种疑难杂症。

1 辨证取穴

1.1 面神经麻痹

女，23岁，2000年4月3日初诊。先患耳内带状疱疹，诱发面神经麻痹，在治疗过程中又因中断治疗20余天，久拖不愈，来诊时额纹消失，眼睑闭合有隙，露睛，耳后作痛，鼻唇沟消失，嘴角向右侧歪斜，面部板滞。舌红，苔黄腻，脉弦数。中医辨证：热毒阻络。治宜清热解毒，活血通络。取穴：阳白、四白、鱼腰，丝竹空、下关、翳风，针并电麻仪。同时根据阴阳（足乔）脉的功能，特别对眼睑闭合不全，又加取睛明、照海、申脉穴，针刺得气后用平补平泻手法，留针30 min，每日1次，10次为1个疗程。治疗1次后患者感觉面部轻松，5次后病情明显好转，又连续治疗2个疗程，症状消失。

1.2 椎动脉型颈椎病

赵洛匀以针脊刺督，用温通督阳之法治疗颈椎病有独到之处。

女，60岁，2000年6月10日初诊。头痛，头晕，泛泛欲呕，视物模糊，颈部不适效年，劳累遇寒时症状加重，严重时不能行走。舌淡，苔白润，脉弦紧。中医辨证：风寒湿型。治宜温通督阳。取穴：脑户、风府、哑门、颈夹脊并用灸法，针刺得气后用提插补法，留针40min。治疗1次后，头痛、头晕明显减轻，自己能慢慢行走，又连续治疗2周痊愈。

1.3 嗜睡

女，55岁，1999年12月8日初诊。嗜睡已30多年，时常在工作、行走时睡着。时下面色灰暗无华，身重乏力，胸闷纳少，舌淡白，苔白腻，脉濡缓。中医辨证：湿阻中焦。治宜健脾化湿。取穴：照海、三阴交、阴陵泉、肝俞，脾俞，针刺得气后用平补平泻手法，每次治疗60min。治疗1次后，嗜睡症状明显减轻。为巩固疗效，继续治疗8次痊愈。

1.4 脑炎后遗症

男，11岁，1998年7月8日初诊。其母代诉，患儿2个月前因患散发性脑炎，高热不退、头痛、呕吐昏迷数日，经输液以及各种方法治疗，上述症状好转。来诊时面色无华，表情呆痴，四肢瘫痪，不语，舌红，少苔，脉细数无力。中医辨证：气阴两虚。治宜醒脑开窍，调和气血。取穴：四神聪、廉泉、气海、太溪、照海、哑门、心俞、足三里、三阴交，针刺得气后用捻转补泻手法，留针30min。治疗1次后患儿能小声说话，肢体屈伸灵活，治疗2次后说话声音宏亮，自己能下地行走，治疗10次痊愈。

2 针刺手法

赵洛匀在针刺治疗过程中重视无痛针刺手法，她指出，医者思想集中、专心仔细是取得疗效的重要因素。同时，强调进针前先用爪切辅助手法，可使患者进针时无痛感。进针后注重体会针下是否得气，注意患者神的变化和反应，并及时施行手法，将爪切、指压和行针手法揉和在一起，使气至病所。若针后不得气，她多采用摄法、循法去除气滞之象以使经气到来。对于特殊患者，用候气法仍得气微弱或不得气，不宜强行催气，可施用艾条或配穴导引经气。虚则补之，实则泻之，提插补泻法、捻转补泻法、龙虎交战手法及平补平泻法是赵洛匀在临床实践中最常用的针刺手法。特举坐骨神经痛病案如下。

男，48岁，1997年4月13日初诊。主诉：右下肢疼痛7一。7天前因抬重物引起腰部疼痛并有放射样痛感，沿右下肢外后侧向下至足，当即不能行走并不能呈卧位。在当地医院诊为腰椎间盘突出继发根性坐骨神经痛。注射止痛药及穴位注射无效。查患者呈痛苦面容，不能行走，不能卧位，右下肢稍动则产生剧痛，背部运动限制，腰椎弯向右侧，直腿抬高试验阳性，屈颈试验阳性，挺腹试验阳性，右踝反射减弱。诊断腰椎间盘突出继发根性坐骨神经痛，属于中医之痹证。赵洛匀随即给予针刺环跳、足三里压痛点，用龙虎交战手法3～9度，疼痛明显减轻，留针片刻起针后患者已能行走，又继续治疗5次痊愈。（宋延梅 张玉沛）

赵荣莱学术经验

【名老中医简介】赵荣莱（1924～）浙江诸暨市人。主任医师。1953年毕业于浙江大学医学院。原北京中医医院内科副主任、北京中医研究所副所长。中国中西医结合学会消化专业委员会委员，北京中西医结合学会理事，《世界华人消化杂志》《北京中医》编委。第三批全国老中医药专家学术经验继承工作指导老师。享受国务院政府特殊津贴。从医50余年，擅长治疗各种消化疾病。获卫生部、北京市、市卫生局等科技成果奖28项。主编专著2部，发表论文170篇。

学术经验

1 发病因，结合时宜，联系实际，宗古而不泥古，力求治病求本，审因论治

在中医脾胃病门诊，时常遇到胃痛、胃胀满、嗳气、呕吐、腹泻、便秘等患者，在这些患者中，有的经过胃镜、结肠镜等检查，明确为器质性疾病，如消化性溃疡、溃疡性结肠炎、胃肠道肿瘤，但也有相当一部分经过各种检查都未能发现器质性病变，属于功能性胃肠病（FGID）的范畴。赵荣莱认为功能性胃肠病大多属于中医脾胃病范畴，对于其病因在遵从历代医家学说的基础上有着独到见解。功能性胃肠病的病因虽不外乎饮食不节、劳倦过度、情志内伤、外感时邪，随着社会进步，生活条件的日益提高，现代疾病谱发生很大变化，病因与以前相比又有之新的特点，现代社会生活、工作环境、心理因素等对功能性疾病的影响不容忽视。比如同是饮食不节，暴饮暴食者减少，而饮食偏嗜、过食肥甘厚味伤及脾胃者增多。同为劳倦过度，而非专指体力过劳，劳神费

脑、身心疲惫之类决非鲜见，诸如慢性疲劳综合征、亚健康状态即是。同属喜怒忧思悲恐惊七情致极，而导致七情失调原因各异，如一夜中彩，即刻暴富甚至乐极生悲者有之，地位落差，失魂落魄有之，工作环境频繁变动，所谓频繁“跳槽”不适应而出现心理障碍者亦有之，此外加之老年患者的“退休综合征”等心理因素皆为造成功能性胃肠疾病的重要原因。外感时邪致病，自古专指风寒暑湿燥火六淫之邪，而在现代亦不尽然，诸如时今所谓的“空调病”、“冰箱综合征”等，都是现代生活方式给人们造成疾病的常见原因。此外，现代人竞争激烈、工作压力增大，生活方式的诸多变化，夜生活的增多等又带来身心上一系列的问题，也成为功能性胃肠病的常见原因。赵荣莱论述中医脾胃病病因，结合现代时宜，联系实际，宗古而不泥古，在前人的基础上多有发挥，力求治病求本，审因论治，强调整体辨证、天人合一，这一思想与现代医学模式恰恰吻合，以此指导临床每多受益。

2 论述病机，病证结合，精通东垣学说，以脾胃为本，临证多有发挥

临床最常见功能性胃肠疾病包括功能性消化不良、肠易激综合征、功能性便秘、胃食管返流病。功能性消化不良患者主要表现为上腹饱胀疼痛、嗳气、返酸、烧心等症状，肠易激综合征常见腹泻和便秘两型，主要表现为慢性反复发作的腹泻，或便秘腹泻交替，持续至少半年。（诊断标准详见罗马Ⅱ标准），上述功能性胃肠病大多属于中医脾胃病的范畴。赵荣莱认为无论脾胃病变抑或内科杂证，无不以脾胃学说为根本，脾胃学说是指导中医临床治疗的主要理论根据。《内经》云“脾胃为先天之本，气血生化之源”，脾胃居于中焦，是人体气机升降运动的枢纽，脾胃受纳腐熟，水谷精微，化生气血营养五脏六腑、四肢百骸。脾胃运化水湿，升则上归于心肺，降则下输布于肝、肾、膀胱，维持着人体正常的水液代谢。脾胃健运，脾升胃降，才能使气机调和，维持人体正常的升降运动。正如《素问·脉要精微大论》所言“饮入于胃，游溢精气，脾气散精，上归于肺，通调水道，下输膀胱”。同时脾主升清、胃主和降，脾升胃降形成人体气机升降之枢纽。因此脾胃功能的正常是维持气血化生运行的基础，“有胃气则生，无胃气则死”，脾胃受损，则百病生焉。李东垣《脾胃论》亦云，“真气，又名元气，乃先身生之精气，非胃气不能滋之”。“元气之充足，皆为脾胃之气无所伤，而后能滋养元气，若胃气之本弱，饮食自倍，则脾胃之气既伤，而元气亦不能充，而诸病由所生也”。“养生当元气”，“欲实元气，当调脾胃”。因此，脾胃病的病机关键主要是脾胃升降失调、脾胃虚弱。有伤脾阳、有伤脾阴，有伤胃阴，有两伤脾胃。若脾阳气不足则温运无力，脾阴虚损则不能滋养胃阴。胃阴虚多由胃气虚发展而来。胃阴虚多胃中积热，耗伤胃津，灼伤胃液所致。

功能性消化不良（FD）病变在胃，肠易激综合征（IBS）病变在肠，但均与脾有关。“实则阳明，虚则太阴”，在病的初期，FD表现为实痞，日久脾胃受损，可发展为虚实夹杂，甚或脾肾两虚，正如《脾胃论·脾胃盛衰论》所言胃乃脾之刚，脾乃胃之柔。表里之谓也。饮食不节，则胃先病，脾元所禀而后病，劳倦则脾先病，不能为胃行气而后病。FD固有胃中积热患者，但慢性病以虚寒居多，而且寒热可以相互转化，也可有寒热夹杂之病机，胃肠积热耗伤阴液，肠胃有寒损伤脾阳。在功能性消化不良中以脾虚气滞、脾胃湿盛、脾胃气阴两虚、脾胃虚寒等多见，肠易激综合征以肝郁脾虚、脾肾两虚等证多见。六腑以通为用，正常的受纳、吸收、传输和排泄，需要由“胃实而肠虚，肠实而胃虚”，虚实交替完成。各种内外因作用于脾胃、大小肠，都可以导致气机阻滞，使正常的虚实交替运动不能进行，则“肠胃隔绝，而传化失常”。寒热之邪使气机壅滞不通，滞而不运，涩而不行。而胃肠病的疼痛胀满等症，都与气机不通有关。气滞日久，可以生热化火，气病及血，气血不利，络脉不通，形成瘀血。气滞不运，水反为湿，湿聚为病，从而形成复杂的病变。

3 治疗脾胃，辨病与辨证结合，健脾为先、兼顾补肾、条畅中焦气机、用药轻灵、润燥相宜、勿使厚味碍脾伤胃

功能性胃肠病的治疗，首先从脾胃入手，脾病的治法有补脾、温脾、滋脾、升阳、化湿等。胃病治法包括和降、泻下、温胃、清胃、养阴、消导等。若脾胃病影响其他脏腑，可以通过调整其他脏腑功能来治疗，但健脾和胃是基础的治疗方法。如肝气郁结，脾气不畅，可疏肝理脾。肝旺脾弱，木郁犯土可抑肝扶脾；肝气郁结，脾胃呆滞的可疏肝（或舒肝）和胃；心阳不振，脾失健运，可补（心）火温（胃）土；心火过旺，胃热脏燥，可泻（心）火清胃润燥；肺气不宣，腑浊不通，可肃肺通腑；肾阴亏耗，胃失滋养，可滋养胃阴。赵荣莱在温补脾气的同时还非常强调脾肾两脏先后天互补的关系，脾阳依赖肾阳的温煦，如命火衰微，火不生土，可补火生土；单纯的脾胃虚弱、脾胃虚

寒，还可以加入一些温补肾阳的药物。代表方为苍脂颗粒，该方脾肾同治，健脾和胃，理气而不伤阴，养阴而不碍胃，临床用之效果甚佳，苍脂颗粒由苍术、补骨脂、石斛、木香、乌药、厚朴、梭罗子、吴茱萸、干姜、黄连组成。苍术，辛苦温，入脾胃二经，《玉揪药解》谓苍术“燥土利水，泄饮消痰，行瘀开郁”，《仁斋直指方》谓“用苍术收敛脾精”。洁古《珍珠囊》指出苍术“能健胃安脾，诸湿肿非此不能除”。《本草正义》认为，“脾家郁湿，或为嗔胀，或为肿痛，苍术一味，最为必须之品”。“苍术气味雄厚，能彻上彻下，燥湿而宣化痰，以湿困脾阳，胸膈满闷，甚则嗔胀，非苍术芳香猛烈不能开泄”。李东垣认为苍术“除湿下安太阴”，故苍术主要作用为健脾燥湿，解郁辟秽，凡郁在中焦，脾胃失其升降，当升者不得升，当降者不得降，当变化者不得变化，则苍术开湿郁结，开其气以升之。现代研究表明，苍术能兴奋肠管，促进肠蠕动，有健胃作用。当湿郁中焦，脾运失司时，用之最为相宜。补骨脂，辛苦温，入脾肾二经，《本草纲目》谓之“治肾泄，通命门，暖丹田，敛精神”。用补骨脂补肾温脾，助脾之运化。脾宜升运，当用辛温之品。胃宜润降，故用石斛甘淡微寒之品，石斛入肺胃肾三经，能“强阴益精，久服厚肠胃”，“平胃气，长肌肉”，能生津益胃滋阴，促使肠胃蠕动，使胃液分泌增加，有助消化。此三药合用为主药，既体现从本论治、脾胃肾同治的思路，又兼润燥相宜，于脾于胃两不相碍。郁病多在中焦，脾胃升降失调，胃气失和，故胃脘痞满而胀，常见嗳气频频，食少不化，常用药为木香、乌药、厚朴、梭罗子。木香乃三焦气分之药，能升降诸气，“和脾气，开诸郁，温中而止新痛”，乌药“辛温走窜，能散诸气”，“温肾散寒”，厚朴为“温中入滞，平和胃气之药”，且“苦降能泻实满、平和胃气、调胸腹、治反胃、喘痰”，可散无形之寒凝气滞，可散有形之食积停痰。梭罗子甘温，宽中下气，理气和胃，以上四味理气药合用，对于气食两滞，湿阻中焦之胃痞最为相宜。方中再加入吴茱萸、干姜温中散寒，配黄连尤可起到辛开苦降的作用，吴茱萸、黄连尚有左金丸之意，对返酸、烧心起到制酸作用。本方助脾运、滋胃阴以治本，温中理气，化湿和中以消痞，温而不燥，滋而不腻，只要不是实热证，临床症状有脾虚胃痞表现者，都可使用此方。经药效学研究证明，有促排空和保护胃黏膜的作用。

在治疗功能性胃肠病的过程中，还一定要重视条畅中焦脾胃气机。脾胃为气机升降之枢纽，脾气不升不仅不能助胃进一步消化，其吸收传输水谷精微和水液的功能发生障碍，升提内脏功能障碍。胃气不降，传化无由，壅滞成病，脾胃升降与肝胆肺肾有关。如肝失疏泄，气机郁滞，则克脾犯胃，胆气不升，脾不能发挥升清作用，胆火上逆，胆胃同病。胃失和降，肺失宣发，则不能助脾气散精，肺失肃降，则不能助胃气顺降和大肠传导。而肾阳不足，命火式微则不能温煦脾阳完成升运的功能。治疗脾胃气滞，不同于伤寒之痞，从外之内，脾胃气滞当专扶脾气，脾不能行气于肺胃，结而不散，宜辛散而不宜苦泄。

早在20世纪70年代，赵荣莱提出了以健脾益气，理气和胃中药开发促胃动力药的设想，引起中医及中西医结合学者的广泛重视，目前国内治疗功能性消化不良的中药、中成药大多从健脾益气为法，并取得一定临床疗效。老年习惯性便秘赵荣莱常常从虚论治，认为其病机不外乎虚和虚实夹杂。虚责之于阴血亏虚、肠燥失润或脾气亏虚，推动乏力，虚实夹杂则在阴血亏、气血虚的基础上，出现气机阻滞、阳明腑实等夹实证候。老年人肝肾阴虚、肠道津亏血燥失润，传输失司，或脾气虚弱，气虚推动无力，大肠传导乏力，粪便长久停滞于肠道，不能及时排出而发生便秘。因此，治疗老年功能性便秘以滋阴养血、润肠通下或健脾益气润下立法。养血润肠方为常用方剂，药物为生地黄、熟地黄、当归、何首乌、白术、全瓜蒌、枳实、厚朴等。健脾益气润下方生黄芪、白术、当归、木香、乌药、厚朴、全瓜蒌。若出现阳明腑实重证，则可加入大黄、芦荟等泻下通腑，但不可久服过用，中病即止，以免耗气伤阴，犯虚虚实实之忌。对内伤七情、外感六淫、饮食劳倦等诱因要设法防治，在治疗中始终要把恢复脾胃运化功能放在首位。时时注意调整脾胃升降功能，对功能性消化不良和肠易激综合征便秘型，则侧重降胃；对肠易激综合征腹泻型，则侧重升脾。由于脾胃与肝关系十分密切，“木疏土健”、“土疏木荣”，故调和肝脾十分重要，保持肝气条达，使其行正常疏泄之能，以提高疗效。赵荣莱强调心理、饮食起居等因素在功能性胃肠病发病中的重要作用，因此，在用药治疗的同时还非常注重心理治疗，耐心开导安抚，使之饮食有节，起居有时，情志调畅，则诸病无从由生。（翟兴红）

临床经验

肠易激综合征（便秘型）

1 证以“虚秘”为主，治疗重视调补脾胃肾

赵荣莱认为肠易激综合征（便秘型）以肠动力减弱为主，诊断该病必须排除肿瘤等器质性病变，以免

漏诊、误诊而延误病情与治疗。临床所见本病多为本虚标实之证，以“虚秘”为主，虽有肠道腑实之标实，但究其病因大多因虚而致，或因津血枯燥，肠道失润，无水行舟或因气虚无力，大肠传导失司，推动乏力。临证当以详辨，审因论治。治疗宜扶正攻下，在通腑的同时必须注意调补阴阳气血。气血阴阳之虚，责之于脾胃肾，并与肺有关，因此调补脾胃及肾在便秘发病中有非常重要的作用，或滋养胃肾之阴，或补益脾肾之阳气亏虚，使大肠得以濡润、温养而传导恢复正常。正如《丹溪心法·燥结》云：“燥结血少不能润泽，理宜养阴”。金代李东垣强调肾阴亏损在本病发病中的重要作用，《医学正传·秘结论》也认为该病不但与脾胃有关，而且与肾有关，“肾主五液，故肾实则津液足而大便滋润，肾虚则津液竭而大便燥结……津液不生，故传导失常，渐成结燥之证。”此外，肺与大肠相表里，若肺失清肃和肺阴不足亦可导致便秘，如《丹溪心法》言：“盖肺气不降，则大便难传送”。因此，赵荣莱在调补脾胃肾的同时，还十分重视宣畅肺气，肺气肃降，有助于肠胃之气畅通。

2 治以补虚润肠为主，切忌峻猛攻下

赵荣莱在临床上治疗肠易激综合征（便秘型）究其病源，审因论治，以扶正祛邪立法，治病求本，无论虚实，以补虚润肠为主，均不宜图一时之快，一味峻下。常将肠易激综合征（便秘型）分为以下三个证型，临床根据不同证型，辨证论治。

2.1 阴虚肠燥证

主症：大便干结，数日一行，口干口臭，或伴腹部胀满疼痛，舌红少苔，或苔白而干，脉细。立法：滋阴养血，生津润燥。常用方药：生地黄10～20g，石斛10～20g，玄参15g，黑芝麻30g，当归10g，何首乌15g，枳实10g，枳壳10g，炒莱菔子10～15g。

按 肠易激综合征（便秘型）本证最为常见，常常表现为在阴虚肠燥的基础上夹杂肠道实热。若实热不甚，上述方剂即有效，若实热较重出现舌苔黄燥，脉滑实，则要加大清热润肠通便之力，酌情加入玄明粉1.5～3g（分冲），或加入火麻仁15～30g、大黄5～10g、焦槟榔10～15g等泻下通腑，见效即止，不可久用，以免苦寒伤正或形成药物依赖。对于老年阴虚便秘者，黑芝麻、桑椹、何首乌、当归、天冬、麦冬、石斛等养阴润下者皆为通便要药，尤其石斛一药《本草》言之有养阴下气之功。

2.2 脾虚气滞证

主证：大便干结，努责乏力，或大便不畅，欲解不得，甚则脘腹胀满，嗳气频频，舌淡，苔薄白，脉沉细。立法：健脾益气，顺气导滞。常用方药：生白术15～30g，党参10g，木香10g，当归10g，枳实10g，肉苁蓉10～30g，莱菔子10～15g，沙参15～18g，瓜蒌10～30g。加减：腹胀甚者加青皮10g，苏子10g，通过加强疏肝气、降肺气，行肠胃之气，增强大肠传导功能，促进大便及时排出。气郁日久化火，证见口苦咽干、舌苔黄者加栀子6～10g、黄芩6～10g以清热泻火。

按 肠易激综合征（便秘型），尤其是老年人肠道动力不足，常常表现为中医脾虚证候。脾胃居于中焦，脾升胃降，是人体气机升降运动的枢纽，因此治疗脾虚气滞便秘需要在健脾益气的基础上，行肠胃之气滞。赵荣莱在调理脾胃气机的同时，充分考虑到肝主疏泄、肺主肃降，肺与大肠相表里，照顾到脏腑之间的密切联系，在方药中加入疏肝理气、宣降肺气之品，符合中医学整体辨证的原则，故而能在临床上取得理想疗效。

2.3 脾肾阳虚证

主证：大便秘结，面色晄白，甚则小腹冷痛，畏寒肢冷，舌淡体胖，脉沉迟。立法：温补脾肾，润肠通便。常用方药：肉苁蓉10～30g，当归10g，枳壳10g，泽泻10g，白术10～30g，牛膝10～15g。加减：肉苁蓉为温阳通便之要药，阳虚便秘者必用，但胃虚呕恶以及痰湿内盛者药量不宜过大。此外尚可以选用胡桃仁10g、锁阳10g、黑芝麻30g等。气虚明显者，加黄芪15～30g，党参10～15g；兼肾阴虚者，加生地黄10～20g，熟地黄10g，山茱萸10g。

按 本证以阳虚为主，多伴有气虚、寒湿，故在治疗时，需配伍益气和利湿燥湿之品，后者既可防温补过热伤津，又可防温热与湿相结，酿成湿热。

3 急下通便之属，切忌长久服用

大黄、牵牛子、牛蒡子、芦荟之属急下通便的药物，若患者大肠腑实证候较重，用之未尝不可，但不可图一时之功大剂久用，使其津液更损，燥结更甚，犯虚虚实实之忌。现代药理学研究表明，大黄、芦荟等刺激性泻药的主要成分是蒽醌类衍生物，长期大量滥用，不但可以形成药物依赖，导致便秘－服用泻药－便秘更加严重的恶性循环，而且可以造成大肠黑变病，因此大黄之属为急下治标之法，切忌长久服用。

4 重视心理调适，药食相互配合

肠道功能性疾病与精神紧张抑郁有着密切关系，因此在临床上重视肠易激综合征（便秘型）患者的心理治疗非常必要。对此类患者应有足够的耐心，介绍相关的医学知识，使之消除对疾病的恐惧和焦虑,解除患者的心理负担,常常可以加强药物的治疗效果。此外,还应根据患者病情进行一些饮食指导,药食相互配合亦可起到良好效果,如增加饮水量,适当增加富含纤维素的食品,如:芹菜、菜花、菠菜、白菜、玉米、谷物等,和富含植物油脂的干果类食物,如:胡桃、芝麻、果仁等。(翟兴红 王和天)

赵尚华临床经验

【名老中医简介】赵尚华(1943～)山西原平人。教授,主任医师。1969年毕业于北京中医学院。现为山西中医学院外科教研室主任、针灸系主任。中华中医药学会外科学会副主任委员,中华中医药学会外治学会副主任委员,山西省中医药学会常务理事、副秘书长,中医外治杂志主编。第四批全国老中医药专家学术经验继承指导工作老师。长期从事中医外科的教学、科研、临床工作,擅长血管病、乳房病和部分癌症的治疗。主编、参编多种著作及教材,并多次获奖;发表论文40余篇。

临床经验

外科病

1 气阴的概念

阳化气,阴成形。气血阴阳是人体生命的物质基础,人之元气系先天肾精、后天胃气及天地中之大气三者结合而成。元气输布于脏腑,则为脏腑之气,流行于肌肤则为卫气。阴者藏精而起亟也,阴在内阳之守也。人之阴乃精血、津液之总称。来源于先天之精及后天水谷之精微。主要的部分藏蛰于肾,有滋润脏腑,濡养筋骨,润滑孔窍之功能。金元四大家之李东垣说:"元气乃先生身之精气也,非胃气不能滋之"。认为劳倦则能伤脾,以致元气受损,诸病丛生,所以创立了补气学说。朱震亨以"阳常有余,阴常不足"立论,提出滋阴降火的治疗法则。他们对后世的影响很大,明代张景岳以人参、熟地相伍组成"两仪膏",共奏益气养阴之功。传统外科疮疡之疾以火毒热毒为患最多,临床上以阳热实证居多,治疗多以清热解毒为多。虚证则多以阳虚寒凝、阴虚火旺为主。临床较阳热实证为少。对此类证王洪绪独创阳和汤、小金丹类药物,以阳和通腠,温补气血治疗,取得了突破性的成就。而以益气养阴为法,治外科病者则较少。赵尚华汲取其师夏少农教授之家传经验,运用益气养阴之法取得了显著疗效。

外科虽以实热多见,但热邪不仅伤阴而且耗气,所以外科大病凡不能速愈之疾后期多见气虚、阴虚证,如甲状腺机能亢进、血管瘤、硬化性骨髓炎、白塞氏综合症等。而阴虚内热之症日久不愈者虚热日盛,耗阴日盛。同时,阴津之滋长又赖元气之化生。所以气阴两虚者日益增多,如系统性红斑狼疮、扁平苔藓等疾病。正所谓《内经》的"少火生气,壮火食气"、"阳生阴长"。

2 气阴学说的外科应用

2.1 硬化性骨髓炎

骨髓炎属中医的"附骨疽"。硬化性骨髓炎较少。西医认为,是慢性骨髓炎的一种类型,属于非化脓性慢性炎症,起病缓慢,有的则有急性过程。多见于中青年患者,病因目前尚不十分明确。有中医认为,本病系长期过劳或肾精亏虚,虚火亢盛,火热灼阴,骨枯而髓减所致。治疗多以补肾健脾、温经通络、活血化瘀、软坚散结、促进钙盐吸收,使骨腔通畅而愈。赵尚华通过临床观察认为,硬化性骨髓炎中因过劳而生,遇劳而复发属气虚;骨节酸困,时有低热,为阴虚火旺;结块坚硬,长久不消,属痰瘀夹毒而成,故治以益气养阴、软坚散积攻毒。方用生黄芪、鳖甲、熟地、白芍、鸡血藤、白芥子、夏枯草、连翘、炮甲珠、骨碎补、白花蛇舌草。

案1 余某,女,60岁。左锁骨硬化性骨髓炎6年。1996年发现左锁骨肿胀,1998年开始疼痛。面色萎黄、乏困、不耐劳累,饮食睡眠尚好。经北京协和医院X光及CT检查诊为"硬化性骨髓炎"。脉细,苔黄。此证为气阴两虚,痰毒留滞。治以益气养阴,攻毒化痰散结。生黄芪30g,鳖甲30g,白芍10g,熟地10g,当归10g,鸡血藤30g,白芥子15g,葛根15g,白花蛇舌草30g,连翘12g,夏枯草15g,炮甲珠10g,骨碎补10g。本方加减12剂后疼痛缓解,但遇劳累后又有发作。上方加减并外敷独角膏后,肿痛逐渐消减。

2.2 甲状腺瘤伴甲亢(瘿)

甲状腺瘤及其伴发甲状腺功能亢进中医称之为"瘿病"。瘿病肿块局限而柔韧者,为肉瘿。其表现为消瘦、乏力、自汗、低热、怕热、口干、甲状腺肿大或者结节、浮肿、突眼,或大便溏薄,次数增多。气虚则消瘦、乏力、自汗。阴虚生热则低热、怕热、口干等。赵尚华认为,痰凝气滞则甲状腺肿大或有结节。浮肿属湿,突眼属痰。后期脾阳虚损,脾土失运则出现大便溏薄而次数多。治以益气养阴,疏气化痰。常用夏少农甲亢重方加减:生黄芪30g,沙参10g,鳖甲20g,白芍20g,夏枯草30g,香附12g。心火旺者加黄连6g;胃火旺者加竹叶30g,石膏15g;肝火旺者加龙胆草6g,栀子10g。

案2 赵某,女,12岁,2001年3月10日初诊。初因双眼外突,其母亲带其到省眼科医院治疗,医生查视力正常,并非近视。建议查T3、T4,经省医科大一院同位素专科检查,确诊为"甲亢突眼病"。用他巴唑治疗。每日3片,分3次服。一月后,发现白血球下降,遂来诊。脉细弱,舌苔白。诊为气阴两虚,痰湿凝结。治以益气养阴,疏气化痰。方用:生黄芪30g,沙参10g,鳖甲20g,白芍20g,夏枯草30g,制香附12g。减他巴唑每日1片。服30剂后T3、T4正常,连服3个月后,

他巴唑改为3日1片,突眼渐恢复正常。半年后,他巴唑改为7日1片。间断用中药善后,至今一直正常。

2.3 血管病

兰锡纯《心脏血管外科学》说血管瘤和淋巴管瘤大多在出生时已存在。这实际上是一种先天发育畸型,属于错构瘤性质,而非真性肿瘤。中医文献中称"血瘤"。本病常在出生时或出生后不久发病。婴儿期生长迅速,而后逐渐缓慢发展。最常见的是海绵状血管瘤。其损害为深红色、淡紫色或正常肤色,或上有血丝的圆形、不规则形的隆起,呈结节状和分叶状,边界不清,韧软,有弹性,似海绵状,大多持久存在。若发生于内脏,一般无自觉症状,偶有压迫症状或者出血。部分患者可伴有血小板减少性紫癜,可因出血、呼吸困难、继发感染而死亡。少数可演变成血管肉瘤。古代中医将其归为心脾之病。认为是心火旺、迫血沸腾、加以外邪所搏而成。采用养血凉血、抑火滋阴法治疗,取效甚微。赵尚华认为,气虚不能帅血,则血无所依,阴虚则火旺。血热而迫血妄行,妄行之血上溢而为吐,下渗为便尿,而瘀滞静脉之中则逐渐使静脉扩张成瘤,凡顽固难愈之外症,是为挟毒,故辨证为气阴两虚,血热夹毒。治法:益气养阴、凉血化瘀攻毒。方药:生黄芪、党参、白芍、大生地、紫草、丹皮、蜀干泉、木馒头。

案3 张某某,女,50岁,工人。1982年1月5日初诊。患者1981年1月始感右侧颈部有一肿物,逐日增大,每于卧、怒、劳力时增大。常感头痛、乏力、神倦。曾于某肿瘤医院确诊为颈动脉瘤,经多方治疗效不显。病情逐日加重,遂来诊。现觉心悸、心烦、寝寐不安。头脑昏沉,眩晕欲扑,神疲乏力,痛苦异常,生活不能自理。查喉结右侧有肿物,边缘光整,皮色如常,扪之搏动应手,有囊性感,脉细数无力,舌淡红,苔白花剥。证属气阴两虚,血热夹毒。治法:益气养阴,凉血攻毒。方药:同上,加仙灵脾、玄参9剂。2月9日再诊,药缺木馒头、蜀干泉,改用龙葵、山慈菇,用后肿物缩小,搏动感减轻,头脑轻快。头部憋胀、心悸尚存,时有呕恶。脉沉弦,苔白。继守原方,加桔梗、川芎、白芷、白花蛇舌草攻毒散结15剂。药后诸症大减,瘤体缩小,行走自如,原方减量善后。1983年4月1日复查,自述1年来症状平稳,未见异常,生活自理。检查瘤体,隐约不显。

2.4 紫 癜

过敏性紫癜在小儿中约1/3有肾炎病变,成人中约有1/2有肾炎的病变。少数可发展至慢性肾功能衰竭。现代医学认为,紫癜肾是一种免疫复合物性肾炎。紫癜与中医"斑毒病"、"葡萄疫"类似。一般以凉血清热、疏风清热、健脾益气、养血止血为治。但当湿热毒重,内攻脏腑、营血耗伤、气血两亏、累及于肾后,多有气阴两虚、血热之证候。因正气不足,则血失所帅,阴虚则血热,血热妄行,外溢脉外,瘀滞于皮肤之内,故出现紫癜。本证常有疲软之气虚症状,以及口干、甚或眼干、便秘之阴虚症状。临床发现,上呼吸道感染、上火、咽痛是引起复发的主要原因,故益气养阴、凉血解毒是治疗大法。常用方药如生黄芪、大生地、丹皮、赤白芍、麦冬、银花、白花蛇舌草、生薏仁、车前子等。

案4 陈某某,男,16岁。1997年5月14日初诊:双下肢紫癜4月余,已用强的松。食欲不好、口干、眼干、腰困、大便二、三天一行,尿蛋白(++),潜血(+),偶见透明管型,脉细滑,苔黄舌胖。证属气阴两虚,血热迫血外溢。治宜益气养阴,凉血清热。药用:生黄芪15g,麦冬10g,花粉10g,大生地15g,丹皮10g,三七3g,银花30g,白花蛇舌草30g,地丁30g,生薏仁30g,车前子10g,甘草梢6g。上方加减18剂后,紫癜消减,尿蛋白(-),潜血(+),舌边刺痛,仍觉干渴、脉迟缓,苔黄。上方继服,强的松改为每日半片。续上方加减24剂,蛋白微量,紫癜消失,能干家中少量轻活,偶有口干、咽痛,紫癜未发作。停用强的松,脉小滑,苔白,血压105/70mmHg。上方逐渐改为二、三天1剂,症状稳定,精神好,尿常规化验(-),感冒后偶有潜血(+),很快又能缓解。基本治愈。(李淑娥)

医案验案

验案四则

1 亚急性甲状腺炎

赵某某,女,58岁,1996年1月8日初诊。颈部肿痛1周,伴发热恶寒,口渴咽干。舌质黯红、苔白厚,脉弦细。查:右侧甲状腺Ⅰ度肿大,触痛,质硬,边界不清。化验血清T4增高。诊为亚急性甲状腺炎,证属风热毒蕴。治予疏风散结,清热解毒。药用:板蓝根30g,夏枯草10g,麦冬10g,沙参10g,元参10g,银花10g,连翘10g,荆芥10g,川芎10g,红花10g,甘草6g。6剂,每日1剂,水煎服。1月15日二诊;肿块缩小,疼痛减轻,继予上方6剂。肿消痛止,上方减量继服3剂,以善其后。

按 赵尚华治疗本病,把疏风散结与养阴解毒熔于一炉,用板蓝根、银花、连翘、甘草清热解毒;元参、沙参、麦冬增液养阴;川芎、荆芥"以辛散之",疏风散结;佐以红花活血祛瘀止痛,夏枯草既散郁结,又解热毒。辨证施治,丝丝入扣,仅用药15剂即获痊愈。

2 烧 伤

张某某,男,13岁,1997年8月20日初诊。烧伤1年多不愈。1996年夏,患者因电线漏电,不慎将左臂三角肌下烧伤,留有2cm×12cm创面,久治不愈。刻诊:面色㿠白,疲乏无力,创面赤烂而肿,周围溢有脓液,隐隐作痛,舌淡、苔黄,脉弦大。诊为气血不足,热毒留连。治以四妙汤,补益气血,托毒生肌。药用:生黄芪30g,当归15g,银花15g,甘草6g。每日1剂,水煎服。5剂后,创面好转,疼痛缓解,脓液消失。20剂后,创口肌肤平复而愈。

按 烧伤创面长期不愈,赵尚华用益气养血,托里消毒的四妙汤治疗。此方药仅4昧,分为2组,药少力宏,既扶正,又祛邪,乃治疗正虚毒恋之良剂。

3 乳腺囊性增生病

王某某,女,40岁,1997年5月26日初诊。双侧乳房肿胀2年,每逢经前加重,且经期颜面肿胀,起痤疮,腹胀。查:左乳外上象限可触及2处肿块,均约2cm×2cm,右乳外上象限亦可触及2处肿块,约1cm×1cm,质柔活动,触痛不明显。舌质黯、苔黄,脉弦细。诊为乳腺囊性增生病,证属肝郁痰凝证。治以舒肝解郁,化痰散结。方用逍遥蒌贝散加减;柴胡10g,当归10g,白芍10g,茯苓10g,白术10g,瓜蒌15g,浙贝母10g,山慈菇10g,胆南星10g,牡蛎10g,泽泻10g,薏苡仁10g。每日1剂,水煎服。6月16日二诊:上方共服12剂,自觉乳房肿块消失,偶有疼痛,仍觉腹胀,腰困。察舌苔仍黄,脉弦细。上方加蒲公英30g,补骨脂10g;去泽泻、薏苡仁,继服。共计服药36剂,诸症消失而愈。

按 逍遥蒌贝散为赵尚华治疗乳癖经验方,主治肝脾两伤,痰气互结,瘀滞成块者。方中柴胡疏肝解郁,当归、白芍养血柔肝,肝气条达,气消则痰化;白术、茯苓、泽泻、薏苡仁健脾祛湿,使运化有权,则杜绝生痰之源;瓜蒌、贝母、胆南星化痰散结,牡蛎、山慈菇软坚散结,共奏疏肝健脾,化痰散结之功。

4 银屑病

舒某某,男,18岁,1999年4月5日初诊。全身性红斑、鳞屑反复发作4年。皮损以四肢为重,头面为轻,躯干部呈大面积地图形红色斑疹,上覆厚厚的白色鳞屑。曾在多家医院诊治,诊为银屑病。其妹亦有类似病变。刻诊:皮损呈全身泛发,舌质红、苔白,脉细数。证属血热风燥。治以清热解毒,凉血润燥,辅以止痒。药用:生地10g,当归10g,白芍10g,槐花10g,白花蛇舌草30g,乌稍蛇10g,蝉衣10g,鱼腥草30g,丹皮10g,薏苡仁10g,甘草10g。30剂,每日1剂,水煎服。5月24日二诊:上肢皮损大部消退,舌质仍红、苔白,脉细数。上方加川牛膝10g,继服30剂。6月21日三诊:皮损基本消退,瘙痒止,脉转细缓,舌质略红、苔白。上方继服30剂。7月19日四诊:皮损已痊愈,停药观察,未再复发。

按 银屑病为皮肤病中顽疾,赵尚华治疗该病遵《内经》之训:"伏其所主,而先其所因"。药用生地、当归、白芍、丹皮、槐花凉血润燥;经云:"风淫于内,治以辛凉,佐以苦,以甘缓之,以辛散之",重用鱼腥草入肺经,合皮毛,领白花蛇舌草清热解毒;伍乌稍蛇、蝉衣祛风止痒;薏苡仁健脾利湿清热;甘草调和诸药并解毒。标本同治,终使痼疾获愈。(杨新国)

郑淳理临床经验

【名老中医简介】郑淳理(1941~)浙江衢州人。主任医师。1965年毕业于浙江中医学院医疗系。现为绍兴市中医院名誉院长。绍兴市中医药学会会长,省中医药学会内科分会副主任委员,绍兴市震元堂中医馆馆长。浙江省名中医,第三批全国老中医药专家学术经验继承工作指导老师。

1 治乙肝，清热活血软肝为主

乙型肝炎是全球性疑难病。该病起病缓、病程长，缠绵不愈，甚至转变为肝硬化或肝癌，严重危害人类身体健康。郑淳理认为其病机为湿热（毒）壅滞，损伤肝脾，气血阻滞。病程日久，正虚邪恋，虚实夹杂，故在治疗上，他主张必须掌握三要素：一是清热解毒化湿，以清余邪而抗病毒；二是活（凉）血化瘀，改善肝脏血液循环，促进肝细胞修复与再生；三是软坚（肝）扶正以提高免疫力，增强机体抗病能力，配活血法以软肝，防止肝硬化，配清热法以除邪毒。三法相辅相成，根据辨证各有侧重，常用方药：淡昆布、海藻各15g，赤白芍各10g，广郁金10g，白花蛇舌草30～50g，半枝莲30g，炮山甲10g，炙鳖甲10g，紫丹参30g，生黄芪10～30g，猫人参30～50g，葫芦壳30g。方中以白花蛇舌草、猫人参、半枝莲清热解毒化湿以除病毒；淡昆布、海藻、郁金、鳖甲软肝散结，改善肝脏质地；山甲、丹参、赤白芍、生黄芪益气活血破瘀，清除肝脾肿大，提高机体免疫机能；葫芦壳利尿，药理证明含有丰富的葫芦毒，可以促进肝细胞的再生和修复。他用此方治疗慢性乙型肝炎、肝硬化、肝癌等病，疗效满意。

2 疗中风，化瘀豁痰通络收功

中风之证，属起病急、发病重、预后差的重危病。临床表现以猝然昏仆、口眼㖞斜、半身不遂为主要特征。在病机方面，郑淳理认为是本虚标实、上盛下虚所致。本虚是肝肾阴虚，肝风内动；标实是风、火、痰、瘀内因，而两者均是潜在因素（内因），外因（诱因）是情志改变，多数为郁怒伤肝，气血逆上所致，诱因是关键。经云："阳气者，大怒则形气绝，而血菀于上，使人薄厥"颇合此议。中风一旦发生，必须及时抢救，必要时采用中西医结合治疗，以度病危期。治疗上不论采用祛风、通络、平熄内风，化痰通腑，以及辛凉（温）开窍，回阳固脱等方法，均应强调早期祛除络脉中的瘀阻现象。同时，中风分为出血型和血脉闭阻性，因此，郑淳理认为在辨证的基础上，与辨病相结合，出血性中风必须加止血药，辅以祛瘀；脑血管闭阻性中风则加重活血祛瘀药。

中风脱离危险后，大多数会留下偏瘫或口眼㖞斜，语言不利等后遗症，其病机仍是上实下虚。临床上郑淳理常用桂枝宣痹汤，治疗确当。药物组成：桂枝10～30g，当归10g，川草乌各10g，赤芍10g，牛膝18g，广地龙30～50g，蕲蛇10g，生马前子3～15g。

案 金某，31岁，1979年10月3日初诊，患者终日劳累，在矿井下突发神识不清，喉间痰鸣，在当地诊为脑栓塞，经抢救后，遗留左侧肢体偏瘫，感觉消失，皮肤冰凉，舌淡脉细，投以桂枝30g，赤芍10g，全归15g，川牛膝18g，广地龙30g，乌梢蛇15g（蕲蛇无货），川草乌各10g，生马前子9g，7剂。药后顿觉肢体有温热之感。状如蚁行，上方出入40余剂，手能握物，足能行走，1980年3月已能行走5华里来院复诊。

按 方中桂枝温通经络和血脉为君，川草乌温散祛风通络；地龙、蕲蛇系血肉有情之品，喜窜善行，能搜风剔络，又具有补益强壮之功；当归、赤芍、牛膝通络、破瘀血、利关节，又能补肾养血。综观方具有祛风通络和血祛瘀、强壮肢体之功，颇合中风后遗证之病机。值得强调的是：一是应用虫类药，特别是地龙，必须大剂量应用，因为它直接作用于中枢神经系统，必要时加全蝎、蜈蚣；二是应用限毒药—生马前子，它主要作用于中枢神经系统，首先兴奋脊髓反射机能。其次兴奋延髓中的血管运动中枢，提高大脑皮质感觉中枢的机能，故尔治疗偏瘫疗效甚佳。但要注意用量必须从小到大，中病即止，忌食酸性食品，否则引起中毒反应。

3 崇绍派，诊暑湿伤寒有特色

《通俗伤寒论》序言：吾绍伤寒有专科，名曰绍派。绍兴地处东南沿海，土地卑湿，人嗜食茶酒。因此"绍派伤寒"主张六经百病辨证重湿，施治主化，吸收了张仲景及叶桂等大家的理论与经验，建立了独特的治疗外感热病的理论体系。郑淳理数十年浸深此道，悉心研究，整理曹炳章，付再物等诸前辈学术经验綦础上，博采众长，结合自己的临床经验，擅治温热病。如他自拟的经验方三衣清暑饮：西瓜翠衣10g，绿豆衣10g，扁豆衣10g，生米仁30g，光杏仁10g，白豆蔻3g，瓜蒌皮10g，陈青蒿10g，益元散10g。具有消暑化，主治暑湿证，证见头昏而胀，四肢困重乏力、胸闷、腹胀，饮食不振，苔厚腻，脉濡缓，或伴有畏寒发热不畅，随诊期间，见其灵活加减，变化多端，治疗暑温夹湿等痛，疗效甚佳。（陆晓东 郑恺 章国琳）

郑蕙芳临床经验

【名老中医简介】郑蕙芳 主任医师。首批全国老中医药专家学术经验继承工作指导老师。擅长治疗各种妇科疾病。

肝经辨证与用药

1 肝经辨证经验

肝经绕阴器，过少腹，布胸胁，肝气不疏，乳络不畅，发病为经行乳胀，经行乳痛，缺乳；肝气畅行则血海平静，肝气逆乱则血海沸溢而上逆，发病为经行吐衄；肝阳亢盛则灼津，久灼炼津成痰，痰火并存，冲动清空，发病为经行情志异常；肝木血枯，冲任亏损，冲任丽于阳明而附于肝，阳明胃、太阴脾为生化之源，而肝脏血海以受之，如血海枯，则冲任不荣，发病为月经后期，月经量少，甚至闭经。

2 肝经用药经验

2.1 辛散以解郁，药选香附、柴胡

香附味辛用宣，能强行十二经八脉，解六郁。柴胡味苦，苦以发散，使肝气畅达，能入手足少阳、厥阴（肝胆、心包、三焦）诸经。在经主气以达阳气，在脏主血以达阴气。香附则宣畅气血，旋转枢机，是对“肝欲散，急食辛以散之，辛补之”的用药例证。

2.2 酸敛以补肝，选白芍、炒当归

郑惠芳强调，顺应肝性，视顺为补，肝体阴而用阳，肝体柔润，血海充盈，肝之阳气随性曲直。炒当归用其辛甘之性，能助肝阳补而能走；白芍用其酸敛之性入肝，能敛肝阴，补而不散。当归性动，白芍性静，配伍应用，能互纠其偏，互助其用，顺应肝性，使阴柔而阳刚，静盈而疏畅。

2.3 甘缓培土以疏木，选茯苓、白术、甘草

若木克土则肝郁之证加重，因脾土为气血化源，化源不足，血海不荣，阴不制阳，则肝阳逆乱之证丛生。因此，茯苓、白术、甘草是实脾而柔肝的必用之品。辛散、酸敛、甘缓之味于一体，是郑惠芳治肝的基础药。

3 治疗举隅

3.1 经行头痛，经行乳胀

患者，37 岁，经行头痛，乳房胀 4 年，甚时心烦、易怒、欲哭。经期 5 天，周期 24～30 天，量稍多，色暗紫，苔薄白，脉细弦。证属肝失疏泄，脉络失畅，治宜疏肝理气，化瘀通络。方用逍遥散加味：柴胡 9g，当归 12g，制何首乌 20g，白芍 20g，甘草 9g，茯苓 15g，白术 9g，延胡索 12g，香附 12g，茺蔚子 12g，丹参 18g，生牡蛎 30g。方中柴胡有“苦以发之”之意，更因香附性辛用宣，通行十二经八脉，解六郁，被郑惠芳视为调肝必备之品，用其辛散解郁，顺应肝性；用大剂量制何首乌、白芍合当归、丹参、牡蛎酸甘以缓，益阴潜阳除烦；茯苓、白术、甘草培土疏木。是方以辛散、甘缓之味于一体，使肝辛散以疏泄，甘滋润以缓，以疏为补，缓而为疏，肝气畅达，自无经行头痛、经行乳胀之证。服上方 6 剂，头痛、乳胀消失。

3.2 经行情志异常

患者，40 岁，经前经期紧张忧虑，烦躁孤独，口渴喜饮，失眠便干，苔薄黄，脉细弦。证属肝体阴虚，肝阳升腾，引动心火，火旺灼津，炼津成痰，痰火上扰，神明难安。治宜柔肝阴，潜肝阳，平心火。方用补肝汤合甘麦大枣汤加减：熟地黄 15g，白芍 15g，当归 12g，川芎 6g，茯苓 12g，麦冬 12g，木瓜 12g，酸枣仁 30g，浮小麦 120g，大枣 9 枚，甘草 12g。方中补肝汤柔肝补肝，潜阳以平心火，火平痰自消；甘麦大枣汤补土疏木，防患于未然；更加木瓜、酸枣仁宁心定志。患者平时服药，周期性调治 3 个月，随访半年，病愈未发。（李凤兰 王泗河 孔庆香）

出血性病

1 补虚塞流，引血归经

巢氏《诸病源候论》有“劳伤冲任”之说。郑惠芳认为，劳累伤脾气，脾虚不摄，冲任失固，血不循经，可致脾虚崩漏。方选举元煎加味。药物组成：黄芪 15～30g，党参 15～30g，白术 15g，升麻 9g，甘草 6g，覆盆子 30g，续断 15 g，益智仁 9g，煅龙骨、煅牡蛎各 30g，地榆 30g，棕榈炭 15g。诸药以甘味为主，甘味药补脾以生生发之气，又因甘能生血养营，使脾胃气强，则阳升阴长，血自归经。

2 滋肾水以制亢旺之火，平沸溢之血

《内经》曰：“阴虚阳搏谓之崩”。郑惠芳认为经本于肾，肾虚则经乱，临床可见肾阴虚水不济火，火热迫血旺行之崩漏。方选六味地黄丸、二至丸加减，药物组成：生地黄、熟地黄各 15g，牡丹皮 9g，山药 15g，山茱萸 12g，茯苓 9g，白芍 15g，黄柏炭 3～9g，女贞子 30g，旱莲草 24g，小蓟 30g，地榆 30g，槐花 30g。全方补阴而无浮动之虑，缩血而无寒凉之苦，使子宫清凉而血液自固。

3 温肾收摄止血

命门火衰，闭藏失职，经血无度，可致肾阳虚崩漏，方选右归丸加减。物组成：熟地黄炭30g，山药30g，枸杞子12g，覆盆子30g，菟丝子15g，益智仁9g，续断12g，党参30g，白术15g，棕榈炭15g，乌贼骨30g。由于证属阳衰，故避归芎之辛窜走血，而用益智仁微升 督脉，以固元阳；棕榈炭等收涩止血，取所谓"散者收之"之意。

4 化瘀达郁，行血止血

瘀阻冲任，血不循经，可致血瘀崩漏。方选桂枝茯苓丸改汤加味。药物组成：桂枝6g，茯苓12g，桃仁9g，牡丹皮9g，赤芍2g，益母草30g，生黄9g。《内经》曰："甚者独行之"，全方以攻逐之品荡积破瘀，疏通地道，以使冲任通畅，新血归经，而漏下自止。另外，刮宫病理诊断为子宫内膜增生过长者，亦属血瘀崩漏，郑惠芳多选自拟之止血经验方。药物组成：马齿苋30g，益母草30g，生蒲黄9g，茜草12g，仙鹤草18g，地榆30g，升麻9g。药理研究，马齿苋、生蒲黄、益母草等有较强的促进子宫收缩作用，从而达到使子宫内膜迅速脱落而止血的目的；马齿苋等药有杀菌抑菌作用，故对子宫内膜炎所致出血有明显效果。

5 解郁宁血

肝气郁结，血海失司，蓄溢失常，可致崩漏。方选开郁平肝止血汤加减。药物组成：白芍15g，白术12g，当归9g，炒牡丹皮9g，生地黄炭15g，柴胡6g，小蓟30g，地榆30g，香附炭6g，甘草6g，荆芥穗6 g。全方清芳流动，疏郁舒泄，遂其曲直之性，使肝木得以条达，横逆之气畅清，郁结散，血海宁，则血自止。（李凤兰 公秀珍）

肝脾用药

1 经间期出血

女性絪缊之时，阳气内动，引动内热，热伤冲任，致经间期出血。多缘于肝气郁结，脾运不健，肝郁脾虚多能产湿生热，湿热蕴于下元而成。郑惠芳强调：治柔肝木，培健脾土，自无积湿生热、流注下焦之患，是为治本之计。甘、酸、苦之品，多能柔肝安脾，药如生地黄、熟地黄、土炒白芍、当归、旱莲草、山茱萸、麦冬、制香附甘酸敛阴，苦能坚阴以养血柔肝安脾，取甘温之品以实脾，药如炒山药、芡实、莲子。体现了她"伏起所主而先其所因"的用药指导思想。祛湿热药物选用生、盐黄柏之类，苦能坚阴燥湿，寒以清热泻火。生、盐黄柏并用能坚肾阴制相火，祛湿热而宁冲任；配丹皮辛润而凉，清热凉血，诸药合用，能使肝脾安然，湿热无以肆虐，则冲任得固，血不妄溢，脉道疏通，气血畅行，即无动血伤经之虑。

案 患者，26岁，每次月经中间出血已0.5年，持续2天，量少色红，质粘无块。既往月经正常，量中等平时神疲无力，胸闷烦躁易怒，带下量多质黏，小便短赤，苔黄腻，脉细弦滑。证属湿热下蕴。经间絪缊之时，阳气内动，引动内热，热伤冲任，迫血妄行所致。治宜疏肝木、补脾土、除湿热，方用清肝止淋汤加减。药物组成：生地黄、熟地黄各18g，土炒白芍12g，当归9g，旱莲草30g，山茱萸9g，麦冬12g，制香附9g，炒山药30g，芡实30g，莲子30g，生黄柏、盐炒黄柏各9g，丹皮9g，甘草6g。水煎服，每日1剂。患者服药12剂，经间期出血消失。

2 妊娠恶阻

妇女妊娠，宜调七情、适寒温、养气血。若肝郁气急，动火伤脾犯胃，胃气失于和降，可致恶阻。郑惠芳强调治疗宜首选半夏、陈皮、砂仁味辛之品，辛为金味，金能克木，以抑肝和中；次选紫苏叶、黄连、炙枇杷叶，味辛而苦，辛能开胃悦脾，苦能和降胃气，辛开苦降 和中止呕。郑惠芳认为，诸呕吐酸皆属于火，呕吐不止因于虚。为此，她还用性味甘寒之茯苓、麦冬、竹茹以清火制酸补胃虚。

患者，27岁，停经60天，恶心呕吐20天，既往月经正常，自停经40天时，胸闷恶心，食入辄吐，泛恶吐酸，烦渴口苦，舌淡红，苔微黄，脉弦滑。妇科检查：外阴(－)，宫颈着色、光滑.宫体前位，60天妊娠大，软。附件：双侧(－)，诊断：早孕、妊娠恶阻，证属肝郁气急，肝急动火，木克脾土犯胃，胃虚失于和降。治宜抑肝和中，降逆止呕。方用半夏紫苏黄连汤(自拟方)。药物组成：姜半夏12g，紫苏9g，陈皮9g，砂仁6g，黄连6g，炙批杷叶12g，白术9g，茯苓9g，麦冬12g，竹茹12g，甘草6g。水煎服，每日1剂。服药6剂，呕吐泛酸除，胸次豁然，纳食有加，药讫获愈。（李凤兰）

郑家本临床经验

【名老中医简介】郑家本 主任医师。结业于成都中医学院。重庆市名中医。享受国务院政府特殊津贴。从事中医临床、教学、科研40余年，擅长泌尿道结石、消化道结石、肝胆及脾胃疾病，以及妇科疾病。

临床经验

1 治咳喘从肺入手,以麻杏石甘汤为主

咳嗽、喘气为临床最常见病症,初发之时常先表现为咳嗽、吐痰,随着病情的发展,可出现喘气、痰鸣、坐卧不宁等,甚至反复发作,经年不愈。郑家本认为,此证多系素有痰疾,肺气不利,痰气交执,肺不宣降所致。一旦气候变化,受寒受热,调理失当时容易诱发,特别是婴幼儿、老年体弱及素有慢性支气管炎、肺气肿患者更是易发。治疗时以宣降肺气、化痰清肺为主,他首选麻杏石甘汤合黛蛤散加减,不论新感、复发,但见咳嗽即投,加减应用,效果明显。常用处方为麻黄(绒)6g,石膏30g,甘草3g,青黛、海蛤粉各15g,竹黄、地龙、僵蚕、蝉衣、杏仁、川贝、射干各10g。加减:兼外感加荆芥、防风、薄荷、苏叶。咳重加百部、紫菀、桔梗、前胡。热重痰黄加重楼、鱼腥草、银翘、黄芩。痰多喘甚加苏子、葶苈、大枣、鲜竹沥、代赭石。喘甚加沉香、代赭石、磁石、白果。虚人用蛤粉、肉桂、太子参。

2 治肝病,从气机着眼,用四逆散加减

郑家本认为肝胆疾病多以气机不利,疏泄失常为其主要机理。病因多为湿热病毒所致。治疗时以疏利肝胆气机为主,同时清解肝胆湿毒。对肝炎病久、肝硬化所致气、血、水运化失常之症分别加以活血、散结、利水之法,首选四逆散,此方为郑家本治疗肝胆及消化系统疾病的首选处方。常用处方为柴胡、垂盆草、青蒿、枳实各15g,赤白芍、丹参各30g,虎杖、白花蛇舌草各20g,酒军6g,土茯苓60g,甘草3g。加减:黄疸者加茵陈、栀子、胆草、白茅根;脾虚腹胀食少加白术、厚朴、广香、焦三仙;肝硬变气滞血瘀明显加鳖甲、玄胡、川楝、桃仁、青皮、郁金;血瘀水停,腹水明显加水蛭、泽兰、地龙、全虫、白茅根;降转氨酶用五味子、枣皮,重用垂盆草。

3 肿块瘿瘤,重视内消,海藻甘草并用

海藻与甘草相反,伍用二药合用能产生巨大的毒副作用,这在中药理论中已有明确论述,但郑家本经过多年的研究探索,并进行多次亲身实验,发现只要用量比例适当,反而能更好地发挥其治疗作用,用于结石、肿瘤、结核等疑难重症治疗,每获良效。处方中常用海藻15g,甘草3g,伍用二药比例为3:1时疗效最好。常用消肿散结处方海藻、枳实、山楂各15g,甘草3g,鳖甲、甲珠各10g,川芎20g,丹参、赤芍、牡蛎各30g。加减:结石常加昆布、琥珀、冬葵、内金、桃仁、红花、滑石、川牛膝、海金沙等。肿瘤结块加白花蛇舌草、半枝莲、皂刺、蜂房、全虫、水蛭、蜈蚣、黄药子。乳腺肿块加路路通、丝瓜络、青皮、浙贝、香附、橘核等。淋巴结核加夏枯草、浙贝、钩藤、白花蛇舌草等。

4 治皮肤病,以虫类搜风,用麻黄连翘赤小豆汤加减

皮肤病多表现为皮肤瘙痒、斑疹、渗出、皮损、颜色改变等,多由细菌、真菌、病毒感染,内分泌失调、变态反应引起。郑家本常结合现代皮肤病学和中医理论进行辨证施治,每获良效。最常用处方为仲景之麻黄连翘赤小豆汤。常用药物为连翘20g,赤小豆、地龙、蜂房各15g,酒军、甘草各6g,荆芥、蝉蜕、麻黄、防风各10g,乌梢蛇、紫草、赤芍各30g。加减:热毒重加羚羊角(或水牛角)、生地、玄参、丹皮、银翘、胆草、重楼;湿毒重加虎杖、土茯苓、苦参、地肤子、蛇床子、龙胆草;风重加防风、全虫、蜈蚣;疼痛较重,加用全虫、蜈蚣,并外用紫金锭,用醋调外敷。(曾凌文)

遣方用药

升降散

1 猩红热

王某,女,5岁。1994年4月12日下午就诊。发热,咽喉痛,全身皮疹5天,经某院儿科诊断为猩红热,按常规治疗,效果不佳,转来诊治。刻诊:发热(T39.8℃),面部潮红,口鼻周围苍白,呈"环口苍白圈",双侧扁桃体红肿,疼痛,全身布满红色细小血疹,有"贫血性皮划痕征",及"帕氏线",3日未大便,小便黄少,脉数有力,舌红绛起刺(红草莓舌)。此乃疫疠毒燔气营之猩红热。选解毒透邪,清气凉营法。拟升降散加味:蝉衣、僵蚕、姜黄、青黛(布包煎)、生地、丹皮、玄参、银花、连翘各10g,生大黄5g,生甘草3g。二剂,水煎服,昼夜分6次服。13日二诊:热退(T37.6℃),皮疹减少,大便已通,咽喉疼痛减轻。仿昨方,生大黄改酒军,再进2剂。15日三诊:体温及扁桃体恢复正常,皮疹消退,脉细,舌红苔少,改沙参麦冬汤加减,3剂,以善其后。

按 猩红热属中医"烂喉痧"范畴,系疫疠毒邪,传变迅速,故按温病常规正治方法,往往延误时机,既加重病情又延误病程,郑家本采用治疗温病表里三焦大热之升降散,以及时阻断邪入心肝(营血)之势,方中蝉衣、僵蚕清透散火、解毒,升阳中之清阳;姜黄、大黄通腑泻热、解毒,降阴中之浊阴,一升一降,内外通和,使温疫毒疠消解,共奏升清降浊之功;佐银花、连翘、生地、玄参、青黛等,以助解毒,且清气

凉营。此案虽病情严重，由于升降散切中病机，故迅速康复。

2 麻疹

李某，男，8岁。1995年4月2日就诊。发热、出疹3天，咳嗽、气喘2天，未接种过麻疹疫苗，经当地治疗不佳，转来诊治。刻诊：发热（T39.8℃），全身出现玫瑰色丘疹，摸之碍手，面红目赤，烦躁口渴，咳喘鼻煽，便秘尿黄，舌红苔黄，脉洪数，此系疫毒闭肺，且有陷营之势。治宜清热解毒，宣肺通腑。选升降散和麻杏石甘汤加味：僵蚕、蝉衣、姜黄、黄芩、杏仁、虎杖、鱼腥草各10g，麻黄、生大黄各5g，石膏30g，甘草3g。2剂，水煎服，昼夜分6次服，4小时1次。次日复诊：便通热退（T37.6℃），余症大减，宗前方麻黄改为麻绒，生大黄改酒军，加生地、丹皮各10g，2剂。4月5日三诊：疹全消退，热尽身凉，咳嗽减轻，舌红少津苔薄，脉细，拟沙参麦冬汤加味，养阴益气，消除余邪。

按　麻毒闭肺是麻疹的逆证之一，由于抗生素的广泛使用，近年来单用中药治疗的病案报告鲜见，本案则采用纯中药治愈，说明辨证准确，方药恰当，中药疗效是满意的。麻毒闭肺历以宣肺开闭法治之，郑家本却多采用通腑开闭的升降散治疗，这不仅是依据肺与大肠相表里的理论，更重要的是长期临床所见，腑气一通，肺气即宣，喘咳鼻煽很快缓解，故肺炎喘嗽每在辨证的基础上配伍以升降散治之，收效显著。

3 水痘

李某，女，8岁。1995年12月1日就诊。发热3天，头面及胸腹、皮肤出现水疱疹2天。刻诊：发热（T39.4℃），烦躁口渴，水痘稠密，布满全身，疹色紫暗，痘浆混浊如脓，部分破后皮肤感染，口舌也有疱疹，便秘尿黄，舌红苔黄厚，脉洪数有力，指纹青紫。此乃邪毒炽盛之水痘重症，宜清热解毒、通腑泻火。选升降散加味：僵蚕、蝉衣、姜黄、紫草、黄芩、丹皮、生地、银花、连翘各10g，生大黄、黄连各5g，石膏30g，甘草3g。2剂，水煎服，昼夜分6次服，每4小时1次。次日二诊：便通热退（T37.3℃），疱浆渐清，烦渴已止，宗前方，生大黄改酒军，再进2剂。12月5日三诊：水痘已结痂，余症已息，改沙参麦冬汤以善其后。

按　水痘邪毒由口鼻入侵，肺合皮毛，故临床常以疏风清透为主，郑家本认为除疏风清热之外，还应通腑平疫泻火，使邪毒从表里双解，故采用蝉衣、僵蚕以清透解毒，用姜黄、生大黄等通腑平疫泻火，升降并用，内外通和，邪毒随之消解，此正是升降散之方义。（陈晓霞）

医方验方

昆海排石汤

方药：昆布18g，海藻18g，红花9g，桃仁12g，柴胡12g，白芍24g，枳实9g，海金砂12g，冬葵12g，滑石15g，大黄9g，鸡内金6g，琥珀6g，甘草3g。

功效：通淋利湿，活血祛瘀，软坚散结，溶石排石。

用法：水煎服，每日1剂，日服3次。

郑绍先临床经验

【名老中医简介】郑绍先（1920～2004）主任中医师。曾任昆山市中医院名誉院长。首批全国老中医药专家学术经验继承工作指导老师。江苏省名中医。从医50多年，擅长用中药治疗各类妇科疾病及女性不孕症。临床经验被编写成《郑绍先妇科经验集萃》。

临床经验

1 精究辨证，理法严慎

郑绍先治病最讲究辨证分析，精细审慎，一丝不苟，突出病因和脏腑气血辨证，尤注重舌诊。常谓医不精究辨证，何以言治，毋谈其效。并谆谆告诫弟子：用药要精当，要有法度，又要处处顾护脾胃之生机，才能克其制胜。

案1 不寐证　钟某，女，49岁。心烦颧红，终夜不寐，诸医数年未效，悲观失望，舌红苔薄腻，脉细弦。前医辨证为情怀不悦，肝火亢旺，心阳浮动而不寐。以清热除烦，宁心安神，方以酸枣仁汤加生地、丹皮、辰灯芯。服药5剂，病症如故。再佐以潜阳加生石决，服药3剂后仍无动声色。后转入郑绍先处诊治，分析：失眠一症，多由心火上亢。可因肾阴亏耗，也可因肾阳衰弱所致。而此病者，年届天命，肾阳衰弱，君火亢旺，为下虚上盛之患。舌虽红但苔薄腻，脉虽弦但两尺沉细。投以温肾阳，泻君火之剂。方以川连4g，生山栀9g，巴戟肉10g，山萸肉9g，大熟地12g，砂仁3g，炙远志5g，生牡蛎、青龙齿各16g，生甘草3g。药有变通，合引火归源之意。服药7剂夜寐得宁，14 剂而虚阳平熄，痼疾数年从此得解。

2 治崩漏，注重心肾

女子经血是肾中之动气化生癸水至于胞中。气者，肾中之阳，其气上合心火；血者，水谷之精，生化于脾，藏受于肝，而总统于心。《内经》云："诸血者，皆属于心。""胞脉者，属心而络于胞中……""肾经并于冲脉，舍于督脉，通于任脉，冲任之脉皆起于胞中。"明确阐述了妇人月经与心肾的关系。郑绍先认为，崩漏下血，多起于内伤七情、房劳半产，肾虚不能镇守胞络相火，导致冲任督三脉功能失调，或因心火乘脾，脾失统摄，所以，月水错经妄行。辨证注重心肾，傍及肝脾。立法多以养阴清火，滋肾降火，消瘀清热，益气养血论治，以澄其源塞其流，复其归。

案 2 崩漏，周某，女，19 岁。月经 17 岁初潮之后，每行先期量甚多，后淋漓不净，曾用西药周期疗法无效。里热，眩晕，舌红苔薄，脉细数。辨证为肝郁脾虚，血热。投以清肝健脾摄血法，转辗数月不已后，请郑绍先诊治，他认为，少女月经失调多责之于心肾。是水火之旺，火旺则血热，水旺则血多，然而水不可任其有余，水不可使其不足，宜先清心滋肾，轻清其火，不必泻水。方以生地 12g，川连 3g，地骨皮 12g，北沙参、白芍、玄参各 10g，黄柏 6g，旱莲 12g，炒当归 5g，炒丹皮 6g，生甘草 3g。7 剂而崩漏已。方中虽是清火之品，但又是滋水之味，使火泻而水不损。按法调治 2 月周期，病患告愈。

3 治子宫肌瘤，注重清化软坚结

子宫肌瘤是现代医学的病名，临床常见月经过或经期延长、腹痛等症，属祖国医学崩漏血癥范围。但中医所称的崩漏，是指各种子宫出血的总称，并不就是单一的子宫肌瘤病。历代医家对治疗崩漏的立法有方氏之"初宜止血以塞其流，中宜凉血以澄其源，末宜固血以复其归"，叶氏又立出"暴崩暴漏宜温宜补；久崩久漏，宜清宜通。"这些法则，在临床上虽有其现实意义，但在具体运用中，未必尽然。对于宫肌瘤的治法，同样不能拘泥于一法，一般不宜见血止血，见痛止痛，宜消宜温，宜攻宜补，须在辨证的基础上随证立法。郑绍先认为以下三型为多见：①湿热下蕴，阴络受损，瘀滞胞官，或者前医投以性激素和止血等药，使涩之愈涩，结瘀更著，宿瘀不去，新血不宁。以破瘀润血，清热利湿之法治之。方选复元活血汤加减。②情志怫郁，肝失疏泄，郁结化火，下迫冲任因而月经紊乱，漏红淋漓，以疏理清泄之法治之。方选丹栀逍遥散加减。③病久失血过多而阴虚阳搏，迫血下走而经血妄行，法宜滋阴降火。方选三甲复脉汤加减。

郑绍先认为肌瘤已成，尚须软坚散结，根据辨证分型在不同的选方中配入炙甲片、昆布、海藻、生牡蛎、王不留行子等软坚散结之品。或虽有肌瘤存在，但因长期耗血过多，临床出现肝肾亏虚冲任两脉交损，必须病证相参，先以血肉充养，温通奇经，栽培精血，善用鹿角霜、龟版、鳖甲、黄芪、熟地。下元虚惫加用葫芦巴、苁蓉、巴戟天温摄以固下真，以收咸寒固肾，消瘀滞，疗癥瘕，凉心热、逐阴虚热蒸，填精以充八脉之气，温通交阴阳之虚之功，再做攻补兼施，通中有塞，塞中有通。

案 3 张某，女，46 岁。1991 年 8 月 4 日初诊，绝育 20 年，经行先期，量多如崩，略有小瘀块，腰尻酸楚，少腹痞胀，头晕乏力，面肢浮肿，脉濡细。1991 年 6～8 月 3 次 B 超均示：子宫肌瘤，子宫大小 71mm×43mm×68mm，后壁见 32mm×38mm 较低回声后方见声衰减。长期应用甲、丙睾及止血剂治疗，效不显著。苔薄质有瘀阻，经竭之年，肝脾肾三脏失调。兼之绝育冲任受损，故以滋肾降火清热化瘀结。处方：生熟地炭、炙龟鳖甲各 12g，黄柏、知母各 6g，砂仁 3g，川断 12g，鹿角霜 10g，川连 5g，生山栀 9g，白芍 12g，生甘草 2g。连续服用 21 剂。1991 年 8 月 25 日复诊，经将临，诸症均退，苔薄，脉濡细。仍治以滋肾泄火，处方：生熟地炭各 12g，炒川连 3g，焦山栀 6g，白芍 10g，连皮苓 12g，补骨脂 9g，炮姜炭 2g，川断、狗脊、桑寄生各 12g，当归炭 6g。服 7 剂后复诊，经行 5 日净，色泽量正常，少腹尚有隐隐胀痛。肢面浮肿减，苔薄脉细弦。B 超复查：子宫大小为 65mm×49mm×60mm，后壁见一个 20mm×20mm 等回声区，肌瘤见缩小。再以调脾肾之阴阳，佐软坚散结之品，以消癥积。处方：生熟地、炙鳖甲各 12g，炒白芍、炒白术各 10g，当归炭、巴戟肉、葫芦巴、炙甲片各 6g，生牡蛎 20g，皮茯苓 12g，炮姜炭 2g，留行子 10g。服 7 剂后随证稍作增删，前后经治 7 个月，诸症均平，月经正常而行。1992 年 3 月 15 日 B 超示：子宫大小 67mm×41mm×65mm，附件未见异常，盆腔未见肿块。

4 产后外感发热，注重和营卫

产后百脉空虚，营卫虚弱，阴阳不和，感受风邪而化热。郑绍先善用桂枝汤方意治之，辛甘化阳以和营卫，每获良效。因其无汗能通阳，有汗能敛，又常配伍荆芥炭、黑大豆、焙白薇以养血祛风清热。

案 4 王某，女，26 岁。1991 年 8 月 25 日初诊。产后早经风邪，头痛且胀，发热汗出恶风，偏右半身酸掣，纳呆，苔薄腻，脉濡细。T38.8℃。始以和营祛邪，仿桂枝汤治之。处方：桂枝2g，生白芍6g，炙甘草3g，炮姜炭2g，荆芥炭3g，焙白薇、黄芩、生当归各6g，焦楂肉12g。服7剂。1991年8月29日复诊，发热退净，汗出恶风得解，余症亦减；产虚未复，苔薄腻脉濡，治以调理，处方：煅磁石1 2g，玄参10g，生牡蛎15g，黄芩9g，制半夏6g，白芍9g，生当归6g，黑大豆12g，焙白薇6g，8剂后告愈。（吴纪祖）

人流不规则出血

1 泻肝泄热清宁冲任

人流置环后不规则出血，主要机理是冲任受损，但由于患者体质差异和术者的水平关系，导致冲任损伤的原因诸多。患者素质虚火内燔、湿热炽盛，人流手术，又势必牵及肝经，扰动经气，而环置宫中，宫颈扩张，胞络受损，又多刺激，易使湿毒外邪乘机而入，侵犯其经，致使肝经气火、湿毒合而为患伤及冲任。郑绍先善用泻肝经之火而清肝经湿热，配以三黑：地榆（炒黑）、黄芩（炒黑）、蒲黄（炒黑），俾使气畅火宁，湿热俱去，则冲任自安。

案1 唐某，28岁，1992年12月30日初诊。患者于12月5日做人流置环手术，不慎感受风寒，发热微寒，腹部疼痛，经抗菌素治疗，热势下降，但腹部疼痛，恶露淋漏不净，挟紫暗血块，气味臭秽，口苦咽干，心烦易怒，溲黄便艰，小腹两侧坠痛，舌红.苔黄腻，脉弦数。B超示左侧附件囊性占位（炎性包块为主）。辨证属人流置环，风寒乘虚而入化热循经内犯胞宫，冲任失固。治拟清肝经湿热而安冲任。处方：夏枯草12g，炮甲片6g，炒柴胡5g，荆芥穗10g，焦山栀9g，丹皮6g，蒲公英20g，黄芩（炒黑）10g，蒲黄（炒黑）10g，地榆（炒黑）12g，茯苓10g，车前子10g。服药4剂，下黑血数块，发热退净，腹痛消失，原方加生地炭、白芍继服4剂，诸症悉除。

按 人流置环后，冲任受损，湿邪下注，风寒乘虚而入，化热循经内犯胞宫，瘀热互结，湿与邪热相搏于冲任。郑绍先以丹皮清血中之伏火；山栀以清肠胃屈曲之火，蒲公英化热毒、消肿核：甲片消痈肿脉经脉柴胡与夏枯草同用.疏肝脾泄郁热，有相得益彰之妙；荆芥穗能开发冲任之气，与柴胡同用，既化下焦湿浊之气，又可升发血中潜伏之湿热，配茯苓、车前清冲任而利湿于下，一升一降，疏通经脉，通导湿热：蒲、芩、地榆皆黑以止血。方虽平淡，但疗效显著。

2 益气化瘀、摄纳冲任

《女科经纶》引李东垣"血崩日久化寒主升举"论。郑绍先认为，人流置环不规则出血，初时由于阴血骤虚，气不摄血，导致外邪有机可乘，与瘀热互结，病延日久，每虚实夹杂，本虚标实，非大补脾胃以培其本则病难愈，即所谓调冲任首重脾胃。但因该病由祖国医学从来经历过的治疗手段所造成，金刃所伤，必有余血留滞，在大补药中加一二味行滞药，方无后患，若专事用固涩、凉血之药，以求速效，贻害不浅。

案2 王某，27岁。1992年11月27日初诊。人流置环8月。患者自置环后，月经量偏多，经期延长，近二月来经行所半个月始净，本次月经已淋漓24天，挟小血块，二天来因家务操劳，突然量多如注。小腹隐痛，略觉腠酸，胫软乏力。妇科检查无其他疾患，环位正常。舌质淡、边有齿印和瘀点，苔薄，脉细涩，辨证属人流置环气虚经漏。治以温阳化痴，益气止漏。处方：生黄芪15g，当归9g，山药15g，炒党参15g，荆并穗10g，制香附10g，陈皮5g，茯苓12g，地榆（炒黑）10g，蒲黄（半生半炒）10g，炙甘草2g，秦艽6g，炙升麻2g。3剂。崩血大减，效不更法，又服5剂，漏下已止。前方去黑蒲黄、升麻，加熟地继服，次月经行七日净，再予益气固冲调治，气归则能摄血，升荣上达，使不下陷，而淋漓之症自愈。

按 人流置环气虚经漏，郑绍先常以四君加山药以补脾，黄芪治其脉之微，当归治其脉之涩，升麻不仅缓带脉之拘急，酒炒能治督脉为病，与参、芪同用，一方面升阳举陷，一方面补中益气。秦艽一味专升阳，入阳明经以鼓舞胃中生发之气，香附、陈皮以运脾，愈后以补中益气以善其后。

3 滋肝益肾，调整冲任

放环妇女大多已历经、孕、产、乳等几个阶段，人流多产，冲任伤残，置环出血，阴液大亏，房事不节，致使相火妄动，损耗真阴，肝失血养，冲任失守，不能统制经血。郑绍先认为人流置环，初期血络受损，胞脉不利，血不归经，出血既久，必然累及冲任乃至肝肾。故每在滋补肝肾中，加一二味化瘀不伤正，止血不留瘀之品，动静结合，从而起到增强冲任胞宫的调节和固摄功能，巩固疗效的目的。

案 张某，30岁。1992年10月8日初诊患者于1992年5月4日行人流手术，并安置宫内节育器，每值月经期淋漓难净，时而量多如冲，时而点滴不尽，曾用多种止血药治疗罔效。此次经水淋漓持续1月之久，面色㿠白，腰背痠楚，头昏耳鸣，心浮气短，肢体麻木，舌淡苔薄，脉沉细无力，血常规：Hb：58/L，WBC：7.6×10^9/L，P：64×10^9/L。辨证属肝肾阴虚，冲任失调。治拟平补肝肾、调整冲任。处方:熟地12g,白芍10g,川断12g,桑寄生12g,补骨脂10g,杜仲10g,天麦冬各10g,炙龟版12g,茜草炭10g,鹿角霜9g,生蒲黄9g,生地12g,黑地榆15g。3剂。复诊:药后24小时出血量即显减,再3剂血止,前方去生蒲黄,加巴戟天以补气血,调冲任,7剂告愈。获效后观察3个月,月经期复准,经量如常。

按 郑绍先认为调冲任重在滋补肝肾。是方专以滋补肾阴以涵肝木,二冬、二地、白芍,皆肾、肝之上品。所谓"乙癸同源",滋肝肾而充冲任之本;杜仲、寄生、川断固左肾,激阴血;补骨脂、鹿角霜以助右肾,暖命门丹田,配以龟版大补奇经八脉,一阴一阳,任督两脉,取相辅相成之功;地榆、茜草、生蒲黄化瘀不伤正,止血不留瘀;因房劳多产,使肾气不足,冲任虚损,腰骶酸痛,故以巴戟填奇经。全方补通结合兼施,免致滞邪留瘀,胞宫藏泻适度,崩漏之症自瘳。

4 补气补肾,固摄冲任

前人云:"小产不可轻视,将养十倍于正气。"人流置环,是外因强力直接伤害胞宫脉络,不仅冲任两脉受损,而且造成脏腑经络机能紊乱。冲脉隶属阳明,脾病统血失职,任脉隶属少阴,肾病冲任衰弱,冲任气虚,阴损及阳,不能摄血归源。郑绍先善在大补血气药中加一二味涩药止之,再用一二味辛温之药以散内寒,则补者自补,行者自行,虽体质素弱之人,不至危殆。

案4 郭某,33岁,1992年12月18日初诊。早孕二月,吸宫术后置环,出血淋漓不断已两个多月。患者已婚9年,顺产1胎,已人流二次,平素经行量多,经治无效。近日量增,昨出血如注。卧不能动,动辄大下,色红质清稀,腰骶酸痛,少腹坠痛有空坠感,面色无华,面浮睑肿,纳差便溏,舌淡、苔白,脉沉细小。B超宫内:育环位置正常,子宫附件未见异常。血常规检验:血红蛋白48g/L,白细胞0.5×10^9/L。骨穿:缺铁性贫血,辨证属脾肾阳虚、冲任失摄。治拟温补脾肾,塞流澄源。处方:党参15g,白术10g,杜仲10g,熟地炭12g,黄芪12g,白芍10g,熟艾5g,补骨脂10g,香附10g,秦艽6g,川断12g,陈棕炭15g,阿胶珠10g,山药12g。服药3剂,崩漏渐止,前方去香附加山萸肉,赤石脂继服7剂。次月经行正常,守方调治,随访二月未再反复。

按 经已行,则血海空,人流置环,血去多,则亡阴,阳气无辅,虚则内寒,非气血俱补,将来虚症陡起。是方党参、白术、黄芪、山药以补阳;熟地、白芍以补阴。杜仲、阿胶以滋阴血;熟艾、补骨脂以暖命门,香附以行气,使上、中、下三焦诸气运行不滞,经血自如期而止,陈棕炭其质亦涩。以治淋漓,尤为上品;山萸肉与陈棕同用,安宫固冲,拯危救逆之力甚佳;赤石脂与补骨脂同用,补肾固摄,力达病所,堪称女科血证之圣药。再宜节劳养性,自无伤脾肾之患。

医案验案

1 不孕证案

王某某,女,28岁,工人。1991年8月23日诊。结婚2年,正常同居未育,月经15岁初潮,经行先后无定期,量少色紫黯夹瘀块,少腹及两乳胀痛,口干便燥易怒。妇科检查及B超,子宫、附件均无异常,输卵管碘油造影提示两侧输卵管通而不畅,基础体温呈单相。舌红苔薄,脉细弦。配偶精液常规检查正常。诊断为不孕症。证属肝郁气滞,冲任失调。治宜疏肝理气,通调冲任。拟方丹栀逍遥散加减:当归、香附、丹皮、丹参、焦山栀、赤芍、路路通各10g,柴胡、穿山甲、橘叶、橘核各6g,绿萼梅3g。治疗2月后,经行期准,少腹及乳房胀痛均减,又随症配合川断、桑寄生、仙灵脾、巴戟天补肝肾,续治2月,月经准期而行,基础体温呈双相曲线。当年12月怀孕,于翌年9月足月顺产一女婴。

按 本案属肝郁气滞,疏泄失常,胞脉受阻,冲任不能相资而致不孕。前贤有"种子必先调经,经调自成孕"之说,故以丹栀逍遥散疏肝解郁,清热调经,佐以山甲、路路通、橘叶核理气通络,又入绿萼梅以助解郁结之效,达到气血通畅,阴阳调和,月经正常而摄精受孕之目的。

2 经漏案

汤某某,女,31岁,教师。1993年1月31日初诊。患者主诉经漏月余,半年来月经先后无定期,经行淋漓半月至2旬始净,屡进中西药止血无效,经漏月余未净,量时多时少,色紫暗有块,少腹胀坠,经前乳胀,纳少神疲,夜寐梦扰,口干便艰。B超子宫、附件均无异常。舌边尖红、苔薄黄,脉弦细。诊为经漏。证属肝气郁结,气滞血瘀,郁久化热,瘀热阻于胞宫,冲任失调。拟丹桅逍遥散加减:生地炭、蒲黄炭、川断各12g,赤芍、丹皮、焦山栀、鳖甲各10g,柴胡、生当归各6g,制军炭3g,旱莲草15g,服药3剂,经漏有欲净之势,夜寐转安,少腹痛胀减。服药10剂,漏下止,续以丸剂巩固图治。随访3月病情无反复。

按 郑绍先临床治漏下症,注重辨证,常告诫弟子切忌见血止血,偏于固摄,因久漏气血必虚,气愈虚则血愈瘀。本案经前乳胀，所下血色紫黯有块，属肝郁气滞血郁，瘀久蕴热，故以丹桅逍遥散治之。考虑到此散疏导之力较差，故入制军炭、蒲黄炭，更入鳖甲、旱莲滋阴清热凉血，补泻兼施，切中病机，终获痊愈。

3 更年期综合征案

陆某某，女，43岁，职工。1992年8月11日初诊。不惑之年，经行先期，量时多时少，经色鲜。伴头晕目眩，胸闷心悸，烦热汗出，口干咽燥。心电图提示：窦性心动过速。B超子宫、附件未见异常。舌红少苔，脉细数。证属肝郁气滞，郁久化火，耗伤心肝之阴。治拟疏肝解郁，养阴柔肝，佐以养心润燥。方以丹栀逍遥散合酸枣仁汤加减。处方：生地15g，丹皮、丹参，酸枣仁、茯苓、合欢皮各10g，焦山栀、白芍、麦冬、知母各9g，柴胡、郁金各6g，珍珠母（先入）20g。上药心肝同治，服3剂后头晕、胸闷、心悸、烦热、汗出诸症均减，夜寐渐宁，后加缓急润燥之甘麦大枣汤，又服7剂，配合六味地黄丸、左归丸以善其后。随访半年，未见复发。

按 郑绍先认为，治疗本病当以理气为主，配以滋养肝肾，宁心安神。气和则郁自解，郁解则热自除，气机调达，阴阳调和，亦即谓治病求本也。（郑天如）

郑则敏外科经验

【名老中医简介】郑则敏（1933～）福州人。主任医师，教授。现任职于福建省人民医院中医外科。全国中医外科常务委员，全国中医脉管病专业副主任委员，福建省中医外科专业主任委员。擅长治疗中医外科，脉管病，血管性皮肤病，疑难病症。

临床经验

脉管病

1 辨病与辨证相结合

由于中医与西医理论的不同，对各种疾病的定义和划分的不同，中医的一个病可能包含多个西医的病。郑则敏能够与时俱进，跳出传统中医的束缚，更新现代医学知识，利用有关现代仪器明确诊断（中医诊断和西医诊断），运用中医四诊进行辨证论治，突出中医药特色，从而取得满意的临床疗效。

2 全身辨证与局部辨证相结合

中医外科除了全身的辨证，还要重视局部的辨证，局部可能红肿热痛或冰冷麻木，流脓黏稠或清稀，肉芽红润或苍白，局部也存在寒热虚实等不同。全身辨证与局部辨证可能相同，也可能有差异，治疗时则应根据标本缓急的原则，确立治则治法。郑则敏在中医整体观念下进行局部辨证，明确证型，确定治疗先后，制定治则治法，组成方药，体现中医专科专病的特色。

3 天地人合及三因治宜

外科疾病虽然大多数发于皮、肉、脉、筋、骨的某一部位，但总的病机主要是气血凝滞，营气不从，经络阻塞，脏腑功能失调。郑则敏在辨证方面特别注重天地人合，从另一角度体现中医辨证的整体观，强调治疗应因时、因地、因人而异。外科疾病的发生大多具有一定的季节性，如春季多风湿、风温，夏季多暑热，秋季多燥，冬季多寒。环境也是发病因素之一，如北方多寒，南方多湿热。疾病的发生与年龄、老幼、男女、胖瘦以及生活习惯均有密切的联系，如年少肾气充盈、年老肾气衰，胖人多痰湿、瘦人多火。另外，外科疾病的发病部位与其致病因素也有一定联系。如发于人体上部的多风寒、风热，发于人体中部的多气郁、火郁，发于人体下部的多寒湿、湿热。郑则敏在诊病时注意以上的一般规律，结合局部及全身证候，分析病因，探讨病机，临证施治。

4 中药内服和外敷相结合

内服中药常用丹芍六味地黄汤，四妙勇安汤，萆薢渗湿汤等。外用药多用复方黄连膏、湿润烧伤膏、紫草油（黄连膏、紫草油为院内制剂）等，复方黄连膏、湿润烧伤膏可用于脱疽溃烂、臁疮，紫草油用于蛇串疮，临床疗效显著。

5 病案举隅

案1 高某，男，80岁。半年前未见明显诱因地出现间歇性跛行，休息后缓解，未治疗，继而左足出现麻木冰冷，仍未就医，两周前左足出现静息痛，夜间尤甚，难以入眠。于社区卫生站治疗症状无改善，1周前左足趾出现溃疡，发黑坏死，仍在社区治疗，症状渐剧，坏死处扩大。入院时症状依旧，口渴，无寒热，尿赤，舌红苔少脉弦细，左足暗红，皮肤温凉，第2趾肿胀发黑且有破溃，趾甲粗糙变型，毫毛脱落，足背动脉未扪及。既往糖尿病史。彩色B超示左下肢肢体动脉硬化闭塞，中医诊断为脱疽，消渴（阴虚热盛)。西医诊断为左下肢肢体动脉硬化闭塞症,糖尿病。年老肾阴本亏,复消渴伤阴,故口干、尿赤、舌红苔少脉细。津血同源,阴不制阳,血热血瘀内生,血循不畅,则有疼痛。脉弦主痛,肢末失于温煦濡养,则肤温凉、趾甲粗糙变形、毫毛脱落、足趾破溃。邪毒入侵,正不敌邪,则肉腐发黑。治宜滋阴凉血,解毒通络止痛,方取丹芍六味地黄汤加减。川牛膝9g,丹参12g,赤芍10g,熟地15g,山茱萸12g,山药12g,麦冬15g,牡丹皮12g,茯苓12g,连翘10g,玄参15g,皂角刺9g。水煎服,日1剂,分2次服。另用通塞脉片5片,日3次口服;生理盐水500mL加蕲蛇酶0.75U静脉滴注(静滴时间长于3h),每日1次,14天为一疗程。局部外涂湿润烧伤膏。治疗后症状明显改善,左足疼痛减轻明显,发黑坏死处脱落,溃疡愈合。后门诊巩固治疗,仍用丹芍六味地黄汤、通塞脉片治疗。

案2 林某,男,84岁。双下肢间歇性跛行5年伴疼痛20天。入院时双下肢疼痛,以夜间为甚,嗜烟酒、有脑梗、高血压史,舌暗红苔薄黄腻,脉滑。双足色暗,皮温微热,左外踝见一约2cm×1cm溃疡,有脓性分泌物,触痛,双足背散在多处绿豆大小溃疡,双足背动脉未扪及,双下足无静脉曲张,MRI检查示双下肢肢体动脉硬化闭塞。中医诊断为脱疽,臁疮(湿毒型)。西医诊断为双下肢肢体动脉硬化闭塞症,双足慢性溃疡。年老肾气亏虚,行血无力而致血瘀。嗜烟酒辛辣之品,湿热内生,湿热与血瘀互结,且湿性趋下,致脉道不通。不通则痛,日久腐肉成脓。治宜清热解毒利湿,益气活血止痛。方用四妙勇安汤加减。川牛膝9g,玄参15g,当归15g,金银花15g,连翘10g,紫草10g,茵陈15g,黄芪10g,茯苓12g,泽泻9g,白芷9g,甘草3g。水煎服,日1剂,分2次服。另用通塞脉片5片,日3次口服,生理盐水250mL加疏血通6mL,静脉滴注,缓慢滴入,每日1次,14天为一疗程,治疗前及治疗中均需查血小板,局部换药用复方黄连膏。治疗后双下肢跛行明显减轻,无疼痛,双下肢溃疡愈合,出院后仍服四妙勇安汤、通塞脉片以巩固治疗。

案3 石某,女,30岁。2天前无明显诱因出现左下肢胀痛,初较轻,因忙于育儿(已断乳)未治疗,休息后无缓解,反而逐渐加剧,行走不便,动则气促,面色略萎黄,舌淡红边略紫苔白,脉弦。左下肢肿胀,皮温略高,腓肠肌及股三角部位压痛明显,左下肢周径大于右下肢,左足背动脉搏动减弱,左下肢深静脉造影示深静脉血栓。中医诊断为股肿(气虚血瘀)。西医诊断为左下肢深静脉血栓形成。产后气血本亏,复因育儿劳累,气血亏虚未能及时恢复,因气血能互生互化,气虚则无以生血,行血无力,血虚无以化气,终成血瘀,阻于脉道,不通则痛。因妊娠双下肢脉道高处曾受压,故于下肢发病。舌边略紫主瘀,脉弦主痛。动则气促乃气虚,面色略萎黄为血虚。治宜补益气血,通络止痛。方取补阳还五汤加减。川牛膝9g,生黄芪15g,丹参10g,赤芍10g,当归尾10g,益母草10g,地龙10g,白术10g,茯苓12g,红花5g,桃仁9g,甘草3g。水煎服,日1剂,分2次服。生理盐水500mL加蕲蛇酶0.75U静滴,日1次。治疗1个疗程后肿痛消失,行走自如,治愈出院,继用通塞脉片巩固治疗。

案4 林某,男,56岁。45天前左下肢未见明显诱因出现肿胀疼痛,初较轻未予理会,随后上症加剧,于乡间诊所治疗,症状无改善,5天前肿胀加剧,不能行走,舌红苔黄腻,脉滑数,尿赤,大便尚可。务农劳累,长期每日饮酒,食煎炸之品。左下肢肿胀,皮温略高,皮肤较紧张,腓肠肌紧张、轻压痛,左下肢周径大于健肢,无凹陷性水肿,左足背动脉搏动稍弱,左下肢深静脉造影示左下肢深静脉血栓。中医诊断为股肿(湿热阻络)。西医诊断为左下肢深静脉血栓形成。长年于田间劳作,且地处南方,湿性重,湿邪内侵,复因饮酒食煎炸之品致湿热内生,湿性粘滞,血行不畅而致血瘀,阻于脉络,湿性重浊趋下,故于下肢发病。治宜清利湿热,活血通络止痛。方取萆薢渗湿汤合血府逐瘀汤加减。川牛膝9g,丹参10g,赤芍10g,萆薢10g,薏苡仁30g,黄柏10g,茯苓15g,泽泻10g,牡丹皮12g,滑石15g,生地10g,枳壳10g。日1剂,水煎服,分2次服。另用生理盐水500mL加蕲蛇酶0.75U静滴,日1次。局部外涂三黄散,治疗后肿痛消失,行走正常,治愈出院。继用通塞脉片巩固治疗。(李文豪 金 涧)

医案验案

外科验案

1 系统性红斑狼疮兼趾端坏疽

案1 陈某,女,50岁。因右下肢疼痛0.5a。继见右足第2、3趾紫暗溃烂流脓,伴面部、足背、足趾散发蚕豆大小红斑样皮损。曾就诊于某省级医院住院治疗,查狼疮细胞、抗ds-DNA抗体、抗Sm抗体及ANA等均为阳性,诊断为系统性红斑狼疮,用激素、抗炎及免疫等治疗,疗效不佳,遂转诊于郑则敏。追问病史,患趾流脓,疼痛难忍,夜间尤甚,口干,自汗,腰酸,纳少,舌暗红,脉细弦无力。拟肝肾阴虚,脾弱，血热损络，瘀滞不通。治宜滋补肝肾扶脾土，清热化瘀，凉血通络。处方：白花蛇舌草15g，紫草根15g，蜈蚣2条，蕲蛇15g。黄芪12g，石枣15 g，生熟地各18g，莲子15g，茯苓12g，莪术10g，穿山甲10g，银翘各30g。外治：清洁换药，祛瘀散、皮肌灵软膏外敷，“蚕食”法清创处理，12天后创口愈合。

按 红斑狼疮为肝肾不足，阴虚内热，血热损络而成，复因皮损染毒致热毒炽盛，腐蚀肌肤，故见患趾溃烂流脓，疼痛难忍，日久不愈损及脾土，实属顽疾。药用石枣、地黄、麦冬补肾益血以扶正；黄芪、莲子、茯苓以扶脾土；紫草、白花蛇舌草、银翘清热解毒凉血；蕲蛇、莪术、穿山甲等疏通血脉之瘀阻。以一方兼治二症，贵在辨证得法。配合外治法祛腐生肌，收效显著。

2 翻花疮（皮肤鳞状细胞癌）

案2 江某，女，56岁，1992年4月2日初诊。诉右耳垂下方有一肿物7年余，近2年肿物破损，疮面约拇指大小，疮口不时渗血，扩大呈菜花样溃疡，脓液臭秽扑鼻，疮口疼痛。曾就诊某医院，病理检查为鳞状细胞癌，因患者不愿意手术，就诊于郑则敏。局部症状如前，伴低热37.5℃，心烦，口干，便秘，舌红，苔薄，脉细弦。拟脏腑虚损，功能失调，气滞痰凝而成肿块，病久郁而化热，腐肉成疮。治宜补益虚损，祛腐生新。方取扶正解毒汤：黄芪12g，山茱萸15g，熟地黄15g，穿山甲10g，连翘12g，鱼腥草15g，莪术10g，白花蛇舌草15g，当归 g，浙贝母12g，龙胆草12g，甘草3g。清水煎服，每日1剂，外用经验方平胬祛腐散合加味黄连膏。治疗20天，疮口愈合，续服扶正为主之中药调治1个月，经2年随访未见复发。

按 本病为脏腑虚损，功能失调，气郁痰凝，阻于少阳之络，日久化热肉腐成疮。该疮芽外翻，久不愈合，易于出血，诚属恶疮。方取扶正解毒汤之黄芪、当归补益心脾以扶正，以白花蛇舌草、连翘、银花、鱼腥草清热解毒，浙贝母、莪术、穿山甲等化瘀散结，祛腐生肌，熟地黄、山茱萸补益肝肾。外用平胬祛腐散，协助祛腐生新。内扶正气，外以托毒，内外兼治，双管齐下，可谓恰到好处。

3 脱疽（肢体动脉硬化闭塞症）

案3 陈某，男，76岁。右下肢间歇性跛行2年，怕冷，麻木感，半年前因修甲不慎，右足第2、3趾皮损溃烂，日久不愈，波及足背，创面发黑，渗脓，臭秽，创口疼痛，夜间尤甚，不能行走，口干，纳少，腰酸，低热，溲浊便秘，舌暗红，苔厚，脉细弦，右足趺阳脉消失。证属老年脾肾衰弱，复染湿热邪毒，阻滞脉络，气血瘀滞。治宜益肾健脾，清利湿热，凉血化瘀。处方：丹参12g，赤芍10g，熟地黄15g，丹皮6g，赤小豆20g，茯苓20g，莲子15g，黄芪12g，银花12g，甘草3g。外治：“蚕食”法清创，皮肌灵软膏换药。经治1个月，疮口愈合，患者行走自如，生活自理，1年后随访未见复发。

按 本病为老年之体，先天肾气已衰，后天脾胃亦弱，复染湿热邪毒，流注经脉，气血瘀滞，足失所养故见上症。病属本虚标实，治宜标本兼顾。以熟地黄、莲子、黄芪补益脾肾，赤小豆、茯苓健脾渗湿利湿热，丹参、赤芍、丹皮、银花清热凉血化瘀，疏通瘀阻之脉络。配合外治法祛腐生新，正合标本兼治之功。辨证得法，配伍合理，故药到病除。

4 胃肠术后肠梗阻

案4 林某，女性，34岁，1990年4月3日初诊。该患者因“十二指肠球部溃疡”就诊外院，于3月2日行“胃大部切除术”（毕Ⅱ式），术后第3天发现上腹胀满，呕吐，无排气排便，经非手术处理未效，分别于术后10天和第20天又进行了2次剖腹手术，病情如故。建议再手术，患者及家属拒绝。逐转入郑则敏处。胃镜示：残胃输出襻梗阻。患者表现为脘腹胀满疼痛，拒按，呕吐，未排气排便，少气乏力，神疲倦卧，形瘦肉陷，舌质偏红，苔黄根浊，脉沉细。郑则敏认为，因多次手术，脾胃受创，气血瘀滞，运化失司，化源不足，气血大亏，脾弱湿阻，郁而化热，湿热交蒸致气机升降失调，腑气不通，拟理气化瘀，清利湿热，再通腑气。处方：丹参10g，赤芍12g，茵陈10g，连翘12g，苏梗5g，金铃子6g，枳实6g，厚朴6g，生大黄9g（后入）。2剂煎成汤由胃管注入后夹管，第2天即排稀便4次，并多次排气，呕吐止，腹胀痛缓解。遂拔除胃管，且进少量流质，察其舌红，花剥苔，脉沉细。谓邪势已挫，气阴不足，上方增太子参15g，石斛12g。2剂后大便转溏软，日行2次，纳食渐增，面色转润。再予健脾益阴，和阳调气，清除余邪之党参15g，白术、茯苓、白芍各10g，石斛12g，当归6g，苏梗5g，黄连5g，甘草3g。调理10余日，治愈出院。

按 患者由于多次胃肠术后，组织受创，气血瘀滞，脾胃运化失司，化源不足，气血大亏及脾弱湿阻，郁而化热，湿热瘀血相互搏结，阻滞肠络，气机乖乱，腑气不通故见诸症。证属本虚标实，根据急则治标，缓治其本之原则，先拟丹参芍承气汤理气行滞，通降腑气以顿挫胃肠之邪。待其邪衰过半，再以健脾益阴，调和气血为主而收功，取归芍六君、益胃汤等化裁。本案为胃肠术后脾胃虚弱，故理气之时不宜耗气，方选苏梗、金铃子、枳实、厚朴等，其量皆轻（3～6g），化瘀之际不宜破血，故选用丹参、当归、赤芍等，同时选用参、芪、术及太子参、麦冬、石斛等健脾益胃，使胃纳脾运，共消水谷。本案用药，攻不峻猛，补不呆滞，故取效确切。（杨 旭）

钟秀美临床经验

【名老中医简介】钟秀美（1934～）女，畲族。福建省安溪县人。主任医师。毕业于福建中医学院。曾任泉州市中医院副院长。泉州市中医药学会理事长，福建省中医药学会常务理事，省中医妇科专业委员会副主任委员，名誉主任委员。福建省老中医药专家学术经验继承工作指导老师，第二批全国老中医药专家学术经验继承工作指导老师。精通妇科，擅长治疗功血、痛经、子宫肌瘤、不孕症等。合编《中医妇科临证备要》，发表论文40余篇。

临床经验

1 尊经典，集诸长，学术无门户之见

钟秀美临证诊察疾病，尊崇经典著作，善集诸长，融化于一炉，论治遣方，变化万端，形成了独特的学术风格和用药特点。由于善取各家之长，故临床上游刃有余，屡起沉疴顽疾。如运用《伤寒论》中的茵陈蒿汤加减治疗母子ABO血型不合所致屡孕屡坠案便是明证。

案1 屈某某，以无明显诱因屡孕屡坠已3胎为主诉，于1992年1月10日初诊。查夫妇双方血型，提示男方为A型，女方为O型。中和女血清与男球：盐水介质试验（－），木瓜酶试验（＋），间接Combs试验（＋）；中和女血清与实验室A球：木瓜酶试验1:128；未中和血清与O球：木瓜酶试验（－），间接Combs试验（－）。诊断为母子ABO血型不合所致流产。仿《伤寒论》茵陈蒿汤之意，处方如下：绵茵陈、当归各15 g，青蒿、木香、川芎、生大黄、黄芩、黄柏、栀子、甘草各10 g，益母草、生白芍各30g，蜜制为丸，每次服9g，日服2次，嘱其避孕。2个月后复查血清抗体为1:8，指导受孕。1992年4月怀孕。再投：木香、绵茵陈各15g，川军、黄柏、栀子、生甘草、旱莲草各10g，当归20g，生白芍30g，黄芩、黄连各3 g，配合口服维生素B1、维生素E、叶酸等药，保胎成功。

2 重实践，善创新，师古而不泥古

钟秀美善治妇科疑难杂症，其治疗方法都是师法古人，方从已出，古今合参。如失音一症，临床多从肺论治，其理论根据声出于肺。但她治疗妇人产后（或流产）失音，却独僻蹊径，提出从肾论治。

案2 陈某某，婚后5年，怀孕2次均流产，第2次流产10天左右突然失音，至今已8个月。在外延医治疗，中西药服用甚多而无效。钟秀美诊断为肾阴不足，虚火上炎所致。治以滋肾益阴之左归饮加味，6剂竟愈。

钟秀美认为，声虽出于肺，却根于肾，而发于舌本。患者早婚损伤肾气，肾气虚不能摄养胎元则易流产，流产后则气血亏耗、肾精内夺，不能荣舌本而致失音，故从肾论治而获效。产后宜温宜补，乃历代医家治疗产后诸症的一太原则。但她认为，疾病是千变万化的，不可囿于温补一说，而应本着“勿拘于产后，亦无忘于产后”的原则，审证求因，辨证论治。

案3 王某，产后20天，出现高热，畏冷，小腹剧痛，大便里急，拉黏液便，日行10余次。经外院诊治多天无效而转入中医院。入院时体温37.4℃，血压12.6/6.6 kPa，腹肌紧张，小腹肿块，舌质暗红，苔薄黄，脉弦细。妇检：外阴染血，阴道内恶露较多，色暗红，宫颈肥大，颈口松，肿块如4个半月孕大，宫体、附件包在其中，触痛明显。血常规：WBC 2.58×10^9/L，N 80%，L 20%。尿蛋白（＋），B超提示：子宫底部后方见13.1cm×8.2cm的肿物，其间有液性暗区低回声区。临床诊断为：急性盆腔炎症包块，钟秀美认为系热毒湿瘀互结于盆腹腔，导致气机升降失司，胃肠积滞不能下降，邪正交争所致，病情危笃，治疗上切不可拘于产后宜温补之说，应急于清热解毒，逐瘀通便。投以：蒲公英、败酱草、皂刺、山楂、海藻各15g，赤芍12g，连翘、桃仁、大黄各10g，红花6g，每日2剂内服。另用朴硝50g，蒲公英、败酱草各15g，三棱、莪术各10g，水煎作局部热敷，日2次。入暮，二便畅下，热退，腹痛减轻，夜能安睡，胃纳增加。药中病所，原方去大黄，加生牡蛎、夏枯草，续用5剂；局部热敷方续用，诸症消失，2周后出院。

钟秀美善用古方，颇多创意；如五味消毒饮，原是治疗各种疔毒、痈疮疖肿等外科疾病的名方，她却将其移用于带下病、阴疮、产后感染，急性盆腔炎、子淋、乳痈等妇科炎性感染性疾病，疗效甚佳。又如对逍遥散的使用，认为“女人多郁”，只要具有胸闷，喜太息，烦躁易怒，脉弦，均可选用。她常用于月经诸病、带下病、崩漏、不孕症、乳房胀痛、缺乳等病，常获良效。

3 辨证细致入微，治疗得心应手

钟秀美尝言，临证之时，一定要详审虚实，细辨寒热，谨守病机，灵话施治，治疗上才能得心应手。

3.1 审证求因，有的放矢

钟秀美认为：病因为本，症状为标，只有审证求因，治疗上才能有的放矢。如功能失调性于宫出血，其主症是月经周期紊乱，经期延长，经量时多时少，甚至大量出血，但其致病之因却不一样，必须根据出血时间、血量、血色、血质以辨别寒热虚实；再根据兼症、舌脉，不同的年龄段来诊察脏腑气血的病变，然后分别采用清热活血、养阴清热、补气摄血、健脾养心、补脾益肾、滋肾养阴、清肝泄热、活血化瘀等法治疗。又如对痛经的辨治，她认为，临床上之所以有不同证型的痛经，是致病因素不同的缘故，因寒则寒凝血滞，血行不畅而痛；因热则血燥涩不利而痛；因湿则湿瘀阻滞经脉而痛；更多的是因肝气郁结，经行不畅而痛。治疗上只要紧紧抓住其主要机理，从冲任、胞宫、气血来调治，无不药到病除。

3.2 四诊合参，舍从有别

钟秀美认为，四诊是中医诊断疾病的法宝和手段，四诊之要，首望、次闻、再问、最终才是切诊，四诊相得益彰，不可偏废，必须合参，才能作出正确诊断。但当病情重笃、病势险恶，出现假象而掩盖了病变本质，或表里症状不足以作为辨证依据时，脉诊有时对辨证用药就起着确定性作用，此时是舍脉从症，或舍症从脉，就要慎思明辨，方不致贻误病情。

案4 陈某，患子宫外孕包块型，停经45天，阴道少量出血40天。近10天来小腹满胀，阵发性疼痛，剧痛时阴道排出黯红色血块，脉细无力。钟秀美诊后，认为证实脉虚，但神色不变，是实非虚，当舍脉从证，即采用活血化瘀，清热解毒之法，投以自拟宫外孕方（赤芍、丹参、桃仁、三棱、莪术、海藻、夏枯草、白花蛇舌草），服药30剂，痊愈出院。

功能性子宫出血

钟秀美认为，“功血”的病因繁复，病机错杂，归纳起来约有三端即；血热、气虚、血瘀。始病时，往往以血热居多，但因出血时间过长，或出血量过多，血虚致气虚，又多出现气血两虚或气虚血瘀。另外，不同年龄发病机理也有其特异性。如青春期功血，多属肾气不足，肾水亏虚；育龄期功血，以肝郁血热为主；更年期功血，则多见于肝肾亏损，或脾气虚弱，或有瘀滞。功血因冲任热盛，血海沸腾，导致胞宫出血，不管是崩是漏，只要血色深红，或暗红，粘稠或有血块，口渴喜饮，舌红苔黄，脉滑数者，均应清热凉血。盖因其病机乃血热妄行，如满壶之水，沸而流溢。救治之法，只能是“热者清之”，抑其沸腾之势，方能遏止外溢之流。她常用芩术四物汤作为基本方，随证加减。如血来如崩，急则治其标，宜宁静血海，清源遏流以止血，可加地榆、侧柏叶、紫珠草。血量减少或血止之后，合用二至丸以养阴敛肝，固守堤防。抑、遏、固三法并举，可谓深得《济阴纲目》治崩大法—“初用止血，以塞其流，中用清热，以澄其源，未用固本，以还其旧”之真谛。

案1 陈某某，14岁，1986年4月10日初诊。初期后第2次来月经，45天未净，量多时如崩，色暗红有血块；量少时如漏，呈咖啡色，自服西洋参、大枣之类无效。遂往某市医院求治，确诊为功能失调性子宫出血。曾用西药和胶艾四物汤治疗，但效果不佳。1周来，血量增多，色暗红，有血块，伴口干喜饮，胃纳尚可，大便干硬，舌红苔薄微黄，脉细数。检查：子宫无明显增大，未触及肿块。血检；红细胞 $3.12\times10^{12}/L$，血红蛋白 $3.5\times10g/L$，血小板 $130\times10^{9}/L$，出血时间1'，凝血时间3'。崩漏月余，阴血已伤，虚火下迫，治以养血滋阴，清瘀止血，方以芩术四物汤加味。处方：黄芩10g，白术10g，生地15g，生白芍15g，川芎5g，当归6g，山栀10g，侧柏叶10g，地榆10g。药进2剂，经血已止，但口苦口干喜饮，舌红少苔，脉细数。继用地骨皮10g，丹皮10g，生地15g，生白芍15g，川芎6g，当归6g，旱莲草20g，女贞子15g。5剂调理。随访：月经周期25天，经期5天，经量中等。

按 “功血”因脾气虚衰，中气下陷，统摄无权，冲任不固，不能制约经血而致胞宫非时出血，血量多，色淡质稀，或月经频发伴疲乏无力，小腹下坠感，舌淡苔白，脉沉细。出血过多或过久，可致脾损及心或致脾肾两虚，兼见心悸怔忡，少眠多梦，腰酸乏力等。钟秀美谓此等崩漏，犹如破壶之水，随漏而下，宜采用补气举陷摄血，引血归经之法调治。方用补中益气汤、归脾汤或安冲汤加减。出血多或时间久者，应加用止血药以塞流，艾叶、荆芥炭、旱莲草、生龙牡、海螵蛸等均可选用。但止崩之药不可独用，必须于补阴之中行止崩之法。因为“不用补阴之药，则虚火易于冲击，恐随止随发，以致经年累月不能愈者有之”，确为经验之谈，验之临床，历历不爽。血止之后，应注意培本调经，防止复发。

案2 陈某某，25岁，已婚，1989年7月10日就诊。患者停经70天，继发阴道出血63天，量多色暗红且有小血块，经某医院诊治，排除妊娠，注射止血药，血量略减，仍淋漓不净。诊见阴道出血，量少无血块，疲乏无力，腰酸、欲呕、舌偏红、少苔，脉细。属气虚症，治以补气摄血、佐滋阴止血，方用补中益气汤加减。处方：生芪15g，党参15g，升麻6g，白术15g，当归6g，陈皮10g，旱莲草20g，水煎服，每日1剂。3剂后血净，续用补中益气汤5剂，每2日1剂。经调受孕，顺产一女婴。

按 功血若因瘀血滞留，瘀阻胞络，而致出血不止，血色暗红或紫褐色，或夹有血块，小腹疼痛，舌质暗淡或有瘀点，脉弦或沉。治宜活血祛瘀、疏通气血。可用桃红四物汤或失笑散加味。桃仁、红花、川芎、赤芍、茜草、益母草、蒲黄、花蕊石、川七等活血化瘀；当归、生地滋阴养血、引血归经。钟秀美认为，上述祛瘀活血之药尽可放心选用，不能因经血淋漓不止而畏惧，延误病情，虽攻逐之后，可能血下一时更多更急，但胞宫一旦清净，沟道平坦，则新血得守。血止之后，又当正本清源，养血调经，可用逍遥散加减，药可选用柴胡、当归、酒芍、茯苓、白术、茜草、海螵蛸等。

案3 李某某，43岁，已婚。因阴道出血，量多如崩14天为主诉，于1992年9月16日入院。患者近年来月经量逐月增多。此次经净5天后，经水复潮，量多如崩，色鲜红，夹血块，伴小腹疼痛，经注射"丙睾"、"催产素"后，症状无改善。诊见舌暗红，苔薄黄，脉细，拟为更年期功血。中医辨证属瘀热阻滞胞宫。用活血化瘀、清热止血法治之。方用失笑散加味。处方：炒蒲黄15g，炒灵脂15g，赤芍15g，茜草10g，丹参15g，香附10g，生龙牡各30g，地榆30g，益母草10g，海螵蛸15g，败酱草15g。水煎服，每日1剂。3剂后经量显减，续服3剂，经血止，觉倦怠乏力，上方去龙牡、败酱，加当归、黄芪调理气血以善其后。（王秀宝）

夫妇配对法疗不孕

1 治疗方法

1.1 丈夫

①精液检查正常者，服用自拟生精酒1号：五味子、巴戟天各6g，菟丝子、车前子、甘杞、复盆子、仙灵脾、党参、茯苓各10g，水煎服，日1剂，连服10剂。②精子异常者，以补肾为主，辨证为阳虚者，用封髓丹、五子衍宗丸加减，药用甘杞、复盆子、菟丝子、车前子、砂仁、仙灵脾、巴戟天、附子、炙甘草等。阴虚者，用左归饮、六味地黄丸加减，药用熟地、茯苓、淮山、丹皮、泽泻、山茱萸、肉苁蓉、复盆子、丹参、甘杞、当归等。气虚者，用五子衍宗丸加黄芪、党参、丹参、当归等。兼有湿阻者，用封髓丹或五子衍宗丸加绵茵陈、藿香、石菖蒲等。以上各型，在服煎剂的同时，加用生精酒1号，药用黄芪24g，甘杞15g，海马1对，当归6g，浸酒，每日饮1小杯，连服1～3个月。

1.2 妻子

以辨证论治为主，对症疗法为辅。

①补肾法：辨证为肾阳虚者，用六味地黄汤或左归饮加当归、女贞子、菟丝子、龟版等。辨证为肾气阳虚者，选用温养肾气汤。药用巴戟天、复盆子、仙灵脾、肉苁蓉、菟丝子、当归、旱莲，淮山、续断、黄芪等。

②疏肝健脾法：辨证为肝郁脾虚型患者采用疏肝健脾法。方选逍遥散加减，药用柴胡、白芍、当归、茯苓、白术、淮山、黄芪、神曲等。

③健脾涤痰法：脾虚痰阻方选涤痰汤加减，药用陈皮、半夏、胆星、枳实、茯苓、竹茹、党参、白术、石菖蒲、生姜、大枣等。

④对症疗法：在上述辨证论治的基础上，针对不孕的主要原因，采用一些对症疗法。可取得事半功倍的效果，对不排卵者，加用促排卵汤（当归、红花、泽兰、赤芍、旱莲草、熟地、山药、甘杞、丹参各10g，香附、川芎、桃红各6g）：排卵后改用促黄体汤（石莲子、黄芩、苏梗、砂仁、桑寄生、菟丝子、川断、杜仲、当归、白术、白芍、山药、神曲各10g，远志6g）。对排卵障碍者，用促卵泡汤（当归、白芍、旱莲草、丹参、菟丝子、何首乌、女贞子、甘杞、香附各10g），连服2个月。对黄体功能不健者，滤泡期以补肾为主，排卵后则改用促黄体汤，对输卵管不通者，则采用侧穹窿封闭法，药用10%强的松龙1mL，2%利多卡因1mL，卡那霉素50单位，于经净后作侧穹窿封闭，两侧交替，每3天1次，5次为1疗程，连续2疗程。同时煎服清热通管汤（蒲公英、败酱草、半枝莲、益母草、丹参、夏枯草、海藻各15g，皂刺、枳壳各10g，赤芍12g，苡仁20g），每2天1剂，连服6剂。也可采用或同时采用宫腔灌药法，药用地塞米松5mg，糜蛋白酶5mg，卡那霉素50万单位，于经净后3天开始，2天1次，至排卵期前两天止。对拟诊为多囊卵巢综合征者则加用化痰软坚之品，如丹参、海藻、浙贝、夏枯草、皂刺、当归等。对输卵管炎症，宫颈糜烂，严重阴道炎则依病情对症处理，如局部上药等；对月经不调、闭经、痛经者则用中药人工周期疗法。

在夫妇配对治疗时，应节制性生活，尤以排卵前数天应停止性生活。要严密观察宫颈粘液，在预测的排卵日，取参芪四物汤炖鸡，夫妇同服，并行性生活。

2 病案举隅

柳某，31 岁，婚后 8 年未孕，月经稀少，色红无块，头晕耳鸣，腰酸，舌红少苔，脉细数。于月经周期第 19 天检查：多毛，左卵巢增大，宫颈黏液检查示羊齿结晶不一致，辨证为肾阴不足。治以滋肾养阴法。药用山茱萸、甘杞、茯苓、巴戟天、菟丝子各 10g，生地、女贞子各 15g，旱莲草 20g，甘草 3g。用药 3 剂后排卵，再服促黄体汤 12 剂。其丈夫精液检查示：精子计数 1100 万/mL，活动精子 0.50，脓液少许，投以甘杞、复盆子、菟丝子、黄芪、淮山各 15g，车前子 12g，续断、黄柏各 10g，砂仁 6g，炙甘草 3g。水煎服，日 1 剂，连服 12 剂，嘱其在预测排卵日，用参芪四物汤炖鸡夫妇同用。并过性生活，当月受孕。

3 体会

不孕症与男子有相当大的关系，通过 210 例不孕患者的交媾试验（一律接估计排卵的日期，在前夜或当日早晨性生活后的 24 小时内，取宫颈粘液镜检精子的数量与活动度），观察到有 1/3 的精虫存活率低、死精虫多，但大部分男方单独检查精液时精虫是正常的。基于上述试验所见，故采用男女同治法。既使男方精液检查未见异常时，也应使用一些平补肾精、肾气之药。实践证明这一疗法效果相当好。另外，交之以时是受孕的良机，因此，男子应清心寡欲以聚精，女子应平时静气以养血，再资以血肉有情之品，取参芪四物汤炖鸡，于排卵前夕，夫妇共食之，使其心情舒畅，肾精充足，以时交之，成孕率就很高。（王秀宝）

钟友鸣临床经验

【名老中医简介】钟友鸣（1943～）主任医师。四川省中医骨科专业委员会委员。四川省名中医。四川省老中医药专家学术经验继承工作指导老师。从事骨伤临床 40 余年，擅长治疗四肢骨折、关节脱位、关节内骨折、软组织损伤、梨状肌综合症、颈椎病、强直性脊柱炎、骨性关节炎等骨伤科疾病。

前臂双骨折

钟友鸣创用的“单根支撑、加楔调偏”法整复难治前臂双骨折效果良好，方法独特。

1 整复经验

1.1 下垂松筋

将患肢上臂置于椅背上，或由一助手握住肘上，让患者的前臂自然下垂，嘱其放松前臂肌肉。采用捋筋手法，自上而下，顺着肌肉的走向，轻轻揉捏，放松肌肉，减轻疼痛。

1.2 反折靠边

选择尺桡骨骨折中较稳定的一根，助手握住患肢近端，术者两手拇指在背侧按住突出的骨折断端，两手其他四指托住向掌侧下陷的另一断端。待各手指放置准确后，在牵引下，慢慢地向原来成角移位的方向加大成角，同时两手拇指由背侧推按突出的骨折端，重叠越多，则成角越大。待成角加大到一定程度，感两骨折端同一侧的皮质对端后，骤然回向反折，反折时，拇指继续向掌侧推按向背侧突出的骨折断端，食、中、环指用力向背侧托顶下陷的另一骨折端，使稳定性较好的一骨复位。

1.3 单根支撑

利用已复位的尺骨或桡骨作为支撑，在左右方向上向稳定性较差的一侧加大成角，纠正另一根骨折的重叠移位，再用一手握住骨折近端，一手握住骨折的远端，左右簸动，纠正骨折的横向移位。绷带松松缠绕几层，小夹板固定，其中背侧超上下关节。

1.4 加楔调偏

经上述方法整复固定后，根据患者受伤机理，X 光摄片所示骨折不同类型、部位及特点，将棉花塞进夹板和肢体之间，作为楔头，用牙舌板撬拨侧方移位之骨折，纠正骨折的移位，再次调整夹板松紧度，每次复查时都可撬拨调偏，直至满意为止。

1.5 药物治疗

①外用。早期：活血化瘀膏；中期：钟氏接骨膏；后期：温经活络膏。②内服。早期：三号接骨片，钟氏接骨片；晚期：活络片。

2 典型病案

王某，男，32 岁，农民。因“右前臂外伤肿痛伴功能障碍 7 天”于 1999 年 1 月 20 日来院就诊。7 天前，患者右前臂受伤，当即右前臂肿胀、疼痛、畸形，右前臂不能动，立即到当地医院求治，X 线诊断为右尺桡骨双骨折，尺桡骨均重叠移位 2cm，给予手术复位、小夹板固定、口服三七伤药片、输青霉素、止血芳酸等治疗，肿胀不消，疼痛不减，遂到钟友鸣处就诊。X线见右尺桡骨双骨折重叠约1.5cm，向掌侧成角约30°。用单根支撑、加楔调偏法治疗，将患肢上臂置于椅背上，让患者的前臂自然下垂，放松前臂肌肉。采用捋筋手法，自上而下，顺着肌肉的走向，轻轻揉捏，放松肌肉。选择桡骨为较稳定的一根，采用反折手法使桡骨骨折达到复位，利用已复位的桡骨作为支撑，在左右方向上向尺骨的一侧加大成角，纠正其骨折的重叠移位，再用一手握住骨折近端，一手握住骨折的远端，左右簸动，纠正骨折的横向移位。绷带松松缠绕几层，小夹板固定，其中背侧超上下关节。术后摄片见尺骨尚有1/2移位，将棉花塞进夹板和前臂尺侧之间，作为楔头，用牙舌板撬拨侧方移位之骨折，纠正骨折的移位，再次调整夹板松紧度。摄X线片见骨折达到解剖复位。外敷活血化瘀膏、嘱右手抓空握拳锻炼，口服三七胶囊。治疗15天，摄X线片见骨位良好，然后继续外敷钟氏接骨膏，内服钟氏接骨片，作肩肘关节功能锻炼30天，摄片复查见骨位良好，骨痂量多，遂解除夹板，外敷温经活络膏，作前臂旋转功能锻炼15天痊愈而归。

3 讨 论

下垂松筋是手法中的第一步，其作用是让患者前臂肌肉放松弛，减轻精神紧张，避免患者负痛而产生各个方向的肌紧张，影响骨折复位的难度。反折靠边本着"挂边不挂尖，挂短不挂长"的原则，采用反折手法整复一根较稳定的断骨作为杠杆支点，然后单根支撑，整复另外一根稳定性较差的断骨。固定时注意前后两侧夹板应足够长，其中背侧夹板超上下关节，以取得相对较牢靠的固定。如此时骨折仍有侧方移位和成角，再用压垫、牙舌板调偏。由于尺桡骨之间有坚韧致密的纤维组织即骨间膜附着于桡、尺骨间嵴，贯穿其全长，对稳定上、下尺桡关节及维持前臂旋转功能起重要作用，前臂中立位时，尺挠骨几乎平行，骨间膜上下紧张一致，两骨干最为稳定，故整复和固定时要采用中立位。早期手指伸展抓空握拳锻炼要置前臂于中立位，中期作好邻近关节活动，晚期作旋臂活动要慎重观察，做到心中有数，防止骨折再移位。对于尺挠骨双骨折一般采用对抗牵引，反折回旋，端提挤按等手法整复，但在临床使用上，对于个别难治性的尺桡骨双骨折，这些手法有时难以见效，原因是采用对抗牵引时常常由于用力较大，患者自然而然地产生肌肉紧张，牵引时并不能如愿地纠正重叠移位，造成双骨同时复位的困难。"单根支撑、加楔调偏"法采用双向折顶，先求得其中稳定性较大的一骨折的整复，再利用此骨，横向折顶，可轻易地将另外一骨复位，方法简单，损伤轻，既能预防暴力整复导致骨筋膜室综合征的发生，也能随时调整骨折之轻度移位。（黄树林 曾 浩）

颈椎病

1 治疗方法

1.1 摩揉颈背

术者用大鱼际或掌跟部着力，手腕放松，以腕关节连同前臂在颈背部作小幅度的回旋活动。压力要轻柔，揉动频率一般为每分钟60～80次。使颈部肌肉松弛缓和。然后术者用五指顺颈部筋络拿捏约5min，使其疏通经络减轻疼痛。

1.2 分筋理脊

术者用拇指指尖之桡侧面，或食、中、无名指三指并拢，仅用无名指指尖尺侧面在颈部由上而下，循肌肉、肌腱之走向，旋以压力，徐徐移动。在移动过程中，指尖与颈部组织垂直，并横向左右移动，宛如蛇行状，如此5min，操作过程中，纵行移动宜缓宜稳，横向剥动不宜过猛，以免再损伤。然后用掌根或鱼际在颈背部由上而下沿肌肉走向，在肌腹部分直线拉动移动，用力均匀平稳，徐徐进行，反复多次约5min，起到解痉、止痛、顺筋通络之功。

1.3 穴位点按

用双手拇指指腹点按风府、风池、百劳、天柱、大杼、肩井、肩中俞、肩外阿是穴位，反复揉按5min，以患者有酸、麻、胀、痛感为度，达到疏通经络，解痉止痛之效。

1.4 弹筋拨络

先用食指在缺盆穴位拨动两下，次在腋窝极泉穴位弹动两次，后用指尖从肘关节后方尺神经沟处小海穴位的内侧拨动穴位使其得气；若弹拨的位置和方法适当，患者手臂部相应区域就有麻木触电般的感觉。

1.5 旋转提端

患者取低坐位，术者站于患者背后，将患者头枕部紧靠术者胸部，双手托住患者下颌，使头部前倾20～30°，并向一侧缓缓旋转，旋转至接近限度时，突然向上用力，将患者头部向头顶上提，此时多数患者可听到"格嗒"响声，如无不良反应，可再作对侧旋转。但脊髓型和高血压及血管硬化的患者此法要慎重。并且施此法时，必须将患者平卧于床上。

1.6 侧指抹梳

术者五指微屈，自然展开，以指面接触头部，由头前向头后滑动梳理，以振奋阳气作为收功之法。

1.7 药物治疗

外用：温经活络膏，内服活络片。（以上所提供药物均为院经验方）。

2 讨论

由于年龄增长，颈椎和颈椎间盘退行性改变、慢性劳损、颈部外伤及风寒湿邪侵袭等诱因。病理是关节松动失稳，增生压迫神经血管脊髓和引起局部炎症反应，并见颈椎生理弧度改变，肌肉筋膜紧张、肿胀等。

颈部摩拿是治颈椎病基础手法，手法要柔和舒适，做到轻而不浮，重而不滞，使力量向深层渗透，得以肌肉松驰，缓解疼痛，再施以分筋手法，剥离粘连，分筋手法在分离粘连的过程中，对局部组织可造成小面积损伤，故手法不宜过猛。再者，背部脊骨为督脉循行部位，理背点穴可解痉止痛，舒筋通络，促使阳气振奋，血行加快，弹经拨络是以穴位施法为主，都用指尖在颈、腋、肘处点压得气，产生麻木触电感，能促进阳气激发，代谢加快，气血流通，经脉通畅，刺激神经血管，改善颈部气血循环，加快水肿吸收，旋转提端头颈部，纠正骨缝，使椎间隙增宽，椎间孔扩大，如旋转时患者感不适，合作差者，应停作。使用施旋转提端法，应注意：①患者颈部肌肉必须松弛，如肌肉紧张，就很难向头顶部提起。②旋转时动作不宜快，可缓缓旋转。③最后旋转时，要手中有数，不能旋转过多。④向侧方旋转时，必须同时保持将患者头部向头顶部方向作上提的力量，则比较安全。在上提时，椎间孔，椎管内都不会因手法而增加压力，椎间孔等且有所扩大，则旋扳时颈神经及颈髓就不会有受压的情况。患者睡眠时应枕较低而松软的枕头。（黄树林 曾 浩）

周光临床经验

【名老中医简介】周光（1954～）江苏省如东县人。主任医师，教授。江苏省中医药学会理事，江苏省中医药学会肝胆病专业委员会副主任委员，南通市中医药学会副理事长。江苏省名中医。擅长治疗肝胆疾病及妇科病。发表论文17篇。

临床经验

慢性乙型肝炎

1 疏肝解毒法

本法适用于乙肝初期，患者平素情志抑郁，肝气不疏，失却条达，横犯中州，复加湿热邪毒侵袭所致。临床证见：右胁胀痛或陈发刺痛，胸闷脘痞纳呆，时有恶心，口干口苦或粘、尚不多饮，心烦易怒，或伴齿衄及肤目发黄，溲黄，便干或溏垢不爽、腿胫乏力、夜寐多梦、舌质淡红，苔薄黄或白（黄）腻、脉弦（滑），此期肝功能显示：ACT显著升高，血清白蛋白值（A）正常，丫球蛋白升高，A/G值轻度降低。方用四逆散合茵陈蒿汤、黄连解毒汤出入，常用药：柴胡、赤芍、茵陈、山栀、制军、黄芩、黄连、车前子、土茯苓、广陈皮、枳壳、麦芽。如胁痛较剧者，加玄胡、川楝子；热毒偏盛者，加夏枯草、龙胆草、蛇舌草、蜀羊泉、蛇莓及甘露消毒丹等。此期周光喜用“将军”以治“将军”之病，他遵经守旨，效法先贤，根据“肝与大肠相通，肝病易疏大肠”的理论，见慢性乙肝湿热邪毒作祟者，必遣大黄荡之，使湿热又有一出路，以大便而去。初用制大黄，不效再易生大黄，剂量以不致水泻为度，药后即泻，邪毒得泄，苔净泻止则毒尽也。临床常与车前子、泽兰配伍，所谓前后分消湿热。本大法对乙肝病毒携带者或慢肝急发者，也颇为适宜。

2 健脾化湿法

慢性乙肝患者肝郁失疏，气机不利，复致木郁克土、脾失健运，湿邪困脾，临床证见：右胁不适或胀或痛，久治不愈，疲乏无力，胸闷脘痞、口淡纳少，腹胀便溏，小溲偏黄，夜寐欠实，舌质淡红苔薄白或腻浊，脉弦滑。此期肝功能显示：ACT、A、G、A/G轻度异常，方选平胃散、二陈汤加味，常合三仁汤、甘露消毒丹、逍遥丸、鸡苏散等。常用药：苍术、白术、茯苓、厚朴、陈皮、半夏、郁金、砂仁、苡仁、熟川军、桂枝、甘草。如纳差、苔浊腻者常合达原饮及草果、槟榔等辛燥碎梢之品；疲乏明显者加黄芪、山药。周光宗仲景“治肝实脾”之训，深悟肝病之治，保肝不如健脾，健脾不如运脾，运脾莫过苍术，故此型用药尤赏苍术一味，谓其燥湿运脾，振奋生化之权，能起废振颓，乃运脾圣品，颇获殊功。

3 柔肝养阴法

慢性乙肝患者长期心情不畅，肝气久郁化火，湿蕴日久化热，湿热互荡，最易伤阴动血，或久病体虚，精血亏损，不能濡养肝络而致肝肾阴虚证型，在临床上证见：右胁隐隐作痛或灼痛，纳谷欠香，晨起恶心、时有齿衄、鼻衄或见赤缕红丝、口苦口干频饮、心烦目眩、小溲偏黄，夜寐欠安或失眠、头晕乏力，腰酸腿软，遇过劳加重，舌红苔少或黄腻，脉弦细数。本期肝功能显示：MT 明显升高，A/G 值降低。方药上除可用一贯煎，滋水清肝饮加味治疗外，周光非常推崇四妙勇安汤加味治疗，该方出自《验方新编》，原是外科治疗脉管炎的主方，方中重用银花清热解毒为主，玄参养阴生津，泻火解毒，当归活血散瘀通络，甘草解毒并调和诸药，纵观全方除养阴外还有解毒作用。临床应用时常合生脉散及凉血养阴、理气解毒之品，常用药：玄参、银花、当归、生甘草、沙参、赤白芍、丹皮、夏枯草、茜草、蒲公英、郁金、茵陈。如阴虚明显者，尤以口干酷饮、舌红为辨证要点，可加增液汤以养阴柔肝。因本型患者病程较长，日久常见肾阴不足，故也常以六味地黄丸为基础加以变通，常用生地、丹皮、山药、茯苓加疏肝而不伤阴之药：如郁金、绿萼梅、佛手及适当的清解药。如龙胆草、茵陈之类，如此配伍，既柔肝解毒，又不致苦燥伤阴，相辅相成，临床验之颇效。

4 化瘀通络与辛润通络法

慢性乙肝患者肝气郁结，日久影响气机的运行，或因寒湿、湿热停聚中焦、阻滞气机，导致血液运行不畅，久则入络，瘀血阻肝，久而传脾，而致瘀血阻络、肝脾血瘀型。临床表现上除肝炎的一般见症外，尤以瘀血之象为重：如右胁疼痛、重着不移、月经不调、低热、面色晦滞或黧黑、舌有紫气、口唇衬紫，且在临床治疗上用任何疏肝药均罔效，肝功能显示 ACT 轻度升高，A/G 值明显降低或倒置，血清白蛋白降低，球蛋白升高。周光根据病久入络的特点，采用肝着汤加味，常用药：旋覆花、茜草、当归、穿山甲、丹参、三七、石见穿、生牡蛎、三棱、莪术、黄芪、鸡金、山药、柴胡。若病延日久，肝脾日虚，进而类及肾脏亦虚、肾阳虚者可用附子理中丸合五苓散或四君子汤合金匮肾气丸主治；肾阴虚者可用一贯煎或滋水清肝饮变通。近年来，周光依叶天士治疗温病的独特经验，又创辛润通络一法，本法 以当归、白芍、桃仁、柏子仁、新绛、红花为基础，临床上随证化裁，酌加虎杖、郁金、山楂、赤芍、刘寄奴诸味，主要适用于肝硬化早期及慢活肝、慢迁肝的治疗，用于临床，疗效可观。（施雪平）

医方验方

化癥消瘀汤

方药：炒莪白术（各）10g，炒赤白芍（各）10g，丹参 10g，炮山甲（先煎）10g，姜黄 10g，生牡蛎（先煎）30g，煅瓦楞子 30g，茜根 10g，茯苓 10g。

功效：活血化瘀，软坚健脾。

主治：肝硬化或伴脾肿大。

用法：每日 1 剂，水煎服，每日 2 次，每服 200 ~ 500mL。

方解：慢性肝炎为临床常见病，其中有相当一部分患者可发展成肝硬化。证见胁下癥块，胀满或隐痛绵绵，可伴皮下紫癜及齿衄、鼻衄，舌质有瘀斑、瘀点或衬紫气，脉涩。本病病机为邪毒湿热蕴结久踞，肝气失舒，肝体受损，络脉瘀阻，癥积内生。故药选莪术、丹参、姜黄活血化瘀；白术、茯苓健脾益气；山甲、牡蛎、瓦楞子软坚散结；赤芍凉血化瘀；白芍柔肝养营；茜根止血活血。曾经治疗多例患者，效果满意，部分早期肝硬化患者竟获逆转。疗程虽长，但未见不良反应。

周莉临床经验

【名老中医简介】周莉 女，副主任医师。四川省名中医。从事临床医疗工作近 30 余年。擅长诊治内科疑难杂病，特别是呼吸系统疾病。

肺胀

周莉认为治疗肺胀关键在于分清病因。外因则重在识别风、寒、燥、热诸邪致喘咳的证候要点，治疗以祛邪扶正、清宣肺气为主，兼顾对全身体质因素和兼杂证候的调整。内因咳嗽者以先别阴阳，重在调节肺、脾、肾、膀胱、大肠诸脏腑的平衡，标本兼治。

1 温补肾阳，涤痰祛痰

白某，男，83 岁，干部。反复咳喘、吐痰、胸闷胀 20 年。经西医诊断为肺心病，治疗时好时坏（具体用药不详)。近半月因不慎受凉,前证加剧,经人介绍于2002年10月16日初诊。诊见:咳嗽痰多,喉间痰鸣,咳吐清稀痰涎,胸部憋闷如塞,形寒肢冷,腰膝酸软,唇甲紫绀,舌质紫暗有瘀斑,舌下脉络青紫曲张,脉细涩。X线胸片为慢支炎、肺气肿、肺心病表现,ECG示肺型P波。证属肾阳虚衰,痰瘀阻肺。治宜温补肾阳,涤痰祛瘀。拟方:肉桂、制附片、大枣各6g,葶苈子20g,苏子12g,白芥子10g,莱菔子30g,丹皮、桃仁、归尾、柴胡、前胡、枳壳、桔梗各10g。水煎服,每日1剂。经治疗1周后咳嗽好转,痰量明显减少,唇甲紫绀、形寒肢冷有所改善。二诊拟方:紫苑12g,款冬花10g,百部12g,前胡10g,柴胡10g,桔梗12g,枳壳15g,桂枝10g,赤芍12g,甘草6g。水煎服,每日1剂。11月2日三诊:症状持续减轻,微咳,遇风易感冒,仅劳累时腰膝酸软,舌质暗淡,舌苔薄白,脉缓。停用上药,用玉屏风颗粒、金匮肾气丸、麦味地黄丸。嘱患者自加胡桃仁每日2个,调理2月。诸症悉除,随访完一个冬春,未见急性发作。

按 肺胀是多种慢性肺系疾患反复发作,迁延不愈。肺肝肾三脏虚损,从而导致肺管不利、肺气壅滞、气道不畅、胸膺胀满不能敛降,其基本病机为本虚标实。《丹溪心法》曰:"肺胀而咳,或左或右,不能眠,此痰夹瘀碍气而病。"痰邪内阻,肺气壅塞,血行不畅,可致血瘀,终致痰瘀互结。"五脏之伤,穷必及肾",肺为气之主,肾为气之根,肺伤及肾,肾气衰惫,摄纳无权。肾阳衰微,不能化气行水,水液代谢失常,而致痰饮内生。肺脾肾阳虚,无力推动气血运行可致痰瘀互结。周莉首诊以肉桂、制附片温通肾阳,三子养亲汤以降气宽胸,化痰行气;丹皮、桃仁、归尾以通心脉,化瘀滞;葶苈子涤痰除壅,以开泄肺气;柴胡、前胡、桔梗、枳壳升降气机,共奏温补肾阳、涤痰祛瘀之功效。二诊活用止嗽散加减,治法重在理肺止咳兼以助阳化瘀。方中紫苑、百部、款冬花三药味苦,都入肺经,其性温而不热,润而不寒,皆可止咳化痰,对于新久咳嗽都能使用;桔梗善于开宣肺气;枳壳长于降气宽中除满,两者协同,一宣一降,以调肺气之宣降,增加止咳化痰之功;前胡长于行气化痰,使气行水则行;桂枝温通经脉助阳行气,赤芍长于活血化瘀。整方化痰止咳,通阳活血化瘀,标本同治,其效显著。三诊,针对患者卫气不固、肾阳不足的现状,周莉以玉屏风颗粒固护肺卫,提高机体免疫能力,以防外邪入侵从而减少肺胀急性期的诱因。再以金匮肾气丸温补肝肾阳气,防止痰饮瘀血的生成。食疗用胡桃仁能温补肺肾,又肉润皮涩兼可润肺敛肺,纳气平喘,体现了"缓则治其本"的治病思想。

2 疏肝理气,涤痰化瘀

姚某,女,53岁,2002年8月19日就诊。患者有咳喘、吐痰、胸闷胀病史10余年,因病情缠绵难愈,患者常性情急躁而诱发咳喘,每服氨茶碱、激素等能缓解。近日因小事与邻居发生口角后而致前症加重,特来周莉处求诊。刻诊:胸胁苦满,心烦不安,喘息气促,咳嗽咯痰,胸部膨胀,口苦,唇甲紫暗,小便黄,大便时干结,舌质淡红舌边有瘀斑,苔黄腻,脉弦数。体检:颈静脉怒张,杵状指,肺部听诊闻及干、湿罗音,双下肢有凹陷性水肿。ECG示肺型P波,右心室肥大。西医诊断:支气管哮喘,阻塞性肺气肿,肺心病。周莉辨证属肝气郁结,痰瘀互结。治以疏肝理气,涤痰化瘀。拟方:柴胡12g,前胡15g,黄芩15g,法夏曲10g,白芍10g,赤芍10g,川芎15g,郁金12g,浙贝15g,枳壳12g,桔梗10g,冬瓜皮30g,苡仁30g,茯苓15g,水煎,每日1剂。服5剂后,诸症平。随访2月,病情稳定未复发。

按 周莉在处理本病时充分体现了"辨证论治"的思想,因患者处于女性更年期,再加之久病缠身,情绪急躁,易致肝气郁结,气机郁滞,气行则血行,气滞则血瘀,由于气机运行不畅而致痰瘀互结。方中柴胡配前胡,枳壳配桔梗,一升一降,转动少阳枢机,调整气机升降,宣达肺气。柴胡之升散,得黄芩之清泄可达到和解少阳的目的。白芍可养血柔肝,缓急止痛;赤芍活血化瘀;郁金善于行气和血;川芎为"血中之气药",能"上行头目,中开郁结,下调经水";法夏曲、浙贝清热化痰,止咳平喘;苡仁、冬瓜皮、茯苓有健脾、淡渗利湿、利水消肿之功。诸药合用,可转动枢机,清热化痰,活血化瘀,使邪去病安。

3 清热化痰,止咳平喘

李某,男,60岁,2003年10月23日就诊。有支气管扩张病史15年,近2年来反复发作。近日来,由于感染致病情复发加重,证见喘咳,咯痰,咯血,舌质红,苔黄腻,脉滑数。体检:T 38℃ ,R 26次/分,P 92次/分,BP 140/90mmHg,桶状胸,双肺干、湿罗音。ECG示肺型P波,X线胸片示支气管扩张,肺气肿,肺心病表现。西医诊断:支气管扩张,肺气肿,肺心病。中医诊断:肺胀。证属邪热壅肺,痰热互结。自拟肺胀三仁汤:杏仁12g,桃仁15g,苡仁15g,桑皮30g,黄芩13g,白茅根30g,鱼腥草30g,川贝15g,黛蛤散(另包)20g,竹茹10g,罗汉果1个。水煎服,每2日1剂。服4剂后咳喘、痰、胀及咯血症状均有明显改善。守原方另加生脉饮续服5剂，诸症平。

按 周莉常以杏仁、桃仁、苡仁（三仁合用分属上、中、下三焦），使“气行血行水行”，可止咳平喘，活血化瘀，健脾化痰。因痰热迫伤肺络，故配以桑白皮、黄芩清泻肺热，白茅根以生津凉血止血；鱼腥草清热解毒，化痰止咳，能杀灭病毒和细菌；配以竹茹、浙贝加强清热化痰之功效；黛蛤散以清肺肝泻火，凉血止血。方中罗汉果性甘凉，主归肺经，清肺生津止咳，善治咽喉及肺部疾病，含丰富的葡萄糖、果糖、蛋白质及多种维生素，尤以维生素C含量最高，并有镇静补血之功。全方既能清肺化痰，又可凉血止血，化瘀止血。二诊针对久咳肺虚、气阴两伤，故在原方基础上加生脉饮以益气养阴，生津补肺，标本兼治。（丰 芬）

小儿哮喘

1 病案举隅

案1 何某，女，3岁。2002年12月6日就诊。患儿有咳喘病史2年，近日因不慎受凉诱发哮喘。刻诊：咳嗽气喘，喉间痰鸣，痰涎清稀，恶寒倦卧，鼻塞声重，欠温，舌淡苔白，指纹青红，PE：双肺满布哮鸣音，呼气时延长。血RT：W BC正常，嗜酸性粒细胞增高。X胸片：心肺未见异常。周莉辨证属寒哮，治宜散寒祛痰，止咳平喘。药用：麻绒6g，杏仁、法夏各5g，冬花6g，紫菀、苏子各5g，陈皮6g，五味子3g，干姜、细辛各4g，水煎服，每日3次，每次80mL，每2日1剂。同时，向患儿父母传授捏脊疗法的操作，嘱其每日早、晚为小儿进疗1次推拿。治疗3日后，诸症平。

案2 张某，男，6岁。2003年9月10日就诊。患儿素有哮喘病史，刻诊：咳嗽哮喘，吐痰稠黄，喉闻痰鸣，身热面赤，苔黄、脉滑数。PE：双肺满布哮鸣音。血RT：WBC正常，嗜酸性粒细胞增高，淋巴细胞增高。X胸片未见异常。周莉辨证属热哮，治宜清肺化痰，降逆平喘。药用：麻绒8g，杏仁6g，莱菔子12g，法夏6g，白芍8g，甘草3g，地龙6g，蝉蜕8g，鱼腥草、石膏、桑皮各15g，桑叶6g，罗汉果1个，水煎服，每日3次，每次100mL，每2日1剂，嘱患儿父母在家自行为小儿行捏脊推拿，操作方法同上，每日早、晚各1次，中药配合捏脊疗法治疗4日后，痊愈。

周莉认为，捏脊疗法可增强横膈运动，增加有效肺泡通气量，减少残气量和呼吸死腔，改善通气和换气状况。脊为督脉所居，总督诸阳，为阳之海，故捏脊能疏通经络促进小儿生长发育，温阳、通阳、助阳使肌肤腠理开泄，宣降肺气，化痰定喘，使哮喘得以消平。在施行推拿手法时，对寒哮可用先轻后重的捏法加强刺激，步步深入。因重则解表，使全身汗透，达到宣肺散寒降逆平喘的目的。对于热哮则用轻捏法宜柔和轻快，使腠理疏松，施术时患者感觉汗毛竖起，周身舒适、肌表微汗潮润，使“体若燔炭，汗出则散”贼邪自散，病体则霍然而愈。同时在操作过程中，还应注意以下几点：①医者或家人必须态度和蔼，语言亲切以消除小儿陌生、惊恐心理，尽力争取患儿的配合。⑦操作环境中的室温应适宜，以免再次受凉加重病情。③手法应均匀，轻揉，切忌用力过猛，损伤患儿娇嫩肌肤。④操作时注意体位应舒适自然。

2 体 会

周莉自拟哮平汤，以麻绒、杏仁、莱菔子、法夏、薏苡仁、白芍、地龙为基础方，其作用在于宣肺降逆，化痰平喘。因哮喘有寒、热之分，她主张在临床上以舌淡或舌红，脉紧或脉数，纹青红或青紫为辨证要点，随证加减，如寒哮加冬花、紫菀、干姜、细辛、陈皮、苏子以温肺散寒，化痰定喘。热哮加鱼腥草、黄芩、蝉蜕、葶苈子、桑皮、罗汉果、石膏等以清化热痰、止咳平喘。在中药治疗的同时配合捏脊疗法，其效显著。操作时用拇指挠侧缘顶住脊柱两旁的皮肤，食中两指向前按，三指同时捏拿皮肤，用力适中，双手交替移动向前或食指屈曲，用食指中节桡侧缘顶住皮肤，拇指端向前按。拇食指夹住皮肤并提拿用力适中，双手交替移动向前，治疗时从龟尾处捏至大椎。捏三提一，操作时间2～4min，以患儿自感舒适哭闹止，皮肤潮红为度。在捏脊基础上，寒哮可加上推天门、揉风池、二扇风；热哮可加清肺金，退六腑、水底捞明月等手法。（丰 芬 周 莉）

周珉临床经验

【名老中医简介】周珉（1949～）女，江苏南通人。教授，主任医师，博士生导师。现任省政协副主席、党组成员，省委统战部部长。十五大、十六大、十七大代表，十一届全国政协委员，十一届省委委员，九届、十届省政协委员。享受国务院政府特殊津贴。江苏省名中医。1988年获国家中医药管理局中医药科技进步一等奖、省科技进步三等奖;1994 年获国家教委科技进步三等奖;1997 年获国家中医药管理局科技进步三等奖;1998 年获省科技进步三等奖;2001 年获省科技进步二等奖。

慢性肝炎

1 湿热疫毒,胶滞难解,凉血解毒任大黄

对于慢性肝炎的证治,周珉针对湿热疫毒羁留之病因,常采用凉血解毒(即清热解毒与凉血散血相结合阳瘘)的治法。清热解毒可以消除致病之源,阻断病情发展,解除热毒对机体潜在的或已产生的损害。临证时喜用大黄、虎杖、白花蛇舌草、叶下珠、田基黄等;凉血散血既清血分热邪,又活血化瘀。临证时喜用大黄、水牛角、赤芍、生地、丹皮、紫草等,在这些药物中,尤擅独任大黄一味。考大黄属苦寒泻下类药,具有清热解毒、泻下、退黄、止血、消癥、化瘀之功,古方茵陈蒿汤、栀子大黄汤、大黄硝石汤等中均重用之。而现代药理学研究发现,大黄具有保肝降酶、利胆退黄及免疫调节作用。因其功效卓著,有斩将夺关之勇,故有"将军"的美称,亦是张景岳氏"药之四维"之一。周珉在治疗慢性肝炎时任用大黄,并无"虚虚"之弊,要在以配伍、煎煮、炮制及用量上的调控来达到"随证而治之"的目的。如素体脾胃虚弱,大便稀溏者,可予制大黄 3g(同煎),渐加至 4 ~ 6g,连续使用后大便非但不泻,反而由溏变软,渐次成形;若素有便艰、便秘之苦,可径用生大黄 10g(后下),甚至 15 ~ 20g 亦无大碍;抑或鼻衄、齿衄明显,瘀热较甚者,可予大黄炭 10g。在药物配伍方面,凉血配赤芍、丹皮;理气止痛配川楝子、玄胡索;消瘀配桃仁、红花;清利湿热配黄芩、黄连;泻火配枳实、元明粉;解毒配连翘、板蓝根。

2 邪毒入血,壅滞气道,活血祛瘀理肝络

肝之用,一主藏血,二主疏泄,而肝之为病,则多见胁下疼痛,或胀痛,或窜痛,或隐痛。有医者认为胁乃肝位,痛为气滞不行所致,处方用药动辄疏肝利气,常择柴胡、玄胡、青皮、枳壳、陈皮之类。而周珉认为慢性肝炎常见致病病原乙肝病毒、丙肝病毒等皆从血行感染,病邪直入血分,形成瘀毒胶结态势。其痛乃因瘀血阻络,壅滞气道,致气为血阻而流行不畅,疏肝利气仅治其标,难治其本,而施以活血化瘀方为治本之道。周珉临证习用活血化瘀之品,如当归、桃仁、红花、丹参、五灵脂、九香虫等,然用药又有轻重之别。其瘀血证轻者,选用当归、丹参、桃仁、红花一类,取其活血养血之功,以防戕伤其正;其瘀血证较重者,加九香虫失笑散 10g(包煎),非香窜、灵动之品不能;其瘀血痼滞、凝集者,更加五灵脂、蛋虫、水蛭等物,非剔络、攻逐之类而莫属。若伴有肝硬化腹水者,则多择活血利水之品,药用水红花子、川椒目、益母草之类;若兼见血热征象,则宜重用水牛角片、赤芍等活血凉血之味;若见有阴虚之象者,则先予滋阴养肝之品,待体质有所恢复,再行施用,以免虚人不胜。临证时必见舌质暗红,甚或有紫暗、瘀斑之象。

3 痰浊壅阻,滞痼缠绵,化痰散结正本源

周珉认为痰阻血络亦为慢性肝病之因。痰之来源有三:邪毒久结,伤肝累脾,脾失健运,湿由内生,聚而为痰,此其一;肝失疏泄,气机郁结,津失输布,停聚为痰,此其二;湿热壅遏、停滞,亦可聚而生痰,此其三,临证之中患者常有咽中不适、胸闷如窒之诉。痰浊阻络,聚而不散,可致血行不畅,造成痰瘀互结之势,且易使热毒无形之邪,依附于有形之痰瘀,胶着、痼滞不解。去之不易,恙延日久,其愈更难。此般治痰,首当化痰散结,祛其胶结之核,使瘀热之毒无所依附,况脾为生痰之源,治痰即为治脾。"知肝之病,当先实脾",故治痰之法又为上工谋略、治本之策。周珉临证治痰,先分其寒热,次辨其夹杂,常与行气、活血、化瘀诸法并用。寒者习用半夏,热者惯以川贝母、海浮石,而二者皆可适当配以莱菔子、瓜蒌、山楂、郁金、杏仁、橘红等。

4 肝病及脾,木郁土壅,至始至终健脾运

周珉认为慢性肝炎虽可有许多不同的症状与体征,亦可分成若干不同的证型,但脾虚之证或主或次,却贯穿始终,无一例外。证见四肢无力、容易疲倦、胃纳不香,腹胀、面色灰黄、大便不正常等,《难经》曾云:"见肝之病则知肝当传之于脾,故先实其脾气。"她认为在慢性肝炎病变过程中,维系或复健脾运是关键。但她不强调补脾、温脾,而着重于健脾,醒脾以助脾运。脾运则诸脏可健,升降复常,不仅可以滋养肝体,使正盛邪退,而且"脾旺四季不受邪",可杜绝病邪的再次侵袭。在临床运用上,强调通过观察纳谷香否、纳量增减变化以及大便是否通畅等来判断证之进退。治疗取东垣轻灵之思,遣药宜轻不宜重,不因健脾而碍肝。临证喜用茯苓、白术、薏苡仁、山药、橘皮等品,即使在实施其他治则时亦不忘顾护脾胃,使滋补而不壅滞,活血但不耗气,利湿不致伤阴,清热而无碍胃。

5 热毒久羁,耗津伤阴,柔肝养阴滋其体

周珉认为论治肝病需顺其体用之性,重视安正祛邪,尤其对慢性肝炎更要注意柔养肝肾之阴。一

般慢性肝炎常由温热疫毒久羁致病，热为阳邪，阳盛每易伤阴；湿郁经久生热，亦必伤津耗液；况慢性肝炎多由急性病毒性肝炎转变而来，病之早期，或因过用苦寒，或多用辛燥，亦常导致伤阴；也有素体阴虚之人，初感湿邪亦易从热化。因此，慢性肝炎表现为阴虚证或气阴两虚证者最为多见。她认为肝阴宜养，法在柔润，取药宜甘。"柔"者缓也，柔能制刚；"润"可生津，津液足则血有源；"甘"能补能守，其性和缓，能缓肝之急，助肝之用，益肝之体。临证常以一贯煎加减，选药甘润而不滋腻，常用药有当归、白芍、生地黄、大麦冬、枸杞子、女贞子、稽豆衣、北沙参、石斛等。若为气阴两虚，可以生脉散合一贯煎加减；若以肾虚为著，则加怀牛膝、杜仲、桑寄生。周珉同时强调，此时患者虽以正气不足为病机关键，但往往仍有邪实一面，临证时当辨而治之：若见肝气不舒，可酌加合欢花、绿萼梅等理气而不伤阴之品；若湿热余邪羁留，可加风尾草、蒲公英、半枝莲等。

6 恙延而久，阳气受戕，益火之源暖其脏

周珉根据阳气对生命有主导作用这一中医理论观点，认为慢性肝炎初期，病位表浅，邪实相争，阳气盛，正气强，可起而与邪剧争，出现湿热熏蒸亢盛，黄疸明显、病位偏上、病势向外、偏于气分等以腑病为主的见证，多表现为阳气亢盛；而病之后期，病变深沉，病位偏下，或病势隐匿，或邪却正虚，阳弱而正气抗邪无力，可出现正邪相持、偏于血分等脏病为主的见证，多表现为阳气虚弱。因此，在病变后期采用扶助阳气、温煦脏腑经络的治法，可活跃脏腑功能，阳气旺盛，则阳气与毒邪之争由相持而转向激化，有利于缩短病程，促进康复；正如《内经》指出"阳气当隔，隔者当泻，不亟正治，粗乃败之。"周珉临证时习用桂枝、肉桂、附片、仙茅、仙灵脾等品，助阳通用，并适当配以活血、化痰之品，有时甚至采用附片与大黄相合之妙配。在使用温阳之法时，特别强调三点：一是要掌握用药指征，患者多面色苍白，怕冷，便易溏而不易结，夜尿频多，而出血倾向不重；二是任用药味及份量适中，药味一般选用一二味即可，用量也宜从轻开始；三是用了此类助阳药物之后，短期内血清 ALT 值可能会升高，这是正气奋起抗邪之表现，医者与患者都不必恐慌，只要辨证准确，应当守方续进，则必能取得佳效。

7 病案举隅

案1 陶某，男，32岁。1995年3月22日诊。患慢性乙型肝炎已逾10年，自觉肝区疼痛时作，劳累后加剧，全身乏力，纳谷不香，口干欲饮，面色晦暗，痤疮明显，时有齿衄，大便干，小便黄，舌暗红，苔黄腻，脉细弦。查 ALT 138U/L，AST 96U/L，A 36g/L，G 32g/L；肝纤维化指标 HA 130ng/L，PC－Ⅱ 100μg/L，LN 120μg/L。西医诊断为慢性活动性肝炎，周珉认为此证为湿热瘀毒内阻而兼肝脾两虚，属本虚标实，虽有正虚一面，但湿热瘀毒较盛，若先予补虚，则会助邪，宜循"急则治其标"之则，治以茵陈蒿汤合犀角地黄汤清热利湿，凉血解毒。处方：制大黄6g，茵陈15g，虎杖30g，平地木15g，水牛角片12g，生地黄12g，赤芍15g，川楝子12g，炒延胡索12g，女贞子15g，墨旱莲15g，黄芩10g，车前草12g。服上方14剂，肝区疼痛如刺，余症皆减。B超报告示：肝脾肿大，肝实质性损害。周珉认为此时当重用活血化瘀之品，于原方中去女贞子、墨旱莲、黄芩、车前草，加醋柴胡6g，白芍12g，失笑散12g（包煎），九香虫4g，川芎10g。此后随证或参以健脾化湿，或参以活血化瘀，但方中皆未离大黄。治疗3月后，患者自觉肝区疼痛消除，痤疮减轻，齿衄不显，体力有加，胃纳渐香。查 ALT 已降至60U/L以下，肝纤维化指标全部复常。而此时患者先后共服大黄已逾500g。正如古人所云："（大黄）力虽猛，然有病当之，恒有多用不妨者。"

案2 熊某，男，64岁，1995年3月20日诊。9年前因胃溃疡大出血而输血浆800mL，6年前发现肝功能异常，检查示 HBV－M 正常，HCV－RNA（－），抗 HCV（－），诊断为慢性丙型肝炎。患者自觉疲乏无力，肝劳累后疼痛不适，纳差，时时泛恶，大便质软，日行1～2次，舌质暗红、苔薄黄腻，脉弦。周珉认为患者肝脾不和，既有脾运失健之虚，又有湿热病毒蕴结肝胆之实，宜兼顾之。处方：茯苓15g，山药15g，黄芪12g，苍白术（各）12g，砂仁5g（后下），橘皮6g，虎杖30g，蛇舌草15g，水牛角片6g（先煎），赤芍10g，泽兰、泻（各）12g。1月后二诊：右胁牵涉胃脘而痛，食欲欠振，稍食便见上腹饱胀，肢体畏寒，喜欢热饮，面白乏力，二便正常，舌质暗红苔白，脉沉小弦。查 ALT 70U/L，A 30g/L，G 31g/L。周珉认为此时乃脾虚及肾，属脾肾阳虚，阳气无力抗邪。处方肉桂3g（后下），制附片5g，炒白术芍（各）10g，猪茯苓（各）15g，生熟苡仁（各）20g，苏梗10g，泽兰泻（各）12g，丹皮参（各）10g，片姜黄10g，焦楂曲（各）12g。半月后三诊：畏寒减轻，胃脘饱胀已除，惟胁痛如前，近日又增便干明显，舌质暗、苔薄白，脉小弦。于前方中去苏梗，加制大黄4g，炒玄胡12g，川楝子10g：如是前后调治月余，患者自觉体力大增，畏寒已除，肝区疼痛不显，二便调，胃纳香。复查 ALT 41U/L，A 32g/L，G 80g/L。（杨智军）

周安方男科经验

【名老中医简介】周安方(1948～)湖北孝感人。教授,主任医师,博士生导师。湖北中医学院副院长,中华中医药学会男科分会副主任委员,湖北省中医药学会男科分会主任委员。第四批全国老中医药专家学术经验继承工作指导老师。从事中医临床、教学、科研工作30余年,擅治男性不育、性功能障碍、前列腺疾病等男科疾病。

学术经验

1 勃起功能障碍(阳痿)

五脏皆可致阳痿,但周安方认为以肾、肝为最。肾主前阴,为作强之官。肾气充盛,才能调节和控制性事活动,使阳事适时坚硬勃举。肾气盛则阳事勃举有力,性事活动正常,反之则性事活动失常。肝主筋,前阴为宗筋之所聚,并通过主疏泄及调节血量的功能活动,以调节阴茎的勃起。肝的疏泄功能正常,在性事活动时,就能把其所藏之血迅速持久地疏泄入阴茎,使阴茎得以骤然勃起和持续坚硬;肝之疏泄失职,血液不能达于阴茎,阴茎就不能正常勃起。肾肝同居下焦,水木相生,癸乙同源,因此在病理上也常相互影响。肾气亏虚,推动无力,气机运行不畅,势必加重肝对气机的疏泄负担,引起肝气郁结;肝气郁结,疏泄失职,使肝血不能适时疏泄充盈阴茎,从而导致阳痿。气郁则成邪,邪气损正,子(肝)病犯母(肾),势必导致肾气亏虚,继而加重阳痿。由此可见,肾虚与肝郁虽有先病与后病之分,但二者常常相互影响,形成恶性循环。周安方所创补肾疏肝汤乃针对肾虚肝郁型阳痿而设,方中熟地黄、枸杞子、淫羊藿、巴戟天并补阴阳、共益肾气,以鼓舞阳事;刺蒺藜、川芎、郁金疏肝解郁、行气活血,以充盈阴茎。全方合用,肾肝同治,共奏补肾疏肝之功。

2 慢性前列腺炎

慢性前列腺炎属中医学“精浊”范畴,周安方认为,本病以肝实肾虚、虚实夹杂者多见。脏腑定位应在肝肾,“肝实肾虚”是基本病机。慢性前列腺炎肝实证责之于肝,肝居下焦,其经脉环绕阴器。肝主疏泄,具有促进水精输泻、气机调畅、血循正常的作用;若肝对水精、气机、血液的疏泄不及,可致湿热、气滞、血瘀,造成肝经湿热、肝经气滞和肝脉瘀阻。本病虚证责之于肾,是精室精液之病,其发病与肾密切相关。肾气亏虚,固藏失职,精关不固,精随尿泻,形成精浊。临床上肝实与肾虚很少孤立存在,二者互为因果,互相影响,虚实夹杂,肝肾同病,从而形成“肝实肾虚”相兼为患的病机特点,治宜泻肝补肾,攻补兼施。鉴于临床上常以肝实为主,以肾虚为次,故治疗应以泻为主,以补为次,肝肾同治,虚实并调。所创前列康泰胶囊,方中蒲公英、虎杖、制大黄等清热解毒、利湿化浊;丹参、虎杖、制大黄等行气活血,化瘀通络,以泻肝之实:杜仲等补益肾气,以补肾之虚。全方合用,共奏清热解毒、利湿化浊、行气活血、补益肾气之功。

3 前列腺增生

周安方认为前列腺增生基本病机不外虚实两端,虚为脏腑虚损,“久病必虚,穷必及肾”,故以肾虚为要;实则为气滞、血瘀、痰凝、湿热蕴结,但均归以肝实。临床上单纯虚或单纯实都比较少见,所以肾虚肝实、虚实夹杂才是其基本病机。肾为先天之本,主生长发育。肾气充盛是机体各器官正常生长发育的基础。肾气充盛,则前列腺生长发育正常;肾气虚衰,则前列腺生长异常而见增生。气虚不能推动津血布行,聚生痰瘀,结滞肝经,从而加重前列腺增生。肾虚导致的腺体异常生长与肝实导致的腺体异常增大构成前列腺增生发病的两大关键。肾虚与肝实相兼为患,相互影响,形成恶性循环,导致病情缠绵难愈。针对前列腺增生“肾虚肝实”的基本病机,故治疗当以补肾泻肝为法。所拟经验方—仙甲汤方中,淫羊藿、枸杞子、巴戟天平补阴阳、补益肾气;穿山甲、丹参、半夏、败酱草等活血化瘀、消痰祛湿。全方补攻兼施,守走相备,扶正而不留邪,祛邪而不伤正,使肾气得充,瘀血得化,痰浊得去,湿热得清,尽显本方补肾泻肝之功效。

4 男性不育

周安方认为,男性不育有两个主要原因:一是肾虚导致的肾精不足,二是由肝实(湿热、痰浊、瘀血结聚肝经)造成的精道阻塞。肾藏精,主生殖,肾精是形成新生命的原始物质,肾精充盛,精子数目、密度均正常,则生殖机能旺盛;肾精不足,精子生成量少,则生殖机能衰退,严重者可导致不育。肝主疏泄,调畅气机,肝气条达则津血正常输布,津血可通过精道营养精子,使精子具有正常活力;若肝气郁结,气机不畅,气滞则津血不行,聚湿化热生痰成瘀,阻塞精道，则精子发育不良，畸形精子多见，精子活力低下。肾虚与肝实相互影响，形成恶性循环，进一步损伤精子，可造成死精症。针对男性不育“肝实肾虚”的病机特点，周安方所创清利毓麟汤方中，投败酱草、丹参、连翘清湿热、化瘀瘀以泻肝实和疏通精道；制首乌、熟地黄、枸杞子、淫羊藿补肾益精。精血同补，则精子数目充足，活力旺盛。

周安方辨治男科病紧扣肝肾二脏，所选药物几乎全部入肝、肾二经。在组方及用药特点上，无不体现“泻肝补肾”之精髓，可谓独具匠心。（曹继刚　黄琼霞　舒劲松）

顽固性尿频症

1 疏肝气以解尿频

膀胱功能藏津排尿，气化则出。肝绕阴器，抵小腹，职司疏泄，调节一身气机。肝之疏泄与膀胱之气化密切相关，如因情志过激，抑郁伤肝，肝失疏泄，气机郁滞，就会导致膀胱气化不行，开合失度，藏泄失常，从而发生尿频症。临床上常常伴有胸胁满，善太息，尿频程度随着情绪波动而变化。治遵《内经》“木郁达之”之法，常用逍遥散、柴胡疏肝散等方加减化裁，疏肝气以解尿频。

案1 孙某，男，28岁，工人。尿频，尿急，尿痛、尿末滴白半年，前列腺按摩液镜检脓细胞（++），诊断为慢性前列腺炎。经用清热解毒，利湿通淋中药治疗后，诸症消失，连续2次前列腺按摩液镜检均转正常。半年后，再次发生尿频尿急，自服前列通、氟哌酸等药3月余无效，疑为前引腺炎复发，要求复查治疗。刻下尿频尿急，日间半小时至1小时排尿1次，精神紧张时尤甚，每次尿量约100～200mL，伴有见水或听见水流声即欲排尿，但在工作紧张，注意力分散时，排 尿间隔时间可达3小时以上，夜间就寝后排尿0～1次，无尿痛及尿末滴白，尿常规及前列腺按摩液镜检无异常，苔薄白，脉象弦缓。诊断为精神性尿频，证属肝郁气滞，膀胱不藏。治拟疏肝理气，缩尿解频。处方：柴胡、薄荷、白芍，枳壳、川芎、郁金、乌药各10g，桑螵蛸，覆盆子、益智仁各15g。患者服药7剂，日间排尿为5～6次，但仍偶有见水思尿。续投上方7剂，尿频告愈。随访1年未发。

2 理气血以缩尿

气血为脏腑生理活动的物质基础，气血运行畅利，有助于膀胱的气化功能；气血瘀滞不行，就会影响膀胱的气化功能。如因郁怒伤肝，疏泄不及，气血内停，瘀滞膀胱，或因房事不节，忍精不泄，精血内瘀，阻塞膀胱，或因跌打伤损，盆腔手术，损伤络脉，血瘀膀胱等，都可导致膀胱容量减少，气让不行，开合失度，藏泄失常，从而发生尿频证。临床上常常伴有排尿困难，如排尿不畅，尿线变细，尿流分叉，以及下腹坠痛等症。治遵《内经》“结者散之”之法，常用桃红四物汤，少府逐瘀汤等方加减化裁，行气活血以缩尿。

案2 施某，男，78岁，1992年7月20日初诊。尿频，尿急，尿失禁20年。曾在某医院住院治疗，收效甚微。刻下尿频，日间排尿15次以上，夜间排尿10～15次，尿急，临厕解衣稍慢，小便即自行流出而失禁，内裤常被尿液浸湿，苦不堪言，排尿费力，尿线变细，尿流分叉，尿量较少，下腹时有坠痛，但无尿痛。舌黯红、苔白滑，脉弦缓。肛门指检前列腺Ⅱ°肿大，表面光滑，质较硬，中央沟饱满，无压痛。诊断为前列腺增生，证属气滞血瘀瘀结膀胱。治拟行气活血化瘀缩尿。处方：桃仁、红花、浙贝母、乌药、当归，川芎各10g，生牡蛎20g，橘核、玄参、覆盆子、益智仁、桑螵蛸各15g，水煎服，5剂。8月10日复诊，诉其2天服药1剂，服药期间，尿频逐渐减轻，服完5剂后，夜间排尿减为2次，日间排尿降为7次，尿急及尿失禁已经控制，尿量增多，余症也显著减轻。服药10天后，尿频及尿失禁仍未复发，认为系20年来首次获此良效，要求照抄原方留以备用。

3 升脾气以摄津

脾居中州，职司运化，为气机升降枢纽，与膀胱藏津排尿功能关系密切，若思虑太过，伤及脾气；或劳倦过度，脾气受伤；或因饮食失宜，脾胃受损；或过用苦寒，脾气被伐等，均可导致脾气亏虚，中气下陷，气不摄津，膀胱失约，津液不藏，从而发生尿频症。故《内经》说：“中气不足，溲便为之变”。临床常伴纳呆便溏，尿后余沥，甚或小便失禁等症。治遵《内经》“下者举之”之法，常用补中益气汤合缩泉丸加减化裁，升补脾气以摄津。

案3 秦某，男，21岁，工人，1991年11月8日初诊。8个月前起发生尿频，先后在两家医院作血糖、尿常规及前列腺检查均无异常，门诊及住院治疗均收未效。刻下尿频，日间排尿10～20次，夜间排尿10次左右，每次尿量约200mL，伴有排尿延迟，临厕则需5分钟左右方能排出尿液，饮食无味，脘腹痞闷，大便稀溏，无尿痛及尿末滴白，舌淡红、苔白润，脉缓无力。诊断为精神性尿频，证属脾气下陷，膀胱失约。治拟升补脾气，固脬摄津。处方：炙黄芪、炙党参各20g，白术、茯苓、炙升麻、淮山药、乌药、甘草各10g，覆盆子、桑螵蛸、益智仁、仙灵脾各15g。患者服药12剂，日间排尿减为10次以下，夜间减为3

次左右。但大便仍不成形，脘腹痞闷，余证清失。上方加芡实20g，广木香6g，再进10剂，日间排尿障为4～6次，夜间降为0～1次，大便不成形，脘痞消失，食纳渐增。嘱其再服上方7剂以资巩固，随访8个月未发。

4 补肾气以固脬

肾与膀胱相表里，肾气有主宰膀胱气化，约束膀胱开合，控制膀胱排尿的功能，若因禀赋不足，肾气亏虚，房劳多产，损伤肾气；或跌仆伤损，损伤肾督；或感染邪毒，肾督受损；或惊恐伤肾，肾气不固等，均可导致膀胱气化不行，开合失度，藏泄失常，从而发生尿频症。临床上常常伴有排尿无力，遗尿或尿失禁，腰膝痠软等症。治遵《内经》“虚则补之”之法。偏于阳虚者，常用肾气丸、右归饮等方加减化裁，偏于阴虚者，常用六味地黄丸、左归饮等方加减化裁，补肾气以固脬。

案4 许某，男，60岁，干部，1991年10月21日初诊。尿频、阳痿2年余。尿常规、血糖、内分泌检查均无异常。刻下日间排尿8～10次，夜闻6～10次，排尿无力，射程很短。尿后余沥，偶有尿失禁或遗尿，伴有阴茎冰冷，阳事不举，腰膝痠软，无尿痛，口不渴，食量正常，舌淡红边有齿痕，苔薄白，脉沉无力。肛门指检前列腺Ⅱ°肿大，表面光滑，无结节及压痛，中央沟饱满。诊断为前列腺增生，证属肾阳亏虚，脬气不固，治拟温补肾阳，化气固脬。处方：制附片、肉桂、熟地、淮山药、山萸肉、茯苓、泽泻、丹皮各10g，仙灵脾、怀牛膝、益智仁、覆盆子、桑螵蛸各15g。患者服药6剂。日间排尿减为4～6次，夜间减为2～3次，阴茎略为转温，勃起仍较困难，改投熟地、巴戟天各10g，枸杞子、菟丝子、桑螵蛸、覆盆子、益智仁、肉苁蓉各15g，仙灵脾、炙黄芪、炙党参各20g再进6剂，夜间排尿0～1次，排尿较前有力，尿频已经告愈，惟阴茎勃起仍欠满意，嘱用上方10剂，焙干研末，炼蜜为丸，每服10g，日服2次，以善其后。

5 利湿热以缩尿

膀胱为州都之官，津液贮藏之所，膀胱气化功能正常，则其津液藏泄正常。如因外阴不洁，湿热秽浊上犯膀胱；或感染湿热邪毒，循经波及膀胱；或肝胆湿热，循经下注膀胱；或饮纠食辣，湿热内生，下注膀胱等，都可导致膀胱气化不行，开合失度，藏泄失常，从而发生尿频症。临床上常常伴有小便短赤灼痛，或尿末滴白，会阴下腹坠胀等症。治遵《内经》“客者除之”之法。常用八正散、导赤散、龙胆泻肝汤等方加减化裁，清热利湿以缩尿。

案5 廖某，男，47岁，农民。1991年3月8日初诊。尿糖、尿痛4年，加重20天。患者于1987年起经常尿频尿痛，间断治疗，时轻对重。近20天来，上症加重，日间排尿20次以上，夜间排尿10次以上，尿急难忍，但临厕难出，排尿时尿道灼痛，下腹会阴坠痛频作。舌红、苔黄而微腻，脉弦略数。肛门指检前列腺Ⅰ°肿大，质地不均，有结节及压痛，中央沟平坦，前列腺按摩液镜检脓细胞（＋）。诊断为慢性前列腺炎，证属温热下注，蕴结膀胱。治拟清热解毒，利湿通淋。处方：黄柏、甘草各10g，蒲公英、白花蛇舌草、土茯苓、赤芍、延胡索各20g，车前子15g，服上方7剂，尿频尿痛消失，排尿正常，下腹会阴坠痛大减。再投原方7剂，诸症消失。患者三诊时要求服成药以资巩固，于是改投龙胆泻肝丸4瓶，每服10g，日服2次。1992年8月20日患者因患阳痿再次来诊，诉其尿频尿急等症至今未发。（童昌珍）

周承明学术经验

【名老中医简介】周承明（1920～2003）　湖北洪湖人。主任医师。原洪湖市中医院名誉院长。中国中医药学会风湿病学会顾问，湖北省中医药学会风湿病专业委员会顾问委员、名誉主任，湖北省中医药研究院客座研究员，湖北省中医学院兼职教授。第二批全国老中医药专家学术经验继承工作指导老师。擅长治疗各种风湿病症。

学术思想

1 崇尚经旨，师法不泥古

周承明崇尚医学经典，但并不为时俗所拘，他主张：“莫以古人之规限我，而举古人之法而富我。”他敢于提出前贤之不足，常常采取鉴别与提高相结合的态度，掌握前人理论，在此基础上进一步发挥，并有其创新独到之处。如李时珍在《本草纲目》钩吻一条中记载：“钩吻治人身上恶疮毒，其地精杀人。”周承明从民间用雷公藤治疗麻风病得到启示，通过亲身体验对其功效加以发挥，他认为：“雷公藤虽乃大毒之品，如能把握有效量，不会‘杀人’，且能治顽痹。”从而丰富了前人的经验，于上世纪70年代初在国内率先运用于痹证的治疗，首开雷公藤全根治疗痹证之先河。周承明将祖传的秘方与《万病验方大全》一书中前人用“硫香饼”治痹的记载加以校验，结合祖传经验，反复实践，创造性地去除原方中的一些成分，加明雄、朱砂等，增大麝香的含量，制成“麝火药块”，并辅以“拔毒生肌膏”、“追风合剂”和药膳。从此创立了治疗邪浊痹络难通之顽痹（痛痹）的“麝火疗法”，按腧穴处置，每用于临床，效果颇佳。他认为：“顽痹大多具有痰浊血瘀、气血不足、肝肾亏虚、邪盛正虚、本虚标实的特点，上法能开窍行血，破滞散结，蠲痹止痛，从而达到扶正祛邪，标本兼治之功。”

2 重痹重药，克顽不畏毒

周承明精研药性，药术精专。他认为：“善用药者，必深知药性，而后始能用之以治顽痹”。为了准确地把握有毒药物的性能，避免给患者带来不幸，他竟置个人的安危于不顾，曾以身试药，取得经验后，再运用于患者，每当顽痹辨证为正邪相当时，总是据病情投以雷公藤全根、川乌、草乌、附子、马钱子、白花蛇等诸大毒之品，以增强祛风散寒、清热解毒、消肿止痛之功。他认为：“毒者，乃邪胜之谓也，顽痹之邪久积成毒，非以大辛大毒之品不行，邪不祛则正难安。”在此前提下，创立了“雷公藤合剂”、“雷公藤四号酒”、“马勃散”等十几个品种的系列制剂，充分利用有中药“激素”之称的雷公藤的双相调节作用，广泛运用于各种顽痹的治疗。周承明用药，力求精练，其思路新颖，用量前无古人，从不轻易投药配伍，立方前必考证立方的四气五味，然后组方选择，他主张治顽痹时宜选对症之药，重用而取效。如每逢风寒湿痹顽固不退，邪盛正尚未虚之时，用自拟“苍术合剂”治之，每获捷效，方中苍术用量达180g，蜂蜜100g，水煎顿服。他认为：“重用苍术，力专燥湿，辛使腠开，邪从汗出，更用蜂蜜，健中益气，助汗驱邪，且可止肿痛，缓苍术燥烈之性，使之不过汗伤阴。”每逢顽痹晚期，久治难愈，他认为此乃痰瘀互结所致，并根据前人“湿凝为痰、血停为瘀、久痛入络”的理论，主张重用蜈蚣、白花蛇、僵蚕、全蝎、乌梢蛇、白芥子、南星之类，加大化痰、搜风剔络之力。又如治疗寒痹时，其细辛用量达15g，久煎以增强温通经脉，散寒止痛，故屡见奇效，打破了前人“辛不过五分”的限制。

3 顽痹必虚，从肝肾求治

痹证的成因不外风、寒、湿、热等外邪侵袭，痹阻人体经络关节，气血运行不畅所致，尤其是顽痹，临床所见，关节肿痛，或灼热或畏冷或僵或麻，或骨节变形，或皮下结节，或身体羸瘦，或出现“尻以代踵，脊以代头”等，由于病情错综复杂，故舌苔脉象尚无定论，治疗较为棘手。据周承明多年施治经验，此类痹证包括现代医学所述的强直性脊柱炎、类风湿性关节炎、增生性关节炎等，如单纯采用祛风胜湿，通络止痛，补益气血类药物调治，收效甚微，如能适当加滋补肝肾之品，则屡见功效。他认为：肾精不足，则骨髓空虚；肝阴不足，则经脉失养，筋骨不健，易为邪乘；肾阳虚，无以温养脾阳，阳不足寒湿难化。顽痹乃本虚标实之症，如循常法，故难取效。临证时他常采取补肝肾为治本之法，但又不拘金匮肾气丸之类，而常投以鹿茸、鹿筋、鹿角、雄鸡、鲤鱼、猪蹄等血肉有情之品，达到补肾益精、强筋壮骨、攻补兼施的目的。

4 重药膳，喜外治，师法自然

顽痹晚期，正已虚极，攻即伤正，补亦恋邪。周承明常辅以自然疗法，而达到事半功倍的效果。他注重食疗，在其医案医论中比比皆是。周承明重视食疗的指导思想是：“食物也是药物，用之对症，病自渐愈。”他常常把辨证施治作为食疗的基本原则，以“虚者补之”、“实者泻之”、“寒者热之，热者寒之”等为治疗大法，如风寒湿痹以“酒姜鸡’温散寒湿；顽痹伴肌萎关节屈伸不利，以“猪蹄伸筋汤”和“甲鱼姜”填精补健；属肾阳虚夹瘀之痹证，以“鹿茸鸡”补肾壮阳；久痹气虚者，以“乌参汤”扶正益气固本等，将食物和药物进行配伍。可见周承明治疗顽痹既强调重剂毒药祛邪，又注重辅以精血之品扶正。他在用药膳的同时，也喜采用内病外治之法，他认为：“从外而内，使药性从毛孔入腠理，以通经贯络。”如外敷法，用生川乌、生草乌粉以醋调匀或以细辛和糯米汁调匀，据关节大小，作一圆形药饼外敷患处或相应的穴位治寒湿痹，药物借助米酒和醋的发散之力而直达病所。他从《素问·阴阳应象大论》中“其有邪者，渍之以为汗’领悟，在前人熏洗法的基础上，运用熏蒸疗法，将樟脑、醋、白酒按比例调合，放入特制的容器内经过加温，患者将患处置于容器上，使其出汗为度。此法旨在使患者腠理疏通，脉络调和，气血流畅，乃取汗之法使湿有去路，祛邪而不伤正。（钟 明 周祖良 熊 蕙）

临证思路

类风湿性关节炎

1 对于“卫气”的再认识

周承明对类风湿性关节炎病理机制的认识，首先取决于对于“卫气”的再认识。所谓“卫气”，其实就是人体阳气的一部分，其具有护卫肌表、抗御外邪入侵、控制汗孔开合、调节体温、温煦脏腑、润泽皮毛等功能。正如《灵枢·本藏篇》所说："卫气者，所以温分肉、充皮肤、肥腠理、司开合者也。"其来源和循行如《素问·痹论》中曰："卫者，水谷之悍气也，其气慓疾滑利，不能入于脉也，故循皮肤之中，分肉之间，熏于肓膜，散于胸腹……"。其运行失常则产生相应的病理变化，即"逆其气则病，从其气则愈……"。对于卫气的生理功能及病理变化的认识，历来多局限于如下两点：一是认为卫气作为一种具有温煦防御等作用的物质，其构成是单一的，仅仅是相对于营气而存在，对其内部未作进一步的划分。二是认为卫气的运行及功能失常也仅表现为营卫不和、卫外不固，未作更深一步的探讨与研究。周承明认为，卫气作为人体阳气的一部分，虽然性属阳，但阴阳之中还有阴阳。正如《素问·阴阳离合论》曰："阴阳者，数之可十，推之可百，数之可千，推之可万，万之大不可胜数，然其要一也"。比如：脏属阴，腑属阳，属阴之肾脏中又可分出属阴之肾精和属阳之肾气，而属阳之肾气中又可再分出分属阴阳的肾阴和肾阳。照此类推，属阳之卫气当可再分出分属阴阳的内部构成，称之为"卫阳"、"卫阴"，卫阳卫阴平衡协调，则卫气功能正常，卫阳卫阴偏衰偏盛，则卫气功能发生异常，产生相应的病理变化。不过，由于卫气所担负的防御任务之紧要，其内部的阴阳平衡一般很难被打破。但这种平衡协调功能一旦被打破，就很难使之完全恢复正常，即使由于合理而有效的治疗恢复了正常，也是极不稳定的，很容易受各种因素的影响而再次失衡。

2 对类风湿性关节炎病机的独特认识

由于有了对于"卫气"的再认识，周承明非常明确地提出了其对于类风湿性关节炎病理机制的独特见解：

2.1 发 病

其内在基础为正虚，外在诱因为邪侵，发病的病理关键为卫气内部的阴阳平衡失调。

2.2 发展与传变

其发展与传变不是由外而内，由表入里，而是邪气直中卫气，扰乱了卫气内部的阴阳平衡协调状态，由里而外产生疾病的发展与传变。

2.3 转 归

卫气恢复其内部的阴阳平衡协调，循其常道，司其本职，则病可减轻而暂时告愈，但既病之后曾经失常之卫气极易由内外之邪再次打破其平衡协调状态而使疾病复发，故本病一旦得之，则表现为痼疾，反复发作，缠绵难愈，变证丛生。

周承明对病理机制的完整表述为：脏腑气血亏损，营卫之气不固，风寒湿热之邪乘虚侵入，扰动卫气；或饮食、情志、外伤等所致生的痰浊、瘀血持续作用扰动卫气，卫气内部之阴阳平衡协调状态由于内外之邪的作用而发生紊乱，卫阳受损，卫阴偏盛，偏盛之卫阴逆行而成为内生之邪气，流注于关节，凝津成痰，阻络为瘀，而发为本病。痰浊、瘀血及风寒湿热之余邪，胶着于关节，故关节肿胀；晨起阳气不旺，津液输布乏力，滞而行缓故晨僵；邪气阻碍气血之运行，且邪聚分肉，故关节处因"不通"及"分裂"而疼痛剧烈；邪气或郁而化热，或凝而为寒，故关节处或寒或热；邪郁日久，关节失荣，故逐步出现关节变形、挛缩、脱位、强直等诸多变证。邪气流注于其它脏腑，还可引起多个脏腑的病变。

3 临床意义

周承明主张，对于类风湿性关节炎的治疗，应采用五个结合的原则，即辨病与辨证相结合，扶正与祛邪相结合，内治与外治相结合，扶正时又主张药补与食补相结合，平补与大补相结合。其中辨病治疗是关键，解决这一关键的方法一方面是平抑卫阴，另一方面是补益卫阳，以阳制阴。其目的就是力求最终恢复卫气内部的阴阳平衡协调，使类风湿性关节炎发病的病理关键得到解决。上述治疗类风湿性关节炎的独特思路正是基于对于病理机制的独特认识而提出的，显示出了这种认识在临床上所具有的指导意义。

具体来讲，为了"平抑卫阴"，周承明创造性地将雷公藤全根制剂运用于临床，取得了被学术界一致公认的良效。由于雷公藤性偏温燥，能有效地平抑卫阴，减少了卫阴流注于关节，使其无法凝津为痰，阻络为瘀，故患者服用后能迅速缓解病情。在取得良效的情况下，他仍然认为这种状态只是在卫阴受到抑制之后，卫阳卫阴在低层次上所取得的平衡，最根本的还在于使卫阳得充，卫阳卫阴在正常的层次上获得真正的平衡协调。故周承明主张要"补益卫阳、以阳制阴"，持续使用鹿茸、冬虫夏草、海马等补肾壮阳之品，以达到补肾阳而充卫阳的目的。与此同时，他还十分注重制约雷公藤在平抑卫阴之时温燥太过，临床多用益气养血之剂，如参乌汤、归耳丸等，以防对营血的耗伤。（李 拥 周祖山）

风湿病药膳

1 鹿茸鸡

处方组成：鹿茸20g，雄鸡1只（重量以1000～1250g为佳）。煎煮法：雄鸡宰杀去毛后，从肛门处横切一刀口，将内脏掏出，洗净鸡身，将切成薄片之鹿茸放入雄鸡腹腔内，用针线缝合切口，将雄鸡放入陶罐内，加水适量用文火炖之，至烂熟，放盐少许，2天内分数次食完。每月1～2次，连服3个月。适应症：主要用于类风湿性关节炎。

周承明认为，类风湿性关节炎病机之关键为卫阳偏虚、卫阴偏亢，卫阴流注与痰浊、瘀血相结于关节，继而发为本病。治疗方法除平抑卫阴之外，补益卫阳甚为重要。治疗期内，在使用其它疗法的同时，不论患者病证属寒属热，均可配用鹿茸鸡，以补肾阳而充卫阳，使卫阴卫阳重新归于平衡协调，从而达到治本之目的。

2 酒姜鸡

处方组成：生姜250g，白酒250mL，雄鸡1只（重量以1000～1250g为佳）。煎煮法：生姜切碎，公鸡切成小块，加入白酒，以文火炖之，不放油盐，不另加水，至熟，去姜渣，放盐少许，2天内分数次吃完，以微汗为佳，服时避风。每周1次，连服4周为1个疗程。适应症：主要用于产后痹、坐骨神经痛、风湿寒性关节痛。生姜有发散风寒之功，以酒煮鸡，取其行气活血之效，三物合用，共奏行气活血、发散风寒、补益阳气之功，可使风寒湿邪从汗而解，痹证得以痊愈。

3 伸筋汤

处方组成：猪蹄1～2只（以0.5kg为准），伸筋草、宣木瓜、千年健、生薏苡仁各60g。煎煮法：以纱布包中药饮片，猪蹄切成小块，加水，文火煨烂，去药渣，放盐少许，1天内分次服完，连服1个月为1个疗程。适应症：主要用于类风湿性关节炎中期有关节腔狭窄、纤维性强直、功能障碍者。运用以脏补脏法，可取得舒缓挛缩、改善强直、恢复关节功能之效果。

4 甲鱼姜

处方组成：甲鱼、生姜。煎煮法：第一疗程以甲鱼每500g配生姜200g之比例，推算加减；第二疗程：甲鱼每400g配生姜300g；以后各疗程：甲鱼每500g配生姜400g。1周为1个疗程。甲鱼、生姜切碎，用水适量，文火煨烂，去姜渣，放盐少许，1天内食完，共食5～10个疗程。适应症：适用于强直性脊柱炎。此方具有补肾填精、祛除寒湿之功，是治疗强直性脊柱炎的强力补剂，临床作为其它主要疗法的辅助手段，常能使疗效大为提高，副反应明显减轻。

5 参鸟汤

处方组成：鹌鹑1只，高丽参2g，大枣4枚，冰糖1块。煎煮法：将鹌鹑去毛洗净，将高丽参切片放入其腹腔之中，大枣、冰糖加水适量，放入蒸笼隔水蒸熟，1天内吃完，1周为1个疗程，连服3～4周。适应症：类风湿性关节炎、幼年性类风湿性关节炎伴气虚、气血两虚者。用之可鼓舞正气，能增强对抗风湿药副反应的耐受性，为顺利完成控制病情所需疗程打下良好基础。（李 拥 周祖山）

周德安针灸经验

【名老中医简介】周德安 教授，主任医师。1965年毕业于北京中医学院医疗系。现任北京中医医院学术委员会委员。中国针灸学会常务理事、针灸器材专业委员会委员，北京针灸学会理事；北京市针灸三通法研究会副会长。第三批全国老中医药专家学术经验继承工作指导老师。擅长针灸治疗中风、面神经麻痹、各种疼痛、神经衰弱、高血压、冠心病、糖尿病、神经性耳聋、小儿多动症、妇女病、皮肤病、颈椎病、帕金森综合症、老年性痴呆、少儿近视、遗尿等。参与10项科研课题，获各种级别成果奖6项。发表论文20余篇。

络穴止痛方

1 穴位组成及功用

1.1 穴位组成

列缺、丰隆、蠡沟。

1.2 作用机理

络脉为经脉之次，有温煦濡养脏腑、排出代谢产物的作用。络脉中的血气具有双向流动的特点，既能离经脉方向流动而布散于脏腑组织、皮毛肌腠，又可以向经脉方向流动而注入经脉。络穴是络脉从经脉分出的部位，所以它具有联络表里两经的功能，对调节气血有着重要的作用。

列缺为手太阴肺经的络穴。肺主一身之气，参与宗气的形成，并通过宗气调节各脏腑组织器官的功能活动。肺朝百脉，具有调节全身气血的作用。同时手太阴肺经又与手阳明大肠经相联络互为表里，阳明经系多气多血之经脉。因此列缺一穴，可通调一身之气，运全身之血，从而达到止痛的作用。历代文献多有论述有关列缺穴治头痛的记载。如《席弘赋》载："列缺头痛及偏正"。指出列缺穴治疗全头痛。《灵光赋》载："偏正头痛泻列缺"。进一步提出列缺穴治疗头痛的补泻手法。现代研究有针刺单穴列缺治疗痛经以及配合照海治疗舌咽神经痛的报道。

丰隆为足阳明胃经的络穴，阳明经多气多血。丰隆不仅具有行气化痰之功，而且具有活血止痛之效。《甲乙经》中有记载：丰隆治"厥头痛"，《千金方》又载：丰隆"主胸痛如刺，腹若刀切痛"。现代有针刺单穴丰隆治疗眶上神经痛的报道。

蠡沟为足厥阴肝经的络穴。肝为风木之脏，喜条达而恶抑郁，肝气郁结，最易导致气机不宣，血行不畅，从而发生经脉痹阻而出现多种痛证。肝主疏泄，通调人体气机，疏泄功能正常，气机通畅，人的情志活动正常，既不过于兴奋，也不过于抑郁。故蠡沟可以调理气机，运行气血，化瘀止痛。

凡痛证虽有寒热虚实之分，然求其本者不过气血而已。列缺行气，蠡沟活血，丰隆气血并治，三穴合用，气血顺畅，经脉得通！周德安将此三穴组成方穴，在临床上用于治疗多种实性痛证，例如寒凝气滞、肝瘀气滞等由于气滞产生的胃脘痛等内脏痛、头痛以及妇女痛经、带状疱疹等，取得了满意的临床效果。

2 病案举隅

2.1 三叉神经痛

患者，男，64 岁。3 个月前在医院确诊为"三叉神经痛"，予卡马西平治疗后，症状缓解。但每逢感受风寒，症状就会反复，表现为左眉、颧部频繁发作性疼痛，且疼痛持续时间越来越长，再服卡马西平已无效。开始时常规选用合谷、太冲等穴疗效不甚理想，后来加用了络穴止痛方后，得到了立竿见影的效果。针治 10 次以后，症状明显减轻，再针 20 次后，病情稳定。追访 1 年，未再加重。

按 患者病情反复的原因很明确，主要是感受风寒，寒凝经脉，不通则痛。列缺是肺经的络穴，可以疏风散寒，通络止痛；病位在面部，阳明经和少阳经在面部均有分布，故丰隆可以活血理气、通络止痛；蠡沟可以鼓舞少阳经气。3 穴相配，止痛效果明显。

2.2 痛 经

患者，女，24 岁。痛经 6 年。平时贪食冷饮，每逢行经时少腹剧痛难忍，并伴有血块、色黑。曾经中药、针灸治疗，效果不显。加用络穴止痛方后，疼痛可以马上明显减轻。坚持 3 个月经周期的治疗后，基本痊愈。

按 痛经患者多因经期感寒或肝郁气滞，或禀赋不足，从而造成气血运行不畅，不通则痛；或血海空虚，胞脉失养，经后作痛。列缺是八脉交会穴之一，通任脉，任主胞胎，针之可以调经止痛；又列缺为肺经络穴，针之还可以散寒止痛。蠡沟可以疏肝理气、活血止痛。丰隆是足阳明胃经的络穴，联络脾胃两经，脾胃为后天之本，气血生化之源，所以丰隆可以养血活血止痛，经验证明，丰隆对于患病日久、缠绵难愈之痛证有奇效。

2.3 胃脘痛

患者，女，34 岁。胃脘痛 10 年，胃镜确诊为慢性浅表性胃炎。每逢感寒或情志不遂即发病。中药、针灸治疗，均可以改善症状，但效果既慢，又不彻底，并且常伴有恶心嗳腐吞酸等症。加针络穴止痛方以后，当时即明显止痛，伴随症状也明显减轻。巩固治疗 10 次，现已基本痊愈。

按：患者发病原因明确，以感受寒邪和肝郁气滞为主。列缺祛风散寒止痛，蠡沟疏肝理气止痛，丰隆和胃降逆止呕、益气养血止痛。

2.4 头 痛

患者，女，40 岁。血管神经性头痛 5 年。诊治中，在常规取穴的基础上，加用络穴止痛方治疗，效果显著。患者，男，52 岁。高血压病史几十年，经常头痛，伴有头晕、面红，且性情急躁易怒，常年中西药治疗，疗效一般。加用络穴止痛方以后，不仅止痛快，而且伴随症状也明显改善。

按：头痛是临床上常见症状，可发生于多种急慢性疾病过程中，其病因病机极为复杂，但是不外风湿、肝阳、痰浊、瘀血、血虚等，致经脉痹阻不通或脉络空虚而发头痛。本法中列缺可以祛风散寒、理气活血；丰隆既可以化痰降浊、利湿通络止实痛，又可以益气养血治疗虚痛；蠡沟既可以清泻肝胆湿热、平肝潜阳，又可以理气活血止痛。

2.5 胁 痛

患者，女，44 岁。胁肋作痛或左或右，痛无定处，常因情绪波动时发作，伴有胸闷、嗳气吞酸、善怒少寐等症。舌红、苔薄白、脉弦，属肝气不疏致病。首诊即用络穴止痛方治疗，针刺1次后，胁痛减轻，治疗3次后痊愈，并觉性情不如以前急躁。巩固治疗10次，病未更发。

按 肝与胆相表里，肝脉布胁肋，胆脉循胁里，过季胁，胁痛与肝胆的关系甚为密切。列缺理气止痛，丰隆清热利湿和胃，蠡沟疏泄肝胆、理气止痛。

2.6 带状疱疹后期

患者，男，52岁。左眉上方患带状疱疹半年余，经针灸、中药治疗4个多月，疱疹明显消退，但是左眉上方的发作性抽痛一直不减，令患者很是痛苦，且心烦易怒。来诊后，周德安在常规针刺选穴的基础上加用络穴止痛方，仅针5次，抽痛发作的频率就明显减轻，10余次以后，痛势也逐渐减缓，针40次基本痊愈。

按：祖国医学将本病称为“缠腰火丹”、“蛇丹”等，多由肝气郁结、久而化火妄动，脾经湿热内蕴、外溢皮肤，或偶兼感毒邪，以致湿热火毒蕴积肌肤而成。日久不愈者，多因血虚肝旺、湿热毒盛、气血凝滞，以致疼痛剧烈。治疗宜清肝火，利湿热，活血化瘀。方中蠡沟、丰隆分别联络肝胆、脾胃两经，既可以疏肝理气、活血化瘀、清利肝火，又可健脾利湿，局部放血有助热毒的排出；列缺可清宣肺气、清热排毒，又可通调一身之气血。3穴相合，可以起到清肝火、利湿热、排毒止痛的作用。（冯 毅 裴 音）

儿童多动症

周德安临证时，针对不同的儿童多动症患者，辨证分为肝肾阴亏和痰热内扰两型进行论治。

肝肾阴亏型患儿临床多见神志涣散，健忘，多动多语，少寐易醒，五心烦热，兴趣多变，动作粗钝笨拙，唇舌干红，脉细数。治疗时针刺百会、神庭、神门以安神定智，辅以太冲、太溪以滋补肝肾并加强诸穴养血安神的作用。

痰热内扰型患儿临床可见躁动不宁，反复无常，头昏胸闷，食欲不振，喉间痰鸣，小便黄浊，舌红苔黄腻，脉弦滑数。针刺百会，加用足三里、内关、丰隆、公孙以加强健脾利湿、化痰通窍的作用。

百会穴位于人体的头颠，头为诸阳之会，五脏六腑的气血都上会于头，而百会既是督脉的穴位，又是督脉和足太阳经的交会穴，故针之可以统督诸阳，并且根据其不同的刺法，所起的作用也不同。如为肝肾阴虚之本虚标实证，针刺百会时针尖应向前，为补法，可以镇静安神、平肝潜阳；神庭、神门分别是督脉的经穴和心经的原穴，二者均为治神要穴，刺之可加强百会的镇静安神作用；太冲、太溪更是肝、肾两经的原穴，刺之可以滋补肝肾、养血柔肝、安神定智。如遇痰火湿盛之实证，针刺百会时针尖应该向后，为泻法。同时加用足三里、内关、丰隆、公孙以加强健脾利湿、化痰通窍的作用。

案 张某某，男，13岁，2002年5月10日初诊。家长诉：患儿从学龄前起注意力不集中，上学后更加明显，表现为上课时好说话、做小动作，不能自控，也不服管教；平日好发脾气，冲动任性，情绪不稳定，所学东西易忘，作业不能按时完成，成绩一直不理想。经多方治疗数年，诸症无好转。来诊时，明显可见小动作太多，注意力不集中，好发脾气。诊其面色红，大便干燥，舌红少津，苔薄黄，脉弦数。辨证属肝肾阴亏，心火旺盛，热扰心神。治宜滋补肝肾，清热安神。针刺百会、神庭、神门、太溪、太冲穴。针刺1个疗程（30次）后，情绪稳定，学习成绩明显提高。继续针刺1个疗程，病情平稳。追访半年未再反复。（冯 毅）

治神十法

1 治疗方法

1.1 主 穴

百会、神庭、四神聪、本神、神门。

1.2 配 穴

根据临床症状配穴，共十种治法，故称治神十法。①失眠健忘：加三阴交。②眩晕：加太冲。③头痛：加行间。④心悸气短：加内关。⑤心烦易怒：加四关。⑥遗精阳痿或月经不调：加关元。⑦自汗盗汗：加太渊、太溪。⑧纳呆：加中脘、足三里。⑨哭笑无常：加人中、少商、隐白。⑩精神萎靡不振：加灸关元。

毫针刺，平补平泻，留针30分钟，10次为1疗程，3个疗程后进行观察。

2 典型病案

张某，女，37岁，初诊日期：1995年1月4日，病历号7613。主诉：反复夜间睡眠差2年，加重2个月。痛史：患者于2年前因生气而导致夜间睡眠差，开始每夜能睡4小时，以后日渐加重，致难以入睡，曾在某医院诊断为：神经衰弱，采用“音乐疗法”，疗效欠佳。近2月来症状加重，夜间不寐，心烦急，在市中医医院服中药治疗，亦不效，故要求针灸治疗。证见：夜间不寐，偶可入睡1～2小时，多梦，醒后不解乏，健忘，心悸心慌，头颈部胀痛，纳差，神疲乏力，心烦易怒，月经不调，量少，色暗经期后延，消瘦，面黄。舌脉：舌暗红，苔稍腻，脉弦细。中医诊断：不寐（肝郁脾虚，心神失养）。西医诊断：神经衰弱。立法：疏肝健脾，养心安神。取穴：百会、四神聪、神庭、本神、神门、三阴交、行间、内关、足三里。毫针刺，平补平泻，留针30分钟。经针6次后，夜间可入睡3～4小时；针16次后，每夜可睡约6小时，其它症状亦明显减轻，继续完成三十疗程的巩固治疗，夜间睡眠已正常，其它症状亦消失，患者自我感觉良好，恢复正常生活工作与学习，随访半年病情无反复。

按 周德安认为，人的精神思维与意识受神的支配，在神的支配下产生七情变化，不同的情志变化本属人体对外界的正常反映，不会使人致病，但人的五志七情超越了一定范围就会导致人体阴阳失调，气血失和，经络阻塞，脏腑功能紊乱等一系列病理变化。针灸治神十法具有调节阴阳、气血、脏腑等功能，百会穴位于颠顶，为诸阳之会，具有镇静安神之功；神庭为神所居也，与百会相互为用，加强镇静安神之效；本神为胆经头部穴，具有健脑益智的作用；四神聪为经外奇穴，是后世医家用以镇静安神、健脑益智的经验效穴，以上4穴均在头部，“头为精明之府”、“头为天谷以藏神”，故取头部穴治疗神志病以选安神定志，健脑益智之功。据实验研究，以上4穴均有增加脑血流的作用。又神门为手少阴心经原穴，心主血脉，主神志，取之可以养血安神。4穴加百会，共图安神健脑增强记忆之本，因此作为治神的主穴。（洪建云）

周国英临床经验

【名老中医简介】周国英 女，主任医师，副教授。现任福建省人民医院内分泌科主任。福建省中医药学会糖尿病分会副主任委员，福建省中医药学会中医内科学会理事。第四批全国老中医药专家学术经验继承工作指导老师。从事内科临床工作30余年。擅长中西医结合诊治糖尿病、甲状腺、更年期综合征等内分泌疾病。

糖尿病肾病

1 早 期

以尿微量白蛋白为标志，但尿蛋白定性检查为阴性，属气阴两虚证。本期常无水肿，多见腰酸膝软，倦怠乏力，夜尿频多等症状。治以健脾益气、养阴活血法。药用生黄芪30g，太子参30g，五味子6g，玄参5g，麦冬15g，生地15g，山茱萸9g，山药15g，茯苓12g，苍术9g，枸杞9g，葛根30g，丹参30g，赤芍9g。兼有痰湿内阻酌加白蔻仁、藿香、佩兰或二陈汤祛痰除湿化浊；痰热内蕴，酌加黄连、栀子、瓜蒌、茵陈、竹茹等清热化痰；瘀血内阻明显者，加用鸡血藤、当归、桃仁、红花、川芎、牛膝等活血化瘀通络。

2 中 期

出现临床蛋白尿，肾功能检查在正常范围内。属脾肾两虚、水瘀互结证。证见腰酸乏力，眩晕，夜尿频多，或见水肿，小便不利，四肢不温，大便或溏或秘，舌质淡胖或暗红，有瘀点瘀斑，脉象沉细涩。治以健脾补肾，活血利水。药用党参15g，生黄芪30g，生地15g，山茱萸9g，山药15g，枸杞9g，淫羊藿15g，丹参30g，桃仁9g，熟大黄3g，茯苓15g，猪苓20g，苍术10g，泽泻10g，车前子10g，菟丝子15g。

3 晚 期

尿检出现大量蛋白尿，肌酐、尿素氮升高，出现全身浮肿，尿少，眩晕，甚至恶心、呕吐等。此期分2型：

3.1 阳虚血瘀，水湿泛滥

证见全身浮肿，腰以下为重，畏寒肢冷，身重乏力，面色晦暗，小便量少或夜尿频多，甚则心慌喘促，大便或溏或秘，舌质淡胖、紫暗，舌边有齿痕，舌下静脉或见怒张，脉象沉细。治法温补脾肾，活血化瘀，化湿降浊。药用制附子6g，生黄芪30g，薏苡仁15g，苍术9g，白术9g，丹参30g，熟大黄6g，车前子15g，泽泻15g，淫羊藿9g，桃仁9g，益母草15g。若见喘促心慌较重者，合用葶苈大枣泻肺汤。

3.2 脾肾亏虚，湿热内蕴

证见小便短少黄赤，面色晦滞，腰膝酸软，倦怠乏力，不思饮食，晨起恶心，偶有呕吐头痛，夜寐不安，苔黄厚腻而干燥，脉细数或濡数。治以健脾益肾，活血化瘀，清热化湿。药用黄连6g，陈皮9g，煮半夏9g，竹茹9g，茯苓15g，佩兰9g，山药15g，泽泻9g，枳实9g，茵陈15g，山茱萸9g，菟丝子15g，熟大黄6g，丹参30 g。（翁 苓 张丽霞）

周来兴临床经验

【名老中医简介】周来兴(1943～)主任医师。毕业于泉州医专学校。现任福建省永春县中医院名誉院长。福建省脾胃学说研究会、男科专业委员会理事,市中医药学会常务理事,永春中医药协会副理事长兼秘书长。第三批全国老中医药专家学术经验继承工作指导老师。擅长治疗脾胃病、肝胆病等疑难杂症。主编《蔡友敬医案》《骆安邦论医集》《周来兴医学文集》《疑难杂症临床经验》;参编《内经证侯类诠》《现代中医消化病》《中华特色医药金鉴》等,发表论文70余篇。

病毒性肝炎

1 首当辨湿热,以清热利湿为要

肝炎系由病毒感染引致。中医则认为是"湿热",该病在人体的反映是"湿热"为主,因此湿热蕴结贯穿于本病的始终,即使是肝肾亏损阶段,也可少兼湿热,只是在各期表现为轻重不同而矣。"湿热"在急性期表现尤为突出。以清热利湿为治疗大法。但在临床中可出现热重于湿、湿重于热、湿热并重等不同的复杂征象。故治疗时须权衡湿热的孰轻孰重,从而掌握清热利湿的分寸。随证灵活确立治则,选择方药,切不可千篇一律。如热重于湿,偏于阳明胃经证候者,其治在胃,选用茵陈蒿汤或自拟三根汤(白茅根、山豆根、苦参根)化裁;湿重于热,偏于太阴脾经证候者,其治在脾。选用茵陈五苓散加藿香、佩兰、白蔻仁、泽兰等芳香化浊;湿热并重者,则清热利湿不可偏颇。慢肝虽以"虚证"为主。但"湿热"仍有残留,壅滞于肝、胆、脾、胃则是慢肝和迁延性肝炎的重要病理变化之一。故在慢性期的治疗也应视不同的临床表现配合清热利湿以祛除余邪,谓之"除恶务尽",否则"炉烟虽熄,灰中有火",稍一不慎,则星火未尝不燎原,当审之慎之。

总之,清热利湿是治疗肝炎的关键。应贯穿于治疗的始终,既可以排毒又能减轻肝脏损伤。然而清热利湿须防伤阴阳,寒药须防伤脾胃。"湿热"为肝炎的主要病因,而脾阳不运为之本,故湿热的产生是脾阳不运,湿郁化热。所以,在清热利湿时要重视运脾,谓之脾健运,湿除则热无从化。故清热用苦寒不可过量,若太过则伤脾阳而湿愈剧易产生变证。因此,在用苦寒药时应多用白茅根、车前草、泽泻等利湿之品,并佐芳香、化浊、健脾的藿香、砂仁、陈皮等顾护脾胃。利湿则易伤阴,阴愈伤则热易生,因此利湿药宜以甘平的芦根、白茅根、茯苓为主,热重于湿时加沙参、石斛、薏苡仁之类以防利湿而伤阴。岳美中说:"久久清热则伤阳,久久利湿则伤阴"便是。故用药不宜过多,不宜过长,并宜时时顾脾胃,护胃阴,使湿热得清利,脾胃又无损,病自易除。

2 肝藏血其体为阴,治之则重于活血

肝在生理上具有主疏泄条达气机,主藏血,调节血液的功能,在病理条件下则易郁易滞,易涩易阻,从而影响气血运行而致瘀。同时肝是一个大血库,血流濡缓,肝病必有凝瘀停留。若湿热蕴结,瘀阻于肝,或久病入络,气血运行受阻,均可致血瘀。正如朱丹溪"血受湿热,久必凝浊"和叶天士"大凡经主气,络主血,久病血瘀"所云,此与肝炎肝脏细胞组织损伤,微循环障碍的基本病理变化相吻合,故活血化瘀是治疗肝炎基本疗法。现代药理研究表明,活血化瘀药具有减轻炎症病灶的病变,调整机体的免疫系统以及改善肝脏的血循环和肝功能,促进肝细胞再生与修复的作用。而选用活血化瘀药当分虚实、轻重,血虚侧重于和血化血,血实侧重于破血逐瘀。轻度血瘀选用药性平和的丹参、赤芍之类,血瘀较重者选用桃仁、红花、三棱、莪术等。在活血药中,周来兴重用赤芍、丹皮,治疗肝炎每收良效。现代药理研究证明,赤芍有降低血粘及抗菌、抗炎、利尿、保肝等作用,丹皮有良好抗乙肝病毒的作用。在应用活血化瘀时须结合具体的病情进行适当的加减,如血瘀与气虚并存者加用补气药助血行;血瘀与肝阴虚并存者配养阴柔肝之白芍、枸杞、旱莲草,疗效更显著。

3 辨病须针对病毒,辨证肝、脾、肾为主

现代医学认为肝炎病原是病毒,在中医则认为是"湿热"蕴结,这就是辨病。找出主要矛盾,治疗时针对"病毒"(湿热)以解毒、排毒、保肝(清热利湿、祛邪扶正)为总治则,是治愈肝炎的关键。但由于同一疾病在发展过程中往往表现出不同证候,因而治疗时必须结合辨证,才能适应病情的各种变化,从而提高疗效。在清热利湿的基础上根据不同证候,选方用药,才能切中病机,取得较好的效果。如在急性期多属湿热蕴结的邪实证,治以清热利湿;慢性期湿热仍在,留恋不去而伤正,出现虚证多见,如肝肾阴虚、肝郁脾虚、脾胃两虚等,需针对性养肝肾,补脾

胃；若病程较长，久病入络，兼活血化瘀；病程过长伤及气血则须调补气血。但在各阶段都不同程度地出现火热、毒等病理变化，出现口干胁疼，心烦难寐，低热，大便溏臭等症状。所以，有时选用一二味清热解毒药，效果较好。同时还应结合现代医学的理化检查指标作为辨证用药的参考依据，如谷丙转氨酶升高，在急性期多因湿热所致，而且偏于湿热蕴郁血分，选用方药以清热解毒、渗湿凉血为主，如垂盆草、夏枯草、虎杖、金线莲等。慢性期多见于虚证，尤以肝肾阴虚为主，治当权衡虚实，不应一味清热解毒，而以五味子、白芍、酸枣仁等滋阴收敛，补益脏腑，抑制酶的渗出。对黄疸指数、胆红素偏高者，尤以茵陈、山栀子、大黄为伍，以利胆消炎，促进肝细胞修复。球蛋白增高或倒置，提示进入慢性期或肝硬化的趋势，临床表现与脾肾两虚和气血不足有关，在辨证基础上加黄芪、当归、党参、白术、山药、冬虫夏草、黄精健脾益肾，调补气血，提高血浆蛋白。对絮浊长期不降者，用乌鸡白凤丸炖红菇、瘦肉，常服有良效。

4 老少有别时令异，当因人因时制宜

不分老少、青壮皆可患肝炎，但因患者的具体情况各异，治疗用药有所区别。如小孩生机旺盛，较易恢复，而脏腑娇嫩，用药易伤脾胃，应顾护脾胃，治疗此类患者周来兴喜用麦芽、鸡内金、白术、神曲等；成人病程较长，恢复慢，且多与情志有关，尤其是脑力劳动的患者，思想顾虑多，常因此影响疗效。因肝喜条达主疏泄，主谋虑，故肝病的发生多与情志失调或过度劳累有密切关系，而疗效亦与情志有关，治疗时宜加柴胡、郁金、陈皮、青皮、麦芽等疏肝解郁，调达情志；老人气血衰少，用药多应兼顾调补气血，如生黄芪、黄精、党参、当归、枸杞之类。

肝炎全年皆可发生，有明显季节性，但不同季节气候对肝炎的影响不同而出现各种兼夹证候。因此，应根据不同气候特点来指导临床治疗用药，《内经》云："必先岁气，毋伐天和"。如夏暑季节高温多湿，患者多挟暑挟湿，故治疗宜酌加六一散、芦根、荷叶等清暑药；梅雨季节加藿香、佩兰、泽兰、薏苡仁等芳香化浊之品。

5 重视内因与扶正，以提高免疫功能

《内经》云："邪之所凑，其气必虚。"又曰："正气存内，邪不可干"。说明古人很早就重视机体的内在因素，即抗病能力。在治疗肝炎除了适当地投以清热利湿解毒、活血祛瘀的药物外，更重要的是如何提高机体的免疫力，以产生大量的抗体与抗原结合，消除病毒，使机体康复，这对于慢性肝炎或病程缠绵的患者更有临床意义。故治疗肝炎以清热利湿，祛邪存正气是一方面，扶正又是一方面。扶正可包括以下几个方面：①注意休息，调情志，适当增加营养和药物调补；②增强体质，提高机体免疫功能和抗病能力，使正气充沛，邪去病安。此外，尚须重视患者的精神因素，多做一些思想工作，使之树立信心。消除顾虑，心平气和，达到畅情志、疏气血、令调达、致平和的目的，促进患者早日康复。

6 病案举隅

张某某，女，40 岁，农民。于 2001 年 2 月 23 日初诊。患者于 2001 年 1 月 8 日起出现疲乏，欲呕，胃脘胀闷，胸胁不适，纳减，于某院胃镜检查，诊断为浅表性胃炎。经服西药吗丁啉、庆大霉素等治疗半个月，后转服中药半夏泻心汤数剂，上症均未减。患者自以为"胃冷"，食姜酒 2 天后，脘腹胀加剧，纳差，尿黄，疲乏而来求诊。查体：体温 37.4℃，脉搏 78 次/min，呼吸 20 次/min，血压 15.3/10.7 kPa，腹平软，肝上界右锁骨中线第 5 肋间，剑下 1.5 cm。质软，压痛，叩击痛（+），肝脾未扪及。肝功能检查示：总胆红素 118.62μmol/L，直接胆红素 46.05μmol/L，谷丙转氨酶 55.99 mmol·s－/L，谷草转氨酶 l9.17 mmol·s－/L。查 HBsAg（+）。B 超提示：肝实质损害。证见：神疲乏力，形体较瘦，身目尽黄，色鲜明，小便色黄似浓茶，右胸胁不适，食欲不振，厌油，大便稀溏，舌质偏暗，舌苔黄腻，脉弦滑。西医诊断为急性黄疸型肝炎。中医诊断为黄疸（肝郁脾虚，湿热郁阻）。治宜清热利湿为主，辅以疏肝利胆，健脾活血。处方：茵陈 20g，虎杖 15g，土茯苓 15g，金钱草 6g，白茅根 30g，柴胡 6g，郁金 10g，白术 10g，茯苓 30g，赤芍 10g，丹皮 12g，甘草 3g。水煎服，每日 1 剂。并辅以西药肝泰乐、维生素 C、食母生、保肝等支持疗法及配合输液治疗。3 月 6 日复诊，患者目黄、肤黄消退明显，疲乏改善，纳增，胸胁不适已除，小便稍黄，大便仍不实，舌苔黄腻转薄，脉弦细。复查肝功能：总胆红素 75μmol/L，直接胆红素 15μmol/L，谷丙转氨酶 3.48 mmol·s－/L，谷草转氨酶 0.87 mmol·s－/L。守原方加麦芽、谷芽各 20g，继续服用。3 月 23 日复诊，黄疸退尽，食欲正常，二便调，唯觉仍有疲乏，舌苔薄微黄，脉弦细。复查肝功能，只有谷丙转氨酶稍偏高（45 U），原方去虎杖、土茯苓，加生黄芪、太子参、黄精扶正祛邪以善其后，续服 1 个月。5 月 8 日复诊，诸症已除，查肝功能正常，查 HBsAg（－）；B 超提示未见肝实质损害。上方稍作加减，嘱继续

治疗,每星期服药1～2剂,并注意调摄以巩固疗效,随访半年已康复。(林呈钱)

周楣声针灸学术经验

【名老中医简介】周楣声(1918～)安徽天长人。主任医师。原任职于安徽中医学院附属针灸医院。中国民间特种灸法研究会会长,安徽省灸法研究会会长。首批全国老中医药专家学术经验继承工作指导老师。享受国务院政府特殊津贴。精针灸,以灸法见长。编写《灸绳》《针灸歌赋集锦》《针灸经典处方别裁》《针灸穴名释义》《黄庭经医疏》《周氏脉学》《金针梅花诗钞》《针铎》《周楣声全集》《填海录》等著作。

学术思想

1 “梅花派”—针灸心得自成门户

周楣声针灸方面源于其祖父周树冬公,周老儒而能医,通诸家言,尤长于针灸,自成门户。因其平生喜画梅及咏梅,故将其在针灸方面的心得以“梅花派”名之。其特点如下。

1.1 重视修身,强调守神

周楣声首先强调守神和治神的重要意义。不仅要求病者守神与治神,而且对医者本身也同样如此。医者神充气足,精力充沛,方能从不病之身,治有病之人。

1.2 识禁知要,不拘原则

强调对人身禁针禁灸诸穴要熟知,什么部位禁灸,什么部位禁针,什么时期什么部位禁针、什么部位禁深针。

1.3 认症选穴,求异求同

认症必须明确,选穴方能中肯。“求异求同”实为梅花派认症选穴思想精华。“在认症之时,如欲提纲挈领,则应异中求同;如欲条分缕析,则须同中求异。”选穴之际,亦应如此。

1.4 进针有法,左右开弓

进针是针刺的第一关,这不仅在于无痛,而更重要的是在于得法。而梅花派之在左右单手同时进针法,尤为独创。

1.5 直针贯穿,数穴兼服

“人身之经脉既是纵横交叉,而孔穴更是鳞次栉比,或前后相对,或彼此并排,相对者则直针可贯也,并排者则斜针或串也,常于一针或一针两经时用之。”

1.6 重深轻浅,深可兼顾

进针是否得效实取决于入穴之深浅,而宜深宜浅之间,不但因经因穴而不同,且亦因人因时而各异。

1.7 候气三治,曰静移改

下针得气与否是针刺成功的关键。梅花派候气法,其一是静以久留;其二是如待之而仍不至,可将针尖向前后左右频频移动,不必出针别刺;其三是如仍不能得气者,即须将针抽至皮下,另行改换方向刺入,切忌操持太急,乱捻乱捣。

1.8 辅针导气,推陈出新

经气不至,在于候气;经气已至,在于导气。而导气之要则在于辅针。辅针者使针能为我用,针与气血相依辅也。

1.9 出针有法,不失时机

自进针以至出针,一次治疗至此即全部结束,其中亦有法度而不可忽视。梅花派十分强调出针时机与出针方法。出针时机是指:①针下寒热,即补则热生,泻则凉至;②针下虚实,“病势既退,针气微松;病未退者,针气如根”;③脉之软坚,是指针刺前后的脉象比较,如脉象由躁急转为平静者,是泻之弛也;由沉伏转为应指者,是补之验也;④气之调否,是指针刺前后患者精神状况的各种变化,必须心领神会,方能有所察觉。梅花派有三指两用之进针法,同样也有三指两用之出针法,即用拇指、食指轻轻转动针柄,中指按压在针孔旁之肌肉上,再逐步或一次外提,再用中指按压或不按压针孔,简便安祥,无须双手配合。

2 灸感三相—首次提出灸法治疗量的问题

周楣声认为,采用特定的作用方式,才能获得充分的作用量。所以灸具必须是位置稳定,作用集中,热力均衡,时间持久,始终作用于一点,当局部力量蓄积至一定程度时,感应即离开灸处,开始向病处及远身方流行,这就是感传。

2.1 第一相(定向传导期)

针灸的作用自古就是强调“气去病所”。灸法在采用了“灸架”或其他类似工具连续施灸情况下作用大大提高,感传易于发生。所谓第一相即是穴病相连的过程。

2.2 第二相(作用发挥期)

第一相后患者即觉患处出现发热发凉、盘旋、蚁行、风吹、芒刺等不同感觉。感应的轻重强弱及时间长短，与病情的轻重缓急大致成正比。当感应到达作用发挥期开始不久和达到预期顶峰时，患者自觉症状即开始有所减轻，如疼痛减轻、体温下降、咳喘平静、舒适感，作用维持了3～4h，症状又复燃，所以必须连续施治，但无例外，随病情恢复和痊愈，感传亦逐步减弱或消失。

2.3 第三相(下降中止与循环经再传期)

当作用发挥期到达顶峰时，感应即逐渐开始下降，并不能因火力持续不断而感应亦持续不断。到此本次灸治结束。下次灸治间隔时间多在3～4h后，感应方可再现。

3 以灸治疫，热证贵灸

灸法治疗许多火热疾病，已为临床所证实。如红眼病、皮肤痈肿、疔疮、下肢丹毒、菌痢等。但对"热证贵灸"都缺乏强有力的说服力，所以周楣声选用"流行性出血热"作为"热证贵灸"突破口。流行性出血热与中医中的瘟疫、瘟疹更为相符，具有一派火热证候，能用灸法将其降伏，对"热证贵灸"将是一个强有力的证明。

3.1 选穴法则

针灸疗法的特点之一，异病同治的对症疗法，没有特殊的孔穴与特殊穴组。①头痛发热合并颧面潮红或青紫浮肿，以及球结膜充血水肿等症是出血热早期症状。取穴大椎或左右上下各一寸(5针)，火针代灸，祛风解表，泄热止痛，再随宜加用手足阳明、太阳、风池诸穴，在发热期与阳气怫郁、腠理不宣阶段自属适宜。三棱针点刺手足诸井穴，亦有泄热解表之功，并可防止热毒入营。②腰痛是肾脏受损的主要体征，在病程的各个阶段均可出现。灸法作用不仅缓解症状，主要是改善与维护肾功能。腰痛停止后，少尿症状很快得到改善或不再发生。常用穴组是阴交四针(即阴交、命门、左右肾俞)，火针代灸，立即止痛。阴交命门前后相对是"偶刺"法的应用，配合左右肾俞，对各种腰痛均可有效。③上消化道症状如干呕、痞满、厌食与食入即吐等症在早中期常与发热浮肿等同时并存或单独出现。三脘加左右梁门，再合用于手足三里，是宽中快膈，止吐进食的首选穴。④烦躁不宁或眼睑不开，昏沉思睡，常见于湿浊内阻，热毒入营与心阳不振之低血压休克期，亦见于阴亏水涸之少尿期，前者可用巨阙、至阳以强心复脉，阴交四针以养阴护肾，亦可用百会五针以醒脑安神，心俞、肾俞以交泰水火。大钟、道里亦有交通心肾、调复阴阳之功。⑤鼻出血、牙龈出血、内脏腔道出血等，膈俞以泻热清营，兼以强心；用血愁以止血养阴，兼以护肾。上肢配尺泽、鱼际；下肢配血海、三阴交。

4 鬃针埋藏，别出心裁

针刺、艾灸、敷贴、推拿、拨火罐、耳针，多属短暂刺激。延长刺激的方法有灸疮、割治、穴位结扎、组织疗法、埋藏。目前延长刺激的许多方法中，均有一定的痛苦与局限性，而利用羊肠线进行埋藏，虽然简便易行，缺点是吸收较快，不能持久。异物如被吸收则排异反应也就消失，就不能达到最佳的效果。鬃针埋藏，手续简便，效果延长。

4.1 取　材

①猪鬃，以猪颈部长鬃毛为宜，剪去根部与末梢，放入清水中加碱煮沸去垢，反复数次，直至水清澈为止。②6号或7号注射针头数枚，以猪鬃能自由进出针孔为准。③酒精棉球。

4.2 部　位

凡属肌肉丰厚之处，如肩背腰腹及上、下肢之近心端均可应用，以背部最为相宜。

4.3 操　作

①将猪鬃穿入针头之内，猪鬃末梢在针头部分，要藏入针孔之内，根部在针座部分，要露出于针体之外。②在选定的穴位处皮肤上常规消毒，左手拇指、食指二指常规消毒后捏紧穴处皮肤和肌肉，提起，右手持针在捏起的肌肉下方横行刺入，针尖穿出皮外。埋入之猪鬃必须与肌纤维交叉，否则常因肌肉之收缩将猪鬃推向远方。③不能放松左手，右手将露出针座外之猪鬃向前推进，使之露出针尖之外2～3cm，再放松左手，用左手食指尖压位露出针尖外方之猪鬃，右手捏住针座，将针拨出，此时猪鬃即卧于皮下深层或肌肉中。④左手拇、食二指夹住猪鬃之末梢部分，将猪鬃之根部拉入皮内，以手在皮外不能感知为准。再用剪刀将猪鬃末梢部分平皮剪去，用手向两边堆展皮肤，手术即告完成。

4.4 适应症

凡适宜于埋针及肠线埋藏者均可。①心血管病：以左、右心俞与至阳为宜。②呼吸系病：以左右脾俞或膏肓为常规。亦可在3、4、5、6、7胸椎随宜选用。特别是对12岁以下儿童之支气管喘息，其效果常出意外，年龄越大效果越低。对老年哮喘虽亦有效，但并不十分满意。③胃肠病：以左、右脾胃俞，小肠俞，天枢等穴为主。④泌尿系病：以命门、左右肾俞、阴交、关元等穴为主。⑤关节及运动系病：上肢以肩髃、手三里等穴为主，下肢以风市、梁丘、血海、足三里、条口等穴为主。⑥内分泌病：糖尿病以八椎两侧为主，甲亢以左右肩井为主。⑦颈部肿块：良性肿大，双侧肩井埋藏有效。

4.5 使用及注意事项

①选穴，以1～2处为宜，最多不超过3处。②埋入后的两端，手摸均不能感知，如两端植入太浅，可引起刺骨，如有可能，可以拨出再埋。③对儿童喘证，埋藏后当日可生效，1周左右效最佳，2周左右呈停滞状态。20天后可重复选穴埋藏。顽固病症亦不超过3次，3次尚未收效者，以无效论。④鬃针埋入后即不能取出，常在半年以上自行吸收，或移向别处，未见不良反应。⑤对于一些轻浅病例，如需在3～5天内取出者，可将猪鬃末梢部分保留，胶布覆盖，除去胶布即可将猪鬃带出，称为半埋。

5 阳光普照，得心应手

针灸功效取决于辨证与辨病相结合的认识方法，也取决于或针或灸与宜针宜灸所采用的作用方式。但选穴必须准确，效果才能发挥。

5.1 命名根据与作用

背为阳，心为阳中之太阳，背部胸椎两侧的这一区域，历来为针灸家临床选穴所重视，如催氏四华、八华、骑竹马，以及灸痨、灸喘、灸反胃等许多有名灸法，均集中在这一区域而用之有效，全身许多疾病在第3～8胸椎及其两侧多能现反应。而采用不同的作用方式，多可收到良好的效果，所以该区被称为“阳光普照区”，方法为“阳光普照法”。

5.2 选穴与施灸方法

许多疾病在这一区域内反应形式虽各不相同，如红点、黑点、结节、自觉病痛与压痛等均可出现，以压痛反应最多见与重要。王执中在《针灸资生经》中对此特别重视，反应穴的出现也有一定的规律，大多以病侧为多见，即病在身之左而反应穴亦多在背之左，病在右侧反应穴多在右，病在上反应穴多在上，病在下反应穴多在下，如反应穴左右不分者则多出现在正中或邻近椎病。反应穴找到后，可以选择不同治疗方法而皆获效，如挑刺、拔罐、埋藏、贴药以及针或灸，以灸法最为有效。（蔡圣朝）

临床经验

腰痛八法

1 针灸八法

1.1 天应取穴法

疼痛特征：疼痛位置固定；取穴原则：寻取痛区中心压痛明显处；针灸方法：针刺或以火针代灸，火针可用大头针代替，烧红后垂直刺入皮肤约3mm，可按压片刻再去针，一般以一穴为准，在同一孔穴可重复1～2次。

1.2 远近相呼法

疼痛特征：腰痛，影响下肢运动；取穴原则：在患处就近取穴与远道取穴相结合（循经或不循经，上肢或下肢均可），常用就近取穴：阿是穴或腰夹脊（相应的），大肠俞、肾俞等；远道取穴：委中、阳陵泉、承山昆仑等，一般按腰痛的部位只选一组穴，即远近各一穴。针灸方法：以针刺为主，在近处进针得气后停针不动，再于远处循经取穴（或不循经），进针，得气后即加强手法，令气直达痛所即停，随即泻第一针，再于第二针处催气至病所，如此三度而行之，使病衰痛止为度，近处泻，远处补，可双手同时运针。

1.3 从阴引阳法

疼痛特征：腰痛连及下肢内侧及下腹者；取穴原则：前病后取为从阳引阴，后病前取为从阴引阳，正腰痛前取阴交穴，侧腰痛取同侧天枢，亦可在病痛处腹部对应点取穴；针灸方法：采取灸架固定薰灸较计刺疗效好而持久，如出现灸感，且能自前向后直达腰部者，疗效最佳。

1.4 上下交征法

疼痛特征：腰痛，痛无定处或二便不能用力；取穴原则：取上、下肢应病要穴以手足同治，上肢可取腕骨或后溪，下肢常取足三里，申脉，可取同侧上、下肢穴位，亦可交叉取穴，上下任选一组。针灸方法：以针刺为主，可双手同时运针，催上、下之气相接并直达病所。

1.5 俞募相连法

疼痛特征：腰痛范围较大，延及胁肋或前后阴部；取穴原则：腹背部同时取穴，前取募穴，后取俞穴，如前取石门（或阴交），后取三焦俞，或前取京门后取肾俞，亦可取大肠俞和天枢；针灸方法：灸或针，可前后同取，亦可轮流选之。

1.6 独取耳尖法

疼痛特征：腰痛剧烈，病程较短，由急性闪挫伤所致。取穴原则：双侧耳尖穴，以右耳尖穴为必取；针灸方法：耳轮水针或点灸，耳轮水针多在耳尖穴注射5%利多卡因0.2～0.4mL，以局部皮肤肿胀色苍白为度。

1.7 同中求异法

疼痛特征：腰痛有多种兼症者。取穴原则：随兼症不同而取不同的穴位，腰痛不能举足取申脉，腰痛不能小便取太冲，腰膝拘挛痛取阴交，腰痛连髋，脊

强不可转，取腰俞。针灸方法：针或灸，其他参见3、4、5法

1.8 左右开弓法

疼痛特征：双侧腰痛或双侧轻重不一。取穴原则：双侧同时取穴，取穴方法参照2、3、4、5法。针灸方法：针、灸，或点灸，具体可参照2、3、4、5法。

2 验案举隅

2.1 急性腰扭伤

王某某，男，30岁，用力不慎致腰部疼痛半天，不能俯仰转侧，咳嗽或腹压增加时疼痛更剧，由他人扶掖来诊。体检：患者被动体位，第4、5腰椎右侧腰肌压痛明显，直腿抬高试验拇趾背伸试验均为阴性，诊断为：急性腰扭伤。取穴：用独取耳尖法，取双侧耳尖穴，用利多卡因进行穴位注射，每穴0.3～0.4mL，以皮肤隆起、苍白为度。治疗后即见减轻，第二天有反复，再予前法治疗，3次痊愈。

2.2 腰椎骨质增生

乔某某，女，50岁，腰痛8年余，加重1个月，腰部活动不利，放射至左下肢，伴麻木，行走10米远左右即需休息片刻。体检：腰4、5左边压痛，且向左下肢放射，患侧殷门、委中、承山均有压痛，X片示：腰椎变直，第4、5腰椎骨质增生。诊断：腰椎病。取穴：天应取穴与远近相呼法合用，取腰4、5左边压痛点和承山，先针腰4、5压痛穴，得气后再针承山穴，有较强的针感后，再泻腰4、5压痛穴，如此反复3次，腰痛大减，遂取灸架固定薰灸腰4、5压痛穴，共治10次，患者腰痛缓解，随访半年未复发。

2.3 风湿性腰肌筋膜炎

张某某，女，52岁。患者腰痛7年余，劳累或天气变化时疼痛加剧，得温则舒，疼痛部位不定，或在左，或在右，或伴右下肢疼痛酸胀，或移于左下肢。体检：两侧腰肌广泛性压痛，血检：抗“O”800U，血沉25mm/h，类风湿因子阴性。诊断：风湿性腰肌筋膜炎。取穴：以上下交征与俞募相连法为主加减，每日治疗2次，上午取风池、手足三里、后溪、申脉（均双侧），平补平泻，上、下同时运针，使气至病所，下午取三焦俞（双侧）、阴交穴，薰灸，5次显效，9次疼痛消失，后以薰灸阴交20天巩固疗效。2年后随访，未再疼痛。

2.4 隐性脊柱裂

王某某，女，35岁，腰痛多年，疼痛绵绵，近因受凉而腰痛加剧，腰正中疼痛，不能俯仰。体检：第5腰椎压痛明显；X片：腰5骶1隐性脊柱裂。取穴：从阴引阳法，选用：阴交，灸架固定薰灸20分钟后，热流直向痛处透去，1小时后热流消失而停灸，重复治疗7次，患者腰痛及局部压痛皆停消失而停止治疗。（魏从建）

温和灸

1 脱肛案

邱某，女，43岁。3年前即患有便后出现直肠脱出现象，屡治无效。近日来脱出加重，需用手托扶纳回，伴有消瘦乏力，纳差，便溏，舌淡苔白，脉沉细无力。诊为脱肛。予商丘及昆仑穴施艾条温和灸。第1次施灸至40分钟后，肛门开始有收缩感，并随施灸的持续而逐渐加强，至施灸60分钟后，肛门收缩感减弱而停灸。依上法施灸3次，症状有所改善，脱出直肠可自动回缩。继续施灸10余次，便时脱肛现象消逝。3个月后随访，脱肛未再发生。

按 本案脱肛系由肺脾气虚，中气下陷，大肠失于收摄，肛门失约而脱出。选取足太阴脾经商丘，意在补脾益气，升阳举陷，以治其本，足太阳膀胱经经别别入于肛，依“经脉所过，主治所及”，选取足太阳膀胱经昆仑穴，以利灸感循经至肛门部而提高疗效。灸法治疗脱肛多用于脱肛术后恢复及脱肛的急性发作期。手术后的灸治有利于伤口的愈合，提高手术的治愈率；急性发作期灸治可使脱出的直肠自动回缩，缓解症状。但灸法治疗脱肛，亦有的患者停灸后，有复发现象。

2 五更泄案

戚某，女，53岁。黎明泄泻约7年，经中西医药物治疗效不显。患者形瘦畏寒，偶有腰酸痛，饮食正常，舌淡红苔薄，脉沉细。诊为五更泄。予命门穴施艾条温和灸，每日早、晚各1次，每次1根艾条。施灸的温热感可从局部渗透于腹内，并在停灸后可持续1～2小时，经此法治疗月余而愈，1年后随访无复发。

按 五更泄系由肾阳虚弱，命门火衰，不能温煦脾土，水谷难以腐熟运化所致。命门位于十四椎之下，为督脉所入之门，其所在处与肾关系密切。故重灸命门，可借艾灸的温热之力，渗透皮肤直达深部，增强温补脾肾阳气的功效，可消除因命门火衰而致泄泻。

3 痈疡案

王某，男，19岁。患者近1周来双手背多发性湿疹，呈片状分布，大小如粟粒，色红头尖，且逐渐加重，瘙痒难忍。曾给予清热利湿中药浸泡熏治患部后，双手背糜烂、溃疡，且有脓性分泌物渗出，双手肿痛伴有烧灼感，体温37.8℃，白细胞总数10700/

mm3。诊为痈疡(化脓性感染),予艾条温和灸曲池穴,当灸至20分钟左右,自曲池至手背病变部有温热感的传导,继之病变部温热感逐渐加强,并有痒胀感(虫行感),继续施灸至1小时左右,手背部的痒胀、温热感逐渐减弱而停灸。依上法每日熏灸2次,3次后,病变部的脓性分泌物逐渐减少,肿痛减轻,烧灼感消失,体温亦趋正常,按照上法继续施灸3次后而告痊愈。

按《内经》云:"汗出见湿,乃生痤痱",由于湿热之邪郁阻肌肤,内不得通,外不得泄,营卫不和,肌肤失于濡养而发湿疹,加之复感外邪,引起疾病进一步加重,形成糜烂、脓肿。《备急灸法》曰:"其候忽然遍身痛痒如虫啮,痒极搔之,皮肤脱落,烂坏作疮。凡有此患,急灸两臂屈肘曲骨间(即曲池穴也),各二十一炷",本症熏灸曲池穴,一则属于近端取穴,可使灸感快速、直接到达病变部位;二则曲池为手阳明大肠合穴,具有清热利湿,凉血解毒之功,善于治疗皮肤病。临证中,灸法治疗皮肤破溃、脓肿、褥疮等症,如运用得当,其疗效优于针刺。但在施灸时应注意穴位的选择和灸感的产生。一般循经取穴,在大椎穴水平面和脊中穴水平之间脊柱上或两旁寻找压痛点及局部施灸三者相结合,施灸量按周楣声提出的灸法三相规律决定每次施灸量,每获良效。

4 盗汗案

汪某,男,46岁。患盗汗3月余,时轻时重,入寐后周身汗出如洗,神疲乏力,时有心悸,舌淡脉细。诊为盗汗。予左右阴郄穴同时艾条温和灸,约至50分钟后,温热感可沿手少阴心经直达心区,待其灸感减弱后停灸。当夜汗减大半,未全止,隔日未灸,汗又再出,后又继续施灸5次,盗汗被控制。

按 盗汗是由于阴虚,腠理不固,而致汗液外泄的症状。该患者主要由于心血不足,心气亦亏,汗为心之液,故熏灸手少阴心经阴郄穴,具有益气补血敛汗的作用。另外,艾条熏灸少冲穴,亦有患者灸感可传导至心区,但施灸时患者的体位一定要舒适、平坦。否则,会影响灸感的传导。

体会 ①温和灸要有足够的量。温和灸作为一种行之有效的传统疗法,在临床中起着重要作用,但其疗效与施灸量有密切的关系。目前诸多书中记载温和灸施灸时间10~20分钟不等,施灸程度以局部皮肤红晕为度。从临床疗效验证,此施灸量对某些病证不能收到最佳疗效。考古代记载施灸量,不少情况下都比较大,为"随年壮"或"灸至百壮"。《千金方》云:"凡言壮数者,若丁壮遇病,病根深笃者,可倍多于方数,其人老人羸瘦者,可复减半……仍须准病人轻重而行之。"故施灸中,不必拘泥某穴灸几壮、灸几分的限制,应根据病证、病情、体质掌握不同的施灸量。从临休体验看,除上述所举病证须长时间施灸外,对顽证、痛证、里证、虚证,如关节炎、类风湿性关节炎、风湿性肌灸、坐骨神经痛、脱证、奔豚气、遗尿、痛经等证均要采用长时间的温和灸,方能取得最佳疗效。②长时间温和灸多可产生灸感。从古至今,大多书籍描述针刺得气感觉,而对灸感描述甚少,只提及施灸程度"从知痛灸至不知痛,从不知痛灸至知痛"或只言灸几壮。在临证中仔细观察,认为灸疗同针刺一样亦能得气。其灸感多为施灸部位或病变区出现温热、痒胀及循经传导现象,周楣声将其归纳为3个阶段(又称灸感三相规律):第1阶段(Ⅰ相):自熏灸点与病灶间发生气至病所的联系,出现温热感、水流样感觉等;第2阶段(Ⅱ相):在病灶处出现温热感、虫行感、风吹样感觉等;第3阶段(Ⅲ相):灸点与病灶间的联系消失。此3阶段的产生,大多须长时间施灸即在40分钟以上,甚或燃尽1根艾条(约90~120分钟)。灸感产生与否与疗效有密切关系,若灸的时间达不到得气程度,则疗效甚微;若能达到得气的程度,则疗效显著,与针刺"气至而有效"相一致。故在施灸时,应长时间进行灸治,方能达到得气的程度。但切忌妄施过量,否则会欲速则不达。③取穴少,疗效高。长时间温和灸取穴少而精,依辨证取穴、循经取穴,选取1~2穴,如脱肛选丘墟或飞扬;寒湿泄泻取水分;五更泄取命门;肩凝症取肩髃;血瘀腰痛取阳交;下肢脓肿取至阳和腰阳关;足跟痛取风池等。长时间温和灸,气至为度,取得满意疗效。(尚秀葵)

周鸣岐临床经验

【名老中医简介】周鸣岐(1919~1992)山东省掖县人。原大连市第二人民医院中医科主任。市中医学会秘书长、副会长、市政协委员。首批全国老中医药专家学术经验继承工作指导老师。享受国务院政府特殊津贴。从医50余年,擅长治疗崩漏、风湿症、冠心病、肾炎、脾胃和鱼鳞病等疾病。研究成果先后获国家中医药管理局科技成果二、三等奖。出版专著2部,发表论文60余篇。

银屑病

1 血热风燥瘀相关,依因立法方始成

银屑病在中医古籍中常列入风门、癣门,多数学者多以“松皮癣”、“干癣”、“蛇虱”、“白疕”名之。周鸣岐推崇“白疕”之说,但对其成因不囿于前贤所说:“病由风邪害于皮肤,血燥不能荣养而致之”论点;他认为“血热”是银屑病之主因,证候上表现出的风、燥、瘀之象是血热之果,虽然亦有外感六淫而发者,但多数为血热生风,风盛化燥,此因果相成也。因而本病总属阳、热、实证,其病机重点是热壅血络。析其所论,周鸣岐对血热成因可概括为4个方面:①禀赋素体之潜存,这类患者常有家族史;②过食辛辣炙(火専),海腥酒酪;③七情悖逆心绪烦扰;④外感风寒湿邪,郁而化热。从发病学角度观察,以内因发病者为多,亦有内外合邪而发者,或在病变过程中,复感外邪而加重者。再从皮损部位观察,患者皮损部位以头与四肢伸侧、背部为多,这些部位从经络学说角度分析,是三阳经为主,其中阳明经最多,加之患者常有咽痛、心烦、口渴、便干、溲黄、脉滑数等热证,故其涉及脏腑以肺、胃、肝、脾为主。就皮损斑疹及鳞屑而论,《疡医大全》说:“斑疹者统属阳明与大肠之风热亢极,内不得陈泄,外不得透达,怫郁于皮毛腠理之间。”本病斑疹是血热郁而不达博及脉络,使脉络充斥盛于表而色赤成斑,非血溢于脉外故压之退色,此点与温邪入营血,热壅迫血妄行而溢于脉外,其斑色深红或紫红压之不退色有别。热盛生风,风盛则燥,皮肤失所养故鳞屑生而化燥,日久伤阴,燥热更甚,血燥难以荣肤,鳞屑叠叠层层。再者从流行病学角度观察,银屑病多发于青壮年,从周鸣岐诊治的1113例患者中分析,20~40岁者占64.34%,这与本病好发于青壮年的特点是一致的。这可能是由于青壮年血气方刚,阳热偏盛,其与病理机制是符合的。因此,他所创之“银屑汤”其立方之旨,着重在于清热凉血,佐以祛风解毒,滋阴润燥。方中白鲜皮、防风祛风解毒止痒;双花、连翘清热解毒,透络达邪;生地、白茅根清热凉血;土茯苓、苦参、地肤子清热祛湿解毒;丹参、鸡血藤、当归活血化瘀养血润燥,诸药合和,相得益彰,既可外散肌表之风毒,又能内清血中之热毒。诚如周鸣岐自编口诀曰:“银屑土苓生地黄,银翘茅鲜苦参防,丹参血藤归地肤,白疕顽癣效非常。”

2 二分四辨守病程,更方加减宜仔细

周鸣岐诊治银屑病,首先根据证候学特点拟辨证要点、并结合现代医学分期理论提出二分,即辨证分为风盛血热及风热血燥二证,前者系现代医学银屑病之进行期,后者为静止期。关于中医辨证分型,国内学者多年来众说纷纭,多达20余型,确有难以驾驭之感,他执简驭繁,提出二型为原则,应用中有提纲挈领之功。四辨即为一辨标本主次:对血热与风、燥、瘀之间在病情中相移变化分主次,做到抓主要矛盾及主要矛盾方面;二辨虚实,即辨患者体质及邪正势态,从病程长短、年龄诸方面分明虚实,虽本病属实为多,但亦有虚实夹杂之情况。三辨斑疹鲜屑:斑疹泛发色红赤且迅速呈点状渐及斑块者,皮屑易剥离,剥后出血者,或斑疹不断者,多为风盛血热毒盛;皮疹色黯红或淡红,鳞屑呈蛎壳状,层厚叠起,干燥紧束不易剥离,剥离后不易出血者,新疹不再出者,多为血燥血瘀难荣皮肤所致。四辨兼夹:即因体质有异,感邪各异,时有夹湿、夹瘀、夹气郁、夹虚等情况,这些兼夹有的是原发的病因,有的是继发的病情,辨证当委曲周全,庶可提高疗效。

周鸣岐在辨证分型后,又将银屑汤分为Ⅰ号、Ⅱ号。①银屑汤1号组成:白鲜皮30g,白茅根60g,金银花20g,连翘15g,防风10g等。功能为凉血解毒,活血祛风。适应证:泛发红斑、血疹,发展迅速,多呈点状、斑块或混合状,新疹不断出现,表面银白色鳞屑易于剥离,剥离后有点状出血;伴心烦口渴,便秘溲赤,瘙痒较甚,舌质红赤,脉滑数。病程短,多在半年以内,属进行期的风盛血热证。

②银屑汤Ⅱ号组成:当归15g,生地30g,熟地30g,丹参15g,鸡血藤30g,红花10g,丹皮10g,威灵仙15g,刺蒺藜40g,重楼15g等。功能为滋阴润燥,活血疏风。适应证:皮疹色黯红或淡红,呈斑块状或蛎壳状,皮肤干燥易裂,银白色鳞屑较厚,附着紧束,皮损剥离基底出血不明显,新生皮疹较少;伴口燥咽干,五心烦热,大便秘结,舌红少津,脉沉缓或细数之风热血燥证。病程长,属银屑病静止期。

周鸣岐在临证中,多将银屑病的疗程定为3个月,一般1~3周可以见效,亦有2~3个疗程收效的。常用药物如下。①清热凉血:金银花、连翘、草河车、山豆根、大青叶、蜂房、紫草、生地、白茅根、生槐米等;②祛风止痒:白鲜皮、白蒺藜、防风、戚灵仙、地肤子、蝉蜕、乌蛇、全蝎等。③活血化瘀:丹皮、丹参、红花、莪术、鸡血藤、蜈蚣等;④祛湿解毒:土茯苓、薏米、苦参等。⑤滋阴润燥:当归、生熟地、生首乌、玄参、火麻仁。

3 调护尤重在忌口，复发顽症须别论

银屑病的调护对收效与否以及愈后复发都至关重要。周鸣岐认为 本病患者宜畅情志，慎起居，坚持用药，持之以恒，其中以饮食忌宜尤为重要。提出：①避免外感；②忌食腥发食物，如海鲜中无鳞鱼类、虾、海螺等以及牛羊狗肉，辛辣酒酪，宜多食水果蔬菜；③避免精神刺激，宜胸怀豁达忌抑郁；④不可乱用外搽药；⑤洗浴不可太频，用水不可过烫或过凉。银屑汤治疗银屑病确有较好的疗效，但任何方药也难以应付千变万化的疾病，顽固病例多为病程长，病情多变，其病程缠绵往往又与湿、痰、瘀、虚等因素有关，凡此种种，周鸣岐细心辨审，另辟方药，亦见功效。（姜松鹤）

溃疡性结肠炎

1 湿热郁结证

腹痛下利，里急后重，大便溏滞不爽，排便次数多，或泻痢灼肛，便秽粘滞，多呈红赤粘液脓血便，口干喜饮，口苦尿黄，舌红苔黄腻，脉濡数或滑。治宜清热化湿，活血解毒。方用白头翁汤、芍药汤治疗，亦常用自拟验方地榆清化汤治之。药用：生地榆30g，苦参、当归、白头翁、白芍、焦三仙各15g，大黄（酒制）、黄连、木香各10g，滑石20g，诃子5g。

2 脾虚寒湿证

腹痛绵绵，大便溏薄，每夹有粘液及不消化食物，或伴畏寒肢冷，口干喜热饮，脘腹胀满，倦怠乏力，舌淡苔白，脉沉滑或沉迟。治宜健脾化湿，散寒止泻。方用理中汤、参苓白术散等。此外，周鸣岐自拟验方二术健脾汤。药用：炒白术25g，党参、薏苡仁各20g，苍术、炒山药、茯苓、赤石脂各15g，陈皮、诃子各10g，红花7.5，干姜、砂仁各5g。

3 脾肾虚寒型

肠鸣，腹部时或隐胀作痛，五更泄泻，或久泻不愈，小腹冷感，或腰膝酸软，畏寒肢冷，舌淡嫩，苔白，脉沉细或沉迟无力。治宜温肾健脾，益气固肠。方用四神丸治之。周师常用验方温肾固肠汤，药用：制附子（先煎）、熟地、山药、党参各15g，补骨脂、炒白术各20g，肉豆蔻（煨）、五味子、丹参各10g，干姜、山萸肉、炙甘草各5g。

周鸣岐认为，溃疡性结肠炎于脏腑标本推究之，则标（胃肠）多实多热，本（脾肾）多虚多寒，临床最多虚实互见，寒热错杂之候。分而言之，各有所征，合而求之，不可混淆，实当审详。因此，治疗时不可偏执一端。如湿热、食积留滞肠胃，纵有虚象，亦不宜滥投滋补，当遵循“腑以通为补”的古训，首重清化，务求腑气调畅，而后补涩之，庶无留邪之弊。清化湿热瘀毒，他最喜用生地榆、酒大黄二药，生地榆“入足厥阴、少阴、手足阳明经”（《本草经疏》），功能凉血止血，清热解毒，“止血痢蚀脓”（《药性论》）。周鸣岐认为地榆专走大肠，清热解毒、收敛攻瘀之力颇佳。且清降不虑其过泄，收涩亦不虑其过涩，施于脓血夹杂之泄泻、血痢、脏毒等病，收效最捷，用量多应在25g～30g之间。酒大黄擅走肠中，能破积散滞，泻热攻毒，周鸣岐言其乃推陈致新，去除污垢而安五脏之神品。凡热毒积聚肠中，秽浊留滞体内，用之最宜。用酒制者，有升清化瘀之功，以缓其过度苦寒，峻下疾走之力。对于泄泻不止，周鸣岐最擅用赤石脂、诃子二味。赤石脂入脾、胃、大肠经，《本草纲目》言其“补心血，生肌肉，厚肠胃，除水湿”，用其涩肠止血、收湿生肌之能，以治久泻、久痢、便血、溃疡不敛极效。诃子苦酸涩温，《四声本草》言其可“下宿物，止肠澼久泄，赤白痢”。周鸣岐经验，诃子乃涩腑固脱圣药，无论何种泄下，均善辨证加用诃子，认为其有收涩之功，无恋邪之弊。若病久不愈，气病及血，必致久病入络夹瘀为患，患者可兼腹痛并有定处，便下黑滞秽物等症状，且瘀滞不散，则病实难愈，论治之时当于治疗方药中辨证加入桃仁、红花、丹参等活血化瘀、推陈致新药物，则气血活通，瘀滞得散，邪去正复，顽疾可愈。此外，他还活用保留灌肠之法，配用锡类散、云南白药、三黄粉、血竭粉等祛瘀生新、敛疮生肌之品，更可就近驱邪，以收事半功倍之效。（石志超 周升平）

周铭心临床经验

【名老中医简介】周铭心（1948～）山东省安丘县人。主任医师，教授，博士生导师。现任新疆医科大学中医学教授。新疆中医药学会会长，中华中医药学会第四届常务理事，中华中医药学会方剂专业委员会副主任委员、体质学分会副主任委员、内科疑难病症专业委员会委员，新疆医科大学学报汉文版主编。第四批全国老中医药专家学术经验继承工作指导老师。享受国务院特殊津贴。擅长中医内、妇科疑难杂病。

胃脘痛

1 辨证论治，治病求本，立法有根有据

周铭心认为临床省疾，强调审证求因、辨证论治。胃脘痛是以胃脘部近心窝处经常发生疼痛为主的病证，多见于现代医学的各种胃炎、胃及十二指肠溃疡、胃肠神经官能症等。胃脘痛发病多与饮食不节、情志失常有关。此外，尚有寒凝、气滞、热郁、湿阻、气虚、血瘀等多种见证，诱发因素亦较为复杂。临床中以上述诸证兼夹者为多见。病机特点往往是寒热虚实，诸证错杂，气滞血瘀，合而为病，使中焦枢机不利，胃气失于和降，而发为疼痛。治疗当以和胃止痛为先。周铭心以半夏泻心汤为基本方加减：黄连、黄芩、干姜各6g，炙甘草、半夏各9g，白术、白芍各15g，元胡10g。黄连、黄芩苦寒降泄；半夏、干姜辛温开结；白术、炙甘草甘温益气健脾；白芍养肝柔肝与炙甘草相伍缓急止痛；元胡行气止痛。方中诸药合用，共奏和胃降逆、行气止痛之功。再结合辨证，在该方基础上加减治疗。

2 随证加减，有法有度，用药灵活简练

胃脘痛病因病机虽较为复杂，但可简化为寒热虚实几个方面。周铭心常根据不同的发病原因及临床表现进行加减，用药灵活简练而不失法度。

2.1 寒 阻

胃脘痛甚，得温则减，口不渴或喜热饮，舌苔白，脉紧或迟，为寒邪犯胃。治宜温中散寒、和胃止痛。基方去黄连，黄芩减为3g，加良姜、香附各10g，砂仁8g，肉桂6g。

2.2 热 郁

胃脘灼热疼痛，痛势急迫，喜冷恶热，口干口苦，舌红苔黄，脉弦数，为肝胃郁热。治宜疏肝清热、和胃止痛。基方去干姜，半夏减为3g，黄连加量为8g，加龙胆草3g，丹皮、栀子、青皮各10g。

2.3 食 滞

痞胀而痛，嗳腑受吞酸，恶心呕吐，吐后痛减，苔厚腻，脉滑者，为饮食伤胃。治宜消食化滞、和胃止痛。基方加槟榔12g，炒三仙各10g，莱菔子9g，枳实10g，鸡内金6g。

2.4 湿 阻

脘痛痞闷，恶心泛逆，身重倦怠，苔白腻，脉濡者，为湿邪伤胃。治宜健脾化湿、和胃止痛。基方加炒白术18g，茯苓15g，陈皮、藿香各10g，砂仁8g。

2.5 气 滞

胃脘胀满，攻冲作痛，痛及两胁，善太息，胸闷痞塞，苔薄白或薄黄，脉弦者，为肝气犯胃。治宜疏肝理气、和胃止痛。基方加柴胡、郁金、青皮各10g，枳壳、青蒿各6g。

2.6 血 瘀

脘痛如针刺或刀割，部位固定，夜间痛甚，舌质紫暗或有瘀斑，脉弦涩，为瘀血阻胃。治宜活血化瘀、通络和胃止痛。基方加丹参12g，丹皮、焦蒲黄、茜草各10g。

2.7 气 虚

胃脘隐痛，喜按，倦怠乏力，舌淡苔白，脉沉或弱，为脾胃气虚。治宜健脾益气、和胃止痛。基方黄连减为3g，加生晒参6g，党参10g，山药、炒白术各15g，砂仁8g。

2.8 阳 虚

胃痛隐隐，喜暖喜按，四末不温，神疲乏力，舌淡苔白，脉细弱，为脾胃虚寒。治宜温阳健脾、和胃止痛。基方黄连减为3g，加附子9g，肉桂6g，砂仁8g，党参、香附各10g。

2.9 阴 虚

胃痛隐隐，嘈杂似饥，形瘦食少，口燥咽干，便结，舌红少津或有裂纹，脉细数，为胃阴亏虚。治宜滋阴养胃、和胃止痛。基方黄连、干姜各减为3g，加生地15g，麦冬、沙参、石斛各10g。

3 药食互补，相得益彰

食疗是中医治疗学的一大特色，如《素问》所说“毒药攻邪，五谷为养，五果为助，五药为益，五菜为充，气味和而服之，以补益精气。”周铭心主张药治为主、食疗为辅。药食同治是中医学治疗疾病，尤其是久病、慢性病及疾病后期的一个重要原则。胃为燥土，其性喜润恶燥，因而醇酒辛辣、肥甘厚味之品食饮过度，均能生热化燥伤胃而引起病变。他尤其强调胃病患者不食冷物，医患均已注意，但对热烫饮食患者多不在意，甚至专食热饮热食。其实，冷物热物均能害胃，冷物易伤胃阳，热物则伤胃阴，不可不慎！并且指出不能空腹食凉而必须先热后凉，欲使下热上凉必使先热后凉，并从阴阳泰否来论述其内涵。泰卦阴阳六爻，上三爻为坤卦，下三爻为乾卦；而否卦则相反，上三爻为乾卦，下三爻为坤卦。泰否二卦这种阴阳结构与一般人事中的阳上阴下为顺者恰恰相反。泰卦的阴阳结构主顺，即通畅；否卦的阴阳结构主塞，即病痞不通。欲使胃气通畅，必须遵从泰卦阴阳次序，所以要先食热后食凉。这一原则对肠胃病调治有着显著指导意义。

4 汤药为主，丸散助益

桂香琥珀散为已故名老中医钱伯煊研究员治疗

痛经之经验方。周铭心潜心学习研究将其化裁为加味桂香琥珀散，并应用于临床治疗胃脘痛，疗效极佳。胃脘痛甚者在单服用汤药疗效不佳时，可加此散剂效佳。基本方为：肉桂、琥珀、良姜各15g，木香20g，干姜、黄连各12g，乌贼骨40g，五倍子10g。上方研成粉末，以散剂直接冲服或装成胶囊服用。体虚瘦弱者用量为3g，体实强壮者用量为4～6g，每日3餐后2小时服用。此方在主症辨证论治的基础上可加减应用，如泛酸甚者加瓦楞子30g，呕吐甚者加半夏10g等。

5 验案举隅

魏某某，胃脘痛反复发作2年余，加重1月，胃镜检查为慢性浅表性胃炎。服西药疗效不佳而求诊于中医。诊见：胃脘痛时作，痞闷恶心，喜柔喜按，身重倦怠乏力，舌淡苔白腻，脉细沉尺濡。证属脾胃气虚、中焦湿阻；治以健脾益气、和胃降逆、化湿行气止痛。处方：基本方加生晒参3g，炒白术18g，陈皮8g，茯苓、木香各10g，枳壳、砂仁各6g。服4剂后痛减，5剂后痛止，胃纳转佳。嘱常服糜粥以充养胃气，忌食辛辣煎炸之品。上方加减调理月余而愈，至今胃痛未发。（高 华 江 钰）

更年期综合征

1 脾肾兼顾，治肾为主

周铭心认为，更年期综合症病机属肾气渐衰，天癸将竭，冲任亏虚，而表现的阴阳失调，关键在肾脏。肾为先天之本，藏真阴而寓元阳，又为五脏之根。肾阴虚则精血不足，冲任亏虚，五脏失其濡养；肾阳虚则功能不足，少火不能温煦五脏。阴虚则热，阳虚则寒；阴阳紊乱失调，可见寒热虚实交杂错乱，诸多症状，变化难测，故治当从本。而天癸源于先天，藏于肾，靠后天滋养、支持逐渐趋于成熟而存于体内；它决定人的生长、发育和生殖，在人的一生中经历了由“至”到盛，由盛渐衰而竭止的过程。渐衰阶段，多发生绝经前后诸证。但其强大功能的发挥自始至终受肾精、肾气的直接影响。而人到中年以后，随着肾中精气的由盛转衰，一损俱损，受其影响，天癸也日渐不足，终于不复分泌，人便进人更年期，于是女子表现为经闭，男子表现为精少，最终男女都丧失生殖能力，故天癸与肾的关系十分密切。而且，“天癸既行，皆从厥阴论之；天癸既绝，乃属太阴经也”。妇人年过半百，肾气渐衰属自然规律，而赖以生存、维持正常生命活动的精、血、神、气，取决于脾胃之化生。倘若脾虚则肾无以养则肾更虚，脾胃一病，百病由生，更年期综合征亦在所难免。治疗时一味补肾则远水不解近渴，清热养阴只能是扬汤止沸，唯健脾补气方可使化源充足，冲任得养，气血条达。正如李东垣所云：“元气之充足，皆由脾胃之气无所伤而后能滋养元气。”此补后天以滋先天也。可见，无论从肾精还是天癸入手，均与“先天”肾和“后天”脾密不可分。故每临此病，他多以治肾为本，同时治脾；治脾的目的还是为了治肾。所以治肾为根本，治脾为权宜。

周铭心强调，一是以阴阳为纲进行辨证，病机以肾阴虚为主，阴虚型较阳虚型明显为多，这可能与其经、孕、产、乳以血为用的生理特点有关；二是阴虚、阳虚虽有偏颇侧重，然常同时并存；三是其发病与精神心理因素密切相关，患者常在情绪激动或紧张时症状频发，或加重。故将本病分为肾阴虚和肾阴阳两虚，以天麻钩藤饮、天王补心丹、逍遥散化裁出两个基本方，结合辨证，随证加减，以调补肾之阴阳为主，配以健运脾胃及调畅气机之药，根据特点选择用药。对肾阴虚、虚火偏亢的基本方：珍珠母、石决明、天麻、钩藤、炒枣仁、白术、山药、云茯苓、陈皮；对于肾阴阳两虚者阳虚甚者，则用二仙汤及菟丝子丸等，效果显著。基本配伍如下：仙茅、仙灵脾、菟丝子、当归、熟地、元参、麦冬或天冬、知母、黄柏、巴戟天。加减法：如果患者血压较高、头晕明显者，加杜仲、川断补肾阳、助气化，并加夏枯草、怀牛膝、白芍等；如阳气亢盛明显，烦躁、失眠或多梦，酌加夜交藤、合欢皮、柏子仁等滋肝阴、养心安神；虚热明显，加鳖甲、白芍、白薇；纳少，加砂仁、炒三仙；便秘，加草决明、柏子仁；烦躁肝火盛者，加柴胡、黄芩、豆豉、栀子、白薇以疏肝理气并清郁火、湿热及虚热；盗汗，加山萸肉、五味子；多汗酌加沙参、麦冬、五味子、山药、金樱子等；痰湿明显，加苍术、云苓、猪苓、泽泻、藿香等祛痰除湿，重者还可酌加苡米、山药、佩兰等以健脾；气血郁滞，酌加香附、郁金、柴胡、青皮、川芍、丹参等行气活血之品。

在临证时需注意：首先治肾，治之不应而治脾；或者有的患者脾胃症状明显，表现为舌暗淡而胖，齿印明显，苔白或黄而腻满，大便多干结，此时脾证明显的应先治脾而后治肾。因为肾为先天之本，有赖于后天脾胃的濡养。若脾胃失于健运，气血阴精之源匮乏，肝肾所藏精血不能充盈，冲任二脉又岂能和调？一般治脾则用积术丸、参苓白术散加减。

2 补泻同施，两不相碍

本病辨证总属本虚标实，临床时所见的肾虚症状并不明显，却常见因肾调节阴阳相对平衡失常，致使心、肝、脾、胃功能的紊乱而产生痰、湿、热及郁火等病理产物的实证。由于肾之阴精亏虚，肝肾同源，可导致肝阴不足，肝火亢盛或肝阳上亢；肾水不足不能上济心火，还可导致心火偏亢、心神不宁等虚火证候；由于水不涵木，肝失疏泄条达，横逆犯脾，使运化失常，致体内水液代谢异常而助湿生痰；湿、热、痰阻滞气机运行而产生郁火。故周铭心独具匠心，治疗时有补有泻，并根据病机辨证地选择先治后治，分清主次、有所取舍，不必面面俱到。补于肾，泻于肝；补于脾，泻于心；补泻并用，先后交互而施。当补与泻发生矛盾时，先治产生主证的主要病机，扫荡主要病理产物，可用"补其母"或"泻其子"，灵活机变以求达到补虚泻实邪之目的。必须指出，补泻虽可同施于一方，但决不可补泻施于一处，即补肾不可泻肾而可泻肝，泻心不可补心而可补肾……否则，补心而泻心，于补无益；泻肝而补肝，则泻少功。

3 温清并用，勿伤正气

据以上病机，周铭心提出治疗时"真阳当温，浮火宜清；温不助火，清不伤阳"。即在温肾之时当留意：有无浮火、肝阳亢等，当心助相火、浮火，宜用仙茅、仙灵脾、菟丝子、杜仲、川断、沙苑子等平补之品，少用附子、肉桂辛热之品，除非见到肾阳虚兼水气者；在清浮火时不应伤及脾阳，少用知母、黄柏苦寒伤阳之品，宁用黄芩、白薇、地骨皮、青篙清虚火、郁火。因为本病病机为阴阳气血紊乱，可见寒热虚实错杂等诸多症状，故在治疗时不但体现"阴中求阳"、"阳中求阴"的治则，而且寒温并用，补泻兼施，有温润补虚之能而无苦寒伤正之弊。用法独特：每周4或5剂，水煎3次，早晚分服。吃2天停1天再服3天或反之，即其中停吃1或2天，这种服法亦是独创。它摒弃传统的天天吃药，采用吃药—间歇—吃药—间歇的方法，不但患者易于接受，更使中焦得以修复、机体正气得以恢复，利于直捣病邪而一鼓作气地治愈疾病。此外，周铭心反复强调：加减时，不仅仅是单纯的药物增加和减少，更应根据阴阳偏盛的具体情况，对组方药物的用量轻重进行调整。

4 病案举隅

段某，女，15岁，2003年4月12日初诊。自诉血压高十余年，现头眩晕不清，胸中懊恼，发热阵阵伴汗出，夜间甚；便结3日一行，且月经已停8个月。诊见舌暗红、苔白腻中黄，脉象细弦关上滑而尺沉。拟以肝肾阴虚伴心肝郁火，且肾脾气化不利又有湿浊阻滞。故用珍珠母（打，先下）40g，草决明、钩藤、炒枣仁各18g，夜交藤、云苓、夏枯草各15g，黄岑12g，白芍、白术各20g，天麻、白薇各10g。5剂之后，症情大减，后在此基础方上随证加减变化2次，患者血压、情绪稳定，诸证全消。

按 本案以阴虚且虚火便亢为主要见证，且虚实夹杂，虚在肝血虚、脾气虚、肾阴虚；治则调肾、脾与肝木，并化湿浊。本方补肝泻心、补脾泻相火，补泻同施，互不相扰。方中主要用炒枣仁补肝血以养阴；白术、云苓健脾化湿，并求"补先天以达补后天"（即补肾）之目的；用珍珠母、草决明重镇潜阳以安神，并可润燥通便；天麻、钩藤、夜交藤养阴以疏风；白芍养血熄风；夏枯草、黄芩清心肝郁火。诸药并用，使之滋补而不留邪，降泄而不伤正，共奏滋水养阴之功。（马 燕）

周平安临床经验

【名老中医简介】周平安（1939～）主任医师，教授，博士生导师。1965年毕业于北京中医学院中医系。北京中医药大学附属东方医院疑难病研究中心主任，内科首席专家。第四批全国老中医专家学术经验继承工作指导老师。享受国务院政府特殊津贴。擅治各种发热性疾病及以肺系为主的各种内科疑难杂症。

流行性感冒

1 病 机

我国北方地区的流感多发生于气候寒冷干燥的冬季，通常呈急性起病，表现为恶寒、高热、头痛、全身酸痛、乏力等中毒症状，常伴咽痛、流涕、流泪、咳嗽等呼吸道症状。少数病例有食欲减退、腹痛、腹胀、呕吐和腹泻等消化道症状。周平安认为流感初起为疫毒袭于肺卫，风寒外束，卫阳被遏，毛窍闭塞，肺气闭郁，故表现为恶寒发热、无汗、头痛、周身酸痛、喷嚏、流涕、咳嗽等，疫毒很快入里化热，致卫气同病，肺热壅盛，致咽喉肿痛、口渴欲饮等，若毒邪逆传心包，可见神昏谵语等神经系统症状。因此，冬季流感发病的主要特点是外寒内热，表里同病。夏季发生的流感，恶寒、肌肉酸痛、头痛等症状则较少见，内热较重，常夹湿邪，腹痛、腹泻、恶心、呕吐等消化道症状多见，疫毒侵犯胃肠表现突出。他多次强调，中医药不但重视不同流感病毒的致病特征，更重视疫疠之气作用之下不同体质、宿疾的人。不同的内伤基础对流感的中医证候特点产生着重要影响，如喘证、哮证、肺胀、痰饮等慢性呼吸系疾病者容易继发细菌性肺炎，咳喘迅速加重，痰色转黄，痰量增多；心悸、怔忡、胸痹、心痹等心血管病患者病后乏力、衰弱症状突出，心律失常、心肌缺血及心功能不全等发生率明显升高；中风、眩晕等脑血管病变者，患流感后易出现头晕目胀等肝阳亢盛的表现，血压容易波动，脑血管病复发率升高；消渴患者气阴两伤以及津液亏虚更为突出，等等。

2 辨证要点

流行性感冒的核心病机是疫毒犯肺，表里同病，中医辨证时需注意以下要点。

2.1 辨表里

流感最常见的表证是恶风、恶寒、头痛、肌肉酸痛以及是否汗出。无汗或汗出不畅是判断邪在卫表的关键，其中恶寒重、肌肉酸痛多提示寒邪外束，营卫闭郁；而初起恶风寒较轻或无，迅速表现为恶热、咽喉肿痛，则多提示表证以风热邪气为主，流感疫毒虽然入里化热较快，但大多在发病初期伴有不同程度的表证。

2.2 辨咽喉

流感疫毒自口鼻而入，咽喉为肺胃之门户，因此咽喉征象有助于判断疫毒的寒热性质，咽喉初起即红肿热痛者说明热势壅盛，以里热为主，而发病2日咽喉仍然红肿不明显者，说明疫毒仍以表寒郁闭为主，或者患者体质呈阳气亏虚。

2.3 辨舌象

时病看舌，观察舌质可判断患者的体质，舌质红者内热较重，舌质淡胖者多为气阳亏虚；流感起病急骤，舌苔变化较快，通过舌苔的黄白、燥润和厚腻可判断病邪的寒热性质、是否存在津伤以及是否夹湿、夹滞等。

2.4 辨宿疾

对患者慢性基础疾病的调查有助于判断患者内伤基础和正气亏虚的情况，有助于早期了解患者的证候学演变和疾病转归。

3 证治心法

3.1 表里双解为基本治法

流感主要表现为表里同病，肺胃同病。对于卫气同病的流感，主要应采取“得汗”的方法，在卫分开泄腠理，在气分开转气机，以表里双解即以宣肺透邪、清热解毒为基本治法。“治外感如将”，周平安认为流感起病后大多表现为正盛邪实，可根据邪毒在表里的性质和比重，以清、透、泻三法，表里双解，因势利导，尽早驱邪外出，用药贵在迅猛，选药要精，剂量要重。而邪气能否外达、高热能否速退的关键，在于表里双解药物的合理配伍，在于药后能否得正汗而解。

近贤金寿山曾谈到“温病热变最速，在解表的同时，必与清热同用，温病卫分论治确有辛凉解表一法，论药则无辛凉解表之品。解表药多偏辛，叶天士也曾说辛盛即是汗药，所谓辛凉解表实为辛温加凉药而成，辛以解表，凉以清热，合之则为辛凉，亦可称之为解表清热”。对于辛药的属性，周平安也有同感，如他认为薄荷虽称之为辛凉解表药，但薄荷发汗透邪作用较麻黄更甚。

3.2 正确应用汗法

中医药治疗流感应正确应用汗法，即《内经》讲“体若燔炭，汗出而散”。中医药治疗流感取效的标志是“正汗出”，“正汗”的标志是微微汗出，遍身皆见，持续不断，随汗出而热减脉缓，“正汗”是里热清、表卫和的标志，预示着流感高热等中毒症状将逐渐消失，疾病的病程将大为缩短。而药后无汗或汗出不畅则为邪尚未祛，药后大汗出、神疲乏力、脉不静反呈疾数象者，则称之为“邪汗”，提示病情仍将反复，或将出现其他变证。西药非甾体类解热药发汗峻猛，汗出较多，退热较速，但易伤正，热势容易起伏，而中药取汗法的特点是见“正汗”，取汗较慢、较缓，小汗出，一般在24小时内达到退热的目的，退热之后很少反复，这种汗出退热方法使患者感到舒适，较少耗伤人体的正气。中医治疗流感“得汗”是目的，而非专指以解表药物发汗的方法，正如张锡纯所言“发汗原无定法，当视其阴阳所虚之处而调补之，或因其病机而力导之，皆能出汗，非必发汗之药始能汗也”。如气分之热，只有开转其气机，才能达到郁闭通、阴阳自和而汗出的目的。

3.3 治疗两大误区

恶寒与发热是外感热病尤其是流感难于分割的症状，有时恶寒愈甚而体温愈高，而体温愈高愈须得汗退热。流感用药的一个误区是因恶寒、无汗、肌肉酸痛等表证较重，急予麻黄、桂枝和小青龙汤等辛温方药为主强发其汗，这类温性药物对于已出现咽痛等内热征象、体温正在上升患者，会助长火热，导致药后体温攀升，面红目赤，而汗反不能外达，或汗出而病不愈；另一个误区则因高热、口渴欲饮、咽喉红肿热痛、舌红苔黄等内热较重，太早太重使用苦寒清热药物，导致凉遏冰伏，热毒内陷，反从内传。

4 用药心得

周平安认为流感治疗欲达到“正汗出”的效果，辨证需要正确判断邪毒在表里的比重、性质，论治则应注重辛味解表药物与甘寒清热药物之间的合理配伍。只要无汗，就应坚持辛药以解表与凉药以清热合用的原则，两者孰轻孰重，孰主孰次，应依据临床情况而定。用药经验如下：①冬春季流感，高热、无汗、恶寒重、肌肉酸痛、头痛等表寒证为主者，从炙麻黄、荆芥、防风、苏叶、羌活等辛温解表药物中选用2～3味；恶寒轻，发热重，但无汗或汗出不畅者，选用银花、葛根、薄荷等辛凉清解的药物；舌苔腻者加用藿香、佩兰、苍术等芳香化湿解表药。②咽喉红肿较重，化热较迅速者，减用辛温解表药物，从炒牛蒡子、射干、僵蚕、草河车、板蓝根、元参等利咽解毒药物中选用2～3种。若大便闭结或者舌苔黄厚者，可加用酒大黄3～6g，以泻代清。③流感多系太阳、少阳、阳明三阳合病，卫气同病，大多伴有纳差、精神倦怠等不适，宜佐用柴胡、黄芩和解少阳枢机，以利透邪外出。④舌红、苔黄、口渴喜饮者，则以清里热为主，但宜选用辛寒、甘寒之品，如生石膏、金银花、连翘等。若热势鸱张，面红目赤，烦躁不安，体温超过39℃时，多加用青蒿30g，苦寒清热，芳香令热更易透达。⑤流感咳嗽应注意以宣肺解表为主，可适当佐用化痰止咳药物，多选用前胡、桔梗、杏仁、浙贝母等。⑥服中药应遵循银翘散的服法，根据病情的轻重，尤其是服药后的汗出及体温的变化，待见到正汗后可停用或减量服用，而无汗或汗出不畅者，4～6小时1服，或者根据病势变化随时修订处方，待正汗后再减、停服药的次数。

5 不同内伤者的流感证治

①慢性肺系疾患者，起病早期即有痰热、痰湿征象者，在得汗之后，早期加用瓜蒌皮、天竺黄、金荞麦等清热化痰药物，防治疾病内传。②高血压、脑血管病患者，以头晕、头痛、结膜充血为主要表现者，慎用麻黄、羌活、桂枝等药物，以桑菊饮为主方调治，表证可选用苏叶、荆芥、豆豉等辛平解表。③糖尿病患者，早期即使无伤津及气阴两虚的表现，也要适当佐用生黄芪、天花粉、麦冬、生地、南沙参等益气生津之品，同时慎用、少用解表药物，防止过汗伤阴。④心血管患者，注意早期要加用太子参、当归、红花、瓜蒌皮等益气、活血、宽胸药物，慎用麻黄、桂枝等辛温解表药物，防止过汗耗伤心血。⑤儿童为稚阴稚阳之体，流感疫毒更易化热，其临床多以咽喉肿痛为突出症状，且易夹食、夹滞，临床多选用银翘散为基本方，再加强利咽解毒和化食导滞的作用。

6 经验方

6.1 以呼吸道症状为主要表现者

炙麻黄5g，杏仁10g，生石膏30g，生甘草5g，金银花15g，柴胡10g，黄芩10g，葛根20g，牛蒡子10g，薄荷6g，羌活10g，桔梗6g。

6.2 以消化道症状为突出表现者

葛根20g，黄芩10g，黄连8g，木香10g，炮姜6g，车前草20g，苏叶10g，藿香10g，佩兰12g，生甘草6g。

6.3 甲型H1N1流感经验方

根据北京地坛医院近10余例的中医证治观察，甲型H1N1流感病情较温和，病毒株毒力较弱，患者全身中毒症状也较季节性流感为轻。中医风热上扰证较常见，桑菊饮、麻杏石甘汤为主论治有一定疗效。

①风热袭表。临床表现：发热或不发热，咳嗽，痰少，咽干，口渴，目赤，咽红，流涕，舌红苔薄黄，脉数。治法：疏风清热。处方：桑菊饮加减。桑叶15g，菊花15，炒杏仁10g，浙贝母10g，银花15g，连翘10g，苏叶10g，桔梗15g，柴胡10g，黄芩10g，薄荷6g后下，生甘草6g，水煎服，每日1剂。

②毒犯肺卫。临床表现：发热盛，咽红咽痛，目赤睑红，口渴喜饮，咳嗽，舌红苔黄，脉滑数。治法：清热解毒，宣肺透邪。处方：麻杏石甘汤加减。炙麻黄5g，杏仁9g，生石膏30g（先下），桑叶15g，柴胡15g，黄芩10g，浙贝母10g，桔梗6g，金银花15g，青蒿15（后下），薄荷6g（后下），生甘草6g。水煎服，每日1剂。（王玉光）

疑难病

1 特发性肺间质纤维化

案1 患者，男，53岁，2001年3月初诊。主要症状表现为咳嗽，喘憋胸闷，痰多白粘，呼吸困难，动则加重，反复发作6年，曾在其他医院行高分辨CT检查示：两下肺网织样阴影，其内可见小片状密度增高影，支气管镜下肺组织活检提示肺间质纤维化，诊为特发性肺间质纤维化，建议激素治疗。患者不接受激素治疗，遂寻求中医治疗，在某中医院辨证诊为肾不纳气，痰浊阻肺，治以宣肺化痰，补肾纳气之方药，疗效不著，来周平安门诊。证见：咳嗽、气短、痰多白粘、喘息，上一层楼梯则喘甚，舌暗红苔白腻，脉细弦。按中医辨证应将此病称为“肺痹”，他认为肺络为血络及气脉的总称，血络相当于毛细血管，主血运；气脉相当于毛细支气管，主气行。瘀血为痹阻于肺络的基本病理产物。肺主宣发肃降，为水之上源、储痰之器，瘀血常与痰湿共同形成痹阻于肺间质的毒邪。由于毒邪闭阻于肺，肺络不通，肺失宣降，失于主气，辨证为气虚血瘀，痰浊内盛，肺络痹阻，以益气活血化痰开痹为法，处方：生黄芪30g，银花30g，当归30g，赤芍15g，丹参15g，旋覆花10g，茜草10g，天竺黄15g，浙贝10g，葶苈子15g，莱菔子15g，三七粉3g(冲服)，7剂，水煎服。二诊时，患者咳嗽、气短有所减轻，痰量明显减少，仍喘息动则加重，舌暗红苔薄白，脉细弦，上方加枳壳10g，郁金10g以增强行气活血之力，10剂后，喘息、气短明显减轻，舌暗红苔薄，脉细弦，上方减葶苈子、莱菔子，加太子参30g，10剂，药后患者喘息、气短再减，活动进步，可快步行走，嘱其守方继服，一段时间后患者已能登五层楼。

按 本案患者咳嗽，喘憋胸闷，痰多白粘，呼吸困难，动则尤甚，病情进行性加重，当属于中医之喘证，久喘者由于损伤肺肾两脏之气而易形成肺肾两虚之证，治疗当补益肺肾，纳气平喘，患者虽有喘憋胸闷，痰多白粘，呼吸困难，动则加重，但舌质暗红，脉细而有弦象，与舌淡胖或舌紫暗，脉沉细或微不同。从辨治过程来看，气虚瘀血阻络是本病的关键。以气阴两虚、瘀血为本，痰湿为标。血瘀于肺络，气血津液不能输布，进而出现气虚津亏症状，标实易去，本虚一时难解。故组方用药以益气活血通络为法。黄芪、当归相配补气生血，令阳生阴长气旺血盛，黄芪配银花有益气解毒通络开痹之功，茜草、丹参加强活血通络之效，旋复花、郁金行气活血、化痰通络。炙杷叶、紫菀、冬花、石苇化痰止咳，少佐甘草则使药力威而不猛，疗效柔和持久。

2 结节性多动脉炎

案2 患者，男，20岁，首诊于1998年9月，主因发热一年伴咯血，尿血，便血来诊，曾在沈阳某医院诊为结节性多动脉炎。患者一年来低热缠绵，午后发热，体温37.5℃～37.8℃，迁延至夜不退，夜热尤甚，伴五心烦热，口干咽燥，四肢困痛，有汗，不恶寒，形体消瘦，疲乏无力，精神倦怠，纳差，痰中常有血丝，大便日行2次，尿黄赤，舌质红绛，苔薄，脉细数。查体：贫血貌，面色萎黄，消瘦，小腿内侧可见网状青斑，周身皮肤可见数个结节，压痛，与周围组织无粘连。实验室检查：大便潜血(+)，尿常规检查示：KBC 12～20/HP，pr0：(++)，血常规检查：Hb：9.0g/dl，血沉：60mm/H，HbsAg(+)，ANCA(+)。患者在当地应用类固醇皮质激素疗效不佳，拒绝应用细胞毒药物。在外院应用凉血清热之犀角地黄汤，滋阴清热之青蒿鳖甲汤治疗效果不著。周平安认为，本案患者咯血、尿血、便血，伴发热夜甚，烦躁，舌绛为热入营血，迫血妄行之候，但患者乏力，气短，纳差，便溏等气血亏虚症状也很突出，中医辨证属气虚血热。治以益气凉血解毒之法，处方如下：水牛角粉30g，生地15g，赤芍10g，丹参15g，板蓝根15g，玄参15g，白茅根15g，茜草10g，生黄芪15g，仙鹤草15g，仙灵脾12g，银花15g，甘草3g，秦艽10g，豆豉10g，三七粉3g(冲服)，5剂。方中生黄芪、仙鹤草、仙灵脾、三七粉益气养血；水牛角粉、生地、赤芍、丹参、玄参、白茅根、茜草凉血止血；银花、豆豉透营分之邪外达，诸药合用，使益气不助热，清热而不耗气伤津，药后低热退至37.2℃左右，烦热减，去板蓝根、秦艽、豆豉，加麦冬10g，7剂后，身热已退，体温正常，痰无血丝，尿常规检查：RBC 5～6/HP，继续服药，以本方为主加减，巩固疗效，一年后随访，在未用激素及其他药物情况下，病情稳定，学习、生活正常。

按 中医治疗发热，并非一概“热者寒之”，以攻邪热的寒凉药物治疗。其关键在于辨证论治，要观邪正之势，孰重孰轻，孰深孰浅，或透或清，或下或和，或补或消，皆可获效。由于疑难病病情复杂多变，因此治疗时要审时度势，权衡缓急，善抓关健，多法合用，随机应变，机动灵活。他强调在治疗内伤性发热时应善于扶正。对于这类患者，解表恐伤正气，补虚又虑助邪恋邪。因此，要善于抓住时机，采用扶正达邪之法，选药要精当，扶正而不恋邪，透邪外达而不峻烈伤正，用药以和为贵，使邪去而正复。

3 口流涎唾案

案3 患者，男，口中涎唾量极多，常常来不及下咽而溢出口外致涎唾流连状，大便干结成球，严重影响工作及生活，在德、英、法各国辗转求医，行多种理化检查，始终不知病之所在，无药可治，经人介绍到北京中医药大学驻西班牙马德里门诊部周平安处求治。他反复推敲其病因病机，根据《黄帝内经·素问·宣明五气篇》“脾为涎”、“胃中有寒口必多涎”等理论论述，认为本病病位在于脾胃，胃的受纳、腐熟水谷与脾的运化水谷功能相合，共同完成水谷精微的输布，脾胃不和，津液的转输受阻，津从上溢，导致唾液分泌异常增加，口涎时时自出，津液布散异常，上盛下虚，大肠津亏而大便干结，周平安因此从调补脾胃入手，给予益气健脾，温中散寒之理中汤与吴茱萸汤合方加减治疗，古方轻剂，药味平淡无奇，然10余剂药后，患者口涎已止，大便通畅，获全效而收功。

按 理中汤与吴茱萸汤方均出自《伤寒论》，理中汤主治脾胃虚寒之证，周平安将方中干姜一味以生姜代之，取其温胃散寒，降逆止呕之功，本证患者虽无呕吐，但其涎多上溢与呕吐之胃气上逆机理相同；吴茱萸汤主治证候是“少阴吐利，手足厥冷，烦躁欲死，此方主之”，他认为无论是胸膈满闷，厥阴头痛，还是手足逆冷，烦躁欲死，皆与胃中虚寒，浊阴上逆有关，因此吴茱萸汤治疗重点在胃中虚寒，合方温补脾胃，散寒蠲饮，辨证准确，收效神速，药到病除。

4 溃疡性结肠炎

案4 患者，女，20岁，首诊于2000年1月。由于反复腹痛，腹泻，便中带脓血六、七年来诊，在外院结肠镜示：结肠20cm处粘膜充血、水肿，有多个溃疡，诊断为溃疡性结肠炎，慢性持续型。用中药按照湿热痢、虚寒痢治疗不效。证见反复腹痛，腹泻，便中带脓血，每日大便三、四行，每遇着凉或饮食不适则加重，甚至虚脱。舌质红，苔白，脉沉细。周平安认为此病属内疡，虽然病灶在内，肉眼不可见，但理同皮肤疮疡一样皆为表面破溃而成溃疡，生脓生血，日久不愈，气虚为其根本。夹有脓血为日久湿聚化热损伤脉络所致。属虚实夹杂之症，治以扶正祛邪之法，益气解毒：生黄芪30g，银花30g，当归15g，甘草10g，木香10g，黄连5g，生地榆15g，焦山楂15g，炒白术10g，补骨脂15g，炒山药15g，白芍10g，7剂。二诊：服药后腹痛明显减轻，便无脓血，日一行，患者又诉月经不调，有时一月行经两次，经色暗黑，出血量多，行经时体倦，乏力明显加重，舌红，苔薄，脉沉细。月经不调也是中气不足，脾虚血失统摄所导致，上药加党参15g，炮姜炭5g以加强温中健脾之力，7剂。三诊：由于天气寒冷，近期每晨起腹痛，腹泻便后带血，疲乏无力，舌红苔白，脉沉细。继续益气养血，温补脾肾之法：生黄芪30g，银花15g，甘草5g，补骨脂15g，小茴香10g，焦山楂15g，木香10g，黄连5g，炮姜5g，乌药10g，白芍10g，车前子15g，煨诃子10g，药后症状平稳，其后间断服药，病情一直稳定，随访多次病情未见反复。

按 周平安认为黄芪、银花皆为疮家圣药，一温一寒。两药同用，不寒不燥，使药性平和，共行益气解毒养血生肌之功。黄芪、当归补气养血。木香、黄连清热利湿止痛。芍药、甘草缓痉止痛。焦山楂、生地榆化瘀止血。合方攻补兼施，扶正祛邪，收效迅速。

5 过敏性支气管哮喘

案5 患者，女，38岁。就诊于2000年9月，主诉为外感反复发作2月余。患者两月来反复感冒，表现为咽痛、流涕、干咳无痰，在单位医务室就诊，服用感冒清热冲剂后症状略减，但3、5天后又反复发作。此次自昨日开始，又现咽痒，干咳无痰，喉中痰鸣有声，睡眠不安，恶寒畏风，自汗易出，舌质红，苔白少津，脉细滑，听诊肺部可闻及哮鸣音。再追问症状，还有鼻痒，眼痒，阵发剧咳，此病从表面看易于诊断为感冒，反复发作乃由于气虚卫外不固而致，但全面分析患者之症、舌、脉，患者实为哮喘，因风邪引发，周平安认为本病应从肝从风论治，风邪善行而走窜，每因外感而诱发，此为外风引动内风，气机上逆，痰气交阻，肺气壅阻，当用内外风同治之法，处方为：柴胡10g，黄芩10g，赤芍15g，炙麻黄6g，防己10g，秦艽10g，辛荑15g，川芎6g，全蝎5g，穿山龙15g，甘草6g，苦参10g。7剂药后症状减轻大半。二诊原方中加用生黄芪30g，炒白术15g，7剂。三诊时患者鼻痒，眼痒，阵发剧咳等症状基本消失，为防止疾病再次反复，继以柴胡10g，黄芩10g，赤芍15g，五味子10g，生黄芪30g，炒白术15g，防风10g，甘草6g，7剂，治疗后症状全消，一年后随访患者，仍然未见病情反复。

按 前方中柴胡、黄芩、赤芍、防风、甘草为验方过敏煎，治疗内外风引发的多种过敏性疾病如：过敏性鼻炎、过敏性哮喘、过敏性荨麻疹等。其中柴胡、黄芩、防风为调理少阳枢机，驱邪外出；芍药、甘草酸甘化阴，滋阴柔肝以求熄风；辛荑、川芎、防已加强驱风解表作用；全蝎、穿山龙、苦参解痉平喘。后方黄芪、白术与防风合为玉屏风散，有益气固表之功，此法正如《景岳全书》所言“未发时以扶正气为主，既发时以攻邪为主，扶正气者须辨阴阳，阴虚者补其阴，阳虚者补其阳。攻邪气者，须分微其风，或温其寒，或清其痰火，然发久者，气无不虚，故于消散中宜酌加补，或于温补中宜量加消散。此等证候，当眷眷以元气为念，必使元气渐充，庶可望其渐愈，若攻之太过，未有不致日甚而危者”。在治疗中将扶正固本与祛风解痉、柔肝熄风有机结合，收效显著。（焦扬 杨效华 吴晓红）

遣方用药

呼吸病用药

1 麻黄

辛温解表，入肺与膀胱经，宣肺平喘，为肺经第一要药，其止咳平喘之功，人皆共知，素有“麻黄附子勇冠军”之说，临床则视病情寒、热、表、里、虚、实斟酌配伍用药。①配伍石膏：辛甘大寒，与麻黄同气相求，可将辛温之药变为辛凉之剂，用于发热、咯黄痰、舌红苔黄、脉数之痰热蕴肺证。②配伍杏仁：麻黄平喘以杏仁为臂膀，二者联用可明显加强止咳化痰平喘的作用，但杏仁所含氢氰酸可抑制呼吸中枢而起到镇咳作用，故而呼吸衰竭的病人禁用，另外氢氰酸分解为苯甲醛，抑制胃蛋白酶的活性，影响食欲，均需注意。③配伍熟地、当归：麻黄所含麻黄碱，在解痉平喘的同时，升高血压，提高心率，增加心肌耗氧量，对此西医更明确指出：心源性哮喘禁用麻黄碱，中医也认为麻黄有宣散太过、发越肾气之弊，周老师认为只可借鉴，不可拘泥，巧妙地配伍熟地、当归，“阳盛阴微，阳藉阴化”，补养精血，固护肾气，“阴虚而水邪泛滥者，舍熟地何以自制”，得麻黄而无“滋润胶粘，敛邪而无出路”之非。而且当归“主咳逆上气”，并可减慢心率，减轻心肌耗氧量，更佐以葶苈子强心泻肺平喘，可保万全；另有部分病人为图一时之快，妄用激素，造成肾上腺皮质萎缩，以此上下兼顾，补肾活血，希望恢复肾上腺皮质功能，可谓匠心独具，善用中西理论者。④配伍黄芪：黄芪甘温补中，无汗能发，有汗能止，配伍麻黄，既可鼓舞正气涌邪随汗外出，又可防漏汗不止耗阴伤正之祸，用于表虚之人外感风寒；对于咳喘而兼有气虚的病人，应用黄芪要注意其补气升提、上气壅塞之弊，可加陈皮以疏理、半夏以降逆，扬长避短。⑤配伍附子、白芍：肺病咳喘因于寒者甚多，其病遇寒则重得暖则缓，舌淡暗脉沉迟，此乃阴寒凝滞，弥漫胸膺，离照当空，阴霾自散，消阴须益火之源，麻黄辛温宣散入太阴，走表走上，附子辛甘大热，径入少阴，除陈寒苛冷，白芍酸敛柔润，缓急拘挛，解痉平喘，而且能提高组织耐缺氧的能力，三者相伍，散不伤正，温不燥烈，敛不留邪，开阖并用，刚柔相济，肺肾兼顾。⑥配大黄：麻黄辛温宣肺平喘，走表走上，大黄苦寒泻下，通腑降浊，釜底抽薪，上下表里升降并用，调理肺气，用于邪气壅盛、金实不鸣、腑实便秘之症。

2 旋覆花

“诸花皆升旋覆独降”，旋覆花辛温味咸，功于消痰降气，软坚散结，善治顽痰老痰，“消胸上痰结，唾如胶漆，心胁痰水，膀胱留饮。”①配车前子：淡渗利湿，消化痰涎，《医用中药药理学》和《科学的民间草药》均有其“镇咳、化痰”的记载。②配茜草：此本为《金匮要略》治疗气郁血滞、阳气痹阻“其人欲蹈其胸上”的肝着症的旋覆花汤，行气活血、通阳散结、宣浊开痹，周师巧妙地将其运用于呼吸系统疾病中胸闷憋气之证，并加苏叶、太子参，以宏其效，可谓善读古书者。③配郁金：行血中之气，解气中之郁，二者配伍，下气宽胸，滑痰利窍，用于痰涎壅塞于胸膈，胶结不出之症。

3 半夏

在调畅气机方面，肝脾主升，肺胃主降，“气上呛咳嗽生，肺最重胃非轻”。半夏体滑性燥，降逆和胃，化痰散结，而且有明显的镇咳作用，《珍珠囊》：“治寒痰及形寒饮冷伤肺而咳，消胸中痞，膈上痰，除胸寒，和胃气，燥脾湿”。①配陈皮：半夏之辛，行水气、燥痰湿，陈皮之辛，通三焦、理气机，半夏得陈皮之助则气顺痰消，化痰湿之力强，陈皮得半夏则痰除而气自下，理气之功著，二者相使相助理气燥湿化痰，用于脾胃不和、痰湿上犯、气机不畅、胸膈胀满、咳嗽痰多之症。②配黄芩：苦燥肺中之痰，寒清肺中之热，二者配伍，有清肺泄火、辛开苦降、燥湿化痰之功，一温一寒，可顺阴阳之性而调和之，用于痰浊从阳化热痰热蕴肺、肺气上逆之咳嗽痰多色黄之症。③配瓜蒌：甘寒宽胸理肺，润肠通腑，半夏之辛降配瓜蒌之开豁，有横拓之功，用于痰涎凝结胶滞于胸及肠腑不通之症。④配厚朴：下气消胀除满，降低腹压，利于肺气之肃降，《汉方诊疗三十年》：“治喘之方，不必限于麻黄和杏仁，……因腹压和胸压高引起喘鸣，余曾用疏通剂和泻下剂、利尿剂，以减轻腹压，颇收意外之效”。半夏配厚朴有燥湿化痰、行气开结之功，用于痰气交阻，证见腹胀如鼓、膈肌抬高、胸满咳喘以及咽喉干痒，咳嗽频频，咽中如有炙脔之喉源性咳嗽。

4 细辛

味辛而厚，气温而烈，开肺闭可治寒痰咳喘，《神农本草经》谓其：“主咳逆上气”。《长沙药解》：“敛降冲逆而止咳，驱寒湿而荡浊，最清气道，兼通水源，温燥升通，利肺胃之壅阻，专止咳嗽”。时下空调流行，非其时而有其气，夏月伤寒屡见不鲜，咳声频频，绵绵不止，于麻桂剂中加入细辛，外透皮毛，发散在表之风寒，达于太阴而开通气道之痰浊，入于少阴而除陈寒苛冷，使支气管平滑肌松弛，解除气管痉挛，则顽咳得愈。

5 葶苈子

味辛苦，性大寒，泄肺利水，祛痰平喘，多用于热痰，《开宝本草》：“疗肺壅上气咳嗽，定喘促，除胸中痰饮”，李时珍称：“肺中水气贲郁满急者，非此不能除”。又因其具有强心甙样效应，所以左心衰肺水肿的病人犹宜多用，量至30～60g，可收到明显的强心作用，临床上并未发现有破气伤正之弊，至于“犁庭捣穴”之说更属危言耸听，不足为信。①配大枣：葶苈子泻肺平喘，大枣甘缓和中，有纠偏补弊之功。②配桑皮：甘寒清热，泻肺平喘，利水消肿，二者配伍既可用于肺热咳喘、痰多而黄的呼吸道急性感染，也可用于左心衰肺循环瘀血，咳嗽咯痰，夜间阵发性呼吸困难，两肺底散布细小水泡音之水凌心肺证。

6 紫苑配冬花

紫苑辛散苦泄，长于化痰，冬花辛温，偏于镇咳，二者配伍强于化痰止咳，用于咳嗽、咯痰诸症，而且无论新久、内伤、外感、寒热均可配伍应用。但需注意：对于痰多及呼吸中枢抑制的患者，不可单用、重用冬花，免招闭门留寇之嫌。

7 羚羊角

肺气清肃下行，可制约肝木横逆，若外邪侵袭、内因搅扰，肺失肃降之权，必致肝木反侮，“木火刑金”是也，以羚羊角咸寒清降，平肝制木，并可适当配伍天麻、钩藤，则肺金宣肃之令行，咳喘不期而止。

8 赤白芍

潜敛降逆，凉血化瘀，缓急拘挛，解除支气管痉挛，降低肺动脉高压。

9 蜈蚣、全蝎

支气管哮喘病人其病发也快缓也速，与中医所说“风性善行而数变”相似，蜈蚣、全蝎熄风止痉以平喘，地龙、僵蚕亦可斟酌而用。也有部分病人对动物蛋白过敏，应注意！

10 石苇

止咳平喘，兼能利湿祛浊，以靖水之上源，而凑镇咳之功，故咳嗽兼有湿热、水肿者更为适合，与半夏、赤芍、旋覆花同用可加强效果。（吕 旺 王玉光）

医方验方

感冒合剂

方药：炙麻黄5g，杏仁10g，生石膏30g，甘草5g，柴胡10g，黄芩10g，银花15g，苏叶10g，草河车10g，薄荷10g，羌活10g，板蓝根15g。

功效：驱逐寒邪，清除内热。

主治：治疗流行性感冒。

服用：水煎服。

注意：生石膏先煎，薄荷后下。先将药泡1小时，再用大火煮开，小火煮10分钟。切记煮太久。病情较重者可以不泡，第二服药先泡。尽量用砂罐、砂锅煎，忌用铁锅、铝锅。药罐须有盖，以防异物进入，药性散发。

周士源治漏经验

【名老中医简介】周士源（1945～）女，江西永新人。教授，主任医师。1969年毕业于江西中医学院。现任江西中医学院附属医院妇科主任，妇科教研室主任，中西医专业妇科研究生导师。江西省中医药学会中医妇科专业委员会副主任委员，江西省中西医结合妇科专业委员会副主任委员，中华中医药学会中医妇科专业委员会委员，世界中医联合专业委员会妇科专业委员会理事，《中华中医妇科》杂志编委会编委。擅长治疗妇科不孕症、月经不调、慢性盆腔炎、更年期综合征。主持和参与省厅级课题5项，参编新教材2部，辅助教材3部，发表论文数篇。

1 青春期崩漏

患者，女，16岁，未婚，2003年8月28日就诊。主诉：月经淋漓不净近2月。患者14岁初潮，月经规则，28～32天一行，4～7天干净，无明显不适感。本次自6月25号按时行经后，至今未净，量时多时少，色深红，质稠，夹血块。诉平素经前后烦热甚。刻证：经量不多，色深红，质稠，夹血块，腰膝酸软，烦躁欲饮，寐欠安，饮食可，二便平，舌质红、苔薄黄，脉滑数偏细。诊断为阴虚血热夹瘀型崩漏。治疗先以化瘀止血为主，佐以凉血。处方：当归6g，生地15g，赤、白芍各15g，桃仁10g，丹参15g，丹皮15g，三七粉6g（布包），生蒲黄25g，益母草30g，山栀15g。连服3剂后复诊：诉服药期间出血量明显增多，伴大量血块，现仍有少量出血，色鲜红，质稀无块，腰膝酸软，口渴，寐欠安，舌红苔薄，脉滑偏细。治以滋阴清热、止血调经法，保阴煎加减：白芍30g，生地15g，熟地15g，黄芩15g，黄柏9g，川断15g，焦山栀15g，旱莲草30g，贯众炭15g，马齿苋30g，地榆炭15g，藕节炭15g，炙龟版15g，牡蛎15g，北沙参30g。连服5剂出血停止，腰膝酸软、口渴明显缓解，后以左归丸加减继服月余而告愈。

按 通常认为青春期崩漏多因少女肾气未充，天癸始至，冲任发育不全所致，治疗以补肾固冲为主。周士源在临床中不拘于此，认为本患者为阴虚生热，热伤冲任而致的崩漏，患者初诊血瘀明显，故治疗先澄清胞宫，以丹皮、山栀之类，而断不可用大黄、黄连、黄柏之流。在此基础上滋阴清热，止血调经，后又以左归滋补肾阴以治其本，标本兼治。而断不可首用“塞流”，否则，必使热瘀之邪郁以内，愈伤血络，崩漏更甚。正如《医学心悟》所谓：“先去其瘀而后补其新，则血归经矣。”

2 中年期崩漏

患者,女,32岁,已婚,2003年11月21日就诊。主诉:阴道不规则出血3月余。患者以往月经规则,近3月来,因家事烦恼,下岗在家而落落寡欢,时欲哭,善太息,时胸胁隐痛,经期前后不定,经血非时而下,量时多时少,偶有血块,色红,质稠。现证:仍有少量阴道出血,色红,有小血块,面色萎黄,夜寐不安,纳差,口干欲饮,大小便尚可,舌尖红、少苔,脉弦细数。经B超排除宫腔内器质性病变。诊断:肝郁血热型崩漏。治以平肝解郁,凉血止血。平肝开郁止血汤加减:白芍30g,柴胡9g,三七粉3g(冲),当归6g,白术12g,黑芥穗5g,丹皮10g,生地15g,贯众炭15g,郁金12g,旱莲草30g,地榆炭9g。连服7剂后血止,继以育阴解郁为主法,在原方基础上去止血药,加川楝、合欢皮、麦冬、玄参、香附巩固疗效,未再复发。

按 平肝开郁止血汤乃傅山治疗肝郁崩漏的名方,正如其所云:"肝之性急,气结则其急更甚,更急则血不能藏,故崩不免也,治以开郁为主,若徒开其郁而不知平肝,则肝气大升,肝火更炽而血亦不能止矣。"故本方重用白芍平肝、敛阴、养肝和营,柴胡、郁金疏肝解郁,三七粉、当归化瘀止血,丹皮、生地养阴凉血,白术收敛、健脾益气,炭类药止血。本方寓平肝、解郁、止血于一体,标本兼治,临床效果颇佳,对此,周士源临床中深有体会,并坚持在血止后以育阴、疏肝解郁为主法的巩固治疗,使"肝气条达,郁热得清阴血内藏,则血室安、崩漏止。"

3 围绝经期崩漏

患者,女,44岁,2003年9月10日就诊。主诉:月经紊乱1年,加重3个月,患者以往月经规则,近1年来月经1~4个月一行,10~20天方净,量多。曾用西药人工周期治疗,月经尚能规则,但停药后复发。近3个月周期紊乱,经血暴崩如注,伴有血块,不得干净,时有小腹隐痛,虽经止血合剂治疗,而血不得止。现证:阴道出血量多如注,颜色鲜红,有血块,面色苍白,头晕耳鸣,气短乏力,心慌心悸,口干渴,大便偏干,舌体胖嫩、边有齿痕,舌苔薄白,脉细数。妇科检查:宫颈肥大,Ⅱ度糜烂,宫体前位,略大,质偏硬,活动,无压痛,双侧附件正常。B超提示:子宫偏大,双附件未见明显异常。1个月前诊刮提示子宫内膜单纯性增生过长。诊断为气阴两虚,冲任不固之崩漏。治以益气养阴、固摄冲任为法。安冲汤加减:黄芪30g,党参20g,白术15g,女贞子15g,旱莲草15g,山药15g,麦冬10g,仙鹤草20g,茜草15g,牡蛎30g,乌贼骨20g,三七粉6g。服药5剂后,阴道出血明显减少,头晕心慌减轻,大便如常,舌淡、苔薄白,脉细数。原方加生蒲黄15g,益母草30g,继服7剂。诸症好转,为巩固疗效,仍继用滋肾、调肝、固冲之法,原方去乌贼骨、仙鹤草、大黄炭、茜草,加菟丝子30g,桑寄生30g,熟地15g,仙灵脾15g,服药月余,月经来潮经量正常,诸症消失。

按 周士源认为患者年届七七,天癸欲绝,肾元衰惫,既有真阴日亏,阴阳偏盛偏衰本虚的一面,又有由此而产生虚、热、瘀标实的一面,造成脏腑、气血、阴阳失调,脾肾气虚,摄藏失职,冲任失调则经血非时暴下,或淋漓不断,久之,阴损及阳,则阳虚不固,阴血下脱,此患者失血日久,耗气伤津而见气阴两虚之候。故她认为出血过多,断不可妄执大补肾之阴阳之剂,而应先以益气养阴、固摄冲任为主法,佐化瘀止血之品以止血,血止后再调补阴阳气血以巩固疗效。

另外,周士源教导:在临床中,崩漏3个年龄阶段有不同的治疗大法,但均以祛瘀生新贯穿始终。其理论基础在于,中医学认为胞宫生理是亦藏亦泄,藏泄有时。肝郁气滞、阴虚血热、寒凝经脉、出血日久、气虚运血无力等原因都可引起冲任气血失调,胞脉瘀阻,恶血不祛,新血难以归经,子宫藏泄失度导致崩漏。正如唐容川《血证论》所云"女子胞中之血,每月一换,除旧生新,旧血即瘀血,此血不去,便阻化机。"《普济方·妇人诸疾门》也明确指出:"既崩而淋漓不断,血瘀于内也。"瘀血导致出血,出血加重瘀血,血瘀既是崩漏的致病因素,又是各证型的共同病理产物。故周士源认为治疗崩漏处理好活血与止血的关系尤为重要,无论什么原因导致的崩漏在出血不多的前提下都要以活血祛瘀、澄清胞宫为先,活血可正本清源,祛除已瘀之血;止血"急则治标",防止继续出血,从而达到旧血得去,新血得安,胞宫藏泄有度而病愈之目的,然后在此基础上进一步正本澄源,祛除根本病因,以彻底治愈,这正是塞流、澄源、复旧的灵活运用。而且现代研究表明:化瘀中药可增强子宫收缩,促进内膜剥脱。子宫收缩一方面促进内膜的剥脱,内膜剥脱干净则瘀去新生而血止;另一方面,子宫肌肉收缩可压迫血管而止血。如益母草、蒲黄、贯众、马齿苋、丹参、丹皮、当归、焦山楂等可兴奋子宫,促进子宫收缩,使宫腔内血块容易排出,达到标本兼治之目的。(储继军 陈红霞 舒燕萍)

周天寒学术经验

【名老中医简介】周天寒(1952～)四川大足人。主任医师。现任重庆第二卫校党委书记，重庆中医学会常务理事。第三批全国老中医专家学术经验继承工作指导老师。主研课题多次获奖。擅长治疗美尼尔氏病、坐骨神经痛、火锅综合征等病。参编《实用中医书》《中医肺病证治》《矿物本草》《动物本草》等13部著作，发表文章200余篇。

学术思想

1 幼承家学　嗜学弭倦

周天寒自幼随父侍诊，耳濡目染，对中医药学产生了浓厚兴趣，后师从重庆市大足县名中医李琴舫，尽得其传。1973年毕业留校担任教学及医疗工作，曾先后在中国中医研究院研究生班、北京光明中医函大学习。他认为：要学好中医，首先要苦读勤记，持之以恒；其次要勤做笔记，并且坚持不懈；再次要循序渐进，博采众长。要先学习理论后临床，做到有计划有步骤地对药物、方剂、诊法等基本理论进行学习。只有打好基础，接受新知识才能深刻，将来临床科研才能创新。学中医既要向书本学习，又要向师友请教，经典著作是中医理论的源泉，必须有熟读乃至重点篇章背诵的硬功，此外，还要博览各家学说，抓住重点以达到贯通之妙。作为中医，熟读经典著作，触类而旁通，这是贯彻始终的学问，舍此无捷径可走。

他认为中医要早临床、多临床，在实践中摸索总结出有效的识病、辨证、立法、处方、遣药的规律，辨证与辨病相结合，探讨多种疾病的诊断标准及辨证用药规律，从而提高中医辨证论治水平。

2 触类旁通　创立新说

周天寒学术上遵循“继承不泥古，发扬不离宗”的原则，善于继承，勇于创新。在理论上提出了“五脏六腑皆令人郁、瘀、喘、泻”的新观点；周老勤奋好学，学识渊博，对中医理论常能融会贯通，举一反三，在继承中创新中医理论。如周老五脏六腑皆令人郁、瘀、喘、泻的观点的提出，即是在继承的基础上触类旁通范例之一。

气之与血，关系密切，气行则血行，气郁日久，必致血瘀。他指出：对于瘀血证，历代医家的认识，多从心主血、肝藏血、脾统血等方面阐发，但根据临床所见，瘀血证并不局限于心、肝、脾，与其他脏腑也密切相关。“久病多瘀”、“年老多瘀”、“怪病多瘀”，五脏六腑皆令人瘀。其在治疗上紧紧抓住脏腑瘀血这一环节，合理应用“活血化瘀”，扩大了治疗范围。

又如对泄泻一病的认识，周天寒在继承前人对泄泻认识基础上，认为泄泻的发生，与五脏六腑功能失常关系密切，“泄泻不止于脾，但又不离乎于脾”，五脏六腑皆令人泻，既认识到泄泻与脾胃的重要关系，也重视泄泻与他脏他腑的联系。

3 学验俱丰　创新独特

周天寒对胆石症的治疗，倡导以寒湿立论，主张益胆气，温胆排石，并提出了相应方药；对梅尼埃病、急慢性支气管炎、坐骨神经痛、血管神经性头痛、泌尿系统结石等病的治疗积累了丰富经验。他曾经对梅尼埃病的中医治疗进行过深入系统研究，将该病分为少阳郁热、风火上扰、痰浊中阻、肾精亏虚、气血俱虚五型辨证施治，用于临床，疗效确切。对于热郁少阳型，用仲景小柴胡汤为主治疗，效果满意。

4 药物剂量　把握准确

周天寒的学术造诣还体现在对中药用量的把握上。他通过对中医典籍的深入研究结合自己多年的临床经验提出：中草药虽无固定的使用剂量，但是临床应用的剂量是随着病情、组方原则、体质强弱、年龄大小，以及不同地区季节变化而确定的，应从多个方面着手解读中医疗效与用量关系。一是剂量与病症相应。中草药治病，必须适量，不宜过大过小。不同的剂量，其治疗作用也不相同，如桑叶小剂量能发汗，大剂量则止汗；枳实少量则降气，多用则升；红花、三七小量则养血，大量则行血活血；白术中剂量则健脾止泻，大剂量则益气通便。二是剂量与升降浮沉关系，质地轻疏或味厚易煎出的药物，如花、叶之类，用量小多在10g以下，才能起到轻浮治上焦病的作用；质量坚味淡或不易煎出的药物，矿石、贝壳之类，除应碎细外，用量重多在15g以上，方能起到潜沉治下焦病的作用。三是剂量与胃气强弱关系，临床上用药剂量应视胃气强弱而定，胃气强者用量也不可太过，如苦寒药黄连、胆草之类，用1g～2g可清火健胃，增进食欲，用10g左右可以清热泻火燥湿，久用或用20g以上则苦寒伤阳，化燥败胃，发生胃病，甚至腹泻。四是剂量与毒副作用关系，中草药分有毒、无毒、峻烈、缓和等不同性质，使用时剂量也应各异。

医案验案

梅尼埃病验案

案1 刘某,男,55岁。于4年前突然发生左侧耳鸣。头目眩晕,恶心欲吐,卧睡稍减,起则欲仆地,需人搀扶而行,只能俯视而不可平视与仰视,否则感天倾屋旋,在医院诊断为“梅尼埃病”,经西医治疗1月余,诸症基本消失。后因受凉复发,经服西药(药名不详)未见好转,6月12日其子搀扶前来求诊。现证:头晕目眩,伴寒热往来,恶心呕吐,口干苦,查其舌红,苔薄黄,脉弦数尤以左手关脉为甚。证属邪阻少阳,风火上扰清空。治疗自当和解少阳为法,拟小柴胡汤加减。处方柴胡12g,黄芩12g,半夏10g,菊花12g,钩藤24g,生牡蛎30g,吴茱萸3g,甘草3g,2剂,水煎服。患者服药2剂后独自走来复诊,自诉上方服后诸症大减。查其舌脉变化不大,继续上方加泡参24g嘱再服2剂。6月19日3诊,自诉症状基本消失,唯时有耳鸣,舌脉均趋正常,但舌质偏红,两尺脉细数而弦,此属肝肾阴虚之象,为杜绝复发,滋养肝肾是当务之急,嘱服六味地黄丸以善其后,8年后未见复发。

案2 白某,男,干部。自诉10年前有眩晕病史,经医诊断为“梅尼埃病”。服中药半年,诸症皆愈。1977年10月又突然复发,出现头晕目眩,恶心呕吐,咳嗽吐白色泡沫痰,服中、西药治疗两月余,未见明显好转,于12月8日来校就诊。诸证如前,查其舌质偏红,苔白腻,脉弦滑,右关脉弱。证属脾虚失健,水饮上犯,痰浊中阻,升降失调。治宜除湿运脾,化痰利水,以泽泻汤加味。处方:泽泻18g,白术12g,苍术12g,茯苓12g,桂枝10g,牛膝12g,半夏12g,天麻12g,甘草3g。嘱服2剂。上方服后症状大减。查舌、脉变化不大,药已见效,自当因势利导,守方守法,继以前方再进两剂。12月16日3诊:自诉诸症皆消失,食欲增加,唯觉精神欠佳,体倦乏力,入夜喉干,舌红少苔,脉细弦。证属病后气阴两虚,治宜益气滋阴,方用六君子汤加减:泡参18g,扁豆15g,茯苓12g,陈皮6g,半夏10g,天麻12g,麦冬15g,甘草3g,以善其后。(刘世峰)

周文泉临床经验

【名老中医简介】周文泉(1941~)主任医师,博士生导师。1963年毕业于长春中医学院医疗系。全国中医老年病医疗中心学术带头人,中国中医科学院西苑医院老年医学及清宫医案研究室研究员,中央保健委员会会诊专家,中国药膳研究会会长,世界中医药学会联合会老年病专业委员会(筹)会长,中国中西医结合学会养生学及康复医学专业委员会主任委员,中国中西医结合学会虚证与老年病专业委员会副主任委员,中华中医药学会内科脑病专业委员会常务委员,中国老年学会衰老与抗衰老科学委员会常务委员。享受国务院政府特殊津贴。第四批全国老中医药专家学术经验继承工作指导老师。从事临床科研及教学工作40余年,擅治老年期痴呆、老年高血压病、肾功能不全、失眠症、多汗症等。多次完成“七五”、“八五”、“九五”攻关课题,以及科技部、国家中医药管理局课题10余项,并多次获奖。主编8部专著,合编20余部,发表论文160余篇。

临床经验

老年病

1 老年人的生理特点

由于老年时期各组织器官的形态结构与生理功能都发生了明显的生理退变,五脏六腑的形和气都相对不足。这一生理退变过程并非从进入老龄才开始的,而是从中年时期就开始逐步进行。如《素问·上古天真论》云:“女子……五七,阳明脉衰,面始焦,发始堕。六七,三阳脉衰于上,面皆焦,发始白。七七,任脉虚,太冲脉衰少,天癸竭,地道不通,故形坏而无子也。丈夫……五八,肾气衰,发堕齿槁。六八,阳气衰竭于上,面焦,发鬓颁白。七八,肝气衰,筋不能动,天癸竭,精少,肾脏衰,形体皆极。八八,则齿发去”。说明人从中年开始无论从物质基础上还是从生理功能上都进入了衰退的过程,这是符合事物发展的规律,只不过这一过程表现的快与慢不同罢了。因此,形气衰减、脏腑脆弱是老年人的生理特点。

2 病理特点

2.1 病情隐匿,易于诱发

老年病往往病程较长且病情隐匿,一般情况下表现不明显,或虽有症状但表现较微,如早期高血压、糖尿病及冠心病早期等往往无明显症状,因而易被忽视。由于老年人形气不足，脏腑脆弱，抵抗力弱，因而外易被六淫所侵，内易被七情所伤，中易被饮食劳倦所损，三因所致，或引动宿疾，使宿病暴发，或宿疾暴发复加新感。如冠心病受凉、情绪激动或酗酒后往往引起心绞痛发作或心肌梗塞；老年高血压患者情绪激动后往往会引起血压突然升高，甚至导致高血压脑病或出血性脑血管病等；又如糖尿病患者皮肤感染邪毒后不但能引起疖痈等化脓性感染，而且还能使糖尿病加重。因而不是只把“三因”作为致病因素，更重要地是把它作为老年病的诱发因素，并且这种诱发因素是易感的。

2.2 易于传变，多脏发病

由于老年人的生理特点，脏腑间的藩篱作用明显减弱，因而一脏有病如不及时治疗就会逐渐引起他脏病变。如消渴病开始多在上焦，如失治、误治便逐渐传入中焦及下焦；心悸、胸痹如不及时控制就会逐渐传之于肺，导致喘憋不能平卧；不但可引起肝风内动，而且会出现痰迷心窍、神志昏迷。因为老年人元气不足，脏腑功能减退，因而其发病又往往是两个或两个以上的脏腑先后或同时发病，称之为“合病”。多脏发病，其性质可以是一致的，如心肝血虚、肺脾气虚等。其性质也可以是相反的，如胃强脾弱、上热下寒及脾肾阳虚、心火内扰等。临床常见同一患者既有肝阳上亢之高血压病，同时又患有心阳不振之冠心病及阴虚火旺之糖尿病，这就是多脏发病的典型例证。

2.3 脏气怠钝，缠绵难愈

由于老年人的生理特点是脏腑的物质基础与生理功能全面衰减，因而自我修复、自我调整能力及对用药后的反应能力全面下降，所以老年病多是缠绵迁延，久不能愈。如前列腺肥大症及老年痴呆症等。

3 证候特点

3.1 表现错杂，多脏并见

老年病的临床表现往往是寒热错杂、虚实相夹，且多脏腑症状并见，这是由老年人的生理与病理特点所决定的。因为老年人元气不足导致了多脏腑功能失调，或为虚性亢奋表现实象、热象；或为功能低下表现为虚象、寒象。诚如李东垣所说“脾胃（元气）一虚，则五乱互作”。

3.2 易现假象，独处藏奸

老年人元气不足，不但导致脏腑功能紊乱，而且导致经络之气不足及功能失调，因而不能正确地将脏腑病变反映在外在的组织器官，所以容易出现假象，可表现为脉症不符，甚至相反，或者出现一系列虚假的症状，而只有一两个症状是真象，是病证本质的真实反映。所以在辨证的过程中要由表及里，由此及彼，去粗求精，去伪存真，要牢牢抓住几个或一两个能反映疾病本质的症状、体征进行辨证，有时需要舍脉从证或舍证从脉，不要以症脉的多寡确定疾病的性质。

4 治则治法

4.1 补元气，尤重调补脾胃

老年病以正虚为主，治疗要时时注意扶正补元气，以恢复脏腑功能，增强抵抗力及自我修复能力。临证中，周文泉尤重调补脾胃，认为脾胃为后天之本，气血生化之源，脾健则元气足，元气充则脏腑功能增强，不但增加了机体的抗病能力，而且增强了自我修复能力。正如李东垣《脾胃论·脾胃虚实传变论》中云：“元气之充足，皆由脾胃之气未伤，而后能滋养元气。若胃气之本弱，饮食自倍，则脾胃之气既伤，而元气亦不能充，而诸病之所由生也。”况且胃主受纳，脾主运化；脾主升清，胃主降浊，二者一升一降，对全身气机的升降起着重要的调节作用。所以扶正首重调补脾胃。

4.2 祛邪气，首倡化痰行瘀

邪气虽有六淫之邪、内生五邪、积食、水饮、痰浊瘀血等多种，但周文泉治疗老年病注重化痰行瘀，这是由老年人的生理病理特点所决定的。因为脏腑功能低下，以致肺失宣降，脾失运化，肾失气化，导致津液的生成、输布与排泄障碍，以致痰浊内生，变生他病。由于元气不足，对血液激发及推动作用减弱，因而易致瘀血内停，并进一步影响他脏。痰饮与瘀血既是疾病过程中的病理产物，又是引起他病的致病因素，二者既可单独存在而致病，又可同时存在同时致病，如高脂血症、动脉硬化症、高血压病等，多主张在辨证用药的基础上加用祛痰药及化瘀药，从而获得较好的疗效。

4.3 既病防变，三因制宜

由于老年病的病理特点是易于传变，所以一脏有病，根据五行生克规律，先安未受邪之脏，及早截断传变途径，以防多脏并病，避免给治疗、康复带来更大困难。老年人形气衰减，脏腑脆弱，对内外环境的适应能力下降，所以老年病的发生、发展与转归更易受到时令气候、地理环境、特别是精神因素的影响。因此，周文泉主张在治病时必须把这些因素考虑进去，以制定出适宜的治疗方法。只有善于因时、因地、因人制宜，才能收到较好的治疗效果。

5 遣方用药

5.1 善用复方，一方为主，他方辅之

周文泉认为由于老年病病情复杂，往往寒热虚实并见，又常是多脏腑、多器官同时或先后发病，因而在治疗时虽然不主张遣方用药大而全，但也必须考虑到疾病之间的相互影响，治疗时既要善于解决主病主症，又要照顾次要的病症。因而遣方时要以一方为主针对主要病症，他方为辅以解决次要病症。因此临证组方时要善于根据病情加减化裁，使诸方揉合为一方，君、臣、佐、使分明，不仅符合组方原则，而且可减少毒副作用并提高疗效。

5.2 药量宜小，贵守贵恒

由于老年病多为慢性病或慢性病急性发作，加之老年人脾胃功能低下，受纳运化功能不足，处方时药量宜酌情减少，一般用常量的1/2或2/3。而且治疗过程中要特别强调守方，因为老年病往往是见效缓慢，所以不要见到疗效不明显，就随便更方，只有在服药数剂后病情不见减轻或反加重时可更换原方治疗，这对刚涉足老年病科的医师特别是青年医师来说是一个要引起特别注意的问题。治疗老年病除了要注意守方外，还应注意待病情缓解或症状消失后坚持服药以巩固疗效。因为老年病多为顽症痼疾，症状虽暂时缓解、消失，但尚“灰中有火”，病根未除。所以要长期坚持用药，或可改用中成药或药膳。若在病情缓解后即停药，则疾病容易短时间内复发。所以治疗老年病不但贵在会用药，而且贵在会坚持用药。另外，应嘱患者在平时的生活中“六淫邪气避之有时”，并节饮食、调情志及适度的体育锻炼，这对患者的康复是大有好处的。（杜广振）

老年性痴呆

1 病因病机认识

周文泉认为，老年性痴呆是现代医学病名，在中医学中尚无相同的病名，类似祖国医学“痴证”“呆痴”及“老年人癫狂症”，是一种由于生理、病理等多种因素造成的综合征，常在60岁以上而发病。本病成因，他认为就临床所见，不外乎“虚、瘀、痰”三个方面为害。阴血虚少则脑失所养，痰阻、血瘀则脑窍不通，精髓阴血不能上荣于脑，三者之间既相互联系，又相互影响，病理特点为本虚标实，本虚多为肾虚精亏，不能上充于脑，正如王清任所言：“高年无记性者，脑髓渐空也。”标实多为痰阻血瘀，病机责之心肝脾肾等脏功能失调，气血不足，肾精失充，脑髓失养，气血痰瘀互阻，蒙蔽清窍而致。这些来自临床实践的独特见解，从不同角度不同层次揭示了老年呆病病变的演变规律。周文泉特别注意虚实的演变规律，他认为，一般而言大致可分为早、中、晚三个阶段。早期阶段疾病初起，多为实多虚少，以痰瘀阻窍、阴虚阳亢为特点；中期阶段，疾病迁延，耗伤正气，虚实并见，以痰瘀阻窍，与肝肾不足并重为其特点；晚期阶段，虚多实少，以肝肾不足，气血亏虚，兼有痰瘀阻窍为其特点。

2 辨证论治特点

周文泉强调补肾益心充脑、豁痰化瘀是治疗老年性痴呆，改善恢复老年智能的重要治法。他认为不论正虚或邪实，都必需宣痹开窍，才能使清窍苏灵，神志内守，临床上常用方有：左归丸、右归丸、金匮肾气丸、二仙汤、养心定志汤、红龙夏海汤、温胆汤、归脾汤、补阳还五汤、通窍活血汤、至宝丹等。单方：（1）莲子芯30g，煎汤饮。（2）高丽参1g，田三七3g，隔火炖服，日1次。根据老年痴呆演变规律，尚需分型论治。周文泉据其舌、脉及伴有症的不同，分为虚实两大类。虚证分为髓海不足、肝肾亏虚、脾肾两虚；实证为肝阳上亢、心火亢盛、痰浊阻窍、瘀血内阻，具体分述如下：

2.1 髓海不足

证见呆滞健忘、头晕耳鸣、懈怠思卧、腰膝酸软、发白齿落、步行困难、行为困难，舌体瘦，舌质色淡、脉沉细弱，宜补肾填精益髓为主。方以补肾益髓汤加味：熟地、山药、山萸肉、枸杞、怀牛膝、龟版胶、川断、益智仁、首乌、仙灵脾、河车粉（冲服），也可配制成丸药长期服用。

2.2 肝肾亏虚

证见迷惑善忘、精神衰弱、头晕目眩、失眠口干、颧红盗汗、耳鸣耳聋、腰膝酸软、足跟疼痛，舌红少苔、脉沉细无力。法当补肾益肝、滋阴养血。方选桑麻地黄汤：桑叶、黑芝麻、何首乌、茯苓、山茱萸、山药、丹皮、生地黄、天麻、当归、阿胶、鳖甲。

2.3 脾肾亏虚

多见于本病后，证见表情呆滞、沉默缄言、记忆力减退、失认失算，伴腰膝酸软，食少纳呆、气短懒言、口涎外溢或四肢不温、腰痛喜按、肠鸣泄泻，舌质淡白、苔白、脉沉细。法当补肾健脾。方选金匮肾气丸加减：熟地、山药、陈皮、山萸肉、白术、巴戟天、枸杞子、党参、茯苓、肉桂、鹿角胶、生麦芽。

2.4 肝阳上亢

肝风易动、血气并走于上而见，急躁易怒，头晕目眩，多言善惊，失眠多梦，面红目赤，舌红少苔，脉细数。治宜平肝熄风、育阴潜阳、醒神开窍。方用天麻钩藤汤、镇肝熄风汤加减：天麻、钩藤、夏枯草、川楝、牛膝、生龙牡、桃仁、地龙、玄参、菊花。

2.5 心火亢盛

记忆力减退、判断错乱、眩晕头痛、性情急燥、焦虑不安、易与人争吵，口干苦，舌红、苔薄黄、脉弦数；治宜泻火清心，佐以化瘀通络、醒神开窍。方用泻心汤加减：黄芩、黄连、栀子、生地、莲子芯、当归、川芎、丹参、石菖蒲、天竺黄、郁金。

2.6 痰浊阻窍

证见头重如裹、表情呆滞、智力衰退、记忆力甚差、寡言自语，或有哭笑无常、腹胀便溏、口多涎沫，舌淡、苔白腻，脉滑细。治宜健脾化痰、豁痰开窍。方用半夏白术天麻汤加味：党参、白术、天麻、茯苓、半夏、石菖蒲、远志、郁金、胆星、砂仁、僵蚕、生龙牡等。

2.7 瘀血内阻

临床表现表情迟纯、言语不利、善忘易惊恐或思维异常、行为古怪，伴肌肤甲错、口干不欲饮、双目晦暗，舌质暗红或有瘀斑，脉细涩。治法：活血化瘀、开窍醒脑，选用通窍活血汤、桃红四物汤等，药用：桃仁、红花、地龙、当归、川芎、枳壳、生地、郁金、香附、牛膝、赤芍、水蛭。

周文泉认为，以实证为主的证类，临床上较多见，经适当的治疗，多很快好转，进而转入虚实夹杂，出现本虚标实表现，祛邪降浊之药物宜中病即止，不宜久服，以防伤正。另外，对于虚中挟实者，实邪不去之证贵在乎调，如虚中挟湿热，助阳则易生热，热易伤阴，阴伤则生热，补阴则多腻胃碍脾，化痰生湿。此证当先芳化祛湿，选用藿香、佩兰、蔻仁、薏苡仁等品，后用苦辛通降以清热，选用黄芩、半夏、黄连等药。（玉山江）

原发性高血压

1 析理病机，关键在肝

周文泉认为，肝在原发性高血压病机中占有特殊重要的地位，正如《内经》所言："诸风掉眩，皆属于肝"。原发性高血压中肝的病理演变规律可概括如下：如情志失调尤其是郁怒、忧思日久则伤肝，若肝郁不散，肝气横逆犯脾，脾失健运则聚湿化痰，流于血脉则痰瘀互阻而见头晕，头痛，头如裹，胸闷，心悸失眠，食少无味，脉涩或滑，舌暗红苔厚腻等症；肝郁脾虚，日久气血亏虚，而见头晕，倦怠乏力，胸胁胀痛，心悸失眠，月经不调，脉弦细等症。肝气郁久化火，肝火上炎则见头痛，头胀，头面烘热而赤，口苦口干，耳鸣，舌红苔黄，脉数等症；肝藏血，火盛酌血伤络，则血瘀血热，而见头晕，头痛如刺，心悸胸痛，舌暗红有瘀斑，脉络迂曲等症，诚如《仁斋直指方》曰："淤滞不行，皆能眩晕"。肝火过盛则可使肝阳暴亢于上而见头晕耳鸣，头痛，急躁易怒，口干口苦，便干，舌红苔黄，脉弦数等症。火盛酌伤肝阴，阴不涵阳，则肝阳亦为之上亢；"乙癸同源"，肝阴虚久累及肾阴，则肾阴亦亏，水不涵木，肝阳亦亢，阴虚阳亢则见眩晕、头痛、腰膝酸软、五心烦热、心悸失眠，舌红少苔，脉弦细而数等症。肝阳亢而无制则化火动风上扰头目，甚则挟痰瘀之邪阻于脑脉，清窍失养而发眩晕或中风，可见头晕欲扑，腰膝酸软，肢体麻木或不遂，舌红苔黄或苔少，脉弦而长等症。阴亏于前，阴阳互根，日久则阳损于后，而形成阴阳两虚，证见眩晕头痛，腰膝酸软，晨寒肢冷，耳鸣，心悸，舌淡，脉沉细等。总之，原发性高血压不同程度地涉及了肝气、肝郁、肝火、肝风、肝阳、肝阴、肝血等肝脏病理的诸方面，尤其是肝阳和肝阴。肝脏病理变化对气血的影响使这一病理过程不可避免地涉及了血瘀、血热、血虚、气郁、气滞和气虚等气血的病理变化，同时肝脏病理变化对与其紧密相关的脏腑如脾、心、肾的影响，使这一病理过程也不可避免地涉及了脾湿、心火、心脉瘀阻，脾虚、心气虚和肾亏等脏腑虚实的病理变化。这使原发性高血压呈现出以肝为核心，涉及肾、心、脾3脏，以肝之阴虚阳亢为病理基础，涉及肾亏、脾虚、心气虚和风、火、痰、瘀诸邪的病理特点。并使原发性高血压具有虚实夹杂，本虚标实，变化多端的特点。

2 辨证施治，不离乎肝

周文泉创制了治疗原发性高血压的基础方—"加味红龙夏海汤"。该方由川、怀牛膝、地龙、夏枯草、海藻、天麻、钩藤、葛根、川芎组成。怀牛膝配天麻滋养肝肾，平肝熄风，川牛膝通脉散结，引血下行，配以川芎上行头目，下通血海，活血行气，以顺肝性；地龙配海藻咸寒入肝，清热平肝，化痰通络散结；夏枯草配钩藤清肝散结，平肝熄风；葛根活血通络，鼓舞胃气，发散郁火，为诸药之助。诸药相合，清肝而不伐肝，平肝而不逆肝，养肝而不燥肝，疏肝而不伤肝，化痰除瘀而不伤正碍胃。功专于肝而兼顾肾、脾，平肝清肝为主而兼除痰瘀诸邪，使肝火消，肝阳潜,肝阴复,肝风熄,肝性达而痰瘀除,从而肝府宁而血压降。

其加减常遵循以下加减法:肝阳亢甚者加石决明、代赭石等;肝火旺盛者加黄芩、龙胆草、茺蔚子等;肝风内动明显者加白蒺藜、僵蚕等;肝阴虚明显者加枸杞子、杭白芍、龟版等;肾阴虚明显者加生地、熟地、山萸肉等;脾气虚者加党参、白术等;心气虚者加生脉散;气虚者加黄芪、大枣等;血虚者加当归、鸡血藤等;阳虚者加仙茅、仙灵脾等;痰重者加胆星、天竺黄等;血瘀重者加益母草、丹皮等;湿浊重者加豨莶草、蔓荆子等;胸闷心痛痰浊明显者加瓜蒌、薤白、半夏等;胸闷心痛气滞明显者加延胡、郁金等;胸闷心痛血瘀明显者加丹参、红花等。

3 防病防复,调养乎肝

周文泉认为,原发性高血压虽与先天禀赋和年老体衰有一定关系,但发病与否,与后天调养有很大关系;已病者,防治不力终将很快累及脑、心、肾,发为中风、胸痹、水肿等严重疾病,甚至顷刻危及患者生命。因此,对原发性高血压要做到未病先防、既病防变和病退防复。防治原发性高血压,单纯靠药物是远远不够的,还要注意从日常生活中的预防做起,做到治养结合。根据原发性高血压病机核心在肝脏阴阳失调为主的病理特点,防治原发性高血压要时时刻刻把护养肝脏作为重点。首先要做到调畅精神情志,方能顺应肝性,使肝气调达,气血畅通,阴阳无偏。其次,饮食要合理,清淡为要。过食咸则伤肾与血脉,肝肾同源,五脏相关,终将累及于肝而血压升高;过食肥甘厚腻则碍脾生湿,脾困则土壅木郁,肝为之不利。周文泉比较重视食疗,常给患者提供一些养肝肾、清肝火、通脉络等具有一定降血压作用的食疗方案。如山萸肉粥、黄精粥、冰糖醋酸饮、菠萝汁等药膳,菊花茶、夏枯草茶、山楂茶等药茶,嘱咐患者多吃一些香菇、海带、玉米、大蒜、醋等食物。再次,摒除不良嗜好,特别是酒要适量,烟要戒除。烟化火伤阴为肝之贼,酒毒伤肝更是不言而喻,如《医门法律》云:“醇酒厚味……久之酿成内热”。第四,要劳逸结合,且忌过劳。无论劳力、劳神、房劳,过则皆可伤及肝肾。华佗曰:“人体欲得劳动,但不当极耳,动摇则气谷得消,血脉流通。病不得生。”适当进行身体锻炼对预防和控制血压是有帮助的,但要选择适合自身情况的锻炼方式且不可过度,如老年人可以练太极拳、气功或进行散步、打球等有氧运动。总之,只有在日常生活中做到顺肝之性、养肝之阴、护肝之体、适肝之用,并配合有效药物,才能更好地防治原发性高血压。(郭明冬 崔 玲 周文泉)

临证特色

1 治病求本,标本兼顾

周文泉认为:“治病必求于本”的“本”有二层意思,即患者的体质和疾病的主要矛盾,辨治也应围绕这二者进行,“治本之中兼顾标,本固标除以收功。”

案1 张某,女,27岁。尿频、尿急、尿痛1月余,伴腰部冷痛,无法久坐,气短乏力,眼睑微肿,面色㿠白,畏寒,喜热饮,月经时常愆后,量少,舌质黯红、苔薄腻,脉弦滑沉按无力,右尺尤甚。发病前2月曾自然流产1次。西医诊为慢性泌尿系感染。用利复星、氟哌酸、增效联磺片、阿莫西林等抗生素和中药汤剂均不效。查尿常规:LEU 10~15/μl,ERY 30~45/μl,上皮1~2/μl。周文泉认为此证肾阳虚为本,下焦湿热为标,治当补肾阳,利水清热止血,标本兼顾,寒热共进。处方:茯苓皮、茯苓各20g,炒白术、猪苓、萹蓄、山茱萸、巴戟天各12g,当归、肉桂各10g,生黄芪、柴胡、泽泻、车前草各15g,侧柏叶、忍冬藤各30g。6剂,每天1剂,水煎2次早晚分服。自诉服药至第3剂时,有阵阵战汗出,而后立感病痛若失。复查尿常规已恢复正常。续以上方加减服12剂而愈。随访2个月未见复发。

2 擅用调理之法

大凡年老患者,多有正气不足、阴阳失调、气血不充、脏腑虚损等情况。补之防偏颇,攻之畏太过,量不足又有病重药轻之虞,临床上用药较为棘手。周文泉则主张论治重补虚,扶正宜用调补,祛邪慎用攻伐,除病攻补兼施,并十分推崇蒲辅周所说的“汗而勿伤,下而勿损,温而勿燥,寒而勿凝,消而勿伐,补而勿滞,和而无泛,吐而无缓”。认为“虚”既是引起衰老的原因,又是导致老年人发病的根本。同时注重调补先、后天之本和调节阴阳的平衡。

案2 楼某,男,69岁,1998年3月6日初诊。患者由于劳累过度,常觉头晕,视物模糊,耳鸣,记忆力减退,查颅脑CT未见异常。诊见:咽部不适,胸闷,纳食可,二便尚调,舌黯红、苔薄白,脉弦细。周文泉认为,此为年老肾气不足之证。处方:太子参、合欢皮各30g,麦冬、菟丝子、女贞子、覆盆子、天麻、川芎、蔓荆子各12g,五味子10g,枸杞子、丹参、葛根各15g。6剂,每天1剂,水煎2次早晚分服。尽剂后,自觉头晕减轻,视物稍清,背发紧,咽部仍不适,纳食好,夜寐亦可,二便调,舌黯红、苔薄白,脉弦细。处方：枸杞子、鸡血藤各15g，菊花、天麻、白术、山茱萸、生地黄、川芎、女贞子、石斛各12g，威灵仙、茯苓各20g，法半夏10g，合欢皮30g。续服6剂后，自诉情绪激动、体力活动后头晕，休息后则好转，耳鸣除，咽不适减轻，记忆力好转，上方去菊花、威灵仙、鸡血藤、女贞子、石斛，加党参20g，山药、牡丹皮、蔓荆子各12g。继服12剂，患者头晕明显减轻，视物清楚，恢复正常工作，舌红、苔少，脉稍弦。仍以上方加减继服12剂，调理善后，随访2个月未见复发。

3 擅用经验方治顽疾

周文泉临证时善用经验方治疗各种疾病，如所创红龙夏海汤由川牛膝、怀牛膝、地龙、夏枯草、海藻组成。功能：平肝补肾，清肝解郁，活血祛瘀。主治：高血压病、脑血管疾病后遗症、高血压心脏病等。本方中川牛膝、怀牛膝活血祛瘀，补肝肾强筋骨，引血下行利水；地龙清热熄风，通络除痹利水；夏枯草平肝阳清肝火，散郁结；海藻消痰软坚，利水。全方攻补兼施，标本同治，对高血压病属肝阳上亢、痰瘀互结型临证用之多验。

案3 安某，男，60岁，患者有高血压病史10余年，BP 20～28/10.7～16kPa，间断口服复方降压片、心痛定、开博通、依那普利等药物治疗。近因情绪波动后头晕加重，伴右侧面部麻木、舌麻、右手麻，口角流涎，口干，喜热饮，纳一般，耳鸣，夜寐易醒，醒后难入睡，舌淡黯、苔腻。查颅脑CT示腔隙性脑梗塞，BP 25.7/14.7kPa。周文泉辨为肝阳上亢，痰瘀互阻。方用红龙夏海汤加味。处方：川牛膝、怀牛膝、夏枯草、海藻、钩藤、鸡血藤各15g，地龙、茺蔚子、天麻、郁金、姜黄、川芎各12g，葛根20g，丹参30g，莪术10g。6剂，每天1剂，水煎2次早晚分服。1周后患者复诊诉头晕、舌麻、面麻、手麻、口角流涎等症好转，依上方加减继服60剂，诸症消失，BP控制在20/12kPa左右。（林楚嘉　叶喜娜）

周宜轩临床经验

【名老中医简介】周宜轩（1943～）安徽省萧县人。主任医师，教授，硕士生导师。中华中医药学会内科学会理事，中华中医药学会瘀血证专业委员会副主任委员，安徽省中医药学会常务理事、副秘书长、顾问，安徽省中医药学会心血管专业委员会主任委员。第三批全国老中医药专家学术经验继承工作指导老师，安徽省名中医。享受国务院特殊津贴。从事中医内科临床、教学、科研工作40多年。擅长中西医结合治疗高血压病、冠心病、心律失常、心肌病等。主持和参加省部级科研项目7项，获省科技进步奖3项，地厅级奖2项。出版专著12部，发表论文30余篇。

临床经验

原发性高血压早期肾损害

1 原发性高血压，始则阴虚阳亢，久则肝肾阴虚

中医虽无高血压的病名，但对此病早有认识，根据临床表现与“眩晕”、“头痛”、“肝阳”、“肝风”等病症有关。其病机变化归纳起来不外乎脏腑的阴阳失去平衡，表现阳亢与阴虚两方面。周宜轩认为原发性高血压始则以阴虚阳亢为主，患者病至后期则以肝肾阴虚为本。早在《黄帝内经》就有“诸风掉眩，皆属于肝”、“髓海不足，脑转耳鸣”等论述，提出本病病位主要在肝肾。《医学从众录·眩晕》云：“……究之肾为肝之母，肾主藏精，精虚则脑海空而头重，故《内经》以肾虚及髓海不足立论也。”《临证指南医案》云“肝为风脏，固精血耗竭，水不涵木，木少滋荣，故肝阳偏亢，内风时起。”张景岳认为本病“虚者十居八九，而兼火兼痰者，不过十中一二”。中医学以为，本病在先天因素、饮食不节、情志失调等病因作用下，使人体阴阳失衡，主要表现在肝肾阴虚，不能潜藏肝阳，而致肝阳上亢，本病以虚证为多，以肝肾阴虚为主。近代有人提出高血压是由于七情所伤，饮食失节，内伤虚损，引起阴阳平衡失调，病损的脏器主要在肝肾及心，肝肾阴虚为主要病机之一。有现代证候学及临床流行病学研究发现，肝肾阴虚为原发性高血压常见证候之一。据临床分析，原发性高血压患者以气虚、阴虚检出率最高，五脏虚损中以肾虚、心虚、肝虚检出率最高，可见肝肾阴阳失调在原发性高血压发病中占有相当重要的地位。

2 原发性高血压早期肾损害以肝肾阴虚兼血瘀为病机之本

现代研究证实，原发性高血压患者由于高血压，长期处在肝肾阴虚状态下，不但阴中之水虚，同时阴中之火亦虚，导致肾阳不足，助血脉之循行受阻，瘀阻肾经脉络，使精微输布失固，因而表现尿中微量蛋白的丢失。因此，应用放免法测定血尿β2－MG，是反映

肾小球滤过率或肾小管功能的一项敏感而可靠的早期诊断指标,已为临床广泛应用。有研究原发性高血压患者尿白蛋白排泄率随年龄、病程、高血压严重程度而升高,尿微量白蛋白可以作为独立而可靠的检测指标,观察原发性高血压早期肾损害。随着病情发展,尿中可出现蛋白尿,肾功能损害,乃至尿毒症,危及生命。中医学对原发性高血压早期肾损害无相关论述。原发性高血压病机以肝肾阴虚为本,肾之封藏之本失司,精微外漏,则出现微量蛋白尿,夜尿增多。血瘀证在原发性高血压早期肾损害中具有重要地位。阴虚可致瘀,《素问·调经论》说:"阴虚则内热。"内热则煎熬津液,可导致瘀血的形成,阴液不足还可导致脉络涸涩,血行涩滞,而致血瘀证。原发性高血压多发于中、老年人,出现肾损害多在数年之后,《内经》云:"年过半百,阴气自半。"则出现肝肾阴虚致血瘀。有研究证实,原发性高血压老年患者多伴有不同程度瘀滞之象,且血瘀程度随年龄增长而逐渐加重。同时原发性高血压患者出现肾损害多达数年之久,存在病程长、反复发作、迁延难愈等特点,久病伤血入络是形成血瘀的重要因素。正如叶天士所说:"久发频发之恙,必伤及络,络乃聚血之所,久病必瘀闭。"久病及血,血脉瘀阻是原发性高血压病情发展必然转归。综观以上原因均致肾之血脉瘀阻,则肾之封藏之本失司,精气不能畅流,肾精虚损,精关不固,精微外泄。患者多表现为舌质紫暗,瘀点、瘀斑,舌下络脉迂曲,脉弦涩或结代,为瘀血之象。现代研究证实,原发性高血压肾损害患者纤溶系统(PA、tPA、PAI－A、D－二聚体)变化明显。

3 辨治以补益肝肾为本,重于活血化瘀,通脉固精

原发性高血压早期肾损害病机以肝肾阴虚加血瘀为主,辨治谨遵病机,当以补益肝肾为本,重视活血化瘀,通脉固精。近代有运用单味何首乌治疗原发性高血压早期肾损害血瘀型,补肝肾,益精血,活血脉,使尿 Alb、IgG、IgM 排泄下降,TC、IR 下降。有人采用滋肾涩精,清热化瘀之剂,灌肠治疗原发性高血压早期肾损害,明显降低 Alb 排泄,且可改善症状,取得较好效验。周宜轩临床采用养肝阴、滋肾水、活血脉、固精微之剂,方以枸杞、菟丝子滋补肝肾,固摄精微为君。配怀牛膝增强补肝肾之力,同时有活血利水之效;合黄芪补气升阳,利水消肿,益卫固表,现代研究有消除尿蛋白的作用,共为臣药。佐以益母草、水蛭活血通络,利水消肿。现代研究有降低肾小球内的压力,从而改善肾小球基底膜的通透性,而减少白蛋白的滤过,而消尿蛋白。诸药合用,滋补肝肾,升阳固表,利水消肿,活血通络,固摄精微,从而达到消除早期尿微量白蛋白的作用,恢复肾功能。作为院内制剂—养肝益水颗粒,每日 3 次,每次 1 袋,临床应用多有效验。

4 病案举隅

周某,女,69 岁。反复头晕、心慌、胸闷、口干 8 年余,当时测血压升高,最高达 180/105mmHg,服用波依定 5mg,1 次/d,血压控制在正常范围内,症状仍时有发作。查体:心、肺正常,双下肢轻度浮肿,舌暗红,边瘀点,苔薄白,脉弦涩,辨证为肝肾阴虚夹血瘀。实验室检查:尿 β2－MG 0.6g/L,ALB 60.4mg/L,IgG 28.3mg/L;BUN 4.52mmol/L,Cr 42.3μmol/L;尿常规正常。投以滋补肝肾、活血固精之剂,选用医院养肝益水颗粒,每日 3 次,每次 1 袋。服药 15 天,上述症状减轻,继服 15 天,诸症消失。复查尿 β2－MG 0.2mg/L,ALB 11.3mg/L,IgG 3.1mg/L。嘱间断服用此药,以巩固疗效。(欧 敏)

冠心病

1 气阴两虚为本,痰浊、瘀血为标

1.1 气阴两虚为其本

对冠心病病因病机的认识,早在《灵枢·五邪第二十》就有"邪在心,则病心痛",认为本病发作必是外邪客于胸膺而发为心痛,《金匮要略》有"夫脉当取太过不及,阳微阴弦,即胸痹而痛,所以然者,责其极虚也"。指出本病病因病机为"阳微阴弦"。《济生方》有"体虚之人,寒气客之,气结在胸,郁而不散,故为胸痹。"《景岳全书》有"然必以积劳积损及忧思不遂者,乃有此病。"

周宜轩在心血管临床治疗中,对胸痹的病因病机认识为:近年来人们生活水平的不断提高,饮食结构发生了变化,多以高脂肪、高蛋白食物为主,加之不良的生活习惯,环境污染、社会生活节奏的加快,事业竞争压力及精神压力增大,年老体衰,都成为本病发生发展的重要因素。如饮食不节,嗜食肥甘厚腻生冷、辛辣炙烤之物,或嗜酒成癖,均可损伤脾胃。致中焦气虚,脾胃乃后天之本,气血生化之源,脾气不足,运化失健,输布精微乏力,致水湿内生,聚而成痰,痰浊上犯,郁于胸膺之脉,而发为胸痛;生活节奏加快,精神压力增大,身心烦劳,持续过度的情志刺激都可直接或间接耗伤精气。《杂病广要》谓"精太用则竭,神过劳则惫",日久伤及心气,气虚不能推动血液,血液瘀滞,不能充养于心;而《素问》有"无阴则无气",若气化无源,病久必致心君气阴两虚,乃至耗

伤,甚者可致阳气鸱张亢盛,久而不解,致阴精日衰,阴虚津少,则血脉不充,脉道涩滞,化热则烁液成痰,痰阻血瘀,痹阻心脉,故胸痹疼痛。年过半百,肾气渐衰,《内经》有"年至四十,阴气自半,而起居衰矣。"朱丹溪有"阳有余而阴常不足",张景岳有"阳非常有余,阴常不足","心动则相火妄动,动则精自走,相火翕然而起,虽不交会,亦暗流而疏泄也。"又因今人饮食多以辛辣炙(火専)咸淡之物,加之多崇温阳壮阳补肾之品,性多偏燥,日久伤及阴精,而多致肾阴亏虚。肾阴虚不能濡养五脏之阴,最易引致心阴内耗,心脉失于濡养,甚则心火燔炽下及肾水,血脉失养而发为胸痹。

周宜轩亦认为,在现代心血管临床治疗过程中,忽视辨证论治而滥用活血化瘀药现象亦较严重,长期过量滥用活血化瘀药,不仅对病症无效,且易耗伤气血津液,最易发展为气阴两虚。

1.2 痰浊、瘀血为其标

周宜轩认为,瘀血不是本病的主要病机,它是本病病理发展过程的代谢产物,主要是由于阳气虚衰,推动无力,血行不畅,逐渐积聚成瘀,然瘀血形成之后,又会阻碍气机的运行,影响脏腑的功能。冠心病最易出现痰凝的病机变化,其发生与脾肾密切相关,盖因"脾为生痰之源",因脾为气机升降之枢,主水液代谢。脾气亏虚,失于健运,则水液不运,聚而成痰;肾阴亏虚,则肝火偏旺,火旺则烁阴为痰;阴虚日久伤及肾阳,肾阳伤及脾阳,脾肾阳虚则水运失司,聚而为痰。

2 治疗重益气养阴、化痰祛瘀

胸痹治当首辨虚实,虚者补之,实者泄之。本病多属本虚标实,虚者以气阴两虚为主,实者以痰浊、瘀血为主,但临床辨证论治当权衡标本缓急,急者治标,缓者治本,或标本兼顾,时时注意顾护元气。在治疗过程中,益气养阴、活血化瘀祛痰应恰到好处,以扶正而不助邪,攻邪而不伤正为原则,要因人而异地调整扶正与驱邪的药味和剂量。临床虚证以气阴两虚为多,证见胸闷隐痛,时作时止,心悸气短,倦怠懒言,面色少华,头晕目眩,遇劳则甚,舌质偏红或胖大有齿痕,脉细弱或结代。治宜益气养阴,兼以活血化瘀为法,方用自拟气阴双养汤,以太子参、炙黄精、黄芪、功劳叶、玉竹、麦冬、生地黄等,兼以丹参、三七、川牛膝、红花、赤芍、丹皮等活血化瘀之品。以瘀血为标者,证见面色晦暗,或眼圈黯黑,或皮肤干枯,胸部刺痛,以夜间为甚,部位固定,舌质淡暗,有瘀斑、瘀点,或少津液,脉弦涩。治宜血府逐瘀汤加减,兼以益气养阴。以痰浊为标者,证见形体肥胖、胸痛频发、胸闷欲呕、心烦体重、舌苔厚腻、脉弦滑,方用自拟益脂灵,以泽泻、绞股兰、丹参、姜黄等为主,兼以太子参、麦冬、玉竹等养阴之品,肾阴虚甚者加女贞子、枸杞子等。

但由于病情轻重、病程长短及致气阴两虚的病理病因不同,所以除去本证外,尚有变证的不同。临床常见的变证为湿浊内蕴、痰热蕴结、心肾阴虚、阴虚阳亢等证。湿浊内蕴者,证见头昏头晕、胸闷如窒、心烦欲呕、腹胀、不欲饮食、舌苔厚腻、脉滑数或结代。治宜芳香化浊,兼以益气养阴,重用薏苡仁、泽泻、藿香、白蔻仁、炒扁豆、车前子、太子参等。痰热蕴结者,证见胸闷胸痛时发、失眠多梦、小便黄、大便干结、舌苔黄厚腻、脉滑数或结代等。治宜化痰清热,方用温胆汤加车前草、泽泻、太子参、蒲公英、木香、炒麦芽等。心肾阴虚者,证见咽干咽痒或疼痛、心胸灼痛时作、心悸怔忡、心烦不寐、盗汗、舌红苔少或光剥、脉细数或结代,治宜滋阴养心补肾,药用女贞子、枸杞子、丹参、旱莲草、何首乌等。

在用药过程中,周宜轩对叶天士"久病入络"之说颇多推崇,他认为本病初为气虚气滞在经,缠绵日久,血络之中,必有瘀滞,瘀甚则血脉闭阻,不通则痛矣。临床多见心前区或胸骨后疼痛,甚则如针刺样,痛点每次发作固定不移,伴见心烦、胸闷或唇甲青紫,或舌质紫暗,舌下静脉瘀紫,脉沉弦或涩等血瘀络阻证。据此,周宜轩临证多善用芳香温通之药作引经药,如苏合香、薤白、檀香、细辛、麝香、冰片等,取其既能活血化瘀又具辛香走窜之功以使药达病所,使阻者可通,使滞者可行,"一通则百病可除"。上述中药中无论是开郁豁痰的苏合香,温中散寒的薤白,降气止痛的檀香,抑或活血化瘀之品,都可辨证选用,但芳香行气活血之药,走而不守,走窜力强,短暂投之,取一时之效则可,连续用之则恐耗伤气血津液,多不可为,故应于方中稍佐益气养阴之品,顾护心阴。

3 病案举隅

某男,70岁,于2002年8月2日首诊。既往有冠心病史多年,心前区疼痛,伴口干,食欲不振,失眠多梦,多于劳累、情绪变化等诱发,服硝酸甘油5min后可缓解。心电图ST段压低,心脏B型超声波示左室壁前尖段供血不足、运动幅度减弱。血脂:三酰甘油2.28 mmol/L,胆固醇6.01 mmol/L。诊断为冠心病(心绞痛)。2个月前外出旅游劳累后病情加重,心前区隐痛反复发作,经含服硝酸甘油5min后可缓解,伴口干、咽干、心烦失眠。查体:心尖搏动正常,心界不大，心前区各瓣膜听诊区未闻及病理性杂音，心音稍低，心前区无压痛，舌质淡暗，有瘀斑瘀点，脉弦细微数。辨病为冠心病，辨证属气阴两虚夹痰夹瘀型。《素问·举痛论篇第三十九》有“劳则气耗”，过劳则耗气伤阴，致络脉失养、阻滞而发为心绞痛，故患者每于劳累及情绪变化可诱发心绞痛。咽干口干，为阴虚之故，失眠多梦，为阴虚不能潜阳。舌质紫暗有瘀斑瘀点，脉弦细数，为阴虚有瘀之象。治宜益气养阴，兼以化痰活血，方用气阴双养汤合益脂灵加减：太子参、黄芪、麦冬、玉竹、炙黄精、丹参、赤芍、姜黄、郁金、泽泻、绞股蓝、香附、檀香。上方服7剂后，诉胸部刺痛减轻，腹胀消失，食欲基本正常，前方去玉竹，加葛根、炒枳壳、川芎，服7剂后，诉胸痛基本消失，唯不耐劳力，继以益气养阴方7剂以巩固疗效。药后症状消失，随访1年无复发。（张晓军）

心律失常

1 重视顾护脾胃

脾为后天之本，气血生化之源，津液输布之枢纽，脾胃与心有密切的联系。心在五行属于火，脾属土，心与脾胃是母子相生关系，脾胃的运化，有赖于心阳的温运；而心主血脉，则赖于脾胃的滋生。如《素问·经脉别论》有“食气入胃，浊气归心，淫精于脉”的记载，脾胃升降如常，则水谷之精上可奉养心气，下可滋补真阴，充肾阳，上下交通，协调既济。脾胃失调，一则使心之气血失和，宗气匮乏，运血无力和心血亏虚，血不养心，心脉不利，发为心悸。《济生方·怔忡论治》指出：“真血虚耗，心帝答辅，渐成怔忡”；王清任《医林改错》言：“元气既虚，必不能达于血管，血管无气，必停而留瘀。”二则脾胃失调使水液代谢失调，痰浊内生，痹阻心脉，或遏制胸阳，痰浊犯心，扰乱心神，而致心悸，故曰“脾为生痰之源”。《血证论·怔忡》亦曰：“心中有疾者，痰入心中，阻其心气，是以心跳不安。”三则脾胃升降失调，浊阴不降，清阳不升，肾阴不能上升以济心火，或心火独炎于上，扰乱心神，发为心悸。周宜轩深得古训，尤为强调脾胃在气血化生、津液输布及气机斡旋中的作用，临床实践中重视调理脾胃，特别是当今社会人们生活方式的改变，嗜食肥甘厚味、劳逸过度、年老体衰，均可导致脾胃功能失常。故他在诊病时，必察其舌脉，问其饮食，以察脾胃之强弱，用药时主张用健脾化湿之品。常用黄芪、法半夏、白术、茯苓、福泽泻、车前子、黄郁金、厚朴、薏苡仁、白蔻仁、藿香等药物，以益脾气，导浊气，除痰涎。既治脾虚之本，又祛痰浊之标，使气机通畅，则心脉自利。

2 活血化瘀贯彻始终

心悸的一个突出的标证是血瘀，气虚、气滞或血寒、血热，均可使血行不畅而凝滞，产生瘀血。对于血瘀导致心悸，历代医家论述较多，如《素问·痹论篇》曰：“心痹者，脉不通，烦则心下鼓。”清·王清任在《医林改错·血府逐瘀汤所治症目》中云：“心跳心慌，用归脾安神等方不效，用此方百发百中。”唐容川在《血证论·怔忡》中亦云：“凡思虑过度及失血家去血过多者，乃存此虚证，否则多夹痰瘀，宜细辨之。”同时，瘀血内阻可影响津液输布，而出现津液凝聚为痰。因“津血同源”，在形属阴，痰浊胶结脉中，亦可导致血瘀，故痰瘀常常相兼为患。患者或表现为胸痛，舌质紫暗，有瘀斑，脉结代；或表现为胸脘痞满，苔腻，脉滑。现代研究认为，血液流变学、血液循环及血液理化性质的改变，为瘀血痰浊的主要生化基础。除了传统中医辨证为瘀血之外，一些尚未出现明显瘀血症状，但有血液流变学异常或微循环障碍的，亦可归属于瘀的范畴，可称为亚瘀血状态。这类患者可表现为血液循环与微循环的障碍，血小板功能障碍，血液流变学的改变及血浆脂质水平的变化。故周宜轩在辨证论治时，着眼于活血化瘀药物的使用，以降低血液黏、浓、稠的状态，抑制血小板聚集，改善心肌供血供氧。故具体治则当为益气活血。因气虚血瘀为本病的重要特点，方中重用补气药人参、黄芪、潞党参等补益心气，增强心的功能，使心气足而血流畅，有利于瘀血的消除；养血活血，血虚亦可致瘀，《景岳全书》治疗血瘀证时指出：“血有虚而滞者，宜补之活之。”当归、白芍能补血养血，寓养于活；行气活血，气为血之帅，气行则血行，气滞则血瘀，临证中均配以行气药，如川芎、柴胡、炒枳壳、郁金等；瘀血甚者加入全蝎、水蛭，因其力强走窜，应中病即止，不可攻伐太过。现代药理证明，活血化瘀药物能改善微循环，改善血液流变性，抑制血小板聚集，降低血脂，同时能扩张冠状动脉，防止血管痉挛，抗心肌缺血。故对于心悸患者，周宜轩在用药时必用活血化瘀之品，疗效颇佳。

3 辨证施治

周宜轩认为，本病病程较长，以脏腑虚损为本，因虚而致实，属本虚标实之证。虚者以脾胃为本，气虚为先，实者首推痰瘀。痰瘀是贯穿于该病始终的致病因素。治疗时理当重在化痰、消痰，但峻猛破伐之品，非其所宜。要同时不忘健脾，力求标本同治，消补兼施。该病临床表现较为复杂，其治疗应紧扣病情辨证。若伴有高血压者，加入天麻、钩藤、决明子平肝潜阳；血虚明显者，多配熟地、麦冬、阿胶；气滞者加炒枳壳、川芎；疼痛明显者，加黄郁金、炒延胡索等；偏热者，加功劳叶、蒲公英；寒象明显者，加嫩桂枝或肉桂；心神不安者加龙骨、牡蛎；临证在以上药中加入抗心律失常作用的苦参、黄连。诸药相合，补血养血，健脾化湿，祛瘀化痰而不伤正，组方严谨，为周宜轩治疗本病经验特色之体现。

4 病案举隅

患者，男，50 岁。2002 年 12 月 4 日初诊。自述：心前区隐痛伴胸闷、心悸、气短 1 周。自服心宝、银杏叶片、复方丹参滴丸，稍有缓解。查体：面色晦暗，心率 93 次/min，心律不整齐。心电图提示：频发房早、室早，2 度 I 型房室传导阻滞。症状见胸闷隐痛、心悸，辨证属气阴两虚，心血瘀阻。以益气养阴、活血通络为法，组方如下：潞党参 15g，大麦冬 10g，炙黄精 15g，全当归 15g，赤芍、白芍各 15g，紫丹参 25g，瓜蒌皮 15g，黄郁金 12g，生龙骨、牡蛎各 15g，炒延胡索 12g，干地龙 10g，功劳叶 30g，法半夏 12g，福泽泻 10g。服药 10 剂来诊：胸闷、心悸、气短症状明显减轻，疼痛有所好转。但剧烈活动后仍感心悸、气短，苔薄白，舌淡红，脉微弦。在前方基础上加以调整：黄郁金 10g，瓜蒌皮 12g，白蔻仁 10g，炒枳壳 12g，紫丹参 20g，炒延胡索 10g，功劳叶 30g，薏苡仁 20g，大川芎 15g，粉葛根 20g，生龙骨、牡蛎各 10g，蒲公英 20g，嫩桂枝 10g，苦参 15g。服药 15 剂后诸症消，无心慌胸闷，心电图正常。嘱继续间断服用中药，以资巩固疗效。饮食调理，劳逸结合，注意调畅情志。门诊随访，至今未发。（张 娟）

医方验方

补心通络汤

方药：潞党参 15g，炙黄芪 20g，炙黄精 15g，全当归 12g，山萸肉 10g，新绛香 10g，瓜蒌皮 12g，郁金 10g，紫丹参 20g，水蛭 10g，炒枣仁 20g，石菖蒲 10g。

功效：益气养心、化痰通络。

主治：治疗冠心病心绞痛（心气不足、痰瘀阻络症）。证见心慌、胸闷或胸前区疼痛反复发作，呈紧缩或压榨感，多与情绪及活动有关。伴倦怠、乏力、气短，脉细弦或沉细，苔薄白，舌质偏暗或有瘀点、瘀斑。心电图示：定位性 ST－T 波变化。

用法：水煎服，每日 1 剂，分 2 次服。

方解：方中选用党参、炙黄芪补益心气，黄精、全当归、山萸肉滋心阴，五药合用以养心、增强气血运行为君药；瓜蒌皮重在利气化痰，郁金为气中之血药、行气解郁、活血止痛，石菖蒲化痰湿、开心窍。丹参一味功同四物，具养血活血化瘀之功，水蛭为虫类药，以活血祛瘀、疏通心络为著。

周兆山临床经验

【名老中医简介】周兆山（1954～）山东省胶州市人。主任医师，教授，硕士生导师。1979 年毕业于山东中医学院中医系。现任海慈医疗集团呼吸科主任。中华中药学会内科分会委员，中华中医药学会肺系病专业委员会委员。山东省中医肺系病重点专科学科带头人。山东省名中医药专家。擅长治疗呼吸科疾病。先后完成多项科研课题并获奖。出版《哮喘中医论治》《支气管哮喘临床新对策》等 7 部著作，发表论文 20 余篇。

支气管哮喘

1 明断病机非易事，时间辨证可勘助

周兆山在临证中发现，对于那些反复发作的哮喘病患者，很难将其单纯地归于某一孤立的证型，在发作期大多存在着寒热错杂、虚实相兼的情况，病位虽在肺，病机却兼及五脏，这就大大增加了辨证的难度。如何以全新的视角去审视哮喘辨证的规律，就成了他多年研究的目标。基于这一理念，他临证时常独辟蹊径，屡出奇兵。周兆山倡导辨证应从细微处着眼，从常人易忽视处挖掘潜在病机，力争做到窥一斑便知全豹，哮喘的日节律辨证法就是这一思想的结晶。周兆山从经典中寻求灵感，根据《灵枢·顺气一日分为四时》篇的精神及《内经》中“脾不主时而分散于四时之末”的论述，创立了哮喘的日节律辨证。如肝胆属木，应寅卯时（3:00～7:00），故哮喘于凌晨发作者，其病机多与肝失疏泄、肝郁化火或肝血不足而导致的肝肺气机不调、肺气上逆有关，治疗时调肝理肺当为常法。又如肾与膀胱属水，应亥子时（21:00～1:00），夜间阳气入于肝，阴气独居于表，故夜间哮喘发作者多为阳气虚衰，肾失摄纳，治疗当以温补肾阳、纳气定喘为原则。

案 1 女，27 岁，病案号 773452，2004 年 12 月 15 日初诊。主因咳喘 3 个月。近 3 个月来每于清晨起床后发作咳嗽、喘憋，咳甚则喉中响鸣，咳吐少量白黏痰，间或呈絮条状，口干苦，不欲饮，舌淡苔白润，脉滑；胸片示双肺纹理增多；证属肝失疏泄、肺失宣降、气机不利、水饮内聚；治宜疏调气机、温肺降逆、化饮利水。以小柴胡汤合温肺汤化裁：柴胡10g，半夏10g，黄芩15g，太子参12g，炙甘草10g，栀子10g，车前草15g，桂枝10g，白芍15g，干姜15g，杏仁12g，五味子15g，泽泻10g，细辛3g。二诊：3剂后咳嗽减半，气喘亦有所减轻，仍口干口苦，不欲饮水，舌脉同前。气机渐通而未畅，饮郁有化热之象，上方加茵陈20g，继进7剂。三诊：诸症渐消，舌脉同前，守方7剂善后。

2 发作多因痰作祟，祛邪重在利湿浊

周兆山认为，辨治哮喘一个不可忽视的关键就是对痰饮致病的认识，痰饮留伏既是哮喘迁延反复的夙根，又是症状发作的病机。诚如秦景明在《症因脉治》中所言："哮病之因，痰饮留伏，结成窠臼，潜伏于内，偶有七情之犯，饮食之伤，或外有时令之风寒，束其肌表，则哮喘之症作矣。"故治疗哮喘应遵循"必伏其所主，而先其所因"的原则，将祛痰化饮作为治疗的关键。他在如何去除痰饮夙根这个关键问题上，有着自己独到的见解。诚然，痰多属热，饮多为寒，但究其根源，两者均来源于水湿，即人体内不归正化的津液，因此祛湿就成为"截断扭转"病机转变的关键。通过健脾利湿以杜生痰成饮之源，通过渗透利下焦给湿邪以出路，通过宣降肺气以通调水道是其常用治湿之法。周兆山总结多年临床经验所创立的治疗热哮的清肺渗湿汤，就体现了上述诸原则，临床验之，每获良效。

案2 女，17岁，工人，病案号376954，2004年10月11日初诊。因发作性喘鸣10余年，加重3天就诊。罹患哮喘多年，每遇天气变化或异味刺激则哮喘发作，此次于3天前因外感后诱发哮喘再次发作，痛苦难耐，由家人搀扶来诊。证见喘息憋闷，张口抬肩，喉中哮鸣有音，间断咳嗽，咳痰黄稠，口干欲饮，溲黄便略干，舌质略偏红，苔黄腻，脉滑数；证属痰热内壅、肺失肃降；治以清肺渗湿汤。原方：麻黄10g，杏仁10g，石膏30g，炙甘草10g，冬瓜仁30g，薏苡仁30g，茯苓20g，车前草15g，鱼腥草30g，浙贝母15g，芦根30g，蝉蜕10g，射干10g，石韦10g。1剂后即起效，喘鸣减轻，4剂后诸症均大减。守方14剂进退，喘消气畅，神清气爽。再次复诊，虑其病发于幼年，根于先天肾气不充，故上方去冬瓜仁、鱼腥草、蝉蜕、射干、浙贝母、石韦，酌加熟地、山萸肉、山药、泽泻、丹皮以培补肾元，继进20余剂，哮喘未再发，自觉体力倍增，面色渐红润，终与八味肾气丸化裁善后月余，10余年痼疾，2个月获愈。

3 气郁三焦勿小睽，疏利气机为要务

周兆山认为，全身气机出入于肺，枢转于肝胆脾胃，根纳于肾，哮喘发作虽表现为肺气上逆，肺管挛急，但与三焦气机的逆乱有着密切的关系，对于发作期肺气苦急难降者，疏利三焦更有着非比寻常的重要作用。临床上他多用柴胡疏利肝胆作为调畅气机的出发点。正如陈士铎在《辨证录》中所言："吾治其肝胆，而外感内伤俱皆愈也，该肝胆乃阴阳之会，表里之间也，解其郁而喘息可平矣。"周兆山还认为，疏利之妙不仅限于和畅三焦，宣降肺气，更重要的在于通过气机的畅行而使津液得通，肝郁得平，脾胃复健，痰湿无由生，乃是疏利法的更深层意义。

案3 男，5岁，病案号745821，2005年5月3日初诊。因发作性喘鸣、咳嗽2年，再发半个月就诊。患儿既往有支气管哮喘2年，于半月前外感后突然高热，诱发喘鸣、咳嗽再作，经西药抗生素治疗后体温降至正常，但喘鸣、咳嗽持续不解，咯吐较多黄色黏痰，晨间加剧，伴口苦咽干，烦躁，夜寐不安，二便尚调，舌淡苔薄白，脉弦滑。证属少阳郁火犯肺，肺失清肃之职，治宜疏利少阳、清宣肺热，以小柴胡汤合栀子豉汤、泻白散加减化裁：黄芩6g，柴胡8g，姜半夏6g，炙甘草6g，炒栀子6g，淡豆豉10g，桑白皮6g，地骨皮6g，浙贝母8g。服上方1剂后喘咳减半，黄痰量明显减少，3剂后喘咳渐平，黄痰几消，唯口苦改善不明显。二诊在前方基础上酌加茵陈10g，继进3剂以收功。

4 倦倦元气为根本，补肾理应贯始终

周兆山认为，哮喘作为特应质疾病的一种，多见于过敏体质患者，具"母子相传"的特点，其发病与先天肾气不足关系密切，如迁延日久则肺肾两伤，精气双亏，故补肾培元是杜绝哮喘发作的治本之法。传统观念认为，哮喘缓解期存在着肺、脾、肾三脏虚损证候。他通过长期临床观察到，在缓解期确有一部分患者存在着这样或那样的症状，但多不系统、不典型，真正能构成肺、脾、肾虚损证型的仅占很少一部分。对这些有证可辨的患者，可以有的放矢地进行针对性治疗，但对大多数无证可辨的缓解期患者是否就可以放任自流、任其发展呢？现代医学已证明，在哮喘缓解期，呼吸道炎症依然持续存在，并且可导致不可逆性的呼吸道重构。因此在缓解期进行积极的干预不仅可有效控制哮喘发作，对防止上呼吸道结构的变化也有着重要意义。同时对哮喘患者内分泌研究表明，即使临床无肾虚见证，也可能存在着潜在的肾上腺皮质功能减退。基于此，周兆山提出了

"肾虚质"的概念，即哮喘根于先天遗传缺陷，患者均不同程度地存在着肾元不充的情况。"肾虚质"的概念切合古人关于"幼稚天哮"的论述，根据"未发时以扶正气为主"的原则，周兆山立足于补肾，研制开发了"防哮灵"胶囊，临床观察证明该药对预防哮喘发作有着积极的作用。同时"肾虚质"概念的提出也为哮喘发作期补肾法的应用提供了理论依据。经过大量的临床实践，他创立了一整套行之有效的补肾方法，如对于反复发作的哮喘，证属寒哮者，在射干麻黄汤的基础上合用六味地黄汤加祛风药羌活、防风；证属热哮者等，在清肺渗湿汤的基础上合用六味地黄汤并酌加祛风药蝉蜕等。（宋 曦 张有花）

朱炳林学术经验

【名老中医简介】朱炳林（1942～）江西鄱阳县人。主任中医师。江西省老中医药专家学术经验继承工作指导老师。从事中医40余年，著有《困学斋中医随笔》，发表论文40余篇。

学术经验

1 病无论急性、慢性，皆以"求本"为宗旨

朱炳林在学术方面首言辨证论治，认为病无论急性慢性，"治病必求于本"。他以《内经》、《伤寒论》为宗，同时又吸收了唐、宋、金、元、明、清医家如孙思邈、李东垣、张景岳、徐灵胎、张璐、喻嘉言等的精髓，结合40余年的临床经验，进一步探讨辨证辨病求本为一体的辨治模式。辨证论治是张仲景《伤寒论》的传世之法，他认为辨证论治的全过程不能脱离"求本"，辨证辨病求本应成为一体。提出求本必须通常达变；必须按辨证沦治的方法进行；必须辨证与辨病同用，在辨证与辨病同用的时候不受西医诊断左右的观点。求本必通常达变。

案1 陈某某，女，咳嗽3个月未止，曾服过西药抗炎、止咳、祛痰药，中药苏杏二陈汤、止嗽散、桑杏汤、清燥救肺汤及长时间大剂量养阴清肺药物，咳嗽不见止，胸部透视亦未见异常。证见干咳无痰、喉痒、胸闷、气促、口渴、舌苔薄白、脉细滑。就干咳无痰理应考虑燥热，肺阴虚或肝火犯肺，但却没有鼻燥咽干、盗汗、手足心热、颧红、咳引两胁作痛、苔黄、脉细数或弦数之证，服清燥养阴类药又无效。是否系表寒未解？但无表邪外束肌腠之证。后再详询，知其躺下后觉喉中有痰刺激作咳而咳不出痰来，口渴而喜热饮，小便清而短，咳剧不能自禁，点滴遗出。思之，此病由于初起失于宣散，致水气内停，后又失于温和，一味应用滞膈凝痰之药，从而水气不化，咳嗽缠绵。既无内热，又非阴虚，"求本"明了，使用小青龙汤，果然2剂后咳减胸宽，6剂后终得咳止。

朱炳林治疗急病重病时，在注重"求本"中既辨证与辨病相结合，但又不受西医诊断的左右。

案2 彭某某，女，80岁，2006年12月4日因腹痛两天伴恶心、呕吐、头昏入县医院外科住院，入院后诊断为：①急性肠梗阻；②胆囊多发性结石并胆囊炎；③高血压3级；④高血压心脏病、房颤。不宜手术。经补液、抗炎、降压、解痉、胃肠减压及对症治疗仍大便不通，腹胀腹痛不已，且有多汗、气短、体力疲惫不支等症状。8日邀朱炳林诊治。刻下：神志清楚，但语声低微，大便未通，满腹胀满痛，拒按，自汗涔涔，手足为多，低热，烦躁，口渴，脉细数不整，舌苔黄腻。证属气阴两虚，阳明腑实，治以益气养阴，攻下腑实。药用：党参30g，麦冬10g，五味子5g，生首乌30g，火麻仁30g，厚朴10g，枳实10g，大黄10g（后下），广木香10g，沉香6g（后下），2剂，1日分4次送下。药后肠鸣较频，大便稍通，病见转机。9日，于上方去广木香，大黄改为制大黄，加北沙参20g，日1剂分3次煎服。药后大便行，腹痛止，低热去，精神好转，思食，已脱险境。祛邪务尽，再行扶正祛邪，上方去大黄加炒白芍15g，川黄连5g，沉香改为3g，2剂后出院。复以培补脾胃善后。药用：太子参30g，麦冬15g，五味子5g，炒白术15g，淮山药20g，玉竹15g，石斛15g，火麻仁20g，葛根20g，北沙参20g，炙甘草5g，广木香5g，红枣5枚，茯苓15g，3剂而愈。

2 始终注重脾胃，治疑难杂症常遵"诸病不愈当治脾胃"之说

脾胃理论是朱炳林学术思想重要的组成部分，他的脾胃理论思想不仅仅在于学术理论的研究继承上，更可贵的是在临证实践中的总结和发挥，他临床有年，在研究李东垣、叶天士脾胃学说中，深谙其道。

2.1 治病当保胃气

保胃气实为临床治病的重要原则。胃为仓禀之官，水谷之海，人以水谷为本，胃气壮则五脏六腑皆壮，胃气衰则五脏六腑皆衰。

案3 蔡某某，男，58岁，因急性出血性坏死性小肠炎而行手术，术后虚羸困惫，面无血色，腹部饱胀，

按之甚软，嗳气频频，虽进流质，觉味鲜美，大便黑瘀，舌质淡苔白，脉细弱，予五昧异功散加黄芪9g，当归6g，桃仁6g，赤芍6g，焦山楂9g，8剂。药后大便转黄色。于上方去桃仁、赤芍，加藿香6g，炒神曲9g，续服10剂诸恙并瘥，食欲良好，精神渐复。

此案病虽重笃，但胃气虚而不败，投益气健胃合养血化瘀之药获效，关键在于"食流质觉味鲜美"上，假如患者饮啖无味，甚至没有食欲，那就要全力扶胃。

案4 洪某某，男，55岁，以溃疡病出血行手术治疗，术后面色不华，头晕眼花，气短乏力，精神疲惫，饮啖无味，肢体发麻，夜寐不佳，舌淡苔少，脉细。为气血两虚证，投八珍汤，无转机且纳食锐减，腹中不适，改用党参10g，炒白术6g，茯苓9g，甘草4.5g，陈皮6g，陈香橼皮6g，炒谷麦芽各9g，淮山药9g，3剂较舒，续服1月，终得胃纳旺盛，安眠达旦，体力日复，血常规检查正常。

此案辨证为气血两亏，选用八珍汤气血两补，原本不差，可服后反增不适，即示胃气不足，受纳不了四物汤之补，后专事健脾益气，便入坦途，不仅体力日复，连血象也复常，足见"生化有权，自可取汁变化而为血。"

2.2 疑难杂病重脾胃

不是说凡疑难杂症都从脾胃论治，但当临床症状复杂时，多考虑脾胃不无裨益。一方面从疾病病理演变来看，不少疾患以中焦脾土的衰败为关键。另一方面，培补脾胃可助正气，增加机体的抗病能力。

案5 赵某，男，66岁，时有梦遗或滑精，时尿中滴精液，时有阴茎异常勃起、心跳、心慌、易惊、头痛、头昏、头有抽动感、烦躁郁闷、纳食少味、食多即胀、夜不安睡、二便正常。上述症状此起彼伏，月余不解，西医治之无效，改服中药，有从肾阴虚亏治，有从精关不固治，有从相火妄动治，有从肝经湿热、血脉瘀阻治，有从痰火内扰、心肾不交治，均无效。症状复杂，颇难措手。后察其脉细数而弱，舌质稍胖、舌苔白，可见脾气不足，滋补清降，苦寒滞中之品皆不宜。朱炳林认为土为万物之母，姑扶脾气一试，药用太子参20g，炒白术15g，茯苓20g，甘草5g，葛根10g，藿香10g，姜半夏10g，薏苡仁20g，淮山药20g，泽泻20g，煅龙牡各20g，服后觉舒，守方进7剂。10日内仅遗精1次，饮食增加，诸症皆减，后稍作加减，服至45剂病瘳。

2.3 善用七味白术散

朱炳林对七味白术散研究颇深，深感本方是"养胃生津，鼓舞中阳"，"平补中州之良剂"，可广泛用于临床，不限于儿科疾患。

3 坚持经方时方兼收并蓄的用方之策

朱炳林在繁忙诊务中，常常教导弟子，中医辨证论治的全过程实际上就是辨证、立法、用方三个环节。三环相扣，均为关键，一环之差都会影响疗效。若临床辨证无误，立法吻合，而疗效不显时，就要考虑问题是否出在用方上。用方之人，无论经方、时方，对方子要了如指掌，是专攻抑或兼治，是相辅相成抑或相反相制，是取一方抑或两方合用，或治数方为一炉，其组成配伍之巧，用药施量之多少，煎煮时间等等都要心中有数。他强调经方时方，皆要得立方精义，兼收并蓄。例如，朱炳林常以小建中汤合良附丸治疗虚寒性胃痛；麻杏甘石汤合保和丸治疗小儿咳喘；苓甘五味姜辛汤合三子养亲汤治疗慢性支气管炎、支气管哮喘、肺气肿；芍药甘草汤合一贯煎治慢性肝炎等等，疗效俱佳。临床日久经验日增，他也积累了一些经验方，如乌梅下蛔汤，以酸苦辛药合小承气汤加沉香、桃仁治小儿蛔虫性肠梗阻、胆蛔症。加味十子汤（六君子汤加枸杞子、菟丝子、蛇床子、车前子、黄芪、白果仁、补骨脂、淫羊藿）治老慢支、肺气肿脾肾两虚者。十子二仙育麟汤（五子衍宗丸加蛇床子、韭菜子、桑椹子、女贞子、潼关子、仙茅、仙灵脾）治肾虚不孕者，疗效多好。（于 云）

朱惠芳学术经验

【名老中医简介】朱惠芳（1934～）主任医师。山东省文登市整骨医院中医骨伤科专家。中国中医药学会第三届理事会理事，中国中医药学会骨伤分会第一、二届委员，《中国骨伤》《中医骨伤科》《中医正骨》杂志编委。第二、三批全国老中医药专家学术经验继承工作指导老师，山东省名中医药专家。享受国务院政府特殊津贴。从事中医骨伤科临床50余年，擅长近关节和关节内骨折的手法整复，外固定和闭式内固定。先后获得国家级和省级科技进步奖8项，主编专著2部，发表论文30余篇。

1 理伤续断追本溯源，以古鉴今

朱惠芳在骨伤临床中，十分重视中国传统医学整骨手法发展史的研究。他认为，手法整骨历史久远，对手法的应用历代医家都十分重视，它在骨伤诊疗中占有重要地位，是祖国医传统学宝库中的明珠，也是中医整骨的一大优势所在。所以，他常教诲弟子作为一名骨伤科临床工作者，必须重视整骨手法的历史研究，从历史的发展中观察，从博大精深中撮要撷英，以为现代所用。运用手法治伤，溯源久远。从考古学上得到证明，原始时代的人类在受伤之时，即本能地用手抚摩，以求肿胀消退和疼痛缓解，这可能就是手法的萌芽。及至我国现有最早的一部经典《黄帝内经》中，就有了“导引按跷”的记载，“……形数志恐，经络不通，痛生于不仁，治之以按摩醪药”。晋代葛洪在整复关节脱位中首先提出“牵”法，通过“治失欠颌车蹉开张不合方，一人以指牵其颐，以渐推之则复入，推当即出指，恐误口齿伤人指也”。这种要求明确，简便有效的牵引复位方法，至今仍然指导着临床实践。到了唐代，蔺道人继承了葛洪的伟大成就，并吸取前人的经验，编写了《仙授理伤续断秘方》一书，成为我国最早的一本骨伤科专著。朱惠芳对蔺道人的成就十分重视和推崇，认为自蔺道人以来，始确立了骨折与脱位的诊断学和治疗学。他认为，蔺道人对中医骨伤科的形成和发展产生了重大影响，首先提出了“相度挽处”的诊断技术和望、比、摸的方法，中医整骨就是依靠人固有器官发挥人的本能，靠眼看、耳听、手摸和对比测量等方法来诊断骨伤，蔺道人指出“凡左右损处，只相度骨缝，仔细按捺忖度，便见大概”，就是既要仔细检查，又要推测思考，左右对比，其中所说的按捺和“凡以损处，只须揣摸骨头平正，不平正便可见”的揣摸即为摸法，现今的手摸心会实源于此。在手法整骨方面，创立了“拔伸”和“捺正”等，“凡伤损重者，大概要拔伸捺正，或取开捺正”“凡拔伸，且要相度左右如何出，有正拔伸者，有斜拔伸者”“凡手骨出者，看如何出，若骨出向左，则向右拔入，骨向右出，则向左拔入”，指出了拔伸的一系列方法和拔伸的方向应根据错位的方向而定的原则，这与现代临床上先读X线片，再根据骨折类型决定施以整复手法有相似的意义，特别是“凡捺正，要时时转动使活”一法，更是经验之谈。在固定上提出了夹缚固定治疗筋骨关节损伤，“凡夹缚，用杉木皮数片，用回紧夹缚，留开皆一缝，夹缚必三度，缚必要紧”，这是小夹板外固定的开创性贡献。

自唐以后，在整骨手法上屡有发展，宋代《太平圣惠方》讲，骨伤“重先须按摩，排正筋骨……”。元代危亦林提出整骨使用“拽”“搦”等手法，“若只拽不整入窠内”，将“误人成疾”。明代《普济方》记载了“下颏脱位疗法”等十二法。清代，整骨手法发展较全面，朱惠芳很是推崇吴谦等所著《医宗金鉴·正骨心法要旨》，该书系统地总结以前的骨伤科经验，集历代伤科之大成，该书提出：“手法者，诚整骨之首务哉”，将手法在整骨中的重要性一言蔽之，并汇集整骨手法为“摸、接、端、提、按、摩、推、拿”八法。现在应用的手摸心会、拔伸牵引、旋转屈伸、提按端挤、夹挤分骨、折顶回旋、摇摆触碰、推拿按摩等整骨八法，即在此基础上发展而来。该书还就辨证施用手法做了重要阐述，“但伤有重轻，而手法各有所宜，其愈合之迟速，及遗留残疾与否，皆关系手法之所施得宜，或失其宜或未尽其法也”，强调了根据骨伤施术的重要性。该书不仅对整骨外治手法作了精辟的论述，还对骨折复位后的固定作了论证，“爰因身体上下，正侧之象，制器以正之，用辅手法之所不逮，冀分者复合，攲者复正，高者就其平，陷者升其位”，这在当时是难能可贵的。在治疗骨伤方面，该书指出不仅重视局部治疗，更重视全身治疗，立足于活血为主，消肿化瘀，是促进组织修复和恢复的重要治法之一，具有独特见解。

2 接骨疗伤首务手法，筋骨并重

正如《正骨心法要旨》所言，“手法者，诚整骨之首务哉！”整骨手法是骨伤科诊疗各种疾患的重要方法之一，它具有简便、安全、痛苦少、组织损伤小、骨伤愈合快、功能恢复好、缩短疗程、减少并发症等优点。至于整骨手法的研究，由来久远。《医宗金鉴·正骨心法要旨》中载：“夫手法者，谓以两手按置所伤之筋骨，使仍复旧也”。并提出：“盖一身之骨体即非一致，而十二经筋之罗列序属，以多不相同，故必素知其体相，知其部位，一旦临证，机触于外，巧生于内，手随心转，法从手出”，强调了手法轻重要适中，根据病情而正确施法：“但伤有轻重，而手法各有所宜，其愈合之迟速及遗留残疾与否，皆关乎手法之所施得宜，或失其宜，或未尽其法也”。《仙授理伤续断秘方》中指出：“凡骨碎断，须看本处平整如何……损伤要拔伸捺正”。《伤科补要》中也说：“按骨者，使断之骨合拢一起，复归于旧位也……使断者复续，陷者复起，碎者复完，突者复平，皆赖乎手法也”。由此可见，其手法正确与否，是治疗骨伤筋损的关键。若手法应用不当则很难恢复其伤肢的正常解剖关系，达不到治疗目的。因此，手法研究一向被历代骨伤科学所重视。

朱惠芳在长期的医疗实践中，认真继承了历代前贤的学术思想和临床经验，努力探求古训，博采众家之长，积累了丰富的经验，在发扬和创新的艰苦历程中，逐步形成了自己独特的技术专长和临床特色，尤其是在整骨手法研究方面更是独树一帜，在50年的临证实践中，将整骨手法研究作为一个大课题。他强调指出，手法乃正骨之首务，法当则筋续骨连，法误或不当，则不但达不到治疗目的，相反还会加重局部组织的损伤，给患者造成不应有的痛苦，甚者可严重影响患肢的功能，造成肢体的残疾。所以他告诫弟子，平时一定要注重加强手法基本功的锻炼，临证一定要按骨折部位特点而定，多能生熟，熟能生巧，巧能生智，不断提高手法的感应性、正确性和灵活性。使其对骨的横断、斜断、碎断、筋松弛、痉挛等损伤，虽在肉里，以手扪及，自悉其性，法之得施，使患者不知其苦。同时还要求不仅要掌握手法，更重要的是要会临证变法，骨折有千变万化，而手法讲究"各有所宜，所施得宜"。不能千篇一律，故强调必须达到知其体相，识其部位，一旦施法，骨随法正的目的。否则，虽然手法娴熟，但不会灵活运用，很难达到满意的治疗效果。因此，他在整骨手法研究上一重基本功，触之于外，悉知其内；二重创新，研究骨伤规律，揣度创新手法。手法这一治疗骨伤的方法，经各先贤名家的不断研究和发展，形成了近代丰富多采的各种流派，南北骨科名家各有所宗。在临床应用中显示出其独特的效果。尽管如此，但目前对手法的机制缺乏深入系统的研究，尚待逐步地统一认识和发展，也并非所有手法都适用于临床。所以，朱惠芳密切结合临床，在继承的基础上，潜心研究，在实践中探索创新，结合现代医学骨生理解剖、生物力学理论及现代医疗设备的应用，与诸多学生同心协力，从大量的临床资料分析及手术中，或X线透视下的手法复位观察并上升为理论，在《医宗金鉴》正骨八法和天津医院新正骨八法的基础上，发展为文登整骨十二法，即手摸心会、体位牵转、推挤提按、成角折顶、牵抖屈伸、相向回绕、摇摆推顶、旋转回位、扣挤击打、撬拨扩新、夹挤分骨、按摩推拿。其中，牵抖屈伸、扣挤击打、撬拨扩新等法与众不同，更具体、实用，经临床验证，收到了事半功倍的效果。

2.1 扣挤击打

主要用于矫正近关节骨折的侧向分离移位。如在复位肱骨髁间骨折及胫骨平台骨折侧向移位时，维持牵引力下，术者可采用双手环抱骨折部位，五指交叉，利用两手掌根部相向挤压的力量矫正骨折侧向增宽，恢复骨折的宽度。跟骨骨折的整复中，手指无法牢固捏持跟骨牵引，复位中，采用双手掌根部扣紧跟骨两侧，边牵引，边侧向轻度摆动、边用力扣挤，使粉碎的骨折块复位。如手掌的力量不足以达到整复目的，则可采用橡皮锤击打达到矫正骨折断端增宽的目的。击打过程中要注意锤击的准确性，以免伤及正常部位；要注意击打部位的皮肤保护。

2.2 牵抖屈伸

主要用于关节部位的整复。通过牵抖手法，利用与骨折相连的肌腱拉动骨折块，矫正骨折块的旋转或从嵌夹的关节间隙中解脱出来，以得进一步复位。如肱骨内上髁或外髁骨折，骨折块明显翻转或嵌夹于关节间隙中，运用该手法可顺利将骨折块从交锁中解脱。当关节内骨折复位后，常残余部分移位，致关节面不平整，可采用屈伸关节的方法，利用关节自身的对合关系进一步矫正残余移位，常用于肘关节、踝关节骨折的整复。

2.3 撬拨扩新

撬拨法主要用于关节内骨折或其他手法不易达到良好复位的骨折与脱位。利用钢针挑开阻碍复位的软组织并直接拨动骨折块复位。如严重移位的小儿桡骨颈骨折、胫骨平台骨折、粉碎骨折中游离旋转的骨折块的整复需撬拨法。扩新法用于骨折或脱位时间较长，断端或关节间隙已被新生的软组织充填时，复位前先用专用的针刀将阻挡复位的瘢痕组织切开、剥削，将挛缩、卷曲的关节囊、韧带、腱膜理顺，形成新鲜创面，有助于骨折复位后的愈合及关节脱位的关节囊、韧带、腱膜的健康修复与重建，起到了"推陈出新"的作用。多用于陈旧性肩锁关节脱位的复位及时间较长的骨折的整复。撬拨扩新的过程中要注意选择合适的进针点、方向、深度及拨动范围，避免损伤重要组织。

朱惠芳在运用手法整复治疗骨折和脱位的过程中，还非常重视筋肉损伤的修复治疗，倡导"筋骨并重"的指导思想。祖国传统医学认为，"筋束骨，骨张筋""骨为干，脉为营，筋为刚，肉为墙"。人体以骨骼为支干，以脉营运气血，以筋的刚劲约束和运动骨骼，肌肉为机体的墙壁，以关节为枢纽，以肌肉、肌腱为动力，使人体进行各种活动。骨折和脱位后，不仅骨骼的支干作用丧失，同时也失去了筋对骨的正常连接、约束及滋养作用。因此，朱惠芳认为，在骨损伤的同时，均伴有筋的损伤。且筋肉损伤的轻重程度往往和骨折疾病治疗的难易有着极为密切的关系，如移位骨折的复位能否成功，骨折复位后的稳定程度，骨折愈合迟速和能否连接，骨折的并发症和后遗症的程度,受伤肢体功能恢复等,无不与筋的损伤程度有关。故伤科先贤们有"治骨先治筋"之说。任何有伤筋的骨折整复方法,如开放复位等方法,都应尽量少用,而方法恰当和操作精巧的骨折整复几乎是对"筋"无损伤的操作,使骨折移位得以整复归原。因此,治疗亦当筋与骨并重,切不可重骨而废筋。例如,儿童肘部骨折,若早期肿胀较重,可在局部麻醉下抽出血肿,然后再进行整复,不过在施行手法时朱惠芳强调,要慎重,勿用暴力,以免再次加重软组织的损伤,对皮肤损伤重的开放骨折,伤口在2cm以内,且无污染者,可在清创缝合后进行及时整复。对闭合骨折,若出现神经、血管损伤者也应尽早整复,以恢复骨的连续性,从而可解除骨突对软组织所造成的压迫,但要严密观察神经、血管损伤的恢复情况。朱惠芳反复强调:一个骨科医生,不应仅仅局限于骨伤治疗而忽视软组织损伤的治疗,如果两者不能兼顾,即使骨对位好,也常会导致关节囊、韧带的挛缩、肌肉粘连等一系列并发症而影响功能,甚至造成肢体功能丧失或终生残疾,这些沉痛而深刻的教训举不胜举。如胫腓骨干骨折、尺桡骨骨折、小儿肱骨髁上骨折等,有的医生为了追求骨折的解剖对位,不顾局部软组织严重的损伤,反复施行粗暴手法整复或长时间手法整复,或为了防止骨折移位,而过多的应用压垫或绑带捆绑过紧,从而引起软组织内压力过高,导致组织缺血缺氧,组织水肿、变性,导致筋膜间隔区综合征等。也有的医生对闭合骨干骨折,如尺桡骨骨折,为了追求骨的对位,冒然行切开复位,结果使筋肉损伤,皮肤瘢痕形成,这无疑加重了软组织损伤,不利于骨折的愈合及肢体功能的恢复;陈旧性肩锁关节全脱位,多数医生主张切开复位内固定治疗,结果术后不但影响局部美观,而且影响肩部功能恢复。

3 骨伤治疗辨证为基,三期分治

在骨折脱位中,由于患者体质不同,受伤的轻重和部位有别,在辨治过程中就各有不同,所以,朱惠芳十分强调针对每一位患者所表现出的不同证候进行辨证施治施术。

3.1 重视轻重缓急辨证

在对各种骨折的治疗中,朱惠芳重视对骨折的治疗分清轻重缓急,采用不同治疗方法。对全身及局部情况较轻者提倡立即复位固定,要求"治宜及早",他认为,只要在病情允许的情况下应争取时间及早施行手法整复骨折、脱位和理顺筋络,以恢复其正常解剖关系,达到恢复其功能的目的。如肱骨干骨折,由于瘀血尚未凝固,局部肿胀、疼痛较轻,肌肉未发生痉挛,且骨折存在一种自然回复力,所谓自然回复力,即是骨折移位后骨折周围软组织处于异常位置,或被牵拉紧张,或处于松弛位,均有将移位的骨折端拉向复位的倾向力,此时进行手法复位,只要将回复经路的障碍消除,用较小的力量即可使骨折回复正常的位置,但在手法操作过程中应力求稳、准、快,时间越短越好,这样患者痛苦少,骨折处及周围组织损伤少,有利于骨折的稳定和愈合,若反复多次地手法复位,会加重骨折及周围软组织的损伤,并能将骨折周围组织牵拉松弛,致使筋肉松懈,筋不束骨。且骨折端齿状突起面被磨平,易于滑动,骨折端的稳定程度减弱,易于再移位,因此,早期施行恰当的正骨手法治疗,不仅能使骨折脱位恢复对位,而且能达到止痛消肿或减轻肿胀的效果,还可使部分细微移位的软组织恢复原位。对全身情况重且合并严重骨折和关节脱位,如并发昏迷、休克或血管、神经损伤者,根据"急则治其标,缓则治其本"的原则,认为不可立即进行手法复位,可对局部损伤作临时简单处理,应施用各种治疗手段抢救患者的生命,待病情稳定后再施行复位手法。合并神经、血管损伤者,应先处理神经、血管损伤后再考虑手法复位,以免加重损伤,影响功能恢复。

3.2 重视骨伤部位辨证

朱惠芳特别强调针对不同部位骨折采用不同方法治疗。如对下肢骨干骨折主张按骨折的发生部位和类型采用不同体位快速牵引自动复位的中西医结合的治疗方法。上肢骨折则倡导徒手牵引手法整复,如肱骨外科颈内收型骨折,是因跌倒时上肢内收、躯体后移所致,伤后骺远端内收或向外成角,整复时须先顺势牵引,待骨折端重叠矫正后,再改为外展位牵引即可使骨折移位完全矫正。发生于骨干处的骨折要求功能复位即可,而关节内骨折则强调一定要解剖复位,否则影响关节功能活动。他平时注重对不同部位骨折中西合参,辨证加辨病。如股骨颈骨折,骨不愈合率及股骨头坏死率高,认为不宜盲目追求闭合手法复位。年龄大、移位重时,主张手术切开复位内固定,同时还要重建股骨头的血液供应,其方法是肌蒂骨瓣移植、带血管骨块移植等治疗方法。对肢体骨折出现的各种畸形,通过询问病史、查体,结合X线片,分析其发病原因,结合损伤部位的解剖特点,采用手法复位,并力求复位成功,对移位轻者,采用手法一次复位,对骨折移位较大者采用综合手法,使骨折对位,并通过观其局部形状、触摸骨折断端骨干的连续性及稳定性等方法判断骨折复位的质量。对关节内骨折可通过关节活动是否正常或骨擦音是否消失来鉴别复位情况，并通过X线片来得到进一步证实。例如儿童伸直尺偏型肱骨髁上骨折，骨折移位特点为旋前、尺偏、重叠和向内后侧移位。整骨时先伸肘旋后位牵引，矫正肱骨远端相对旋后及重叠移位，再用提按手法矫正尺偏移位，最后用推顶屈肘手法矫正向后移位，复位即可成功。

3.3 重视软组织损伤辨证

朱惠芳认为在骨折整复施法中固然以早复位、早治疗为好，但亦应视伤处软组织损伤情况而酌情处理，在某种意义上软组织损伤的治疗要比骨伤治疗考虑的要更充分。如某部发生骨折，若遭受的暴力很大，或关节部位发生骨折，而就诊较晚者，则局部会出现严重肿胀，皮下有广泛瘀斑，甚至出现张力性水泡或皮肤损伤，可暂时不整复，先作临时固定，抬高伤肢，内服活血化瘀药物，外敷化瘀消肿散，待局部肿胀及张力水泡好转后再行复位。如为开放性骨折或脱位，伤口在2cm以内而无严重污染者，可在清创缝合后进行及时整复。创口较大或创口有感染时，认为可先用持续骨牵引或长托夹板或石膏固定，待伤口好转，再考虑手法复位或行其他方法治疗。骨折发生在关节内或附近，且移位严重者，主张及早整复，否则骨折的出血及渗出会加重肿胀及软组织损伤，同时也会加重整复的难度，施术时手法要轻、巧、稳、准，勿用暴力，以免再加重损伤。

3.4 重视局部解剖与整体机能的辨证关系

人体是有机整体，五脏六腑、四肢百骸都处在一个整体的协调之中，受气血的滋养，一旦筋骨遭到损伤，首先伤及气血。由于创伤疼痛刺激及出血，心率加快、心肌收缩增强，肾功能出现相应的变化以维持血容量，但是，伤后机体的代偿能力是有限的，若创伤严重，就会出现心跳呼吸骤停、休克、呼吸窘迫综合征、脂肪栓塞、急性肾衰、多系统器官功能衰竭等并发症，如不及时纠正则会危及生命。损伤较轻，全身常因瘀血、肿胀、疼痛、发热等引起不适。患者局部损伤若未得到妥善处理，由于局部损伤的刺激，全身证候也很难彻底消除，因局部骨骼和周围的软组织正常关系遭到破坏，剧烈的疼痛和瘀滞会引起心悸、汗出、呼吸短浅、脉象紧数、眩晕、虚弱、纳食不佳、夜眠不安、精神处于惊恐、忧思等紧张状态，以致机体阴阳失调，故有“病不除，证难纠”之说，若能及时地在损伤局部施用整骨手法，将移位的骨折端和脱位的关节整复到正常位置，并给予妥善的固定，正确的护理，则上述证候也会随之而改善。又如内伤发热症，若排除其他致热的病因，则多为受伤局部筋骨脉络受损，气血溢出经脉而瘀滞不行，阻滞经络，血瘀化热，若施行整骨推拿手法治疗，行气活血，通经活络，消肿定痛，使损伤局部的瘀血气滞及时消散，则热随瘀减，故骨伤科疾病全身证候和局部病证有很大关联。所以，朱惠芳十分重视整体与局部的辨证关系，提出骨伤尽管以骨的局部解剖关系破坏为主，但也影响整体气血机能。治疗骨伤除重视局部解剖关系外，还非常重视整体的机能性。他强调指出，在治疗骨伤时，尽量采用低损伤的方法，如治疗四肢骨折脱位，能手法复位小夹板固定者，不采用内固定；能采用闭式复位内固定者，不采用手术切开复位内固定，这就最大限度降低了对整体气血的损伤，较好处理了整体与局部的关系。如小儿肱骨髁上骨折，采用手法复位小夹板外固定，能使骨折移位得到矫正，且通过外固定能有效维持骨折的对位，并能使未固定的关节进行早期功能锻炼，改善了局部的血液循环，促进了骨折的愈合速度，保护了局部组织的完整性，因而较手术患者愈合时间缩短2周左右，同时又克服了手术所带来的并发症及后遗症，且避免了手术疤痕影响美观。整体气血恢复与否，也直接影响局部解剖关系的恢复，如骨伤患者出现失血及水电解质紊乱，或有发热等全身不良反应，若不注重整体调整，及时纠正机体机能的紊乱，则很易造成机体衰弱，致骨折不愈合，肌肉萎缩，局部功能障碍，或发生关节僵直，功能废绌，以致残疾。所以，骨折后局部的解剖关系必须重视，但整体机能亦不可忽视，必须局部治疗与整体治疗兼顾。在骨伤治疗的整个过程中，朱惠芳强调动静结合，动以通行气血，静以复元局部。在早期，以静为主，静中带动强调固定与复位的重要性，因为在骨折愈合以前，骨折断端的活动是绝对的，对骨折愈合的不利活动要加以控制，使骨折断端的不利活动减少到最小的范围，远端关节及肌肉的收缩运动以行局部气血，这是提高对骨折愈合的有利活动；中期宜静宜动，固定宜牢，活动应加强，以保持骨折断端持续接触，紧密嵌插，以利骨折应力刺激，产生压电效应，促进骨折愈合及新生骨的塑形改造；后期以动带静，以动为主，尤其是在解除外固定后应充分活动肢体，以行气血、壮筋骨，提高新生骨的抗折能力，促进骨与关节的功能恢复。

3.5 重视药物三期分治

骨伤虽以局部为主，但整体机能亦不可忽视，所以朱惠芳治疗骨伤不仅重手法，亦重整体的调整，辨证用药。他认为，初期骨折局部青紫肿胀属气血瘀滞，因气为血帅，血载气行，气伤则帅血无力，血伤则无以载气，故伤气必及血，伤血亦必及气，以致气滞血瘀。在早期治疗上必须活血与行气兼顾，治宜活血化瘀，行气止痛。中期骨折损伤症状改善，肿胀瘀阻渐趋消退，疼痛逐步减轻，但瘀阻未尽，治宜续筋接骨、和营生新，濡养筋骨为主。后期瘀肿已消，但筋骨尚未恢复，加上久病必虚。治宜坚骨壮筋，舒筋活络，温通经络。是以早期行气血，中期续筋骨，后期补肾壮骨，大法既定，临床无不效验，这三期之治也是朱惠芳的经验之谈。

朱惠芳在博采众方的基础上，结合自己的临床经验，编创了骨折三期治疗的系列方药，他担任院长期间，建成了现代化的院办药厂，将这些方药制成了院内制剂，使患者服用更加方便，收到了显著的经济及社会效益。

3.5.1 骨伤早期方药：消肿止痛胶囊。主要成分：丹参、当归、赤芍、醋延胡索、土鳖虫、三七等10味。功能主治：活血祛瘀、消肿止痛。用于跌打损伤、瘀血肿痛及闪腰岔气、筋脉不舒之疼痛。

3.5.2 骨伤中期方药：接骨药丸。主要成分：续断、烫骨碎补、土鳖虫、煅自然铜等6味。功能主治：补益肝肾，活血化瘀，续筋接骨。用于早、中、后期的各类骨折的愈合。

3.5.3 骨伤后期方药：①整骨伸筋胶囊。主要成分：地龙、制马钱子、烫骨碎补、桑寄生等8味。功能主治：舒筋通络，活血祛瘀，消肿止痛。用于血瘀络阻引起的各种骨折后遗症及颈椎病，肥大性脊柱炎，慢性关节炎，坐骨神经痛，肩关节周围炎等。②赤木洗剂。主要成分：苏木、红花、海桐皮、伸筋草、透骨草等9味。功能主治：活血祛瘀，祛风除湿，温经散寒，通痹止痛。用于各种骨及关节损伤，劳损、骨折后期功能康复及风寒湿痹等病症。③军术膏。主要成分：生大黄、苍术、炉甘石、蜂蜡、麻油。功能主治：解毒化瘀，祛腐生肌。用于创伤感染、褥疮、烧烫伤及各种化脓性感染。

4 整合现代科技要素，推动中医骨伤科学现代化

随着科学技术的发展，骨伤的诊断和治疗出现了新的机遇和挑战。如何把现代科技与骨伤的治疗有机地结合，使患者痛苦小，疗效高，无并发症和后遗症，简便安全，已成为骨伤治疗学中探索的热点。朱惠芳坚持师古而不泥古，在继承中求发展，探索中有创新的观念，在治疗骨伤中，倡导中西医结合，把现代医学的理论知识、科学成果与中医骨伤的手法整骨紧密结合。如手法复位经皮穿针内固定治疗锁骨骨折，经皮扩新内固定治疗陈旧性肩锁关节全脱位，自身牵引平衡固定器治疗股骨干骨折及不稳性胫腓骨骨折等，为中医整骨填写了新的内容，提高了骨伤的治疗水平。锁骨骨折是临床常见骨折，传统的治疗方法，由于手法复位困难，且外固定不可靠，常导致畸形愈合及不愈合率高，影响了肩关节功能及美观，手术切开复位内固定存在着患者痛苦大，感染机会多，骨不愈合率高，皮肤遗留瘢痕影响美观等不足，朱惠芳在长期的临床实践及锁骨生物力学的研究中认识到，锁骨在肩关节活动中起到十分重要的作用，畸形愈合对肩关节的功能带来不利的影响。因此，经多年研究，在西医切开内固定的基础上，通过闭合手法整复内固定置入的模拟实验，终于研究出理想的中西医结合的治疗方法—钳持端提回旋手法复位经皮逆行穿针内固定治疗锁骨骨折，这一方法不仅能使骨折解剖复位及牢固固定，而且术后也不需任何外固定，患者痛苦少，骨折愈合快，且在治疗期间，还可从事一般工作，无并发症及后遗症，优良率达97%，达到了美观与功能恢复并进的目的，这一治疗方法从根本上解决了以往对锁骨骨折治疗上的难题，是一项中西医结合的新成果。

尺桡骨多段骨折是四肢骨折中较难处理的骨折之一，损伤重、机制复杂，闭合手法复位往往感到顾此失彼，并且外固定也很困难，所以国内外强调必须手术治疗。但因手术切开复位，往往切口较长或多切口复位内固定，无疑增加患者的痛苦及加重组织的创伤，影响骨的愈合，所以朱惠芳研究出闭合手法复位及闭式穿针内固定的治疗方法，并首先提出先复位固定桡骨，再复位尺骨的观点，桡骨复位固定后，尺骨的整复固定则迎刃而解。为防止骨端的旋转，并施以小夹板超腕固定。这一治疗方法解决了复位、固定中的难题，又避免了切开复位内固定的诸多弊病，衷中参西，珠联璧合。这些治疗方法，充分体现他一贯强调的观点：治疗骨伤时应该为患者创造有利的条件，而不要伤上加伤，干扰和破坏人体的生理机能和骨组织的自身修复能力。另外，朱惠芳在对闭合手法整复困难的某些骨折，常利用手术复位，直视研究复位机理，创新整骨手法，如肱骨外髁骨折（Ⅲ、Ⅳ型）的治疗，由于骨块多面复杂的旋转，闭合复位困难，多数医者都采取切开复位内固定治疗。朱惠芳通过手术中的复位研究，认为闭合手法复位成功的关键是首先纠正冠状轴旋转，其他矢状轴和水平轴旋转，通过旋转前臂屈肘活动即可纠正。（谭远超　杨茂清　聂伟志　毕宏政　黄相杰）

朱培庭学术经验

【名老中医简介】朱培庭（1939～）教授，主任医师，博士生导师，博士后导师。现任上海中医药大学附属龙华医院胆道外科顾问，教育部重点学科、国家中医药管理局全国中医胆石病重点专科主任。上海市中医药学会、中西医结合学会理事，中西医结合学会外科专业委员会主任委员，中国中西医结合学会急腹症专业委员会、普外专业委员会副主任委员、顾问，《中国中西医结合外科杂志》《上海中医药杂志》《上海中医药大学学报》《中西医结合学报》编委。上海市首批名中医。享受国务院政府特殊贡献。擅长中西医结合外科急腹症研究与中医中药防治胆石病、胆道感染等疾病。先后承担国家科委、国家自然科学基金课题6项，上海市科委、市教委、市卫生局课题12项；获得科技成果与进步奖22项。发表论文70余篇，编写著作与教材10余部。

临床经验

胆石病

1 从肝论治，意在正本清源

朱培庭认为，胆结石形成是多因素综合作用的结果，其中与肝有着密切关系。胆附于肝，“在肝之短叶间”（《难经？四十二难》），通过经脉络属构成表里关系。胆汁源于肝之精气，乃“肝之余气，泄于胆，聚而为精”（《东医宝鉴》）。胆汁的正常分泌，有赖于肝阴（血）的资助、变化，胆汁的贮藏、排泄，虽为胆囊所主，但受肝气（阳）的疏泄、调节。肝与胆在生理上密不可分，病理上常相互影响。肝阴不足，则胆汁化生乏源，胆汁成分失调，产生病理性胆汁是胆石形成的病理基础。肝失疏泄，气机郁结，则胆腑通降功能失常，胆汁藏泄障碍，胆流不畅，甚至瘀滞，为胆石形成提供了必要的时间和条件。据临床观察，肝病与胆病常相兼互见，实验研究证实，胆结石形成的关键在于肝细胞水平。在致石性因素作用下，实验动物肝细胞发生的形态学变化较结石所在部位一胆囊更严重。在肝细胞形态学与生化代谢异常的基础上，其胆汁呈现很强的致石性。提示胆石是继发于肝脏内在病变及其所产生的致石性病理胆汁而形成的。治病必求其本，胆石病从肝论治，目的在于正本清源，而不仅仅局限于石成于胆这一病理结局，只清除结石本身。其意义还在于变被动治疗为主动防治，不仅有石治本，且寓无石先防的思想，体现中医学“不治已病治未病”的精神。

2 病证结合 主张分期施治

朱培庭认为，胆石病的发生发展是一个动态变化的过程，在不同的病理阶段，病证表现及患者体质等都有所不同。运用中医药治疗胆石病，既要辨证，辨病，更要辨人（年龄、体质）；既要重视整体观念，也不能忽视个体因素在发病中的重要性，才能抓住疾病的关键。根据胆石病的发病特点，主张分期辨证施治。一般急性发作期，病机关键在于热、郁、结，常根据病邪热化的程度分为蕴热、湿热、热毒3个阶段。而慢性静止期的病机特点为郁、虚，主要分为肝胆气郁和肝阴不足2型，并认为要提高中医防治胆石病的疗效，还应从静止期着手，加强辨证规律的研究。通过对274例慢性胆道感染、胆石病辨证规律的总结发现，肝胆气郁型仅占44.53%，而肝阴不足型占55.47%，50岁以上者中肝阴不足型明显增多，约占了2.37%。说明对慢性胆道感染、胆石病的辨证施治应注意当合并肝病时尤应重视肝阴不足。

慢性胆石病肝阴不足证居多的原因，大致有3个方面：①自然生理因素，致肝之精气衰少，肝之体用俱损。《内经》认为“年四十而阴气自半”（《素问·阴阳应象大论》），“五十岁，肝气始衰，肝叶始薄，胆汁始灭。”（《灵枢·天年》）现代研究亦表明，老年人的肝细胞数量逐渐减少，细胞体积增大，其生物转化和代谢功能减弱。②疾病发展演变的结果。胆石病病程较长，病情易反复发作，病邪久稽，易耗伤阴津。而且，患者脾胃功能减弱，气血化源不足，肝之精气亏虚。③医源性因素。过用辛燥疏利，苦寒攻伐之品，损害脾胃，劫伤肝阴。手术治疗直接损伤肝之正常形态结构，影响肝之体用功能。

急性发作期按“急则治其标”治则，采用疏肝利胆，清热解毒，攻下通腑等治法，方用大柴胡汤合金铃子散、茵陈蒿汤合大柴胡汤、茵陈蒿汤合黄连解毒汤等加减。认为湿热阶段是治疗的关键，不仅疗效好，而且亦是病情的转折点。治疗及时得当，往往病势得以遏制，病情向愈。否则病邪鸦张，病情发展进入热毒阶段，增加了治疗的难度。慢性静止期，据缓则治其本原则，以养阴柔肝，疏肝利胆为基本治法。常用自拟方养肝利胆汤（生地黄、何首乌、枸杞子、茵陈、虎杖、大黄、生山楂、鸡内金、麦芽、玫瑰花、佛手、绿萼梅)；胆宁汤(茵陈、虎杖、大黄、青陈皮、郁金、山楂、鸡内金)加减。

3 遣方用药 重视肝之特性

胆石病无论急、慢性期，在治法上都不能忽视治肝。肝为刚脏，体阴而用阳，肝气(阳)常有余，肝阴(血)常不足。胆病治肝，须重视肝之自身特点，不可妄伐。急性期病性多实，疏肝、清肝须中病即止，不可矫枉过正。尤其在气滞、湿热、热毒等病邪已缴，感染、梗阻等病情基本控制的情况下，切勿选进攻伐之剂，应侧重于对肝之体用功能的调养，以固其本。对禀性不耐，素体阴亏者，在急性期热邪最易燥化，出现发热不退、口干、舌光红而干、脉细数等邪恋耗伤气阴征象，更应予以重视。慢性期病性多虚，或虚实夹杂，或补泻兼施，法宜养肝柔肝，兼顾脾肾。先生擅用生地黄、何首乌、枸杞子、滋养肝阴，认为生地黄甘寒，以滋养阴血为其长，有水火交济之功，乃益阴上品。《本草纲目》载：何百乌"气温，味苦涩，苦补肾，温补肝，功在地黄，门冬之上，"实为补肝肾、益精血之佳品。枸杞子甘润平补，生精益气，所谓"精不足者补之以味。"然肝阴不足，肝体不充，而肝用不及。故又用黄耆、太子参甘温益气以助肝用，即阴中求阳，阳中求阴之意。况且黄耆为补肝气之要药，《医学衷中参西录》"凡遇肝气虚弱不能条达，用一切补肝之药皆不效，重用黄耆。"先哲有"见肝之病，则知肝当传脾"之明训，故常于方中佐用白术、茯苓、炙甘草等健脾益气，以安中州，倘脾气健运，气血生化充足，则肝之体用资养有源。肝肾同源，精血互生。滋肾以养肝，常用熟地黄、何首乌、山萸肉等。《本草求真》载"熟地黄、何首乌虽俱补阴，一为峻补先天真阴之药，一系调补后天营血之需。"山萸肉性温补气，能通利气血，味酸入肝，可条畅气机，一物二功，共同组成养阴柔肝方的基础。既使证属肝胆气郁，亦不轻易使用柴胡、枳实、木香等辛香燥烈之品，虚其劫伤肝阳。常在养阴柔肝法基础上，佐用玫瑰花、绿萼梅、佛手等轻缓平和之味，理气而不耗津，解郁而兼护阴。若高龄体弱，女性患者因病程日久，肝之精气虚甚，无力开发阳气，而伴见形寒怯冷、面色青暗、带下清稀、月经延期、脉弦细沉迟等证，则在养肝柔肝同时重用黄耆补肝气，配伍淫羊藿温肝助阳，以促生发之机。淫羊藿温养肝肾而不燥，肝脏体用俱虚者最宜。胆石病患者，胆病及胃，常见腹满、纳呆等木不疏土之证，故每于方中以山楂、鸡内金、谷麦芽、沉香曲等健脾和胃。山楂宜生用，能酸甘化阴，以充胃汁，尤消肉积；鸡内金宜小量研粉吞服；沉香曲舒肝和胃，疏表化滞，宜于胆石病有表证兼食滞者。

4 未病重防 提倡饮食调理

研究证实，饮食与胆结石形成有密切关系。饮食成分不同，胆结石形成类型也不同。过食脂肪、蛋白质、糖等高能饮食者，易发生胆固醇结石，而以素食为主或膳食中蛋白质含量过低，则易生胆色素结石。临床观察也表明，肥胖人多患胆固醇结石，而胆色素结石多见于消瘦的病人。因此，朱培庭认为，除药物治疗外，通过调整饮食结构，控制饮食性质，进而改变胆汁成分，降低胆汁中胆固醇饱和度，改变胆汁酸的组成，也是防治胆石病的基本措施。这对胆石病高危人群尤为重要。而对胆道术后者，合理的饮食调养，不仅能促使病体康复，也有利于防止结石复发。胆石病患者的饮食调理可遵循《内经》"五谷为养，五果为助，五畜为益，五菜为充，气味合而服之。"以补益精气。(杨 欣)

脂肪肝

1 本虚标实，不可妄攻

朱培庭认为，脂肪肝为本虚标实之证。所谓本虚，即肝脾肾亏虚，而致肝之疏泄受损，影响气机之升降，情志之平和，水液之分布，胆汁之排泄，血液之流通，造成功能之紊乱。所谓标实，即虚之久，必有瘀血阻络，痰湿内留之候。因此治疗当以清补兼施、标本兼顾为原则。他认为本病病位在肝，其发病的内在根本在于肝脾肾亏虚，痰湿瘀阻是因虚所致的病理产物，是脂肪肝的病机，其中肝的作用尤为重要。肝为刚脏，藏血，主疏泄，其性升发，苦郁滞，生机勃然为其常。若长期饮酒，偏食肥甘厚味，饮食不节，情志所伤，则伤及脾胃。病初在脾胃虚弱，运化失职，分清泌浊功能失常，不能输布水谷之精微，湿聚而成痰，痰阻气滞，渐致血行不畅，脉络阻塞。痰浊与气血搏结于肝胆，生成痰湿瘀等病理产物，阻滞于肝，发为本病。朱培庭认为肾在脂肪肝发病中亦起到重要作用。肾为先天之本，禀赋不足，后天失养，久病耗损和年老体衰均可导致肾精亏虚、肾阳虚弱。肝之疏泄，脾之运化，无不依赖于阳气鼓动，肾阳虚弱，则气化不及，加重痰湿瘀的聚结，阻滞肝络而发病。若肾精亏耗，水不涵木，肝失硫泄，血脂失于运化，积于血中为痰为瘀，痹阻于肝，则为脂肪肝。

2 养肝柔肝，清肝利胆

朱培庭倡导益气养阴、养肝柔肝为先。临床用药擅长使用药对，每个方中加太子参、黄芪为君，乃取"善补阴者必于阳中求阴，则阴得阳升而泉源不竭"之意，太子参味甘微苦，补气生津；黄芪补气升阳,以助阴生。对于肝阴不足严重者,重用养阴益气之品,如南北沙参、石斛等;对于有肝胆气郁的脂肪肝患者,他常应用青陈皮以疏肝理气,但考虑到两味药辛温苦燥,易耗气伤阴,所以用量较小,不过6g,另遣玫瑰花、白残花、绿梅花、制香附等力缓之品,以达到疏肝理气而不伤阴的目的。他同时考虑到给邪以通路,用黄芩、茵陈、郁金、虎杖等利胆之品。针对瘀血阻络、痰湿内留之症,常加用丹参、当归活血化瘀,加泽泻以利水。

3 肝木克土,治当实脾

脾为后天之本,气血生化之源,是导致脂肪肝病初的原因。但随着病程的发展,肝木克脾土,脾失健运,形成新的病理产物,造成恶性循环。朱培庭健脾和胃每以白术、白芍同用,白芍养血敛阴柔肝,白术补气健脾,两者合用,达到疏肝健脾之功效。脂肪肝患者往往纳食不馨,如(伤寒论)“饥而不欲食”,“腹满而吐,食不下”,可用山楂、谷麦芽以助消化,少用苦寒败胃之品。

4 滋水涵木,溯本求源

朱培庭补肾常用熟地、山萸肉、山药等,取六味地黄汤之意。并善用首乌、枸杞。熟地甘微温,归肝、肾经。如《本草正》:“阴虚而神散者,非熟地之守,不足以聚之;阴虚而火升者,非熟地之重,不足以降之;阴虚而躁动,非熟地之静,不足以镇之;阴虚而刚急者,非熟地之甘,不足以缓之”。山萸肉酸、微温,归肝、肾经,补益肝肾,收敛固涩。他常加用助阳补肾之品,如仙茅、仙灵脾以达到补益肝肾,振奋阳气,健脾化湿的目的。朱培庭认为足厥阴肝经为两阴交尽,合太阴、少阴之阴。只有将此二阴合起来,才能使阳气很好的发挥作用。单纯性脂肪肝阶段以益脾气养肝阴、脂肪性肝炎以柔肝去痰湿瘀,脂肪性肝硬化以滋水涵木溯本为主。轻、中度脂肪肝的临床表现常不典型,有些患者无明显症状,但“上工不治已病治未病”,朱培庭往往能见微知著,知常达变,以外揣内,参考B超、CT,实验室检查或肝穿病理切片结果,强调中医外科辨病和辨证相结合,宏观和微观相结合,辨证求因。只有将辨证与辨病相结合,才能使辨证论治更客观化,体现其优势性和先进性。(杨英昕 毕秀丽)

重症急性胰腺炎

1 审证求因,辨证论治

重症急性胰腺炎(SAP)属于中医学“腹痛”、“胃脘痛”、“胁痛”、“结胸”、“脾心痛”、“膈痛”、“胰瘅”等范畴。其病因为七情内伤、蛔虫上扰,致肝郁气滞血瘀,且横逆犯脾生湿,湿郁化热;血瘀亦可化热而使湿、热、瘀交蒸;或暴饮暴食、饱进辛辣肥甘之品、酗酒等致湿热蕴结肝胆,肝络郁阻,生痰动火,肝失疏泄,腑气不通。临床可出现腹胀满疼痛,痛处固定,或窜痛,或阵发性剧痛,伴恶寒发热、口苦咽干、恶心呕吐、大便干结等。上述肝胆湿热蕴结日久,或痰火瘀毒炽盛,正难抵邪而迅速内侵则为SAP。累及营血,灼伤血络则见腹疼加剧,皮肤瘀斑,高热等症;毒邪内阻,上迫于肺,内陷心包,可见脏腑衰败之候,甚至危及生命。

朱培庭总结大量的临床病例,将SAP大致分为以下4个证型。

1.1 胃肠热结型

病机多为实热壅闭、腑气不通。临床常见腹痛剧烈,腹胀,痞满拒按、手不可近,便结,发热,口干渴,恶心呕吐频繁,舌红苔白或黄,脉弦、紧、数。本型多见于SAP的急性反应期。治拟通里攻下,理气通腑。方用加味锦红汤:生大黄9g(后下),红藤30g,蒲公英15g,厚朴9g,生地9g,胡黄连9g,生山楂12g。

1.2 肝胆湿热型

病机多为肝胆气滞,郁而化热,并与脾湿交蒸,湿热蕴结而致。临床常见胁肋及上腹疼痛如挚如绞,拒按、手不可近,发热或往来寒热,口苦咽干,恶心呕吐,不思饮食,有时可见颜面及全身黄似橘色,便秘溲赤,舌红苔黄腻,脉滑或滑数。本型多见于胆源性SAP患者的急性反应期或全身感染期。治拟清热利胆,化湿通下。方用加味锦红汤加砂仁6g,蔻仁6g,半夏9g,薏苡仁15g。

1.3 热毒血瘀型

病机多为热入营血、瘀热内阻。临床常见腹痛、腹胀减轻,但上腹仍疼痛,伴有压痛,高热,潮红,口干渴甚,汗出,舌质红、紫暗或有瘀斑,苔黄。本型多见于SAP全身感染期。治拟清热解毒,凉血活血。方用加味锦红汤加水牛角60g(先煎),牡丹皮9g,赤芍药9g。

1.4 饮停胸胁型

病机多为热火相结、结胸里实、水饮内停。临床常见胸腹硬满,痛不可近,大便秘结,日晡潮热,短气烦躁,口干舌燥,舌质红,苔黄,少津,脉沉紧。本型多见于SAP胰周侵犯致大量积液及胸腔积液或胰腺假性囊肿形成早期。治拟泻热通下,功逐水饮。方用加味锦红汤合大陷胸汤:生大黄(后下)9g,红藤30g,蒲公英15g,厚朴9g,生地9g,胡黄连9g,生山楂12g,芒硝(分冲)9g,甘遂(研末)3g。

2 注重中医早期干预

朱培庭在临床中采用国内目前所强调的西医“个体化治疗方案”,首先鉴别系胆源性还是非胆源性SAP。①非胆源性SAP在急性反应期,原则上可非手术治疗:包括ICU监护、体液恢复、稳定全身血流动力学、改善微循环、防治感染、完全胃肠外营养(TPN)、抑制胰酶分泌等;在全身感染期,合理使用抗菌药物,加强支持,及时引流感染灶;在残余感染期应及时找到残余脓腔予以引流,并修补可能存在的胃肠道瘘。②胆源性SAP则区分系梗阻性还是非梗阻性:非梗阻性胆源性SAP早期可非手术治疗;梗阻性胆源性SAP以尽早手术解除梗阻为主,手术方法包括微创治疗(如内镜下ENBD、EST、胃造瘘及空肠造瘘、腹腔穿刺插管灌洗治疗等)和剖腹手术(如胆囊切除、胆总管切开取石T管引流、胰腺坏死病灶切除、胰周和腹腔引流以及胃空肠造瘘等)。

在上述西医治疗SAP的基础上,朱培庭注重中医治疗的早期干预,针对不同病期的患者,都根据证候审证求因,辨证论治。急性反应期常用通里攻下、理气通腑之法以减轻患者的全身炎症反应;全身感染期常用清热解毒、凉血活血之法以减轻中毒症状;胆源性SAP在解除梗阻后常采用清热利胆、化湿通下法治疗,临床疗效良好。由于胰腺炎治疗过程中的复杂性和多样性,早期中药干预可采用多种给药方式:严格禁食阶段采用灌肠的方式,将中药浓煎200 mL保留灌肠,每日1~2次;禁食阶段从胃管或胃造瘘管或空肠造瘘管内注入中药100 mL,夹管1~2 h,每日2~4次;在患者可进水时,予口服中药,每日1~2剂。

3 注重顾护阴液

朱培庭提出SAP的发病过程存在着“邪从热化,热从燥化”的病机特点。其病邪易从热化,故患者临床多见热证表现,如发热,潮红,口干渴,便结,溲赤,舌质红、紫暗或有瘀斑,苔黄或腻,脉洪、弦、紧、数等。邪从热化之后,患者由于体液的大量丢失随之出现阴液亏虚之相,在疾病的中后期,阴液亏虚的矛盾表现得更为突出。SAP阴液亏虚的主要原因还包括呕吐、发热导致汗出过多、局部大量的炎性渗出、机体的高消耗状态等。由于病情来势急爆,演变迅速,故表现为急性伤阴。

朱培庭治疗SAP的特点是:遵守王孟英《温热经纬》中“留得一分津液,便有一分生机”的古训,在坚持临床普遍应用的通里攻下、清热解毒、活血化瘀等治疗原则基础上,强调疾病全程中注重顾护阴液,尤其在早期就应采用相应的护养阴液的治疗措施。他常在传统的清热解毒、通里攻下的验方锦红汤的基础上,加上一味生地黄,形成了治疗SAP的主方加味锦红汤。方中以生大黄为君药,泻下通便,即“釜底抽薪,急下存阴”之法;红藤、蒲公英、胡黄连清热以保津;厚朴、生山楂化湿和胃;用生地以滋养阴液,即所谓“治热病和补阴,是最为扼要处,知泻阳之有余,即所以补阴之不足,不仅恃增液诸汤,进乎道矣”。临床实践证明,早期护养阴液可以先安其未受邪之地,对于减轻SAP患者的临床症状,减少病死率,提高临床治愈、好转率有着积极的意义。(顾宏刚 张静喆)

医案验案

胆道病验案

1 慢性胆囊炎、胆结石

陈某,女,58岁,1999年12月19日初诊。有胆石病史8年,多次B超检查示为胆囊多发性结石。此次B超检查示:慢性胆囊炎、胆囊结石。结石最大者为6mm×7mm,伴有大量泥沙样结石。胆囊造影示:胆囊显影欠佳,收缩功能不良,脂餐1小时后胆囊收缩1/3。平素右胁隐痛,脘腹胀满不适,劳累、情志不畅则加剧,甚或诱发胆绞痛。刻诊:表情痛苦,形体消瘦,头晕,神疲乏力,时感烦热,纳差,口干口苦,小便黄,大便结,舌质红,苔薄黄,脉细数。证属肝阴不足、胆郁气滞。治以养肝利胆,予自拟养肝柔肝汤化裁:黄芪30g,太子参、生地、枸杞子、何首乌、白术、白芍、生山楂各12g,青皮、陈皮、生大黄(后下)、莱菔子各9g,玫瑰花、白残花各3g,甘草6g。14剂,水煎服,每日1剂。2000年1月3日再诊:胁痛顿减,脘腹不胀,大便通畅,日行2~3次,余症若失。B超复查示:胆囊结石较前减少。原方去大黄,加山药9g,更进20剂。1月26日三诊:上述症状消失,胃纳增加。B超、胆囊造影检查示:胆囊收缩功能良好,未见结石。拟二诊方去青皮,加南沙参、北沙参各9g,继服半月,并嘱常服六味地黄丸,以资巩固。追访1年未见结石再生。

按 朱培庭认为,胆石病病位虽在于胆,而病之本却源于肝,主张胆石病宜从肝论治。胆附于肝,“在肝之短叶间”(《难经·四十二难》),胆与肝通过经脉络属构成表里关系。胆为“中精之府”(《灵枢·本输》),贮藏排泄胆汁,而胆汁形成来源于肝之精气,乃“肝之余气,泄于胆,聚而为精”(《东医宝鉴》),胆汁的正常分泌,有赖于肝阴(血)的生化;胆汁贮藏、排泄,受肝气(阳)的疏泄、调节。肝与胆在生理功能上密切相关。治疗胆石病的关键，不仅要清除胆石异物，并且要恢复肝脏的正常功能，防止病理性胆汁的产生，杜绝胆石的再生和复发。朱培庭在临床观察中发现，胆石病的辨证主要归结为肝阴不足、肝胆气郁两型，并以肝阴不足型居多。肝阴不足的发生与年龄密切相关，50岁以上的患者中，肝阴不足型明显高于肝胆气郁型。故他临床遣方用药之际，常以养肝柔肝立法，此病案足可窥见一斑。

2 胆囊癌

李某，男，69岁，1999年8月12日初诊。因反复右上腹隐痛半年，先后于在多家医院诊治。B超和CT检查示：胆总管占位性病变。手术探查与病理证实为胆总管中上段癌，因肿块与周围组织粘连严重无法切除，故而放弃手术治疗。刻诊：体瘦，神疲，右中上腹胀痛连及后背，纳少，睡眠差，烦躁易怒，双下肢浮肿，小便黄，大便二日一行，舌边有齿痕，舌红少苔，脉弦细数。证属气阴两虚、气血瘀滞。治宜益气养阴，佐以理气化瘀、清热解毒。药用：太子参、生地、枸杞子、何首乌、白术、白芍、菝葜、虎杖、郁金、莱菔子、生山楂、蛇莓、蛇六谷各12g，黄芪、白花蛇舌草各30g，青皮、陈皮、生大黄（后下）、延胡索各9g，玫瑰花、白残花各3g，红藤、龙葵、茵陈蒿各15g，甘草6g。每日1剂，水煎分3次服。服药后腹痛缓解，饮食增加，乏力、口干减轻。效不更方，于原方略施化裁，嘱坚持服药治疗。2000年3月B超复查示：胆管肿瘤较半年前未见明显增大，腹痛大减，眠可，唯乏力、纳差未除。仍续前方出入。2001年9月再行B超和CT检查示：胆道肿块较2年前发病时明显缩小，腹痛亦除，全身已无明显不适。治疗迄今存活已逾4年。

按 中医无胆道癌病名，据其临床表现及体征，多可归属于“胁痛”、“腹痛”、“黄疸”、“积聚”、“癥瘕”等范围。朱培庭认为，胆道癌病机较为复杂，临床上多表现为寒热虚实夹杂，而以正虚邪陷为主要病理特点。大凡肿瘤的形成，都是在人体正虚的条件下，邪毒因虚而入，导致气血运行失常，气滞血瘀，日久气血痰湿交结成块，致使癌瘤发生，亦即“邪之所凑，其气必虚”（《素问·评热病论篇》），“正气虚则成岩”（《外证医编》）。胆道癌的发病机理亦然。胆道癌患者常出现胁肋隐痛、消瘦、低热、头晕目眩、舌红少苔、脉弦细数等肝体不足之症。朱培庭认为，此乃胆道癌中、晚期瘀毒阻滞，耗伤肝体所致，临床习以白芍、枸杞子、乌梅、山茱萸、何首乌、生地、沙参、天门冬、女贞子、石斛等酸甘养阴之品，以滋养肝体。他亦重视疏肝利胆之法，以通为用，令气血条达，临床喜用大黄、茵陈、虎杖、郁金、莱菔子、厚朴、沉香等通腑降逆、利湿退黄之药。“胆病从肝论治”。肝与肾、肝与脾均关系甚密。肾为先天之本，肝肾精血互生，阴阳息息相通，相互制约，协调平衡；脾为后天之本，肝的疏泄功能与脾的运化功能之间相互影响，并且肝与脾在血的生成、贮藏、运行及防止出血等方面关系密切。因此，朱培庭在治疗中始终不忘“肝肾同源”、“知肝传脾”，时时顾护脾肾。补肾滋阴多用熟地、山茱萸、怀山药；助阳常选仙茅、仙灵脾、巴戟天、肉苁蓉、葫芦巴等温润之品。并善用黄芪、太子参、白术、茯苓、薏苡仁、砂仁等甘缓辛补之品，以建立中气及补协肝气；尤于疏利、滋阴之际，更不忘兼以运脾，以防理气伤脾及滋腻碍脾。

朱培庭认为，肿瘤的发生，其本固然在于正虚，然肿瘤的形成必有邪毒蕴结、气滞血瘀、痰湿凝聚等标实一面，故在治疗过程中，仅靠扶正培本实难奏效，非攻不可中病。有鉴于此，他临证施药喜用白花蛇舌草、蛇莓、蛇六谷、红藤、菝葜、白英、野葡萄藤、龙葵等具有抗癌作用的中药及草药。临床实践表明，对缩小肿块确有效验。（牛 颖 方邦江 周 爽）

朱生多验案

【名老中医简介】朱生多（1948～）甘肃省武威市人。副主任医师，副教授。现任武威市中医院肛肠科主任。甘肃省肛肠学会常务理事，武威市肛肠学会会长，甘肃省皇甫谧文化研究会顾问。甘肃省名中医。甘肃省第四批中医师带徒指导老师。

医案验案

1、慢性溃疡性结肠炎

叶某，女，38岁，九条岭煤矿家属，门诊号29858，2006年6月5日初诊。腹痛腹泻脓血黏液便2年，多方治疗效果欠佳，现两胁及左下腹胀痛，肠鸣，每日脓血便7～8次。乙状结肠镜检查，肠黏膜充血、水肿，散在针尖大红色出血点，黏膜脆弱，接触性出血，大便细菌培养（－），诊断为慢性溃疡性结肠炎。诊其脉弦，舌质胖大淡白，边有齿痕，苔白腻，辨证脾肾阳虚，肝郁气滞，治宜健脾，温肾，疏肝止泻。方用附子理中汤合痛泻要方加味：党参15g，炒白术

10g，炮姜10g，制附片10g，炒槐花10花，焦地榆20g，三七粉6g（冲服），防风10g，白芍15g，陈皮10g，柴胡10g，枳壳10g，木香5g，焦三仙各10g，水煎服日1剂。灌肠方：黄连15g，苦参15g，枯矾30g，五倍子30g，青黛30g，甘草15g。水煎两次，共得药液500mL，每日取100mL，保留灌肠。6月13日复诊：腹药7剂，两胁及少腹疼痛减轻，大便日4～5次，脓血减少，余症同前，上方去柴胡、枳壳、木香，加赤石脂30g，每日1剂。配合灌肠，治疗1月，症情大有好转，大便日1～2次，基本成型。便血止，时有白色黏液，停止灌肠方，以后随证加减，共服药60余剂而愈。8月20日乙状结肠镜检查，溃疡愈合，为巩固疗效，遵上方意配成散剂，每日早晚各服10g，服用3个月，至今未发。

按 慢性溃疡性结肠炎属于祖国医学肠辟、久痢、休息痢范围，临床上以腹泻、黏液血便、腹痛为主要症状，由于病因至今不甚明确，治疗仍缺乏特效药物。朱生多从临床观察到，本病大部分表现为脾肾阳虚，胃寒肠热，用药宜攻补兼施，寒温并用，以建脾温肾的附子理中汤为基础方内服，以振中阳，用苦寒酸涩的灌肠方保留灌肠直达病所，以泻肠热，收敛止血。中阳不振，脾不运化，升降失常，清浊不分，混杂而下，是病之本，应用健脾温中的附子理中汤为其主方以治其本，至于内伤七情，外感六淫，饮食不节，劳倦过度这些因素只能在某种情况下加重疾病，为病之标，故配合相应的治标之药，以消除这些不利因素。慢性溃疡性结肠炎病程较长，治疗不易收效，反复性又大，所以必须将病情向患者交待清楚，以便消除顾虑，配合治疗。症状完全消除后，仍要配服散剂或丸剂服用2～3月，否则会前功尽弃。

2、直肠癌便血

唐某，女58岁，农民，门诊号91906。以黏液血便日10余次，里急后重1.5年为主诉于1998年6月初诊，肛镜下直肠前壁距肛缘7cm处高低不平，菜花样溃疡性肿块，分泌多量暗红色黏液，指诊触及半环形高低不平质硬肿块，病理诊断为直肠腺癌。证见：疲乏，面色苍白，食欲不振，会阴下坠，舌质淡胖边有齿痕，苔白腻，脉沉迟，辨证为脾肾阳虚，中气下陷，治宜补气摄血，温阳举陷，方用“升提止血汤”加味：红参10g（分冲），黄芪30g，白术10g，陈皮10g，当归10g，升麻6g，柴胡6g，炒槐花15g，焦地榆15g，仙鹤草30g，瓜蒌15g，半枝莲15g，白茅根30g，白花蛇舌草30g，三七6g（冲），炮姜15g，制附片10g，炙甘草5g，5剂，水煎服，服药后大便减为每日7～8次，便血量明显减少，腻苔渐退，食欲稍增，效不更方，继服20剂，大便日1～2次，便后带淡红色血丝，里急后重，会阴下坠感消失，精神转佳，守前方加重红参量20g，三七10g，共为细末，每服10g，日3次，服药1年症状全部消失。患者认为病已治愈，于2001年8月来院复查，肿瘤未明显增大，继续服药，至病逝，生存期5年。

按 直肠癌中医称为锁肛痔，历代认为是不治之症，至今尚无特效方药，临床上一般采用对症治疗。朱生多在对直肠癌便血的对症治疗中，发现升提止血汤方效果明显。据临床报道、药理研究证明，扶正方药具有调节和增强机体免疫功能的作用，尤其是补中益气汤除具有上述作用外，还有明显的抗突变及抗肿瘤作用。扶正主药红参、黄芪作用更为明显，其中黄芪有诱生干扰素的功能，三七，历代推崇为止血散瘀、消肿定痛之圣药，经研究证明，三七含人体必需的17种氨基酸和大量的人参皂甙，以及微量元素硒，具有抗疲劳、耐缺氧、壮阳、抗衰老和提高机体免疫功能等多方面滋补强壮作用，仙鹤草除止血外，也有补益中气功效，槐花、地榆、白茅根凉血止血，瓜蒌开肺润肠，抗癌，白花蛇舌草、半枝莲清热解毒，配合地榆抑制癌肿复合感染，又能增强肌体免疫力而具抗癌作用，诸药相合，共凑升清降浊，补气摄血，散瘀消肿之功。此方寒温并用，攻补兼施，故能长期服用而无寒热之弊，对体质较弱的患者，作用优于化疗。恶性肿瘤至今病因不明，但与肌体免疫功能紊乱或降低有很密切的关系，直肠癌发展到中晚期，全身诸症都表现为虚损重症，用扶正药增强人体“正气”，也能达到扶正以祛“邪”的目的，基于这一认识，我们坚定了用“升提止血汤”这一具有补气摄血、抗突变、抗肿瘤、增强免疫力的有效方药，又选加了具有抗癌作用的白花蛇舌草、半枝莲、瓜蒌等药，针对性更强，符合“损者益之，下者举之”的经旨，用于治疗直肠癌，确有增强体质、缓解症状、延长生存期的明显效果。

本方治疗直肠癌，首先显示的是止血效果，随着服药时间的延长，逐渐显示治本的作用。中晚期直肠癌的主要症状是粘液血便，便血越多，表明癌肿在进一步发展恶化，由于肿瘤溃烂渗液出血较多，这些病理产物刺激大便感受器，表现为里急后重，促使患者频频登厕，蹲厕努挣，使局部气血流通不畅，形成会阴下坠等中气下陷之症，由于频频登厕，特别是夜晚，使患者得不到足够休息，给本来就年老体弱的病体又增加了负担，使正气更虚，此即所谓“邪之所凑，其气必虚”，形成了恶性循环。通过上述治疗，症情控制，便次便血减少，不仅患者得到了充分休息，而且不再继续因出血使肌体更虚，再加上扶正药物的作用，精神日渐好转，此即所谓“正气存内，邪不可干”，此时由原来的恶性循环改变为良性循环，患者消除了精神负担，建立了治愈疾病的信心，发挥了内因精神因素和外因—药物作用的两个积极性，更进一步调动机体的抗病能力，是此方能够延长生存期，提高生存质量的又一主要因素。在大量的临床观察中，直肠癌死亡的主要原因有两个方面，一是大量的便血，形成失血性贫血，使机体很快衰竭而死亡，二是癌肿增大阻塞直肠，造成中医称为的锁肛，大便排不出而死亡，临床上往往是癌肿还没有阻塞肠道，而失血性贫血造成了患者的过早死亡，升提止血汤虽然不能完全止血，但能减少出血，这也是本方延长患者生存期又一主要因素。

朱世楷临床经验

【名老中医简介】朱世楷 主任医师，教授。毕业于南京医学院医疗系。原无锡市中医院院长，江苏省中西医结合学会理事、消化病专业委员会副主任，无锡市中西医结合学会副会长，《无锡医学杂志》编委。江苏省名中西医结合专家。擅长中西医结合诊治消化系统疾病。合著《邹良材肝病诊疗经验》，发表论文多篇。

胃痛病

1 中虚胃痛

许某，男，54岁，1993年11月23日初诊。患者胃痛反复发作迄今5年，屡经治疗，然疗效甚微，同年10月29日胃镜检查示：十二指肠球部霜斑样溃疡，慢性浅表性胃炎。胃脘隐痛，饥时痛甚，得食稍缓，多食脘胀，伴嘈杂泛酸，胃纳不馨，神疲乏力，大便间日一行，先结后溏，脉象细弦，舌质淡红有紫气、苔薄白。证属中虚气滞，拟建中和胃理气止痛，香砂六君子汤化裁：炒党参、炒白术、云苓、白及、炙内金各10g，炒白芍、煅乌贼骨各15g，炒陈皮、广木香、淡干姜、佛手片各6g，参三七末、川连、炙甘草各3g。水煎服，7剂后，胃痛大减，泛酸已止，然仍感嘈杂，舌苔薄白，脉象细弦，气滞已消，中虚未复，遂于原方中加山药10g治之。前后调治8周，临床诸症全部消失。胃镜复查：十二指肠球部溃疡愈合，轻度慢性浅表性胃炎，予香砂六君丸善后。

按 该患者久病中虚，胃痛绵绵，得食则缓显属虚证，然舌显紫气，多食脘胀乃久痛入络挟气滞血瘀之象，故于香砂六君汤中加入佛手、三七理气行瘀定痛，并配以白及、乌贼骨制酸护膜，佐以黄连、干姜苦辛通降，补中有通，胃痛乃除。此即“虚者助之使通”，“阳明胃腑，通补为宜”之义也。

2 气滞胃痛

江某，男，45岁，1996年6月6日初诊。患者近半年来胃脘胀痛，食后尤甚，嗳气频频，时泛苦水，苔薄黄，脉细弦。6月2日胃镜检查报告：胆汁返流性胃炎。证属气机郁滞，肝胃不和，治拟疏肝理气和胃止痛，柴胡疏肝散出入：柴胡、陈皮各6g，枳壳、白芍、苏梗、延胡、大腹皮、茯苓、当归各10g，淡茱萸1.5g，沉香（后入）、川连、炙甘草各3g。水煎服，14剂后胃痛、嗳气诸症均减，继以原法再进1个月，诸恙平善，遂改予越鞠丸巩固治疗3个月，随访半年，未再复发。

按 本案患者为肝气失疏，胆汁郁遏，气逆犯胃所致胃痛，故于疏和剂中加入柴胡、郁金利胆，黄连、茱萸苦辛通降，芍药、甘草、沉香柔肝降气。诸药配合，胃痛乃除。继以越鞠丸调和气血，通过达疏泄而告愈。此即“肝用宜泄，胃腑宜通”之意也。

3 阴虚胃痛

夏某，女，56岁，1995年9月21日初诊。胃痛已历10余年，近月来胃脘部烧灼隐痛，嘈杂嗳气，纳谷不馨，溲黄便艰。胃镜检查示：萎缩性胃炎，病理报告：胃窦粘膜轻度萎缩性胃炎伴肠化。舌红苔薄少，脉象细数。证属胃阴不足，治拟甘润养胃理气止痛，一贯煎加减：生地、南北沙参、麦冬、川楝子、炙内金、莪术、生白术各10g，白芍20g，绿萼梅、陈皮、乌梅各6g，川连、炙甘草各3g，水煎服。7剂后胃痛减轻，大便日通，原方去生地、川连，加山药10g，再服10剂，胃痛、嘈杂、嗳气诸症皆除，纳食亦增，舌转淡红，原方调治3个月。复查胃镜示：轻度浅表性胃炎，病理检查示：胃窦粘膜轻度浅表性炎变。

按 本案胃阴不足，内有燥火，肝木失涵，肝用偏亢，治以柔肝养胃理气之一贯煎合芍药甘草汤为主，酌配泄肝之川连、川楝子，理气之绿萼梅、陈皮，加莪术行瘀防变，标本兼施，从而胃阴惭复，肝体得养，郁热始解，胃气通降，其痛自止。

4 湿阻胃痛

龙某,男,52岁,1996年10月8日初诊。患者胃痛3年,既往胃镜检查报告:慢性浅表性胃炎。本次因牙龈肿痛服用头孢拉定、甲硝唑后出现胃脘饱胀疼痛,嗳气泛恶,不思纳食,口中干腻,疲乏无力,舌苔浊腻,脉濡。证属湿浊中阻,脾运不健,气机郁滞,胃失和降,治以燥湿健脾,理气和胃,平胃二陈汤加减:苍术、炙内金、延胡、毕澄茄、姜半夏、藿梗、苏梗各10g,蔻仁(后入)、沉香各3g,茯苓15g,水煎服。7剂后口腻泛恶已除,胃脘饱胀亦减,浊苔转薄,仍纳差、脉濡,湿浊渐化,脾运不健,原方去苍术、川朴,加白术、党参各10g,再进7剂,胃痛缓解,但纳食欠馨,遂予香砂六君子汤健脾和胃调治1月,诸症尽消。

按 胃主受纳,以通降为顺,脾主运化升清,以健运为常。该案湿浊中阻,运纳失常,升降失司而胃痛乃作,故投平胃二陈汤燥湿健脾,理气和胃,配以毕澄茄、沉香、延胡温中行气止痛,鸡内金消食助运,白术、党参健脾,脾运得健,胃气通降,胃痛乃除。(诸静芬)

朱新太临床经验选

【名老中医简介】朱新太(1935~)江苏东台人。主任医师,教授。扬州市中医院名誉院长。市针灸学会理事长。江苏省名中医。从事针灸专业40余年,擅长针灸治疗中风偏瘫、顽固性呃逆、神经性耳鸣、耳聋、失音、腰椎骨质增生、颈椎病及多种疑难病症。发表论文10余篇。

1 善用腰三穴,治疗腰腿痛

患者,男,47岁。初诊1994年3月15日。腰部疼痛向右下肢中跟部放射,劳累则加重,反复发作1年余。曾服用镇痛药,封闭穴位等多种方法治疗,症状有时缓解。1月前因负重而再次发作,痛如针刺,行走困难,虽经治疗未见缓解。CT摄片检查诊断为腰5、骶1栏椎盘突出症偏右侧。骨科建议手术治疗,因其有惧怕心理而未接受手术。经介绍来针灸科求治。体检:右侧腰5、骶1椎旁棘突压痛明显,臀部、腘部有压痛,腰肌板滞,臀大肌、股四头肌轻度萎缩,直腿抬高试验(+),拇趾背伸试验(+)。诊断为"根性坐骨神经痛"。治则:疏通经脉,活血调治。主穴:腰三穴,配穴:秩边、环跳、委中。首针即效,疼痛大减,患者拍手称奇。经3个疗程(每疗程10天)针刺后,临床症状消失,行走自如,满意而归。

按 该患者腰腿痛系腰突症,由坐骨神经产生机械性压迫而致,祖国医学属痹证范围。痹证疼痛日久病势缠绵,留连筋骨肌肉。《内经·灵枢》对其治法提出了"循经之分,各有所发,各随其过则瘳也"。故本症以疏通经脉,活血调治为治则,取腰三穴正合此意。对根性坐骨神经痛及其它腰腿痛的治疗收效独特,堪称绝招。(腰三穴乃朱新太独创,腰1位于髂后上棘上2寸,旁开督脉经2寸;腰2位于髂后上棘水平线距离督脉经1寸;腰3位于髂嵴直上1寸)。

2 久呃不止,针到病除

患者,顾某,男,53岁。于1994年4月中旬在消化外科行胃切除手术。术后体虚,时发呃逆,4月25日后呃逆频繁,以致影响流汁的进入,经多种方法治疗,效果不佳,遂于5月3日邀朱新太会诊。刻诊:患者消瘦,呃逆不止,呃声低弱无力,面白,四肢不温,舌淡苔白,脉细弱。诊断为呃逆(脾胃阳虚型)。治宜温补脾阳,和中降逆,取穴 内关、膻中、膈俞、天穴、足三里、尺泽、呃逆等穴位。其效神建,针入呃止。并嘱其熏灸中脘、气海穴。连续针灸5次(每天1次)而告痊愈。

按 本病因久病体虚,胃气上逆动膈而成。内经称为中上焦病,治当温补脾阳,和中降逆。内关为八会穴之一合于阴维脉,主治心胸胃病;膻中为气会,凡气病均可取之。膈俞为血会,又为治逆之穴与膻中配合,气血同治,引阳而出。天突治喘逆降肺气。足三里为足阳明胃经合穴。《难经·六十八难》载"……合主逆气而泄",取之降胃气升脾气,呃逆穴为止呃之经验穴。妙在取尺泽1穴,尺泽乃手太阴肺经之合穴。《内经·灵枢》曰"谷入于胃,胃气上注于肺……真邪相干,气并相逆于胃,而胃腑不受,复出于胃,故呃逆也"。肺经合穴,尺泽平降上逆之肺气,肺气降而胃气亦随之降也。(陶英航)

朱正刚验方选

【名老中医简介】朱正刚 主任医师。原重庆市中医骨科医院院长、骨伤研究室主任。中华全国医学会重庆市骨伤科专委会主任，重庆针灸学会理事。第四批全国老中医药专家学术经验继承工作指导老师。从事骨伤、骨病临床研究工作近50年，擅长治疗各种骨伤科疾病。

疗骨丸

方药：①Ⅰ型疗骨丸由土茯苓2份，威灵仙2份，苡仁2份，鸡血藤2份，黄芪2份，隔山消2份，鱼鳅串2份，鱼腥草2份，怀牛膝1份，杜仲1份，炮山甲1份，制川乌2份，制草乌2份（川草乌须煎水3小时后去渣入药）组成。②Ⅱ型疗骨丸由Ⅰ型疗骨丸去制川乌、制草乌加枸杞、山茱萸，制法同上。

主治：治增生性关节炎（膝关节）。

用法：以上药物共为细末，水泛为丸，如豌豆粒大。1日3次，每次9g，饭前半小时服用。疼痛甚者服Ⅰ型疗骨丸，疼痛轻者Ⅰ、Ⅱ型疗骨丸交替使用。疼痛消失后服Ⅱ型疗骨丸。1月为1疗程，可连续服用3个疗程，服用期间忌饮茶。

朱宗元临床经验

【名老中医简介】朱宗元（1937～）教授，主任医师。毕业于上海中医学院。现任职于内蒙古医学院中蒙医学院。第四批全国老中医药专家学术经验继承工作指导老师。擅长治疗内科杂病。

1 治胃病，善调畅气机

胃病是临床常见病、多发病，包括现代医学的胃炎、溃疡、消化不良及胃肠功能紊乱等多种疾患。临床以胃脘部痞、满、胀、痛、嗳气、呃逆、吐酸水等症状为常见。临证时朱宗元把中医辨证与西医辨病结合起来，判断轻重预后一般是病程短者轻、长者重，胃炎轻、溃疡重，初起多实、久之多虚实相兼或以虚为主。他认为胃病的病机关键是脾胃气机升降失调，形成虚实寒热错杂的病理，表现出以中焦气机不畅为主的证候。辨证时要抓住痞、满、胀、痛的主症，治以辛开苦降、运达中焦，方以半夏泻心汤为主，虚不甚者去人参、大枣，加神曲助运消导，少佐木香行气，白寇和中，且二药少用防耗胃阴。方以脾开胃降，中焦气畅、恢复运化为目的。在此基础上，兼寒者合良、附，嗳气频且胁肋不舒为脾虚肝乘，合旋复、代赭，久病入络成瘀痛显者加桃、红或失笑散；脾肾两虚见腰困疲乏者加巴戟、苁蓉。患者多服药3～7剂，自觉症状明显改善。对已诊为“溃疡”者，他认为病机以虚为主，治以温中健脾、调气养阴，方以黄芪建中、小建中汤为主。

案1 黄某，女，45岁，1993年11月29日就诊。胃病十余年，胃镜诊断“浅表性胃炎”。近日胃脘胀、痛，伴呃逆，食后加重，晚间明显，见其面萎黄、消瘦，舌淡红少津，苔薄腻，脉沉细略弦。治以辛开苦降、运脾和胃，予干姜3g，半夏4g，黄连1g，黄芩4g，良姜3g，香附4g，神曲4g，木香1g，川楝子3g，甘草2g。日1剂水煎服，服1周后，胃脘胀痛大减，呃逆时作，并伴肠鸣，时咳唾黏沫。此属脾胃气机乾旋，但胃阴已耗且肝木未达。遂于上方去良附加代赭、旋复、玉竹、麦冬又服7剂后，诸症皆除。见精神转佳，舌红少苔，予健脾益气、渐固其本，以异功散合石斛、麦冬隔日服月余。随访1年多只发作1次。服半夏泻心而为主之方即止。

2 治肾病，注重开合理论

朱宗元不仅潜心研究中医理论，而且重视现代医学研究动态，结合自己多年临床经验认为中医肾脏疾患（包括西医的各类肾炎、肾病、肾功衰等）的主要病机是气机开合失司。肾主气化，司开合，开则机体代谢产物排泄于外（如各种毒素及NPN、肌酐等），合则体内精微物质（RBC、蛋白质等）重吸收不泄漏，正是这种正常的气化开合作用，体现了肾在机体代谢过程中的重要位置。当然同时与肝之疏泄，肺之宣肃，脾之运化有着密切关系。临床上出现以体内精微外泄（如尿检出现RBC、WBC、PRO、管型）和毒物水浊内留（如血肌酐、NPN、尿肌酐等值堪高的阳性指标）。归纳其病机演变规律为开合不利是肾疾患的主要病机，瘀血湿浊是病久迁延的重要因素，气阴两伤和阴阳两虚是病变发展的趋势，治疗用抗过敏煎方(乌梅、柴胡、防风、五味子、甘草)为主,加黄芪、红花、熟地等药。其中柴胡、防风主升、主出、主开,乌梅、五味子主降、主入、主合,甘草调和诸药,合之开合相宜,正中胃之开合失司主要病机;黄芪补气、红花祛瘀、熟地补肾,达到扶正祛邪的目的。用该方法治疗紫癜肾、慢性肾炎、狼疮性肾炎、肾病、慢性肾衰等,对消除尿蛋白、尿红细胞、管型,缓解临床症状效果颇佳。

案2 栗某,男,20岁,1993年12月15日就诊。患过敏性紫癜肾炎月余,诊见四肢散在紫癜,面部可见微红痤疮,舌尖略红、苔根腻黄。尿检:PRO(+++),RBC(30~40),WBC(1~4),细胞管型(0~2),BLD(++),西药服强的松每日15mg。处方:乌梅4g,柴胡5g,防风3g,五味子4g,雷公藤7g,白花蛇舌草7g,黄芪10g,红花5g,坤草5g,熟地6g,甘草2g。日1剂煎服。1周后,尿检:PRO(+)、RBC(1~5)、WBC(0~2)、BLD(+)、管型(-)。口咽干红、舌尖红,效不更方,以上方去熟地加紫草、丹皮、赤芍、地榆、白蔻。日1剂,服7剂后,尿检:PRO(-)、RBC(1~3)、WBC(0~1),余(-),四肢紫癜全消,面部痤疮渐退,且从服中药开始嘱其将激素以每周减2半片的速度撤减。为巩固疗效,又以抗敏煎加生芪、红花、坤草、熟地续服1个月。尿检一直呈阴,随访至今未发。

案3 曹某,女,12岁,1994年4月8日就诊。该患者因上感咽痛,出现尿RBC(10~15)、WBC(0~4)、BLD(++),余(-)。西医曾诊为阵发性睡眠性血红蛋白尿及IgA肾炎,用西药效果不佳。尿检RBC、BLD持续异常。朱宗元认为属肾开合失司并血分有热,予抗敏煎加坤草、红花、花蕊石、石韦、紫草、生地、金钱草服2周后,尿检:RBC(1~3),BLD(-),余(-)。以抗敏煎为主方续服2个月巩固疗效,至今未复。

3 治咳喘,重宣肺滋阴

咳喘病四季常见,朱宗元临证首分咽性、肺性,详辨阴虚气虚还是外感邪郁,注意有无咳痰及痰质痰量。认为肺为清虚之脏,不耐邪袭,加之北方多燥,必耗肺阴,故每以滋阴固本为要,自拟咳灵方(麻黄、杏仁、沙参、麦冬、五味子、甘草)治外感咳嗽,多2~3剂而愈。若患者痰多气短,病久迁延,则当健脾固肾以金水六君煎合咳灵方为主,效果很好。

案4 奇某,男,75岁,1993年9月19日就诊。咳喘20余年,多因气候突变或劳累而发,现咳喘气促,痰多而白粘,口唇紫绀、精神疲乏,舌紫少苔,脉滑略弦。辨属脾肾虚衰、肾不纳气、痰湿聚上。予熟地、当归、陈皮、半夏、茯苓、桃仁、红花、沙参、麦冬、胡桃肉、补骨脂、甘草。服7剂后,痰少咳喘息,紫绀缓解,以原方为主继服1周后痊愈。

4 药量轻,细筛选,善总结

用药量少,配伍严谨,反对庞杂是朱宗元的处方用药特点。一般成人方中等药量3~5g,多则7~15g,少则1~2g,如抗过敏煎(防风3g、柴胡5g、乌梅4g、五味子4g、甘草2g)这是他长期临床实践观察体会到的,认为药量之多少对治疗效果影响并非主要,关键是药物之间的配伍,及所针对的主要病机。药精量少同样能起作用,于患者也好处颇多,如药多易煎煮不透,且患者不愿多服,易引起胃肠道反应(反呕),给患者增加了经济负担。不仅在药量上主张轻灵,且认为应该药味少而精,同一功能的药物不要堆砌。所以在临床中他经常对药物进行反复对比、推敲、观察,筛选出确认有效的药物,如活血药认为桃红比丹参效果好;血尿多用茅根、坤草、茜草;顽固性血尿则炮山甲、花蕊石效果好;补肾气善用熟地、桑螵蛸,温肾阳善用巴戟、苁蓉、二仙汤;消无名肿毒善用蜈蚣、全蝎、土元等。(王乐平)

颈椎病

1 颈椎病基本方

葛根、桂枝、赤白芍、鹿角片、桃红各10g,川芎、地龙、白芷、白蒺藜各10g,细辛、通草、吴茱萸、荜茇各5g,络石藤、青风藤各15g,乳香、没药各12g,水蛭胶囊4粒,虻虫胶囊4粒,椎动脉型加天麻、钩藤,脊髓型加熟地、补骨脂,神经根型加威灵仙、木瓜。

2 病案举隅

某男,56岁,颈项强痛,右肩臂酸重、疼痛、麻木,伴头晕,肢冷恶寒,经常失眠6年,血压、血脂、心电图检查均属正常,颈椎摄片报告生理曲度僵直,颈椎5~7后下缘骨质增生,颈5、6椎间隙狭窄,查右侧颈部肌肉紧张,颈椎5~7椎体棘突偏右侧压痛明显,被某医院诊为混合型(神经根型合椎动脉型)颈椎病,中医属痹证型,审舌黯苔白腻,脉沉弱。证属肝肾不足、瘀血阻络,治宜补益肝肾、活血化瘀、蠲痹通络,方用“颈椎病方”治之,药用葛根、桂枝、鹿角片、熟地、当归各10g,生黄芪、威灵仙各30g,补骨脂、木瓜各12g,桃红10g,川芎、地龙、白芷、白蒺藜各10g,细辛5g,通草、吴茱萸、荜茇各5g,络石藤、青风藤各15g,乳香、没药各12g,水蛭胶囊4粒,虻虫胶囊4粒,甘草6g,日1剂,水煎服,服药10剂,诸症明显减轻,继服30剂,诸症消失,颈项活动自如,以上方为丸,巩固疗效。追访3年未见症状复发。

3 体 会

颈椎病属于中医“筋伤”“眩晕”“痹证”“痿证”等范畴,颈椎间盘退变是本病的内因,各种急慢性颈部外伤是导致本病的外因。长期从事低头伏案工作,易使椎间盘发生退变,导致关节囊和韧带松驰,椎骨间滑移活动增大,影响了脊柱的稳定性,日久可见骨赘增生、韧带钙化,直接或间接地刺激或压迫颈神经根、椎动脉、交感神经、脊髓而使颈椎病发作。颈椎及其椎间盘退行性变所引起的头颈、四肢、上胸背、内脏证候群,统称为颈椎病或称颈椎综合征。临床所见颈椎病轻重悬殊,症状复杂,大致分为:①神经根型:颈、肩、臂、手放射性疼痛,麻木及局部肌肉痉挛、无力、萎缩等;②脊髓型:下肢沉重、无力、腰酸、尿频、排便无力、步态不稳、渐致下肢痿瘫,甚者二便失控;③椎动脉型:头痛、眩晕、视力障碍、耳鸣耳聋、心悸不寐;④混合型:上述几型混合并见;⑤其它型:如交感神经或食道受压或受刺激所致的症型。

朱宗元在多年的临证实践中,深研中药传统配伍精髓,密切结合现代研究成果。将《伤寒论》葛根汤方中的君药葛根和桂枝作为药对配入方中治疗颈惟病。桂枝辛温祛风,又擅温经通脉;葛根辛凉解肌而尤擅舒解项背强痛。二药合用,对颈项活动不利效果显著。现代研究认为,颈椎病的发生发展不仅因颈椎局部解剖和生物力学的改变,同时还伴有局部炎性介质的释放。磷脂酶A2(PLA2)是水解膜磷脂产生花生四烯酸及其代谢产物前列腺素和白三烯等介质的重要限速酶,对神经根可产生直接刺激。有研究发现,椎间盘突出症有明显神经根性疼痛的患者,手术取出的椎间盘组织中PLA2,的活性明显高出其它组织。研究表明,活血化瘀可能通过增加椎间盘软骨终板血管芽数量,促进血管的修复和再生,增加椎间盘的营养供应,从而缓解椎间盘的退变。

朱宗元认为,颈椎病邪正交错、虚实夹杂,临床治疗需详审病机,兼顾邪正虚实,方能取效。尤其在药对的配伍使用时,颇多巧思;如赤芍白芍,一散一收;白芍苦酸微寒,入肝经,可柔肝止痛和养血敛阴,以补为功;赤芍功能凉血散瘀清热,以泻为用,活血化瘀,同时兼有养血和血的作用。二药合用,寓意一散一补,既散瘀止痛,又补血养筋。桃红与乳没,活血化瘀,兼能止痛。方中如水蛭、虻虫二者皆味咸,功善破血逐瘀,可改善颈椎病筋骨受损、脉络瘀阻的病理变化。与桃红、乳香、没药加强活血化瘀、理气止痛的功能。药对的应用,从一个侧面反映了他的学术理念:即要发展中医药,要在临床上取得更好的疗效,不仅需要理解中医传统理论,而且还需要融入现代医学研究,使之服务于中医,从而充实并发展中医的理论和临床实践。

朱宗元在治疗颈椎病的过程中,特别强调补肾药物的应用。颈椎病作为中老年人群中的多发病和常见病,具有椎间盘退行性改变的共同病理基础,故他认为颈椎病病程中必伴随着肾气的不足,故应补肾,多选鹿角片、熟地、补骨脂等。(贺 涛 李永红 段 丽)

慢性咽炎

1 主方用药

主方药物如下:生地、元参、麦冬、诃子、桔梗、甘草、山豆根、马勃、木蝴蝶、僵蚕、蝉蜕、石韦、车前子。分为五组说明。

1.1 生地、元参、麦冬

此组药物为增液汤组成,出自《温病条辨》,原用于润燥通便。其中,生地、麦冬可入肺经,养阴生津润肺,而元参咸寒,还可解毒利咽。朱宗元古方新用,以其养阴生津针对其基本病机关键,兼取其利咽之功,用以治疗慢性咽炎最基本组方。慢性咽炎从主要症状看,多为律液不足之症。咽为肺之门户,肺为金脏,喜润恶燥,顺应肺之本性,治肺多用润法。他亦以《温病条辨·燥湿论》之理论之,燥湿是一对阴阳,可互相转化,在此痰邪多为肺燥所化,故润肺为根本。

1.2 诃子、桔梗、甘草

此为《宣明论》之诃子汤组成,用以治疗痰热咳嗽。诃子既能敛肺下气止咳,又能清肺利咽开音。《本草求真》曰:“桔梗开宣肺气之药,可为诸药舟楫”,其又有利咽之功。甘草泻火解毒,诸药合用,共奏清肺祛痰、利咽开音之功。

1.3 山豆根、马勃、木蝴蝶

本组药物均有清热解毒利咽之功,为普通利咽最为常用之药。

1.4 僵蚕、蝉蜕

此二味有息风止痉,祛风止痛之效。慢性咽炎常因风夹燥邪侵袭而诱发加重,用此可针对病因以祛除风邪。且据药理研究表明,此二味药有抗过敏作用,可解除支气管平滑肌痉挛,常用于支气管哮喘的治疗。朱宗元认为,大部分咽炎亦与过敏因素有关,过敏原刺激气管则发为哮喘,刺激咽部则发为咽炎,主要表现为干咳,故用此二味药以减轻异物邪气对咽部的刺激。

1.5 石韦、车前子

此二味药均有清热化痰之效。清热化痰之品颇多,如瓜蒌,贝母之属不用,而朱宗元独取石韦、车前子,以取其两者均有利小便之义。痰为水湿停滞之邪,有凝重下沉之性,顺其性利小便以驱痰邪,使邪有出路,不致太过耗伤正气,为用药常选之法。

纵观全方,以润肺为本,兼以清热化痰,解毒利咽,标本兼顾,扶正与祛邪并施,且参以药理研究选药,有药有方,有的放矢。

2 随证加减

2.1 咳嗽重

加沙参、五味子,与主方中麦冬相配,取生麦散之义,加强润肺止咳之功。

2.2 咽 痛

加射干、锦灯笼,以加强清热解毒利咽之效。

2.3 黄 痰

加鱼腥草、黄芩,以清泻肺热。研究认为,两者有抑制金黄色葡萄球菌的作用。

2.4 感 冒

加大青叶、板蓝根,清热解毒,有抗病毒作用。

2.5 咳甚欲呕

加珍珠母、石决明,镇肝平肝以降肺胃之气。中医有木火刑金之说,而朱宗元认为,木气亦可刑金,肝气横逆可犯肺犯胃,现呛咳欲呕,且珍珠母、石决明又有镇咳之效,用于咳甚不止。

2.6 扁桃体肿大或声带小结

加莪术、山慈菇、生苡仁以破血化瘀,软坚散结,消肿排脓。朱宗元认为,凡肿物结节之类,多由瘀血结聚而成,故用破血化瘀散结之法。而扁桃体肿大又属疮痈肿毒之剂,故用消肿排脓之药。

2.7 有异物感

此为中医所说“梅核气”,加用半夏、川朴、苏梗,取半夏厚朴汤之意。

3 病案举隅

患者,刘某,男,30 岁,1998 年 8 月 13 日初诊。咽部不适 2 年余,加重 3 月。患者反复发作干咳,咽干咽痒。3 月前因情致抑郁,病情加重,证见:现咳嗽,咳甚作呕,晨起加重,痰白黏,咳吐不利,咽酸咽胀,咽部异物感,音哑,流涎不止,伴心慌,胸闷,气短,汗出增多。查扁桃体Ⅱ度肿大,心脏彩超(-)。经西医搽碘,冷冻,雾化及青霉素、先锋Ⅴ、双黄连等抗感染治疗无效,特来求诊中医,现症状依旧。用药:生地、元参、麦冬、沙参、五味子各 4g,桔梗 3g,山豆根、马勃各 7g,诃子、僵蚕各 4g,蝉蜕 3g,木蝴蝶 4g,公英 7g,石韦 5g,车前子 4g,射干 3g,甘草 2g。以上方为基础,随证加减,用药 2 月后症状大减,3 月后症状完全消失,改服水丸 2 月,随访至今未发。(杨巧芳 魏玉霞 王 丽)

祝光礼临床经验

【名老中医简介】祝光礼(1995~)主任医师,教授,博士生导师。1990 年南京中医药大学硕士毕业。杭州市中医院心内科主任。杭州中西医结合学会理事兼专家委员会委员、浙江省中西医结合学会心血管专业委员会委员、浙江省生物医学工程心脏医学分会委员。浙江省名中医。擅长中西医诊治冠心病、高血压病、高脂血症、心律失常及疑难病。承担课题 7 项,获省、厅级科技进步奖 3 项。发表论文 30 余篇。

椎基底动脉供血不足

1 临证分型

椎基底动脉供血不足临证以眩晕多见,可伴头痛、恶心、呕吐等症状,多属中医“眩晕”、“头痛”范畴,是由于情志所伤、饮食失节、先天禀赋不足或内伤虚损等原因引起的临床以头痛、眩晕为主要表现的病证。历代医家颇多论述,《素问·至真要大论》云:“诸风掉眩,皆属于肝”。《素问·至真要大论》“脑为髓之海,其输上在于其盖,下在风府。……髓海有余,则轻劲多力,自过其度;髓海不足,则脑转耳鸣,胫酸眩冒,目无所见,懈怠安卧。”《丹溪心法·头眩》:“头眩,痰夹气虚并火,治痰为主,……无痰则不作眩,痰因火动”。《证治汇补·眩晕》:“以肝上连目系而应于风,故眩为肝风,然亦有因火、因痰、因虚、因暑、因湿者”。叶天士《临证指南医案》曰:头为六阳之首,耳目口鼻,皆为清空之窍。所患眩晕者,非外来之邪,乃肝胆之风阳上冒耳,甚则有昏厥跌扑之虞。其症有夹痰、夹火、中虚、下虚,治胆、治胃、治肝之分。火盛者,用羚羊角、山栀、连翘、花粉、元参、鲜生地、丹皮、桑叶,以清泄上焦窍络之热,此先从胆治也。痰多者,必理阳明,消痰如竹沥、姜汁、菖蒲、橘红、二陈汤之类。中虚则兼用人参、外合茯苓饮是也。下虚者必从肝治,补肾滋肝,育阴潜阳,震摄之治是也。至于天麻、钩藤、菊花之属,皆系熄风之品,可随证加入。祝光礼极为推崇叶氏,认为他禀赋灵明,造诣深邃,于轩岐之学,错综融贯,处方调剂,立起沉病,所遗医案与方,脍炙人口,应用之时每每得心应手。结合前人经验及个人临证所见,他认为椎基底动脉供血不足其证总结起来以气血阴阳虚实为纲,可以分为阴虚阳亢、阴阳两虚、脾虚肝旺、胆郁痰扰、气血亏虚等5型,脏腑病位分别涉及肝胆、肾、脑及脾胃等。

1.1 阴虚阳亢

临床表现:眩晕头痛,头重脚轻,心烦失眠,手足心热,耳鸣心悸,舌尖红,苔薄白,脉弦数。治则:滋阴潜阳。处方:天麻钩藤饮加减。药用:天麻、杭白芍、钩藤、生龙骨、生牡蛎、石决明、决明子、甘菊、夜交藤、桑寄生。可酌情加用枸杞子、生地、制首乌育阴潜阳;阴虚较甚可加用女贞子、旱莲草、川石斛等;夜寐欠安可加用炒枣仁、柏子仁、淮小麦等;如兼见肝旺脾弱可加用炒白术、茯苓、炒薏苡仁健脾,砂仁、绿梅花、大枣和胃;耳鸣耳聋加用灵磁石、石菖蒲等。

1.2 阴阳两虚

临床表现:头痛眩晕,耳鸣,视物昏花,劳则气短,畏寒肢冷,夜尿增多,舌淡苔白,脉沉细。治则:育阴助阳。处方:济生肾气丸加减。药用:怀牛膝、车前子、五味子、生地、山萸肉、怀山药、茯苓、丹皮、泽泻等。常加用菟丝子、肉从蓉、仙茅、淫羊藿等药物温补肾阳,枸杞子、制首乌、川石斛滋养肾阴。祝光礼认为肝阳易亢应尽量少用温热燥烈之品如附子、肉桂,确需加用可考虑桂枝通阳化气,或以炙黄芪、炒党参等益气药物替代,可收效温和,便于久服。

1.3 胆郁痰扰

临床表现:头昏眩晕,口淡乏味,虚烦不宁,舌淡红苔白腻,脉弦滑。治则:理气化痰,清胆和胃。处方:温胆汤加减。药用:姜半夏、陈皮、茯苓、炒枳壳、竹茹等。痰多加天竺黄、石菖蒲;湿重加佩兰叶、炒苍术;化热加焦山栀;安神用炒枣仁、远志、夜交藤;和胃用北秫米;健脾用生炒薏苡仁等。

1.4 脾虚肝旺

临床表现:头重如蒙,胸闷恶心,食少多寐,舌淡,苔白腻,脉濡滑。治则:燥湿祛痰,健脾和胃。处方:半夏白术天麻汤加减。药用:姜半夏、炒白术、天麻等。可加用钩藤、生龙骨、生牡蛎、石决明平肝潜阳;陈皮、茯苓、姜竹茹化痰;炒枳壳、砂仁、佩兰叶降气和胃醒脾。如兼见视物旋转,泛恶频作,神疲乏力等,则可考虑运用旋复代赭汤加减以降逆化痰,益气和胃。药用:旋覆花、代赭石、太子参、姜半夏、大枣等。可加用天麻、生龙骨、生牡蛎、石决明平肝潜阳;杭白芍、川石斛养阴;绿梅花、焦谷芽和胃。生姜本为旋复代赭汤主要药物之一,且为止呕圣药,因药房不备故多嘱患者自加,如为医院代煎则嘱患者菜中可多加生姜。甘草因现代药理研究证实存在水钠潴留作用,对高血压病患者不利,故临床多弃之不用。

1.5 气血亏虚

临床表现:眩晕动则加剧,面色欠华,心悸少寐,食少神疲,舌淡脉细。治则:补养气血,健运脾胃。处方:归脾汤加减。药用:白术、茯苓、黄芪、龙眼肉、炒酸枣仁、炒党参、木香或砂仁、甘草、当归、远志等,因人参贵重,需另煎,不便代为煎煮,故弃之不用,代之以炒党参,可酌情加用天麻、钩藤、夜交藤、淮小麦、生龙骨、生牡蛎等。

2 结合现代检测“辨证治病”

祝光礼一贯提倡中西医结合,认为是一种临床行之有效的治疗方法。中药可增强西药的疗效,显著改善患者的症状,甚至还可减轻西药的副反应。患者不但希望症状能够得到改善,同时也希望客观检测指标能够有所好转。所以一味排斥西医强调纯粹中医显然是不明智也是不现实的。中医需要标准化、规范化,但是这个标准化、规范化不是简单的拿西医的一套价值观来生搬硬套,而是需要遵循中医自身的发展规律。椎基底动脉供血不足多合并高血压病、动脉硬化症、颈椎病、腔隙性脑梗塞等情况,故临床需要区别对待。祝师诊治疾病过程中非常注重患者的个体化治疗,同时强调心脑血管事件的预防,主张中西医并重。

2.1 合并高血压病

患者必须接受全面的危险程度评估,进行危险因素、靶器官损害以及临床情况的综合分析,然后根据结果选择个性化的治疗方案,合理应用相应药物。祝光礼认为单纯应用中药降压仅适用于轻中度高血压且危险因素较少的患者,如明确需要严格降压的患者可以考虑中西药同时应用。具有降压作用的中药具体分类如下。①具有利尿作用的降压中药:防己、杜仲、桑寄生、泽泻、茯苓、扁蓄、茵陈蒿、龙胆草、罗布麻等;②具有受体阻滞作用的降压中药:葛根、佛手、淫羊霍等;③具有中枢性降压作用中药:远志、酸枣仁等;④具有血管紧张素转化酶抑制剂(ACEI)样作用的降压中药:红芪、何首乌、白芍、牛膝、山楂、泽泻、海金沙、法半夏、降香等;⑤具有钙拮抗剂(CCB)样作用的降压中药:川芎、当归、赤芍、红花、丹皮、前胡、肉桂、五味子、蒿本、白芷、桑白皮、薏苡仁等；⑥具有影响血管紧张素Ⅱ（即 angⅡ）形成的降压中药：清风藤、海风藤、胆南星、瓜蒌、细辛、青木香等。临证时可视辨证需要酌情选用。

2.2 合并颈动脉硬化

如果颈动脉 B 超明确提示动脉硬化而且考虑与椎基底动脉供血不足有关，在中药辨证治疗的基础上建议加用健脾化痰软坚的药物如姜半夏、陈皮、姜竹茹、瓜蒌、陈薤白、怀山药等，有助于软化血管，降低血液黏滞度。同时需要完善动脉粥样硬化二级预防方案，如应用他汀类、抗血小板聚集类药物，并评估心脑血管危险，进行相应的干预。

2.3 合并颈椎病椎

基底动脉供血不足合并颈椎病的患者临床屡见不鲜，患者头晕头痛症状往往与头部的位置改变关系密切，同时伴有颈部、肩背部的强硬不舒，甚或疼痛难忍。颈椎 X 光片多提示颈椎骨质增生、周围韧带钙化、椎间隙变窄，甚而有的存在颈椎间盘膨出等等变化。病情严重的需要请骨伤科会诊。建议患者进行热敷及针灸、推拿、火罐、中药熏洗等非药物治疗，汤药中可酌情加用葛根、桑枝、络石藤等舒筋通络的药物，往往能够明显改善症状。

2.4 合并腔隙性脑梗塞

老年患者椎基底动脉供血不足合并腔隙性脑梗塞临床亦不少见，且病情往往迁延难愈，患者甚为苦恼。对此，祝光礼认为改善症状倒在其次，治疗的关键还在于预防卒中的发生。所以抗血小板聚集治疗应该尽可能的实行。同时在中药辨证论治的基础上可加用补肾填精药物如仙茅、淫羊藿、肉从蓉、菟丝子、五味子、覆盆子、炒狗脊等，还可加用通窍醒脑药物如石菖蒲、灵磁石等。（陈启兰）

祝庆堂临床经验

【名老中医简介】祝庆堂 主任医师。现任职于洛阳第二中医院中医内科。第三批全国老中医药专家学术经验继承工作指导老师。擅长治疗脾胃病。

临床经验

慢性胃炎

1 辨证分型

1.1 气滞血瘀型

主证为胃脘部刺痛或胀痛，痛有定处，按之痛剧，胃中嘈杂不适，伴嗳气、痞胀，纳呆，便干；脉象沉实或涩，或滑、或弦，舌苔薄白或腻，舌质淡红或紫暗或有瘀斑。治以化瘀通络，理气和胃。用胃炎灵Ⅰ号方：苍术、川朴、陈皮、香附、苏梗、玄胡、丹参、檀香、五灵脂、三棱、莪术、白芍、荜拨、黄连、甘草。

1.2 气虚血瘀型

主证为胃脘部隐痛，绵绵不绝，喜温喜按，或胃中嘈杂，作止无定，伴有嗳气，痞胀，纳呆，乏力，面白无华，脉细无力，舌苔薄白或腻、舌质淡红或紫暗。治以健脾益气，理气活血。用胃炎灵Ⅱ号方：黄芪、党参、白术、茯苓、陈皮、香附、五灵脂、蒲黄、三棱、莪术、丁香、檀香、丹参、高良姜、黄连。

1.3 阴虚血瘀型

主证为胃脘部灼痛或隐痛，或与嘈杂交替出现，伴口咽干燥，嗳气痞满，脉细数，舌红无苔乏律。治以养阴和胃，理气行瘀。用胃炎灵Ⅲ号方：黄精、生地、百合、石斛、乌梅、白芍、丹参、灵脂、蒲黄、三棱、莪术、苏梗、花粉、香附、佛手、甘草。

2 疗程及用法

每疗程 20 天。第一疗程根据分型用以上相应方汤剂 10~15 剂（1~2 天 1 剂），可视兼证作相应加减，第二、三疗程均服相应方丸剂（照以上原方分别备料、干燥，粉碎，过筛后制成醋丸），每次 3g，每天 3 次，温开水送服，满三个疗程。服药期间，停服其它一切中西药物。

3 病案举隅

戴某某，男，49 岁，干部，1988 年 11 月 4 日初诊。门诊号 179918。患者三年前无明显诱因出现胃脘部胀痛，遇饮冷或情志不畅时加剧，曾服“三九胃泰”、“维酶素”，“胃友”等多种药物，疼痛仍作止无常。近因烦劳，病情加重，乃来求治。诊见：胃脘部持续胀痛伴嗳气，吞酸，餐后疼甚，天气得减，舌质暗红，苔薄白，脉沉弦。胃镜检查示“慢性浅表性胃炎”。证属气滞血瘀，治以化瘀通络，理气和胃，用胃炎灵Ⅰ号方加减：丹参 30g，檀香 10g，丁香 6g，五灵脂 10g，三棱 10g，莪术 10g，白芍 18g，香附 12g，苏梗 10g，大腹皮 12g，玄胡 10g，黄连 4.5g，吴茱萸 1.5g，日 1 剂水煎服。连服 6 剂，嗳气吞酸消失，胃脘疼痛明显减轻，守方去黄连加甘草 7 剂，每 2 日 1 剂续服，药后脘痛消失，仅有嘈杂不适感。予胃炎灵Ⅰ号丸剂，每次 3g，每天 3 次口服，20 天后诸证全消，胃镜复查正常，继用 20 天以巩固疗效。随访 1 年，病未复发。

医案验案

胃脘痞痛(急性胃炎)

董某某,女,11岁,1 987年5月29日初诊。患者体质素弱,4天前因淋雨引起发热,服安乃近后热退而复起,成寒热往来之状,且出现胃脘痞痛、心下支结、呕恶频频,不能进食。西医按急性胃炎给予消炎、补液等对症治疗两天,效果欠佳。改服中药,证略同前,4日未解大便。予小柴胡汤原方重用黄芩30g,1剂而大便畅行,寒热止,呕恶减,胃脘痞痛基本消失;惟食欲仍差,体力欠佳,改用和胃安中之剂调理三日而愈。

按 小柴胡汤本为和解少阳之方,但重用黄芩后即兼有明显的清通阳明胃腑的作用。《本草品汇精要》指出:黄芩"疗肠胃不利,破壅气,令人宣畅"。其使用要点是:既有脘腹痞胀或疼痛、大便干结或不爽的胃肠结滞证;又有口苦咽干、不欲食的少阳经证。并应据阳明结滞的轻重而决定黄芩用量的大小。

邹志为临床经验

【名老中医简介】邹志为 主任医师。原广东省韶关市中医院副院长。广东省名中医。从事临床工作50余年,经验丰富。擅长治疗支气管哮喘及男科疾病。

医案验案

男科验案

1 不射精

蔡某,36岁,1989年12月5日初诊。结婚8年,同房不射精导致不育。查:配偶身体健康,妇检各项均正常。患者婚前有手淫史,婚后8年,阴茎虽能勃起,但无性快感,无射精,亦无遗精,时有精液从小便而出,化验小便常有精子。诊见:患者形体肥胖,神疲乏力,面色白,咽痛,少气懒言,腰酸膝软,大便溏薄,阴茎虽能勃起但不能持久,性欲淡薄,舌淡红、舌体胖大边有齿印、苔薄白,脉沉细弱。证属肾阳不振,肾精亏虚,精关失和,兼有虚火上炎。治以补肾填精,佐以清热和阴,通利精窍。处方:淫羊藿30g,仙茅、王不留行、茯苓各15g,巴戟天、黄芪各12g,肉桂(焗)5g,黄柏6g,滑石20g,扁豆花、炒穿山甲、石菖蒲各10g。水煎服,每天1剂,连服15剂。二诊:药后性欲增强,有2次梦遗,诸症减,药证合拍,上方去黄柏、肉桂、滑石、扁豆花,加车前子10g,蜈蚣2条,路路通15g,加强助阳通关之力。服30剂后,同房已有少量精液射出。嘱其每月服15剂,连服3月。另配合食疗、药膳进补,以人参或鹿茸片炖鸡。平时多食鱼类、乳鸽、鹌鹑蛋等蛋白质丰富的食物以补精。3月后性欲明显增强,阴茎勃起有力,房事已能正常射精,诸症悉愈。1991年随访其妻顺产一女婴。

按 不射精症为男子性功能障碍症状之一,有功能性和器质性二种,临床以功能性不射精较常见。本例患者婚前长期手淫,使射精中枢习惯于在强烈的刺激下才会兴奋。而婚后的性生活刺激达不到手淫的刺激强度,而继发不射精。现代医学认为,功能性不射精是由于植物神经系统紊乱所致。研究表明,肾阳虚患者的神经体液系统均处于反应过低的状态。本案属中医学精不射出、流而不射等范畴。病机为肾气衰弱,治疗当从肾论治。邹志为认为本案虚实夹杂,肾气衰弱,阳气不振,精关失和,摄泄失常,所以用调补肾之阴阳佐以宣通精窍的通补并用法治之,药用淫羊藿、仙茅、巴戟天以温肾壮阳,黄芪益气助阳,四药合用以改善患者阳气虚衰,促进雄性激素之分泌,增强射精中枢的兴奋性。患者大便溏薄,精液从小便而出为脾虚不运,湿阻精窍,故以茯苓、滑石、扁豆花健脾利水,通其精窍;车前子不但利小便,且有利水窍而实精窍之功;患者常有咽痛乃是足少阴肾经虚火上炎,故佐以肉桂、黄柏交通心肾,滋肾通关,引火归元,调和阴阳;再用炒穿山甲、王不留行、路路通、石菖蒲、蜈蚣等宣通精窍为药引。诸药合用,通补并施,终获痊愈之效。

2 前列腺增生所致急性尿潴留

周某,65岁,1998年7月18日入院。因间歇性排尿不畅2年伴尿频、尿急、尿涩痛、尿点滴而下5天。入院后检查诊断为前列腺肥大Ⅲ度;肛检前列腺Ⅱ度增生、质较硬。B超示:前列腺光点分布不均匀。前列腺液常规检查正常。诊见:无发热恶寒、无血尿,伴口干口苦,纳差,舌红、苔黄腻,脉弦滑。证属肾阳虚不能化气利水,膀胱积热,治宜温肾阳,清热利水通淋。处方:肉桂(焗)5g,知母、黄柏、海藻、昆布各10g,金钱草30g,乌药、滑石、怀牛膝各15g,冬葵子12g,三棱、莪术各6g,桔梗8g。水煎服,每天1剂。1剂后小便稍畅,胀痛等诸症已减,2剂后小便畅通,3剂痊愈。随访3年未复发。

按 邹志为治疗前列腺增生,喜用海藻、昆布以散结软坚,有利于急性尿潴留的解除。三焦为决渎之官,上焦不宣则下焦不通,肺为水之上源,方以桔梗开宣肺气,有提壶揭盖之妙。治疗用滋肾通关丸以清下焦湿热,助膀胱气化,气化复,决渎开,则尿潴留可愈。

3 精液异常不育症

关某,30 岁,1999 年 3 月 18 日初诊。患者结婚 3 年余,配偶未孕。女方妇检各项均正常。男科检查:阴毛分布正常,阴茎无包皮过长,双侧睾丸质软无压痛,未扪及精索静脉曲张。精液常规示:精液量 1.5mL,外观灰白色,30 分钟液化不良,精子数 40.15×10^9/L,活动率 0.50,活动力 0.40,异形 0.20,白细胞 10～15 个/HP。性激素六项测定正常。PCR 示:淋菌(+),支原体(+),衣原体(-)。诊见:尿频、尿急、尿道有灼热感,小腹疼痛,舌红、苔薄白,脉细。配偶检查 PCR 示:淋菌(+)。遂夫妻同治。予头孢三嗪 1g 静注,壮观霉素 2g 肌注,连用 5 天。并内服自拟清解汤。处方:黄柏、木通、车前子、黄芩、苦参各 10g,瞿麦、金银花、连翘各 12g,土茯苓 30g,丹参、赤芍、蒲公英各 15g,白花蛇舌草 20g。水煎服,每天 1 剂,连服 30 剂。复查 PCR:淋菌及支原体均转阴。尿频、尿急、尿道灼热、小腹痛等症消失。再以滋肾阴、补肾阳,佐以清利湿热之剂,用自拟柏菟汤加减。处方:淫羊藿、肉苁蓉、黄柏各 10g,菟丝子、何首乌、女贞子、续断、山药各 15g,萆薢、沙苑子、茯苓、车前子各 12g。水煎服,每天 1 剂,连服 37 剂后,其妻怀孕。后足月顺产一女婴。

按 邹志为认为,淋球菌、衣原体、支原体或其他细菌感染以及龋齿残根等引起的感染导致精液异常者,多为膀胱下焦湿热。治疗上必须以清利湿热为主,配合西药尽快清除病原体。方用自拟清解汤,待病原体转阴后,再行辨证予补肾阴、益肾精、助肾阳等法,方用自拟柏菟汤,促使精液正常。临床上对排除感染因素及内分泌测定性激素六项均正常而只是精子数量不足、活动率较低、活动力差的弱精证,多缘于房事过劳,导致肾精亏虚者,嘱患者节房事,适时(排卵期)同房。再选用六味地黄丸、知柏地黄丸、左归丸、右归丸、赞育丹、金匮肾气丸等,以促使精子生长旺盛,再配合食疗,择时进补,黄酒煮虾、炖鱼肚、煲鹌鹑蛋、炖乌鸡等血肉有情之品,加强补充蛋白质食物以滋补肾精,每能收到良好效果。(周伟华)

医方验方

疏肝利胆汤

方药:柴胡 10g、白芍 15g、郁金 15g、绵茵陈 30g、香附 12g、青皮 5g、延胡索 10g、木香 10g、甘草 5g,水煎服。

功效:疏肝利胆,行气止痛。

主治:慢性胆囊炎。

加减:夹热者加黄芩、黄连或黄柏;兼呕吐者加法半夏、川厚朴、竹茹;兼大便秘结者加大黄;兼有蛔虫者加使君子、川楝子、槟榔;兼血虚者加当归;兼脾虚者加茯苓、白术;兼气虚者加党参;苔厚腻夹湿者加苍术、川厚朴、陈皮、茯苓;夹瘀者加丹参、川芎;兼寒者加干姜或桂枝。

注意:慢性胆囊炎在治疗期间以及预防复发必须配合饮食宜忌,饮食上必须戒酒及辛辣刺激性食物,并戒油炸、肥腻的高脂肪食物或质硬难消化和生冷寒凉之品;宜食质软容易消化的瘦肉、鱼类及新鲜蔬菜等,食用植物油。

邹治文验方选

【名老中医简介】邹治文(1933～)女,福建福州人。主任医师。1955 年毕业于福建医学院医疗系。现任中国中医研究院研究员。中国中医药学会儿科委员会副会长及专家委员会委员,北京中医药学会儿科委员会委员,第二批全国名老中医药专家学术经验继承工作指导老师。从事临床、教学、科研 40 余年。擅长防治小儿多动症、抽动－秽语综合征。著作有《儿童多动症、抽动－秽语综合征防治 300 问》《实用中医儿科学》《中医儿科常见病治疗进展》等。发表论文 60 余篇。

黄芪麦苓汤

方药:黄芪、浮小麦、茯苓、橘红、鸡内金,制成冲剂,每袋含生药 5g。1～3 岁每次 1 袋,3～5 岁 2 袋,5 岁以上 3 袋,每日 3 次。3 个月为 1 疗程。

功效:健脾益气,固表止汗。

主治:小儿脾虚型反复呼吸道感染。

方解:本方立足于“四季脾旺不受邪”的观点,主要治则为健脾益气法。方中黄芪益气固表;茯苓健脾;浮小麦敛汗;橘红、鸡内金理气助运消食。黄芪及浮小麦用量可大至 30g,橘红及鸡内金量偏小,一般 3～5g。冲剂应用方便,也易为小儿接受。经实验研究证实本方具有增强机体非特异性免疫功能的作用,能增强巨噬细胞的吞噬能力。巨噬细胞内的糖元与 x—醋酸萘酯酶均有明显增加,表明巨噬细胞的能源增加,活动力增强,促进了巨噬细胞的吞噬能力,提高机体的抗病功能。